COMENTARIO EXEGÉTICO AL TEXTO GRIEGO DEL NUEVO TESTAMENTO

JUAN

COMENTARIO EXEGÉTICO AL TEXTO GRIEGO DEL NUEVO TESTAMENTO

JUAN

editorial clie

Samuel Pérez Millos Th. M.

EDITORIAL CLIE
C/ Ferrocarril, 8
08232 VILADECAVALLS (Barcelona) ESPAÑA
E-mail: libros@clie.es
Internet: http://www.clie.es

COMENTARIO EXEGÉTICO AL TEXTO GRIEGO DEL NUEVO TESTAMENTO
JUAN

ISBN: 978-84-8267-901-3
ISBN obra completa: 978-84-8267-547-3

Impreso en USA / *Printed in USA*

Depósito Legal: B. 3091-2016

Clasifíquese:
REL006070
Comentarios bíblicos
Nuevo Testamento
Referencia: 224886

DEDICATORIA

Dedico este libro a Susana, mi esposa, regalo de la gracia para este tiempo de mi vida y ministerio, luego de la partida para estar con Cristo de Esther. Susana es mi ayuda idónea, colaboradora en la revisión final de los libros, coordinadora de nuestro programa de ministerio exterior en la Iglesia Unida, consejera, amiga, compañera y apoyo, con lo que Dios bendice el tiempo final de mi vida de servicio.

INDICE

PRÓLOGO

"Conoceréis la verdad, y la verdad os hará libres" (Jn.8:32)

Algunos libros de la Biblia gozan de una alta estima entre el pueblo cristiano. Si lanzamos nuestra vista al Antiguo Testamento, probablemente pensemos en los Salmos o Isaías dado que se han convertido en emblemáticos por inspirar a diversas generaciones en diferentes momentos históricos y culturales. Cuando volcamos nuestra vista al Nuevo Testamento, el evangelio de Juan cobra esta misma trascendencia. Ya desde el siglo II, Clemente de Alejandría lo catalogó como el *"evangelio espiritual"* por su riqueza teológica.

Por siglos el evangelio de Juan ha sido considerado como el más accesible para el público por el sencillo lenguaje que utiliza el discípulo amado. Sin embargo, desde muy temprano, la iglesia primitiva acudió al escrito de Juan con el fin refutar aproximaciones erróneas acerca de la persona de Jesús. El fuerte sabor de la teología de la encarnación que Juan presenta sirvió para combatir doctrinas falsas que circulaban en los primeros siglos, las cuales afirmaban, entre otras cosas, que Jesús era un ser creado y subordinado al Padre. Muchos de estos conceptos juaninos formarían el corazón del Concilio de Nicea en el año 325 d.C. en lo referente a la divinidad de Jesús.

Desde el principio del texto, el evangelio de Juan conecta con el inicio del Génesis situando al Logos como preexistente y causa única de la creación del mundo. En ambos relatos se nos presenta a Dios, el Logos, con uno de sus atributos más enigmático, su soberanía. Algunos pueden pensar que la soberanía de Dios es su poder de hacer lo que bien le parece sin ningún tipo de limitación o consideración. Esto suele producirse cuando se interpreta la soberanía de Dios desde los patrones puramente humanistas, donde los *"soberanos humanos"* se manifiestan en términos injustos, dictatoriales, absolutistas, caprichosos y carentes de misericordia. Sin embargo, Génesis caps. 1-3 y Juan 1, nos plantea la soberanía de Dios desde una perspectiva radicalmente opuesta. El Dios soberano es aquel que es capaz de limitar su propia soberanía para otorgar al ser humano la libertad de decidir si obedece a Dios o prefiere andar su propio camino (Gn. caps. 2-3). A la luz del drama humano de la caída en Génesis 3, el evangelio de Juan vuelve a conectar la soberanía con la auto-humillación del Dios soberano mediante la encarnación del verbo para salvar a la humanidad. En otras palabras, Dios es suficiente soberano como para controlar su propia soberanía con el fin de rescatar a la humanidad. *"A los suyos vino, y los suyos no le recibieron, pero a todos aquellos que le recibieron, los que creen en su nombre, les dio potestad de ser hechos hijos de Dios"* (Jn. 1:12). Por ello, el Evangelio de Juan nos presenta al Dios soberano, eterno, creador, autosuficiente en sí mismo y todo poderoso, pero es este mismo Dios, el que desciende humillado en forma humana, limitándose a sí mismo, haciéndose dependiente del Padre y asumiendo la debilidad humana con el fin de rescatar a los que le reciben para darles vida eterna (Filp. 2:1-11)

Es con esta complejidad que nos debemos acercar al texto de Juan. El aparente lenguaje sencillo guarda códigos a descifrar que el apóstol utiliza mediante paneles y simbolismos, tales como: Luz y oscuridad, vida y muerte, agua y fuego, viento y Espíritu, religiosos y paganos. Estas cuestiones son parte del tejido y entramado literario que encaja Juan de manera artística.

Mi buen amigo, profesor y compañero de ministerio Samuel, escribe desde una perspectiva evangélica. El distintivo de tal escuela es el de una cuidadosa estima por el texto bíblico, desgranando los versículos y usando el texto griego, con el propósito de acercar al lector a la hermenéutica juanina. Importante notar que dentro de poco se celebran los 500 años desde que Lutero clavó sus 95 tesis en la puerta de la iglesia de Wittenberg, dando inicio a la reforma protestante. Una de las características importantes del protestantismo es ver y vivir la Biblia como íntegramente la Palabra de Dios. En el evangelio de Juan, Jesús es presentado como el Logos de Dios, la palabra viva, Dios encarnado viviendo en medio de la humanidad con el fin de transmitir el mensaje de salvación y de vida eterna por medio de la muerte y resurrección del Cordero de Dios.

Samuel Pérez Millos cuenta con una extensa experiencia ministerial tanto en el campo pastoral como académico. Su dedicación al estudio de la Escritura es avalada por su testimonio tanto en la península Ibérica como en el mundo de habla hispana. Conocido por su pasión en el púlpito, su claridad expositiva, su profundidad exegética hasta llevar el texto bíblico hacia una aplicación práctica para el público. En esta obra podemos apreciar el trabajo de cirujano del autor, llevando al lector al texto griego con el fin de justificar la necesaria contextualización para hacerlo vivo. Pero no, simplemente, como un afán expositivo, sino con el objetivo de que el texto, el logos, se encarne en la vida del lector, porque sin encarnación no hay vida, y en el Logos está la vida del ser humano.

El comentario que tienes en tus manos presenta el siguiente método de estudio. Primero, el autor ofrece una traducción literaria en español, versículo a versículo, seguido de un interlineado griego-español y un análisis gramatical del texto griego. A continuación el texto es expuesto y explicado, tanto las conexiones y fenómenos de tipo sintáctico y exegético, como los principios y aplicaciones que se desprenden del texto. Samuel Pérez Millos elabora con habilidad para que, aquellos que no tengan familiaridad con el texto griego, puedan beneficiarse de la riqueza exegética del texto juanino, la cual sería más complicada de apreciar en una lectura superficial.

Una última palabra para el lector; lamentablemente en las últimas décadas han cobrado fuerza dentro de las iglesias evangélicas, las corrientes populistas y sensacionalistas que tienden a desacreditar el estudio formal y sistemático de la Palabra de Dios. Son movimientos anti intelectuales que desprecian la razonabilidad de la Revelación de Dios, y magnifican el emocionalismo de las buenas intenciones. Este es el "espíritu" de este tiempo, la superficialidad de la razón, la ausencia de una mente iluminada e ilustrada por la Palabra y, la incapacidad de discernir los tiempos y las sazones de la vida. El comentario de Samuel, puede asustar al posible lector al considerarlo técnico, extenso y denso. Sin embargo, su comentario es accesible a cualquiera de las inteligencias humanas siempre que el lector esté dispuesto a asumir el reto personal de embarcarse en la aventura de conocer mejor la Revelación de Dios, y al Dios de la Revelación. ¡Te animo a disfrutar su lectura, y crecer en la Sabiduría de Dios!

"Y esta es la vida eterna, que te conozcan a ti, el único Dios Verdadero, y a Jesucristo a quien tú has enviado" (Jn. 17:3)

Barcelona, 15 de Diciembre 2015.

Pedro Sanjaime, Ph.D.
Rector de la Facultad Internacional de Teología IBSTE

CAPÍTULO I

EL VERBO ENCARNADO

Introducción.

Comentar el *Evangelio según Juan* supone un notorio desafío. En primer lugar por los muchos y excelentes comentarios que hay de este texto bíblico, resultado del trabajo de grandes eruditos especializados en este *Evangelio*. Todos ellos hacen pequeño este trabajo.

Además el texto de Juan es esencial para el estudio de la *Cristología*, la parte de la teología que estudia la Persona y la obra de Jesucristo. No cabe duda que la precisión del escritor en esta materia es grande, iniciándolo por la manifestación de la Deidad de Cristo al relacionarlo directamente con el Logos encarnado, creador del universo y comunicador por posesión personal de la vida. Es sumamente difícil encontrar una precisión semejante en los demás escritos bíblicos del Nuevo Testamento. Juan es preciso en hacer apreciar que si Jesús es Dios, también es hombre. De ahí que junto con la manifestación del Verbo eterno, aparece la encarnación haciéndose hombre. La doctrina es compleja en este sentido y, en cierto modo, difícil de entender, de ahí las muchas herejías e imprecisiones que, a lo largo del tiempo, se hicieron en relación con la condición Divino-humana del Hijo de Dios. El aproximarnos a estas verdades esenciales pero complejas, resulta una dificultad por la precisión que exige el comentario en esos textos.

A esto se añade también el cuestionamiento que se ha hecho sobre la autoría del libro desde el sector *crítico liberal*, que en su afán de negar la paternidad juanina del escrito, acumularon en los últimos años propuesta tras propuesta procurando convencer a cuantos fuese posible para que no se considere el *Evangelio* como un escrito apostólico, lo que supone en gran medida, un intento para rebajar la autoridad del mismo escrito.

Es complejo comentar en una aceptable dimensión el *Evangelio según Juan*, porque como dice Sr. Edwyn Hoskyns, *"por mucho que se estudie este libro, siempre le resultará extraño, intrigante, desconocido"*[1]. No cabe duda que en el *Evangelio*, lo mismo que en el resto de la Escritura, hay dimensiones y profundidades que superan el conocimiento humano en cuanto a abarcar en su plenitud esas verdades,

---

[1] Sir Edwyn Hoskyns. *The Fourth Gospel*. Edit. F. N. Davey. Londres, 1947.

de otro modo, después de estudiar por tiempo y en profundidad su contenido, nunca se llega a conocerlo bien, y sigue siendo un mar insondable del que es imposible descender a su máxima profundidad. Pero, aun así, el *Evangelio según Juan*, es comprensible para el lector más sencillo y las verdades son asimilables para todo aquel que apoyándose y dependiendo del Espíritu, entra en su contenido, porque el propósito final del texto es *"que creáis que Jesús es el Cristo, el Hijo de Dios, y para que creyendo, tengáis vida en su nombre"* (20:31). Por tanto, no debe retraernos en su estudio, porque cualquiera que lea su contenido tendrá esta experiencia de *conocer a Jesús* más íntima y directamente y creer en Él.

Lo que sigue en el capítulo y en los sucesivos, se hace con mucho temor y temblor, pero siempre de una forma gozosa al aproximarse a la relación entrañable con Jesús que fundamenta y alienta nuestra fe y de quien nunca se hará memoria suficiente. El escritor nos presenta en Jesús al Verbo eterno hecho un hombre del tiempo y del espacio, que supera cualquier otra revelación de Dios, incluyendo la Palabra, porque es el Logos encarnado, cuya relación en el Ser Divino con el Padre, le permite el milagro de hacer *visible al Invisible*, cuya gloria y grandeza se hará más grande al finalizar la lectura y estudio de este texto.

Introducción general.

El Evangelio en la Iglesia.

El testimonio general acreditado por la historia dice que el Apóstol Juan fue el escritor del cuarto evangelio. Varios testimonios históricos acreditan esto. Entre los exponentes cabe destacar el testimonio de Papías que en el s. II, en el *Prologus antiquior* (160-170), afirma que Juan había escrito un evangelio[2]. Uno de los más antiguos, también del s. II, es el de Teófilo de Antioquía, que en el año 160, testifica de Juan diciendo que fue su autor inspirado[3]. De especial importancia es el testimonio de Ireneo, discípulo de Policarpo, que lo fue a su vez del apóstol Juan, y que escribe que *"Juan el discípulo de Señor, el que también descansó en el pecho del Señor, dio su evangelio cuando moraba en Éfeso, en Asia* [4]*"*. Ireneo confirma que el escritor del *Evangelio* fue Juan, el discípulo amado, usando la nomenclatura del

---

[2] Cf. R. Annaud, *Papías and the Fourth Gospel*: SJTH 9 (1956). F.M. Braun, *Jean le Théologien et son Évangile dans l'Église ancienne* (Parías 1959).

[3] Cf. E. A. Aguado, *S. Teófilo de Alejandría y el Canon del N. T.* (1932).

[4] *Adv. Haer*. 3, 1, 1.

texto bíblico[5]. En el fragmento de Muratori, poco después del año 155, se lee que el evangelio fue escrito por Juan, uno de los discípulos[6]. Clemente de Alejandría, nacido en el s. II y muerto hacia el 211, hace la misma afirmación en cuanto a la procedencia del *Evangelio.* Es importante el testimonio de Polícreates, obispo de Éfeso (189-199), lugar donde la tradición sitúa al apóstol Juan, en la epístola que dirige al papa Víctor sobre la cuestión *quatordécima* de la Pascua, alude directamente al *Evangelio de San Juan.* Teodoreto de Ciro (193-257), afirma que fue escrito por Juan estando en Éfeso[7]. Tertuliano (140-214), reconoce la paternidad de Juan para el cuarto evangelio[8]. De igual modo Orígenes (185-254), al hablar de los evangelios que por tradición nadie rechaza, cita el de Juan[9]. Eusebio es otro de los que afirman que Juan escribió el evangelio que se le atribuye y acepta la iglesia[10]. Otro documento antiguo es el *Prólogo monarquiano* del s. II, en el que se lee expresamente que Juan escribió el evangelio en Asia, sin duda como referencia a Éfeso, lugar donde la tradición localiza al apóstol. Jerónimo (340-420) es otro de los escritores que identifica a Juan con el *Evangelio*, diciendo que *"Juan el Apóstol es evangelista"*[11], escrito en Éfeso, contra las herejías de Cerinto, los ebionitas y otros. Es de notar que el título *Evangelio kata Ioannem*, se remonta al s. II., de este modo se lee en las obras antiguas y en la versión latina más antigua, que reflejan las obras de Cipriano[12]. Una referencia importante está en el papiro Bodmer II, que es del principio del s. III, y comienza por este mismo título. La idea de dos hombres con el mismo nombre de Juan, uno el apóstol y otro el *presbítero*, como se verá, data del tiempo de Eusebio, sin embargo este considera que el autor del evangelio es el apóstol Juan. Interesante también es el *fragmento de Muratori*, que debe datarse como más probable en el s. II., en donde se lee: *"El cuarto Evangelio es de Juan, uno de los discípulos. Cuando sus compañeros discípulos y obispos le rogaron, Juan dijo: 'Ayunad conmigo tres días a partir de hoy y que cada uno de nosotros refiera a los demás lo que le fue revelado'. La misma noche se le reveló a Andrés, uno de los apóstoles, que Juan en su propio nombre debía escribirlo todo y ellos darían su conformidad. Por tanto, aunque parezca que se enseñan diferentes comienzos en los diversos Evangelios, no es diferente la fe de*

---

[5] *Adv. Haer.* III c.I. n.I.: MG 7, 844; RI 208.
[6] Cf. *Valor histórico de los evangelio*, p. 75-76; RJ 268.
[7] Teodoreto de Ciro. *Haereticarum fabularum compendium.*
[8] Tertuliano. *Hypotyposeon.*
[9] Orígenes. *Commentarium in Ioannem.*
[10] Eusebio. HE 6, 25, 4-9.
[11] Jerónimo. *Commetarium in Matthaeum.*
[12] Juan Leal. *La Sagrada Escritura. Juan.* Edit. BAC, Madrid 1973.

los fieles, puesto que en todos ellos se ha declarado todo por un mismo Espíritu principal, lo concerniente a su nacimiento, pasión y resurrección, su permanencia con sus discípulos y su doble venida (la primera en humildad, cuando fue rechazado, que ya tuvo lugar; la segunda gloriosa con regia potestad, su regreso)[13].

Como resumen de lo que antecede, se aprecia que el testimonio importante como aceptación universal entonces de que el autor del evangelio es el apóstol Juan, se sustenta de forma precisa en las fechas de ellos, mayoritariamente del s. II, por lo que el texto original y el autor conocido de la Iglesia no podía ser confundido. Esta aceptación se extiende en aquel tiempo por todos los autores de la época, haciendo notar que esta convicción era también la de los primeros herejes, como Basilides, muerto en el año 150, Valentín, muerto en el año 160, y el pagano Celso, sobre el año 178.

Cuestionamiento de la autoría.

Frente a la aceptación histórica desde la Iglesia Antigua de que Juan el apóstol es el autor del *Evangelio,* posiciones llamadas de *Alta Crítica,* o *liberales,* han cuestionado duramente la autoría del texto bíblico. Sobre estas posiciones se hace una síntesis como corresponde a la introducción general del *Evangelio*, ya que una mayor extensión correspondería a otro tipo de estudio. Quiere decir que con lo que sigue no se agota el tema del cuestionamiento de la autoría, simplemente se hace una aproximación a ese hecho.

Como introducción a este apartado, se traslada un párrafo del Dr. Manuel de Tuya, que escribe:

"Muchas posiciones acatólicas negaron que el apóstol fuese el autor del evangelio. Alegaban varias razones. Evanson, por sus discrepancias con los sinópticos; Bretscheider sostuvo que su evangelio no respondía a realidades históricas, sino que eran ficción; para Straus era obra de la filosofía alejandrina, que excedía la capacidad de cualquier apóstol; Cristian Baur, de Tubinga, ve en él ideas gnósticas y montanistas del s. II., y compuesto sobre el 170; Schenkel admite un núcleo histórico y compuesto sobre los apos 110-120, sería adulterado luego por doctrinas gnósticas de Basílides y Valentín; Omodeo piensa que es una obra escrita directamente contra la mística de los gnósticos; otros admiten otras razones, pero negando el valor histórico y el origen

---

[13] F. F. Bruce. *El canon de la Escritura.* Edit. Clie. Terrassa, 1988.

apostólico del mismo; Loisy lo tiene por meramente alegórico y simbólico; Renan lo atribuye a Cerinto; Kreyenbühl se lo atribuye a Menandro Antioqueno, discípulo de Simón Mago; otros, siguiendo una vida media, admiten un núcleo histórico, pero interpolado; Harnack sostiene que es un evangelio compuesto por Juan, presbítero jerosolimitano, que tenía gran familiaridad con Juan el Apóstol. Así, el cuarto evangelio es el evangelio de Juan 'el Presbítero', según refería Juan el Apóstol; Wendt y Hoernle distinguen a Juan el Apóstol como autor de los 'discursos' y a otro cristiano de Asia Menor como el autor de los milagros, recogidos de tradiciones apostólicas; Spitta admite un libro base, o libro 'fundamental' (grundschrift) retractado e interpolado en el sigo II; R. Bultman encuentra oculto en él algo de 'mito' de los mandeos y maniqueos; Rollins y otros, que el autor del libro es Apolonio"[14].

La pregunta que surge ante la posición *crítica*, es determinar cual es la razón que mueve a quienes buscan negar la autoría del *Evangelio*. No es necesario ningún esfuerzo para entender que se trata simplemente de negar evidencias y fundamento histórico para formular propuestas que la mayoría no pueden demostrarse. Al intentar establecer la autoría fuera del apóstol se sustituyen por grupos de cristianos cuya identidad no se demuestra, o se cita a otros autores como *Juan el Presbítero*, que de igual modo no se establece ninguna relación fiable, salvo que se considera, por mera conjetura a otro Juan que no sea el apóstol, sin identificarlo con lugar y fecha. La *crítica liberal*, solo busca destruir las realidades confirmadas por la historia para que, negando la autoría, pueda sugerirse la duda sobre el mismo escrito bíblico. Estas posiciones escépticas salen principalmente de investigadores que se consideran acreditados como tales. Sin embargo, la mayoría de ellas son cuestionadas por descubrimientos arqueológicos que favorecen la autoría que históricamente ha sostenido la Iglesia.

El obispo Pedro de Alejandría, mártir en el año 311, llama a Juan el *"teólogo y evangelista"*. En sus escritos menciona varios textos del cuarto evangelio entre los que está el correspondiente a 19:14 en donde lee *hora tercia*, apelando a lo que el llama *copias esmeradas*, y haciendo referencia al texto autógrafo de Juan que según él se veneraba en la iglesia en Éfeso[15]. Frente a esta revelación de Pedro de Alejandría, los críticos no dudaron en desacreditarla, como hizo G. R. Gregory,

---

[14] Manuel de Tuya. *Biblia Comenatada. Juan.* Edit. BAC. Madrid 1977.
[15] Cf. S. Bartina, *Ignotom episémon gabex*. VD 36 (1958); Juan Leal. *El autógrafo del IV evangelio y la arqueología*. Est E, er (1960) 895-905.

diciendo que en el s. IV los cristianos empezaron a interesarse por los originales del Nuevo Testamento y comenzaron a nacer leyendas sobre ellos. Pedro de Alejandría no dice en su escrito que él haya visto el original de Juan, sino que se refiere a *copias esmeradas* que se hicieron de él y que se conservaba en la iglesia en Éfeso. Por consiguiente si no se conservaba el original a principios del s. IV, cuando el mártir escribe, si había *copias esmeradas*, que reproducían fielmente el manuscrito autógrafo. Hasta el s. XIX el manuscrito más antiguo era el códice B, del s. IV. Pero en 1844 aparece otra confirmación ya que Tischendorf encontró otro mss. el S, que también es del s. IV. En 1912 H. A. Sanders publica el W, que igualmente es del s. IV. Este tiene los cuatro evangelios según el orden occidental: Mateo, Juan, Lucas y Marcos. Del s. IV esta el P^{39}. El tiempo ha ido aportando documentos más antiguos sobre Juan, de modo que ya se remontan al s. III, tales como el P^{45}, que se sitúa en el 225, Chester Beatty, y por el año 225 el Perg. Dura, el P^{22}, el P^{28}. Se datan en el año 200 el P^{66}, Bodmer II, publicado hace pocos años. Aún es posible remontarse con documentos anteriores, como P. Egerton 2, del año 150, y del año 125 el P^{52}, Ryl 457. En estos últimos años V. Martín publica el P^{75}, que contiene casi todo el *Evangelio según Juan*, y que los expertos consideran que puede ser anterior al Bodmer II. No cabe duda que estos documentos ponen de manifiesto que el texto del *Evangelio* es contemporáneo del apóstol Juan. Es evidente también que el *Evangelio según Juan* es conocido junto con los otros cuatro como así aparecen en P^{45}. El pergamino de Dura Europos los armoniza. Abundando en todo lo que antecede, el texto de Juan es uniforme en el s. II y se había difundido por Egipto a principios del s. III, como atestiguan los papiros P^{66}, P^{75} y antes el P^{52}. Cuando se examina todo esto sin prejuicios impuestos y, sobre todo, sin el deseo negativo que propone la *Alta Crítica*, los descubrimientos apoyan sin reservas la posición tradicional en relación con el cuarto evangelio, asignando su autoría a Juan el apóstol, escrito a fines del s. I o principios del s. II, en contraposición con las teorías críticas que basadas en análisis internos y comparaciones con otros escritos griegos profanos, insisten en fecharlo entre el 125 y el 150.

Antes de abandonar este tema sobre la negación de la autoría del evangelio, conviene hacer referencia a algunas de las propuestas críticas que más aceptación tuvieron, para justificar lo que se afirma sobre que el *Evangelio* no puede ser de un solo autor suponiendo algunas dificultades en el examen del texto, entre las que están las aparentes diferencias de estilo entre partes del evangelio. Según entienden estas, son claras contrastando el capítulo 21 con el resto del texto. Pero, cuando se comparan los textos sin concepciones preestablecidas, se aprecian, como se verá en el comentario, tan solo ligeras variantes, que no justifican un autor distinto. Además consideran que otra diferencia está en la forma del prólogo, que según los *críticos* rara vez vuelve a aparecer en el *Evangelio*. El argumento cae por su peso cuando se observa el contenido del prólogo y la minuciosidad con que está elaborado y el resto de los relatos y discursos del texto, de modo que exige una forma cuidadosamente elaborada que no es tan necesaria para el autor en las otras partes del relato. En el prólogo se establecen bases doctrinales relativas a la Deidad de Jesús, su eternidad y omnipotencia que no se tratan de este modo en el resto del relato. Así en el prólogo Juan usa la palabra *Logos*, para referirse a la Palabra encarnada, *charis*, que tiene que ver con el amor que pacta, y *plërōma*, plenitud, que no son necesarias en otros momentos del escrito. Por tanto, las diferencias absolutamente necesarias para el propósito del escritor no justifican en modo alguno la existencia de otro u otros autores.

Otro argumento de los *críticos* tiene que ver con los cortes en cuanto a la continuidad del relato. Aparentemente algún capítulo contiene hechos o discursos que ocurrieron en un lugar diferente a los que se dan en el anterior, sin que se haya establecido una transferencia de espacio y sin ninguna explicación. Pero, en lugar de inquietar negando al mismo autor, los *críticos* debían ocuparse antes de hacer ver que el propósito de Juan no era el de dar un relato completo o continuado del ministerio de Jesús, el hacer notar que el mismo autor dice que el relato que da no es completo o continuativo (cf. 20:30; 21:25).

Ofrecen también argumentos de *inserción* en el relato o de incorporación de otro. Así acuden al aparente corte que se produce en la última cena. Jesús dice a los discípulos terminado el discurso acerca de la paz: *"Levantaos, vamos de aquí"* (14:31). Pero el movimiento de ellos saliendo del lugar donde habían cenado, ocurre en 18:1. Entre los dos escritos se *incorporan* las enseñanzas de la última cena, por lo que consideran que el primer autor escribió seguido el relato y otro incorporó lo que aparentemente faltaba de las enseñanzas de Jesús en aquella ocasión. Pero, lo que no tienen en cuenta es que muchas veces ocurre que se da por terminado un tiempo y a modo de epílogo se producen palabras antes de salir definitivamente, es decir, Jesús dio por concluida la cena y se dispuso a salir con los discípulos, pero antes como un gran paréntesis pronunció lo que el autor recoge y luego salieron todos como se había propuesto.

Se argumenta también en esta misma línea que los discípulos de Juan el Bautista tenían que conocer quien era Jesús, puesto que les había sido presentado por él (1:29-34), sin embargo, dicen los *críticos*, que no sabían nada de su misión más adelante (3:26-30). La simple comparación resuelve el problema ya que Juan siguió su ministerio y sus discípulos apreciaron que las gentes le dejaban a él y seguían a Jesús. Otra *aparente* discrepancia la establecen en base a que el escritor dice que el *principio de señales*, consistente en la conversión del agua en vino, ocurrió en Caná de Galilea (2:11); luego el relato sitúa a Jesús en Jerusalén donde hizo muchas señales (2:23); sin embargo, más adelante se dice que el Señor hizo una segunda señal en el mismo lugar de Caná de Galilea (4:46, 54). Una lectura desprejuiciada resuelve la contradicción: Jesús hizo una primera señal *en Caná de Galilea*, otras en Jerusalén, y una segunda señal nuevamente en *Caná de Galilea*, que para ese lugar era realmente una segunda señal, ya que las otras tuvieron lugar en Jerusalén. De este modo recorren el texto del *Evangelio* buscando con lupa las aparentes contradicciones, cortes de redacción, etc. para demostrar lo indemostrable y negar la evidencia de la autoría del *Evangelio*.

Argumentan también sobre la aparente repetición de discursos o partes del discurso en el evangelio, como, según ellos, ocurre en 5:19-25, que se repite en 5:26-30. Lo mismo encuentran en el discurso del pan de vida (6:35-50), vuelven a repetirse a renglón seguido (6:51-58). Eso mismo ocurre en la enseñanza de 14:1-31, y la repetición en gran parte en 15:4-23.

Teoría del desplazamiento.

Frente a estos aparentes problemas los *críticos* proponen algunas teorías, entre las que se deben destacar la que llaman *desplazamientos accidentales*. De ese modo dicen que si se cambian el orden de algunos pasajes se obtiene una mejor ilación en el relato. Su propuesta establece la posibilidad de que algunos pasajes originales del *Evangelio* se desplazaron de lugar accidentalmente y fueron desordenadamente colocados lo que dio lugar a este aparente desorden en el *Evangelio*. Si se pregunta cuando se produjo el desplazamiento, la respuesta es, como todas las de la *Alta Crítica* mera suposición, afirmando que tuvo que haber ocurrido antes de difundirse el escrito y siempre después de la muerte de Juan o en ausencia de él, ya que si se le hubiera podido consultar, no aparecerían estos *desplazamientos accidentales*. Tal propuesta permite hacer al exégeta los ajustes que consideren necesarios reordenando el *Evangelio*. Tal ocurre con la propuesta de Wikenhauser, de invertir los capítulos 5 y 6 a fin de obtener una mejor concordancia geográfica. Otros van más allá procurando la reorganización de los capítulos 15 y 16, así como partes de los capítulos 3, 7, 19 y 12[16]. La reordenación de textos y capítulos tiene el problema de que estos reajustes reflejen los puntos de vista del comentarista. Además las teorías de los *desplazamientos* no explican siempre satisfactoriamente cómo se produjeron esas alteraciones. Como hace notar E. Brown:

"Los rollos pueden perder las hojas de los extremos, pero no es verosímil que las hojas interiores se mezclen unas con otras. Se ha sugerido que el rollo pudo deshacerse, quedando separadas las hojas que lo formaban al despegarse las junturas. Pero hemos de tener en cuenta que, con mucha frecuencia, en los rollos la escritura recubre las junturas, y si una de éstas se despega no resulta difícil volverla a unir.

Más recientemente, los investigadores han sugerido que el formato original del evangelio podía ser el de un códice o libro; en este caso, el riesgo de que se desprendan algunas hojas es mayor. Pero aun en el caso de que algunas hojas se desprendieran, no hubiera sido difícil restituir el orden anterior en lo que respecta a las hojas que no empezaran con una nueva frase y a la vez terminaran justamente con la conclusión de otra (pues las frases cortadas serían una buena clave para determinar el orden de las hojas)"[17].

La teoría del *desplazamiento accidental*, genera más problemas que aquellos que resuelve.

Teoría de las fuentes.

Sin llegar a un intento formal de una *teoría documental* como la planteada para el Pentateuco, los *críticos* hablan de la *teoría de las fuentes* para este *Evangelio*. Afirman que el escritor combinó varias fuentes independientes, por lo que quedarían resueltos los aparentes estilos dentro del escrito. Estas fuentes tuvieron necesariamente que haber sido escritas y trasladadas de ese modo al relato, ya que si se tratase de una tradición, el estilo que el redactor les daría sería el mismo que para el resto del *Evangelio*. No siendo suficientemente satisfactorio el argumento, se complementó con el de *distintas fuentes y distintos redactores*. Entre los que han propuesto esta teoría destaca Bultmann para el que se pueden distinguir tres fuentes en el *Evangelio*.

La fuente de los signos (*Semeia-Quelle*). El evangelista selecciona un determinado número de milagros hechos por Jesús. Estos

[16] Entre ellos Bernard.

[17] Raymond E. Brown. *El Evangelio según Juan*. Cristiandad. Madrid 1979.

relatos tuvieron que haber sido seleccionados de una colección mayor en la que se registraban los que fueron atribuidos a Jesús desde el principio de la Iglesia. Se supone la existencia de este material en la forma de presentar los milagros (cf. 2:11, 4:54), así como en la cita general a otras señales que no se han registrado en el *Evangelio* (cf. 12:37; 20:30). Bultmann cree que el relato del llamado y seguimiento de los discípulos (1:35-49), podía haber sido la introducción de la *fuente de los signos* o de *las señales*. Para él la fuente tenía que haber sido escrita o bien en arameo y traducida al griego, o en griego pero con notoria influencia semita (verbo antes del sujeto, falta de partículas de conexión, etc.). No debe olvidarse que Bultmann niega la historicidad de los milagros de Jesús, y puesto que es aparentemente más elaborada y desarrollada que el material de los sinópticos, se debe entender como la forma de fundamentar la fe cristiana en el poder de Jesús y reconstruir el relato del *Jesús de la fe*, en contraste con el real del *Jesús de la historia*. El primero de base mitológica.

La fuente de los discursos (*Offenbarungsreden*). De ésta tomó el escritor los discursos que se atribuyen a Jesús en el *Evangelio*. Esta fuente comenzaba por el prólogo y contenía discursos poéticos escritos en arameo. Estos discursos suponen para algunos *críticos* la evidencia de la influencia gnóstica en el cristianismo primitivo, que sin duda era también profesado por los discípulos de Juan el Bautista. Esta fuente fue traducida al griego, por el escritor o por otro, manteniendo la forma poética que tenía en el original. Según la propuesta crítica el traductor no sólo hizo la traducción sino que en ella procuró *desmitificar* o mejor *desmitologizar* los discursos atribuidos a Jesús. El objetivo era también el de presentar *supuestas* enseñanzas de Jesús, bases del pensamiento teológico cristiano, aplicándolas al *Jesús de la historia* y no al *Cristo de la fe*. De otro modo, lo que se enseñaba en el gnosticismo con la figura del hombre primordial, es enseñado por Jesús como el Revelador de Dios. La actualización cristiana de las formas griegas es, para los *críticos*, también evidente, ya que la referencia a un *hijo de perdición*, es aplicado en el cristianismo y trasladado al *Evangelio*, para Judas (17:12). A esta fuente se añaden algunos cambios y adiciones que se distinguen de ella en la forma de prosa y no poética.

La fuente de la pasión y resurrección. Sin duda tiene mucho en común con la fuente de los sinópticos e incluso algunos consideran que es la misma. Con todo Bultmann insiste en que el autor del *Evangelio* usó una fuente diferente con un material distinto. Los *críticos* dicen que el autor del relato usó las tres fuentes combinándolas de modo que sirviesen al propósito que buscaba con el escrito. Bultmann se atreve a sugerir que el autor del *Evangelio* había formado parte de un grupo gnóstico, posiblemente del de los discípulos de Juan el Bautista y que luego se convirtió al cristianismo. El griego del redactor tiene menos influencias semíticas que el de las fuentes que utilizó. Aparentemente según esta *propuesta* el redactor al combinar las fuentes produjo un escrito bastante desordenado, con un gran número de desplazamientos. Por tanto, Bultmann propone otra etapa, la final, que es trabajo de lo que llama *redactor eclesiástico*, dándole una mejor coordinación literaria y añadiéndole los elementos teológicos que faltaban al escrito. En parte logró su propósito pero dejó a pesar de todo muchos desplazamientos en el texto. La importancia de este *redactor eclesiástico* se aprecia, conforme a la propuesta, en el trabajo de reducir el sentido gnóstico que se apreciaba en la redacción de modo que fuese admisible para toda la Iglesia. El *redactor eclesiástico*, añadió alusiones al bautismo y las de tipo eucarístico (cf. 6:51-58), incluso usó algunas que se refieren al bautismo y a la eucaristía conjuntamente (cf. 19:34b-35). En cierto sentido el redactor también procuró armonizar este *Evangelio* con la tradición sinóptica.

Una simple observación deja en evidencia la propuesta de las fuentes, la de *signos* o *señales* y la de *discursos*, ya que las *señales* son inmediatamente interpretadas por el *discurso*. Así ocurre con la multiplicación de los panes, a la que sigue el discurso del pan de vida (cf. 6:1-40). Si se quieren seguir buscando otras *fuentes* podría sugerirse también una tradición primitiva sobre las *palabras de Jesús*. Ninguna de estas propuestas son verificables. La teoría de las fuentes ha sido cuestionada por los propios discípulos de Bultmann.

Teoría de las redacciones múltiples.

La *teoría* sostiene que el *Evangelio* en su redacción final es el resultado de diversas redacciones sobre el material básico hasta alcanzar la forma actual. La primera gran dificultad para sustentar la propuesta es que no puede determinarse cuantas redacciones hubo, ni por cuantas personas, o si se trató de un redactor que hizo varias. En general se supone la actuación de por lo menos dos redactores. Esta propuesta fue apoyada entre otros por Wellhausen.

La teoría de las redacciones múltiples, es tratada de distintos modos. Una de ellas, la más radical, afirma que el escrito inicial o las fuentes que lo formaron fue una redacción de un documento original al que se añadió una gran cantidad de materiales hasta darle una orientación totalmente nueva. La teoría de las fuentes concuerda con esta de la redacción radical, teniendo en cuenta que se trataría de combinar la fuente J^1 y la J^2. Para resumir la teoría de la redacción múltiple se traslada un párrafo de Raymond R. Brown:

"Un buen ejemplo de la teoría de las redacciones, que atribuye la reelaboración al mismo autor (el discípulo amado), es la de W. Wilkens, que ha propuesto tres etapas: 1) el Grundevangelium consistente en una narración de cuatro signos en Galilea y tres en Jerusalén; equivaldría a un libro de los signos (20:30); b) el evangelista añadió siete discursos a los signos; estos discursos tienen su propia prehistoria dentro de la obra del autor; c) esta colección mediante la transposición de tres relatos de la semana de Pascua a un escenario anterior (2:13-22; v, 51-58; 12:1-7), con lo que el motivo pascual se extendió a todo el evangelio. Entonces se produjo una considerable reordenación de versículos y una fragmentación de discursos. El evangelista pasó toda su vida haciendo estas sucesivas redacciones; un redactor final hizo algunas adiciones, por ejemplo, en el cap. 21"[18].

Otras teorías de redacción menos radicales sugieren dos. En la segunda se habrían añadido pasajes tales como 2:1-12; 4; 6 y 21, relacionados en gran parte con Galilea. De modo que la primera sería la propia de un evangelio para Judea, que luego, en la segunda se acomoda para que sirva también para Galilea. La primera redacción que sería el plan básico del evangelio debe atribuirse al apóstol Juan hijo de Zebedeo, que supervisó la redacción y permitió la incorporación de complementos. Luego una final relectura, acomodación y retoques procedió de Lucas, quien hizo la redacción final. La prueba de intervención lucana se sustenta en lo que consideran estilo de Lucas propio del capítulo 21 y en las adicciones que suponen se hicieron al prólogo.

Finalmente, para no extender esto más allá de lo necesario en los temas de introducción, una propuesta que ha tenido cierta acogida es la que asume Raymond E. Brown y que se sintetiza así: Se supone que hubo cinco etapas en la composición del evangelio. *Etapa primera.* En ella está el cuerpo de materiales tradicionales sobre los hechos y dichos de Jesús, semejante al de los sinópticos. *Etapa segunda.* Comprende el desarrollo de ese material adaptándolo a esquemas joánicos. El tiempo de esta segunda etapa pudo durar varias décadas. En ese tiempo los materiales fueron objeto de desplazamientos, selección, y reajustes hasta alcanzar la forma y el estilo de los relatos del evangelio. Esta

[18] Raymond E. Brown. o.c., pag. 34.

adecuación pudo hacerse en base a la predicación de la vida y obras de Jesús. Esta etapa fue decisiva para la formación de los materiales que están incorporados al evangelio. La existencia de diferencias en el estilo de redacción, sugieren que la predicación y enseñanza fue hecha por más de una persona. *Tercera etapa*. Comprende un tiempo indefinido en el que se formó la redacción final del evangelio. Suponiendo que en la etapa anterior hubo un predicador o teólogo que dio forma al bloque de materiales, puede suponerse también que éste fuese el redactor final del texto. Esto supondría una selección del material procedente de la predicación del apóstol. Si la predicación alcanza un indeterminado número de años, puede suponerse que hubo distintas formas para transmitir las palabras de Jesús, de ahí que circularan diferentes versiones de los discursos que se adaptaban a las necesidades de cada auditorio. *Cuarta etapa*. Se produce una redacción secundaria a cargo del evangelista. Esta pudo haber sido una tarea llevada a cabo a lo largo de su vida. En esta redacción se modificaron algunos pasajes y se añadieron otros. *Quinta etapa*. La nueva elaboración del texto o redacción final por una persona distinta a la del evangelista, pero muy vinculado a él, probablemente un discípulo suyo. Una de las aportaciones de este redactor fue preservar todo el material procedente de Juan en la segunda etapa que no había sido puesto en los escritos anteriores. Este material, procedente de las predicaciones del evangelista, no discreparía en cuanto a estilo del resto.

Cerrando el aspecto de las *redacciones múltiples*, no se puede por menos que hacer notar que siguen siendo meras propuestas empeñadas en evitar que la escritura del *Evangelio*, fuese exclusivamente del apóstol Juan. Ninguno de los que hacen estas y otras muchas propuestas que no se mencionan aquí, dan datos precisos para verificación histórica de lo que proponen. Todo erudito sabe que una propuesta para ser aceptada como veraz es necesario someterla a estudio y asentarlas sobre parámetros verificables que la demuestren, cosa imposible en las teorías *liberales*. Además, quienes formulan esto, son generalmente escépticos en cuanto a inspiración plenaria y por tanto a inerrancia y autoridad de la Biblia. Si la redacción de un libro del Nuevo Testamento, se produjo por *alguien* desconocido históricamente, en distintos tiempos, o *por algunos* indefinidos en un período de décadas, surge la pregunta de cuál es la parte inspirada y cual no. Las propuestas de la *Alta Crítica* o de la *Crítica Liberal*, conducen inexorablemente a desprestigiar lo que la Escritura es en sí misma: *Palabra inspirada por Dios* (2 Ti. 3:16; 2 P. 1:21).

Relación del evangelio con los sinópticos.
Uno de los argumentos que suelen darse para distinguir el *Evangelio según Juan* de los otros tres es su lejanía en cuanto a temas tratados y enseñanzas recogidas. En cierta medida se ha procurado hacer creer que el cuarto evangelio es un escrito totalmente distinto de los otros salvo pocas coincidencias, lo que supondría que el autor o autores, no podían ser de finales del s. I, sino posteriores incluso a la muerte del apóstol Juan. Baste acudir a una simple *armonía de los evangelios*, para darse cuenta de que esa afirmación no es correcta.

Los pasajes exclusivos del *Evangelio según Juan*, son los siguientes:

1:19-36	El testimonio de Juan el Bautista.
1:35-49	El llamamiento de cinco discípulos.
2:1-11	El agua convertida en vino.
2:13-25	La primera pascua.
2:13-17	La purificación del templo.
3:1-21	Enseñanza sobre el nuevo nacimiento.
3:22	Ministerio inicial en Judea.
4:4-26	El agua de vida.
4:28-42	La respuesta de los samaritanos.
5:1	La segunda pascua.
5:2-9	Sanidad del cojo en el estanque de Betesda.
5:17-47	Enseñanza sobre su Deidad.
6:25-59	Enseñanza sobre el pan de vida.
6:60-71	Defección de algunos discípulos.
7:10-53	Enseñanza en la fiesta de los tabernáculos.
8:1-11	La mujer adúltera.
8:15-58	Enseñanza sobre la relación paterno-filial.
9:1-41	Sanidad del ciego de nacimiento.
10:1-17	Parábola del buen pastor.
10:22-40	La fiesta de la dedicación.
10:39-42	El viaje al otro lado del Jordán.
11:1-46	La resurrección de Lázaro.
11:54	Retiro a la ciudad de Efraín.
12:20-36	La visita de los griegos.
12:37-50	Enseñanza acerca de la incredulidad.
13:1-17	Jesús lava los pies de los discípulos.
14:1-31	Palabras de despedida de Jesús.
14:2-3	Promesa de una morada para los creyentes.
15:1-11	Parábola de la vid verdadera.
15:26	Compromiso de enviar al Espíritu Santo.
16:7-15	La promesa del Espíritu Santo.

17:1-26 La oración de intercesión.
20:2 María encuentra la tumba vacía.

Haciendo un recuento sin prejuicio se aprecia que las diferencias no son tantas y tan destacadas. Simplemente se nota que de todos los milagros que Jesús hizo, Juan eligió algunos de los que no estaban en los sinópticos.

Algunos expertos consideran que Juan no usó los sinópticos, y especialmente Marcos como fuentes para la confección del *Evangelio según Juan*, de este modo traslada el Dr. Barret una referencia a un artículo de D. M. Smith y R. Kysar, en donde este último aprueba y se identifica con la propuesta del primero:

"Primero, Juan no se inspiró en los evangelios sinópticos, aunque bien pudo haber tomado algunos de sus materiales de una tradición más o menos estrechamente relacionada con la tradición oral que sirvió de base a los sinópticos. Segundo, da la impresión que se ha despertado un cierto interés por el género de discursos característicos de Juan. Y tercero, parece que se ha aceptado el trasfondo fundamentalmente semítico de la tradición de Juan, debido (al menos, en parte) a los descubrimientos de Qumrán"[19].

La pregunta es inevitable: ¿Utilizó Juan los sinópticos y, por tanto, los conocía? La respuesta dependerá en gran parte de la posición de quien la de. Algunos empeñados en la datación temprana del evangelio, afirmarán que no los conocía. Otros, una gran mayoría, que lo datan más tarde, incluso después de haber escrito el Apocalipsis, dirán que los conocía. Sin duda los evangelios sinópticos fueron escritos antes que el de Juan y algunos, como el de Marcos, circulaban ya por las iglesias del Norte de África. Es, pues, muy difícil que Juan no hubiera conocido los textos. La idea de que Marcos ha sido el primer evangelio, se ha extendido y casi tomó condición de dogma histórico, sin embargo, estoy convencido que los evangelios se han producido en el orden en que aparecen en la Biblia[20].

Siendo idea generalizada de que Marcos es el primer evangelio, lo tomaremos ahora para argumentar que Juan conocía los sinópticos. En todos aquellos lugares –que son muchos- en los que Juan coincide

---

[19] Charles Kingsley Barret. o.c., pág. 40.

[20] Ver introducción a los evangelios según Mateo, Marcos, y Lucas, en los respectivos lugares de esos libros de esta misma serie.

con Marcos, se da por sentado que la fuente principal para la redacción del *Evangelio* ha sido esta. Con todo, aun aceptando esto, surge una nueva pregunta ¿cómo utilizó Juan ese documento? La respuesta no podría ser otra que Juan usó el material de Marcos dándole la forma que convenía a su propósito al escribir el *Evangelio*, omitiendo bastante material que no le era preciso usar y añadiendo otro que no estaba en el *Evangelio según Marcos*. Cada vez que usó esa fuente tomó incluso algunas palabras, pero aún así los materiales quedaban sujetos a su propia estructura y al fin que se proponía con el escrito. Los materiales tomados de Marcos son incorporados en un entorno de *discursos* de Jesús que conviene al evangelista, siendo este estilo característico de Juan y sin paralelo en los sinópticos.

Con todo, aunque Juan conociera, que sin duda fue así, los otros evangelios, es evidente que la mayor parte de las enseñanzas de Jesús se presentan en una forma totalmente distinta que en los sinópticos. En lugar de sentencias o parábolas, se comunican mediante largos discursos que son típicos de este escrito. Pero, eso no significa que no se mencionen en los otros tres evangelios, sino que están presentes en otra forma expresiva en ellos. La larga enseñanza sobre el pan de vida, que no aparece así en los sinópticos, no es, sin embargo desconocida en ellos, puesto que el establecimiento de la ordenanza de la Cena del Señor, Marcos usa las palabras referidas al pan, *"esto es mi cuerpo"* (Mr. 14:22). Aunque en los sinópticos no figura el lavamiento de los pies, la conclusión que traslada allí Juan subyace en las palabras de Jesús recogidas por Lucas: *"Porque, ¿cuál es mayor, el que se sienta a la mesa, o el que sirve? ¿No es el que se sienta a la mesa? Mas yo estoy entre vosotros como el que sirve"* (Lc. 22:27), dichas en el mismo entorno temporal del relato de Juan. Otro ejemplo: El Señor anuncia a los discípulos que serían odiados por el mundo y rechazados por él (15:18-21), esto concuerda con la última bienaventuranza en donde el Señor enseña lo mismo en el *Sermón de la Montaña* (Mt. 5:11 s.; Lc. 6:22 s.). Todo esto permite alcanzar la conclusión de que el relato de los *cuatro evangelios*, es semejante y complementario. Si Juan tenía los otros tres relatos, o alguno de ellos, no cabe duda que pudo haberse servido de los escritos para dar forma cronológica al relato que él escribía. Si usó como una de sus fuentes los materiales sinópticos, es evidente que no se sujetó a ellos, sino que los usó libremente. Teniendo nosotros los cuatro relatos, es fácil separar ahora al armonizarlos las diferencias que hay entre ellos, pero, no permite establecer una determinada dependencia entre el de Juan y los otros restantes. A esta conclusión sigue indudablemente otra: No se puede establecer con justificación real que Juan usara otras fuentes distintas a las que usaron los sinópticos. Con mucha probabilidad el desarrollo de los *evangelios*, descansa en el modo general de la tradición catequética de la Iglesia en relación con la Persona y obra de Jesucristo.

Los materiales que aparecen sólo en Juan presentan una estructura narrativa muy semejante a la de los sinópticos, por lo que algunos plantean la posibilidad de que estuvieran presentes en el *Hur-Marcus*, y que no fueran escritos por Marcos en la redacción del *Evangelio*. Ya se ha tratado lo suficiente como tema introductorio las muchas propuestas que parten de la *Alta Crítica*, para entrar aquí nuevamente en ello. Tal vez sólo hacer notar que la coincidencia en hechos análogos entre Marcos y Juan es evidente, sobre todo en el hecho de aparecer en el mismo orden; a modo de ejemplo:

	Marcos	Juan
Actividad y testimonio de Juan el Bautista	1:4-8	1:19-36
Viaje a Galilea	1:14 s.	4:3
Multiplicación de los panes	6:34-44	6:1-13
Jesús camina sobre las aguas	6:45-52	6:16-21
Testimonio de Pedro	8:29	6:68 s.
Viaje a Jerusalén	9:20 s. 10:1, 32, 46	7:10-14
Entrada en Jerusalén	11:1-10	12:12-15
Unción en Betania	14:3-9	12:1-8
Última cena y anuncio de la traición y negación	14:17-26	13:1-17, 26
Arresto de Jesús	14:43-52	18:1-11
Muerte y resurrección	14:53-16:8	18:12-20:29.

Como hace notar el Dr. Barret, entre algunos de los pasajes citados antes hay sorprendentes semejanzas verbales en la expresión como se puede apreciar según la lista que estableció[21]:

Mr. 1:7: ἔρχεται ὁ ἰσχυρότερος μου ὀπίσω μου, οὗ οὐκ εἰμὶ ἱκανὸς κύψας λῦσαι τὸν ἱμάντα τῶν ὑποδημάτων αὐτοῦ
Jn. 1:27: ὁ ὀπίσω μου ἐρχόμενος, οὗ οὐκ εἰμὶ [ἐγὼ] ἄξιος ἵνα λύσω αὐτοῦ τὸν ἱμάντα τοῦ ὑποδήματος.

[21] Charlos Kingsley Barret. o.c., pág. 79 s.

Mr. 6:37, 38, 43, 44: ... ἀπελθόντες ἀγοράσωμεν δηναρίων διακοσίων ἄρτους... πέντε, και; δύο ἰχθύας... ἦραν κλάσματα δώδεκα κοφίνων πληρώματα... πεντακισχίλιοι ἄνδρες.
Jn. 6:7, 9, 10, 13: διακοσίων δηναρίων ἄρτοι... πέντε ἄρτους κριθίνους καὶ δύο ὀψάρια... οἱ ἄνδρες τὸν ἀριθμὸν ὡς πεντακισχίλιοι... δώδεκα κοφίνους κλασμάτων.

Mr. 6:50: ... θαρσεῖτε, ἐγώ εἰμι· μὴ φοβεῖσθε.
Jn. 6:20: ... ἐγώ εἰμι· μὴ φοβεῖσθε.

Mr. 8:29: σὺ εἶ ὁ χριστός.
Jn. 6:69: σὺ εἶ ὁ ἅγιος τοῦ θεοῦ.

Mr. 11:9, 10: ὡσαννά· εὐλογημένος ὁ ἐρχόμενος ἐν ὀνόματι κυρίου· εὐλογημένη ἡ ἐρχομένη βασιλεία τοῦ πατρὸς ἡμῶν Δαυίδ·
Jn. 12:13: ὡσαννά· εὐλογημένος ὁ ἐρχόμενος ἐν ὀνόματι κυρίου, [καὶ] ὁ βασιλεὺς τοῦ ᾿Ισραήλ.

Mr. 14:3: ἔχουσα ἀλάβαστρον μύρου νάρδου πιστικῆς πολυτελοῦς,
Jn. 12:3: λαβοῦσα λίτραν μύρου νάρδου πιστικῆς

Mr. 14:5: ἠδύνατο γὰρ τοῦτο τὸ μύρον πραθῆναι ἐπάνω δηναρίων τριακοσίων καὶ δοθῆναι τοῖς πτωχοῖς·
Jn. 12:5: διὰ τί τοῦτο τὸ μύρον οὐκ ἐπράθη τριακοσίων δηναρίων καὶ ἐδόθη πτωχοῖς·

Mr. 14:7, 8: πάντοτε γὰρ τοὺς πτωχοὺς ἔχετε μεθ' ἑαυτῶν καὶ ὅταν θέλητε δύνασθε αὐτοῖς εὖ ποιῆσαι, ἐμὲ δὲ οὐ πάντοτε ἔχετε. ὃ ἔσχεν ἐποίησεν· προέλαβεν μυρίσαι τὸ σῶμα μου εἰς τὸν ἐνταφιασμόν
Jn. 12:7, 8: εἶπεν οὖν ὁ ᾿Ιησοῦς· ἄφες αὐτήν, ἵνα εἰς τη;ν ἡμέραν τοῦ ἐνταφιασμοῦ μου τηρήσῃ αὐτό· τοὺς πτωχου;ς γὰρ πάντοτε ἔχετε μεθ' ἑαυτῶν, ἐμὲ δὲ οὐ πάντοτε ἔχετε.

Mr. 14:18: ἀμὴν λέγω ὑμῖν ὅτι εἷς ἐξ ὑμῶν παραδώσει με.
Jn. 13:21: ἀμὴν ἀμὴν λέγω ὑμῖν ὅτι εἷς ἐξ ὑμῶν παραδώσει με.

Mr. 14:30: ἀμὴν λέγω σοι ὅτι συ; σήμερον ταύτῃ τῇ νυκτὶ πρὶν ἢ δὶς ἀλέκτορα φωνῆσαι τρίς με ἀπαρνήσῃ.
Jn. 13:38: ἀμὴν ἀμὴν λέγω σοι, οὐ μὴ ἀλέκτωρ φωνήσῃ ἕως οὗ ἀρνήσῃ με τρίς.

Mr. 14:47: εἷς δέ [τις] τῶν παρεστηκότων σπασάμενος τὴν μάχαιραν ἔπαισεν τὸν δοῦλον τοῦ ἀρχιερέως καὶ ἀφεῖλεν αὐτοῦ τὸ ὠτάριον.

Jn. 18:10: Σίμων οὖν Πέτρος ἔχων μάχαιραν εἵλκυσεν αὐτὴν και; ἔπαισεν τὸν τοῦ ἀρχιερέως δοῦλον καὶ ἀπέκοψεν αὐτοῦ το; ὠτάριον τὸ δεξιόν.

Mr. 15:26: ὁ βασιλεὺς τῶν Ἰουδαίων.
Jn 19:19: Ἰησοῦς ὁ Ναζωραῖος ὁ βασιλεύς τῶν Ἰουδαίων.

Es evidente que existe una gran identidad en el uso verbal de las fórmulas anteriores entre Marcos y Juan. Con todo, no significa necesariamente que Juan tuviese delante el texto del *Evangelio según Marcos*, si bien es casi seguro que lo conocía y, posiblemente, había visto que el esquema era adecuado para el propósito del *Evangelio* que iba a escribir. Si además Juan tuvo delante o conocía el relato de Marcos –o de otros de los sinópticos- no es extraño que en el recuerdo de sus experiencias con Cristo, usara las mismas expresiones de aquellos, que se ajustaban a la narración de lo que había acontecido.

Podría extenderse esta discusión sin que se pueda llegar a una conclusión que establezca la dependencia de Juan con respecto a los sinópticos. Pero, es interesante apreciar no tanto una dependencia pero sí una semejanza que también se aprecia entre Juan y Lucas, que es mucho más escasa que la que se aprecia entre Juan y Marcos. Eso confirma la consideración anterior de la construcción de un relato sobre aspectos de la vida y obra de Cristo, con un determinado propósito, en donde Juan procura referirse a hechos que no han sido objeto de los sinópticos. Entre Lucas y Juan hay ciertas identidades, como son:

1) *Personas*. Sólo Juan y Lucas hacen referencia a las hermanas de Lázaro por sus nombres, Marta y María, siendo Juan el único que menciona al hermano de ellas por nombre. Sólo Lucas y Juan hacen referencia a Anás, el sumo sacerdote.

2) *Detalles*. Tanto Juan como Lucas dicen que la traición de Judas se debió a estar poseído, o por lo menos bajo el control de Satanás, que había entrado en él (Lc. 22:3; Jn. 13:2, 27; cf. Jn. 6:70). Tanto Lucas como Juan relatan la negación de Pedro como algo que ocurrió durante la celebración de la última cena, y no después, como aparece en el relato según Marcos (Mr. 14:30; Lc. 22:34; Jn. 13:38). Juan precisa que Malco, el criado del sumo sacerdote fue herido en la oreja derecha. Otra diferencia está en que según Juan son dos los ángeles que se presentan en la mañana de la resurrección junto al sepulcro de Jesús, y no uno, como ocurre en Marcos (Mr.16:5; Jn.20:12).

3) *Diferencias en aspectos históricos.* Este es uno de los argumentos contrarios a la dependencia de fuentes que los *liberales* pretenden establecer para hablar de dependencia de los sinópticos. La comparación desprejuiciada entre Juan y los otros tres evangelios, pone de manifiesto un notable contraste entre las dos presentaciones de los evangelios. Los sinópticos, especialmente Marcos, colocan el inicio del ministerio de Jesús, luego del bautismo de Juan, con una gira por distingos lugares de Galilea, mientras que el de Juan presenta el inicio de este ministerio en Judea y Jerusalén, apuntando a distintas visitas a Jerusalén para la celebración de las fiestas judías (2:13; 5:1; 7:10). El centro de la actividad de Jesús en este *Evangelio*, es Jerusalén y no Galilea. Es de notar que todos los relatos de los evangelios, no tienen tanto interés en una cronología como en una presentación armónica de Jesús y su obra para que sea conocido como el Salvador del mundo. Estas aparentes discrepancias se solucionan teniendo en cuenta el propósito que tenían los evangelistas al escribir. Es notable observar que mientras los sinópticos ofrecen un relato histórico enlazando enseñanzas en dependencia directa del acontecimiento que describen, Juan establece el relato rodeándolo con los discursos que tienen, en alguna medida, relación con el hecho o que fueron dados en el entorno temporal del acontecimiento. Estos discursos son una forma de comentario teológico del hecho ocurrido. En cuanto a la aparente discrepancia entre Juan y los sinópticos en relación con la presencia remarcada de Jesús en Jerusalén, se aprecia en Marcos que hay indicios de más visitas del Señor a Jerusalén que las que él concreta en su relato. Además en la lectura de Juan, se aprecian indicios de que éste conocía viajes decisivos de Jesús, primero a Galilea y luego a Judea, apreciándose coincidencias con los relatos sinópticos.

Se aprecian ciertas aparentes divergencias entre otras en lo que tiene que ver con la prisión de Juan el Bautista y la presentación de éste como el profeta esperado antes de la venida del Mesías (Mt. 11:14; 17:13; Mr. 9:13), pero en el *Evangelio según Juan*, se niega absolutamente que Juan fuese Elías (1:21).

Otra diferencia histórica importante entre Juan y los sinópticos, especialmente Marcos, está en los motivos que impulsaron a los líderes religiosos en una acción decidida contra Jesús, en los sinópticos se establece una estrecha vinculación con la purificación del templo (Mr. 11:18). Sin embargo, Juan no se refiere en su evangelio a esta purificación del templo, haciendo notar que la razón de la actuación contra Jesús fue especialmente el milagro de la resurrección de Lázaro (11:53).

Es necesario referirse a las diferencias de Juan con los sinópticos que alcanzan un significado teológico importante. Los sinópticos Mateo y Lucas dedican un amplio espacio para referirse a la concepción virginal de Jesús, ausente totalmente en el *Evangelio según Juan.* Ahora bien, esta diferencia es también aparente, puesto que si bien no hace mención directa a la encarnación del Verbo, sí está presente en el prólogo desde el que se presenta a Jesús como el eterno preexistente que haciéndose hombre viene al mundo de los hombres (1:1, 14).

También ocurre esto con los relatos del bautismo de Jesús por Juan el Bautista, la tentación que siguió al bautismo y la transfiguración, que no son tenidos en cuenta en el relato de Juan. Sin embargo, hay referencias al acontecimiento sin describirlo, como es el testimonio que asigna al Bautista sobre como vio descender sobre Jesús el Espíritu como paloma, que no pudo ser sino en el bautismo, según los sinópticos (1:32-34). Igual ocurre con la referencia al testimonio del cielo, que debe ser identificado con la transfiguración (12:27-30). Es evidente que sin hacer referencia directa al bautismo o a la transfiguración, ambos sucesos estuvieron en la mente de Juan al escribir el *Evangelio.*

Podría extenderse las diferencias y buscar la solución a esas aparentes discrepancias, pero tal cuestión excede en todo a la introducción necesaria en un comentario al texto bíblico del *Evangelio según Juan.* Tan solo como reflexión final, la Cristología en Juan alcanza niveles muy altos en la expresión de la verdad de que Jesús de Nazaret es Dios manifestado en carne. Esto se pone de manifiesto en el concepto *Logos*, el Hijo de Dios, dándole a este título un contenido que no está tan marcado en los otros tres evangelios. Alcanzándose este sentido en la relación ontológica que presenta de Jesús con el Padre, relación que no está en el plano humano, sino en el Divino, como afirma Jesús: *"Yo y el Padre uno somos"* (10:30). Junto con la manifestación de una verdad no conocida con esa precisión en el Antiguo Testamento, está el perfecto equilibrio que Juan tiene sobre que Jesús es una Persona Divino-humana, ya que a la afirmación de igualdad divina en el Seno Trinitario, sigue la manifestación de limitación en el plano de su humanidad, que no se contrapone, sino que complementa la pregunta sobre quien es Jesús, así dice que en el plano de su humanidad: *"El Padre mayor es que yo"* (14:28). Frente a las referencias a la concepción virginal de Jesús, Juan supera lo puramente humano y visible para remontarse al nivel ontológico que nos permite conocer a Jesús basado en *lo que hace*, pero entendemos que lo que hace es posible por *lo que es.* Juan expresa a Cristo no sólo como *un* hombre, sino como el Verbo encarnado. Es cierto que en alguna medida se pierde un poco el aspecto humano de Jesús que se resalta en los sinópticos, pero gana en expresión de la verdad teológica de Jesús como el Logos encarnado.

La teología de Juan y la de Pablo.

Sorprende gratamente al lector del Nuevo Testamento, la asombrosa precisión y la plena identificación de la teología de Juan y la de Pablo. No en vano éste subió a Jerusalén para mostrar entre los que se llamaban *columnas de la Iglesia*, que eran Santiago, Pedro y Juan, lo que predicaba (Gá. 2:1, 2, 9), coincidiendo plenamente su enseñanza con la los otros apóstoles. Algunos aspectos identificativos con las enseñanzas teológicas de Juan y Pablo, son fáciles de establecer.

Juan declara que la salvación sale o viene de los judíos (4:22), coincidiendo plenamente con la enseñanza de Pablo que sitúa a Israel como depositario de las promesas de Dios y comunicador y custodio de la Palabra, enseñando que de los judíos, según la carne, viene Jesús (Ro. 9:4 s.). Para los dos apóstoles la verdad de la unicidad de Dios está presente en sus escritos. Este Dios, cuya santidad trasciende cualquier tiempo, cualquier ser o cualquier circunstancia es también el Soberano que establece, determina, ejecuta y otorga la salvación al pecador, sobre la base de la obra redentora de Jesucristo, por tanto, el Creador es también el principio y el fin de la salvación (Jn. 6:44; 15:16; Ro. 9:14-18). Juan describe aspectos del relato sintético de la vida humana de Jesús. La misión de Pablo en sus escritos no es ésta, pero, hace notar que el Salvador del mundo tuvo una vida humana, marcada por las limitaciones propias del hombre que en ella, como vehículo, puede entregarla en sacrificio sustitutorio en la Cruz, al que Dios resucitó de los muertos y coronó de gloria y de honra, sentándolo a Su diestra y dándole en Su Nombre, plena autoridad sobre cielos y tierra, ante quien se dobla toda rodilla (Fil. 2:6-11).

Ambos, Juan y Pablo, hacen una extensa referencia a la Persona y obra del Espíritu Santo, poniendo acento en que la salvación que comprende la regeneración, el nuevo nacimiento y la esperanza de gloria, son resultados de la acción del Espíritu. Juan en las enseñanzas registradas en el *Evangelio* y Pablo en muchas de sus epístolas, enseñan la necesidad de dependencia del Espíritu en el creyente y en la evangelización. Para ambos la vida cristiana se desarrolla en la dependencia de fe y en el amor. El énfasis de Juan en este sentido es claro al establecer en uno de los discursos de Jesús lo que el Señor llamó el nuevo mandamiento (Jn. 13:34; Ro. 5:5; 1 Co. 13:1 ss.).

Las coincidencias son evidentes. No podía ser menos, puesto que la verdad bíblica es una sola, aunque sea expresada con distintas palabras y en un entorno histórico, cultural y eclesial diferente. Una de las verdades esenciales de la vida cristiana es la posición del creyente en Cristo. Esta frase *en Cristo*, es notable en los escritos de Pablo, pero no es menos notable en el *Evangelio según Juan*, en donde el Señor manda a los suyos para que *permanezcan en Él*, porque *separados de Él*, no podrán hacer nada (15:2, 4, 5, 6, 7).

Ni que decir tiene sobre la *escatología*. Pablo dedica espacio en sus escritos para referirse a la Segunda Venida y a la glorificación de los creyentes (Ro. 13:11-14; 1 Co. 15:2-28, 50-55; Fil. 4:5; 1 Ts. 4:13-18) asunto centrado también en los *discursos* de la última cena (14:1-4, 18, 28).

Supuestas influencias en la teología de Juan.

En el deseo de los *críticos* de asentar las bases que permitan negar la autoría del evangelio, algunas de las cuales se han considerado antes, buscaron supuestas influencias del exterior que hubiesen condicionado el pensamiento del escritor. Es interesante apreciar que el sistema de *Alta Crítica*, procura cerrar cualquier puerta que permita sustentar la autoría de los libros de la Biblia en general, de modo que se ponga en duda el autor mencionado en el texto o que ha sido aceptado históricamente por la Iglesia. Supuesto que sus argumentos pudieran impedir el propósito, tratan de buscar pruebas que condicionen el pensamiento del libro, sea cual sea, a fin de mantener sus propuestas anti-autor. Ocurre de este mismo modo con el *Evangelio según Juan*. Después de presentar dudas sobre el escritor, buscaron también supuestas influencias externas que pudieran ser origen de algunas enseñanzas contenidas en el texto. Para los *críticos*, el evangelio de Juan presenta a un Jesús que es, esencialmente, motivo de división de la humanidad en la relación que adopten hacia su Persona. Este reflejo que se hace constar como *histórico*, está influenciado por la visión que el autor tiene de Jesús, lo que le conduce a modificar hechos, establecer o incluso inventar pruebas como milagros, cambiar enseñanzas en los discursos, etc. etc. Es decir, debe descubrirse que hizo el evangelista de su parte para presentar esta imagen de Jesús. Algunos, los menos críticos, están dispuestos a aceptar que debido a la sintonía del autor con Jesús, vio y expresó lo que otros no podían hacer. Pero, la más contundente crítica afirma que la imagen que Juan da de Jesús es una creación personal suya, que en muchas ocasiones deja de ser *histórica* y que no es otra cosa que una visión histórico-teológico que tenía de lo que debía ser Jesús para la fe. Esta postura tiene necesariamente algunos condicionantes externos contra los que se luchaba en el tiempo del escrito. Algunos de estos serían asumidos y presentados como aspectos de la enseñanza de Jesús. Estas áreas de influencia socio-religiosa, se pueden agrupar fundamentalmente en tres: El judaísmo, el gnosticismo y el helenismo.

La teoría de la influencia gnóstica en el *Evangelio según Juan*, fue defendida y popularizada por la escuela de la *Historia de las Religiones*, entre quienes pueden destacarse a Bousset y Reitzenstein. Esta escuela de pensamiento tuvo una notable influencia a principios del siglo pasado, estando hoy en vías de abandonarla, como muchos de los principios *liberales*, incapaces de formalizar propuestas que puedan ser demostradas, manteniendo tan solo lo que son *teorías* y levantando sospechas, procuran negar la autoría y datación de los libros de la Biblia.

Influencia del gnosticismo.

Se ha dado en llamar *gnosticismo cristiano* a ciertas aparentes relaciones expresadas por Juan en el *Evangelio* e incorporadas al mismo como elementos de la fe cristiana. Sin duda hubo un movimiento llamado *cristiano* que aceptó algunas proposiciones gnósticas y que fue denunciado enérgicamente por los Padres de la Iglesia. Este movimiento gnóstico tuvo la mayor manifestación durante el s. II. Si se fecha el *Evangelio*, como se considerará más adelante entre los años 90-100, es difícil que haya podido estar bajo esa influencia. Los *críticos* hablan de un gnosticismo precristiano, de un gnosticismo judío, aplicando este calificativo a la supuesta *teología de Qumrán*. Estas proposiciones fueron posibles por la escasa documentación escrita que había sobre el gnosticismo de los primeros siglos de la Iglesia, lo que dejaba lugar a un gran número de hipótesis. En base a la ausencia de justificación documentaria se reconstruía el pensamiento gnóstico basándose en la apologética patrística que iba dirigida contra él.

En el año 1947 se produjo el descubrimiento de un grupo de documentos gnósticos, en la ciudad egipcia de Chenoboskion, que produjo una inflexión en la línea de pensamiento. Uno de los libros gnósticos es el *Evangelio de la Verdad*, una traducción copta de un texto griego de la escuela del gnosticismo valentiniano, compuesta por el mismo Valentín. Inmediatamente los *críticos* comenzaron una cruzada para demostrar la influencia de este gnosticismo con el *Evangelio según Juan*. Para ello recurrieron a lo que es habitual en ellos, establecer un estudio comparativo semántico-ideológico entre ambos documentos. Este estudio permitió encontrar palabras comunes en los dos escritos y presentar la propuesta de que Juan estuvo influenciado por el gnosticismo incipiente de los primeros años del cristianismo. Algunos eruditos como Braun, Quispel, Barret, etc. siguiendo el mismo método encontraron profundas diferencias entre el evangelio gnóstico y el de Juan. El Dr. Raymond E. Brown, refiriéndose a Brau, escribe lo siguiente:

"Este autor ha dedicado también un artículo a comparar Juan con otro documento de Chernoboskoi, el Evangelio de Tomás. El gnosticismo de esta obra no está tan desarrollado como el del Evangelio de la Verdad; Tomás podrá describirse más bien como gnóstico incipiente. Sin embargo, también en este caso hay una considerable distancia con respecto a Juan, pues en Tomás se utilizan términos característicos de Juan, pero con un sentido completamente distinto del joánico. Si entre ambos hay alguna dependencia, está sería completamente indirecta, además de que su sentido sería de Tomás con respecto a Juan"[22].

Esto pondría las propuestas de los *críticos* de influencia gnóstica en el *Evangelio según Juan*, fuera de lugar.

Con todo no cesan de presentar argumentos que favorecen las propuestas de influencia gnóstica, hablando de un gnosticismo elemental menos desarrollado que llaman *gnosticismo precristiano*. Uno de los defensores de esta postura es Bultmann, cuya escuela no tiene reparo alguno en afirmar que la *Fuente de los Discursos* era de tendencia gnóstica y que Juan, el escritor del *Evangelio*, que por supuesto no era el apóstol, había sido un gnóstico[23]. Como una gran parte de los *críticos* el término *mitologización*, como su antónimo *desmitologización*, están muy presentes. En este caso para proponer que Juan, el escritor, *desmitologizó* la fuente gnóstica para adecuarla al cristianismo, pero, a causa de la ausencia documentaria, se recurre a un proceso inverso para descubrir el gnosticismo que supuestamente había en ella. Bultmann habla de un gnosticismo oriental, diferenciándolo del posterior más relacionado con la filosofía griega. En este supuesto gnosticismo oriental, hay ideas que se comparten en el evangelio, como es la de luz y tinieblas, pero falta una especulación sobre el origen de las tinieblas y, por tanto, el origen del mal. Este gnosticismo esta influido

[22] Raimond E. Brown. o.c., pág. 60.
[23] Para esta posición cf. *Primitive Christianity*, Nueva York 1957, pág. 162-171.

por el judaísmo, donde puede apreciarse la influencia del Antiguo Testamento para asentar que Dios es el vencedor sobre la esfera del mal.

Recurriendo nuevamente al Dr. Brown, trasladamos un párrafo de su libro *El Evangelio según Juan*:

"Entre todas las doctrinas de este gnosticismo reconstruido por Bultmann quizá la más importante sea el mito redentor. Tal como puede verse en los documentos gnósticos posteriores, este mito presupone la existencia de un Urmensch, un hombre original, imagen de luz y bondad, que fue separado y dividido en pequeñas partículas de luz. Estas partículas, como almas humanas, fueron diseminadas en un mundo de tinieblas; los demonios se encargaron de hacerles olvidar sus orígenes celestes. Entonces Dios envió a su Hijo en forma corporal para despertar a estas almas, liberarlas de sus cuerpos y de las tinieblas y hacerlas retornar a su patria celeste. Para ello les proclamó la verdad y les dio el verdadero conocimiento (gnosis) que les ayuda a encontrar su camino de retorno. Bultmann encuentra en el trasfondo los discursos joánicos rastros de este mito. La figura ahora historizada como Jesús fue antes el redentor gnóstico y el revelador celeste. En la fuente de los Discursos de Revelación, este redentor era preexistente (Jn. 1:1), pero se hizo carne (1:4) y finalmente retornó a Dios (1:9; 8:12); él era el camino hacia Dios (14:6). El paráclito es otra faceta del mito gnóstico"[24].

No hay duda de que Bultmann llega a estas y otras conclusiones desde una posición incorrecta, asumiendo inicialmente el gnosticismo de Juan y buscando luego argumentaciones que lo puedan sustentar en el contenido del *Evangelio*. Si existieron estas ideas en un gnosticismo del tiempo cristiano, no hay evidencia alguna que Juan estuviese influido por ellas. Es necesario entender claramente que estas *supuestas* relaciones del escritor con el gnosticismo se sustentan en base a negar la autoría del evangelio, ya que si se trata del apóstol Juan, que recibió la doctrina cristiana de Jesús mismo, no sería posible una desviación en ese sentido, que sí podría serlo en caso de que el autor fuese otro Juan y no el apóstol. Es necesario que los lectores observen el enorme peligro que supone la negación de la autoría bíblica que algunos toman como asunto sin importancia y lo que es más lamentable, mientras los *críticos* desandan el camino, algunos llamados *evangélicos* siguen transitando por él sabiendo que no puede sustentarse.

---

[24] Raymond E. Brown. o.c., pág. 61.

Influencia del judaísmo.

En tres aspectos debe considerarse esta supuesta influencia: La que procede del Antiguo Testamento; la que se toma del judaísmo rabínico; la que procede de Qumrán. El texto de Juan es el que menos citas tiene directamente tomadas del Antiguo Testamento, en comparación con los sinópticos. Sin embargo el pensamiento de las grandes corrientes teológicas del Antiguo Testamento están más presentes en Juan que en los sinópticos. Tal ocurre en la presentación de Cristo en el *Evangelio*, concordante con las esperanzas y, en cierto modo aunque en pocas personas, las expectativas mesiánicas. Jesús es presentado como Mesías, Siervo de Jehová, Profeta y Rey de Israel, todo ello en consonancia con lo anunciado de él por los profetas. Es interesante notar también las referencias a Moisés que aparecen en el texto del *Evangelio*, especialmente en relación con enseñanzas de Jesús y referencias a milagros divinos del tiempo del tránsito de Israel por el desierto después de la liberación del Éxodo. Juan recoge el discurso de Jesús sobre el pan de vida, en el que se alude directamente al maná en el desierto (6:48-51). Con todo, no debiera servir esto como base para proponer una influencia del judaísmo del Antiguo Testamento en Juan, ya que este recoge los discursos de Jesús que no son compuestos por él, sino trasladados de las palabras del Señor. De las catorce citas directas que Juan hace del Antiguo Testamento, siete son tomadas de los profetas, cinco de Isaías y dos de Zacarías.

Nada tiene de extraño la relación de Juan con los libros proféticos, porque como se aprecia en Apocalipsis gran parte de la revelación del texto está tomada de pasajes proféticos del Antiguo Testamento especialmente de los que tienen que ver con el *Día de Jehová*. Afirmar que el texto bíblico del Antiguo Testamento muestra una *influencia* en el pensamiento de Juan es simplemente afirmar una evidencia puesto que el Antiguo Testamento está comprendido en el Nuevo y las enseñanzas de Jesús se establecían muchas veces en la exposición bíblica de pasajes de los profetas.

Otro asunto distinto es la pretendida influencia del *judaísmo rabínico*. Pero, necesariamente esta propuesta debe ser sustentada en base al uso en el *Evangelio* de documentos rabínicos. Según parece estos son difíciles de fechar, pero, no cabe duda que tenían que estar circulando en los días de Juan. Sin embargo tales influencias siguen siendo simples propuestas que conducen a afirmaciones sin fundamento bíblico, tales como que siendo Juan un judío de Palestina conocía bien el judaísmo rabínico y las enseñanzas de los maestros de ese grupo. Esto explicaría la puntualización de detalles propios del contexto judío que se mencionan en el *Evangelio.*

Finalmente, en este aspecto de una supuesta influencia condicionante del pensamiento de Juan, algunos orientan las bases que sustentan la propuesta en la vinculación del escritor con Qumrán. De forma especial se trata de probar que los documentos de Qumrán son de procedencia esenia, mencionados sin detalles por escritores como Josefo, Filón y Plinio. Los *críticos* presentan como argumento para sustentar la teoría de la vinculación de Juan con Qumram el dualismo que se pretende encontrar en el *Evangelio.* Sintetizando este pensamiento de los *críticos*, escribe el Dr. Brown:

"Dado que tanto los escritos de Qumrán como el Nuevo Testamento dependen del Antiguo Testamento, los únicos paralelos en ideas y vocabulario que pueden resultar realmente significativos para determinar unas influencias son aquellos que no aparecen en el Antiguo Testamento. Los artículos dedicados a las relaciones entre Juan y Qumrán (Brown, F. M. Braun, Kuhn) han destacado un dualismo modificado como uno de los más importantes paralelos. En la literatura de Qumrán aparecen dos principios creados por Dios que están trabados en una lucha por dominar la humanidad hasta el tiempo de la intervención divina. Son el príncipe de las luces (llamado también Espíritu de la verdad y Espíritu Santo) y el ángel de las tinieblas (el espíritu de perversión). En el pensamiento joánico, Jesús ha venido al mundo como la luz que ha de vencer a las tinieblas (1:4-5:9), y todos los hombres tienen que elegir entre la luz y las tinieblas (3:19-21). Jesús es la verdad (14:6); después de su muerte, el Espíritu de la Verdad (o Espíritu Santo, 14:17, 26) se encarga de proseguir la lucha para vencer las fuerzas del mal. Nótese que no sólo el dualismo, sino también su terminología son comunes a Juan y a Qumrán. Este dualismo no aparece en el Antiguo Testamento, y es posible que Kuhn tenga razón al afirmar que sus últimas raíces se hunden en el zoroastrismo (en el que, sin embargo, se trata de un dualismo absoluto de principios increados opuestos; una posible excepción es la forma zervanista del zoroastrismo en la que los dos principios aparecen subordinados a una divinidad suprema). Varios de los apócrifos reflejan también este tipo de dualismo; por ejemplo, los Testamentos de los Doce Patriarcas; habitualmente se trata de obras que de algún modo están relacionadas con Qumrán"[25].

[25] Raymond E. Brow, o.c., pág 65.

Es necesario hacer observar nuevamente que si el *Evangelio de Juan* está revestido de historicidad, es decir, no se trata de una presentación mitológicamente ideada para ofrecer a la Iglesia el *Jesús de la fe*, al margen o en oposición al *Jesús histórico*, entonces vincular influencias de cualquier tipo al relato es vincular en gran medida la enseñanza de Jesús objeto del *Evangelio*. Sería mucho mejor entender que tanto las filosofías orientales, como las especulaciones gnósticas, como las supuestas enseñanzas esenias, no influencian en Juan, sino todo lo contrario, las bases bíblicas que sustentan las enseñanzas de Juan y son parte de muchos de los discursos de Jesús, han sido deformadas por pensamientos de hombres, es decir, es la perversión del mensaje bíblico el que sustenta los pensamientos de los grupos citados, y no estos en pensamiento de Juan.

Influencia del helenismo.

Se da por sentado que las ideas del pensamiento helenístico estaban influenciando en la teología judía del tiempo de Juan. Por consiguiente si su pensamiento sirvió de base al desarrollo del *Evangelio*, no cabe duda que también sirvió de influencia al pensamiento del escritor. De nuevo los *críticos* han de buscar firmeza a sus propuestas apelando a los esenios, atribuyendo a estos una notable influencia procedente de corrientes filosóficas entre ellas las de los *neopitagóricos*. Es a los esenios a quienes se atribuye un nuevo concepto de la antropología, distante de la enseñanza del Antiguo Testamento. Sin poder afirmar documentariamente nada, se da por supuesto que existía una corriente helénica dentro del judaísmo, por consiguiente, si esta corriente existía y estaba en la enseñanza del judaísmo, tiene necesariamente que estar también presente en el pensamiento de Juan.

Algunos proponen que la influencia judío-helénica no fue suficiente para desarrollar el pensamiento de Juan, y tuvo que haber otra corriente griega que recibió directamente. Para algunos de los *críticos* como W. R. Inge y E. A, Abbott, están claras las influencias en Juan de la filosofía griega especialmente del *platonismo* y del *estoicismo*. Para ello argumentan que en Juan está claramente la distinción entre *lo de arriba* y lo *de abajo* (3:31); entre el espíritu y la carne (3:6; 6:63); entre la vida eterna y la natural (11:25-26); entre el pan verdadero venido del cielo y el natural (6:32); entre el agua de vida y el agua natural (4:14). Estos contrastes proceden, según los *críticos*, del platonismo que enseñaba la existencia de un mundo real, invisible y eterno, y otro inferior de las meras apariencias. Este tipo de platonismo se había, según los *liberales*, infiltrado en el judaísmo, que establecía una distinción notoria entre lo de *arriba*, celestial y eterno, y lo de *abajo*, temporal y débil. Esto significaría en la propuesta de influencia griega, la presencia de los principios filosóficos que estaban en la mente de Juan, tanto las incorporadas directamente de la filosofía helena como las que procedían de la misma corriente a través del judaísmo.

Algunos otros intentos pretenden una relación entre el pensamiento de Juan y el de Filón. Éste fue un judío contemporáneo del tiempo de Jesús que trató de armonizar el pensamiento griego y el judaísmo. Sin embargo no hay pruebas de que los escritos de Filón fuesen conocidos en Palestina a finales del s. I o principios del s. II. El argumento principal que usan los *críticos* en el sostenimiento de su propuesta es el término *logos*, usado en el prólogo del *Evangelio*. Filón emplea también el término. Esta supuesta dependencia de Juan, la refuerzan con el uso de imágenes bíblicas que aparecen en el texto como la serpiente de bronce que aparece también en Filón y relacionadas con su doctrina sobre el *logos*. Con todo, es necesario observar que el concepto sobre el *Logos* en Juan parte de textos y enseñanza del Antiguo Testamento y no de la lectura de obras de Filón que es muy dudoso que ninguna de ellas circulara por Palestina en el tiempo del apóstol.

Será necesario dejar el tema de las influencias sobre Juan en la confección del *Evangelio*, porque todas ellas carecen de rigor para ser aceptadas y tienen la contrapartida de ser base para la negación de lo más fundamental en el relato que es la historicidad del mismo.

Historicidad del Evangelio según Juan.

Después de considerar las distintas proposiciones contrarias tanto a la autoría como al libre pensamiento del escritor, debemos dedicar un espacio para responder a una pregunta: ¿Puede fundamentarse la historicidad del *Evangelio*?

Las aparentes discrepancias entre Juan y los sinópticos, que no son tales como se ha visto antes, permitió a los *críticos* poner en duda la historicidad del *Evangelio*. A las diferencias narrativas añadieron el hecho de los *discursos* de Jesús propio del relato, en manifiesto contraste con las vivezas de los sinópticos.

Se han hecho constar ya algunas de estas diferencias, que las más destacables son:

a) *Contenido*. Si el *reino de Dios* o *reino de los cielos*, es la base principal de la enseñanza en los sinópticos, tan solo se menciona en la conversación con Nicodemo, en el *Evangelio según Juan* (3:3, 5). Los temas de Juan son más bien los relacionados con la *luz*, la *verdad* y la *vida*, que esencialmente definen lo que es Jesús. Ocurre algo parecido en las confrontaciones de Jesús con los judíos, que en los sinópticos se destaca como razón los temas legales, como el cumplimiento del ayuno, los rituales de purificación y el guardar el descanso en el día del sábado, mientras que en Juan tienen que ver esencialmente con la fe. En los sinópticos el aspecto visible de la moral está relacionada con el desinterés, la pobreza, la vigilancia, el nuevo impulso para el bien obrar; mientras que Juan destaca esencialmente el amor como vínculo perfecto y motor dinámico para la vida. Los sinópticos ponen de manifiesto la deidad de Jesús por otras vías, mientras que Juan acude directamente a presentarlo como el Verbo eterno encarnado. Para los sinópticos los milagros de Jesús son signos de omnipotencia y de misericordia, mientras que Juan los presenta como *señales* que ponen de manifiesto la realidad mesiánica de Jesucristo.

b) *Estilo*. Es otra de las diferencias con los sinópticos. En ellos los relatos son brillantes, concretos, establecidos en un entorno popular; por el contrario Juan tiene un estilo más abstracto. Mientras en los sinópticos abundan las parábolas, están muy limitadas en el *Evangelio según Juan*.

Estas diferencias sirvieron a la *Alta Crítica* para negar la historicidad del *Evangelio*, presentándolo como un escrito de meditación teológica que presenta verdades de la fe, algunas de las cuales exceden –según ellos- al conocimiento que podían tener de ellas los creyentes, incluidos los apóstoles, en los tiempos de Juan.

Si fuese así, el *kerigma* de Cristo, base y razón del propósito de Juan, para que conociéndole y creyendo en Él se reciba la vida eterna (20:31), se convierte en una falsedad al presentar un Cristo no histórico sino mental o, en el mejor de los casos, teológico. Si las enseñanzas de Jesús son una mera elaboración mental del escritor, entonces no fueron verdaderas y no concordarían con el testimonio que Jesús, según Juan, da de ellas cuando las liga con la palabra que el Padre le había encomendado (17:6, 8, 14). Además sin la realidad histórica del *Evangelio*, la verdad de la encarnación del Verbo no tiene ningún sentido. Frente a las corrientes que se iniciaban en el tiempo de Juan negando la realidad de la encarnación, el *Evangelio* presenta al Jesús histórico concordante totalmente, porque no pueden hacerse distinciones, con el Jesús de la fe. Es decir, no existen dos, uno el histórico hombre que caminó entre los hombres y murió a causa de sus confrontaciones con la sociedad de entonces, y otro el de la fe, producto del pensamiento reflexivo para el dogma cristiano. Sólo hay un Cristo, Hijo de Dios, Verbo encarnado. Unos sencillos datos permiten afirmar la historicidad del texto de Juan.

a) *Topografía.* Juan cita ciudades por nombres, haciendo distinciones entre ellas, como se ha dicho antes, a modo de ejemplo la Betania, residencia de Lázaro y sus hermanas, cerca de Jerusalén, y la Betania en Transjordania. Ocurre lo mismo con Caná de Galilea, en donde Juan precisa la situación de la ciudad, porque había otra con el mismo nombre en el territorio que correspondía a la tribu de Aser (Jos. 19:28), de forma que no hubiese confusión en el lector. Los sinópticos sitúan a Juan bautizando en el Jordán, mientras que Juan cita otros lugares con precisión como era Enón, cerca de Salín, donde había "*muchas aguas*" (3:23). Hace mención del estanque de Betesda, diciendo que tenía cinco pórticos. Este argumento fue usado para negar la historicidad del relato por ser desconocido un estanque de esta forma, pero, las excavaciones confirmaron la aseveración de Juan.

b) *Elementos histórico-culturales*. Juan dice que Jesús *subía* a las fiestas, forma típica usada en Israel para referirse a ir a Jerusalén. Siendo la ciudad donde Dios manifestaba su presencia en el templo, de cualquier lugar se *subía* allí y de allí se *descendía* a cualquier otro lugar. Juan hace mención al desprecio que los fariseos sentían y expresaban en relación con las gentes que, según ellos, no conocían la ley y a los que llamaban *malditos* por esta razón (7:49). Por otro lado se aprecia que en el templo recién construido se había dedicado a la práctica de un comercio, no sólo ilícito, sino abusivo e impío que profanaba el lugar (2:14-16). Revela la hostilidad que había entre judíos y samaritanos (4:9). Pone de manifiesto el desprecio que los de Judea sentían hacia los de Galilea, negando que hubiese salido de allí algún profeta, olvidándose de Jonás (7:52). Juan relata que en Capernaum había un alto funcionario de Herodes Antipas (4:46). Se mencionan los ritos de purificación en relación con las tinajas que sirvieron para la conversión del agua en vino, en Caná de Galilea (2:6). La costumbre de la expulsión de las sinagogas a quienes creyesen que Jesús era el Cristo (9:22). Aparecen también las cuestiones y preocupaciones rabínicas sobre el reposo en el sábado y la actividad de Dios (5:10, 17). La precisión de los insultos de los fariseos contra Cristo, llamándole samaritano y endemoniado (8:48). Se da la causa por la que los judíos no entraron en el pretorio para no contaminarse con impureza legal que les impediría comer la Pascua (18:28). Todos estos ejemplos y otros más que podrían seleccionarse, ponen de manifiesto la historicidad del entorno donde se desarrolla el relato bíblico.

c) *Aspectos de la vida de Jesús.* Juan confirma el relato de los sinópticos concordando con ellos y precisando que Jesús comenzó su ministerio en Judea, mientras Juan bautizaba en el Jordán. Relata como Jesús entró en contacto con los primeros discípulos que eran de Juan el Bautista (1:35-42). También explica que después de iniciar el ministerio en Judea decidió ir a Galilea (1:43). También enseña como abandonó el Jordán y regresó a Galilea a causa de la reacción de los fariseos (4:1-3). Es el escritor que da la fecha exacta de la celebración de la Pascua, resolviendo la cuestión de precisión con los sinópticos que sitúan la crucifixión en el día de la Pascua. Juan da un tiempo preciso sobre lo que duró la edificación del templo, con motivo de la expulsión de los mercaderes (2:20).

d) *Deidad y humanidad.* El *Evangelio* se inicia mostrando la grandeza de la Persona que es el núcleo de relato. La condición divina de Jesús se hace notoria presentándolo como el Verbo eterno encarnado. Esto que podría ser un mero pensamiento filosófico-religioso aplicado a una Persona, se va manifestando como verdad a través de los hechos portentosos, a los que Juan llama *señales*, que Jesús hace en el curso de su ministerio. El Verbo encarnado sabe quien es, tiene conciencia clara de su Deidad y conoce pormenorizadamente la misión que le ha sido encomendada. La grandeza de Jesús se pone de relieve también en afirmaciones contundentes que hace relativas a Su muerte, al afirmar que nadie podía quitarle la vida, sino que era Él quien voluntariamente la entregaba. Sin embargo, en el mismo prólogo del *Evangelio*, Juan pasa a mostrar un perfecto equilibrio teológico al decir que aquel Verbo preexistente tomó una naturaleza humana; *"el Verbo fue hecho carne"* (1:14). Pero, tampoco es una mera apariencia como algunos herejes empezaban a postular, sino que *"habitó entre nosotros"*. La evidencia de esto está en los hechos de poder que Jesús realiza, bien diferentes en cuanto a forma, a los que grandes hombres hicieron en el nombre de Dios. Es notable apreciar esa diferencia en las palabras del Maestro, que respondía a la petición de enfermos con la autoridad divina: *"quiero se limpio"*. Por consiguiente la historicidad del *Evangelio* tiene como propósito demostrar que lo que se afirma acerca de Jesús es verdad. Este *Hombre perfecto*, expresa visiblemente su humanidad en limitaciones que corresponden al hombre pero que están lejos de Dios. Algunas muestras de esto están en el *Evangelio* y se comentarán en su lugar, baste aquí citarlas a modo de ejemplo: Es hombre por cuanto se fatiga y debe sentarse al borde de un pozo para descansar (4:6); le entristece la incredulidad de sus conciudadanos (4:48); sale de donde está ante el conocimiento que tiene de que venían buscándole para hacerle rey (6:15); tenía amigos, como era el caso de Lázaro; la sensibilidad humana se aprecia en que reprocha la acción de un alguacil que le había abofeteado (18:23); durante las horas de la Cruz dice que tiene sed (19:28). Las dos naturalezas subsistentes en Cristo, están claramente manifestadas en el *Evangelio*, produciendo el natural contraste para el lector, así desde su humanidad obedece sin reservas a su Padre haciendo lo que Él le daba que hiciese (14:31); actúa en unidad con el Padre (5:19, 20); afirma que Él y el Padre son uno (10:30); pero, también dice, que el Padre es mayor que Él (14:28). La historicidad del *Evangelio* es necesaria para atestiguar las verdades referentes a la condición Divino-humana del Verbo encarnado.

e) *Historicidad compartida*. Si se consideran los sinópticos como textos históricos, se apreciará que Juan comparte con ellos este elemento. Se puede apreciar esto en sentencias que se mencionan en Juan y en los sinópticos tales como *"derribad este templo y en tres días lo reedificaré"* (Mt. 26:61; 27:40; Mr. 14:58; 15:29; Jn 2:19). No es necesario extenderse más aquí puesto que la relación entre los sinópticos y Juan se ha considerado antes. Simplemente esta relación hace apreciar la *historicidad* del *Evangelio según Juan*. Sobre esto escribe el profesor Manuel de Tuya:

"Es histórico, pero no una historia al modo actual. Juan ha querido destacar una tesis en su evangelio, y ha trazado un esquema libremente. De los innumerables datos de la vida del Señor, seleccionó los que creyó oportunos y los agrupó según su plan. Y a ellos les prestó dos cosas: una su estilo literario; pero, además Juan no expone sólo la frase o el hecho histórico; lo penetra, lo desentraña. A la luz de Pentecostés, y con la doble garantía de la inerrancia apostólica y de la inspiración bíblica, ha desentrañado el hondo contenido de muchas enseñanzas de Cristo. Es el sentido pleno de las mismas. Esto es lo que establece esa aparente divergencia con los sinópticos. Juan ha querido a un tiempo exponer la honda enseñanza de Cristo y fijarla bien ante las herejías que entonces comenzaban"[26]

A pesar de la brevedad de los datos aportados, no cabe duda que desde un punto de vista desprejuiciado, es imposible negar la

---

[26] Manuel de Tuya. o.c., pág. 248 s.

historicidad del *Evangelio según Juan*. Es también necesario advertir que los esfuerzos por negarla seguirán en el propósito de *críticos liberales*, para quienes la Escritura es un tratado mitológico que sustenta una determinada fe, ignorando, por voluntad propia, la inspiración plenaria y la inerrancia de la Palabra de Dios.

Autor.

De la misma manera que se ha cuestionado la redacción del *Evangelio*, se cuestiona por necesidad la autoría del mismo. Hay múltiples propuestas que es imposible resumir en una introducción y que son objeto de estudios pormenorizados. Básicamente la negación de la autoría de Juan descansa en los supuestos que se citan.

Silencio en cuanto al autor. No se da nombre del redactor al que sólo se le identifica como *"el discípulo a quien Jesús amaba"* (21:20-24). Al mismo tiempo se niega que fuese uno solo el autor porque hay testimonio de *otro* ya que se lee *"este es el discípulo que da testimonio de estas cosas, y escribió estas cosas; y sabemos que su testimonio es verdadero"* (21:24).

Juan el presbítero. Esta suposición de autoría, está vinculada con una cita de Papías en la que distingue dos creyentes con el mismo nombre, uno sería Juan el apóstol y otro Juan el presbítero, o Juan el anciano. Esta cita tuvo lugar en un largo escrito de Papías, obíspo de Hierápolis, en el s. II., cuya obra en cinco volúmenes se titulaba *Exposiciones de los oráculos del Señor*. En ella se hace referencia a Juan el *presbítero*:

"... si en aquellos días, se me presentaba alguno que había sido discípulo (παρηκολουθηκώς) *de los ancianos, yo le preguntaba por las palabras de los ancianos* (τοὺς τῶν πρεσβυτέρων ἀνέκρινον λόγους), *que dijo Andrés, o que dijo Pedro* (τι 'Ανδρέας, ἢ τί Πέτρος εἶπεν), *que pensaba Felipe, o Tomás, o Santiago, o Juan, o Mateo, o cualquier otro de los discípulos del Señor* (ἅ τισ ἕτερος τῶν κυρίου μαθητῶν), *y las opiniones que difunden Aristión y Juan el anciano, los discípulos del Señor* (ἅ τε 'Αριστίων, καὶ ὁ πρεσβύτερος 'Ιωάννης, οἱ τοῦκυρίου μαθηταί, λέγουσι). *Porque yo pensaba que lo que se podía aprender de los libros no me iba a*

servir de tanto provecho como lo que se aprende de viva voz y queda resonando en el corazón"[27].

Es evidente que Papías se refiere a dos grupos de personas y a dos individuos, a los que llama Juan. Uno está incluido en la lista de los nombres de los apóstoles que menciona, y otro que sitúa junto con uno llamado Asistión, al que llama también Juan con el título de *presbítero*, o *anciano*. Que existe una distinción entre los dos grupos es evidente por la construcción gramatical, ya que al referirse al primero en el que están nombres de apóstoles, usa el pronombre interrogativo neutro y un verbo en pasado (τί... εἶπεν); pero cuando menciona a los otros dos usa el pronombre relativo y el verbo en presente (ἅ λέγουσι). La distinción es evidente puesto que cuando habla de los *ancianos* refiriéndose a los apóstoles formula el interés por lo que dijeron, mientras que en relación con Aristión y a Juan el anciano, la construcción es actual. El problema no es tanto las distintas referencias a los apóstoles y a los otros dos sino el tiempo que separa a ambos grupos. Puede preguntarse si los apóstoles representan a la primera generación del cristianismo y los otros dos a la siguiente. Es posible suponer que la generación de los apóstoles terminó sobre el año 70-80 d. C., y la de los *ancianos* que tuvieron contacto con ellos en torno al año 100. Eso supondría que sobre esa fecha vivió un anciano llamado Juan. Por otro lado Papías usa el término *anciano* para referirse al primer grupo que es el de los apóstoles. El problema sería determinar si Juan, el apóstol, vivió hasta el entorno del año 100. Es probable que así fuese, de este modo utilizaría el verbo en pasado para referirse a los apóstoles que ya habían muerto, y lo haría en presente para los que estaban vivos, entre los que se encontraba Juan.

La cita de Papías dio lugar a que Dionisio de Alejandría y Eusebio propusieran que dada la diversidad de estilos del *Evangelio* y del *Apocalipsis*, podría ser que el autor de este último fuese Juan el Presbítero y no Juan el Apóstol. Eusebio procuraba encontrar apoyos para esta propuesta haciendo la observación de que en Éfeso había dos sepulcros, considerados como de Juan, por ello uno de los dos sería la sepultura de Juan el Presbítero, quien para Eusebio había sido el autor del Apocalipsis. Por esta causa algunos proponen que el autor del *Evangelio* fuese Juan el Presbítero y no el Apóstol.

Sorprendentemente la tradición no dice nada de la existencia de ese supuesto segundo Juan. No cabe duda que si hubiese uno en la antigüedad con ese nombre y que tuviese el renombre que se le pretende

[27] Charles Kingsley Barret. *El evangelio según san Juan*. Edit. Cristiandad. Madrid 2003. Pag. 165.

dar, sería muy difícil que la tradición guardase silencio sobre él. Además sobre los dos sepulcros en Éfeso, dice Jerónimo: *"algunos creen que hay dos memorias del mismo Juan"*[28].

La tradición asigna las tres epístolas de Juan al Apóstol, pero, en la segunda y tercera se lo llama por antonomasia *"el Anciano"* o *"el Presbítero"* (ὁ πρεσβυβτερος).

Testimonios internos.

Los manuscritos mas antiguos del *Evangelio*[29], comienzan con el título κατὰ Ἰωάνην, *según Juan*. A lo largo del texto no se hace mención a otro Juan más que cuando trata del Bautista, que no es el autor del libro. Ya que el texto es manifestación clara de un testigo presencial de lo que se relata en él, se procura encontrar entre los personajes del libro al autor. Sin embargo, la tradición que asigna la autoría a Juan el apóstol, se encuentra con el silencio del texto. Además la referencia que se hace a los *hijos de Zebedeo*, que comprendería a Juan y a Santiago su hermano, sólo aparece al final del texto (21:2). Esto conduce a analizar el nombre de otros discípulos de Jesús que aparecen en el relato buscando la identidad del autor.

El autor se presenta como *el discípulo a quien amaba Jesús*, mencionado de este modo en cinco ocasiones (13:23; 19:26 s.; 21:7, 20 ss.) Aunque el verbo *amar* de donde procede *a quien amaba* es distinto, ya que mayoritariamente aparece ἠγάπα, del verbo αγαπάω, en 20:2, se lee εφίλει, del verbo φιλέω, *ser amigo, manifestar amistad*. Con todo, no tiene importancia esa variante, puesto que el sentido de identificación es el mismo. Observando sin prejuicio los distintos lugares se puede llegar a las siguientes conclusiones: 1) El *discípulo amado* estaba sentado con Jesús en la última cena, en donde los comensales eran necesariamente los Doce. Por tanto, el que recibe ese título tenía que ser uno de los discípulos de Jesús. 2) A este se le menciona varias veces en relación con Pedro y una con la madre de Jesús. La identificación del *discípulo a quien Jesús amaba*, concuerda mejor con Juan que con ningún otro.

La lectura del texto hace percibir claramente la influencia del pensamiento judío y griego, subordinado todo ello al objetivo del relato que busca exponer el contenido de la tradición primitiva sobre Jesús y

---

[28] Eusebio. *De viris illust. 9.*

[29] Ver el apartado *El evangelio en la Iglesia.*

su obra. En él se percibe la presencia del teólogo que dotado de un profundo conocimiento de la verdad enseñada por Jesús, expresa doctrina que es base de la fe cristiana. No hay duda que se trata de un judío. Entre otras evidencias están las referencias topográficas que ponen de manifiesto un conocimiento personal de Palestina; en segundo lugar se aprecia también la profunda comprensión en relación con las fiestas judías; en tercer lugar muchos de los detalles en los relatos no pueden ser sino procedentes de un testigo ocular.

Relativo al conocimiento topográfico, se aprecia que el autor menciona lugares que no aparecen en los sinópticos, como sigue:

1) *Referencias a lugares no mencionados en los sinópticos.*

1:28 Betania o Betábara en la otra orilla del Jordán.
2:1 Caná de Galilea, también en 4:46.
3:23 Enón, cerca de Salín.
4:5 Sicar en la falda del Gerizim
4:11 El pozo de Jacob que es muy profundo.
5:2 La Puerta de las Ovejas.
5:2 El estanque llamado Betesda.
6:1 Mar de Galilea, o de Tiberíades, también en 6:23; 21:1.
9:7 El estanque de Siloé.
10:23 El pórtico de Salomón.
11:18 Distingue Betania de Lázaro que estaba a quince estadios de Jerusalén de la otra Betania en Transjordania (1:28).
11:54 Efraín.
18:1 Un huerto al otro lado del torrente de Cedrón.
18:28 El pretorio.
19:13 El enlosado; en arameo, Gábata.

Con todo, como se ha hecho notar antes, los lugares que distinguen este *Evangelio* de los sinópticos, tienen que ver especialmente con la parte sur de Israel y no tanto con Galilea, lo que también pone de manifiesto el conocimiento que tenía de la geografía de toda Palestina y, sin duda, el recuerdo que quedó grabado en su mente de los lugares que menciona.

2). *Las fiestas judías, costumbres e incluso dichos* que están también presentes en el relato con menciones que no están en los otros tres evangelios.

1:46 *"¿De Nazaret puede salir algo de bueno?"*, probablemente un dicho usado por los judíos.
2:6 La referencia al rito de purificación.
4:9 Relación entre Judíos y samaritanos.
4:20 Relación entre el monte Gerizim y Jerusalén.
5:10 Las prohibiciones legales de trabajo en sábado, también 9:14.
7:2 La mención a la fiesta de los tabernáculos.
7:22 Leyes sobre la circuncisión.
7:52. Los fariseos decían que no había profeta de Galilea.
10:22 Mención a la fiesta de la dedicación del templo y que caía siempre en invierno.
11:44 Costumbres sobre el modo de enterrar a los muertos.
11:49 El cargo de sumo sacerdote era de aquel año, resultado de la intervención de los romanos.
18:28 Los judíos no entraron en el pretorio para no contaminarse.

3) *Testimonios de un testigo presencial.*

Hay personajes que no se mencionan en los sinópticos como Natanael, Nicodemo, Lázaro, Malco. No solo son mencionados los nombres sino que también se dan características del individuo que ponen de manifiesto el conocimiento que el escritor tenía de él.

Es frecuente que el escritor señale la hora exacta en que ocurrió algún suceso, e incluso el tiempo que transcurría entre uno y otro, a modo de ejemplo 1:29, 35, 43; 2:1; etc. Así ocurre también cuando Cristo estaba cansado del camino y se sentó en el borde del pozo de Jacob *"era como la hora sexta"* (4:6); recuerda también que en el caso de la curación a distancia del hijo del noble tuvo lugar *"ayer a la hora séptima"* (4:52); dice en casa de Caifás, *"Pedro estaba fuera, a la puerta"* (18:16).

Detalles y cifras que sólo pueden provenir de un testigo presencial. En Caná había seis tinajas de piedra, cada una con capacidad para unos cien litros (2:6); los discípulos habían remado unos cinco o seis kilómetros, cuando Jesús se presentó andando sobre las aguas (6:19); la túnica del Señor era inconsútil, esto es, sin costura y tejida en una sola pieza (19:23); cita también el número de cestas recogidas de los pedazos de la multiplicación de los panes (6:13); el estanque de Betesda que tenía cinco pórticos (5:2).

Uso de palabras arameas, como *Cefas* (1:42); *Gabata* (19:13). Aparece también una frase hebraica: *hijo de luz* (12:36); *hijo de perdición* (17:12), designando a Judas.

Estaba también muy familiarizado con el *Colegio Apostólico*, dando detalles que sólo un miembro del mismo podía hacer. Incluso podía trasladar las propias palabras de alguno de ellos, como ocurre con Andrés y Felipe (1:45; 6:7; 12:21ss; 14:8-10), de Natanael (1:46, 48 ss.), de Tomás (11:16; 14:5; 20:25, 28), de Judas Tadeo (14:22), y en forma especial de Pedro (1:42; 6:68 ss; 13:6-9, 36 ss.; 18:17; 20:2-10; 21:3, 7, 15-22). Es necesario destacar la descripción que hace en el capítulo 13 sobre el anuncio de la traición de Judas, que supone la presencia en esa ocasión de un testigo ocular.

La relación de datos aportados, topográficos, cronológicos y circunstanciales supone la condición de testigo que vivía en Israel. El mismo texto afirma que quien escribe vio lo que estaba describiendo (1:14; 19:35).

4) *Conclusión de las evidencias internas.*

Entre los discípulos que Jesús había escogido para que estuviesen presentes en ocasiones de singular importancia durante Su ministerio y fuesen testigos de esos hechos conforme a lo que la ley establecía en relación con el testimonio válido, uno era Pedro, el otro Santiago, hijo de Zebedeo y el tercero era Juan. Si en este evangelio se distinguen los otros dos, Pedro en varios pasajes (13:24; 18:15; 20:2; 21:7-20), y del mismo modo el otro hijo de Zebedero, Santiago, sólo queda como evidencia que el tercero tenía que ser Juan, que se llama a sí mismo *el discípulo a quien amaba Jesús*. De la muerte de Pedro hace mención el autor del *Evangelio* (21:19). En cuanto a Santiago, el hermano de Juan, murió por orden de Agripa I sobre el año 44 (cf. Hch. 12:1 ss.). En cambio, la historia de la Iglesia da a Juan una larga vida, de modo que la fecha en que se escribió el *Evangelio* concuerda con la vida de Juan.

Probablemente la razón que tenía para no mencionar su nombre era asunto de humildad, ya que estaba escribiendo sobre la Persona y obra de Jesús. El autor cita a varios discípulos, guardando el suyo bajo el título *el discípulo que amaba Jesús*. En días del ministerio apostólico de Pablo, este da testimonio de que la Iglesia de sus días tenía como columnas a *Pedro, Santiago y Juan* (Gá. 2:9).

Otra evidencia es la relación que existía entre Pedro y él (13:24 ss.; 21:7, 20 ss.), mencionándola bajo la frase *el discípulo al que amaba el Señor*. Por Hechos se aprecia la misma relación y amistad entre ambos (Hch. 1:13; 3:1, 11; 4:13, 19; 8:14). Esta sintonía entre ambos se aprecia también en las muchas citas que el autor del *Evangelio* hace de Pedro.

Datos biográficos de Juan.

Era uno de los hijos de Zebedeo, el hermano de Jacobo que sufrió martirio bajo el poder de Herodes I Agripa (Mt. 4:21; Hch. 12:12). Es muy posible que Juan fuese el menor de los dos. La madre de ellos se llamaba Salomé, y posiblemente era hermana de la madre de Jesús. Pertenecía a la clase social acomodada; su padre tenía barcos de pesca y gente que trabajaba para él, en su negocio de pesca en el Mar de Galilea (Mr. 1:19-20). Era un seguidor de Juan el Bautista, probablemente discípulo suyo aunque no estuviese involucrado con él tanto como otros de ellos. Escuchó de él que Jesús era el Cordero de Dios que quitaba el pecado del mundo, en presencia de Andrés y de otro discípulo anónimo que evidentemente era Juan (1:35-40). Acompañó al Señor muy al principio de su ministerio y estuvo con Él en las bodas de Caná de Galilea (2:1-11), aunque todavía no había sido llamado a dejar todo y seguir al Maestro. En ocasiones compartía con Pedro lo que tenía que ver con el trabajo de pesca en el Lago de Galilea (cf. Lc. 5:10). Jesús invitó a los dos hermanos Jacobo y Juan para que dejasen sus actividades y le siguieran (Mt. 4:21, 22; Mr. 1:19, 20). Mas adelante serían designados apóstoles por el Señor (Mt. 10:2).

A causa del carácter fácilmente irascible Jesús les puso a los dos el sobrenombre de *Boanerges*, que significa *hijos del trueno* (Mr. 3:17). Este carácter violento se pone de manifiesto en algunas ocasiones como fue cuando en una ciudad de los samaritanos no les dieron hospedaje y Juan quería mandar que descendiese fuego del cielo y quemase la ciudad (Lc. 9:54); además era también un sectario, como pone de manifiesto la prohibición al que echaba demonios en nombre de Jesús y se lo prohibieron porque no seguía al grupo de discípulos (Mr. 9:38). Otra característica personal es que tanto él como su hermano tenían deseos egoístas de estar en posiciones elevadas, posiblemente mayores que las que pudieran tener sus otros compañeros de discipulado, en el Reino de los Cielos, sentándose a la diestra y a la siniestra de Jesús, usando también a su madre para que intercediese por ellos ante el Señor (Mt. 20:20-23; Mr. 10:35-41). Sin embargo el contacto con Jesús y Su gracia transformadora hicieron que se produjese un notable cambio en

Juan para pasar a la historia como aquel que demandaba de los cristianos un amor sincero por todos.

Juan fue uno de los tres discípulos a quien Jesús dejó ver algunas de sus grandes y poderosas obras. Él presenció la resurrección de la hija de Jairo (Mr. 5:37; Lc. 8:51), contempló la transfiguración (Mt. 17:1; Mr. 9:2; Lc. 9:28), y la agonía de Getsemaní, junto con sus dos compañeros, en un lugar más próximo a Jesús que el resto de los discípulos (Mt. 26:37; Mr. 14:33). Durante la última cena, había sido el que estuvo más cercano al Señor (13:23). Desde Getsemaní siguió a Jesús al lugar donde le juzgaron, acusaron y maltrataron durante la noche, estando también junto a la Cruz, donde el Señor le confió a su madre María, quien la tomó consigo (18:15; 19:27). Ante las noticias que las mujeres llevaron a los apóstoles sobre la resurrección de Jesús y el encuentro con ellas, Juan fue corriendo con Pedro al sepulcro, constatando que el Señor había resucitado (20:1-10). La tarde del mismo día en compañía de otros discípulos vio al Resucitado que se les apareció, y nuevamente lo hizo una semana después (Lc. 24:33-43; Jn. 20:19-20; 1 Co. 15:5). Juan fue con los otros discípulos a Galilea, acudiendo a la cita del Señor, donde pudo verle nuevamente (Mt. 26:32; 28:10, 16; Jn. 21:1-7). Las palabras con que Jesús respondió a Pedro sobre Juan, hicieron creer a algunos que no iba a morir (21:22).

Después de la ascensión quedó un cierto tiempo con los otros discípulos en un aposento alto en Jerusalén, mientras esperaban el descenso del Espíritu Santo, dedicando el tiempo de espera mayoritariamente a la oración (Hch. 1:13-14).

Al día siguiente a Pentecostés aparece junto con Pedro en el inicio de una importante obra misionera (Hch. 3:1). Tiempo después ambos fueron encarcelados por las autoridades judías, permitiéndoles testificar de su fe en Cristo (Hch. 4:19). Una de sus misiones primeras fue ir con Pedro hasta Samaria para asistir a Felipe el evangelista que había iniciado la tarea de predicar el evangelio en aquella zona (Hch. 8:14).

Durante las persecuciones que se originaron en Jerusalén contra los cristianos, Juan fue uno de los que permaneció en la ciudad. Como columnas de la iglesia estaban allí cuando Pablo acudió a Jerusalén después de su primer viaje misionero (Hch. 15:6; Gá. 2:9).

A Juan se le atribuyen cinco libros del Nuevo Testamento. Además del evangelio, tres epístolas y el Apocalipsis. La tradición dice que su ministerio finalizó en Éfeso. Es muy probable que Juan tomase a su cuidado la labor apostólica y pastoral de las iglesias de Asia Menor (Ap. 1:11). Cuando redactó el Apocalipsis, en torno al año 90, se hallaba desterrado en la isla de Patmos, a causa del testimonio y de su fe en Cristo (Ap. 1:9). La ascensión de Nerva el año 96 le trajo la liberad y pudo volver a Éfeso, según la tradición histórica. Policarpo, Papías e Ignacio fueron los cristianos destacados que estuvieron más próximos a la teología de Juan. Policarpo dice que Juan estuvo en Éfeso hasta su muerte, que se produjo bajo el reinado del emperador Trajano, que gobernó del 98 al 117 y que fue el primero de los emperadores no italianos, nacido en Itálica (España).

Datación.

Es indudable que el *Evangelio según Juan* es el último de los evangelios canónicos. Sin embargo, resulta difícil datar el escrito entre otras causas por la influencia *liberal* que trata de demostrar una redacción del escrito nunca antes de la mitad del s. II, incluso algunos han tratado de datarlo sobre el año 170. Pero, estas propuestas no tienen sustento ni histórico ni bíblico, reduciéndose a ser meras proposiciones sin una base sólida que se ha investigado y podría demostrarse.

Una de los indicativos del tiempo del escrito es que Juan hace referencia a lugares cercanos a Jerusalén usando el imperfecto en lugar del presente. A modo de ejemplo al referirse a Betania dice que *estaba* cerca de Jerusalén (11:18). Usa esa misma forma para hablar del huerto donde Jesús se reunía habitualmente con los discípulos cuando estaba en Jerusalén (18:1). Ocurre lo mismo con la mención que hace al lugar donde estaba el sepulcro que se usó para dejar el cuerpo de Jesús, luego de ser bajado de la cruz (19:41). Es cierto que la expresión en pasado pudiera ser un modo coloquial de usar el pasado histórico, pero, es también cierto que tanto Jerusalén como los lugares de su entorno fueron destruidos en el año 70 por las tropas de Tito, de manera que muy bien pudiera ser una referencia a lugares que existían antes y que habían desaparecido en el tiempo en que se escribió el *Evangelio*.

Juan utiliza muchas veces el calificativo *los judíos* para referirse a los grupos religiosos de oposición a Cristo, especialmente los fariseos. Tales grupos desaparecen como elementos del judaísmo *oficial* o histórico de los tiempos de Cristo como consecuencia de las acciones de los romanos contra Judea. A partir del año 70, se produce una absoluta separación entre los cristianos y los judíos, de manera que se usaba el término para referirse en general a todos los que originariamente eran israelitas, sin hacer distinción entre los grupos religiosos que estaban establecidos en el territorio objeto de las acciones romanas.

Otra ayuda a la datación es considerar el lugar de redacción del *Evangelio* que mayoritariamente se acepta como Éfeso, en cuyo caso difícilmente Juan se estableció allí antes del año 70. Al apóstol Juan se le sitúa según Hechos en Jerusalén. Está presente en el Concilio donde se trató el problema de las pretensiones judaizantes sobre los cristianos gentiles (Gá. 2:9). Pablo en la *Epístola a los Gálatas* se refiere a él, junto con Pedro y Santiago, como las *columnas* de la iglesia en Jerusalén. Por otro lado, la llegada de Juan a Éfeso no pudo haber ocurrido antes del año 53-56, pues en el relato de Hechos sobre la presencia del apóstol Pablo en esa ciudad, no se dice nada de la de Juan. Igualmente ocurre con el último escrito de Pablo, la *Segunda Epístola a Timoteo*, enviada a Éfeso donde su colaborador estaba, tampoco menciona al apóstol Juan, prueba de que no estaba allí cuando fue escrita sobre el año 66.

Pudiera ser que el *Evangelio según Juan* fuese escrito después del Apocalipsis, como indica Victorio en el *Prologi antiquior et monarchianus*[30]. Ireneo dice que el Apocalipsis se escribió hacia el final del reinado de Domiciano[31] y este fue asesinado el 18 de septiembre del 96.

Los escritos de Juan dejan vislumbrar la presencia, por lo menos inicial, de las herejías gnósticas y de las promovidas por Cerinto, los nicolaitas y los ebionitas, que se manifestaron especialmente en el último decenio del s. I.

La fecha de composición tuvo que haberse producido tiempo antes de haberse escrito el papiro *Rylands*, descubierto en Egipto en 1920 y publicado en 1935. Este texto contiene parte de la conversación de Cristo con Pilato y de éste con los judíos, conforme al texto del *Evangelio según Juan*, apareciendo 18:31-33 en el anverso y 37-38 en el reverso. El fragmento estudiado por expertos en papirología cristiana, fue datado por todos ellos independientemente como escrito en la primera mitad del s. II. Significa, pues, que las citas del texto de Juan tenían que corresponder, sino al original, sí a las primeras copias que debían ser de los últimos años del s. I.

Se sabe que Juan murió bajo el gobierno del emperador Trajano cuyo reinado ocurrió entre 98-117. Por consiguiente el *Evangelio* tuvo

---

[30] *In Apoc.* 11,1.

[31] *Adv. haer.* 5, 30, 3.

que haberse escrito en ese tiempo, ya que su muerte tuvo lugar sobre el año 104.

La redacción tuvo que ocurrir a finales del s. I, puesto que en el escrito se aprecia la ausencia de signos ortográficos como el espíritu áspero y el suave.

Es interesante que en Ojirinco, situada en Egipto medio, a unos ciento quince kilómetros de El Cairo, una comunidad cristiana disponía del *Evangelio según Juan*, como lo demuestra el trozo de papiro procedente de ese lugar. Si era necesario tiempo para copiar un escrito como el *Evangelio* y este había llegado a la citada comunidad, como lo demuestra el papiro compuesto sobre el año 120, el original tuvo que haberse escrito en los últimos años del s. I.

Sin poder precisar puntualmente la fecha de redacción, debe ser considerada sobre el año 90.

Destinatarios.

Juan escribió el *Evangelio* con un propósito claro que él mismo revela: "*...estas cosas se han escrito para que creáis que Jesús es el Cristo, el Hijo de Dios, y para que creyendo, tengáis vida en su nombre*" (20:31). Significa, por tanto, que es un escrito con destino universal para todos los hombres, tanto los que desconocen a Jesús, como para aquellos que han creído en Él.

Cuando Jesús comisionó a los discípulos para la proclamación del *kerigma,* las buenas noticias de salvación en el evangelio, puntualiza que la evangelización además de presentar el mensaje de salvación tenía por objeto *hacer discípulos*, esto es, seguidores de Jesús, quienes debían ser instruidos en todo lo que Él había enseñado (Mt. 28:19-20). Por consiguiente, junto con el relato de aspectos de la vida de Jesús, para que pudiese ser conocido, están los *discursos* que son enseñanzas del Maestro que deben ser conocidas por los cristianos.

El espíritu de apóstol y de pastor está en el contenido del evangelio, de modo que su deseo al escribirlo es transmitir las verdades fundamentales de la fe cristiana en torno a la Persona y obra de Jesucristo, sin las desviaciones doctrinales que comenzaban a manifestarse en los años finales del primer siglo de la Iglesia.

Teología del Evangelio.

Toda la Escritura es *doctrina*, puesto que toda ella es Palabra inspirada por Dios. De ahí que al estudiar cualquier libro del Nuevo Testamento, ha de tenerse en mente la enseñanza doctrinal que está presente en él. Esto ocurre con el *Evangelio según Juan*. Con todo, es difícil hacer una sistematización de cada doctrina presente en el escrito, teniendo también en cuenta la vinculación y los enlaces que aparecen entre ellas. Sin embargo, a modo de sencilla síntesis se seleccionan algunas de las que se distinguen por su extensión y precisión en el texto que se considera.

1. *Cristología*. El *Evangelio según Juan*, es el más teológico de los cuatro evangelios. Especialmente, la profundidad del pensamiento en relación con la Cristología es evidente. Mientras que en los sinópticos el evangelio está vinculado con el tema del *reino*, aquí la salvación es *Cristo mismo* y el evangelio no puede ser otra cosa más que Jesús. De otro modo, la vida eterna y la razón de ser cristiana está relacionada con la vinculación con Cristo. Esta es la misma verdad expresada por el apóstol Pablo, cuando decía: *"para mí el vivir es Cristo"* (Fil. 1:21). El evangelio para Juan no es una oferta que hace Cristo, sino que les ofrece a Cristo mismo.

El *Evangelio según Juan* no es un tratado de Cristología, pero expresa verdades cristológicas muy notables. La irrupción del Verbo en la historia humana es el gran comienzo del *Evangelio*. Lo hace desde la dimensión más elevada, presentándolo en su eterna dimensión y en una relación única con el Padre, desde donde desciende para tomar una naturaleza humana y hacerse hombre (Jn. 1:14). No habla Juan de la encarnación virginal, pero la supone puesto que el *Verbo fue hecho carne* y en esa condición como hombre *habitó entre nosotros*. Desde esa condición de *habitante* en el mundo, nos mostró Su gloria solo posible desde una condición única, la de *Unigénito del Padre*. Juan da a Jesús el título mesiánico por excelencia al llamarle diecisiete veces Cristo y dos veces uniéndolo a Jesús, el nombre del hombre que nació milagrosamente por obra del Espíritu Santo, Jesucristo.

El tema del *Mesianismo* de Jesús, es uno de los más tratados en el texto del *Evangelio*. Sólo Él es el Mesías. Juan el Bautista negó ser el Cristo, como algunos pensaban de él (1:20; 3:28). Las discusiones sobre si Jesús era o no el Cristo están presentes en el texto de Juan, vinculando a ellas a los dirigentes de la nación (7:52), a las gentes en general (7:25-31, 40-43; 12:34), y extendiéndolas hasta los que también esperaban al Mesías, aunque en forma distinta a los judíos, que eran los samaritanos (4:29 s.). Son los discípulos quienes proclaman la condición mesiánica de Jesucristo (1:41), pero no sólo ellos, sino también los samaritanos (4:29). Los mismos discípulos dan a Jesús un título con muchas connotaciones mesiánicas a la vez que divinas, al llamarle *Hijo de Dios* (6:69), esto traía aparejado la expulsión de la sinagoga que, en cierta medida, era como una excomunión (9:22).

La *Cristología* de los sinópticos pone de manifiesto un *mesianismo* oculto. Jesús prohíbe a los demonios que den testimonio público de Su condición de *Hijo del Altísimo*, y ordena a quienes son beneficiados con sus milagros que *no lo digan a nadie*. El Mesías no había venido para reinar gloriosamente, sino para sufrir y dar su vida en una obra redentora por el pecado de los hombres. Este *secreto* no es desconocido totalmente para Juan, puesto que los líderes religiosos de la nación piden a Jesús que diga abiertamente si él es el Mesías (10:24). El tema de Su muerte está presente en las palabras de Jesús, que habla de su alma en angustia mortal (12:24, 27). Juan aborda el *secretismo mesiánico* bajo dos direcciones: revelado para los que creen y no revelado para quienes no creen. La Cristología progresa a relaciones no consideradas antes, como es que el Mesías que vive eternamente (12:34), habita en quienes lo reciben y no está presente en quienes lo rechazan, de ahí que la *Cristología* esté íntimamente vinculada a la *Soteriología*, ya que el Verbo encarnado es también el Salvador de todos los que cree (20:31).

En la *Cristología* de Juan, la filiación de Jesús implica una relación metafísica con el Padre y no solo mesiánica. Es Hijo de Dios, no porque tenga una misión encomendada al Mesías, sino porque lo es eternamente en una esfera eterna. Su presencia en el mundo como el Mesías enviado, es una manifestación temporal de una relación eterna (1:14). Juan declara la verdad de que el Hijo vive eternamente junto al Padre, desde donde desciende, enviado por Él al mundo. Por consiguiente nunca actúa por Sí mismo, sino que repite y reproduce la acción del Padre (5:19 s.). Por esa misma razón la gloria del Padre y cuanto Él es, se expresa en el Hijo, así que quien ve a Jesús, ve también al Padre (14:9).

Por otro lado la muerte es una doctrina fundamental en la presentación del Verbo encarnado según Juan. Las referencias a Su muerte están presentes en el *Evangelio* (3:14; 6:53; 8:28; 12:23, 34). Para Juan la muerte de Jesús es también Su glorificación (3:14).

El título *Hijo del Hombre* adquiere una notable dimensión en el *Evangelio*. No se trata de una referencia a la limitación en su humanidad sino a la continua gloria, perfecciones y dones que sólo puede dar Dios porque proceden de Él. Así el Hijo del Hombre que está en la tierra, siendo Dios es servido por los ángeles del cielo, pero porque es Dios y está en la tierra en forma humana, *suben y descienden* sobre Él (1:51); es omnipresente puesto que también está en el cielo (3:13); este Hijo del Hombre puede y tiene autoridad para dar vida (6:27); finalmente el Hijo del Hombre regresará al lugar de donde vino (6:62).

Para Juan la misión de Jesús en el mundo es una misión reveladora (1:18). Esta misión está en manos del *Logos* la Palabra eterna que puede expresar definitiva y absolutamente a Dios. La encarnación del Logos hace posible la comunicación de vida eterna. Sin embargo el contraste visible entre Deidad y humanidad se hace patente en Juan. Aquel glorioso Logos siente hambre, soledad, tristeza y sufrimiento como hombre.

Sin extenderse más allá de una simple referencia, ya que el comentario y las consideraciones se asentarán en el análisis del texto bíblico, la teología de Juan es esencialmente *Cristocéntrica*. A modo un paréntesis que se abre y se cierra, la teología de Juan puede expresarse en dos frases: *"El verbo se hizo carne"* (1:14), *"quien no confiesa que Jesucristo ha venido en carne, no es de Dios"* (1 Jn. 4:3). La *Cristología* de Juan presenta las dos naturalezas del *Verbo encarnado*. Jesús es una Persona Divino-humana. Jesús es el Hijo de Dios, quien por medio de la encarnación asume en su Persona Divina una naturaleza humana y se hace hombre.

2. *Soteriología*. La obra redentora del Verbo encarnado hace posible la salvación de los pecadores. En la salvación se opera un cambio de condición en el que cree, pasando de un enemigo de Dios a causa de sus malas obras, a un hijo de Dios con pleno derecho (1:12). La única condición para alcanzarla es *creer* en Su nombre, que es lo mismo que creer en Él. El Hijo de Dios vino para dar vida y para darla en abundancia a quienes están muertos en sus delitos y pecados (10:10). Este Hijo de Dios está vinculado con la *vida* que estaba en Él y que era la luz de los hombres (1:4). Su autoridad divina le confiere no solo el privilegio, sino el poder de dar vida a todos los que quiere (5:21). La condición exigida para recibirla es la fe, por eso todos los que *oyen* sus palabras y creen al que le envió, pasan de muerte a vida (5:24). La autoridad divina de Jesucristo para dar vida, obedece a la relación generativa del Padre, que teniendo vida en Sí mismo, ha dado al Hijo

tenerla también, apreciándose en el texto[32] que no es un *don* o un privilegio que el Padre otorga, sino la comunicación personal de quienes siendo dos Personas divinas son un solo Dios verdadero. Pero esta vida no puede ser otorgada a no ser que la misma vida que es Cristo, experimente la muerte para que los muertos puedan recibir la vida (10:11, 15). Esta disposición a la entrega voluntaria de la vida es reconocida por el amor personal del Padre (10:17). La vida eterna, potestativa de Dios, es posible en sus perfecciones comunicables a quienes creen. El modo de salvación que es por gracia se instrumentaliza en la fe, por eso el que cree tiene vida eterna (3:16). No hay limitación alguna en ese sentido. Las condiciones sociales, religiosas o étnicas desaparecen quedando la humanidad representada en dos grupos los que creen y los incrédulos. La responsabilidad del hombre en la salvación es clara ya que quien se salva es el que cree, pero todo aquel que rehúsa creer no puede ver la vida, sino que la ira de Dios está sobre él (3:36).

3. *Escatología.* Los grandes discursos proféticos sobre el tiempo que precederá a la Segunda Venida, no están presentes en Juan. La *escatología* es sencilla y descansa en la promesa del Señor. En ella hay una gran novedad y es la preparación de un lugar a donde los creyentes serán recogidos para *estar con Jesús* (14:1-4). Esta esperanza es segura por cuanto los creyentes saben a donde va Jesús y saben el camino que conduce a ese lugar. Juan presenta al Señor, tanto como puerta como camino (10:9; 14:6). El camino que es Él mismo conduce inexorablemente al Padre, en sentido genérico a la gloria donde se manifiesta de una forma especial la presencia de Dios. Juan no niega en el *Evangelio* aspectos de la *escatología* expresados en los sinópticos, pero el propósito del texto se centra en el hombre terrenal que adquiere condición celestial por la fe en Aquel que siendo celestial se hizo terrenal para abrirse como puerta y constituirse como camino.

4. *Eclesiología.* Para algunos la Iglesia no está en los evangelios, ni en los sinópticos ni en el de Juan. Cada vez que aparece el término está en futuro y no en presente. El tema de la Iglesia se considera a partir de Hechos 2 y no antes. Esto es, sin duda, una apreciación que se establece sobre una presuposición teológica que condiciona la interpretación bíblica. El pensamiento de Jesús sobre la Iglesia y muchos aspectos de la *Eclesiología* se encuentran en el *Evangelio*. Baste alguna referencia para demostrarlo. La condición de un solo pueblo bajo la autoridad y dirección de un solo Pastor, en el que están

[32] Ver comentario al versículo en su lugar.

tanto judíos como gentiles salvos (10:16). Jesús, en la llamada oración intercesora, pone delante del Padre diez condiciones que pide para la iglesia, puesto que esa oración no es sólo por los apóstoles sino por todos los que han de creer en adelante por el testimonio de ellos (17:20). La primera condición de la Iglesia es un pueblo dotado de *vida eterna* (17:3); la segunda un pueblo cimentado, conducido y obediente a la Palabra (17:4, 8, 14, 17); también un pueblo con protección divina (17: 11, 15); además un pueblo que no es del mundo sino de condición celestial como Cristo también es (17:4); un pueblo que viva en santidad de vida, cuya ética esté determinada por la Palabra (17:17); un pueblo vinculado a la misión evangelizadora (17:18); un pueblo unido en una unidad indisoluble (17:21-23); un pueblo que como santuario de Dios esté inhabitado por el Dios trino y fundamentado en Él (17:21); un pueblo en donde Cristo sea la centralidad y gloria de su vida (17:24); un pueblo que conozca vitalmente a Dios (17:26); un pueblo motivado por el amor, por tanto, motivado e impulsado por el Espíritu Santo que lo genera en cada creyente (17:26).

5. *Pneumatología*. Uno de los temas teológicos más destacables del *Evangelio*, buscando una línea diferente a la de los sinópticos para abordarlo. El Espíritu se considera en el *Evangelio* como Don divino que se da a los creyentes luego de la glorificación de Jesús (7:39). Indudablemente está íntimamente vinculado con la *Soteriología*. El Espíritu se da a los salvos y estos alcanzan la salvación por fe en el Salvador. Una de la revelación del *Evangelio* sobre el Espíritu es la presencia compañera del Espíritu *para siempre*, además se destaca también la presencia *en* el creyente. Hasta entonces el Espíritu venía al que creía, lo usaba conforme al propósito divino, fortalecía su vida, daba capacidades para la ejecución del propósito de Dios, pero desde la glorificación de Cristo el Espíritu residiría habitando al creyente que sería constituido en templo de Dios (14:16 s.). La procedencia del Espíritu también se revela como enviado del Padre y del Hijo (14:26). La acción soteriológica del Espíritu se pone de manifiesto en las operaciones de convicción de pecado de justicia y de juicio (16:7 s.). Se aprecia que la dimensión teológica sobre el Espíritu Santo, alcanza una profundidad superior y se concreta en un modo distinto a lo que había sido hecho en los sinópticos. Realmente Juan asienta las bases que serán desarrolladas luego en el Nuevo Testamento sobre la Persona y obra del Espíritu Santo en la Iglesia y en la salvación.

Características literarias.

El griego del Evangelio.

Sintetizamos el estudio que sobre esto ha hecho el Dr. Barret, en su comentario al *Evangelio según Juan*[33] La lengua del *Evangelio según Juan*, es como la de todos los escritos del Nuevo Testamento, el griego koiné, o griego común. El estilo de este escrito es muy individual con una notoria semejanza a los otros escritos del apóstol Juan, que resulta único en todo el Nuevo Testamento. El griego utilizado no es vulgar, pero tampoco tiene la riqueza propia del griego clásico y dista mucho de la riqueza y calidad de otros escritos del Nuevo Testamento, especialmente de la *Epístola a los Hebreos*. El redactor evita solecismos, pero al mismo tiempo escapa de las formas y exquisiteces propias del griego clásico. A pesar del aparente refinamiento idiomático, el estilo es de gran claridad y altamente sugerente y aunque menos dinámico o vívido que el de los sinópticos no deja de ser muy sugestivo de modo que el lector queda cautivado por la forma del relato.

El vocabulario del texto es bastante reducido, pero eso no significa que haya una identidad con el de los sinópticos, ya que algunos de los términos usados con más frecuencia son comparativamente raros en los sinópticos. Esto se aprecia fácilmente con una breve relación de ejemplos establecidos alfabéticamente de las veces que aparecen en cada uno de los cuatro evangelios:

	Mateo	Marcos	Lucas	Juan
ἀγαπᾶν, ἀγάπη	9	5	14	44
ἀλήθεια, ἀληθής, ἀληθινός	2	4	4	46
γινώσκειν	20	13	28	57
γραφή	0	1	1	11
εἰμι	14	4	16	54
ἐργάζεσθαι, ἔργον	10	3	3	35
ζωή	7	4	5	35
Ἰουδαῖοι	5	6	5	67
κόσμος	8	2	3	78
κρίνειν	6	0	6	19
μαρτυρεῖν, μαρτυρία, μαρτύριον	4	6	5	47
μένειν	3	2	7	40
παροιμία	0	0	0	4

---

[33] Charles Kingsley Barret. o.c., pág. 27 ss.

πατήρ (referido a Dios)	45	4	17	18
πέμπειν	4	1	10	32
τηρεῖν	6	0	0	18
τιθέναι ψυχήν	0	0	0	8
φανεροῦν	0	1	0	9
φιλεῖν	5	1	2	13
φῶς	7	1	7	23

Igualmente puede hacerse la misma relación en sentido contrario, apreciando la diferencia de palabras utilizadas entre los sinópticos y Juan:

	Mateo	Marcos	Lucas	Juan
ἄρχεσθαι	13	23	31	2
βάπτισμα	2	4	4	0
βασιλεῖα	55	20	46	5
δαιμόνιον	9	11	23	6
δίκαιος (referido al hombre)	15	2	9	0
δύναμις	12	10	15	0
ἐλεεῖν, ἔλεος, σπλαγχνίζεσθαι	16	7	13	0
εὐαγγελίζεσθαι, εὐαγγέλιον	5	7	10	0
καθαρίζειν	7	4	7	0
καλεῖν	26	4	43	2
κηρύσσειν	9	12	9	0
λαός	14	3	37	3
μετανοεῖν, ματάνοια	7	3	14	0
παραβολή	17	13	18	0
προσεύχεσθαι, προσσευχή	19	13	22	0
τελωνής	8	3	10	0

Estas dos listas[34] no son fundamento para hablar de un vocabulario propio de Juan o de los sinópticos, pero, no cabe duda, que el uso que el apóstol hace de las palabras indica una intencionalidad clara y sirve también como argumento en relación con las propuestas de dependencia sinóptica.

Es necesario aproximarse al uso distintivo de las formas y figuras del lenguaje propias de este *Evangelio*.

a) *Asíndeton.* En ocasiones no existe vínculo de ilación en las frases, en donde ni tan siquiera aparece la conjunción copulativa καὶ,

[34] Las dos listas están tomadas de las elaboradas por Goguel.

simplemente se yuxtaponen unas a otras. Excluyendo las frases que comienzan con un verbo *de decir*, que en griego se construyen con asíndeton, se encuentran por lo menos unos treinta y nueve casos de construcción asindética, como son 1:40, 42, 45, 47; 2:17; 4:6, 7, 30; 5:12, 15; 7:32, 41; 8:27; 9:9 (tres veces), 13, 16, 35, 40; 10:21, 22; 11:35, 44; 12:22 (dos veces, 29); 13:22, 23; 16:19, 29; 20:18, 26; 21:3, 11, 12, 13, 17. Este tipo de construcción aparece muchas menos veces en los sinópticos.

b) *Parataxis.* Pudiera ser este el rasgo más característico de los escritos de Juan. Una de las características del griego es el uso de sintaxis hipotáctica, en donde las frases se unen por medio de conjunciones y también mediante el uso de un participio subordinado. Pero en Juan es habitual la unión de frases mediante la conjunción copulativa καὶ, apreciándose también el uso de la partícula en sentido adversativo.

c) *El uso de* οὖν. La partícula aparece unas ciento noventa veces, mientras que en el resto del Nuevo Testamento se localiza unas trescientas, quiere decir que se produce un uso poco habitual de ella. La consecuencia es que la conjunción pierde su valor argumentativo y se convierte en un simple medio de ilación. En ese sentido Juan la usa unas ciento diez veces, mientras que en el resto del Nuevo Testamento solo aparece en esta forma unas cuatro veces. Es sin duda una característica identificativa del estilo de Juan.

d) *El pronombre* ἐκεῖνος. El escritor usa este pronombre como sustantivo en cuarenta y cuatro ocasiones, mientras que el resto del Nuevo Testamento aparece en este uso veintiuna veces. Comparado el escrito de Juan con el resto de los escritos esta característica se hace peculiar en el *Evangelio*, ya que comparativamente resultaría diecinueve veces más frecuente que en todo el resto del Nuevo Testamento.

e) *El uso de* ἐμος. Generalmente el griego koiné usa el genitivo del pronombre personal μου, para expresar la primera persona singular del pronombre posesivo. Pero, Juan usa la forma ἐμος treinta y nueve veces, lo que supone una frecuencia superior a todos los demás libros del Nuevo Testamento juntos. Además Juan usa el adjetivo posesivo con repetición del artículo (ejmp. ὁ λόγος ὁ ἐμός) veintinueve veces, mientras que en el resto del Nuevo Testamento aparece una sola vez, que además está en un escrito de Juan (1 Jn. 1:3). Puede afirmarse que sólo Juan usa esta forma de todos los escritores del Nuevo Testamento.

f) *La expresión* ἀφ' ἑαυτοῦ, ἀπι ἐμαυτοῦ. En sentido *de sí mismo*, *de mí mismo*, aparece en Juan trece veces, mientras que el resto del Nuevo Testamento solo tres y todas en plural: ἀφ' ἑαυτῶν.

g) *La construcción* ἐκ *con genitivo*. Es típica en Juan, usándola en lugar del genitivo partitivo. Esta forma aparece en no menos de cuarenta y dos ocasiones.

h) *El uso epexegético de* ἵνα, ὅτι. Es significativo el uso que Juan hace de ἵνα, en un gran número de frases, especialmente llamativo porque muchas de ellas carecen de un sentido de finalidad (ejmp. τοῦτό ἐστιν τὸ ἔργον τοῦθεοῦ ἵνα πιστεύητε ... 6:29; αὕτη δέ ἐστιν ἡ χρίσις ὅτι τὸ φῶς ἐλήλυθεν ... 3:19). Estas frases epexegéticas con ἵνα, son muy raras en el Nuevo Testamento, pero comunes en Juan.

i) *Construcción con* οὐ (μή) ... ἀλλά. Esta forma aparece no menos de sesenta y cinco veces en Juan. (cf. 7:49; 8:55; 12:27; 15:25; 16:20; etc.). Seguido de ἵνα elíptico solo en Juan en todo el Nuevo Testamento (1:8; 9:3; 11:52). Siendo construcción típica de Juan, aparece también en otro de sus escritos (1 Jn. 2:19).

Estas formas pudieran detectar una cierta influencia aramea en la composición escrita del *Evangelio*. Sin embargo, de eso a afirmar que el texto griego es una traducción de un supuesto texto arameo hay un abismo. No se debe olvidar que los autores del Nuevo Testamento en general su idioma era el arameo aunque conocían y manejaban el griego, por tanto, no es extraño ciertos semitismos en los escritos.

La supuesta influencia aramea en el *Evangelio*, requeriría un amplio estudio que no es lugar aquí para incorporarlo, dejando al lector la búsqueda de buenos trabajos sobre este interesante tema.

El griego koiné.

El Evangelio según Juan está escrito en un griego culto. No obstante, la utilización de formas propias de la koiné, están presentes, dando a entender que el autor conocía bien la lengua, y le llevaba a adoptar las expresiones propias del griego común.

El idioma en que fue escrito es el griego común, conocido como *koiné*, notándose además que el escrito se identifica mucho con el modo propio de hablar más que con el idioma utilizado para la redacción escrita de un relato. Como del resto de los escritos del Nuevo

Testamento, no existe tampoco aquí el original, esto es, el primer escrito salido directamente del autor. Las copias existentes son varias y entre ellas se aprecian diferencias. Debe tenerse en cuenta que para el Nuevo Testamento hay no menos de 5200 manuscritos y entre ellos existen más de doscientas cincuenta mil variantes, acumuladas a lo largo de los catorce siglos en que se han estado produciendo copias del texto griego. A los errores propios de un sistema de copiado, se añadieron variantes consecuentes con correcciones y adaptaciones producidas para determinados lugares geográficos, como era el caso de Alejandría, Antioquia, Constantinopla, Cartago, Roma, etc. en copias que se adaptaron en ocasiones idiomáticamente, dando origen a lecturas especiales.

El texto Alejandrino, el más antiguo de los del Nuevo Testamento, es considerado como uno de los más fiables y fieles en cuanto a la conservación y preservación del texto original. Los dos testimonios derivados del Alejandrino son el *Códice Vaticano* y el *Códice Sinaítico*, manuscritos en pergamino de mediados del s. IV. Con la aparición de importantes papiros a lo largo del s. XX, se puede afirmar que el *Alejandrino* alcanza a épocas con mayor antigüedad, llegado a considerarse como del s. II, más o menos hacia el 125 d. C. El texto *Bizantino*, es el más reciente de los del Nuevo Testamento. En éste se ha intentado pulir lo que pudiera representar alguna forma ruda en el lenguaje, cambiando las lecturas discrepantes o divergentes por otra expandida, armonizando los paralelos.

El *Textus Receptus*, que ha servido de base a las traducciones del *Evangelio* en el mundo *protestante*, está tomado mayoritariamente del *Texto Bizantino*. Este texto fue editado en 1517 por Desiderio Erasmo de Rótterdam. Fue el más expandido y llegó a ser aceptado como el normativo de la Iglesia Reformada, o Iglesia Protestante. De este texto se hicieron muchas ediciones, varias de ellas no autorizadas, produciéndose a lo largo del tiempo una importante serie de alteraciones. Por otro lado, está demostrado que en algunos lugares donde Erasmo no dispuso de textos griegos, invirtió la traducción trasladando al griego desde la Vulgata. A este texto se le otorgó una importancia de tal dimensión que fue considerado como *normativo* del Nuevo Testamento en el mundo protestante, asumiéndose como incuestionable por sectores conservadores y pietistas extremos, llegando a considerase como *cuasi impío* cuestionarlo, a pesar del gran número de manuscritos que se poseen en la actualidad y que ponen de manifiesto los errores del *Receptus*. Como si se quisiera mantenerlo, a pesar de todo, como el mejor de los compilatorios del texto griego del Nuevo Testamento, se ha cambiado el nombre de *Textus Receptus* por el de *Texto Mayoritario*, con el que se procura hacerlo retornar a su antigua supremacía, con lo que se pretende obstaculizar todo esfuerzo en el terreno de la *Crítica Textual*, para alcanzar una precisión mayor de lectura de lo que son los originales de los escritos del Nuevo Testamento.

De los sinceros y honestos esfuerzos de la Crítica Textual, en un trabajo excelente en el campo de los manuscritos que se poseen y que van apareciendo, se tomó la decisión de apartarse del *Receptus* en todo aquello que evidentemente es más seguro, dando origen al texto griego conocido como *Novum Testamentum Groece*, sobre cuyo texto se basa el que se utiliza en el presente comentario del *Evangelio según Juan.*

El texto griego utilizado en el comentario y análisis del *Evangelio* es el de Nestle-Aland en la vigésimo octava edición de la Deutsche Biblegesellschaft, D-Stuttgart.

Texto griego del Evangelio.

Los textos que contienen el *Evangelio según Juan* y que se han reunido en el Nestle-Aland antes citado son los siguientes:

Códices unciales.

P^5 Papiro del s. III o del s. IV (Londres).
P^{45} Papiro Chester Beatty, que contiene Evangelios y Hechos de los Apóstoles; s. III (Dublín, Viena).
P^{66} Bodmer; s. III, sobre el año 200. Bodmer 2 (Ginebra).
P^{75} Papiro de principios del s. III. Bodmer, 14. 15 (Ginebra).
א Códice Sinaítico. s. IV (Londres).
B Códice Vaticano. s. IV (Roma).
D Códice Beza, s, V o VI (Canbridge).
W Códice de Washington. s. IV o V (Washinton)
Θ Evangelios Koridethi. s. IX (Tiflis).

Códices minúsculos.

33 S. IX o X (París)
565 S. IX o X. (Leningrado).
Códices de la familia Lake
Códices de la familia Ferrar.

Versiones Latinas.

it	Vetus Latina, de la que se citan los siguientes manuscritos
	a Codex Vercellensis; s. IV o V (Vercelli).
	b Codex Veronensis. s. IV o V (Verona)
	d Texto latino del códice D (manuscrito bilingüe).
	e Codex Palatinus. s. IV o V (Viena)
vg	Versión latina Vulgata, realizada por Jerónimo hacia fines del s. IV. Se cita en el texto de Wordsworth y White (w.w.) 1889-1898.

Siríacas.

sin	Versión Siro-Sinaítica de la *Vetus Syriaca.*
cur	Versión Siro-Curetoniana de la *Vetus Syriaca.*
pesh	Versión Pshitta (*Vulgata Syriaca*).
hl	Version Heracleense.

Coptas.

sa	Versión Sahídica (Copto del sur).
bo	Versión Bohaírica (Copto del norte).

Padres.

Heracleón	s. II.
Ireneo	s. II.
Tertuliano	s. II y III.
Orígenes	s. III.
Eusebio	s. IV.
Ambrosiaster	s. IV.
Agustín	s. IV y V.
Crisóstomo	s. IV y V.

Aparato crítico.

En el aparato crítico se ha procurado tener en cuenta la valoración de los estudios de *Crítica Textual*, para sugerir la mayor seguridad o certeza del texto griego. Para interpretar las referencias del aparato crítico, se hacen las siguientes indicaciones:

En el aparato crítico se ha procurado tener en cuenta la valoración de los estudios de *Crítica Textual*, para sugerir la mayor seguridad o certeza del texto griego. Para interpretar las referencias del aparato crítico, se hacen las siguientes indicaciones:

El aparato crítico, que en el comentario se denomina como *Crítica Textual. Lecturas alternativas*, se sitúa luego del análisis gramatical del texto griego, de modo que el lector pueda tener, si le interesan las alternativas de lectura que aparezcan en los versículos de la *Epístola.*

Los papiros se designan mediante la letra 𝔭. Los *manuscritos unciales*, se designan por letras mayúsculas o por un 0 inicial. Los unciales del texto bizantino se identifican por las letras *Biz* y los unciales bizantinos más importantes se reflejan mediante letras mayúsculas entre corchetes [ ] los principales unciales en los escritos de Pablo se señalan por K, L, P. En este escrito se abandona el uso de la identificación de los textos unciales bizantinos, colocándolos como los demás códices salvo en ocasiones en que se requiera por alguna razón.

Los manuscritos minúsculos quedan reflejados mediante números arábigos, y los minúsculos de texto bizantino van precedidos de la identificación *Biz*. La relación de unciales, debe ser consultada en textos especializados ya que la extensión para relacionarlos excede a los límites de esta referencia al aparato crítico.

En relación con los manuscritos griegos aparecen conexionados los siguientes signos:

f^{1} se refiere a la familia 1 de manuscritos.

f^{13} se refiere a la familia 13 de manuscritos.

Biz referencia al testimonios *Bizantinos*, textos de manuscritos griegos, especialmente del segundo milenio.

Biz^{pt} cuando se trata de solo *una parte* de la tradición *Bizantina* cada vez que el testimonio está dividido.

* este signo indica que un manuscrito ha sido corregido.

^{c} aparece cuando se trata de la lectura del *corrector* de un manuscrito.

^{1,2,3,c} indica los sucesivos correctores de un manuscrito en orden cronológico.

( ) indican que el manuscrito contiene la lectura apuntada, pero con *ligeras diferencias* respecto de ella.

[ ] incluyen *manuscritos Bizantinos* selectos inmediatamente después de la referencia *Biz*.

txt indica que se trata del *texto del Nuevo Testamento* en un manuscrito cuando difiere de su cita en el comentario de un Padre de la Iglesia (comm), una variante en el margen (mg) o una variante (v.r.).

com (m) se refiere a citas en el curso del *comentario* a un texto cuando se aparta del texto manuscrito.

mg indicación textual contenida en el *margen* de un manuscrito.

v.r. *Variante* indicada como alternativa por el mismo manuscrito.

vid indica la lectura más probable de un manuscrito cuando su estado de conservación no permite una verificación.

supp texto suplido por faltar en el original.

𝔐 contiene los textos mayoritarios incluido el Bizantino. Indica la lectura apoyada por la mayoría de los manuscritos, incluyendo siempre manuscritos de koiné en el sentido estricto, representando el testimonio del texto griego koiné. En consecuencia, en los casos de un aparato negativo, donde no se le da apoyo al texto, la indicación 𝔐, no aparece.

Los *Leccionarios* son textos de lectura de la Iglesia Griega, que contienen manuscritos del texto griego y se identifican con las letras *Lect* que representa la concordancia de la mayoría de los Leccionarios seleccionados con el texto de *Apostoliki Diakonia*. Los que se apartan de este contexto son citados individualmente con sus respectivas variantes. Si las variantes aparecen en más de diez Leccionarios, se identifica cada grupo con las siglas pt. Si un pasaje aparece varias veces en un mismo Leccionario y su testimonio no es coincidente, se indica por el número índice superior establecido en forma de fracción, para indicar la frecuencia de la variante, por ejemplo *l* $866^{1/2}$. En relación con los Leccionarios se utilizan las siguientes abreviaturas:

Lect para referirse al texto seguido por la *mayoría de los leccionarios*.

l 43 indica el leccionario que se aparta de la lectura de la mayoría.

Lect^{pt} referencia al texto seguido por una parte de la tradición manuscrita de los Leccionarios que aparece, por lo menos, en diez de ellos.

l 593$^{1/2}$ referencia a la frecuencia de una variante en el mismo manuscrito.

Las referencias a la Vetus Latina, se identifica por las siglas it (Itala), con superíndices que indican el manuscrito.

La Vulgata se identifica por vg para la Vulgata, vg^{cl} para la Vulgata Clementina, vg^{ww} para la Vulgata Wordsworth-White, y vgst para la Vulgata de Stuttgart.

Las siglas lat representa el soporte de la Vugata y parte del Latín Antiguo.

Las versiones Siríacas se identifican por las siguientes siglas: Sir^{s} para la Sinaítica. sir^{c}, para la Curetoniana. sir^{p}, identifica a la Peshita. sir^{ph} son las siglas para referirse a la Filoxeniana.

La Harclense tiene aparato crítico propio con los siguientes signos: sir^{h} (White; Bensly, Wööbus, Aland, Aland/Juckel); sir $^{h\ with*}$, lectura siríaca incluida en el texto entre un asterisco y un metóbelos; sir^{hmg}, para referirse a una variante siríaca en el margenV sir^{hgr} hace referencia a una anotación griega en el margen de una variante Siríaca. Las siglas sir^{pal} son el identificador de la Siríaca Palestina.

Las referencias a la Copta son las siguientes:

cop^{sa} Sahídico.

cop^{bo} Boháirico.

cop^{pbo} Proto-Bohäirico.

cop^{meg} Medio-Egipto.

cop^{fay} Fayúmico.

cop^{ach} Ajmínico.

cop^{ach2} Sub-Ajmínico.

Para la Armenia, se usan las siglas arm.

La georgiana se identifica:

geo identifica a la georgiana usando la más antigua revisión A^{1}

geo^{1}/geo^{2} identifica a dos revisiones de la tradición Georgiana de los Evangelios, Hechos y Cartas Paulinas.

La etiópica se identifica de la siguiente manera:

eti cuando hay acuerdo entre las distintas ediciones.

eti^{ro} para la edición romana de 1548-49.

eti^{pp} para la Pell Plat, basada en la anterior.

etiTH para Takla Häymänot

eti^{ms} referencia para la de París.

Eslava Antigua, se identifica con esl.

Igualmente se integra en el aparato crítico el testimonio de los Padres de la Iglesia. Estos quedan identificados con su nombre. Cuando el testimonio de un Padre de la Iglesia se conoce por el de otro, se indica el nombre del Padre seguido de una anotación en superíndice que dice *según* y el nombre del Padre que lo atestigua. Los Padres mencionados son tanto los griegos como los latinos, procurando introducirlos en ese mismo orden. En relación con las citas de los Padres, se utilizan las siguientes abreviaturas:

( ) Indican que el Padre apoya la variante pero con ligeras diferencias.

^{vid} probable apoyo de un Padre a la lectura citada.

^{lem} cita a partir de un *lema*, esto es, el texto del Nuevo Testamento que precede a un comentario.

comm cita a partir de la parte de un comentario, cuando el texto difiere del lema que lo acompaña.

supp porción del texto *suplido* posteriormente, porque faltaba en el original.

ms, mss referencia a manuscrito o manuscritos patrísticos cuyo texto se aparta del que está editado.

mss según Padre identifica una variante de algún manuscrito según testimonio patrístico.

1/2, 2/3 variantes citadas de un mismo texto en el mismo pasaje.

pap lectura a partir de la *etapa papirológica* cuando difiere de una edición de aquel Padre.

ed lectura a partir de la *edición* de un texto patrístico cuando se aparta de la *tradición papirológica.*

gr cita a partir de un fragmento griego de la obra de un Padre Griego cuyo texto se conserva sólo en traducción.

lat, sir, armn, slav, arab traducción latina, siríaca, armenia, eslava o araba de un Padre Griego cuando no se conserva en su forma original.

dub se usa cuando la obra atribuida a cierto Padre es dudosa.

Con estas notas el lector podrá interpretar fácilmente las referencias a las distintas alternativas de lectura que el aparato crítico introduce en los versículos que las tienen.

Escritura del texto griego.

Es sabido que algunos nombres que en Castellano se escriben con mayúsculas, como Dios, al referirse al verdadero, Espíritu Santo, en relación con la Tercera persona de la Deidad, en griego siendo nombres o adjetivos vinculados a un nombre, se escriben con minúscula. Sin embargo, por respeto especial, cuando se trate de alguno de estos nombres de Dios, se escriben con mayúscula. De igual manera en el análisis textual, cuando se refiere a Dios, no lo trasladaremos como *nombre común*, sino como *nombre divino*, por la misma razón.

Entendemos claramente que dentro de la gramática, estas distinciones no corresponden a la realidad del griego.

El interlineal.

Cada uno de los versículos es trasladado en el texto griego con la traducción interlineal al castellano palabra a palabra. Se procura simplemente dar el equivalente a cada palabra del texto griego. En ocasiones en que hay formas idiomáticas, se traduce como equivalencia escribiendo la traducción bajo el grupo de palabras que se traducen. En otras ocasiones cuando la preposición o el artículo sigue a un sustantivo, adjetivo, etc. en lugar de antecederlo, como es propio en castellano, se invierte la traducción escribiéndola de modo que alcance las dos palabras griegas que traslada. Cuando en castellano no se usa alguna palabra del texto griego, como un artículo delante de un nombre propio, se coloca debajo de la palabra que no se traduce un guión. El mismo tratamiento se da a partículas que no siempre tienen traducción. Cuando la palabra traducida tenga varias alternativas, se traduce de acuerdo con lo que se considera más apropiado en el texto, teniendo el lector los parámetros de lecturas alternativas en caso de que además las hubiera.

Bosquejo.

I. Encarnación del Verbo (1:1-18).

1. Eternidad del Verbo (1:1-2).
2. Operatividad del Verbo pre-encarnado (1:3-5).
3. Testimonio de Juan (1:6-8).
4. Rechazo al Verbo encarnado (1:9-11).
5. Aceptación del Verbo encarnado (1:12-13).
6. Deidad del Verbo encarnado (1:14-18).

II. Presentación del Verbo encarnado (1:19-4:54).

1. Presentación por Juan el Bautista (1:19-34).
   - 1.1. Ante el liderazgo religioso (1:19-28).
   - 1.2. El bautismo de Jesús (1:29-34).
2. Presentación a los discípulos de Juan (1:35-51).
   - 2.1. Andrés, Juan y Pedro (1:35-42).
   - 2.2. Felipe y Natanael (1:43-51).
3. Presentación en Galilea (2:1-11).
   - 3.1. Primera señal (2:1-10).
   - 3.2. Los discípulos creen en Jesús (2:11).

4. Presentación en Judea (2:12-3:36).
   4.1. La limpieza del templo (2:12-22).
   4.2. La presencia en Jerusalén (2:23-25).
   4.3. Jesús y Nicodemo (3:1-21).
      4.3.1. El problema de Nicodemo (3:1-3).
      4.3.2. La ignorancia de Nicodemo (3:4-12).
      4.3.3. La enseñanza de Jesús (3:13-21).
   4.4. Predicación de Juan el Bautista (3:22-36).
5. Presentación en Samaria (4:1-42).
   5.1. Jesús pasa por Samaria (4:1-6).
   5.2. Enseñanza a la samaritana (4:7-26).
   5.3. Testimonio de la samaritana (4:27-30).
   5.4. Enseñanza a los discípulos (4:31-38).
   5.5. Reacción de los samaritanos (4:39-42).
6. Presentación en Galilea (4:43-54).
   6.1. Su presencia en Galilea (4:43-45).
   6.2. La sanidad del hijo del oficial del rey (4:46-54).

III. Oposición al Verbo encarnado (5:1-12:50).

1. Confrontación en Jerusalén (5:1-47).
   1.1. Sanidad de un paralítico (5:1-9).
   1.2. La reacción contra Jesús (5:10-18).
   1.3. El discurso de Jesús (5:19-47).
2. El tiempo de la Pascua (6:1-71).
   2.1. Alimentación de los cinco mil (6:1-15).
   2.2. Jesús anda sobre el mar (6:16-21).
   2.3. El discurso de Jesús (6:22-40).
   2.4. La reacción al discurso (6:41-71).
      2.4.1. Murmurando contra Jesús (6:41-43).
      2.4.2. Enseñanza de Jesús (6:44-51).
      2.4.3. Reacción y nueva enseñanza (6:52-58).
      2.4.4. Enseñanza a los discípulos (6:59-65).
      2.4.5. Deserción de muchos discípulos (6:66).
      2.4.6. Testimonio de Pedro (6:67-71).
3. La fiesta de los tabernáculos (7:1-10:21).
   3.1. Confrontación con sus hermanos (7:1-9).
      3.1.1. La incredulidad de los hermanos (7:1-5).
      3.1.2. La reacción de Jesús (7:6-9).
   3.2. Jesús en la fiesta de los tabernáculos (7:10-10:21).
      3.2.1. Primera confrontación (7:10-15).
      3.2.2. Discurso de Jesús (7:16-24).
      3.2.3. Reacción y respuesta de Jesús (7:25-29)

- 3.2.4. Reacción del pueblo (7:30-36).
- 3.2.5. Enseñanza de Jesús (7:37-39).
- 3.2.6. Reacción a la enseñanza (7:40-53).
- 3.2.7. La mujer adúltera (8:1-11).
- 3.2.8. Discurso de Jesús y reacciones (8:12-59).
  - A) La afirmación de Jesús (8:12).
  - B) La reacción (8:13).
  - C) La respuesta de Jesús (8:14-20).
  - D) Enseñanzas y reacciones (8:21-27).
  - E) Enseñanza y consecuencias (8:28-30).
  - F) Enseñanza sobre la libertad y reacciones (8:31-51).
  - G) La eternidad de Jesús (8:52-58).
  - H) La reacción (8:59).
- 3.2.9. Sanidad de un ciego (9:1-41).
  - A) Pregunta de los discípulos (9:1-2).
  - B) Respuesta de Jesús (9:3-5).
  - C) El milagro (9:6-7).
  - D) Reacción ante el milagro (9:8-12).
  - E) El ciego y los religiosos (9:13-34).
  - F) Jesús y el ciego (9:35-39).
  - G) Reacción de los fariseos (9:40-41).
- 3.2.10. Discurso del Buen Pastor (10:1-21).
  - A) Discurso (10:1-18).
  - B) Reacción (10:19-21).

4. La fiesta de la dedicación (10:22-42).
   - 4.1. Pregunta de los fariseos (10:22-24).
   - 4.2. Respuesta de Jesús (10:25-30).
   - 4.3. Reacción y nueva respuesta (10:31-39).
   - 4.4. Jesús al otro lado del Jordán (10:40-42).
5. Jesús en Betania (11:1-12:11).
   - 5.1. Resurrección de Lázaro (11:1-44).
   - 5.2. Reacciones a la resurrección (11:45-53).
   - 5.3. Jesús en Efraín (11:54).
   - 5.4. El tiempo de la Pascua (11:55-57).
   - 5.5. María unge a Jesús (12:1-8).
   - 5.6. Reacciones encontradas (12:9-11).
6. Jesús en Jerusalén (12:12-50).
   - 6.1. La entrada en Jerusalén (12:12-19).
   - 6.2. Enseñanzas de Jesús (12:20-50).
     - 6.2.1. El deseo de unos griegos (12:20-22).
     - 6.2.2. Reacción y enseñanza de Jesús (12:23-26).
     - 6.2.3. Testimonio celestial (12:27-29).
     - 6.2.4. Enseñanza de Jesús (12:30-36).

6.2.5. Reprobación de Israel (12:37-43).
6.2.6. Creer y rehusar (12:44-50).

IV. Enseñanza a los Doce (13:1-16:33).

1. Enseñanza sobre la restauración y el amor (13:1-20).
   1.1. El lavamiento de los pies (13:1-11).
   1.2. El alcance (13:12-20).
2. Jesús anuncia su entrega (13:21-30).
   2.1. La traición anunciada (13:21-26).
   2.2. La reacción (13:27-30).
3. Jesús anuncia su partida (13:31-38).
   3.1. El anuncio (13:31-33).
   3.2. El mandamiento nuevo (13:34-35).
   3.3. Reacción de Pedro y respuesta de Jesús (13:36-38).
4. Promesa de Jesús (14:1-7).
   4.1. La promesa (14:1-4)
   4.2. La reacción de Tomás y la respuesta de Jesús (14:5-7).
5. Enseñanza sobre la unidad divina (14:8-14).
6. Enseñanza sobre el envío del Espíritu Santo (14:15-26).
7. Enseñanza sobre la paz (14:27-31).
8. Otras enseñanzas (15:1-16:15).
   8.1. El fruto (15:1-8).
   8.2. El mandamiento del amor (15:9-17).
   8.3. Enseñanza sobre el mundo (15:18-27).
   8.4. Advertencias de conflictos (16:1-6).
   8.5. Obra del Espíritu (16:7-15).
9. Enseñanza de Jesús sobre su regreso (16:16-33).

V. La oración del Verbo encarnado (17:1-26).

1. Los temas de la oración (17:1-26).
   1.1. La vida eterna (17:1-3).
   1.2. Rendición de cuentas y glorificación (17:4-5).
   1.3. La relación de la Palabra (17:6-8).
   1.4. Petición de protección por los suyos (17:9-13).
   1.5. Intercesión y misión (17:14-19).
   1.6. Intercesión por la unidad (17:20-23).
   1.7. Petición personal (17:24-26).

VI. Crucifixión del Verbo encarnado (18:1-19:42).

1. El arresto de Jesús (18:1-11).

2. Jesús juzgado (18:12-19:42).
   2.1. Ante Anás (18:12-23).
   2.2. Ante Caifás (18:24-27).
   2.3. Ante Pilato (18:28-19:16).
      2.3.1. Acusaciones (18:28-32).
      2.3.2. Diálogo con Jesús (18:33-37).
      2.3.3. Jesús y Barrabás (18:38-40).
      2.3.4. Jesús azotado y afrentado (19:1-7).
      2.3.5. Debilidad de Pilato (19:8-16).
   2.4. La crucifixión, muerte y sepultura (19:17-42).
      2.4.1. Crucifixión (19:17-29).
      2.4.2. Muerte (19:30).
      2.4.3. Epílogo de la cruz (19:31-37).
      2.4.4. Sepultura de Jesús (19:38-42).

VII. Resurrección del Verbo encarnado (20:1-21:25).

1. La tumba vacía (20:1-10).
2. Las apariciones del Resucitado (20:11-21:23)
   2.1. A María Magdalena (20:11-18).
   2.2. A los discípulos sin Tomás (20:19-25).
   2.3. A los discípulos y Tomás (20:26-31).
   2.4. A siete discípulos en Galilea (21:1-14).
   2.5. Diálogo con Pedro y el discípulo amado (21:15-23).
3. Conclusión (21:24-25).

COMENTARIO AL EVANGELIO SEGÚN JUAN.

I. Encarnación del Verbo (1:1-18).

Eternidad del Verbo (1:1-2).

1. En el principio era el Verbo, y el Verbo era con Dios, y el Verbo era Dios.

᾿Εν ἀρχῇ ἦν ὁ Λόγος, καὶ ὁ Λόγος ἦν πρὸς τὸν Θεόν, καὶ
En principio era el Verbo, y el Logos era con - Dios, y
Θεὸς ἦν ὁ Λόγος.
Dios era el Verbo.

Notas y análisis del texto griego.

Iniciando el *Evangelio*, escribe: Ἐν, preposición propia de dativo *en*; ἀρχῇ, caso dativo femenino singular del nombre común *principio, comienzo*; ἦν, tercera persona singular del imperfecto de indicativo en voz activa del verbo εἰμί, *ser*, aquí *era*; ὁ, caso nominativo masculino singular del artículo determinado *el*; Λόγος, caso nominativo masculino singular del nombre común *verbo, palabra, mensaje, discurso*; καὶ, conjunción copulativa *y*; ὁ, caso nominativo masculino singular del artículo determinado *el*; Λόγος, caso nominativo masculino singular del nombre común *verbo, palabra, mensaje, discurso*; ἦν, tercera persona singular del imperfecto de indicativo en voz activa del verbo εἰμί, *ser*, aquí *era*; πρὸς, preposición propia de acusativo que marca orientación, *con, hacia,* en castellano mejor la preposición en desuso cabe, *cerca de, junto a*; τὸν, caso acusativo masculino singular del artículo determinado *el*; Θεόν, caso acusativo masculino singular del nombre divino *Dios*; καὶ, conjunción copulativa *y*; Θεὸς, caso nominativo masculino singular del nombre divino *Dios*; ἦν, tercera persona singular del imperfecto de indicativo en voz activa del verbo εἰμί, *ser*, aquí *era*; ὁ, caso nominativo masculino singular del artículo determinado *el*; Λόγος, caso nominativo masculino singular del nombre común *verbo, palabra, mensaje, discurso*.

Ἐν ἀρχῇ ἦν ὁ Λόγος. Sin ninguna alternativa de lectura, coincidiendo en la oración todos los textos griegos, Juan inicia el *Evangelio*, con una afirmación de alto nivel teológico sobre la identidad del Λόγος, tomando la referencia al tiempo del principio de todo cuanto existe. La primera frase tiene un paralelismo claro con la primera declaración del Génesis, que refiriéndose al principio de toda la creación dice también: *"En el principio creó Dios"* (Gn. 1:1). Sin embargo debe notarse que *principio* aquí no tiene que ver directamente con el comienzo del universo, sino que exige que se considere como una existencia anterior a él. De otro modo, este *principio* es el punto de referencia usado para referirse al existir del Verbo. La referencia a *principio* ha de entenderse como lo que es un existir antes de todo, que necesariamente es un existir eterno, puesto que antes de la creación sólo existe Dios que vive en Sí mismo eternamente. Así se entiende también en el Antiguo Testamento, cuando hablando de la sabiduría dice: *"Jehová me poseía en el principio, ya de antiguo, antes de sus obras"* (Pr. 8:22). A esa eterna vida divina el Verbo encarnado se referirá cuando pide al Padre: *"Padre, aquellos que me has dado, quiero que donde yo estoy, también ellos estén conmigo, para que vean mi gloria que me has dado; porque me has amado desde antes de la fundación del mundo"* (17:24). Esa referencia al *principio* toma otra forma expresiva cuando el Señor dijo a los judíos: *"De cierto, de cierto os digo: Antes que Abraham fuese, yo soy"* (8:58). El pensamiento de Juan es muy concreto al decir *"en el principio"*, ya que si todas las cosas van a ser creadas por el Verbo, necesariamente las antecede, por tanto es eterno. El ser eterno corresponde exclusiva y excluyentemente a Dios. Quiere decir que al comienzo del *Evangelio*, Juan quiere que los lectores presten atención a Jesucristo que va a ser anunciado, no desde la condición de un mero hombre, sino desde la eternidad que manifiesta su Deidad, como va a decir al final del versículo. El Verbo no es, como algunos herejes afirman, un ser creado, sino el increado y eterno Dios.

ἦν. Sigue luego el verbo εἰμί, *ser*, en la forma del imperfecto de indicativo en voz activa, que indica una existencia continuada en una determinada manera, es decir, Jesús, de quien va a tratar el *Evangelio*, *era*, en el principio, de manera que la preexistencia del Logos se pone de manifiesto. No vino a ser en algún momento, así fue eternamente. Esa es la razón del uso del *imperfecto* que se contrapone al aoristo en que este es puntual y definitivo, ya que lo que se pretende es vincular al Verbo con la Deidad, que ya introduce desde aquí la vida en el Ser Divino, en una subsistencia personal en la que eternamente son las tres Personas de la Deidad. Por esa misma razón, puesto que el verbo está ligado con *el principio*, claramente debe entenderse como una existencia atemporal donde ἀρχῇ *principio*, no puede vincularse con el origen de algo, sino que ha de hacerse con la eternidad sin principio. Aquel *era*, hace notar que el principio desde donde se revela, no es un comienzo sino la visibilidad temporal de lo eterno, donde la *atemporalidad* se manifiesta y donde el tiempo no corre.

ὁ Λόγος, Este que *era en el principio*, se le llama por el apóstol *el Logos*, que con artículo determinado en el texto griego expresa la condición única de Aquel a quién se llama de ese modo. Es notable la introducción de título dado a Jesucristo, propio de Juan. Este título no aparece con frecuencia como designación de Cristo. Tanto es así que fuera del *prólogo* de este evangelio, sólo está en este sentido en otro de los escritos de Juan (Ap. 19:13). El nombre de Verbo, le pertenece eternamente. Es el título que corresponde al Mediador único y divino en el proceso de la acción de la Deidad, tanto en la creación, como en la revelación, como en la comunicación de vida divina. Cristo es el Logos trascendente cuya comunicación comienza en la creación y culmina en la encarnación. La condición de Logos, como proyección hacia fuera de la expresión divina, establece la conexión entre la divinidad inaccesible y el mundo de los hombres. El Logos, manifestado y encarnado en Cristo, se convierte en principio de intelección de toda la realidad y de toda la historia anterior, a la vez que como elemento integrante de todas las verdades parciales, ya que Él es la única Verdad. Por eso, como Logos, es el principio de toda inteligibilidad, el motor de toda búsqueda de verdad y de justicia, y el recapitulador de todo. Todas las porciones fragmentarias de la verdad encuentran su plenitud en Cristo. Esa generación del Verbo eterno en el seno trinitario obedece a una procesión de amor en el interior de Dios. Es necesario entender bien que Cristo es una Persona Divino-humana, por tanto el Verbo expresa, no solo lo que la Persona es en sí, sino la mente suprema del Ser Divino, en todas sus facetas y dimensiones. El que viene glorioso y vencedor es el que como Verbo, expresa y ejecuta todo el plan de Dios para los tiempos. El Verbo es la Palabra absoluta con la que Dios habla (He. 1:1-3). El verbo es la revelación de Dios hecho carne (1:14). Aquí expresa la absoluta palabra por la que Dios actúa, se revela, comunica, relaciona y salva. Es el discurso absoluto pleno y definitivo que se da a los hombres por medio del Hijo (He. 1:2). El significado de este título exige una aproximación clarificadora en este lugar.

Desde la semántica griega λόγος, tiene múltiples significados, pero, fundamentalmente se usa para referirse al pensamiento interno, y también a la expresión de una idea. Por consiguiente el término en la Escritura, se relaciona íntimamente con el hecho de la auto-revelación de Dios, en la que su pensamiento se comunica por medio de su Palabra. En un sentido contrario al bíblico, los filósofos estoicos consideraban el *logos* como el principio racional que confería existencia al universo. Para los griegos el término era adecuado para describir cualquier manifestación del propio ser. Algunos *críticos* afirman que Juan incorporó esta palabra en el *Evangelio*, bajo la influencia helénica o de los gnósticos que, como se ha dicho en la introducción, no puede probarse, quedando como una hipótesis inaceptable a la luz de la Escritura.

La LXX utiliza la palabra con bastante frecuencia en la traducción del antiguo Testamento. Su uso está presente en dos grupos de versículos. Los primeros que tienen relación con actos creativos de Dios, en donde la Palabra, el *Logos* actúa creando (cf. Gn. 1:1), por eso los cielos se crearon por el *Logos*, la Palabra de Dios (Sal. 33:6). Del mismo modo Dios responde al clamor de Su pueblo *enviando su Palabra*, para sanarlos y librarlos de la ruina (Sal. 107:20), lo abre un sentido *soteriológico* de acción salvadora que es el gran tema en el *Evangelio según Juan*. En otra apreciación de eternidad el salmista afirma que la Palabra de Dios permanece eternamente en los cielos (Sal. 119:89). En alguna medida la idea del *envío* del Logos a la tierra también está presente (Sal. 147:15). La sabiduría de Dios se expresa por medio del Logos y está con Él eternamente, literalmente *"desde antes de sus obras"* (Pr. 8:22-31). Es interesante apreciar que el término *sabiduría*, en este y otros contextos del Antiguo Testamento, deja de referirse a la cualidad de ser sabio, sino que la sabiduría está personificada y posee una existencia que la diferencia de Dios en cuanto a que es Persona, e incluye una relación personal con la creación. Pero también se usa el término λόγος, para referirse al mensaje que Dios da por medio de los profetas. Una expresión común es la de *"la Palabra de Dios vino sobre mí"* (καὶ ἐγένετο λόγος Κυρίου πρός πρός αὐτόν) (cf. Ez. 1:3; Am. 3:1). Se aprecia que en todos los casos en que ocurre, λόγος, es una expresión que produce un resultado o una acción.

La *palabra*, el Λόγος, en el Nuevo Testamento, está relacionada muchas veces con el *evangelio*, el mensaje de la *Buena Noticia* (cf. Lc. 8:11; 2 Ti. 2:9). Pero, el evangelio proclamado por los apóstoles es esencialmente *Cristo mismo*. Así lo entendía el apóstol Pablo que predicaba *a Cristo crucificado* (1 Co. 1:23). Esto establece una estrecha relación con el Λόγος, de este primer versículo de Juan. Jesús anunció en su mensaje el *logos* del reino: τὸν λόγος τῆς βασιλείας, *la palabra del reino* (Mt. 13:19). Aun sin mencionar directamente el término, otros escritos del Nuevo Testamento se identifican plenamente con la idea central del prólogo de Juan. Así de este modo el apóstol Pablo haciendo notar a los creyentes de Colosas la supremacía de Cristo, lo presenta como Creador y dador de la paz y reconciliador consigo de todas las cosas en base a la obra de la Cruz (Col. 1:15-20). Ese es también el pensamiento del escritor de la *Epístola a los Hebreos* (He. 1:1-4). Quiere decir esto que el término, aunque típico de Juan, tiene una aplicación teológica por más escritores del Nuevo Testamento.

El sustantivo λόγος, procede de la misma raíz del verbo λέγω, que tiene un amplio significado como *hablar, decir, referirse, preguntar, responder, ordenar, afirmar, asegurar, contar, llamar, proponer*, etc. Aparentemente este verbo con el sustantivo derivado, podría vincularse al hebreo *'amar*, que significa *decir*, de donde *'imrah*, que equivale a *dicho* y que, en cierta medida recuerda el término griego ῥῆμα, *palabra, dicho*. Pero, la raíz de las palabras hebreas y de la griega por afinidad de consonantes, indican el *dicho* como mera expresión, más que como una realidad expresada. El término λόγος, connota un mensaje, que en Cristo es un mensaje de vida, esto es, un mensaje de vivas realidades. Especialmente en el Salmo 119, cuyo tema central es la Palabra, el *Logos escrito* es elemento de limpieza (v. 9); de vida (v. 25); de sustento (v. 28); digna de crédito porque es *palabra de verdad* (vv. 42-43); de consuelo (v. 50); de luz para el camino (v. 105); digna de la esperanza (v. 114); etc.

Todo esto en la completa totalidad de la Palabra de Dios está comprendida, pero en forma absoluta en el *Logos* al que Juan se refiere en este primer versículo. Jesús es el Verbo personal del Padre. En ella, Palabra viva y activa, el Padre expresa su interior, es decir, todo cuanto es, tiene y hace, por tanto el *Logos* es la expresión exhaustiva del Padre. Debe tenerse en cuenta que el verbo *expresar* es el frecuentativo del verbo *exprimir*, de modo que cuando nos expresamos, *exprimimos* nuestra mente para formar un *logos* que defina lo que pensamos en su concepto pleno. Esto tiene una consecuencia conclusiva que para expresar algo hay que tener una mente rica en contenido conceptual. De modo que si el *Logos* personal del Padre es divino, como el Padre, según enseña Juan en el texto, es por tanto, infinito y exhaustivo, capaz de expresar en la dimensión plena y absoluta el pensamiento, posesión y acción del Padre, siendo la *Palabra* que expresa todo lo que corresponde a la mente del Padre que la expresó. Esto tiene una gran importancia teológica porque una Persona infinita como el Padre, con una mente infinita en acción continua, concibe y expresa un Verbo tan infinito y eterno como Él mismo que lo pronuncia. Esto demanda la existencia única de un solo Verbo, puesto que si pudiese haber más, o el Padre tuviese más de uno, ninguno de ellos expresaría con perfección la esencia, mente y propósitos del Padre. Por esa causa es el único revelador adecuado para Él. Este Verbo es el que, al hacerse hombre (v. 14), traduce al Padre al lenguaje humano, expresándolo en plenitud, y haciendo la correcta *exégesis* de Él (v. 18), por tanto, es la única *Verdad* personal del padre (14:6). A causa de esto sólo Jesús tiene *"las palabras de Dios"* (3:34), que son *"palabras de vida eterna"* (6:68). Jesús, como *Verbo eterno*, nos da la revelación definitiva y final del Padre. Esa es también la causa por la que todas las promesas de Dios son en Jesús, *sí y amén* (2 Co. 1:19-20). Por ser el único Verbo en revelación de Dios no sólo es *sí y amén* como garante de las promesas de Dios, sino todavía más Jesús es Dios en estado de amén, puesto que tiene una sola palabra, y *"Él permanece fiel; El no puede negarse a sí mismo"* (2 Ti. 2:13). El *Logos* divino como única y definitiva *Palabra* de Dios *"permanece para siempre"* (cf. Is. 40:6-8; Dn. 6:26; He. 4:12; 1 P. 1:23-25). La mente del Padre está siempre activa, por tanto eternamente está expresando el *Logos* revelador de Su pensamiento, todo lo existente, pasado, presente y futuro.

Genera esto una dificultad teológica: Si sólo la Primera Persona Divina, es la que expresa el *Logos*, las otras dos están en silencio. En ningún modo puesto que muy al principio la Biblia presenta una deliberación *ad intra*, esto es en la intimidad de la Trina Deidad (Gn. 1:26). Pero solo el Padre al pronunciar su *Logos* genera, sin principio de vida, por vía de generación mental a la Segunda Persona Divina, que personifica la mente del Padre. Ahora bien, la expresión de la mente del Padre es exhaustiva, es decir, agota en Él su plenitud mental y da procedencia al Verbo que es consustancial con Él mismo. Por eso el Verbo no puede *engendrar* otro Verbo porque recibe una mente que ya agotó su expresión personal.

Otro aspecto que debe quedar claro al entrar en esta verdad que Juan expresa en este primer versículo, es que podría pensarse que si el *Logos* es expresado por el Padre, depende de él en Su existencia propia puesto que sólo hay Verbo cuando Alguien lo pronuncia. Esto conduciría a una *dependencia y subordinación* de la Segunda con la Primera Persona. Debe afirmarse que no hay dependencia alguna o subordinación del Verbo respecto al Padre que lo pronuncia, porque si la Palabra subsiste del Padre que la pronuncia, el Padre aunque no vive de la Palabra, sí vive de pronunciarla. De otro modo, lo que constituye al Padre como Persona Divina, esto es, como Dios Padre, es el acto vital y eterno de expresar su *Logos*, pero, ni el Logos puede vivir sin el Padre que lo engendra, ni el Padre puede vivir sin pronunciar el Logos que lo manifiesta. La subordinación en cuanto a Deidad no existe, puesto que las Personas Divinas son inmanentes.

καὶ ὁ Λόγος ἦν πρὸς τὸν Θεόν, La segunda oración de la cláusula es posicional, expresando la situación del Verbo en relación con el Padre. Debe notarse el uso del artículo determinado ὁ, *el*, que precede al sustantivo *Logos*. Se trata del único Logos divino. En este hemistiquio Juan pretende hacer notar una *distinción* entre el Verbo y el Padre. La traducción *"el Verbo era con Dios"*, expresa muy limitadamente lo que el escritor pretende dar a entender. La preposición πρὸς, tiene aquí un sentido de orientación o dirección, cuyo significado adquiriría una mayor precisión si se utilizara la preposición *cabe*, que si bien está en desuso significa, *cerca de, junto a*, por tanto el sentido es que el Verbo estaba *frente a frente* con el Padre. Lo que Juan quiere dar a entender es que el Verbo estaba en una proximidad interna, íntima de Persona a Persona, en Su vida *ad intra*. Generalmente en el griego clásico es difícil encontrar la preposición πρὸς, con acusativo en sentido de *en presencia de*, pero en el griego helenístico y en la koiné, ese es uno de los usos habituales. Más preciso es entender el sentido de la frase como que el *Logos* estaba en una determinada relación con Dios. La idea de compañía previa a la creación está contemplada en el *Evangelio*, cuando Jesús habla al Padre sobre la gloria que tuvo con Él antes que el mundo existiese (17:5). Pero también puede hablarse de *relación*. Un poco más adelante Juan hará referencia a una determinada posición y orientación del Logos, literalmente *hacia el Padre* (v. 18). La relación entre el Logos y el Padre comprende todos estos aspectos y muchos otros, ya que debe considerarse que la relación entre las Personas Divinas descansa también en la *comunión* entre ellas.

Juan está introduciendo aquí un concepto novedoso de la teología cristiana que la vida divina en el Ser Divino, o dicho de otro modo, en el Seno Trinitario, es común a las Personas Divinas. De ahí que el paso siguiente a la eterna existencia del *Verbo*, sea la consideración de vinculación con el Padre, expresada en una forma sencilla: *"el Verbo era con Dios"*. Es decir, el que eternamente existe como *Verbo* debe su personificación a la relación con el Padre. Dios no es una Persona, sino un *Ser*. Por tanto las Personas Divinas no son *individuos* de la especie divina, ya que entonces serían *dioses*, por muy relacionados que estuviesen, pero la revelación bíblica da a entender que las Personas Divinas son *un solo Dios*. Esto implica entender que el Padre y el Verbo no se distinguen por al *absoluto* (*ad se*), como pudieran ser esencia, cualidades, actividades, etc., sino sólo por la respectiva *relación* entre ellas que las constituye al oponerse (*ad alium*) respectivamente como *principio y término* de la procesión que las establece como Personas. Por esta relación, el Padre se distingue realmente del Verbo, siendo éste el término de la generación de la que es principio el Padre. De igual modo, el Hijo se distingue del Padre, porque la filiación que lo constituye como Persona, lo pone junto con el Padre, o frente a Él, en una distinción personal. Quiere decir esto que *ser principio o término* de una procesión intra-trinitaria, distingue a las Personas Divinas entre sí. Pero, como el Ser Divino es infinito, así también la distinción personal lo es. El Padre se constituye como *Persona* que se distingue de la del Hijo ya que en Él, ser Padre se identifica también con ser Dios. Es Padre divino porque es Dios que engendra eternamente. A su vez el Hijo es *totalmente* Hijo, porque Su existencia como Persona Divina está ligada al hecho de ser eternamente engendrado por el Padre, pero, a la vez es el término generativo.

El sentido teológico de la verdad expresada por Juan en esta frase es muy elevado. En la identificación de Dios, como Padre, y del Logos, como Hijo, relaciona a las dos Personas Divinas con la naturaleza divina que les es común a ambas, por lo que el Padre no puede serlo sin ser Dios, y el Hijo del mismo modo. Por consiguiente se aprecia un aspecto de *totalidad* integradora en cada Persona Divina, junto con el aspecto de distinción o *identificación* absoluta. El Padre y el Verbo no pueden ser comparables a la relación e identificación humana, puesto que en Dios no cabe composición, estando por encima de todos los géneros y especies que determinan la vida creada. Por esa razón la suprema *trascendencia* es la trascendencia divina.

Juan habla de la unidad vinculante en la Santísima Trinidad, a la vez que se mantiene la distinción personal de cada una de las Personas Divinas. Esta vinculación de vida aparece claramente en el versículo: *"El verbo era con Dios"*. De otro modo, el Verbo no podría ser Dios si no estuviese en la intimidad participativa de la vida divina. Pero, tampoco podría ser Persona sin la relación de procedencia del Padre. Es decir, el Padre vive como Persona de decir la Palabra (el Verbo) y el Verbo vive del Padre que lo expresa y, expresándolo, lo engendra. Esto debe entenderse claramente que el verbo engendrar en este sentido no tiene que ver con origen, sino con procedencia y relación. Por todo esto el apóstol podrá decir en otro de sus escritos: *"Todo aquel que niega al Hijo, tampoco tiene al Padre"* (1 Jn. 2:23). Si no hay el *Verbo*, tampoco puede haber el Padre que lo expresa, por tanto la existencia de uno está ligada a la del otro.

Concluyendo la gran verdad revelada en la frase de Juan, debe entenderse que en el Seno Trinitario, el Dios uno que subsiste en tres maneras distintas, aquí, por interés del escritor se hace referencia a dos de esas subsistencias, la del Padre y la del Verbo, que son distintos como relaciones opuestas, de ahí que estas dos no son *el mismo*, pero sí son *lo mismo*, son distintas Personas pero son el mismo y único Dios. Es necesario entender que la *Persona Divina*, tanto la del Padre como la del Verbo, connotan relaciones correspondientes a cada una de ellas, que no surgen por decisión libre, sino necesaria. Juan dice *"el Verbo era con Dios"*, por tanto esa relación de comunión no es opcional, sino real y vital, en la que el uno no puede existir sin el otro. De otra forma, el Verbo *está con Dios*, en sentido de relación, *junto a Dios*, como esta en la mente una palabra. A causa de esta unidad de naturaleza todo el Padre está en el Verbo y todo el Verbo está en el Padre. Ninguno de los dos está fuera del otro porque ninguno precede a otro en eternidad, ni lo excede en grandeza, ni lo supera en potestad.

καὶ Θεὸς ἦν ὁ Λόγος. El apóstol concluye este denso primer versículo haciendo una afirmación definitiva sobre la deidad del Verbo. Mediante una estructura gramatical simple pero completa afirma que el Verbo que era en el principio, que estaba en unidad con Dios, es también Dios. Literalmente se lee *"y Dios era el Verbo"*.

Algunos que niegan la deidad del Verbo, traducen el versículo poniendo el artículo indefinido *un* delante de Dios, para decir *"El Verbo era un Dios"*. Aparte del problema gramatical que desestructura la frase puesto que en griego no existe el artículo indeterminado o indefinido, contradice la verdad del texto. Si hubiera un artículo determinado delante de Dios, esto es, si se leyese *"y el Dios era el Verbo"*, Juan estaría diciendo que sólo el Verbo era Dios. Antes menciono la relación entre el Padre y el Verbo, por tanto, siguiendo con la misma verdad no puede decir aquí que el Verbo era *un* Dios, sino que afirma taxativamente la deidad del Verbo. Quienes quieren negar esta verdad que comporta la existencia eterna del Verbo, sin origen, sin creación, tienen que explicar mediante subterfugios y argucias, lo que no dice el texto. Juan habla de la existencia del Verbo en el principio que no tiene que ver con comienzo sino con la eterna dimensión de la vida divina, como se considerará más adelante.

El término Θεὸς, *Dios,* sin artículo tiene que considerarse como predicado, y describe la naturaleza de la Palabra. Juan afirma que el Verbo era Dios, aunque no es la única Persona de la que puede hacerse esa afirmación, ya que cada una de las Personas Divinas, son también Dios verdadero y único. Reiterando lo que se dijo antes, si el artículo determinado estuviera presente delante de Dios, significaría que no existía ningún Ser Divino fuera de la segunda Persona. La intención del apóstol es que este versículo proyecte la luz definitiva y el enfoque pleno en la consideración de Jesús, que pueda responder a la pregunta capital de quien es Él. La respuesta será directamente dependiente de este versículo, en donde se aprecia la Deidad de quien para los hombres era un mero hombre. Si Jesús no fuese Dios el mensaje del evangelio sería estéril y la salvación imposible.

El título *Dios* aplicado a Cristo, supone un avance notable en la *Cristología* de la Iglesia Primitiva, contra las observaciones de que no era posible una evolución del dogma en un tiempo tan temprano. Sin embargo el Nuevo Testamento llama explícitamente Dios a Jesús en tres textos, dos de los cuales proceden de Juan (1:1; 20:28; He. 1:8-9). También ocurre en 1 Jn. 5:20, donde la construcción de la frase pudiera orientarse hacia el Padre, pero que sería muy improbable, puesto que sólo tiene sentido si el antecedente inmediato es Jesucristo. Igualmente está en Ro. 9:5, si bien la puntuación determinaría el sentido del versículo conforme se haga. En el Nuevo Testamento ocurren referencias a Cristo que sólo pueden ser hechas entendiendo su Deidad. Así Pablo afirma que Él *"existía en forma de Dios"* (Fil. 2:6) y que era *"la imagen de Dios"* (Col. 1:15). Los títulos de *Señor, Hijo* y *Verbo*, determinan que a Jesús se le puede y debe llamar Dios, como Cullmann escribía:

"La forma en que el Nuevo Testamento emplea los títulos Kyrios, Logos e Hijo de Dios muestra que, partiendo de la cristología implicada en ellos, a Jesús se le puede llamar Dios. Cada uno de estos títulos permite llamar a Jesús Dios: Jesús es Dios como soberano presente que desde su glorificación rige la Iglesia, el universo y la vida entera de cada individuo (Kyrios). Es Dios como revelador eterno que se comunica a sí mismo desde el principio (Logos). Es Dios, en fin, como aquel cuya voluntad y acción son perfectamente congruentes con la de Padre, del que proviene y al que vuelve (Hijo de Dios). Incluso la idea del Hijo del Hombre nos ha conducido a la divinidad de Jesús, pues en ella Jesús se presenta como única y verdadera imagen de Dios. Por eso a la pregunta de si el Nuevo Testamento enseña la divinidad de Cristo hemos de responder afirmativamente"[35].

La divinidad debe ser entendida desde la filiación, Jesús es verdadero Dios porque es Hijo de Dios por generación eterna y comparte la misma vida que Él. En la encarnación no llega a ser Hijo, sino que lo es eternamente. Esto se considerará más directamente en los versículos que directamente usen el título de Hijo. Esta base bíblica de la verdad de que el Verbo es Dios, conducirá a la comprensión de la condición Divino-humana de Jesucristo, el Hijo de Dios, en el *Evangelio.*

Dejando ya el comentario del primer versículo, la conclusión de Juan es que el Verbo participa de la esencia divina. Por esa misma razón es tan Dios como el Padre (1 Jn. 5:20), pero, en el hemistiquio anterior, preparó el tránsito hacia esta posición que enseña la deidad de Cristo, refiriéndose a la comunión en unidad con el Padre, ya que el Verbo estaba *con Dios*, más adelante vendrá a expresar esta unidad esencial cuando diga que Cristo y el Padre son uno (10:30).

2. Este era en el principio con Dios.

οὗτος	ἦν	ἐν	ἀρχῇ	πρὸς	τὸν	Θεόν.
Este	era	en	principio	con	-	Dios.

Notas y análisis del texto griego.

Añadiendo una nueva verdad sobre el Verbo, escribe: οὗτος, caso nominativo masculino singular del pronombre demostrativo *este*; ἦν, tercera persona singular del imperfecto de indicativo en voz activa del verbo εἰμί, *ser*, aquí *era*; ἐν, preposición propia de dativo *en*; ἀρχῇ, caso dativo femenino singular del nombre común *principio, origen*; πρὸς, preposición propia de acusativo

[35] Oscar Cullmann. *Cristología*. Pag. 391.

con; τὸν, caso acusativo masculino singular del artículo determinado *el*; Θεόν, caso acusativo masculino singular del nombre divino *Dios*.

οὗτος ἦν ἐν ἀρχῇ πρὸς τὸν Θεόν. Aunque no sea una mera repetición, las palabras de la cláusula resumen especialmente la segunda parte del versículo anterior. Juan puntualiza que el Verbo no llegó a ser Dios o a estar con Dios, sino que estuvo siempre, desde el principio. El Verbo que se manifiesta encarnado en el *Evangelio*, vino de Dios, porque estaba con Él (6:46), la expresión de Dios en carne humana tiene razón de ser a causa del *envío* del Verbo al mundo (7:18).

Las palabras del versículo resumen y resaltan las tres posiciones del anterior, pero destaca principalmente la vida eterna del Verbo con el Padre, en el Ser Divino. La acción visible de la omnipotencia del Verbo, que será la creación a la que se hará referencia en el versículo siguiente, demanda en este la reafirmación de la Deidad del *Logos*. Éste era en cuanto antecede a la creación uno en Dios y uno con Él. Hay un lapso de temporalidad entre la eternidad, sin tiempo, y el comienzo del tiempo que se origina por la acción *ad extra* de Dios cuando saliendo de Él mismo, crea todo cuanto existe. Los hombres verán al *Verbo encarnado* y no harán distinción con un hombre, considerándolo como tal, pero debe ser visto desde la perspectiva eterna que antecede siempre a la temporalidad. La eterna gloria de la Deidad, cubierta voluntariamente por la limitación de la humanidad, no deja de estar presente en Jesús, quien dice al Padre: *"Ahora pues, Padre, glorifícame tú al lado tuyo, con aquella gloria que tuve contigo antes que el mundo fuese"* (17:5). El interés principal de Juan está en demostrar que Jesucristo es verdaderamente Dios manifestado en carne, que aunque pase desapercibido en este sentido por los hombres, está presente en la verdad revelada y de forma especial en la misma manifestación suya entre los hombres.

Operatividad del Verbo pre-encarnado (1:3-5).

3. Todas las cosas por él fueron hechas, y sin él nada de lo que ha sido hecho, fue hecho.

πάντα	δι'	αὐτοῦ	ἐγένετο,	καὶ	χωρὶς	αὐτοῦ	ἐγένετο
Todas las cosas	por	Él	fueron hechas	y	sin	Él	fueron hechas

οὐδὲ	ἕν	ὃ	γέγονεν
ni	una.	que	ha sido hecha.

Notas y análisis del texto griego.

Entrando en la operatividad del Verbo encarnado, dice: πάντα, caso nominativo neutro plural del adjetivo indefinido *todos*, aquí con sentido general *todas las cosas*; δι', forma contracta de la preposición de genitivo διά, , *por, por medio, a causa*; αὐτοῦ, caso genitivo masculino singular del pronombre personal *él*; ἐγένετο, tercera persona singular del segundo aoristo de indicativo en voz media del verbo γίνομαι, *llegar a ser, empezar a existir, hacerse, ser hecho*, aquí *fueron hechas*; καὶ, conjunción copulativa *y*; χωρὶς, preposición propia de genitivo *sin, aparte de, sin contar con*; αὐτοῦ, caso genitivo masculino singular del pronombre personal *él*; ἐγένετο, tercera persona singular del segundo aoristo de indicativo en voz media del verbo γίνομαι, *llegar a ser, empezar a existir, hacerse, ser hecho*, aquí *fueron hechas*; οὐδὲ, adverbio de negación *nada*; ἕν, caso nominativo neutro singular del adjetivo numeral cardinal *uno*; ὃ, caso nominativo neutro singular del pronombre relativo *lo que, lo cual, que*; γέγονεν, tercera persona singular del perfecto de indicativo en voz activa del verbo γίνομαι, *llegar a ser, empezar a existir, hacerse, ser hecho*, aquí *han sido hechas*.

πάντα δι' αὐτοῦ ἐγένετο, El Verbo se manifiesta en actividad creadora. Todo cuanto existe lo crea Él conforme al designio divino. Para expresar esta actividad del Verbo, Juan utiliza la fórmula tan habitual en la literatura semítica, del *paralelismo antitético*. Este usa dos hemistiquios; el primero positivo: *todas las cosas fueron hechas por Él*; el segundo negativo: *Y sin Él nada de lo que existe fue hecho*. La primera frase se introduce con el uso del adjetivo indefinido πάντα, expresado en neutro plural, que da idea de totalidad, de ahí que se deba traducir como *todas las cosas*. En ese sentido no está refiriéndose a globalidad, sino a particularidad total, es decir, no se trata de afirmar que cuanto existe fue creado por el Verbo, sino cada una de las cosas que conforma la totalidad de lo creado. Sin duda en la mente de Juan está el relato creacional del Génesis, en donde la voz creadora *sea* se produce para traer a la existencia cuanto antes no existía (Gn. 1:3 ss.). Todas las cosas, una a una fueron creadas por medio del Verbo divino. Ahora bien, no solo se trata de instrumentalidad creadora, sino de acción originante en Él mismo de cuanto existe. Las cosas fueron creadas *en Él*, que sustenta lo creado y lo hace realidad, pero también *como medio creador*, ya que el apostol Pablo enseña que todo lo creado tuvo existencia *por medio de Él*, siendo ademas destinatario de cuanto ha sido creado, que es *para Él* (Col. 1:16). Cristo es presentado en el Nuevo Testamento como *primogénito de toda creación*. La construcción en el texto griego al ser un predicado sin artículo no se puede referir a origen, en el sentido de la primera criatura creada, sino a causa de toda la creación y razón de ser de la misma. Ya se ha considerado antes que el Verbo eterno es engendrado eternamente por el

Padre, por tanto, como Dios, existe antes de toda creación y es anterior a toda criatura.

La razón fundamental está en la relación del Padre con el Verbo, que expresa en una sola voz todo el perfecto y supremo pensamiento de Dios. La creación es el resultado de la determinación divina, por tanto, la autoridad omnipotente que da origen a cuanto existe se expresa en el Logos que traslada la plenitud del pensamiento divino a la manifestación de omnipotente autoridad mediante la cual lo que no existía vino a la existencia. De otro modo, la idea originadora de la creación parte del Padre que la expresa en plenitud por medio del Logos, el Hijo eterno, y es ejecutada en cuanto a realidad existencial por la omnipotencia del Espíritu Santo. De manera que la voz creacional *sea* es dada por el Verbo y el *fue hecho* es el resultado visible de ella. Tal creación se ajusta plenamente al pensamiento de Dios porque este está comprendido exhaustivamente por el Verbo. Como definió el Concilio de Nicea, el Hijo es engendrado por el Padre, de su esencia como acto eterno y constituyente, por su voluntad ocasional. Juan enseña que Cristo no es una creatura pensada por Dios para ser intermediario entre Él y el cosmos, como medio creador.

καὶ χωρὶς αὐτοῦ ἐγένετο οὐδὲ ἕν. ὃ γέγονεν. El segundo hemistiquio expresado en forma negativa refuerza la enseñanza del primero. El enunciado es preciso: *y sin Él ni una sola cosa de lo que existe, llegó a ser*. El énfasis de la creación, como se dijo antes, está en la contemplación distributiva de todas las cosas sin ninguna excepción; todas ellas fueron creadas por el Verbo. El que Juan afirme que toda la creación es el resultado de la acción del Verbo, y que cuanto existe surgió simplemente de la omnipotencia y autoridad de su mandato: *¡Sea!*, reafirma la deidad de la que se ocupó en el primer versículo. El Verbo es el Agente ejecutor de la trina Deidad en la obra creadora. La creación no surgió *por medio de Él*, sino *en Él* mismo, es decir, con relación al Verbo, por tanto, Él es la causa originaria de toda la creación. No se trata de que el Verbo fuese modelo o paradigma de todo lo creado, sino centro de unidad y cohesión en lo que todo adquiere su verdadero valor y realidad. La creación tiene en el Verbo lugar de encuentro y razón de ser. Las cosas todas fueron creadas, o mejor *quedaron creadas* en el Hijo, en quien está también la *causalidad instrumental* de creación, en cuanto a que también es el único Mediador. Se trata de una *causalidad eficiente*, porque opera, no en nombre de Dios, sino porque es Dios. Al referirse al Verbo como creador de todas las cosas afirma la grandeza de Su propia Deidad. Jesús es Dios, porque crea todas las cosas, en una única acción indivisible que involucra al

Dios Trino. Es necesario reafirmarse en que el Verbo no es simple elemento instrumental en manos del Padre para crear, puesto que supondría subordinación y, por tanto, inferioridad del Verbo respecto del Padre. La enseñanza del apóstol exige entender esto como referencia a la capacidad creadora que está en Él lo mismo que en el Padre, por comunicación de la naturaleza divina. Dios crea por el Verbo, en cuanto a que Éste, como Verbo, es la expresión exhaustiva de la mente divina (v. 1). La forma habitual de la Escritura es referirse como Creador al Padre, pero, aquí se dice que todo fue creado por el Verbo. Debe entenderse claramente que en el seno Trinitario existe una diferencia absoluta en cuanto a las Personas Divinas, siendo cada una distinta a la otra, esto es, el Padre no es el Verbo y Éste no es el Padre. Esta distinción personal se expresa no solo en relación con la creación, sino en relación con el Ser Divino. Las acciones trinitarias *ad extra*, en la unidad de acción del Ser Divino, cada una de estas dos Personas puede ser sujeto de atribución de la acción creadora. La unidad de esencia divina, exige que todo lo que es peculiar a la Deidad, pertenece tanto al Padre como al Verbo. Quiere decir esto que cuanto se aplique sólo a Dios, debe pertenecer y aplicarse a Cristo. Es decir, no hay nada divino que no tenga que aplicarse al Verbo. De ahí que la grandeza del Verbo a la que Juan se refiere aquí es Su condición como Creador de todo. El apóstol Pablo dirá que es creador de todas las cosas, las visibles y las invisibles, abundando en que es todo cuanto hay en los cielos y en la tierra (Col. 1:16). Según esa división estarían las cosas que hay en el *primer cielo*, esto es el cielo atmosférico; también con el *segundo cielo*, el de las estrellas; y con el *tercer cielo*, lugar donde de forma especial se manifiesta Dios en su gloria, rodeado de los ángeles que le sirven. Pero, también es Creador de cuanto existe *sobre* la tierra. De otra manera, los astros y el universo entero que incluyen los seres vivos de la tierra, deben a Cristo su existencia. Ese es el mismo pensamiento de Juan. La actividad creadora queda recapitulada en Cristo. De ahí la importancia del versículo en donde Juan atribuye al Verbo lo que en el Antiguo Testamento se atribuye a Dios como Creador de todo (cf. Sal. 146:5,6; Is. 40:12-31).

4. En él estaba la vida, y la vida era la luz de los hombres.

ἐν αὐτῷ ζωὴ ἦν[1], καὶ ἡ ζωὴ ἦν τὸ φῶς τῶν ἀνθρώπων·
En Él vida era, y la vida era la luz de los hombres.

Notas y análisis del texto griego.

Continúa con ἐν, preposición propia de dativo *en*; αὐτῷ, caso dativo masculino singular del pronombre personal *él*; ζωὴ, caso nominativo femenino singular del nombre común *vida*; ἦν, tercera persona singular del imperfecto de indicativo en voz activa del verbo εἰμί, *ser*, aquí *era*; καὶ, conjunción copulativa *y*; ἡ, caso nominativo femenino singular del artículo determinado *la*; ζωὴ, caso nominativo femenino singular del nombre común *vida*; ἦν, tercera persona singular del imperfecto de indicativo en voz activa del verbo εἰμί, *ser*, aquí *era*; τὸ, caso nominativo neutro singular del artículo determinado *el*, en castellano *la*; φῶς, caso nominativo neutro singular del nombre común *luz, fuego*; τῶν, caso genitivo masculino plural del artículo determinado declinado *de los*; ἀνθρώπων, caso genitivo masculino plural del nombre común *hombres*.

Crítica Textual. Lecturas alternativas.

1 ἐστιν, *es*, en presente en lugar de imperfecto, como se lee en ℵ, D, it, vg, Ireneo, Clemente, Orígenes.

ἐν αὐτῷ ζωὴ ἦν, De la creación pasa a la vida. Aparentemente el versículo ha generado problemas interpretativos para determinar el sujeto en *quien estaba la vida*. Algunos, especialmente los *críticos* en este tiempo unen esta parte del versículo con lo que antecede, de modo que la *vida* estaba en todo lo creado, o si se prefiere, todo lo creado estaba en la vida que es Dios mismo. Esta traducción sería de este modo: *Lo que fue hecho era vida en Él.* Sobre esto escribe Raymond E. Brown:

"La interpretación del v. 4 dependerá de cómo se resuelva el problema que plantea su traducción. La traducción que aceptamos señala un doble avance con respecto al v. 3. Primero, el hecho de la creación (que todas las cosas comenzaron a existir) ya no queda en primer plano; se desplaza la atención hacia lo que ha comenzado a existir. Segundo: Se atiende más a un aspecto especial de lo que ha comenzado a existir, concretamente, lo que empieza a existir en la Palabra, en la creación especial de la Palabra. Es cierto que para algunos investigadores el Prólogo pasa en este punto de la creación a la encarnación (spitta, Zahn, B. Weiss, Vawter). Señalan que el don de la vida que se menciona en el v. 4 aparece excesivamente abrupto, especialmente si se tiene en cuenta que la expresión 'lo que en ella hubo empezado a existir' del v. 4 es un nexo con el 'empezaron a existir' del v. 3. Si los vv. 4-5 se refieren a la venida de Jesús, la referencia clara a esta venida de los vv. 9 y 10 resultaría tautológica"[36].

Esta interpretación trae una necesaria consecuencia como es determinar si lo que fue hecho en Él *es* vida, o *era* vida en Él, lo mismo

[36] Raymond E. Brwon. o.c., pág. 210 s.

que su correspondiente *era* o *es* luz, aunque realmente no afecta demasiado a la propuesta, que desplaza la vida y la luz a lo creado, o a una experiencia de esa creación. La base reflexiva es que todas las cosas hechas por el Verbo tienen vida en Él. Esta vida puede ser física o biológica, en sentido de que lo que existe en sentido de una creación real fue hecha por el Verbo, en el Verbo y para el Verbo. De otro modo, se trata de la vida divina ampliamente participada, donde esa vida va a ser también luz. Esa creación sería *vida* y *luz*, en el sentido de que serían revelación directa a los hombres de la existencia y omnipotencia de Dios (Ro. 1:19-22). De ahí que la *luz* que les llega los conduce al Salvador, el Verbo encarnado introducido en la esfera de los hombres para realizar la obra redentora que permita a estos un encuentro con Dios en vida, recibiendo por fe la vida eterna, posesión exclusiva de Dios (3:16). Sin embargo, debe tenerse en cuenta que la noción de *vida* y de *luz* en el *Evangelio*, pertenece a la esfera de lo divino y nunca de lo creado. Juan tendría que transferir la posición del Verbo en el Seno Trinitario, a la de agente comunicador de vida y luz a todo lo creado, cosa que no está en el pensamiento de Juan.

Determinar el sujeto de la cláusula es evidentemente necesario. Aunque parezca abrupto el cambio, no lo es si se aplica la expresión *"en Él estaba la vida"* al mismo sujeto que nuclea el tramo que se estudia del *prólogo*. Juan comenzó presentando la deidad del Verbo, posicionándolo como antecedente a todo, y como antecedente causal de la creación. Lo sitúa en vinculación con Dios, presentándolo como unido al Padre, para concluir con la frase que afirma definitivamente que el Verbo es Dios. Ahora, sin ruptura alguna con la vida, va a introducir otro aspecto que corresponde esencialmente a la deidad y que es *la vida*. Por consiguiente Juan no se está refiriendo todavía al Verbo encarnado, sino a la eternidad del Verbo de la que está tratando desde el comienzo. La cláusula *"en el estaba la Vida"* tiene como sujeto al Verbo y no a la creación. La vida no estaba en lo que fue traído a la existencia, aunque ciertamente se manifestaba en ello, sino que sigue contemplándose en el Creador, en quien eternamente *estaba*. Esta expresión significa que *desde toda la eternidad, hasta el presente y el futuro, la vida residía en el Verbo*. Juan dice literalmente *"la vida en Él era"*. No solo como vida residente, sino como vida personal e inmanente. No es que la vida fue puesta en el Verbo que se convierte en dador y administrador de ella, sino que el Verbo era en sí mismo vida.

"En Él" (ἐν αὐτω), debe ser considerado en sentido *locativo* y no *causal*. Cuando Juan quiere expresarlo de la segunda manera usa la preposición διά. Por tanto debe entenderse que está refiriéndose a la

vida que hay en el Verbo. Esto se confirma también con la forma verbal ἦν, *era* o *estaba*, del verbo εἰμί, que al utilizar el *imperfecto*, indica una permanencia continua, en este caso la vida del Verbo existía en Él eternamente. La Vida identifica también la *luz* que es el Verbo. Cuando Juan habla de la vida de las criaturas utiliza otra forma verbal que puede traducirse como *llegar a ser*. Mientras que la vida de las criaturas, que incluye a los ángeles *llegó a ser* para cada uno de ellos por soberanía divina, la del Verbo, nunca *llegó a ser*, puesto que no tiene principio. Él junto con las otras dos Personas, participan o comunican eternamente de la vida del Ser Divino, como hipóstasis personales en Él. Por esa razón más adelante dirá que el Verbo tiene vida como la tiene también el Padre (5:26). Juan hace la misma fuerza expresiva en relación con la vida del Verbo, como antes la hizo relativa a la eternidad de la relación *ad intra*, esto es, en el Seno Trinitario, por eso dijo *"el Verbo era con Dios"*, porque también *"el Verbo era Dios"*. Nótese que en la construcción de las dos frases aparece el verbo griego de la misma manera que en este versículo, en todos los casos en *imperfecto* de eternidad y duración, como corresponde exclusivamente a todo lo que es divino. Juan dice que lo que *era* en el verbo es *vida*, escrita sin artículo determinado, a modo de predicado, atendiendo con ello a la *vida* en su esencia y plenitud infinita.

Obsérvese algo más: ζωὴ ἦν, *"vida era"*, es decir, en el Verbo vida era no solo como asiento vital, sino como esencia en sí mismo. El Verbo no solamente tiene vida, sino que es vida, es decir, la vida y el Verbo son inseparables. Algunos piensan aquí en la *encarnación* del Verbo en donde la naturaleza humana tiene vida. Pero, aunque la vida biológica como hombre comenzó en la concepción, la vida divina está en la Persona del Verbo en donde la humanidad de Jesús subsiste en dos hipóstasis de naturaleza, la divina que eternamente le corresponde porque es Dios, y la humana asumida en la temporalidad de las criaturas, inseparable ya definitivamente de su Persona. Sin embargo conviene hacer una salvedad importante en el *Evangelio*. Al referirse a Dios, Juan usa el término ζωή, mientras que cuando habla de la vida humana de Jesucristo usa ψυχή, que tiene que ver con la vida que puede ser entregada a muerte (Jn. 10:11, 15), esa misma palabra la usa para hablar de la vida de los hombres (12:25). Conforme al relato de la creación la vida insuflada por el Espíritu en la nariz inerte de la selección divina del polvo de la tierra, comunicó vida al hombre que fue desde ahí un *alma que vive*. Pero en nada podía compararse a la vida divina, eterna, que corresponde a la Deidad. La vida eterna que solo Dios tiene no es esta sino la vida que se determina por la palabra ζωή, vida que aquí sin artículo hace referencia a la infinita, plena, eterna vida del Verbo que le es propia porque es Dios. Esa vida que estaba también en el Padre, Juan dice que se les manifestó, sin duda alguna en el Verbo encarnado que estuvo con ellos (1 Jn. 1:2). Así lo entiende y así lo enseña: *"Y este es el testimonio: que Dios nos ha dado vida eterna; y esta vida está en su Hijo"* (1 Jn. 5:11). No cabe duda alguna que en el pensamiento de Juan la vida de la que escribe en el texto que se considera es la que pertenece y corresponde al Verbo. El evangelio se abre ya a la perspectiva soteriológica para el que fue escrito (20:31), porque el Verbo que tiene vida eterna, la comunica a quien le tiene a Él: *"El que tiene al Hijo, tiene la vida; el que no tiene al Hijo de Dios no tiene la vida"* (1 Jn. 5:12).

Mas adelante se considerará la enseñanza en la que Juan afirma que la vida eterna, la vida divina, es comunicada al Verbo por el Padre (5:26; 6:57) en total plenitud. Si ya se sobreentendía que la vida de Dios está en el Verbo por cuanto es una Persona Divina, ahora reitera la verdad de que la vida está en Él como fuente y principio causal de vida para el que cree. Jesús lo promete como queda registrado en el *Evangelio*: *"Y yo les doy vida eterna; y no perecerán jamás, ni nadie las arrebatará de mi mano"* (10:28). Esa es la distinción que se marca en el versículo relativo a la vida. En los anteriores el Verbo es el principio de toda lo existente, que incluye el orden vital de lo creado, porque *"todas las cosas por Él fueron hechas"* (v. 3), ahora el Verbo es presentado como principio del orden sobrenatural al decir *"En Él era la vida"*. Es necesario dar aquí el sentido que este término *vida* en relación con Cristo tendrá en todo el resto del *Evangelio*. Es necesario entender también que aunque la *vida* de Dios es absolutamente espiritual y no hay nada físico en ella, es desde ella que toda vida viene a la experiencia vital sobre el ser al que se le comunica. La vida biológica, la humana y la angélica son resultantes de la acción vital de Aquel que no sólo *tiene vida* sino que es esencialmente *vida* en Él mismo.

καὶ ἡ ζωὴ ἦν τὸ φῶς τῶν ἀνθρώπων· En la segunda clausula del versículo la vida se manifiesta en luz. Vida y luz son elementos presentes en el escrito de Juan y de las más características en él. Juan va a presentar el contraste *luz y tinieblas* en el siguiente versículo, introduciendo aquí la verdad de que la vida divina que está en el Verbo se convierte o expresa en luz para los hombres. Desde el momento en que el pecado entró en el universo por el primer gran pecador de la historia que fue Satanás, el querubín tenía un nombre vinculado a la luz, llamado *Lucero, hijo de la mañana* (Is. 14:12), pero, a consecuencia de su pecado se convirtió en tinieblas al retirar Dios la luz de su intimidad (Ez. 28:18). Los ángeles caídos, seguidores de

Satanás, se les llama en el Nuevo Testamento los *"gobernadores de las tinieblas"* (Ef. 6:12). El pecado introducido en el mundo de los hombres por el primer hombre Adán, convirtió la esfera de vida humana en tinieblas. Jesús viene para dar liberación de las tinieblas a todo aquel que lo sigue, el mismo dice que aquél que cree en mí, *"el que me sigue, no andará en tinieblas, sino que tendrá la luz de la vida"* (8:12).

Así comenta Hendriksen esta frase:

"Cuando la vida se manifiesta se llama luz, ya que la característica de la luz es resplandecer. Desde la caída, que ya está implícita en la última cláusula del versículo 4, aquella luz fue anunciada a los hombres. La humanidad se caracterizaba por las tinieblas, la maldad y el odio, todo lo cual es lo opuesto de la luz. Durante la antigua dispensación se proclamó a los hombres (especialmente a Israel)... el amor y la verdad de Dios en Cristo. Amor y verdad son sinónimos de luz (véase 3:19-21 tanto para sinónimos como para antónimos; también 1 Jn. 2:8-10). Por supuesto, no debemos limitar el significado del término luz a estos dos atributos únicamente (amor y verdad); éstos más bien representan todos los atributos de Dios. En la obra de la salvación todos los atributos divinos se mostraron. Fueron proclamados a los hombres pecadores"[37].

El Verbo es enviado para dar luz a quienes habitan en tinieblas (Lc. 1:79), de ahí que Juan diga que quien es vida es también la *luz* de los hombres. Estos hombres viven en tinieblas y están entenebrecidos, reciben el resplandor de la luz de Dios en sus corazones conduciéndolos a la salvación y con ello a la salida de la potestad de las tinieblas (2 Co. 4:6; Col. 1:13). Pero estas tinieblas no sólo se refiere a la esfera de pecado y perdición, sino que se refiere a los hombres mismos, que son también *tinieblas* ellos mismos por estar separados de la vida y muertos en sus delitos y pecados recibieron *vida* por fe en Cristo (Ef. 2:5). Por esa razón dejando de ser tinieblas vienen a ser *luz* en el Señor (Ef. 5:8).

Es preciso atender al tiempo en que se produce ese *iluminar* del Verbo hacia los hombres. Necesariamente si la vida comunicable se pone de manifiesto en el Verbo pre-encarnado, la luz, que también le es propia como manifestación antropomórfica de la presencia de Dios, es en Él eterna. Pero, ambas cosas orientadas hacia un ser creado como es el hombre tienen que aplicarse visiblemente al Verbo encarnado. Así lo

---

[37] G. Hendriksen. *Juan*. Edt. Subcomisión Lit. Cristiana. Grand Rapids 1981, pág. 77.

exige la contextualización en el *Evangelio*, donde se leerá más adelante que Jesús dijo de Él mismo, como Verbo encarnado: *"Yo soy la luz del mundo"* (8:12). El Señor habló de la luz de Dios en el mundo vinculada a su presencia: *"...la luz vino al mundo"* (3:19), y de otro modo afirma: *"Yo, la luz, he venido al mundo, para que todo aquel que cree en mí no permanezca en tinieblas"* (12:46). El Verbo encarnado es luz del mundo mientras estaba en el mundo. Juan presenta a Jesús como la vida y la luz que entra en el mundo para alumbrar en las tinieblas. Juan afirma que Dios es luz (1 Jn. 1:5), por tanto, el Verbo que viene a hacer la obra de Dios *"era luz"*. Como ocurre con el imperfecto en relación con la vida, así también con la luz. Juan utiliza este tiempo verbal para dar idea de la potencia iluminadora del Verbo cuya luz existente eternamente en su condición divina, brilla en Jesús durante toda su misión en la tierra.

Esta proyección de la vida y de la luz en el Verbo encarnado esta aplicada a Dios en el Antiguo Testamento, cuando se dice: *"Porque contigo está el manantial de la vida; En tu luz veremos la luz"* (Sal. 36:9). Esa era la esperanza Mesiánica anunciada por los profetas: *"El pueblo que andaba en tinieblas vio gran luz; los que moraban en tierra de sombra de muerte, luz resplandeció sobre ellos"* (Is. 9:2). En medio de las tinieblas de oscuridad la fe declaraba: *"Jehová será mi luz"* (Miq. 7:8). Esta luz de los hombres alcanza a todos los pueblos, puesto que el Mesías sería puesto *"por luz de las naciones"* (Is. 42:6), lo hace para que sea salvación a todos los pueblos de la tierra (Is. 49:6).

5. La luz en las tinieblas resplandece, y las tinieblas no prevalecieron contra ella.

καὶ τὸ φῶς ἐν τῇ σκοτίᾳ φαίνει, καὶ ἡ σκοτία αὐτὸ οὐ
Y la luz en las tinieblas brilla, y las tinieblas a ella no
κατέλαβεν.
sofocaron.

Notas y análisis del texto griego.

Cerrando este párrafo, sigue: καὶ, conjunción copulativa *y*; τὸ, caso nominativo neutro singular del artículo determinado *el*; φῶς, caso nominativo neutro singular del sustantivo *luz, luminosidad*; ἐν, preposición propia de dativo *en*; τῇ, caso dativo femenino singular del artículo determinado *la*; σκοτίᾳ, caso dativo femenino singular del nombre común *tinieblas, oscuridad*; φαίνει, tercera persona singular del presente de indicativo en voz activa del verbo φαίνω, *brillar, resplandecer*, aquí *brilla*; καὶ, conjunción copulativa *y*; ἡ, caso nominativo femenino singular del artículo determinado *la*; σκοτία, caso nominativo femenino singular del nombre común *tinieblas, oscuridad*; αὐτὸ, caso acusativo neutro singular del pronombre personal declinado *a ello*; οὐ, adverbio de negación *no*; κατέλαβεν, tercera persona singular del segundo aoristo de indicativo en voz activa del verbo καταλαμβάνω, *sorprender, sofocar, apodersarse, alcanzar,* aquí *sofocaron.*

καὶ τὸ φῶς ἐν τῇ σκοτίᾳ φαίνει, La luz resplandeciente del Verbo irrumpe en el mundo donde las tinieblas de maldad y pecado se manifiestan y en las que los hombres viven su vida de muerte y pecado. La conjunción καὶ, ilativa *y*, vincula la cláusula con lo que antecede y da continuidad al tema sin interrupción. No cabe duda que las tinieblas no pueden retener la luminosidad que brilló en ellas. La luz aquí con artículo determinado no puede ser otra que el Verbo que dice de Él mismo: *"Yo soy la luz del mundo"* (8:12). La presencia de las tinieblas está siempre en contra de la luz, de forma especial cuando se trata teológicamente de la luz de Dios que no sólo está en el Verbo, sino que es el Verbo mismo. Juan está dando referencias trascendentes de la luz para lo cual utiliza el presente del verbo φαίνω, *brillar, resplandecer*, de modo que esa luz brilló siempre, como propiedad eterna de la luz, lo mismo que de la vida que dijo antes que es la *luz de los hombres* y del mismo modo que el Verbo tiene vida en sí mismo (v. 4). Nunca la vida estuvo separada de Él, por tanto la luz tampoco puede dejar de brillar, a menos que deje de ser luz. Aunque indudablemente esa luz divina se manifestó de forma presencial en la persona del Verbo encarnado, Jesús de Nazaret, no significa que por esa encarnación fuese dotado de luz, como tampoco lo fue de vida, ambas cosas, luz y vida, subsisten en el Verbo eterno y le son propias porque es Dios.

Juan tiene interés para el propósito del *Evangelio* que el lector entienda claramente que esa *luz* eterna tiene como fin *lucir* o *brillar* en las tinieblas. El presente del verbo no es un simple *presente histórico* que se refiere a un hecho pasado, sino que en él, la utilización de la forma semita de paralelismo, el presente del primer hemistiquio contrasta con fuerza con el aoristo del segundo. De modo que esta luz que brilla se expresa aquí con una notable fuerza de duración trascendente, de eternidad. Juan presenta la acción iluminadora del Verbo de vida. Tal vez se pueda llamar a este presente un *presente trascendente*, que sirve para expresar el sentido universal del tiempo en la acción iluminadora del Verbo. No se trata simplemente del hecho de brillar, sino del propósito de esa refulgencia. El Verbo que ilumina deja en el mundo la energía sobrenatural que comunica vida eterna que también, como la luz, tiene en sí mismo. Quien es luz eterna, toma, como Juan hará notar en el desarrollo del *Evangelio*, una naturaleza humana y en ella, la luz de Dios se hizo fanal entre los hombres, pero no se extingue en brillar en las tinieblas después de su glorificación, Él sigue siendo la luz en el evangelio, por su Espíritu y en la manifestación de vida eterna de los que han creído en Él, que por identificación son también la luz del mundo (Mt. 5:14).

El término σκοτία, traducido como *tinieblas*, *oscuridad*, toma aquí un sentido metafórico para referirse al área de influencia de quien es el príncipe de la potestad del aire que lidera las huestes de maldad, a quienes el apóstol Pablo llama *gobernadores de las tinieblas de este siglo* (Ef. 6:12). Tiene que ver con el sistema gobernado directamente por Satanás y establecido por él. Como príncipe de la potestad del aire y de las tinieblas, controla todo el cosmos y reparte sus fuerzas como quiere para mantener el sistema que la Biblia llama *tinieblas*. Éstas son el sistema de oposición a Dios establecido en la tierra bajo el maligno que lo controla (1 Jn. 5:19). Satanás como usurpador no aceptó la derrota de la Cruz, ni ha sido atado para que no ejerza su autoridad perversa, de modo que sigue actuando como siempre lo hizo: contra Dios y Su pueblo. Ya que la luz tiene un sentido de vida, las tinieblas en su esfera de muerte, generan una oposición contra la luz. Estas tinieblas comprenden junto al sistema a los que están sujetos a él. El apóstol Pablo no sólo dice que el pecador perdido está en las tinieblas, sino que él mismo es tinieblas, estas son sus palabras: *"Porque en otro tiempo erais tinieblas, mas ahora sois luz en el Señor; andad como hijos de luz"* (Ef. 5:8). En el versículo Juan presenta una existencia de dos ámbitos, por un lado la luz, por otro las tinieblas. El primero es fortaleza de Dios, el segundo implica rechazo y resistencia.

καὶ ἡ σκοτία αὐτὸ οὐ κατέλαβεν. La luz brilla y las tinieblas no pueden sofocarla. Una de las dificultades de este versículo está en determinar el significado del verbo καταλαμβάνω, en este lugar. El verbo permite entenderlo en varios sentidos. a) Cirilo de Alejandría adopta la interpretación de *abrazar, captar*, de ahí que otros, especialmente *críticos*, interpretan como que las tinieblas no fueron capaces de comprender intelectualmente la luz. En ese sentido podría decirse que los *hombres*, que son *tinieblas*, no pudieron captar la luz aportada por Jesús en el tiempo de su ministerio (3:19). Aparentemente este sentido al verbo pudiera tener el apoyo de versículos que vienen más adelante: *"las tinieblas no la comprendieron... el mundo no la reconoció... los suyos no la aceptaron"* (vv. 10 s.). El segundo sentido, ya mencionado. b) Puede significar también *acoger, recibir, aceptar, apreciar*, este sentido concordaría con *recibir, aceptar*, del v. 11. Orígenes y la mayor parte de los padres griegos se encuentran entre los que proponen este significado. El verbo de este modo tiene este significado en la única vez que vuelve a aparecer en el *Evangelio*

(12:35). Pareciera que este sería el sentido propio para referirse a la confrontación a la que se hace aquí referencia entre la luz y las tinieblas. c) También tiene el sentido de *vencer, sofocar, coger*, con lo que supondría que las tinieblas no fueron capaces de vencer la acción de la luz, es decir, la luz que no pudo ser vencida. En un contexto en el que se habló de creación, puede apreciarse que las tinieblas satánicas procuraron vencer a la vida y luz que es el Verbo y que había comunicado vida al hombre, generando por el pecado la muerte espiritual del ser humano, pero aún así no fueron capaces de vencer a la luz y a la vida porque en el momento de la caída Dios habló de esperanza salvadora en El que vendría para vencer a la serpiente pisándole la cabeza (Gn. 3:15).

En este segundo hemistiquio, como se ha considerado antes, el verbo está en aoristo que indica una acción definitivamente concluida. Este tiempo propio de lo que es temporal, propio de las criaturas, contrasta con lo que es trascendente, atemporal, eterno, como es Dios. Usando la interpretación del verbo en sentido de *vencer*, tendríamos la frase de este modo: *la luz brilla en las tinieblas porque las tinieblas no lograron vencerla y sofocarla*. Sin embargo la acepción de *recibir* tiene un paralelismo con otras partes del evangelio como se verá. En esa acepción la luz brilla en las tinieblas y éstas no la han recibido. Es muy posible que en la mente de Juan, lo mismo que ocurre con la de Pablo, el sentimiento de sus compatriotas contra Cristo se mantiene impreso en ella, contemplando la actitud rebelde de Israel frente al Mesías. Sea cual sea lo que hubiese en la mente del apóstol Juan, la orientación de esta enseñanza descansa en la situación espiritual de la luz de Dios que brilla y las tinieblas que se oponen a ella, no son capaces de hacer que deje de lucir, a pesar de todos los intentos. De otro modo, las tinieblas quedan derrotadas frente a la luz de Dios que brilla en ellas.

Testimonio de Juan (1:6-8).

6. Hubo un hombre enviado de Dios, el cual se llamaba Juan.

’Εγένετο ἄνθρωπος, ἀπεσταλμένος παρὰ Θεοῦ[1], ὄνομα αὐτῷ
Hubo *un* hombre, enviado de Dios, nombre para él
’Ιωάννης·
Juan.

Notas y análisis del texto griego.

Iniciando un nuevo párrafo, escribe: ’Εγένετο, tercera persona singular del aoristo segundo de indicativo en voz media del verbo γίνομαι, *llegar a ser, empezar a existir, hacerse, ser, estar, haber* aquí *hubo*; ἄνθρωπος, caso nominativo masculino singular del nombre común *hombre*, por necesidad de traducción *un hombre*; ἀπεσταλμένος, caso nominativo masculino singular del participio perfecto en voz pasiva del verbo ἀποστέλλω, *enviar*, aquí *enviado*; παρὰ, preposición propia de genitivo *de*; Θεοῦ, caso genitivo masculino singular del nombre divino *Dios*; ὄνομα, caso nominativo neutro singular del nombre común *nombre*; αὐτῷ, caso dativo masculino de la tercera persona singular del pronombre personal declinado *para él*, en sentido de *suyo*; Ἰωάννης, caso nominativo masculino singular del nombre propio *Juan*.

Crítica Textual. Lecturas alternativas.

[1] Se lee κυρίου *del Señor*, en D*.

[2] Añade aquí ἦν, *era*, según se lee en ℵ*, D*, W, sir[c], Ireneo[lat].

Ἐγένετο ἄνθρωπος, El Verbo eterno hace su aparición como hombre en la historia humana, por esa razón, de la presentación de su eterna forma de Dios, va a trasladarse a la de hombre, por esa causa va a referirse a Juan el Bautista, cuya misión fue la de dar testimonio del Verbo.

El relato histórico sobre Juan comienza con el aoristo, ingresivo, ἐγένετο, traducido aquí como *hubo*. Tanto el verbo como el tiempo verbal utilizado corresponden a actos temporales, por tanto, limitados, propios de la criatura, en contraste con los presentes o imperfectos que determinan acciones de Dios. A esto sigue la primera referencia a la persona de Juan, en la que se hace notar que era *un hombre*, en el original simplemente *hombre*, sin artículo, que hace necesario a efectos idiomáticos anteponerle el indeterminado *un*. Se trata, pues, de *un hombre*. Es la primera contraposición con la razón de ser trascendente del Verbo. El contraste es evidente, frente a la eternidad divina, la temporalidad humana. Ese contraste afecta también a la misión. La del Verbo es divina, eterna, trascendente, la de Juan humana y temporal. Es interesante apreciar que mientras que la referencia a Juan se hace en tiempo pasado *hubo*, la del Verbo sigue siendo en presente, ya que no *fue* luz y vida, sino que lo es y seguirá siendo.

No hace falta extenderse en una amplia biografía de Juan, llamado el Bautista, por su ministerio que incluía el bautismo de arrepentimiento y que practicaba en el Jordán. Es hijo de un matrimonio de edad avanzada, formado por el sacerdote Zacarías y su esposa Elisabet. Parece ser que su vida antes de iniciar el ministerio se desarrolló en las zonas poco habitadas de Judea (Lc. 1:80). Allí recibió su llamamiento profético que tuvo lugar ca. 27 d. C. (Lc. 3:2). El entorno de la *crítica liberal*, sitúa a Juan durante el periodo previo a su llamamiento viviendo en el desierto y vinculado a la comunidad de Qumrán o incluso a algún otro grupo esenio. La misión de Juan fue la de preparar al Señor un pueblo dispuesto espiritualmente hablando, llamándolo al arrepentimiento y reconduciéndolo al camino de Dios (Lc. 1:17). Iniciado su ministerio como consecuencia del llamamiento profético recibido de Dios, comenzó a divulgarse por toda Judea, conociéndose como el predicador que llamaba al arrepentimiento nacional. Multitudes acudían a escuchar sus enseñanzas, y muchos fueron bautizados por él en el Jordán confesando sus pecados. Juan habló contundentemente contra el orden político-religioso establecido en Israel, condenándolo con una firmeza notable y advirtiendo que Dios había determinado el castigo por su pecado, de modo que hablando en modo parabólico decía que *el hacha estaba puesta a la raíz de los árboles* (Mt. 3:10; Lc. 3:9). Con los líderes religiosos fue también firme y acusador, llamándoles a menudo *generación de víboras*, y negando la validez del simple hecho de descender de Abraham (Mt. 3:7; 12:34; 23:33; Lc. 3:7). Juan llamaba al pueblo a un nuevo comienzo, convocaba a todos a tomar el camino del arrepentimiento, confesar sus pecados y volverse a Dios, de manera que hubiese un remanente que estuviese preparado para la llegada del Mesías y del juicio que llevaría a cabo. Él mismo da testimonio de la misión que había recibido de Dios que era la de preparar el camino de Aquel que iba a llegar. El mismo hablará de la grandeza del Verbo encarnado diciendo que no era digno de servirle en el modo más insignificante como era el de ajustar los cordones de sus zapatos. El ministerio suyo se caracterizó por el bautismo de agua, pero advertía que Aquel de quien anunciaba la venida bautizaría con Espíritu Santo y fuego. El ministerio de Juan no se limitó al valle del Jordán, como se aprecia en este *Evangelio* (3:23), al decir que dejó el valle del Jordán durante un tiempo y bautizaba en Edom junto a Salim, donde había abundancia de agua. Es posible que este lugar estuviese situado en el territorio de Samaria, de ahí que cuando Jesús habla a los discípulos sobre los samaritanos que saliendo de sus casas por el testimonio de la mujer con la que Jesús conversó junto al pozo de Jacob, les dice que ellos entraban a segar lo que otros habían sembrado (4:35-38), siendo una probable referencia al ministerio de Juan en esa zona. Luego de esto regresó al territorio gobernado por Herodes Antipas, probablemente a Perea. Juan denunció abiertamente la situación de adulterio en que vivía el rey, lo que le ocasionó ser hecho prisionero, en la fortaleza de Maqueronte, en donde lo hizo decapitar por petición de la hija de Herodías, la mujer de su hermano, con la que vivía ilícitamente. La señal del haber sido hecho prisionero Juan es el arranque del ministerio de Jesús en Galilea (Mr. 1:14 s.). Jesús dijo que el había venido como Elías, el profeta precursor del advenimiento del Mesías (Mal. 4:5 s.), que completaría el ministerio de restauración en vísperas del día grande y terrible día del Señor (Mt. 11:14; Mr. 9:13; Lc. 1:17). Jesús dijo que Juan fue el último y el más grande de los profetas, la ley y los profetas eran hasta Juan, desde entonces el reino de Dios es anunciado (Lc. 16:16). Un grupo de discípulos siguió a Juan hasta su muerte y después de ella se constituyeron como un grupo religioso. Algunos de los discípulos de Juan fueron luego discípulos de Jesús.

ἀπεσταλμένος παρὰ Θεοῦ, Juan hace notar que el Bautista fue *enviado de Dios*. No vino por su propio impulso sino que Dios le encomienda una misión que debe cumplir conforme al propósito divino. Concuerda esta enseñanza con la que Pedro en relación con los escritos proféticos que ninguno de ellos fue producido por voluntad humana, sino que los profetas escribieron al impulso del Espíritu Santo (2 P. 1:21). Dios escogió a Juan para este ministerio y le envió a realizarlo en el tiempo que había determinado. Era, pues, un mensajero de Dios y su ministerio revestía la autoridad divina que le había comisionado, hablando al pueblo palabras de Dios en Su nombre. Así había sido enviado también Moisés para cumplir la misión que le había sido encomendada (Ex. 3:10-15).

ὄνομα αὐτῷ Ἰωάννης: El nombre del profeta era *Juan*, en hebreo *Yohannan*, abreviatura de *Yehohannan*, que significa *Dios hizo gracia* o también *Yahwe es benigno*. Ese nombre no fue tampoco elección familiar, impuesto por su padre, sino el que Dios había determinado para él (Lc. 1:13, 60-64). En el *Evangelio* se mencionará a Juan el Bautista diecinueve veces, pero, como ya se ha dicho en la introducción, ni una relativa a Juan el evangelista.

7. Éste vino por testimonio, para que diese testimonio de la luz, a fin de que todos creyesen por él.

οὗτος	ἦλθεν	εἰς	μαρτυρίαν	ἵνα	μαρτυρήσῃ	περὶ	τοῦ
Éste	vino	para	testimonio	para que	testificase	acerca de	la

φωτός,	ἵνα	πάντες	πιστεύσωσιν	δι'	αὐτοῦ.
luz	para que	todos	creyesen	por medio de	él.

Notas y análisis del texto griego.

Continuando con la referencia a Juan, escribe: οὗτος, caso nominativo masculino singular del pronombre demostrativo *éste*; ἦλθεν, tercera pesona singular del segundo aoristo de indicativo en voz activa del verbo ἔρχομαι, *venir*, aquí *vino*; εἰς, preposición propia de acusativo *para*; μαρτυρίαν, caso acusativo femenino singular del nombre común *testimonio*; ἵνα, conjunción causal *para que*; μαρτυρήσῃ, tercera persona singular del aoristo primero de subjuntivo en voz activa del verbo μαρτυρέω, *dar testimonio, testificar*, aquí *testificase*; περὶ, preposición propia de genitivo *sobre, acerca de, entorno a*; τοῦ, caso genitivo neutro singular del artículo determinado *el*; φωτός, caso genitivo neutro singular del nombre común *luz*; ἵνα, conjunción causal *para que*; πάντες, caso nominativo masculino plural del adjetivo indefinido *todos*; πιστεύσωσιν, tercera persona plural del aoristo primero de subjuntivo en voz activa del verbo πιστεύω, *creer*, aquí *creyesen*; δι', forma contracta de la preposición de genitivo διά, *por medio de, a causa de*; αὐτοῦ, caso genitivo masculino singular del pronombre personal *él*.

οὗτος ἦλθεν εἰς μαρτυρίαν El ministerio de Juan era un servicio de testimonio. En el versículo se presenta con una gran precisión: a) general: *dar testimonio*; b) concreta: *testificar sobre la luz*; c) específica: *para que todos creyesen*. En la primera precisión, la general, Juan es enviado para *dar testimonio*, esta es la misión propia y esencial del profeta. La misión oficial suya es la de testificar. Este tema del testimonio ocupa un importante lugar en el *Evangelio*. El Bautista aparece como testificando o dando testimonio (1:7 s., 15, 32, 34; 3:26; 5:33); la mujer samaritana también dio testimonio (4:39); las obras de Jesús son instrumentos de testimonio (5:36; 10:25); el Antiguo Testamento (5:39); la multitud (12:17); el Espíritu Santo y los apóstoles (15:26); el Padre (5:32, 37), todos dan testimonio acerca de Jesús. Él no necesita testimonio para conocer los hombres (2:25), pero da testimonio de la verdad (18:37); lo hace también en unión con el Padre (8:13-18). También los testigos testifican de la verdad del evangelio (19:35; 21:24). Este tema es vital en el desarrollo del *Evangelio* y el término se emplea casi exclusivamente en Juan. Probablemente el sentido que se da a la palabra sea el primario, esto es dar testimonio de aquello que uno ha visto, oído o experimentado.

ἵνα μαρτυρήσῃ περὶ τοῦ φωτός, El ámbito del testimonio era dar testimonio acerca de la luz. Los profetas antecesores a Juan dieron testimonio acerca de Jesús y anunciaron su venida, pero, Juan da testimonio señalándolo personalmente porque había venido ya. Él testifica no sólo como expresión de un mensaje comunicado, sino de una manifestación objetiva que Dios le había señalado para identificar al Mesías, como Aquel sobre quien viese descender el Espíritu, cosa que ocurrió en el bautismo de Jesús (v. 32).

ἵνα πάντες πιστεύσωσιν δι' αὐτοῦ. El propósito del testimonio es la fe: *para que todos creyesen por medio de él*. El testimonio sirve de mensaje que conduce a la fe y fundamenta el creer de quien recibe el testimonio. Es curioso que aunque el sustantivo *fe* no aparece en el *Evangelio*, el verbo creer aparece noventa y ocho veces. El propósito de Dios y la intención del Bautista es que todos los que oyesen su testimonio, creyesen en Jesús por medio de una fe viva. El da testimonio de la luz, que en los primeros versículos se identifica con el Verbo y éste es la Persona Divina en la que subsiste la naturaleza humana que constituye al hombre Jesús. El Bautista es un reflejo visible de la luz de la que testifica, Juan es como una antorcha que arde en un lugar oscuro (5:35). No se trata de que creyesen en Juan, sino de que creyesen en la luz. De manera que el profeta era el instrumento que Dios había enviado para testificar y conducir a los oyentes a la fe en Cristo. La eficacia del testimonio de Juan, que es testimonio en relación con Jesús trajo los primeros resultados en los propios discípulos de Juan, que al oírlo hablar siguieron a Jesús (vv. 36-37). El verdadero predicador del mensaje de Dios busca que los oyentes sigan al Maestro.

8. No era él la luz, sino para que diese testimonio de la luz.

οὐκ	ἦν	ἐκεῖνος	τὸ	φῶς,	ἀλλ'	ἵνα	μαρτυρήσῃ	περὶ	τοῦ	φωτός.
No	era	él	la	luz,	sino	para que	testificase	de	la	luz.

Notas y análisis del texto griego.

Cerrando el párrafo, escribe: οὐκ, forma escrita del adverbio de negación *no*, con el grafismo propio ante una vocal con espíritu suave o una enclítica; ἦν, tercera persona singular del imperfecto de indicativo en voz activa del verbo εἰμί, *ser*, aquí *era*; ἐκεῖνος, caso nominativo masculino singular del pronombre demostrativo *éste*; τὸ, caso nominativo neutro singular del artículo determinado *el*, en castellano *la*; φῶς, caso nominativo neutro singular del nombre común *luz*; ἀλλ', conjunción adversativa *sino*; ἵνα, conjunción causal *para que*; μαρτυρήσῃ, tercera pesona singular del aoristo primero de subjuntivo en voz activa del verbo μαρτυρέω, *dar testimonio, testificar*, aquí *testificase*; περὶ, preposición propia de genitivo *acerca de, de*; τοῦ, caso genitivo neutro singular del artículo determinado *el*; φωτός, caso genitivo neutro singular del nombe común *luz*.

οὐκ ἦν ἐκεῖνος τὸ φῶς, El versículo refuerza la misión de Juan. La primera parte hace una afirmación precisa: *no era la luz*. Es verdad que Jesús dijo de él que era una luz, o una lámpara que alumbraba en medio de las tinieblas (5:35), pero la lámpara no era la luz, sino que la portaba y hacía visible a todos cuantos quedaban bajo su influjo. Algunos valoraban la misión de Juan como la más importante de entre los hombres e incluso se sentían disgustados cuando las gentes acudían más a Jesús que a él (3:26), siendo de alta estima entre sus discípulos, que se habían extendido fuera del entorno de Judea y algunos habían llegado a Éfeso, desconociendo otro bautismo que no fuese el de Juan (Hch. 19:1-6). No debía ser confundido con el Mesías como algunos le preguntaban (v. 20).

ἀλλ' ἵνα μαρτυρήσῃ περὶ τοῦ φωτός. Nuevamente se reitera la misión de Juan que era la de dar testimonio acerca de la luz. Es como un remarcar para que no haya posibilidad alguna de error en esto, que el ministerio testimonial tenía que ver no con él sino con el Verbo que es la luz del mundo.

Rechazo al Verbo encarnado (1:9-11).

9. Aquella luz verdadera, que alumbra a todo hombre, venía a este mundo.

Ἦν τὸ φῶς τὸ ἀληθινόν, ὃ φωτίζει πάντα ἄνθρωπον,
Era la luz la verdadera, que alumbra a todo hombre,
ἐρχόμενον εἰς τὸν κόσμον.
que viene al mundo.

Notas y análisis del texto griego.

Siguiendo con la referencia a la luz, dice: Ἦν, tercera persona singular del imperfecto de indicativo en voz activa del verbo εἰμί, *ser*, aquí *era*; τὸ, caso nominativo neutro singular del artículo determinado *el*; φῶς, caso nominativo neturo singular del nombre común *luz*; τὸ, caso nominativo neutro singular del artículo determinado *el*; ἀληθινόν, caso nominativo neutro singular del adjetivo articular *verdadero, genuino*; ὃ, caso nominativo neutro singular del pronombre relativo *lo que, lo cual, que*; φωτίζει, tercera persona singular del presente de indicativo en voz activa del verbo φωτίζω, *alumbrar*, aquí *alumbra*; πάντα, caso acusativo masculino singular del adjetivo indefinido declinado *a todo*; ἄνθρωπον, caso acusativo masculino singular del nombre común *hombre*; ἐρχόμενον, caso acusativo masculino singular del participio de presente en voz media del verbo ἔρχομαι, *venir*, aquí *que viene*; εἰς, preposición propia de acusativo *a*; τὸν, caso acusativo masculino singular del artículo determinado *el*; κόσμον, caso acusativo masculino singular del sustantivo que denota *mundo*.

Antes del análisis textual, es necesario en este versículo hacer unas consideraciones gramaticales previas. La dificultad del versículo está en su segunda parte, ya que el participio ἐρχόμενον, *que viene, viniendo*, puede concordar con el nominativo φῶς, *luz*, o con el acusativo ἄνθρωπον, *hombre*. Según sea las posibles traducciones serían estas: a) *Era la luz verdadera, la que ilumina a todo hombre, que viene al mundo.* b) *Era la luz verdadera, la que ilumina a todo hombre que venía, vino al mundo*. c) *Era la luz verdadera la que ilumina a todo hombre con su venida al mundo, viniendo al mundo.*

La primera traducción es de Teodoro de Mompsuesta, la que los Padres admiten como posible y que es la seguida por la mayoría de los expositores modernos[38], y adoptada por todas las ediciones críticas[39]. La segunda forma es la seguida por los antiguos con los Padres y las versiones[40].

La primera forma de traducción se ve favorecida por las traducciones más antiguas y la explicación de los Padres de la Iglesia. También es la que gramaticalmente tiene más próximo en la construcción de la cláusula el participio ἐρχόμενον, del acusativo ἄνθρωπον. Además la expresión *los que vienen al mundo* era una forma entre los rabinos para referirse a los hombres en general. Sin embargo el *idiotismo* que sustituye a *hombre* en la literatura rabínica, siempre va solo y no se le añade el sustantivo *hombre* al que se está refiriendo figuradamente. En el versículo habría un pleonasmo sin sentido. La segunda forma de traducción se ve favorecida por el contexto próximo y remoto. Antes se habló de la venida del Verbo al mundo y se sigue hablando de ella en otros versículos del *prólogo* (cf. vv. 5, 10, 11, 14). En el resto del *Evangelio* se habla de la venida de la luz (3:19; 12:46), mucho más que de la venida del Verbo o de la venida de Jesús. El Mesías se designa también como *el que ha de venir* (4:25; 6:14; 9:39; 11:27; 16:28; 18:37). En contra de esto se puede alegar la distancia entre el participio y el verbo *era*. Otra razón es que cuando se habla de la venida de la luz o también la venida de Jesús, no se utiliza el imperfecto que tiene sentido de duración, y siempre se usa el aoristo o el perfecto (cf. 1:11, 31; 3:2-31; 5:43; 7:28; 8:14; 9:39; 10:10; 12:47; 16:28; 18:37). Sin embargo esta explicación no encaja en la forma perifrástica, que es de duración y continuidad, idea que no aparece cuando Juan habla de la venida de la luz o de Cristo. La tercera propuesta de traducción, distingue tres miembros en la cláusula, haciendo sujeto de todo el versículo al Verbo y como predicado a la *luz*. Sin embargo puede dejarse ésta como sujeto, de modo que lo que Juan querría decir es que el Verbo era la luz que ilumina a todo hombre, y que venía al mundo. Esta forma se ve también favorecida por el contexto próximo y remonto, porque la venida se refiere a la luz y salva

---

[38] Calmes, Lagrange, Bouyer, Tillmann, Duran, Vosté, Overney, Braun, Orbiso, Hendriksen, Bernard, Lighfoot,Barret, Bauer, Schick, Dorado, Fernández, Martín Nieto

[39] Bover, Merk, Vogels, Nestle, Nolli.

[40] Toledo, Maldonado, Corluy, Knabengabuer, Schlatter, Wikenhauser, Leonard, Prat.

la dificultad de la distancia entre el participio y el verbo *era*, porque el participio no afecta al verbo, sino a toda la proposición relativa inmediata. Además evita la dificultad del sentido de duración propia del imperfecto, porque no admite la forma perifrástica aquí. En esta forma el participio no se une con el verbo *era*, sino que forma una oración explicativa o modal. Esto responde a una pregunta: *¿Cómo ilumina al hombre la luz verdadera?* Viniendo al mundo. Con esta forma se da al verbo *era* el sentido de duración que le es propio en el v. 1, y que además armoniza con el adjetivo *verdadera*, que es un adjetivo de perfección, y con el v. 8. En base a esta última posición se traduce el interlineal más arriba, donde se lee: *"Era la luz verdadera, que alumbra a todo hombre, que venía* o *viniendo al mundo"*.

Ἦν τὸ φῶς τὸ ἀληθινόν, La primera oración concuerda con lo que viene diciendo acerca del Verbo. Éste *era* la verdadera luz. El imperfecto le da condición de eternidad o de continuidad frente a la temporalidad del hombre. Juan dijo que él no era la luz, porque no era el Verbo, pero quien es la luz, no tiene un origen que concurriría en el presente *es*, sino que antecede a todo tiempo del hombre, de ahí el *era*. Él que venía era la luz verdadera que brilla en las tinieblas y éstas no la pueden apagar. De ahí la importancia del adjetivo *verdadera* que califica a la luz. Éste es usado abundantemente por Juan en sus escritos de modo que aparece nueve veces en el *Evangelio*, cuatro en sus epístolas y diez en Apocalipsis. *Verdadera* (ἀληθινός) hace referencia a perfección, mientras que (ἀληθής) *veraz, verdadero, real*, tiene que ver con realidad. Juan no era la luz, pero había sido enviado para dar testimonio de la luz. La luz verdadera, perfecta es Cristo, que puede iluminar a los hombres. En el *Evangelio* se producen contrastes en donde es evidente el uso del adjetivo *verdadero*, así Dios verdadero es el único Dios en contraposición con los ídolos (17:3; 1 Jn. 5:20); el pan verdadero del cielo que alimenta y satisface definitivamente las necesidades espirituales del hombre, entra en contraste con el maná que los judíos consideraban como el pan del cielo (6:32); la vid verdadera es la única que puede dar fruto (15:1); el testimonio verdadero es contrario al testimonio falso (19:35). Esta luz verdadera es un título aplicable al Verbo del que se habló en los versículos anteriores.

ὃ φωτίζει πάντα ἄνθρωπον, La luz que venía al mundo *alumbra a todos los hombres*. No podemos desvincularla con la vida. Juan pasó de la vida a la luz y mantiene aquí también la misma transición. Ambas cosas, vida y luz son propias del Verbo. La vida que es luz se da en Cristo al hombre que esta y es tinieblas. Ahora, bien, ¿cuál es el alcance de la expresión *todo hombre*? El humanismo entiende que Dios ilumina a todos los hombres dándoles la capacidad de salvación sin limitación alguna, aunque pudiera ser que la perdiesen por rebeldía personal. Otros, desde una posición diametralmente contraria, entienden que la iluminación es solo para los elegidos y predestinados para salvación. La aproximación sin condiciones al texto y al contexto del evangelio hace que deba entenderse que esa iluminación, que como se verá en las referencias al Espíritu Santo, es una de las misiones encomendadas a la Tercera Persona de la Trinidad, es la necesaria para que el mensaje del evangelio sea comprendido no solo intelectualmente sino inteligentemente sintiendo la condición de perdición en que todo hombre está, para creer en Cristo y ser salvo. Esto es, Cristo ilumina a todo aquel que oye el evangelio, impartiéndole, por su Espíritu el grado de comprensión suficiente en los aspectos espirituales del mensaje de modo que puedan ser salvos todos aquellos a quienes llegue el mensaje de salvación. Muchos de ellos, a pesar de la iluminación no responderán con fe y no serán salvos. Otros, bajo la influencia de la gracia soberana y salvadora de Dios, reciben el mensaje con la convicción de pecado necesaria y depositando la fe, que el Espíritu genera en ellos, en Cristo, son salvos. Además a todo el que ha creído, Jesús que es la luz que ilumina, se hace también vida eterna en ellos, con lo que pasando de muerte a vida, e identificados por unidad con Cristo y en Él, no pierda jamás la salvación que les ha sido dada como regalo de Dios en su gracia (10:28).

Esta es la posición más concordante con el contexto próximo, en el cual se habla de dos grupos de personas, uno más amplio y otro más reducido en los que opera el evangelio (vv. 10-12). Jesús vino a una humanidad que es tinieblas y también a su propio pueblo, pero unos y otros le rechazan, mientras que algunos, no importa su condición social o espiritual, lo aceptan (v. 12). Los primeros quedan bajo el juicio de Dios por el pecado de incredulidad, ya que *las tinieblas no la acogieron* (v. 4b-5), por esa razón *"esta es la condenación: que la luz vino al mundo, y los hombres amaron más las tinieblas que la luz, porque sus obras eran malas"* (3:19). Los segundos, esto es, los que aceptan el mensaje por fe y creen en el Hijo son liberados de las tinieblas, recibiendo la vida eterna, vinculados a la luz que es también vida, ya que: *"Yo, la luz, he venido al mundo, para que todo aquel que cree en mí no permanezca en tinieblas"* (12:46).

ἐρχόμενον εἰς τὸν κόσμον. Como se consideró antes, al problema del texto está en este participio, ἐρχόμενον, *que viene* o *viniendo* que puede entenderse de dos modos: a) como nominativo neutro, en concordancia con φῶς, *luz*; b) como acusativo masculino que lo haría concordar con ἄνθρωπον, *hombre*. Hemos de entender el primer caso como el correcto, que se atribuye al imperfecto perifrástico ἦν τὸ φῶς... ἐρχόμενον, que puede considerarse aquí como una referencia a la encarnación del Verbo. Debe observarse también que en el versículo siguiente, la luz está en el mundo, por tanto, es lógico suponer que en éste se produce la transición de eternidad a temporalidad, describiéndose aquí como *que viene* o *viniendo*. En otros lugares del *Evangelio*, Jesús se presenta como *llegando* o *viniendo* al mundo (cf. 6:14; 9:39; 11:27; 16:28); incluso Él mismo lo declara: *"Yo, la luz, he venido al mundo"* (12:46). Por otro lado el imperfecto perifrástico esta presente en el *Evangelio* (cf. 1:28; 2:6; 3:23; 10:40, 11:1; 13:23; 18:18, 25). La conclusión es sencilla, *la luz*, que es Cristo, *viniendo* al mundo, *alumbra* a todo hombre, según lo que se ha dicho en el párrafo anterior. De este modo Juan hace referencia a la encarnación del Verbo, considerándola como su venida al mundo, en contraste con los sinópticos que dedican un espacio al hecho mismo de la concepción y del nacimiento de Jesús.

10. En el mundo estaba, y el mundo por él fue hecho; pero el mundo no le conoció.

ἐν τῷ κόσμῳ ἦν, καὶ ὁ κόσμος δι' αὐτοῦ ἐγένετο, καὶ ὁ
En el mundo estaba, y el mundo por Él fue hecho, y el
κόσμος αὐτὸν οὐκ ἔγνω.
mundo a Él no conoció.

Notas y análisis del texto griego.

Sin interrupción en el tema del párrafo, añade: ἐν, preposición propia de dativo *en*; τῷ, caso dativo masculino singular del artículo determinado *el*; κόσμῳ, caso dativo masculino singular del nombre común *mundo*; ἦν, tercera persona singular del imperfecto de indicativo en voz activa del verbo εἰμί, *ser, estar*, aquí *estaba*; καὶ, conjunción copulativa *y*; ὁ, caso nominativo masculino singular del artículo determinado *el*; κόσμος, caso nominativo masculino singular del nombre común *mundo*; δι', forma contracta de la preposición de genitivo διά, *por medio de, a causa de, por*; αὐτοῦ, caso genitivo masculino de la tercera persona singular del pronombre pesonal él; ἐγένετο, tercera persona singular del aoristo segundo de indicativo en voz media del verbo γίνομαι, *llegar a ser, hacerse, ser hecho*, aquí *fue hecho*; καὶ, conjunción copulativa *y*; ὁ, caso nominativo masculino singular del artículo determinado *el*; κόσμος, caso nominativo masculino singular del nombre común *mundo*; αὐτὸν, caso acusativo masculino de la tercera persona singular del pronombre pesonal declinado *a Él*; οὐκ, forma escrita del adverbio de negación *no*, con el grafismo propio ante una vocal con espíritu suave o una enclítica; ἔγνω, tercera persona singular del segundo aoristo de indicativo en voz activa del verbo γινώσκω, *conocer*, aquí *conoció*.

ἐν τῷ κόσμῳ ἦν, El Verbo eterno viene al mundo, que es su propiedad porque es el Creador. El término κόσμος, *mundo*, es uno de los más usados por Juan. De un total de ciento ochenta y cinco veces en el Nuevo Testamento, corresponden al *Evangelio* setenta y ocho, a sus epístolas veinticuatro y al Apocalipsis tres. La palabra tiene varias acepciones en la Escritura, especialmente en el Nuevo Testamento. Se usa para referirse a la tierra como morada del hombre, uno de los sentidos de la palabra en los evangelios sinópticos (Mt. 4:8; Mr. 8:36; Lc. 4:5). Se usa también para referirse a la humanidad, esto es, el mundo de las personas, que comprende su organización (3:19; 2 Co. 5:19). Para Juan el término se usa mayormente en este sentido, que es el que debe dársele aquí puesto que es capaz de reconocer o no al Verbo encarnado. De nuevo aparece el imperfecto ἦν, *estaba*. Aquel que eternamente *era*, ahora aparece en el mundo de los hombres y *estaba* en él, también en un sentido continuativo, vino y continuó estando, o de otro modo, estará continuamente ya que aunque ha sido glorificado, permanece en la vida de los creyentes.

καὶ ὁ κόσμος δι' αὐτοῦ ἐγένετο, El mundo de los hombres al que vino el Verbo, *fue hecho* por Él. No se está tratando aquí de la creación de la tierra en general, sino de quienes están en ella. Sin duda estos están influenciados por la consecuencia del pecado que los ha desorientado y hechos rebeldes a Dios, rechazando al que Dios envía para la obra de salvación.

καὶ ὁ κόσμος αὐτὸν οὐκ ἔγνω. Sin embargo se produce una tremenda realidad, el mundo de las criaturas que salió de las manos del Creador, no le reconoce cuando viene al lugar donde ellos viven. No conocerle se entiende en sentido afectivo, de comunión y voluntario más que intelectivo. En lugar de un imperfecto aparece aquí el aoristo precedido del adverbio de negación οὐκ ἔγνω, *no conoció*, o también *no reconoció*. Los hombres están afectados por las condiciones espirituales del sistema llamado mundo, es decir, son mundanos apartándose de la relación con Dios y marginándole de sus vidas. Este es el mundo que *odia* a Jesús y a sus discípulos (7:7; 15:18; 17:14).

Será necesario recordar algunos aspectos que definen el mundo como sistema de oposición a Dios. Sin duda, el mundo viene determinado por el hombre, que a causa de la caída permitió la entrada de la muerte en el mundo y lo domina (Ro. 5:12-21). Por esa razón está bajo el juicio de Dios a consecuencia del pecado (Ro. 3:6). El mundo tiene su propio sistema de sabiduría, que a causa del pecado que lo domina, es *necio* porque se opone a Dios (1 Co. 3:19). El sistema moral de este orden establecido es un sistema corrupto. La *moral del mundo* permite prácticas corruptas y es la propia de quienes *son* del mundo, o de los que pertenecen al sistema mundano (1 Co. 5:10). El mundo entero obedece a Satanás y sigue sus dictados (Ef. 2:2-3). Un primer profundo contraste en relación con el mundo aparece en los versículos que anteceden en donde se habla de la *luz* y de la *vida* que viene a los hombres, mientras que estos están espiritualmente ciegos y no reconocen a Dios, oponiéndose abiertamente a Él (7:7; 15:18). El mundo tiene su propio sistema controlado y regido por Satanás. Cristo llamó al diablo, en tres ocasiones, *príncipe de este mundo* (12:31; 14:30: 16:11). El sistema del *cosmos* ha sido ordenado por Satanás para llevar a cabo su propósito, que tiene que ver con el desarrollo de una esfera de mentira y muerte (8:44). Este sistema comprende e incorpora en él los gobiernos humanos, que también están bajo Satanás, su control, influencia y poder (Dn. 10:13-20; Mt. 4:8-9; Lc. 4:5-6). Mediante las leyes de los hombres, Satanás realiza acciones de rebeldía contra la voluntad de Dios. Los gobiernos permiten la inmoralidad, legalizan el pecado en múltiples formas, son codiciosos, etc. El programa satánico para el gobierno del mundo es colocar a un hombre en el lugar que le corresponde a Dios, haciéndole adorar por los hombres (2 Ts. 2:3-4)[41]. El mundo tiene sus propios pasatiempos (1 Jn. 2:15). Las *cosas del mundo* son utilizadas por Satanás para realizar acciones pecaminosas (1 Jn. 2:16). Las gentes no regeneradas y los cristianos mundanos acuden a *las cosas del mundo* para usarlas como un anestésico que amortigüe las penas de una vida vacía y carente del poder de Dios. El mundo tiene también su propia espiritualidad (2 Ti. 3:5), basada en un culto formalista pero carente de espiritualidad, que surge de corazones que viven al margen de Dios y no le honran (Is. 29:13). Satanás introduce falsas doctrinas, por sus propios predicadores, que proclaman la religión de los demonios (1 Ti. 4:1). La religión del mundo es una *apostasía*, alejándose de la obediencia a Dios y su Palabra. Ésta procura, en ocasiones, un trato riguroso para dar apariencia de piedad (Col. 2:20-23), estableciéndose sobre normas que deben cumplirse. Hace descansar la vida en el poder de la persona y en sus actividades, pero no en el poder y las acciones de Dios (Fil. 2:13). Este *mundo* esta asentado en Satanás mismo, como si lo tuviera en su regazo, adormecido, para utilizarlo según su conveniencia.

---

[41] Para una ampliación de este tema, ver el comentario correspondiente en 1 y 2 Tesalonicenses de esta misma serie.

A causa de esto, los hombres no reciben, al que viene a ellos. Aunque no le reconocen sin embargo el mundo al que viene el Verbo encarnado es el lugar donde va a desarrollarse su misión salvífica, según el *Evangelio* (3:17, 19; 6:14; 8:26; 10:36; 12:46; 16:28; 17;13, 18; 18:20, 37). En esa misión se pone de manifiesto el amor de Dios hacia el mundo (3:16). Por esa misión el mundo queda dividido en dos grupos, *los que desconocen* a Jesús, por tanto incrédulos y (πᾶς ὁ πιστεύων), *todo el que cree*. Estas posiciones explican las contradicciones en lo que tiene que ver con la relación de Jesús y el mundo. Por una parte es el Salvador del mundo (1:29; 3:17; 4:42; 6:35, 51; 8:12; 9:5), haciendo constar Juan que Jesús no vino a juzgar al mundo (3:17; 12:47), es decir, su misión no fue la de juzgar sino la de salvar en esta primera venida suya al mundo. Pero, por otra parte, sí vino para juzgar al mundo (9:39; 12:31). Sin embargo abre la puerta que libera del juicio mediante la fe en Él (3:18). A este mundo rebelde, opositor y enemigo el Verbo vino para vencer sobre el sistema que lo gobierna (16:33). El enemigo que Jesús va a derrotar en su misión terrenal se le llama en el *Evangelio*, ἄρχων τοῦκόσμου τούτουρ, *príncipe de este mundo* (12:31; 14:30; 16:11). De ahí que quienes desconociendo a Cristo siguen bajo su dominio, cambian la oferta de salvación en juicio. No reconocer a Cristo es no reconocer a Dios, esto es, al Padre y al Espíritu (14:17; 17:25), despreciando la intención divina que era que los hombres llegasen al conocimiento y a la fe (17:21, 23). La salvación solo es posible en el *conocimiento de Dios*, el Padre y de Cristo, como el Señor dice: *"esta es la vida eterna: que te conozcan a ti, el único Dios verdadero, y a Jesucristo, a quien has enviado"* (17:3). En el hombre, conocer a Dios, según el sentido del Nuevo Testamento implica no solo una percepción de Su existencia, sino también una relación de obediencia, sometimiento a Su voluntad y confianza. En el *Evangelio* está el ejemplo de Jesús que conoce al Padre y produce, en ese conocimiento una relación de amor, de obediencia y de comunión (7:2; 8:55; 10:15; 17:25), de modo que cuando el hombre conoce a Dios por medio de Jesús se produce una relación semejante (8:32; 10:4; 13:17; 15:15; 17:8, 25).

11. A lo suyo vino, y los suyos no le recibieron.

εἰς τὰ ἴδια ἦλθεν, καὶ οἱ ἴδιοι αὐτὸν οὐ παρέλαβον.
A los suyos vino, y los suyos a Él no recibieron.

Notas y análisis del texto griego.

Siguiendo con la situación descrita, añade: εἰς, preposición propia de acusativo *a*; τὰ, caso acusativo neutro plural del artículo determinado *los*; ἴδια, caso acusativo neutro plural del adjetivo *sus, suyos, suyos propios, propios*; ἦλθεν, tercera persona singular del aoristo segundo de indicativo en voz activa del verbo ἔρχομαι, *venir, llegar*, aquí *vino*; καὶ, conjunción copulativa *y*; οἱ, caso nominativo masculino plural del artículo determinado *los*; ἴδιοι, caso acusativo masculino plural del adjetivo *sus, suyos, suyos propios, propios*; αὐτὸν, caso acusativo masculino de la tercera persona singular del pronombre personal declinado *a Él*; οὐ, adverbio de negación *no*; παρέλαβον, tercera persona plural del segundo aoristo de indicativo en voz activa del verbo παραλαμβάνω, *recibir, tomar como compañero*, aquí *recibieron*.

εἰς τὰ ἴδια ἦλθεν, Juan construye una frase en la que utiliza el neutro τὰ ἴδια, que literalmente traducido sería *los suyos*, pero en el griego la expresión no se aplica al plural de los que *son suyos*, sino que debe entenderse como una expresión genérica que se refiere a las cosas de uno, todo lo que es de propiedad, especialmente la casa (19:27). Quiere decir Juan que el Verbo encarnado vino a su propiedad, a su casa. Es muy probable que Juan estuviese pensando en la *casa* como la casa de Israel. Cristo pertenecía a ese pueblo, humanamente hablando por descendencia física, ya que nació de madre israelita, *"de quienes son los patriarcas, y de los cuales, según la carne, vino Cristo..."* (Ro. 9:5). La casa de Israel tenía la promesa de las bendiciones que Dios había dado a Abraham en las que le anuncia que de su descendencia, que es Cristo, serían benditas todas las naciones de la tierra. Cristo vino a su casa, a su familia, a los suyos. Dios dijo de Israel: *"vosotros seréis mi especial tesoro sobre todos los pueblos; porque mía es toda la tierra"* (Ex. 19:5).

καὶ οἱ ἴδιοι αὐτὸν οὐ παρέλαβον. Ahora bien, la segunda oración contiene una afirmación histórica. Los suyos no le recibieron, que aquí equivale al *no conocieron* de la oración anterior. Es una observación moral, los suyos no aceptaron la misión ni el mensaje de Jesús. Dice Hendriksen:

> *"Israel era, en un sentido muy especial, posesión de Dios (Ex. 19:5; Dt. 7:6). Durante toda la antigua dispensación y también al principio de la nueva, Cristo vino a su propio hogar. Pero el pueblo no le recibió... el mejor comentario de la tragedia que aquí se cita se encuentra en Is. 1:2, 3:*
>
> *'Oíd, cielos, y escucha tú, tierra; porque habla Jehová: Crié hijos, y los engrandecí, y ellos se rebelaron contra mí. El buey conoce a*

su dueño, y el asno el pesebre de su señor; Israel no entiende, mi pueblo no tiene conocimiento"[42].

Las expresiones *no acogieron, no reconocieron, no recibieron*, son ejemplos de lítote. Todas ellas indican que el mundo y en especial el pueblo de Israel, se desentendió totalmente de Cristo. El Verbo eterno que vino fue abierta y mayoritariamente rechazado.

Aceptación del Verbo encarnado (1:12-13).

12. Mas a todos los que le recibieron, a los que creen en su nombre, les dio potestad de ser hechos hijos de Dios.

ὅσοι δὲ ἔλαβον αὐτόν, ἔδωκεν αὐτοῖς ἐξουσίαν τέκνα Θεοῦ
Pero los que recibieron le, dio les potestad hijos de Dios
γενέσθαι, τοῖς πιστεύουσιν εἰς τὸ ὄνομα αὐτοῦ,
ser hechos, a los que creen en el nombre de Él.

Notas y análisis del texto griego.

En contraste con los que no le reciben hay otros que lo hacen: ὅσοι, caso nominativo masculino plural del pronombre relativo *los que*; δὲ, partícula que hace funciones de conjunción copulativa *y, más, pero*; ἔλαβον, tercera persona plural del aoristo segundo de indicativo en voz activa del verbo λαμβάνω, *recibir*, aquí *recibieron*; αὐτόν, caso acusativo masculino de la tercera persona singular del pronombre personal declinado *a él, le*; ἔδωκεν, tercera persona singular del aoristo primero de indicativo en voz activa del verbo δίδωμι, *dar, entregar*, aquí *dio*; αὐτοῖς, caso dativo masculino de la tercera persona plural del pronombre personal declinado *a ellos, les*; ἐξουσίαν, caso acusativo femenino singular del nombre común, *autoridad, potestad, jurisdicción, derecho, privilegio*; τέκνα, caso acusativo neutro plural del nombre como *hijos*; Θεοῦ, caso genitivo masculino singular del nombre divino declinado *de Dios*; γενέσθαι, aoristo segundo de infinitivo en voz media del verbo γίνομαι, *llegar a ser, empezar a existir, hacerse, ser hecho*, aquí *ser hechos*; τοῖς, caso dativo masculino plural del artículo determinado declinado *a los*; πιστεύουσιν, caso dativo masculino plural del participio de presente en voz activa del verbo πιστεύω, *creer*, aquí *que creen*; εἰς, preposición propia de acusativo *en*; τὸ, caso acusativo neutro singular del artículo determinado *el*; ὄνομα, caso acusativo neutro singular del sustantivo que denota *nombre*; αὐτοῦ, caso genitivo masculino de la tercera persona singular del pronombre personal declinado *de Él.*

ὅσοι δὲ ἔλαβον αὐτόν, En contraste con quienes no recibieron al Verbo, otros lo hicieron. Sin embargo no se está refiriendo tanto al

[42] G. Hendriksen. o.c., pág. 85.

hecho en sí, sino a la potencialidad de su alcance. La frase se inicia con el uso del pronombre relativo, *los que*, que puede traducirse también como *cuantos*, expresión indefinida de número. No importa si son muchos o pocos, simplemente la vinculación entre todos ellos y el contraste con los del versículo anterior es que *le recibieron*. No hay condiciones ni de nación, ni de condición social, pueden ser judíos o gentiles. No cabe duda que los judíos acostumbrados a la enseñanza histórica de sus privilegios, les resultaría difícil entender que los gentiles a quienes llamaban despectivamente *perros* en tiempos de Jesús, pudieran ser hechos *hijos* de Dios, miembros de su casa y familia, del mismo modo que ellos. La condición para alcanzar el privilegio del que habla el versículo consiste en *recibir* a Jesús, que es sinónimo de *creer en Su nombre.*

ἔδωκεν αὐτοῖς ἐξουσίαν τέκνα Θεοῦ γενέσθαι, A estos les concede un privilegio y un derecho, *ser hechos hijos de Dios*. El término ἐξουσίαν, expresa *la autoridad, el privilegio, el derecho*, de ser hijos de Dios. Este título en el Antiguo Testamento se da a los ángeles, en el Nuevo a los creyentes. Nótese que no es un derecho que pueda ser exigido, sino una manifestación de la gracia, como se aprecia en el texto: *les dio*. Los judíos consideraban un privilegio intransferible el que por descendencia de Abraham fuesen titulares de los derechos a los pactos y a las promesas, llamándose a ellos mismos *hijos de Abraham*, pero aquí Dios concede a estos que reciben a Cristo el derecho de ser hechos hijos, no sólo de Abraham, padre de los creyentes, sino de Dios. Es interesante notar que en el *Evangelio*, la palabra υιός, se usa exclusivamente para referirse a Jesucristo, mientras que para los creyentes utiliza el sustantivo τέκνα, *hijo*, en el sentido de alguien que ha sido engendrado por un padre. En el Nuevo Testamento se enseña que el creyente llega a ser υιός, por adopción en el Hijo (Gá. 4:5). Recibir la adopción era alcanzar la condición de hijo adoptivo. El término υἱός, se usa para referirse a un hijo en general pero no tanto a un recién nacido, sino al que tiene ya los derechos propios de esa condición. La mayoría de edad con pleno derecho para acceder a las bendiciones propias de un hijo se producen por la liberación de la maldición de la ley y ser aceptado por Dios como hijo suyo. El creyente es libre al estar unido al Padre en una relación filial, como corresponde a un derecho concedido. Es el Padre que en libre acción adopta a los salvos por fe en Cristo. Esto implica también una realidad ontológica nueva que se considera en el versículo siguiente. La conclusión a que se llega es sencilla a la luz del texto. El fin de la encarnación es doble: rescatar a los esclavos y darles la filiación divina. Pero Juan aquí llama a los hijos por medio del nombre τέκνα, *hijo*, que procede de la misma raíz que τίκτω, *engendrar*, por tanto estos son hijos por *nuevo nacimiento*, como explica en el versículo siguiente. La salvación para Juan es la comunicación de la vida eterna mediante la operación de engendrar al creyente de forma que la consecuencia no pueda ser otra que la realidad de ser hijo (1 Jn. 2:29; 3:9).

τοῖς πιστεύουσιν εἰς τὸ ὄνομα αὐτοῦ, El único requisito para acceder a la condición de *hijos de Dios*, es la de *creer* en Su nombre, que equivale a creer en su Persona, creer en Él. Depositar la fe en el Hijo de Dios traslada al creyente a la condición de hijo. Es una expresión semejante a *recibir a Cristo*. El mundo no le reconoció y no le recibió, los creyentes le *conocen, reconocen y reciben*. Es importante entender que el que cree llega a ser hijo de Dios en el instante mismo del ejercicio de la fe, donde la vida eterna, procedente de Dios mismo, viene a ser la experiencia de vida del salvo. Jesús promete dar vida eterna a cuantos crean en Él (3:16), esta vida es necesaria para llegar a la verdadera condición de hijo de Dios, de ahí que cuando el hombre deposita la fe en Cristo se produce la regeneración por la acción del Espíritu Santo que une vitalmente al creyente con el Salvador, de modo que la vida de Dios, vida eterna, en lo que puede ser comunicable al hombre, Su naturaleza, ya que las perfecciones de la esencia son incomunicables, se hace realidad en el creyente por identificación con el único Mediador entre Dios y los hombres que es el Hijo mismo, por el que fluye la vida divina y se comunica al salvo. Esa es la razón por la que el apóstol Pedro dice que el creyente ha venido a ser participante, esto es comunicante, en la divina naturaleza (2 P. 1:4).

13. Los cuales no son engendrados de sangre, ni de voluntad de carne, ni de voluntad de varón, sino de Dios.

οἳ	οὐκ	ἐξ	αἱμάτων	οὐδὲ	ἐκ	θελήματος	σαρκὸς	οὐδὲ	ἐκ
Los cuales	no	de	sangre	ni	de	voluntad	de carne,	ni	de

θελήματος	ἀνδρὸς	ἀλλ'	ἐκ	Θεοῦ	ἐγεννήθησαν.
voluntad	de varón	sino	de	Dios	nacieron.

Notas y análisis del texto griego.

Concluyendo el párrafo, dice: οἳ, caso nominativo masculino plural del pronombre relativo *los que, los cuales*; οὐκ, forma escrita del adverbio de negación *no*, con el grafismo propio ante una vocal con espíritu suave o una enclítica; ἐξ, forma escrita que adopta la preposición de genitivo ἐκ, delante de vocal y que significa *de*; αἱμάτων, caso genitivo neutro plural del nombre común *sangre*; οὐδὲ, conjunción copulativa *ni*; ἐκ, preposición propia de genitivo *de*; θελήματος, caso genitivo femenino singular del nombre común voluntad; σαρκὸς, caso genitivo femenino singular del nombre común declinado *de carne*; οὐδὲ, conjunción copulativa *ni*; ἐκ, preposición propia de genitivo *de*; θελήματος, caso genitivo femenino singular del nombre común voluntad; ἀνδρὸς, caso genitivo masculino singular del nombre común *hombre, varón*; ἀλλ', forma escrita ante vocal de la conjunción adversativa ἀλλά que significa *pero, sino*; ἐκ, preposición propia de genitivo *de*; Θεοῦ, caso genitivo masculino singular del nombre divino *Dios*; ἐγεννήθησαν, tercera persona plural del aoristo primero de indicativo en voz pasiva del verbo γίνομαι, *llegar a ser, empezar a existir, hacerse, ser hecho, nacer*, aquí como *nacieron*.

οἳ οὐκ ἐξ αἱμάτων οὐδὲ ἐκ θελήματος σαρκὸς οὐδὲ ἐκ θελήματος ἀνδρὸς. Es importante la lectura en plural que habla del nacimiento de muchos, no de uno sólo, esto es de los que creen y que por haber creído son hechos *hijos de Dios*. Esta referencia aquí introduce un tema que será tratado con amplitud en la conversación con Nicodemo (cap. 3). Se lee en singular en tan sólo el *codex veronense* del s. IV o V, pero incluso los papiros P^{66} y P^{75} confirman la lectura en plural. La lectura en singular sería aplicable a Cristo y a su nacimiento virginal, pero no es el tema del párrafo. Además el texto debe concordar con el contexto próximo en el que se está hablando de *cuantos le recibieron* (v. 12). Los creyentes no vienen a serlo por un nacimiento generado por el hombre, ya que ni la sangre, ni la carne, ni la voluntad del hombre hacen posible el *nuevo nacimiento*.

Juan enseña que los hijos de Dios, a quienes el Padre les ha dado la autoridad o facultad de serlo por creer en Cristo, no deben su origen a *sangre*, forma expresiva semítica para referirse a ascendencia física, y en general a lo que tiene que ver con la naturaleza propia del hombre. Tampoco vienen de la voluntad de *carne*, en alusión al deseo de relación íntima del hombre y de la mujer; insiste que tampoco nacen de nuevo por *voluntad de varón*, el instinto procreativo del hombre o de la mujer, aunque en tiempos de Juan se consideraba que el hombre era el que actuaba para la procreación mientras que la mujer era el recipiente en el que se colocaba por el hombre la semilla procreadora. Lo que Juan quiere decir aquí es que los creyentes no deben su nacimiento por causas físicas o biológicas.

ἀλλ' ἐκ Θεοῦ ἐγεννήθησαν. Sino que nacen de Dios. Juan hace notar que el nuevo nacimiento es exclusivamente divino, en el cual el hombre ni hace algo, ni puede hacerlo, tan solo responder con fe creyendo en Cristo. Con todo debe entenderse también que la fe, como la gracia y cualquier elemento necesario en la salvación proceden de Dios y son dados por Él (Ef. 2:8-9). El énfasis de Juan es evidente: *no por sangre, no por impulso de la carne, no por deseo de varón*. La

Biblia enseña continuamente que la salvación y con ella el nuevo nacimiento es de Dios (cf. Sal. 3:8; Jon. 2:9). El nuevo nacimiento será considerado más adelante en el comentario al capítulo tres.

Deidad del Verbo encarnado (1:14-18).

14. Y aquel Verbo fue hecho carne, y habitó entre nosotros (y vimos su gloria, gloria como del unigénito del Padre), lleno de gracia y de verdad.

Καὶ ὁ λόγος σὰρξ ἐγένετο καὶ ἐσκήνωσεν ἐν ἡμῖν, καὶ
Y el Verbo carne se hizo y puso tienda entre nosotros y
ἐθεασάμεθα τὴν δόξαν αὐτοῦ, δόξαν ὡς μονογενοῦς παρὰ
vimos la gloria de Él, gloria como de unigénito de
πατρός, πλήρης χάριτος καὶ ἀληθείας.
Padre, lleno de gracia y de verdad.

Notas y análisis del texto griego.

Refiriéndose a la encarnación del Verbo, dice: Καὶ, conjunción copulativa *y*; ὁ, caso nominativo masculino singular del artículo determinado *el*; λόγος, caso nominativo masculino singular del nombre divino *Verbo*; σὰρξ, caso nominativo femenino singular del nombre común *carne*; ἐγένετο, tercera persona singular del aoristo segundo de indicativo en voz media del verbo γίνομαι, *llegar a ser, comenzar a existir, hacerse*, aquí *se hizo*; καὶ, conjunción copulativa *y*; ἐσκήνωσεν, tercera persona singular del aoristo primero de indicativo en voz activa del verbo σκηνόω, *habitar, vivir, poner tienda, fijar tabernáculo*, aquí *fijó tabernáculo, puso tienda*; ἐν, preposición propia de dativo *en, entre*; ἡμῖν, caso dativo de la primera persona plural del pronombre personal *nosotros*; καὶ, conjunción copulativa *y*; ἐθεασάμεθα, primera persona plural del aoristo primero de indicativo en voz media del verbo θεάομαι, *mirar, ver, observar*, aquí *vimos*; τὴν, caso acusativo femenino singular del artículo determinado *la*; δόξαν, caso acusativo femenino singular del nombre común *gloria*; αὐτοῦ, caso genitivo masculino de la tercera persona singular del pronombre personal declinado *de él*; δόξαν, caso acusativo femenino singular del nombre común *gloria*; ὡς, adverbio de modo, *como*, que hace las veces de conjunción comparativa; μονογενοῦς, caso genitivo masculino singular del adjetivo declinado *de unigénito*; παρὰ, preposición propia de genitivo *de*; πατρός, caso genitivo masculino singular del nombre divino declinado *de Padre*; πλήρης, caso nominativo masculino singular del adjetivo *lleno, completo*; χάριτος, caso genitivo femenino singular del nombre común declinado *de gracia*; καὶ, conjunción copulativa *y*; ἀληθείας, caso genitivo femenino singular del nombre común declinado *de verdad*.

Καὶ ὁ λόγος σὰρξ ἐγένετο. Mientras los sinópticos de Mateo y Lucas dedican un espacio para hablar de la *encarnación* del Hijo de Dios, Juan utiliza un solo texto para ese mismo tema, enfocándolo desde la dimensión de eternidad del Verbo para introducirlo en el de la humanidad con que se manifiesta en la tierra. Esto introduce una nueva sección del prólogo que queda vinculada a la anterior mediante el uso de la conjunción copulativa καὶ, *y*. El Verbo se ha presentado como Dios (v. 1), la expresión de Juan es la más sucinta y a la vez la más completa de la tremenda paradoja de Jesús. Esta es la primera proposición del versículo. De una forma muy expresa Juan dice que *el Verbo fue hecho carne*. El aoristo ἐγένετο, *se hizo*, a causa del sujeto que es el Verbo, representa un desafío en cuanto a traducción. No puede significar *llego a ser*, pues el Verbo sigue siendo indefectiblemente el Verbo. Pero puede y debe entenderse como el proceso por el cual el Verbo entró en la historia humana, como hombre. Juan utiliza el término σὰρξ, *carne*, en la misma acepción que *hombre*, designando, en contraste con la omnipotencia y eternidad del Verbo, la debilidad y temporalidad de la criatura, resaltando su parte frágil (Is. 40:5; Mt. 24:22; Lc. 3:6; Jn. 17:2). El contraste de eternidad y temporalidad, entre Dios y el hombre, está continuamente presente en la Escritura, a modo de ejemplo en las palabras del profeta: *"Voz que decía: Da voces. Y yo respondí: ¿Qué tengo que decir a voces? Que toda carne es hierba, y toda su gloria como flor del campo. La hierba se seca, y la flor se marchita, porque el viento de Jehová sopló en ella; ciertamente como hierba es el pueblo. Sécase la hierba, marchítase la flor; mas la palabra del Dios nuestro permanece para siempre"* (Is. 40:6-8). Estos dos extremos infinitamente distantes y antitéticos se unen en la encarnación. De otro modo, el mismo que existe *ab eterno*, comienza una existencia novedosa como hombre. El Creador se hace también criatura. No se trata de que el Verbo se convirtió en hombre, sino que *se hizo* hombre, sin dejar de ser el mismo Verbo eterno.

La encarnación tanto en cuanto a acto como en cuanto a estado, es el resultado del envío del Verbo desde el seno del Padre, para hacer posible lo que se enseña antes (v. 12), hacer a los hombres que creen partícipes de su filiación y salvarlos de la condenación y, por tanto, de la situación de muerte en que se encuentran por el pecado. Juan habla aquí del acontecimiento por el cual el Verbo comenzó a existir en la carne, de otro modo, como Pablo dice deviene de la *forma de Dios*, a la *forma de hombre* (Fil. 2:6-8). La filiación no es posible sin redención (Gá. 4:4), y la redención no es posible sin la entrega de la vida, cosa imposible en la deidad, pero realizable en el plano de la humanidad. La encarnación del Verbo trae aparejado el componente de *humillación*.

Dios no se humilla al hacerse hombre, simplemente se limita, asumiendo la condición de la criatura, pero se humilla al hacerse *siervo, esclavo* en la más absoluta dimensión de la palabra, haciéndose obediente hasta la muerte y muerte de Cruz (Fil. 2:7-8). La encarnación hace a Dios compartir naturaleza con el hombre y hacerse solidario por medio de ella del destino humano, en su aspecto de forma de esclavo, sometido a todas sus limitaciones, experiencias, tentaciones y angustias. Él se convierte en ciudadano del mundo, miembro de una determinada nación, heredero de una familia y vinculado a ella (Ro. 1:1-4). Por otro lado, el pecado del mundo es puesto sobre Él y se le demanda la responsabilidad penal del mismo haciéndolo, en su condición de hombre, sacrificio expiatorio por el pecado (2 Co. 5:21). No podría expresar a los hombres el mensaje del amor sin hacerse hombre, para que por su pobreza el hombre pueda ser enriquecido (2 Co. 8:9). Retirar la maldición de la muerte requería ser hecho maldición, sólo posible desde su naturaleza humana (Gá. 3:13). El texto central de la encarnación es precisamente este que se considera: *"Y el Verbo fue hecho carne"*. Este eterno Verbo que estaba junto a Dios (v. 1), Creador de todas las cosas (v. 3), acompaña a los hombres sumidos en tinieblas para hacerse luz en su mundo y en su interior (vv. 4, 5, 9). Se hace hombre pero no depone su ser divino, por lo que puede darnos vida, la vida de Dios e introducirnos en su comunión de Hijo con el Padre (1 Jn. 1:1-4). No se trata de una mera apariencia por la que Dios el Verbo se presenta de otra forma ante los hombres, sino una verdadera inserción de Dios entre los hombres por medio de la encarnación y nacimiento virginal de María. La encarnación exige el nacimiento de mujer, bajo el área supervisada de la ley (Gá. 4:4). Alguien podría preguntarse porque razón usa la vía de la encarnación, ninguna razón ni bíblica ni humana responde a esto, simplemente hemos de entender que la encarnación y el nacimiento fue la forma elegida por Dios para hacerse hombre (Mt. 1:18-25; Lc. 1:26-38). *"El verbo fue hecho carne"*, se trata del inicio de una nueva experiencia de vida pero en modo alguno se trata del comienzo absoluto del Verbo, que por ser Dios no tiene principio ni fin. La condición divina de Jesús no se inicia en el nacimiento, sino que como Juan enseña en lo que antecede tiene una preexistencia eterna.

El hecho de la encarnación establece también una diferenciación radical entre el judaísmo y el cristianismo, porque en ella se manifiesta la donación de Dios en la Persona del Verbo, razón de ser de la salvación y con ello razón fundamental del cristianismo como una comunidad de salvos que constituyen un cuerpo en Cristo. El término *encarnación* es sinónimo de *humanización*. No es solo que el Verbo tome cuerpo humano, sino que se hace hombre incluyendo en ello toda la parte espiritual propia del ser humano. La encarnación parte del envío del Verbo que se hace presente en el seno de María, por lo que la concepción parte del Padre como iniciador. Pero el Verbo es el sujeto realizador de la acción por ser la Persona Divina que se encarna, y los hombres como los destinatarios de los efectos que siguen a ella. De la unión del Verbo con la naturaleza humana, creada y asumida en el mismo acto, resulta el hombre Jesús. Desde ahí la humanidad subsistente en la Persona Divina del Verbo, es ya para siempre la humanidad de Dios el Hijo.

Hablar de encarnación no es hablar de la autodivinización del hombre que por sí mismo llegó a ser Dios, sino que es referirse al acto de libertad en que el Verbo en la unidad del Padre y del Espíritu toma la decisión de proyectarse fuera de sí mismo vinculándose con una naturaleza humana que es subsistente hipostáticamente en su eterna Persona Divina. Por esa acción surge una realidad nueva por medio de la cual el Verbo se exterioriza a sí mismo. Desde la perspectiva divina la encarnación es una auto-donación de Dios al hombre. La acción se produce desde la omnipotencia divina, que es el principio activo de la encarnación, mientras que la humanidad del Verbo es el final receptor de la acción del principio activo de Dios.

Ahora bien, Juan habla de Verbo, principio de todo, poseedor y comunicador de la vida, y pasa a presentarlo como hombre a consecuencia de la encarnación. Pero este hombre Jesús, el Verbo encarnado, es la expresión visible de la vida trinitaria de Dios en una criatura y la incardinación de la creatura en Dios. El Ser Divino en la Persona del Hijo, con la acción generadora de la humanidad por obra del Espíritu Santo, se inserta en la historia humana, ofreciendo vida al hombre y atrayéndolo hacia Él mismo haciéndolo regresar al centro originario y al lugar donde alcanza toda la plenitud. La creatura se vincula al Creador al ser acogida en una hipóstasis personal, de forma que persistiendo la diferencia de naturalezas, crece hasta el límite posible la unión entre el Creador y la creatura. En esto se proyecta la salvación que consiste en que Dios otorga la vida eterna, su propia vida y nos asume en su paternidad haciéndonos sus hijos, es decir, el Hijo se hace hombre, y los hombres que responden por fe al llamamiento de Dios se hacen hijos en el Hijo.

El sujeto de la encarnación es el Verbo, porque es lo que corresponde a su esencia y lugar en el Seno Trinitario. Dios no hace nada en la historia que no sea de conformidad y como proyección de su propio Ser Trinitario. El lugar del Verbo en la Trinidad explica la encarnación que nos deja vislumbrar Su naturaleza trinitaria. En la encarnación se prolonga a la creatura la realidad y relación eterna del Hijo. No es, pues, otra cosa que el decirse a sí mismo como Verbo eterno expresión exhaustiva de Dios, al *salirse de si mismo* en una exteriorización reveladora, que comporta en ella la operación de salvación como el *decir supremo* del amor de Dios por la creatura. Sólo en la encarnación y por el resultado de ella el inmutable Dios que no puede *padecer*, puede *compadecerse* del hombre y experimentar los quebrantos de la creatura sin menoscabo de su Deidad. En Cristo conocemos al *Dios humilde* y al *Dios humillado*, inalcanzable misterio para la mente humana, finita, condicionada, y limitada.

La encarnación por medio de cuyo hecho el Verbo toma una naturaleza humana y se hace *carne*, esto es, *hombre*. No puede considerarse sólo como un hecho puntual en el cual se inicia el proceso de gestación que termina en el alumbramiento. El hombre en su dimensión plena comienza por la encarnación pero se realiza como hombre en el decurso de su existencia de vida, es hombre porque puede experimentar todo cuanto le es propio al hombre, y de ahí que vaya sabiendo de humanidad en el transcurso de su vida. Así ocurre también con el Verbo encarnado, va sabiendo de humanidad en la medida en que va siendo hombre con todas sus experiencias. De este modo puede decirse que la encarnación comienza en el seno de María y concluye en la Cruz con la muerte como hombre, continuando con el tiempo en el sepulcro y proyectándose definitivamente en la glorificación.

Finalmente en este extenso párrafo es necesario hacer destacar que la encarnación de Cristo es una acción kenótica, es decir de descenso y de entrega. Esa verdad está en la mente de Juan, cuando dice que el *Verbo se hizo carne*, pero también está en la de Pablo cuando habla del descenso del Hijo de Dios (Fil. 2:6-8). Esta humillación a la que precede la limitación, no significa deposición del ser, del poder o del conocer divinos en una especie de auto-aniquilación, sino una adecuación de ellos a las condiciones de la existencia finita del hombre, que le hace posible vivir las limitaciones de éste y padecer las violencias que el hombre histórico vive. El infinito supremo de Dios tiene capacidad para *ser menos*, de modo que pueda compadecerse de la situación humana. En la Cruz, el Verbo y con Él el Padre y el Espíritu se adentran en la dimensión de soledad de la Cruz, para introducir el principio de vida donde el pecado y la muerte que destruyen, quedan impotentes por la dotación de vida eterna a todo aquel que cree. La entrada de uno de la Trinidad en la experiencia de la muerte, seguida luego de la victoriosa y gloriosa resurrección se convierte en esperanza segura para el hombre. En la muerte de Cristo, Dios se manifiesta como el Amor que vence sobre el mal, como acogedor del hombre en la forma mas definitiva que es el perdón. La presencia de Dios en la Cruz es la expresión de la infinita sabiduría divina para salvación, que se convierte en locura para quienes no tienen interés en la obra divina y rechazan la luz porque aman las tinieblas (1 Co. 1:18). En la encarnación Dios llora y sufre con los hombres. Las lágrimas de Jesús en Getsemaní, son la expresión del sufrimiento divino en solidaridad suprema con el hombre por el que ha de asumir la responsabilidad de sus delitos y extinguir con la muerte la penalidad del pecado (He. 5:7). Esta manifestación de la kénosis divina no es en modo alguno la encarnación degradadora de Dios, sino la manera definitiva de expresión de lo que Él es, siente y hace por los hombres, de otro modo, es la auto-manifestación de Dios con hechos definitivamente humanos. Dios tiene que mostrar lo que realmente es en identificación con la creatura en la humildad suprema, en la pobreza, en el amor, y el dejar de valerse a sí mismo para dar la vida en una entrega única y singular. De manera que la pobreza y la sustitución son la expresión visible de Dios entre los hombres.

καὶ ἐσκήνωσεν ἐν ἡμῖν, Este es otro asombroso hecho resultante de la encarnación: Dios se hace habitante del mundo. El verbo que utiliza Juan σκηνόω, tiene múltiples equivalencias como *habitar, vivir, poner tienda, fijar tabernáculo*. Todas ellas tienen relación con el establecimiento de una residencia permanente. El término expresa la idea de poner una tienda donde residir, un tabernáculo en donde morar. Tendríamos que inventar un verbo para establecer una relación con la palabra griega que, en este caso, sería algo así como *tabernaculear*. El Verbo tomó una residencia humana, se hizo hombre, y plantó esa tienda entre los hombres. ¿Por qué era eso necesario? En los párrafos anteriores se consideraron diversos aspectos de la encarnación en sí, ahora Juan nos introduce en la visión humana del Dios encarnado. No se trataba de una deposición de la deidad, ya que en su condición de hombre, comienza una existencia Divino-humana, en la que la naturaleza divina permanece inalterable puesto que no se trata de un dios rebajado, sino del único Dios verdadero que se hace visible a los hombres no desde la inmensidad e infinitud que le son propias, sino desde la humildad de la criatura. Sin embargo, en esa naturaleza humana, en el hombre Jesús de Nazaret, habita corporalmente toda la plenitud de la deidad (Col. 2:9). La plenitud divina cubierta por el traje de trabajo que es su humanidad. Sin embargo, en un momento de su ministerio, en presencia de tres de sus discípulos, descorrió un poco el cierre de este traje de trabajo y bajo Él resplandeció gloriosa la grandeza de su Deidad (Mt. 17:2).

Sorprende la frase de Juan; *"habitó entre nosotros"*, se rozó con nosotros, estuvo con nosotros, comió y bebió con los hombres, hasta tal punto que el escritor dirá en otro de sus escritos: *"... lo que hemos oído, lo que hemos visto con nuestros ojos, lo que hemos contemplado, y palparon nuestras manos tocante el Verbo de vida"* (1 Jn. 1:1). No se trata de otro, sino del Verbo de vida, en su visita a la tierra, en su manifestación como hombre entre los hombres.

En el desierto por donde transitó Israel, se levantó el *Tabernáculo*, una tienda, sin duda mayor y más gloriosa que la del resto del pueblo, en la que Dios *moraba*, haciéndose presente con los hombres. Pero, Su presencia estaba rodeada de la gloria de Su majestad, que mantenía necesariamente lejos al pueblo. Ninguno podía acceder al Lugar Santísimo, donde en la figura del Arca, Dios manifestaba su presencia. Aquel era lugar reservado sólo para el sumo sacerdote que había de entrar portando una porción de la sangre del sacrificio de expiación. Todos podían mirar al Tabernáculo y saber que Dios moraba con su pueblo. La inauguración de esa casa estuvo relacionada con la gloria de Dios, que descendiendo del cielo llenó aquella tienda, la casa de Él entre su pueblo (Ex. 40:34, 35). La gloria de Dios excluía de su presencia al hombre pecador. *Yahwe* habitaba en el Tabernáculo (Ex. 29:43-46; Lev. 26:11-12; Sal. 78:60). Mas tarde lo haría en el templo que Salomón edificó a Su nombre (2 Cr. 6:41; 7:1-3). Los profetas proyectan una dimensión escatológica de la presencia de Dios con su pueblo (Ez. 37:28; Zac. 2:5). Pero, el mismo santuario de Dios, se levanta por la encarnación en la persona de Jesús, en quien la gloria de Dios se manifiesta, no para alejar al pecador, sino para llamarlo y atraerlo a Él mismo. No viene para distanciar al hombre, sino que lo hace para buscar y salvar lo que se había perdido (Lc. 19:10). La creatura podía material y literalmente rozarse con Dios y no ser muerto. Podía verter ungüento sobre sus pies; adorarle en la proximidad; pedir el beneficio de su misericordia; sentarse al lado de Dios, mientras Él participaba en la comida y en la bebida del hombre. Juan habla aquí de la presencia real del Verbo encarnado, cumpliendo así la profecía que le nombra como Emanuel, *Dios con nosotros*, (Is. 7:14). Israel sabía que Dios habitaba en medio de ellos, porque habían visto Su gloria. Así lo tratará Juan en el párrafo siguiente.

καὶ ἐθεασάμεθα τὴν δόξαν αὐτοῦ, Como realidad de la presencia del Verbo encarnado entre los hombres, estos pudieron ver Su gloria. La forma verbal ἐθεασάμεθα, como aoristo del verbo θεάομαι, expresa la idea de una observación puntual y pormenorizada que verifica las realidades de aquello que se observa y que establece un resultado definitivo. En la Biblia el término δόξαν, *gloria*, expresa mayoritariamente la manifestación visible que acompaña una teofanía (cf. Ex. 33:22; Dt. 5:22-24; 1 R. 8:11). El ejemplo más claro de la gloria *proléptica* de Jesús es la transfiguración, en la cual, la gloria propia de su Deidad se hizo visible ante los tres discípulos que estaban allí presentes. La gloria se manifestó en Jesús por medio de sus milagros, que ponían de manifiesto la omnipotencia divina, a esta gloria se refiere también Juan (2:11; 11:4, 40). La gloria expresada en Cristo no es temporal, sino eterna, es decir, estuvo siempre presente en el Verbo antes de la encarnación y nacimiento. A esta gloria, oculta por el velo de la humanidad, se refiere Jesús en la oración al Padre, cuando le pide recuperar la gloria que tuvo con Él antes de que el mundo fuese (17:5, 24). Sin embargo Cristo no estuvo buscando gloria para Sí mismo, sino que, como enviado del Padre en su condición de siervo, busco siempre la gloria de Aquel que le envió (5:41; 7:18; 8:50). Por tanto, la gloria de Jesús depende absolutamente de su relación con Dios y de la obediencia incondicional al que le ha enviado a la misión que le fue dada. Juntamente con δόξαν, *gloria*, está también el verbo δοξάζω, *glorificar, honrar, alabar*, que en relación con Cristo se manifiesta como consecuencia de la obra de redención que realiza (7:39; 12:16, 23; 13:31 s.). Este sentido aclarará el concepto de lo que para Juan supuso la grandeza de la gloria de Jesús, considerada en la última frase del versículo. El profeta habló de la poca importancia que el Mesías tendría cuando viniese al mundo: *"no hay parecer en él, ni hermosura; le veremos, mas sin atractivo para que le deseemos"* (Is. 53:2). Para los hombres la gloria de Jesús fue transitoria y poco reveladora, ya que entendían que Él era un hombre como otro de los grandes hombres; para los apóstoles era el Cristo, el Hijo del Dios viviente (Mt. 16:13-14).

δόξαν ὡς μονογενοῦς παρὰ πατρός, La gloria de Jesús era la que correspondía al *Unigénito del Padre*. Ambas naturalezas están presentes en perfecto equilibrio en el versículo. Por un lado la humana, descrita con la precisión de las palabras consideradas ya: *El Verbo fue hecho carne*. Aquí entra la naturaleza divina, comparada con la gloriosa manifestación propia de quien es el *Unigénito* del Padre.

El término griego μονογενής, traducido como *unigénito*, aparece varias veces en el *Evangelio* (1:14, 18; 3:16, 18) y también en la epístola de Juan (1 Jn. 4:9). El sentido de esta palabra es literalmente *el único de esta clase*, que al emplearla en relación con el Padre y el Verbo indica algo definitivo en la relación paterno-filial, que solo existe un Hijo y que es único también por su propia condición. En el primer versículo del *Evangelio*, donde se lee que el Verbo era παρὰ πατρός, *con Dios*, manifestaba que no solo era Hijo del Padre, sino que procede de Él en su existencia personal, pero nunca independiente, puesto que la generación del Hijo no es transeúnte sino inmanente.

Juan expresa en la frase que la gloria que se descubre en Jesús, como Verbo encarnado, es la que corresponde a quien es *Unigénito* del Padre, de otro modo es la que corresponde a quien viene del Padre. La idea es que la gloria procede del Padre como enseña Juan, que así lo hace notar (5:44; 17:22, 24). Sin embargo del *Unigénito* se dice que ha salido del Padre (3:15-17; 1 Jn. 4:9), y que también está en el Padre (v. 18). En este sentido de descenso y venida no se puede referir a la generación eterna sino a la misión temporal, el punto de partida de la obra encomendada al Verbo encarnado. Sin embargo, en el versículo la aparición del término *Unigénito*, se expresa con la preposición εκ, (1 Jn. 2:29; 3:9; 4:7; 5:1, 4, 18), que condiciona la existencia del Verbo como procedente o salido del Padre. La filiación de Cristo, como Hijo de Dios, es radicalmente distinta a la nuestra, de ahí que Jesús nunca se coloca en el mismo plano de los demás en esta relación (20:17). El Verbo *Unigénito*, lo es por filiación eterna. A Jesús, como hombre, le corresponde el título de Hijo de Dios en sentido propio por filiación eterna. Además si el *Unigénito* manifiesta la gloria de Dios en Él, quiere decir que da la medida exhaustiva de esa gloria, que al ser manifestada por el *Unigénito* es independiente de la encarnación. Como *Unigénito* viene al mundo de los hombres para por su obra hacerlos hijos de Dios a quienes creen y constituirse para ellos en esa nueva relación como *Primogénito entre muchos hermanos* (Ro. 8:29). Es de este modo que se entiende el *envío*, ya que como *Unigénito* viene del Padre al mundo porque es *Unigénito* en el seno del Padre (v. 18); de manera que Dios entrega a quien es el único de esa condición con Él (3:16); lo envía al mundo (1 Jn. 4:9); por tanto la gloria suya no es temporal sino eterna, la tiene desde antes de la creación (17:5). A Dios que envía se le llama *Padre* (5:36-37; 6:44), y al que es enviado *Hijo* (3:16 s.; 5:23; 1 Jn. 4:9 s., 14), así que como Verbo y vida que estaban en el Padre (1:1; 1 Jn. 1:2), se han dejado ver en el Hijo (1 Jn. 3:8).

Cuando se habla del *Unigénito* y de su eterna generación, debe tenerse claro el concepto bíblico-teológico de esa relación en el Ser Divino, o como técnicamente se dice la relación *ad intra*. El Padre es *principio sin principio*, de modo que Él da por comunicación de vida, la razón de vida personal de cada una de las otras dos Personas Divinas. Por esa razón Juan habla de que el Padre envía al Hijo (3:16), esto quiere decir que el envío *ad extra* es la prolongación de la *procesión ad intra*. El hecho de que el Padre nunca se dice que es enviado, hace notar que Él no *procede* de ninguna otra de las Personas Divinas. El Padre es *Padre* en toda la extensión e intensidad de su Ser personal, porque la razón personalizadora de la Primera Persona, constitutiva de su Ser, en cuanto Persona distinta da las otras dos, es que en el eterno presente de la Trinidad, sin cambio, ni sucesión, ni principio, ni fin, engendra un Hijo, comunicándole con ello todo cuanto el Padre *es y tiene* (16:15). El Padre comparte todo con el Hijo en virtud de esa eterna generación, salvo, claro está, el ser Padre, porque esto es lo que esencialmente le distingue como Persona. De modo que como el Hijo en cuanto a Persona es total y únicamente Hijo, como también es total y perfectamente Dios; así el Padre en cuanto Persona es total y únicamente Padre, como es también total y perfectamente Dios. De otro modo, el Padre, como progenitor único agota su función generadora en el Hijo, que es como persona la expresión individual de la generación del Padre. Por esa causa Dios el Padre tiene un Hijo que necesariamente es *Unigénito* (1:14, 18; 3:16, 18; 1 Jn. 4:9), porque si pudiese haber más de un Hijo en el Seno Trinitario, ninguno de ellos será resultado *exhaustivo* de la generación del Padre, de modo que ninguno sería infinito y, por tanto, ninguno sería Dios. Pero eso mismo afectaría a la condición de Padre, puesto que la generación sería un acto *limitado* dentro de Su seno. Por ser el acto generativo del Padre una comunicación total y una entrega absoluta e infinita al Hijo, el Padre se constituye Persona por una *relación* subsistente hacia otro, esto es, el Padre es Persona Divina por *su relación* con el Hijo. Pero en el proceso engendrador del Padre, no le da superioridad sobre el Hijo, tan solo el Padre debe su Ser personal al hecho de *engendrar* al Hijo. Del mismo modo el Hijo lo debe al hecho de ser *engendrado* por el Padre. No hay pues, como se ha considerado antes, ninguna dependencia, inferioridad ni subordinación en el seno de la Santísima Trinidad. Es también necesario entender que el concepto *Padre-Hijo* no es comparable con la relación paterno-filial humana, ya que el hijo humano es *efecto* de la procreación, es decir, el resultado del proceso *causa-efecto*, pero en Dios es diferente porque no existe este proceso sino el de *principio-fin*. En la relación de procreación humana ni el padre ni el hijo se constituyen personas por esa relación. Sin embargo sí ocurre de este modo en el Ser Divino. En la generación humana, el hijo sale de sus progenitores y comienza una existencia individual distinta a la de sus padres, que se mantiene y persiste independientemente de que ellos vivan o no, a esto se llama *generación transeúnte*. Pero la generación divina es *inmanente*, por cuanto el Padre está enteramente en el Hijo y el Hijo en el Padre, es decir, en el seno del Padre (1:18; 14:10). Esa es la causa por la que ambos, *Padre e Hijo* son eternos y el hecho de que este sea *engendrado,* no supone principio de existencia sino vinculación personal en el acto eterno de la generación del Padre. Juan llama aquí a Jesús el *Unigénito del Padre*. Como Logos hace visible en su humanidad la admirable gloria de la Deidad.

πλήρης χάριτος καὶ ἀληθείας. La siguiente expresión del versículo dice que los testigos presenciales de la Persona de Jesucristo, que vieron su gloria, también descubrieron en Él la *plenitud* de la *gracia y de la verdad*. Previo a esto señaló a Cristo como el *Unigénito* del Padre y un poco más distante como el Verbo eterno y como Dios (v. 1). Por tanto el adjetivo πλήρης, tiene el sentido de *lleno, completo* y se usa para expresar ese mismo concepto en relación con personas o cosas, por ejemplo cuando se dice que Esteban estaba lleno del Espíritu Santo (Hch. 7:55). Sin embargo, cuando se hace referencia a la *plenitud* del Verbo, se está haciendo alusión a la infinita dimensión de esa plenitud, de otro modo, no puede haber dimensión mayor que esta para entender de lo que está lleno que es de *gracia y de verdad*. Quiere decir que tanto la gloria, como la gracia y la verdad del Verbo han sido observados, contemplados, vistos, por aquellos que estaban con Él.

χάριτος. La primera observación de la gloria descubierta por Juan en Cristo tiene que ver con la plenitud *de gracia*. La esperanza de vida para el hombre, que se centra en el Verbo, tiene una proyección eminentemente soteriológica. Jesús viene para buscar y salvar lo que se había perdido (Lc. 19:10). Es verdad que la salvación requiere el proceso redentor en el cual el Verbo encarnado da su vida para resolver el problema del pecado y sus consecuencias. Luego, la encarnación está orientada a la muerte. La encarnación hace a Dios en Cristo semejante al hombre, que como tal es mortal, de ahí que Dios acompaña a su creatura hasta el límite, *muerte*, y *muerte de Cruz* (Fil. 2:8). Pero además, se orienta a la muerte puesto que en la muerte actúa el poder victorioso del pecado, introduciendo al hombre en la angustia, el miedo y la desesperación, en sentido de *sin esperanza*. La muerte del Verbo encarnado es la vía para la liberación de esa situación (He. 2:14-15).

Al no existir nada fuera de Dios que motive Sus decisiones o que condicione Su forma de obrar, por tanto, no queda sino buscar la explicación a ese proceder de Dios enviando al Verbo para que muera por los pecadores y abra para ellos la puerta de la luz y de la vida. Es más, no solo otorgará la luz al que crea, sino que hará mucho más, lo convertirá por Su presencia en él, en luz del mundo es decir comunicador de luz, antorcha que alumbra en las tinieblas (Fi. 2:15). Jesús dirá, según recoge Juan, *"yo soy la luz del mundo"* (8:12), pero también dijo de quienes creían en Él, *"vosotros sois la luz del mundo"*

(Mt. 5:14). El fin que Dios se propone es que el pecador que crea comparta con Él la vida eterna (3:14-21; 6:51). Cristo viene en misión restauradora de la comunión del hombre con Dios, interrumpida a causa del pecado. Para cumplir este propósito ha de restaurar antes lo que interrumpía la relación y hacía imposible la comunión. Para una obra semejante no podía Dios ni tan siquiera buscar algo mínimamente válido en el hombre que sirviera de estímulo o como razón causal de la entrega voluntaria de la vida del Verbo encarnado a la muerte. La única razón válida, según la Escritura, es el *amor*. Dicho de otro modo, el Verbo se ha encarnado porque Dios es amor, y Dios es amor porque el Verbo se ha encarnado. La Cruz está asentada en el amor, como el apóstol Juan dirá en otro de sus escritos: *"En esto consiste el amor: no en que nosotros hayamos amado a Dios, sino en que él nos amó a nosotros, y envió a su Hijo en propiciación por nuestros pecados"* (1 Jn. 4:10). Es necesario entender que Jesús no se vio impulsado a morir por nosotros por nuestra maldad, sino por Su amor sobrenatural.

Se suele definir la gracia como el favor inmerecido que se recibe de Dios. Sin embargo, aunque esto es una verdad, no expresa toda la dimensión de esa palabra. Realmente la gracia es un atributo de Dios, a quien se llama *Dios de toda gracia* (1 P. 5:10). La gracia es una de las manifestaciones de Su amor. Ese amor infinito descansa en dos grandes elementos, *la gracia* y la *misericordia*. Gracia es el amor en descenso; en el entorno de *gracia* hay descenso (cf. 1:14; 2 Co. 8:9). La gracia es el amor salvador de Dios (Ef. 2:8-9). No cabe duda que cuando Dios determinó salvar al hombre determinó como podría alcanzar la salvación, estableciendo que sería *por gracia mediante la fe*. Si la determinación salvadora se estableció antes de la creación (2 Ti. 1:9), la gracia tuvo que haber fluido en destino salvador en el momento de la determinación eterna de salvación. Ese fluir del amor divino orientado a la salvación es tan infinito como Él mismo. Sin embargo, la provisión para salvación se hacía antes de la creación del hombre y antes de que existiera pecador en el campo de la humanidad. Esa provisión de Dios en previsión salvadora, con una dimensión infinita sólo podía acogerse en lo que fuese infinito, que tenía necesariamente que ser Dios mismo. Así que el Verbo, Segunda Persona Divina, es el recipiente divino donde se acumula la gracia, que sería luego, en el transcurso del tiempo y de la historia del pecado, comunicada para salvación por el único Mediador entre Dios y los hombres que es Jesucristo hombre. Cuando el Verbo irrumpe en la historia humana y entra como hombre en el mundo de los hombres, con él viene también la infinita dimensión de la gracia (v. 17). Esa gracia se expresó visiblemente. Juan y los otros discípulos que estuvieron junto a Jesús durante su ministerio, afirman haberla *visto*. Lo que impactó a Juan de Jesús no fueron las manifestaciones de poder, sino la dimensión de Su gracia. Posiblemente esa percepción fue progresiva y culminó en la Cruz, donde Dios hace ondear la bandera de Su gracia enarbolándola sobre el lugar donde su Hijo, en expresión de gracia, amor en descenso, se anonada a Sí mismo y desciende por amor a las *partes más bajas de la tierra* (Ef. 4:9). El Salvador tenía de descender al lugar del más perdido de los hombres para hacer potencialmente salvable a todo hombre. El pecado había saturado al hombre y a la creación, haciéndose *sobreabundante*, pero cuando esto ocurrió *sobreabundó la gracia* (Ro. 5:20). La Cruz tuvo que haber sido el punto sin retorno en la experiencia de Juan para apreciar la cautivadora dimensión de la gracia. El soportar el juicio injurioso en casa del sumo sacerdote, el paso por el pretorio, los latigazos que desgarraron su espalda, la corona de espinas hincada en su cabeza, los atroces dolores de la crucifixión, el menosprecio y las burlas de que Jesús fue objeto, la soledad y desamparo de las horas de tinieblas, el grito de victoria del triunfo alcanzado con el *"consumado es"* (19:30), son elementos que componen en la mente y saturan el corazón de Juan, haciéndole entender, en la medida en que la creatura puede entender al Creador, la infinita dimensión de la gracia. Jesús no podía ser otra cosa que el *lleno de gracia*. El mensaje de salvación que Cristo encomendó proclamar al mundo en Su nombre, es la más grande expresión de gracia. Dios hizo una obra de valor infinito para la liberación perpetua del pecador condenado a muerte por su pecado, sin demandar de él más que una cosa: *fe en su nombre* (v. 12). Todavía más, el hombre puede *recibir* al autor de la vida. Esa es la suprema entrega de Dios. Se ofrece para ser recibido en la intimidad de la vida personal y hacerse vida en todos los que le reciban. Juan mira la Cruz en retrospectiva, la vida de Jesús en su pasado y terminantemente entiende que la razón de todo aquello no era otra que la gracia. La esperanza es cierta, para quienes estando sin Cristo, estaban sin Dios y sin esperanza (Ef. 2:12), porque ésta se sustancia no en promesas, posibilidades o probabilidades, sino en Cristo mismo que es *"en vosotros esperanza de gloria"* (Col. 1:27). Esa es la razón por la que el Verbo hecho carne, se aproxima al hombre, o mucho mejor se *aprojima*, se hace nuestro prójimo, compañero de camino, para hacerse para nosotros *camino, verdad y vida*.

καὶ ἀληθείας. La plenitud infinita de la gracia contenida en el Verbo encarnado, es compañera de *la verdad*. En el griego supone muchas veces aquello que corresponde a los hechos, esto es, lo que no es falso (cf. 5:33; 8:40, 44 ss.; 17:7). Pero aquí toma la dimensión de lo que es la revelación de Dios presentada y manifestada en Jesús (1:17; 8:32; 16:13; 17:17,19). El Verbo es la realidad definitiva de Dios entre los hombres. *Verdad* aquí tiene relación con *palabra, mandamiento, mensaje*, de otro modo, todo el mensaje divino de salvación que trae el Verbo encarnado, de cuya aceptación depende en el hombre la vida. La Palabra se encarna y fiel a su razón de ser, comunica a los hombres la única y absoluta verdad. Sólo Aquel que vive en el seno del Padre, puede revelar a Dios y su propósito de salvación (v. 18). Sin embargo, no puede separarse la *verdad* de la *fidelidad*. Dios es Verdad porque hace honor a lo que dice y cumple todo cuanto promete. En el génesis de la humanidad, cuando el pecado hizo mella mortal en el hombre, el Dios de gracia formuló promesa de salvación, o si se prefiere mejor, anunció la derrota definitiva y total del tentador, prometida en el tiempo histórico de los hombres determinado previamente por Él (Gn. 3:14-15). La noche del tiempo cubrió con sus sombras la promesa. Pasaron los siglos y para el hombre observador no tenía lugar el cumplimiento, pero, Dios es verdad y en el momento determinado por Él, es decir, *"cuando vino el cumplimiento del tiempo, Dios envió a su Hijo, nacido de mujer y nacido bajo la ley, para que redimiese a los que estaban bajo la ley, a fin de que recibiésemos la adopción de hijos"* (Gá. 4:4-5). Jesús dijo de sí mismo que era *"la verdad"* (14:6). Su venida al mundo estaba en estrecha relación con la verdad: *"Yo para esto he nacido, y para esto he venido al mundo, para dar testimonio a la verdad"* (18:37). Todo esto impacta a Juan y nos impacta a nosotros. El discípulo observa atentamente a Jesús y descubre que su gloria como del *Unigénito del Padre*, está saturada y se manifiesta haciendo visible en Él la gracia y la verdad infinita de Dios.

15. Juan dio testimonio de él, y clamó diciendo: Éste es de quien yo decía: El que viene después de mí, es antes de mí; porque era primero que yo.

Ἰωάννης μαρτυρεῖ περὶ αὐτοῦ καὶ κέκραγεν λέγων· οὗτος ἦν
Juan testifica acerca de Él y ha clamado diciendo: Éste era
ὃν εἶπον[1]· ὁ ὀπίσω μου ἐρχόμενος ἔμπροσθεν μου
el que dijo: el detras de mí que viene delante de mí
γέγονεν, ὅτι πρῶτος μου ἦν.
ha llegado a ser porque primero de mí era.

Notas y análisis del texto griego.

Volviendo nuevamente al testimonio de Juan el Bautista, escribe: Ἰωάννης, caso nominativo masculino singular del nombre propio *Juan*; μαρτυρεῖ, tercera persona singular del presente de indicativo en voz activa del verbo μαρτυρέω, *dar testimonio, ser testigo, testificar, declarar, aprobar*, aquí *testifica*; περὶ, preposición propia de genitivo *de, acerca de, entorno de*; αὐτοῦ, caso genitivo masculino de la tercera persona singular del pronombre personal *él*; καὶ, conjunción copulativa *y*; κέκραγεν, tercera persona singular del perfecto de indicativo en voz activa del verbo κράζω, *gritar, clamar*, aquí *ha clamado*; λέγων, caso nominativo masculino singular del participio de presente en voz activa del verbo λέγω, *hablar, decir*, aquí *diciendo*; οὗτος, caso nominativo masculino singular del pronombre demostrativo *éste*; ἦν, tercera persona singular del imprefecto de indicativo en voz activa del verbo εἰμί, *ser, estar*, aquí *era*; ὃν, caso acusativo masculino singular del pronombre relativo *el que*; εἶπον, primera persona singular del aoristo segundo de indicativo en voz activa del verbo εἴπον, verbo arcaico usado como tiempo aoristo de λέγω que expresa el sentido de *decir, hablar,* aquí *dijo, ha dicho*; ὁ, caso nominativo masculino singular del artículo determinado *el*; ὀπίσω, preposición propia de genitivo *detras de, después de*; μου, caso genitivo de la primera persona singular del pronombre personal *mí*; ἐρχόμενος, caso nominativo masculino singular del participio de presente en voz media del verbo ἔρχομαι, *llegar, venir, regresar, aparecer*, aquí *que viene*; ἔμπροσθεν, preposición propia de genitivo *delante de, en presencia de, por delante*; μου, caso genitivo de la primera persona singular del pronombre personal *mí*; γέγονεν, tercera persona singular del perfecto de indicativo en voz activa del verbo γίνομαι, *llegar a ser, empezar a existir, hacerse, ser hecho,* aquí *ha sido hecho*; ὅτι, conjunción causal *porque*; πρῶτος, caso nominativo masculino singular del adjetivo numeral ordinal *primero*; μου, caso genitivo de la primera persona singular del pronombre personal declinado *de mí*; ἦν, tercera persona singular del imperfecto de indicativo en voz activa del verbo εἰμί, *ser*, aquí *era*.

Crítica Textual. Lecturas alternativas.

1 Se lee con artículo en lugar de pronombre relativo, ὁ εἶπών, *el diciendo*, en א[1a], B*, C*, Orígenes.

2 Añade ὅς, *el que*, como se lee en א, W[s], c.

Ἰωάννης μαρτυρεῖ περὶ αὐτοῦ καὶ κέκραγεν λέγων· Nuevamente aparece la figura de Juan el Bautista, luego del paréntesis de los versículos anteriores, tomando el relato que se inició en los vv. 6-8, sigue con el testimonio de Juan. Del mismo modo se podría leer perfectamente el versículo dieciséis, detrás del catorce, pero utiliza el presente histórico μαρτυρεῖ, *testifica*, en lugar del pasado, que da una mayor viveza al relato. Igualmente se aprecia el uso del perfecto κέκραγεν, *ha clamado*, con significado de presente, en una forma típica del griego koiné. Es como si en el momento de escribir, la voz del Bautista resonase en el pensamiento de Juan como si se estuviese produciendo. El profeta había hablado de Jesús antes de su encuentro con él ante discípulos suyos señalándolo como el que quita el pecado del mundo (v. 29). El contexto histórico en que se manifiesta Jesús es, a todas luces, de Antiguo Testamento, destacándose la palabra profética acerca de Él.

Aunque los verbos están en presente y en perfecto, como se ha indicado en el párrafo anterior, ambos sirven para dar al testimonio de Juan un sentido de presente, haciendo notar que su mensaje como todo el del Antiguo Testamento tiene como objeto dar testimonio continuado de Cristo. Llama la atención también el uso del verbo κράζω, *clamar, gritar*, cuando dice que Juan *"clamó diciendo"*, para dar un mayor sentido de énfasis a las palabras del Bautista. Su mensaje era preciso para que todos lo entendiesen con claridad.

οὗτος ἦν ὃν εἶπον. Así ocurre también con la expresión *este era el que dijo*. Aunque hay una variante a la lectura, como se aprecia en la Crítica Textual del versículo, no afecta el sentido del versículo en el que el escritor está refiriéndose a lo que Juan dijo en su tiempo acerca de Jesús, de forma especial por la posición que dijo que ocupaba en relación con él, de modo que Jesús era superior en todo. Esto tiene una estrecha relación con el testimonio antecedente acerca del Verbo, que como luz vino al mundo y fue rechazado por los hombres, salvo por aquellos que habiendo creído en Él fueron hechos hijos por el nuevo nacimiento. Pero, ni el rechazo ni el nuevo nacimiento son el final de la relación histórica en la misión salvadora de Jesús. El Nuevo Testamento profundizará en la verdad del mensaje de Juan haciendo ver que Jesús, el rechazado y muerto, ha sido resucitado y volverá de nuevo con poder y gloria. Todo el acontecimiento histórico ofrece la dimensión visible de quien vino y fue visto por el escritor del *Evangelio*, lleno de gracia y de verdad, tema que se desarrolla en el resto del escrito.

ὁ ὀπίσω μου ἐρχόμενος ἔμπροσθεν μου γέγονεν, ὅτι πρῶτος μου ἦν. El testimonio de Juan es concreto. El Verbo encarnado, seguía a Juan, es decir, venía tras él como expresión temporal. Ese es el sentido que debe darse aquí a la preposición ὀπίσω, *detrás de*, o si se prefiere, *después*. Jesús viene *después* de Juan. Pero, sin embargo, a Éste que viene detrás, le corresponde un lugar de honor *delante* de él. Ese es el sentido que debe dársele aquí a la preposición ἔμπροσθεν, que en el Nuevo Testamento confiere a la frase el sentido de *dignidad, plenitud, excelencia*. Quien va delante es más que aquel que le sigue. Además el Verbo, que es Jesús de quien Juan testimonia, *es primero*, porque *ha llegado a serlo*, como lo expresa el modo verbal γέγονεν. El verbo tiene el sentido de comienzo de algo como *comenzar a existir*, por tanto, no puede referirse al Verbo pre-encarnado, cuya existencia es eterna y no comienza, pero sí se refiere a la encarnación del Verbo, cuya existencia en la experiencia de humanidad tuvo un principio en la concepción virginal. Pero, este que ha devenido a ser hombre sin dejar de ser Dios, es por esa condición divina ὅτι πρῶτος μου ἦν, *era primero* que Juan. Nuevamente se aprecia el uso del imperfecto *era*, que se ha estado usando antes para referirse a la deidad de Jesucristo, en una situación perdurable, esto es, era y sigue siendo antes de Juan. La preexistencia eterna está expresada con *era*, sinónimo de *existía*. Juan el apóstol y evangelista, conocía la existencia eterna de Jesús, que equivale y se confunde con *eternidad*. Juan tiene interés en que todos sepan que Jesús es supremo en toda la dimensión y antecede a todos en dignidad y gloria. Sobre esto escribe Hendriksen:

"Y sin embargo el que había venido detrás se había colocado delante: los derechos de antigüedad pertenecían no a Juan sino a Jesús (cf. Mr. 1:7). Su categoría en poder y gloria está muy por encima de la del Bautista. Éste dio la razón de ello en las palabras: '...es antes de mí': como Verbo de Dios existía desde la eternidad (compárese 1:1 con 1:6: el evangelista está de acuerdo con el Bautista)"[43].

16. Porque de su plenitud tomamos todos, y gracia sobre gracia.

ὅτι ἐκ τοῦ πληρώματος αὐτοῦ ἡμεῖς πάντες ἐλάβομεν καὶ
Porque de la plenitud de Él nosotros todos tomamos y
χάριν ἀντὶ χάριτος·
gracia sobre gracia.

Notas y análisis del texto griego.

Juan continúa con ὅτι, conjunción causal *porque*; ἐκ, preposición propia de genitivo *de*; τοῦ, caso genitivo neutro plural del artículo determinado *los*; πληρώματος, caso genitivo neutro plural del nombre común *plenitud*; αὐτοῦ, caso genitivo masculino de la tercera persona singular del pronombre personal declinado *de él*; ἡμεῖς, caso nominativo de la primera persona plural del pronombre personal *nosotros*; πάντες, caso nominativo masculino plural del adjetivo indefinido *todos*; ἐλάβομεν, primera persona plural del aoristo segundo de indicativo en voz activa del verbo λαμβάνω, *tomar, coger, agarrar, recibir*, aquí *tomamos*; καὶ, conjunción copulativa *y*; χάριν, caso acusativo femenino singular del nombre común *gracia*; ἀντὶ, preposición propia de genitivo *en vez de, por, a causa de*, idiomáticamente aquí mejor *sobre*; χάριτος, caso genitivo femenino singular del nombre común *gracia.*

Crítica Textual. Lecturas alternativas.

[43] G. Hendriksen. o.c., pág. 94.

[1] ὅτι, *porque*, según lectura en $\mathfrak{p}^{66}$, $\mathfrak{p}^{75}$, א, B, C, D, K, 33, 579, 844, 2211, it, co, Orígenes.

καὶ, *y*, como se lee en A, C^{3}, K, W^{s}, Γ, Δ, Θ, Ψ, $f^{1, 13}$ 565, 700, 892, 1241, 1424, 𝔐, lat, sir, bo^{bo}.

ὅτι ἐκ τοῦ πληρώματος αὐτοῦ. Juan recogió el testimonio del Bautista, haciendo notar que consideraba a Jesús como superior a él. Aquí el evangelista da la razón de esa posición, al decir que de *"su plenitud tomamos todos"*. La frase se introduce mediante la conjunción ὅτι, que en esta ocasión tiene un sentido abiertamente causal, introductorio de lo que sigue. La palabra πλήρωμα, sólo aparece aquí en todo el *Evangelio*, sin embargo está presente en otros muchos lugares del Nuevo Testamento (cf. Ef. 1:23; 3:19; 4:13; Col. 1:19; 2:9). Algunos consideran que la palabra es introducida en el contexto bíblico desde la que usaban los gnósticos, sin embargo, esto no deja de ser otra suposición de los *críticos*. Juan la usa porque no hay otra que pueda vincular lo que se toma el Verbo encarnado, a quien el apóstol ha visto *lleno* de gracia y de verdad. El término en general se usa para referirse, en un sentido pasivo, a la persona o cosa que está llena. En el uso bíblico tiene más extensión. Por un lado está el sentido meramente pasivo, el Verbo encarnado está *lleno* de gracia y de verdad, por tanto está lleno de *luz y de vida*, referido al espíritu vivificador que es Cristo (1 Co. 15:45). Pero la acepción pasiva se complementa con otra activa, ya que, porque Jesucristo *esta lleno*, también puede llenar. Esta es la razón de la segunda parte del versículo. Él es una plenitud desbordante. En Él habita corporalmente *"la plenitud de la deidad"* (Col. 2:9). La plenitud divina está en Cristo como corresponde a la Persona Divino-humana del Verbo eterno de Dios manifestado en carne. Juan presenta a Jesús como el *Logos*, la Palabra eterna, que expresa exhaustivamente al Padre. Sobre esa base se entiende que en Jesucristo habite corporalmente toda la plenitud de la Deidad. En contraste con el conocimiento progresivo de los gnósticos que avanzaba paso a paso hasta el *pleroma del conocimiento*, en Jesucristo existe infinita y totalmente la plenitud no del hombre ni de su ciencia, sino de Dios mismo. El hecho de ser Verbo nos conduce a entender mejor el texto del *Evangelio*, puesto que siéndolo, y siendo el revelador del Invisible (v. 18), no podría realizarlo a no ser que en Él habite corporalmente la plenitud de la Deidad. Jesucristo es Dios que se revela y por tanto tiene en Él la plenitud de aquello que va a revelar. El Señor Jesucristo manifiesta su procedencia eterna del Padre, de su esencia pero no de Su voluntad. De ahí que comparte vida, conciencia y potestad del Padre. Por eso la plenitud de la gloria de Dios, infinita y eterna, es también la misma plenitud y gloria de Jesús. Siendo Hijo de Dios, su filiación se produce por generación eterna en un compartir de la misma vida. No se trata de que la plenitud a la que Juan se refiere en el versículo se invistiera en un hombre nacido de mujer aunque fuese milagrosamente, sino que es Divino eternamente y se constituye hombre sin dejar de ser Dios, por tanto, en esa humanidad la plenitud potestativa y suprema de la Deidad persiste, se expresa y es definitivamente revelada por Él y en Él. La absoluta dimensión, la plenitud esencial del Ser Divino, está en Cristo. No hay nada de la esencia misma de Dios que no esté en Jesús. Los atributos incomunicables que manifiestan la *esencia* divina, están en Jesús y le son propios. No es la Deidad implantada en Él, sino que Él es Dios mismo manifestado en carne. Además esta plenitud hace que el Verbo encarnado, llene todas las cosas (Ef. 4:10). Jesús no es un hombre elevado o un Dios rebajado, sino el infinito y eterno Dios hecho hombre (1:14).

αὐτοῦ ἡμεῖς πάντες ἐλάβομεν. En un paso más Juan entra en la acepción ambivalente de que Cristo que está lleno tiene capacidad para llenar. Juan dice que *todos nosotros tomamos de Él*. ¿Cuál es el sentido de *nosotros*? Sigue la referencia a Juan el Bautista, o ya ha pasado a otro contexto. Si fuese el primero, como Juan es profeta, todos los profetas estarían tomando todo del Verbo, como revelador y comunicador del mensaje divino. Los profetas hablaron y escribieron siendo *impulsados*, que es el sentido de la palabra *inspirar*, por el Espíritu Santo (2 P. 1:21), pero el *testimonio de Jesús es el espíritu de la profecía* (Ap. 19:10). Pero, el contexto exige que este *nosotros*, se aplique a todos los creyentes, esto es, aquellos que *"le recibieron, a los que creen en Su nombre"* (v. 12). Esto concuerda con la enseñanza general del Nuevo Testamento que presenta a la Iglesia, conjunto de todos los creyentes, como la *plenitud de Cristo*, porque está llena de Él (Ef. 1:22-23). En ese sentido la Iglesia camina hacia *"la unidad de la fe y del conocimiento del Hijo de Dios, a un varón perfecto, a la medida de la estatura de la plenitud de Cristo"* (Ef. 4:13). En el contexto inmediato, esta plenitud se asienta en aquello de que el Señor está lleno: su gracia y su verdad. De esa plenitud podemos tomar todos en toda la dimensión que deseemos porque es inagotable, infinita, absoluta como la *plenitud de Dios*.

καὶ χάριν ἀντὶ χάριτος· Lo que tomamos es, según Juan, *"gracia sobre gracia"*. A simple vista pudiera parecer un tanto extraña esa expresión. La vida cristiana descansa, se realiza y alcanza toda su dimensión en la gracia. De modo que cuanta gracia sea necesaria en el proceso de la santificación, incluyendo también la glorificación, nos será dada sin medida limitadora alguna. *Gracia sobre gracia*, tiene que ver con multitud, con superabundancia de gracia. Pablo recuerda que la salvación comienza por la realización de la obra salvadora, en expresión infinita de la gracia, puesto que cuando *"el pecado abundó, sobreabundó la gracia"* (Ro. 5:20). Pero, la gracia que salva es la misma que santifica. La vida de santificación puede explicarse desde esta frase de Juan, como la experiencia cotidiana en la que cada cristiano tiene provisión de gracia para cualquier circunstancia en su correr diario. De otro modo, podría decirse que el versículo habla de una incontable sucesión de la gracia, es decir, que cada provisión de gracia da paso a otra nueva. Santiago habla de esa dimensión de gracia en la vida de santificación cuando dice que *"El da mayor gracia"* (Stg. 4:6). Está refiriéndose en el contexto del versículo a las pruebas en la vida cristiana. El decurso de la vida cristiana es también una sucesión de conflictos a causa de nuestra identificación con Jesús. El nos dijo que a causa de ello *"en el mundo tendréis aflicción"* (16:33). Pero también dijo que no estaríamos solos. En las circunstancias adversas, en las pruebas, en las tentaciones, en las angustias, en las aflicciones, en las lágrimas, en la soledad, en la cárcel o en la muerte, tenemos a nuestra disposición *la gracia* para tomar de ella cuanto necesitemos. Es abundante porque es la *plenitud de Cristo* de donde la tomamos, inagotable, infinita, total, *"gracia sobre gracia"*. Podemos seguir un paso más para descubrir que la abundancia de esa gracia es lo que hará posible la resurrección de los creyentes para que estemos para siempre con Jesús. Esa es la idea del apóstol Pedro: *"Por tanto, ceñid los lomos de vuestro entendimiento, sed sobrios, y esperad por completo en la gracia que se os traerá cuando Jesucristo sea manifestado"* (1 P. 1:13). La esperanza se sustancia en la gracia puesto que *"sabemos que cuando él se manifieste, seremos semejantes a él, porque le veremos tal como él es"* (1 Jn. 3:2).

17. Pues la ley por medio de Moisés fue dada, pero la gracia y la verdad vinieron por medio de Jesucristo.

ὅτι ὁ νόμος διὰ Μωϋσέως ἐδόθη, ἡ χάρις καὶ ἡ
Porque la ley por medio de Moisés fue dada, la gracia y la
ἀλήθεια διὰ Ἰησοῦ Χριστοῦ ἐγένετο.
verdad por medio de Jesucristo vinieron.

Notas y análisis del texto griego.

Sobre la procedencia de la ley y de la gracia, escribe ὅτι, conjución causal *porque*; ὁ, caso nominativo masculino singular del artículo determinado *el*; νόμος, caso nominativo masculino singular del nombre común *ley*; διὰ, preposición propia de genitivo *por medio de, por causa de, por, a través de*;

Μωϋσέως, caso genitivo masculino singular del nombre propio *Moisés*; ἐδόθη, tercera persona singular del aoristo primero de indicativo en voz pasiva del verbo δίδωμι, *conceder, permitir, entregar, dar, confiar*, aquí *fue dada*; ἡ, caso nominativo femenino singular del artículo determinado *la*; χάρις, caso nominativo femenino singular del nombre común *gracia*; καὶ, conjunción copulativa *y*; ἡ, caso nominativo femenino singular del artículo determinado *la*; ἀλήθεια, caso nominativo femenino singular del nombre común *verdad*; διὰ preposición propia de genitivo *por medio de, por causa de, por, a través de*; Ἰησοῦ, caso genitivo masculino singular del nombre propio *Jesús*; Χριστοῦ, caso genitivo masculino singular del nombre propio *Cristo*; ἐγένετο, tercera persona singular del segundo aoristo de indicativo en voz media del verbo γίνομαι, *llegar a ser, empezar a existir, hacerse, ser hecho, suceder, venir*, aquí *vinieron*.

ὅτι ὁ νόμος διὰ Μωϋσέως ἐδόθη, El *Unigénito* del Padre se caracteriza por su plenitud en gracia y en verdad. Asentando esta verdad se hace aquí un contraste con Moisés. Los judíos entendían que la Ley fue una manifestación de bondad divina, de otro modo, fue un don de Dios a Israel. La economía actual del verbo evoca la antigua dispensación en la que Dios da la Ley en el Sinaí (Ex. 33, 34). La ley divina fue promulgada por Dios y entregada a Moisés para que este, a su vez, la comunicara al pueblo. Moisés era ministro de Dios en relación con la Ley. Dios es el legislador que establece la Ley: *"Jehová en nuestro juez, Jehová es nuestro legislador"* (Is. 33:22). Santiago dice también que *"uno solo es el dador de la* ley, *que puede salvar y perder"* (Stg. 4:12). Siendo Dios uno, es el único legislador y el único juez. Dios es el autor de la Ley. Nadie más que Él tiene derecho, por ser Creador, de establecer las normas de conducta para sus criaturas. Pero, además de legislador es también el único juez con autoridad para juzgar y para ejecutar la sentencia, debido a que Su juicio no se establece por apariencias externas, sino que conoce el corazón del hombre. Dios es justísimo, por consiguiente, ninguna de sus sentencias se producirá por inclinación y mucho menos por acepción de personas. La ley es entregada al hombre por medio de Moisés con un propósito concreto, denunciar el pecado y ponerlo de manifiesto, dando a entender también al hombre que por las obras no podrá nunca satisfacer las demandas de la ley: *"ya que por las obras de la ley ningún ser humano será justificado delante de él; porque por medio de la ley es el conocimiento del pecado"* (Ro. 3:20). La primera gran demanda de la ley es el amor a Dios y Juan denuncia que los hombres *"amaron más las tinieblas que la luz, porque sus obras eran malas"* (3:19). Por esa sencilla y elemental prueba, debe entenderse la razón por la que la ley fue introducida, para que los hombres se den cuenta que son pecadores delante de Dios. Ya que ninguno puede cumplir las demandas, las obras hechas en el campo de la ley como medio de justificación quedan sin efecto. La verdad expresada está también confirmada en la Escritura: *"No entres en juicio con tu siervo; porque no se justificará delante de ti ningún ser humano"* (Sal. 143:2). La radicalidad del versículo es definitiva, Dios no tiene necesidad de entrar en juicio con el hombre, porque todos sin excepción no tienen modo alguno de justificarse delante de Él. Anticipada y definitivamente, el hombre es pecador, por tanto, injusto y sin posibilidad alguna de alcanzar por su esfuerzo meritorio la justificación delante de Dios. La función de la ley se contrapone abiertamente a la de la gracia ya que la de aquella es dar *"el conocimiento del pecado"*, haciéndolo en tres formas: 1) Manifestando aquello que Dios aprueba y lo que reprueba. 2) Poniendo de evidencia la esterilidad del esfuerzo humano por cumplirla. 3) Dictando sentencia condenatoria sobre el transgresor. De tal manera que la Ley quebrantada, sólo puede condenar. De otro modo, la Ley enseña al hombre a comprender que es pecador, y que la paga del pecado es la muerte. Es decir, la ley no produce salvación sino ira (Ro. 4:15). En el prólogo se presenta al Verbo encarnado con una misión soteriológica de dar solución al problema del hombre y de extender la luz y la vida al hombre condenado por la ley a causa de su pecado, en una operación de salvación que sólo Dios puede realizar. Por esa razón el apóstol Pablo enseñará que *"el fin de la ley es Cristo, para justicia a todo aquel que cree"* (Ro. 10:4). Cristo es el *término* o *final* a todos los esfuerzos piadosos para encontrar justificación fuera de Él. En este sentido, en Cristo se cumplían las demandas de la ley sobre la culpa del pecado (Gá. 3:13; Ef. 2:15; Col. 2:14). La Ley maldice al pecador a causa de su pecado, y es Cristo en su obra el que ha eliminado esta maldición de la ley mediante su muerte expiatoria. En Él, el creyente, ya no puede ser maldito por la ley, porque la culpabilidad penal que lo sujetaba a maldición se extinguió en Cristo que fue hecho por nosotros maldición. De manera que como la Ley solo puede justificar al que la observa, Cristo obra justicia para todo aquel que cree en Él. ¿No es acaso esto lo que se aprecia en el prólogo? La venida del Verbo no es para demandar a los hombres cumplimiento o condenación, sino liberarles de su estado de tinieblas y darles luz y vida mediante la fe (vv. 9, 12). Cristo es el fin de la ley que fue entregada por Moisés.

ἡ χάρις καὶ ἡ ἀλήθεια διὰ Ἰησοῦ Χριστοῦ ἐγένετο. Mientras que la ley denuncia, Cristo introduce la *gracia y la verdad*. No se dice aquí que estas dos manifestaciones del Verbo fueron dadas, sino que *vinieron por medio de Él.* Si Él estaba lleno de ellas, la presencia suya en el mundo revela ambas y son comunicadas por Él. El contraste es evidente y se pone de manifiesto entre Moisés y Cristo, y entre la ley y el evangelio. La ley como Escritura da testimonio de Cristo (5:39), pero entre Moisés y Jesús el contraste es evidente, puesto que el primero es acusador, mientras el segundo asume el ministerio restaurador y compasivo delante del Padre (5:45). Lo que es evidente es que para Juan, Jesús no es un Moisés nuevo, sino todo lo contrario. La ley es la base de la economía pre-cristiana, la gracia es la propia de la economía cristiana. Quien ha recibido al Verbo ha recibido con Él, la gracia y la verdad. El contraste es también evidente: Moisés fue siervo, Jesús es Hijo; Moisés dio la ley; Cristo trajo con Él la gracia y la verdad. Estas vinieron por Jesucristo en el sentido de que se manifestaron en Él y son dispensadas en Él.

Por primera vez en el *Evangelio*, aparece el nombre completo Jesucristo, que en realidad es el formado por los de Jesús y Cristo. El primero relacionado con la humanidad del verbo, como aquel que fue indicado a José por medio del ángel: *"Y dará a luz un hijo, y llamarás su nombre Jesús, porque él salvará a su pueblo de sus pecados"* (Mt. 1:21). El ángel había comunicado a José que lo que había concebido en el seno de su desposada era un varón. Ese niño nacería en su momento, como es natural en los hombres. Sin embargo el *Santo* que nacería no era un hombre como los demás, sino el Salvador del mundo. Dios mismo indica, por medio del ángel, el nombre que debía imponerse al que nacería, debía ser llamado Jesús. Ese nombre es la expresión griega del nombre hebreo *Y^ehôsua*, *Josué*, que puede traducirse por *Dios es salvación*. La misión que tendría el *niño* que iba a nacer es la encomendada por Dios y determinada en su propósito soberano de salvación desde antes de la creación del mundo (2 Ti. 1:9). El tiempo de la ejecución del programa de salvación había llegado y el Salvador era introducido en el mundo para llevar a cabo la misión que como Dios había asumido en la eternidad (1 P. 1:18-20). La razón del nombre que debía imponer al naciente estaba relacionado con la misión salvífica que, como Dios hecho hombre, iba a cumplir. La obra de salvación, aunque de valor y alcance universal (3:16) tiene que ver con *su pueblo*, e incluye a todos los salvos. Éstos y sólo éstos, son el pueblo de Dios (1 P. 2:9), sus hijos (1:12), miembros de su casa y familia (Ef. 2:19) y herederos de todo en Cristo (Ro. 8:17). Aunque la salvación es provista para todos, sólo los que aceptan la obra divina y creen en el enviado por Dios, son salvos (17:3). El segundo nombre es el del Mesías, Cristo, el nombre profético del que *había de venir* (Lc.7:20). Al nombre personal de Jesús se añade el profético de Χριστου, en castellano *Cristo*, palabra griega equivalente a *Mesías*, el que sería lleno del Espíritu y apartado para llevar a cabo la tarea de salvar a su pueblo (Is. 61:1; Lc. 4:18; He. 1:9). El Cristo de Dios sería ungido para ser el principal profeta anunciado (Dt. 18:15; Is. 55:4; Hch. 3:22; 7:37); para ser el único sumo sacerdote en el orden eterno de Dios (Sal. 110:4; He. 10:12, 14); para ser el Rey eterno, Rey de reyes y Señor de señores (Sal. 2:6; Zac. 9:9; Mt. 21:5; 28:18; Lc. 1:33). Ambos nombres unidos, dan lugar al excelso y supremo nombre Jesucristo, dado únicamente al Salvador. El título Jesucristo es normal en los escritos apostólicos, pero raro en los Evangelios (Mt. 1:1, 18; Mr. 1:1; Jn. 1:17; 17:3), Lucas no lo usa nunca, salvo en Hechos (Hch. 2:38) y puesto en boca de Pedro. Tal vez Juan lo usa aquí con toda intención como expresión de fe cristiana.

18. A Dios nadie le vio jamás; el unigénito Hijo, que está en el seno del Padre, él le ha dado a conocer.

Θεὸν οὐδεὶς ἑώρακεν πώποτε· μονογενὴς Θεὸς[1] ὁ ὢν εἰς τὸν
A Dios nadie ha visto nunca; Unigénito Dios, el que está en el
κόλπον τοῦ Πατρὸς ἐκεῖνος ἐξηγήσατο[2].
seno del Padre este dio a conocer.

Notas y análisis del texto griego.

Cerrando el párrafo, escribe: Θεὸν, caso acusativo masculino singular del nombre divino declinado *a Dios*; οὐδεὶς, caso nominativo masculino singular del pronombre indefinido *nadie*; ἑώρακεν, tercera persona plural del perfecto de indicativo en voz activa del verbo ὁράω, *ver, mirar, observar*, aquí *ha visto*; πώποτε, adverbio de tiempo *nunca*; μονογενὴς, caso nominativo masculino singular del adjetivo *unigénito*; Θεὸς, caso nominativo masculino singular del nombre divino *Dios*; ὁ, caso nominativo masculino singular del artículo determinado *el*; ὢν, caso nominativo masculino singular del participio de presente en voz activa del verbo εἰμί, *ser, estar*, aquí *que está*; εἰς, preposición propia de acusativo *en*; τὸν, caso acusativo masculino singular del artículo determinado *el*; κόλπον, caso acusativo masculino singular del nombre común *seno, pecho, lugar de preferencia*; τοῦ, caso genitivo masculino singular del artículo determinado declinado *del*; Πατρὸς, caso genitivo masculino singular del nombre divino *Padre*; ἐκεῖνος, caso nominativo masculino singular del pronombre demostrativo *éste*; ἐξηγήσατο, tercera persona singular del aoristo primero de indicativo en voz mediia del verbo ἐξηργέομαι, *contar, referir, explicar, dar a conocer*, aquí *dio a conocer*.

Crítica Textual. Lecturas alternativas.

[1] μονογενὴς Θεὸς, *Unigénito Dios*, lectura atestiguada en $\mathfrak{p}^{66}$, ℵ*, B, C*, K, sir$^{p, hmg}$, Orígenes^{pt}, Dídimo.

ὁ μονογενὴς Θεὸς, *el Unigénito Dios*, según lectura en $\mathfrak{p}^{75}$, ℵ^{1}, 33, Clemente^{pt}, Clemente$^{ex\ Thd\ pt}$, Orígenes^{pt}.

ὁ μονογενὴς υἱὸς, *el Unigénito Hijo*, como se lee en A, C^3, K, Γ, Δ, Θ, Ψ, $f^{1,13}$, 565, 579, 700, 892, 1241, 1424, 𝔐, lat, $sir^{c, h}$, $Clemente^{pt}$.

εἰ μή ὁ μονογενὴς υἱὸς, *si no el Unigénito Hijo*, según W^s, it, $Ireneo^{lat, pt}$.

εἰ μή ὁ μονογενὴς υἱὸς Θεοῦ, *si no el Unigénito Hijo de Dios*, como se lee en $Ireneo^{lat, pt}$.

[2] ἐξηγήσατο, *dio a conocer*. $𝔭^{66}$, ℵ*, B, C*, K, $sir^{p, hmg}$, $Orígenes^{pt}$, Dídimo.

ἐξηγήσατο ἡμῖν, *dio a conocer a nosotros*, según W^s, c, sir^c.

Θεὸν οὐδεὶς ἑώρακεν πώποτε· La Biblia enseña la invisibilidad del Padre. En el Antiguo Testamento se afirma que a Dios no se le puede ver, ni nadie le vió (Dt. 4:12), es más se presenta envuelto en nubes y oscuridad (Sal. 97:2), en sentido figurado de algo que no permite verle. Jesús enseño también esto: *"También el Padre que me envió ha dado testimonio de mi. Nunca habéis oído su voz, ni habéis visto su aspecto"* (5:37). Por otro lado, no es sólo que nadie lo haya visto, sino que nadie seguiría con vida si le viese: *"Dijo más: No podrás ver mi rostro; porque no me verá hombre, y vivirá"* (Ex. 33:20). De ahí que Manoa, el padre de Sansón al ver al Ángel de Jehová ascendiendo en la llama del altar, dijo a su mujer: *"Ciertamente moriremos, porque a Dios hemos visto"* (Jue. 13:22). Ocurre lo mismo con Isaías, quien al recibir la visión celestial de Dios en el trono recibiendo la adoración de los serafines, dice: *"¡Ay de mí! que soy muerto; porque siendo hombre inmundo de labios, y habitando en medio de pueblo que tiene labios inmundos, han visto mis ojos al Rey, Jehová de los ejércitos"* (Is. 6:5). Es fácil entender que el pecador temblase delante de la visión divina, o incluso de la posibilidad de verla, porque la sentencia por el pecado que Dios había establecido es la muerte. Nadie podría estar delante de Dios en su condición de pecador porque sólo el absolutamente santo podría hacerlo (Sal. 24:3 s.). En el Nuevo Testamento sigue la misma enseñanza. El apóstol Pablo enseña que Cristo es *"la imagen del Dios invisible"* (Col. 1:15). En otro lugar dirá también: *"Por tanto, al Rey de los siglos, inmortal, invisible.."* (1 Ti. 1:17); todavía con más precisión: *"El único que tiene inmortalidad, que habita en luz inaccesible; a quien ninguno de los hombres ha visto ni puede ver..."* (1 Ti. 6:16). La invisibilidad del Padre es evidente por cuanto se trata de una Persona que es espíritu, así lo afirmaría Jesús a la mujer samaritana: *"Dios es Espíritu"* (4:24). El ojo humano no puede ver el espíritu, por tanto, no puede ver a Dios en su condición divina. Jesús dijo que nadie ha visto al Padre, sino el Verbo, que vino de Dios (6:46). De otro modo, la naturaleza divina es inaccesible al ojo humano, pero, lo que el hombre no puede ver, lo puede hacer visible aquel que siendo Dios, está en la comunión del Ser Divino. No sólo lo puede ver, sino que lo puede revelar, puesto que es el *Logos*, el Verbo eterno.

μονογενὴς Θεὸς. Dios se hace visible en el Verbo, o si se prefiere mejor, el Verbo hace visible al invisible. El hemistiquio tiene alguna dificultad en definir la expresión que salió de Juan. Hay algunas variantes de lectura que pueden apreciarse en el apartado de Crítica Textual del versículo, pero, fundamentalmente se reducen a dos: a) *El Unigénito Hijo*; b) *El Unigénito Dios*. Esta segunda, que es la mas firme, equivale a *Dios, el Hijo Unigénito*. Cuenta con el apoyo de los principales códices[44], así como por Ireneo, Clemente, Orígenes, etc. Además, muy probablemente Juan quiere cerrar este párrafo con la misma idea con que lo inició. El Verbo es Dios, dijo antes (v. 1), ahora vuelve a reiterar que el *Unigénito* es también Dios, que como Verbo puede revelar todo lo que Dios es. Hablar del *Unigénito Dios*, es referirse a la eternidad del Verbo, y con ella a la filiación en el Seno Trinitario. Ningún otro tipo de filiación podría corresponder a esta, al tiempo que es irreconciliable con la realidad de la deidad del Hijo de Dios.

Es sorprendente la oposición que los *críticos* han hecho de esta manifestación del texto, en que se lee *Unigénito Dios*, como escribe Raymond E. Brown:

"Esta lectura resulta sospechosa por presuponer un alto grado de evolución teológica; sin embargo, no se explicaría por la polémica antiarriana, ya que los arrianos no tenían inconveniente en atribuir a Jesús este título. Algunos objetan lo extraña que resulta la afirmación y la implicación de que solo Dios puede revelar a Dios"[45]

ὁ ὢν εἰς τὸν κόλπον τοῦ πατρὸς. Juan hace una referencia directa a la relación del Verbo con el Padre, considerada desde el punto de vista de la deidad. Hablar del *seno del Padre*, es hablar de relación, comunión e identidad. El Padre engendra eternamente un Hijo, pero el engendrarlo no supone finalizar la acción generadora, puesto que se convertiría lo inmanente en transeúnte y que el Hijo pudiera existir sin la relación vivencial con el Padre, lo mismo que el Padre podría personalizarse sin relación directa con el Hijo. Pero, ni el Hijo puede vivir sin el Padre, ni el Padre sin el Hijo. Así que, engendrado por el Padre, encarnado por el Espíritu en María, siendo hombre que puede

---

[44] Ver más arriba aparato crítica textual.

[45] Raymond E. Brown. o.c. pág. 190.

verse, tocarse y observarse, no deja de ser Dios, de modo que estando presente con su humanidad en la tierra, está en el Seno del Padre, puesto que la generación no deja de ser. Estando en la vinculación de intimidad divina, el Padre ha dado al Hijo tener vida en sí mismo (5:26), no quiere decir que le *dé vida*, sino que le da *tener vida*, como fuente misma de vida al ser tan Dios como el Padre. Anteriormente se consideró ya esto, de modo que sólo cabe recordar que la generación divina es una acción inmanente, por cuanto el Hijo no sale del Padre, sino que queda dentro del mismo. El Padre entero está en el Hijo al engendrarlo con su mente personal infinita, y el Hijo entero está dentro del Padre como *concepto personal exhaustivo* de la mente paterna. Juan utiliza aquí la forma del presente ὁ ὢν, *el está*, que indica una acción permanente y continuada. Nunca deja de estar en el seno del Padre. La expresión *seno* se usa para referirse a intimidad e igualdad (cf. Nm. 11:12; Dt. 28:54-56; 2 S. 12:3; Lc. 16:22). Algunos *críticos* piensan que *el que está* referido a la presencia del Verbo encarnado en el seno del Padre, debiera cambiarse por un presente histórico que sería un pasado, de modo que diría el texto: *el que estaba en el seno del Padre*. La única razón de este cambio es claro, desacreditar la presencia terrenal como hombre, al tiempo que la presencia como Dios en la eterna comunión de la deidad. Sin embargo, el mismo Juan aclara lo que quiso decir aquí, puesto que más adelante se lee: *"Nadie subió al cielo, sino el que descendió del cielo; el Hijo del Hombre que está en el cielo"* (3:13). El concepto de intimidad es importante, puesto que estando en los secretos más íntimos de Dios, puede comunicarlos.

ἐκεῖνος ἐξηγήσατο. La última oración del versículo cierra el prólogo con una manifestación que podría decirse lógica: *este dio a conocer*. De este verbo se deriva la raíz de la palabra castellana *exégesis*, que es dar el significado de algo. Lo que Juan está diciendo es que el Dios invisible, se hace visible por medio del Verbo. De otra manera, aunque nadie ha visto a Dios jamás en su esencia divina, el Verbo encarnado que está junto al Padre (v. 1) y en su seno, lleva a los hombres al seno del Padre para que puedan verlo y con ello conocerlo en la intimidas por la mediación del Hijo. De otro modo, el Verbo que se hizo carne y vino junto a los hombres, ha llevado a estos junto a Dios. Estas verdades son cuestionadas también por los *críticos* empeñados en negar la autoría de Juan, diciendo que fue Lucas quien compuso este versículo insertándolo en este lugar.

Lo que está enseñando Juan es el trabajo revelador del Verbo en relación con el Padre. Dios se ha revelado a lo largo del tiempo por medio de los escritos bíblicos, confeccionados por los profetas escogidos por Él a lo largo del tiempo (He. 1:1). Todos ellos han dado testimonio escrito de Dios, y le han hecho cognoscible al hombre por la lectura de la revelación. Sin embargo, el discurso supremo de Dios por el cual nada más puede ser revelado de Él, es dado *en Hijo*.

Después de los tiempos en que Dios habló por los profetas, llega el actual en la que los hombres pueden ver a Dios y oír su voz directamente expresada por su Hijo. Terminado el ministerio profético de la antigua dispensación, Dios habla en estos tiempos, *los postreros días*, por medio del Verbo que envió al mundo haciéndose hombre. La misión salvadora para la que Jesucristo es enviado se complementa o, si se prefiere mejor, tiene también la misión reveladora de Dios. En el tiempo de la ejecución de la salvación en la obra de la Cruz, son los creyentes y los hombres en general a quienes Dios habla definitiva y plenamente. Es el mensaje divino por excelencia para aquellos a quienes alcanzaron los fines de los siglos (1 Co. 10:11).

Por consiguiente el mensajero revelador de Dios es también mensaje en sí mismo y recibe aquí un nombre: *Unigénito Dios*, o si se prefiere *Dios Unigénito*, título idéntico a decir *Dios el Hijo*. Los profetas hablaron anunciando al Hijo, cuando vino el cumplimiento del tiempo la profecía se cumplió dando paso a la realidad presencial del Hijo de Dios entre los hombres (1:14; Gá. 4:4). El mensaje progresivo de la revelación, alcanza la cota suprema en el Hijo. Es necesario entender bien el texto, en el sentido de que Dios no solo habló por medio *del Hijo*, sino que habló definitivamente en *el Hijo* mismo. En el texto griego no va precedido de artículo, ni de pronombre personal o posesivo en primera persona, por lo que el autor está haciendo una afirmación notoriamente única en todo el Nuevo Testamento, que el discurso revelador de Dios se llama *Hijo* (He. 1:2). El mensaje absoluto de Dios se expresó por medio de un hombre que es Jesús, que es también el Verbo encarnado. Pero, no se pronuncia por medio de palabras solamente, sino que se manifiesta en La Palabra que vino a los hombres, mediante la encarnación del Hijo de Dios (v. 14), quien al ser Verbo (v. 1), expresa absoluta, plena y totalmente a Dios. La misión del Hijo es hacer la *exégesis* de Dios a los hombres. Esa revelación es tan completa que Jesús hace visible a los ojos de los hombres al Invisible que nadie puede ver jamás (1 Ti. 6:16). Los portavoces anteriores de Dios fueron los siervos de Dios, sus profetas, pero, para la proclamación definitiva de su mensaje revelador, envió a su *Unigénito*. La revelación plena de Dios es posible porque Jesucristo, el Verbo encarnado, es tan Dios como el Padre (v. 1). Si la revelación fue *en Hijo*, alcanza dos modos, por un lado el instrumental: la revelación se hace *por medio* del

Hijo; por otro el modo local, ya que en Cristo habita corporal y sustancialmente toda la plenitud de la Deidad (Col. 2:9). Esa es la razón por la que Jesús pudo decir a Felipe: *"El que me ha visto a mí, ha visto al Padre"* (14:9). El Padre es inalcanzable al conocimiento del hombre, pero la voluntad de Cristo es revelarlo en el lenguaje propio y comprensible de los hombres y en la experiencia de relación que solo puede ser llevada a cabo por quien es, además de Dios, también hombre perfecto. De ahí que esa acción mediadora sea posible en Jesucristo hombre (1 Ti. 2:5).

El Señor se manifiesta a los hombres en la intimidad con el Padre en la unidad divina. La sabiduría del Hijo de Dios, como Verbo eterno es tal que sólo Él conoce perfectamente al Padre. Sólo el Hijo que está en el *seno del Padre* (1:18), puede alcanzar el conocimiento supremo de los secretos divinos, tanto los que en misterio se revelen a los hombres, como los que eternamente permanezcan en el secreto de Dios. Jesucristo es el Verbo con el que Dios expresa lo que es, piensa, siente, desea y se propone (Jn. 1:1-2, 18; 14:9; Col. 2:9; He. 1:2-3). Todo lo que Dios puede revelar de sí mismo está encerrado en el Logos, Verbo personal del Padre, ya que en este Verbo el Padre expresa su interior, es decir, todo cuanto es, tiene y hace. Jesucristo, como Verbo encarnado es la expresión exhaustiva del Padre. Debe recordarse que expresar es un verbo frecuentativo de exprimir. Al expresarnos, exprimimos nuestra mente a fin de formar un logos que defina nuestro concepto. Cristo, el *Logos* personal de Dios es por tanto, divino, infinito y exhaustivo, único revelador adecuado para el Padre que lo pronuncia. Por ello, este Verbo, al hacerse hombre (1:4), traduce a Dios al lenguaje de los hombres, y es insustituible como revelador a causa de ser la única Verdad personal del Padre (14:9). Como expresión exhaustiva del Padre, la mente divina agota en Él su producto mental, de modo que al pronunciar su *Logos*, da lugar por vía de generación a la segunda Persona Divina. No supone esto en modo alguno una existencia desde la no existencia. Es decir, el hecho de que el Padre pronuncie la Palabra eterna que es el Hijo, no significa que de origen a la Persona que es eterna como el Padre y el Espíritu, esto es, sin principio. Pero no cabe duda que si el Logos, *Palabra*, vive en el que la expresa, así también el que la expresa, esto es, el Padre vive al decirla. Ambas personas Divinas establecen una relación en el seno de la Deidad, de modo que lo que constituye al Padre es el acto vital de expresar Su Verbo, de ahí que no pueda ser Padre sin el Hijo, ni tampoco el Hijo, como Verbo, puede vivir sin el Padre. De ahí que *"todo aquel que niega al Hijo, tampoco tiene al Padre. El que confiesa al Hijo, tiene también al Padre"* (1 Jn. 2:23). Por tanto esa relación expresada por Cristo tiene que ver con la mutua inmanencia entre las dos Personas Divinas.

Cuando Jesús afirma que sólo hay conocimiento completo del Padre en el Hijo y del Hijo en el Padre, esta presentando la verdad de la autocomunicación definitiva e irrevocable de Dios en Cristo, en solidaridad con el destino final de los pecadores. La relación de Dios con Jesús en el tiempo histórico de los hombres, es una relación de entrega, en la medida en que Dios puede entregarse y otorgarse a los hombres, que no parte de la historia humana, sino que la antecede en todo, es decir no se inicia en el tiempo ni está condicionada por la obra de salvación, sino que pertenece al Ser mismo de Dios. El Verbo encarnado es la manifestación temporal de la proximidad de Dios al hombre determinada en el plan de redención antes de que el hombre fuera. De ahí que Jesús entienda y así lo exprese, su presencia entre los hombres como el enviado de Dios. Hasta tal punto es un hecho la eterna vinculación intratrinitaria que Jesús afirma que Él y el Padre son uno (10:30). La preexistencia de Cristo que se hace realidad entre los hombres y que viene con la misión de revelar al Padre, tiene una finalidad soteriológica. De ahí que las referencias bíblicas al *envío* del Hijo por el Padre vayan acompañadas de la preposición *para*, que indica propósito (Jn. 3:16; Ro. 8:3-4; Gá. 4:4; 1 Jn. 4:9). En último extremo la obra del Hijo tiene que ver con el aspecto salvífico por el que se otorga al pecador creyente la condición de hijo de Dios (1:12). A Dios nadie le vio jamás, pero es el Unigénito que está en el seno del Padre el que lo da a conocer (1:18). En Jesucristo es Dios quien se da y se manifiesta, introduciéndose literalmente en el campo de su creación, mediante la humanidad. El propósito de Jesucristo es revelar a Dios, de modo que las personas lo conozcan, no en la intelectualidad sino en la comunión de vida para que puedan tener vida y vida eterna (17:3). Todos cuantos quieran adquirir este admirable conocimiento deben acudir al único que puede revelarlo que es el Hijo, en quien resplandece *"la luz del conocimiento de Dios en la faz de Jesucristo"* (2 Co. 4:6).

En esa condición divino-humana, el Hijo expresa la *igualdad, unidad* y *permanencia* con el Padre: *"Yo soy en el Padre, y el Padre en mí"* (14:11); *"El Padre y yo somos uno"* (10:30); *"Mi palabra no es mía sino del Padre que me envió"* (14:24). Esa es la razón por la que El que viene del cielo da testimonio de lo que ha visto y oído (3:31-32). Es en el Hijo que Dios se revela en plenitud absoluta. El fue enviado por el Padre al mundo para superar la situación de ignorancia de los hombres en relación con Dios, por medio de la revelación *por* y *en* Él, y superar la situación del pecado mediante la redención. Lo que Jesús hacía revelaba el ser y el hacer de Dios, es en Él y por Él que podemos llegar a conocer la naturaleza de Dios y sus intenciones para con los hombres.

II. Presentación del Verbo encarnado (1:19-4:54).

Presentación por Juan el Bautista (1:19-34).

Ante el liderazgo religioso (1:19-28).

19. Este es el testimonio de Juan, cuando los judíos enviaron de Jerusalén sacerdotes y levitas para que le preguntasen: ¿Tú, quién eres?

Καὶ αὕτη ἐστὶν ἡ μαρτυρία τοῦ Ἰωάννου, ὅτε ἀπέστειλαν
Y este es el testimonio - de Juan cuando enviaron
[πρὸς αὐτὸν][1] οἱ Ἰουδαῖοι ἐξ Ἱεροσολύμων ἱερεῖς καὶ
a él los judíos desde Jerusalén sacerdotes y
Λευίτας ἵνα ἐρωτήσωσιν αὐτόν· σὺ τίς εἶ
levitas para que preguntasen le: ¿Tú quien eres?

Notas y análisis del texto griego.

Iniciando el testimonio de Juan el Bautista, escribe: Καὶ, conjunción copulativa *y*; αὕτη, caso nominativo femenino singular del pronombre demostrativo *esta*; ἐστὶν, tercera persona singular del presente de indicativo en voz activa del verbo εἰμί, *ser*, aquí *es*; ἡ, caso nominativo femenino singular del artículo determinado *la*; μαρτυρία, caso nominativo femenino singular del nombre común *testimonio*; τοῦ, caso genitivo masculino singular del artículo determinado *el*; Ἰωάννου, caso genitivo masculino singular del nombre propio declinado *de Juan*; ὅτε, conjunción temporal *cuando*, ἀπέστειλαν, tercera persona plural del aoristo primero de indicativo en voz activa del verbo ἀποστέλλω, *enviar*, aquí *enviaron*; πρὸς, preposición propia de acusativo *a*; αὐτὸν, caso acusativo masculino de la tercera persona singular del pronombre personal *él*; οἱ, caso nominativo masculino plural del artículo determinado *los*; Ἰουδαῖοι, caso nominativo masculino plural del adjetivo *Judíos*; ἐξ, forma escrita que adopta la preposición de genitivo ἐκ, delante de vocal y que significa *de, desde*; Ἱεροσολύμων, caso genitivo neutro plural del nombre propio *Jerusalén*; ἱερεῖς, caso acusativo masculino plural del nombre común *sacerdotes*; καὶ, conjunción copulativa *y*; Λευίτας, caso acusativo masculino plural del nombre propio *Levitas*; ἵνα, conjunción causal de propósito *para que*; ἐρωτήσωσιν, tercera persona plural del aoristo de subjuntivo en voz activa del verbo ἐρωτάω, *preguntar*, aquí *preguntasen*; αὐτόν, caso acusativo masculino de la tercera persona singular del pronombre personal declinado *a él, le*; σὺ, caso nominativo de la segunda persona singular del pronombre pesonal *tú*; τίς, caso nominativo masculino singular del pronombre interrogativo *quién*; εἶ, segunda persona singular del presente de indicativo en voz activa del verbo εἰμί, *ser*, aquí *eres*.

Crítica Textual. Lecturas alternativas.

[1] πρὸς αὐτὸν, *a él*, lectura atestiguada en B, C*, 33, 892^{c}, it, $sir^{c,p}$, sa, bo. No figura en $\mathfrak{p}^{66*, 75}$, ℵ, K, K, W^{s}, Γ, Δ, f^{1} 565, 700, 892*, 1241, 1424, 𝔐.

Καὶ αὕτη ἐστὶν ἡ μαρτυρία τοῦ ᾿Ιωάννου, Con este versículo comienza la narración histórica de la vida pública de Jesús. Los evangelios sinópticos se limitan a ofrecer un resumen de la predicación de Juan el Bautista, sin distinguir tiempos ni detalles, poniendo ese resumen antes del bautismo de Jesús (Mt. 3:7-12; Mr. 1:7-8; Lc. 3:7-18). El *Evangelio según Juan* es más preciso en esto. Lo hace mediante escenas que son independientemente distintos testimonios, pero que todas ellas tienen el mismo fin, presentar a Jesús ante personas. En la primera hace referencia al envío de líderes religiosos desde Jerusalén para preguntar a Juan quien era, ocupándose del testimonio personal que da sobre él y sobre Jesús (19-28); en la segunda se ocupa del bautismo de Jesús (29-34); la tercera recoge la presentación de Jesús a Andrés y Pedro, el primero escuchó directamente del profeta quien era Jesús y lo siguió, llevando también a su hermano (35-42); finalmente la cuarta escena registra el testimonio a otros dos discípulos Felipe y Natanael (43-51).

La introducción del párrafo se hace mediante el uso de la conjunción copulativa καὶ, *y*, que sirve de vínculo de unión con lo que antecede. Los *críticos*, según su costumbre, buscan en esto establecer sus conjeturas y suposiciones, como que era aquí donde comenzaba el *Evangelio*, antes de que algún redactor le incorporase el prólogo, ya que, según ellos, no era posible un contenido teológico de la dimensión de lo que antecede, sino que tuvo que haberse hecho tiempo después consecuente del desarrollo del pensamiento de los teólogos posteriores a Juan el apóstol.

En este párrafo se recoge el testimonio del Bautista sobre Jesús, aunque se produce al día siguiente del encuentro con los enviados desde Jerusalén, lo que nuevamente para los *críticos*, sirve de base para proponer que el orden original fue alterado en el curso del trabajo de redacción del *Evangelio*. Como en los sinópticos el Bautista está relacionado con el inicio del ministerio de Jesús. El testimonio de Juan está en consonancia con los sinópticos en especial lo que tiene que ver con Aquel que está para llegar (Mt. 3:11; Mr. 1:7 s.; Lc. 3:16). Sin embargo es notoria la diferencia con ellos en el silencio que el *Evangelio según Juan* guarda sobre el bautismo de Jesús, especialmente importante porque el testimonio del cielo sobre quien era el que estaba siendo bautizado, se da aquí por medio del profeta.

Es probable que Juan no quisiera hacer mucho énfasis en el Bautista en un tiempo en que algunos tenían una excesiva veneración hacia él, e incluso había quienes no conocían otro bautismo que el de Juan, como era el grupo de los seguidores del Bautista que el apóstol Pablo encontró en Éfeso (Hch. 18:25). En todo este párrafo el evangelista hace notar la inferioridad de Juan el Bautista frente a la grandeza de Jesús. Además el objetivo del *Evangelio* es que el lector centre su atención en Cristo, sobre quien recae el testimonio del Bautista. En los sinópticos Juan se presenta como el último antes de la aparición del Mesías en la cadena histórica de los profetas. En el *Evangelio según Juan*, se hace destacar al lector que, aunque Jesús es posterior a Juan en cuanto a temporalidad, es antes de él según su mismo testimonio (v. 30). Mientras que Jesús es el Verbo, el Bautista es solo *una voz* (v. 23). Incluso el bautismo de Juan no es otra cosa que el testimonio de un llamamiento al arrepentimiento, pero que es incapaz de hacer lo que Jesús únicamente puede hacer que es *quitar el pecado del mundo*, reservado sólo al Cordero de Dios.

El comienzo del versículo con la conjunción *y*, sirve al escritor para dar continuidad a un tema que ha quedado antecedente a un largo paréntesis teológico. Juan el Bautista había venido para dar testimonio de la luz (v. 7), y aquí se recupera el tema ofreciendo el testimonio que se le había encomendado.

ὅτε ἀπέστειλαν [πρὸς αὐτὸν] οἱ Ἰουδαῖοι ἐξ Ἱεροσολύμων ἱερεῖς καὶ Λευίτας ἵνα ἐρωτήσωσιν αὐτόν· En los sinópticos no se menciona la delegación de religiosos que son enviados desde Jerusalén para preguntar a Juan quien era. Esta delegación fue enviada por los *judíos*, término común usado en el *Evangelio* para referirse a las autoridades del judaísmo. Más adelante será sinónimo de enemigos de Cristo, levantándose continuamente contra Él. Su centro era Jerusalén desde donde provenían las acciones que llevarían contra Jesús en el curso de Su ministerio. En otras palabras el término *judíos* es sinónimo de enemigos de Cristo.

Supone esto que la noticia de la actividad del Juan bautizando en el Jordán había llegado a oídos de los líderes religiosos de la nación. La autoridad de estos descansaba en que ellos mismos y, en cierto modo el pueblo, se consideraban como los entendidos en la interpretación de la ley, de modo que se creían con derecho a perseguir a Jesús porque hacía cosas que no estaban, según ellos, conforme a la ley, como era sanar en sábado (5:16). Jesús no había entrado en escena, pero sí Juan, que sin autorización de la cúpula religiosa estaba predicando y bautizando en el

Jordán. Una de las continuas demandas del liderazgo religioso era que se acatase su autoridad en toda la nación en cualquier asunto que tuviese que ver con la enseñanza de la Escritura y la interpretación de la misma.

El evangelista hace notar que los enviados eran ἱερεῖς καὶ Λευίτας, los dos grupos componían las autoridades sobre el culto y las materias religiosas y éticas. Históricamente conforme a la Escritura, los levitas y los sacerdotes procedían de la misma tribu, la de Leví, que Dios había separado de las otras doce para dedicarlos al servicio del santuario, o de otro modo, al ministerio del culto. Los sacerdotes procedían de la familia de Aarón, aunque unos y otros eran de la misma ascendencia. Los levitas se ocupaban de labores en el santuario, como eran las de canto, música, traslado del mobiliario del Tabernáculo antes de la construcción del templo. En una forma sintética, los levitas servían en el santuario y ayudaban a los sacerdotes, siendo dirigidos por ellos. En los tiempos del *Evangelio* habían asumido ciertas funciones en Jerusalén como era la dirección de la guardia del templo, pasando a convertirse en una especie de policía al servicio de los sacerdotes, especialmente del sumo sacerdote, siendo responsables directos de la guardia del templo. La comisión enviada a Juan era, en cierto modo, una comisión policial para investigar, no tanto lo que hacía, sino quien era. Junto con los levitas venían también algunos, no se dice cuantos, sacerdotes de los muchos que ministraban por turnos en el santuario.

ἵνα ἐρωτήσωσιν. Ellos son enviados con una misión concreta, interrogar a Juan. El evangelista construye aquí con el subjuntivo del verbo ἐρωτάω, *preguntar*, precedido de la conjunción causal ἵνα, *para que*, que establece el propósito de la acción. Es una forma típica de construir en el griego helenístico, en lugar de escribir un infinitivo que sería suficiente.

No se dice exactamente el lugar en donde se produjo el encuentro entre Juan el Bautista y la delegación de levitas y sacerdotes enviados desde Jerusalén, pero, es muy probable que ocurriese en el lugar donde bautizaba que era, según el *Evangelio* en Betábara al otro lado del Jordán (v. 28). Los mejores manuscritos registran *Betania*, en lugar de Betábara, de ahí la necesidad de distinguirla del lugar próximo a Jerusalén donde residía Lázaro y sus hermanas. No pudiendo establecer definitivamente la ubicación, debe atenderse a evidencias que permiten una situación aproximada. No debía estar lejos de Caná de Galilea, puesto que luego de lo que se relata aquí, dice que Jesús estaba al *tercer día* en las bodas que se celebraban allí. Tres días de desplazamiento no era mucha la distancia que recorrían teniendo en cuenta que el viajar caminando requería descansar cada cierto tiempo para poder continuar el camino. Por otro lado debe tenerse en cuenta que los discípulos que se citan en este capítulo tenían su residencia en Galilea. Pedro, Andrés y Felipe eran de Betsaida, Santiago y Juan de Capernaum, y Natanael de Caná, por tanto el entorno geográfico sitúa el lugar del encuentro en esa zona, próxima a las ciudades mencionadas, esto es, en un lugar al este del Jordán, no muy distante del Mar de Galilea.

σὺ τίς εἶ La pregunta es concisa y concreta. En la formulación se aprecia una manifestación de autoridad. Los que vienen se consideran revestidos con suficiente poder para preguntar a Juan, literalmente, *¿Quién eres tú?* De otro modo, dinos quien te ha ordenado hacer lo que haces, cual es tu autoridad, y cual tu propósito.

20. Confesó, y no negó, sino confesó: Yo no soy el Cristo.

καὶ ὡμολόγησεν καὶ οὐκ ἠρνήσατο, καὶ ὡμολόγησεν ὅτι ἐγὼ
Y confesó y no negó, y confesó que yo
οὐκ εἰμὶ ὁ Χριστός.
no soy el Cristo.

Notas y análisis del texto griego.

Siguiendo con el relato, añade: καὶ, conjunción copulativa *y*; ὡμολόγησεν, tercera persona singular del aroisto primero de indicativo en voz activa del verbo ομολογέω, *confesar, profesar, declarar*, aquí *confesó*; καὶ, conjunción copulativa *y*; οὐκ, forma escrita del adverbio de negación *no*, con el grafismo propio ante una vocal con espíritu suave o una enclítica; ἠρνήσατο, tercera persona singular del aoristo primero de indicativo en voz media del verbo ἀρνέομαι, *negar, renunciar a, repudiar*, aquí *negó*; καὶ, conjunción copulativa *y*; ὡμολόγησεν, tercera persona singular del aroisto primero de indicativo en voz activa del verbo ομολογέω, *confesar, profesar, declarar*, aquí *confesó*; ὅτι, conjución *que*; ἐγὼ, caso nominativo de la primera persona singular del pronombre personal *yo*; οὐκ, forma escrita del adverbio de negación *no*, con el grafismo propio ante una vocal con espíritu suave o una enclítica; εἰμὶ, primera pesona singular del presente de indicativo en voz activa del verbo εἰμί, *ser*, aquí *soy*; ὁ, caso nominativo masculino singular del artículo determinado *el*; Χριστός, caso nominativo masculino singular del nombre propio *Cristo.*

καὶ ὡμολόγησεν καὶ οὐκ ἠρνήσατο καὶ ὡμολόγησεν, Los judíos preguntaron a Juan sobre quien era él. Se ha considerado en el versículo anterior la forma de preguntar. Es muy posible que Juan sintetice aquí la pregunta sin atender al diálogo que posiblemente se produjo antes. Los religiosos venían investidos con su poder para juzgar, porque además de religiosos eran unos legalistas. Siempre el legalismo inviste de poder a quienes son de esta condición. Es muy posible que la pregunta no fuese tan sencilla o simple como se lee aquí, sino que tuviese la forma de una acusación, como si dijesen a Juan: *¿Quién te crees ser?* No cabe duda que el mensaje de Juan y su bautismo resultaban inquietantes para ellos. Nadie se había atrevido a llamar a todos, incluido ellos, al arrepentimiento. Los que están poseídos de una condición religiosa y hace de la religión la razón de su vida, se sienten perfectos y por tanto no necesitan de llamamiento a un cambio de vida.

La construcción de la frase es singular en los escritos de Juan, y única vez que sale en ellos. Es sin duda una tautología, compuesta por Juan en una combinación de un positivo, un negativo, y un positivo. La frase tiene el sentido de una declaración que se hace sin reserva alguna, como si se escribiese: *declaró sin reserva.*

ὅτι ἐγὼ οὐκ εἰμὶ ὁ χριστός. La declaración que hace Juan el Bautista en respuesta a la pregunta de los judíos, es aparentemente extraña. En el relato los judíos hicieron una pregunta que requeriría otra contestación, pero Juan les manifiesta directamente que él no era el Cristo. Esto hace suponer, o bien que hubo algo más en torno a la pregunta o que tal vez los rumores de que Juan era el Mesías, por la forma de predicar y porque bautizaba a los que aceptaban el mensaje. Con todo la respuesta de Juan es transitoria, puesto que si él no era el Cristo, estaba anunciándolo, de manera que su manifestación era inminente, esto es, el verdadero Mesías iba a aparecer en cualquier momento.

21. Y le preguntaron: ¿Qué pues? ¿Eres tú Elías? Dijo: No soy. ¿Eres tú el profeta? Y respondió: No.

καὶ ἠρώτησαν αὐτόν· τί οὖν σὺ Ἠλίας εἶ καὶ λέγει· οὐκ
Y preguntaron le: ¿Que, pues? ¿ Tú Elías eres? Y dijo: No
εἰμί. ὁ προφήτης εἶ σύ καὶ ἀπεκρίθη· οὔ.
Soy. ¿El profeta eres tú? Y respondió: No.

Notas y análisis del texto griego.

Sin interrupción en el relato, escribe: καὶ, conjunción copulativa *y*; ἠρώτησαν, tercera persona plural del aoristo primero de indicativo en voz activa del verbo ἐρωτάω, *preguntar, pedir, rogar*, aquí *preguntaron*; αὐτόν, caso acusativo masculino de la tercera persona singular del pronombre personal declinado *a él, le*; τί, caso nominativo neutro singular del pronombre interrogativo *que*; οὖν, conjunción causal *pues*; σὺ, caso nominativo de la segunda persona singular del pronombre personal *tú*; Ἠλίας, caso nominativo masculino singular del nombre propio *Elías*; εἶ, segunda persona singular del presente de indicatio en voz activa del verbo εἰμί, *ser*; καὶ, conjunción copulativa *y*; λέγει, tercera persona singular del presente de indicativo en voz activa del verbo λέγω, *hablar, decir*, aquí *dice*, como presente histórico mejor *dijo*; οὐκ, forma escrita del adverbio de negación *no*, con el grafismo propio ante una vocal con espíritu suave o una enclítica; εἰμί, primera persona singular del presente de indicativo en voz activa del verbo εἰμί, *ser, estar*, aquí *soy*; ὁ, caso nominativo masculino singular del artículo determinado *el*; προφήτης, caso nominativo masculino singular del nombre común *profeta*; εἶ, segunda persona singular del presente de indicativo en voz activa del verbo εἰμί, *ser*, aquí *eres*; σύ, caso nominativo de la segunda persona singular del pronombre personal *tú*; καὶ, conjunción copulativa *y*; ἀπεκρίθη, tercera persona singular del aoristo primero de indicativo en voz pasiva del verbo ἀποκρίνομαι, *responder*, aquí *respondio*; οὔ, adverbio de negación *no*.

καὶ ἠρώτησαν αὐτόν· La respuesta de Juan no fue suficiente para los judíos, de modo que siguieron con el interrogatorio para descubrir quien era. No podían dejar de conocer la identidad de quien habían iniciado un ministerio llamando al pueblo al arrepentimiento y a la confesión.

τί οὖν σὺ Ἠλίας εἶ. La predicación de Juan y el bautismo les llevó a suponer que tal vez se tratase de Elías, el profeta que había sido anunciado como precursor del Mesías. En los sinópticos se relaciona al Bautista con Elías, como Jesús dijo de él: *"...el es aquel Elías que había de venir"* (Mt. 11:14); con mayor definición: *"A la verdad, Elías viene primero, y restaurará todas las cosas. Mas os digo que Elías ya vino, y no le conocieron, sino que hicieron con él todo lo que quisieron"* (Mt. 17:11-12). Los judíos esperaban la venida de Elías antes de la manifestación del Mesías. Así lo enseñaban los maestros religiosos de aquel tiempo. La profecía de Malaquías sobre el mensajero que vendría antes del Señor preparándole el camino, era literalmente el mismo profeta Elías (Mal. 4:5). En su ministerio el Señor confirmaría la expectativa de los judíos afirmando que Juan el Bautista era el Elías esperado, el Elías que iba a venir. No era el mismo profeta de la antigüedad resucitado, pero sí uno con el espíritu, valor y decisión de Elías (Lc. 1:17). La profecía debe abarcar dos períodos históricos, uno relativo a la primera y otro a la segunda venida de Cristo. El primero cumplido en la persona de Juan el Bautista, el segundo vendrá en los tiempos anteriores al regreso de Jesús a la tierra, bien sea el mismo Elías o tal vez otro con el espíritu y poder de Elías (Ap. 11:6). Los maestros religiosos, escribas y sacerdotes, entendían que el profeta debía venir antes de establecerse el reino mesiánico. Por esa razón, querían saber si Juan era el profeta que vendría antes de la llegada del Mesías. En ese sentido Juan cumplía lo anunciado por el ángel a su padre Zacarías: *"Y hará que muchos de los hijos de Israel se conviertan al Señor Dios de ellos. E irá delante de él con el espíritu y el poder de Elías, para hacer volver los corazones de los padres a los hijos, y de los rebeldes a la prudencia de los justos, para preparar al Señor un pueblo bien dispuesto"* (Lc. 1:16-17). La teología de los escribas estaba condicionada por un sistema que entendía al Mesías sólo como el Rey triunfante, por tanto no podía percibir en la profecía los diferentes niveles de cumplimiento que muchos pasajes tienen.

καὶ λέγει· οὐκ εἰμί. La respuesta del Bautista es también precisa: *"no soy"*. Aquellos entendían el cumplimiento de la profecía que anunciaba al Mesías como vinculada a la manifestación o aparición del profeta Elías. Juan niega respondiendo a la literalidad de la pregunta que le hacen, él no era Elías, esto es, no lo era en persona, pero si en el espíritu del profeta anunciado. Esto tenía que ver con la primera venida de Jesucristo.

ὁ προφήτης εἶ σύ. Las preguntas siguen. No podían quedarse en la duda de quien era Juan. De manera que si no era el Mesías, ni Elías, entonces bien podría ser *el profeta*. Moisés había anunciado que en el futuro vendría a la nación un profeta como él (Dt. 18:15, 18). Para los rabinos unos identificaban al profeta con el Mesías, otros a un profeta grande y excepcional. En el Nuevo Testamento, el *profeta* es aplicado por el apóstol Pedro a Jesús (Hch. 3:22) como también hace Esteban (Hch. 7:37). El pueblo judío abrigaba la esperanza de un futuro profeta, como se aprecia en la lectura de 1 Mac. 14:41. La ilación de las preguntas es lógica: Si no eres el Mesías, ni eres Elías, entonces serás el profeta, al que esperamos para preparar el camino de venida al Mesías.

καὶ ἀπεκρίθη· οὔ. La respuesta de Juan sigue siendo precisa: *no*. ¿En que sentido es ahora esa negación? ¿No era acaso el profeta? ¿No había sido anunciado a su padre como tal? Hijo de sacerdote, Juan conocía la interpretación que los sacerdotes daban al profeta, como el Mesías venidero, aunque, como se dijo antes había otra interpretación, por consiguiente respondió con un no que debe entenderse aquí como que no era el Mesías, a quien se identificaba con el profeta que había de venir. Con todo, la negación tiene que ver con que él no podía identificarse con ninguno de los que consideraba la religión judía.

22. Le dijeron: ¿Pues quién eres? para que demos respuesta a los que nos enviaron. ¿Qué dices de ti mismo?

εἶπαν οὖν αὐτῷ· τίς εἶ ἵνα ἀπόκρισιν δῶμεν τοῖς
Dijeron, pues a él ¿Quién eres? Para que respuesta demos a los
πέμψασιν ἡμᾶς· τί λέγεις περὶ σεαυτοῦ
que enviaron nos. ¿Qué dices acerca de ti mismo?

Notas y análisis del texto griego.

La respuesta de Juan se registra aquí con εἶπαν, tercera persona plural del aoristo segundo de indicativo en voz activa del verbo λέγω, *hablar, decir*, aquí como *dijeron*; οὖν, conjunción *pues*; αὐτῷ, caso dativo masculino de la tercera persona plural del pronombre personal declinado *a él, le*; τίς, caso nominativo masculino singular del pronombre interrogativo *quién*; εἶ, tercera persona singular del presente de indicativo en voz activa del verbo εἰμί, *ser*, aquí *eres*; ἵνα, conjunción causal *para que*; ἀπόκρισιν, caso acusativo femenino singular del nombre común *respuesta*; δῶμεν, primera persona plural del aoristo segundo de subjuntivo en voz activa del verbo δίδωμι, *dar*, aquí *demos*; τοῖς, caso dativo masculino plural del artículo determinado declinado *a los*; πέμψασιν, caso dativo masculino plural del participio del aoristo primero en voz activa del verbo πέμπω, *enviar, mandar, comisionar*, aquí *que enviaron*; ἡμᾶς, caso acusativo de la primera persona plural del pronombre personal declinado *a nosotros, nos*; τί, caso acusativo neutro singular del pronombre interrogativo *qué*; λέγεις, segunda persona singular del presente de indicativo en voz activa del verbo λέγω, *decir, hablar*, aquí *dices*; περὶ, preposición propia de genitivo *acerca de*; σεαυτοῦ, caso genitivo masculino singular del pronombre reflexión *ti mismo.*

εἶπαν οὖν αὐτῷ· τίς εἶ ἵνα ἀπόκρισιν δῶμεν τοῖς πέμψασιν ἡμᾶς· Los enviados para saber quien era Juan, no han conseguido identificarle. Las preguntas que le formularon resultaron en respuestas negativas. No era el Mesías, no era Elías, no era el profeta. Los esquemas religiosos se agotaron. Ninguno pensaba otra cosa que la que insistentemente les había sido enseñada. Debían regresar, y querían una respuesta. Por eso formulan a Juan una última pregunta, no sin antes informarle la razón que les motivaba para hacerla, debían dar respuesta a quienes les habían enviado con esa misión.

τί λέγεις περὶ σεαυτοῦ. Piden al Bautista que responda a la pregunta y que de testimonio de quien era. Habían procurado una respuesta a las preguntas que sugerentemente le hicieron. Todas ellas tenían un cierto riesgo si eran afirmativas. Jesús afrontaría esto más tarde cuando le acusaban y procuraban matarle por hacerse Hijo de Dios. Juan negó todo y no daba testimonio alguno de sí mismo. Por eso le piden que diga quien es para llevar algo con que responder sobre él.

La pregunta era comprometida y la respuesta comprometedora. Juan sabía que los judíos tomarían medidas contra él si se les molestaba en sus intereses y se les contradecía en sus criterios interpretativos. Sin embargo le habían preguntado y dará una respuesta.

23. Dijo: Yo soy la voz de uno que clama en el desierto: Enderezad el camino del Señor, como dijo el profeta Isaías.

ἔφη· ἐγὼ
Dijo: yo
φωνὴ βοῶντος ἐν τῇ ἐρήμῳ·
voz que clama en el desierto:
εὐθύνατε τὴν ὁδὸν Κυρίου,
Enderezad el camino del Señor.
καθὼς εἶπεν Ἠσαΐας ὁ προφήτης.
como dijo Isaías el profeta.

Notas y análisis del texto griego.

Sigue el relato: ἔφη· tercera persona singular del aoristo de indicativo en voz activa, o del imperfecto de indicativo en voz activa del verbo φημί, *decir*, aquí *dijo* o *decía*; ἐγὼ, caso nominativo masculino del la primera persona singular del pronombre personal *yo*; φωνὴ, caso nominativo femenino singular del nombre común *voz*; βοῶντος, caso genitivo masculino singular del participio de presente en voz activa del verbo βοάω, *gritar, exclamar, clamar*, aquí *que clama*; ἐν, preposición propia de dativo *en*; τῇ, caso dativo femenino singular del artículo determinado *la*; ἐρήμῳ, caspo dativo femenino singular del nombre común *desierto*; εὐθύνατε, segunda persona plural del aoristo primero de imperativo en voz activa del verbo εὐθύνω, *enderezar, dirigir*, aquí *enderezad*; τὴν, caso acusativo femenino singular del artículo determinado *la*; ὁδὸν, caso acusativo femenino singular del nombre común *calzada, camino*; Κυρίου, caso genitivo masculino singular del nombre divino declinado *del Señor*; καθὼς, conjunción causal o adverbio de modo *como*; εἶπεν, tercera persona singular del aoristo segundo de indicativo en voz activa del verbo λέγω, *hablar, decir*, aquí *dijo*; Ἠσαΐας, caso nominativo masculino singular del nombre propio *Isaías*; ὁ, caso nominativo masculino singular del artículo determinado *el*; προφήτης, caso nominativo masculino singular del nombre común *profeta*.

ἔφη· ἐγὼ φωνὴ βοῶντος ἐν τῇ ἐρήμῳ· El Bautista no se identifica con nadie en concreto, simplemente responde que él es *voz*, o *una voz*, incluso podría suponerse el artículo determinado *la voz*, que clama en el desierto. Está haciendo alusión a una cita del profeta Isaías, tomada muy a la letra de la LXX (Is. 40:3). La respuesta no permite que se le identifique con ningún personaje de la historia bíblica, tan solo es la voz que clama en el desierto.

εὐθύνατε τὴν ὁδὸν Κυρίου, La voz que gritaba en el desierto reclamaba que se preparase o se arreglase el camino para el Señor. En los tiempos del profeta se utilizaba a mensajeros enviados por alguna autoridad para que los caminos por donde iba a pasar algún grande, tal vez un rey o un emperador, fuesen arreglados para el día en que pasara por allí, como aparece en un papiro tolemaico del s. III a.C. en el que se describen los preparativos para la visita del capitán de la guardia real, y en el que se dan instrucciones para que se haga un camino antes de que llegue[46]. El profeta, usando un lenguaje figurado, llamaba al pueblo para apercibirse ante la llegada del Mesías. No se trataba de arreglar físicamente los caminos, sino de enderezar la vida personal de cada uno para aquella ocasión. Juan, por tanto, llamaba al arrepentimiento que enderezaría la vida ajustándola a las demandas que Dios había establecido en su Palabra.

καθὼς εἶπεν Ἠσαΐας ὁ προφήτης. La respuesta de Juan mediante una cita de la profecía, responde a lo que se ha insinuado antes sobre la intención de la pregunta de los judíos enviados desde Jerusalén. Aquellos estaban tratando de establecer la autoridad con que Juan predicaba y bautizaba, éste responde con la máxima autoridad posible, la de la Escritura, que procede de Dios por medio del profeta. Juan indica en la respuesta que su voz es una voz anónima, pero responde a una Escritura identificable como era la del profeta Isaías. Un contraste interesante aquí es que Juan es la palabra pronunciada, mientras que quien viene tras él es la Palabra encarnada.

24. Y los que habían sido enviados eran de los fariseos.

Καὶ[1]	ἀπεσταλμένοι	ἦσαν	ἐκ	τῶν	Φαρισαίων.
Y	(los) que habían sido enviados	eran	de	los	fariseos.

Notas y análisis del texto griego.

Haciendo una precisión, escribe: Καὶ, conjunción copulativa *y*; ἀπεσταλμένοι, caso nominativo masculino plural del participio de perfecto en voz pasiva del verbo ἀποστέλλω, *enviar*, aquí *que habían sido enviados*, supliendo el artículo masculino plural *los*, necesario en castellano; ἦσαν, tercera persona plural del imperfecto de indicativo en voz activa del verbo εἰμί, *ser*, aquí *eran*; ἐκ, preposición propia de genitivo *de*; τῶν, caso genitivo masculino plural del artículo determinado *los*; Φαρισαίων, caso nominativo masculino plural del nombre propio *fariseos*.

[46] Grenfell Hunt, *Greek Papyri*, serie II (1897).

Crítica Textual. Lecturas alternativas.

[1] Καὶ ἀπεσταλμένοι, *y habían sido enviados*, lectura atestiguada en $\mathfrak{p}^{66, 75}$, ℵ*, A*, B, C*, K, T, Ψ, 086, co, Orígenes.

Añade οἱ, *los*, como se lee en $ℵ^2$, A^c, C^3, K, N, W^s, Γ, Δ, Θ, 0234, $f^{1, 13}$, 33, 565, 579, 700, 892, 1241, 1424, 𝔐, bo^{bo}.

Καὶ ἀπεσταλμένοι ἦσαν ἐκ τῶν Φαρισαίων. Es interesante esta referencia hacia la identificación del grupo de personas que habían venido, a quienes el evangelista dice que eran de los *fariseos*. Un tanto extraño, ya que los sacerdotes eran generalmente del grupo saduceo, posiblemente esté refiriéndose no a todos los que habían sido enviados desde Jerusalén para inquirir al Bautista y determinar quien era y por qué hacía lo que hacía. Esto es aprovechado por los *críticos liberales*, para negar la autoría el *Evangelio*, haciendo ver que el escritor no estaba al tanto de la situación religiosa del tiempo anterior al año 70. La traducción sin artículo, como es atestiguada en los manuscritos más seguros, permite entender de esta manera, que habían sido enviados, por lo menos algunos, de entre los fariseos. No podemos olvidar que estos tenían una notable representación en el sanedrín. Como se aprecia en el evangelio y en los sinópticos, los del partido de los fariseos son generalmente los que atacan cualquier cosa que no esté bajo su control, haciéndolo abiertamente contra Cristo, y ahora, aunque veladamente, contra Juan.

25. Y le preguntaron, y le dijeron: ¿Por qué, pues, bautizas, si tú no eres el Cristo, ni Elías, ni el profeta?

καὶ ἠρώτησαν αὐτὸν[1] καὶ εἶπαν αὐτῷ· τί οὖν βαπτίζεις
Y preguntaron le y dijeron le: ¿Por qué, pues, bautizas
εἰ σὺ οὐκ εἶ ὁ Χριστὸς οὐδὲ Ἠλίας οὐδὲ ὁ προφήτης
si tú no eres el Cristo, ni Elías, ni el profeta.

Notas y análisis del texto griego.

Sin interrupción en el tema del relato, añade: καὶ, conjunción copulativa *y*; ἠρώτησαν, tercera persona plural del aoristo primero de indicativo en voz activa del verbo ἠρωτάω, *preguntar, requerir, inquirir, indagar*, aquí *preguntaron*; αὐτὸν, caso acusativo masculino de la tercera persona singular del pronombre personal declinado *a él, le*; καὶ, conjunción copulativa *y*; εἶπαν, tercera persona plural del aoristo segundo de indicativo en voz activa del verbo λέγω, *hablar, decir*, aquí *dijeron*; αὐτῷ, caso dativo masculino de la tercera persona singular del pronombre personal declinado *a él, le*; τί, caso acusativo neutro singular del pronombre interrogativo *qué, por qué*; οὖν, adverbio de afirmación que equivale a nuestra conjunción causal *pues*; βαπτίζεις, segunda persona singular del presente de indicativo en voz activa del verbo βαπτίζω, *bautizar*, aquí *bautizas*; εἰ, conjunción *si*; σὺ, caso nominativo de la segunda persona singular del pronombre personal *tú*; οὐκ, forma escrita del adverbio de negación *no*, con el grafismo propio ante una vocal con espíritu suave o una enclítica; εἶ, segunda persona singular del presente de indicativo en voz activa del verbo εἰμί, *ser*, aquí *eres*; ὁ, caso nominativo masculino singular del artículo determinado *el*; Χριστὸς, caso nominativo masculino singular del nombre propio *Cristo*; οὐδὲ, conjunción copulativa *ni*; Ἠλίας, caso nominativo masculino singular del nombre propio *Elías*; οὐδὲ, conjunción copulativa *ni*; ὁ, caso nominativo masculino singular del artículo determinado *el*; προφήτης, caso nominativo masculino singular del nombre común *profeta*.

Crítica Textual. Lecturas alternativas.

[1]καὶ ἠρώτησαν αὐτὸν, *y preguntaron le*, no aparece en las siguientes lecturas: ℵ, a, c, sir[c].

καὶ ἠρώτησαν αὐτὸν καὶ εἶπαν αὐτῷ· Los fariseos siguieron insistiendo en preguntarle al Bautista por su identidad. Dicho de otro modo, entre los enviados, sacerdotes y levitas, había algunos que eran fariseos, y éstos son los que atacan a Juan abiertamente.

τί οὖν βαπτίζεις εἰ σὺ οὐκ εἶ ὁ χριστὸς οὐδὲ Ἠλίας οὐδὲ ὁ προφήτης. En aquel tiempo todos esperaban que cuando apareciesen algunos de los personajes vinculados con la aparición del Mesías, e incluso Él, bautizasen a las gentes. En cierta medida estaban reprochando a Juan que si no era el Mesías, ni Elías, ni el profeta, bautizase, dicho de otro modo: ¿Cómo te atreves a bautizar, ya que este es un *rito* oficial, sin autorización para hacerlo? Los legalistas pretendían controlar todas las acciones que pudieran relacionarse con la religión, prohibiendo la práctica de todo cuanto estuviera relacionado con ella, sin la perceptiva aprobación del liderazgo religioso, entre los que se encontraban ellos. Es un problema general en toda la historia, quienes se consideran con derechos sobre la organización religiosa, procurarán impedir que otros actúen sin su consentimiento o autorización. El bautismo era una acción simbólica de purificación y el llamamiento al arrepentimiento y limpieza espiritual algo relacionado con el entorno mesiánico (Ez. 36:25; 37:23). La pregunta de los fariseos revestía un tono amenazante, como si dijesen: *¿Cómo te atreves a bautizar si no eres ninguno de los que te hemos señalado?* Hay siempre una amenaza velada en todo legalista que intenta controlar el sistema religioso y ve peligrar su posición en él.

26. Juan les respondió diciendo: Yo bautizo con agua; mas en medio de vosotros está uno a quien vosotros no conocéis.

ἀπεκρίθη αὐτοῖς ὁ Ἰωάννης λέγων[1]· ἐγὼ[2] βαπτίζω ἐν ὕδατι·
Respondió les - Juan diciendo: Yo bautizo en agua;
μέσος[3] ὑμῶν ἕστηκεν[4] ὃν ὑμεῖς οὐκ οἴδατε,
en medio de vosotros está el que vosotros no conocéis.

Notas y análisis del texto griego.

Trasladando la respuesta de Juan, dice: ἀπεκρίθη, tercera persona singular del aoristo primero de indicativo en voz pasiva del verbo, αποκρίνομαι, *responder, contestar*, aquí *respondió*; αὐτοῖς, caso dativo masculino de la tercera persona plural del pronombre personal declinado *a ellos, les*; ὁ, caso nominativo masculino singular del artículo determinado *el*; Ἰωάννης, caso nominativo masculino singular del nombre propio *Juan*; λέγων, caso nominativo masculino singular del participio de presente en voz activa del verbo λέγω, *hablar, decir*, aquí *diciendo*; ἐγὼ, caso nominativo de la primera persona singular del pronombre personal *yo*; βαπτίζω, primera persona singular del presente de indicativo en voz activa del verbo βαπτίζω, *bautizar*, aquí *bautizo*; ἐν, preposición propia de dativo *en*; ὕδατι, caso dativo neutro singular del nombre común *agua*; μέσος, caso nominativo neutro singular del adjetivo *en medio*; ὑμῶν, caso genitivo de la segunda persona plural del pronombre personal declinado *de vosotros*; ἕστηκεν, tercera persona singular del perfecto de indicativo en voz activa del verbo ἵστήμι, *poner, presentarse, estar en pie*, aquí en forma genérica *está*; ὃν, caso acusativo masculino singular del pronombre relativo *el que*; ὑμεῖς, caso nominativo de la segunda persona plural del pronombre personal *vosotros*; οὐκ, forma escrita del adverbio de negación *no*, con el grafismo propio ante una vocal con espíritu suave o una enclítica; οἴδατε, segunda persona plural del perfecto de indicativo en voz activa del verbo οἶδα, *saber, conocer, comprender, entender*, aquí *conocéis*.

Crítica Textual. Lecturas alternativas.

[1] λέγων, *diciendo*, no se encuentra en $\mathfrak{p}^{75, 120}$, f^{1}, e.

[2] ἐγω μὲν, *yo ciertamente*, lectura en f^{13}, it, sa^{mss}, bo^{pt}.

[3] μέσος ὑμῶν ἕστηκεν, *en medio de vosotros está*, según lectura en $\mathfrak{p}^{59, 66, 75, 120}$, ℵ, B, C*, K, 083, bo^{ms}.

μέσος δὲ ὑμῶν ἕστηκεν, *y en medio de vosotros está*, lectura en A, C^{2}, K, N, W^{s}, Γ, Δ, Θ, Ψ, $f^{1,13}$, 33, 565, 579, 700, 892, 1241, 1424, 𝔐, latt, sir, sa, bo.

[4] ἕστηκεν, *está*, en perfecto del verbo, lectura en $\mathfrak{p}^{66}$, A, C, K, N, T^{vid}, W^{s}, Γ, Δ, Θ, Ψ, f^{13}, 33, 565, 579, 700, 892, 1241, 1424, 𝔐, $Orígenes^{pt}$.

στήκει, *está*, en presente del verbo, como se lee en B, K, 083 f^1, Orígenes[pt].
εἱστήκει, *estaba*, lectura en $\mathfrak{p}^{75, 120vid}$, f, vg.

ἀπεκρίθη αὐτοῖς ὁ Ἰωάννης λέγων· Juan dio inmediata respuesta a la pregunta de los fariseos. A los que le seguían preguntando va a darles una respuesta definitiva.

ἐγὼ βαπτίζω ἐν ὕδατι· Reconoce lo que estaba haciendo, de modo que en la respuesta acepta la acusación que le hacían: *yo bautizo en agua*. Es interesante apreciar la preposición de dativo ἐν, que debe traducirse *en,* incluso *dentro de*, y no tanto *con* agua. En esa puntualización de Juan se aprecia que el bautismo que practicaba *con* agua, lo hacía *en agua*, es decir, por inmersión en el agua del Jordán, de ahí que buscaba un lugar donde hubiera abundancia de agua. Juan se limitaba a aplicar la *señal* correspondiente al arrepentimiento. Quienes venían a su bautismo y confesaban su condición, se identificaban mediante un bautismo de agua, simbólicamente en sentido de limpieza del pecado. Con eso responde a la acusación velada que le hacían los fariseos, como si les dijese *yo no me excedo en lo que hago*, pero tampoco necesito *autorización* para hacerlo puesto que me avala la Escritura y lo que en ella se establece para purificación personal.

μέσος ὑμῶν ἕστηκεν ὃν ὑμεῖς οὐκ οἴδατε, Ese bautismo en agua no produce una limpieza espiritual del pecado, pero tras él venía uno que era antes de él porque era primero y ese sería quien podía limpiar el pecado de quienes creyesen en Él. Juan les dice que ya estaba delante de ellos, pero también les advierte que aunque le estuviesen viendo *no le conocerían*, mejor *no le reconocerían*. El Mesías que aquellos esperaban era el *liberador*, el que vendría glorioso para establecer el reino, con el que, conforme a la esperanza judía encumbraría a Israel sobre las naciones. Jesús se manifestará *humilde*, en semejanza del hombre, cumpliéndose la profecía de Isaías que predecía la falta de aprecio por no tener el atractivo que se habían imaginado que debía tener el Mesías cuando viniese (Is. 53:2).

Juan afirma que el Cristo esperado estaba ya *en medio de vosotros*. La historia de la relación de Jesús con Juan era breve, pero impactante para él. Siguiendo el relato de los sinópticos, Jesús vino a Juan al Jordán para ser bautizado por él, a lo que el Bautista se oponía, sabiendo quien era Jesús (Mt. 3:13-14). ¿Conocía Juan a Jesús hasta el punto de distinguirlo como el Mesías? No podemos olvidar que Juan era profeta y que Dios se le había manifestado indicándole aspectos que le identificarían delante de él como el Mesías. En el bautismo recibió el testimonio inconfundible de que quien estaba en el agua para ser bautizado era el Mesías, el Hijo de Dios. El Espíritu descendió sobre Él en forma corporal como paloma y se mantenía sobre Él (Mt. 3:16). Luego de esto, Jesús había desaparecido del entorno donde estaba Juan, porque fue llevado por el Espíritu al desierto para ser tentado por el diablo (Mt. 4:1). Por lo menos hacía cuarenta días que no había visto a Jesús, ya que ese es el tiempo que duró la tentación (Mt. 4:2). Sin embargo, Juan no tenía duda que el Mesías se había manifestado y que necesariamente estaba en el mundo, por tanto estaba entre ellos.

Juan les dice que aunque estaba entre ellos, *no le conocían.* La construcción del texto griego es muy precisa: μέσος ὑμῶν ἕστηκεν ὃν ὑμεῖς οὐκ οἴδατε, *está entre vosotros al que vosotros no conocéis.* Este *no conocéis*, tiene dos sentidos. Por un lado no le identificaban porque no se distinguía del resto de los hombres en cuanto a apariencia. No podían conocerle porque ellos esperaban al Mesías-Rey, imponente en majestad y gloria, y lo único que podían ver era a un hombre al que llamaban con el nombre humano de *Jesús*, procedente de un lugar poco importante como era Nazaret de Galilea. La presencia del Verbo era poco significativa para ellos que estaban acostumbrados al boato religioso, al sistema ceremonial del templo, a la presencia distintiva del sacerdocio. Jesús no podía ser conocido para ellos, porque necesitaban fe para creer que aquel hombre era el Hijo de Dios. Pero, además, no le conocían espiritualmente, puesto que el evangelista dice que *"a lo suyo vino, y los suyos no le recibieron"* (v. 11). Sólo le conocían quienes creyeron en Él. Conocer a Dios en el sentido espiritual y vivencial solo es posible para quienes reciben a Cristo. Ninguno de aquellos fariseos estaba dispuesto a creer en Él y decididamente le serían contrarios, convirtiéndose en sus más firmes enemigos. Rechazaban la luz que alumbraba a los hombres y permanecían en las tinieblas, siendo ellos mismos tinieblas. Jesús se manifestaría ante ellos con las señales mesiánicas que los profetas habían anunciado que haría el Mesías, pero a pesar de ello *"no creían en Él"* (12:37). Desconociéndolo a Él, desconocían también la vida y la luz, y no solo eran tinieblas, sino que estaban entenebrecidos, imposibilitados para creer (12:39-40). El bautista hace aquí una afirmación profética que los involucraba: Cristo estaba en medio de ellos, pero ellos no le conocían, es más, no le querían conocer. La lógica de la religión fue, como ocurrió con los magos, buscar al Rey en el palacio real, pero nunca se les hubiese imaginado buscarlo en una perdida aldea llamada Belén y, mucho menos, buscarlo en ella en el lugar de los animales, acostado en el pesebre sobre el heno.

27. Éste es el que viene después de mí, el que es antes de mí, del cual yo no soy digno de desatar la correa del calzado.

ὁ[1] ὀπίσω μου ἐρχόμενος[2], οὗ οὐκ εἰμὶ[3] [ἐγὼ] ἄξιος[4] ἵνα
El después de mí que viene, de quien no soy yo digno para que
λύσω αὐτοῦ τὸν ἱμάντα τοῦ ὑποδήματος[5].
desate a Él la correa de la sandalia.

Notas y análisis del texto griego.

Siguiendo con el mismo tema, añade: ὁ, caso nominativo masculino singular del artículo determinado *el*; ὀπίσω, preposición propia de genitivo *detras de, después de*; μου, caso genitivo de la primera persona singular del pronombre personal *mí*; ἐρχόμενος, caso nominativo masculino singular del participio de presente en voz media del verbo ἔρχομαι, *venir*, aquí *que viene, viniendo*; οὗ, caso genitivo masculino singular del pronombre relativo declinado *de quien, del cual*; οὐκ, forma escrita del adverbio de negación *no*, con el grafismo propio ante una vocal con espíritu suave o una enclítica; εἰμὶ, primera persona singular del presente de indicativo en voz activa del verbo εἰμί, *ser*, aquí *soy*; ἐγὼ, caso nominativo de la primera persona singular del pronombre personal *yo*; ἄξιος, caso nominativo masculino singular del adjetivo *digno*; ἵνα, conjunción causal *para que*; λύσω, primera persona singular del aoristo primero de subjuntivo en voz activa del verbo λύω, *desatar, soltar, librar*, aquí *desate*; αὐτοῦ, caso genitivo masculino de la tercera persona singular del pronombre personal declinado *de él*; τὸν, caso acusativo masculino de la tercera persona singular del pronombre personal declinado *a él, le*; ἱμάντα, caso acusativo masculino singular del nombre común *correa*; τοῦ, caso genitivo neutro singular del artículo determinado declinado *del*; ὑποδήματος, caso genitivo neutro singular del nombre común *calzado, sandalias*.

Crítica Textual. Lecturas alternativas.

[1] ὁ, *el*, lectura atestiguada en 𝔭$^{66, 75, 120}$, ℵ^{2}, C*, K, T, W^{s}, Θ, 083, *f*^{1}, 33, 579, 1241, a, sir$^{s, c}$.

αὐτὸς ἐστιν ὁ, *él es el*, según lectura en A, C^{3}, K, N^{vid}, Γ, Δ, Ψ, *f*^{13}, 565, 700, 892, 1424, 𝔐, lat, sir$^{p, h}$.

[2] ὀπίσω μου ἐρχόμενος, *delante de mí viene*, lectura atestiguada en 𝔭$^{66, 75, 120}$,

Añade ἔμπροσθεν μου γέγονεν, *delante de mi ha venido*, según se lee en 𝔭$^{5, 66, 75, 119vid}$, ℵ, B, C*, K, N*, T, W^{s}, Ψ, 083, *f*^{1}, 33, 579, 1241, b, l, sir$^{s, c}$, co.

[3] οὗ οὐκ εἰμὶ, *de quien no soy*, lectura atestiguada en 𝔭$^{66c, 119}$, B, N, T, W^{s}, Ψ, 083, 579.

οὐκ εἰμὶ, *no soy*, lectura en $\mathfrak{p}^{66*, 75, 120}$, ℵ, C, K, f^{13}, 33, 565, aur*, q.
οὐκ εἰμὶ ἐγω, *no soy yo*, conforme a A, K, Γ, Δ, Θ, f^{1}, 700, 892, 1241, 1424, 𝔐, lat.

[4] Se lee ικανο, *digno, capaz, suficiente*, según lectura en $\mathfrak{p}^{66, 75}$.

[5] Se añade: αὐτὸς ὑμᾶς βαπτίσει ἐν Πνεύματι Ἁγίῳ καὶ πυρί, *Él os bautizará en Espíritu Santo y fuego*, como se lee en N.

ὁ ὀπίσω μου ἐρχόμενος, De nuevo vuelve a hacer referencia al *que después de mí viene*, o *esta viniendo*. Juan ha estado utilizando esta forma para hablar de Cristo. Él venía después de Él, en cuanto al tiempo histórico de los hombres, pero le antecedía puesto que era el Verbo encarnado. El Bautista quiere que los oyentes y, de forma muy especial los judíos que le preguntaban, supiesen anticipadamente por él la grandeza del Mesías que venía. Sin duda los judíos entendieron el mensaje de Juan, puesto que Jesús al preguntarles al final de su ministerio sobre la procedencia del bautismo de Juan, si era del cielo o de los hombres, no respondieron puesto que si respondían que era del cielo, se involucraba esta manifestación en la que el Bautista hablaba de la antecedencia de Jesús y, por tanto, de la deidad del Hijo de Dios (Mt. 21:25). Con mayor razón diría de ellos que *no conocían* a Jesús.

οὗ οὐκ εἰμὶ [ἐγὼ] ἄξιος ἵνα λύσω αὐτοῦ τὸν ἱμάντα τοῦ ὑποδήματος. Los judíos y los romanos solían usar una sandalia, o incluso una simple suela de cuero que se sujetaba a los pies por medio de tiras de cuero. Atar las sandalias era el oficio de siervos o de esclavos de menor rango. De este modo, como un esclavo indigno de hacer esa tarea, se consideraba Juan. La dignidad del Mesías eclipsaba cualquier otra dignidad humana. El texto de Juan no contiene la frase de los sinópticos en que se lee que no era digno de desatar encorvado, o puesto de rodillas delante de Él, la correa de su calzado. Tan sólo un mayúsculo tiene la frase[47], posiblemente por adaptación posterior de algún copista. Juan está destacando la grandeza del Mesías en relación con él mismo. Aunque era el mayor profeta de los que Dios envió al mundo con Su mensaje, como Jesús mismo dijo (Lc. 7:28), no podía compararse con la Palabra encarnada que es el espíritu de la profecía. Por esa razón dice que no tenía dignidad para un trabajo de esclavo a fin de que los judíos entendiesen que les hablaba del que había de venir, prometido por Dios a Su pueblo.

[47] Ver crítica textual del versículo.

28. Estas cosas sucedieron en Betábara, al otro lado del Jordán, donde Juan estaba bautizando.

ταῦτα ἐν Βηθανίᾳ[1] ἐγένετο πέραν τοῦ ᾿Ιορδάνου, ὅπου
Estas cosas en Betania sucedieron al otro lado del Jordán, donde
ἦν ὁ ᾿Ιωάννης βαπτίζων[2].
estaba - Juan bautizando.

Notas y análisis del texto griego.

Cerrando el párrafo, escribe: ταῦτα, caso nominativo neutro plural del pronombre demostrativo *estos*, en sentido de *estas cosas*; ἐν, preposición propia de dativo *en*; Βηθανίᾳ, caso dativo femenino singular del nombre propio *Betania*; ἐγένετο, tercera persona singular del segundo aoristo de indicativo en voz media del verbo γίνομαι, aquí con la acepción de *suceder*, aquí *sucedieron*; πέραν, adverbio de lugar, *más allá, al otro lado, a la otra orilla, orilla opuesta*; τοῦ, caso genitivo masculino singular del artículo determinado *del*; ᾿Ιορδάνου, caso genitivo masculino singular del nombre propio *Jordán*; ὅπου, adverbio relativo definido de lugar *donde*; ἦν, tercera persona singular del imperfecto de indicativo en voz activa del verbo εἰμί, *ser, estar*, aquí *estaba*; ὁ, caso nominativo masculino singular del artículo determinado *el*; ᾿Ιωάννης, caso nominativo masculino singular del nombre propio *Juan*; βαπτίζων, caso nominativo masculino singular del participio de presente en voz activa del verbo βαπτίζω, *bautizar*, aquí *bautizando*.

Crítica Textual. Lecturas alternativas.

[1] Βηθανίᾳ, lectura atestiguada en $\mathfrak{p}^{56, 65}$, ℵ, B, C, W^s, Θ, it, vg, h^1, bo^h.

Βηθαβαρᾷ, según lectura en C, K, T, Ψ, 083, $f^{1,13}$, 33, pm, $sir^{s,c}$, sa^{mss}, Orígenes, Eusebio.

Βηθαραβᾷ, lectura en $ℵ^2$, 892^{v1}, sa^{sa}.

[2] ὁ ᾿Ιωάννης βαπτίζων, *Juan bautizando*, lectura en $\mathfrak{p}^{66, 75}$, ℵ, B, C, W^s.

Se suprime en A, K, K, N, T, Γ, Δ, Θ, Ψ, $f^{1, 13}$, 33, 565, 579, 700, 892, 1241, 1424, 𝔐.

ταῦτα ἐν Βηθανίᾳ ἐγένετο πέραν τοῦ ᾿Ιορδάνου, Juan hace una precisión de situación, al decir que todas las cosas que habían sucedido ocurrieron en *Betania*, precisando para evitar confusiones que no se trataba de la Betania próxima a Jerusalén, sino de una con el mismo nombre que estaba situada *al otro lado*, la orilla oriental.

Debido a las variantes, algunos eruditos han considerado que el nombre Betania es una alteración de la lectura *Betábara*, que figura en algunos mss. Los *críticos*, aprovechando cualquier posible alteración, la usan para establecer una base más a su teoría de la traslación del texto, afirmando que se trata de la Betania próxima a Jerusalén, de ahí que los sacerdotes, levitas y fariseos, pudiesen fácilmente acercarse a Jesús para cumplir la comisión que les había sido dada, posiblemente desde el sanedrín en Jerusalén. Se añade aquí como base para usar *Betábara* y no *Betania*, que Orígenes había buscado cuidadosamente el lugar, unos cien años después de la fecha probable de datación del *Evangelio*, sin encontrarlo. En cambio encontró una *Betábara* donde la tradición local situaba el lugar en el que Juan bautizaba. Por tanto dio como correcto este nombre desechando el de Betania. Con todo, debe mantenerse el de Betania, y no Betábara, por razones de *dificultad*, de manera que usar el primero suponía una dificultad en la lectura ya que otro lugar tenía el mismo nombre y, en cierto modo, era más conocido que aquel donde Juan Bautizaba. Además, la precisión puntual del lugar *al otro lado del Jordán*, asegura el nombre como el correcto, puesto que si fuese Betábara, conocido incluso tiempo después, no necesitaba delimitar la situación, excusando el hablar de su situación al otro lado del Jordán. El Bautista recorrió toda la extensión del Jordán desde el Mar Muerto y el Lago de Galilea. El lugar al que se refiere el evangelista debía estar cercano a la desembocadura del Jordán en el Mar Muerto.

ὅπου ἦν ὁ Ἰωάννης βαπτίζων. La frase *donde Juan estaba bautizando*, puede entenderse como que lo hacía al otro lado del lugar donde estaba Betania, o que ambos estaban al otro lado del Jordán. Esto no tiene importancia, porque el lugar donde bautizaba se identifica con la población próxima al mismo. Algunos manuscritos omiten esta referencia, mientras que otros la tienen.

El bautismo de Jesús (1:29-34).

29. El siguiente día vio Juan a Jesús que venía a él, y dijo: He aquí el Cordero de Dios, que quita el pecado del mundo.

Τῇ ἐπαύριον βλέπει τὸν Ἰησοῦν ἐρχόμενον πρὸς αὐτὸν καὶ
Al día siguiente vio - a Jesús que venía hacia él y
λέγει· Ἴδε ὁ ἀμνὸς τοῦ Θεοῦ ὁ αἴρων τὴν ἁμαρτίαν τοῦ κόσμου.
dijo: ¡Mira! el Cordero - de Dios el que quita el pecado del mundo.

Notas y análisis del texto griego.

Comenzando la descripción de una nueva escena, dice: Τῇ, caso dativo femenino singular del artículo determinado declinado *a la*, en castellano *al*; ἐπαύριον, adverbio de tiempo *día siguiente*; βλέπει, tercera persona singular del presente de indicactivo en voz activa del verbo βλέπω, *ver*, aquí *ve*, como presente histórico *vio*; τὸν, caso acusativo masculino singular del artículo determinado *el*; Ἰησοῦν, caso acusativo masculino singular del nombre propio declinado *a Jesús*; ἐρχόμενον, caso acusativo masculino singular del presente de indicativo en voz media del verbo ἔρχομαι, *venir*, aquí *que viene*, también como presente histórico mejor *que venía*; πρὸς, preposición propia de acusativo *a, hacia*; αὐτὸν, caso acusativo masculino de la tercera persona singular del pronombre personal *él*; καὶ, conjunción copulativa *y*; λέγει, tercera persona singular del presente de indicativo en voz activa del verbo λέγω, *decir, hablar*, aquí *dice*, como en los otros presentes históricos, mejor *dijo*; ἴδε, segunda persona singular del aoristo segundo de imperativo en voz activa del verbo ὁραω, *ver, atender*, aquí como *mira, presta atención*, que aquí podría usarse como una interjección *¡mira!*, muchas veces se traduce como *he aquí*; ὁ, caso nominativo masculino singular del artículo determinado *el*; ἀμνὸς, caso nominativo masculino singular del nombre común *cordero*; τοῦ, caso genitivo masculino singular del artículo determinado *el*; Θεοῦ, caso genitivo masculino singular del nombre divino declinado *de Dios*; ὁ, caso nominativo masculino singular del artículo determinado *el*; αἴρων, caso nominativo masculino singular del participio de presente en voz activa del verbo αἴρω, *levantar, retirar, quitar*, aquí *que quita*; τὴν, caso acusativo femenino singular del artículo determinado *la*; ἁμαρτίαν, caso acusativo femenino singular del nombre común *pecado*; τοῦ, caso genitivo masculino singular del artículo determinado declinado *del*; κόσμου, caso genitivo masculino singular del nombre común *mundo*.

Τῇ ἐπαύριον βλέπει τὸν Ἰησοῦν ἐρχόμενον πρὸς αὐτὸν καὶ λέγει· La primera palabra del versículo es un adverbio de tiempo ἐπαύριον, que no tiene otra traducción que *siguiente día*, es decir, al día siguiente al actual. En este caso señala el día siguiente al de la escena descrita en los versículos anteriores, diríamos con precisión, veinticuatro horas después del encuentro con los judíos y el grupo de los fariseos. Esta precisión cronológica se repite más adelante (vv. 35-43), como algo que quedó marcado en el pensamiento del evangelista, consecuente del primer encuentro con Jesús. No cabe duda que Jesús había terminado el tiempo en el desierto donde se habían producido las tentaciones y, desde allí, vuelve al lugar donde estaba ministrando y bautizando Juan. Esto nada tiene que ver con el bautismo de Jesús, al que se alude en el texto en tiempo pasado, como algo ocurrido antes. El Bautista vio aparecer entre la gente que le rodeaba, la figura de Jesús. El texto dice que Jesús venía *hacia* él. Al descubrir su presencia dijo delante de todos los que le rodeaban lo que sigue en el versículo.

ἴδε. La frase se inicia con el ἴδε, que gramaticalmente es el aoristo de imperativo del verbo ὁράω, *ver, atender*, con el uso se convirtió en un uso interjectivo, equivalente a *¡mira!*, o *¡atiende!*, que sin duda es el sentido que debe dársele en este lugar. La escena es muy vívida. El Bautista ve aparecer a Jesús y da una voz de atención a todos para que le presten atención. No sabemos, salvo por lo que podría suponerse a la luz del *Evangelio según Mateo* (Mt. 3:14), si Juan conocía antes del bautismo a Jesús. Aunque su relación familiar podría haberlo permitido, no hay referencia bíblica que permita hacer una afirmación en ese sentido. Pero, lo que no cabe duda es que el Bautista quedó impactado en la ocasión en que bautizó a Jesús, como se notará más adelante. Juan llama la atención de todos, como si dijese: *¡Mirad todos!* o *¡Atended todos! a lo que voy a decir.*

ὁ ἀμνὸς τοῦ Θεοῦ. Señala a Cristo como *el Cordero de Dios.* El genitivo de sujeto exige entender que es el Cordero que Dios ha escogido para víctima sacrificial. El cordero era la víctima ordinaria para los sacrificios del orden mosaico. El pueblo de Israel estaba muy acostumbrado a recordar en la Pascua, el sacrificio del cordero cuya sangre, puesta en el dintel y en los postes de las puertas, había librado a los primogénitos de Israel de la muerte con el resto de los primogénitos, tanto de personas como de animales, en el día en que Dios liberó al pueblo de la esclavitud de Egipto (Ex. 12-13; cf. Jn. 19:36; 1 Co. 5:7; 1 P. 1:19). No cabe duda que todos entendían el alcance espiritual del sacrificio del cordero. Además la profecía de Isaías presenta al Mesías en el sentido en que Juan manifiesta: *"Todos nosotros nos descarriamos como ovejas, cada cual se apartó por su camino; mas Jehová cargó en él el pecado de todos nosotros. Angustiado él, y afligido, no abrió su boca; como cordero fue llevado al matadero;... Con todo eso, Jehová quiso quebrantarlo, sujetándole a padecimiento"* (Is. 53:6, 7, 10). Juan que escribió primero el Apocalipsis, considera el Cordero como símbolo de redención y sacrificio por los pecados (Ap. 5:6, 8; 7:14; 12:11; 13:8). Más adelante, en el *Evangelio*, relacionará la muerte de Jesús con la del cordero pascual (19:36). La idea fundamental aquí es la de sacrificio expiatorio por el pecado.

Dios había establecido en la ley ritual todo el orden sacrificial. Pero no había provisto de cordero al pueblo, sino que los sacrificios se repetían continuamente día a día y era el pueblo, colectiva o individualmente, quienes se proveían de un cordero. Sin embargo, ninguno de esos sacrificios podía *retirar* el pecado del pecador, simplemente en forma simbólica apuntaban al sacrificio definitivo por el pecado que tendría lugar en el sacrificio del Cordero de Dios, que es Jesucristo. El escritor a los Hebreos dice: *"Y ciertamente todo sacerdote está día tras día ministrando y ofreciendo muchas veces los mismos sacrificios, que nunca pueden quitar los pecados"* (He. 10:11). La razón para este proceder era que aquellos sacrificios *"nunca pueden quitar los pecados"*. La principal dificultad no estriba en el ofrecimiento de *los mismos sacrificios* continuamente, sino en la necesidad de repetirse por incapacidad para solucionar el problema del pecado. Los sacrificios de la antigua dispensación no podían *quitar*, literalmente *despojar*, lo que equivale a quitar totalmente o suprimir, es decir, como si el hombre, en base al sacrificio pudiera quitarse algo que lo oprimía alrededor y que es el pecado. A pesar de los sacrificios seguían teniendo conciencia de que el pecado les afectaba. En el tiempo histórico de Juan el Bautista, Dios se había provisto de Cordero para un sacrificio definitivo, único e irrepetible. Allí en presencia de quienes rodeaban a Juan, estaba Aquel que era el Cordero establecido desde la eternidad, así lo entendería más adelante el apóstol Pedro, cuando escribía: *"Sabiendo que fuisteis rescatados... con la sangre preciosa de Cristo, como de un cordero sin mancha y sin contaminación, ya destinado desde antes de la fundación del mundo"* (1 P. 1:18-20). El Cordero de Dios hacía irrupción en la historia del hombre como resultado o consecuencia de la eterna determinación relacionada con el ministerio soteriológico del Verbo encarnado. Juan lo precisa bien: *"el Cordero de Dios"*.

Tal vez Juan, estando próximo el tiempo de la Pascua, estaba pensando en el Cordero pascual. Dios había establecido ese ritual como recuerdo permanente para el pueblo de Israel (Ex. 12:7-9). El sacrificio del cordero simbolizaba la base de la paz y el centro de la unidad de quienes eran objetos de la gracia de Dios en salvación. La sangre del cordero puesta en el dintel y en los postes garantizaba la paz (Ex. 12:13). En el tiempo de los apóstoles, cuando comenzó la andadura de la Iglesia, Pablo diría, que justificados por la fe tenemos paz para con Dios (Ro. 5:1). Aquel cordero era también el núcleo central en la convocatoria familiar reunida para la celebración. Eran salvos sólo por la sangre del cordero, pero mantenían comunión unos con otros en torno al cordero que había sido sacrificado. Simbólicamente el sacrificio *limpiaba* al pecador de su pecado, cumplimiento definitivo no en la figura sino en la realidad de Cristo, cuya muerte nos limpia de todo pecado (1 Jn. 1:7). Nuestro Salvador, el Cordero de Dios, es el medio de unidad y comunión de los creyentes (Mt. 18:20; 1 Co. 12:13; 1 Jn. 1:3). Según la *Epístola a los Hebreos*, la muerte de Cristo está vinculada al cumplimiento perfecto de las *sombras* de los viejos sacrificios. En ese escrito se ofrece más información sobre la muerte de Cristo que en ningún otro libro del Nuevo Testamento. Baste con algunas de las citas que están en ella respecto a la muerte del que Juan anuncia como el Cordero de Dios (He. 1:3; 2:9; 5:1-10; 7:25-27; 9:12-15,16-18; 10:1-21; 12:2,24;13:10-13).

ὁ αἴρων τὴν ἁμαρτίαν τοῦ κόσμου. Lo que sigue es el contenido de lo que Juan quería que atendiesen. Es posible que sus palabras fuesen pronunciadas señalando a Jesús que se había acercado. Lo que dice es sorprendente: *"el Cordero de Dios que quita el pecado del mundo"*. El verbo αἴρω, tiene un amplio significado, traduciéndose por *tomar, quitar, levantar, cargar.* Los sacrificios de la ley no hacían más que *cubrir*, pasando por alto los pecados, en vista a la realización del sacrificio perfecto del Cordero de Dios. El original griego podría traducirse aquí como *toma sobre sí.* De hecho es así como Jesús quitó los pecados del mundo, tomándolos sobre sí. Esto implica necesariamente la idea de un sacrificio sustitutorio por los pecadores. Si la sentencia divina por el pecado es la muerte, y todos los hombres tienen que morir por esta razón, el Cordero viene a dar vida, pero, ha de satisfacer la deuda penal contraída por el pecado. De otro modo, debe morir *"el Justo por los injustos, para llevarnos a Dios"* (1 P. 3:18).

Sustitución o *sustituto*, en relación con la obra de Cristo, no son en sí mismos términos bíblicos. Sin embargo la Escritura enseña con toda claridad que Cristo murió por los pecados del mundo siendo, en palabras que Juan pronunció en esta ocasión, *"el Cordero de Dios, que quita el pecado del mundo"* (1:29). Jesús de Nazaret fue en su muerte, el sustituto de los pecadores, ya que potencialmente ocupó su lugar, como se enseña extensamente en las Escrituras. Por medio de la *muerte sustitutoria* o *vicaria*, los juicios de Dios y la condenación por el pecado fueron llevados por Cristo, desviando la ira de Dios hacia su Persona, para que los *herederos de ira* pudieran ser hechos objetos de misericordia y salvos por la obra de la Cruz. Habiendo ocupado el lugar del pecador y satisfecho totalmente las exigencias divinas para salvación, el pecador puede ser salvo reconociendo que Cristo murió por sus pecados y aceptarlo por la fe como Salvador personal. La sustitución, aunque es necesaria para la eficacia de la obra salvífica, no expresa absoluta y definitivamente todo lo que se llevó a cabo en la muerte de Cristo. Sin embargo representa un elemento vital en la obra de la Cruz. En ocasiones se utiliza para referirse a la plenitud de la obra salvífica el término *expiación*, sin embargo no aparece en ningún lugar del N.T. utilizándose, tal vez, en el sentido de cubrir o tapar el pecado, para aplicarlo a la obra que Cristo llevó a cabo en Su muerte. De este modo escriben Chafer y Walvoord:

"El uso popular ha tratado de introducir para este propósito la palabra expiación; pero este vocablo no aparece ni una sola vez en el Nuevo

Testamento, y, de acuerdo a su uso en el Antiguo Testamento, significa solamente cubrir el pecado. Esto proveía una base para un perdón temporal "a causa de haber pasado por alto, en su paciencia, los pecados pasados" (Ro. 3:25). Aunque en los tiempos del Antiguo Testamento se requería nada más que el sacrificio de un animal para el "remitir" (literalmente "tolerar", "pasar por alto") y el "disimular" (literalmente pasar por alto sin castigo) (Hch. 17:30) de los pecados, Dios estaba, no obstante, actuando en perfecta justicia al hacer este requerimiento, puesto que Él miraba hacia la manifestación de su Cordero, el cual vendría no solamente a pasar por alto o cubrir el pecado, sino a quitarlo de una vez y para siempre (Jn. 1:29)[48]".

Cuando Juan anuncia a Cristo como el *Cordero de Dios que quita el pecado del mundo*, tiene que estar hablando necesariamente del Cordero que sustituye al pecador muriendo por él. La enseñanza de la sustitución está probada en la Escritura aun sin mencionarla como tal, de igual modo que se enseña la Trinidad sin que haya un texto que se refiera a ella por ese nombre. La profecía anuncia la sustitución, en donde el Salvador es cargado con nuestras enfermedades, sufre nuestros dolores, es herido por nuestras rebeliones, molido por nuestros pecados, el castigo de nuestra paz fue sobre Él y por su llaga fuimos curados, aún más, Dios cargó en Él el pecado de todos nosotros (Is. 53:4-6). Esa misma verdad está establecida en las palabras de Jesús: *"Como el Hijo del Hombre no vino para ser servido, sino para servir, y para dar su vida en rescate por muchos"* (Mt. 20:28). Eso mismo enseña el apóstol Pablo cuando dice que el Señor se dio a Sí mismo en rescate por todos (1 Ti. 2:6). En la idea de sustitución que el Cordero de Dios hace, es necesario recordar el *sufrimiento vicario*, con lo que se quiere decir que uno ocupa el lugar y toma sobre sí el sufrimiento propio de otro. En el sentido de sustitución, el Cordero de Dios toma sobre sí el castigo de *nuestra paz* (Is. 53:5). La dimensión de la deuda contraída por el pecador a causa de su pecado, adquiere una dimensión imposible de cancelar por él ni en el tiempo ni en la eternidad. Ningún hombre podría sustituir a otro hombre cargando con sus pecados, porque el sustituto tendría que estar exento de todo pecado para poder tomar la responsabilidad de los ajenos. Cuando Cristo es ofrecido en sacrificio por el pecado del mundo, con la voluntad del Padre, es evidente que no había otro medio para la salvación de los pecadores mas que ocupando su lugar. Los sufrimientos de la pasión, en donde el Cordero de Dios ofrece su vida en sacrificio, expresan el amor eterno de Dios hacia los

---

[48] *Grandes Temas Bíblicos*. Edit. Portavoz, pág. 69 s.

pecadores, siendo la necesaria ejecución en el tiempo de lo que Dios había planeado y determinado desde la eternidad (2 Ti. 1:9).

Para poder *quitar el pecado del mundo*, el Cordero de Dios tenía que ser el sustituto en relación al juicio del pecado. Hay varios textos que muestran el alcance de esa dimensión (cf. 1 Co. 15:3; 2 Co. 5:21; Gá. 3:13; 1 P. 2:24). Además la muerte de Cristo es también un sacrifico propiciatorio. La palabra ἱλαστήριον, se usa en relación con el propiciatorio situado sobre la cubierta del Arca del Testimonio, donde se extendía la sangre del sacrificio de expiación (He. 9:5). En el día de la expiación el propiciatorio era rociado con la sangre del sacrificio (Lv. 16:14ss). Por medio de ese sacrificio, figura del venidero, el pecado del pueblo era *cubierto* y *pasado por alto*, en espera de la ejecución en Cristo de lo que ese sacrificio simbolizaba. En nuestro lenguaje humano la *espera* del tiempo en que se sacrificaría el Cordero de Dios, significa que transcurran años, incluso siglos hasta que se lleve a cabo, pero el tiempo que transcurre para el hombre no lo hace para Dios, que es eterno y vive en la eternidad, por eso el sacrificio del Calvario, planificado y establecido en la eternidad, era ya para Él cumplido, de modo que podía aplicarse porque era una realidad. Por esta causa el pecador más perdido podía invocar el favor misericordioso y la gracia divina hacia él (Lc. 18:13). De modo perfecto, el sacrificio de Cristo cambia el trono de juicio por el de misericordia (He. 9:11-15). El término ἱλασμός, alude al acto de la propiciación (1 Jn. 2:2; 4:10). Al morir en la Cruz, Cristo satisfizo todas las demandas de Dios en cuanto al juicio por el pecado. En esa obra queda satisfecha la demanda pendiente por los pecados pasados anteriormente por alto (Ro. 3:25-26). La deuda penal por el pecado, queda resuelta y cancelada sobre la base de la obra que Cristo haría en la Cruz. Pero, a diferencia del sacrifico propiciatorio que *cubría* el pecado y que, por esa causa, había de ser repetido continuamente, el de Cristo *no cubre*, sino que *quita* el pecado, habiendo llevado sobre Sí el juicio que la responsabilidad penal demandaba del pecador.

Hay todavía algo más, el sacrificio del Cordero de Dios tiene un aspecto expiatorio, siendo el sustituto que sufrió la pena o castigo que merecía el pecador (Lv. 16:21; Is. 53:6; Mt. 20:28; Lc. 22:37; Jn. 10:11; Ro. 5:6-8; 1 P. 3:18). Por esa causa, como sacrificio por el pecado, tiene que morir en la Cruz y sufrir el juicio del pecado del mundo (1 Co. 15:3-4; 2 Co. 5:19-21; 1 P. 1:18-19). El cordero del sacrificio levítico, era ofrecido por un sacerdote, o por el Sumo Sacerdote si se trataba del sacrifico anual de expiación (He. 7:25-27). Jesús ofreció su vida en la Cruz, voluntaria y personalmente, constituyéndose además de víctima, en sacerdote que la ofrece (He. 10:1-10). La pena del pecado puede ser remitida por el carácter expiatorio del sacrificio del Cordero de Dios. En la antigua dispensación el pecador era perdonado cuando presentaba un sacrificio para la expiación, que era tipo de la muerte de Cristo en la Cruz (Lv. 4:20, 26, 31, 35; 5:10, 13, 16, 18; 6:7; 19:22; Nm. 15:25, 26, 28). Esa misma verdad prevalece en relación con la sangre derramada en el Calvario, como base de perdón para todo pecador que cree (Ef. 1:7; Col. 1:14). Todo pecador puede ser perdonado, porque el juicio por su pecado cayó con todo rigor sobre Cristo en la Cruz (1 P. 2:24; 3:18). En razón del sacrificio expiatorio de Cristo, Dios está en libertad de manifestar Su gracia a quienes no tienen mérito alguno, salvándolos a pesar de lo que son (Ro. 5:8; Ef. 2:7-10). Toda condenación es quitada para siempre en razón del sacrificio y los méritos del Cordero de Dios (3:18; 5:24; Ro. 8:1; 1 Co. 11:31-32).

El Cordero de Dios que *quita el pecado del mundo* establece en Su sacrificio la paz con Dios, o lo que se llama *la reconciliación*. Este término tiene que ver con el restablecimiento de relaciones entre quienes estaban en enemistad. Para alcanzar esta situación en relación con Dios, ha de superarse primeramente los obstáculos que la impiden. En el Nuevo Testamento se habla de la *reconciliación*. El sustantivo ἱλασμός, se usaba en el griego clásico refiriéndose a la acción del hombre para reconciliarse con algún dios ofendido, por supuesto nada tiene que ver esto con la reconciliación según la Escritura. Pero también hay otra palabra καταλλάσσω, que como la mayoría de las palabras procedía de la vida ordinaria y común en el mundo heleno y se vincula con un cambio positivo de una relación negativa. Esta es la palabra que junto con sus derivados se usa en el Nuevo Testamento para referirse a la reconciliación. El significado de *reconciliación*, es *cambiar completamente*, esto es, producir un cambio de posición. El sujeto de la reconciliación no es el hombre sino Dios: *"Y todo esto proviene de Dios, quien nos reconcilió consigo mismo por Cristo, y nos dio el ministerio de la reconciliación; que Dios estaba en Cristo reconciliando consigo al mundo, no tomándoles en cuenta a los hombres sus pecados..."* (2 Co. 5:18-19). La gran diferencia en el concepto de reconciliación en el N.T. con relación al mundo profano, es que el sujeto de la reconciliación, no es el hombre, sino Dios. La reconciliación obrada por Dios es la consecuencia de una obra cumplida en la Cruz (Ro. 5:10). Precede y excluye toda obra humana, ya que no es una actuación del hombre lo que provoca la reconciliación con Dios, sino al revés. El hombre responde a la obra que Dios hizo, aceptándola por fe. El apóstol Pablo enseña que es una obra realizada por Dios, fuera de toda intervención humana. La reconciliación tuvo lugar por medio de la obra de Cristo (Ro.5:10s). Esa obra permite a Dios declarar justificado a todo aquel que cree (Ro. 5:1).

Finalmente observamos el texto: *...quita el pecado del mundo.* ¿Cómo entender esta afirmación? ¿Acaso la obra del Cordero de Dios y su sacrificio hace salvo a todo hombre y retira de todo el mundo, entendiéndolo como de todos los hombres, sus pecados? ¿Produce esto una salvación universal? No, sin lugar a duda. Sin embargo en esa obra se produce una doble sustitución, una *potencial* y otra *virtual*. La primera hace *potencialmente salvable* a todo hombre. Nadie podrá decir a Dios en el Trono Blanco que no hizo lo suficiente para su salvación. Otra es una *sustitución virtual*, por la que se salva todo aquel que cree. En este sentido tampoco hay limitación ya que Cristo murió por todos. Este mismo versículo es una de las bases que sustenta la muerte por todo y no por algunos. El mismo apóstol Pablo lo enseña con absoluta precisión cuando dice que *"...es el Salvador de todos los hombres, mayormente de los que creen"* (1 Ti. 4:10b). En ocasiones se solventa el aparente problema diciendo que *todo el mundo* es una referencia a los escogidos desde la eternidad para salvación. Sin embargo, está muy lejos de poder sustentarse en el contexto inmediato que rodea la frase, e incluso el que discurre desde los primeros versículos del *Evangelio*. Otras veces se habla de una eterna elección para reprobación, de otro modo, Dios escogió desde la eternidad a unos para salvación, dejando a los otros condenados por sus pecados. El grave problema que supone el *decreto de reprobación*, está en que no existe un solo texto bíblico que lo afirme y, por tanto, a él se llega mediante una deducción lógica: si escogió a unos para salvación, luego, negó la salvación al resto. Una acción semejante no tiene que ver tanto con la justicia o injusticia del acto, injusticia que no puede existir en Dios, sino en la confrontación que supone con el deseo personal de Él que *"Vivo yo, dice Jehová el Señor, que no quiero la muerte del impío, sino que se vuelva el impío de su camino, y que viva"* (Ez. 33:11), es más, el apóstol Pablo dice, refiriéndose a Dios, *"el cual quiere que todos los hombres sean salvos y vengan al conocimiento de la verdad"* (1 Ti. 2:4). No se trata de voluntad soberana o afectiva, sino de contraste en la determinación de pre-condenación y el deseo de salvación. Aquí Juan hace una afirmación clara, concreta, precisa: *"He aquí, el Cordero de Dios que quita el pecado del mundo"*. Este Cordero llamará a los hombres a salvación y salvará a todo aquel que cree en Él.

30. Este es aquel de quien yo dije: Después de mi viene un varón, el cual es antes de mí; porque era primero que yo.

οὗτος ἐστιν ὑπὲρ[1] οὗ ἐγὼ εἶπον· ὀπίσω μου ἔρχεται ἀνὴρ
Éste es por quien yo dije: Después de mí viene varón

ὃς ἔμπροσθεν μου γέγονεν, ὅτι πρῶτος μου ἦν.
quien antes de mi ha sido, porque primero de mí es.

Notas y análisis del texto griego.

Siguiendo con el testimonio sobre Jesús, dice: οὗτος, caso nominativo masculino singular del pronombre demostrativo *éste*; ἐστιν, tercera persona singular del presente de indicativo en voz activa del verbo εἰμί, *ser*, aquí *es*; ὑπὲρ, preposición propia de genitivo *por, a favor de, por causa de, para bien de, en lugar de*; οὗ, caso genitivo masculino singular del pronombre relativo *el que, el cual, quien*; ἐγὼ, caso nominativo de la primera persona singular del pronombre peronal *yo*; εἶπον, primera persona singular del segundo aoristo de indicativo en voz activa del verbo λέγω, *hablar, decir*, aquí *dije*; ὀπίσω, preposición propia de genitivo *detrás de*; μου, caso genitivo de la primera persona singular del pronombre personal *mí*; ἔρχεται, tercera persona singular del presente de indicativo en voz media del verbo ἔρχομαι, *venir*, aquí *viene*; ἀνὴρ, caso nominativo masculino singular del nombre común *varón*; ὃς, caso nominativo masculino singular del pronombre relativo *el que, el cual, quien*; ἔμπροσθεν, preposición propia de genitivo *antes de*; μου, caso genitivo de la primera persona singular del pronombre personal *mí*; γέγονεν, tercera persona singular del perfecto de indicativo en voz activa del verbo γίνομαι, con la acepción *ser*, aquí *ha sido*; ὅτι, conjunción causal *porque*; πρῶτος, caso nominativo masculino singular del adjetivo numeral ordinal *primero*; μου, caso genitivo de la primera persona singular del pronombre personal declinado *de mí*; ἦν, tercera persona singular del presente de indicativo en voz activa del verbo εἰμί, *ser*, aquí *es*.

Crítica Textual. Lecturas alternativas.

[1] ὑπὲρ, *por*, según lectura en $\mathfrak{p}^{5, 66, 75, 106vid}$, ℵ*, B, C, W^s.

περί, *acerca de*, conforme a A, C^3, K, N, P, Γ, Δ, Θ, Ψ, 0101, $f^{1, 13}$, 33, 565, 579, 700, 892, 1241, 1424, 2211, 𝔐, Epifanio.

οὗτος ἐστιν ὑπὲρ οὗ ἐγὼ εἶπον· Juan hace mención a lo que había dicho acerca de Jesús. Sin duda es una alusión a lo que dijo antes de que Jesús se manifestase nuevamente, de modo que el testimonio tuvo que haberse dado entre el bautismo y aquella ocasión.

ὀπίσω μου ἔρχεται ἀνὴρ ὃς ἔμπροσθεν μου γέγονεν, ὅτι πρῶτος μου ἦν. El *Evangelio* registra ese testimonio que ha sido considerado antes (1:15, 27) remitiendo al lector a lo que se ha dicho en el comentario a esos dos versículos. El hombre que venía era superior a Juan el Bautista, situándose delante de él, no en sentido cronológico, sino en la dignidad que le corresponde por su condición divina. La excelencia insuperable de Jesús es que *era antes* de Juan, aunque nació después de él. Se hace nuevamente alusión a la preexistencia del Verbo encarnado. Sin duda el profeta reconoce la deidad de Cristo, puesto que le reconoce una existencia antecedente a él. Así que aunque había nacido después, era anterior a él, eternamente anterior. Juan dice literalmente *su existencia es anterior a la mía*. El testimonio del Bautista está dando un giro a su misma historia. Él había sido un personaje popular, conocido de muchos, reconocido por la mayoría del pueblo como un profeta, a quien habían concurrido para ser bautizados escuchando la demanda de su mensaje, muchas personas, pero desde aquí en adelante a él le correspondía menguar mientras que a Cristo crecer (3:30). Juan había venido para anunciar la llegada del Mesías enviado y ahora, estando presente ya, el ministerio profético y el bautismo que practicaba tenían que dar paso a la realidad y ministerio del que había anunciado, esto es, el Verbo encarnado.

31. Y yo no le conocía; mas para que fuese manifestado a Israel, por esto vine yo bautizando con agua.

κἀγὼ οὐκ ᾔδειν αὐτόν, ἀλλ' ἵνα φανερωθῇ τῷ Ἰσραὴλ διὰ
Y yo no conocía le, pero para que se manifestase - a Israel por
τοῦτο ἦλθον ἐγὼ ἐν[1] ὕδατι βαπτίζων.
esto vine yo en agua bautizando.

Notas y análisis del texto griego.

Siguiendo el testimonio sin interrupción, añade: κἀγὼ, formado por crasis del adverbio de modo καὶ, *y*, y el caso nominativo singular de la primera persona singular del pronombre personal, *yo*, la palabra significa *también yo, y yo, pero yo*; οὐκ, forma escrita del adverbio de negación *no*, con el grafismo propio ante una vocal con espíritu suave o una enclítica; ᾔδειν, primera persona singular del pluscuamperfecto de indicativo en voz activa del verbo οἶδα, *conocer*, aquí *conocía*; αὐτόν, caso acusativo masculino de la tercera persona singular del pronombre personal declinado *a él, le*; ἀλλ', forma escrita ante vocal de la conjunción adversativa ἀλλά que significa *pero*, *sino*; ἵνα, conjunción causal *que, para que*; φανερωθῇ, tercera persona singular del aoristo primero de subjuntivo en voz pasiva del verbo φανερόω, *manifestar, dar a conocer, revelar, publicar, mostar*, aquí *se manifestase*; τῷ, caso dativo masculino singular del artículo determinado *el*; Ἰσραὴλ, caso dativo masculino singular del nombre propio declinado *a Israel*; διὰ, preposición propia de acusativo, *por*; τοῦτο, caso acusativo neutro singular del pronombre demostrativo *esto*, en sentido de *esta causa, esta razón*; ἦλθον, primera persona singular del aoristo segundo de indicatio en voz activa del verbo ἔρχομαι, *venir*, aquí *vine*; ἐγὼ, caso nominativo de la primera persona singular del pronombre personal *yo*; ἐν, preposición propia de dativo *en*; ὕδατι, caso dativo neutro singular del nombre comú *agua*; βαπτίζων, caso nominativo masculino singular del participio de presente en voz activa del verbo βαπτίζω, *bautizar*, aquí *bautizando*.

Crítica Textual. Lecturas alternativas.

[1] ἐγὼ ἐν ὕδατι, *yo en agua*, lectura según 𝔭[55vid, 60, 75], ℵ, B, C, K, P, T, W[s], Θ, Ψ, 0260, f^1, 33, 579, 892, 1241, 1424, 2211, co.

ἐγὼ ἐν τῷ ὕδατι, con el artículo intercalado, conforme a A, K, N, Γ, Δ, f^{13}, 565, 700, 𝔐.

καγὼ οὐκ ᾔδειν αὐτόν, Juan afirma que él no le conocía. Es muy posible que Juan hubiera conocido a Jesús, ya que eran de la familia. En comparación con los sinópticos, en estos Juan conoce a Jesús antes del bautismo, en cambio aquí da la impresión de que no lo conocía. De esta frase no debe deducirse que Juan no conociese a Jesús en absoluto, sino sólo que no sabía que Jesús era *el enviado*. En cierta medida Juan se refiere a que él en su ministerio tenía que presentar al mundo al Mesías, el Cordero de Dios que quita el pecado, por tanto necesitaría una revelación directa que lo identificase como tal. Sobre esto escribe Hendriksen:

"El Bautista quiere decir: 'Para mí era tan desconocido como para vosotros'. El verbo οἶδα, *(aquí* ᾔδειν, *pluscuamperfecto con significado de imperfecto) indica un proceso mental. Se refiere a un conocimiento por intuición o reflexión, en contraposición a* γινώκω, *que se refiere a un conocimiento por observación y experiencia. Es, naturalmente posible que Juan, habitante de Judea, no hubiera tenido relaciones estrechas con Jesús, que había vivido la mayor parte de su vida en Galilea. No obstante, se ve claramente en el contexto (versículo 33) que aquí se hace referencia a algo más allá de un mero conocimiento físico: el Bautista confiesa que le tuvo que ser revelado de lo alto que este Jesús era el Cristo. En ese sentido no lo había conocido*[49]".

ἀλλ' ἵνα φανερωθῇ τῷ Ἰσραὴλ διὰ Sin embargo el bautismo en agua que Juan practicaba le había sido encomendado para que el Mesías se manifestase a Israel. Algunos en el tiempo de Jesús enseñaban que Cristo estaría oculto hasta que Elías lo presentase al pueblo[50]. No tiene esto relación con las palabras de Juan. Él no era Elías, ni el profeta, simplemente había sido enviado para llamar al pueblo al arrepentimiento y bautizar con agua antes de la manifestación

---

[49] G. Hendriksen. o.c., pag. 105.
[50] Cf. Justino, *Trypho* 8,49.

del Mesías. El verbo φανερόω, *mostrar, manifestar*, es muy usado por Juan en el *Evangelio* (cf. 1:31; 2:11; 3:21; 7:4; 9:3; 17:6; 21:1, 14). Este propósito de manifestar a Israel al Mesías en el bautismo, se cumplió en el descenso del Espíritu Santo sobre Jesús, señal que le había sido anunciada para identificarlo entre todos los que acudían para ser bautizados. El bautismo con agua apelaba a la realidad de la impureza por el pecado, por eso podía señalar a Jesús como el Cordero de Dios que quita el pecado del mundo.

32. También dio Juan testimonio, diciendo: Vi al Espíritu que descendía del cielo como paloma, y permaneció sobre él.

Καὶ ἐμαρτύρησεν' Ιωάννης λέγων ὅτι τεθέαμαι τὸ Πνεῦμα
Y dio testimonio Juan diciendo que he visto al Espíritu
καταβαῖνον ὡς περιστερὰν ἐξ οὐρανοῦ καὶ ἔμεινεν
descendiendo como paloma de cielo y permaneció
ἐπ' αὐτόν.
sobre Él.

Notas y análisis del texto griego.

Sigue el testimonio de Juan: Καὶ, conjunción copulativa *y*; ἐμαρτύρησεν, tercera persona singular del aoristo primero de indicativo en voz activa del verbo μαρτυρέω, *dar testimonio, testificar, testimoniar*, aquí *dio testimonio*; 'Ιωάννης, caso nominativo masculino singular del nombre propio *Juan*; λέγων, caso nominativo masculino singular del participio de presente en voz activa del verbo λέγω, *hablar, decir*, aquí *diciendo*; ὅτι, conjunción causal *que*; τεθέαμαι, tercera persona singular del perfecto de indicativo en voz media del verbo θεάομαι, *mirar, ver, observar*, aquí *he visto*; τὸ, caso acusativo neutro singular del artículo determinado *el*; Πνεῦμα, caso acusativo neutro singular del nombre divino *Espíritu*; καταβαῖνον, caso acusativo neutro singular del participio de presente en voz activa del verbo καταβαίνω, *descender*, aquí *descendiendo*; ὡς, adverbio de modo, *como*, que hace las veces de conjunción comparativa; περιστερὰν, caso acusativo femenino singular del nombre común *paloma*; ἐξ, forma escrita que adopta la preposición de genitivo ἐκ, delante de vocal y que significa *de*; οὐρανοῦ, caso genitivo masculino singular del nombre común *cielo*; καὶ, conjunción copulativa *y*; ἔμεινεν, tercera persona singular del aoristo primero de indicativo en voz activa del verbo μένω, *permanecer, quedarse*, aquí *permaneció*; ἐπ', forma que adopta la preposición de acusativo ἐπί, con el grafismo por elisión de la ι final ante vocal o diptongo sin aspiración, que equivale a *por, sobre*; αὐτόν, caso acusativo masculino de la tercera persona singular del pronombre personal *él*.

Καὶ ἐμαρτύρησεν 'Ιωάννης. Juan da testimonio de lo que había visto en el bautismo de Jesús. Lo hace para dar la razón por la que presentó a Jesús como el Cordero de Dios. No era una simple revelación profética momentánea, sino la evidencia que Dios la había dado en el tiempo del bautismo de Jesús para identificarlo.

λέγων ὅτι τεθέαμαι τὸ Πνεῦμα καταβαῖνον ὡς περιστερὰν ἐξ οὐρανοῦ. Juan dice que él vio como el Espíritu de Dios descendiendo del cielo como paloma se posaba sobre Jesús y se detenía en esa posición. Esta es una diferencia con Marcos, quien escribe que quien vio al Espíritu fue Jesús cuando subía del agua donde había sido bautizado por Juan (Mr. 1:10). Sin hacer descripción del bautismo como lo hacen los sinópticos, selecciona el dato que le interesa para dar testimonio de Jesús. Uniendo los relatos del bautismo se aprecia que Jesús vio al Espíritu descender sobre Él, y que también Juan lo pudo ver. Lo que no es posible determinar es si los que estaban presentes en aquella ocasión también pudieron ver aquella manifestación que procedía del cielo, por tanto, de Dios.

El Espíritu descendió en forma corporal como paloma y permaneció sobre el Señor, en una forma semejante se expresa Mateo (Mt. 3:16). Por su parte Lucas dice que vio al Espíritu en forma corporal como paloma (Lc. 3:22). Lo que interesa a Juan es que los oyentes entiendan que los cielos se abrieron tras el bautismo de Jesús, cuando subía del agua. Un detalle complementario de la armonía de los relatos, es que según Lucas el descenso del Espíritu en forma como de paloma ocurrió mientras Jesús oraba (Lc. 3:21). Sin duda fue una admirable y milagrosa manifestación para los que estaban allí. Es verdad que no existe en el pasaje, ni tampoco en los paralelos, una evidencia clara para afirmar que todos los presentes vieron los cielos abiertos, pero de lo que no cabe duda es que tanto Jesús como Juan vieron como se abrían. Fue un milagro a la vista de todos los presentes, entre los que estaban también Juan y Jesús. Algunos objetan que las gentes que estaban en aquellos momentos no vieron los cielos abiertos; ciertamente no hay una evidencia contundente para afirmarlo, pero lo que no cabe duda es que tanto Jesús como Juan vieron abrirse los cielos.

Este abrirse los cielos es la preparación sobrenatural que dispone a los oyentes para prestar atención al testimonio del Padre en relación con su Hijo y le permite hacer una observación precisa de cómo él podía identificar a Jesús con aquel que todos esperaban y que era enviado por Dios. La pregunta surge habitualmente: ¿Fue un bautismo con el Espíritu? No hay fundamento bíblico para entrar en este asunto, pero, de lo que no hay duda es que simbólicamente representa la unción de Jesús, el Siervo de Dios, enviado por el Padre, para el ministerio que iba a realizar en el tiempo inmediato al bautismo, por tanto el descenso del Espíritu sobre Jesús tiene que ver con el cumplimiento de la unción del que era anunciado por los profetas como el enviado de Dios.

Escribe el Dr. J. W. Dale:

"Se han suministrado evidencias hasta el extremo para probar que hay bautismos en los que no está el elemento envolvente, ni siquiera puede concebirse racionalmente. El uso de tales circunstancias se basa en la semejanza de condición con la que se produce en una clase de cuerpos que pueden ser llenados u ocupados de tal modo que reciben las cualidades del elemento envolvente. Por tanto, este descenso del Espíritu Santo y su morada en el Señor se llama un bautismo, y no por cualquier posible envolvimiento irracional externo.

*Las Escrituras dan abundantes testimonios de que todo el Ser de 'el Cristo' estuvo de ahí en adelante bajo la influencia de esa unción: 1. A través de la declaración del heraldo (Jn. 3:34), quien dijo: 'Dios no –*le- *da el Espíritu por medida', y también mediante la declaración posterior: 'Jesús, lleno del Espíritu Santo'. No se nos deja a nosotros la deducción de que ese Don tendría una influencia directora, sino que Juan declara expresamente: 'Porque el que Dios envió, las palabras de Dios habla; pues Dios no –*le- *da el Espíritu por medida'. 2. Ese Don era tan ilimitado en cuanto a tiempo como lo era con respecto a la medida: 'Vi al Espíritu que descendía del cielo como paloma, y permaneció sobre él' (Jn. 1:32). 3. Dirigido por esta Influencia, Él predicó: 'El Espíritu del Señor está sobre mí, por cuanto me ha ungido para dar buenas nuevas a los pobres;... A predicar el año agradable del Señor...Y comenzó a decirles: Hoy se ha cumplido esta Escritura delante de vosotros' (Lc. 4:18-21). 'Dios ungió con el Espíritu Santo y con poder a Jesús de Nazaret' (Hch. 10:38). 4. Sus milagros fueron realizados mediante este poder: 'Pero si yo por (ejn) el Espíritu de Dios echo fuera los demonios, ciertamente ha llegado a vosotros el reino de Dios' (Mt. 12:28). La ofrenda de Sí mismo como Cordero de Dios la hizo Cristo mediante el Espíritu: 'Cristo, el cual mediante el Espíritu eterno se ofreció a sí mismo sin mancha a Dios' (He. 9:14). Se nos dice que el Salvador, inmediatamente después del bautismo, estaba lleno del Espíritu Santo, lo cual es evidencia concluyente de la influencia permanente y directora del bautismo espiritual: 'Jesús, lleno del Espíritu Santo, volvió del Jordán, y fue llevado por (ejn) el Espíritu al desierto' (Lc. 4:1). Y cuando él volvió del desierto, regresó investido* *con toda la energía del Espíritu divino: 'Y Jesús volvió en el poder del Espíritu a Galilea' (Lc. 4:14)".*[51]

No se trata aquí de un don simbolizado en el Espíritu que desciende, sino de la presencia de la tercera Persona Divina. La manifestación de Dios como *paloma* es una novedad del Nuevo Testamento. En el Antiguo se suele comparar con un águila que protege a sus pollos (cf. Ex. 19:4; Dt. 32:11). Aquí aparece en la admirable dimensión de paz. ¿Por qué la Tercera Persona Divina escogió esta forma para manifestarse? No hay respuesta bíblica definitiva. Es indudable que la única Persona Divina que se manifiesta en forma corporal humana es la Segunda, que por la encarnación queda revestida de humanidad y se hace Emanuel, Dios con nosotros. De ahí que todas las veces en que aparece la Teofanía de la Segunda Persona, se manifiesta en forma humana. Algunos consideran que la paloma simboliza *pureza y benignidad*, carácter propio del Consolador y también de Jesús en el poder del Espíritu (cf. Sal. 68:13; Mt. 10:16). Con esa dulzura y mansedumbre Jesús estaba equipado para ser el consolador de los afligidos, y dar su vida en precio del rescate del mundo. Para soportar las aflicciones, perdonar las ofensas y ser paciente con todos, necesitaba ser *manso, humilde y apacible*.

καὶ ἔμεινεν ἐπ' αὐτόν. El Bautista observó que aquella forma como paloma reposaba durante un tiempo sobre Jesús. No fue una visión rápida que pudiera ser confundida con cualquier otro fenómeno natural o los efectos de la luz en un determinado momento del día. Es necesario recordar que Jesucristo es una Persona Divino-humana, es decir, una Persona Divina con dos naturalezas, la divina y la humana. En cuanto a la naturaleza divina, ni necesitaba ni podía ser fortalecida, sin embargo la humana lo requería. Era en todo semejante a los hombres, salvo en lo relativo al pecado y en la unión hipostática con la Deidad, que supera en todo a cualquier parecido con los hombres. Su naturaleza humana quedaba bajo el control y poder del Espíritu Santo de Dios que conducía sus acciones y ejecutaba con su poder los milagros y señales mesiánicas conforme a lo profetizado. De ahí que según Mateo, inmediatamente después del bautismo fue llevado por el Espíritu al desierto para ser tentado por el diablo (Mt. 4:1). No existe conflicto alguno entre esta acción del Espíritu y la concepción de la humanidad del Salvador por el poder del mismo Espíritu (Mt. 1:20; Lc. 1:35). Con la unión del Espíritu que descendió sobre Jesús quedaba capacitado para el

[51] J. W. Dale. *Christic and Patristic Baptism*. Pág. 32 s.

ministerio que había venido a realizar. Jesús era también el profeta por excelencia y sus palabras, como las de los profetas, eran en el poder del Espíritu.

Un notorio simbolismo aparece en el relato del descenso del Espíritu sobre Jesús. El pecado había cerrado la puerta de acceso a Dios, distanciando el cielo de los hombres que por su condición no podían acceder al Trono de Dios. Este era un trono de juicio a causa de la condición rebelde, desobediente y pecaminosa del ser humano. Ante el hombre perfecto, Jesús de Nazaret, sin pecado e impecable, se abren los cielos. El trono de juicio será cambiado en razón a la obra de la Cruz, en un trono de gracia y de misericordia al que se invita a todos los creyentes para que accedan a él (He. 10:19-22). El poder del Espíritu que llenaba en plenitud a Jesús de Nazaret, es prometido por Él a sus seguidores, que llegarían a disponer de los mismos recursos de poder para llevar a cabo la obra que Jesús les encomendó sin límite de tiempo, capacitados para ejercer los mismos dones cuando fuese necesario conforme al plan y propósito de Dios y, sobre todo, manifestar el mismo carácter (Mt. 11:29, 30; 12:19; 21:4, 5; Lc. 23:34; 2 Co. 10:1; Fil. 2:5-8; 1 P. 2:21-25). La vida del creyente en el propósito de Dios es que sea conformada a la imagen de Jesús (Ro. 8:29), sólo posible en el poder del Espíritu que reproduce Su carácter en el cristiano (Gá. 5:22-23). Cualquier acción de testimonio, cualquier avance en la obra y cualquier manifestación de poder, sólo es posible en el Espíritu (Zac. 4:6).

33. Y yo no le conocía; pero el que me envió a bautizar con agua, aquél me dijo: Sobre quien veas descender el Espíritu y que permanece sobre él, ése es el que bautiza con el Espíritu Santo.

καγὼ οὐκ ᾔδειν αὐτόν, ἀλλ' ὁ πέμψας με βαπτίζειν ἐν ὕδατι
Y yo no conocía le, pero el que envió me a bautizar en agua
ἐκεῖνος μοι εἶπεν· ἐφ' ὃν ἂν ἴδῃς τὸ Πνεῦμα καταβαῖνον καὶ
ése me dijo: Sobre el que - veas el Espíritu descendiendo y
μένον ἐπ' αὐτόν, οὗτος ἐστιν ὁ βαπτίζων ἐν Πνεύματι Ἁγίῳ.
posando sobre Él, ése es el que bautiza en Espíritu Santo.

Notas y análisis del texto griego.

Sin interrupción, añade: καγὼ, formado por crasis del adverbio de modo καὶ, *y*, y el caso nominativo singular de la primera persona singular del pronombre personal, *yo*, la palabra significa *también yo, y yo, pero yo*; οὐκ, forma escrita del adverbio de negación *no*, con el grafismo propio ante una vocal con espíritu suave o una enclítica; ᾔδειν, primera persona singular del pluscuamperfecto de indicativo en voz activa del verbo οἶδα, *conocer*, aquí *conocía*; αὐτόν, caso acusativo masculino de la tercera persona singular del pronombre personal declinado *a él, le*; ἀλλ', forma escrita ante vocal de la conjunción adversativa ἀλλά que significa *pero, sino*; ὁ, caso nominativo masculino singular del artículo determinado *el*; πέμψας, caso nominativo masculino singular del participio de aoristo en voz activa del verbo πέμπω, *enviar, mandar*, aquí *que envió*; με, caso acusativo de la primera persona singular del pronombre personal declinado *a mí, me*; βαπτίζειν, presente de infinitivo en voz activa del verbo βαπτίζω, *bautizar*, aquí *a bautizar*; ἐν, preposición propia de dativo *en*; ὕδατι, caso dativo neutro singular del nombre común *agua*; ἐκεῖνος, caso nominativo masculino singular del pronombre demostrativo *ése*; μοι, caso dativo de la primera persona singular del pronombre personal declinado *a mí, me*; εἶπεν, tercera persona singular del aoristo segundo de indicativo en voz activa del verbo λέγω, *hablar, decir*, aquí *dijo*; ἐφ' forma que adopta la preposición de acusativo ἐπί por elisión de la ι final y asimilación de la π ante vocal o diptongo con aspiración, y que significa *sobre, a, en, junto a, ante, con base en, referente a, durante, además de, de, para, por, contra*; ὃν, caso acusativo masculino singular del pronombre relativo *el que, el cual, quien*; ἂν, partícula que no empieza nunca frase y que da a ésta carácter condicional o dubitativo, o expresa una idea de repetición. Se construye con todos los modos menos el imperativo y acompaña a los pronombres relativos para darles un sentido general; en algunas ocasiones no tiene traducción; ἴδῃς, segunda persona singular del aoristo segundo de subjuntivo en voz activa del verbo ὁράω, *ver, mirar, observar*, aquí *veas*; τὸ, caso acusativo neutro singular del artículo determinado *el*; Πνεῦμα, caso acusativo neutro singular del nombre divino *Espíritu*; καταβαῖνον, caso acusativo neutro singular del participio de presente en voz activa del verbo καταβαίνω, *descender*, aquí *descendiendo*; καὶ, conjunción copulativa *y*; μένον, caso acusativo neutro singular del participio de presente en voz activa del verbo μένω, *permanecer, quedarse, vivir, habitar*, aquí *que permanece*; ἐπ', forma que adopta la preposición de acusativo ἐπί, con el grafismo por elisión de la ι final ante vocal o diptongo sin aspiración, que equivale a *por, sobre*; αὐτόν, caso acusativo masculino de la tercera persona singular del pronombre personal *él*; οὗτος, caso nominativo masculino de la segunda persona singular del pronombre demostrativo *ése*, ἐστιν, tercera persona singular del presente de indicativo en voz activa del verbo εἰμί, *ser*, aquí *es*; ὁ, caso nominativo masculino singular del artículo determinado *el*; βαπτίζων, caso nominativo masculino singular del participio de presente en voz activa del verbo βαπτίζω, *bautizar*, aquí *que bautiza*; ἐν, preposición propia de dativo *en*; Πνεύματι, caso dativo neutro singular del nombre divino *Espíritu*; Ἁγίῳ, caso dativo neutro singular del adjetivo *Santo*.

καγὼ οὐκ ᾔδειν αὐτόν, Nuevamente se repite la situación en que se encontraba en relación con el conocimiento del Verbo encarnado, el Mesías prometido a Israel. Otra vez dice que *no le conocía*. Indudablemente no podía conocerlo si no se lo hubiesen revelado. Jesús era, a la vista de los hombres, un hombre como los demás. Israel esperaba la manifestación del Mesías revestido de autoridad real, poderoso sobre los enemigos, que establecería un reino en el que ocuparía el trono de majestad y gloria, pero, se había manifestado como un niño que nacía en un apartado lugar y había sido acostado en pajas, y luego con un hombre sin otra manifestación de poder antes de su bautismo. Juan no podía conocerlo por su aspecto.

ἀλλ' ὁ πέμψας με βαπτίζειν ἐν ὕδατι ἐκεῖνος μοι εἶπεν· Sin embargo va a hacerle una revelación *Aquel* que le había enviado a bautizar en agua. Jesús preguntó un día a los fariseos si el bautismo de Juan era del cielo o de los hombres (Mr. 11:30). De otro modo, había comenzado su ministerio llamando al arrepentimiento y bautizando en agua a quienes respondían el llamamiento, no por iniciativa propia, sino por comisión divina. Eso era algo que los hipócritas religiosos de aquel tiempo, no habían querido admitir, porque era contrario, no tanto a sus creencias, sino a sus intereses. Dios había enviado a Juan a bautizar, es decir, le había encomendado el ministerio en que se ocupaba. Juan había sido enviado por Dios (v. 6).

ἐφ' ὃν ἂν ἴδῃς τὸ Πνεῦμα καταβαῖνον καὶ μένον ἐπ' αὐτόν, En este *Evangelio*, se subraya con insistencia el carácter sobrenatural, directo y público del conocimiento de Juan. Dios da a Juan una señal inequívoca que le permitiría identificar al Mesías y sería la manifestación del Espíritu en forma corporal como paloma que descendía del cielo y se mantenía sobre Él. Esa es la razón por la que el profeta podía decir que tras él vendría uno que bautizaría con Espíritu Santo y fuego (Mt. 3:11). Sobre la manifestación visible del Espíritu se ha comentado en versículos anteriores.

οὗτος ἐστιν ὁ βαπτίζων ἐν Πνεύματι Ἁγίῳ. Sin extenderse más en el testimonio presenta a Jesús como quien bautizaba con el Espíritu Santo. Si quien venía tras Juan era *superior* a él, también tenía que ser superior su bautismo, ya que bautizaría con *Espíritu Santo*. El Mesías habló a los suyos sobre el Espíritu Santo que enviaría después de su ascensión. Luego de la resurrección reafirmaría su promesa, demandando a los suyos que esperasen en Jerusalén hasta el tiempo en que el Espíritu Santo descendiese sobre ellos (Hch. 1:5). La experiencia irrepetible del bautismo con el Espíritu se produjo en el día de Pentecostés (Hch. 2:2). El bautismo en el Espíritu que Cristo llevó a cabo después de su ascensión, cumpliendo la promesa de enviarlo, se produjo una sola vez en la historia de la iglesia. El agente bautizante es Cristo, el receptor el Espíritu, los bautizados los creyentes. Hay otro tipo de bautismo que es el del Espíritu en Cristo.

El apóstol Pedro recordaría la promesa de Juan en relación con el descenso del Espíritu Santo sobre el primer grupo de gentiles que se incorporaban a la Iglesia (Hch. 11:16). Por la autoridad de Jesucristo el Espíritu desciende para tomar posesión del nuevo santuario que es la Iglesia. Por tanto, todo creyente a quien el Espíritu une a Cristo y une también a los demás cristianos como consecuencia del nuevo nacimiento, está bajo la bendita influencia del Espíritu. El simbolismo de ser bautizados con el Espíritu, pone de manifiesto que todos los creyentes quedan bajo el Espíritu Santo de Dios. Además, el Espíritu Santo se otorga como don divino a todo aquel que cree. Nadie puede ser salvo sin haber recibido el Espíritu de Cristo, porque nadie es de Cristo sin tener su Espíritu (Ro. 8:9).

34. Y yo le vi, y he dado testimonio de que éste es el Hijo de Dios.

κἀγὼ ἑώρακα καὶ μεμαρτύρηκα ὅτι οὗτος ἐστιν ὁ Υἱὸς τοῦ
Y yo he visto y he dado testimonio que Éste es el Hijo -
Θεοῦ.
de Dios.

Notas y análisis del texto griego.

Cerrando el testimonio de Juan, escribe: κἀγὼ, formado por crasis de la conjunción copulativa καὶ, *y*, y el caso nominativo de la primera persona singular del pronombre personal, *yo*, la palabra significa *también yo, y yo, pero yo*; ἑώρακα, primera persona singular del perfecto de indicativo en voz activa del verbo ὁράω, *ver, mirar, observar*, aquí *he visto*; καὶ, conjunción copulativa *y*; μεμαρτύρηκα, primera persona singular del perfecto de indicativo en voz activa del verbo μαρτυρέω, *testificar, dar testimonio*, aquí *he dado testimonio*; ὅτι, conjunción *que*; οὗτος, caso nominativo masculino del pronombre demostrativo *éste*; ἐστιν, tercera persona singular del presente de indicativo en voz activa del verbo εἰμί, *ser*, aquí *es*; ὁ, caso nominativo masculino singular del artículo determinado *el*; Υἱὸς, caso nominativo masculino singular del nombre común, aquí en sentido de título divino *Hijo*; τοῦ, caso genitivo masculino singular del artículo determinado *el*; Θεοῦ, caso genitivo masculino singular del nombre divino declinado *de Dios*.

κἀγὼ ἑώρακα καὶ μεμαρτύρηκα. Juan vio la señal que Dios le había dado para identificar a Cristo. Cuando bautizó a Jesús, los cielos se abrieron, el Espíritu descendió y se mantuvo sobre Él, por tanto no había duda alguna que aquel hombre que había venido para ser bautizado era el Mesías.

ὅτι οὗτος ἐστιν ὁ υἱὸς τοῦ Θεοῦ. Sin embargo Juan añade ahora un título sorprendentemente extraño para el contexto social y religioso de entonces. Es un título que trasciende lo humano y entra directamente en el plano de lo divino. Lo que él había recibido como revelación de Dios acerca de Cristo, la referencia que hace al bautismo con el Espíritu Santo, exige que Juan tenga revelación de la preexistencia del Mesías. Insistió en que él era seguido por otro que era superior a él y de quien no era digno de desatar la correa de su calzado. Todo eso se explica si en Jesús, que había venido nuevamente al lugar donde bautizaba y lo había anunciado Juan como el Cordero de Dios, era Dios, además de hombre. Esta confesión del Bautista solo es posible como fruto de una revelación divina. Al igual que tiempo después ocurriría con el apóstol Pedro cuando daba testimonio de que Jesús era el Cristo, el Hijo de Dios viviente (Mt. 16:16).

El título *Hijo de Dios*, está presente continuamente en el *Evangelio*, y condiciona totalmente su orientación, mensaje y contenido. Está escrito para que *"creáis que Jesús es el Cristo, el Hijo de Dios, y para que creyendo, tengáis vida en su nombre"* (20:31). Este título se relaciona de tres maneras: a) como testimonio del Bautista (1:34), en boca de Natanael (1:49), de Marta (11:27), de los judíos (13:7), del propio evangelista (20:31) y en otros tres lugares (5:25; 10:36; 11:4). b) como expresión intensa al llamar a Jesús el *Unigénito Hijo*, como conclusión del prólogo, donde reasume para sí todo lo que dijo del Verbo (1:8); y en otro lugar donde se define el sentido de su misión: *"Porque de tal manera amó Dios al mundo que ha dado a su Hijo unigénito, para que todo aquel que en él cree, no se pierda, más tenga vida eterna"* (3:16). c) Como identificativo de Jesús, llamándolo de este modo dieciséis veces en el *Evangelio* (3:17, 35, 36; 5:19, 20, 21, 22, 23, 26; 6:40; 8:36; 14:13). Más enfático será en una de sus epístolas cuando dice que *"todo aquel que confiese que Jesús es el Hijo de Dios, Dios permanece en él, y él en Dios* (1 Jn. 4:15). La filiación divina de Jesús, la fe en Él como Hijo-Señor-Dios, y la vida eterna resultante de la operación de la fe, son los elementos sustentantes de la cristología en el *Evangelio según Juan.*

Ya se ha considerado ampliamente en el prólogo la relación paterno-filial del Verbo encarnado, donde se ha presentado que la definitiva condición de quien siendo Dios se hizo hombre (1:14), es el hecho de ser Hijo. Esta es base esencial de la verdad sobre la Santísima Trinidad y las hipóstasis personales en el Ser Divino. La relación entre la primera y segunda Personas Divinas, está en el plano de la filiación. Dios Padre engendra eternamente un Hijo, por cuya relación se constituye y personaliza la segunda Persona de la Deidad. La idea presentada por los *críticos*, trata de hacer entender que el título que está relacionado con la Deidad de Cristo, no fue posible en los primeros años del cristianismo y es resultado de una evolución del pensamiento filosófico sobre la Persona de Jesucristo. Sin embargo, el error es absoluto, bastando con recurrir a los escritos de Pablo, producidos en torno al año cincuenta, que reflejan el uso del título Hijo de Dios, en las iglesias a quienes escribía, alrededor de los años cuarenta. Así escribe Vincent Taylor:

"San Pablo habla de Cristo como el que ha sido declarado ser Hijo de Dios con poder a partir de la resurrección (Ro. 1:4). Ese Hijo de Dios es el que él ha predicado (2 Co. 1:19), es el objeto de la fe (Gá. 2:20) y la meta de nuestro esfuerzo (Ef. 4:13). El 'evangelio de Dios' se refiere a su Hijo (Ro. 1:3-9), por cuya muerte los hombres siendo enemigos fuimos reconciliados con Dios (Ro. 5:10). Dios no retuvo a su Hijo (Ro. 8:32), sino que lo envió (Ro. 8:3; Gá. 4:4) y le fue revelado a él, Pablo (Gá. 1:16). Todos los que son llamados han de conformarse a su imagen (Ro. 8:29) y tener comunión de existencia con él (1 Co. 1:9), mientras esperan su venida (1 Ts. 1:10). El Hijo es el objeto del amor de Dios (Col. 1:13) y se someterá finalmente al Padre para que él sea todo en todos (1 Co. 15:28)[52].

La fe de la Iglesia primitiva tenía como testimonio de quienes creían en Cristo *"cómo os convertisteis de los ídolos a Dios, para servir al Dios vivo y verdadero, y esperar de los cielos a su Hijo, al cual resucitó de los muertos, a Jesús, quien nos libra de la ira venidera"* (1 Ts. 1:9-10). Esto pone de manifiesto que el título *Hijo de Dios*, no es, como los *críticos liberales* pretenden un préstamo de las religiones de los misterios como el gnosticismo. En el *Evangelio* se aprecian evidencias divinas en las operaciones de Jesús, que demandan una relación con Dios en el plano de la igualdad divina, pero exige también una distinción personal entre las Personas Divinas. La categoría de Hijo, expresa la forma suprema de la relación de Cristo con Dios, y atrae hacia sí todas las demás, siendo esta relación la máxima que conocemos en el orden humano. Pero hacia esta concepción que es dogma de fe del cristiano se llega por un hecho antes de una idea. En el *Evangelio* se aprecia la unidad de acción, de conocimiento, de autoridad y de amor entre Jesús y Dios. Cristo actúa con una autoridad que no procede de un conocimiento adquirido, ni siquiera de una relación profética vinculante con Dios a causa de una misión encomendada por Él. Entre otras cosas Jesús plantea a los hombres una disyuntiva que sólo Dios puede expresar del modo en que Él lo hace, cuando exige para Él la misma fe que para el Padre (14:1), pero todavía más, Jesús identifica sus palabras

---

[52] Vincent Taylor, *The names of Jessus*, pag. 57-58.

con las del Padre que mora en Él (14:10). Jesús como Hijo reclama potestad reveladora de Dios, porque está en relación de reciprocidad con Él. Con su demanda a creer en Él, pone el poder de la vida que estaba en Él (1:4), en el lugar donde actuaba el poder de la muerte. La identidad con Dios es evidente en sus hechos y no es producto que surge de una idea. Por eso es necesario entender el titulo Hijo de Dios, no como una mera forma de comprender a Cristo, sino como la forma de expresar una igualdad de vida entre Él y el Padre. Lo que los sinópticos expresan con categorías de *obediencia*, lo expresa Juan con las de *igualdad, unidad, y permanencia del Hijo en el Padre*, como se aprecia en la lectura del texto: *"Yo y el Padre uno somos"* (10:30); *"Creedme que yo soy en el Padre, y el Padre en mi; de otra manera, creedme por las mismas obras"* (14:11); *"la palabra que habéis oído no es mía, sino del Padre que me envió"* (14:24b). Por esa razón quien venía del cielo que era el Hijo podía dar testimonio de lo que había visto y oído (3:31-32), y podía hacerlo como revelador de Dios a quien nadie había visto jamás por su condición de *Hijo Unigénito* del Padre (1:18).

Presentación a los discípulos de Juan (1:35-51).

Andrés, Juan y Pedro (1:35-42).

35. El siguiente día otra vez estaba Juan, y dos de sus discípulos.

Τῇ ἐπαύριον πάλιν εἱστήκει ὁ Ἰωάννης καὶ ἐκ τῶν μαθητῶν
Al siguiente día de nuevo estaba - Juan y con él discípulos
αὐτοῦ δύο
de él dos.

Notas y análisis del texto griego.

Entrando en un nuevo párrafo, dice: Τῇ, caso dativo femenino singular del artículo determinado declinado *a la*; ἐπαύριον, adverbio de tiempo *siguiente día*; πάλιν, adverbio de modo *nuevamente, de nuevo, otra vez*; εἱστήκει, tercera persona singular del pluscuamperfecto de indicativo en voz activa del verbo εἰμί, *ser, estar*, aquí con sentido de imperfecto *estaba*; ὁ, caso nominativo masculino singular del artículo determinado *el*; Ἰωάννης, caso nominativo masculino singular del nombre propio *Juan*; καὶ, conjunción copulativa *y*; ἐκ, preposición propia de genitivo *con*; τῶν, caso genitivo masculino singular del artículo determinado *el*; μαθητῶν, caso genitivo masculino plural del nombre común *discípulos, seguidores*; αὐτοῦ, caso genitivo masculino de la tercera persona singular del pronombre personal declinado *de él*; δύο, caso nominativo masculino plural del adjetivo numeral cardinal *dos*.

Τῇ ἐπαύριον πάλιν εἱστήκει ὁ Ἰωάννης και ἐκ τῶν μαθητῶν αὐτοῦ δύο. Los primeros discípulos de Jesús proceden de los discípulos de Juan. El evangelista dedica un espacio para presentar a éstos en dos grupos. En el primero están Andrés y Pedro (vv. 35-42), y en el segundo Felipe y Natanael (vv. 43-51).

El relato cronológicamente se sitúa al día siguiente del testimonio que Juan dio acerca de Jesús. Describe la presencia del Bautista acompañado de dos de sus discípulos. La referencia numérica no quiere decir que sólo tuviese dos discípulos, sino que estaban allí dos de ellos. No se dice que era lo que les ocupaba a los tres en ese momento. Los discípulos de Juan le seguían por el ministerio que le ocupaba, anunciando la venida de quien esperaban como el Redentor de Israel. ¿Esperaba Juan que Jesús volviese nuevamente? Es muy probable que así fuese, sin embargo, lo que es evidente es la acción divina que prepara el encuentro de Jesús con sus primeros discípulos, que habían sido formados inicialmente en la escuela de Juan. Es notable que el recuerdo de lo ocurrido está presente en la mente del evangelista, dedicando a él un párrafo largo de este *Evangelio*.

Tal vez haya otra razón, y es la presencia del *otro discípulo*, que muy probablemente sea el innominado Juan el evangelista y apóstol de Jesús, cuya referencia personal oculta en el *Evangelio* bajo el título del *discípulo al que amaba Jesús*. Junto con Andrés, al que se menciona más adelante (v. 40), estaba otro discípulo, probablemente Juan. Se ha considerado ya sobre este asunto en la introducción al *Evangelio*.

36. Y mirando a Jesús que andaba por allí, dijo: He aquí el Cordero de Dios.

καὶ ἐμβλέψας τῷ Ἰησοῦ περιπατοῦντι λέγει· ἴδε ὁ Ἀμνὸς
Y mirando - a Jesús caminando, dice: ¡Mirad! el Cordero
τοῦ Θεοῦ.
- de Dios.

Notas y análisis del texto griego.

Así sigue el relato: καὶ, conjunción copulativa *y*; ἐμβλέψας, caso nominativo masculino singular del participio del aoristo primero en voz activa del verbo ἐμβλέπω, *mirar, fijarse en, mirar fijamente*, aquí *mirando*; τῷ, caso dativo masculino singular del artículo determinado *el*; Ἰησοῦ, caso dativo masculino singular del nombre propio declinado *a Jesús*; περιπατοῦντι, caso dativo masculino singular del participio de presente en voz activa del verbo περιπατέω, *andar, caminar, moverse* aquí *que caminaba*, o *caminando*; λέγει, tercera persona singular del presente de indicativo en voz activa del verbo λέγω, *hablar*, *decir*, aquí *dice*, si bien como presente histórico debe traducirse por *dijo*; ἴδε, segunda persona plural del aoristo segundo de imperativo en voz activa del verbo ὁραω, *ver, atender,* aquí como *mira, presta atención,* que aquí podría usarse como una interjección *¡mira!,* muchas veces se traduce como *he aquí*; ὁ, caso nominativo masculino singular del artículo determinado *el*; ἀμνὸς, caso nominativo masculino singular del nombre común, en este caso divino *Cordero*; τοῦ, caso genitivo masculino singular del artículo determinado *el*; Θεοῦ, caso genitivo masculino singular del nombre divino declinado *de Dios*.

Crítica Textual. Lecturas alternativas.

[1] Añaden, ὁ αἴρων τὴν ἁμαρτίαν του κόσμου, *que quita el pecado del mundo*, lo siguiente textos: $\mathfrak{p}^{66*}$, C, W^{s}, 892*, 1241, a, aur, ff^{2}.

καὶ ἐμβλέψας τῷ Ἰησοῦ περιπατοῦντι. En algún momento de la conversación con aquellos dos discípulos Juan descubrió a Jesús caminando por allí. El verbo ἐμβλέπω, que aparece dos veces en *Evangelio*, ambas en este capítulo (v. 42), expresa la idea de fijar la mirada en alguien. Es posible que la mirada que Juan dirigió a Jesús interrumpiese la conversación con los discípulos. La forma atenta de cómo vio a Jesús inevitablemente hizo que aquellos dos seguidores suyos mirasen también al que caminaba por allí. ¿Era un caminar intencionado de Jesús por aquel lugar? Posiblemente. Jesús manifestaba en Él la gracia y la misericordia de Dios que buscando la salvación del hombre enviaba a su Hijo, lleno de gracia y de verdad (v. 14). Como dice Juan Leal: *"Hay tránsitos definitivos en la historia de las almas. Dios y la gracia no están quietos, pasan junto a nosotros*[53]*"*. Lo más probable es que aquel día y el anterior, Juan explicase más detalladamente a sus discípulos acerca de la venida y misión del Mesías. Tal vez esto había despertado en ellos un vivo deseo de conocer a Jesús personalmente y saber más de Él, no por Juan sino por Él mismo.

λέγει· ἴδε ὁ ἀμνὸς τοῦ Θεοῦ. Nuevamente el testimonio de quien era Jesús aparece en las palabras de Juan, que dice a sus dos discípulos que Aquel era el Cordero de Dios. Aquella era la oportunidad que Juan y los discípulos habían estado esperando. Por allí pasaba Jesús y el ministro enviado de Dios como profeta preparador del camino al Mesías, tenía que cumplir la misión encomendada, señalando a Jesús y diciendo a los que estaban con él que aquel que pasaba era *El cordero de Dios*. Algunos textos[54] añaden *que quita el pecado del mundo*, pero con toda seguridad es una interpolación tomada del v. 29. La

---

[53] Juan Leal. o.c., pág. 326.

[54] Ver Crítica Textual, en el análisis del versículo.

generosidad de Juan señalando a Jesús va a hacerle perder a dos de sus discípulos, que dejándolo seguirían al Maestro. Pero esto no era una pérdida, sino una ganancia, porque aquellos pasaban a integrar un grupo de discípulos en una escuela superior a la suya, la de Jesús.

Cuando el maestro bíblico, el pastor de una congregación, el líder en una iglesia habla la Palabra, lo debiera hacer siempre buscando revelar a quienes le escuchan la gloria de Jesús, de modo que sus oyentes sigan a Cristo sobre cualquier otra cosa. Algunos están interesados en que haya quienes les sigan. Otros buscan afanosamente que los que son enseñados se mantengan sobre todo en el entorno eclesial en donde se encuentran, buscando que queden cautivados de la historia, la doctrina, la tradición o la denominación. Todo verdadero maestro que sigue al Maestro habla de tal forma que quienes le escuchan siguen indefectiblemente a Jesús.

37. Le oyeron hablar los dos discípulos, y siguieron a Jesús.

καὶ ἤκουσαν[1] οἱ δύο μαθηταὶ αὐτοῦ[2] λαλοῦντος καὶ
Y oyeron los dos discípulos le hablar y
ἠκολούθησαν τῷ Ἰησοῦ.
siguieron - a Jesús.

Notas y análisis del texto griego.

Continua el relato con καὶ, conjunción copulativa *y*; ἤκουσαν, tercera persona plural del aoristo primero de indicativo en voz activa del verbo ἀκούω, *oír, escuchar*, aquí *oyeron*; οἱ, caso nominativo masculino plural del artículo determinado *los*; δύο, caso nominativo masculino plural del adjetivo numeral cardinal *dos*; μαθηταὶ, caso nominativo masculino plural del nombre común *discípulos, seguidores*; αὐτοῦ, caso genitivo masculino de la tercera persona singular del pronombre personal declinado *de él*; λαλοῦντος, caso genitivo masculino singular del participio de presente en voz activa del verbo λαλέω, *hablar, decir*, aquí *que habla, hablando*, mejor traducido como infinitivo *hablar*; καὶ, conjunción copulativa *y*; ἠκολούθησαν, tercera persona plural del aoristo primero de indicativo en voz activa del verbo ἀκολουθέω, *seguir, acompañar*, aquí *siguieron*; τῷ, caso dativo masculino singular del artículo determinado *el*; Ἰησοῦ, caso dativo masculino singular del nombre propio declinado *a Jesús*.

Crítica Textual. Lecturas alternativas.

[1] καὶ ἤκουσαν, *le oyeron*, no aparece en א*, Ψ, f^1.

καὶ ἤκουσαν οἱ δύο μαθηται αὐτοῦ λαλοῦντος, Los dos discípulos oyendo las palabras de Juan comprendieron el alcance de ellas. Con toda seguridad Juan había interpretado para ellos el sentido del título *Cordero de Dios*, pero, aún mayor dimensión tuvo que haber tomado el título de *Hijo de Dios* (v. 34), del testimonio público del Bautista. No había comparación posible entre Jesús y cualquier otro maestro, por grande que fuese. Juan señalaba a Cristo que transitaba por el lugar, como Aquel de quien se refería. Era una oportunidad especial para los dos discípulos que va a ser aprovechada.

Como es habitual los *críticos liberales*, tratan de confundir el relato diciendo que aquellos dos discípulos son los que Juan envió a Jesús cuando estaba preso por Herodes (Mt. 11:2; Lc. 7:18) y que el evangelista tomó libremente cambiando la razón de su presencia como que habían vuelto para informar a Juan de la pregunta que en su nombre habían hecho a Jesús. Según estos el evangelista encontró en su fuente el relato del envío de los discípulos por Juan a Jesús, en cuya fuente estaba también el número de ellos, *dos*, y que ignorando la pregunta, construyó el relato como si hubiese ocurrido en el lugar donde Juan bautizaba, de otro modo, el evangelista cambió la verdad histórica por la ficción personal y en cierta medida engañaba a los lectores para adaptarla a sus propósitos.

καὶ ἠκολούθησαν τῷ Ἰησοῦ. No había razón alguna para seguir al lado de Juan, sino que lo importante para ellos era seguir a Jesús, dialogar con Él, conocerle mejor. Por tanto, dejaron a Juan y siguieron a Jesús. El verbo ἀκολουθέω, se usa muchas veces para hablar del seguimiento de los discípulos (cf. 1:43; 8:12; 10:4, 27; 12:26; 21:19, 20, 22). Sin embargo, no necesariamente debe entenderse aquí de este modo. El evangelista relata cual fue el efecto que sobre aquellos dos produjeron las palabras de Juan. De manera que oyen a Juan y siguen a Jesús.

Esa es la gran lección que cada maestro bíblico debe entender. Quien predica a Cristo debe sentirse satisfecho cuando los oyentes siguen a Aquel de quien se ha predicado. Lamentablemente Cristo es un *desconocido* muchas veces en el púlpito cristiano. Seria advertencia aquí para cada predicador de la Palabra, en tiempos cuando muchas veces se busca el aplauso y la popularidad. Quien predica a Cristo ha de hacer resplandecer al Señor mientras él desaparece para que la gloria sea sólo del que le corresponde.

le dijeron: Rabí (que traducido es, Maestro) ¿dónde

στραφεὶς δὲ ὁ Ἰησοῦς καὶ θεασάμενος αὐτοὺς ἀκολουθοῦντας
Y volviéndose - Jesús y viendo les que seguían
λέγει αὐτοῖς· τί ζητεῖτε οἱ δὲ εἶπαν αὐτῷ· ῥαββί, ὃ λέγεται
dijo les: ¿Qué buscáis? y ellos dijeron le: Rabí, (que significa
μεθερμηνευόμενον[1] διδάσκαλε, ποῦ μένεις
siendo interpretado Maestro) ¿Donde moras?

Notas y análisis del texto griego.

El diálogo con Jesús se produce por primera vez: στραφεὶς, caso nominativo masculino singular del participio del segundo aoristo en voz pasiva del verbo στρέφω, *volverse, darse la vuelta, dirigirse*, aquí *volviéndose*; δὲ, partícula que hace funciones de conjunción copulativa *y*; ὁ, caso nominativo masculino singular del artículo determinado *el*; Ἰησοῦς, caso nominativo masculino singular del nombre propio *Jesús*; καὶ, conjunción copulativa *y*; θεασάμενος, caso nominativo masculino singular del participio de aoristo en voz media del verbo θεάομαι, *mirar, ver, observar, saludar*, aquí *viendo*; αὐτοὺς, caso acusativo masculino de la segunda persona plural del pronombre personal declinado *a ellos, les*; ἀκολουθοῦντας, caso acusativo masculino plural del participio de presente en voz activa del verbo ἀκολουθέω, *seguir, acompañar*, aquí *que seguían, siguiendo*; λέγει, tercera persona singular del presente de indicativo en voz activa del verbo λέγω, *hablar, decir*, aquí *dice*, como presente histórico *dijo*; αὐτοῖς, caso dativo masculino plural de la tercera persona plural del pronombre personal declinado *a ellos, les*; τί, caso acusativo neutro singular del pronombre interrogativo *qué*; ζητεῖτε, segunda persona plural del presente de indicativo en voz activa del verbo ζητέω, *buscar, querer, pedir*, aquí *buscáis*; οἱ, caso nominativo masculino plural del artículo determinado *el*; δὲ, partícula conjuntiva que hace las veces de conjunción coordinante, con sentido de *pero, más bien, y, y por cierto, antes bien*; εἶπαν, tercera persona plural del aoristo segundo de indicativo en voz activa del verbo λέγω, *hablar, decir*, aquí *dijeron*; αὐτῷ, caso dativo masculino de la tercera persona singular del pronombre personal declinado *a él, le*; ῥαββί, caso vocativo masculino singular del nombre común *rabí*; ὃ, caso nominativo neutro singular del pronombre relativo *que*; λέγεται, tercera pesona singular del presente de indicativo en voz pasiva del verbo λέγω, *hablar, decir, responder*, aquí *dice*, en sentido de *significa*; μεθερμηνευόμενον, caso nominativo neutro singular del participio de presente en voz pasiva del verbo μεθερμηνεύω, *interpretar*, aquí *siendo interpretado*; διδάσκαλε, caso vocativo masculino singular del nombre común *maestro*; ποῦ, adverbio de lugar *donde*; μένεις, segunda persona singular del presente de indicativo en voz activa del verbo μένω, *vivir, habitar, morar*, aquí *moras*.

Crítica Textual. Lecturas alternativas.

[1] ὃ λέγεται μεθερμηνευόμενον, *que significa siendo interpretado*, lectura atestiguada en 𝔓[66, 75], ℵ[2], A, B, C, K, N, W[s], Ψ, 33, 579, 892, 1424.

ὃ λέγεται ερμηνευόμενον, *que significa interpretado*, según se lee en ℵ, K, P, Γ, Δ, Θ, *f*[13], 565, 700, 1241, 𝔐, sir[h].

ὃ λέγεται ερμηνευόεται, *lo que es interpretado*, conforme a *f*[1], it, vg[vg].

στραφεὶς δὲ ὁ Ἰησοῦς καὶ θεασάμενος αὐτοὺς ἀκολουθοῦντας λέγει αὐτοῖς· Dejada la compañía de Juan, los dos discípulos comenzaron a seguir a Jesús. Sin duda la escena es muy vívida, propia de un testigo presencial. La carrera de aquellos dos seguidores de Juan, comienza por un caminar tras Jesús. Él iba delante y ellos le seguían. Jesús se volvió hacia ellos en un momento no determinado por el evangelista para formularles una pregunta, que sería esencial en sus vidas y, por supuesto, en aquella ocasión.

τί ζητεῖτε. Jesús no les preguntó *a quien buscáis*, sino *que buscáis*. Esta es la primera palabra de Jesús que registra el *Evangelio*, de las muchas que nos ha conservado de las pronunciadas por Él. No era tan importante a que persona buscaban, sino que es lo que buscaban ellos. Juan había dicho que Jesús era el Cordero de Dios que quita el pecado del mundo, buscarle a Él dejando al maestro con quién habían estado antes, era un indicativo que ellos estaban interesados por el perdón de los pecados, que tal vez el Bautista les había indicado como misión de Aquel que había sido bautizado por él. Jesús les hace notar que lo importante es aquello que el hombre busca en la vida. El mesías había venido para salvar a los perdidos, de modo que ellos estaban incluidos en esa misión. Juan sin duda les había bautizado cuando ellos confesaron su condición de pecadores y aceptaban el camino del arrepentimiento, cambiando de mentalidad en cuanto la situación personal, mientras aguardaban la venida del Mesías cuyo camino estaba preparando Juan. Ahora estaba ya delante de ellos. Lo necesario era que sintiesen la necesidad de buscar algo, que no podía ser otra cosa que el perdón de pecados y con ello la vida eterna, como les enseñaría durante el tiempo del discipulado con Él.

οἱ δὲ εἶπαν αὐτῷ· ῥαββί ὃ λέγεται μεθερμηνευόμενον διδάσκαλε, La respuesta de ellos va precedida de una forma respetuosa hacia Cristo, al llamarle *Rabí*. Especialmente en arameo el título viene derivado del verbo *rabab*, que significa *ser grande*. Este título honorífico aparece a mediados del s. I a. C. Se aplicaba a *jefes* o *maestros*, y llegó a ser identificativo de aquellos que eran *doctores en la ley*, especialmente usado a partir aproximadamente desde los años veinte y hasta doscientos d. C. Los discípulos de Juan el Bautista le llamaban de este modo (3:26). Referido a Jesús el título reviste importancia ya que Él mismo lo acepta como propio para Él (13:13). En el *Evangelio* se aprecia un desarrollo en el uso del término. Al principio tanto los Doce como otros, cual es el caso de Nicodemo, llaman *Rabí* al Señor. Pero otros, como puede ser la samaritana, el oficial del rey de Capernaum, o el ciego de nacimiento le llaman *Señor*, en griego κύριε (4:11-19, 49; 5:7; 9:36). A medida que el ministerio de Jesús se desarrolla, como al final del discurso sobre el *Pan de Vida*, con el que se cierra el ministerio en Galilea, frente a la demanda determinante de seguimiento de los Doce, Pedro le llama *Señor*, κύριε, (6:68). Incluso las multitudes cambian *Rabí*, por *Señor* (comp. 6:25, con 6:34). El término *Señor*, se usa en la LXX para trasladar el nombre Jehová del Antiguo Testamento, por tanto, aplicar a Jesús el título de *Señor* a Cristo representa un reconocimiento de superioridad sobre cualquier título humano. Es cierto que el término se usa también para referirse a quien ejerce autoridad, como pudiera ser un dueño ante un esclavo. A medida que el *Evangelio* avanza, se hace evidente el cambio de *Rabí* a *Señor*, especialmente a partir del tiempo de la resurrección de Lázaro (11:8), donde tanto los Doce como sus allegados llaman a Jesús, *Señor* (cf. 11:12, 21, 27, 32, 34, 39; 13:6, 9, 25, 36, 37; 20:2, 13, 18, 20, 25, 28; 21:7, 12, 15, 16, 17, 20, 21). No es posible determinar las razones del cambio bíblicamente hablando. Lo que es evidente es que ese uso señala una reverencia mayor hacia Cristo, que es la lógica consecuencia de un conocimiento mayor de Él. Jesús supera en todo a los grandes maestros que se conocían, sus obras son no solo mayores que las de ellos, sino algo más, manifiesta en ellas la omnipotencia divina, ajena a cualquier hombre en la tierra. Luego de la resurrección de Jesús el título *Rabí* desaparece totalmente para emplear sólo el de *Señor*. Estos dos discípulos de Juan, usan el título *Rabí* para responder a la pregunta que Jesús les formula. Siendo una palabra usada con determinado sentido en el arameo, Juan da la interpretación de ella diciendo que es equivalente a *Maestro*, ya que escribía para gente procedente en su mayoría del entorno heleno-romano.

ποῦ μένεις. A la pregunta de Jesús sigue otra de ellos como respuesta. Aquellos querían saber *donde moraba*, es decir, el lugar de residencia, la casa donde estaba. Con toda seguridad se aprecia un deseo en los dos discípulos de Juan que seguían a Jesús, de poder estar tiempo con tranquilidad para conversar con el Maestro. En la casa, alejados de un entorno que era propicio a interrupciones, podían comenzar a recibir las lecciones que el Cordero de Dios tuviera para ellos. Seguramente que también tenían preguntas para las que no tenían respuesta. Todo aquello indica la disposición personal de ellos hacia el Maestro a quien

Juan había presentado como el Cordero de Dios que quita el pecado del mundo. Con esa pregunta esperaban la invitación de Jesús para que le acompañaran a su residencia.

Una sencilla aplicación a la luz de la pregunta de los dos discípulos de Juan. Nada puede haber más importante que saber donde podemos encontrar a Jesús. Las mujeres en la resurrección le buscaban pero lo hacían en un lugar equivocado, de ahí que los ángeles les hagan observar que no se encontraría al Resucitado en el lugar de los muertos (Lc. 24:5). De igual modo no se puede encontrar a Jesús en el ámbito de la mera religión, de las formas legales carentes del Espíritu, en un culto tradicional y en una enseñanza con historia pero sin vida. Es necesario que cada uno nos preguntemos ahora: *"donde moras"*, para poder tener un encuentro en comunión con Él y recibir la bendición de su presencia.

39. Les dijo: Venid y ved. Fueron, y vieron donde moraba, y se quedaron con él aquel día; porque era como la hora décima.

λέγει αὐτοῖς· ἔρχεσθε καὶ ὄψεσθε[1]. ἦλθαν οὖν[2] καὶ εἶδαν ποῦ
Dice les: Venid y veréis. Fueron, pues, y vieron donde
μένει καὶ παρ' αὐτῷ ἔμειναν τὴν ἡμέραν ἐκείνην· ὥρα ἦν
moraba y con él quedaron el día aquel; hora era
ὡς δεκάτη.
como décima.

Notas y análisis del texto griego.

Siguiendo el relato, escribe: λέγει, tercera persona singular del presente de indicativo en voz activa del verbo λέγω, *hablar, decir*, aquí *dice*, como presente histórico debe traducirse mejor por *dijo*; αὐτοῖς, caso dativo masculino de la tercera persona plural del pronombre personal declinado *a ellos, les*; ἔρχεσθε, segunda persona plural del presente de imperativo en voz media del verbo ἔρχομαι, en la acepción de *venir*, aquí *venid*; καὶ, conjunción copulativa *y*; ὄψεσθε, segunda persona plural del futuro de indicativo en voz media del verbo ὁράω, *ver, mirar, observar*, aquí *veréis*; ἦλθαν, tercera persona plural del aoristo segundo de indicativo en voz activa del verbo ἔρχομαι, *ir*, aquí *fueron*; οὖν, adverbio de afirmación que equivale a nuestra conjunción causal *pues*; καὶ, conjunción copulativa *y*; εἶδαν, tercera persona plural del aoristo segundo de indicativo en voz activa del verbo ὁράω, *ver, mirar, observar*, aquí *vieron*; ποῦ, adverbio de lugar *donde*; μένει, tercera persona singular del presente de indicativo del verbo μένω, *vivir, habitar, morar*, aquí *mora*, como presente histórico *moraba*; καὶ, conjunción copulativa *y*; παρ', forma escrita de la preposición propia de dativo παρά, por elisión de la α final cuando precede a una palabra que comienza con vocal, equivale a *con*; αὐτῷ, caso dativo masculino de la tercera persona singular del pronombre personal *él*; ἔμειναν, tercera persona plural del aoristo primero de indicativo en voz activa del verbo μένω, *permanecer, quedarse, vivir, habitar, morar*, aquí *quedaron*; τὴν, caso acusativo femenino singular del artículo determinado *el*; ἡμέραν, caso acusativo femenino singular del nombre común *día*; ἐκείνην, caso acusativo femenino singular del pronombre demostrativo *aquel*; ὥρα, caso nominativo femenino singular del nombre común *hora*; ἦν, tercera persona singular del imperfecto de indicativo en voz activa del verbo εἰμί, *ser*, aquí *era*; ὡς, adverbio de modo, *como*, que hace las veces de conjunción comparativa; δεκάτη, caso nominativo femenino singular del adjetivo numeral ordinal *décima*.

Crítica Textual. Lecturas alternativas.

[1] ὄψεσθε, *veréis*, lectura atestiguada en 𝔓$^{5vid, 66, 75}$, B, C*, K, W^{s}, Ψ^{c}, 083, *f*^{1}, 33, 579, sa^{ms}, Orígenes^{pt}.

ἴδετε, *ved*, según ℵ, A, C^{3}, K, N, P, Γ, Δ, Θ, *f*^{13}, 565, 700, 892, 1241, 1424, 𝔐, latt, sa^{ms}, bo, Orígenes^{pt}.

[2] οὖν, lectura en 𝔓$^{66, 75}$, ℵ, A, B, C, K, N, W, Θ, Ψ, *f*^{13}, 33. 579. 892 sir^{hmg}, sa, bo.

No aparece en K, P, Γ, Δ, *f*^{1}, 565, 700, 1241, 1424, 𝔐, lat, sir^{h}.

λέγει αὐτοῖς· ἔρχεσθε καὶ ὄψεσθε. La respuesta de Jesús es aparentemente simple, literalmente *venid y veréis*. En una lectura superficial aquellas palabras representaban una invitación de Jesús para que le acompañasen al lugar donde se hospedaba o donde residía en aquellos días. Sin embargo la respuesta conlleva una dimensión mayor. El Señor llama a los dos discípulos de Juan al seguimiento, como se aprecia mediante el uso del verbo en imperativo: *"venid"*. Esa es la fórmula que usa habitualmente cuando quiere que alguien le siga. Jesús no tiene morada permanente en el mundo, porque no es del mundo, pero prepara una *morada* para los suyos (14:2 ss.). La respuesta comprende una doble dimensión, primero la invitación al seguimiento y seguidamente la consecuencia que se produce al seguirle: *veréis*. La construcción con este segundo verbo no está en imperativo, como algunas versiones traducen, *ved*, sino en futuro de indicativo, por tanto si le seguían verían la dimensión de lo que buscaban. En el evangelio Jesús hablará de Su morada a los discípulos, en unión con el Padre: *"El que me ama, mi palabra guardará; y mi Padre le amará, y vendremos a él, y haremos morada con él"* (14:23). La orientación de Cristo va más allá de una simple morada material. A quienes preguntaban donde moraba les llama a seguirle para pasar de huéspedes en la casa con Jesús, a ser la morada permanente de Él en sus corazones. Los seguidores de Cristo se convertirían en templo de Dios, donde la presencia divina se manifestaría plenamente. Indudablemente los dos discípulos no entendían esta dimensión, ellos buscaban sólo conocer el lugar donde Jesús residía para estar tranquilamente con Él y conocerle mejor, pero la realidad iba a ser otra en la medida en que siguieran a Jesús día a día. Más tarde diría el Señor a Felipe y a Andrés: *"Si alguno me sirve, sígame; y donde yo estuviere, allí también estará mi servidor. Si alguno me sirviere, mi Padre le honrará"* (12:26). Todo esto se producirá en la vida de aquellos dos que dejando a Juan seguían a Jesús. Con esta invitación *venid y veréis*, abría para ellos un futuro impreciso todavía para los dos, pero seguro y cierto para Jesús. Poco a poco ellos iban a ir viendo la gloria admirable de Jesús, a quien Juan presentó como el Cordero de Dios. Este *veréis* será un progresivo ir viendo para quedar cautivados de la gloria del Verbo encarnado.

ἦλθαν οὖν καὶ εἶδαν ποῦ μένει καὶ παρ' αὐτῷ ἔμειναν τὴν ἡμέραν ἐκείνην· La primera invitación de Jesús al seguimiento es respondida por los dos discípulos. La intención suya era conocer el lugar donde *moraba* Jesús, pero la razón de estar con Él obedecía a la invitación que Jesús les hizo. El descubrir la morada de Jesús concluye en un *morar a su lado*, de otro modo, *se quedaron con Él aquel día*. Ese fue el comienzo que preparaba un más allá, que terminará siendo una morada definitiva. El comienzo de lo que significa el discipulado es precisamente estar con Jesús. Esto que pedirá el Señor a todos los que acepten Su invitación de seguimiento es también una demanda de permanecer con Él y en Él.

ὥρα ἦν ὡς δεκάτη. El encuentro con Jesús tuvo lugar alrededor de la *hora undécima*. En el cómputo temporal de Juan, en donde el día se dividía en doce horas, serían aproximadamente las cuatro de la tarde. Aunque el caer de la tarde estaba cercano, había tiempo suficiente para una conversación tranquila. La nota no está tanto en el tiempo en sí mismo, sino en la oportunidad para ellos. Era el tiempo del cumplimiento de Dios para la vida de los discípulos de Juan. No es necesario cambiar en este punto el cómputo del tiempo que utiliza el escritor, como algunos *críticos* pretenden en este caso, para decir que serían las diez de la mañana en lugar de las cuatro de la tarde. El hecho de que Juan diga que *se quedaron con Él aquel día*, debe entenderse desde el punto de vista judío para el cómputo del tiempo, en donde una fracción del día se tomaba como un día. Aquel día, no importa la hora, fue el del encuentro de los discípulos con el Señor. La invitación era a seguirle y quedarse con Él y ahí comenzó la experiencia con Jesús.

40. Andrés, hermano de Simón Pedro, era uno de los dos que habían oído a Juan, y habían seguido a Jesús.

Ἦν	Ἀνδρέας	ὁ	ἀδελφὸς	Σίμωνος	Πέτρου	εἷς	ἐκ	τῶν	δύο	τῶν
Era	Andrés	el	hermano	de Simón	Pedro	uno	de	los	dos	-

ἀκουσάντων	παρὰ	Ἰωάννου	καὶ	ἀκολουθησάντων	αὐτῷ·
que oyeron	de	Juan	y	siguieron	a Él.

Notas y análisis del texto griego.

Continuando con el relato, añade: Ἦν, tercera persona singular del imperfecto de indicativo en voz activa del verbo εἰμί, *ser*, aquí *era*; Ἀνδρέας, caso nominativo masculino singular del nombre propio *Andrés*; ὁ, caso nominativo masculino singular del artículo determinado *el*; ἀδελφὸς, caso nominativo masculino singular del nombre común *hermano*; Σίμωνος, caso genitivo masculino singular del nombre propio declinado *de Simón*; Πέτρου, caso genitivo masculino singular del nombre propio *Pedro*; εἷς, caso nominativo masculino singular del adjetivo numeral cardinal *uno*; ἐκ, preposición propia de genitivo *de*; τῶν, caso genitivo masculino de la tercera persona plural del pronombre personal *los*; δύο, caso genitivo masculino plural del adjetivo numeral cardinal *dos*; τῶν, caso genitivo masculino plural del artículo determinado *los*; ἀκουσάντων, caso genitivo masculino plural del participio del aoristo primero en voz activa del verbo ἀκούω, *oír, escuchar*, aquí *que oyeron*; παρὰ, preposición propia de genitivo *de*; Ἰωάννου, caso genitivo masculino singular del nombre propio *Juan*; καὶ, conjunción copulativa *y*; ἀκολουθησάντων, caso genitivo masculino plural del participio aoristo primero en voz activa del verbo ἀκολουθέω, *seguir, acompañar*, aquí *que siguieron*; αὐτῷ, caso dativo masculino de la tercera persona singular del pronombre personal declinado *a Él.*

Ἦν Ἀνδρέας ὁ ἀδελφὸς Σίμωνος Πέτρου. Juan identifica aquí por nombre a uno de los dos discípulos llamándole *Andrés* y diciendo que era el hermano de Simón Pedro. Supone un relato en donde el nombre de Pedro era sin duda conocido universalmente entre los cristianos. Juan escribe su relato, el cuarto evangelio, cuando el conocimiento sobre los apóstoles estaba plenamente extendido. Andrés fue el primero de los discípulos llamado por Jesús al apostolado. Juan va a referirse a esto en varios lugares del *Evangelio*. Los dos eran pescadores y vecinos de Betsaida de Galilea (v. 44). Como ya se ha considerado antes era un discípulo de Juan el Bautista. Es interesante apreciar que fue uno de los primeros entre los Doce en reconocer que Jesús era el Mesías (vv. 37-42). Según Mateo fue llamado al seguimiento de Cristo junto con su hermano Pedro, en la ribera del Mar de Galilea, y ellos dejando todo le siguieron (Mt. 4:18-19). En todas las listas de los apóstoles Andrés figura formando parte del primer grupo de cuatro en los que se establecen. En la de Marcos, Andrés está directamente relacionado con Felipe, con quien tendrá actuaciones en común según el relato del *Evangelio según Juan*. Aparentemente las listas sitúan a Andrés en un lugar destacado, al formar parte del primero de los cuartetos en que se escriben; del mismo modo en Hechos aparece en el cuarto lugar de la relación de los apóstoles. Su oficio, como se hace notar, es el de pescador, junto con su hermano Simón. El autor del cuarto evangelio refiere en un mismo contexto las vocaciones de Andrés y de Felipe. Son los dos quienes, entre otras cosas, hablaron a Jesús de los griegos que querían conocerle (12:20-22). Desaparece del escenario bíblico al mencionar su nombre por última vez después de la Ascensión de Cristo. Sin embargo su protagonismo se prologó en obras de diverso carácter, conforme al testimonio de la *literatura patrística*. Según Eusebio de Cesarea, que toma ese dato de Orígenes, en el reparto del mundo para la evangelización habrían correspondido a Andrés los países de las costas del Mar Negro, la parte norte de la península Balcánica y Escitia[55]. Por su parte Gregorio Naciaceno , cita labores que Andrés realizó en el Epiro. Jerónimo lo sitúa trabajando en Acaya[56]. Teodoreto habla de él situándolo en Hellas[57]. Hay testimonio histórico de Nicéforo que afirma que Andrés predicó en Capadocia, Galacia y Bitinia. En Sinope, según la tradición local muestran la cátedra de piedra blanca que había servido al apóstol para su predicación. Posiblemente luego del trabajo en el área del Mar Negro, pasó a Tracia, Macedonia y Grecia, donde lo sitúan Jerónimo, Teodoreto y Nicéforo. No se sabe como murió, pero la tradición dice que murió en una cruz, no clavado, sino atado para que tardase más tiempo en ocurrir su muerte, ordenado este trato por el procónsul Egeates, para prolongar su sufrimiento, luego de negarse a ofrecer sacrificio a los dioses. Dice la tradición que tardó dos días en morir y que durante ese tiempo predicó el evangelio a miles de personas que se habían congregado en torno al lugar de su ejecución, levantándose contra quien la había ordenado. Según esa misma tradición Andrés partió para estar con Cristo luego de una oración en la que dijo: *"Cristo, a quien he deseado, a quien he amado, a quien conozco, a quien poseo, de quien soy"*[58].

εἷς ἐκ τῶν δύο τῶν ἀκουσάντων παρὰ Ἰωάννου καὶ ἀκολουθησάντων αὐτῷ· El otro discípulo queda oculto en el relato, como en el resto del *Evangelio*, por lo que, según se ha considerado en la *introducción*, no puede ser otro que Juan. Ambos son los dos que siguieron a Jesús y se quedaron con Él aquel día.

---

[55] Eusebio. *Historia Eclesiástica.* III, 1).
[56] Jerónimo. *Epístola ad Marcellam.*
[57] Teodoreto. *In Ps 116.*
[58] *HchAnd.* Códice Vaticano 33-50.

41. Éste halló primero a su hermano Simón, y le dijo: Hemos hallado al Mesías (que traducido es, el Cristo).

εὑρίσκει οὗτος πρῶτον[1] τὸν ἀδελφὸν τὸν ἴδιον Σίμωνα καὶ
Encontró éste primero al hermano - suyo Simón y
λέγει αὐτῷ· εὑρήκαμεν τὸν Μεσσίαν, ὅ ἐστιν
dice le: Hemos encontrado al Mesías que es
μεθερμηνευόμενον Χριστός.
traducido: Cristo.

Notas y análisis del texto griego.

La noticia del encuentro con Cristo, llega a los cercanos: εὑρίσκει, tercera persona singular del presente de indicativo en voz activa del verbo εὑρίσκω, *hallar, encontrar*, aquí *encontró*; οὗτος, caso nominativo masculino singular del pronombre demostrativo *éste*; πρῶτον, adverbio de tiempo *primeramente, primero*, o adjetivo numeral ordinal *primero*; τὸν, caso acusativo masculino singular del artículo determinado declinado *al*; ἀδελφὸν, caso acusativo masculino singular del nombre común *hermano*; τὸν, caso acusativo masculino singular del adjetivo declinado *al*; ἴδιον, caso acusativo masculino singular del adjetivo *propio*, en sentido de *suyo*; Σίμωνα, caso acusativo masculino singular del nombre propio *Simón*; καὶ, conjunción copulativa *y*; λέγει, tercera persona singular del presente de indicativo en voz activa del verbo λέγω, *hablar, decir*, aquí *dice*; αὐτῷ, caso dativo masculino de la tercera persona singular del pronombre personal declinado *a él, le*; εὑρήκαμεν, primera persona plural del perfecto de indicativo en voz activa del verbo εὑρίσκω, *encontrar, hallar*, aquí *hemos encontrado*; τὸν, caso acusativo masculino singular del artículo determinado declinado *al*; Μεσσίαν, caso acusativo masculino singular del nombre propio *Mesías*; ὅ, caso nominativo masculino singular del pronombre relativo *el que, el cual, que*; ἐστιν, tercera persona singular del presente de indicativo en voz activa del verbo εἰμί, *ser*, aquí *es*; μεθερμηνευόμενον, caso nominativo neutro singular del participio de presente en voz pasiva del verbo, μεθερμημενεύω, *traducir, interpretar*, aquí *es traducido*; Χριστός, caso nominativo masculino singular del nombre propio *Cristo*.

Crítica Textual. Lecturas alternativas.

[1] πρῶτον, *primero*, atestiguada la lectura en 𝔓$^{66, 75}$, ℵ^{2}, A, B, Θ, Ψ, 083, *f*$^{1, 13}$, 892 lat sir$^{p, h}$, Epifanio

προτος, *primero*, según ℵ*, K, K, W^{s}, Γ, Δ, 565, 579, 700, 1241, 𝔐.

πρῴ, *temprano, al amanecer, a primera hora*, conforme a b, e, r^{1}, sir^{s}.

εὑρίσκει οὗτος πρῶτον τὸν ἀδελφὸν τὸν ἴδιον Σίμωνα καὶ λέγει αὐτῷ· El relato ofrece el encuentro entre Andrés y Simón, su hermano. La lectura del griego πρῶτον, *primero*, tiene alternativas sólidas, entre las que se destaca πρωΐ, *temprano*, *a primera hora*, incluso *al amanecer*, en cuyo caso se deduce que habría pasado la noche en la casa donde Jesús estaba. En caso de que se acepte como correcta la primera lectura, entonces el relato precisaría que a la primera persona a quien Andrés encontró fue a su hermano Simón. Sin embargo, no es necesario cambiar el sentido del texto griego, asumiendo como correcta la lectura *primero*, teniendo en cuenta también el uso continuado que le da Juan en el texto (cf. 2:10; 7:51; 10:40; 12:16; 15:18; 18:13; 19:39). Esta lectura además está bien atestiguada. El encuentro entre los dos hermanos pudo haber sido casual, al salir Andrés del tiempo pasado con Jesús, pero también pudo haber sido el resultado de la búsqueda, con el propósito de comunicarle la noticia de lo que había sido el encuentro con Jesús.

εὑρήκαμεν τὸν Μεσσίαν, ὅ ἐστιν μεθερμηνευόμενον Χριστός. Para Andrés no era solo el Cordero de Dios, sino también el Mesías esperado. El Bautista había estado preparando el camino para la venida del Mesías, llamando al arrepentimiento y bautizando a quienes aceptaban la demanda de un cambio de vida. Sin embargo, es muy posible que la aparición del Mesías, conforme a la enseñanza tradicional fuese un acontecimiento revestido de esplendor y gloria. Ninguno de los que estaban en aquel tiempo cerca de Juan hubiesen considerado a Jesús como el Mesías esperado. Sin embargo, para Andrés había sido suficiente el tiempo pasado con Jesús, para descubrir que era el Mesías prometido. Aparentemente hay una diferencia con la tradición sinóptica, donde es Pedro y no Andrés el primero en confesar que Jesús es el Cristo (Mt. 16:16), sin embargo, la confesión de Pedro tiene como razón de ser la respuesta a la pregunta que Jesús les formuló sobre quien decían ellos que era. Como es normal en Juan, traduce al griego la palabra aramea *Mesías*, haciendo notar que es equivalente a *Cristo*.

Es interesante, como hace notar Barret, la secuencia de títulos en este primer capítulo del *Evangelio*: Cordero de Dios (v. 36), Rabí (v. 38), Mesías (v. 41), el anunciado por Moisés y los profetas (v. 45), Rabí, Hijo de Dios, Rey de Israel (49), Hijo del Hombre (v. 51)[59] .

42. Y le trajo a Jesús. Y mirándole Jesús, dijo: Tu eres Simón, hijo de Jonás; tú serás llamado Cefas (que quiere decir, Pedro).

---

[59] Charles Kingsley Barret. o.c. pág. 274.

ἤγαγεν αὐτὸν[1] πρὸς τὸν Ἰησοῦν. ἐμβλέψας[2] αὐτῷ ὁ Ἰησοῦς
Llevó le a - Jesús. Mirando le - Jesús
εἶπεν· σὺ εἶ Σίμων ὁ υἱὸς Ἰωάννου[3], σὺ κληθήσῃ Κηφᾶς,
dijo: Tú eres Simón el hijo de Juan, tú serás llamado Cefas
ὃ, ἑρμηνεύεται Πέτρος.
Que, es traducido: Pedro.

Notas y análisis del texto griego.

Cerrando el párrafo sobre los dos discípulos, escribe: ἤγαγεν, tercera persona singular del aoristo segundo de indicativo en voz activa del verbo ἄγω, *conducir, llevar*, aquí *llevó*; αὐτὸν, caso acusativo masculino de la tercera persona singular del pronombre personal declinado *a él, le*; πρὸς, preposición propia de acusativo *a*; τὸν, caso acusativo masculino singular del artículo determinado *el*; Ἰησοῦν, caso acusativo masculino singular del nombre propio *Jesús*; ἐμβλέψας, caso nominativo masculino singular del participio aoristo primero en voz activa del verbo ἐμβλέπω, *mirar, ver, observar*, aquí *mirando*; αὐτῷ, caso dativo masculino singular de la tercera persona singular del pronombre personal declinado *a él, le*; ὁ, caso nominativo masculino singular del artículo determinado *el*; Ἰησοῦς, caso nominativo masculino singular del nombre propio *Jesús*; εἶπεν, tercera persona singular del aoristo segundo de indicativo en voz activa del verbo λέγω, *decir*, aquí *dijo*; σὺ, caso nominativo masculino de la segunda persona singular del pronombre personal *tú*; εἶ, segunda persona singular del presente de indicativo en voz activa del verbo εἰμί *ser*, aquí *eres*; Σίμων, caso nominativo masculino singular del nombre propio *Simón*; ὁ, caso nominativo masculino singular del artículo determinado *el*; υἱὸς, caso nominativo masculino singular del nombre común *hijo*; Ἰωάννου, caso genitivo masculino singular del nombre propio declinado *de Jonás*; σὺ, caso nominativo masculino de la segunda persona singular del pronombre personal *tú*; κληθήσῃ, segunda persona singular del futuro de indicativo en voz pasiva del verbo καλέω, *llamar*, aquí *serás llamado*; Κηφᾶς, caso nominativo masculino singular del nombre propio *Cefas*; ὃ, caso nominativo neutro singular del pronombre relativo *que*; ἑρμηνεύεται, tercera persona singular del presente de indicativo en voz pasiva del verbo ἑρμηνεύω, *interpretar, traducir*, aquí *es traducido*; Πέτρος, caso nominativo masculino singular del nombre propio *Pedro*.

Crítica Textual. Lecturas alternativas.

[1] ἤγαγεν αὐτὸν, *llevó le*, lectura atestiguada en 𝔭$^{66*, 75, 106}$, ℵ, B, K, b, sa^{ms}.

καὶ ἤγαγεν αὐτὸν, *y llevó le*, según A, K, W^{s}, Γ, Δ, Θ, Ψ, *f*^{13}, 33, 565, 700, 892, 1241, 1424, 𝔐, lat, sir, sa^{mss}.

οὗτος ἤγαγεν, *este llevó*, conforme a 𝔭^{66c}, *f*^{1}, bo, Epifanio.

[2] ἐμβλέψας, *mirando*, lectura en $\mathfrak{p}^{66}$, ℵ, A, B, K, K, Γ, Ψ, f^{1}, 565, 579^{vid}, 700, pm, sir.

ἐμβλέψας δὲ, *y mirando*, escrito con partícula, como aparece en $\mathfrak{p}^{75}$, Δ, Θ, f^{13}, 33, 892, 1241, 1424, pm, lat, sir^{h}, sa^{mss}, bo.

καὶ ἐμβλέψας, *y mirando*, escrito con conjunción, conforme a W^{s}, a, e, q, sir^{cp}.

[3] Ἰωάννου, forma del nombre *Juan* en la lectura de $\mathfrak{p}^{66, 75, 106}$, ℵ, B*, K, W^{s}, 33, it, co.

Ἰωνᾶ, forma del nombre *Jonás* según lectura en A, B^{2}, K, Γ, Δ, Ψ, $f^{1, 13}$, 565, 579, 700, 892, 1424, 𝔐, c, q, vg^{cl}, sir, bo^{bo}, Epifanio.

Ἰωάννα, forma de nombre *Juan*, conforme a Θ, 1241, vg.

ἤγαγεν αὐτὸν πρὸς τὸν Ἰησοῦν. Seguro de quien era Jesús, nada más importante y principal para él que llevar a su hermano al Maestro para que le conociera personalmente. Es el primero alcanzado para Cristo por Andrés, al que se le aprecia una dimensión evangelizadora llevando a otros a Jesús. Según se entienda el término *primero* del versículo anterior, permite suponer que ambos, Andrés y Juan salieron a buscar a Simón y lo encontró primero Andrés. No es necesario, como se dijo en el versículo anterior, una precisión histórica semejante. El hecho fiel al relato es que Andrés encontró a su hermano y lo llevó a Jesús.

ἐμβλέψας αὐτῷ ὁ Ἰησοῦς εἶπεν· La mirada de Jesús se fijó en aquel hombre a quien acompañaba su hermano. El verbo ἐμβλέπω, es una forma enfática de *mirar, ver, observar*, indicando aquí que Jesús lo miró atentamente. Es la forma que se usa para describir la mirada de Juan el Bautista en el encuentro con Jesús (vv. 29, 36). Jesús con esa mirada reconocía a Simón, tanto en cuanto a quien era como a lo que iba a ser, es decir, conocía a él y a su destino. No cabe duda que el conocimiento sobrenatural de Jesús pone de manifiesto la condición Divino-humana de su Persona. En aquel momento su humanidad, esto es, su naturaleza humana tenía un conocimiento sobrenatural como resultado de la comunicación de propiedades entre la naturaleza divina, conocedora absoluta de todo, y la humana, cuyo conocimiento era limitado voluntariamente a las limitaciones propias de la creatura. Esta comunicación de propiedades entre deidad y humanidad, solo es posible por medio y en la Persona Divina del Hijo de Dios en quien subsisten ambas naturalezas. Sin duda alguna aquella mirada quedó grabada y clavada en Simón.

σὺ εἶ Σίμων ὁ υἱὸς ᾿Ιωάννου, Sin explicación alguna el Señor saludó a Pedro con una precisa identificación llamándole por su nombre e indicándole también de quien era hijo: *"tu eres Simón, hijo de Juan"*. Es este otro contraste con los sinópticos, ya que Mateo dice que Simón era hijo de Jonás, de esta forma se lee también en algunos códices, posiblemente como consecuencia de la forma en Mateo (Mt. 16:17). El nombre del padre que aparece cuatro veces en el *Evangelio* (1:42; 21: 15, 16, 17), no ocurre en el Nuevo Testamento más que en el *Evangelio según Mateo* y en la forma *Jonás*. Esta diferencia pudiera ser producida por la pronunciación norteña de ᾿Ιωάννης, *Juan*.

σὺ κληθήσῃ Κηφᾶς, ὃ ἑρμηνεύεται Πέτρος. Sin ninguna razón aparente Jesús anuncia a Simón como sería el nombre por el que se le conocería en el futuro, *te llamarás Pedro*, traducción al griego del arameo Κηφᾶς, *Cefas*, cuyo significado es *piedra*. Este título le es confirmado en otra ocasión, cuando en el camino a Jerusalén, en Cesarea de Filipo, Pedro dio testimonio en nombre de los Doce sobre quien era Jesús. Allí Cristo le dijo: *"tu eres Pedro"* (Mt. 16:18). El cambio de nombre ocurre al principio del ministerio de Jesús, por tanto se registra así en varios lugares de los sinópticos (Mr. 3:16; Lc. 6:14), en los relatos de la elección de los apóstoles. Juan unirá los dos nombres de forma habitual en el *Evangelio*, y dirá hasta diecisiete veces *Simón Pedro*. El impuesto por Jesús es el que habitualmente utiliza el apóstol Pablo, llamándole *Kefas*, en la mayoría de las referencias en que lo menciona (cf. 1 Co. 1:12; 3:22; 9:5; Gá. 1:18; 2:9, 11, 14). A finales del s. I el nombre Pedro es casi exclusivo para referirse al apóstol.

El cambio de nombre en el entorno del Antiguo Testamento, y no debemos olvidar que el ministerio de Jesús ocurre en los últimos años de la antigua dispensación, por tanto es un entorno de Antiguo Testamento, con el templo en funcionamiento y los rituales de la ley en plena vigencia, en ese entorno el cambio de nombre marca el principio de una vocación divina especial. Así Jacob es llamado Israel (Gn. 32:28), Abram se le cambia el nombre por Abraham (Gn. 17:5). Jesús ve más allá de lo que el hombre ve y conoce lo que resultará ser la vida firme del apóstol, comparable con una piedra que se mantendrá estable en la fe. No será el hombre de respuesta apresurada y de reacciones un tanto impredecibles, sino una de las columnas de la iglesia. Nuevamente se aprecia que el interés de Juan en su propósito al escribir el *Evangelio*, es la centralidad de Jesús. Es Él quien conoce profundamente al hombre y tiene poder para orientar la vida que ejecutará la voluntad y el propósito divino. Esa era la misión de Pedro anunciada ya en el cambio de nombre.

Felipe y Natanael (1:43-51).

43. El siguiente día quiso Jesús ir a Galilea, y halló a Felipe, y le dijo: Sígueme.

Τῇ ἐπαύριον ἠθέλησεν ἐξελθεῖν εἰς τὴν Γαλιλαίαν καὶ
Al siguiente día quiso salir hacia - Galilea y
εὑρίσκει Φίλιππον. καὶ λέγει αὐτῷ ὁ Ἰησοῦς· ἀκολούθει μοι.
encuentra a Felipe, y dijo le - Jesús: sígueme.

Notas y análisis del texto griego.

Sin iterrupción en el relato, escribe: Τῇ, caso dativo femenino singular del artículo determinado declinado *al*; ἐπαύριον, adverbio de tiempo *siguiente día*; ἠθέλησεν, tercera persona singular del aoristo primero de indicativo en voz activa del verbo θέλω, *querer, desear*, aquí *quiso*; ἐξελθεῖν, segundo aoristo de infinitivo en voz activa del verbo ἐξέρχομαι, *salir, proceder, ir*, aquí *ir*; εἰς, preposición propia de acusativo *a, hacia*; τὴν, caso acusativo femenino singular del artículo determinado *la*; Γαλιλαίαν, caso acusativo femenino singular del nombre propio *Galilea*; καὶ, conjunción copulativa *y*; εὑρίσκει, tercera persona singular del presente de indicativo en voz activa del verbo εὑρίσκω, *hallar, encontrar*, aquí *encuentra*, como presente histórico mejor *encontró*; Φίλιππον, caso acusativo masculino singular del nombre propio *Felipe*; καὶ, conjunción copulativa *y*; λέγει, tercera persona singular del presente de indicativo en voz activa del verbo λέγω, *hablar, decir*, aquí *dice*, como presente histórico mejor *dijo*; αὐτῷ, caso dativo masculino de la tercera persona singular del pronombre personal declinado *a él, le*; ὁ, caso nominativo masculino singular del artículo determinado *el*; Ἰησοῦς, caso nominativo masculino singular del nombre propio *Jesús*; ἀκολούθει, tercera persona singular del presente de imperativo en voz activa del verbo ἀκολουθέω, *seguir, acompañar, ir tras*, aquí *sigue*; μοι, caso dativo de la primera persona singular del pronombre personal declinado *a mí, me*.

Τῇ ἐπαύριον ἠθέλησεν ἐξελθεῖν εἰς τὴν Γαλιλαίαν. La ausencia de sujeto en la primera frase es evidente, donde se lee literalmente: *al día siguiente quiso salir hacia Galilea*. Por regla general esta ausencia se suple introduciendo lo que pudiera ser un sujeto implícito que sería Jesús. Sin duda es la mejor opción ya que al final del versículo se menciona a Jesús hablando con Felipe. No sabemos los motivos que tenía Jesús para hacer el viaje al norte, desde el lugar en que se encontraba, situado donde Juan bautizaba. Sin embargo cabe también la posibilidad de que quien habló con Felipe fuese Andrés, el que había hablado antes con Juan y que lo trajo también a Jesús. Si el que se proponía ir hacia Galilea era Andrés, no es menos cierto que lo hacía siguiendo a Jesús, por tanto, en último extremo el que quería emprender el viaje era el Señor. No es necesaria una precisión semejante ya que lo que interesa a Juan es centrar la atención del lector en la persona de Jesús. Sin duda Andrés había quedado vinculado a Jesús luego de la reunión con Él y le seguiría a donde fuese. Al no conocer exactamente el lugar donde se encontraban en la ribera del Jordán, es difícil establecer la ruta que seguiría el viaje de Jesús. La referencia a Galilea es al territorio situado en las orillas occidentales del lago de ese nombre, gobernado por Herodes Antipas (Lc. 3:1). Entre Galilea y Judea se extendía el territorio de Samaria. Conforme a los sinópticos, el ministerio de Jesús comenzó en Galilea luego de que el Bautista fuese encarcelado (Mr. 1:14).

καὶ εὑρίσκει Φίλιππον. καὶ λέγει αὐτῷ ὁ Ἰησοῦς· Allí, en algún lugar del camino por donde transitaba Jesús acompañado de Andrés, se encontró con Felipe. Éste era uno de los galileos que se habían interesado por la predicación de Juan el Bautista. Siendo del lugar donde residían Andrés y su hermano Simón, posiblemente debía haber una relación de amistad entre ellos. Su nombre aparece en quinto lugar en las listas de los apóstoles (Mt. 10:2-4; Mr. 3:14-19; Lc. 6:13-16). Llama la atención que pasa sin mención específica en los sinópticos, en cambio Juan lo menciona hasta doce veces, donde se registran tres incidentes relacionados con él. El primero en relación con la multiplicación de los panes, como aquel que pregunta a Jesús, donde podrían comprar panes para tantos (6:5-7). El segundo con motivo del deseo de unos griegos que querían ver a Jesús y que le rogaron que les presentase a Él (12:20-23). El tercero cuando expresa a Cristo el deseo de que les mostrase al Padre (14:6-9). A la luz de estas referencias puntuales se puede apreciar a un hombre con cierta timidez e incluso algo de ingenuidad, pero de mente juiciosa y de condición leal. Excepto la referencia de su presencia con los apóstoles luego de la ascensión del Señor, tampoco se habla de él en Hechos (1:13).

ἀκολούθει μοι. Jesús llama a uno de los que serían sus apóstoles al seguimiento. La frase es concreta a la vez que enfática. El discipulado es seguimiento al Maestro. Nadie puede llamarse discípulo de Jesús si no sigue a Jesús. Seguirle no significa el simple hecho de caminar cerca de Él, admirar sus enseñanzas, y asombrarse de sus milagros, es la renuncia personal a cuanto supone la disposición de vida, para caminar en la senda de Jesús, de renuncia, compromiso y muerte si es necesario. La demanda soberana del Hijo de Dios, fue suficiente para que aquel hombre le siguiera. En los sinópticos se dice que aquellos discípulos *dejando todo le siguieron*. Juan guarda silencio en ese sentido pero hace alusión al llamado de Jesús hecho con la autoridad que corresponde no a un hombre, sino al Verbo encarnado.

44. Y Felipe era de Betsaida, la ciudad de Andrés y Pedro.

ἦν δὲ ὁ Φίλιππος ἀπὸ Βηθσαϊδά, ἐκ τῆς πόλεως Ἀνδρέου καὶ
Y era - Felipe de Betsaida, de la ciudad de Andrés y
Πέτρου.
de Pedro.

Notas y análisis del texto griego.

Sin variación en el relato, escribe: ἦν, tercera persona singular del imperfecto de indicativo en voz activa del verbo εἰμί, *ser, estar*, aquí *era*; δὲ, partícula que hace funciones de conjunción copulativa *y*; ὁ, caso nominativo masculino singular del artículo determinado *el*; Φίλιππος, caso nominativo masculino singular del nombre propio *Felipe*, ἀπὸ, preposición propia de genitivo *de*; Βηθσαϊδά, caso genitivo femenino singular del nombre propio *Betsaida*; ἐκ, preposición propia de genitivo *de*; τῆς, caso genitivo femenino singular del artículo determinado *la*; πόλεως, caso genitivo femenino singular del nombre común *ciudad*; Ἀνδρέου, caso genitivo masculino singular del nombre propio declinado *de Andrés*; καὶ, conjunción copulativa *y*; Πέτρου, caso genitivo masculino singular del nombre propio declinado *de Pedro*.

ἦν δὲ ὁ Φίλιππος ἀπὸ Βηθσαϊδά, ἐκ τῆς πόλεως Ἀνδρέου καὶ Πέτρου. Felipe era de la misma ciudad de Andrés y Pedro. Se llama Betsaida. Hay dos posiciones sobre la ubicación de la ciudad. Para algunos hay dos poblaciones con ese mismo nombre, la primera sería esta Betsaida que menciona aquí Juan y que para él está en Galilea (12:21), de hecho estaba en Gaulanítide, en la frontera con Galilea, que pertenecía a Herodes. Otra sería Betsaida Julia, al oriente del Mar de Galilea. En este caso la Betsaida que se menciona aquí estaría situada al occidente del lago, que sería la ciudad de estos discípulos, Pedro, Andrés y Felipe. Sin embargo algunos eminentes geógrafos palestinenses, sólo admiten la Betsaida Julias, al NE del Mar.

Una de las características del *Evangelio* se aprecia también aquí en los datos precisos para que el lector pueda situar el relato tanto en el tiempo como en el espacio.

45. Felipe halló a Natanael, y le dijo: Hemos hallado a aquel de quien escribió Moisés en la ley, así como los profetas: a Jesús, el hijo de José, de Nazaret.

εὑρίσκει Φίλιππος τὸν Ναθαναὴλ καὶ λέγει αὐτῷ· ὃν
Encontró Felipe - a Natanael y dijo le: Del que
ἔγραψεν Μωϋσῆς ἐν τῷ νόμῳ καὶ οἱ προφῆται εὑρήκαμεν,
escribió Moisés en la ley y los profetas hemos hallado,
'Ιησοῦν[1] υἱὸν τοῦ 'Ιωσὴφ τὸν ἀπὸ Ναζαρέτ.
a Jesús hijo - José el de Nazaret.

Notas y análisis del texto griego.

Continuando con el relato, añade: εὑρίσκει, tercera persona singular del presente de indicativo en voz activa del verbo εὑρίσκω, *hallar, encontrar*, aquí *encuentra*, siendo un presente histórico en sentido de *encontró*; Φίλιππος, caso nominativo masculino singular del nombre propio *Felipe*; τὸν, caso acusativo masculino singular del artículo determinado *el*; Ναθαναὴλ, caso acusativo masculino singular del nombre propio declinado *a Natanael*; καὶ, conjunción copulativa *y*; λέγει, tercera persona singular del presente de indicativo en voz activa del verto λέγω, *hablar, decir*, aquí *dice*, como presente histórico en sentido de *dijo*; αὐτῷ, caso dativo masculino de la tercera persona singular del pronombre personal declinado *a él, le*; ὃν, caso acusativo nasculino singular del pronombre relativo declinado *del que, de quien*; ἔγραψεν, tercera persona singular del aoristo primero de indicativo en voz activa del vervo γράγω, *escribir*, aquí *escribió*; Μωϋσῆς, caso nominativo masculino singular del nombre propio *Moisés*; ἐν, preposición propia de dativo *en*; τῷ, caso dativo masculino singular del artículo determinado *el*; νόμῳ, caso dativo masculino singular del nombre común *ley*; καὶ, conjunción copulativa *y*; οἱ, caso nominativo masculino plural del artículo determinado *los*; προφῆται, caso nominativo masculino plural del nombre común *profetas*; εὑρήκαμεν, primera persona plural del perfecto de indicativo en voz activa del verbo εὑρίσκω, *hallar, encontrar*, aquí *hallamos*; 'Ιησοῦν, caso acusativo masculino singular del nombre propio declinado *a Jesús*; υἱὸν, caso acusativo masculino singular del nombre común *hijo*; τοῦ, caso genitivo masculino singular del artículo determinado *el*; 'Ιωσὴφ, caso genitivo masculino singular del nombre propio *José*; τὸν, caso acusativo masculino singular del articulo determinado *el*; ἀπὸ, preposición propia de genitivo *de*; Ναζαρέτ, caso genitivo femenino singular del nombre propio *Nazaret*.

Crítica Textual. Lecturas alternativas.

[1] Se lee el artículo en acusativo τὸν, despues de 'Ιησοῦν, precediendo a υἱὸν, en A, K, Γ, Δ, Θ, Ψ, *f*[1, 13], 565, 700, 892, 1241, 1424, 𝔐, Orígenes[pt].

εὑρίσκει Φίλιππος τὸν Ναθαναὴλ καὶ λέγει αὐτῷ· Jesús reúne en muy poco tiempo a los cuatro primeros discípulos. A los nombres de Andrés, Simón y Felipe, se une ahora el de Natanael. Este nombre no aparece en la lista de los Doce (Mt. 10:3; Mr. 3:18; Lc. 6:14;

Hch. 1:13), pero debe ser identificado con Bartolomé, cuyo nombre significa *Dios ha dado*. Bartolomé es un nombre patronímico, con toda probabilidad derivado de *Bart-Tolmai*, hijo de Tolmai, forma habitual de relación familiar, como *Bar-Timeo*. Este nombre patronímico que lo vincula con su origen familiar, debía tener otro personal que sería el de *Natanael*. Aparece en las listas de los Doce junto a Felipe, lo que sin duda habla de una relación de amistad entre ellos y de compañerismo en el discipulado.

ὃν ἔγραψεν Μωϋσῆς ἐν τῷ νόμῳ καὶ οἱ προφῆται εὑρήκαμεν, La gran noticia que Felipe dio a Natanael tenía que ver con la esperanza de Israel. Juan el Bautista, conocido de todos ellos, y algunos sus discípulos, había anunciado a todos que bautizaba y llamaba al arrepentimiento preparando la llegada del Mesías. El mismo Juan había señalado a Jesús como el Cordero de Dios que quita el pecado del mundo. Los dos discípulos de Juan, como se ha considerado, habían seguido a Jesús y Felipe estaba persuadido de que Él era el Mesías, anunciado por Moisés y los profetas. De otro modo, Jesús era el cumplimiento de la profecía que anunciaba la venida del Mesías, el Cristo de Dios. Es verdad que no muchos esperaban ese acontecimiento, especialmente entre los descreídos y convertidos en meros religiosos como eran los líderes de Israel. Tan sólo algunos, muy pocos, esperaban el advenimiento del Mesías, entre ellos Juan y sus discípulos. Por fin lo habían encontrado. Esta noticia era de vital importancia para ellos y no podían dejar de comunicarla a quienes tenían un especial interés para los que la conocían. Las referencias proféticas al Mesías están presentes en todo el Antiguo Testamento, tanto en los escritos de Moisés, la Ley, como en el resto de los escritos bíblicos a los que se les llama *profetas*. Debe recordarse que todos los libros, incluidos los históricos, se llamaban *profetas*, anteriores y posteriores. Los Salmos se incluían en los libros proféticos, de modo que en todo el Antiguo Testamento se anunciaba la promesa de la venida del Mesías.

Ἰησοῦν υἱὸν τοῦ Ἰωσὴφ τὸν ἀπὸ Ναζαρέτ. La identificación del Mesías fue sencilla y directa. Se trataba de Jesús, el hijo de José de Nazaret. El pensamiento general enseñado a las gentes por el sistema religioso de entonces era que el Mesías, cuando viniese, no se sabría de donde procedía. Esta idea persistía en la mente de las gentes en el tiempo del ministerio de Jesús (7:27). De pronto se le da el nombre de su padre y el de la ciudad de procedencia. Con la vinculación con José se conocería entre el círculo de próximos a Jesús. El nombre Jesús, *Josué* en la forma hebrea, era bastante popular entre los judíos, de ahí que Jesús, el Mesías, necesitaba una identificación que lo distinguiese de los muchos que llevaban ese nombre. La primera distinción se hace por relación familiar, como hijo de José, la segunda por identificación de localidad de procedencia, de *Nazaret*. El sentido de la expresión en boca de los judíos pretendía negar la realidad mesiánica de Jesús, especialmente en base a lo que se enseñaba del Mesías como procedente del cielo. A Éste lo habían *encontrado*. El hecho de aparecer la expresión en plural, no significa necesariamente que se esté refiriendo a Andrés y Felipe, como si dijese *Andrés y yo*, sino que se refiere al testimonio bíblico hecho realidad en Jesús. Todos habían encontrado en Él al Mesías prometido. Es interesante apreciar que la referencia a Jesús como hijo de José produce un notable contraste con la enseñanza del prólogo y de los versículos anteriores del *Evangelio*, en donde se presenta como el Hijo de Dios en su concepción virginal (v. 1). Aunque aquí Juan dice que Jesús era el hijo de José, él sabe bien que no tenía padre según la carne, por cuanto su concepción fue por obra del Espíritu Santo. Sin embargo, José adopta o prohíja a Jesús por lo que le da, humanamente hablando, todos los derechos al trono de David su Padre. El apóstol Pablo enseña este contraste de una forma semejante al decir que Cristo vino según la carne de los patriarcas, pero es *"Dios sobre todas las cosas, bendito por los siglos"* (Ro. 9:5). Deidad y humanidad están siempre presentes en la Persona Divina del Hijo de Dios. En esta identificación, Felipe no dice ninguna cosa incorrecta, porque Jesús era legalmente hijo de José (Mt. 1:16). Al decir que era de Nazaret no estaba refiriéndose al lugar de nacimiento, sino al de procedencia en la relación con el Bautista, porque Cristo pasó la mayor parte de su vida en aquel lugar.

46. Natanael le dijo: ¿De Nazaret puede salir algo bueno? Le dijo Felipe: Ven, y ve.

καὶ εἶπεν αὐτῷ Ναθαναήλ· ἐκ Ναζαρὲτ δύναταί τι ἀγαθὸν
Y dijo le Natanael: ¿De Nazaret puede algo bueno
εἶναι λέγει αὐτῷ [ὁ][1] Φίλιππος· ἔρχου καὶ ἴδε.
haber? Dijo le - Felipe: Ven, y ve.

Notas y análisis del texto griego.

Sigue el relato con καὶ, conjunción copulativa *y*; εἶπεν, tercera persona singular del aoristo segundo de indicativo en voz activa del verbo εἶπον, forma aorista de λέγω, *hablar, decir*, aquí *dijo*; αὐτῷ, caso dativo masculino de la tercera persona singular del pronombre personal declinado *a él, le*; Ναθαναήλ, caso nominativo masculino singular del nombre propio *Natanael*; ἐκ, preposición propia de genitivo *de*; Ναζαρὲτ, caso genitivo femenino singular del nombre porpio *Nazaret*; δύναται, tercera persona singular del presente de indicativo en voz media del verbo δύναμαι, *poder, tener poder*, aquí *puede*; τι, caso nominativo neutro singular del adjetivo indefinido *algo, alguna cosa*; ἀγαθὸν, caso nominativo neutro singular del adjetivo *bueno*; εἶναι, presente de infinitivo en voz activa del verbo εἰμί, *ser, tener, haber, existir*, aqui *haber*; λέγει, tercera persona singular del presente de indicativo en voz activa del verbo λέγω, *decir, hablar*, aquí *dice*, siendo presente histórico *dijo*; αὐτῷ, caso dativo masculino de la tercera persona singular del pronombre personal declinado *a él, le*; ὁ, caso nominativo masculino singular del artículo determinado *el*; Φίλιππος, caso nominativo masculino singular del nombre propio *Felipe*; ἔρχου, tercera persona singular del presente de imperativo en voz media del verbo ἔρχομαι, *llegar, venir*, aquí *ven*; καὶ, conjunción copulativa *y*; ἴδε, segunda persona singular del aoristo segundo de imperativo en voz activa del verbo ὁραω, *ver, atender*, aquí *ve*.

Crítica Textual. Lecturas alternativas.

[1] Se omite el artículo ὁ, *el*, en 𝔭[66*], ℵ, A, K, W, Γ, Δ, Θ, Ψ, $f^{1, 13}$, 565, 700, 892, 1241, 1424, 𝔐.

καὶ εἶπεν αὐτῷ Ναθαναήλ· ἐκ Ναζαρὲτ δύναταί τι ἀγαθὸν εἶναι. La respuesta de Natanael no se hizo esperar. Ante el anuncio de Felipe, posiblemente sorprendido, va a replicarle haciéndole notar cuando salió algo *bueno* de Nazaret. No cabe duda que la respuesta descansa en lo que él sabe, por enseñanza religiosa, acerca del Mesías, desconocido en cuanto a origen y procedencia. Algunos interpretan la respuesta de Natanael basada en una supuesta rivalidad entre las poblaciones de Betsaida y de Nazaret. Sin embargo, la situación de entonces consideraba a Galilea como un lugar de donde nunca se había levantado profeta (7:52), si bien se olvidaban los religiosos de que Jonás era Galileo. La idea en la respuesta de Natanael es esta: *¿Cómo lo bueno, la esperanza de Israel, puede venir de Nazaret?* La profecía y la Ley no habían predicho que el Mesías viniese de Nazaret, pero sí hablaban de Belén. Tal vez a esto se unía el desdén con que se hablaba de la pequeña localidad de Nazaret.

Apenas hay mención a Nazaret en los escritos antiguos. Su nombre no está en los escritos bíblicos del Antiguo Testamento, ni en los apócrifos e incluso no está en el Talmud. El historiador Josefo tampoco la menciona. Probablemente la razón sea que históricamente la Baja Galilea estuvo muy desvinculada de la vida israelita hasta los tiempos del Nuevo Testamento. Sin embargo en el tiempo de los romanos, la ciudad estaba lo suficientemente próxima a varias rutas de tránsito por las que circulaba una importante parte del comercio en la región. Con todo, su posición geográfica le imponía un cierto aislamiento con las poblaciones del área. Esa condición de aislamiento hizo que los judíos más ortodoxos sintieran un cierto desprecio por

Nazaret. Geográficamente estaba situada en un valle algo rodeado de cerros calizos del sistema montañoso del Líbano. Hacia el sur hay una pronunciada caída hacia la llanura de Esdraelón. En esa llanura desembocaban carreteras para caravanas que cruzaban los vados del Jordán. Era uno de los principales caminos de Tolemaida a Decápolis. Por ella se trasladaban las legiones romanas y que pasaban a unos pocos kilómetros de Nazaret. La base del valle se sitúa a unos trescientos setenta metros sobre el nivel del mar. Hacia el oeste las montañas alcanzan unos quinientos metros de altitud desde donde se divisa un magnífico panorama. El clima benigno del lugar donde está asentada hace que se den con abundancia flores y frutos silvestres. Según las recientes excavaciones y por los sepulcros en las rocas, la ciudad primitiva estaba en la ladera del cerro occidental, más arriba de la Nazaret actual.

λέγει αὐτῷ [ὁ] Φίλιππος· ἔρχου καὶ ἴδε. No hay razonamientos ni mucho menos argumentación sobre Jesús. Simplemente Felipe considera que lo que va a convencer a Natanael no son sus palabras sino el contacto con Jesús. Con tres palabras resuelve el problema: *"Ven y ve"*. De otro modo, convéncete por ti mismo de lo que te digo.

47. Cuando Jesús vio a Natanael que se le acercaba, dijo de él: He aquí un verdadero israelita, en quien no hay engaño.

εἶδεν ὁ Ἰησοῦς τὸν Ναθαναὴλ ἐρχόμενον πρὸς αὐτὸν καὶ
Vio - Jesús - a Natanael que se acercaba a Él y
λέγει περὶ αὐτοῦ· ἴδε ἀληθῶς Ἰσραηλίτης ἐν ᾧ δόλος
dijo de él: ¡Mira! verdaderamente israelita en quien engaño
οὐκ ἔστιν.
no hay.

Notas y análisis del texto griego.

Sigue con εἶδεν, tercera persona singular del aoristo segundo de indicativo en voz activa del verbo ὁράω, *ver, mirar, observar*, aquí *vio*; ὁ, caso nominativo masculino singular del artículo determinado *el*; Ἰησοῦς, caso nominativo masculino singular del nombre propio *Jesús*; τὸν, caso acusativo masculino singular del artículo determinado *el*; Ναθαναὴλ, caso acusativo masculino singular del nombre propio declinado *a Natanael*; ἐρχόμενον, caso acusativo masculino singular del participio de presente en voz media del verbo ἔρχομαι, *venir, acercarse*, aquí *que se acercaba*; πρὸς, preposición propia de acusativo *a*; αὐτὸν, caso acusativo masculino de la tercera persona singular del pronombre personal declinado *a él, le*; καὶ, conjunción copulativa *y*; λέγει, tercera persona singular del presente de indicativo en voz activa del verbo λέγω, *hablar, decir*, aquí *dice*; περὶ, preposición propia de acusativo *a cerca de, de*; αὐτοῦ, caso acusativo masculino de la tercera persona singular del pronombre personal *él*; ἴδε, segunda persona singular del aoristo segundo de imperativo en voz activa del verbo ὁραω, *ver, atender,* aquí como *mira, presta atención,* que aquí podría usarse como una interjección *¡mira!*, muchas veces se traduce como *he aquí*; ἀληθῶς, adverbio de modo *verdaderamente*; Ἰσραηλίτης, caso nominativo masculino singular del nombre propio *Israelita*; ἐν, preposición propia de dativo *en*; ᾧ, caso dativo masculino singular del pronombre relativo *el que, el cual, quien*; δόλος, caso nominativo masculino singular del nombre común *engaño*; οὐκ, forma escrita del adverbio de negación *no*, con el grafismo propio ante una vocal con espíritu suave o una enclítica; ἔστιν, tercera persona singular del presente de indicativo en voz activa del verbo εἰμί, *ser, estar, haber*, aquí *hay*.

εἶδεν ὁ Ἰησοῦς τὸν Ναθαναὴλ ἐρχόμενον πρὸς αὐτὸν. Con toda seguridad Natanael siguió a Felipe para ver a Jesús, pero, como ocurre es Jesús quien le ve primero. Ve a quien va a ser su discípulo caminando hacia Él. Sabe que no era suficiente para que creyese la interpretación que daba a la Escritura y que le habían enseñado, la solución al problema consistía en un encuentro personal con Él.

καὶ λέγει περὶ αὐτοῦ· ἴδε ἀληθῶς Ἰσραηλίτης ἐν ᾧ δόλος οὐκ ἔστιν. El saludo de Jesús no puede ser más sorprendente. No hay palabras de presentación ni invitación de algún tipo. No se trata de un llamamiento a aquel para que fuese su discípulo, sino la evidencia de que lo conocía en profundidad sin haberlo visto antes. Cristo tampoco se dirige tanto a él, sino que da testimonio de él, señalando que se trataba de un israelita íntegro. Sobre esto escribe Xavier León-Dufour:

"Natanael –dice- es un hombre sin falsía. Según el giro hebreo, esta expresión significa 'no astuto' (a diferencia de su antepasado Jacob: Gn. 27:35-36), sin engaño ni mentira (Sal. 32:2; Is. 53:9), no prostituido ante los falsos dioses, y por tanto fiel (cf. Ap. 14:5): tal es este 'israelita' auténtico, que no se apoya en su ciencia para dispensarse de acudir al hijo de José (cf. 5:39). Jesús, que conoce a sus ovejas (10:14) alaba en él al verdadero Israel abierto a la acogida de Aquel a quien Felipe había designado como el que realizaba las Escrituras[60]".

Juan no utiliza aquí el adjetivo *israelita*, que en arameo se usa muy poco, sino el nombre propio en sentido de hijo de Israel, el nombre que el ángel impuso a Jacob cuando luchó con él cuando venía al

60 Xavier Léon-Dufour. *Lectura del Evangelio de Juan*. Edit. Sígueme. Salamanca, 1995. Volúmen I, pág. 155.

encuentro de su hermano (Gn. 35:9-10). Este es un término que los descendientes recibían como un calificativo honorable.

Es también interesante el uso del adverbio ἀληθῶς, *verdaderamente*, que aquí equivale al adjetivo *verdadero*. Jesús estaba afirmando la fidelidad de Natanael con Dios. Un israelita verdadero no tiene otro dios que el único y verdadero Dios (Is. 44:5-7). Esta es la característica que Jesús pone de manifiesto en el encuentro con Natanael, se trataba de un israelita que buscaba la gloria de Dios. Éste que busca a Dios porque lo ama, depende de Él y se acerca con corazón sincero y no solo con meras palabras como hacían los religiosos en aquel tiempo.

Jesús dice que en él no hay δόλος, *engaño*. No quiere decir que fuese como el Señor en quien no había engaño en su boca, pero, quien se acerca a Dios con corazón sincero está caminando en la verdad y ella establece la orientación de su vida. Los que adoran a ídolos están en mentira porque el ídolo es mentira, por tanto los adoradores son *mentirosos*, hijos de mentira. Aquí Natanael vive en orientación hacia Dios y no es, por tanto, *mentiroso*.

48. Le dijo Natanael: ¿De dónde me conoces? Respondió Jesús y le dijo: Antes que Felipe te llamara, cuando estabas debajo de la higuera, te vi.

λέγει αὐτῷ Ναθαναήλ· πόθεν με γινώσκεις ἀπεκρίθη
Dijo le Natanael: ¿De donde me conoces? Respondió
’Ιησοῦς καὶ εἶπεν αὐτῷ· πρὸ τοῦ σε Φίλιππον φωνῆσαι
Jesús y dijo le: Antes que - a ti Felipe llamase,
ὄντα ὑπὸ τὴν συκῆν εἶδον σε.
estando bajo la higuera te vi.

Notas y análisis del texto griego.

Continuando con el relato, añade: λέγει, tercera persona singular del presente de indicativo en voz activa del verbo λέγω, *hablar, decir*, aquí *dice*, nuevamente se aprecia el uso del presente histórico que equivale a *dijo*; αὐτῷ, caso dativo masculino de la tercera persona singular del pronombre personal declinado *a él, le*; Ναθαναήλ, caso nominativo masculino singular del nombre propio *Natanael*; πόθεν, adverbio interrogativo *de donde*; με, caso acusativo de la primera persona singular del pronombre personal declinado *a mí, me*; γινώσκεις, segunda persona singular del presente de indicativo en voz activa del verbo γινόσκω, *conocer, saber*, aquí *conoces*; ἀπεκρίθη, tercera persona singular del aoristo primero de indicativo en voz pasiva del verbo ἀποκρίνομαι, *responder, contestar, tomar la palabra*, aquí *respondió*; ’Ιησοῦς, caso nominativo masculino singular del nombre propio *Jesús*; καὶ, conjunción copulativa *y*; εἶπεν, tercera persona singular del segundo aoristo de indicativo en voz activa del verbo λέγω, *hablar, decir*, aquí *dijo*; αὐτῷ, caso dativo masculino de la tercera persona singular del pronombre personal declinado *a él, le*; πρὸ, preposición propia de genitivo *antes que*; τοῦ, caso genitivo masculino singular del artículo determinado *el*; σε, caso acusativo de la segunda persona singular del pronombre personal declinado *a ti, te*; Φίλιππον, caso acusativo masculino singular del nombre propio *Felipe*; φωνῆσαι, aoristo primero de infinitivo en voz activa del verbo φωνέω, *llamar*, aquí *llamase*; ὄντα, caso acusativo masculino singular del participio de presente en voz activa del verbo εἰμί, *ser, estar*, aquí *estando*; ὑπὸ, preposición propia de acusativo *bajo*; τὴν, caso acusativo femenino singular del artículo determinado *la*; συκῆν, caso acusativo femenino singular del nombre común *higuera*; εἶδον, primera persona singular del aoristo segundo de indicativo en voz activa del verbo ὁράω, *ver, mirar, observar*, aquí *vi*; σε, caso acusativo de la segunda persona singular del pronombre personal declinado *a ti, te*.

λέγει αὐτῷ Ναθαναήλ· πόθεν με γινώσκεις. Sin duda la sorpresa de Natanael tuvo que haber sido grande. Las palabras de Jesús calaron profundamente en él. Se extrañaba de que aquel que no había visto ni conocía anteriormente, pudiese decir de él lo que no debiera humanamente conocer. El desconcierto produce la necesaria reacción que se establece mediante una pregunta: *¿De donde me conoces? ¿Cómo puedes saber de mí si nunca nos hemos relacionado?*

La respuesta de Jesús fue todavía más impactante: *Antes que Felipe te llamase, te vi cuando estabas bajo la higuera*. Aquellas palabras revelaban un conocimiento sobrenatural. Los judíos devotos de Dios solían buscar un lugar retirado para la lectura de la Escritura, la meditación y la oración. En el tiempo en que se produjo este acontecimiento las higueras estaban en plena frondosidad por lo que proporcionaban un lugar excelente para el tiempo devocional. Con toda seguridad nadie sabía que Natanael había estado bajo una higuera, era algo reservado en su intimidad que sólo conocía Dios. El israelita había acudido a aquel lugar para relacionarse sin molestias ni estorbos con Dios, y era Jesús quien le decía que lo había visto en aquel lugar. Aquello no era posible, puesto que Jesús no había estado en otro sitio que con aquellos discípulos y especialmente en ese tiempo con Felipe. Sólo el conocimiento que corresponde a Dios se estaba poniendo en evidencia delante de Natanael. ¿Qué estuvo haciendo Natanael bajo la higuera? Cualquier respuesta es mera especulación sin autoridad bíblica.

49. Respondió Natanael y le dijo: Rabí, tú eres el Hijo de Dios, tú eres el Rey de Israel.

ἀπεκρίθη αὐτῷ Ναθαναήλ[1]· ῥαββί,[2] σὺ εἶ ὁ Υἱὸς τοῦ Θεοῦ,
Respondió le Natanael: Rabí, tú eres el Hijo - de Dios,
σὺ βασιλεὺς[3] εἶ τοῦ Ἰσραήλ.
tú Rey eres - de Israel.

Notas y análisis del texto griego.

Sin interrupción, añade: ἀπεκρίθη, tercera persona singular del aoristo primero de indicativo en voz activa del verbo ἀποκρίνομαι, *responder, contestar, tomar la palabra*, aquí *respondió*; αὐτῷ, caso dativo masculino de la tercera persona singular del pronombre personal declinado *a él, le*; Ναθαναήλ, caso nominativo masculino singular del nombre propio *Natanael*; ῥαββί, caso vocativo masculino singular del nombre común *rabí*; σὺ, caso nominativo de la segunda persona singular del pronombre personal *tu*; εἶ, segunda persona singular del presente de indicativo en voz activa del verbo εἰμί, *ser*, aquí *eres*; ὁ, caso nominativo masculino singular del artículo determinado *el*; Υἱὸς, caso nominativo masculino singular del nombre común, que es título de la segunda Persona Divina, *Hijo*; τοῦ, caso genitivo masculino singular del artículo determinado *el*; Θεοῦ, caso genitivo masculino singular del nombre divino declinado *de Dios*; σὺ, caso nominativo de la segunda persona singular del pronombre personal *tú*; βασιλεὺς, caso nominativo masculino singular del nombre común *rey*; εἶ, segunda persona singular del presente de indicativo en voz activa del verbo εἰμί, *ser*, aquí *eres*; τοῦ, caso genitivo masculino singular del artículo determinado *el*; Ἰσραήλ, caso genitivo masculino singular del nombre propio declinado *de Israel*.

Crítica Textual. Lecturas alternativas.

[1] ἀπεκρίθη αὐτῷ Ναθαναήλ, *Natanael le respondió*, lectura atestiguada en 𝔭[66, 75], B, K, W[s], 33, 579, 1241, 2211, aur, b, sa[mss].

ἀπεκρίθη Ναθαναήλ καὶ εἶπεν αὐτῷ, *respondió Natanael y le dijo*, lectura en ℵ, Γ, Δ, Ψ, q.
ἀπεκρίθη Ναθαναήλ καὶ λέγει αὐτῷ, *respondió Natanael y le dijo*, lectura en A, K, Θ, *f*[1,13], 565, 700, 892, 1424, 𝔐, r[1], sir.

[2] ἀληθῶς, *verdaderamente*, se incorpora en 𝔭[66*], 1241.
[3] σὺ βασιλεὺς[3] εἶ τοῦ Ἰσραήλ, *tu eres el Rey de Israel*, lectura atestiguada en 𝔭[75], A, B, K, W, Ψ, *f*[1], 33, 579, 2211.

εἶ ὁ βασιλεὺς, *eres el rey*, lectura en 𝔭[66], ℵ, K, Γ, Δ, Θ, *f*[13], 565, 700, 892, 1241, 1424, 𝔐, sir[h], Ireneo[lat], Epifanio.

ἀπεκρίθη αὐτῷ Ναθαναήλ· ῥαββί, σὺ εἶ ὁ Υἱὸς τοῦ Θεοῦ. Felipe le había invitado a *ver por si mismo*. Aquello que había ocurrido era suficiente para él. Jesús no era un gran maestro, aunque le llama *Rabí*, como era común entonces para los grandes de la enseñanza.

No se trataba de un maestro, había descubierto que la información recibida sobre Jesús era real. Estaba ante el Hijo de Dios y le reconocía como Mesías, Rey de Israel.

Primero se destaca el título de *Hijo de Dios*, sobre el que se ha considerado extensamente en la *introducción*, y también en el comentario al v. 14, por lo que no es necesario entrar nuevamente en esta consideración. La relación filial de Jesucristo es un identificativo para entender su Deidad. El Hijo de Dios eternamente engendrado del Padre es Dios en la unidad del seno Trinitario. No se entiende bien como tan al principio del ministerio de Jesús y sobre todo por quienes no habían llegado a esta comprensión de la Deidad del Verbo encarnado, puede hacerse tal afirmación. Sin embargo, el Mesías era considerado como el Hijo del Altísimo, de modo que la condición mesiánica de Jesús era evidente para Natanael. Felipe le había dicho que habían encontrado al Mesías, por tanto, las palabras de Jesús confirmaban aquel hecho, que lleva a Natanael a considerarlo como Hijo de Dios. Éste es la impronta personal del Padre, representación exacta de la naturaleza de la Primera Persona Divina. Por consiguiente si esta relación es como se afirma, no podía por menos que hacer manifestación a través de la naturaleza humana, de la comunicación de propiedad divina del atributo de omnisciencia que está en la Persona Divina en que subsiste. Natanael recibió aquí la primera gran lección teológica que respondería, a lo largo del tiempo sobre quien era realmente Jesús. Él es la manifestación visible, pero perfecta a escala humana, del Dios invisible (Col. 1:15).

σὺ βασιλεὺς εἶ τοῦ Ἰσραήλ. Le reconoce también como el *Rey de Israel*, título mesiánico por excelencia. El Salmo 2 considerado por los judíos como mesiánico, hace referencia al reinado del Cristo de Dios sobre el mundo desde o en Jerusalén (Sal. 2:6 s.). La confesión de Natanael es semejante a la de Pedro (6:69). La fe con que hace esta confesión descansa en el conocimiento sobrenatural que concurría en Jesús. Toda relación con Cristo había comenzado antes del llamamiento que le había hecho Felipe para encontrarse con Él. El vínculo entre ambos estaba fuera de toda mediación humana. Jesús le conocía en la intimidad de su relación con Dios. No cabe duda que la comprensión de quien es Jesús parte de la confesión de Su filiación a la de su Deidad.

50. Respondió Jesús y le dijo: ¿Porque te dije: Te vi debajo de la higuera, crees? Cosas mayores que éstas verás.

ἀπεκρίθη Ἰησοῦς καὶ εἶπεν αὐτῷ· ὅτι εἶπον σοι ὅτι εἶδον σε
Respondió Jesús y dijo le: ¿Porque dije a ti que te vi

ὑποκάτω τῆς συκῆς, πιστεύεις μείζω τούτων ὄψῃ.
bajo la higuera, crees? Mayores cosas que estas verás.

Notas y análisis del texto griego.

Acercándose al término del relato, escribe: ἀπεκρίθη, tercera persona singular del aoristo primero de indicativo en voz pasiva del verbo ἀποκρίνομαι, *responder, contestar, tomar la palabra*, aquí *respondió*; Ἰησοῦς, caso nominativo masculino singular del nombre propio *Jesús*; καὶ, conjunción copulativa *y*; εἶπεν, tercera persona singular del aoristo segundo de indicativo en voz activa del verbo εἶπον, forma aorista de λέγω, *hablar, decir*, aquí *dijo*; αὐτῷ, caso dativo masculino de la tercera persona singular del pronombre personal declinado *a él, le*; ὅτι, conjuncion causal *porque*; εἶπον, primera persona singular del aoristo segundo de indicativo en voz activa del verbo εἶπον, forma aorista de λέγω, *hablar, decir*, aquí *dije*; σοι, caso dativo de la segunda persona singular del pronombre personal decliando *a ti, te*; ὅτι, conjuncion causal *porque, que*; εἶδον, primera persona singular del segundo aoristo de indicativo en voz activa del verbo ὁράω, *ver, mirar*, aquí *vi*; σε, caso acusativo de la segunda persona singular del pronombre personal declinado *a ti, te*; ὑποκάτω, preposición de genitivo *bajo*; τῆς, caso genitivo femenino singular del artículo determinado *la*; συκῆς, caso genitivo femenino singular del nombre común *higuera*; πιστεύεις, segunda persona singular del presente de indicativo en voz activa del verbo πιστεύω, *creer*, aquí *crees*; μείζω, caso acusativo neutro plural del adjetivo comparativo, *mayores*, aquí en sentido de *mayores cosas*; τούτων, caso genitivo neutro plural del pronombre demostrativo *que estas*; ὄψῃ, segunda persona singular del futuro de indicativo en voz media del verbo ὁράω, *ver, mirar, observar, contemplar*, aquí *verás*.

ἀπεκρίθη Ἰησοῦς καὶ εἶπεν αὐτῷ· El asombro de Natanael se vio reflejado en la respuesta que dio a Jesús cuando le descubrió su conocimiento sobrenatural. A causa de ello está la respuesta complementaria de Jesús. Su confesión no quedó sin contestación. Aquel había visto un poco del poder del Señor, pero Jesús quería darle a entender que no era todavía la plenitud de lo que podía conocer a cerca de Él.

ὅτι εἶπον σοι ὅτι εἶδον σε ὑποκάτω τῆς συκῆς, πιστεύεις. La propuesta de Felipe: *"Ven y ve"*, había hecho efecto en Natanael. Había venido a Jesús y había quedado impactado por lo que había visto, reconociéndole como Hijo de Dios y el Mesías prometido. No cabe duda que el Señor no rehusó aceptar los títulos que el discípulo le había dado. Sin duda era el Hijo de Dios y sin duda era también el Rey de Israel. La fe vacilante del hombre quedó afirmada por la dimensión de la Persona Divino-humana de Jesucristo. No era un hombre importante, ni tan siquiera un profeta de gran dimensión, era Dios manifestado en carne, era la esperanza gloriosa de Israel, era la fuente de la bendición dada para todas las naciones y anunciada a Abraham. No era difícil creer con la evidencia que había tenido del conocimiento sobrenatural de Jesús, como Él mismo le hace notar. Con todo, Jesús va a progresar en la base de fe de Natanael. Si había creído al ver una acción milagrosa de Jesús, tenía que llegar a una fe que no necesitase de esas acciones, estable y perfecta que descansa no en los hechos sino en la Persona de Jesús de Nazaret.

μείζω τούτων ὄψῃ. Natanael vería cosas mucho mayores, que no podían compararse con una manifestación de omnisciencia. Creer en Cristo es ver la gloria de Dios (11:40), apreciar la dimensión de Aquel que siendo Verbo vino a manifestar la gloria de Dios (v. 18). Aquella gloria será manifestada en Caná de Galilea, como se considerará en el siguiente capítulo (2:11). Las *cosas mayores* tenían que ver con los milagros que realizaría, pero, sobre todo con aspectos que declaran su Deidad sin equívoco alguno. El Señor mostraría acciones omnipotentes que asombrarían a los discípulos, comenzando con la conversión del agua en vino, estos milagros revelarán ante sus discípulos Su gloria, Dios obrando y estando en Él.

51. Y le dijo: De cierto, de cierto os digo: De aquí adelante veréis el cielo abierto, y a los ángeles de Dios que suben y descienden sobre el Hijo del Hombre.

καὶ λέγει αὐτῷ· ἀμὴν ἀμὴν λέγω ὑμῖν, ὄψεσθε[1] τὸν οὐρανὸν
Y dijo le: De cierto, de cierto, digo os: Veréis el cielo
ἀνεῳγότα καὶ τοὺς ἀγγέλους τοῦ Θεοῦ ἀναβαίνοντας καὶ
abierto y los ángeles - de Dios subiendo y
καταβαίνοντας ἐπὶ τὸν Υἱὸν τοῦ Ἀνθρώπου.
descendiendo sobre el Hijo del Hombre.

Notas y análisis del texto griego.

Concluyendo el párrafo, escribe: καὶ, conjunción copulativa *y*; λέγει, tercera persona singular del presente de indicativo en voz activa del verbo λέγω, *hablar, decir*, aquí *dice*; αὐτῷ, caso dativo masculino de la tercera persona singular del pronombre personal declinado *a él, le*; ἀμὴν, transliteración, *amén, de cierto*; ἀμὴν, transliteración *amén, de cierto*; λέγω, primera persona singular del presente de indicativo en voz activa del verbo λέγω, *hablar, decir*, aquí *digo*; ὑμῖν, caso dativo de la segunda persona plural del pronombre personal declinado *a vosotros, os*; ὄψεσθε, segunda persona plural del futuro de indicativo en voz media del verbo ὁράω, *ver, mirar, apreciar, observar*, aquí *veréis*; τὸν, caso acusativo masculino singular del artículo determinado *el*; οὐρανὸν, caso acusativo masculino singular del nombre común *cielo*; ἀνεῳγότα, caso acusativo masculino singular del participio perfecto en voz activa del verbo ἀνοίγω, *abrir*, aquí *abierto*; καὶ, conjunción copulativa *y*; τοὺς, caso acusativo masculino plural del artículo determinado declinado *a los*; ἀγγέλους, caso acusativo masculino plural del nombre común *ángeles*; τοῦ, caso genitivo masculino singular del artículo determinado *el*; Θεοῦ, caso genitivo masculino singular del nombre divino declinado *de Dios*; ἀναβαίνοντας, caso acusativo masculino plural del participio de presente en voz activa del verbo ἀναβαίνω, *ascender, subir*, aquí *que ascienden, ascendiendo, subiendo*; καὶ, conjunción copulativa *y*; καταβαίνοντας, caso acusativo masculino plural del participio de presente en voz activa del verbo καταβαίνω, *bajar, descender*, aquí *bajando, que descienden, descendiendo*; ἐπὶ, preposición propia de acusativo *sobre*; τὸν, caso acusativo masculino singular del artículo determinado *el*; Υἱὸν, caso acusativo masculino singular del nombre *Hijo*; τοῦ, caso genitivo masculino singular del artículo determinado declinado *del*; ʼΑνθρώπου, caso genitivo masculino singular del nombre *Hombre*.

Crítica Textual. Lecturas alternativas.

[1] λέγω ὑμῖν, ὄψεσθε, *os digo, veréis*, lectura atestiguada en $\mathfrak{p}^{66, 75}$, ℵ, B, K, W^2, 579, 2211, lat, Epifanio.

λέγω ὑμῖν, απ' ἄρτι ὄψεσθε, *os digo, desde ahora veréis*, según lectura en A, K, Γ, Δ, Θ, Ψ, $f^{1, 13}$, 33, 565, 700, 892, 1241, 1424, 𝔐, e, q, r^1, sir.

καὶ λέγει αὐτῷ· ἀμὴν ἀμὴν λέγω ὑμῖν. La conclusión de las palabras de Jesús, es introducida con un doble *amén*, muy propio de la forma que Juan usa para introducir las revelaciones principales de Jesús. Es interesante apreciar que sólo Juan usa el doble amén en contraste con los sinópticos que utilizan un solo amén en las afirmaciones solemnes[61]. Por su parte Juan usa el doble amen veinticinco veces. Los judíos usaban esta forma *amén, amén*, en sentido de ratificación y respuesta, especialmente en la oración. Es muy peculiar en Jesús el uso de *amén* antepuesto a una afirmación. Jesús habla de lo que recibe y oye del Padre, de modo que este *amén* asegura que cuanto afirma tiene el respaldo divino y el cumplimiento cierto. Jesús es la Palabra encarnada y además el *amén* de Dios (2 Co. 1:19; Ap. 3:14). El concepto de la palabra equivale a *ser cierto* lo que se dice.

ὄψεσθε τὸν οὐρανὸν ἀνεῳγότα. Jesús les anuncia lo que iban a ver en el futuro, el cielo abierto y los ángeles que descienden y suben sobre el Hijo del Hombre. Esta primera *apertura del cielo* en el ministerio de Jesús tuvo lugar en su bautismo, en donde todos los sinópticos registran este hecho en alguna forma y medida (Mt. 3:16; Mr. 1:10; Lc. 3:21). Es evidente que la referencia que Juan hace al bautismo

[61] Un solo amén aparece treinta y una veces en Mateo, trece en Marcos y seis en Lucas.

de Jesús, no contempla lo que los sinópticos dicen, pero no pasa desapercibida para el autor del cuarto evangelio, ya que un testigo presencial que era el mismo que bautizó a Jesús afirma haber visto la bajada del Espíritu dese el cielo en aquella ocasión (1:32 s.). En el relato, el uso del pretérito perfecto indica una acción que tuvo lugar en el pasado pero que se extiende a lo largo del presente, de ahí que Jesús al hablar de la apertura de los cielos indica que es algo que habiendo ocurrido en el pasado va a manifestarse a lo largo de su ministerio en varias ocasiones y se extiende definitivamente puesto que Juan en el Apocalipsis llama la atención a una puerta abierta en los cielos (Ap. 4:1), lo que constata que los cielos se han abierto enteramente y para siempre. En cierta medida la apertura de los cielos y el ascenso y descenso de los ángeles pone de manifiesto que la comunicación entre el cielo y la tierra se ha establecido en modo irreversible.

καὶ τοὺς ἀγγέλους τοῦ Θεοῦ ἀναβαίνοντας καὶ καταβαίνοντας ἐπὶ τὸν Υἱὸν τοῦ ᾿Ανθρώπου.También alude a la actividad de los ángeles a quienes presenta como *ascendiendo y descendiendo* sobre el Hijo del hombre. No cabe duda que los discípulos de Jesús, antes de Juan el Bautista, sabían de la referencia a esa misma actividad en el relato de la vida de Jacob. La primera vez ocurría cuando huía de su hermano Esaú, la segunda cuando regresaba a su encuentro, esta referencia está basada en esta segunda ocasión (Gn. 28:12 ss.). Jacob observó la escalera que ponía en comunicación el cielo con la tierra y por la que subían y bajaban ángeles. Aquella visión del patriarca, concluyó con una promesa de bendición, expresada en estas palabras: "*... y todas las familias de la tierra serán benditas en ti y en tu simiente*". Es la confirmación del pacto que había sido hecho con Abraham. Las palabras de Jesús confirman que la bendición prometida había llegado en Él. El Verbo eterno estaba en la tierra en forma humana (v. 14). El eslabón entre el cielo y la tierra se había manifestado. Estas son las *cosas mayores* de las que Jesús habló a Natanael en el versículo anterior. Algunos entienden que el cumplimiento de este *ascender y descender* de los ángeles se cumplió en tres momentos puntuales de la vida de Jesús: la transfiguración, la resurrección y la ascensión. Sin embargo, el Señor no parece que se estuviese refiriendo a asuntos puntuales sino a la dimensión gloriosa de Su obra que había venido a realizar. El cielo se abre a la tierra en la admirable gracia salvadora de Dios, en la enseñanza de Jesús que expone la palabra procedente del Padre y en los milagros que manifiestan la omnipotencia divina. Posiblemente la referencia a los ángeles deba entenderse en sentido figurado del poder y gloria divinas que se manifiestan en Jesús. Cuando Jacob tuvo la visión apreció una escalera afirmada en la tierra y en el cielo, con ángeles que subían y descendían, pero el sentido de la figura era la presencia de Dios en aquel lugar donde estaba, de ahí que se llenase de temor y llamase a aquel lugar Betel, *casa de Dios*. Jesús presente en la tierra y visible a los discípulos era el Verbo manifestado en carne, donde Dios había venido para residir con los hombres (1:14), el tabernáculo de Dios y el templo (2:19). La comparación es interesante: Dios estaba en Betel y Dios estaba en Jesús. Jacob había visto en la figura la presencia de Dios en la tierra y los discípulos veían lo mismo en la persona de Jesús. Todas las teofanías del Antiguo Testamento son muy limitadas y pequeñas en comparación con la gran teofanía de Jesús, de la que van a ser testigos privilegiados sus discípulos (cf. 1:14, 17; 8:56; 12:41; 15:27; 17:5, 24; 19:37). No tenían que esperar, estaba presente la gloriosa dimensión de Dios manifestado en carne.

Υἱὸν τοῦ Ἀνθρώπου. Un nuevo título se introduce aquí por Juan: *Hijo del Hombre*. Es el que más usó Jesús para referirse a sí mismo. Este título está relacionado en el *Evangelio* con la exaltación y glorificación del Señor (3:14; 8:28; 12:22-34; 13:31). El título conlleva también una manifestación *escatológica*. Daniel ve venir glorioso a uno semejante al Hijo del Hombre para tomar posesión de Su reino en la tierra (Dn. 7:13). Natanael había confesado que Jesús era el Rey de Israel, por tanto el título le corresponde como propio de quien es el Mesías. Juan pone de manifiesto que el Hijo del Hombre regresaría al cielo de donde procedía, afirmando que nadie podía subir allí sino el que había descendido, es decir, sólo Jesús tenía derecho para estar en la gloriosa dimensión de cielo (6:62). De ahí que la idea de la glorificación se hace clara ante los discípulos en la afirmación de Jesús. El contenido del título *Hijo del Hombre* es mesiánico y divino. Tres de los pasajes en que aparece este título se refieren a la exaltación de Jesucristo (3:14; 8:28; 12:23). En el título se combina la limitación y la infinitud. El Verbo se hizo carne, asumiendo la limitación propia del hombre. Pero, no deja de apreciarse el término *Hijo*, del que se habló extensamente en ocasiones anteriores en la introducción y en el comentario. Siendo Hijo es el Unigénito del Padre, siendo hombre es el que se encarna. La encarnación hace posible que sea Hijo y que sea hombre. En ese sentido es, por un lado *Hijo de Dios*, unigénito del Padre, pero lo es también de María en cuyo seno, por obra del Espíritu Santo, la Segunda Persona de la Deidad toma hipostáticamente una naturaleza humana haciéndose hombre. En este sentido Jesús es la verdadera escalera que vincula a Dios con el hombre y al hombre con Dios. La comunicación entre el cielo y la tierra es posible en Cristo y por Él. Juan sustituye la escala que vio Jacob por el Hijo del Hombre. El Hijo del Hombre está en el cielo y en la tierra (3:13) y baja para dar vida al mundo (6:27, 53), volviendo a subir a Su gloria (6:62), hecha la redención y cumplida la reconciliación. El hombre en Él tiene acceso a Dios y Dios se aproximó en Él al hombre.

Es muy difícil en el contenido de un capítulo como este encontrar alguna aplicación personal. Probablemente debiéramos dejarlo en la necesidad que tenemos de conocer más a Jesús. No tanto desde la perspectiva teológica y doctrinal, sino desde la práctica. Necesitamos conocer a Dios y sólo lo podemos hacer por Él. Nos es precisa una relación con la Deidad imposible para el hombre pecador, que se hace factible en la Persona admirable de Jesús. El Señor nos invita a ver la gloriosa dimensión de su Deidad, desde la grandeza sublime de una revelación hecha en su humanidad. No es el Dios inaccesible y glorioso, sino el Dios que se manifiesta como hombre para dialogar palabras de Dios en garganta de hombre y darnos el abrazo de Dios con brazos de hombre. El Dios que marca huellas en el camino del mundo no con los pasos de la Deidad que son imposibles para los hombres, sino con los de hombre que nos permiten el seguimiento. No fuimos nosotros quien encontramos a Jesús, sino que fue Él quien vino del cielo para buscarnos a nosotros. Pero no debemos dejar de buscarle aunque ya lo hemos descubierto y lo tenemos con nosotros y en nosotros. Las glorias admirables de su Persona requieren un continuo aproximarnos a Él. Los discípulos son un grupo entorno a Cristo. Pero la presencia de cada uno es individual. Es el momento en que el Señor se acerca a cada uno para decirnos *verás mi gloria*, pero en la medida en que reconozcamos Su grandeza y admiremos Su Persona. Es el momento en que debemos recuperar a Jesús en nuestra vida para poder sentirnos cautivados por Él. Su invitación es toda una expectación. Como a los discípulos les dice que *veremos cosas admirables*. No es tanto la manifestación de sus milagros, sino la grandeza de su gracia y de su fidelidad que lo hace incomparable.

CAPÍTULO II

JESÚS EN GALILEA Y JUDEA

Introducción.

El Verbo encarnado inicia el ministerio para el que había sido enviado. Es lo que sigue al encuentro con Juan el Bautista y los discípulos suyos que le habían seguido al recibir la indicación de que Jesús era el Cordero de Dios. Ya tiene cuatro hombres junto a Él que estarán a su lado durante los tres años de trabajo terrenal del Señor.

El pasaje describe la *primera señal*, esto es, el primer milagro, no cronológicamente, aunque pudiera haber sido el primero, sino el primero seleccionado y trasladado al relato del *Evangelio*. El Señor había dicho a Natanael que junto a Él vería Su gloria, manifestada en muchas maneras entre las que se destacan los milagros, en cada uno de los cuales se aprecia visiblemente la omnipotencia divina ejercida en la autoridad del Señor. Todos ellos sirven para establecer el carácter de Jesús y la razón de su venida. Al final del tiempo de ministerio de Cristo y luego de su muerte, resurrección y exaltación a los cielos, el escritor testifica que lo que le había impactado de Jesús era la plenitud de *"su gracia y verdad"* (1:14). Los milagros de Jesucristo no son manifestaciones de omnipotencia que impactan a quienes tuvieron ocasión de presenciarlos, no son hechos para hacer entender quien era Jesús, son actos de *misericordia* y manifestación de *gracia*. En cada uno de ellos el Señor tiene presente al realizarlos las necesidades que gravitaban sobre quienes eran bendecidos por medio del hecho portentoso. Los enfermos sanados, el peligro resuelto, la liberación producida, traían como resultado la manifestación de la misericordia divina hacia Sus creaturas, a quienes ama entrañablemente.

Sin embargo, aunque esta es la razón fundamental de los hechos portentosos de Jesús, Juan no les llama *milagros*, como es la calificación de los sinópticos, sino *señales*. El escritor los considera además de prodigios y de manifestación de gracia, como una señal que pone de manifiesto que Jesús era el Mesías prometido. Las profecías anunciaban estos hechos que le identificarían cuando fuese enviado del cielo a la tierra. Por esa razón Juan selecciona algunos de los milagros de Jesús, teniendo en cuenta que no se trasladen aquí todos los que concuerden con los relatos sinópticos. El primero de ellos ocurre en Caná de Galilea con motivo de la celebración de una boda a la que asisten como invitados Jesús, su madre y los discípulos. En esta acción divina del Verbo encarnado, se resuelve el problema de la falta de vino, supliendo la carencia mediante la conversión del agua contenida en seis grandes tinajas, en vino. Ninguno de los sinópticos contiene este milagro, lo que establece otra diferencia entre el *Evangelio según Juan* y los otros tres.

La visita a Caná es la puerta de apertura al ministerio terrenal de Jesús. Desde ahí parte para el sur, luego de una rápida estancia en Capernaum. El Señor va a estar en Jerusalén con motivo de la fiesta de la Pascua. Allí tendría ocasión de hablar del nuevo nacimiento con el maestro de maestros que era Nicodemo, apreciándose el gran desconocimiento que había de esta verdad bíblica entre los líderes religiosos, buscadores todos ellos de la justificación por las obras de la ley en lugar de la justificación por la fe.

Un aspecto que debe tenerse en cuenta al iniciar el estudio del pasaje es que Jesús como detentador de un poder sobrenatural, es aboslutamente distinto al que manifestaron los grandes hombres de Dios en la realización de prodigios en el Antiguo Testamento. Tales expresiones de omnipotencia atraen hacia Jesús la fe de los discípulos. Cristo se convierte para ellos en el objeto de fe (v. 11).

El *Bosquejo Analítico* para el comentario textual es el que se presenta en la introducción, como sigue:

3. Presentación en Galilea (2:1-11).
   3.1. Primera señal (2:1-10).
   3.2. Los discípulos creen en Jesús (2:11).
4. Presentación en Judea (2:12-3:36).
   4.2. La limpieza del templo (2:12-22).
   4.3. La presencia en Jerusalén (2:23-25).

Presentación en Galilea (2:1-11).

Primera señal (2:1-10).

1. Al tercer día se hicieron unas bodas en Caná de Galilea; y estaba allí la madre de Jesús.

Καὶ τῇ [1]ἡμέρᾳ τῇ τρίτῃ γάμος ἐγένετο ἐν[2] Κανὰ τῆς
Y al día al tercero boda se celebró en Caná -

Γαλιλαίας, καὶ ἦν ἡ μήτηρ τοῦ Ἰησοῦ ἐκεῖ·
de Galilea; y estaba la madre - de Jesús allí.

Notas y análisis del texto griego.

Se inicia el relato con Καὶ, conjunción copulativa *y*; τῇ, caso dativo femenino singular del artículo determinado declinado *al*; ἡμέρᾳ, caso dativo femenino singular del nombre común *día*; τῇ, caso dativo femenino singular del artículo determinado declinado *al*; τρίτῃ, caso dativo femenino singular del adjetivo numeral ordinal *tercero*; γάμος, caso nominativo masculino singular del nombre común *boda*; ἐγένετο, tercera persona singular del aoristo segundo de indicativo en voz activa del verbo γίνομαι, *llegar a ser, empezar a existir, hacerse, ser hecho, suceder, ocurrir, tener lugar, celebrarse*, aquí *se celebró*; ἐν, preposición propia de dativo *en*; Κανὰ, caso dativo femenino singular del nombre propio *Caná*; τῆς, caso genitivo femenino singular del artículo determinado *la*; Γαλιλαίας, caso genitivo femenino singular del nombre propio declinado *de Galilea*; καὶ, conjunción copulativa *y*; ἦν, tercera persona singular del imperfecto de indicativo en voz activa del verbo εἰμί, *ser, estar*, aquí *estaba*; ἡ, caso nominativo femenino singular del artículo determinado *la*; μήτηρ, caso nominativo femenino singular del nombre común *madre*; τοῦ, caso genitivo masculino singular del artículo determinado *el*; Ἰησοῦ, caso genitivo masculino singular del nombre propio declinado *de Jesús*; ἐκεῖ, adverbio de lugar *allí*.

Crítica Textual. Lecturas alternativas.

[1] Se lee en la forma τρίτῃ ἡμέρᾳ, *tercer día*, en B, Θ, f^{13}.

[2] Sigue el artículo determinado τῇ, en $\mathfrak{p}^{75}$.

Καὶ τῇ ἡμέρᾳ τῇ τρίτῃ El relato se traslada a la ciudad de donde era natural Natanael (21:2). El historiador Josefo sitúa el lugar a unos catorce kilómetros de Nazaret. Juan continúa presentando evidencias geográficas y fechas que demuestran la historicidad del relato. Debe definirse el sentido temporal de *el tercer día*. ¿Desde cuando debe contarse? Para algunos antiguos como Teodoro de Mopsuestia, este día sería el tercero después de la presentación que Juan el Bautista hizo de Jesús, el primero sería ese (1:21), el segundo el del encuentro con Natanael (1:45) y el del relato el tercero[1]. Mayoritariamente se cuenta este tiempo a partir del encuentro de Jesús con Natanael, entendiendo que tanto ese como el siguiente fueron necesarios para llegar desde el lugar del encuentro hasta Caná. Por consiguiente el Señor con sus primeros seis discípulos (Andrés, Juan, Pedro, Jacobo, Felipe y Natanael) viajaron a pie el trayecto que separaba las dos poblaciones. De este modo Juan, testigo presencial del

---

[1] Teodoro de Mopsuestia. *In Joanne*, CSCO 116, 39.

suceso ofrece el panorama de Jesús junto con el primer grupo de seguidores en Caná de Galilea.

γάμος ἐγένετο ἐν Κανὰ τῆς Γαλιλαίας, En aquel lugar y fecha se celebraba una boda. Este era el término de lo que se conoce como el *contrato* o *compromiso de desposorios*. En el entorno social de entonces, la trayectoria hasta la boda comenzaba por la búsqueda que el padre del novio hacía de la mujer que sería esposa de su hijo. Abreviando los detalles, una vez determinada cual sería, se firmaba por el hijo un compromiso en el que se aceptaba aquella mujer para futura esposa, y se establecía un tiempo hasta la celebración de la boda. En ese tiempo la novia, ya comprometida formalmente, debía mantenerse en estricta fidelidad para su prometido y vivía generalmente con su padre, quien tenía cuidado de ella también en ese sentido. Llegado el día comprometido en el convenio de *desposorios*, el novio acudía al lugar donde estaba su novia y la tomaba para llevarla a la casa preparada para ellos, en la tarde del día en que se iniciaban las celebraciones nupciales, comenzando con la primera relación en la intimidad del nuevo matrimonio. Solía llevar el novio hasta la antesala del tálamo nupcial al amigo personal más íntimo que tuviese, quedando delante de la puerta en espera de la consumación de la relación, en la que el novio anunciaba la virginidad de su esposa, lo que era respondido con un grito de alegría del *amigo del novio*. Esto se utiliza en el Nuevo Testamento en relación con Cristo y la iglesia. Luego se acudía al lugar donde se celebraba el banquete nupcial. Por regla general duraba siete días (cf. Gn. 29:27), como también se menciona en los apócrifos (Jdt 14:10, 12, 17; Tob. 9:12; 10:1). En ese tiempo además de la comida abundantemente servida, se bebía vino con liberalidad, ya que como enseñan los Salmos, *"alegra el corazón del hombre"* (Sal. 104:15). El Talmud dice que *"donde no hay vino no hay alegría"*[2].

καὶ ἦν ἡ μήτηρ τοῦ Ἰησοῦ ἐκεῖ· El texto precisa que la *madre de Jesús*, estaba en esa boda. Las dos veces que Juan nombra a la Virgen María, le da ese nombre (19:25). No se dan razones de la presencia de ella, ni tampoco de Jesús, en esa boda, pero se supone que podría muy bien haber un parentesco familiar entre ellos. Hay diversas posiciones que pretenden explicar la presencia de Jesús y su madre. Desde el pensamiento católico, sobre esto escribe Juan Leal:

"La estancia de la Virgen se explica principalmente por el parentesco que debía unirla a uno de los dos jóvenes esposos. La

---

[2] *Pshachim 109.*

tradición hace natural a Séforis, primera capital de Herodes Antipas y cercana a Nazaret, a Santa Ana. El hecho de encontrarse la Virgen en Nazaret es prueba de que tenía allí parientes. El interés maternal que muestra la Virgen y su actividad en la boda prueba que no estaba allí como simple invitada. Tal vez llevaba tiempo en Caná; a lo mejor desde que Jesús se había marchado para el Jordán. Como había ido a casa de Isabel para ayudarla y alegrarse con ella, así ahora ha ido a Caná para ayudar y alegrarse con los que se alegran"[3].

Cuanto se haga por establecer la razón de la presencia de Jesús, su madre y los discípulos en aquel lugar con ocasión de la boda, son siempre meras suposiciones o sugerencias que no tienen base de apoyo escritural y así deben tomarse.

2. Y fueron también invitados a las bodas Jesús y sus discípulos.

ἐκλήθη δὲ καὶ ὁ Ἰησοῦς καὶ οἱ μαθηταὶ αὐτοῦ εἰς τὸν
Y fue invitado también - Jesús y los discípulos de Él a la
γάμον.
boda.

Notas y análisis del texto griego.

Continúa el relato con ἐκλήθη, tercera persona singular del aoristo primero de indicativo en voz pasiva del verbo καλέω, *llamar*, aquí *fue llamado*, en sentido de *fue invitado*; δὲ, partícula que hace funciones de conjunción copulativa *y*; καὶ, adverbio de modo *también*; ὁ, caso nominativo masculino singular del artículo determinado *el*; Ἰησοῦς, caso nominativo masculino singular del nombre propio *Jesús*; καὶ, conjunción copulativa *y*; οἱ, caso nominativo masculino plural del artículo determinado *los*; μαθηταὶ, caso nominativo masculino plural del nombre común *discípulos*; αὐτοῦ, caso genitivo masculino de la tercera persona singular del pronombre personal declinado *de Él*; εἰς, preposición propia de acusativo *a*; τὸν, caso acusativo masculino singular del artículo determinado *el*; γάμον, caso acusativo masculino singular del nombre común *boda*.

ἐκλήθη δὲ καὶ ὁ Ἰησοῦς καὶ οἱ μαθηταὶ αὐτοῦ εἰς τὸν γάμον. El texto dice que Jesús fue *llamado* a la boda. La costumbre social era recibir tiempo antes la invitación y en el día anterior o en tiempo próximo a la boda se reiteraba la misma enviando a alguien para recordar al invitado que llegaba el tiempo de hacerse presente en la boda. Esa es la forma de la parábola del rey que llamó a los invitados a la boda de su hijo (Lc. 14:17). Tal vez la invitación habría llegado

[3] Juan Leal. o.c., pág. 344.

tiempo antes y esa fue una de las razones por las que Jesús quería subir a Galilea (1:43). Los discípulos de Jesús recibieron también la invitación, *fueron llamados*, juntamente con el a la festividad nupcial. El ministerio terrenal del Señor había comenzado y era necesario que aquellos que iban a estar con Él preparándose para el servicio del apostolado, del que ninguno de ellos conocía entonces, presenciaran la primera señal de modo que la fe de aquellos se cimentase más sólidamente en Jesús. En el conjunto de los asistentes a la boda, hay un grupo peculiar: María, la madre de Jesús, el Señor y sus discípulos. De nuevo se aprecia que el centro de cada asunto tratado en el *Evangelio* es Jesús. Aunque se considere más adelante, es notable apreciar que Jesús es un *hombre* social. Participa de actos sociales, está presente en una boda que entonces comportaba también expresiones de alegría, donde se comía, se bebía vino y se participaba en aspectos lúdicos rodeados de música y danzas. Pensar que Jesús era una persona seria que nunca se reía y siempre estaba distante de cualquier celebración de su tiempo es desconocer la realidad histórica de Jesús de Nazaret. La transformación del comportamiento de los discípulos se pone también de manifiesto, al abandonar la forma rígida de Juan el Bautista y entrar en las sociales de Jesús. El Señor había venido para buscar y salvar a los perdidos, por tanto, debía estar presente donde estos estuviesen.

3. Y faltando el vino, la madre de Jesús le dijo: No tienen vino.

καὶ ὑστερήσαντος οἴνου[1] λέγει ἡ μήτηρ τοῦ Ἰησοῦ πρὸς
Y faltando vino dice la madre - de Jesús a
αὐτόν· οἶνον οὐκ ἔχουσιν.
Él: Vino no tienen.

Notas y análisis del texto griego.

Dando nuevos detalles, escribe: καὶ, conjunción copulativa *y*; ὑστερήσαντος, caso genitivo masculino singular del participio aoristo primero en voz activa del verbo ὑστερέω, *faltar, tener necesidad*, aquí *faltando*; οἴνου, caso genitivo masculino singular del nombre común *vino;* λέγει, tercera persona singular del presente de indicativo en voz activa del verbo λέγω, *hablar, decir,* aquí *dice*, en sentido de presente histórico equivalente a *dijo*; ἡ, caso nominativo femenino singular del artículo determinado *la*; μήτηρ, caso nominativo femenino singular del nombre común *madre*; τοῦ, caso genitivo masculino singular del artículo determinado *el*; Ἰησοῦ, caso genitivo masculino singular del nombre propio declinado *de Jesús*; πρὸς, preposición propia de acusativo *a*; αὐτόν, caso acusativo masculino de la tercera persona singular del pronombre personal *él*; οἶνον, caso acusativo masculino singular del nombre común *vino*; οὐκ, forma escrita del adverbio de negación *no*, con el grafismo propio ante una vocal con espíritu suave o una enclítica; ἔχουσιν, tercera persona plural del presente de indicativo en voz activa del verbo ἔχω, *tener*, aquí *tienen*.

Crítica Textual. Lecturas alternativas.

[1] ὑστερήσαντος οἴνου, *faltando vino*, lectura atestiguada en, 𝔭[66], ℵ[2a], A, B, K, W[s], Δ, Θ, 0127, *f*[13], 33, 892, 1241, sir[h].

Οἶνον οὐκ εἶχον ὅτι συνετελεσθη ο οἶνος τοῦ γάμου, εἶτα, *vino no tenían que comprende el vino de la boda, entonces*, lectura en ℵ*, a, j, sir[hmg].

καὶ ὑστερήσαντος οἴνου En algún momento de los días de la boda faltó el vino. La lectura en el Sinaítico es más larga: *"ya no tenían vino, porque el vino preparado para la fiesta se había agotado"*. Sin embargo los manuscritos más seguros apoyan la lectura corta. Sea una u otra lectura se pone de manifiesto un problema social en la celebración de una boda. Todavía faltaba tiempo para concluir el festejo y el vino empezó a faltar. No se sabe cual fue la causa. Algunos, como generalmente ocurre, cargan las culpas sobre el novio sugiriendo que fue poco previsor en determinar cuanto vino se necesitaba en la boda. No debe olvidarse que en las bodas judías no era raro que fuesen llegando cada día nuevos invitados. Mas que culpar al novio de imprevisión, puede suponerse también que los convidados habían bebido en exceso y la provisión de vino se acababa. Es necesario entender –contra lo que algunos pretenden enseñar de que no se trataba de vino sino de mosto- que el vino era una bebida de uso general como se aprecia en diversos pasajes bíblicos (cf. Gn. 14:18; Nm. 6:20; Dt. 14:26; Neh. 5:18; Mt. 11:19). Sin embargo, a causa de los efectos que produce la ingesta excesiva, el vino estaba prohibido para algunas funciones, especialmente sacerdotales. La Biblia siempre condena el uso excesivo del vino (Lv. 10:9; Pr. 31:4, 5; Ec. 10:17; Is. 28:7; 1 Ti. 3:8). No importa que fuese vino viejo, o que fuese el nuevo de la cosecha del año, aunque la boda fuese celebrada en el periodo anterior a la Pascua, se trataba de zumo de uva fermentado, esto es de vino real.

λέγει ἡ μήτηρ τοῦ Ἰησοῦ πρὸς αὐτόν· οἶνον οὐκ ἔχουσιν. La madre de Jesús informa a su Hijo del problema que se estaba produciendo. Con una simple frase pone ante Él la situación: *"no tienen vino"*. ¿Lo hizo segura de que Jesús haría un milagro? Nadie mejor que ella sabía lo que el Señor podía hacer, sin embargo, no hay tampoco base bíblica para afirmar una operación intercesora, más allá de la información. María no dijo a Jesús lo que debía hacer o lo que quería que hiciese, le indicó la necesidad y dejo el resto en su mano. Con todo, es posible que María confiase en un milagro de Jesús.

¿Conocía algún milagro hecho anteriormente por su Hijo? ¿Era este el primero que iba a hacer? Ninguna de las respuestas puede satisfacer plenamente puesto que la Biblia guarda silencio sobre ello. El informe de María es claro y en él expresa una situación preocupante, como si dijese: *no les queda vino.* Algo semejante ocurrirá con la multiplicación de los panes, cuando ante Cristo se presenta un panorama de necesidad donde no *tenían que comer*. Sin buscar otra cosa que la expresión de preocupación por lo que ocurría, probablemente María intuía que algo iba a ocurrir con su Hijo. Había estado por años confiriendo cosas acerca de Él en su corazón; le había visto salir de casa para ir al encuentro de Juan; lo veía ya rodeado por algunos de sus discípulos; incluso podría saber algo de lo que había ocurrido en el bautismo y en el tiempo inmediatamente siguiente a él. ¿Entendía que algo superior iba a producirse en algún momento que manifestase, como Él había dicho a su discípulo, la grandiosa dimensión de quien era? Solo son especulaciones que pudieran o no tener algún viso de realidad, pero que no interesan para precisar lo que Juan revela en el escrito.

4. Jesús le dijo: ¿Qué tienes conmigo, mujer? Aún no ha venido mi hora.

[καὶ][1] λέγει αὐτῇ ὁ Ἰησοῦς· τί ἐμοὶ καὶ σοί, γύναι οὔπω
Y dijo le - Jesús: ¿Qué a mí y a tí, mujer? Aún no
ἥκει ἡ ὥρα μου.
ha llegado la hora de mí.

Notas y análisis del texto griego.

Sin interrupción, añade: καὶ, conjunción copulativa *y*; λέγει, tercera persona singular del presente de indicativo en voz activa del verbo λέγω, *hablar, decir*, aquí *dice*; αὐτῇ, caso dativo femenino de la tercera persona singular del pronombre personal *ella, le*; ὁ, caso nominativo masculino singular del artículo determinado *el*; Ἰησοῦς, caso nominativo masculino singular del nombre propio *Jesús*; τί, caso nominativo neturo singular del pronombre interrogativo *que*; ἐμοὶ, caso dativo de la primera persona singular singular del pronombre personal declinado *a mí*; καὶ, conjunción copulativa *y*; σοί, caso dativo de la tercera persona singular del pronombre personal declinado *a ti*; γύναι, caso vocativo femenino singular del nombre común *mujer*; οὔπω, adverbio temporal, *todavía no*; ἥκει, tercera persona singular del presente de indicativo en voz activa del verbo ἥκω, *haber llegado, haber venido*, aquí *ha llegado*; ἡ, caso nominativo femenino singular del artículo determinado *la*; ὥρα, caso nominativo femenino singular del nombre común *hora*; μου, caso genitivo de la primera persona singular del pronombre personal declinado *de mí.*

Crítica Textual. Lecturas alternativas.

[1] καὶ, lectura conforme a 𝔭^{66}, ℵ^{2a}, A, B, K, W^{s}, Δ, Θ, 0127, f^{13}, 33, 92, 1241, sir^{h}.

[καὶ] λέγει αὐτῇ ὁ Ἰησοῦς· Al informe de María sigue la respuesta inmediata de Jesús, sobre todo si se sigue la alternativa de lectura con la conjunción copulativa καὶ, *y*, que vincula las dos partes entre sí.

Aparentemente la respuesta de Cristo es un tanto enigmática, es más, breve, proverbial y tal vez misteriosa. Literalmente se lee: *¿Qué a ti y a mi, mujer?*. Sin embargo al seguir la lectura se aprecia una forma de acción contraria a las palabras que pronunció el Señor. No se trata de desentenderse de la situación, sino de arreglar el problema. Algunos, especialmente los antiguos exégetas, ven en las palabras de Jesús una reprensión hacia su madre, por hacerle notar el problema, como es la posición de Ireneo[4]. Tal vez una de las dificultades consiste en la forma γύναι, *mujer* con que Jesús se dirige a su madre. Especialmente desde el campo *protestante*, se usó este término para tratar de demostrar que Jesús no tenía en cuenta la maternidad de María hacia Él y que la consideraba como cualquier mujer. Realmente tal posición y pensamiento no puede sustentarse a la luz del Nuevo Testamento. De este mismo modo se dirige a ella cuando estando en la Cruz, le encomienda a Juan su cuidado. El sustantivo equivale al término *señora*. Incluso podría considerarse como un término teológico, ya que de este modo se refiere la Escritura a la *mujer* en Génesis.

τί ἐμοὶ καὶ σοί, γύναι La expresión *¿Qué a ti y a mí?*, se puede considerar como una expresión genérica que aparece en la Escritura, como si fuese un modismo (cf. Jue. 11:12; 2 S. 16:10; 19:22; 2 R. 3:13; 2 Cr. 35:21; Mt. 8:29; Mr. 1:24; 5:7; Lc. 4:34; 8:28). Probablemente se trata de un modismo idiomático para expresar que el problema no les afectaba a ellos, o no era de ellos, pero no debe tomarse como una confrontación de intereses entre Jesús y su madre. Sin embargo, pudiera también suponer una indicación como si dijese a María, *no tienes que hacerme esa advertencia, déjame obrar a mí.* La expresión debe considerarse como si dijese *¿Qué preocupación es eso para ti y para mí?* En cierta medida estaba diciendo a su madre *no hay motivo alguno para inquietarte por esta situación.* Con todo, quienes entienden la frase como una manifestación de distanciamiento entre Jesús y María, la sustentan en la no aceptación de subordinación de

[4] Ireneo. *Adv. H.* III, 17.

Cristo con nadie en el plano humano, ya que su relación es de obediencia al Padre que lo había enviado, de modo que entre el Señor y su familia, especialmente con su madre no existe esa relación subordinada de obediencia. Jesús se somete solamente a la voluntad del que le ha enviado, quien ha determinado lo que Él debía hacer y el tiempo en que debía hacerlo.

οὔπω ἥκει ἡ ὥρα μου. Esta frase final del versículo tampoco es interpretada concordantemente por los exégetas. Lo más probable es que Jesús esté diciendo a su madre que aún no había llegado el momento de hacer el milagro. El ministerio de Cristo está condicionado a un programa eterno, que se ejecuta en el tiempo del hombre, en donde cada una de las cosas tiene su lugar y su tiempo de cumplimiento. Algunos intérpretes consideran esta frase en forma negativa como si el Señor estuviese diciendo a María que era difícil hacer lo que ella pedía porque no era tiempo para hacer el milagro. Sin embargo, aunque se puede intuir que María había pedido a Jesús sin decirlo que hiciese algo para remediar la situación, el texto bíblico indica tan solo una información que da a su Hijo, Jesús. Si se atiende al hecho de la *hora*, debe entenderse como el tiempo en que debía hacer el milagro, pero no niega a su madre que vaya a negarse a resolver el problema. *No ha llegado*, no significa que no vaya a llegar esa hora. Todavía más, el pronombre personal *mi hora*, podría entenderse como la *hora definitiva* de su muerte, cuando ya los milagros que hacía cesarían porque habría terminado su tiempo de misión en la tierra, quiere decir esto que Jesús estaría apuntando a su hora final de entrega de su vida. Pero, aunque pudiera entenderse así, es forzar un poco el entorno inmediato en donde va a transformar el agua en vino. Quedamos, pues, en la interpretación de que *no había llegado su hora*, aún para hacer el milagro. Lo que es evidente, es que Jesús actúa en todo conforme a la voluntad del Padre. Cristo es el siervo enviado, el Hijo del Hombre, cuyo programa en totalidad y en plenitud es el programa de Dios para Él y no opera correspondiendo a las circunstancias de los hombres. Es notable apreciar que este concepto de *llegar o no la hora*, está presente en otros lugares del *Evangelio* (cf. 7:6, 8, 30; 8:20; 12:23; 13:1; 17:1). En ese sentido Jesús actuaría en todo y, por supuesto, en su muerte cuando el momento establecido por Dios hubiese llegado y no antes.

5. Su madre dijo a los que servían: Haced todo lo que os dijere.

λέγει ἡ μήτηρ αὐτοῦ τοῖς διακόνοις· ὅ τι ἂν λέγῃ
Dice la madre de Él a los servidores: Lo que algo - diga
ὑμῖν ποιήσατε.
os haced.

Notas y análisis del texto griego.

En el desarrollo del relato, escribe: λέγει, tercera persona singular del presente de indicativo en voz activa del verbo λέγω, *hablar, decir*, aquí *dice*, debe tenerse en cuenta que se trata de un presnete histórico que equivale a *dijo*; ἡ, caso nominativo femenino singular del artículo determinado *la*; μήτηρ, caso nominativo femenino singular del nombre común *madre*; αὐτοῦ, caso genitivo masculino de la tercera persona singular del pronombre personal declinado *de Él*; τοῖς, caso dativo masculino plural del artículo determinado declinado *a los*; διακόνοις, caso dativo masculino plural del nombre común *servidores*; ὅ, caso acusativo neutro singular del pronombre relativo *lo que*; τι, caso acusativo neutro singular del adjetivo indefinido *algo*, en la forma neutra y acompañado de ἂν da a entender *todo*; ἂν, partícula que no empieza nunca frase y que da a ésta carácter condicional o dubitativo, o expresa una idea de repetición. Se construye con todos los modos menos el imperativo y acompaña a los pronombres relativos para darles un sentido general; en algunas ocasiones no tiene traducción; λέγῃ, tercera persona singular del presente de subjuntivo en voz activa del verbo λέγω, *hablar, decir*, aquí *diga*; ὑμῖν, caso dativo masculino de la segunda persona plural del pronombre personal declinado *a vosotros, os*; ποιήσατε, segunda persona plural del aoristo primero de imperativo en voz activa del verbo ποιέω, *hacer, realizar* aquí *haced*.

λέγει ἡ μήτηρ αὐτοῦ τοῖς διακόνοις· La respuesta de Jesús tuvo que haber sido comprendida por María como la posibilidad de que actuase para remediar la situación, por esa razón se dirige a los criados para darles instrucciones sobre la atención que debían prestar a Jesús. Con toda probabilidad María intuía que Jesús accedería a atender a la necesidad que se había producido.

ὅ τι ἂν λέγῃ ὑμῖν ποιήσατε. La percepción de María sobre lo que podía ocurrir es clara. Se dirige a los criados para advertirles y pedirles que hiciesen todo cuanto Jesús les indicara. No cabe duda que posiblemente sin esta manifestación de María, les resultara extraño que un invitado diese órdenes y, sobre todo, que un invitado además de ordenarles les pidiera hacer lo que ellos no entenderían y a lo que tal vez no atendiesen. En cierto modo les estaba diciendo: *si os dice alguna cosa, haced cuanto os diga sea lo que sea*. Quiere decir que si habló con los sirvientes de aquel modo intuía también que Jesús haría algo fuera de lo común. Jesús no había rechazado hacer el milagro, simplemente advertía a Su madre que todo tenía un tiempo debidamente marcado en su ministerio y que el tiempo para aquello aún no había llegado, pero iba a llegar.

6. Y estaban allí seis tinajas de piedra para agua, conforme al rito de la purificación de los judíos, en cada una de las cuales cabían dos o tres cántaros.

ἦσαν δὲ ἐκεῖ λίθιναι ὑδρίαι ἓξ κατὰ τὸν καθαρισμὸν τῶν
Y estaban allí de piedra tinajas seis para la purificación de los
Ἰουδαίων κείμεναι[1], χωροῦσαι ἀνὰ μετρητὰς δύο ἢ τρεῖς.
Judíos estando destinadas, capaces cada una metretas dos o tres.

Notas y análisis del texto griego.

Sin interrupción, añade: ἦσαν, tercera persona plural del imperfecto de indicativo en voz activa del verbo εἰμί, *ser, haber*, aquí *estaban*; δὲ, partícula que hace funciones de conjunción copulativa *y*; ἐκεῖ, adverbio de lugar *allí*; λίθιναι, caso nominativo femenino plural del adjetivo *pétreas, hechas de piedra, de piedra*; ὑδρίαι, caso nominativo femenino plural del nombre común *hidrias, tinajas para agua, recipientes para agua*; ἓξ, caso nominativo femenino plural del adjetivo numeral cardinal *seis*; κατὰ, preposición propia de acusativo *para*; τὸν, caso acusativo masculino singular del artículo determinado *el*; καθαρισμὸν, caso acusativo masculino singular del nombre común *purificación*; τῶν, caso genitivo masculino plural del artículo determinado declinado *de los*; Ἰουδαίων, caso genitivo masculino plural del adjetivo judíos; κείμεναι, caso nominativo femenino plural del participio de presente en voz pasiva del verbo κεῖμαι, *estar puesto, estar colocado, estar reservado, estar destinado*, aquí *que estaban destinadas, siendo destinadas*; χωροῦσαι, caso nominativo femenino plural del participio de presente en voz activa del verbo χωρέω, *ser capaz de recibir, caber, tener capacidad*, aquí *capaces*; ἀνὰ, preposición propia de acusativo *cada una*; μετρητὰς, caso acusativo masculino plural del nombre común *metretas*; δύο, caso acusativo masculino plural del adjetivo numeral cardinal *dos*; ἢ, conjunción disyuntiva *o*; τρεῖς, caso acusativo masculino plural del adjetivo numeral cardinal *tres*.

Crítica Textual. Lecturas alternativas.

[1] Se omite en ℵ*, a, e.

ἦσαν δὲ ἐκεῖ λίθιναι ὑδρίαι ἓξ Orientando la atención del lector habla de la presencia de seis tinajas de piedra destinadas a contener agua. El nombre que le da en el original es el de *hidrias*, que se traslada prácticamente igual al castellano y que denotan vasijas grandes, a modo de cántaro o tinajas, destinadas a contener líquido. Los cántaros no eran de barro, sino de piedra. Posiblemente al dedicarse a rituales de purificación fuesen hechas de piedra porque es menos fácil de contaminarse que el barro.

κατὰ τὸν καθαρισμὸν τῶν Ἰουδαίων κείμεναι, Las tinajas contenían agua destinada a los rituales de purificación legal de los judíos, conforme a las instrucciones contenidas en la ley (Lv. 11:29 ss.). Estos rituales de purificación se establecen para diversos tipos de contaminación legal. Tales rituales incluían también el lavamiento de manos, en sentido de *bautismo de manos*, sin lo que los judíos ortodoxos, de forma especial los fariseos en los tiempos de Jesús, no comían (Mr. 7:3-4).

χωροῦσαι ἀνὰ μετρητὰς δύο ἢ τρεῖς. Con la precisión que caracteriza el relato del *Evangelio*, Juan dice que cada una de ellas tenía una capacidad de aproximadamente dos o tres μετρητὰς, *metretas*, que era una medida para líquidos usada primero por los griegos y luego por los romanos, que era de unos doce congios, equivalente a su vez a la octava parte del ánfora romana, y que suponía, en nuestro sistema unos tres litros. Por consiguiente las seis tinajas podían contener más de cuatrocientos litros. Sin duda Juan hace referencia a la capacidad de las seis tinajas para preparar al lector a fin de destacar el milagro que Jesús iba a realizar.

7. Jesús les dijo: Llenad estas tinajas de agua. Y las llenaron hasta arriba.

λέγει	αὐτοῖς	ὁ	Ἰησοῦς·	γεμίσατε	τὰς	ὑδρίας	ὕδατος.	καὶ
Dijo	les	-	Jesús:	Llenad	las	hidrias	de agua,	y

ἐγέμισαν	αὐτὰς	ἕως	ἄνω.
llenaron	las	hasta	arriba.

Notas y análisis del texto griego.

Continua con λέγει, tercera persona singular del presente de indicativo en voz activa del verbo λέγω, *hablar, decir*, aquí *dice*; αὐτοῖς, caso dativo masculino de la tercera persona plural del pronombre personal declinado *a ellos, les*; ὁ, caso nominativo masculino singular del artículo determinado *el*; Ἰησοῦς, caso nominativo masculinno singular del nombre propio *Jesús*; γεμίσατε, segunda persona plural del aoristo primero de imperativo en voz activa del verbo γεμίζω, *llenar*, aquí *llenad*; τὰς, caso acusativo femenino plural del artículo determinado *las*; ὑδρίας, caso acusativo femenino plural del nombre común *hidrias, vasijas, tinajas para agua*; ὕδατος, caso genitivo neutro singular del nombre común declinado *de agua*; καὶ, conjunción copulativa *y*; ἐγέμισαν, tercera persona plural del aoristo primero de indicativo en voz activa del verbo γεμίζω, *llenar*, aquí *llenaron*; αὐτὰς, caso acusativo femenino de la tercera persona plural del pronombre personal declinado *a ellas, las*; ἕως, preposición propia de genitivo *hasta que, mientras que, hasta*; ἄνω, adverbio de lugar *arriba*.

λέγει αὐτοῖς ὁ ᾿Ιησοῦς· Luego del diálogo con María, Jesús toma la iniciativa en la resolución del problema, comenzando por hablar con los sirvientes para darles instrucciones. Ellos estaban, sin duda, dispuestos a atender las indicaciones del Señor, puesto que María les había dicho que debían hacer cuanto Él les indicase.

γεμίσατε τὰς ὑδρίας ὕδατος. La instrucción es concreta, debían llenar las hidrias con agua. Es interesante apreciar la precisión del evangelista. Aquellas tinajas de piedra debían ser llenadas con agua. La puntualización orienta al lector hacia el milagro que va a producirse.

καὶ ἐγέμισαν αὐτὰς ἕως ἄνω. Los sirvientes llenaron las seis tinajas con agua y lo hicieron *hasta arriba*. La construcción gramatical ἕως ἄνω, es muy precisa. Aquellos recipientes de piedra fueron llenos de agua hasta llegar al límite de su capacidad. Todo estaba preparado para el milagro que Jesús iba a operar.

8. Entonces les dijo: Sacad ahora, y llevadlo al maestresala. Y se lo llevaron.

καὶ λέγει αὐτοῖς· ἀντλήσατε νῦν καὶ φέρετε τῷ ἀρχιτρικλίνῳ·
Y dijo les: Sacad ahora y llevad al maestresala.
οἱ δὲ ἤνεγκαν.
Y ellos llevaron.

Notas y análisis del texto griego.

Siguiendo con el relato, escribe: καὶ, conjunción copulativa *y*; λέγει, tercera persona singular del presente de indicativo en voz activa, histórico, del verbo λέγω, *hablar, decir,* aquí *dice*, en sentido de *dijo*; αὐτοῖς, caso dativo masculino de la tercera persona plural del pronombre personal declinado *a ellos, les*; ἀντλήσατε, segunda persona plural del aoristo primero de imperativo en voz activa del verbo ἀντλέω, *sacar (agua)*, aquí *sacad*; νῦν, adverbio de tiempo *ahora*; καὶ, conjunción copulativa *y*; φέρετε, segunda persona plural del presente de imperativo en voz activa del verbo φέρω, *llevar, traer, cargar*, aquí *llevad*; τῷ, caso dativo masculino singular del artículo determinado declinado *al*; ἀρχιτρικλίνῳ, caso dativo masculino singular del nombre común *maestresala*; οἱ, caso nominativo masculino plural del artículo determinado *ellos*; δὲ, partícula que hace funciones de conjunción copulativa *y*; ἤνεγκαν, tercera persona plural del aoristo primero de indicativo en voz activa del verbo φέρω, *llevar, traer, cargar*, aquí *llevaron.*

καὶ λέγει αὐτοῖς· Los cántaros fueron llenos de agua hasta arriba. Hecha la operación, Jesús toma nuevamente la palabra para dar otra instrucción a los servidores que atendían a los invitados de la boda.

ἀντλήσατε νῦν καὶ φέρετε τῷ ἀρχιτρικλίνῳ· La instrucción es también concreta y breve: "*sacad ahora y llevadlo al maestresala*". El verbo ἀντλέω, significa literalmente *sacar agua de un pozo*. Esto hizo pensar a algunos que hubo dos tareas relacionadas con el agua, la primera consistente en sacar agua de un pozo y llenar las tinajas, y la segunda, volver a sacarla del mismo pozo para presentarla al maestresala. No es necesario tal interpretación, sino la lógica del relato, que el agua que Cristo manda sacar era la contenida en las tinajas. Es interesante notar que Jesús mandó presentar lo que habían sacado de las hidrias al maestresala. Este no era un comensal más, ni un servidor como aquellos a quienes Cristo había ordenado que sacasen y llevasen lo que había en las tinajas. La ocupación del maestresala era supervisar y dirigir todo cuanto tenía que ver con la comida y bebida de aquella ocasión especial. Por tanto, él sería el mejor testigo imparcial para dar testimonio de lo que ocurrió en aquella ocasión.

Sin otro aditamento Juan se limita a referirse a la obediencia al mandato de Jesús. En el pasaje aparecen dos ocasiones que la demuestran. Primeramente les había dicho *llenad* y *llenaron*; ahora les ordena *llevad* y *llevaron*. ¿Qué sacaron los criados obedeciendo a Jesús? ¿Era agua que luego se convertiría en vino, o era ya vino en que el agua se habría convertido? No es posible determinar esto, aunque tal vez, siguiendo el relato en el siguiente versículo, fuese agua que se convertía inmediatamente en vino. No tiene importancia alguna; el hecho es que se producía un milagro admirable que todos podían verificar. Es muy posible que el maestresala no estuviese al tanto de estas instrucciones de Jesús y que su única preocupación en aquellos momentos era la de cómo solventar el problema de la falta de vino, como se aprecia por el siguiente versículo. El tenía que gustar el vino que iba a ser servido y comprobar que era suficiente para cada momento de la celebración. A Él llevan los servidores una gran provisión de vino cuando había verificado que escaseaba. La narración de Juan va disponiendo en todo momento al lector para dirigirlo, no tanto hacia la señal que se producía, sino hacia el Autor de ella. Lo que interesa aquí es que todos entiendan en quien podían depositar la fe. El Hijo de Dios, bajo el aspecto de un hombre, era realmente el que podía actuar sobre la naturaleza y transformar la situación porque es el Autor de la creación (1:3).

9. Cuando el maestresala probó el agua hecha vino, sin saber él de dónde era, aunque lo sabían los sirvientes que habían sacado el agua, llamó al esposo.

ὡς δὲ ἐγεύσατο ὁ ἀρχιτρίκλινος τὸ ὕδωρ οἶνον γεγενημένον
Y cuando probó el maestresala el agua vino hecha
καὶ οὐκ ᾔδει πόθεν ἐστίν, οἱ δὲ διάκονοι ᾔδεισαν οἱ
y no sabía de donde era, pero los servidores sabían los
ἠντληκότες τὸ ὕδωρ, φωνεῖ τὸν νυμφίον ὁ ἀρχιτρίκλινος
que habían sacado el agua, llamó al esposo el maestresala.

Notas y análisis del texto griego.

Sigue con ὡς, conjunción temporal *cuando*; δὲ, partícula conjuntiva que hace las veces de conjunción coordinante, con sentido de *pero, más bien, y, y por cierto, antes bien*; ἐγεύσατο, tercera persona singular del aoristo primero de indicativo en voz media, deponente, del verbo γεύομαι, *probar, experimentar, verificar*, aquí *probó*; ὁ, caso nominativo masculino singular del artículo determinado *el*; ἀρχιτρίκλινος, caso nominativo masculino singular del nombre común *maestresala*; τὸ, caso acusativo neutro singular del artículo determinado *el*; ὕδωρ, caso acusativo neutro singular del nombre común *agua*; οἶνον, caso acusativo masculino singular del nombre común, *vino*; γεγενημένον, caso acusativo neutro singular del participio perfecto en voz pasiva del verbo γίνομαι, *llegar a ser, hacerse, ser hecho*, aquí *hecha*; καὶ, conjunción copulativa *y*; οὐκ, forma escrita del adverbio de negación *no*, con el grafismo propio ante una vocal con espíritu suave o una enclítica; ᾔδει, tercera persona singular del pluscuamperfecto de indicativo en voz activa del verbo οἶδα, *saber, conococer, comprender, entender*, aquí *sabía*; πόθεν, adverbio relativo *de donde*; ἐστίν, tercera persona singular del presente de indicativo en voz activa del verbo εἰμί, *ser*, aquí *es*, como presente histórico, *era*; οἱ, caso nominativo masculino plural del artículo determinado *los*; δὲ, partícula conjuntiva que hace las veces de conjunción coordinante, con sentido de *pero, más bien, y, y por cierto, antes bien*; διάκονοι, caso nominativo masculino plural del nombre común *servidores*; ᾔδεισαν, tercera persona plural del pluscuamperfecto de indicativo en voz activa del verbo οἶδα, *saber, conocer, comprender, entender*, aquí *sabían*; οἱ, caso nominativo masculino plural del artículo determinado *los*; ἠντληκότες, caso nominativo masculino plural del participio perfecto en voz activa del verbo ἀντλέω, *sacar de un pozo, sacar agua*, aquí *que habían sacado*; τὸ, caso acusativo neutro singular del artículo determinado *el*; ὕδωρ, caso acusativo neutro singular del sustantivo que denota *agua*; φωνεῖ, tercera persona singular del presente de indicativo, histórico, del verbo φονέω, *llamar*, aquí *llama* o *llamó*; τὸν, caso acusativo masculino singular del artículo determinado declinado *al*; νυμφίον, caso acusativo masculino singular del nombre común *esposo, marido, novio*; ὁ, caso nominativo masculino singular del artículo determinado *el*; ἀρχιτρίκλινος, caso nominativo masculino singular del nombre común *maestresala*.

ὡς δὲ ἐγεύσατο ὁ ἀρχιτρίκλινος τὸ ὕδωρ οἶνον γεγενημένον. Los sirvientes, siguiendo las indicaciones de Jesús, llevaron al maestresala el agua convertida en vino. El milagro se había producido. Juan no describe como, ni cuando fue hecho, simplemente testifica que se había producido. Los sirvientes que sacaron agua, ahora llevaban vino. Al acercarle el vino, el maestresala lo probó para verificar su calidad, antes de servirlo.

καὶ οὐκ ᾔδει πόθεν ἐστίν, Juan hace notar el desconocimiento que el maestresala tenía de la procedencia del vino. Sin duda estaba sorprendido de que momentos antes el vino escaseaba y que ahora se le presentase una abundante cantidad que al probarlo pudo apreciar la calidad del vino que le había sido llevado.

οἱ δὲ διάκονοι ᾔδεισαν οἱ ἠντληκότες τὸ ὕδωρ, En contraste con el maestresala, los servidores conocían bien la procedencia del vino. Ellos fueron los que sacaron el agua y llenaron las hidrias que ahora contenían una gran cantidad de vino. Sin duda no había habido comunicación entre ellos. El relato imprime agilidad, haciendo notar la rapidez con que se sucedieron los hechos y se produjo el milagro.

φωνεῖ τὸν νυμφίον ὁ ἀρχιτρίκλινος. El problema se había solucionado. Había ya abundante cantidad de vino, por tanto, el maestresala llamó al esposo para conversar con él sobre la situación que se había producido.

10. Y le dijo: Todo hombre sirve primero el buen vino, y cuando ya han bebido mucho, entonces el inferior; mas tú has reservado el buen vino hasta ahora.

καὶ λέγει αὐτῷ· πᾶς ἄνθρωπος πρῶτον τὸν καλὸν οἶνον
Y dijo le: Todo hombre primero el buen vino
τίθησιν καὶ ὅταν μεθυσθῶσιν τὸν ἐλάσσω· σὺ τετήρηκας τὸν
pone y cuando están bebidos el inferior; tú has guardado el
καλὸν οἶνον ἕως ἄρτι.
buen vino hasta ahora.

Notas y análisis del texto griego.

Continuando el relato, escribe: καὶ, conjunción copulativa *y*; λέγει, tercera persona singular del presente de indicativo, histórico, en voz activa del verbo λέγω, *hablar, decir*, aquí, *dice*, o *dijo*; αὐτῷ, caso dativo masculino de la segunda persona singular del pronombre personal declinado *a él, le*; πᾶς, caso nominativo masculino singular del adjetivo indefinido *todo*; ἄνθρωπος, caso nominativo masculino singular del nombre común *hombre, varón*; πρῶτον, adverbio de tiempo *primeramente, primero*, o también adjetivo numeral ordinal *primero*; τὸν, caso acusativo masculino singular del artículo determinado *el*; καλὸν, caso acusativo masculino singular del adjetivo *bueno, buen*; οἶνον, caso acusativo masculino singular del nombre común *vino*; τίθησιν, tercera persona singular del presente de indicativo en voz activa del verbo τίθημι, *poner, colocar, depositar, entregar*, aquí *pone*; καὶ, conjunción copulativa *y*; ὅταν, conjunción temporal *cuando*; μεθυσθῶσιν, tercera persona plural del aoristo primero de subjuntivo en voz pasiva del verbo μεθύσκω, *emborracharse, embriagarse, beber mucho*, aquí *están bebidos*; τὸν, caso acusativo masculino singular del artículo determinado *el*; ἐλάσσω, caso acusativo masculino singular del adjetivo comparativo *menor, inferior*; σὺ, caso nominativo de la segunda persona singular del pronombre personal *tú*; τετήρηκας, segunda persona singular del perfecto de indicativo en voz activa del verbo τερέω, *guardar, conservar, custodiar*, aquí *has guardado*; τὸν, caso acusativo masculino singular del artículo determinado *el*; καλὸν, caso acusativo masculino singular del adjetivo *bueno, buen*; οἶνον, caso acusativo masculino singular del nombre común *vino*; ἕως, preposición propia de gentivo *hasta*; ἄρτι, adverbio de tiempo *ahora*.

καὶ λέγει αὐτῷ· Cuando el novio estuvo con el maestresala se produjo una breve conversación que Juan traslada seguidamente.

πᾶς ἄνθρωπος πρῶτον τὸν καλὸν οἶνον τίθησιν. Le recuerda lo que debía ser una costumbre de entonces, aunque no tenemos evidencia histórica sobre ella, consistente en poner el vino de primera calidad al principio de la celebración. El paladar de los comensales estaba en condiciones de distinguir selectivamente los sabores y la calidad del vino.

καὶ ὅταν μεθυσθῶσιν τὸν ἐλάσσω· El maestresala le recuerda que luego de que todos estuviesen *bebidos*, se servía el de peor calidad. El verbo μεθύσκω, en voz pasiva, se usa para expresar la idea de *beber mucho*, incluso *embriagarse* o *emborracharse*. No exige que los comensales todos estuviesen ebrios, pero sí indica que habían bebido vino abundantemente. La idea de que en las bodas hebreas no se bebía vino, sino mosto, o vino mezclado con agua, no tiene ningún fundamento bíblico. El texto griego exige entender que el maestresala le dice al esposo que era costumbre reservar el vino de calidad inferior para cuando ya hubiesen bebido bastante y no fuesen capaces de distinguir la calidad del mismo. Esto confirma la idea de que la falta de vino no se debía a la imprevisión del novio, sino a la abundante consumición de él, que los invitados habían hecho.

σὺ τετήρηκας τὸν καλὸν οἶνον ἕως ἄρτι. Sorprendentemente el novio había reservado el de mejor calidad para el final. El maestresala estaba expresando su asombro por ese comportamiento. No se trata de una reprensión por lo que había hecho sino el reconocimiento de que aquello no era lo habitual. Como dice Hendriksen: *"Incluso pudiera haber sido un cumplido que hacía al novio por la excelencia de este vino*[5]*"*. Aunque no haya testimonio antiguo de ese comportamiento, es lógico que la sagacidad humana actuase de esa manera.

Los discípulos creen en Jesús (2:11).

11. Este principio de señales hizo Jesús en Caná de Galilea, y manifestó su gloria; y sus discípulos creyeron en él.

Ταύτην ἐποίησεν ἀρχὴν[1] τῶν σημείων ὁ Ἰησοῦς ἐν Κανὰ τῆς
Este hizo principio - de señales - Jesús en Caná -
Γαλιλαίας καὶ ἐφανέρωσεν τὴν δόξαν αὐτοῦ, καὶ ἐπίστευσαν
de Galilea y manifestó la gloria de Él, y creyeron
εἰς αὐτὸν οἱ μαθηταὶ αὐτοῦ.
en Él los discípulos de Él.

Notas y análisis del texto griego.

Concluyendo el relato, añade: Ταύτην, caso acusativo femenino singular del pronombre demostrativo *esta*; ἐποίησεν, tercera persona singular del aoristo primero de indicativo en voz activa del verbo ποιέω, *hacer, fabricar, realizar, producir*, aquí *hizo*; ἀρχὴν, caso acusativo femenino singular del nombre común *principio*; τῶν, caso genitivo neutro plural del artículo determinado *los*; σημείων, caso genitivo neutro plural del nombre común *señales*; ὁ, caso nominativo masculino singular del artículo determindo *el*; Ἰησοῦς, caso nominativo masculino singular del nombre propio *Jesús*; ἐν, preposición propia de dativo *en*; Κανὰ, caso dativo femenino singular del nombre propio *Caná*; τῆς, caso genitivo femenino singular del artículo determinado *la*; Γαλιλαίας, caso genitivo femenino singular del nombre propio declinado *de Galilea*; καὶ, conjunción copulativa *y*; ἐφανέρωσεν, tercera persona singular del aoristo primero de indicativo en voz activa del verbo φανέρω, *manifestar, hacer visible, hacer evidente*, aquí *manifestó*; τὴν, caso acusativo femenino singular del artículo determinado *la*; δόξαν, caso acusativo femenino singular del nombre común *gloria*; αὐτοῦ, caso gentivo masculino de la tercera persona singular del pronombre personal declinado *de él*; καὶ, conjunción copulativa *y*; ἐπίστευσαν, tercera persona plural del aoristo primero de indicativo en voz activa del verbo πιστεύω, *creer*, aquí *creyeron*; εἰς, preposición própia de acusativo *a, en*; αὐτὸν, caso acusativo masculino de la

[5] G. Hendriksen. o.c., pág. 125.

tercera persona singular del pronombre personal *él*; οἱ, caso nominativo masculino plural del artículo determinado *los*; μαθηταὶ, caso nominativo masculino plural del nombre común *discípulos*; αὐτοῦ, caso genitivo masculino de la tercera persona singular del pronombre personal declinado *de él*.

Crítica Textual. Lecturas alternativas.

[1] Ταύτην ἐποίησεν ἀρχὴν, *este principio hizo*, lectura atestiguada en 𝔭[66c, 75vid], A, B, K, N, Θ, Ψ, 083, *f*[1], 33, 565, 579, 844, 2211, Eusebio.

ἐποίησεν τὴν ἀρχὴν, *hizo el principio*, según se lee en א[1], K, W[s], Γ, Δ, *f*[13], 700, 892, 𝔐, sir[h].

τὴν ἀρχὴν ἐποίησεν, *el principio hizo*, conforme a 1241, 1424.

πρώτην ἀρχὴν ἐποίησεν, *primera principio hizo*, lectura correspondiente a 𝔭[66*], f, q.

Ταύτην ἐποίησεν ἀρχὴν τῶν σημείων ὁ Ἰησοῦς ἐν Κανὰ τῆς Γαλιλαίας. Juan se refiere al milagro llamándole *principio de señales* y no *milagro*, como es habitual en los otros evangelios. Ya se ha considerado esto anteriormente. Para el apóstol, aquellas acciones portentosas de Jesús eran *señales*, que manifestaban la realidad de su condición delante de los discípulos y aún de las gentes. Estas *señales* son primeramente *demostrativas*, conduciendo a los discípulos a creer en Él, es decir, la *señal* les lleva a deducir una consecuencia referente a su Persona y a definir en ellos quien es Jesús. Estas señales conducen u orientan hacia la dignidad del Autor que las realiza. Por tanto la *fe* hacia Jesús es el primer objetivo de todas las señales, de modo que al final del *Evangelio*, el escritor dice que *"hizo además Jesús muchas otras señales en presencia de sus discípulos, las cuales no están escritas en este libro. Pero éstas se han escrito para que creáis que Jesús es el Cristo, el Hijo de Dios, y para que creyendo, tengáis vida en su nombre"* (20:30, 31). Este mismo fue el resultado de esta señal: *Los discípulos creyeron en Él.* Si la salvación se recibe por gracia mediante la fe (Ef. 2:8-9), luego la señal no es tan solo una manifestación visible del poder de Jesús, sino la expresión de su ministerio que comprendía la demostración de que Él es el Salvador del mundo, de modo que quien deposite fe en su Persona, recibe la salvación, esto es, el perdón de sus pecados y la vida eterna. Juan llama *señal* a este milagro, pero, a su vez, lo califica como *principio de señales*. El ministerio público de Jesucristo está rodeado de milagros y señales que le autentifican como el Hijo de Dios. ¿Fue este el primer milagro público de Jesús? No es posible determinarlo pero seguramente fue así, aunque muy bien podría ser una referencia al *primero* de los milagros realizados en Caná. Allí en Caná de Galilea comienzan a manifestarse estas señales. Esta *primera señal*, no solo puede haber sido la primera de todas, pero, en cualquier caso marca el principio de una nueva manifestación de Dios entre los hombres. En cada una de las *señales* manifiesta aspectos concretos de la misión salvadora del Señor. En esta señal se percibe no sólo la omnipotencia de Jesús, sino también su atención a los problemas del hombre, en la última relatada por Juan, la resurrección de Lázaro, la *señal* expresa la gloriosa dimensión de quien es *la resurrección y la vida* (11:25).

καὶ ἐφανέρωσεν τὴν δόξαν αὐτοῦ, Juan dice que con esta *señal* manifestó Su gloria. Ya en el principio, en el prólogo del *Evangelio*, se habló de la *gloria* de Jesús, como del *Unigénito del Padre* (1:14). Aquí nuevamente se recalca esa misma condición puesto que la *señal*, manifestó *Su gloria*. La presencia de Jesús es el cumplimiento del mensaje profético que hacía notoria la gloria de Él, manifestada delante de los hombres, como anunciaba la voz que clamaba en el desierto (Is. 40:5). Jesús mismo había dicho a Natanael que verían el cielo abierto y a los ángeles subir y descender sobre el Hijo del Hombre (1:51). En las bodas en Caná, Jesús manifestó su gloria. Sin embargo es la fe la que reconoce y descubre la gloria del Señor en las señales que hacía, que corresponden a la forma expresiva de la condición Divino-humana del Verbo encarnado. En Caná se aprecia la diferencia entre la visión de fe y la humana en el hombre. El maestresala sólo aprecia un vino mejor que el que antes se había servido. Los discípulos ven en ello la gloria de Jesús.

καὶ ἐπίστευσαν εἰς αὐτὸν οἱ μαθηταὶ αὐτοῦ. Manifestada la gloria, los *discípulos* que le seguían *creen en Él*. La gloria definitiva de Jesús se manifestaría a los suyos cuando hubiese llegado Su hora. Durante el ministerio no había sido glorificado (7:39), pero esta y otras señales manifiestan aspectos de su gloria en forma parcial. La fe de los discípulos no *nació* como consecuencia de esta *señal*, pero se fortalecía por medio de ella. No cabe duda que la fe es la finalidad de estas señales. A aquellos se les había presentado a Jesús como el Mesías esperado, Él era el objeto de la fe de los discípulos. En aquel momento creyeron más firmemente que era el enviado de Dios, más adelante se afirmarán declarando su Deidad.

Presentación en Judea (2:12-3:36).

La limpieza del templo (2:12-22).

12. Después de esto descendieron a Capernaum, él, su madre, sus hermanos y sus discípulos; y estuvieron allí no muchos días.

Μετὰ τοῦτο κατέβη εἰς Καφαρναοὺμ αὐτὸς καὶ ἡ μήτηρ
Después de esto descendió a Capernaum Él y la madre
αὐτοῦ καὶ οἱ ἀδελφοὶ [αὐτοῦ] καὶ οἱ μαθηταὶ αὐτοῦ καὶ ἐκεῖ
de Él y los hermanos de Él y los discípulos de Él y allí
ἔμειναν οὐ πολλὰς ἡμέρας.
estuvieron no muchos días.

Notas y análisis del texto griego.

Iniciando un nuevo párrafo, escribe: Μετὰ, preposición propia de acusativo *después de*; τοῦτο, caso acusativo neutro singular del pronombre demostrativo *esto*; κατέβη, tercera persona singular del segundo aoristo de indicativo en voz activa del verbo καταβαίνω, *bajar, descender*, aquí *descendió*; εἰς, preprosición propia de acusativo *a*; Καφαρναοὺμ, caso acusativo femenino singular del nombre propio *Capernaum,* o *Cafarnaum*; αὐτὸς, caso nominativo masculino de la tercera persona singular del pronombre personal intensivo *él*; καὶ, conjunción copulativa *y*; ἡ, caso nominativo femenino singular del artículo determinado *la*; μήτηρ, caso nominativo femenino singular del nombre común *madre*; αὐτοῦ, caso genitivo masculino de la tercera persona singular del pronombre personal declinado *de él*; καὶ, conjunción copulativa *y*; οἱ, caso nominativo masculino plural del artículo determinado *los*; ἀδελφοὶ, caso nominativo masculino plural del nombre común *hermanos*; αὐτοῦ, caso genitivo masculino de la tercera persona singular del pronombre personal declinado *de él*; καὶ, conjunción copulativa *y*; οἱ, caso nominativo masculino plural del artículo determinado *los*; μαθηταὶ, *discípulos, seguidores*; αὐτοῦ, caso genitivo masculino de la tercera persona singular del pronombre personal declinado *de él*; καὶ, conjunción copulativa *y*; ἐκεῖ, adverbio de lugar *allí*; ἔμειναν, tercera persona plural del aoristo primero de indicativo en voz activa del verbo μένω, *permanecer, quedarse, vivir, habitar*, aquí *quedaron*; οὐ, adverbio de negación *no*; πολλὰς, caso acusativo femenino plural del adjetivo indefinido *muchas*; ἡμέρας, caso acusativo femenino plural del nombre común *días*.

Μετὰ τοῦτο κατέβη εἰς Καφαρναοὺμ. Una nueva diferencia se aprecia entre Juan y los sinópticos. Estos indican a Capernaum o Cafarnaum como el lugar donde comienza el ministerio de la predicación y se realizan los primeros milagros, mientras que Juan no señala ninguna de estas dos cosas en esta visita de Jesús. Sin duda pudo haber sido en otro momento, pero lo que Juan desea que el lector conozca es la presencia de Jesús en aquella localidad. El evangelista hace notar que el desplazamiento de Caná de Galilea a Capernaum, se produjo *después de esto*; al aparecer en el texto el pronombre demostrativo en neutro, da idea de totalidad y puede traducirse *después de estas cosas*, esto es, de todo lo ocurrido según el relato del párrafo anterior. La ciudad estaba junto al Mar de Galilea, a unos doscientos ocho metros bajo el nivel del Mediterráneo, mientras que Caná está a unos cuatrocientos metros sobre el nivel del mar.

αὐτὸς καὶ ἡ μήτηρ αὐτοῦ καὶ οἱ ἀδελφοὶ αὐτοῦ. Jesús descendió a ese lugar acompañado de su familia, aquí de *su madre* y de *sus hermanos*. La aproximación al texto sin prejuicio alguno hace notar que Jesús tuvo más hermanos, realmente *medios-hermanos*, puesto que son hijos de su madre y de su padre adoptivo José. Aunque es cierto que los hebreos no tienen términos muy precisos para referirse a los grados de parentesco próximo que los distingan claramente entre sí, no justifica que se niegue que María no tuvo más hijos. Lo único que afirma el evangelio es que no hubo relaciones matrimoniales entre José y María hasta que nació Jesús (Mt. 1:25). Mateo hablará también no solo de los *hermanos*, sino también de las *hermanas* (Mt. 13:56). La teología católico-romana, hace esfuerzo por negar la realidad de los *hermanos* de Jesús, a modo de ejemplo escribe el profesor Juan Leal:

"Los hebreos no tienen términos propios para designar los diversos grados de parentesco. Nosotros deberíamos traducir por parientes, primos. Nunca se llaman hijos de María. Y de ninguno, fuera de Jesús, se dice nunca que María sea su madre. Si María hubiera tenido otros hijos, es inexplicable que Jesús no la hubiera encomendado a ellos. Entre los hermanos de Jesús se nombran Santiago (Gá. 1:19), José, Judas y Simón (Mt. 13:55; Mr. 6:3). De Santiago y José conocemos la madre, por nombre también María y que era pariente de la Virgen (Mt. 27:56; Mr. 15:40; 16:1; Jn. 19:25). No tenemos datos para determinar el grado de parentesco. Pero es cierto que no eran hijos de la Virgen. Tampoco lo eran de San José, en un primer matrimonio. Debían de ser sobrinos de San José[6]*".*

El interés de esto requiere hacer una aportación en este lugar. La palabra *hermano* aparece 343 veces en el Nuevo Testamento, de ellas 97 en los Evangelios, 57 en Hechos y 113 en la correspondencia paulina. En los evangelios el uso de la palabra es mayoritariamente en relación con hermanos carnales, aunque algunas tienen transición al

[6] Juan Leal. o.c., pág. 354.

sentido metafórico, como es el caso de los *hermanos* espirituales que Jesús reconoce en sus discípulos (Mt. 12:49). En la correspondencia de Pablo predomina en sentido metafórico, es decir, una referencia a la familia espiritual, o familia de la fe. La palabra griega[7] debe traducirse siempre por *hermano*, comprendiendo también al medio-hermano, hijo de padre o de madre común, según el caso. En el sentido metafórico alcanza conceptos como el de *compañero de tribu o compañero étnico*, así como *compañero en la fe*. ¿Qué tenía en mente Juan cuando se refirió a los *hermanos de Jesús* y que pensaba Mateo cuando incluye también a *las hermanas?*. El femenino del sustantivo *hermano*, se aplica también a las *hermanas en la fe*, en algunos pasajes del Nuevo Testamento, en sentido figurado de *cristianas* (cf. 1 Co. 7:15; 9:5). En relación con los *hermanos* y *hermanas* de Jesús es imposible determinar con certeza absoluta si se trata de hermanos en el sentido estricto, de medio-hermanos, o de parientes cercanos. Cada una de estas opiniones ha sido sostenida calurosamente desde los primeros tres siglos de la Iglesia. Las iglesias protestantes sostienen abiertamente que se trata de *hermanos*, en el sentido estricto de la palabra; las iglesias ortodoxas se inclinan por *medio-hermanos*; y la Iglesia Católica Romana, enfatiza la de *primos-hermanos*. La posición más obvia es que se trata de *hermanos* en el sentido ordinario de la palabra, esto es *hijos de José y María*, habidos en su matrimonio después del nacimiento de Jesús. En relación con Cristo, serían, en cierto sentido *medio-hermanos*, ya que tienen una madre común, María, pero Jesús había sido engendrado en ella por el Espíritu Santo, sin participación de varón. La justificación de esta postura está primeramente en que la palabra usada significa *hermano* y debe entenderse en forma literal a menos que el lenguaje figurado exija lo contrario. El argumento es muy contundente si se une también el de *hermanas*. En la referencia según Mateo, quienes hablan de *hermanos y hermanas*, no son discípulos ni amigos, sino personas incrédulas y hostiles a Cristo, por lo que emplearon el término en el sentido natural de la palabra, para referirse a una familia conocida y humilde en quienes no encajaba la autoridad de la enseñanza y las obras milagrosas de Jesús. En boca de aquellos hombres, la palabra *hermanos y hermanas*, no podía significar otra cosa que los hermanos naturales de Jesús, miembros de la misma familia e hijos de María, su madre. Además están relacionando a quienes llaman *hermanos y hermanas*, con la misma madre cuyo nombre, decían ellos era María. Por tanto, si María era la madre de Jesús, lo era también en el contexto de quienes se les llama *sus hermanos y sus hermanas*. La relación familiar del grupo de hermanos y hermanas tenían en común que eran hijos de María y,

---

[7] ἀδελφός.

excepto Jesús que lo era adoptivo, también de José. Nadie admitiría y, probablemente no se había divulgado, la concepción virginal de Jesús, todos entenderían que se trataba de un hijo natural de María y José, como matrimonio. El testimonio de una convivencia marital entre José y María está claramente expresado en las palabras de Mateo: *"pero no la conoció hasta que dio a luz a su hijo primogénito"* (Mt. 1:25), frase que expresa las relaciones ordinarias en el matrimonio. Además la expresión *"su hijo primogénito"*, tiene que ver con el primero de una serie y no con el único. Un tercer argumento descansa en que tres personas distintas, los cuatro evangelistas, y posteriormente el apóstol Pablo se refieren a familiares de Jesús a quienes llaman hermanos, que sugiere que María dio a luz otros hijos, lo que induciría a error si no fuese así (cf. Jn. 7:3s; Gá. 1:19).

Frente a esto están los argumentos que procuran demostrar que María no tuvo más hijos, porque era virgen cuando fue concebido su hijo Jesús. Esto no tiene ninguna base argumentativa posterior al nacimiento de su primer hijo, que necesariamente había de ser concebido virginalmente por obra del Espíritu, en un nacimiento sobrenatural. Argumentan también que Santiago, el *hermano del Señor*, sería un apóstol, sin ser de los Doce (Gá. 1:19). Además, el término *apóstol*, se aplica en el Nuevo Testamento a otros que no son de los Doce, como ocurre en el caso de Pablo y Bernabé en donde se lee *"los apóstoles Bernabé y Pablo"* (Hch. 14:14). A esta argumentación negativa se une también la sostenida por la iglesia griega que considera que los llamados *hermanos* de Jesús, eran medio-hermanos, en el sentido de ser hijos e hijas de José de un matrimonio anterior, con lo que se sustentaría la idea de la perpetua virginidad de María. Esta segunda teoría no se sustenta ni sobre la semántica ni sobre la teología. Un argumento que derriba esta posición es que si José hubiera tenido hijos varones mayores que Jesús, como sería siguiendo esa línea de pensamiento, el heredero del trono de David sería el mayor de ellos y no el menor, como sería Jesús, si se hubiese casado con María, bien porque hubiera enviudado o porque fuese una segunda mujer. Además María podía decir a Jesús en relación con José *"tu padre y yo"* (Lc. 2:48).

En cuanto a la tercera opción de considerar como *hermanos*, a quienes eran parientes, o *primos-hermanos*, no tiene tampoco bases suficientemente fuertes para ser considerada como una probabilidad. La teoría presupone que los *hermanos*, eran primos nacidos de una hermana de María que también se llamaba María. Esta teoría supone que Cleofás era el mismo que Alfeo, por lo que Santiago el hermano del Señor es el mismo que Santiago el hijo de Alfeo, por tanto uno de los

Doce y Judas sería otro de los Doce. Ahora bien, seis meses antes de la crucifixión Juan afirma que *"sus hermanos no creían en él"* (Jn. 7:5), lo que supondría que en el círculo de los Doce había algunos que no creían en Él lo que contradeciría muchos pasajes de los Evangelios que afirman lo contrario. Además ¿Cuál sería la razón por la que Jesús encomendó a María al cuidado de Juan si en el círculo de los Doce había *sobrinos* de ella? En Hechos aparecen *los hermanos de Jesús*, en un grupo aparte de los Doce (Hch. 1:14), apreciándose claramente que no puede tratarse de las mismas personas.

En medio de la controversia histórica, la interpretación más favorable y consonante con las Escrituras es entender que estos eran *hermanos y hermanas*, de Jesús, que habían nacido del matrimonio de José y María después del nacimiento del Señor, siendo Él el primogénito de María.

καὶ οἱ μαθηταὶ αὐτοῦ. El grupo se cierra con la referencia a *los discípulos* de Jesús. Estos son los que se citan en el capítulo anterior, algunos de los cuales, sino todos, habían sido discípulos de Juan el Bautista y que ahora seguían a Jesús.

καὶ ἐκεῖ ἔμειναν οὐ πολλὰς ἡμέρας. La estancia en Capernaum fue corta. No cabe duda que esa brevedad es consecuencia de la proximidad de la Pascua, en la que Jesús estaría en Jerusalén. Posiblemente esta estancia debe distinguirse de la de los sinópticos, especialmente porque la de ellos es larga y marca una cierta estabilidad, esto es, un tiempo en que se radica en Capernaum, mientras que Juan da la idea de transitoriedad, vinieron desde Caná de Galilea hasta allí para seguir inmediatamente hacia Jerusalén. La frase *no muchos días*, puede entenderse fácilmente en el contexto de brevedad propia del sentido semita en un tiempo que podía comprender entre veinte y treinta días. Lo que Juan quiere destacar es que no estuvo allí mucho tiempo. El siguiente versículo sitúa ya a Jesús en Jerusalén.

13. Estaba cerca la pascua de los judíos; y subió Jesús a Jerusalén.

Καὶ ἐγγὺς ἦν τὸ πάσχα τῶν Ἰουδαίων, καὶ ἀνέβη εἰς
Y cerca estaba la pascua de los Judíos, y subió a
Ἱεροσόλυμα ὁ Ἰησοῦς.
Jerusalén - Jesús.

Notas y análisis del texto griego.

Situando la escena que sigue, escribe: Καὶ, conjunción copulativa *y*; ἐγγὺς, adverbio de lugar *cerca*; ἦν, tercera persona singular del imperfecto de indicativo en voz activa del verbo εἰμί, *ser, estar*, aquí *estaba*; τὸ, caso nominativo neutro singular del artículo determinado *el*; πάσχα, caso nominativo neutro singular del nombre común *pascua*; τῶν, caso genitivo masculino plural del artículo determinado declinado *de los*; Ἰουδαίων, caso genitivo masculino singular del adjetivo *judíos*; καὶ, conjunción copulativa *y*; ἀνέβη, tercera persona singular del segundo aoristo de indicativo en voz activa del verbo ἀναβαίνω, *subir, salir, crecer*, aquí *subió*; εἰς, preposición propia de acusativo *a*; Ἱεροσόλυμα, caso acusativo neutro plural del nombre propio *Jerusalén*; ὁ, caso nominativo masculino singular del artículo determinado *el*; Ἰησοῦς, caso nominativo masculino singular del nombre propio *Jesús*.

Καὶ ἐγγὺς ἦν τὸ πάσχα τῶν Ἰουδαίων, El relato se sitúa en Jerusalén y más concretamente en la fiesta de los judíos llamada *la pascua*. Esta es la primera de las dos festividades con este nombre que se mencionan en el *Evangelio*. Era una de las fiestas solemnes de Israel, en la que centenares de peregrinos convergían en la capital desde todos los lugares de Galilea y Judea.

Se trataba de la fiesta principal de los judíos, celebrándose juntamente con la festividad de los *panes sin levadura*. La festividad duraba siete días. El nombre viene del vocablo hebreo *pesakh*, que equivale a *pasar por alto*, o *pasar por encima*. Esta solemnidad está establecida con todo detalle en la ley (Ex. 12:1-28; Lv. 23:1-8; Dt. 16:1-8). La pascua recordaba de forma especial la liberación de la esclavitud de Egipto por el poder de Dios y una admirable manifestación de la fidelidad de Sus promesas. Pero, además del recordatorio de la liberación la fiesta traía a la memoria del pueblo la muerte del cordero, cuya sangre fue puesta en el dintel y en los postes de las casas de los israelitas, evitando con ello que el ángel que causó la muerte de los primogénitos tocase a los hebreos. Era por tanto una fiesta que recordaba de un modo preciso la redención del pueblo, en un acto de gracia y misericordia divina. La pascua fue instituida por Moisés en la misma noche en que se produjo la muerte de los primogénitos y la salida de Israel de la esclavitud a que estuvieron sometidos por más de cuatrocientos años. Aquella fiesta debía ser celebrada por todos los israelitas y quienes viviesen con ellos por estatuto perpetuo (Ex. 12:24). En las celebraciones posteriores a la primera, la sangre que se había puesto en el dintel y en los postes de la puerta, se rociaba hacia el santuario como expresión simbólica de la expiación por el pecado. La pascua se celebraba desde la caída de la tarde del día catorce del mes de Nisán o Abib (Ex. 13:4; 34:18; Est. 3:7), que corresponde, según las variaciones del año, a nuestro mes de marzo/abril. El día diez cada familia separaba el cordero pascual que se sacrificaba y comía en la noche del día antes indicado. Si la familia era pequeña debía unirse con otra para comer todo el cordero inmolado en aquella ocasión. El cordero debía comerse asado, acompañado de hierbas amargas y panes sin levadura. El padre de familia presidía la cena pascual y lo que sobraba del cordero, como los huesos que no podían quebrarse, debían ser quemados en fuego aquella misma noche (Ex. 12:46; Nm. 9:12; Dt. 6:20-23). Los niños preguntaban el significado de aquella celebración y recibían como respuesta que recordaba la misericordia divina y la liberación de la esclavitud. Aunque la obligación de celebrar la pascua anualmente era un mandato establecido en la ley, no siempre se cumplió, produciéndose en ocasiones espacios de tiempo más o menos largos en que no se celebró esta festividad. En tiempos de Jesús se mantenía estrictamente la festividad y muchos acudían a Jerusalén para la celebración cada año. Por esta razón Jesús subió a la fiesta con los discípulos, conforme al precepto establecido para Israel. Esta era la primera de las tres pascuas que se mencionan en el *Evangelio* (2:13; 6:4; 11:55). Es interesante apreciar el uso que Juan hace del título *pascua de los judíos*, como si quisiera hacer una distinción entre las festividades que estaban destinadas a ser canceladas en base a la obra de Jesucristo, mas que expresar hostilidad contra aquellas fiestas.

καὶ ἀνέβη εἰς Ἱεροσόλυμα ὁ Ἰησοῦς. Usando la terminología propia de los judíos, Juan dice que Jesús *subió* a Jerusalén para la celebración de la pascua. Para los judíos cuanto fuese ir a la ciudad donde estaba el templo era *subir*, porque allí se manifestaba de forma especial la presencia de Dios en el santuario, de modo que todo el resto quedaba en un plano inferior. Lo que interesa nuevamente al apóstol evangelista es situar la atención del lector sobre Jesús, mostrando Su presencia en Jerusalén.

14. Y halló en el templo a los que vendía bueyes, ovejas y palomas, y a los cambistas allí sentados.

Καὶ εὗρεν ἐν τῷ ἱερῷ τοὺς πωλοῦντας βόας καὶ πρόβατα καὶ
Y halló en el templo a los que venden bueyes y ovejas y
περιστερὰς καὶ τοὺς κερματιστὰς καθημένους,
palomas y a los cambistas sentados.

Notas y análisis del texto griego.

La presencia de Jesús en el templo se describe con καὶ, conjunción copulativa *y*; εὗρεν, tercera persona singular del aoristo segundo de indicativo en voz activa del verbo εὑρίσκω, *hallar, encontrar*, aquí *halló*; ἐν, preposición propia de dativo *en*; τῷ, caso dativo neutro singular del artículo determinado *el*; ἱερῷ, caso dativo neutro singular del nombre común *templo, santuario*; τοὺς, caso acusativo masculino plural del artículo determinado declinado *a los*; πωλοῦντας, caso acusativo masculino plural del participio de presente en voz activa del verbo πωλέω, *vender*, aquí *que venden*; βόας, caso acusativo masculino plural del nombre común *bueyes*; καὶ, conjunción copulativa *y*; πρόβατα, caso acusativo neutro plural del nombre común *ovejas*; καὶ, conjunción copulativa *y*; περιστερὰς, caso acusativo femenino plural del nombre común *palomas*; καὶ, conjunción copulativa *y*; τοὺς, caso acusativo masculino plural del artículo determinado declinado *a los*; κερματιστὰς, caso acusativo masculino plural del nombre común *cambistas*; καθημένους, caso acusativo masculino plural del participio de presente en voz media del verbo κάθημαι, *sentarse, estar sentados*, aquí *sentados*.

Καὶ εὗρεν ἐν τῷ ἱερῷ. La presencia de Jesús en el templo se describe en forma breve y concisa, no tanto desde la óptica del testimonio, sino desde la descripción de lo que vio Él al entrar en el atrio del templo. El acceso al santuario era privativo de los sacerdotes. Los judíos podían acceder hasta el llamado *atrio de los judíos*. Se trata del templo que Herodes había edificado y que, cuando Jesús lo visitó se estaban ultimando lo remates finales del complejo exterior donde estaba situado el santuario.

El tercer templo sobrepasaba en belleza y grandiosidad a los dos anteriores, el de Salomón y el de Zorobabel. Josefo tiene una excelente descripción del santuario y su entorno[8]. Herodes el Grande lo construyó para congraciarse con los israelitas que no lo consideraban con derecho al trono puesto que no era descendiente de David, sino idumeo. Para edificar el templo había que derribar el anterior, pero, antes de hacerlo hizo acopio de todos los materiales necesarios para la nueva construcción. Los trabajos se iniciaron en el año19 a.C. El santuario en sí, esto es, los lugares destinados al culto a los que sólo los sacerdotes podían acceder, fue encomendada la construcción a los sacerdotes, que los concluyeron un año y medio después de haberse iniciado. Los pórticos que rodeaban el área del templo duraron ocho años en ser construidos. El edificio principal no fue acabado hasta la época del procurador Albino, entre el 62 y el 64 d.C. Todo el conjunto ocupaba dos veces más que el anterior. La parte principal se edificó con bloques de piedra blanca, con la misma longitud y anchura que el de Salomón, sin embargo lo superaba diez codos en altura, sin contar la sala superior que se había edificado sobre el santuario. Los dos lugares del interior del santuario, el Lugar Santo y el Santísimo, estaban separados por un

[8] Josefo. *Antigüedades*15, 11. *Guerras de los judíos*, 5, 5.

velo que se rasgaría de arriba abajo cuando murió Jesús. El Lugar Santísimo estaba vacío, puesto que el arca había desaparecido. En el Lugar Santo había un altar de oro para el incienso, una mesa de oro para los panes de la proposición, y un candelero de oro. Delante del santuario había un gran pórtico, delante de la puerta de acceso al Lugar Santo, de madera dorada y con cuatro hojas; delante de ella se había colocado un velo de lino fino, mezclado de azul, púrpura y carmesí. Una gran vid con uvas decoraban el interior del pórtico. La parte trasera del templo y los dos laterales estaban rodeados de un edificio suplementario de una altura de cuarenta codos, que albergaba cuarenta y ocho cámaras. El edificio tenía dos alas, y en una de ellas una escalera de caracol. La longitud exterior de este anexo era de cien codos, y su anchura de cincuenta y cuatro. Con las dos edificaciones laterales la anchura era de sesenta codos. Sobre el Santuario había estancias. Delante de la fachada había un pórtico de cien codos de largo y veinte de ancho. Herodes hizo poner sobre él un águila de oro. Una escalera de doce peldaños descendía desde el pórtico hasta el *atrio de los sacerdotes*, que rodeaba el santuario. En este patio estaba el altar de los sacrificios, con una altura de quince codos, cuya base era de cincuenta codos por cada uno de sus cuatro lados. En lugar del mar de bronce para los lavamientos que había en el templo de Salomón, en este se había instalado una fuente. El *atrio de los sacerdotes* estaba rodeado de un muro de un codo de anchura. Un atrio dos veces mayor que el del antiguo Templo, rodeado por un muro de veinticinco codos, circundaba el santuario. Unidos al muro estaban las cámaras de almacenamiento. Delante de ellas estaba un pórtico cubierto. La parte occidental del atrio estaba separado por un muro de la oriental, y que se llamaba *atrio de los judíos*, o *atrio de Israel*, al que sólo podían acceder los varones judíos. La parte oriental se conocía como el *atrio de las mujeres*. Del atrio de los hombres se abría una puerta en el centro del muro con quince escalones que llevaba al *atrio de las mujeres*, los dos prohibidos a los gentiles bajo pena de muerte. Una muralla separaba este atrio del *atrio exterior*, llamado también *atrio de los gentiles*, que estaba rodeado de magníficos pórticos. La Torre Antonia estaba situada en el ángulo noroeste del atrio exterior, cortando sus pórticos. Desde lo alto de ella se podía vigilar los edificios sagrados. El llamado *atrio de los gentiles*, rodeaba todo el santuario y los atrios interiores, según Josefo el perímetro era de seis estados unos mil ciento diez metros, aproximadamente[9]. Este atrio estaba enlosado y los pórticos cubiertos de cedro tallado. El pórtico meridional contaba con ciento sesenta y dos columnas repartidas en cuatro hileras que formaban una triple avenida.

---

[9] Josefo. *Guerras de los judíos*, 5, 5, 2.

Cada columna, tallada de un solo bloque de piedra blanca, tenía una altura de veinticinco codos. El pórtico que corría por el lado oriental, a lo largo del muro, era considerado un resto del templo de Salomón, y se le había dado el nombre de aquel rey. Todo el conjunto estaba rodeado de una imponente muralla, con cuatro puertas, dos en la zona norte, que llevaban a los suburbios; la tercera, que conducía hacia el valle de Tiropeón; la cuarta al sur se dirigía al valle. La muralla meridional tenía dos puertas llamadas Hulda.

τοὺς πωλοῦντας βόας καὶ πρόβατα καὶ περιστερὰς. En el atrio de los gentiles, y especialmente en las solemnidades festivas de Israel, se aposentaban vendedores de ganado y cambistas. Siendo el santuario de Dios, es decir, dedicado a Dios, todo en el templo, incluidos los atrios le pertenecían en toda la dimensión de la palabra. Ninguna cosa debía hacerse en el templo que no estuviese establecida por Dios mismo. Nada que procediese de los hombres y del pensamiento de ellos tenía cabida en el templo y en el servicio que se realizaba en él. Sin embargo, a lo largo de los años se había establecido un sistema de alto interés económico alrededor del servicio de culto que se hacía en el santuario.

Uno de los negocios que se había establecido en el atrio del Templo, tenía que ver con la compra de animales para el sacrificio y los elementos necesarios para cada uno de ellos, como el vino para las libaciones y otros semejantes. Cada sacrificio tenía establecida una lista de precios de todo lo necesario para llevarlo a cabo conforme a las disposiciones de la Ley. Mediante el comprobante de haber pagado el canon correspondiente, el que ofrecía un sacrificio se proveía de todo lo necesario para poder ofrecerlo sin demoras ni problemas. Los sacerdotes y levitas encargados de esta supervisión saldaban las cuentas cada noche ingresando los beneficios en el tesoro del templo. Sin duda cada persona podía adquirir todo lo necesario, incluyendo el animal para el sacrificio, sin necesidad de comprarlo en el área del Templo. Pero, cuando se traía un animal de otra procedencia debía ser examinado por personas cualificadas para ello. En muchas ocasiones surgían discusiones entre el examinador y el que traía el animal para el sacrificio. Los examinadores habían pasado un tiempo con expertos en animales para aprender a determinar cuales eran defectos permanentes y cuales temporales. Cada uno de ellos tenía autorizada una tarifa para certificar que el animal era válido, sin la cual no era admitido en el santuario para el sacrificio. Todos estos problemas se evitaban comprando el animal en el mercado regular dentro del recinto del templo, que ya supuestamente habían sido inspeccionados y todos tenían el correspondiente certificado que los declaraba aptos para ser sacrificados en el santuario sin más requisito que el de llevarlos al lugar.

καὶ τοὺς κερματιστὰς καθημένους, Otro negocio tenía que ver con el cambio de dinero, en manos de los que aquí llama Juan, *cambistas*. Era habitual que el impuesto anual para el Santuario, de medio siclo, se pagase muchas veces en el mismo santuario, coincidiendo con algunas de las festividades solemnes de Israel. Como se ha considerado antes, había un elevado número de monedas, especialmente griegas y romanas, además de persas, sirias, egipcias y tirianas que circulaban en Israel con la moneda propia de la nación. Especialmente en la zona norte este uso monetario era natural. El impuesto del santuario debía pagarse en siclos del Santuario. El cobro del impuesto se hacía en las ciudades donde se ponían mesas de recaudación desde el 15 al 25 del mes de Adar. Después de esa fecha debía pagarse ya en Jerusalén en el recinto del templo, concretamente en lugares destinados a ello en el atrio de los judíos. Como quiera que sólo se podía pagar en la moneda del templo era necesario efectuar los cambios de otras monedas. Esto permitió establecer el negocio del cambio. Los cambistas recibían una tarifa establecida previamente por cada medio siclo que cambiaban. Pero si se entregaba para el cambio una moneda de mayor valor, tenían que pagar el doble. Esto producía unos beneficios muy grandes que ingresaban en el tesoro del templo, con una comisión para los cambistas. La asignación de las mesas para cambistas se hacía por concesión sacerdotal. Naturalmente, quienes se beneficiaban de todo esto eran los sacerdotes, pero no los sencillos sacerdotes que entraban en el sorteo para el servicio del santuario, sino los que se suelen llamar en los escritos bíblicos *"los principales sacerdotes"*, generalmente miembros o afines a la familia del sumo sacerdote. El negocio de los cambistas se incrementaba considerablemente en tiempos como la Pascua, cuando acudían a Jerusalén judíos de todos los países, que encontraban cómodo cambiar sus monedas, no sólo para el impuesto anual del templo sino para otras muchas cosas que se podían comprar en el área del templo, especialmente materiales necesarios para la fiesta o para la purificación, siendo siempre mejor pagar el precio pedido por los vendedores en moneda del templo que entrar en discusiones con ellos para ajustar el precio. Es fácil imaginarse lo que ocurría en el atrio de los gentiles cuando estaba el negocio del cambio en pleno apogeo. Había discusiones continuas sobre valores de monedas, monedas defectuosas, regateos en voz alta, que convertían el área del templo en un verdadero mercado.

15. Y haciendo un azote de cuerdas, echó fuera del templo a todos, y las ovejas y los bueyes; y esparció las monedas de los cambistas, y volcó las mesas.

καὶ ποιήσας φραγέλλιον ἐκ σχοινίων πάντας ἐξέβαλεν ἐκ τοῦ
Y haciendo azotes de cuerdas, a todos echó del
ἱεροῦ τά τε πρόβατα καὶ τοὺς βόας, καὶ τῶν κολλυβιστῶν
templo y las ovejas y los bueyes y de los cambistas
ἐξέχεεν τὸ κέρμα καὶ τὰς τραπέζας ἀνέτρεψεν,
desparramó las monedas y las mesas volcó.

Notas y análisis del texto griego.

Sin interrupción en el relato, añade: καὶ, conjunción copulativa *y*; ποιήσας, caso nominativo masculino singular del participio aoristo primero en voz activa del verbo ποιέω, *hacer, crear, fabricar, producir*, aquí *haciendo*; φραγέλλιον, caso acusativo neutro singular del nombre común *azote*; ἐκ, preposición propia de genitivo, *de*; σχοινίων, caso genitivo neutro plural del nombre común, *cuerdas, cordeles*; πάντας, caso acusativo masculino plural del adjetivo indefinido declinado *a todos*; ἐξέβαλεν, tercera persona singular del aoristo segundo de indicativo en voz activa del verbo ἐκβάλλω, *expulsar, echar, sacar, quitar*, aquí *echó*; ἐκ, preposición propia de genitivo *de*; τοῦ, caso genitivo neutro singular del artículo determinado *el*; ἱεροῦ, caso genitivo neutro singular del nombre común *templo, santuario*; τά, caso acusativo neutro plural del artículo determinado *las*; τε, partícula conjuntiva, que puede construirse sola, pero generalmente está en correlación con otras partículas y que hace funciones de conjunción copulativa *y*; πρόβατα, caso acusativo neutro plural del nombre común *ovejas*; καὶ, conjunción copulativa *y*; τοὺς, caso acusativo masculino plural del artículo determinado declinado *a los*; βόας, caso acusativo masculino plural del nombre común *bueyes*; καὶ, conjunción copulativa *y*; τοὺς, caso genitivo masculino plural del artículo determinado declinado *de los*; κολλυβιστῶν, caso genitivo masculino plural del nombre común *cambistas*; ἐξέχεεν, tercera persona singular del aoristo primero de indicativo en voz activa del verbo ἐκχέω, *derramar, desparramar, exparcir*, aquí *desparramó*; τὸ, caso acusativo neutro singular del artículo determinado *el*; κέρμα, caso acusativo neutro singular del nombre común *monedas pequeñas, monedas*; καὶ, conjunción copulativa *y*; τὰς, caso acusativo femenino plural del artículo determinado *las*; τραπέζας, caso acusativo femenino plural del nombre común *mesas*; ἀνέτρεψεν, tercera persona singular del aoristo primero de indicativo en voz activa del verbo ἀνατρέπω, *volcar, pervertir*, aquí *volcó*.

καὶ ποιήσας φραγέλλιον ἐκ σχοινίων. Jesús toma la iniciativa en todo este acontecimiento. Llegó al templo y comprendió que el comercio había corrompido el recinto dedicado al culto a Dios, por tanto, los elementos contaminantes debían ser retirados para que el santuario estuviese limpio, en sentido de dedicado sólo a la adoración y gloria de Dios. La casa de Su Padre había sido convertida en un mercado que no sólo contaminaba el recinto, sino que lo desvirtuaba en relación con el objeto para el que había sido dedicado. En él se celebraba culto a Dios, y no era lugar para el enriquecimiento humano. Jesús hizo un instrumento que le servía para llevar a cabo la limpieza del recinto, un látigo de cuerdas. Posiblemente ese látigo se hizo con las cuerdas que se usaban para sujetar a los animales en el recinto. En un lugar donde había tantos animales a la venta, no era difícil encontrar cuerdas para usarlas en la fabricación del instrumento que el Señor blandía en Su mano y que fue eficaz a los propósitos con que lo usaba.

πάντας ἐξέβαλεν ἐκ τοῦ ἱεροῦ. La limpieza alcanzó *a todos*, expulsándolos del recinto sagrado. Cabe preguntarse si este adjetivo indefinido alcanza a los mercaderes y al ganado que vendían, o sólo a los animales. La construcción gramatical permite cualquiera de las dos cosas. Sin embargo, el entorno narrativo apoya la idea de que Jesús expulsó a todos los mercaderes y a los animales que vendían. La contaminación del santuario era el resultado de las acciones ilícitas de los hombres, los animales eran los instrumentos de su comercio, pero la pecaminosidad estaba en los hombres.

τά τε πρόβατα καὶ τοὺς βόας, Junto con los mercaderes salieron también los animales que vendían. Probablemente el Señor los desató para que se fuesen. No quedó ninguno. Los bueyes y las ovejas para los sacrificios salieron huyendo del lugar donde estaban dispuestos para ser vendidos.

καὶ τῶν κολλυβιστῶν ἐξέχεεν τὸ κέρμα καὶ τὰς τραπέζας ἀνέτρεψεν, Luego tocó el turno a los cambistas. Sus mesas sobre las que colocaban ordenadamente las monedas para el cambio por las del santuario, fueron esparcidas, literalmente *derramadas*, por el suelo. El sonido metálico que producían al caer y rodar sonó por un momento en el atrio del Templo. Los cambistas huían ante la acción de Jesús y el temor que el látigo que había en Su mano cayese sobre ellos. Más valía la integridad física que las monedas dispuestas para el comercio de aquel día. Las mesas fueron derribadas por Jesús. Podemos dejar volar un momento la imaginación y observarlo golpeando con sus pies las mesas de los cambistas que saltando por los aires caían de cualquier forma en el suelo. La acción debió ser fulminante, de modo que las mesas quedaron tiradas en el suelo y las monedas que había en ellas, rodarían por el pavimento del templo.

16. Y dijo a los que vendían palomas: Quitad de aquí esto, y no hagáis de la casa de mi Padre casa de mercado.

καὶ τοῖς τὰς περιστερὰς πωλοῦσιν εἶπεν· ἄρατε ταῦτα
Y a los las palomas que venden dijo: Quitad eso
ἐντεῦθεν, μὴ ποιεῖτε[1] τὸν οἶκον τοῦ Πατρός μου οἶκον
de aquí, no hagáis la casa del Padre de mí casa
ἐμπορίου.
de mercado.

Notas y análisis del texto griego.

La limpieza alcanzó a todos: καὶ, conjunción copulativa *y*; τοῖς, caso dativo masculino plural del artículo determinado declinado *a los*; τὰς, caso acusativo femenino plural del artículo determinado *las*; περιστερὰς, caso acusativo femenino plural del nombre común *palomas*; πωλοῦσιν, caso dativo masculino plural del participio de presente en voz activa del verbo πολέω, *vender*, aquí *que venden*; εἶπεν, tercera persona singular del aoristo segundo de indicativo en voz activa del verbo εἶπον, forma aorista de λέγω, *hablar, decir*, aquí *dijo*; ἄρατε, tercera persona plural del aoristo primero de imperativo en voz activa del verbo αἴρω, *tomar, quitar, levantar, remover*, aquí *quitad*; ταῦτα, caso acusativo neutro plural del pronombre demostrativo *eso*; ἐντεῦθεν, adverbio de lugar *de aquí, de este lado*; μὴ, partícula que hace funciones de adverbio de negación *no*; ποιεῖτε, segunda persona plural del presente de imperativo en voz activa del verbo ποιέω, *hacer, realizar, fabricar, producir*, aquí al ser en forma negativa *hagais*; τὸν, caso acusativo masculino singular del artículo determinado *el*; οἶκον, caso acusativo masculino singular del nombre común *casa*; τοῦ, caso genitivo masculino singular del artículo determinado declinado *del*; Πατρός, caso genitivo masculino singular del nombre divino *Padre*; μου, caso genitivo de la primera persona singular del pronombre personal declinado *de mí*; οἶκον, caso acusativo masculino singular del nombre común *casa*; ἐμπορίου, caso genitivo neutro singular del nombre común declinado *de mercado*.
Crítica Textual. Lecturas alternativas.

[1] μὴ ποιεῖτε, *no hagáis*, lectura atestiguada en $\mathfrak{p}^{75}$, ℵ, B, K, K, N, P, Γ, Δ, Ψ, 0162, 579, 892, 1424, 𝔐, lat, Orígenes^{s}.

καὶ μὴ ποιεῖτε, *y no hagáis*, conforme a $\mathfrak{p}^{66}$, A, W^{s}, Θ, $f^{1, 13}$, 33, 565, 700, 1241, it, vg^{cl}, sir, bo^{bo}.

καὶ τοῖς τὰς περιστερὰς πωλοῦσιν εἶπεν· En medio del comercio que se practicaba en el Templo, estaban también los vendedores de palomas. Habitualmente se sentaban en bancos más altos que los asientos de los cambistas, éstos muchas veces se sentaban en el suelo teniendo delante una mesa baja donde colocaban las monedas. Los vendedores de palomas solían poner las jaulas sobre el mismo banco donde ellos se sentaban. Jesús no ahuyentó a las palomas, porque hubiera sido necesario abrir las jaulas donde estaban, por eso se limitó a hablar a los que las vendían.

ἄρατε ταῦτα ἐντεῦθεν, La instrucción que les da es también concreta: *quitad esto de aquí*. El Señor respeta las palomas pero manda a sus dueños que las retiren de aquel lugar. Sin duda la instrucción tuvo que ser obedecida inmediatamente por la situación que se había creado en el entorno, viendo lo cual todos sabían que iba en serio lo que Jesús mandaba y hacía. Los dueños debían correr por el atrio escapando a la acción de limpieza de Cristo y, posiblemente alguna jaula se golpearía y se abriría la puerta dejando que las aves volaran libremente. El espectáculo que aquello debió haber producido, tuvo que ser grandioso. Sería impactante ver a Jesús ahuyentando a todos los comerciantes, que corrían sobre un piso alfombrado con las monedas que estaban esparcidas por todo el lugar. La confusión debió haber sido grande pero corta. Una mayor era la que producían aquellos perversos con sus negocios sustentados hipócritamente en la devoción a Dios y los preceptos establecidos para el culto y el Templo, como dice Lensky: *"El cuadro de un Jesús así no es agradable para almas sensibles, que piensan solamente en el dulce Jesús y no piensan también la indignación santa y terrible que lo hace actuar como en el presente caso*[10]*"*.

μὴ ποιεῖτε τὸν οἶκον τοῦ πατρός μου οἶκον ἐμπορίου. Sin embargo, Juan, apunta a la razón que motivó aquella acción de Jesús. Juan no utiliza como los sinópticos una referencia bíblica sobre la que asentar las palabras de Cristo, se limita a decir lo que Él dijo. La frase que testificaba el porqué de todo aquello se establece en un contraste entre *casa de mi Padre* y *casa de mercado*. Es una expresión espontánea de Jesús, que manifiesta también la vinculación con el Padre en una relación personal como ningún otro podía tener. Para Cristo el Templo es la *casa de mi Padre*, que es también la casa del Dios de Israel, por tanto, siendo el lugar donde se manifiesta Su presencia de una forma especial, no puede ser sino santa como exige Aquel que la eligió como morada. El título *Padre* es usado por Jesús en un sentido que ningún israelita tenía, incluidos los profetas. Es ese el sentido que los líderes religiosos entendían de esa relación cuando decían acusándole que *llama a Dios su Padre, haciéndose igual a Él* (5:18). Aquellos habían convertido el santuario en una *casa de mercado*. Aunque en los sinópticos Jesús dijo que la *casa de oración*, como llama

[10] C. H. Lensky, *Marcos*, pág. 421.

al Templo, se había convertido en una *cueva de ladrones*, Juan no usa esa forma, el contraste aquí se establece al convertir la *casa del Padre* en una *casa de mercado*. Es interesante que el término *casa de mi Padre*, es típico en Juan (cf. 14:2).

17. Entonces se acordaron sus discípulos que está escrito: El celo de tu casa me consume.

ἐμνήσθησαν[1] οἱ μαθηταὶ αὐτοῦ ὅτι γεγραμμένον ἐστίν·
Recordaron los discípulos de Él que escrito está:
ὁ[2] *ζῆλος τοῦ οἴκου σου καταφάγεταί με.*
El celo de la casa de ti devorará me.

Notas y análisis del texto griego.

La acción de Cristo, produjo una reflexión en los discípulos: ἐμνήσθησαν, tercera persona plural del aoristo primero de indicativo en voz pasiva del verbo μιμνήκομαι, *recordar, acordarse*, aquí *recordaron*; οἱ, caso nominativo masculino plural del artículo determinado *los*; μαθηταὶ, caso nominativo masculino plural del nombre común *discípulos*; αὐτοῦ, caso genitivo masculino de la tercera persona singular del pronombre personal declinado *de Él*; ὅτι, conjunción *que*; γεγραμμένον, caso nominativo neutro singular del participio de perfecto en voz pasiva del verbo γράφω, *escribir*, aquí *escrito*; ἐστίν, tercera persona singular del presente de indicativo en voz activa del verbo εἰμί, *ser, estar*, aquí *está*; ὁ, caso nominativo masculino singular del artículo determinado *el*; ζῆλος, caso nominativo masculino singular del nombre común *celo*; τοῦ, caso genitivo masculino singular del artículo determinado declinado *del*; οἴκου, caso genitivo masculino singular del nombre común *casa*; σου, caso genitivo de la tercera persona singular del pronombre personal declinado *de ti*; καταφάγεται, tercera persona singular del futuro de indicativo en voz media del verbo κατεσθίω, *devorar, comerse, explotar*, aquí *devorará*; με, caso acusativo de la primera persona singular del pronombre personal declinado *a mí, me*.

Crítica Textual. Lecturas alternativas.

[1] ἐμνήσθησαν, *recordaron*, lectura según $\mathfrak{p}^{66, 75}$, ℵ, B, K, Ψ, 579, co.

ἐμνήσθησαν δὲ, *y recordaron*, de acuerdo con A, K, N, P, Γ, Δ, Θ, 050, $f^{1, 13}$, 33, 565, 700, 892, 1241, 1424, 𝔐, c, r^1, vg, sir^h.

καὶ ἐμνήσθησαν, *y recordaron*, lectura en W^s, it, bo^{bo}.

[2] ὅτι ὁ, *que el*, se añade la conjunción en $\mathfrak{p}^{66, 75}$, W^s, 050.

ἐμνήσθησαν οἱ μαθηταὶ αὐτοῦ ὅτι γεγραμμένον ἐστίν· ὁ ζῆλος τοῦ οἴκου σου καταφάγεταί με. Los sinópticos aplican, como se ha dicho antes, las palabras de Jesús a un determinado texto del Antiguo Testamento, por el contrario Juan sitúa la acción de Jesús como una condición personal suya anticipada proféticamente. Para los discípulos la acción de Jesús es la propia del Mesías que entrando en Jerusalén, con la autoridad que concurre en Él, tanto la del Cristo de Dios, como la del Rey de Israel, limpia el templo de todo cuanto le contaminaba. En algún momento vino a la mente de los discípulos una cita en la que se lee: *"Porque me consumió el celo de tu casa"* (Sal. 69:9), en el texto se cambia el verbo *consumir*, o también *devorar*, de un pasado a un futuro, *me devorará*, o también *me consumirá* el celo de tu casa. El Salmo es un *Salmo mesiánico*. Jesús que se había presentado antes glorioso por Su omnipotencia, se manifiesta ahora como apasionado por la causa de Dios que *le consume*, esto es, representa lo más importante en Su vida. En esa acción comienzan a vislumbrar un camino de compromiso que condicionará Su servicio hasta la muerte y muerte de Cruz. Es el Perfecto, que a lo largo de Su vida va a testificar a los hombres sobre el compromiso de tributar la gloria y honor a Dios. El hecho de que el verbo esté en futuro ya conlleva la extensión a toda la vida de Jesús. Aquel celo por la casa de Dios que le condujo a la limpieza del templo, le *consumirá* totalmente en la Cruz, no tanto por la *casa de Dios*, material, sino por la nueva casa de Dios, tanto en relación con la familia como con el santuario espiritual que es la Iglesia.

18. Y los judíos respondieron y le dijeron: ¿Qué señal nos muestras, ya que haces esto?

᾽Απεκρίθησαν οὖν οἱ ᾽Ιουδαῖοι καὶ εἶπαν αὐτῷ· τί σημεῖον
Respondieron entonces los judíos y dijeron le: ¿Que señal
δεικνύεις ἡμῖν ὅτι ταῦτα ποιεῖς.
muestras nos ya que estas cosas haces?

Notas y análisis del texto griego.

Trasladando la reacción de los judíos, dice:᾽Απεκρίθησαν, tercera persona plural del aoristo primero de indicativo en voz pasiva del verbo ἀποχρίνομαι, *responder, replicar, contestar, tomar la palabra,* aquí *respondiendo*; οὖν, conjunción ilativa *entonces*; οἱ, caso nominativo masculino plural del artículo determinado *los*; ᾽Ιουδαῖοι, caso nominativo masculino plural del adjetivo articular *judíos*; καὶ, conjunción copulativa *y*; εἶπαν, tercera persona plural del aoristo segundo de indicativo en voz activa del verbo λέγω, *hablar, decir*, aquí *dijeron*; αὐτῷ, caso dativo masculino de la tercera persona singular del pronombre personal declinado *a él, le*; τί, caso acusativo neutro singular del adjetivo interrogativo *qué*; σημεῖον, caso acusativo neutro singular del nombre común *señal*; δεικνύεις, segunda persona singular del presente de indicativo en voz activa del verbo δεικνύμι, *mostrar, presentar, hacer ver*, aquí *muestras*; ἡμῖν, caso dativo de la primera persona plural del pronombre personal declinado *a nosotros, nos*; ὅτι, conjunción causal *porque, que, puesto que, ya que*; ταῦτα, caso acusativo neutro plural del pronombre demostrativo *estos*, en sentido de *estas cosas*; ποιεῖς, segunda persona singular del presente de indicativo env oz activa del verbo ποιέω, *hacer, realizar*, aquí *haces*.

'Απεκρίθησαν οὖν οἱ 'Ιουδαῖοι καὶ εἶπαν αὐτῷ· Ante la acción de Jesús, los judíos, término que Juan usa habitualmente para referirse a los líderes religiosos de Israel, comienzan una disputa con Él. En medio de la confusión producida por la expulsión del recinto del santuario a los que comerciaban en él y poner en fuga a todo el ganado con el que vendían, los líderes religiosos se presentan en el lugar. Sin duda alguno de ellos, especialmente los vinculados con los sacerdotes, tenían intereses en aquel comercio y habían sido afectados. Es casi seguro que todos los animales para los sacrificios habrían sido alcanzados y recuperados nuevamente. El problema más serio sería el producido a los cambistas, cuyas monedas, en un alto porcentaje no podrían volver a reunir. Ninguno de los líderes religiosos estaba dispuesto a que alguien hiciese algo en relación con el santuario, las normas religiosas o lo relacionado con el culto, sin haber sido establecido bajo su autoridad y supervisión. Jesús de Nazaret, había quebrantado todos los principios establecidos y, sobre todo, se había atrevido a cuestionar la autoridad de los judíos que permitían y se lucraban del negocio del templo. No sabemos cuantos habían venido al encuentro de Jesús, pero probablemente era un grupo bien conocido y tal vez, si no todos, por lo menos un buen número pertenecería al sanedrín, el alto tribunal de los judíos. Estos *toman la palabra*, cuando se encuentran con Jesús.

τί σημεῖον δεικνύεις ἡμῖν ὅτι ταῦτα ποιεῖς. No hay diálogo sino una demanda imperativa sobre la autoridad con que hace aquellas cosas. La pregunta que le formulan es como si le dijesen: *¿Por qué haces esto?*, es decir, *¿quién te autorizó a echar a los mercaderes del Templo?* No se trataba simplemente de indagar sobre Su autoridad, sino que, como hacen notar los sinópticos, procuraban matarlo. Aquellos infames que eran insensibles ante Dios mismo y que buscaban su beneficio personal en lugar de la gloria del Altísimo, no estaban dispuestos a que un hombre, tal vez un profeta, desafiase su autoridad actuando por sí mismo y, además, causara daño económico afectando sus intereses.

La acción de Jesús encerraba todo un sentido mesiánico. Le piden una prueba de Su autoridad, pero más que una demanda es una acusación encubierta contra Él. Tal vez pretendían que Jesús hiciese un milagro portentoso a la vista de todos para confirmar Su autoridad. No podemos determinarlo a la luz del texto bíblico, pero es suficiente con entender que airadamente reclamaban a Jesús que acreditase la autoridad con que hacía aquellas cosas. Las pretensiones de los judíos tiene el propósito de buscar algún fallo en Su actuación que les permitiese acusarlo ante las autoridades de la nación. Así escribe Hendriksen:

"Las hostiles autoridades judías (posiblemente la guardia del templo, escribas, sacerdotes) piden ahora explicaciones a Jesús por su drástica acción. Si se había atribuido el derecho de actuar como reformador, ahora tenía que demostrar la autoridad que poseía para hacerlo. Pero esta demanda era estúpida. La purificación del templo constituía una señal en sí misma. Era claramente el cumplimiento anticipado de Mal. 3:1-3 ('...y vendrá súbitamente a su templo el Señor... limpiará a los hijos de Leví') y también del Salmo 69. La forma majestuosa en que Jesús realizó esta obra, de modo que aunque lo vieron, nadie se atrevió a resistirle, era una prueba suficiente de que el Mesías había entrado en el templo y lo estaba purificando, como estaba profetizado. ¿Qué otra señal se podía pedir?[11]".

Como la mayor parte de las acciones de los líderes religiosos de los judíos en relación con Cristo, reviste un carácter perverso, propio de quienes adoran la religión, para adorarse a ellos mismos en lugar de adorar a Dios y creer en las señales que el Mesías hacía entre ellos. Pero ciegos a la realidad profética y rebeldes al Espíritu Santo, negaban sistemáticamente lo que era evidente. La principal razón era la envidia que sentían contra quien arrastraba tras sí las multitudes, desde el principio de Su ministerio. Algunos, sin duda pocos, como Nicodemo, viendo las señales que hacía le reconocían como el enviado de Dios (3:1-2), pero estos rebeldes, perversos y ciegos, no atendían a la evidencia que Dios manifestaba delante de ellos. Todo lo que para los pocos servía como señal para aceptar la realidad de quien era Jesús, era piedra de tropiezo y roca de escándalo para este grupo que vinieron a preguntarle con que autoridad estaba haciendo aquellas cosas. Tal vez fue un intento de desconcertar a Jesús. Lo que realmente le estaban pidiendo delante de testigos ya que en torno a Jesús siempre había gente, era que exhibiera las credenciales que le permitían hacer todo aquello que estaba haciendo. Si la respuesta del Señor fuese que no

---

[11] G. Hendriksen. o.c., pág. 132.

tenía ninguna credencial que le autorizase, pudiera ser que perdiese la credibilidad y que el pueblo se apartase de Él. Por otro lado, si estaba actuando como si fuese el Mesías y no lo era, podría acusársele de conducta blasfema, al usurpar como hombre lo que le correspondía a Dios. Todo esto que había hecho en el Templo, junto con los milagros, podía estar incluido en *estas cosas* que hacía y por las que le preguntaban cual era el respaldo de autoridad para hacerlas. Lo que realmente estaban insinuando delante de la gente que escuchaba las preguntas que formulaban a Jesús era que todos supiesen que nadie le había dado autoridad para hacer todo lo que hacía, de otro modo, que ellos no le habían autorizado para actuar así. Tal vez esperasen que Jesús les contestase que Su autoridad procedía del cielo, y ellos lo desautorizarían negando la validez de cualquier prueba que pudiera presentar.

19. Respondió Jesús y les dijo: Destruid este templo, y en tres días lo levantaré.

ἀπεκρίθη Ἰησοῦς καὶ εἶπεν αὐτοῖς· λύσατε τὸν ναὸν τοῦτον
Respondió Jesús y dijo les: Destruid el templo este
καὶ ἐν τρισὶν ἡμέραις ἐγερῶ αὐτόν.
y en tres días levantaré lo.

Notas y análisis del texto griego.

Trasladando la respuesta de Jesús, escribe: ἀπεκρίθη, tercera persona singular del aoristo primero de indicativo en voz pasiva del verbo αποκρίνομαι, *responder, contestar, tomar la palabra*, aquí *respondió*; Ἰησοῦς, caso nominativo masculino singular del nombre propio *Jesús*; καὶ, conjunción copulativa *y*; εἶπεν, tercera persona singular del aoristo segundo de indicativo en voz activa del verbo λέγω, *decir*, aquí *dijo*; αὐτοῖς, caso dativo masculino de la tercera persona plural del pronombre personal declinado *a ellos, les*; λύσατε, segunda persona plural del aoristo primero de imperativo en voz activa del verbo λύω, *destruir, desintegrar*, aquí *destruid*; τὸν, caso acusativo masculino singular del artículo determinado *el*; ναὸν, caso acusativo masculino singular del nombre común *santuario*; τοῦτον, caso acusativo masculino singular del pronombre demostrativo *este*; καὶ, conjunción copulativa *y*; ἐν, preposición propia de dativo *en*; τρισὶν, caso dativo masculino plural del adjetivo numeral cardinal *tres*; ἡμέραις, caso dativo femenino plural del sustantivo que denota *días*; ἐγερῶ, primera persona singular del futuro de indicativo en voz activa del verbo ἐγείρω, *levantar, resucitar,* aquí *levantaré*; αὐτόν, caso acusativo masculino de la tercera persona singular del pronombre personal declinado *a él, lo.*

ἀπεκρίθη Ἰησοῦς καὶ εἶπεν αὐτοῖς· Los judíos le estaban pidiendo una señal que ponga de manifiesto la autoridad con que hace aquellas cosas. Cristo les da la respuesta a esa pregunta, proponiéndoles lo que pudiera considerarse como una señal de poder: la reconstrucción en tres días del templo derribado. Sin embargo el Señor no satisface inmediatamente la demanda de los judíos, sino que pospone la señal para un tiempo futuro.

λύσατε τὸν ναὸν τοῦτον καὶ ἐν τρισὶν ἡμέραις ἐγερῶ αὐτόν. Es interesante que en lugar de utilizar el término ἱερόν, *templo*, usa ναός, *santuario*. En el templo estaba el Lugar Santo y el Santísimo, que era propiamente el santuario dentro del recinto del Templo, dedicado al culto. Jesús era tanto el templo como el santuario de Dios. En Su cuerpo se manifestaba lo que era templo, puesto como el tabernáculo entre los hombres (1:14); pero, a su vez era el santuario donde Dios se manifestaba y moraba, puesto que en Él habita la plenitud de la deidad (Col. 2:9). Los judíos, envueltos en la polémica y el odio contra Cristo, no acertaron a detectar lo que Jesús decía en la respuesta. Solo en la mente de algunos permaneció como referencia blasfema que incitaba a destruir el Templo material en donde estaban. Ellos lo tomaron como una orden, pero Jesús no lo hacía en ese sentido, proponiéndoles la destrucción del templo, literalmente hablando. Tales palabras serán usadas como testimonio contra Él en el juicio antes de la crucifixión, y como burla de algunos cuando estaba clavado en la Cruz (Mt. 27:39-40; Mr. 14:58).

20. Dijeron luego los judíos: En cuarenta y seis años fue edificado este templo, ¿y tú en tres días lo levantarás?

εἶπαν οὖν οἱ Ἰουδαῖοι· τεσσεράκοντα καὶ ἓξ ἔτεσιν
Dijeron, entonces, los judíos: cuarenta y seis años
οἰκοδομήθη ὁ ναὸς οὗτος, καὶ σὺ ἐν τρισὶν ἡμέραις ἐγερεῖς
se edificó el templo este, ¿y tú en tres días levantarás
αὐτόν
lo?

Notas y análisis del texto griego.

A la respuesta de Jesús, siguió la de los judíos: εἶπαν, tercera persona plural del aoristo segundo de indicativo en voz activa del verbo λέγω, *hablar, decir*, aquí como *dijeron*; οὖν, conjunción ilativa *entonces*, o continuativa *pues*; οἱ, caso nominativo masculino plural del artículo determinado *los*;'Ιουδαῖοι, caso nominativo masculino plural del adjetivo *judíos*; τεσσεράκοντα, caso dativo neutro plural del adjetivo numeral cardinal *cuarenta*; καὶ, conjunción copulativa *y*; ἓξ, caso dativo neutro plural del adjetivo numeral cardinal *seis*; ἔτεσιν, caso dativo neutro plural del nombre común *años*; οἰκοδομήθη, escrita también como ᾠκοδομήθητercera persona singular del aoristo primero de indicativo en voz pasiva del verbo οἰκοδομέω, *construir, edificar*, aquí *se edificó*; ὁ, caso nominativo masculino singular del artículo determinado *el*; ναὸς, caso nominativo masculino singular del nombre común *santuario*; οὗτος, caso nominativo masculino singular del pronombre demostrativo *este*; καὶ, conjunción copulativa *y*; σὺ, caso nominativo de la segunda persona singular del pronombre personal *tú*; ἐν, preposición propia de dativo *en*; τρισὶν, caso dativo femenino plural del adjetivo numeral cardinal *tres*; ἡμέραις, caso dativo femenino plural del nombre común *días*; ἐγερεῖς, segunda persona singular del futuro de indicativo en voz activa del verbo ἐγείρω, *levantar*, aquí *levantarás*; αὐτόν, caso acusativo masculino de la tercera persona singular del pronombre personal declinado *a él, le, lo*.

εἶπαν οὖν οἱ Ἰουδαῖοι· Las palabras de Cristo causaron sin duda un profundo impacto en los judíos que demandaban la señal sobre la autoridad con que limpió el templo. De ahí que inmediatamente le formularon una desafiante pregunta que Juan registra en el versículo.

τεσσεράκοντα καὶ ἓξ ἔτεσιν οἰκοδομήθη ὁ ναὸς οὗτος, καὶ σὺ ἐν τρισὶν ἡμέραις ἐγερεῖς αὐτόν. Habían entendido bien las palabras de Cristo, pero no les podían dar el sentido con que fueron dichas. Ellos relacionaban el *derribar* y *construir* con el Templo en el que se encontraban, haciéndole notar lo que para ellos era una imposibilidad. La construcción del aquel complejo para el culto había llevado cuarenta y seis años. Según Josefo las obras comenzaron en el décimo octavo año del reinado de Herodes[12], lo que sería el año veinte o diecinueve a.C., de modo que si el dato es preciso, este encuentro con Cristo ocurrió en el año veintisiete o veintiocho d.C. Incluso después de la muerte del Señor, siguieron las obras, dándose por concluidas sobre el año sesenta y tres d.C. La frase de los judíos debe ser entendida como *lo que ya estaba construido* y que se hizo en ese tiempo, como si dijesen, lo que ya está hecho llevó cuarenta y seis años edificarlo.

El versículo siguiente aclarará aquello a lo que Jesús se estaba refiriendo. Sin embargo, hay un aspecto que los enemigos de Jesús no querían reconocer y que necesariamente exigiría la destrucción material del templo de Herodes, ya que la profecía anuncia que será el Mesías el que construirá el templo futuro en el tiempo de Su reino terrenal. Es probable que incluso alguno, si no todos, entendieran una referencia a este aspecto escatológico, al que Ezequiel dedica un amplio espacio en su profecía (Ez. 40:1-46:24). Las dimensiones y grandiosidad del templo no tienen comparación con ninguno de los anteriores. Sin duda Jesús no estaba refiriéndose a ese templo, como se considerará en el próximo versículo, sin embargo, la profecía señala a la destrucción del

[12] Josefo. *Actualidad*, 15. 380.

santuario de entonces, que ocurrió en el año setenta con la acción de las fuerzas de Tito, que será reconstruido en el tiempo del reino terrenal de Jesucristo. El Señor estaba haciendo señales *mesiánicas*, que algunos de los líderes, como Nicodemo, habían entendido. Él se presenta como el Hijo de Dios, referencia a la relación del Mesías conforme a la profecía. Por consiguiente, no es difícil pensar que pudiera estar hablando aquí de lo que tendrá lugar en el retorno de Cristo a la tierra, la construcción del templo que se detalla en la profecía. Entonces, el santuario que se ha destruido a causa del pecado de rebeldía de la nación, será *levantado*. Sea cual sea la interpretación que dieron a las palabras de Cristo, el Señor se levantaba ante ellos en una dimensión que inquietaba al liderazgo religioso, que veían en Él al que podía relevarles de su posición como dominadores religiosos del pueblo de Dios.

21. Mas él hablaba del templo de su cuerpo.

ἐκεῖνος δὲ	ἔλεγεν	περὶ τοῦ	ναοῦ	τοῦ	σώματος	αὐτοῦ.
Pero él	hablaba	del	templo	del	cuerpo	de Él.

Notas y análisis del texto griego.

La aclaración a las palabras de Jesús, se hace con ἐκεῖνος, caso nominativo masculino singular del pronombre demostrativo *él, este, aquel, ese*; δὲ, partícula conjuntiva que hace las veces de conjunción coordinante, con sentido de *pero, más bien, y, y por cierto, antes bien*; ἔλεγεν, segunda persona singular del imperfecto de indicativo en voz activa del verbo λέγω, *hablar, decir*, aquí *hablaba*; περὶ, preposición propia de genitivo *acerca de, de*; τοῦ, caso genitivo masculino singular del artículo determinado *el*; ναοῦ, caso genitivo masculino singular del nombre común *santuario, templo*; τοῦ, caso genitivo neutro singular del artículo determinado declinado *del*; σώματος, caso genitivo neutro singular del nombre común *cuerpo*; αὐτοῦ, caso genitivo masculino de la tercera persona singular del pronombre personal declinado *de él*.

ἐκεῖνος δὲ ἔλεγεν περὶ τοῦ ναοῦ τοῦ σώματος αὐτοῦ. Juan interpreta las palabras de Jesús, dándoles el contenido que tenían en relación con la obra sacrificial del Cordero de Dios. No cabe duda que esta interpretación debe ser aceptada en la certeza de la inspiración plenaria de la Escritura. Sin esa aclaración del evangelista, cualquier lector se limitaría a entender que Jesús hablaba de la destrucción y edificación literal del templo. Eso fue lo que aparentemente entendieron los judíos, según el versículo anterior. No hay duda que en ocasiones, en lenguaje figurado, se usa la figura del cuerpo como *templo* del alma, pero en este caso cualquiera pensaría que el Señor se estaba refiriendo al santuario en el que se desarrollaba aquella conversación.

La interpretación que se da a las palabras de Jesús, tiene todo el sentido si se entiende que Juan mismo lo presenta como el *santuario* de Dios entre los hombres (1:14). En Él se cumple el simbolismo del templo ya que Jesús es la habitación de la Deidad abierta a los hombres. El Señor estaba diciendo que el templo que los judíos iban a destruir, en el sentido de matarle, Él lo levantaría en tres días, o después de tres días. En todo esto se aprecia que Jesús hablaba de su muerte y resurrección afirmándose como quien permite que se produzca y como quien actúa para resucitar su cuerpo muerto. Estas dos verdades serán dichas más adelante por Cristo (10:17-18). El Señor está en el control de todo lo que tiene que ver con Su vida y ministerio, y le es posible en base a su Deidad, como así se presenta por Juan en el prólogo del *Evangelio.* Ningún acontecimiento de Su ministerio estuvo fuera de ese control y nada ocurrió sino lo que había sido ordenado anticipadamente por Dios en el cumplimiento de Su misión redentora. Además de esto, los cristianos tenían que aprender otra lección: Constituida la iglesia, se reunían juntos en el templo para ser instruidos por los apóstoles, para oración y para comunión fraterna (Hch. 2:46). Aquel templo iba a ser destruido pocos años después, pero el templo de Dios que es Jesucristo estaría al lado de ellos en cualquier lugar donde se encontrasen.

Una nota más favorece la interpretación que Juan da a las palabras de Jesús. Con toda probabilidad el *Evangelio* fue escrito después del año 70, cuando ya el templo de Jerusalén había sido destruido. Aquel templo era, para Israel, el lugar de la Presencia, esto es, donde Dios se manifestaba de forma especial. El problema que se planteaba para los judíos era que si el lugar donde Dios estaba presente de una forma especial con Su pueblo, y este había sido destruido ¿dónde estaba ahora esa manifestación de Su presencia? Para los cristianos no existía ese problema puesto que, por un lado ellos son templo de Dios en Espíritu y por otro el Santuario de Dios en que definitivamente se manifiesta entre los hombres, la humanidad del Verbo encarnado, estaba con ellos en cualquier lugar donde se reunían para celebrar Su memoria.

22. Por tanto, cuando resucitó de entre los muertos, sus discípulos se acordaron que había dicho esto; y creyeron la Escritura y la palabra que Jesús había dicho.

ὅτε οὖν ἠγέρθη ἐκ νεκρῶν, ἐμνήσθησαν οἱ μαθηταὶ
Cuando, pues, resucitó de entre muertos, se acordaron los discípulos
αὐτοῦ ὅτι τουτο ἔλεγεν, καὶ ἐπίστευσαν τῇ γραφῇ καὶ τῷ
de Él que esto decía, y creyeron, a la Ecritura y a la
λόγῳ ὃν εἶπεν ὁ 'Ιησοῦς.
palabra que dijo - Jesús.

Notas y análisis del texto griego.

Cerrando el párrafo, escribe: ὅτε, conjunción temporal *cuando*; οὖν, conjunción continuativa, *pues*; ἠγέρθη, tercera persona singular del aoristo de indicativo en voz pasiva del verbo ἐγείρω, *levantar, resucitar*, aquí *fue resucitado, resucitó*; ἐκ, preposición propia de genitivo *de, de entre*; νεκρῶν, caso genitivo masculino plural del nombre común *muertos*; ἐμνήσθησαν, tercera persona plural del aoristo primero de indicativo en voz pasiva del verbo μιμνῄσκομαι, *acordarse, recordar*, aquí *se acordaron*; οἱ, caso nominativo masculino plural del artículo determinado *los*; μαθηταὶ, caso nominativo masculino plural del nombre común *seguidores, discípulos*; αὐτοῦ, caso genitivo masculino de la tercera persona singular del pronombre personal declinado *de él*; ὅτι, conjunción *que*; τοῦτο, caso acusativo neutro singular del pronombre demostrativo *esto*; ἔλεγεν, tercera persona singular del imperfecto de indicativo en voz activa del verbo λέγω, *hablar, decir*, aquí *decía*; καὶ, conjunción copulativa *y*; ἐπίστευσαν, tercera persona plural del aoristo de indicativo en voz activa del verbo πιστεύω, *creer*, aquí *creyeron*; τῇ, caso dativo femenino singular del artículo determinado declinado *a la*; γραφῇ, caso dativo femenino singular del nombre *Escritura*; καὶ, conjunción copulativa *y*; τῷ, caso dativo masculino singular del artículo determinado declinado *al*; λόγῳ, caso dativo masculino singular del nombre común *palabra*; ὃν, caso acusativo masculino singular del pronombre relativo *que*; εἶπεν, tercera persona singular del segundo aoristo de indicativo en voz activa del verbo εἶπον, forma aorista de λέγω, *hablar, decir*, aquí *dijo*; ὁ, caso nominativo masculino singular del artículo determinado *el*; Ἰησοῦς, caso nominativo masculino singular del nombre propio *Jesús*.

ὅτε οὖν ἠγέρθη ἐκ νεκρῶν, Juan avanza en el tiempo para justificar la interpretación de las palabras de Jesús trasladándose a la resurrección. Se refiere a cuando *resucitó de entre los muertos*. La construcción gramatical orienta la referencia a la resurrección a Dios, no tanto a Cristo mismo. Generalmente la resurrección de Jesús en el Nuevo Testamento se atribuye al Padre, como sugiere en este mismo caso la voz pasiva del verbo. Sin embargo no debe olvidarse que Jesús mismo dijo en diversas ocasiones que resucitaría (Mr. 8:31; 9:9, 31; 10:34; Lc. 18:33; 24:7, 46), especialmente notable es la referencia en este *Evangelio* (10:17-18). La enseñanza bíblica es que también el Espíritu Santo intervino en la resurrección del Señor (Ro. 1:4; 8:11; 1 P. 3:18). Es preciso entender que la resurrección de Jesucristo de entre los muertos es un acto divino dentro del programa de redención. En todo el *plan de redención* intervienen las tres Personas Divinas, por tanto, en esta operación de resurrección esencial para hacer posible la justificación, al intervenir el Ser Divino, intervienen las tres Personas que subsisten en Él.

ἐμνήσθησαν οἱ μαθηταὶ αὐτοῦ ὅτι τοῦτο ἔλεγεν, Juan dice que después de la resurrección los discípulos recordaron que Él había dicho aquello. Se trata de una situación pos-pascual, en la que el Espíritu ilumina y hace recordar a los apóstoles lo que Jesús había dicho. La misión del Espíritu Santo es glorificar a Jesús (16:14). Según Juan, es el Espíritu el que, después de la muerte, sepultura, resurrección y glorificación de Jesucristo, hace presentes en la memoria de los discípulos, los hechos y las palabras del Señor (12:16; 14:26). Este *hacer recordar* las palabras de Jesús tiene un alcance mucho mayor que el simple hecho de traerlas a la memoria, sino que les da el alcance divino por el que fueron dichas. Así entienden que Jesús no estaba refiriéndose con ellas al Templo material, sino al cuerpo suyo.

καὶ ἐπίστευσαν τῇ γραφῇ. La consecuencia de esto es que los discípulos afirman, *creyeron* a la Escritura. El uso habitual en Juan de *Escritura* con artículo es el de una referencia concreta. Habría que buscar algún texto que se refiriese proféticamente a la resurrección de Jesús, como podría ser aquel en que se lee: *"Porque no dejarás mi alma en el Seol, ni permitirás que tu santo vea corrupción"* (Sal. 16:10), que se interpreta como referido a la resurrección de Cristo (Hch. 2:31; 13:35). Sin embargo también pudieran ser otros como Is. 53:12. Sin embargo podría tratarse de creer en *toda la Escritura*, esto es en todo el Antiguo Testamento en donde la obra de Cristo incluida su resurrección está presente y que Jesús usó para llamar la atención hacia su Persona y obra a los dos discípulos de Emaús (Lc. 24:27).

καὶ τῷ λόγῳ ὃν εἶπεν ὁ Ἰησοῦς. Los discípulos no solo creían en la Escritura, sino que también creían en la palabra de Jesús. El mensaje que Cristo les había entregado sobre Su muerte y resurrección. Es interesante que ellos recordaron las palabras de Jesús luego de Su resurrección. Cuando Juan escribe esto han pasado años desde aquel acontecimiento, sin embargo *recuerda* las palabras de Jesús. Sólo puede entenderse esto como manifestación de la obra que el Espíritu Santo está haciendo en ellos y, en general, en todos los creyentes, conduciendo la mente al recuerdo de las palabras de Jesús. Esa es la misión del Espíritu: *"...os recordará todo lo que os he dicho"* (14:26). Además la operación del Espíritu es *glorificar al Hijo*, quiere decir que el *recuerdo* de las palabras de Jesús tiene que ver con el registro bíblico en que están registradas. El apóstol Pablo escribiendo a los corintios, les dirá que Jesús *"resucitó al tercer día, conforme a las Escrituras"* (1 Co. 15:4).

El Espíritu *hace recordar*, que es algo totalmente diferente a *revelar* o *manifestar*. La misión de la Tercera Persona es conducir a toda verdad, tomar lo de Cristo y hacerlo saber, conducir a recordar lo que Él enseñó. La pretendida *revelación* de asuntos que no están en la Palabra, manifestándolo mediante la socorrida forma *el Espíritu me dijo*, o *el Espíritu me reveló*, son meras pretensiones humanas que han tenido lugar sólo en el deseo de quienes pretenden con ello mantenerse en un nivel superior que les permita controlar al pueblo de Dios. Satanás introduce en la Iglesia algunos de sus maestros que predican *doctrinas de demonios* y que impactan en corazones y mentes de quienes quieren saber una novedad cada día. El Espíritu no puede dar ninguna nueva revelación sobre Cristo que no esté en la Palabra, puesto que nadie puede añadir a lo escrito y ningún discurso humano puede tener la autoridad de la Palabra. La interpretación subjetiva de la Palabra es un error de hermenéutica que distorsiona la verdad.

La presencia en Jerusalén (2:23-25).

23. Estando en Jerusalén en la fiesta de la pascua, muchos creyeron en su nombre, viendo las señales que hacía.

Ὡς δὲ ἦν ἐν τοῖς Ἱεροσολύμοις ἐν τῷ πάσχα ἐν τῇ ἑορτῇ,
Y mientras estaba en - Jerusalén en la pascua en la fiesta
πολλοὶ ἐπίστευσαν εἰς τὸ ὄνομα αὐτοῦ θεωροῦντες αὐτοῦ τὰ
muchos creyeron en el nombre de Él viendo de Él las
σημεῖα ἃ ἐποίει·
señales que hacía.

Notas y análisis del texto griego.

En un breve resumen de la presencia de Jesús, escribe: Ὡς conjunción temporal *mientras, cuando, entonces*; δὲ, partícula conjuntiva que hace las veces de conjunción coordinante, con sentido de *pero, más bien, y, y por cierto, antes bien*; ἦν, tercera persona singular del imperfecto de indicativo en voz activa del verbo εἰμί, *ser, estar*, aquí *estaba*; ἐν, preposición propia de dativo *en*; τοῖς, caso dativo neutro plural del artículo determinado *el*; Ἱεροσολύμοις, caso dativo neutro plural del nombre propio *Jerusalén*; ἐν, preposición propia de dativo *en*; τῷ, caso dativo neutro singular del artículo determinado *el*; πάσχα, caso dativo neutro singular del nombre común *pascua*; ἐν, preposición propia de dativo *en*; τῇ, caso dativo femenino singular del artículo determinado *la*; ἑορτῇ, caso dativo femenino singular del nombre común *fiesta, festividad*; πολλοὶ, caso nominativo masculino plural del adjetivo *muchos*; ἐπίστευσαν, trercera persona plural del aoristo primero de indicativo en voz activa del verbo πιστεύω, *creer*, aquí *creyeron*; εἰς, preposición propia de acusativo *en*; τὸ, caso acusativo neutro singular del artículo determinado *el*; ὄνομα, caso acusativo neutro singular del nombre común *nombre*; αὐτοῦ, caso genitivo masculino de la tercera persona singular del pronombre personal declinado *de Él*; θεωροῦντες, caso nominativo masculino plural del participio de presente en voz activa del verbo θεωρέω, *mirar, ver, observar, contemplar*, aquí *viendo*; αὐτοῦ, caso genitivo masculino de la tercera persona singular del pronombre personal declinado *de Él*; τὰ, caso acusativo neutro plural del artículo determinado *los*; σημεῖα, caso acusativo neutro plural del nombre común *señales*; ἃ, caso acusativo neutro plural del pronombre relativo *que*; ἐποίει, tercera persona singular del imperfecto de indicativo en voz activa del verbo ποιέω, *realizar, hacer*, aquí *hacía*.

Ὡς δὲ ἦν ἐν τοῖς Ἱεροσολύμοις, Juan reitera la localización temporal de lo que acaba de relatar y de lo que sigue, introduciendo aquí un breve párrafo en el que sitúa los hechos en Jerusalén, en el tiempo de la fiesta de la pascua. Es interesante apreciar la forma que Juan usa para referirse a Jerusalén estableciendo antes del nombre el artículo determinado *neutro plural* τοῖς, seguido del nombre en ese mismo caso, género y número. Esta forma no es habitual y sólo la encontramos en este *Evangelio* (5:2; 10:22; 11:28). Es difícil saber la razón para esta forma, pero tal vez Juan quería referirse a todo el entorno de la ciudad, que incluía la ciudad misma[13]. Generalmente Jesús paraba en Betania, cuando iba a Jerusalén, por consiguiente las señales que hacía se producían en el área de la ciudad.

ἐν τῷ πάσχα ἐν τῇ ἑορτῇ. El motivo de la presencia de Cristo en la ciudad era debido a la fiesta de la pascua. La principal solemnidad del pueblo de Israel, en donde centenares de personas procedentes de todos los lugares de la nación se daban cita en Jerusalén para la celebración de la pascua en sí, inmolar y comer el cordero pascual, y luego continuaban en la semana de la fiesta que seguía a la celebración principal y que se llamaba el tiempo de los *panes sin levadura* (Ex. 12:14-20; 13:3-10). El primer día de esa fiesta coincidía con el quince del mes de Nisán, puesto que la pascua se celebraba entre las dos tardes del día catorce.

πολλοὶ ἐπίστευσαν εἰς τὸ ὄνομα αὐτοῦ θεωροῦντες αὐτοῦ τὰ σημεῖα ἃ ἐποίει· Juan nos dice que *muchos* de los presentes en la solemnidad creyeron en Jesús al ver las señales que hacía. Cabe preguntarse cual era el contenido de esa fe. Juan habla de los actos de poder de Jesús, las *señales*, como elementos que tenían que despertar la fe en Él. La primera señal llevó a los discípulos a creer en Él (v. 11). Así ocurre con las gentes, ese *creer* sería considerarlo como

---

[13] Esa forma con el artículo aparece tres veces en otra literatura 2 Mac. 11:38; 12:9; 3 Mac. 3:16.

un gran maestro, tal vez como el profeta anunciado por Moisés, o incluso como el Mesías, cual era el caso de Nicodemo. Muchos del pueblo se preguntaban si cuando el Cristo viniera haría más señales que Jesús (7:31). Los mismos fariseos, enemigos acérrimos del Señor, llegaron a preocuparse porque *hacía muchas señales*, arrastrando a la gente tras Él (11:45-48). Con todo es una fe muy limitada e imperfecta que tenía que ser alimentada continuamente por medio de señales y prodigios para que se mantuviese (4:48). Pero esa fe que admira al que realiza aquellos prodigios no avanzó a creer en Él como el Hijo de Dios, único objeto de fe para salvación. Hasta este momento la fe se caracteriza por un *ver*, pero aún no por un *creer*, que deposita la confianza personal en Él y le entrega la vida. Aquella gente *creía sólo mientras veía las señales*. No toda la fe es fe salvadora (6:26). Las señales conducen a la fe, pero ellas en sí mismas no producen la fe. Es notable que Juan no registra ninguna *señal* en Jerusalén, pero no es menos cierto que él mismo dice que no ha pretendido registrar todo lo que Jesús hizo en este *Evangelio* (20:30; 21:25). Jesús estaba manifestando continuamente Su gloria. Con todo, el propósito del evangelista está en manifestar las señales que Jesús hizo para que todos lo lectores crean que *"el es el Cristo, el Hijo de Dios, y para que creyendo, tengan vida en Su nombre"* (20:31).

24. Pero Jesús mismo no se fiaba de ellos, porque conocía a todos.

αὐτὸς δὲ	Ἰησοῦς	οὐκ	ἐπίστευεν	αὐτὸν	αὐτοῖς	διὰ	τὸ	αὐτὸν
Pero el mismo	Jesús	no	confiaba	Él	de ellos	porque	-	Él

γινώσκειν	πάντας
conocía	a todos.

Notas y análisis del texto griego.

Se lee ahora: αὐτὸς, caso nominativo masculino singular del pronombre intensivo *él mismo*; δὲ, partícula conjuntiva que hace las veces de conjunción coordinante, con sentido de *pero, más bien, y, y por cierto, antes bien*; Ἰησοῦς, caso nominativo masculino singular del nombre propio *Jesús*; οὐκ, forma escrita del adverbio de negación *no*, con el grafismo propio ante una vocal con espíritu suave o una enclítica; ἐπίστευεν, tercera persona singular del imperfecto de indicativo en voz activa del verbo πιστεύω, *creer, poner fe, confiar*, aquí *confiaba*; αὐτὸν, caso acusativo masculino de la tercera persona singular del pronombre personal *Él*; αὐτοῖς, caso dativo masculino de la tercera persona plural del pronombre personal declinado *de ellos*; διὰ, preposición propia de acusativo *porque*, *por medio de*; τὸ, caso acusativo neutro singular del artículo determinado *el*; αὐτὸν, caso acusativo masculino de la tercera persona singular del pronombre personal *Él*; γινώσκειν, presente de infinitivo en voz activa del verbo γινώσκω, *saber, conocer, entender, enterarse*, aquí *conocía*; πάντας, caso acusativo masculino plural del adjetivo indefinido declinado *a todos*.

αὐτὸς δὲ Ἰησοῦς οὐκ ἐπίστευεν αὐτὸν αὐτοῖς. Mientras que el versículo anterior presenta a muchos *creyendo en Su nombre*, esto es, aceptando la grandeza de su Persona, el Señor no confiaba en ellos, es decir, no se fiaba de ellos. Juan usa el mismo verbo *creer, confiar*, en dos sentidos para orientar al lector hacia lo que es y representa la fe verdadera como medio para el nuevo nacimiento que tratará en el siguiente capítulo.

διὰ τὸ αὐτὸν γινώσκειν πάντας. La razón de esa desconfianza de Jesús hacia las gentes, descansaba en el conocimiento que tenía del corazón de cada uno de ellos. Decir eso es poner énfasis nuevamente en la deidad de Jesús. Sólo Dios puede conocer la intimidad profunda del corazón del hombre, que para Él es *"engañoso más que todas las cosas y perverso; ¿quién lo conocerá? Yo Jehová, que escudriño la mente, que pruebo el corazón"* (Jer. 17:9-10). Sin duda la revelación sobrenatural que hay en Él como hombre, es la comunicación que se hace por medio de su Persona, a la naturaleza humana, cuando eso es necesario para el ministerio que realizaba. El verbo *conocer* en imperfecto, pone de manifiesto un conocimiento que existía y continuaba manifestándose. Este conocimiento está presente en varios lugares del *Evangelio* (cf. 2:25; 5:6, 42; 6:15; 10:14, 27), pero también se usa para referirse al conocimiento que el Padre tiene del Hijo (10:15). Es notable que Juan apunta varias veces al conocimiento sobrenatural de Jesús (cf. 4:17; 5:42; 6:61, 64; 13:1, 11; 18:4).

Es necesario observar que la construcción gramatical de la frase no es solo que Jesús no confiaba en ellos, sino que expresa la idea de que *no se confiaba a ellos*. Todo aquello era en la mayoría una efervescencia resultante del impacto de las señales. A medida que el tiempo pasa vendrán a buscarle para hacerle rey (6:15). Pero no alcanzaban a una conversión auténtica. Por eso no podía confiarse a ellos encomendándoles Su causa, sabiendo exactamente lo que había en cada uno de los corazones. Jesús causó impacto en Natanael cuando le dijo que era *"un verdadero israelita, en quien no hay engaño"* (1:47) demostrándole que conocía su corazón. Por esa razón el Señor no se dejaba engañar por las apariencias, ni siquiera por la apariencia de fe.

25. Y no tenía necesidad de que nadie le diese testimonio del hombre, pues él sabía lo que había en el hombre.

καὶ ὅτι οὐ χρείαν εἶχεν ἵνα τις μαρτυρήσῃ περὶ τοῦ
Y porque no necesidad tenía que uno testimoniase acerca de el
ἀνθρώπου· αὐτὸς γὰρ ἐγίνωσκεν τί ἦν ἐν τῷ ἀνθρώπῳ.
hombre; porque él mismo conocía que había en el hombre.

Notas y análisis del texto griego.

Concluyendo el párrafo, escribe: καὶ, conjunción copulativa *y*; ὅτι, conjunción causal *porque*; οὐ, adverbio de negación *no*; χρείαν, caso acusativo femenino singular del nombre común *necesidad*; εἶχεν, tercera persona singular del imperfecto de indicativo en voz activa del verbo ἔχω, *tener*, aquí *tenía*; ἵνα, conjunción *que*; τις, caso nominativo masculino singular del pronombre indefinido *uno, alguno*; μαρτυρήσῃ, tercera persona singular del aoristo primero de subjuntivo en voz activa del verbo μαρτυρέω, *testificar, testimoniar*, aquí *testimoniase*; περὶ, preposición propia de genitivo *acerca de*; τοῦ, caso genitivo masculino singular del artículo determinado *el*; ἀνθρώπου, caso genitivo masculino singular del nombre común *hombre*; αὐτὸς, caso nominativo masculino del pronombre intensivo *él mismo*; γὰρ, conjunción causal *pues, porque*; ἐγίνωσκεν, tercera persona singular del imperfecto de indicativo en voz activa del verbo γινώσκω, *saber, conocer*, aquí *conocía*; τί, caso nominativo neutro singular del pronombre interrogativo *lo que*; ἦν, tercera persona singular del imperfecto de indicativo en voz activa del verbo εἰμί, *ser, haber*, aquí *había*; ἐν, preposición propia de dativo *en*; τῷ, caso dativo masculino singular del artículo determinado *el*; ἀνθρώπῳ, caso dativo masculino singular del nombre común *hombre*.

καὶ ὅτι οὐ χρείαν εἶχεν ἵνα τις μαρτυρήσῃ περὶ τοῦ ἀνθρώπου· La idea de testimonio es una constante en el *Evangelio*. Aquí dice que Jesús no tenía necesidad de que nadie diese testimonio de lo que había en el hombre.

αὐτὸς γὰρ ἐγίνωσκεν τί ἦν ἐν τῷ ἀνθρώπῳ. La razón es que Él mismo, y por sí mismo, sin necesidad de nadie, conocía lo que había en el hombre, esto es, en la intimidad del corazón del hombre. Juan utiliza aquí el pronombre intensivo que equivale a *él mismo*, esto es Él sin ayuda alguna de otra persona. Dios es el único que conoce el corazón de los hombres sin equivocación alguna, como dice Salomón: *"Porque sólo tú conoces el corazón de todos los hijos de los hombres"* (1 R. 8:39). Este conocimiento es una ciencia propia de Dios y sólo de Él (cf. 1 S. 16:7), porque Él formó el corazón del hombre (Sal. 33:15). No necesita, por tanto, que nadie testifique sobre el hombre, porque Él ya posee un conocimiento que el ser humano no tiene.

Este versículo es la puerta de apertura al siguiente capítulo introduciendo al lector en la apreciación de cómo Jesús conoce lo que hay en el corazón del maestro de la ley, cuando viene a Él de noche.

Concluido el comentario al capítulo será conveniente recapitular buscando alguna aplicación personal a las muchas enseñanzas del pasaje. Una de ellas tiene que ver con la presencia social de Jesús en el entorno de su tiempo. La boda era una de las manifestaciones de fiesta social de aquellos días. En ella se reunían para celebrar el evento gente de distintas condiciones, religiosos y no religiosos, personas que vivían intachablemente y otros que no lo eran tanto. En los días que duraba la celebración, se comía y bebía en abundancia, de modo que no era extraño que hubiese alguno que dejase de estar sobrio. Nada tenía que ver con culto ni con rituales, sino con festejo social. Lo sorprendente es que Jesús estaba presente allí. Su presencia tenía un componente testimonial que era una de sus misiones terrenales. Sin duda el Hijo de Dios no se contaminó con las manifestaciones pecaminosas, que en mayor o menor grado podían darse en aquellos días, pero estaba presente en aquel lugar y con aquella gente. El creyente no es un ermitaño que deba separarse físicamente del mundo considerando que con ello se santifica a él mismo. Muchas veces la práctica del pecado y la comunión con él no se dan en ambientes manifiestamente perversos, sino en la misma iglesia. Cuando un creyente acude en resentimiento con sus hermanos está cometiendo un pecado contra la voluntad y determinación de Dios que establece el amor como vínculo entre hermanos. Cuando un creyente habla en contra de otro está cometiendo un pecado de murmuración abiertamente prohibido por la Palabra. Es cierto que un cristiano no puede estar en comunión con quienes están cometiendo actos de pecado contra Dios y que hay muchos lugares a donde no debe asistir en bien del testimonio. Sin embargo, eso no significa que deba aislarse de todo acto social con el pretexto incorrecto de que *es del mundo*. Es en la sociedad donde el creyente debe y puede testificar con su vida y sus palabras de la relación que tiene con Dios.

Una segunda lección está en la limpieza del templo. Se ha considerado bastante sobre esto. No se trata de alegorizar la Escritura. No hay duda que Jesús limpió el santuario terrenal liberándolo de la utilización contraria al propósito de adoración y alabanza a Dios para lo que estaba destinado. Nosotros somos el templo de Dios en Espíritu. La presencia de Dios está en cada uno de los que somos suyos. A todos se nos dio el Espíritu de Cristo cuando hemos creído en Él. El santuario es también la Iglesia como cuerpo de creyentes y edificio de piedras vivas. La limpieza espiritual del creyente es una necesidad para no dar lugar a un mal testimonio contra Dios. Una iglesia o un creyente en donde hay pecado oculto sin confesar, no puede esperar ningún tipo de bendición mientras no se restaure la comunión interrumpida por el pecado. Dejar que el pecado siga oculto es tentar a Dios, que puede irrumpir en juicio contra el creyente o contra la iglesia. Mayor gravedad tiene cuando el pecado está en el liderazgo de la iglesia o en la familia próxima a él, y no se actúa en limpieza por tratarse de quienes son, ofendiendo a Dios y haciendo acepción de personas. Dios nos llama a cada uno para que nos limpiemos de toda especie de mal y sigamos la senda de justicia y la vida de santidad a la que fuimos llamados.

CAPÍTULO III

EL NUEVO NACIMIENTO

Introducción.

En el capítulo anterior Jesús está en Jerusalén con motivo de la festividad de la pascua. Allí ocurrieron acontecimientos que marcaron la atención de la gente hacia Él. La limpieza del Templo tuvo que haber sido impactante para quienes la presenciaron y debió haberse extendido, corriendo de boca en boca de modo que tuvo que haber sido conocida por una gran mayoría en la ciudad, de forma especial por aquellos que habían venido de distintos lugares. Jesús era conocido por las *señales* que hacía, por la enseñanza que daba y por lo que hacía. Esto traía un cada vez mayor nivel de incompatibilidad con el liderazgo religioso de la nación. Muchos de ellos, no solo odiaban a Jesús porque no obedecía a sus demandas, sino que lo hacían también porque las multitudes acudían a Él, restándoles a ellos popularidad y dominio sobre el pueblo.

Juan cierra el capítulo anterior con Jesús en el templo y con las multitudes, para abrir éste desde la perspectiva del individuo, con la visita de uno de los principales maestros entre los judíos, llamado Nicodemo. No hay referencia histórica hacia ese *principal entre los judíos*. Simplemente el relato queda reducido al mínimo, identificando al personaje y dejando luego todo el espacio para que el lector centre su atención, no en el fariseo, sino en Jesús. En el relato se aprecia la incapacidad del judaísmo para llegar al nivel cuya meta es el reino de Dios. En contraste, el camino al reino, se establece mediante el *nuevo nacimiento*. Esta verdad sobre la que Jesús desarrolla el discurso con Nicodemo, no era una novedad que el Maestro presentaba, sino la recuperación de una verdad anunciada en la profecía, en la que se enseñaba desde siglos antes, que el hombre necesitaba una *regeneración* que le dotase de un *corazón* nuevo, literalmente *de carne*, esto es, sensible para obedecer a Dios. La incapacidad religiosa de conducir a la obediencia de las formulaciones divinas, sería variada radicalmente por la presencia del Espíritu en el que es regenerado. Este es el gran mensaje del cristianismo, por lo que entra en abierta confrontación con un judaísmo que pretende ser acepto delante de Dios por el esfuerzo humano de guardar y hacer las *obras de la ley*. Esto forma parte esencial del objetivo del *Evangelio*, que los que leen conozcan a Cristo, para que crean en Él y experimenten el *nuevo nacimiento*, para justificación por la fe, para perdón de pecados y para recepción de la vida eterna que Cristo promete dar a todo aquel que crea en Él.

Es interesante apreciar que Jesús se presenta dialogando persona a persona. Con Nicodemo primero, luego en el siguiente capítulo con los samaritanos, y finalmente con los extranjeros. Es una progresión que permite entender la obra salvadora para todos los hombres. Nadie queda excluido del plan de Dios para el pecador perdido, pero nadie puede alcanzar la salvación por historia, religión o ignorancia, tan solo posible por fe en Cristo.

Los *críticos*, en su afán de negar la autoría del *Evangelio*, toman el capítulo para hablar de distintos redactores o de distintas redacciones que se unen para formar un texto *desplazado*. Ellos hablan de la falta de conexión en el capítulo alegando que existe un cambio de lugar que procede de la unión de dos fuentes, ya que desde Jerusalén, donde concurre la conversación con Nicodemo, se presenta a Jesús trasladado al Jordán donde Juan el Bautista seguía haciendo su ministerio. Indican éstos también que hay un claro *desplazamiento* del texto, defecto del o de los compiladores de las fuentes, puesto que los versículos 31 al 35, debieran leerse seguidamente del versículo 13 ya que con ellos se aprecia un todo más armónico.

El conjunto del capítulo es un relato histórico homogéneo y no una redacción resultante de unificar distintas fuentes. Se trata de una unidad inseparable en el contenido teológico, escrito para ofrecer una idea de conjunto sobre la Persona y obra del Hijo del Hombre, el Verbo encarnado, y de la condición humana, con sus tradiciones, formas y aspectos religiosos, frente a la revelación divina expresada en Cristo mismo y en Sus palabras. Es notable apreciar que frente a muy pocos que reconocen en Jesús al Mesías esperado, como Felipe, Natanael y especialmente Juan el Bautista, el pueblo tropieza y es arrastrado por la perversidad de los líderes religiosos que se oponen rebeldes a la realidad que las *señales* manifiestan presentando a Jesús como el prometido por Dios para salvar a Su pueblo de sus pecados. Aunque realmente se aprecian dos partes en el capítulo, la primera formada por los versículos 1 al 21, en la que se relata el encuentro con Nicodemo, y una segunda desde el versículo 22 hasta el final, no quiere decir que no exista una unidad de conjunto en todo el pasaje, ya que la parte segunda recoge y amplía pensamientos que están en la primera, que son aparentes repeticiones y que se identifican fácilmente: Lo que es terrenal se opone a lo que es celestial (vv. 6 y 31); la procedencia de Jesús es celestial, viene de arriba (vv. 13 y 31); el testimonio del Señor no es recibido (vv. 11 y 32); el Padre ama a su Hijo y llama a los hombres a la fe en Él (vv. 16-17 y 35-36); todo aquel que cree en el Hijo tiene vida eterna (vv. 16-18 y 36); no creer trae aparejada la condenación (vv.16-18; 36). Todo esto concuerda plenamente con el ministerio de Juan el Bautista que llamaba a los hombres a arrepentimiento y presentaba a Jesús como el enviado de Dios, el Salvador del mundo, el Cordero de Dios que quita el pecado.

La estructura relativa a la redacción concuerda también en la estructura de las dos partes del capítulo: En el relato sobre Nicodemo, se aprecia un relato (vv. 1-3a); un diálogo (vv. 2-12); y un monólogo (vv. 13-21). En la segunda parte, ocurre la misma estructura: un relato (vv. 22-26a); un diálogo (vv. 26b-30); y un monólogo (vv. 31-36). Por lo que debe llegarse a la conclusión de que no se trata de distintos relatos de varias fuentes, o de un desplazamiento de redacción, sino de una unidad debidamente establecida con un determinado propósito.

Para el análisis del capítulo, se sigue el bosquejo que aparece en la introducción, como sigue:

4.3. Jesús y Nicodemo (3:1-21).

- 4.3.1. El problema de Nicodemo (3:1-3).
- 4.3.2. La ignorancia de Nicodemo (3:4-12).
- 4.3.3. La enseñanza de Jesús (3:13-21).

4.4. Predicación de Juan el Bautista (3:22-36).

Jesús y Nicodemo (3:1-21).

El problema de Nicodemo (3:1-3).

1. Había un hombre de los fariseos que se llamaba Nicodemo, un principal entre los judíos.

Ἦν δὲ ἄνθρωπος ἐκ τῶν Φαρισαίων, Νικόδημος ὄνομα αὐτῷ,
Y había hombre de los fariseos, Nicodemo nombre de él,
ἄρχων τῶν Ἰουδαίων·
magistrado

Notas y análisis del texto griego.

Iniciando el relato, escribe: Ἦν, tercera persona singular del imperfecto de indicativo en voz activa del verbo εἰμί, *ser, estar, haber*, aquí *había*; δὲ, partícula conjuntiva que hace las veces de conjunción coordinante, con sentido de *pero, más bien, y, y por cierto, antes bien*; ἄνθρωπος, caso nominativo masculino singular del nombre común *hombre*; ἐκ, preposición propia de genitivo *de*; τῶν, caso genitivo masculino plural del artículo determinado *los*; Φαρισαίων, caso nominativo masculino plural del nombre propio *fariseos*;

Νικόδημος, caso nominativo masculino singular del nombre propio *Nicodemo*; ὄνομα, caso nominativo neutro singular del nombre común *nombre*; αὐτῷ, caso dativo masculino de la tercera persona singular del pronombre personal declinado *de él*; ἄρχων, caso nominativo masculino singular del nombre común *jefe, gobernante, magistrado, principal*; τῶν, caso genitivo masculino plural del artículo determinado declinado *de los*; Ἰουδαίων, caso genitivo masculino plural del adjetivo *judíos*.

Ἦν δὲ ἄνθρωπος ἐκ τῶν Φαρισαίων, Juan inicia la presentación de la persona que va a dialogar con Cristo dando datos precisos sobre él, al decir que era *un hombre*, y que pertenecía a los *fariseos*. Para Juan es esencialmente un hombre que busca una respuesta, de ahí que luego de la breve presentación lo sitúa como el que acudió a Jesús.

Perteneciendo a la secta de los *fariseos*, era sin duda un hombre que amaba la Escritura, que creía en el mensaje de los profetas, y que actuaba en esta ocasión a causa de lo que la Palabra le había revelado, despertando en él una notable inquietud respecto a su propia seguridad personal en relación con el reino de Dios. Los fariseos eran los que formaban el partido más fuerte y conservador en Israel. A este partido pertenecían un grupo mayoritario de los escribas y doctores de la ley. Sus creencias y prácticas se basaban en la Ley y en la tradición interpretativa de los ancianos. A medida que se lee el *Evangelio* se aprecia que éstos eran opositores e incluso enemigos de Jesús, procurando eliminarle ante la amenaza que para ellos suponía (11:47). Es discutible el origen del nombre *fariseo*, que etimológicamente equivale a *separado*, y que es posible que no nazca de ellos mismos, sino que le haya sido aplicado por los opositores suyos, como eran los saduceos, llamándoles *fariseos* en sentido de *separatistas o sectarios*. Por esa razón el origen de los fariseos resulta un tanto oscuro. Sin embargo, sus costumbres y sistema de vida proceden ya de lo establecido en el compromiso de los que regresaron de la cautividad de Babilonia con Esdras y especialmente del compromiso firmado en tiempo de Nehemías (Neh. 10:1 ss.). Ellos fueron los que procuraron que la religión primase sobre cualquier sistema político-social en la nación. Durante el reinado de Herodes el Grande, su ambición política disminuyó, porque estaban más interesados en cuestiones religiosas. Los fariseos tenían asegurada su presencia en el órgano de representación y judicial de Israel, el Sanedrín. Con todo había dos grandes grupos religiosos dentro de los fariseos, representados por dos de sus grandes maestros, Hillel y Shammay. Todos ellos desplegaban una intensa actividad proselitista, en lenguaje figurado *recorriendo cielo y tierra* en busca de adeptos, de ahí que viesen en Cristo un peligro potencial para su futuro. El objetivo de toda práctica piadosa era alcanzar la justificación delante de Dios por las obras de la ley, agradándole en todo. Esto les llevó a enfocar la vida en el mero cumplimiento de los preceptos y de las ceremonias legales, descuidando la vida espiritual, lo que convirtió la piedad en mero formalismo, dándole mayor importancia a los actos externos que a la actitud integral de la persona. Esto ocasionaba también un elemento de oposición a la persona de Jesucristo y a Sus enseñanzas, presentándolos en muchas ocasiones como ejemplo de la incredulidad más radical a pesar de las evidencias que la Escritura ofrecía como propias del Mesías. Las disputas entre Jesús y los fariseos eran habituales, centradas en asuntos de interpretación de la Ley, en los rituales de ceremonias contenidos en ellas, en el guardar el sábado más allá de lo que Dios había establecido y en cosas semejantes a estas. Al grupo de los fariseos pertenecía Nicodemo, como hace notar Juan.

Νικόδημος ὄνομα αὐτῷ, El nombre del fariseo es de origen griego, cuyo significado es *conquistador del pueblo*. Impactado por las señales mesiánicas que hacía Jesús, lo consideraba como el *enviado de Dios*, modo en que le saluda cuando fue de noche para conversar con Él. Aunque no se identificó, según el relato bíblico, como discípulo de Jesús, no cabe duda que sentía una poderosa atracción hacia Él, como se puede apreciar en alguna intervención que tuvo a Su favor cuando otros fariseos lo acusaban de impostor, exigiéndoles que se pronunciasen sobre si era permisible por la Ley acusar a alguno sin haberle oído (7:50-52). Será al final del ministerio de Jesús, luego de Su crucifixión y muerte que trae unas cien libras romanas, equivalentes a unos treinta kilos, de ungüento para ungir el cuerpo muerto de Jesús preparándolo para la sepultura, ayudando en esto a José de Arimatea.

ἄρχων τῶν Ἰουδαίων· Juan añade en la presentación de Nicodemo que era un *principal*, literalmente un *magistrado* de Israel, con lo que da a entender que era un miembro del Sanedrín, el tribunal superior de justicia que entendía en cuestiones religiosas de toda la nación, era realmente el órgano supremo de gobierno del pueblo judío en los días de Jesús. Integrado por sacerdotes, mayoritariamente del partido saduceo, por escribas, generalmente fariseos, y por ancianos del pueblo, todos ellos presididos por el sumo sacerdote.

2. Éste vino a Jesús de noche, y le dijo: Rabí, sabemos que has venido de Dios como maestro; porque nadie puede hacer estas señales que tú haces, si no está Dios con él.

οὗτος ἦλθεν πρὸς αὐτὸν νυκτὸς καὶ εἶπεν αὐτῷ· ῥαββί,
Éste vino a Él de noche y dijo le: Rabí
οἴδαμεν ὅτι ἀπὸ Θεοῦ ἐλήλυθας διδάσκαλος· οὐδεὶς γὰρ
sabemos que de Dios has venido maestro; porque nadie
δύναται ταῦτα τὰ σημεῖα ποιεῖν ἃ σὺ ποιεῖς, ἐὰν μὴ
puede estas - señales hacer las que tú haces si no
ᾖ ὁ Θεὸς μετ᾽ αὐτοῦ.
estuviese - Dios con él.

Notas y análisis del texto griego.

Juan relata el encuentro entre ambos, escribiendo: οὗτος, caso nominativo masculino singular del pronombre demostrativo *éste*; ἦλθεν, tercera persona singular del aoristo segundo de indicativo en voz activa del verbo ἔρχομαι, *venir*, aquí *vino*; πρὸς, preposición propia de acusativo *a*; αὐτὸν, caso acusativo masculino de la tercera persona singular del pronombre personal *él*; νυκτὸς, caso genitivo femenino singular del nombre común declinado *de noche*; καὶ, conjunción copulativa *y*; εἶπεν, tercera persona singular del aoristo segundo de indicativo en voz activa del verbo εἴπον, usado como tiempo aoristo de λέγω, *hablar, decir*, aquí *dijo*; αὐτῷ, caso dativo masculino de la tercera persona singular del pronombre personal declinado *a él, le*; ῥαββί, caso vocativo masculino singular del nombre común *rabí*; οἴδαμεν, primera persona plural del perfecto de indicativo en voz activa del verbo οἴδα, *saber, entender, comprender*, aquí *sabemos*; ὅτι, conjunción *que*; ἀπὸ, preposición propia de genitivo *de*; Θεοῦ, caso genitivo masculino singular del nombre divino *Dios*; ἐλήλυθας, segunda persona singular del perfecto de indicativo en voz activa del verbo ἔρχομαι, *venir*, aquí *has venido*; διδάσκαλος, caso nominativo masculino singular del nombre común *maestro*; οὐδεὶς, caso nominativo masculino singular del pronombre indefinido *nadie*; γὰρ, conjunción causal *porque*; δύναται, tercera persona singular del presente de indicativo en voz media del verbo δύναμαι, *poder, tener poder, ser capaz*, aquí *puede*; ταῦτα, caso acusativo neutro plural del pronombre demostrativo *estos*; τὰ, caso acusativo neutro plural del artículo determinado *los*; σημεῖα, caso acusativo neutro plural del nombre común *señales*; ποιεῖν, presente de infinitivo en voz activa del verbo ποιέω, *hacer*; ἃ, caso acusativo neutro plural del pronombre relativo *los que*; σὺ, caso nominativo de la segunda persona singular del pronombre personal *tú*; ποιεῖς, segunda persona singular del presente de indicativo en voz activa del verbo ποιέω, *hacer, ejecutar, llevar a cabo*, aquí *haces*; ἐὰν, conjunción afirmativa *sí*; μὴ, partícula que hace funciones de adverbio de negación *no*; ᾖ, tercera persona singular del presente de subjuntivo en voz activa del verbo εἰμί, *ser, estar*, aquí *estuviese*; ὁ, caso nominativo masculino singular del artículo determinado *el*; Θεὸς, caso nominativo masculino singular del nombre divino *Dios*; μετ᾽, forma escrita de la preposición de genitivo μετά, *con*, por elisión ante vocal con espíritu suave; αὐτοῦ, caso genitivo masculino de la tercera persona singular del pronombre personal *él*.

οὗτος ἦλθεν πρὸς αὐτὸν νυκτὸς. Es interesante la precisión del evangelista al hacer notar al lector que Nicodemo acudió a Jesús *de noche*. La pregunta surge inevitablemente: *¿por qué de noche?* A esto se han dado múltiples respuestas, desde la alegórica en que la noche se identifica con el mal y el pecado, de manera que como Judas salió de la luz de la cena con el Señor y se adentró en las tinieblas que lo conducirían al suicidio después de cometer la traición (13:30), por el contrario Nicodemo salió de las tinieblas espirituales en que se encontraba para conversar con quien es Luz del mundo y entrar en la experiencia de la luz. Judas huía de la luz, Nicodemo viene a la luz. Otros dicen que era costumbre recomendada por los maestros estudiar la *Torá* en la noche. Mayoritariamente se ha intentado acusar a Nicodemo de cobardía, porque acudiendo de noche a Jesús, pocos podrían identificarlo en ese encuentro. De ese modo se expresa León Morris:

"Normalmente se interpreta que fue por la noche porque tenía miedo o porque no quería que la gente lo supiera. Nicodemo era un hombre prominente; como era un maestro de Israel (v. 10) no podía comprometerse con aquel maestro no oficial de Galilea, al menos, no hasta que hubiera hablado con Él para asegurarse de que venía de parte de Dios. Si esta es la explicación que se da al hecho de que Nicodemo eligiera visitar a Jesús por la noche, es interesante que veamos que Jesús no se lo echa en cara ni le condena. Recibió a Jesús tal y como era. Pero yo no creo que los que dicen que visitó a Jesús por la noche porque tenía miedo estén en lo cierto[1]".

No hay ninguna evidencia bíblica que justifique esa posición. Nicodemo había estado observando a Jesús, de ahí que conociese, bien presencialmente o por referencia, las *señales que hacía*. Sin duda había nacido en su corazón una pregunta que es implícita en la respuesta que Jesús le da inmediatamente de su encuentro con Él. Nicodemo era conocedor de la Escritura, por tanto, si Jesús era el Mesías como lo demostraban las señales que hacía, entonces, el reino sería establecido por Él, como lo anuncian las profecías. Sin embargo, Nicodemo sabía que en el establecimiento del reino mesiánico, Israel sería juzgado, hecho pasar *bajo la vara, y examinad en los vínculos del pacto* (Ez.20:37). Los judíos confiaban en el cumplimiento de la ley para la

[1] León Morris. o.c., pág. 251.

justificación delante de Dios. Sin embargo, en el corazón de Nicodemo estaba la pregunta de si daría la medida espiritual para entrar en el reino. Nadie mejor que el Mesías para contestarla. Pero, Jesús pasaba las mañanas en el templo enseñando y respondiendo a las tentaciones de los fariseos que procuraban encontrar en Sus palabras algo para acusarle. Por la tarde pasaba tiempo con los discípulos en algún lugar, como era el huerto de los olivos. A la caída del día venían a Él trayéndole los enfermos para ser sanados. ¿Cuándo podía conversar con Jesús? Cuando todos se habían retirado a descansar y nadie estaba ya en el templo porque las puertas se habían cerrado, es decir, por la noche. Esta es la razón por la que Nicodemo fue a verle a esa hora.

καὶ εἶπεν αὐτῷ· En el encuentro con Jesús es Nicodemo quien se adelanta para hablar con Él, tomando la palabra para saludarle.

ῥαββί, Con mucho respeto le da el calificativo de *rabí*, al iniciar el saludo. Era el título de honor que se otorgaba entre los maestros de Israel a los que eran considerados como doctores o maestros religiosos. La palabra hebrea de donde procede con su correspondiente sufijo, tiene el sentido de *mi dueño* y era un título de respeto utilizado por los siervos para dirigirse a sus señores. El sufijo perdió uso y sentido específico, quedando como valor la palabra sin él, que vino a significar *grande*, e indica una persona eminente, sobre todo por su conocimiento de la Ley que le constituía como un maestro. La palabra tiene la semejanza de la latina *magister*. Generalmente los rabinos eran ordenados a los cuarenta años de edad mediante la imposición de manos, después de formación junto a un maestro autorizado. Nicodemo considera como diríamos hoy en equivalencia, a Jesús como un doctor, al que llama desde su posición de maestro de Israel, *Rabí*.

οἴδαμεν Nicodemo utiliza el verbo saber en plural, *sabemos*. Pudiera ser que se tratase del uso de dignidad, pero mejor es considerarlo como un conocimiento colectivo. En este caso lo que va a decir en cuanto a lo que era conocido afecta a un grupo de personas a las que él pertenecía y que con ellas coincidía en lo que iba a decir a Jesús. Este *sabemos* podría referirse a los fariseos o a los magistrados, en cualquier caso, no a todos ellos, ya que era evidente que los líderes religiosos habían entrado en conflicto con el Maestro. Lo que es evidente es que ese *sabemos* representa un colectivo al que Nicodemo pertenece, pero cuya identificación no es posible.

ὅτι ἀπὸ Θεοῦ ἐλήλυθας διδάσκαλος· El conocimiento que tenían de Jesús es que había venido por Maestro y que había sido enviado por Dios. Esta confesión de Nicodemo sirve a Juan para orientar nuevamente la atención del lector hacia Jesús. Es una confesión difícil de entender ya que se trata de un reconocimiento a un Maestro que no había recibido ninguna instrucción oficial (7:15). Reconocerlo como Maestro ya era mucho, pero todavía más era saber que Su misión era divina, puesto que *venía de Dios*. Era un avance considerable en el conocimiento de quien era Jesús, pero, todavía le faltaba mucho para entender que el Maestro era también el Unigénito del Padre.

Ahora bien, cabe preguntarse si Nicodemo tenía a Jesús como el Mesías. Es difícil precisarlo, puesto que lo único que aparece en la introducción de la conversación con el Señor son los títulos que le da. Sin embargo, observando el contexto general se aprecian algunas cosas que permiten suponer un reconocimiento mesiánico de Jesús por parte de Nicodemo, aunque con toda seguridad, muy superficial y limitado. Jesús conocía el problema que subyacía en el maestro de Israel que le visitaba, y que por la respuesta de Jesús tenía, sin duda, que ver con la seguridad del modo de acceder al reino. El establecimiento del reino con la venida del Mesías, iría precedido del envío del profeta que prepararía el camino a la venida del Señor. No cabe duda que Juan era una voz que clamaba en el desierto preparando el camino, conforme a su propio testimonio dado a quienes le habían sido enviado desde Jerusalén, algunos de los cuales serían, con toda probabilidad, conocidos por Nicodemo ya que eran de los fariseos (1:24). El testimonio público de Juan el Bautista debió haber trascendido y sin duda era conocido por los líderes religiosos en Jerusalén, testimonio de haber visto descender sobre Jesús el Espíritu en forma corporal como paloma, en el día en que fue bautizado en el Jordán (1:32-34). Esa señal le había sido dada por revelación divina, para que reconociera quien era Jesús. Juan daba testimonio de que Jesús era el Hijo de Dios, referencia aplicable al Mesías. Aunque al final del ministerio de Jesús los fariseos negaban saber de donde procedía el bautismo de Juan, dijeron que no sabían, en respuesta a la pregunta de Jesús, porque temían al pueblo porque todos tenían a Juan por profeta (Mt. 21:25). Ellos mismos reconocían que no habían creído a Juan en relación con Jesús, porque el profeta había anunciado a Cristo como el enviado de Dios. Unido a esto estaban las señales que Jesús hacía y que eran identificativo profético para cuando el Mesías se manifestase. Además, en el discurso de Jesús se habla del modo de acceder al reino, cosa que no sería necesario enfatizar si Cristo no fuese en enviado de Dios como Mesías, según lo profetizado para Israel.

οὐδεὶς γὰρ δύναται ταῦτα τὰ σημεῖα ποιεῖν ἃ σὺ ποιεῖς, ἐὰν μὴ ᾖ ὁ θεὸς μετ' αὐτοῦ. Aquel reconocimiento estaba basado en evidencias. Nicodemo afirma que nadie podía hacer las señales que hacía Jesús, si Dios no estuviese con Él. El verbo que usa Juan para expresar las palabras de Nicodemo en esta frase es δύναμαι, que expresa la idea de *tener poder*, *tener capacidad operativa*, por consiguiente Nicodemo reconoce que Jesús tenía poder para hacer todas aquellas señales.

Nicodemo conocía que Jesús hacía *señales*, y aunque Juan no menciona en lo que antecede sino la conversión del agua en vino en Caná, no cabe duda alguna que el Señor hacía obras poderosas en cada día de Su ministerio. Las obras poderosas de Cristo se extendían de boca en boca y eran conocidas en todo el ámbito de Israel. Nicodemo encontraba en los milagros el sello de Dios, por tanto reconoce que sólo podían ser el resultado de que Dios estaba con Él.

3. Respondió Jesús y le dijo: De cierto, de cierto te digo, que el que no naciere de nuevo, no puede ver el reino de Dios.

ἀπεκρίθη[1] Ἰησοῦς καὶ εἶπεν αὐτῷ· ἀμὴν ἀμὴν λέγω σοι, ἐὰν
Respondió Jesús y dijo le: De cierto, de cierto digo te, si
μή τις γεννηθῇ ἄνωθεν, οὐ δύναται ἰδεῖν τὴν βασιλείαν τοῦ
no alguno naciese de nuevo, no puede ver el reino -
Θεοῦ.
de Dios.

Notas y análisis del texto griego.

Introduciendo la enseñanza de Jesús, dice: ἀπεκρίθη, tercera persona singular del aoristo primero de indicativo en voz pasiva del verbo ἀποκρίνομαι, *responder, contestar, tomar la palabra,* aquí *respondió*; Ἰησοῦς, caso nominativo masculino singular del nombre propio *Jesús*; καὶ, conjunción copulativa *y*; εἶπεν, tercera persona singular del aoristo segundo de indicativo en voz activa del verbo εἴπον, usado como tiempo aoristo de λέγω, *hablar, decir*, aquí *dijo*; αὐτῷ, caso dativo masculino de la tercera persona singular del pronombre personal declinado *a él, le*; ἀμὴν, transliteración *amén*; ἀμὴν, transliteración *amén*; λέγω, primera persona singular del presente de indicativo en voz activa del verbo λέγω, *hablar, decir*, aquí *digo*; σοι, caso dativo de la segunda persona singular del pronombre personal declinado *a ti, te*; ἐὰν, conjunción afirmativa *si*; μή, partícula que hace funciones de adverbio de negación *no*; τις, caso nominativo masculino singular del pronombre indefinido *alguien, alguno*; γεννηθῇ, tercera persona singular del aoristo primero de subjuntivo en voz pasiva del verbo γεννάω, en voz pasiva *nacer*, aquí *nació* o *naciese*; ἄνωθεν, adverbio de lugar o de modo, *nuevamente, de nuevo, de arriba, desde el principio, desde antes, en otro tiempo*; οὐ, adverbio de negación *no*; δύναται, tercera persona singular del presente de indicativo en voz media del verbo δύναμαι, *poder, tener poder*, aquí *puede*; ἰδεῖν, aoristo segundo de infinitivo en voz activa del verbo ὁράω, *ver, mirar*; τὴν, caso acusativo femenino singular del artículo determinado *la*; βασιλείαν, caso acusativo femenino singular del nombre común *reino*; τοῦ, caso genitivo masculino singular del artículo determinado *el*; Θεοῦ, caso genitivo masculino singular del nombre divino declinado *de Dios*.

Crítica Textual. Lecturas alternativas.

[1] ὁ se introduce el artículo antes del nombre *Jesús* en ℵ, A, N, Δ, Θ, f^{13}, 33, 579, 2211, pm.

ἀπεκρίθη Ἰησοῦς καὶ εἶπεν αὐτῷ· ἀμὴν ἀμὴν λέγω σοι, Pareciera que las palabras de Jesús no son una respuesta natural al saludo de Nicodemo. La respuesta fue clara y enfática, iniciándola con un doble *amén*. Esta forma es propia de Juan[2], mientras que no se repite en los sinópticos. Una construcción semejante está destinada a llamar firmemente la atención a quien va dirigida.

ἐὰν μή τις γεννηθῇ ἄνωθεν. La respuesta de Jesús tiene que ver con la preocupación que motivaba la visita de Nicodemo. Él quería saber si realmente entraría en el reino de Dios o reino de los cielos, que conllevaba aparejada la recepción de vida eterna y la justificación delante de Dios. De ahí que Jesús responda a la inquietud aún no expresada por Nicodemo precediéndola del solemne *amén, amén*, que se traduce en castellano como *de cierto, de cierto*, o *en verdad, en verdad*.

Jesús responde al visitante indicándole que necesitaba, como todo hombre, *nacer de nuevo*. El verbo γεννάω, se traduce cuando está en voz pasiva por *nacer*. Sin embargo, el verbo tiene el sentido de *concebir*, refiriéndose a la acción del padre en la concepción de un hijo. Este nuevo nacimiento espiritual es el resultado de la operación vivificante de Dios en el pecador que ha creído. Es una acción celestial y no terrenal, divina y no humana.

El sentido se complementa con el adverbio de lugar ἄνωθεν, que sigue al verbo y que indudablemente presenta una pequeña dificultad por las acepciones que tiene. Originalmente tiene un sentido local, del que luego derivó el temporal. Así expresaba primitivamente el sentido

[2] El doble amén introduciendo una revelación o una respuesta, es propio de Juan: 1:51; 3:3, 5, 11; 5:19, 24, 25; 6:26, 32, 47, 53; 8:34, 51, 58; 10:1, 7; 12:24; 13:16, 20, 21, 38; 14:12; 16:20, 23; 21:18.

de arriba hacia abajo, como ocurre en algunos pasajes (cf. Mt. 27:51; Mr. 15:38; Stg. 1:17; 3:15, 17). El sentido es equivalente a cielo, es decir, procede del cielo y desciende de Dios. En la forma local, lo usa Juan en algún pasaje del *Evangelio* (cf. 3:31; 19:11, 23). En ese sentido el *nuevo nacimiento* es descrito como algo que procede de arriba, del cielo, de Dios (1 :13; 1 Jn. 3:9; 5:1, 4, 18). En la conversación de Jesús con Nicodemo, el *nuevo nacimiento*, se explica en sentido local y sobrenatural, procedente de Dios y hecho realidad por Él. El adverbio adquirió en el tiempo sentido temporal, convirtiéndose en *de nuevo*. El sentido temporal supone también una obra sobrenatural, es decir, el *nuevo nacimiento* solo ocurre por la acción omnipotente y sobrenatural de Dios. En ambos casos, lo que está diciendo Jesús a Nicodemo es que quien quiera *ver el reino* tiene que nacer de nuevo. Ambos sentidos, el local y el temporal concuerdan plenamente en las palabras de Jesús, como si le dijese: *para ver el reino, ha de nacer de nuevo de arriba*.

οὐ δύναται ἰδεῖν τὴν βασιλείαν τοῦ Θεοῦ. El *reino de Dios* es el tema central de los evangelios, especialmente distintivo en los sinópticos. Se trata de la experiencia de relación de entrega a Dios sin condiciones reconociéndolo como Soberano. Ya se ha considerado ampliamente este concepto en la *introducción* a donde remitimos al lector para no duplicar conceptos. Lo que si llama la atención es el uso del verbo *ver* o *mirar* en relación con el *reino*. Jesús dijo a Nicodemo que si no nacía de nuevo o de arriba, no podría *ver* el reino de Dios. Posiblemente la intención de Juan no es hacer una distinción específica entre el término *ver* y el término *entrar*, considerando ambos como equivalentes o sinónimos. El *nacer de nuevo* es el alumbramiento, por tanto el hecho visible, de la *generación* de Dios por su Espíritu en el pecador que cree.

Con toda seguridad Jesús y Nicodemo no hablaron entre sí en griego, sino en arameo, donde no hay una palabra que pueda expresar los conceptos, aparentemente discrepantes, del adverbio griego. Pero, cualquiera que sea el idioma, Nicodemo tuvo que enfrentarse a un dilema para determinar que era eso de *nacer*, ya que bien sea de nuevo, o bien de arriba, entraña el hecho de experimentar otro nacimiento. Esta dificultad la explica el mismo Señor y la recoge Juan en los siguientes versículos, donde se extenderá el comentario para considerar aspectos del *nuevo nacimiento*.

La ignorancia de Nicodemo (3:4-12).

4. Nicodemo le dijo: ¿Cómo puede un hombre nacer siendo viejo? ¿Puede acaso entrar por segunda vez en el vientre de su madre, y nacer?

λέγει πρὸς αὐτὸν [ὁ] Νικόδημος· πῶς δύναται ἄνθρωπος
Dice a Él - Nicodemo: ¿Cómo puede hombre
γεννηθῆναι γέρων ὤν μὴ δύναται εἰς τὴν κοιλίαν τῆς
nacer anciano siendo? ¿Acaso puede en el vientre de la
μητρὸς αὐτοῦ δεύτερον εἰσελθεῖν καὶ γεννηθῆναι
madre de él segunda vez entrar y nacer?

Notas y análisis del texto griego.

Trasladando la respuesta de Nicodemo, escribe: λέγει, tercera persona singular del presente de indicativo en voz activa del verbo λέγω, *hablar, decir*, aquí *dice*; πρὸς, preposición propia de acusativo *a*; αὐτὸν, caso acusativo masculino de la tercera persona singular del pronombre personal *él*; ὁ, caso nominativo masculino singular del artículo determinado *el*; Νικόδημος, caso nominativo masculino singular del nombre propio *Nicodemo*; πῶς, conjunción condicional *como*; δύναται, tercera persona singular del presente de indicativo en voz media del verbo δύναμαι, *poder, tener poder*, aquí *puede*; ἄνθρωπος, caso nominativo masculino singular del nombre común *hombre*; γεννηθῆναι, aoristo primero de infinitivo en voz pasiva del verbo γεννάω, *nacer*; γέρων, caso nominativo masculino singular del nombre común *anciano*; ὤν, caso nominativo masculino singular del participio de presente en voz activa del verbo εἰμί, *ser, estar*, aquí *siendo*; μὴ, partícula negativa que hace funciones de adverbio de negación *no*, y que con indicativo se usa para formular pregunta, aquí *acaso*; δύναται, tercera persona singular del presente de indicativo en voz media del verbo δύναμαι, *poder, tener poder*, aquí *puede*; εἰς, preposición propia de acusativo *en, a*; τὴν, caso acusativo femenino singular del artículo determinado *la*; κοιλίαν, caso acusativo femenino singular del nombre común *vientre*; τῆς, caso genitivo femenino singular del artículo determinado declinado *de la*; μητρὸς, caso genitivo femenino singular del nombre común *madre*; αὐτοῦ, caso genitivo masculino de la tercera persona singular del pronombre personal declinado *de él*; δεύτερον, caso acusativo neutro singular del adjetivo *segunda vez*; εἰσελθεῖν, segundo aoristo de infinitivo en voz activa del verbo εἰσέρχομαι, *entrar en, penetrar*; καὶ, conjunción copulativa *y*; γεννηθῆναι, primer aoristo de infinitivo en voz pasiva del verbo γεννάω, *nacer*.

λέγει πρὸς αὐτὸν [ὁ] Νικόδημος· Las palabras de Jesús causaron impacto en Nicodemo. Como buen maestro estaba acostumbrado al sentido literal propio de la Escritura, por tanto, no estaba acostumbrado a buscar otro sentido a la frase que escuchó de boca de Jesús. En la respuesta que da a Jesús, hacer notar este desconocimiento en relación con asuntos que están escritos en las profecías que él, como maestro, debía conocer.

πῶς δύναται ἄνθρωπος γεννηθῆναι γέρων ὤν. La respuesta está registrada en dos preguntas retóricas que físicamente exigen una respuesta negativa. La primera inquiere sobre la posibilidad de que un hombre *anciano*, pueda volver a nacer. Esta es una imposibilidad física manifiesta. No puede nadie volver a nacer, sea o no viejo. Para algunos esta pregunta sirve para considerar que Nicodemo era ya mayor, pero no lo exige necesariamente, sólo está apuntando la imposibilidad de que ocurra mediante la pregunta retórica.

μὴ δύναται εἰς τὴν κοιλίαν τῆς μητρὸς αὐτοῦ δεύτερον εἰσελθεῖν καὶ γεννηθῆναι. La segunda es semejante y complementa a la primera. Un hombre no puede nacer dos veces, física o biológicamente hablando, porque es imposible. Nicodemo está pensando en el proceso natural del alumbramiento y responde que no es posible *entrar* otra vez en el vientre de la madre y ser alumbrado, lo que significaría un *nuevo nacimiento*. En estas dos preguntas se aprecia la ignorancia de Nicodemo en el sentido espiritual de su contenido como era el propósito para el que las había dicho Jesús.

5. Respondió Jesús: De cierto, de cierto te digo, que el que no naciere de agua y del Espíritu, no puede entrar en el reino de Dios.

ἀπεκρίθη[1] Ἰησοῦς· ἀμὴν ἀμὴν λέγω σοι, ἐὰν μή τις
Respondió Jesús: De cierto, de cierto digo te, si no alguien
γεννηθῇ[2] ἐξ ὕδατος καὶ πνεύματος, οὐ δύναται εἰσελθεῖν[3] εἰς
naciese de agua y de Espíritu, no puede entrar en
τὴν βασιλείαν τοῦ Θεοῦ[4].
el reino - de Dios.

Notas y análisis del texto griego.

Sigue la respuesta de Jesús, con ἀπεκρίθη, tercera persona singular del aoristo primero en voz pasiva del verbo ἀποκρίνομαι, *responder, contestar, replicar*, aquí *respondió*; Ἰησοῦς, caso nominativo masculino singular del nombre propio *Jesús*; ἀμὴν, transliteración *amén*; ἀμὴν, transliteración *amén*; λέγω, primera persona singular del presente de indicativo en voz activa del verbo λέγω, *decir, hablar*, aquí *digo*; σοι, caso dativo de la segunda persona singular del pronombre personal declinado *a ti, te*; ἐὰν, conjunción afirmativa *si*; μή, partícula que hace funciones de adverbio de negación *no*; τις, caso nominativo masculino singular del pronombre indefinido *alguno*; γεννηθῇ, tercera persona singular del aoristo primero de subjuntivo en voz pasiva del verbo γεννάω, en voz pasiva *nacer*, aquí *nació* o *naciese*; ἐξ, forma escrita que adopta la preposición de genitivo ἐκ, delante de vocal y que significa *de*; ὕδατος, caso genitivo neutro singular del nombre común *agua*; καὶ, conjunción copulativa *y*; πνεύματος, caso genitivo neutro singular del nombre divino declinado *de Espíritu*; οὐ, adverbio de negación *no*; δύναται, tercera persona singular del presente de indicativo en voz activa del verbo δύναμαι, *poder, tener poder, ser capaz*, aquí *puede*; εἰσελθεῖν, segundo aoristo de infinitivo en voz activa del verbo εἰσέρχομαι, *entrar*; εἰς, preposición propia de acusativo *a*; τὴν, caso acusativo femenino singular del artículo determinado *la*; βασιλείαν, caso acusativo femenino singular del nombre común *reino*; τοῦ, caso genitivo masculino singular del artículo determinado *el*; Θεοῦ, caso genitivo masculino singular del nombre divino declinado *de Dios*.

Crítica Textual. Lecturas alternativas.

[1] No aparece el nombre en B, K, N, f^{13}, 33, 1424.

[2] γεννηθῇ, *naciese*, en v. Latina se lee: *renatus fuerit*.

[3] εἰσελθεῖν, *entrar*, se lee ἰδεῖν, *ver*, en ℵ*, aur bo^{bo}.

[4] τοῦ Θεοῦ, *de Dios*, se lee τῶν οὐρανῶν, *de los cielos*, en ℵ*, e.

ἀπεκρίθη Ἰησοῦς· Jesús responde inmediatamente a las palabras de Nicodemo. Sin duda había entendido al pie de la letra lo que Jesús le había dicho inmediatamente a su saludo. Se daba cuenta que el Maestro había detectado con toda claridad la necesidad que sentía íntimamente. Sin embargo la respuesta del Señor no había sido entendida en la dimensión espiritual que contenía, por lo que va a clarificar el sentido de ellas, iniciando una importante lección sobre el *nuevo nacimiento*.

ἀμὴν ἀμὴν λέγω σοι, Nuevamente usa la forma enfática de llamar la atención al interlocutor, con el *amén, amén, de cierto, de cierto*, tan típico en este *Evangelio*. No quiere que Nicodemo deje de entender cual es la única forma de *entrar* en el reino de Dios.

ἐὰν μή τις γεννηθῇ ἐξ ὕδατος καὶ πνεύματος, La única vía de acceso es nacer o ser engendrado de agua y del Espíritu. El adverbio ἄνωθεν, *de nuevo* o *de arriba* (v. 3), se explica en la forma *de agua y de Espíritu*. Prácticamente la misma forma aparece luego en los escritos apostólicos (cf. Tit. 3:5; 1 P. 1:23). La tradición eclesial se inclinó a considerar que *agua* tenía que ver con el bautismo. Sin embargo, la ordenanza del bautismo de agua, es una manifestación testimonial del nuevo nacimiento, pero no motivo del mismo, es decir, el no haberse bautizado en agua no impide el nuevo nacimiento del Espíritu. No cabe duda que el bautismo de agua tiene una gran importancia como representación visible del bautismo con que el Espíritu bautiza al creyente en Cristo. Sin embargo la señal del bautismo tiene que ir necesariamente acompañada de la cosa significada que es el nuevo nacimiento por la acción del Espíritu. Es necesario observar que en lo sucesivo, Jesús se refiere sólo al Espíritu en lo que tiene que ver con el nuevo nacimiento. Los intérpretes tratan de determinar el significado del *agua*, que aquí va acompañando a la obra del Espíritu. Las posiciones son varias, pero pueden resumirse en tres grupos:

a) El agua como figura de la purificación. Así se aprecia en la razón del agua que podían estar en las seis vasijas que había en el lugar de la celebración de las bodas en Caná de Galilea (2:6). En ese sentido podría pensarse también en la razón del bautismo de Juan que era administrado a quienes venían en arrepentimiento confesando sus pecados (Mr. 1:4) que tenía que ver con la purificación, asunto que fue motivo de discusión entre los judíos, como se aprecia más adelante (v. 25). En ese caso Jesús estaría diciendo a Nicodemo que tenía que pasar por el *arrepentimiento* como principio para entrar en el reino y ser regenerado por el Espíritu Santo. Los dos aspectos aparecen también juntos cuando se habla proféticamente del nuevo nacimiento: *"Esparciré sobre vosotros agua limpia, y seréis limpiados de todas vuestras inmundicias; y de todos vuestros ídolos os limpiaré. Os daré corazón nuevo, y pondré espíritu nuevo dentro de vosotros; y quitaré de vuestra carne el corazón de piedra, y os daré un corazón de carne. Y pondré dentro de vosotros mi Espíritu, y haré que andéis en mis estatutos, y guardéis mis preceptos, y los pongáis por obra"* (Ez. 36:25-27). En cierta medida Jesús estaría diciendo a Nicodemo, si esta es la correcta interpretación de lo que simboliza aquí el agua, que conocía las demandas de Juan el Bautista que bautizaba en agua, como expresión de arrepentimiento, antes de que pudiesen ser bautizados con el Espíritu, por Aquel que venía tras él. De otro modo, a menos que pasase por lo que significa el bautismo de agua, el arrepentimiento, y que fuese bautizado por el Espíritu, no podría entrar en el reino de Dios.

b) Para otros el agua aquí es símbolo de *engendramiento* o de *procreación*. Este pensamiento está muy ligado a simbolismos de fuentes rabínicas que consideraban el agua, la lluvia, el rocío y las gotas como figura del elemento masculino en la reproducción. En ese sentido, entienden que el agua representa el nacimiento natural y el Espíritu el sobrenatural o de regeneración. De manera que *agua y Espíritu* vendrían a representar la semilla espiritual del nuevo nacimiento. Esta hipótesis es, a mi parecer, la menos adecuada de las tres.

c) Otros entienden que el *agua* se refiere al bautismo cristiano. Así Martín Lutero decía que *"aquí Cristo está hablando del bautismo, del agua real y natural, como la que podía beber una vaca (...) Por tanto, la palabra agua no designa aquí aflicción; se refiere al agua real y natural, que está relacionada con el Verbo o la Palabra de Dios y que se convierte en un baño espiritual a través del Espíritu Santo o a través de toda la Trinidad*[3]*"*. En ese sentido interpretativo, ya que el *agua* va delante del Espíritu, se llegaría a entender el aspecto sacramental del bautismo sin cuyo efecto no podría venir el nuevo nacimiento por el Espíritu. Esta posición es defendida especialmente por la teología católico-romana, en cuyo sentido escribe el profesor Juan Leal, de la Universidad Pontificia de Salamanca:

"La lectura por agua y Espíritu es cierta, porque se encuentra en todos los manuscritos. Y no se puede citar un solo pasaje de los Padres que autorice la ausencia del agua. Es una lectura molesta para los protestantes, enemigos del sentido sacramental del bautismo. Calvino, Grotius, Bengel, Zahn trataron de eludir la dificultad dando al agua un sentido metafórico: espíritu que limpia como el agua. Tampoco se puede decir que sea una interpolación, pues está en toda la tradición antigua. Agua y espíritu van en la misma línea y depende de la misma preposición causal. Si el espíritu ejerce la función principal, el agua influye también. Cuando Juan escribe, la práctica bautismal es universal. Pablo había explicado el sentido de este rito, que es una inmersión misteriosa, ya sea en el Espíritu (1 Co. 12:13), ya sea en Cristo muerto y resucitado (Gá. 3:27). El neófito sumergido en el agua participa, por el mismo hecho, en la muerte y resurrección del Salvador y recibe el Espíritu como un principio de vida nueva (Tit. 3:5-6). Juan alude a esta doctrina corriente en su tiempo. Si se probara que la palabra agua la ha introducido el evangelista, lo habría hecho interpretando la mente de su Maestro y explicando una práctica de todas las iglesias, que se apoyaba en la voluntad expresa del Señor[4]*"*.

Aunque las interpretaciones tienen alguna firmeza, ninguna, a mi entender, cumplen las necesidades interpretativas. Se debe comenzar por entender el tiempo histórico en que Jesús habla con Nicodemo; Sus enseñanzas consistían en poner de manifiesto lo que Dios decía por Su

---

[3] Martín Lutero. Obras completas. Vol. 22, pág. 283.
[4] Juan Leal. o.c., pág. 361.

Palabra. El entorno histórico era del Antiguo Testamento y no del Nuevo; la doctrina desarrollada que sustenta la fe cristiana estaba sin escribirse por los apóstoles y profetas. Nicodemo no tenía un conocimiento de las enseñanzas de Jesús más que aquello que había oído de Él mismo cuando enseñaba en el Templo, y las tradiciones que hubieran podido haberle llegado por otros que le escucharon en algún lugar. Jesús se estaba refiriendo a algo que estaba escrito en las profecías, como se aprecia más adelante en la conversación. Por consiguiente no podemos dejar de tener en mente las enseñanzas del Antiguo Testamento sobre el *nuevo nacimiento*. Jesús va a recordarle que él como maestro en Israel, tenía que conocer esas verdades. En la cita anteriormente dada de Ezequiel, el Señor anuncia que *esparciría sobre ellos agua limpia, y seréis limpiados de todas vuestras inmundicias,* referencia precisa a la purificación del pecado, consecuencia vital en el nuevo nacimiento. La mejor forma sería buscar en el contexto del *Evangelio* el sentido que Juan da al *agua*. Es fácil apreciar el pensamiento de Juan en relación con el agua, comparando el texto de este versículo con lo que se lee más adelante: *"ya vosotros estáis limpios por la palabra que os he hablado"* (15:3) y también: *"santifícalos en tu verdad, tu palabra es verdad"* (17:17). No solo en Juan el agua es simbolismo de la Palabra que limpia sino en otros lugares del Nuevo Testamento: *"...Cristo amó a la iglesia, y se entregó a sí mismo por ella, para santificarla, habiéndola purificado en el lavamiento del agua por la palabra"* (Ef. 5:25b-26); *"Siendo renacidos, no de simiente corruptible, sino de incorruptible, por la palabra de Dios que vive y permanece para siempre"* (1 P. 1:23). Atendiendo a estos textos que se refieren al nuevo nacimiento, el agua tiene que significar *la Palabra*. El lavamiento que *purifica*, está en conexión con la palabra hablada y relacionada con la petición de Cristo al Padre: *"santifícalos en tu verdad, tu palabra es verdad"*. Es la Palabra aplicada por el Espíritu a la vida del creyente que tiene capacidad para santificar. Los judíos, como Nicodemo, buscaban la santificación por obras, un camino equivocado al alejarse de la Palabra que santifica. El nuevo nacimiento del que Jesús habla al maestro de Israel no es sólo la justificación por fe en Cristo, sino del proceso en la experiencia de la salvación que es la santificación, única forma de vida para el creyente. El apóstol Pablo enseña que el creyente es santificado en el nombre de Jesucristo y por el Espíritu de Dios (1 Co. 6:9-11). Esa obra santificadora es operada en y por la Palabra, que procede de Dios por medio del Espíritu (2 Ti. 3:16; 2 P. 1:20-21). El instrumento que utiliza el Espíritu para la santificación es la Palabra. Esta purificación es un continuo proceso hacia la perfección definitiva. Esta palabra implantada en el creyente puede *salvar* en el sentido de santificar el alma

(Stg.1:21). El apóstol Pedro enseña que la regeneración con la que se inicia el proceso de santificación está vinculada a la Palabra, como se aprecia en el texto antes citado. La fe, instrumento necesario para el nuevo nacimiento, procede también de la Palabra de Dios: *"Así que la fe es por el oír, y el oír, por la palabra de Dios"* (Ro. 10:17). La idea de Pablo es fácil de entender: *Por tanto, la fe depende del mensaje que se oye, y ese mensaje llega a través de la palabra de Cristo"*. Se afirma que la fe viene por oír el mensaje. La fe que salva nace en el hombre al oír el mensaje del evangelio como palabra de Dios. Quiere decir que la fe es *despertada* en el oyente a causa del mensaje. Muchos judíos habían oído el mensaje pero la mayoría de ellos eran desobedientes a lo que Jesús decía y enseñaba. Ahora bien, si el nuevo nacimiento produce un cambio radical en la vida, conforme a lo que enseña la profecía, en donde el corazón de piedra endurecido e insensible a las demandas de Dios, es sustituido por uno de carne, sensible a todo ello, la aplicación de la Palabra precede a la acción regeneradora del Espíritu, en obediencia al mensaje recibido. La misma Palabra que el Espíritu utilizó para generar la fe salvadora, es la que luego *"actúa en vosotros los creyentes"* (1 Ts. 2:13), para santificación. Mediante esa Palabra, Dios produce en nosotros el querer y el hacer por Su buena voluntad, en orientación a nuestra santificación (Fil. 2:13). Luego de la aceptación de la Palabra actuará el Espíritu en regeneración que comprende también acción que potencializa para santificación, conforme al profeta: *"y pondré dentro de vosotros mi Espíritu, y haré que andéis en mis estatutos, y guardéis mis preceptos, y los pongáis por obra"* (Ez. 36:27).

καὶ πνεύματος. La regeneración o el *nuevo nacimiento* es una obra del Espíritu Santo. Será bueno dedicar un corto espacio para algunas consideraciones sobre el *nuevo nacimiento* o la *regeneración*. Esta última palabra aparece en un lugar del Nuevo Testamento en la declaración que hace el apóstol Pablo al escribir a Tito: *"no por obras de justicia que nosotros hubiéramos hecho, sino por su misericordia, por el lavamiento de la regeneración y por la renovación en el Espíritu Santo"* (Tit. 3:5). Regeneración o nuevo nacimiento expresa el concepto de vida nueva, nuevo nacimiento, resurrección espiritual y, en general, es una referencia a la vida sobrenatural que los que creen reciben como hijos de Dios (1:12; 3:16; 10:28). El *nuevo nacimiento*, es una obra de Dios que se enseña en muchos lugares (1:13; 3:3-7; 5:21; 2 Co. 5:17; Ef. 2:5, 10; 4:24; Tit. 3:5; Stg. 1:18; 1 P. 2:9). Según se ha considerando antes quien nace de nuevo no es engendrado de sangre, ni de voluntad de carne, ni de voluntad de varón, sino de Dios. Aunque aquí Jesús vincula la regeneración o el nuevo nacimiento con la obra del Espíritu Santo, las tres Personas Divinas están involucradas en la regeneración.

El Padre está relacionado con ella (Stg. 1:17-18); El Señor Jesucristo (5:21; 2 Co. 5:18; 1 Jn. 5:12). Sin embargo, el Espíritu Santo es el *regenerador*, como se aprecia en varios lugares del Nuevo Testamento (3:3-7; Tit. 3:5). Para entender el *nuevo nacimiento* por el Espíritu es necesario primero entender la incapacidad del hombre para salvación. No se puede dejar de apreciar que a la luz de la Palabra, el hombre por efecto del pecado está en un estado que técnicamente se llama de *depravación*. Ésta es la positiva disposición y activa inclinación al mal que hay en todo hombre a consecuencia del pecado que lo incapacita totalmente en orden a la salvación y lo orienta al mal (Gn. 6:5; Mr. 7:20-23; Ro. 3:9-18). Depravación no significa que el hombre natural no tenga conocimiento de Dios (Ro. 1:18-21); ni que no tenga conciencia para discernir entre el bien y el mal (8:9; Ro. 2:15); ni tampoco que no sienta admiración por la virtud; tampoco que haya de pecar en todas las formas y modos posibles. A consecuencia del pecado el hombre ha quedado totalmente incapacitado para cambiar por sí mismo su carácter y conducta, de modo que pueda amar a Dios y obedecerle. En ese sentido, el hombre que no ha *nacido de nuevo*, no puede ni quiere hacer un solo acto que alcance el nivel moral establecido por Dios. Esencialmente no puede ni quiere puesto que el pecado ha depravado el corazón y los afectos (Mt. 13:15), desviando los pies de un andar correcto (Is. 53:6). Además el pecado ha dañado la capacidad del intelecto en relación con el discernimiento de las cosas de Dios que deben ser entendidas espiritualmente (1 Co. 2:9-14). La incapacidad del hombre frente al mensaje de la Cruz, es evidente, siendo locura para los que se pierden (1 Co. 1:18). Por causa y efecto del pecado el hombre es un muerto espiritual (Ef. 2:1), que es la separación de Dios a causa del pecado. Los elementos necesarios para la salvación: La convicción de pecado, la fe en el Salvador y el *nuevo nacimiento*, ninguno de ellos procede del esfuerzo humano, pues la salvación es enteramente por gracia mediante la fe (Ef. 2:8-9). La convicción de pecado es una obra del Espíritu Santo, que señala el pecado de incredulidad en Cristo como el elemento de condenación para el que conoce el mensaje del evangelio (3:36). El evangelio proclama que Dios hizo una obra completa, dejando al individuo la responsabilidad de creer, al iluminar sobre el carácter y alcance del pecado de los *"que no creen en mí"* (16:9). La fe salvadora, elemento instrumental para alcanzar la salvación, es el resultado de la generación de ella en el corazón por el Espíritu que aplica la Palabra. La fe es un don de Dios, junto con la gracia (Ef. 2:8-9). Todo lo que tiene que ver con salvación y, por tanto con *nuevo nacimiento*, desde su génesis antes de la creación es una operación de la gracia (Sal. 3:8; Jon. 2:9). Toda obra humana queda excluída y no puede ser aceptada por Dios en el orden de salvación. La fe es el medio instrumental pero no la causa de la salvación. La fe no es una obra humana que el hombre puede hacer, sino el acto de un alma vacía que recibe todo de Dios. La Biblia enseña que creer en Dios no es una simple obra del hombre, sino una concesión de la gracia (Fil. 1:29). Mediante la fe se recibe la justicia de Cristo que Dios otorga, de modo que el pecador que cree es declarado justificado delante de Él (Ro. 5.1).

El *nuevo nacimiento* es una obra de renovación plena y dotación de un corazón nuevo, por tanto, de una nueva orientación de vida, operado por el Espíritu Santo en todo aquel que cree (Tit. 3:5). Antes de que un pecador perdido pueda entrar al reino de Dios y pasar a ser un hijo suyo, Dios tiene que obrar una transformación en él, de tal dimensión que sólo puede compararse con un *nuevo nacimiento*. Jesús habla en el pasaje no con un corrupto socialmente hablando, sino con un líder del pueblo de Israel. La promesa de Dios para el salvo es que tenga vida eterna (3:16). La vida eterna es la vida de Dios, sin principio ni fin. Esta vida está en el Hijo (1:4). Jesús afirma que Él es *la vida* (14:6). El había venido para que el pecador pueda tener vida eterna (10:10). Mediante el *nuevo nacimiento* Cristo es implantado por el Espíritu en el creyente (Col. 1:27). Esta identificación con Cristo permite al pecador que cree tener vida eterna. El *nuevo nacimiento* produce una resurrección espiritual (Ef. 2:1, 4, 5). El creyente viene a ser hecho participante en la naturaleza divina (2 P. 1:4). El *nuevo nacimiento* produce una nueva forma de vida ya que el creyente es bautizado en Cristo por el Espíritu (1 Co. 12:13). Junto con toda la operación divina, Dios da, en el *nuevo nacimiento*, un corazón nuevo (Ez. 11:19; 36:26-27). La vida del que ha sido regenerado se produce en la vivencia personal y experimental de la vida de Cristo en él (14:20). Esta vasta operación de la gracia en salvación y santificación se lleva a cabo mediante la potencialidad del Espíritu Santo.

οὐ δύναται εἰσελθεῖν εἰς τὴν βασιλείαν τοῦ Θεοῦ. Jesús advierte a Nicodemo que si no nace de agua y del Espíritu, *no puede entrar en el reino de Dios*. Sin duda el fariseo esperaba hacer obras para ser justificado y poder entrar en el reino, pero Jesús elimina esa pretensión enseñándole que sólo mediante el *nuevo nacimiento* o *nacimiento de lo alto* que es obra del Espíritu podría entrar. Nótese que antes Jesús dijo que *no podía verlo*, ahora le habla de la imposibilidad de *entrar*. El continuo fracaso del hombre es pensar que se puede entrar en el reino de Dios por esfuerzos personales. Esta verdad elimina totalmente la posibilidad de salvación que no sea por el *nuevo nacimiento*, obra de Dios y no del hombre.

6. Lo que es nacido de la carne, carne es; y lo que es nacido del Espíritu, espíritu es.

τὸ γεγεννημένον ἐκ τῆς σαρκὸς σάρξ ἐστιν, καὶ τὸ
Lo que es nacido de la carne, carne es, y lo
γεγεννημένον ἐκ τοῦ Πνεύματος πνεῦμα ἐστιν.
que es nacido del Espíritu, espíritu es.

Notas y análisis del texto griego.

Sigue la enseñanza de Jesús, τὸ, caso nominativo neutro singular del artículo determinado *lo*; γεγεννημένον, caso nominativo neutro singular del participio perfecto en voz pasiva del verbo γεννάω, *concebir, engendrar, nacer*, aquí *que es nacido*; ἐκ, preposición propia de genitivo *de*; τῆς, caso genitivo femenino singular del artículo determinado *la*; σαρκὸς, caso genitivo femenino singular del nombre común *carne*; σάρξ, caso nominativo femenino singular del nombre común *carne*; ἐστιν, tercera persona singular del presente de indicativo en voz activa del verbo εἰμί, *ser, estar*, aquí *es*; καὶ, conjunción copulativa *y*; τὸ, caso nominativo neutro singular del artículo determinado *lo*; γεγεννημένον, caso nominativo neutro singular del participio perfecto en voz pasiva del verbo γεννάω, *concebir, engendrar, nacer*, aquí *que es nacido*; ἐκ, preposición propia de genitivo *de*; τοῦ, caso genitivo neutro singular del artículo determinado *el*; Πνεύματος, caso genitivo neutro singular del nombre divino *Espíritu*; πνεῦμα, caso nominativo neutro singular del nombre común *espíritu*; ἐστιν, tercera persona singular del presente de indicativo en voz activa del verbo εἰμί, *ser, estar*, aquí *es*.

τὸ γεγεννημένον ἐκ τῆς σαρκὸς σάρξ ἐστιν, El *nuevo nacimiento* es obra del Espíritu. De ahí la consecuencia que afecta no solo a la ética o comportamiento, sino al ser en sí mismo. No afecta tanto a la conducta como al cambio personal en el individuo. Esta verdad la establece mediante dos contrastes consecuentes y oponentes *carne-espíritu*. Lo que nace de la carne, es carne. Juan usa el término *carne* en un gran número de ocasiones para referirse a limitación y debilidad propia del hombre. No siempre y no tanto en sentido espiritual de algo que se opone a Dios. Lo que está diciendo es que lo concebido por un hombre no puede ser otra cosa que un hombre. Esto conlleva las limitaciones propias del ser humano y también las consecuencias que en él produce el pecado. De otro modo, *carne* es el hombre, *espíritu* es Dios. El hombre es débil y el poder de la carne es como la flor del campo que se marchita, o el heno que se agosta (Is. 40:6-8). Como dice Hendriksen: *"la naturaleza humana pecadora produce naturaleza humana pecadora" (cf. Job. 14:4: '¿Quién hará limpio a lo inmundo?*

Nadie[5]". Sin duda la herencia pecaminosa está siempre presente en la generación humana (Sal. 51:5), pero también está presente en el contraste la transitoriedad de la criatura humana, frente a la vida eterna del que ha *nacido de nuevo*.

καὶ τὸ γεγεννημένον ἐκ τοῦ Πνεύματος πνεῦμά ἐστιν. Mientras que lo que nace de la carne es carne, lo que nace del Espíritu es espíritu, o naturaleza espiritual. Hay hombre carnal y hombre espiritual. En la enseñanza sobre la necesidad de nacer de nuevo, el Señor explica a Nicodemo que para acceder al reino de Dios es necesaria la obra del Espíritu generando y engendrando al hombre en Cristo mismo. La nueva vida del cristiano procedente del Espíritu es divina, por tanto es eterna y no temporal y limitada como la humana. Además, *regenerado* el hombre que cree por el poder del Espíritu, ya no está sujeto a la esclavitud del pecado de la que ninguno por su condición natural puede librarse. El *nuevo nacimiento* y la vida consecuente a él, es eterna puesto que estos *"no son engendrados de sangre, ni de voluntad de carne, ni de voluntad de varón, sino de Dios"* (1:13). Sin la intervención del Espíritu los hombres no pueden llegar a la vida eterna, condición propia para vivir en el *reino eterno de Dios*.

7. No te maravilles de que te dije: Os es necesario nacer de nuevo.

μὴ	θαυμάσῃς	ὅτι	εἶπον	σοι·	δεῖ	ὑμᾶς	γεννηθῆναι	ἄνωθεν.
No	maravilles	que	dije	te:	Es necesario	os	nacer	de nuevo.

Notas y análisis del texto griego.

Prosigue con μὴ, partícula que hace funciones de adverbio de negación *no*; θαυμάσῃς, segunda persona singular del aoristo primero de indicativo en voz activa del verbo intransitivo θαυμάζω, *admirarse, maravillarse, espantarse*, aquí *maravilles*; ὅτι, conjuncion *que*; εἶπον, primera persona singular del segundo aoristo de λέγω, *hablar, decir*, aquí *dije*; σοι, caso dativo de la segunda persona singular del pronombre personal declinado *a ti, te*; δεῖ, primera persona singular del presente de indicativo del verbo δεῖ, *ser necesario,* aquí *es necesario*; ὑμᾶς, caso acusativo de la segunda persona plural del pronombre personal declinado *a vosotros, os*; γεννηθῆναι, aoristo primero de infinitivo en voz pasiva del verbo γεννάω, *nacer*; ἄνωθεν, adverbio de lugar o de modo, *nuevamente, de nuevo, de arriba, desde el principio, desde antes, en otro tiempo.*

μὴ θαυμάσῃς ὅτι εἶπον σοι· Posiblemente en el rostro de Nicodemo se apreciaba un asomo de admiración. El tema del *nuevo*

---

[5] G.Hendriksen. o.c., pág 144 s.

nacimiento no era asunto en el que estuviese impuesto y hubiese meditado. La forma verbal en aoristo equivale también a *deja de asombrarte* o *deja de admirarte* de lo que te he dicho.

δεῖ ὑμᾶς γεννηθῆναι ἄνωθεν. Jesús hace referencia otra vez a la necesidad de nacer de nuevo para entrar en el reino. Es interesante notar el plural *a vosotros*, en lugar del singular *a ti*. Dos razones en la forma de expresarse: Primero está dirigiéndose a alguien que habló en plural antes, como si representase un colectivo indefinido pero existente (v. 2). Jesús le hace notar que todos ellos, sin duda gente religiosa y, en cierta medida, ejemplares en la sociedad, tenían que nacer de nuevo si querían acceder al reino de Dios. En segundo lugar el concepto del nuevo nacimiento es para todos los hombres, incluyendo los lectores del *Evangelio*. Todos necesitamos *nacer de nuevo*, esto es *nacer del Espíritu*, para entrar en el reino. Vincular el concepto *reino* a una realidad escatológica cuando Jesús venga a establecerlo y reinar en la tierra, no es lo que la enseñanza demanda aquí. El reino de Dios o reino de los cielos está presente en todas las dispensaciones y es progresivo. En la actualidad está presente en la Iglesia, más adelante en el reino milenial, finalmente en el reino eterno, en cielos y tierra nueva.

8. El viento sopla de donde quiere, y oyes su sonido; mas ni sabes de dónde viene, ni a dónde va; así es todo aquel que es nacido del Espíritu.

τὸ πνεῦμα ὅπου θέλει πνεῖ καὶ τὴν φωνὴν αὐτοῦ ἀκούεις,
El viento donde quiere sopla y el sonido de él oyes,
ἀλλ' οὐκ οἶδας πόθεν ἔρχεται καὶ ποῦ ὑπάγει· οὕτως ἐστὶν
pero no supiste de donde viene y a donde va; así es
πᾶς ὁ γεγεννημένος[1] ἐκ τοῦ Πνεύματος.
todo el que nace del Espíritu.

Notas y análisis del texto griego.

Sin interrupción, añade: τὸ, caso nominativo neutro singular del artículo determinado *el*; πνεῦμα, caso nominativo neutro singular del nombre común *espíritu, viento*; ὅπου, adverbio relativo definido de lugar *donde*; θέλει, tercera pesona singular del presente de indicativo en voz activa del verbo θέλω, *querer, desear*, aquí *quiere*; πνεῖ, tercera persona singular del presente de indicativo en voz activa del verbo πνέω, *soplar*, aquí *sopla*; καὶ, conjunción copulativa *y*; τὴν, caso acusativo femenino singular del artículo determinado *la*; φωνὴν, caso acusativo femenino singular del nombre común *voz, sonido, ruido*; αὐτοῦ, caso genitivo neutro de la tercera persona singular del pronombre personal declinado *de él*; ἀκούεις, segunda persona singular del presente de indicativo en voz activa del verbo ἀκούω, *escuchar, oír*, aquí *oyes*; ἀλλ' forma escrita ante vocal de la conjunción adversativa ἀλλά que significa *pero, sino*; οὐκ, forma escrita del adverbio de negación *no*, con el grafismo propio ante una vocal con espíritu suave o una enclítica; οἶδας, segunda persona singular del perfecto de indicativo en voz activa del verbo οἶδα, *conocer, entender, saber, comprender*, aquí *supiste*; πόθεν, adverbio relativo *de donde*; ἔρχεται, tercera persona singular del presente de indicativo en voz media del verbo ἔρχομαι, *venir*, aquí *viene*; καὶ, conjunción copulativa *y*; ποῦ, adverbio relativo de lugar *donde, adonde*; ὑπάγει, tercera persona singular del presente de indicativo en voz activa del verbo ὑπάγω, *ir, marcharse* aquí *va*; οὕτως, adverbio de modo *así*; ἐστὶν, tercera persona singular del presente de indicativo en voz activa del verbo εἰμί, *ser, estar*, aquí *es*; πᾶς, caso nominativo masculino singular del adjetivo indefinido *todo*; ὁ, caso nominativo masculino singular del artículo determinado *el*; γεγεννημένος, caso nominativo masculino singular del participio perfecto en voz pasiva del verbo γεννάω, *nacer*, aquí *que nace*; ἐκ, preposición propia de genitivo *de*; τοῦ, caso genitivo neutro singular del artículo determinado *el*; Πνεύματος, caso genitivo neutro singular del nombre divino *Espíritu*.

Crítica Textual. Lecturas alternativas.

[1] τοῦ ὕδατος καὶ, *de agua y...* se añade en la lectura de ℵ, it, sir[s, c].

τὸ πνεῦμα ὅπου θέλει πνεῖ καὶ τὴν φωνὴν αὐτοῦ ἀκούεις, ἀλλ' οὐκ οἶδας πόθεν ἔρχεται καὶ ποῦ ὑπάγει· Las palabras de Jesús utilizan la palabra *viento* y *espíritu*, que son las mismas en el texto griego. La primera parte es la cláusula de comparación, que va a relacionar la enseñanza sobre el *nuevo nacimiento* del Espíritu con el *viento* atmosférico, de ahí que el término deba traducirse por *viento* en lugar de por *espíritu*. En la comparación la acción sobrenatural e invisible de Dios en el *nuevo nacimiento*, se compara con la otra visible y conocida del viento. Le hace notar que el viento cuando se mueve se percibe por su fuerza y por su sonido. Para los antiguos el viento era símbolo de la acción invisible y sobrenatural de Dios, de ahí que se lea: *"Como tú no sabes cuál es el camino de viento... así ignoras la obra de Dios, el cual hace todas las cosas"* (Ecl.11:5). Los hombres pueden percibir la presencia del viento y oír su sonido pero no pueden conocer su origen y su término.

οὕτως ἐστὶν πᾶς ὁ γεγεννημένος ἐκ τοῦ πνεύματος. De esa misma manera, tomando el símil, la acción del Espíritu es soberana, misteriosa e incomprensible. El que regenera y produce el *nuevo nacimiento*, lo hace en forma libre, otorgando su dones inmerecidos, que no tienen más razón de ser que el beneplácito de Su voluntad (Ef. 1:11; 4:7), así también quienes son nacidos del Espíritu son también libres, con la libertad con que fueron hechos libres en Cristo, por la acción del Espíritu. De la misma manera que nadie puede controlar el viento cuya presencia se siente por el efecto que produce, así también ocurre con el Espíritu de Dios, al que nadie puede controlar, ni monopolizar. Su gracia y Su omnipotencia se manifiestan en todos los lugares donde quiere, cuando quiere y como quiere. Las causas que lo producen son ocultas, pero sus efectos, como el viento son manifiestos. Además, como el ejemplo del viento, sus caminos no están manifiestos a la mente humana. Cuando el Espíritu actúa en el creyente, la vida de éste y el comportamiento bajo Su impulso sorprende y resulta misteriosamente extraña para los mundanos (1 P. 4:4). Jesús habló del *nuevo nacimiento* que realmente es una comunicación de vida nueva. El Espíritu sopló en el hombre en la creación y le comunicó vida física, biológica y espiritual, así hace también soplando en el creyente y comunicándole vida eterna por posicionamiento en Cristo. De la misma manera no se puede explicar la forma de este *milagro* divino desde la perspectiva humana, ya que su origen es celestial.

9. Respondió Nicodemo y le dijo: ¿Cómo puede hacerse esto?

ἀπεκρίθη Νικόδημος καὶ εἶπεν αὐτῷ· πῶς δύναται ταῦτα
Respondió Nicodemo y dijo le: ¿Cómo puede esto
γενέσθαι
hacerse?

Notas y análisis del texto griego.

Nicodemo responde a Jesús: ἀπεκρίθη, tercera persona singular del aoristo primero de indicativo en voz pasiva del verbo ἀποκρίνομαι, *preguntar, responder, tomar la palabra*, aquí *respondió*; Νικόδημος, caso nominativo masculino singular del nombre propio *Nicodemo*; καὶ, conjunción copulativa *y*; εἶπεν, tercera persona singular del segundo aoristo de indicativo en voz activa del verbo εἶπον, forma aorista de λέγω, *hablar, decir*, aquí *dijo*; αὐτῷ, caso dativo masculino de la tercera persona singular del pronombre personal declinado *a él, le*; πῶς, conjunción condicional *como*; δύναται, tercera persona singular del presente de indicativo en voz media del verbo δύναμαι, *poder, tener poder*, aquí *puede*; ταῦτα, caso nominativo neutro plural del pronombre demostrativo *estos*, en sentido de *estas cosas*; γενέσθαι, segundo aoristo de infinitivo en voz media del verbo γίνομαι, *llegar a ser, hacerse, ser hecho*.

ἀπεκρίθη Νικόδημος καὶ εἶπεν αὐτῷ· πῶς δύναται ταῦτα γενέσθαι. Jesús aclaró a Nicodemo el concepto del *nuevo nacimiento*. El maestro en Israel se dio cuenta de que se trataba de una acción del Espíritu. Todo esto debió haber quedado resuelto en su pensamiento y respondida la pregunta que le hizo a Jesús, desde la comprensión literal y no espiritual que había dado a las palabras del Maestro. Sin embargo quedaba otra cuestión y era el *modo* de realizarse el *nuevo nacimiento*. ¿Cómo puede ser regenerado el hombre de forma tan radical por la obra del Espíritu? No cabe duda que las cuestiones de la salvación y de la regeneración que habían sido presentadas por los profetas, eran muy poco conocidas para él. Nicodemo, como la mayoría de los judíos, desconocían el camino de salvación. La enseñanza tradicional había abierto para ellos un camino equivocado, el de la justificación por las obras de la ley, por consiguiente toda operativa de salvación por gracia y la justificación por fe, les era desconocida.

10. Respondió Jesús y le dijo: ¿Eres tú maestro de Israel, y no sabes esto?

ἀπεκρίθη Ἰησοῦς καὶ εἶπεν αὐτῷ· σὺ εἶ ὁ διδάσκαλος τοῦ
Respondió Jesús y dijo le: ¿Tú eres el maestro -
Ἰσραὴλ καὶ ταῦτα οὐ γινώσκεις
de Israel y esto no conoces?

Notas y análisis del texto griego.

Trasladando la respuesta de Jesús, escribe: ἀπεκρίθη, tercera persona singular del aoristo primero de indicativo en voz pasiva del verbo ἀποκρίνομαι, *responder, contestar, tomar la palabra*, aquí *respondió*; Ἰησοῦς, caso nominativo masculino singular del nombre propio *Jesús*; καὶ, conjunción copulativa *y*; εἶπεν, tercera persona singular del aoristo segundo de indicativo en voz activa del verbo εἶπον, usado como tiempo aoristo de λέγω, *hablar, decir*, aquí *dijo*; αὐτῷ, caso dativo masculino de la tercera persona singular del pronombre personal declinado *a él, le*; σὺ, caso nominativo de la segunda persona singular del pronombre personal *tú*; εἶ, segunda persona singular del presente de indicativo en voz activa del verbo εἰμί, *ser, estar*, aquí *eres*; ὁ, caso nominativo masculino singular del artículo determinado *el*; διδάσκαλος, caso nominativo masculino singular del nombre común *maestro*; τοῦ, caso genitivo masculino singular del artículo determinado *el*; Ἰσραὴλ, caso genitivo masculino singular del nombre propio *Israel*; καὶ, conjunción copulativa *y*; ταῦτα, caso acusativo neutro plural del pronombre demostrativo *estos,* en sentido de *estas cosas*; οὐ, adverbio de negación *no*; γινώσκεις, segunda persona singular del presente de indicativo en voz activa del verbo γινώσκω, *saber, conocer*, aquí *sabes*.

ἀπεκρίθη Ἰησοῦς καὶ εἶπεν αὐτῷ· Jesús responde a la pregunta que formuló Nicodemo. Las palabras de Jesús le hacen notar que el desconocimiento suyo sobre el *nuevo nacimiento* no era propio de un maestro que conocía la Escritura, ya que, como se hecho notar antes, era un tema de la profecía en que se anunciaba la restauración futura de Israel.

σὺ εἶ ὁ διδάσκαλος τοῦ Ἰσραὴλ καὶ ταῦτα οὐ γινώσκεις. Es interesante la construcción de la oración en la que tanto *maestro* como *Israel* van precedidos de artículo determinado, lo que sitúa a Nicodemo no como uno de los maestros, sino como el maestro que estaba preparado para enseñar la Escritura. Esto hace suponer que Nicodemo era uno de los escribas bien conocidos entre los judíos. Jesús no era reconocido por los líderes religiosos como un *maestro* porque no había recibido la preparación bíblico-teológica bajo la dirección de algún maestro de Israel, sin embargo conoce lo que el *maestro* oficialmente reconocido ignoraba. El Espíritu como principio de vida prometida para los tiempos mesiánicos estaba anunciado en la Escritura, cosa que Nicodemo debía conocer. Sin duda la pregunta de Jesús sitúa a Nicodemo en su lugar, pero también se aprecia en ella una cierta dureza. Esta forma directa está destinada a despertar en él el reconocimiento de su ignorancia sobre un tema bíblico que tenía que haber conocido.

11. De cierto, de cierto te digo, que lo que sabemos hablamos, y lo que hemos visto, testificamos; y no recibís nuestro testimonio.

ἀμὴν ἀμὴν λέγω σοι ὅτι ὃ οἴδαμεν λαλοῦμεν καὶ ὃ
De cierto, de cierto digo te que lo que sabemos hablamos y lo que
ἑωράκαμεν μαρτυροῦμεν, καὶ τὴν μαρτυρίαν ἡμῶν οὐ
hemos visto testificamos y el testimonio de nosotros no
λαμβάνετε.
recibís.

Notas y análisis del texto griego.

Trasladando las palabras de Jesús, escribe: ἀμὴν, transliteración *amén*; ἀμὴν, transliteración *amén*; λέγω, primera persona singular del presente de indicativo en voz activa del verbo λέγω, *hablar, decir*, aquí *digo*; σοι, caso dativo de la segunda persona singular del pronombre personal declinado *a ti, te*; ὅτι, conjunción *que*; ὃ, caso acusativo neutro singular del pronombre relativo *lo que*; οἴδαμεν, primera persona plural del perfecto de indicativo en voz activa del verbo οἴδα, *saber, conocer*, aquí *sabemos*; λαλοῦμεν, tercera persona plural del presente de indicativo en voz activa del verbo λαλέω, *hablar, decir*, aquí *hablamos*; καὶ, conjunción copulativa *y*; ὃ, caso acusativo neutro singular del pronombre relativo *lo que*; ἑωράκαμεν, primera persona plural del perfecto de indicativo en voz activa del verbo ὁράω, *ver*, aquí *hemos visto*; μαρτυροῦμεν, primera pesona plural del presente de indicativo en voz activa del verbo μαρτυρέω, *testificar*, aquí *testificamos*; καὶ, conjunción copulativa *y*; τὴν, caso acusativo femenino singular del artículo determinado *la*; μαρτυρίαν, caso acusativo femenino singular del nombre común *testimonio*; ἡμῶν, caso genitivo de la primera persona plural del pronombre personal declinado *de nosotros*, en sentido de *nuestro*; οὐ, adverbio de negación *no*; λαμβάνετε, segunda persona plural del presente de indicativo en voz activa del verbo λαμβάνω, *recibir, aceptar*, aquí *recibís*.

ἀμὴν ἀμὴν λέγω σοι Con un solemne *amén, amén*, traducido como *de cierto, de cierto*, Jesús responde a la pregunta que le había formulado Nicodemo.

ὅτι ὃ οἴδαμεν λαλοῦμεν καὶ ὃ ἑωράκαμεν μαρτυροῦμεν, La respuesta pasa del singular anterior al plural. En cierta medida se aprecia la oposición de un *nosotros* a un *vosotros*. Ya se ha dicho que el plural con que Nicodemo se dirigió a Jesús era representativo de un grupo del cual él podía ser portavoz, o por lo menos concordaban en su misma apreciación. Con todo el plural que usa Jesús para la respuesta, pudiera tratarse en un plural mayestático, pero es preferible entenderlo como el plural que corresponde a la vinculación entre el Padre que envía y el Hijo enviado. Jesús es alguien que estando en la tierra está en el seno del Padre (1:18) y testifica de lo que eternamente ha visto y conoce. El Hijo no hace nada por sí mismo sino que hace lo que ve hacer al Padre (5:19). Esta relación vivencial y de comunión intratrinitaria es la que permite al Hijo dar de las cosas espirituales un testimonio único. El Verbo encarnado, es la Sabiduría de Dios personificada (Pr. 8:22), por tanto Su testimonio es de primera mano y no individual sino común a las Personas Divinas, que viven aquello de que testifican. Esta interpretación del *sabemos*, se sustenta en lo que se comentará más adelante (cf. 8:13-18). La palabra de Jesús no va sola porque con Él habla también el Padre, que le ha comunicado Sus obras. Jesús expresa las verdades con Sus palabras y también con Sus obras, ambas son también las del Padre (8:17, 18).

Algunos intérpretes consideran que este *sabemos* obedece a que Jesús incluiría en él a Juan el Bautista y a los discípulos que estaban con Él, lo que daría validez a un testimonio dado por más de dos personas, que se tenía como verdadero si concordaban entre sí. Esta interpretación no es discordante o forzada en relación con el texto. Indudablemente al *vosotros*, Jesús opone el *nosotros*, que pudiera ser lo que se indica en el punto anterior en relación con la unidad trinitaria, sin embargo podría muy bien ser lo opuesto al grupo de incrédulos judíos que desconocían, por ignorancia voluntaria, la doctrina de la regeneración o del *nuevo nacimiento*, otro grupo formado por quienes *creían* en Él y entendían claramente que era nacer de nuevo, se enfrentaba al de los incrédulos. Este sería en sentido del pronombre en plural *nosotros*.

καὶ τὴν μαρτυρίαν ἡμῶν οὐ λαμβάνετε. Este testimonio estaba siendo rechazado por otro grupo que no lo quería recibir que era el formado por los judíos, entre los que hasta aquel momento de la conversación con Cristo, también estaba Nicodemo. Debe apreciarse que el verbo λαμβάνω, *recibir*, está en presente de indicativo que marca una acción continuada, como si se dijese: *continuáis sin recibir, o todavía no lo recibís.* El testimonio y la enseñanza de Jesús concordaba plenamente con la de los profetas, en relación con el *nuevo nacimiento*, pero esta verdad que incluía la justificación por la fe no era recibida porque confrontaba el sistema judaico de justificación por las obras de la ley. Aquellos no estaban dispuestos a recibir el testimonio de Jesús y de la Palabra escrita ya que ambos testificaban de esa verdad.

12. Si os dicho cosas terrenales, y no creéis, ¿cómo creeréis si os dijere las celestiales?

εἰ τὰ ἐπίγεια εἶπον ὑμῖν καὶ οὐ πιστεύετε, πῶς ἐὰν εἴπω
Si las cosas terrenas dije os y no creéis, ¿cómo si dijere
ὑμῖν τὰ ἐπουράνια πιστεύσετε[1]
os las cosas celestiales creeréis?

Notas y análisis del texto griego.

Jesús prosigue, diciendo: εἰ, conjunción afirmativa *si*; τὰ, caso acusativo neutro plural del artículo determinado *los*, que adquiere el sentido de *las cosas*; ἐπίγεια, caso acusativo neutro plural del adjetivo *terrenas, terrenales*; εἶπον, primera persona singular del segundo aoristo de indicativo en voz activa del verbo εἶπον, forma aorista de λέγω, *hablar, decir*, aquí *dije*; ὑμῖν, caso dativo de la segunda persona plural del pronombre personal *a vosotros, os*; καὶ, conjunción copulativa *y*; οὐ, adverbio de negación *no*; πιστεύετε, segunda persona plural del presente de indicativo en voz activa del verbo πιστεύω, *creer*, aquí *creéis*; πῶς, partícula interrogativa adverbial, que realmente es un pronombre interrogativo *como, de que manera, por qué medio*; ἐὰν, conjunción afirmativa *si*; εἴπω, primera persona singular del segundo aoristo de subjuntivo en voz activa del verbo εἶπον, forma aorista de λέγω, *hablar, decir*, aquí *dijere*; ὑμῖν, caso dativo de la segunda persona plural del pronombre personal declinado *a vosotros, os*; τὰ, caso acusativo neutro plural del artículo determinado *los*, que adquiere el sentido de *las cosas*; ἐπουράνια, caso acusativo neutro plural del adjetivo *celestiales*; πιστεύσετε, segunda persona plural del futuro de indicativo en voz activa del verbo πιστεύω, *creer, poner fe*, aquí *creeréis*.

Crítica Textual. Lecturas alternativas.

[1] πιστεύετε, *creed*, según se lee en 𝔭[75], 050, 083, 579, 2211, aur, ff[2], l, vg[ms], bo[pt].

εἰ τὰ ἐπίγεια εἶπον ὑμῖν καὶ οὐ πιστεύετε, Nuevamente se aprecian dos contrastes en el texto; de un lado están las *cosas terrenales* y del otro *las celestiales*. La interpretación correcta contiene alguna dificultad. Las cosas terrenales son aquellas que Jesús ya dijo, puesto que el verbo está en aoristo, indicando algo que ocurrió. Las celestiales están en presente o en alguna alternativa de lectura en futuro.

Lo que es *terrenal* es todo aquello de lo que acababa de hablar con Nicodemo, esto es, el *nuevo nacimiento* y la necesidad de él para entrar al reino. Sin duda surge la pregunta de cómo puede ser terrenal algo que *viene de arriba*, uno de los sentidos de *nacer de nuevo*. Esta operación divina se produce en los hombres que están en la tierra y se manifiesta en vidas transformadas por el poder del Espíritu. Pero, aunque todo es celestial y todo procede de Dios, ya estaba escrito en la Palabra, por tanto son cosas conocidas desde la tierra y, en ese sentido, son terrenales. No cabe duda que los judíos no creían en esas cosas terrenales de las que Jesús acababa de hablar con Nicodemo. La regeneración por el Espíritu no era, por tanto, una doctrina desconocida sino que estaba en el conocimiento de los hombres desde que los profetas la comunicaron. Estas cosas *terrenales* en el sentido de estar ya en la tierra, que Jesús recordó en su conversación hasta aquí, no habían sido creídas por los judíos, considerándolas como difíciles de entender y no prestándoles atención, es decir, estaban ya en la tierra al alcance del pueblo elegido. Esta expresión tiene paralelos en el Antiguo Testamento. Moisés habla de que la Ley, a pesar de ser divina, por tanto celestial en su procedencia, *estaba en la tierra* y era dada para que quienes son *terrenales*, habitantes en la tierra, cumplan lo que habían recibido del cielo que era aplicable a la vida terrenal (Dt.30:12-13). Jesús mismo aplica esto más adelante cuando después de evocar a Moisés, les dice: *"Pero si no creéis a sus escritos ¿cómo creeréis a mis palabras?"* (5:47). Así escribe el Dr. Lacueva:

"Sin duda ninguna, Jesús se refiere a cosas que, aunque proceden del cielo y tienen carácter celestial, acontecen aquí y ahora, dentro del contexto espacio-temporal de la experiencia humana en este mundo, en contraste con los designios de Dios, misterios escondidos en el Cielo, sobre la historia de la salvación, la fundación de la Iglesia, la futura glorificación de Cristo, etc. (comp. con 1:50-51)... En el sentido que en este versículo tienen estas 'cosas de la tierra', el argumento del Señor viene a ser el siguiente: Si no estás dispuesto a creer algo que es experimentable aquí abajo, mediante el cambio radical de una persona, ¿cómo estarás dispuesto a creer misterios invisibles, dando crédito únicamente a mi palabra? Además con los símiles del agua y del viento,

que Jesús había usado para ilustrar Su enseñanza sobre el nuevo nacimiento, no de la carne, sino del Espíritu, las cosas celestiales estaban envueltas en ropaje terrenal fáciles de traducir al lenguaje de la tierra y de comprender por mentes que se hallan todavía de peregrinación por este mundo. Si con expresiones tan claras y familiares, Nicodemo no acertaba a comprender la doctrina, ¿qué podría comprender de verdades tan altas que no pueden ni deben ser expresadas en humano lenguaje?[6]".

Jesús apunta a un problema de fe que tenía que ver con Nicodemo y aquellos que pensaban como él, a pesar de verdades sencillas, comprensibles desde el plano terrenal, *no creían*. Apegados a su sistema y a sus tradiciones, habían dejado de prestar atención a todo cuanto la revelación que Dios había dado, entrara en conflicto con el sistema religioso que ellos defendían.

πῶς ἐὰν εἴπω ὑμῖν τὰ ἐπουράνια πιστεύσετε. Mediante la formulación de una pregunta reflexiva, Jesús le habla de otras cosas que no son las terrenales, sino las *celestiales*. Estas pueden ser las que ocupan los siguientes versículos (vv. 13-16), que es desarrollado luego por los apóstoles en sus escritos y a las que Pablo llama *el misterio de Cristo*. Se trata especialmente del eterno plan de redención, determinado soberanamente antes de la creación del mundo (2 Ti. 1:9; 1 P. 1:18-20), ejecutado en el tiempo histórico del hombre, marcado por Dios (Gá. 4:4), que traería como consecuencia la formación de un pueblo nuevo al que se integra todo aquel que por medio de la fe reciba a Jesús como su Salvador personal. Este era un *misterio* escondido en Dios, oculto a todas las generaciones de los hombres que se revela en el tiempo presente y que alcanza en cuanto a revelación, no sólo a los hombres, sino también a los ángeles (Ef. 3:8-11).

Si aquellos no creían en las cosas reveladas en la Escritura, las *terrenales*, apoyadas en la autoridad, inspiración e inerrancia de la Palabra, mucho menos estarían dispuestos a creer en aquello que sin haber sido revelado antes, iba a ser enseñanza de Jesús. La pregunta retórica deja cerrado parcialmente el diálogo con Nicodemo, aunque siguen las palabras del discurso de Jesús. El cierre es un tanto tenso, puesto que tanto antes como ahora el Señor señala la incredulidad de los judíos especialmente notoria en los líderes y maestros de la nación.

---

[6] F. Lacueva. M. Henry, Juan, pág. 65.

La enseñanza de Jesús (3:13-21).

13. Nadie subió al cielo, sino el que descendió del cielo; el Hijo del Hombre, que está en el cielo.

καὶ οὐδεὶς ἀναβέβηκεν εἰς τὸν οὐρανὸν εἰ μὴ ὁ ἐκ τοῦ
Y nadie ha subido al cielo si no el desde el
οὐρανοῦ καταβάς, ὁ Υἱὸς τοῦ Ἀνθρώπου[1].
cielo que descendió, el Hijo del Hombre.

Notas y análisis del texto griego.

Comenzando el párrafo de la enseñanza de Jesús, escribe: καὶ, conjunción copulativa *y*; οὐδεὶς, caso nominativo masculino singular del pronombre indefinido *nadie*; ἀναβέβηκεν, tercera persona singular del perfecto de indicativo en voz activa del verbo ἀναβαίνω, *subir, ascender*, aquí *ha subido*; εἰς, preposición propia de acusativo *a*; τὸν, caso acusativo masculino singular del artículo determinado *el*; οὐρανὸν, caso acusativo masculino singular del nombre común *cielo*; εἰ, conjunción afirmativa *si*; μὴ, partícula que hace funciones de adverbio de negación *no*; ὁ, caso nominativo masculino singular del artículo determinado *el*; ἐκ, preposición propia de genitivo *de*; τοῦ, caso genitivo masculino singular del artículo determinado *el*; οὐρανοῦ, caso genitivo masculino singular del nombre común *cielo*; καταβάς, caso nominativo masculino singular del participio de aoristo segundo en voz activa del verbo καταβαίνω, *descender, bajar* aquí *que descendió*; ὁ, caso nominativo masculino singular del artículo determinado *el*; Υἱὸς, caso nominativo masculino singular del nombre *Hijo*; τοῦ, caso genitivo masculino singular del artículo determinado declinado *del*; Ἀνθρώπου, caso genitivo masculino singular del nombre *Hombre*.

Crítica Textual. Lecturas alternativas.

[1] ὁ Υἱὸς τοῦ Ἀνθρώπου, *el Hijo del Hombre*, cerrando ahí el texto, según se atestigua en 𝔭$^{66, 75}$, ℵ, B, K, T, W^{s}, 083, 086, 33, 1241, co, Eusebio, Epifanio^{pt}.

Se lee a continuación ὁ ὢν ἐν τῷ ὀυρανῷ, *el que en el cielo, el que está en el cielo*, según se lee en A^{c}, K, N, Γ, Δ, Θ, Ψ, 050, *f*$^{1, 13}$, 565, 579, 700, 892, 1424, 844, 2211, 𝔐, latt, sir$^{c, p, h}$, bo^{pt}, Epifanio^{pt}.

καὶ οὐδεὶς ἀναβέβηκεν εἰς τὸν οὐρανὸν εἰ μὴ ὁ ἐκ τοῦ οὐρανοῦ καταβάς, Jesús comienza a decir a Nicodemo algunas de las *cosas celestiales*, remarcando nuevamente lo que ha dicho Juan con el mismo sentido antes: *"A Dios nadie le vio jamás; el unigénito Hijo, que está en el seno del Padre, él le ha dado a conocer"* (1:18). Sólo el Unigénito puede hablar de Dios, porque está en el seno del Padre. Esa es la razón por la que se lee en algunos manuscritos después de *Hijo del*

Hombre, que está en el cielo[7], según se hace notar en el apartado de Crítica Textual, lecturas alternativas, más arriba. Con esto comienza la enseñanza de Jesús en forma de monólogo, cambiando la primera persona plural y singular anteriores, por la tercera persona. Este Jesús, el Hijo del Hombre puede revelar todas las cosas celestiales porque procede del cielo mismo, cuya esfera celestial le es propia.

La primera revelación que comunica Jesús a Nicodemo es que el Hijo del Hombre *descendió* del cielo. Previo a esto hay una afirmación concreta y precisa: *"nadie subió al cielo"*, por tanto *nadie puede revelar las cosas celestiales*. Todas las cosas que están reveladas en la Escritura no fueron conocidas por los escritores por haber subido al cielo, sino porque el cielo se las comunicó a ellos estando en la tierra. De ahí que Moisés diga, refiriéndose al mandamiento: *"Porque este mandamiento que yo te ordeno hoy no es demasiado difícil para ti, ni está lejos. No está en el cielo, para que digas: ¿Quién subirá por nosotros al cielo, y nos lo traerá y nos lo hará oír para que lo cumplamos?"* (Dt. 30:11-12). Por tanto nadie puede de los hombres revelar las cosas celestiales, con la excepción del Hijo del Hombre, el que bajó del cielo. Sobre la procedencia celestial del Hijo del Hombre, se ha considerado ya en el comentario a 1:18, a donde remitimos al lector para no duplicarlo aquí.

Nicodemo recibe de Jesús una importante enseñanza cristológica. Ningún gran hombre, o el mayor de los profetas, puede compararse con el que ha descendido del cielo por cuanto está en el cielo. Es cierto que la parte final del versículo como está en RV no figura en manuscritos seguros, pero el testimonio de la frase no deja de estar en muchos que también lo son. El Hijo del Hombre *está* en el cielo aun estando en la tierra. La inmanencia de la Segunda Persona de la Deidad es una realidad. En Su naturaleza humana sólo podía estar en un sitio a la vez. En la ocasión del diálogo con Nicodemo estaba en Jerusalén. Pero, en Su naturaleza divina la omnipresencia es una de las perfecciones de la deidad. Aquel que estaba dialogando como un hombre en la tierra, está en el seno del Padre de donde desciende al ser enviado por Él. Es la encarnación del Verbo la que hace posible tal dimensión, inconcebible para el hombre, pero absolutamente determinada por Dios. Jesús mismo con Su presencia estaba dando a aquel que vino de noche para conversar con Él, un atisbo de lo que son las cosas celestiales. De modo que si la regeneración de una persona humana por el poder del Espíritu es un misterio grande, mucho mayor es el hecho de la encarnación de una

[7] Así también en la Vulgata: *Filius Hominis, qui est in caelo.*

Persona Divina. Esta es la primera gran verdad que se expone sin muchas palabras delante del fariseo.

ὁ Υἱὸς τοῦ Ἀνθρώπου. La encarnación del Verbo tiene cinco importantes consecuencias: La primera es que, puesto que desciende del cielo y está en el seno del Padre, posee una naturaleza divina y una naturaleza humana, ambas subsistentes en la Persona Divina del Hijo de Dios, así que en Él habita corporalmente la plenitud de la deidad (Col. 2:9). La segunda es que a consecuencia de esa condición divino-humana, siendo además el Verbo eterno, es conocedor absoluto de todos los secretos divinos, de modo que Él y sólo Él, puede revelarlos. La tercera verdad es que Jesús es la manifestación de Dios en carne humana (1:14; 1 Ti. 3:16; 1 Jn. 4:2). Si desciende del cielo y habla con los hombres en un diálogo terrenal, en el sentido que se produce como un coloquio con la creatura, quiere decir que vino para hacerse como uno de nosotros, aunque sin pecado, con el propósito de enseñarnos el camino de Dios, conducirnos a la salvación y convertirse Él mismo en la única esperanza de gloria (Col. 1:27). Esta es la gran manifestación del amor de Dios hacia nosotros (Ro. 5:8-11; 1 Jn. 4:9-10, 19), que será un tema de la enseñanza de Jesús, un poco más adelante. La cuarta lección es que Él es el *Hijo del Hombre*, título que para los judíos era propio del Mesías anunciado. Sobre este título se ha reflexionado con anterioridad. Esta es una expresión que Jesucristo se aplica a sí mismo con mucha frecuencia. Aunque vinculado con el hombre, no se trata de un término de humillación, sino de gloria. En ese sentido aparece en la profecía (Dn. 7:13 ss.). El Hijo del Hombre que se acerca al *Anciano de Días*, hace entender que se trata de la glorificación de Cristo, como se presenta en la ascensión desapareciendo tras la nube (Hch. 1:9). Es interesante observar que Jesús utiliza el título en tercera persona *Hijo del Hombre*, haciendo resaltar la distinción entre el estado de limitación en que se encontraba en la tierra, y el de gloria en que había de encontrarse cuando ascendiese a la diestra de Dios. Este título se usa escatológicamente: *"Porque el Hijo del Hombre vendrá en la gloria de su Padre con sus ángeles, y entonces pagará a cada uno conforme a sus obras"* (Mt. 16:27), de la misma manera: *"Entonces verán al Hijo del Hombre, que vendrá en las nubes con gran poder y gloria"* (Mr. 13:26). Pero, también lo usa en relación con la obra de redención que llevaría a cabo en la Cruz: *"El Hijo del Hombre será entregado en manos de hombres, y le matarán"* (Mt. 17:22-23), en este mismo sentido lo usará más adelante (3:14). También lo utiliza en sentido de hacer notar la condición sobrehumana, de Su preexistencia y deidad, como ocurre en este versículo en el que hace notar que sólo Él ha descendido del cielo, porque estaba en él. Más adelante volverá a presentarse con este título en este sentido: *"¿Pues qué, si viereis al Hijo del Hombre subir a donde estaba primero?"* (6:62). El título es el adecuado para referirse a la condición humana del Señor, de modo que hablando de sus relaciones sociales y sus costumbres, se lee: *"Vino el Hijo del Hombre, que come y bebe, y dicen: He aquí un hombre comilón, y bebedor de vino, amigo de publicanos y de pecadores"* (Mt. 11:19). En la enseñanza a Nicodemo utiliza este título.

Aunque la frase *"que está en el cielo"*, no se encuentra en todos los manuscritos, está atestiguada en algunos y viene bien como sustento de la verdad sobre la omnipresencia divina del Verbo eterno. Estando en la tierra como hombre, estaba en el cielo como Persona Divina. Con toda seguridad Nicodemo y el grupo que consideraban a Jesús como un maestro, no podían entender entonces su condición Divino-humana, porque la misma teología hebrea no podía admitir que en el Ser Divino hubiese más de una Persona, la del Padre. Pero lo entenderían más adelante cuando comenzase a predicarse el *misterio de la piedad* en la proclamación del evangelio de la gracia. De Cristo, estando en la tierra podía decirse que estaba en el cielo por razón de su deidad. Es notable observar el silencio que sigue, en donde Nicodemo no responde ya nada a las palabras de Jesús, convirtiéndose estas en un monólogo. Tal vez en la mente del maestro de Israel comenzaba a presentarse la dimensión sobrenatural y sobrehumana que el mismo Señor ponía delante de él con todo lo que le estaba diciendo.

La frase *subió al cielo*, podría usarse también como una referencia a la resurrección y ascensión, que tendría lugar luego de concluir la misión redentora para la que había sido enviado. Aunque la expresión está construida con un perfecto, que denota una acción definitivamente concluida, el pasado es en profecía muchas veces un futuro que por proceder de Dios se da como un hecho realizado. Jesús subió a los cielos después de Su resurrección, pero lo importante aquí no es tanto precisar la aplicación temporal a que se refiere, sino el hecho de que Jesús descendió del cielo, permaneciendo en él.

14. Y como Moisés levantó la serpiente en el desierto, así es necesario que el Hijo del Hombre sea levantado.

Καὶ καθὼς Μωϋσῆς ὕψωσεν τὸν ὄφιν ἐν τῇ ἐρήμῳ, οὕτως
Y como Moisés levantó la serpiente en el desierto, así
ὑψωθῆναι δεῖ τὸν Υἱὸν τοῦ Ἀνθρώπου,
levantado debe ser el Hijo del Hombre.

Notas y análisis del texto griego.

Jesús dice: Καὶ, conjunción copulativa *y*; καθὼς, conjunción causal o adverbio de modo *como*; Μωϋσῆς, caso nominativo masculino singular del nombre propio *Moisés*; ὕψωσεν, tercera persona singular del aoristo primero de indicativo en voz activa del verbo ὑψόω, *exaltar, elevar, levantar*, aquí *levantó*; τὸν, caso acusativo masculino singular del artículo determinado *el*; ὄφιν, caso acusativo masculino singular del nombre común *oficio, serpiente*; ἐν, preposición propia de dativo *en*; τῇ, caso dativo femenino singular del artículo determinado *la*; ἐρήμῳ, caso dativo femenino singular del nombre común *desierto*; οὕτως, adverbio de modo *así*; ὑψωθῆναι, aoristo primero de infinitivo en voz pasiva del verbo ὑψόω, *levantar, elevar, exaltar*, aquí *levantado*; δεῖ, tercera persona singular del presente de indicativo en voz activa del verbo δεῖ, *ser necesario, deber*, aquí *debe ser*; τὸν, caso acusativo masculino singular del artículo determinado *el*; Υἱὸν, caso acusativo masculino singular del nombre *Hijo*; τοῦ, caso genitivo masculino singular del artículo determinado declinado *del*; 'Ανθρώπου, caso dativo masculino singular del nombre *Hombre*.

Καὶ καθὼς Μωϋσῆς ὕψωσεν τὸν ὄφιν ἐν τῇ ἐρήμῳ, Jesús va a anunciar a Nicodemo la *necesidad* de que se produzca la obra de redención del hombre en su Persona. Para ello utiliza una ilustración tomada de la historia de Israel, en la que ella misma es tipo de la Cruz en extensión y significado. Como judío Nicodemo conocía bien aquel suceso producido en el tiempo del tránsito por el desierto. En aquella ocasión el pueblo había hablado contra Dios y contra Moisés quejándose de aquel caminar por el desierto y del maná que recibían cada día como provisión para su alimento. Dios envió entre el pueblo serpientes venenosas que mordían y causaban la muerte. La solución fue dada por Dios mismo mandando a Moisés que hiciese una serpiente de bronce y la colocase sobre un hasta a la vista de todos. Aquel que mordido por la serpiente estaba sentenciado a muerte, podía mirar a la serpiente de bronce y era sanado. Tanto en el *Texto Masorético*, como en la LXX de Nm. 21:9 ss. se dice que Moisés puso la serpiente en un poste. Para los israelitas la liberación de la muerte procedía de Dios mismo, como se lee en uno de los libros devocionales, y comentarios de enseñanza hebreos: *"Los que se volvían hacia la serpiente eran salvados, no gracias a lo que veían, sino gracias a Él, el Salvador de todos*[8]*", "Pero ¿la serpiente tenía el poder sobre la vida y la muerte? No, sino que servía para enseñar que los israelitas se sanaban porque al mirar hacia arriba ponían su confianza en su Padre que está en los cielos*[9]*".* La serpiente de bronce era la provisión que Dios hacía para

[8] Sabiduría 16:7.

[9] Misná, *Rosh. Hash. 3:8.*

salvar a quienes por su pecado estaban en camino de muerte. Aquella serpiente de bronce *fue necesaria* para la salvación del pueblo. El tárgum interpreta el significado de *mirar a la serpiente*, como volver el corazón hacia la misericordia de Dios, que es volverlo a Dios mismo.

οὕτως ὑψωθῆναι δεῖ τὸν Υἱὸν τοῦ Ἀνθρώπου. La segunda claúsula de la comparación es que de la misma manera que ocurría con la serpiente, así también *era necesario* que el Hijo del Hombre fuese levantado. Sin duda Jesús estaba hablando de Su *levantamiento* en el hecho redentor de la Cruz. En el *tipo* de la serpiente de metal cuyo *antitipo* es Él mismo, comienza la exposición del fin soteriológico de la obra de Cristo. La serpiente de bronce era símbolo de salvación y de vida, por tanto en el plan de redención *era necesario* que el Hijo del Hombre también fuese levantado, para poder dar salvación, no a un pueblo limitado, sino a todo aquel que crea en Él. Estas palabras abren el pasaje soteriológico más importante del *Evangelio según Juan*, y sin duda, uno de los más completos y precisos de todo el Nuevo Testamento, al que debemos aproximarnos para entender su contenido.

La situación del pueblo de Israel es figura de la situación universal de la humanidad afectada por el pecado. Números enseña que fue *el pueblo* quien había pecado contra Dios. No se trataba de alguno o algunos en el pueblo, sino de todo el pueblo. La Biblia declara que el pecado es un hecho real, acusando directamente al hombre de ser pecador (Sal. 14:1-3; Is. 55:1-3, 6-7). Además reconoce la condición perversa del corazón humano como efecto directo del pecado (Jer. 17:9-10). Desde Génesis 3 la Biblia presenta al hombre como un ser necesitado de redención. La evidencia del pecado en cada ser humano está atestiguada en el efecto de la Ley que lo pone de manifiesto y para lo que fue dada (Ro. 3:19-23; 7:7; Stg. 1:22-25). Por medio de ella se evidencia lo destituido que queda el hombre de la gloria de Dios (Ro. 3:19, 23). La universalidad del pecado es la verdad bíblica que manifiesta que no hay ni una sola persona perfecta que pueda llegar a alcanzar las demandas de justicia y santidad establecidas por Dios, por medio de su esfuerzo personal o en base a sus méritos (Ro. 3:10, 23). La universalidad del pecado es una verdad manifestada en la Escritura (cf. Sal. 53:1-3; Ro. 3:9-20; 11:32). El pecado fue introducido por Satanás en la esfera de los hombres (Gn. 3:11-15), es decir, el pecado no se originó en el hombre, sino que antecede a éste (Ro. 5:12). No cabe duda que a Satanás le interesa que el hombre tenga ideas erróneas sobre el pecado, de modo que el humanismo actual procura enseñar que el pecado es una debilidad inconsecuente, sin embargo, la Biblia dice que el pecado es abominación a Dios, una violación de Su voluntad, por tanto no es cosa de poca importancia (Ex. 34:7; Ro. 6:23). El concepto de *pecado* designa el múltiple fenómeno de los yerros humanos, que llegan desde la más insignificante transgresión de un mandato hasta la ruina de toda la existencia. Varios términos se usan en la Biblia para referirse al pecado y sus distintos aspectos o manifestaciones. Una de ellas equivale a *hacer injusticia, oprimir, violentar,* etc. (p.ej. Lv. 19:13; Dt. 28:29; Sal. 119:120). El pecado, especialmente en el Antiguo Testamento enfatiza no tanto un hecho aislado, sino el conjunto de la falta, siendo una rebelión contra el orden sagrado del derecho de Dios (1 S. 3:13, 14). El pecado es un fenómeno teológico y social que conduce a la destrucción del pueblo, de ahí la necesidad de desarraigarlo de entre ellos (Lv. 16:21-22; 17:4, 9). El pecado acarrea consecuencias de castigo, aún el cometido inconscientemente trae esas mismas consecuencias (Gn. 20:3). Una de las formas mejores para entender el pecado es el concepto bíblico que lo vincula con *errar el blanco.* Dios establece una forma de vida consistente en amarlo a Él sobre todo y al prójimo como a uno mismo. Es suficiente para conocer que todos erramos en ese objetivo, por tanto, erramos el blanco que Dios ha establecido (Ro. 5:21; 6:12, 14, 17; 7:11, 14, 17, 20, 23, 25; 8:2; 1 Co. 15:56; He. 3:13; 11:25; 12:4; Stg. 1:15). En su alcance se incluyen los actos premeditados o ignorados y el estado malo o disposición impía de la mente y del corazón (Gn. 4:7; Ex. 9:27; Lv. 5:1; Nm. 6:11; Sal. 51:2; Pr. 8:36; Is. 42:24; Os. 4:7). Desde el punto de vista en relación a Dios, el pecado es un acto de rebelión (1 S. 15:23), o la máxima expresión de falta de amor a Dios (Dt. 6:5; Mr. 12:30). Desde el punto de vista de relación con la ley de Dios el pecado es transgresión de la voluntad divina (Nm. 15:30; Sal. 19:13). Desde la dimensión de relación con el hombre, el pecado es injusticia o falta de amor al prójimo como a uno mismo (Lv. 19:18; Mr. 12:31). Con uno mismo el pecado es egoísmo (12:25) y corrupción (Sal. 51:5; Ro. 7:18).

A la universalidad del pecado siguen las consecuencias. La primera de ellas es el estado de *depravación* en que se encuentra el hombre. Depravación es la positiva disposición y activa inclinación al mal que hay en todo ser humano a consecuencia del pecado, que lo incapacita totalmente en orden de la salvación y lo orienta al mal (Gn. 6:5; Mr. 7:20-23; Ro. 3:9-18). La segunda de ellas es que hace incurrir a los hombres en la ira de Dios. Es desde la confrontación con la ley que el pecado es como una potencia personal que actúa en y a través de los hombres (Ro.5:12, 21; 6:6, 17; 7:9). Juan trató antes el pecado desde la perspectiva de la obra del Cordero de Dios que quita el pecado del mundo (1:29; 1 Jn. 3:5). A consecuencia del pecado, el hombre ha quedado totalmente incapacitado para cambiar por sí mismo su carácter y conducta de modo que pueda amar a Dios y obedecerle. En ese sentido, el hombre no regenerado no puede ni quiere hacer un solo acto que alcance el nivel moral prescrito por Dios.

Sobre la ilustración de Israel que Jesús presenta a Nicodemo, se aprecia la consecuencia final del pecado, que era la muerte producida por la mordedura de las serpientes, contra lo que nadie tenía remedio alguno y que indefectiblemente se producía en todos los afectados por la mordedura. Dios estableció la pena por el pecado que es la muerte (Gn. 2:17). El primer aspecto se refiere al salario del mal que se consigue con el pecado, al afrontar la ira de Dios (3:36; Ro. 1:18; 6:23); el segundo es aplicable a una situación que se adquiere pecando (Pr. 5:22). La muerte en la Biblia se presenta como lo contrario a la vida. Si esta arranca de la íntima comunión con Dios, la muerte comporta primordialmente el apartamiento de Él. Adán no murió físicamente en el día que quebrantó el mandamiento divino, pero en ese mismo instante comenzó su muerte espiritual. En este estado se encuentra toda persona no *regenerada* (Mt. 8:22; Lc. 15:32; Jn. 5:24; 11:25-26; Ro. 5:12, 14; Ef. 2:1; 5:14; 1 Ti. 5:6; 1 Jn. 3:14). La muerte física (Gn. 3:19), es una consecuencia visible del pecado (Sal. 90:7-9; Is. 38:17-18; Ro. 5:12, 14; 1 Co. 15:21-22). La muerte segunda o muerte perpetua es el estado definitivo para todo aquel que muere sin Cristo (Ap. 20:6, 14).

Frente a la situación irreversible para el hombre, Dios interviene en gracia para proveer de salvación. En la ilustración mosaica, la serpiente de bronce levantada sobre un mástil proveía de salvación a todo aquel que, mordido por la serpiente, levantaba sus ojos a la provisión divina y miraba por fe a ella. No tenía, como se dijo antes, ninguna magia especial o poder oculto había en la serpiente en sí, pero, el que iba a morir levantaba una mirada de fe con toda su alma, de corazón, con deseo de ser sanado y con confianza en que la palabra de Dios era fiel para cumplir la promesa de sanidad dada a todo aquel que mirase de ese modo a la serpiente de bronce. De ese mismo modo, cumpliendo la ilustración, el Hijo del Hombre sería *levantado*, que para Juan es sinónimo de *crucificar* (8:28; 12:32-34). Por tanto está anunciando a Nicodemo la futura crucifixión del Señor como instrumento de redención y liberación de la responsabilidad penal del pecado. Basta para ello una *mirada de fe* al Redentor para recibir el perdón de pecados y la vida eterna, como explica el Señor en los versículos que siguen.

El verbo usado por Juan ὑψόω, tiene el significado de *levantar, elevar* y también *exaltar*. Para el apóstol y evangelista, la Cruz, no es el lugar de la humillación sino también el de la exaltación de Jesucristo, que se manifiesta definitivamente en Su resurrección y glorificación, por la cual fue exaltado a los lugares celestiales y sentado a la diestra de Dios. Sin la resurrección y ascensión a los cielos no puede haber salvación por cuanto no es posible la justificación más que por la resurrección del Redentor (Ro. 4:25).

Como dice L. Morris, *"Parte del objetivo de Juan es demostrar que Jesús manifestó su gloria* ***a través de*** *las humillaciones que pasó aquí en la tierra, y no* ***a pesar de*** *esas humillaciones. Esto se aplica sobre todo a la cruz. Desde la perspectiva humana, la muerte en la cruz era la mayor de las denigraciones, la muerte reservada para los criminales. Desde la perspectiva de la fe fue, y es, la gloria suprema*[10]*"*.

Ese es también el sentir del apóstol Pablo cuando habla de que su gloriarse no puede ser otro que el de la Cruz de nuestro Señor Jesucristo, que provee de liberación espiritual de la esfera del mundo y consiguientemente del pecado, por identificación con Él (Gá. 6:14).

El hecho del *levantamiento* de Cristo en la Cruz, abre la provisión a la solución del pecado del hombre, en cuanto a condenación eterna, puesto que allí se produce la sustitución por nuestros pecados, al ser hecho Él maldición por nosotros, al ser *colgado*, equivalente a *levantado*, en un madero (Gá. 3:13). Si la ley hace maldita la existencia de todos los hombres, Cristo nos ha rescatado de esa existencia maldita, ocupando el lugar de maldición. Los perdidos pecadores debían ser condenados a causa de su pecado. La paga del pecado no podía ser otra que la muerte. Pero el inocente y santísimo Hijo del Hombre fue entregado por nosotros y puesto en el lugar de los extraviados y rebeldes. La copa de maldición fue asumida por Él para que los malditos seamos herederos de bendición. Jesús llega a ser hecho maldición al ser el sustituto universal y, por tanto, potencial del pecador. En la Cruz ocupa el lugar del perdido y los pecados de cada salvo le son imputados, esto es, son *puestos sobre Él* (Is.53:6, 12; Jn. 1:29; 2 Co. 5:21; He. 9:28; 1 P. 2:24). Así se enseña: *"así también Cristo fue ofrecido una sola vez para llevar los pecados de muchos"* (He. 9:28). Sobre Jesús fueron cargados nuestros pecados y hecho sacrifico expiatorio por el pecado (2 Co. 5:21). La consecuencia es la apertura de la justificación por la fe a todo el que crea (Ro. 5:1). En la muerte de Cristo, todo el pecado nuestro fue hecho suyo, por transferencia de la responsabilidad penal, lo que permite a Dios

[10] León Morris. o.c., pág. 267.

reconciliar consigo al mundo (2 Co. 5:19). No es posible dejar de considerar que la muerte es la situación final y definitiva del hombre a causa del pecado. La muerte es la expresión suprema de la maldición, porque supone la separación de Dios. En la muerte de Cristo, todo cual el pecado había hecho nuestro, fue hecho suyo, salvo la pecaminosidad, puesto que *"nunca hizo Él maldad, ni hubo engaño en Su boca"* (Is. 53:9b). La muerte es, en cierto modo, la expresión absoluta de la repulsión que Dios hace del pecado, y Cristo murió. De otro modo, quedó alejado de Dios y sujeto a Su ira por el pecado. El Salvador, en la ilustración de la serpiente de bronce, hecha realidad en Él, ocupa el lugar de su pueblo, para redimir a los condenados a muerte y poder llevarlos en Él a la vida.

15. Para que todo aquel que en él cree, no se pierda, mas tenga vida eterna.

ἵνα πᾶς ὁ πιστεύων ἐν αὐτῷ[1] ἔχῃ ζωὴν αἰώνιον[2].
Para que todo el que cree en Él tenga vida eterna.

Notas y análisis del texto griego.

Siguiendo sin interrupción la enseñanza, dice: ἵνα, conjunción causal *para que*; πᾶς, caso nominativo masculino singular del adjetivo indefinido *todo*; ὁ, caso nominativo masculino singular del artículo determinado *el*; πιστεύων, caso nominativo masculino singular del participio de presente en voz activa del verbo πιστεύω, *creer, poner fe*, aquí *que cree*; ἐν, preposición propia de dativo *en*; αὐτῷ, caso dativo masculino de la tercera pesona singular del pronombre personal *él*; ἔχῃ, tercera persona singular del presente de subjuntivo en voz activa del verbo ἔχω, *tener, poseer, tener necesidad*, aquí *tenga*; ζωὴν, caso acusativo femenino singular del nombre común *vida*; αἰώνιον, caso acusativo femenino singular del adjetivo *eterna*.

Crítica Textual. Lecturas alternativas.

[1] ἐν αὐτω, *en Él*, lectura atestiguada en $\mathfrak{p}^{33, 66, 75}$, ℵ, B, K, T, W^s, 083, 086, f^1, 33, 565, 2211^2, a, f^c, sir^c, co.

ἐπ' αὐτῷ, *sobre (en) Él*, según se lee en $\mathfrak{p}^{66}$, K.

εἰς αὐτὸν, *hacia, para, en relación con Él*, conforme a $\mathfrak{p}^{66vid}$, ℵ, A, K, N, Γ, Δ, Θ, Ψ, 086, $f^{1, 13}$, 33, 565, 700, 892, 1241, 1424, 844, 2211^2, 𝔐.

[2] ἔχῃ ζωὴν αἰώνιον, *tenga vida eterna*, lectura atestiguada en $\mathfrak{p}^{33, 66, 75}$, ℵ, B, K, T, W^s, 083, 086, f^1, 33, 565, 2211^2, a, f^c, sir^c, co.

Se intercala aquí μὴ ἀπόληται ἀλλ', *no perezca sino*, según lectura en $\mathfrak{P}^{63}$, A, K, N, Γ, Δ, Θ, Ψ, f^{13}, 579, 700, 892, 1241, 1424, 844, 2211^{1}, $\mathfrak{M}$, lat, sir$^{s, p, h}$, bo^{bo}.

ἵνα πᾶς ὁ πιστεύων ἐν αὐτῷ. El propósito de la muerte de Cristo es para salvación a todo aquel que cree en Él. El versículo anterior habla del modo de salvación, mediante la obra redentora y sustitutoria de Jesús, en éste se habla del *alcance* de la salvación. Esto requiere la necesidad de establecer precisiones sobre si la salvación se da a *todo aquel que cree*, y en ese sentido no hay limitación, como más adelante dirá Cristo: *"el que a mí viene, no le hecho fuera"* (6:37), quiere decir que la *potencialidad salvadora* alcanza a todos los hombres. La pregunta es inevitable: *¿por quienes murió Cristo?* Tratemos de contestarla a la luz de la Biblia, ya que esta parte del *Evangelio*, por su contenido soteriológico, lo exige. Sin embargo un estudio exhaustivo de estas verdades corresponde a la *Soteriología* en la *Teología Sistemática*, lo que no es objeto de este comentario, ni es lugar aquí para tratarla. Con todo, responder a la pregunta requiere algunas consideraciones que resultarán, tal vez, para algunos un tanto extensas.

La comprensión del alcance de la muerte de Cristo ha sido diferente, según el modo de pensamiento teológico. Tales diferencias han dividido a muchos teólogos, produciendo en ocasiones posiciones radicales que generan enfrentamientos y causan profundas divisiones. Por un lado están los que se conocen como *redencionistas limitados* que sostienen que Cristo murió sólo por algunos, concretamente por un grupo de personas que Dios eligió soberanamente para salvación, predestinándolos para gloria. Otro grupo, conocido como *redencionistas ilimitados*, entienden que Cristo murió por todos sin excepción alguna, proveyendo de salvación a todo aquel que cree. La posición de *redención limitada* forma parte del llamado *quinto punto* del calvinismo histórico y que también se le llama *hipercalvinismo*, sin embargo debe entenderse que no todos los que están en la posición *calvinista* sostienen la *redención limitada*. Lamentablemente no se puede militar en ambos posicionamientos, por lo que es preciso situarse en el campo que bíblicamente se entiende como correcto a la luz de la enseñanza general de la Palabra. Dicho de otro modo, es necesario determinar si la obra de la Cruz estuvo sólo dirigida a los escogidos, que serían personalmente salvos, de tal manera que todo cuanto se produce en el plano de la redención se realizó para ellos solamente, así la expiación, propiciación, reconciliación y rescate, se limita tan sólo a quienes Dios ha elegido eternamente para salvación, o por el contrario esa obra se extiende sin limitación alguna a todos los hombres. Es necesario determinar si la obra de la Cruz provee de medio de salvación a todos los hombres, aunque sea eficaz sólo para los que creen. Es evidente que la posición de *redención limitada*, se sostiene solo por el calvinismo extremo, mientras que todos los demás evangélicos, en sus diversos modos de entender la salvación, sostenemos la *redención ilimitada* según el sentido de interpretación literal de la Biblia. Posiblemente la dificultad del posicionamiento en relación con la verdad revelada, tanto para *redencionistas limitados* como para los *redencionistas ilimitados*, se produce por una deficiente comprensión de la dimensión de la obra de sustitución en la Cruz, no distinguiendo entre dos aspectos: *la sustitución potencial* y la *sustitución virtual*. Esto es sumamente importante porque no es posible comprender un llamamiento universal a salvación de *bona fide*, departe de Dios, si algunos quedan absolutamente excluidos de la salvación. Es necesario establecer, conforme al pensamiento de Juan, si Dios envió a su Hijo al mundo, con la voluntad antecedente, manifestada en el propósito decidido de salvar a algunos, o si el propósito de Dios fue más bien proveer de salvación para todo aquel que crea (3:14-17).

Acudiendo a un análisis textual se aprecia que muchos de ellos enseñan la universalidad de salvación. Comenzando por el versículo que comentamos: *"...para que todo aquel que en él cree, no se pierda, mas tenga vida eterna"*. Este *todo aquel* está implícitamente comprendido en la palabra *mundo* de los versículos siguientes, que se comentarán en su momento. Aquí *todo aquel* se refiere a toda la humanidad. Dios provee en Cristo salvación con una única condición, *creer en Cristo*. Los *limitacionistas* fuerzan el concepto *todo aquel* y *mundo* para limitarlo a los escogidos. Pero sería igualmente contrario a toda buena interpretación sustituir como equivalente la palabra *mundo, todo aquel, todo el que*, por *mundo* en los pasajes en que ocurren (p. ej. 1:29; Hch. 10:43; 17:30; 2 Co. 5:14, 15, 19; 1 Ti. 2:4, 6; Tit. 2:11; He. 2:9; 1 Jn. 2:2). El contexto del *Evangelio* enseña que la causa de la condenación para los hombres es *"preferir las tinieblas a la luz"* (3:19). Es necesario apreciar que la causa de la condenación está en *no creer* en Jesucristo (3:36; 8:24). En otro versículo, se lee: *"Pero Dios, habiendo pasado por alto los tiempos de esta ignorancia, ahora manda a todos los hombres en todo lugar, que se arrepientan"*[11] (Hch. 17:30). Dios establece el arrepentimiento y lo manda para todos los hombres, y no sólo par algunos. No sería posible admitir una demanda así sin que hubiera una salvación ilimitada que alcanzara a todos. Si Dios manda a todos que se arrepientan –en el sentido de que dejando sus pensamientos

---

[11] Ver comentario al versículo en mi libro Hechos, de esta misma serie.

idolátricos, cambien de mentalidad orientándose al único Salvador y se vuelvan a Dios- es que hay gracia suficiente para que todos puedan ser salvos. Dice también el apóstol Pablo: *"Porque el amor de Cristo nos constriñe, pensando esto: que si uno murió por todos, luego todos murieron; y por todos murió, para que los que viven, ya no vivan para sí, sino para aquel que murió y resucitó por ellos"* (2 Co. 5:14-15). No cabe duda que quienes viven para Dios son aquellos que han creído, por lo que el texto podría aplicarse también a una redención limitada solo a los escogidos, pero más adelante se lee que *"Dios estaba en Cristo reconciliando consigo al mundo, no tomándoles en cuenta a los hombres sus pecados, y nos encargó a nosotros la palabra de la reconciliación. Así que, somos embajadores en nombre de Cristo, como si Dios rogase por medio de nosotros, os rogamos en nombre de Cristo: Reconciliaos con Dios"* (2 Co. 5:19-20). La redención ilimitada está claramente manifestada en uno que murió por *todos*. Se trata de una muerte *potencial* o *contractual*. En razón de la muerte de Jesús, Dios coloca al mundo en posición de reconciliación con Él. En esa base se exhorta al mundo a la aceptación del mensaje que proclama la reconciliación, sin límite en el llamamiento y sin límite en la respuesta. Más directas son las palabras del apóstol Pedro: *"Pero hubo también falsos profetas entre el pueblo, como habrá entre vosotros falsos maestros, que introducirán encubiertamente herejías destructoras, y aun negarán al Señor que los rescató, atrayendo sobre sí mismos destrucción repentina"* (2 P. 2:1). El versículo se refiere a los falsos profetas que están bajo el juicio de Dios, mientras continúan negando al que *los rescató*. Los *limitacionistas* explican el texto argumentando que no se trata de rescate, sino de los beneficios que Dios imparte también a los malos[12]. El apóstol usa el verbo ἀγοράζω, *comprar, rescatar, redimir*, que se aplica indistintamente para creyentes o inconversos, mientras que ἐξαγοράζω, se usa sólo para quienes, por salvación, salen del estado de esclavitud espiritual. El pago del precio de redención se hace en la Cruz, por todo el mundo, prueba evidente de lo *ilimitado* de la redención. Nuevamente leemos en Pablo: *"El cual quiere que todos los hombres sean salvos y vengan al conocimiento de la verdad... el cual se dio a sí mismo en rescate por todos..."* (1 Ti. 2:4, 6). El deseo de Dios, no Su designio, es que todos los hombres sean salvos, llegando al pleno conocimiento de la verdad. Enfáticamente afirma que Jesucristo lo hace posible por cuanto se dio a Sí mismo en rescate por todos. Es necesario observar la no limitación del término *todos*. Los *limitacionistas*, sugieren que ese *todos* quiere decir *sin distinción de clases*, pero no *sin excepción*. El verbo traducido por salvar en el

[12] J. Gill. *An Exposition of the New Testament* vol. II (Londres, 1853).

versículo, aparece en aoristo pasivo de infinitivo, lo que indica que Dios hizo provisión de salvación para todos, y no que haya decidido salvar definitivamente a todos los hombres. La sustitución ha sido a favor de todos. Así escribe Donald Guthrie:

"Esto, pues, expresa la seguridad de la misericordia de Dios hacia todos, sin distinción de raza, color, condición o estado. Ha podido haber alguna tendencia hacia la exclusividad por parte de algunos, quizás influenciados por el mismo impulso que arrastró a los posteriores gnósticos a encerrarse en sus círculos cerrados de iniciados, y Pablo, para proveer un antídoto, estaría aquí recalcando la compasión universal de Dios. Aun cuando sea difícil de conciliar esta aserción con la constante enseñanza de Pablo sobre la soberanía de Dios, nadie se atrevería a negar que dichas palabras representan bien la magnanimidad de la benevolencia divina. Las palabras –todos los hombres. Deben ser conectadas con el 'todos' del v. 1. La oración por todos los hombres sólo podría justificarse a base del deseo de Dios de salvar a todos. Se concibe a Cristo como 'el precio transaccional' a favor de, y en lugar de, todos, a base del cual precio puede ser garantizada la libertad. Con todo, no todos disfrutan de tal libertad. El precio del rescate, es cierto, tiene un valor infinito, pero los beneficios requieren ser recibidos. El apóstol supone aquí que, puesto que el rescate es adecuado para todos, Dios debe de desear la salvación de todos[13]".

Otro texto del apóstol Pablo es esencial en la respuesta a la pregunta de por quienes murió Cristo: *"Que por esto mismo trabajamos y sufrimos oprobios, porque esperamos en el Dios viviente, que es el Salvador de todos los hombres, mayormente de los que creen"* (1 Ti. 4:10). En él, el apóstol enseña que Dios es el Salvador de *todos los hombres* y añade que lo es *especialmente* o también *principalmente* de los que creen. En él no se dice que haya alguna exclusión en la salvación, pero se precisa que la obra de salvación sólo es eficaz para algunos, esto es, para *los fieles*. Esa misma verdad, la de un amor sin límite, extensivo a todos, se pone de manifiesto también en el Antiguo Testamento (Sal. 145:6). La gracia en salvación se dice que está manifestada para todos: *"Porque la gracia de Dios se ha manifestado para salvación a todos los hombres"* (Tit. 2:11). Esto concuerda con la apreciación de Juan sobre Jesús, del que dice que vieron Su gloria, como la del Unigénito del Padre, lleno de gracia y de verdad (1:14). Tan solo otras dos referencias más. Se lee: *"Pero vemos a aquel que fue hecho un poco menor que los ángeles, a Jesús, coronado de gloria y de*

---

[13] Donal Duthrie. *The Pastoral Epistles*. Tyndale Press, 1961, Londres, pág. 71 s.

honra, a causa del padecimiento de la muerte, para que por la gracia de Dios gustase la muerte por todos" (He. 2:9). El sujeto del padecimiento es Jesús, hecho un poco menor que los ángeles, en cuanto a Su naturaleza humana, que ha sido exaltado, coronado de gloria y de honor. Éste gustó la muerte, en el sentido de *experimentarla* en toda su dimensión, consciente y libremente (10:17-18). La obra sustitutoria en Su muerte comprende potencialmente a todos. El apóstol Juan en su primera epístola escribe: *"Y él es la propiciación por nuestros pecados; y no solamente por los nuestros, sino también por los de todo el mundo"* (1 Jn. 2:2). Una de las afirmaciones más claras y directas de todos los textos que enseñan la redención *ilimitada*, consecuente de la muerte de Cristo. El adjetivo en el texto griego es rotundo, al significar *de todo*, esto hace claramente extensible la propiciación, *potencialmente* a todos los hombres. Así escribe John Stott:

"Este texto no puede ser forzado a indicar que todos los pecados quedan automáticamente perdonados mediante la propiciación de Cristo, sino que se ofrece un perdón universal por los pecados de todo el mundo, perdón que es disfrutado por los que se acogen a Él"[14].

Hay también otras referencias que son usadas por los que sostienen la *redención limitada*. Así: *"Como el Hijo del Hombre no vino para ser servido, sino para servir, y para dar su vida en rescate por muchos"* (Mt. 20:28). Es evidente que la obra de la Cruz, en este texto se limita a *muchos* y no a *todos*. En base a una correcta exégesis es preciso hacer concordar la afirmación con otras anteriormente consideradas. La obra eficaz sólo alcanza a quienes creen, por lo que *virtualmente* murió sólo por ellos. Debe considerarse de igual manera el paralelo de este texto (Mr. 10:45). En la profecía se lee: *"Verá el fruto de la aflicción de su alma, y quedará satisfecho; por su conocimiento justificará mi siervo justo a muchos, y llevará las iniquidades de ellos"* (Is. 53:11). El profeta anuncia una *justificación* que alcanza sólo a muchos. El texto confirma el sentido considerado para el anterior. La justificación por fe sólo es posible para aquel que cree (Ro. 5:1). Hay otras referencias en sentido limitacionista (cf. 10:15; 15:13; 17:2, 6, 9, 20, 24; Ro. 4:25; Ef. 1:3-7). Las referencias que se han considerado en el párrafo anterior son consideradas por quienes creen que Cristo murió solo por algunos, aplicándolas a los escogidos, forzando con ello la interpretación natural del texto. El argumento limitacionista puede resumirse así: Dios quedaría derrotado con la pérdida de aquellos que se pierden aunque por ellos muriese Cristo. En un deseo de sostener la

---

[14] John Stott. *Epístles of John*. Tyndale Press, Londres 1966, pág. 84.

redención limitada consideran que si Cristo murió por quienes no se salvan, equivale a una derrota por Su parte que hace nula y sin efecto la obra de la Cruz en relación con los que se pierden. Considerar la redención como garantía de salvación es sólo una *presuposición*, ya que la redención se convierte en garantía de salvación sólo para quien cree (3:36). La incredulidad es motivo de condenación, especialmente para quienes resisten la convicción del Espíritu, manifestando el pecado de incredulidad (16:7-11). Un argumento típico de este pensamiento se expresa en las palabras de John Owen:

"Dios hizo pender Su justa ira sobre, y Cristo sufrió las penas del infierno por, o todos los pecados de todos los hombres, o todos los pecados de algunos hombres, o algunos pecados de todos los hombres. Si lo último –algunos pecados de todos los hombres- entonces todos los hombres tienen algunos pecados de los que responder, y así nadie será salvo... Si lo segundo; eso es lo que nosotros afirmamos; a saber, que Cristo sufrió como sustituto por todos los pecados de todos los elegidos del mundo. Si lo primero (a saber, que Cristo murió por todos los pecados de todos los hombres), entonces ¿por qué no son liberados todos del castigo de todos sus pecados? Tal vez diréis: por su incredulidad; no quieren creer. Pero esta incredulidad, ¿es pecado o no lo es? Si no lo es, ¿por qué habrían de ser castigados por ella? Si lo es, entonces Cristo o sufrió por ella el castigo correspondiente o no lo sufrió. Si lo hizo, ¿por qué ha de obstaculizar ella, más que los otros pecados suyos por los que Cristo murió, el que participen del fruto de Su muerte? Si no lo hizo, entonces no murió por todos sus pecados[15]*"*.

La argumentación *limitacionista* o *ilimitacionista* nace en un limitado entendimiento de la naturaleza de la sustitución. De la que debe considerarse dos aspectos: la *sustitución potencial* y la *sustitución virtual*. Por la primera se entiende la condición universal de la obra del Calvario, por la que Dios hace *salvables* a todos los hombres. Por la segunda, *la virtual*, se entiende que la eficacia de la obra del Calvario, solo se produce en aquellos que creen. Algunos llaman a esto también *sustitución global* y *sustitución formal*[16]. En relación con esto, escribe el Dr. Lacueva:

"¿Qué se entiende por sustitución virtual o global? Sencillamente, lo siguiente: Cristo no me sustituyó personalmente en el Calvario, ni expió actualmente mis pecados, ni los tuyos ni los de nadie

---

[15] Citado por Chafer. o.c., pág. 1015.

[16] F. Lacueva. o.c., pág. 331.

(de lo contrario, naceríamos ya justificados, puesto que nuestros pecados estarían ya borrados), sino que proveyó una salvación abundante para todos, propiciando a Dios globalmente por el pecado del mundo, de tal modo que, satisfecha la justicia divina, el amor de Dios se desbordase sobre un mundo perdido, cambiando contractualmente (en general) la posición del mundo respecto de Dios... Ahora bien, cuando una persona se apropia personalmente, por fe y arrepentimiento (Mr. 1:15), la obra del Calvario, es entonces cuando tiene en Jesús un sustituto formal; por eso, sólo a los creyentes se aplica en plural la sustitución por sus pecados (1 P. 2:24, 25)[17]".

La profecía en el Antiguo Testamento ya hace la distinción universal y personal de la obra redentora (Is. 53:4-6). Se aprecia con claridad el concepto de muerte por todos, al cargar sobre el Salvador *el* (singular) pecado de todos los hombres. Esto concuerda plenamente con la enseñanza del Nuevo Testamento (3:15, 16). Pero también hay una sustitución personal en los vv. 4-5, ya que no es la masa de pecado de todos, sino las enfermedades, dolores y rebeliones (plural). En tal condición, Cristo sustituye al pecador que cree, en su pecado y transgresión personal, obrando para él la eficacia de la salvación. Los pasajes que declaran una obra salvadora para todos (cf. 3:16; 2 Co. 5:19; He. 2:9; 1 Jn. 2:2), sólo es posible entenderlos si existe una *sustitución potencial* que los hace posibles. Otros muchos son inclusivos en su finalidad (cf. Ro. 5:6; 2 Co. 5:14; 1 Ti. 2:6; 4:10; Tit. 2:11), para estos de igual manera se hace necesaria para su correcta aplicación, una obra que comprenda a todos los pecadores. El evangelio que llama a salvación contiene un llamamiento universal (3:16; Hch. 10:43; Ap. 22:17). Sólo es posible el llamamiento a salvación de *bona fide*, si la muerte de Cristo tiene un alcance salvador para todos los hombres, dependiendo la eficacia de la fe depositada en el Salvador.

ἔχῃ ζωὴν αἰώνιον. Para todo aquel que crea Jesús promete la *vida eterna*. La vida eterna se alcanza en un *ver* al crucificado. Una mirada de fe que acepta la obra realizada en su favor y la hace suya para justificación. La vida está relacionada con el Verbo (1:4). La vida eterna es privativa y exclusiva de Dios. Él y sólo Él tiene vida eterna por cuanto no tiene principio ni tendrá fin. Esta vida de Dios se comunica al creyente por el único mediador entre Dios y los hombres que es Jesucristo hombre (1 Ti. 2:5). La salvación que comporta, entre otras bendiciones, la *vida eterna*, es una operación de la gracia. Es en ella que el Verbo fue enviado al mundo desde el cielo para hacer posible la

---

[17] F. Lacueva. o.c., pág. 331.

salvación. Los dos elementos en la salvación son la gracia, razón, sustento y ser de la salvación, y la fe, instrumento por medio de la cual se alcanza, al depositarla en el Salvador. Aquí se habla del instrumento para justificación que es la fe: *todo aquel que cree*. El proceso de salvación, la eterna determinación del plan de redención, la ejecución temporal en la historia humana, el llamamiento a salvación, la aplicación de la salvación y la fe son obra divina, puesto que *"la salvación es del Señor"* (Sal. 3:8; Jon. 2:9). La fe es el *medio* pero nunca *la causa* de la salvación. Nunca se lee en la Biblia que somos salvos *a causa* de la fe, sino *por medio* de ella. Dios que da todo cuanto es necesario para la salvación, como el Salvador, la obra salvadora (Gá. 4:4) y la gracia de Su don, da también el medio para apropiarnos de ella que es la fe. Algunos en un afán humanista afirman que en la salvación hay dos partes: por un lado la de Dios que es la gracia y por otra la del hombre que es la fe. Argumentan que Dios salva por gracia pero pone una condición que nace del hombre, que es la fe. Es verdad que la responsabilidad de ejercer la fe y, por tanto, de creer, es del hombre, sin embargo la fe, tanto en el inicio para justificación como en el progreso para santificación depende enteramente de Dios. El apóstol Pablo en la carta a Efesios afirma que *eso de ser salvos por gracia mediante la fe, no es de vosotros, sino un regalo de Dios* (Ef. 2:8), por tanto la fe está incluida en el don. Esto concuerda radicalmente con la advertencia que el apóstol hace en la misma carta y en el siguiente versículo cuando dice que *"no es por obras para que nadie se gloríe"*, pretendiendo evitar que alguno pudiera decir: *por lo menos tengo el mérito de creer*, lo que supondría un mermar gloria a Dios que en Su gracia salva sin razón meritoria por parte del hombre. Con todo la responsabilidad humana es evidente cuando dice *"para que todo aquel que cree"*, ya que la fe queda sin actividad salvadora a menos que se ejerza. La fe es, por tanto, el medio instrumental que Dios da para alcanzar la salvación. Es el canal por medio del cual se reciben los beneficios de la obra de Cristo, por tanto, es el único *medio* para salvación (5:24; 17:3). No es posible que esta fe instrumental de la que Jesús habla aquí con Nicodemo, fe para salvación, pueda proceder del hombre. En el ser humano está *la fe histórica* o *intelectual*, de modo que el hombre entiende y admite la verdad intelectualmente. Esta fe es humana, es decir, procedente del hombre, pero esa fe intelectual no salva (Mt. 7:26; Hch. 26:27,28; Stg. 2:19). Sin embargo ningún tipo de fe –pueden añadirse a la histórica o intelectual otras más- puede ser considerada como *fe salvadora*, que es la confianza en la verdad del evangelio y la aceptación personal del Salvador. Esta fe de entrega en renuncia al *yo* para aceptar el *Tú* de Cristo, no puede ser en modo alguno una obra humana. No está en la posibilidad del hombre no regenerado, porque no está en las obras muertas, que son las propias de quien está muerto en delitos y pecados (Ef. 2:1). Tampoco puede surgir de las obras de la carne, que son manifestaciones de rebeldía contra Dios y la excluye abiertamente (Gá. 5:21). Ni en el legalismo, el sistema de justificación propia del judaísmo y practicada por los religiosos de tiempos de Jesús, entre los que estaba Nicodemo, este camino excluye la justicia de Dios (Gá. 2:16). Mucho menos puede estar en las obras *satánicas*, es decir, las obras que el hombre hace bajo la influencia de Satanás (Ef. 2:2-4). La fe no es una obra humana que el hombre pueda hacer, sino el acto de un alma vacía que recibe todo de Dios. No puede olvidarse que *creer* no es asunto volitivo y potestativo del hombre, sino una concesión de la gracia (Fil. 1:29). Mediante la fe con que Dios nos dota, recibimos la justicia de Cristo (Ro. 5:1). Habiendo provisto Dios de todo cuanto es necesario para salvación, *manda* al hombre que crea (Hch. 17:30). Con todo, también es necesario entender que Dios no fuerza a creer. El ejercicio de la fe es siempre un acto humano, impulsado y ayudado por la gracia de Dios, en el poder del Espíritu Santo (1 P. 1:2). La gracia puede ser resistida en un acto de rebeldía y rechazado el don divino que ofrece el perdón de pecados y la vida eterna, para quien rehúsa creer (3:36).

La *vida eterna*, que como se dice más arriba, es la vida de Dios, se experimenta y recibe por posicionamiento en Cristo. De ahí que cuando se cree se pasa *de muerte a vida* (5:24). Quiere decir que el hombre espiritualmente muerto a causa del pecado, recibe la vida por contacto vital con Aquel que tiene vida en sí mismo y en quien está la vida (1:4). Mediante la fe se produce una entrega incondicional al Salvador. En ese instante, el Espíritu Santo que regenera al hombre (vv. 3, 5), une al pecador con el Salvador produciéndose en ese acto una resurrección espiritual, como el apóstol Pablo dice: "*Pero Dios, que es rico en misericordia, por su gran amor con que nos amó, aun estando nosotros muertos en pecados, nos dio vida juntamente con Cristo*" (Ef. 2:4-5). Esta acción de identificación y unión con Cristo se produce mediante la acción del bautismo del Espíritu (1 Co. 12:13). En la entrega del pecador al Salvador en un acto de fe, el Espíritu sitúa al nuevo creyente en Cristo, para que en contacto con Él, la vida de Dios, que es vida eterna, fluya hacia el salvo y se le comunique mediante la unión con el Salvador. La vida es dada al creyente por Dios, uniéndolo a Cristo quien provee vida eterna para Él. La doctrina de la *identificación con Cristo* es la clave para entender la experiencia de vida eterna en el salvo (Gá. 2:20). Lo que la Biblia enseña es que la vida eterna se recibe solamente mediante la unión con Cristo, de otro modo, unidos al Hijo recibimos vida (3:36a). La vida que se recibe al creer no es una reparación de la anterior propia de la naturaleza adámica, sino la dotación de una nueva vida procedente y vinculada con Dios mismo (1 Jn. 5:12), que no es otra cosa que la participación del salvo en la naturaleza divina (2 P. 1:4). La vida eterna se vive por vinculación con Cristo, quiere decir que *al juntarnos*, esto es, *al unirnos con Cristo*, se recibe vida, que se mantiene para siempre ya que la unidad del pecador creyente con el Salvador es efectuada no por él, sino por el Espíritu.

16. Porque de tal manera amó Dios al mundo, que ha dado a su Hijo unigénito, para que todo aquel que en él cree, no se pierda, mas tenga vida eterna.

οὕτως γὰρ ἠγάπησεν ὁ Θεὸς τὸν κόσμον, ὥστε τὸν
Porque de tal manera amó - Dios al mundo, de modo que al
Υἱὸν[1] τὸν μονογενῆ ἔδωκεν, ἵνα πᾶς ὁ πιστεύων εἰς αὐτὸν
Hijo, el unigénito dio, para que todo el que cree en Él
μὴ ἀπόληται ἀλλ' ἔχῃ ζωὴν αἰώνιον.
no perezca mas tenga vida eterna.

Notas y análisis del texto griego.

Siguiendo el discurso de Jesús, añade: οὕτως, adverbio de modo *de tal manera, así, de igual manera, de la siguiente manera*; γὰρ, conjunción causal *porque*; ἠγάπησεν, tercera persona singular del aoristo primero de indicativo en voz activa del verbo ἀγαπάω, *amar*, aquí *amó*; ὁ, caso nominativo masculino singular del artículo determinado *el*; Θεὸς, caso nominativo masculino singular del nombre divino *Dios*; τὸν, caso acusativo masculino singular del artículo determinado *al*; κόσμον, caso acusativo masculino singular del nombre común *mundo*; ὥστε, conjución condicional *para que, con el fin de, de modo que*; τὸν, caso acusativo masculino singular del artículo declinado *al*; Υἱὸν, caso acusativo masculino singular del nombre *Hijo*; τὸν, caso acusativo masculino singular del artículo determinado *el*; μονογενῆ, caso acusativo masculino singular del adjetivo *unigénito*; ἔδωκεν, tercera persona singular del aoristo primero de indicativo en voz activa del verbo δίδωμι, *dar, conceder, entregar*, aquí *dio*; ἵνα, conjunción causal *para que*; πᾶς, caso nominativo masculino singular del adjetivo indefinido *todo*; ὁ, caso nominativo masculino singular del artículo determinado *el*; πιστεύων, caso nominativo masculino singular del participio de presente en voz activa del verbo πιστεύω, *creer, poner fe*, aquí *que cree*; εἰς, preposición propia de acusativo *en*; αὐτὸν, caso acusativo masculino de la tercera persona singular del pronombre personal *Él*; μὴ, partícula que hace funciones de adverbio de negación *no*; ἀπόληται, tercera persona singular del aoristo segundo de subjuntivo en voz media del verbo ἀπόλλυμι, en voz media *perecer, perderse, morir*, aquí *se pierda*; ἀλλ', conjunción adversativa *mas*; ἔχῃ, tercera persona singular del presente de subjuntivo en voz activa del verbo ἔχω, *tener, poseer*, aquí *tenga*; ζωὴν, caso acusativo femenino singular del nombre común *vida*; αἰώνιον, caso acusativo femenino singular del adjetivo *eterna*.

Crítica Textual. Lecturas alternativas.

[1] τὸν Υἱὸν, *al Hijo*, según se lee en $\mathfrak{p}^{66, 75}$, ℵ*, B, W^s.

τὸν Υἱὸν αὐτοῦ, *al Hijo de él*, conforme a $\mathfrak{p}^{63}$, $ℵ^2$, A, K, N, T, Γ, Δ, Θ, Ψ, 083, 086, $f^{1, 13}$, 33, 565, 579, 700, 892, 1241, 1424, 2211, 𝔐, lat, sir, Didimo.

οὕτως γὰρ ἠγάπησεν ὁ Θεὸς, La obra de salvación obedece al *amor de Dios*. En ocasiones la arrogancia del hombre pretende situar la salvación en la *misericordia* consecuente de Dios a causa de la condición perdida del ser humano por su pecado. Es decir, Dios salvó al hombre porque se había perdido y acudía a su necesidad para que no se perdiesen Sus creaturas. Pero, la Biblia enseña que Dios determinó salvar al hombre, no por lo que el hombre fuese o dejase de ser, sino por determinación personal antes de que el hombre fuese creado (2 Ti. 1:9). El Cordero de Dios había sido *predestinado* para la redención del mundo *antes de la creación* (1 P. 1:18-20). El amor de Dios no solo es infinito, sino que es incomprensible, es más, es *ilógico*, porque se orienta hacia el perdido y rebelde pecador, ingrato, sin afectos naturales, corrompido y por tanto corrupto que no busca a Dios ni quiere saber de Él, constituyéndose en enemigo suyo por sus malas obras (Stg. 4:4). Lo sorprendente es que a estos *enemigos*, cuyo destino era la eterna condenación, los reconcilió consigo por la muerte de Su Hijo (Ro. 5:10). Las palabras del versículo se ocupan primeramente de presentar la causa eficiente de salvación y la dimensión de ella, ofreciendo la verdad de que toda la obra redentora se origina en el amor infinito de Dios. La expresión *"de tal manera amó"* tiene que ver con la extraordinaria dimensión de ese amor, como si dijese *así de grande es el amor de Dios*. Este pensamiento satura la mente de Juan, de modo que insiste en ello en otro de sus escritos: *"Mirad cuál amor nos ha dado el Padre, para que seamos llamados hijos de Dios"* (1 Jn. 3:1). La primera frase tiene el sentido de *mirad de que país*, o *mirad de que estilo*, o de *que condición*, es el amor de Dios.

El amor de Dios es *intrínseco*, esto es, esencial, puesto que ama porque *es amor*. Ama aunque no haya nada en los objetos de Su amor que pueda provocarlo, ni nada en la criatura que pueda atraerlo o impulsarlo. El amor humano es de relación, se ama a otro porque en alguna manera corresponde a ese amor; el amor de Dios es inmotivado, de ahí que sea *ilógico*. La única razón para que ame es Su voluntad soberana, como decía a Israel: *"No por ser vosotros más que todos los pueblos os ha querido Jehová y os ha escogido, pues vosotros erais el más insignificante de todos los pueblos; sino por cuanto Jehová os amó, y quiso guardar el juramento que juró a vuestros padres"* (Dt. 7:7-8). De la misma manera enseña el apóstol Pablo cuando dice que nos amó desde la eternidad, es decir, antes de que ninguna acción nuestra pudiera servir de mérito o demérito a ese amor (2 Ti. 1:9). El amor nuestro con que le amamos, es el Suyo derramado en nosotros (Ro. 5:5), por eso le amamos, porque Él nos amó primero (1 Jn. 4:19). Es un amor espontáneo, porque surgió de Él mismo, antes de nuestra existencia. Además de eso el amor de Dios es *eterno*, como Él mismo. Como Él no tuvo principio ni tendrá fin, así también su amor tampoco lo tiene. Esa es la verdad revelada por Dios mismo: *"Con amor eterno te he amado; por tanto, te prolongué mi misericordia"* (Jer. 31:3). Dios amó al mundo antes que el cielo y la tierra, los ángeles y los hombres fuesen creados. De manera que si el amor de Dios es *intrínseco* y *eterno*, tiene también que ser *soberano*. No cabe duda que Él es soberano, no está obligado con nadie, y actúa siempre conforme a Su determinación voluntaria y libre. Porque Dios es amor y es soberano ama a quien quiere amar y en el versículo el amor de Dios se orienta hacia todo el mundo. Ningún hombre podrá decir jamás a Dios que no le amó. La adopción del creyente como hijo de Dios (1:12) obedece al *puro afecto de Su voluntad* (Ef. 1:4-5). Este amor de Dios, siendo como Él, tiene que ser *infinito*. Los límites son desconocidos para Dios. Sus perfecciones con tan ilimitadas como lo es Él mismo. En el versículo se pone de manifiesto *de tal manera amó Dios*. Su amor tiene una profundidad, una extensión, una capacidad y una altura que nadie puede alcanzar, ya que excede a todo conocimiento (Ef. 3:19). El amor divino es *inmutable*, porque en Él no hay mudanza ni variación (Stg. 1:17). Dios nunca deja de amarnos, a pesar de nuestra poca fe y de nuestra desobediencia. El amor divino no está sujeto a alteraciones temporales de ninguna clase. De modo que nadie podrá apartarnos del amor de Dios que es en Cristo Jesús (Ro. 8:35-39). Pero, además, el amor divino es *santo*. Quiere decir que en contraste con el amor humano cuyas reglas se quebrantan e incluso desaparece, el de Dios ama al pecador, pero no transige con el pecado. No ocurre como entre los hombres, que en ocasiones no se considera la injusticia o el pecado en base a un falso concepto del amor. Dios no cierra Sus ojos al pecado y se desagrada del que lo practica, porque Su amor es un amor puro. Finalmente, el amor de Dios es también *benigno*. Sus bendiciones y favores no pueden separarse de Su amor. La mayor evidencia de esto es lo que sigue en el versículo que a causa de ese amor Dios dio a su Hijo.

τὸν κόσμον. Si sorprendente es el amor, con mayor dimensión se aprecia cuando se consideran quienes son los destinatarios: *amó al mundo*. El asombro personal crece cuando se aprecia quién es el objeto de ese amor. La palabra κόσμος, *mundo*, se usa aquí para referirse a los hombres que están en él. Estos son mundanos, porque están afectados y sujetos a ese sistema espiritual, que es de abierta oposición a Dios y contraria a Su voluntad. La expresión *al mundo*, vuelve a remarcar lo que se ha considerado ya en el versículo anterior, que la salvación es extensiva a todos los hombres y efectiva sólo para los que creen. De otro modo, la voluntad salvífica antecedente de Dios es *universal* (cf. 2 Co. 5:14-21; 1 Ti. 2:1-6; 1 Jn. 2:2). Por esa causa Cristo murió por todos aunque no todos se beneficien de la salvación, sino sólo los que creen (8:24). La idea de que Dios, siendo amor, ama sólo a un grupo de *elegidos*, es un prejuicio teológico contrario a la Escritura. El amor de Dios se orienta hacia el pecador perdido. Desde un punto de vista extremo y contrario a una sana hermenéutica, hay quienes afirman que Dios no ama al pecador, porque no puede amar al pecado, para eso aportan algunas citas en las que se enseña que Dios aborrece al pecador y que solo pueden ser objeto de Su ira, porque *"abominación es a Jehová tu Dios cualquiera que hace esto, y cualquiera que hace injusticia"* (Dt. 25:16); *"porque tú no eres un Dios que se complace en la maldad; el malo no habitará junto a ti... aborreces a todos los que hacen iniquidad...al hombre sanguinario y engañador abominará Jehová"* (Sal. 5:4, 5, 6) *"Jehová prueba al justo; pero al malo y al que ama la violencia, su alma los aborrece"* (Sal. 11:5). Otros muchos lugares podrían citarse en ese sentido. Pero, el contexto está en la vinculación del pecador con determinadas acciones, que son ejecutadas por él y despiertan por ello la ira divina. Dios ama al pecador pero aborrece la comisión del pecado. La obra redentora sirve para sanidad espiritual de todos los perdidos, con la condición de que crean (cf. Is. 53:5). Sólo quien rehúsa creer se encierra en su condenación y muere en sus pecados (vv. 17-21; 8:24; 9:41).

ὥστε τὸν Υἱὸν τὸν μονογενῆ ἔδωκεν, Ese amor no podía ser mayor puesto que Dios lo expresa en el don supremo de dar a su Hijo. Ese *dio* equivale a *lo entregó a la muerte*, como sacrificio expiatorio por el pecado (15:13; 1 Jn. 3:16; 4:10). Como se ha hecho notar antes Dios no *escatimó* ni a Su propio Hijo. De la misma manera que Abraham no rehusó a Dios entregar al suyo, cuando se lo demandó, así Dios no rehusó dar a su Unigénito, pero, lo sorprendente es que lo hizo para darlo *al mundo*. Fue Dios quien entregó a muerte a su Hijo, si bien tampoco Él rehusó entregarse a la muerte por nosotros. Lo asombroso de ese amor divino es que Dios no necesitaba nada de nosotros, por tanto, es ilógico, para el pensamiento humano la entrega del Unigénito suyo en bien de los perdidos, que se habían alejado de Él voluntariamente. Es la dimensión suprema del amor manifestado en la gracia. Lo entrega voluntariamente y el Hijo asumiendo Su determinación en el plan de redención, desciende al mundo de los hombres para humillarse hasta la muerte y muerte de Cruz, de manera que *"por amor a nosotros se hizo pobre, siendo rico, para que nosotros fuésemos enriquecidos con su pobreza"* (2 Co. 8:9). Este es otro de los contrastes, aún más, de las contradicciones, porque ¿cómo puede hacerse pobre quien es dueño de todo? La pobreza en relación con Dios debe medirse por la imposibilidad de que dé más de lo que ha dado porque no tiene más. Supone esto que Dios ha llegado al límite de la entrega. El Padre ha dado al Hijo ¿qué más le queda? El Hijo ha dado su vida ¿qué mas puede dar? Lo que el hombre no puede dimensionar, la paradoja del amor divino, se puede experimentar ya que por medio de esa entrega que le hace pobre, por incapacidad de dar más, nosotros, los paupérrimos somos enriquecidos para llegar a ser hijos de Él y desde herederos suyos desde la condición de coherederos con Cristo (Ro. 8:17). Dios entregó en manifestación de su amor a su propio Hijo, lo que significa que ejecutó en Él el castigo que suponía la responsabilidad penal de nuestro pecado. Así estaba profetizado: *"Con todo eso, Jehová quiso quebrantarlo, sujetándole a padecimiento"* (Is. 53:10). El Padre entregó a su Unigénito por las transgresiones de los que ahora son hijos suyos por adopción, abriendo el camino que permite esa acción divina (Ro. 4:25). La condenación del mundo fue cargada por Dios en Cristo. Es una manifestación de amor incomprensible. Los perdidos pecadores debían ser condenados a causa de su pecado. La paga del pecado no podía ser otra que la muerte. El Padre tiene a su Unigénito Hijo, en quien se complace eternamente y de quien dice: *"Este es mi Hijo amado"*. Es además inocente, mucho más sublime que los cielos, santísimo como sólo Dios puede serlo; en su humanidad vivió con la misma santidad que eternamente le es propia, *"no hizo pecado, ni se halló engaño en su boca"* (1 P. 2:22). Este inocente y santísimo Hijo de Dios, fue entregado por nosotros y puesto en el lugar de los extraviados y rebeldes. La copa de maldición fue asumida por Él para que los malditos seamos herederos de bendición. No cabe duda que el Señor puso voluntariamente Su vida en expiación por nuestros pecados, es cierto que fue Él que nos amó y se entregó por nosotros (Gá. 2:20), pero no es menos cierto que fue el Padre quien no rehusándolo lo puso para que llevase nuestra carga de pecado. El amor insondable de Dios se manifiesta precisamente en que el Padre puso a su Hijo por nosotros, y lo hizo cuando nosotros estábamos en la posición de pecadores y enemigos de Él (Ro. 5:6-10). En esa entrega Cristo llega a ser hecho maldición al ser el sustituto universal y, por tanto, potencial del pecador. En la Cruz ocupa el lugar del pecador y los pecados del mundo le son imputados, esto es, son puestos sobre Él (Is. 53:6, 12; Jn. 1:29; 2

Co. 5:21; He. 9:28; 1 P. 2:24). Por esa obra Dios hace *potencialmente salvable* a todo hombre. No quiere decir que siendo el sustituto potencial sea también el virtual, ya que Dios aplica los beneficios salvadores de la expiación por el pecado a todo el que cree y sólo a los que creen. Dios no hace *justo* al que es *injusto* pero lo declara justificado por haber creído en el Salvador.

ἵνα πᾶς ὁ πιστεύων εἰς αὐτὸν μὴ ἀπόληται. El texto añade los beneficios de la obra de Cristo, y la consecuencia que produce el amor del Padre que lo entregó por nosotros. He aquí la extensión potencial de la salvación: *para todo aquel que en Él cree.* No hay limitación alguna, todo hombre podrá creer en Cristo. No podemos dejar de entender que si la fe es engendrada en el pecador por la acción de la Palabra aplicada por el Espíritu, el hombre no regenerado tiene necesidad de ser asistido por Él para ser salvo. El Espíritu hace la obra de salvación que anteriormente se ha señalado. La tarea de convicción tanto de pecado, como de justicia y de juicio, es una obra Suya (16:8-11). No es menos cierto que es el Espíritu el que genera la fe salvadora que luego el hombre ejerce depositándola en el Salvador. Es también Su poder *santificar*, es decir, capacitar al pecador para que pueda hacer una acción sobrenatural para el hombre caído que es declinar su *yo* para entregar su vida a Cristo en un acto de suprema obediencia (1 P. 1:2), ya que la fe que salva exige la entrega del *corazón* mucho más que la mente (Ro. 10:9). Pero Juan dice que Jesús es la luz que alumbra a todo hombre que vino a este mundo (1:9). ¿Acaso no escogió Dios a algunos de entre todos los hombres para salvación, como fue el caso del apóstol Pablo? Sin duda alguna, Dios ha escogido a algunos para salvación, pero no ha escogido al resto de los hombres para condenación. El hecho de que en soberanía haya escogido a los que le ha placido para que sean salvos, no impide entender que extiende la salvación a todo aquel que crea. Esa es la condición esencial para ser salvo, la fe depositada en el Salvador. Algunos pretenden añadir a la fe alguna cosa más para la recepción de la salvación. ¿Acaso el arrepentimiento no está vinculado a la salvación? Si, sin duda, sin arrepentimiento no hay salvación, pero el arrepentimiento que es un cambio de mentalidad no lo puede producir el hombre en su estado de perdido pecador, sino que es la consecuencia que produce en él la regeneración del Espíritu, instantánea al hecho de poner la fe en Cristo Jesús. Es decir, el *cambio de mentalidad* no es puntual sobre algún concepto, sino sobre la forma de considerar la vida de pecado propia del hombre natural como absolutamente opuesta y por tanto ajena a la razón de ser del que cree. Este cambio de mentalidad es imposible a causa de la naturaleza caída, cuyo pensamiento está corrompido por condición natural y su corazón es continuamente el mal.

El cambio de mentalidad, es el resultado de la regeneración por el Espíritu, por tanto, es imposible la salvación sin el arrepentimiento, pero no es posible el arrepentimiento sin la regeneración resultante del ejercicio de la fe en el Salvador. En todo el Nuevo Testamento se enseña que para ser salvo es necesario creer en Cristo. Eso es lo que Pablo contesto a la pregunta del carcelero en Filipos: *"Cree en el Señor Jesucristo y serás salvo"* (Hch. 16:31). Posiblemente el carcelero, acostumbrado a las prácticas religiosas que buscaban la satisfacción de sus dioses, esperaba que Pablo y Silas le demandaran alguna acción personal, como sacrificios u ofrendas, pero nada de eso es necesario para la salvación sino creer en el Salvador, depositar la confianza en su Persona y aceptar Su promesa. La fe es la única demanda para salvación.

El resultado final de creer en Cristo es que el hombre *no se pierda*. La perdición es el estado al que se llega a causa del pecado que impide la comunión en la vida de Dios que es eterna. El pecado provoca la ira de Dios que tiene amplios efectos y nos permite entender lo que significa *perdición*. Las formas de evitar la ira de Dios que acarrea la perdición del pecador es cumplir la pena del pecado (Dt. 13:15-17), que siendo de muerte no puede ser cancelada para vida. La ira de Dios no debe ser apaciguada por venganza, sino por justicia. Dios requirió la ofrenda sacrificial de su Hijo a causa de la ira por el pecado, de modo que la propiciación por el pecado está relacionado con la muerte de Cristo (Ro. 3:25). Cristo no sólo es *propiciatorio*, sino la misma ofrenda de propiciación (He. 2:17; 1 Jn. 2:2; 4:10). Por la fe Dios puede *justificar* al pecador, en sentido de atribuirle justicia. De modo que al justificar al pecador que cree, Dios lo coloca en una posición contraria a la de condenación. Al que cree se le otorga el don de la justicia (Ro. 5:17). El plan de Dios para proveer de la justicia necesaria descansa en la obra de Cristo (Ro. 3:21-22). La justicia de Dios, mediante la cual el pecador es condenado, se otorga por medio de la fe (Ro. 3:22; 5:1). Esa fe que justifica restablece la comunión y la paz delante de Dios. Así el creyente puede decir, no por méritos propios, sino por la gracia de Dios, que ya no hay condenación para el que está en Cristo (Ro. 8:1). El pecador, expuesto a eterna condenación, es hecho, al creer, *justicia de Dios* en Cristo (2 Co. 5:21). Dios, habiendo entregado a su Hijo, y en base a la obra que Él hizo en la Cruz, puede permanecer justo y justificar al que cree en el Señor Jesucristo (Ro. 3:26). La responsabilidad penal por el pecado ha sido extinguida por Cristo en la Cruz, por tanto, nada queda que pagar para quien se acoge por fe a la obra salvadora del Señor. El sacrificio sustitutorio de Jesús cancela toda deuda de pecado, ya que al que cree no se le perdonan algunos, sino todos los pecados (Col. 1:14; 2:13). La justificación es asunto definitivo para quienes están revestidos de Cristo y Su justicia.

ἀλλ' ἔχῃ ζωὴν αἰώνιον. Las palabras del texto terminan apuntando al don de Dios para el salvo que es la *vida eterna*. Ya se ha considerado antes que la vida eterna es privativa y potestativa de Dios, que sólo Él la tiene por cuanto es eterno, esto es *atemporal*. El término *vida eterna* es muy común en Juan, apareciendo diecisiete veces en el *Evangelio* y seis en su primera epístola. Es realmente la participación en la vida de Dios (1:4; 5:21-26; 10:10; 17:3). La vida de Dios se manifiesta en dos grandes aspectos, por un lado está la *esencia* y por otra la *naturaleza*. La esencia es vida incomunicable de Dios, sólo el puede poseer los atributos o perfecciones de omnisciencia, omnipresencia, omnipotencia, etc. Pero la naturaleza se expresa en perfecciones que existen en Dios en grado infinito y se comunican al hombre en grado limitado. Así Dios es amor, pero el amor divino se ha derramado en el corazón del salvo por medio del Espíritu Santo que está en él (Ro. 5:5). Sólo Dios tiene vida eterna, por tanto, cuando un pecador *deposita fe* en el Salvador, el Espíritu Santo lo une vitalmente a Cristo y la vida eterna que está en Él (1:4), se le comunica por identificación a todo aquel que está en Él. Esa vida tiene múltiples modos de bendición, como es la liberación de la esclavitud (8:32), el perdón de los pecados (8:24, 34; 9:41), la adopción de hijos (1:12), la comunión con Dios en Cristo (17:3, 21), la participación de Su amor (5:42; 17:23, 26), de Su gozo (17:13) y de Su paz (16:33). Es la comunicación de la vida de Dios que por ser eterna no puede perecer, como Jesús dijo acerca de Sus ovejas que están en Su mano y a las que le da vida eterna y no perecerán jamás, ni nadie podrá arrebatárselas del lugar de seguridad en donde han sido puestas (10:28).

17. Porque no envió Dios a su Hijo al mundo para condenar al mundo, sino para que el mundo sea salvo por él.

οὐ γὰρ ἀπέστειλεν ὁ Θεὸς τὸν Υἱὸν[1] εἰς τὸν κόσμον ἵνα
Porque no envió - Dios al Hijo al mundo para que
κρίνῃ τὸν κόσμον, ἀλλ' ἵνα σωθῇ ὁ κόσμος δι' αὐτοῦ.
condene al mundo, sino para que sea salvo el mundo por medio de Él.

Notas y análisis del texto griego.

Añade ahora: οὐ, adverbio de negación *no*; γὰρ, conjunción causal *porque*; ἀπέστειλεν, tercera persona singular del aoristo primero de indicativo en voz activa del verbo ἀποστέλλω, *enviar*, aquí *envió*; ὁ, caso nominativo masculino singular del artículo determinado *el*; Θεὸς, caso nominativo masculino singular del nombre divino *Dios*; τὸν, caso acusativo masculino singular del artículo determinado declinado *al*; Υἱὸν, caso acusativo masculino singular del nombre *Hijo*; εἰς, preposición propia de acusativo *a*; τὸν, caso acusativo masculino singular del artículo determinado *el*; κόσμον, caso acusativo masculino singular del nombre común *mundo*; ἵνα, conjunción causal *para que*; κρίνῃ, tercera persona singular del presente de subjuntivo en voz activa del verbo κρίνω, *juzgar, llamar a juicio, condenar*, aquí *condene*; τὸν, caso acusativo masculino singular del artículo determinado declinado *al*; κόσμον, caso acusativo masculino singular del nombre común *mundo*; ἀλλ', forma escrita ante vocal de la conjunción adversativa ἀλλά que significa *pero, sino*; ἵνα, conjunción causal *para que*; σωθῇ, tercera persona singular del aoristo primero de subjuntivo en voz pasiva del verbo σῴζω, *salvar*, aquí *sea salvo*; ὁ, caso nominativo masculino singular del artículo determinado *el*; κόσμος, caso nominativo masculino singular del nombre común *mundo*; δι' forma contracta de la preposición de genitivo διά, *por medio de, a causa de*; αὐτοῦ, caso genitivo masculino de la tercera persona singular del pronombre personal *Él*.

Crítica Textual. Lecturas alternativas.

[1] τὸν υἱὸν, *al hijo*, lectura atestiguada en $\mathfrak{p}^{66, 75}$, א, B, K, T, W^s, 083, f^1, 565, sa^{sa}.

τὸν υἱὸν αὐτοῦ, *al hijo de Él*, según se lee en $\mathfrak{p}^{63}$, A, K, N, Γ, Δ, Ψ, 086, f^{13}, 33, 579, 700, 892, 1241, 1424, 2211, 𝔐, latt, sir, sa^{mss}, ly, bo.

οὐ γὰρ ἀπέστειλεν ὁ Θεὸς τὸν Υἱὸν εἰς τὸν κόσμον. El amor divino se manifiesta en dos aspectos en el versículo anterior como entrega del Hijo para dar vida eterna a los creyentes, ahora para ser Salvador del mundo. La salvación del mundo se resalta por medio de un contraste negativo en el cual se dice para que no fue enviado al mundo el Hijo de Dios. Nuevamente el hecho redentor descansa en el *envío* del Hijo de Dios al mundo, operación soberanamente establecida desde antes de la creación del mundo (1 P. 1:18-20), hecha realidad en el momento en que el tiempo que Dios había determinado para que ocurriera (Gá. 4:4). Debe entenderse esto, como se ha considerado antes, como la irrupción de Dios en la historia humana. No sólo en el sentido de que el enviado, por la vía de la encarnación, se manifiesta entre los hombres en el mundo, sino que esta presencia es el resultado de la acción del Dios trino para que ocurriese el hecho, del que uno es enviado porque hay otro que envía y un tercero que lo hace posible mediante la concepción virginal en María. El *envío* del Hijo, inicia la realización del aspecto salvador de la operación divina. Sin duda es una innegable manifestación de la soberanía divina. La soberanía está plenamente vinculada al *decreto* divino en el que, entre otras muchas cosas, Dios determinó salvar al mundo. De ahí la verdad de que Dios es soberano en la salvación. Todo cuanto es de salvación es privativo, exclusivo y absolutamente suyo. La Biblia afirma esta verdad: *"La salvación es de Jehová"* (Sal. 3:8; Jon. 2:9). En Su soberanía determino enviar a su Hijo al mundo con una misión que se indica en la siguiente frase del versículo. Nuevamente la preexistencia de Cristo con la que se inicia el prólogo del *Evangelio*, vuelve a aparecer aquí. Fue en el tiempo histórico de los hombres que Dios envió desde la eternidad a su Hijo. Por tanto, quien es enviado al mundo es la Persona Divina del Hijo de Dios. El Verbo eterno entra en el mundo de los hombres revestido de humanidad. Juan aportó los datos para entender la relación paterno-filial entre las dos Personas Divinas (1:1, 14, 17, 18). Por ser Hijo es la imagen del Dios invisible (Col. 1:15), ya que sólo el Hijo puede ser la imagen del Padre, de otro modo, el Hijo es la expresión absoluta de Dios. Al ser el único Verbo expresado por el Padre y en virtud de Su procesión de Él, como término de tal procesión no puede menos que expresar fielmente a Su principio personal que es el Padre. Todo cuanto el enviado hace lo realiza en vinculación total con el que le envió, porque es impronta de la naturaleza personal del Padre (He. 1:3). El Hijo enviado es preexistente como el Padre que lo envía. Quiere decir que existía cuando fue enviado al mundo, siendo además una preexistencia personal. Dios le constituye a Él y Él constituye a Dios. Su relación personal entre el que envía y el enviado es personal y subsistente. El Padre y el Hijo forman una unidad a la que llamamos esencial. Engendrado eternamente por el Padre, comienza a existir humanamente al ser engendrado de María. No surge por primera vez cuando es concebido y nace de *mujer*, porque su Persona es anterior a la historia humana. La encarnación del Hijo de Dios se realiza históricamente como kénosis. En sentido de *vaciamiento*, o también a *derramarse en libación sacrificial.* Este *envío* y el vaciamiento que comporta revelan la Majestad divina como *misericordia*, y el Absoluto como *prójimo* absoluto y trascendente. La entrada de uno de la Santísima Trinidad en la experiencia de la humanidad y de la muerte, hace que Dios se abra en esperanza para el mundo, cuyo destino es el de condenación a causa del pecado.

ἵνα κρίνῃ τὸν κόσμον, No lo hizo para que el mundo fuese *juzgado y condenado* por el que tiene autoridad judicial para hacerlo, puesto que el Padre no juzga a nadie, sino que todo juicio lo dio al Hijo (5:22). En el versículo anterior dijo que el amor de Dios se orienta y manifiesta hacia el mundo, y que el don de su Hijo, es la manifestación de amor operando salvación, para que todo aquel que cree no se pierda. Por consiguiente la misión que tiene en el mundo el Hijo de Dios enviado, no es la de condenar al mundo. Mas adelante el Señor dirá a quienes le escuchan *"no he venido a juzgar al mundo, sino a salvar al mundo"* (12:47). La misión suya es salvadora abriendo una puerta a la segura condenación a causa del pecado. El Mesías es salvador (4:42; 1 Jn. 4:14). El mismo Hijo fue presentado con un nombre, Jesús, que tiene que ver con la salvación de Su pueblo de sus pecados (Mt. 1:21). El que es enviado es el Cordero de Dios que quita el pecado del mundo. No hubiera podido ser de otro modo ya que el apóstol Juan dice que vio Su gloria, como del Unigénito del Padre, lleno de gracia (1:14). Aunque el mundo estaba convicto de pecado y Dios tenía derecho y razón para su eterna condenación, y aunque el Hijo, enviado del Padre, tiene toda autoridad para juzgar y ejecutar la sentencia de condenación, no inicia Su ministerio condenando, sino ofreciendo la salvación a todo aquel que cree. Jesús el Juez no ha venido para pronunciar sentencia de muerte, sino para darnos oferta de vida. Nicodemo sabía que los judíos vinculaban el *Día de Jehová* con la venida del Mesías. En ese tiempo salvaría a Israel y condenaría a todo el mundo gentil (cf. Jon. 4:2-3; Hch. 11:18). Esta mala interpretación bíblica generó también un sentido fanático de nacionalismo en que se vinculaba a Dios como *castigador* del mundo, salvo de Israel, contra esta idea ya había hablado el profeta, anunciando día de tinieblas y de juicio en lugar del glorioso día que ellos determinaban (Am. 5:18-20). Jesús dice al maestro de Israel que el Mesías no venía para condenar al mundo.

ἀλλ' ἵνα σωθῇ ὁ κόσμος δι' αὐτοῦ. La salvación es la misión el enviado de Dios. El mundo puede ser *salvo por medio de Él*. Debe entenderse que *mundo* es la referencia a los hombres que están en él. Dios envía al Hijo para que sea el Salvador del mundo. Dios tenía preparada la salvación para el hombre, en lugar de ejecutar la condenación. Nuevamente la extensión de la salvación es de alcance universal, puesto que *potencialmente* hace salvable a todo hombre, con la única condición de creer para vida y no creer para condenación.

Sobre esto escribe el Dr. Lacueva:

"En el asunto de la salvación y de la condenación hay encerrados tremendos misterios (elección, predestinación, reprobación, etc.), pero toda esta sección nos ayuda a percatarnos de estas dos verdades fundamentales que nos han sido reveladas por Dios, a las que debemos asirnos con toda nuestra fe: (i) Todo lo que es de salvación, *viene de Dios (v. Jon. 2:9; Ef. 2:8-10); nadie puede gloriarse en Su presencia de haber contribuido a su propia salvación en lo más mínimo (valga la expresión incorrecta gramaticalmente); no hay en el ser*

humano fuerza, capacidad ni mérito que inclinen a Dios a congraciarse con nosotros; (ii) todo lo que es para condenación *es un resultado culpable del desvío de nuestra libertad; por eso, nadie podrá acusar a Dios de injusticia en la reprobación justísima de los condenados. Toda otra consideración de tipo teológico debe estar subordinada a estas dos verdades. Permítase al que esto escribe (nota del traductor) otra consideración de tipo personal, singularmente emotiva: El término con que, tanto el hebreo como el griego, designa el* pecado *indica fallar el blanco o desviarse del objetivo, con lo que se nos muestra que Dios parece dar mayor importancia a la desgracia en que incurre el ser humano al pecar, que la ofensa que a Dios mismo se infiere por el pecado*[18]*".*

La grandeza de Dios es la salvación del perdido mucho más que el ejercicio de Su justicia que no tiene otro remedio que condenar al pecador. Dios es gracia y misericordia y no quiere que ninguno se pierda, sino que todos alcancen en Cristo el perdón de los pecados y la vida eterna.

18. El que en él cree, no es condenado; pero el que no cree, ya ha sido condenado, porque no ha creído en el nombre del unigénito Hijo de Dios.

ὁ πιστεύων εἰς αὐτὸν οὐ κρίνεται· ὁ[1] δὲ μὴ πιστεύων ἤδη
El que cree en Él no es condenado; pero el que no cree ya
κέκριται, ὅτι μὴ πεπίστευκεν εἰς τὸ ὄνομα τοῦ
ha sido condenado, porque no ha creído en el nombre del
μονογενοῦς Υἱοῦ τοῦ Θεοῦ.
unigénito Hijo - de Dios.

Notas y análisis del texto griego.

Prosiguiendo el tema, escribe: ὁ, caso nominativo masculino singular del artículo determinado *el*; πιστεύων, caso nominativo masculino singular del participio de presente en voz activa del verbo πιστεύω, *creer, poner fe*, aquí *que cree*; εἰς, preposición propia de acusativo *en*; αὐτὸν, caso acusativo masculino de la tercera persona singular del pronombre personal *él*; οὐ, adverbio de negación *no*; κρίνεται, tercera persona singular del presente de indicativo en voz pasiva del verbo κρίνω, *juzgar, condenar*, aquí *es condenado*; ὁ, caso nominativo masculino singular del artículo determinado *el*; δὲ, partícula conjuntiva que hace las veces de conjunción coordinante, con sentido de *pero, más bien, y, y por cierto, antes bien*; μὴ, partícula que hace funciones de adverbio de negación *no*; πιστεύων, caso nominativo masculino singular del participio de presente en voz activa del verbo πιστεύω, *creer*, aquí

[18] F. Lacueva. M. Henry. Juan. Pág. 73.

cree; ἤδη, adverbio de tiempo *ya*; κέκριται, tercera persona singular del perfecto de indicativo en voz pasiva del verbo κρίνω, *juzgar, llamar a juicio, condenar*, aquí *ha sido condenado*; ὅτι, conjunción causal *porque*; μὴ, partícula que hace funciones de adverbio de negación *no*; πεπίστευκεν, tercera persona singular del perfecto de indicativo en voz activa del verbo κρίνω, *juzgar, llamar a juicio, condenar*, aquí *ha creído*; εἰς, preposición propia de acusativo *en*; τὸ, caso acusativo neutro singular del artículo determinado *el*; ὄνομα, caso acusativo neutro singular del sustantivo que denota *nombre*; τοῦ, caso genitivo masculino singular del artículo determinado declinado *del*; μονογενοῦς, caso genitivo masculino singular del adjetivo *unigénito*; Υἱοῦ, caso genitivo masculino singular del nombre *Hijo*; τοῦ, caso genitivo masculino singular del artículo determinado *el*; Θεοῦ, caso genitivo masculino singular del nombre divino declinado *de Dios*.

Crítica Textual. Lecturas alternativas.

[1] ὁ δὲ μὴ πιστεύων, *pero el que no cree*, lectura en $\mathfrak{p}^{36, 63, 66, 75}$, A, K, K, N, Γ, Δ, Θ, Ψ, 083, 086, $f^{1, 13}$, 33, 565, 579, 700, 892, 1241, 1424, 2211, 𝔐, lat, sir, sa, ly, bo, Ireneo.

No aparece δὲ, *pero*, en ℵ, B, W^s, ff^2, l, sa^{mss}, bo^{ms}.

ὁ πιστεύων εἰς αὐτὸν οὐ κρίνεται· Creer o no creer es el determinante de salvación o de condenación. Cristo murió por todos, pero eso no es suficiente para ser salvo. No se trata de una obra *potencial* que se aplica *virtualmente* a todos, sino que se recibe por creer en Cristo. El que cree en Cristo es justificado por la fe (Ro. 5:1). La justificación es la declaración divina de la cancelación de toda deuda penal por el pecado. La persona que cree ya no teme la condenación porque *no hay condenación* para los que están en Cristo (Ro. 8:1). El texto enseña que quien cree ya no viene a juicio de condenación (5:24). La expresión del apóstol Pablo en el versículo anteriormente citado, es que *ninguna condenación* es posible para el que está en Cristo, que ha sido justificado en Él por medio de la fe. La responsabilidad penal del pecado ha sido extinguida plenamente por cristo en la Cruz, por tanto no queda ya nada que pagar para quien se acoge por fe a la obra salvadora del Señor. El sacrificio sustitutorio de Jesús cancela toda deuda de pecado. Al creyente no se le han perdonado una parte de los pecados, sino la totalidad de ellos (Col. 1:14; 2:13). La justificación es asunto definitivo para quienes están revestidos de Cristo y Su justicia (2 Co. 5:21). El perdón de los pecados abre la perspectiva de una nueva realizad espiritual: la liberación del poder esclavizante del pecado, como manifestación de salvación para el tiempo presente. De ahí que la expresión *no es condenado*, tiene el verbo en presente, lo que indica una acción continuada, porque mediante la fe, salimos del estado de condenación y somos constituidos justos en la presencia de Dios (Ro. 5:19). Dios abre una puerta, la de la salvación, que ya nadie puede cerrar para todo aquel que por fe está en Cristo.

ὁ δὲ μὴ πιστεύων ἤδη κέκριται, En contraposición el que *no cree*, no dice que *será* condenado, sino que ya *ha sido condenado*. Según el versículo la humanidad se divide en dos grupos; por un lado los que creen que no son condenados, por otro los que rechazan a Cristo y no creen en Él como el Hijo unigénito de Dios, enviado por el Padre para realizar la obra de salvación para el pecador. Dios otorga provisión y da el remedio para la eterna condenación, consistente en *creer* en Cristo. Éstos no tienen que esperar el veredicto del juicio final, sino que por su rebeldía e incredulidad *ya han sido condenados*, porque han rechazado la única vía de salvación que es la fe en el Salvador. En esta otra frase el verbo no está en presente como la anterior, sino en perfecto, que indica una acción definitivamente hecha. La condenación por el pecado está presente desde el momento de la concepción del individuo (Sal. 51:5; Ef. 2:3). Además cada pecado personal va confirmando esa situación que se hace irreversible y definitiva.

ὅτι μὴ πεπίστευκεν εἰς τὸ ὄνομα τοῦ μονογενοῦς υἱοῦ τοῦ Θεοῦ. La razón de la condenación es que *no han creído*. Al fariseo Nicodemo tuvieron que causarle impacto las palabras de Jesús. No se trataba de *hacer*, esto es practicar las obras legales para recibir la salvación, sino de *creer*, con todo lo que comporta de aceptación y de entrega al único modo de justificación delante de Dios. Juan reúne dos grandes títulos de relación paterno-filial de Jesucristo, al llamarle el *Hijo Unigénito*, esto es, único y por tanto amado por el Padre (1:14). No es posible creer para salvación en un Salvador que sea solamente humano. La seguridad de salvación está en que el Salvador es divino, es Jesús, que es Dios y que es hombre (1 Jn. 4:3), es decir, una Persona Divino-humana. Este Jesús, nuestro Salvador, es por Su infinita grandeza y fidelidad (1:14), digno de ser creído y, por Su bondad innata es merecedor de ser recibido. La incredulidad es un pecado contra la provisión de salvación.

19. Y esta es la condenación: que la luz vino al mundo, y los hombres amaron más las tinieblas que la luz, porque sus obras eran malas.

αὕτη δέ ἐστιν ἡ κρίσις ὅτι τὸ φῶς ἐλήλυθεν εἰς τὸν κόσμον
Y ésta es la condenación que la luz ha venido al mundo
καὶ ἠγάπησαν οἱ ἄνθρωποι μᾶλλον τὸ σκότος ἢ τὸ φῶς·
y amaron los hombres más las tinieblas que la luz;
ἦν γὰρ αὐτῶν πονηρὰ τὰ ἔργα.
porque eran de ellos malas las obras.

Notas y análisis del texto griego.

Sin interrupción, sigue con αὕτη, caso nominativo femenino singular del pronombre demostrativo *ésta*; δέ, partícula conjuntiva que hace las veces de conjunción coordinante, con sentido de *pero, más bien, y, y por cierto, antes bien*; ἐστιν, tercera persona singular del presente de indicativo en voz activa del verbo εἰμί, *ser*, aquí *es*; ἡ, caso nominativo femenino singular del artículo determinado *la*; κρίσις, caso nominativo femenino singular del nombre común *juicio, condenación*; ὅτι, conjunción *que*; τὸ, caso nominativo neutro singular del artículo determinado *el*; φῶς, caso nominativo neutro singular del nombre común *luz*; ἐλήλυθεν, tercera persona singular del perfecto de indicativo en voz activa del verbo ἔρχομαι, *llegar, venir*, aquí *ha venido*; εἰς, preposición propia de acusativo *a*; τὸν, caso acusativo masculino singular del artículo determinado *el*; κόσμον, caso acusativo masculino singular del nombre común *mundo*; καὶ, conjunción copulativa *y*; ἠγάπησαν, tercera persona plural del aoristo primero de indicativo en voz activa del verbo ἀγαπάω, *amar*, aquí *amaron*; οἱ, caso nominativo masculino plural del artículo determinado *los*; ἄνθρωποι, caso nominativo masculino plural del nombre común *hombres*; μᾶλλον, adverbio de comparación *más*; τὸ, caso acusativo neutro singular del artículo determinado *lo*; σκότος, caso acusativo neutro singular del nombre común *tinieblas*; ἢ, conjunción *que*; τὸ, caso acusativo neutro singular del artículo determinado *lo*; φῶς, caso acusativo neutro singular del nombre comun *luz*; ἦν, tercera persona singular del imperfecto de indicativo en voz activa del verbo εἰμί, *ser*, aquí *era*; γὰρ, conjunción causal *porque*; αὐτῶν, caso genitivo masculino de la tercera persona plural del pronombre personal declinado *de ellos*; πονηρὰ, caso nominativo neutro plural del adjetivo *malas, perversas, malignas*; τὰ, caso nominativo neutro plural del artículo determinado *las*; ἔργα, caso nominativo neutro plural del nombre común *acción, ocupación, obras*.

αὕτη δέ ἐστιν ἡ κρίσις. El veredicto judicial condenatorio se establece en base a un hecho, los hombres que no han creído. El Juez Supremo va a justificar la sentencia condenatoria del hombre en base a lo que sigue. No está refiriéndose con la palabra κρίσις, tanto a la sentencia condenatoria en sí, sino a la razón por la que se establece en base al examen judicial de los hechos que se juzgan.

ὅτι τὸ φῶς ἐλήλυθεν εἰς τὸν κόσμον καὶ ἠγάπησαν οἱ ἄνθρωποι μᾶλλον τὸ σκότος ἢ τὸ φῶς· La gravedad del hecho es que la luz vino al mundo, así se inicia el *Evangelio* (1:9). Dios envió a su Hijo para que resplandeciese en las tinieblas y las disipase. Sin embargo contra esa luz divina se manifiestan los hombres incrédulos, que amaban más las tinieblas. Es decir, se constituyen en enemigos de la luz optando por las tinieblas en que viven. Ellos aman el ambiente corrompido, en donde se manifiestan sus obras malas, despreciando lo que Dios envía y ofrece por medio de la luz verdadera que alumbra a todo hombre. El hombre rebelde contra Dios, corrompido por el pecado se empeña en vivir a favor de las tinieblas del pecado. La condenación, por tanto no corresponde a la ignorancia que pudieran haber tenido, sino al desprecio voluntario que hacen de aquel don que Dios les envía. La condenación es justa por voluntariedad de no aceptación de la luz que es Jesucristo, en quien los hombres deben creer para librarse de la condenación a causa de sus pecados.

ἦν γὰρ αὐτῶν πονηρὰ τὰ ἔργα. La razón de esa actuación del hombre es que *sus obras eran malas*. Cuando la luz brilla en la oscuridad quien no tiene nada de que avergonzarse, camina hacia ella y disfruta de su claridad. Sin embargo, la luz que brilla, descubre las manchas de aquel que se pone bajo su campo de acción poniendo su suciedad al descubierto. Dios envío a su Hijo, la luz que alumbra a todo hombre, y los hombres corrompidos por el pecado, que desean vivir la experiencia de las tinieblas, se alejaron de la luz.

20. Porque todo aquel que hace lo malo, aborrece la luz y no viene a la luz, para que sus obras no sean reprendidas.

πᾶς γὰρ ὁ φαῦλα πράσσων μισεῖ τὸ φῶς καὶ οὐκ ἔρχεται
Porque todo el cosas malas que hace odia la luz y no viene
πρὸς τὸ φῶς, ἵνα μὴ ἐλεγχθῇ τὰ ἔργα αὐτοῦ[1].
a la luz, porque no sean reprendidas las obras de Él.

Notas y análisis del texto griego.

A punto de concluir la enseñanza, añade: πᾶς, caso nominativo masculino singular del adjetivo indefinido *todo*; γὰρ, conjunción causal *porque*; ὁ, caso nominativo masculino singular del artículo determinado *el*; φαῦλα, caso acusativo neutro plural del adjetivo *malos*, aquí en sentido de *cosas malas, malignidades*; πράσσων, caso nominativo masculino singular del participio de presente en voz activa del verbo πράσσω, *practicar, hacer, efectuar, llevar a cabo*, aquí *que hace*; μισεῖ, tercera persona singular del presente de indicativo en voz activa del verbo μισέω, *odiar, menospreciar, despreciar*, aquí *odia*; τὸ, caso acusativo neutro singular del artículo determinado *lo*; φῶς, caso acusativo neutro singular del nombre común *luz*; καὶ, conjunción copulativa *y*; οὐκ, forma escrita del adverbio de negación *no*, con el grafismo propio ante una vocal con espíritu suave o una enclítica; ἔρχεται, tercera persona singular del presente de indicativo en voz media del verbo ἔρχομαι, *venir*, aquí *viene*; πρὸς, preposición propia de acusativo *a*; τὸ caso acusativo neutro singular del artículo determinado *lo*; φῶς, caso acusativo neutro singular del nombre común *luz*; ἵνα, conjunción causal *para que*; μὴ, partícula que hace funciones de adverbio de negación *no*; ἐλεγχθῇ, tercera persona singular del aoristo primero de indicativo en voz pasiva del verbo ελέγχω, *censurar, refutar, reprender, castigar, descubir, convencer, redargüir*, aquí *sean reprendidas*; τὰ, caso nominativo neutro plural del artículo determinado *los*; ἔργα, caso nominativo neutro plural del nombre común *obras*; αὐτοῦ, caso genitivo masculino de la tercera persona singular del pronombre personal declinado *de él*.

Crítica Textual. Lecturas alternativas.

[1] τὰ ἔργα αὐτοῦ, *las obras de él*, lectura en ℵ, B, Γ, Δ, 050, 083, 086, 579, 700, 2211, 𝔐, lat, Ireneo^{lat}.

αὐτοῦ τὰ ἔργα, *de él las obras*, conforme a 𝔭^{75}, A, K, W^{s}, 1, 565, 892*, 1424.

τὰ ἔργα αὐτου ὅτι πονηρὰ ἐστιν, *las obras de él porque malignas son*, lectura en 𝔭^{66}, N, Θ, Ψ, f^{13}, 33, r, co.

πᾶς γὰρ ὁ φαῦλα πράσσων μισεῖ τὸ φῶς καὶ οὐκ ἔρχεται πρὸς τὸ φῶς, El que practica el mal se niega a venir a la luz. La verdad se presenta como una tautología, que viene a una manifestación definitiva, si las obras de los hombres son malas, su preferencia por las tinieblas para que no se detecten y reprendan sus acciones, es natural. De manera que insistiendo en la misma verdad, el que vive obrando mal, odia la luz, no solo la rechaza, sino que la convierte en enemiga personal de él. Sin embargo es notable observar que las obras en sí no son contrarias a la fe o favorecedoras de la incredulidad. Aquí se está refiriendo a una dinámica espiritual que opera en el hombre, de modo que Juan usa antes una expresión muy interesante para referirse a las obras malas que el incrédulo hace αὐτῶν πονηρὰ τὰ ἔργα, *las obras de él malignas*. Quiere decir que estas obras que hace corresponden a la acción que el *maligno* produce en la intimidad de su vida. Son del maligno y aborrecen todo cuanto puede venir de Dios. Éste a quien Jesús llama *padre de mentira*, se opone a la luz que es Jesús (8:44), luego las obras malvadas de ellos, son el resultado de la vinculación espiritual con el maligno.

ἵνα μὴ ἐλεγχθῇ τὰ ἔργα αὐτοῦ· Por esa razón no vienen a la luz para que sus obras no sean reprendidas, puestas de manifiesto como malignas, es más, deseando apagar la luz divina que brillaba, matarán al Autor de la Vida, crucificándolo. Con esa acción final contra la luz, la consideran extinguida, sin embargo, la luz de Dios brillará en el corazón y en la vida de los creyentes, de modo que en lugar de una, miles de ellas se encienden a lo largo del tiempo en la oscuridad de la noche espiritual del mundo. Es la obra cumbre del maligno que desea que Jesús desaparezca de la vida de los hombres, sustituyendo en ellos las *obras de Dios*, por las de ellos. En cualquier caso todo cuanto no procede de fe es pecado, de manera que aún aquellas obras que aparentemente son honestas y aprobables, se manifiestan como malas porque son hechas por corazones contaminados por el pecado (Mt. 7:22-23). Nicodemo como vinculado al judaísmo desconocía la obra de Dios para justificación por la fe que trae aparejado el *nuevo nacimiento*. Ellos ignoraban la obra de Dios, manteniendo las suyas, de modo que no tenían ningún interés en acudir a Jesús, la luz del mundo, porque sus obras serían reprendidas. Ninguno de ellos quería dejar sus obras para creer simplemente al margen de ellas en Jesús.

21. Mas el que practica la verdad viene a la luz, para que sea manifiesto que sus obras son hechas en Dios.

ὁ δὲ ποιῶν τὴν ἀλήθειαν ἔρχεται πρὸς τὸ φῶς, ἵνα
Pero el que obra la verdad, viene a la luz, para que
φανερωθῇ αὐτοῦ τὰ ἔργα ὅτι ἐν Θεῷ ἐστιν εἰργασμένα.
se manifieste de él las obras, porque en Dios son hechas.

Notas y análisis del texto griego.

Concluyendo el párrafo, escribe: ὁ, caso nominativo masculino singular del artículo determinado *el*; δὲ, partícula conjuntiva que hace las veces de conjunción coordinante, con sentido de *pero, más bien, y, y por cierto*, *antes bien*; ποιῶν, caso nominativo masculino singular del participio de presente en voz activa del verbo ποιέω, *hacer, causar, realizar, obrar*, aquí *que obra*; τὴν, caso acusativo femenino singular del artículo determinado *la*; ἀλήθειαν, caso acusativo femenino singular del nombre común *verdad*; ἔρχεται, tercera persona singular del presente de indicativo en voz media del verbo ἔρχομαι, *venir*, aquí *viene*; πρὸς, preposición propia de acusativo *a*; τὸ caso acusativo neutro singular del artículo determinado *lo*; φῶς, caso acusativo neutro singular del nombre común *luz*; ἵνα, conjunción causal *para que*; φανερωθῇ, primera persona singular del aoristo primero de subjuntivo en voz pasiva del verbo φανέρω, *manifestar, revelar*, aquí *se manifiesten*; αὐτοῦ, caso genitivo masculino de la tercera persona singular del pronombre personal declinado *de él*; τὰ, caso nominativo neutro plural del artículo determinado *los*; ἔργα, caso nominativo neutro plural del nombre común *obras*; ὅτι, conjunción causal *porque*; ἐν, preposición propia de dativo *en*; Θεῷ, caso dativo masculino singular del nombre divino *Dios*; ἐστιν, tercera persona singular del presente de indicativo en voz activa del verbo εἰμί, *ser*, aquí *es*; εἰργασμένα, caso nominativo neutro plural del participio de perfecto en voz pasiva del verbo ἐργάζομαι, *trabajar, hacer, efectuar, llevar a cabo*, aquí *han sido hechas*, por necesidad de traducción *hechas*.

ὁ δὲ ποιῶν τὴν ἀλήθειαν A las obras malas o malignas debiera corresponder en este versículo las obras ἀγαθας, *buenas*, podría también decir *el que obra el bien*, pero dice literalmente *el que obra la verdad*. Estas obras *proceden de la verdad* y son hechas en Dios. Una multitud preguntó un día a Cristo que debían hacer para poner en práctica las obras de Dios, y recibieron como respuesta: "*Ésta es la obra de Dios, que creáis en el que él ha enviado*" (6:29). De manera que a las obras religiosas y legalistas que los hombres practicaban como buenas y dignas de ser consideradas por Dios como base de justificación, Jesús opone una única obra: la fe. Ya se ha considerado antes que la fe no es una obra del hombre en el sentido que proceda de él y nazca de su propia voluntad personal, la fe es un don de Dios para que el hombre crea (Ef. 2:8-9). Sin embargo, el ejercicio de la fe es una actividad del hombre que la deposita voluntariamente en el Salvador, creyendo en Él y rindiéndole la vida. De la misma manera el rechazo a creer en Cristo puede considerarse como una obra, en sentido de actividad del hombre, siendo ese obrar consecuencia de la acción del maligno en su vida. De modo que *las obras*, se deben entender como el *obrar* del hombre. El que cree actúa al impulso de Dios. Por tanto, siendo Él la verdad, las obras del que cree son hechas en la verdad. Las obras en la verdad son las obras en la fe, mientras que las obras malignas son las que se hacen bajo el control del pecado y de Satanás. Así se lo hizo notar Jesús a los judíos que se consideraban *hijos de Abraham*, que si estuviesen vinculados a la fe de Abraham no procurarían matarlo. Avanzando aún más les dice que no eran hijos de Abraham, sino del diablo porque los deseos de él querían hacer (8:39 ss.).

ἔρχεται πρὸς τὸ φῶς, Los que son conducidos por Dios éstos vienen a la luz. Dios que envió a su Hijo, impulsa a los creyentes hacia Él. El resplandor de Dios en Cristo manifestará la realidad de las obras hechas en verdad. La relación entre verdad y luz es evidente en los escritos de Juan, por eso quien vive en la verdad viene a la luz.

Los perdidos que practican obras del maligno, rehúsan ir a la luz para que la maldad de ellas no sea manifestada. Pero, quien hace las obras de Dios, va a la luz a fin de que se manifiesten visiblemente las obras que Dios hace en él. Dios es para quien ha creído la razón dinámica de su obrar en la fe (Fil. 2:13). Ninguno de estos es justificado por obras, ni las obras de ellos proceden de su propio impulso personal sino que son generadas y conducidas en ellos por orientación y poder divinos, sin embargo, nadie que tenga verdadera fe puede dejar de hacer obras que la manifiesten. Santiago dirá que quien dice tener fe y no tiene obras, la fe del tal es muerta (Stg. 2:17). La fe mental es una fe vacía de contenido que se disfraza para que aparente una verdadera fe. Normalmente quienes hablan de fe, son los que la viven en menor dimensión. De modo que si la fe *no tiene obras*, evidencia que es una fe muerta. De otro modo, las obras trabajan con la fe haciéndola evidente. Pero debe notarse que en el versículo los que viven en fe, esto es, quienes han creído en el Hijo de Dios, han sido puestos en Él. Esa vinculación de vida hace posible que se pueda decir: *para mí, el vivir es Cristo* (Fil. 1:21). Por tanto, las obras son hechas *en Dios*. El estilo de vida del creyente es hacer las obras que Dios preparó de antemano para ellos, porque *"somos hechura suya, creados en Cristo Jesús para buenas obras, las cuales Dios preparó de antemano para que anduviésemos en ellas"* (Ef. 2:10). Nótese que no dice para que las hagamos, sino para que anduviésemos, es decir, las obras que sin duda se hacen por el cristiano, son su estilo de vida, su *andar*, de modo que puesto en Cristo e identificado con Él, su obrar es conforme a la voluntad de Dios y desean todos estar bajo la influencia de la luz, para que el estilo de vida, el modo de obrar, sirva de testimonio a todo el mundo, convirtiéndolos a ellos también en instrumentos luminosos para gloria de Dios.

Predicación de Juan el Bautista (3:22-36).

22. Después de esto, vino Jesús con sus discípulos a la tierra de Judea, y estuvo allí con ellos, y bautizaba.

Μετὰ ταῦτα ἦλθεν ὁ Ἰησοῦς καὶ οἱ μαθηταὶ αὐτοῦ εἰς
Después de esto vino - Jesús y los discípulos de Él a
τὴν Ἰουδαίαν γῆν καὶ ἐκεῖ διέτριβεν μετ' αὐτῶν καὶ
la de Judea tierra y allí se quedaba con ellos y
ἐβάπτιζεν.
bautizaba.

Notas y análisis del texto griego.

Iniciando un nuevo párrafo, escribe: Μετὰ, preposición propia de acusativo *después de, detras de*; ταῦτα, caso acusativo neutro plural del pronombre demostrativo *estos*, en sentido de *estas cosas*; ἦλθεν, tercera persona singular del segundo aoristo de indicativo en voz activa del verbo ἔρχομαι, *ir, venir*, aquí *vino*; ὁ, caso nominativo masculino singular del artículo determinado *el*; Ἰησοῦς, caso nominativo masculino singular del nombre propio *Jesús*; καὶ, conjunción copulativa *y*; οἱ, caso nominativo masculino plural del artículo determinado *los*; μαθηταὶ, caso nominativo masculino plural del nombre común *discípulos*; αὐτοῦ, caso genitivo masculino de la tercera persona singular del pronombre pesonal declinado *de él*; εἰς, preposición propia de acusativo *a*; τὴν, caso acusativo femenino singular del artículo determinado *la*; Ἰουδαίαν, caso acusativo femenino singular del nombre propio declinado *de Judea*; γῆν, caso acusativo femenino singular del nombre común *tierra*;

καὶ, conjunción copulativa *y*; ἐκεῖ, adverbio de lugar *allí*; διέτριβεν, tercera persona singular del imperfecto de indicativo en voz activa del verbo διατρίβω, *quedarse, demorarse*, aquí *se quedaba*; μετ' forma escrita de la preposición de genitivo μετά, *con*, por elisión ante vocal con espíritu suave; αὐτῶν, caso genitivo masculino de la tercera persona plural del pronombre personal *ellos*; καὶ, conjunción copulativa *y*; ἐβάπτιζεν, tercera persona singular del imperfecto de indicativo en voz activa del verbo βάπτίζω, *bautizar*, aquí *bautizaba*.

Μετὰ ταῦτα ἦλθεν ὁ Ἰησοῦς καὶ οἱ μαθηταὶ αὐτοῦ Luego de las fiestas de la Pascua, era propio que los peregrinos regresaran a sus respectivos lugares de residencia. Grandes grupos se formaban, acompañándose en el camino de regreso. Con ellos, o entre ellos subió Jesús y sus discípulos. Probablemente eran los seis que le habían seguido desde el encuentro en donde Juan bautizaba y luego le siguieron a Caná para las bodas donde hizo el milagro de la conversión del agua en vino. Aunque su residencia habitual era en el norte, en Galilea a orillas del mar, en esta ocasión regresaron al lugar donde estaba Juan el Bautista ejerciendo su ministerio, cerca, en esta ocasión de los límites con Galilea y Decápolis.

εἰς τὴν Ἰουδαίαν γῆν, Juan sitúa el relato en la *tierra de Judea*, pero, como se dijo antes, era en la frontera con Galilea, como se apreciará en el siguiente versículo.

καὶ ἐκεῖ διέτριβεν μετ' αὐτῶν καὶ ἐβάπτιζεν. En aquel lugar se quedaba con los discípulos. En aquel territorio la presencia del Bautista era conocida, él mismo seguía llamando al arrepentimiento y bautizando en algún lugar cercano en el que Jesús estaba. Allí pasó algún tiempo con ellos. La actividad de Jesús tenía que ver con la predicación del evangelio del reino, pero, otra ocupación era la de enseñar a los discípulos. Aquel lugar apartado y tranquilo, alejado de las multitudes con las que se encontraba en cada ciudad por donde pasaba, era idóneo para las labores de formación de aquel grupo de seguidores suyos.

De este modo escribe el Dr. Lacueva refiriéndose a esta actividad de Cristo:

"No se retiró para estar en privado, sino para ser de mayor utilidad. Su predicación y sus milagros harían, tal vez, más ruido en Jerusalén, la capital de la nación, pero menos bien[19]".

---

[19] F. Lacueva. o.c., pág. 77.

En cada momento de Su ministerio sabía dónde debía estar y que debía hacer.

καὶ ἐκεῖ διέτριβεν μετ' αὐτῶν Los imperfectos de duración relativos al tiempo y a la tarea de bautizar, pero, especialmente a los primeros, son imprecisos para determinar el espacio de tiempo a que se refiere. Anteriormente dijo Juan que estuvo en Capernaum *no muchos días* (2:12), que posiblemente fuesen como dos semanas, ahora debió estar más tiempo, sobre todo cuando se une al siguiente capítulo con el viaje a Galilea y con las noticias que habían llegado a los judíos sobre su actividad.

καὶ ἐβάπτιζεν. Sorprende que Juan habla de la actividad de Cristo que consistía también en *bautizar*. Sin embargo, en el siguiente capítulo se dirá que no era Él quien bautizaba, tal vez directamente, sino sus discípulos (4:2). Esta es una peculiaridad del *Evangelio*, ya que no se hace ninguna referencia en los sinópticos al bautismo que Jesús por medio de los apóstoles practicaba. Cabe preguntarse *¿qué bautismo era este?* No podía referirse al bautismo que Cristo haría con el Espíritu (1:33), porque aun no había sido glorificado (7:39). Para algunos, como es Hendriksen, se trataba de un bautismo intermedio entre el de Juan y el cristiano establecido por Él como ordenanza para la Iglesia[20]. Para otros es una continuidad al bautismo de Juan para arrepentimiento. Sin embargo el bautismo tenía que ver con el seguimiento a Jesús, aunque se tratase del que el Bautista hacía. Juan llamó a los hombres al arrepentimiento en preparación de la llegada del Mesías, en este caso, los que se bautizasen tendrían que reconocer como mínimo lo que Nicodemo reconocía, que Jesús era el enviado de Dios.

Cualquier precisión sobre los aspectos de los dos bautismos, especialmente sobre el que practicaba Jesús, o mejor, Sus discípulos, no tiene respaldo bíblico directo y queda en suposiciones personales de cada intérprete.

23. Juan bautizaba también en Enón, junto a Salim, porque había allí muchas aguas; y venían, y eran bautizados.

Ἦν δὲ καὶ ὁ Ἰωάννης βαπτίζων ἐν Αἰνὼν ἐγγὺς τοῦ Σαλείμ,
Y estaba también - Juan bautizando en Enón cerca - de Salim
ὅτι ὕδατα πολλὰ ἦν ἐκεῖ, καὶ παρεγίνοντο καὶ ἐβαπτίζοντο·
porque aguas muchas había allí, y venían y eran bautizados.

[20] G. Hendriksen, o.c., pág. 157.

Notas y análisis del texto griego.

Sigue con Ἦν, tercera persona singular del imperfecto de indicativo en voz activa del verbo εἰμί, *ser, estar*, aquí *estaba*; δὲ, partícula conjuntiva que hace las veces de conjunción coordinante, con sentido de *pero, más bien, y, y por cierto, antes bien*; καὶ, adverbio de modo *también*; ὁ, caso nominativo masculino singular del artículo determinado *el*; Ἰωάννης, caso nominativo masculino singular del nombre propio *Juan*; βαπτίζων, caso nominativo masculino singular del participio de presente en voz activa del verbo βαπτίζω, *bautizar*, aquí *bautizando*; ἐν, preposición propia de dativo *en*; Αἰνὼν, caso dativo femenino singular del nombre propio *Ainón* o *Enon*, ἐγγὺς, adverbio de lugar *cerca*; τοῦ, caso genitivo neutro singular del artículo determinado *el*; Σαλείμ, caso genitivo neutro singular del nombre propio declinado *de Salim*; ὅτι, conjunción causal *porque*; ὕδατα, caso nominativo neutro plural del nombre común *aguas*; πολλὰ, caso nominativo neutro plural del adjetivo *muchas*; ἦν, tercera persona singular del imperfecto de indicativo en voz activa del verbo εἰμί, *ser, estar, haber*, aquí *había*; ἐκεῖ, adverbio de lugar *allí*; καὶ, conjunción copulativa *y*; παρεγίνοντο, tercera persona plural del imperfecto de indicativo en voz media del verbo παραγίνομαι, *acercarse, venir*, aquí *venían*; καὶ, conjunción copulativa *y*; ἐβαπτίζοντο, tercera persona plural del imperfecto de indicativo en voz pasiva del verbo βαπτίζω, *bautizar*, aquí *eran bautizados*.

Ἦν δὲ καὶ ὁ Ἰωάννης βαπτίζων ἐν Αἰνὼν ἐγγὺς τοῦ Σαλείμ, Juan precisa el lugar donde Jesús se había detenido con los discípulos, para decir que también *cerca* de allí bautizaba Juan. Como se ha indicado antes, el Bautista, no tenía un sitio definitivo para practicar el bautismo y predicar el arrepentimiento. Solía moverse a lo largo de la ribera del Jordán. En esta ocasión se sitúa bastante al norte, en la frontera con Galilea, en un lugar llamado *Enón*, que estaba *cerca* de *Salim*. Es difícil precisar estos lugares que mayoritariamente se sitúan en la frontera con Galilea y Decápolis, al sur del lago de Tiberíades, y al sur de Escitópolis, unos cuatro o cinco kilómetros al este de Siquén. En esa área geográfica está hoy la ciudad de Ainún, que tiene varias cascadas.

No es el interés del evangelista que se sitúe la atención sobre el lugar, aunque da su situación con bastante precisión, sino que procura que el lector se centre nuevamente en la persona de Juan el Bautista, que seguía con su ministerio predicando el arrepentimiento y bautizando. Es interesante apreciar la coexistencia de dos bautismos, el de Juan y el de Jesús, en ese tiempo.

ὅτι ὕδατα πολλὰ ἦν ἐκεῖ, La causa por la que el Bautista había escogido aquel lugar es que en la zona había abundancia de agua.

Como no es posible situar la ubicación de esa zona, podría emplazarse en los lugares que se han indicado antes.

καὶ παρεγίνοντο καὶ ἐβαπτίζοντο· El ministerio de Juan continúa. Es cierto que Jesús había comenzado Su ministerio, pero aún había lugar para el de Juan. Había sido llamado por Dios a esa tarea y se mantenía fiel al llamado. Será el Señor que permita que su ministerio se interrumpa más adelante. Además, la gente acudía a Juan para ser bautizados, lo que implica que su mensaje tenía impacto y apelaba a las conciencias de quienes venían confesando su situación y cambiando de orientación espiritual. Mayoritariamente Juan era considerado como profeta. Jesús, por el contrario, aun no era tan conocido como el Bautista, si bien Su ministerio, Su enseñanza y sobre todo los hechos portentosos de Sus milagros, iban tomando relevancia, creciendo Él y disminuyendo Juan. El Bautista seguía con su tarea hasta que la providencia divina determinara otra cosa. Surge aquí un pensamiento aplicativo: Entre los que sirven a Dios hay unos que tienen mayores valores y capacidades que otros, sin embargo los que aparentemente son menos, no dejan de ser útiles en el servicio al que Dios los ha llamado, ya que Aquel que llama tiene tarea para cada uno. Sólo los arrogantes y orgullosos, a quienes posiblemente Dios no ha llamado a Su obra, son los que enojados por el ministerio de otros que les hacen sombra, se sientan esperando que se les llame a ellos y se les sitúe en preeminencia sobre todos los demás, para no verse oscurecidos por los éxitos de otros.

24. Porque Juan no había sido aún encarcelado.

οὔπω γὰρ	ἦν	βεβλημένος	εἰς	τὴν	φυλακὴν	ὁ	Ἰωάννης.
Porque aún no	había	sido metido	en	la	cárcel	-	Juan.

Notas y análisis del texto griego.

Continuando el relato, añade: οὔπω, adverbio negativo de tiempo *todavía no, aún no*; γὰρ, conjunción causal *porque*; ἦν, tercera persona singular del imperfecto de indicativo en voz activa del verbo εἰμί, *ser, estar, haber*, aquí *había*; βεβλημένος, caso nominativo masculino singular del participio perfecto en voz pasiva del verbo βάλλω, *echar, lanzar, arrojar, meter*, aquí *sido metido*; εἰς, preposición propia de acusativo *a, en*; τὴν, caso acusativo femenino singular del artículo determinado *la*; φυλακὴν, caso acusativo femenino singular del nombre común *cadena, prisión, cárcel*; ὁ, caso nominativo masculino singular del artículo determinado *el*; Ἰωάννης, caso nominativo masculino singular del nombre propio *Juan*.

οὔπω γὰρ ἦν βεβλημένος εἰς τὴν φυλακὴν ὁ Ἰωάννης. Juan continuaba el ministerio porque su tiempo no había terminado, aún podía moverse de un lugar a otro en libertad, porque Herodes no lo había encarcelado.

Esta es otra de las diferencias entre Juan y los sinópticos. Éstos se ocupan con mayor o menor extensión en el encarcelamiento de Juan y las causas que lo motivaron (Mt. 14:1-12; Mr. 6:14-29; Lc. 3:19-20), en este *Evangelio*, hay sólo esta corta frase para referirse a esa experiencia en la vida del Bautista. Nuevamente se aprecia que el objetivo que el evangelista persigue es centrar toda la atención en Jesús y no en otras personas, tan honorables y dignas como era el Bautista. Cuando hizo referencia antes a Juan, buscó el testimonio que daba acerca de Jesús. Su prisión no aporta más conocimiento de Cristo, por tanto la silencia, haciendo una referencia breve e histórica sobre ese hecho. Esta referencia a la prisión de Juan pone de manifiesto que no fue preso inmediatamente después de las tentaciones de Jesús, como podría parecer en una lectura rápida de los sinópticos. De este modo se aprecia que entre los dos hechos (Mt. 4:11-12; Mr. 1:13-14; Lc. 4:13-14), hay un considerable lapso de tiempo, en el cual tanto Juan como Jesús simultanearon su ministerio y el bautismo que cada uno practicaba.

25. Entonces hubo discusión entre los discípulos de Juan y los judíos acerca de la purificación.

Ἐγένετο οὖν ζήτησις ἐκ τῶν μαθητῶν Ἰωάννου μετὰ
Sucedió pues discusión de los discípulos de Juan con
Ἰουδαίου[1] περὶ καθαρισμοῦ.
(un) judío sobre purificación.

Notas y análisis del texto griego.

Un incidente se relata así: Ἐγένετο, tercera persona singular del aoristo segundo en voz media del verbo γίνομαι, *hacerse, ser hecho, convertirse en, nacer, ocurrir, suceder*, aquí *sucedió*; οὖν, conjunción ilativa *pues*; ζήτησις, caso nominativo femenino singular del nombre común *discusión*; ἐκ, preposición propia de genitivo *de*; τῶν, caso genitivo masculino plural del artículo determinado *los*; μαθητῶν, caso genitivo masculino plural del nombre común *discípulos, seguidores*; Ἰωάννου, caso genitivo masculino singular del nombre propio declinado *de Juan*; μετὰ, preposición propia de genitivo *con*; Ἰουδαίου, caso genitivo masculino del adjetivo *judío*; περὶ, preposición propia de genitivo *sobre, en torno de, alrededor de*; καθαρισμοῦ, caso genitivo masculino singular del nombre común *purificación.*

Crítica Textual. Lecturas alternativas.

[1] Ἰουδαίων, *judíos*, en plural, lectura conforme a 𝔭[66], א*, Θ, $f^{1, 13}$, 565, latt, sir[c], sa[mss], bo, Orígenes.

Ἐγένετο οὖν ζήτησις ἐκ τῶν μαθητῶν Ἰωάννου μετὰ Ἰουδαίου. En el tiempo de la estancia de Jesús en la zona próxima a donde Juan bautizaba, se produjo una discusión entre los discípulos de Juan y un judío (singular, como se aprecia en la traducción interlineal del texto). No se trataba de una discusión breve y transitoria. El sustantivo ζήτησις, se usa para referirse a una discusión minuciosa o meticulosa sobre un asunto. No hay conflicto entre los discípulos de Juan y los de Jesús, sino entre aquellos y un judío. Es posible que la práctica de dos bautismos, uno por Juan y otro por Jesús, causara divisiones y opiniones contrarias entre el pueblo. Es probable que algunos se preguntaran cual de los dos ritos era el que debía aceptarse. Algunos posiblemente tomaron partido por el bautismo de Jesús, mientras que otros, como los discípulos del Bautista, lo hacían por el de Juan. Esta discusión posiblemente despertó entre los discípulos de Juan la apreciación de que Jesús tenía ya más seguidores que él.

περὶ καθαρισμοῦ. La discusión tenía que ver con *la purificación*, esto es, el ritual de purificación que la ley establecía para diversas cuestiones de impureza legal. Tal vez la cuestión se debiera haber centrado en cual de los dos bautismos era el correcto para la purificación del pecado, o de las inmundicias que confesaban quienes venían al bautismo de Juan.

26. Y vinieron a Juan y le dijeron: Rabí, mira que el que estaba contigo al otro lado del Jordán, de quien tú diste testimonio, bautiza, y todos vienen a él.

καὶ ἦλθον πρὸς τὸν Ἰωάννην καὶ εἶπαν αὐτῷ· ῥαββί, ὃς
Y vinieron a - Juan y dijeron le: Rabí, el que
ἦν μετὰ σοῦ πέραν τοῦ Ἰορδάνου, ᾧ σὺ μεμαρτύρηκας,
estaba contigo al otro lado del Jordán, de quien tú has dado testimonio,
ἴδε οὗτος βαπτίζει καὶ πάντες ἔρχονται πρὸς αὐτόν.
¡mira! ése bautiza y todos acuden a Él.

Notas y análisis del texto griego.

Trasladando la reacción de los discípulos de Juan, dice: καὶ, conjunción copulativa *y*; ἦλθον, tercera persona plural del aoristo segundo de indicativo en voz activa del verbo ἔρχομαι, *venir, regresar, retornar*, aquí *vinieron*; πρὸς, preposición propia de acusativo *a*; τὸν, caso acusativo masculino singular del artículo determinado *el*; Ἰωάννην, caso acusativo masculino singular del nombre propio *Juan*; καὶ, conjunción copulativa *y*; εἶπαν, tercera persona plural del aoristo segundo de indicativo en voz activa del verbo λέγω, *hablar, decir*, aquí como *dijeron*; αὐτῷ, caso dativo masculino de la tercera persona singular del pronombre personal declinado *a él, le*; ῥαββί, caso vocativo masculino singular del nombre común *rabí*; ὃς, caso nominativo masculino singular del pronombre relativo *el que*; ἦν, tercera persona singular del imperfecto de indicativo en voz activa del verbo εἰμί, *ser, estar*, aquí *estaba*; μετὰ, preposición propia de genitivo *con*; σοῦ, caso genitivo de la segunda persona singular del pronombre personal *tú, ti*, ambas palabras en castellano forman *contigo*; πέραν, adverbio de lugar, *más allá, al otro lado, a la otra orilla, orilla opuesta*; τοῦ, caso genitivo masculino singular del artículo determinado declinado *del*; Ἰορδάνου, caso genitivo masculino singular del nombre propio *Jordán*; ᾧ, caso dativo masculino singular del pronombre relativo *de quien, del que*; σὺ, caso nominativo masculino de la segunda persona singular del pronombre pesonal *tú*; μεμαρτύρηκας, segunda persona singular del perfecto de indicativo en voz activa del verbo μαρτυρέω, *testificar, testimoniar, dar testimonio*, aquí, *has dado testimonio*; ἴδε, segunda persona singular del aoristo segundo de imperativo en voz activa del verbo όραω, *ver, atender*, aquí como *mira, presta atención*, que aquí podría usarse como una interjección *¡mira!*, muchas veces se traduce como *he aquí*; οὗτος, caso nominativo masculino singular del pronombre demostrativo *ese*; βαπτίζει, tercera persona singular del presente de indicativo en voz activa del verbo βαπτίζω, *bautizar*, aquí *bautiza*; καὶ, conjunción copulativa *y*; πάντες, caso nominativo masculino plural del adjetivo *todos*; ἔρχονται, tercera persona plural del presente de indicativo en voz media del verbo ἔρχομαι, *venir, llegar, regresar, acudir*, aquí *acuden*; πρὸς, preposición propia de acusativo *a*; αὐτόν, caso acusativo masculino de la tercera persona singular del pronombre personal *él*.

καὶ ἦλθον πρὸς τὸν Ἰωάννην καὶ εἶπαν αὐτῷ· Los discípulos someten a Juan el problema acudiendo a él para informarle sobre lo ocurrido. Es bastante claro que aquellos hombres sentían celos por el ministerio de Jesús y sobre todo por el atractivo que se manifestaba entre quienes oían Sus palabras, y veían Sus obras.

ῥαββί, ὃς ἦν μετὰ σοῦ πέραν τοῦ Ἰορδάνου, ᾧ σὺ μεμαρτύρηκας, Luego de un respetuoso saludo llamándole *rabí*, palabra que, como se dijo antes, era usada para referirse a los grandes maestros, van a informarle, no tanto del problema que suscitó la discusión sobre la purificación con el judío, sino para hablarle de Jesús y Su ministerio. Nótese que no usan el nombre para referirse a Cristo, sino que usan una expresión genérica, recordándole que era el que estaba al *otro lado del Jordán*, donde estaba Juan bautizando. Para que no hubiese error alguno de identificación añaden que era aquel de quien Juan había dado testimonio. Ya entonces el testimonio supuso que algunos de sus discípulos dejasen a Juan y siguiesen a Jesús. La forma en que hablan pone de manifiesto que no estaban muy conformes con que su maestro hubiera dado aquel testimonio sobre Jesús. Es como si indirectamente le reprochasen por haberlo hecho.

ἴδε οὗτος βαπτίζει. Identificada la Persona de que hablaban, le acusan de que *bautizaba*. La construcción gramatical con el uso de ἴδε, que debe entenderse aquí como una interjección equivalente a *¡mira! ¡presta atención! ¡fíjate!*, pone de manifiesto el enojo de ellos y los celos que sentían del ministerio de Jesús. Es como si Juan tuviese la exclusiva de bautizar y cuantos lo hicieran sin ser autorizados por él, estaban cometiendo una falta. Su desprecio hacia Jesús es manifiesto porque aun aquí siguen sin mencionar Su nombre. Es como si dijesen: *¡Mira! Que ingratitud. Tú diste testimonio de Él y ahora Él bautiza como tú.*

καὶ πάντες ἔρχονται πρὸς αὐτόν. La tristeza y los celos que llenan el corazón de aquellos hombres, los impulsa a expresar la queja mediante una hipérbole: *Y todos acuden a Él.* La gente acudía a Jesús cuya fama se iba incrementando día a día, mientras que en esa misma proporción disminuían los seguidores de Juan. Esa exageración es expresión clara de la envidia que sentían hacia Jesús. Como dice el Dr. Lacueva refiriéndose a esta frase:

"El final de ese de 'y todos vienen a él' encierra una gran exageración avivada por la envidia, que tiene la mala propiedad de agrandar la buena suerte de los que se antojan como competidores[21]*"*.

Se aprecia que ellos insinúan que Jesús alcanzó esa fama debido al testimonio que Juan había dado de Él. Sin embargo, Jesús no necesitaba el testimonio de Juan (5:36). En el comportamiento de estos hombres se descubre una alta dosis de sectarismo. Este problema se manifestará también en los discípulos de Jesús, cuando prohíben a un hombre que hacía milagros y echaba fuera demonios en Su nombre, a seguir con lo que estaba haciendo por la simple razón de que no los seguía a ellos. El afán de monopolizar el honor religioso, de limitar a un determinado grupo la pureza de la doctrina, de creer que son poseedores de la única forma correcta de culto, genera envidia y rencor contra quienes hacen las cosas de otro modo, acusándolos de imitadores sin contenido, cuando la única razón que les mueve es la envidia de ver como Dios hace Su obra por medio de quienes son meros imitadores de las formas de sus acusadores. No podemos sino dejar en manos del

---

[21] F. Lacueva. o.c., pág. 79.

Señor de la obra el utilizar a los instrumentos humanos como Él quiera, gozándonos al ver que Su obra avanza y los hombres le conocen mejor.

27. Respondió Juan y dijo: No puede el hombre recibir nada, si no le fuere dado del cielo.

ἀπεκρίθη Ἰωάννης καὶ εἶπεν· οὐ δύναται ἄνθρωπος λαμβανειν
Respondió Juan y dijo: No puede hombre recibir
οὐδὲ ἓν[1] ἐὰν μὴ ᾖ δεδομένον αὐτῷ ἐκ τοῦ οὐρανοῦ.
nada si no hubiera sido dado le del cielo.

Notas y análisis del texto griego.

A la queja de los discípulos sigue la respuesta de Juan: ἀπεκρίθη, tercera persona singular del aoristo primero de indicativo en voz pasiva del verbo ἀποκρίνομαι, *responder, contestar, tomar la palabra*, aquí *respondió*; Ἰωάννης, caso nominativo masculino singular del nombre propio *Juan*; καὶ, conjunción copulativa *y*; εἶπεν, tercera persona singular del segundo aoristo de indicativo en voz activa del verbo λέγω, *hablar, decir*, aquí *dijo*; οὐ, adverbio de negación *no*; δύναται, tercera persona singular del presente de indicativo en voz media del verbo δύναμαι, *poder, tener poder*, aquí *puede*; ἄνθρωπος, caso nominativo masculino singular del nombre común *hombre*; λαμβάνειν, presente de infinitivo en voz activa del verbo λαμβάνω, *recibir*; οὐδὲ, adverbio *y no, ni*; ἓν, caso acusativo neutro singular del adjetivo numeral cardinal *uno*, en sentido de *una cosa*; las dos palabras unidas significan aquí *nada*; ἐὰν, conjunción condicional *si*; μὴ, partícula que hace funciones de adverbio de negación condicional *no*; ᾖ, tercera persona singular del presente de subjuntivo en voz activa del verbo εἰμί, *ser, estar*, aquí *fuere*; δεδομένον, caso nominativo neutro singular del participio perfecto en voz pasiva del verbo δίδωμι, *dar, conceder, permitir, entregar*, aquí *dado*; αὐτῷ, caso dativo masculino de la tercera persona singular del pronombre personal declinado *a él, le*; ἐκ, preposición propia de gentivo *de*; τοῦ, caso genitivo masculino singular del artículo determinado *el*; οὐρανοῦ, caso genitivo masculino singular del nombre común *cielo*.

Crítica Textual. Lecturas alternativas.

[1] οὐδὲ ἓν, *ni una cosa*, lectura atestiguada en $\mathfrak{p}^{66, 75}$, B.

οὐδὲν, *nada*, según se lee en ℵ, A, D, K, N, W^s, Γ, Δ, Ψ, 083, f^1, 565, 579, 700, 892, 1241, 1424, 𝔐, $sir^{s, c}$.

αφ' ἑαυτοῦ οὐδὲν, *de él nada*, conforme a K, Θ, 086, f^{13}, 33, c, $sir^{p, h}$.

ἀπεκρίθη Ἰωάννης καὶ εἶπεν· A la queja de los discípulos y sus acusaciones veladas contra Jesús, respondió Juan. Es una respuesta sin que esté condicionada por el informe que le dieron. Es más, no sólo no le molestaba la situación sino que sentían profundo gozo en ella.

οὐ δύναται ἄνθρωπος λαμβάνειν οὐδὲ ἓν ἐὰν μὴ ᾖ δεδομένον αὐτῷ ἐκ τοῦ οὐρανοῦ. La respuesta del Bautista es un ejemplo de humildad. El sabe bien cual fue el ministerio que recibió del cielo y lo estaba cumpliendo, pero, también sabía cuales eran los límites que aquel tenía, sobre todo en relación con el ministerio de Jesús. El sabe cual era la función que tenía que desarrollar conforme a lo que había recibido del cielo y era absurdo procurar ir más allá de lo que Dios había dispuesto para él. En esta primera parte de la respuesta que sigue en los otros versículos, les está haciendo notar que Jesús no sobresaldría sobre él, si no le *hubiera sido dado del cielo*. Es interesante notar la construcción de la cláusula, condición de tercera clase, con el perfecto perifrástico pasivo de subjuntivo, esta forma verbal no es habitual en el subjuntivo y la equivalencia dinámica de traducción sería: *a no ser que le haya sido dado del cielo*. Había sido Dios quien condujo el ministerio de Juan de modo que impactó en tantas personas y tantos fueron bautizados en respuesta al mensaje que le había sido encomendado. De manera que si la gente seguía ahora a Jesús es que esa era la voluntad de Dios. De otro modo, si el ministerio de Jesús eclipsa al de Juan, es porque así lo quiere la voluntad de Dios. Juan reconoce que no tiene ningún derecho a reclamar un honor que no le había sido dado del cielo.

Es necesario tener bien claro lo que Juan tenía en cuanto al ministerio a realizar cumpliendo la comisión divina. Porque tanto los dones que capacitan para llevarlo a cabo, como la misión misma, es de procedencia celestial, nadie tiene porque envidiar a otros que tengan mayores dones y más impactante ministerio, en la vasta esfera del servicio al Señor.

28. Vosotros mismos me sois testigos de que dije: Yo no soy el Cristo, sino que soy enviado delante de él.

αὐτοὶ ὑμεῖς μοι μαρτυρεῖτε ὅτι εἶπον [ὅτι] οὐκ εἰμὶ ἐγὼ ὁ
Vosostros mismos me sois testigos que dije que no soy yo el
Χριστός, ἀλλ' ὅτι ἀπεσταλμένος εἰμὶ ἔμπροσθεν ἐκείνου.
Cristo, sino que enviado soy delante de Él.

Notas y análisis del texto griego.

Siguiendo con las palabras de Juan, añade: αὐτοὶ, caso nominativo masculino plural del pronombre intensivo *vosotros mismos*; ὑμεῖς, caso nominativo de la segunda persona plural del pronombre personal *vosotros*; μοι, caso dativo de la primera persona singular del pronombre personal declinado *a mí, me*; μαρτυρεῖτε, segunda persona plural del presente de indicactivo en voz activa del verbo μαρτυρέω, *ser testigo, dar testimonio, testificar*, aquí *sois testigos*; ὅτι, conjunción *que*; εἶπον, primera persona singular del segundo aoristo de indicativo en voz activa del verbo λέγω, *hablar, decir*, aquí *dije*; ὅτι, conjunción causal *que*; οὐκ, forma escrita del adverbio de negación *no*, con el grafismo propio ante una vocal con espíritu suave o una enclítica; εἰμὶ, primera persona singular del presente de indicativo en voz activa del verbo εἰμί, *ser, estar*, aquí *soy*; ἐγὼ, caso nominativo de la primera persona singular del pronombre personal *yo*; ὁ, caso nominativo masculino singular del artículo determinado *el*; Χριστός, caso nominativo masculino singular del nombre propio *Cristo*; ἀλλ', conjunción adversativa *sino*; ὅτι, conjunción *que*; ἀπεσταλμένος, caso nominativo masculino singular del participio perfecto en voz pasiva del verbo ἀποστέλλω, *enviar*, aquí *enviado*; εἰμὶ, primera persona singular del presente de indicativo en voz activa del verbo εἰμί, *ser, estar*, aquí *soy*; ἔμπροσθεν, preposición propia de genitivo *delante de*; ἐκείνου, caso genitivo masculino de la tercera persona singular del pronombre personal *Él*.

αὐτοὶ ὑμεῖς μοι μαρτυρεῖτε ὅτι εἶπον. Juan apela al testimonio de los discípulos, recordándoles lo que ellos mismos le habían oído decir. No eran palabras nuevas, sino el testimonio antiguo que dio sobre él y sobre Cristo.

ὅτι οὐκ εἰμὶ ἐγὼ ὁ Χριστός, Juan había afirmado ante muchos testigos, especialmente con ocasión del envío desde Jerusalén de un grupo de líderes para que recibiesen testimonio sobre quien era, que él *no era el Cristo* (1:20). Ya se ha comentado en aquel lugar las palabras del testimonio de Juan. De manera que si ya había dicho antes que el Mesías vendría tras él y había venido, lo natural es que el ministerio que anunciaba Su venida ya no tenía que continuar y debía darse paso sin reserva alguna al enviado de Dios, al Cristo anunciado y prometido.

ἀλλ' ὅτι ἀπεσταλμένος εἰμὶ ἔμπροσθεν ἐκείνου. Juan les recuerda que su ministerio era el de un heraldo que anunciaba la visita del Rey que venía. Ya había llegado el que anunció a todos los hombres. Al enviado no le puede doler que sus seguidores disminuyan y que sigan a quien había anunciado como principal, del que no era digno de desatar la correa de su calzado. El éxito de Jesús no se produce por quitar seguidores a Juan, sino que *viene de arriba*, como propósito divino que se cumple en Él. Juan no puede tomar aquello que no le ha sido dado, sino gozarse en el cumplimiento de lo que Dios había establecido. Con esto está reorientando el pensamiento de los discípulos que le comunicaban disgustados que Jesús congregaba más gente que él.

29. El que tiene la esposa, es el esposo; mas el amigo del esposo, que está a su lado y le oye, se goza grandemente de la voz del esposo; así pues, este mi gozo está cumplido.

ὁ ἔχων τὴν νύμφην νυμφίος ἐστίν· ὁ δὲ φίλος τοῦ νυμφίου ὁ
El que tiene la esposa esposo es; Pero el amigo del esposo el
ἑστηκὼς καὶ ἀκούων αὐτοῦ χαρᾷ χαίρει διὰ τὴν φωνὴν
que está presente y que oye le, con gozo se alegra por la voz
τοῦ νυμφίου. αὕτη οὖν ἡ χαρὰ ἡ ἐμὴ πεπλήρωται.
del esposo. Este, pues, el gozo - mío se ha cumplido.

Notas y análisis del texto griego.

Juan habla de gozo: ὁ, caso nominativo masculino singular del artículo determinado *el*; ἔχων, caso nominativo masculino singular del participio de presente en voz activa del verbo ἔχω, *tener, poseer*, aquí *que tiene*; τὴν, caso acusativo femenino singular del artículo determinado declinado *la*; νύμφην, caso acusativo femenino singular del nombre común *novia, esposa*; νυμφίος, caso nominativo masculino singular del nombre común *esposo*; ἐστίν, tercera pesona singular del presente de indicativo en voz activa del verbo εἰμί, *ser, estar*, aquí *es*; ὁ, caso nominativo masculino singular del artículo determinado *el*; δὲ, partícula conjuntiva que hace las veces de conjunción coordinante, con sentido de *pero, más bien, y, y por cierto, antes bien*; φίλος, caso nominativo masculino singular del adjetivo *amigo*; τοῦ, caso genitivo masculino singular del artículo determinado declinado *del*; νυμφίου, caso genitivo masculino singular del nombre común *novio*; ὁ, caso nominativo masculino singular del artículo determinado *el*; ἑστηκὼς, caso nominativo masculino singular del participio perfecto en voz activa del verbo ἵστεμι, *detenerse, pararse, presentarse, estar presente*, aquí *está presente*; καὶ, conjunción copulativa *y*; ἀκούων, caso nominativo masculino singular del participio de presente en voz activa del verbo ἀκούω, *oír, escuchar*, aquí *que oye*; αὐτοῦ, caso genitivo masculino de la tercera persona singular del pronombre pesonal declinado *de él, le*; χαρᾷ, caso dativo femenino singular del nombre común declinado *con gozo*; χαίρει, tercera persona singular del presente de indicativo en voz activa del verbo χαίρω, *alegrarse*, aquí *se alegra*; διὰ, preposición propia de acusativo *por, a causa de*; τὴν, caso acusativo femenino singular del artículo determinado *la*; φωνὴν, caso acusativo femenino singular del nombre común *voz, grito*; τοῦ, caso genitivo masculino singular del artículo determinado declinado *del*; νυμφίου, caso genitivo masculino singular del nombre común *novio, esposo*; αὕτη, caso nominativo femenino singular del pronombre demostrativo *ésta*; οὖν, conjunción continuativa *pues*; ἡ, caso nominativo femenino singular del artículo determinado *la*; χαρὰ, caso nominativo femenino singular del nombre común *alegría, gozo*; ἡ, caso nominativo femenino singular del artículo determinado *la*; ἐμὴ, caso genitivo masculino singular del adjetivo demostrativo *mío*; πεπλήρωται, tercera persona singular del perfecto de indicativo en voz activa del verbo πλερόω, *llenar, rellenar, cumplir, completar*, aquí *se ha cumplido*.

ὁ ἔχων τὴν νύμφην νυμφίος ἐστίν· Los discípulos hablaban de fracaso, Juan habla de gozo. Utiliza una forma parabólica para referirse a lo que suponía para él la presencia y el ministerio de Jesús, ilustrándolo mediante el ejemplo de una boda. Distinguiendo al novio y a la novia del amigo del novio. La primera afirmación es que quien tiene a la novia es el novio. De manera que el personaje importante en la boda no puede ser otro. Ningún amigo por cercano que sea tiene la importancia que tiene el novio, puesto que es en honor de la celebración nupcial que se organiza la festividad de la boda. Juan está presentando a Jesús como el esposo que se desposa con la esposa. La metáfora del matrimonio se usa en toda la Escritura, tanto en el Antiguo como en el Nuevo Testamento para expresar figuradamente la relación de Dios con Su pueblo. Isaías dice a Israel que su esposo será su creador (Is. 54:5), ilustración que aparece en otros lugares (cf. Is. 49:18; 62:4 s.; Jer. 2:1, 2; Ez. 16:23; Os. 2; etc.). El apóstol Pablo dice a los corintios que *"...os celo con celo de Dios; pues os he desposado con un solo esposo, para presentaros como una virgen pura a Cristo"* (2 Co. 11:2). Esta misma ilustración la usa cuando se refiere a la relación de Cristo y la Iglesia, al escribir a los efesios (Ef. 5:26 ss.). Igualmente Juan se refiere en Apocalipsis a las bodas del Cordero (Ap. 19:7 ss.).

ὁ δὲ φίλος τοῦ νυμφίου ὁ ἑστηκὼς καὶ ἀκούων αὐτοῦ χαρᾷ χαίρει διὰ τὴν φωνὴν τοῦ νυμφίου. Pero un personaje importante en toda celebración de una boda hebrea era el *amigo del novio.* Generalmente el esposo iba acompañado de una corte de amigos que estaban cerca de él durante la fiesta de la boda. Esta costumbre es antiquísima, de manera que se dice que Sansón tenía no menos de treinta amigos que le acompañaban en su boda (Jue. 14:11). A estos se hace también referencia en pasajes del Nuevo Testamento, en donde se les llama *amigos del novio* y en otros lugares *hijos del tálamo* (Mt. 9:15; Mr. 2:19; Lc. 5:34). La misión de estos era acompañar al esposo y alegrarse al ver su alegría. Sin embargo había uno que se llama *amigo del novio,* que tenía otro papel destacado como era el de buscar a la novia y llevarla al tálamo nupcial donde el novio la recibía y expresaba su alegría al tenerla en la intimidad con él. Según la historia este amigo permanecía cerca de la cámara nupcial escuchando el grito jubiloso del esposo satisfecho de tener con él a su esposa. Este amigo del novio era también el responsable de muchos detalles de la boda, pero una vez que había cumplido con su función, su misión acababa, porque ya el esposo tenía a la esposa consigo. Así también Juan. Su gozo provenía de ver gozoso al esposo que era Cristo y el gozo de Jesús era también su propio gozo.

αὕτη οὖν ἡ χαρὰ ἡ ἐμὴ πεπλήρωται. El gozo de Juan se había cumplido al ver como la gente seguía y acudía a Jesús. Había señalado a Cristo como el Cordero de Dios que quita el pecado del mundo y ahora veía como los pecadores acudían a Él. Sin duda las referencias proféticas que anunciaban un retorno de Israel a Dios, y la relación que se hacía notar de este pueblo como la esposa de Jehová, tenían que hacer sentir gozo a Juan. Él había llamado a la gente al arrepentimiento y en ese sentido muchos habían acudido al llamamiento y habían confesado sus pecados bautizándose en agua que testificaba del arrepentimiento, el cambio de mentalidad que les preparaba para recibir a Jesús como el Mesías anunciado. Cristo dirá que todo aquel que acuda a Él, será recibido, por tanto cuantos acudan creyendo tienen *vida eterna* y pasan a la experiencia de la esposa que anuncian los profetas. Jesús vino para salvar a los perdidos y para edificar la Iglesia compuesta o integrada por judíos y gentiles salvos por gracia mediante la fe. La idea de dos novias, dos esposos y dos bodas, una referida a Israel y otra a la Iglesia, no tiene base bíblica en la Escritura. Juan está gozoso al ver como el plan de Dios avanza en la realidad de la presencia y ministerio de Jesús, por tanto, el gozo que se expresa en Cristo es también la expresión del gozo supremo de Juan. Los discípulos suyos estaban tristes, pero él estaba gozoso. En una situación como aquella no podía haber tristeza para quien descubría el triunfo del propósito de Dios y la eficacia del ministerio para el que había sido llamado. El mayor gozo que un ministro de Cristo puede tener es conducir a la gente a Cristo para salvación, en conversión sincera, desposándola con Él.

30. Es necesario que él crezca, pero que yo mengüe.

ἐκεῖνον	δεῖ	αὐξάνειν,	ἐμὲ δὲ	ἐλαττοῦσθαι.
A Él	es necesario	crecer,	pero a mí	menguar.

Notas y análisis del texto griego.

Continúa con ἐκεῖνον, caso acusatio masculino singular del pronombre demostrativo *a éste, a él*; δεῖ, tercera persona singular del presente de indicativo en voz activa del verbo impersonal δεῖ, *ser necesario*, aquí *es necesario*; αὐξάνειν, presente de infinitivo en voz activa del verbo αὐξάνω *crecer, multiplicarse*; ἐμὲ, caso acusativo de la primera persona singular del pronombre personal declinado *a mí*; δὲ, partícula conjuntiva que hace las veces de conjunción coordinante, con sentido de *pero, más bien, y, y por cierto, antes bien*; ἐλαττοῦσθαι, presente de infinitivo en voz media del verbo ἐλαττόω, *disminuir, decrecer, menguar, hacer inferior*.

ἐκεῖνον δεῖ αὐξάνειν, ἐμὲ δὲ ἐλαττοῦσθαι. Juan dice a sus discípulos que es *apropiado* o *es necesario* que el prestigio de Jesús aumente y que el de él disminuya. Pero, debe tenerse en cuenta que esto lo dice con gozo. Si algo es necesario quiere decir que es conforme al plan que Dios determina y que inexorablemente camina hacia el cumplimiento preestablecido. De nada serviría atraer la atención de las multitudes hacia él, que no era más que el precursor de Aquel que era enviado por Dios. Juan tenía claro que Jesús debía crecer y él decrecer hasta salir definitivamente de la historia humana, porque su ministerio, el que Dios el había encomendado y al que lo había llamado, se había cumplido. De otro modo, el Sol de Justicia, que es Cristo brillaba en el glorioso amanecer de la aurora de la redención del mundo, apagando con su brillo la estrella de la mañana que anunciaba ese día y que era Juan. En un sentido alegórico, muy propio de Agustín de Hipona, comenta por acomodación, pero con su peculiar ingenio, que lo de crecer Jesús y menguar Juan se cumplió incluso en el aspecto físico de la muerte de cada uno: Jesús creció al ser levantado en la Cruz, Juan menguó al ser decapitado[22]. Siempre ocurrió de este modo con el fiel ministerio de Juan. Habló a los discípulos de Jesús, presentándolo como el Cordero de Dios y éstos, dejándolo a él, siguieron a Jesús (1:37). La lección espiritual es importante. Cuando más fiel seamos al ministerio, cuanto más hagamos destacar a Jesús en nuestra enseñanza, más glorioso será Él para los oyentes y menos importancia dejaremos en el auditorio. El ministro que crece es el que proclama *su verdad*, el que cuida que nadie le haga sombra y el que se esfuerza por ser más que los demás. El maestro bíblico presenta a Cristo y busca la gloria del Señor y no la suya. Es necesario que el que sirve a Jesucristo, busque que todos sigan en pos de Él. Además debemos tener en cuenta que Dios nos tendrá en el ministerio mientras tengamos algo que hacer en él, pero una vez concluida la labor para la que hemos sido llamados, seremos retirados del campo de este mundo para descansar con Él en las moradas eternas. Pretender perpetuarnos en el ministerio, es un grave error que sólo producirá angustia vital, en lugar de disfrutar el gozo del Señor. Hay un tiempo para retirarse que debemos reconocer antes de que seamos inútiles empeñados en seguir en un ministerio que se ha extinguido. El mayor gozo de un siervo de Dios es ver que Jesús crece mientras nosotros disminuimos.

[22] Citado por F. Lacueva, o.c., pág. 83.

31. El que de arriba viene, es sobre todos; el que es de la tierra, es terrenal, y cosas terrenales habla; el que viene del cielo, es sobre todos.

Ὁ ἄνωθεν ἐρχόμενος ἐπάνω πάντων ἐστίν· ὁ ὢν ἐκ τῆς
El de arriba que viene sobre todos es, el que es de la
γῆς ἐκ τῆς γῆς ἐστιν καὶ ἐκ τῆς γῆς λαλεῖ. ὁ ἐκ τοῦ οὐρανοῦ
tierra de la tierra es y de la tierra habla, el del cielo
ἐρχόμενος [ἐπάνω πάντων ἐστίν][1].
que viene sobre todos es.

Notas y análisis del texto griego.

Sobre la autoridad de Jesús, escribe: Ὁ, caso nominativo masculino singular del artículo determinado *el*; ἄνωθεν, adverbio de lugar *de arriba*; ἐρχόμενος, caso nominativo masculino singular del participio de presente en voz activa del verbo ἔρχομαι, *llegar, venir*, aquí *que viene* o *viniendo*; ἐπάνω, preposición propia de genitivo *sobre*; πάντων, caso genitivo masculino plural o neutro plural del adjetivo indefinido *todos*; ἐστίν, tercera persona singular del presente de indicativo en voz activa del verbo εἰμί, *ser*, aquí *es*; ὁ, caso nominativo masculino singular del artículo determinado *el*; ὢν, caso nominativo masculino singular del participio de presente en voz activa del verbo εἰμί, *ser, estar*, aquí *que es*, ἐκ, preposición propia de genitivo *de*; τῆς, caso genitivo femenino singular del artículo determinado *la*; γῆς, caso genitivo femenino singular del nombre común *tierra*; ἐκ, preposición propia de genitivo *de*; τῆς, caso genitivo femenino singular del artículo determinado *la*; γῆς, caso genitivo femenino singular del nombre común *tierra*; ἐστιν, tercera persona singular del presente de indicativo en voz activa del verbo εἰμί, *ser*, aquí *es*; καὶ, conjunción copulativa *y*; ἐκ, preposición propia de genitivo *de*; τῆς, caso genitivo femenino singular del artículo determinado *la*; γῆς, caso genitivo femenino singular del nombre común *tierra*; λαλεῖ, tercera persona singular del presente de indicativo en voz activa del verbo λαλέω, *hablar, decir*, aquí *habla*; ὁ, caso nominativo masculino singular del artículo determinado *el*; ἐκ, preposición propia de genitivo *de*; τοῦ, caso genitivo masculino singular del artículo determinado *el*; οὐρανοῦ, caso genitivo masculino singular del nombre común *cielos*; ἐρχόμενος, caso nominativo masculino singular del participio de presente en voz media del verbo ἔρχομαι, *venir*, aquí *que viene*; ἐπάνω, preposición propia de genitivo *sobre*; πάντων, caso genitivo masculino plural o neutro plural del adjetivo indefinido *todos*; ἐστίν, tercera persona singular del presente de indicativo en voz activa del verbo εἰμί, *ser*, aquí *es*.

Crítica Textual. Lecturas alternativas.

[1] ἐπάνω πάντων ἐστίν, *sobre todo es*, lectura atestiguada en $\mathfrak{p}^{36vid, 66}$, $\aleph^2$, A, B, K, K, W^s, Γ, Δ, Θ, Ψ, 083, 086, f^{13}, 33, 579, 700, 892, 1241, 1424, 𝔐, lat, $sir^{s, p, h}$, bo, $Orígenes^{pt}$.

Se omite la frase en $\mathfrak{p}^{75}$, ℵ*, D, f^1, 565, it, sir[c], sa, Hipólito, Orígenes[pt], Eusebio.

ʽΟ ἄνωθεν ἐρχόμενος ἐπάνω πάντων ἐστίν· Como se ha dicho en la introducción del capítulo, las palabras de este párrafo, parecieran ser más bien del mismo evangelista que de Juan el Bautista. Es indudable que el contenido va más ligado a los vv. 12-21, que a donde se encuentran. Sin embargo, debe precisarse otra vez que no se trata de un *desplazamiento*, como los críticos liberales pretenden. Este desconcierto se produce si no se conocen las formas literarias que Juan utiliza. Las palabras que se atribuyen por muchos al Bautista, no son parecidas a las que estamos acostumbrados de él. De todos modos se aprecia una aproximación más al ministerio de Jesús. Todo su contenido concuerda con las palabras de Jesús a Nicodemo que se comentaron antes. Es interesante apreciar que estas palabras son extensivas, no sólo a la gente del tiempo de Jesús, sino a la de todos los tiempos, recordándoles y afirmándose en quien es Jesús. Sin duda el párrafo está correctamente puesto en este lugar y es natural que se siga aplicando a Juan, porque probablemente se está refiriendo a algunas palabras de Jesús que él habría oído.

Tanto en el prólogo como en la enseñanza a Nicodemo se vincula a Jesús con el enviado del Padre, esto es, el *que viene de arriba*. Procedente de Dios, vinculado eternamente al Ser Divino en que subsiste, es sobre todos. Esta verdad es fundamental para comprender la Persona Divino-humana del Señor. Él no procede de la tierra, sino del cielo. Por esa razón está sobre todo. Cuando Dios le levantó de los muertos le dio el nombre que es sobre todo nombre, para que ejerza Su señorío sobre los que están en el cielo, en la tierra y bajo ella, a fin de que todos confiesen que Él es Señor (Fil. 2: 9-11). Cristo se refiere a Su autoridad cuando establece la comisión de ir a las naciones y hacer discípulos bautizándolos (Mt. 28:18-20). En esta declaración Juan se reafirma en la grandeza de Aquel que había de venir y que era *antes* que él. Nuevamente se aprecia la deidad de Jesús, el que *vino de arriba*. A Jesús se le llama *el que bajó del cielo* (v. 13), el que *procede de arriba*, en este versículo. Tiempo después el apóstol Pablo diría, refiriéndose a Jesús: *"...el segundo hombre, que es el Señor, es del cielo"* (1 Co. 15:47). En ese sentido como procede de arriba está por encima de todos los de la tierra.

ὁ ὢν ἐκ τῆς γῆς ἐκ τῆς γῆς ἐστιν. En contraste, el que es de la tierra, procede de abajo, es terrenal y no celestial. Este es un término que se puede aplicar a toda la raza humana, ya que la preposición *de* denota origen o procedencia. El Señor *procede* del cielo, los hombres *proceden* de la tierra. No está refiriéndose aquí a espiritualidad y carnalidad, o a santidad y pecado, sino a diferentes procedencias, marcando el contraste entre Cristo y los hombres, entre los que se encontraba Juan el Bautista, de otro modo, los dos términos *de arriba* y *de la tierra*, no implica oposición a Dios, sino que hace referencia a la creación frente al Creador. Solo Jesús, que está por encima de todos es superior a todos, porque es Dios manifestado en carne. Sin duda el bautismo de Juan procedía del cielo, porque de allí le fue establecido, sin embargo, él podía bautizar sólo con agua, mientras que Jesús lo haría con el Espíritu.

καὶ ἐκ τῆς γῆς λαλεῖ. El que es de procedencia terrenal habla de las cosas de la tierra. De nuevo no debe entenderse como *terrenales* en sentido de opuestas a Dios, sino como relacionadas con la experiencia propia de los hombres de la tierra. Eran palabras comprensibles al ámbito de este mundo. Juan llamaba a los hombres al arrepentimiento y los bautizaba con agua, como testimonio de la aceptación del mensaje, pero no podía darles vida eterna, o hacerles experimentar el nuevo nacimiento que sólo estaba en la mano del que venía del cielo y era obra del Espíritu. No cabe duda que el mensaje dado desde la tierra es un mensaje que habla de realidades celestiales, pero Juan desea recalcar que lo que dicen tiene que ver con la tierra. Los profetas eran meros hombres y de sí mismos sólo podían hablar *de la tierra*. Las palabras de Jesús superaban a las de los profetas, porque estaban ancladas en el pensamiento eterno de Dios.

ὁ ἐκ τοῦ οὐρανοῦ ἐρχόμενος [ἐπάνω πάντων ἐστίν]· La frase con que se cierra el versículo tiene dos partes. La primera debiera seguir unida a la primera del versículo siguiente, con lo que se notaría las tres formas de la enseñanza:

31. El que viene de arriba está por encima de todos.
El que es de la tierra es terreno y habla de forma terrena.
El que viene del cielo 32 atestigua lo que ha visto y oído.

La segunda parte de la frase final, posiblemente sea una interpolación resultante de algún copista, o incluso un comentario marginal que entró en el texto. Sin embargo, no produce ningún problema y fortalece el contraste que se esta estableciendo.

Todos los profetas, incluido Juan, procedían de la tierra, pero Jesús venía de arriba, del cielo. Había descendido a la tierra desde el lugar que le corresponde por ser una Persona Divina, que es la gloria del cielo. Esta frase se complementa con la que sigue en el versículo próximo.

32. Y lo que vio y oyó, esto testifica; y nadie recibe su testimonio.

[1]ὃ ἑώρακεν καὶ ἤκουσεν τοῦτο[1] μαρτυρεῖ, καὶ τὴν μαρτυρίαν
Lo que ha visto y oyó, esto testifica, y el testimonio
αὐτοῦ οὐδεὶς λαμβάνει.
de Él nadie acepta.

Notas y análisis del texto griego.

Sin interrupción, sigue: ὃ, caso nominativo neutro del pronombre relativo *lo que*; ἑώρακεν, tercera persona singular del perfecto de indicativo en voz activa del verbo ὁράω, *ver, mirar*, aquí *ha visto*; καὶ, conjunción copulativa *y*; ἤκουσεν, tercera persona singular del aoristo primero de indicativo en voz activa del verbo ἀκούω, *oír, escuchar*, aquí *oyó*; τοῦτο, caso acusativo neutro singular del pronombre demostrativo *esto*; μαρτυρεῖ, tercera persona singular del presente de indicativo en voz activa del verbo μαρτυρέω, *testificar, testimoniar*, aquí *testifica*; καὶ, conjunción copulativa *y*; τὴν, caso acusativo femenino singular del artículo determinado *la*; μαρτυρίαν, caso acusativo femenino singular del nombre común *testimonio*; αὐτοῦ, caso genitivo masculino de la tercera persona singular declinado *de Él*; οὐδεὶς, caso nominativo masculino singular del pronombre indefinido *nadie, ninguno*; λαμβάνει, tercera persona singular del presente de indicativo en voz activa del verbo λαμβάνω, *recibir, aceptar*, aquí *recibe*.

Crítica Textual. Lecturas alternativas.

[1] ὃ ἑώρακεν, *lo que ha visto*, según se lee en 𝔭$^{66, 75}$, ℵ, B, D, K, W^{s}, Ψ, 083, 086, f^{1}, 33, 565, 579, it, sir^{c}.

καὶ ὃ ἑώρακεν, lectura en και A, K, Γ, Δ, Θ, f^{13}, 700, 892, 1241, 1424, 𝔐, lat, sir$^{s, p, h}$.

[2] τοῦτο, *esto*, según 𝔭$^{36, 66, 75}$, A, B, K, K, W^{s}, Γ, Δ, Θ, Ψ, 083, 086, f^{13}, 33, 579, 700, 892, 1241, 𝔐, lat, sir^{h}.

No aparece en ℵ, D, f^{1}, 565, 1424, it, sir$^{s, c, p}$, Hipólito.

ὃ ἑώρακεν καὶ ἤκουσεν τοῦτο μαρτυρεῖ, El que procede del cielo, es un testigo celestial y da testimonio de lo que ha visto y oído. Jesús le había dicho antes que Él hablaba lo que sabía y lo que había visto (v. 11). Ahora insiste Juan en el mismo testimonio. Es interesante notar que los verbos estan en distintos tiempos: el primero ὁράω, *ver*, aparece en perfecto de indicativo, lo que da idea de una acción que se produjo y siguen sus efectos, podría traducirse como *lo que esta viendo*. Él está en la tierra, pero sigue estando en el cielo. Ha dejado la gloria y ha devenido a la condición de hombre, pero siendo Dios, está tan presente en el cielo como lo está en la tierra. En ésta, en dos naturalezas, la divina y la humana. De ahí que Su testimonio sea celestial porque comunica lo que está presenciando como Dios y conoce exhaústivamente como tal. El siguiente verbo ἀκούω, *oír*, aparece en aoristo de indicativo en voz activa, literalmente *lo que oyó*. Algo que ha tenido lugar en el pasado. En el prólogo se presenta a Jesús como vuelto hacia el seno del Padre (1:18). Él habla como testigo inmediato de Dios. Es el único que puede dar testimonio celestial porque puede revelar y expresar a Aquel que nadie ha visto jamás. De manera que el testimonio de Jesús es superior al de Juan, porque este es terrenal, mientras que el suyo es celestial. Cristo no testifica sino lo que ha visto y oído en el seno del Padre. De este modo revela a los hombres *lo que ha visto*; es más, Sus obras son la consecuencia de lo que *ve hacer al Padre* (5:19). Lo que enseña es la revelación de la mente del Padre, lo que de Él *ha oído* directamente (15:15). Los profetas anuncian y comunican lo que les ha sido revelado personalmente por el Espíritu, en distintos modos, mientras que Jesús no necesita revelación, puesto que lo toma directamente, ya que como Verbo es de la misma naturaleza del Padre. Su mensaje no son opiniones personales o la expresión de algo que se le ha revelado, sino la expresión audible y visible de la mente de Dios, que es la misma *verdad eterna y sustancial*, que se personifica en Él, de manera que puede decir, y sólo Él, *yo soy la verdad* (14:6).

καὶ τὴν μαρτυρίαν αὐτοῦ οὐδεὶς λαμβάνει. Ahora bien, el testimonio perfecto y absolutamente veraz de Jesús, no tiene acogida en el mundo de los hombres. La expresión de Juan es una hipérbole, a las que suele acudir. De manera que dice que *nadie* acepta el testimonio que da, lo que supone *pocos*, o *solo algunos*. Antes usó esta misma forma cuando dijo que cuando vino al mundo dice que *los suyos* no le recibieron, sin embargo no se trataba de una expresión absoluta, porque a continuación dice: *pero a los que le recibieron* (1:11-12). Aquí va a ocurrir lo mismo, porque *algunos* recibieron su testimonio (v. 33). Sin duda es la forma expresiva de una persona que fue testigo del abierto rechazo de los judíos. El Bautista es también conocedor de la incredulidad de los hombres, puesto que muchos de ellos tampoco recibieron el testimonio que dio acerca de Cristo. Los hombres, y especialmente los líderes religiosos de Israel en los tiempos del relato, no recibieron, no lo escucharon, no le dieron crédito.

Los discípulos de Juan se quejaron de que pocos venían a él, mientras que muchos se iban con Jesús (v.26). Pero la visión espiritual del Bautista nota que aunque aparentemente eran muchos, la realidad es que eran pocos los que creían en Él. La incredulidad de los judíos tenía que ser un tormento para el alma de Juan, que dio testimonio por tiempo acerca del que venía tras él, y poco atendieron a sus palabras.

33. El que recibe su testimonio, éste atestigua que Dios es veraz.

ὁ λαβὼν αὐτοῦ τὴν μαρτυρίαν ἐσφράγισεν ὅτι ὁ Θεὸς
El que recibió de Él el testimonio selló que - Dios
ἀληθής ἐστιν.
verdadero es.

Notas y análisis del texto griego.

Añade: ὁ, caso nominativo masculino singular del artículo determinado *el*; λαβὼν, caso nominativo masculino singular del participio aoristo primero en voz activa del verbo λαμβάνω, *recibir*, aquí *que recibió*; αὐτοῦ, caso genitivo masculino de la tercera persona singular del pronombre personal declinado *de él*; τὴν, caso acusativo femenino singular del artículo determinado *el*; μαρτυρίαν, caso acusativo femenino singular del nombre común *testimonio*; ἐσφράγισεν, tercera persona singular del aoristo primero de indicativo en voz activa del verbo σφραγίζω, *confirmar, sellar*, aquí *selló*; ὅτι, conjunción *que*; ὁ, caso nominativo masculino singular del artículo determinado *el*; Θεὸς, caso nominativo masculino singular del nombre divino *Dios*; ἀληθής, caso nominativo masculino singular del adjetivo *verdadero, veraz*; ἐστιν, tercera persona singular del presente de indicativo en voz activa del verbo εἰμί, *ser*, aquí *es*.

ὁ λαβὼν αὐτοῦ τὴν μαρτυρίαν ἐσφράγισεν. Juan es de los que recibieron el testimonio de Cristo. Por esa causa *firma*, o *pone el sello* de aprobación a las palabras que Él dijo.

ὅτι ὁ θεὸς ἀληθής ἐστιν. Podemos suscribir lo que Jesús dijo, porque Sus palabras son palabra de Dios, no sólo porque las ha oído del Padre, sino porque son como Él, verdad. En todo eso va involucrado el testimonio de la fe. El que cree afirma que lo que Dios dice es verdad, lo toma para sí y descansa en Él. Miramos a Jesús y podemos decir con Juan: *"Yo le vi, y he dado testimonio de que éste es el Hijo de Dios"* (1:34). Como tal, el enviado del Padre para ser el salvador del mundo. El mensaje de Jesucristo es como un testimonio del eterno pacto de redención, en el que se determina la obra salvadora que Dios hace y que lleva a cabo el Hijo en la Cruz, aceptando esta como verdad divina revelada, para que todo el que crea no se pierda sino que tenga vida eterna. El que afirma que Dios es veraz, está expresando que cree en el único que *dice* verdad y que *es* verdad en sí mismo, estando dispuesto a recibir los beneficios gloriosos de la salvación (v. 16). Pero, por el contrario, quien no cree en las palabras del enviado de Dios, tiene a Dios por mentiroso (1 Jn. 5:10). Cristo es el garante y comunicador de las promesas de Dios, que son en Él *sí y amén*. De otro modo, Cristo es Dios en estado de amén (2 Co. 1:20). Al creer, nosotros ponemos nuestro *amén* a las palabras de Dios, aceptándolas por fe como verdaderas, desembocando el designio de Dios en la realización plena para el que cree. Del mismo modo creyó Abraham a Dios y le fue contado por justicia.

34. Porque el que Dios envió, las palabras de Dios habla; pues Dios no da el Espíritu por medida.

ὃν γὰρ ἀπέστειλεν ὁ Θεὸς τὰ ῥήματα τοῦ Θεοῦ λαλεῖ,
Porque el que envió - Dios las palabras - de Dios habla,
οὐ γὰρ ἐκ μέτρου δίδωσιν τὸ Πνεῦμα.
porque no por medida da el Espíritu.

Notas y análisis del texto griego.

Avanzando en el testimonio, dice: ὃν, caso acusativo masculino singular del pronombre relativo *el que*; γὰρ, conjunción causal *porque*; ἀπέστειλεν, tercera persona singular del aoristo primero de indicativo en voz activa del verbo ἀποστέλλω, *enviar*, aquí *envió*; ὁ, caso nominativo masculino singular del artículo determinado *el*; Θεὸς, caso nominativo masculino singular del nombre divino *Dios*; τὰ, caso acusativo neutro plural del artículo determinado *los*; ῥήματα, caso acusativo neutro plural del nombre común *palabras, dichos*; τοῦ, caso genitivo masculino singular del artículo determinado *el*; Θεοῦ, caso genitivo masculino singular del nombre divino *Dios*; λαλεῖ, tercera persona singular del presente de indicativo en voz activa del verbo λαλέω, *hablar, decir*, aquí *dice*; οὐ, adverbio de negación *no*; γὰρ, conjunción causal *porque*; ἐκ, preposición propia de genitivo *por*; μέτρου, caso genitivo neutro plural del nombre común *medida*; δίδωσιν, tercera persona singular del presente de indicativo en voz activa del verbo δίδωμι, *dar*, aquí *da*; τὸ, caso acusativo neutro singular del artículo determinado *el*; Πνεῦμα, caso acusativo neutro singular del nombre divino *Espíritu*.

ὃν γὰρ ἀπέστειλεν ὁ Θεὸς τὰ ῥήματα τοῦ Θεοῦ λαλεῖ, En el inicio del *prólogo*, Juan hace referencia a Jesús como el *Logos*, el Verbo, que se encarna al ser enviado al mundo. De manera que Sus palabras no son terrenales sino celestiales. En Jesús, Dios habla a los hombres, palabras de Dios con garganta de hombre. Quien escucha y acepta las palabras del Hijo, está oyendo y aceptando las mismas palabras de Dios, de otro modo, el que oye a Jesús está oyendo a Dios, de modo que puede confesar que *"Dios es veraz"*. El término que usa en este versículo para referirse a palabra es ῥῆμα, que también significa *cosa*. La construcción de los genitivos con esta palabra se refieren siempre a algo que viene de Dios o de Cristo. En ese sentido se indica quien es el autor de lo que se está diciendo. De modo que Jesús con lo que estaba diciendo expresaba las *cosas* celestiales que sólo Él podía decir desde Su misma identidad celestial. En este *Evangelio* el término aparece siempre en plural para referirse a las *palabras* de Jesús, haciéndonos comprender que Él pronunciaba las palabras de Dios. En consonancia las *palabras* de Jesús, donde aparece el término, son enunciados acerca de Él mismo, no tanto como una enseñanza cristológica, sino como una comunicación de Él mismo. A Cristo se le identifica en el *Evangelio*, como el *enviado de Dios* (cf. 3:17; 5:36, 38; 6:29, 57; 7:29; 8:42; 10:36; 11:42; 17:3, 18, 21, 23, 25; 20:21). De ahí que quien ha sido enviado habla sólo las *palabras de Dios*, y *todas* las palabras de Dios (15:15). Esa es la razón del envío del Hijo. Dios habló muchas veces, en muchos tiempos, por muchos profetas, pero en el tiempo final *nos habló en el Hijo* (He. 1:1-2). Desde la venida del Verbo, Palabra personal del Padre, Dios agotó todo cuanto podría revelar de Él y, desde entonces, el cielo guarda silencio, porque el revelador, el que hace visible al Invisible, ha sido enviado. Más tarde sería enviado de los dos, Padre e Hijo, al Espíritu Santo, que no viene a revelar, sino a *enseñar y recordar*, cuanto Jesús reveló (14:26). Esto tiene vital importancia, ya que si bien es cierto que la Palabra no puede ser correctamente entendida sin la asistencia del Espíritu, no menos cierto es que toda pretendida revelación del Espíritu ha de ser contrastada con la Palabra, a la cual el Espíritu no puede contradecir. Permaneciendo en esta verdad, se corregirían dos graves situaciones, de un lado la *ortodoxia fría*, del mero intelectualismo bíblico, y por otra las manifestaciones entusiásticas, ruidosas y milagrosas del sensacionalismo espiritual, notoriamente contrario a la enseñanza bíblica, y que acarrea serios problemas en mentes de creyentes sencillos y poco formados.

οὐ γὰρ ἐκ μέτρου δίδωσιν τὸ Πνεῦμα. La frase tiene una cierta dificultad leyéndola aisladamente, ya que el sujeto de la oración puede ser tanto el Hijo, que da el Espíritu sin medida, o Dios, que lo da sin medida al Hijo.

Para la primera interpretación, el Hijo da el Espíritu sin medida, sería necesario aclarar ese mismo sentido. Es cierto que los creyentes recibimos el Espíritu abundantemente, es más, se nos llama a vivir en la plenitud del Espíritu, esto es, vivir llenos y controlados por Él y, por consiguiente, bajo el control y la influencia de la Tercera Persona Divina, el creyente habla *verdad* y él mismo *vive* en la verdad. Pero no encontramos en ningún lugar del Nuevo Testamento la aseveración de que Jesús da al creyente el Espíritu sin medida, especialmente porque nadie tiene el Espíritu en la misma medida que lo tuvo Jesús. Además en la lectura a los efesios, el apóstol Pablo dice que *"a cada uno de nosótros fue dada la gracia conforme a la medida del don de Cristo"* (Ef. 4:7). El Espíritu concede los dones como Él quiere y a quien quiere (1 Co. 12:11), pero se delimita el regalo en la *medida del don* de Cristo, porque a cada uno *"le fue dada la manifestación del Espíritu para provecho de todos"*, de modo que existe una medida adecuada y soberanamente dada del Espíritu a cada creyente. Esto no significa que Él no esté morando plenamente en cada uno, pero todo cuanto tiene que ver con acción del Espíritu en el creyente y por medio de Él, tiene una limitación.

La segunda interpretación, que Dios da a Jesucristo el Espíritu sin medida, es la consonante con todo el contexto del *Evangelio*. Tiene necesariamente que ser así, puesto que la comunión intra-trinitaria de las Personas Divinas, así lo exige. Además, la presencia del Verbo encarnado, tiene vinculaciones directas con el Espíritu en el plano de Su humanidad. Jesucristo fue encarnado por instrumentalidad del Espíritu; el ángel Gabriel anunció a María que su Hijo será concebido por el Espíritu Santo (Lc. 1:35), la misma revelación fue comunicada a José (Mt. 1:20). El Espíritu está presente en el desarrollo físico de Jesús como hombre, en donde se dice que al crecimiento en estatura, le correspondía también el crecimiento en sabiduría (Lc. 2:40). Si en Jesús habita corporalmente toda la plenitud de la Deidad, no cabe duda que en Su humanidad, la tienda de campaña de Dios habitando con los hombres (1:14), el Espíritu estaba en esa misma plenitud, sin medida. La presencia del Espíritu en el ministerio de Jesús había sido profetizada (cf. Is. 11:2-3; 42:1; 61:1). Los milagros *mesiánicos*, que fueron señales de su mesianismo, fueron hechos en el poder del Espíritu (Hch. 10:38). De Él se dice que fue ungido por Dios con *"oleo de alegría más que a tus compañeros"* (He.1:9). El mismo Señor habla de su cuerpo como el templo (2:19), por tanto, era el templo donde el Espíritu de Dios moraba en plenitud. Cristo en su humanidad estaba lleno del Espíritu Santo, por tanto, aquí se recuerda esa verdad que *Dios le dio el Espíritu sin medida*. Con esa presencia fue revestido de poder para su ministerio (Lc. 4:14). El mismo Señor declaró que era por el poder del Espíritu que echaba fuera los demonios (Mt. 12:28). Sin embargo Jesús no fue un mero instrumento en manos del Espíritu, puesto que como Dios manifestado en carne, las perfecciones divinas en plenitud estaban en Él. Muchas veces, los milagros que no tenían que ver con las evidencias mesiánicas, fueron hechos por la autoridad del Verbo expresada por boca del hombre Jesús, cuya naturaleza humana subsistía en la Persona divina del Hijo de Dios. Como hombre Cristo es ejemplo de vida para el creyente, de ahí la relación tan directa entre su humanidad y el Espíritu Santo. Mientras que el Espíritu se comunicaba a los mensajeros de Dios en la antigüedad, los profetas, en la medida necesaria para su ministerio, no se da en esa misma medida a la naturaleza humana del Hijo de Dios, porque Él no habla palabras comunicadas, sino las oídas por Él mismo en el seno del Padre, ni hace las obras que se le encomienda, sino que reproduce todo cuanto ve hacer al Padre.

35. El Padre ama al Hijo, y todas las cosas ha entregado en su mano.

ὁ Πατὴρ ἀγαπᾷ τὸν Υἱὸν καὶ πάντα δέδωκεν ἐν τῇ χειρὶ
El Padre ama al Hijo y todo ha entregado en la mano
αὐτοῦ.
de Él.

Notas y análisis del texto griego.

Progresando en el testimonio, dice: ὁ, caso nominativo masculino singular del artículo determinado *el*; Πατὴρ, caso nominativo masculino singular del nombre divino *Padre*; ἀγαπᾷ, tercera persona singular del presente de indicativo en voz activa del verbo ἀγαπάω, *amar*, aquí *ama*; τὸν, caso acusativo masculino singular del artículo determinado declinado *al*; Υἱὸν, caso acusativo masculino singular del nombre divino *Hijo*; καὶ, conjunción copulativa *y*; πάντα, caso acusativo neutro plural del adjetivo indefinido *todos*, en sentido de *todas las cosas, todo*; δέδωκεν, tercera persona singular del perfecto de indicativo en voz activa del verbo δίδωμι, *dar, entregar*, aquí *ha entregado*; ἐν, preposición propia de dativo *en*; τῇ, caso dativo femenino singular del artículo determinado *la*; χειρὶ, caso dativo femenino singular del nombre común *mano*; αὐτοῦ, caso genitivo masculino de la tercera persona singular del pronombre personal declinado *de Él*.

ὁ Πατὴρ ἀγαπᾷ τὸν Υἱὸν. El amor del Padre al Hijo se considera más extensamente en el capítulo cinco, donde Cristo habla de Su autoridad delante de los judíos. El amor en el seno trinitario se orienta del Padre al Hijo. Nótese que se cambia aquí de Dios a Padre. No quiere decir que el Padre no sea Dios, o que la relación de Dios con el Hijo no sea la paterno-filial en el seno de la Deidad. Ambas cosas son verdad. A Jesús se le da el Espíritu sin medida, porque el amor infinito con que la Primera Persona ama a la Segunda, el Padre al Hijo, se personifica en la Tercera, que es la expresión infinita de ese eterno amor intra-trinitario. El hecho de que el Verbo si hiciese carne, de otro modo, tomase una naturaleza humana haciéndose hombre, no disminuye un ápice el amor entre el Padre y el Hijo, incluso, aunque no puede aumentar el amor de Dios porque es infinito, amplía su extensión amando con la misma intensidad a ambas dos naturalezas del Hijo, puesto que ama a la Persona en donde subsisten ambas. El amor del Padre es permanente en el Hijo en razón de la realización de una obra que Él ama (15:10). Le ama también por Su obediencia, ya que la razón de ser, la *comida* de Jesús, es hacer la voluntad del que le había enviado (4:34). En razón de la operación salvadora del Verbo encarnado, el Padre le exaltó hasta lo sumo y le dio el Nombre que es sobre todo nombre, para que ejerza soberanía y sea obedecido por todos, en todas las esferas de la creación (Fil. 2:9-11).

καὶ Πάντα δέδωκεν ἐν τῇ χειρὶ αὐτοῦ. Puede hacerlo porque el Padre ha puesto todo en Sus manos. En el diálogo eterno de amor entre Ellos, no ha reservado nada, porque lo comparte todo. Puesto que ambos están unidos en el Ser Divino, todo cuanto es el Padre, por generación, lo da también al Hijo, ya que este es la expresión exhaustiva del Padre. La identidad es de tal modo que cuanto habla el Hijo lo oye del Padre, cuanto hace lo está viendo hacer al Padre. Cuanto Jesús hace lo hace en relación de identidad con el Padre que le ha enviado. Los que leen el *Evangelio*, no pueden por menos que entender la deidad de Cristo, base de fe cristiana. Sin embargo, las dos naturalezas en la Persona Divina del Hijo de Dios, están presentes continuamente en los escritos de Juan. Como Dios en identidad con el Padre, no se subordina, puesto que son iguales en vida y gloria, pero, como hombre, depende totalmente de Él, puesto que es enviado por Él como siervo y Su grandeza en obedecer al que le envía sin reserva alguna, cumpliendo la misión para la que fe enviado. Jesús mismo dirá *"Todo lo que tiene el Padre es mío"* (16:15). Esto comporta un alcance admirable para nosotros. Ningún hombre recibe de Dios *todas las cosas* para gobernar y ejercer autoridad, sólo Jesús, el Cordero de Dios, el Verbo encarnado, sin embargo por identidad con Él, las cosas puestas en la mano del Hijo son disfrutadas por cada creyente, ya que por vinculación indisoluble con Cristo hemos venido a ser *"herederos de Dios y coherederos con Cristo"* (Ro. 8:17).

36. El que cree en el Hijo tiene vida eterna; pero el que rehúsa creer en el Hijo no verá la vida, sino que la ira de Dios está sobre él.

ὁ πιστεύων εἰς τὸν Υἱὸν ἔχει ζωὴν αἰώνιον· ὁ δὲ ἀπειθῶν
El que cree en el Hijo, tiene vida eterna; pero el que rehusa creer
τῷ Υἱῷ οὐκ ὄψεται ζωήν, ἀλλ' ἡ ὀργὴ τοῦ Θεοῦ μένει
al Hijo no verá vida, sino la ira - de Dios permanece
ἐπ' αὐτόν.
sobre él.

Notas y análisis del texto griego.

Cerrando el párrafo, escribe: ὁ, caso nominativo masculino singular del artículo determinado *el*; πιστεύων, caso nominativo masculino singular del participio de presente en voz activa del verbo πιστεύω, *creer*, aquí *que cree*; εἰς, preposición propia de acusativo *en*; τὸν, caso acusativo masculino singular del artículo determinado *el*; Υἱὸν, caso acusativo masculino singular del nombre divino *Hijo*; ἔχει, tercera persona singular del presente de indicativo en voz activa del verbo ἔχω, *tener, poseer*, aquí *tiene*; ζωὴν, caso acusativo femenino singular del nombre común *vida*; αἰώνιον, caso acusativo femenino singular del adjetivo *eterna*; ὁ, caso nominativo masculino singular del artículo determinado *el*; δὲ, partícula conjuntiva que hace las veces de conjunción coordinante, con sentido de *pero, más bien, y, y por cierto, antes bien*; ἀπειθῶν, caso nominativo masculino singular del participio de presente en voz activa del verbo ἀπειθέω, *desobedecer, no aceptar la fe, rehusar creer*, aquí *que rehusa creer*; τῷ, caso dativo masculino singular del artículo determinado declinado *al*; Υἱῷ, caso dativo masculino singular del nombre divino *Hijo*; οὐκ, forma escrita del adverbio de negación *no*, con el grafismo propio ante una vocal con espíritu suave o una enclítica; ὄψεται, tercera persona singular del futuro de indicativo en voz media del verbo ὁράω, *ver, mirar*, aquí *verá*; ζωήν, caso acusativo femenino singular del nombre común *vida*; ἀλλ', conjunción adversativa *sino*; ἡ, caso nominativo femenino singular del artículo determinado *la*; ὀργὴ, caso nominativo femenino singular del nombre común *ira*; τοῦ, caso genitivo masculino singular del artículo determinado *el*; Θεοῦ, caso genitivo masculino singular del nombre divino *Dios*; μένει, tercera persona singular del presente de indicativo en voz activa del verbo μένω, *permanecer, quedarse*, aquí *permanece*; ἐπ', forma que adopta la preposición de acusativo ἐπί, con el grafismo por elisión de la ι final ante vocal o diptongo sin aspiración, que equivale a *por, sobre*; αὐτόν, caso acusativo masculino de la tercera persona singular del pronombre personal *él*.

ὁ πιστεύων εἰς τὸν Υἱὸν ἔχει ζωὴν αἰώνιον· Las palabras con que se cierra el párrafo, son el resumen de todo el capítulo. Mediante dos antitéticos establece este resumen: *La vida se opone a la ira, como el creyente se opone al no creyente.* Primeramente la vida eterna se alcanza por *creer en el Hijo*. De modo que el objeto de la fe es el Hijo, como lo entiende Juan, en el sentido de Dios manifestado en carne, el Verbo eterno que se hizo hombre y habitó entre nosotros. El mensaje del evangelio se complementará más adelante con Su obra en la Cruz, pero comienza ya haciendo ver que sólo hay vida en el Hijo (1:4) y fuera de Él no es posible alcanzar la vida eterna. Es notable apreciar que todos los verbos griegos que están en este versículo, aparecen en presente, de modo que es necesario entender que la fe no es un acto pasajero, sino una actitud permanente. La fe no es puntual para justificación, perdón de pecados y vida eterna en el momento de ejercerla depositándola en el Salvador, sino una constante en la vida cristiana. El creyente que es salvo por fe, vive luego en la fe del Hijo de Dios (Gá. 2:20).

ὁ δὲ ἀπειθῶν τῷ Υἱῷ οὐκ ὄψεται ζωήν, ἀλλ' ἡ ὀργὴ τοῦ Θεοῦ μένει ἐπ' αὐτόν. La segunda frase expresa por el contrario, lo que ocurre con el que no cree, literalmente el que *rehúsa creer*. No se trata de una acción inconsciente sino voluntaria; puede creer pero se niega a hacerlo. Se trata de un acto no solo de desobediencia, sino de rebeldía contra Dios. El que ofrece la salvación y puede dar la vida, es el Soberano, que no ruega por nada, ni pide por nada, sino que establece un mandamiento para salvación. Dicho con palabras del apóstol Pablo: "*Dios manda ahora a todos los hombres en todo lugar, que se arrepientan*" (Hch. 17:30). Tanto Juan como Pablo concuerdan en la misericordia divina que extiende a los hombres Su gracia salvadora, a pesar de ser pecadores y, por tanto, indignos de ella. Ahora Dios puede perdonar el pecado de cualquier ser humano porque el Hijo de Dios, como Cordero llevó sobre Sí el pecado del mundo haciendo *salvable* a todo hombre, con la única condición de que crea en Él. El término arrepentimiento en el versículo de Hechos y el de *creer* en este del *Evangelio*, son sinónimos, en el sentido de que al creer se produce el nuevo nacimiento que trae como consecuencia la regeneración, en la cual el hombre *se arrepiente*, en el sentido de un cambio de mente permanente. Es la expresión natural de la fe que, descansando en Dios y aceptando Su mensaje de salvación, deja lo que era su forma de buscar la vida para aceptar la demanda de Dios a creer. La demanda del evangelio no es una opción, sino que se establece a modo de mandamiento. Ahora bien, la consecuencia de rechazar la demanda trae aparejado quebrantar el mandamiento divino y cancela toda esperanza, puesto que creer es el único modo de que la *ira* por el pecado no permanezca sobre el incrédulo.

La ira de Dios está continuamente pendiente sobre los que persisten en el pecado, puesto que la paga del pecado es muerte. Este estado de perdición que produce la condenación eterna, se expresa mediante el término ἡ ὀργὴ, que tiene que ver con un estado de indignación divina permanente. Esta situación es presente, como se nota en el versículo: *la ira de Dios está sobre él*. Por el hecho de pecar, como corresponde a todo pecador, la ira divina está orientada hacia el que peca, desviándose de la voluntad de Dios y siendo rebelde contra Él. De este modo se entiende el contraste entre *vida* e *ira*. Los dos estados son manifestados en un presente continuado. El que cree no *recibirá* la vida eterna y la *disfrutará* en un tiempo escatológico, sino que es recibida en el presente y vivida perpetuamente. El que no cree, *vive* también en un presente en el que la ira de Dios está sobre él, que se proyecta a lo largo de su vida terrenal, y pasa definitivamente a la situación de eterna condenación en la perpetuidad de la vida futura del hombre. Como dice el Dr. Lacueva: *"la condición del incrédulo no puede ser más miserable: la ira de Dios omnipotente pende continuamente sobre él y, si persiste en su incredulidad, penderá para siempre sobre él en el infierno*[23]*"*.

Algo que se destaca en este versículo es la *responsabilidad* del hombre en cuanto a condenación. Nada puede hacer en cuanto a salvación, puesto que es una operación divina (Sal. 3:8; Jon. 2:9), tan solo obedecer a la demanda de fe que Dios establece. Sin embargo todo cuanto es de condenación es responsabilidad del hombre. Nótese que el verbo *creer* va acompañado del *rehusar*, que denota una acción voluntaria que se niega a obedecer en la demanda de la fe. Negándose a creer se cierra a él mismo el único camino a la vida eterna que sólo es posible por Cristo, aceptándolo como el Hijo de Dios que fue enviado para salvación de todo el que cree. Estos *"no verán la vida"*, es decir, no *poseerán, experimentarán, gozarán* de ella. La vida eterna les es vedada por el único hecho de no querer creer. La inquietud de Nicodemo es contestada también aquí. Jesús le habló de la necesidad de nacer de nuevo, resultado de creer, para *ver* y *entrar* en el reino. Por tanto quienes no creen *no verán* la vida, porque tampoco entrarán en el reino de vida que es en Cristo Jesús. Lejos de ver la vida, lo único que les espera es la ira de Dios. Nadie puede esperar que la ira divina se diluya con el tiempo, sino que como dice Juan *permanece* sobre el incrédulo. La responsabilidad del hombre lleva aparejada la vida, cuando obedeciendo cree, o la condenación cuando rehúsa creer. Al contraste *creer o no creer*, corresponde *vida eterna* o *ira eterna*. No hay otras alternativas. Solo por medio de la fe se justifica el hombre para con Dios (Ro. 5:1).

Dos lecciones personales se pueden destacar en el capítulo. La primera es que Dios ama a todo hombre por pecador que sea y le abre la puerta de la salvación con la única condición de que crea. La religión y las obras humanas nunca conducen a la vida, sino que se mantienen bajo la condenación que el hombre merece a causa de su pecado. La fe en Cristo produce una notable transformación, ya que el que cree, nace del Espíritu (v. 6). Este nuevo nacimiento cambia radicalmente la situación del hombre puesto que anula la esclavitud del pecado y le abre la experiencia de la vida eterna por vinculación con Cristo. Aquel que cree es transformado por el poder de Dios. El evangelio es un mensaje de

---

[23] F. Lacueva. o.c., pág. 88.

poder que no sólo anuncia para el hombre la esperanza, sino que cambia su naturaleza puesto que le da un corazón nuevo. La urgente necesidad es *predicar el evangelio* y no *un* evangelio. El mensaje que salva es el mensaje de Dios y no el de los hombres. Dios no bendice nuestras palabras, sino las suyas. El evangelio humanista da poder al hombre restándoselo a Dios, este evangelio produce convicciones, pero en modo alguno conversiones. Quien es salvo vive continuamente en la *fe del Hijo de Dios*. La salvación genera dependencia permanente en la relación con Dios. La vida cristiana se vive en identificación con Cristo, de modo que el creyente ya no vive bajo su *yo*, sino que vive bajo el poder de Jesucristo (Gá. 2:20). Si un hombre que se dice creyente no experimenta un cambio de vida y un alejamiento del pecado, debe preguntarse si ha nacido de nuevo.

La segunda aplicación tiene que ver con el interés personal de quienes sirven a Dios en su obra. No puede ser otro que quienes estén bajo su influencia sigan a Jesús. Los líderes, pastores, maestros, han de hablar de tal manera que quienes oigan sus palabras se orienten hacia Cristo. No somos llamados a seguir a los hombres. El apóstol Pablo escribiendo a los corintios les hace sentir lo equivocado de seguir a los hombres, por grandes que puedan parecer a ojos humanos. La vida cristiana es seguimiento a Cristo. Cuando el ministerio que Dios tiene para aquel que es llamado por Él a Su servicio, como era el caso del Bautista, concluye, el ministro es retirado por Dios del campo de trabajo y trasladado a Su presencia, donde disfruta de las bendiciones de ver el fruto de su labor, que no es suya, sino de Dios hecha por medio de él. Lo importante no es lo que podamos hacer para Dios, Él no necesita nada de nosotros, sino lo que Él es capaz de hacer por medio nuestro. La gloria más grande para un cristiano es ser *siervo de Cristo*. El mayor gozo es ver el gozo del Señor en la realización de Su programa (v. 29).

CAPÍTULO IV

EN SAMARIA Y GALILEA.

Introducción.

La simple lectura del pasaje ofrece una perspectiva de relato, agrupado en dos partes. La primera que tiene lugar en Samaria, donde se cuenta el encuentro con una mujer samaritana y las consecuencias que tuvo para la gente del lugar donde vivía. La segunda, ya en Galilea, relata el milagro de la sanidad del hijo del oficial del rey que residía en Capernaum. En la primera parte se puede subdividir en un párrafo individual (vv. 5-26), donde el relato se centra en una persona, la mujer samaritana; y luego en otro que es colectivo, o si se quiere nacional en la que el centro está en los samaritanos que vienen a Jesús (27-42). La segunda parte tiene lugar en Galilea y narra el segundo milagro que Jesús hizo en Canán (43-54).

Para la *crítica liberal*, el capítulo recoge una composición artificial para introducir, sobre el fondo de un relato, un discurso y un milagro de Jesús. Según los *liberales*, no se trata de un hecho histórico y mucho menos topográfico. El venir de Judea a Galilea pasando por Samaria, lo entienden como una observación de aceptación de los samaritanos al ministerio de Jesús, en contraste con la oposición que se produce a Él en Galilea. El milagro debe entenderse simbólicamente, así como los hechos históricos deben ser considerados no desde la forma real en que se produjeron, sino desde el relato de la fe, de ahí que la cronología y la topografía no concuerden, porque una cosa es la historia real y otra la de la fe. Como siempre, la *crítica liberal* es la argumentación de la negación por la negación.

Es, sin duda, un tanto extraña la referencia al viaje de Jesús, cuando vino de Judea a Galilea (v. 47), cuando realmente Jesús no venía en ese momento de Judea, sino de Enón, donde estuvo un tiempo, en la misma zona donde Juan el Bautista ministraba (3:23). Sería posible entenderlo como una forma confusa del régulo, cuyo hijo estaba gravemente enfermo, pero, más adelante aparecerá otra vez esa misma referencia (v. 54). Esta aparente confusión se elimina fácilmente si se entiende que el viaje comenzó en Judea donde había asistido a la celebración de la Pascua, y terminó en Galilea, sin mencionar el alto en Samaria, en ese mismo camino. Galilea era, para Jesús, el lugar de residencia de su niñez y juventud, en cierta medida se le consideraba galileo, aunque su lugar de nacimiento era en Judea, donde estaba

Belén. Aparentemente en Galilea no fue bien recibido, Según los sinópticos fue en la sinagoga de Nazaret donde Jesús dijo que ningún profeta es acepto en su tierra, que Juan menciona en el v. 44. Sin embargo Juan dice que los galileos le recibieron (v. 45) y que el oficial del rey creyó él y toda su casa (v. 53).

Otro asunto que entra en conflicto es que según el evangelista, Jesús, para dirigirse a Galilea, tenía que pasar por Samaria. Este era uno de los caminos más cortos que algunos peregrinos usaban para venir desde Jerusalén al norte. Pero en este caso no se tiene en cuenta que, como se dice antes, Jesús no venía de Jerusalén, sino un lugar próximo a donde Juan el Bautista está, por tanto, *no tenía* necesidad de pasar por Samaria, es más, exigía un rodeo para tomar esa ruta. Este problema se soluciona si se entiende bien que quiere decir Juan con esa referencia, como se verá en el comentario.

En la sección que trata de los samaritanos, la mayor extensión en el texto tiene que ver con la conversación poco habitual de Jesús con una mujer samaritana. Era extraño que un hombre hablara a solas con una mujer, pero mucho más lo era que él fuese judío y ella samaritana, por el antagonismo entre los dos grupos. El relato presentará nuevamente a Jesús como superior a cualquier grande del Antiguo Testamento, en este caso mayor que Jacob, por el tipo de agua que les dio este, y por la que puede darles Jesús. Nuevamente se distingue el propósito del escritor: remarcar y engrandecer la persona de Jesucristo. El Señor aprovecha la ocasión para remarcar delante de los discípulos las prioridades que el que sirve a Dios debe tener, entre lo que es físicamente necesario, como era comer para alimentar el cuerpo, y lo que es esencial, la obediencia a Dios sin condiciones y el cumplimiento fiel de la responsabilidad ministerial encomendada por Él.

La división del capítulo para su estudio, es la que aparece en el Bosquejo del libro en la introducción, como sigue:

5. Presentación en Samaria (4:1-42).
    - 5.1. Jesús pasa por Samaria (4:1-6).
    - 5.2. Enseñanza a la samaritana (4:7-26).
    - 5.3. Testimonio de la samaritana (4:27-30).
    - 5.4. Enseñanza a los discípulos (4:31-38).
    - 5.5. Reacción de los samaritanos (4:39-42).
6. Presentación en Galilea (4:43-54).
    - 6.1. Su presencia en Galilea (4:43-45).
    - 6.2. La sanidad del hijo del oficial del rey (4;46-54)

Presentación en Samaria (4:1-42).

Jesús pasa por Samaria (4:1-6).

1. Cuando, pues, el Señor entendió que los fariseos habían oído decir: Jesús hace y bautiza más discípulos que Juan.

Ὡς οὖν ἔγνω ὁ Ἰησοῦς[1] ὅτι ἤκουσαν οἱ Φαρισαῖοι ὅτι
Cuando, pues, supo - Jesús que oyeron los fariseos que
Ἰησοῦς πλείονας μαθητὰς ποιεῖ καὶ βαπτίζει ἢ Ἰωάννης
Jesús más discípulos hace y bautiza que Juan.

Notas y análisis del texto griego.

Introduciendo un nuevo párrafo y relato, escribe: Ὡς, conjunción temporal *cuando*; οὖν, conjunción causal *pues*; ἔγνω, tercera persona singular del segundo aoristo de indicativo en voz activa del verbo γινώσκω, *saber, entender, conocer*, aquí *supo*; ὁ, caso nominativo masculino singular del artículo determinado *el*, Ἰησοῦς, caso nominativo masculino singular del nombre propio *Jesús*; ὅτι, conjunción *que*; ἤκουσαν, tercera persona plural del aoristo primero de indicativo en voz activa del verbo ἀκούω, *escuchar, enterarse, hacer caso, comprender*, aquí *oyeron*; οἱ, caso nominativo masculino plural del artículo determinado *los*; Φαρισαῖοι, caso nominativo masculino plural del nombre propio *fariseos*; ὅτι, conjunción *que*; Ἰησοῦς, caso nominativo masculino singular del nombre propio *Jesús*; πλείονας, caso acusativo masculino plural del adjetivo comparativo de πολύς, *mas*; μαθητὰς, caso acusativo masculino plural del nombre común *discípulos*; ποιεῖ, tercera persona singular del presente de indicativo en voz activa del verbo ποιέω, *hacer, crear, producir*, aquí *hace*; καὶ, conjunción copulativa *y*; βαπτίζει, tercera persona singular del presente de indicativo en voz activa del verbo βαπτίζω, *bautizar*, aquí *bautiza*; ἢ, conjunción *que*; Ἰωάννης, caso nominativo masculino singular del nombre propio *Juan*.

Crítica Textual. Lecturas alternativas.

[1] Ἰησοῦς, *Jesús*, atestiguada en 𝔭[66*], ℵ, D, Θ, 086, f^1, 565, 1241, lat, sir[c, p, h], bo, Epifanio.

κύριος, *Señor*, según lectura en 𝔭[66c, 75], A, B, C, K, K, W[s], Γ, Δ, Ψ, 083 f^{13}, 33, 579, 700, 892, 1424, 𝔐, f, q, sir[s, hmg], sa, bo.

Se omite las dos lecturas en A, B*, K, W[s], Γ, Ψ, 579, 892, 1424*.

Ὡς οὖν ἔγνω ὁ Ἰησοῦς ὅτι ἤκουσαν οἱ Φαρισαῖοι ὅτι Ἰησοῦς πλείονας μαθητὰς ποιεῖ καὶ βαπτίζει ἢ Ἰωάννης. Los fariseos comienzan a alarmarse del crecimiento que se producía en los seguidores de Jesús y del gran número de personas que eran bautizadas y que superaba a lo que se producía en el ministerio de Juan el Bautista. De esta sorpresa, nunca grata para ellos, de los fariseos, Jesús tuvo conocimiento. No se dice como lo supo, simplemente Juan lo afirma. Es interesante notar que en manuscritos seguros en lugar de Jesús, en la primera referencia del versículo, aparece Señor, como traduce RV. Tal vez Juan esté refiriéndose al conocimiento sobrenatural que el Señor tiene como Persona Divina, si bien ese conocimiento sólo se le comunica a Su naturaleza humana en el momento que el interés de la obra para la que fue enviado, lo requería. Esto concordaría con el conocimiento que tenía Jesús de los judíos, de modo que *no se fiaba* de ellos (2:24). Los fariseos ya se habían posicionado en contra de Jesús y el odio, generado por la envidia contra Él, hacía, humanamente hablando, problemática la estancia del Señor en el lugar del territorio de Judea donde se había quedado, cerca del sitio en donde se encontraba Juan el Bautista. Es muy probable que Herodes hubiera prendido a Juan en aquellos días. Tal vez el monarca tenía miedo a que las acusaciones del Bautista generasen una reacción en la gente contraria a él que incluso pudiera terminar en una sedición. La realidad es que Juan fue preso por Herodes y esa acción perversa del criminal rey, sirvió a los fariseos para librarse de quien les llamaba *generación de víboras*. Ahora, sin Juan, se vuelven contra Jesús, que *bautizaba* más discípulos. Pudiera ser que no sea una referencia a un número mayor en cuanto a totalidad, pero sí en cuanto a concurrencia, es decir, Jesús tenía un poder de captación de discípulos cada día en un número que nunca se había producido en el ministerio de Juan.

2. (aunque Jesús no bautizaba, sino sus discípulos).

–καίτοιγε	᾿Ιησοῦς	αὐτὸς	οὐκ	ἐβάπτιζεν	ἀλλ᾿	οἱ	μαθηταὶ	αὐτοῦ–
aunque	Jesús	mismo	no	bautizaba	sino	los	discípulos	de Él.

Notas y análisis del texto griego..

Abriendo un paréntesis explicativo, dice: –καίτοιγε, conjunción concesiva, *aunque*; ᾿Ιησοῦς, caso nominativo masculino singular del nombre propio *Jesús*; αὐτὸς, caso nominativo masculino singular del pronombre intensivo *mismo*; οὐκ, forma escrita del adverbio de negación *no*, con el grafismo propio ante una vocal con espíritu suave o una enclítica; ἐβάπτιζεν, tercera persona singular del imperfecto de indicativo en voz activa del verbo βαπτίζω, *bautizar*, aquí *bautizaba*; ἀλλ᾿, forma escrita ante vocal de la conjunción adversativa ἀλλά que significa *pero*, *sino*; οἱ, caso nominativo masculino plural del artículo determinado *los*; μαθηταὶ, caso nominativo masculino plural del nombre común *discípulos*; αὐτοῦ– caso genitivo masculino de la tercera persona singular del pronombre personal declinado *de Él*.

–καίτοιγε Ἰησοῦς αὐτὸς οὐκ ἐβάπτιζεν ἀλλ' οἱ μαθηταὶ αὐτοῦ– Mediante un paréntesis Juan aclara pormenores en relación con el bautismo de Jesús. Esta explicación parentética está construida con el imperfecto del verbo βαπτίζω, que pone de manifiesto que no era una actividad habitual de Jesús. No era Él directamente quien bautizaba sino Sus discípulos, pero éstos lo hacían bajo el consentimiento y autoridad de Jesús. En cierta medida al bautizar probaba la unidad que había entre Su bautismo y el de Su antecesor Juan, pero, al delegar en Sus discípulos el bautismo establecía que Él estaba por encima de Juan el Bautista.

3. Salió de Judea, y se fue otra vez a Galilea.

ἀφῆκεν τὴν Ἰουδαίαν καὶ ἀπῆλθεν πάλιν[1] εἰς τὴν Γαλιλαίαν.
Dejó - Judea y se fue de nuevo a - Galilea.

Notas y análisis del texto griego.

Volviendo al relato, escribe: ἀφῆκεν, tercera persona singular del aoristo primero de indicativo en voz activa del verbo αφίημι, *despachar, despedir, dejar, abandonar*, aquí *dejó*; τὴν, caso acusativo femenino singular del artículo determinado *la*; Ἰουδαίαν, caso acusativo femenino singular del nombre propio *Judea*; καὶ, conjunción copulativa *y*; ἀπῆλθεν, tercera persona singular el aoristo segundo de indicativo en voz activa del verbo ἀπέρχομαι, *ir, irse*, aquí *se fue*; πάλιν, adverbio de modo *otra vez, de nuevo*; εἰς, preposición propia de acusativo *a*; τὴν, caso acusativo femenino singular del artículo determinado *la*; Γαλιλαίαν, caso acusativo femenino singular del nombre propio *Galilea*.

Crítica Textual. Lecturas alternativas.

[1] πάλιν, *de nuevo*, lectura atestiguada en $\mathfrak{p}^{66, 75}$, ℵ, B, C, D, K, W^s, Θ, 083, 086, $f^{1, 13}$, 33, 565, 892, 1241, lat, $sir^{sc, p}$, sa, bo, Epifanio.

Se omite el adverbio en A, B*, K, Γ, Δ, Ψ, 579, 700, 1424, 𝔐, q, sir^h, bo^{mss}.

ἀφῆκεν τὴν Ἰουδαίαν καὶ ἀπῆλθεν πάλιν εἰς τὴν Γαλιλαίαν. La información que Jesús tenía del posicionamiento de los judíos, hizo que tomara la decisión de abandonar el territorio de Judea y desplazarse a Galilea. No hay miedo en las decisiones de Jesús, simplemente la prudencia de no entrar en conflicto directo con el liderazgo religioso de Israel para no dispersar a quienes venían a Él. Había recibido la comisión del Padre que lo enviaba para llevar a cabo la misión redentora, pero la hora de la Cruz no había llegado aún, de modo que no era preciso exponerse innecesariamente a la furia de Sus enemigos. En cierta medida ponía en práctica la enseñanza que daría más adelante a Sus discípulos de salir del lugar donde fuesen perseguidos e irse a otro (Mt. 10:23). Jesús evitó Su presencia continuada en Judea y en Jerusalén, y cada vez que estuvo allí se produjeron conflictos con los fariseos (5:1-47; 7:14-10:21, 22-42; 11:17-53). De modo que saliendo de Enón fue otra vez a Galilea, este *otra vez, de nuevo*, ha de referirse a los dos viajes que hizo a esa área geográfica, el primero precedió a la Pascua (1:43) y el segundo es el que los sinópticos citan después del encarcelamiento de Juan el Bautista (Mt. 4:12). Si los sinópticos señalan el tiempo de este viaje, Juan da razón al decir que era por el conocimiento que los fariseos tenían sobre el crecimiento numérico de Sus discípulos.

4. Y le era necesario pasar por Samaria.

Ἔδει δὲ	αὐτὸν	διέρχεσθαι	διὰ	τῆς	Σαμαρείας.
Y era necesario	le	pasar	por	-	Samaria.

Notas y análisis del texto griego.

Sin interrupción en el relato, añade: Ἔδει, tercera persona singular del imperfecto de indicativo en voz activa del verbo impersonal δεῖ, *ser necesario, deber, convenir*, aquí *era necesario*; δὲ, partícula conjuntiva que hace las veces de conjunción coordinante, con sentido de *pero, más bien, y, y por cierto, antes bien*; αὐτὸν, caso acusativo masculino de la tercera persona singular del pronombre personal declinado *a él, le*; διέρχεσθαι, presente de infinitivo en voz media del verbo διέρχομαι, *pasar, atravesar, ir*, aquí *pasar*; διὰ, preposición propia de genitivo *por*; τῆς, caso genitivo femenino singular del artículo determinado *la*; Σαμαρείας, caso genitivo femenino singular del nombre propio *Samaria.*

Ἔδει δὲ αὐτὸν διέρχεσθαι διὰ τῆς Σαμαρείας. Geográficamente sólo era necesario pasar por Samaria, cuando el viajero se dirigía desde Judea al norte de Galilea. Generalmente cuando se dirigían, como hizo Jesús, a la zona sur de Galilea, solían cruzar el Jordán y hacer la ruta a través de Perea, con lo que evitaban el paso por la zona de los samaritanos, entre quienes había hostilidad continuada.

Juan tiene un propósito eminentemente teológico al escribir el relato de modo que la expresión *era necesario*, no debe tomarse en sentido geográfico, sino espiritual. Jesús debía pasar por Samaria, porque allí tendría lugar el encuentro con los samaritanos que también necesitaban conocerlo como el Mesías prometido. La verdad de Dios, el mensaje de salvación, debía ser conocido por todos, incluyendo a los cismáticos samaritanos. De manera que todo el desarrollo del pasaje se orienta al centro espiritual del relato: *muchos creyeron en Él* (v. 41).

Samaria era una provincia intermedia entre Galilea y Judea. Luego de la muerte de Salomón, en días del rey *Roboam*, el reino se dividió en dos partes, la norte formada por diez tribus, y la sur, integrada por dos: Judá y Benjamín. La capital del reino del norte estaba en Samaria. El rey de la parte escindida del norte, se llamaba en la Biblia, *rey de Israel*, mientras que el del sur, con capital en Jerusalén se le conocía como *rey de Judá*. Todos los reyes de Israel fueron pecaminosos y rebeldes contra Dios, de modo que el juicio divino cayó sobre ellos y fueron llevados en cautiverio por el rey de Asiria, Salmanasar, que tomó la capital en el año 721 a. C. luego de tres años de asedio. Conquistadas las diez tribus del reino de Israel, fueron deportados los israelitas en un número de 27.800 a otras partes del imperio. Pero los que quedaron se rebelaron contra el emperador, decidiendo entonces enviar al exilio a cuantos le fue posible, siendo reemplazados por gentes procedentes de otros países: Hamat, Babilonia y Arabia, especialmente (2 R. 17:24). Esto garantizaba estabilidad al territorio y eliminaba cualquier posible acción propia del nacionalismo. Los nuevos habitantes del territorio trajeron consigo sus dioses, y los cultos a esos dioses. No eran muchos en número, lo que propició el aumento de animales salvajes, como eran los leones. Los nuevos colonos hicieron saber al rey de Asiria lo que estaba ocurriendo, atribuyendo sus males a la ira de Yahwe, quien era el Dios histórico de Israel, cuyo culto no conocían. El rey envió a uno de los sacerdotes de Israel para que se estableciese en Bet-el y enseñara la religión de Israel y sus prácticas, así como la Ley. Los que habían llegado procedentes de otros pueblos no claudicaron en sus dioses y sus cultos, de modo que se produjo un mezcla entre el culto al Dios verdadero y a los falsos dioses, manteniendo un culto sincretista. Los samaritanos quisieron colaborar con los judíos retornados del destierro en Babilonia, en tiempos de Zorobabel, siendo rechazados al considerarlos un pueblo mixto, formado por israelitas y asirios. Estos se unieron a los adversarios de los judíos en el tiempo de la reconstrucción de la ciudad y del muro en días de Nehemias, oponiéndose a que se levantaran las murallas de Jerusalén. Esto, unido a la prohibición de matrimonios mixtos, trajo una definitiva separación entre los pueblos que con el tiempo se tradujo en un desprecio los unos por los otros. Los samaritanos entendían que el verdadero santuario estaba en el monte Gerizim, donde se estableció el culto samaritano. Hacia el año 128 a. C., el gobernante y sumo sacerdote judío Juan Hicarno se apoderó de Siquem y del monte Gerizim, destruyendo el templo allí construido. En tiempos de Jesús pervivía el antagonismo y la hostilidad entre las comunidades judía y samaritana, por esa causa aquellos evitaban pasar por el territorio de Samaria.

Por eso la frase *le era necesario pasar por Samaria*, debe entenderse bajo el condicionante del pronombre personal αὐτὸν, *a Él*, es decir, Jesús era quien tenía necesidad de pasar por Samaria, donde Él que es *la luz* que venía para alumbrar a todo hombre (1:9), tenía que hacerlo también en Samaria, levantando las tinieblas de oscuridad que había entre ellos. Jesús tenía que pasar por Samaria porque así lo exigía el cumplimiento del programa que había sido trazado por Dios y que el Padre había puesto en Su mano. Era necesario para hacer la voluntad del que lo había enviado y acabar Su obra (v. 34).

5. Vino, pues, a una ciudad de Samaria llamada Sicar, junto a la heredad que Jacob dio a su hijo José.

ἔρχεται οὖν εἰς πόλιν τῆς Σαμαρείας λεγομένην Συχὰρ[1]
Vino, pues, a ciudad - de Samaria llamada Sicar,
πλησίον τοῦ χωρίου ὃ ἔδωκεν Ἰακὼβ [τῷ] Ἰωσὴφ τῷ υἱῷ
cerca del terreno que dio Jacob - a José el hijo
αὐτοῦ·
de él.

Notas y análisis del texto griego.

Continúa con ἔρχεται, tercera persona singular del presente de indicativo en voz media del verbo ἔρχομαι, *venir, llegar, regresar, aparecer*, aquí *vino*; οὖν, conjunción continuativa *pues*; εἰς, preposición propia de acusativo *a*; πόλιν, caso acusativo femenino singular del nombre común *ciudad*; τῆς, caso genitivo femenino singular del artículo determinado *la*; Σαμαρείας, caso genitivo femenino singular del nombre propio declinado *de Samaria*; λεγομένην, caso acusativo femenino singular del participio de presente en voz pasiva del verbo λέγω, *hablar, decir, llamar*, aquí *llamada*; Συχὰρ, caso acusativo femenino singular del nombre propio *Sicar*; πλησίον, preposición propia que rige genitivo *cerca*; τοῦ, caso genitivo neutro singular del artículo determinado declinado *del*; χωρίου, caso genitivo neutro singular del nombre común *terreno, lugar, parcela de tierra, finca*; ὃ, caso acusativo neutro singular del pronombre relativo *el que, el cual, que*; ἔδωκεν, tercera persona singular del aoristo primero de indicativo en voz activa del verbo δίδωμι, *dar, entregar*, aquí *dio*; Ἰακὼβ, caso nominativo masculino singular del nombre propio *Jacob*; τῷ, caso dativo masculino singular del artículo determinado *el*; Ἰωσὴφ, caso dativo masculino singular del nombre propio *José*; τῷ, caso dativo masculino singular del artículo determinado *el*; υἱῷ, caso dativo masculino singular del nombre común *hijo*; αὐτοῦ, caso genitivo masculino de la tercera persona singular del pronombre personal declinado *de él*.

Crítica Textual. Lecturas alternativas.

1 Συχὰρ, *Sicar*, lectura en 69, $vg^{cl, ww}$, bo^{bo}.

Συχὲμ, *Siquem*, según lectura en $sir^{s, c}$.

ἔρχεται οὖν εἰς πόλιν τῆς Σαμαρείας λεγομένην Συχὰρ. El texto comienza con un presente histórico que hace más vívido el relato, leyéndose *viene, pues, a*. El lugar a donde llega es, según Juan, la *ciudad* de Sicar. Hay una alternativa de lectura en que se lee *Siquem*. Parece ser que se trata de un poblado cercano a Siquém, como lo indican el Talmud y también Eusebio. El lugar estaba situado en el cruce de una de las vías romanas, un poco al sur de Sicar, en donde se encuentra la actual Askar, en los alrededores del lugar donde está la tumba de José. Sicar había ocupado el lugar de Siquem, destruida en el 128 y el 107 a. C., y restaurada luego en el 72 d. C, con el nombre de Naplusa. Al oeste del lugar y cercano a él está el monte Gerizim, lugar donde se leían las maldiciones, más elevado que el Ebal, el de las bendiciones (Dt.27:13). En la ladera meridional del monte Gerizim está la sinagoga de los samaritanos que guarda los rollos del Pentateuco samaritano, a los que se le atribuye una antigüedad muy grande.

πλησίον τοῦ χωρίου ὃ ἔδωκεν Ἰακὼβ [τῷ] Ἰωσὴφ τῷ υἱῷ αὐτοῦ· El evangelista no está interesado en la ciudad de Sicar, sino en el pozo de Jacob, situado cerca del campo en que había sido enterrado. Según el relato bíblico Jacob adquirió una parcela de tierra en Siquem (Hch. 7:15 ss.), José recibió sepultura en Siquem (Jos. 24:32). Aquel campo había sido comprado por Jacob cuando venia de Mesopotamia y donde edificó un altar a Jehová (Gn. 33:18-20). Más tarde dio esa propiedad como mejora a su hijo José (Gn. 48:21-22), donde el mismo fue enterrado. El pozo y el agua del pozo serán elementos importantes en la conversación que sigue con la mujer samaritana. Fue una enorme bendición la presencia de Jesús en aquel lugar en donde, por primera vez en Su ministerio, el evangelio de la gracia claramente expuesto, se proclamaba en un lugar fuera del territorio de los que se sentían como únicos herederos de la promesa.

6. Y estaba allí el pozo de Jacob. Entonces Jesús, cansado del camino, se sentó así junto al pozo. Era como la hora sexta.

ἦν δὲ ἐκεῖ πηγὴ τοῦ Ἰακώβ. ὁ οὖν Ἰησοῦς κεκοπιακὼς ἐκ τῆς
Y estaba allí pozo - de Jacob. - Entonces Jesús cansado del
ὁδοιπορίας ἐκαθέζετο οὕτως ἐπὶ τῇ πηγῇ· ὥρα ἦν ὡς[1] ἕκτη.
camino se sentó así junto al pozo. Hora era como sexta.

Notas y análisis del texto griego.

Cerrando la introducción, escribe: ἦν, tercera persona singular del imperfecto de indicativo en voz activa del verbo εἰμί, *ser, estar*, aquí *estaba*; δὲ, partícula conjuntiva que hace las veces de conjunción coordinante, con sentido de *pero, más bien, y, y por cierto, antes bien*; ἐκεῖ, adverbio de lugar *allí*; πηγὴ, caso nominativo femenino singular del nombre común *pozo, fuente, manantial*; τοῦ, caso genitivo masculino singular del artículo determinado *el*; Ἰακώβ, caso genitivo masculino singular del nombre propio *Jacob*; ὁ, caso nominativo masculino singular del artículo determinado *el*; οὖν, conjunción ilativa *entonces*; Ἰησοῦς, caso nominativo masculino singular del nombre propio *Jesús*; κεκοπιακὼς, caso nominativo masculino singular del participio perfecto en voz activa del verbo κοπιάω, *fatigarse, cansarse*, aquí *cansado*; ἐκ, preposición propia de genitivo *de*; τῆς, caso genitivo femenino singular del artículo determinado *el*; ὁδοιπορίας, caso genitivo femenino singular del nombre común *viaje, camino*; ἐκαθέζετο, tercera persona singular del imperfecto de indicativo en voz media del verbo καθέζομαι, *sentarse, estar sentado*, aquí *se sentó*; οὕτως, adverbio de modo *así*; ἐπὶ, preposición propia de dativo *sobre, junto a*; τῇ, caso dativo femenino singular del artículo determinado *la*; πηγῇ, caso dativo femenino singular del nombre común *fuente, manantial, pozo*; ὥρα, caso nominativo femenino singular del nombre común *hora*; ἦν, tercera persona singular del imperfecto de indicativo en voz activa del verbo εἰμί, *ser, estar*, aquí *era*; ὡς, adverbio de modo, *como*, que hace las veces de conjunción comparativa; ἕκτη, caso nominativo femenino singular del adjetivo numeral ordinal *sexta*.

Crítica Textual. Lecturas alternativas.

[1] ὡς, *como*, lectura atestiguada en 𝔭[66, 75], א[*, 2b], A, B, C, D, K, N, W[s], Θ, Ψ, 086, 33.

ὡσεί, *poco más o menos, aproximadamente*, según lectura en א[2a], K, Γ, Δ, *f*[1, 13], 565, 579, 700, 892, 1241, 1424, 844, 2211, 𝔐.

ἦν δὲ ἐκεῖ πηγὴ τοῦ Ἰακώβ. En la parcela que se mencionó en el versículo anterior se encontraba la *fuente*, o *el pozo*, o *el manantial* de Jacob. En el texto del pasaje se hace referencia en varios lugares al pozo, pero no son las mismas palabras las que se usan, como se verá más adelante (v. 11). En este término se hace referencia a un pozo alimentado por un manantial de agua. En el Antiguo Testamento no se hace mención a este pozo de Jacob. Pero sin duda era un elemento esencial en la ciudad de Samaria. La falta de datos sobre el pozo queda suplida por el mismo relato en el que la samaritana hace referencia a la donación que les había hecho Jacob, y que él mismo había usado para suministrarse de agua.

ὁ οὖν Ἰησοῦς κεκοπιακὼς ἐκ τῆς ὁδοιπορίας. La humanidad de Jesús se hace notoria en el texto. Juan especifica dos cosas: la primera es que estaba *cansado del viaje*; la segunda es que con ese cansancio se sentó junto al pozo. El Señor caminaba por un camino en cuesta, haciéndolo durante el día, que en esa época del año podía resultar caluroso. Es posible que hubiesen salido temprano y no había comido al mediodía. Los judíos no solían desayunar, así ocurrió cuando salieron de Betania que en el camino hacia Jerusalén tuvo hambre (Mr. 11:12). Las dos naturalezas en la Persona del Hijo de Dios, se manifiestan sin necesidad de hacer esfuerzo alguno para distinguirlas. En su condición de hombre el Señor se cansaba del camino, estaba sujeto a nuestras debilidades pero sin pecado (He. 4:15). Cuando el Verbo se encarna asume las limitaciones de la creatura. En quien es Dios-hombre, concurren infinidad y limitación, eternidad y temporalidad, poder y debilidad. Es notable apreciar como Juan destaca las emociones humanas de Jesús (cf. 1:14; 11:3, 33, 35, 38, 41, 42; 12:27; 13:21; 19:28).

ἐκαθέζετο οὕτως ἐπὶ τῇ πηγῇ· El cansancio de Jesús lo motivaba la caminata, literalmente *el viaje*. De manera que llegado al lugar donde estaba el pozo se sentó junto a él. Es probable que la parte superior del pozo, junto al brocal, estuviese provista de un armazón de madera a modo de asiento, de manera que se pudiesen sentar al lado del manantial de agua, para descansar. No debe pasarse por alto el adverbio οὕτως, *así, de ese modo*, que algunas versiones no traducen. El sentido es notable, Jesús se sentó *así*, como estaba de cansado junto al pozo. También pudiera entenderse como que se sentó sin molestarse en buscar otro lugar mejor, encontró el pozo, sea un asiento o el mismo brocal y en su cansancio se sentó para descansar y recuperar las fuerzas agotadas del camino de la mañana. La preposición ἐπι, *junto a*, también podría traducirse como *sobre*, es decir sobre el brocal o el pretil del pozo, si es que lo tenía. Juan Crisóstomo dice que estaba sentado en el suelo, junto al pozo.

ὥρα ἦν ὡς ἕκτη. La precisión de algunos detalles hace necesaria la presencia de un testigo redactor. Juan dice que era aproximadamente *la hora sexta*. Según el cómputo romano sería el atardecer, pero Juan usa habitualmente el judío en el que el día se cuenta desde que el sol se oculta y la mañana empezaba desde el comienzo del sol, de manera que sería más o menos el mediodía. Esa no era una hora habitual para sacar agua, por el calor del día y porque además era el tiempo propio para la comida en la casa. El agua se solía buscar al atardecer. El agua era abundante en Samaria, sin embargo el carácter del pozo de Jacob, llevaba a muchos a buscar agua en aquel lugar. Es posible que la mujer samaritana debido a su reputación fuese a buscar agua en un momento en que las mujeres no solían hacerlo. Lo importante no es la razón por la que fuese a buscar agua, sino el hecho de que lo hizo. Un plan perfecto tenía Dios preparado para ella y de la misma manera que para Jesús *fue necesario* que pasara por Samaria, así también para ella *era necesario* acudir al pozo en aquel día y en aquella hora, Dios tiene el control de lo que ocurre para orientarlo a la bendición de quienes necesitan de Jesús.

Enseñanza a la samaritana (4:7-26).

7. Vino una mujer de Samaria a sacar agua; y Jesús le dijo: Dame de beber.

ἔρχεται γυνὴ ἐκ τῆς Σαμαρείας ἀντλῆσαι ὕδωρ. λέγει αὐτῇ ὁ
Vino mujer de - Samaria a sacar agua. Dice le -
Ἰησοῦς· δός μοι πεῖν·
Jesús: Da me de beber.

Notas y análisis del texto griego.

Iniciando el diálogo entre Jesús y la samaritana, escribe: ἔρχεται, tercera persona singular del presente de indicativo en voz media del verbo ἔρχομαι, *venir, llegar*, aquí *viene*, como presente histórico *vino*; γυνὴ, caso nominativo femenino singular del nombre común *mujer*; ἐκ, preposición propia de genitivo *de*; τῆς, caso genitivo femenino singular del artículo determinado *la*; Σαμαρείας, caso genitivo femenino singular del nombre propio *Samaria*; ἀντλῆσαι, aoristo de infinitivo en voz activa del verbo ἀντλέω, *sacar*; ὕδωρ, caso acusativo neutro singular del nombre común *agua*; λέγει, tercera persona singular del presente de indicativo en voz activa del verbo λέγω, *hablar, decir*, aquí *dice*, como presente histórico *dijo*; αὐτῇ, caso dativo femenino de la tercera persona singular del pronombre personal declinado *a ella, le*; ὁ, caso nominativo masculino singular del artículo determinado *el*; Ἰησοῦς, caso nominativo masculino singular del nombre propio *Jesús*; δός, tercera persona singular del segundo aoristo de imperativo en voz activa del verbo δόδωμι, *dar, entregar,* aquí *da*; μοι, caso dativo de la primera persona singular del pronombre personal declinado *a mí, me*; πεῖν, aoristo segundo de infinitivo en voz activa del verbo πίνω, *beber*, aquí *de beber*.

ἔρχεται γυνὴ ἐκ τῆς Σαμαρείας ἀντλῆσαι ὕδωρ. Juan vuelve a usar el presente de indicativo en voz media del verbo ἔρχομαι, *viene*, con lo que da una notoria viveza al relato. La mujer que vino al pozo donde estaba Jesús era, según el relato, de Samaria, pero no de la ciudad con ese nombre que estaba distante del pozo, sino de Sicar, situado al lado del pozo, por tanto debe entenderse ἐκ τῆς Σαμαρείας, *de Samaria* en sentido adjetival, era, pues, samaritana. No tendría que caminar, para llegar al lugar, más de cinco minutos de donde ella vivía. Hizo ese camino para *sacar agua* del pozo. Es sorprendente que viniera al pozo para ese menester, y que suponía el esfuerzo de hacer bajar hasta el agua un recipiente, que una vez lleno tenía que subirse izándolo con una soga ya que el pozo era profundo, cuando alrededor de la ciudad y, tal vez, cercano a su casa había muchos manantiales de agua. Se han procurado razones para justificar la ida de la mujer al pozo de Jacob, todas ellas carecen de base bíblica y podría ser alguna de ellas. Lo importante es que todo estaba preparado para el encuentro con Jesús, que estaba sentado al borde del pozo y que había llegado justo a tiempo para dialogar con ella. Los contrastes entre los dos capítulos son evidentes: En el anterior Jesús dialoga con un *hombre*, aquí con una *mujer*; antes lo hizo con un hombre *respetado*, aquí con una mujer de *baja reputación*; aquel era *judío*, esta es *samaritana*. Sin embargo mucho mas sorprendentes son los temas de la conversación: Con Nicodemo habló de salvación y de nuevo nacimiento, con la samaritana de adoración. Humanamente hablando ¿no debía ser al revés? Suponemos que el rabino estaba más preparado para conversar sobre la adoración a Dios y que la samaritana necesitaba más que él conocer el camino de la salvación. Pero el pensamiento del hombre es distinto al pensamiento de Dios. Con todo, debe observarse, que tanto a Nicodemo como a la samaritana, los lleva a la necesidad de creer y ser salvos. El Señor pone de manifiesto que es capaz de salvar a cualquier persona, sea cual sea su condición.

λέγει αὐτῇ ὁ Ἰησοῦς· δός μοι πεῖν· Muy probablemente no hubo saludo alguno entre ellos. La animadversión de los samaritanos por los judíos era una realidad histórica. No es posible que la hubiese en Cristo, pero sí la había en la mujer. El diálogo comienza con la petición de Jesús: *"Dame de beber"*. Juan construye esta frase en forma muy breve, con un imperativo y un infinitivo, que establece casi un mandato. Jesús estaba allí solo con aquella mujer que había venido a sacar agua. El tacto humano de Jesús es sorprendente. La mejor forma de iniciar una conversación era pedir el favor de ella, haciéndole entender que estaba necesitado y que ella podía resolver su necesidad. No es imperativo, porque no había venido a imponerse, sino a salvar. La gracia que le llena en plenitud, se manifiesta en cada momento de Su ministerio y en cada una de Sus relaciones con los hombres. Él tenía como propósito alcanzar a los vecinos de aquella mujer por medio de ella, demostrando que Su misión no es sólo para las ovejas de la casa de Israel, sino para todos los hombres, incluyendo a quienes históricamente no querían saber de Él como judío. El Señor apeló en primer lugar a su amabilidad, pidiéndole el favor de que le diese de beber. Es sorprendente que pida Aquel que vino a dar. Así es la grandeza de Dios.

8. Pues sus discípulos habían ido a la ciudad a comprar de comer.

οἱ γὰρ μαθηταὶ αὐτοῦ ἀπεληλύθεισαν εἰς τὴν πόλιν ἵνα
Porque los discípulos de Él habían ido a la ciudad para
τροφὰς ἀγοράσωσιν.
alimentos comprar.

Notas y análisis del texto griego.

Los discípulos no estaban presentes, οἱ, caso nominativo masculino plural del artículo determinado *los*; γὰρ, conjunción causal *porque, pues* μαθηταὶ, caso nominativo masculino plural del nombre común *discípulos*; αὐτοῦ, caso genitivo masculino de la tercera persona singular del pronombre personal declinado *de Él*; ἀπεληλύθεισαν, pluscuamperfecto de indicativo en voz activa del verbo ἀπέρχομαι, *ir, irse, desaparecer*, aquí *había ido*; εἰς, preposición propia de acusativo *a*; τὴν, caso acusativo femenino singular del artículo determinado *la*; πόλιν, caso acusativo femenino singular del nombre común *ciudad*; ἵνα, conjunción causal *para*; τροφὰς, caso acusativo femenino plural del nombre común *comida, raciones, alimento, sustento*; ἀγοράσωσιν, tercera persona plural del aoristo primero de subjuntivo en voz activa del verbo ἀγοράζω, *comprar*, aquí del mismo modo *comprar*.

οἱ γὰρ μαθηταὶ αὐτοῦ ἀπεληλύθεισαν εἰς τὴν πόλιν ἵνα τροφὰς ἀγοράσωσιν. Juan da la razón por la que Jesús estaba solo. Los discípulos habían ido a la ciudad para comprar comida. El grupo había venido sin provisiones. No se trataba de un descuido, sino, con toda probabilidad, de los escasos recursos con que contaban para el ministerio. Sin embargo, el hecho de que todos los discípulos dejen solo a Jesús, podía obedecer a que Él mismo quería estar solo y los envió a todos para adquirir lo que necesitaban. Jesús no fue a comer con los discípulos a la ciudad, no porque tuviese alguna reserva para comer con los samaritanos, sino porque tenía una tarea más importante que realizar. No debe olvidarse que el Señor estaba fatigado del viaje. En ocasiones no se entiende como el Creador humanado puede sentir fatiga, siendo que Él tiene todos los recursos y el poder divinos a Su disposición, pero no debe olvidarse que en Su condición de hombre, estaba sujeto a las limitaciones de los hombres, entre las que estaban el sueño, el hambre y el cansancio. Él puede compadecerse, entendernos con compasión, porque fue probado en todo conforme a nuestra semejanza. No debemos desalentarnos cuando las fuerzas físicas fallen y nos sintamos privados de ellas, porque Jesús, el Señor, ha pasado también por nuestras mismas fatigas y debilidades, y es poderoso para socorrer a quienes somos probados en la debilidad humana.

Como hombre a Jesús le faltaban varias cosas en aquel momento: la comida para satisfacer el hambre, un recipiente para el agua, y una soga para sacarla del pozo. El que es dueño de todo, no tiene las cosas más elementales para el hombre. Así se puede entender la *pobreza* del Señor, que se anonada para que nosotros con Su pobreza seamos enriquecidos (2 Co. 8:9).

9. La mujer samaritana le dijo: ¿Cómo tú, siendo judío, me pides a mí de beber, que soy mujer samaritana? Porque judíos y samaritanos no se tratan entre sí.

λέγει οὖν[1] αὐτῷ ἡ γυνὴ ἡ Σαμαρῖτις· πῶς σὺ ’Ιουδαῖος ὢν
Dice entonces a Él la mujer - samaritana: ¿Cómo tu judío siendo
παρ’ ἐμοῦ πεῖν αἰτεῖς γυναικὸς Σαμαρίτιδος οὔσης [2]οὐ γὰρ
a mí beber pides mujer samaritana que soy? Porque no
συγχρῶνται ’Ιουδαῖοι Σαμαρίταις.
se tratan judíos con samaritanos.

Notas y análisis del texto griego.

Avanzando en el diálogo, escribe: λέγει, tercera persona singular del presente de indicativo en voz activa del verbo λέγω, *hablar, decir*, aquí *dice*; οὖν, conjunción ilativa *pues, entonces, por consiguiente*; αὐτῷ, caso dativo masculino de la tercera persona singular del pronombre personal declinado *a Él, le*; ἡ, caso nominativo femenino singular del artículo determinado *la*; γυνὴ, caso nominativo femenino singular del nombre común *mujer*; ἡ, caso nominativo femenino singular del artículo determinado *la*; Σαμαρῖτις, caso nominativo femenino singular del nombre propio *de Samaria, samaritana*; πῶς, partícula interrogativa adverbial, que realmente es un pronombre interrogativo *como, de que manera, por qué medio*, puede considerarse también aquí como conjunción *como*; σὺ, caso nominativo de la segunda persona singular del pronombre personal *tú*; ’Ιουδαῖος, caso nominativo masculino singular del adjetivo *judío*; ὢν, caso nominativo masculino singular del participio de presente en voz activa del verbo ωἰμί, *ser, estar*, aquí *siendo*; παρ’ preposición propia de genitivo en la forma que adopta la preposición παρά, por elisión de la α final cuando precede a una palabra que comienza con vocal, equivale a *de*, aquí también *a*; ἐμοῦ, caso genitivo de la primera persona singular del pronombre personal *mí, me*; πεῖν, segundo aoristo de infinitivo en voz activa del verbo πίνω, *beber*; αἰτεῖς, segunda persona singular del presente de indicativo en voz activa del verbo ἀιτέω, *pedir, requerir, demandar*, aquí *pides*; γυναικὸς, caso genitivo femenino singular del nombre común *mujer*; Σαμαρίτιδος, caso genitivo femenino singular del nombre propio declinado *de Samaria, samaritana*; οὔσης, caso genitivo femenino singular del participio de presente en voz activa del verbo εἰμί, *ser, estar*, aquí *siendo*; οὐ, adverbio de negación *no*; γὰρ, conjunción causal *pues, porque*; συγχρῶνται, tercera persona singular del presente de indicativo en voz media del verbo σύγχραομαι, *tratarse*, literalmente *usar lo mismo*, aquí *se tratan*; Ἰουδαῖοι, caso nominativo masculino plural del adjetivo *judíos*; Σαμαρίταις, caso dativo masculino plural del nombre propio declinado *con samaritanos.*

Crítica Textual. Lecturas alternativas.

[1] No aparece la conjunción en א*, f^1, 565, 579, 892, j, sir[s, c, p], sa[mss], bo.

[2] No aparece la frase final en א*, D, a, b, e, j.

λέγει οὖν αὐτῷ ἡ γυνὴ ἡ Σαμαρῖτις· πῶς σὺ Ἰουδαῖος ὢν παρ᾽ ἐμοῦ πεῖν αἰτεῖς γυναικὸς Σαμαρίτιδος οὔσης. La respuesta a la petición de Jesús, pone de manifiesto la sorpresa de la samaritana. Aunque las normas rabínicas eran muy estrictas a la hora de hablar con una mujer, eran estas las que habitualmente buscaban el agua para traer a casa. Tal vez sea esa la causa de la sorpresa de los discípulos al ver a Jesús hablando con una mujer (v. 27). La sorpresa no está en la petición que un hombre, desconocido para ella, le hacía para que le diese de beber, sino en el hecho de que aquel hombre era judío. En esta respuesta se aprecia el orgullo que los samaritanos sentían de ellos mismos y la rivalidad histórica con los judíos. La respuesta de la mujer es dura y hecha desde un plano de superioridad, que contrasta con la humildad de la petición que le había formulado Jesús. La samaritana no se extraña tanto de la petición sino de que fuese hecha por un judío. Por otro lado, si Jesús no tenía recipiente para sacar agua, tampoco tenía nada con que beberla, quiere decir que estaba dispuesto a beber usando un recipiente que tuviese la samaritana. Esto suponía un serio problema para un judío celoso de no contaminarse con vasos que no hubieran sido debidamente lavados, y sobre todo cuando habían sido manipulados por un gentil o un samaritano.

οὐ γὰρ συγχρῶνται Ἰουδαῖοι Σαμαρίταις. Juan añade una corta frase para plantear el problema de las relaciones con los samaritanos. El verbo σύγχραομαι, traducido por *tratarse*, equivale a *usar con*, que expresa tener una relación interpersonal por el objeto usado en común. Los judíos no usaban o compartían utensilios con los samaritanos. En el año 65 d. C. se convierte en una legislación: *"las hijas de los samaritanos son (consideradas impuras como las) hemorroisas desde que nacen*[1]*"*. De otro modo, todas debían ser consideradas impuras, ceremonialmente hablando, desde el nacimiento. Posiblemente en los tiempos de Jesús comenzaba a gestarse lo que luego sería una interpretación legalista hacia los samaritanos. Sin embargo, ya la enseñanza de Jesús tenía que estar haciendo efecto en los discípulos, que habían ido a la ciudad de los samaritanos para comprar comida. Con todo, no es fácil establecer exactamente cómo veían los judíos a los samaritanos. Alguna instrucción de aquel tiempo dice que cuando tres personas comían juntos, debían pronunciar la oración de gratitud y que podía estar con ellos un samaritano[2]. De igual modo podían decir *amén*, después de que un israelita pronuncie una bendición, pero no después de que lo haga un samaritano hasta que haya oído toda la bendición[3]. Esto hace pensar que los israelitas y los samaritanos podían comer juntos. Los samaritanos y los *'Am-ha'retz*, eran una clase diferente a los gentiles, aunque no eran del todo aceptados[4]. Sin embargo había rabinos extremos que llegaban a decir que *"el que come pan de los samaritanos es como el que come carne de cerdo*[5]*"*. Así enseñaban que los samaritanos podían ofrecer ofrendas si quiere, pero no las ofrendas establecidas para Israel[6]. Llegaban incluso a regular que *"ningún mandato judicial que tiene como testigo a un samaritano es válido excepto el mandato de divorcio o el de emancipación*[7]*"*. Danby resume esta situación cuando dice: *"(a) un samaritano contamina un lugar sentándose en él, o reclinándose, o montándolo o conduciéndolo; transmite impureza a través de la saliva (incluso a través de la flema de sus pulmones, garganta o nariz) y a través de su orina; y (b) las hijas de los samaritanos, incluso desde la cuna (trasmiten impureza) igual que los gentiles*[8]*"*.

Jesús estaba generando un problema a la normativa establecida para la relación con los samaritanos. No estaba ajustando Su conducta a las prohibiciones legalistas que habían establecido para los samaritanos.

---

[1] Misná, *Nidd.* 4:1.
[2] *Ber.* 7:1.
[3] *Ber.* 8:8.
[4] *Dem.* 3:4.
[5] *Sheb.* 8:10.
[6] *Shek.* 1:5.
[7] *Git.* 1:5.
[8] Danby. Pág. 803; ver también SBk, I, págs. 538-60.

10. Respondió Jesús y le dijo: Si conocieras el don de Dios, y quién es el que te dice: Dame de beber; tú le pedirías, y él te daría agua viva.

ἀπεκρίθη Ἰησοῦς καὶ εἶπεν αὐτῇ· εἰ ᾔδεις τὴν δωρεὰν τοῦ
Respondió Jesús y dijo le: Si conocieses el don -
Θεοῦ καὶ τίς ἐστιν ὁ λέγων σοι· δός μοι πεῖν, σὺ ἂν ᾔτησας
de Dios y quien es el que dice te: Da me de beber tú - pedirías
αὐτὸν καὶ ἔδωκεν ἄν σοι ὕδωρ ζῶν.
Le y daría - te agua viva.

Notas y análisis del texto griego.

Trasladando la respuesta de Jesús, dice: ἀπεκρίθη, tercera persona singular del aoristo primero de indicativo en voz pasiva del verbo ἀποκρίνομαι, *responder, contestar, tomar la palabra*, aquí *respondiendo*; Ἰησοῦς, caso nominativo masculino singular del nombre propio *Jesús*; καὶ, conjunción copulativa *y*; εἶπεν, tercera persona singular del aoristo segundo de indicativo en voz activa del verbo λέγω, *hablar, decir*, aquí *dijo*; αὐτῇ, caso dativo femenino de la tercera persona singular del pronombre personal declinado *a ella, le*; εἰ, conjunción afirmativa *sí*; ᾔδεις, segunda persona singular del pluscuamperfecto de indicativo en voz activa del verbo οἶδα, *saber, comprender, conocer*, aquí *hubieses conocido*, o *conocieses*; τὴν, caso acusativo femenino singular del artículo determinado *la*; δωρεὰν, caso acusativo femenino singular del nombre común *regalo, don*; τοῦ, caso genitivo masculino singular del artículo determinado *el*; Θεοῦ, caso genitivo masculino singular del nombre divino *Dios*; καὶ, conjunción copulativa *y*; τίς, caso nominativo masculino singular del pronombre interrogativo *quién*; ἐστιν, tercera persona singular del presente de indicativo en voz activa del verbo εἰμί, *ser, estar*, aquí *es*; ὁ, caso nominativo masculino singular del artículo determinado *el*; λέγων, caso nominativo masculino singular del participio de presente en voz activa del verbo λέγω, *hablar, decir*, aquí *que dice*; σοι, caso dativo de la segunda persona singular del pronombre personal declinado *a ti, te*; δός, segunda persona plural del segundo aoristo de imperativo en voz activa del verbo δίδωμι, *dar, conceder, permitir, entregar*, aquí *da*; μοι, caso dativo de la primera persona singular del pronombre personal declinado *a mí, me*; πεῖν, segundo aoristo de infinitivo en voz activa del verbo πίνω, *beber*, aquí *de beber*; σὺ, caso nominativo de la segunda persona singular del pronombre personal *tú*; ἂν, partícula que no empieza nunca frase y que da a ésta carácter condicional o dubitativo, o expresa una idea de repetición; ᾔτησας, segunda persona singular del aoristo primero de indicativo en voz activa del verbo αἰτέω, *pedir*, aquí *pedirías*; αὐτὸν, caso acusativo masculino de la tercera persona singular del pronombre personal declinado *a Él*; καὶ, conjunción copulativa *y*; ἔδωκεν, tercera persona singular del aoristo primero de indicativo en voz activa del verbo δίδωμι, *dar*, aquí *daría*; ἄν, partícula que no empieza nunca frase y que da a ésta carácter condicional o dubitativo, o expresa una idea de repetición; σοι, caso dativo de la segunda persona singular del pronombre personal declinado *a ti, te*; ὕδωρ, caso acusativo neutro singular del nombre común *agua*; ζῶν, caso acusativo neutro singular del participio de presente en voz activa del verbo ζάω, *vivir*, aquí *que vive, viva.*

ἀπεκρίθη Ἰησοῦς καὶ εἶπεν αὐτῇ· La mujer hizo notar a Jesús lo extraño de Su petición. La respuesta que le había dado ponía de manifiesto el distanciamiento que había entre ambos a causa de la situación histórica de enemistad. De ahí la respuesta que Jesús dio a su contestación. Es el inicio de un diálogo admirable que traerá transformación a la vida de ella y que alcanzará a muchos de sus conciudadanos.

εἰ ᾔδεις τὴν δωρεὰν τοῦ Θεοῦ. Lo primero que debía conocer era *el don de Dios*. Lo tenía delante de sí, pero ignoraba que fuese Él. Sin duda es el don mencionado a Nicodemo (3:16), el regalo inefable de la gracia (2 Co. 9:15). Es un regalo de naturaleza gratuita porque es *don*. La vida eterna que Dios regala al que cree, está en el Señor mismo, que aunque aquella mujer ignorase quien era, lo tenía ante ella, y había venido a su encuentro, aunque aparentemente fuese ella la que vino a donde Él estaba. Para ella Jesús era simplemente un judío, sin discernir que era el Salvador del mundo. Dios estaba regalándole a Su Hijo, a quien había enviado al mundo para hacer posible la redención del hombre. El don era Jesús, que el Padre había preparado a favor de aquella mujer. La petición de agua que le había hecho el Señor, posiblemente la incomodó algo, porque ignoraba la bendición que traería el hecho de que esa petición iniciase el diálogo que la llevaría a la vida eterna. El contraste del relato es evidente: *una samaritana*, ante ella *un judío*, que estaba sediento porque *no tenia medios* para satisfacer su sed, mientras ella era una mujer *autosuficiente* para remediar su necesidad. Todo ello es lo que el subjetivismo humano produce, cuando la realidad era todo lo contrario.

καὶ τίς ἐστιν ὁ λέγων σοι· δός μοι πεῖν. No conocía el don porque desconocía quien era el que hablaba con ella. El cansado del camino podía darle lo que ella no tenía: la vida eterna. La consciencia mesiánica era natural en Jesús, aunque los *críticos* nieguen esa realidad. Jesús, el Mesías-Salvador, enviado del Padre para hacer la obra redentora, sabía quién era y a qué había venido. Era aparentemente un viajero necesitado, pero en realidad era el Hijo de Dios, que había venido para dar vida el mundo. Para evitar equívocos, Jesús vuelve a recordarle la petición que le había hecho, como si dijese: *tú no sabes quien es el que te pidió de beber*.

σὺ ἂν ᾔτησας αὐτὸν καὶ ἔδωκεν ἄν σοι ὕδωρ ζῶν. Si hubiese conocido quién era y lo que podía hacer por ella, se hubiera invertido la situación. No sería Jesús quien pidiese agua, sino que sería ella que le pediría el don del *agua viva*. Jesús le hace notar que a la petición del agua natural ella respondió con vacilaciones. Pero, si ella le hubiese pedido el agua de vida que podía darle, se la hubiera dado al momento de pedírsela.

El término *agua viva* ὕδωρ ζῶν, literalmente el *agua que vive*, esto es, que tiene vida en ella, se usaba para referirse al agua de manantial. El pozo no se llenaba con agua de lluvia, que luego quedaba estancada, sino que brotaba en el interior desde un manantial. La Escritura habla del mal que había hecho Israel al dejar el *agua viva* que salía de Dios mismo y cavar para ellos cisternas rajadas que no servían para contenerla (Jer. 2:13). Dios promete un manantial de agua viva que fluirá desde Jerusalén cuando Jesucristo regrese a la tierra (Za. 14:8). Sin embargo no era este el sentido de las palabras de Cristo. Él podía, en respuesta a la petición de la mujer, darle el *agua viva*, que comprendía el don del Espíritu Santo (7:37-39). El Espíritu es el único que da vida (6:63). Ese don regenera y transforma la vida del que cree, produciendo en el creyente el fruto que es agradable a Dios (Gá. 5:22). La realidad del nuevo nacimiento y de la permanencia en Cristo se identifica con la presencia del Espíritu (1 Jn. 4:13). Jesús es el que otorga al hombre el *don de Dios*. Esta agua que da vida aparece varias veces en el *Evangelio* (3:5; 4:10-15; 7:38; 19:34).

11. La mujer le dijo: Señor, no tienes con qué sacarla, y el pozo es hondo. ¿De dónde, pues, tienes el agua viva?

λέγει αὐτῷ [ἡ γυνή][1]· κύριε, οὔτε ἄντλημα ἔχεις καὶ τὸ φρέαρ
Dice le la mujer: Señor, ni vasija tienes y el pozo
ἐστὶν βαθύ· πόθεν οὖν ἔχεις τὸ ὕδωρ τὸ ζῶν
es hondo; ¿De dónde, pues, tienes el agua - viva?

Notas y análisis del texto griego.

Sin interrupción en el relato, sigue con: λέγει, tercera persona singular del presente de indicativo en voz activa del verbo λέγω, *hablar, decir*, aquí *dice*; αὐτῷ, caso dativo masculino de la tercera persona singular del pronombre personal declinado *a el, le*; ἡ, caso nominativo femenino singular del artículo determinado *la*; γυνή, caso nominativo femenino singular del nombre *mujer*; κύριε, caso vocativo masculino singular del nombre *señor*; οὔτε, conjunción copulativa *ni*; ἄντλημα, caso acusativo neutro singular del nombre común *vasija*; ἔχεις, segunda persona singular del presente de indicativo en voz activa del verbo ἔχω, *tener, poseer*, aquí *tienes*; καὶ, conjunción copulativa *y*;

τὸ, caso nominativo neutro singular del artículo determinado *el*; φρέαρ, caso nominativo neutro singular del nombre común *manantial, fuente, pozo*; ἐστὶν, tercera persona singular del presente de indicativo en voz activa del verbo εἰμί, *ser, estar*, aquí *es*; βαθύ, caso nominativo neutro singular del adjetivo *hondo*; πόθεν, adverbio relativo de lugar *de donde*; οὖν, conjunción causal *pues*; ἔχεις, segunda persona singular del presente de indicativo en voz activa del verbo ἔχω, *poseer, tener*, aquí *tienes*; τὸ, caso nominativo neutro singular del artículo determinado *el*; ὕδωρ, caso nominativo neutro singular del nombre común *agua*; τὸ, caso nominativo neutro singular del artículo determinado *el*; ζῶν, ζῶν, caso acusativo neutro singular del participio de presente en voz activa del verbo ζάω, *vivir*, aquí *que vive, viva*.

Crítica Textual. Lecturas Alternativas.

[1] ἡ γυνή, *la mujer*, lectura atestiguada en $\mathfrak{p}^{66}$, $\aleph^2$, A, C, D, K, K, N, W^s, Γ, Δ, Θ, Ψ, 050, 083, 086, $f^{1, 13}$, 33, 565, 579, 700, 892, 1241, 1424, 844, 2211, 𝔐, latt, $sir^{c, p, h}$, sa, bo.

ἐκείνη, *aquella*, lectura en ℵ*, $\mathfrak{p}^{75}$, B, sir^s, ly.

λέγει αὐτῷ [ἡ γυνή]· κύριε, Apenas comenzó el diálogo con Jesús, pero la mujer cambia a una actitud más respetuosa hacia Él, llamándole Señor. No quiere decir que el título corresponda a la condición divina del Hijo de Dios, que hablaba con ella, sino a una manifestación de cortesía, que no supone reconocimiento de Su autoridad personal. Incluso podría ser que la usara para establecer una distancia entre el hombre que ella no conocía y ella misma.

οὔτε ἄντλημα ἔχεις καὶ τὸ φρέαρ ἐστὶν βαθύ· Las palabras de Jesús fueron tomadas por ella literalmente, es decir, según el significado natural. Cristo le hablaba del *agua espiritual* que Él podía darle. Ella entiende que le ofrece agua fresca, corriente, *viva*, que podía tomarse del fondo del pozo. Por consiguiente, le hace notar el contrasentido de la oferta. Jesús le había pedido de beber, quiere decir que ni podía sacar agua, ni tampoco tenía con que hacerlo. Eso mismo le hace notar la samaritana en la respuesta: Primero, *no tenía vasija*, para recoger el agua, con toda seguridad tampoco cuerda con extensión suficiente para llegar al manantial del fondo del pozo; en segundo lugar el agua estaba profunda porque el pozo era hondo. Tendría entonces unos treinta metros de profundidad. Esta misma forma de entender las palabras de Jesús, ocurrió antes con Nicodemo cuando le habló del nuevo nacimiento, entendiéndolo el fariseo como un nacimiento natural. El mensaje espiritual de Cristo solo puede ser entendido con la acción del Espíritu Santo. Por eso el apóstol Pablo dice que *"el hombre natural no percibe las cosas que son del Espíritu de Dios, porque para él son locura, y no las puede entender, porque se han de discernir espiritualmente"* (1 Co. 2:14). Nadie de los hombres puede entrar en el profundo contenido el mensaje de Dios. Por eso el creyente recibe el Espíritu para que pueda saber lo que Dios nos ha concedido (1 Co. 2:12). La mujer no tomaba las palabras de Jesús, sino en el sentido material y natural en que habitualmente se entienden.

πόθεν οὖν ἔχεις τὸ ὕδωρ τὸ ζῶν. De ahí la segunda parte de la respuesta: Si no tienes ni vasija ni cuerda y el pozo es profundo, ¿de donde tienes agua viva? Ella ignoraba que la fuente de la vida no estaba en la profundidad del pozo sino en Jesucristo (1:4). La vida eterna está escondida con Cristo en Dios (Col. 3:3). La abundancia de los infinitos recursos de la gracia salvadora, están en Él, cosa que ignoraba la mujer samaritana, acostumbrada también a una justificación por obras.

12. ¿Acaso eres tú mayor que nuestro padre Jacob, que nos dio este pozo, del cual bebieron él, sus hijos y sus ganados?

μὴ σὺ μείζων εἶ τοῦ πατρὸς ἡμῶν Ἰακώβ, ὃς ἔδωκεν[1]
¿Acaso tu mayor eres (que) el padre de nosotros Jacob, que dio
ἡμῖν τὸ φρέαρ καὶ αὐτὸς ἐξ αὐτοῦ ἔπιεν καὶ οἱ υἱοὶ αὐτοῦ
a nosotros el pozo y él mismo de él bebió y los hijos de él
καὶ τὰ θρέμματα αὐτοῦ
y los ganados de él?

Notas y análisis del texto griego.

Siguiendo con la respuesta, añade: μὴ, partícula que hace funciones de adverbio de negación condicional *no*; σὺ, caso nominativo de la segunda persona singular del pronombre personal *tú*; μείζων, caso nominativo masculino singular del adjetivo comparativo *más que, mayor*; εἶ, segunda persona singular del presente de indicativo en voz activa del verbo εἰμί *ser, estar*, aquí *eres*; τοῦ, caso genitivo masculino singular del artículo definido *el*; πατρὸς, caso genitivo masculino singular del nombre común *padre*; ἡμῶν, caso genitivo de la primera persona plural del pronombre personal declinado *de nosotros*; Ἰακώβ, caso genitivo masculino singular del nombre propio *Jacob*; ὃς, caso nominativo masculino singular del pronombre relativo *el qué, quien, que*; ἔδωκεν, tercera persona singular del aoristo primero de indicativo en voz activa del verbo δίδωμι, *dar, entregar*, aquí *dio*; ἡμῖν, caso dativo de la primera persona plural del pronombre personal declinado *a nosotros, nos*; τὸ, caso acusativo neutro singular del artículo determinado *el*; φρέαρ, caso acusativo neutro singular del nombre común *manantial, fuente, pozo*; καὶ, conjunción copulativa *y*; αὐτὸς, caso nominativo masculino de la tercera persona singular del pronombre personal intensivo, *él mismo*; ἐξ, forma escrita que adopta la preposición de genitivo ἐκ, delante de vocal y que significa *de*; αὐτοῦ, caso genitivo neutro de la tercera persona singular del pronombre personal *él*; ἔπιεν, tercera persona singular del aoristo segundo de indicativo en voz activa del verbo πίνω, *beber*, aquí *bebió*; καὶ, conjunción copulativa *y*; οἱ, caso nominativo masculino plural del artículo determinado *los*; υἱοὶ, caso nominativo masculino plural del nombre común *hijos*; αὐτοῦ, caso genitivo masculino de la tercera persona singular del pronombre personal declinado *de él*; καὶ, conjunción copulativa *y*; τὰ, caso nominativo neutro plural del artículo determinado *los*; θρέμματα, caso nominativo neutro plural del nombre común *ganados*; αὐτοῦ, caso genitivo masculino de la tercera persona singular del pronombre personal declinado *de él*.

Crítica Textual. Lecturas alternativas.

[1] δέδωκεν, *ha dado*, según se lee en 𝔭[66, 75], C, *f* [13].

μὴ σὺ μείζων εἶ τοῦ πατρὸς ἡμῶν Ἰακώβ, ὃς ἔδωκεν ἡμῖν τὸ φρέαρ. Si Jesús le ofrecía *agua viva*, y no tenía con que sacarla, ¿quién se consideraba que era? Mediante una pregunta retórica que exigía, según el pensamiento de la mujer, una respuesta negativa, le plantea esta cuestión. ¿Será Jesús superior a Jacob el que les había dado el pozo? Para ella hasta ese momento Jesús era un judío, cansado, y atrevido que le había pedido de beber. Por eso le pregunta si se cree mayor que el patriarca Jacob. Los samaritanos se consideraban descendientes de José, a través de Efraín y Manasés, como hace notar el historiador Josefo[9]. No podía ser mayor que el que había excavado el pozo. Tanto samaritanos como judíos tenían un gran respeto por los que habían sido los primeros progenitores de Israel. De ahí las continuas referencias a Abraham, Isaac y Jacob. Aquí la samaritana le pregunta si se consideraba mayor que Jacob, en otras ocasiones los judíos le preguntarían si era mayor que Abraham (8:53). En ocasiones las declaraciones que Jesús hacía sobre sí mismo daban a entender a quienes le oían que Él es mayor que los patriarcas. Por otro lado parece que la samaritana se encontraba molesta, porque un extraño le ofrecía algo mejor que lo que encontraba en el pozo de Jacob.

καὶ αὐτὸς ἐξ αὐτοῦ ἔπιεν καὶ οἱ υἱοὶ αὐτοῦ καὶ τὰ θρέμματα αὐτοῦ. Ella recuerda a Jesús, la antigüedad del pozo, del que había tomado agua para beber Jacob, sus hijos y sus ganados. El término θρέμματα, es un *hápax legómenon*[10] en la koiné. Puede significar también *esclavos*, pero el sentido mejor aquí es el de *ganado*. En cierta medida estaba diciendo a Jesús, que Jacob no necesitó nada mejor para sus necesidades de agua que aquel pozo. La mujer incurría en varios errores, el primero era considerarse descendiente de Jacob; el

[9] Josefo. *Antigüedades*, 11.341.
[10] *Única vez usada.*

segundo que el patriarca les había dado el pozo; pero el mas grave consistía en tener a Jesús por alguien menor que Jacob.

13. Respondió Jesús y le dijo: Cualquiera que bebiere de esta agua, volverá a tener sed.

ἀπεκρίθη Ἰησοῦς καὶ εἶπεν αὐτῇ· πᾶς ὁ πίνων ἐκ τοῦ ὕδατος
Respondió Jesús y dijo le: Todo el que bebe del agua
τούτου διψήσει πάλιν·
esta tendrá sed de nuevo.

Notas y análisis del texto griego.

ἀπεκρίθη, tercera persona singular del aoristo primero de indicativo en voz pasiva del verbo ἀποκρίνομαι, *contestar, responder, replicar, tomar la palabra*, aquí *respondió*; Ἰησοῦς, caso nominativo masculino singular del nombre propio *Jesús*; καὶ, conjunción copulativa *y*; εἶπεν, tercera persona singular del segundo aoristo de indicativo en voz activa del verbo λέγω, *hablar, decir*, aquí *dijo*; αὐτῇ, caso dativo femenino de la tercera persona singular del pronombre personal declinado *a ella, le*; πᾶς, caso nominativo masculino singular del adjetivo *todo*; ὁ, caso nominativo masculino singular del artículo determinado *el*; πίνων, caso nominativo masculino singular del participio de presente en voz activa del verbo πίνω, *beber*, aquí *que bebe*; ἐκ, preposición propia de genitivo *de*; τοῦ, caso genitivo neutro singular del artículo determinado *el*; ὕδατος, caso genitivo neutro singular del nombre común *agua*; τούτου, caso genitivo neutro singular del pronombre demostrativo *esta*; διψήσει, tercera persona singular del futuro de indicativo en voz activa del verbo διψάω, *tener sed*, aquí *tendrá sed*; πάλιν, adverbio de modo *de nuevo, otra vez, nuevamente*.

ἀπεκρίθη Ἰησοῦς καὶ εἶπεν αὐτῇ· Las palabras de la samaritana reciben inmediata respuesta de Jesús. Con todo siguió reservándose Su identidad. No era tiempo aún para revelarle quien era el que estaba hablando con ella. Le había cuestionado la oferta de darle agua viva, haciéndole notar que no tenía medios para sacarla del pozo que era hondo. Jesús va a hacerle notar que no se trataba de lo que ella pensaba, de otro modo, no había comprendido Sus palabras.

La mujer samaritana sabía que la ingesta del agua del pozo de Jacob, calmaba la sed, pero lo hacía momentáneamente. Prueba de ello es que había venido, como todos los días, para recoger una provisión de agua, de modo que la sed no se extinguía, simplemente se mitigaba temporalmente. Jesús le dice que los que *seguían bebiendo*, como expresa el uso del participio de presente, volverán a tener sed, según se aprecia en el uso del futuro del verbo διψάω, *tener sed*. Para remarcar lo que decía, posiblemente señaló al pozo, y dijo *de esta agua*. No se trataba del agua que ella conocía, sino de otra que le ofrecía Aquel que hablaba con ella. La vida humana, natural, no encuentra satisfacción absoluta. Bebe, satisface su sed, pero vuelve nuevamente a sentirla. Además las cosas buenas de la vida, como es el agua para apagar la sed, duran poco tiempo. Cristo va orientando con Sus palabras el pensamiento de la mujer para prepararla a la comprensión y aceptación del mensaje del evangelio, con la oferta de vida eterna.

14. Mas el que bebiere del agua que yo le daré, no tendrá sed jamás; sino que el agua que yo le daré será en él una fuente de agua que salte para vida eterna.

ὃς δ' ἂν πίῃ[1] ἐκ τοῦ ὕδατος οὗ ἐγὼ δώσω αὐτῷ, οὐ μὴ
Pero el que - bebiere del agua que yo daré le, de ningún modo
διψήσει εἰς τὸν αἰῶνα, ἀλλὰ τὸ ὕδωρ ὃ δώσω[2] αὐτῷ γενήσεται
tendrá sed jamás, sino el agua que daré le se hará
ἐν αὐτῷ πηγὴ ὕδατος ἁλλομένου εἰς ζωὴν αἰώνιον.
en él fuente de agua que salta para vida eterna.

Notas y análisis del texto griego.

Sigue diciendo Jesús: ὃς, caso nominativo masculino singular del pronombre relativo *él que*; δ' partícula conjuntiva que hace las veces de conjunción coordinante, con el grafismo que adopta por elisión de la ἐ final ante vocal o diptongo sin aspiración, con sentido de *pero, más bien, y, y por cierto, antes bien*; ἂν, partícula que no empieza nunca frase y que da a ésta carácter condicional o dubitativo, o expresa una idea de repetición. Se construye con todos los modos menos el imperativo y acompaña a los pronombres relativos para darles un sentido general; en algunas ocasiones no tiene traducción; πίῃ, tercera persona singular del aoristo segundo de subjuntivo en voz activa del verbo πίνω, beber, aquí *bebiere*; ἐκ, preposición propia de genitivo *de*; τοῦ, caso genitivo neutro singular del artículo determinado *el*; ὕδατος, caso genitivo neutro singular del nombre común *agua*; οὗ, caso genitivo neutro singular del pronombre relativo *él que*; ἐγὼ, caso nominativo de la primera persona singular del pronombre personal *yo*; δώσω, primera persona singular del futuro de indicativo en voz activa del verbo δίδωμι, *dar, entregar*, aquí *daré*; αὐτῷ, caso dativo masculino de la tercera persona singular del pronombre personal declinado *a él, le*; οὐ, adverbio de negación *no*; μὴ, partícula que hace funciones de adverbio de negación *no*; juntas las dos equivalen a *de ningún modo, de ninguna manera*; διψήσει, tercera persona singular del futuro de indicativo en voz activa del verbo διψάω, *tener sed*, aquí *tendrá sed*; εἰς, preposición propia de acusativo *por*; τὸν, caso acusativo masculino singular del artículo determinado *los*; αἰῶνα, caso acusativo masculino singular del nombre común *siglos, edades, tiempo indefinido*; las tres palabras juntas significan *para siempre, eternamente*; ἀλλὰ, conjunción adversativa *sino*; τὸ, caso nominativo neutro singular del artículo determinado *el*; ὕδωρ, caso nominativo neutro singular del nombre común *agua*; ὃ, caso nominativo masculino singular del pronombre relativo *él que, que*; δώσω, primera persona singular del futuro de indicativo en voz activa del verbo δίδωμι, *dar, entregar*, aquí *daré*; αὐτῷ, caso dativo masculino de la tercera persona singular del pronombre personal declinado *a él*; γενήσεται, tercera persona singular del futuro de indicativo en voz media del verbo γίνομαι, *hacerse, ser hecho*, aquí *se hará*; ἐν, preposición propia de dativo *en*; αὐτῷ, caso dativo masculino de la tercera persona singular del pronombre personal *él*; πηγὴ, caso nominativo femenino singular del nombre común *manantial, fuente*; ὕδατος, caso genitivo neutro singular del nombre común declinado *de agua*; ἁλλομένου, caso genitivo neutro singular del participio de presente en voz media del verbo ἅλλομαι, *saltar*, aquí *que salta*; εἰς, preposición propia de acusativo *para*; ζωὴν, caso acusativo femenino singular del nombre común *vida*; αἰώνιον, caso acusativo femenino singular del adjetivo *eterna*.

Crítica Textual. Lecturas alternativas.

[1] ὃς δ' ἂν πίῃ, *pero el que bebiere*, lectura atestiguada en $\mathfrak{p}^{75}$, ℵ, A, B, D, K, N, Θ, Ψ, 050, 083, f^1, 33^c, 1241, 844, 2211.

ὁ δὲ πίνων, *pero el que bebe*, según se lee en ℵ*, D.

[2] Se lee ἐγώ, *yo*, antes de δώσω, en ℵ, D, N, W^s, 083, 33, 1241, 844, 2211, a, aur, b, f, vg$^{cl, ww}$.

ὃς δ' ἂν πίῃ ἐκ τοῦ ὕδατος οὗ ἐγὼ δώσω αὐτῷ, οὐ μὴ διψήσει εἰς τὸν αἰῶνα, Quien bebe del agua natural vuelve a tener sed, es la experiencia propia de todos los hombres; no hay nadie que satisfaga su sed y nunca más vuelva a experimentarla. Por eso Jesús le dice que quien beba del agua que Él ofrece no tendrá sed jamás. La construcción gramatical es muy intensa con un adverbio y una partícula de negación juntas, que denotan el sentido de negación absoluta, *de ningún modo, nunca*. El agua de vida procede de Dios y se otorga por medio de Jesucristo. Pero, si el agua es espiritual, la sed a la que el Señor se refiere ha de serlo también. El término que usa aquí Jesús para referirse a la procedencia del agua tiene que ver con una fuente que mana continuamente; un manantial inagotable que satisface totalmente la sed espiritual del hombre, por intensa que sea. De otro modo, el agua viva que concede Jesús en gracia, se caracteriza porque quien la recibe queda satisfecho perpetuamente. Sin duda esto no excluye la búsqueda continua que el creyente tiene de Dios, que es una auténtica sed espiritual, como dice Calvino:

"Las palabras de Cristo no contradicen el hecho de que los creyentes, hasta el final de sus días, desean ardientemente una gracia más abundante. Porque no dice que bebemos y ya estamos satisfechos desde el primer día, sino que el Espíritu Santo es un pozo que fluye constantemente. Así que, para aquellos que son renovados por la gracia espiritual, no hay peligro de caer en la sequía[11]*"*.

La orientación del *Evangelio* es siempre a Jesús y no al hombre, en ese sentido, lo inagotable es el regalo del agua de vida, que impide que el que la tiene se convierta en un sediento, porque tiene todos los recursos de la gracia a su disposición en cualquier momento.

ἀλλὰ τὸ ὕδωρ ὃ δώσω αὐτῷ γενήσεται ἐν αὐτῷ πηγὴ ὕδατος ἁλλομένου εἰς ζωὴν αἰώνιον. Añade también que la fuente de agua viva no está cerca del que recibe el regalo de Dios ofrecido por Jesús, sino que está a su alcance porque está dentro de él mismo. Lo asombroso del don de Dios, no es la provisión de una porción de agua que satisface la necesidad espiritual, sino que es la entrega sin límite de un manantial interior de esa agua que produce cuanto sea preciso para dejar siempre satisfecho al creyente. De otro modo, la razón por la que, el que reciba el don que Jesús ofrece, no tendrá sed jamás, es que no le da sólo el agua, sino que le entrega el manantial de ella. Más adelante se despejará quien es el manantial que mana en el interior del creyente el agua de vida. Jesús se refiere al Espíritu Santo (7:37-39). Es como un surtidor que se sitúa dentro de nosotros en el tiempo presente y que salta hasta la gloria, para perdurar por toda la eternidad. El surtidor de la vida eterna brota siempre agua de vida, y hace que rebose en nosotros, porque Jesús vino para que tengamos vida y para que la tengamos en abundancia, ilimitadamente (10:10). No es una situación estática en la que se recibe vida eterna que cambia la posición de quien no tenía vida, sino de la acción del Espíritu que regenera al pecador y da la potencialidad espiritual para vivir la vida cristiana en la reproducción de Cristo, conforme al propósito del Padre (Ro. 8:29). La profecía ya lo anunciaba de este modo: *"A todos los sedientos: Venid a las aguas"* (Is. 55:1). Luego está otra promesa: *"Jehová te pastoreará siempre, y en las sequías saciará tu alma, y dará vigor a tus huesos; y serás como huerto de riego, y como manantial de aguas, cuyas aguas nunca faltan"* (Is. 58:11). El agua que da vida, produce vida en quien la recibe.

---

[11] Juan Calvino, citado por León Morris, o.c., pág. 305, nota 36.

15. La mujer le dijo: Señor, dame esa agua, para que no tenga yo sed, ni venga aquí a sacarla.

λέγει πρὸς αὐτὸν ἡ γυνή· Κύριε, δός μοι τοῦτο τὸ ὕδωρ, ἵνα
Dice a Él la mujer: Señor, dame esa - agua, para que
μὴ διψῶ μηδὲ διέρχωμαι[1] ἐνθάδε ἀντλεῖν.
no tenga sed y no venga aquí a sacar.

Notas y análisis del texto griego.

Continúa con λέγει, tercera persona singular del presente de indicativo en voz activa del verbo λεγω, *hablar, decir*, aquí *dice*; πρὸς, preposición propia de acusativo *a*; αὐτὸν, caso acusativo masculino de la tercera pesona singular del pronombre personal *él*; ἡ, caso nominativo femenino singular del artículo determinado *la*; γυνή, caso nominativo femenino singular del nombre común *mujer*; Κύριε, caso vocativo masculino singular del nombre *Señor*; δός, segunda persona singular del aoristo segundo de imperativo en voz activa del verbo δίδωμι, *dar, entregar*, aquí *da*; μοι, caso dativo de la primera persona singular del pronombre personal *mí, me*; τοῦτο, caso acusativo neutro singular del pronombre demostrativo *esa*; τὸ, caso acusativo neutro singular del artículo determinado *el*; ὕδωρ, caso acusativo neutro singular del nombre común *agua*; ἵνα, conjunción causal *para que*; μὴ, partícula que hace funciones de adverbio de negación *no*; διψῶ, primera pesona singular del presente de subjuntivo en voz activa del verbo διψάω, *tener sed*, aquí *tenga sed*; μηδὲ, partícula negativa *y no, ni*; διέρχωμαι, primera persona singular del presente de subjuntivo en voz media del verbo διέρχομαι, *llegar, venir*, aquí *venga*; ἐνθάδε, adverbio de lugar *aquí*; ἀντλεῖν, presente de infinitivo en voz activa del verbo ἀντλέω, *sacar*.

Crítica Textual. Lecturas alternativas.

[1] διέρχωμαι, *venga*, lectura atestiguada en 𝔭[66], ℵ*.

ἑρχωμαι, *pase por aquí*, según lectura en A, C, D, W[s], Γ, Δ, *f*[1], 565, 579, 2211, pm, Cirilo[lem].

ἔρχομαι, *vengo*, según ℵ[2], K, K, N, Θ, Ψ, 086, *f*[13], 33, 700, 892, 1241, 1424, 844, pm.

λέγει πρὸς αὐτὸν ἡ γυνή· El diálogo continúa entre Jesús y la mujer, de manera que a las palabras de Cristo corresponden ahora las de ella. Es difícil para la samaritana llegar a la comprensión de lo que significaban las palabras de Jesús.

κύριε, δός μοι τοῦτο τὸ ὕδωρ, ἵνα μὴ διψῶ μηδὲ διέρχωμαι ἐνθάδε ἀντλεῖν. Ella sigue pensando en realidades materiales. El hecho de tener que venir cada día al pozo para sacar agua, era una molestia. Es una reacción propia de una persona que busca interesadamente lo que aliviaría una situación cansina. Así también reaccionó Nicodemo, sin entender el mensaje espiritual de Cristo cuando le hablaba del nuevo nacimiento. Así reaccionarán las multitudes cuando Cristo les hable del pan de vida (6:27 s.). Por tanto, sería de bendición para ella no tener que hacerlo, si recibía de Aquel hombre el agua que calma definitiva y plenamente la sed. No pensaba ella en la sed espiritual, sino en la física. El trabajo supone un esfuerzo personal, de ahí que un trabajo no demasiado agradable y fácil genere habitualmente la llamada ley del mínimo esfuerzo. En eso se asentaba el deseo humano de la mujer. El Señor le había dicho antes que si conociese dos cosas: el don de Dios y quien le ofrecía el agua, ella pediría. Lo estaba haciendo en ese momento cuando dice a Jesús *dame esa agua*. Es verdad que su comprensión era limitada y su petición orientada hacia el agua física, pero no es menos cierto, que ya estaba pidiendo al Señor, no tanto el agua del pozo, sino el agua espiritual, de vida, que le ofrecía (v. 10).

16. Jesús le dijo: Ve, llama a tu marido, y ven acá.

λέγει αὐτῇ[1] ὕπαγε φώνησον τὸν ἄνδρα σου καὶ ἐλθὲ ἐνθάδε.
Dice le: Ve, llama al marido de ti y ven aquí.

Notas y análisis del texto griego.

El diálogo continúa: λέγει, tercera persona singular del presente de indicativo en voz activa del verbo λεγω, *hablar, decir*, aquí *dice*; αὐτῇ, caso dativo femenino de la tercera persona singular del pronombre personal declinado *a ella, le*; ὕπαγε, segunda persona singular del presente de imperativo en voz activa del verbo ὑπάγω, *ir, marchar, andar*, aquí *ve*; φώνησον, segunda persona singular del aoristo primero de imperativo en voz activa del verbo φωνέω, *llamar, gritar*, aquí *llama*; τὸν, caso acusativo masculino singular del artículo determinado declinado *al*; ἄνδρα, caso acusativo masculino singular del nombre común *marido, varón, hombre*; σου, caso genitivo de la segunda persona singular del pronombre personal declinado *de tí, tú*; καὶ, conjunción copulativa *y*; ἐλθὲ, segunda persona singular del segundo aoristo de imperativo en voz activa del verbo ἔρχομαι, *venir*, aquí *ven*; ἐνθάδε, adverbio de lugar *aquí*.

Crítica Textual. Lecturas alternativas.

[1] λέγει αὐτῇ, lectura conforme a $\mathfrak{p}^{66, 75}$, B, C*, 33, a, sa[ms], ly, bo[ms].

λέγει αὐτη 'Ιησοῦς, *le dice Jesús*, según ℵ*, ², A, C², D, K, K, N, W², Γ, Δ, Θ, Ψ, 086, *f* ¹, ¹³, 565, 579, 700, 892, 1241, 1424, 844, 2211, 𝔐, lat, sa^mss, bo.

λέγει αὐτῇ· ὕπαγε φώνησον τὸν ἄνδρα σου καὶ ἐλθὲ ἐνθάδε. La respuesta de Jesús es sorprendente. En simple lectura da la impresión de un radical cambio de tema. Ella le estaba pidiendo agua y Él la envía en busca de su marido. ¿Qué buscaba Jesús con esa demanda? No hay una respuesta definida porque no la hay desde la Escritura, por tanto, pueden ser sólo suposiciones o conjeturas que se pueden deducir del texto. Al mandarla a llamar a su marido, pudiera entenderse como que el Señor quería que el evangelio que le iba a anunciar y la invitación a salvación, fuese compartida también por su marido que no había venido con ella. Como dice el apóstol Pedro del matrimonio cristiano, es que los dos son *"coherederos de la gracia de la vida"* (1 P. 3:7). No cabe duda que Jesús había sido enviado para ser el Salvador del mundo y el interés de Dios es que ninguno perezca sino que todos procedan al arrepentimiento y vivan (2 P. 3:9). Con todo, aunque esto pudiera estar también dentro del interés de Jesús, la proclamación del mensaje de Juan, que también fue el de Cristo, era un llamado al arrepentimiento, esto es, un cambio de mentalidad que desde una situación de alejamiento de Dios, trajese nuevamente el pensamiento hacia Él, lo que produciría un reconocimiento de la condición pecadora que todo hombre tiene. El Señor estaba dando a la mujer la ocasión de que se diese cuenta de la vida de pecado que estaba llevando. El Señor estaba hablando al corazón de la mujer y no tanto a su intelecto. Con todo aún hay un propósito más. Jesús está preparando el terreno para que la mujer reciba el agua viva, la salvación, con el perdón de sus pecados y la vida eterna; y también para que ella sirva al propósito divino de alcanzar a los samaritanos del lugar donde ella vivía, con el mismo resultado de salvación.

17. Respondió la mujer y dijo: No tengo marido. Jesús le dijo: Bien has dicho: No tengo marido.

ἀπεκρίθη ἡ γυνὴ καὶ εἶπεν αὐτῷ· οὐκ ἔχω ἄνδρα. λέγει αὐτῇ
Respondió la mujer y dijo le: No tengo marido. Dice le
ὁ 'Ιησοῦς· καλῶς εἶπας ὅτι ἄνδρα οὐκ ἔχω·
- Jesús: Bien dijiste, que marido no tengo.

Notas y análisis del texto griego.

Sigue: ἀπεκρίθη, tercera persona singular del aoristo primero de indicativo en voz pasiva del verbo ἀποκρίνομαι, *contestar, responder*, aquí *respondió*; ἡ, caso nominativo femenino singular del artículo determinado *la*; γυνὴ, caso nominativo femenino singular del nombre común *mujer*; καὶ, conjunción copulativa *y*; εἶπεν, tercera persona singular del aoristo segundo de indicativo en voz activa del verbo λέγω, *hablar, decir*, aquí *dijo*; αὐτῷ, caso dativo masculino de la tercera persona singular del pronombre personal declinado *a él, le*; οὐκ, forma escrita del adverbio de negación *no*, con el grafismo propio ante una vocal con espíritu suave o una enclítica; ἔχω, primera persona singular del presente de indicativo en voz activa del verbo ἔχω, *tener*, aquí *tengo*; ἄνδρα, caso acusativo masculino singular del nombre común *varón, hombre, marido*; λέγει, tercera persona singular del presente de indicativo en voz activa del verbo λέγω, *hablar, decir*, aquí *dice*; αὐτῇ, caso dativo femenino singular del pronombre personal declinado *a ella, le*; ὁ, caso nominativo masculino singular del artículo determinado *el*; Ἰησοῦς, caso nominativo masculino singular del nombre propio *Jesús*; καλῶς, adverbio de modo *bien*; εἶπας, segunda persona singular del segundo aoristo de indicativo en voz activa del verbo λέγω, *hablar, decir*, aquí *dijiste*; ὅτι, conjunción *que*; ἄνδρα, caso acusativo masculino singular del nombre común *marido, varón, hombre*; οὐκ, forma escrita del adverbio de negación *no*, con el grafismo propio ante una vocal con espíritu suave o una enclítica; ἔχω, primera persona singular del presente de indicativo en voz activa del verbo ἔχω, *tener*, aquí *tengo*.

ἀπεκρίθη ἡ γυνὴ καὶ εἶπεν αὐτῷ. A la demanda de Jesús pidiéndole que busque al marido y vuelvan los dos, se produce la respuesta de la mujer. Es una contestación lacónica e incluso pareciera un tanto abrupta. Sus respuestas anteriores eran largas y distendidas, está es breve y cortante. En las que anteceden usó muchas más palabras, en esta sólo tres.

οὐκ ἔχω ἄνδρα. La respuesta es concreta: *"no tengo marido"*. En el griego *marido*, *varón* y *hombre* es la misma palabra. Jesús la usó en sentido de esposo, ella responde con una negativa, no tenía esposo, aunque *tenía* un hombre que vivía con ella. No cabe duda que ella procuró evadir el compromiso que la demanda de Jesús provocaba. Con todo, ella estaba, inconscientemente confesando una situación de anormalidad moral, reconociendo una vida en concubinato con alguien que no era su esposo.

λέγει αὐτῇ ὁ Ἰησοῦς· καλῶς εἶπας ὅτι ἄνδρα οὐκ ἔχω· El Señor confirma la respuesta de ella como verdadera. El conocimiento sobrenatural de Jesús, se pone nuevamente de manifiesto en esta ocasión. El conocía que la respuesta de la mujer, no solo era verdad, sino que era correcta. La gracia admirable del que había venido a salvar y no a condenar, se manifiesta aquí también. Él pudo haberla acusado de inmoralidad y reprocharle la forma de vida que llevaba, pero, se limita a decirle que lo que había dicho era verdad. Ella había hablado así para negar la condición en que se encontraba, el *no tengo marido*, era una respuesta cierta, pero también ambigua. Con esa expresión indefinida para otro oyente que no fuese Jesús, estaba procurando hacerle entender simplemente que no tenía un compromiso matrimonial, pero Jesús sabía cual era realmente la situación personal y moral de aquella mujer con la que hablaba.

18. Porque cinco maridos has tenido, y el que ahora tienes no es tu marido; esto has dicho con verdad.

πέντε γὰρ ἄνδρας ἔσχες καὶ νῦν ὃν ἔχεις οὐκ ἔστιν σου
Porque cinco maridos tuviste y ahora el que tienes no es tú
ἀνήρ· τοῦτο ἀληθὲς εἴρηκας.
marido; esto verdadero has dicho.

Notas y análisis del texto griego.

Jesús responde: πέντε, caso acusativo masculino plural del adjetivo numeral cardinal *cinco*; γὰρ, conjunción causal *porque*; ἄνδρας, caso acusativo masculino plural del nombre común *maridos*; ἔσχες, segunda persona singular del aoristo segundo de indicativo en voz activa del verbo ἔχω, *tener*, aquí *tuviste*; καὶ, conjunción copulativa *y*; νῦν, adverbio de tiempo *ahora*; ὃν, caso acusativo masculino singular del pronombre relativo *el que*; ἔχεις, segunda persona singular del presente de indicativo en voz activa del verbo ἔχω, *tener*, aquí *tienes*; Οὐκ, forma escrita del adverbio de negación *no*, con el grafismo propio ante una vocal con espíritu suave o una enclítica; ἔστιν, tercera persona singular del presente de indicativo en voz activa del verbo εἰμί, *ser, estar*, aquí *es*; σου, caso genitivo de la tercera persona singular del pronombre personal declinado *de tí, tú*; ἀνήρ, caso nominativo masculino singular del nombre común *hombre, varón, marido*; τοῦτο, caso acusativo neutro singular del pronombre demostrativo *esto*; ἀληθὲς, caso acusativo neutro singular del adjetivo *verdadero*; εἴρηκας, segunda persona singular del perfecto de indicativo en voz activa del verbo λέγω, *hablar, decir*, aquí *has dicho*.

πέντε γὰρ ἄνδρας ἔσχες καὶ νῦν ὃν ἔχεις οὐκ ἔστιν σου ἀνήρ· Aquella mujer vivía en una situación de fracaso matrimonial, no una vez, sino *cinco*. Es posible que hubiese tenido cinco maridos que habían fallecido o que se divorciaran de ella. Debe tenerse en cuenta que la enseñanza religiosa de aquellos días, sólo aprobaba tres matrimonios. Sin embargo el límite legal no estaba precisado, en el caso de viudez o incluso en el de repudio, en el que se establece que una mujer repudiada por su marido podía ir y casarse con otro, siempre que tuviese carta de repudio (Dt. 24:1 ss.). Por otro lado, es difícil que fuese viuda de cinco maridos que hubiesen muerto sucesivamente. El hecho real, sin interesarnos en las circunstancias que concurriesen en sus anteriores matrimonios, es de suponer que los hubo, legalmente establecidos, si bien el término *marido*, como se ha dicho antes, significa también *hombre*. Esto no supone que sus anteriores cinco relaciones no fuesen lícitas, ni que, como algunos pretenden, Jesús estuviese poniendo de manifiesto la inmoralidad de vida de los samaritanos frente a los judíos. Esto como cualquier otra deducción son meras especulaciones del comentarista. La realidad de ella es que en el momento de la conversación con Jesús estaba viviendo en una relación de pareja contraria a la voluntad y a la Palabra de Dios. El pensamiento de Juan Crisóstomo, uno de los cuatro grandes padres de la iglesia de oriente, entendía que las cinco relaciones anteriores eran, como la actual, ilegítimas. La verdad bíblica es que el hombre con quien vivía, el sexto en su vida, tiene con ella una relación ilícita, por tanto ilegítima, contraria a la ley de Dios.

τοῦτο ἀληθὲς εἴρηκας. Jesús le dice que lo que había dicho era verdad. Lo que ella había respondido como una fórmula para evitar descubrir una relación impropia, Jesús la tomó como una verdad que ella decía, que, sin duda, era una confesión, tal vez medio encubierta de su miseria moral. Aquella mujer estaba confesando su pecado delante del Señor. No hay palabras recriminatorias por la situación moral en que se encontraba, sino simplemente un reconocimiento de ser verdad su testimonio personal. La gran lección de la capacidad de Jesús para escuchar los problemas de la gente sin recriminaciones es evidente. Sobre todo en el ministerio pastoral es necesario buscar el lado positivo de las situaciones escuchando con calma, sin emitir juicio ante la confesión de pecado. Eso no significa, en modo alguno, disculpar el pecado, pero es el camino necesario para la restauración del pecador.

19. Le dijo la mujer: Señor, me parece que tú eres profeta.

λέγει αὐτῷ ἡ γυνή· Κύριε[1], θεωρῶ ὅτι προφήτης εἶ σύ.
Dice le la mujer: Señor, percibo que profeta eres tú.

Notas y análisis del texto griego.

Continúa el diálogo: λέγει, tercera persona singular del presente de indicativo en voz activa del verbo λέγω, *decir, hablar*, aquí *dice*; αὐτῷ, caso dativo masculino de la tercera persona singular del pronombre personal declinado *a él, le*; ἡ, caso nominativo femenino singular del artículo determinado *la*; γυνή, caso nominativo femenino singular del nombre común *mujer*; Κύριε, caso vocativo masculino singular del nombre *Señor*; θεωρῶ, primera persona singular del presente de indicativo en voz activa del verbo θεωρέω, *ver*, *contemplar, experimentar, percibir*, aquí *percibo*; ὅτι, conjunción *que*; προφήτης, caso nominativo masculino singular del nombre común *profeta*, εἶ, segunda persona singular del presene de indicativo en voz activa del verbo εἰμί, *ser*, aquí *eres*; σύ, caso nominativo de la segunda persona singular del pronombre personal *tú*.

Crítica Textual. Lecturas alternativas.

[1] Κύριε, se omite en ℵ*.

λέγει αὐτῷ ἡ γυνή· Κύριε, θεωρῶ ὅτι προφήτης εἶ σύ. Ante las palabras de Jesús, la samaritana se da cuenta que tiene un conocimiento sobrenatural que sólo era identificable con un profeta. El verbo usado por ella θεωρέω, tiene un amplio significado que en este caso expresa la idea de *comenzar a percibir* algo. No tendría en mente todavía que Aquel que hablaba con ella era el profeta anunciado en la Palabra, entre otros por Moisés, que se cumpliría en el tiempo determinado por Dios. Los samaritanos creían que después de Moisés no hubo ningún profeta hasta que llegase el prometido (Dt. 18:15). Cuando la samaritana le llama profeta, estaba ya muy cerca de aceptar que era el Mesías. Siendo profeta podía formularle la pregunta que le inquietaba desde tiempo atrás y que se expresa en el siguiente versículo. Las gentes de los tiempos de Jesús creían que los profetas no sólo anunciaban revelación de parte de Dios, sino que tenían un conocimiento especial de las personas. De ahí que cuando la mujer, en casa del fariseo, lloraba a los pies de Jesús, besándoselos y enjugándoselos con sus cabellos, dijese: *"Éste, si fuese profeta, conocerían quién y qué clase de mujer es la que le toca, que es pecadora"* (Lc. 7:39). La mujer samaritana hace énfasis en el pronombre *tú*, colocado al final de la oración. Ella llega a la conclusión de que esta era la razón por la que el tenía conocimiento de su vida. Lo que Jesús había dicho de su condición personal le impactó grandemente. Ella testificará a los conciudadanos que *"le había dicho todo cuanto he hecho"* (v. 29). Sin embargo, lo importante, es que ella reconoce su pecado, lo que le ha colocado en el camino para recibir el don de Dios.

20. Nuestros padres adoraron en este monte, y vosotros decís que en Jerusalén es el lugar donde se debe adorar.

οἱ πατέρες ἡμῶν ἐν τῷ ὄρει τούτῳ προσεκύνησαν· καὶ
Los padres de nosotros en el monte este adoraron; y
ὑμεῖς λέγετε ὅτι ἐν Ἱεροσολύμοις ἐστὶν ὁ τόπος ὅπου
vosotros decís que en Jerusalén es el lugar donde
προσκυνεῖν δεῖ.
adorar se debe.

Notas y análisis del texto griego.

Introduciendo el tema de donde adorar, escribe: οἱ, caso nominativo masculino plural del artículo determinado *los*; πατέρες, caso nominativo masculino plural del nombre común *padres, antepasados*; ἡμῶν, caso genitivo de la primera persona plural del pronombre personal declinado *de nosotros*; ἐν, preposición propia de dativo *en*; τῷ, caso dativo neutro singular del artículo determinado *el*; ὄρει, caso dativo neutro singular del nombre común *monte, montaña*; τούτῳ, caso dativo neutro singular del pronombre demostrativo *este*; προσεκύνησαν, tercera persona plural del aoristo primero de indicativo en voz activa del verbo προσκυνέω, *adorar*, aquí *adoraron*; καὶ, conjunción copulativa *y*; ὑμεῖς, caso nominativo de la segunda persona plural del pronombre personal *vosotros*; λέγετε, segunda persona plural del presente de indicativo en voz activa del verbo λέγω, *hablar, decir*, aquí *decís*; ὅτι, conjunción *que*; ἐν, preposición propia de dativo *en*; Ἱεροσολύμοις, caso dativo neutro plural del nombre propio *Jerusalén*; ἐστὶν, tercera persona singular del presente de indicativo en voz activa del verbo εἰμί, *ser*, aquí *es*; ὁ, caso nominativo masculino singular del artículo determinado *el*; τόπος, caso nominativo masculino singular del nombre común *lugar, sitio, región*; ὅπου, adverbio relativo de lugar *donde, adonde*; προσκυνεῖν, presente de infinitivo en voz activa del verbo προσκυνέω, *adorar*; δεῖ, tercera persona singular del presente de indicativo del verbo impersonal *ser necesario, deber*, aquí *se debe*.

οἱ πατέρες ἡμῶν ἐν τῷ ὄρει τούτῳ προσεκύνησαν· Lo sorprendente es la aparente desviación del tema que acababa de surgir con la petición de Jesús que buscase al marido y viniese con él. Es muy probable que la mujer quisiera desviar el tema escabroso que había surgido y lo hiciese con una pregunta sobre la continua discusión entre judíos y samaritanos sobre el lugar donde debía adorarse. ¿Es esta la razón de la pregunta de la samaritana? No es posible definirse sobre un asunto que no está manifestado en el texto bíblico, pero pudiera ser esta la causa de la pregunta. Aunque también la pregunta íntima que ella tenía sobre el lugar de adoración, fuese tan fuerte para ella que la introduce aquí sin otra causa que su necesidad.

La samaritana tiene un problema espiritual que necesita resolver. Esta misma era la situación de Nicodemo, que también tenía un problema personal que lo llevó a visitar a Jesús de noche. En este caso se trata de saber en que lugar se puede encontrar a Dios para adorarle. Ella conocía que los antepasados de Israel, los patriarcas, habían adorado en el monte Gerizim, aunque también lo habían hecho en otros lugares, como Betel, o Siquem, donde levantaron altares para hacerlo (Gn. 28:10-22; 33:18-20; 35:1-15). Para los samaritanos, las instrucciones de la ley sobre el lugar donde debía estar centralizado el culto en un solo santuario, lo entendían como referencia al Gerizim (Dt.

12:5). Era en el Gerizim donde se leían las bendiciones sobre el pueblo (cf. Dt. 11:29; 27:12; 28:1-14). Sambalat levantó un templo en este monte, que fue destruido por Juan Hircano en el 129 a. C. El santuario levantado en ese monte, que no existía ya en tiempos de Jesús, rivalizaba con el de Jerusalén. Esta unidad de santuario se había roto con la división del reino en días de Roboam, hijo de Salomón (1 R. 12:1 ss.). Sin embargo, los samaritanos insistían en el lugar sagrado que estaba en su territorio. Si Jesús era profeta, como ella percibía, sería bueno para ella que le resolviese el problema sobre el legítimo lugar de culto al verdadero Dios. Al encontrarse con un profeta que le dijo su condición personal sin que hubiese tenido antes conocimiento de ella, era ocasión para resolver su inquietud.

καὶ ὑμεῖς λέγετε ὅτι ἐν Ἱεροσολύμοις ἐστὶν ὁ τόπος ὅπου προσκυνεῖν δεῖ. La segunda parte del texto recoge la postura de los judíos, que insistían en que el lugar para rendir culto y adorar a Dios era Jerusalén. El texto coloca la postura judía como la única válida, como se aprecia por el uso del verbo δεῖ, *ser necesario, deber*. Frente a los samaritanos, los judíos decían que sólo en Jerusalén debía adorarse. Si bien no hay una especificación en la ley sobre Jerusalén, hay otros pasajes en la Escritura que lo validan (2 Cr. 6:6; 7:12; Sal. 78:68). Sin embargo esos textos no tenían valor para los samaritanos que reconocían sólo como Escritura al Pentateuco. Probablemente la mujer quería saber donde realmente Dios aceptaría la adoración y la oración.

21. Jesús le dijo: Mujer, créeme, que la hora viene cuando ni en este monte ni en Jerusalén adoraréis al Padre.

λέγει αὐτῇ ὁ Ἰησοῦς· πίστευέ μοι, γύναι, ὅτι ἔρχεται ὥρα
Dice le - Jesús: cree me, mujer, que viene hora
ὅτε οὔτε ἐν τῷ ὄρει τούτῳ οὔτε ἐν Ἱεροσολύμοις
cuando ni en el monte este ni en Jerusalén
προσκυνήσετε τῷ Πατρί.
adoraréis al Padre.

Notas y análisis del texto griego.

Trasladando la respuesta de Jesús, escribe: λέγει, tercera persona singular del presente de indicativo en voz activa del verbo λέγω, *hablar, decir*, aquí *dice*; αὐτῇ, caso dativo femenino de la tercera persona singular del pronombre personal declinado *a ella, le*; ὁ, caso nominativo masculino singular del artículo determinado *el*; Ἰησοῦς, caso nominativo masculino singular del nombre propio *Jesús*; πίστευε, segunda persona singular del presente de imperativo en voz activa del verbo πιστεύω, *crer*, aquí *cree*; μοι, caso dativo de la primera persona singular del pronombre personal declinado *a mí, me*;

γύναι, caso vocativo femenino singular del nombre común *mujer*; ὅτι, conjunción *que*; ἔρχεται, tercera persona singular del presente de indicativo en voz media del verbo ἔρχομαι, *venir*, aquí *viene*; ὥρα, caso nominativo femenino singular del nombre común *hora*; ὅτε, conjunción *que*; οὔτε, conjunción copulativa *ni*; ἐν, preposición propia de dativo *en*; τῷ, caso dativo neutro singular del artículo determinado *el*; ὄρει, caso dativo neutro singular del nombre común *monte*; τούτῳ, caso dativo neutro singular del pronombre demostrativo *este*; οὔτε, conjunción copulativa *ni*; ἐν, preposición propia de dativo *en*; Ἱεροσολύμοις, caso dativo neutro plural del nombre propio *Jerusalén*; προσκυνήσετε, segunda persona plural del futuro de indicativo en voz activa del verbo προσκυνέω, *adorar*, aquí *adoraréis*; τῷ, caso dativo masculino singular del artículo determinado declinado *al*; Πατρί, caso dativo masculino singular del nombre divino *Padre*.

Crítica Textual. Lecturas alternativas.

[1] πίστευε μοι, γύναι, *créeme, mujer*, lectura atestiguada en 𝔓[66, 75], ℵ, B, C, K, W[s], 1241, 844, 2211.

πίστευσον μοι, γύναι, *créeme, mujer*, en aoristo en lugar de presente de imperativo, según lectura en C[3], Ψ, 892.

γύναι πίστευσον μοι, *mujer créeme*, conforme a A, K, N, Γ, Δ, Θ, 579, 700, 1424, 𝔐.

γύναι πίστευε μοι, *mujer créeme*, con presente de imperativo, como se lee en D, $f^{1, 13}$, 565.

λέγει αὐτῇ ὁ Ἰησοῦς· πίστευέ μοι, γύναι. El que consideraba profeta le responde con toda autoridad: *créeme, mujer*. La expresión está construida con el presente de imperativo del verbo creer, lo que pone de manifiesto no una petición o un ruego, sino un mandamiento. Habitualmente Juan suele usar la forma *de cierto, de cierto*, para remarcar una afirmación, pero en este lugar deja la forma para usar una construcción a modo de mandato. Jesús usa esta forma para marcar la declaración que va a hacer, pero, todavía hay algo más, el Señor está demandándole fe en Él, está estableciendo el paso de fe necesario para la salvación, creer en el Salvador. Posiblemente ella no entendía todavía esto, pero se le está demandando una fe que descansa en Cristo, esta misma fe, es la que conduce a recibir la vida eterna (3:16).

ὅτι ἔρχεται ὥρα. Jesús que demanda fe en Él y, por tanto, en lo que va a decir, le habla de *una hora que llega*. El presente del verbo debe ser entendido como un futuro próximo, que más adelante dirá que ya llegó, o que se cumple en aquel tiempo (v. 23). Esta construcción aparece en otros lugares del *Evangelio* (4:34; 5:25, 28; 16:2, 25, 32). Jesús le pide que crea en lo que le dice, por consiguiente, que crea que está llegando una hora, es decir, un tiempo determinado.

ὅτε οὔτε ἐν τῷ ὄρει τούτῳ οὔτε ἐν Ἱεροσολύμοις προσκυνήσετε τῷ Πατρί. En ese tiempo que llega, ni el Gerizim, ni en Jerusalén, serán los lugares exclusivos para adorar a Dios. De otro modo, el culto a Dios será emancipado de la servidumbre de un lugar. Los judíos y los samaritanos estaban empeñados en que la adoración fuese hecha en un determinado lugar, por eso antes se dijo *es necesario* que se adore en Jerusalén. El Señor la hace notar que está llegando el momento en que el lugar donde estaba el santuario se cambie radicalmente a la celebración de un culto espiritual que se ofrecerá a Dios en cualquier lugar, puesto que los creyentes serán santuario, sacerdocio y sacrificio espiritual en sí mismos. La Iglesia no tendrá necesidad de un santuario terrenal, ni de un determinado lugar para la adoración. El tiempo llega en donde la adoración no va a estar vinculada a lugares de culto, porque Aquel a quien se adora, Espíritu infinito, no necesita ser adorado en un lugar, sino en una determinada condición personal. Esta verdad se desarrolla en los versículos que siguen.

τῷ Πατρί. Debe destacarse el calificativo dado a Dios a quien le llama *el Padre*. Este es el término más usado por Juan para referirse a la Primera Persona de la Deidad. En esta forma alude al Padre de todos los creyentes a quienes hace sus hijos por la fe en el Hijo (1:12); al Padre en el sentido de originador de todas las cosas, entre las que están los hombres; y también al Padre del Hijo encarnado. Este calificativo establece el camino por el que Jesús hablará su condición única (v. 26). La mujer se había referido a *nuestros padres*, para hablar de adoración, Jesús le cita al Padre que recibe esa adoración. Ellos *conocían* cosas de sus antepasados, pero no conocían así al Padre del cielo a quien decían adorar en una expresión religiosa correcta.

22. Vosotros adoráis lo que no sabéis; nosotros adoramos lo que sabemos; porque la salvación viene de los judíos.

ὑμεῖς προσκυνεῖτε ὃ οὐκ οἴδατε· ἡμεῖς προσκυνοῦμεν ὃ
Vosotros adoráis lo que no conocéis; nosotros adoramos lo que
οἴδαμεν, ὅτι ἡ σωτηρία ἐκ τῶν Ἰουδαίων ἐστίν.
Conocemos, porque la salvación de los judíos es.

Notas y análisis del texto griego.

Sigue con: ὑμεῖς, caso nominativo plural de la segunda persona plural del pronombre personal *vosotros*; προσκυνεῖτε, primera persona plural del presente de indicativo en voz activa del verbo προσκυνέω, *adorar* aquí *adoráis*; ὃ, caso acusativo neutro singular del pronombre relativo *lo que*; οὐκ, forma escrita del adverbio de negación *no*, con el grafismo propio ante una vocal con espíritu suave o una enclítica; οἴδατε, segunda persona plural del perfecto de indicativo en voz activa del verbo οἶδα, *saber, conocer, comprender, entender*, aquí *conocéis*; ἡμεῖς, caso nominativo de la primera persona plural del pronombre personal *nosotros*; προσκυνοῦμεν, primera persona plural del presente de indicativo en voz activa del verbo προσκυνέω, *adorar* aquí *adoramos*; ὃ, caso acusativo neutro singular del pronombre relativo *lo que*; οἴδαμεν, tercera persona plural del presente de indicativo en voz activa del verbo οἶδα, *saber, conocer, comprender, entender*, aquí *conocemos*; ὅτι, conjunción causal *porque*; ἡ, caso nominativo femenino singular del artículo determinado *la*; σωτηρία, caso nominativo femenino singular del nombre común *salvación*; ἐκ, preposición propia de genitivo *de*; τῶν, caso genitivo masculino plural del artículo determinado *los*; 'Ιουδαίων, caso genitivo masculino plural del adjetivo *judíos*; ἐστίν, tercera persona singular del presente de indicativo en voz activa del verbo εἰμί, *ser, estar*, aquí *es*.

ὑμεῖς προσκυνεῖτε ὃ οὐκ οἴδατε· Los samaritanos no aceptaban, como se dice antes, más que el Pentateuco, rechazando los libros poéticos y los proféticos. Si la Escritura, Palabra inspirada de Dios, está dada para que el hombre Le conozca, despreciar una parte tan grande de ella, es producir un desconocimiento personal acerca de Él. Ellos adoraban a Dios, pero desconocían gran parte de la revelación de Dios, por ignorancia voluntaria. La hora de reconstruir o, si se prefiere mejor, reconducir la adoración a lo que realmente es, había llegado. Es el tiempo en que el culto no depende de un lugar determinado, sino de una orientación precisa. El culto no es una actividad, como samaritanos y judíos creían, sino una actitud. Esta verdad va a ser expuesta por Jesús en lo que sigue. Los samaritanos, sin duda con la mejor intención, se habían propuesto adorar a Dios y hacerlo de modo distinto a los judíos, pero adoraban lo que no conocían. Pablo hace constar esto también en el campo gentil, cuando habla de un altar levantado por los atenienses al *dios no conocido* (Hch. 17:23). La adoración es absurda si se desconoce a quien se adora. Así escribe Juan Calvino:

"En cuestiones de religión, no podemos probar nada de forma temeraria o irreflexiva. Si no tenemos conocimiento de Dios, no estamos adorando a Dios sino a un espectro o fantasma. Así, las buenas intenciones no cuentan, lo que también apunta a que los seres humanos

no podemos hacer nada si no seguimos la Palabra o las órdenes de Dios. Si nos dejamos guiar por nuestra propia opinión erraremos[12]".

La inferioridad de la adoración samaritana, no estaba en la forma de hacerla, sino en el desconocimiento sobre Dios. A quien adoraban era un Ser complementado por el pensamiento humano, puesto que ignoraban voluntariamente gran parte de la revelación que Él había dado de Sí mismo.

ἡμεῖς προσκυνοῦμεν ὃ οἴδαμεν, Por otro lado está la adoración de los judíos, que aceptaban todo el Antiguo Testamento y tenían una revelación más completa que los samaritanos. De ahí que Jesús le diga: *nosotros adoramos lo que sabemos*. Hay algo que se aprecia inmediatamente con la simple lectura y son los pronombres personales plurales *vosotros*, que se refiere a todos los samaritanos, y *nosotros*, referido a los judíos. Quiere decir que Jesús se incluía entre ellos y se consideraba también adorador del Padre. En esta identificación Jesús se manifiesta *judío*, y el Dios de los judíos es también el Dios del hombre Jesús de Nazaret. No cabe duda que la relación paterno-filial de los creyentes con Dios es distinta a la de Jesucristo, que es el Unigénito del Padre, de ahí que esa distinción se mantenga en las palabras casi finales de Jesús a los suyos: "*subo a mi Padre y a vuestro Padre, a mi Dios y a vuestro Dios*" (20:17). Es notorio apreciar que Jesús es de la misma nacionalidad que aquellos que le rechazaron. Los judíos, a diferencia de los samaritanos, sabían bien *lo* que adoraban. La adoración de ellos era de un doble conocimiento, por un lado estaba el *conocer* a Dios, revelado en la Palabra y, por otro conocer, también por la misma palabra *el modo* de adorarle conforme a Su voluntad. Eran el pueblo escogido por Dios, nación sacerdotal y de adoradores entre los demás pueblos de la tierra (Dt. 7:6).

ὅτι ἡ σωτηρία ἐκ τῶν Ἰουδαίων ἐστίν. La razón de este conocimiento está relacionada con la frase final del versículo: *la salvación viene de los judíos*. Esta es la única vez que el sustantivo *salvación* aparece en el *Evangelio* y afirma que *la salvación* viene de entre ellos. No se trataba de alcanzar la salvación, con todo cuanto contiene, por el seguimiento del sistema judío en contra del samaritano. La salvación vino de Dios por medio y en Jesucristo, quien es descendiente de Abraham y, por consiguiente, perteneciente al pueblo judío por ascendencia. No se trata de *una* salvación, sino de *la* única, de ahí la importancia del artículo que precede a *salvación*. La salvación de

---

[12] Juan Calvino. Citado por León Morris, o.c., pág. 312.

Dios se hace posible por medio de Aquel que es enviado por Él al mundo, no para condenarlo, sino para que sea salvo por Él (3:17). Esta salvación era la esperanza nacional de Israel (Lc. 1:69, 71, 77; Hch. 13:26, 47). Los mismos samaritanos reconocerán un poco más adelante que Jesús es el que trae salvación (v. 42). El Salvador del mundo estaba profetizado que nacería de la tribu de Judá (Gn. 49:10; Is. 59:20; Jn. 1:17; Ro. 11:26). La salvación provendría del Salvador, vinculado con el pueblo judío (Sal. 147:19, 20; Is. 2:3; Am. 3:2; Mi.4:1, 2; Ro. 3:1, 2; 9:3-5; 9:18). La salvación solo es posible por los méritos de la obra redentora del Hijo encarnado, por tanto, procede de los judíos. Dios había determinado en soberanía que la salvación saliera de entre los israelitas, en el Hijo de David, para extenderse al mundo, luego de esto, el privilegio único de Israel quedaría disuelto al haber cumplido la misión para la que había sido elegido de entre todos los pueblos de la tierra. Esta obra de salvación estaba realizándose en la persona de Jesús, y no era solo para los judíos o para quienes se hiciesen prosélitos del judaísmo, sino para todos los que crean (3:16-17).

23. Mas la hora viene, y ahora es, cuando los verdaderos adoradores adorarán al Padre en espíritu y en verdad; porque también el Padre tales adoradores busca que le adoren.

ἀλλὰ ἔρχεται ὥρα καὶ νῦν ἐστιν, ὅτε οἱ ἀληθινοὶ
Pero viene hora y ahora es, cuando los verdaderos
προσκυνηταὶ προσκυνήσουσιν τῷ Πατρὶ ἐν πνεύματι καὶ
adoradores adorarán al Padre en espíritu y
ἀληθείᾳ· καὶ γὰρ ὁ Πατὴρ τοιούτους ζητεῖ τοὺς
verdad; Porque también el Padre tales busca los
προσκυνοῦντας αὐτόν.
que adoran a Él.

Notas y análisis del texto griego.

Siguen las palabras de Jesús: ἀλλὰ, conjunción adversativa *pero*; ἔρχεται, tercera persona singular del presente de indicativo en voz media del verbo ἔρχομαι, *venir, llegar, regresar, aparecer*, aquí *viene*; ὥρα, caso nominativo femenino singular del nombre común *hora*; καὶ, conjunción copulativa *y*; νῦν, adverbio de tiempo *ahora*; ἐστιν, tercera persona singular del presente de indicativo en voz activa del verbo εἰμί, *ser*, aquí *es*; ὅτε, conjunción temporal *cuando*; οἱ, caso nominativo masculino plural del artículo determinado *los*; ἀληθινοὶ, caso nominativo masculino plural del adjetivo calificativo *verdaderos*; προσκυνηταὶ, caso nominativo masculino plural del nombre común *adoradores*; προσκυνήσουσιν, tercera persona plural del futuro de indicativo en voz activa del verbo προσκυνέω, *adorar*, aquí *adorarán*; τῷ, caso dativo masculino singular del artículo determinado declinado *al*; Πατρὶ, caso dativo masculino singular del nombre divino *Padre*;

ἐν, preposición propia de dativo *en*; πνεύματι, caso dativo neutro singular del nombre común *espíritu*; καὶ, ἀληθείᾳ, caso dativo femenino singular del nombre común *verdad*; καὶ, adverbio de modo *también*; γὰρ, conjunción causal *porque*; ὁ, caso nominativo masculino singular del artículo determinado *el*; Πατὴρ, caso nominativo masculino singular del nombre divino *Padre*; τοιούτους, caso acusativo masculino singular del adjetivo demostrativo *tales*; ζητεῖ, tercera persona singular del presente de indicativo en voz activa del verbo ζητέω, *buscar*, aquí *busca*; τοὺς, caso acusativo masculino plural del artículo determinado *los*; προσκυνοῦντας, caso acusativo masculino plural del participio de presente en voz activa del verbo προσκυνέω, *adorar*, aquí *que adoren*; αὐτόν, caso acusativo masculino singular del pronombre personal declinado *a Él, le*.

ἀλλὰ ἔρχεται ὥρα καὶ νῦν ἐστιν. La conjunción adversativa con que comienza la frase, ha de tomarse aquí en sentido de afirmación de lo que sigue, que podría traducirse por algo semejante a una expresión admirativa, *¡Pero sí! La hora ha llegado*. Esta sería la equivalencia dinámica de traducción en cuanto al sentido de la oración. Esto introduce la enseñanza sobre el verdadero modo de adorar a Dios, que nada tiene que ver con lugares, sino con condiciones personales del adorador. El Señor está anunciando una nueva era, o una nueva dispensación, que surge de Él y se establece en Él. De modo que si hay una hora nueva, para el cambio de concepto de adoración, ya ha llegado esa hora, dice Cristo a la samaritana. No hay que esperar nada más, es la hora del cambio y de la orientación buscando la adoración consecuente con el pensamiento de Dios. No se trata tanto de reafirmar conceptos tomados del Antiguo Testamento que, aunque son palabra inspirada y plenamente autoritativa, habían sido mal interpretados, e incluso distorsionados para apropiárselos como base para el nacionalismo tanto de judíos como de samaritanos, Jesús está cumpliendo uno de sus ministerios para el que fue enviado, revelar plenamente a Dios (1:18). Él va a dar los parámetros que deben considerarse para una correcta adoración según la mente divina. Para adorar no es necesario seguir los parámetros establecidos y enseñados en la religión, sino andar en un camino nuevo que es manifestado por Jesucristo.

ὅτε οἱ ἀληθινοὶ προσκυνηταὶ προσκυνήσουσιν τῷ Πατρὶ ἐν πνεύματι καὶ ἀληθείᾳ· El camino que Cristo abre en la respuesta es, como toda Su enseñanza, conciso y concreto. La adoración de un *adorador verdadero*, ha de ser hecha en *espíritu y en verdad*. Es necesario aproximarse a la frase con detalle.

οἱ ἀληθινοὶ προσκυνηταὶ. Primeramente debe observarse que si existen *adoradores verdaderos*, hay también quienes no lo son. Juan usa con frecuencia el adjetivo calificativo para referirse a cosas auténticas, así hablará del *verdadero pan* (6:32), y de la *verdadera vid* (15:1). El uso del plural *adoradores*, traslada la limitación a la universalidad. Los judíos se consideraban como los únicos que podían adorar convenientemente, haciéndolo desde el lugar del santuario en Jerusalén, esto excluía a los samaritanos que por su parte entendían lo mismo en sentido contrario. Dios está llamando adoradores sin límites sociales o nacionales. Ya no se trata de herencia biológica, ni de formas religiosas, sino de condición personal delante de Dios. La adoración implica no solo a judíos y samaritanos, sino a todos los creyentes en cualquier lugar que desean adorar a Dios. Los adoradores *verdaderos*, se diferencian de los *religiosos*, que estos buscan adorar según las *formas externas* que la religión establece para adorar. Sin embargo, el secreto de la auténtica adoración que es el corazón, esto es, la intimidad del individuo delante de Dios, puede estar lejos de Aquel a quien adoran según formas externas. Es el gran reproche de Dios a Su pueblo por medio del profeta: *"Este pueblo se acerca a mí con su boca, y con sus labios me honra, pero su corazón está lejos de mi, y su temor de mí no es más que un mandamiento de hombres que les ha sido enseñado"* (Is. 29:13). Por esa razón tiene que decirles también: *"el incienso me es abominación... vuestras fiestas solemnes las tiene aborrecidas mi alma"* (Is. 1:13-14). Aparentemente todo estaba haciéndose conforme a lo legislado, pero la clave de la adoración no estaba en las formas sino en el corazón del adorador, por tanto no eran *verdaderos*, sino *falsos* adoradores.

προσκυνήσουσιν τῷ Πατρὶ. La segunda apreciación complementa a esa primera, el *verdadero* adorador adora *al Padre*. El sentido es que la adoración ha de ser dirigida al verdadero Dios. Sin duda el término *Padre*, como se ha considerado antes, es una referencia directa a quien es el Padre de nuestro Señor Jesucristo, y también Padre de todos los creyentes en Él. Es el Dios único que la Escritura presenta y del que se ha revelado en Jesús. Jesús respondió a Satanás, en una de las tentaciones, que el hombre adorará sólo al Señor Dios y ha de servirle (Mt. 4:10). ¿Sólo debe adorarse al Padre? ¿Es posible adorar a las otras tres Personas Divinas? Sin duda, ya que la adoración se dirige únicamente al Dios verdadero y cada una de las Personas Divinas, es Dios verdadero, con subsistencia en el Ser Divino. Sin embargo se aprecia que en el orden bíblico la adoración se dirige al Padre, en el nombre del Hijo y en el poder del Espíritu.

ἐν πνεύματι. Los adoradores verdaderos adoran a Dios *en espíritu* y *en verdad*. Surge aquí la necesidad de identificar que *espíritu* y que *verdad* son los que Jesús menciona aquí. Sin duda la referencia debe entenderse en relación con el *espíritu* del adorador y con la *verdad*, equivalente a la *sinceridad* en esa adoración. Sin embargo, el espíritu del hombre regenerado, que es el verdadero adorador, actúa bajo la acción y control del Espíritu Santo que la ha sido dado en el momento de la fe (1:33). Estos adoradores nacidos del Espíritu, son *espirituales* y su espíritu, controlado, orientado y conducido por el Espíritu Santo residente, conduce a una adoración *espiritual* y no *material*, que también es sinónimo de *carnal*. El Espíritu Santo es el que hace nacer en el corazón cristiano el grito jubiloso por el que reconoce y se dirige al Padre: *"¡Abba! ¡Padre!"* (Ro. 8:15). Eso convierte también el culto en *racional*, cuando es llevado a cabo por el adorador que se entrega en sacrificio vivo (Ro. 12:1). Por tanto, adorar en *espíritu* es la disposición del *espíritu humano*, regenerado y conducido por el Espíritu Santo, para una adoración personal y espiritual alejada de la superficialidad y exteriorización propias del ejercicio religioso en sí mismo. La verdadera adoración se hace en sujeción al Espíritu Santo de Dios que la dirige e impulsa. No se trata, pues, de formas ni de un sistema de culto, sino de la acción de Dios que produce en el creyente *"el querer y el hacer, por su buena voluntad"* (Fil. 2:13). Un culto de formas solo adora al hombre, pero no a Dios. La sujeción a un sistema religioso, no importa cual sea, considerando que es *la forma* de adorar y que toda otra forma es equivocada o no aceptable para Dios, conduce al orgullo del adorador que, en último caso, se adora a él mismo, o al sistema religioso en que está incurso. Adorar en espíritu es hacerlo desde el corazón, en contraste con las observancias externas de las ceremonias religiosas.

καὶ ἀληθείᾳ. La segunda condición para una adoración correcta es hacerla en *verdad*. Los dos sustantivos *espíritu* y *verdad* están unidos por la misma conjunción copulativa, que los vincula entre sí. De modo que no puede adorarse en *espíritu* si no se adora también en *verdad*. Los judíos entendían que la adoración de ellos era la única correcta porque la hacían conforme a lo que Dios había establecido en la Ley, que para ellos era la verdad divina revelada en la Escritura. Sin embargo, la utilización de las formas establecidas y sujetarse a lo externo y literal de la letra, convierten en nula la relación personal del adorador con Dios. Ya que los dos elementos de la oración *espíritu y verdad* están vinculados, tiene que existir una relación entre ellos. Si el espíritu del adorador queda impulsado a la adoración por el Espíritu Santo, igualmente se llama al Espíritu Santo, *Espíritu de verdad* (14:26; 16:13). Sin embargo, Jesús afirma de sí mismo que Él es *la verdad* (14:6). ¿Cuál debe ser el sentido que se le de aquí? Primeramente es el Espíritu el que *guía a toda la verdad*. Pero también apunta al secreto de esta conducción que, guiándonos a toda verdad, hace de nosotros adoradores verdaderos: *"porque no hablará por su propia cuenta, sino que hablará todo lo que oyere"*, ahora bien, el secreto de esta conducción está en que el Espíritu glorifica a Jesús: *"El me glorificará; porque tomará de lo mío, y os lo hará saber"* (16:14). La adoración espiritual se mueve también dentro de la verdad que en Cristo es la verdad infinita y absoluta, pero que como Verdad encarnada, se identifica con la verdad escrita que es la Palabra. El adorador tiene que hacerlo en unidad con el Espíritu y en plena comunión con Cristo. No puede considerarse como adorador conforme al pensamiento divino a quien no se ajusta en su conducta con quien es la verdad, esto es, Jesús. La vida cristiana no consiste en *hablar* de Cristo, sino en *vivir* a Cristo (Fil. 1:21). Hay pocos adoradores que adoran de este modo. La puerta de la salvación y de la adoración es estrecha. Debe llegarse a una conclusión, a la luz de esta enseñanza: La adoración se rinde a Dios, bajo el poder del Espíritu y en plena comunión con el Hijo.

καὶ γὰρ ὁ πατὴρ τοιούτους ζητεῖ τοὺς προσκυνοῦντας αὐτόν. Cansado ya de adoradores que no se sujetan al propósito divino de adorar con la vida y no con las formas, el Padre, está buscando ahora un pueblo de adoradores nuevos. Esto es, el Padre se presenta como yendo en pos de adoradores, que es una doctrina extendida en el *Evangelio* (3:16; 6:44; 15:16). Si la adoración ha de ser hecha bajo el impulso del Espíritu, que la convierte en espiritual y en comunión con Cristo, que la hace verdadera, no cabe duda que sólo es posible en el hombre regenerado por el Espíritu Santo. Ningún otro puede ser *espiritual*, ni cualquier pecador puede, a causa del pecado establecido en su propia naturaleza, estar en comunión con la verdad, que es Cristo. Pero, el hombre natural no busca a Dios, ni lo ha buscado nunca y, es más, no tiene intención alguna de hacerlo. Desde el momento en que el pecado afectó al hombre, éste se ha alejado y escondido de Dios. Lo primero que hizo Adán luego de su caída fue precisamente eso (Gn. 3:8), que exigió que Dios tomase la iniciativa para buscar el hombre. Más adelante es Isaías quien dice que todo camino que sigue el hombre le aleja de Dios (Is. 53:6). La misma verdad es expresada por Pablo, que usando un texto de los Salmos, dice: *"No hay justo, ni aun uno; no hay quien entienda, no hay quien busque a Dios"* (Ro. 3:10-11). Por esa razón, porque el hombre no quiere buscar a Dios, es Dios quien envió a su Hijo para que viniese al mundo a buscar y salvar lo que estaba perdido (Lc. 19:10). El Padre es quien llama al hombre a salvación y lo conduce por el Espíritu a Cristo, el único Salvador de los pecadores. Por esa razón Jesús dice aquí que el Padre está buscando adoradores que le adoren. Nótese que sólo considera adoradores a quienes lo hagan en *espíritu y en verdad*. Dios aporta en gracia cuanto es necesario para el hombre, a éste le sitúa en la responsabilidad de aceptar lo que Le ofrece. Nuevamente es preciso recalcar que la salvación es enteramente de Dios, y que la responsabilidad es enteramente del hombre.

24. Dios es Espíritu; y los que le adoran, en espíritu y en verdad es necesario que adoren.

Πνεῦμα ὁ Θεός, καὶ τοὺς προσκυνοῦντας αὐτὸν[1] ἐν πνεύματι
Espíritu - Dios, y los que adoran le en espíritu
καὶ ἀληθείᾳ δεῖ προσκυνεῖν.
y verdad deben adorar.

Notas y análisis del texto griego.

Continúa con Πνεῦμα, caso nominativo neutro singular del nombre divino *Espíritu*; ὁ, caso nominativo masculino singular del artículo determinado *el*; Θεός, caso nominativo masculino singular del nombre divino *Dios*; καὶ, conjunción copulativa *y*; τοὺς, caso acusativo masculino plural del artículo determinado *los*; προσκυνοῦντας, caso acusativo masculino plural del participio de presente en voz activa del verbo προσκυνέω, *adorar*, aquí *que adoran*; αὐτὸν, caso acusativo masculino de la tercera persona singular del pronombre personal declinado *a Él, le*; ἐν, preposición propia de dativo *en*; πνεύματι, caso dativo neutro singular del nombre común *espíritu*; καὶ, conjunción copulativa *y*; ἀληθείᾳ, caso dativo femenino singular del nombre común *verdad*; δεῖ, tercera persona singular del presente de indicativo en voz activa del verbo δεῖ, *debe ser, es necesario, debe*, aquí *deben*; προσκυνεῖν, presente de infinitivo en voz activa del verbo προσκυνέω, *adorar*.

Notas y análisis del texto griego.

[1] αὐτὸν, *a él, le*, lectura atestiguada en $\mathfrak{p}^{66, 75}$, $\aleph^2$, A, B, C, D, K, K, N, W, Γ, Δ, Θ, Ψ, 086, $f^{1, 13}$, 33, 565, 579, 700, 892, 1241, 1424, 844, 𝔐, lat, sir.

Se omite αὐτὸν, en ℵ*, D*, ff^2.

Πνεῦμα ὁ Θεός, Jesús hace una referencia a la esencia divina del Padre, que es Espíritu. En el Antiguo Testamento se define a Dios por Su santidad, al decir que Él es santísimo en la forma en que se establece el superlativo repitiendo tres veces el adjetivo *santo* (Is. 6: 3). El Nuevo Testamento da tres breves definiciones de Él, las tres en los escritos de Juan. Es Espíritu; es luz (1 Jn. 1:5); es amor (1 Jn. 4:8, 16). De ahí que debe ser también espiritual la relación del hombre adorador con Él, que es adorado. La construcción gramatical exige en castellano añadir el verbo implícito *ser*, ya que en el texto griego se lee literalmente *Espíritu Dios*. La conclusión a que se llega es que los adoradores se definen por la condición de su adoración, y no por el lugar desde donde adoran, o por la forma en que lo hacen. A causa de la espiritualidad de la naturaleza divina, así también se demanda la espiritualidad del adorador en el culto divino. Quien no adora en espíritu no está presentando una adoración que sea aceptable a quien siendo Dios es Espíritu infinito. Al observar la definición, se aprecian tres grandes verdades en ella: La primera es que Dios es un Ser incorpóreo, porque es Espíritu. Tan solo la segunda Persona en el Ser Divino, se ha revestido de humanidad por la encarnación; la segunda es que el Padre a quien se adora es un Ser personal. No se trata de que el Ser Divino sea *una persona*, pero sí que es personal, en cuanto a que se personaliza en tres Personas, y se acerca a la creatura en forma personal; en tercer lugar siendo Espíritu, es infinito, esto es, ningún lugar, ni el Universo entero lo puede abarcar, pero, su infinitud hace posible que se le pueda hallar y adorar en cualquier lugar (cf. 1 R. 8:27 ss.; Sal. 139:7 ss; Hch. 17:24 ss.).

καὶ τοὺς προσκυνοῦντας αὐτὸν ἐν πνεύματι καὶ ἀληθείᾳ δεῖ προσκυνεῖν. La conclusión es natural. Si Dios es Espíritu, los que adoran tienen que hacerlo en *espíritu*, movidos por el Espíritu Santo, si ésta ha de ser conforme al Ser de Dios. La condición para los adoradores se establece en una forma definitiva, al usar el verbo δεῖ, *es necesario*. Quiere decir que no cabe otra forma, ni otro tipo de adoración. La necesidad no era el lugar al que la samaritana se refería, sino la condición personal del adorador que es buscado por el Padre. Como escribe el Dr. Barret:

"*¡Dios es Espíritu! Eso significa, de una vez por todas, que Él está aquí, presente, esperándonos; pero no sólo nos espera, sino que se lanza hacia nosotros con los brazos abiertos, como el padre del hijo pródigo salió corriendo a recibir a su hijo*[13]".

Si Dios es Espíritu, lejos de toda materialidad, no es necesario acudir a una montaña como el Gerizim, ni a un lugar como Jerusalén para adorarle. Los adoradores verdaderos no solo adoran en *espíritu* y en *verdad*, sino que han de hacerlo sólo de esta manera. Aunque realmente es Espíritu infinito y, por tanto, puede adorársele en cualquier lugar, lo que está remarcando es que el hombre, por sí mismo, no puede adorarlo en *espíritu y en verdad*, a no ser que, por el nuevo nacimiento el Espíritu esté inhabitando al creyente. Con todo debiera tenerse en cuenta que Dios recibe la adoración y se goza en ella, por el lugar

[13] Chares Kigsley Barret, o.c., pág. 359.

posicional en que se encuentra el creyente, en Cristo. El creyente puede adorar a Dios en el lugar en donde está presente, esto es, en Aquel que siendo Hijo, es también Verdad encarnada.

25. Le dijo la mujer: Sé que ha de venir el Mesías, llamado el Cristo; cuando él venga nos declarará todas las cosas.

λέγει αὐτῷ ἡ γυνή· οἶδα[1] ὅτι Μεσσίας ἔρχεται ὁ λεγόμενος
Dice le la mujer: Sé que Mesías viene, el que se llama
Χριστός· ὅταν ἔλθῃ ἐκεῖνος, ἀναγγελεῖ ἡμῖν ἅπαντα.
Cristo; cuando venga éste, dará a conocer nos todas las cosas.

Notas y análisis del texto griego.

Sin interrupción en el relato, sigue: λέγει, tercera persona singular del presente de indicativo en voz activa del verbo λέγω, *hablar, decir*, aquí *dice*; αὐτῷ, caso dativo masculino de la tercera persona singular del pronombre personal declinado *a él, le*; ἡ, caso nominativo femenino singular del artículo determinado *la*; γυνή, caso nominativo femenino singular del nombre común *mujer*; οἶδα, primera persona singular del perfecto de indicativo en voz activa del verbo οἶδα, *saber, entender, conocer*, aquí *he sabido, sé*; ὅτι, conjunción *que*; Μεσσίας, caso nominativo masculino singular del nombre propio *Mesías*; ἔρχεται, tercera persona singular del presente de indicativo en voz media del verbo ἔρχομαι, *venir, llegar*, aquí *viene*; ὁ, caso nominativo masculino singular del artículo determinado *el*; λεγόμενος, caso nominativo masculino singular del participio de presente en voz pasiva del verbo λέγω, *hablar, decir, llamar*, aquí *que se llama*; Χριστός, caso nominativo masculino singular del nombre propio *Cristo*; ὅταν, conjunción temporal *cuando*; ἔλθῃ, tercera persona singular del segundo aoristo de subjuntivo en voz activa del verbo ἔρχομαι, *llegar, venir*, aquí *venga*; ἐκεῖνος, caso nominativo masculino singular del pronombre demostrativo *éste*; ἀναγγελεῖ, tercera persona singular del futuro de indicativo en voz activa del verbo ἀναγγέλλω, *anunciar, avisar, dar a conocer*, aquí *dará a conocer*; ἡμῖν, caso dativo de la primera persona plural del pronombre personal declinado *a nosotros, nos*; ἅπαντα, caso acusativo neutro plural del adjetivo *todos*, en sentido de *todas las cosas*.

Crítica Textual. Lecturas alternativas.

[1] οἶδα, *se*, lectura atestiguada en 𝔭$^{66*, 75}$, ℵ*, A, B, C, D, K, W^{s}, Γ, Δ, Θ, Ψ, 086, *f*^{1}, 565, 579, 700, 892, 1424, 𝔐, lat, sir$^{c, p, h}$, pbo, Orígenes^{pt}.

οἴδαμεν, *sabemos*, conforme a 𝔭^{66c}, ℵ^{2}, K, N, *f*^{13}, 33, 1241, 844, 2211, sir, sa, ly, bo. Orígenes^{pt}, Cirilo^{lem}.

λέγει αὐτῷ ἡ γυνή· La mujer interviene nuevamente en la conversación, luego de la enseñanza que Jesús le dio sobre la forma de adorar a Dios. Es un diálogo sintetizado en el que se tratan varios temas, pasando de uno a otro.

οἶδα ὅτι Μεσσίας ἔρχεται ὁ λεγόμενος χριστός· La samaritana esperaba la venida del Mesías. Ella tenía un concepto sobre como sería el conocimiento y la misión reveladora de Él cuando viniese. No está aún reconociendo a Jesús como el Mesías, pero va acercándose a ese reconocimiento. El Señor le había hablado de que venía *una hora*, y que ya había llegado, en relación con la verdadera adoración. Ella va ajustando el pensamiento a que esa hora estaba relacionada y era la de la venida del Mesías. En el pensamiento tanto de judíos como de samaritanos esa venida marcaba el fin de los tiempos y la entrada de la etapa del reino de los cielos. Ella se da cuenta que se trata de una persona excepcional que no podía ser menos que un profeta. Su forma y lo que antecede en Sus palabras, le hace entender que pudiera muy bien ser el Mesías, el Cristo que esperaba.

ὅταν ἔλθῃ ἐκεῖνος, ἀναγγελεῖ ἡμῖν ἅπαντα. Una frase más manifiesta lo que ella, y con ella el pueblo samaritano, esperaba que ocurriese con la llegada del Mesías. Cuando viniese, en una expresión temporal indefinida, les haría conocer *todas las cosas*. Ella estaba sorprendida con Jesús. Le había dicho todo cuanto había hecho, lo que afectaba especialmente su vida moral y la relación no legítima que la relacionaba con un hombre que no era su marido. Pero, también había respondido como nunca nadie había hecho a la pregunta sobre la adoración. El desconocimiento de tantas cosas espirituales le sería aclarado cuando llegase el Cristo, por tanto, si el Mesías les haría saber todas las cosas, tanto las personales, como lo que tenía que ver con el desconocimiento de aspectos relacionados con Dios, entonces la persona de Jesús encajaba en todo lo que esperaban de Aquel que iba a venir. Si esperaba que le diese a conocer *todas las cosas*, quiere decir que el conocimiento sobre la voluntad de Dios era imperfecto o incompleto, especialmente en lo que tenía que ver con el modo de adorarle. El circulo estaba cerrado, y la mente de la samaritana abierta para aceptar la declaración que Jesús va a hacerle inmediatamente en cuanto a su identidad personal.

26. Jesús le dijo: Yo soy, el que habla contigo.

λέγει	αὐτῇ	ὁ	Ἰησοῦς·	ἐγώ	εἰμι,	ὁ	λαλῶν	σοι.
Dice	le	-	Jesús:	Yo	soy,	el	que habla	contigo.

Notas y análisis del texto griego.

Cerrando el párrafo, escribe: λέγει, tercera persona singular del presente de indicativo en voz activa del verbo λέγω, *hablar, decir*, aquí *dice*; αὐτῇ, caso dativo femenino de la tercera persona singular del pronombre personal declinado *a ella, le*; ὁ, caso nominativo masculino singular del artículo determinado *el*; Ἰησοῦς, caso nominativo masculino singular del nombre propio *Jesús*; ἐγώ, caso nominativo de la primera persona singular del pronombre personal *yo*; εἰμι, primera persona singular del presente de indicativo en voz activa del verbo εἰμί, *ser*, aquí *soy*; ὁ, caso nominativo masculino singular del artículo determinado *el*; λαλῶν, caso nominativo masculino singular del participio de presente en voz activa del verbo λαλέω, *hablar, decir*, aquí *que habla*; σοι, caso dativo de la segunda persona singular del pronombre personal declinado *contigo*.

λέγει αὐτῇ ὁ Ἰησοῦς· ἐγώ εἰμι, ὁ λαλῶν σοι. A lo que la mujer dijo a Jesús sobre su esperanza mesiánica, responde Él afirmando ser Aquel que esperaban. La frase es breve y precisa: *"Yo, el que habla contigo, soy el Mesías"*. Algunos atribuyen a ese *yo soy*, una manifestación de la deidad de Cristo, pero no es momento, según el desarrollo del *Evangelio* para hacerlo, será más adelante cuando se produzca el testimonio de los samaritanos reconociéndole como el Mesías (v. 42). Sin embargo el reconocimiento de la Deidad de Jesucristo exige todavía un tramo mayor de Su ministerio. Los discípulos lo reconocerán próximo al último viaje a Jerusalén donde sería crucificado.

Es sorprendente que Jesús se revela como Mesías a una mujer, y no a todos los grandes de Israel. Realmente éstos negaban Su condición mesiánica acusándole de mentiroso y justificando los milagros que hacía ante el pueblo como el resultado de una relación con el príncipe de los demonios. Eran ciegos, y guías de ciegos. La arrogancia y el orgullo formaban parte de su condición natural. La envidia corroía sus almas. No les eran suficientes las señales que hacía, sino que pedían un portento tal que no hubiese duda de que procedía del cielo y era el enviado de Dios. Si Jesús lo hubiese hecho, seguirían tan incrédulos y buscarían la fórmula para que no fuese reconocido como el Hijo de Dios. Esta es, lamentable y tristemente, la condición de la gran mayoría del pueblo de Israel desde su salida de Egipto. Pueblo rebelde, duro de cerviz e incircunciso de corazón. En esta ocasión, la lógica, como en todo lo que tiene que ver con Dios, no cuenta. Jesús habló con Nicodemo de la salvación y con una mujer samaritana de la adoración a Dios. ¿Cuál fue la razón de esta manifestación ante la samaritana y el silencio en otros lugares? Dios tiene Sus propósitos y sólo Él tiene la respuesta en esto. Con todo, es evidente que Jesús honraba con esta declaración a una mujer que era pecadora y, posiblemente, fuese ignorada voluntariamente por muchos, e incluso, despreciada también. La mujer no había presenciado ninguna señal milagrosa que era la forma general por la que muchos creían en Él. Dios iluminaba el corazón de ella para salvación, no desde aspectos exteriores, sino brillando en ella para revelación de Jesucristo. A pesar de su vida estaba mejor preparada y dispuesta que otros para creer en Jesús. Cristo es más que la respuesta de interés a una contienda entre judíos y samaritanos, es la acción y entrega de Dios para solucionar el problema del pecado del hombre. No es tanto la afirmación a la grandeza de Jesús, el Mesías esperado y enviado, sino la invitación de Dios al hombre que debe ser tomada o rechazada, con la consecuencia de vida o de condenación.

Testimonio de la samaritana (4:27-30).

27. En esto vinieron sus discípulos, y se maravillaron de que hablaba con una mujer; sin embargo, ninguno dijo: ¿Qué preguntas? o ¿Qué hablas con ella?

Καὶ ἐπὶ τούτῳ ἦλθαν οἱ μαθηταὶ αὐτοῦ καὶ ἐθαύμαζον ὅτι
Y en esto vinieron los discípulos de Él y se admiraban que
μετὰ γυναικὸς ἐλάλει· οὐδεὶς μέντοι εἶπεν· τί ζητεῖς ἤ τί
con mujer hablaba; nadie sin embargo decía: ¿Qué buscas o qué
λαλεῖς μετ' αὐτῆς
hablas con ella.

Notas y análisis del texto griego.

En el lugar aparecen los discípulos: Καὶ, conjunción copulativa *y*; ἐπὶ, preposición propia de dativo *en*; τούτῳ, caso dativo neutro singular del pronombre demostrativo *esto*; ἦλθαν, tercera persona plural del aoristo segundo de indicativo en voz activa del verbo ἔρχομαι, *llegar, venir*, aquí *vinieron*; οἱ, caso nominativo masculino plural del artículo determinado *los*; μαθηταὶ, caso nominativo masculino plural del nombre común *discípulos*; αὐτοῦ, caso genitivo masculino de la tercera persona singular del pronombre personal declinado *de Él*; καὶ, conjunción copulativa *y*; ἐθαύμαζον, tercera persona singular del imperfecto de indicativo en voz activa del verbo θαυμάζω, *admirarse, asombrarse*, aquí *se admiraban*; ὅτι, conjunción *que*; μετὰ, preposición propia de genitivo *con*; γυναικὸς, caso genitivo femenino singular del nombre común *mujer*; ἐλάλει, tercera persona singular del imperfecto de indicativo en voz activa del verbo λαλέω, *hablar*, aquí *hablaba*; οὐδεὶς, caso nominativo masculino singular del pronombre indefinido *nadie, ninguno*; μέντοι, partícula compuesta de μέν, partícula afirmativa y τοί adverbio de afirmación enclítico, hace funciones de adverbio de afirmación *ciertamente, en verdad, realmente, sin embargo*; εἶπεν, tercera persona singular del aoristo segundo de indicativo en voz activa del verbo λέγω, *hablar, decir*, aquí *dijo*; τί, caso acusativo neutro singular del pronombre interrogativo *qué*; ζητεῖς, tercera persona singular del presente de indicativo en voz activa del verbo ζετέω, *buscar, intentar, querer, pedir*, aquí *buscas*; ἤ, conjunción disyuntiva *o*; τί, caso acusativo neutro singular del pronombre interrogativo *qué*; λαλεῖς, segunda persona singular del presente de indicativo en voz activa del verbo λαλέω, *hablar, decir*, aquí *hablas*; μετ', forma escrita de la preposición de genitivo μετά, por elisión ante vocal con espíritu suave, que significa *con*; αὐτῆς, caso genitivo femenino singular del pronombre personal *ella*.

Καὶ ἐπὶ τούτῳ ἦλθαν οἱ μαθηταὶ αὐτοῦ καὶ ἐθαύμαζον ὅτι μετὰ γυναικὸς ἐλάλει· Los discípulos habían ido a la ciudad para comprar que comer. Mientras ellos iban se desarrolló la conversación entre Jesús y la samaritana. No había terminado aún cuando regresaron los Doce al lugar donde el Maestro se había quedado. Al llegar al lugar presenciaron como ambos dialogaban. Para el entorno social de entonces se consideraba indecoroso que un rabino hablara con mujeres. Charles K. Barret, traslada la cita de un rabino, escribiendo:

"*José ben Johanan (hacia el año 150 a. C.) dijo: Que tu casa esté abierta de par en par, y que los necesitados sean miembros de tu familia; pero no hables mucho con mujeres. Y eso lo decía con respecto a la propia esposa, ¡cuánto más con respecto a la esposa de su vecino! Por eso, los sabios dijeron: El que habla mucho con mujeres atrae el mal sobre sí mismo y descuida el estudio de la Ley; por eso, acabará por heredar la Gehenna*[14]".

Otro decía: "*Un hombre no estará a solas con una mujer en una posada, ni siquiera con su hermana o su hija, debido a lo que la gente pudiera pensar. Un hombre no hablará a una mujer en la calle, ni siquiera con su propia esposa y, sobre todo con otra mujer, por lo que la gente pudiera pensar*[15]".

Quizá la peor reputación de la actitud rabínica hacia las mujeres era que, aunque para ellos lo mejor era estudiar la Ley, no permitían que se enseñase a las mujeres, ni que éstas la estudiasen. Para los rabinos las mujeres eran inferiores a los hombres en todas las cosas y estaban destinadas a servir al varón.

---

[14] Charles Kingsley Barret, o.c., pág.

[15] SBk, II, p. 438.

Había posiciones aún más extremas en relación con conversar o instruir a las mujeres. Cristo rompió totalmente el esquema sociocultural de su tiempo. Las mujeres estuvieron presentes en Su ministerio y algunas proveían de los recursos económicos necesarios para llevarlo a cabo. Sin embargo los discípulos, acostumbrados al entorno en que habían sido enseñados, se asombraron al ver que el Maestro hablaba con una mujer.

οὐδεὶς μέντοι εἶπεν· τί ζητεῖς ἤ τί λαλεῖς μετ' αὐτῆς. Aunque sorprendidos, no se atrevían a preguntar a Jesús por qué hablaba con una mujer. En la frase se aprecia claramente que las preguntas hubieran tenido que ver con lo que estaba haciendo, buscando una respuesta sobre *"¿qué le preguntas?"*, o incluso más precisa, *"¿qué hablas con ella?"*. El Maestro gozaba de la confianza de los discípulos. Cada día estaban más asombrados de Sus enseñanzas y de Sus señales, por consiguiente, se conformaban en pensar que aunque aquello no fuese bien visto de las gentes, Él sabría por que causa se permitía hacerlo, de ahí el silencio aunque no la sorpresa. Usando un juego de palabras, escribe Hendriksen:

"...ninguno dijo: ¿Qué deseas de ella? La contestación, de haberse dado, hubiera sido: Que me dé agua. Ni tampoco le preguntaron: ¿Por qué hablas con ella? Pues la respuesta hubiera sido: para darle agua viva[16]*"*

El silencio de los discípulos es una evidente señal de respeto hacia el Maestro.

28. Entonces la mujer dejó su cántaro, y fue a la ciudad, y dijo a los hombres.

ἀφῆκεν οὖν τὴν ὑδρίαν αὐτῆς ἡ γυνὴ καὶ ἀπῆλθεν εἰς τὴν
Dejó entonces el cántaro de ella la mujer y marchó a la
πόλιν καὶ λέγει τοῖς ἀνθρώποις·
ciudad y dijo a los hombres.

Notas y análisis del texto griego.

Narrando los acontecimientos, escribe: ἀφῆκεν, tercera persona singular del aoristo primero de indicativo en voz activa del verbo ἀφίημι, *dejar, abandonar*, aquí *dejó*; οὖν, conjunción ilativa *entonces*; τὴν, caso acusativo femenino singular del artículo determinado *la*; ὑδρίαν, caso acusativo

[16] G. Hendriksen. o.c., pág. 183.

femenino singular del nombre común *vasija, cántaro*; αὐτῆς, caso genitivo femenino de la tercera persona singular del pronombre personal declinado *de ella*; ἡ, caso nominativo femenino singular del artículo determinado *la*; γυνὴ, caso nominativo femenino singular del nombre común *mujer*; καὶ, conjunción copulativa *y*; ἀπῆλθεν, tercera persona singular del segundo aoristo de indicativo en voz activa del verbo ἀπέρχομαι, *ir, irse, desaparecer, marcharse*, aquí *marchó*; εἰς, preposición propia de acusativo *a*; τὴν, caso acusativo femenino singular del artículo determinado *la*; πόλιν, caso acusativo femenino singular del nombre común *ciudad*; καὶ, conjunción copulativa *y*; λέγει, tercera persona singular del presente de indicativo en voz activa del verbo λέγω, *hablar, decir*, aquí *dijo*; τοῖς, caso dativo masculino plural del artículo determinado declinado *a los*; ἀνθρώποις, caso dativo masculino plural del nombre común *hombres, pesonas*.

ἀφῆκεν οὖν τὴν ὑδρίαν αὐτῆς ἡ γυνὴ καὶ ἀπῆλθεν εἰς τὴν πόλιν. La mujer dejó allí la vasija, el cántaro, que había traído desde su casa al pozo de Jacob para recoger el agua que necesitaba. Era para ella un bien preciado, sobre todo para este menester. Sin embargo, otro interés mayor la motivaba ahora. Dejó el cántaro para ir a la ciudad, sin duda con mayor rapidez. Algunos tratan de presentar ese cántaro dejado, como un olvido de la mujer, que por precipitación de salir del lugar e ir a la ciudad descuidó inadvertidamente el cántaro. Sin embargo el verbo que aparece en la oración no es *olvidar*, sino *dejar*, que indica una acción voluntaria de la mujer. Cuando se lee sin prejuicio el pasaje, se aprecia que, con toda seguridad ella había venido al pozo y había sacado agua, de manera que cuando el cántaro estaba lleno Jesús le pidió que le diese de beber. Aquello y la conversación sobre la adoración le hizo entender que no se trata de separaciones históricas o tradicionales, y mucho menos de contaminación ceremonial por el uso de los mismos vasos, entre judíos y samaritanos, por la adoración, esto es la comunión con Dios, no se establece en principios religiosos, ni en lugares de culto, sino en una posición espiritual del adorador. Seguramente que dejó el cántaro junto al pozo para que tanto Jesús como los discípulos pudiesen beber si lo precisaban. Más tarde volvería a recuperar el cántaro para usarlo cada día en recoger el agua del pozo que necesitaba.

καὶ λέγει τοῖς ἀνθρώποις· Jesús le había dicho directamente que Él era el Mesías. Este era un mensaje importante que debía ser conocido por todos en la ciudad. Todos lo esperaban pero solo ella sabía quien era. Ese motivo era suficiente para que la mujer volviese precipitadamente a la ciudad y diese testimonio a los hombres, esto es, a las personas que vivían con ella en la población. Lo importante no era el cántaro sino el mensaje que tenía que dar.

29. Venid, ved a un hombre que me ha dicho todo cuanto he hecho. ¿No será éste el Cristo?

δεῦτε ἴδετε ἄνθρωπον ὃς εἶπεν μοι πάντα ὅσα[1] ἐποίησα, μήτι
Venid, ved a hombre que dijo me todo cuanto hice, ¿Acaso
οὗτος ἐστιν ὁ Χριστός
éste será el Cristo?

Notas y análisis del texto griego.

En la ciudad la mujer dijo: δεῦτε, adverbio, que aparece casi siempre como una partícula de invitación o aliento, y va seguida de un imperativo o un aoristo de subjuntivo, *¡Venid!, ¡vamos!*; ἴδετε, segunda persona plural del aoristo segundo de imperativo en voz activa del verbo ὁράω, *ver, mirar, notar, observar*, aquí *ved*; ἄνθρωπον, caso acusativo masculino singular del nombre común declinado *a hombre*; ὃς, caso nominativo masculino singular del pronombre relativo *él cual, él que, que*; εἶπεν, tercera persona singular del aoristo segundo de indicativo en voz activa del verbo εἶπον, usado como tiempo aoristo de λέγω, *hablar, decir*, aquí *dijo*; μοι, caso dativo de la primera persona singular del pronombre personal declinado *a mí, me*; πάντα, caso acusativo neutro plural del adjetivo indefinido *todos*, en sentido de *todas las cosas*; ὅσα, caso acusativo neutro plural del pronombre relativo *cuanto, lo que*; ἐποίησα, primera persona singular del aoristo primero de indicativo en voz activa del verbo ποιέω, *hacer, realizar, cometer*, aquí *hice*; μήτι, partícula interrogativa que inicia preguntas que exigen siempre una respuesta negativa o también en las que la respuesta es incierta, como en este caso, donde debe traducirse como *acaso, no*; οὗτος, caso nominativo masculino singular del pronombre demostrativo *este*; ἐστιν, tercera persona singular del presente de indicativo en voz activa del verbo εἰμί, *ser*, aquí *es*; ὁ, caso nominativo masculino singular del artículo determinado *el*; Χριστός, caso nominativo masculino singular del nombre propio *Cristo*.

Crítica Textual. Lecturas alternativas.

[1] ὅσα, *cuanto*, lectura atestiguada en $\mathfrak{p}^{66, 75}$, A, C, D, K, K, N, W^{s}, Γ, Δ, Θ, Ψ, 086, $f^{1, 13}$, 33, 565, 700, 892, 1241, 1424, 844, 2211, 𝔐, lat, sy^{h}, Orígenes^{pt}.
ἅ, *que*, según ℵ, B, C*, Orígenes^{pt}.

δεῦτε ἴδετε ἄνθρωπον ὃς εἶπεν μοι πάντα ὅσα ἐποίησα, La samaritana, impactada por la conversación con Jesús, reclama la atención de todos en la ciudad, para que con ella fuesen a ver a *un hombre*, que le había dicho todo cuanto ella hizo. Sin duda se estaba refiriendo a lo que Juan sintetiza sobre la vida conyugal de aquella mujer, si puede llamarse de ese modo. Esto podría muy bien incluir la adoración que ella practicó como culto a Dios en el monte Gerizim. La conversación con Jesús no pudo ser muy breve, puesto que ocupó el tiempo en que los discípulos habían ido a la ciudad para comprar alimentos. El pozo estaba a unos ocho minutos de la población, de modo que fue un tiempo amplio en el que conversaron de los temas que están sintetizados en el pasaje.

Las palabras de la samaritana a sus conciudadanos: *Venid y ved*, son muy similares a las que Felipe dijo a Natanael sobre Jesús, a quien consideraba como el Mesías (1:46). La mujer que conoce al Mesías se convierte inmediatamente en misionera anunciándolo a los demás. No les habla de teología o de la doctrina sobre la adoración, sino que expone ante ellos un testimonio personal, de alguien que la había dicho cuanto ella guardaba celosamente del conocimiento general. Era el impacto que Jesús había hecho en su vida lo que estaba comunicando. Algo semejante al ministerio que Jesús encomendó al gadareno liberado del control diabólico que se había posesionado de su vida: *"Vete a tu casa, a los tuyos, y cuéntales cuán grandes cosas el Señor ha hecho contigo, y como ha tenido misericordia de ti"* (Mr. 5:19). El mensaje del evangelio que proclama a Jesús como Salvador, no puede limitarse a una expresión oral, debe ir acompañado del testimonio personal de quién lo comunica. Aquella mujer llama a la gente para que acudan a ver a quien había hecho impacto en su vida. No se trata de argumentar para convencer a todos de que atiendan la invitación que les hace y vayan a ver a Jesús, es simplemente un reclamo para que hagan lo más sencillo, que *vayan y vean* de modo que se convenzan por ellos mismos verificando lo que les dice.

μήτι οὗτος ἐστιν ὁ Χριστός. Lo que interesa a ella es que sus conciudadanos disciernan si Jesús era el Mesías que esperaban. No les impone su convicción, quiere que ellos mismos lo verifiquen. Sin duda estaba segura que todos descubrirían en Él al Mesías esperado. La pregunta despierta en ellos interés por conocer a la persona de la que se les estaba hablando. La gente tenía una pregunta importante que convenía responder: *¿Sería realmente el Cristo?*

30. Entonces salieron de la ciudad, y vinieron a él.

ἐξῆλθον ἐκ τῆς πόλεως καὶ ἤρχοντο πρὸς αὐτόν.
Salieron de la ciudad y venían a Él

Notas y análisis del texto griego.

Cerrando el párrafo, escribe: ἐξῆλθον, tercera persona plural del aoristo segundo de indicativo en voz activa del verbo ἔρχομαι, *ir, salir*, aquí *salieron*; ἐκ, preposición propia de genitivo *de*; τῆς, caso genitivo femenino singular del artículo determinado *la*; πόλεως, caso genitivo femenino singular del nombre común *ciudad*; καὶ, conjunción copulativa *y*; ἤρχοντο, tercera persona plural del imperfecto de indicativo en voz media del verbo ἔρχομαι, *ir, salir, venir*, aquí *venían*; πρὸς, preposición propia de acusativo *a*; αὐτόν, caso acusativo masculino de la tercera persona singular del pronombre personal *Él*.

ἐξῆλθον ἐκ τῆς πόλεως καὶ ἤρχοντο πρὸς αὐτόν. Los samaritanos abandonaban la ciudad para ir a Jesús. No se trataba de acudir a un lugar, sino a una Persona. No era la curiosidad por alguna cosa, sino por conocer a quien muy bien podría ser el Mesías.

La imagen es muy expresiva. La oración construida con el aoristo del verbo *salir*, aquí *salieron*, referido a los gadarenos, indica una acción definitivamente hecha. Dejaron la ciudad para ir al lugar que la mujer les había dicho. Pero luego, Juan usa el *imperfecto*, *venían*, que indica una acción que se inició en el pasado pero continuaba. Los habitantes salían de la ciudad y caminaban hacia Jesús. Era como una larga procesión multicolor de personas que avanzaban hacia el pozo de Jacob y que, con toda seguridad se podían ver desde allí. No se dice cuantas personas vinieron, pero sin duda era un grupo considerable. Los discípulos conocían a Jesús desde tiempo atrás, pero sólo trajeron a Él un poco de comida, mientras que una mujer que no lo conocía antes, impactada por Él, trajo una multitud de personas para que lo conociesen como ella lo había conocido. Nadie que venga a Cristo será rechazado por Él. Mientras que los judíos despreciaban a los samaritanos, a los publicanos y a quienes ellos llamaban *pecadores*, Jesús se sentaba con ellos, no para compartir su pecaminosidad, sino para recatarlos de su miseria espiritual predicándoles el evangelio del reino y llamándolos a un cambio de mentalidad en relación con la vida conforme a la voluntad de Dios. Los fariseos procuraban hacer prosélitos a quienes, una vez conseguido su propósito, hacían hijos del infierno mucho más que ellos, mientras que Jesús buscaba a los perdidos, para llamarlos a la fe en Él que les traerá el perdón de pecados y la vida eterna.

Enseñanza a los discípulos (4:31-38).

31. Entre tanto, los discípulos le rogaban, diciendo: Rabí, come.

Ἐν τῷ μεταξὺ[1] ἠρώτων αὐτὸν οἱ μαθηταὶ λέγοντες· ῥαββί,
Entre tanto rogaban le los discípulos diciendo: Rabí,
φάγε.
come.

Notas y análisis del texto griego.

Continúa el relato con ᾿Εν, preposición propia de dativo *en*; τῷ, caso dativo neutro singular del artículo determinado *el*; μεταξὺ, adverbio de tiempo *entre tanto*; ἠρώτων, tercera persona plural del imperfecto de indicativo en voz activa del verbo ἠροτάω, *requerir, pedir, rogar*, aquí *rogaban*; αὐτὸν, caso acusativo masculino singular del pronombre personal declinado *a él*; οἱ, caso nominativo masculino plural del artículo determinado *los*; μαθηταὶ, caso nominativo masculino plural del nombre común *discípulos*; λέγοντες, caso nominativo masculino plural del participio de presente en voz activa del verbo λέγω, *hablar, decir*, aquí *diciendo*; ῥαββί, caso vocativo masculino singular del nombre común *rabí*; φάγε, segunda persona singular del segundo aoristo de imperativo en voz activa del verbo ἐσθίω, *comer*, aquí *come*.

Crítica Textual. Lecturas alternativas.

[1]᾿Εν τῷ μεταξὺ, *en el intervalo* o *entre tanto*, según lectura en 𝔭[66], ℵ, B, C, D, K, Ψ, 844, 2211, lat, sa[mss].

᾿Εν δὲ μεταξὺ, *y en el intervalo*, de acuerdo con 𝔭[75], A, C[3], K, N, Γ, Δ, Θ, 086, *f*[1,13], 33, 565, 579, 700, 892, 1241, 1424, 𝔐, sir[h], sa[ms], ly.

καὶ ἐν καὶ μεταξυ, *y en el intérvalo*, según W[s].

᾿Εν τῷ μεταξὺ ἠρώτων αὐτὸν οἱ μαθηταὶ λέγοντες· ῥαββί, φάγε. La escena tiene lugar en el intervalo entre la partida de la mujer y la visita de los samaritanos, como se aprecia por el uso del adverbio μεταξυ, *entre tanto*. La necesidad personal de los discípulos condiciona su visión. Jesús había quedado en el pozo, encontrándolo ellos hablando con una mujer, que ya se había marchado. Por tanto, no había necesidad alguna de detenerse más tiempo para comer. El Maestro pareciera que no tuviese prisa por la comida, pero, ellos querían comer, por tanto, piden a Jesús que coma, posiblemente para poder hacerlo ellos también. Una gran diferencia se aprecia en el relato: Jesús pidió de beber a la samaritana, ahora son los discípulos que le piden a Él que coma. El imperfecto del verbo ἐσθίω, expresa la idea de una acción iniciada en el pasado pero que continuaba, de modo que los discípulos insistían continuamente en que el Señor comiese. Sin embargo, la petición que ellos hacían eran natural, puesto que habían ido a la ciudad a comprar comida, era propio que conseguida esta, se disfrutara de ella comiendo.

32. Él les dijo: Yo tengo una comida que comer, que vosotros no sabéis.

ὁ δὲ εἶπεν αὐτοῖς· ἐγὼ βρῶσιν ἔχω φαγεῖν ἣν ὑμεῖς οὐκ
Y Él dijo les: Yo alimento tengo que comer que vosotros no
οἴδατε.
Sabéis.

Notas y análisis del texto griego.

Sigue la respuesta de Jesús: ὁ, caso nominativo masculino singular del artículo determinado *el*; δὲ, partícula conjuntiva que hace las veces de conjunción coordinante, con sentido de *pero, más bien, y, y por cierto, antes bien*; εἶπεν, tercera persona singular del aoristo segundo de indicativo en voz activa del verbo εἶπον, usado como tiempo aoristo de λέγω, *hablar, decir*, aquí *dijo*; αὐτοῖς, caso dativo masculino de la tercera persona plural del pronombre personal declinado *a ellos, les*; ἐγὼ, caso nominativo de la primera persona singular del pronombre personal *yo*; βρῶσιν, caso acusativo femenino singular del nombre común *alimento, comida*; ἔχω, primera persona singular del presente de indicativo en voz activa del verbo ἔχω, *tener, poseer*, aquí *tengo*; φαγεῖν, segundo aoristo de infinitivo en voz activa del verbo ἐσθίω, *comer*, aquí *que comer*; ἣν, caso acusativo femenino singular del pronombre relativo *que*; ὑμεῖς, caso nominativo de la segunda persona plural del pronombre personal *vosotros*; οὐκ, forma escrita del adverbio de negación *no*, con el grafismo propio ante una vocal con espíritu suave o una enclítica; οἴδατε, segunda persona plural del perfecto de indicativo en voz activa del verbo οἶδα, *saber, conocer*, aquí *sabéis*.

ὁ δὲ εἶπεν αὐτοῖς· ἐγὼ βρῶσιν ἔχω φαγεῖν ἣν ὑμεῖς οὐκ οἴδατε. Sin duda las palabras de Jesús tuvieron un sentido literal para los asombrados discípulos. Les hablaba de una comida que ellos no conocían, pero que, contra el pensamiento de aquellos discípulos, no era de procedencia humana, sino divina. Esa era la comida que anhelaba y lo único que realmente le satisfacía. Esa comida no podía satisfacer a quienes estaban lejos del propósito de Dios, pero era la única que podía satisfacer a quien había sido enviado por Él para llevar a cabo la misión. No era una comida material transitoria, sino espiritual y eterna. No se trataba de bienes materiales que satisfacen el hambre física, sino de almas que satisfacen el trabajo espiritual del que había sido enviado para ser el Salvador del mundo. Esta confusión de los discípulos sobre la comida a la que el Señor se refería, va a permitirle dar una importante lección que aquellos hombres debían aprender.

33. Entonces los discípulos decían unos a otros: ¿Le habrá traído alguien de comer?

ἔλεγον οὖν οἱ μαθηταὶ πρὸς ἀλλήλους· μή τις ἤνεγκεν
Decían entonces los discípulos unos a otros: ¿No alguien trajo
αὐτῷ φαγεῖν
le de comer?

Notas y análisis del texto griego.

ἔλεγον, tercera persona plural del imperfecto de indicativo en voz activa del verbo λέγω, *hablar, decir*, aquí *decían*; οὖν, conjunción ilativa *entonces*; οἱ, caso nominativo masculino plural del artículo determinado *los*; μαθηταὶ, caso nominativo masculino plural del nombre común *discípulos*; πρὸς, preposición propia de acusativo *a*; ἀλλήλους, caso acusativo masculino plural del pronombre recíproco, *unos a otros*; μή, partícula que hace funciones de adverbio de negación *no*; τις, caso nominativo masculino singular del pronombre indefinido *alguien, alguno*; ἤνεγκεν, tercera persona singular del aoristo primero de indicativo en voz activa del verbo φέρω, *traer,* aquí *trajo*; αὐτῷ caso dativo masculino de la tercera persona singular del pronombre personal declinado *a Él, le*; φαγεῖν, aoristo segundo de infinitivo en voz activa del verbo ἐσθίω, *comer*.

ἔλεγον οὖν οἱ μαθηταὶ πρὸς ἀλλήλους· μή τις ἤνεγκεν αὐτῷ φαγεῖν. Los discípulos siguen sin entender el alcance de las palabras de Jesús, asumiéndolas literalmente, de modo que si Él tenía una comida que ellos no conocían, quería decir que en su ausencia alguien le había traído que comer. Esto llevaba a que cada uno comentara con el otro sobre la situación. Si había comido es que alguien le había traído algo. Lo que nunca imaginaron es que con Su poder hubiera hecho algún milagro y satisficiese Su necesidad. Sin embargo nunca usó de Su poder sobrenatural para resolver lo que pudiera considerarse como un problema personal. Los discípulos no estuvieron presentes en la conversación con la samaritana, por consiguiente no podían entender espiritualmente las palabras del Maestro.

34. Jesús les dijo: Mi comida es que haga la voluntad del que me envió, y que acabe su obra.

λέγει αὐτοῖς ὁ Ἰησοῦς· ἐμὸν βρῶμά ἐστιν ἵνα ποιήσω[1] τὸ
Dice les - Jesús: Mi comida es que haga la
θέλημα τοῦ πέμψαντός με καὶ τελειώσω αὐτοῦ τὸ ἔργον.
voluntad del que envió me y termine de Él la obra.

Notas y análisis del texto griego.

Juan traslada las palabras de Jesús: λέγει, tercera persona singular del presente de indicativo en voz activa del verbo λέγω, *hablar, decir*, aquí *dice*; αὐτοῖς, caso dativo masculino de la tercera persona plural del pronombre personal declinado *a ellos*, ὁ, caso nominativo masculino singular del artículo determinado *el*; 'Ιησοῦς, caso nominativo masculino singular del nombre propio *Jesús*; ἐμὸν, caso nominativo neutro singular del adjetivo posesivo *mí*; βρῶμα, caso nominativo neutro singular del nombre común *comida, alimento*; ἐστιν, tercera persona singular del presente de indicativo en voz activa del verbo εἰμί, *ser*, aquí *es*; ἵνα, conjunción *que*; ποιήσω, primera persona singular del aoristo primero de subjuntivo en voz activa del verbo ποιέω, *hacer*, aquí *haría*; τὸ, caso acusativo neutro singular del artículo determinado *el*; θέλημα, caso acusativo neutro singular del nombre común *voluntad*; τοῦ, caso genitivo masculino singular del artículo determinado declinado *del*; πέμψαντος, caso genitivo masculino singular del participio de aoristo primero en voz activa del verbo πέμπω, *enviar, mandar*, aquí *que envió*; με, caso acusativo de la primera persona singular del pronombre personal declinado *a mí, me*; καὶ, conjunción copulativa *y*; τελειώσω, primera persona singular del aoristo primero de subjuntivo en voz activa del verbo τελειόω, *completar, cumplir, llevar a término*, aquí *termine*; αὐτοῦ, caso genitivo masculino de la tercera persona singular del pronombre personal declinado *de Él*; τὸ, caso acusativo neutro singular del artículo determinado *el*; ἔργον, caso acusativo neutro singular del nombre común *trabajo, obra*.

Crítica Textual. Lecturas alternativas.

[1] ποιήσω, *haga*, lectura atestiguada en 𝔓$^{66, 75}$, B, C, D, K, K, N, W^{s}, Θ, Ψ, 083, 1, 33, 565, 579, 844, 2211, Clemente.

ποιῶ, *hago*, según se lee en ℵ, A, Γ, Δ, f^{13}, 700, 892, 1241, 1424, 𝔐.

λέγει αὐτοῖς ὁ 'Ιησοῦς· ἐμὸν βρῶμα ἐστιν ἵνα ποιήσω τὸ θέλημα τοῦ πέμψαντος με καὶ τελειώσω αὐτοῦ τὸ ἔργον. Cuando se habla de *comida* se hace referencia a lo más esencial para la preservación de la vida. Es por medio de ella que la dinámica vital se produce. Jesús dice a los discípulos que le invitaban a comer, probablemente de forma insistente, hasta tal punto que ellos llegaban a pensar quien le habría traído de comer, que la comida suya no era material, sino espiritual, consistente en hacer la voluntad de Aquel que le había enviado con la misión que estaba llevando a cabo. Su deseo más imperioso era comer de esa comida espiritual, no en una limitada cantidad sino en plenitud. Los discípulos no habían sido capaces de entender aún a qué se estaba refiriendo, porque el pensamiento de Cristo era celestial, mientras que el de ellos, aún estaba vinculado a las condiciones propias de la vida terrenal. De este mismo modo cada creyente tiene un alimento espiritual que el mundo no puede comprender porque es ajeno e incluso opuesto a él. En las palabras de Jesús se aprecia la condición de *siervo*, en que la profecía lo anunciaba: *"He aquí mi siervo"* (Is. 42:1). Su misión era la de servicio sacrificial que comportaba también el servir como mensajero de buenas nuevas a los hombres. Jesús sentía *necesidad* de obedecer sin reservas a la misión encomendada. Por esa razón dice a los suyos que la comida que Él deseaba era la de hacer la voluntad del que le había enviado y terminar Su obra. De otro modo, lo que los demás hiciesen, no era óbice para que Él llevase a cabo la obra que el Padre le había encomendado. Esa es la razón de la reiteración continuada en el *Evangelio* en donde Jesús dice que Su ministerio era llevar a cabo lo que el Padre había establecido (cf. 5:30; 6:38; 7:18; 8:50: 9:4; 10:37-38; 12:49, 50; 14:31; 15:10: 17:4).

La voluntad del Padre es la salvación de los pecadores (1 Ti. 2:4). Esto exigía la predicación del evangelio, parte de la misión que estaba realizando en Su ministerio terrenal. Enseguida lo haría no sólo con la mujer sino con todos sus conciudadanos que por el testimonio de ella, venían a Él. Si Jesús tenía la determinación de acabar la obra que había recibido, iba a dar testimonio personal de haberlo hecho, cuando dijo en la Cruz *consumado es* (19:30). No se separará un solo instante del cumplimiento de la misión que le había sido encomendada. En la última oración delante de los discípulos dijo al Padre: *"He acabado la obra que me diste que hiciese"* (17:4). La Cruz está ya presente, porque no hay trabajo completo sin la obra redentora que hace posible la salvación del hombre. Hacer la voluntad de Dios no es simplemente aceptarla con gozo, sino trabajar con total entrega para que sea realizada, hasta el cumplimiento. Sin embargo, si la obra es del Padre, también es del Hijo, puesto que todo cuanto es de uno lo es también del otro. Esa obra recibida del Padre, es para Jesús un don que se convierte en Su propio propósito salvador, esa es la razón por la que va a decir: *"No puede el Hijo hacer nada por sí mismo, sino lo que ve hacer al Padre; porque todo lo que el Padre hace, también lo hace el Hijo igualmente. Porque el Padre ama al Hijo, y le muestra todas las cosas que él hace; y mayores obras que éstas le mostrará, de modo que vosotros os maravilléis"* (5:19-20). La obra de la gracia que conlleva el envío del Hijo encarnado al mundo de los hombres, es participativa de las tres Personas Divinas. En ella cada una asume la parte que ejecuta en el programa eternamente establecido, pero, no sólo es el Hijo el que lo ejecuta, sino que cada una de las tres Personas Divinas, tiene una misión en ella que cumple según lo establecido en el Plan de Redención.

35. ¿No decís vosotros: Aún faltan cuatro meses para que llegue la siega? He aquí os digo: Alzad vuestros ojos y mirad los campos, porque ya están blancos para la siega.

Οὐχ ὑμεῖς λέγετε ὅτι ἔτι τετράμηνος ἐστιν καὶ ὁ θερισμὸς
¿No vosotros decís que todavía cuatro meses son y la siega
ἔρχεται ἰδοὺ λέγω ὑμῖν, ἐπάρατε τοὺς ὀφθαλμοὺς ὑμῶν
viene? He aquí digo os, levantad los ojos de vosotros
καὶ θεάσασθε τὰς χώρας ὅτι λευκαί εἰσιν πρὸς θερισμόν. ἤδη
y mirad los campos que blancos están para cosecha. Ya.

Notas y análisis del texto griego:

Continuando con las palabras de Jesús, escribe: οὐχ, forma del adverbio de negación *no*, con el grafismo propio ante vocal con espíritu áspero; ὑμεῖς, caso nominativo de la segunda persona plural del pronombre personal *vosotros*; λέγετε, segunda persona plural del presente de indicativo en voz activa del verbo λέγω, *hablar, decir*, aquí *decís*; ὅτι, conjunción *que*; ἔτι, adverbio de tiempo *todavía*; τετράμηνος, caso nominativo masculino singular del adjetivo *periodo de cuatro meses, cuatrimestre*; ἐστιν, tercera persona singular del presente de indicativo en voz activa del verbo εἰμί, *ser, estar*, aquí *es*; καὶ, conjunción copulativa *y*; ὁ, caso nominativo masculino singular del artículo determinado *el*; θερισμὸς, caso nominativo masculino singular del nombre común *cosecha, recolección, siega*; ἔρχεται, tercera persona singular del presente de indicativo en voz media del verbo ἔρχομαι, *llegar, venir*, aquí *viene*; ἰδοὺ, segunda persona singular del aoristo segundo de imperativo en voz media del verbo ὁράω, en la forma εἶδον, *mirar, mostrar, ver*, con uso adverbial equivale a *he aquí, sucedió que, ved, ahora*, etc. podría traducirse como una expresión de advertencia enfática como *¡Mira!*, incluso podría leerse a modo de interrogación como *y ¿sabéis?*, es en la práctica como una partícula demostrativa, que se usa para animar el discurso avivando la atención del lector, algunos modernos la identifican como interjección; λέγω, primera persona singular del presente de indicativo en voz activa del verbo λέγω, *hablar, decir*, aquí *digo*; ὑμῖν, caso dativo de la segunda persona plural del pronombre personal declinado *a vosotros, os*; ἐπάρατε, segunda persona plural del aoristo primero de imperativo en voz activa del verbo ἐπαίρω, *levantar, alzar, elevar*, aquí *levantad*; τοὺς, caso acusativo masculino plural del artículo determinado *los*; ὀφθαλμοὺς, caso acusativo masculino plural del nombre común *ojos*; ὑμῶν, caso genitivo de la segunda persona plural del pronombre personal declinado *de vosotros, vuestros*; καὶ, conjunción copulativa *y*; θεάσασθε, segunda persona plural del aoristo primero de imperativo en voz activa del verbo θέαομαι, *observar, contemplar, mirar*, aquí *mirad*; τὰς, caso acusativo femenino plural del artículo determinado *las*; χώρας, caso acusativo femenino plural del nombre común *regiones, territorios, países, habitantes, campos*; ὅτι, conjunción *que*; λευκαί, caso nominativo femenino plural del adjetivo *blancas*; εισιν, tercera persona plural del presente de indicativo en voz activa del verbo εἰμί, *ser, estar*, aquí *están*;

πρὸς, preposición propia de acusativo *para*; θερισμόν, caso acusativo masculino singular del nombre común *siega, cosecha, recolección*; ἤδη, adverbio de tiempo *ya*.

οὐχ ὑμεῖς λέγετε ὅτι ἔτι τετράμηνος ἐστιν καὶ ὁ θερισμὸς ἔρχεται. En el versículo Jesús interpela a Sus discípulos. Lo hace recordándoles lo que estaban diciendo, que faltaban cuatro meses para que la siega llegase. Sin duda se aprecia la marcada antítesis entre lo que Cristo dice y lo que dicen los discípulos. Muchas veces se usa el símil de la siega para referirse a la agrupación de los hombres en el final del tiempo, bien sea para juicio, como ocurre muchas veces (cf. Ap. 14:15 s.), o para gloria (p. ejm. Sal. 126:5; Am. 9:13). Los discípulos preveían un plazo antes de la siega. Debiera poder interpretarse correctamente la parábola que Jesús está usando para dar el sentido preciso a la conversación entre Él y los discípulos. Si ellos pensaban en un futuro escatológico, Jesús rompe sus esquemas, ya que el tiempo largo hasta la siega se convierte el presente que el Maestro usa. Es interesante apreciar el uso de los dos pronombres *yo* y *vosotros*, en la conversación. Aquellos afirmaban que no era tiempo aún, pero Jesús dice todo lo contrario. Algunos hablan de un proverbio regional, pero no hay ninguna evidencia que lo confirme. Otros procuran tomar las palabras de ellos en sentido de datar el acontecimiento como si ocurriese cuatro meses antes de la siega, sin embargo ocurre lo mismo, no hay existencia de fundamento para tal aseveración. Es muy posible que entre las primeras labores de la siembra y la recolección de las primeras gavillas, los primeros frutos, transcurriesen entonces cuatro meses aproximadamente. Con todo, también pudiera ser que los discípulos hubieran hecho una consideración sobre el verdor de los campos sembrados y que dijesen que aún faltaba ese tiempo para la siega. Ahora bien, lo que es seguro es que una vez puesta la semilla en el campo debe aguardarse el tiempo para que germine, nazca, crezca y madure, antes de que se siegue; nadie puede acelerar ese proceso. Pero, Jesús no está hablando de cosas materiales, sino de un asunto espiritual. La misión de predicar el evangelio y recoger el fruto de esa tarea era algo urgente que requería determinación y, sobre todo, visión espiritual para comprender la necesidad de recolectar lo que estaba ya maduro.

ἰδοὺ λέγω ὑμῖν, ἐπάρατε τοὺς ὀφθαλμοὺς ὑμῶν καὶ θεάσασθε τὰς χώρας ὅτι λευκαί εἰσιν πρὸς θερισμόν. Cristo llama la atención de ellos para que orienten su vista en otra dirección. Que se levanten de observar lo que es terrenal para centrarse en las realidades espirituales que estaban en su entorno. Este levantar los ojos, podría referirse a una observación celestial, en la que Dios controla todo y de donde venía también la salvación para los samaritanos. No se trataba de ver al futuro, sino al presente, ya que *"la mies a la verdad es mucha, mas los obreros pocos; por tanto, rogad al Señor de la mies que envíe obreros a su mies"* (Lc. 10:2).

Sorprende que el Señor se refiera a los campos preparados para la siega diciendo que *están blancos*. Sorprende ese adjetivo, ya que hay pocas cosechas que esté blancas a la hora de la siega, y mucho menos el trigo o algún otro cereal de los que se sembraban en el área donde estaba el pozo de Jacob. Aquel día, de la ciudad, como se dice antes, muchas personas estaban saliendo para acercarse a Jesús. Habitualmente la vestimenta de ellos era blanca y sobre sus cabezas solían llevar también un paño, en distintas formas, del mismo color. Aquella larga hilera de personas, vestidas con túnicas blancas, se distinguían hasta donde alcanzaba la mirada en dirección a la ciudad y estaban concentrándose cerca del lugar donde se encontraba Jesús. Esa era la cosecha preparada para ser recogida. Como judíos, los discípulos de Jesús consideraban gente poco grata a los samaritanos, y en su pensamiento condicionado por la tradición histórica, tendría que pasar mucho tiempo hasta que aquellos con quienes no querían tratos, estuviesen preparados para recibir el mensaje que Jesús predicaba. Sin embargo, para el Señor había llegado el tiempo de recoger una gran cosecha que estaba ya preparada. Los discípulos debían ver una tarea urgente que no permitía demora alguna, era el tiempo apropiado. Cada día aprenderían una lección nueva en su preparación para la misión que les sería encomendada. Tenían que acostumbrarse a ver las cosas desde la perspectiva celestial y no desde la terrenal. Una visión apropiada permitiría que descubriésemos las realidades de mucha gente preparada para recibir el evangelio de la gracia.

ἤδη. El versículo se cierra con un aislado adverbio de tiempo *ya*, que realmente forma parte de la construcción gramatical de lo que antecede. El Señor les dice que aunque ellos pensaban que el tiempo no había llegado, era *ya* el tiempo que Dios tenía preparado y estaba dispuesto todo para llevarse a efecto la recogida del fruto que el evangelio iba a dar entre los samaritanos.

36. Y el que siega recibe salario, y recoge fruto para vida eterna, para que el que siembra goce juntamente con el que siega.

ὁ θερίζων[1] μισθὸν λαμβάνει καὶ συνάγει καρπὸν εἰς ζωὴν
El que siega jornal recibe y recoge fruto para vida
αἰώνιον, ἵνα[2] ὁ σπείρων ὁμοῦ χαίρῃ καὶ ὁ θερίζων.
Eterna, para que el que siembra juntamente goce y el que siega.

Notas y análisis del texto griego.

Siguen las palabras de Jesús: ὁ, caso nominativo masculino singular del artículo determinado *el*; θερίζων, caso nominativo masculino singular del participio de presente en voz activa del verbo θερίζω, *cosechar, segar, recoger*, aquí *que siega*; μισθὸν, caso acusativo masculino singular del nombre común *jornal, salario, paga, recompensa*; λαμβάνει, tercera persona singular del presente de indicativo en voz activa del verbo λαμβάνω, *recibir, aceptar*, aquí *recibe*; καὶ, conjunción copulativa *y*; συνάγει, tercera persona singular del presente de indicativo en voz activa del verbo συνάγω, *reunir, congregar, recoger*, aquí *recoge*; καρπὸν, caso acusativo masculino singular del nombre común *fruto*; εἰς, preposición propia de acusativo *para*; ζωὴν, caso acusativo femenino singular del nombre común *vida*; αἰώνιον, caso acusativo femenino singular del adjetivo *eterna*; ἵνα, conjunción causal *para que*; ὁ, caso nominativo masculino singular del artículo determinado *el*; σπείρων, caso nominativo masculino singular del participio de presente en voz activa del verbo σπείρω, *sembrar*, aquí *que siembra*; ὁμοῦ, adverbio *juntamente, juntos*; χαίρῃ, tercera persona singular del presente de subjuntivo en voz activa del verbo χαίρω, *alegrarse, gozarse, estar bien*, aquí *goce*; καὶ, conjunción copulativa *y*; ὁ, caso nominativo masculino singular del artículo determinado *el*; θερίζων, caso nominativo masculino singular del participio de presente en voz activa del verbo θερίζω, *cosechar, segar, recoger*, aquí *que siega*.

Crítica Textual. Lecturas alternativas.

[1] ὁ θερίζων, *el que siega*, lectura atestiguada en 𝔭$^{66, 75}$, ℵ, B*, C, D, K, W^{s}, Ψ, 083, 33, it.

καὶ ὁ θερίζων, *y el que siega*, conforme a A, C*, K, N, Γ, Δ, Θ, $f^{1, 13}$, 565, 579, 700, 892, 1241, 1424, 844, 2211, 𝔐, lat, sir$^{p, h}$.

[2] ἵνα, *para que*, lectura en 𝔭$^{66, 75}$, B*, C, K, N, W^{s}, Ψ, 083, f^{1}, 33, 565, 892, 1241, 844, 2211, e, r^{1}.

ἵνα καὶ, *para que y*, según ℵ, A, D, K, Γ, Δ, Θ, f^{13}, 579, 700, 1424, 𝔐, lat, sir^{p,h}, Ireneo^{lat}.

ὁ θερίζων μισθὸν λαμβάνει καὶ συνάγει καρπὸν εἰς ζωὴν αἰώνιον, En la obra que Dios establece, los que son llamados a colaborar en ella, reciben bendiciones personales con abundancia. Aquí se presentan dos grupos de personas que trabajan en las labores de Dios. Por un lado los que siembran y por otro los que siegan. Ambos, dice Jesús, *reciben salario*. El apóstol Pablo dirá a Timoteo que el que sirve, el obrero que está ocupándose en las labores del reino de Dios, es *"digno de su salario"* (1 Ti. 5:18). El profeta hablando de la obra del Mesías dice que *"verá el fruto de la aflicción de su alma, y quedará satisfecho"* (Is. 53:11), así también quienes colaboran con el Señor siempre tendrán el gozo de la recompensa por su trabajo. El fruto que recogen no es temporal que se agota en algún momento o que desaparece, sino eterno, es fruto para *vida eterna*, manifestado en la salvación eterna de los oyentes del Evangelio. Es un fruto de infinito valor porque equivale al precio que Dios pagó para ello (1 P. 1:18-20).

ἵνα ὁ σπείρων ὁμοῦ χαίρῃ καὶ ὁ θερίζων. Esto produce gozo en quienes trabajan en la misión que Cristo les ha encomendado. Todos ellos se regocijan juntamente, el que siembra y el que siega. Esto contiene también la importante enseñanza de que en el servicio cristiano cada siervo tiene una misión que cumplir, a la que fue llamado, por tanto no puede sentir celos por otros, porque todos estamos trabajando, no para gloria personal, sino para la gloria de Dios. Ninguno es más importante que otro. Así lo enseñará el apóstol Pablo: *"Yo planté, Apolos regó; pero el crecimiento lo ha dado Dios"* (1 Co. 3:6). Sin menguar en nada la importancia que reviste la colaboración, ninguno de los que trabajan en la obra pueden gloriarse porque las labores serían estériles por ellos mismos, puesto que es Dios el que hace fructífero el trabajo. En una gran medida se cumple también la profecía, aunque plenamente tenga una manifestación escatológica en su momento, ya ahora: *"He aquí vienen días, dice Jehová, en que el que ara alcanzará al segador, y el pisador de las uvas al que lleve la simiente; y los montes destilarán mosto, y todos los collados se derretirán"* (Am. 9:13).

El sentido parabólico no permite que se establezca una identificación segura de quienes son los que siembran y quienes los que siegan, aunque se considerará algo más sobre esto en el próximo versículo. Debe tenerse en cuenta que la interpretación parabólica no requiere aplicar cada uno de los elementos del relato, sino más bien establecer la lección general que está contenida en ella. El trabajo que se realiza, bien por los que siembran o por los que siegan, es duro y cansino. Sin embargo, al apreciar el resultado final, *fruto para vida eterna*, el gozo llena hasta saturar el corazón de los que han estado sirviendo en el campo de labor. Con toda seguridad Jesús está buscando animar a aquellos que muchas veces estaban desalentados y que lo estarán más, humanamente hablando, en el futuro ante el rechazo de que serán objeto por quienes no aman la obra de Dios.

37. Porque en esto es verdadero el dicho: Uno es el que siembra, y otro es el que siega.

ἐν γὰρ τούτῳ ὁ λόγος ἐστὶν ἀληθινὸς ὅτι ἄλλος ἐστὶν ὁ
Porque en esto el dicho es verdadero que uno es el
σπείρων καὶ ἄλλος ὁ θερίζων.
que siembra y otro el que siega.

Notas y análisis del texto griego.

Sigue: ἐν, preposición propia de dativo *en*; γὰρ, conjunción causal *porque*; τούτῳ, caso demostrativo neutro plural del pronombre demostrativo *estos*; ὁ, caso nominativo masculino singular del artículo determinado *el*; λόγος, caso nominativo masculino singular del nombre común *palabra, dicho, refrán*; ἐστὶν, tercera persona singular del presente de indicativo en voz activa del verbo εἰμί, *ser, estar*, aquí *es*; ἀληθινὸς, caso nominativo masculino singular del adjetivo *verdadero*; ὅτι, conjunción *que*; ἄλλος, caso nominativo masculino singular del adjetivo indefinido *uno*; ἐστὶν, tercera persona singular del presente de indicativo en voz activa del verbo εἰμί, *ser, estar*, aquí *es*; ὁ, caso nominativo masculino singular del artículo determinado *el*; σπείρων, caso nominativo masculino singular del participio de presente en voz activa del verbo σπείρω, *sembrar*, aquí *que siembra*; καὶ, conjunción copulativa *y*; ἄλλος, caso nominativo masculino singular del adjetivo indefinido *uno*; ὁ, caso nominativo masculino singular del artículo determinado *el*; θερίζων, caso nominativo masculino singular del participio de presente en voz activa del verbo θερίζω, *segar, recoger, recolectar*, aquí *que siega*.

ἐν γὰρ τούτῳ ὁ λόγος ἐστὶν ἀληθινὸς. Jesús se está refiriendo a algo que es verdad, al decir que es verdadera la *palabra* dicha. Se trata, con toda seguridad de un refrán que todos conocían. Este refrán es griego más bien que judío. Habitualmente se usaba para referirse a las desigualdades de la vida, en donde algunos tenían que hacer un esfuerzo grande, como eran los sembradores, mientras que otros, sin haberlo hecho, recogían el fruto de aquella labor. Sin embargo la sagacidad del pensamiento humano, entra aquí en conflicto con la utilización y enseñanza de Jesús, que dice que tanto el que siembra como el que siega se gozan (v. 36). Con el dicho quiere enseñarles la lección del privilegio que tenían de ser segadores de lo que estaba preparado ya y dispuesto para la siega.

ὅτι ἄλλος ἐστὶν ὁ σπείρων καὶ ἄλλος ὁ θερίζων. La cosecha abundante que estaba preparada para ser recogida ha sido resultado del esfuerzo de *unos*. El texto presenta la dificultad de determinar a quien se refiere Jesús con *los sembradores* y quienes son los *segadores*. Este último aspecto no tiene duda puesto que les habla a los discípulos diciéndoles que ellos están recogiendo lo que *otros* sembraron. La dificultad tiene que ver con determinar a los *sembradores*. No se trata de *uno*, sino de varios, porque está en plural y no en singular. Algunos entienden que la primera referencia tiene que aplicarse a Jesús, el sembrador, que viene extendiendo sobre el campo del mundo la semilla de la buena noticia. Estos suelen resolver el problema del plural diciendo que es para establecer el contraste con el segundo plural, pero que se está refiriendo a Jesús. Otros se inclinan por unir a Jesús y a la samaritana. El Señor había predicado a la mujer y esta fue a llamar a los conciudadanos de ella. Así escribe Bernard:

"En primer lugar, Jesús y la mujer eran los ἄλλοι, en cuyo trabajo los discípulos participaban ahora, por no hablar de los profetas ni de los maestros piadosos del pasado que habían preparado el camino para que el mensaje de Cristo entrara en Samaria[17]*".*

Sin embargo, esta interpretación tiene como problema establecer la función de los discípulos que, aparentemente, no hicieron nada en el trabajo con los samaritanos, más que estar presentes.

Hay también quienes opinan que el primer *unos*, debe referirse a las actividades realizadas por Juan el Bautista y sus discípulos. De manera que en el lugar de Samaria, donde ocurre esto, la gente había sido preparada de antemano y estaban dispuestos a recibir el mensaje que Jesús iba a predicarles. Incluso hubo quienes entendían que el primer *unos*, referido a los sembradores tenía que ver con los profetas del Antiguo Testamento, como Cirilo de Alejandría:

"Los campos espirituales y la multitud de las espigas espirituales son los que primero recibieron la instrucción por la voz de los profetas para ser luego acogidos en la fe de Cristo. Está dorado quien está maduro y preparado para creer y ser confirmado en la piedad. La hoz del segador es la predicación, aguda y espléndida, de los apóstoles que corta el vínculo con el culto legal de los que escuchan, enviándolos a la era, es decir, a la Iglesia de Dios, donde, triturados y prensados, llegarán a ser alimento puro, digno del granero de quien cosecha[18]*".*

En la evangelización el segador es también sembrador. Es decir, unos sembraron el terreno, espiritualmente hablando, y los que siguen a este trabajo recogen la cosecha de almas que habían sido preparadas por

---

[17] Así Plummer, según L. Morris. o.c., pág. 325.
[18] Cirilo de Alejandría. *Comentario al Evangelio de Juan*, 2:47.

la proclamación del evangelio, pero, a su vez estos que *recogen*, también siembran para que los siguientes a ellos puedan a su vez recoger lo que han sembrado, de modo que tanto los que siembran como los que siegan se gozan y siempre habrá una cosecha para ser recogida.

38. Yo os he enviado a segar lo que vosotros no labrasteis; otros labraron, y vosotros habéis entrado en sus labores.

ἐγὼ ἀπέστειλα[1] ὑμᾶς θερίζειν [2]ὃ οὐχ ὑμεῖς κεκοπιάκατε·
Yo envié os a segar lo que no vosotros habéis trabajado;
ἄλλοι κεκοπιάκασιν καὶ ὑμεῖς εἰς τὸν κόπον αὐτῶν
otros han trabajado y vosotros en la labor de ellos
εἰσεληλύθατε.
habéis entrado.

Notas y análisis del texto griego.

Jesús les dice: ἐγώ, caso nominativo de la primera persona singular del pronombre personal *yo*; ἀπέστειλα, primera persona singular del aoristo primero de indicativo en voz activa del verbo ἀποστέλλω, *enviar*, aquí *envié*; ὑμᾶς, caso acusativo de la segunda persona plural del pronombre personal declinado *a vosotros, os*; θερίζειν, presente de infinitivo en voz activa del verbo θερίζω, *segar*, aquí *a segar*; ὅ, caso acusativo neutro singular del pronombre relativo *lo que*; οὐχ, forma escrita del adverbio de negación *no*, con el grafismo propio ante una vocal con espíritu suave o una enclítica; ὑμεῖς, caso nominativo de la segunda persona plural del pronombre personal declinado *a vosotros, os*; κεκοπιάκατε, segunda persona plural del perfecto de indicativo en voz activa del verbo κοπιάω, *trabajar, fatigarse, cansarse*, aquí *habéis trabajado*; ἄλλοι, caso nominativo masculino plural del adjetivo indefinido *otros*; κεκοπιάκασιν, tercera persona plural del perfecto de indicativo en voz activa del verbo κοπιάω, *trabajar, fatigarse, cansarse*, aquí *han trabajado*; καὶ, conjunción copulativa *y*; ὑμεῖς, caso nominativo de la segunda persona plural del pronombre personal *vosotros*; εἰς, preposición propia de acusativo *a, en*; τὸν, caso acusativo masculino singular del artículo determinado *el*; κόπον, caso acusativo masculino singular del nombre común *labor, trabajo, tarea*; αὐτῶν, caso genitivo masculino de la tercera persona plural del pronombre personal declinado *de ellos*; εἰσεληλύθατε, segunda persona plural del perfecto de indicativo en voz activa del verbo εἰσέρχομαι, *entrar*, aquí *habéis entrado*.

Crítica Textual. Lecturas alternativas.

[1] ἀπέστελκα, *he enviado*, según se lee en א, D.

[2] ὃ οὐχ ὑμεῖς κεκοπιάκατε, *lo que no vosotros habéis trabajado*, no aparece esta lectura en D*, K, W[s], e.

ἐγὼ ἀπέστειλα ὑμᾶς θερίζειν ὃ οὐχ ὑμεῖς κεκοπιάκατε· Los discípulos consideraban que el tiempo de la siega estaba aún lejano. Jesús les mandó levantar los ojos y contemplar la cosecha de personas que estaban viniendo a su encuentro. Era la siega de la proclamación del evangelio del reino. No se trataba de un mérito personal de aquellos hombres, sino del ejercicio de autoridad que el Señor posee para establecer lo que determine en cada momento. Otros antes que ellos prepararon el terreno en la región de Samaria. Los profetas y Moisés antes que ellos habían anunciado a los samaritanos que vendría el Mesías, el Salvador del mundo, esa verdad era aceptada por aquella gente (v. 25). Ningún derecho tenían los discípulos para hacer lo que iban a hacer, pero el Señor que había enviado a los sembradores antes que ellos, que había permitido que la Palabra alcanzara a los samaritanos con el mensaje que Él había revelado, es también quien ahora les demanda la labor de cosechar lo que ellos no habían labrado.

ἄλλοι κεκοπιάκασιν καὶ ὑμεῖς εἰς τὸν κόπον αὐτῶν εἰσεληλύθατε. Lo que está claro es que Jesús quería que aquel grupo de discípulos que le acompañaba, fuesen los segadores. Esta misión no era sólo para el futuro, sino para el momento presente en que se encontraban. Sobre este versículo escribe el Dr. Lacueva:

"Que es una obra fácil y llevadera, porque el trabajo más duro ha sido hecho por los que les han precedido: 'Uno es el que siembra, y otro es el que siega' (v. 37). Moisés, los profetas, el Bautista y el propio Jesús habían sembrado lo que los Apóstoles iban a segar: 'Yo os he enviado a segar lo que vosotros no habéis trabajado' (v. 38). Esto insinúa dos cosas acerca del ministerio en el Antiguo Pacto: (a) Moisés y los profetas sembraron, pero no pudieron segar; los escritos de ellos sirvieron de mayor provecho después que ellos se fueron, que mientras vivían en el mundo; (b) el ministerio del Nuevo Pacto (v. 1 P. 1:10-12). Si no hubiese sido por la semilla sembrada por los profetas, no podría haber dicho la samaritana: 'Se que va a venir el Mesías' (v.25). También nos insinúa esto otras dos cosas acerca del ministerio de los Apóstoles de Cristo: (a) Que era un ministerio fructuoso: eran segadores que estaban recogiendo una gran cosecha; (b) era un ministerio facilitado por los escritos de los profetas. Los profetas sembraron con lágrimas, llegando a clamar: Hemos trabajado en vano; en cambio, los Apóstoles estaban segando con gozo, llegando a decir: 'Gracias a Dios, quien siempre nos lleva en triunfo' (2 Co. 2:14). De las labores de otros, recogemos mucho buen fruto los que les sobrevivimos. Véase cuánta razón tenemos para dar a Dios gracias por

los siervos que nos precedieron, pues 'hemos entrado en las labores de ellos' (v. 38b)[19]".

Todo el entorno está rodeado de la autoridad del Hijo de Dios. La obra tanto de la siembra como de la siega es suya, puesto que el campo es también suyo. No cabe que otros iniciaron las labores, pero ellos también fueron escogidos por Él y enviados a ese ministerio. El invitarlos a recoger el trabajo de otros no es ninguna injusticia, si el cultivo no fuese del mismo Señor. A unos les confió la siembra y a otros la siega. Él lo determina y establece conforme al tiempo apropiado para una y otra labor. Sin embargo, debe recordarse siempre que el trabajo hecho por unos y por otros, no valdría en absoluto si el crecimiento de la semilla no fuese de Dios mismo.

Reacción de los samaritanos (4:39-42).

39. Y muchos de los samaritanos de aquella ciudad creyeron en él por la palabra de la mujer, que daba testimonio diciendo: Me dijo todo lo que he hecho.

Ἐκ δὲ τῆς πόλεως ἐκείνης πολλοὶ ἐπίστευσαν εἰς αὐτὸν[1] τῶν
Y de la ciudad aquella muchos creyeron en Él de los
Σαμαριτῶν διὰ τὸν λόγον τῆς γυναικὸς μαρτυρούσης ὅτι εἶπεν
samaritanos por la palabra de la mujer que testificaba que dijo
μοι πάντα ἃ[2] ἐποίησα.
me todo lo que hice.

Notas y análisis del texto griego.

Juan describe la reacción de los samaritanos: Ἐκ, preposición propia de genitivo *de*; δὲ, partícula conjuntiva que hace las veces de conjunción coordinante, con sentido de *pero, más bien, y, y por cierto, antes bien*; τῆς, caso genitivo femenino singular del artículo determinado *la*; πόλεως, caso genitivo femenino singular del nombre común *ciudad*; ἐκείνης, caso genitivo femenino singular del pronombre demostrativo *aquella*; πολλοὶ, caso nominativo masculino plural del adjetivo *muchos*; ἐπίστευσαν, tercera persona plural del aoristo primero de indicativo en voz activa del verbo πιστεύω, *creer,* aquí *creyeron*; εἰς, preposición propia de acusativo *a, en*; αὐτὸν, caso acusativo masculino de la tercera persona singular del pronombre personal *Él*; τῶν, caso genitivo masculino plural del artículo determinado *los*; Σαμαριτῶν, caso genitivo masculino plural del nombre propio *samaritanos*; διὰ, preposición propia de acusativo *por*; τὸν, caso acusativo masculino singular del artículo determinado *el*; λόγον, caso acusativo masculino singular del nombre común *palabra, dicho*; τῆς, caso genitivo femenino singular del

[19] F. Lacueva. o.c., pág. 105.

artículo determinado declinado *de la*; γυναικὸς, caso genitivo femenino singular del nombre común *mujer*; μαρτυρούσης, caso genitivo femenino singular del participio de presente en voz activa del verbo μαρτυρέω, *testificar, dar testimonio, testimoniar*, aquí *que testificaba*; ὅτι, conjunción *que*; εἶπεν, tercera persona singular del aoristo segundo de indicativo en voz activa del verbo λέγω, *hablar, decir*, aquí *dijo*; μοι, caso dativo de la primera persona singular del pronombre personal declinado *a mí, me*; πάντα, caso acusativo neutro plural del adjetivo indefinido *todo*; ἃ, caso acusativo neutro plural del pronombre relativo *lo que*; ἐποίησα, primera persona singular del aoristo primero de indicativo en voz activa del verbo ποιέω, *hacer, actuar*, aquí *hice*.

Crítica Textual. Lecturas alternativas.

[1] εἰς αὐτὸν, *en Él*, no se encuentra en ℵ*, a, c.

[2] ἃ, *lo que*, según se lee en $\mathfrak{p}^{75}$, ℵ, B, C*, K.

ὅσα, *cuanto*, $\mathfrak{p}^{66}$, A, C^3, D, K, N, W^s, Γ, Δ, Θ, Ψ, $f^{1, 13}$, 33, 565, 579, 700, 892, 1241, 1424, 844, 2211, 𝔐, lat, sir^h.

Ἐκ δὲ τῆς πόλεως ἐκείνης πολλοὶ ἐπίστευσαν εἰς αὐτὸν τῶν Σαμαριτῶν. El relato concluye con la *siega*, la reunión de los samaritanos con Jesús. No se mencionan aquí los discípulos, pero, sin duda estaban presentes. Como suele hacer Juan, reduce cuanto sea preciso para exaltar la figura de Jesús. Él es quien había logrado este prodigio mediante la enseñanza a la samaritana, que la impulsó a buscar en la ciudad a cuantos pudo para traerlos a Jesús. El paréntesis del diálogo del Señor y los discípulos que comenzó con la partida de la samaritana a dar noticias a la ciudad, se cierra aquí, tomando nuevamente el relato interrumpido antes (v. 30).

διὰ τὸν λόγον τῆς γυναικὸς μαρτυρούσης ὅτι εἶπεν μοι πάντα ἃ ἐποίησα. El testimonio de la mujer fue decisivo en la convocatoria de tantas personas con Cristo. Es interesante notar que el testimonio que Juan el Bautista dio acerca de Jesús, hizo que dos de sus discípulos le siguiesen (1:36-37), ahora el testimonio de una mujer produce el mismo resultado, pero mucho mayor al ser una gran cantidad de personas que vinieron a Su encuentro. Es, pues, a partir del testimonio que llegan a la fe, y sobre todo en cuanto a importancia, es el testimonio de una mujer, que por proceder de ella, tenía poca autoridad entonces, y además perteneciente a un grupo social considerado como despreciable. No cabe duda que la palabra que condujo a la fe a los samaritanos, como se dice más adelante, fueron las palabras de Jesús (v. 42). El relato destaca un proceso, primero el testimonio de la mujer, luego la enseñanza de Jesús. Una mujer se une en el *Evangelio* al gran profeta Juan, en dar testimonio sobre Jesús, e incluso precede al hacerlo a los mismos Apóstoles de Cristo.

¿Cuál era ese testimonio? Algo tan sencillo como *"me dijo todo lo que he hecho"*. El poder revelador de Jesús quedaba puesto de manifiesto. Aquella mujer procuraba que su vida establecida sobre fracasos personales, quedase guardada de cuantos fuese posible. Pero, aquel hombre del pozo de Jacob, se la había puesto delante sin que ella le conociese de antes, ni hubiera estado con los que en la ciudad pudiesen haberla conocido. Es admirable observar como Dios usa instrumentos que serían considerados inútiles para los hombres, para iniciar y proseguir con la evangelización de los perdidos. Esto conduce inexorablemente a entender que no hay disculpas para el cumplimiento de la *Gran Comisión*, en base a dificultades para alcanzar a otros con el evangelio. Este es el acicate para no descuidar el compromiso de la evangelización aunque nos sintamos pocos y sin importancia. El ejemplo enseña que aunque se piense que son pocos los que puedan ser alcanzados, por la gracia de Dios pueden convertirse en muchos. Además, el evangelio, mensaje de salvación para todo aquel que cree, debe ser respaldado por el cambio operado en la vida de quien lo proclame. Es el testimonio personal el que produce un impacto en los que escuchan el mensaje; así con la samaritana, más adelante con el ciego de nacimiento que sólo sabía una cosa, que antes era ciego y había recobrado la vista (9:25). Sin embargo, no debemos centrar la fe de aquellos en las palabras del testimonio de la mujer relativo a que Jesús le había dicho todo cuanto ella era, sino al *hecho en sí* de haber dado testimonio de que en el pozo de Jacob había un hombre que bien podía ser el Mesías. No eran *sus palabras*, sino *una sola*, que llama a todos y los conduce a Jesús.

40. Entonces vinieron los samaritanos a él y le rogaron que se quedase con ellos; y se quedó allí dos días.

ὡς οὖν ἦλθον πρὸς αὐτὸν οἱ Σαμαρῖται, ἠρώτων αὐτὸν
Cuando entonces vinieron a Él los samaritanos, rogaban le
μεῖναι παρ’ αὐτοῖς· καὶ ἔμεινεν ἐκεῖ δύο ἡμέρας.
quedar con ellos; y quedó allí dos días.

Notas y análisis del texto griego.

Siguiendo el relato, añade: ὡς, conjunción temporal *cuando*; οὖν, conjunción ilativa *entonces*; ἦλθον, tercera persona plural del segundo aoristo de indicativo en voz activa del verbo ἔρχομαι, *venir, llegar*, aquí *vinieron*; πρὸς, preposición propia de acusativo *a*; αὐτὸν, caso acusativo masculino de la tercera persona singular del pronombre personal *él*; οἱ, caso nominativo masculino plural del artículo determinado *los*; Σαμαρῖται, caso nominativo masculino plural del nombre propio *samaritanos*; ἠρώτων, tercera persona plural del imperfecto de indicativo en voz activa del verbo ἠρωτάω, *rogar, pedir, requerir*, aquí *rogaban*; αὐτὸν, caso acusativo masculino de la tercera persona singular del pronombre personal declinado *a Él, le*; μεῖναι, aoristo primero de infinitivo en voz activa del verbo μένω, *permanecer, quedar, vivir, habitar*, aquí *quedar*; παρ', preposición propia de dativo en la forma escrita de la preposición παρά, por elisión de la α final cuando precede a una palabra que comienza con vocal, equivale a *de, con*; αὐτοῖς, caso dativo masculino de la tercera persona plural del pronombre personal *ellos*; καὶ, conjunción copulativa *y*; ἔμεινεν, tercera persona singular del aoristo primero de indicativo en voz activa del verbo μένω, *permanecer, quedar, vivir, habitar*, aquí *quedó*; ἐκεῖ, adverbio de lugar *allí*; δύο, caso acusativo femenino plural del adjetivo numeral cardinal *dos*; ἡμέρας, caso acusativo femenino plural del nombre común *días*.

ὡς οὖν ἦλθον πρὸς αὐτὸν οἱ Σαμαρῖται, ἠρώτων αὐτὸν μεῖναι παρ' αὐτοῖς· Los que salieron al encuentro de Jesús quedaron impactados por Él. No podían consentir que siguiera el camino. Una petición unánime por parte de quienes habían venido al pozo de Jacob era que se quedase con ellos. El verbo *rogar*, en imperfecto de indicativo, expresa la idea de una acción que se produce en el pasado y continúa, como si dijese *le pidieron y seguían pidiendo*, es decir, insistían en el ruego. No le ponen tiempo para la estancia, sólo le piden que continúe allí. Jesús respondió siempre a la petición que se le hacía sinceramente. Así pasó con los dos de Emaús cuando entró a quedarse en la casa, el día de la resurrección, a petición de ellos: *"Quédate con nosotros"* (Lc. 24:29). Aquella era la gran oportunidad para que el evangelio que venía a proclamar alcanzase también a los samaritanos.

καὶ ἔμεινεν ἐκεῖ δύο ἡμέρας. El Señor no quedó largo tiempo para evangelizar Samaria. Esa misión sería llevada a cabo tiempo después en el cumplimiento de la misión de llevar el evangelio a todas las naciones, establecido por Jesús, por Felipe (Hch. 8:5 ss.). Tan sólo fueron dos días los que estuvo con ellos, pero, el fruto de aquel tiempo fue extraordinario. La obra se limitó a un pequeño pueblo, en la provincia de Samaria, pero había sido suficiente para quien tenía que llevar el evangelio primero a las ovejas extraviadas de la casa de Israel (Mt. 10:6; 15:24). El Señor no quedó en el pozo de Jacob, sino que con toda seguridad entró en la ciudad, por lo que el número que oyeron sus enseñanzas tuvo que ser mucho mayor en los dos días que estuvo allí. Puede afirmarse que todos pudieron oír a Jesús. Es muy interesante notar que Juan no dice que los samaritanos pidieron a Jesús que entrara en la ciudad, sino que se quedase con ellos. Fue luego de la petición que el Señor se quedó *allí*, probablemente en la ciudad, durante dos días.

41. Y creyeron muchos más por la palabra de él.

καὶ πολλῷ πλείους ἐπίστευσαν διὰ τὸν λόγον αὐτοῦ,
Y muchos más creyeron por la palabra de Él.

Notas y análisis del texto griego.

Sigue con καὶ, conjunción copulativa *y*; πολλῷ, caso dativo neutro singular del adjetivo *muchos*; πλείους, caso nominativo masculino plural del adjetivo comparativo *más*; ἐπίστευσαν, tercera persona plural del aoristo primero de indicativo en voz activa del verbo πιστεύω, *creer*, aquí *creyeron*; διὰ, preposición propia de acusativo *por*; τὸν, caso acusativo masculino singular del artículo determinado *el*; λόγον, caso acusativo masculino singular del nombre común *palabra, dicho*; αὐτοῦ, caso genitivo masculino de la tercera persona singular del pronombre personal declinado *de Él*.

καὶ πολλῷ πλείους ἐπίστευσαν διὰ τὸν λόγον αὐτοῦ, Las palabras de Jesús llevaron a muchos más a la fe. No eran solo los del primer encuentro, los primeros que habían salido a Él en el pozo de Jacob, sino muchos más que pudieron oír Sus palabras durante el tiempo que estuvo con ellos. La consistencia de la fe, el sujeto de ella, está en el siguiente versículo. No se trataba de una fe que descansaba en milagros y prodigios como había sido la de algunos en Jerusalén(2:23). No se dice que el Señor hiciese ninguna señal entre ellos, pero fueron suficientes Sus palabras para llevarlos a la fe. Algunos habían creído a la palabra de la mujer, pero fueron muchos más quienes creyeron por las de Cristo. Antes había dicho a los discípulos que era el tiempo para recoger la cosecha, he aquí una abundante manifestación de esa verdad. Era una fe verdadera puesto que es la que resulta de *oír la palabra de Dios* (Ro. 10:17), de otro modo: *"la fe depende del mensaje que se oye, y ese mensaje llega a través de la palabra de Cristo*[20]*"*. No debe olvidarse que la fe viene del mensaje que se escucha y que éste proviene de la palabra de Cristo. La fe salvadora no es natural del hombre, sino que procede de Dios, como don en todo el contexto de la salvación (Ef. 2:8-9). Todo cuanto respecta a salvación procede enteramente de Dios. La fe que salva nace en el hombre al oír el mensaje del evangelio como palabra de Dios. Quiere decir que la fe es *despertada* en el oyente a causa del mensaje. Sin embargo ¿es suficiente oír el mensaje para que surja en el oyente la fe que salva? Difícilmente podría afirmarse esto, ya

[20] Traducción de la Sagrada Biblia. Cantera-Iglesias. Edit. BAC. Madrid, 1975.

que los judíos habían oído muchas veces a Jesús y la mayoría de ellos fueron y son desobedientes. Es necesario apreciar que en el versículo siguiente se da el sujeto de la fe, por ello cabe aquí destacar que cuando Dios llama al hombre al Salvador, produce en él la fe para que pueda dar respuesta al mensaje que oye, otorgándosela como elemento instrumental para recibir la salvación. Es también necesario entender, a la luz de este versículo, que el mensaje del evangelio que se predique no puede ser otra cosa que la palabra de Cristo, de otro modo, el evangelio es sólo la *palabra* procedente de Cristo mismo. El apóstol Pablo dice que el mensaje que predicaba le había sido dado por Cristo mismo (Gá. 1:11-12). De otro modo, en la palabra que llama a la fe, como *palabra de Cristo*, habla y actúa Cristo mismo, al igual que en la palabra de los profetas era Dios quien hablaba, así en el evangelio habla también el Salvador. Esto concuerda con lo que el apóstol Pablo dice: *"¿cómo creerán en aquel de quien no han oído?"* (Ro. 10:14). No es tanto que no hayan escuchado acerca del Señor, sino que no han escuchado al Señor mismo en el mensaje del evangelio en el cual Él habla.

42. Y decían a la mujer: Ya no creemos solamente por tu dicho, porque nosotros mismos hemos oído, y sabemos que verdaderamente éste es el Salvador del mundo, el Cristo.

τῇ τε γυναικὶ ἔλεγον ὅτι οὐκέτι διὰ τὴν σὴν λαλιὰν
Y a la mujer decían que ya no por - tu charla
πιστεύομεν, αὐτοὶ γὰρ ἀκηκόαμεν καὶ οἴδαμεν ὅτι οὗτος
creemos, nosotros porque hemos oído y sabemos que Éste
ἐστιν ἀληθῶς ὁ σωτὴρ τοῦ κόσμου[1].
es verdaderamente el Salvador del mundo.

Notas y análisis del texto griego.

Cerrando el párrafo, escribe: τῇ, caso dativo femenino singular del artículo determinado declinado *a la*; τε, conjunción coordinante *y*; γυναικὶ, caso dativo femenino singular del nombre común *mujer*; ἔλεγον, tercera persona plural del imperfecto de indicativo en voz activa del verbo λέγω, *hablar, decir*, aquí *decían*; ὅτι, conjunción *que*; οὐκέτι, adverbio de negación *ya no*; διὰ, preposición propia de acusativo *por*; τὴν, caso acusativo femenino singular del artículo determinado *la*; σὴν, caso acusativo femenino singular del pronombre posesivo *tu*; λαλιὰν, caso acusativo femenino singular del nombre común *charla, conversación, locuacidad, rumor, palabra, manera de hablar*; πιστεύομεν, primera persona plural del presente de indicativo en voz activa del verbo πιστεύω, *creer*, aquí *creemos*; αὐτοὶ, caso nominativo masculino plural del pronombre intensivo *nosotros*; γὰρ, conjunción causal *porque*; ἀκηκόαμεν, primera persona plural del perfecto de indicativo en voz activa del verbo ἀκούω, *oír, entender, comprender, enterarse*, aquí *hemos oído*; καὶ, conjunción copulativa *y*; οἴδαμεν, primera persona plural del perfecto de indicativo en voz activa del verbo οἶδα, *saber, conocer*, aquí *hemos sabido, sabemos*; ὅτι, conjunción *que*; οὗτος, caso nominativo masculino singular del pronombre demostrativo *éste*; ἐστιν, tercera persona singular del presente de indicativo en voz activa del verbo εἰμί, *ser, estar*, aquí *es*; ἀληθῶς, adverbio de modo *verdaderamente*; ὁ, caso nominativo masculino singular del artículo determinado *el*; σωτὴρ, caso nominativo masculino singular del nombre *Salvador*; τοῦ, caso genitivo masculino singular del artículo determinado declinado *del*; κόσμου, caso genitivo masculino singular del nombre común *mundo*.

Crítica Textual. Lecturas alternativas.

[1] ὁ σωτὴρ τοῦ κόσμου, *el Salvador del mundo*, según 𝔓$^{66, 75}$, ℵ, B, C*, W^{s}, 844, 2211, lat, sir^{c}, Ireneo$^{lat\ vid}$, Orígenes.

ὁ σωτὴρ τοῦ κόσμου, ὁ Χριστός, *el Salvador del mundo, el Cristo*, se lee en A, C^{3}, D, K, K, N, Γ, Δ, Θ, Ψ, $f^{1, 13}$, 33, 565, 579, 700, 892, 1241, 1424, 𝔐, e, f, q, sir$^{p, h}$, bo^{pt}.

τῇ τε γυναικὶ ἔλεγον ὅτι οὐκέτι διὰ τὴν σὴν λαλιὰν πιστεύομεν αὐτοί. Los samaritanos tenían una razón de fe mucho más profunda que las palabras de la mujer invitándolos para que fueran al pozo de Jacob para ver a quien, según ella, bien podía ser el Mesías. No cabe duda que tuvo que hablar con mucha determinación y no poca insistencia para conseguir llamar la atención e interesar a sus vecinos para que creyesen a lo que les decía. Habían ido a ver a Jesús y ya lo que la mujer les había dicho no era suficiente base de fe, puesto que otra mayor se les había presentado. No eran las palabras de la mujer sino la persona misma de Jesús el objeto de la fe de ellos. De hecho al oír hablar a Jesús descubrieron que lo que la mujer les había dicho era mucho menos que lo que habían oído en las palabras del Maestro. De ahí que le digan: *ya no creemos por tu charla*. La palabra λαλιὰν, usada aquí tiene, en muchas ocasiones un peyorativo, que podría traducirse por *charlatanería, palabrería*. Aquí debe entenderse simplemente en el sentido de lo que habían oído de ella, sus palabras.

γὰρ ἀκηκόαμεν καὶ οἴδαμεν ὅτι οὗτος ἐστιν ἀληθῶς ὁ σωτὴρ τοῦ κόσμου. La fe de los samaritanos se había consolidado. Comenzó por aceptar las palabras de la mujer y asumir que *el hombre que le había dicho cuanto hice*, tenía que ser un profeta. Pero, luego de verle y oírle, llegaron a otra conclusión, era verdaderamente el Mesías, el *Salvador* del mundo. Es notable observar que no lo consideraban ya como el Salvador de los judíos, como arrogante y pretensiosamente decían ellos, sino de todo el mundo. Por tanto, los *despreciados* samaritanos, con quienes los judíos no querían tener relación ni trato alguno, estaban también comprendidos. Además de creer que Jesús era el Salvador del mundo, su fe había llegado a una seguridad plena, no solo *creemos*, sino también *sabemos*. La fe segura y firme, la fe salvadora tiene un fundamento estable, no es lo que alguien dice sobre Jesús, sino el hecho de haber oído a Jesús mismo, *no son tus palabras, sino lo que oímos*. Ya se ha considerado antes que la fe viene por el oír. Pero este oír que produce la fe en el corazón del hombre, es la Palabra de Dios, o lo que es lo mismo, la palabra de Jesús. De modo que en el caso de los samaritanos, como en todos los hombres, la fe viene por el mensaje de Cristo. Esto debiera servir continuamente de advertencia solemne, para todos al predicar a otros el evangelio. Lo que salva no es la palabra del que evangeliza, sino la palabra de Dios, el mensaje de salvación, dicho en Su nombre. El evangelio que produce conversiones es el que se ciñe a lo que Jesús enseñó, a lo que es, sin duda alguna, el *evangelio eterno* de la gracia, cuyo mensaje no es de hombres ni procede de ellos, sino directamente de Dios (Gá. 1:11). Como escribe el Dr. Lacueva:

> *"Son los informes ajenos los que nos hacen sabedores del mayor número de verdades. Por eso, es tan importante el que los padres, tutores, maestros y predicadores instruyan a niños y jóvenes en la sana doctrina. Más tarde, el conocimiento y la fe crecerán y se confirmarán mediante el estudio personal de la Palabra de Dios y la comunión con El Señor, para que, de esta forma la fe no se apoye en la sabiduría de los hombres, sino en el poder de Dios[21]".*

La creencia en Jesús o sobre Jesús se concreta en la expresión *el Salvador del mundo*. El concepto de Mesías, no solo descansaba en la dimensión del reino, sino en la salvación del mundo. Todos los hombres, sin importar la condición personal, social o religiosa, tienen en Jesús la salvación por medio de la fe. Jesús habló del alcance de Su obra con motivo de la conversación con Nicodemo (3:16). El Hijo de Dios fue enviado al mundo con una misión salvadora, prometida desde el principio de la comisión del primer pecado. A los transgresores condenados a perdición eterna, Dios les habló de esperanza en un salvador que pisaría la cabeza del tentador. En el cumplimiento del tiempo de la promesa lo había enviado al mundo, mostrando la fidelidad en el cumplimiento de lo prometido. No era el Salvador de unos cuantos, era el Salvador del mundo. Se expresa la *potencialidad* de la obra salvadora, por medio de la cual Dios hace en Cristo y por Él, *salvable* a todo hombre. Nadie habrá en el juicio final que pueda decir a

---

[21] F. Lacueva. o.c., pág. 107.

Dios que no hizo lo suficiente para que no se perdiese. No se condena eternamente por elección divina para condenación, sino por no creer en el Salvador del mundo. Este título resume el tema principal de este capítulo. La conversión de los samaritanos es la primera gran evidencia de la universalidad de la salvación de Cristo. Esto no significa que porque hace *salvables* a todos los hombres, todos son salvos. Jesús proveyó de cuanto es necesario para que todo hombre sea salvo, pero esa provisión debe ser recibida por el perdido *creyendo y sabiendo que es el Salvador del mundo*, por tanto, que no hay otro nombre bajo el cielo en que se pueda alcanzar la salvación. Lo que Nicodemo con toda su cultura teológica no era capaz de entender, el nuevo nacimiento, los que apenas conocían las verdades bíblicas, como eran los samaritanos, entraban en el reino por fe en el Salvador de mundo. Algunos de los judíos que veían en Jesús al Mesías prometido, no fueron salvos porque limitaron su pensamiento al reino físico, pero no lo aceptaban como el Salvador del mundo.

Presentación en Galilea (4:43-54).

Su presencia en Galilea (4:43-45).

43. Dos días después, salió de allí y fue a Galilea.

Μετὰ δὲ	τὰς	δύο	ἡμέρας	ἐξῆλθεν[1]	ἐκεῖθεν	εἰς	τὴν	Γαλιλαίαν·
Y después de	los	dos	días	salió	de allí	a	-	Galilea.

Notas y análisis del texto griego.

Iniciando un nuevo párrafo, dice: Μετὰ, preposición propia de acusativo *después de*; δὲ, partícula conjuntiva que hace las veces de conjunción coordinante, con sentido de *pero, más bien, y, y por cierto, antes bien*; τὰς, caso acusativo femenino plural del artículo determinado *las*; δύο, caso acusativo femenino plural del adjetivo numeral cardinal *dos*; ἡμέρας, caso acusativo femenino plural del nombre común *días*; ἐξῆλθεν, tercera persona singular del aoristo segundo de indicativo en voz activa del verbo ἐξέρχομαι, *salir,* aquí como *salió*; ἐκεῖθεν, adverbio de lugar *de allí*; εἰς, preposición propia de acusativo *a*; τὴν, caso acusativo femenino singular del artículo determinado *la*; Γαλιλαίαν, caso acusativo femenino singular del nombre propio *Galilea.*

Crítica Textual. Lecturas alternativas.

[1] ἐξῆλθεν, *salió,* lectura atestiguada en 𝔭$^{66, 75}$, א, B, C, D, W^{s}, 083^{vid}, *f*^{13}, 892, 1241, it, sir^{c}, co, Orígenes^{lem}.

καὶ ἀπῆλθεν, *y se fue*, según se lee en A, K, N, Γ, Δ, Θ, Ψ, f^1, 33, 565, 579, 700, 1424, 𝔐, aur ,vg, sir.

καὶ ἦλθεν, *vino*, conforme a K, vg^{mss}, sir^h.

Μετὰ δὲ τὰς δύο ἡμέρας. El versículo sirve de transición entre el tiempo pasado con los samaritanos y la estancia en Galilea. El enlace se hace mediante la frase *después de estos dos días*, que indica el cumplimiento de lo que Jesús había determinado antes, estar ese tiempo con los samaritanos (v. 40).

ἐξῆλθεν ἐκεῖθεν εἰς τὴν Γαλιλαίαν· El Señor salió de Samaria y se fue a Galilea. No se hace indicación directa a que lugar fue de aquella región. Por el contexto se sabe que estuvo en Caná. Pero, lo que interesa a Juan es hacer notar que el propósito inicial de Jesús había sido ir a Galilea a donde se dirigía desde un principio, antes de interrumpir el viaje en Sicar (v. 3).

44. Porque Jesús mismo dio testimonio de que el profeta no tiene honra en su propia tierra.

αὐτὸς γὰρ Ἰησοῦς ἐμαρτύρησεν ὅτι προφήτης ἐν τῇ ἰδίᾳ
Porque el mismo Jesús dio testimonio que profeta en la propia
πατρίδι τιμὴν οὐκ ἔχει.
patria honor no tiene.

Notas y análisis del texto griego.

Sigue: αὐτὸς, caso nominativo masculino de la tercera persona singular del pronombre intensivo, *él mismo*; γὰρ, conjunción causal *porque*; Ἰησοῦς, caso nominativo masculino singular del nombre propio *Jesús*; ἐμαρτύρησεν, tercera persona singular del aoristo primero de indicativo en voz activa del verbo μαρτυρέω, *testificar, testimoniar, dar testimonio*, aquí *dio testimonio*; ὅτι, conjunción *que*; προφήτης, caso nominativo masculino singular del nombre común *profeta*; ἐν, preposición propia de dativo, *en*; τῇ, caso dativo femenino singular del artículo determinado *la*; ἰδίᾳ, caso dativo femenino singular del adjetivo *propia*; πατρίδι, caso dativo femenino singular del nombre común *patria*; τιμὴν, caso acusativo femenino singular del nombre común *honra, honor, respeto*; οὐκ, forma escrita del adverbio de negación *no*, con el grafismo propio ante una vocal con espíritu suave o una enclítica; ἔχει, tercera persona singular del presente de indicativo en voz activa del verbo ἔχω, *tener, poseer*, aquí *tiene*.

αὐτὸς γὰρ Ἰησοῦς ἐμαρτύρησεν ὅτι προφήτης ἐν τῇ ἰδίᾳ πατρίδι τιμὴν οὐκ ἔχει. La presencia de la conjunción causal γὰρ, *porque*, condiciona todo el versículo, presentando las palabras de Jesús como *causa* de Su viaje a Galilea. No cabe duda que el texto es un tanto oscuro, y permite distintas aproximaciones a la razón de esas palabras.

Primeramente se trata de un *testimonio*, ἐμαρτύρησεν, de Jesús. Ese testimonio lo dio en un momento pasado, no en el presente del relato sino anticipado a la ida a Galilea y como razón por la que hace aquel viaje, *porque* el profeta no recibe honor en su propia patria.

Los mismos *padres de la iglesia*, tienen distintas interpretaciones del versículo. A modo de ejemplo las dos que siguen: Juan Crisóstomo dice:

"Debe entenderse en Cafarnaún. Allí, ciertamente, no gozó de honra. Escucha cuando dice: "Y tú, Cafarnaún, que te levantas hasta el cielo, hasta el infierno serás abatida. La llama su patria para indicar una razón de su encarnación y porque allí había pasado mucho más tiempo. ¿Por qué? ¿No vemos entre sus conciudadanos a muchos que le admiran? Si algunos han sido honrados en su patria, muchos más lo han sido en un país extranjero, porque la familiaridad acostumbra a generar desprecio[22]*".*

Por su parte Orígenes dice:

"El país de los profetas era Judea, pero ellos no recibieron ningún honor de los judíos, como es sabido, ya que fueron lapidados, aserrados, torturados, muertos a espada, privados de dignidad hasta el punto de vivir vestidos con piel de oveja o de cabra, necesitados, atribulados y maltratados... Lo que más duele en la afirmación del Salvador es que todo eso no sólo tuvo lugar en los santos profetas, despreciados por sus conciudadanos y en nuestro mismo Salvador, sino también en aquellos que de alguna manera eran sabios, pues fueron despreciados también por sus compatriotas e incluso algunos de ellos fueron ejecutados... pero lo más paradójico que sucedió respecto a los profetas es que sus conciudadanos los despreciaron cuando estaban vivos y, en cambio, los honraban después de muertos, construyendo sepulcros llenos de adornos[23]*".*

No hay problema en entender el significado de las palabras de Jesús, la dificultad existe en la razón por las que condicionan el viaje suyo a Galilea. De otro modo, se dice que volvió a Galilea porque *un*

---

[22] Juan Crisóstomo. *Homilías sobre el Ev. de Juan, 35, 2.*

[23] Orígenes, *Comentarios al Ev. de Juan, 13, 372, 376, 378.*

profeta no tiene honra en su propia patria. Algunos consideran que el Señor continúa con Su proyecto de ir a Galilea aunque sabe que ningún profeta tiene honra en su propia tierra, en este caso en Galilea[24]. Si bien la patria de Jesús comprende también todo el territorio de los judíos, tanto Galilea como Judea, en contraste con el territorio samaritano donde había sido bien recibido. Mientras éstos creían en las palabras de Jesús, los judíos le exigen milagros para creer (v. 48). El Señor es considerado galileo (cf. 1:46; 7:41, 52; 18:5, 7; 19:19). No es concordante este pensamiento con el texto, ya que Jesús va a Galilea *porque* sabe que un profeta no tenía honra en su propia tierra, pero no *a pesar* de ese conocimiento. Otros piensan que Jesús regresa a Galilea, porque en *Su tierra*, Judea, lugar de Su nacimiento, Su ministerio no había sido aceptado y Él mismo fue cuestionado[25]. Sin embargo el problema aquí es que la tierra de Jesús en el *Evangelio*, como se ha dicho antes, es Galilea. De ahí que los Apóstoles son galileos todos, salvo uno, Judas, que es de Judea. Aunque Jesús nació en Belén, su vida discurrió en Galilea, por tanto, esa era *Su tierra*. Una tercer opinión es que Jesús fue a Galilea cuando ya había ganado una cierta importancia como profeta en Judea, de modo que considera que si en su tierra el profeta no es honrado, en otro lugar que no lo fuese, como era Galilea, sería tratado honorablemente[26]. Aunque pudiera ser de este modo, debe tenerse en cuenta que es necesario hacer deducciones que no están fundamentadas en el versículo. Una tercera vía, posiblemente la más consecuente con el versículo es que Jesús fue a Galilea, porque allí, en Su tierra, no recibiría la honra que le hiciese alcanzar una popularidad tal que sirviese de base para un conflicto con los judíos. Eso produciría una crisis prematura que no sería buena para el tiempo que tenía todavía para realizar el programa que le había sido encomendado por el Padre. Esta decisión de Jesús de ir a Galilea, ocurrió ya antes cuando al entender que los fariseos habían oído que bautizaba a más discípulos que Juan, salió de Judea y se fue a Galilea (vv. 1-3).

Jesús se condujo siempre buscando no general conflictos. No era por miedo a lo que los judíos pudiesen hacerle, porque sólo sería apresado y muerto cuando llegase la hora, pero buscaba siempre la paz con todos, de modo que si fuera posible no hubiese conflictos.

---

[24] Entre otros F. W. Grosheide. *Kommentaar op het Nieuwe Testament, Johannes*. Amsterdam, 1950, vol. I, pág. 324.

[25] Entre ellos C. Bouma. *Het Evangelie naar Johannes*, en *Korte Verklaring*, Kampen, 1923, pág. 69.

[26] Entre otros R. C. H. Lensky. *The Interpretation of John*. Columbus, Ohio, 1931, págs. 332-335.

45. Cuando vino a Galilea, los galileos le recibieron, habiendo visto todas las cosas que había hecho en Jerusalén, en la fiesta; porque también ellos habían ido a la fiesta.

ὅτε οὖν ἦλθεν εἰς τὴν Γαλιλαίαν, ἐδέξαντο αὐτὸν οἱ
Cuando, pues, vino a - Galilea, recibieron lo los
Γαλιλαῖοι πάντα ἑωρακότες ὅσα ἐποίησεν ἐν Ἱεροσολύμοις
galileos todas las cosas habiendo visto que hizo en Jerusalén
ἐν τῇ ἑορτῇ, καὶ αὐτοὶ γὰρ ἦλθον εἰς τὴν ἑορτήν.
en la fiesta; porque también ellos fueron a la fiesta.

Notas y análisis del texto griego.

Sin interrupción, añade: ὅτε, conjunción causal *porque*; οὖν, conjunción ilativa *pues*; ἦλθεν, tercera persona singular del aoristo segundo de indicativo en voz activa del verbo ἔρχομαι, *venir*, aquí como *vino*; εἰς, preposición propia de acusativo *a*; τὴν, caso acusativo femenino singular del artículo determinado *la*; Γαλιλαίαν, caso acusativo femenino singular del nombre propio *Galilea*; ἐδέξαντο, tercera persona plural del aoristo primero de indicativo en voz media del verbo δέχομαι, *recibir, aceptar, acoger*, aquí *acogieron, recibieron*; αὐτὸν, caso acusativo masculino de la tercera persona singular del pronombre personal declinado *a Él, lo*; οἱ, caso nominativo masculino plural del artículo determinado *los*; Γαλιλαῖοι, caso nominativo masculino plural del adjetivo *galileos*; πάντα, caso acusativo neutro plural del adjetivo indefinido *todos*, en sentido de *todas las cosas*; ἑωρακότες, caso nominativo masculino plural del participio perfecto en voz activa del verbo ὁράω, *ver, mirar, observar*, aquí *habiendo visto*; ὅσα, caso acusativo neutro plural del pronombre relativo *que*; ἐποίησεν, tercera persona singular del aoristo primero de indicativo en voz media del verbo ποιέω, *hacer, realizar*, aquí *hizo*; ἐν, preposición propia de dativo *en*; Ἱεροσολύμοις, caso dativo neutro plural del nombre propio *Jerusalén*; ἐν, preposición propia de dativo *en*; τῇ, caso dativo femenino singular del artículo definido *la*; ἑορτῇ, caso dativo femenino singular del nombre común *festividad, fiesta*; καὶ, adverbio de modo *también*; αὐτοὶ, caso nominativo masculino de la tercera persona plural del pronombre intensivo *ellos*; γὰρ, conjunción causal *porque*; ἦλθον, tercera persona plural del aoristo segundo de indicativo en voz activa del verbo ἔρχομαι, *venir, regresar, retornar, ir*, aquí *fueron*; εἰς, preposición propia de acusativo *a*; τὴν, caso acusativo femenino singular del artículo determinado *la*; ἑορτήν, caso acusativo femenino singular del nombre común *fiesta*.

ὅτε οὖν ἦλθεν εἰς τὴν Γαλιλαίαν, El viaje de Jesús culminó en el lugar adonde se había propuesto, esto es, en Galilea. Los dos días en Sicar habían sido un paréntesis o, tal vez mejor, una pausa que ya había determinado porque le *era necesario pasar por Samaria*. Concluido el tiempo que se había propuesto y siguiendo el viaje, llegó a destino.

ἐδέξαντο αὐτὸν οἱ Γαλιλαῖοι. Los galileos lo recibieron amablemente. El verbo que usa Juan para referirse al recibimiento es δέχομαι, que se usa para dar la bienvenida a un invitado.

πάντα ἑωρακότες ὅσα ἐποίησεν ἐν Ἱεροσολύμοις ἐν τῇ ἑορτῇ, La razón de ese recibimiento era el impacto que causó en ellos *las cosas* que habían ocurrido durante la fiesta de la Pascua en Jerusalén. Muchos de ellos habían estado presentes y eran testigos de todas aquellas cosas. Juan no dice cual de ellas había causado la mayor impresión, simplemente destaca que aquella actitud era el resultado de lo que habían visto en la fiesta. Había limpiado el templo, lo que sin duda produjo muchas otras cosas después, pero, también ocurrieron otras antes. Jesús sanaba a los enfermos, echaba fuera demonios, y otras cosas sobrenaturales que ponían de manifiesto que realmente era el Hijo de Dios, aunque muchos no lo creyesen. El recibimiento era, sin duda, la disposición hacia quien reconocían como un hombre grande, posiblemente un profeta, algunos, los menos, se formularían la pregunta de la samaritana: ¿será el Cristo? Juan pone de manifiesto que el recibimiento que tributaban a Jesús no procedía de la fe, sino de las señales que habían visto durante el tiempo de la fiesta en Jerusalén.

καὶ αὐτοὶ γὰρ ἦλθον εἰς τὴν ἑορτήν. Muchos judíos de todos los lugares, que incluían también a los galileos, iban a Jerusalén en el día de la fiesta solemne de la Pascua, lugar en donde celebraban la festividad. Estos son los que sabiendo que Jesús venía lo recibieron sin hostilidades. Posiblemente los acontecimientos de Jerusalén eran ya conocidos por todos, no sólo por quienes los habían visto, sino por el relato que de ellos habían hecho a los que no estuvieron en Jerusalén.

La sanidad del hijo del oficial del rey (4:46-54).

46. Vino, pues, Jesús otra vez a Caná de Galilea, donde había convertido el agua en vino. Y había en Capernaum un oficial del rey, cuyo hijo estaba enfermo.

Ἦλθεν οὖν πάλιν[1] εἰς τὴν Κανὰ τῆς Γαλιλαίας, ὅπου ἐποίησεν
Vino, pues, otra vez a - Caná - de Galilea, donde hizo
τὸ ὕδωρ οἶνον. Καὶ ἦν τις βασιλικὸς[2] οὗ ὁ υἱὸς
el agua vino. Y había un funcionario del rey cuyo - hijo
ἠσθένει ἐν Καφαρναούμ.
estaba enfermo en Capernaum.

Notas y análisis del texto griego.

Iniciando el relato del milagro, dice: Ἦλθεν, tercera persona singular del aoristo segundo de indicativo en voz activa del verbo ἔρχομαι, *venir*, aquí como *vino*; οὖν, conjunción ilativa *pues*; πάλιν, adverbio de modo *de nuevo, otra vez*; εἰς, preposición propia de acusativo *a*; τὴν, caso acusativo femenino singular del artículo determinado *la*; Κανὰ, caso acusativo femenino singular del nombre propio *Caná*; τῆς, caso gentiivo femenino singular del artículo determinado *la*; Γαλιλαίας, caso genitivo femenino singular del nombre propio declinado *de Galilea*; ὅπου, ὅπου, adverbio relativo de lugar *donde, adonde*; ἐποίησεν, tercera persona singular del aoristo primero de indicativo en voz activa del verbo ποιέω, *hacer, producir, realizar, cometer*, aquí *hizo*; τὸ, caso acusativo neutro singular del artículo definido *el*; ὕδωρ, caso acusativo neutro singular del nombre común *agua*; οἶνον, caso acusativo masculino singular del nombre común *vino*; καὶ, conjunción copulativa *y*; ἦν, tercera persona singular del imperfecto de indicativo en voz activa del verbo εἰμί, *ser, estar, haber*, aquí *había*; τις, caso nominativo masculino singular del adjetivo indefinido *un, uno*; βασιλικὸς, caso nominativo masculino singular del adjetivo *funcionario real, familia del rey*; οὗ, caso genitivo masculino singular del pronombre relativo *el que, el cual, cuyo*; ὁ, caso nominativo masculino singular del artículo determinado *el*; υἱὸς, caso nominativo masculino singular del nombre común *hijo*; ἠσθένει, tercera persona singular del imperfecto de indicativo en voz activa del verbo ἀασθενέω, *estar enfermo*, aquí *estaba enfermo*; ἐν, preposición propia de dativo *en*; Καφαρναούμ, caso dativo femenino singular del nombre propio *Capernaum*, o mejor *Cafarnaún*.

[1] πάλιν, *otra vez*, lectura atestiguada en 𝔭[66,75], ℵ, B, C, D, K, W[s], 086, 33, 1241, lat, sir[c].

Ἰησοῦς, se añade *Jesús* en A, K, N, Γ, Δ, Θ, Ψ, *f*[1, 13], 565, 579, 700, 892, 1424, 𝔐, f, q, sir[p, h], bo[mss].

[2] βασιλισκὸς, *reyezuelo*, como se lee en D, a, bo[pt].

Ἦλθεν οὖν πάλιν εἰς τὴν Κανὰ τῆς Γαλιλαίας, ὅπου ἐποίησεν τὸ ὕδωρ οἶνον. Al llegar a Galilea, el Señor se situó en la ciudad de Caná, donde Juan recuerda al lector, que allí había hecho la *señal* de la conversión del agua en vino. La precisión de Juan sobre el lugar en que se encontraba Jesús, tiene gran importancia en relación con el milagro de la sanidad del hijo del *oficial del rey*, que se encontraba en Capernaum. La curación será a distancia. En los sinópticos aparecen dos casos semejantes, la del criado del centurión (Mt. 8:5-13; Lc. 7:2-10) y el de la mujer sirofenicia (Mt. 15:21-28; Mr. 7:24-30). Algunos consideran que los dos relatos, éste y el de la sanidad del siervo del centurión, son los mismos, presentados en diferente contexto. Pero, no hay razón alguna para identificarlos, puesto que las diferencias son notables. En el caso del centurión es un gentil, aquí es un funcionario de Herodes que, con toda probabilidad era judío. La curación del primero tiene lugar en Capernaum, aquí Jesús está en Caná. El centurión pidió a Jesús que no vaya a su casa, aquí el padre del enfermo le ruega que lo haga. En el caso del centurión fueron los ancianos quienes pidieron a Jesús por la sanidad del siervo, aquí es el mismo padre del enfermo que habla con Cristo. Las actitudes, circunstancias y lugares son diferentes, de modo que no deben ser confundidos los relatos.

Καὶ ἦν τις βασιλικὸς. El relato introduce aquí la figura del padre del joven enfermo. Se le califica como βασιλικὸς, que puede ser un funcionario al servicio del rey, o incluso alguien de la familia real. En el apartado de *Crítica Textual*, más arriba, se da la alternativa de lectura que aparece, entre otros, en el códice D, que se considera como una asimilación del término latino *regulus*. Sin embargo es más segura la lectura que se indica, lo que pudiera significar una persona de sangre real, o un funcionario de la corte, en cualquier caso sería alguien al servicio del rey. Josefo usa el término para hablar de jefes del ejército, y en especial a quienes estaban directamente al servicio de Herodes Antipas. Éste no era propiamente rey, sino un miembro de la dinastía herodiana, al que se daba el título de rey (Mr. 6:14). A este Herodes se le había asignado el territorio de Galilea y Pera, gobernando como *Tetrarca*, desde el año 4 a.C, hasta el 39 d.C. Se discute si el oficial era o no judío. El uso del imperfecto para referirse a este hombre, indica que hacía tiempo que era funcionario del rey, y que vivía en Capernaum.

οὗ ὁ υἱὸς ἠσθένει ἐν Καφαρναούμ. La segunda observación de Juan es que el hijo de este hombre estaba enfermo. No cabe duda que conocía bien el poder de Jesús y los milagros que había obrado, especialmente aquellos que tenían que ver con la sanidad de enfermos graves. Es muy posible que estuviese en Jerusalén en la última Pascua y presenciara los acontecimientos que tuvieron lugar allí. Esa es la razón por la que superando cualquier dificultad que lo que iba a hacer pudiera causarle, determinó acudir a Jesús, buscando ayuda para la situación de su hijo. Es claro que la dignidad humana no garantiza la salud física. La situación del hijo del palaciego es insuperable para quien tenía a su disposición cuantos recursos humanos necesitase, pero no servían para nada en aquella ocasión. El enfermo estaba en Capernaum, no en Caná donde se encontraba el Señor.

47. Éste, cuando oyó que Jesús había llegado de Judea a Galilea, vino a él y le rogó que descendiese y sanase a su hijo, que estaba a punto de morir.

οὗτος ἀκούσας ὅτι Ἰησοῦς ἥκει ἐκ τῆς Ἰουδαίας
Éste oyendo que Jesús había venido de - Judea
εἰς τὴν Γαλιλαίαν ἀπῆλθεν[1] πρὸς αὐτὸν καὶ ἠρώτα[2] ἵνα
a - Galilea fue a Él y rogaba que
καταβῇ καὶ ἰάσηται αὐτοῦ τὸν υἱόν, ἤμελλεν γὰρ
bajara y sanase de él al hijo, porque estaba a punto de
ἀποθνῄσκειν.
morir.

Notas y análisis del texto griego.

Sigue con οὗτος, caso nominativo masculino singular del pronombre demostrativo *éste*; ἀκούσας, caso nominativo masculino singular del participio de aoristo primero en voz activa del verbo ἀκούω, *oír, escuchar*, aquí *oyendo*; ὅτι, conjunción *que*; Ἰησοῦς, caso nominativo masculino singular del nombre propio *Jesús*; ἥκει, tercera persona singular del presente de indicativo en voz activa del verbo ἥκω, *haber llegado, haber venido*, aquí *había venido*; ἐκ, preposición propia de genitivo *de*; τῆς, caso genitivo femenino singular del artículo determinado *la*; Ἰουδαίας, caso genitivo femenino singular del nombre propio *Judea*; εἰς, preposición propia de acusativo *a*; τὴν, caso acusativo femenino singular del artículo determinado *la*; Γαλιλαίαν, caso acusativo femenino singular del nombre propio *Galilea*; ἀπῆλθεν, tercera persona singular del aoristo primero de indicativo en voz activa del verbo αφίημι, *despachar, despedir, dejar, abandonar, ir*, aquí *fue*; πρὸς, preposición propia de acusativo *a*; αὐτὸν, caso acusativo masculino de la tercera persona singular del pronombre personal *Él*; καὶ, conjunción copulativa *y*; ἠρώτα, tercera persona singular del imperfecto de indicativo en voz activa del verbo ἐρωτάω, *pedir, rogar, suplicar*, aquí *rogaba*; ἵνα, conjunción *que*; καταβῇ, tercera persona singular del segundo aoristo de subjuntivo en voz activa del verbo καταβαίνω, *descender, bajar*, aquí *bajara*; καὶ, conjunción copulativa *y*; ἰάσηται, tercera persona singular del aoristo primero de subjuntivo en voz media del verbo ἰάομαι, *sanar, curar*, aquí *sanase*; αὐτοῦ, caso genitivo masculino de la tercera persona singular del pronombre personal declinado *de Él*; τὸν, caso acusativo masculino singular del artículo determinado declinado *al*; υἱόν, caso acusativo masculino singular del nombre común *hijo*; ἤμελλεν, tercera persona singular del imperfecto de indicativo en voz activa del verbo μέλλω, *estar a punto de*, aquí *estaba a punto de*; γὰρ, conjunción causal *porque*; ἀποθνῄσκειν, presente de infinitivo en voz activa del verbo ακποθνῄσκω, *morir*.

Crítica Textual. Lecturas alternativas.

[1] ἀπῆλθεν, *fue*, según lectura en 𝔓[75].

ἦλθεν πρὸς αὐτὸν, *vino a Él*, lectura en ℵ*, C, $f^{1,13}$, 33, 565, 1241, it.

[2] αὐτὸν, *le*, se introduce en A, K, N, Γ, Δ, Θ, Ψ, $f^{1,13}$, 565, 579, 700, 1424, 𝔐, lat.

El texto traducido en el interlineal procede de: 𝔭[66, 75], ℵ, B, C, D, K, W[s], 083, 086, 33, 892, 1241, it.

οὗτος ἀκούσας ὅτι Ἰησοῦς ἥκει ἐκ τῆς Ἰουδαίας εἰς τὴν Γαλιλαίαν. El padre del enfermo tuvo noticias de que Jesús había llegado a Galilea procedente de Judea. Es lógico que no se haga mención a los dos días con los samaritanos, tal vez porque no lo conocían entre los judíos o por evitar la referencia ante la posición habitual de los judíos contra los samaritanos.

ἀπῆλθεν πρὸς αὐτὸν καὶ ἠρώτα ἵνα καταβῇ καὶ ἰάσηται αὐτοῦ τὸν υἱόν. Conocedor del poder de Jesús, sintiendo la incapacidad de dar solución al problema de su hijo enfermo, acudió a Jesús rogándole que descendiese con él a Capernaum para sanarlo. Este hombre entendía que para efectuar una curación tenía que estar junto al enfermo, de otro modo, debía llegar hasta la cama donde estaba. Otra limitación al conocimiento del oficial del rey es que entendía que el poder de Jesús se manifestaba antes de la muerte. Luego, era urgente que fuese con él, dada la condición en que se encontraba el hijo.

ἤμελλεν γὰρ ἀποθνῄσκειν. Juan hace otra vez una precisión para dar contenido al relato y presentar la verdadera situación. El enfermo estaba *a punto de* morir. Ese es el significado del verbo μέλλω, que se usa para referirse a lo que es inminente. No se trataba de una gravedad relativa sino total, cuyo final natural y lógico era la muerte próxima del enfermo. Para el padre, si había demora en acudir a su casa, el sanador no llegaría a tiempo.

48. Entonces Jesús le dijo: Si no viereis señales y prodigios, no creeréis.

εἶπεν οὖν	ὁ	Ἰησοῦς	πρὸς	αὐτόν·	ἐὰν	μὴ	σημεῖα	καὶ	τέρατα
Dijo, entonces,	-	Jesús	a	él:	Si	no	señales	y	prodigios

ἴδητε,	οὐ μὴ	πιστεύσητε.
viereis,	de ningún modo	creeréis.

Notas y análisis del texto griego.

Sin solución de continuidad, añade: εἶπεν, tercera persona singular del aoristo segundo de indicativo en voz activa del verbo εἶπον, usado como tiempo aoristo de λέγω, *hablar, decir*, aquí *dijo*; οὖν, conjunción ilativa *entonces*; ὁ, caso nominativo masculino singular del artículo determinado *el*; Ἰησοῦς, caso nominativo masculino singular del nombre propio *Jesús*; πρὸς, preposición propia de acusativo *a*; αὐτόν, caso acusativo masculino de la tercera persona singular del pronombre personal *él*; ἐὰν, conjunción afirmativa *si*; μὴ, partícula negativa que hace las funciones de adverbio de negación condicional, *no*; σημεῖα, caso acusativo neutro singular del nombre común *señales*; καὶ, conjunción copulativa *y*; τέρατα, caso acusativo neutro plural del nombre común *prodigios*; ἴδητε, segunda persona plural del aoristo segundo de subjuntivo en voz activa del verbo εἰδόν, forma aorista de ὁράω, *ver*, aquí como *viereis*; οὐ, adverbio de negación *no*; μὴ, partícula negativa que hace las funciones de adverbio de negación condicional, *no*; πιστεύσητε, segunda persona plural del aoristo segundo de subjuntivo en voz activa del verbo πιστεύω, *creer*, aquí *creeréis*.

εἶπεν οὖν ὁ Ἰησοῦς πρὸς αὐτόν· Es cierto que las palabras de Cristo se dirigen directa y personalmente al que había venido para rogarle que fuese con él. Pero, Jesús habla en plural, lo que indica que la observación no se dirige sólo al padre del enfermo, sino también a los que estaban con él. Esto permite suavizar la advertencia solemne de Jesús, aunque en modo alguno la elimina.

ἐὰν μὴ σημεῖα καὶ τέρατα ἴδητε, οὐ μὴ πιστεύσητε. Una fe que descansa en los milagros y prodigios que el Señor hacía, aunque no puede dejar de tenerse en cuenta, no es la que Él demanda hacia Su Persona. Mas adelante, ya casi al final del *Evangelio*, el Señor dice: "... *bienaventurados los que no vieron, y creyeron*" (20:29). Tanto las palabras de la cita como las que quedan registradas en el versículo, no son menospreciadoras, sino de amonestación, en una firme llamada a la fe. El padre del enfermo tuvo que conocer sobre las señales y prodigios de Jesús, es más, probablemente habría visto alguno de ellos. Ambas cosas, tanto las *señales* como los *prodigios*, no son dimensiones diferentes del hecho portentoso, sino apreciaciones desde dos puntos de vista diferentes. Las *señales*, como se ha indicado, son manifestaciones acreditativas sobre quien era Jesús. Los *prodigios*, los mismos hechos pero sin relación con una manifestación de identificación. En los milagros Jesús manifestaba su condición tanto de Mesías, como de Dios entre los hombres. Esta es la condición permanente del pueblo de Israel, necesitaban ver grandes portentos para creer y aún así seguían siendo incrédulos, esta terminología *señales y prodigios*, se toma del Antiguo Testamento (cf. Dt. 29:3; 34:11; Jer. 32:21; Dn. 6:27). El padre del muchacho tenía fe en Jesús, como se aprecia más adelante que al oír las palabras del Señor, creyó en ellas y se fue. Es necesario entender que la fe en el Señor le lleva a buscarlo para que cure al hijo enfermo. De ahí la sorprendente afirmación: *"si no viereis milagros no creeréis"*. Aquel padre, aunque creía, no lo hacía suficientemente, puesto que insistía en que Jesús fuese a su casa para sanar al hijo. De este modo la fe es vacilante y pequeña, al creer que no podría hacer el milagro sin estar presente en el lugar donde debía hacerse. El concedía valor a la presencia corporal de Jesús y no tanto a Su autoridad divina. No entendía todavía quien era el Señor, el creador de cielos y tierra, autor de todas las cosas (1:3).

49. El oficial del rey le dijo: Señor, desciende antes que mi hijo muera.

λέγει πρὸς αὐτὸν ὁ βασιλικός· Κύριε, κατάβηθι πρὶν
Dice a Él el funcionario del rey: Señor, desciende antes que
ἀποθανεῖν τὸ παιδίον μου.
muera el hijo de mí.

Notas y análisis del texto griego.

El ruego del padre: λέγει, tercera persona singular del presente de indicativo en voz activa del verbo λέγω, *hablar, decir*, aquí *dice*; πρὸς, preposición propia de acusativo *a*; αὐτὸν, caso acusativo masculino de la tercera persona singular del pronombre personal *Él*; ὁ, caso nominativo masculino singular del artículo determinado *el*; βασιλικός, caso nominativo masculino singular del nombre común *funcionario del rey*; Κύριε, caso vocativo masculino singular de nombre *Señor*; κατάβηθι, segunda persona singular del aoristo segundo de imperativo en voz activa del verbo καταβαίνω, *bajar, descender*, aquí *baja*; πρὶν, partícula invariable que hace oficio de conjunción, *antes que*; ἀποθανεῖν, aoristo segundo de infinitivo en voz activa del verbo ἀποθνήσκω, *fallecer, morir*, aquí en sentido de *muera*; τὸ, caso acusativo neutro singular del artículo determinado *el*; παιδίον, caso acusativo neutro singular del nombre común *niño, hijo*; μου, caso genitivo de la primera persona singular del pronombre personal declinado *de mí.*

λέγει πρὸς αὐτὸν ὁ βασιλικός· κύριε, κατάβηθι πρὶν ἀποθανεῖν τὸ παιδίον μου. La situación del hijo enfermo espolea la determinación del padre. El Maestro pareciera que no consideraba la urgencia de aquella realidad que él conocía bien. La fe del oficial del rey no es tan sólida como debiera. Él entendía que la sanidad de su hijo sólo era posible con la presencia en su casa del sanador, como ya se ha considerado antes. El amor hacia el hijo enfermo se pone de manifiesto en el uso de παιδίον, que es un diminutivo que equivale a *hijito*. El padre estaba diciendo: *Señor, desciende antes de que mi hijito muera.*

Las palabras de Jesús hubieran podido ser tomadas por el padre como un reproche, pero el amor por el hijo y la preocupación por su estado hacían que cualquier cosa dejase de tener importancia. Lo único que buscaba era conseguir la sanidad del enfermo. Por la forma pudiera entenderse que se trataba de un niño o de un adolescente.

50. Jesús le dijo: Ve, tu hijo vive. Y el hombre creyó la palabra que Jesús le dijo, y se fue.

λέγει αὐτῷ ὁ Ἰησοῦς· πορεύου, ὁ υἱός σου ζῇ. ἐπίστευσεν ὁ
Dice le - Jesús: Anda, el hijo de ti vive. Creyó el
ἄνθρωπος τῷ λόγῳ ὃν εἶπεν αὐτῷ ὁ Ἰησοῦς καὶ ἐπορεύετο.
hombre la palabra que dijo a él - Jesús y se marchó.

Notas y análisis del texto griego.

Continúa con: λέγει, tercera persona singular del presente de indicativo en voz activa del verbo λέγω, *hablar, decir*, aquí *dice*; αὐτῷ, caso dativo masculino de la tercera persona singular del pronombre personal declinado *a él, le*; ὁ, caso nominativo masculino singular del artículo determinado *el*; Ἰησοῦς, caso nominativo masculino singular del nombre propio *Jesús*; πορεύου, segunda persona singular del presente de imperativo en voz media del verbo πορεύομαι, *marcharse, seguir camino, ir*, aquí *vete, anda*; ὁ, caso nominativo masculino singular del artículo determinado *el*; υἱός, caso nominativo masculino singular del nombre común *hijo*; σου, caso genitivo de la segunda persona singular del pronombre personal declinado *de ti*; ζῇ, tercera persona singular del presente de indicativo en voz activa del verbo ζάω, *vivir*, aquí *vive*; ἐπίστευσεν, tercera persona singular del aoristo primero de indicativo en voz activa del verbo πιεστεύω, *creer*, aquí *creyó*; ὁ, caso nominativo masculino singular del artículo determinado *el*; ἄνθρωπος, caso nominativo masculino singular del nombre *hombre*; τῷ, caso dativo masculino singular del artículo definido *el*; λόγῳ, caso dativo masculino singular del nombre común *palabra, dicho*; ὃν, caso acusativo masculino singular del pronombre relativo *que*; εἶπεν, tercera persona singular del aoristo segundo de indicativo en voz activa del verbo εἴπον, usado como tiempo aoristo de λέγω, *hablar, decir*, aquí *dijo*; αὐτῷ, caso dativo masculino de la tercera persona singular del pronombre personal declinado *a él*; ὁ, caso nominativo masculino singular del artículo determinado *el*; Ἰησοῦς, caso nominativo masculino singular del nombre propio *Jesús*; καὶ, conjunción copulativa *y*; ἐπορεύετο, tercera persona singular del imperfecto de indicativo en voz media del verbo πορεύομαι, *irse, marcharse, seguir su camino*, aquí *se marchó*.

λέγει αὐτῷ ὁ Ἰησοῦς· πορεύου, ὁ υἱός σου ζῇ. Jesús contesta a la intranquilidad del padre. Él le pedía que descendiera cuanto antes porque su hijo estaba a punto de morir. Jesús le responde diciéndole que se fuese, porque su hijo vivía. La construcción gramatical es muy precisa: *Tu hijo está viviendo*, por consiguiente, *no morirá*. No se trataba de que continuara viviendo, sino que había salido de la enfermedad que le ponía en peligro de muerte. El Señor no hizo nada, ni dijo que se hiciese algo por parte del padre, simplemente había obrado la señal, el milagro, en la distancia. El hombre le había pedido que descendiese y sanara a su hijo, pero Jesús lo sanó sin descender.

ἐπίστευσεν ὁ ἄνθρωπος τῷ λόγῳ ὃν εἶπεν αὐτῷ ὁ Ἰησοῦς καὶ ἐπορεύετο. El oficial del rey creyó la palabra de Jesús. Sin duda esto pone de manifiesto la realidad de su fe. Aquel *anda y vete a tu casa*, fue algo más que una indicación, es la manifestación de la autoridad de Cristo, a cuya palabra cree y regresa seguro de la sanidad de su hijo, sin insistir más en que Jesús descendiera a su casa. La omnipotencia de Cristo sana totalmente a quien estaba en grave peligro a causa de su enfermedad. No dio a este padre ninguna señal, tan sólo le queda al oficial del rey la palabra de Jesús. Cree lo que le dijo y se va de allí. Este creer a la palabra de Jesús, dará paso más adelante (v. 53) a la fe salvadora que se manifestó en él.

51. Cuando ya él descendía, sus siervos salieron a recibirle, y le dieron nuevas, diciendo: Tu hijo vive.

ἤδη δὲ αὐτοῦ καταβαίνοντος οἱ δοῦλοι αὐτοῦ ὑπήντησαν
Y ya él descendiendo los siervos de él salieron al encuentro
αὐτῷ λέγοντες ὅτι ὁ παῖς αὐτοῦ[1] ζῇ.
le, diciendo que el hijo de él vive.

Notas y análisis del texto griego.

Siguiendo el relato, escribe: ἤδη, adverbio de tiempo *ya*; δὲ, partícula conjuntiva que hace las veces de conjunción coordinante, con sentido de *pero, más bien, y, y por cierto, antes bien*; αὐτοῦ, caso genitivo masculino de la tercera persona singular del pronombre personal *él*; καταβαίνοντος, caso dativo masculino singular del participio de presente en voz activa del verbo καταβαίνω, *descender, bajar*, aquí *descendiendo*; οἱ, caso nominativo masculino plural del artículo determinado *los*; δοῦλοι, caso nominativo masculino plural del nombre común *siervos, criados, esclavos*; αὐτοῦ, caso genitivo de la tercera persona singular del pronombre personal declinado *de él*; ὑπήντησαν, tercera persona plural del aoristo primero de indicativo en voz activa del verbo ὑπαντάω, *salir al encuentro*, aquí *salieron al encuentro*; αὐτῷ, caso dativo masculino de la tercera persona singular del pronombre personal declinado *a él, le*; λέγοντες, caso nominativo masculino plural del participio de presente en voz activa del verbo λέγω, *hablar, decir*, aquí *diciendo*; ὅτι, conjunción *que*; ὁ, caso nominativo masculino singular del artículo determinado *el*; παῖς, caso nominativo masculino singular del nombre común *hijo*; αὐτοῦ, caso genitivo masculino de la tercera persona singular del pronombre personal declinado *de él*; ζῇ, tercera persona singular del presente de indicativo en voz activa del verbo ζάω, *vivir*, aquí *vive*.

Crítica Textual. Lecturas alternativas.

[1] παῖς αὐτοῦ, *hijo de él*, lectura atestiguada en 𝔭[66*, 75], ℵ, A, B, C, W[s].

υἱός σου, *hijo de él, hijo suyo*, como se lee en 𝔭[66c], D, K, K, N, 33, 579, 892, 1241, sir[c, p, h].

ἤδη δὲ αὐτοῦ καταβαίνοντος οἱ δοῦλοι αὐτοῦ ὑπήντησαν αὐτῷ λέγοντες ὅτι ὁ παῖς αὐτοῦ ζῇ. Una frase construida con genitivo absoluto, aunque de una manera bastante libre, que aparece en algunas ocasiones en otros lugares del Nuevo Testamento y en escritos de aquellos días. Cuando ya descendía los siervos le salieron al encuentro. Posiblemente cuando el joven se recuperó, los criados de la casa, que bien podían ser esclavos al servicio del oficial del rey, salieron a buscarle para darle la noticia, las buenas nuevas de que su hijo estaba bien. Es interesante apreciar que los siervos repiten las mismas palabras que había dicho Jesús: *tu hijo vive*. Tres formas distintas se usan en el texto griego del pasaje para referirse al enfermo; Jesús habla del υἱός, que expresa más bien relación con el padre que edad; el padre le llama παιδίον, que indica cariño entrañable al usar el diminutivo *niñito*; los siervos se refieren a él como παῖς, que señala la poca edad del enfermo. En cualquier caso, el caso de gravedad se había resuelto y aquí, un niño es sanado por el poder de Jesús.

52. Entonces él les preguntó a qué hora había comenzado a estar mejor. Y le dijeron: Ayer a las siete le dejó la fiebre.

ἐπύθετο οὖν τὴν ὥραν παρ᾽ αὐτῶν ἐν ᾗ κομψότερον ἔσχεν·
Preguntó entonces la hora a ellos en que mejor se encontró;
εἶπαν οὖν αὐτῷ ὅτι ἐχθὲς ὥραν ἑβδόμην ἀφῆκεν αὐτὸν ὁ
dijeron, pues, le que ayer a hora séptima dejó le la
πυρετός.
fiebre.

Notas y análisis del texto griego.

Continúa con ἐπύθετο, tercera persona singular del aoristo segundo de indicativo en voz media del verbo πυνθάνομαι, *averiguar, interrogar, preguntar, enterarse*, aquí *preguntó*; οὖν, conjunción ilativa *entonces*; τὴν, caso acusativo femenino singular del artículo determinado *la*; ὥραν, caso acusativo femenino singular del nombre común *hora*; παρ', preposición propia de genitivo en la forma que adopta la preposición παρά, por elisión de la α final cuando precede a una palabra que comienza con vocal, equivale a *de*, aquí *a*; αὐτῶν, caso genitivo masculino de la tercera persona plural del pronombre personal *ellos*; ἐν, preposición propia de dativo *en*; ᾗ, caso dativo femenino singular del pronombre relativo *que*; κομψότερον, adverbio comparativo *mejor*; ἔσχεν, tercera persona singular del aoristo segundo de indicativo en voz activa del verbo ἔχω, *tener, poseer, encontrarse*, aquí *se encontró*; εἶπαν, tercera persona plural del aoristo segundo de indicativo en voz activa del verbo εἶπον, usado como tiempo aoristo de λέγω, *hablar, decir*, aquí *dijeron*; οὖν, conjunción ilativa, *pues, entonces*; αὐτῷ, caso dativo masculino de la tercera persona singular del pronombre personal declinado *a él, le*; ὅτι, conjunción *que*; ἐχθὲς, adverbio de tiempo *ayer*; ὥραν, caso acusativo femenino singular del nombre común declinado *a hora*; ἑβδόμην, caso acusativo femenino singular del adjetivo numeral ordinal *séptima*; ἀφῆκεν, tercera persona singular del aoristo primero de indicativo en voz activa del verbo ἀφίημι, *despedir, despachar, exhalar, permitir, dejar*, aquí *dejó*; αὐτὸν, caso acusativo masculino de la tercera persona singular del pronombre personal declinado *a él, le*; ὁ, caso nominativo masculino singular del artículo determinado *el*; πυρετός, caso nominativo masculino singular del nombre común *fiebre, calentura*.

ἐπύθετο οὖν τὴν ὥραν παρ' αὐτῶν ἐν ᾗ κομψότερον ἔσχεν· El hombre preguntó a los siervos a que hora se había producido la restauración de la salud del enfermo. ¿Era una forma de manifestar algo de incredulidad hacia Jesús? Algunos intérpretes lo entienden así, pero, más bien debiera considerarse esto como una confirmación de su fe en la omnipotencia de Jesús. La hora del milagro podría muy bien, como así era, coincidir con las palabras de Cristo: *Anda, tu hijo vive*.

εἶπαν οὖν αὐτῷ ὅτι ἐχθὲς ὥραν ἑβδόμην ἀφῆκεν αὐτὸν ὁ πυρετός. Los criados respondieron a la pregunta precisándole la hora: *ayer, a la hora séptima*. Esto confirmaba que la sanidad de su hijo coincidía con el momento en que el Señor le había dicho que *vivía*. ¿Cuál es el cómputo de este tiempo? Con toda probabilidad Juan sigue en el *Evangelio* el romano. La mejor evidencia es que si se tratase del cómputo judío, sería la una de la tarde, lo que convierte en ilógico que el padre, con la gravedad de su hijo, se quedase en Caná hasta el día siguiente, cuando la distancia entre las dos ciudades era de unos veinticinco kilómetros. En cambio, si era la hora romana, las siete de la tarde, se explicaría que caminando de noche llegase a su casa al día siguiente, como se aprecia en el relato.

Es de notar que la sanidad del hijo enfermo fue instantánea, ya que los criados hablan de que a esa hora *le dejó la fiebre*, y que la coincidencia fue exactísima produciéndose en el mismo momento en que Jesús lo había dicho el día anterior. Es notable ver la precisión del tiempo, ya que no se habla de *cómo a la hora séptima*, sino que se dice que fue *a la hora séptima*. La fiebre *le dejo*, como quien no puede resistir la voz de autoridad del Señor de cielos y tierra. La enfermedad no podía resistir y abandona al que antes estaba a punto de morir.

53. El padre entonces entendió que aquella era la hora en que Jesús le había dicho: Tu hijo vive; y creyó él con toda su casa.

ἔγνω οὖν ὁ πατὴρ[1] ὅτι [ἐν][2] ἐκείνῃ τῇ ὥρᾳ ἐν ᾗ εἶπεν
Entendió entonces el padre que en aquélla - hora en la que dijo
αὐτῷ ὁ Ἰησοῦς· ὁ υἱός σου ζῇ, καὶ ἐπίστευσεν αὐτὸς καὶ ἡ
le - Jesús: El hijo de ti vive, y creyó él y la
οἰκία αὐτοῦ ὅλη.
casa de él toda.

Notas y análisis del texto griego.

Cerrando el relato, escribe: ἔγνω, tercera persona singular del segundo aoristo de indicativo en voz activa del verbo γινώσκω, *conocer, comprender, enterarse, saber*, aquí *entendió*; οὖν, conjunción ilativa *pues, entonces*; ὁ, caso nominativo masculino singular de artículo determinado *el*; πατὴρ, caso nominativo masculino singular del nombre común *padre*; ὅτι, conjunción *que*; ἐν, preposición propia de dativo *en*; ἐκείνῃ, caso dativo femenino singular del pronombre demostrativo *esa, aquélla*; τῇ, caso dativo femenino singular del artículo determinado *la*; ὥρᾳ, caso dativo femenino singular del nombre común *hora*; ἐν, preposición propia de dativo *en*; ᾗ, caso dativo femenino singular del pronombre relativo *la que*; εἶπεν, tercera persona singular del aoristo segundo de indicativo en voz activa del verbo εἴπον, usado como tiempo aoristo de λέγω, *hablar, decir*, aquí *dijo*; αὐτῷ, caso dativo masculino de la tercera persona singular del pronombre personal declinado *a él, le*; ὁ, caso nominativo masculino singular del artículo determinado *el*; Ἰησοῦς, caso nominativo masculino singular del nombre propio *Jesús*; ὁ, caso nominativo masculino singular del artículo determinado *el*; υἱός, caso nominativo masculino singular del nombre común *hijo*; σου, caso genitivo de la segunda persona singular del pronombre personal declinado *de ti*; ζῇ, tercera persona singular del presente de indicativo en voz activa del verbo ζάω, *vivir*, aquí *vive*; καὶ, conjunción copulativa *y*; ἐπίστευσεν, tercera persona singular del aoristo primero de indicativo en voz activa del verbo πιστεύω, *creer*, aquí *creyó*; αὐτὸς, caso nominativo masculino de la tercera persona singular del pronombre personal intensivo *él*; καὶ, conjunción copulativa *y*; ἡ, caso nominativo femenino singular del artículo determinado *la*; οἰκία, caso nominativo femenino singular del nombre común *casa, familia*; αὐτοῦ, caso genitivo masculino de la tercera persona singular del pronombre personal declinado *de él*; ὅλη, caso nominativo femenino singular del adjetivo *toda*.

Crítica Textual. Lecturas alternativas.

[1] Se añade aquí αὐτοῦ, *de él*, en 𝔭66, C, N, T, *f*13, 1241, e, f, sir, sa, pbo, bo.

[2] ἐν, no esta en 𝔭75, ℵ*, B, C, T, 1, 892.

El texto usado es la lectura en 𝔭66, ℵ2, A, D, K, K, N, Ws, Γ, Δ, Θ, Ψ, 078, *f*13, 33, 565, 579, 700, 1241, 1424, 𝔐, e, f.

ἔγνω οὖν ὁ πατὴρ ὅτι [ἐν] ἐκείνῃ τῇ ὥρᾳ ἐν ᾗ εἶπεν αὐτῷ ὁ Ἰησοῦς· ὁ υἱός σου ζῇ, El padre *entiende*, o *comprende* que la hora que los criados le indicaron coincidía con el momento en que Jesús le mandó irse porque su hijo había sido sanado. Aquello era suficiente para él. Si había habido alguna duda, como es propio del hombre ante sucesos portentosos, ya no existía. Jesús era mucho más que un profeta con autoridad, la sanidad a distancia, sin ninguna expresión que lo indicase, sólo podía ser una obra de Dios. Su mano estaba sobre aquel acontecimiento.

καὶ ἐπίστευσεν αὐτὸς καὶ ἡ οἰκία αὐτοῦ ὅλη. La segunda revelación del versículo está también vinculada con la fe, pero en este caso con la fe salvadora. En el día anterior el padre había creído *la palabra* de Jesús, ahora cree en *la Persona* de Jesús. Depositar la fe en el Salvador trae aparejado el perdón de pecados y la vida eterna (3:16). La bendición temporal, en el sentido de la sanidad del enfermo, fue la puerta para la bendición eterna. Pero la salvación alcanzó, junto con él, a *toda su casa*. No quiere decir que porque él fue salvo, lo fue también su casa, sino que de la forma en que él fue salvo, así también lo fueron los demás. El término *casa* comprende a la familia y a la servidumbre. Es muy posible que los criados que llevaron la noticia de la sanidad del hijo enfermo recibiesen, con el resto de la casa, el informe del padre que les habría contado lo que Jesús hizo. No era necesario otra investigación sobre quien era el que sanó al enfermo, sólo había una necesidad, creer que Jesucristo era el Mesías, el Hijo de Dios, el Salvador del mundo y depositar la fe en Él. Como en el caso de la samaritana con la que se inició el capítulo, el testimonio de una persona sirve para que muchos lleguen al Señor y sean suyos.

Así escribe Teodoro de Mopsuestia haciendo un resumen del acontecimiento:

"Cuando aquí escribe 'creyó', el evangelista no pretende decir que su fe fuera perfecta y cabal, sino que aceptó la palabra sin dudar,

esperando de Jesús algo extraordinario... Los acontecimientos que siguieron, dan claras muestras de que la fe del funcionario real no era perfecta. Cuando bajaba, sus siervos le salieron al encuentro y le contaron el restablecimiento de su hijo. Él no volvió para dar gracias por el milagro, sino que preguntó a qué hora había recobrado la salud del niño. Una vez hubo constatado que fue a la misma hora en que el Señor le había asegurado que su hijo había sanado, 'entonces creyó él y toda su familia[27]*"*.

Juan registra esta *señal* y hace notar también aquí el propósito del *Evangelio*, que estos sucesos extraordinarios lleven al conocimiento real y vivencial de Cristo. Es un suceso que consigue un propósito divino, la salvación de los perdidos, misión encomendada al Hijo de Dios en Su ministerio terrenal. Es interesante apreciar aquí que con una sola palabra de Cristo se sanan dos personas. El hijo de la enfermedad física, el padre de la enfermedad espiritual. Ambos tenían serías necesidades y todas ellas fueron resueltas por Jesús. Luego la bendición alcanzará a otros que pasan también de *muerte a vida*.

54. Esta segunda señal hizo Jesús, cuando fue de Judea a Galilea.

Τοῦτο [δὲ][1] πάλιν δεύτερον σημεῖον ἐποίησεν[2] ὁ Ἰησοῦς
Y esta también segunda señal hizo - Jesús
ἐλθὼν ἐκ τῆς Ἰουδαίας εἰς τὴν Γαλιλαίαν.
viniendo de - Judea a - Galilea.

Notas y análisis del texto griego.

Añade una precisión: Τοῦτο, caso acusativo neutro singular del pronombre demostrativo *esto*; δὲ, partícula conjuntiva que hace las veces de conjunción coordinante, con sentido de *pero, más bien, y, y por cierto, antes bien*; πάλιν, adverbio de modo *de nuevo, otra vez, también*; δεύτερον, caso acusativo neutro singular del adjetivo numeral ordinal *segundo*, también puede ser *adverbio*, que señalaría el milagro que sigue inmediato al primero; σημεῖον, caso acusativo neutro singular del nombre común *señal*; ἐποίησεν, tercera persona singular del aoristo primero de indicativo en voz activa del verbo ποιέω, *hacer, producir, realizar*, aquí *hizo*; ὁ, caso nominativo masculino singular del artículo determinado *el*; Ἰησοῦς, caso nominativo masculino singular del nombre propio *Jesús*; ἐλθὼν, caso nominativo masculino singular del participio aoristo segundo en voz activa del verbo ἔρχομαι, *venir, llegar, regresar, ir*, aquí *viniendo*; ἐκ, preposición propia de genitivo *de*; τῆς, caso genitivo femenino singular del artículo determinado *la*; Ἰουδαίας, caso genitivo femenino singular del nombre propio *Judea*; εἰς, preposición propia

[27] Teodoro de Mopsuestia. *Comentario al Ev. De Juan, 2, 4, 46-48.*

de acusativo, *a*; τὴν, caso acusativo femenino singular del artículo determinado *la*; Γαλιλαίαν, caso acusativo femenino singular del nombre propio *Galilea*.

Crítica Textual. Lecturas alternativas.

[1] δὲ, *y*, según se acredita en 𝔭$^{66, 75}$, B, C*, T, W^{s}, 078^{c}, *f*^{13}, 1241, pbo, bo^{pt}, Orígenes.

No está en ℵ, A, C^{2}, D, K, K, N, Γ, Δ, Θ, Ψ, 078^{*vid}, *f*^{1}, 33, 565, 700, 892, 1424, 𝔐, latt, sir, sa, bo^{pt}.

[2] δεύτερον σημεῖον ἐποίησεν, *segunda señal hizo*, según 𝔭$^{66, 75}$, B, C*, T, W^{s}, 078^{c}, *f*^{13}, 1241, pbo, bo^{pt}, Orígenes.

δεύτερον ἐποίησεν σημεῖον, *segunda hizo señal*, lectura en ℵ, W^{s}.

ἐποίησεν δεύτερον σημεῖον, *hizo segunda señal*, como se lee en 𝔭^{75}.

Τοῦτο [δὲ] πάλιν δεύτερον σημεῖον ἐποίησεν ὁ Ἰησοῦς ἐλθὼν ἐκ τῆς Ἰουδαίας εἰς Γαλιλαίαν, Este milagro, al igual que el primero, cierra una de las secciones del *Evangelio*. La construcción gramatical aparece sin ningún artículo, tan sólo con un predicado en acusativo. El evangelista se refiere a un segundo milagro que Jesús hizo en Galilea. No se trata del segundo milagro de todos los que tuvieron lugar en aquel territorio, sino del segundo de los que Juan menciona en el *Evangelio*, ya que antes habló de otros milagros (2:23). Pero muchos otros tuvieron lugar en Jerusalén, por tanto no puede ser el segundo de todos lo que el Señor hizo. La oración debe entenderse así: *De nuevo Jesús hizo un milagro cuando iba de Judea a Galilea*. El primero de los que Juan relata fue el de la conversión del agua en vino, este es el segundo de los que escribe. En la primera *señal* se pone de manifiesto el poder del Creador sobre la naturaleza, en esta hace notar que no hay distancia que Su gracia no pueda superar para venir al encuentro del necesitado. Ambas señales sirven para poner fe en el corazón para que crean en Él.

Seleccionando alguna aplicación personal se aprecia una seria advertencia: tiene que ver con la *adoración* y el modo correcto en que debe hacerse. En ocasiones se confunde el hecho de que la adoración no es una actividad, sino una actitud. Cuando se considera equivocadamente que es lo primero, se convierte este privilegio y obligación cristiana en una expresión de religiosidad. Como la samaritana se vincula la adoración a formas y lugares. Esto es notable en el tiempo actual. Cada grupo religioso se considera como poseedor de la forma de manifestar la adoración que Dios acepta. El relato de la samaritana nos enseña que no son ni formas ni lugares, sino disposición correcta del corazón delante de Dios. La adoración se expresa en una correcta relación con Cristo, *en verdad*, y en el impulso poderoso del Espíritu Santo. Nadie puede estar en comunión con la *Verdad*, a no ser que manifieste santidad de vida, compromiso con la Palabra y amor desinteresado, tanto hacia los hermanos, como hacia la familia y también hacia el mundo perdido. Ninguna adoración puede ser aceptada por Dios si no hay amor sincero hacia los hermanos. Nadie puede adorar en forma correcta si no presta seria atención a la familia atendiendo de ella en todas sus necesidades, espirituales y materiales.

Otra lección importante tiene que ver con el alcance de la salvación. Dios hace en Cristo *salvable* a todo hombre. Aquellos que para los religiosos del tiempo de Cristo eran escoria espiritual e indignos de cualquier bendición de Dios, son objetos de la gracia divina que provee para ellos un camino de salvación al creer en Jesús. Nadie puede ser considerado como indigno de ser salvo, puesto que nadie es digno de la gracia de Dios. Esto nos debiera impulsar a predicar el evangelio a toda criatura, dejando en manos de Dios la operación salvadora y situando al hombre en la responsabilidad que tiene de creer o rechazar.

Finalmente el milagro de la sanidad del hijo del oficial del rey, nos lleva a entender que el Señor tiene todo el poder. Jesús es el Dios de los milagros, tanto en el tiempo de Su ministerio como en el de hoy. El mayor milagro que el mundo puede ver hoy operado por la omnipotencia de Cristo, es la transformación de vida de quienes creemos en Él y le hemos rendido las nuestras. Una vida que afirme ser cristiana tiene necesariamente que vivir en santidad, puesto que no se trata de *hablar* de Cristo, sino de *vivir* a Cristo. La santidad no es una opción de vida sino la única forma expresiva de la salvación.

CAPÍTULO V

MILAGRO Y CONFRONTACIÓN.

Introducción.

Con este capítulo se inicia la tercera división del *Evangelio* que podría titularse como *Oposición al Verbo encarnado* ya que en ella se aprecia el continuo conflicto provocado por el liderazgo religioso de Israel contra Jesús. El Señor fue presentado por Juan al pueblo de Israel como el Mesías anunciado, de quien el bautista era el precursor, cumpliendo de este modo la profecía. Un grupo de personas se hicieron seguidores de Jesús, entre los que estaban algunos discípulos de Juan. El grupo reconocía en Él al Mesías prometido. Constantemente les manifiesta Su gloria de modo que, a medida que el tiempo pasaba, se asentaba en Él más y más la fe de ellos. Las enseñanzas de Cristo causaban, por el contrario, serio rechazo en aquellos líderes religiosos que habían usado de ella para establecer el control sobre el pueblo. Las pretensiones de éstos era alcanzar la justificación por la fe mediante las obras de la ley. Jesús, al principio de Su ministerio, en conversación con Nicodemo, uno de ellos, le enseño que la única forma de acceder al reino era mediante el nuevo nacimiento, con lo que ponía fin al esfuerzo de alcanzarla mediante las obras que el hombre podría hacer. Continuamente los detractores, más que ello, enemigos de Jesús, buscaban ocasión para encontrar en Él un motivo que les permitiese acusarle conforme a la Ley. Sin conseguir nada válido para ello, orientaron sus acusaciones a las sanidades que el Señor hacía el día del sábado, sagrado para ellos, por lo que cualquier trabajo en él era contrario a la Ley. Para esta acusación tenían que incorporar como trabajo prohibido las obras de misericordia, como eran la sanidad de un enfermo. Este fanatismo perverso incrementó poco a poco, no sólo el rechazo, sino el odio contra el Maestro, puesto que las acciones fluían como consecuencia de la envidia, ya que las multitudes, dejándolos a ellos, iban tras Jesús.

Un aspecto que iba a proveerles de base acusatoria, consistía en que Cristo se presentaba como Señor del sábado, por tanto, libre de lo que ellos consideraban como obligatorio en ese día. Pero, a esto se añadía lo que declaraba sobre la relación paterno-filial con el Padre celestial, del que se presentaba como Hijo en términos que hacía creer que era un atrevimiento blasfemo contra la unicidad de Dios. Los líderes religiosos reaccionaron inmediatamente acusándole delante de todos y comenzando a mencionar la palabra *blasfemia*, que traía aparejada, conforme a la Ley, la pena capital. Aunque las confrontaciones estuvieron presentes desde el principio de Su ministerio, se agravan de forma notable desde esta parte del *Evangelio* en adelante.

En el pasaje se aprecia una de ellas con motivo de la curación de un enfermo en el día del sábado, sobre todo cuando el Señor afirma que su actividad está vinculada con el trabajo del Padre (v. 17). Esta verdad supone una confrontación directa entre los hombres y Dios. La luz que se hizo manifiesta en la Persona de Cristo, sorprende la pecaminosidad del hombre y la confrontación se hace inevitable. Ya no se trata de discusiones más o menos intensas, sino que surge reiteradamente la amenaza de muerte que pesa sobre Jesús. Continuamente hace una invitación a la gente, que incluye a los fariseos, para que crean que es el Hijo de Dios, el enviado del Padre, y para que creyendo de este modo tengan vida eterna, ya que Él es quien tiene vida eterna en Sí mismo y puede comunicarla al creyente (v. 26). Con toda claridad la enseñanza de Jesús pone delante de todos cuál era la misión del enviado, la de dar vida. A esta enseñanza acompaña señales que ponen de manifiesto, no sólo Su poder, sino la verdad de lo que está enseñando.

En la lectura del capítulo se aprecian tres episodios: un milagro, una controversia y un discurso. El milagro es el de la sanidad del hombre lisiado en el estanque de Betesda. La controversia se produce con los líderes religiosos a quienes Juan llama habitualmente *los judíos*, como consecuencia de haber operado la sanidad en sábado. El discurso es un pasaje revelador en el que Jesús habla de Su relación con el Padre y se presenta como el enviado de Dios. Los *críticos* hablan, como en casi todo el *Evangelio* de traslaciones textuales, sugiriendo, en el mejor de los casos, que se trata de una compilación y organización artificial de tres cuerpos diferentes tomados de distintas fuentes. Sin embargo, es más difícil precisar donde comienzan y terminan las divisiones, que aceptarlas como algunos proponen. Al leer el pasaje sin prejuicio, se aprecia que estamos ante una estructura juanina. En él se descubre que el texto introduce al lector en el conflicto, que externamente se manifiesta en la hostilidad de los líderes religiosos contra Jesús, pero internamente, consecuencia inevitable de la actitud externa, surge por la manifestación de la misión del Hijo de Dios, que dependiente del obrar del Padre se manifiesta claramente en el entorno del pueblo. Esta vinculación, no es apreciada por los religiosos de entonces, siendo rechazada porque no concuerda con los criterios tradicionales que la religión enseñaba.

En el drama del capítulo se asocian tres grupos: Jesús, el enfermo y los judíos. Estos se unen de dos en dos: Primeramente aparece Jesús y el enfermo; luego el enfermo sanado y los judíos; finalmente el hombre sanado y Jesús. Juan pretende destacar, como en otros lugares la Persona de Jesucristo, por lo que en todo el relato no se menciona a los discípulos, para resaltar al Señor.

El bosquejo analítico para el estudio del texto, es el que se ha dado en la introducción, como sigue:

III. Oposición al Verbo encarnado (5:1-12:50).

1. Confrontación en Jerusalén (5:1-47).
 1.1. Sanidad de un paralítico (5:1-9).
 1.2. La reacción contra Jesús (5:10-18).
 1.3. El discurso de Jesús (5:19-47).

III. Oposición al Verbo encarnado (5:1-12:50).

Confrontación en Jerusalén (5:1-47).

Sanidad de un paralítico (5:1-9).

1. Después de estas cosas había una fiesta de los judíos, y subió Jesús a Jerusalén.

Μετὰ ταῦτα[1] ἦν ἑορτὴ τῶν Ἰουδαίων[1] καὶ ἀνέβη
Después de estas cosas era fiesta de los judíos y subió
Ἰησοῦς[3] εἰς Ἱεροσόλυμα.
Jesús a Jerusalén.

Notas y análisis del texto griego.

Iniciando un nuevo relato, escribe: Μετὰ, preposición propia de acusativo *después de*; ταῦτα, caso acusativo neutro plural del pronombre demostrativo *estos*, en sentido de *estas cosas*; ἦν, tercera persona singular del imperfecto de indicativo en voz activa del verbo εἰμί, *ser, estar*, aquí *era*; ἑορτὴ, caso nominativo femenino singular del nombre común *fiesta, festividad*; τῶν, caso genitivo masculino plural del artículo determinado declinado *de los*; Ἰουδαίων, caso genitivo másculino plural del adjetivo *judíos*; καὶ, conjunción copulativa *y*; ἀνέβη, tercera persona singular del aoristo segundo de indicativo en voz activa del verbo ἀναβαίνω, *subir, ascender*, aquí *subió*; Ἰησοῦς, caso nominativo masculino singular del nombre propio *Jesús*; εἰς, preposición propia de acusativo *a*; Ἱεροσόλυμα, caso acusativo neutro plural del nombre propio *Jerusalén*.

Crítica Textual. Lecturas alternativas.

[1] Se añade ἡ, *la*, en ℵ, C, K, Δ, Ψ, f^1, 33, 892, 1424, pm.

[2] Sigue ἡ σκηνοπγία, *la fiesta de los tabernáculos*, según lectura en 131.

[3] ’Ιησοῦς, se omite el nombre en ℵ, C, N, T, W^s, Γ, Δ, Θ, $f^{1, 13}$, 33, 565, 579, 700, 892, 1241, 1424, 𝔐.

El texto como se usa aquí se atestigua por $\mathfrak{p}^{66, 75}$, A, B, D, K, K, Ψ, 078.

Μετὰ ταῦτα ἦν ἑορτὴ τῶν ’Ιουδαίων καὶ ἀνέβη. Juan deja su habitual precisión espacio-temporal, para referirse a la fiesta de los judíos sin indicar cual de ellas era. Según el texto en 7:2, se trataba de la fiesta de los *tabernáculos*. Pero, no hay evidencia segura para precisarlo. Como se puede apreciar en el apartado de la *Crítica Textual*, el artículo definido *la* está presente en algunos papiros y códices, y ausente en otros, si bien la coincidencia entre algunos de los más seguros[1] en donde no aparece, sirve para descartar la Pascua, festividad por excelencia entre los judíos y en donde se acompaña siempre del artículo. La fiesta no es lo importante para el evangelista, sino la ocasión en que va a celebrarse el milagro en los días de la fiesta, que era un sábado. Simplemente el escritor usa una expresión transitoria: *Después de estas cosas*, que aparece siete veces en el *Evangelio* (cf. 3:22; 5:1, 14; 6:1; 7:1; 19:38; 21:1). Aunque la expresión pudiera significar inmediatez con lo que antecede, no requiere expresamente que sea algo que sucedió inmediatamente a lo que se relata antes pero sí que era algo próximo.

’Ιησοῦς εἰς ‘Ιεροσόλυμα. A esta fiesta fue Jesús, para lo que subió desde Galilea a Jerusalén. En el relato se destaca el nombre de Jerusalén, la ciudad santa, lugar donde va a producirse, además de una nueva señal con el milagro de la sanidad del paralítico, el conflicto entre los judíos y Jesús que, como se dice antes en la introducción del capítulo, va a seguir hasta el momento de la crucifixión. No se dice nada de los discípulos, aunque sin duda estaban con el Señor, puesto que desde el llamamiento a cada uno de ellos y de la formación del grupo, nunca aparece sólo salvo en las dos ocasiones en que los envió a predicar el evangelio. Se dice que Jesús *subió* a Jerusalén, la forma propia de los judíos para referirse al traslado a la ciudad santa desde

[1] Entre ellos la coincidencia en los papiros $\mathfrak{p}^{66}$, y $\mathfrak{p}^{75}$.

cualquier punto del país, considerándola más alta que todas las demás porque en ella estaba el templo.

2. Y hay en Jerusalén, cerca de la puerta de las ovejas, un estanque, llamado en hebreo Betesda, el cual tiene cinco pórticos.

Ἔστιν δὲ ἐν τοῖς Ἱεροσολύμοις ἐπὶ τῇ προβατικῇ
Y está en - Jerusalén junto a la puerta de las ovejas
κολυμβήθρα ἡ ἐπιλεγομένη[1] Ἑβραϊστὶ Βηθζαθὰ[2] πέντε στοὰς
piscina la llamada en hebreo Betesda nueve pórticos
ἔχουσα.
que tiene.

Notas y análisis del texto griego.

Inicia un nuevo párrafo con Ἔστιν, tercera persona singular del presente de indicativo en voz activa del verbo εἰμί, *ser, estar*, aquí *está*; δὲ, partícula conjuntiva que hace las veces de conjunción coordinante, con sentido de *pero, más bien, y, y por cierto, antes bien*; ἐν, preposición propia de dativo *en*; τοῖς, caso dativo neutro plural del artículo determinado *los*; Ἱεροσολύμοις, caso dativo neutro plural del nombre propio *Jerusalén*; ἐπὶ, preposición propia de dativo *junto a*, τῇ, caso dativo femenino singular del artículo determinado *la*; προβατικῇ, caso dativo femenino singular del adjetivo *puerta de ovejas*; κολυμβήθρα, caso nominativo femenino singular del nombre común *piscina, estanque*; ἡ, caso nominativo femenino singular del artículo determinado *la*; ἐπιλεγομένη, caso nominativo femenino singular del participio de presente en voz pasiva del verbo ἐπιλέγω, *nombrado, sobrenombrado*, en general *llamar*, aquí *que se llama, llamada*; Ἑβραϊστὶ, adverbio *en hebreo*; Βηθζαθὰ, caso nominativo femenino singular del nombre propio *Betesda*; πέντε, adjetivo numeral cardinal *nueve*; στοὰς, caso acusativo femenino plural del nombre común *pórticos*; ἔχουσα, caso nominativo femenino singular del participio de presente en voz activa del verbo ἔχω, *tener*, aquí *teniendo*, *que tiene*.

Crítica Textual. Lecturas alternativas.

[1] ἐπὶ τῇ προβατικῇ κολυμβήθρα ἡ ἐπιλεγομένη, *junto a la puerta de las ovejas piscina la llamada*, lectura atestiguada en $\mathfrak{p}^{66c, 75}$, B, C, K, N, T, Γ, Δ, Ψ, 078, f^{13}, 700, 892, 1241, 1424, 𝔐, sir^{h}.

ἐν τῇ προβατικῇ κολυμβήθρα ἡ ἐπιλεγομένη, *en la puerta de las ovejas piscina la llamada*, lectura según $\aleph^{2}$, A, D, K, Θ.
ἐπὶ τῇ προβατικῇ κολυμβήθρα τῇ ἐπιλεγομένη, *junto a la puerta de las ovejas piscina a la que llaman*, conforme a W^{s}.

προβατικῇ προβατικῇ τὸ λεγομενον, *puerta de ovejas, estanque, el llamado*, conforme a ℵ*, aur, e, vg^{cl}.

ἐπὶ τῇ προβατικῇ κολυμβήθρα ἡ λεγομένη, *junto a la puerta de las ovejas piscina la llamada*, lectura en 𝔭^{66*}, f^1, 33, 565, 579.

[2] Βηθζαθα, forma de lectura en ℵ, 33, it.

Βηθεσδα, según lectura en A, C, K, N, Γ, Δ, Θ, 078, $f^{1, 13}$, 565, 579, 700, 892, 1241, 1424, 𝔐, f, q, sir$^{c, p, hmg}$.

Βηδσαιδαν, como ocurre en p^{66*}, B, T, W^s, aur, c, vg, sir^h, Tertuliano.

Βελζεθα, conforme a D, r^1.

῎Εστιν δὲ ἐν τοῖς ῾Ιεροσολύμοις ἐπὶ τῇ προβατικῇ κολυμβήθρα ἡ ἐπιλεγομένη ῾Εβραϊστὶ Βηθζαθὰ πέντε στοὰς ἔχουσα. El entorno se sitúa en un determinado lugar de Jerusalén, junto a la *Puerta de las Ovejas*, en la piscina o estanque que en hebreo recibía en nombre de Betesda. Esta es una de las formas en que se designa el lugar según las alternativas que aparecen más arriba.

En la zona nordeste de la ciudad, contigua al área del templo estaba la llamada *Puerta de las Ovejas*, que había sido reconstruida por Nehemías y que su nombre se debe a que allí se recogían las ovejas destinadas a los sacrificios (Neh. 3:1, 32; 12:39). Betesda aparece por ese nombre una sola vez en el Nuevo Testamento. Es interesante notar que el historiador Josefo no dice nada de ese lugar en su descripción de la ciudad de Jerusalén en el s. I.[2]. La traslación del nombre es diferente, como se aprecia en el apartado de lecturas alternativas, de modo que en ocasiones se lee Betsaida, que equivale a *casa del pez*, en otros Bethzatha, que sería *casa del olivo*. El significado del nombre Betesda, se ha identificado con el arameo *Beth eshdá*, que significa *casa de misericordia*. Sin embargo, los descubrimientos de Qumrán especialmente el rollo de cobre de la cueva tres, descubierto en 1952, permite escoger entre estas variantes y la nueva evidencia que establece la clave para determinar el verdadero significado del nombre. El rollo de cobre citado menciona sesenta y cuatro lugares diferentes donde se sitúa un tesoro escondido, relacionándolo con un lugar llamado Beth-Eshdatain, donde se encuentra una cisterna escalonada. Este término es el señalado por Jeremías como *Beth Eschdathajin*, forma dual de Betesda. La arqueología, siguiendo estas indicaciones, descubre que en el sitio de Betesda había dos estanques. La teoría propuesta por Reland, es que el nombre deriva del hebreo *Beth'Ashda*, que equivale a *lugar de estanques* o *aguas desbordantes*. Las investigaciones contemporáneas,

---

[2] Vease *Guerra de los judíos*. V. IV, 1-4.

fundadas sobre trabajos arqueológicos, aceptan la situación de Betesda, con los estanques escavados de la Iglesia de Santa Ana en Jerusalen, sobre la derecha (norte) al entrar por la puerta de San Esteban. En ese lugar descubrieron en otoño de 1888, un estanque de cinco pórticos de forma rectangular, de unos cincuenta metros de longitud por sesenta de anchura, dividido en dos partes iguales por un muro, sobre el cual había una galería que completaba los cinco pórticos. Sobre la pared, se encontró un fresco medio borrado que representaba un ángel, y el agua da evidencia de que el cristianismo primitivo situó Betesda en aquel estanque. Uno de los dos estanques era llenado por las lluvias regulares, mientras que el agua del otro era de un color barroso, señal de ser el lugar donde se lavaban los animales para los sacrificios antes de ser ofrecidos. La mención de los dos estanques hecha por Eusebio, concuerda con el trabajo arqueológico moderno realizado allí.

Bajo los cinco pórticos podían cobijarse los enfermos. Algunas personas les asistían con algún cuidado y provisión. Algunos alegoristas ven en los cinco pórticos una referencia a los cinco libros del Pentateuco, pero se trata de alegorizar la Escritura, forzándola para evadirse del sentido literal y hacerla decir lo que el intérprete desea que diga y no lo que realmente dice.

3. En éstos yacía una multitud de enfermos, ciegos, cojos y paralíticos, que esperaban el movimiento del agua.

ἐν ταύταις κατέκειτο πλῆθος τῶν ἀσθενούντων, τυφλῶν,
En éstos yacía multitud de los que están enfermos, ciegos,
χωλῶν, ξηρῶν. [ἐκδεχομενων τὴν τοῦ ὕδατος κίνησιν][1]
cojos, paralíticos. que esperan la del agua movimiento.

Notas y análisis del texto griego.

Prosigue con ἐν, preposición propia de dativo *en*; ταύταις, caso dativo femenino plural del pronombre demostrativo *éstos*; κατέκειτο, tercera persona singular del imperfecto de indicativo en voz pasiva del verbo κατάκειμαι, *yacer, estar acostado, estar tendido*, aquí *yacía*; πλῆθος, caso nominativo neutro singular del nombre común *multitud, gente, comunidad*; τῶν, caso genitivo masculino plural del artículo determinado *los*; ἀσθενούντων, caso genitivo masculino plural del participio de presente en voz activa del verbo ἀσθενέω, *estar enfermo, enfermarse, estar débil*, aquí *que están enfermos*; τυφλῶν, caso genitivo masculino plural del adjetivo *ciegos*; χωλῶν, caso genitivo masculino plural del adjetivo *cojos*; ξηρῶν, caso genitivo masculino plural del adjetivo *secos, paralizados*.

Crítica Textual. Lecturas alternativas.

La última frase de este versículo y todo el siguiente no está en los manuscritos griegos más seguros, por lo que sólo se da la variante correspondiente, su traducción y las referencias textuales, omitiendo el análisis gramatical de las palabras.

El texto traducido y analizado se encuentra en 𝔭$^{66, 75}$, ℵ, A*, B, C, D, K, T, W^{s}, 33, 579, 1241, it, sir^{c}, co.

[1] ἐκδεχομενων τὴν τοῦ ὕδατος κίνησιν, *aguardaban el movimiento del agua*, según lectura en A^{c}, C^{3}, D, W^{s}, Γ, Δ, Θ, Ψ, 078, *f*$^{1, 13}$, 33, 565, 579, 700, 892, 1241, 1424, 𝔐, lat, sir$^{p, h}$, bo^{pt}.

ἐν ταύταις κατέκειτο πλῆθος τῶν ἀσθενούντων, τυφλῶν, χωλῶν, ξηρῶν. En los cinco pórticos de Betesda se agrupaban muchos enfermos de la ciudad. Juan habla de *multitud*, al referirse a ellos. Había allí inválidos de todo tipo, entre los que se apreciaban enfermos en general, cojos, ciegos y paralíticos, literalmente *secos*. Es muy posible que de estos últimos fuese el que Jesús iba a sanar.

La última parte del versículo no está en los mejores códices griegos, en la versión Siriaca, Sahidic, en parte de la tradición latina (f, i, q) y en muchos códices de la Vulgata, igualmente están ausentes en parte de la tradición armenia. Además los códices que tienen esta parte del texto tienen muchas variantes de lectura, que no favorece la aceptación de estas palabras. No obstante aparece, como se puede apreciar en el apartado de lecturas alternativas, en algunos códices. Con todo se aprecia que es una interpolación explicativa, puesto que muchas palabras aparecen sólo en este versículo y algunas, especialmente del siguiente son *hápax legómena* en todo el Nuevo Testamento. Esta introducción se explica como el deseo de aclarar la respuesta que el enfermo da a Jesús, en donde habla del *movimiento del agua* (v. 7).

Generalmente los defensores de ciertos textos como el Receptus, sostienen que es un desacato a la Escritura considerarlos como un añadido. Sin embargo, es muy difícil explicar como se omitieron en los mejores manuscritos, si eran parte del texto original, por el contrario es muy fácil explicar la introducción del texto final de este versículo y del siguiente, si se trata de una aclaración que algún copista hizo del texto. A la luz del texto seguro no es necesario explicar que el movimiento del agua se debiese a un proceso *sobrenatural*, y la idea de que el primero que descendiera al agua quedaba sano, no es el pensamiento de Juan, sino la opinión del hombre enfermo (v. 7b). Con todo no debe descartarse una actividad angélica, que bien pudiera ocurrir del modo en que se registra en algunas lecturas.

4. Porque un ángel descendía de tiempo en tiempo al estanque, y agitaba el agua; y el que primero descendía al estanque después del movimiento de agua, quedaba sano de cualquier enfermedad que tuviese.

Notas y análisis del texto griego.

ἄγγελος γάρ Χυρίου κατὰ χαιρὸν ἐλούετο ἐν τῇ κολυμβήθρα καὶ ἐτάρσσε τὸ ὕδωρ· ὁ οὖν πρῶτος ἐμβὰς μετὰ τὴν ταραχὴν τοῦ ὕδατος ὑγιὴς ἐγίνετο οἵῳ δήποτ' οὖν κατειχετο νοσήματι.

El texto aparece en A, C^3, K, K, Γ, Δ, Θ, Ψ, 078, $f^{1, 13}$, 565, 579, 700, 892, 1241, 1424, 𝔐, vg^{cl}, $sir^{p, h}$, bo^{pt}, Tertuliano.

En el añadido se da la explicación del por qué los enfermos estaban en ese lugar. Un ángel descendía de tiempo en tiempo allí y agitaba el agua del estanque, luego, el que primero entraba en el agua era sano de su enfermedad, no importaba cual fuese la que le aquejaba. En ese sentido el milagro triunfa donde la naturaleza se deteriora. Con la acción sobrenatural que ocurría de tiempo en tiempo, Dios hablaba a Su pueblo de que a pesar de ser contrarios a Él y desobedientes a Su Palabra, Él seguía mostrándoles misericordia. Del Mesías se dice en la profecía que vendría con *salvación en sus alas* (Mal. 4:2), lo que el descenso del ángel al estanque sería un mensaje de aliento recordándoles al que vendría con sanidad definitiva, espiritual para todos, y material para quienes lo necesitasen.

5. Y había allí un hombre que hacía treinta y ocho años que estaba enfermo.

ἦν δέ τις ἄνθρωπος ἐκεῖ τριάκοντα [καὶ] ὀκτὼ ἔτη ἔχων ἐν
Y estaba un hombre allí treinta y ocho años teniendo en
τῇ ἀσθενείᾳ αὐτοῦ·
la enfermedad de él.

Notas y análisis del texto griego.

Continúa el relato, escribiendo: ἦν, tercera persona singular del imperfecto de indicativo en voz activa del verbo εἰμί, *ser, estar*, aquí *estaba*; δέ, partícula conjuntiva que hace las veces de conjunción coordinante, con sentido de *pero, más bien, y, y por cierto, antes bien*; τις, caso nominativo masculino singular del adjetivo indefinido *un, uno, un cierto*; ἄνθρωπος, caso nominativo masculino singular del sustantivo que denota *hombre*; ἐκεῖ, adverbio de lugar *allí*; τριάκοντα, caso acusativo neutro plural del adjetivo numeral cardinal *treinta*; καὶ, conjunción copulativa *y*; ὀκτὼ, caso acusativo neutro plural del adjetivo numeral cardinal *ocho*; ἔτη, caso acusativo neutro plural del nombre común *años*; ἔχων, caso nominativo masculino singular del participio de presente en voz activa del verbo ἔχω, *tener, poseer*, aquí *teniendo*; ἐν, preposición propia de dativo *en*; τῇ, caso dativo femenino singular del artículo determinado *la*; ἀσθενείᾳ, caso dativo femenino singular del nombre común, *debilidad, enfermedad*; αὐτοῦ, caso genitivo masculino singular del pronombre personal declinado *de él*.

ἦν δέ τις ἄνθρωπος ἐκεῖ τριάκοντα [καὶ] ὀκτὼ ἔτη ἔχων ἐν τῇ ἀσθενείᾳ αὐτοῦ· En el lugar había *multitud* de enfermos e impedidos, pero el relato se centra en uno de ellos. No dice que es lo que le aquejaba, pero por lo que sigue se deduce que estaba afectado de una parálisis que le impedía desplazarse y necesitaba ayuda para hacerlo (v. 7). En esa situación estaba por un largo tiempo, treinta y ocho años. Su enfermedad era grave y le había hecho perder el uso de sus miembros. Los años de la parte más importante y fuerte en la vida de un hombre, habían pasado para él en una triste situación personal, que, como ahora, sólo le permitía estar tendido en el suelo y arrastrarse de alguna manera para llegar hasta el borde del estanque. Por supuesto no quiere decir que había estado en ese lugar durante los treinta y ocho años que duraba su enfermedad.

Es interesante apreciar que una de las señales mesiánicas tenía que ver con la restauración de los cojos, que *saltarían* cuando viniese el Mesías (Is. 35:6). Probablemente Juan escogió este milagro como *señal*, de entre los muchos que Jesús hizo y de los que habría hecho en el tiempo de la fiesta en Jerusalén. El agua del estanque de Betesda no había hecho efecto en él durante todos aquellos años, pero lo haría ahora la palabra de Jesús, poderosa para sanar.

6. Cuando Jesús lo vio acostado, y supo que llevaba ya mucho tiempo así, le dijo: ¿Quieres ser sano?

τοῦτον ἰδὼν ὁ Ἰησοῦς κατακείμενον καὶ γνοὺς ὅτι πολὺν
A este viendo - Jesús que estaba tendido y sabiendo que mucho
ἤδη χρόνον ἔχει, λέγει αὐτῷ· θέλεις ὑγιὴς γενέσθαι
ya tiempo tiene, dice le: ¿Quieres sano ser hecho?

Notas y análisis del texto griego.

Progresando en el relato, escribe: τοῦτον, caso acusativo masculino singular del pronombre demostrativo declinado *a éste*; ἰδὼν, caso nominativo masculino singular del participio del segundo aoristo en voz activa del verbo ὁράω, *ver, mirar, notar, observar*, aquí *viendo*; ὁ, caso nominativo masculino singular del artículo determinado *el*; Ἰησοῦς, caso nominativo masculino singular del nombre propio *Jesús*; κατακείμενον, caso acusativo masculino singular del participio de presente en voz activa del verbo κατακείμαι, *estar acostado, estar tendido*, aquí *que estaba tendido*; καὶ, conjunción copulativa *y*; γνοὺς, caso nominativo masculino singular del participio del segundo aoristo en voz activa del verbo γινώσκω, *saber, entender, conocer*, aquí *sabiendo*; ὅτι, conjunción *que*; πολὺν, caso acusativo masculino singular del adjetivo *mucho*; ἤδη, adverbio de tiempo *ya*; χρόνον, caso acusativo masculino singular del nombre común *tiempo*; ἔχει, tercera persona singular del presente de indicativo en voz activa del verbo ἔχω, *tener, encontrarse*, aquí *tiene*; λέγει, tercera persona singular del presente de indicativo en voz activa del verbo λέγω, *hablar, decir*, aquí *dice*; αὐτῷ, caso dativo masculino de la tercera persona singular del pronombre personal declinado *a él, le*; θέλεις, segunda persona singular del presente de indicativo en voz activa del verbo θέλω, *querer, desear*, aquí *quieres*; ὑγιὴς, caso nominativo masculino singular del adjetivo *sano*; γενέσθαι, segundo aoristo de infinitivo en voz media del verbo γίνομαι, *hacerse, ser hecho*.

τοῦτον ἰδὼν ὁ Ἰησοῦς κατακείμενον καὶ γνοὺς ὅτι πολὺν ἤδη χρόνον ἔχει, El Señor se acerca al enfermo y *sabe*, esto es, *conoce* la realidad de su estado. Lo primero que se aprecia es la situación de imposibilidad en que se encuentra al verlo *acostado*, reclinado en el suelo, que era la única manera en que podía estar debido a la imposibilidad física que le impedía moverse y, con toda seguridad, incluso sentarse. ¿Fue este un conocimiento sobrenatural de Jesús? Es posible, pero, también pudiera saber como estaba aquel hombre por los comentarios que podría haber oído de la gente que estaba en aquel lugar. Incluso pudiera ser que el Señor hablara con el enfermo y le preguntase por cuanto tiempo estaba en aquella situación. Sin embargo, es muy lógico pensar que la Persona Divina del Hijo de Dios, comunicase a Su naturaleza humana el conocimiento sobrenatural que era preciso para el ministerio de sanidad que iba a realizar. Lo que sí conocía es que estaba enfermo por mucho tiempo. Es notable apreciar que el Señor lo vio con afecto. El Salvador no podía pasar ignorando aquella situación. Cualquier problema del hombre movía Su corazón a misericordia. Él sabía que el inválido había estado así por años.

λέγει αὐτῷ· θέλεις ὑγιὴς γενέσθαι. Acercándose al imposibilitado el Señor le formula una pregunta que resulta, aparentemente, un tanto extraña, literalmente *¿Quieres ser hecho sano?*, que debe traducirse como *"¿Quieres ser sano?"*. Sorprenden esas palabras. En una lectura superficial, incluso parecieran ofensivas, ¿cómo no iba a querer ser sanado un enfermo de tantos años? Como todos los demás enfermos estaba allí para buscar su sanidad milagrosamente. Pudiera ser que Jesús conociese, como conocía el tiempo de la enfermedad, que el inválido había perdido ya toda esperanza de sanidad y, hasta en cierto modo, el deseo de sanarse. Cualquier deducción no deja de ser un mero subjetivismo sin base firme en el relato, pero, lo que es evidente es que la pregunta tuvo que haber producido un impacto en el enfermo que le hizo notar su condición miserable y su incapacidad para superarla. En el fondo, las palabras de Cristo tuvieron que producir en el hombre un nuevo deseo de ser ayudado para superar su condición. Ese reconocimiento le ayudará también a medir la grandeza de la obra que Jesús iba a realizar con él, aunque en el momento de la pregunta lo ignorase. El Señor no estaba esperando que el paralítico le pidiera Su intervención, es, como siempre, que Dios toma la iniciativa en el problema del hombre buscando su restauración. Un elemento básico para recibir la bendición del Señor, bien sea en salvación o en sanidad, es el deseo íntimo en el corazón del necesitado de que eso ocurra. En el plano espiritual, Jesús se acerca a nosotros preguntándonos si estamos seguros de querer cambiar. Si estamos contentos con nuestra situación, no cambiaremos; si queremos cambiar hemos de sentir esa necesidad, producida por la palabra de Cristo y el poder del Espíritu. El Salvador prepara el terreno para llevar a cabo el milagro.

7. Señor, le respondió el enfermo, no tengo quien me meta en el estanque cuando se agita el agua; y entre tanto que yo voy, otro desciende antes que yo.

ἀπεκρίθη αὐτῷ ὁ ἀσθενῶν· Κύριε, ἄνθρωπον οὐκ ἔχω ἵνα
Respondió le el enfermo: Señor, hombre no tengo que
ὅταν ταραχθῇ τὸ ὕδωρ βάλῃ με εἰς τὴν κολυμβήθραν· ἐν ᾧ δὲ
cuando se agite el agua meta me al estanque; y mientras
ἔρχομαι ἐγώ, ἄλλος πρὸ ἐμοῦ καταβαίνει.
voy yo, otro delante de mí baja.

Notas y análisis del texto griego.

Siguiendo el diálogo, escribe: ἀπεκρίθη, tercera persona singular del aoristo primero de indicativo en voz pasiva del verbo αποκρίνομαι, *preguntar, interrogar, inquirir*, aquí, *respondió*; αὐτῷ, caso dativo masculino de la tercera persona singular del pronombre personal declinado *a él, le*; ὁ, caso nominativo masculino singular del artículo determinado *el*; ἀσθενῶν, caso nominativo masculino singular del nombre común *enfermo*; Κύριε, caso vocativo masculino singular del nombre *Señor*; ἄνθρωπον, caso acusativo masculino singular del nombre común *hombre*; οὐκ, forma escrita del adverbio de negación *no*, con el grafismo propio ante una vocal con espíritu suave o una enclítica; ἔχω, primera persona singular del presente de indicativo en voz activa del verbo ἔχω, *tener*, aquí *tengo*; ἵνα, conjunción *que*; ὅταν, conjunción temporal *cuando*; ταραχθῇ, tercera persona singular del aoristo primero de subjuntivo en voz pasiva del verbo ταράσσω, *agitar*, aquí *se agite*; τὸ, caso nominativo neutro singular del artículo determinado *el*; ὕδωρ, caso nominativo neutro singular del nombre común *agua*; βάλῃ, tercera persona singular del aoristo segundo de subjuntivo en voz activa del verbo βάλω, *echar, lanzar, meter*, aquí *meta*; με, caso acusativo de la primera persona singular del pronombre personal declinado *a mí, me*; εἰς, preposición propia de acusativo *a*; τὴν, caso acusativo femenino singular del artículo determinado *la*; κολυμβήθραν, caso acusativo femenino singular del nombre común *piscina, estanque*; ἐν, preposición propia de dativo *en*; ᾧ, caso dativo neutro singular del pronombre relativo *lo que*; δὲ, partícula conjuntiva que hace las veces de conjunción coordinante, con sentido de *pero, más bien, y, y por cierto, antes bien*; ἔρχομαι, primera persona singular del presente de indicativo en voz media del verbo ἔρχομαι, *venir, llegar, ir*, aquí *voy*; ἐγώ, caso nominativo de la primera persona singular del pronombre personal *yo*; ἄλλος, caso nominativo masculino singular del pronombre indefinido *otro*; πρὸ, preposición propia de genitivo *ante, delante de*; ἐμοῦ, caso genitivo de la primera persona singular del pronombre personal *mí*; καταβαίνει, tercera persona singular del presente de indicativo en voz activa del verbo καταβαίνω, *descender, bajar*, aquí *baja*.

ἀπεκρίθη αὐτῷ ὁ ἀσθενῶν· κύριε, ἄνθρωπον οὐκ ἔχω ἵνα ὅταν ταραχθῇ τὸ ὕδωρ βάλῃ με εἰς τὴν κολυμβήθραν· El impedido está diciendo al Señor: *Tú me preguntas si quiero, yo te respondo que no puedo*. La confesión del enfermo es una constatación de la imposibilidad. Es tan grande el impedimento que ni siquiera contestó a la pregunta de si quería ser sano. El primer problema es que carecía de toda ayuda para llegar a tiempo al entrar en el estanque. Así lo expresa: *no tengo hombre que me ayude*. No hay nadie que lo echara dentro nada más agitarse el agua. Como dice Hendriksen: *"parece que la regla en ese estanque era: Cada cual cuide lo suyo*[3]". Da la impresión que este inválido nunca había recibido ayuda de nadie para lograr la curación. Era necesario que se introdujese en el estanque cuando el agua se agitaba, lo que no requiere necesariamente la presencia de un ángel ya que pudiera muy bien ser un manantial intermitente que emitía agua en determinados tiempos. Este hombre estaba enfermo y abandonado. Aquel hombre estaba presentando a Jesús lo miserable de su caso: *no tengo ayuda alguna*. Bien pudiera alguno de los que habían sido sanados prestarle la ayuda que necesitaba y que sin duda el sanado conocía. La ingratitud humana se manifiesta siempre de algún modo, en este caso, era el egoísmo de olvidar la necesidad ajena cuando la propia está resuelta. El gran contraste es la actitud de Jesús, que rehusó a Sus derechos divinos para venir al

---

[3] G. Hendriksen. o.c., pág. 204.

encuentro del pecador y proveer para él del medio de salvación que de otro modo nunca hubiera conseguido (Fil. 2:6-8). El Señor se interesa en los problemas del hombre. En ningún caso desatendió a quien tuvo necesidad de Él.

ἐν ᾧ δὲ ἔρχομαι ἐγώ, ἄλλος πρὸ ἐμοῦ καταβαίνει. No pudo nunca llegar al agua con suficiente rapidez, es dramática su confesión: *siempre otro antes de mí llega primero*. Cuanta tristeza encierran estas palabras. Lo intentaba continuamente pero nunca lo lograba. Cada vez que el agua se movía y otro entraba, era como un golpe profundo a la esperanza. Pasaban los años y la situación no solo no mejoraba, sino que empeoraba en su forma de vida. La confesión se había producido. El reconocimiento de incapacidad se había reconocido. Era cuanto el Señor estaba esperando para obrar el milagro, que el enfermo pudiera sentir la bendición que iba a recibir por la misericordia admirable del que sentía compasión por él.

8. Jesús le dijo: Levántate, toma tu lecho, y anda.

λέγει αὐτῷ ὁ Ἰησοῦς· ἔγειρε ἆρον τὸν κράβαττον σου καὶ
Dice le - Jesús: Levántate toma el lecho de ti y
περιπάτει.
anda.

Notas y análisis del texto griego.

Sigue escribiendo: λέγει, tercera persona singular del presente de indicativo en voz activa del verbo λέγω, *hablar, decir*, aquí *dice*; αὐτῷ, caso dativo masculino de la tercera persona singular del pronombre personal declinado *a él, le*; ὁ, caso nominativo masculino singular del artículo definido *el*; Ἰησοῦς, caso nominativo masculino singular del nombre propio *Jesús*; ἔγειρε, segunda persona singular del presente de imperativo en voz activa del verbo ἐγείρω, *levantarse*, aquí *levántate*; ἆρον, segunda persona singular del aoristo primero de imperativo en voz activa del verbo αἴρω, *tomar, cargar, levantar*, aquí *toma*; τὸν, caso acusativo masculino singular del artículo determinado *el*; κράβαττον, caso acusativo masculino singular del nombre común *lecho, camilla*; σου, caso genitivo de la segunda persona singular del pronombre personal declinado *de ti*; καὶ, conjunción copulativa *y*; περιπάτει, segunda persona singular del presente de imperativo en voz activa del verbo περιπατέω, *andar, moverse, caminar*, aquí *anda*.

λέγει αὐτῷ ὁ Ἰησοῦς· ἔγειρε ἆρον τὸν κράβαττον σου καὶ περιπάτει. La sola palabra de Jesús es suficiente para sanar al enfermo. Su curación ocurre como resultado de la omnipotencia del Señor. La instrucción dada al paralítico de levantarse, tomar la camilla donde se acostaba, y andar, es, como mínimo, sorprendente, sobre todo si se tiene en cuenta que llevaba treinta y ocho años imposibilitado. Sólo un milagro puede proporcionar de sanidad, estabilidad y fuerzas para caminar, sin ningún tipo de rehabilitación. El gran remedio a nuestros males es reconocer nuestra impotencia, que nos pone en condiciones de disfrutar de la omnipotencia del Señor. No se trataba, en este caso, de una recuperación gradual, sino total, ya que le manda levantarse, tomar la camilla y caminar. De una invalidez total y completa, pasa a disfrutar de una salud completa. Quien no era capaz de arrastrarse hasta el borde del estanque para entrar en el agua, de pronto, puede levantarse, caminar y cargar con la camilla que le servía de soporte a su cuerpo enfermo. La soberanía de Jesús se manifiesta también en el hecho de que le ordena llevar la camilla y es obedecido inmediatamente. Nada ni nadie puede resistirse a la ejecución de aquello que Dios determina.

9. Y al instante aquel hombre fue sanado, y tomó su lecho, y anduvo. Y era día de reposo aquel día.

καὶ εὐθέως ἐγένετο ὑγιὴς ὁ ἄνθρωπος καὶ ἦρεν τὸν
E inmediatamente quedó sano el hombre, y tomó el
κράβαττον αὐτοῦ καὶ περιεπάτει. Ἦν δὲ σάββατον ἐν ἐκείνῃ
lecho de él y andaba. Y era sábado en aquel
τῇ ἡμέρᾳ.
- día.

Notas y análisis del texto griego.

Cerrando el párrafo, escribe: καὶ, conjunción copulativa *y, e*; εὐθέως, adverbio de modo *inmediatamente, al instante*; ἐγένετο, tercera persona singular del aoristo segundo de indicativo en voz activa del verbo γίνομαι, *quedar*, aquí *quedó*; ὑγιὴς, caso nominativo masculino singular del adjetivo *sano*; ὁ, caso nominativo masculino singular del artículo definido *el*; ἄνθρωπος, caso nominativo masculino singular del nombre común *hombre*; καὶ, conjunción copulativa *y*; ἦρεν, tercera persona singular del aoristo primero de indicativo en voz activa del verbo αἴρω, *tomar, levantar*, aquí *tomó*; τὸν, caso acusativo masculino singular del artículo determinado *el*; κράβαττον, caso acusativo masculino singular del nombre común *camilla, lecho*; αὐτοῦ, caso genitivo masculino de la tercera persona singular del pronombre personal declinado *de él*; καὶ, conjunción copulativa *y*; περιεπάτει, tercera persona singular del imperfecto de indicativo en voz activa del verbo περιπατέω, *andar, caminar*, aquí *andaba*. Ἦν, tercera persona singular del imperfecto de indicativo en voz activa del verbo εἰμί, *ser, estar*, aquí *era*; δὲ, partícula conjuntiva que hace las veces de conjunción coordinante, con sentido de *pero, más bien, y, y por cierto, antes bien*; σάββατον, caso nominativo neutro singular del nombre común *sábado*; ἐν, preposición propia de dativo *en*; ἐκείνῃ, caso dativo femenino singular del pronombre demostrativo *aquella*; τῇ, caso dativo femenino singular del artículo determinado *la*; ἡμέρα, caso dativo femenino singular del nombre común *día*.

Los dos versículos tienen una semejanza grande con el relato de la sanidad del paralítico que recoge Marcos, como se aprecia:

Marcos 2:11-12	Juan 5:8-9
σοὶ λέγω, ἔγειρε ἆρον τὸν A ti digo: levántate toma el	λέγει αὐτῷ ὁ Ἰησοῦς· ἔγειρε Dice le - Jesús: Levántate
κράβαττον σου καὶ ὕπαγε εἰς lecho de ti y vete a	ἆρον τὸν κράβαττον σου καὶ toma el lecho de ti y
τὸν οἶκον σου. la casa de ti.	περιπάτει anda.
καὶ ἠγέρθη καὶ εὐθὺς Y se levantó e inmediatamente	καὶ εὐθέως ἐγένετο ὑγιὴς e inmediatamente quedó sano
ἄρας τὸν κράβαττον ἐξῆλθεν tomando la camilla salió	ὁ ἄνθρωπος καὶ ἦρεν τὸν el hombre y tomó el
ἔμπροσθεν πάντων delante de todos.	κράβαττον αὐτοῦ καὶ περιεπάτει lecho de él y andaba.

Esta semejanza permite a los *críticos* decir que Marcos es la fuente principal del cuarto evangelio. Sin embargo el hecho de que haya coincidencias, no es suficiente motivo para identificar el milagro que relata Juan con el de Marcos por razones que se expusieron antes.

καὶ εὐθέως ἐγένετο ὑγιὴς ὁ ἄνθρωπος. El largo período de enfermedad durante treinta y ocho años, hace notar la gravedad de su estado, pero, el hecho de levantarse, tomar el lecho y caminar pone de manifiesto el milagro y la curación completa del impedido. No hubo tiempo entre el mandato de Cristo y la curación del paralítico. Juan utiliza el adverbio εὐθέως, que expresa inmediatez, como *inmediatamente, al instante*, que hacen resaltar lo repentino de la acción. Nada más pronunciar la palabra, el enfermo quedó sano. Dios siempre hace sus obras completas y perfectas.

καὶ ἦρεν τὸν κράβαττον αὐτοῦ καὶ περιεπάτει. Recibió el mandato de Jesús de tomar su lecho y andar, e hizo ambas cosas. Cargó con el camastro y andaba. El verbo en imperfecto indica que inició la acción de caminar y seguía en ella. Juan dirige la atención del lector hacia Cristo, que sana, pero lo hace puntualizando aspectos en el sanado que ponen de manifiesto la gloria del Salvador, en un milagro admirable y totalmente imposible para el hombre.

Ἦν δὲ σάββατον ἐν ἐκείνῃ τῇ ἡμέρᾳ. Esta es la gravedad del suceso para los religiosos enemigos de Cristo. Era, para ellos, una violación de las reglas sabáticas que se habían impuesto y que Jesús quebrantaba, haciéndolo además en Jerusalén, el centro del mundo religioso judío. Este beneficio hecho a un necesitado, genera una discusión entre los judíos y Jesús. Los fariseos habían establecido una normativa legal minuciosa, pormenorizada, pero absolutamente ridícula. Era quebrantar el sábado cuando se daban dos puntadas con aguja e hilo, o cuando se escribían más de dos letras. Estos impíos, revestidos de una apariencia de piedad, en lugar de considerar el sábado como el día mejor para hacer obras que beneficien al necesitado, lo tenían como un tiempo de absoluta quietud buscando con el cumplimiento sabático, una acción meritoria más de obras que les facilitase la justificación delante de Dios. El contraste entre el sábado para Jesús y para ellos, es evidente, como escribe Hendriksen:

"Para ellos el día de reposo significaba holganza; para Cristo trabajo. Y, sin embargo, para ellos constituía una pesada carga; más para Él un descanso. Según el parecer de ellos, el hombre había sido hecho para el día de reposo; tal como Cristo lo entendía, el día de reposo había sido hecho para el hombre[4]".

Para el lisiado, sanado por Jesús, aquel sábado iba a tener dos importantes contrastes. Por un lado, la alegría de la sanidad de su larga enfermedad que le restituía a la sociedad sin la limitación que había gravitado sobre él durante treinta y ocho años; por otro el conflicto que le iba a resultar ante los fanáticos religiosos de su entorno.

La reacción contra Jesús (5:10-18).

10. Entonces los judíos dijeron a aquel que había sido sanado: Es día de reposo; no te es lícito llevar tu lecho.

ἔλεγον	οὖν	οἱ	Ἰουδαῖοι	τῷ	τεθεραπευμένῳ·	σάββατόν	ἐστιν,
Decían	entonces	los	judíos	al que	había sido sanado:	Sábado	es,

καὶ	οὐκ	ἔξεστίν	σοι	ἆραι	τὸν	κράβαττόν	σου.
y	no	esta permitido	a ti	cargar	el	lecho	de ti.

Notas y análisis del texto griego.

Se inicia el relato del incidente: ἔλεγον, tercera persona plural del imperfecto de indicativo en voz activa del verbo λέγο, *hablar, decir*, aquí *decían*; οὖν,

[4] G. Hendriksen. o.c., pág. 205.

conjunción ilativa *pues, entonces*; οἱ, caso nominativo masculino plural del artículo determinado *los*; Ἰουδαῖοι, caso nominativo masculino del adjetivo *judíos*; τῷ, caso dativo masculino singular del artículo determinado declinado *al*; τεθεραπευμένῳ, caso dativo masculino singular del participio de perfecto en voz pasiva del verbo θεραπεύω, *sanar*, aquí *había sido sanado*; σάββατον, caso nominativo neutro singular del nombre común *sábado*; ἐστιν, tercera persona singular del presente de indicativo en voz activa del verbo εἰμί, *ser, estar*, aquí *es*; καὶ, conjunción copulativa *y*; οὐκ, forma escrita del adverbio de negación *no*, con el grafismo propio ante una vocal con espíritu suave o una enclítica; ἔξεστιν, tercera persona singular del presente de indicativo en voz activa del verbo εξεστι, *es lícito, estar permitido*, aquí *está permitido*; σοι, caso dativo de la segunda persona singular del pronombre personal declinado *a ti, te*; ἆραι, aoristo primero de infinitivo en voz activa del verbo αἴρω, *cargar, levantar*; τὸν, caso acusativo masculino singular del artículo determinado *el*; κράβαττον, caso acusativo masculino singular del nombre común *lecho, camilla*; σου, caso genitivo de la segunda persona singular del pronombre personal declinado *de ti*.

ἔλεγον οὖν οἱ Ἰουδαῖοι τῷ τεθεραπευμένῳ· σάββατον ἐστιν, Como un grito de guerra, los judíos, increpan al que había sido sanado. La lectura de la parte primera del versículo pudiera cerrarse con una frase entre admiraciones: *¡Es sábado!* Ese era el problema principal. Los judíos guardaban celosamente ese día. El sábado y las actividades de ese día estaban minuciosamente regulados. Los rabinos enseñaban que había no menos de treinta y nueve obras que quebrantaban el descanso sabático, entre las que estaban el hacer o deshacer un nudo, apagar una lámpara y, como se dijo antes, dar dos puntos con una aguja o escribir dos letras.

καὶ οὐκ ἔξεστιν σοι ἆραι τὸν κράβαττον σου. Como sábado, nadie podía llevar una carga. Eso era considerado como desacato a la Ley y, por consiguiente, era una ilegalidad. Por eso dicen al paralítico curado: *no te está permitido*. Es posible que tuviesen en mente pasajes como Ex. 20:10; Jer. 17:19-27, e incluso Neh. 13:15. Sin embargo estas prohibiciones y trabajos tenían que ver con aquellas actividades que podían proporcionar ingresos a quienes las hacían. Ese no era el caso. El enfermo ya sanado, cargaba delante de todos, la evidencia visible de su situación por tantos años. Aquellos religiosos ponían sobre el que había sido sanado, una carga moral que convertía la Ley en una pesada losa sobre su vida. Tenía que escoger entre dos cosas: el mandato del que le había sanado o el cumplimiento de la tradición de los ancianos. Posiblemente sabía que el castigo rabínico contra el quebrantamiento del sábado era el de lapidación. Nótese la inconsecuencia de estos fanáticos para quienes el milagro, la solución del problema personal de aquel hombre, la grandeza de la obra de Dios, era algo sin importancia, lo importante era la apariencia de piedad en el cumplimiento fanático de la norma legal. Todo lo que el poder de Dios había hecho era algo menor e intranscendente. Lo vital era el cumplimiento literal de las ordenanzas. Ellos consideraban que Jesús mismo no había transgredido la ley, pero había ordenado a otro que lo hiciera, por lo que también incurría en el mismo desacato legal.

Este es un problema que persiste a lo largo del tiempo. Quienes hacen un altar de la religión y avivan en él el fuego de las tradiciones y de lo que otros enseñaron, convierten la espiritualidad en fatiga y el gozo en cargas gravosas sobre quienes pueden ejercer autoridad. Jesús vino para dar vida y darla abundantemente. Los que viven sujetos a las tradiciones sólo están dichosos cuando éstas son engrandecidas y reverenciadas sobre cualquier otra cosa. El amor y el gozo desaparecen de las vidas de éstos y la amargura de su alama, como raíz ponzoñosa trata de alcanzar y envenenar a otros para alejarlos de la gracia e introducirlos en la esclavitud espiritual.

11. Él les respondió: El que me sanó, él mismo me dijo: Toma tu lecho y anda.

ὁ δὲ ἀπεκρίθη αὐτοῖς· ὁ ποιήσας με ὑγιῆ ἐκεῖνος μοι εἶπεν·
Y el respondió les: El que hizo me sano aquel me dijo:
ἆρον τὸν κράβαττον σου καὶ περιπάτει.
Toma el lecho de ti y anda.

Notas y análisis del texto griego.

El que fue sanado, responde a la acusación: ὁ, caso nominativo masculino singular del artículo determinado *el*; δὲ, partícula conjuntiva que hace las veces de conjunción coordinante, con sentido de *pero, más bien, y, y por cierto, antes bien*; ἀπεκρίθη, tercera persona singular del aoristo primero de indicativo en voz pasiva del verbo ἀποκρίνομαι, *responder, replicar*, aquí *respondió*; αὐτοῖς, caso dativo masculino de la tercera persona plural del pronombre personal declinado *a ellos, les*; ὁ, caso nominativo masculino singular del artículo determinado *el*; ποιήσας, caso nominativo masculino singular del participio de aoristo primero en voz activa del verbo ποιέω, *hacer*, aquí *que hizo*; με, caso acusativo de la primera persona singular del pronombre personal declinado *a mí, me*; ὑγιῆ, caso acusativo masculino singular del adjetivo *sano*; ἐκεῖνος, caso nominativo masculino singular del pronombre demostrativo *aquel*; μοι, caso dativo de la primera persona singular del pronombre personal declinado *a mí, me*; εἶπεν, tercera persona singular del aoristo segundo de indicativo en voz activa del verbo λέγω, *hablar, decir*, aquí *dijo*: ἆρον, tercera persona singular del aoristo primero de imperativo en voz activa del verbo αἴρω, *tomar, levantar*, aquí *toma*; τὸν, caso acusativo masculino singular del artículo determinado *el*; κράβαττον, caso acusativo masculino singular del nombre común *camilla, lecho*; σου, caso genitivo de la segunda persona singular del pronombre personal declinado *de ti, tuyo*; καὶ, conjunción copulativa *y*; περιπάτει, segunda persona singular del presente de imperativo en voz activa del verbo περιπατέω, *andar*, aquí *anda*.

ὁ δὲ ἀπεκρίθη αὐτοῖς. La acusación de los judíos por cargar el sábado con la camilla, recibió la respuesta del que había sido sanado. El hombre no asumía la responsabilidad de un hecho en que le acusaban directamente. No era él que había determinado llevar su camilla en el día del sábado.

ὁ ποιήσας με ὑγιῆ ἐκεῖνος μοι εἶπεν· ἆρον τὸν κράβαττον σου καὶ περιπάτει. El obedecía instrucciones de Aquel que le había sanado. El mismo que lo hizo le mandó tomar su lecho y andar. ¿Se trata de una excusa para evitar la responsabilidad de aquello de que se le acusaba? Más bien es el testimonio de alguien que pone de manifiesto la autoridad de Jesús. Le había mandado llevar su camilla, pero antes había hecho algo sobrenatural que le otorga la autoridad plena, puesto que con Su sola palabra había sanado a un hombre impedido desde muchos años atrás. Aquellos hipócritas veían con interés el aparente quebrantamiento de la ley, pero ignoraban la misericordiosa gracia de Jesús que había sanado a un enfermo. No se detenían para glorificar a Dios por el milagro hecho, sino que se enfurecían contra Él por haberlo hecho en sábado. Tales personas pretenden agradar a Dios en el cumplimiento literal de la Escritura, pero ignoran la enseñanza principal de ella que es la gracia de Dios orientada hacia el que tiene necesidad de ella. No le preguntan nada acerca de como había sido sanado, simplemente formulan la acusación contra él por obedecer a quien había hecho aquel milagro. Con todo el que había sido sanado está diciendo tácitamente que no era a él a quien tenían que juzgar, sino el que le había sanado. Nadie podía reprocharle que hubiese obedecido a lo que le mandó el que le había sanado. No sabía quien era y tampoco sabía Su nombre, pero tenía que ser grande, puesto que con Su sola palabra había sanado su enfermedad, lo que sí era evidente para él es que tenía derecho para decirle lo que tenía que hacer, aunque fuese en el día de reposo. Hay un trasfondo en la respuesta del hombre que sugiere que Aquel que había tenido poder para sanarle, debía tener autoridad para ordenarle que llevase su camilla. De otro modo, como si dijese, El que ha tenido tanta misericordia y ha demostrado tanto poder, no iba a ser un perverso que le mandase cometer una impiedad desobedeciendo la ley del sábado.

12. Entonces le preguntaron: ¿Quién es el que te dijo: Toma tu lecho y anda?

ἠρώτησαν αὐτόν· τίς ἐστιν ὁ ἄνθρωπος ὁ εἰπών σοι· ἆρον
Preguntaron le: ¿Quién es el hombre - dijo te: Toma,
καὶ περιπάτει
y anda.

Notas y análisis del texto griego.

Continúa con ἠρώτησαν, tercera persona plural del aoristo primero de indicativo en voz activa del verbo ἠροτάω, *requerir, preguntar*, aquí *preguntaron*; αὐτόν, caso acusativo masculino de la tercera persona singular del pronombre personal declinado *a él, le*; τίς, caso nominativo masculino singular del pronombre interrogativo *quién*; ἐστιν, tercera persona singular del presente de indicativo en voz activa del verbo εἰμί, *ser, estar*, aquí *es*; ὁ, caso nominativo masculino singular del artículo determinado *el*; ἄνθρωπος, caso nominativo masculino singular del nombre común *hombre*; ὁ, caso nominativo masculino singular del artículo determinado *el*; εἰπών, segunda persona singular del aoristo primero de indicativo en voz activa del verbo λέγω, *hablar, decir*, aquí *dijo*; σοι, caso dativo de la segunda persona singular del pronombre personal declinado *a ti, te*; ἆρον, segunda persona singular del aoristo primero de indicativo en voz activa del verbo αἴρω, *tomar, levantar*, aquí *toma*; καὶ, conjunción copulativa *y*; περιπάτει, segunda persona singular del presente de imperativo en voz activa del verbo περιπατέω, *andar*, aquí *anda*.

ἠρώτησαν αὐτόν· τίς ἐστιν ὁ ἄνθρωπος ὁ εἰπών σοι· ἆρον καὶ περιπάτει. Los que le acusaban también le interrogan. Ellos querían saber quien era aquel hombre. Sin embargo, debe apreciarse, que no le preguntan por quien era el que le había sanado, sino sobre quien le había mandado *tomar* y *andar*. Esas dos acciones eran las que constituían, a su parecer, el quebrantamiento de la ley sobre el sábado. Un hombre le había mandado *tomar* el lecho, y *andar* con él. Como siempre ocurre, el legalista no tiene interés alguno por la compasión ni el poder de Jesús, sino por el desacato que Aquel que había hecho el milagro mostraba hacia la Ley. Los judíos buscaban ocasión para acusar a Jesús de delincuente. Es la triste situación inalterable en el tiempo que rodea de forma natural a quien adora la Escritura pero ignora al autor de ella. Es el modo de comportarse de quienes, levantan un altar a la doctrina y queman en él la gratitud, la misericordia y el amor.

13. Y el que había sido sanado no sabía quién fuese, porque Jesús se había apartado de la gente que estaba en aquel lugar.

ὁ δὲ ἰαθεὶς οὐκ ᾔδει τίς ἐστιν, ὁ γὰρ Ἰησοῦς
Y el que había sido sanado no sabía quien es, - porque Jesús
ἐξένευσεν ὄχλου ὄντος ἐν τῷ τόπῳ.
desapareció de gente que esté en el lugar.

Notas y análisis del texto griego.

Avanzando en el relato, escribe: ὁ, caso nominativo masculino singular del artículo determinado *el*; δὲ, partícula conjuntiva que hace las veces de conjunción coordinante, con sentido de *pero, más bien, y, y por cierto*, *antes bien*; ἰαθεὶς, caso nominativo masculino singular del participio de aoristo primero en voz pasiva del verbo ijavomai, *sanar, restaurar, curar*, aquí *que había sido sanado*; οὐκ, forma escrita del adverbio de negación *no*, con el grafismo propio ante una vocal con espíritu suave o una enclítica; ᾔδει, tercera persona singular del pluscuamperfecto de indicativo en voz activa del verbo οἶδα, *saber, conocer, entender*, aquí *sabía*; τίς, caso nominativo masculino singular del pronombre interrogativo *quién*; ἐστιν, tercera persona singular del presente de indicativo en voz activa del verbo εἰμί, *ser, estar*, aquí *es*; ὁ, caso nominativo masculino singular del artículo determinado *el*; γὰρ, conjunción causal *porque*; Ἰησοῦς, caso nominativo masculino singular del nombre propio *Jesús*; ἐξένευσεν, tercera persona singular del aoristo primero de indicativo en voz activa del verbo ἐκνεύω, *desaparecer*, aquí *desapareció*; ὄχλου, caso genitivo masculino singular del nombre común declinado *de gente, de multitud, de turba*; ὄντος, caso genitivo masculino singular del particio de presente en voz activa del verbo εἰμί, *ser, estar*, aquí *que está*; ἐν, preposición propia de dativo *en*; τῷ, caso dativo masculino singular del artículo determinado *el*; τόπῳ, caso dativo masculino singular del nombre común *sitio, lugar*.

ὁ δὲ ἰαθεὶς οὐκ ᾔδει τίς ἐστιν, ὁ γὰρ Ἰησοῦς ἐξένευσεν ὄχλου ὄντος ἐν τῷ τόπῳ. Posiblemente el hombre que había recibido la sanidad miró a su alrededor para ver si encontraba entre la gente Aquel que le había sanado y que también le mandara tomar el lecho y caminar. No lo pudo encontrar, porque el Señor se había apartado de la multitud. Cabe preguntarse por qué lo hizo. No hay respuesta a esta pregunta con base bíblica. Es posible que no quisiera generar tensión entre quienes habían visto el milagro y los judíos que lo rechazaban y buscaban ocasión contra Él. Pudiera ser también que estuviese dando lugar a la consolidación de la fe del hombre sanado, que tenía que testificar delante de todos como había recibido la sanidad. No hay respuesta, pero continúa la evidencia de que los líderes religiosos buscaban conocer a quien le había inducido a quebrantar la ley. El Señor se había alejado de la turba, posiblemente para evitar entusiasmos populares. No importa cual haya sido la razón de Jesús, el hecho cierto es que el hombre no pudo localizar a quien había cambiado su vida con la sanidad corporal.

14. Después le halló Jesús en el templo, y le dijo: Mira, has sido sanado; no peques más, para que no te venga alguna cosa peor.

μετὰ ταῦτα εὑρίσκει αὐτὸν ὁ Ἰησοῦς ἐν τῷ ἱερῷ καὶ εἶπεν
Después de esto encontró le - Jesús en el templo y dijo
αὐτῷ· Ἴδε ὑγιὴς γέγονας, μηκέτι ἁμάρτανε, ἵνα μὴ χεῖρον
le: Mira, sano has llegado a ser no mas peques, para que no peor
σοί τι[1] γένηται.
te algo suceda.

Notas y análisis del texto griego.

Continúa el relato con μετὰ, preposición propia de acusativo *después de*; ταῦτα, caso acusativo neutro plural del pronombre demostrativo *estos*, en sentido de *estas cosas*, *esto*; εὑρίσκει, tercera persona singular del presente de indicativo en voz activa del verbo εὑρίσκω, *hallar, encontrar*, aquí *encontró*; αὐτὸν, caso acusativo masculino de la tercera persona singular del pronombre personal declinado *a él, le*; ὁ, caso nominativo masculino singular del artículo determinado *el*; Ἰησοῦς, caso nominativo masculino singular del nombre propio *Jesús*; ἐν, preposición propia de dativo *en*; τῷ, caso dativo neutro singular del artículo determinado *el*; ἱερῷ, caso dativo neutro singular del nombre común *templo, santuario*; καὶ, conjunción copulativa *y*; εἶπεν, tercera persona singular del segundo aoristo de indicativo en voz activa del verbo λέγω, *hablar, decir*, aquí *dijo*; αὐτῷ, caso dativo masculino de la tercera persona singular del pronombre personal declinado *a él, le*; Ἴδε, segunda persona singular del aoristo segundo de imperativo en voz activa del verbo ὁράω, en la forma εἴδω, *mirar, mostrar, ver,* con uso adverbial equivale a *he aquí, sucedió que, ved, ahora,* etc. podría traducirse como una expresión de advertencia enfática como *¡Mira!,* incluso podría leerse a modo de interrogación como *y ¿sabéis?*, es en la práctica como una partícula demostrativa, que se usa para animar el discurso avivando la atención del lector, algunos modernos la identifican como interjección; ὑγιὴς, caso nominativo masculino singular del adjetivo *sano*; γέγονας, segunda persona singular del perfecto de indicativo en voz activa del verbo γίνομαι, *llegar a ser, comenzar a existir, ser hecho,* aquí *has llegado a ser*; μηκέτι, adverbio de negación *de ningún modo, jamás, nunca, no más*; ἁμάρτανε, segunda persona singular del presente de imperativo en voz activa del verbo ἁμαρτάνω, *pecar*, aquí *peques*; ἵνα, conjunción causal *para que*, μὴ, partícula que hace funciones de adverbio de negación condicional *no*; χεῖρον, caso nominativo neutro singular del adjetivo comparativo *peor*; σοί, caso dativo de la segunda persona singular del pronombre personal declinado *a ti, te*; τι, caso nominativo neutro singular del adjetivo indefinido *algo*; γένηται, tercera persona singular del segundo aoristo de subjuntivo en voz media del verbo γίνομαι, *suceder*, aquí *suceda*.

Crítica Textual. Lecturas alternativas.

[1] σοί τι, *a ti algo*, esta lecutra solo está en en ℵ, D, K, W, Θ, $f^{1, 13}$, 33, 565, 1241, 1424, pm.

μετὰ ταῦτα εὑρίσκει αὐτὸν ὁ Ἰησοῦς ἐν τῷ ἱερῷ. Un nuevo encuentro tiene lugar entre Jesús y el hombre que había sido sanado. Éste ocurre en el templo. No estaba ya en el lugar de la misericordia para ser sanado, sino en el recinto donde estaba edificada la casa para el culto a Dios. Jesús no se hizo reconocer por el enfermo sanado en medio de la gente, pero se va a dar a conocer aquí en la casa del Padre, el que le había enviado con la misión de salvación. El encuentro tuvo lugar μετὰ ταῦτα, *después de esto*, es decir, después del encuentro del sanado con los fariseos que le acusaban y procuraban descubrir, por el testimonio de este hombre, quien le había mandado llevar su lecho y caminar. No fue el hombre quien encontró a Jesús, sino que fue Jesús quien encontró al hombre. Esa era la misión que trajo al mundo, buscar y salvar lo que estaba perdido (Lc. 19:10).

καὶ εἶπεν αὐτῷ· ἴδε ὑγιὴς γέγονας, μηκέτι ἁμάρτανε, ἵνα μὴ χεῖρον σοί τι γένηται. Las palabras de Jesús son solemnes. Primeramente le hace notar que había sido sanado totalmente; el verbo en tiempo perfecto indica que la curación es total y permanente. Luego le advierte sobre las consecuencias que trae el pecado. Es una frase que puede entenderse mejor como una expresión admirativa: ¡Mira, ya estas sano! ¡No peques más! No está tratando de decir al hombre que su enfermedad había sido como consecuencia de haber cometido un determinado pecado o haber pecado mucho. Esa era la idea general del tiempo de Jesús. Así pensaban los discípulos sobre el ciego de nacimiento, cuando preguntaron a Cristo si esa situación era debido a que había pecado él o sus padres (9:2). No cabe duda que el pecado puede acarrear una enfermedad y que, toda la enfermedad es resultado o consecuencia del pecado que heredamos. Pero, lo que Jesús está diciendo al que había sido sanado es que aquella misericordia divina debe ser correspondida con una vida sin pecado. Es la enseñanza general de la Escritura. El mismo apóstol Juan dirá en una de sus epístolas que todo el que ha nacido de Dios no comete pecado (1 Jn. 3:9). Como decía Gregorio Nacianceno:

"Ayer yacías acostado en un lecho, abandonado y quebrantado, sin que nadie te echase a la piscina cuando se agitaban las aguas. Hoy

te has encontrado con el hombre que es Dios o, mejor dicho, con quien es Dios y hombre. Te levantó del camastro, incluso has cargado al hombro tu camilla y has esculpido en una columna el beneficio recibido. No te acuestes de nuevo en tu camastro volviendo a pecar... Tal como estás, camina recordando el precepto de 'estas curado, anda y no peques más para que no te suceda algo peor', es decir, para que no seas peor después de haber recibido el beneficio[5]".

Al que había estado enfermo se le otorga por misericordia una nueva existencia, que conlleva el compromiso de vivir conforme a la voluntad de Dios, alejándose del pecado. Esa advertencia sobre que pudiera venirle algo peor, debiera entenderse no tanto como la referencia a una enfermedad peor, sino a un *estado* definitivamente peor, que es el juicio como consecuencia del pecado. No puede pensarse que el Señor le garantizaba la salvación mediante una vida en que no hubiese pecado, sería una justificación por obras imposible a la luz de la enseñanza bíblica, y también una imposibilidad, porque no hay hombre que no peque. Pero, si aquel hombre además de sanado físicamente, recibió también la sanidad espiritual, se le advierte como creyente que el pecado, no importa quien lo cometa, trae aparejado la ausencia de bendiciones y abre la puerta para una acción judicial de Dios que puede ser tan grave como la muerte física. El escritor a los Hebreos hace notar que el *pecado voluntario*, lleva aparejada la acción disciplinaria divina que se presenta allí como fuego que consume. No se trata de la pérdida de salvación o de la condenación eterna, sino de una advertencia al que practica el pecado voluntariamente. Para éste la esperanza es el *hervor de fuego que ha de consumir a los adversarios*, de otro modo, la intervención divina quita la vida física para que siga manteniendo la eterna (He. 10:26-31). El Señor advierte al enfermo que evite el pecado para que no le *suceda algo peor* que la enfermedad que había soportado por treinta y ocho años. No se trataba de pecados pasados, sino de permanecer en un estado carente de arrepentimiento y viviendo en pecado. Es interesante notar que los verbos están en presente, lo que señala a una situación en aquel momento, como si dijese: *No continúes en pecado*. Lo que vendría de no arreglar el problema con Dios mediante la fe en Cristo, sería su condenación eterna, mucho peor que la peor de las enfermedades. La advertencia de Jesús estaba destinada a hacer reflexionar al hombre para que se ocupara de vivir una vida conforme a la voluntad de Dios, en gratitud a lo que había recibido.

[5] Gregorio Nacianceno. *Discurso sobre el santo bautismo*, 40, 33.

15. El hombre se fue, y dio aviso a los judíos, que Jesús era el que le había sanado.

ἀπῆλθεν[1] ὁ ἄνθρωπος καὶ ἀνήγγειλεν[2] τοῖς Ἰουδαίοις ὅτι
Fue el hombre y avisó a los judíos que
Ἰησοῦς ἐστιν ὁ ποιήσας αὐτὸν ὑγιῆ.
Jesús es el que hizo le sano.

Notas y análisis del texto griego.

Continúa con ἀπῆλθεν, tercera persona singular del aoristo primero de indicativo en voz activa del verbo αφίημι, *despachar, despedir, dejar, abandonar, ir*, aquí *fue*; ὁ, caso nominativo masculino singular del artículo determinado *el*; ἄνθρωπος, caso nominativo masculino singular del nombre común *hombre*; καὶ, conjunción copulativa *y*; ἀνήγγειλεν, tercera persona singular del aoristo primero de indicativo en voz activa del verbo ἀναγγέλλω, *avisar, proclamar, dar a conocer*, aquí *avisó*; τοῖς, caso dativo masculino plural del artículo determinado declinado *a los*; Ἰουδαίοις, caso dativo masculino plural del adjetivo *judíos*; ὅτι, conjunción *que*; Ἰησοῦς, caso nominativo masculino singular del nombre propio *Jesús*; ἐστιν, tercera persona singular del presente de indicativo en voz activa del verbo εἰμί, *ser, estar*, aquí *es*; ὁ, caso nominativo masculino singular del artículo determinado *el*; ποιήσας, caso nominativo masculino singular del participio de aoristo primero en voz activa del verbo ποιέω, *hacer*, aquí *que hizo*; αὐτὸν, caso acusativo masculino de la tercera persona singular del pronombre personal declinado *a él, le*; ὑγιῆ, caso acusativo masculino singular del adjetivo *sano*.

Crítica Textual. Lecturas alternativas.

1 ἀπῆλθεν, *fue*, lectura atestiguada en 𝔭$^{66, 75}$, A, B, N, W, Γ, Θ, Ψ, f^1, 565, 579, 700, 892, 𝔐, f.

ἀπῆλθεν οὖν, *fue, pues,* según se lee en א^2, D, N, W, Θ, Ψ, f^{13}, 1241, bo.

καὶ ἀπῆλθεν, *y fue*, conforme a A.

2 ἀνήγγειλεν, *avisó*, lectura atestiguada en D, K, Δ, f^{13}, 33, 1241, 1424.

εἶπεν, *dijo*, conforme a א, C, K, a, e, j, q, bo.

ἀπῆλθεν ὁ ἄνθρωπος καὶ ἀνήγγειλεν τοῖς Ἰουδαίοις ὅτι Ἰησοῦς ἐστιν ὁ ποιήσας αὐτὸν ὑγιῆ. La reacción del hombre sanado es, por lo menos, sorprendente. Él sabía de la posición de los líderes religiosos contra Cristo, le habían preguntado para saber quien era y sabía que le buscaban no por la sanidad sino por la instrucción de cargar con el lecho y caminar con él en sábado. Con todo no hay razón alguna para considerarlo como un delator, sino que en su mente quedó la pregunta sobre quien le había sanado y ahora respondía a ella sin duda con buena intención, indicándoles que era Jesús el que había obrado aquel milagro y le había curado de su dolencia. No prestó atención a lo importante que era ocuparse de sí mismo para no pecar, en cambio avisó a los judíos quien era el que le había mandado tomar su camilla y cargar con ella. Es muy posible que aquel hombre hubiese hecho esto para librarse de la responsabilidad penal que caería sobre él, penalidad que podía llegar a la lapidación por trabajar en sábado. Si no se debe hablar de traición, como se dice antes, sí puede hacerse notar la incompetencia de aquel hombre que con su declaración situaba a Jesús en problemas con los judíos. En medio de toda esta tensa situación no puede dejar de apreciarse que la pregunta que los judíos le hicieron era sobre el que le había mandado transgredir el sábado, mientras que la respuesta que les da es revelándoles quien le había sanado.

16. Y por esta causa los judíos perseguían a Jesús, y procuraban matarle, porque hacía estas cosas en el día de reposo.

καὶ διὰ τοῦτο ἐδίωκον οἱ Ἰουδαῖοι τὸν Ἰησοῦν[1], ὅτι ταῦτα
Y por esto perseguían los judíos - a Jesús, porque estas cosas
ἐποίει ἐν σαββάτῳ.
hacía en sábado.

Notas y análisis del texto griego.

Indicando la causa del odio de los judíos contra Jesús, dice: καὶ, conjunción copulativa *y*; διὰ, preposición propia de acusativo *por*; τοῦτο, caso acusativo neutro singular del pronombre demostrativo *esto*; ἐδίωκον, tercera persona plural del imperfecto de indicativo en voz activa del verbo διώκω, *perseguir*, aquí *perseguían*; οἱ, caso nominativo masculino singular del artículo determinado *los*; Ἰουδαῖοι, caso nominativo masculino singular del adjetivo *judíos*; τὸν, caso acusativo masculino singular del artículo definido *el*; Ἰησοῦν, caso acusativo masculino singular del nombre propio declinado *a Jesús*; ὅτι, conjunción causal *porque*; ταῦτα, caso acusativo neutro plural del pronombre demostrativo *estos*, en sentido de *estas cosas*; ἐποίει, tercera persona singular del imperfecto de indicativo en voz activa del verbo ποιέω, *hacer*, aquí *hacía*; ἐν, preposición propia de dativo *en*; σαββάτῳ, caso dativo neutro singular del nombre común *sábado*.

Crítica Textual. Lecturas alternativas.

[1] οἱ Ἰουδαῖοι τὸν Ἰησοῦν, *los judíos a Jesús*, según lectura en $\mathfrak{p}^{66, 75}$, ℵ, B, C, D, K, W, 33, 579, 892, lat, sir^{c}, sa, ly, pbo.

τὸν ᾿Ιησοῦν οἱ ᾿Ιουδαῖοι καὶ ἐζήτουν αὐτὸν αποκτεῖναι, *a Jesús los judíos y buscaban a Él matar*, lectura en A, K, N, Γ, Δ, Θ, Ψ, 700, 1424, 𝔐, e, q, $sir^{p, h}$, bo^{pt}.

τὸν ᾿Ιησοῦν οἱ ᾿Ιουδαῖοι, *a Jesús los judíos*, según f^1, 565, bo^{pt}.

αὐτὸν οἱ ᾿Ιουδαῖοι, *a Él los judíos*, conforme a 1241.

καὶ διὰ τοῦτο ἐδίωκον οἱ ᾿Ιουδαῖοι τὸν ᾿Ιησοῦν, ὅτι ταῦτα ἐποίει ἐν σαββάτῳ. El conflicto entre los líderes religiosos de los Judíos contra Jesús es evidente. La primera razón consistía en que *hacía estas cosas* en sábado. Aquella falta grave para la cerrazón y el legalismo de aquellos, no era ocasional, sino reiterada. La sanidad de muchos enfermos se hizo en sábado. No es que lo hiciese sólo en ese día, todos los días sanaba enfermos y expulsaba demonios, pero la gravedad para aquellos era tan solo las acciones sobrenaturales que Jesús hacía en el día de reposo. Ellos enseñaban al pueblo que sanar en sábado era una obra que quebrantaba la ley que Dios había establecido. Esa era su enseñanza. Por tanto, no es que tuviesen verdadero amor por el respeto al día de reposo, sino porque Jesús con Sus hechos contravenía lo que ellos enseñaban y quedaban en evidencia ante el pueblo. Ignoraban voluntariamente otras tareas que se hacían en sábado y que no quebrantaban la Ley, como era el servicio de los sacerdotes en el templo o incluso la circuncisión de un niño. Ellos no se acusaban de quebrantar la ley como lo hacían, al manfiestar con su tradición farisáica la falta de amor al prójimo que es la principal demanda de la ley de Dios. Así ocurre con quienes se jactan de amar a Dios cumpliendo Su Palabra, pero faltando en el amor a sus hermanos y a sus semejantes. Puede ser que aparentemente tengan una forma piadosa de vida, pero no son nada porque carecen de amor. Cientos de estos hipócritas pululan por las iglesias y ocupan los púlpitos con sermones fervientes que son simple verborrea al carecer del poder del Espíritu y ser solo servidores de la carne.

17. Y Jesús les respondió: Mi Padre hasta ahora trabaja, y yo trabajo.

῾Ο δὲ [᾿Ιησοῦς][1] ἀπεκρίνατο αὐτοῖς· ὁ Πατήρ μου ἕως ἄρτι
\- y Jesús respondió les: El Padre de mí hasta ahora
ἐργάζεται καγὼ ἐργάζομαι·
trabaja y yo trabajo.

Notas y análisis del texto griego.

Juan traslada la respuesta de Jesús: Ὁ, caso nominativo masculino singular del artículo determinado él; δὲ, partícula conjuntiva que hace las veces de conjunción coordinante, con sentido de *pero, más bien, y, y por cierto, antes bien*; Ἰησοῦς, caso nominativo masculino singular del nombre propio *Jesús*; ἀπεκρίνατο, tercera persona singular del aoristo primero de indicativo en voz media del verbo ἀποκρίνομαι, *responder, contestar, tomar la palabra*, aquí *respondió*; αὐτοῖς, caso dativo masculino de la tercera persona plural del pronombre personal declinado *a ellos, les*; ὁ, caso nominativo masculino singular del artículo determinado *el*; Πατήρ, caso nominativo masculino singular del nombre divino *Padre*; μου, caso genitivo de la primera persona singular del pronombre personal declinado *de mí*; ἕως, preposición propia de genitivo *hasta*; ἄρτι, adverbio de tiempo *ahora*; ἐργάζεται, tercera persona singular del presente de indicativo en voz media del verbo ἐργάζομαι, *trabajar, obrar, efectuar, llevar a cabo*, aquí *trabaja*; καγὼ, palabra formada por crasis[6] de la conjunción καὶ, y el pronombre personal ἐγώ, y que equivale a *y yo*; ἐργάζομαι, primera persona singular del presente de indicativo en voz media del verbo ἐργάζομαι, *trabajar, obrar, efectuar, llevar a cabo*, aquí *trabajo*.

Crítica Textual. Lecturas alternativas.

[1] Ἰησοῦς, *Jesús*, lectura atestiguada en 𝔓[66], A, D, K, K, N, Γ, Δ, Θ, Ψ, *f*[1, 13], 33, 565, 579, 700, 1424, 𝔐, latt, sir, co.

No figura el nombre en 𝔓[75], ℵ, B, W, 892, 1241, pbo.

Ὁ δὲ [Ἰησοῦς] ἀπεκρίνατο αὐτοῖς· ¿A quien responde Jesús? ¿Quienes le han interrogado antes? Jesús esta respondiendo a quienes lo juzgan de desacato a la Ley. Es interesante notar que Juan usa aquí una forma bastante rara del verbo al escribir ἀπεκρίνατο, que aparece sólo aquí y en el v. 19, en lugar de la más habitual ἀπεκρίθη, *responder*. La tradición sinóptica usa la misma forma verbal para referirse al silencio, la no respuesta de Jesús ante el sumo sacerdote (Mr. 14:61), ante Herodes (Lc. 23:9) y ante Pilato (Mt. 27:12). El pasaje da a entender que los judíos estaban formulando acusaciones que Él llegó a percibir.

ὁ Πατήρ μου ἕως ἄρτι ἐργάζεται καγὼ ἐργάζομαι· La respuesta de Cristo es firme y contundente. Aquellos le estaban acusando de quebrantar la Ley, la respuesta debiera hacerse en relación con ella, pero superándola en todo la formula desde la dimensión

[6] *Crasis*, palabra griega que equivale a *unión de fuerzas*, en general *unión de elementos*.

celestial en la comunión y unión con el Padre. Jesús se eleva hasta situarse al lado de Dios, en Su condición divina. Generalmente en los sinópticos, cuando Jesús responde a la acusación de quebrantar el sábado, se sitúa al lado de la Ley, aplicándola e interpretándola, enseñando que la ayuda al necesitado, sobre todo al impedido como era el caso del hombre paralítico, haciendo prevalecer la misericordia y el amor sobre la prescripción religiosa o cultual, haciéndoles ver que el *sábado se hizo para el hombre y no el hombre para el sábado* (Mr. 2:27). En la respuesta que Juan traslada en el relato, concordante con la presentación inicial del Verbo eterno, luego encarnado, la sitúa desde la perspectiva divina, que trabaja siempre. Los hombres han de dejar toda actividad el sábado conforme a lo ordenado en la Ley, por tanto, en ese día solo queda permitido el trabajo de Dios, es decir, aquel que sólo Él puede realizar y determina hacerlo, como es el caso de la curación milagrosa del que llevaba treinta y ocho años impedido. El descanso sabático seguía, en cierta medida, en el ejemplo de Dios mismo, que había hecho la creación en seis días y descansó de toda Su obra el séptimo, consagrándolo como día de reposo. Sin embargo, lo que Él hizo fue cesar de la obra de creación, pero el trabajo de sustentación de lo creado continúa, de otro modo, Dios no deja nunca de obrar, lo que realmente ocurre es más bien que descansa el Creador. Éste lleva la creación a su descanso. En base a eso, a que el Padre trabaja, Jesús también trabaja. La relación con la Deidad, está presente. La frase es profunda: *Como quiera que el Padre trabaja*, de otro modo, *como Dios trabaja, Yo también trabajo*, por tanto, Jesús esta diciéndoles que era también Dios, en la unidad con el Padre. Cristo se sitúa al lado de Dios y junto a Él, en la prerrogativa de obrar en sábado, puesto que es el Señor del día de reposo. En razón de la filiación divina, el Hijo de Dios tiene la misma autoridad y gloria del Padre. Todos debían entender que Él había obrado de aquella manera a causa de la autoridad de Aquel que le había enviado y servía de ejemplo a Su comportamiento humano. El milagro de sanidad del enfermo que Jesús hizo, debía ser considerado como obra del Padre, porque era el Padre quien actuaba en el obrar del Hijo, o se manifestaba en él, ya que el Hijo hace todo lo que el Padre hace (v. 19). Jesús tenía el mismo poder que el Padre, y había usado ese poder en las obras que hacía en el sábado. Es el poder de la naturaleza divina de Jesucristo. La operación de poder es unánime; cuando Él trabaja también el Padre, de manera que si el Padre trabaja, es necesario que el Hijo trabaje también. Lo que hace el Padre lo hace también el Hijo, de modo que la comunión en la unidad divina es evidente. Juan presentó a Jesús como el Logos, cuya misión es la de revelar al Padre (1:18), de manera que sólo haciendo las obras del Padre, puede poner de manifiesto el obrar divino. Cuando se produjo la creación, nada se hizo sin la voz de autoridad del Verbo (1:3). Dios no hubiera podido *crear todo*, si el Hijo fuese una creación del Padre, pero, puesto que no es creación sino procedencia de la eterna generación del Padre que la extingue en el Hijo al no concluirla jamás, lo que el Padre hace, lo hace también el Hijo. Esto pone de manifiesto la unidad en la sustancia divina y la semejanza del Hijo al Padre en todo. Jesús da a entender con esa respuesta Su igualdad con Dios. Como el Padre obra todavía, así también obra el Hijo. La enseñanza sobre la pasividad divina, el no obrar de Dios, quedó arrasada por la respuesta de Jesús. La teología farisaica había llevado un golpe mortal en las palabras de Jesús. Jesús les dice: *"Mi Padre hasta ahora trabaja"*, primer problema para los fariseos, pero aún había otro tal vez mayor aún: *"y Yo trabajo"*, Jesús se declaraba Dios delante de ellos. Un escándalo aún mayor para los que oyeron Sus palabras. Al mencionar al Padre, está afirmando que la misma autoridad que hay en el Padre, también la hay en Él. La misma autoridad que el Padre tiene y con ella obra cuando quiere y como quiere sin estar sujeto a limitación alguna, así también el Hijo tiene el mismo privilegio. No hay, pues, precepto ni ley que se lo impida. Como se dice antes, Dios descansó en el séptimo día de la obra de Creación (Gn. 2:1-3), pero no descansa en la de conservación (Hch. 14:17), y tampoco en la obra de salvación. Como quiera que el Padre hizo todas las cosas mediante el Hijo (1:3), mediante el Hijo también las conserva (Col. 1:17; He. 1:3), así también mediante el Hijo salva al hombre (Tit. 2:11-14). Por eso Jesús dice: *"y yo también trabajo"*, ya que siendo una misma la naturaleza del Padre y del Hijo (10:30), también ha de ser una la misma acción, porque ambos están unidos en la ejecución de la misma obra planeada desde la eternidad. El sábado no podía interferir en el trabajo de Dios, por eso Jesús operaba milagros en el sábado. La relación paterno-filial de la que Cristo habla, es una relación trascendente y de absoluta exclusividad.

18. Por esto los judíos aún más procuraban matarle, porque no sólo quebrantaba el día de reposo, sino que también decía que Dios era su propio Padre, haciéndose igual a Dios.

διὰ τοῦτο οὖν μᾶλλον ἐζήτουν αὐτὸν οἱ Ἰουδαῖοι ἀποκτεῖναι,
Por esto, pues, más procuraban a Él los judíos matar
ὅτι οὐ μόνον ἔλυεν τὸ σάββατον, ἀλλὰ καὶ Πατέρα ἴδιον
porque no sólo quebrantaba el sábado, sino también Padre propio
ἔλεγεν τὸν Θεὸν ἴσον ἑαυτὸν ποιῶν τῷ Θεῷ.
llamaba - a Dios, igual a sí mismo haciendo - a Dios.

Notas y análisis del texto griego.

Cerrando el párrafo, escribe: διὰ, preposición propia de acusativo *por*; τοῦτο, caso acusativo neutro singular del pronombre demostrativo *esto*; οὖν, conjunción continuativa *pues*; μᾶλλον, adverbio comparativo *más*; ἐζήτουν, tercera persona plural del imperfecto de indicativo en voz activa del verbo ζητέω, *buscar, intentar, procurar*, aquí *procuraban*; αὐτὸν, caso acusativo masculino de la tercera persona singular del pronombre personal declinado *a Él*; οἱ, caso nominativo masculino plural del artículo determinado *los*; Ἰουδαῖοι, caso nominativo masculino plural del adjetivo *judíos*; ἀποκτεῖναι, aoristo primero de infinitivo en voz activa del verbo ἀποκτείνω, *matar, dar muerte, quitar la vida*; ὅτι, conjunción causal *porque*; οὐ, adverbio de negación *no*; μόνον, adverbio de modo *sólo, solamente*; ἔλυεν, tercera persona singular del imperfecto de indicativo en voz activa del verbo λύω, *quebrantar*, aquí *quebrantaba*; τὸ, caso acusativo neutro singular del artículo determinado *el*; σάββατον, caso acusativo neutro singular del nombre común *sábado*; ἀλλὰ, conjunción adversativa *sino*; καὶ, adverbio de modo *también*; Πατέρα, caso acusativo masculino singular del nombre divino *Padre*; ἴδιον, caso acusativo masculino singular del adjetivo *su, suyo, propio*; ἔλεγεν, tercera persona singular del imperfecto de indicativo en voz activa del verbo λέγω, *hablar, decir*, aquí *llamaba, decía*; τὸν, caso acusativo masculino singular del artículo determinado *el*; Θεὸν, caso acusativo masculino singular del nombre divino *Dios*; ἴσον, caso acusativo masculino singular del adjetivo *igual*; ἑαυτὸν, caso acusativo masculino de la primera persona singular del pronombre reflexivo declinado *a sí mismo*; ποιῶν, caso nominativo masculino singular del participio de presente en voz activa del verbo ποιέω, *haciendo*; τῷ, caso dativo masculino singular del artículo determinado *el*; Θεῷ, caso dativo masculino singular del nombre divino declinado *a Dios*.

διὰ τοῦτο οὖν μᾶλλον ἐζήτουν αὐτὸν οἱ Ἰουδαῖοι ἀποκτεῖναι, La hostilidad contra Cristo va en aumento, hasta alcanzar la determinación de acabar con Él. Los judíos habían tomado la determinación de matarlo. Sin duda iban a ser instrumentos para ejecutar la obra eternamente establecida por Dios y para la que Jesucristo, el Hijo de Dios, había sido enviado. Más adelante Jesús dirá que nadie le quitaba la vida (10:18), sin embargo, el odio de los judíos contra quien era el Mesías, aumenta hasta culminar en la entrega a muerte del Hijo de Dios, el Verbo encarnado. Los judíos habían entendido bien la respuesta de Jesús, todos comprendían que por hacerse Señor del sábado y por la vinculación directa con el Padre, se estaba haciendo igual a Dios.

ὅτι οὐ μόνον ἔλυεν τὸ σάββατον, La acusación formal por la que judicialmente procurarían justificar la muerte, se perfila con claridad. La primera era de quebrantamiento de la ley. No sólo la quebrantaba al hacer obras de sanidad en sábado, sino que inducía a otros a conculcarla al mandarle llevar cargas en ese día. Esta acusación tenía como sentencia la pena de muerte.

ἀλλὰ καὶ Πατέρα ἴδιον ἔλεγεν τὸν Θεὸν ἴσον ἑαυτὸν ποιῶν τῷ Θεῷ. La segunda acusación era, tan vez más grave, ya que cuando Jesús llamaba a Dios Su Padre, se estaba haciendo igual a Dios, por vinculación filial con Él. La acusación no demanda responsabilidad por la comisión de ese hecho una sola vez, sino continuamente, puesto que el verbo λέγω, *hablar, decir, llamar*, está en imperfecto de indicativo, lo que supone una acción continuada, esto es, llamaba habitualmente a Dios Su Padre personal. Jesús se hacía igual a Dios, cosa blasfema para los judíos, ya que para ellos era simplemente un hombre como los demás. El uso del adjetivo ἴδιον, *su, suyo, propio,* indica una relación con el Padre como la que correspondería a un hijo en la tierra con el suyo. Jesús se presentaba como enviado de Dios y procedente de Él. Estos dos argumentos son los que encienden el odio contra Él, provocando los deseos homicidas que son propios de quien era su padre espiritual, el diablo. Esa situación es la que propicia el gran discurso de Cristo en el resto del capítulo que testifica sobre la verdad de la deidad del Hijo de Dios y de la identidad e igualdad con el Padre. La acusación formal contra Jesús estaba establecida. Esas dos verdades son las que serán sustentadas en el juicio contra Él que propiciará la sentencia a muerte, bajo una apariencia de legalidad. Los que hoy en día niegan la deidad de Jesús, como los modernos arrianos, y los que sin negarla abiertamente la consideran dudosa o discutible como los críticos liberales, la entendieron perfectamente los judíos.

El discurso de Jesús (5:19-47).

19. Respondió entonces Jesús, y les dijo: De cierto, de cierto os digo: No puede el Hijo hacer nada por sí mismo, sino lo que ve hacer al Padre; porque todo lo que el Padre hace, también lo hace el Hijo igualmente.

Ἀπεκρίνατο οὖν ὁ Ἰησοῦς[1] καὶ ἔλεγεν[2] αὐτοῖς· ἀμὴν ἀμὴν
Respondió, pues, - Jesús y decía les: De cierto, de cierto,
λέγω ὑμῖν, οὐ δύναται ὁ Υἱὸς ποιεῖν ἀφ' ἑαυτοῦ οὐδὲν ἐὰν μή
digo os, no puede el Hijo hacer de sí mismo nada si no
τι βλέπῃ τὸν Πατέρα ποιοῦντα· ἃ γὰρ ἂν ἐκεῖνος ποιῇ,
algo vea al Padre haciendo; Porque lo que - Él haga,
ταῦτα καὶ ὁ Υἱὸς[3] ὁμοίως ποιεῖ.
esto también el Hijo igualmente hace.

Notas y análisis del texto griego.

Iniciando el discurso de Jesús, escribe: 'Απεκρίνατο, tercera persona singular del aoristo primero de indicativo en voz media del verbo ἀποκρίνομαι, *responder, replicar, tomar la palabra*, aquí *respondió*; οὖν, conjunción continuativa *pues*; ὁ, caso nominativo masculino singular del artículo determinado *el*; 'Ιησοῦς, caso nominativo masculino singular del nombre propio *Jesús*; καὶ, conjunción copulativa *y*; ἔλεγεν, tercera persona singular del imperfecto de indicativo en voz activa del verbo λέγω, *hablar, decir*, aquí *decía*; αὐτοῖς, caso dativo masculino de la tercera persona plural del pronombre personal declinado *a ellos, les*; ἀμὴν, transliteración, *amén, de cierto*; ἀμὴν, transliteración *amén, de cierto*; λέγω, primera persona singular del presente de indicativo en voz activa del verbo λέγω, *hablar, decir*, aquí *digo*; ὑμῖν, caso dativo de la segunda persona plural del pronombre personal declinado *a vosotros, os*; οὐ, adverbio de negación *no*; δύναται, tercera persona singular del presente de indicativo en voz media del verbo δύναμαι, *poder, tener poder*, aquí *puede*; ὁ, caso nominativo masculino singular del artículo determinado *el*; Υἱὸς, caso nominativo masculino singular del nombre divino *Hijo*; ποιεῖν, presente de infinitivo en voz activa del verbo ποιέω, *hacer*; ἀφ', forma que adopta la preposición de genitivo ἀπό, por elisión de la ι final y asimilación de la π ante vocal o diptongo con aspiración, y que significa *de, desde, lejos de, proceder de, por causa de, por medio de, con, contra*; ἑαυτοῦ, caso genitivo masculino de la tercera persona singular del pronombre reflexivo *sí mismo*; οὐδὲν, caso acusativo neutro singular del pronombre indefinido *nada, ninguna cosa*; ἐὰν, conjunción afirmativa *si*; μή, partícula negativa que hace funciones de adverbio de negación *no*; τι, caso acusativo neutro singular del pronombre indefinido *algo*; βλέπῃ, tercera persona singular del presente de subjuntivo en voz activa del verbo βλέπω, *ver, mirar, observar*, aquí *vea*; τὸν, caso acusativo masculino singular del artículo determinado declinado *al*; Πατέρα, caso acusativo masculino singular del nombre divino *Padre*; ποιοῦντα, caso acusativo masculino singular del participio de presente en voz activa del verbo ποιέω, *hacer, realizar*, aquí *haciendo*; ἅ, caso acusativo neutro plural del pronombre relativo *lo que*; γὰρ, conjunción condicional *porque*; ἄν, partícula que no empieza nunca frase y que da a ésta carácter condicional o dubitativo, o expresa una idea de repetición. Se construye con todos los modos menos el imperativo y acompaña a los pronombres relativos para darles un sentido general; en algunas ocasiones no tiene traducción; ἐκεῖνος, caso nominativo masculino singular del pronombre demostrativo *esto*; ποιῇ, tercera persona singular del presente de subjuntivo en voz activa del verbo ποιέω, *hacer*, aquí *haga*; ταῦτα, caso acusativo neutro plural del pronombre demostrativo *estos*, aquí en sentido de *estas cosas*; καὶ, adverbio de modo *también*; ὁ, caso nominativo masculino singular del artículo determinado *el*; Υἱὸς, caso nominativo masculino singular del nombre divino *Hijo*; ὁμοίως, adverbio de modo *igualmente*; ποιεῖ, tercera persona singular del presente de indicativo en voz activa del verbo ποιέω, *hacer, practicar, realizar*, aquí *hace*.

Crítica Textual. Lecturas alternativas.

[1] ὁ Ἰησοῦς, *Jesús*, no figura en 𝔭[75], B.

[2] ἔλεγεν, *decía*, lectura atestiguada en 𝔭[66, 75], ℵ[2], B, K, 565, 579, 892.

εἶπεν, *dijo*, según A, D, K, N, W, Γ, Δ, Θ, Ψ, *f*[13], 33, 700, 1424, 𝔐.

λέγει, *dice*, conforme a *f*[1], 1241, j.

[3] ὁ Υἱὸς, *el Hijo*, lectura atestiguada en 𝔭[66, 75], A, D, K, K, W, Γ, Δ, Θ, Ψ, *f*[1, 13], 33, 565, 579, 700, 892, 1241, 1424, 844, 2211, 𝔐.

ὁ Υἱὸς τοῦ ἀνθρώπου, *el Hijo del Hombre*, como se lee en D, f[13].

Ἀπεκρίνατο οὖν ὁ Ἰησοῦς καὶ ἔλεγεν αὐτοῖς· ἀμὴν ἀμὴν λέγω ὑμῖν, El Señor responde largamente a lo que aquellos no entendieron, cuando dijo: *"Mi Padre trabaja y yo trabajo"*. En esta explicación el obrar del Hijo se manifiesta como dependiendo constitutivamente del Padre. Sin embargo, los poderes del Hijo para realizar la misión que le había sido encomendada, son los propios de Dios que se manifiestan delante de los hombres, uno de los cuales es dar vida. Pero, esa manifestación de Jesús constituye un alegato en la primera parte, puesto que no presenta testimonio alguno sino el suyo, para convertirse en un claro testimonio de testigos distintos a Su propia palabra (vv. 31-47). Estas enseñanzas suponen que los oyentes han de abrirse a una comprensión espiritual a la que se han negado hasta entonces. Un doble amén, típico en el *Evangelio*, introduce el discurso de Jesús, llamando con ello a quienes le escuchan para que presten atención a las palabras que les dirige.

οὐ δύναται ὁ Υἱὸς ποιεῖν ἀφ' ἑαυτοῦ οὐδὲν ἐὰν μή τι βλέπῃ τὸν Πατέρα ποιοῦντα· El operar del Hijo está vinculado a lo que *ve hacer al Padre*. La afirmación de Jesús es precisa y, para algunos difícil de entender. No se trata de una mera imitación de lo que ve hacer que Él reproduce. Afirma que *no puede* hacer nada de *sí mismo*. La afirmación es de una imposibilidad radical. En una primera manifestación la naturaleza humana de Jesús estaba totalmente sometida a la voluntad de Dios (4:34; 8:29; He. 10:7). Pero, en cuanto a Su naturaleza divina, en cuanto a Dios, no estaba sometida a la voluntad del Padre, sino que era concordante en todo con ella, siendo una misma. El Hijo actúa como *ve* actuar al Padre. Este *ver* equivale a *entender*. La identidad del Hijo con el Padre es determinante, el Hijo es la *luz* de Dios que viene a este mundo (1:9), pero esa luz que alumbra a todo hombre no es otra cosa que el *resplandor de la gloria del Padre y la imagen misma de su sustancia* (1:9; 8:12; 12:46; He. 1:3). Luego el Hijo no ilumina de Sí mismo, sino que transmite la luz del Padre, Su impronta y gloria divinas. Este obrar del Hijo según ve obrar al Padre, se constituye en necesidad reveladora, puesto que como Verbo o *Logos*, viene con la misión de revelar al Padre (1:18), haciendo de Él la exégesis absoluta de lo que es y hace, hasta el punto de que pueda decir: *"El que me ha visto a mí ha visto al Padre"* (14:9). Las palabras que Jesús dice, son el obrar del Padre que mora en Él (14:10). Significa, remontándose a los orígenes, que cuando se lee en el acto creador *sea* y surge a la existencia lo que no era, la *voz* es la del Verbo, que expresa absoluta e infinitamente la mente del Padre. En la relación paterno-filial dentro del seno trinitario, el Hijo no puede ignorar nada de lo que el Padre sabe y hace, puesto que *nadie conoce al Padre, sino el Hijo, y aquel a quien el Hijo quiera revelarlo* (Mt. 11:27; Lc. 10:22).

La procedencia y eterna generación del Hijo, es inmanente, nunca transeúnte, puesto que no concluye, sino que eternamente se produce, de manera que si concluyese la acción generadora, que no es nunca de origen o inicio sino de procedencia vital, el Padre podría comunicar lo que es a otro hijo, cosa imposible cuando la generación principia y se extingue en el Verbo. Siendo la personalización del Verbo por vía de la mente, de manera que puede expresar hasta el más íntimo pensamiento del Padre, que necesita del Verbo para esa expresión, el Hijo, revelador exhaustivo del Padre, no puede hacer nada de *sí mismo*, porque dejaría de manifestar el pensamiento único de Dios, así, pues, el Hijo no puede hacer sino lo que ve hacer al Padre, no por falta de poder, sino por comunión de esencia y naturaleza. Esto es un eco de lo que Juan escribió en el prólogo, el *Unigénito del Padre* está vuelto hacia el seno del Padre y revela todo cuanto el Padre es y hace. El Hijo, además, es el único Mediador entre Dios y los hombres, por tanto, por medio de Él obra el Padre en favor de los hombres.

ἃ γὰρ ἂν ἐκεῖνος ποιῇ, ταῦτα καὶ ὁ Υἱὸς ὁμοίως ποιεῖ. Si el Hijo hace lo que ve hacer al Padre, luego las obras omnipotentes del Padre son hechas por el Hijo, de manera que si la omnipotencia es potestativa y privativa de Dios, el Hijo tiene necesariamente que ser Dios, de otro modo no podría hacer las mismas obras que hace el Padre. Cuando Jesús dice que *no puede hacer nada de sí mismo*, afirma la identidad de naturaleza con el Padre, que genera obras y operaciones conforme a lo que es propio de ella. Debe entenderse bien que no se trata de una *imitación* o de un *reproducir* lo que esta viendo hacer al Padre, sino que significa que el Hijo es todo del Padre, que la vida suya le ha sido comunicada por el Padre y que toda Su sustancia y poder es de Aquel que eternamente le engendra. Pero la afirmación de Jesús es todavía más determinante, Él no hace unas obras y el Padre otras, sino que en virtud de la identidad de vida propia en el Seno Trinitario, el Hijo *hace lo mismo* que hace el Padre, ya que Éste obra por el Hijo. De manera que las obras del Padre y del Hijo son inseparables. La idea de subordinación, que ya se consideró antes, no se sustenta en las palabras de Jesús, puesto que la generación del Hijo es coeterna con el Padre, de otro modo, el Engendrador no precedió al tiempo del Engendrado, para que Éste sea menor que Aquel. Siendo ambos eternos e inmutables, no hay variación en ninguno de ellos, de modo que el Padre eterno, engendró a un Hijo eterno, que es como Él.

20. Porque el Padre ama al Hijo, y le muestra todas las cosas que él hace; y mayores obras que éstas le mostrará, de modo que vosotros os maravilléis.

ὁ γὰρ Πατὴρ φιλεῖ τὸν Υἱὸν καὶ πάντα δείκνυσιν αὐτῷ ἃ
Porque el Padre ama al Hijo y todo muestra le lo que
αὐτὸς ποιεῖ, καὶ μείζονα τούτων δείξει αὐτῷ ἔργα, ἵνα
Él hace, y mayores que estas mostrará le obras, para que
ὑμεῖς θαυμάζητε.
vosotros os maravilléis.

Notas y análisis del texto griego.

Continúa con ὁ, caso nominativo masculino singular del artículo determinado *el*; γὰρ, conjunción causal *porque*; Πατὴρ, caso nominativo masculino singular del nombre divino *Padre*; φιλεῖ, tercera persona singular del presente de indicativo en voz activa del verbo φιλέω, *amar*, aquí *ama*; τὸν, caso acusativo masculino singular del artículo determinado declinado *al*; Υἱὸν, caso acusativo masculino singular del nombre divino *Hijo*; καὶ, conjunción copulativa *y*; πάντα, caso acusativo neutro plural del adjetivo indefinido *todos*, en sentido de *todas las cosas*; δείκνυσιν, tercera persona singular del presente de indicativo en voz activa del verbo δείκνυμι, *mostrar, presentar, hacer ver*, aquí *muestra*; αὐτῷ, caso dativo masculino de la tercera persona singular del pronombre personal declinado *a él, le*; ἃ, caso acusativo neutro plural del pronombre relativo *los que*, en sentido de *lo que*; αὐτὸς, caso nominativo masculino singular del pronombre intensivo *Él*; ποιεῖ, tercera persona singular del presente de indicativo en voz activa del verbo ποιέω, *hacer, obrar*, aquí *hace*; καὶ, conjunción copulativa *y*; μείζονα, caso genitivo neutro plural del pronombre comparativo *mayores que*; τούτων, caso genitivo neutro plural del pronombre demostrativo *estos*; δείξει, tercera persona singular del futuro de indicativo en voz activa del verbo δείκνυμι, *mostrar, presentar, hacer ver*, aquí *mostrará*; αὐτῷ, caso dativo masculino de la tercera persona singular del pronombre personal declinado *a él, le*; ἔργα, caso acusativo neutro plural del nombre común *obras*; ἵνα, conjunción causal *para que*; ὑμεῖς, caso nominativo de la segunda persona plural del pronombre personal *vosotros*; θαυμάζητε, segunda persona plural del presente de subjuntivo en voz activa del verbo θαυμάζω, *maravillarse, admirarse, asombrarse*, aquí *os maravilléis.*

ὁ γὰρ Πατὴρ φιλεῖ τὸν Υἱὸν. Cristo habla de una relación entre Él y el Padre que se sustenta en el amor mutuo. Si bien el Hijo procede del Padre por vía mental, ya que es el Logos, lo engendra con amor. Esto adquiere un sentido ontológico y objetivo, que determina como es la verdadera comunión entre las Personas Divinas. En este caso el amor coincide con la generación. Es notable observar que el verbo que Juan usa para referirse al amor entre el Padre y el Hijo, no es el amor *ágape*, sino el φιλέω, *phileö*, que expresa la idea de amor en su intensidad emotiva y afectiva.

καὶ πάντα δείκνυσιν αὐτῷ ἃ αὐτὸς ποιεῖ, La expresión de amor es que el Padre le muestra *todo lo que hace*, de otro modo, le comunica todo lo que hace porque lo engendra. Al comunicarle cuanto hace le muestra el amor de entrega absoluta, que no reserva nada. Ahora bien, ¿puede reservar el Padre algo de lo que hace? No es posible, ya que todo cuanto hace lo hace por el Hijo, como Juan mismo dice: *"sin Él nada de lo que es hecho, fue hecho"* (1:3). Es necesario entender que por generación todo cuanto el Padre tiene es del Hijo, no es que lo vaya alcanzando poco a poco, es que eternamente le pertenece y tiene. El Padre se expresa absolutamente a Sí mismo en el Hijo, revelador absoluto del Padre. Por esa razón puede decir, que *"nadie conoce al Padre sino el Hijo"*. En cada una de las dos Personas Divinas, Padre e Hijo, está el conocimiento pleno del otro, este conocimiento no es por experiencia o como decía Cirilo, *por aprendizaje*, sino por naturaleza. En tal sentido la actividad del Hijo no es un reflejo de la del Padre, sino una completa coincidencia con la de Él. De otro modo, el obrar del Padre y el obrar del Hijo son idénticos.

καὶ μείζονα τούτων δείξει αὐτῷ ἔργα, ἵνα ὑμεῖς θαυμάζητε. Aquellas obras poderosas que Jesús hace, son pequeñas al lado de las que hará, cuya especificación está en el versículo siguiente. Aquellas obras de poder que hacía Jesús, despertaban la admiración e incluso la expectación de la gente, como lo indica el verbo θαυμάζω, *causar admiración, causar asombro, maravillar*, pero una obra mayor que esta es la de conceder vida, especialmente la vida eterna que Él había venido para dar a todo aquel que cree. Jesús admiraría a los hombres con la resurrección de muertos (11:43-44), pero más asombroso aún el hecho de resucitarse a sí mismo (10:18). Estas obras que el Padre le mostrará en el futuro, hará que *"vosotros os admiréis"*. No está hablando de que por esas obras creerían, puesto que los mismos judíos negarían la resurrección de Jesús luchando contra Él, sino que causarían admiración o asombro. Sin duda hay algunos que llegan al asombro por la obra de Cristo, pero no creen en Él, con lo que dejan de disfrutar de la obra suprema de salvación que Él hizo para beneficio de los perdidos pecadores. Las obras mayores que estas tienen un sentido escatológico definitivo, que se manifestará en la resurrección de los muertos, tanto para vida como para juicio, y en donde se presentará, el entonces despreciado, como Juez universal. Cuando esto ocurra, se verá la total dimensión de aquel Nombre que ha recibido, bajo cuya autoridad se doblaran las rodillas de todos en el universo, y todos se admirarán del cumplimiento absoluto de la misión para la que fue enviado. Todo este obrar del Hijo, que es el obrar del Padre, permite conocer al Padre, invisible a los hombres, por medio del Hijo.

21. Porque como el Padre levanta a los muertos, y les da vida, así también el Hijo a los que quiere da vida.

ὥσπερ γὰρ ὁ Πατὴρ ἐγείρει τοὺς νεκροὺς καὶ ζῳοποιεῖ, οὕτως
Porque como el Padre levanta a los muertos y vivifica así
καὶ ὁ Υἱὸς οὓς θέλει ζῳοποιεῖ.
también el Hijo a los que quiere vivifica.

Notas y análisis del texto griego.

Continuando con las palabras de Jesús, escribe: ὥσπερ, conjunción condicional *como*; γὰρ, conjunción condicional *porque*; ὁ, caso nominativo masculino singular del artículo determinado *el*; Πατὴρ, caso nominativo masculino singular del nombre propio *Padre*; ἐγείρει, tercera persona singular del presente de indicativo en voz activa del verbo ἐγείρω, *levantar, alzar, resucitar*, aquí *levanta*; τοὺς, caso acusativo masculino plural del artículo determinado declinado *a los*; νεκροὺς, caso acusativo masculino plural del adjetivo *muertos*; καὶ, conjunción copulativa *y*; ζῳοποιεῖ, tercera persona singular del presente de indicativo en voz activa del verbo ζῳοποιέω, *dar vida, vivificar*, aquí *vivifica*; οὕτως, adverbio de modo *así, de esta manera*; καὶ, adverbio de modo *también*; ὁ, caso nominativo masculino singular del artículo determinado *el*; Υἱὸς, caso nominativo masculino singular del nombre divino *Hijo*; οὓς, caso acusativo masculino plural del pronombre relativo declinado *a los que*; θέλει, tercera persona singular del presente de indicativo en voz activa del verbo θέλω, *desear, querer*, aquí *quiere*; ζῳοποιεῖ, tercera persona singular del presente de indicativo en voz activa del verbo ζῳοποιέω, *dar vida, vivificar*, aquí *vivifica*.

ὥσπερ γὰρ ὁ Πατὴρ ἐγείρει τοὺς νεκροὺς καὶ ζῳοποιεῖ, He aquí las cosas *mayores* mencionadas en el versículo anterior, que causarían admiración. Dios es quien tiene poder pleno sobre la vida corporal y espiritual. Para la teología de los judíos en los tiempos de Jesús, esta era una verdad esencial (cf. Dt. 32:39; 1 S. 2:6). La primera gran obra era poder resucitar a los muertos. Jesús anuncia que Él también tiene el mismo poder que el Padre, porque las obras que el Padre hace, también las hace el Hijo.

οὕτως καὶ ὁ Υἱὸς οὓς θέλει ζῳοποιεῖ. La autoridad y soberanía de Cristo se pone de manifiesto en el hecho de que Él puede *vivificar* a quien quiera. Sin duda se trata de dos aspectos de *comunicación de vida*. El primero es la resurrección temporal de un muerto que retorna a la vida física y que luego morirá. El segundo es la admirable comunicación de vida eterna para todo el que cree, cuya vida no puede extinguirse jamás. Es necesario notar que los verbos de la acción de vivificar, dar vida, están en presente y no en futuro, por lo que este *comunicar* vida, tiene que ver con el tiempo actual. Cristo no solo puede resucitar a un muerto, si Su voluntad fuese esa, sino que puede dar vida eterna a todo aquel que crea. El hombre natural está, por condición personal, muerto en delitos y pecados, la salvación supone una verdadera resurrección espiritual por unión vital con Cristo (Ef. 2:6). Por tanto, el Hijo puede vivificar a cuantos quiera, que son todos aquellos que acuden a Él depositando su fe en Él. La muerte del hombre se opone al principio divino, que *"no quiere que ninguno perezca, sino que todos procedan al arrepentimiento y vivan"* (Ez. 33:11). La voluntad del Padre es la de salvar, restaurando al perdido a la comunión con Él. En la conversación con Nicodemo, Jesús le habló del amor infinito de Dios que comprende y alcanza a todo el mundo. Esta resurrección espiritual exige al hombre que crea en el Hijo para tener vida eterna (3:16). La expresión *"al que quiere"* no es una fórmula arbitraria, sino que pone de manifiesto el poder ilimitado de Jesús para dar vida eterna. No hay nadie que no pueda alcanzar la vida eterna por imposibilidad o limitación del que la otorga que es Jesucristo. El Señor tiene *"las llave de la muerte y del Hades"* (Ap. 1:18b), por consiguiente puede dar vida a todo aquel que crea. Hasta aquel momento Jesús, según los relatos del *Evangelio*, no había dado vida a un muerto, pero anuncia que tenía poder para hacerlo, sin limitación alguna, tanto en el sentido físico como en el espiritual cuya operación había tenido lugar en quienes creyeron en Él. Los que oyen la voz del Hijo de Dios, esto es, quienes escuchan la buena noticia y vienen a Él con fe, ya no vienen a condenación, porque han pasado de muerte a vida. Pero, obsérvese la vinculación entre el Padre y el Hijo, porque quien cree en el Hijo, cree también en el Padre, el que le envió (v. 24).

22. Porque el Padre a nadie juzga, sino que todo el juicio dio al Hijo.

οὐδὲ γὰρ ὁ Πατὴρ κρίνει οὐδένα, ἀλλὰ τὴν κρίσιν πᾶσαν
Porque tampoco el Padre juzga a nadie, sino el juicio todo
δέδωκεν τῷ Υἱῷ,
ha dado al Hijo.

Notas y análisis del texto griego.

Prosigue con οὐδὲ, adverbio de negación *ni, tampoco*; γὰρ, conjunción causal *porque*; ὁ, caso nominativo masculino singular del artículo determinado *el*; Πατὴρ, caso nominativo masculino singular del nombre divino *Padre*; κρίνει, tercera persona singular del presente de indicativo en voz activa del verbo κρίνω, *juzgar, emitir juicio, ejecutar sentencia*, aquí *juzga*; οὐδένα, caso acusativo masculino singular del pronombre indefinido declinado *a nadie*; ἀλλὰ, conjunción adversativa *sino*; τὴν, caso acusativo femenino singular del artículo determinado *la*; κρίσιν, caso acusativo femenino singular del nombre común *juicio*; πᾶσαν, caso acusativo femenino singular del adjetivo indefinido *toda*; δέδωκεν, tercera persona singular del perfecto de indicativo en voz activa del verbo δίδωμι, *dar, entregar*, aquí *ha dado*; τῷ, caso dativo masculino singular del artículo determinado declinado *al*; Υἱῷ, caso dativo masculino singular del nombre divino *Hijo*.

οὐδὲ γὰρ ὁ Πατὴρ κρίνει οὐδένα, ἀλλὰ τὴν κρίσιν πᾶσαν δέδωκεν τῷ Υἱῷ, En un obrar a través del Hijo, el Padre no juzga, sino que el juicio lo ha entregado al Hijo. El juicio divino corresponde como prerrogativa común a las Tres Personas Divinas. Es evidente que a lo largo de la Palabra se aprecia como el juicio de Dios se vincula bien al Padre, o al Hijo, y también al Espíritu. El hecho de que se atribuya aquí al Hijo es la consecuencia natural de ser Éste la Palabra personal del Padre, como Verbo de Dios (1:1). Como corresponde a esto, conoce y juzga todas las cosas, por cuanto es no instrumento judicial de Dios, sino *Juez y juicio* vivo. Siendo el Hijo el dador de la vida eterna y quien reconcilia con Dios a la humanidad (2 Co. 5:19), es también en el Hijo en quien juzga y condena a los que no creen (8:24). De igual modo, el Padre no juzga para condenar porque quiere que todos sean salvos (3:16-17), Él quiere que todos los hombres vengan al conocimiento de la verdad (1 Ti. 2:4). El que se condena es aquel que rehúsa creer *"en el nombre del Unigénito Hijo de Dios"* (3:18). Estos se verán expuestos a la ira del Cordero (Ap. 6:16-17). De otro modo, todo aquel que es salvo está escrito en el libro de la vida del Cordero (Ap. 13:8). En conclusión, Jesús es el Salvador del mundo, ha sido enviado para buscar y salvar al que estaba perdido (Lc. 19:10), no vino con la misión judicial que condenaría al mundo, sino para que el mundo sea salvo por Él (3:17), ahora bien, la justicia divina demanda la condenación para todo aquel que no cree (3:18), para éstos la ira de Dios está sobre ellos, porque al rehusar creer en el Hijo, no alcanzarán la vida, sino que la ira de Dios está sobre los tales (3:36). Este *dar todo juicio* al Hijo, no es asunto de concesión, sino de donación, a causa de que es engendrado del Padre, recibiendo todo de Él en entrega plena.

23. Para que todos honren al Hijo como honran al Padre. El que no honra al Hijo, no honra al Padre que le envió.

ἵνα πάντες τιμῶσι τὸν Υἱὸν καθὼς τιμῶσι τὸν Πατέρα.
Para que todos honren al Hijo como honran al Padre.
ὁ μὴ τιμῶν τὸν Υἱὸν οὐ τιμᾷ τὸν Πατέρα τὸν πέμψαντα αὐτόν.
el que no honra al Hijo no honra al Padre - que envió le.

Notas y análisis del texto griego.

Expresando una advertencia solemne, dice: ἵνα, conjunción causal *para que*; πάντες, caso nominativo masculino plural del adjetivo indefinido *todos*; τιμῶσι, tercera persona plural del presente de subjuntivo en voz activa del verbo τιμάω, *honrar*, aquí *honren*; τὸν, caso acusativo masculino singular del artículo determinado *al*; Υἱὸν, caso acusativo masculino singular del nombre divino *Hijo*; καθὼς, conjunción causal o adverbio de modo *como*; τιμῶσι, tercera persona plural del presente de indicativo en voz activa del verbo τιμάω, *honrar*, aquí *honran*; τὸν, caso acusativo masculino singular del artículo determinado *al*; Πατέρα, caso acusativo masculino singular del nombre divino *Padre*; ὁ, caso nominativo masculino singular del artículo determinado *el*; μὴ, partícula negativa que hace funciones de adverbio condicional de negación *no*; τιμῶν, caso nominativo masculino singular del participio de presente en voz activa del verbo τιμάω, *honrar*, aquí *que honra*; τὸν, caso acusativo masculino singular del artículo determinado *al*; Υἱὸν, caso acusativo masculino singular del nombre divino *Hijo*; οὐ, adverbio de negación *no*; τιμᾷ, tercera persona singular del presente de indicativo en voz activa del verbo τιμάω, *honrar*, aquí *honra*; τὸν, caso acusativo masculino singular del artículo determinado *al*; Πατέρα, caso acusativo masculino singular del nombre divino *Padre*; τὸν, caso acusativo masculino singular del artículo determinado *al*; πέμψαντα, caso acusativo masculino singular del participio del aoristo primero en voz activa del verbo πέμπω, *enviar, mandar*, aquí *que envió*; αὐτόν, caso acusativo masculino de la tercera persona singular del pronombre personal declinado *a él, le*.

ἵνα πάντες τιμῶσι τὸν Υἱὸν καθὼς τιμῶσι τὸν Πατέρα. El versículo se une con el anterior mediante el uso de ἵνα, con valor consecutivo equivalente a *de modo que*. La conclusión que sigue está vinculada con lo que ha dicho antes de que el Hijo es el dador de la vida, que vivifica a los muertos, y el juez de vivos y muertos. Es por esto que el Hijo debe ser honrado como lo es el Padre. Existiendo entre el Padre y el Hijo igualdad en todo, así lo exige el uso de καθὼς, *como*, que demanda el mismo honor para las dos Personas Divinas.

ὁ μὴ τιμῶν τὸν Υἱὸν οὐ τιμᾷ τὸν Πατέρα τὸν πέμψαντα αὐτόν. Por esa causa quien no honra al Hijo, tampoco puede honrar al Padre, ya que Él quiso ser manifestado en el Hijo y adorado por medio de Él. La gloria de Cristo es inseparable de la del Padre, ya que ambas son equiparables al tener los dos la misma naturaleza divina, sin confusión de Personas. Nadie puede buscar la gloria del Padre, sino lo hace también con la del Hijo, en quien el Padre se revela. No puede Éste ser honrado si no va unida a la honra del Hijo. Esta es la voluntad divina, de ahí la nueva referencia al *envío* del Hijo desde el seno del Padre. Jesús reclama para sí la honra que debe tributarse a Dios, ya que no puede honrarse al que envía, si no se honra al enviado (8:49; 12:26; 15:23; 1 Jn. 2:23). Esta es una manifestación más en la cristología de Juan sobre la identidad de función y de autoridad entre el Padre y el Hijo, de modo que no se puede glorificar a uno sin glorificar al otro. Quienes son iguales en esencia y obras, han de serlo también en honra.

24. De cierto, de cierto os digo: El que oye mi palabra, y cree al que me envió, tiene vida eterna; y no vendrá a condenación, más ha pasado de muerte a vida.

᾿Αμὴν ἀμὴν λέγω ὑμῖν ὅτι ὁ τὸν λόγον μου ἀκούων καὶ
De cierto, de cierto, digo os que el la palabra de mí que oye y
πιστεύων τῷ πέμψαντι με ἔχει ζωὴν αἰώνιον καὶ εἰς κρίσιν
que cree al que envió me tiene vida eterna y a condenación
οὐκ ἔρχεται, ἀλλὰ μεταβέβηκεν ἐκ τοῦ θανάτου εἰς τὴν ζωήν.
no viene, sino ha pasado de la muerte a la vida.

Notas y análisis del texto griego.

Jesús sigue diciendo ἀμὴν, transliteración, *amén, de cierto*; ἀμὴν, transliteración *amén, de cierto*; λέγω, primera persona singular del presente de indicativo en voz activa del verbo λέγω, *hablar, decir*, aquí *digo*; ὑμῖν, caso dativo de la segunda persona plural del pronombre personal declinado *a vosotros, os*; ὅτι, conjunción *que*; ὁ, caso nominativo masculino singular del artículo determinado *el*; τὸν, caso acusativo masculino singular del artículo determinado *el*; λόγον, caso acusativo masculino singular del nombre común *palabra*; μου, caso genitivo de la primera persona singular del pronombre personal declinado *de mí*; ἀκούων, caso nominativo masculino singular del participio de presente en voz activa del verbo ἀκούω, *oír, escuchar*, aquí *que oye*; καὶ, conjunción copulativa *y*; πιστεύων, caso nominativo masculino singular del participio de presente en voz activa del verbo πιστεύω, *creer*, aquí *que cree*; τῷ, caso dativo masculino singular del artículo determinado declinado *al*; πέμψαντι, caso dativo masculino singular del participio de aoristo primero en voz activa del verbo πέμπω, *enviar*, aquí *que envió*; με, caso acusativo de la primera persona singular del pronombre personal declinado *a mí, me*; ἔχει, tercera persona singular del presente de indicativo en voz activa del verbo ἔχω, *tener*, aquí *tiene*; ζωὴν, caso acusativo femenino singular del nombre común *vida*; αἰώνιον, caso acusativo femenino singular del adjetivo *eterna*; καὶ, conjunción copulativa *y*; εἰς, preposición propia de acusativo *a*; κρίσιν, caso acusativo femenino singular del nombre común *condenación*; οὐκ, forma del adverbio de negación *no*, con el grafismo propio ante vocal con espíritu áspero; ἔρχεται, tercera persona singular del presente de indicativo en voz media del verbo ἔρχομαι, *venir*, aquí *viene*; ἀλλὰ, conjunción adversativa *sino*; μεταβέβηκεν, tercera persona singular del perfecto de indicativo en voz activa del verbo μεταβαίνω, *pasar*, aquí *ha pasado*; ἐκ, preposición propia de genitivo *de*; τοῦ, caso genitivo masculino singular del artículo determinado *el*; θανάτου, caso genitivo masculino singular del nombre común *muerte*; εἰς, preposición propia de acusativo *a*; τὴν, caso acusativo femenino singular del artículo determinado *la*; ζωήν, caso acusativo femenino singular del nombre común *vida*.

᾿Αμὴν ἀμὴν λέγω ὑμῖν. Jesús habló varias veces, según recoge el *Evangelio*, sobre Su misión redentora que le permite dar vida eterna a quien crea en Él. Ese fue uno de los temas con Nicodemo cuando le habló del nuevo nacimiento (3:16). Ahora enseña como interviene Él para comunicar la vida eterna a quien crea. Lo hace comenzando con el llamamiento a prestar atención de la forma típica que usa Juan: *Amén, amén*, traducido como *de cierto, de cierto*.

ὅτι ὁ τὸν λόγον μου ἀκούων. Lo primero que se destaca en el texto es la presencia de la *palabra*. No se trata de otra, sino de la palabra de Jesús. El *discurso*, la *palabra*, el *logos* que Él predica, es un mensaje en el que se *dice* a sí mismo. Él es el núcleo y la causa eficaz de salvación. El hombre tiene necesidad primeramente de *oír* esa palabra. No es simplemente el hecho de oír, o escuchar, sino que conlleva la idea de aceptar y obedecer esa palabra. Esta aceptación por fe de la *palabra*, permite al pecador entrar en contacto con el Hijo y, por consiguiente, con el Padre. Esa es la causa *eficiente* y a la vez *eficaz*, para lograr el efecto que se pretende que es la salvación del pecador perdido. La vida eterna no se obtiene y disfruta por el hecho de aceptar mentalmente el mensaje del evangelio que Jesús dice, sino en estar en relación vivencial con el Hijo, por lo que también se está con el Padre. Jesús mismo dijo que *"la vida eterna es que te conozcan a ti, el único Dios verdadero, y a Jesucristo, a quien has enviado"* (17:3). Ahora bien, el Hijo al que hay que oír y honrar, so pena de no honrar al Padre, es Jesús de Nazaret, el que estaba siendo cuestionado y acusado, como si se tratase de un blasfemo, por los judíos que escuchaban Sus palabras. Es necesario, dada la importancia de este versículo, entender que la fe que justifica y mediante la que se recibe, por gracia, la salvación, nace, viene, o surge por el efecto de la *palabra* en el corazón del hombre (Ro. 10:17). Escuchar las palabras de Jesús implica tener vida eterna, porque son *palabras de vida* (6:68) y además son *espíritu y son vida* (6:63).

καὶ πιστεύων τῷ πέμψαντι με. Esa palabra llama a la fe en *quien envió* a Cristo. La vida eterna se da a quien *cree en el Hijo* (3:16), aquí el segundo paso está en creer en el Padre, que fue quien envió al Hijo. Pero, al prestar atención al texto se aprecia que hay un solo pronombre rigiendo los dos participios ἀκούων, *que oye*, y πιστεύων, *que cree.* Oír la palabra es confiarse y entregarse a ella aceptando el mensaje sin limitación alguna, por consiguiente es aceptar, al mismo tiempo al Padre que ha enviado al Hijo para ser el salvador del mundo. Jesús dijo que Él no hace ni habla nada de sí mismo, porque todo cuanto hace lo hace también el Padre. Cuando Jesús llama a la fe en Él, está dando voz al llamamiento del Padre que llama a los hombres a creer en Cristo. Creer en el Padre es creer en el Hijo que ha enviado con un propósito, no el de *condenar* al mundo, sino el de dar vida eterna a todo aquel que crea (3:17). El tema de las palabras de Jesús en este discurso es la actividad y vinculación común del Padre y del Hijo, junto la total dependencia de Jesús con respecto al Padre. Esa es la razón por la que la fe se dirige a Jesús, y por Él al Padre que le envió.

ἔχει ζωὴν αἰώνιον. El resultado es el de recibir por gracia mediante la fe, la *vida eterna.* Como ya se ha considerado antes, la vida eterna es potestativa y privativa de Dios. Sólo Él es eterno, ninguna criatura, ni ángeles ni hombres, son eternos, puesto que tuvieron origen en la creación. Para Dios no existe el tiempo, puesto que vive en un presente eterno. Esta vida eterna que únicamente existe como tal en Dios, se comunica al hombre que cree por identificación con Cristo. No es un asunto de mentalidad, sino de vivencia. Unido vitalmente a Cristo por la fe, la vida eterna de Dios, se comunica al que cree, en la manifestación que el hombre puede recibir de ella, que es la naturaleza. Así lo enseña el apóstol Pedro cuando dice que esa fe lleva a estar en *comunión*, esto es, en *unión común* con Dios por medio de Cristo, siendo *participe* de la divina naturaleza (2 P. 1:4).

καὶ εἰς κρίσιν οὐκ ἔρχεται, ἀλλὰ μεταβέβηκεν ἐκ τοῦ θανάτου εἰς τὴν ζωήν. Esta experiencia vital trae un resultado: el que cree pasa de *muerte a vida*, por tanto, *no será condenado.* Es necesario entender aquí lo que está desarrollado ampliamente en todo el Nuevo Testamento, que el hombre no regenerado está muerto en delitos y pecados (Ef. 2:1). No se trata de superar una muerte en sentido figurado, sino de la realidad espiritual como consecuencia del pecado. Es la consecuencia de todo cuanto sea contrario a la voluntad de Dios. La situación de *muerte*, es a la que se llega a causa de la sentencia divina establecida para el pecado, que produce la *muerte espiritual* (Gn. 2:17). Esa es la realidad espiritual en que se encuentran todos los que son alcanzados por el mensaje del evangelio, *la palabra* que Jesús estaba proclamando. Por la presencia del pecado en el hombre no regenerado, cada uno se ha dado muerte a sí mismo, porque la muerte es el resultado y producto del pecado, la esfera propia y natural en que se desenvuelve el pecador. El pecado reinó produciendo la muerte (Ro. 5:21). A causa de la introducción del pecado en el primer hombre y por él, como herencia genética espiritual, pasó al resto de los hombres que estaban ya en Adán, no solo como cabeza federal de la raza caída, sino como transmisor espiritual dentro de la genética biológica de quienes proceden de él (Ro. 5:12). Nadie puede evitar la condición de *muerto espiritual*, porque *"la paga del pecado es la muerte"* (Ro. 6:23). Por tanto la vida de todo hombre antes de creer se encuentra a merced de la muerte, en el reino de ella. La muerte espiritual afecta a todos, indicando con ello una identidad de condición (Ro. 3:9). Es necesario entender para conocer el alcance de las palabras de Jesús, que el hombre es un *muerto espiritual*. El concepto bíblico de muerte no es el de término, sino el de un estado de separación, que se produce entre el hombre y Dios a causa del pecado. La muerte, por tanto, no es una aniquilación del ser, sino un estado que se vive desde el mismo inicio embrionario de la existencia humana, ya que el Salmo afirma que *"He aquí, en maldad he sido formado, y en pecado me concibió mi madre"* (Sal. 51:5). La muerte física es una consecuencia del pecado, ya que Adán fue creado para una vida perdurable, llevando la imagen de Dios (Gn. 1:27; 2:7), y recibiendo la provisión divina para la sustentación de esa vida mediante el árbol de vida (Gn. 2:9). La Biblia enseña que la muerte fue introducida en el ámbito humano por causa del pecado (Gn. 2:17), y como castigo por él (Gn. 3:19; Ro. 5:12-17; 6:23; Stg. 1:15). Pero, la muerte física es consecuencia de otra muerte anterior, la *muerte espiritual*. La muerte espiritual es la consecuencia de la interrupción de la comunión con Dios, origen, razón y experiencia de vida. De ahí que si en Jesús se manifiesta *la plenitud de la Deidad* en forma corporal, es también en Aquel en quien esta la vida (1:4). Jesús mismo dice que Él es *la vida* (14:6). Si Dios, fuente de vida, es la vida misma, todo ser alejado de Él está alejado de la vida y es, por tanto, un muerto espiritual. La Biblia enseña que tener comunión con Dios, exige una plena limpieza y ausencia del pecado (Sal. 24:3, 4). Este estado de muerte espiritual es común a todos los hombres (Ro. 3:22, 23), es decir, el hombre nace ya en estado de muerte espiritual y permanece en ese estado mientras no reciba la vida eterna, que es la vida natural de Dios, por unión vital con Cristo, el comunicador de la vida, alcanzándola por gracia, mediante la fe (3:14, 15, 36; 5:24). La muerte espiritual se proyecta a perpetuidad en aquellos que mueren físicamente sin haber alcanzado la salvación en Cristo.

Nótese que Jesús, junto con la promesa de la vida eterna, afirma con toda determinación que el que cree *no es condenado*. La condenación por el pecado es la muerte que la Biblia llama la *muerte segunda* (Ap. 20:14, 15), el estado final del incrédulo al que le conduce su camino de perdición (1 Co. 1:18), situación común a todos los que no creen a la *palabra* que Jesús dice y, por la misma razón, son incrédulos al Padre que lo envió para la salvación del mundo. Si los que creen *no son condenados*, quiere decir esto que una vez en posesión de la salvación, que conlleva el perdón de pecados y la dotación de vida eterna, no pueden perecer jamás, es decir, la seguridad de salvación no es una suposición pretenciosa, sino la única y verdadera realidad. De otro modo, el creyente en Cristo, que tiene vida eterna, no será juzgado para condenación, puesto que ya no está sujeto a juicio por haber sido cancelada para él toda la responsabilidad penal por el pecado.

25. De cierto, de cierto os digo: Viene la hora, y ahora es, cuando los muertos oirán la voz del Hijo de Dios; y los que la oyeren vivirán.

ἀμὴν ἀμὴν λέγω ὑμῖν ὅτι ἔρχεται ὥρα καὶ νῦν ἐστιν[1]
De cierto, de cierto digo os que viene hora y ahora es,
ὅτε οἱ νεκροὶ ἀκούσουσιν[2] τῆς φωνῆς τοῦ Υἱοῦ τοῦ Θεοῦ
cuando los muertos oirán la voz del Hijo - de Dios
καὶ οἱ ἀκούσαντες ζήσουσιν.
y los que oyeron vivirán.

Notas y análisis del texto griego.

Siguiendo el tema del discurso, añade: ἀμὴν, transliteración, *amén, de cierto*; ἀμὴν, transliteración *amén, de cierto*; λέγω, primera persona singular del presente de indicativo en voz activa del verbo λέγω, *hablar, decir*, aquí *digo*; ὑμῖν, caso dativo de la segunda persona plural del pronombre personal declinado *a vosotros, os*; ὅτι, conjunción *que*; ἔρχεται, tercera persona singular del presente de indicativo en voz media del verbo ἔρχομαι, *venir, llegar, aparecer*, aquí *viene*; ὥρα, caso nominativo femenino singular del nombre común *hora*; καὶ, conjunción copulativa *y*; νῦν, adverbio de tiempo *ahora*; ἐστιν, tercera persona singular del presente de indicativo en voz activa del verbo εἰμί, *ser, estar*, aquí *es*; ὅτε, conjunción temporal *cuando*; οἱ, caso nominativo masculino plural del artículo definido *los*; νεκροὶ, caso nominativo masculino plural del adjetivo *muertos*; ἀκούσουσιν, tercera persona plural del futuro de indicativo en voz activa del verbo ἀκούω, *oír, escuchar*, aquí *oirán*; τῆς, caso genitivo femenino personal del artículo determinado *la*; φωνῆς, caso genitivo femenino personal del nombre común *voz*; τοῦ, caso genitivo masculino singular del artículo determinado declinado *del*; Υἱοῦ, caso genitivo masculino singular del nombre divino *Hijo*; τοῦ, caso genitivo masculino singular del artículo determinado declinado *el*; Θεοῦ, caso genitivo masculino singular del nombre divino *Dios*; καὶ, conjunción copulativa *y*; οἱ, caso nominativo masculino plural del artículo determinado *los*; ἀκούσαντες, caso nominativo masculino plural del participio de aoristo primero en voz activa del verbo ἀκούω, *oír, escuchar*, aquí *que oyeron*; ζήσουσιν, tercera persona plural del futuro de indicativo en voz activa del verbo ζάω, *vivir*, aquí *vivirán*.

Crítica Textual. Lecturas alternativas.

[1] καὶ νῦν ἐστιν, *y ahora es*, no aparece en ℵ*, a, b, Tertuliano.

[2] ἀκούσουσιν, *oirán*, según se lee en p[66], ℵ*,

ἀκούσονται, *oirán*, según lectura en A, D, K, Γ, Δ, Θ, *f*[13], 700, 1424, 2211, 𝔐.

ἀκούσωσιν, *oigan*, conforme a 𝔭[66], ℵ, K, W, Ψ, 070, 1, 33, 565, 579, 892, 1241.

ἀμὴν ἀμὴν λέγω ὑμῖν. Un nuevo llamado de atención abre el versículo. Otra vez Jesús requiere a los oyentes que presten atención con la fórmula reiterada en el *Evangelio* de *amén, amén*, que como siempre se traduce por *de cierto, de cierto*, que remarca la veracidad de lo que sigue y la importancia que comportan esas palabras.

ὅτι ἔρχεται ὥρα καὶ νῦν ἐστιν ὅτε οἱ νεκροὶ ἀκούσουσιν τῆς φωνῆς τοῦ Υἱοῦ τοῦ Θεοῦ καὶ οἱ ἀκούσαντες ζήσουσιν. La frase resulta a simple vista un tanto extraña. Jesús dice que vendrá el tiempo en que los muertos oirán la voz del Hijo de Dios. Pero, sin interrupción en esa manifestación añade que *ya es ahora*. Con esas palabras trae al presente lo que sin ellas podría considerarse como algo que ocurrirá en el futuro. No cabe duda que la resurrección de los muertos para juicio es un hecho escatológico, pero Jesús habla de una resurrección que se produce en el tiempo presente, ya que es hora de que eso ocurra. En este versículo Jesús se refiere a la *resurrección espiritual* de quienes llama *muertos* en el versículo anterior, los que por creer *han pasado de muerte a vida*. Cuando se acepta la palabra de Jesús por fe, el pecador que cree, tiene vida eterna. Eso es una auténtica *resurrección espiritual.* Esta verdad será desarrollada en otros lugares, pero alcanza una notable dimensión en los escritos del apóstol Pablo, cuando dice que *"juntamente con Él nos resucitó"* (Ef. 2:6). Al unir al pecador muerto con la vida en Cristo, se produce una verdadera resurrección espiritual (11:25, 26). Esta resurrección de entre los muertos espirituales, permite gozar de una *nueva vida* en Cristo, que genera un cambio de orientación hacia Dios y Sus cosas. La vida de resurrección manifiesta al exterior la voluntad de Dios en un sometimiento pleno al Espíritu Santo, lo que cambia la condición de un estado de pecaminosidad, una continua desobediencia, una existencia en el pecado, a una forma de vida en la que el Espíritu reproduce el carácter moral de Jesús, al que los salvos están unidos. Jesús dijo antes que el que cree pasa de *muerte a vida.* Como ya se consideró, la vida eterna solo es posible en unión vital con Cristo, de ahí que cuando se enseña esta verdad en el Nuevo Testamento, se dice que *juntamente con Él nos resucitó*, lo que quiere decir que *al juntarnos con Él* nos resucitó. No es posible la recepción de la vida eterna, lejos de Cristo, sólo es posible al *juntarnos con Él*, esto es, en la plena unidad desde la cual la vida eterna de Dios fluyendo por el único Mediador entre Dios y los hombres, viene a ser experiencia vital para el que cree. El resultado de la fe, no es aproximarse a Cristo, sino estar en Él.

Jesús dice que estos muertos espirituales *oirán la voz del Hijo de Dios.* Aquí utiliza el título divino que le pertenece por el hecho de ser Dios en unidad con el Padre. La misma voz de autoridad que llama a los muertos físicos a la vida cuando quiso, así también la misma voz de autoridad, trae al muerto espiritual a la vida eterna. Esa es la misión de Cristo, ya que vino para dar esa vida (11:25 s.). La voz del Hijo expresa el mensaje de buenas noticias del evangelio. Los pecadores *oyen* esa voz, y quienes la *oyen* en sentido de obedecerla, *tienen vida eterna.* El Padre, a causa de la unidad con el Hijo, le dio a Éste que tenga vida en sí mismo, así que la vida está en Él (1:4). Sólo el puede dar vida con la voz de Su autoridad porque siendo Él la resurrección y la vida, el que se une a Él por la fe, aunque esté muerto viene a la vida (11:25). De otro modo, como para cada resurrección física fue necesario que se oyese la voz de autoridad del Hijo de Dios, así también es necesaria la voz que ordena la resurrección espiritual y la comunicación de vida eterna por la misma voz de autoridad.

El tiempo de la resurrección espiritual *ya está presente.* El Señor dice que *es ahora.* Desde el principio de la historia del hombre caído en el pecado, Dios los ha estado llamando, mediante el mensaje que Él da en la dimensión apropiada para cada tiempo, y todos los que escucharon el mensaje de Dios y creyeron en Su palabra, vinieron a disfrutar de la salvación, haciéndolo en base a la obra de sustitución, pasando por alto los pecados en Su paciencia con vistas a depositarlos sobre Cristo cuando llegase el tiempo (Ga. 4:4). El evangelio es un mensaje que invita a los muertos a creer y recibir vida. Algunos extreman el sentido de *muertos*, negando que el hombre no regenerado pueda hacer algo, o si se prefiere, no puede hacer nada por imposibilidad personal para creer en Cristo. Estos son los que dicen que la fe salvadora viene después de la regeneración. Pero, este concepto contradice abiertamente todo cuanto se enseña tanto en el Antiguo como en el Nuevo Testamento sobre la vía de salvación, o mejor dicho, sobre el instrumento que Dios da para la justificación. La salvación no descansa en la fe, sino en la gracia, pero la fe es el instrumento que Dios ha determinado para recibirla. La fe que significa una entrega incondicional del *yo* a Dios, sólo es posible en un acto de obediencia incondicional, imposible para el hombre que por naturaleza es desobediente. Sin embargo, la operación del Espíritu Santo hace posible que el desobediente, asistido por Él, pueda hacer la entrega personal al Salvador, en el ejercicio de la fe que, como la gracia, le es otorgada inmerecidamente por Dios. Así aparecen unidas la soberanía divina en la salvación y la responsabilidad humana que asistida por Dios cree en el mensaje del evangelio y entrega su vida al Salvador, recibiendo en el acto la vida eterna y la seguridad de salvación.

26. Porque como el Padre tiene vida en sí mismo, así también ha dado al Hijo el tener vida en sí mismo.

ὥσπερ γὰρ ὁ Πατὴρ ἔχει ζωὴν ἐν ἑαυτῷ, οὕτως καὶ τῷ Υἱῷ
Porque como el Padre tiene vida en Sí mismo, así también al Hijo
ἔδωκεν ζωὴν ἔχειν ἐν ἑαυτῷ.
dio vida tener en Sí mismo.

Notas y análisis del texto griego.

Continúa con ὥσπερ, conjunción condicional *como*; γὰρ, conjunción condicional *porque*; ὁ, caso nominativo masculino singular del artículo determinado *el*; Πατὴρ, caso nominativo masculino singular del nombre propio *Padre*; ἔχει, tercera persona singular del presente de indicativo en voz activa del verbo ἔχω, *tener, poseer*, aquí *tiene*; ζωὴν, caso acusativo femenino singular del nombre común *vida*; ἐν, preposición propia de dativo *en*; ἑαυτῷ, caso dativo masculino singular del pronombre reflexivo *sí mismo*; οὕτως, adverbio de modo *así*; καὶ, adverbio de modo *también*; τῷ, caso dativo masculino singular del artículo determinado declinado *al*; Υἱῷ, caso dativo masculino singular del nombre divino *Hijo*; ἔδωκεν, tercera persona singular del aoristo primero de indicativo en voz activa del verbo δίδωμι, *dar, regalar, conceder*, aquí *dio*; ζωὴν, caso acusativo femenino singular del nombre común *vida*; ἔχειν, presente de infinitivo en voz activa del verbo ἔχω, *tener*; ἐν preposición propia de dativo *en*; ἑαυτῷ, caso dativo masculino singular del pronombre reflexivo *sí mismo*.

ὥσπερ γὰρ ὁ Πατὴρ ἔχει ζωὴν ἐν ἑαυτῷ, Retorna Juan, esta vez en las palabras de Jesús, a un concepto cristológico por excelencia, tocando el misterio personal del Hijo y no sólo Su misión para la que fue enviado del Padre. En el Antiguo Testamento, la vida deriva del Padre, como quien da vida a todos los seres vivos, especialmente a los hombres (Gn. 2:7). Por esa razón la vida se considera siempre como un don de Dios (Job. 10:12; 33:4). El salmista dice que *"contigo está el manantial de la vida"* (Sal.36:9). Por esa razón también dice que *"Jehová es la fortaleza de mi vida"* (Sal. 27:1). De ese modo, deben ser entendidas las palabras de la primera parte del versículo. Sin embargo, no se contempla aquí la idea de la vida que el Padre puede dar a las creaturas, misión que comparte o, mejor, en la que el Hijo está integrado ya que en Él está la vida (1:4). Se trata de la comunicación y dotación de vida en y al Hijo. La vida es potestativa de Dios, por tanto, la vida está en las manos del Padre que la tiene, no por recepción o procedencia, sino en Sí mismo. Algunas veces se corre el peligro de pensar que, puesto que el Padre, tiene vida en Él mismo, significa que existe como Padre por sí mismo. La personificación de la primera persona es el resultado de la relación generadora de la Segunda Persona, el Hijo, que es engendrado del Padre eternamente, por tanto el Padre se establece como persona en el acto eterno de generar al Hijo. La vida divina se comunica, sin origen de la Primera a la Segunda Persona. Quiere decir que el Padre es vida sin principio comunicable, mientras que el Hijo la recibe por procedencia, sin origen, sin principio, *ad eternan*, del Padre. Dios es *principio de vida sobrenatural y eterna*, por tanto, las Personas Divinas tienen esa vida, que es la natural y propia del Ser Divino en la que todas ellas participan y le es común a las tres, puesto que cada una de ellas es Dios único y verdadero.

Debe entenderse bien el concepto de Padre, aplicado a la Primera Persona Divina. El Padre es *principio sin principio*. Quiere decir que las otras dos Personas, *proceden* de la Primera, mientras que Ésta no procede de ninguna otra. De ahí que el Padre sea el que *envía* al Hijo (3:16) y al Espíritu (Hch. 2:33), mientras que Él no es enviado. El envío *ad extra* es consecuencia de la procedencia *ad intra* y una prolongación de la misma. El Padre es *Padre* en toda la extensión e intensidad de Su Ser Personal. La razón es que la base personalizadora *constitutiva* de Su Ser, en cuanto Persona distinta, es que, en el presente sin cambio, ni sucesión, ni principio ni fin de la eternidad divina, *engendra un Hijo*. Esta es la segunda Persona de la Deidad, comunicándole con esa operación todo lo que Él mismo es y tiene (16:15). Lo único que no puede dar ni compartir con el Hijo es el ser Padre. Así como el Hijo es total y perfectamente Dios, en cuanto a Persona, así el Padre lo es también total y perfectamente. De no ser así, el Padre no sería una Persona infinita, porque le quedaría algo que no estaría incluido en la *paternidad* y, por consiguiente, en la *Divinidad*. Esto afectaría también al Hijo que no sería Persona infinita, puesto que en algo no sería Hijo, con lo que también quedaría imperfecto como *Dios el Hijo*. El Padre, como progenitor único, agota Su función generadora en el Hijo, que es el resultado exhaustivo de la generación del Padre, de lo contrario ambos no serían Dios, al quedar incompletos en Su Ser personal. Por esa razón el Hijo es *Unigénito*, necesariamente (1:14, 18; 3:16, 18 1 Jn. 4:9). Si pudiera haber otro o más hijos en el Seno Trinitario, ninguno de ellos sería el resultado *exhaustivo* de la generación del Padre y, por tanto, ninguno sería infinito, ninguno sería Dios. Pero, tampoco el Padre lo sería, por cuanto Su acción generadora constituirá un acto *limitado* dentro de Su seno, donde el *ser* y el *obrar* se corresponden en absoluta identidad. Por ser el acto de *engendrar* una entrega absoluta y perfecta al Hijo, el Padre se constituye por una relación *subsistente hacia otro*, en Persona divina, por esa relación con el Hijo. En la generación divina no existe el proceso de *causa a efecto*, sino de *principio a término*. Siendo la generación divina una operación *inmanente*, en la que las dos Personas son principio y término absoluto de una relación personal subsistente, no es la naturaleza divina la que engendra, sino que sólo el Padre engendra y sólo el Hijo es engendrado. Por esa razón se *da* al Hijo el mismo poder que tiene el Padre (v. 26). Jesús dice aquí que el Padre tiene vida en Sí mismo.

οὕτως καὶ τῷ υἱῷ ἔδωκεν ζωὴν ἔχειν ἐν ἑαυτῷ. Pero también afirma que esa misma vida que tiene el Padre, se le ha dado también tenerla Él en Sí mismo. Hemos considerado antes algo acerca del Logos, el Verbo de vida, por lo que será suficiente aquí limitarse a este concepto que aparece en el versículo. Siendo la generación divina *inmanente*, por cuanto el Hijo está y queda en el seno del Padre (1:18; 14:10), el Padre está enteramente en el Hijo engendrado con Su mente personal infinita, y el Hijo está por entero en el Padre como concepto personal exhaustivo de la mente paterna. Siendo la generación divina *inmanente*, las dos Personas son principio y término absoluto de una relación personal subsistente, no es la naturaleza divina la que engendra, sino que sólo el Padre engendra, y sólo el Hijo es engendrado. Por esa razón el Hijo tiene todo lo que el padre tiene (v. 26). Es necesario entender claramente que no es el Padre el que da vida al Hijo, en sentido de entregársela cuando no la poseía, sino que el término *da,* al Hijo que tenga vida en Sí mismo, es que lo que el Padre es como vida, lo es también el Hijo puesto que enteramente está en el Padre y la tiene como fuente de vida por ser tan Dios como el Padre. De este modo si el Padre tiene vida *"en sí mismo"*, el Hijo también la tiene *"en sí mismo"*. El creyente tiene vida eterna por don del Hijo, pero su vida no es en *si mismo,* sino en Cristo, y como Cristo, el Hijo de Dios, tiene vida en sí mismo, no es el creyente el que tiene esa vida, sino Cristo que vive en él (Gá. 2:20). El hecho de que el Hijo tiene por procedencia y por unión la vida que el Padre tiene en Sí mismo, para que sea absoluta vida en Él mismo, y pueda, como puede el Padre, dar vida a todo aquel que crea. Por generación, engendrado del Padre, le hace partícipe en la eterna vida divina que el Padre tiene. Tener vida en Sí mismo indica que Él mismo es plenitud de vida.

27. Y también le dio autoridad de hacer juicio, por cuanto es el Hijo del Hombre.

καὶ ἐξουσίαν ἔδωκεν αὐτῷ[1] κρίσιν ποιεῖν, ὅτι Υἱὸς Ἀνθρώπου
Y autoridad dio le juicio hacer, porque Hijo de Hombre
ἐστίν.
es.

Notas y análisis del texto griego.

Sigue diciendo Jesús: καὶ, conjunción copulativa *y*; ἐξουσίαν, caso acusativo femenino singular del nombre común *autoridad*; ἔδωκεν, tercera persona singular del aoristo primero de indicativo en voz activa del verbo δίδωμι, *dar, entregar*, aquí *dio*; αὐτῷ, caso dativo masculino de la tercera persona singular del pronombre declinado *a él, le*; κρίσιν, caso acusativo femenino singular del nombre común *juicio*; ποιεῖν, presente de infinitivo en voz activa del verbo ποιέω, *hacer, efectuar, obrar*, aquí *hacer*; ὅτι, conjunción causal *porque*; Υἱὸς, caso nominativo masculino singular del nombre divino *Hijo*; ἀνθρώπου, caso genitivo masculino singular del nombre declinado *de Hombre*; ἐστίν, tercera persona singular de presente de indicativo en voz activa del verbo εἰμί, *ser*, aquí *es*.

Crítica Textual. Lecturas alternativas.
[1] Se añade καὶ, *y*, en la lectura de D, K, Γ, Δ, Θ, $f^{1, 13}$, 565, 700, 892, 1241, 1424, 𝔐, lat, $sir^{p, h}$.
El texto como se ha trasladado más arriba se lee en $𝔭^{66, 75}$, $ℵ^2$, A, B, K, N, W, Ψ, 070, 33, 579, 2211, it, vg^{cl}, sy^c, Orígenes.

καὶ ἐξουσίαν ἔδωκεν αὐτῷ κρίσιν ποιεῖν, ὅτι Υἱὸς Ἀνθρώπου ἐστίν. Se ha considerado antes sobre el aspecto judicial de

Dios, al que se llega a definir en el Antiguo Testamento como el *"juez de toda la tierra"* (Gn. 18:25). Escatológicamente Dios dará el veredicto final de juicio sobre todos los hombres, ya que está establecido que mueran una vez y después el juicio (He. 9:27). El juicio está en manos de un solo Juez. Para entender el alcance del Hijo como único Juez, se emplea aquí la misma expresión que para enseñar sobre la vida que tiene en Sí mismo. De manera que el Padre le ha dado autoridad para ejecutar el juicio en base a que es el Hijo del Hombre.

Algunos consideran que al no tener, en el texto griego, artículo determinado, ninguno de los dos nombres tanto *Hijo,* como *Hombre*, debe entenderse que no se trata de una referencia a la deidad de Cristo, sino a Su humanidad, entendiendo que se le da la autoridad de juzgar a los hombres porque es hombre como ellos. El Mediador entre Dios y los hombres es *Jesucristo Hombre*. Se supone que siendo semejante a los hombres, las acciones de estos son plenamente comprensibles por medio de la humanidad subsistente en la Persona divina del Hijo de Dios. Sin embargo, el argumento es pobre, ya que en griego, los títulos tienden a perder el artículo delante de ellos, e incluso, en muchas ocasiones también los nombres propios. Una segunda razón para no considerar esta forma de entender el texto es que habría que considerar el título *Hijo de Hombre*, adquiriendo aquí un significado que no es habitual en el resto del Nuevo Testamento. Antes se consideró ya esto (v. 22), ahora el mismo concepto y sentido surge en el versículo que se comenta. Una prueba histórica del sentido con que Jesús dijo estas palabras es que los judíos estaban acostumbrados a entender y creer que Dios es quien puede juzgar a los hombres, y que lo hará al final de los tiempos, esto significaba en las palabras de Jesús, que se consideraba con los mismos derechos de Dios. Esto traía aparejado que, según lo que el Cristo enseñaba, los hombres serían juzgados por lo que hiciesen y la actitud que tomasen respecto a Él. El título *Hijo del Hombre*, vinculado a la vida y al juicio, lo sitúan en el plano en que se usa, esto es, primero en Su aspecto mesiánico, y en segundo lugar para referirse a la condición celestial y, por tanto, divina del Hijo de Dios. Jesús se refería delante de sus adversarios al poder que le correspondía como Dios y que ejercía también en el plano de Su humanidad, como una de las dos naturalezas que subsisten en Su Persona Divina. Es notable apreciar el cambio de ministerio relacionado con Jesús: el Hijo del Hombre vino para buscar y salvar lo que estaba perdido, pero vendrá en el futuro para juzgar a los hombres. La autoridad que tiene para uno y otro ministerio en el plan eterno de Dios, le ha sido dado, por vinculación plena con el Padre. Eso redunda tanto en honor del Hijo como del Padre (v. 23).

Así escribe el Dr. Lacueva:

"Esta autoridad le ha sido concedida a Cristo, como Hijo del Hombre, por dos razones: Primera, porque siendo en la forma de Dios e igual al Padre, condescendió a hacerse uno de tantos, en todo semejante a nosotros, excepto el pecado (Fil. 2:6-8; He. 2:11 ss.; 4:15). Su afinidad con nosotros, el ponerse de nuestra parte, le acreditó a ser hecho Señor de todos, ante quien toda criatura debe doblar la rodilla, y toda lengua confesarle por Señor, para gloria de Dios Padre (Fil. 2:9-11). Segunda, porque, al ser el Mesías prometido, había de venir investido de todo poder, no sólo sobre el pueblo judío, sino sobre toda criatura (Mt. 28:18). El Padre le envió (v. 23). Por tanto, la afrenta que se haga al Embajador del Padre, se le hace al Padre mismo[7]*".*

El poder de ser juez procede del Padre, que le lleva a ejercerlo con plena autoridad. El alcance del texto conduce a los oyentes a una consideración y reflexión escatológica.

28. No os maravilléis de esto; porque vendrá hora cuanto todos los que están en los sepulcros oirán su voz.

μὴ θαυμάζετε τοῦτο, ὅτι ἔρχεται ὥρα ἐν ᾗ πάντες οἱ ἐν τοῖς
No os maravilléis de esto, porque viene hora en la que todos los en los
μνημείοις ἀκούσουσιν τῆς φωνῆς αὐτοῦ
sepulcros oirán la voz de Él.

Notas y análisis del texto griego.

Sin interrupción en el tema, añade: μὴ, partícula negativa que hace funciones de adverbio de negación condicional *no*; θαυμάζετε, segunda persona plural del presente de imperativo en voz activa del verbo θαυμάζω, *maravillarse, admirarse, asombrarse*, aquí *os maravilléis*; τοῦτο, caso acusativo neutro singular del pronombre demostrativo declinado *de estos*, en sentido de *estas cosas*; ὅτι, conjunción causal *porque*; ἔρχεται, tercera persona singular del presente de indicativo en voz media del verbo ἔρχομαι, *venir, llegar*, aquí *viene*; ὥρα, caso nominativo femenino singular del nombre común *hora*; ἐν, preposición propia de dativo *en*; ᾗ, caso dativo femenino singular del pronombre relativo *la que*; πάντες, caso nominativo masculino plural del adjetivo indefinido *todos*; οἱ, caso nominativo masculino plural del artículo determinado *los*; ἐν, preposición propia de dativo *en*; τοῖς, caso dativo neutro plural del artículo determinado *los*; μνημείοις, caso dativo neutro plural del nombre común *sepulcros, tumbas*; ἀκούσουσιν, tercera persona plural del futuro de indicativo en voz activa del verbo ἀκούω, *oír, escuchar*, aquí *oirán*;

[7] F. Lacueva. o.c., pág. 122.

τῆς, caso genitivo femenino singular del artículo determinado *la*; φωνῆς, caso genitivo femenino singular del nombre común *voz*; αὐτοῦ, caso genitivo masculino de la tercera persona singular del pronombre personal declinado *de Él*.

μὴ θαυμάζετε τοῦτο, Posiblemente los oyentes mostraron signos de falta de comprensión de las palabras de Jesús. Había manifestado verdades a las que los oyentes no estaban acostumbrados y conceptos que incluso diferían de todo aquello en que habían sido enseñados. Incluso pudiera haber señales de escepticismo en ellos. Jesús habló de Su autoridad para dar vida. Afirmó que como Dios tiene vida en sí mismo, Él también la tiene. Se refirió a Su autoridad para ejercer juicio y dijo a los oyentes que esa actividad le corresponde a Él, y que le fue dada del Padre. Cristo quiere captar el interés de ellos y les dice que no se maravillen de cuanto han oído. La palabra, no significa sólo admiración, también equivale a asombro. Jesús les está diciendo que no se asombren de lo que acaba de decir, esto es, que el Hijo del Hombre da vida y juzga a los espiritualmente muertos, para anunciarles que Él será el autor de la resurrección final de los muertos y del juicio que marcará definitivamente la perpetuidad de cada uno de ellos.

ὅτι ἔρχεται ὥρα ἐν ᾗ πάντες οἱ ἐν τοῖς μνημείοις ἀκούσουσιν τῆς φωνῆς αὐτοῦ. Cristo advierte de que llegará la hora en que los muertos oirán Su voz y los que están en el sepulcro vendrán a resurrección. El Señor afirma que *viene* o que *llega la hora*. Es la forma natural como Dios ve el futuro temporal. Para Él no existe el tiempo porque es eterno y un día es como mil años y mil años como un día (2 P. 3:8). Tal vez por eso no dice que viene el día, sino la hora. El versículo siguiente complementa a éste debiendo considerarlos como una unidad. La fuerza de éste descansa en el hecho futuro cuando todos los muertos oirán la voz del Hijo de Dios llamándolos a la resurrección. Lo que Él hizo puntual y ocasionalmente durante el tiempo de Su ministerio, concluirá con una resurrección universal de todos los muertos a lo largo de todos los siglos de la existencia humana. Sorprende aquí la afirmación de Jesús: *los que están en los sepulcros oirán la voz suya*. ¿Cómo puede un muerto oír? No lo podrían hacer con otra voz, pero ésta es la del Creador, a quien todos los muertos deben su vida desde su concepción hasta su muerte. La voz del Hijo es una voz vivificante y creadora, por eso pueden oírla.

29. Y los que hicieron lo bueno, saldrán a resurrección de vida; mas lo que hicieron lo malo, a resurrección de condenación.

καὶ ἐκπορεύσονται οἱ τὰ ἀγαθὰ ποιήσαντες εἰς ἀνάστασιν
Y saldrán los lo bueno que hicieron a resurrección
ζωῆς, οἱ δὲ τὰ φαῦλα πράξαντες εἰς ἀνάστασιν κρίσεως.
de vida, y los lo malo que hicieron a resurrección de juicio.

Notas y análisis del texto griego.

Siguen las palabras de Jesús con καὶ, conjunción copulativa *y*; ἐκπορεύσονται, tercera persona plural del futuro de indicativo en voz media del verbo ἐκπορεύομαι, *salir,* aquí *saldrán*; οἱ, caso nominativo masculino singular del artículo determinado *los*; τὰ, caso acusativo neutro plural del artículo determinado *lo*; ἀγαθὰ, caso acusativo neutro plural del adjetivo *bueno*; ποιήσαντες, caso nominativo masculino plural del participio de aoristo primero en voz activa del verbo ποιέω, *hacer, producir, realizar*, aquí *que hicieron*; εἰς, preposición propia de acusativo *a*; ἀνάστασιν, caso acusativo femenino singular del nombre común *resurrección*; ζωῆς, caso genitivo femenino singular del nombre común declinado *de vida*; οἱ, caso nominativo masculino plural del artículo determinado *los*; δὲ, partícula conjuntiva que hace las veces de conjunción coordinante, con sentido de *pero, más bien, y, y por cierto, antes bien*; τὰ, caso acusativo neutro plural del artículo determinado *lo*; φαῦλα, caso acusativo neutro plural del adjetivo *malos*, en sentido de *malas acciones*; πράξαντες, caso nominativo masculino plural del participio de aoristo en voz activa del verbo πράσσω, *hacer, practicar*, aquí *que hicieron*; εἰς, preposición propia de acusativo *a*; ἀνάστασιν, caso acusativo femenino singular del nombre común *resurrección*; κρίσεως, caso genitivo femenino singular del nombre común *juicio, condenación*.

καὶ ἐκπορεύσονται οἱ τὰ ἀγαθὰ ποιήσαντες εἰς ἀνάστασιν ζωῆς, οἱ δὲ τὰ φαῦλα πράξαντες εἰς ἀνάστασιν κρίσεως. Las palabras de Jesús son el eco directo de la profecía. Daniel escribe: *"Y muchos de los que duermen en el polvo de la tierra serán despertados, unos para vida eterna, y otros para vergüenza y confusión perpetua"* (Dn. 12:2). La misma verdad está en la boca del apóstol Pablo: *"Teniendo esperanza en Dios, la cual ellos también abrigan, de que ha de haber resurrección de los muertos, así de justos como de injustos"* (Hch. 24:15). La resurrección de los muertos es una verdad bíblica creída tanto por los creyentes del Antiguo como por los del Nuevo Testamento. Para los judíos de los tiempos de Jesús era también una razón de fe, especialmente para los fariseos, aunque los saduceos la negasen, de modo que estas verdades eran compartidas por quienes rechazaban a Jesús. Esta era una esperanza común para quienes creían en la inspiración de la Biblia como Palabra de Dios. La doble resurrección de justos e injustos forma parte de la enseñanza del Nuevo Testamento, entre ella la de Pablo (cf. 1 Co. 15:34-36; 1 Ts. 4:16-17) Esta es la misma enseñanza de Jesús. Aquí se refiere a dos grupos de personas: los que han hecho lo bueno, y los que han hecho lo malo. La certeza de la resurrección fue enseñada más tarde por los apóstoles. Jesús dice que los muertos resucitarán en un día futuro, bien sea para entrar en la vida de Dios si son encontrados justificados, o para oír su sentencia de condenación que será ejecutada inmediatamente, para ir a la segunda muerte.

La lectura del versículo exige hacerla desde el contexto bíblico total, en donde se aprecia que la resurrección de los justos se producirá en etapas, como enseña el apóstol Pablo (1 Co. 15:23, 24). Otra será la resurrección de los muertos no creyentes. Jesús dice que serán resucitados *para juicio*. Éste tendrá lugar ante el *Trono Blanco* de Dios (Ap. 20:11-15). Jesús se refiere a muertos que oirán la voz del Hijo de Dios. Se trata de los muertos a lo largo de la historia que no tuvieron parte en la *primera resurrección*. A estos corresponde bien el título de *muertos* porque están incursos en la muerte segunda o muerte perpetua. Algunos eruditos, especialmente los amilenaristas, entienden que este juicio final es el único juicio divino sobre los hombres y que comprenderá tanto a salvos como a no creyentes, resucitando a unos para gloria y a otros para condenación eterna. Es interesante notar que Jesús habla de resurrección *para juicio*, lo que concuerda con la profecía de Juan sobre el Trono Blanco.

En el estudio escritural sobre el tema juicio escatológico, se hace referencia a cinco: 1) El de los creyentes ante el *tribunal de Cristo*, para recompensas, que tendrá lugar inmediatamente después del traslado de la Iglesia (Ro. 14:10; 1 Co. 3:12-15; 2 Co. 5:10); 2) El juicio sobre Israel, en el tiempo inmediatamente siguiente a la segunda venida del Señor (Mt. 25:1-30); 3); 3) El juicio de las naciones, para determinar quienes siendo salvos entrarán en el reino milenial y quienes, por no ser salvos, no podrán entrar (Mt. 25:31-46); 4) El juicio de los ángeles caídos, probablemente después del milenio, antes de la creación de cielos nuevos y tierra nueva (2 P. 2:4; Jud. 6; Ap. 20:7-10); 5) El juicio final ante el *Trono Blanco* (Ap. 20:11-15). El testimonio judicial será hecho por medio de la apertura de libros, documentos dispuestos por el juez para juzgar a los perdidos. Se tratará, sin duda, de los libros de las obras humanas que determina las de cada uno de los juzgados. Estos libros de juicio son mencionados en la profecía (Dn. 7:10). El Juez justo dictará sentencia sobre la justicia absoluta, basada totalmente en las acciones de los hombres (Ro. 6:2 ss.). Las obras no justificarán a ningún hombre. De las malas obras que hayan hecho se les pedirá cuentas y recibirán lo que corresponda en justicia (Is. 65:6; Mal. 3:16). En contraste, el *libro de la vida*, pondrá de manifiesto que ninguno de los juzgados están inscritos en él.

Jesús habla de *juicio* sobre todos y, lógicamente, traerá como resultado la condenación eterna de quienes no han creído en el Hijo y, tampoco han creído al Padre. El apóstol Juan dice: *"El que tiene al Hijo, tiene la vida; el que no tiene al Hijo de Dios no tiene la vida"* (1 Jn. 5:12). La vida mana del Hijo y se comunica a quien tiene y está en Él. Tener a Cristo es estar unido a Él por la fe, morando Él en el creyente y el creyente en Él. El único modo de tener vida es creer en el Hijo de Dios (3:15, 36). Jesús es la vida, y la fuente de vida (14:6), y también el único Salvador (Hch. 4:12), así como el único camino a Dios y, por tanto, la vida eterna (14:6). La muerte, como ausencia de la vida comunicada de Dios, es la consecuencia de no tener al Hijo, es decir, quien se niega a reconocer a Jesús como Salvador y como Hijo de Dios, nunca tendrá vida eterna, por eso Él dijo: *"Porque de tal manera amó Dios al mundo, que ha dado a su Hijo unigénito, para que todo aquel que en Él cree, no se pierda, mas tenga vida eterna"* (3:16). Todos los que sin Dios vivieron, sin Dios mueren y sin Dios se pierden para siempre. La sentencia del juicio divino tendrá inmediato cumplimiento. Esta es la consecuencia de aceptar o no lo que Jesús estuvo enseñando hasta ese momento de Su ministerio. El acceso a la vida eterna solo es posible mediante el nuevo nacimiento (3:3). Quien no haya nacido de nuevo y sea regenerado por el Espíritu, no podrá entrar al reino de Dios (3:5). La justicia se alcanza por fe en el Salvador. Quienes rehúsan creer no verán la vida, sino que la ira de Dios está sobre ellos (3:36).

30. No puedo yo hacer nada por mí mismo; según oigo, así juzgo; y mi juicio es justo, porque no busco mi voluntad, sino la voluntad del que me envió, la del Padre.

Οὐ δύναμαι ἐγὼ ποιεῖν ἀπ' ἐμαυτοῦ οὐδέν· καθὼς ἀκούω
No puedo yo hacer de mí mismo nada; como oigo
κρίνω, καὶ ἡ κρίσις ἡ ἐμὴ δικαία ἐστίν, ὅτι οὐ ζητῶ τὸ
juzgo, y el juicio - mío justo es, porque no busco la
θέλημα τὸ ἐμὸν ἀλλὰ τὸ θέλημα τοῦ πέμψαντος με.
voluntad - mía sino la voluntad del que envió me.

Notas y análisis del texto griego.

Continúa diciendo: Οὐ, adverbio de negación *no*; δύναμαι, primera persona singular del presente de indicativo en voz media del verbo δύναμαι, *poder, tener poder*, aquí *puedo*; ἐγὼ, caso nominativo masculino de la primera persona singular del pronombre personal *yo*; ποιεῖν, presente de infinitivo en voz activa del verbo ποιέω, *hacer*; ἀπ', forma que adopta la preposición de genitivo ἀπό, por elisión de la ι final y asimilación de la π ante vocal o diptongo con aspiración, y que significa *de, desde, lejos de, proceder de, por causa de, por medio de, con, contra*; ἐμαυτοῦ, caso genitivo masculino singular del pronombre reflexivo *mí mismo*; οὐδέν, caso acusativo neutro singular del pronombre indefinido *nada, ninguna cosa*; καθὼς, conjunción causal o adverbio de modo *como*; ἀκούω, primera persona singular del presente de indicativo en voz activa del verbo ἀκούω, *oír, escuchar*, aquí *oigo*; κρίνω, primera persona singular del presente de indicativo en voz activa del verbo κρίνω, *juzgar*, aquí *juzgo*; καὶ, conjunción copulativa *y*; ἡ, caso nominativo femenino singular del artículo determinado *la*; κρίσις, caso nominativo femenino singular del nombre común *juicio, sentencia*; ἡ, caso nominativo femenino singular del artículo determinado *la*; ἐμὴ, caso nominativo femenino singular del adjetivo posesivo *mía*; δικαία, caso nominativo femenino singular del adjetivo *justa*; ἐστίν, tercera persona singular del presente de indicativo en voz activa del verbo εἰμί, *ser*, aquí *es*; ὅτι, conjunción causal *porque, pues*; οὐ, adverbio de negación *no*; ζητῶ, primera persona singular del presente de indicativo en voz activa del verbo ζητέω, *buscar, procurar*, aquí *busco*; τὸ, caso acusativo neutro singular del artículo determinado *el*; θέλημα, caso acusativo neutro singular del nombre común, *arbitrio, designio, voluntad*; τὸ, caso acusativo neutro singular del artículo determinado *el*; ἐμὸν, caso acusativo neutro singular del pronombre posesivo *mío*; ἀλλὰ, conjunción adversativa *sino*; τὸ, caso acusativo neutro singular del artículo determinado *el*; θέλημα, caso acusativo neutro singular del nombre común, *arbitrio, designio, voluntad*; τοῦ, caso genitivo masculino singular del artículo determinado declinado *del*; πέμψαντος, caso genitivo masculino singular del aoristo primero en voz activa del verbo μέμπω, *enviar*, aquí *que envió*; με, caso acusativo de la primera persona singular del pronombre personal declinado *a mí, me*.

Οὐ δύναμαι ἐγὼ ποιεῖν ἀπ' ἐμαυτοῦ οὐδέν· A simple vista, Jesús se presenta como inferior al Padre, de manera que no puede hacer nada de Él mismo. Sin embargo, se trata de una forma propia del lenguaje de la misión. Todo cuanto va a hacer en el tiempo del *envió*, no surge de Su voluntad, sino del eterno plan de redención para el que fue enviado por el Padre. Hasta aquí Jesús ha estado usando el pronombre personal para referirse a Él, en tercera persona, aquí usa continuamente la primera (cf. vv. 30, 31, 34, 36, 43, 45).

καθὼς ἀκούω κρίνω, La dependencia del Padre vuelve a ponerse de manifiesto: *"como oigo, juzgo"*. Anteriormente habló de *lo que ve* (v. 19), aquí *de lo que oye*. La diferencia no es importante, puesto que en ambos casos, expresan la dependencia del Padre. Al decir que hace y dice lo que ha visto y oído está afirmando que Él es la revelación del Padre, a través de Él, Dios habla y actúa. Aquí se habla de juicio, que es el contexto de la enseñanza dentro del discurso de Jesús. Nadie puede dudar de la justicia y, por tanto, del juicio del Padre, así tampoco pueden hacerlo del Hijo, puesto que la sentencia y razonamiento judicial se producen en la misma mente. La del Padre se expresa en el Hijo, como Logos eterno.

καὶ ἡ κρίσις ἡ ἐμὴ δικαία ἐστίν, Por esa razón el juicio de Cristo es justo. Cualquier acusación de injusticia o de inexactitud, tendría la osadía de decir lo mismo del Padre, porque de Él procede toda acción judicial del Hijo. La sentencia de juicio de Jesús es justa. Nadie podrá decir nada de Su modo de juzgar, puesto que la voluntad de Jesús es la misma del Padre, así que la voluntad de uno es igual a la del otro.

ὅτι οὐ ζητῶ τὸ θέλημα τὸ ἐμὸν ἀλλὰ τὸ θέλημα τοῦ πέμψαντος με. Esa es la razón por la que dice que *no busco mi voluntad, sino la voluntad del que me envió.* De otro modo, el Padre no juzga a nadie porque ha confiado al Hijo todo juicio, pero Éste juzga sólo no de Sí mismo, sino conforme a la voluntad del Padre que le envió. Así que la voluntad del Hijo alcanza su perfecto cumplimiento en base a Su perfecta obediencia. La perfecta acción de Juez del Hijo está en la total identidad por unión con el Padre. No significa que Jesús no tenga propio poder como Persona Divina, sino que el poder lo recibe del Padre y todo cuanto hace está acorde con el querer del Padre. Al juzgar como oye del Padre, supone que Jesús juzga como Él. Oír no es tanto un asunto de obediencia sino de identidad. El Señor actúa en todo conforme al que *lo ha enviado*, dando a entender aquí la misión temporal que debe hacer el Verbo encarnado, esto es a Dios-hombre. Esto tiene una consecuencia para todos los que estaban oponiéndose a Jesús y es que al oponerse a Él se oponen a Dios. Esa es la evidencia que se desprende del testimonio de Dios hacia Jesús: *"Este es mi Hijo amado, en quien tengo complacencia; a Él oíd"* (Mt. 17:5). Jesús no tiene una voluntad distinta a la del Padre, de manera que cuando Él quiere algo es porque también lo quiere el Padre y si el Padre quiere algo, es también querer del Hijo. Todas las acciones proceden de un mismo parecer.

31. Si yo doy testimonio acera de mí mismo, mi testimonio no es verdadero.

Ἐὰν ἐγὼ μαρτυρῶ περὶ ἐμαυτοῦ, ἡ μαρτυρία μου οὐκ ἔστιν
Si yo testifico acerca de mí mismo, el testimonio de mí no es
ἀληθής·
verdadero.

Notas y análisis del texto griego.

Añade: Ἐὰν, conjunción condicional *sí*; ἐγὼ, caso nominativo masculino de la primera persona singular del pronombre personal *yo*; μαρτυρῶ, primera persona singular del presente de subjuntivo en voz activa del verbo μαρτυρέω, *testificar, dar testimonio, testimoniar*, aquí *testifico*; περὶ, preposición propia de genitivo *acerca de*; ἐμαυτοῦ, caso genitivo masculino singular del pronombre reflexivo *mí mismo*; ἡ, caso nominativo femenino singular del artículo determinado *la*; μαρτυρία, caso nominativo femenino singular del nombre común *testimonio*; μου, caso genitivo de la primera persona singular del pronombre personal declinado *de mí*; οὐκ, forma escrita del adverbio de negación *no*, con el grafismo propio ante una vocal con espíritu suave o una enclítica; ἔστιν, tercera persona singular del presente de indicativo en voz activa del verbo εἰμί, *ser*, aquí *es*; ἀληθής, caso nominativo femenino singular del adjetivo *verdadero*.

Ἐὰν ἐγὼ μαρτυρῶ περὶ ἐμαυτοῦ, ἡ μαρτυρία μου οὐκ ἔστιν ἀληθής· La frase resulta un tanto extraña. ¿Es posible que Jesús diga que Su testimonio no es verdadero? ¿Faltará acaso a la verdad de lo que dice? Sin duda, eso no es posible, Jesús es *La Verdad*, por tanto cuanto Él dice es verdad. La misma profecía dice que *"no hubo engaño en su boca"* (Is. 53:9).

La frase es una expresión de condición de tercera clase, con la conjunción condicional *sí* y el presente de subjuntivo en voz activa. La centralidad de la frase es el pronombre personal *yo*, lo que indica que no es *verdadero* sin más testigos que uno. Eso es lo que da significado a las palabras de Jesús. Él estaba hablando a judíos para quienes el testimonio no es válido sino está refrendado por dos o más testigos que coincidan independientemente con el testimonio afirmado (Dt. 19:15). Quiere decir que si Su testimonio fuese dado por Él mismo sin otros testigos que testificasen no será *admisible* ante un tribunal. Por tanto, lo que Cristo les está diciendo es que si Él diese testimonio solo acerca de Él, los oyentes no lo admitirían como válido. Este es el sentido que tienen las palabras del Señor, porque más adelante los fariseos dirían que *"tu das testimonio acerca de ti mismo; tu testimonio no es verdadero"* (8:13).

El testimonio de Jesús es cierto porque el Padre da confirmación a las palabras de Su Hijo, siendo ya dos testigos (8:17). Pero hay todavía más. El tiene testimonio de otro, el Padre (vv. 32, 37), de Juan el Bautista (v. 33), de Moisés (v. 45), y el de las Escrituras (v. 39). Por consiguiente todos ellos coinciden con las palabras de Jesús, lo que da a Sus palabras garantía de veracidad plena.

32. Otro es el que da testimonio acerca de mí, y sé que el testimonio que da de mí es verdadero.

ἄλλος ἐστὶν ὁ μαρτυρῶν περὶ ἐμοῦ, καὶ οἶδα ὅτι ἀληθής
Otro es el que testifica acerca de mi, y se que verdadero
ἐστιν ἡ μαρτυρία ἣν μαρτυρεῖ περὶ ἐμοῦ.
es el testimonio que testifica acerca de mí.

Notas y análisis del texto griego.

Continúa con: ἄλλος, caso nominativo masculino singular del adjetivo indefinido *otro*; ἐστὶν, tercera persona singular del presente de indicativo en voz activa del verbo εἰμί, *ser*, aquí *es*; ὁ, caso nominativo masculino singular del artículo determinado *el*; μαρτυρῶν, caso nominativo masculino singular del participio de presente en voz activa del verbo μαρτυρέω, *testificar, dar testimonio, testimoniar*, aquí *que testifica*; περὶ, preposición propia de genitivo *acerca de, sobre*; ἐμοῦ, caso genitivo de la primera persona singular del pronombre personal *mí*; καὶ, conjunción copulativa *y*; οἶδα, primera persona singular del perfecto de indicativo en voz activa del verbo οἶδα, *saber, conocer*, aquí *sé*; ὅτι, conjunción *que*; ἀληθής, caso nominativo femenino singular del adjetivo *verdadera*; ἐστιν, tercera persona singular del presente de indicativo en voz activa del verbo εἰμί, *ser*, aquí *es*; ἡ, caso nominativo femenino singular del artículo determinado *la*; μαρτυρία, caso nominativo femenino singular del nombre común *testimonio*; ἣν, caso acusativo femenino singular del pronombre relativo *que*; μαρτυρεῖ, tercera persona singular del presente de indicativo en voz activa del verbo μαρτυρέω, *testimoniar, testificar, dar testimonio*, aquí *testifica*; περὶ preposición propia de genitivo *acerca de, sobre*; ἐμοῦ, caso genitivo de la primera persona singular del pronombre personal *mí*.

ἄλλος ἐστὶν ὁ μαρτυρῶν περὶ ἐμοῦ, El *otro* que se menciona aquí y que atestigua en aquel momento será nombrado más adelante (v. 37), en donde el verbo *testificar*, hacer referencia a una intervención anterior. Ese adjetivo indefinido ἄλλος, *otro*, denota a alguien del mismo tipo que el que habla, con lo que se apunta nuevamente a la unidad que Jesús tiene con el Padre. De ahí que lo que testifica es refrendado también por el testimonio del Padre que afirma una identificación total con las palabras y las obras del Hijo.

καὶ οἶδα ὅτι ἀληθής ἐστιν ἡ μαρτυρία ἣν μαρτυρεῖ περὶ ἐμοῦ. Ese testimonio es suficiente para Cristo, por cuanto sabe que ese testimonio es verdadero. Cuanto hace no es consecuencia o resultado de la voluntad personal del Hijo, especialmente en cuanto a la expresión de esa voluntad mediante la naturaleza humana, para eso *otro* da testimonio de Él. En eso está la certeza de concordancia con el Padre en todo, bien sea en los hechos prodigiosos de los milagros, o en la enseñanza que da a la gente en Su ministerio. A pesar de que los judíos, no escuchan el testimonio del Padre, porque se niega a oír Su voz. Aquí quien escucha la voz que testifica acerca de Él, es Jesús mismo. Probablemente los oyentes pensaban que se estaba refiriendo a Juan el Bautista, pensamiento que Jesús aclara en los versículos que siguen.

33. Vosotros enviasteis mensajeros a Juan, y él dio testimonio de la verdad.

ὑμεῖς ἀπεστάλκατε πρὸς Ἰωάννην, καὶ μεμαρτύρηκεν τῇ
Vosotros habéis enviado a Juan, y dio testimonio de la
ἀληθείᾳ·
verdad.

Notas y análisis del texto griego.

Sigue diciendo: ὑμεῖς, caso nominativo de la segunda persona plural del pronombre personal *vosotros*; ἀπεστάλκατε, segunda persona plural del perfecto de indicativo en voz activa del verbo ἀποστέλλω, *enviar, mandar*, aquí *habéis enviado* o *enviasteis*; πρὸς, preposición propia de acusativo *a*; Ἰωάννην, caso acusativo masculino singular del nombre propio *Juan*; καὶ, conjunción copulativa *y*; μεμαρτύρηκεν, tercera persona singular del perfecto de indicativo en voz activa del verbo μαρτυρέω, *testificar, testimoniar, dar testimonio*, aquí *dio testimonio*; τῇ, caso acusativo femenino singular del artículo determinado declinado *a la, de la*; ἀληθείᾳ, caso acusativo femenino singular del nombre común *verdad.*

ὑμεῖς ἀπεστάλκατε πρὸς Ἰωάννην, καὶ μεμαρτύρηκεν τῇ ἀληθείᾳ· El episodio tuvo lugar cuando desde Jerusalén enviaron una comisión para pedir una identificación al profeta (1:19-28). Ellos conocían el testimonio que Juan el Bautista había dado sobre su persona, pero unido a ella estaba el testimonio acerca de Aquel que venía tras él y que era antes que él. Juan dio testimonio acerca de Jesús (1:34; 3:26). Este era el propósito de la misión del Bautista, dar testimonio de la luz que es Cristo (1:6-9). Como dice Hendriksen, el testimonio de Juan equivalía a esto: *"Yo no soy el Cristo; Jesús es el Cristo; él es el Cordero de Dios que esá quitando el pecado del mundo; sobre él vi descender y reposar al Espíritu Santo; él es el Esposo; Él es el que vino de lo alto, y está sobre todas las cosas; él hala las palabras de Dios, y es el Hijo de Dios*[8]". El testimonio de Juan había sido público, hecho no solo ante la comisión enviada desde Jerusalén, sino ante otros presentes que la oyeron. El testimonio estaba relacionado con la verdad. No cabe duda que es también un testimonio acerca de Jesús,

[8] G. Hendriksen. o.c., pág. 220.Este

puesto que Él es *la Verdad* (18:37). Sin embargo, en ese contexto es el contenido del testimonio que Juan dio sobre Jesús, el que bautiza con el Espíritu Santo, el que, como se dice antes, es también el Cordero de Dios. Este testimonio es claro, concreto y fiel. Ellos habían enviado para conocer el testimonio de Juan, los enviados regresaron a quienes les habían encomendado la misión, no sólo diciéndoles lo que el Bautista había dicho sobre él, sino, sobre todo, lo que había dicho acerca de Jesús. Pero, como fue habitual en el pueblo de Israel, y en especial entre sus líderes religiosos, ninguno de ellos hizo caso del testimonio del profeta, poniéndolo en olvido y, es más, rechazándolo plenamente. Al dar testimonio de la verdad, establece una manifestación más de la dimensión de Jesús, que no sólo era Emanuel, Dios con nosotros, y el Verbo encarnado, sino también la Verdad encarnada. Todo apunta hacia quien es verdaderamente Aquel de quien el apóstol escribe: Dios manifestado en carne.

34. Pero yo no recibo testimonio de hombre alguno; mas digo esto, para que vosotros seáis salvos.

ἐγὼ δὲ	οὐ	παρὰ	ἀνθρώπου	τὴν	μαρτυρίαν	λαμβάνω,	ἀλλὰ
Y yo	no	de	hombre	el	testimonio	recibo,	sino

ταῦτα	λέγω	ἵνα	ὑμεῖς	σωθῆτε.
esto	digo	para que	vosotros	seáis salvos.

Notas y análisis del texto griego.

Sigue diciendo: ἐγὼ, caso nominativo de la primera persona singular del pronombre personal *yo*; δὲ, partícula conjuntiva que hace las veces de conjunción coordinante, con sentido de *pero, más bien, y, y por cierto, antes bien*; οὐ, adverbio de negación *no*; παρὰ, preposición propia de genitivo *de*; ἀνθρώπου, caso genitivo masculino singular del nombre común *hombre, varón*; τὴν, caso acusativo femenino singular del artículo determinado *el*; μαρτυρίαν, caso acusativo femenino singular del nombre común *testimonio*; λαμβάνω, primera persona singular del presente de indicativo en voz activa del verbo λαμβάνω, *recibir*, aquí *recibo*; ἀλλὰ, conjunción adversativa *sino*; ταῦτα, caso acusativo neutro plural del pronombre demostrativo *estos*, en sentido de *estas cosas*; λέγω, primera persona singular del presente de indicativo en voz activa del verbo λέγω, *hablar, decir*, aquí *digo*; ἵνα, conjunción causal *para que*; ὑμεῖς, caso nominativo de la segunda persona plural del pronombre personal *vosotros*; σωθῆτε, segunda persona plural del aoristo primero de subjuntivo en voz pasiva del verbo σῴζω, *salvar*, aquí *seáis salvos*.

ἐγὼ δὲ οὐ παρὰ ἀνθρώπου τὴν μαρτυρίαν λαμβάνω, En una lectura superficial pareciera que Jesús despreciaba cualquier testimonio que los hombres pudieran decir de Él. No es así. En el camino a Jerusalén pidió a los Doce que diesen testimonio de lo que la gente decía sobre quien era Él (Mt. 16:13). Lo que dice es que no apeló a testimonio de hombres, ni tan siquiera al de Juan para defenderse de las acusaciones que le formulaban, o para aseverar ante todos lo que Él mismo afirmaba ser. Lo que decía eran cosas ciertas y tenían el testimonio del Padre que garantizaban su veracidad. Esas palabras dichas a quienes le oían reclamaban de ellos obediencia y aceptación no sólo porque eran verdaderas, sino porque procedían de Dios mismo. El testimonio de Dios es mayor que el de los hombres y este testimonio es el que tiene Jesús.

ἀλλὰ ταῦτα λέγω ἵνα ὑμεῖς σωθῆτε. Con todo, el propósito de Sus palabras respaldadas por el testimonio de Dios, era alcanzar a los oyentes para que creyendo en Él fuesen salvos, tuviesen vida eterna, misión y ministerio para el que había sido enviado. Jesús no necesitaba testimonio alguno para afirmar la veracidad de Sus palabras, pero, los judíos habían considerado a Juan como profeta y hombre digno de respeto, entendiendo que sus palabras y testimonio eran verdaderos, de ahí que adujera a su testimonio con un determinado fin, que creyéndole a Juan le creyesen a Él y fuesen salvos. Es interesante apreciar que Jesús habla de salvación para todo aquel que crea, incluso para Sus más fanatizados enemigos, de ahí que la salvación, conforme al propósito de Dios no tiene más limitación que el rechazo de los hombres al mensaje de la buena noticia. Este es el motivo de la venida primera del Señor, para que el mundo fuese salvo por Él (3:17). Eso había ocurrido ya con los discípulos de Jesús que antes habían sido seguidores de Juan, dejándole a él para seguir a Jesús en base al testimonio que había dado sobre quien era el Señor (1:35-37).

35. Él era antorcha que ardía y alumbraba; y vosotros quisisteis regocijaros por un tiempo en su luz.

ἐκεῖνος ἦν ὁ λύχνος ὁ καιόμενος καὶ φαίνων, ὑμεῖς δὲ
Aquel era la lámpara - que arde y brilla, y vosotros
ἠθελήσατε ἀγαλλιαθῆναι πρὸς ὥραν ἐν τῷ φωτὶ αὐτοῦ.
quisisteis regocijaros por hora en la luz de él.

Notas y análisis del texto griego.

Continúa diciendo Jesús: ἐκεῖνος, caso nominativo masculino singular del pronombre demostrativo *aquel*; ἦν, tercera persona singular del imperfecto de indicativo en voz activa del verbo εἰμί, *ser*, aquí *era*; ὁ, caso nominativo masculino singular del artículo determinado *el*; λύχνος, caso nominativo masculino singular del nombre común *lámpara*; ὁ, caso nominativo masculino singular del artículo determinado *el*; καιόμενος, caso nominativo masculino singular del participio de presente en voz pasiva del verbo καίω, *arder*, aquí *que está ardiendo*, como presente histórico mejor en pasado *que estaba ardiendo*, o *que ardía*; καὶ, conjunción copulativa *y*; φαίνων, caso nominativo masculino singular del participio de presente en voz activa del verbo φαίνω, *brillar*, aquí *que brilla*; ὑμεῖς, caso nominativo de la segunda persona plural del pronombre personal *vosotros*; δὲ, partícula conjuntiva que hace las veces de conjunción coordinante, con sentido de *pero, más bien, y, y por cierto, antes bien*; ἠθελήσατε, segunda persona plural del aoristo primero de indicativo en voz activa del verbo θέλω, *querer, desear, encontrar gusto*, aquí *quisisteis*; ἀγαλλιαθῆναι, aoristo de infinitivo en voz pasiva del verbo ἀγαλλιάω, *gozar, alegrar, regocijar*; πρὸς, preposición propia de acusativo *por*; ὥραν, caso acusativo femenino singular del nombre común *hora*; ἐν, preposición propia de dativo *en*; τῷ, caso dativo neutro singular del artículo determinado *el*; φωτὶ, caso dativo neutro singular del nombre común *luz*; αὐτοῦ, caso genitivo de la tercera persona singular del pronombre personal declinado *de él*.

ἐκεῖνος ἦν ὁ λύχνος ὁ καιόμενος καὶ φαίνων, El testimonio de Juan tiene un valor permanente y trasciende su muerte. Sin embargo había un contraste manifiesto entre la *luz* del precursor y la del Hijo de Dios (1:8). Juan no era la luz, Jesús sí. De ahí que al referirse al Bautista diga que era una *lámpara* encendida que ponía en alto la luz. La lámpara no estaba ardiendo, sino encendida. Su ministerio había concluido, por eso Jesús usa el tiempo verbal en perfecto *era*, como algo que había ocurrido ya. Posiblemente ya había sido muerto por Herodes, o en otro caso, estaba encarcelado por él. La luz de Juan *ardía*, lo que muy bien pudiera referirse a la luz que ya se extinguía o que se había apagado con su muerte. Aquella lámpara, como cualquier otra en el orden natural y no metafórico, ardía porque alguien, en este caso Dios mismo la había encendido. Aquella lámpara que era Juan, alumbraba el camino para indicar la senda que debían seguir para ir a Jesús. *Lámpara* es una figura usada en el Antiguo Testamento para referirse a quien marcaba camino, de ese modo llamaban *lámpara de Israel* a David (2 S. 21:17). No cabe duda que Jesús situó a Juan a un nivel muy alto, tanto en este como en el versículo que sigue.

ὑμεῖς δὲ ἠθελήσατε ἀγαλλιαθῆναι πρὸς ὥραν ἐν τῷ φωτὶ αὐτοῦ. Las gentes se regocijaron durante un tiempo, siempre breve, aquí comparado con *una hora*, en la predicación de Juan. Durante un tiempo se habían regocijado en su luz. Era casi como una acción infantil. La presencia del Bautista y su ministerio entusiasmó a la gente que acudía al Jordán donde Juan ministraba. Pero, ese entusiasmo duró poco, y la gran mayoría dejó de ir a su encuentro y bautizarse por él.

Fue el resultado del ministerio del Bautista que acusaba al pueblo y a sus dirigentes recordándoles la necesidad de un verdadero arrepentimiento. Por esa razón, dejando de prestarle atención le despreciaron, especialmente los líderes de la nación, diciendo de él que tenía demonio (Mt. 11:18; Lc. 7:33). Ellos despreciaron el mensaje de Juan que señalaba a Jesús como el Cordero de Dios que había sido enviado para salvación del mundo. No cabe duda que quienes sirven con fidelidad a Dios, arden tanto que con frecuencia se consumen pronto, no sólo por la dedicación con que se entregan al ministerio, sino porque sus enemigos, y en el contexto actual de la iglesia, miembros de su grupo de iglesias y compañeros de ministerio les arruinan la salud con sus acciones y ataques personales. Aquellos que oían a Jesús aquél día, si hubiesen seguido respetando a Juan, ahora le escucharían y respetarían a Él. La llegada de la verdadera luz, que era Cristo, ya no precisaba la luz de la lámpara que era Juan.

36. Mas yo tengo mayor testimonio que el de Juan; porque las obras que el Padre me dio para que cumpliese, las mismas obras que yo hago, dan testimonio de mí, que el Padre me ha enviado.

Ἐγὼ δὲ ἔχω τὴν μαρτυρίαν μείζω τοῦ Ἰωάννου· τὰ γὰρ ἔργα
Pero yo tengo el testimonio mayor (que) el de Juan; porque las obras
ἃ δέδωκεν μοι ὁ Πατὴρ ἵνα τελειώσω αὐτά, αὐτὰ τὰ ἔργα
que ha dado me el Padre para que lleve a cabo estas mismas - obras
ἃ ποιῶ μαρτυρεῖ περὶ ἐμοῦ ὅτι ὁ Πατήρ με ἀπέσταλκεν.
que hago testifican acerca de mi que el Padre me ha enviado.

Notas y análisis del texto griego.

Añade: Ἐγὼ, caso nominativo de la primera persona singular del pronombre personal *yo*; δὲ, partícula conjuntiva que hace las veces de conjunción coordinante, con sentido de *pero, más bien, y, y por cierto, antes bien*; ἔχω, primera persona singular del presente de indicativo en voz activa del verbo ἔχω, *tener*, aquí *tengo*; τὴν, caso acusativo femenino singular del artículo determinado *la*; μαρτυρίαν, caso acusativo femenino singular del nombre común *testimonio*; μείζω, caso acusativo femenino singular del adjetivo comparativo *mayor*; τοῦ, caso dativo masculino singular del artículo definido *el*; Ἰωάννου, caso genitivo masculino singular del nombre propio declinado *de Juan*; τὰ, caso nominativo neutro plural del artículo determinado *los*; γὰρ, conjunción causal *porque*; ἔργα, caso nominativo neutro plural del nombre común *obras*; ἃ, caso acusativo neutro plural del pronombre relativo *que*; δέδωκεν, tercera persona singular del perfecto de indicativo en voz activa del verbo δίδωμι, *dar*, aquí *ha dado*; μοι, caso dativo de la primera persona singular del pronombre personal declinado *a mí*; ὁ, caso nominativo masculino singular del artículo determinado *el*; Πατὴρ, caso nominativo masculino singular del nombre divino *Padre*; ἵνα, conjunción causal *para que*;

τελειώσω, primera persona singular del aoristo primero de subjuntivo en voz activa del verbo τελειόω, *complete, lleve a término, perfeccionar, cumplir*, aquí *cumpla*; αὐτά, caso acusativo neutro plural del pronombre demostrativo *éstos*; αὐτὰ, caso nominativo neutro plural del pronombre intensivo *mismos* τὰ, caso nominativo neutro plural del artículo determinado *los*; ἔργα, caso nominativo neutro plural del nombre común *obras*; ἃ, caso acusativo neutro plural del pronombre relativo *los que, los cuales, que*; ποιῶ, primera persona singular del presente de indicativo en voz activa del verbo ποιέω, *hacer, realizar*, aquí *hago*; μαρτυρεῖ, tercera persona singular del presente de indicativo en voz activa del verbo μαρτυρέω, *dar testimonio, ser testigo, testificar, declarar, aprobar*, aquí *testifica*; περὶ, preposición propia de genitivo *sobre, acerca de*; ἐμοῦ, caso genitivo de la primera persona singular del pronombre personal *mí*; ὅτι, conjunción *que*; ὁ, caso nominativo masculino singular del artículo determinado *el*; Πατήρ, caso nominativo masculino singular del nombre divino *Padre*; με, caso acusativo de la primera persona singular del pronombre personal declinado *a mí, me*; ἀπέσταλκεν, tercera persona singular del perfecto de indicativo en voz activa del verbo ἀποστέλλω, *enviar*, aquí *ha enviado*.

Ἐγὼ δὲ ἔχω τὴν μαρτυρίαν μείζω τοῦ Ἰωάννου· El testimonio de Juan era importante, pero había uno mayor que el de Juan: las obras que Jesús mismo hacía. Estas obras eran testimonio puntual de que el Padre le había enviado con una misión. El Señor dirá a Su Padre al término del ministerio terrenal *"he acabado la obra que me diste que hiciera"* (17:4), no eran tanto *obras*, sino *obra*, en singular, porque era un todo. El Padre lo había enviado al mundo con misión reveladora para que hiciese en Él, visible al Invisible. No solo eran los milagros, sino también dar vida, juzgar, enseñar, etc. Estas son obras mayores que la curación del enfermo por la que se había mostrado más fuerte la oposición contra Él, al haberlo sanado en sábado y haberle ordenado que llevase la camilla a su casa (v. 8).

τὰ γὰρ ἔργα ἃ δέδωκεν μοι ὁ Πατὴρ ἵνα τελειώσω. El Padre le había dado una obra que hacer, de ahí el uso del verbo τελειόω, que tiene las acepciones de *completar, llevar a término, perfeccionar, cumplir*, en donde la palabra τέλος, *fin*, *término*, indica que el Padre no ha entregado las obras a Su Hijo como un mero ejecutante, sino para que sean verdaderamente las suyas, esto es *las obras que yo hago*. Todas ellas forman parte integrante del ministerio de salvación que estaba llevando a cabo. En esto estaba comprometido hasta el punto de decir que Su *comida* era hacer la voluntad del que le había enviado y *acabar Su obra* (4:34). En esas obras, tanto en la totalidad como en la individualidad, se manifestaba Dios, con Su gracia, misericordia, pero también con Su omnipotencia y fidelidad.

αὐτά, αὐτὰ τὰ ἔργα ἃ ποιῶ μαρτυρεῖ περὶ ἐμοῦ ὅτι ὁ Πατήρ με ἀπέσταλκεν. Los enemigos de Cristo le reprochaban asumir una relación con el Padre que no correspondía, acusándole de hacerse Hijo de Dios, o mejor, hacerse Dios siendo un hombre. Ahora apela a las obras y las presenta como elemento testimonial de que realmente es quien dice, no sólo el Hijo, sino el enviado del Padre. Los hombres negaban sus palabras y le acusaban, pero no podían negar el testimonio de las obras. Buscarían una forma para desviar la atención del pueblo ante un testimonio tan evidente, que sería acusarle de hacerlas por un pacto con Beelzebú el príncipe de los demonios (Mt. 12:24; Lc. 11:15). Las obras mostraban que es Hijo, no sólo por lo que decía de Sí y por el testimonio de Juan, sino por el poder con que hacía las obras, que ponían de manifiesto que había sido enviado del Padre. Estas obras tenían un valor demostrativo, como dijo Nicodemo: *"...nadie puede hacer estas señales que tú haces, si no está Dios con él"* (3:2). Cuatro veces aparece en el *Evangelio* la referencia al testimonio de las obras como hechas por el *enviado* del Padre (cf. 3:2; 5:36; 10:25; 15:24). Jesús no hacía las obras que Él quería por voluntad propia, sino lo que siempre hizo y todo cuanto hizo fue hecho como *"las obras que el Padre me dio"* (14:10; 17:8). Las obras fueron planeadas en el seno de la Trinidad desde antes de la fundación del mundo. Jesús puede realizar obras específicamente divinas porque es Dios, enviado por el Padre e investido de toda la autoridad divina que le pertenece eternamente.

37. También el Padre que me envió ha dado testimonio de mí. Nunca habéis oído su voz, ni habéis visto su aspecto.

καὶ ὁ πέμψας με Πατὴρ ἐκεῖνος μεμαρτύρηκεν περὶ ἐμοῦ.
Y el que envió me Padre, Éste ha testificado acerca de mi
οὔτε φωνὴν αὐτοῦ πώποτε ἀκηκόατε οὔτε εἶδος αὐτοῦ
Ni voz de Él jamás habéis oído, ni aspecto de Él
ἑωράκατε,
habéis visto.

Notas y análisis del texto griego.

Añade Jesús: καὶ, conjunción copulativa *y*; ὁ, caso nominativo masculino singular del artículo determinado *el*; πέμψας, caso nominativo masculino singular del participio de aoristo primero en voz activa del verbo πέμπω, *comisionar, mandar, enviar*, aquí *que envió*; me, caso acusativo de la primera persona singular del pronombre personal declinado *a mí, me*; Πατὴρ, caso nominativo masculino singular del nombre divino *Padre*; ἐκεῖνος, caso nominativo masculino singular del pronombre demostrativo *Éste*; μεμαρτύρηκεν, tercera persona singular del perfecto de indicativo en voz activa del verbo μαρτυρέω, *testimoniar, testificar, dar testimonio*, aquí *ha testificado*; περὶ, preposición propia de genitivo *sobre, acerca de*; ἐμοῦ, caso genitivo de la primera persona singular del pronombre personal *mí*; οὔτε, conjunción copulativa *ni*; φωνὴν, caso acusativo femenino singular del nombre común *voz*; αὐτοῦ, caso genitivo masculino de la tercera persona singular del pronombre personal declinado *de Él*; πώποτε, adverbio de tiempo *nunca, jamás*; ἀκηκόατε, segunda persona plural del perfecto de indicativo en voz activa del verbo ἀκούω, *oír, escuchar, enterarse*, aquí *habéis oído*; οὔτε, conjunción copulativa *ni*; εἶδος, caso acusativo neutro singular del nombre común *forma, aspecto, apariencia, figura, vista*; αὐτοῦ, caso genitivo masculino de la tercera persona singular del pronombre personal declinado *de Él*; ἑωράκατε, segunda persona plural del perfecto de indicativo en voz activa del verbo ὁράω, *ver, mirar, observar*, aquí *habéis visto*.

καὶ ὁ πέμψας με Πατὴρ ἐκεῖνος μεμαρτύρηκεν περὶ ἐμοῦ. Había sido enviado por el Padre y era Él quien daba testimonio acerca de Su Hijo. Ahora bien, ¿a qué testimonio se refiere Jesús? Está claro que no podía ser el testimonio de la transfiguración (Mr. 9:7), porque no se había producido aún; tampoco al del bautismo (Mr. 1:11), porque ninguno de aquellos presentes habían estado presentes entonces; no podía ser el testimonio de la voz desde el cielo cuando los griegos quisieron verlo (12:28), porque tampoco había ocurrido. Seguramente que se está refiriendo al testimonio del Padre en el corazón de los oyentes del evangelio, como aclara Juan en una de sus epístolas (1 Jn. 5:9, 10). Esto permite entender mejor lo que sigue.

οὔτε φωνὴν αὐτοῦ πώποτε ἀκηκόατε οὔτε εἶδος αὐτοῦ ἑωράκατε, Dios no tiene una forma ni una determinada voz. Cristo dice que nunca aquellos habían oído Su voz ni habían visto Su aspecto. En la Escritura se afirma que Moisés hablaba con Dios en un diálogo entre ambos, como se encuentra en varios lugares del Pentateuco (Ex. 33:11). Otros grandes hombres de Dios habían visto Su aspecto, como ocurrió con Isaías (Is. 6:1-3). Aquellos presentes por su dureza de corazón, no habían percibido la voz de Dios que daba testimonio en la intimidad personal de quien era Su Hijo, conduciendo a los hombres al Salvador. Quienes se llamaban seguidores de Moisés, no podían oír como Moisés había oído la voz de Dios, porque si lo fuesen la habrían oído, discerniéndola en las palabras de Jesús. De igual manera no eran verdaderos israelitas, porque Israel, su antepasado, había podido ver la apariencia de la presencia de Dios (Gn. 32:30-31). El testimonio del Padre se concede a los que creen en el Hijo, los que rehúsan creer nunca oirán la voz de Dios y nunca apreciarán Su aspecto, porque es en el Hijo en donde puede verse (1:18). Mas adelante el Señor diría que quienes le han visto a Él, también vieron al Padre (14:9). De otro modo, es en Jesús donde se puede *oír* la palabra de Dios, y es el Él donde puede *verse* a Dios.

Pudiera también tratarse de la incredulidad de los judíos tocante a las profecías en las que Dios dio testimonio de Su Hijo. Si ellos hubiesen prestado atención a este testimonio, hubiesen detectado que Jesús era el Mesías, el enviado de Dios. El Padre es invisible (1 Ti. 6:16), y se manifiesta a través de Cristo.

38. Ni tenéis su palabra morando en vosotros; porque a quien él envió, vosotros no creéis.

καὶ τὸν λόγον αὐτοῦ οὐκ ἔχετε ἐν ὑμῖν μένοντα, ὅτι ὃν
Y la palabra de Él no tenéis en vosotros morando, porque al que
ἀπέστειλεν ἐκεῖνος, τούτῳ ὑμεῖς οὐ πιστεύετε.
envió Éste, a Él vosotros no creéis.

Notas y análisis del texto griego.

Siguiendo el discurso, añade: καὶ, conjunción copulativa *y*; τὸν, caso acusativo masculino singular del artículo determinado *el*; λόγον, caso acusativo masculino singular del nombre común *palabra, dicho*; αὐτοῦ, caso genitivo masculino de la tercera persona singular del pronombre personal declinado *de Él*; οὐκ, forma escrita del adverbio de negación *no*, con el grafismo propio ante una vocal con espíritu suave o una enclítica; ἔχετε, segunda persona plural del presente de indicativo en voz activa del verbo ἔχω, *tener*, aquí *tenéis*; ἐν, preposición propia de dativo *en*; ὑμῖν, caso dativo de la segunda persona plural del pronombre personal *vosotros*; μένοντα, caso acusativo masculino singular del participio de presente en voz activa del verbo μένω, *morar, residir, habitar,* aquí *morando*; ὅτι, conjunción causal *porque*; ὃν, caso acusativo masculino singular del pronombre relativo *al que, al cual*; ἀπέστειλεν, tercera persona singular del aoristo primero de indicativo en voz activa del verbo αποστέλλω, *enviar*, aquí *envió*; ἐκεῖνος, caso nominativo masculino singular del pronombre demostrativo *Él*; τούτῳ, caso dativo masculino de la tercera persona singular del pronombre demostrativo declinado *a éste*; ὑμεῖς, caso nominativo de la segunda persona plural del pronombre personal *vosotros*; οὐ, adverbio de negación *no*; πιστεύετε, segunda persona plural del presente de indicativo en voz activa del verbo πιστεύω, *creer*, aquí *creéis.*

καὶ τὸν λόγον αὐτοῦ οὐκ ἔχετε ἐν ὑμῖν μένοντα, ὅτι ὃν ἀπέστειλεν ἐκεῖνος, τούτῳ ὑμεῖς οὐ πιστεύετε. La palabra de Dios no moraba en los judíos, especialmente en los líderes. La conocían intelectualmente, pero no permanecía en la intimidad de ellos conduciendo y controlado sus vidas y sus pensamientos. Era la Palabra que por siglos había sido enviada a Israel pero que no hacía efecto en ellos. Porque ignoraban voluntariamente la Palabra, ésta no obraba en ellos de modo que a pesar de las revelaciones que se hacían en relación con Jesús, anunciándole como Mesías, no surtía efecto porque había sido apagada por su comportamiento y actitud. Aquellos no podían ver porque la incredulidad había puesto un velo sobre el corazón de ellos, que lo hacía insensible a la revelación divina (2 Co. 3:15). La consecuencia era clara: como no eran controlados por la Palabra, no creían en Jesús, a quien el Padre había enviado. De poco servía que a ellos se les hubiese encomendado la Escritura, si no observaban lo que ella decía y lo que de ellos demandaba (Ro. 3:2). Cuando la Palabra se oye, o simplemente se lee, sin la acción del Espíritu, no hace la obra para la que está destinada (Stg. 1:22-25). Tan solo el velo es quitado del corazón y de la mente de ellos cuando se vuelvan y conviertan al Señor (2 Co. 3:14-16). Morar la Palabra en el creyente se muestra por los efectos que produce en la vida cotidiana del que la atesora. La razón por la que la Palabra no moraba en aquellos que escuchaban las palabras de Jesús, es por incredulidad, porque no creían en Él. Leían la Palabra pero no profundizaban en las enseñanzas que contenía. Las Escrituras, son vivas y eficaces, que orientan la vida, pero lo son para quienes las respetan como procedentes de Dios y son dirigidos por ellas (He. 4:12).

39. Escudriñad las Escrituras; porque a vosotros os parece que en ellas tenéis la vida eterna; y ellas son las que dan testimonio de mí.

ἐραυνᾶτε τὰς Γραφάς, ὅτι ὑμεῖς δοκεῖτε ἐν αὐταῖς ζωὴν
Escudriñad las Escrituras, porque vosotros pensáis en ellas vida
αἰώνιον ἔχειν· καὶ ἐκεῖναι εἰσιν αἱ μαρτυροῦσαι περὶ ἐμοῦ·
eterna tener; y ellas son las que dan testimonio acerca de mí.

Notas y análisis del texto griego.

Sigue con ἐραυνᾶτε, segunda persona plural del presente de indicativo en voz activa, o también, segunda persona plural del presente de imperativo en voz activa del verbo ἐραυνάω, *escudriñar, escrutar, estudiar*, aquí *escudriñad*; τὰς, caso acusativo femenino plural del artículo determinado *las*; Γραφάς, caso acusativo femenino plural del nombre común *Escrituras*; ὅτι, conjunción causal *porque, pues*; ὑμεῖς, caso nominativo de la segunda persona plural del pronombre personal *vosotros*; δοκεῖτε, segunda persona plural del presente de indicativo en voz activa del verbo δοκέω, *suponer, considerar, imaginar, pensar*, aquí *pensáis*; ἐν, preposición propia de dativo *en*; αὐταῖς, caso dativo de la tercera persona plural del pronombre personal *ellas*; ζωὴν, caso acusativo femenino singular del nombre común *vida*; αἰώνιον, caso acusativo femenino singular del adjetivo *eterna*; ἔχειν, presente de infinitivo en voz activa del verbo ἔχω, *tener, poseer*; καὶ, conjunción copulativa *y*; ἐκεῖναι, caso nominativo femenino plural del pronombre demostrativo *ellas*; εἰσιν, tercera persona plural del presente de indicativo en voz activa del verbo εἰμί, *ser, estar*, aquí *son*; αἱ, caso nominativo femenino plural del artículo determinado *las*; μαρτυροῦσαι, caso nominativo femenino plural del participio de presente en voz activa del verbo μαρτυρέω, *testificar, testimoniar, dar testimonio*, aquí *que dan testimonio*; περὶ, preposición propia de genitivo *sobre, acerca de*; ἐμοῦ, caso genitivo de la primera persona singular del pronombre personal *mí.*

ἐραυνᾶτε τὰς Γραφάς, Jesús manda a los judíos que *escudriñen* las Escrituras. El verbo puede considerarse en presente de indicativo, lo que expresaría la idea de que era algo que hacían habitualmente, o también en presente de imperativo. La forma que mejor se adapta al texto es la del presente de indicativo: *escudriñais*. Esta era la ocupación prioritaria en la vida de muchos líderes de Israel. Sin embargo, podría tomarse también en imperativo lo que establecería un mandato para que los oyentes investigasen las Escrituras.

ὅτι ὑμεῖς δοκεῖτε ἐν αὐταῖς ζωὴν αἰώνιον ἔχειν·No estaba pidiendo algo contrario a su pensamiento o creencia. Los judíos consideraban que en las Escrituras está la vida eterna. No es menos cierto que algunos líderes religiosos hacían uso mecánico de la lectura, como si el hecho en sí de leerla pudiera aportarles vida eterna. Es habitual aún hoy ver, en el llamado *Muro de los lamentos* en la explanada del antiguo templo en Jerusalén, a muchos leyendo porciones de la Escritura y dejando algunas escritas entre las piedras de la muralla. El judaísmo rabínico de los tiempos de Cristo, entendía que la misión principal y primordial en la vida era la lectura, estudio, enseñanza y meditación en la Palabra. El maestro Hillel, de los tiempos de Cristo, dijo: *"Si uno logra una buena reputación, ha logrado algo para sí mismo; y si logra asimilar las palabras de la Ley, ha logrado la vida en la edad futura*[9]*"*

καὶ ἐκεῖναι εἰσιν αἱ μαρτυροῦσαι περὶ ἐμοῦ· El verdadero valor de la Escritura es que da testimonio acerca de Cristo, en quien se alcanza la vida eterna por fe en Él. El judaísmo consideraba el estudio de la Escritura como un fin en sí mismo. La Palabra escrita conduce a Cristo que es el dador de la vida eterna, pero no da ella misma esta vida. Solo la Palabra encarnada, el Salvador del mundo, es el único que puede salvar eternamente a los que por Él se allegan a Dios. Estas Escrituras son las que dan testimonio sobre Jesús. Él no necesitaba testimonio de los hombres, porque tenía el del Padre, pero, también quedaba registrado en Su Palabra. En ella estaba el testimonio que el cielo daba sobre quien era Jesucristo y cual era Su misión. Los judíos estudiaban para alcanzar la vida eterna, pero esta vida eterna está orientada en las Escrituras hacia Cristo. De otro modo, como si les dijese, *"en las*

[9] P. Abot 2, 7.

Escrituras encontráis que yo soy la vida eterna". Por mucho que insistiesen en el estudio de las Escrituras, no les serviría de nada, porque no eran capaces de ver a Jesús en ellas. Preocupados en la lectura perdían el espíritu de ella. El apóstol Pablo decía que *"la letra mata, pero el espíritu vivifica"* (2 Co. 3:6). Este problema persiste en el tiempo. Hay cristianos que se conforman con la investigación intelectual de la Biblia, deteniéndose en las formas en que aparecen las palabras en los textos de los idiomas originales, buscando las minucias más estrictas para un correcto entendimiento racional del contenido; entienden también que es necesario memorizar grandes pasajes bíblicos, y a esto se dedican; pero ningún efecto produce esto más que enaltecer la arrogancia y cultivar el orgullo personal. La Biblia debe estudiarse, meditarse, memorizarse, interpretarse, predicarse y amarse, para vivir conforme a ella y no para *saber mucho* de ella. No es importante saber de la Biblia, sino que ésta controle nuestras vidas. No es vital *poseer* la Biblia, sino que esta nos posea a nosotros. Quien lee la Biblia, la estudia, ama y obedece se distinguirá por la humildad y el amor.

40. Y no queréis venir a mí para que tengáis vida.

καὶ	οὐ	θέλετε	ἐλθεῖν	πρός	με	ἵνα	ζωὴν[1]	ἔχητε.
Y	no	queréis	venir	a	mí	para que	vida	tengáis.

Notas y análisis del texto griego.

Jesús añade καὶ, conjunción copulativa *y*; οὐ, adverbio de negación *no*; θέλετε, segunda persona plural del presente de indicativo en voz activa del verbo θέλω, *querer, desear*, aquí *queréis*; ἐλθεῖν, aoristo segundo de infinitivo en voz activa del verbo ἔρχομαι, *venir*; πρός, preposición propia de acusativo *a*; με, caso acusativo de la primera persona singular del pronombre personal *mi*; ἵνα, conjunción causal *para que*; ζωὴν, caso acusativo femenino singular del nombre común *vida*; ἔχητε, segunda persona plural del presente de subjuntivo en voz activa del verbo ἔχω, *tener, poseer*, aquí *tengáis*.

Crítica Textual. Lecturas alternativas.

[1] Se añade αἰώνιον, eterna en D, Θ, 69, e, sir^{p}.

καὶ οὐ θέλετε ἐλθεῖν πρός με ἵνα ζωὴν ἔχητε. Es interesante notar que no dice Jesús *no queréis creer* en mí, sino *no queréis venir*, que acentúa el rechazo deliberado de los judíos. A pesar de que la Escritura daba testimonio de Jesús, ellos se negaban a ir a Él como las mismas enseñaban para alcanzar la vida eterna. De otro modo, como escribe Hendriksen: *"por vuestra dureza de corazón, habéis rechazado vilmente al Hijo de Dios*[10]". Esta es la condición de todo aquel que se niega a recibir a Jesús como Salvador personal. Los corazones de ellos se habían cerrado a la luz de Dios en Su Palabra y por esa actitud permanecían en tinieblas, y ellos mismos entenebrecidos. La condenación eterna no es por falta *de conocimiento*, sino por falta de *voluntad*. El corazón endurecido impide la aceptación de la verdad. Jesús les dice que aunque estudian las Escrituras con el propósito de encontrar la vida eterna, se niegan a ir a Él que es el autor de la vida y en quien está la vida, por lo que siguen en condenación (1:4; 3:36). Antes se dio la razón: *"los hombres amaron más las tinieblas que la luz, porque sus obras eran malas"* (3:19).

41. Gloria de los hombres no recibo.

Δόξαν	παρὰ	ἀνθρώπων	οὐ	λαμβάνω,
Gloria	de parte de	hombres	no	recibo.

Notas y análisis del texto griego.

Jesús dice: Δόξαν, caso acusativo femenino singular del nombre común *gloria*; παρὰ, preposición propia de genitivo *de parte de*; ἀνθρώπων, caso genitivo masculino plural del nombre común *hombres*; οὐ, adverbio de negación *no*; λαμβάνω, primera persona singular del presente de indicativo en voz activa del verbo λαμβάνω, *recibir*, aquí *recibo*.

Δόξαν παρὰ ἀνθρώπων οὐ λαμβάνω, Antes dijo que no recibía testimonio de hombres, porque tenía uno completo, el del Padre. Ahora no habla de testimonio, sino de *gloria*, o *alabanza*. Jesús ni busca ni recibe elogios humanos, porque no está buscando complacer al hombre, sino hacer la obra de Dios. Nada tiene que ver esto con la gloria que el hombre le debe como Dios y Salvador. Lo que está haciendo notar es que no tenía para Él importancia alguna si la gente le alababa o no. No debían entender que estuviese disgustado porque no reconocían lo que hacía y tampoco lo que era. Era muy diferente a los líderes religiosos que buscaban honores los unos de los otros (v. 44; 12:43). No reprochaba a nadie, simplemente denuncia un hecho manifiesto, como el desprecio y rechazo de los hombres que viendo Sus obras y teniendo el testimonio de la Escritura, se negaban a reconocerlo. A Jesús le bastaba con la aprobación del Padre a la obra que hacía.

[10] G. Hendriksen. o.c., pág. 223.

42. Mas yo os conozco, que no tenéis amor de Dios en vosotros.

ἀλλὰ ἔγνωκα ὑμᾶς ὅτι τὴν ἀγάπην τοῦ Θεοῦ οὐκ ἔχετε ἐν
Pero he conocido os que el amor - de Dios no está en
ἑαυτοῖς.
Vosotros.

Notas y análisis del texto griego.

Sigue con ἀλλὰ, conjunción adversativa *pero, sino, sin embargo*; ἔγνωκα, primera persona singular del perfecto de indicativo en voz activa del verbo γίνωσκω, *saber, conocer*, aquí *he conocido*; ὑμᾶς, caso acusativo de la segunda persona plural del pronombre personal declinado *a vosotros, os*; ὅτι, conjunción *que*; τὴν, caso acusativo femenino singular del artículo definido *la*; ἀγάπην, caso acusativo femenino singular del nombre común *amor*; τοῦ, caso genitivo masculino singular del artículo determinado *el*; Θεοῦ, caso genitivo masculino singular del nombre divino declinado *de Dios*; οὐκ, forma del adverbio de negación *no*, con el grafismo propio ante vocal con espíritu áspero; ἔχετε, segunda persona plural del presente de indicativo en voz activa del verbo ἔχω, *tener*, aquí *tenéis*; ἐν, preposición propia de dativo *en*; ἑαυτοῖς, caso dativo de la segunda persona plural del pronombre personal *vosotros*.

ἀλλὰ ἔγνωκα ὑμᾶς ὅτι τὴν ἀγάπην τοῦ θεοῦ οὐκ ἔχετε ἐν ἑαυτοῖς. Jesús sigue tratando de que los oyentes recapaciten sobre su estado espiritual, de manera que se vuelvan a Dios. Para eso hace una afirmación que sólo Dios o a quien Él se lo revelara, podría hacer. Ahora bien, la estructura de la frase no permite esta apreciación, sino que el conocimiento procede directamente de Jesús. Los oyentes buscaban en la Escritura, investigaban en ella, la memorizaban, pero su corazón estaba lejos de Dios, lo que demostraba claramente que *no amaban* a Dios. La afirmación de Jesús debe tomarse como genitivo objetivo, de modo que no es tanto que el amor de Dios no estuviese en ellos, sino que ellos no amaban a Dios. Quien ama a Dios ama también a Aquel a quien ha enviado, por consiguiente, si rechazaban a Jesús era señal inequívoca de que no amaban a Dios. Si ese amor estuviera presente en ellos, aceptarían sin reservas el testimonio que daba en la Palabra sobre Su Hijo. Los líderes religiosos de los judíos se jactaban de amar a Dios, pero ese amor no correspondía a un correcto conocimiento en Él (Ro. 10:2).

43. Yo he venido en nombre de mi Padre, y no me recibís; si otro viniere en su propio nombre, a ése recibiréis.

ἐγὼ ἐλήλυθα ἐν τῷ ὀνόματι τοῦ Πατρός μου, καὶ οὐ
Yo he venido en el nombre del Padre de mí, y no
λαμβάνετε με· ἐὰν ἄλλος ἔλθῃ ἐν τῷ ὀνόματι τῷ ἰδίῳ,
recibís me; si otro viniese en el nombre del propio,
ἐκεῖνον λήμψεσθε.
a ese recibiréis.

Notas y análisis del texto griego.

Sin interrupción, añade: ἐγὼ, caso nominativo de la primera persona singular del pronombre personal *yo*; ἐλήλυθα, primera persona singular del perfecto de indicativo en voz activa del verbo ἔρχομαι, *venir, llegar*, aquí *he venido*; ἐν, preposición propia de dativo *en*; τῷ, caso dativo neutro singular del artículo determinado *el*; ὀνόματι, caso dativo neutro singular del sustantivo que denota *nombre*; τοῦ, caso genitivo masculino singular del artículo determinado declinado *del*; Πατρός, caso genitivo masculino singular del nombre divino *Padre*; μου, caso genitivo de la primera persona singular del pronombre personal *mí*; καὶ, conjunción copulativa *y*; οὐ, adverbio de negación *no*; λαμβάνετε, segunda persona plural del presente de indicativo en voz activa del verbo λαμβάνω, *recibir, aceptar*, aquí *recibís*; με, caso acusativo de la primera persona singular del pronombre personal declinado *a mí, me*; ἐὰν, conjunción afirmativa condicional *si*; ἄλλος, caso nominativo masculino singular del pronombre indefinido *otro*; ἔλθῃ, tercera persona singular del aoristo segundo de subjuntivo en voz activa del verbo ἔρχομαι, *venir*, aquí *viniese*; ἐν, preposición propia de dativo *en*; τῷ, caso dativo neutro singular del artículo determinado *el*; ὀνόματι, caso dativo neutro singular del sustantivo que denota *nombre*; τῷ, caso dativo neutro singular del artículo determinado *el*; ἰδίῳ, caso dativo neutro singular del adjetivo *su, suyo, suyo propio, propio*; ἐκεῖνον, caso acusativo masculino singular del pronombre demostrativo declinado *a ese*; λήμψεσθε, segunda persona plural del futuro de indicativo en voz media del verbo λαμβάνω, *recibir*, aquí *recibiréis*.

ἐγὼ ἐλήλυθα ἐν τῷ ὀνόματι τοῦ Πατρός μου, Una vez más aparece aquí la expresión *nombre del Padre*, de las siete veces que ocurre en el *Evangelio* (5:43; 10:25; 12:28; 17:6, 11, 12, 26). Jesús utiliza aquí el pronombre personal *yo* en forma enfática, dejando claro que había notorias diferencias entre Él y los oyentes. Cristo venía en nombre del Padre, como continuamente recoge Juan.

καὶ οὐ λαμβάνετε με· Sin embargo no le recibían. Rechazarlo a Él era rechazar también a quien le había enviado. Esta triste realidad aparece también varias veces en el *Evangelio* (1:11; 3:11, 32; 12:37).

Esta es una de las tres antítesis que aparecen en el versículo: Jesús y otro; en nombre de Dios y en nombre propio; rechazar y aceptar.

ἐὰν ἄλλος ἔλθῃ ἐν τῷ ὀνόματι τῷ ἰδίῳ, ἐκεῖνον λήμψεσθε. La advertencia ahora es muy firme. Los que rechazaban a Jesús, el enviado del Padre, estaban dispuestos a recibir a otro que viniese en su propio nombre. El pronombre indefinido ἄλλος, *otro*, genera el interrogante de a quien se refería Cristo. Es muy difícil que el Señor estuviese pensando en algún individuo de los muchos que en la historia se presentaron a Israel como el Mesías. Sin embargo, la Biblia hace referencia a *uno* que vendrá en su propio nombre y será aceptado como el Mesías por muchos, especialmente por los que seguirán siendo el Israel incrédulo. Se trata del Anticristo (2 Ts. 2:8-12; Ap. 13:1 ss.). Israel se presenta incrédulo frente al verdadero Mesías, pero dispuesto a creer en el falso. No es necesario precisar a quien se refiere con *otro*, es una advertencia solemne de rechazo a Dios y aceptación del hombre que se presenta con un mensaje de salvación que no procede del cielo, sino de él mismo.

Siempre ha ocurrido algo semejante. Hay una innata disposición a creer a falsos profetas y maestros, por el sensacionalismo de que se rodean, alagando la carnalidad de los oyentes (2 Ti. 4:3-4). Sin duda los sermones más aplaudidos son aquellos que satisfacen curiosidades, y los menos aquellos que desafían a los oyentes a un cambio de vida en relación con Dios. Son recibidos con alborozo aquellos que falsean el claro sentido de la Palabra, mientas que se cuestionan los que son sanos y competentes maestros de ella.

44. ¿Cómo podéis vosotros creer, pues recibís gloria los unos de los otros, y no buscáis la gloria que viene del Dios único?

πῶς δύνασθε ὑμεῖς πιστεῦσαι δόξαν παρὰ ἀλλήλων
¿Cómo podéis vosotros creer, gloria unos de otros
λαμβάνοντες, καὶ τὴν δόξαν τὴν παρὰ τοῦ μόνου Θεοῦ οὐ
recibiendo, y la gloria - de parte de el único Dios no
ζητεῖτε
buscáis?

Notas y análisis del texto griego.

Sigue con πῶς, conjunción *cómo*; δύνασθε, segunda persona plural del presente de indicativo en voz media del verbo δύναμαι, *poder, tener poder*, aquí *podéis*; ὑμεῖς, caso nominativo de la segunda persona plural del pronombre personal *vosotros*; πιστεῦσαι, aoristo primero de infinitivo en voz activa del verbo πιστεύω, *creer*; δόξαν, caso acusativo femenino singular del nombre común *gloria*; παρὰ, preposición propia de genitivo *de parte de, de*; ἀλλήλων, caso genitivo masculino plural del pronombre recíproco *unos de otros*; λαμβάνοντες, caso nominativo masculino plural del participio de presente en voz activa del verbo λαμβάνω, *recibir*, aquí *recibiendo*; καὶ, conjunción copulativa *y*; τὴν, caso acusativo femenino singular del artículo determinado *la*; δόξαν, caso acusativo femenino singular del nombre común *gloria*; τὴν, caso acusativo femenino singular del artículo definido *la*; παρὰ, preposición propia de genitivo *de parte de, de*; τοῦ, caso genitivo masculino singular del artículo determinado declinado *el*; μόνου, caso genitivo masculino singular del adjetivo *único*; Θεοῦ, caso genitivo masculino singular del nombre divino *Dios*; οὐ, adverbio de negación *no*; ζητεῖτε, segunda persona plural del presente de indicativo en voz activa del verbo ζητέω, *buscar*, aquí *buscáis*.

πῶς δύνασθε ὑμεῖς πιστεῦσαι δόξαν παρὰ ἀλλήλων λαμβάνοντες, Los fariseos se desvivían buscando los honores humanos. Esa es la causa fundamental por la que desprecian a quien Dios ha glorificado, porque en gran medida disminuye su gloria personal. Las señales que Jesús estaba haciendo impactaban en las multitudes que le seguían a Él, haciendo reaccionar de envida el corazón perverso de aquellos. En ese contexto se alababan unos a otros buscando ser honrados por la gente. Se conformaban con la gloria terrenal, por tanto, no podían recibir la justa y perfecta que viene de arriba. Por esa causa no podían creer en Cristo. La clase de honor que buscan procede de un lugar equivocado, la verdadera alabanza no es de los hombres sino de Dios (Ro. 2:29).

καὶ τὴν δόξαν τὴν παρὰ τοῦ μόνου θεοῦ οὐ ζητεῖτε. Aquellos que buscan honores de hombres dejan de mirar al único Dios. El Señor les recuerda lo que la Ley decía sobre Dios, que es el único verdadero (Dt 6:4, 5). Al único Dios no aman, porque se aman a ellos mismos. Todos estos, como el Señor les dijo en el *Sermón del Monte*, ya están recibiendo la recompensa que buscaban (Mt. 6:2, 5, 16). El verdadero creyente recibe de Dios *"gloria y honra e inmortalidad"* (Ro. 2:7). El amor por la gloria personal era un serio impedimento para que pudiesen creer, porque estaban sirviendo como esclavos a un señor que es incompatible con el Dios verdadero (Mt. 6:24). Quien busca la gloria de los hombres no puede reconocer la gloria de Dios en Jesucristo.

45. No penséis que yo voy a acusaros delante del Padre; hay quien os acusa, Moisés, en quien tenéis vuestra esperanza.

Μὴ δοκεῖτε ὅτι ἐγὼ κατηγορήσω ὑμῶν πρὸς τὸν Πατέρα·
No penséis que yo acusaré os ante el Padre;
ἔστιν ὁ κατηγορῶν ὑμῶν Μωϋσῆς, εἰς ὃν ὑμεῖς ἠλπίκατε.
hay el que acusa os, Moisés, en el que vosotros habéis esperado.

Notas y análisis del texto griego.

Sigue con Μὴ, partícula que hace funciones de adverbio condicional de negación *no*; δοκεῖτε, segunda persona plural del presente de imperativo en voz activa del verbo δοκέω, *pensar, considerar*, aquí *penséis*; ὅτι, conjunción *que*; ἐγὼ, caso nominativo de la primera persona singular del pronombre personal *yo*; κατηγορήσω, primera persona singular del futuro de indicativo en voz activa del verbo κατηγορέω, *acusar*, aquí *acusaré*; ὑμῶν, caso genitivo de la segunda persona plural del pronombre personal declinado *a vosotros, os*; πρὸς, preposición propia de acusativo *ante, delante de, frente a*; τὸν, caso acusativo masculino singular del artículo determinado *el*; Πατέρα, caso acusativo masculino singular del nombre divino *Padre*; ἔστιν, tercera persona singular del presente de indicativo en voz activa del verbo εἰμί, *ser, estar, haber, suceder*, aquí *hay*; ὁ, caso nominativo masculino singular del artículo determinado *el*; κατηγορῶν, caso nominativo masculino singular del participio de presente en voz activa del verbo κατηγορέω, *acusar*, aquí *que acusa*; ὑμῶν, caso genitivo de la segunda persona plural del pronombre personal declinado *a vosotros, os*; Μωϋσῆς, caso nominativo masculino singular del nombre propio *Moisés*; εἰς, preposición propia de acusativo *a*; ὃν, caso acusativo masculino singular del pronombre relativo *el que, quien*; ὑμεῖς, caso nominativo de la segunda persona plural del pronombre personal *vosotros*; ἠλπίκατε, segunda persona plural del perfecto de indicativo en voz activa del verbo ἐλπίζω, *esperar, confiar, poner la confianza en*, aquí *habéis esperado*.

Μὴ δοκεῖτε ὅτι ἐγὼ κατηγορήσω ὑμῶν πρὸς τὸν Πατέρα· Jesús hace otra advertencia a los judíos. Tal vez pensaran que iba a acusarlos por su conducta delante del Padre. Cristo les hace dejar a un lado ese pensamiento. El verbo κατηγορέω, es compuesto de ἀγορέω, *hablar en el ágora*, con el prefijo κατὰ, *hacia abajo, mal*, de ahí *hablar mal ante el tribunal*, en acusación pública. Les había demostrado que Él era el Hijo de Dios y que había sido enviado por el Padre, pero, la relación paterno-filial no iba a ser usada por Él para acusarlos por no haber creído a Su Palabra, ni haber tenido en cuenta las obras que lo acreditaban como el Mesías.

ἔστιν ὁ κατηγορῶν ὑμῶν Μωϋσῆς, εἰς ὃν ὑμεῖς ἠλπίκατε. Ellos se gloriaban en la Palabra y también en Moisés que les había dado la Ley. Era éste quien les acusaba delante de Dios por no haber creído en lo que sobre Jesús decía en la Ley. Ellos habían puesto su esperanza en él, puesto que por medio de las obras de la ley creían que iban a alcanzar la justificación. En lugar de eso, se vuelve en fiscal, acusándoles de pecar contra Dios por incredulidad. Si hubiesen creído a Moisés, se hubiesen dado cuenta de las acusaciones que la Ley tenía contra ellos y, convencidos de pecado, hubieran acudido al Salvador para encontrar el perdón y la vida eterna. Si Moisés anunciaba la venida de Cristo, no creer en Cristo era no creer en Moisés. No había necesidad alguna de otra acusación, la Palabra les acusaba delante de Dios y ellos quedaban sin excusa.

46. Porque si creyeseis a Moisés, me creeríais a mí, porque de mí escribió él.

εἰ γὰρ ἐπιστεύετε Μωϋσεῖ, ἐπιστεύετε ἂν ἐμοί· περὶ γὰρ ἐμοῦ
Porque si creyeseis a Moisés, creeríais - a mí, porque de mí
ἐκεῖνος ἔγραψεν.
Él escribió.

Notas y análisis del texto griego.

Una consecuencia lógica: εἰ, conjunción afirmativa *y*; γὰρ, conjunción causal *porque*; ἐπιστεύετε, segunda persona plural del imperfecto de indicativo en voz activa del verbo πιστεύω, *creer*, aquí *creíais*, en sentido condicional *creyeseis*; Μωϋσεῖ, caso dativo masculino singular del nombre propio declinado *a Moisés*; ἐπιστεύετε, segunda persona plural del imperfecto de indicativo en voz activa del verbo πιστεύω, *creer*, aquí *creíais*, en sentido condicional *creeríais*; ἂν, partícula que no empieza nunca frase y que da a ésta carácter condicional o dubitativo, o expresa una idea de repetición. Se construye con todos los modos menos el imperativo y acompaña a los pronombres relativos para darles un sentido general; en algunas ocasiones no tiene traducción; ἐμοί, caso dativo de la primera persona singular del pronombre personal declinado *a mí*; περὶ, preposición propia de genitivo *acerca de, de*; γὰρ, conjunción causal *porque*; ἐμοῦ, caso genitivo de la primera persona singular del pronombre personal *mí*; ἐκεῖνος, caso nominativo masculino singular del pronombre demostrativo *él*; ἔγραψεν, tercera persona singular del aoristo primero de indicativo en voz activa del verbo γράφω, *escribir*, aquí *escribió*.

εἰ γὰρ ἐπιστεύετε Μωϋσεῖ, ἐπιστεύετε ἂν ἐμοί· Cristo es el núcleo de la Palabra y, por consiguiente, el punto central de los escritos de Moisés. Hay muchos pasajes que hacen referencia directa a Cristo en el Pentateuco (cf. Gn. 3:15; 22:18; 49:10; Num. 24:17; Dt. 18:15, 18). Sin embargo, todo el contenido de la Ley ceremonial con sus instrucciones y ordenanzas tuvo cumplimiento perfecto en Cristo. El tabernáculo con sus muebles, sus cortinas, su empalizada, etc. era figura de Aquel que es el tabernáculo de Dios con los hombres (1:14). No cabe duda que Moisés escribió acerca de Jesús. El problema estaba en que aquellos no creían a Moisés, por tanto no creían en el Señor.

περὶ γὰρ ἐμοῦ ἐκεῖνος ἔγραψεν. Si creyesen en Moisés, y aceptasen como inspirados sus escritos, tendrían necesariamente que creer en Jesús, porque de Él había escrito Moisés. De hecho, aunque los judíos mantenían su esperanza en lo que Moisés había escrito, no creían en lo que él afirmaba. La Ley es dada para denunciar el pecado y para llevar a los hombres a la fe en el único Salvador por quien se alcanza la justificación delante de Dios (Ro. 5:1). La fe en los escritos de Moisés trae aparejada la fe en la palabra de Jesús.

47. Pero si no creéis a sus escritos, ¿cómo creeréis a mis palabras?

εἰ δὲ τοῖς ἐκείνου γράμμασιν οὐ πιστεύετε, πῶς τοῖς ἐμοῖς
Pero si a los de él escritos no creéis, ¿cómo a las mis
ῥήμασιν πιστεύσετε
palabras creeréis?

Notas y análisis del texto griego.

Concluyendo el discurso, escribe: εἰ, conjunción afirmativa *si*; δὲ, partícula conjuntiva que hace las veces de conjunción coordinante, con sentido de *pero, más bien, y, y por cierto, antes bien*; τοῖς, caso dativo neutro plural del artículo determinado declinado *a los*; ἐκείνου, caso genitivo masculino singular del pronombre demostrativo *de él*; γράμμασιν, caso dativo neutro plural del nombre común *escritos*; οὐ, adverbio de negación *no*; πιστεύετε, segunda persona plural del presente de indicativo en voz activa del verbo πιστεύω, *creer*, aquí *creéis*; πῶς, conjunción condicional *cómo*; τοῖς, caso dativo neutro plural del artículo determinado declinado *a los*; ἐμοῖς, caso dativo neutro plural del adjetivo posesivo *mis*; ῥήμασιν, caso dativo neutro plural del nombre común *dichos, palabras, discurso*; πιστεύσετε, segunda persona plural del futuro de indicativo en voz activa del verbo πιστεύω, *creer*, aquí *creeréis*.

εἰ δὲ τοῖς ἐκείνου γράμμασιν οὐ πιστεύετε, La conclusión final es enérgica o, tal vez, dura, por el realismo que expresa. Jesús acusa a quienes dicen creer en Moisés, de incredulidad en sus escritos. La evidencia de esta acusación es sencilla: si no creían en Jesús, no podían creer en lo que Moisés escribió puesto que en esos escritos habla de Él. Así que la fe en los escritos de Moisés lleva aparejada la aceptación de las palabras de Jesús. Si aquellos no creían en el Señor, es porque tampoco creían en los escritos del Pentateuco.

πῶς τοῖς ἐμοῖς ῥήμασιν πιστεύσετε. No está diciendo que Sus palabras eran menos autoritarias que las de Moisés, sino todo lo contrario, lo que está haciendo es establecer una comparación entre Sus palabras y las de Moisés. Ellos consideraban que los escritos de Moisés estaban a un nivel superior a los de cualquier otro escritor y Jesús mismo pudiese decir. Por tanto, si no creían en lo que Moisés escribió, mucho menos iban a creer en las palabras de alguien que consideraban inferior a Moisés. El Señor concluye duramente. Acusa a los judíos de que ni creen en Moisés, ni en las Escrituras. Cristo es el centro de todos los escritos de la Palabra.

La sanidad del paralítico provee de muchas enseñanzas que deben ser aplicadas personalmente. La misericordia de Jesús hacia un pobre necesitado, cautiva al lector, pero orienta al cristiano para *hacer lo mismo*, esto es, mostrar misericordia con el que la necesita. No se trata de efectuar un milagro de sanidad, sino prestar atención a cuanto haga infeliz o produzca desazón en la vida de otro. Hay muchos paralíticos espirituales que necesitan ser llevados a quien puede darles sanidad, que es Cristo mismo. La sociedad perdida de nuestros días requiere una dosis de amor entrañable y de misericordia real para buscarlos en donde se encuentran y alcanzarlos con el mensaje de salvación. Especialmente en el llamado *primer mundo*, la orientación personal está en buscar el más alto nivel de vida posible, aunque eso suponga la despreocupación por las necesidades ajenas. Incluye esto a la misma familia. Hay padres que por obtener cosas que hagan más grato el vivir cotidiano, descuidan la atención de sus propios hijos. Miles de personas pasan a nuestro lado cada día necesitados de una mano misericordiosa que les ayude a levantarse espiritualmente. El mundo necesita de cristianos que lleven el evangelio de la gracia a todos cuantos sea posible. La evangelización en el contexto eclesial está resintiéndose gravemente en nuestros días. Es necesario que la misericordia de Jesús sature nuestras vidas impulsándonos a buscar a los perdidos.

Otra importante lección tiene que ver con la religión tradicional frente al modelo cristiano de vida. Ser cristiano no es *conocer* a Jesús, sino *vivir* a Cristo. Muchos líderes de iglesias de nuestro tiempo, están ocupados tan solo de que se conserve la *forma* tradicional de la expresión religiosa. No importa si las necesidades espirituales de otros se atienden o no, lo importante es que se haga todo conforme a la tradición que ha sido enseñada. Estos han convertido *cristianismo* en *religión*, en lugar de *comunión* con Cristo. Son absolutamente intolerantes con quienes se atreven, según su criterio, a modificar, no la doctrina, sino las tradiciones y el sistema religioso. Su furia contra todo cuanto pueda distorsionar en lo más mínimo su forma de pensar, les lleva a usar todos los recursos a su alcance para eliminar a quienes, para ellos, se han desviado de la fe. No importa el modo de hacerlo, incluyendo la gravedad de la murmuración, la difamación, las calumnias, y el desprestigio en sus muchas formas. Están dispuestos a extender la mano a quienes están llenos de graves faltas morales, con tal de que se mantengan firmes en el sistema que ellos consideran como verdadero y único. Esta era la forma de actuar de los religiosos del tiempo de Jesús. No podían entender que por amor a un hombre se quebrantase un precepto que ellos consideraban como principal. Para tales personas lo importante es la letra, lo no importante es el amor. Se olvidan que no es posible ministrar con la bendición de Dios, sin amor real en la vida del que ministra. La iglesia se distingue ante el mundo, no por sus formas, sino por su amor (13:35).

Una advertencia seria en la segunda parte del capítulo tiene que ver con la atención, respeto y obediencia a la Palabra. Los judíos decían que amaban los escritos de Moisés, pero negaban la enseñanza de los mismos. Cuando se niega la Escritura, todo está perdido. Lo mismo que entonces estamos atravesando hoy por el mismo problema. La Palabra está siendo desplazada de la enseñanza de la iglesia, convirtiendo la formación del pueblo de Dios en meras formas de subjetivismo. Los creyentes están cayendo en un infantilismo espiritual que los hace vulnerables a cuantos ataques del enemigo se produzcan. Son fácilmente arrastrados de un lado para otro por cualquier viento de doctrina. Un espiritualismo no bíblico está ocupando las mentes de muchos cristianos, que son controlados por los líderes en base a lo que estos les hacen creer que es la enseñanza bíblica. Es de urgente necesidad que la iglesia retorne sin condiciones a la Palabra.

CAPÍTULO VI

EL PAN DE VIDA.

Introducción.

Luego de la presentación de Jesús en Judea y Samaria, va ahora, conforme al relato de Juan, a Galilea donde, al igual que en los demás lugares donde se llevó a cabo Su ministerio, está rodeado de *señales*, portentos admirables que exhiben la condición de Hijo de Dios, enviado en misión de salvación.

Juan usa, como es habitual en él, la expresión de indefinición temporal *"después de esto"*, que introduce el capítulo y que es el modo que el evangelista usa para enlazar sin atender excesivamente a la cronología, los relatos del *Evangelio*. Como es usual, los *críticos liberales*, tratan de demostrar que el capítulo no tiene una unidad literaria-temporal, y que se trata de una formalización narrativa de por lo menos dos relatos procedentes de fuentes diferentes. Alegan que el caminar de Jesús sobre el mar, nada tiene que ver con el pan de vida, en cuyo discurso no se hace ninguna referencia al milagro de la multiplicación de los panes. Insisten también en que la última parte del capítulo (vv. 60-71), no corresponde a los judíos, sino a los discípulos y a los Doce. Con todo, una vez analizado el texto, es evidente que se trata de una unidad literaria que ha de ser interpretada como un todo.

La centralidad del capítulo es la Persona admirable de Jesús. Aquel que tiene palabras de vida eterna y de quien no existe igual a quien acudir (v. 68). Este, como en otros capítulos, es el hilo conductor de todo el relato que unifica el texto y lo convierte en una secuencia de acontecimientos, todos ellos en torno al Señor. El contraste entre la confesión de Pedro actuando como portavoz de los Doce y la razón de la multitud que busca a Cristo, es evidente. Los discípulos saben que la vida eterna y cuanto comporta están en Él, mientras que la gente lo busca para recibir beneficios temporales. Primeramente lo siguen impactados por sus acciones sobrenaturales (v. 2); lo buscan para hacerlo rey, porque convenía a causa de la provisión de alimento que podía dar (v. 15); la insistencia en procurar estar con Jesús descansaba esencialmente en que podía darles cuanto pan necesitasen (v. 26), pero, no son capaces de reconocerlo como el verdadero pan de vida, que descendió del cielo (vv. 41, 42). Cristo enseña a todos que Él es el pan que da vida al mundo (v. 51). La deserción de muchos discípulos por no comprender Sus palabras pone un punto de tensión al alejarse de Él escandalizados (v. 66). Pero, sobre el fondo de incredulidad, está la fe de los Doce, expresada en las palabras de Pedro. Allí aparece un nuevo impacto en la lectura, puesto que en lugar de reconocer lo que los discípulos dicen y seguir dialogando sobre la base de la fe de ellos en Su Persona, Cristo habla de uno entre ellos que es *diablo*, refiriéndose a Judas (vv. 70, 71), con cuyo tema, tenso, se cierra el capítulo.

Jesús precisa el simbolismo del Antiguo Testamento, llevándolo a los límites de la realidad espiritual. Dios había dado a Israel *pan del cielo*, calificativo para el *maná* con el que el pueblo había sido alimentado milagrosamente durante los años de marcha por el desierto. Sin embargo, Cristo no alegoriza el maná para darle una aplicación espiritual, sino que se presenta a Sí mismo como el verdadero pan bajado del cielo. No es otra cosa, como la Ley, las ceremonias rituales de ella, las obras de piedad, las que dan vida, sino Jesús, el único que puede darla. Será más adelante que desarrollará el sentido de vida como resultado de la muerte, puesto que el grano de trigo ha de morir para poder dar alimento vital, como también Cristo habrá de hacerlo (12:24).

En la lectura del pasaje coinciden dos elementos que han de tenerse en cuenta. Primero el elemento histórico, basado, como en todos los relatos en hechos concretos, la intervención de la multitud, la incredulidad, la necesidad de la fe, etc. A ese plano histórico corresponden también el milagro de la multiplicación de los panes, el caminar de Jesús sobre el mar, así como la crisis de los discípulos y el testimonio de los apóstoles. En segundo lugar está el elemento teológico. Cada uno de los hechos históricos está vinculado a realidades espirituales que tienen aplicación teológica permanente, como corresponde a su *atemporalidad*. Como decía el profesor Juan Leal: "*El lenguaje de Jesús nos llega a través del alma del evangelista y de la vida religiosa de su comunidad*[1]".

Para comprender el relato en la dimensión precisa, es necesario entender tanto el aspecto netamente histórico, como la información teológica contenido en el mismo. No se puede perder de vista que el *Evangelio* es el resultado del escrito de hechos relacionados con Jesús, con el propósito de que el lector crea en Él y sea salvo.

Finalmente, es notable observar la clase de Mesías, que la gente buscaba, que no era sino la de uno que satisficiera todas las necesidades físicas, en sanidad de enfermedades, y sociales, en proveer de alimento

[1] Juan Leal. o.c., pág. 406.

sin necesidad de procurarlo como era habitual. Cuando consideraron que Jesús cumplía estas premisas, procuraron apoderarse de Él y llevarlo a Jerusalén para hacerlo rey. Jesús no cumplía esas expectativas, Su reino, dirá más adelante, no es de este mundo. El oficio Mesiánico de salvación no consistía en manifestaciones de reino y poder social, sino que había venido para salvar a Su pueblo de sus pecados, por consiguiente no tenía atractivo para ellos y dejándolo, no anduvieron más con Él. Desde la más elevada cumbre a que había llegado, comienza Su descenso hacia la muerte, y muerte de Cruz.

La multiplicación de los panes es un milagro común a los cuatro evangelios. Es evidente que el relato ha sido considerado conforme a la apreciación de cada uno de ellos, para el propósito que buscaban en el escrito. Así Lucas no cuenta el caminar de Jesús sobre las aguas, y Juan suprime el episodio de Pedro. Como suele ocurrir la redacción que hace del milagro es más pormenorizada, a la vez que concreta. En ella se aprecia también como Jesús tiene en todo la iniciativa (v. 5). Este milagro es el foco que permite introducir al lector en el discurso sobre el *pan de vida*.

Para el análisis del texto se usa el bosquejo establecido en la introducción, como sigue:

1. El tiempo de la Pascua (6:1-71).
    - 1.1. Alimentación de los cinco mil (6:1-15).
    - 1.2. Jesús anda sobre el mar (6:16-21).
    - 1.3. El discurso de Jesús (6:22-40).
    - 1.4. La reacción al discurso (6:41-71).
        - 1.4.1. Murmurando contra Jesús (6:41-43).
        - 1.4.2. Enseñanza de Jesús (6:44-51).
        - 1.4.3. Reacción y nueva enseñanza (6:52-58).
        - 1.4.4. Enseñanza a los discípulos (6:59-65).
        - 1.4.5. Deserción de muchos discípulos (6:66).
        - 1.4.6. Testimonio de Pedro (6:67-71).

El tiempo de la Pascua (6:1-71).

Alimentación de los cinco mil (6:1-15).

1. Después de esto, Jesús fue al otro lado del mar de Galilea, el de Tiberias.

Μετὰ ταῦτα ἀπῆλθεν ὁ Ἰησοῦς πέραν τῆς θαλάσσης
Después de esto fue - Jesús al otro lado de el mar
τῆς Γαλιλαίας τῆς Τιβεριάδος.
- de Galilea el de Tiberias.

Notas y análisis del texto griego.

Iniciando el nuevo párrafo, escribe: Μετὰ, preposición propia de acusativo *después de*; ταῦτα, caso acusativo neutro plural del pronombre demostrativo *estos*; ἀπῆλθεν, tercera persona singular del aoristo segundo de indicativo en voz activa del verbo ἀπέρχομαι, *ir, irse, desaparecer*, aquí *fue*; ὁ, caso nominativo masculino singular del artículo determinado *el*; Ἰησοῦς, caso nominativo masculino singular del nombre propio *Jesús*; πέραν, adverbio de lugar, *más allá, al otro lado, a la otra orilla, orilla opuesta*, aquí con funciones de preposición impropia de genitivo *al otro lado de*; τῆς, caso genitivo femenino singular del artículo determinado *la*; θαλάσσης, caso genitivo femenino singular del nombre común *mar*; τῆς, caso genitivo femenino singular del artículo determinado *la*; Γαλιλαίας, caso genitivo femenino singular del nombre propio declinado *de Galilea*; τῆς, caso genitivo femenino singular del artículo determinado *la*; Τιβεριάδος, caso genitivo femenino singular del nombre propio declinado *de Tiberias*.

Μετὰ ταῦτα. Nuevamente Juan utiliza la fórmula de indeterminación temporal para vincular el párrafo que inicia, con lo que antecede, dando al relato la continuidad que requiere. Es una nota temporal habitual en el *Evangelio* (3:22; 5:1; 7:1). No exige esto una secuencia cronológica de los acontecimientos que anteceden como inmediatamente anteriores a los que siguen. Es más, tal vez haya transcurrido un tiempo no menor de seis meses a un año entre los dos. El milagro de la multiplicación de los panes, que aparece en los cuatro evangelios, se sitúa conforme a la cronología sinóptica como inmediatamente anterior a la última visita a Jerusalén.

ἀπῆλθεν ὁ Ἰησοῦς πέραν τῆς θαλάσσης τῆς Γαλιλαίας τῆς Τιβεριάδος. Juan sitúa los acontecimientos que siguen *al otro lado del mar de Galilea*, y concretamente en la región de Tiberias. La última referencia a un determinado lugar fue la de Jerusalén (5:1). No cabe duda alguna que no es posible cruzar el Mar de Galilea desde

Jerusalén, por eso que hay un discurrir tanto de tiempo como de espacio geográfico, que no queda registrado. Juan añade en el versículo el segundo genitivo de situación, cuando hablando de Galilea, lo hace también de Tiberias, formando con ello una denominación: *"el mar de Galilea, el de Tiberias"*. Este nombre deriva del de la ciudad de Tiberíades fundada por Herodes Antipas, en honor al emperador Tiberio. La fecha posible de los acontecimientos del capítulo, podría situarse en abril del año 30 d.C., en tiempo inmediatamente anterior a la muerte de Jesús en Jerusalén. Especialmente los sinópticos dan cuenta del gran ministerio de Jesús en Galilea, donde hizo muchos milagros. Juan pasa directamente en el pasaje al último de ellos, el de la multiplicación de los panes, dando detalles puntuales, como es habitual en las *señales* que relata. Por los sinópticos se sabe que el lugar a donde había llegado eran los alrededores de Betsaida (Lc. 9:10). El último milagro de Jesús tuvo lugar en la zona opuesta del Mar de Galilea, probablemente Capernaum, aquí Juan dice que Jesús *"se fue al otro lado del Mar de Galilea"*, es decir, la orilla opuesta de donde se estaba en los relatos del capítulo anterior. Esto lo demuestra también el hecho de que tras el milagro de los panes y los peces, los discípulos volvieron a cruzar el mar con rumbo a Capernaum (v. 17). El Mar de Galilea, recibe distintos nombres. Es un lago interior que tiene unos veintiún kilómetros de largo por doce de ancho, con unos sesenta kilómetros de orillas, lo que supone unos ciento setenta kilómetros de superficie. El lago está a doscientos ocho metros por debajo del nivel del Mediterráneo, con una profundidad media de cuarenta metros.

2. Y le seguía gran multitud, porque veían las señales que hacía en los enfermos.

ἠκολούθει δὲ[1] αὐτῷ ὄχλος πολύς, ὅτι ἐθεώρουν τὰ σημεῖα ἃ
Y seguía le multitud mucha, porque veían las señales que
ἐποίει ἐπὶ τῶν ἀσθενούντων.
hacía en los enfermos.

Nota y análisis del texto griego.

Situando el entorno, escribe: ἠκολούθει, tercera persona singular del imperfecto de indicativo en voz activa del verbo ἀκολουθέω, *seguir, acompañar*, aquí *seguían*; δὲ, partícula conjuntiva que hace las veces de conjunción coordinante, con sentido de *pero, más bien, y, y por cierto, antes bien*; αὐτῷ, caso dativo masculino de la tercera persona singular del pronombre personal declinado *a Él, le*; ὄχλος, caso nominativo masculino singular del nombre común *multitud, turba, gente*; πολύς, caso nominativo masculino singular del adjetivo *grande, numeroso, mucho*; ὅτι, conjunción causal, *porque*; ἐθεώρουν, tercera persona plural del imperfecto de indicativo en voz activa del verbo θεωρέω, *ver, mirar, observar, contemplar*, aquí *veían*; τὰ, caso acusativo neutro plural del artículo determinado *los*; σημεῖα, caso acusativo neutro plural del nombre común *signos, señales*; ἃ, caso acusativo neutro plural del pronombre relativo *que*; ἐποίει, tercera persona singular del imperfecto de indicativo en voz activa del verbo ποιέω, *hacer, realizar*, aquí *hacía*; ἐπὶ, preposición propia de genitivo *en*; τῶν, caso genitivo masculino singular del artículo determinado *los*; ἀσθενούντων, caso genitivo masculino singular del nombre común *enfermos*.

Crítica Textual. Lecturas alternativas.

[1] ἠκολούθει δὲ, *y seguían*, lectura atestiguada en 𝔭[66, 75vid], ℵ, B, D, K, N, W, *f*[1, 13], 33, 565, 579, 892, 1241, it, sa, bo, Epifanio.

καὶ ἠκολούθει, *y seguían*, conforme a A, K, Γ, Δ, Θ, Ψ, 700, 𝔐, q, vg, sir[h].

καὶ ἠκολούησαν, *y siguieron*, lectura según 1424, f.

ἠκολούθει δὲ αὐτῷ ὄχλος πολύς, Jesús iba siempre rodeado, aquí dice Juan que le seguía una gran multitud. Las multitudes formaban un grupo bien diferente al pequeño y reducido de los Doce, y al un poco mayor de los *discípulos*, aquellos que estaban convencidos de que Jesús era, cuando menos, un hombre excepcional y un gran profeta.

ὅτι ἐθεώρουν τὰ σημεῖα ἃ ἐποίει ἐπὶ τῶν ἀσθενούντων. La razón para que las multitudes siguieran a Jesús, es que *veían* las *señales*, término equivalente a *milagros* en el *Evangelio*. Especial atención por lo que hacía en la sanidad de los enfermos. Sin embargo, aquellos estaban atónitos por los hechos en sí de las *señales*, pero no llegaban a discernir quien era realmente Jesús. Aquellas gentes seguían al Señor, no porque creyesen en Él, sino por interés propio, al sanar a los enfermos, algunos de los cuales eran familiares o amigos de quienes iban tras Jesús. El Señor sabía bien todo esto, sin embargo, no dejó de hacer el bien y atender en misericordia a los necesitados. El uso de los tiempos *imperfectos*, en los tres verbos del versículo da a entender que era una acción que había comenzado en el pasado pero continuaba en el tiempo, es decir, no habían visto, sino que veían continuamente el poder de Jesús efectuando sanidades. No acudían a Jesús buscando la salvación y mostrando el arrepentimiento, sino que se admiraban como simple obrador de milagros. La admiración de la gente se mantenía continuamente ya que, conforme a la forma verbal, los milagros se sucedían en cada día del ministerio de Jesús.

3. Entonces subió Jesús a un monte, y se sentó allí con sus discípulos.

ἀνῆλθεν δὲ εἰς τὸ ὄρος ᾿Ιησοῦς καὶ ἐκεῖ ἐκάθητο μετὰ τῶν
Y subió al monte Jesús, y allí se sentó con los
μαθητῶν αὐτοῦ.
discípulos de Él.

Notas y análisis del texto griego.

Sigue con: ἀνῆλθεν, tercera persona singular del segundo aoristo de indicativo en voz activa del verbo ἀνέρχομαι, *subir*, aquí *subió*; δὲ, partícula conjuntiva que hace las veces de conjunción coordinante, con sentido de *pero, más bien, y, y por cierto, antes bien*; εἰς, preposición propia de acusativo *a*; τὸ, caso acusativo neutro singular del artículo determinado declinado *al*; ὄρος, caso acusativo neutro singular del nombre común *monte*; ᾿Ιησοῦς, caso nominativo masculino singular del nombre propio *Jesús*; καὶ, conjunción copulativa *y*; ἐκεῖ, adverbio de lugar *allí*; ἐκάθητο, tercera persona singular del imperfecto de indicativo en voz media del verbo κάθημαι, *sentarse*, aquí *se sentó*; μετὰ, preposición propia de genitivo *con*; τῶν, caso genitivo masculino plural del artículo determinado *los*; μαθητῶν, caso genitivo masculino plural del nombre común *discípulos*; αὐτοῦ, caso genitivo masculino de la tercera persona singular del pronombre personal declinado *de Él*.

ἀνῆλθεν δὲ εἰς τὸ ὄρος ᾿Ιησοῦς καὶ ἐκεῖ ἐκάθητο μετὰ τῶν μαθητῶν αὐτοῦ. Hecha la travesía llegados al lugar determinado por Jesús, sube al monte y con Él también Sus discípulos. Juan describe al Señor sentado, dando una imagen de reposo. No sabemos la razón por la que Jesús fue al otro lado del Mar de Galilea, tal vez la presión del ministerio unida al rechazo y oposición de los judíos, hicieron necesario que se retirase un poco de la gente para descansar y disponer de tiempo para enseñanza. Se desconoce también cual era el monte al que Jesús y los Doce subieron. Probablemente se trata de cualquier elevación de la zona sin precisar uno en concreto, es decir, llegar al otro lado y subieron a una elevación. Algunos traducen aquí *montaña*, en sentido genérico. Bien pudiera tratarse de una pequeña llanura de aluvión que en primavera está llena de hierba y flores, en cuyo término se eleva un monte. El Señor ascendió por la ladera del monte y se sentó en un lugar apropiado con Sus discípulos. Desde esa elevación se podía ver la ribera del Mar y, consiguientemente la gente que vendría a buscarle.

4. Y estaba cerca la pascua, la fiesta de los judíos.

ἦν δὲ ἐγγὺς τὸ πάσχα, ἡ ἑορτὴ τῶν ᾿Ιουδαίων.
Y estaba cerca la pascua, la fiesta de los judíos.

Notas y análisis del texto griego.

Siguiendo el relato, escribe: ἦν, tercera persona singular del imperfecto de indicativo en voz activa del verbo εἰμί, *ser, estar*, aquí *estaba*; δὲ, partícula conjuntiva que hace las veces de conjunción coordinante, con sentido de *pero, más bien, y, y por cierto, antes bien*; ἐγγὺς, adverbio de lugar *cerca*; τὸ, caso nominativo neutro singular del artículo determinado *el*; πάσχα, caso nominativo neutro singular del nombre común *pascua*; ἡ, caso nominativo femenino singular del artículo determinado *la*; ἑορτὴ, caso nominativo femenino singular del nombre común *fiesta, festividad*; τῶν, caso genitivo masculino plural del artículo definido declinado *de los*; Ἰουδαίων, caso genitivo masculino plural del adjetivo *judíos*.

ἦν δὲ ἐγγὺς τὸ πάσχα, ἡ ἑορτὴ τῶν Ἰουδαίων. Juan ajusta el tiempo del relato al decir que estaba cerca la *pascua* y para que no haya dificultad en identificarla como la festividad que era, añade el título *la fiesta de los judíos*. Esta referencia a una fiesta con artículo correspondía a la pascua, la festividad anual. La festividad del capítulo anterior (5:1) se ha identificado con la fiesta de los tabernáculos. Un año después sería muerto en el tiempo de la siguiente, en Jerusalén, cumpliendo definitivamente el sacrificio, antes simbólico del cordero pascual, por el irrepetible del Cordero de Dios que quita el pecado del mundo. Esta sería la segunda pascua en el ministerio de Jesús, festividad a la que no acudió a Jerusalén debido a la hostilidad de los judíos contra Él (7:1).

5. Cuando alzó Jesús los ojos, y vio que había venido a él gran multitud, dijo a Felipe: ¿De dónde compraremos pan para que coman éstos?

Ἐπάρας οὖν τοὺς ὀφθαλμοὺς ὁ Ἰησοῦς καὶ θεασάμενος ὅτι
Alzando, entonces, los ojos - Jesús y viendo que
πολὺς ὄχλος ἔρχεται πρὸς αὐτὸν λέγει πρὸς Φίλιππον· πόθεν
gran multitud venía a Él, dijo a Felipe: ¿De donde
ἀγοράσωμεν ἄρτους ἵνα φάγωσιν οὗτοι
compraremos pan para que coman éstos?

Notas y análisis del texto griego.

Introduciendo el milagro, dice: Ἐπάρας, caso nominativo masculino singular del participio aoristo primero en voz activa del verbo ἐπαίρω, *levantar, alzar, elevar*, aquí *alzando*; οὖν, conjunción *pues, entonces*; τοὺς, caso acusativo masculino plural del artículo definido *los*; ὀφθαλμοὺς, caso acusativo masculino plural del nombre común *ojos*; ὁ, caso nominativo masculino singular del artículo determinado *el*; Ἰησοῦς, caso nominativo masculino singular del nombre propio *Jesús*; καὶ, conjunción copulativa *y*;

θεασάμενος, caso nominativo masculino singular del aoristo primero en voz media del verbo θεάομαι, *mirar, ver, observar*, aquí *viendo*; ὅτι, conjunción *que*; πολὺς, caso nominativo masculino singular del adjetivo *grande, numeroso, mucho*; ὄχλος, caso nominativo masculino singular del nombre común *gente, turba, multitud*; ἔρχεται, tercera persona singular del presente de indicativo en voz media del verbo ἔρχομαι, *venir*, aquí *viene*; πρὸς, preposición propia de acusativo *a*; αὐτὸν, caso acusativo masculino de la tercera persona singular del pronombre personal *Él*; λέγει, tercera persona singular del presente de indicativo en voz activa del verbo λέγω, *hablar, decir*, aquí *dice*; πρὸς, preposición propia de acusativo *a*; Φίλιππο, caso acusativo masculino singular del nombre propio *Felipe*; πόθεν, adverbio relativo de lugar *de donde*; ἀγοράσωμεν, primera persona plural del aoristo primero de subjuntivo en voz activa del verbo ἀγοράζω, *comprar*, aquí *compraremos*; ἄρτους, caso acusativo masculino plural del nombre común *pan*; ἵνα, conjunción causal *para que*; φάγωσιν, tercera persona plural del aoristo segundo de subjuntivo en voz activa del verbo φάγω, *comer*, aquí *coman*; οὗτοι, caso nominativo masculino plural del pronombre demostrativo *estos*.

Ἐπάρας οὖν τοὺς ὀφθαλμοὺς ὁ Ἰησοῦς καὶ θεασάμενος ὅτι πολὺς ὄχλος ἔρχεται πρὸς αὐτὸν. Jesús levanta los ojos y observa como una gran multitud se acerca a donde Él se encontraba con los discípulos. El presente de indicativo en voz media del verbo, debe traducirse como *está viniendo a Él*. La multitud había seguido a Jesús, caminando y rodeando la parte superior del lago.

λέγει πρὸς Φίλιππον· πόθεν ἀγοράσωμεν ἄρτους ἵνα φάγωσιν οὗτοι. En el *Evangelio según Marcos*, son los discípulos quienes toman la iniciativa para hacer notar el problema de una multitud en un lugar donde es difícil comprar alimentos para tantos, pidiéndole que despida al gentío que se había congregado. Aquí Juan pone en todo la iniciativa en Jesús, que habla con Felipe para formularle una pregunta ciertamente extraña y preocupante desde el punto de vista humano: *"¿Dónde compraremos para que coman éstos?"*. La pregunta se formula con un subjuntivo deliberativo, aquí mediante un aoristo en voz activa. Es realmente imposible acopiar alimento para tantas miles de personas como se habían congregado allí. La respuesta no podía ser otra que *eso es imposible*. ¿Por qué preguntó a Felipe? No hay evidencia bíblica para responder. Con toda seguridad hubo un diálogo entre el Señor y los discípulos del que Juan registra sólo la pregunta que hizo a Felipe. El Señor descendió de la colina para venir al encuentro de la multitud, porque era para Él objeto de compasión, con todas sus necesidades espirituales y materiales (Mt. 14:14). La pregunta que le formula aunque hace referencia al lugar donde podría encontrarse la provisión para tantos, puede hacer también referencia a los medios para poder comprar *pan*. La palabra no tiene que ver con lo que nosotros entenderíamos por pan, sino que se usa para referirse a lo que puede usarse para dar de comer.

6. Pero esto decía para probarle; porque él sabía lo que había de hacer.

τοῦτο δὲ ἔλεγεν πειράζων αὐτόν· αὐτὸς γὰρ ᾔδει τί ἔμελλεν
Pero esto decía probando le; porque Él sabía que iba
ποιεῖν.
a hacer.

Notas y análisis del texto griego.

Sigue el relato con τοῦτο, caso acusativo neutro singular del pronombre demostrativo *esto*; δὲ, partícula conjuntiva que hace las veces de conjunción coordinante, con sentido de *pero, más bien, y, y por cierto, antes bien*; ἔλεγεν, tercera persona singular del imperfecto de indicativo en voz activa del verbo λέγω, *hablar, decir*, aquí *decía*; πειράζων, caso nominativo masculino singular del participio de presente en voz activa del verbo πειράζω, *poner a prueba, probar*, aquí *probando*; αὐτόν, caso acusativo masculino de la tercera persona singular del pronombre personal declinado *a él, le*; αὐτὸς, caso nominativo masculino singular del pronombre intensivo *Él*; γὰρ, conjunción causal *porque*; ᾔδει, tercera persona singular del pluscuamperfecto de indicativo en voz activa del verbo οἶδα, *saber, conocer*, aquí *sabía*; τί, caso acusativo neutro singular del pronombre interrogativo *qué*; ἔμελλεν, tercera persona singular del imperfecto de indicativo en voz activa del verbo μέλλω, *deber*, aquí *debía*; ποιεῖν, presente de infinitivo en voz activa del verbo ποιέω, *hacer, ejecutar, realizar*.

τοῦτο δὲ ἔλεγεν πειράζων αὐτόν· El propósito de la pregunta a Felipe, queda aclarado: *para probarle*. El Señor buscó que la fe del discípulo se acrecentara. La pregunta tenía que tener como respuesta: *imposible*, no hay forma de encontrar ni recursos ni alimento en este lugar para tanta gente. Pero, lo que es imposible para el hombre, es factible para Dios. Resulta sorprendente que haya sido Felipe el que fue puesto a prueba por Jesús. Los otros discípulos seguramente que necesitaban también una prueba de su fe. Es otra pregunta que no puede ser respondida a la luz del pasaje, resultando en meras conjeturas cualquier solución que se pretenda. Sin embargo se aprecia por los pasajes paralelos que las multitudes representaban un problema para los discípulos, mientras que eran objeto de misericordia para Cristo. Era la prueba de la compasión, propia de quien conoce y sigue a Jesús. Felipe, luego del milagro, verá afirmada su fe y aprenderá la lección de la calma frente a los problemas, sabiendo que Dios les dará la solución adecuada a su debido tiempo.

αὐτὸς γὰρ ᾔδει τί ἔμελλεν ποιεῖν. La pregunta de Jesús no era la propia de alguien que se encuentra en una situación crítica y sin saber que debe hacer formula una pregunta a alguno de Su círculo más íntimo. El versículo afirma claramente que el Señor sabía que tenía que hacer para resolver el problema. Cristo no pretendía que Felipe solucionara aquel problema, sino que tuviese clara la dimensión de lo que iba a hacer Él. Jesús *sabía* lo que iba a hacer, con lo que se pone de manifiesto Su seguridad y presciencia.

7. Felipe le respondió: Doscientos denarios de pan no bastarían para que cada uno de ellos tomase un poco.

ἀπεκρίθη αὐτῷ [ὁ] Φίλιππος· διακοσίων δηναρίων ἄρτοι οὐκ
Respondió le - Felipe doscientos denarios de pan no
ἀρκοῦσιν αὐτοῖς ἵνα ἕκαστος βραχύ [τι] λάβῃ.
bastan les para que cada uno un poco tome.

Notas y análisis del texto griego.

Sigue el relato: ἀπεκρίθη, tercera persona singular del aoristo primero de indicativo en voz activa del verbo ἀποκρίνομαι, *responder, contestar, tomar la palabra* aquí *respondió*; αὐτῷ, caso dativo masculino de la tercera persona singular del pronombre personal declinado *a él, le*; ὁ, caso nominativo masculino singular del artículo determinado *el*; Φίλιππος, caso nominativo masculino singular del nombre propio *Felipe*; διακοσίων, caso genitivo neutro plural del adjetivo numeral cardinal *doscientos*; δηναρίων, caso genitivo neutro plural del nombre común *denarios*; ἄρτοι, caso nominativo masculino plural del nombre común *panes*; οὐκ, forma escrita del adverbio de negación *no*, con el grafismo propio ante una vocal con espíritu suave o una enclítica; ἀρκοῦσιν, tercera persona plural del presente de indicativo en voz activa del verbo ἀρκέω, *bastar, alcanzar*, aquí *bastan*; αὐτοῖς, caso dativo masculino de la tercera persona plural del pronombre personal declinado *a ellos, les*; ἵνα, conjunción causal *para que*; ἕκαστος, caso nominativo masculino singular del adjetivo indefinido *cada, cada uno*; βραχύ, caso acusativo neutro singular del adjetivo *poco, corto*; τι, caso acusativo neutro singular del adjetivo indefinido *alguien, alguno, uno*, en neutro *algo*; λάβῃ, tercera persona singular del aoristo segundo de indicativo en voz activa del verbo λαμβάνω, *tomar, recibir, aceptar, tomar posesión*, aquí *tome*.

ἀπεκρίθη αὐτῷ ὁ Φίλιππος· διακοσίων δηναρίων ἄρτοι. La cantidad de dinero necesaria era grande. Felipe habla de doscientos denarios. Un denario era la cantidad diaria que percibía un jornalero (cf. Mt. 20:2, 9, 13).

οὐκ ἀρκοῦσιν αὐτοῖς ἵνα ἕκαστος βραχύ [τι] λάβῃ. Esa suma de dinero, aunque la tuviesen, e incluso pudiesen comprar todo el pan posible con esa cantidad, no bastaría para que cada uno de los presentes tomasen un *poco*, literalmente *algo poco*. De manera que el problema era grave e irresoluble según el pensamiento del discípulo. Claro está que tuvo tiempo bastante para reflexionar en la respuesta, ya que según los sinópticos, Jesús enseñó a la multitud y sanó a los enfermos, pero, ¿lo hizo Felipe? El Señor había manifestado Su poder muchas veces, en Caná transformó el agua en vino, sin embargo, a cada problema que surge acompaña la incertidumbre, y en cierta medida, la poca fe de los suyos. Sin duda esto no nos permite acusar a Felipe, puesto que cada uno de nosotros sentimos también las punzadas de la falta de fe en momentos claves y difíciles de nuestras vidas.

8. Uno de sus discípulos, Andrés, hermano de Simón Pedro, le dijo.

λέγει αὐτῷ εἷς ἐκ τῶν μαθητῶν αὐτοῦ, Ἀνδρέας ὁ ἀδελφὸς
Dice le uno de los discípulos de Él, Andrés el hermano
Σίμωνος Πέτρου·
de Simón Pedro.

Notas y análisis del texto griego.

Continúa con λέγει, tercera persona singular del presente de indicativo en voz activa del verbo λέγω, *hablar, decir*, aquí *dice*; αὐτῷ, caso dativo masculino de la tercera persona singular del pronombre personal declinado *a él, le*; εἷς, caso nominativo masculino singular del adjetivo numeral cardinal *uno*; ἐκ, preposición propia de genitivo *de*; τῶν, caso dativo masculino plural del artículo determinado *los*; μαθητῶν, caso genitivo masculino plural del nombre común *discípulos*; αὐτοῦ, caso genitivo masculino de la tercera persona singular del pronombre personal declinado *de Él*; Ἀνδρέας, caso nominativo masculino singular del nombre propio *Andrés*; ὁ, caso nominativo masculino singular del artículo determinado *el*; ἀδελφὸς, caso nominativo masculino singular del nombre común *hermano*; Σίμωνος, caso genitivo masculino singular del nombre propio declinado *de Simón*; Πέτρου, caso genitivo masculino singular del nombre propio *Pedro*.

λέγει αὐτῷ εἷς ἐκ τῶν μαθητῶν αὐτοῦ, Ἀνδρέας ὁ ἀδελφὸς Σίμωνος Πέτρου· Se aprecia una síntesis de la situación muy marcada en Juan, en contraste con el mismo relato de los sinópticos. La pregunta de Jesús a Felipe, pudo muy bien haber sido al principio cuando la multitud se acercaba, mientras que la intervención de Andrés, ocurre cuando Jesús había tomado la determinación de dar de comer a toda aquella multitud. La intervención aquí es de *uno* de los discípulos, concretamente de Andrés. Este fue el que había llevado a su hermano Simón a Cristo. Los dos, Felipe y Andrés, aparecen juntos en otro lugar del *Evangelio* (12:20-22). Juan omite la pregunta de Jesús, que aparece en los sinópticos, sobre cuantos panes, cuanta provisión de alimento tenían ellos (Mr. 6:38). Es entonces cuando Andrés interviene para dar al Maestro la respuesta a lo que había preguntado.

9. Aquí está un muchacho, que tiene cinco panes de cebada y dos pececillos; mas ¿qué es esto para tantos?

ἔστιν παιδάριον ὧδε ὃς ἔχει πέντε ἄρτους κριθίνους καὶ δύο
Está muchacho aquí que tiene cinco panes de cebada y dos
ὀψάρια· ἀλλὰ ταῦτα τί ἐστιν εἰς τοσούτους
pescados; pero esto ¿que es para tantos?

Notas y análisis del texto griego.

Completando la respuesta de Andrés, escribe: ἔστιν, tercera persona singular del presente de indicativo en voz activa del verbo εἰμί, *ser, estás,* aquí *está*; παιδάριον, caso nominativo neutro singular del nombre común *muchacho, joven*; ὧδε, adverbio de lugar *aquí*; ὃς, caso nominativo masculino singular del pronombre relativo *que*; ἔχει, tercera persona singular del presente de indicativo en voz activa del verbo ἔχω, *tener*, aquí *tiene*; πέντε, caso acusativo masculino singular del adjetivo numeral cardinal *cinco*; ἄρτους, caso acusativo masculino plural del nombre común *panes*; κριθίνους, caso acusativo masculino plural del adjetivo *de cebada, hechos de cebada*; καὶ, conjunción copulativa *y*; δύο, caso acusativo neutro plural del adjetivo numeral cardinal *dos*; ὀψάρια, caso acusativo neutro plural del nombre común *peces, pescados*; ἀλλὰ, conjunción adversativa *pero*; ταῦτα, caso nominativo neutro plural del pronombre demostrativo *estos*; τί, caso nominativo neutro singular del pronombre interrogativo *qué*; ἐστιν, tercera persona singular del presente de indicativo en voz activa del verbo, ειμί, *ser*, aquí *es*; εἰς, preposición propia de acusativo *para*; τοσούτους, caso acusativo masculino plural del adjetivo demostrativo *tantos*.

ἔστιν παιδάριον. La respuesta de Felipe es concisa, allí estaba un *muchacho*, la palabra es un diminutivo que da a entender que era un joven, aunque no exige que se identifique con un niño pequeño, incluso con un adolescente. El término aparece en la LXX para referirse a José, aunque tenía ya diecisiete años (Gn. 37:30). Algunos entienden que se trataba de un esclavo joven.

ὧδε ὃς ἔχει πέντε ἄρτους κριθίνους καὶ δύο ὀψάρια· Lo que tenía además era bien poco, tan solo cinco panes, que no eran otra cosa que pequeñas tortas hechas a la brasa y dos pescados, para acompañar al pan. En los sinópticos se usa la palabra ἰθύς, que se traduce por *pez*. Las tortas de cebada era alimento usual de gente pobre que no alcanzaba para comprar el pan de trigo. Posiblemente aquella poca y pobre comida era la provisión que el joven había traído consigo.

El término ὀψάρια, *pescados*, se deriva de ὄψον, que denota aquello que se come con pan, o también *algo cocinado*. Algunos sugieren que se trataba de un chico que había sido enviado a comprar esa provisión para su casa y que la traía consigo; no hay base alguna para esta afirmación. La realidad es que había un muchacho presente que tenía algo de comer, entre una multitud tan grande sólo había aquel bocado de alimento. Como se destaca en todo el *Evangelio*, el interés de Juan no se centra en los discípulos, ni en el muchacho, ni en la poca provisión que había, sino en el Señor. Es admirable notar que Jesús va a servirse de la provisión del muchacho para hacer el milagro.

ἀλλὰ ταῦτα τί ἐστιν εἰς τοσούτους. Ante Andrés se presentaba un panorama complicado. Por un lado la provisión que tenía eran los *cinco* panes, sólo *cinco*, y los *dos* peces, nada más; por otro la gran multitud que se había congregado con Jesús. Pero, le faltó lo principal, pensar en Jesús; en Su poder que había visto obrar milagros asombrosos. El problema llenaba el pensamiento del discípulo y posiblemente su corazón, que cuando está lleno del problema no deja claridad de visión para esperar la solución. La ridícula provisión de alimentos fue presentada a Jesús. Al tiempo se aprecia la debilidad de la fe: "*¿Qué es esto para tantos?*". Esta frase hará mayor la dimensión del milagro. Lo que no sirve en las manos del hombre, sirve en las manos de Dios.

10. Entonces Jesús dijo: Haced recostar la gente. Y había mucha hierba en aquel lugar; y se recostaron como en número de cinco mil varones.

εἶπεν ὁ Ἰησοῦς· ποιήσατε τοὺς ἀνθρώπους ἀναπεσεῖν. ἦν δὲ
Dijo - Jesús: Haced a los hombres recostarse. Y había
χόρτος πολὺς ἐν τῷ τόπῳ. ἀνέπεσαν οὖν οἱ ἄνδρες τὸν
hierba mucha en el lugar; Se recostaron, pues, los varones, el
ἀριθμὸν ὡς πεντακισχίλιοι.
número como cinco mil.

Notas y análisis del texto griego.

Continuando con el relato, añade: εἶπεν, tercera persona singular del segundo aoristo de indicativo en voz activa del verbo λέγω, *hablar, decir*, aquí *dijo*; ὁ, caso nominativo masculino singular del artículo determinado *el*; Ἰησοῦς, caso nominativo masculino singular del nombre propio *Jesús*; ποιήσατε, segunda persona plural del aoristo primero de imperativo en voz activa del verbo ποιέω, *hacer, realizar*, aquí *haced*; τοὺς, caso acusativo masculino plural del artículo determinado declinado *a los*; ἀνθρώπους, caso acusativo masculino plural del nombre común *hombres*; ἀναπεσεῖν, segundo aoristo de infinitivo en voz activa del verbo ἀναπίπτω, *sentarse, recostarse*; ἦν, tercera persona singular del imperfecto de indicativo en voz activa del verbo εἰμί, *ser, estar, haber*, aquí *había*; δὲ, partícula conjuntiva que hace las veces de conjunción coordinante, con sentido de *pero, más bien, y, y por cierto, antes bien*; χόρτος, caso nominativo masculino singular del nombre común *hierba*; πολὺς, caso nominativo masculino singular del adjetivo *mucho, abundante*; ἐν, preposición propia de dativo *en*; τῷ, caso dativo masculino singular del artículo determinado *el*; τόπῳ, caso dativo masculino singular del nombre común *lugar, sitio*; ἀνέπεσαν, tercera persona plural del aoristo segundo de indicativo en voz activa del verbo ἀναπίπτω, *sentarse, recostarse*, aquí *se recostaron*; οὖν, conjunción continuativa *pues*; οἱ, caso nominativo masculino singular del artículo definido *los*; ἄνδρες, caso nominativo masculino singular del nombre común *varones*; τὸν, caso acusativo masculino singular del artículo determinado *el*; ἀριθμὸν, caso acusativo masculino singular del nombre común *número*; ὡς, adverbio de modo, *como*, que hace las veces de conjunción comparativa; πεντακισχίλιοι, caso nominativo masculino plural del adjetivo numeral cardinal *cinco mil*.

εἶπεν ὁ Ἰησοῦς· ποιήσατε τοὺς ἀνθρώπους ἀναπεσεῖν. El Señor da instrucciones a los discípulos para que mandasen a la gente que se sentase o mejor, se reclinase en tierra, esto es acomodándose sobre la hierba. Jesús iba a proveer de comida para toda aquella multitud, de modo que les ordena sentarse cómodamente a Su mesa, que era el campo en donde estaban, para participar de la comida que les iba a ofrecer.

ἦν δὲ χόρτος πολὺς ἐν τῷ τόπῳ. El lugar era una pradera llena de hierba. En el tiempo de Nisán, el mes que corresponde a nuestro marzo/abril, pasados los rigores del invierno, los campos se llenan de hierba y flores, antes de que vengan los calores rigurosos del verano. La bondad del clima y, sin duda, el día bueno que había en aquella ocasión, hacían de la pradera un lugar ideal para reclinarse cómodamente y comer. ¿Esperaría la gente que Jesús hiciese un milagro? Muy probablemente, puesto que atendieron a la demanda, no solo de sentarse en el suelo, sino de agruparse conforme les indicaron.

ἀνέπεσαν οὖν οἱ ἄνδρες τὸν ἀριθμὸν ὡς πεντακισχίλιοι. La multitud obedeciendo las instrucciones de Jesús, dadas por medio de los Doce, se sentaron en el suelo. Juan da, como los sinópticos, el número aproximado de los varones que había, diciendo que eran *como*, que equivaldría a nuestro más o menos, *cinco mil*. El acusativo aquí es de especificación numérica conforme al uso en el griego clásico, si bien en el helenístico se sustituyó por el dativo. Según los sinópticos se habían ordenado en grupos de cincuenta y de cien personas (Mr. 6:40). Los colores de los vestidos de aquellas personas, debían hacerse bien visibles sobre el verdor del campo. Eran como grandes parterres que aquí, en lugar de flores eran de gente, dispuestas a ser alimentadas por el Creador. ¿Por qué aquí se cuentan sólo los varones? Probablemente el número de ellos era muy superior al de mujeres y niños presentes. Con todo se está hablando de una cantidad considerable de personas, que excedían las cinco mil.

11. Y tomó Jesús aquellos panes, y habiendo dado gracias, los repartió entre los discípulos, y los discípulos entre los que estaban recostados; asimismo de los peces, cuanto querían.

ἔλαβεν οὖν τοὺς ἄρτους ὁ Ἰησοῦς καὶ εὐχαριστήσας
Tomó, pues, los panes - Jesús y habiendo dado gracias
διέδωκεν τοῖς ἀνακειμένοις[1] ὁμοίως καὶ ἐκ τῶν ὀψαρίων
repartió a los que están reclinados igualmente también de los pescados
ὅσον ἤθελον.
cuantos querían.

Notas y análisis del texto griego.

Sigue el relato: ἔλαβεν, tercera persona singular del aoristo segundo de indicativo en voz activa del verbo λαμβάνω, *tomar*, aquí *tomó*; οὖν, conjunción continuativa *pues*; τοὺς, caso acusativo masculino plural del artículo determinado *los*; ἄρτους, caso acusativo masculino plural de nombre común *panes*; ὁ, caso nominativo masculino singular del artículo determinado *el*; Ἰησοῦς, caso nominativo masculino singular del nombre propio *Jesús*; καὶ, conjunción copulativa *y*; εὐχαριστήσας, caso nominativo masculino singular del participio de aoristo primero en voz activa del verbo εὐχαριστέω, *dar gracias, agradecer*, aquí *habiendo dado gracias*; διέδωκεν, tercera persona singular del aoristo primero de indicativo en voz activa del verbo διαδίδωμι, *repartir*, aquí *repartió*; τοῖς, caso dativo masculino plural del artículo determinado declinado *a los*; ἀνακειμένοις, caso dativo masculino plural del participio de presente en voz activa del verbo ἀνάκειμαι, *estar reclinado*, aquí *que están reclinados*; ὁμοίως, adverbio de modo *igualmente*; καὶ, adverbio de modo *también*; ἐκ, preposición propia de genitivo *de*; τῶν, caso genitivo neutro plural del artículo determinado *los*; ὀψαρίων, caso genitivo neutro plural del nombre común *pescados*; ὅσον, caso acusativo neutro plural del pronombre relativo *cuantos*; ἤθελον, tercera persona plural del imperfecto de indicativo en voz activa del verbo θέλω, *querer, desear*, aquí *querían*.

Crítica Textual. Lecturas alternativas.

[1] διέδωκεν τοῖς ἀνακειμένοις, *repartió a los que estaban reclinados*, lectura atestiguada en $\mathfrak{p}^{28vid, 66, 75}$, ℵ*, A, B, K, N, W, f^1, 33, 565, 579, 1241, lat, sir$^{c, p, h}$, sa, pbo, bo.

διέδωκεν τοῖς μαθηταῖς οἱ δὲ μαθηταὶ, *repartió a los discípulos y los discípulos...* lectura según ℵ[2], D, K, Γ, Δ, Θ, Ψ, f^{13}, 700, 892, 1424, 𝔐, b, e, j, ly, bo.

ἔλαβεν οὖν τοὺς ἄρτους ὁ ᾿Ιησοῦς καὶ εὐχαριστήσας. El milagro va a producirse luego de una oración de gracias que el Señor hace. La gratitud por la provisión de alimentos es una obligación moral que la criatura tiene hacia el Creador. La oración de acción de gracias por la comida era habitual entre los judíos.

διέδωκεν τοῖς ἀνακειμένοις ὁμοίως καὶ ἐκ τῶν ὀψαρίων ὅσον ἤθελον. El evangelista registra el proceso del milagro haciendo notar que éste, al igual que el de la conversión del agua en vino, se hace sin pronunciar ninguna palabra de autoridad por parte de Jesús. Simplemente el Señor toma la provisión y la fracciona entregándola para que la multitud acomodada sobre la hierba, participe de ella. Aquella posición de todos reclinados en tierra, evitaba también la acción de quienes, en un espíritu egoísta, podrían buscar su propio beneficio acercándose a donde estaba la comida e impidiendo que otros más débiles pudieran alcanzarla. Todos los presentes, recibían la porción correspondiente para satisfacer su necesidad. No había divanes ni mesas adornadas, ni grandes preparativos como en un banquete terrenal, porque en esta ocasión era la provisión del reino de los cielos, que no es de este mundo (18:36). Juan no indica, como los sinópticos el proceso de dar las fracciones a cada discípulo para que estos las distribuyan entre las gentes, sin embargo, esta omisión no indica contradicción entre los sinópticos y Juan, sino una manifestación de la típica forma de Juan de centrar la atención del lector sólo en Cristo. Tampoco se indica si partió los pescados, o simplemente daba cuantos las personas querían comer. Son detalles que no representan ninguna importancia y tan solo responden a la curiosidad propia del lector. La provisión no fue escasa, sino que comieron cuanto querían, de otro modo, cuanto desearon. La lección que seguirá más adelante dada en el discurso sobre el *pan de vida*, tiene aquí, en la forma en que Juan describe el milagro, una introducción natural, ya que se aprecia en el relato que es sólo Jesús el que alimenta a la multitud necesitada de comer. No hay otro intermediario, sólo Él es el que puede obrar el milagro natural y también el espiritual de salvación, dándose a Sí mismo como el pan que descendió del cielo.

12. Y cuando se hubieron saciado, dijo a sus discípulos: Recoged los pedazos que sobraron, para que no se pierda nada.

ὡς δὲ ἐνεπλήσθησαν, λέγει τοῖς μαθηταῖς αὐτοῦ· συναγάγετε
Y cuando quedaron satisfechos dice a los discípulos de Él: Recoged
τὰ περισσεύσαντα κλάσματα, ἵνα μή τι ἀπόληται.
los que sobraron pedazos, para que no algo se pierda.

Notas y análisis del texto griego.

Siguiendo con el relato, escribe: ὡς, conjunción temporal *cuando*; δὲ, partícula conjuntiva que hace las veces de conjunción coordinante, con sentido de *pero, más bien, y, y por cierto, antes bien*; ἐνεπλήσθησαν, tercera persona plural del aoristo primero de indicativo en voz pasiva del verbo ἐνπίπλημι, en voz pasiva *quedar satisfecho*, aquí *quedaron satisfechos*; λέγει, tercera persona singular del presente de indicativo en voz activa del verbo λέγω, *hablar, decir*, aquí *dice*; τοῖς, caso dativo masculino plural del artículo definido declinado *a los*; μαθηταῖς, caso dativo masculino plural del nombre común *discípulos*; αὐτοῦ, caso genitivo masculino de la tercera persona singular del pronombre personal declinado *de Él*; συναγάγετε, tercera person plural del aoristo segundo de indicativo en voz activa del verbo συνάγω, *reunir, congregar, recoger*, aquí *recoged*; τὰ, caso acusativo neutro plural del artículo determinado *los*; περισσεύσαντα, caso acusativo neutro plural del participio aoristo primero en voz activa del verbo περισσεύω, verbo intransitivo *sobrar*, aquí *que sobraron*; κλάσματα, caso acusativo neutro plural del nombre común *pedazos*; ἵνα, conjunción causal *para que*; μή, partícula que hace funciones de adverbio de negación condicional *no*; τι, caso nominativo neutro singular del pronombre indefinido *algo, algunos*; ἀπόληται; tercera persona singular del aoristo segundo de subjuntivo en voz media del verbo ἀπόλλυμι, en voz media *perderse*, aquí *se pierda*.

ὡς δὲ ἐνεπλήσθησαν. La multitud comió cuanto le fue preciso, cuanto cada uno quiso, es más, algunos se sirvieron más de lo que podían comer, puesto que hubo excedente que, con toda seguridad, quedó tirado en el suelo. La forma verbal usada por Juan, expresa la idea de *llenar hasta arriba*, *llenar del todo*. Aquellos miles de personas recibieron todo cuanto precisaban para satisfacer sus necesidades. Podían volver a desandar el camino hacia sus lugares de origen, sin temer por los efectos que la falta de alimento podía producir. El milagro se había producido. No se trataba de un hecho simbólico como algunos alegoristas pretendieron y pretenden hacer creer. Fue una realidad absoluta. Cristo había multiplicado algo tan pequeño como cinco panes de cebada y dos pececillos, para alimentar aquella multitud.

λέγει τοῖς μαθηταῖς αὐτοῦ· συναγάγετε τὰ περισσεύσαντα κλάσματα, ἵνα μή τι ἀπόληται. La abundancia de comida no supone despreciar los restos. Dios había provisto en Su gracia y omnipotencia de abundante provisión. Pero, allí, en el suelo, trozos de pan habían quedado esparcidos. Jesús manda a los discípulos que procedan a recogerlos. En Marcos no se dice esto, pero se aprecia que tuvo lugar puesto que allí se habla de las cestas de sobrantes recogidos por los discípulos (Mr. 6:43). No debía quedar ningún desperdicio de la provisión divina. Es interesante observar que no dice *las migajas*, sino los *pedazos*, porciones como las que partió antes el Señor. Los discípulos que recogían las sobras, se dieron cuenta de la dimensión que había tenido aquel milagro, por la cantidad de ellas acumulada.

La lección de aprovechar todo el alimento para que no se pierda, está dada por Cristo mismo. En un mundo enriquecido, como ocurre con el que se llama *primer mundo*, es habitual ver comida tirada en los contendedores de la basura. El creyente debe entender que no se debe malgastar ninguna que cosa que Dios provea para nuestro alimento. Además, el que está satisfecho debiera pensar en quienes no tienen la misma bendición y acudir a quienes tienen necesidad.

13. Recogieron, pues, y llenaron doce cestas de pedazos, que de los cinco panes de cebada sobraron a los que habían comido.

συνήγαγον οὖν καὶ ἐγέμισαν δώδεκα κοφίνους κλασμάτων ἐκ
Recogieron, pues, y llenaron doce cestos de pedazos de
τῶν πέντε ἄρτων τῶν κριθίνων ἃ ἐπερίσσευσαν τοῖς
los cinco panes - de cebada que sobraron a los
βεβρωκόσιν.
que habían comido.

Notas y análisis del texto bíblico.

Prosiguiendo con el relato, añade: συνήγαγον, tercera persona plural del aoristo segundo de indicativo en voz activa del verbo συνάγω, *reunir, congregar, recoger*, aquí *recogieron*; οὖν, conjunción continuativa *pues*; καὶ, conjunción copulativa *y*; ἐγέμισαν, tercera persona plural del aoristo primero de indicativo en voz activa del verbo γεμίζω, *llenar*, aquí *llenaron*; δώδεκα, caso acusativo masculino plural del adjetivo numeral cardinal *doce*; κοφίνους, caso acusativo masculino plural del nombre común *cestos*; κλασμάτων, caso genitivo neutro plural del nombre común declinado *de pedazos*; ἐκ, preposición propia de genitivo *de*; τῶν, caso genitivo masculino plural del artículo determinado *los*; πέντε, caso genitivo masculino plural del adjetivo numeral cardinal *cinco*; ἄρτων, caso genitivo masculino plural del nombre común *panes*; τῶν, caso genitivo masculino plural del artículo determinado *los*; κριθίνων, caso genitivo masculino plural del adjetivo *de cebada*; ἃ, caso nominativo neutro plural del pronombre relativo *que*; ἐπερίσσευσαν, tercera persona plural del aoristo primero de indicativo en voz activa del verbo περισσεύω, *sobrar*, aquí *sobraron*; τοῖς, caso dativo masculino plural del artículo definido declinado *a los*; βεβρωκόσιν, caso dativo masculino plural del participio de perfecto en voz activa del verbo βιβρόσκω, *comer*, aquí *que habían comido*.

συνήγαγον οὖν καὶ ἐγέμισαν δώδεκα κοφίνους κλασμάτων. Coincidiendo plenamente con los sinópticos, Juan hace notar al lector que lo sobrante en el campo llenó doce *cestos*. La palabra que usa el evangelista es la misma que también usó Marcos (Mr. 6:43). El término indicaba un recipiente, un cesto de mimbres que los judíos usaban para llevar la comida de manera que no se contaminase con otro tipo de alimento. La palabra κοφίνους, aparece en los cuatro relatos de este milagro. Se suele interpretar como una pequeña cartera donde los viajeros llevaban sus provisiones, en contraste con σπυρίς, *cesta*, que se usa en el relato de la alimentación de los cuatro mil, y que podría tratarse de un recipiente más grande en el que podía caber un hombre (Hch. 9:25). Sin embargo la diferencia entre estas dos palabras está más bien en el material y no en el tamaño: κοφίνους, la utilizada aquí por Juan, era más rígido y, posiblemente, más frágil, mientras que σπυρίς, era una cesta de material más resistente y amoldable, como era el cáñamo. Sin duda se trata de opiniones idiomáticas que no tienen en sí una importancia especial en la interpretación del relato. La pregunta es inevitable ¿cómo había allí doce cestas? ¿Las llevaban consigo los Doce para provisiones durante el retiro? Pudiera ser, aunque a la luz del texto bíblico no puede determinarse. Tal vez la expresión no se refiera tanto al número de cestas que se llenaron, sino al volumen de comida que necesitaban para llenar doce cestas. No tiene importancia alguna, lo que Juan hace notar es que la abundancia de comida permitió que necesitasen doce cestas para recoger lo sobrante.

ἐκ τῶν πέντε ἄρτων τῶν κριθίνων ἃ ἐπερίσσευσαν τοῖς βεβρωκόσιν. Haciendo una precisión muy propia de Juan, recuerda que esas doce cestas llenas de porciones de comida que habían sobrado a las más de cinco mil personas que quedaron satisfechas, procedían de los cinco panes de cebada. La provisión sobrante llegaba para cada uno de los Doce, que disponía de una cesta llena. Tenían alimentos para el día venidero, o incluso para varios días. Es necesario recordar que en alguna ocasión debió haberles faltado lo necesario, por cuanto recogían espigas del sembrado con las manos, para comer. Nada se dice de la provisión para Jesús, porque las sobras llenaban doce cestas. El Señor también necesitaba comer. Sin duda los discípulos estarían más que dispuestos a compartir con Él la comida que Él mismo había provisto.

Con ello se irían conformando a lo que el Maestro les enseñaba, que *"mas bienaventurada cosa es dar que recibir"* (Hch. 20:35).

14. Aquellos hombres entonces, viendo la señal que Jesús había hecho, dijeron: Éste verdaderamente es el profeta que había de venir al mundo.

Οἱ οὖν ἄνθρωποι ἰδόντες ὃ ἐποίησεν σημεῖον ἔλεγον ὅτι
Entonces los hombres viendo la que hizo señal decían que
οὗτος ἐστιν ἀληθῶς ὁ προφήτης ὁ ἐρχόμενος εἰς τὸν κόσμον.
Éste es verdaderamente el profeta - que viene al mundo.

Notas y análisis del texto griego.

Avanzando en el relato, escribe: Οἱ, caso nominativo masculino plural del artículo determinado *los*; οὖν, conjunción continuativa *entonces*; ἄνθρωποι, caso nominativo masculino plural del nombre común *hombres*; ἰδόντες, caso nominativo masculino plural del participio del aoristo segundo en voz activa del verbo ὁράω, *ver, mirar, observar*, aquí *viendo*; ὃ, caso acusativo neutro singular del pronombre relativo *lo que, que*; ἐποίησεν, tercera persona singular del aoristo primero de indicativo en voz activa del verbo ποιέω, *hacer, efectuar*, aquí *hizo*; σημεῖον, caso acusativo neutro singular del nombre común *señal, signo milagroso, milagro*; ἔλεγον, tercera persona plural del imperfecto de indicativo en voz activa del verbo λέγω, *hablar, decir*, aquí *decían*; ὅτι, conjunción *que*; οὗτος, caso nominativo masculino singular del pronombre demostrativo *éste*; ἐστιν, tercera persona singular del presente de indicativo en voz activa del verbo εἰμί, *ser, estar*, aquí *es*; ἀληθῶς, adverbio de modo *verdaderamente*; ὁ, caso nominativo masculino singular del artículo determinado *el*; προφήτης, caso nominativo masculino singular del nombre común *profeta*; ὁ, caso nominativo masculino singular del artículo determinado *el*; ἐρχόμενος, caso nominativo masculino singular del participio de presente en voz media del verbo ἔρχομαι, *venir, aparecer*, aquí *que viene*; εἰς, preposición propia de acusativo *a*; τὸν, caso acusativo masculino singular del artículo determinado *el*; κόσμον, caso acusativo masculino singular del nombre común *mundo*.

Οἱ οὖν ἄνθρωποι ἰδόντες ὃ ἐποίησεν σημεῖον. Los presentes vieron el milagro, que como siempre Juan llama *señal*. Esta fue otra que se añade a las que seleccionó para el *Evangelio*. En algunos manuscritos se lee en plural *señales*, si bien el singular es más propio en el relato.

ἔλεγον ὅτι οὗτος ἐστιν ἀληθῶς ὁ προφήτης ὁ ἐρχόμενος εἰς τὸν κόσμον. Una manifestación de omnipotencia como aquella hizo que todos pensaran en que Jesús era el profeta que había sido anunciado como que vendría al mundo. El verbo λέγω, *decir*, aparece aquí en imperfecto lo que da a entender que aquellos hombres comenzaron a decir y seguían haciendo. Era toda una multitud que confirmaba y reconfirmaba una y otra vez que Jesús tenía que ser el profeta que esperaban. Esta era la perspectiva que había entre la gente basándose en el anuncio de Moisés (Dt. 18:15). La gente creía que Jesús era el Mesías, pero no tanto el Salvador del mundo, sino el político que constituía la esperanza farisaica, quien establecería el reino y convertiría a Israel de nación dominada en dominadora sobre el resto de las naciones del mundo. La mujer samaritana reconoció a Jesús como el profeta (4:19), esperando también la venida del Mesías (4:25). Eso podría concordar con la idea farisaica de dos personas, una el profeta y otra el Mesías, pero los samaritanos avanzaron más reconociendo en Cristo al Salvador del mundo (4:42). Esta multitud no esperaba al Salvador, sino al liberador y proveedor.

15. Pero entendiendo Jesús que iban a venir para apoderarse de él y hacerle rey, volvió a retirarse al monte él solo.

Ἰησοῦς οὖν γνοὺς ὅτι μέλλουσιν ἔρχεσθαι καὶ ἁρπάζειν
Jesús, pues, conociendo que tienen intenciones de venir y apoderarse
αὐτὸν ἵνα ποιήσωσιν βασιλέα, ἀνεχώρησεν πάλιν εἰς τὸ ὄρος
de Él para hacer rey, se retiró de nuevo al monte
αὐτὸς μόνος.
Él solo.

Notas y análisis del texto griego.

Cerrando el relato, escribe: Ἰησοῦς, caso nominativo masculino singular del nombre propio *Jesús*; οὖν, conjunción continuativa *pues*; γνοὺς, caso nominativo masculino singular del participio del aoristo segundo de indicativo en voz activa del verbo γινώσκω, *saber, conocer, entender, comprender*, aquí *conociendo*; ὅτι, conjunción *que*; μέλλουσιν, tercera persona plural del presente de indicativo en voz activa del verbo μέλλω, *estar a punto de, tener intenciones de*, aquí *tienen intenciones de*; ἔρχεσθαι, presente de infinitivo en voz media del verbo ἔρχομαι, *llegar, venir*; καὶ, conjunción copulativa *y*; ἁρπάζειν, presente de infinitivo en voz activa del verbo ἁρπάζω, *arrebatar, tomar por la fuerza, raptar, apoderarse*; αὐτὸν, caso acusativo masculino de la tercera persona singular del pronombre personal declinado *a él, de él*; ἵνα, conjunción causal de propósito *para*; ποιήσωσιν, tercera persona plural del aoristo segundo de subjuntivo en voz activa del verbo ποιέω, *hacer*, aquí *hacer*; βασιλέα, caso acusativo masculino singular del nombre común *rey*; ἀνεχώρησεν, tercera persona singular del aoristo primero de indicativo en voz activa del verbo ἀναχωρέω, *retirarse, irse*, aquí *se retiró*; πάλιν, adverbio de tiempo *de nuevo, otra vez*; εἰς, preposición propia de acusativo *a*; τὸ, caso acusativo neutro singular del artículo determinado declinado *al*; ὄρος, caso acusativo neutro singular del nombre común *monte*; αὐτὸς, caso nominativo masculino de la tercera persona singular del pronombre personal intensivo *Él*; μόνος, caso nominativo masculino singular del adjetivo *solo*.

Ἰησοῦς οὖν γνοὺς ὅτι μέλλουσιν ἔρχεσθαι καὶ ἁρπάζειν αὐτὸν ἵνα ποιήσωσιν βασιλέα. No se dice como, pero no fue difícil a Jesús entender las intenciones de aquella multitud que encontraban en Él la solución a todos los problemas temporales, como la sanidad de los enfermos y ahora la alimentación de todos los que estaban allí. Era, sin duda, el rey que convenía a Israel y, especialmente, a los propósitos de todos aquellos. Es posible que como habitualmente ocurre en situaciones especiales donde hay concentrada una gran multitud, esta se pone en marcha al impulso de alguien que lidera la acción. Probablemente algunos empezaron a proponer lo que Jesús conocía, apoderarse de Él y hacerle rey. Aquello constituía una sedición en el territorio dominado por Roma, por tanto, la proclamación de Jesús como rey, traía como consecuencia el repudio al emperador. Según el relato de los sinópticos, concretamente el de Marcos, Jesús manda a los discípulos que entren en la barca y crucen el lago, mientras Él quedaba allí para despedir a la gente (Mr. 6:45). Marcos señala la urgencia conque Jesús mandó a los discípulos que embarcasen y cruzasen el mar. Según el relato del segundo evangelio, el verbo usado es determinante por lo que Cristo establecía un mandamiento que no podía ser cuestionado por los discípulos. Es probable que a ellos les hubiera gustado quedarse con el Maestro mientras la multitud se iba marchado, pero el Señor no lo consintió. Sin embargo, no se puede apartar la vista de lo que Juan quiere decir aquí. Era el tiempo próximo a la fiesta de la Pascua. Sin duda muchos peregrinos que iban hacia Jerusalén, se mezclaron con la multitud y habían presenciado el milagro. Todos convenían en que tenía que ser el profeta y, posiblemente para muchos, bien podía ser el Mesías. Sin embargo lo que sí es evidente, es que Aquel debía ser tomado, llevado a Jerusalén y hecho rey. Los mismos discípulos albergaban en sus pensamientos planes para ver cual sería el puesto que les correspondería en el, para ellos, inminente reino de los cielos que sería instaurado por el Maestro (Mt. 20:20 ss.). Posiblemente fue por esta causa que tomó la determinación de despedir las gentes y hacer partir a los Doce hacia la otra orilla. Es interesante observar que el verdadero Rey de reyes y Señor de señores, había venido para mostrar el camino de entrada al *reino de los cielos*, pero los hombres no aceptaban ese camino y procuraban convertir a Cristo en el rey que ellos deseaban que fuese. No conseguirían su propósito, y además perderían la entrada al reino que Él les anunciaba. La multitud fue retirándose hasta quedar el Señor solo ¿cómo lo hizo? ¿no tenían el firme propósito de *apoderarse* de Él, llevarlo a Jerusalén, coronarlo como rey y conseguir la liberación del yugo romano estableciendo el *reino de los cielos* que ellos esperaban? No hay otra respuesta que esta: fue la palabra de Jesús. Su autoridad era irresistible porque era la palabra de Emanuel, *Dios con nosotros*, que ordenaba a los discípulos subir a la barca y cruzar el mar, y a las multitudes que se retirasen de aquel lugar dejándolo sólo. Ahora bien, nunca nadie está solo cuando busca la comunión en oración con Dios. Para la visión limitada de los hombres, Jesús está solo, pero el mismo dirá más adelante que nunca estaba sólo porque el Padre estaba con Él (8:16, 29).

ἀνεχώρησεν πάλιν εἰς τὸ ὄρος αὐτὸς μόνος. Cuando quedó sólo, mientras los discípulos navegaban cruzando el lago, el Señor retornó al lugar donde había estado antes de que llegase la multitud, al monte. Juan guarda silencio sobre lo que hacía Jesús en el monte, pero por Marcos sabemos que había ido a orar (Mr. 6:46). El mismo Marcos destacaba en el evangelio que desde el principio del ministerio terrenal el Señor se levantaba temprano, muy de mañana, buscaba un lugar tranquilo y oraba (Mr. 1:35). Juan dice que Cristo se retiró πάλιν, *de nuevo, otra vez*, al mismo lugar. Es un tanto difícil aplicar una traducción correcta al adverbio, que resulta un tanto forzado si se le da el sentido de reiteración, pero puede aplicarse también a una referencia de lugar, lo que equivaldría aquí *al mismo lugar* en el monte. Es decir, al mismo sitio donde había estado con los discípulos antes del encuentro con la multitud. De otro modo, Jesús se volvió al monte.

Jesús anda sobre el mar (6:16-21).

16. Al anochecer, descendieron sus discípulos al mar.

Ὡς δὲ	ὀψία	ἐγένετο	κατέβησαν	οἱ	μαθηταὶ	αὐτοῦ	ἐπὶ	τὴν
Y cuando	anochecer	llegó,	descendieron	los	discípulos	de Él		al

θάλασσαν
mar.

Notas y análisis del texto griego.

Iniciando el relato de la travesía del mar, escribe: Ὡς, conjunción temporal *cuando*; δὲ, partícula conjuntiva que hace las veces de conjunción coordinante, con sentido de *pero, más bien, y, y por cierto, antes bien*; ὀψία, caso nominativo femenino singular del adjetivo *anochecer, tarde, hora tardía*; ἐγένετο, tercera persona singular del aoristo segundo de indicativo en voz media del verbo γίνομαι, *llegar, venir*, aquí *llegó*; κατέβησαν, tercera persona plural del aoristo segundo de indicativo en voz activa del verbo καταβαίνω, *descender, bajar*, aquí *bajaron*; οἱ, caso nominativo masculino plural del artículo determinado *los*; μαθηταὶ, caso nominativo masculino plural del nombre común *discípulos*; αὐτοῦ, caso genitivo masculino de la tercera persona singular del pronombre personal declinado *de Él*; ἐπὶ, preposición propia de acusativo *a*; τὴν, caso acusativo femenino singular del artículo determinado *la*; θάλασσαν, caso acusativo femenino singular del nombre común *mar*.

Ὡς δὲ ὀψία ἐγένετο. El relato del cruce del Mar de Galilea comienza con una precisión temporal, detalles habituales en Juan. La noche estaba cayendo cuando comenzaron la travesía del mar. El adjetivo ὀψία, expresa el momento del atardecer, no tanto el comienzo de la última parte de la tarde, sino el anochecer que precede a la noche. Por los sinópticos sabemos que los mismos discípulos habían sugerido a Jesús que despidiese a la gente congregada porque se hacía tarde. De modo que la travesía comenzó, según Juan, cuando el día había declinado y la noche estaba a punto de comenzar. Posiblemente la navegación empieza tarde porque los discípulos esperaban que viniese Jesús, es lo que se deduce en el siguiente versículo en el que Juan dice que *"Jesús no había venido a ellos"*. No cabe duda que aquellos obedecieron las instrucciones de Jesús. No se dice que les mandase salir inmediatamente, pero sí es cierto que les había ordenado partir cruzando el mar.

κατέβησαν οἱ μαθηταὶ αὐτοῦ ἐπὶ τὴν θάλασσαν. Siguiendo las instrucciones de Cristo, los discípulos se hicieron a la mar cuando ya era casi de noche. Es notable observar que frente a la ascensión de Jesús al monte, se aprecia el *descender* de los discípulos al mar. Todo ello prepara al lector para lo que sigue en la travesía. Juan presenta a los Doce *solos* en el mar, porque el Señor no estaba con ellos.

17. Y entrando en una barca, iban cruzando el mar hacia Capernaum. Estaba ya oscuro, y Jesús no había venido a ellos.

καὶ ἐμβάντες εἰς πλοῖον ἤρχοντο πέραν τῆς θαλάσσης εἰς
Y entrando en barca iban al otro lado del mar a
Καφαρναούμ. καὶ σκοτία ἤδη ἐγεγόνει καὶ οὔπω ἐληλύθει
Capernaum y oscuridad ya había llegado y todavía no había venido
πρὸς αὐτοὺς ὁ Ἰησοῦς,
a ellos - Jesús.

Notas y análisis del texto griego.

Escribiendo sobre la travesía, dice: καὶ, conjunción copulativa *y*; ἐμβάντες, caso nominativo masculino plural del aoristo segundo en voz activa del verbo ἐμβαίνω, *subir abordo, embarcar, entrar en el barco*, aquí *entrando*; εἰς, preposición propia de acusativo *en*; πλοῖον, caso acusativo neutro singular del nombre común *barca, bote, barco*; ἤρχοντο, tercera persona plural del imperfecto de indicativo en voz activa del verbo ἔρχομαι, *ir*, aquí *iban*; πέραν, preposición de genitivo *al otro lado, más allá*; τῆς, caso genitivo femenino singular del artículo determinado declinado *del*; θαλάσσης, caso genitivo femenino singular del nombre común *mar*; εἰς, preposición propia de acusativo *a, hacia, para*; Καφαρναούμ, caso acusativo femenino singular del nombre propio *Capernaum* o *Kafarnaum*; καὶ, conjunción copulativa *y*; σκοτία, caso nominativo femenino singular del nombre común *oscuridad*; ἤδη, adverbio de tiempo *ya*; ἐγεγόνει, tercera persona singular del pluscuamperfecto de indicativo en voz activa del verbo γίνομαι, *venir, llegar*, aquí *había llegado*; καὶ, conjunción copulativa *y*; οὔπω, adverbio negativo de tiempo *todavía no*; ἐληλύθει, tercera persona singular del pluscuamperfecto de indicativo en voz activa del verbo ἔρχομαι, *venir, llegar, regresar, aparecer*, aquí *había venido*; πρὸς, preposición propia de acusativo *a*; αὐτοὺς, caso acusativo masculino de la tercera persona plural del pronombre personal *ellos*; ὁ, caso nominativo masculino singular del artículo determinado *el*; Ἰησοῦς, caso nominativo masculino singular del nombre propio *Jesús*.

καὶ ἐμβάντες εἰς πλοῖον ἤρχοντο πέραν τῆς θαλάσσης εἰς Καφαρναούμ. καὶ σκοτία ἤδη ἐγεγόνει. La travesía del Mar en dirección a Capernaum se había iniciado cuando estaba cerca la noche. El relato presenta ya la situación cuando la noche había entrado. Es necesario tener en cuenta que en el Mar de Galilea el crepúsculo es muy corto, del atardecer con la puesta del sol se pasa rápidamente a la oscuridad de la noche. Se da a entender que era una noche oscura, tal vez falta de luna y estrellas a causa de nubes que arrastradas por el viento cubrían el cielo. La travesía tuvo que haber comenzado en algún lugar de la parte oriental del Mar de Galilea, donde había tenido lugar el milagro, navegando hacia la occidental en donde esta situada Capernaum.

καὶ οὔπω ἐληλύθει πρὸς αὐτοὺς ὁ Ἰησοῦς, El problema que se presenta no es tanto el del ambiente que rodea la travesía, sino del hecho que Jesús aún no estaba presente con ellos. Es interesante apreciar que todos los detalles procuran resaltar la situación en que los Doce se encontraban, la soledad que el pasaje ofrece de un grupo de personas sin la presencia de Jesús. El detalle de que no había venido aún a ellos, no es otra cosa que el resultado del conocimiento que el escritor tenía del milagro que va a producirse. No había llegado a ellos todavía, pero vendría un poco después.

18. Y se levantaba el mar con un gran viento que soplaba.

ἥ τε θάλασσα ἀνέμου μεγάλου πνέοντος διεγείρετο.
Y el mar viento grande soplando, se agitaba.

Notas y análisis del texto griego.

Sigue diciendo: ἥ, caso nominativo femenino singular del artículo determinado *la*; τε, conjunción copulativa *y*; θάλασσα, caso nominativo femenino singular del nombre común *mar*; ἀνέμου, caso genitivo masculino singular del nombre común *viento*; μεγάλου, caso genitivo masculino singular del adjetivo *grande*; πνέοντος, caso genitivo masculino singular del participio de presente en voz activa del verbo πνέω, *soplar*, aquí *soplando*; διεγείρετο, tercera persona singular del imperfecto de indicativo en voz pasiva del verbo διεγείρω, *agitar, levantar (el mar), despertar*, aquí *se agitaba*.

ἥ τε θάλασσα ἀνέμου μεγάλου πνέοντος διεγείρετο. La descripción del momento es muy gráfica. Juan usa el verbo διεγείρω, que expresa la idea de *despertar totalmente*, esto es, el mar que había estado quieto, dormido, despertó totalmente poniéndose en movimiento, agitándose, levantándose en temporal. El viento tenía que ser fuerte para que por su soplo el mar se embraveciese. El Mar de Galilea, o Lago de Genesaret, está en una depresión de unos doscientos diez metros bajo el nivel del Mediterráneo. Los vientos encajonados por las montañas y quebradas del oeste, pueden bajar sobre la superficie del lago y hacer que en muy poco tiempo se desencadene una tormenta o, cuando menos, el mar se agite fuertemente, pasando de bonanza a temporal. Según el relato en los sinópticos se dice que *el viento les era contrario* (Mt. 14:23, 24). Juan se limita a decir que *soplaba un fuerte viento*, que encrespaba el mar. Para los discípulos la situación del temporal aunque grave no era su mayor problema. El problema estaba en que Jesús aún no había venido a ellos. Es el problema de la soledad. Cuando no se siente la presencia del Señor en la vida, los problemas toman una dimensión muy elevada que convierte la noche en oscura. No debemos pensar que porque somos hijos de la luz y del día (1 Ts. 5:5) no se va a hacer nunca noche con densa oscuridad.

19. Cuando habían remado como veinticinco o treinta estadios, vieron a Jesús que andaba sobre el mar y se acercaba a la barca; y tuvieron miedo.

ἐληλακότες οὖν ὡς σταδίους εἴκοσι πέντε ἢ τριάκοντα
Habiendo avanzado, pues, como estadios veinticinco o treinta
θεωροῦσιν τὸν Ἰησοῦν περιπατοῦντα ἐπὶ τῆς θαλάσσης καὶ
ven - a Jesús andando sobre el mar y
ἐγγὺς τοῦ πλοίου γινόμενον, καὶ ἐφοβήθησαν.
cerca de la barca viniendo, y tuvieron miedo.

Notas y análisis del texto griego.

ἐληλακότες, caso nominativo masculino plural del participio de perfecto en voz activa del verbo ἐλαύνω, *impeler, apremiar, avanzar*, en náutica se usa para *remar*, aquí *habiendo avanzado*; οὖν, conjunción continuativa *pues*; ὡς, adverbio de modo, *como*; σταδίους, caso acusativo masculino plural del nombre común *estadios*; εἴκοσι, caso acusativo masculino plural del adjetivo numeral cardinal *veinte*; πέντε, caso acusativo masculino plural del adjetivo numeral cardinal *cinco*; ἢ, conjunción disyuntiva *o*; τριάκοντα, adjetivo numeral cardinal *treinta*; θεωροῦσιν, tercera persona plural del presente de indicativo en voz activa del verbo θεωρέω, *ver, mirar, observar*, aquí *ven*; τὸν, caso acusativo masculino singular del artículo determinado *el*; Ἰησοῦν, caso acusativo masculino singular del nombre propio declinado *a Jesús*; περιπατοῦντα, caso acusativo masculino singular del participio de presente en voz activa del verbo περιπατέω, *andar, caminar*; ἐπὶ, preposición propia de genitivo *sobre*; τῆς, caso genitivo femenino singular del artículo determinado *la*; θαλάσσης, caso genitivo femenino singular del nombre común *mar*; καὶ, conjunción copulativa *y*; ἐγγὺς, preposición propia de genitivo *cerca*; τοῦ, caso genitivo neutro singular del artículo determinado declinado *del*; πλοίου, caso genitivo neutro singular del nombre común *barca, navío, nave*; γινόμενον, caso acusativo masculino singular del participio de presente en voz activa del verbo γίνομαι, *venir*, aquí *viniendo*; καὶ, conjunción copulativa *y*; ἐφοβήθησαν, tercera persona plural del aoristo primero de indicativo en voz media del verbo φοβέομαι, intransitivo, *temer, tener miedo*, aquí *tuvieron miedo*.

ἐληλακότες οὖν ὡς σταδίους εἴκοσι πέντε ἢ τριάκοντα. Desde que comenzó la travesía, había podido navegar, dice Juan, sobre unos veinticinco o treinta estadios. El Mar de Galilea tenía una anchura media de unos cuarenta estadios, de modo que habían cubierto la mitad de la travesía, por esa razón los sinópticos dicen que estaban en medio del mar (Mr. 6:47). No es posible determinar el punto en que se encontraban, pero muy posiblemente se habían separado de la costa la distancia que Juan indica. Un estadio tiene aproximadamente unos ciento noventa metros, eso quiere decir que habían navegado cinco o seis kilómetros. Supone una navegación lenta. No se sabe si la barca tenía vela, pero la tuviese o no, con viento en contra no podía ser usada, así que la distancia la habían cubierto a fuerza de remo. La situación era penosa, puesto que los remeros tenían que estar cansados, remando contra el viento y en un mar encrespado. Marcos habla del resultado de esto y es que navegaban, remaban fatigosamente, porque el viento les era contrario. ¿Por cuánto tiempo habían intentado superar el vendaval? Nada se dice, pero la fatiga estaba haciendo mella en ellos. El cansancio estaba haciendo presa de los marineros que casi no eran capaces de hacer avanzar la barca. Era la primera tormenta en el lago que enfrentaban solos desde que habían sido llamados por Jesús. En ocasión anterior, en medio del temporal desatado, el Maestro dormía, pero estaba en la barca con ellos, ahora había quedado en tierra y ellos luchaban solos. Sin duda no sólo era el viento, sino que las olas que levantaba estarían anegando la nave, de manera que la situación era verdaderamente dramática. Si el viento les era contario, hubiera sido suficiente con dar la vuelta a la barca y dejar que el viento los arrastrara a tierra, pero, hay un gesto de obediencia en los discípulos. El Señor les había mandado ir al otro lado y ellos estaban cumpliendo el mandato que habían recibido.

θεωροῦσιν τὸν Ἰησοῦν περιπατοῦντα ἐπὶ τῆς θαλάσσης καὶ ἐγγὺς τοῦ πλοίου γινόμενον, En medio de una situación dramática, una figura humana fue avistada por ellos. Era alguien que caminaba sobre el mar y se acercaba a la barca. Juan no da detalles del momento en que vieron a Jesús, pero Marcos dice que era la *cuarta vigilia de la noche* (Mr. 6:48). El cómputo romano del tiempo dividía la noche en cuatro vigilias. Significa que siendo la última de las vigilias en que se dividía, estaba ya cerca la mañana. Durante toda la noche habían estado remando; durante toda la noche Jesús había estado orando. Las oraciones de Jesús, cuando las hacía en la intimidad personal, no fueron cortas. Durante toda la noche, solo en el monte, dedicó largo tiempo a orar al Padre. La primera vigilia era desde las seis del anochecer hasta las nueve, la segunda desde las nueve a las doce de la noche, la tercera desde las doce hasta las tres de la madrugada, y la cuarta desde las tres hasta las seis de la mañana. El Señor acudió a ellos cuando faltaba poco para el amanecer. Las vigilias anteriores habían sido agotadoras y, sin duda, estarían prácticamente extenuados. Pero, cuando todo estaba perdido para ellos, cuando las fuerzas se agotaban y el viento seguía dando impetuoso contra la barca, es cuando Jesús va a intervenir. Durante, por lo menos, diez horas, los discípulos habían estado navegando en medio de la noche y de la tempestad, en dirección al occidente del lago. Cuando todos estaban al límite de sus fuerzas Jesús *vino a ellos*. El Señor no podía dejar a los suyos que pereciesen en el temporal, Su gracia lo movió a misericordia y corrió en su ayuda.

Juan dice que vino aproximándose a la barca y caminando sobre el mar. El poder omnipotente del Hijo de Dios, se pone de manifiesto nuevamente en este *caminar milagroso*. Dos cosas se destacan en el uso de las preposiciones de esta frase del relato: La primera indica la dirección del Señor, vino *a ellos, hacia ellos*, literalmente *acercándose a la barca*; la segunda la omnipotencia divina, andando ἐπὶ, *sobre* las aguas. El mar encrespado que golpeaba contra la nave, era camino firme a los pies del Creador. El viento violento que impedía avanzar a los remeros, no es obstáculo para el caminar de Él. Lo mismo era para el Señor caminar por los caminos de Palestina, que por las planicies llenas de hierba de la ribera del mar; como por las montañas; o sobre el mar. La deidad de Jesús se manifiesta en cada momento de Su ministerio, en cada expresión de Sus palabras y en cada una de Sus obras. Nadie como Él. En medio del entorno impactante del versículo, brilla con intensidad la dimensión de Cristo, que lleno de amor profundo por los necesitados discípulos, vino hacia ellos y lo hizo en el momento preciso, cuando ya sus fuerzas se habían debilitado y el temporal se había convertido en una amenaza para sus vidas.

Algo más antes de pasar adelante. En todo el entorno se manifiesta el amor admirable del Señor. No cabe duda alguna que los Doce no eran merecedores de ser amados por Él, si se tratase de amar a personas perfectas. Eran muy imperfectos, dudaban continuamente, tenían poca fe, no acertaban a entender bien quien era Jesús, pero, la gracia no está orientada a perfectos, sino dirigida hacia pecadores imperfectos. Por eso, ni la tempestad, ni la noche, ni el viento huracanado, ni circunstancias adversas por intensas que sean impedirán que Él venga al encuentro de los suyos para ser su ayudador, por una sola razón, le son muy queridos porque los amó eternamente.

Las tormentas son frecuentes en la vida cristiana. Muchas veces comienza la travesía espiritual con un tiempo bonancible y cuando ha transcurrido un espacio se desata la tormenta y sobrevienen las dificultades. Las pruebas son habituales en la vida cristiana, pero, todas ellas son necesarias para fortalecer la fe y conducir al creyente a la madurez espiritual (Stg. 1:2-4). En medio del conflicto la fe sale enriquecida y consolidada para empresas mayores (1 P. 1:6, 7). El propósito de la prueba es aquilatar la fe. Las pruebas son la piedra de toque que manifiesta la calidad de la fe del creyente, *"mucho más preciosa que el oro"*. La vida de fe es comparada con el precioso metal, y se demuestra que es más valiosa que el oro, porque no perece, ni se desgasta con el tiempo, sino que aumenta y se fortalece. El motivo de la prueba es purificar la fe y el resultado final es una vida en la fe que lleva alabanza y gloria a Dios. El hecho de estar en el lugar donde Jesús desea no significa que haya siempre bonanza. Es interesante constatar que los discípulos estaban donde el Señor les había mandado, que se esforzaban en seguir adelante y, sin embargo, la tormenta azotaba violentamente el barco, como si tratase de impedir que ejecutaran la voluntad de Jesús. No es difícil encontrar testimonios de creyentes que encontraron grandes tormentas en el camino de la obediencia y que fueron enviados a misiones cuando Dios mismo sabía que sobre ellos vendría la tormenta. Las dificultades y aflicciones procurarán perturbar y disuadir en la obediencia al Señor, sin embargo, si Él ordena un determinado camino, hará posible que sea recorrido.

καὶ ἐφοβήθησαν. Juan dice que al ver a Jesús tuvieron miedo. Según los sinópticos, los discípulos pensaban que era un fantasma (Mr. 6:49). Los discípulos creían en Jesús, pero no lo estaban esperando. En medio de la tormenta vieron a un hombre que caminaba sobre el mar embravecido y que se aproximaba a la barca. La visión era realmente algo sobrenatural. Todos los que iban en la barca lo vieron y la reacción es que aquello era una visión y no una realidad. En el momento en que llegó a la altura del barco continuaba andando como para adelantárseles. No podían pensar que fuera el Señor, de modo que lo único que entraba en su mente es que se trataba de un *fantasma*, es decir, una visión no real. Para entender una reacción así debiéramos situarnos en el entorno en que se producía. Es muy probable que la luna estuviera todavía en cuarto creciente, como correspondía al tiempo anterior a la pascua, de modo que la luz no sería muy intensa; además el viento levantaría una cortina de agua que difuminaría cualquier cosa en el entorno. Los Doce estarían viendo hacia delante procurando divisar la costa a donde se dirigían y en ese momento, acercándose al barco y caminando sobre el mar, aparecía el Señor. Para ellos no podía ser un hombre porque venía caminando sobre el agua.

La situación en que se encontraban había perturbado su corazón y llenado de inquietud su alma, lo que les impedía reconocer al Señor que venía a ellos en medio del conflicto. Así ocurre cuando las adversidades de la vida saturan el pensamiento y corazón del cristiano. Las circunstancias hacen difícil la visión de la fe y no nos permite ver que en medio del mar embravecido de la vida, que azota con violencia nuestra nave, Cristo viene a nuestro encuentro conforme a Su compromiso de estar con nosotros. En medio de la mas intensa angustia debemos esperar reconocer Su presencia porque Él ha prometido estar a nuestro lado en esa situación (Sal. 91:15).

No se debe cerrar el versículo sin recordar que los *liberales*, tomando la preposición ἐπί, con genitivo, en lugar de traducirla como *sobre* el mar, lo hacen por *cerca de*, para decir que Jesús nunca caminó sobre el mar sino al borde el mar, en la rivera cerca de la cual habían llegado los cansados marineros después de la travesía. La razón para hacerlo es sencillamente la de negar la historicidad del milagro que Juan narra. Luego el temor de los discípulos no era tanto el de ver a Jesús sin identificarle, sino el de encallar en la orilla donde Él estaba. Todo esto es incluso menos creíble que lo que ellos pretenden negar.

En ningún otro lugar de la Escritura se dice que alguien caminara sobre las aguas. Sin embargo, en el Antiguo Testamento se habla de Dios haciéndolo: *"El sólo extendió los cielos, y anda sobre las olas del mar"* (Job. 9:8); *"El mar fue tu camino, y tus sendas en las muchas aguas; y tus pisadas no fueron conocidas"* (Sal. 77:19). El Creador de cielos y tierra (1:3), convertía en firme camino para Él las encrespadas aguas del Mar de Galilea. Todo en la vida de Jesús ha sido anunciado previamente por los profetas, para que pudiera ser identificado cuando viniese a la tierra. Pero, a pesar de todo ello, los hombres no le reconocieron.

20. Mas él les dijo: Yo soy; no temáis.

ὁ δὲ λέγει αὐτοῖς· ἐγώ εἰμι· μὴ φοβεῖσθε.
Y Él dice les: Yo soy; no temáis.

Notas y análisis del texto griego.

Jesús anima a los Doce: ὁ, caso nominativo masculino singular del artículo determinado *el*; δὲ, partícula conjuntiva que hace las veces de conjunción coordinante, con sentido de *pero, más bien, y, y por cierto, antes bien*; λέγει, tercera persona singular del presente de indicativo en voz activa del verbo λέγω, *hablar, decir*, aquí *dice*; αὐτοῖς, caso dativo masculino de la tercera persona plural del pronombre personal declinado *a ellos, les*; ἐγώ, caso nominativo de la primera persona singular del pronombre personal *yo*; εἰμι, primera persona singular del presente de indicativo en voz activa del verbo εἰμί, *ser*, aquí *soy*; μὴ, partícula que hace funciones de adverbio condicional de negación *no*; φοβεῖσθε, segunda persona plural del presente de imperativo en voz media del verbo φοβέομαι, *tener miedo, temer*, aquí *temáis*.

ὁ δὲ λέγει αὐτοῖς· ἐγώ εἰμι· μὴ φοβεῖσθε. Los discípulos habían sentido miedo al ver a Jesús caminar sobre el mar embravecido. Al miedo de ellos, sigue la voz del Señor alentándoles. En medio de la tormenta Su voz llegó con claridad. El tono de su voz era, como siempre, afable, amigable. Las palabras de Jesús debieron haber sonado llenas de paz, como contraste con profunda inquietud y el temor que se había apoderado de los corazones de aquellos hombres.

Ese *Yo soy*, sin predicado, es un *Yo soy* divino. La expresión tenía un alto significado para los que conocían revelación divina de la Palabra, usada tantas veces por Dios en el Antiguo Testamento. El Señor usó varias veces esa expresión acompañándolas de distintos predicados, con un gran significado, especialmente notorios en este *evangelio*: *Yo soy el pan de vida (v. 48); Yo soy la luz del mundo* (8:12); *Yo soy la puerta, Yo soy el Buen Pastor* (10:9, 11); *Yo soy la resurrección y la vida* (11:25); *Yo soy el camino* (14:6); *Yo soy la vid verdadera* (15:1). Esta es, sin duda la fórmula de autorrevelación de Dios. De este modo debemos entender las palabras de Jesús cuando habló a los discípulos en medio del temporal. Cuando el Señor dijo *Yo soy, no temáis*, estaba usando la formula que Dios utilizó tantas veces cuando se comunicó con Su pueblo.

Yo soy, sería una expresión que más adelante produciría un conflicto entre el Señor y los fariseos, cuando éstos la asociaron con la deidad (8:58). El alcance es sumamente importante porque creer en Jesús como *Yo soy*, implica salvación y vida, lo contrario trae como consecuencia la condenación eterna al morir en los pecados (8:24). Los hombres escapan al destino de muerte cuando llegan a tener fe en Jesús como su *Yo soy*. Esta expresión expresa la relación y eterna identificación entre el Padre y el Hijo. Ante el *yo soy*, aquellos enemigos que vendrán a prender a Jesús en el huerto, caerían a tierra (18:6). Nada hay semejante a esto en todo el Nuevo Testamento, lo que obliga a entender que Jesús se manifiesta así en toda la dimensión de Su Deidad, expresada desde Su naturaleza humana, subsistente al igual que la divina, en la Segunda Persona eterna de la Deidad, el Hijo de Dios. Era el mismo Dios que había alentado a tantos siervos suyos en la antigua dispensación (cf. Jos. 1:9; 11:6; 2 R. 19:6; 2 Cr. 20:15; 32:7; Neh. 4:14; Sal. 49:16; 91:5; Is. 10:24; 37:6; 44:8). Jesús, con las mismas palabras alentaría a los discípulos cuando estaban llenos de inquietud (14:1, 27). De igual modo esas palabras sirvieron para alentar al apóstol Pablo en su conflicto en Corinto (Hch. 18:9). Tomándolas más tarde, el apóstol Pedro animaría a los lectores de su epístola (1 P. 3:14). Aquí, las palabras del Señor ahuyentan el miedo para dar paso al gozo y a la calma. No estaban solos, allí, en medio de la tormenta, acudiendo en su ayuda estaba el Señor. Los ojos de la fe no lo distinguieron antes, las mentes ofuscadas con el problema supusieron que era una visión, pero las palabras del Maestro los devolvieron a la realidad. Ellos estaban con Jesús y Jesús estaba con ellos.

Cuando descubrimos, en medio de nuestros conflictos, problemas, dificultades o tristezas la presencia de Cristo, los temores desaparecen y la paz renace. Es el Señor el que produce tranquilidad en la intimidad del alma. Nada puede aterrorizar a quien tiene a Cristo, ni tan siquiera la perspectiva de la muerte (1 Co. 3:22-23). La vida cambia para quien tiene depositada su confianza en el Señor.

21. Ellos entonces con gusto le recibieron en la barca, la cual llegó en seguida a la tierra adonde iban.

ἤθελον οὖν λαβεῖν αὐτὸν εἰς τὸ πλοῖον, καὶ εὐθέως ἐγένετο τὸ
Querían, pues, recibir Le en la barca, y en seguida llegó la
πλοῖον ἐπὶ τῆς γῆς εἰς ἣν ὑπῆγον.
barca a la tierra a la que iban.

> Notas y análisis del texto griego.
>
> Concluyendo el relato del milagro, escribe: ἤθελον, tercera persona plural del imperfecto de indicativo en voz activa del verbo θέλω, *querer, desear, tener gusto*, aquí *querían*; οὖν, conjunción continuativa *pues*; λαβεῖν, aoristo segundo de infinitivo en voz activa del verbo λαμβάνω, *recibir*; αὐτὸν, caso acusativo masculino de la tercera persona singular del pronombre personal declinado *a Él, le*; εἰς, preposición propia de acusativo *en*; τὸ, caso acusativo neutro singular del artículo determinado *el*; πλοῖον, caso acusativo neutro singular del nombre común *nave, barca, bote*; καὶ, conjunción copulativa *y*; εὐθέως, adverbio de tiempo, *al instante, inmediatamente, en seguida*; ἐγένετο, tercera persona singular del aoristo segundo de indicativo en voz media del verbo γίνομαι, *llegar a ser, venir*, aquí *llegó*; τὸ, caso nominativo neutro singular del artículo determinado *el*; πλοῖον, caso nominativo neutro singular del nombre común *bote, barco, nave*; ἐπὶ, preposición propia de genitivo *a*; τῆς, caso genitivo femenino singular del artículo determinado *la*; γῆς, caso genitivo femenino singular del nombre común *tierra*; εἰς, preposición propia de acusativo *a*; ἣν, caso acusativo femenino del pronombre relativo *la que*; ὑπῆγον, tercera persona plural del imperfecto de indicativo en voz activa del verbo ὑπάγω, *ir, marchar, andar*, aquí *iban*.

ἤθελον οὖν λαβεῖν αὐτὸν εἰς τὸ πλοῖον, Cuando identificaron al Señor, el deseo de todos ellos era recibirle cuanto antes en la barca. Un momento antes estaban todos paralizados por el miedo, pero ahora el deseo de ellos era tener a su lado al Señor. A pesar de la posición *crítica liberal*, de que Jesús estaba en tierra y los discípulos llegaron a la orilla de modo que no fue necesario que el Maestro entrara en la barca, los relatos sinópticos indican claramente que el Señor entró en la barca y fue entonces cuando el viento se calmó.

καὶ εὐθέως ἐγένετο τὸ πλοῖον ἐπὶ τῆς γῆς εἰς ἣν ὑπῆγον. El resultado de la presencia de Jesús en la barca fue la calma del viento que era contrario, lo que les permitió llegar *enseguida* a la tierra a donde iban. No es que estuviesen tan cerca de tierra que el viaje se habría terminado, sino que la calma permitió que bogaran rápidamente y alcanzaran el punto de destino adonde el Señor les había ordenado dirigirse. Cuando Cristo entra en la barca las dificultades desaparecen y el destino es alcanzado con seguridad. ¿Cuál fue el lugar adonde llegaron? No hay seguridad alguna para determinarlo, pero tuvo que haber sido en el entorno de Capernaum, ya que al otro día el Señor estaba en la sinagoga de la ciudad.

El discurso de Jesús (6:22-40).

22. El día siguiente, la gente que estaba al otro lado del mar vio que no había habido allí más que una sola barca, y que Jesús no había entrado en ella con sus discípulos, sino que éstos se habían ido solos.

Τῇ ἐπαύριον ὁ ὄχλος ὁ ἑστηκὼς πέραν τῆς θαλάσσης
El día siguiente la gente - que había quedado al otro lado del mar
εἶδον[1] ὅτι πλοιάριον ἄλλο οὐκ ἦν ἐκεῖ εἰ μὴ ἓν[2] καὶ ὅτι οὐ
vio que barca otra no había allí si no una y que no
συνεισῆλθεν τοῖς μαθηταῖς αὐτοῦ ὁ Ἰησοῦς εἰς τὸ πλοῖον
entró junto con los discípulos de Él - Jesús a la barca
ἀλλὰ μόνοι οἱ μαθηταὶ αὐτοῦ ἀπῆλθον·
sino solos los discípulos de Él se fueron.

Notas y análisis del texto griego.

Iniciando un nuevo párrafo, escribe: Τῇ, caso dativo femenino singular del artículo determinado *la*; ἐπαύριον, adverbio de tiempo *día siguiente*; ὁ, caso nominativo masculino singular del artículo determinado *el*; ὄχλος, caso nominativo masculino singular del nombre común *gente, gentío, turba*; ὁ, caso nominativo masculino singular del artículo determinado *el*; ἑστηκὼς, caso nominativo masculino singular del participio perfecto en voz activa del verbo ἵστέμι, intransitivo, *quedarse, estar en pie*, aquí *que había quedado*; πέραν, preposición de genitivo *al otro lado, más allá*; τῆς, caso genitivo femenino singular del artículo determinado declinado *del*; θαλάσσης, caso genitivo femenino singular del nombre común *mar*; εἶδον, tercera persona plural del aoristo segundo de indicativo en voz activa del verbo ὁράω, *ver, mirar, observar*, aquí *vieron*; ὅτι, conjunción *que*; πλοιάριον, caso nominativo neutro singular del nombre común *barca, bote*; ἄλλο, caso nominativo neutro singular del adjetivo *otra*; οὐκ, forma escrita del adverbio de negación *no*, con el grafismo propio ante una vocal con espíritu suave o una enclítica; ἦν, tercera persona singular del imperfecto de indicativo en voz activa del verbo εἰμί, *ser, estar*, aquí *estaba*; ἐκεῖ, adverbio de lugar *allí*; εἰ, conjunción condicional *si*; μὴ, partícula que hace funciones de adverbio condicional de negación *no*; ἓν, caso nominativo neutro singular del adjetivo numeral cardinal *uno*; καὶ, conjunción copulativa *y*; ὅτι, conjunción *que*; οὐ, adverbio de negación *no*; συνεισῆλθεν, tercera persona singular del aoristo segundo de indicativo en voz activa del verbo συνεισέρχομαι, *entrar junto con*, aquí *entró junto con*; τοῖς, caso dativo masculino plural del artículo determinado *los*; μαθηταῖς, caso dativo masculino plural del nombre común *discípulos*; αὐτοῦ, caso genitivo masculino de la tercera persona singular del pronombre personal declinado *de Él*; ὁ, caso nominativo masculino singular del artículo determinado *el*; Ἰησοῦς, caso nominativo masculino singular del nombre propio *Jesús*; εἰς, preposición propia de acusativo *a*; τὸ, caso acusativo neutro singular del artículo determinado *el*; πλοῖον, caso acusativo neutro singular del nombre común *barca, barco, bote, navío*; ἀλλὰ, conjunción adversativa *sino*; μόνοι, caso nominativo masculino plural del adjetivo *solos*; οἱ, caso nominativo masculino plural del artículo determinado *los*; μαθηταὶ, caso nominativo masculino plural del nombre común *discípulos*; αὐτοῦ, caso genitivo masculino de la tercera persona singular del pronombre personal declinado *de Él*; ἀπῆλθον, tercera persona plural del aoristo segundo de indicativo en voz activa del verbo ἀπέρχομαι, *ir, irse, desaparecer*, aquí *se fueron*.

Crítica Textual. Lecturas alternativas.

[1] εἶδον, *vieron*, lectura atestiguada en $\mathfrak{p}^{75}$, A, B, K, N, W, Θ, 33, 579, it, $sir^{p, h}$.

ἰδὼν, *viendo*, según K, Γ, Δ, Ψ, $f^{1, 13}$, 565, 700, 892, 1241, 1424, 𝔐.

εἶδεν, *vio*, $\mathfrak{p}^{28}$, ℵ, D, lat.

[2] ἐκεῖνο εἰς ὃ ἐνέβησαν οἱ μαθηταὶ αὐτοῦ, *aquel a el entraron los discípulos de él*, se incluye en ℵ*, D, K, Γ, Δ, Θ, f^{13}, 33, 700, 892, 1424, 𝔐, a, e, sir, sa.

Τῇ ἐπαύριον ὁ ὄχλος ὁ ἑστηκὼς πέραν τῆς θαλάσσης Probablemente alguna gente de la que había sido despedida, quedó a pasar la noche en el lugar. Los que habían sido alimentados, buscan, conforme a su propósito, a Jesús para hacerle rey. Aquellos persistían ahora en buscar al Señor.

εἶδον ὅτι πλοιάριον ἄλλο οὐκ ἦν ἐκεῖ εἰ μὴ ἓν. Muchos han procurado establecer *cuando vieron*, y quienes vieron que había una sola barca. Sin entrar en distintos puntos de vista que pudieran, gramaticalmente hablando, ser posibles, lo que, según entiendo, el εἶδον, *vio*, está en singular y no en plural *vieron*. Pero, esa aparente discrepancia desaparece si se tiene en cuenta que Juan está usando el término ὄχλος, que es un modo singular *gente, pueblo, gentío*, que expresa un conjunto plural. De ahí que deba usarse *vio*, referido al gentío, en lugar de *vieron*, relativo a cada individuo que componía el conjunto de personas. La noche anterior estaba una barca en el mar, ahora no había ninguna, porque la que trajera a Jesús y los discípulos había partido al anochecer delante de todos los presentes.

καὶ ὅτι οὐ συνεισῆλθεν τοῖς μαθηταῖς αὐτοῦ ὁ Ἰησοῦς εἰς τὸ πλοῖον ἀλλὰ μόνοι οἱ μαθηταὶ αὐτοῦ ἀπῆλθον· Habían visto, la noche anterior, que no se había ido con los discípulos en la barca. Jesús quedó en la orilla despidiendo a todos. Luego, tal vez, lo vieron caminar solo dirigiéndose más al interior donde estaba el monte, del que había descendido con los Doce para atenderles en la planicie de la orilla del mar. La realidad para todos aquellos es que Jesús había desaparecido y no fue en la barca con los discípulos. La gran pregunta que subyace en el entorno es la que probablemente se hacían los que habían quedado allí hasta la mañana: Jesús no está, sin duda volvió con los suyos, pero, ¿cómo lo hizo? No pudo ser andando por la orilla del lago, ¿había otra barca? No tenían respuesta, pero lo que a ninguno de ellos se le habría ocurrido es pensar que lo hizo caminando sobre el mar encrespado por el viento que se había levantado.

23. Pero otras barcas habían arribado de Tiberias junto al lugar donde habían comido el pan después de haber dado gracias el Señor.

ἄλλα ἦλθεν[1] πλοιάρια[2] ἐκ Τιβεριάδος ἐγγὺς τοῦ τόπου ὅπου
Otras vinieron barcas de Tiberias cerca del lugar donde
ἔφαγον τὸν ἄρτον εὐχαριστήσαντος τοῦ Κυρίου[3].
comieron el pan dando gracias el Señor.

Notas y análisis del texto griego.

Continua el relato con ἄλλα, caso nominativo neutro singular del adjetivo indefinido *otras*; ἦλθεν, tercera persona singular del aoristo segundo de indicativo en voz activa del verbo ἔρχομαι, *venir, llegar, aparecer*, aquí *vino*; πλοιάρια, caso nominativo neutro plural del nombre común *barcas, botes*; ἐκ, preposición propia de genitivo *de*; Τιβεριάδος, caso genitivo femenino singular del nombre propio *Tiberias*; ἐγγὺς, preposición de genitivo *cerca*; τοῦ, caso genitivo masculino singular del artículo determinado declinado *cerca*; τόπου, caso genitivo masculino singular del nombre común *lugar, sitio*; ὅπου, adverbio relativo de lugar *donde*; ἔφαγον, tercera persona plural del aoristo segundo de indicativo en voz activa del verbo ἐσθίω, *comer*, aquí *comieron*; τὸν, caso acusativo masculino singular del artículo determinado *el*; ἄρτον, caso acusativo masculino singular del nombre común *pan*; εὐχαριστήσαντος, caso genitivo masculino singular del participio de aoristo segundo en voz activa del verbo εὐχαριστέω, *agradecer, dar gracias*, aquí *dando gracias*; τοῦ, caso genitivo masculino singular del artículo determinado *el*; Κυρίου, caso genitivo masculino singular del nombre divino *Señor*.

Crítica Textual. Lecturas alternativas.

[1] ἄλλα ἦλθεν, como se lee en 𝔭[75], B.

δὲ ἦλθεν, *pero vino*, según lectura en A, W, Δ, Θ, f^{13}, 700, 1424, 𝔐.

δὲ ἐλθὸν, *y venido*, como se lee en N, Γ, f^{1}, 565.

[2] πλοιάρια, *barcas*, según se lee en A, D, K, K, N, Γ, Δ, Θ, 091, $f^{1, 13}$, 33, 565, 579, 700, 892, 1241, 1424, 𝔐.

πλοῖα, barcas, lectura en 𝔭[75], B, W, Ψ, lat.

[3] εὐχαριστήσαντος τοῦ Κυρίου, *dando gracias el Señor*, no aparece en D, 091, a, e, sir[s, c].

ἄλλα ἦλθεν πλοιάρια ἐκ Τιβεριάδος. El versículo es como un paréntesis explicativo. Tiberias era la capital de Herodes Antipas, situada en diagonal a través del mar, sólo mencionada por Juan en el Nuevo Testamento.

ἐγγὺς τοῦ τόπου ὅπου ἔφαγον τὸν ἄρτον εὐχαριστήσαντος τοῦ Κυρίου. Varias barcas, no se dice cuantas, habían arribado al lugar donde se había producido el milagro. Procedían de Tiberias, la ciudad al otro lado del mar. La distancia entre las dos orillas no era grande y pudiera ser que la multitud se viese desde la otra ribera. No se dice por qué vinieron, pero probablemente se enteraron del acontecimiento que tuvo lugar allí y arribaron al lugar para transportar la gente que había quedado, lo que le supondría una remuneración por los servicios. Además, conocerían que aquella multitud había ido el día anterior caminando y que estarían dispuestos a esperar un transporte para evitar pasar por lugares generalmente pantanosos del norte del Mar de Galilea.

Aunque la última frase *después de haber dado gracias el Señor*, no está en algunos códices, pone de manifiesto la condición milagrosa de la alimentación de la multitud producida el día anterior. El título *Señor* corresponde al reconocimiento que la iglesia tenía en tiempo del evangelio de la deidad de Jesucristo. La propuesta liberal de que el evangelio tuvo que haber sido escrito en tiempos posteriores, descansa en el supuesto de una cristología avanzada, afirmando éstos que el reconocimiento de la Deidad del Señor no pudo haber sido reconocida en los albores de la Iglesia.

24. Cuando vio, pues, la gente que Jesús no estaba allí, ni sus discípulos, entraron en las barcas y fueron a Capernaum, buscando a Jesús.

ὅτε οὖν εἶδεν ὁ ὄχλος ὅτι Ἰησοῦς οὐκ ἔστιν ἐκεῖ οὐδὲ οἱ
Cuando, pues, vieron la gente que Jesús no está allí ni los
μαθηταὶ αὐτοῦ, ἐνέβησαν αὐτοὶ εἰς τὰ πλοιάρια καὶ ἦλθον
discípulos de Él, entraron ellos en las barcas y vinieron
εἰς Καφαρναοὺμ ζητοῦντες τὸν Ἰησοῦν.
a Capernaum buscando - a Jesús.

Notas y análisis del texto griego.

Continúa con: ὅτε, conjunción temporal *cuando*; οὖν, conjunción continuativa *pues*; εἶδεν, tercera persona singular del aoristo segundo de indicativo en voz activa del verbo ὁράω, *ver, mirar, observar*, aquí *vieron*; ὁ, caso nominativo masculino singular del artículo determinado *el*; ὄχλος, caso nominativo masculino singular del nombre común *gente, gentío, turba*; ὅτι, conjunción *que*; Ἰησοῦς, caso nominativo masculino singular del nombre propio *Jesús*; οὐκ, forma escrita del adverbio de negación *no*, con el grafismo propio ante una vocal con espíritu suave o una enclítica; ἔστιν, tercera persona singular del presente de indicativo en voz activa del verbo εἰμί, *ser, estar*, aquí *está*; ἐκεῖ, adverbio de lugar *allí*; οὐδὲ, conjunción *y no, ni*; οἱ, caso nominativo masculino plural del artículo determinado *los*; μαθηταὶ, caso nominativo masculino plural del nombre común *discípulos*; αὐτοῦ, caso genitivo masculino de la tercera persona singular del pronombre personal declinado *de Él*; ἐνέβησαν, tercera persona plural del aoristo segundo de indicativo en voz activa del verbo ἐμβαίνω, *subirse (a la barca), embarcar*, aquí *subieron, embarcaron*; αὐτοὶ, caso nominativo masculino plural del pronombre intensivo *ellos*; εἰς, preposición propia de acusativo *en*; τὰ, caso acusativo neutro plural del artículo determinado *los*; πλοιάρια, caso acusativo neutro plural del nombre común *barcas*; καὶ, conjunción copulativa *y*; ἦλθον, tercera persona plural del aoristo segundo de indicativo en voz activa del verbo ἔρχομαι, *venir*, aquí *vinieron*; εἰς, preposición propia de acusativo *a*; Καφαρναοὺμ, caso acusativo femenino singular del nombre propio *Capernaum*; ζητοῦντες, caso nominativo masculino plural del participio de presente en voz activa del verbo ζητέω, *buscar*, aquí *buscando*; τὸν, caso acusativo masculino singular del artículo determinado *el*; Ἰησοῦν, caso acusativo masculino singular del nombre propio declinado *a Jesús*.

ὅτε οὖν εἶδεν ὁ ὄχλος ὅτι Ἰησοῦς οὐκ ἔστιν ἐκεῖ οὐδὲ οἱ μαθηταὶ αὐτοῦ, La gente seguía sin entender como fue posible que Jesús hubiese cruzado el lago, sin una barca, ya que la que había fue vista por ellos navegando y alejándose del lugar con los discípulos, la noche anterior.

ἐνέβησαν αὐτοὶ εἰς τὰ πλοιάρια καὶ ἦλθον εἰς Καφαρναοὺμ ζητοῦντες τὸν Ἰησοῦν. La gente no había abandonado el deseo de apoderarse de Jesús para hacerlo rey (v. 15), de modo que entraron en las barcas que habían llegado para cruzar hasta Capernaum y localizar allí al Señor. Mucha de la gente había marchado a pie, allí quedaron los que tal vez tenían más interés por Jesús. Posiblemente lo que estaban buscando también era otra comida abundante como la del día anterior, tal como dan a entender las palabras que siguen de Jesús. Algo debemos aprender aquí como aplicación personal, usando las palabras del Dr. Lacueva: *"Cuando las convicciones son firmes, y los deseos son fervientes, la búsqueda de Jesús es una necesidad que apremia[2]"*. La travesía del lago fue, sin duda, hecha en calma, contrastando con la de la noche anterior donde los Doce atravesaron en medio del temporal. Este contraste debe también servir de estímulo en nuestra vida cristiana, donde los creyentes más comprometidos, sufren muchas veces los peores conflictos.

25. Y hallándole al otro lado del mar, le dijeron: Rabí, ¿cuándo llegaste acá?

καὶ εὑρόντες αὐτὸν πέραν τῆς θαλάσσης εἶπον αὐτῷ· ῥαββί,
Y hallando le al otro lado del mar dijeron le: Rabí
πότε ὧδε γέγονας
¿cuándo acá has llegado?

Notas y análisis del texto griego.

Sigue el relato: καὶ, conjunción copulativa *y*; εὑρόντες, caso nominativo masculino plural del participio del segundo aoristo en voz activa del verbo εὑρίσκσ, *hallar, encontrar*, aquí *hallando*; αὐτὸν, caso acusativo masculino de la tercera persona singular del pronombre personal declinado *a Él, le*; πέραν, preposición de genitivo *al otro lado*; τῆς, caso genitivo femenino singular del artículo determinado declinado *de la*; θαλάσσης, caso genitivo femenino singular del nombre común *mar*; εἶπον, tercera persona plural del aoristo segundo de indicativo en voz activa del verbo λέγω, *hablar*, *decir*, aquí *dijeron*; αὐτῷ, caso dativo masculino de la tercera persona singular del pronombre personal declinado *a Él, le*; ῥαββί, caso vocativo masculino singular del nombre *Rabí, maestro*; πότε, adverbio interrogativo de tiempo *cuándo*; ὧδε, adverbio de lugar *acá*; γέγονας, segunda persona singular del perfecto de indicativo en voz activa del verbo γίνομαι, *venir, llegar*, aquí *has llegado*.

[2] F. Lacueva. o.c., pág.140.

καὶ εὑρόντες αὐτὸν πέραν τῆς θαλάσσης εἶπον αὐτῷ· ῥαββί, πότε ὧδε γέγονας. La gente desembarca en Capernaum y localiza a Jesús. En la mente de cada uno estaba la pregunta de cómo, o de qué manera había llegado allí, sino todos estaban seguros de que no había subido en la barca con los discípulos. La pregunta está expresada de una forma un tanto extraña en el griego, ya que comprende tanto el inquirir sobre el modo como llegó y el tiempo en que lo hizo. La gente preguntaba a Jesús, no sólo *como había llegado*, sino *desde cuando* estaba allí.

Jesús no estaba esperándoles en el lugar adonde llegaron las barcas, sino que tuvieron que buscarle, ya que Él estaba en la sinagoga como se aprecia por un versículo más adelante (v. 59). Algunos consideran imposible que Jesús hubiese atravesado la distancia desde el lugar donde desembarcó con los Doce y la ciudad de Capernaum, en tan corto tiempo. Una afirmación como esa exige suponer la arribada de la barca que llevaba a Jesús y Sus discípulos en un lugar distante de la ciudad, cuando muy bien ha debido ser en uno próximo a ella.

El tratamiento que le dan es el de Rabí, término usado habitualmente para referirse a los maestros reconocidos para enseñar. Lo reconocen como un hombre grande, capaz de llevarles a la victoria material sobre los que les oprimían y a satisfacer todas las necesidades que pudiesen tener, sin embargo, todo aquello estaba lejos de reconocerle como el enviado de Dios para dar salvación a Su pueblo. El motivo por el que buscaban a Jesús no era ciertamente bueno.

26. Respondió Jesús y les dijo: De cierto, de cierto os digo que me buscáis, no porque habéis visto las señales, sino porque comisteis el pan y os saciasteis.

’Απεκρίθη αὐτοῖς ὁ ’Ιησοῦς καὶ εἶπεν· ἀμὴν ἀμὴν λέγω ὑμῖν,
Respondió les - Jesús y dijo: De cierto, de cierto digo os
ζητεῖτέ με οὐχ ὅτι εἴδετε σημεῖα, ἀλλ’ ὅτι ἐφάγετε ἐκ τῶν
buscáis me no porque visteis señal, sino porque comisteis del
ἄρτων καὶ ἐχορτάσθητε.
pan y fuisteis saciados.

Notas y análisis del texto griego.

Se traslada la respuesta de Jesús: ’Απεκρίθη, tercera persona singular del aoristo primero de indicativo en voz activa del verbo ἀποκρίνομαι, *responder, contestar, tomar la palabra* aquí *respondió*; αὐτοῖς, caso dativo masculino plural del pronombre personal declinado *a ellos, les*; ὁ, caso nominativo masculino singular del artículo determinado *el*; ’Ιησοῦς, caso nominativo masculino singular del nombre propio *Jesús*; καὶ, conjunción copulativa *y*; εἶπεν, tercera persona singular del aoristo segundo de indicativo en voz activa del verbo λέγω, *hablar, decir*, aquí *dijo*; ἀμὴν, transliteración, *amén, de cierto*; ἀμὴν, transliteración *amén, de cierto*; λέγω, primera persona singular del presente de indicativo en voz activa del verbo λέγω, *hablar, decir*, aquí *digo*; ὑμῖν, caso dativo de la segunda persona plural del pronombre personal declinado *a vosotros, os*; ζητεῖτε, segunda persona plural del presente de indicativo en voz activa del verbo ζητέω, *buscar*, aquí *buscáis*; με, caso acusativo de la primera persona singular del pronombre personal *a mí, me*; οὐχ, forma del adverbio de negación *no*, con el grafismo propio ante vocal con espíritu áspero; ὅτι, conjunción causal *porque*; εἴδετε, segunda persona plural del aoristo segundo de indicativo en voz activa del verbo ὁράω, *ver, mirar, contemplar*, aquí *visteis*; σημεῖα, caso acusativo neutro plural del nombre común *señal*; ἀλλ', forma escrita ante vocal de la conjunción adversativa ἀλλά que significa *pero, sino*; ὅτι, conjunción causal *porque*; ἐφάγετε, tercera persona plural del aoristo segundo de indicativo en voz activa del verbo ἐσθίω, *comer*, aquí *comisteis*; ἐκ, preposición propia de genitivo, *de*; τῶν, caso genitivo masculino plural del artículo determinado *el*; ἄρτων, caso genitivo masculino plural del nombre común *pan*; καὶ, conjunción copulativa *y*; ἐχορτάσθητε, segunda persona plural del aoristo primero de subjuntivo en voz pasiva del verbo χορτάζω, *saciar, llenar, dar en abundancia*, aquí *fuisteis saciados*.

'Απεκρίθη αὐτοῖς ὁ 'Ιησοῦς καὶ εἶπεν· Con la respuesta de Jesús comienza el *discurso del pan de vida*. Hay tres líneas interpretativas para las palabras del Señor. Muchos lo aplican a la Cena del Señor, ya que a diferencia de los sinópticos, Juan no menciona el establecimiento de la ordenanza en el *Evangelio*. El milagro que preparó el terreno para el *discurso del pan de vida*, tiene el contexto físico de un gran grupo de personas que come y quedan satisfechas. La figura de *comer y beber* se usa a menudo en el Antiguo Testamento, para referirse a abundancia de bendiciones como resultado de la comunión y obediencia a Dios. En ocasiones se habla de la comida y la bebida como aquello que señala la prosperidad material del hombre, para quien lo bueno debajo del sol es *comer, beber y divertirse* (Ecl. 3:13; 5:18; 8:15). Así también Dios dio la tierra prometida a Israel para que comiese y bebiese de su abundancia (Neh. 9:36). El no poder comer es, por el contrario, una señal de falta de bendiciones e incluso de disciplina divina cuando teniendo todo lo necesario, no se puede disfrutar de ello (Ec. 6:2). Cuando Dios tuvo misericordia de Su pueblo en el desierto, hizo llover sobre ellos *pan del cielo*, para bendecirlos con el alimento necesario (Sal. 78:24). La bendición de Dios a la obediencia se establece también en una relación de satisfacción: *"Si quisiereis y oyeseis comeréis el bien de la tierra"* (Is. 1:19). Por otro lado la desobediencia traería como consecuencia que quien come no queda satisfecho (Lev. 26:26). El alimento para la multitud es una de las formas en que se puede apreciar la lección del *pan del cielo* que satisface toda necesidad del hombre. Para algunos el hecho de que Juan omita la institución de la Cena del Señor, tiene que ver con la explicación que da del simbolismo del rito en el contenido del discurso de Jesús. Esto trasciende a un sentido *sacramental*, de modo que para esta línea interpretativa, el *comer el cuerpo y beber la sangre* de Cristo es participar de la transustanciación del pan y del vino en el sacramento de la eucaristía.

Sin embargo, es difícil sostener que Jesús habló de la ordenanza en la sinagoga de Capernaum tiempo antes de que la estableciera para la Iglesia, hasta Su venida. Ninguno de los oyentes podía entender el significado de la ordenanza, incluso los mismos discípulos. Además hay declaraciones absolutas en el mensaje de Jesús, como el *comer su carne y beber su sangre*, sin cuyo requisito no tendrían vida (v. 53). Si el pasaje se aplica a la Cena del Señor, sería un requisito para tener vida eterna, es decir, para la salvación sería necesaria la participación en la ordenanza establecida, cosa que no concuerda con la doctrina bíblica sobre el medio y el modo de ser salvo. Pero, como se apreciará en el comentario, la figura de *comer y beber*, es sinónimo de recibir a Cristo y creer en Él. Esto señala a lo que debe ocurrir en el interior de la persona para salvación y que esto no es asunto de satisfacciones externas en la acción humana, sino de la aceptación interna de la demanda de Dios a creer en el Salvador. La salvación consiste en lo que se enseñó antes, *creer en el Hijo* (3:16). La muerte de Cristo hace posible el acceso a la vida eterna, por fe en Él. La *carne y la sangre* de Cristo, equivale a todo lo que Él es, que nos es dado para salvación. Por tanto, en esta segunda línea interpretativa, el Hijo del Hombre debe entrar en el organismo espiritual del pecador y ser asimilado por él. De ahí que el que entienda que el sentido de las palabras de Jesús tiene que ver con la entrada espiritualmente hablando del Salvador en la vida del pecador, ha de insistir en el hecho de la relación vital con Jesús mismo, que entregado a la muerte se hace *pan de vida* para el que crea.

Una tercera forma interpretativa une las dos antes indicadas, de manera que Cristo ha de ser *asimilado por la fe*, pero también entiende que en el discurso se da el sentido amplio de lo que representa la ordenanza de la Cena del Señor. No cabe duda que no está hablando aquí Jesús de la ordenanza que establecerá más adelante, pero si alguien preguntase donde entender claramente el significado de la ordenanza, habría que remitirlo al discurso de Jesús sobre el *pan de vida*.

La enseñanza del discurso es sencilla y debe ser considerada no desde la óptica de la posición doctrinal, sino desde la revelación directamente expresada en él. El hombre sólo puede alcanzar la vida eterna mediante un acercamiento a Jesús por la fe y una unión vital con Él. Pero, esa cercanía y relación sólo son posibles por una doble iniciativa, no del hombre, sino de Dios: a) Jesús bajó del cielo como Pan de Vida, que da vida a quienes lo reciben por medio de la fe, como único y suficiente Salvador; b) Dios mismo conduce a Cristo a todos los que van a creer, porque es Dios quien envía al Pan del Cielo. No se trata de un esfuerzo humano que localiza la fuente de la vida, sino de que ésta se aproxima hasta entrar en contacto con el hombre para que pueda recibirlo e incorporarlo por fe a su vida.

ἀμὴν ἀμὴν λέγω ὑμῖν, ζητεῖτέ με οὐχ ὅτι εἴδετε σημεῖα, Jesús hace nuevamente una afirmación firme: *de cierto, de cierto*, con la que indudablemente reclama la atención a lo que sigue. La primera es una amonestación haciéndoles notar que la búsqueda que hace de Él con tanta insistencia, no era por causa de lo que habían visto, *la señal*, que había hecho en la multiplicación del pan. De otro modo, el milagro del día anterior y otros muchos que había hecho no eran para ellos *señales*, que lo señalaban como el Mesías enviado al mundo. Era otra la razón del interés por encontrar a Cristo.

El interés de ellos no era por la enseñanza espiritual que Jesús impartía, sino por el pan material que les había dado y del que habían quedado satisfechos. La expresión ἐχορτάσθητε, *fuisteis saciados*, era una forma tomada originalmente del pasto que se daba a los animales. Le habían saludado como *Rabí*, maestro, pero no buscaban sus palabras sino el poder para darles pan físico que resolvía el problema del hambre material sin necesidad de esfuerzo alguno.

En el saludo hay un alto contenido de hipocresía que el Señor no pasa por alto, sino que la hace manifiesta delante de todos. Nunca interesaron a Jesús los halagos de la gente, de modo que buscando el bien de todos los presentes, comienza reprendiéndoles por el interés equivocado en las prioridades de sus vidas. Estos buscaban a Jesús por lo que hacía, cuando el verdadero amor por Él es buscarle por lo que es. Se estaban repitiendo los intereses equivocados del hombre. Anteriormente la mujer samaritana deseaba tener agua con lo que ya no necesitase acudir a sacarla al pozo de Jacob. Aquí la multitud le busca para obtener gratis el alimento de cada día.

27. Trabajad, no por la comida que perece, sino por la comida que a vida eterna permanece, la cual el Hijo del Hombre os dará; porque a éste señaló Dios el Padre.

ἐργάζεσθε μὴ τὴν βρῶσιν τὴν ἀπολλυμένην ἀλλὰ τὴν βρῶσιν
Trabajad no por la comida - que perece, sino por la comida
τὴν μένουσαν εἰς ζωὴν αἰώνιον, ἣν ὁ Υἱὸς τοῦ Ἀνθρώπου
- que permanece para vida eterna, la cual el Hijo del Hombre
ὑμῖν δώσει· τοῦτον γὰρ ὁ Πατὴρ ἐσφράγισεν ὁ Θεός.
os dará; porque a éste el Padre selló - Dios.

Notas y análisis del texto griego.

Sigue la respuesta de Jesús: ἐργάζεσθε, segunda persona plural del presente de imperativo en voz media del verbo ἐργάζομαι, *trabajar*, aquí *trabajad*; μὴ, partícula que hace funciones de adverbio de negación condicional *no*; τὴν, caso acusativo femenino singular del artículo determinado declinado *por la*; βρῶσιν, caso acusativo femenino singular del nombre común *comida*; τὴν, caso acusativo femenino singular del artículo determinado *la*; ἀπολλυμένην, caso acusativo femenino singular del participio de presente en voz media del verbo ἀπόλλυμι, *perecer, destruir, matar*, aquí *que perece*; ἀλλὰ, conjunción adversativa *sino*; τὴν, caso acusativo femenino singular del artículo determinado *la*; βρῶσιν, caso acusativo femenino singular del nombre común *comida*; τὴν, caso acusativo femenino singular del artículo determinado *la*; μένουσαν, caso acusativo femenino singular del participio de presente en voz activa del verbo μένω, *permanecer, quedarse*, aquí *que permanece*; εἰς, preposición propia de acusativo *hacia, para*; ζωὴν, caso acusativo femenino singular del nombre común *vida*; αἰώνιον, caso acusativo femenino singular del adjetivo *eterna*; ἣν, caso acusativo femenino singular del pronombre relativo *la que, la cual*; ὁ, caso nominativo masculino singular del artículo determinado *el*; Υἱὸς, caso nominativo masculino singular del nombre divino *Hijo*; τοῦ, caso genitivo masculino singular del artículo determinado declinado *del*; Ἀνθρώπου, caso genitivo masculino singular del sustantivo que denota *Hombre*; ὑμῖν, caso dativo de la segunda persona plural del pronombre personal declinado *a vosotros, os*; δώσει, tercera persona singular del futuro de indicativo en voz activa del verbo δίδωμι, *dar*, aquí *dará*; τοῦτον, caso acusativo masculino singular del pronombre demostrativo declinado *a éste*; γὰρ, conjunción causal *porque*; ὁ, caso nominativo masculino singular del artículo determinado *el*; Πατὴρ, caso nominativo masculino singular del nombre divino *Padre*; ἐσφράγισεν, tercera persona singular del aoristo primero de indicativo en voz activa del verbo σφραγίζω, *sellar, confirmar*, aquí *selló*; ὁ, caso nominativo masculino singular del artículo determinado *el*; Θεός, caso nominativo masculino singular del nombre divino *Dios*.

ἐργάζεσθε μὴ τὴν βρῶσιν τὴν ἀπολλυμένην ἀλλὰ τὴν βρῶσιν τὴν μένουσαν εἰς ζωὴν αἰώνιον, El versículo comienza con una prohibición con μὴ, negación condicional, y el presente de imperativo del verbo ἐργάζομαι, *trabajar*, por lo que, siendo palabras de Jesús, debe considerarse como un mandamiento. La construcción en positivo de la oración no niega, como pudiera entenderse en una construcción negativa, que el hombre trabaje o deba trabajar por la comida temporal perecedera, pero establece una prioridad de la imperecedera porque es eterna sobre la otra. No trabajar por lo perecedero equivale a no estar apegado a las cosas terrenales, buscando la seguridad del futuro, sino considerarlo como algo de importancia relativa o secundaria. Aquellos que habían comido abundantemente el día anterior, volvían a sentir hambre.

ἣν ὁ Υἱὸς τοῦ Ἀνθρώπου ὑμῖν δώσει· Jesús les exhorta a ocuparse en buscar el alimento mediante el cual se sacia el hambre espiritual. Ese además es una *comida eterna*. Este alimento espiritual no puede ser conseguido por el hombre mediante trabajo, sino que es un regalo dadivoso de Dios que Jesucristo otorga. Es muy expresiva la frase de Jesús, que se refiere a la *vida eterna*, de la que dice que *os dará el Hijo del Hombre*. Ambas cosas están plenamente unidas. El alimento que provee vida eterna, es también eterno, puesto que, como se notará más adelante, es Cristo mismo; pero, al mismo tiempo la vida eterna sólo puede ser dada por Aquel en quien está la vida (1:4), y que fue enviado al mundo, no para condenación sino para salvación (3:17). A Nicodemo le explicó el modo de *alcanzar* ese alimento espiritual y eterno, mediante el ejercicio de la fe en Cristo (3:16). La vida eterna no es la recompensa de un trabajo hecho, sino la experiencia de la gracia (Ef. 2:8-9). Jesús está hablando ya de la entrega personal que Él mismo se hará para los que crean en Él. La *teología de la entrega* comienza a manifestarse ya en el ministerio de Jesús, y va a ser tema continuado en distintos momentos, de aquí en adelante. El Hijo del Hombre vino para dar Su vida en rescate por todos. Ese rescate que libera al pecador de la ira de Dios a causa del pecado, será efectivo o eficaz no en todos, sino en quienes crean. Potencialmente Jesús puede salvar a todos, pero sólo serán salvos los que tengan una experiencia vital con Él. Debe observarse que continuamente se habla en la Escritura que la salvación no es del hombre, que éste ni puede ni quiere hacer nada en ese sentido y que sólo es de Dios, que en gracia la determina en la eternidad, antes de la creación del mundo (2 Ti. 1:9; 1 P. 1:18-20); la ejecutó en el tiempo previsto por Él (Gá. 4:4); la aplica en el decurso del tiempo a todo aquel que crea. Es necesario aseverar con firmeza que *la salvación es de Jehová* (Sal. 3:8; Jon. 2:9).

La verdad que Cristo presenta inmediatamente de iniciar el discurso está firmemente extendida a lo largo de toda la Escritura y especialmente en el Nuevo Testamento. La vida eterna es un don de Dios. Jesús dice aquí *que Él la dará*, por tanto, si la da es don y no obra. Cada paso en el proceso de salvación se debe enteramente a la gracia. Incluso la capacitación divina para salvación que hace posible que el pecador desobediente por condición, e hijo de ira por transgresión, incapaz de obedecer a cualquier demanda de Dios y mucho menos de entregarse personalmente en un acto de obediencia incondicional en el llamamiento divino a salvación, pueda llevarlo a cabo mediante la capacitación del Espíritu Santo (1 P. 1:2). Todo el proceso de salvación queda y depende de la administración y ejecución de Dios, en un acto de amor benevolente que no es sino una manifestación expresiva de la gracia. Los sufrimientos del Salvador son también la consecuencia de la gracia (He. 2:9). La irrupción de Dios en Cristo, en la historia humana, tiene un propósito de gracia. Juan se refirió antes a que el Hijo de Dios, enviado del Padre, fue visto por él con la gloria que corresponde al Hijo Unigénito, *"lleno de gracia y de verdad"* (1:14). Fue enviado del Padre, y se hace hombre *"Para que por la gracia de Dios gustase la muerte por todos"* (He. 2:9). Cuando Jesús dice aquí que *os dará*, en relación con la comida que permanece para vida eterna, no hay duda que se está refiriendo a Él mismo, en cuyas palabras se vislumbra ya la obra sustitutoria de Cristo en la Cruz. La Cruz da expresión al eterno programa salvífico de Dios. En ella, el Cordero de Dios fue cargado con el pecado del mundo conforme a ese propósito eterno de redención (1 P. 1:18-20). Cuando subió a la Cruz lo hizo cargado con el pecado del mundo (1 P. 2:24). Por tanto, la obra de Jesucristo es una manifestación de la gracia. Gracia es una de las expresiones del amor de Dios. Ya se ha considerado antes esto y se dijo que la gracia es el *amor de Dios en descenso*, que se hace *Pan de vida* en Cristo y se da como alimento generador de la vida eterna. Con el Verbo vino la gracia en plenitud (1:17), y con ella el descenso del Hijo a la experiencia de limitación en la carne (1:14). En otro lugar y como ejemplo, el apóstol Pablo habla de gracia con estas palabras: *"Ya conocéis la gracia de nuestro Señor Jesucristo, que por amor a vosotros se hizo pobre, siendo rico"* (2 Co. 8:9). Nuevamente la idea de descenso, de anonadamiento, de desprendimiento rodea a la palabra gracia. No cabe duda que la gracia, como único medio de salvación, procede de Dios mismo y surge del corazón divino hacia el pecador, en el momento de establecer el plan de redención (2 Ti. 1:9). En razón de la gracia, Dios se hace encuentro con el hombre en Cristo, para que los hombres, sin derecho a ser amados, lo sean por la benevolencia de Dios, con un amor incondicional y de entrega. Dios en Cristo se entrega a la muerte por todos nosotros, para que nosotros, esclavos y herederos de muerte eterna, a causa de nuestro pecado, podamos alcanzar en Él la vida eterna por medio de la fe, siendo justificados por la obra de la Cruz (Ro. 5:1). Dios deposita todo el infinito recurso de la gracia para salvación, en la Persona del Salvador, que, como Mediador entre Dios y los hombres (1 Ti. 2:5), manifiesta y otorga la gracia salvadora en la historia de la humanidad, desde la caída en el pecado de nuestros primeros padres. Esa gracia se manifiesta en la Persona del Salvador cuando encarnándose viene al mundo con misión salvadora. El mismo hecho de la encarnación es la primera consecuencia operativa de la gracia para salvación. La revelación de Dios a la humanidad tiene lugar mediante la manifestación de Dios en humanidad. El Verbo de Dios crea, como Creador absoluto de cuanto existe, una naturaleza humana, en unidad de acción con el Padre, que le apropia de cuerpo (He. 10:5) y con el Espíritu que lleva a cabo la operación de concepción de esa naturaleza (Lc. 1:35), y esa naturaleza creada es asumida por el mismo Creador, que es el Verbo, que también la personaliza, para que pueda producirse con ella y en ella, el definitivo encuentro de Dios con el hombre y del hombre con Dios. El hombre Jesús, que es Hijo consustancial con el Padre, se hace para siempre lugar de encuentro y de disfrute de la vida de Dios por el hombre. Eternamente la visión de Dios se llevará a cabo en la visión del Hijo de Dios encarnado, que hace visible al Invisible (1:18). El hombre creyente queda definitivamente establecido en el Hijo y, por tanto, afincado en Dios para disfrutar de la vida eterna que es la divina naturaleza (2 P. 1:4).

El hombre recibe la salvación apropiándose de ella por medio de la fe que, como todo lo que es de salvación, es don de Dios. Jesús lo estuvo enseñando antes, sobre todo en el discurso con motivo de la visita de Nicodemo. La vida eterna se otorga a todo aquel que cree en Jesús (3:16). La fe es el instrumento para alcanzar la vida eterna que se otorga por gracia en Cristo. La fe es el *medio* pero nunca la *causa* de la salvación. Nunca se lee en la Biblia que somos salvos *a causa* de la fe, sino *por medio* de ella. Algunos en un afán humanista afirman que en la salvación hay dos partes: por un lado la parte de Dios que es la gracia y por otra la parte del hombre que es la fe. Es verdad que la responsabilidad de ejercer la fe y, por tanto, de creer es del hombre, sin embargo la fe es también un don de Dios. Esto concuerda radicalmente con la advertencia que el apóstol Pablo hará tiempo después cuando dice que la salvación *"no es por obras para que nadie se glorie"* (Ef. 2:9), pretendiendo evitar que alguno pudiera decir: "*por lo menos tengo el mérito de creer*", lo que supondría un mermar gloria a Dios que en Su gracia salva sin razón meritoria por parte del hombre. La fe es, por tanto, el medio instrumental que Dios da para alcanzar la salvación (Ro. 5:1). Es el canal por medio del cual se reciben los beneficios de la obra de Cristo, por tanto, es el único *medio* para salvación (5:24; 17:3). No es posible que esta fe instrumental para salvación pueda proceder del hombre. Esta fe de entrega en renuncia del *yo* para aceptar el *Tú* de Cristo, no puede ser en modo alguno una obra humana, sino el acto de un alma vacía que recibe todo de Dios. No puede olvidarse que *creer* no es un asunto volitivo y potestativo del hombre, sino una concesión de la gracia (Fil. 1:29). Mediante la fe con que Dios nos dota, recibimos la justicia de Cristo (Ro. 5:1). Con todo, también es necesario entender que Dios no fuerza a creer. El ejercicio de la fe es siempre un acto humano, impulsado y ayudado por la gracia de Dios, en el poder del Espíritu Santo (1 P. 1:2). La gracia puede ser resistida en un acto de rebeldía y rechazo al don divino, negándose a creer (3:36).

τοῦτον γὰρ ὁ Πατὴρ ἐσφράγισεν ὁ Θεός. Las palabras iniciales del discurso de Jesús, vuelven a conectarlo con el Padre que le envió al mundo. Aquí dice que *Dios el Padre ha puesto Su sello sobre Él*. De otro modo, El Padre, por las señales que Jesús hacía, por el testimonio del Bautista y directamente en el tiempo de Su bautismo, testificó que era el Hijo amado en quien se complacía. Sin embargo, no dice Juan el momento al que Jesús se refiere en esa afirmación. El sello tiene como característica la imagen impresa en él, que la representa fielmente, pero, además, puede darla a otro en el que se ponga. Jesucristo *sellado* por el Padre, manifiesta la imagen misma del que lo envió, expresando en Él la forma de Dios que lo había sellado, por tanto Su existencia en *forma de Dios*, le confiere la realidad gloriosa de seguir siendo Dios, aún en Su forma de *siervo*. Sin embargo, para poder hacer la obra de siervo en la redención del hombre, tuvo que humillarse a Sí mismo hasta sufrir la muerte de Cruz (Fil. 2:6-8). Pero, aún así, en el momento supremo de la entrega, en el tiempo de Su *muerte espiritual*, Su existencia seguía siendo la de Dios, porque era Dios. La gloria de Dios se exhibe por medio del Hijo, que es también Su impronta. Cristo es el sello de la perfección de Dios, al sellar el Padre con Su sello, al Hijo que amaba. Por tanto, el sello tiene que ver con la realidad de la misión para la que el Padre lo había enviado. Esta misión de Jesús, no era como la de los profetas. Estos fueron enviados por el Padre, pero el Hijo vino desde el seno del Padre en donde eternamente está. La misión del envío tiene que ver con dar vida al mundo. La misión tiene un comienzo: viene del Padre; y tiene un término, dar vida eterna a todo aquel que cree. Porque procede del Padre y tiene vida en Sí mismo, puede también dar vida eterna que es la vida de Dios.

28. Entonces le dijeron: ¿Qué debemos hacer para poner en práctica las obras de Dios?

εἶπον οὖν πρὸς αὐτόν· τί ποιῶμεν ἵνα ἐργαζώμεθα τὰ
Dijeron, pues, a Él: ¿Qué haremos para que llevemos a cabo las
ἔργα τοῦ Θεοῦ
obras - de Dios?

Notas y análisis del texto griego.

Siguiendo con el relato, añade: εἶπον, tercera persona plural del aoristo segundo de indicativo en voz activa del verbo λέγω, *hablar, decir*, aquí *dijeron*; οὖν, conjunción con valor continuativo *pues*; πρὸς, preposición propia de acusativo *a*; αὐτόν, caso acusativo de la tercera persona singular del pronombre personal declinado *a él, le*; τί, caso acusativo neutro singular del pronombre interrogativo *qué*; ποιῶμεν, primera persona plural del presente de subjuntivo en voz activa del verbo ποιέω, *hacer, crear, realizar, fabricar, trabajar*, aquí *haremos*; ἵνα, conjunción causal *para*; ἐργάζομαι, primera persona plural del presente de subjuntivo en voz media del verbo ἐργαζώμενοι, *trabajar, realizar, efectuar, hacer, llevar a cabo*, aquí *llevemos a cabo*; τὰ, caso acusativo neutro plural del artículo definido *los*; ἔργα, caso acusativo neutro plural del nombre común *trabajos, obras*; τοῦ, caso genitivo masculino singular del artículo determinado *el*; Θεοῦ, caso genitivo masculino singular del nombre divino declinado *de Dios*.

εἶπον οὖν πρὸς αὐτόν· τί ποιῶμεν ἵνα ἐργαζώμεθα τὰ ἔργα τοῦ Θεοῦ. La gente busca una respuesta sobre cuales son las *obras de Dios* que deben ser hechas. Toda la sociedad judía estaba imbuida que la justificación y, por consiguiente, la salvación debía ser alcanzada por el esfuerzo humano, haciendo *las obras* que Dios había determinado para ello. Es el concepto general, incluyendo a los líderes religiosos como Nicodemo. El verbo que usa Juan es de la misma raíz que *obra*, *acción*, la realización de algo, para alcanzar el alimento que viene de Dios y que Jesús acaba de mencionarles. Jesús les había dicho que *trabajasen por la comida que les da el Hijo del Hombre y que lleva a vida eterna.* Ellos indagan cuales son las obras que debían de hacer para recibir lo que Jesús les había hablado. No cabe duda que los oyentes pensaban en las obras de la ley, y de ellas, las esenciales para alcanzar un lugar entre los benditos del reino de los cielos. Ellos estaban además de interesados en conocer, deseosos de hacer lo que se les indicase; no importaba el esfuerzo que requiriese. No habían entendido que la vida eterna sea un regalo, un don que Dios da al que cree. Adquirir la salvación por esfuerzo propio era la enseñanza que habían recibido.

29. Respondió Jesús y les dijo: Ésta es la obra de Dios, que creáis en el que él ha enviado.

ἀπεκρίθη [ὁ] Ἰησοῦς καὶ εἶπεν αὐτοῖς· τοῦτο ἐστιν τὸ ἔργον
Respondió - Jesús y dijo les: Ésta es la obra
τοῦ Θεοῦ, ἵνα πιστεύητε εἰς ὃν ἀπέστειλεν ἐκεῖνος.
- de Dios, que creáis en el que envió Él.

Notas y análisis del texto griego.

Sigue con ἀπεκρίθη, tercera persona singular del aoristo primero de indicativo en voz activa del verbo ἀποκρίνομαι, *responder, contestar, declarar*, aquí *respondió*; ὁ, caso nominativo masculino singular del artículo determinado *el*; Ἰησοῦς, caso nominativo masculino singular del nombre propio *Jesús*; καὶ, conjunción copulativa *y*; εἶπεν, primera persona singular del aoristo segundo de indicativo en voz activa del verbo λέγω, *hablar, decir*, aquí *dijo*; αὐτοῖς, caso dativo masculino de la tercera persona plural del pronombre personal declinado *a ellos, les*; τοῦτο, caso nominativo neutro singular del pronombre demostrativo *estos*; ἐστιν, tercera persona singular del presente de indicativo en voz activa del verbo εἰμί, *ser, estar*, aquí *es*; τὸ, caso nominativo neutro singular del artículo determinado *el*; ἔργον, caso nominativo neutro singular del nombre común *trabajo, obra*; τοῦ, caso genitivo masculino singular del artículo determinado *el*; Θεοῦ, caso genitivo masculino singular del nombre divino *Dios*; ἵνα, conjunción *que*; πιστεύητε, segunda persona plural del presente de subjuntivo en voz activa del verbo πιστεύω, *creer*, aquí *creáis*; εἰς, preposición propia de acusativo *a*; ὃν, caso acusativo masculino singular del pronombre relativo *el que, el cual*; ἀπέστειλεν, tercera persona singular del aoristo primero de indicativo en voz activa del verbo ἀποστέλω, *enviar*, aquí *envió*; ἐκεῖνος, caso nominativo masculino singular del pronombre demostrativo *Él*.

ἀπεκρίθη [ὁ] Ἰησοῦς καὶ εἶπεν αὐτοῖς· Jesús responde a la pregunta que le formulaban. Nunca dejó sin contestar a quienes le hicieron alguna. En esta ocasión la respuesta será tal vez poco comprensible para ellos, pero el Señor les contesta a lo que ellos deseaban conocer.

τοῦτο ἐστιν τὸ ἔργον τοῦ Θεοῦ, Los que estaban presentes y formularon la pregunta a Jesús, estaban dispuestos a cumplir las *obras de Dios* que se les indicasen. Pero Cristo opone en la respuesta a las *obras* diversas, la única *obra de Dios*.

ἵνα πιστεύητε εἰς ὃν ἀπέστειλεν ἐκεῖνος. Lo único que Dios demandaba era un acto de fe en el Hijo de Dios, a quien Dios había enviado. Concuerda esto plenamente con toda la enseñanza que anteriormente había dado sobre el modo de recibir la salvación. Esta se otorga por gracia a todo aquel que cree (3:16). La condenación se produce como resultado de la incredulidad en Él (3:36). No se trata de obrar en el esfuerzo humano, sino de creer en quien es el Salvador del mundo. Indudablemente la fe no es una *obra* humana, sino la acción que el hombre ejerce depositándola en el Salvador. Como se ha considerado antes, todo cuanto tiene que ver con salvación es una operación divina, por tanto, la fe es el medio por el que se alcanza la salvación. Ésta es por gracia, la fe es medio instrumental. Siendo un don de Dios, se convierte en una actividad humana cuando el hombre cree. La fe no es una obra, pero el apóstol habla de *"la obra de vuestra fe"* (1 Ts. 1:3). La primera *obra* de la fe es la entrega del pecador al Salvador. No cabe duda que la fe produce en el creyente las obras que Dios preparó de antemano para que sean el estilo de vida del salvo, que no es otra cosa que la reproducción de Cristo en la vida dependiente de todo aquel que cree. Pero, el primer movimiento de la fe, es la aceptación del Salvador, que no es otro que Aquel a quien Dios ha enviado. Los judíos estaban involucrados en una vida que cumpliera una serie de obras y de reglas de conducta, para ser agradables a Dios. Jesús llama la atención de todos ellos a una nueva relación con Dios en un *seguir creyendo*, como se aprecia en el presente de subjuntivo en que aparece el verbo creer. Es necesario observar que más adelante *creer* es sinónimo de *ir a Jesús* (v. 35). No se trata de un conocimiento sobre Jesús, por amplio y profundo que sea, es el acto de la entrega personal del pecador al Salvador, en el que la voluntad del hombre está también involucrada. Es verdad que no es del hombre la salvación, pero no es menos cierta la responsabilidad humana en el acto de creer. Dios no cree por el hombre, ni obliga al hombre a creer, sino que potencia por Su Espíritu las capacidades de la criatura para que pueda hacer un acto sobrenatural como es la entrega incondicional del pecador rebelde al Salvador enviado (1 P. 1:2). Si Jesús es el Pan que da vida el mundo, luego la fe es ir a Jesús para recibir el don que ofrece. Contra la búsqueda de la justificación por obras, la fe es el camino único para alcanzarla (Ro. 3:28; 5:1). Es verdad que el hombre es el que se acerca o va a Jesús, pero no es menos cierto que aún en eso se necesita el impulso de Dios que lo conduce al Salvador, como Él dirá más adelante: *"Ninguno puede venir a mí, si el Padre que me envió no le trajere"* (v. 44).

Alguien podrá argüir que si la salvación es por gracia (Ef. 2:8), la fe no puede ser una obra que el hombre debe hacer. Juan, al igual que toda la enseñanza del Nuevo Testamento, afirma que la salvación es por gracia (cf. 1:13, 17, 29; 3:3, 5, 15-16; 4:10, 14, 36, 42; 5:21; 6:27, 33, 37, 39, 44, 51, 55, 65; 8:12, 24, 36; 10:7, 9, 28-29; 11:25, 51-52; 14:2-3, 6; 15:5; 17:2, 6, 9, 12, 24; 20:31). Sin embargo la fe que salva no es una fe pasiva, sino activa, en la que, por el impulso divino, el pecador pone todo su deseo y empeño (3:14 ss.), por lo que Pablo habla, como se dice antes, de *"la obra de vuestra fe"*. La fe no se alcanza por medio del esfuerzo del hombre, sino que proviene de Dios como don, pero al activarse en el hombre, conduce a éste a una dinámica de fe viva creyendo en entrega en el Salvador. Es necesario concluir que el acto de fe es obra generada por Dios en el hombre, esto siempre, sin eludir en modo alguno la responsabilidad que el hombre tiene. Para que nadie pudiera entender que lo que se demanda es un obrar, Jesús no usa el verbo *obrar*, sino el verbo *creer*. La *obra de Dios*, esto es, lo que Él exige de nosotros es creer en Aquel que Él ha enviado. La obra de fe es recibir el don de Dios que es Jesús.

30. Le dijeron entonces: ¿Qué señal, pues, haces tú, para que veamos, y te creamos? ¿Qué obra haces?

Εἶπον οὖν αὐτῷ· τί οὖν ποιεῖς σὺ σημεῖον, ἵνα ἴδωμεν
Dijeron, entonces, le: ¿Qué, pues, haces Tú señal, para que veamos
καὶ πιστεύσωμεν σοι τί ἐργάζῃ
y creamos te? ¿Qué obra haces?

Notas y análisis del texto griego.

Trasladando la respuesta a Jesús, escribe: Εἶπον, tercera persona plural del aoristo segundo de indicativo en voz activa del verbo λέγω, *hablar, decir*, aquí *dijeron*; οὖν, conjunción ilativa, *pues, entonces*; αὐτῷ, caso dativo masculino de la tercera persona singular del pronombre personal declinado *a Él, le*; τί, caso acusativo neutro singular del adjetivo interrogativo *qué*; οὖν, conjunción continuativa *pues*; ποιεῖς, segunda persona singular del presente de indicativo en voz activa del verbo ποιέω, *hacer, realizar, efectuar*, aquí *haces*; σὺ, caso nominativo de la segunda persona singular del pronombre personal *tú*; σημεῖον, caso acusativo neutro singular del nombre común *señal, signo*; ἵνα, conjunción causal *para que*; ἴδωμεν, primera persona plural del aoristo segundo de indicativo en voz activa del verbo ὁράω, *ver, contemplar, mirar*, aquí *veamos*; καὶ, conjunción copulativa *y*; πιστεύσωμεν, primera persona plural del aoristo primero de subjuntivo en voz activa del verbo πιστεύω, *creer*, aquí *creamos*; σοι, caso dativo de la segunda persona singular del pronombre personal declinado *a ti, te*; τί, caso acusativo neutro singular del pronombre interrogativo *qué*; ἐργάζῃ, segunda persona singular del presente de indicativo en voz media del verbo ἐργάζομαι, *trabajar, obrar, efectuar*, aquí *obra haces*.

Εἶπον οὖν αὐτῷ· A la respuesta de Jesús, sigue inmediatamente la de los que le escuchaban en la sinagoga. No se dice quienes formularon estas preguntas, posiblemente algunos de los fariseos, enemigos directos de Jesús, a quien no perdonaban lo que hacía, especialmente las obras de sanidad en el día del sábado.

τί οὖν ποιεῖς σὺ σημεῖον, El Señor demandó a todos aquellos que creyesen en Él, como el enviado de Dios. Aparentemente están dispuestos a creer como se les pedía, pero con la condición de que Jesús hiciese una señal, o una obra de tal dimensión que no hubiese duda que se trataba de Aquel a quien Dios enviaba al mundo. Es sorprendente la incredulidad arraigada en el corazón de aquellos. Estaban pidiendo una *señal* y acababan de ver, o por lo menos, conocer por el testimonio de muchos, la multiplicación de los panes y los peces que alimentaron a una multitud tan grande. Generalmente el profeta anunciaba antes la señal que iba a hacer en el nombre de Dios y que le identificaría como tal delante de la gente. Jesús no anunciaba las señales, las obras poderosas, los milagros que iba a hacer, simplemente los hacía. Tal vez por eso estas gentes piden que les diga *cual era la señal* que iba a hacer, no las que ya había hecho, que le identificaría como el enviado de Dios. El milagro de la multiplicación de los panes fue interpretado por quienes lo presenciaron como que era conveniente que aquel hombre fuera hecho rey. Ahora se enfrenta con la demanda de creer en Él, como el Hijo del Hombre, el Salvador del mundo, el Mesías enviado y piden una señal que sirva para identificarlo como tal. El Señor acababa de decirles que todos habían *visto las señales* (v. 26), pero ellos piden todavía una para creer en Él. Aquella turba era de la peor condición espiritual, a pesar de llamarse pomposamente *hijos de Abraham* y considerarse como herederos de las promesas y bendiciones de Dios. Jesús está mostrando una extraordinaria y sobrenatural paciencia con ellos. No eran dignos de nada por parte de Él, pero había venido no para condenar al mundo, sino para que éste fuese salvo por Él.

ἵνα ἴδωμεν καὶ πιστεύσωμεν σοι τί ἐργάζῃ Posiblemente esta pregunta no fue formulada por los que vieron el milagro, sino por los *judíos*, forma habitual de Juan en el *Evangelio*, para referirse a los religiosos de aquel tiempo. Algunos de ellos estaban presentes en esa ocasión (v. 41). No obstante la gente es enormemente voluble. El día anterior estaban dispuestos a tomarlo para hacerlo rey, ahora, en la sinagoga, influenciados por los religiosos, enemigos de Jesús, no testifican que las señales hechas eran suficientes, sino que, en cierto modo, concuerdan con los perversos practicantes de la religión pero ciegos a la gracia, que buscan ocasión contra Cristo. Piden un milagro de tal naturaleza que viéndolo pudieran creer en Él. Si accediera a la petición del populacho, la fe no sería en Sus palabras, sino en la obra misma que había hecho, por lo que dejaba de ser fe para convertirse en mero testimonio visible del poder divino. La señal debía hacerse para que ellos *pudiesen ver*. Aquellos pedían al Señor que les mostrara Sus credenciales como el enviado de Dios, para que pudieran creer en lo que Él afirmaba ser. No solo sorprende la petición por la osadía y arrogancia que conlleva, sino por hacerla en Capernaum, donde habían tenido lugar muchos milagros del Señor. No cambió de actitud incrédula aquel pueblo a lo largo de toda su historia. Son gentes de corazón endurecido y de rebeldía manifiesta contra Dios. El apóstol Pablo insistirá más adelante en la petición de señales, cuando dice que *"los judíos piden señales"* (1 Co. 1:22). Aquellos ponían condiciones a Dios para creer en el enviado, que hiciese una señal mayor como ellos estaban pidiendo. La incredulidad unida a la arrogancia convierte su petición en un desafío. Entre líneas se lee que ellos estaban convencidos de que Jesús no podría hacer una señal como la que ellos pedían. Ellos querían *ver*, por tanto, no son capaces de comprender la naturaleza de la fe que Jesús demandaba hacia Él.

31. Nuestros padres comieron el maná en el desierto, como está escrito: Pan del cielo les dio a comer.

οἱ πατέρες ἡμῶν τὸ μάννα ἔφαγον ἐν τῇ ἐρήμῳ, καθώς ἐστιν
Los padres de nosotros el maná comieron en el desierto, como está
γεγραμμένον· *ἄρτον ἐκ τοῦ οὐρανοῦ ἔδωκεν αὐτοῖς φαγεῖν.*
escrito: Pan del cielo dio les a comer.

Notas y análisis del texto griego.

Sin interrupción, añade: οἱ, caso nominativo masculino plural del artículo determinado *los*; πατέρες, caso nominativo masculino plural del nombre común *padres, antepasados, ascendientes*; ἡμῶν, caso genitivo de la primera persona plural del pronombre personal declinado *de nosotros*; τὸ, caso acusativo neutro singular del artículo determinado *el*; μάννα, caso acusativo neutro singular del nombre común *maná*; ἔφαγον, tercera persona plural del aoristo segundo de indicativo en voz activa del verbo εσθίω, *comer*, aquí *comieron*; ἐν, preposición propia de dativo *en*; τῇ, caso dativo femenino singular del artículo determinado *la*; ἐρήμῳ, caso dativo femenino singular del nombre común *desierto, lugar poco habitado*; καθώς, conjunción condicional *como*; ἐστιν, tercera persona singular del presente de indicativo en voz activa del verbo εἰμί, *ser, estar*, aquí *está*; γεγραμμένον, caso nominativo neutro singular del participio de perfecto en voz activa del verbo γράφω, *escribir*, aquí *escrito*; *ἄρτον*, caso acusativo masculino singular del nombre común *pan*; *ἐκ*, preposición propia de genitivo *de*; *τοῦ*, caso genitivo masculino singular de artículo determinado *el*; *οὐρανοῦ*, caso genitivo masculino singular del nombre común *cielo*; *ἔδωκεν*, tercera persona singular del aoristo primero de indicativo en voz activa del verbo δίδωμι, *dar, entregar*, aquí *dio*; *αὐτοῖς*, caso dativo masculino de la tercera persona plural del pronombre personal declinado *a ellos, les*; *φαγεῖν*, aoristo segundo de infinitivo en voz activa del verbo εσθίω, *comer*.

οἱ πατέρες ἡμῶν τὸ μάννα ἔφαγον ἐν τῇ ἐρήμῳ, Unida a la petición de la señal, va la observación histórica que, en cierto modo, condicionaba la que le estaban pidiendo a Jesús. Recuerdan a Cristo el milagro que Moisés había hecho en el desierto dándoles a comer maná, que ellos llamaban *pan del cielo*.

Continuamente oponen a Jesús personajes históricos e irrepetibles de la historia de Israel. En ese sentido, la mujer samaritana pone ante Cristo la figura de Jacob que les había dado el pozo de donde ella sacaba agua (4:12); luego los judíos le colocarán, más adelante, frente a Abraham (8:53); ahora le están colocando frente a Moisés, el que condujo al pueblo en el desierto. Directamente están pidiéndole una señal que fuese, por lo menos, igual a la de Moisés.

καθώς ἐστιν γεγραμμένον· *ἄρτον ἐκ τοῦ οὐρανοῦ ἔδωκεν αὐτοῖς φαγεῖν*. Para recordarle la señal de los tiempos de Moisés, le citan la Escritura. No hay un texto bíblico que corresponda exactamente a las palabras que dicen a Jesús. Posiblemente estén citando las palabras que escribió Moisés: *"Y Jehová dijo a Moisés: He aquí yo os haré llover pan del cielo"* (Ex. 16:4), pero también pudieran referirse a otras citas (cf. Neh. 9:15; Sal. 78:24, 25; 105:40). En forma directa le están desafiando para ver si sería capaz de hacer lo que había hecho Moisés, atribuyen a aquel lo que realmente había sido una obra de Dios, sin ninguna intervención de Moisés. ¿Sería capaz Jesús de hacer un milagro como el que había ocurrido en los días del desierto? Jesús había hecho un milagro semejante al dar comida a una multitud el día anterior, pero ellos, están apelando a la alimentación de todo un pueblo durante cuarenta años, como fue la provisión con el maná. De manera que si Jesús es mayor que Moisés, debía hacer un milagro aún mayor que aquel, para que pudieran creer en Él viendo la señal.

Con todo, la aplicación tendenciosa de la Palabra, está inequívocamente manifestada entre ellos. Los que citan la Escritura, se olvidan que aquel mismo pueblo aborreció la provisión que Dios les había dado, cuando decían hablando contra Él: *"...nuestra alma tiene fastidio de este pan tan liviano"* (Nm. 21:5). El desprecio manifestado contra Dios, trajo sobre ellos el juicio de las serpientes venenosas que Él envió entre el pueblo y que causaron la muerte de muchos. Ahora despreciando el *Pan de vida*, se asientan voluntariamente en la esfera de la condenación por su pecado, que les lleva a la muerte segunda.

Sin duda el egoísmo va acompañando a la incredulidad. Aquellos estaban procurando que de nuevo se les resolviera el problema de encontrar el alimento cotidiano. Para ellos el Mesías, el enviado de Dios solucionaría toda necesidad para el pueblo de Israel. Así demandaban a Jesús una señal semejante a la ocurrida en días de Moisés que le acreditase quien Él decía ser. La ceguera espiritual de aquellos es evidente. Insistían en una señal que trajese como resultado una comida temporal, como el maná en tiempo de Moisés, que se echaba a perder en el transcurso de un día, mientras Jesús ofrecía una comida permanente, no para el cuerpo sino para el alma.

32. Y Jesús les dijo: De cierto, de cierto os digo: No os dio Moisés el pan del cielo, mas mi Padre os da el verdadero pan del cielo.

εἶπεν οὖν αὐτοῖς ὁ Ἰησοῦς· ἀμὴν ἀμὴν λέγω ὑμῖν, οὐ
Les dijo entonces - Jesús: De cierto, de cierto, digo os, no
Μωϋσῆς δέδωκεν ὑμῖν τὸν ἄρτον ἐκ τοῦ οὐρανοῦ, ἀλλ' ὁ
Moisés dio os el pan del cielo, sino el
Πατήρ μου δίδωσιν ὑμῖν τὸν ἄρτον ἐκ τοῦ οὐρανοῦ τὸν
Padre de mí da os el pan del cielo el
ἀληθινόν·
verdadero.

Notas y análisis del texto griego.

Trasladando la respuesta de Jesús, escribe: εἶπεν, tercera persona singular del aoristo segundo de indicativo en voz activa del verbo λέγω, *hablar, decir*, aquí *dijo*; οὖν, conjunción continuativa o ilativa *pues, entonces*; αὐτοῖς, caso dativo masculino de la tercera persona plural del pronombre personal declinado *a ellos, les*; ὁ, caso nominativo masculino singular del artículo determinado *el*; Ἰησοῦς, caso nominativo masculino singular de nombre propio *Jesús*; ἀμὴν, transliteración, *amén, de cierto*; ἀμὴν, transliteración *amén, de cierto*; λέγω, primera persona singular del presente de indicativo en voz activa del verbo λέγω, *hablar, decir*, aquí *digo*; ὑμῖν, caso dativo de la segunda persona plural del pronombre personal declinado *a vosotros, os*; οὐ, adverbio de negación *no*; Μωϋσῆς, caso nominativo masculino singular del nombre propio *Moisés*; δέδωκεν, tercera persona singular del perfecto de indicativo en voz activa del verbo δίδωμι, *dar, entregar*, aquí *dio*; ὑμῖν, caso dativo de la segunda persona plural del pronombre personal declinado *a vosotros, os*; τὸν, caso acusativo masculino singular del artículo definido *el*; ἄρτον, caso acusativo masculino singular del nombre común *pan*; ἐκ, preposición propia de genitivo *de*; τοῦ, caso genitivo masculino singular del artículo determinado *el*; οὐρανοῦ, caso genitivo masculino singular del nombre común *cielo*; ἀλλ', forma escrita ante vocal de la conjunción adversativa ἀλλά que significa *pero, sino*; ὁ, caso nominativo masculino singular del artículo determinado *el*; Πατήρ, caso nominativo masculino singular del nombre divino *Padre*; μου, caso genitivo de la primera persona singular del pronombre personal declinado *de mí*; δίδωσιν, tercera persona singular del presente de indicativo en voz activa del verbo δίδωμι, *dar, entregar*, aquí *da*; ὑμῖν, caso dativo de la segunda persona plural del pronombre personal declinado *a vosotros, os*; τὸν, caso genitivo masculino singular del artículo determinado *el*; ἄρτον, caso genitivo masculino singular del nombre común *pan*; ἐκ, preposición propia de genitivo *de*; τοῦ, caso genitivo masculino singular del artículo determinado *el*; οὐρανοῦ, caso genitivo masculino singular del nombre común *cielo*; τὸν, caso acusativo masculino singular del artículo determinado *el*; ἀληθινόν, caso acusativo masculino singular del adjetivo *verdadero*.

εἶπεν οὖν αὐτοῖς ὁ Ἰησοῦς· ἀμὴν ἀμὴν λέγω ὑμῖν, El Señor responde a las preguntas que le habían formulado, sin referirse a las peticiones, pero aclarándoles una equivocación que había en ellas. Lo hace en la forma habitual que Juan usa cuando se trata de hacer una advertencia solemne o de llamar poderosamente la atención del oyente: *de cierto, de cierto, os digo*.

οὐ Μωϋσῆς δέδωκεν ὑμῖν τὸν ἄρτον ἐκ τοῦ οὐρανοῦ, ἀλλ᾽ ὁ Πατήρ μου δίδωσιν ὑμῖν τὸν ἄρτον ἐκ τοῦ οὐρανοῦ Ellos pedían una señal comparable con la de Moisés, pero Cristo les hace notar que no había sido Moisés el que diera el maná, el *pan del cielo*, al pueblo de Israel en el desierto, sino su Padre celestial. Por tanto, en ningún modo era superior a Cristo en lo que había hecho. Jesús no se refiere a Dios llamándole *vuestro* o incluso *nuestro Padre*, sino que lo personaliza individualmente diciendo *mi Padre*. Esa expresión era de uso habitual en el Señor y ya había desencadenado las iras de los judíos en Jerusalén (5:17 s.). Jesús hace notar intencionadamente el presente del don de la vida, con la limitada temporalidad del maná, al decir que no había sido Moisés que *dio*, en tiempo pasado, el pan del cielo, sino que es el Padre el que ahora *da*, en presente, ese pan. Mientras que el maná pertenece al pasado y no se repite, el pan verdadero que desciende del cielo, corresponde a la economía de la gracia en el presente continuado de la salvación de Dios. Es la realización de la operación divina de salvación que se inicia en la planificación eterna, sigue en la encarnación y manifestación del Verbo, continuará en la entrega de Su vida, la resurrección, y dará paso a la oferta de salvación para todo aquel que crea. El Pan de vida que da el Padre, es también el pan en que Él mismo se da.

τὸν ἀληθινόν· El maná provenía del cielo, y en modo mayor aún, el *verdadero Pan*, que también descendía del cielo, es decir, del Padre que lo enviaba al mundo. Jesús se refiere al *verdadero*, al *genuino*, al *auténtico* pan. El *verdadero pan*, no es el que descendía del cielo atmosférico, como ocurría con el maná, sino el que proviene directamente del seno del Padre. Hay, por tanto, un verdadero pan del cielo, que da vida al mundo, que es don de Dios a través de Cristo. El verdadero pan y la vida eterna, son el Hijo del Hombre, porque es el don de Dios.

33. Porque el pan de Dios es aquel que descendió del cielo y da vida el mundo.

ὁ γὰρ ἄρτος τοῦ Θεοῦ ἐστιν ὁ καταβαίνων ἐκ τοῦ οὐρανοῦ
Porque el pan - de Dios es el que desciende del cielo
καὶ ζωὴν διδοὺς τῷ κόσμῳ.
y vida que da al mundo.

Notas y análisis del texto griego.

Cerrando la respuesta de Jesús, dice: ὁ, caso nominativo masculino singular del artículo determinado *el*; γὰρ, conjunción causal *porque*; ἄρτος, caso nominativo masculino singular del nombre común *pan*; τοῦ, caso genitivo masculino singular del artículo determinado *el*; Θεοῦ, caso genitivo masculino singular del nombre divino *Dios*; ἐστιν, tercera persona singular del presente de indicativo en voz activa del verbo εἰμί, *ser, estar*, aquí *es*; ὁ, caso nominativo masculino singular del artículo determinado *el*; καταβαίνων, caso nominativo masculino singular del participio de presente en voz activa del verbo καταβαίνω, *bajar, descender*, aquí *que desciende*; ἐκ, preposición propia de genitivo *de*; τοῦ, caso genitivo masculino singular del artículo determinado *el*; οὐρανοῦ, caso genitivo masculino singular del nombre común *cielo*; καὶ, conjunción copulativa *y*; ζωὴν, caso acusativo femenino singular del nombre común *vida*; διδοὺς, caso nominativo masculino singular del participio de presente en voz activa del verbo δίδωμι, *dar*, aquí *que da*; τῷ, caso dativo masculino singular del artículo determinado declinado *al*; κόσμῳ, caso dativo masculino singular del nombre común *mundo*.

ὁ γὰρ ἄρτος τοῦ Θεοῦ ἐστιν ὁ καταβαίνων ἐκ τοῦ οὐρανοῦ. Jesús hace un contraste entre el *Pan de vida*, que la da a todo el mundo y el maná, pan del cielo que alimentaba a Israel en el desierto. Los contrastes son sencillos de detectar en las palabras de Cristo, que comprenden los dos versículos: a) Por un lado el maná, pan del cielo, natural y físico, fue dado por Dios, no por Moisés, ya que este se limitó a dar las correspondientes instrucciones que Dios le había dado sobre como habían de hacer para proveerse de él y usarlo para los fines que se les había dado; por otro lado el verdadero *Pan de vida*, es también dado por el Padre que está en los cielos, dispuesto para dar vida eterna y no sólo alimento temporal. b) En segundo lugar aún considerando a Moisés como dador, en sentido de intercesor por el pueblo en oración delante de Dios presentando las quejas por falta de alimento, no les dio el *verdadero* pan del cielo, puesto que el maná era tipo de verdadero Pan que es el Hijo de Dios enviado del Padre; el Padre es el que da el *verdadero*, esto es, el definitivo *Pan* del cielo, que es el Hijo Unigénito, que no alimenta temporal, sino eternamente, al dar vida al que cree. c) El antiguo *pan del cielo*, el maná, daba alimento al pueblo de Israel; el *Pan de vida*, Cristo ofrece *vida eterna* a todos. d) El maná era destinado a los israelitas; la salvación no tiene limitación de raza, pueblo ni condición personal. Debe apreciarse también que Jesús no dice que el *pan es enviado*, sino el *pan que desciende*. Otro contraste con el maná que descendía, siendo enviado por Dios, todos los días, uno a uno, menos el séptimo de la semana; Jesús desciende una sola vez, pero Su acción de salvación y vida perdura mientras exista un pecador que necesite ser salvo. Quien baja o desciende del cielo, lo hace desde el seno del Padre, por lo que la vinculación explícita de la deidad de Cristo en la unidad trinitaria, es evidente. Aunque es cierto que el Padre ha enviado al Hijo al mundo, no es menos cierto que en el cumplimiento del tiempo el Hijo descendió voluntariamente para cumplir lo que Él, como Persona Divina, debía realizar para hacer posible la salvación del mundo.

καὶ ζωὴν διδοὺς τῷ κόσμῳ. Los judíos creían que fue Moisés el que dio el *pan del cielo*, por eso no dice Jesús que es Él quien da el verdadero, estableciendo un contraste con Moisés, sino que afirma que es el Padre, el que lo da, por lo que el dador es superior a lo que aquellos entendían. Sin duda el *Pan del cielo*, es enviado para dar vida *al mundo*. No hay limitación en el alcance de la salvación. Dios envió a Su Hijo al mundo, no para condenarlo, sino para que el mundo sea salvo por Él. Juan ha dicho antes que Jesús tiene vida en Sí mismo (1:4), por tanto, irrumpiendo en el mundo de los hombres, puede dar vida a todo aquel que cree. No hay particularismos en cuanto a la salvación. No está limitada sino que es extensiva. Cualquier persona que crea será salva. Sin duda, la asistencia del Espíritu, como se ha considerado antes, es necesaria en el alcance de la salvación, pero Jesús enseña que cuantos quieran y vengan a Él serán salvos. Otro contraste interesante: el maná no daba vida, sino *alimento*, Jesús da vida y vida eterna.

34. Le dijeron: Señor danos siempre este pan.

εἶπον οὖν	πρὸς	αὐτόν·	Κύριε,	πάντοτε	δὸς	ἡμῖν	τὸν	ἄρτον
Dijeron, pues,	a	Él:	Señor,	siempre	da	nos	el	pan

τοῦτον.
este.

Notas y análisis del texto griego.

Responden: εἶπον, tercera persona plural del aoristo segundo de indicativo en voz activa del verbo λέγω, *hablar, decir*, aquí *dijeron*; οὖν, conjunción continuativa *pues*; πρὸς, preposición propia de acusativo *a*; αὐτόν, caso acusativo masculino de la tercera persona singular del pronombre personal *Él*; Κύριε, caso vocativo masculino singular del nombre divino *Señor*; πάντοτε, adverbio de tiempo *siempre*; δὸς, segunda persona singular del aoristo segundo de imperativo en voz activa del verbo δίδωμι, *dar*, aquí *danos*; ἡμῖν, caso dativo de la primera persona plural del pronombre personal declinado *a nosotros, nos*; τὸν, caso acusativo masculino singular del artículo determinado *el*; ἄρτον, caso acusativo masculino singular del nombre común *pan*; τοῦτον, caso acusativo masculino singular del pronombre demostrativo *éste*.

εἶπον οὖν πρὸς αὐτόν· Κύριε, πάντοτε δὸς ἡμῖν τὸν ἄρτον τοῦτον. Es posible que los galileos no estuviesen pensando en un pan material. Anteriormente habían dicho a Jesús cuales eran *las obras* de Dios que debían hacer (v. 28), y luego se refirieron al maná del desierto, como el pan que Dios les había dado. Tal vez pensaban que Jesús podía asegurarles la práctica de las obras que garantizarían, conforme a su modo de pensar, la justificación delante de Dios, y que lo haría siempre. De manera que todos aquellos estaban en disposición de aceptar la enseñanza del Maestro, si juntamente aceptaban la definición de *pan de Dios*, que Cristo les dio, refiriéndose a Su Persona.

Con todo, aunque no debe descartarse la interpretación anterior, más probable es que los oyentes de Jesús estuviesen pensando en el pan que les alimentaría definitiva y perpetuamente. Lo que le estarían pidiendo era alimento material, que nunca dejase de darles lo que necesitaban para cada día. Muchos de los presentes había comido el día anterior del pan que Jesús había multiplicado, por tanto, Él podía, si quería hacerlo, proveer para ellos de la comida cotidiana. En esto se asemejaban a la samaritana, para la que el *agua de vida*, era el líquido elemento preciso para cada día, con lo que no tendría necesidad de venir a sacarla al pozo de Jacob. Esto abre puerta a lo que sigue, el discurso en el que Jesús se presenta delante de ellos como el *Pan de vida*. Con todo, se aprecia, una notable incredulidad en la petición. Ellos pensaban que Jesús les había dado una vez el alimento que necesitaban, pero ¿sería capaz de hacerlo siempre? La duda propia del corazón incrédulo del hombre se manifiesta en cada ocasión, dudando en la intimidad de la capacidad divina para llevarlo a cabo.

35. Jesús les dijo: Yo soy el pan de vida; el que a mí viene, nunca tendrá hambre; y el que en mí cree, no tendrá sed jamás.

εἶπεν αὐτοῖς ὁ Ἰησοῦς· ἐγώ εἰμι ὁ ἄρτος τῆς ζωῆς· ὁ
Dijo les - Jesús: Yo soy el pan de la vida; el
ἐρχόμενος πρὸς ἐμὲ οὐ μὴ πεινάσῃ, καὶ ὁ πιστεύων εἰς
que viene a mí de ningún modo tendrá hambre, y el que cree en
ἐμὲ οὐ μὴ διψήσει πώποτε.
mí de ningún modo tendrá sed jamás.

Notas y análisis del texto griego.

Responde Jesús: εἶπεν, tercera persona singular del aoristo segundo de indicativo en voz activa del verbo λεγο, *hablar, decir*, aquí *dijo*; αὐτοῖς, caso dativo masculino de la tercera persona plural del pronombre personal declinado *a ellos, les*: ὁ, caso nominativo masculino singular del artículo determinado *el*; Ἰησοῦς, caso nominativo masculino singular del nombre propio *Jesús*; ἐγώ, caso nominativo de la primera persona singular del pronombre personal *yo*; εἰμι, primera persona singular del presente de indicativo en voz activa del verbo εἰμί, *ser, estar*, aquí *soy*; ὁ, caso nominativo masculino singular del artículo determinado *el*; ἄρτος, caso nominativo masculino singular del nombre común *pan*; τῆς, caso genitivo femenino singular del artículo determinado declinado *de la*; ζωῆς, caso genitivo femenino singular del nombre común *vida*; ὁ, caso nominativo masculino singular del artículo determinado *el*; ἐρχόμενος, caso nominativo masculino singular del participio de presente en voz media del verbo ἔρχομαι, *venir*, aquí *que viene*; πρὸς, preposición propia de dativo *a*; ἐμὲ, caso dativo de la primera persona singular del pronombre personal *mí*; οὐ, adverbio de negación *no*; μὴ, partícula que hace funciones de adverbio de negación condicional *no*; las dos negaciones juntas se traducen como *de ningún modo*; πεινάσῃ, tercera persona singular del aoristo primero de subjuntivo en voz activa del verbo πεινάω, *tener hambre*, aquí *tendrá hambre*; καὶ, conjunción copulativa *y*; ὁ, caso nominativo masculino singular del artículo definido *el*; πιστεύων, caso nominativo masculino singular del participio de presente en voz activa del verbo πιστεύω, *creer*, aquí *que cree*; εἰς, preposición propia de acusativo *en*; ἐμὲ, caso acusativo de la primera persona singular del pronombre personal *mí*; οὐ, adverbio de negación *no*; μὴ, partícula que hace funciones de adverbio de negación condicional *no*; las dos negaciones juntas se traducen como *de ningún modo*; διψήσει, tercera persona singular del futuro de indicativo en voz activa del verbo διψάω, *tener sed*, aquí *tendrá sed*; πώποτε, adverbio de tiempo, *alguna vez*, con negación *nunca, jamás*.

εἶπεν αὐτοῖς ὁ Ἰησοῦς· Jesús respondió a la petición de la gente. Los presentes querían recibir un pan del que quedasen satisfechos definitivamente, por consiguiente el Señor va a comenzar a aclararles lo que significan Su propias palabras vinculadas con la recepción de la vida eterna.

ἐγώ εἰμι ὁ ἄρτος τῆς ζωῆς· La afirmación de Cristo es contundente: *Yo soy el pan de vida*, literalmente *de la vida*. Nadie podía tener duda de aquello a que se estaba refiriendo. Si alguno pensaba en comida material, acababa de desvanecerse esa idea. Jesús hablaba de Él mismo como el *Pan de vida*. Éste es el primero de los siete *yo soy*, que aparecen en el *Evangelio*. Más adelante dirá: *Yo soy la luz del mundo* (8:12); luego *Yo soy la puerta* (10:9); también, *Yo soy el buen pastor* (10:11); en otra ocasión, *Yo soy la resurrección y la vida* (11:25); casi al final de Su ministerio: "*Yo soy el camino, la verdad, y la vida* (14:6); finalmente *Yo soy la vid verdadera* (15:1). Jesús es fuente de vida, por tanto no se trata de una oportunidad o de una propuesta orientada hacia algo, sino de entender que Él mismo es el pan de vida. No es apropiárselo en forma mesiánica, colectivamente, sino acudiendo a Él individualmente. Debe prestársele mucha atención a la fórmula ἐγώ εἰμι, *yo soy*, por el componente que tiene de representatividad divina en muchos lugares de la Escritura, de otro modo, cuando aparece la fórmula, muchas veces está refiriéndose a Dios mismo. Nada puede ser comunicador de vida, si no es Dios y, mucho menos, si la vida que se ofrece es la eterna, propia de Él. Cuando dice "*Yo soy el pan de vida*" está realizando la comparación con el pan material que alimenta el cuerpo, de modo que Él, pan espiritual, alimenta la parte espiritual del hombre, satisfaciendo definitivamente su necesidad, de modo que no tiene ya necesidad alguna de acudir nuevamente para ser satisfecho. Además Jesús es la expresión definitiva del fruto del *árbol de vida*. El Señor es el fruto de Dios en la tierra de los hombres, surgiendo de nuestra misma naturaleza en el vientre de la Virgen María, trillado en los sufrimientos de la pasión y cocido en el horno de Su amor. Más adelante dirá que es además el *pan vivo* (v. 51). En contraste con el *pan muerto* del alimento material, Jesús es "*espíritu vivificante*" (1 Co. 15:45), habiendo resucitado para nuestra justificación (Ro. 4:25).

La declaración de Jesús debió dejar atónitos a quienes oyeron Sus palabras. No está refiriéndose Jesús a la institución de la Cena, como ordenanza testimonial y recordatoria de Él, sino que se ofrece a Sí mismo para satisfacer el hambre espiritual del hombre. No se trataba del alimento cotidiano que los oyentes esperaban y deseaban recibir de Él, sino que es Él mismo quien se hace *pan* que satisface al alma hambrienta.

ὁ ἐρχόμενος πρὸς ἐμὲ οὐ μὴ πεινάσῃ, Todo aquel que viene a Él no tendrá hambre. Ahora bien, para recibir el *pan de vida* es preciso que el hombre *vaya a Él*. Cristo es preciso en Sus palabras: *El que a mí viene*. El primer acto del alma es allegarse a Jesús. No se trata de una aproximación al Salvador, sino de un llegar a donde Él está y situarse en Él mismo, entregándose a Él.

Estos que vienen a Cristo *no tendrán hambre jamás.* La oración está construida con una negación absoluta, en la que van juntos el adverbio de negación *no* y la partícula de negación condicional, que se traduce del mismo modo. Dos *no* juntos expresan la idea de imposibilidad absoluta, como si dijese *jamás tendrá hambre*, o como se traduce en el interlineal *de ningún modo* tendrá hambre. Se trata de una relación vivencial, que equivale a la unión con Cristo que se realiza por la fe en Él, por cuya unión se comunica la vida eterna.

καὶ ὁ πιστεύων εἰς ἐμὲ οὐ μὴ διψήσει πώποτε. Pero, además de satisfacer el hambre espiritual, es también el manantial de agua que apaga la sed espiritual del hombre, con una única condición *el que crea.* Lo definitivo de las palabras de Jesús es que para tener vida, tanto en el sentido de comer el pan, como de beber el agua viva, es que hay dos acciones necesarias para conseguirlo: *venir* y *creer*. Los oyentes estaban interesados en que Jesús les diese *siempre* el pan que ofrecía. El les contesta: *para obtenerlo tenéis que creer en Mí y venir a Mí.* Es posible la aproximación o el acercamiento a Jesús, que bien puede ser un conocimiento intelectual de Él, pero ningún resultado se alcanzará con eso, es necesario *ir* a Él, que como ya se ha considerado representa aceptarle como el Salvador que puede dar vida y vida eterna. Creer implica necesariamente un acto de fe, pero la fe que salva no es meramente intelectual, sino vivencial, ya que la fe mental que cree que Jesús es el Salvador no produce el efecto de la entrega incondicional a Él. Esta entrega es un asunto del corazón, es decir, de la *persona* que renunciando a su *yo* personal rinde su vida al Salvador. El apóstol Pablo, escribiendo a los romanos les dice que: *"con el corazón se cree para justicia"* (Ro. 10:10). De nuevo se enfatiza una fe de entrega y no de intelecto. El creer mentalmente que Jesús es el Señor no salva a nadie. Los mismos demonios creen eso pero no se salvan (Stg. 2:19). Quien cree con el corazón, *"con el corazón se cree para justicia"*, esto es, se cree para justicia porque mediante la fe que se entrega al Salvador, se recibe la justicia de Dios por la que como pecador es justificado, abandonando toda obra humana. Con el corazón se expresa aquí la contingencia de todo ser humano en materia de salvación. Expresa el carácter existencial del hombre que, con toda decisión depone lo que es, *ser-ahí* y *ser-así*, para aceptar el *ser-ahí* y *ser-así* de Dios. De otro modo, depone su *yo*, para aceptar como *yo* el Tú de Dios, que es Cristo. Al hacerlo así, alcanza la justicia de Dios en ese acto de fe que es entrega personal y la salvación.

36. Mas os he dicho, que aunque me habéis visto, no creéis.

Ἀλλ' εἶπον ὑμῖν ὅτι καὶ ἑωράκατε [με][1] καὶ οὐ πιστεύετε.
Pero dije os que también habéis visto me y no creéis.

Notas y análisis del texto griego.

Siguiendo el discurso, añade: Ἀλλ', forma escrita ante vocal de la conjunción adversativa ἀλλά que significa *mas, pero, sino, sin embargo*; εἶπον, primera persona singular del aoristo primero de indicativo en voz activa del verbo λέγω, *hablar, decir*, aquí *dije*; ὑμῖν, caso dativo de la segunda persona plural del pronombre personal declinado *a vosotros, os*; ὅτι, conjunción copulativa *y*; καὶ, adverbio de modo *también*; ἑωράκατε, segunda persona plural del perfecto de indicativo en voz activa del verbo ὁράω, *ver, mirar, observar*, aquí *habéis visto*; με, caso acusativo de la primera persona singular del pronombre personal declinado *a mí, me*; καὶ, conjunción copulativa *y*; οὐ, adverbio de negación *no*; πιστεύετε, segunda persona plural del presente de indicativo en voz activa del verbo πιστεύω, *creer*, aquí *creéis*.

Crítica Textual. Lecturas alternativas.

[1] με, *me*, no aparece en ℵ, A, a, b, e, q, sir[s, c].

Ἀλλ' εἶπον ὑμῖν ὅτι καὶ ἑωράκατε [με] καὶ οὐ πιστεύετε. En algunos textos griegos no aparece el pronombre personal *me*, referido a Cristo en la oración, en cuyo caso sería una alusión de Jesús a algo que aquellos habían visto pero que no puede precisarse porque no está en el texto de Juan.

Tomando el texto tal como está en el interlineal, el Señor está haciendo una marcada distinción entre el *conocimiento* y la *fe*. Aquellos estaban considerando a Jesús como un hombre más, aunque fuese tal vez el profeta que había sido anunciado por Moisés. Con todo, no lo consideraban como el dador de la vida eterna, en quien quedan satisfechas todas las necesidades espirituales del hombre que cree. La fe de aquellos, pequeña, o incluso inexistente, no podía penetrar en la profunda realidad de quien era Jesús, como el enviado del Padre. En el contexto inmediato, el milagro de los panes había satisfecho una necesidad urgente, y había despertado la búsqueda de satisfacer el apetito natural de todos aquellos, pero no había despertado la fe.

37. Todo lo que el Padre me da, vendrá a mí; y al que a mí viene, no le echo fuera.

πᾶν	ὃ	δίδωσιν	μοι	ὁ Πατὴρ	πρὸς	ἐμὲ	ἥξει,	καὶ	τὸν
Todo	lo que	da	me	el Padre	a	mí	vendrá,	y	el

ἐρχόμενον	πρὸς	ἐμὲ	οὐ μὴ	ἐκβάλω	ἔξω,
que viene	a	mi	de ningún modo	echaré	fuera.

Notas y análisis del texto griego.

Continuando con las palabras de Jesús, dice: πᾶν, caso nominativo neutro singular del adjetivo indefinido *todo*; ὃ, caso acusativo neutro singular del pronombre relativo *lo que*; δίδωσιν, tercera persona singular del presente de indicativo en voz activa del verbo δίδωμι, *dar*, aquí *da*; μοι, caso dativo de la primera persona singular del pronombre personal declinado *a mí, me*; ὁ, caso nominativo masculino singular del artículo definido *el*; Πατὴρ, caso nominativo masculino singular del nombre divino *Padre*; πρὸς, preposición propia de acusativo *a*; ἐμὲ, caso acusativo de la primera persona singular del pronombre personal *mí*; ἥξει, tercera persona singular del futuro de indicativo en voz activa del verbo ἥκω, *haber llegado, haber venido*, aquí literalmente *ha venido*, pero, como pasado profético debe traducirse por futuro *vendrá*; καὶ, conjunción copulativa *y*; τὸν, caso acusativo masculino singular del artículo determinado *el*; ἐρχόμενον, caso acusativo masculino singular del participio de presente en voz media del verbo ἔρχομαι, *venir*, aquí *que viene*; πρὸς, preposición propia de acusativo *a*; ἐμὲ, caso acusativo de la primera persona singular del pronombre persona *mí*; οὐ adverbio de negación *no*; μὴ, partícula que hace funciones de adverbio de negación condicional *no*; las dos negaciones juntas se traducen como *de ningún modo*; ἐκβάλω, primera persona singular del aoristo segundo de subjuntivo en voz activa del verbo ἐκβάλω, *expulsar, echar, hacer salir*, aquí *echo*; ἔξω, adverbio de lugar *fuera*.

πᾶν ὃ δίδωσιν μοι ὁ Πατὴρ πρὸς ἐμὲ ἥξει, Una expresión enfática relativa a la salvación de los hombres. El Padre y el Hijo están unidos en la ejecución y realización del programa de salvación. Es el Padre el que llama a los pecadores y los conduce al Salvador. Esta es una verdad enseñada continuamente en el Nuevo Testamento, y reiterada en este *Evangelio* (cf. 6:39; 17:6, 11, 12, 24; 18:9). Los creyentes son del Padre, no sólo por creación, sino por la eterna elección en Cristo para la fe. Este *dar* implica la idea de venir a Jesús, de creer en Él. Se está refiriendo a la acción sobrenatural del Padre en el llamamiento al pecador.

La frase está construida con el uso colectivo del singular neutro, que equivale a *todas las cosas*, en este lugar, puesto que se refiere a personas, *todas las personas*, de ahí la traducción *todo lo que*. Dios está dando como don al Hijo a quienes son salvos. El apóstol Pablo califica a los cristianos como *llamados a ser de Jesucristo* (Ro. 1:6), quiere decir que todos los que son cristianos lo son por llamamiento celestial. El Padre llama a salvación a los hombres y los conduce a Cristo, quien los salva, siendo regenerados por el Espíritu Santo. Es necesario enfatizar en esta verdad bíblica: la salvación es de Dios (Sal. 3:8; Jon. 2:9). No se trata, pues, de deseo o de esfuerzo humano, sino de la gracia divina. La rebeldía natural del hombre, que jamás ha deseado ir a Dios (Ro. 3:11), es cambiada por el llamado del Padre, quien *"nos salvó y llamó con llamamiento santo, no conforme a nuestras obras, sino según el propósito suyo y la gracia que nos fue dada en Cristo Jesús antes de los tiempos de los siglos"* (2 Ti. 1:9). De ahí que el término *llamados* supone la inclusión en él de todos los cristianos. Estos son dados por el Padre al Hijo para que sean salvos, pasando a ser como *propiedad* suya, ya que son llamados con un propósito *"ser de Jesucristo"*. Sin embargo no hay coacción divina en la acción del llamamiento del Padre y la conducción al Hijo, puesto que son los hombres, capacitados para creer por la fe generada en sus corazones, quienes han de responder con fe al llamamiento que Jesús está haciendo. Jesús enseña claramente en el pasaje que en la salvación, por tanto en la acción del Padre dándole a los salvos, no hay exclusión ni distinción. Dios llama al hombre, sin tener en cuenta si es judío o gentil, sabio o ignorante, hombre o mujer, siervo o libre, puesto que el Salvador lo es de todos los hombres. El Señor dice que *"todo lo que el Padre me da"*, por tanto, quienes responden por fe y creen, pertenecen a Jesucristo como Su Iglesia, y a Él le fueron entregados por el Padre que los llamó. La Biblia enseña que en la operación de salvación que incluye el llamamiento del Padre, Dios actúa llamando a los pecadores *conforme a Su propósito* (Ro. 8:28). Es en la salvación donde está implicada la soberanía de Dios, puesto que ha sido establecida eternamente y ejecutada en el tiempo de la historia humana mediante el envío del Hijo, para ser Salvador del mundo. Por tanto, en todo cuanto tiene que ver con salvación, es Dios quien lo realiza. La salvación del hombre descansa en el decreto divino que se estableció antes de la creación (2 Ti. 1:9). El designio eterno estableció quien realizaría la obra de salvación (1 P. 1:18-20). La Biblia enseña enfáticamente que *"la salvación es de Dios"* (Sal. 3:8; Jon. 2:9). Ya se ha considerado esto antes. Todo cuanto tiene que ver con la salvación del hombre corresponde al *propósito* de Dios establecido antes de la creación y, por tanto, antes de la caída. La decisión salvífica es anterior y está más allá de la historia. De otro modo, el propósito de Dios es para salvación de aquellos a quienes llama. Dios no llama a aquellos que Él sabe que van a responder a Su llamado, no salva a aquellos que Él sabe que aceptarán por la fe a Cristo en el decurso de la historia, Dios llama *para* que respondan al llamado, capacitándoles para ello (1 P. 1:2). El propósito de Dios implica que Su llamamiento sea algo más que una simple invitación para perdón de pecados, es un llamamiento para ser que sean *dados* a Su Hijo. Los que son llamados siguen en el mundo pero no son de él. Los llamados por Dios disciernen, en razón de la obra del Espíritu, cual es su situación, siendo dotados de fe salvífica e impulsados a clamar al Salvador depositando en Él su fe, de manera que mientras que *"Cristo crucificado,* es *para los judíos ciertamente tropezadero y para los gentiles locura,.. para los llamados, así judíos como griegos, Cristo poder de Dios, y sabiduría de Dios"* (1 Co. 1:23-24). ¿Quién hace esa diferencia? La operación poderosa de Dios conforme a Su *propósito*. Así escribe León Morris:

> *"... La gente no viene a Jesús simplemente porque le parece una buena idea. A la gente pecadora nunca le parece una buena idea. A no ser que el poder divino trabaje en las almas de las personas (cf. 16: 8), éstas no ven ningún problema en las vidas de pecado que llevan. Antes de que una persona pueda venir a Cristo hace falta que el Padre se la de a Cristo. Esta es la explicación de que aquellos que le buscaron en aquella ocasión, y que al principio querían proclamarle rey, no eran verdaderamente discípulos suyos. No pertenecían al pueblo de Dios. No estaban entre los que Dios les da a Jesús*[3].

Es necesario entender bien que el hombre no se salva por *saberse perdido*, se salva cuando se *siente perdido*; este sentimiento en la intimidad del alma es una operación que el Espíritu produce para quienes son llamados. La economía de la salvación no tiene lugar cuando el hombre pecó, ni tampoco porque iba a hacerlo, sino que nace del propósito soberano de quien determina, por propia voluntad salvar al hombre que iba a ser creado. Como alguien dijo, mucho antes de que el Creador dijese *"sea la luz"*, dijo *"sea la Cruz"*. El propósito de Dios es el de un llamamiento santo que salva a los que son llamados con este propósito (2 Ti. 1:9). Esto siempre sin renunciar a la responsabilidad del hombre. Las palabras de Jesús representan, sin duda la dificultad de reconciliar lo que técnicamente se llama la *gracia libre* de la que el Señor habló en el discurso con ocasión de la conversación con Nicodemo, en el que se afirma, y así debemos creer sin dudar nada, que todo aquel que quiera ir a Jesús y crea en Él, será salvo (3:16). Esta es la gran *potencialidad* de la obra del Calvario. Jesús no murió por un grupo determinado, sino por todos los pecadores, para hacer *potencialmente salvable* a todo hombre, a quienes el evangelio llama a un encuentro con Jesús. El mismo Señor alude a esto cuando dice que habían visto las

[3] Leon Morris. o.c., pág. 416.

señales, pero *no creían en Él*. Por otro lado está el llamado del Padre para salvación, de quienes han sido elegidos desde antes de la constitución del mundo (Ef. 1:4). Tratar de reconciliar estas dos verdades por medios humanos, supondrá forzar una a favor de la otra. Reconozcamos nuestra limitación en esto y aceptemos las verdades bíblicas en un acto de fe, entendiendo que las dos son dos verdades reveladas, teniendo en cuenta que la Biblia está dirigida a la fe del creyente y no a la lógica del hombre.

καὶ τὸν ἐρχόμενον πρὸς ἐμὲ οὐ μὴ ἐκβάλω ἔξω, Los que llamados por el Padre son conducidos a Cristo para creer en Él y ser salvos, no serán, en modo alguno rechazados por el Salvador. Jesús recibe a todo el que viene a Él, porque quien viene es traído por el Padre. La iniciativa del Padre conduce a los llamados a Jesús para que creyendo en Él tengan vida eterna. La seguridad de quien venga a Cristo es plena, ya que en la construcción de la frase aparece nuevamente la negación absoluta *de ningún modo*. Es como la promesa de Jesús de dar la bienvenida a todo aquel que venga a Él. El Salvador no rechaza a nadie, pero en el proceso de acercamiento a Él, la determinación divina precede siempre a la acción humana.

Algunas veces el extremismo doctrinal conduce a la inquietud de quienes desean recibir a Jesús como Salvador, preguntándose si realmente han sido llamados por el Padre o es un mero deseo humano. A estos se les suele contestar que nadie puede saber si ha sido elegido para salvación, lo que supone que el que desea recibir a Cristo siga en la inquietud de saber si ha sido o no elegido. A estos debe responderse lo que está en la segunda parte del versículo, que Jesús no rechazará jamás a quien vaya a Él para entregarle la vida. Pero, no es tampoco menos cierto que es necesario precisar que la salvación no se alcanza *cuando y como quiere el hombre*, puesto que en todo ello se requiere la capacitación de la gracia para alcanzarlo. No permitamos que los extremistas, en uno y en otro sentido, causen problemas y generen angustias en el alma de quienes son niños en Cristo. En ocasiones vienen a las almas sencillas para decirles que deben dudar de su salvación puesto que han creído en un evangelio que no es bíblico. La única verdad clara, concreta, precisa, que tiene el compromiso de Dios es esta: *ninguno que venga a Cristo será rechazado*. La responsabilidad humana está clara: *ninguno que venga*. Como dice Hendriksen: *"Que nadie dude, diciendo, quizá no he sido dado al Hijo por el Padre. A todo el que viene se le acoge calurosamente*[4]*"*. Oh, sí, invitemos a los

[4] G. Hendriksen, o.c., pág. 348.

perdidos a que acudan a Cristo. Llamémosles a salvación señalando al Salvador y dejemos que Dios haga Su obra, haciendo notar a los perdidos su responsabilidad personal.

38. Porque he descendido del cielo, no para hacer mi voluntad, sino la voluntad del que me envió.

ὅτι καταβέβηκα ἀπὸ τοῦ οὐρανοῦ οὐχ ἵνα ποιῶ τὸ
Porque he descendido del cielo no para que haga la
θέλημα τὸ ἐμὸν ἀλλὰ τὸ θέλημα τοῦ πέμψαντός με.
voluntad - mía sino la voluntad del que envió me

Notas y análisis del texto griego.

Añade: ὅτι, conjunción causal *porque*; καταβέβηκα, primera persona singular del perfecto de indicativo en voz activa del verbo καταβαίνω, *descender*, aquí *he descendido*; ἀπὸ, preposición propia de genitivo *de*; τοῦ, caso genitivo masculino singular del artículo determinado *el*; οὐρανοῦ, caso genitivo masculino singular del nombre común *cielo*; οὐχ, forma del adverbio de negación *no*, con el grafismo propio ante vocal con espíritu áspero; ἵνα, conjunción causal *para*; ποιῶ, primera persona singular del presente de subjuntivo en voz activa del verbo ποιέω, *hacer, realizar*, aquí *haga*; τὸ, caso acusativo neutro singular del artículo determinado *el*; θέλημα, caso acusativo neutro singular del nombre común *voluntad*; τὸ caso acusativo neutro singular del artículo determinado *el*; ἐμὸν, caso acusativo neutro singular del adjetivo posesivo *mía*; ἀλλὰ, conjunción adversativa *sino*; τὸ caso acusativo neutro singular del artículo determinado *el*; θέλημα, caso acusativo neutro singular del nombre común *voluntad*; τοῦ, caso genitivo masculino singular del artículo definido declinado *del*; πέμψαντος, caso genitivo masculino singular del participio de aoristo primero en voz activa del verbo πέμπω, *enviar*, aquí *que envió*; με, caso acusativo de la primera persona singular del pronombre personal declinado *a mí, me*.

ὅτι καταβέβηκα ἀπὸ τοῦ οὐρανοῦ οὐχ ἵνα ποιῶ τὸ θέλημα τὸ ἐμὸν. Nuevamente se repite la idea de que Él había descendido del cielo. Esta verdad causaba no sólo extrañeza, sino incluso aversión para los líderes religiosos. El afirmar que había descendido del cielo, lo vinculaba con Dios de tal modo, que le presentaba como lo que realmente era, Dios manifestado en carne.

ἀλλὰ τὸ θέλημα τοῦ πέμψαντός με. En una construcción negativa, el Señor pone ante todos la misión que había venido a realizar, que consistía en hacer la voluntad del que le había enviado y no la suya propia. ¿Acaso había dos voluntades no concordantes? En modo alguno, ambas voluntades son coincidentes plenamente porque están empeñadas en la misma acción. El Verbo expresa visiblemente la voluntad del

Padre, haciendo Sus obras, hablando Sus palabras, recibiendo a quienes le son traídos. El Hijo del Hombre no vino por Su propia voluntad independiente e individual, esto es independiente del consejo y consenso de la Trinidad, sino enviado desde el seno trinitario por el Padre, como el único Salvador. Por esa razón, como revelador del Padre y expresión exhaustiva de la Deidad, Su vida tuvo como propósito glorificar al Padre, de la misma manera que enviado del Padre y el Hijo, el Espíritu Santo tiene la misión de glorificar al Hijo. El Señor va a explicar a quienes escuchan Sus palabras cual era la voluntad que ajustándose a la del Padre, va a llevar a cabo la redención del hombre. La voluntad de Dios tiene que ver con todo lo que el Padre le da, es decir, con los salvos por gracia mediante la fe en Él. Esta misión de salvación no sólo está en concordancia, sino también en armonía con el Padre. Su descenso del cielo tiene aparejado el hacer la voluntad del que le envió. Por eso, Jesús aceptará todo lo que el Padre le de y que vendrá a Él, puesto que en ese dar se expresa esa voluntad coincidente. Aquellos que se opongan a la voluntad del Hijo, se están oponiendo también a la voluntad del Padre, puesto que ambas son idénticas.

39. Y esta es la voluntad del Padre, el que me envió: Que de todo lo que me diere, no pierda yo nada, sino que lo resucite en el día postrero.

τοῦτο δέ ἐστιν τὸ θέλημα τοῦ πέμψαντος με[1 2], ἵνα πᾶν ὃ
Y esta es la voluntad del que envió me, que todo lo que
δέδωκεν μοι μὴ ἀπολέσω ἐξ αὐτοῦ, ἀλλὰ ἀναστήσω αὐτὸ [ἐν]
ha dado me, no pierda de ello, sino resucite lo en
τῇ ἐσχάτῃ ἡμέρᾳ.
el último día.

Notas y análisis del texto griego.

Sigue el discurso: τοῦτο, caso nominativo neutro singular del pronombre demostrativo *esto*; δέ, partícula conjuntiva que hace las veces de conjunción coordinante, con sentido de *pero, más bien, y, y por cierto, antes bien*; ἐστιν, tercera persona singular del presente de indicativo en voz activa del verbo εἰμί, *ser, estar*, aquí *es*; τὸ, caso acusativo neutro singular del artículo determinado *el*; θέλημα, caso acusativo neutro singular del nombre común *voluntad*; τοῦ, caso genitivo masculino singular del artículo definido declinado *del*; πέμψαντος, caso genitivo masculino singular del participio de aoristo primero en voz activa del verbo πέμπω, *enviar*, aquí *que envió*; με, caso acusativo de la primera persona singular del pronombre personal declinado *a mí, me*; ἵνα, conjunción *que*; πᾶν, caso acusativo neutro singular del adjetivo indefinido *todo*; ὃ, caso acusativo neutro singular del pronombre relativo *lo que*; δέδωκεν, tercera persona singular del perfecto de indicativo en voz activa del verbo δίδωμι, *dar*, aquí *ha dado*; μοι, caso acusativo de la primera persona singular del pronombre personal declinado *a mí, me*; μὴ, partícula que hace funciones de adverbio de negación condicional *no*; ἀπολέσω, primera persona singular del aoristo primero de subjuntivo en voz activa del verbo ἀπολλύμι, *perder*, aquí *pierda*; ἐξ, forma escrita que adopta la preposición de genitivo ἐκ, delante de vocal y que significa *de*; αὐτοῦ, caso genitivo neutro de la tercera persona singular del pronombre personal *ello*; ἀλλὰ, conjunción adversativa *sino*; ἀναστήσω, primera persona singular del aoristo primero de subjuntivo en voz activa del verbo ἀνίστημι, *levantar, resucitar*, aquí *resucite*; αὐτὸ, caso acusativo neutro de la tercera persona singular del pronombre personal declinado *a ello, lo*; ἐν, preposición propia de dativo *en*; τῇ, caso dativo femenino singular del artículo definido *la*; ἐσχάτῃ, caso dativo femenino singular del adjetivo *última*; ἡμέρᾳ, caso dativo femenino singular del nombre común *día*.

Crítica Textual. Lecturas alternativas.

[1] τοῦτο δέ ἐστιν τὸ θέλημα τοῦ πέμψαντος με, *y esta es la voluntad del que me envió*, lectura atestiguada en p[66, 75], ℵ[2], A, B, D, K, T, W, Ψ, *f*[1], 700, 892, 2211, b, e, f, q, sir[s, c, p].

Se omite la frase en ℵ*[, 2b], C, 565, 2211, sa[sa], bo[mss].

[2] Se añade Πατρὸς, *Padre*, en K, N, Γ, Δ, Θ, *f*[13], 33, 579, 1241, 1424, 844, 𝔐, lat, sir[h].

τοῦτο δέ ἐστιν τὸ θέλημα τοῦ πέμψαντος με, ἵνα πᾶν ὃ δέδωκεν μοι μὴ ἀπολέσω ἐξ αὐτοῦ, La voluntad del Padre es que cuanto de al Hijo, éste no pierda nada. No solo se trata de que de la salvación a todo aquel que el Padre conduzca al Hijo, sino que esa salvación no se pierda jamás. Todos los creyentes mueren físicamente, pero, la muerte no interrumpe la relación con Dios. Vinculados a Cristo y unidos vitalmente a Él, el cuerpo va a la tumba pero el espíritu se mantiene en la experiencia de la vida eterna.

ἀλλὰ ἀναστήσω αὐτὸ [ἐν] τῇ ἐσχάτῃ ἡμέρᾳ. Todos los muertos en Cristo serán resucitados para el disfrute a perpetuidad de la vida de resurrección con el Señor. El Padre le da todo el pueblo que llama a salvación y de ese pueblo el compromiso del Hijo es resucitarlo todo en el día último. La referencia a una resurrección final, no supone que no haya un programa de resurrecciones que tendrá lugar como enseña el apóstol Pablo (1 Co. 15:23, 24). La voluntad divina no puede quebrantarse, por consiguiente, si el Padre ha dado un pueblo al Hijo, y éste tiene el compromiso de no perder nada de ellos, la seguridad de salvación está garantizada, por la voluntad del Padre que es también la del Hijo. Jesús habla aquí de la salvación en el plano escatológico, la resurrección que es la salvación integral del hombre. El acusativo neutro en la oración presenta la universalidad de la garantía de seguridad eterna para todos los salvos. De otro modo, el destino de los que creen en Jesús conlleva la posesión de la vida eterna en esta vida, que se proyecta eternamente en la resurrección, es decir, posesión en el presente y esperanza en el futuro. Sobre esto escribe el Dr. Lacueva:

"Hay un determinado número de seres humanos dados por el Padre a Jesucristo, para que éste los cuide y sirvan para gloria y alabanza de Su nombre. Aquellos a quienes el Padre hizo objeto especial de Su amor, los encomendó a las manos de Cristo. Y Cristo se encarga de que no se pierda ninguno de los que le han sido dados por el Padre. Este cuidado se extiende más allá de la tumba: 'sino que lo resucite en el último día' (vv. 39, 40, 54). Esta empresa, pues, no quedará finalizada sino en la resurrección del último día. Todo esto tiene su fuente y origen en la voluntad del Padre[5]*".*

La voluntad del Padre es cumplida plenamente por el Hijo. Jesús no pierde nada de lo que Dios le da. Por eso los guarda durante la vida, y los resucitará luego de ella, en el momento oportuno en el día final. La seguridad del creyente no está en lo que él haga o deje de hacer para mantener su salvación en identificación con Cristo, sino en lo que el Salvador hace para que nunca pueda perderse ninguno de los que Él ha salvado. Lo que supone para muchos una notable dificultad en cuanto a la *perseverancia de los santos*, se aclara absolutamente en las palabras de Jesús, ya que los salvos serán guardados y protegidos perseverando en la gracia hasta el fin de los tiempos (cf. 10:28; Ro. 8:29, 30, 38; 11:29; Fil. 1:6; 2 Ti. 2:19; He. 6:17; 1 P. 1:4, 5; etc.). La vida eterna que Dios da conlleva ya aparejada la eterna seguridad, puesto que es la misma vida de Dios en el creyente. Además los dones de Dios son irrevocables, por tanto, lo que se recibe de Él pasa a ser propio de aquel que lo recibe, en ese sentido, nadie puede arrebatar la vida eterna, que es el don de Dios para todo aquel que cree. De este modo quien tiene a Cristo y con Él el perdón de pecados, tiene también la vida eterna de la que nunca será separado. No se trata de lo que el hombre haga, sino de Dios que lo garantiza.

---

[5] F. Lacueva. o.c., pág. 146.

40. Y esta es la voluntad del que me ha enviado: Que todo aquél que ve al Hijo, y cree en él, tenga vida eterna; y yo le resucitaré en el día postrero.

τοῦτο γάρ ἐστιν τὸ θέλημα[1] τοῦ Πατρός μου, ἵνα πᾶς ὁ
Porque esta es la voluntad del Padre de mí, que todo el
θεωρῶν τὸν Υἱὸν καὶ πιστεύων εἰς αὐτὸν ἔχῃ ζωὴν αἰώνιον,
que ve al Hijo y que cree en Él, tenga vida eterna,
καὶ ἀναστήσω αὐτὸν ἐγὼ[2] [ἐν][3] τῇ ἐσχάτῃ ἡμέρᾳ.
y resucitaré le Yo en el último día.

Notas y análisis del texto griego.

Siguen las palabras de Jesús: τοῦτο, caso nominativo neutro singular del pronombre demostrativo *esto*; γάρ, conjunción causal *porque*; ἐστιν, tercera persona singular del presente de indicativo en voz activa del verbo εἰμί, *ser, estar*, aquí *es*; τὸ caso acusativo neutro singular del artículo determinado *el*; θέλημα, caso acusativo neutro singular del nombre común *voluntad*; τοῦ, caso genitivo masculino singular del artículo determinado declinado *del*; Πατρός, caso genitivo masculino singular del nombre divino *Padre*; μου, caso genitivo de la primera persona singular del pronombre personal declinado *de mí*; ἵνα, conjunción *que*; πᾶς, caso nominativo masculino singular del adjetivo indefinido *todo*; ὁ, caso nominativo masculino singular del artículo determinado *el*; θεωρῶν, caso nominativo masculino singular del participio de presente en voz activa del verbo θεωρέω, *ver, mirar, contemplar*, aquí *que ve*; τὸν, caso acusativo masculino singular del artículo determinado declinado *al*; Υἱὸν, caso acusativo masculino singular del nombre divino *Hijo*; καὶ, conjunción copulativa *y*; πιστεύων, caso nominativo masculino singular del participio de presente en voz activa verbo πιστεύω, *creer*, aquí *que cree*; εἰς, preposición propia de acusativo *en*; αὐτὸν, caso acusativo masculino de la tercera persona singular del pronombre personal *Él*; ἔχῃ, tercera persona singular del presente de subjuntivo en voz activa del verbo ἔχω, *tener*, aquí *tenga*; ζωὴν, caso acusativo femenino singular del nombre común *vida*; αἰώνιον, caso acusativo femenino singular del adjetivo *eterna*; καὶ, conjunción copulativa *y*; ἀναστήσω, primera persona singular del futuro de indicativo en voz activa del verbo ἀνίστημι, *levantar, resucitar*, aquí *resucitaré*; αὐτὸν, caso acusativo masculino de la tercera persona singular del pronombre personal declinado *a él, le*; ἐγώ, caso nominativo de la primera persona singular del pronombre personal *yo*; ἐν, preposición propia de dativo *en*; τῇ, caso dativo femenino singular del artículo determinado *la*; ἐσχάτῃ, caso dativo femenino singular del adjetivo *final, último*; ἡμέρᾳ, caso dativo femenino singular del nombre común *día*.

Crítica Textual. Lecturas alternativas.

[1] τοῦτο γάρ ἐστιν τὸ θέλημα, *porque esta es la voluntad...* no aparece en $\mathfrak{p}^{66*}$.

[2] ἐγὼ, *yo*, no figura en 𝔭^{66}, A, D, f^{1}, aur, b, pi, vg^{mss}, bo^{pt}, Clemente.

[3] ἐν, *en*, no figura en 𝔭^{75}, B, C, T, W, Γ, Δ, Θ, 1, 565, 579, 700, 892, 1424, 𝔐, e.

El texto completo esta atestiguado en p^{66}, ℵ, A, D, K, K, N, Ψ, f^{13}, 33, 1241, 844, 2211, lat, Clemente.

τοῦτο γάρ ἐστιν τὸ θέλημα τοῦ Πατρός μου, Hay una voluntad divina relativa a la salvación y a la seguridad de los salvos, que aquí se vincula con la de *mi Padre*. A esta voluntad paterna se ha venido refiriendo antes. La seguridad de salvación se expresa en distintos modos: *no echar fuera al que venga* (v. 37); *no dejar que se pierda* (v. 39); *resucitar en el último día* (vv. 39, 40).

ἵνα πᾶς ὁ θεωρῶν τὸν Υἱὸν καὶ πιστεύων εἰς αὐτὸν. La seguridad se alcanza por medio de la fe en el Hijo. No tanto creer de un modo intelectual a lo que está diciendo en Su enseñanza, sino *creer en Él*, en sentido de *venir* a Él, que parte de un *ver*, es decir, *verlo* como el Mesías y el Salvador prometido. Es una mirada de fe que otorga la salvación. De la misma manera que los israelitas mordidos por las serpientes miraban a la de bronce, puesta en un mástil, y recibían vida, porque recibían sanidad, así también el pecador, muerto en delitos y pecados, mira por fe al Salvador y recibe vida eterna. Por tanto el *ver* ya lleva en sí el impulso de la fe, porque *lo ve* como lo que es, el Salvador enviado del cielo, que no es sólo un hombre, sino Emanuel, *Dios con los hombres*. La frase al construirla con el presente de subjuntivo *crea*, se convierte en una condicional. Por tanto la promesa alcanza a todos, pero se concreta sólo para el que *crea*. Ambas cosas, *ver* y *creer*, son necesarias. Los líderes religiosos *vieron* a Él y a las señales que le manifestaban con el que había descendido del cielo para dar vida al mundo, pero no quisieron creer. Lo esencial está en creer. Ver al Hijo era concesión especial para los judíos de los tiempos de Jesús, nosotros no lo vemos físicamente hablando, aunque sí por medio de la fe, pero se demanda que ejerzamos la fe en Él. La vida eterna está al alcance de todo aquel que crea. En el pasaje *ver* es sinónimo de *creer*. El ver tiene el distintivo de reconocer la realidad de quien es el Salvador. El creer es la entrega incondicional al único que puede salvar.

ἔχῃ ζωὴν αἰώνιον. Al creer se recibe la *vida eterna*. Este don es cosa asegurada para todo aquel que acuda a Cristo y lo acepte como Salvador por medio de la fe. Anteriormente se habló ya de lo que es la *vida eterna*, que no es otra cosa que la vida comunicable de Dios, vivida por el que ha creído, en una vinculación vivencial con el Padre y el Hijo

(17:3). Dios da Su vida, que siendo de Él es necesariamente eterna, para que el hombre, a través de único Mediador, Jesucristo hombre, pueda hacerla suya por medio de la fe.

καὶ ἀναστήσω αὐτὸν ἐγὼ ἐν τῇ ἐσχάτῃ ἡμέρᾳ. La culminación de la salvación alcanza su realización plena en la eterna dimensión que comprende la *resurrección*. Esta, que se llevará a cabo en el *día último*, o *día postrero*, será una ejecución en la que Cristo se compromete personalmente: *"Yo le resucitaré"*. La corona de gloria está puesta delante de nosotros y se nos dará en la resurrección, como expresión visible de nuestra vocación celestial, y de haber corrido bien para obtenerla. El compromiso de resurrección está asumido por el Hijo, al haberlo establecido con el Padre (v. 39).

La reacción al discurso (6:41-71).

Murmurando contra Jesús (6:41-43).

41. Murmuraban entonces de él los judíos, porque había dicho: Yo soy el pan que descendió del cielo.

Ἐγόγγυζον	οὖν	οἱ	Ἰουδαῖοι	περὶ	αὐτοῦ	ὅτι	εἶπεν·	ἐγώ	εἰμι
Murmuraban,	entonces,	los	judíos	de	Él	porque	dijo:	yo	soy

ὁ	ἄρτος	ὁ	καταβὰς	ἐκ	τοῦ	οὐρανοῦ,
el	pan	-	que descendió	del		cielo.

Notas y análisis del texto griego.

Describe la reacción de los judíos: Ἐγόγγυζον, tercera persona plural del imperfecto de indicativo en voz activa del verbo γογγύζω, *murmurar*, aquí *murmuraban*; οὖν, conjunción ilativa, *pues, entonces, por consiguiente*; οἱ, caso nominativo masculino plural del artículo determinado *los*; Ἰουδαῖοι, caso nominativo masculino plural del adjetivo *judíos*; περὶ, preposición propia de genitivo *de*; αὐτοῦ, caso genitivo masculino de la tercera persona singular del pronombre personal *Él*; ὅτι, conjunción causal *porque*; εἶπεν, tercera persona singular del aoristo segundo de indicativo en voz activa del verbo λέγω, *hablar, decir*, aquí *dijo*; ἐγώ, caso nominativo de la primera persona singular del pronombre personal *yo*; εἰμι, tercera persona singular del presente de indicativo en voz activa del verbo εἰμί, *ser, estar*, aquí *soy*; ὁ, caso nominativo masculino singular del artículo determinado *el*; ἄρτος, caso nominativo masculino singular del nombre común *pan*; ὁ, caso nominativo masculino singular del artículo determinado *el*; καταβὰς, caso nominativo masculino singular del participio de aoristo primero en voz activa del verbo καταβαίνω, *bajar, descender*; ἐκ, preposición propia de genitivo *de*; τοῦ, caso genitivo masculino singular del artículo determinado *el*; οὐρανοῦ, caso genitivo masculino singular del nombre común *cielo*.

Ἐγόγγυζον οὖν οἱ Ἰουδαῖοι περὶ αὐτοῦ ὅτι εἶπεν· Los judíos fueron siempre dados a la *murmuración*, así se aprecia en la lectura histórica del Antiguo Testamento (Ex. 16:2, 8 s.). Primeramente se afirma que los *judíos* murmuraban. Mayoritariamente el adjetivo *judíos* para Juan, es una referencia a los religiosos, especialmente a los líderes religiosos de los fariseos en Israel; en general lo usa para hablar de los que dirigían al pueblo. No cabe duda que no querían aceptar quien era Jesús. Cualquiera hubiese tenido ese conocimiento considerando las señales que hacía y luego las palabras que decía sobre Sí mismo, pero, el corazón entenebrecido, los oídos endurecidos y la conciencia cauterizada, hacían imposible la comprensión espiritual requerida. No había sido un momento en que se produjo la murmuración, sino una acción continuada por quienes lo hacían, como exige entender el hecho de que el verbo γογγύζω, *murmurar*, aparece en imperfecto de indicativo. Quienes murmuraban eran adversarios de Cristo. Murmurar habla de descontento. Aquellos ciegos, espiritualmente hablando, estaban descontentos del enviado por Dios y, por tanto, de Dios mismo.

ἐγώ εἰμι ὁ ἄρτος ὁ καταβὰς ἐκ τοῦ οὐρανοῦ. La razón de la murmuración viene después de la referencia a esa situación. Los judíos eran incapaces de entender el significado de las palabras de Jesús que afirmaba haber descendido del cielo. Las palabras del Señor debían haber producido júbilo y gratitud. Por las señales demostraba que era el enviado de Dios, como Nicodemo reconocía (3:2). Aquellas palabras eran la mayor buena nueva que se podía esperar. Sin embargo, lejos de asumir su contenido con regocijo, murmuraban en contra de Él.

Jesús concretaba Su misión en la tierra. Primeramente era el *pan de vida*, esto es, el único que podía dar *vida eterna* al hombre. Su tarea, eternamente encomendada en el plan de redención, consistía en hacer posible con su muerte, que la puerta de la salvación fuese abierta en gracia, a pesar de la miserable condición del pecador. La vida eterna, vida de Dios, podía ser comunicada al creyente sólo mediante la unión vital con Jesucristo. Separados de Él no hay vida, porque sólo en Él está y sólo Él puede comunicarla. Jesús dice que Él, como pan de vida, había descendido del cielo. Un proceso hecho posible por la gracia. Primeramente la determinación de descender al mundo de los hombres que asumió la segunda Persona Divina. Después, la acción sobrenatural y omnipotente del Espíritu Santo, en la concepción virginal de la humanidad que subsistiría en la Persona Divina del Hijo de Dios. Esta subsistencia exige que esa humanidad fuese propia del Hijo desde la encarnación. La infinita santidad de Emanuel es posible por la santificación que la Persona Divina del Verbo comunica a la naturaleza humana del Dios encarnado. No es posible otra forma de santidad que esa en relación con la naturaleza humana del Hijo de Dios. Hay quienes afirman que la santidad de Jesús es la consecuencia de la concepción virginal, olvidando que la naturaleza humana no se comunica sólo por el padre, sino por ambos. Otros quieren que la santidad de Jesucristo sea como consecuencia de haber sido concebido por obra del Espíritu Santo, dejando de entender que todos los elementos de la naturaleza humana del Verbo encarnado son tomados de la humanidad de María, en cuyo caso exigiría que fuese inmaculada, esto es santa, apartada de los pecadores y sin que portase el pecado original que todos heredamos de nuestros primeros padres. Ya se ha considerado todo esto antes, sólo es necesario que se entienda claramente que Aquel cuyo derecho era estar sentado en el trono de la Majestad en las alturas y ser aclamado y adorado por los ángeles, recibiendo también el tributo de honor de toda la creación, declinó ese inalienable derecho para voluntariamente hacerse hombre. La limitación es asumida voluntariamente por el Infinito, al hacerse un miembro de la raza humana. Pero para poder ser *pan de vida*, necesitaba el encuentro en gracia con la humillación y la entrega personal en un sacrificio redentor. A la limitación añade, por tanto, la humillación por la que siendo Siervo, concordando Su voluntad con la de Aquel que lo envía, se hace obediente hasta la muerte, y muerte de Cruz (Fil. 2:6-8). El *pan de vida* ha de acercarse al hombre para que éste pueda hacerlo suyo en un acto de fe. La salvación no sitúa al Salvador en la distancia, sino en la proximidad. No es el hombre que le busca a Él, sino que es Él quien viene al encuentro del hombre (Lc. 19:10). Los hombres de Su tiempo no podían ver en Él a Dios manifestado en carne, lo consideraban sólo un hombre, aunque para unos fuese de mayor dimensión que para otros, pero este *ver* a Jesús de este modo, no permitía la entrega a Él en un acto de fe, por lo que no alcanzaban la vida eterna que Él otorga por gracia y para lo cual descendió del cielo. Es evidente que quien no tiene padre humano, en el sentido propio de la palabra, y aunque es hombre, no es persona humana, necesariamente Su procedencia no puede ser humana, sino celestial.

42. Y decían: ¿No es éste Jesús, el hijo de José, cuyo padre y madre nosotros conocemos? ¿Cómo, pues, dice éste: Del cielo he descendido?

καὶ ἔλεγον· οὐχ οὗτος ἐστιν Ἰησοῦς ὁ υἱὸς Ἰωσήφ, οὗ
Y decían: ¿No éste es Jesús el hijo de José, de quien
ἡμεῖς οἴδαμεν τὸν πατέρα[1] καὶ τὴν μητέρα πῶς νῦν[2] λέγει[3]
nosotros hemos conocido al padre y a la madre? ¿Cómo ahora dice
ὅτι ἐκ τοῦ οὐρανοῦ καταβέβηκα
que del cielo ha descendido?

Notas y análisis del texto griego.

Los judíos argumentaban: καὶ, conjunción copulativa *y*; ἔλεγον, tercera persona plural del imperfecto de indicativo en voz activa del verbo λέγω, *hablar, decir*, aquí *decían*; οὐχ, forma del adverbio de negación *no*, con el grafismo propio ante vocal con espíritu áspero; οὗτος, caso nominativo masculino singular del pronombre demostrativo *éste*; ἐστιν, tercera persona singular del presente de indicativo en voz activa del verbo εἰμί, *ser*, aquí *es*; Ἰησοῦς, caso nominativo masculino singular del nombre propio *Jesús*; ὁ, caso nominativo masculino singular del artículo definido *el*; υἱὸς, caso nominativo masculino singular del nombre común *hijo*; Ἰωσήφ, caso genitivo masculino singular del nombre propio *José*; οὗ, caso genitivo masculino singular del pronombre relativo declinado *de quien*; ἡμεῖς, caso nominativo de la primera persona plural del pronombre personal *nosotros*; οἴδαμεν, primera persona plural del perfecto de indicativo en voz activa del verbo οἶδα, *saber, conocer, comprender, entender*, aquí *hemos conocido*; τὸν, caso acusativo masculino singular del artículo determinado declinado *al*; πατέρα, caso acusativo masculino singular del nombre común *padre*; καὶ, conjunción copulativa *y*; τὴν, caso acusativo femenino singular del artículo determinado declinado *a la*; μητέρα, caso acusativo femenino singular del nombre común *madre*; πῶς, partícula interrogativa adverbial, que realmente es un pronombre interrogativo *como, de que manera, por qué medio*; νῦν, adverbio de tiempo *ahora*; λέγει, tercera persona singular del presente de indicativo en voz activa del verbo λέγω, *hablar, decir*, aquí *dice*; ὅτι, conjunción *que*; ἐκ, preposición propia de genitivo *de*; τοῦ, caso genitivo masculino singular del artículo definido *el*; οὐρανοῦ, caso genitivo masculino singular del nombre común *cielo*; καταβέβηκα, tercera persona singular del perfecto de indicativo en voz activa del verbo καταβαίνω, *bajar, descender*, aquí *ha descendido*.

Crítica Textual. Lecturas alternativas.

[1] τὸν πατέρα, *al padre*, no aparece en א*, W b sir[s, c].

[2] νῦν, *ahora*, se lee en 𝔭[75], B, C, T, W, Θ, 1241, bo[pt].

οὖν, *pues*, según 𝔭[66], א, A, D, K, K, N, Γ, Δ, Ψ, $f^{1,13}$, 33, 565, 700, 892, 1424, 𝔐, lat, sir[h], sa[mss], bo[pt].

[3] λέγει, *dice*, lectura en $\mathfrak{p}^{66, 75}$, B, C, D, K, T, W, Θ, f^1, 33, 565, 892, 1241, a, ff^2, q, $sir^{s, c}$, co.

οὗτος λέγει, *éste dice*, según se lee en ℵ, N, Ψ, 579.

λέγει οὗτος, *dice éste*, conforme a A, K, Γ, Δ, f^{13}, 700, 1424, 𝔐, lat, $sir^{p, h}$.

καὶ ἔλεγον· Los detractores de Jesús decían en voz baja, entre ellos, murmurando. No le preguntaban por el sentido de las palabras que no entendían, simplemente criticaban lo que decía. La murmuración surgía asentada en que Jesús afirmaba su condición celestial, enviado del Padre, procedente del cielo, y ellos consideraban simplemente Su condición humana.

οὐχ οὗτος ἐστιν Ἰησοῦς ὁ υἱὸς Ἰωσήφ, οὗ ἡμεῖς οἴδαμεν τὸν πατέρα καὶ τὴν μητέρα. Las dos afirmaciones de Jesús: *yo soy el pan de vida*, y *he descendido del cielo*, producen enojo y reprobación por quienes viéndole a Él y viendo las señales, seguían obstinados en no creer. No reaccionaban abiertamente contra Él delante de todos los que estaban presentes en la sinagoga, sino que se limitaban a murmurar entre ellos. Es probable que Jesús era un misterio que les desbordaba totalmente. Por otro lado, no querían creer en Sus palabras porque conocían a Sus padres terrenales. Ellos conocían a estos pero desconocían al celestial. Es decir, conocían a Jesús como el hijo de José, pero negaban que fuese el Hijo de Dios. El problema era irresoluble para los incrédulos. Jesús nunca negó Su humanidad, es más, todos la podían ver. Para la gente Él era un *hombre*, pero este hombre declaraba que había descendido o bajado del cielo, de manera que siendo hombre afirmaba también que procedía y pertenecía a la esfera divina. Los judíos remarcan que Jesús era *"hijo de José"*, con lo que pretendían demostrar que era un hombre como los demás (1:45). Aquellos estaban negando con sus palabras el nacimiento sobrenatural del Hijo de Dios. Sin duda Jesús era hijo de José, no por concepción, sino por adopción o aceptación, pero, realmente la paternidad del Verbo no podía ser otra que la eterna generación del Padre. Es necesario tener siempre presente que Jesús es el *Unigénito* de Dios, manifestado en carne por obra de la concepción virginal en María (1:14).

πῶς νῦν λέγει ὅτι ἐκ τοῦ οὐρανοῦ καταβέβηκα. Los judíos *murmuraban*, como siempre lo habían hecho, como lo hicieron en el desierto, reclamando comida. En el tiempo del desierto, el texto bíblico dice que *murmuraban contra Moisés* (Ex. 16:2), sin embargo, Moisés entiende, y así se lo dice al pueblo, que murmuraban contra Dios (Ex.

16:7, 8). El caso se repite pero con mayor gravedad. No estaban murmurando sólo contra Jesús, sino que por identificación con el Padre que lo había enviado, murmuraban también de Él, de otro modo, aquellos murmuraban contra Dios. La declaración de Jesús confundía a los judíos y sigue confundiendo a los escépticos de hoy. Aquellos sólo veían lo externo de la Persona Divino-humana de Jesús. Esta verdad se enseña en la Palabra (Fil. 2:7). El Eterno se hizo un hombre del tiempo y del espacio. Pero no sólo se debe ver Su naturaleza humana, sino que sin mezcla ni confusión, subsiste junto con ella, la divina que eternamente le pertenece por ser Dios. Lo que hería a aquellos de los tiempos de Jesús era el origen celestial que el Señor se atribuía a Sí mismo. Aquellos solo veían el terrenal, humilde, del hijo del carpintero. Si la parentela del Señor era conocida, luego, para aquellos, no había podido bajar del cielo. Tal vez murmuraban entre ellos dispuestos a rebatir las palabras de Jesús, ya que por el conocimiento que tenían de Su familia, la declaración Suya no podía ser verdadera.

43. Jesús respondió y les dijo: No murmuréis entre vosotros.

ἀπεκρίθη	Ἰησοῦς	καὶ	εἶπεν	αὐτοῖς·	μὴ	γογγύζετε	μετ’	ἀλλήλων.
Respondió	Jesús	y	dijo	les:	No	murmuréis		unos con otros

Notas y análisis del texto griego.

Trasladando la respuesta de Jesús, dice: ἀπεκρίθη, tercera persona singular del aoristo primero de indicativo en voz pasiva del verbo ἀποκρίνομαι, *responder, declarar*, aquí *respondió*; Ἰησοῦς, caso nominativo masculino singular del nombre propio *Jesús*; καὶ, conjunción copulativa *y*; εἶπεν, tercera persona singular del aoristo segundo de indicativo en voz activa del verbo λέγω, *hablar, decir*, aquí *dijo*; αὐτοῖς, caso dativo masculino de la tercera persona plural del pronombre personal declinado *a ellos, les*; μὴ, partícula que hace funciones de adverbio condicional de negación *no*; γογγύζετε, segunda persona plural del presente de imperativo en voz activa del verbo γογγύζω, *murmurar*, aquí *murmuréis*; μετ’, forma escrita de la preposición de genitivo μετά, por elisión ante vocal con espíritu suave, con sentido de *entre, con, en medio de*; ἀλλήλων, caso genitivo masculino plural del pronombre recíproco *unos con otros*.

ἀπεκρίθη Ἰησοῦς καὶ εἶπεν αὐτοῖς· μὴ γογγύζετε μετ’ ἀλλήλων. A la murmuración de los judíos, responde Jesús con un mandamiento. La cláusula es de negación enfática, construida con la negación μὴ, *no*, y el presente de imperativo del verbo γογγύζω, *murmurar*. El uso del pronombre recíproco *unos con otros*, pone de manifiesto que el Señor mandó callar, dejar de murmurar, a los que estaban haciéndolo y todos podían observar que lo hacían. La expresión del Señor, podría traducirse como *dejad ya de murmurar unos con otros*. El rumor de la inconformidad de aquellos iba en aumento, por lo que Jesús intervino en esa situación mandándoles que dejasen de hacerlo. Las verdades divinas no se aprenden con un espíritu de murmuración sobre ellas. El versículo pone de manifiesto la responsabilidad que el hombre tiene en el rechazo de las verdades bíblicas, especialmente en aquellas que tienen que ver con la salvación.

Enseñanza de Jesús (6:44-51).

44. Ninguno puede venir a mí, si el Padre que me envió no le trajere; y yo le resucitaré en el día postrero.

οὐδεὶς δύναται ἐλθεῖν πρός με[1] ἐὰν μὴ ὁ Πατὴρ[2] ὁ πέμψας με
Nadie puede venir a mí si no el Padre - que envió me
ἑλκύσῃ αὐτόν, καγὼ ἀναστήσω αὐτὸν ἐν τῇ ἐσχάτῃ ἡμέρᾳ[3].
atrajere le; y yo resucitaré le en el último día.

Notas y análisis del texto griego.

Sigue la enseñanza de Jesús: οὐδεὶς, caso nominativo masculino singular del pronombre indefinido *nadie, ninguno*; δύναται, tercera persona singular del presente de indicativo en voz media del verbo δύναμαι, *poder, tener poder*, aquí *puede*; ἐλθεῖν, segundo aoristo de indicativo en voz activa del verbo ἔρχομαι, *venir, llegar*; πρός, preposición propia de acusativo *a*; με, caso acusativo de la primera persona singular del pronombre personal *yo, mi, me*; ἐὰν, conjunción afirmativa *si*; μὴ, partícula que hace funciones de adverbio de negación *no*; ὁ, caso nominativo masculino singular del artículo determinado *el*; Πατὴρ, caso nominativo masculino singular del nombre divino *Padre*; ὁ, caso nominativo masculino singular del artículo determinado *el*; πέμψας, caso nominativo masculino singular del participio de aoristo primero en voz activa del verbo πέμπω, *mandar, enviar*, aquí *que envió*; με, caso acusativo de la primera persona singular del pronombre personal declinado *a mí, me*; ἑλκύσῃ, tercera persona singular del aoristo primero de subjuntivo en voz activa del verbo ἕλκω, *traer, atraer, arrastrar*, aquí *atrajere*; αὐτόν, caso acusativo masculino de la tercera persona singular del pronombre personal declinado *a él, le*; καγὼ, palabra formada por crasis[6] de la conjunción καὶ, y el pronombre personal ἐγώ, y que equivale a *y yo*; ἀναστήσω, primera persona singular del futuro de indicativo en voz activa del verbo ἀνίστημι, *resucitar, levantar*, aquí *resucitaré*; αὐτὸν, caso acusativo masculino de la tercera persona singular del pronombre personal declinado *a él, le*; ἐν, preposición propia de dativo *en*; τῇ, caso dativo femenino singular del artículo definido *la*; ἐσχάτῃ, caso dativo femenino singular del adjetivo, *final,*

[6] *Crasis*, palabra griega que equivale a *unión de fuerzas*, en general *unión de elementos*.

postrero, último; ἡμέρᾳ, caso dativo femenino singular del nombre común *día*.

Crítica Textual. Lecturas alternativas.

[1] En lugar del acusativo με, se lee en nominativo ἐμὴ, en B, Δ, Θ.

[2] Se añade después de Πατὴρ, el pronombre personal μου, en 𝔭[66].

[3] ἐν τῇ ἐσχάτῃ ἡμέρα, *en el último día*, esta frase no está recogida en 𝔭[66c, 75], ℵ, Δ, Θ, aur, e, vg[st].

οὐδεὶς δύναται ἐλθεῖν πρός με ἐὰν μὴ ὁ Πατὴρ ὁ πέμψας με ἑλκύσῃ αὐτόν, Jesús que mandó a los murmuradores que dejasen de hacerlo, hace ahora una declaración un tanto compleja. La misión de Jesús era la de revelar al Padre (1:18). Esa misión se concreta en la resolución eterna de Dios que determinó la salvación del pecador en el plan de redención, establecido desde antes de la creación (2 Ti. 1:9). Para llevar a cabo la obra redentora, el Padre envió al Hijo, para ser el Salvador del mundo, determinación eterna en el seno trinitario (1 P. 1:18-20). Jesús habló en esta ocasión de la necesidad de que los hombres *acudan* a Él para salvación, sin embargo, para hacerlo necesitan ser conducidos espiritualmente, de modo que venzan el impedimento propio de quien es rebelde contra Dios, opuesto a Su gracia, y desinteresado por Él. Todos estos movidos en dirección a Cristo, son considerados como *regalo*, *don*, que el Padre da a Su Hijo (v. 39), asunto que ha sido considerado antes. Siguiendo en el mismo tema, Cristo afirma ahora que nadie puede ir a Él, sin la ayuda directa de quien lo atrae y lo conduce dirigiéndolo al Salvador. La expresión es de una gran firmeza, nadie puede ir a Él si el Padre que lo envió no lo *atrajere*. Es necesario entender el alcance y significado de ese verbo.

οὐδεὶς δύναται ἐλθεῖν πρός με. La primera verdad que Jesús afirma es que nadie puede ir a Él, por sí mismo. Son varias las razones que producen esta imposibilidad. Para el entorno del pasaje de Juan, los judíos no podían ir a Jesús, que significa aceptarlo como Salvador personal entregándole la vida, mientras mantuviesen la confianza en sus propias obras legales para alcanzar la justificación. Sólo si fuesen despojados de su propia confianza podrían hacerlo. Aquellos viendo la realidad de que Jesús era el enviado de Dios, no lo recibían como tal, de modo que por ellos mismos serían incapaces de acudir a Él.

En general, el hombre no tiene deseo alguno de acudir a Cristo y aceptarlo como Salvador, por condición natural. El pecado afectó total y absolutamente al hombre, conduciéndolo a un estado de rechazo a Dios y de rebeldía contra Él. Se llama a este estado *depravación*. Esta es la positiva disposición y activa inclinación al mal que hay en todo hombre a consecuencia del pecado y que lo incapacita totalmente en orden de la salvación y lo orienta al mal (Gn. 6:5; Mr. 7:20-23; Ro. 3:9-18). El término *depravación* no significa que el hombre natural no posea ningún conocimiento de Dios (Ro. 1:18-21). Tampoco supone que el pecador no tenga conciencia para discernir entre el bien y el mal (8:9; Ro. 2:15). De igual modo no quiere decir que el hombre no regenerado no sienta ninguna admiración por el bien y la virtud. Tampoco quiere decir que el hombre haya de pecar de todas las formas y modos posibles. Sin embargo, a consecuencia del pecado, el ser humano ha quedado total y absolutamente incapacitado para cambiar por sí mismo su carácter y conducta de modo que pueda amar a Dios y obedecerle. En ese sentido, el hombre no regenerado no puede ni quiere hacer un solo acto que alcance el nivel moral prescrito por Dios. La Biblia presenta las razones de la incapacidad humana. El pecado ha hecho sordo el oído espiritual y por tanto, la atención del hombre hacia las cosas de Dios (Hch. 28:27). Además oscureció los ojos del entendimiento, entenebreciéndolo de modo que no puede percibir la luz de Dios en el mensaje de salvación (Ef. 4:18). La situación personal es absoluta desviación de los afectos, intereses y deseos del hombre que le lleva a rechazar a Dios y obedecerle en Sus mandatos. La situación producida por el pecado hace que el hombre no pueda discurrir en un andar correcto delante de Dios (Is. 53:6). Todos los caminos que ha procurado para su andar diario, no le conducen a Dios, sino todo lo contrario, los desvinculan y alejan de Él. El pecado hace también carnal el pensamiento de la mente, de tal manera que el hombre natural no puede ni quiere sujetarse a la ley de Dios. A la esfera de la muerte en quienes viven bajo la influencia de la carne, se añade aquí la de la relación con Dios para los que viviendo en la carne, son *enemigos de Dios*, porque quien está dominado por la carne está en enemistad contra Dios. La reconciliación ha de producirse desde esa misma esfera de enemistad (Ro. 5:10). De otra manera, el modo de pensar y enfocar las cosas conforme a la carne, es contrario y está en enemistad contra Dios. La razón de ese estado de enemistad consiste en que *"no se sujeta a la ley de Dios"* es decir, no se *somete o se sujeta*, por cuanto la carne no se somete a la voluntad de Dios, sino que lucha esforzadamente contra Él. En sus designios y dirección no hay nada concordante con Dios, sino una marcada oposición a someterse a Su voluntad. La desobediencia genera enemistad contra Dios y acarrea Su ira sobre los desobedientes (Ef. 2:3). En ese sentido, todo el que está controlado por la carne es un enemigo potencial de Dios. El énfasis recae nuevamente en la imposibilidad de una dualidad de vida en la carne y en el Espíritu, por la imposibilidad de servir a dos señores diametralmente opuestos y con intereses contrarios (Mt. 6:24).

Pero, todavía más, ya que junto con el aspecto de la imposibilidad se añade también el de rebeldía, es decir, no solo *no puede* sujetarse a la ley de Dios, sino que tampoco *quiere*. La carne y sus designios no sólo son desobedientes por condición negándose a someterse a Dios, sino que le es imposible hacerlo. La propia condición de debilidad carnal es evidencia de la falta de poder para sujetarse a la Ley de Dios. La condición de todo hombre fuera de Cristo es de absoluta incapacidad. Es suficiente evidencia confrontarnos con las demandas de la Ley y apreciar la incapacidad personal para cumplirlas. Nuevamente el glorioso poder transformador de la gracia irrumpe en el fondo de esta cuestión, para enseñarnos que nuestro esfuerzo como hombres es vano y que sólo en dependencia del Espíritu podemos ser más que vencedores por medio de Aquel que nos amó (v. 37).

El pecado ha dañado también la capacidad del intelecto, en relación con el discernimiento de las cosas de Dios. El sencillo y comprensible mensaje de la Cruz es *locura* para el hombre, porque ha de ser entendido espiritualmente (1 Co. 2:9-14). El pecado ha convertido al hombre en un muerto espiritual sin capacidad alguna para hacer nada en el terreno espiritual conforme a Dios (Ro. 5:12; Ef. 2:1, 4, 5). Del mismo modo la condición del hombre es de enemistad contra Dios porque está bajo el poder del diablo (Ef. 2:2). A consecuencia del pecado el hombre ha quedado totalmente incapacitado para cambiar por sí mismo su carácter y conducta, de modo que pueda amar a Dios y obedecerle. En ese sentido, Jesús recuerda que el deseo y la voluntad del Padre que le había enviado es que todos acudiesen a quien siendo *pan de vida*, podía dar alimento y vida espiritual al hombre (v. 33). Con todo, ninguno de aquellos entendía el llamamiento espiritual de Dios, cuyo deseo es que todos creyesen en el que había sido enviado (v. 29), sin embargo no lo hacían. De ahí la confirmación histórica de la verdad antes recordada que el hombre natural no regenerado no puede ni quiere hacer un solo acto que alcance el nivel moral prescrito por Dios. El hombre natural tampoco percibe, comprende, espiritualmente el mensaje de salvación que Jesucristo vino a proclamar en el mundo, que todo el que crea en Él recibe el don de la vida eterna (3:16). La oferta de salvación es firme, pero la condición es imposible para el hombre natural sin la asistencia del Espíritu de Dios. Comprende mentalmente el alcance del mensaje, entiende sus palabras, discierne la demanda, pero no le es comprensible desde la condición espiritual en que tiene que ser entendido para entrega al Salvador. El apóstol Pablo habla de ese mensaje como *la palabra de la Cruz*, de otro modo, la doctrina de la salvación en base a la muerte en la cruz del Hijo de Dios (Ro. 5:6-10). No importa el tiempo ni la expresión del mensaje, el hecho significativo en que el hombre tiene que venir a Cristo y aceptar Su obra para ser salvo. A pesar de las advertencias del Señor, los oyentes siguen incrédulos al mensaje del evangelio que Él mismo proclamaba. Esa incredulidad les mantiene en la condición de herederos de la ira de Dios (Ef. 2:3), y su condenación es segura (3:18). Estos que entienden mentalmente las palabras del mensaje del evangelio, no lo aceptan y obran en consecuencia porque no *perciben las cosas que son del Espíritu de Dios*, en ese sentido equivale a no recibirlas o a rechazarlas. Estas palabras de vida no tienen valor para el hombre natural, sin ninguna asistencia del Espíritu de vida, porque al proceder de otro Espíritu, no concuerda con el suyo personal. De otro modo, sin ayuda el hombre natural no comprende ni acepta el plan de Dios para salvación. A toda esta incapacidad se une también la acción diabólica en la que *"el dios de este siglo"*, el señor de los mundanos (Lc. 4:6; Jn. 12:31; 14:30; 16:11; Ef. 2:2), actúa en ellos para que no les alcance el mensaje iluminador del evangelio. Este hombre no regenerado, no percibe al Espíritu, ni Sus acciones, ni le reconoce, por tanto no puede recibirlo. De esto se considerará más adelante a partir del capítulo catorce. Jesús es claro en Su enseñanza: *"ninguno puede venir a mí"*.

ἐὰν μὴ ὁ Πατὴρ ὁ πέμψας με ἑλκύσῃ αὐτόν. La segunda verdad tiene que ver con la superación del impedimento del que se ha considerado. Es el Padre el que llama y conduce a los hombres a Cristo. No es necesario extenderse más puesto que se ha considerado ya la incapacidad del hombre para ir determinadamente a Cristo por voluntad personal. Con toda precisión Jesús dice que sólo los que sean *traídos* por el Padre, vendrán a Él. Quiere decir esto que Dios tiene que actuar para que los impedimentos propios del hombre sean superados y el deseo de acudir a Cristo se active en su deseo personal. El auxilio divino se hace evidente en el texto. El pasaje señala el modo de conducir del Padre a Cristo para salvación. Más adelante, como se considerará, se enseña la iluminación del entendimiento (vv. 45-46). Pero también el Padre actúa en la capacitación de la voluntad. Muchas de estas operaciones son llevadas a cabo por el Espíritu Santo, tema que se considerará más adelante. Es necesario entender que todas las operaciones de salvación proceden de Dios.

Sin duda hay una dificultad en el texto consistente en determinar el alcance del verbo ἕλκω, que significa *traer, atraer, arrastrar*.

Archibal Thomas Robertson, da una aplicación del término: *arrastrar con una red* (21:6), o *espada* (18:10), *u hombres* (Hch. 16:19), *atraer mediante poder moral* (12:32), como en Jer. 31:3[7]. No cabe duda que todas ellas tienen en sí el componente de acción enérgica para lograr un fin. De otro modo, el Padre envió a Su Hijo al mundo para salvar a los perdidos, luego envía a los perdidos al Hijo para que sean salvos. ¿Se trata aquí de un determinismo que niega la libertad del hombre para aceptar voluntariamente la invitación del evangelio? ¿Es acaso una acción irresistible que inexorablemente lleva a algunos a Cristo para salvación, mientras niega la misma a otros? Sin duda es necesario contestar con un enfático no a las dos preguntas. Es verdad que sin la capacitación divina ningún hombre quiere ir a Cristo, pero no es menos cierto que el *Evangelio* pone de manifiesto la responsabilidad del hombre, porque la salvación es para todo aquel que cree (3:16), pero puede rehusar creer en el Salvador y estos son condenados (3:36). No hay ninguna evidencia bíblica sobre la que pueda sustentarse la eterna reprobación de algunos, puesto que eso exigiría la creación de quienes no teniendo posibilidad alguna de salvación serían condenados de antemano a la eterna condenación antes de ser responsables de comisión u omisión pecaminosa. La atracción que el Padre hace para llevar los hombres a Cristo, lo que se llama *el llamado del Padre*, no es determinismo preestablecido, sino manifestación admirable de la gracia. Amado el hombre con amor eterno, es atraído a Cristo a causa de la acción impulsora de la gracia que lleva a Dios a atraer los perdidos y conducirlos al Hijo para salvación.

Así escribía Agustín de Hipona:

"No vayas a creer que eres atraído a pesar tuyo. Al alma le atrae el amor... ¿Cómo puedo yo creer voluntariamente si soy atraído? Digo yo: Es poco decir que eres atraído voluntariamente; eres atraído también con mucho agrado y placer[8]*. ¿Qué es ser atraído por el placer? Pon tus delicias en el Señor y Él te dará lo que pide tu corazón. Hay un apetito en el corazón al que le sabe dulcísimo este pan celestial. Si, pues, el poeta pudo decir: 'Cada uno va en pos de su aflicción', no con necesidad, sino con placer; no con violencia, sino con delectación. ¿con cuánta mayor razón se debe decir que es atraído a Cristo el hombre cuyo deleite es la verdad, y la felicidad, y la justicia, y la vida*

[7] Archibal Robert Thomas, o.c., pág. 134.

[8] Literalmente: *¿Cómo puedo yo creer voluntariamente si soy arrastrado? Digo yo: Es poco decir que eres arrastrado voluntariamente; eres arrastrado voluptuosamente.*

sempiterna, todo lo cual es Cristo? Los sentidos tienen sus delectaciones, ¿y el alma no tendrá las suyas?... Dame un corazón amante y sentirá lo que digo; dame un corazón que desee y que tenga hambre; dame un corazón que se mire como desterrado, y que tenga sed, y que suspire por la fuente de la patria eterna; dame un corazón así, y éste se dará perfecta cuenta de lo que estoy diciendo...

¿Qué sentido, pues, pueden tener estas palabras: 'A quien el Padre atrae', sino que el mismo Cristo atrae? ¿Por qué prefirió decir: A quien el Padre atrae? Si hemos de ser atraídos, que lo seamos por aquel a quien dice una de esas almas amantes: 'Tras el olor de tus perfumes correremos'. Pero pongamos atención, hermanos, en lo que quiso darnos a entender, y comprendámoslo en la medida de nuestras fuerzas. El Padre atrae al Hijo a aquellos que creen en el Hijo, precisamente porque piensan que Él tiene a Dios por Padre. Dios-Padre engendró un Hijo que es igual a Él; y el que piensa y en su fe siente y reflexiona aquel en quien cree es igual al Padre, ese mismo es quien es llevado al Hijo por el Padre. Arrio le creyó simple criatura; no le atrajo al Padre, porque no piensa que en el Padre quien no cree en el Hijo es igual a Él... El Padre atrae a quien así habla: 'Tu eres el Cristo, el Hijo del Dios vivo'... 'Eres feliz, Simón hijo de Jonás, porque no ha sido ni la carne ni la sangre los que te han revelado eso, sino mi Padre, que está en los cielos'. Esta revelación es atracción también... Si, pues, estas cosas que entre las delicias y delectaciones terrenas se muestran a los amantes, ejercen en ellos atractivo fuerte, ¿cómo no va a atraer Cristo, puesto al descubierto por el Padre? ¿Ama algo el alma con más ardor que la verdad?... Aquí nos es más fácil tener hambre, con tal de tener esperanza santa... Allí mucho mejor... Comerá aquello mismo de lo que tiene hambre y será saciado de aquello mismo de lo que tiene sed. ¿Dónde? En la resurrección de los muertos. 'Yo le resucitaré en el último día[9]'".

καγὼ ἀναστήσω αὐτὸν ἐν τῇ ἐσχάτῃ ἡμέρᾳ. Aquellos que son atraídos por el Padre y vienen a Cristo, reciben el perdón de los pecados y la vida eterna, por tanto, el compromiso de Jesús es no perder a ninguno de ellos (v. 39). Esto exige necesariamente la resurrección de todos los salvos para estar para siempre con Jesús. Juan califica ese tiempo como *último día*. La vida que se alcanza en la gracia mediante la fe, no puede extinguirse porque es eterna, por tanto, la resurrección ha de estar garantizada para quienes, poseedores de esa vida, tienen una proyección de eternidad. El hombre no está completo sin las dos partes que lo forman, la material, el cuerpo, y la espiritual, el alma, el espíritu

[9] Agustín de Hipona. *Tratados sobre el Evangelio de Juan*, 26, 4-6.

y los restantes elementos de esa parte del hombre. La espiritual parte a la presencia del Señor en el momento de la muerte física, el cuerpo vuelve al polvo, hasta el día de la resurrección en que a la parte espiritual se le unirá la material del cuerpo de resurrección para estar eternamente con Jesús.

45. Escrito está en los profetas: Y serán todos enseñados por Dios. Así que, todo aquel que oyó al Padre, y aprendió de él, viene a mí.

ἔστιν γεγραμμένον ἐν τοῖς προφήταις· *καὶ ἔσονται πάντες*
Está escrito en los profetas: Y serán todos
διδακτοὶ Θεοῦ· πᾶς ὁ ἀκούσας παρὰ τοῦ Πατρὸς καὶ
enseñados por Dios. Todo el que oyó del Padre y
μαθὼν ἔρχεται πρὸς ἐμέ.
que aprendio viene a mí.

Notas y análisis del texto griego.

Continúa con ἔστιν, tercera persona singular del presente de indicativo en voz activa del verbo εἰμί, *ser, estar*, aquí *está*; γεγραμμένον, caso nominativo neutro singular del participio de perfecto en voz activa del verbo γράφω, *escribir*, aquí *escrito*; ἐν, preposición propia de dativo *en*; τοῖς, caso dativo masculino plural del artículo determinado *los*; προφήταις, caso dativo masculino plural del nombre común *profetas*; καὶ, conjunción copulativa *y*; ἔσονται, tercera persona plural del futuro de indicativo en voz media del verbo εἰμί, *ser, estar*, aquí *serán*; πάντες, caso nominativo masculino plural del adjetivo indefinido *todos*; διδακτοὶ, caso nominativo masculino plural del adjetivo *enseñados*; Θεοῦ, caso genitivo masculino singular del nombre divino declinado *por Dios*; πᾶς, caso nominativo masculino singular del adjetivo indefinido *todo*; ὁ, caso nominativo masculino singular del artículo determinado *el*; ἀκούσας, caso nominativo masculino singular del participio de aoristo primero en voz activa del verbo ἀκούω, *escuchar, oír*, aquí *que oyó*; παρὰ, preposición propia de genitivo *de*; τοῦ, caso genitivo masculino singular del artículo determinado *el*; Πατρὸς, caso genitivo masculino singular del nombre divino *Padre*; καὶ, conjunción copulativa *y*; μαθὼν, caso nominativo masculino singular del participio del aoristo segundo en voz activa del verbo μανθάνω, *aprender*, aquí *que aprendió*; ἔρχεται, tercera persona singular del presente de indicativo en voz media del verbo ἔρχομαι, *venir*, aquí *viene*; πρὸς, preposición propia de acusativo *a*; ἐμέ, caso acusativo de la primera persona singular del pronombre personal *mí.*

ἔστιν γεγραμμένον ἐν τοῖς προφήταις· *καὶ ἔσονται πάντες διδακτοὶ Θεοῦ·* Como es natural en el ministerio de Jesucristo, apela a la Escritura, puesto que todo cuanto tiene que ver con Su obra estaba anunciado de antemano por los profetas. Este *escrito está* tiene el eco de, por lo menos, dos profetas: *"Y todos tus hijos serán enseñados por Jehová..."* (Is. 54:13); *"Pero este es el pacto que haré con la casa de Israel después de aquellos días, dice Jehová: Daré mi ley en su mente, y la escribiré en su corazón..."* (Jer. 31:33). Quiere decir que los hombres recibirán enseñanza de Dios. La referencia profética tiene como propósito confirmar la enseñanza del versículo anterior, en el sentido de que Dios produce internamente una atracción especial hacia Cristo de aquellos a quienes Él conduce al Salvador. De modo que todo el que ha escuchado al Padre y *aprende*, entiende, la lección que le enseña, va a Jesús, y le busca para salvación.

πᾶς ὁ ἀκούσας παρὰ τοῦ πατρὸς καὶ μαθὼν ἔρχεται πρὸς ἐμέ. Por tanto, quien oye a Dios, esto es, aquel a quien Dios hablando le enseña el camino, va a Cristo. La aceptación del llamamiento de Dios conduce a la fe en Cristo, que se expresa en la entrega incondicional al Salvador. Por el contrario, el que no acude a Cristo, está rechazando el magisterio divino de enseñanza. Esto no se expresa simplemente en un rechazo a la instrucción, sino en un acto de rebeldía contra la voluntad divina, un desprecio a Su amor, y un acto de transgresión al mandamiento de acudir a Cristo para ser salvo, ya que la invitación divina no es un ruego que Dios hace al perdido, sino un mandamiento que establece para el hombre, ya que Él *"manda ahora a todos los hombres en todo lugar, que se arrepientan"* (Hch. 17:30). No se trata aquí de establecer una comparación entre la acción de Dios y la responsabilidad del hombre, ni de la enseñanza de Dios y la aceptación del hombre, sino que se trata de entender que Dios toma siempre la iniciativa en todo. De otra manera, Él es el que atrae antes que el hombre acuda. Pero, no es menos cierto, que el segundo aspecto de las palabras del Señor tiene que ver con la otra parte de la verdad: todo el que escucha al Padre y aprende de Él acude a Jesús. La admirable gracia de Dios actúa en el hombre para que desee acudir al Salvador, para que vuelva a Dios, en contra de su voluntad deteriorada por el pecado, haciéndolo, no por medio de la coacción, sino voluntariamente al influjo de la gracia.

46. No que alguno haya visto al Padre, sino aquel que vino de Dios; éste ha visto al Padre.

οὐχ ὅτι τὸν Πατέρα ἑώρακεν τις εἰ μὴ ὁ ὢν παρὰ τοῦ
No que al Padre ha visto alguno si no el que es de -
Θεοῦ, οὗτος ἑώρακεν τὸν Πατέρα[1].
de Dios, este ha visto al Padre.

Notas y análisis del texto griego.

Continúa con: οὐχ, forma del adverbio de negación *no*, con el grafismo propio ante vocal con espíritu áspero; ὅτι, conjunción *que*; τὸν, caso acusativo masculino singular del artículo determinado declinado *al*; Πατέρα, caso acusativo masculino singular del nombre divino *Padre*; ἑώρακεν, tercera persona singular del perfecto de indicativo en voz activa del verbo ὁράω, *ver, mirar*, aquí *haya visto*; τις, caso nominativo masculino singular del pronombre indefinido, *alguien, alguno*; εἰ, conjunción afirmativa *si*; μὴ, partícula que hace funciones de adverbio condicional de negación *no*; ὁ, caso nominativo masculino singular del artículo determinado *el*; ὢν, caso nominativo masculino singular del participio de presente en voz activa del verbo εἰμί, *ser, estar*, aquí *que es*; παρὰ, preposición propia de genitivo *de*; τοῦ, caso genitivo masculino singular del artículo determinado *el*; Θεοῦ, caso genitivo masculino singular del nombre divino *Dios*; οὗτος, caso nominativo masculino singular del pronombre demostrativo *éste*; ἑώρακεν, tercera persona singular del perfecto de indicativo en voz activa del verbo *ver, mirar*, aquí *ha visto*; τὸν, caso acusativo masculino singular del artículo determinado declinado *al*; Πατέρα, caso acusativo masculino singular del nombre divino *Padre*.

Crítica Textual. Lecturas alternativas.

[1] τὸν Πατρὸς, *al Padre*, según aparece en א.

Θεοῦ, *Dios*, como se lee en B.

Θεὸν, *Dios*, según lectura en א*, D, a, b, e, r[1].

οὐχ ὅτι τὸν Πατέρα ἑώρακεν El Padre es invisible al ojo humano. Varias veces en el Nuevo Testamento se enseña esta verdad. Jesús mismo dijo que *"a Dios nadie le vio jamás"* (1:18). Sin embargo hay Uno que lo ve, puesto que está en Su seno y pertenece junto con Él y el Espíritu a la Santísima Trinidad, este es el Hijo. Así lo afirma: *"nadie conoce quién es el Hijo sino el Padre; ni quién es el Padre, sino el Hijo, y aquel a quien el Hijo lo quiera revelar"* (Lc. 10:22). Sólo el engendrado del Padre desde la eternidad ve a quien lo ha engendrado. La misma Deidad del Padre se comunica al Hijo engendrado eternamente. Sólo Él tiene el conocimiento pleno del Padre, porque es la mente expresiva de la Deidad y porque la expresión exhaustiva y definitiva del Padre se revela, expresa y manifiesta en el Verbo, que lo revela en plenitud. Aquel que está en el Padre y vino del Padre, éste y sólo Él ha visto al Padre. Los hombres *oyen* del Padre y acuden a Cristo, y es en Él en quien pueden ver al Padre. Así lo enseñará tiempo después el apóstol Pablo cuando refiriéndose al Padre dice que es *"el único que tiene inmortalidad, que habita en luz inaccesible; a quien ninguno de los hombres ha visto ni puede ver..."* (1 Ti. 6:16). A Éste invisible Dios, hace visible el Hijo, Su Unigénito, enviado por Él al mundo con la misión de revelarlo, o hacerlo visible.

τις εἰ μὴ ὁ ὢν παρὰ τοῦ Θεοῦ, οὗτος ἑώρακεν τὸν Πατέρα. El *ver* al Padre, que equivale a tener un conocimiento directo de Él como puede hacerlo un testigo presencial, sólo es exclusivo del Unigénito. Jesús dice que sólo puede hacerlo el *que es* de Dios, equivalente a la otra frase reiterada: *el que viene de Dios*, o también aquel a quien *Dios envía*. Desde el seno del Padre viene a la tierra con misión tanto reveladora como redentora (1:18). En Su Persona se manifiesta al Padre, en Su obra redentora, pone ante todos el amor eterno de quien le envió al mundo para ser el Salvador. Los enemigos radicales de Jesús negaban esa procedencia (9:16, 33). Sólo Él tiene conocimiento pleno de Dios porque viene de la presencia misma de Dios. Esto despeja una duda que puede surgir en la lectura separada del versículo anterior, como si alguno pudiera *oír al Padre*, *conocer* el mensaje y en una experiencia personal o mística acudir a Jesús. Aquí el Señor dice que sólo Él conoce, ve, tiene un conocimiento inmediato de Dios y ese conocimiento lo da a los hombres como el único Mediador entre ellos y Dios, ya que es el único que está eternamente en la presencia de Dios. El Hijo unigénito es sólo quien tiene eterna comunión en unión con el Padre, y sólo los hombres podemos llegar a la relación con el Padre a través del Hijo y en Él. De otro modo, con los ojos nadie ha visto a Dios, salvo el Hijo que es Dios y que es de Dios eternamente (1:1, 14; 7:29; 16:27; 17:8). La única forma en que los hombres podamos *ver* al Padre es viendo a Cristo (14:9).

47. De cierto, de cierto os digo: El que cree en mí, tiene vida eterna.

ἀμὴν	ἀμὴν	λέγω	ὑμῖν,	ὁ	πιστεύων[1]	ἔχει	ζωὴν	αἰώνιον.
De cierto,	de cierto,	digo	os:	el	que cree	tiene	vida	eterna.

Notas y análisis del texto griego.

Continúa: ἀμὴν transliteración, *amén, de cierto*; ἀμὴν, transliteración *amén, de cierto*; λέγω, primera persona singular del presente de indicativo en voz activa del verbo λέγω, *hablar, decir*, aquí *digo*; ὑμῖν, caso dativo de la segunda persona plural del pronombre personal declinado *a vosotros, os*; ὁ, caso nominativo masculino singular del artículo determinado *el*; πιστεύων, caso nominativo masculino singular del participio de presente en voz activa del verbo πιστεύω, *creer*, aquí *que cree*; ἔχει, tercera persona singular del presente de indicativo en voz activa del verbo ἔχω, *tener*, aquí *tiene*; ζωὴν, caso acusativo femenino singular del nombre común *vida*; αἰώνιον, caso acusativo femenino singular del adjetivo *eterna*.

Crítica Textual. Lecturas alternativas.

[1] ὁ πιστεύων, *el que cree*, según se lee en p$^{66, 75 vid}$, ℵ, B, C*, K, T, W, Θ, 892, j, ly.

Se añade εἰς ἐμὲ, *en mí*, en A, C^{2}, D, K, N, Γ, Δ, Ψ, $f^{1, 13}$, 33, 565, 579, 700, 1241, 1424, 844, 2211, 𝔐, lat, sir$^{p, h}$, sa, pbo, bo, Dídimo.

ἀμὴν ἀμὴν λέγω ὑμῖν, ὁ πιστεύων ἔχει ζωὴν αἰώνιον. Nuevamente aparece la advertencia solemne para que se preste atención a lo que sigue, con *amén, amén*, trasladado como *de cierto, de cierto*. Jesús va a reiterar nuevamente la afirmación de la fe como instrumento para alcanzar la vida eterna.

Esa fe requiere que se deposite en el Salvador, por eso hay algunos textos griegos[10] que contienen la expresión *en mí*, después de *creer*. Antes ya dijo esta misma verdad (v. 40), y allí se ha considerado este tema. Creer es entregar la vida a Cristo, que trae aparejada la posesión del Hijo por el que cree. Poseer a Jesús, en quien está la vida (1:4), es tener *vida eterna*. La esfera de muerte, propia del hombre no regenerado, a causa del pecado, desaparece absorbida por la vida que es Cristo mismo. Tener vida eterna es estar exento de condenación porque ya la Vida, esto es, Cristo mismo, murió nuestra muerte, para que nosotros tengamos Su vida, en la que no hay condenación, puesto que la responsabilidad penal del pecado fue asumida por el Hijo de Dios en la Cruz (Ro. 8:1).

48. Yo soy el pan de vida.

Ἐγώ εἰμι ὁ ἄρτος τῆς ζωῆς.
Yo soy el pan de la vida

Notas y análisis del texto griego.

Jesús dice: Ἐγώ, caso nominativo masculino de la primera persona singular del pronombre personal *yo*; εἰμι, primera persona singular del presente de indicativo en voz activa del verbo εἰμί, *ser*, aquí *soy*; ὁ, caso nominativo masculino singular del artículo determinado *el*; ἄρτος, caso nominativo masculino singular del nombre común *pan*; τῆς, caso genitivo femenino

[10] Ver el apartado Crítica Textual.

singular del artículo determinado declinado *de la*; ζωῆς, caso genitivo femenino singular del nombre común *vida*.

Ἐγώ εἰμι ὁ ἄρτος τῆς ζωῆς. El pan del cielo ha sido dado a comer a los hombres para que tengan en Él, vida eterna. El modo de alcanzar la vida eterna es creyendo, viniendo a Cristo, esto prepara la enseñanza que seguirá luego, vinculando la vida eterna con el *pan de vida*, creer en Él, será *comer* de Él. Los antiguos *comieron* del maná en el desierto y mantuvieron la vida, aquel pan, dado por Dios, alimentaba al pueblo, así también el *pan que descendió del cielo*, da vida al mundo. No obstante, a pesar de haber comido en el desierto el maná, los que lo hicieron murieron, pero Jesús habla de *vida eterna* para quienes coman del *pan de vida* que es Él mismo.

Después de la explicación que antecede, el Señor repite las palabras que dijo antes (v. 35). Él desea que la verdad se mantenga presente ante los que escuchan Sus palabras, porque en el deseo de Cristo está la salvación de los perdidos, de ahí la brevedad de la frase con la que se retoma lo que ya antes había iniciado en cuanto al significado y alcance del *pan de vida*.

49. Vuestros padres comieron el maná en el desierto, y murieron.

οἱ πατέρες ὑμῶν ἔφαγον ἐν τῇ ἐρήμῳ τὸ μάννα·
Los padres de vosotros comieron en el desierto el maná
καὶ ἀπέθανον
y murieron.

Notas y análisis del texto griego.

Siguiendo con el discurso, dice: οἱ, caso nominativo masculino plural del artículo determinado *los*; πατέρες, caso nominativo masculino plural del nombre común *padres*; ὑμῶν, caso genitivo de la segunda persona plural del pronombre personal declinado *de vosotros*; ἔφαγον, tercera persona plural del aoristo segundo de indicativo en voz activa del verbo ἐσθίω, *comer*, aquí *comieron*; ἐν, preposición propia de dativo *en*; τῇ, caso dativo femenino singular del artículo determinado *la*; ἐρήμῳ, caso dativo femenino singular del nombre común *desierto*; τὸ, caso acusativo neutro singular del artículo determinado *el*; μάννα, caso acusativo neutro singular del nombre común *maná*; καὶ, conjunción copulativa *y*; ἀπέθανον, tercera persona singular del aoristo segundo de indicativo en voz activa del verbo ἀποθνῄσκω, *fallecer, morir*, aquí *murieron*.

οἱ πατέρες ὑμῶν ἔφαγον ἐν τῇ ἐρήμῳ τὸ μάννα καὶ ἀπέθανον· Jesús llama la atención de los oyentes en dos cosas:

primeramente en el *maná*, al que ellos, tomándolo de la Escrituras, consideraban como el pan que venía del cielo. Dios lo enviaba cada día para alimentación del pueblo; en segundo lugar, todos los antepasados de la nación comieron de aquel maná. Pero, a pesar de la procedencia o del origen del mismo, como algo enviado por Dios, todos aquellos que lo comieron, murieron. De otro modo, el maná no impidió la muerte de aquellos. Jesús alude nuevamente a èl, porque la referencia histórica la introdujeron los judíos (v. 31). Si comer el maná era esencial para mantenerse vivo, no era menos cierto que la ingestión de él no preservaba de la muerte. Aquellos que estaban presentes, inducidos, con toda seguridad por los religiosos, pidieron a Jesús que les diera un alimento o que hiciera un milagro como el del maná, por esa causa el Señor les dice: *yo soy el pan de vida*.

50. Éste es el pan que desciende del cielo, para que el que de él come, no muera.

οὗτος ἐστιν ὁ ἄρτος ὁ ἐκ τοῦ οὐρανοῦ καταβαίνων, ἵνα
Éste es el pan el del cielo que desciende, para que
τις ἐξ αὐτοῦ φάγῃ καὶ μὴ ἀποθάνῃ.
quien de el coma - no muera.

Notas y análisis del texto griego.

Continuando con el discurso, añade: οὗτος, caso nominativo masculino singular del pronombre demostrativo *éste*; ἐστιν, tercera persona singular del presente de indicativo en voz activa del verbo εἰμί, *ser, estar*, aquí *es*; ὁ, caso nominativo masculino singular del artículo determinado *el*; ἄρτος, caso nominativo masculino singular del nombre común *pan*; ὁ, caso nominativo masculino singular del artículo determinado *el*; ἐκ, preposición propia de genitivo *de*; τοῦ, caso genitivo masculino singular del artículo determinado *el*; οὐρανοῦ, caso genitivo masculino singular del nombre común *cielo*; καταβαίνων, caso nominativo masculino singular del participio de presente en voz activa del verbo καταβαίνω, *bajar, descender*, aquí *que desciende*; ἵνα, conjunción causal *para que*; τις, caso nominativo masculino singular del pronombre indefinido *quien*; ἐξ, forma escrita que adopta la preposición de genitivo ἐκ, delante de vocal y que significa *de*; αὐτοῦ, caso genitivo masculino de la tercera persona singular del pronombre personal *él*; φάγῃ, tercera persona singular del aoristo segundo de subjuntivo en voz activa del verbo εσθίω, *comer*, aquí *coma*; καὶ, conjunción copulativa *y*; μὴ, partícula que hace funciones de adverbio de negación condicional *no*; ἀποθάνῃ, tercera persona singular del segundo aoristo de subjuntivo en voz activa del verbo ἀποθνῄκνω, *perecer, fallecer, morir*, aquí *no muera*.

οὗτος ἐστιν ὁ ἄρτος ὁ ἐκ τοῦ οὐρανοῦ καταβαίνων, Quienes comieron el maná en el desierto, aunque su procedencia era del cielo, murieron, sin embargo, este *pan* que es Cristo mismo, da vida eterna a quien come de Él. Primeramente hace referencia otra vez al hecho de Su presencia en la tierra como quien descendió del cielo. Reiterativamente recuerda esta admirable verdad. Aquel que como hombre estaba en la sinagoga hablando sobre el pan de vida, pertenecía al cielo, en sentido eterno, es decir, nunca dejó de ser Dios. Su apariencia era de un mero hombre, y no cabe duda que lo era, pero no en apariencia sino en realidad. Jesús era un hombre como cada uno de nosotros salvo en cuanto al pecado, que era impecable, y en la relación con el Padre, de quien es el Unigénito. Sin embargo, los componentes de toda humanidad concurrían en Él. Pero, aún siendo hombre, no dejaba de ser el Dios eterno que en unidad con el Padre y el Espíritu, es el único Dios verdadero. Vino del cielo, procede del seno del Padre, es enviado por Él, con una misión, dar vida al mundo. Dios *dio* el maná, pero este *pan de vida*, viene voluntariamente a la vez que enviado del Padre, al mundo de los hombres con una misión vivificante.

En contraste con el maná, que no conservaba la vida indefinidamente, de ahí que todos los que comieron de él también murieron, el *pan de vida*, que es Cristo mismo, da vida eterna, por lo que, quien coma de este pan *no muere*. ¿Quiere decir Jesús, que la muerte no le afecta? ¿Habla de una inmortalidad a la que llega todo aquel que come, es decir, que cree en Él? La muerte física es una experiencia establecida por Dios para todo hombre, así lo dice la Escritura: "*...está establecido para los hombres que mueran una sola vez...*" (He. 9:27). La acción soberana de Dios que determina salvación y vida eterna para el que crea, también estableció la muerte física de todos los hombres. El Creador estableció un destino que alcanza por igual a todos los humanos, sin excepción alguna. Esa determinación fue comunicada al hombre en el momento de pecar: "*con el sudor de tu rostro comerás el pan hasta que vuelvas a la tierra, porque de ella fuiste tomado; pues polvo eres, y al polvo volverás*" (Gn. 3:19). En el tiempo del primer pecado y por consecuencia del mismo, Adán perdió el don preternatural de la inmortalidad, reservándoles Dios a los hombres, de ahí en adelante, que mueran una sola vez. La muerte como consecuencia del pecado ya había sido la advertencia divina al primer hombre (Gn. 2:17). En ese sentido, en el instante mismo de la caída, el hombre murió espiritualmente y, posteriormente a su término de vida sobre la tierra, morirá físicamente, pasando a un estado de muerte segunda o muerte perpetua para aquellos que no hayan creído en el Salvador. A causa de la universalidad del pecado todos los hombres mueren (Ro. 5:12). La muerte física del creyente no se considera como muerte, ya que es temporal, será resucitado conforme al compromiso del Señor (v. 44). Un día quedará vencida por la resurrección. El creyente en Cristo también muere, pero la muerte espiritual que desemboca en la muerte segunda, es interrumpida definitivamente por la vida eterna, imperecedera, que quien cree en Jesucristo recibe. La eficacia de vida que no estaba en el maná, se manifiesta en Cristo. La persona de Jesús aceptada por la fe, es el medio por el que se comunica y mantiene la vida eterna. En cualquier caso, no puede verse aquí, a la luz del pasaje una referencia a la *Eucaristía*, o si se prefiere, al Partimiento del Pan. Esta ordenanza es figura ritual de la realidad del *pan del cielo* que es Cristo. La gracia no está en la ingestión del pan de la ordenanza, sino en la apropiación de Cristo, el pan de vida, por medio de la fe. Quien cree recibe el perdón de pecados y la vida eterna.

51. Yo soy el pan vivo que descendió del cielo; si alguno comiere de este pan, vivirá para siempre; y el pan que yo daré es mi carne, la cual yo daré por la vida del mundo.

ἐγώ εἰμι ὁ ἄρτος ὁ ζῶν ὁ ἐκ τοῦ οὐρανοῦ καταβάς· ἐάν τις
Yo soy el pan - vivo el del cielo que descendió; si alguno
φάγῃ ἐκ τούτου τοῦ ἄρτου ζήσει[1] εἰς τὸν αἰῶνα, καὶ ὁ ἄρτος
come de éste - pan, vivirá para siempre, y el pan
δὲ ὃν ἐγὼ δώσω ἡ σάρξ μού ἐστιν ὑπὲρ τῆς τοῦ κόσμου ζωῆς.
- que yo daré la carne de mí es por la del mundo vida.

Notas y análisis del texto griego.

Sigue el discurso de Jesús: ἐγώ, caso nominativo de la primera persona singular del pronombre personal *yo*; εἰμι, primera persona singular del presente de indicativo en voz activa del verbo εἰμί, *ser*, aquí *soy*; ὁ, caso nominativo masculino singular del artículo determinado *el*; ἄρτος, caso nominativo masculino singular del nombre propio *pan*; ὁ, caso nominativo masculino singular del artículo determinado *el*; ζῶν, caso nominativo masculino singular del participio de presente en voz activa del verbo ζάω, *vivir*, aquí *que vive* o también *vivo*; ὁ, caso nominativo masculino singular del artículo determinado *el*; ἐκ, preposición propia de genitivo *de*; τοῦ, caso genitivo masculino del artículo determinado *el*; οὐρανοῦ, caso genitivo masculino singular del nombre común *cielo*; καταβάς, caso nominativo masculino singular del participio del aoristo segundo en voz activa del verbo καταβαίνω, *bajar, descender*, aquí *que descendió*; ἐάν, conjunción condicional afirmativa *si*; τις, caso nominativo masculino singular del pronombre indefinido *alguien, alguno*; φάγῃ, tercera persona singular del segundo aoristo de indicativo en voz activa del verbo ἐσθίω, *comer*, aquí *comió*; ἐκ, preposición propia de genitivo *de*; τούτου, caso genitivo masculino singular del pronombre demostrativo *éste*; τοῦ, caso genitivo masculino singular del artículo determinado *el*; ἄρτου, caso genitivo masculino singular del nombre común *pan*; ζήσει, tercera persona singular del futuro de indicativo en voz activa del verbo ζάω, *vivir*, aquí *vivirá*; εἰς, preposición propia de acusativo *por*; τὸν, caso acusativo masculino singular del artículo determinado *el*; αἰῶνα, caso acusativo masculino singular del nombre común *eternidad*; καὶ, conjunción copulativa *y*; ὁ, caso nominativo masculino singular del artículo determinado *el*; ἄρτος, caso nominativo masculino singular del nombre común *pan*; δὲ, partícula que hace funciones de conjunción copulativa *y*; ὃν, caso acusativo masculino singular del pronombre relativo *que*; ἐγὼ, caso nominativo masculino singular del pronombre personal *yo*; δώσω, primera persona singular del futuro de indicativo en voz activa del verbo δίδωμι, *dar*, aquí *daré*; ἡ, caso nominativo femenino singular del artículo determinado *la*; σάρξ, caso nominativo femenino singular del nombre común *carne*; μού, caso genitivo de la primera persona singular del pronombre personal declinado *de mí*; ἐστιν, primera persona singular del presente de indicativo en voz activa del verbo εἰμί, *ser, estar*, aquí *es*; ὑπὲρ, preposición propia de genitivo *por, a favor de, para bien de*; τῆς, caso genitivo femenino singular del artículo determinado *la*; τοῦ, caso genitivo masculino singular del artículo determinado declinado *del*; κόσμου, caso genitivo masculino singular del nombre común *mundo*; ζωῆς, caso genitivo femenino singular del nombre común *vida*.

ἐγώ εἰμι ὁ ἄρτος ὁ ζῶν ὁ ἐκ τοῦ οὐρανοῦ καταβάς· Ya no hay discurso, sino afirmación. Jesús se presenta a Sí mismo como el *pan de vida*. Ya ha hecho referencia antes a esto (vv. 35, 41, 48). Sin embargo, en esta ocasión usa el verbo ζάω, *vivir*, en participio de presente, que puntualiza la idea de *algo viviente*, sería propio traducirlo como *el pan, el que vive*, lo que apunta hacia la vida existente en el mismo pan, de ahí que se traduzca como el *pan vivo*. Sigue también remarcando la procedencia celestial, ya que es el *pan vivo* que *desciende del cielo*. Jesús no quiere que esta verdad pase desapercibida de los oyentes. El maná fue enviado por Dios, pero no descendió de Su seno, mientras que el pan de vida baja de la misma realidad divina, en el seno del Padre y desde ahí, es enviado al mundo. El que desciende del cielo lo hace revestido de humanidad. El aoristo del verbo señala a un acto plenamente consumado, por tanto irrepetible y centra la idea en la encarnación del Verbo de Dios. El Señor se designa a Sí mismo como *el que vive* (Ap. 1:18). Es la misma verdad que aparece en el primer tramo del *Evangelio*, al referirse a Aquel que es vida, porque la posee en Él mismo (1:4). El *pan de vida* o el *pan vivo* se identifica continuamente con Jesús. Esta es la primera verdad del versículo que debe ser entendida por el lector de hoy, y por los oyentes de Cristo en el día que hablaba en la sinagoga.

ἐάν τις φάγῃ ἐκ τούτου τοῦ ἄρτου ζήσει εἰς τὸν αἰῶνα, La segunda verdad del versículo es que todo el que coma de este pan *vivirá para siempre*. El que participa en este pan de vida que es Cristo, recibe la *vida eterna*, por tanto *vivirá para siempre*, o si se prefiere mejor, *vivirá eternamente*. La proposición tiene un claro sentido universal. No se hacen distinciones entre quienes pueden comer del pan de vida y quienes no. No se trata de algunos que son buscados para que coman y de otros que son rechazados de antemano para que no puedan hacerlo. El pronombre relativo es preciso en este caso *el que*, *quien*, en sentido de *cualquiera* que coma. Hasta ahora sólo habló de creer o de venir a Él, ahora habla ya de comer de este pan. La idea aquí no es tanto de una celebración litúrgica en que el pan de la Cena del Señor, se convierta en elemento de vida, sino del resultado de la fe que incorpora a Cristo, *pan de vida*, en la vida personal de quien creyendo lo acepta de modo personal. Cristo, se incorpora, por la acción del Espíritu, al creyente, y se hace vida para él.

καὶ ὁ ἄρτος δὲ ὃν ἐγὼ δώσω ἡ σάρξ μού ἐστιν ὑπὲρ τῆς τοῦ κόσμου ζωῆς. Una concreción más: el pan que debe ser *comido* para vida eterna, es *mi carne*. Dos palabras nuevas en relación con el pan de vida; la primera es σάρξ, *carne*; y la segunda es la preposición ὑπὲρ, que esencialmente tiene dos significados, *a favor de*, y *en lugar de*. El sentido de *carne* es amplio en la Biblia y no se sujeta al contexto filosófico de una de las dos partes que forman el hombre, la material y la espiritual. El término en la Biblia es, muchas veces, sinónimo de hombre, de persona, o de alma (cf. Gn. 6:12; Jer. 12:12; 25:31; Lc. 3:6; Hch. 3:23; etc.). En otros lugares el traductor dejó la literalidad de *carne*, para traducir *persona*. De modo que la *carne*, el *alma*, y la *persona*, son muchas veces la misma cosa. La carne es el distintivo de aquello que siendo creado por Dios, tiene principio, en contraste con Él que existe eternamente increado. Jesús es Dios manifestado en carne, cuya experiencia humana comenzó en la encarnación. En Jesucristo se han unido el Verbo que es Dios, y la carne que es el hombre. En Sus palabras, la gente podía entender que se estaba refiriendo a Él mismo, a Su naturaleza humana. El daría *Su carne*, esto es, lo que era visiblemente como hombre. El propósito de esta entrega era *a favor*, ὑπὲρ, del mundo, o de otro modo, con el propósito de dar vida al mundo, esto es, hacer posible que todo aquel que quiera venga a Él para recibir la vida eterna. Es la vida personal que el Buen Pastor dará *por*, no solo a favor, sino *en lugar* de Sus ovejas (10:15, 17). En todo esto se aprecia el valor sacrificial de la vida de Jesús entregada por la salvación del mundo. Nada tiene esto que ver con un *sacrificio incruento* representado en el pan de la consagración, sino de la manifiesta realidad de la entrega en sacrificio, hecho una vez para siempre, y absolutamente irrepetible de Su vida. No debe olvidarse que la encarnación de Jesús, fue una *necesidad*, en el plano *soteriológico*, ya que sólo desde Su condición de hombre podía morir por los hombres. Según el escritor a los hebreos, el Verbo tomó naturaleza humana, *"para destruir por medio de la muerte al que tenía el imperio de la muerte... y librar a todos los que por el temor de la muerte estaban durante toda la vida sujetos a servidumbre"* (He. 2:14-15). Jesús se hizo hombre, en identidad plena con el hombre. La encarnación es el resultado del hecho transcendental del *envío* del Hijo al mundo, procedente del Padre. Una y otra vez recalca este hecho y casi se denomina a Él mismo el *enviado* del Padre. En Su humanidad alcanza la posibilidad de morir la muerte del hombre, viviendo en una limitación voluntaria como hombre (Ro. 1:1-4; 2 Co. 5:21; 8:9; Gá. 3:13; 4:4-5; Fil. 2:6-8). Este Hijo que eternamente está junto al Padre (1:1), por quien todas las cosas vinieron a la existencia (1:3), tomó *carne* para morar entre los hombres como un hombre (1:14). Jesús se hace hombre sin deponer su condición divina, para poder llevar a cabo la obra que dice: *"dar su carne para la vida del mundo"*. Al hacerse hombre comienza la existencia temporal del Hijo, pero en modo alguno significa Su *principio*, sino el inicio de una nueva forma de vida que subsiste en Su eterna Persona, sin comienzo y sin fin. En la encarnación y por medio de ella, se expresa la absoluta donación de Dios al hombre, esto es, al mundo, no sólo en cuanto a la segunda Persona encarnada, sino también a la primera, la del Padre, que entregando a Su Hijo se da también a Él mismo para recuperar al mundo de la muerte espiritual en que se encuentra por causa del pecado. Se aprecia esto en las palabras de Jesús que da Su carne *por la vida del mundo*. Es por medio de la encarnación que se produce la auto-entrega del Hijo a favor de los hombres, para llevar a éstos a la expresión máxima posible de vivencia de lo que corresponde y pertenece a Dios, la vida eterna. En la encarnación no se produce la *divinización* del hombre, sino que una Criatura se vincula hipostáticamente a Dios, de modo que la *carne* es acogida no sólo en el Creador, sino dentro de Él mismo, viniendo a ser elemento integrante en Su Persona Divina, de tal manera que aunque permaneciendo la diferencia entre Su naturaleza divina y Su naturaleza humana, sin mezcla ni confusión, la unión entre el Creador y la criatura se hacen inseparables ya. En la *carne*, esto es, la humanidad del Verbo, al ser una de sus dos naturalezas, sacrificialmente alcanza un valor infinito, de modo que puede *sustituir* a cada hombre en la Cruz, y hace con ello *salvable* a todo hombre que, llamado por el Padre, acuda a Jesucristo para ser salvo. La caída del hombre condujo, como ya se ha visto, a cada uno a un estado de *muerte*, en sentido de separación de la vida que está y es Dios mismo. Jesús entrega *Su carne*, esto es, se da a Él mismo para ocupar en la Cruz el lugar de los pecadores. Su sacrificio es *a favor* de todos los hombres. Primeramente se hace solidario con los hombres para poder morir por los hombres.

Luego se ofrece en sacrificio por los pecados de los hombres, para poder librarlos de la condenación a causa del pecado y darles, por fe en Él, esto es, aceptando Su obra, la vida eterna. Siendo *hombre*, puede ser sustituto de los hombres y puede serlo siendo sólo un hombre, por que Su humanidad, aunque semejante a la nuestra, es la naturaleza humana de una Persona Divina, por tanto el sacrificio, a causa de la vinculación con Dios, alcanza un valor infinito, suficiente para sustituir a todos los hombres. Esto no quiere decir que el hombre sea salvo universalmente, porque el Hijo de Dios murió por el *mundo* en la Cruz, sino que es eficaz sólo para quienes *van a Él* y *creen en Él*. El Señor entregará Su *carne*, esto es su naturaleza humana, a la muerte en sentido de sacrificio expiatorio por el pecado. El significado de la expresión *por el mundo*, ya tuvo su explicación antes (3:15-16). Dios amó al mundo y en Cristo le ofrece el medio para conseguir la vida eterna.

El Señor entra con esta expresión en conflicto con el auditorio. Cada una de las formas en que aparece el término *carne*, es una progresión y una precisión de cómo alcanzar la vida eterna: *El pan que yo daré es mi carne*, en este versículo; *la carne del Hijo del Hombre y su sangre* (v. 53); *su carne es verdadera comida, y su sangre es verdadera bebida* (v. 55); *hemos de comer su carne, y beber su sangre* (v. 53); *el que come mi carne y bebe mi sangre* (v. 54, 56); *el que me come* (v. 57), para terminar con la metáfora del pan, diciendo: *el que come de este pan* (v. 58). Cristo está diciendo aquí que daría Su vida por los hombres, al morir por ellos en la Cruz. Aquí comienza un mal entendido por la literalidad con que los judíos entienden Sus palabras, como se apreciará en los versículos siguientes. La carne del Hijo del Hombre apunta a la redención llevada a cabo por Él en la Cruz. Como dice el Dr. Lacueva, *"antes se había comparado a Sí mismo al pan, que es alimento necesario; ahora, a la carne, que es alimento delicioso*[11]*"*. No puede pretenderse aquí que las palabras de Cristo confieren al discurso un elemento sacramental, refiriéndose con eso al pan en que descansa la ordenanza de la Santa Cena. Debe apreciarse que la palabra que justificaría esa posibilidad no sería σάρξ, *carne*, sino σῶμα, *cuerpo*. Las palabras de Jesús tienen un alcance universal de salvación porque no sólo se da en sacrificio salvador por los judíos, sino por los gentiles, por *la vida del mundo*. Lo que Jesús quiere decir aquí es que va a darse a Sí mismo por los hombres. Esa es la admirable relación divina en la salvación del pecador: El padre dio al Hijo y el Hijo se da a Sí mismo (10:18). Obsérvese también el tiempo del verbo δώσω, *daré*, en futuro de indicativo, apunta a un hecho concreto que ocurrirá en un

[11] F. Lacueva. o.c., pág. 153.

tiempo próximo. El Padre *dio*, pasado, perfecto, definitivo, el Hijo que se da a Sí mismo, *dará* su vida cuando llegue el tiempo del sacrificio expiatorio en la Cruz. De modo que *creer* en Cristo, es aceptarlo sin reserva alguna como el único Salvador de los pecadores. Si el *pan* se da por la vida del mundo quiere decir que Su propósito es que los pecadores que están en el mundo y que están presentes en la palabra, puedan recibir vida eterna.

Reacción y nueva enseñanza (6:52-58).

52. Entonces los judíos contendían entre sí, diciendo: ¿Cómo puede éste darnos a comer su carne?

Ἐμάχοντο οὖν πρὸς ἀλλήλους οἱ Ἰουδαῖοι λέγοντες· πῶς
Contendían, entonces, unos con otros los judíos diciendo: ¿Cómo
δύναται οὗτος ἡμῖν δοῦναι τὴν σάρκα [αὐτοῦ][1] φαγεῖν
puede éste a nosotros dar la carne de Él a comer?

Notas y análisis del texto griego.

La reacción a las palabras de Jesús fue inmediata: Ἐμάχοντο, tercera persona plural del imperfecto de indicativo en voz activa del verbo μάχομαι, *pelear, luchar, discutir, contender*, aquí *contendían*; οὖν, conjunción continuativa *entonces*; πρὸς, proposición propia de acusativo *con*; ἀλλήλους, caso acusativo masculino plural del pronombre recíproco *unos otros*, aquí *unos con otros*; οἱ, caso nominativo de la primera persona plural del artículo definido *los*; Ἰουδαῖοι, caso nominativo masculino plural del adjetivo *judíos*; λέγοντες, caso nominativo masculino plural del participio de presente en voz activa del verbo λέγω, *hablar, decir*, aquí *diciendo*; πῶς, partícula interrogativa adverbial, que realmente es un pronombre interrogativo *como, de que manera, por qué medio*; δύναται, tercera persona singular del presente de indicativo en voz media del verbo δύναμαι, *poder, tener poder, ser capaz*, aquí *puede*; οὗτος, caso nominativo masculino singular del pronombre demostrativo *éste*; ἡμῖν, caso dativo de la primera persona plural del pronombre personal declinado *a nosotros, nos*; δοῦναι, aoristo segundo de infinitivo en voz activa del verbo δίδωμι, *dar, entregar*, aquí *dar*; τὴν, caso acusativo femenino singular del artículo determinado *la*; σάρκα, caso acusativo femenino singular del nombre común *carne*; αὐτοῦ, caso genitivo masculino de la tercera persona singular del pronombre personal declinado *de él*; φαγεῖν, segundo aoristo de infinitivo en voz activa del verbo ἐσθίω, *comer*.

Crítica Textual. Lecturas alternativas.

[1] αὐτοῦ, *de él*, lectura atestiguada en 𝔭[66], B, T, 892, 1424, lat, sir.

No figura en ℵ, C, D, K, K, W, Γ, Δ, Θ, Ψ, $f^{1, 13}$, 33, 565, 579, 700, 1241, 844, 2211, 𝔐, ff^{2}.

'Εμάχοντο οὖν πρὸς ἀλλήλους οἱ 'Ιουδαῖοι λέγοντες· El auditorio entendió que Jesús daría su carne a ellos, en lugar de *por ellos*. La palabra *pan* había desaparecido para ellos, por tanto lo que Jesús decía, suponía en un entendimiento literal que hablaba de darles a comer su propia carne. No se trataba de una contradicción entre lo que Jesús decía y lo que aquellos entendían, si bien ya había ocurrido algo semejante con Nicodemo cuando entendía que el nuevo nacimiento era volver a entrar en el vientre de la madre y ser alumbrado otra vez. Aquí no hay preguntas, sino enfado, discusión, irritación. Los judíos, es decir los líderes religiosos que estaban con los galileos, comenzaron a discutir airadamente entre ellos, formulando una pregunta: *¿Cómo puede éste darnos su propia carne?*. Realmente, como se dice antes, se habían olvidado del término *pan*, para centrarse sólo en el de *carne*. Antes Jesús había dicho que Él era el *pan de vida* y que para alcanzar la vida eterna tenían que comer de ese pan. Ellos estaban disgustados, e indignados por estas metáforas que, tal vez, ellos apreciaban, aunque no en toda la dimensión, estaban irritados porque Jesús siendo un hombre para ellos de cuya familia tenían conocimiento (v. 42), hablaba de Su procedencia celestial, haciéndose Hijo de Dios. Esa es la principal razón por la que aquellos comenzaron acerbamente a contender entre sí, sobre las últimas palabras de Jesús.

πῶς δύναται οὗτος ἡμῖν δοῦναι τὴν σάρκα [αὐτοῦ] φαγεῖν. La incredulidad de Nicodemo era de ignorancia, cuando dijo a Jesús *"¿cómo puede un hombre nacer siendo viejo?... ¿cómo puede hacerse esto?"* (3:4, 9); aquí hay un uso rencoroso e incluso despectivo contra Jesús. Lo que ocurría es la consecuencia de quienes no han sido llamados por el Padre y, por tanto, iluminados por el Espíritu para comprender las cosas de Dios. Mientras Cristo estaba hablándoles de la necesidad de la apropiación de Él como Salvador por medio de la fe, ellos entendían un acto de antropofagia, al decirles que tenían que comer Su carne. Es muy posible que el pronombre demostrativo οὗτος, fuese utilizado despectivamente para referirse a Jesús, como si dijesen *el individuo este*. No cabe duda que el distanciamiento entre el Maestro y quienes oyen Sus palabras es cada vez mayor. De nuevo se afirma el sentido no sacramental de las palabras de Jesús, ya que si se tratase de una referencia al Partimiento del Pan, habría una *necesidad de precepto*, cuando lo que aquí habla Jesús es de una *necesidad de medio*. Jesús estaría además contradiciendo y quebrantando lo que la Ley establecía, especialmente grave cuando más adelante, junto con *comer* la carne, habla también de *beber* su sangre (cf. Gn. 9:4; Lv. 3:17; 19:26; Dt. 12:16). Ante esta literalidad, el mismo Señor dirá más adelante que debía entenderse espiritualmente (v. 63). No se trata de palabras con un contenido material, sino un discurso de contenido espiritual.

53. Jesús les dijo: De cierto, de cierto os digo: Si no coméis la carne del Hijo del Hombre, y bebéis su sangre, no tenéis vida en vosotros.

εἶπεν οὖν αὐτοῖς ὁ Ἰησοῦς· ἀμὴν ἀμὴν λέγω ὑμῖν, ἐὰν μὴ
Dijo, entonces, les - Jesús, De cierto, de cierto digo os, si no
φάγητε τὴν σάρκα τοῦ Υἱοῦ τοῦ Ἀνθρώπου καὶ πίητε αὐτοῦ
coméis la carne del Hijo del Hombre y bebéis de Él
τὸ αἷμα, οὐκ ἔχετε ζωὴν ἐν ἑαυτοῖς.
la sangre, no tenéis vida en vosotros.

Notas y análisis del texto griego.

Retomando el relato, escribe: εἶπεν, tercera persona singular del segundo aoristo de indicativo en voz activa del verbo λέγω, *hablar, decir*, aquí *dijo*; οὖν, conjunción ilativa *entonces*; αὐτοῖς, caso dativo masculino de la tercera persona plural del pronombre personal declinado *a ellos, les*; ὁ, caso nominativo masculino singular del artículo determinado *el*; Ἰησοῦς, caso nominativo masculino singular del nombre propio *Jesús*; ἀμὴν transliteración, *amén, de cierto*; ἀμὴν, transliteración *amén, de cierto*; λέγω, primera persona singular del presente de indicativo en voz activa del verbo λέγω, *hablar, decir*, aquí *digo*; ὑμῖν, caso dativo de la segunda persona plural del pronombre personal declinado *a vosotros, os*; ἐὰν, conjunción afirmativa condicional *sí*; μὴ, partícula que hace funciones de adverbio condicional de negación *no*; φάγητε, segunda persona plural del aoristo segundo de subjuntivo en voz activa del verbo ἐσθίω, *comer*, aquí *coméis*; τὴν, caso acusativo femenino singular del artículo determinado *la*; σάρκα, caso acusativo femenino singular del nombre común *carne*; τοῦ, caso genitivo masculino singular del artículo determinado declinado *del*; Υἱοῦ, caso genitivo femenino singular del nombre divino *Hijo*; τοῦ, caso genitivo masculino singular del artículo determinado declinado *del*; Ἀνθρώπου, caso genitivo masculino singular del segundo título del nombre divino *Hombre*, καὶ, conjunción copulativa *y*; πίητε, segunda persona plural del aoristo segundo de subjuntivo en voz activa del verbo πίνω, *beber*, aquí *bebéis*; αὐτοῦ, caso genitivo masculino de la tercera persona singular del pronombre personal declinado *de Él*; τὸ, caso acusativo neutro singular del artículo determinado *lo*; αἷμα, caso acusativo neutro singular del nombre común *sangre*; οὐκ, forma escrita del adverbio de negación *no*, con el grafismo propio ante una vocal con espíritu suave o una enclítica; ἔχετε, segunda persona plural del presente de indicativo en voz activa del verbo ἔχω, *tener*, aquí *tenéis*; ζωὴν, caso acusativo femenino singular del nombre común *vida*; ἐν, preposición propia de dativo, *en*; ἑαυτοῖς, caso dativo masculino de la segunda persona plural del pronombre reflexivo *vosotros*.

εἶπεν οὖν αὐτοῖς ὁ Ἰησοῦς· ἀμὴν ἀμὴν λέγω ὑμῖν, Las murmuraciones y la contención entre los judíos contra Él, lleva a Jesús a responderles. Sus palabras van precedidas de una nueva advertencia solemne, en donde aparece una vez más en el *Evangelio,* la conocida fórmula que recoge Juan: *De cierto, de cierto, os digo.* A lo que sigue debe prestársele profunda atención y tomar el contenido con interés, es Dios que habla, por tanto, debe ser oído reverentemente.

ἐὰν μὴ φάγητε τὴν σάρκα τοῦ Υἱοῦ τοῦ Ἀνθρώπου καὶ πίητε αὐτοῦ τὸ αἷμα, Las palabras del Señor son precisas. Todos los que quieran recibir la vida eterna deben *comer* la carne del Hijo del Hombre, y beber Su sangre. Al concepto *carne*, añade aquí *sangre*. La demanda de comer Su carne, era considerada como algo sumamente repulsivo y grave, pero aún más si se añade el *beber*, literalmente la sangre. Ingerir la de cualquier animal estaba penado en la Ley, porque en ella estaba la vida que Dios daba para remisión de los pecados (Gn. 9:4; Lv. 17:11; 19:26). Aquí no se trataba de la sangre de algún animal, que ya estaba prohibido, sino la de un hombre, que es lo que Jesús era para aquellos. La *carne* citada antes (v. 51), se desdobla aquí en *carne y sangre*. Anteriormente habló de la comida que anula toda hambre, y de la bebida que elimina la sed (v. 35). Ambas cosas están relacionadas con la Persona de Jesucristo. La forma hebrea *carne y sangre* era la que habitualmente se usaba para referirse a la persona en su totalidad. Jesús quiere que todos entiendan que la salvación se alcanza por aceptación de Él como Salvador, en incorporación a la vida del que viniendo a Jesús lo acepta como tal. La entrega de Jesús a la muerte en expiación por los pecados del mundo, está bien representada en el simbolismo de Su carne, que voluntariamente es entregada en sacrificio. La sangre tiene sentido de la vida de Cristo dada para que, gustase la muerte por todos, y pudiese por ese sacrificio sustitutorio anular las demandas de condenación que el pecado establecía para el pecador. Cristo entrega Su propia sangre en rescate por la vida del mundo convertida en muerte espiritual a causa del pecado. El mismo Señor dijo: *"Como el Hijo del Hombre no vino para ser servido, sino para servir, y para dar su vida en rescate por muchos"* (Mt. 20:28). La posición antecedente de Jesús, como Verbo, era inmortal y gloriosa, de modo que la humillación y la entrega estaban fuera del rango de esa vida. Pero, en Su descenso para hacer la obra a la que el Padre le enviaba, por medio de la encarnación hace posible la *posición humana*, anunciando ya la *posición mortal*, que ocurrirá en la obra redentora de la Cruz. La salvación está ligada inseparablemente a la muerte del Salvador. Sin la muerte sustitutoria de Cristo no habría salvación, porque no sería posible la justificación del pecador (Ro. 4:25). Esta *posición mortal* es absolutamente voluntaria poniendo Él Su vida como necesidad redentora (10:18). La entrega personal *la carne*, y la sustitutoria *la sangre*, están inseparablemente unidas, es decir, no es posible la entrega de una sin la otra. Esta experiencia llevó a Cristo a *gustar la muerte* por todos en toda la dimensión de su alcance. La promesa de vida eterna son llamadas *la carne y la sangre de Cristo*, porque es obtenida mediante el quebrantamiento de Su cuerpo y el derramamiento de Su sangre, convirtiéndose en comida y bebida para el alma. Sobre esto escribe el Dr. Lacueva:

"Qué se entiende por comer su carne y beber su sangre. Es cierto que significa, ni más ni menos, creer en Cristo, puesto que creer en Jesús incluye estas cuatro cosas que el comer y beber implican: Primera, un apetito por Cristo, pues este comer y beber comienza siempre por un hambre y sed de justicia (v. Mt. 5:6).; segunda, apropiarnos la obra de Cristo; de poco sirve el mirar la carne, si no se come; tercera, deleitarse en Cristo y en la salvación que Él nos trae; la doctrina de Cristo crucificado ha de sernos comida y bebida, que nos sirva de alimento para el espíritu y de tema para nuestra predicación y nuestro testimonio; cuarta, depender de Cristo para nutrir nuestra vida espiritual, a fin de adquirir crecimiento y robustez espirituales; en otras palabras, vivir del como vivimos físicamente del alimento que tomamos. Cuando después instituyó unas señales sensibles que representasen nuestra comunión en los beneficios de su muerte, escogió el pan y el vino, que son para comer y beber, e hizo de ellos símbolos y recordatorio: 'Haced esto en recuerdo de mí' (Lc. 22:19; 1 Co. 11:25), comp. con 1 Co. 10:16)[12]*".*

Υἱοῦ τοῦ Ἀνθρώπου. Aquí aparece otra vez en el *Evangelio* el título *Hijo del Hombre*, poco común en Juan, pero que fue el más usado por Jesús para referirse a Él mismo. Ya se habló de este título anteriormente, por lo que no es necesario reiterar lo dicho[13]. No se trata de un calificativo de humillación, sino de un título de gloria. El título está vinculado con la escatología, anunciando Su venida en la gloria de Su Padre, con Sus ángeles, para retribución a cada uno conforme a sus obras (Mt. 16:27; Mr. 13:26). Tiene relación directa con la obra redentora, ya que *"el Hijo del hombre será entregado en manos de hombres, y le matarán; mas al tercer día resucitará"* (Mt. 17:22-23). En relación con la gloriosa manifestación del Hijo del Hombre que descendió del cielo (3:13). Pero, también tiene relación con el aspecto

---

[12] F. Lacueva. o.c., pág. 153.
[13] Ver comentario a 1:51.

humano del Hijo de Dios encarnado (Mt. 11:19). Este Hijo del Hombre que llama a todos a comer Su carne y beber Su sangre, es el Hijo de Dios manifestado en carne.

οὐκ ἔχετε ζωὴν ἐν ἑαυτοῖς. Una afirmación concreta cierra esta frase de Jesús: *"no tenéis vida en vosotros"*. No es posible la vida eterna a no ser por la identificación con Cristo. La vida está sólo en Él, por tanto no es posible obtenerla desde la proximidad, sino desde la posición *en* Él. De otro modo, sólo quien recibe a Cristo por la fe, tiene vida eterna. La vida en vosotros indica la posesión de ésta. Una expresión semejante se usó antes para referirse a la vida divina que el Hijo tiene en Él mismo (5:26). Allí se dice que el Padre concedió al Hijo tener vida en Sí mismo, porque la comunicación de la vida divina le corresponde por esa misma condición. Sin embargo, aquí se requiere la acción de la fe para tener esa vida. Quien no crea, que equivale a *comer la carne y beber la sangre,* no tiene vida en él mismo. Esto es natural, puesto que si la vida está en Él, nadie que no tenga a Cristo puede tener la vida eterna. Tener *vida en vosotros,* equivale a tener a Jesús en la vida, por haber venido a Él y haber creído en Él.

54. El que come mi carne y bebe mi sangre, tiene vida eterna; y yo le resucitaré en el día postrero.

ὁ τρώγων μου τὴν σάρκα καὶ πίνων μου τὸ αἷμα ἔχει ζωὴν
El que come de mí la carne y que bebe de mí la sangre tiene vida
αἰώνιον, καγὼ ἀναστήσω αὐτὸν τῇ ἐσχάτῃ ἡμέρᾳ.
eterna, y yo resucitaré le en el último día.

Notas y análisis del texto griego.

Continúa: ὁ, caso nominativo masculino singular del artículo determinado *el*; τρώγων, caso nominativo masculino singular del participio de presente en voz activa del verbo τρώγω, *comer*, aquí *que come*; μου, caso genitivo de la primera persona singular del pronombre personal declinado *de mí, me*; τὴν, caso acusativo femenino singular del artículo determinado *la*; σάρκα, caso acusativo femenino singular del nombre común *carne*; καὶ, conjunción copulativa *y*; πίνων, caso nominativo masculino singular del participio de presente en voz activa del verbo πίνω, *beber*, aquí *que bebe*; μου, caso genitivo de la primera persona singular del pronombre personal declinado *de mí*; τὸ, caso nominativo neutro singular del artículo determinado *lo*; αἷμα, caso nominativo neutro singular del nombre común *sangre*; ἔχει, tercera persona singular del presente de indicativo en voz activa del verbo ἔχω, *tener*, aquí *tiene*; ζωὴν, caso acusativo femenino singular del nombre común *vida*;

αἰώνιον, caso acusativo femenino singular del adjetivo *eterna*; καγὼ, palabra formada por crasis[14] de la conjunción καὶ, y el pronombre personal ἐγώ, y que equivale a *y yo*; ἀναστήσω, primera persona singular del futuro de indicativo en voz activa del verbo ἀνιστήμι, *levantar, resucitar*, aquí *resucitaré*; αὐτὸν, caso acusativo masculino de la tercera persona singular del pronombre personal declinado *a él, le*; τῇ, caso dativo femenino singular del artículo determinado declinado *en la*; ἐσχάτῃ, caso dativo femenino singular del adjetivo *último, final*; ἡμέρᾳ, caso dativo femenino singular del nombre común *día*.

ὁ τρώγων μου τὴν σάρκα καὶ πίνων μου τὸ αἷμα ἔχει ζωὴν αἰώνιον, Comer la carne y beber la sangre, se ha dicho antes, es creer y tener al Verbo de vida, ya que en Él está la vida eterna y es, por naturaleza, vida. Cuando se recibe a Cristo por medio de la fe, se alcanza en Él la vida eterna. En el tiempo histórico, el Verbo se hizo carne, alimentado a todos los hombres con la vida que está en Él y que se alcanza por todo aquel que lo recibe como Salvador personal.

καγὼ ἀναστήσω αὐτὸν τῇ ἐσχάτῃ ἡμέρᾳ. La vida eterna se concreta definitivamente en la resurrección. Nuestra vida está escondida con Cristo en Dios. Cuando un cristiano pasa por la experiencia de la muerte física, parte para estar presente con Cristo (Fil. 1:23). Sin embargo, su parte física queda en el sepulcro, esperando el momento de la gloriosa resurrección para estar, la totalidad de la persona, para siempre con Jesús. No se trata de una esperanza pasajera o temporal, sino de la eterna esperanza de gloria. La esperanza para salvación y vida eterna es Cristo, como lo es también en nosotros esperanza de gloria (Col. 1:27). Mas adelante dirá que Él es la resurrección y la vida y que todo aquel que esté en Él no morirá para siempre (11:25-26). La vida mortal, no solo por condición sino por pecado, queda resuelta en la vida eterna que es Cristo y en Su promesa de resurrección para vida perpetua. A la seguridad de vida, se une también la promesa del encuentro con el Señor en Su venida a buscar a su Iglesia: *"No se turbe vuestro corazón; creéis en Dios, creed también en mí. En la casa de mi Padre muchas moradas hay; si así no fuera, yo os lo hubiera dicho; voy, pues, a preparar lugar para vosotros, Y si me fuere y os preparare lugar, vendré otra vez, y os tomaré a mí mismo, para que donde yo estoy, vosotros también estéis. Y sabéis a donde voy, y sabéis el camino"* (14:1-4). La vida está vinculada al Hijo de Dios, por tanto el que tiene al Hijo tiene la vida (1 Jn. 5:12). La seguridad de la vida eterna no está en una relación religiosa, sino en una relación vivencial con Cristo (Gá. 2:20; Fil. 1:21). La esperanza está vinculada a Jesús:

---

[14] *Crasis*, palabra griega que equivale a *unión de fuerzas*, en general *unión de elementos*.

"Amados, ahora somos hijos de Dios, y aún no se ha manifestado lo que hemos de ser; pero sabemos que cuando él se manifieste, seremos semejantes a él, porque le veremos tal como él es" (1 Jn. 3:2). La esperanza está ligada también a la herencia de los santos en luz, posible por la unión vital con Cristo (Col. 1:12). La esperanza de gloria tiene que ver también con la seguridad de la presentación del creyente ante Él (Col. 1:22, 28). La esperanza de gloria está unida a Cristo (Ro. 5:2; 8:18-23; 1 Co. 15:12 ss.; Fil. 3:20, 21; Col. 3:4, 24; 1 Ts. 2:19; 3:13; 4:13-17; 2 Ts. 1:10; 2 Ti. 1:12; 4:8; Tit. 2:13).

55. Porque mi carne es verdadera comida, y mi sangre es verdadera bebida.

ἡ γὰρ σάρξ μου ἀληθής[1] ἐστιν βρῶσις, καὶ τὸ αἷμα μου
Porque la carne de mí verdadera es comida, y la sangre de mí
ἀληθής[2] ἐστιν πόσις[3].
verdadera es bebida.

Notas y análisis del texto griego.

Añade ahora: ἡ, caso nominativo femenino singular del artículo determinado *la*; γὰρ, conjunción causal *porque*; σάρξ, caso nominativo femenino singular del nombre común *carne*; μου, caso genitivo de la primera persona singular del pronombre personal *de mí*; ἀληθής, caso nominativo femenino singular del adjetivo *verdadera*; ἐστιν, tercera persona singular del presente de indicativo en voz activa del verbo εἰμί, *ser, estar*, aquí *es*; βρῶσις, caso nominativo femenino singular del nombre común *comida*; καὶ, conjunción copulativa *y*; τὸ, caso nominativo neutro singular del artículo determinado *lo*; αἷμα, caso nominativo neutro singular del nombre común *sangre*; μου, caso genitivo de la primera persona singular del pronombre personal *de mí*; ἀληθής, caso nominativo femenino singular del adjetivo *verdadera*; ἐστιν, tercera persona singular del presente de indicativo en voz activa del verbo εἰμί, *ser, estar*, aquí *es*; πόσις, caso nominativo femenino singular del nombre común *bebida*.

Crítica Textual. Lecturas alternativas.

[1] ἀληθής, *verdadera*, lectura atestiguada en 𝔭$^{66c, 75}$, ℵ^{2}, B, C, K, K, T, W, Ψ, *f*$^{1, 13}$, 565, 579, 892, 1241, 1424, 844, 2211, q, vg^{mss}, co, Clemente, Orígenes.

ἀληθῶς, *verdaderamente*, según lectura en 𝔭^{66*}, D, Γ, Δ, Θ, 700, 𝔐, lat, sir.

[2] ἀληθῶς, *verdaderamente*, conforme a 𝔭^{66*}, ℵ$^{*, 2b}$, Γ, Δ, Θ, *f*^{13}, 700, 𝔐, lat, sir.

ἀληθής, *verdadera*, según lectura en 𝔭$^{66c, 75}$, ℵ^{2a}, B, C, K, K, T, W, Ψ, *f*^{1}, 565, 579, 892, 1241, 1424, 844, 2211, q, vg^{mss}, co, Clemente, Orígenes.

[3] καὶ τὸ αἷμα μου ἀληθής ἐστιν πόσις, *y mi sangre es verdadera bebida*, no está en D.

ἡ γὰρ σάρξ μου ἀληθής ἐστιν βρῶσις, καὶ τὸ αἷμα μου ἀληθής ἐστιν πόσις. La frase se introduce mediante el uso de una conjunción causal *porque*, que declara la razón de la vida que da el hecho de comer la carne y beber la sangre del Hijo del Hombre, ya que son verdadera comida y verdadera bebida. Lo natural de la comida es dar vida al que la ingiere, por esa misma razón la comida que desciende del cielo que es Cristo mismo, también da vida a todo aquel que lo incorpora por medio de la fe. Pero, también podría leerse, como se aprecia en las lecturas alternativas más arriba, *verdaderamente*, en lugar de *verdadera*. El uso que hace Juan de esta palabra confirma que generalmente usa ἀληθῶς, *verdaderamente*, lo que indica que tanto Su carne como Su sangre son *verdaderas*, o *realmente* lo que debe ser el alimento y la bebida, la fuente de la vida. Las demás cosas, tales como el maná, no son comida *verdaderamente*, porque quienes comieron de ellas murieron, mientras que el que lo hace de Cristo, vivirá eternamente. Sólo Cristo, y sólo en Él podemos encontrar la vida eterna.

56. El que come mi carne y bebe mi sangre, en mí permanece, y yo en él.

ὁ τρώγων μου τὴν σάρκα καὶ πίνων μου τὸ αἷμα ἐν ἐμοὶ
El que come de mí la carne y bebe de mí la sangre en mí
μένει καγὼ ἐν αὐτῷ.
vive y yo en él.

Notas y análisis del texto griego.

Sigue el discurso con ὁ, caso nominativo masculino singular del artículo determinado *el*; τρώγων, caso nominativo masculino singular del participio de presente en voz activa del verbo τρώγω, *comer*, aquí *que come*; μου, caso genitivo de la primera persona singular del pronombre personal declinado *de mí, me*; τὴν, caso acusativo femenino singular del artículo determinado *la*; σάρκα, caso acusativo femenino singular del nombre común *carne*; καὶ, conjunción copulativa *y*; πίνων, caso nominativo masculino singular del participio de presente en voz activa del verbo πίνω, *beber*, aquí *que bebe*; μου, caso genitivo de la primera persona singular del pronombre personal declinado *de mí*; τὸ, caso nominativo neutro singular del artículo determinado *lo*; αἷμα, caso nominativo neutro singular del nombre común *sangre*; ἐν, preposición propia de dativo *en*; ἐμοὶ, caso dativo de la primera persona singular del pronombre personal *mí*; μένει, tercera persona singular del presente de indicativo en voz activa del verbo intransitivo μένω, *permanecer, quedarse, vivir, habitar*, aquí *permanece*; καγώ, palabra formada por crasis[15] de la conjunción καὶ, y el pronombre personal ἐγώ, y que equivale a *y yo*; ἐν, preposición propia de dativo *en*; αὐτῷ, caso dativo masculino de la tercera persona singular del pronombre personal *él*.

ὁ τρώγων μου τὴν σάρκα καὶ πίνων μου τὸ αἷμα ἐν ἐμοὶ μένει καγὼ ἐν αὐτῷ. Por la fe el creyente se hace uno con Cristo. Es en razón de la identificación con el Salvador, que la vida eterna viene a la experiencia de quien ha creído, el que se apropió de Jesús, el que comió Su carne y bebió Su sangre. La unión con Cristo es el único modo de recibir y vivir la vida eterna. No solo vive, sino que *permanece* que es una de las acepciones del verbo. Quien cree es unido a Cristo, de modo que ambos, Cristo y el creyente, viven una misma vida común y el Salvador, se hace vida en el cristiano. Aquel que cree, el que deposita fe en el Salvador, el que recibe a Cristo y es recibido por Él, recibe con el Salvador la salvación. La respuesta a la fe es el perdón de los pecados y la vida eterna. A la fe sigue la regeneración espiritual y el bautismo del Espíritu que une al creyente con Cristo (1 Co. 12:13). Esta unión vital con el Señor es esencial para experimentar y tener como don de Dios, la vida eterna (3:16). Es necesario entender que la comunicación de la vida eterna es el resultado de la unión vital con Cristo. Esta vida de Dios, está en cada una de las tres Personas Divinas, esto es, cada Persona Divina es Dios verdadero y la vida del Ser Divino, es la vida de cada una de las Personas Divinas que en Él subsisten, como hipóstasis personales. De ahí es que Juan dice que *"la vida estaba en el Hijo"* (1:4). Cuando el pecador cree, el Espíritu Santo lo vincula al Salvador, de manera que puesto en contacto vital con Él, recibe por ese medio la vida eterna, que fluyendo de Dios por medio de Cristo, alcanza al creyente y es su modo natural de vida desde la conversión. Esta vinculación es realmente un estado de *resurrección espiritual* (Ef. 2:6). Al *juntarnos* con Cristo recibimos la vida y somos resucitados con Él y en Él. Las consecuencias de la identificación con Cristo son notables: *"en mí permanece, y yo en Él"*. La consecuencia es real. Cristo es incorporado al creyente y el creyente a Cristo, ambos viven mutuamente en una unidad espiritual. En esa experiencia de vida, Cristo vive en el cristiano. De hecho la vida eterna no es otra cosa que el Autor de la vida, viviendo en el creyente. Jesús es el poder operante en el nuevo orden, de la misma manera que el pecado era el poder operante de la antigua forma de vida (Ro. 7:17, 20). Jesús, viviendo en el creyente se hace principio vital en él. Esta *permanencia* de uno en otro, es uno de

---

[15] *Crasis*, palabra griega que equivale a *unión de fuerzas*, en general *unión de elementos*.

los temas del *Evangelio*. El Padre *permanece* en el Hijo (14:10), el Espíritu permanece en Jesús (1:32). Los creyentes permanecen en Cristo y Cristo en ellos. Así también la Palabra permanece en los cristianos y éstos en ella (5:38; 8:31; 15:7).

57. Como me envió el Padre viviente, y yo vivo por el Padre, asimismo el que me come, él también vivirá por mí.

καθὼς ἀπέστειλεν με ὁ ζῶν Πατὴρ καγὼ ζῶ διὰ τὸν Πατέρα,
Como envió me el viviente Padre y yo vivo en el Padre,
καὶ ὁ τρώγων με κακεῖνος ζήσει δι' ἐμέ.
también el que come me también éste vivirá por mí.

Notas y análisis del texto griego.

Siguiendo el discurso, añade: καθὼς, conjunción condicional *como*; ἀπέστειλεν, tercera persona singular del aoristo primero de indicativo en voz activa del verbo ἀποστέλλω, *enviar*, aquí *envió*; με, caso acusativo de la primera persona singular del pronombre personal declinado *a mí*, *me*; ὁ, caso nominativo masculino singular del artículo definido *el*; ζῶν, caso nominativo masculino singular del participio de presente en voz activa del verbo ζάω, *vivir*, aquí *que vive*, *viviente*; Πατὴρ, caso nominativo masculino singular del nombre divino *Padre*; καγὼ, palabra formada por crasis[16]de la conjunción καὶ, y el pronombre personal ἐγώ, y que equivale a *y yo*; ζῶ, primera persona singular del presente de indicativo en voz activa del verbo ζάω, *vivir*, aquí *vivo*; διὰ, preposición propia de acusativo *por causa de, por*; τὸν, caso acusativo masculino singular del artículo determinado *el*; Πατέρα, caso acusativo masculino singular del nombre divino *Padre*; καὶ, conjunción copulativa *y*; ὁ, caso nominativo masculino singular del artículo determinado *el*; τρώγων, caso nominativo masculino singular del participio de presente en voz activa del verbo τρώγω, *comer*, aquí *que come*; με, caso acusativo de la primera persona singular del pronombre personal declinado *a mí*; κακεῖνος, crasis[16] formada por la conjunción copulativa καὶ, *y*, y del caso nominativo del pronombre o adjetivo demostrativo ἐκεῖνος, *aquel*, la palabra equivale a *y aquel, también aquél; y éste, también éste*; ζήσει, tercera persona singular del futuro de indicativo en voz activa del verbo ζάω, *vivir*, aquí *vivirá*; δι', forma contracta de la preposición de acusativo διά, *por causa de, por*; ἐμέ, caso acusativo de la primera persona singular del pronombre personal *mí*.

καθὼς ἀπέστειλεν με ὁ ζῶν Πατὴρ καγὼ ζῶ διὰ τὸν Πατέρα, La relación entre Cristo y el creyente, no puede separarse de la relación existente entre el Padre y el Hijo. Es una unión semejante a la que existe entre las dos Personas de la Trinidad, si bien en la relación

[16] *Crasis*, palabra griega que equivale a *unión de fuerzas*, en general *unión de elementos*.

natural de la condición humana, no eterna. La inmanencia entre el creyente y Dios, existe, en grado eterno e infinito entre el Padre y el Hijo. De otro modo, aunque las Personas Divinas, son dos, no es menos cierto que son también *uno*. Lo más característico de esta unión se expresa sencillamente cuando Jesús mismo dice: *"...el Padre está en mí, y yo en el Padre"* (10:38). No se trata de una fusión personal que convierte a dos Personas en una, sino que manteniendo la eterna distinción entre ellas, se pone de manifiesto la plena comunión en el Ser Divino, que hace que cada una de ellas sea *Dios único y verdadero*. Ya se ha considerado el vínculo indisoluble que une al Padre y al Hijo eternamente, de forma especial en cuanto a que el Padre engendra y el Hijo es engendrado sin solución de término, en un acto eterno y continuado, que se expresa en un *"yo te he engendrado hoy"*. De esta manera el Hijo vive por el Padre que es viviente y que le ha enviado; de igual modo el Hijo, que tiene vida en Él mismo, hace vivir al creyente que cree en Él, en la forma metafórica, que *lo come y lo bebe*. Jesús vincula las dos relaciones, siendo la segunda una semejanza de la primera. De la manera que el Hijo vive *por el Padre*, así también el creyente *vive por el Hijo*. Esta relación inmanente hace que quien está en Cristo, está también en el Padre, puesto que por eterna inmanencia, el Padre está siempre en el Hijo. La unión vital con Cristo lleva al cristiano a alcanzar la condición de hijo, por supuesto, no en la eterna dimensión del Unigénito, sino en la relación vinculante de la adopción en Cristo (Gá. 4:5). Esta misma idea aparece más adelante, cuando Jesús dirá: *"Porque yo vivo, vosotros también viviréis"* (14:19).

καὶ ὁ τρώγων με κακεῖνος ζήσει δι' ἐμέ. El Padre es razón y fuente de vida comunicable en el Seno Divino. De este modo la segunda Persona, recibe la vida de la primera. Es esa la causa por la que se llama al Padre, ὁ ζῶν, *el que vive*, o *el viviente*, porque es el comunicador de la vida. Jesús es la *imagen* del Dios viviente, pero no en la reproducción, sino en la identidad, porque aún siendo una Persona distinta, tiene la misma vida del Padre, y no tiene nada distinto de Su naturaleza. De manera que el Dios Unigénito puede dar a conocer al Dios Padre, porque ambos son uno. Todo cuanto tiene el Padre lo tiene y es del Hijo y viceversa. Nada, puede decirse que sea propio o exclusivo de cada uno, porque tienen todo en común. Aunque la vida procede del Padre, y dice el Hijo: *"yo vivo por el Padre"*, no tanto en sentido sustentante, sino en el existente, eternamente engendrado y fuera de toda causalidad. La vida del Hijo, comunicada al creyente en el momento de la fe, está en la causalidad y porque le es dada, aunque eterna, es perpetua para quien antes estaba sin esa vida y luego la recibe. La del Hijo, no tiene principio, más que el eterno acto de la generación del Padre. Es necesario tener bien claro esto para no caer en errores, cuando Jesús dice que *vive por el Padre*, no está atribuyéndose una naturaleza nueva o diferente, sino que lo que el Hijo es, lo es en el Padre y no separado de Él. En semejanza de relación y de vida, el creyente vive *por* Cristo en la misma medida en que vive *en Él*.

58. Éste es el pan que descendió del cielo; no como vuestros padres comieron el maná, y murieron; el que come de este pan, vivirá eternamente.

οὗτος ἐστιν ὁ ἄρτος ὁ ἐξ οὐρανοῦ καταβάς, οὐ καθὼς ἔφαγον
Éste es el pan - de cielo que desciende, no como comieron
οἱ πατέρες καὶ ἀπέθανον· ὁ τρώγων τοῦτον τὸν ἄρτον ζήσει
los padres y murieron; el que come este - pan vivirá
εἰς τὸν αἰῶνα.
para - siempre.

Notas y análisis del texto griego.

Concluyendo el discurso, dice: οὗτος, caso nominativo masculino singular del pronombre demostrativo *éste*; ἐστιν, tercera persona singular del presente de indicativo en voz activa del verbo εἰμί, *ser*, aquí *es*; ὁ, caso nominativo masculino singular del artículo determinado *el*; ἄρτος, caso nominativo masculino singular del nombre común *pan*; ὁ, caso nominativo masculino singular del artículo determinado *el*; ἐξ, forma escrita que adopta la preposición de genitivo ἐκ, delante de vocal y que significa *de*; οὐρανοῦ, caso genitivo masculino singular del nombre común *cielo*; καταβάς, caso nominativo masculino singular del participio de presente en voz activa del verbo καταβαίνω, *bajar, descender*, aquí *que desciende*; οὐ, adverbio de negación *no*; καθὼς, conjunción condicional *como*; ἔφαγον, tercera persona plural del segundo aoristo de indicativo en voz activa del verbo εσθίω, *comer*, aquí *comieron*; οἱ, caso nominativo masculino plural del artículo determinado *los*; πατέρες, caso nominativo masculino plural del nombre común *padres*; καὶ, conjunción copulativa *y*; ἀπέθανον, tercera persona plural del segundo aoristo de indicativo en voz activa del verbo ἀποθνῄσκω, *morir, fallecer*, aquí *murieron*; ὁ, caso nominativo masculino singular del artículo determinado *el*; τρώγων, caso nominativo masculino singular del participio de presente en voz activa del verbo τρώγω, *comer*, aquí *que come*; τοῦτον, caso acusativo masculino singular del pronombre demostrativo *éste*; τὸν, caso acusativo masculino singular del artículo determinado *el*; ἄρτον, caso acusativo masculino singular del nombre común *pan*; ζήσει, tercera persona singular del futuro de indicativo en voz activa del verbo ζάω, *vivir*, aquí *vivirá*; εἰς, preposición propia de acusativo, *para*; τὸν, caso acusativo masculino singular del artículo determinado *el*; αἰῶνα, caso acusativo masculino singular del nombre común *siglo, edad, época, eternidad*.

οὗτος ἐστιν ὁ ἄρτος ὁ ἐξ οὐρανοῦ καταβάς, Dejando la forma de *carne y sangre*, regresa a la figura del *pan de vida*. Señalándose a Él mismo vuelve a decirles que Él era el pan que descendió del cielo. Las palabras de Jesús hacen un resumen de toda la enseñanza que Él dió a los oyentes. No hay otro pan de vida que no sea el que *descendió* del cielo. Ningún otro, aunque sea dado por Dios, permite alcanzar la vida eterna. Sólo Jesús, sólo creyendo en Él, sólo recibiéndolo y entregándose a Él, puede garantizar una vida a eternidad.

οὐ καθὼς ἔφαγον οἱ πατέρες καὶ ἀπέθανον· Nuevamente les recuerda la experiencia de sus antepasados, a quienes llama literalmente *los padres*. Aquellos del pueblo de Israel que comieron el maná que Dios les hacía descender cada día, aunque procedía de Él, no dio vida eterna, como lo pone de manifiesto el hecho de que todos murieron.

ὁ τρώγων τοῦτον τὸν ἄρτον ζήσει εἰς τὸν αἰῶνα. Sin embargo, *el que come este pan*, tiene vida eterna. Como se dice antes, los creyentes reciben la vida eterna por unión vital con Cristo, de ahí que en Sus últimas palabras, de las recogidas por Juan, vuelva a insistir sobre la necesidad de *comer* del pan de vida, para alcanzar la vida eterna. Como quiera que Él vive, así, quienes están en identificación con Él, viven también.

Enseñanza a los discípulos (6:59-65).

59. Estas cosas dijo en la sinagoga, enseñando en Capernaum.

Ταῦτα	εἶπεν	ἐν	συναγωγῇ	διδάσκων	ἐν	Καφαρναούμ.
Estas cosas	dijo	en	sinagoga	enseñando	en	Capernaum.

Notas y análisis del texto griego.

Introduciendo un nuevo párrafo, escribe: Ταῦτα, caso acusativo neutro plural del pronombre demostrativo *estos*, en sentido de *estas cosas*; εἶπεν, tercera persona singular del aoristo segundo de indicativo en voz activa del verbo λέγω, *hablar, decir*, aquí *dijo*; ἐν, preposición propia de dativo *en*; συναγωγῇ, caso dativo femenino singular del nombre común *sinagoga*; διδάσκων, caso nominativo masculino singular del participio de presente en voz activa del verbo διδάσκω, *enseñar*, aquí *enseñando*; ἐν, preposición propia de dativo *en*; Καφαρναούμ, caso dativo femenino singular del nombre propio *Capernaum*.

Ταῦτα εἶπεν ἐν συναγώγῇ διδάσκων ἐν Καφαρναούμ. Juan despeja la incógnita del lugar en donde tuvo ocasión el discurso de

Jesús. Se trata de la sinagoga en Capernaum. Algún códice añade una larga frase complementando el texto que no se considera al no estar en manuscritos seguros y que probablemente se deba a un comentario del copista aclarando el texto. En ella se lee que el discurso tuvo lugar en sábado. Cabe suponer que la primera parte de la enseñanza pudo muy bien ocurrir en la ribera del Mar de Galilea a donde los que buscaban a Jesús llegaron en las barcas cruzando el lago y que la segunda parte, se haya producido en la sinagoga en el sábado, donde se reunían para la lectura de la Escritura y el comentario. Siendo el sábado día de reposo, no es probable que los que buscaban a Jesús desembarcasen en la mañana de ese día, inhábil a todos los efectos para cualquier trabajo. La cronología de los hechos pudiera muy bien haber sido así: El jueves se hizo el milagro de la multiplicación de los panes, el viernes encontraron por la mañana a Jesús, que respondió al requerimiento de la gente que preguntaba como había llegado allí (v. 25), y el sábado se completó la enseñanza en la sinagoga.

60. Al oírlas, muchos de sus discípulos dijeron: Dura es esta palabra; ¿quién la puede oír?

Πολλοὶ οὖν ἀκούσαντες ἐκ τῶν μαθητῶν αὐτοῦ εἶπαν·
Muchos, pues, oyendo de los discípulos de Él dijeron:
σκληρός ἐστιν ὁ λόγος οὗτος· τίς δύναται αὐτοῦ ἀκούειν
Dura es la palabra esta; ¿Quién puede la oír?

Notas y análisis del texto griego.

Describiendo la reacción de algunos, dice: Πολλοὶ, caso nominativo masculino plural del adjetivo *muchos*; οὖν, conjunción ilativa *pues*; ἀκούσαντες, caso nominativo masculino plural del participio de aoristo primero en voz activa del verbo ἀκούω, *oír, escuchar*, aquí *oyendo*; ἐκ, preposición propia de genitivo *de*; τῶν, caso genitivo masculino plural del artículo determinado *los*; μαθητῶν, caso genitivo masculino plural del nombre común *discípulos*; αὐτοῦ, caso genitivo masculino de la tercera persona singular del pronombre personal declinado *de Él*; εἶπαν, tercera persona plural del aoristo segundo de indicativo en voz activa del verbo λέγω, *hablar, decir*, aquí *dijeron*; σκληρός, caso nominativo masculino singular del adjetivo *duro*; ἐστιν, tercera persona singular del presente de indicativo en voz activa del verbo εἰμί, *ser, estar*, aquí *es*; ὁ, caso nominativo masculino singular del artículo determinado *el*; λόγος, caso nominativo masculino singular del nombre común *palabra, mensaje, discurso*; οὗτος, caso nominativo masculino singular del pronombre demostrativo *esto*; τίς, caso nominativo masculino singular del pronombre interrogativo *quién*; δύναται, tercera persona singular del presente de indicativo en voz media del verbo δύναμαι, *poder, tener poder, ser capaz*, aquí *puede*; αὐτοῦ, caso genitivo masculino de la tercera persona singular del pronombre personal *él*; ἀκούειν, presente de infinitivo en voz activa del verbo ἀκούω, *oír*.

Πολλοὶ οὖν ἀκούσαντες ἐκ τῶν μαθητῶν αὐτοῦ εἶπαν· σκληρός ἐστιν ὁ λόγος οὗτος· El discurso de Jesús resultó duro para muchos. Especialmente si consideraban literales las palabras en las que decía que para tener vida eterna era necesario *comer su carne y beber su sangre*. Lo sorprendente es que no sólo resultaba difícil o duro para las multitudes que le buscaban por interés egoísta de alimentarse milagrosamente, y también a los *judíos*, esto es los líderes religiosos, sino también a *muchos* de los discípulos, es decir, seguidores de Jesús. El gran conflicto de la gente está en la proclamación del evangelio de salvación por fe en Cristo. Aquellos estaban dispuestos a considerar a Jesús como el Mesías enviado para reinar, pero, en modo alguno podían aceptarlo como el Salvador que da Su vida por los hombres, para abrir a estos la puerta del perdón, la esperanza y la vida eterna. Realmente se escandalizaban con las palabras de Cristo. Aquel discurso era superior a su comprensión y a su aceptación. Se producía el rechazo manifiesto de Jesús, al producirse el rechazo de Sus palabras. Esta reacción pone de manifiesto la incredulidad. No se trata de hacer o no hacer, sino de creer en Cristo para salvación.

τίς δύναται αὐτοῦ ἀκούειν. Al hablar de discípulos, no sólo se hace referencia a los Doce, sino a un extenso grupo de gente mucho mayor que, cautivado por lo que el Señor hacía, le seguían admirados, creyendo que era un hombre grande. Es posible que incluso algunos pudieran haber admitido que fuese el Mesías, que venía para establecer el reino en Israel y sacar la nación de una situación de esclavitud a la de señorío sobre las otras naciones de la tierra. Pero aquellos *discípulos*, no estaban dispuestos a aceptar la condición Divina de Jesús. Ninguno podía admitir que fuese Emanuel, Dios con los hombres. Sin aceptar esa verdad no se puede participar del *pan de vida*. Aquello era *duro* para ellos y no podían aceptarlo. De ahí la pregunta *"¿quién la puede oír?"*. El rechazo a la palabra de Cristo es evidente. Aquello que el Señor había dicho era absolutamente inaceptable. Con todo, ninguno de ellos fue a Jesús para que les explicara la parábola del pan de vida y del comer Su carne y beber Su sangre. Cuando decían *dura es esta palabra*, no estaban diciendo que fuese difícil de entender, sino más bien que era difícil de aceptar. Estaban disgustados con Jesús y lo estaban por la rebeldía e incredulidad de sus corazones.

61. Sabiendo Jesús en sí mismo que sus discípulos murmuraban de esto, les dijo: ¿Esto os ofende?

εἰδὼς δὲ	ὁ	Ἰησοῦς	ἐν ἑαυτῷ	ὅτι	γογγύζουσιν	περὶ	τούτου	οἱ
Pero sabiendo	-	Jesús	en sí mismo	que	murmuran	acerca de	esto	los

μαθηταὶ	αὐτοῦ	εἶπεν	αὐτοῖς·	τοῦτο	ὑμᾶς	σκανδαλίζει
discípulos	de Él	dijo	les:	¿Esto	os	escandaliza?

Notas y análisis del texto griego.

Sigue el relato: εἰδὼς, caso nominativo masculino singular del participio perfecto de indicativo en voz activa del verbo οἶδα, *saber, conocer*, aquí *sabiendo, al saber, habiendo sabido*; δὲ, partícula conjuntiva que hace las veces de conjunción coordinante, con sentido de *pero, más bien, y, y por cierto, antes bien*; ὁ, caso nominativo masculino singular del artículo determinado *el*; Ἰησοῦς, caso nominativo masculino singular del nombre propio *Jesús*; ἐν, preposición propia de dativo *en*; ἑαυτῷ, caso dativo masculino singular del pronombre reflexivo *sí mismo*; ὅτι, conjunción *que*; γογγύζουσιν, tercera persona plural del presente de indicativo en voz activa del verbo γογγύζω, *murmurar*, aquí *murmuran*; περὶ, preposición propia de genitivo *acerca de, sobre*; τούτου, caso genitivo neutro singular del pronombre demostrativo *esto*; οἱ, caso nominativo masculino plural del artículo determinado *los*; μαθηταὶ, caso nominativo masculino plural del nombre común *discípulos*; αὐτοῦ, caso genitivo masculino de la tercera persona singular del pronombre personal declinado *de Él*; εἶπεν, tercera persona singular del aoristo segundo de indicativo en voz activa del verbo λέγω, *hablar, decir*, aquí *dijo*; αὐτοῖς, caso dativo masculino de la tercera persona plural del pronombre personal declinado *a ellos, les*; τοῦτο, caso nominativo neutro singular del pronombre demostrativo *esto*; ὑμᾶς, caso acusativo de la tercera persona plural del pronombre personal declinado *a vosotros, os*; σκανδαλίζει, tercera persona singular del presente de indicativo en voz activa del verbo σκανδαλίζω, *escandalizar, ser motivo de ofensa*, aquí *escandaliza*.

εἰδὼς δὲ ὁ Ἰησοῦς ἐν ἑαυτῷ ὅτι γογγύζουσιν περὶ τούτου οἱ μαθηταὶ αὐτοῦ εἶπεν αὐτοῖς. Juan señala el conocimiento sobrenatural que Jesús tenía, al decir que conocía *en Sí mismo*, esto es, sin que nadie le dijese nada, lo que estaba produciendo en los discípulos las palabras de Su discurso. Él no necesitaba que nadie le dijese lo que había en el corazón del hombre (2:25). Aquellos *murmuraban* haciéndolo con dureza, sobre lo que el Señor había dicho antes. No hablaban en voz alta reprochándole directamente Sus palabras, o inquiriendo de Él alguna explicación, hablaban en voz baja, entre ellos, a modo de murmullo, pero lleno de acritud.

τοῦτο ὑμᾶς σκανδαλίζει. El Señor los confronta con una pregunta: *¿Esto os escandaliza?* El verbo es muy común en los sinópticos pero sólo aparece dos veces en el *Evangelio según Juan* (16:1). El motivo de escándalo tenía que ver con todo el discurso, pero especialmente porque Cristo decía que había bajado del cielo, como se aprecia en el versículo siguiente. El escándalo es que un mero hombre, para ellos, afirme su procedencia celestial. Era una ofensa que el que todos conocían como hijo de José y de María, y sabían quien era su familia, se hiciese hijo del Padre celestial y afirmase que el cielo era el lugar de donde procedía.

62. ¿Pues qué, si viereis al Hijo del Hombre subir adonde estaba primero?

ἐὰν οὖν θεωρῆτε τὸν Υἱὸν τοῦ Ἀνθρώπου ἀναβαίνοντα ὅπου
Si, pues, veis al Hijo del Hombre subiendo adonde
ἦν τὸ πρότερον
estaba - primero?

Notas y análisis del texto griego.

Siguiendo con la respuesta de Jesús, escribe: ἐὰν, conjunción afirmativa *si*; οὖν, conjunción continuativa *pues*; θεωρῆτε, segunda persona plural del presente de subjuntivo en voz activa del verbo θεωρέω, *ver, mirar, contemplar*, aquí *viereis*; τὸν, caso acusativo masculino singular del artículo determinado declinado *al*; Υἱὸν, caso acusativo masculino singular del nombre divino *Hijo*; τοῦ, caso genitivo masculino singular del artículo determinado declinado *del*; Ἀνθρώπου, caso genitivo masculino singular del nombre en el título divino *Hombre*; ἀναβαίνοντα, caso acusativo masculino singular del participio de presente en voz activa del verbo ἀναβαίνω, *subir, ascender, elevarse*, aquí *subiendo*; ὅπου, adverbio relativo de lugar *adonde*; ἦν, tercera persona singular del imperfecto de indicativo en voz activa del verbo εἰμί, *ser, estar*, aquí *estaba*; τὸ, caso acusativo neutro singular del artículo definido *lo*; πρότερον, caso acusativo neutro singular del adjetivo articular, usado como adverbio articular *primero, antes*.

ἐὰν οὖν θεωρῆτε τὸν Υἱὸν τοῦ Ἀνθρώπου ἀναβαίνοντα ὅπου ἦν τὸ πρότερον. Si les escandalizaba el hecho de que Jesús se presenta como el que *descendió* del cielo, para dar vida a los hombres, cuanto mayor tropiezo sería para aquellos si lo viesen *ascender* al lugar adonde estaba primero. Aunque habla desde la tierra, sigue estando en el cielo, a causa de Su condición divina. Luego, en un futuro, el hombre Jesús, la naturaleza humana del Verbo, ascenderá para ocupar el lugar que tuvo antes de Su nacimiento en la tierra y que nunca dejó en Su condición divina. La verdad absoluta es que Cristo, Dios-hombre, es una sola Persona, con dos naturalezas. El Hijo de Dios, y Su humanidad, son un solo Cristo. Es Hijo eterno del Padre eterno, y es hombre en la temporalidad asumida en Su Persona Divina. En la unidad de Su Persona, habla en la tierra y también está en el cielo. El Hijo de Dios estaba en la tierra por la naturaleza humana subsistente en Su Persona Divina, y estaba también en el cielo, por ser el Verbo eterno del Padre eterno. Aquellos que lo contemplaban tan sólo eran capaces de ver en Él un hombre. Para algunos, incluso, un arrogante que se hacía Dios cuando era sólo hombre. Aquellos quedarían más atónitos todavía, si viesen a Su humanidad glorificada ascendiendo a la diestra del Padre y sentándose en Su trono de gloria. Jesús les dice: *¿Cuál sería vuestro escándalo, si vieseis esto: el Hijo del Hombre que regresa al lugar de donde procede?* Nuevamente se deja ver la preexistencia de Jesucristo. El hombre que predicaba en la sinagoga de Capernaum, anuncia el regreso adonde estaba antes, el cielo, luego, antes de Su presencia terrenal tuvo una preexistencia eterna. La Deidad de Jesucristo llena plenamente el texto del *Evangelio*. La ascensión al cielo implica, necesariamente, el descenso desde ese mismo lugar.

63. El espíritu es el que da vida; la carne para nada aprovecha; las palabras que yo os he hablado son espíritu y son vida.

τὸ Πνεῦμα ἐστιν τὸ ζῳοποιοῦν, ἡ σὰρξ οὐκ ὠφελεῖ οὐδέν· τὰ
El Espíritu es lo que da vida, la carne no aprovecha nada; las
ῥήματα ἃ ἐγὼ λελάληκα ὑμῖν πνεῦμα ἐστιν καὶ ζωή ἐστιν.
Palabras que yo hablaba os, espíritu es y vida es.

Notas y análisis del texto griego.

Siguen las palabras de Jesús: τὸ, caso nominativo neutro singular del artículo determinado *el*; πνεῦμα, caso nominativo neutro singular del nombre divino *Espíritu*; ἐστιν, tercera persona singular del presente de indicativo en voz activa del verbo εἰμί, *ser, estar*, aquí *es*; τὸ, caso nominativo neutro singular del artículo determinado *el*; ζῳοποιοῦν, caso nominativo neutro singular del participio de presente en voz activa del verbo ζῳοποιέω, *vivificar, dar vida*, aquí *que da vida*; ἡ, caso nominativo femenino singular del artículo determinado *la*; σὰρξ, caso nominativo femenino singular del nombre común *carne*; οὐκ, forma escrita del adverbio de negación *no*, con el grafismo propio ante una vocal con espíritu suave o una enclítica; ὠφελεῖ, tercera persona singular del presente de indicativo en voz activa del verbo ὠφελέω, *aprovechar, servir*, aquí *aprovecha*; οὐδέν, caso acusativo neutro singular del pronombre indefinido *nada*; τὰ, caso nominativo neutro plural del artículo determinado *los*; ῥήματα, caso nominativo neutro plural del nombre común *palabras, dichos*; ἃ, caso acusativo neutro plural del pronombre relativo *que*; ἐγὼ, caso nominativo de la primera persona singular del pronombre personal *yo*; λελάληκα, primera persona singular del imperfecto de indicativo en voz activa del verbo λαλέω, *hablar, decir*, aquí *hablaba, decía*; ὑμῖν, caso dativo de la segunda persona plural del pronombre personal declinado *a vosotros, os*;

πνεῦμα, caso nominativo neutro singular del nombre común *espíritu*; ἐστιν, tercera persona singular del presente de indicativo en voz activa del verbo εἰμί, *ser, estar*, aquí *es*; καὶ, conjunción copulativa *y*; ζωή, caso nominativo femenino singular del nombre común *vida*; ἐστιν, tercera persona singular del presente de indicativo en voz activa del verbo εἰμί, *ser, estar*, aquí *es*.

τὸ Πνεῦμα ἐστιν τὸ ζῳοποιοῦν, ἡ σὰρξ οὐκ ὠφελεῖ οὐδέν· Dos sentencias que aunque independientemente son plenamente comprensibles y verdaderas, se vinculan entre sí por el elemento común de las palabras de Jesús.

τὸ Πνεῦμα ἐστιν τὸ ζῳοποιοῦν, La primera de ellas habla del *Espíritu*. Algunos comentaristas entienden que *espíritu* aquí se refiere a la parte espiritual del hombre, en donde radica la comprensibilidad de las cosas y, por tanto, la aceptación del mensaje de Jesús. Sin embargo todo el contexto orienta el pensamiento hacia el ejercicio de la fe, la aceptación de Cristo, la recepción de la vida eterna, la vinculación del creyente con Él y la presencia de Él en el creyente. De modo que no puede estar hablando sino de la acción del Espíritu en la comunicación de la vida eterna al hombre que cree. El Espíritu designa la categoría de lo divino, lo que es omnipresente, omnipotente y eterno, frente a la debilidad e incluso pecaminosidad de la carne, que en el sentido humano habla de limitación y en el espiritual del elemento por el que actúa el pecado en el hombre no regenerado. En orden a la vida eterna, sólo puede ser dada por el Hijo y sólo puede ser hecha realidad por el Espíritu. Jesús hablará de esto más adelante, pero ya aquí anticipa que la acción del Espíritu comunica vida al creyente. La enseñanza primara aquí tiene que ver con el contraste entre el Espíritu y la carne, con lo que enseña que para todo lo que tiene que ver con la vida eterna, la carne no sirve para nada y tan sólo el Espíritu puede vivificar. Sólo el soplo de Dios, puede asegurar la existencia de la vida eterna en el pecador que ha creído en Cristo. El Espíritu hace *comprender* las palabras de Jesús, en el sentido que tienen, como mensaje que conduce a la vida eterna. Esto se considerará más adelante cuando Jesús hable del Espíritu que va a enviar a los suyos. En el contexto general de este *Evangelio*, la misión del Espíritu es la de dar vida (3:5, 6, 8). Es el Espíritu el que produce el nuevo nacimiento (4:23, 24). El agua de vida es también una figura de la acción del Espíritu y de Este mismo (7:37, 38). De manera que aunque el dador de la vida eterna es el Padre, el mediador para recibirla por identificación personal, es Cristo, la vivificación del pecador muerto en delitos y pecados es misión del Espíritu Santo. En todo lo que tiene que ver con salvación, las tres Personas Divinas, actúan unánimemente, ejerciendo la misión que eternamente convinieron cada una de ellas conforme a ese pacto de redención, establecido desde antes de la fundación del mundo.

ἡ σὰρξ οὐκ ὠφελεῖ οὐδέν· En contraste, *la carne*, dice Jesús, para nada aprovecha. No sólo en cuanto a las limitaciones propias del ser humano, sino también en relación con el impedimento de entender las cosas de Dios, que han de discernirse espiritualmente. La carne estaba impidiendo a los oyentes entender el alcance de las palabras de Jesús. La misma carne generaba odio contra Él por parte de los religiosos. La carne llenaba de celos a los fariseos que se oponían abiertamente a Cristo. La carne impedía aceptar con gratitud los regalos de la gracia que Jesús operaba en la sanidad de los enfermos porque se hacían en sábado. No hay provecho alguno en la carne, es más, sólo puede producir una situación de permanencia en la muerte al alejar al hombre de la vida que es Cristo. Los que se ocupan sólo de las cuestiones propias del presente y de las cosas materiales, no pueden comprender la enseñanza de Jesús.

τὰ ῥήματα ἃ ἐγὼ λελάληκα ὑμῖν πνεῦμα ἐστιν καὶ ζωή ἐστιν. La segunda frase presenta otra gran verdad. Las palabras de Jesús no sólo hablan de vida, sino que son capaces de dar vida. Si en el discurso se atribuyó a Su *carne* y a Su *sangre*, esto es, a Él mismo capacidad para dar vida, es porque en Él mismo es *espíritu vivificante* (1 Co. 15:45). Está en Cristo el poder divino de dar vida eterna a todo aquel que cree. Es el Hijo el que da vida a los que quiere (5:21). Se trata de Su *dinamismo vivificante* que actúa en los que, por la regeneración espiritual, entraron en la identificación espiritual con Él, para vivir, no una vida futura, o perpetua, sino eterna. Las palabras de Jesús son palabras de Dios, no sólo por procedencia del Padre, ya que Jesús habla lo que ha visto del Padre y lo que ha oído de Dios (8:38, 40), sino por propia dimensión de Su Persona Divina y, ya que en Él está la vida (1:4), Sus palabras son palabras de vida eterna. Es interesante notar que Juan usa aquí el término ῥημα̃, que denota *todo lo que se dice, discurso, asunto*, por tanto, puede aplicarse no solo a las palabras del discurso que acababa de pronunciar Jesús, sino a todas Sus palabras a lo largo del ministerio, aunque aquí, en el contexto inmediato se refiera a cuanto había enseñado en la sinagoga. El Señor les decía que Sus palabras tienen capacidad de dar vida, porque expresan realidades provenientes del Verbo, en quien está la vida. Estas palabras, cuando se aceptan por medio de la fe, se convierten en mensaje instrumental de salvación. El que cree en el Hijo, oyendo la invitación de Sus palabras para acudir a Él, tiene vida eterna (3:16, 36). Aquellos se escandalizaban de las palabras de vida porque no entendían el sentido de ellas, que han de comprenderse espiritualmente con la ayuda del Espíritu.

64. Pero hay algunos de vosotros que no creen. Porque Jesús sabía desde el principio quiénes eran los que no creían, y quién le había de entregar.

ἀλλ' εἰσὶν ἐξ ὑμῶν τινες οἳ οὐ πιστεύουσιν. ᾔδει γὰρ ἐξ
Pero hay de vosotros algunos que no creen. Porque sabía desde
ἀρχῆς ὁ Ἰησοῦς τίνες εἰσὶν οἱ μὴ πιστεύοντες καὶ τίς ἐστιν ὁ
principio - Jesús quienes son los no que creen y quien es el
παραδώσων αὐτόν.
que entregará le.

Notas y análisis del texto griego.

Sin interrupción, añade: ἀλλ', forma escrita ante vocal de la conjunción adversativa ἀλλά que significa *pero, sino*; εἰσὶν, tercera persona plural del presente de indicativo en voz activa del verbo εἰμί, *ser, estar, haber*, aquí *hay*; ἐξ, forma escrita que adopta la preposición de genitivo ἐκ, delante de vocal y que significa *de*; ὑμῶν, caso genitivo de la segunda persona plural del pronombre personal *vosotros*; τινες, caso nominativo masculino plural del pronombre indefinido *algunos*; οἳ, caso nominativo masculino plural del pronombre relativo *que*; οὐ, adverbio de negación *no*; πιστεύουσιν, tercera persona plural del presente de indicativo en voz activa del verbo πιστεύω, *creer*, aquí *creen*; ᾔδει, tercera persona singular del pluscuamperfecto de indicativo en voz activa del verbo οἶδα, *saber, entender, comprender*, aquí *sabía*; γὰρ, conjunción causal *porque*; ἐξ, forma escrita que adopta la preposición de genitivo ἐκ, delante de vocal y que significa *de, desde*; ἀρχῆς, caso genitivo femenino singular del nombre común *principio*; ὁ, caso nominativo masculino singular del artículo determinado *el*; Ἰησοῦς, caso nominativo masculino singular del nombre propio *Jesús*; τίνες, caso nominativo masculino plural del pronombre interrogativo *quienes*; εἰσὶν, tercera persona plural del presente de indicativo en voz activa del verbo εἰμί, *ser, estar, haber*, aquí *son*; οἱ, caso nominativo masculino plural del artículo determinado *los*; μὴ, partícula que hace funciones de adverbio de negación condicional *no*; πιστεύοντες, caso nominativo masculino plural del participio de presente en voz activa del verbo πιστέω, *creer*, aquí *que creen*; καὶ, conjunción copulativa *y*; τίς, caso nominativo masculino singular del pronombre interrogativo *quien*; ἐστιν, tercera persona singular del presente de indicativo en voz activa del verbo εἰμί, *ser, estar*, aquí *es*; ὁ, caso nominativo masculino singular del artículo determinado *el*; παραδώσων, caso nominativo masculino singular del participio de futuro en voz activa del verbo παραδίδωμι, *entregar, traicionar*, aquí *que entregará*; αὐτόν, caso acusativo masculino de la tercera persona singular del pronombre personal declinado *a Él, le*.

ἀλλ' εἰσὶν ἐξ ὑμῶν τινες οἳ οὐ πιστεύουσιν. El Señor sabía que a pesar de Sus palabras de vida, de Su invitación a creer en Él, había algunos que no creían a lo que decía, por tanto, no Le creían. El rechazo dominaba aquellas vidas que seguían en la condenación, lejos de la vida eterna que ofrecía a todos los que creían. Por ese conocimiento decía que había algunos que no creían. La vida que estaba contenida en las palabras de Cristo, no surte efecto alguno a no ser que se reciban con fe. Los oyentes se dividían en dos grupos, no importa lo numeroso de cada uno, los que creen y tiene vida y los que no creen y siguen en condenación.

ᾔδει γὰρ ἐξ ἀρχῆς ὁ 'Ιησοῦς τίνες εἰσὶν οἱ μὴ πιστεύοντες. El conocimiento sobre quienes creían y quienes no, estaba en Cristo desde *el principio*. ¿A qué principio se refiere? Pudiera tratarse del principio de Su ministerio, pero en el *Evangelio*, el término se usa para referirse al principio de todo, conforme al eterno designio de Dios. No cabe duda que siempre puede tomarse este *principio*, en sentido eterno, puesto que Dios conoce todo cuanto ocurre, puede ocurrir y ocurrirá, desde Su posición eterna, fuera del tiempo. Nada se escapa al conocimiento sobrenatural de Dios. Este conocimiento ilimitado está presente en la naturaleza humana del Verbo cuando es necesario. No siempre, desde el punto de vista del hombre Jesús, conoce Su naturaleza humana, sujeta a la limitación voluntaria como resultado de la identificación con la creatura, las cosas de forma sobrenatural, pero cuanto es necesario que conozca en esa naturaleza de esa manera, se le comunica por la Persona Divina en quien subsisten ambas. Por esa razón Jesús conoce quienes no creen. No es asunto de determinación eterna selectiva para condenación, sino de conocimiento propio de Dios que sabe todas las cosas. Es prerrogativa de Cristo conocer lo íntimo del corazón.

καὶ τίς ἐστιν ὁ παραδώσων αὐτόν. En ese conocimiento sobrenatural, también conocía uno de entre los discípulos que le iba a entregar. Para alguien como Judas, las palabras de Jesús resultaban también incomprensibles, por tanto, aunque compañero del Maestro, incrédulo a Él, llegaría al colmo del rechazo entregando al Señor y convirtiéndose en el traidor. Poco a poco el *Evangelio* va anticipando asuntos relativos a la Cruz, que ya comenzó antes (v. 51). Jesús sabía claramente cual era el final de su camino, y conocía tanto en Su Deidad como en Su humanidad que la obra que le había sido encomendada tenía que pasar por la Cruz. Judas, como los judíos y los romanos, serían instrumentos en la ejecución del eterno plan de redención. Esto no supone, en modo alguno, que el traidor y el resto de los que participarán en la muerte del Salvador, estén exentos de responsabilidad, o que no tuvieran más remedio que hacerlo porque habían sido *predestinados* a ese fin. Todo lo contrario, la responsabilidad de todos ellos es evidente. Jesús dirá más adelante, refiriéndose a Judas, que *más le hubiera valido a ese hombre no haber nacido* (Mr. 14:21).

65. Y dijo: Por eso os he dicho que ninguno puede venir a mí, si no le fuere dado del Padre.

καὶ ἔλεγεν· διὰ τοῦτο εἴρηκα ὑμῖν ὅτι οὐδεὶς δύναται ἐλθεῖν
Y decía: Por esto he dicho os que ninguno puede venir
πρός με ἐὰν μὴ ᾖ δεδομένον αὐτῷ ἐκ τοῦ Πατρός[1].
a mí si no fuese dado le del Padre.

Notas y análisis del texto griego.

Cerrando el párrafo, escribe: καὶ, conjunción copulativa *y*; ἔλεγεν, tercera persona singular del imperfecto de indicativo en voz activa del verbo λέγω, *hablar, decir*, aquí *decía*; διὰ, preposición propia de acusativo *por*; τοῦτο, caso acusativo neutro singular del pronombre demostrativo *esto*; εἴρηκα, primera persona singular del perfecto de indicativo en voz activa del verbo λέγω, *hablar, decir*, aquí *he dicho*; ὑμῖν, caso dativo de la segunda persona plural del pronombre personal declinado *a vosotros*; ὅτι, conjunción *que*; οὐδεὶς, caso nominativo masculino singular del pronombre indefinido *ninguno, nadie*; δύναται, tercera persona singular del presente de indicativo en voz media del verbo δύναμαι, *poder, tener poder, ser capaz*, aquí *puede*; ἐλθεῖν, aoristo segundo de infinitivo en voz activa del verbo ἔρχομαι, *venir*; πρός, preposición propia de acusativo *a*; με, caso acusativo de la primera persona singular del pronombre personal *mí*; ἐὰν, conjunción *si*; μὴ, partícula que hace funciones de adverbio de negación *no*; ᾖ, tercera persona singular del presente de subjuntivo en voz activa del verbo εἰμί, *ser, estar*, aquí *sea*, en sentido de *fuese, fuere*; δεδομένον, caso nominativo neutro singular del participio de perfecto en voz pasiva del verbo δίδωμι, *dar, conceder, entregar*, aquí *dado*; αὐτῷ, caso dativo masculino de la tercera persona singular del pronombre personal declinado *a él, le*; ἐκ, preposición propia de genitivo *de*; τοῦ, caso genitivo masculino singular del artículo determinado *el*; Πατρός, caso genitivo masculino singular del nombre divino *Padre*.

Crítica Textual. Lecturas alternativas.

[1] Πατρός, *Padre*, lectura atestiguada en $\mathfrak{p}^{66}$, ℵ, B, C*, D, K, T, W, Θ, 892, it, sir$^{s, c}$, sa^{mss}, cw, pbo, bo.

Πατρός μου, *mi Padre*, lectura en C^{3}, K, N, Γ, Δ, Ψ, $f^{1, 13}$, 33, 565, 579, 700, 1241, 1424, 𝔐, lat, sir$^{p, h}$, sa^{mss}, ly.

καὶ ἔλεγεν· διὰ τοῦτο εἴρηκα ὑμῖν ὅτι οὐδεὶς δύναται ἐλθεῖν πρός με ἐὰν μὴ ᾖ δεδομένον αὐτῷ ἐκ τοῦ πατρός. Jesús se refiere a algo que ya había dicho antes. La verdad de que para venir a Él se requiere el llamamiento del Padre. Aquí vuelve a reafirmar la misma verdad, en forma precisa y directa, nadie tiene poder en sí mismo para ir a Jesús, en sentido de buscarle para salvación, a no ser que le sea dado del Padre. Todo cuanto es de salvación es de Dios (Sal. 3:8; Jon. 2:9). La comprensión de las verdades necesarias para salvación solo puede alcanzarse por la acción del Espíritu. El apóstol Pablo enseña que la salvación y el medio instrumental que es la fe, son un don de Dios y lo hace porque Jesús afirma también esto. La fe, junto con la gracia, son un don divino (Ef. 2:8-9). El creer es también una concesión divina y no un mérito o un esfuerzo humano: *"Porque a vosotros os es concedido a causa de Cristo, no sólo que creáis en él, sino también que padezcáis por él"* (Fil. 1:29). Anteriormente dijo que *"ninguno puede venir a mí, si el Padre que me envió no le trajere"* (v. 44). No está refiriéndose a conducción, ya que no dice: *si no le guía*, habla de atracción, de llevarlo a Cristo. El Señor dice nadie puede llegar a Él para salvación sin la acción del Padre que lo llama y lo conduce al Hijo. De otro modo, la fe no supone un esfuerzo dificultoso, sino que, sin la intervención de Dios, es imposible. Cuánta gratitud debiera despertar ésto en quienes sabemos que se nos ha otorgado la salvación por fe en Cristo, y que el haber ido a Jesús, se debe al amor insondable del Padre que nos condujo a Él.

Deserción de muchos discípulos (6:66).

66. Desde entonces muchos de sus discípulos volvieron atrás, y ya no andaban con él.

'Εκ τούτου πολλοὶ [ἐκ] τῶν μαθητῶν αὐτοῦ ἀπῆλθον εἰς τὰ
Desde esto muchos de los discípulos de Él se fueron a lo
ὀπίσω καὶ οὐκέτι μετ' αὐτοῦ περιεπάτουν.
atrás y ya no con Él andaban.

Notas y análisis del texto griego.

Las palabras de Jesús produjeron una deserción: 'Εκ, preposición propia de genitivo *de, desde*; τούτου, caso genitivo neutro singular del pronombre demostrativo *estos*, en sentido de *desde aquel momento*; πολλοὶ, caso nominativo masculino plural del adjetivo *muchos*; ἐκ, preposición propia de genitivo *de*; τῶν, caso genitivo masculino plural del artículo definido *los*; μαθητῶν, caso genitivo masculino plural del nombre común *discípulos*; αὐτοῦ, caso genitivo masculino de la tercera persona singular del pronombre personal *Él*; ἀπῆλθον, tercera persona plural del segundo aoristo de indicativo en voz activa del verbo ἀπέρχομαι, *irse, volverse, marcharse,* aquí *volvieron*;

εἰς, preposición propia de acusativo *a*; τὰ, caso acusativo neutro plural del artículo determinado *los*; ὀπίσω, adverbio de lugar *atrás*; καὶ, conjunción copulativa *y*; οὐκέτι, adverbio de negación *ya no*; μετ', forma escrita de la preposición de genitivo κατά, *con*, por elisión ante vocal con espíritu suave; αὐτοῦ, caso genitivo masculino de la tercera persona singular del pronombre personal *Él*; περιεπάτουν, tercera persona plural del imperfecto de indicativo en voz activa del verbo περιπατέω, *andar*, aquí *andaban*.

Ἐκ τούτου πολλοὶ [ἐκ] τῶν μαθητῶν αὐτοῦ ἀπῆλθον εἰς τὰ ὀπίσω καὶ οὐκέτι μετ' αὐτοῦ περιεπάτουν. Para quienes no creen, Cristo representa un estorbo en sus vidas. ¿Quiénes eran estos muchos? Especialmente los miembros infieles de Israel, los que habían venido buscando a Jesús para recibir de Él el alimento que milagrosamente les había dado antes. Los que tenían interés en los bienes pasajeros pero no en la vida eterna. Muchos de la multitud que fueron a buscarle al otro lado del mar y que habían regresado buscándole también en Capernaum, desertaron a consecuencia de las demandas que formulaba Jesús. Sus palabras habían sido consideradas como duras e inaceptables, por consiguiente dice Juan que *volvieron atrás*, literalmente volvieron a las cosas que eran su forma de vida antes del encuentro con Jesús. El Señor se había hecho enemigo de aquellos, como diría también el apóstol Pablo de su experiencia con los gálatas: *"porque os he dicho la verdad"* (Gá. 4:16). La compañía de Jesús era perjudicial para quienes resistían incrédulos a la verdad. No es posible la comunión con quien se llama a Sí mismo *Verdad*. Aquellos estaban dispuestos a seguir en la mentira, por tanto, dejaban de seguir a la Verdad. La verdad suele producir malestar en quienes no están dispuestos a seguirla. Sin embargo, un pequeño grupo compuesto por doce personas persistía al lado de Jesús.

Testimonio de Pedro (6:67-71).

67. Dijo entonces Jesús a los doce: ¿Queréis acaso iros también vosotros?

εἶπεν οὖν ὁ Ἰησοῦς τοῖς δώδεκα· μὴ καὶ ὑμεῖς
Dijo, entonces - Jesús a los Doce: ¿No también vosotros
θέλετε ὑπάγειν
queréis iros?

Notas y análisis del texto griego.

Ante la deserción, la pregunta de Jesús: εἶπεν, segunda persona singular del aoristo segundo de indicativo en voz activa del verbo λέγω, *hablar, decir*, aquí *dijo*; οὖν, conjunción ilativa *pues, entonces*; ὁ, caso nominativo masculino singular del artículo determinado *el*; Ἰησοῦς, caso nominativo masculino singular del nombre propio *Jesús*; τοῖς, caso dativo masculino plural del artículo determinado declinado *a los*; δώδεκα, caso dativo masculino plural del nombre común *doce*; μὴ, partícula que hace funciones de adverbio de negación *no*; καὶ, adverbio de modo *también*; ὑμεῖς, caso nominativo de la segunda persona plural del pronombre personal *vosotros*; θέλετε, segunda persona plural del presente de indicativo en voz activa del verbo θέλω, *desear, querer*, aquí *queréis*; ὑπάγειν, presente de infinitivo en voz activa del verbo ὑπάγω, *marchar, irse*, aquí *iros*.

εἶπεν οὖν ὁ Ἰησοῦς τοῖς δώδεκα· μὴ καὶ ὑμεῖς θέλετε ὑπάγειν. Tal vez un hombre se hubiera angustiado al ver la deserción de tantos de los que habían sido sus seguidores, pero Jesús, aun siendo hombre no pasaba por esas aflicciones propias de los humanos, porque sabía la misión que había recibido y Su objetivo era el hacer la voluntad del que le había enviado. Junto a Jesús no hay sitio para quien no tiene fe. Aquella pregunta puso de manifiesto a los Doce que nadie es imprescindible en la vida de seguimiento a Jesús y que ésta requiere un compromiso personal de cada creyente.

La pregunta no es un *marchaos*, que sería despedirlos, sino un sencillo *¿queréis hacerlo también?* De otro modo, el Señor les indica que no hay obligación para seguirlo, sino que se hace por entrega incondicional al Salvador. Jesús habló de voluntariedad cuando decía: *"si alguno quiere ser mi discípulo"*. Es verdad que para ir a Jesús se requiere la atracción del Padre, pero la voluntariedad del hombre potenciada por la gracia, es una constante en la vida cristiana.

La construcción gramatical es una interrogativa directa con la partícula negativa μὴ, *no*, que al estar incluida en una pregunta, se debiera esperar una respuesta también negativa. Esto es: *¿no queréis iros vosotros también? ¡No!*, sería lo que las palabras de Jesús debían producir como respuesta en los Doce. Entre los Doce estaba también Judas, del que antes se dijo que *le había de entregar*. Aquél nunca había creído, pero Jesús conocía bien que aquellos otros, a quienes el Padre le había entregado, no se alejarían de Él y no se perderían jamás. A los que se marchaban, no preguntó nada porque nunca habían sido suyos y simplemente regresaban al lugar de donde habían venido.

68. Le respondió Simón Pedro: Señor, ¿a quién iremos? Tú tienes palabras de vida eterna.

ἀπεκρίθη αὐτῷ Σίμων Πέτρος· Κύριε, πρὸς τίνα
Respondió le Simón Pedro: Señor, ¿a quién
ἀπελευσόμεθα ῥήματα ζωῆς αἰωνίου ἔχεις,
iremos? palabras de vida eterna tienes

Notas y análisis del texto griego.

Se traslada la respuesta de Pedro: ἀπεκρίθη, aoristo primero de indicativo en voz pasiva del verbo ἀποκρίνομαι, *responder, contestar*, aquí *respondió*; αὐτῷ, caso dativo masculino de la tercera persona singular del pronombre personal declinado *a Él, le*; Σίμων, caso nominativo masculino singular del nombre propio *Simón*; Πέτρος, caso nominativo masculino singular del nombre propio *Pedro*; Κύριε, caso vocativo masculino singular del nombre divino *Señor*; πρὸς, preposición propia de acusativo *a*; τίνα, caso acusativo masculino del pronombre interrogativo *quién*; ἀπελευσόμεθα, primera persona plural del futuro de indicativo en voz media del verbo ἀπέρχομαι, *ir, irse*, aquí *iremos*; ῥήματα, caso acusativo neutro plural del nombre común *palabras, dichos, discursos, mensajes*; ζωῆς, caso genitivo femenino singular del nombre común declinado *de vida*; αἰωνίου, caso genitivo femenino singular del adjetivo *eterna*; ἔχεις, segunda persona singular del presente de indicativo en voz activa del verbo ἔχω, *tener, poseer*, aquí *tienes*.

El tiempo pasado con Jesús había llevado a los Doce al conocimiento de quien era Él, realmente. Las posibles dudas iniciales habían dado paso a la certeza de que el Maestro era el Verbo encarnado; que cuando decía que Su procedencia era celestial y que Su vinculación con el Padre era absolutamente personal y única, era la única realidad. De un Mesías que vendría para gobernar sobre Israel y para sujetar las naciones a Su control, habían pasado a entender el carácter salvador que como Mesías había asumido en comunión y unidad con el Padre que lo había enviado al mundo con esa misión. Sin duda hubo muchas conversaciones y enseñanzas de Cristo en ese sentido, en el círculo íntimo de aquellos doce hombres. Los otros *discípulos* sin entender las palabras de vida del mensaje de Jesús, habían desertado y lo habían dejado. De ahí la pregunta retórica que Pedro hace en nombre de los Doce: *¿A quién iremos?* No hay camino a la vida eterna si no en Jesús, por tanto, ir a otro o volverse al pasado era despreciar el único camino a la vida y al Padre. Aquellos sabían que realmente el mensaje de Jesús era uno de vida eterna. Pedro se hacía eco del sentir común y actuaba como portavoz del grupo de discípulos que habían estado cerca de Jesús durante toda la etapa de Su ministerio terrenal. No es que fuese mayor que el resto, pero iba a ser distinguido por el mismo Señor con tareas que no dio a ninguno de los otros. Él abriría las puertas del reino de los cielos en Pentecostés (Hch. 2), luego también a los gentiles en casa de Cornelio en Cesarea (Hch. 10); sería el que propondría la elección de un apóstol en sustitución de Judas (Hch. 1:21 ss.); hablaría también en nombre de los doce testificando de lo que para ellos era Cristo, en Cesarea, camino de Jerusalén (Mt. 16:13 ss.). Aquí responde a Cristo y testifica que para ellos sólo había un mensaje con palabras de vida eterna y era el Suyo.

ῥήματα ζωῆς αἰωνίου ἔχεις, El testimonio de Pedro, común para los Doce, hace una solemne afirmación: *"Tú tienes palabras de vida eterna"*. Esta respuesta se opone a la murmuración de los judíos y se distancia de ellos. Mientras que otros se alejaban por el discurso, sirve a los Doce para reafirmar su fe. Estos habían sido llamados por Dios y conducidos a Jesús. Habían creído en Él y la fe, dada por Dios, se afirmaba en el corazón de aquellos. No cabe duda que entre ellos había uno que no había creído y que permanecía con los Doce, sin embargo, la realidad de los discípulos era su aceptación de que Cristo era el Hijo de Dios y que sólo Él tenía palabras de vida eterna. Con ellos no se iba a cumplir lo que Jeremías dijo del pueblo de Israel en nombre del Señor: *"... me han dejado a mí, fuente de agua viva, y cavaron para sí cisternas, cisternas rotas que no retienen agua"* (Jer. 2:13). Los Doce conocían a Jesús de otro modo a como le conocía la gente.

69. Y nosotros hemos creído y conocemos que tú eres el Cristo, el Hijo del Dios viviente.

καὶ ἡμεῖς πεπιστεύκαμεν καὶ ἐγνώκαμεν ὅτι σὺ εἶ ὁ Ἅγιος
Y nosotros hemos creído y hemos conocido que Tú eres el Santo
τοῦ Θεοῦ[1].
- de Dios.

Notas y análisis del texto griego.

Siguen las palabras de Pedro: καὶ, conjunción copulativa *y*; ἡμεῖς, caso nominativo de la primera persona plural del pronombre personal *nosotros*; πεπιστεύκαμεν, primera persona plural del perfecto de indicativo en voz activa del verbo πιστεύω, *creer*, aquí *hemos creído*; καὶ, conjunción copulativa *y*; ἐγνώκαμεν, primera persona plural del perfecto de indicativo en voz activa del verbo γινώσκω, *conocer*, aquí *hemos conocido*; ὅτι, conjunción *que*; σὺ, caso nominativo de la segunda persona singular del pronombre personal *Tú*; εἶ, segunda persona singular del presente de indicativo en voz activa del verbo εἰμί, *ser, estar*, aquí *eres*; ὁ, caso nominativo masculino singular del artículo determinado *el*; Ἅγιος, caso nominativo masculino singular del adjetivo articular *Santo*; τοῦ, caso genitivo masculino singular del artículo determinado *el*; Θεοῦ, caso genitivo masculino singular del nombre divino declinado *de Dios*.

Crítica Textual. Lecturas alternativas.

[1] ὁ Ἅγιος τοῦ Θεοῦ, *el Santo de Dios*, lectura atestiguada en 𝔭[75], א, B, C*, D, K, W, sa[sa], pbo.

ὁ Χριστός ὁ Ἅγιος τοῦ Θεοῦ, *el Cristo, el Santo de Dios,* según se escribe en 𝔭[66], sa[mss], ly, bo.

ὁ Χριστός ὁ Υἱός τοῦ Θεοῦ τοῦ ζῶντος, *el Cristo, el Hijo de Dios viviente,* de acuerdo con K, N, Γ, Δ, Θ[c], Ψ, *f*[13], 579, 700, 892, 1241, 1424, 𝔐, sir[p, h], bo.

ὁ Χριστός ὁ Υἱός τοῦ Θεοῦ, *el Cristo, el Hijo de Dios,* de acuerdo con C[3], Θ*, *f*[1], 33, 565, lat, sir[s, c].

καὶ ἡμεῖς πεπιστεύκαμεν καὶ ἐγνώκαμεν Con algunas variantes en las lecturas, la confesión de Pedro coincide con la que los sinópticos registran en el camino a Jerusalén, en Cesarea de Filipos (Mt. 16:16; Mr. 8:29; Lc. 9:20). Sin embargo no lo hace con aquellas cronológica ni geográficamente, ya que aquí ocurre en la sinagoga en Capernaum y allí en el monte Hermón cerca de Cesarea. No hay razón alguna para pensar que es la misma confesión, negando que Pedro la pudo haber hecho en dos ocasiones distintas. Pedro hace una afirmación concreta, lo que sigue es la consecuencia de la fe. Nótese que no comienza por el conocimiento, que pudiera ser intelectual, sino por el creer, que proviene de la fe. Aquellos habían creído en Cristo, y por esa misma fe en Él y en Sus palabras, habían llegado a conocerle como el *Santo de Dios*.

ὅτι σὺ εἶ ὁ Ἅγιος τοῦ Θεοῦ. *El Santo de Dios*, es la confesión mesiánica por excelencia. El que había sido santificado, esto es, separado por el Padre y enviado al mundo desde el seno divino (10:36). Los endemoniados lo utilizaron también (Mr. 1:24; Lc. 4:34). Más adelante Pedro usará ese término para referirse a Jesús reconociendo Su Deidad, llamándole *Santo y Justo* (Hch. 3:14). Ya lo había hecho también antes, al usar la cita del Salmo: *"Ni permitirás que tu Santo vea corrupción"* (Hch. 2:27; Sal. 16:10). El adjetivo *Santo* denota uno de los atributos por el que Dios es glorificado (Is. 6:3). Llamar a Jesús *Santo de Dios*, es reconocerlo tan Santo como el Padre que le envió al mundo, por ser uno con Él en el seno de la deidad. De este modo como *Santo* había sido anunciado a María (Lc. 1:35). Sin embargo, *el Santo*, con artículo determinado sólo puede aplicarse a Dios, único, perfecto y absolutamente santo. No se trata de un título mesiánico, sino de la posición que Jesús ocupa en relación con Dios. Siendo Dios, es también *el Santo*. Es, sin duda, la gran confesión del conocimiento que habían adquirido acerca de Jesús. No se trataba de un gran hombre, sino de Dios encarnado, por tanto, el único que puede tener vida en Sí mismo y quien tiene palabras de vida eterna. Pedro y con él los discípulos del círculo íntimo han oído las palabras de Cristo que son vida, por consiguiente ellos entienden claramente que ha bajado del cielo, y entienden también la relación con el Padre.

70. Jesús les respondió: ¿No os he escogido yo a vosotros los doce, y uno de vosotros es diablo?

ἀπεκρίθη αὐτοῖς ὁ Ἰησοῦς· οὐκ ἐγὼ ὑμᾶς τοὺς δώδεκα
Respondió les - Jesús: ¿No yo os a los doce
ἐξελεξάμην καὶ ἐξ ὑμῶν εἷς διάβολος ἐστιν.
escogí y de vosotros uno diablo es?

Notas y análisis del texto griego.

A la confesión de Pedro sigue la respuesta de Jesús: ἀπεκρίθη, tercera persona singular del aoristo primero de indicativo en voz pasiva del verbo ἀποκρίνομαι, *contestar, responder, tomar la palabra*, aquí *respondiendo, respondió*; αὐτοῖς, caso dativo masculino de la tercera persona plural del pronombre personal declinado *a ellos, les*; ὁ, caso nominativo masculino singular del artículo determinado *el*; Ἰησοῦς, caso dativo masculino singular del nombre propio *Jesús*; οὐκ, forma escrita del adverbio de negación *no*, con el grafismo propio ante una vocal con espíritu suave o una enclítica; ἐγὼ, caso nominativo de la primera persona singular del pronombre personal *yo*; ὑμᾶς, caso acusativo de la segunda persona plural del pronombre personal declinado *a vosotros, os*; τοὺς, caso acusativo masculino plural del artículo determinado *los*; δώδεκα, caso acusativo masculino del nombre común *doce*; ἐξελεξάμην, primera persona singular del aoristo primero de indicativo en voz media del verbo ἐκλέγομαι, *elegir, escoger*, aquí *escogí*; καὶ, conjunción copulativa *y*; ἐξ, forma escrita que adopta la preposición de genitivo ἐκ, delante de vocal y que significa *de*; ὑμῶν, caso genitivo de la segunda persona plural del pronombre personal *vosotros*; εἷς, caso nominativo masculino singular del adjetivo numeral cardinal *uno*; διάβολος, caso nominativo masculino singular del nombre común *diablo*; ἐστιν, tercera persona singular del presente de indicativo en voz activa del verbo εἰμί, *ser*, aquí *es*.

ἀπεκρίθη αὐτοῖς ὁ Ἰησοῦς· οὐκ ἐγὼ ὑμᾶς τοὺς δώδεκα ἐξελεξάμην. La elección de los Doce, fue iniciativa de Jesús. No fueron ellos quienes eligieron a Cristo, sino que Él los escogió a ellos (15:16). De entre todos los seguidores de Jesús, eligió a los doce para que estuviesen con Él, para enseñarlos, para enviarlos a predicar, y para darles poder para el ministerio (Mr. 3:14).

καὶ ἐξ ὑμῶν εἷς διάβολος ἐστιν. Sorprende la frase de Jesús: *uno de vosotros es diablo*. ¿Quiere decir que el Señor escogió a uno que era diablo? ¿Se equivocó en la elección? ¿No sabía lo que era cuando lo eligió para estar con Él? Jesús no dice que Judas fuese un diablo cuando lo escogió, sino que lo era en el momento de la respuesta del Señor. Se dice más adelante que Satanás entró en el corazón de Judas (13:2), posesionándose de él y llevándolo a ser quien entregaría a Jesús. En algún momento, no sabemos cuando, el diablo entró en la vida de Judas haciéndolo instrumento del infierno contra el Hijo de Dios. El término *diablo* significa *acusador*, pero, en el contexto del *Evangelio*, y en general en los escritos de Juan, se aplica a Satanás, a los demonios, o a quienes son movidos por ellos (8:44; 13:2; 1 Jn. 3:8, 10). La Cruz aún está distante, más o menos a un año de esta ocasión, pero Jesús conoce ya que sería entregado por quien siendo *acusador*, es instrumento en manos de Satanás. Será más adelante cuando se diga que Judas se convierte en colaborador de Satanás, dominándolo como esclavo suyo (13:2). Los hombres pueden ser engañados, pero los ojos de Jesús penetran en el interior conociendo absolutamente a la persona.

71. Hablaba de Judas Iscariote, hijo de Simón; porque éste era el que le iba a entregar, y era uno de los doce.

ἔλεγεν δὲ τὸν Ἰούδαν Σίμωνος Ἰσκαριώτου[1]· οὗτος γὰρ
Y se refería - a Judas, de Simón, Iscariote; porque éste
ἔμελλεν παραδιδόναι αὐτόν, εἷς ἐκ τῶν δώδεκα.
había de entregar le, uno de los doce.

Notas y análisis del texto griego.

Concluyendo el párrafo, escribe: ἔλεγεν, tercera persona singular del imperfecto de indicativo en voz activa del verbo λέγω, *hablar, decir, referirse*, aquí *se refería*; δὲ, partícula conjuntiva que hace las veces de conjunción coordinante, con sentido de *pero, más bien, y, y por cierto, antes bien*; τὸν, caso acusativo masculino singular del artículo determinado *el*; Ἰούδαν, caso acusativo masculino singular del nombre propio *Judas*; Σίμωνος, caso genitivo masculino singular del nombre propio declinado *de Simón*; Ἰσκαριώτου, caso genitivo masculino singular del nombre propio *Iscariote*; οὗτος, caso nominativo masculino singular del pronombre demostrativo *éste*; γὰρ, conjunción causal *porque*; ἔμελλεν, tercera persona singular del imperfecto de indicativo en voz activa del verbo μέλλω, *estar a punto de, deber, haber de*, aquí *había de*; παραδιδόναι, presente de infinitivo en voz activa del verbo παραδίδωμι, *entregar, traicionar*; αὐτόν, caso acusativo masculino de la tercera persona singular del pronombre personal declinado *a Él, le*; εἷς, caso nominativo masculino singular del adjetivo numeral cardinal *uno*; ἐκ, preposición propia de genitivo *de*; τῶν, caso genitivo masculino plural del artículo determinado *los*; δώδεκα, caso genitivo masculino plural del nombre común *doce*.

Crítica Textual. Lecturas alternativas.

[1] Ἰσκαριώτου, *Iscariote*, lectura atestiguada en $\mathfrak{p}^{66, 75}$, $\aleph^2$, B, C, K, W, Ψ, 33, 892, 1241, vg[st].

Ισκαριωτην, *Iscariote*, con esta forma, según K, N, Γ, Δ, f^1, 565, 579, 700, 1424, 𝔐, vg[cl].

ἀπό Καρυώτου, *de Queriot*, lectura en ℵ*, Θ, f^{13}, sy[hmg].

ἔλεγεν δὲ τὸν Ἰούδαν Σίμωνος Ἰσκαριώτου· Es una nota triste con la que se cierra el capítulo: la identificación de quien le había de traicionar entregándole a los judíos como primer paso hacia la Cruz. Juan dice que el Señor hablaba de Judas Iscariote. Es siempre el último nombre en las listas de los discípulos en el Nuevo Testamento y en cada ocasión va acompañado, como en este caso, de una referencia a la traición de haber entregado al Señor. Al nombre personal *Judas*, se le añade la vinculación familiar identificando a su padre por el nombre de Simón. A Judas se le añade aquí el sobrenombre de Iscariote. En algunas lecturas aparece la frase: *Judas, hijo de Simón Iscariote*. En algunos textos griegos, como se aprecia más arriba en las *lecturas alternativas*, se lee *de Queriot,* lo que permite identificarlo como natural de esa población, situada a unos diecinueve kms. al sur de Hebrón, en el territorio de Judá. Si esto es así, su sobrenombre proviene del lugar de origen, de modo que sería el único discípulo de Cristo que no era galileo, sino judío, es decir, de Judá.

οὗτος γὰρ ἔμελλεν παραδιδόναι αὐτόν, Juan se refiere a él como *el que había de entregarle*. Este hombre pasaría a la historia como el que entregó a Jesús. Como ya se dijo antes, no podemos considerar la traición de Judas como un acto impuesto desde la soberanía de Dios, él era absolutamente responsable de sus acciones. No cabe duda que Judas era el instrumento que el diablo iba a utilizar, junto con los judíos y las autoridades romanas, para entregar a muerte al Hijo de Dios. Satanás es homicida, y Judas, junto con los líderes religiosos de la nación estaban en sus manos para cometer el homicidio contra el Mesías. La pecaminosidad de Judas y su tarea de instrumento del diablo, se aprecia en el hecho de que muchos de los discípulos, ante las demandas del Señor dejaron de seguirle, mientras que él se mantuvo a Su lado hasta el momento de entregarle a Sus enemigos. Algunos se preguntan si Judas fue creyente en algún momento, en cuyo caso estaríamos ante un hombre apóstata que renuncia a su fe. Esto no es aceptable conforme a la enseñanza general de la Biblia. La incredulidad de Judas se evidencia cuando, con motivo de la enseñanza de Jesús sobre el *pan de vida*, y el testimonio de Pedro, el mismo Señor dice que uno de ellos era *diablo*.

Cabe preguntarse de nuevo por que razón permaneció unido a Jesús todo el tiempo de Su ministerio. Esto tampoco tiene respuesta bíblica. Es muy posible que lo que guió a Judas en la vinculación con el grupo de los discípulos era el interés material. Sabía que Jesús era el Mesías por las señales que hacía, por tanto, tendría que establecer el reino, como los judíos esperaban. No era absurdo, desde el punto de vista humano, esperar un buen lugar en la administración del reino, que le reportaría beneficios materiales. Pero, cuando la gente vino a buscar a Cristo para hacerle rey y Él se retiró a un lugar apartado (v. 15), pudo haberse producido un abierto rechazo contra Él en su psicología personal, que mantuvo oculto durante el tiempo en que acompañaba a Jesús. Muy probablemente, al observar que se esfumaban sus esperanzas de beneficios materiales, comenzara a robar de la bolsa donde se guardaban las ofrendas que entregaban para el ministerio, hurtando de lo que se le había confiado como tesorero del grupo (12:6). Este interés se manifestará en el compromiso con los sacerdotes para denunciar el paradero de Jesús por una cantidad de dinero (Lc. 22:4, 5). El final de su vida fue el suicidio, pero en ningún momento manifestó arrepentimiento alguno.

εἷς ἐκ τῶν δώδεκα. Nada más impactante que esta breve frase con la que Juan concluye el relato: *era de los Doce.* Esto carga abiertamente sobre la condición del traidor. Uno de los que estuvo con Jesús, de los que vio Sus maravillas, de los que escucharon Sus palabras, de los que recibió Su amor personal. Aún en el momento en que con un beso, señal convenida, le entregaba a los que habían sido enviados por los sacerdotes para prenderle, el Señor con palabras llenas de afecto le invita a una verdadera conversión a Él. No fue posible, había sido preso por Satanás, y era un *diablo.* Sin embargo, aún sabiendo Jesús quien era, no le echó de Su lado.

Terminado el comentario del capítulo cabe destacar, como en los anteriores, alguna sencilla aplicación personal para nuestras vidas. El corazón de Cristo late de amor por los perdidos. Para el Señor la gente que se reunía a la orilla del mar buscándole eran objetos de Su gracia y de Su misericordia. Para los discípulos, por el contrario, eran un problema de difícil solución. Esto ocurre también cuando desde la vida personal de creyentes contemplamos el mundo que se pierde a nuestro alrededor. La evangelización no es simplemente un mandato que debemos cumplir, sino la expresión natural de la identificación con Cristo. Él se dedicó a la predicación del evangelio por todos los lugares de Judea y Galilea, a lo largo de los tres años de Su ministerio. Quien realmente vive a Cristo, no puede sino sentir carga por llevar este mensaje de salvación a un mundo que camina sin Dios, sin Cristo y sin esperanza, en peligro de muerte eterna a causa del pecado.

Jesús se retiró a un lugar apartado cuando la gente vino para hacerle rey (v. 15). No eran los aplausos ni los honores lo que deseaba el Señor, sino simplemente cumplir la misión que el Padre le había encomendado. El reino y la gloria futura pasaban necesariamente por el compromiso de la entrega personal de Su propia vida. El deseo de crecer como premio por el servicio hecho es el objetivo que muchas veces tenemos en la obra de Dios. La iglesia de Cristo está sobrada de grandes y necesitada de siervos. No podemos dejar de entender que en el mundo no podemos esperar otra cosa que aflicciones (16:33). La gloria se abre para nosotros luego de atravesar el valle de la peregrinación y de haber cumplido la condición del llamamiento de Jesús, tomar la cruz cada día, en renuncia personal y seguir Sus pisadas.

La vida cristiana es sólo posible en la identificación con Cristo. La conversión a Jesús, en un acto de fe, produce la regeneración, obra del Espíritu Santo, en cuya operación de gracia, Jesús es implantado en nosotros, para que en lo sucesivo no sea nuestro yo el que gobierna sino el Tú de Dios que es Cristo (Gá. 2:20). Ese compromiso de vida, orientada conforme al pensamiento del Señor, a Su amor personal de entrega, y a la visión renovada que nos orienta hacia las cosas celestiales, establecerá una correcta escala de valores en nuestra vida. Es posible que los principios de la vida cristiana alejen de Jesús a quienes sólo le conocen intelectualmente, pero acercarán cada vez más a quienes somos verdaderamente suyos. Mientras otros claudican, el cristiano verdadero permanece junto al Señor.

CAPÍTULO VII

CONFLICTO EN JERUSALÉN

Introducción.

El pasaje abre un largo tramo del *Evangelio*, que concluye en 10:21. El ministerio de Cristo tiene lugar fuera de Galilea. El núcleo primero tiene lugar en una de las festividades israelitas más destacadas como era la *fiesta de los tabernáculos*. Después de esto queda sólo el relato de la última semana anterior a la muerte de Jesús.

Como ocurre cada vez que visitó Jerusalén, una de las dedicaciones de Cristo era enseñar en el templo. Sus enseñanzas causaban malestar entre los dirigentes religiosos de Israel. No podían acusarle de ofensa contra la Ley, pero insistentemente buscaban que con sus confrontaciones apareciese en las respuestas del Señor alguna cosa que les permitiera formular contra Él una acusación firme ante el sanedrín, que permitiese la condena a muerte. No podían hallar nada, pero la envidia de los religiosos, fue haciendo nacer un deseo de venganza mortal que culminará en la determinación del sumo sacerdote de condenarle a muerte, antes de que se iniciase contra Él ninguna acción legal ante el concilio.

La muerte de Jesús está presente en el *Evangelio* desde que Juan escribe que *"los judíos aún más procuraban matarle"* (5:16). Por tanto, este capítulo, como los siguientes, presentan ya el camino hacia la Cruz, preparando al lector para los acontecimientos finales de la vida de Jesús. Las confrontaciones con Él se producen desde el campo de la *no fe*, es decir, desde la rebeldía interna de quienes, a pesar de las evidencias de las señales que hacía, se negaban a creer que Él era el enviado de Dios. La situación se hace más tensa por las afirmaciones que el Señor hace sobre su relación con el Padre, haciendo comprender a todos que eso le situaba en el plano de la deidad, lo que generaba una continua disputa con los cada vez más, enemigos suyos. El *Yo soy*, se repite varias veces y en todas ellas es inequívoca la relación que asume con la deidad.

En el capítulo anterior pronunció un discurso sobre Su condición como *pan de vida*, haciendo notar a los oyentes que sólo en Él se alcanza la vida eterna y que es imposible acceder a ella fuera de Él. En éste, las afirmaciones de relación con el Padre, son continuas y firmes, de modo que la doctrina, esto es, la enseñanza suya procedía del cielo, lo que enfurecía más a sus adversarios. El camino a la vida eterna por fe en Él, vuelve a presentarse aquí mediante la forma parabólica que invita a todos los sedientos a acudir a Él para satisfacer su necesidad, llamándolos nuevamente a creer (vv. 37-38).

No cabe duda que este capítulo debiera leerse como una unidad inseparable del siguiente, ya que el tiempo de los dos es el mismo, la *fiesta de los tabernáculos*, también es el mismo lugar de los hechos, *el templo*, y la acción de Cristo es idéntica, *la enseñanza*.

El cambio de lugar de Galilea a Judea, especialmente a Jerusalén, sitúa al lector en relación con el conflicto definitivo que culminará con la muerte de Jesús. Para uno de los sinópticos la razón del cambio territorial obedece a que *"cuando se cumplió el tiempo en que él había de ser recibido arriba, afirmó su rostro para ir a Jerusalén"* (Lc. 9:51). Quiere decir que conforme al programa divinamente establecido, estaba a punto de terminar Su ministerio terrenal para entrar en el ministerio supremo de salvación, dando Su vida por los pecadores. Jesús apuntaba al tiempo anunciando que estaría poco con los discípulos, porque estaba llegando la hora en que debía ir al que le había enviado (v. 33). El Señor subió a la fiesta en Jerusalén muy en secreto, tratando de no llamar la atención. Por un lado no le interesaba la popularidad, y por otro no tenía intenciones desafiantes contra quienes buscaban Su muerte. Sin embargo, el capítulo hace notar la excepción de Nicodemo entre sus enemigos (v. 50). Es necesario acercarse al texto teniendo en mente que los líderes religiosos están cerrados a toda enseñanza que no entre plenamente en su sistema de pensamiento.

El bosquejo analítico para el estudio del capítulo es el que se ha dado en la introducción, como sigue:

3. La fiesta de los tabernáculos (7:1-10:21).
   - 3.1. Confrontación con sus hermanos (7:1-9).
     - 3.1.1. La incredulidad de los hermanos (7:1-5).
     - 3.1.2. La reacción de Jesús (7:6-9).
   - 3.2. Jesús en la fiesta de los tabernáculos (7:10-10:21).
     - 3.2.1. Primera confrontación (7:10-15).
     - 3.2.2. Discurso de Jesús (7:16-24).
     - 3.2.3. Reacción y respuesta de Jesús (7:25-29).
     - 3.2.3. Reacción del pueblo (7:30-36).
     - 3.2.4. Enseñanza de Jesús (7:37-39).
     - 3.2.5. Reacción a la enseñanza (7:40-53).

La fiesta de los tabernáculos (7:1-10:21).

Confrontación con sus hermanos (7:1-9).

La incredulidad de los hermanos (7:1-5).

1. Después de estas cosas, andaba Jesús en Galilea; pues no quería andar en Judea, porque los judíos procuraban matarle.

Καὶ μετὰ ταῦτα περιεπάτει ὁ Ἰησοῦς ἐν τῇ Γαλιλαίᾳ·
Y después de estas cosas andaba - Jesús en - Galilea;
οὐ γὰρ ἤθελεν ἐν τῇ Ἰουδαίᾳ περιπατεῖν, ὅτι ἐζήτουν αὐτὸν
porque no quería en - Judea andar, pues querían a Él
οἱ Ἰουδαῖοι ἀποκτεῖναι.
los judíos matar.

Notas y análisis del texto griego.

Iniciando un nuevo párrafo, escribe: Καὶ, conjunción copulativa *y*; μετὰ, preposición propia de acusativo *después de*; ταῦτα, caso acusativo neutro plural del pronombre demostrativo *estos*, en sentido de *estas cosas*; περιεπάτει, tercera persona singular del imperfecto de indicativo en voz activa del verbo περιπατέω, *andar*, aquí *andaba*; ὁ, caso nominativo masculino singular del artículo determinado *el*; Ἰησοῦς, caso nominativo masculino singular del nombre propio *Jesús*; ἐν, preposición propia de dativo *en*; τῇ, caso dativo femenino singular del artículo determinado *la*; Γαλιλαίᾳ, caso dativo femenino singular del nombre propio *Galilea*; οὐ, adverbio de negación *no*; γὰρ, conjunción causal *porque*; ἤθελεν, tercera persona singular del imperfecto de indicativo en voz activa del verbo θήλω, *desear, querer*, aquí *quería*; ἐν, preposición propia de dativo *en*; τῇ, caso dativo femenino singular del artículo determinado *la*; Ἰουδαίᾳ, caso dativo femenino singular del nombre propio *Judea*; περιπατεῖν, presente de infinitivo en voz activa del verbo περιπατέω, *andar*; ὅτι, conjunción continuativa *pues*; ἐζήτουν, tercera persona plural del imperfecto de indicativo en voz activa del verbo ζητέω, *buscar, intentar, querer*, aquí *querían*; αὐτὸν, caso acusativo masculino de la tercera persona singular del pronombre personal declinado *a Él, le*; οἱ, caso nominativo masculino plural del artículo determinado *los*; Ἰουδαῖοι, caso nominativo masculino plural del adjetivo *judíos*; ἀποκτεῖναι, aoristo de infinitivo en voz activa del verbo ἀποκρίνομαι, *matar, quitar la vida, destruir*, aquí *matar*.

Καὶ μετὰ ταῦτα περιεπάτει ὁ Ἰησοῦς ἐν τῇ Γαλιλαίᾳ· Nuevamente se aprecia el carácter de indefinición temporal que es habitual en el *Evangelio*. Mediante el uso del acusativo neutro plural del pronombre demostrativo *esto*, que ha de tomarse como referencia a la totalidad de las cosas que habían ocurrido. De modo que sitúa lo que sigue como continuación de cuanto antecede en el contexto próximo, de forma especial en los acontecimientos de Capernaum y el discurso en la sinagoga sobre el *pan de vida*. Jesús se limitaba a moverse por Galilea, lugar donde había tenido gran parte de Su ministerio y era sumamente conocido de la gente. No quiere decir que no se le conociese también en Judea, las veces que estuvo en Jerusalén sirvieron para que su fama se extendiese por todo el territorio. Atendiendo a la cronología sinóptica, podría establecerse la datación del relato que sigue de este modo: Es posible que en ese tiempo Jesús visitase Tiro y Sidón (Mt. 15:21-28); luego regresó a la zona de Galilea (Mr. 7:31); en los días próximos a Pentecostés estuvo en Cesarea de Filipo (Mr. 8:27); seguidamente tuvo lugar la transfiguración (Mr. 9:2); luego sigue el tiempo que se inicia con este capítulo, la fiesta de los Tabernáculos que se celebraba del quince al veintiuno del séptimo mes, tuvo lugar sobre el mes de octubre, que es el relato que Juan traslada aquí al *Evangelio*. No es posible precisar el tiempo que anduvo por Galilea, pero si desde la Pascua anterior (6:4), hasta la fiesta de los Tabernáculos, había un intervalo de unos seis meses. El imperfecto del verbo indica que era una actividad continuada, se desplazaba de un lugar a otro, cumpliendo el ministerio de predicar el evangelio, sanar enfermos y enseñar a los Doce.

οὐ γὰρ ἤθελεν ἐν τῇ Ἰουδαίᾳ περιπατεῖν, ὅτι ἐζήτουν αὐτὸν οἱ Ἰουδαῖοι ἀποκτεῖναι. La razón por la que se mantenía en Galilea es evidente. No quería andar por Judea porque los judíos querían matarlo. Como siempre el término hace referencia a los líderes religiosos de la nación. Habían determinado darle muerte por lo que hacía y decía, esperando sólo la ocasión propicia para hacerlo. Esa búsqueda de oportunidad era algo continuado, como indica el imperfecto del verbo que Juan usa aquí. Su perverso deseo es puesto de manifiesto con frecuencia en el *Evangelio* (cf. 7:19, 20, 25, 30; 8:37, 40; 10:39; 18:4, 7, 8). No era miedo a Sus enemigos, ya que no dice *no se atrevía*, sino que *no quería*. Cristo sabía que *Su hora* no había llegado todavía. No iba a ocurrir nada hasta el *cumplimiento del tiempo*, pero a ese cumplimiento se podía llegar en medio de una gran confrontación o por la vía más pacífica del alejamiento de los que procuraban Su muerte. Cristo opta por la paz. Esta es una lección admirable para cada uno de nosotros. La hora final de nuestra partida para estar con el Señor, se va a producir en el momento que se ha señalado para nosotros, pero, es nuestra decisión el modo como hemos de llegar allí, si tranquilos trabajando en el servicio de quien nos ha comprado por Su sangre, o cansados, agotados y deteriorados por haber hecho un uso no espiritual, sino carnal de nuestro tiempo, luchando cuando debíamos estar tranquilos, agotándonos por el exceso de actividad que degenera en activismo. Cristo, como en todo, nos da un importante ejemplo a seguir.

2. Estaba cerca la fiesta de los judíos, la de los tabernáculos.

Ἦν δὲ ἐγγὺς ἡ ἑορτὴ τῶν Ἰουδαίων ἡ σκηνοπηγία.
Y estaba cerca la fiesta de los judíos la (de los) tabernáculos

> Notas y análisis del texto griego.
>
> Sigue el relato: Ἦν, tercera persona singular del imperfecto de indicativo en voz activa del verbo εἰμί, *ser, estar*, aquí *estaba*; δὲ, partícula conjuntiva que hace las veces de conjunción coordinante, con sentido de *pero, más bien, y, y por cierto, antes bien*; ἐγγὺς, adverbio de lugar *cerca*; ἡ, caso nominativo femenino singular del artículo determinado *la*; ἑορτὴ, caso nominativo femenino singular del nombre común *fiesta*; τῶν, caso genitivo masculino plural del artículo determinado declinado *de los*; Ἰουδαίων, caso genitivo masculino singular del adjetivo *judíos*; ἡ, caso nominativo femenino singular del artículo determinado *la*; σκηνοπηγία, caso nominativo femenino singular del nombre común *tabernáculos*.

Ἦν δὲ ἐγγὺς ἡ ἑορτὴ τῶν Ἰουδαίων ἡ σκηνοπηγία. La fiesta de *Los Tabernáculos*, era probablemente la más importante después de la fiesta de la Pascua. El modo de celebrarla estaba recogido en la Ley (Lv. 23:33-34; Nm. 9). El fin de aquella festividad, además de agradecer a Dios por la cosecha del año, tanto de cereales como de frutas, pero especialmente la vendimia, era recordar la vida de peregrinos por el desierto durante los cuarenta años, desde la salida de Egipto hasta la llegada a Canaán. En la festividad se hacían cabañas fabricadas generalmente con ramas de árboles que se colocaban en diversos lugares. En las ciudades, como Jerusalén, se ponían en los patios y en los terrados, habitando en ellas durante los días de la fiesta. Era una celebración importante, por lo que Juan la define, como *la fiesta de los judíos, la de los Tabernáculos*. No lo era tanto como la Pascua, por tanto, había que definirla, ya que para la primera era suficiente con decir *la fiesta*. En la fiesta se hacía un sacrificio especial de setenta bueyes y durante el tiempo de esa festividad se tocaban diariamente las trompetas en el templo. Según la historia se repetía diariamente la ceremonia de derramar agua traída del estanque de Siloé, que conmemoraba el agua que brotó de la roca para que el pueblo bebiese, cuando estaban en Meriba (Ex. 17:1-7). Al tiempo que se iluminaba profusamente el patio interior del templo con grandes candelabros para recordar la columna de fuego que servía al pueblo de guía durante las noches de peregrinación (Nm. 14:14).

3. Y le dijeron sus hermanos: Sal de aquí, y vete a Judea, para que también tus discípulos vean las obras que haces.

εἶπον οὖν πρὸς αὐτὸν οἱ ἀδελφοὶ αὐτοῦ· μετάβηθι ἐντεῦθεν
Dijeron, pues, a Él los hermanos de Él: Pasa de aquí
καὶ ὕπαγε εἰς τὴν Ἰουδαίαν, ἵνα καὶ οἱ μαθηταί σου
y vete a - Judea, para que también los discípulos de ti
θεωρήσουσιν σοῦ τὰ ἔργα ἃ ποιεῖς·
vean de ti las obras que haces.

Notas y análisis del texto griego.

Sin interrupción en el relato, escribe: εἶπον, tercera persona plural del segundo aoristo de indicativo en voz activa del verbo λέγω, *hablar, decir*, aquí *dijeron*; οὖν, conjunción continuativa *pues*; πρὸς, preposición propia de acusativo *a*; αὐτὸν, caso acusativo masculino de la tercera persona singular del pronombre personal *Él*; οἱ, caso nominativo masculino plural del artículo determinado *los*; ἀδελφοὶ, caso nominativo masculino plural del nombre común *hermanos*; αὐτοῦ, caso genitivo masculino de la tercera persona singular del pronombre personal declinado *de Él*; μετάβηθι, segunda persona singular del aoristo segundo de indicativo en voz activa del verbo μεταβαίνω, *irse, moverse, trasladarse, pasar*, aquí *pasa*; ἐντεῦθεν, adverbio de lugar *de aquí*; καὶ, conjunción copulativa *y*; ὕπαγε, segunda persona singular del presente de imperativo en voz activa del verbo ὑπάγω, *ir, marcharse, andar*, aquí *vete*; εἰς, preposición propia de acusativo *a*; τὴν, caso acusativo femenino singular del artículo determinado *la*; Ἰουδαίαν, caso acusativo femenino singular del nombre propio *Judea*; ἵνα, conjunción causal *para que*; καὶ, adverbio de modo *también*; οἱ, caso nominativo masculino plural del artículo determinado *los*; μαθηταί, caso nominativo masculino plural del nombre común *discípulos, seguidores*; σου, caso genitivo de la segunda persona singular del pronombre personal declinado *de ti*; θεωρήσουσιν, tercera persona plural del futuro de indicativo en voz activa del verbo θεωρέω, *ver, mirar, observar, contemplar*, aquí *verán*, en sentido de *vean*; σοῦ, caso genitivo de la segunda persona singular del pronombre personal declinado *de ti*; τὰ, caso acusativo neutro plural del artículo determinado *los*; ἔργα, caso acusativo neutro plural del nombre común *obras, acciones, trabajos, actividades*; ἃ, caso acusativo neutro plural del pronombre relativo *que*; ποιεῖς, segunda persona singular del presente de indicativo en voz activa del verbo ποιέω, *hacer, crear, realizar, producir, cometer*, aquí *haces*.

εἶπον οὖν πρὸς αὐτὸν οἱ ἀδελφοὶ αὐτοῦ· μετάβηθι ἐντεῦθεν καὶ ὕπαγε εἰς τὴν Ἰουδαίαν, Los hermanos de Jesús eran residentes en Galilea, allí habían vivido como familia. No hay ninguna razón bíblica para cambiar el término *hermanos*, por el de *parientes*, ya que no existe indicio alguno de que no fuesen hijos de José y María, concebidos como normal en un matrimonio, ya que José no tuvo relaciones íntimas con María hasta después del Nacimiento de

Jesús (Mt. 1:25). Los habitantes de Nazaret, conocían a la familia de Jesús y mostraron asombro de la sabiduría que Cristo tenía y Sus manifestaciones de poder, vinculándolo con una familia de la que eran conocidos Sus hermanos y hermanas (Mr. 6:2-3). De igual manera el Señor hizo una comparación entre Sus familiares, hermanos y madre, en el orden físico con los que eran Sus hermanos en el sentido espiritual, por tanto, el Señor admitía que tenía hermanos (Mt. 12:46-50). Un énfasis notorio alcanza este concepto en el Evangelio según Mateo, al citar nuevamente a los *hermanos y hermanas* de Jesús (Mt. 13:56). Es muy notable el esfuerzo hecho en el campo católico-romano para demostrar que el término *hermano* no tiene que ver con carnales o medio-hermanos, esto es, hijos de José y María después del nacimiento del Señor. El interés de esto requiere hacer una aportación en este lugar. La palabra *hermano* aparece trescientas cuarenta y tres veces en el Nuevo Testamento, de ellas noventa y siete en los Evangelios, cincuenta y siete en Hechos y ciento trece en las epístolas. En los evangelios el uso de la palabra es mayoritariamente en relación con hermanos carnales, aunque algunas tienen transición al sentido metafórico, como es el caso de los *hermanos* espirituales que Jesús reconoce en Sus discípulos (Mt. 12:49). En la correspondencia paulina predomina el término en sentido metafórico, es decir, una referencia a la familia espiritual, o familia de la fe. La palabra griega ἀδελφός, debe traducirse siempre por *hermano*, comprendiendo también el medio-hermano, hijo de padre o madre común, según el caso. En el sentido metafórico alcanza conceptos como el de *compañero de tribu,* o *de la misma nación*, así como de *compañero en la fe*. Se ha hecho mucho énfasis en el hecho de que el término *hermano* no permite afirmar definitivamente si se trata de hermanos en el sentido general de la palabra o de parientes próximos. Las iglesias ortodoxas griegas consideran que la relación de Jesús con Sus *hermanos*, procede de hijos habidos en un matrimonio anterior de José, que al ser padre adoptivo de Jesús, le confiere a éste el parentesco para llamarle hermanos de Él. La iglesia católico-romana, entiende que el sentido es el de *primos*, para lo que algunos exégetas, como Agustín, tuvieron que hacer verdaderos equilibrios en cuanto a las Marías, de los evangelios para llegar a esta conclusión. Sin embargo, la posición más obvia es que se trata de *hermanos* en el sentido ordinario de la palabra, esto es *hijos de José y de María*, habidos en su matrimonio después del nacimiento de Jesús. En relación con Cristo, serían, en cierto sentido *medio-hermanos*, ya que tienen una madre común, María, pero Jesús había sido engendrado de ella por el Espíritu Santo, sin participación de José el desposado con ella. La justificación de esta postura está primeramente en que la palabra usada significa *hermano* y debe entenderse en forma literal a menos que el lenguaje figurado exija lo contrario. El argumento es muy contundente especialmente en las referencias de Mateo, ya que las palabras *hermanos y hermanas*, en relación con Jesús, no proceden de discípulos ni amigos, sino de personas incrédulas y hostiles a Cristo, por lo que emplearon el término en el sentido natural de la palabra, para referirse, a una familia conocida y humilde en quienes no encajaba la autoridad de la enseñanza y las obras milagrosas de Jesús. En boca de aquellos hombres, la palabra *hermanos y hermanas*, ni podía significar otra cosa que los hermanos naturales de Jesús, miembros de la misma familia e hijos de María, Su madre. Además están relacionando a quienes llaman *hermanos y hermanas*, con la misma madre cuyo nombre decían ellos era María. Por tanto, si María era la madre de Jesús, lo era también en el contexto de quienes se les llama Sus *hermanos y hermanas*. La relación familiar del grupo de hermanos y hermanas tenía en común que eran hijos de María y, excepto Jesús que lo era adoptivo, también de José. Nadie admitiría, y probablemente no se había divulgado, la concepción virginal de Jesús, todos entenderían que se trataba de un hijo natural de María y José, como matrimonio. El testimonio de una convivencia marital entre José y María está claramente expresada en las palabras de Mateo: *"Pero no la conoció hasta que dio a luz a su hijo primogénito"* (Mt. 1:25), frase que expresa las relaciones ordinarias en el matrimonio y el hecho de haber tenido un primer hijo, ya que es el primogénito, al que seguirían otros, que eran *hermanos*. Frente a esto están los argumentos que pretenden demostrar que María no tuvo más hijos, porque era virgen cuando fue concebido su hijo Jesús y continúo virgen perpetuamente. Esto no tiene ninguna base argumentativa posterior al nacimiento de Su primer hijo, que necesariamente había de ser concebido virginalmente por obra del Espíritu, en un nacimiento sobrenatural. Argumentan también que Santiago, el *hermano del Señor,* sería un apóstol, sin ser de los Doce (Gá. 1:19). Esta postura contraria a que María hubiera tenido más hijos, es necesaria para mantener el dogma de la virginidad perpetua de María. La teoría sustentadora de esta posición es que los *hermanos*, eran primos nacidos de una hermana de María, que también se llamaba María (extrañísimo que en una misma familia hubiese dos hermanas del mismo nombre) Esta teoría supone que Cleofas era el mismo que Alfeo, por lo que Santiago el hermano del Señor es el mismo que Santiago el hijo de Alfeo, por tanto, uno de los Doce y Judas sería otro de los Doce. Ahora bien, seis meses antes de la crucifixión Juan afirma que *"sus hermanos no creían en Él"* (v. 5), lo que supondría que en el círculo de los Doce había algunos que no creían en Jesús, lo que contradeciría muchos pasajes de los Evangelios que afirman todo lo contrario. Además ¿cuál sería la razón por la que Jesús encomendó a María al cuidado de Juan si en el círculo de los Doce había *sobrinos* de ella? En medio de la controversia histórica, la interpretación más concordante con la Palabra es entender que estos que se reunían con los discípulos eran *hermanos* de Jesús, que habían nacido del matrimonio de María y José, después del nacimiento del Señor, siendo Él el primogénito de María.

Jesús no mostraba interés por subir a Jerusalén para la celebración de la fiesta, por eso Sus hermanos Santiago, Judas, José y Simón (Mt. 13:55), le critican e instan para que deje Galilea y vaya a Judea, donde la afluencia de peregrinos de todos los lugares era grande en los días de la fiesta de los Tabernáculos. Era la forma natural del pensamiento propio de los hombres. Si Jesús, Su hermano, buscaba alcanzar la popularidad y que fuese hecho rey, tenía que dejar de caminar por Galilea y trasladarse a donde estaba una gran multitud, en la ciudad capital de Israel y el lugar de sus autoridades civiles y religiosas. Era una inconsecuencia que permaneciera en donde no podía manifestar Sus obras poderosas con unas consecuencias provechosas para Él.

μετάβηθι ἐντεῦθεν καὶ ὕπαγε εἰς τὴν Ἰουδαίαν, ἵνα καὶ οἱ μαθηταί σου θεωρήσουσιν σοῦ τὰ ἔργα ἃ ποιεῖς· Ellos indicaban a Cristo que era en Jerusalén donde los seguidores se habían reunido para la fiesta y donde Él podía recuperar a quienes, por el discurso en la sinagoga de Capernaum se habían apartado y ya no le seguían. Él había tenido muchos discípulos en Judea al comenzar Su ministerio (2:23; 4:19). Estaban, en cierto modo, demandándole lo que los judíos pedían continuamente, que hiciese una obra tan grande, una demostración milagrosa tan importante que no tuviesen más remedio que creer en Él. Esa es la manera propia de ver las cosas de quienes no creen en Jesús. Necesitan *ver* para creer, pero ni aún así creerían. Cristo hizo señales prodigiosas y los compatriotas suyos continuaban mostrando la incredulidad que permanecía en ellos. No se trata de obras, sino de fe. Algunos piensan que los hermanos de Jesús, incrédulos, estaban procurando que se enfrentase con la oposición que directamente provenía de sus enemigos en Jerusalén que procuraban Su muerte. Pero, la idea de impactar a la gente y que le proclamaran rey, concuerda plenamente con una de las tentaciones que Satanás hizo a Jesús, de darle los reinos del mundo que a él le habían sido entregados. Tal propuesta evitaría la Cruz, misión redentora determinada desde la eternidad y para la que había sido enviado por el Padre. No sólo quedaría el hombre sin salvación, sino que Jesús asumiría un programa distinto al que había sido establecido y que le había sido entregado para cumplimiento por el Padre. Sin duda Satanás procuró continuamente que el proyecto suyo ocupase el lugar del que divinamente se había establecido. Las tentaciones con que Jesús fue confrontado habían cesado en un determinado momento cuando el Señor ordenó al tentador que se fuera (Mt. 4:10), pero volvió nuevamente a su malvado oficio, cuando fue propicio a sus propósitos. Si Jesús aceptaba hacer una impactante señal que le sirviese para proclamarse rey, la Cruz no hubiera tenido lugar, pero también había una segunda opción, que se enfrentase a los judíos que buscaban su muerte y fuese muerto por ellos con lo que también se evitaría la muerte sustitutoria en la Cruz.

4. Porque ninguno que procura darse a conocer hace algo en secreto. Si estas cosas haces, manifiéstate al mundo.

οὐδεὶς γάρ τι ἐν κρυπτῷ ποιεῖ καὶ ζητεῖ αὐτὸς ἐν
Porque ninguno algo en secreto hace y busca él en
παρρησίᾳ εἶναι. εἰ ταῦτα ποιεῖς, φανέρωσον σεαυτὸν
público estar. Si estas cosas haces, manifiéstate a ti mismo
τῷ κόσμῳ.
al mundo.

Notas y análisis del texto griego.

Sigue con: οὐδεὶς, caso nominativo masculino singular del pronombre indefinido *ninguno*; γάρ, conjunción causal *porque*; τι, caso acusativo neutro singular del pronombre indefinido *algo*; ἐν, preposición propia de dativo *en*; κρυπτῷ, caso dativo neutro singular del adjetivo *secreto, privado, oculto, escondido*; ποιεῖ, tercera persona singular del presente de indicativo en voz activa del verbo ποιέω, *hacer, realizar*, aquí *hace*; καὶ, conjunción copulativa *y*; ζητεῖ, tercera persona singular del presente de indicativo en voz activa del verbo ζητέω, *buscar, intentar, querer*, aquí *busca*; αὐτὸς, caso nominativo masculino singular del pronombre intensivo *él*; ἐν, preposición propia de dativo *en*; παρρησίᾳ, caso dativo femenino singular del nombre común *público, franqueza, con libertad, confianza*; εἶναι, presente de infinitivo en voz activa del verbo εἰμί, *ser, estar*; εἰ, conjunción de afirmación condicional *sí*; ταῦτα, caso acusativo neutro plural del pronombre demostrativo *estos*, aquí como *estas cosas*; ποιεῖς, segunda persona singular del presente de indicativo en voz activa del verbo ποιέω, *hacer, realizar*, aquí *haces*; φανέρωσον, segunda persona singular del aoristo primero de imperativo en voz activa del verbo φανέροω, *manifestar, dar a conocer, revelar*, aquí *manifiesta*; σεαυτὸν, caso acusativo masculino singular del pronombre reflexivo declinado *a ti mismo*; τῷ, caso dativo masculino singular del artículo determinado declinado *al*; κόσμῳ, caso dativo masculino singular del nombre común *mundo*.

οὐδεὶς γάρ τι ἐν κρυπτῷ ποιεῖ καὶ ζητεῖ αὐτὸς ἐν παρρησίᾳ εἶναι. No cabe duda que la incomprensión de la gente alcanzaba también a la de Sus propios hermanos, quienes le habían seguido hasta Capernaum. Ninguno de ellos creía en Jesús, sin embargo, el poder que tenía, las señales que hacía, bien podían ser aprovechadas en el entorno social para alcanzar más seguidores. Alguna razón habría para que hiciese todas aquellas cosas, por tanto, mejor sería que las obras poderosas fuesen hechas en Jerusalén que en la poco aceptable Galilea, religiosamente hablando. Por eso les parecía una contradicción que alguien que quisiera darse a conocer en público, hiciese algo en privado. El sustantivo παρρησίᾳ, tiene dos sentidos en el *Evangelio*. Por un lado el de *abiertamente*, en especial cuando Jesús deja los mensajes por medio de parábolas y se expresa directamente en lenguaje común (10:24; 11:14; 16:25, 29); el otro denota *algo visible, en público*, entre el que se encuentra el de este versículo (7:13, 26; 11:54; 18:20).

εἰ ταῦτα ποιεῖς, φανέρωσον σεαυτὸν τῷ κόσμῳ. Aquellos hermanos suyos le instan a manifestarse, hacerse visible ante el mundo. Debía aprovechar la ocasión de la *fiesta de los Tabernáculos*, para hacerse notorio entre los muchos cientos de peregrinos que de todos los lugares del país descendían a la celebración. Además también estaban allí los habitantes de Jerusalén, capital de Israel y gente influyente. Junto con ellos la casta sacerdotal y los miembros del sanedrín. Era allí a donde debía estar y no en Galilea. La frase *muéstrate al mundo*, es un tanto ambigua. ¿Qué le estaban indicando Sus hermanos? En el entorno textual próximo, *mundo* es la esfera del rechazo y de la incredulidad, en donde Jesús no tenía intención de *manifestarse*. Él había venido para manifestarse a Israel (1:31) y Su deseo era hacerlo también con los discípulos (14:21), pero no ante un mundo que sólo aceptaría una señal superior a cuantas antes habían visto y, ni aún así creerían en Él. Esta petición de los hermanos ponía ya de manifiesto que no creían en Él, puesto que se identificaba con las peticiones de Sus enemigos más acérrimos, los fariseos. En su incredulidad los hermanos de Jesús están entre *los del mundo*, a quienes, según ellos, Jesús había de mostrarse. La ocasión era entonces en Jerusalén ante las multitudes. Pero Jesús no busca ni acepta la gloria de los hombres (5:41), tan sólo el Padre aprueba Su ministerio (5:37; 6:27). El Señor no se manifiesta al mundo, porque es incapaz de comprenderlo, porque es incompatible con Él, y ni le conoce, ni le acepta.

5. Porque ni aun sus hermanos creían en él.

οὐδὲ γὰρ οἱ ἀδελφοὶ αὐτοῦ ἐπίστευον εἰς αὐτόν.
Porque ni los hermanos de Él creían en Él.

Notas y análisis del texto griego.

Sigue el relato con: οὐδὲ, adverbio negativo *y no, ni*; γὰρ, conjunción causal *porque*; οἱ, caso nominativo masculino plural del artículo definido *los*; ἀδελφοὶ, caso nominativo masculino plural del nombre común *hermanos*; αὐτοῦ, caso genitivo masculino de la tercera persona singular del pronombre personal declinado *de Él*; ἐπίστευον, tercera persona plural del imperfecto de indicativo en voz activa del verbo πιτεύω, *creer*, aquí *creían*; εἰς, preposición propia de acusativo *a, en*; αὐτόν, caso acusativo masculino de la tercera persona singular del pronombre personal *él*.

οὐδὲ γὰρ οἱ ἀδελφοὶ αὐτοῦ ἐπίστευον εἰς αὐτόν. La razón de todo cuanto los hermanos dijeron a Jesús, está basada en la incredulidad. Ni siquiera ellos creían en Él. Mientras que algunos de los fariseos creían que era el enviado de Dios (3:2), los hermanos suyos no lo consideraban así. Tuvo que producirse la Cruz y la resurrección para que la actitud de ellos cambiase. Aunque antes de la crucifixión estos *hermanos* no creían en Él, el Resucitado se apareció especialmente a Jacobo (1 Co. 15:7). Posteriormente, tanto Jacobo como Judas se convertirían en líderes en la obra y dirigentes de la iglesia en Jerusalén (Hec. 12:17; 15:13; 21:18; Gá. 2:9; Stg. 1:1; Jud. 1). El verbo *creer*, en imperfecto pone de manifiesto que seguían no creyendo en Él. Por esta incredulidad los hermanos utilizan una expresión sarcástica en las palabras que dirigen a Jesús. Además, como ya se ha dicho antes, Sus hermanos mostraban una evidente falta de interés por Su seguridad al sugerirle que subiese a Jerusalén en un momento que los judíos buscaban la forma de matarlo y contendían permanentemente con Él. Es posible que ellos, como hermanos estuviesen interesados solamente en que fuese proclamado rey, con lo que ellos tendrían un trato especial al ser Sus hermanos. Con todo, estas y otras posibilidades no dejan de ser meras suposiciones que surgen a la luz de una situación semejante, pero que no tienen base bíblica para sustentarlas y han de tomarse como posibilidades que nacen de la reflexión del intérprete.

La reacción de Jesús (7:6-9).

6. Entonces Jesús les dijo: Mi tiempo aún no ha llegado, mas vuestro tiempo siempre está presto.

λέγει οὖν αὐτοῖς ὁ Ἰησοῦς· ὁ καιρὸς ὁ ἐμὸς οὔπω πάρεστιν,
Dice, entonces, les - Jesús: El tiempo - mío aún no está presente,
ὁ δὲ καιρὸς ὁ ὑμέτερος πάντοτε ἐστιν ἕτοιμος.
pero el tiempo - vuestro siempre está listo.

Notas y análisis del texto griego.

Trasladando la respuesta de Jesús, escribe: λέγει, tercera persona singular del presente de indicativo en voz activa del verbo λέγω, *hablar, decir*, aquí *dice*; οὖν, conjunción ilativa *entonces*; αὐτοῖς, caso dativo masculino de la tercera persona plural del pronombre personal declinado *a ellos, les*; ὁ, caso nominativo masculino singular del artículo determinado *el*; Ἰησοῦς, caso nominativo masculino singular del nombre propio *Jesús*; ὁ, caso nominativo masculino singular del artículo determinado *el*; καιρὸς, caso nominativo masculino singular del nombre común *tiempo, momento*; ὁ, caso nominativo masculino singular del artículo determinado *el*; ἐμὸς, caso nominativo masculino singular del adjetivo posesivo *mío*; οὔπω, adverbio negativo de tiempo *todavía no, aún no*; πάρεστιν, tercera persona singular del presente de indicativo en voz activa del verbo πάρειμι, *estar presente, presentarse, venir*, aquí *está presente*; ὁ, caso nominativo masculino singular del artículo determinado *el*; δὲ, partícula conjuntiva que hace las veces de conjunción coordinante, con sentido de *pero, más bien, y, y por cierto, antes bien*; καιρὸς, caso nominativo masculino singular del nombre común *tiempo, momento*; ὁ, caso nominativo masculino singular del artículo definido *el*; ὑμέτερος, caso nominativo masculino singular del adjetivo posesivo *vuestro*; πάντοτε, adverbio de tiempo *siempre*; ἐστιν, tercera persona singular del presente de indicativo en voz activa del verbo εἰμί, *ser, estar*, aquí *está*; ἕτοιμος, caso nominativo masculino singular del adjetivo *a punto, listo, dispuesto, preparado*.

λέγει οὖν αὐτοῖς ὁ Ἰησοῦς· A la propuesta de los hermanos respondió Jesús, para señalarles dos clases de tiempo, el Suyo y el de sus hermanos, que nada tienen que ver uno con otro.

ὁ καιρὸς ὁ ἐμὸς οὔπω πάρεστιν, El tiempo de Jesús aún no *llega*, se lee literalmente en el presente del verbo, que bien puede traducirse por no *ha llegado*. El tiempo de Cristo está marcado por el adverbio οὔπω, *todavía no*, indicando que tendrá su momento preciso pero que aún no había llegado. La obra de Cristo está enmarcada en el tiempo de los hombres por determinación divina. Su nacimiento se expresa como la venida del cumplimiento del tiempo (Gá. 4:4). En el *Evangelio* dijo a Su madre: *aún no ha venido mi hora* (2:4). La hora, el tiempo al que Jesús se refiere es el de Su muerte. Está anunciado, determinado por Dios y eternamente programado, pero aún no había llegado. Juan usa el término καιρὸς, *tiempo, momento*, que habitualmente se utiliza para hablar de un punto crucial en el destino de un ser, y en el que bíblicamente se manifiesta alguna determinación divina en relación con su existencia, o en el que se aprecia la voluntad de Dios. Es el modo de referirse por el salmista al paso del tiempo de su vida: *"En tu mano están mis tiempos"* (Sal. 31:15). Jesús puntualiza Su dependencia del Padre. Sólo cuando se cumpla el tiempo determinado se producirá el sacrificio redentor programado desde antes de la creación del mundo, pero no antes.

Sin embargo, el contexto próximo, exige aplicar también esto al momento oportuno para subir a la fiesta en Jerusalén, como se aprecia por el siguiente versículo. El tiempo para subir no había llegado, aún no era el momento oportuno para hacerlo, pero, sin duda iba a llegar en Su discernimiento personal cuando acudiría a Jerusalén. De igual modo, podría estar refiriéndose del tiempo apropiado para manifestarse al mundo, que Sus hermanos le pedían. A la vista de todo el entorno textual lo que Jesús decía a Sus hermanos es: *"aún no ha llegado el momento oportuno para subir a Jerusalén"*.

ὁ δὲ καιρὸς ὁ ὑμέτερος πάντοτε ἐστιν ἕτοιμος. Por el contrario, para los hermanos de Jesús no había puntualización en el tiempo, que siempre era oportuno y que se determinaba conforme a su criterio personal, de ahí que el Señor les diga: *para vosotros cualquier tiempo es bueno*. Ellos no estaban en relación con el tiempo de Dios, sino con el suyo propio.

7. No puede el mundo aborreceros a vosotros; mas a mí me aborrece, porque yo testifico de él, que sus obras son malas.

οὐ δύναται ὁ κόσμος μισεῖν ὑμᾶς, ἐμὲ δὲ μισεῖ, ὅτι ἐγὼ
No puede el mundo aborrecer os pero a mi aborrece, porque Yo
μαρτυρῶ περὶ αὐτοῦ ὅτι τὰ ἔργα αὐτοῦ πονηρά ἐστιν.
testifico de él, que las obras de él malas son.

Notas y análisis del texto griego.

Siguiendo con las palabras de Jesús, añade: οὐ, adverbio de negación *no*; δύναται, tercera persona singular del presente de indicativo en voz media del verbo δύναμαι, *querer, tener poder*, aquí *puede*; ὁ, caso nominativo masculino singular del artículo definido *el*; κόσμος, caso nominativo masculino singular del nombre común *mundo*; μισεῖν, presente de infinitivo en voz activa del verbo μισέω, *aborrecer, odiar*; ὑμᾶς, caso acusativo de la segunda persona plural del pronombre personal declinado *a vosotros, os*; ἐμὲ, caso acusativo de la primera persona singular del pronombre personal declinado *a mí*; δὲ, partícula conjuntiva que hace las veces de conjunción coordinante, con sentido de *pero, más bien, y, y por cierto*, *antes bien*; μισεῖ, tercera persona singular del presente de indicativo en voz activa del verbo μισέω, *aborrecer, odiar*, aquí *aborrece*; ὅτι, conjunción causal *porque*; ἐγὼ, caso nominativo de la primera persona singular del pronombre personal *yo*; μαρτυρῶ, primera persona singular del presente de indicativo en voz activa del verbo μαρτυρέω, *testificar, testimoniar, dar testimonio*, aquí *testifico*; περὶ, preposición propia de genitivo *de*; αὐτοῦ, caso genitivo masculino de la tercera persona singular del pronombre personal *él*; ὅτι, conjunción *que*; τὰ, caso nominativo neutro plural del artículo determinado *los*; ἔργα, caso nominativo neutro plural del nombre común *trabajos, obras*; αὐτοῦ, caso genitivo masculino de la tercera persona singular del pronombre personal declinado *de él*; πονηρά, caso nominativo neutro plural del adjetivo *malignas, malas*; ἐστιν, tercera persona singular del presente de indicativo en voz activa del verbo εἰμί, *ser, estar*, aquí *son*.

οὐ δύναται ὁ κόσμος μισεῖν ὑμᾶς, Los hermanos de Jesús formaban parte *del mundo*, por la única razón de no creer en Él (v. 5). Cristo les dice que el mundo no podía aborrecerles a ellos, porque eran de esa esfera de oposición a Dios que no podía admitir al enviado por Él. El mundo no le reconoció. Es más vino a lo que era suyo y los suyos, esto es, Su pueblo no le recibieron (1:10-11). Sólo quienes le recibieron fueron hechos *hijos de Dios*, saliendo del mundo, de modo que ya no son de él (17:16). Porque los hermanos de Jesús, al no creer en Él eran del mundo, el mundo no podía aborrecerlos u odiarlos, porque eran de su propia condición (15:19a); de modo que podían subir sin peligro alguno a la fiesta.

ἐμὲ δὲ μισεῖ, ὅτι ἐγὼ μαρτυρῶ περὶ αὐτοῦ ὅτι τὰ ἔργα αὐτοῦ πονηρά ἐστιν. En cambio Cristo era odiado por el mundo, a causa del testimonio que daba acerca de él, porque sus obras eran malas. Él habló de la condenación que recaía sobre el mundo ya que los hombres amaron más las tinieblas que la luz (3:19). La luz de Dios brilló en Cristo alumbrando las vidas malignas de los hombres, generando contra Él el odio de quienes amaban esa forma de vida. El mundo incrédulo se resentía de la denuncia que Jesús formulaba sobre su estado pecaminoso y le aborrecían. La denuncia de las obras pecaminosas de ellos, son tomadas como una provocación y genera inmediatamente un intenso odio y rechazo, al quedar convicto de la maldad de sus obras. Como más tarde harían contra Esteban, lo hacían ya contra Jesús: "*...se enfurecían en sus corazones, y crujían los dientes contra él*" (Hch. 7:54). El testimonio de Jesús impactó en corazones endurecidos contra las verdades que Él declaraba. El que daba testimonio era objeto de las iras de los acusados. En todos había un sentimiento personal contra el *testigo fiel y verdadero*. La ira ardía con fuerza en el corazón de ellos, por tanto, un corazón lleno de ira no puede sino manifestarse al exterior en un atropello injusto. La ira conducía las reacciones del mundo contra Cristo. Todos, en mayor o menor grado, se manifestaban contra Él. Las palabras de Jesús los habían herido en lo más hondo. Estaban desesperados porque habían sido confrontados con la verdad que ellos no querían admitir. Lo que el mundo aborrece es quedar convicto de pecado (cf. 3:19-21; 7:19; 8:31-59; 9:39-41; 16:8, 9). Siempre ocurre igual. Cuando un religioso es confrontado con la realidad y acusado de seguir sus costumbres, principios y formas, pero no conforme a la Escritura, rechinan los dientes y buscan como deshacerse del que, manejando la Biblia, los confronta con lo que Dios dice en ella.

8. Subid vosotros a la fiesta; yo no subo todavía a esa fiesta, porque mi tiempo aún no se ha cumplido.

ὑμεῖς ἀνάβητε εἰς τὴν ἑορτήν· ἐγὼ οὐκ ἀναβαίνω εἰς τὴν
Vosotros subid a la fiesta; Yo no subo a la
ἑορτὴν ταύτην, ὅτι ὁ ἐμὸς καιρὸς οὔπω πεπλήρωται.
fiesta esta, porque - mí tiempo aún no se ha cumplido.

Notas y análisis del texto griego.

Concluyendo la respuesta de Jesús, escribe: ὑμεῖς, caso nominativo de la segunda persona plural del pronombre personal *vosotros*; ἀνάβητε, tercera persona plural del aoristo segundo de imperativo en voz activa del verbo ἀναβαίνω, *subir*, aquí *subid*; εἰς, preposición propia de acusativo *a*; τὴν, caso acusativo femenino singular del artículo definido *la*; ἑορτήν, caso acusativo femenino singular del nombre común *fiesta*; ἐγὼ, caso nominativo de la primera persona singular del pronombre personal *yo*; οὐκ, forma escrita del adverbio de negación *no*, con el grafismo propio ante una vocal con espíritu suave o una enclítica; ἀναβαίνω, primera persona singular del presente de indicativo en voz activa del verbo ἀναβαίνω, *subir*, aquí *subo*; εἰς preposición propia de acusativo *a*; τὴν, caso acusativo femenino singular del artículo definido *la*; ἑορτήν, caso acusativo femenino singular del nombre común *fiesta*; ταύτην, caso acusativo femenino singular del pronombre demostrativo *esta*; ὅτι, conjunción causal *porque*; ὁ, caso nominativo masculino singular del artículo determinado *el*; ἐμὸς, caso nominativo masculino singular del adjetivo posesivo *mí*; καιρὸς, caso nominativo masculino singular del nombre común *tiempo*; οὔπω, adverbio de negación *todavía no, aún no*; πεπλήρωται, tercera persona singular del perfecto de indicativo en voz pasiva del verbo πληρόω, *cumplir, llenar, completar, llevar al cumplimiento*, aquí *se ha cumplido*.

ὑμεῖς ἀνάβητε εἰς τὴν ἑορτήν· Los hermanos de Jesús podían subir a la fiesta cuando quisieran, por eso el Señor les invita a hacerlo. El propósito que movía a la gente a subir a Jerusalén para la fiesta de los Tabernáculos, aunque religioso externamente, se trataba del cumplimiento de una obligación legal que les había sido impuesta. De modo que siendo del mundo y conduciéndose como tales, podían ir en compañía de los muchos peregrinos que cubrían el camino hacia

Jerusalén. Jesús no tenía nada que ver con esas intenciones, por tanto, que fuesen ellos porque era el tiempo para llegar a la ciudad.

ἐγὼ οὐκ ἀναβαίνω εἰς τὴν ἑορτὴν ταύτην, ὅτι ὁ ἐμὸς καιρὸς οὔπω πεπλήρωται. En cambio Jesús no subía a la fiesta *porque Su tiempo no había llegado.* Aparentemente hay una contradicción, porque primero dice que *no sube* y luego sí lo hace. Se han buscado explicaciones sobre esta aparente contradicción, sin embargo, Jesús les dice que Él se quedaba porque *no era el tiempo* para hacerlo. No niega que suba a la fiesta pero lo haría en el momento oportuno. No debe olvidarse que el programa del Siervo estaba sujeto al tiempo de Dios para su ejecución. Era tiempo para los otros de subir a la fiesta, pero el tiempo suyo para hacerlo aún no había llegado.

No cabe duda que hay una diferencia de situación, los hermanos de Jesús eran del mundo mientras que Él había descendido del cielo, de modo que los tiempos de ellos y de Él eran diferentes. El tiempo de Jesús no era para cumplir ceremonias establecidas por los hombres con la que se celebraba la fiesta, sino para cumplir con Su ministerio de enseñar a todos. Ese tiempo aún no había llegado, de modo que Su ida a la fiesta no ocurriría hasta más adelante. El no subía con todos, pero subirían cuando se hubiese cumplido el tiempo para hacerlo.

9. Y habiéndoles dicho esto, se quedó en Galilea.

ταῦτα δὲ εἰπὼν[1] αὐτὸς[2] ἔμεινεν ἐν τῇ Γαλιλαίᾳ.
Y esto dicho Él se quedó en - Galilea.

Notas y análisis del texto griego.

Cerrando el párrafo, escribe: ταῦτα, caso acusativo neutro plural del pronombre demostrativo *estos*, en sentido de *estas cosas*; δὲ, partícula conjuntiva que hace las veces de conjunción coordinante, con sentido de *pero, más bien, y, y por cierto*, *antes bien*; εἰπὼν, caso nominativo masculino singular del participio de aoristo segundo en voz activa del verbo λέγω, *hablar, decir*, aquí *dicho*; αὐτὸς, caso nominativo masculino singular del pronombre intensivo *Él*; ἔμεινεν, tercera persona singular del aoristo primero de indicativo en voz activa del verbo intransitivo μένω, *quedarse, permanecer*, aquí *se quedó*; ἐν, preposición propia de dativo *en*; τῇ, caso dativo femenino singular del artículo definido *la*; Γαλιλαίᾳ, caso dativo femenino singular del nombre propio *Galilea.*

Crítica Textual. Lecturas alternativas.

[1] ταῦτα δὲ εἰπὼν, *y dicho esto*, lectura atestiguada en 𝔭$^{66, 75}$, B, K, N, T, W, Γ, Δ, Ψ, 0105, *f*^{13}, 579, 700, 892, 1241, 𝔐, f, sir^{h}, sa, ly, bo.

Se omite en la lectura de א, D, K, Θ, 070, *f*^{1}, 33, 565, 1424, lat, pbo, bo^{bo}.

[2] αὐτὸς, *Él*, según se lee en 𝔭^{66}, א, D*, K, K, N, W, 070, *f*^{1}, 565, 1241, lat, co.

αὐτοις, *a ellos, les*, conforme a 𝔭^{75}, B, D^{1}, T, Γ, Δ, Θ, Ψ, 0105, *f*^{13}, 33, 579, 700, 892, 1424, 𝔐, f, q, r^{1}, sir^{h}.

ταῦτα δὲ εἰπὼν αὐτὸς ἔμεινεν ἐν τῇ Γαλιλαίᾳ. Luego de decirles estas cosas, se quedó un poco más en Galilea. Sus decisiones estaban siempre conforme al programa que debía cumplir, por tanto en su momento iría también a Jerusalén, pero mientras tanto se quedó en donde estaba.

Jesús en la fiesta de los tabernáculos (7:10-10:21).

Primera confrontación (7:10-15).

10. Pero después que sus hermanos habían subido, entonces él también subió a la fiesta, no abiertamente, sino como en secreto.

Ὡς δὲ	ἀνέβησαν	οἱ	ἀδελφοὶ	αὐτοῦ	εἰς	τὴν	ἑορτήν,	τότε
Pero cuando	subieron	los	hermanos	de Él	a	la	fiesta,	entonces

καὶ	αὐτὸς	ἀνέβη	οὐ	φανερῶς	ἀλλὰ	[ὡς]	ἐν	κρυπτῷ.
también	Él	subió	no	manifiestamente	sino	como	en	secreto.

Notas y análisis del texto griego.

Iniciando otro tramo del relato, escribe: Ὡς, conjunción temporal *cuando*; δὲ, partícula conjuntiva que hace las veces de conjunción coordinante, con sentido de *pero, más bien, y, y por cierto, antes bien*; ἀνέβησαν, tercera persona plural del segundo aoristo de indicativo en voz activa del verbo ἀναβαίνω, *subir*, aquí *subieron*; οἱ, caso nominativo masculino plural del artículo determinado *los*; ἀδελφοὶ, caso nominativo masculino plural del nombre común *hermanos*; αὐτοῦ, caso genitivo masculino de la tercera persona singular del pronombre personal declinado *de Él*; εἰς, preposición propia de acusativo *a*; τὴν, caso acusativo femenino singular del artículo determinado *la*; ἑορτήν, caso acusativo femenino singular del nombre común *fiesta*; τότε, adverbio de tiempo *entonces*; καὶ, adverbio de modo *también*; αὐτὸς, caso nominativo masculino singular del pronombre intensivo *Él*; ἀνέβη, tercera persona singular del segundo aoristo de indicativo en voz activa del verbo ἀναβαίνω, *subir*, aquí *subió*; οὐ, adverbio de negación *no*; φανερῶς, adverbio de modo *manifiestamente, públicamente, claramente*; ἀλλὰ, conjunción adversatica *sino*; ὡς, adverbio de modo, *como*, que hace las veces de conjunción comparativa; ἐν, preposición propia de dativo *en*; κρυπτῷ, caso dativo neutro singular del adjetivo *secreto, privado*.

Ὡς δὲ ἀνέβησαν οἱ ἀδελφοὶ αὐτοῦ εἰς τὴν ἑορτήν, τότε καὶ αὐτὸς ἀνέβη. Luego que los hermanos de Jesús subieron, sin duda con la mayoría de los peregrinos, a Jerusalén para la fiesta, también subió Jesús. Ya se ha considerado antes la razón de este comportamiento. Cristo subió a Jerusalén cuando el tiempo para esto había llegado.

οὐ φανερῶς ἀλλὰ [ὡς] ἐν κρυπτῷ. No vino abiertamente como en otras ocasiones, sino como en secreto, es decir, no ostentosamente como era el deseo de Sus hermanos. Haberlo hecho de otro modo, incluso librándose de las reacciones de los judíos, porque no era todavía el tiempo de dar Su vida, hubiera sido una manifestación ante el mundo que no convenía a los propósitos de Su misión. Él subía a Jerusalén con el propósito de seguir llevando a cabo lo que era habitual: enseñar a la gente. No había subido con los peregrinos para evitar manifestaciones de quienes le habían buscado para hacerle rey, y confrontaciones con los judíos, como se hace notar en los versículos siguientes, era una medida de prudencia, pero no de temor. No significa esto que el Señor llegase a escondidas para que absolutamente nadie supiera de Su presencia en la fiesta, sino que más bien llegó de *incógnito*, cuando nadie le esperaba.

No se dice nada de Sus discípulos, sin duda, como en todo el tiempo anterior, estaban con Él. Este *subir* como en secreto, consistiría en abandonar las rutas más transitadas para buscar senderos que evitaran el encuentro del grupo con otros que podían conocerle. Jesús abandona *secretamente*, sin manifestaciones Su ministerio en Galilea para trasladarse a Judea hasta el momento de Su muerte y resurrección.

11. Y le buscaban los judíos en la fiesta, y decían: ¿Dónde está aquel?

οἱ οὖν Ἰουδαῖοι ἐζήτουν αὐτὸν ἐν τῇ ἑορτῇ καὶ ἔλεγον·
Entonces los judíos buscaban le en la fiesta y decían:
ποῦ ἐστιν ἐκεῖνος
¿Dónde está aquel?

Notas y análisis del texto griego.

La ausencia de Jesús produce reacciones: οἱ, caso nominativo masculino plural del artículo determinado *los*; οὖν, conjunción continuativa, *pues, entonces*;

'Ιουδαῖοι, caso nominativo masculino plural del adjetivo *judíos*; ἐζήτουν, tercera persona plural del imperfecto de indicativo en voz activa del verbo ζήτεω, *buscar*, aquí *buscaban*; αὐτὸν, caso acusativo masculino de la tercera persona singular del pronombre personal declinado *a Él, le*; ἐν, preposición propia de dativo *en*; τῇ, caso dativo femenino singular del artículo determinado *la*; ἑορτῇ, caso dativo femenino singular del nombre común *fiesta*; καὶ, conjunción copulativa *y*; ἔλεγον, tercera persona plural del imperfecto de indicativo en voz activa del verbo λέγω, *hablar, decir*, aquí *decían*; ποῦ, adverbio de lugar *donde*; ἐστιν, tercera persona singular del presente de indicativo en voz activa del verbo εἰμί, *ser, estar*, aquí *está*; ἐκεῖνος, caso nominativo masculino singular del pronombre demostrativo *aquel*.

οἱ οὖν 'Ιουδαῖοι ἐζήτουν αὐτὸν ἐν τῇ ἑορτῇ. Los judíos, enemigos acérrimos de Jesús que habían tomado la determinación de matarle, le buscaban entre la multitud que llenaba la ciudad. Estaba allí, pero ellos no le encontraban. No serían los judíos quienes le descubriesen sorpresivamente, sino que Él se mostraría a todos enseñando en el templo.

καὶ ἔλεγον· ποῦ ἐστιν ἐκεῖνος. Sin mencionar Su nombre formulaban una pregunta: *¿Dónde está aquel?* No cabe duda que las intenciones con que le buscaban y la pregunta que se hacían entre ellos no era para bien, sino procurando aplacar su odio vengativo, que como hijos del demonio tenían contra Jesús. La pregunta marca dos cosas: primeramente odio, ya que no le llaman ni tan siquiera por Su nombre; en segundo lugar desprecio, manifestado en el uso del pronombre *aquel*, que tal vez pueda considerarse un uso despectivo del lenguaje, como si dijesen: *¿Dónde está el individuo ese?* Cristo era motivo de contradicción para el mundo. Los enemigos buscaban Su muerte porque denunciando sus obras malas los ponía en evidencia delante de todos. Otros buscaban en el ascenso de Él, incluso al reino, lo que podía beneficiarle. Sólo una mínima cantidad de personas le buscaban por lo que realmente era: El Mesías enviado para la salvación del mundo.

12. Y había gran murmullo acerca de él entre la multitud, pues unos decían: Es bueno; pero otros decían: No, sino que engaña al pueblo.

καὶ γογγυσμὸς περὶ αὐτοῦ ἦν πολὺς ἐν τοῖς ὄχλοις· οἱ
Y murmullo acerca de Él había grande en la multitud: unos
μὲν ἔλεγον ὅτι ἀγαθός ἐστιν, ἄλλοι [δὲ] ἔλεγον· οὔ, ἀλλὰ
a la verdad decían que bueno es, y otros decían: no, sino
πλανᾷ τὸν ὄχλον.
engaña al pueblo.

Notas y análisis del texto griego.

Siguiendo con el relato, añade: καὶ, conjunción copulativa *y*; γογγυσμὸς, caso nominativo masculino singular del nombre común *rumor, murmullo*; περὶ, preposición propia de genitivo *acerca de*; αὐτοῦ, caso genitivo masculino de la tercera persona singular del pronombre personal *Él*; ἦν, tercera persona singular del imperfecto de indicativo en voz activa del verbo εἰμί, *ser, estar, haber*, aquí *había*; πολὺς, caso nominativo masculino singular del adjetivo *mucho, grande*; ἐν, preposición propia de dativo *en*; τοῖς, caso dativo masculino plural del artículo determinado *los*; ὄχλοις, caso dativo masculino plural del nombre común *multitud, gentío, gente, turba*; οἱ, caso nominativo masculino plural del artículo determinado *los*; μὲν, partícula afirmativa que se coloca siempre inmediatamente después de la palabra expresiva de una idea que se ha de reforzar o poner en relación con otra idea y que, en sentido absoluto tiene oficio de adverbio de afirmación, como *ciertamente, a la verdad*; ἔλεγον, tercera persona plural del imperfecto de indicativo en voz activa del verbo λέγω, *hablar, decir*, aquí *decían*; ὅτι, conjunción *que*; ἀγαθός, caso nominativo masculino singular del adjetivo *bueno*; ἐστιν, tercera persona singular del presente de indicativo en voz activa del verbo εἰμί, *ser, estar*, aquí *es*; ἄλλοι, caso nominativo masculino plural del pronombre demostrativo *otros*; δὲ, partícula conjuntiva que hace las veces de conjunción coordinante, con sentido de *pero, más bien, y, y por cierto, antes bien*; ἔλεγον, tercera persona plural del imperfecto de indicativo en voz activa del verbo λέγω, *hablar, decir*, aquí *decían*; οὔ, adverbio de negación *no*; ἀλλὰ, conjunción adversativa *sino*; πλανᾷ, tercera persona singular del presente de indicativo en voz activa del verbo πλανάω, *extraviar, engañar, seducir*, aquí *engaña*; τὸν, caso acusativo masculino singular del artículo determinado declinado *al*; ὄχλον, caso acusativo masculino singular del nombre común *multitud, gente, pueblo*.

καὶ γογγυσμὸς περὶ αὐτοῦ ἦν πολὺς ἐν τοῖς ὄχλοις· Se había producido un contraste masivo de opiniones sobre Jesús. La pregunta surge aquí: ¿por qué? Posiblemente la búsqueda aparentemente infructuosa de los líderes religiosos, no pasó desapercibida para la gente. El contraste de opiniones se había convertido en un *murmullo grande*. Da la impresión, y luego será confirmada en el texto bíblico, que todos hablaban de esta manera para que ninguno de los líderes religiosos pudiesen usar aquellas palabras.

οἱ μὲν ἔλεγον ὅτι ἀγαθός ἐστιν, Unos afirmaban la bondad de Jesús. Eran sin duda los que habían oído Su enseñanza y habían visto Sus prodigios. Tal vez muchos de estos conocían a gente sanada por Él, incluso pudiera ocurrir que algunos tuviesen familiares o amigos íntimos entre quienes habían sido curados por Jesús. Para todos éstos, Jesús era bueno.

ἄλλοι [δὲ] ἔλεγον· οὔ, ἀλλὰ πλανᾷ τὸν ὄχλον. Otros, en cambio, le acusaban de engañador y negaban que fuese bueno. ¿Quiénes eran éstos? Probablemente los que le estaban buscando entre la muchedumbre, no para aprender de Él, sino para buscar ocasión para matarle. La primera sería la opinión de la gente, la segunda la de las autoridades religiosas. Pero, posiblemente, los líderes religiosos habían influenciado en un gran número de personas que se unían a la acusación contra Jesús. La realidad es que la opinión sobre Jesús había dividido a la gente entre los que le consideraban bueno y los que le acusaban de corruptor del pueblo.

13. Pero ninguno hablaba abiertamente de él, por miedo a los judíos.

οὐδεὶς μέντοι παρρησίᾳ ἐλάλει περὶ αὐτοῦ διὰ τὸν φόβον
Nadie sin embargo abiertamente hablaba de Él por - miedo
τῶν Ἰουδαίων.
a los judíos.

Notas y análisis del texto griego.

Sigue el relato con οὐδεὶς, caso nominativo masculino singular del pronombre indefinido *nadie, ninguno*; μέντοι, partícula *sin embargo*; παρρησίᾳ, caso dativo femenino singular del nombre común *en público, abiertamente*; ἐλάλει, tercera persona singular del imperfecto de indicativo en voz activa del verbo λαλέω, *hablar, decir*, aquí *hablaba*; περὶ, preposición propia de genitivo *de*; αὐτοῦ, caso genitivo masculino de la tercera persona singular del pronombre personal *Él*; διὰ, preposición propia de acusativo *por*; τὸν, caso acusativo masculino singular del artículo determinado *el*; φόβον, caso acusativo masculino singular del nombre común *miedo, temor, espanto, reverencia*; τῶν, caso genitivo masculino de la tercera persona plural del pronombre personal declinado *de los*; Ἰουδαίων, caso genitivo masculino plural del adjetivo *judíos*.

οὐδεὶς μέντοι παρρησίᾳ ἐλάλει περὶ αὐτοῦ διὰ τὸν φόβον τῶν Ἰουδαίων. El murmullo de la gente posicionándose sobre cómo era Jesús continuaba, pero nadie se atrevía a dar su opinión personal por miedo a los *judíos*, esto es, a los líderes religiosos de la nación. No había posicionamiento oficial de los religiosos acerca de Jesús, por tanto, no se atrevía nadie a darla en forma personal o individual. Los religiosos se habían convertido en dominadores del pueblo. La acción de la justicia representada en el sanedrín era siempre condicionada por los extremistas religiosos y por la casta sacerdotal emparentada con el sumo sacerdote. Cualquier acción que pusiera en riesgo el estamento religioso era atajada con violencia, como se pondría de manifiesto con la muerte de Esteban. Por eso la gente comentaba mucho en voz baja para evitar la temida confrontación con el estamento religioso de la nación. Pero, si se mira más atentamente, pudiera ser que quienes tenían miedo de *los judíos*, eran también del grupo religioso, como ocurría con Nicodemo.

14. Mas a la mitad de la fiesta subió Jesús al templo, y enseñaba.

῞Ηδη δὲ τῆς ἑορτῆς μεσούσης ἀνέβη Ἰησοῦς εἰς τὸ ἱερὸν
Pero ya la fiesta estando en la mitad subió, Jesús al templo
καὶ ἐδίδασκεν.
y enseñaba.

Notas y análisis del texto griego.

Jesús se presentó en la fiesta: ῞Ηδη, adverbio de tiempo *ya*; δὲ, partícula conjuntiva que hace las veces de conjunción coordinante, con sentido de *pero, más bien, y, y por cierto, antes bien*; τῆς, caso genitivo femenino singular del artículo determinado *la*; ἑορτῆς, caso genitivo femenino singular del nombre común *fiesta*; μεσούσης, caso genitivo femenino singular del participio de presente en voz activa del verbo μεσόω, *estar en la mitad*, aquí *estando en la mitad*; ἀνέβη, tercera persona singular del aoristo segundo de indicativo en voz activa del verbo ἀναβαίνω, *subir*, aquí *subió*; Ἰησοῦς, caso nominativo masculino singular del nombre propio *Jesús*; εἰς, preposición propia de acusativo *a*; τὸ, caso acusativo neutro singular del artículo determinado *el*; ἱερὸν, caso acusativo neutro singular del nombre común *templo, santuario*; καὶ, conjunción copulativa *y*; ἐδίδασκεν, tercera persona singular del imperfecto de indicativo en voz activa del verbo διδάσκω, *enseñar*, aquí *enseñaba*.

῞Ηδη δὲ τῆς ἑορτῆς μεσούσης ἀνέβη Ἰησοῦς εἰς τὸ ἱερὸν. Posiblemente nadie esperaba ya la presencia de Jesús en la fiesta. El tiempo de ella había llegado a la mitad. El Señor subió sin hacerse notar. Los judíos anduvieron buscándole por la ciudad. Sin duda tenían la intención de prenderle y matarle, pero no tenían un plan bien establecido para ello. Jesús tenía muchos que pensaban que era bueno e incluso estaban convencidos de que sería el rey que necesitaban. Los primeros días de la fiesta pasaron y posiblemente los judíos pensaban que ya no vendrían en aquella ocasión. Llegado a la ciudad el Señor subió al templo y enseñaba. Un gran número de personas estaban siempre rodeándole de modo que no tenía que esforzarse en buscar una concurrencia para enseñar, ya que siempre disponía de ella. Los judíos habían preguntado donde estaba Jesús, ya no hacía falta buscarle, estaba en el templo, delante de ellos, enseñando.

καὶ ἐδίδασκεν. La enseñanza en el templo, sobre todo en días festivos, estaba en manos de los escribas y doctores, esto es, de personas que habían obtenido el reconocimiento o, si se prefiere mejor, la licencia para hacerlo. Jesús no tenía esa condición a la vista de los judíos. Los enemigos de Jesús, no tenían tanto problema con lo que Jesús enseñaba, en donde mostraba un dominio absoluto de la Escritura y daba la interpretación correcta del texto, para ellos la dificultad estaba en que no había pasado por una escuela de teología, por consiguiente cuando enseñaba estaba apropiándose de algo que no le correspondía. Este era uno más de los elementos de confrontación con Él. Sin embargo en la lectura del *Evangelio* el término enseñar está generalmente aplicado a Jesús. Son las enseñanzas del Maestro las únicas válidas como intérprete divino y como Logos encarnado. No había pasado por una escuela teológica pero había venido del Padre, por tanto Su autoridad para enseñar superaba a toda cuanta los hombres se atribuían para hacerlo. Jesús enseñaba como tenía por costumbre, en los atrios del templo donde la gente estaba en gran número durante los días de la fiesta.

15. Y se maravillaban los judíos, diciendo: ¿Cómo sabe éste letras, sin haber estudiado?

ἐθαύμαζον οὖν οἱ Ἰουδαῖοι λέγοντες· πῶς οὗτος γράμματα
Se maravillaban, pues, los judíos, diciendo: ¿Cómo éste letras
οἶδεν μὴ μεμαθηκώς
sabe no habiendo aprendido?

Notas y análisis del texto griego.

El relato continúa con ἐθαύμαζον, tercera persona plural del imperfecto de indicativo en voz activa del verbo θαυμάζω, *admirarse, asombrarse, maravillarse*, aquí *se maravillaban*; οὖν, conjunción continuativa *pues*; οἱ, caso nominativo masculino plural del artículo determinado *los*; Ἰουδαῖοι, caso nominativo masculino plural del adjetivo *judíos*; λέγοντες, caso nominativo masculino plural del participio de presente en voz activa del verbo λέγω, *hablar, decir*, aquí *diciendo*; πῶς, partícula interrogativa adverbial, que realmente es un pronombre interrogativo *como, de que manera, por qué medio*; οὗτος, caso nominativo masculino plural del pronombre demostrativo *este*; γράμματα, caso acusativo neutro plural del nombre común *letras*; οἶδεν, tercera persona singular del perfecto de indicativo en voz activa del verbo οἶδα, *saber, conocer*, aquí *sabe*; μὴ, partícula que hace funciones de adverbio de negación *no*; μεμαθηκώς, caso nominativo masculino singular del participio de perfecto en voz activa del verbo μανθάνω, *aprender, enterarse*, aquí *habiendo aprendido.*

ἐθαύμαζον οὖν οἱ Ἰουδαῖοι λέγοντες· πῶς οὗτος γράμματα οἶδεν μὴ μεμαθηκώς. El pueblo estaba sorprendido de todas las actuaciones de Jesús. Lo estaba cuando hacía un milagro, pero, también cuando enseñaba. Al principio de Su ministerio dieron testimonio del poder de Sus palabras (Mt. 7:28-29). En el auditorio formado en torno a Él en el templo, estaban también algunos de los *judíos*, enemigos de Cristo, como se ha dicho antes, quienes oían atentamente sus palabras por ver si podían encontrar en ellas algo con que acusarlo. La enseñanza del Maestro no podía pasar desapercibida para ellos, ahora bien, no estaban admirados del contenido y firmeza de las palabras de Jesús, sino que, probablemente se admiraban de Su atrevimiento, porque enseñaba sin haber estudiado antes en alguna escuela rabínica. La acusación es sutil pero al tiempo compleja: *"no sabe letra, porque no ha estudiado"*. La idea es que como no tenía estudios académicos que le autorizasen y capacitasen para interpretar la Escritura, lo que hacía era simplemente dar Sus opiniones personales, de modo que lo mejor hubiera sido dejar de seguir escuchándolo. Jesús no era un rabino que podía enseñar, simplemente era un carpintero, o en el mejor de los casos un autodidacta que se atrevía a enseñar a la gente.

Discurso de Jesús (7:16-24).

16. Jesús les respondió y dijo: Mi doctrina no es mía, sino de aquel que me envió.

ἀπεκρίθη οὖν αὐτοῖς [ὁ] ’Ιησοῦς καὶ εἶπεν· ἡ ἐμὴ διδαχὴ
Respondió, pues, les - Jesús y dijo: la mi doctrina
οὐκ ἔστιν ἐμὴ ἀλλὰ τοῦ πέμψαντος με·
no es mía sino del que envió me.

Notas y análisis del texto griego.

Trasladando la respuesta de Jesús, escribe: ἀπεκρίθη, tercera persona singular del aoristo primero de indicativo en voz pasiva del verbo ἀποκρίνομαι, *contestar, responder, replicar, tomar la palabra*, aquí *respondió*; οὖν, conjunción continuativa *pues*; αὐτοῖς, caso dativo masculino de la tercera persona plural del pronombre personal declinado *a ellos, les*; ὁ, caso nominativo masculino singular del artículo determinado *el*; ’Ιησοῦς, caso nominativo masculino singular del nombre propio *Jesús*; καὶ, conjunción copulativa *y*; εἶπεν, tercera persona singular del segundo aoristo de indicativo en voz activa del verbo λέγω, *hablar, decir*, aquí *dijo*; ἡ, caso nominativo femenino singular del artículo determinado *la*; ἐμὴ, caso nominativo femenino singular del pronombre posesivo *mía*; διδαχὴ, cado nominativo femenino singular del nombre común *enseñanza, doctrina*; οὐκ, forma escrita del adverbio de negación *no*, con el grafismo propio ante una vocal con espíritu suave o una enclítica; ἔστιν, tercera persona singular del presente de indicativo en voz activa del verbo εἰμί, *ser, estar*, aquí *es*; ἐμὴ, caso nominativo femenino singular del pronombre posesivo *mía*; ἀλλὰ, conjunción adversativa *sino*; τοῦ, caso genitivo masculino singular del artículo determinado declinado *del*; πέμψαντος, caso genitivo masculino singular del participio de aoristo primero en voz activa del verbo πέμπω, *enviar, mandar*, aquí *que envió*; με, caso acusativo de la primera persona singular del pronombre personal declinado *a mí, me*.

ἀπεκρίθη οὖν αὐτοῖς ὁ Ἰησοῦς καὶ εἶπεν· No hay una acción precedente que requiriera la respuesta de Jesús, a no ser que los judíos hubieran formulado en alta voz la pregunta del versículo anterior. Fuese como fuese, tuvo una apropiada respuesta del Señor, dada delante de todos los que estaban escuchando Su enseñanza. Los judíos procuraban desprestigiarle y desacreditarle delante del pueblo, ya que las acusaciones formuladas contra Él no tenían fundamento firme. Aquellas preguntas, las insinuaciones, la sutileza de las preguntas, todo iba orientado hacia la pérdida de consideración de la que Jesús gozaba entre el pueblo.

ἡ ἐμὴ διδαχὴ οὐκ ἔστιν ἐμὴ ἀλλὰ τοῦ πέμψαντος με· Los judíos reservaban la capacidad de enseñar a quienes habían sido instruidos por otros maestros. Jesús remonta la fuente de Su enseñanza a la misma razón de ser de la Escritura, que procede de Dios. La *doctrina* que enseñaba le había sido dada por quien le envió. No tenía, según el pensamiento de Sus enemigos *letras*, es decir, no podía acreditar un título académico que le permitiese enseñar, pero Su doctrina era una enseñanza propia de Dios y no de hombres. Es necesario hacer una observación: Jesús no dice *la doctrina no es doctrina mía*, sino *mí doctrina no es mía*. El uso del pronombre posesivo exige entender que la enseñanza de Jesús era de Su propiedad personal, pero la procedencia de ella era del que le envió, esto es, del Padre. Como Cirilo de Alejandría hacía notar, aquí se produce una contradicción: *es mía... pero no es mía*. Al principio se presentó a Jesús como el Verbo de Dios, cuya existencia es eternamente en el seno del Padre (1:1), luego como Verbo expresa determinante, infinita y exhaustivamente, al Padre, de ahí que la enseñanza suya no procedía únicamente de Él, sino que es el resultado de la eterna comunicación del Padre, cuya mente es expresada totalmente por el Verbo, el Hijo Unigénito, que Él había enviado al mundo. Además la sabiduría del Padre, es el Hijo, por tanto, cuanto el Padre puede decir, enseñar o revelar, se concentra y expresa en el Hijo.

Esta es la única ocasión en la que Jesús se refiere a Su enseñanza como διδαχή, *doctrina*, porque la respuesta no era dirigida a la gente, sino a los maestros de Israel. Los enseñadores en Israel apelaban a la sabiduría de alguno de los rabinos de quienes habían recibido lo que enseñaban. Jesús recibe lo que enseña de quien es superior a todos, porque procede Su enseñanza de quien lo había enviado que era Dios mismo. Por tanto, la autoridad suya y el rango de lo que enseñaba era infinitamente superior a cualquier otra en el mundo. El que lo envió no solo le da el contenido de la enseñanza, sino que lo envía para que enseñe lo que recibió de Él. La situación es grave, porque si los judíos rechazan Su enseñanza, no estaban haciéndolo contra un maestro, sino contra Dios mismo (cf. 4:34; 5:23, 24, 30). Aunque no había pasado por una escuela, no era un autodidacta, no el maestro enseñado, sino el revelador supremo de Dios mismo. Jesús no pretende aquí poseer una sucesión docente, con la autoridad que da haber estudiado con un maestro reconocido, sino como el que tiene autoridad divina por la que había sido enviado para predicar y enseñar. Su autoridad es la propia de quien es Hijo de Dios.

17. El que quiera hacer la voluntad de Dios, conocerá si la doctrina es de Dios, o si yo hablo por mi propia cuenta.

ἐάν τις θέλῃ τὸ θέλημα αὐτοῦ ποιεῖν, γνώσεται περὶ τῆς
Si alguno quiere la voluntad de Él hacer, conocerá acerca de la
διδαχῆς πότερον ἐκ τοῦ Θεοῦ ἐστιν ἢ ἐγὼ ἀπ' ἐμαυτοῦ λαλῶ.
doctrina si es que de - Dios es o Yo de mí mismo hablo.

Notas y análisis del texto griego.

Siguen las palabras de Jesús: ἐάν, conjunción afirmativa *si*; τις, caso nominativo singular del pronombre indefinido *alguien, alguno*; θέλῃ, tercera persona singular del presente de indicativo en voz activa del verbo θέλω, *querer, desear*, aquí *quiere*; τὸ, caso acusativo neutro singular del artículo determinado *el*; θέλημα, caso acusativo neutro singular del nombre común *voluntad*; αὐτοῦ, caso genitivo masculino de la tercera persona singular del pronombre personal declinado *de él*; ποιεῖν, presente de infinitivo en voz activa del verbo ποιέω, *hacer*; γνώσεται, tercera persona singular del futuro de indicativo en voz media del verbo γινώσκω, *conocer, saber*, aquí *conocerá*; περὶ, preposición propia de genitivo *acerca de, por*; τῆς, caso genitivo femenino singular del artículo determinado *la*; διδαχῆς, caso genitivo femenino singular del nombre común *enseñanza, doctrina*; πότερον, adverbio *si, si es que*; ἐκ, preposición propia de genitivo *de*; τοῦ, caso genitivo masculino singular del artículo definido *el*; Θεοῦ, caso genitivo masculino del nombre divino *Dios*; ἐστιν, tercera persona singular del presente de indicativo en voz activa del verbo εἰμί, *ser, estar*, aquí *es*; ἢ, conjunción disyuntiva *o*; ἐγὼ, caso nominativo masculino singular del pronombre personal *yo*; ἀπ', preposición propia de genitivo ἀπό, con el grafismo que adopta por elisión de la o final ante vocal o diptongo sin aspiración, que equivale a *de, desde, procedente de, por medio de, con, por*; ἐμαυτοῦ, caso genitivo masculino singular del pronombre reflexivo *mí mismo*; λαλῶ, primera persona singular del presente de indicativo en voz activa del verbo λαλέω, *hablar*, aquí *hablo*.

ἐάν τις θέλῃ τὸ θέλημα αὐτοῦ ποιεῖν, Algunos habían preguntado a Cristo que debían hacer para poner en práctica las obras de Dios, a lo que Jesús respondió diciéndoles a todos, que lo que Dios deseaba es que creyesen en Él (6:29). Esta misma verdad orientada hacia la fe aparece nuevamente aquí. Los que quieren vivir conforme a Dios y agradarle, distinguirán que la doctrina de Cristo procede del Padre. Por eso quienes buscan las obras de Dios, entenderán que Jesús habla en nombre de Dios y creerán en Sus palabras.

γνώσεται περὶ τῆς διδαχῆς πότερον ἐκ τοῦ Θεοῦ ἐστιν ἢ ἐγὼ ἀπ' ἐμαυτοῦ λαλῶ. El Maestro no habla por Sí mismo, o de Sí mismo, independiente del Padre, sino que Su enseñanza es transmitir las palabras o la Palabra del Padre (17:8, 14). De la misma manera que Jesús no habla por Su propia cuenta, tampoco el Espíritu Santo (16:13). Distinguir esa verdad no es de todos, sino de quienes *quieren hacer la voluntad de Dios*. Desde esa disposición de hacer la voluntad de Dios *conocerán*, futuro, como experiencia progresiva que las palabras de Jesús proceden y son de Dios. En todo esto van ligadas la disposición a la obediencia, querer hacer la voluntad de Dios, y conocimiento espiritual. No cabe duda que el deseo de *obedecer* y la *obediencia en sí*, son consecuencia del amor. Jesús dijo que si le amamos debemos guardar Sus mandamientos. No es asunto de alta teología, sino simplemente de fe. El que cree que Jesús es el enviado de Dios, así también creerá que Sus palabras proceden de Aquel que le envía. Es sorprendente que mientras los enemigos de Jesús juzgan si tiene derecho a enseñar sin licencia, Él juzga su incompetencia para oír y entender Sus palabras.

18. El que habla por su propia cuenta, su propia gloria busca; pero el que busca la gloria del que le envió, éste es verdadero, y no hay en él injusticia.

ὁ ἀφ' ἑαυτοῦ λαλῶν τὴν δόξαν τὴν ἰδίαν ζητεῖ· ὁ δὲ ζητῶν
El de sí mismo que habla la gloria - propia busca; pero el que busca
τὴν δόξαν τοῦ πέμψαντος αὐτὸν οὗτος ἀληθής ἐστιν καὶ
la gloria del que envió le éste verdadero es e
ἀδικία ἐν αὐτῷ οὐκ ἔστιν.
injusticia en Él no hay.

Notas y análisis del texto griego.

Siguen las palabras de Jesús: ὁ, caso nominativo masculino singular del artículo determinado *el*; ἀφ', forma que adopta la preposición de genitivo ἀπό, por elisión de la ι final y asimilación de la π ante vocal o diptongo con aspiración, y que significa *de*; ἑαυτοῦ, caso genitivo masculino singular del pronombre reflexivo *sí mismo*; λαλῶν, caso nominativo masculino singular del participio de presente en voz activa del verbo λαλέω, *hablar, decir*, aquí *habla*; τὴν, caso acusativo femenino singular del artículo determinado *la*; δόξαν, caso acusativo femenino singular del nombre común *gloria*; τὴν, caso acusativo femenino singular del artículo determinado *la*; ἰδίαν, caso acusativo femenino singular del adjetivo *propia*; ζητεῖ, tercera persona singular del presente de indicativo en voz activa del verbo ζητέω, *buscar*, aquí *busca*; ὁ, caso nominativo masculino singular del artículo determinado *el*; δὲ, partícula conjuntiva que hace las veces de conjunción coordinante, con sentido de *pero, más bien, y, y por cierto, antes bien*; ζητῶν, caso nominativo masculino singular del participio de presente en voz activa del verbo ζητέω, *buscar*, aquí *que busca*; τὴν, caso acusativo femenino singular del artículo determinado *la*; δόξαν, caso acusativo femenino singular del nombre común *gloria*; τοῦ, caso genitivo masculino singular del artículo determinado *el*; πέμψαντος, caso genitivo masculino singular del participio de aoristo primero en voz activa del verbo πέμπω, *enviar*, aquí *que envió*; αὐτὸν, caso acusativo masculino de la tercera persona singular del pronombre personal declinado *a él, le*; οὗτος, caso nominativo masculino singular del pronombre demostrativo *éste*; ἀληθής, caso nominativo masculino singular del adjetivo *verdadero*; ἐστιν, tercera persona singular del presente de indicativo en voz activa del verbo εἰμί, *ser, estar*, aquí *es*; καὶ, conjunción copulativa *y*; ἀδικία, caso nominativo femenino singular del nombre común *injusticia*; ἐν, preposición propia de dativo *en*; αὐτῷ, caso dativo masculino de la tercera persona singular del pronombre personal *él*; οὐκ, forma escrita del adverbio de negación *no*, con el grafismo propio ante una vocal con espíritu suave o una enclítica; ἔστιν, tercera persona singular del presente de indicativo en voz activa del verbo εἰμί, *ser, estar*, aquí *hay*.

ὁ ἀφ' ἑαυτοῦ λαλῶν τὴν δόξαν τὴν ἰδίαν ζητεῖ· Todo aquel que habla de sí mismo, esto es, sus propias palabras, se glorifica o busca su gloria personal. Pero anteriormente ya dijo que no buscaba o no recibía gloria de los hombres, esto es, su propia gloria (5:41).

ὁ δὲ ζητῶν τὴν δόξαν τοῦ πέμψαντος αὐτὸν Sin embargo, al hablar las palabras del que le envió, no busca Su gloria personal sino la de Aquel que le envía, de donde proceden las palabras que habla, o lo que es igual, la doctrina que enseña.

οὗτος ἀληθής ἐστιν καὶ ἀδικία ἐν αὐτῷ οὐκ ἔστιν. Si las palabras que habla proceden del Padre, porque son de Dios, necesariamente son verdaderas, así que quien habla aquellas palabras, también es ἀληθής, *verdadero*. Este calificativo se aplica a Dios en algunos lugares del *Evangelio* (3:33; 8:26). Esta veracidad distingue a Dios, y está presente en el Hijo, que busca la gloria del Padre. En la verdad no puede haber ἀδικία, *injusticia*, porque proceden de la verdad y son verdaderas. Es la única vez en el *Evangelio* que sale la palabra *injusticia*, tan habitual en Pablo. La injusticia consiste en buscar la propia gloria y, por ende, hablar de su propia cuenta. Por eso hablar las palabras del Padre, implica buscar Su gloria y hablar Sus palabras. Jesús da a todos las palabras que el Padre le dio a Él.

19. ¿No os dio Moisés la ley, y ninguno de vosotros cumple la ley? ¿Por qué procuráis matarme?

Οὐ Μωϋσῆς δέδωκεν ὑμῖν τὸν νόμον καὶ οὐδεὶς ἐξ ὑμῶν
¿No Moisés ha dado os la ley? Y ninguno de vosotros
ποιεῖ τὸν νόμον. τί με ζητεῖτε ἀποκτεῖναι
practica la ley. ¿Por qué me procuráis matar?

Notas y análisis del texto griego.

Sigue diciendo: Οὐ, adverbio de negación *no*; Μωϋσῆς, caso nominativo masculino singular del nombre propio *Moisés*; δέδωκεν, tercera persona de singular del perfecto de indicativo en voz activa del verbo δίδωμι, *dar, entregar*, aquí *ha dado*; ὑμῖν, caso dativo de la segunda persona plural del pronombre personal declinado *a vosotros, os*; τὸν, caso acusativo masculino singular del artículo determinado *el*; νόμον, caso acusativo masculino singular del nombre común *ley*; καὶ, conjunción copulativa *y*; οὐδεὶς, caso nominativo masculino singular del pronombre indefinido *ninguno, nadie*; ἐξ, forma escrita que adopta la preposición de genitivo ἐκ, delante de vocal y que significa *de*; ὑμῶν, caso genitivo de la segunda persona plural del pronombre personal *vosotros*; ποιεῖ, tercera persona singular del presente de indicativo en voz activa del verbo ποιέω, *hacer, practicar*, aquí *practica*; τὸν, caso acusativo masculino singular del artículo determinado *el*; νόμον, caso acusativo masculino singular del nombre común *ley, norma, mandamiento*; τί, caso acusativo neutro singular del pronombre interrogativo *por que*; με, caso acusativo de la primera persona singular del pronombre personal declinado *a mí, me*; ζητεῖτε, segunda persona plural del presente de indicativo en voz activa del verbo ζητέω, *buscar, intentar, querer*, aquí *queréis*; ἀποκτεῖναι, aoristo primero de infinitivo en voz activa del verbo ἀποκτείνω, *matar, asesinar, cometer homicidio*.

Οὐ Μωϋσῆς δέδωκεν ὑμῖν τὸν νόμον. El *Evangelio* pone en boca de Jesús la palabra *ley*, por primera vez. Para Juan el término no está vinculado solo a los escritos de Moisés, sino en general a toda la Escritura, aunque aquí está pensando más bien en el Pentateuco. La pregunta retórica se va a convertir en una plena acusación contra los judíos. No podían evitar una respuesta afirmativa a la pregunta de Jesús. Todos ellos intentaban acusarle de quebrantar la ley especialmente en lo que se refiere al día de reposo, por cuya razón le acusaban de hacer milagros en sábado quebrantando la ley. Todos ellos estaban orgullosos de la Ley y aparentemente eran fervientes seguidores de Moisés. Los judíos habían acusado a Jesús de no tener autoridad, porque no tenía licencia, para enseñar. Ellos se consideraban como los seguidores de Moisés y quienes se sentaban en su cátedra (Mt. 23:2). Aquellos eran tenidos como los maestros en materia de interpretación y enseñanza de la Ley. Algunos escribas eran también fariseos. Éstos se distinguían, además de por el conocimiento que tenían de la Palabra, por la rigidez en la práctica basada en la literalidad de la Ley. Enseñaban la Escritura a las gentes y daban la interpretación de ella. Sin embargo, era, en muchos casos, una enseñanza teórica y fría, basada en una elaborada tabla de valores, prohibiciones y concesiones, que hacía insoportable la práctica religiosa. Su enseñanza era tradicional pero carecía del poder con que Jesús la presentaba. Como se ha dicho antes enseñaban, junto con la Escritura, el sistema interpretativo tradicional y las prácticas establecidas en el tiempo como complemento a las demandas de la Ley que se conocía como *la tradición de los ancianos*. Ese sistema complementario hacía más difícil y pesada la vida de piedad que ellos demandaban a las gentes. Quebrantar la tradición de los ancianos suponía algo semejante a quebrantar la Ley. En base a los principios de la tradición, habían acusado a los discípulos de Jesús e, indirectamente, a Él mismo. Éstos eran como *sucesores* de Moisés maestros de la nación. No cabe duda que era necesario el ministerio y el oficio de maestros bíblicos, a fin de que de ellos el pueblo conociese lo que Dios disponía en Su Palabra y lo guardasen. Sin embargo aunque el oficio era legítimo y honorable, la silla de maestros estaba ocupada por indignos que deshonraban la actividad de la enseñanza. Jesús reconoce la existencia de maestros y la autoridad para su enseñanza, que descansaba en la Palabra de Dios.

καὶ οὐδεὶς ἐξ ὑμῶν ποιεῖ τὸν νόμον. Todos ellos estaban dispuestos a acusar a Jesús de delincuente por quebrantar la ley, sin embargo, ante todos los presentes. Él les acusa de incumplidores de los preceptos legales. Los que exigían el cumplimiento de lo establecido en la Ley a todo el pueblo, quienes se jactaban de ser fieles a lo establecido en ella, la quebrantaban en los principios básicos y espirituales de su contenido. No amaban, aborrecían y, sobre todo, se confabulaban para matar a un inocente. Jesús acusa ante testigos a los líderes de la nación de ser quebrantadores conscientes y voluntarios de la Ley. Ninguno de ellos cumplía la ley, o procuraba hacerlo, porque el odio había sustituido en ellos el amor y toda la Ley se resume y se cumple en el amor (Mt. 7:12; Ro. 13:8-10; Gá. 5:14). Ellos no solo incumplen en el amor al prójimo sino que se agrava más en el odio contra Jesús.

τί με ζητεῖτε ἀποκτεῖναι. Contra la prohibición de la ley, bajo pena de muerte, de *no cometer homicidio*, o *no matar* (Ex. 20:13), aquellos deseaban, con premeditación y alevosía dar muerte al que era justo, benefactor del pueblo, obrador de maravillas y al que nadie podía acusarle. La profecía lo presentaba como quien *"nunca hizo maldad, ni hubo engaño en su boca"* (Is. 53:9). A quien nadie podía acusarle ni los delincuentes judíos encontraban prueba alguna para hacerlo, ellos, llenos de odio, pero orgullosos de guardar la Ley, querían matarlo. No era algo novedoso, sino lo que habían determinado tiempo antes (5:18). La acusación de Jesús es contundente: *vosotros queréis matarme*.

20. Respondió la multitud y dijo: Demonio tienes; ¿quién procura matarte?

ἀπεκρίθη ὁ ὄχλος[1]· δαιμόνιον ἔχεις· τίς σε ζητεῖ ἀποκτεῖναι
Respondió la multitud: Demonio tienes. ¿Quién te quiere matar?

Notas y análisis del texto griego.

Sigue el relato: ἀπεκρίθη, tercera persona singular del aoristo primero de indicativo en voz pasiva del verbo ἀποκρίνομαι, *responder, contestar, tomar la palabra*, aquí *respondió*; ὁ, caso nominativo masculino singular del artículo determinado *el*; ὄχλος, caso nominativo masculino singular del nombre común *multitud, gente, turba, pueblo*; δαιμόνιον, caso acusativo neutro singular del nombre común *demonio*; ἔχεις, segunda persona singular del presente de indicativo en voz activa del verbo ἔχω, *tener*, aquí *tienes*; τίς, caso nominativo masculino singular del pronombre interrogativo *quién*; σε, caso acusativo de la segunda persona singular del pronombre personal declinado *a tí, te*; ζητεῖ, tercera persona singular del presente de indicativo en voz activa del verbo ζητέω, *querer, desear*, aquí quiere; ἀποκτεῖναι, presente de infinitivo en voz activa del verbo ἀποκτείνω, *matar, destruir*.

Crítica Textual. Lecturas alternativas.

[1] ἀπεκρίθη ὁ ὄχλος, *respondió la multitud*, lectura atestiguada en 𝔭[66, 75], א, B, K, T, W, 33, 1241, co.

ἀπεκρίθη ὁ ὄχλος καὶ εἶπεν, *respondió la multitud y dijo*, según se lee en D, N, Γ, Δ, Θ, Ψ, 0105, $f^{1, 13}$, 565, 579, 700, 892, 1424, 844, 2211, 𝔐, latt.

ἀπεκρίθη ὁ ὄχλος· δαιμόνιον ἔχεις· τίς σε ζητεῖ ἀποκτεῖναι. Los fariseos habían acusado a Jesús ante todos los que estaban presentes. Él respondió también ante todos a la acusación que le habían formulado. Bien hubiera sido suponer que la respuesta a las palabras de Jesús procediera de los judíos. Sin embargo Juan hace notar que fue la multitud, el pueblo, la gente que se había reunido alrededor de Él, quienes formulan una acusación y una pregunta. Tal vez no entendieron bien a quienes se dirigían las palabras de Jesús, que, probablemente eran para los líderes religiosos. Sin embargo, no es menos cierto que junto con estos, o influenciados por ellos, la multitud iba a gritar delante de Pilato pidiendo la crucifixión de Jesús y, con ello, Su muerte.

La expresión corta, pero enfática, de *endemoniado*, equivale a *estás loco*, o *estas fuera de ti*. A causa de la forma de vida que Juan el Bautista llevaba, también decían de él que tenía demonio (Mt. 11:18). No significaba directamente que estuviera poseído, pero consideraban que aquello era vivir alienado. No cabe duda que entre la multitud había muchos que no pensaban ni querían dar muerte a Cristo y, posiblemente de este grupo salió la respuesta que comprendía también la pregunta de quien quería matarle.

Para todos, o por lo menos para la mayoría, los líderes religiosos en Jerusalén eran dechados de virtudes, por tanto, tenían que estar muy lejos del pensamiento de ellos dar muerte a Jesús. Nadie entendía las palabras de Cristo en la dimensión en que las había dicho. Por otro lado las intrigas y el propósito de matarle, que estaba en el corazón de los judíos desde tiempo atrás, era desconocido para ellos. De ahí la pregunta: *"¿Quién procura matarte?"*.

21. Jesús respondió y les dijo: Una obra hice, y todos os maravilláis

ἀπεκρίθη Ἰησοῦς καὶ εἶπεν αὐτοῖς· ἓν ἔργον ἐποίησα καὶ
Respondió Jesús y dijo les: una obra hice y
πάντες θαυμάζετε.
todos os asombráis.

Notas y análisis del texto griego.

Se traslada la respuesta de Jesús: ἀπεκρίθη, tercera persona singular del aoristo segundo de indicativo en voz activa del verbo ἀποκρίνομαι, *responder, replicar, contestar*, aquí *respondió*; Ἰησοῦς, caso nominativo masculino singular del nombre propio *Jesús*; καὶ, conjunción copulativa *y*; εἶπεν, tercera persona singular del aoristo segundo de indicativo en voz activa del verbo λέγω, *hablar, decir*, aquí *dijo*; αὐτοῖς, caso dativo masculino de la tercera persona plural del pronombre personal declinado *a ellos, les*; ἓν, caso acusativo neutro singular del adjetivo numeral cardinal *uno*; ἔργον, caso acusativo neutro singular del nombre común *obra, trabajo*; ἐποίησα, primera persona singular del aoristo primero de indicativo en voz activa del verbo ποιέω, *hacer, operar*, aquí *hice*; καὶ, conjunción copulativa *y*; πάντες, caso nominativo masculino plural del adjetivo indefinido *todos*; θαυμάζετε, segunda persona plural del presente de indicativo en voz activa del verbo θαυμάζω, *admirarse, asombrarse, maravillarse*, aquí *os asombráis*.

ἀπεκρίθη Ἰησοῦς καὶ εἶπεν αὐτοῖς· ἓν ἔργον ἐποίησα καὶ πάντες θαυμάζετε. Los judíos acusaron a Jesús de estar fuera de sí, porque afirmó que deseaban matarle. Ahora Él les habla del asombro que produjo la obra que hizo. ¿A cuál se refería? Sin duda hizo muchas obras portentosas en la ciudad, sanando enfermos, pero Él se refiere a una que causó cierta conmoción y que precipitó la decisión de matarle. Probablemente se refiera a la de la sanidad del impedido en el estanque de Siloé, que por haberla hecho en sábado provocó la reacción del odio que contra Él tenían los judíos (5:18). Esto lo confirma el versículo siguiente en que se habla del día de reposo.

22. Por cierto, Moisés os dio la circuncisión (no porque sea de Moisés, sino de los padres); y en el día de reposo circuncidáis al hombre.

διὰ τοῦτο Μωϋσῆς δέδωκεν ὑμῖν τὴν περιτομήν– οὐχ ὅτι ἐκ
Por esto Moisés ha dado os la circuncisión (No que de
τοῦ Μωϋσέως ἐστὶν ἀλλ' ἐκ τῶν πατέρων– καὶ ἐν σαββάτῳ
- Moisés es sino de los padres) y en sábado
περιτέμνετε ἄνθρωπον.
circuncidáis al hombre.

Notas y análisis del texto griego.

Continúa el texto διὰ, preposición propia de acusativo *por*; τοῦτο, caso acusativo neutro singular del pronombre demostrativo *esto*; Μωϋσῆς, caso nominativo masculino singular del nombre propio *Moisés*; δέδωκεν, tercera persona singular del perfecto de indicativo en voz activa del verbo δίδωμι, *dar, conceder*, aquí *dio*; ὑμῖν, caso dativo de la segunda persona plural del pronombre personal declinado *a vosotros, os*; τὴν, caso acusativo femenino singular del artículo determinado *la*; περιτομήν, caso acusativo femenino singular del nombre común *circuncisión*; –οὐχ, forma del adverbio de negación *no*, con el grafismo propio ante vocal con espíritu áspero; ὅτι, conjunción *que*; ἐκ, preposición propia de genitivo *de*; τοῦ, caso genitivo masculino singular del artículo determinado *el*; Μωϋσέως, caso genitivo masculino singular del nombre propio *Moisés*; ἐστὶν, tercera persona singular del presente de indicativo en voz activa del verbo εἰμί, *ser, estar*, aquí *es*; ἀλλ', forma escrita ante vocal de la conjunción adversativa ἀλλά que significa *pero, sino*; ἐκ, preposición propia de genitivo *de*; τοῦ, caso genitivo masculino plural del artículo determinado *los*; πατέρων–, caso genitivo masculino plural del nombre común *padres, ascendientes*; καὶ, conjunción copulativa *y*; ἐν, preposición propia de dativo *en*; σαββάτῳ, caso dativo neutro singular del nombre común *sábado*; περιτέμνετε, segunda persona plural del presente de indicativo en voz activa del verbo *circuncidar*, aquí *circuncidáis*; ἄνθρωπον, caso acusativo masculino singular del nombre común *hombre*.

διὰ τοῦτο Μωϋσῆς δέδωκεν ὑμῖν τὴν περιτομήν– οὐχ ὅτι ἐκ τοῦ Μωϋσέως ἐστὶν ἀλλ' ἐκ τῶν πατέρων– Los judíos se habían escandalizado por la obra hecha por Jesús en un sábado, sanando a un enfermo, para ellos eso era quebrantar la Ley que Moisés había dado. De modo que va a tomar uno de los mandatos establecidos en la Ley, el de la circuncisión, para hacerles ver la inconsecuencia de un sistema que se basaba, no tanto en lo que la Escritura establecía, sino en la *tradición* que llamaba trabajo a lo que era misericordia y amor. Jesús hace precisiones sobre el mandamiento y sobre el conjunto de la Ley. En ella se recogía la normativa sobre la circuncisión, pero, esta instrucción no venía de lo que Dios había establecido por medio de Moisés, sino que se remontaba a tiempos anteriores a la ley, el de los patriarcas, llamados aquí *padres*. La circuncisión se iniciaba en los tiempos de Abraham (Gn. 17:9-14, 23-27; 21:4). Simplemente pasó a ser prescripción legal porque se incorporó a los mandamientos para el pueblo de Israel (Lv. 12:1-3).

καὶ ἐν σαββάτῳ περιτέμνετε ἄνθρωπον. Según la Ley, la circuncisión había de practicarse a los ocho días del nacimiento, de modo que la operación había de hacerse aunque el octavo día coincidiese en sábado. Nadie de los judíos se inquietaba o acusaba a los padres del niño de quebrantar el sábado. Es más, para ellos la circuncisión se consideraba más importante que el día de reposo, porque en él se practicaba el rito. Sin embargo, sanar a un hombre, que no representaba esfuerzo alguno, sino una manifestación de la misericordia, los irritaba hasta el punto de determinar la muerte del benefactor. La circuncisión era un asunto ceremonial que no servía para nada si no iba acompañada de la *circuncisión del corazón*, sanar a un enfermo era restaurar su vida. Los judíos entendían que esa señal era lo necesario para alcanzar las bendiciones del pacto con Abraham y hacerles, a ellos solos, herederos de todas las promesas, entre las que estaba la de la vida eterna. Esto los convertía en lo que los religiosos eran, fanáticos de su herencia y separados de los hombres. Era un asunto, no solo improcedente sino altamente injusto, condenar a alguien por practicar la misericordia y tolerar una tarea como la circuncisión en el día del sábado. Jesús no sólo había sanado el cuerpo enfermo de un hombre, sino también su vida espiritual al advertirle que no pecase más para que no le viniese algo peor (5:14).

23. Si recibe el hombre la circuncisión en el día de reposo, para que la ley de Moisés no sea quebrantada, ¿os enojáis conmigo porque en día de reposo sané completamente a un hombre?

εἰ περιτομὴν λαμβάνει ἄνθρωπος ἐν σαββάτῳ ἵνα μὴ
Si circuncisión recibe hombre en sábado para que no
λυθῇ ὁ νόμος Μωϋσέως, ἐμοὶ χολᾶτε ὅτι ὅλον
sea quebrantada la ley de Moisés, ¿conmigo os enojáis porque entero
ἄνθρωπον ὑγιῆ ἐποίησα ἐν σαββάτῳ
hombre sano hice en sábado.

Notas y análisis del texto griego.

Siguiendo con las palabras de Jesús, escribe: εἰ, conjunción afirmativa *si*; περιτομὴν, caso acusativo femenino singular del nombre común *circuncisión*; λαμβάνει, tercera persona singular del presente de indicativo en voz activa del verbo λαμβάνω, *tomar, coger, recibir*, aquí *recibe*; ἄνθρωπος, caso nominativo masculino singular del nombre común *hombre*; ἐν, preposición propia de dativo *en*; σαββάτῳ, caso dativo neutro singular del nombre común *sábado*; ἵνα, conjunción condicional *para que*; μὴ, partícula que hace funciones de adverbio de negación *no*; λυθῇ, tercera persona singular del aoristo primero de subjuntivo en voz pasiva del verbo λύω, *quebrantar, relajar, desintegrar, librar, destruir*, aquí *sea quebrantado*; ὁ, caso nominativo masculino singular del artículo determinado *el*; νόμος, caso nominativo masculino singular del nombre común *mandamiento, ley, norma*; Μωϋσέως, caso genitivo masculino singular del nombre propio declinado *de Moisés*; ἐμοὶ, caso dativo de la primera persona singular del pronombre personal declinado *a mí*; χολᾶτε, segunda persona plural del presente de indicativo en voz activa del verbo χολάω, *disgustarse, enojarse*, aquí *os enojáis*; ὅτι, conjunción causal *porque*; ὅλον, caso acusativo masculino singular del adjetivo *total, entero*; ἄνθρωπον, caso acusativo masculino singular del nombre común *hombre*; ὑγιῆ, caso acusativo masculino singular del adjetivo *sano*; ἐποίησα, primera persona singular del aoristo primero de indicativo en voz activa del verbo ποιέω, *hacer, realizar*, aquí *hice*; ἐν, preposición propia de dativo *en*; σαββάτῳ, caso dativo neutro singular del nombre común *sábado*.

εἰ περιτομὴν λαμβάνει ἄνθρωπος ἐν σαββάτῳ ἵνα μὴ λυθῇ ὁ νόμος Μωϋσέως, El desarrollo de las palabras de la respuesta de Jesús, sigue presentando un notable contraste. La circuncisión, aunque ordenada por Dios, no cabe duda que representaba hacer una herida en el cuerpo del niño. La herida en sí, y el trabajo para hacerla, no tenía en cuenta la fecha del sábado, ni la festividad solemne del día que había de ser apartado de cualquier actividad. Un trabajo semejante no se tenía en cuenta como actividad porque era considerado, como se dice antes, superior en autoridad el mandamiento de la circuncisión al de guardar el santificar el sábado.

ἐμοὶ χολᾶτε ὅτι ὅλον ἄνθρωπον ὑγιῆ ἐποίησα ἐν σαββάτῳ. Jesús pone un contraste sencillo. Por un lado estaba la circuncisión hecha en sábado, que producía una herida; por otro estaba la sanidad *entera*, es decir, *total* de la profunda herida que por años llevaba sobre sí un paralítico. Por esta acción de bondad y misericordia, se enojaban furiosamente contra Jesús. Moisés había dado la Ley, entre cuyos mandamientos estaba el de la circuncisión y el del sábado, con la finalidad de hacer sentir la limitación humana por el pecado y conducir los hombres a la gracia y misericordias divinas, con el propósito de dar salvación a los hombres. Las actividades del culto y los mandamientos que debían hacerse el sábado no eran un quebrantamiento de la Ley, sino un acto de obediencia a Dios. Mucha mayor obediencia era la sanidad de un enfermo cuando la Ley se resumía en un mandamiento de amor hacia Dios y hacia el prójimo. La circuncisión en sábado era una enseñanza de que la normativa sobre el sábado era eludible en caso de una necesidad mayor, de modo que en ocasiones se quebrantaba el sábado porque era necesario. Si el día de reposo puede ser eludido por la circuncisión, era de mayor necesidad sanar en ese día a un hombre, en un acto que no quebrantaba, sino que potenciaba la Ley. Si los hombres anulaban el sábado por causa de un miembro del cuerpo, en la circuncisión, mucho más se había de anular por *todo el cuerpo* de un enfermo. Jesús no estaba abogando por la liberación del compromiso del sábado, Él no había venido para quebrantar la Ley, sino para cumplirla, estaba procurando que todos entendieran la razón del porqué Dios había establecido el mandamiento. El sábado fue hecho por causa del hombre y no al revés (Mr. 2:27).

24. No juzguéis según las apariencias, sino juzgad con justo juicio.

μὴ	κρίνετε	κατ'	ὄψιν,	ἀλλὰ	τὴν	δικαίαν	κρίσιν	κρίνετε.
No	juzgad	según	apariencia,	sino	el	justo	juicio	juzgad.

Notas y análisis del texto griego.

Concluyendo el párrafo, escribe: μὴ, partícula que hace funciones de adverbio de negación *no*; κρίνετε, segunda persona plural del presente de imperativo en voz activa del verbo κρίνω, *juzgar*, aquí *juzgad*; κατ', forma escrita de la preposición propia de acusativo κατά, *en*, por elisión ante vocal con espíritu suave; ὄψιν, caso acusativo femenino singular del nombre común *rostro, cara, apariencia*; ἀλλὰ, conjunción adversativa *sino*; τὴν, caso acusativo femenino singular del artículo determinado *la*; δικαίαν, caso acusativo femenino singular del adjetivo *justo*; κρίσιν, caso acusativo femenino singular del nombre común *juicio*; κρίνετε, segunda persona plural del presente de imperativo en voz activa del verbo κρίνω, *juzgar*, aquí *juzgad*.

μὴ κρίνετε κατ' ὄψιν, ἀλλὰ τὴν δικαίαν κρίσιν κρίνετε. Jesús concluye su respuesta presentando dos grandes principios para juzgar, *integridad* y *verdad*. El juicio más fácil es el que resulta de dar como buena la simple apariencia, pero es el más erróneo. Los oyentes, impulsados por los judíos, creían que la sanidad del enfermo había sido un quebrantamiento de la ley del sábado. Jesús aclara la verdad con que debía ser juzgado aquel milagro. Un juicio *según apariencias*, es siempre un juicio *superficial*, como lógicamente se deduce del término, juzgar según el rostro, según lo que se ve por fuera, sin profundizar en la realidad íntima de la acción. El juicio recto, que es el de Dios, nunca se basa en apariencias, sino en realidades (1 S. 16:7b). De ahí que Cristo utilice el presente de imperativo del verbo que no solo establece un mandato, sino la continuidad del mismo, como si dijese: *dejad de juzgar por apariencias*.

Reacción y respuesta de Jesús (7:25-29).

25. Decían entonces unos de Jerusalén: ¿No es éste a quien buscan para matarle?

Ἔλεγον οὖν τινες ἐκ τῶν Ἱεροσολυμιτῶν· οὐχ οὗτος ἐστιν ὃν
Decían, pues, unos de los de Jerusalén: ¿No éste es al que
ζητοῦσιν ἀποκτεῖναι
buscan para matar?

Notas y análisis del texto griego:

Iniciando un párrafo corto, escribe: Ἔλεγον, tercera persona plural del imperfecto de indicativo en voz activa del verbo λέγω, *hablar, decir*, aquí *decían*; οὖν, conjunción continuativa *pues*; τινες, caso nominativo masculino plural del pronombre indefinido *unos*; ἐκ, preposición propia de genitivo *de*; τῶν, caso genitivo masculino plural del artículo determinado *los*; Ἱεροσολυμιτῶν, caso genitivo masculino singular del nombre propio declinado *de Jerusalén*; οὐχ, forma del adverbio de negación *no*, con el grafismo propio ante vocal con espíritu áspero; οὗτος, caso nominativo masculino singular del pronombre demostrativo *éste*; ἐστιν, tercera persona singular del presente de indicativo en voz activa del verbo εἰμί, *ser, estar*, aquí *es*; ὃν, caso acusativo masculino singular del pronombre relativo *al que*; ζητοῦσιν, tercera persona plural del presente de indicativo en voz activa del verbo ζητέω, *buscar, procurar, intentar, querer*, aquí *quieren*; ἀποκτεῖναι, aoristo primero de infinitivo en voz activa del verbo ἀποκτείνω, *matar, quitar la vida*.

Ἔλεγον οὖν τινες ἐκ τῶν Ἱεροσολυμιτῶν· οὐχ οὗτος ἐστιν ὃν ζητοῦσιν ἀποκτεῖναι. Los habitantes de Jerusalén sabían de Jesús, de Su poder y de Sus enseñanzas. No era, ni mucho menos un desconocido en la ciudad. Pero, conocían algo más, que estaba en el propósito de los dirigentes para darle muerte. La amenaza contra Jesús no era desconocida para nadie, aunque quisieran negarla en público. Los jerosolimitanos estaban mejor informados de los entresijos de la clase religiosa, porque tenían su centro en la ciudad. Es posible que incluso los residentes en la ciudad, se hubiesen sentido ofendidos por las acusaciones que el Señor hizo públicamente contra los religiosos y también contra el pueblo que seguía sus orientaciones. Los habitantes de Jerusalén se mantenían, en cierto modo, alejados del resto de los peregrinos que consideraban como de menor importancia social por residir en otros lugares, el hecho de que Juan utilice aquí el genitivo Ἱεροσολυμιτῶν, *de Jerusalén* es una evidencia de esa distinción. Este término sólo aparece dos veces en el Nuevo Testamento[1]. El escritor distingue con ello a los peregrinos que venían a la ciudad para la fiesta y a los que vivían permanentemente en ella. La pregunta retórica: *¿No es este?* Requiere una respuesta positiva: *Sí, es*.

26. Pues mirad, habla públicamente, y no le dicen nada. ¿Habrán reconocido en verdad los gobernantes que éste es el Cristo?

καὶ ἴδε παρρησίᾳ λαλεῖ καὶ οὐδὲν αὐτῷ λέγουσιν. μήποτε
Y mira, abiertamente habla y nada le dicen: ¿No será que
ἀληθῶς ἔγνωσαν οἱ ἄρχοντες ὅτι οὗτος ἐστιν ὁ Χριστός
verdaderamente reconocieron los dirigentes que éste es el Cristo.

Notas y análisis del texto griego.

Sin interrupción, sigue: καὶ, conjunción copulativa *y*; ἴδε, segunda persona singular del aoristo segundo de imperativo en voz activa del verbo ὁραω, *ver, atender*, aquí como *mira, presta atención*, que aquí podría usarse como una interjección *¡mira!*, muchas veces se traduce como *he aquí*; παρρησίᾳ, caso dativo femenino singular del nombre común *franqueza, confianza, en público, abiertamente*; λαλεῖ, tercera persona singular del presente de indicativo en voz activa del verbo λαλέω, *hablar, decir*, aquí *habla*; καὶ, conjunción copulativa *y*; οὐδὲν, caso acusativo neutro singular del pronombre indefinido *nada*; αὐτῷ, caso dativo masculino de la tercera persona singular del

[1] Mr. 1:5; Jn. 7:25.

pronombre personal declinado *a Él, le*; λέγουσιν, tercera persona plural del presente de indicativo en voz activa del verbo λέγω, *hablar, decir*, aquí *dicen*; μήποτε, partícula que hace funciones de conjunción independiente que se usa para introducir oraciones finales, o expresiones finales en la oración y que se utiliza en cláusulas negativas de propósito, equivalente a *no sea que*; ἀληθῶς, adverbio de modo *verdaderamente*; ἔγνωσαν, tercera persona plural del aoristo segundo de indicativo en voz activa del verbo γινώσκω, *conocer, saber, entender, comprender, reconocer*, aquí *reconocieron*; οἱ, caso nominativo masculino plural del artículo determinado *los*; ἄρχοντες, caso nominativo masculino plural del nombre común *líderes, autoridades, dirigentes*; ὅτι, conjunción *que*; οὗτος, caso nominativo masculino singular del pronombre demostrativo *éste*; ἐστιν, tercera persona singular del presente de indicativo en voz activa del verbo εἰμί, *ser, estar*, aquí *es*; ὁ, caso nominativo masculino singular del artículo determinado *el*; Χριστός, caso nominativo masculino singular del nombre propio *Cristo*.

καὶ ἴδε παρρησίᾳ λαλεῖ καὶ οὐδὲν αὐτῷ λέγουσιν. Los habitantes de Jerusalén observaban que Aquel que los judíos buscaban con insistencia para darle muerte, predica libremente y nadie le dice nada. No solo hablaba en público, sino que había dado una respuesta contundente que dejaba en muy mal lugar la enseñanza tradicional que los líderes comunicaban al pueblo.

μήποτε ἀληθῶς ἔγνωσαν οἱ ἄρχοντες ὅτι οὗτος ἐστιν ὁ Χριστός. Esto hace generar la idea de que tal vez las autoridades hayan recapacitado sobre Jesús y hayan entendido que verdaderamente es el Cristo. El término ἄρχοντες, *líder, jefe, autoridad*, se aplicaba entre los jerosolimitanos para referirse especialmente al sanedrín, máxima representación nacional de la autoridad político-religiosa de la nación. Suponen que se hubiera producido un cambio de pensamiento, puesto que aquellos ejercían verdadera autoridad y podían, entre otras cosas, dictaminar que una persona recibiese azotes o, lo que era muy grave, fuese expulsado de la sinagoga (7:13; 9:22, 34; 12:42). Aquella suposición de que las autoridades hubieran reflexionado y se dieran cuenta de que Jesús era el Cristo, se establece en un modo que debe traducirse como una pregunta retórica. Todos se preguntaban entre ellos si los líderes cambiaron de opinión y, entendiendo que es el Cristo ya no sólo desisten de matarlo, sino que no le prohíben que hable en público. Con todo hay algo más: se está acusando veladamente a los líderes de falta de autoridad. Esto tenía un alto riesgo para ellos, puesto que si un hombre podía desafiarlos en público, todos los ciudadanos podrían hacerlo también. No es que los líderes llenos de odio no quisieran arrestar al Señor, pero *Su hora no había llegado*.

27. Pero éste, sabemos de dónde es; mas cuando venga el Cristo, nadie sabrá de dónde sea.

ἀλλὰ τοῦτον οἴδαμεν πόθεν ἐστίν· ὁ δὲ Χριστὸς ὅταν ἔρχηται
Pero Éste sabemos de donde es; pero el Cristo cuando venga
οὐδεὶς γινώσκει πόθεν ἐστίν.
nadie conoce de donde es.

Notas y análisis del texto griego.

Sigue el párrafo: ἀλλὰ, conjunción adversativa *pero*; τοῦτον, caso acusativo masculino singular del pronombre demostrativo *éste*; οἴδαμεν, primera persona plural del perfecto de indicativo en voz activa del verbo οἶδα, *saber, conocer*, aquí *sabemos*; πόθεν, adverbio de lugar *de donde, donde*; ἐστίν, tercera persona singular del presente de indicativo en voz activa del verbo εἰμί, *ser, estar*, aquí *es*; ὁ, caso nominativo masculino singular del artículo determinado *el*; δὲ, partícula conjuntiva que hace las veces de conjunción coordinante, con sentido de *pero, más bien, y, y por cierto, antes bien*; Χριστὸς, caso nominativo masculino singular del nombre propio *Cristo*; ὅταν, conjunción temporal *cuando*; ἔρχηται, tercera persona singular del presente de subjuntivo en voz media del verbo ἔχω, *venir*, aquí *venga*; οὐδεὶς, caso nominativo masculino singular del pronombre indefinido *nadie*; γινώσκει, tercera persona singular del presente de indicativo en voz activa del verbo γινώσκω, *saber, entender, conocer*, aquí *conoce*; πόθεν, adverbio interrogativo *de donde*; ἐστίν, tercera persona singular del presente de indicativo en voz activa del verbo εἰμί, *ser*, aquí *es*.

ἀλλὰ τοῦτον οἴδαμεν πόθεν ἐστίν· La gente conocía el origen y procedencia humana de Jesús. Todos podían identificar a Su familia, Sus padres y Sus hermanos y hermanas. El lugar de nacimiento era Belén. La ciudad donde había pasado la mayor parte de Su vida, Nazaret. Estaba perfectamente identificado para todos, ignorando Su procedencia celestial.

ὁ δὲ χριστὸς ὅταν ἔρχηται οὐδεὶς γινώσκει πόθεν ἐστίν. La tradición judía enseñaba que del Mesías sería desconocida Su procedencia. Realmente ignoraban muchos pasajes de la Escritura que identificaban Su lugar de nacimiento. En los días de Jesús había dos opiniones sobre el Mesías, una que nadie sabría de donde vendría, como se aprecia en este versículo, otros que nacería en Belén (vv. 41, 42). La primera posición posiblemente sea una creencia popular. La creencia muy extendida es que el Mesías bajaría del cielo como le había propuesto Satanás cuando le propuso que descendiese desde el pináculo del templo.

28. Jesús entonces, enseñando en el templo, alzó la voz y dijo: A mí me conocéis, y sabéis de dónde soy; y no he venido de mí mismo, pero el que me envió es verdadero, a quien vosotros no conocéis.

ἔκραξεν οὖν ἐν τῷ ἱερῷ διδάσκων ὁ Ἰησοῦς καὶ λέγων· καμὲ
Alzó la voz, pues, en el templo enseñando - Jesús y diciendo: Y a mí
οἴδατε καὶ οἴδατε πόθεν εἰμί· καὶ ἀπ' ἐμαυτοῦ οὐκ ἐλήλυθα,
conocéis y sabéis de donde soy; y de mí mismo no he venido,
ἀλλ' ἔστιν ἀληθινὸς ὁ πέμψας με, ὃν ὑμεῖς οὐκ οἴδατε·
sino es verdadero el que envió me, al que vosotros no habéis conocido.

Notas y análisis del texto griego.

Trasladando las palabras de Jesús, escribe: ἔκραξεν, tercera persona singular del aoristo primero de indicativo en voz activa del verbo κράζω, *gritar, alzar la voz*, aquí *alzó la voz*; οὖν, conjunción continuativa *pues*; ἐν, preposición propia de dativo *en*; τῷ, caso dativo neutro singular del artículo determinado *el*; ἱερῷ, caso dativo neutro singular del nombre común *templo, santuario*; διδάσκων, caso nominativo masculino singular del participio de presente en voz activa del verbo διδάσκω, *enseñar*, aquí *enseñando*; ὁ, caso nominativo masculino singular del artículo determinado *el*; Ἰησοῦς, caso nominativo masculino singular del nombre propio *Jesús*; καὶ, conjunción copulativa *y*; λέγων, caso nominativo masculino singular del participio de presente en voz activa del verbo λέγω, *decir, hablar*, aquí *diciendo*; καμὲ, crasis[2] formada por la conjunción copulativa καὶ, *y*, y del caso acusativo del pronombre personal *mí*, que equivale a *y a mí*; οἴδατε, segunda persona plural del perfecto de indicativo en voz activa del verbo οἶδα, *saber, conocer, entender*, aquí *habéis conocido*, en sentido de *conocéis*; καὶ, conjunción copulativa *y*; οἴδατε, segunda persona plural del perfecto de indicativo en voz activa del verbo οἶδα, *saber, conocer, entender*, aquí *habéis conocido*, en sentido de *conocéis*; πόθεν, adverbio de lugar *de donde*; εἰμί, primera persona singular del presente de indicativo en voz activa del verbo εἰμί, *ser, estar*, aquí *soy*; καὶ, conjunción copulativa *y*; ἀπ', preposición propia de genitivo ἀπό, con el grafismo que adopta por elisión de la o final ante vocal o diptongo sin aspiración, que equivale a *de, desde, procedente de, por medio de, con, por*; ἐμαυτοῦ, caso genitivo masculino singular del pronombre reflexivo *mí mismo*; οὐκ, forma escrita del adverbio de negación *no*, con el grafismo propio ante una vocal con espíritu suave o una enclítica; ἐλήλυθα, primera persona singular del perfecto de indicativo en voz activa del verbo ἔρχομαι, *venir*, aquí *he venido*; ἀλλ', forma escrita ante vocal de la conjunción adversativa ἀλλά que significa *pero, sino*; ἔστιν, tercera persona singular del presente de indicativo en voz activa del verbo εἰμί, *ser, estar*, aquí *es*; ἀληθινὸς, caso nominativo masculino singular del adjetivo *verdadero*; ὁ, caso nominativo masculino singular del artículo determinado *el*; πέμψας, caso nominativo

[2] *Crasis*, palabra griega que equivale a *unión de fuerzas*, en general *unión de elementos*.

masculino singular del participio de aoristo primero en voz activa del verbo πέμπω, *enviar, comisionar*, aquí *que envió*; με, caso acusativo de la primera persona singular del pronombre personal declinado *a mí, me*; ὃν, caso acusativo masculino singular del pronombre relativo *al que*; ὑμεῖς, caso nominativo de la segunda persona plural del pronombre personal *vosotros*; οὐκ, forma escrita del adverbio de negación *no*, con el grafismo propio ante una vocal con espíritu suave o una enclítica; οἴδατε, segunda persona plural del perfecto de indicativo en voz activa del verbo οἶδα, *saber, conocer*, aquí *habéis conocido*, también en sentido de *conocéis*.

ἔκραξεν οὖν ἐν τῷ ἱερῷ διδάσκων ὁ Ἰησοῦς καὶ λέγων· En medio del gentío que llenaba los atrios del templo, Jesús levantó la voz para atraer la atención de quienes le rodeaban y captar también a otros que transitaban por el lugar. Jesús estaba, como de costumbre, en el templo enseñando cuando alzó la voz.

καμὲ οἴδατε καὶ οἴδατε πόθεν εἰμί· El interés de Cristo era reiterar la razón de Su misión y afirmar nuevamente Su procedencia. El pensamiento de la gente es que del Cristo no se sabría Su procedencia, de ahí que se le cuestionase a Él negando que fuese el Mesías. En alta voz Jesús se refiere al conocimiento que todos tenían de Su ascendencia y lugar de residencia. Posiblemente la primera frase expresada en voz alta, sea un tanto irónica, como si dijese: *De modo que me conocéis a mí y sabéis de donde vengo ¿eh?* Aquellos creían conocer todo acerca de Él, pero realmente ignoraban Su procedencia del Padre. Los oyentes conocían lo externo del Verbo encarnado, pero desconocían la realidad del alcance de quien era. Un tema continuado en el *Evangelio* es la ignorancia que la gente tenía acerca de Jesús y Su origen (cf. 3:11; 5: 37, 38; 6:42, 60-62; 8:19, 55-59; 14:9).

καὶ ἀπ' ἐμαυτοῦ οὐκ ἐλήλυθα, ἀλλ' ἔστιν ἀληθινὸς ὁ πέμψας με, El verdadero origen de Jesús es divino, de modo que no podía venir sin haber sido enviado. Anteriormente declaró que Su enseñanza no procedía de Él mismo, sino que la había recibido de quien le había enviado. Ahora refuerza no el origen de su enseñanza, sino la procedencia de Su misión. La obra que realizaba y la tarea que cumplía no la había planeado Él, sino que se le había encomendado por el Padre. Los judíos no aceptaban una misión divina que Jesús estuviese llevando a cabo, creyendo que Su actuación era propia y humana. Sin embargo Él afirma que había sido enviado por Dios, pero que ellos no conocían a quien le enviaba.

El que le había encomendado la misión ἔστιν ἀληθινὸς, *es verdadero*. El calificativo define profundamente a Dios, como verdad esencial absoluta y operativa. El que dice verdad, confirma Sus promesas y en base a ello envía a Su Hijo al mundo. Dios que es amor, es también *verdadero*. No se trata de un autonombramiento de Cristo, como profeta o Mesías, sino que el único que es verdadero Dios lo había enviado y de Él procedía. Su origen terrenal es la consecuencia necesaria para el cumplimiento de la misión celestial.

ὃν ὑμεῖς οὐκ οἴδατε· Al Dios verdadero nadie conoce sino el Hijo que procede de Él en un acto generativo eterno. De ahí que le corresponde conocer al Padre como cosa propia porque procede de Él. Este conocimiento está vinculado a la procedencia de modo que ésta no se sustenta sin aquel o viceversa. La exclusividad del conocimiento deriva de la exclusividad de la generación. Por eso Él solo conoce al Padre, como el Padre conoce también al Hijo. De manera que sigue siendo desconocido para todos los que no tienen al Hijo a quienes no le es revelado por Su medio la realidad del Padre. Aquellos que desconocen al Padre, desconocen también la deidad del Hijo. Los hombres conocen de donde, desde la perspectiva humana, procedía Jesús de Nazaret, pero al ignorar Su misión como resultado del envío del Padre, ignoran también su Deidad, negando que sea el Hijo de Dios. La rebeldía innata en ellos les impedía, entenebrecidos por su condición pecaminosa, conocer a Dios que se había aproximado a ellos en Su Hijo, manteniéndose lo más lejos posible de Él. Si hubieran conocido a Dios habrían conocido también a Jesús, a quien Dios había enviado. De modo que si no conocen al que envía tampoco pueden reconocer al enviado. Los judíos estaban orgullosos de conocer al verdadero Dios (Ro. 2:17-19), pero la realidad es otra, puesto que si hubiesen conocido a Dios no habrían rechazado a Jesús. A Dios se le conoce en Cristo y por medio de Él. La Ley en la que los judíos basaban su conocimiento de Dios es el testimonio divino sobre Jesús y sobre la revelación que Dios mismo hace por medio de Él (5:46; He. 1:2).

29. Pero yo le conozco, porque de él procedo, y él me envió.

ἐγὼ	οἶδα	αὐτόν,	ὅτι	παρ᾽	αὐτοῦ	εἰμι	κακεῖνος	με
Yo	he conocido	le,	porque	de	Él	soy,	y éste	me

ἀπέστειλεν.
envió

Notas y análisis del texto griego.

Concluyendo el párrafo, dice: ἐγὼ, caso nominativo de la primera persona singular del pronombre personal *yo*; οἶδα, primera persona singular del perfecto de indicativo en voz activa del verbo οἶδα, *saber, conocer*, aquí *he conocido*; αὐτόν, caso acusativo masculino de la tercera persona singular del pronombre personal declinado *a Él, le*; ὅτι, conjunción causal *porque*; παρ' preposición propia de genitivo en la forma que adopta la preposición παρά, por elisión de la α final cuando precede a una palabra que comienza con vocal, equivale a *de*; αὐτοῦ, caso genitivo masculino de la tercera persona singular del pronombre personal *Él*; εἰμι, primera persona singular del presente de indicativo en voz activa del verbo εἰμί, *ser, estar*, aquí *soy*; κακεῖνος, crasis[16] formada por la conjunción copulativa καὶ, *y*, y del caso nominativo del pronombre o adjetivo demostrativo ἐκεῖνος, *aquel*, la palabra equivale a *y aquel, también aquél; y éste, también éste*; με, caso acusativo de la primera persona singular del pronombre personal *me*; ἀπέστειλεν, tercera persona singular del aoristo primero de indicativo en voz activa del verbo ἀποστέλλω, *enviar*, aquí *envió*.

ἐγὼ οἶδα αὐτόν, La primera verdad es el conocimiento que Cristo tiene del Padre. En contraste con los hombres, incluyendo los que por ser religiosos conocían la Escritura, que no le conocían. Jesús conoce al Padre[3].

ὅτι παρ' αὐτοῦ εἰμι. La segunda verdad es la pertenencia al Padre. Jesús afirma que *de Él soy*. El hecho de que Jesús sea de Dios hace que exista una relación precedente a Su encarnación y nacimiento. Ya desde el principio del *Evangelio* se presentó a Jesús como el Dios encarnado que eternamente existe junto al Padre (1:1). La relación entre la primera y segunda Personas Divinas, es eterna. El Padre eternamente lo engendra y en esa acción no se consuma el hecho de modo que se tratra de un engendrar *inmanente*, por el que el Padre está en el Hijo y el Hijo en el Padre (17:23). La expresión *soy de Él* no implica subordinación y mucho menos sumisión, simplemente designa la eterna relación *ad intra* paterno-filial en la que el Hijo está *junto* al Padre. La relación temporal del que envía y del enviado, es la proyección en el tiempo del hombre de la relación intra-trinitaria de la eterna vida de Dios y la relación vinculante entre las Personas Divinas.

κακεῖνος με ἀπέστειλεν. Una tercera verdad es la del *envío*. Si eternamente esta *junto a Dios*, el Padre se desprende del Hijo enviándolo al mundo para que realice la parte de misión redentora que asumió en el Plan de Redención, establecido desde antes de la fundación del mundo (1 P. 1:18-20). Jesús es el gran Apóstol del Padre a los hombres. Los hombres insistían en que Cristo se arrogaba la misión del Mesías haciéndose tal y considerando que no era cierto. Jesús afirma que el Padre, alque sólo Él conoce, le envió para realizar la

[3] Ver comentario a 4:18.

obra que está haciendo. Mientras los hombres ignoran Él sabe con seguridad y precisión la obra que le había sido encomendada (4:34; 17:4). El conocimiento del Padre y la certeza de la misión se funda en la eterna relación en el Ser Divino.

Reacción del pueblo (7:30-36).

30. Entonces procuraban prenderle; pero ninguno le echó mano, porque aún no había llegado su hora.

Ἐζήτουν	οὖν	αὐτὸν	πιάσαι,	καὶ	οὐδεὶς	ἐπέβαλεν	ἐπ'	αὐτὸν
Procuraban,	pues,	le	arrestar,	y	nadie	puso	sobre	Él

τὴν	χεῖρα,	ὅτι	οὔπω	ἐληλύθει	ἡ	ὥρα	αὐτοῦ.
la	mano,	porque	aún no	había llegado	la	hora	de Él.

Notas y análisis del texto griego.

Iniciando un nuevo párrafo, escribe: Ἐζήτουν, tercera persona plural del imperfecto de indicativo en voz activa del verbo ζητέω, *buscar, procurar, intentar*, aquí *procuraban*; οὖν, conjunción con función continuativa *pues*; αὐτὸν, caso acusativo masculino de la tercera persona singular del pronombre personal declinado *a Él, le*; πιάσαι, aoristo primero de infinitivo en voz activa del verbo πιάζω, *arrestar, agarrar, tomar*; καὶ, conjunción copulativa *y*; οὐδεὶς, caso nominativo masculino singular del pronombre indefinido *nadie, ninguno*; ἐπέβαλεν, tercera persona singular del segundo aoristo de indicativo en voz activa del verbo ἐπιβάλλω, *poner sobre*, aquí *puso*; ἐπ' forma que adopta la preposición de acusativo ἐπί, con el grafismo por elisión de la ι final ante vocal o diptongo sin aspiración, que equivale a *por, sobre*; αὐτὸν, caso acusativo masculino de la tercera persona singular del pronombre personal *Él*; τὴν, caso acusativo femenino singular del artículo determinado *la*; χεῖρα, caso acusativo femenino singular del nombre común *mano*; ὅτι, conjunción causal *porque*; οὔπω, adverbio de negación *aún no*; ἐληλύθει, tercera persona singular del pluscuamperfecto de indicativo en voz activa del verbo ἔρχομαι, *venir, llegar, aparecer*, aquí *había venido*; ἡ, caso nominativo femenino singular del artículo determinado *la*; ὥρα, caso nominativo femenino singular del nombre común *hora*; αὐτοῦ, caso genitivo masculino de la tercera persona singular del pronombre personal declinado *de Él*.

Ἐζήτουν οὖν αὐτὸν πιάσαι, καὶ οὐδεὶς ἐπέβαλεν ἐπ' αὐτὸν τὴν χεῖρα, La soberanía divina y la voluntad humana vuelven a estar en confrontación. Un contraste profundo aparece en el texto. Los hombres procuraban *arrestarle*. Humanamente hablando no habría dificultad alguna puesto que a quien querían arrestar estaba hablando públicamente en el templo. Sin embargo sigue al deseo la imposibilidad de hacerlo: *nadie puso su mano sobre Él*. Una fuerza irresistible retiene la furia de los hombres contra Jesús, dejando inútiles los esfuerzos de quienes querían darle muerte.

ὅτι οὔπω ἐληλύθει ἡ ὥρα αὐτοῦ. La soberanía impedía la acción de los hombres. Nadie le podía arrestar porque aun *no había llegado Su hora*. Esa hora se refiere en el texto al tiempo en que había de dar Su vida por el pecado del mundo. Los que habían querido arrestarle para darle muerte se encontraban no sólo con la soberanía del Padre, sino también con la del Hijo. Más adelante afirmará con notable precisión hablando de Su vida: *"Nadie me la quita, sino que yo de mí mismo la pongo. Tengo poder para ponerla, y tengo poder para volverla a tomar. Este mandamiento recibí de mi Padre"* (10:18). La vida de Cristo estaba plenamente programada en el tiempo de Dios. Al principio de Su ministerio dijo a su madre que *"aun no ha venido mi hora"* (2:4). Su nacimiento no ocurrió hasta que llegó *"el cumplimiento del tiempo"* (Gá. 4:4). La muerte redentora no podía ocurrir hasta el tiempo determinado por Dios. Cuanto ocurría con el ministerio de Jesús estaba determinado por Dios, ya que Él sería entregado *"por determinado consejo y anticipado conocimiento de Dios"* (Hch. 2:23). La misión redentora de Jesucristo, el Hijo de Dios, había sido establecida en la eternidad, antes de la creación del universo y de los hombres. Dios no determinó salvar al hombre porque el hombre iba a perderse, sino por determinación y propósito Suyo que precede a cualquier acontecimiento en el plano de la humanidad (2 Ti. 1:9). Quiere decir que la muerte de Jesús ocurriría por el propósito determinado de Dios y Su previo conocimiento. Tal propósito fue revelado por los profetas, que anunciaron los sufrimientos y la muerte del Mesías. Estaba profetizado antes de que ocurriese porque Dios lo había así determinado. Cada parte del plan salvador estaba en el pleno conocimiento de Dios (1 P. 1:2). Así lo declara el profeta: *"Mas Jehová quiso quebrantarle, sujetándole a padecimiento"* (Is. 53:10). Todo cuanto ocurrió con el Salvador en Su muerte, es el cumplimiento de lo que estaba anunciado por los profetas (Lc. 24:25, 27, 44, 46, 47). En la eternidad Dios había respondido a tres preguntas esenciales en cuanto a redención: *¿Quién? ¿Cómo? ¿Cuándo?* El que redimiría sería el Hijo de Dios en carne humana, el Verbo de Dios encarnado (1:14); se había hecho hombre para poder morir por los hombres (He. 2.14). La segunda pregunta se respondía mediante lo que establecía para la salvación, que se haría mediante la entrega de la vida del Salvador, en precio por el pecado del mundo (1 P. 1:18-20). La tercera determinaba el tiempo en que había de llevarse a cabo (Gá. 4:4). Mientras este tiempo no llegase, nadie podía quitarle la vida, por eso ninguno puso su mano sobre Él para prenderle. El Señor mismo había afirmado que el plan de salvación, que incluía Su muerte y sufrimientos estaba determinado por Dios y que inexorablemente tendría cumplimiento (Mr. 9:12). En el repaso doctrinal de aspectos relativos a la obra redentora de Jesucristo, el apóstol Pablo enseñaba que *"Cristo murió por nuestros pecados, conforme a las Escrituras"* (1 Co. 15:3). No se trataba de circunstancias adversas que convergían sobre Jesús, en un determinado momento de Su historia humana, haciéndolo víctima de aquella situación. Todo estaba bajo el control de Dios, y de Él como Persona Divina, que había dispuesto esto desde la eternidad. La muerte de Jesús, no fue el triunfo de la injusticia sobre la justicia, ni del odio sobre el amor, ni de la ingratitud sobre el desinterés, es la ejecución temporal del decreto eterno de Dios para la salvación del hombre. La aparente derrota, a la vista de los hombres, es la expresión suprema de la victoria de Dios.

31. Y muchos de la multitud creyeron en él, y decían: El Cristo, cuando venga, ¿hará más señales que las que éste hace?

Ἐκ τοῦ ὄχλου δὲ πολλοὶ ἐπίστευσαν εἰς αὐτὸν καὶ ἔλεγον· ὁ
Y de la gente muchos creyeron en Él y decían: El
Χριστὸς ὅταν ἔλθῃ μὴ πλείονα σημεῖα ποιήσει ὧν
Cristo cuando venga - ¿más señales hará que las que
οὗτος ἐποίησεν
Éste hizo?

Notas y análisis del texto griego.

Sigue el relato: Ἐκ, preposición propia de genitivo *de*; τοῦ, caso genitivo masculino singular del artículo determinado *los*; ὄχλου, caso genitivo masculino singular del nombre común *gente, gentío, pueblo, multitud*; δὲ, partícula conjuntiva que hace las veces de conjunción coordinante, con sentido de *pero, más bien, y, y por cierto, antes bien*; πολλοὶ, caso nominativo masculino plural del adjetivo *muchos*; ἐπίστευσαν, tercera persona plural del aoristo primero de indicativo en voz activa del verbo πιστεύω, *creer*, aquí *creyeron*; εἰς, preposición propia de acusativo *en*; αὐτὸν, caso acusativo masculino de la tercera persona singular del pronombre personal *Él*; καὶ, conjunción copulativa *y*; ἔλεγον, tercera persona plural del imperfecto de indicativo en voz activa del verbo λέγω, *hablar, decir*, aquí *decían*; ὁ, caso nominativo masculino singular del artículo determinado *el*; Χριστὸς, caso nominativo masculino singular del nombre propio *Cristo*; ὅταν, conjunción temporal *cuando*; ἔλθῃ, tercera persona singular del aoristo segundo de subjuntivo en voz activa del verbo ἔρχομαι, *venir*, aquí *venga*; μὴ, partícula que hace funciones de adverbio de negación condición *no*; πλείονα, caso acusativo neutro plural del adjetivo comparativo *más*; σημεῖα, caso acusativo neutro plural del nombre común *señales*; ποιήσει, tercera persona singular del futuro de indicativo en voz activa del verbo ποιέω, *hacer, realizar*, aquí *hará*; ὧν, caso genitivo neutro plural del pronombre relativo *que el que*; οὗτος, caso nominativo masculino singular del pronombre demostrativo *éste*; ἐποίησεν, tercera persona singular del aoristo primero de indicativo en voz activa del verbo ποιέω, *hacer, realizar*, aquí *hizo*.

Ἐκ τοῦ ὄχλου δὲ πολλοὶ ἐπίστευσαν εἰς αὐτὸν καὶ ἔλεγον· Mientras que los enemigos de Jesús se mantenían en su odio, buscando Su muerte, algunos, no sabemos cuantos, Juan dice *muchos*, creyeron en Él. ¿Se trata aquí de una fe salvadora? No podemos afirmar ni negar nada. No sabemos si se trata de una fe mental o vivencial. Sin embargo, el hecho es que *muchos* creían que Jesús era el Cristo, que es lo que exige la fe en el pasaje. Es interesante notar que estos creyentes, no importa en que dimensión fuesen, son de la gente del pueblo. No se dice que ninguno de los religiosos creyesen. Tal vez hubiese alguno como Nicodemo que creía que Jesús era el Cristo, pero los grandes de este mundo no eran capaces, por su orgullo, de discernir la realidad de quien era Jesús.

ὁ Χριστὸς ὅταν ἔλθῃ μὴ πλείονα σημεῖα ποιήσει ὧν οὗτος ἐποίησεν. El razonamiento que hacían los creyentes es que no podía el Cristo prometido hacer mayores señales que las que Jesús hacía. El Mesías proféticamente anunciado haría prodigios, como dar vista a los ciegos y sanar a los cojos. Por tanto, esperaban notables manifestaciones de poder cuando apareciese. Jesús ya satisfacía las expectativas proféticas lo suficiente para creer que era el Cristo.

32. Los fariseos oyeron a la gente que murmuraba de él estas cosas; y los principales sacerdotes y los fariseos enviaron alguaciles para que le prendiesen.

ἤκουσαν οἱ Φαρισαῖοι τοῦ ὄχλου γογγύζοντος περὶ αὐτοῦ
Oyeron los fariseos a la gente murmurando sobre Él
ταῦτα, καὶ ἀπέστειλαν οἱ ἀρχιερεῖς καὶ οἱ Φαρισαῖοι
estas cosas y enviaron los principales sacerdotes y los fariseos
ὑπηρέτας ἵνα πιάσωσιν αὐτόν.
alguaciles para que arrestasen le.

Notas y análisis del texto griego.

Trasladando la reacción de los judíos, escribe: ἤκουσαν, tercera persona plural del aoristo primero de indicativo en voz activa del verbo ἀκούω, *oír, escuchar*, aquí *oyeron*; οἱ, caso nominativo masculino plural del artículo determinado *los*; Φαρισαῖοι, caso nominativo masculino singular del nombre propio *fariseos*; τοῦ, caso genitivo masculino singular del artículo definido declinado *a la*; ὄχλου, caso genitivo masculino singular del nombre común *gente, gentío, muchedumbre*; γογγύζοντος, caso genitivo masculino singular del participio de presente en voz activa del verbo γογγύζω, *murmurar*; περὶ, preposición propia de genitivo *de, sobre*; αὐτοῦ, caso genitivo masculino de la tercera persona singular del pronombre personal *Él*; ταῦτα, caso acusativo neutro plural del pronombre demostrativo *estos*, en sentido de *estas cosas*; καὶ, conjunción copulativa *y*; ἀπέστειλαν, tercera persona plural del aoristo primero de indicativo en voz activa del verbo ἀποστέλλω, *enviar, mandar, remitir*, aquí *enviaron*; οἱ, caso nominativo masculino plural del artículo determinado *los*; ἀρχιερεῖς, caso nominativo masculino plural del nombre común *principales sacerdotes*; καὶ, conjunción copulativa *y*; οἱ, caso nominativo masculino plural del artículo determinado *los*; Φαρισαῖοι, caso nominativo masculino plural del nombre propio *fariseos*; ὑπηρέτας, caso acusativo masculino plural del nombre común *servidores, sirvientes, ministros, ayudantes*, en relación judicial *alguaciles*; ἵνα, conjunción causal *para que*; πιάσωσιν, tercera persona plural del aoristo primero de subjuntivo en voz activa del verbo πιάζω, *arrestar*, aquí *arrestasen*; αὐτόν, caso acusativo masculino singular del pronombre personal declinado *a Él*.

ἤκουσαν οἱ Φαρισαῖοι τοῦ ὄχλου γογγύζοντος περὶ αὐτοῦ ταῦτα, A la casta religiosa formada por los fariseos y los principales sacerdotes, llegó la opinión que la gente, especialmente los que creían que Jesús era el Mesías, tenían acerca de Él. En el versículo anterior se dan las razones que tenían para creer. De modo que aquellos comentarios tuvieron que levantar aún más los ánimos de los judíos contra Cristo. Era, para ellos, intolerable lo que algunos estaban diciendo sobre Su mayor enemigo.

El propósito de matarle debía ser ejecutado cuanto antes. Muchos de ellos tenían que ser miembros del Sanedrín, el tribunal de más alto rango en Israel, de modo que utilizando su autoridad enviaron a los sirvientes del templo que estaban puestos para guardar el orden en el recinto sagrado, a fin de que arrestaran a Jesús. Los dos grupos actúan de común acuerdo para prender a Cristo. Los fariseos eran la representación más próxima al pueblo de la autoridad religiosa, mientras que los principales sacerdotes se mantenían más distantes de la gente. La combinación de estos dos grupos conduce inevitablemente, como antes se dice, al Sanedrín.

καὶ ἀπέστειλαν οἱ ἀρχιερεῖς καὶ οἱ Φαρισαῖοι ὑπηρέτας ἵνα πιάσωσιν αὐτόν. Arrestar a Jesús en medio de la gente mientras enseñaba en el templo era una misión difícil, que podía producir una revuelta entre la gente, de ahí que algunos[4], piensan que no se enviaron tanto a prenderle sino a vigilarle estrechamente, esperando la ocasión propicia para traerle detenido y presentarlo luego al Sanedrín para ser

[4] Entre otros León Morris.

juzgado. Los dos grupos profundamente antagónicos ya que los principales sacerdotes eran de la secta de los saduceos, mientras que los otros eran fariseos, se unen en la actuación a causa del mismo propósito que los dos tenían contra Cristo. Es posible que estos dos grupos mayoritarios en el Sanedrín actuaran en nombre o bajo la autoridad del tribunal.

33. Entonces Jesús dijo: Todavía un poco de tiempo estaré con vosotros, e iré al que me envió.

εἶπεν οὖν ὁ Ἰησοῦς· ἔτι χρόνον μικρὸν μεθ' ὑμῶν εἰμι καὶ
Dijo, entonces, - Jesús: Aún tiempo pequeño con vosotros estoy y
ὑπάγω πρὸς τὸν πέμψαντα με.
me voy al que envió me.

Notas y análisis del texto griego.

Siguiendo el relato, escribe: εἶπεν, tercera persona singular del aoristo segundo de indicativo en voz activa del verbo λέγω, *hablar, decir*, aquí *dijo*; οὖν, conjunción continuativa *pues, entonces*; ὁ, caso nominativo masculino singular del artículo determinado *el*; Ἰησοῦς, caso nominativo masculino singular del nombre propio *Jesús*; ἔτι, adverbio de tiempo *aún*; χρόνον, caso acusativo masculino singular del nombre común *tiempo*; μικρὸν, caso acusativo masculino singular del adjetivo *pequeño, corto, breve*; μεθ' forma que toma la preposición de genitivo μετά ante vocal aspirada, que significa *con*; ὑμῶν, caso genitivo de la segunda persona plural del pronombre personal *vosotros*; εἰμι, primera persona singular del presente de indicativo en voz activa del verbo εἰμί, *ser, estar*, aquí *estoy*; καὶ, conjunción copulativa *y*; ὑπάγω, primera persona singular del presente de indicativo en voz activa del verbo ὑπάγω, *irse, marcharse*, aquí *me voy*; πρὸς, preposición propia de acusativo *a*; τὸν, caso acusativo masculino singular del artículo determinado *el*; πέμψαντα, caso acusativo masculino singular del participio de aoristo primero en voz activa del verbo πέμπω, *enviar, comisionar*, aquí *que envió*; με, caso acusativo de la primera persona singular del pronombre personal declinado *a mí, me*.

εἶπεν οὖν ὁ Ἰησοῦς· La gente creía o no en el Señor. Los judíos querían prenderle y matarle, para sacarle de circulación e impedir que Su enseñanza siguiera cautivando a muchos en impactando a todos. Todo este entorno generaría tensión en cualquier persona, pero no en Jesús. Él Sabía a qué había venido y sabía que la hora aún no había llegado para Su muerte. Por eso aprovecha todo momento para advertir a la gente sobre lo que iba a ocurrir.

ἔτι χρόνον μικρὸν μεθ' ὑμῶν εἰμι καὶ ὑπάγω πρὸς τὸν πέμψαντα με. Les hace notar, en una frase que sin duda era enigmática para la mayoría, sino para todos, que el tiempo que restaba para Su partida era pequeño, corto. La hora de Su regreso al Padre estaba próxima. El ministerio terrenal que le había sido encomendado y que incluía el sacrificio en la Cruz, estaba ya en el futuro próximo. Es natural que si fue enviado por el Padre, terminado el ministerio encomendado debe volver al lugar de donde vino. El uso de estas palabras con referencia a la salida de Jesús de este mundo, está en otros lugares del *Evangelio* (8:14, 21, 22; 13: 3, 33, 36; 14:4, 5, 28; 16:5, 10, 17). Es interesante apreciar que esto había sido el tema de la transfiguración, en donde los enviados desde el cielo, Moisés y Elías hablaban con Jesús de Su *partida* que tendría lugar en Jerusalén (Lc. 9:31). En cualquier caso Su muerte no estaba determinada por los fariseos y sacerdotes, sino establecida eternamente en el Plan de Redención. No eran los hombres los que producirían Su muerte, sino que es el Padre que lo entrega a la muerte con amor de los hombres para Su salvación. Los enemigos de Cristo no están en el control de Su vida.

34. Me buscaréis, y no me hallaréis; y a donde yo estaré, vosotros no podréis venir.

ζητήσετε με καὶ οὐχ εὑρήσετε [με][1], καὶ ὅπου εἰμὶ ἐγὼ ὑμεῖς
Buscaréis me y no hallaréis me, y adonde estoy yo vosotros
οὐ δύνασθε ἐλθεῖν.
no podéis venir.

Notas y análisis del texto griego.

Cerrando las palabras de Jesús, dice: ζητήσετε, segunda persona plural del futuro de indicativo en voz activa del verbo ζητέω, *buscar*, aquí *buscaréis*; με, caso acusativo de la primera persona singular del pronombre personal declinado *a mí, me*; καὶ, conjunción copulativa *y*; οὐχ, forma escrita del adverbio de negación *no*, con el grafismo propio ante una vocal con espíritu suave o una enclítica; εὑρήσετε, segunda persona plural del futuro de indicativo en voz activa del verbo εὑρίσκω, *encontrar*, aquí *encontraréis*; με, caso acusativo de la primera persona singular del pronombre personal declinado *a mí, me*; καὶ, conjunción copulativa *y*; ὅπου, adverbio relativo de lugar *adonde*; εἰμὶ, primera persona singular del presente de indicativo en voz activa del verbo εἰμί, *ser, estar*, aquí *estoy*; ἐγὼ, caso nominativo masculino singular del pronombre personal *yo;* ὑμεῖς, caso nominativo masculino de la segunda persona plural del pronombre personal *vosotros*; οὐ, adverbio de negación *no*; δύνασθε, segunda persona plural del presente de indicativo en voz media del verbo δύναμαι, *poder, tener poder*, aquí *podéis*; ἐλθεῖν, aoristo segundo de infinitivo en voz activa del verbo ἔρχομαι, *venir*.

Crítica Textual. Lecturas alternativas.

[1] με, *me*, lectura atestiguada en $\mathfrak{p}^{75}$, B, N, T, 0105, 565, sir.

No figura en 𝔭^{66}, ℵ, D, K, K, W, Γ, Δ, Θ, Ψ, $f^{1, 13}$, 33, 579, 700, 892, 1241, 1424, 𝔐, latt.

ζητήσετε με καὶ οὐχ εὑρήσετε [με], La expresión de Cristo, con el verbo buscar en futuro, es un tanto compleja. Sin duda está dirigiéndose a quienes le escuchaban y en forma especial a los judíos que buscaban Su muerte. ¿En que sentido le buscarían? Si Él va a regresar a Su Padre, podría entenderse como que le buscarían como Mesías libertador.

καὶ ὅπου εἰμὶ ἐγὼ ὑμεῖς οὐ δύνασθε ἐλθεῖν. Al lugar a donde Él iba, aquellos no podrían ir. Sin duda la gloria a donde fue exaltado, es la esperanza cristiana. Pero aquellos todos no creían en Él, por tanto todos ellos morirían en el pecado de incredulidad (8:21-22). En cambio para los creyentes, entre los que están los discípulos, dice que no podían seguirle *ahora* (13:33, 36). Para todos estos el Señor iba a prepararles un lugar para que estuviesen donde Él está (14:2). Sin embargo es interesante notar que el verbo εἰμί, *estar*, aparece en presente *estoy* y no en futuro. Pudiera considerarse como un presente profético que expresado de este modo tiene que ver con situaciones venideras, sin embargo, Jesús no dejó de estar en el seno del Padre, aun en Su condición humana. Los hombres no pueden acceder al lugar donde está porque es privativo de Él. Nadie puede estar en el lugar de la intimidad divina del Seno Trinitario. Con todo, los creyentes son posicionalmente ascendidos en Cristo y están sentados con Él en lugares celestiales (Ef. 2:6).

Siguiendo la dirección natural del texto, el Señor les hace notar que habrá un momento en que procurarán encontrarlo. Días de angustia como no habían ocurrido antes. La destrucción de la ciudad por los ejércitos de Tito tendría lugar pocos años después. El esparcimiento de los judíos por el mundo, la diáspora de siglos, iba a producirse, pero ya no habría remedio, habiendo rechazado y despreciado el día de gracia que Dios, en Su fidelidad, les había otorgado. Buscarían entonces la presencia divina. Anhelarían la llegada del Mesías, pero no vendría en ayuda de la nación, puesto que ellos mismos pedirán a Dios que la sangre del inocente Hijo, caiga sobre ellos y sobre sus hijos (Mt. 27:25). Dos mundos antagónicos se ponen de manifiesto. El de Jesús, divino, celestial, glorioso, y el de los incrédulos, terrenal, temporal, de condenación por el pecado. Éstos no pueden alcanzar aquel al que Jesús pertenece y al lugar a donde regresa, del que había venido. Rechazar a Cristo no es eliminar a Dios, sino eliminarse a ellos mismos. No deseaban oír la palabra de Dios que el Verbo les comunicaba.

Rechazaban Su mensaje de gracia, y un día, desearían oír nuevamente a Jesús, pero el cielo guardaría silencio sobre ellos. Es interesante la cita que hace Hendriksen[5] apuntando a esta situación futura, tomándola de la profecía: *"He aquí vienen días, dice Jehová el Señor, en los cuales enviaré hambre a la tierra, no hambre de pan, ni sed de agua, sino de oír la palabra de Jehová. E irán errantes de mar a mar; desde el norte hasta el oriente discurrirán buscando palabra de Jehová, y no la hallarán"* (Am. 8:11-12). Cristo iba al Padre, aquellos no podían acceder allí, porque rechazándole a Él rechazaban también al Padre.

35. Entonces los judíos dijeron entre sí: ¿Adónde se irá éste, que no le hallemos? ¿Se irá a los dispersos entre los griegos, y enseñará a los griegos?

εἶπον οὖν οἱ Ἰουδαῖοι πρὸς ἑαυτούς· ποῦ οὗτος μέλλει
Dijeron, pues, los judíos entre ellos mismos: ¿A donde Éste está para
πορεύεσθαι ὅτι ἡμεῖς οὐχ εὑρήσομεν αὐτόν μὴ εἰς τὴν
irse que nosotros no hallemos le ¿No a la
διασπορὰν τῶν Ἑλλήνων μέλλει πορεύεσθαι καὶ διδάσκειν
diáspora a los griegos está a punto de irse y enseñar
τοὺς Ἕλληνας
a los griegos?

Notas y análisis del texto griego.

Sigue la reacción de los judíos: εἶπον, tercera persona plural del aoristo segundo de indicativo en voz activa del verbo λέγω, *hablar, decir*, aquí *dijeron*; οὖν, conjunción causal continuativa *pues*; οἱ, caso nominativo masculino plural del artículo determinado *los*; Ἰουδαῖοι, caso nominativo masculino plural del adjetivo *judíos*; πρὸς, preposición propia de acusativo *entre*; ἑαυτούς, caso acusativo masculino plural del pronombre reflexivo *ellos mismos*; ποῦ, adverbio de interrogativo de lugar *a donde, donde*; οὗτος, caso nominativo masculino singular del pronombre demostrativo *éste*; μέλλει, tercera persona singular del presente de indicativo en voz activa del verbo μέλλω, *estar a punto de, haber de, deber, tener intenciones de*, aquí *esta para*; πορεύεσθαι, presente de infinitivo en voz media del verbo πορεύομαι, *irse*; ὅτι, conjunción *que*; ἡμεῖς, caso nominativo de la primera persona plural del pronombre personal *nosotros*; οὐχ, forma del adverbio de negación *no*, con el grafismo propio ante vocal con espíritu áspero; εὑρήσομεν, primera persona plural del futuro de indicativo en voz activa del verbo εὑρίσκω, *encontrar, hallar*, aquí *hallaremos*; αὐτόν, caso acusativo de la tercera persona singular del pronombre personal declinado *a Él, le*; μὴ, partícula que hace funciones de adverbio de negación *no*; εἰς, preposición propia de acusativo *a*; τὴν, caso acusativo femenino singular del artículo determinado *la*; διασπορὰν, caso

[5] G. Hendriksen. o.c., pág. 284.

acusativo femenino singular del nombre común *diáspora, dispersión*; τῶν, caso genitivo masculino plural del artículo determinado declinado *de los, a los*; Ἑλλήνων, caso genitivo masculino singular del nombre propio *helenos*; μέλλει, tercera persona singular del presente de indicativo en voz activa del verbo μέλλω, *estar a punto de, haber de, deber, tener intenciones de*, aquí *está a punto de*; πορεύεσθαι, presente de infinitivo en voz media del verbo πορεύομαι, *irse, viajar*; καὶ, conjunción copulativa *y*; διδάσκειν, presente de infinitivo en voz activa del verbo διδάσκω, *enseñar*; τοὺς, caso acusativo masculino plural del artículo determinado declinado *a los*; Ἕλληνας, caso acusativo masculino plural del nombre propio *griegos*.

εἶπον οὖν οἱ Ἰουδαῖοι πρὸς ἑαυτούς· Como es habitual los judíos interpretan literalmente las palabras de Jesús, sin entender en ellas el mensaje que quiere transmitirles. Esto da lugar a especulaciones por parte de ellos que comentan y consideran entre sí. Jesús acaba de decirles que estaría con ellos un corto tiempo y que luego iría a donde ninguno de ellos podía ir. Tales palabras despiertan un espíritu de buscar el significado de ellas, contrastando pareceres.

ποῦ οὗτος μέλλει πορεύεσθαι ὅτι ἡμεῖς οὐχ εὑρήσομεν αὐτόν. La primera pregunta que formulan es el lugar a donde se irá que ellos no puedan encontrarlo.

Una posibilidad sería que Jesús abandonara Palestina para irse al mundo griego donde, en medio de paganos idólatras vivían muchos judíos que aquí se llaman de la *diáspora* o de la *dispersión*, dispersos por todo el ámbito del imperio y aun más allá de sus límites. Desde el tiempo del cautiverio por los babilonios y luego por los medo-persas, algunos judíos se habían ido a vivir lejos de Israel. Uno de los grupos más numerosos de la *diáspora* estaba en Alejandría. Algunos de los judíos dispersos apenas conocían el arameo, usando habitualmente el idioma griego entre ellos, a estos grupos se les llama *los griegos*, que tenían sinagogas en Jerusalén y que fueron unos de los más notables perseguidores de los cristianos, como fue el caso de Esteban.

μὴ εἰς τὴν διασπορὰν τῶν Ἑλλήνων μέλλει πορεύεσθαι καὶ διδάσκειν τοὺς Ἕλληνας. Tal vez pensaban estos enemigos de Cristo que como su misión había fracasado en Judea y sabía que ellos habían determinado prenderlo y matarlo, quería salir de allí e ir a otro lugar para conquistar el corazón de los judíos dispersos. En este caso, pudiera entenderse también como que los enemigos de Jesús pensaban que no iría ya a judíos, sino a gentiles griegos, ya que entendía que iría a enseñar *a los griegos*. En este caso la pregunta irónica de los judíos sería si se iría a enseñar a los gentiles. La ceguera de ellos iba a tener una pronta respuesta puesto que *ciertos griegos* se iban a interesar por conocer a Jesús (12:9).

36. ¿Que significa esto que dijo: Me buscaréis y no me hallaréis; y a donde yo estaré, vosotros no podéis venir?

τίς ἐστιν ὁ λόγος οὗτος ὃν εἶπεν· ζητήσετε με καὶ οὐχ
¿Que es la palabra esta que dijo: Buscaréis me y no
εὑρήσετε [με], καὶ ὅπου εἰμὶ ἐγὼ ὑμεῖς οὐ δύνασθε ἐλθεῖν
hallaréis me, y adonde estoy yo vosotros no podéis venir?

Notas y análisis del texto griego.

Cerrando el párrafo, escribe: τίς, caso nominativo masculino singular del pronombre interrogativo *qué*; ἐστιν, tercera persona singular del presente de indicativo en voz activa del verbo εἰμί, *ser, estar*, aquí *es*; ὁ, caso nominativo masculino singular del artículo determinado *el*; λόγος, caso nominativo masculino singular del artículo determinado *palabra, mensaje, discurso, dicho*; οὗτος, caso nominativo masculino singular del pronombre demostrativo *éste*; ὃν, caso nominativo masculino singular del pronombre relativo *que*; εἶπεν, tercera persona singular del aoristo segundo de indicativo en voz activa del verbo λέγω, *hablar, decir*, aquí *dijo*; ζητήσετε, segunda persona plural del futuro de indicativo en voz activa del verbo ζητέω, *buscar*, aquí *buscaréis*; με, caso acusativo de la primera persona singular del pronombre personal declinado *a mí, me*; καὶ, conjunción copulativa *y*; οὐχ, forma del adverbio de negación *no*, con el grafismo propio ante vocal con espíritu áspero; εὑρήσετε, segunda persona plural del futuro de indicativo en voz activa del verbo εὑρίσκω, *encontrar, hallar*, aquí *hallaréis*; με, caso acusativo de la primera persona singular del pronombre personal declinado *a mí, me*; καὶ, conjunción copulativa *y*; ὅπου, adverbio relativo de lugar *adonde*; εἰμὶ, tercera persona singular del presente de indicativo en voz activa del verbo εἰμί, *ser, estar*, aquí *estoy*; ἐγώ, caso nominativo de la primera persona singular del pronombre personal *yo*; ὑμεῖς, caso nominativo de la segunda persona plural del pronombre personal *vosotros*; οὐ, adverbio de negación *no*; δύνασθε, segunda persona plural del presente de indicativo en voz media del verbo δύναμαι, *poder, tener poder*, aquí *podéis*; ἐλθεῖν, aoristo segundo de infinitivo en voz activa del verbo ἔρχομαι, *venir*.

τίς ἐστιν ὁ λόγος οὗτος ὃν εἶπεν· ζητήσετε με καὶ οὐχ εὑρήσετε [με], καὶ ὅπου εἰμὶ ἐγὼ ὑμεῖς οὐ δύνασθε ἐλθεῖν. No cabe duda que las palabras de Jesús causaron impacto en los judíos. El hecho de que repitan a la letra lo que se registra antes (v. 34) así lo evidencia. Da la impresión de que además de sorpresa hay un cierto aire incomodo, porque ¿cómo podía decir que ellos no podían ir a donde Él estaba? Tal vez entendía que tras las palabras literales había algo oculto que Jesús no descubría. Aquellos consideraban enigmáticas las palabras que oyeron. Esto mismo ocurriría también con Pedro que estaba un tanto turbado con ellas (13:37).

Enseñanza de Jesús (7:37-39).

37. En el último y gran día de la fiesta, Jesús se puso en pie y alzó la voz, diciendo; Si alguno tiene sed, venga a mí y beba.

᾿Εν δὲ τῇ ἐσχάτῃ ἡμέρᾳ τῇ μεγάλῃ τῆς ἑορτῆς εἱστήκει ὁ
Y en el último día el grande de la fiesta se puso en pie -
᾿Ιησοῦς καὶ ἔκραξεν λέγων· ἐάν τις διψᾷ ἐρχέσθω πρός με
Jesús y alzó la voz diciendo: Si alguno tiene sed venga a mi
καὶ πινέτω.
y beba.

Notas y análisis del texto griego.

Iniciando un nuevo párrafo, escribe:᾿Εν, preposición propia de dativo *en*; δὲ, partícula conjuntiva que hace las veces de conjunción coordinante, con sentido de *pero, más bien, y, y por cierto, antes bien*; τῇ, caso dativo femenino singular del artículo determinado *la*; ἐσχάτῃ, caso dativo femenino singular del adjetivo *último*; ἡμέρᾳ, caso dativo femenino singular del nombre común *día*; τῇ, caso dativo femenino singular del artículo determinado *la*; μεγάλῃ, caso dativo femenino singular del adjetivo *grande*; τῆς, caso dativo femenino del artículo determinado declinado *de la*; ἑορτῆς, caso genitivo femenino singular del nombre común *fiesta*; εἱστήκει, tercera persona singular del pluscuamperfecto de indicativo en voz activa del verbo ἵστημι, *estar en pie, ponerse en pie*, aquí *habiéndose puesto en pie*, o *se puso en pie*; ὁ, caso nominativo masculino singular del artículo determinado *el*; ᾿Ιησοῦς, caso nominativo masculino singular del nombre propio *Jesús*; καὶ, conjunción copulativa *y*; ἔκραξεν, tercera persona singular del aoristo primero de indicativo en voz activa del verbo κράζω, *gritar, alzar la voz*, aquí *alzó la voz*; λέγων, caso nominativo masculino singular del participio de presente en voz activa del verbo λέγω, *hablar, decir*, aquí *diciendo*; ἐάν, conjunción afirmativa *si*; τις, caso nominativo masculino singular del pronombre indefinido *alguno*; διψᾷ, tercera persona singular del presente de subjuntivo en voz activa del verbo διψάω, *tener sed*, aquí *tenga sed*; ἐρχέσθω, tercera persona singular del presente de imperativo en voz media del verbo ἔρχομαι, *venir, llegar*, aquí *venga*; πρός, preposición propia de acusativo *a*; με, caso acusativo de la primera persona singular del pronombre personal declinado *a mí, me*; καὶ, conjunción copulativa *y*; πινέτω, tercera persona singular del presente de imperativo en voz activa del verbo πίνω, *beber*, aquí *beba*.

᾿Εν δὲ τῇ ἐσχάτῃ ἡμέρᾳ τῇ μεγάλῃ. La fiesta duraba siete días, del quince al veintiuno del séptimo mes, el de tishri, que coincide con el de septiembre-octubre nuestro (Nm. 29:12). Este último día se consideraba como de gran solemnidad. En esa fiesta se celebraba el ritual de la libación de agua, como recuerdo conmemorativo del milagro del agua en el desierto, en días de Moisés, que satisfizo la sed del pueblo, al brotar agua de la roca (Ex 17:1-7; Dt. 8:15). Según la tradición histórica en esa fecha se cantaba el texto de la profecía: *"Sacaréis con gozo aguas de la fuente de la salvación"* (Is. 12:3). En el atrio de las mujeres, en el recinto del templo, se colocaban cuatro grandes candelabros, que se encendían al caer el día y cuya luz se veía en toda la ciudad por la noche, ya que sobresalían unos trece metros por encima de las murallas que rodeaban el santuario. Prácticamente todos los ritos de la fiesta concluían en el último día, al que Juan se refiere en el relato. Parece ser que a estos siete días de la fiesta se añadió un octavo día que se menciona en pasajes del Antiguo Testamento. Incluso durante el periodo inter-testamentario se habla de esta fiesta como la de los *ocho días* (2 Mac. 2:6). Según la historia secular se derramaba agua en cada uno de los siete días, pero no se hacía en el octavo. La discusión sobre la extensión real de la fiesta y el día al que Juan se refiere depende de la posición del intérprete en este sentido.

τῆς ἑορτῆς εἱστήκει ὁ Ἰησοῦς καὶ ἔκραξεν λέγων· En medio de las solemnidades, cuando generalmente los atrios del templo estaban llenos de peregrinos, Jesús se puso en pie y alzó la voz fuertemente para dar un mensaje, a fin de que todos oyesen Sus palabras. El Señor esperó el momento principal de la festividad, cuando posiblemente se había agrupado mucha gente a Su alrededor. Las palabras fueron pronunciadas con voz fuerte ya que la declaración que iba a hacer era de enorme importancia, de modo que todos debían oírla y prestarle atención. Los maestros enseñaban sentados, pero en esta ocasión el Maestro celestial se pone en pie o permanece en pie para dar el mensaje

ἐάν τις διψᾷ ἐρχέσθω πρός με καὶ πινέτω. Las palabras de Cristo requieren que se examine la puntación de lo que dijo. Pudiera ser que la puntuación final se establezca después del verbo, lo que quedaría como está en el texto más arriba. Esta forma es la tradicionalmente aceptada, incluso por los padres de la iglesia[6] y los papiros p^{66} y p^{75}.

Juan no recoge nada de la enseñanza de Jesús durante los días de la fiesta, tan solo este mensaje dicho con voz fuerte delante de los que podían oírlo. Jesús tomó el simbolismo del agua y el recuerdo histórico que llevaba aparejado como elemento que resolvió, por milagro divino,

[6] Así leen Orígenes, Atanasio, Dídimo, Cirilo de Alejandría, Eusebio, Cirilo de Jerusalén, Basilio, los dos Gregorios, Ambrosio, Hilario, Jerónimo y Agustín.

la sed que hubiera acabado con el pueblo en el desierto, para pronunciar un llamamiento hacia Su Persona, a todos los que estuviesen sedientos espiritualmente hablando. La invitación es general, de modo que todos los que tengan el alma sedienta, debían venir a Él para que pudiesen satisfacer su necesidad en Cristo mismo. El pueblo concluía las ceremonias pidiendo lluvia sobre los campos y reciben la respuesta en una manera como jamás hubiesen podido pensar y desear. No se trataba de agua temporal que podía ser abundante o escasa, era el anuncio del agua de vida, eterna, abundante, ilimitada de la salvación divina. La enseñanza de Jesús se complementa en el versículo siguiente.

38. El que cree en mí, como dice la Escritura, de su interior correrán ríos de agua viva.

ὁ πιστεύων εἰς ἐμέ, καθὼς εἶπεν ἡ γραφή, ποταμοὶ ἐκ τῆς
El que cree en mí, como dijo la Escritura, ríos del
κοιλίας αὐτοῦ ῥεύσουσιν ὕδατος ζῶντος.
vientre de él fluirán de agua viva.

Notas y análisis del texto griego.

Siguiendo con las palabras de Jesús, escribe: ὁ, caso nominativo masculino singular del artículo determinado *el*; πιστεύων, caso nominativo masculino singular del participio de presente en voz activa del verbo πιστεύω, *creer*, aquí *que cree*; εἰς, preposición propia de acusativo *en*; ἐμέ, caso acusativo de la primera persona singular del pronombre personal *mí*; καθὼς, conjunción condicional *como*; εἶπεν, tercera persona singular del segundo aoristo de indicativo en voz activa del verbo λέγω, *hablar, decir*, aquí *dijo*; ἡ, caso nominativo femenino singular del artículo determinado *la*; γραφή, caso nominativo femenino singular del nombre *Escritura*; ποταμοὶ, caso nominativo masculino plural del nombre común *ríos*; ἐκ, preposición propia de genitivo *en*; τῆς, caso genitivo femenino singular del artículo determinado *la*; κοιλίας, caso genitivo femenino singular del nombre común *vientre*, referido a la parte interior del individuo; αὐτοῦ, caso genitivo masculino de la tercera persona singular del pronombre personal declinado *de él*; ῥεύσουσιν, tercera persona plural del futuro de indicativo en voz activa del verbo ῥέω, *fluir, brotar*, aquí *fluirán*; ὕδατος, caso genitivo neutro singular del nombre común declinado *de agua*; ζῶντος, caso genitivo neutro singular del participio de presente en voz activa del verbo ζάω, *vivir*, aquí *que vive, viva*.

ὁ πιστεύων εἰς ἐμέ, La necesidad de precisar la correcta puntuación de los dos versículos se aprecia más intensamente en éste, puesto que la frase inicial puede ligarse a lo que antecede para expresar, *venga a mí y beba el que cree en mí*, sino debe mantenerse esta primera expresión como parte integrante de la oración, en el sentido de que el que *cree en mí, de su interior,* etc. Ambas posiciones son correctas.

Nadie bebe del agua de vida si no cree, pero tampoco nadie tiene la presencia de la vida eterna en él, sin creer en Cristo. La relación tal vez más lógica sería puntuar los dos textos de este modo: *El que tiene sed que venga a mí, y beba el que cree en mí.* Del modo que el *beber*, corresponde a satisfacer el que *tiene sed*, mientras que el *venir a mí* tiene que ver con *creer*.

καθὼς εἶπεν ἡ γραφή, ποταμοὶ ἐκ τῆς κοιλίας αὐτοῦ ῥεύσουσιν ὕδατος ζῶντος. ¿En qué lugar de la Escritura se dice esto? Directamente en ninguno, pero, lo que sin duda no ofrece duda es determinar el sujeto de quien es la fuente de agua viva, que es el creyente. Esta verdad ha sido enunciada anteriormente por Jesús (4:14), allí se ha comentado lo que tiene que ver con esta abundancia de agua de vida en el interior del que cree en Jesús[7]. La profecía presenta al justo como fuente de agua perenne cuando dice que *"... será como huerto de riego, y como manantial aguas..."* (Is. 58:11). La vida eterna es el resultado de la vinculación con Cristo en una operación del Espíritu Santo. Esta agua viva que salta en el interior del creyente está relacionada con esta acción en el versículo siguiente.

Jesús dice que del *interior* del creyente saldrán *ríos de agua viva*. La palabra que usa Juan κοιλίας, significa literalmente *vientre*, pero en sentido figurado se usaba para referirse a la intimidad del hombre, a sus sentimientos y afectos, en general, lo que está en su interior que sólo él conoce y que se ve externamente en los efectos que produce. Aquí *de su vientre*, o de *su seno*, o incluso de *su interior*, es lo mismo que decir *de él* correrán ríos de agua viva. Esto produce una cierta reticencia al considerar que ¿cómo puede salir del creyente ríos de agua viva? Sin duda el fluir abundante de la vida eterna es de Cristo. Pero, el que cree en Cristo pasa a disfrutar de Su presencia vital, ya que para el creyente *el vivir es Cristo* (Fil. 1:21). La vida nueva recibida por la fe en Jesús, es un dejar de vivir el *yo* humano, para comenzar la experiencia de lo que realmente es *vivir a Cristo* (Gá. 2:20). Por tanto, si Cristo ha sido implantado en el que cree, Él mismo produce la novedad de vida, que permite el fluir abundante de la vida eterna. De otro modo, si Cristo es el manantial de agua de vida, hace surgir la infinita abundancia de Su raudal en donde esté, en este caso en el mismo creyente. El cristiano es, por vivir a Cristo, instrumento para llevar el mensaje del agua de vida a todos los sedientos en la proclamación del evangelio. No son *agentes de salvación*, pero proclaman la salvación e invitan a los perdidos a creer

[7] Ver comentario a 4:14.

en Cristo. La responsabilidad y el privilegio de predicar el evangelio es extensible a todo el que ha creído en Cristo.

39. Esto dijo del Espíritu que habían de recibir los que creyesen en él; pues aún no había venido el Espíritu Santo, porque Jesús no había sido aún glorificado.

τοῦτο δὲ εἶπεν περὶ τοῦ Πνεύματος ὃ ἔμελλον λαμβάνειν οἱ
Pero esto dijo del Espíritu que habían de recibir los
πιστεύσαντες εἰς αὐτόν· οὔπω γὰρ ἦν Πνεῦμα, ὅτι Ἰησοῦς
que creyesen en Él; porque aún no estaba Espíritu, porque Jesús
οὐδέπω ἐδοξάσθη.
todavía no había sido glorificado.

Notas y análisis del texto griego.

Cerrando el párrafo, escribe: τοῦτο, caso acusativo neutro singular del pronombre demostrativo *esto*; δὲ, partícula conjuntiva que hace las veces de conjunción coordinante, con sentido de *pero, más bien, y, y por cierto, antes bien*; εἶπεν, tercera persona singular del aoristo segundo de indicativo en voz activa del verbo λέγω, *hablar, decir*, aquí *dijo*; περὶ, preposición propia de genitivo *acerca de, de*; τοῦ, caso genitivo neutro singular del artículo determinado *el*; Πνεύματος, caso genitivo neutro singular del nombre divino *Espíritu*; ὃ, caso acusativo neutro singular del pronombre relativo *que*; ἔμελλον, tercera persona plural del imperfecto de indicativo en voz activa del verbo μέλλω, *estar a punto de, deber, haber de*, aquí *habían de*; λαμβάνειν, presente de infinitivo en voz activa del verbo λαμβάνω, *recibir*; οἱ, caso nominativo masculino plural del artículo determinado *los*; πιστεύσαντες, caso nominativo masculino plural del participio aoristo primero en voz activa del verbo πιστεύω, *creer*, aquí *creyendo, creyesen*; εἰς, preposición propia de acusativo *en*; αὐτόν, caso acusativo masculino de la tercera persona singular del pronombre personal *Él*; οὔπω, adverbio de negación *todavía no, aún no*; γὰρ, conjunción causal *porque*; ἦν, tercera persona singular del imperfecto de indicativo en voz activa del verbo εἰμί, *ser, estar*, aquí *estaba*; Πνεῦμα, caso nominativo neutro singular del nombre divino *Espíritu*; ὅτι, conjunción causal *porque*; Ἰησοῦς, caso nominativo masculino singular del nombre propio *Jesús*; οὐδέπω, adverbio *todavía no*; ἐδοξάσθη, tercera persona singular del aoristo primero de indicativo en voz pasiva del verbo δοξάζω, *glorificar, exaltar*, aquí *había sido glorificado*.

τοῦτο δὲ εἶπεν περὶ τοῦ Πνεύματος. Juan introduce, luego de las palabras de Jesús, un comentario personal que identifica el modo en que puede efectuarse lo que el Señor dijo antes. La fuente de agua viva nace y fluye en el creyente por la operación del Espíritu. El termino Πνεύματος, *Espíritu*, sin artículo hace referencia tanto a la Persona como a las obras de la tercera Persona Divina. No se trata de determinar a que se refiere aquí, puesto que las obras no pueden existir sin la Persona y ésta se manifiesta por las obras. El tema del Espíritu se desarrollará más adelante en la enseñanza misma de Jesús, dejando para esas ocasiones los comentarios puntuales sobre la Persona y obra del Espíritu. Pero, es necesario entender que de los tres grandes temas trinitarios del *Evangelio*, la Persona del Padre ha sido tratada en el principio y luego en la relación con la segunda Persona, la del Hijo, que también se consideró desde los primeros momentos del escrito. Es además el núcleo del *Evangelio*. El tercer gran tema trinitario tiene que ver con la Persona y obra del Espíritu, que también ocupa muchos párrafos en él. El tema, como todo tema trinitario, es complejo y escapa en muchas ocasiones de la capacidad cognoscitiva del hombre. La mente limitada nunca puede abarcar a lo ilimitado, aunque las verdades sobre la infinita grandeza de Dios, son comprensibles para la mente del hombre. Juan introduce un comentario apostólico para dar a entender que la operación de llenura expansiva que Jesús mencionó, tiene que ser producida por el Espíritu Santo.

La verdad expresada en el versículo es la presencia del Espíritu en el creyente. No es posible la salvación sin la acción del Espíritu. Esta es una de las verdades fundamentales de la Soteriología y de la Pneumatología. Jesús anticipa aquí el *ministerio residente* del Espíritu, esto es, la tercera Persona Divina reside en cada uno de los creyentes. La diferencia fundamental entre la antigua y la nueva dispensación es que antes de Pentecostés estaba *con* los creyentes (14:17), después de Pentecostés está *en* cada creyente (1 Co. 3:16, 17; 6:19, 20). Cada creyente es convertido en *santuario de Dios* (1 Co. 3:16), en donde reside como Persona Divina el Espíritu Santo, que da condición de santuario al creyente. El apóstol Pablo afirma que *"el Espíritu de Dios mora en vosotros"*, lo que confiere una condición excepcional a cada creyente, con la presencia de Dios en Él. No debe olvidarse que las tres Personas Divinas, vienen a la intimidad y moran con el que cree, pero la Persona residente es el Espíritu Santo, quien toma posesión del templo de Dios que es el cristiano, llenándolo de la gloria de Jesús al producir en él la imagen del Hijo de Dios.

Frente a quienes enseñan que la presencia del Espíritu en el creyente se produce tiempo después de haber creído, la Palabra enseña que quien no tiene el Espíritu de Cristo, no es de Él (Ro. 8:9). Al estudiar el tema que aparece en las palabras de Jesús, se aprecia el uso del término Πνεῦμα, *Espíritu* sin artículo que debe entenderse primordialmente como referencia a la Persona Divina del Espíritu Santo. Es una de las Tres Personas Divinas y aparece vinculado a ellas como se ha considerado antes. El Dios de la Biblia existe en su Ser Divino en Tres Personas distintas, pero vitalmente unidas en el Seno Trinitario, como se ha venido considerando desde el primer capítulo del *Evangelio*. Cada uno de los Tres Benditos, son Dios verdadero. Ninguna de las Personas Divinas son una misma Persona, sino una subsistencia personal en el único Ser Divino. Cada una de ellas está interrelacionada con las otras, de modo que se aprecia que el Hijo hace lo que ve hacer al Padre (5:19); el Padre juzga por medio del Hijo (5:22); el Hijo procede del Padre que le comunica cuanto tiene y hace (5:26; 6:57). El término es en primer lugar una referencia a Dios el Espíritu como Persona. Como tal tiene capacidades personales que se considerarán en el comentario, de manera que se le llama el *Consolador* (14:26), como quien *viene al lado* en misión de aliento, conducción y ayuda. Por cuanto es Persona, se le atribuyen acciones personales, de modo que de Él se dice que oye (16:13), convence de pecado (16:8). Esta operación de redargüir al mundo de pecado, es posible sólo en la medida que sea operada por Dios mismo (16:7-11). De igual modo es operación divina la apertura del entendimiento hacia las escrituras (16:13), que hace comprensible la revelación de Dios. En orden de la salvación, la regeneración, como antes explicó Jesús a Nicodemo, es obra del Espíritu Santo (3:5, 6, 8).

En la relación trinitaria al Espíritu se le llama también *Espíritu de Dios* (Ro. 8:9), llamado de este modo al ser enviado del Padre (15:26). El Espíritu hace morada en el creyente desde el momento en que cree. La señal de ser cristiano está en la inhabitación del Espíritu. En esa intimidad el Pneuma divino se aproxima al pneuma humano en diálogo testimonial, haciéndole notar que es hijo de Dios y toma a Su cargo la función de éste, para orientarlo, conducirlo y ayudarlo en la consecución de la vida de santificación. Teniendo siempre en cuenta que esto no supone la anulación de la personalidad humana, dicho de otro modo, el Espíritu no desconecta la mismidad. Esto queda claramente manifestado, puesto que no introduce al creyente en la pasividad, sino en la actividad, ya que cada uno de los que creen son llamados a andar en el Espíritu y no en la carne. En materia de salvación los elementos necesarios para ser salvo, son el resultado de la acción del Espíritu en el pecador. La convicción de pecado (16:8), la regeneración de la fe salvífica y la regeneración espiritual (3:3, 5), no surgen del hombre, ni pueden proceder de él, sino que son dotación del Espíritu en la capacitación del pecador hacia la salvación. La comunicación de la vida eterna es resultado de la acción del Espíritu en todo aquel que cree. La promesa para el salvo es que tenga vida eterna (3:16), que necesariamente ha de ser vida de Dios, puesto que eterno es aquello *atemporal*, esto es, que no tiene principio ni fin, que existe fuera del tiempo. Esta es la vida del Hijo (1:4). Él mismo dice que es la vida (14:6) y vino al mundo para que el pecador pueda tener vida eterna (10:10). Mediante la regeneración del Espíritu, Cristo es implantado en el creyente (Col.1:27). En esta identificación personal con el Hijo de Dios, el creyente experimenta, disfruta y posee la vida eterna, realizada en él mediante la presencia personal de las Personas Divinas, que vienen a hacer morada en él (14:23). El creyente, como se dijo antes, queda convertido en templo de Dios en el Espíritu, siendo inhabitado por las Personas Divinas, en cuyo santuario se hace presente el Espíritu de Dios. Todo cristiano tiene el Espíritu Santo, que habita en todos, inclusive en los *carnales* (1 Co. 3:3; 6:19). El creyente puede vivir sin la plenitud del Espíritu, pero no puede ser creyente sin el Espíritu. Esta es la segunda aplicación al término *Espíritu* en el versículo.

En tercer lugar el *Espíritu* está vinculado con Cristo, llamándole *Espíritu de Cristo* (Ro. 8:9). En la enseñanza apostólica se hace hincapié en el hecho de que si alguien no tiene el Espíritu de Cristo no puede ser de Él. La misión reveladora en los creyentes que comunica lo que siendo de Cristo debe ser conocido por ellos, es una operación del Espíritu Santo (16:14). Por otro lado, la santificación del cristiano tiene que ver con la reproducción del carácter moral de Jesús en él, que no es otra cosa que el fruto del Espíritu (Gá. 5:22-23). Cristo llama a los sedientos a acudir a Él y satisfacerse con el agua de vida que sólo Él puede dar. Juan dice que esta fuente inagotable es una referencia al Espíritu Santo. Luego, la recepción del Espíritu se produce, necesariamente, en el momento de la conversión. No se trata de experiencias posteriores para recibir primero la salvación y luego el Espíritu. Si alguien no tiene, esto es, no ha recibido el Espíritu no es salvo. Ya se ha dicho que no es posible la salvación sin la regeneración, y ésta no es posible sin la acción del Espíritu.

Juan cierra sus palabras afirmando que el Espíritu Santo sería dado a los creyentes después de que *Jesús fuese glorificado*. En el *Evangelio*, el término no se refiere exclusivamente a la ascensión, sino que comprende también la obra de la Cruz y el proceso de la Pasión desde la entrada en la ciudad de Jerusalén cabalgando sobre un asno (12:15, 23; 13:31). No cabe duda que la muerte en la Cruz es la antesala de Pentecostés. De modo que Juan se refiere a ella como algo glorioso y no como algo ignominioso. La misma idea está en Pablo (Gá. 6:14). Ambos ven como necesaria la muerte de Jesús que incluirá luego Su ascensión a los cielos, como la puerta que abre la presencia y obra del Espíritu Santo en esta dispensación. No podía haber ministerio del

Espíritu mientras Jesús estuviese cumpliendo el suyo en la tierra (16:7). Cuando la tarea del Siervo se cumplió entonces fue dado el Espíritu (20:22).

Reacción a la enseñanza (7:40-53).

40. Entonces algunos de la multitud, oyendo estas palabras, decían: Verdaderamente éste es el profeta.

Ἐκ τοῦ ὄχλου οὖν[1] ἀκούσαντες τῶν λόγων τούτων ἔλεγον·
De la gente, entonces, oyendo las palabras estas, decían:
οὗτος ἐστιν ἀληθῶς ὁ προφήτης·
Éste es verdaderamente el profeta.

Notas y análisis del texto griego.

Iniciando otro párrafo, escribe: Ἐκ, preposición propia de genitivo *de*; τοῦ, caso genitivo masculino singular del artículo determinado *el*; ὄχλου, caso genitivo masculino singular del nombre común *gente, gentío, turba, pueblo*; οὖν, conjunción continuativa *entonces, pues*; ἀκούσαντες, caso acusativo masculino singular del participio del aoristo primero de indicativo en voz activa del verbo ἀκούω, *escuchar, oír*, aquí *oyendo*; τῶν, caso genitivo masculino plural del artículo determinado *los*; λόγων, caso genitivo masculino plural del nombre común *palabras, discursos, mensajes, dichos*; τούτων, caso genitivo masculino plural del pronombre demostrativo *estos*; ἔλεγον, tercera persona plural del imperfecto de indicativo en voz activa del verbo λέγω, *hablar, decir*, aquí *decían*; οὗτος, caso nominativo masculino singular del pronombre demostrativo *este*; ἐστιν, tercera persona singular del presente de indicativo en voz activa del verbo εἰμί, *ser, estar*, aquí *es*; ἀληθῶς, adverbio de modo *verdaderamente*; ὁ, caso nominativo masculino singular del artículo determinado *el*; προφήτης, caso nominativo masculino singular del nombre común *profeta*.

Crítica Textual. Lecturas alternativas.

[1] Ἐκ τοῦ ὄχλου οὖν, *de la gente entonces*, lectura atestiguada en $\mathfrak{p}^{66c, 75}$, ℵ, B, D, K, T, W, f^1, 565, lat.

Πολλοὶ ἐκ τοῦ ὄχλου, *y de la gente muchos*, lectura en $\mathfrak{p}^{66*}$.

πολλοὶ οὖν ἐκ τοῦ ὄχλου, *entonces muchos de la gente*, según se lee en K, N, Γ, Δ, Θ, Ψ, 0105, f^{13}, 33, 579, 700, 892, 1241, 1424, 𝔐, q, sir[h].

Ἐκ τοῦ ὄχλου οὖν ἀκούσαντες τῶν λόγων τούτων ἔλεγον· οὗτος ἐστιν ἀληθῶς ὁ προφήτης· La división entre la gente es ya una forma habitual. En esta ocasión el detonante de la división son las palabras que Jesús dijo. De modo que un grupo, no sabemos cuan numeroso sería, de la gente que escuchó el mensaje de Cristo, lo consideraban como el *profeta*. Aquel del que Moisés habló que les sería enviado (Dt. 18:15). La determinación que impulsaba a este grupo había progresado. Antes creían que era el *profeta* por las señales que hacía (6:14), ahora lo consideran así por las palabras que decía, el mensaje poderoso que salía de Su boca. Esta es una prueba de la profunda impresión que Jesús causó entre ellos.

41. Otros decían: Este es el Cristo. Pero algunos decían: ¿De Galilea ha de venir el Cristo?

ἄλλοι	ἔλεγον·	οὗτος	ἐστιν	ὁ	Χριστός,	οἱ δὲ	ἔλεγον·	μὴ γὰρ
Otros	decían:	Éste	es	el	Cristo.	Pero otros	decían:	¿Porque acaso

ἐκ	τῆς	Γαλιλαίας	ὁ	Χριστὸς	ἔρχεται
de	-	Galilea	el	Cristo	viene?

Notas y análisis del texto griego.

Siguiendo el relato, escribe: ἄλλοι, caso nominativo masculino plural del pronombre indefinido *otros*; ἔλεγον, tercera persona plural del imperfecto de indicativo en voz activa del verbo λέγω, *hablar, decir*, aquí *decían*; οὗτος, caso nominativo masculino singular del pronombre demostrativo *éste*; ἐστιν, tercera persona singular del presente de indicativo en voz activa del verbo εἰμί, *ser, estar*, aquí *es*; ὁ, caso nominativo masculino singular del artículo determinado *el*; Χριστός, caso nominativo masculino singular del nombre propio *Cristo*; οἱ, caso nominativo masculino plural del artículo determinado *los*; δὲ, partícula conjuntiva que hace las veces de conjunción coordinante, con sentido de *pero, más bien, y, y por cierto, antes bien*; ἔλεγον, tercera persona plural del imperfecto de indicativo en voz activa del verbo λέγω, *hablar, decir*, aquí *decían*; μὴ, partícula que hace funciones de adverbio de negación condicional *no*; γὰρ, conjunción causal *porque*; ἐκ, preposición propia de genitivo *de*; τῆς, caso genitivo femenino singular del artículo determinado *la*; Γαλιλαίας, caso genitivo femenino singular del nombre propio *Galilea*; ὁ, caso nominativo masculino singular del artículo determinado *el*; Χριστὸς, caso nominativo masculino singular del nombre propio *Cristo*; ἔρχεται, tercera persona singular del presente de indicativo en voz media del verbo ἔρχομαι, *venir*, aquí *viene*.

ἄλλοι ἔλεγον· οὗτος ἐστιν ὁ Χριστός, Otras personas van más allá en su apreciación diciendo firmemente que Jesús es el Cristo. La forma de hablar, la autoridad de Su mensaje, lo directo de Sus manifestaciones, no eran propias de un hombre sino que tenían que proceder de Dios mismo, por tanto aquel hombre no podía sino ser el Cristo que Israel esperaba.

οἱ δὲ ἔλεγον· μὴ γὰρ ἐκ τῆς Γαλιλαίας ὁ Χριστὸς ἔρχεται. Sin embargo a esta afirmación se formula por parte de otros una pregunta retórica que requería una respuesta negativa: *¿vendrá el Cristo de Galilea?* La Escritura se cumplía en sentido de que Jesús sería llamado *nazareno* (Mt. 2:23). Conducido por la revelación divina, José vino desde Egipto, donde había huido por causa de Herodes, y habitó en Nazaret, donde discurrió la mayor parte de la vida de Jesús (Lc. 2:39). Allí en ese lugar se produjo la concepción virginal de Su humanidad. Nazaret era considerada una población de poca importancia y sus habitantes del mismo modo. Sin embargo todos olvidaban también que del Mesías se profetizó que sería poco atractivo para los hombres (Sal. 22:6-8, 13; 69:8, 20, 21; Is. 11:1; 49:7; 53:2, 3, 8; Dn. 9:26). Jesús fue verdaderamente despreciado y desechado entre los hombres. Esta idea de que de Nazaret no podía venir el Cristo se confirma ya en el principio del *Evangelio*, cuando se preguntaban *"si de Nazaret puede salir algo bueno"* (1:46). Ser despreciado por los hombres, llamado *nazareno*, era el calificativo y sentimiento que muchos tenían en relación con Jesús. Cada uno de Sus seguidores debe estar en la misma disposición de asumir el vituperio de Cristo. El mundo que despreció a Jesús hará lo mismo con quienes son suyos. Así lo dijo el Señor: *"en el mundo tendréis aflicción"* (16:33). Sin embargo el despreciado por el mundo es el Vencedor del mundo y comunica a los suyos Su misma victoria (1 Jn. 5:5). Nadie es llamado ahora a seguir la senda del rey entronizado, sino la del siervo sufriente. La gloria de Su reino está asegurada en Su victoria y resurrección, y cada uno de los creyentes en Él, con sus imperfecciones, miserias, fracasos, lágrimas y caídas, son *"mas que vencedores por medio de Aquel que los amó"* (Ro. 8:37).

42. ¿No dice la Escritura que del linaje de David, y de la aldea de Belén, de donde era David, ha de venir el Cristo?

οὐχ ἡ γραφὴ εἶπεν ὅτι ἐκ τοῦ σπέρματος Δαυὶδ καὶ ἀπὸ
¿No la Escritura dijo que de la descendencia de David y de
Βηθλέεμ τῆς κώμης ὅπου ἦν Δαυὶδ ἔρχεται ὁ Χριστός
Belén de la aldea donde era David viene el Cristo?

Notas y análisis del texto griego.

Sin interrupción en el relato, sigue con οὐχ, forma del adverbio de negación *no*, con el grafismo propio ante vocal con espíritu áspero; ἡ, caso nominativo masculino singular del artículo determinado *la*; γραφὴ, caso nominativo masculino singular del nombre *Escritura*; εἶπεν, tercera persona singular del segundo aoristo de indicativo en voz activa del verbo λέγω, *hablar, decir*, aquí *dijo*; ὅτι, conjunción *que*; ἐκ, preposición propia de dativo *de*; τοῦ, caso genitivo neutro singular del artículo determinado *el*; σπέρματος, caso genitivo neutro singular del nombre común *descendencia, linaje*; Δαυὶδ, caso genitivo masculino singular del nombre propio declinado *de David*; καὶ, conjunción copulativa *y*; ἀπὸ, preposición propia de genitivo *de*; Βηθλέεμ, caso genitivo femenino singular del nombre propio *Belén*; τῆς, caso genitivo femenino singular del artículo determinado declinado *de la*; κώμης, caso genitivo femenino singular del nombre común *aldea*; ὅπου, adverbio relativo de lugar *adonde; donde*; ἦν, tercera persona singular del imperfecto de indicativo en voz activa del verbo εἰμί, *ser*, aquí *era*; Δαυὶδ, caso nominativo masculino singular del nombre propio *David*; ἔρχεται, tercera persona singular del presente de indicativo en voz media del verbo ἔρχομαι, *venir*, aquí *viene*, o también *vendrá*; ὁ, caso nominativo masculino singular del artículo determinado *el*; Χριστός, caso nominativo masculino singular del nombre propio *Cristo*.

οὐχ ἡ γραφὴ εἶπεν ὅτι ἐκ τοῦ σπέρματος Δαυὶδ. Una incorrecta apreciación de la realidad de Jesús les lleva a las confusiones que se formulan en el texto. Realmente era de Nazaret, en el sentido de concepción y de residencia. Pero no es menos cierto que fue alumbrado en Belén, la aldea de donde David procedía. De manera que en esto se cumplían las profecías, que aquellos, influenciados por el sistema religioso de sus líderes, enseñados tendenciosamente sobre todo por quienes tenían intereses en Judea y despreciaban a Galilea, les había hecho concebir un Cristo diferente al que en realidad era Jesús.

καὶ ἀπὸ Βηθλέεμ τῆς κώμης ὅπου ἦν Δαυὶδ ἔρχεται ὁ Χριστός. Ellos creían que Jesús vendría de la descendencia de David, y esto se había cumplido plenamente puesto que tanto María, según la genealogía de Lucas, como José cuya es la genealogía de Mateo, procedían de David; María lo era por la vida de Natán, mientras que José procedía de la descendencia de Salomón. Por tanto, la herencia dinástica del reino estaba en manos de José que se la transmite legalmente a Jesús al aceptarlo como su hijo, viniendo a ser el primogénito entre los otros hermanos. Por tanto, en Jesús se cumplían todos los anuncios proféticos en cuanto a la descendencia y origen del Cristo. Jesús había nacido en Belén de Judea, por tanto, a causa de Su nacimiento ya no era, para quienes reprochaban que el Cristo no podía venir de Galilea, de aquel lugar sino de la aldea de David.

No hay peor mentira que una media verdad. Los intereses religiosos primaban sobre la verdad identificativa que la Escritura daba sobre el Mesías. Aquellos que no creían, enseñaban torcidamente las Escrituras en beneficio personal. No querían que Jesús fuese el Mesías que anularía sus prebendas religiosas. Por tanto, insistían una y otra vez que Su origen era galileo de donde no podía venir el Cristo, haciendo que la gente ignorase la verdad, tanto de Su origen en el nacimiento, como de Su vinculación con la descendencia de David. Así suele ocurrir cuando la tradición entra en conflicto con la Biblia. Así resulta en el engaño parcial que el pueblo de Dios sufre a manos de líderes que quieren mantener su sistema, su posición y su historia, aunque para ello sea preciso distorsionar la Palabra.

43. Hubo entonces disensión entre la gente a causa de él.

σχίσμα	οὖν	ἐγένετο	ἐν	τῷ	ὄχλῳ	δι'	αὐτόν·
División,	pues,	se hizo	en	la	gente	a causa de	Él.

Notas y análisis del texto griego.

El resultado fue la división de los grupos: σχίσμα, caso nominativo neutro singular del nombre común *rotura, división*; οὖν, conjunción continuativa *pues*; ἐγένετο, tercera persona singular del segundo aoristo de indicativo en voz media del verbo γίνομαι, *llegar a ser, existir, hacerse*, aquí *se hizo*; ἐν, preposición propia de dativo *en*; τῷ, caso dativo masculino singular del artículo definido *el*; ὄχλῳ, caso dativo masculino singular del nombre común *pueblo, gente, turba, gentío*; δι', forma contracta de la preposición de acusativo διά, *por medio, a causa*; αὐτόν, caso acusativo masculino de la tercera persona singular del pronombre personal *Él*.

σχίσμα οὖν ἐγένετο ἐν τῷ ὄχλῳ δι' αὐτόν· Dos posiciones antagónicas no podían terminar sino en *división*, que es el significado del verbo que Juan usa aquí. No se trata tanto de *disensión*, sino que expresa la situación que se produce entre quienes consideran que Jesús es el profeta, los que piensan que es el Cristo y los que buscan razones para negar las dos cosas, basándose especialmente en Su origen galileo. Esa misma división se produciría entre los fariseos o también entre los *judíos*, el mismo liderazgo religioso estaba dividido con respecto a Cristo (9:16; 10:19). Todo esto refuerza la idea del resultado que produce un desconocimiento de las Escrituras o una mala interpretación de ellas. Muchas veces los que tienen grandes conocimientos son los que *tuercen las Escrituras* para su propia perdición (2 P. 3:16). En el *Evangelio* la división de los hombres está estrechamente vinculada a la misión que Él estaba realizando. La misma división continúa en el tiempo y llega a nosotros, separando las personas en grupos respecto a Jesús y el evangelio de la gracia.

44. Y algunos de ellos querían prenderle; pero ninguno le echó mano.

τινὲς δὲ ἤθελον ἐξ αὐτῶν πιάσαι αὐτόν, ἀλλ' οὐδεὶς ἐπέβαλεν[1]
Y algunos querían de ellos arrestar Le, pero nadie puso
ἐπ' αὐτὸν τὰς χεῖρας.
sobre Él las manos.

Notas y análisis del texto griego.

Añade: τινὲς, caso nominativo masculino plural del pronombre indefinido *algunos*; δὲ, partícula conjuntiva que hace las veces de conjunción coordinante, con sentido de *pero, más bien, y, y por cierto, antes bien*; ἤθελον, tercera persona plural del imperfecto de indicativo en voz activa del verbo θέλω, *querer, desear*, aquí *querían*; ἐξ, forma escrita que adopta la preposición de genitivo ἐκ, delante de vocal y que significa *de*; αὐτῶν, caso genitivo masculino de la tercera persona plural del pronombre personal *ellos*; πιάσαι, aoristo primero de infinitivo en voz activa del verbo πιάζω, *agarrar, tomar, arrestar*; αὐτόν, caso acusativo masculino de la tercera persona singular del pronombre personal declinado *a él, le*; ἀλλ', forma escrita ante vocal de la conjunción adversativa ἀλλά que significa *pero, sino*; οὐδεὶς, caso nominativo masculino singular del pronombre indefinido *ninguno, nadie*; ἐπέβαλεν, tercera persona singular del segundo aoristo de infinitivo en voz activa del verbo ἐπιβάλλω, *poner encima*, aquí *puso encima*; ἐπ', forma que adopta la preposición de acusativo ἐπί, con el grafismo por elisión de la ι final ante vocal o diptongo sin aspiración, que equivale a *por, sobre*; αὐτὸν, caso acusativo masculino de la tercera persona singular del pronombre personal *Él*; τὰς, caso acusativo femenino singular del artículo definido *las*; χεῖρας, caso acusativo femenino singular del nombre común *manos*.

Crítica Textual. Lecturas alternativas.

[1] ἐπέβαλεν, *poner sobre*, lectura atestiguada en p^{66c}, ℵ, D, K, N, W, Γ, Δ, Θ, Ψ, 0105, $f^{1, 13}$, 33, 565, 579, 700, 892, 1241, 𝔐, f, r[1].

ἔβαλλεν, *echar*, según $\mathfrak{p}^{75}$, B, K, T, lat.

τινὲς δὲ ἤθελον ἐξ αὐτῶν πιάσαι αὐτόν, ἀλλ' οὐδεὶς ἐπέβαλεν ἐπ' αὐτὸν τὰς χεῖρας. Juan hace notar que entre la gente había algunos que querían prenderle. ¿Quiénes eran estos? No se da ninguna referencia. Antes se habló del propósito de los *judíos* para prenderle (v. 30). Por el contexto próximo se sabe que el Sanedrín había mandado a los alguaciles que prendiesen a Jesús. Es muy probable que estos que querían prenderle fuesen precisamente aquellos que habían sido enviados para que lo hiciesen. Pero no pudieron hacerlo. Más adelante darán el motivo que lo impedía. Este intento frustrado no puede entenderse más que por la única razón de que *no había llegado*

Su hora. Nadie podía adelantar el tiempo destinado por Dios para la muerte redentora de Su Hijo. El programa ministerial en la tierra, aunque ya estaba muy avanzado, todavía le faltaba algo para alcanzar la plena conclusión, en la que pudiese decir: *"he acabado la obra que me diste que hiciese"* (17:4). El tiempo de los hombres había llegado, por lo que enviaron para prender a Jesús, pero este tiempo no coincidía con el de Dios, que en soberanía había establecido el programa y que se ejecutaría conforme a Su designio y voluntad.

45. Los alguaciles vinieron a los principales sacerdotes y a los fariseos; y éstos les dijeron: ¿Por qué no le habéis traído?

Ἦλθον οὖν οἱ ὑπηρέται πρὸς τοὺς ἀρχιερεῖς καὶ
Vinieron, pues, los alguaciles a los principales sacerdotes y
Φαρισαίους, καὶ εἶπον αὐτοῖς ἐκεῖνοι· διὰ τί οὐκ ἠγάγετε
fariseos, y dijeron les ellos: ¿Por que no trajisteis
αὐτόν
Le?

Notas y análisis del texto griego.

Siguiendo con el relato, escribe: Ἦλθον, tercera persona plural del aoristo segundo de indicativo en voz activa del verbo ἔρχομαι, *venir*, aquí *vinieron*; οὖν, conjunción continuativa *pues*; οἱ, caso nominativo masculino plural del artículo determinado *los*; ὑπηρέται caso nominativo masculino plural del nombre común *siervos, alguaciles*; πρὸς, preposición propia de acusativo *a*; τοὺς, caso acusativo masculino plural del artículo determinado *los*; ἀρχιερεῖς, caso acusativo masculino plural del nombre común *principales sacerdotes*; καὶ, conjunción copulativa *y*; Φαρισαίους, caso acusativo masculino plural del nombre propio *fariseos*; καὶ, conjunción copulativa *y*; εἶπον, tercera persona plural del aoristo segundo de indicativo en voz activa del verbo λέγω, *hablar, decir*, aquí *dijeron*; αὐτοῖς, caso dativo masculino de la tercera persona plural del pronombre personal declinado *a ellos, les*; ἐκεῖνοι, caso nominativo masculino plural del pronombre demostrativo *ellos*; διὰ, preposición propia de acusativo *por*; τί, caso acusativo neutro singular del pronombre interrogativo *qué*; οὐκ, forma escrita del adverbio de negación *no*, con el grafismo propio ante una vocal con espíritu suave o una enclítica; ἠγάγετε, segunda persona plural del aoristo segundo de indicativo en voz activa del verbo ἄγω, *conducir, llevar, cumplir, traer*, aquí *trajisteis*; αὐτόν, caso acusativo masculino de la tercera persona singular del pronombre personal declinado *a Él, le*.

Ἦλθον οὖν οἱ ὑπηρέται πρὸς τοὺς ἀρχιερεῖς καὶ Φαρισαίους, καὶ εἶπον αὐτοῖς ἐκεῖνοι· Los alguaciles, o la guardia del templo, son instrumentos en manos del Sanedrín para cumplir lo que establecen. En este caso les habían enviado para que arrestasen a Jesús y ellos regresaron sin haber cumplido la misión, de ahí el uso del aoristo del verbo ἄγω, que tiene también el sentido de *cumplir*. Posiblemente no querían que el arresto de Jesús trajese un levantamiento en el pueblo, por eso las instrucciones serían que lo prendiesen en el momento oportuno, para que no se produjese una alteración en el orden de la ciudad. Tal vez esperaron el momento y no llegó la ocasión oportuna para prenderlo.

διὰ τί οὐκ ἠγάγετε αὐτόν. La pregunta que les formuló el Sanedrín evidencia el fracaso de la misión encomendada. Los que les habían enviado preguntan la razón por la que no le habían arrestado. Aquellos tenían que justificar su fracaso. Tal vez los miembros del Sanedrín estaban esperando la llegada de los alguaciles con Jesús para interrogarle y formular contra Él una acusación válida para condenarle a muerte, que era el propósito del liderazgo religioso. La pregunta que formulan a los alguaciles expresa lo que para los principales sacerdotes y los fariseos resultaba incomprensible. No era posible que se tratase de una falta de lealtad de aquellos que habían sido enviados, pero tenían que dar las razones para no haber cumplido la misión.

46. Los alguaciles respondieron: ¡Jamás hombre alguno ha hablado como este hombre!

ἀπεκρίθησαν οἱ ὑπηρέται· οὐδέποτε ἐλάλησεν οὕτως
Respondieron los alguaciles: Nunca habló así
ἄνθρωπος[1].
hombre.

Notas y análisis del texto griego.

Los alguaciles responden a la pregunta: ἀπεκρίθησαν, tercera persona plural del aoristo primero de indicativo en voz pasiva del verbo ἀποκρίνομαι, *responder, replicar, contestar, tomar la palabra*, aquí *respondieron*; οἱ, caso nominativo masculino plural del artículo determinado *los*; ὑπηρέται, caso nominativo masculino plural del nombre común *alguaciles*; οὐδέποτε, adverbio de tiempo *nunca*; ἐλάλησεν, tercera persona singular del aoristo primero de indicativo en voz activa del verbo λαλέω, *hablar, decir*, aquí *habló*; οὕτως, adverbio de modo *así*; ἄνθρωπος, caso nominativo masculino singular del nombre común *hombre*.

Crítica Textual. Lecturas alternativas.

[1] οὐδέποτε ἐλάλησεν οὕτως ἄνθρωπος, *nunca habló así hombre*, lectura atestiguada en 𝔭[66c, 75], א[2], B, K, T, W, vg, bo, Orígenes, Crisóstomo[com].

οὐδέποτε ἐλάλησεν οὕτως ἄνθρωπος ὡς οὗτος λαλεῖ ὁ ἄνθρωπος, *nunca habló así hombre como este hombre habla*, según lectura en N, Ψ, 33, 700, 1241.

οὕτως ἐλάλησεν ἄνθρωπος ὡς οὗτος ὁ ἄνθρωπος, *así hablo hombre como este hombre*, conforme a K, Γ, Δ, Θ, $f^{1,\ 13}$, 565, 579, 892, 1424, 𝔐, lat, sir[h], sa, ly, pbo, Crisóstomo[txt].

οὕτως ἄνθρωπος ἐλάλησεν ὡς οὗτος λαλεῖ, *así hombre habló como este habla*, según p[66*], ℵ*, D.

ἀπεκρίθησαν οἱ ὑπηρέται· οὐδέποτε ἐλάλησεν οὕτως ἄνθρωπος. Los alguaciles tenían que responder a la pregunta que les formulaban, sobre la razón de no haber traído a Jesús como les habían ordenado. La causa que dan es sencilla. Aunque existen variantes de lectura como se aprecia más arriba, la razón es simple, *ningún hombre habló nunca de aquella manera*. La enseñanza de Cristo había impactado sobremanera a aquellos hombres. Era habitual que esto ocurriera, como se aprecia desde el comienzo de Su ministerio (Mt. 7:28-29). Así también había impresionado a sus discípulos (Lc. 24:19). No hay referencia alguna a la razón llamemos *política* del incumplimiento de la misión. No dicen la tensión popular que encontraron y que, en cierta medida, les había impedido cumplir lo mandado por quienes les habían enviado. Las palabras de Jesús habían calado hondo en ellos, de modo que no podían dejar de testificar de la razón principal que les mantuvo inactivos para detener a Jesús y regresar al Sanedrín con las manos vacías. Sin duda esto llenó de mayor ira a los fariseos y a los principales sacerdotes. Jesús había impactado profundamente en aquellos que habían sido enviados con la misión de arrestarle y traerle ante ellos. Aquellos alguaciles no solo habían quedado impresionados por las palabras de Jesús, sino que habían tenido la valentía de confesarlo delante de sus más acérrimos enemigos.

Un simple dato que necesariamente se desprende del versículo es que Jesús impactaba con la autoridad de la Palabra. Él era la Palabra encarnada y Sus palabras llevaban el sello de la autoridad divina. No había comparación posible entre lo que Jesús decía y lo que los escribas, como maestros tradicionales, acostumbraban a decir. Mientras que éstos hablaban de la Ley, Jesús aplicaba la enseñanza de la Ley a las vidas de los oyentes. La exposición bíblica del maestro en la Iglesia, debe estar revestida de autoridad. No de la pretendida autoridad personal de quienes se autoproclaman apóstoles y profetas, sino de la autoridad que da al mensaje la exposición de la Palabra de Dios. Esta autoridad no procede del que enseña, sino de la enseñanza que está firmemente establecida en la Escritura. El apóstol Pedro enseñó de esta manera: *"Si alguno habla, hable conforme a las palabras de Dios; si alguno ministra, ministre conforme al poder que Dios da, para que en todo sea Dios glorificado por Jesucristo, a quien pertenecen la gloria y el imperio por los siglos de los siglos. Amén"* (1 P. 4:11). No hay un ministerio de poder más que cuando todo cuanto se enseña descansa y se sustenta en la Palabra. El poder procede de Dios mismo, por tanto el maestro que desea producir transformaciones en las vidas de quienes le escuchen, debe limitarse a dar lo único que Dios bendice, que es Su Palabra. Ninguna Palabra humana está revestida de poder, sin embargo la Escritura es *"viva y eficaz, y más cortante que toda espada de dos filos; y penetra hasta partir el alma y el espíritu, las coyunturas y los tuétanos, y discierne los pensamientos y las intenciones del corazón"* (He. 4:12). Esa es la razón por la que Pablo coloca bajo juramento a Timoteo exhortándole solamente a enseñar la Palabra: *"Te encarezco delante de Dios y del Señor Jesucristo, que juzgará a los vivos y a los muertos en su manifestación y en su reino, que prediques la Palabra"* (2 Ti. 4:1-2). En un tiempo en que la Palabra deja de tener la importancia que tenía en la iglesia, es hora de reflexionar sobre esta situación. La exposición bíblica queda sustituida por pensamientos, visiones y experiencias humanas, que no tienen otro poder que el de confundir a la gente.

47. Entonces los fariseos les respondieron ¿También vosotros habéis sido engañados?

ἀπεκρίθησαν οὖν αὐτοῖς οἱ Φαρισαῖοι· μὴ καὶ ὑμεῖς
Respondieron, entonces, les los fariseos: ¿Acaso también vosotros
πεπλάνησθε
habéis sido engañados?

Notas y análisis del texto griego.

Los fariseos ἀπεκρίθησαν, tercera persona plural del aoristo primero de indicativo en voz activa del verbo ἀποκρίνομαι, *contestar, responder, replicar, tomar la palabra*, aquí *respondieron*; οὖν, conjunción ilativa *entonces*; αὐτοῖς, caso dativo masculino de la tercera persona plural del pronombre personal declinado *a ellos, les*; οἱ, caso nominativo masculino plural del artículo definido *los*; Φαρισαῖοι, caso nominativo masculino plural del nombre propio *fariseos*; μὴ, partícula que hace funciones de adverbio de negación condicional *no*, en preguntas retóricas con sentido de *acaso*; καὶ, adverbio de modo *también*; ὑμεῖς, caso nominativo de la segunda persona plural del pronombre personal *vosotros*; πεπλάνησθε, segunda persona plural del perfecto de indicativo en voz pasiva del verbo πλανάω, *engañar, extraviar, seducir*, aquí *habéis sido engañados.*

ἀπεκρίθησαν οὖν αὐτοῖς οἱ Φαρισαῖοι· μὴ καὶ ὑμεῖς πεπλάνησθε. A la respuesta de los alguaciles siguió inmediatamente la réplica de los fariseos. Aquellos que se sienten frustrados dan una respuesta arrogante mediante preguntas retóricas que exigían un no como contestación. En la formulación de la respuesta hay ya un viso de acusación contra los guardias del templo, que, en cierta medida supone un aviso de advertencia: *"Así que también vosotros os habéis dejado engañar"*, como traduce la NVI. Jesús era, para ellos, un engañador, que podía desviar incluso a los más cercanos al Sanedrín y a su servicio. El desdén de la respuesta farisaica es evidente, considerándolos como personas poco preparadas y, por tanto, poco fiables.

48. ¿Acaso ha creído en él alguno de los gobernantes, o de los fariseos?

μή τις ἐκ τῶν ἀρχόντων ἐπίστευσεν εἰς αὐτὸν ἢ ἐκ τῶν
¿Acaso alguno de los gobernantes creyó en Él o de los
Φαρισαίων
fariseos?

Notas y análisis del texto griego.

Formula una segunda pregunta: μή, partícula que hace funciones de adverbio de negación condicional *no*, en este caso como *acaso*; τις, caso nominativo masculino singular del pronombre indefinido *alguno*; ἐκ, preposición propia de genitivo *de*; τῶν, caso genitivo masculino plural del artículo determinado *los*; ἀρχόντων, caso genitivo masculino singular del nombre común *gobernantes*; ἐπίστευσεν, tercera persona singular del aoristo primero de indicativo en voz activa del verbo πιστεύω, *creer*, aquí *creyó*; εἰς, preposición propia de acusativo *en*; αὐτὸν, caso acusativo masculino de la tercera persona singular del pronombre personal *Él*; ἢ, conjunción disyuntiva *o*; ἐκ, preposición propia de genitivo *de*; τῶν, caso genitivo masculino plural del artículo determinado *los*; Φαρισαίων, caso genitivo masculino plural del nombre propio *fariseos*.

μή τις ἐκ τῶν ἀρχόντων ἐπίστευσεν εἰς αὐτὸν ἢ ἐκ τῶν Φαρισαίων. La segunda pregunta contiene una hipérbole, en ella se trata de enfatizar el hecho de que *ninguno* de las autoridades y de los fariseos habían creído en Jesús, lo que supone, unida a la anterior, que no habían sido engañados por Él. Sin embargo, más adelante se dirá que *muchos* de los gobernantes habían creído en Él (12:42), y en cuanto a los fariseos, por lo menos uno de ellos, Nicodemo, creía en Jesús. Los fariseos entendían que sólo ellos, como maestros de Israel, tenían la capacidad de discernir, a la luz de la Escritura, quien era o no el Cristo. La arrogancia de los dirigentes es grande, para ellos, los servidores del templo no eran personas instruidas y capaces de entender los distintivos del Mesías, de otro modo, les estaban acusando de ignorantes. Ellos consideraban que lo que había o no de creerse tenía que estar en manos del magisterio capaz de discernirlo. La mente de quienes no habían sido entrenados en teología, no podía distinguir aquellas cosas. ¡Cuán habitual es esta forma de pensar! No solo en *iglesias estructuradas* o *estatalizadas*, sino en las iglesias más *evangélicas*. La frase que se usa a menudo es *así fuimos enseñados*, cortando con ello cualquier posible variación en el sistema adoptado como bíblico y válido. El que no crea lo que ellos creen está confundido y engañado. Cuando alguno se *desvía* de la formulación *oficial* es considerado poco menos que hereje, ya que ninguno de los que son referentes para el resto del pueblo ha cambiado de parecer. Esto se acentúa más en quienes, como los fariseos, se consideran dueños de la ortodoxia y no admiten que nadie contradiga o cuestione su forma de pensar. De este modo se han producido divisiones y escisiones en la iglesia en el tiempo actual. Por esta razón los más grandes hombres de Dios en las denominaciones, han sido apartados del ministerio porque se atrevieron a discrepar sanamente con el sistema heredado del pasado.

49. Mas esta gente que no sabe la ley, maldita es.

ἀλλὰ	ὁ	ὄχλος	οὗτος	ὁ	μὴ γινώσκων	τὸν	νόμον	ἐπάρατοι	εἰσιν.
Pero	la	gente	esta	-	que no conoce	la	ley,	maldita	es.

Notas y análisis del texto griego.

El fin de la respuesta se escribe así: ἀλλὰ, conjunción adversativa *mas, pero, sino*; ὁ, caso nominativo masculino singular del artículo determinado *el*; ὄχλος, caso nominativo masculino singlar del nombre común *pueblo, gente, turba, gentío*; οὗτος, caso nominativo masculino singular del pronombre demostrativo *este*; ὁ, caso nominativo masculino singular del artículo definido *el*; μὴ, partícula que hace funciones de adverbio de negación condicional *no*; γινώσκων, caso nominativo masculino singular del participio de presente en voz activa del verbo γινόσκω, *conocer, saber, entender*, aquí *que conoce*; τὸν, caso acusativo masculino singular del artículo determinado *el*; νόμον, caso acusativo masculino singular del nombre común *ley*; ἐπάρατοι, caso nominativo masculino plural del adjetivo *malditos*; εἰσιν, tercera persona plural del presente de indicativo en voz activa del verbo εἰμί, *ser, estar*, aquí *son*.

ἀλλὰ ὁ ὄχλος οὗτος ὁ μὴ γινώσκων τὸν νόμον ἐπάρατοι εἰσιν. Los religiosos dividen al pueblo en dos grupos. Por un lado están ellos, los que conocen, los que distinguen, los que saben todo cuanto es necesario de la Ley; por otro, el vulgo, el pueblo, que no la conoce. Es sorprendente a donde llegan con el calificativo ἐπάρατοι, *malditos*.

Gente puesta bajo maldición por contradecir, según ellos, lo que la Ley decía. Para los fariseos conocer la Ley, era una bendición, por tanto, quienes la desconocían eran *malditos*, esto es, no podían ser bendecidos por Dios. No se dan cuenta que son ellos los que formaban al pueblo, por tanto, de ellos era la responsabilidad final si la gente no sabía o no entendía la Ley. La arrogancia se manifiesta en cada una de las palabras de aquellos que, por desear la muerte de un inocente, quebrantaban la Ley y estaban bajo maldición. De este modo escribe León Morris:

"La multitud no conocía la ley. Eso no quiere decir que la gente no estuviera interesada en el Pentateuco, o que no conociera nada de las Escrituras (en el v. 42 vimos que al menos algunos conocían algunos pasajes de las Escrituras). Lo que quiere decir es que no conocían la ley de la forma en que la conocían los fariseos. Estos estudiosos decían que había 613 mandamientos en la ley, y se habían propuesto ganarse la salvación cumpliendo cada uno de ellos. Pero eso no era suficiente. Además añadían todo el corpus de la tradición oral (que dirigía la interpretación de los pasajes bíblicos). Así, no es de extrañar que la gente sencilla o piadosa, como los peregrinos que había entre la multitud, hubieran abandonado hacía tiempo. El conocimiento que tenían de las Escrituras no podía compararse con el de los fariseos. De ahí que la práctica de aquellas gentes tampoco podía compararse con la de los celosos guardianes de la tradición. Era inevitable que la gente no lograra cumplir todas las reglas que los fariseos les imponían; así, habían pasado a estar bajo condenación. Eran 'malditos' (Dt. 27:26 habla de aquel que no confirma las palabras de esta ley, poniéndolas por obra como un maldito)[8].

Eran malditos por dos razones, porque no conocían la Ley, y porque no cumplían los preceptos y las formas establecidas conforme a lo prescrito en la tradición. Los que no conocían de este modo era una chusma ignorante y perversa. Vanamente hinchados los fariseos consideraban escoria al pueblo. Dios ha cambiado esta posición escogiendo hoy para Sí a quienes son *lo necio, lo bajo, lo vil y lo despreciable de este mundo* (1 Co. 1:27-28), pero, como ocurría entonces, los que se consideran *sabios*, desprecian a los escogidos de Dios. Los judíos señalaban a la gente como ignorante al aceptar a Jesús como el *profeta* y algunos como el *Mesías*, estos conocían la Ley lo suficiente para identificar al Señor, contrariamente a los maestros que profesando ser sabios se habían hecho necios.

---

[8] León Morris. o.c., pág. 487.

50. Les dijo Nicodemo, el que vino a él de noche, el cual era uno de ellos.

λέγει Νικόδημος πρὸς αὐτούς, ὁ ἐλθὼν πρὸς αὐτὸν[1] [τὸ]
Dice Nicodemo a ellos, el que vino a Él -
πρότερον, εἷς ὢν ἐξ αὐτῶν·
antes, que era uno de ellos.

Notas y análisis del texto griego.

Siguiendo el relato, escribe: λέγει, tercera persona singular del presente de indicativo en voz activa del verbo λεγω, *hablar, decir*, aquí *dice*; Νικόδημος, caso nominativo masculino singular del nombre propio *Nicodemo*; πρὸς, preposición propia de acusativo *a*; αὐτούς, caso acusativo masculino de la tercera persona plural del pronombre personal *ellos*; ὁ, caso nominativo masculino singular del artículo determinado *el*; ἐλθὼν, caso nominativo masculino singular del participio del segundo aoristo de indicativo en voz activa del verbo ἔρχομαι, *venir*, aquí *que vino*; πρὸς, preposición propia de acusativo *a*; αὐτὸν, caso acusativo masculino de la tercera persona singular del pronombre personal *Él*; τὸ, caso acusativo neutro singular del artículo determinado *el*; πρότερον, caso acusativo neutro singular del adjetivo comparativo *antes*; εἷς, caso nominativo masculino singular del adjetivo numeral cardinal *uno*; ὢν, caso nominativo masculino singular del participio de presente en voz activa del verbo εἰμί, *ser, estar*, aquí *que era*; ἐξ, forma escrita que adopta la preposición de genitivo ἐκ, delante de vocal y que significa *de*; αὐτῶν, caso genitivo masculino de la tercera persona plural del pronombre personal *ellos*.

Crítica Textual. Lecturas alternativas.

[1] ὁ ἐλθὼν πρὸς αὐτὸν, *el que vino a Él*, lectura atestiguada en 𝔭[66], K, W.

ὁ ἐλθὼν νυκτὸς πρὸς αὐτὸν, *el que vino de noche a Él*, según lectura en Γ, Ψ, 579, 700, 1424, 𝔐, lat, sir.

ὁ ἐλθὼν πρὸς αὐτὸν νυκτὸς, *el que vino a Él de noche*, conforme a K, N, Δ, Ψ, sir[h].

ὁ ἐλθὼν νυκτὸς πρὸς αὐτὸν τὸ πρότερον, *el que vino de noche a Él antes*, de acuerdo con Θ, $f^{1,13}$, 565, 892, r.

λέγει Νικόδημος πρὸς αὐτούς, ὁ ἐλθὼν πρὸς αὐτὸν [τὸ] πρότερον, εἷς ὢν ἐξ αὐτῶν· Uno por lo menos de las autoridades creía en Él. Los fariseos acaban de afirmar que ninguno de ellos lo había hecho, pero se olvidaban de Nicodemo. Posiblemente a causa de las amenazas que los fariseos habían formulado contra quienes creyesen en Jesús, que incluso los expulsaban de la sinagoga, se mantuviese como discípulo secreto de Cristo. Poco a poco va a darse a conocer como alguien que no concordaba con las formas y los propósitos de los compañeros del grupo fariseo. Juan tiene intención de identificar sin duda a Nicodemo, de modo que dice que fuera uno de los fariseos que había ido a Jesús. Otras lecturas alternativas añaden que había sido el que antes fuera de noche. El *apóstol* dice que era *uno de ellos*, por tanto, un miembro del Sanedrín. Sin embargo no era un soberbio y arrogante como el resto de sus compañeros. Buscó la verdad y descubrió a Cristo en esa búsqueda. Posiblemente Juan destaque aquí que aunque convencido de quién era Jesús (3:2), seguía siendo de los fariseos.

51. ¿Juzga acaso nuestra ley a un hombre si primero no le oye, y sabe lo que ha hecho?

μὴ	ὁ	νόμος	ἡμῶν	κρίνει	τὸν	ἄνθρωπον	ἐὰν	μὴ	ἀκούσῃ
¿Acaso	la	ley	nuestra	juzga	al	hombre	si	no	oiga

πρῶτον	παρ'	αὐτοῦ	καὶ	γνῷ	τί	ποιεῖ
primero	de	Él	y	conozca	qué	hace.

Notas y análisis del texto griego.

Sigue la reacción de Nicodemo: μὴ, partícula qua hace funciones de adverbio de negación condicional *no*, aquí como condicional *acaso*; ὁ, caso nominativo masculino singular del artículo determinado *el*; νόμος, caso nominativo masculino singular del nombre común *ley*; ἡμῶν, caso genitivo de la primera persona plural del pronombre personal declinado *de nosotros*, *nuestra*; κρίνει, tercera persona singular del presente de indicativo en voz activa del verbo κρίνω, *juzgar*, aquí *juzga*; τὸν, caso acusativo masculino singular del artículo determinado declinado *al*; ἄνθρωπον, caso acusativo masculino singular del nombre común *hombre*; ἐὰν, conjunción afirmativa *si*; μὴ, partícula que hace funciones de adverbio de negación condicional *no*; ἀκούσῃ, tercera persona singular del aoristo primero de subjuntivo en voz activa del verbo ακούω, *oír, escuchar*, aquí *oiga*; πρῶτον, adverbio de modo *primero, primeramente*; παρ', preposición propia de genitivo en la forma que adopta la preposición παρά, por elisión de la α final cuando precede a una palabra que comienza con vocal, equivale a *de*; αὐτοῦ, caso genitivo masculino de la tercera persona singular del pronombre personal *Él*; καὶ, conjunción copulativa *y*; γνῷ, tercera persona singular del segundo aoristo de subjuntivo en voz activa del verbo γινόσκω, *conocer*, aquí *conozca*; τί, caso acusativo neutro singular del pronombre interrogativo *qué*; ποιεῖ, tercera persona singular del presente de indicativo en voz activa del verbo ποιέω, *hacer, realizar, cometer*, aquí *hace*.

μὴ ὁ νόμος ἡμῶν κρίνει τὸν ἄνθρωπον ἐὰν μὴ ἀκούσῃ πρῶτον παρ' αὐτοῦ καὶ γνῷ τί ποιεῖ. La voz discordante de Nicodemo sonó en aquel momento en la reunión de los que habían mandado arrestar a Jesús y que habían respondido arrogantemente a los alguaciles. Las palabras de Nicodemo demuestran que aquellos no cumplían la ley, no por falta de conocimiento sino por quebrantamiento voluntario. El fariseo les recuerda que la Ley prohibía juzgar y emitir sentencia sin antes haber escuchado al acusado. Aquellos fanáticos se proponían condenar a muerte a Jesús sin haberle escuchado, por tanto, se convertían en asesinos con premeditación y alevosía. Aquellos habían afirmado que ninguna de las autoridades habían creído en Jesús, Nicodemo les muestra que eso era verdad. Habían llamado a la gente *malditos* porque no conocían la ley, Nicodemo pone de manifiesto que la injusticia estaba en ellos al pretender condenar a un inocente sin haberle oído primero. Es evidente que no todos los fariseos aprobaban lo que estaban haciendo y planeando contra Cristo. Los alguaciles dijeron a las autoridades que las palabras de Jesús impactaban de forma que jamás hombre alguno había hablado de aquella manera, por eso Nicodemo estaba también seguro de que si todos le prestasen atención, el mensaje de Cristo produciría en ellos el mismo resultado. Nicodemo no actuó en defensa abierta de Jesús, puesto que habría generado un conflicto en la reunión donde estaba, se limitó a hacer una aportación en la que todos viesen la debilidad, cuando no la ilegalidad, en que estaban incursos. Los jueces tienen que saber lo que el acusado esta haciendo, oyéndolo de su propia boca. Los jueces *no sabían* lo que Jesús estaba haciendo, suponían que era un rebelde, le consideraban como un hombre del vulgo y sin letras, pero era un conocimiento parcial, tenían que hablar con Él para tener un conocimiento completo de quien era. Para ellos Jesús debía ser arrestado (7:32), porque era un pretencioso (7:47), merecedor de muerte (5:18). Aquel era un tribunal prejuiciado contra el reo, por tanto la sentencia era ilegal.

52. Respondieron y le dijeron: ¿Eres tú también galileo? Escudriña y ve que de Galilea nunca se ha levantado profeta.

ἀπεκρίθησαν καὶ εἶπαν αὐτῷ· μὴ καὶ σὺ ἐκ τῆς Γαλιλαίας
Respondieron y dijeron le: ¿Acaso también tu de - Galilea
εἶ ἐραύνησον καὶ ἴδε[1] ὅτι ἐκ τῆς Γαλιλαίας προφήτης οὐκ
eres? Investiga y ve que de - Galilea profeta no
ἐγείρεται.
se levantó.

Notas y análisis del texto griego.

A la propuesta de Nicodemo ἀπεκρίθησαν, tercera persona plural del aoristo primero de indicativo en voz pasiva del verbo ἀποκρίνομαι, *responder, contestar, replicar*, aquí *respondieron*; καὶ, conjunción copulativa *y*; εἶπαν, tercera persona plural del aoristo segundo de indicativo en voz activa del verbo λέγω, *hablar, decir*, aquí *dijeron*; αὐτῷ, caso dativo masculino de la tercera persona singular del pronombre personal declinado *a él, le*; μὴ, partícula que hace funciones de adverbio de negación condicional *no*, en esta construcción equivale a *acaso*; καὶ, adverbio de modo *también*; σὺ, caso nominativo de la segunda persona singular del pronombre personal *tú*; ἐκ, preposición propia de genitivo *de*; τῆς, caso genitivo femenino singular del artículo determinado *la*; Γαλιλαίας, caso genitivo femenino singular del nombre propio *Galilea*; εἶ, segunda persona singular del presente de indicativo en voz activa del verbo εἰμί, *ser, estar*, aquí *eres*; ἐραύνησον, segunda persona singular del aoristo primero de imperativo en voz activa del verbo ἐραυνάω, *examinar, inquirir, investigar, escrutar, estudiar*, aquí *investiga*; καὶ, conjunción copulativa *y*; ἴδε, segunda persona singular del aoristo segundo de imperativo en voz activa del verbo ὁράω, en la forma εἴδω, *mirar, mostrar, ver*, aquí *ve*; ὅτι, conjunción *que*; ἐκ, preposición propia de genitivo *de*; τῆς, caso genitivo femenino singular del artículo determinado *la*; Γαλιλαίας, caso genitivo femenino singular del nombre propio *Galilea*; προφήτης, caso nominativo masculino singular del nombre común *profeta*; οὐκ, forma escrita del adverbio de negación *no*, con el grafismo propio ante una vocal con espíritu suave o una enclítica; ἐγείρεται, tercera persona singular del presente de indicativo en voz pasiva del verbo ἐγείρω, en voz pasiva *levantarse, aparecer, resucitar*, aquí *se levantó*.

Crítica Textual. Lecturas alternativas.

[1] ἐραύνησον καὶ ἴδε, *investiga y ve*, lectura atestiguada en P^{75vid}, B, K, N, T, Ψ, 892, 1424, vg^{cl}.

ἐραύνησον καὶ ἴδε τὰς γραφὰς, *investiga y ve las Escrituras*, según $\mathfrak{p}^{66c}$, ℵ, D, K, W, Γ, Δ, Θ, $f^{1,13}$, 33, 565, 579, 700, 1241, 𝔐, lat.

ἀπεκρίθησαν καὶ εἶπαν αὐτῷ· μὴ καὶ σὺ ἐκ τῆς Γαλιλαίας. La reacción de los fariseos fue inmediata. Alguien, no de los *malditos*, sino de los conocedores de la Escritura y miembro del Sanedrín se levanta para defender a Jesús. Es verdad que lo hizo débilmente, pero advirtió a todos de la ilegalidad que se pretendía cometer con Él. No hubo respuesta a la consideración legal, sino una agria contestación contra su propia persona. La pregunta personal es dura: *¿Acaso tú eres galileo?* En la respuesta está también una velada acusación sobre una posible relación con el *Galileo*. Eran de allí algunos de los que consideraban a Jesús como *profeta*. Solo ellos eran capaces de tal atrevimiento contra la oposición firme de los judíos. En tiempos de Jesús los galileos eran tenidos en menor consideración que los de Judea, a pesar de que Isaías habla de la gloria de las tribus del norte, Zabulón y Neftalí, y de la Galilea de los gentiles (Is. 9:1).

εἶ ἐραύνησον καὶ ἴδε ὅτι ἐκ τῆς Γαλιλαίας προφήτης οὐκ ἐγείρεται. En su furia instan a Nicodemo a que busque en las

Escrituras[9], y verifique que de Galilea nunca se había levantado profeta alguno. En su tremenda premura y en la airada respuesta se olvidaron que Jonás era galileo, de Gat-hefer, localidad cercana a Nazaret (2 R. 14:25). Es también probable que Nahúm fuese galileo, según Jerónimo[10]. Todos aquellos hablan de *profeta*, pero ninguno osa hablar de Mesías, porque ni tan siquiera como suposición de oratoria eran capaces de admitirlo. Aquellos incluso consideraban que, aunque no hubiera habido profeta de Galilea, no eran quienes para afirmarlo ya que Dios podía levantar un profeta de cualquier lugar que en soberanía lo determinase. No mencionar como de Galilea a Jonás es, probablemente, otra manifestación del odio tradicional que los judíos sentían hacia los gentiles. El ministerio de Jonás había sido dirigido, no solo a gentiles, sino a enemigos de Israel. Por otro lado, la profecía de Jonás, para algunos de aquellos no había tenido cumplimiento, olvidándose de la gracia divina que daba oportunidad al pueblo condenado por su pecado a un arrepentimiento genuino, por lo que fue detenido momentáneamente el juicio divino, que sería nuevamente anunciado por el profeta Nahúm. La cerrazón religiosa asentada en prejuicios de raza y de justificación delante de Dios produce esos resultados.

53. Cada uno se fue a su casa.

καὶ	ἐπορεύθησαν	ἕκαστος	εἰς	τὸν	οἶκον	αὐτοῦ,
Y	se fueron	cada uno	a	la	casa	de él.

Notas y análisis del texto griego.

Cerrando el párrafo, escribe: καὶ, conjunción copulativa *y*; ἐπορεύθησαν, tercera persona plural del aoristo primero de indicativo en voz pasiva del verbo πορεύω, en voz media-pasiva, *marcharse, irse, seguir el camino*, aquí *se fueron*; ἕκαστος, caso nominativo masculino singular del adjetivo indefinido *cada uno*; εἰς, preposición propia de acusativo *a*; τὸν, caso acusativo masculino singular del artículo determinado *el*; οἶκον, caso acusativo masculino singular del nombre común *casa, residencia*; αὐτοῦ, caso genitivo masculino de la tercera persona singular del pronombre personal declinado *de él*, en sentido de posesivo *suya*.

καὶ ἐπορεύθησαν ἕκαστος εἰς τὸν οἶκον αὐτοῦ. El capítulo se cierra de una forma abrupta: "*Cada uno se fue a su casa*". Esto hace suponer a los críticos que el pasaje desde este versículo hasta 8:12, no es una parte genuina del *Evangelio según Juan*, y que se trata de un relato añadido. Este asunto se considerará en la introducción del

[9] Conforme a la lectura alternativa de algunos códices.

[10] Jerónimo. *Prologo in Nahum*. ML 25,1232.

próximo capítulo. No había más tiempo que perder. La tensión se aprecia en el pasaje. Todos los miembros de Sanedrín se levantaron y regresaron a sus casas.

Concluido el comentario se hace difícil, en este *Evangelio*, hacer una selección aplicable a la vida personal. Pero, tal vez lo más destacable es la insistencia en que *no había llegado la hora* para Jesús. Nadie podía desviarle de Su ministerio, nadie podía tocar Su vida porque el tiempo programado para ello no había llegado. El odio se manifiesta contra Él de forma muy notable, a medida que el tiempo del ministerio transcurre. Muchos religiosos son incapaces de suponer una alteración en su orden y tradiciones, por lo que buscan ansiosamente eliminar a Jesús. La determinación de quitarle la vida era algo establecido, sólo tenían que encontrar la oportunidad. La fidelidad a la Palabra, la lealtad en el servicio y la renuncia al aplauso del mundo, son los elementos que suponen la confrontación con el mundo. Jesús advirtió de ello (16:33). La demanda para el creyente, especialmente para el pastor o el maestro en la iglesia es *predicar la Palabra*. Debe notarse en el contexto de todo el capítulo la insistencia que Jesús hace en la enseñanza dirigida hacia Su persona.

Jesús es un gran desconocido en la iglesia de nuestros días. La exposición de la Palabra, la enseñanza de la doctrina, se está sustituyendo en muchos lugares por experiencias, temas de actualidad, humanismo, relativismo, etc. etc. Esto produce un atractivo de masas, pero ningún resultado espiritual para los oyentes. El pasaje invita a la reflexión sobre la necesidad de recuperar la grandeza gloriosa de la persona de Jesús en cada iglesia. Nadie puede olvidar que en este mismo *Evangelio*, Juan recogerá una advertencia de Cristo: *"separados de mí nada podéis hacer"* (15:5b). Todo el poder para la vida personal y eclesial procede de Él, razón por la que el apóstol Pablo dice: *"Todo lo puedo en Cristo que me fortalece"* (Fil. 4:13). Permita el Señor que cada lector reafirme su determinación de vivir a Cristo, predicar a Cristo y servir a Cristo.

CAPÍTULO VIII

LA LUZ DEL MUNDO

Introducción.

El relato de Juan comienza con una sección (vv. 1-11) muy cuestionada, afirmando muchos eruditos, no solamente del sector liberal que el texto si no es espurio, por lo menos no es de Juan, ya que el testimonio de los mss. es muy confuso. Hasta tal punto que algunas versiones eliminan todo el párrafo y comienzan el capítulo en el v. 12. Ante ello surgen preguntas: ¿Debe considerarse como parte integrante del *Evangelio*? ¿Es un pasaje inspirado? ¿Puede probarse que ocurrió y por tanto, su historicidad? Es cierto que los elementos de que disponemos no permiten afirmar la procedencia directa de Juan, ya que incluso hay palabras y construcciones en el relato que se identifican más con los sinópticos que con el cuarto evangelio. Sin embargo, no es posible eliminarlo con sano criterio como un relato interpolado por alguien y, por consiguiente, no inspirado. Entre los que niegan la autoría está Archibald Thomas Robertson, que dice:

"Este versículo y hasta 8:12 (el pasaje acerca de la mujer tomada en adulterio), no es ciertamente una parte genuina del Evangelio de Juan. Los mss. más antiguos y mejores (Alef, A, B, C, L, W) no lo tienen. Aparece por vez primera en el Codex Bezae. Algunos mss. lo ponen al final del Evangelio de Juan, y algunos en Lucas. Es probable que sea una historia verdadera, porque concuerda con Jesús, pero no pertenece al Evangelio de Juan. La Versión de Canterbury pone el pasaje entre corchetes, lo mismo que la RVR77 y la V.M. Westcott y Hort la sitúan al final del Evangelio[1]"

Entre los argumentos que se dan contra la autoría pueden destacarse los siguientes:

1. Falta en los códices griegos *mayúsculos* más antiguos, y entre ellos el Alef, B, A, C, T, W, X, etc., así como en otros muchos *minúsculos*. Apareciendo por primera vez en el código Bezae.

2. En otros códices *minúsculos*, v.gr. E, M, S, D, etc. y en muchos *minúsculos*, el pasaje aparece con un asterisco, que indica dudas sobre la autenticidad, incluso en el L y el Δ, lo eliminan totalmente.

---

[1] Archibald Thomas Robertson. o.c., pág. 161.

3. El relato, en los códices en que aparece, tiene muchas variantes textuales, que indica una falta de firmeza en el texto. De ahí que algunos pongan el relato al final de Lc. 21:38; otros lo sitúan al final del *Evangelio según Juan*, incluso aparece luego de Jn. 7:36 o 7:44.

4. Se aprecia la falta del relato en las versiones antiguas principales como son las latinas (a, f, l, q), en las siríacas, en la sahídica y en los antiguos códices armenios.

5. Hay varios comentaristas griegos del *Evangelio*, que no mencionan esta parte, pasando de 7:52 a 8:12, como son Orígenes, Crisóstomo, Cirilo y Teodoro de Mopsuestia.

6. Lo mismo ocurre con los escritores latinos, que no mencionan este pasaje, desconocido también por Cipriano e Hilario. En su *Diatessaron*, Taciano, sirio, omite Jn. 7:53-8:11.

7. El texto íntegro no está en el papiro Bodmer II, ($\mathfrak{P}^{66}$) y en el Bodmer ($\mathfrak{P}^{75}$).

8. El relato contiene varias palabras que no se encuentran en ningún otro de los escritos de Juan.

Por otro lado hay evidencias que confirman la autenticidad y autoría del relato como del *Evangelio según Juan*, entre los que cabe destacar:

1. Está en varios códices griegos *mayúsculos*, entre ellos el D, sin embargo, una característica del códice son las muchas adiciones. Otros códices griegos *mayúsculos*, tienen la condición de ser más recientes, con variaciones en la colocación del relato.

2. La narración armoniza con el contexto inmediato que sigue a la discusión de Jesús y al incidente con los alguaciles, sirviendo muy bien como introducción al discurso que sigue del v. 12 en adelante.

3. Jesús se presenta como el Salvador que viene a salvar y no a condenar, salvando a pecadores perdidos entre los que hay algunas mujeres, como la samaritana. Quien contó la parábola del *hijo pródigo*, y quien va a presentarse en el *Evangelio* como el buen pastor, muestra su misericordia con una mujer que sería legalmente condenada a muerte.

4. Aparece en muchos mss. *minúsculos.*

5. Aparece en códices de antiguas versiones *latinas;* en la Vulgata, en las siro-palestinenses, etiópica, boaírica.

6. El pasaje es conocido por Papías[2], discípulo de Juan que conocía la historia y la explica, de modo que el relato es conocido en el s. I. También lo cita Paciano como parte del *Evangelio según Juan*, antes del año 304. Hacen mención de él Ambrosio, Jerónimo que dice que figura en muchos códices griegos y latinos[3]. Agustín es el mayor defensor de la genuinidad del pasaje[4]. Éste dice que el pasaje fue retirado de mss. toda la sección referida a la mujer adúltera, porque temían que las mujeres recurrirían a este relato como excusa para su infidelidad[5]. Como hace notar Hendriksen: "*intimamente relacionado con esto está el hecho de que el ascetismo desempeñó un papel importante en la era subapostólica. De ahí que no se pueda descartar totalmente la sugerencia de que esta sección (7:53-8:11) formaba en otro tiempo parte del Evangelio de Juan para ser quitada del mismo más tarde*[6]".

7. Sorprendentemente los mss. L y Δ, dejan un amplio espacio en blanco entre el versículo final del capítulo anterior y el doce de éste, algo inexplicable si el copista no fuera consciente de la existencia de un párrafo que sabía que existía pero que por alguna razón omitió, o tuvo que omitir. El texto aparece en D, F, G, H, K, U, Γ, y en más de trescientos cursivos y muchas versiones.

8. La evidencia de redacción del pasaje exige que no comience en 8:12, ya que arrancaría repentinamente, sin ninguna razón aparente, el discurso del Señor, que tiene su apoyo en el relato precedente, que es la luz divina de Cristo capaz de escudriñar las conciencias corrompidas de los acusadores de la mujer. Por ello se evidencia que está colocado en el lugar que corresponde dentro del relato general, haciendo difícil explicar la incorporación posterior en ese mismo espacio, como que se extienda a tantos mss. y a tantas lenguas. Lo que si es fácil es la supresión intencionada del mismo.

Lo mismo ocurre con la *historicidad.* Si era conocido por Papías, que se remonta al s. I, también era conocido por el *Pastor de Hermas*, la

---

[2] Eusebio. *Historia Ecclesia.* III. 39,17

[3] Jerónimo. *Adv. Pelag.*

[4] Agustín. *In Johannus Evangelium tractatus.* Tr 33:4-8; ML 35, 1648.1651.

[5] Agustín. *De adulterinis conjugiis*, II. vii.

[6] G. Hendriksen. o.c., pág. 299.

cita está recogida en el apócrifo *Evangelio según los Hebreos*[7] y la *Didascalia*, quiere decir que la historicidad estaba admitida desde tiempos muy próximos a la presencia del apóstol Juan. Los datos topográficos de los dos primeros versículos son precisos y exactos, y se dice que lleva el sello de un relato verdadero, sin presentar ningún rasgo de una invención tardía, como algunos críticos pretenden.

El cambio de situación es evidente, aunque no de lugar y, con toda seguridad de ocasión. El capítulo continúa en el entorno de la festividad de los Tabernáculos. En ella se tenía muy presente tanto el agua, en las ceremonias rituales, como la luz en los candelabros que alumbraban desde el Templo. Sin embargo, es de notar que mientras en el capítulo anterior la presencia de la gente es evidente, en este esa palabra no aparece, resultando con ello un cambio notable, limitado a la confrontación con los adversarios de Jesús. Es evidente que si el Señor habló en el *ultimo día de la fiesta* (7:37), luego lo que sigue tuvo lugar después de ésta hubiese terminado. Sin embargo los acontecimientos y el recuerdo de las ceremonias persistían en la mente de los judíos, de los habitantes de Jerusalén, y de muchos peregrinos que no partían de regreso el día siguiente al último de la fiesta.

La división del pasaje resulta sencilla, salvando ya el escollo de la autenticidad juanina. Primeramente aparece el relato de la mujer adúltera (vv. 1-11); sigue la discusión con los fariseos como consecuencia de la proclamación de ser *la luz del mundo* (vv. 12-20); luego otra conversación sobre la tremenda condición espiritual en que se encontraban los judíos (vv. 21-30); a continuación viene el importante discurso sobre la verdadera libertad (vv. 31-37); la acusación que Cristo formula a los judíos llamándoles *homicidas* e *hijos del diablo* aparece luego (vv. 38-47); a continuación está la defensa de Jesús contra los insultos de que era objeto (vv. 48-50); finalmente están las declaraciones sobre la inmortalidad de los creyentes, y de la eterna preexistencia Suya, como Hijo de Dios (vv. 51-59).

En líneas generales el capítulo, además del relato de la mujer tomada en adulterio, sigue el modelo de la *enseñanza* que Jesús comenzó desde el momento de Su aparición en la fiesta de los *tabernáculos*. Se basa en declaraciones o proclamaciones que Jesús hace de Sí mismo. En este vuelve a remarcarse la condición absoluta de quien habla con un nuevo *Yo soy*, que da cohesión al capítulo. Esto permite a Cristo hablar de la vinculación divina que lo relaciona con el

[7] Eusebio. *Hist. Eccl.* III 39,17.

Padre, con el que tiene una relación constitutiva. Este *Yo soy*, culminará en la declaración de eternidad relacionada con Abraham, que trajo como consecuencia la reacción de los judíos que lo acusan de blasfemia (vv. 58, 59).

Por otro lado, a pesar de que los judíos habían determinado darle muerte, sigue enseñando en el templo (v. 20). Sin embargo con quienes habla y enseña no es con el pueblo, sino con los fariseos, aunque sin duda, el auditorio estaba formado también por las personas que acudían al templo. La primera gran enseñanza tuvo lugar en la explanada contigua a la Tesorería. Las palabras de Cristo causaron profundo efecto y muchos creyeron en Él (v. 30). Es interesante notar que no se trata tanto de discursos como lo que ocurre en el capítulo anterior, sino de distintas enseñanzas a las que replican los oyentes, de forma especial los fariseos. A lo largo del desarrollo se aprecia que Jesús no es confrontado por Sus palabras solamente, sino que subyace una absoluta determinación contra Él.

Es notable la dureza del lenguaje que Jesús usa en el capítulo. Este lenguaje ha servido para justificar en el cristianismo el desprecio e incluso el odio contra los judíos, no como los líderes del judaísmo, sino contra toda la nación, lo que resulta intolerable y antibíblico. Una razón podría ser el propio lenguaje profético frente a temas de absoluta importancia en relación con el hombre, como es la salvación. Cristo habla del desconocimiento de Dios, de la resistencia a la enseñanza de Su Palabra, de los crímenes de sangre, de la mentira, del endurecimiento del corazón por causa del pecado, centralizando todo en la advertencia sobre la influencia que el diablo estaba operando en ellos. Esta oposición a la luz, contrasta con la afirmación de que esa verdadera luz está solo en Cristo.

El bosquejo analítico ya se ha dado completo antes, como sigue:

3.2.7. La mujer adúltera (8:1-11).
3.2.8. Discurso de Jesús y reacciones (8:12-59).
- A) La afirmación de Jesús (8:12).
- B) La reacción (8:13).
- C) La respuesta de Jesús (8:14-20).
- D) Enseñanzas y reacciones (8:21-27).
- E) Enseñanza y consecuencias (8:28-30).
- F) Enseñanza sobre la libertad y reacciones (8:31-51).
- G) La eternidad de Jesús (8:52-58).
- H) La reacción (8:59).

La mujer adúltera (8:1-11).

1. Y Jesús se fue al Monte de los Olivos.

Ἰησοῦς δὲ ἐπορεύθη εἰς τὸ ὄρος τῶν ἐλαιῶν.
Pero Jesús se fue al Monte de los Olivos.

Notas y análisis del texto griego.

Comenzando el capítulo, escribe: Ἰησοῦς caso nominativo masculino singular del nombre propio *Jesús*; δὲ, partícula conjuntiva que hace las veces de conjunción coordinante, con sentido de *pero, más bien, y, y por cierto, antes bien*; ἐπορεύθη, tercera persona singular del aoristo primero de indicativo en voz pasiva del verbo πορεύομαι, *irse, marcharse, seguir camino*, aquí *se fue*; εἰς, preposición propia de acusativo *a*; τὸ, caso acusativo neutro singular del artículo determinado *el*; ὄρος, caso acusativo neutro singular del nombre común *monte*; τῶν, caso genitivo femenino plural del artículo definido declinado *de las*; ἐλαιῶν, caso genitivo femenino plural del nombre común *olivos*.

Ἰησοῦς δὲ ἐπορεύθη εἰς τὸ ὄρος τῶν ἐλαιῶν. Por el capítulo anterior se sabe que los judíos que habían mandado apresar a Jesús, se fueron cada uno a su casa. Jesús no tenía casa propia, si bien solía hospedarse en Betania, lugar próximo a Jerusalén, por tanto bien podía haberse ido también al hogar donde se quedaba. Sin embargo, se retiró al *Monte de los Olivos*. Era cosa frecuente en Jesús buscar en el monte la soledad y tranquilidad necesarias para un tiempo de oración, en diálogo con Su Padre (Lc. 21:37). No se dice nada sobre los discípulos y tampoco sobre si se albergaba en alguna casa. El *evangelista* desea nuevamente centrar al lector sobre Jesús, sacando del entorno lo que pudiera perturbar esa orientación. Es muy probable que el lugar donde estuvo en el Monte de los Olivos, fuese Getsemaní, el rincón del encuentro con los Doce, de la enseñanza particular para ellos y de la oración (18:2).

2. Y por la mañana volvió al templo, y todo el pueblo vino a él; y sentado él, les enseñaba.

Ὄρθρου δὲ πάλιν παρεγένετο εἰς τὸ ἱερὸν καὶ πᾶς ὁ λαὸς
Y al amanecer de nuevo se presentó en el templo y todo el pueblo
ἤρχετο πρὸς αὐτόν, καὶ καθίσας ἐδίδασκεν αὐτούς.
venía a Él, y sentándose enseñaba les.

Notas y análisis del texto griego.

Inicia un nuevo relato:῎Ορθρου, caso genitivo masculino singular del nombre común *madrugada, temprano, amanecer, aurora, el alba*; δὲ, partícula conjuntiva que hace las veces de conjunción coordinante, con sentido de *pero, más bien, y, y por cierto, antes bien*; πάλιν, adverbio de modo *de nuevo, nuevamente, otra vez*; παρεγένετο, tercera persona singular del segundo aoristo de indicativo en voz media del verbo παραγίνομαι, *llegar, presentarse*, aquí *se presentó*; εἰς, preposición propia de acusativo *en*; τὸ, caso acusativo neutro singular del artículo determinado *el*; ἱερὸν, caso acusativo neutro singular del nombre común *templo, santuario*; καὶ, conjunción copulativa *y*; πᾶς, caso acusativo masculino singular del adjetivo indefinido *todo*; ὁ, caso nominativo masculino singular del artículo determinado *el*; λαὸς, caso nominativo masculino singular del nombre común *pueblo*; ἤρχετο, tercera persona singular del imperfecto de indicativo en voz media del verbo ἐρχομαι, *venir, llegar*, aquí *venía*; πρὸς, preposición propia de acusativo *a*; αὐτόν, caso acusativo masculino de la tercera persona singular del pronombre personal *Él*; καὶ, conjunción copulativa *y*; καθίσας, caso nominativo masculino singular del participio del aoristo primero de indicativo del verbo καθίζω, *sentarse, quedarse*, aquí *sentándose*; ἐδίδασκεν, tercera persona singular del imperfecto de indicativo en voz activa del verbo διδάσκω, *enseñar*, aquí *enseñaba*; αὐτούς, caso acusativo masculino de la tercera persona plural del pronombre personal declinado *a ellos, les*.

῎Ορθρου δὲ πάλιν παρεγένετο εἰς τὸ ἱερὸν. No se detenía Jesús más que lo que era preciso para cada actividad en Su ministerio. No sabemos si hubo alguna ocupación durante la noche, pero lo que es cierto, que la jornada comenzó *al amanecer*, o como podría traducirse *temprano*. En cuanto el sol asomó, Jesús comenzaba Su jornada. Dejó el lugar donde pasó la noche para regresar al Templo, donde siempre había personas a las que podía enseñar. No es posible la negligencia cuando debe hacerse una tarea para gloria de Dios, madrugar es necesario para aprovechar todas las horas del día. El lugar a donde fue Jesús, el Templo, no fue escogido por ser un lugar sagrado, sino por ser *concurrido*, donde había personas dispuestas a oír la enseñanza.

καὶ πᾶς ὁ λαὸς ἤρχετο πρὸς αὐτόν, Cristo adoptó la postura habitual de los maestros para enseñar, que era sentándose. Así lo hizo en el templo. Con toda seguridad no había allí un lugar elegante o que supusiera una posición de dignatario. Posiblemente el suelo del atrio era el lugar donde el Señor se sentó. La gente, aquí literalmente ὁ λαὸς, *el pueblo*, se agolpó entorno a Él.

καὶ καθίσας ἐδίδασκεν αὐτούς. Inmediatamente Cristo se dio a la tarea de enseñar a la gente. Para esta misión había sido enviado del Padre. El Maestro estaba dando a los oyentes palabra de Dios. Era aquello que necesitaban conocer para salvación y para vida. Esa afluencia de gente a quienes los líderes llamaban *malditos* por ignorantes, venían a oír a Jesús, mientras que ellos despreciaban Su enseñanza porque le odiaban a Él. La ira de los judíos y sus amenazas, la determinación de matarle conocida por Cristo, no impedían que Él en el lugar público más destacado de la ciudad para el entorno israelita, se sentase para enseñar. El imperfecto incoativo del verbo διδάσκω, *enseñar*, aquí *enseñaba*, indica el comienzo de una acción que continuaba en el tiempo. Había comenzado a enseñar y lo seguiría haciendo mientras fuese posible.

3. Entonces los escribas y los fariseos le trajeron una mujer sorprendida en adulterio; y poniéndola en medio.

῎Αγουσιν δὲ οἱ γραμματεῖς καὶ οἱ Φαρισαῖοι γυναῖκα ἐπὶ
Entonces llevan los escribas y los fariseos mujer en
μοιχείᾳ κατειλημμένην καὶ στήσαντες αὐτὴν ἐν μέσῳ
adulterio habiendo sido sorprendida y poniendo la en medio.

Notas y análisis del texto griego.

Iniciando el relato de la mujer adúltera, escribe: ῎Αγουσιν, tercera persona plural del presente de indicativo en voz activa del verbo ἄγω, *conducir, llevar, cumplir, dirigirse*, aquí *llevan*; δὲ, partícula conjuntiva que hace las veces de conjunción coordinante, con sentido de *pero, más bien, y, y por cierto, antes bien*; οἱ, caso nominativo masculino plural del artículo determinado *los*; γραμματεῖς, caso nominativo masculino plural del nombre común *escribas*; καὶ, conjunción copulativa *y*; οἱ, caso nominativo masculino plural del artículo determinado *los*; Φαρισαῖοι, caso nominativo masculino plural del nombre propio *fariseos*; γυναῖκα, caso acusativo femenino singular del nombre común *mujer*; ἐπὶ, preposición propia de dativo *en*; μοιχείᾳ, caso dativo femenino singular del nombre común *adulterio*; κατειλημμένην, caso acusativo femenino singular del participio perfecto de indicativo en voz pasiva del verbo καταλαμβάνω, *sorprender*, aquí *habiendo sido sorprendida*; καὶ, conjunción copulativa *y*; στήσαντες, caso nominativo masculino plural del participio de aoristo primero de indicativo en voz activa del verbo ἵσθημι, *colocar, poner, presentar*, aquí *poniendo*; αὐτὴν, caso acusativo femenino singular de la tercera persona singular del pronombre personal declinado *a ella, la*; ἐν, preposición propia de dativo *en*; μέσῳ, caso dativo neutro singular del adjetivo *medio*.

῎Αγουσιν δὲ οἱ γραμματεῖς καὶ οἱ Φαρισαῖοι. Dos grupos religiosos acudieron al lugar donde Jesús, sentado, enseñaba. Se trata de los *escribas* y de los *fariseos*. Por primera y única vez Juan utiliza el término *escribas* en el *Evangelio*. Los sinópticos lo hacen a menudo, pero no así el apóstol en este escrito. Originalmente el título *escriba* se aplicaba a los encargados de escribir y copiar las leyes de un reino, formándose para ello desde niños en una escuela especial. Con el tiempo se designaron con el nombre de *sopher*, que solían manejar el punzón de escribiente, y correspondían a los funcionarios reales que tenían por misión escribir las cartas del rey, sus decretos y disposiciones (2 S. 8:17; 20:25; 1 R. 4:3; 2 R. 12:10, 2 Cr. 24:11; Est. 7:12; Is. 36:3). El *escriba real* era uno de los puestos más destacados en la sociedad, junto al sumo sacerdote. En ese sentido los escribas evolucionan para dejar de ser simples escribientes, para convertirse en depositarios del saber religioso, militar, literario y científico que se conservaba en los viejos textos y que se iba incrementando con los nuevos que se escribían o se copiaban. De modo que en Israel, los escribas pasaron de ser funcionarios de la corte a convertirse en maestros del pueblo. La enseñanza de la Ley, en manos de los sacerdotes, con el tiempo pasó a ser también un oficio de los *escribas*, como especialistas en el texto escrito. Estos desvirtuaron la aplicación de la Ley conformándose con la interpretación específicamente literal, como dice el profeta: *"¿Cómo decís: Nosotros somos sabios, y la ley de Jehová está con nosotros? Ciertamente la ha cambiado en mentira la pluma mentirosa de los escribas"* (Jer. 8:8). La falsedad era el enseñar que de la Ley había que cumplir sólo la letra, olvidándose del espíritu, como si de ese modo Dios estuviese complacido y de aquello dependieran las bendiciones divinas. Después del cautiverio los escribas se convirtieron en intérpretes de la enseñanza de la Ley. A Esdras se le llama *escriba diligente* (Esd. 7:6, 12; Neh 8:1-13). Éste fue realmente el reorganizador del nuevo estado judío y el fundador de los *intérpretes de la Ley*, de los cuales fue el primero, llamado con razón el segundo Moisés[8]. Los escribas fueron *hombres sabios y justos* a los que se refieren en ciertos libros bíblicos (Dn. 11:33, 35; 12:3). Fueron ellos quienes fijaron el canon del texto hebreo del Antiguo Testamento. La labor esencial de los *escribas* consistía en la función de maestros y comentaristas de la Ley, y en menor grado, de los otros escritos bíblicos. Ellos leían al pueblo el texto sagrado en las sinagogas todos los sábados. Como intérpretes, trataron de salvar las diferencias que había entre la legislación mosaica y los hechos y circunstancias de la vida cotidiana. Definieron y delimitaron la extensión y cumplimiento de cada uno de los preceptos de la Ley y cómo debía observarse cada mandamiento. Esta medida de interpretación y cumplimiento vino a llamarse la *tradición de los ancianos*, como aparece varias veces en el Nuevo Testamento (cf. Mt. 15:2; Mr. 7:3; Gá. 1:14), la cual tendía a satisfacer las exigencias de la

---

[8] Talmud, *Sanhedrín,* 21.

aplicación de la Ley y resolver los problemas que se planteaban a causa del avance social del mundo en que estaban los judíos. El método de enseñanza de los *escribas* era el exegético, palabra por palabra y frase por frase. En los días de Jesucristo se les conocía como *doctores de la Ley*, custodios e intérpretes de la Escritura. De ahí que se diga de ellos que *se sientan en la cátedra de Moisés* (Mt. 7:29; 23:2, 13-33). La mayoría de ellos era del partido de los *fariseos*, conocidos por su estricta rigidez en la práctica de la Ley y de las costumbres, de ahí el binomio que aparece en los sinópticos y en esta ocasión en Juan. Normalmente *escribas y fariseos* formaban una unidad religiosa y de actuación[9]. Estos dos grupos son los que vienen para organizar una celada contra Jesús.

γυναῖκα ἐπὶ μοιχείᾳ κατειλημμένην. Estos traen ante Jesús una mujer que había sido sorprendida en adulterio. Por el uso que Juan hace aquí del sustantivo μοιχείᾳ, da a entender que era una mujer casada, no solo una mujer que se había relacionado íntimamente con un hombre casado, sino que ella estaba casada. Es muy posible que aquella mujer fuese traída por medio de la guardia del templo y que quienes venían con ellos era miembros del Sanedrín. Esto, sin embargo, es mera suposición sin base bíblica. Tal vez aquella mujer iba a ser conducida al Sanedrín para ser acusada y juzgada conforme a la Ley, pero, viendo que podía ser útil a sus planes contra Cristo, la trajeron antes al lugar donde Jesús enseñaba, en el atrio del templo. Lo que sin duda buscaban era comprometerle con lo que dictaminase sobre que debía hacerse con la mujer. Si Jesús la condenaba tenían una razón para acusarle de falta de misericordia delante del pueblo, si no condenaba su pecado podían acusarle delante del Sanedrín por quebrantamiento de la Ley.

καὶ στήσαντες αὐτὴν ἐν μέσῳ. Aquellos arrastran a la mujer por en medio de la multitud que rodeaba a Jesús hasta situarla delante de Él. Esto produjo que ella quedase colocada *en medio*, esto es delante de todo el círculo que rodeaba a Jesús. Aquellos hipócritas no consideraban para nada la gracia y en modo alguno tenían misericordia. El pecado debía ser conocido por el menor grupo de personas posible, y en aquel caso, era el Sanedrín el que tenía que conocer los detalles de la acción para dictar sentencia justa. Ellos sabían que Jesús no podía juzgar porque no era juez. Entonces ¿por qué la llevan ante Él? La explicación de todo esto está en el relato que sigue. Los *escribas* y los *fariseos* se distinguían por su soberbia y rigorismo con los demás, pero

---

[9] Información sintetizada del *Gran Diccionario Enciclopédico de la Biblia*. Edit. Clie. Terrassa, 2013.

mantenían la indulgencia con ellos y buscaban la forma de quebrantar las demandas de la Ley mediante artilugios tales como el Corbán, para no cumplir el mandamiento de honrar padre y madre.

4. Le dijeron: Maestro, esta mujer ha sido sorprendida en el acto mismo de adulterio.

λέγουσιν αὐτῷ· διδάσκαλε, αὕτη ἡ γυνὴ κατείληπται ἐπ'
Dicen Le: Maestro, esta - mujer ha sido sorprendida en
αὐτοφώρῳ μοιχευομένη·
el acto mismo adulterando.

Notas y análisis del texto griego.

Sigue con λέγουσιν, tercera persona plural del presente de indicativo en voz activa del verbo λέγω, *hablar, decir*, aquí *dicen*; αὐτῷ, caso dativo masculino de la tercera persona singular del pronombre personal declinado *a Él, Le*; διδάσκαλε, caso vocativo masculino singular del nombre común *maestro*; αὕτη, caso nominativo femenino singular del pronombre demostrativo *esta*; ἡ, caso nominativo femenino singular del artículo determinado *la*; γυνὴ, caso nominativo femenino singular del nombre común *mujer*; κατείληπται, tercera persona singular del perfecto de indicativo en voz pasiva del verbo καταλαμβάνω, *sorprender*, aquí *ha sido sorprendida*; ἐπ', forma que adopta la preposición de dativo ἐπί, con el grafismo por elisión de la ι final ante vocal o diptongo sin aspiración, que equivale a *en, por, sobre*; αὐτοφώρῳ, caso dativo neutro singular del adjetivo *el acto mismo*; μοιχευομένη, caso nominativo femenino singular del participio de presente en voz pasiva del verbo μοιχεύω, *adulterar*, aquí *adulterando*.

λέγουσιν αὐτῷ· διδάσκαλε, Puesta delante de todos la mujer tomada en adulterio, los que la traían se dirigen a Jesús llamándole *maestro*. Este era el título que se daba a los rabinos y grandes enseñadores. Era la forma habitual que los discípulos de Jesús usaban con Él, pero, en boca de Sus enemigos sonaba a burlesca hipocresía y halago mal intencionado.

αὕτη ἡ γυνὴ κατείληπται ἐπ' αὐτοφώρῳ μοιχευομένη· La acusación se formula en palabras concretas y de forma breve. Aquella mujer había sido tomada en *el acto mismo* del adulterio. Es decir, fue apresada en el momento de la comisión del pecado. Un problema surgía ya a la vista de todos y con el que, con toda seguridad, los acusadores no contaban. Si realmente fue tomada en el mismo hecho ¿dónde estaba el hombre con el que cometía el pecado? La presentación de la pecadora, inmisericordemente delante de todos, generaba ya una forma de culpabilidad en la acepción de personas, al traer solo a uno de los dos adúlteros. Acaso el hombre era conocido de alguno de los acusadores. Tal vez lo dejaron marchar, atrapando sólo a la más débil de las dos partes.

5. Y en la ley nos mandó Moisés apedrear a tales mujeres. Tú, pues, ¿qué dices?

ἐν δὲ τῷ νόμῳ ἡμῖν Μωϋσῆς ἐνετείλατο τὰς τοιαύτας
Y en la ley nos Moisés mandó a las tales
λιθάζειν. σὺ οὖν τί λέγεις[1]
apedrear. ¿Tú, pues, que dices?

Notas y análisis del texto griego.

Continúa: ἐν, preposición propia de dativo *en*; δὲ, partícula conjuntiva que hace las veces de conjunción coordinante, con sentido de *pero, más bien, y, y por cierto, antes bien*; τῷ, caso dativo masculino singular del artículo determinado *el*; νόμῳ, caso dativo masculino singular del nombre común *ley*; ἡμῖν, caso dativo de la primera persona plural del pronombre personal declinado *a nosotros, nos*; Μωϋσῆς, caso nominativo masculino singular del nombre propio *Moisés*; ἐνετείλατο, tercera persona singular del aoristo primero de indicativo en voz media del verbo ἐντέλλομαι, *ordenar, mandar, dar órdenes*, aquí *mandó*; τὰς, caso acusativo femenino singular del artículo determinado declinado *a las*; τοιαύτας, caso acusativo femenino plural del adjetivo demostrativo *tales*; λιθάζειν, presente de infinitivo en voz activa del verbo λιθάζω, *lapidar, apedrear*; σὺ, caso nominativo de la segunda persona singular del pronombre personal *tú*; οὖν, conjunción continuativa *pues*; τί, caso acusativo neutro singular del pronombre interrogativo *qué*; λέγεις, segunda persona singular del presente de indicativo en voz activa del verbo λέγω, *hablar, decir*, aquí *dices*.

Crítica Textual. Lecturas alternativas.

Hay distintas formas de escritura del versículo que suponen simple variación en la colocación de las palabras.

[1]περὶ αὐτης, *sobre esto*, o *acerca de esto*, se añade al final del versículo según lectura en f^{13}, 700, 1424, pm, c, ff^2.

ἐν δὲ τῷ νόμῳ ἡμῖν Μωϋσῆς ἐνετείλατο τὰς τοιαύτας λιθάζειν. Los que habían traído a la mujer, recuerdan a Cristo el mandamiento que Moisés dio en la ley contra ese pecado. La Ley establecía la muerte por lapidación para una mujer que estuviese desposada, esto es, comprometida en casamiento pero antes de la celebración de la boda: *"Si hubiere una muchacha virgen desposada con alguno, y alguno la hallare en la ciudad, y se acostare con ella; entonces los sacaréis a ambos a la puerta de la ciudad, y los apedreareís...”* (Dt. 22:23-24). Para el adulterio se establecía la pena de muerte, pero no la forma de ejecutarla: *“Si un hombre cometiere adulterio con la mujer de su prójimo, el adúltero, y la adúltera indefectiblemente serán muertos”* (Lv. 20:10). No sabemos si la mujer era una desposada o era una mujer casada, en ambos casos la ley consideraba pecado a muerte tal situación. La gravedad del pecado de adulterio estriba en el hecho de ser una afrenta directa de violación contra la primera institución divina del matrimonio. El juramento del *pacto sagrado* contraído delante de Dios (Pr. 2:17), se quebrantaba, de modo que quien jure por Dios y quebrante el juramento debía morir.

La gravedad de la acusación estribaba en que la Ley mandaba apedrear tanto a la adúltera como al adúltero y éstos mencionan sólo a la mujer que habían traído. Aún en el caso de que no hubiera sido posible traer al hombre, debería ser buscado como reo de muerte junto con la mujer, puesto que ambos habían cometido el pecado. Los escribas y los fariseos dicen aquí una *media verdad*, limitándose a referirse al castigo establecido contra la mujer adúltera, pero evitando referirse al hombre. Era una acusación contraria al derecho porque se formulaba haciendo acepción de personas.

σὺ οὖν τί λέγεις. Luego de formular la acusación preguntan a Jesús que opinaba sobre el mandamiento que habían recibido en la Ley por medio de Moisés. Ponen a Jesús frente a la Ley y esperan Su respuesta. Ellos sabían de la gracia y misericordia de Cristo y suponían que se inclinaría por perdonar a la mujer, que estando presente y en silencio reconocía la realidad del pecado. Las palabras de Jesús suponían para ellos un problema porque interpretaba la Ley conforme al pensamiento de Dios y no según la mente pecaminosa de los escribas. Cristo habló de la comisión del pecado de adulterio (Mt. 5:27-28). Los escribas enseñaban que el mandamiento se quebrantaba solamente cuando había una relación física entre un casado y un soltero, o entre dos casados fuera de sus respectivos matrimonios. Limitaban por tanto, la prohibición a la comisión literal del pecado en una práctica externa y real. Dios establece que las relaciones íntimas son honrosas y lícitas dentro del matrimonio (He. 13:4). Pero, cualquier relación de este tipo fuera del matrimonio es pecado delante de Dios. Sin embargo, Jesús había dado el verdadero alcance del mandamiento, cuando habla de comisión de adulterio al que *codicia la mujer del prójimo* (Ex. 20:17; Dt. 5:18). Los escribas y fariseos enseñaban que sólo el hecho físico era comisión de pecado contra el sexto mandamiento. Jesús lo consideraba cometido con la simple mirada codiciosa hacia una mujer que no sea la esposa. El Señor había dicho que esa mirada codiciosa hacia la mujer de prójimo incurre ya en la comisión del pecado de adulterio, por cuanto está presente el deseo de llevarlo a cabo aunque falte la oportunidad para hacerlo realidad. Tal vez aquellas palabras de Cristo estaban presentes en el pensamiento de aquel grupo de perversos, que ahora enfrentaban al Señor con el dilema de la respuesta.

6. Mas esto decían tentándole, para poder acusarle. Pero Jesús, inclinado hacia el suelo, escribía en tierra con el dedo.

τοῦτο δὲ ἔλεγον πειράζοντες αὐτόν, ἵνα ἔχωσιν κατηγορεῖν
Pero esto decían tentando le, para que tengan acusar
αὐτοῦ. ὁ δὲ Ἰησοῦς κάτω κύψας τῷ δακτύλῳ κατέγραφεν
le. - pero Jesús hacia abajo inclinado con el dedo escribía
εἰς τὴν γῆν.
en la tierra.

Notas y análisis del texto griego.

Siguiendo el relato, escribe: τοῦτο, caso acusativo neutro singular del pronombre demostrativo *esto*; δὲ, partícula conjuntiva que hace las veces de conjunción coordinante, con sentido de *pero, más bien, y, y por cierto, antes bien*; ἔλεγον, tercera persona plural del imperfecto de indicativo en voz activa del verbo λέγω, *hablar, decir*, aquí *decían*; πειράζοντες, caso nominativo masculino plural del participio de presente en voz activa del verbo πειράζω, *tentar*, aquí *tentando*; αὐτόν, caso acusativo masculino de la tercera persona singular del pronombre personal declinado *a Él, Le*; ἵνα, conjunción causal *para que*; ἔχωσιν, tercera persona plural del presente de subjuntivo en voz activa del verbo ἔχω, *tener*, aquí *tengan*; κατηγορεῖν, presente de infinitivo en voz activa del verbo κατηγορέω, *acusar*; αὐτοῦ, caso genitivo masculino de la tercera persona singular del pronombre personal declinado *a Él, Le*; ὁ, caso nominativo masculino singular del artículo determinado *el*; δὲ, partícula conjuntiva que hace las veces de conjunción coordinante, con sentido de *pero, más bien, y, y por cierto, antes bien*; Ἰησοῦς, caso nominativo masculino singular del nombre propio *Jesús*; κάτω, adverbio de lugar *abajo, hacia abajo*; κύψας, caso nominativo masculino singular del participio de aoristo primero en voz activa del verbo κύπτω, *agacharse, inclinarse*, aquí *inclinado*; τῷ, caso dativo masculino singular del artículo determinado declinado *con el*; δακτύλῳ, caso dativo masculino singular del nombre común *dedo*; κατέγραφεν, tercera persona singular del imperfecto de indicativo en voz activa del verbo καταγράφω, *escribir*, aquí *escribía*; εἰς, preposición propia de acusativo *en*; τὴν, caso acusativo femenino singular del artículo determinado *la*; γῆν, caso acusativo femenino singular del nombre común *tierra*.

τοῦτο δὲ ἔλεγον πειράζοντες αὐτόν, El versículo descubre la razón de todo aquello; el llevar a la mujer a la presencia de Jesús y, sobre todo, la pregunta formulada. Hacían aquello *para tentarle*. El verbo πειράζω, *tentar, probar*, adquiere aquí la connotación mala. Era una tentación con la que buscaban la caída de Jesús, que implicase una violación de la Ley.

ἵνα ἔχωσιν κατηγορεῖν αὐτοῦ. Esta segunda frase complementa la anterior. Los *escribas y fariseos*, buscaban una respuesta que, dicha delante de testigos, sirviera para acusarle formalmente delante del Sanedrín. Posiblemente aquellos no estaban tan interesados en la mujer, ni siquiera en que se le condenase a muerte, sino en usarla como cebo contra Jesús. Con tal de conseguir su propósito se atrevían a poner a público oprobio la vida de aquella mujer. Así son los religiosos y su proceder. Lo que para ellos es importante se sitúa antes de cualquier virtud como el amor y la misericordia. Son inmisericordes con el caído pero llenos de amor propio consigo mismos. No importa quien caiga, lo importante es mantener su prestigio sobre todas las cosas.

ὁ δὲ Ἰησοῦς κάτω κύψας τῷ δακτύλῳ κατέγραφεν εἰς τὴν γῆν. Ante una situación semejante, delante de todos los presentes, Jesús, sentado en el suelo se inclinó hacia delante y con el dedo escribía en tierra. El término κατέγραφεν, *escribir* no hace necesariamente referencia a un escribir letras, puede tratarse también de signos. Surge la pregunta: ¿qué escribía Jesús? A ella se dan tantas respuestas como ideas pueda haber en la mente del intérprete, pero, ninguna de ellas con base bíblica. Pudo haber escrito un mensaje de advertencia para aquellos que habían traído a la mujer. Algunos otros suponen que el Señor estaba escribiendo el nombre de cada uno de aquellos. Otros afirman que el Señor no escribió nada, simplemente garabateaba en tierra. No deja de haber quienes piensan que escribía en tierra pecados personales de ellos. Lo evidente es el silencio de Cristo. No porque no supiera que decir, sino para dar una mayor tensión y con ello producir una mayor atención en todos los presentes cuando respondiese.

7. Y como insistieran en preguntarle, se enderezó y les dijo: El que de vosotros esté sin pecado sea el primero en arrojar la piedra contra ella.

ὡς δὲ ἐπέμενον ἐρωτῶντες αὐτόν, ἀνέκυψεν καὶ εἶπεν αὐτοῖς·
Y como insistían preguntando le, se enderezó y dijo les:
ὁ ἀναμάρτητος ὑμῶν πρῶτος ἐπ' αὐτὴν βαλέτω λίθον.
el que sin pecado de vosotros primero sobre a ella arroje piedra.

Notas y análisis del texto griego.

Siguiendo el relato, escribe: ὡς, adverbio de modo, *como*, que hace las veces de conjunción comparativa; δὲ, partícula conjuntiva que hace las veces de conjunción coordinante, con sentido de *pero, más bien, y, y por cierto, antes bien*; ἐπέμενον, tercera persona plural del imperfecto de indicativo en voz activa del verbo ἐπιμένω, *continuar, insistir*, aquí *insistían*; ἐρωτῶντες, caso nominativo masculino plural del participio de presente en voz activa del verbo ἐρωτάω, *preguntar, interrogar, requerir*, aquí *preguntando*; αὐτόν, caso dativo masculino de la tercera persona singular del pronombre personal declinado *a Él, Le*; ἀνέκυψεν, tercera persona singular del aoristo primero de indicativo en voz activa del verbo ἀνακύπτω, *enderezarse, levantarse*, aquí *se enderezó*; καὶ, conjunción copulativa *y*; εἶπεν, tercera persona singular del aoristo segundo de indicativo en voz activa del verbo λέγω, *hablar, decir*, aquí *dijo*; αὐτοῖς, caso dativo masculino de la tercera persona plural del pronombre personal declinado *a ellos, les*; ὁ, caso nominativo masculino singular del artículo determinado *el*; ἀναμάρτητος, caso nominativo masculino singular del adjetivo *inocente, sin pecado*; ὑμῶν, caso genitivo de la segunda persona plural del pronombre personal declinado *de vosotros*; πρῶτος, caso nominativo masculino singular del adjetivo numeral ordinal *primero*; ἐπ', forma que adopta la preposición de acusativo ἐπί, con el grafismo por elisión de la ι final ante vocal o diptongo sin aspiración, que equivale a *por, sobre*; αὐτὴν, caso acusativo femenino de la tercera persona singular del pronombre personal *ella*; βαλέτω, tercera persona singular del aoristo segundo de imperativo en voz activa del verbo βάλλω, *lanzar, arrojar, echar*, aquí *arroje*; λίθον, caso acusativo masculino singular del nombre común *piedra*.

ὡς δὲ ἐπέμενον ἐρωτῶντες αὐτόν, El silencio de Jesús y Su aparente desatención, produjo el efecto de insistencia en los acusadores de la mujer adúltera. Juan registra el hecho de que *insistían* en preguntarle. Con machacona insistencia pedían a Jesús una definición personal sobre Su posición en cuanto a lo que debía hacerse con el mandamiento que Moisés les había dado en la Ley para estos casos.

ἀνέκυψεν καὶ εἶπεν αὐτοῖς· En una expresión de solemnidad propia de Dios manifestado en carne, el Señor dejó Su aparente desentendimiento sobre la pregunta, deteniendo Su escritura en tierra, se enderezó. Cristo va a darles una respuesta contundente. Sin duda alguna todos los que presenciaban aquella escena estarían expectantes por la respuesta que pedían a Jesús.

Las palabras de Cristo sonaron impactantes en el silencio profundo del momento. No rebajó en nada la demanda legal; no buscó disculpa alguna para el pecado de la mujer, lo que es pecado es pecado; no pidió misericordia ante aquella situación; simplemente les mostró a los acusadores, delante de toda la gente que estaba en el entorno que no tenían categoría moral para ejecutar la sentencia que legalmente correspondía. Del puro trámite jurídico pasó a la acusación íntima de cada uno de aquellos, pasando al fondo moral de aquella farsa hipócrita, promovida por quienes buscaban con ello, sin importarles las consecuencias de la mujer, un motivo para acusar a Jesús.

ὁ ἀναμάρτητος ὑμῶν. *"El que de vosotros esté sin pecado"*, no se pueden malinterpretar estas palabras. Jesús no está diciéndoles si había alguno entre ellos limpio de todo pecado. Él sabía que ningún hombre, salvo quien les hablaba estaba exento de pecado. El Señor no se refiere a la generalidad contaminante del pecado que afecta a todo hombre que viene a este mundo, sino del pecado particular contenido en aquella situación de traer una mujer acusándola de adulterio y la búsqueda de una sentencia condenatoria contra ella. Es la voz de la justicia absoluta, la de Dios, quien resonó aquella mañana en el auditorio reunido entorno a Cristo, contra los acusadores de la mujer. ¿Estaba refiriéndose al pecado de adulterio? ¿Estaba acusando de adúlteros a todos ellos? Según la enseñanza de los escribas y fariseos solo era un adúltero quien cometía físicamente el pecado y era descubierto en la comisión del mismo. Ninguno de aquellos incurría, probablemente, en esa situación. No quiere decir que conforme a lo que Jesús explicó en el Sermón del Monte, quien mira a una mujer para codiciarla ya cometió el pecado delante de Dios. En ese caso todos estaban incursos en la acusación que formulaban. Eso es lo que el apóstol Pablo diría en una de sus epístolas: *"Por lo cual eres inexcusable, oh hombre, quienquiera que seas tú que juzgas; pues en lo que juzgas a otro, te condenas a ti mismo; porque tú que juzgas haces lo mismo"* (Ro. 2:1). Ellos tenían que conocer que Dios no hace acepción de personas y que *con el juicio con que juzguemos seremos juzgados* (Mt. 7:2). Posiblemente el Señor se estaba refiriendo a la contaminación moral y perversa en que todos aquellos se encontraban. No habían traído la pecadora para que fuese sentenciada conforme a la Ley y se quitase el pecado del pueblo, sino que la traían con la obscura intención de encontrar motivo contra un inocente. Venían dispuestos a acusar a Cristo en base a lo que respondiese sobre el pecado de la mujer, y todos ellos sabían que Él no tenía nada que fuese digno de muerte.

πρῶτος ἐπ' αὐτὴν βαλέτω λίθον. Ahora guardaban silencio. Sobre todo cuando se les pide que el que esté sin pecado en todo aquello, arrojase una piedra el primero contra la mujer. Los que aparentemente buscaban la muerte de una pecadora conforme a lo determinado en la Ley, ocultaban en sus conciencias perversas, no sólo el deseo, sino la determinación que quitar la vida al Hijo de Dios. El pecado de aquella mujer para la que demandaban muerte, era infinitamente menor que el que ellos planeaban con el Creador. El Señor responde con una alusión directa a la Ley, quienes pedían la pena capital por adulterio debían recordar que *"Por dicho de dos o tres testigos morirá el que hubiere de morir; no morirá por el dicho de un solo testigo. La mano de los testigos caerá primero sobre él para matarlo, y después la mano de todo el pueblo; así quitarás el mal de en medio de ti"* (Dt. 17:6-7). Jesús estaba poniendo a todos ellos en una situación límite. Buscaban acabar con la vida de una mujer a la que acusaban conforme a la Ley, pero ellos tenían que dar el primer paso en la ejecución de la sentencia. Hacer acepción de personas en juicio anulaba de por sí la validez de la acusación y ellos no habían presentado en el mismo momento al adúltero juntamente con la adúltera. Por tanto cualquier sentencia condenatoria se convertía en una acción criminal al no haber fuerza legal para ejecutar la sentencia por defecto de juicio. Además, ellos todos sabían, como se dice antes, que sus manos estaban ya manchadas con la sangre del Hijo de Dios, a quien llevarán a la muerte cuando les sea posible.

8. E inclinándose de nuevo hacia el suelo, siguió escribiendo en tierra.

καὶ	πάλιν	κατακύψας	ἔγραφεν	εἰς	τὴν	γῆν.
Y	de nuevo	inclinándose	escribía	en	la	tierra.

Notas y análisis del texto griego.

Sigue la descripción de la escena: καὶ, conjunción copulativa *y*; πάλιν, adverbio de modo *nuevamente, de nuevo*; κατακύψας, caso nominativo masculino singular del participio aoristo primero en voz activa del verbo κατακύπτω, *inclinarse, encorvarse, agacharse*, aquí *inclinándose*; ἔγραφεν, tercera persona singular del imperfecto de indicativo en voz activa del verbo γράγω, *escribir*, aquí *escribía*; εἰς, preposición propia de acusativo *en*; τὴν, caso acusativo femenino singular del artículo determinado *la*; γῆν, caso acusativo femenino singular del nombre común *tierra*.

καὶ πάλιν κατακύψας ἔγραφεν εἰς τὴν γῆν. Respondida la pregunta Jesús se inclinó nuevamente y seguía escribiendo en tierra. En un texto griego[10] se lee al final *los pecados de ellos*. Las variantes textuales tienen poca consistencia, de ahí que no se toman prácticamente en consideración en este párrafo controvertido del

[10] El 700.

Evangelio. El Maestro dejó de mirarlos. Lo hizo sin duda cuando se incorporó para responderles. Posiblemente los ojos de Él penetraron hasta lo más profundo del alma corrompida de aquellos acusadores. Los ojos del Hijo de Dios son como llama de fuego (Ap. 1:14). Es una vista clara y penetrante. Esa mirada no se conforma con las apariencias, sino que penetra al interior de las personas descubriendo todo cuanto traten de ocultar y poniendo al descubierto no tanto las acciones, sino las intenciones que las motivan. Aquí los ojos de Jesús penetraron al interior de aquellas personas que sintieron que en ellos la miseria interior se hacía visible en sus propias conciencias. Cumplida la función acusadora, el Señor vuelve a inclinarse a tierra y seguía escribiendo. La mirada de Jesús no estaba con ellos, sino que, en cierta medida deja de prestarles atención, de fijarse en ellos. Aquellos todos no merecían ni un solo instante de la atención del Maestro.

9. Pero ellos, al oír esto, acusados por su conciencia, salían uno a uno, comenzando desde los más viejos hasta los postreros; y quedó sólo Jesús, y la mujer que estaba en medio.

οἱ δὲ ἀκούσαντες ἐξήρχοντο εἷς καθ' εἷς ἀρξάμενοι ἀπὸ τῶν
Y ellos, al oírlo salían uno a uno comenzando desde los
πρεσβυτέρων[1] καὶ κατελείφθη μόνος καὶ ἡ γυνὴ ἐν
mas viejos y fue dejado solo, y la mujer en
μέσῳ οὖσα
medio que está.

Notas y análisis del texto griego.

La acción de los acusadores: οἱ, caso nominativo masculino plural del artículo determinado *los*; δὲ, partícula conjuntiva que hace las veces de conjunción coordinante, con sentido de *pero, más bien, y, y por cierto, antes bien*; ἀκούσαντες, caso nominativo masculino plural del participio de aoristo primero en voz activa del verbo ἀκούω, *oír, escuchar*, aquí *oyendo, al oírlo*; ἐξήρχοντο, tercera persona plural del imperfecto de indicativo en voz media del verbo ἐξέρχομαι, *salir, irse, escapar*, aquí *salían*; εἷς, caso nominativo masculino singular del adjetivo numeral cardinal *uno*; καθ', forma de la preposición de acusativo κατά, por elisión y asimilación ante vocal con espíritu áspero, que equivale a *por, a*; εἷς, caso nominativo masculino singular del adjetivo numeral cardinal *uno*; ἀρξάμενοι, caso nominativo masculino plural del participio del aoristo primero en voz media del verbo ἄχω, *comenzar*, aquí *comenzando*; ἀπὸ, preposición propia de genitivo *de, desde*; τῶν, caso genitivo masculino plural del artículo determinado *los*; πρεσβυτέρων, caso masculino genitivo plural del adjetivo comparativo *mayores, viejos, ancianos, más viejos*; καὶ, conjunción copulativa *y*; κατελείφθη, tercera persona singular del aoristo primero de indicativo en voz pasiva del verbo καταλείπω, *dejar, avandonar*, aquí *fue dejado*; μόνος, caso nominativo masculino singular del adjetivo *solo*; καὶ, conjunción copulativa *y*; ἡ, caso nominativo femenino singular del artículo determinado *la*; γυνὴ, caso nominativo femenino singular del nombre común *mujer*; ἐν, preposición propia de dativo *en*; μέσῳ, caso dativo neutro singular del adjetivo *medio*; οὖσα, caso nominativo femenino singular del participio de presente en voz activa del verbo εἰμί, *ser, estar*, aquí *que está*.

Crítica Textual. Lecturas alternativas.

[1] Se añade aquí:

ἕως τῶν εσχατων, *hasta los últimos*, según lectura en f^{13}, 700, 1424^{mg}, pm.

ὥστε πάντας ἐξελθεῖν, *de manera que todos salieron*, como se lee en D.

οἱ δὲ ἀκούσαντες ἐξήρχοντο εἷς καθ' εἷς. La palabra de Jesús tocó las conciencias de los acusadores. Era el dedo de Dios que tocaba el alma corrompida y les hacía sentir su condición pecadora. Todos ellos estaban involucrados en un pecado evidente contra Dios mismo, puesto que la intención era contra Aquel que había enviado al mundo con un propósito salvador. No quiere decir esto que quedasen *convencidos* de pecado y avergonzados por lo que estaban haciendo. El retirarse rápidamente era una señal de no querer estar más tiempo con una acusación contundente contra ellos. Juan dice que salían *uno a uno*. No fue todo el grupo junto, sino como un reloj de arena que deja salir grano a grano, así también ellos. Uno primero, luego otro, y así sucesivamente fueron dejando el sitio que ocupaban como acusadores delante de Jesús y de las gentes que silenciosas esperaban el final de aquella situación.

ἀρξάμενοι ἀπὸ τῶν πρεσβυτέρων. En la mayoría de los códices se lee *"desde los más viejos"*. Fueron los mayores los que empezaron a salir del lugar. Algunos piensan que los más viejos eran, por su edad, los más pecadores, por consiguiente fueron ellos los primeros en salir. Pero, no hay arrepentimiento, por tanto salieron como eran y continuaron siendo iguales. Lo que seguramente ocurrió es que los mayores entendieron, por experiencia de vida, que era el momento oportuno para abandonar el plan, porque había fracasado y se retiraron del lugar. Como dice Hendriksen: *"...habían sido superados en habilidad (y ya no sabían que decir o hacer) al haber fracasado por completo en sacar de la boca de Jesús una respuesta que pudiera constituir la base de una acusación contra Él... habían sufrido una derrota humillante, y los primeros en ver esto, fueron los más ancianos;*

por esto fueron los primeros en desaparecer. Los demás fueron siguiendo[11]*"*. Tiempo vendría para concluir el propósito de apresar a Jesús, buscar una acusación conveniente y ejecutar la sentencia a muerte que ya habían determinado. Al salir uno por uno, no producían un impacto grande ante la multitud. Simplemente el grupo fue diluyéndose hasta no quedar ninguno allí.

καὶ κατελείφθη μόνος καὶ ἡ γυνὴ ἐν μέσῳ οὖσα. El resultado no podía ser otro. Habiéndose retirado el grupo de acusadores quedó sola la mujer ante Jesús y ante la gente que había presenciado aquello. Ella continuaba en el centro de la escena donde la habían situado sus acusadores. Ella y Jesús solos para dar una solución definitiva al problema. Como decía Agustín *"sólo dos se quedan allí: la miserable y la misericordia*[12]*"*. Los ojos de Jesús puestos en ella, no eran anunciadores de ira, sino de gracia y de misericordia. Aquella mujer estaba en medio ahora de un círculo más pequeño, porque los acusadores que la rodeaban externamente se habían ido y sólo quedaba la gente que estaba colocada frente a Jesús.

10. Enderezándose Jesús, y no viendo a nadie sino a la mujer, le dijo: Mujer, ¿dónde están los que te acusaban? ¿Ninguno te condenó?

ἀνακύψας[1] δὲ ὁ Ἰησοῦς[2] εἶπεν αὐτῇ· γύναι, ποῦ εἰσιν οὐδείς
Y enderezándose - Jesús dijo le: Mujer, ¿donde están? ¿ninguno
σε κατέκρινεν
te condenó?

Notas y análisis del texto griego.

Sigue con ἀνακύψας, caso nominativo masculino singular del participio aoristo primero en voz activa del verbo ἀνακύπτω, *enderezarse*, aquí *enderezándose*; δὲ, partícula conjuntiva que hace las veces de conjunción coordinante, con sentido de *pero, más bien, y, y por cierto, antes bien*; ὁ, caso nominativo masculino singular del artículo determinado *el*; Ἰησοῦς, caso nominativo masculino singular del nombre propio *Jesús*; εἶπεν, tercera persona singular del aoristo segundo de indicativo en voz activa del verbo λέγω, *hablar, decir*, aquí *dijo*; αὐτῇ, caso dativo femenino de la tercera persona singular del pronombre personal declinado *a ella, le*; γύναι, caso vocativo femenino singular del nombre común *mujer*; ποῦ, adverbio relativo de lugar *donde*; εἰσιν, tercera persona plural del presente de indicativo en voz activa del verbo εἰμί, *ser, estar*, aquí *están*; οὐδείς, caso nominativo

[11] G. Hendriksen. o.c., pág. 303.
[12] Agustín de Hipona. *Tratados sobre el Ev. De Juan*, 33, 5-6. BAC 139, 671-672.

masculino singular del pronombre indefinido *ninguno*; σε, caso acusativo de la tercera persona singular del pronombre personal declinado *a ti, te*; κατέκρινεν, tercera persona singular del aoristo primero de indicativo en voz activa del verbo κατακρίνω, *condenar*, aquí *condenó*.

Crítica Textual. Lecturas alternativas.

[1] Se lee αναβλεψας, *habiendo levantado los ojos*, en f^{13}, 700.

[2] Intercala aquí: καὶ μηδένα θεασάμενος πλὴν τῆς γυναικός, *y a nadie viendo sino a la mujer*, conforme a la lectura en K, 579, pm.

Texto conforme a la transcripción del versículo: D, Γ, 1, 892, pm, latt, bo[pt].

ἀνακύψας δὲ ὁ Ἰησοῦς εἶπεν αὐτῇ· Jesús se enderezó dejando de escribir en el suelo, para dirigirse a la mujer, que estaba delante de toda la concurrencia. Posiblemente esperaba una sentencia condenatoria departe de Cristo. Lo único que habría oído desde el momento en que la encontraron en el mismo acto del adulterio, serían acusaciones y palabras hirientes. Ninguna gracia, ninguna misericordia, ningún afecto hubo en todos los que la habían presentado a Jesús. ¿Qué diría ahora Cristo? Puede imaginarse la tensión interna, además de la vergüenza pública a que se hallaba sometida.

γύναι, ποῦ εἰσιν οὐδείς σε κατέκρινεν. La pregunta que Jesús le formula parece absurda: *"¿dónde están los que te acusaban?"*. Ni ella misma podía dar respuesta porque no lo sabía. Uno a uno habían abandonado el lugar y se habían ido. Jesús sabía perfectamente que ninguno de aquellos estaba presente, pero pregunta a la mujer para que sea más consciente de lo que iba a otorgarle Aquel que impactó a todos por manifestarse lleno de gracia y de verdad (1:14). La segunda pregunta es de la misma condición, aunque no está suficientemente atestiguada y probablemente se haya escrito para remarcar la primera: *"¿ninguno te condenó?"*. Esto es, ¿no hubo nadie que pronunciara juicio de condenación contra ti? Si no hay acusadores, ni acusación en boca de dos o tres testigos, no hay juicio válido y no puede condenarse a muerte como la Ley demandaba.

11. Ella dijo: Ninguno, Señor. Entonces Jesús le dijo: Ni yo te condeno; vete, y no peques más.

ἡ δὲ εἶπεν· οὐδείς, Κύριε. εἶπεν δὲ ὁ Ἰησοῦς· οὐδὲ ἐγώ σε
Y ella dijo: ninguno, Señor. Dijo entonces - Jesús: Ni Yo te
κατακρίνω· πορεύου, [καὶ] ἀπὸ τοῦ νῦν μηκέτι ἁμάρτανε.
condeno; Vete, y desde - ahora no más peques.

Notas y análisis del texto griego.

Cerrando el relato, escribe: ἡ, caso nominativo femenino singular del artículo determinado *ella*; δὲ, partícula conjuntiva que hace las veces de conjunción coordinante, con sentido de *pero, más bien, y, y por cierto, antes bien*; εἶπεν, tercera persona singular del segundo aoristo de indicativo en voz activa del verbo εἶπον, forma aorista de λέγω, *hablar, decir*, aquí *dijo*; οὐδείς, caso nominativo masculino singular del pronombre indefinido *ninguno, nadie*; Κύριε, caso vocativo masculino singular del nombre divino *Señor*; εἶπεν, tercera persona singular del segundo aoristo de indicativo en voz activa del verbo εἶπον, forma aorista de λέγω, *hablar, decir*, aquí *dijo*; δὲ, partícula conjuntiva que hace las veces de conjunción coordinante, con sentido de *pero, más bien, y, y por cierto, antes bien*; ὁ, caso nominativo masculino singular del artículo determinado *el*; Ἰησοῦς, caso nominativo masculino singular del nombre propio *Jesús*; οὐδὲ, adverbio de negación, literalmente *y no*, aquí *ni*; ἐγώ, caso nominativo de la primera persona singular del pronombre personal *Yo*; σε, caso acusativo de la segunda persona singular del pronombre personal declinado *a ti, te*; κατακρίνω, primera persona singular del presente de indicativo en voz activa del verbo κατακρίνω, *juzgar, condenar*, aquí *condeno*; πορεύου, segunda persona singular del presente de imperativo en voz activa del verbo πορεύομαι, *irse, marcharse, seguir el camino*, aquí *vete*; καὶ, conjunción copulativa *y*; ἀπὸ, preposición propia de genitivo *de, desde*; τοῦ, caso genitivo neutro singular del artículo definido *el*; νῦν, adverbio de tiempo *ahora*; μηκέτι, adverbio de negación *ya no, no mas*; ἁμάρτανε, segunda persona singular del presente de imperativo en voz activa del verbo ἁμαρτάνω, *pecar*, aquí *peques*.

ἡ δὲ εἶπεν· οὐδείς, Κύριε. La mujer responde a la pregunta que Jesús le formuló sobre sus acusadores. La respuesta es concreta: *no hay ninguno de ellos*. Es evidente el respeto profundo que aquella mujer sentía por Jesús, al dirigirse a Él usando el vocativo *Señor*. La que había sido acusada inmisericordemente no tiene ni una sola palabra para ellos. Se limita a marcar la ausencia de todos los que la acusaron delante de Él y de la gente que estaba presente. Es su situación la que le acucia, por tanto, la respuesta se concreta a ella misma, formulándola con toda humildad delante de quien podía condenarla, en sentido de acusarla de lo que había cometido, e incluso, con un número grande de testigos que podían testimoniar lo que habían oído sobre su pecado.

εἶπεν δὲ ὁ Ἰησοῦς· οὐδὲ ἐγώ σε κατακρίνω· Dos cosas dice Jesús a la pecadora. Primeramente: *ni yo te condeno*. El Señor no podía sino dar la respuesta de esa manera, puesto que no había sido enviado para *condenar el mundo*, sino para que el mundo fuese salvo por Él (3:17). La condición de aquella mujer era, para muchos, despreciable y en modo alguno podría pertenecer dignamente al pueblo de Dios y recibir Sus bendiciones. Pero, el Señor, hizo notar que son los más perversos pecadores, los que la clase religiosa consideraba como perversos, los publicanos, las prostitutas, iban delante de ellos al *reino de Dios*. Jesús perdonó a mujeres indignas, humanamente hablando, de ser perdonadas como la pecadora en casa de Simón el fariseo (Lc. 7:47). Allí estaba otra que legalmente no merecía sino una sentencia de muerte, pero la gracia de Dios, no disculpa el pecado, pero perdona al pecador. Además Jesús podía decir aquello porque *"el Hijo del hombre tiene autoridad en la tierra para perdonar pecados"* (Mt. 9:6; Mr. 2:10; Lc. 5:24). Cristo conocía lo que había en el corazón de aquella mujer. El arrepentimiento debió haber sido la condición íntima de ella.

πορεύου, [καὶ] ἀπὸ τοῦ νῦν μηκέτι ἁμάρτανε. ¿Acaso está restando importancia al pecado de aquella mujer? En modo alguno, nunca tuvo en poco la Ley, nunca tuvo en menos el pecado cometido. Cualquiera de ellos es transgresión contra Dios. Jesús le manda que desde aquel momento en adelante *no pecase más*. La condenación contra el pecado era evidente, la gracia sobre el pecador manifiesta. Es sorprendente notar que algunos creen que Dios no ama al pecador y que lo aborrece por causa de su pecado, sin embargo es evidente que sin dejar de aborrecer el pecado, como corresponde a quien es infinitamente santo, ama entrañablemente al pecador. Dios en Cristo expresa Su misericordia, Su bondad, Su magnanimidad, pero no debe olvidarse que en la misma medida manifiesta *Su justicia*. Juan dice que al contemplar Su gloria se apreció en ella la dimensión de la *gracia* y de la *verdad* (1:14). Despreciar las riquezas de Su magnanimidad y de Su mansedumbre trae como consecuencia enfrentarse directamente a Su justicia, atesorando ira para el día de la ira. Si Él perdonó el pecado de aquella mujer no formulando acusación contra ella, es necesario la correspondencia a Su gracia viviendo santamente en lo sucesivo. Jesús no dijo *vete, eso no tiene importancia*, sino *"vete y no peques más"*. La gran lección es que no caigamos en el pecado, practicándolo, como si nada fuese; pero, tampoco entremos en la esfera legalista que busca, con la apariencia de perseguir la santidad, castigar al pecador y considerarlo como una escoria moral. Si malo es el libertinaje, tan malo es el legalismo, muy abundante en aquellos que viven una apariencia de piedad pero que niegan la eficacia de ella.

Discurso de Jesús y reacciones (8:12-59).

La afirmación de Jesús (8:12).

12. Otra vez Jesús les habló, diciendo: Yo soy la luz del mundo; el que me sigue, no andará en tinieblas, sino que tendrá la luz de la vida.

Πάλιν οὖν αὐτοῖς ἐλάλησεν ὁ Ἰησοῦς λέγων· ἐγώ εἰμι τὸ φῶς
Otra vez, pues, les habló - Jesús, diciendo: Yo soy la luz
τοῦ κόσμου· ὁ ἀκολουθῶν ἐμοὶ οὐ μὴ περιπατήσῃ ἐν τῇ
del mundo; el que sigue me de ningún modo andará en -
σκοτίᾳ, ἀλλ' ἕξει τὸ φῶς τῆς ζωῆς.
tinieblas, sino tendrá la luz de la vida.

Notas y análisis del texto griego.

Iniciando un párrafo, escribe: Πάλιν, adverbio de modo *nuevamente, de nuevo, otra vez*; οὖν, conjunción con valor continuativo *pues*; αὐτοῖς, caso dativo masculino de la tercera persona plural del pronombre personal declinado *a ellos, les*; ἐλάλησεν, tercera persona singular del aoristo primero de indicativo en voz activa del verbo λαλέω, *hablar, decir*, aquí *habló*; ὁ, caso nominativo masculino singular del artículo determinado *el*; Ἰησοῦς, caso nominativo masculino singular del nombre propio *Jesús*; λέγων, caso nominativo masculino singular del participio de presente en voz activa del verbo λέγω, *hablar, decir, responder, preguntar, ordenar*, aquí *diciendo*; ἐγώ, caso nominativo de la primera persona singular del pronombre personal *yo*; εἰμι, primera persona singular del presente de indicativo en voz activa del verbo εἰμί, *ser, estar*, aquí *soy*; τὸ, caso nominativo neutro singular del artículo determinado *el*; φῶς, caso nominativo neutro singular del nombre común *luz*; τοῦ, caso genitivo masculino singular del artículo determinado declinado *del*; κόσμου, caso genitivo masculino singular del nombre común *mundo*; ὁ, caso nominativo masculino singular del artículo determinado *el*; ἀκολουθῶν, caso nominativo masculino singular del participio de presente en voz activa del verbo ἀκολουθέω, *seguir, ser discípulo, acompañar*, aquí *que sigue*; ἐμοὶ, caso dativo de la primera persona singular del pronombre personal declinado *a mí, me*; οὐ, adverbio de negación *no*; μὴ, partícula que hace funciones de adverbio de negación *no*; ambas negaciones juntas equivalen a *jamás, de ningún modo, de ninguna manera*; περιπατήσῃ, tercera persona singular del aoristo primero de subjuntivo en voz activa del verbo περιπατέω, *andar*, aquí *anduviera*, en sentido futuro de *andará*; ἐν, preposición propia de dativo *en*; τῇ, caso dativo femenino singular del artículo determinado *la*; σκοτίᾳ, caso dativo femenino singular del nombre común *oscuridad, tinieblas*; ἀλλ', forma escrita ante vocal de la conjunción adversativa ἀλλά que significa *pero, sino*; ἕξει, tercera persona singular del futuro de indicativo en voz activa del verbo ἔχω, *tener, poseer*, aquí *tendrá*; τὸ, caso acusativo neutro singular del artículo definido *el*; φῶς, caso acusativo neutro singular del nombre común *luz*; τῆς, caso genitivo femenino singular del artículo determinado declinado *de la*; ζωῆς, caso genitivo femenino singular del nombre común *vida*.

Πάλιν οὖν αὐτοῖς ἐλάλησεν ὁ Ἰησοῦς λέγων· Para algunos la relación de este versículo es con 7:37. Se ha considerado esto en la introducción del capítulo a donde se remite al lector. El párrafo de la *mujer adúltera*, sirve de introducción al discurso sobre la *luz del mundo*. Terminado el incidente con los *escribas y fariseos*, Jesús toma la palabra ante los que estaban dispuestos a escucharle y que habían sido testigos del incidente. Juan hace notar con la conjunción πάλιν, *de nuevo, otra vez*, que se inicia una nueva sección y se abre un nuevo discurso de Jesús.

ἐγώ εἰμι τὸ φῶς τοῦ κόσμου· Las palabras de Jesús comienzan con un determinante ἐγώ εἰμι, *Yo soy*, el segundo que aparece en el *Evangelio*, en él Jesús se presenta como *la luz del mundo*. La gente había presenciado los rituales de la *fiesta de los Tabernáculos*, en los que el agua y la luz, como ya se ha dicho eran elementos importantes. En relación con el agua Jesús se presentó como el agua de vida. Ahora usa la ilustración de la luz para presentarse como quien disipa las tinieblas en la vida del que le sigue. El *Evangelio* presentó a Jesús como la luz que viene a este mundo y alumbra a todo hombre (1:9), pero ya anteriormente dice que en Él estaba la vida y que esa vida era la luz de los hombres (1:4). El *Evangelio* ofrece la dimensión de la relación entre el Verbo y el Padre, de modo que Aquel es como Palabra, el agente del Padre, actuando en la creación y guardando una relación cosmológica con los hombres y con el mundo. El Verbo es el revelador del Padre, en una actividad inmanente, guardando una relación epistemológica con los hombres, como revelador del Padre (1:18). La equiparación de la luz es la vida. Ambas cosas, luz y vida concurren en el Verbo encarnado. Jesús es la luz porque en Él resplandecen con la infinita dimensión de Dios encarnado, las perfecciones o atributos divinos. Es luz, por cuanto en Él se manifiesta la *plenitud* de la Deidad (Col. 2:9). En todo el Antiguo Testamento se hace referencia a la luz, vinculada al Mesías (Is. 9:1-2; 42:6; 49:6; 60:3; Mal. 4:2). De Él se anuncia que será también *"luz a los gentiles"* (Lc. 2:32). Esa luz de Dios disipa las tinieblas que son las normales y propias del mundo, que vive de espaldas a la luz divina, porque ama sus obras que son malas, en un estado de rebeldía contra Él. La luz, por tanto, tiene que ver con la restauración de un estado de oscuridad, por tanto, se trata del ministerio soteriológico de Cristo, en Su obra salvadora y vivificadora. El término κόσμῶς, *mundo*, tiene que ver aquí con los hombres, que a causa del pecado viven en tinieblas y están entenebrecidos. A estos Jesús se hace luz iluminadora, no sólo desde el exterior, sino algo más importante desde el interior, ya que *"Dios, que mandó que de las tinieblas resplandeciese la luz, es el que resplandeció en nuestros corazones, para iluminación del conocimiento de la gloria de Dios en la faz de Jesucristo"* (2 Co. 4:6). Como dice Hendriksen:

"Jesús es la luz del mundo; es decir, al ignorante le anuncia sabiduría; al impuro, santidad; a los tristes, gozo. Además, a todos los que por la gracia soberana son atraídos (6:44) a la luz y siguen su dirección, no solamente proclama estas bendiciones sino que de hecho las imparte[13]*"*.

Sin dejar de apreciar el sentido de que Jesús es la luz del mundo para salvación, no debe dejarse a un lado la idea de que como el *agua de vida*, tenía una relación con la experiencia de Israel en el desierto, donde brotó agua de la peña para salvación a todos, así también la luz de Dios brilló en las tinieblas de la noche en la columna de fuego que iluminaba el camino para que el pueblo pudiera avanzar en la oscuridad, así también quienes reciben a Jesús reciben la luz que les permite vivir fuera de la experiencia de tinieblas espirituales propias de cada hombre. Con la fe cristiana se debe decir que Jesús que es Dios de Dios, es también Luz de Luz. La luz del Padre irrumpe en la carne de Jesucristo, y viene a nosotros, para darnos en la luz, la vida eterna. Por esa razón el salmista puede decir *"porque contigo está el manantial de la vida; en tu luz veremos la luz"* (Sal. 36:9). Cristo es luz porque *"Dios es luz"* (1 Jn. 1:5), y Él es Dios (1:1).

ὁ ἀκολουθῶν ἐμοὶ οὐ μὴ περιπατήσῃ ἐν τῇ σκοτίᾳ, La última frase de la proposición hace referencia al modo de tener y experimentar esa luz, consistente en *seguirle*, ya que *"el que me sigue no andará en tinieblas"*. Seguir a Jesús exige primeramente *venir a Él*, es decir, aceptarlo como Salvador personal, o dicho con las mismas palabras de Jesús: *"el que cree en mí"* (7:38). No hay duda que el llamamiento del Padre es necesario para ir a Cristo (6:44), pero no es menos cierto que todo aquel que acuda a Jesús será recibido a misericordia (6:37). El Señor está haciendo un llamamiento a todos los que oían Sus palabras para que acudiesen a Él, a fin de salir de la oscuridad espiritual en que todo hombre se encuentra a causa del pecado. Creer en Jesús es el primer paso en la senda luminosa del seguimiento, en cuyo acto de depositar la fe en Él, el discípulo, seguidor del Maestro, se ve liberado de las tinieblas del mundo (1:5; 12:35, 46).

---

[13] G. Hendriksen. o.c., pág. 306.

La luz divina tiene vida en sí misma, puesto que Jesús, que es la luz del mundo, es poseedor de la vida y da la vida eterna a todo el que cree (1:4; 3:16; 4:10, 14; 6:35, 51). El camino del justo está rodeado de luz, que ilumina continuamente su senda produciendo con ello alegría y gozo, por eso la Biblia dice: *"luz está sembrada para el justo, y alegría para los rectos de corazón"* (Sal. 97:11). Seguir tras quien es luz, trae como consecuencia la gloriosa realidad de no andar en tinieblas. Como la ilustración puesta antes de Israel en el desierto, aquel pueblo sólo tenía que seguir la luz que brillaba en columna de fuego delante de ellos, combatiendo las tinieblas y permitiéndoles caminar con seguridad donde otros se hubiesen perdido.

ἀλλ' ἕξει τὸ φῶς τῆς ζωῆς. La bendición es aún mayor, ya que quien sigue a Cristo no andará en tinieblas, sino que recibiéndolo a Él, implantado en la vida por el Espíritu Santo, la luz de Dios se asienta también en el que cree, convirtiéndolo en luz del mundo, no por él mismo, sino por medio de Jesucristo que vive en él. Por eso la afirmación de Jesús: *tendrá la luz de la vida.* Esa es la razón fundamental de la enseñanza del Sermón del Monte, en donde afirma que Sus seguidores son la *luz del mundo.* La vida en la luz está relacionada con una transformación del pecador mediante la regeneración que vincula su vida con la bondad, justicia y verdad (Ef. 5:8-9). En ese sentido quien está en Dios, y Dios en Él por Cristo, se convierte en un luminar en el mundo, resplandeciendo en las tinieblas con la luz de Dios (Fil. 2:15). Cuando se habla de brillar, de lucir como un luminar, una lumbrera, en un mundo en tinieblas, se está diciendo lo mismo que *vivir a Cristo* (Gá. 2:20; Fil. 1:21). Solo es luminosa la vida de aquel en quien Dios se hace vida y luz, por Su presencia vivencial. El Señor es la única y verdadera luz. Por eso el salmista dice que *"el Señor es mi luz y mi salvación"* (Sal. 27:1), para decir también que en Él *"veremos la luz"* (Sal. 36:9). La luz para el camino del seguimiento a Cristo procede de Dios, a quien se dirige la súplica: *"Envía tu luz y tu verdad; estas me guiarán; me conducirán a tu santo monte, y a tus moradas"* (Sal. 43:3). Mientras que el mundo desorientado es conducido por sendas que concluyen en muerte, el creyente alumbrado por Dios es conducido por Él mismo, su alegría y su gozo (Sal. 43:4). La irrupción del Verbo encarnado en el mundo de los hombres hizo resplandecer la luz de Dios como la aurora naciente del día de salvación, para dar luz a los que estaban en tinieblas y alumbrar el camino de paz. El creyente que no es luz en sí mismo, lo es en el Señor. La acción salvadora de Dios hace posible esta transformación. Por esa razón el apóstol Pablo, al referirse a los cristianos dice: *"porque en otro tiempo erais tinieblas, más ahora sois luz en el Señor"* (Ef. 5:8). Quien permanece en comunión con Cristo, quien vive la luz de Dios en Cristo en su propia vida, es luz a los demás (15:4, 5). Andar en luz, brillar, ser luz, es poder señalar el rumbo al que vive en tinieblas, lo que es el cumplimiento fiel de la comisión que Cristo dio a los creyentes de hacerlo visible a Él delante de los hombres (Hch. 1:8).

La reacción (8:13).

13. Entonces los fariseos le dijeron: Tú das testimonio acerca de ti mismo; tu testimonio no es verdadero.

εἶπον οὖν αὐτῷ οἱ Φαρισαῖοι· σὺ περὶ σεαυτοῦ
Dijeron, entonces, le los fariseos: Tú acerca de ti mismo
μαρτυρεῖς· ἡ μαρτυρία σου οὐκ ἔστιν ἀληθής.
testificas; el testimonio de ti no es verdadero.

Notas y análisis del texto griego.

Los fariseos reaccionaron a las palabras de Jesús: εἶπον, tercera persona plural del segundo aoristo de indicativo en voz activa del verbo εἶπον, forma aorista de λέγω, *hablar, decir*, aquí *dijeron*; οὖν, conjunción ilativa *entonces*; αὐτῷ, caso dativo masculino de la tercera persona singular del pronombre personal declinado *a Él, le*; οἱ, caso nominativo masculino plural del artículo determinado *los*; Φαρισαῖοι, caso nominativo masculino plural del nombre propio *fariseos*; σὺ, caso nominativo de la segunda persona singular del pronombre personal *tú*; περὶ, preposición propia de genitivo *sobre, acerca de, por*; σεαυτοῦ, caso genitivo masculino singular del pronombre reflexivo *ti mismo*; μαρτυρεῖς, segunda persona singular del presente de indicativo en voz activa del verbo μαρτυρέω, *testificar, testimoniar*, aquí *testificas*; ἡ, caso nominativo femenino singular del artículo determinado *la*; μαρτυρία, caso nominativo femenino singular del nombre común *testimonio*; σου, caso genitivo de la segunda persona singular del pronombre personal *tú*; οὐκ, forma escrita del adverbio de negación *no*, con el grafismo propio ante una vocal con espíritu suave o una enclítica; ἔστιν, tercera persona singular del presente de indicativo en voz activa del verbo εἰμί, *ser, estar*, aquí *es*; ἀληθής, caso nominativo femenino singular del adjetivo *verdadero*.

εἶπον οὖν αὐτῷ οἱ Φαρισαῖοι· Las palabras de Jesús volvieron a generar impacto y acritud en los fariseos, que replican inmediatamente a lo que acababa de decir.

σὺ περὶ σεαυτοῦ μαρτυρεῖς· La acusación contra Él se formula inmediatamente. Él daba testimonio de sí mismo. La afirmación de ser la *luz del mundo* y la promesa de que quien le siguiera tendría la luz en su vida, era considerada meramente como palabras sin confirmación testimonial que, según ellos, tenían como propósito exaltarse a Sí mismo. No hablaron de la afirmación de Cristo, simplemente acudieron con rapidez a desacreditarle delante de quienes le oyeron.

ἡ μαρτυρία σου οὐκ ἔστιν ἀληθής. La conclusión es sencilla. Si el testimonio era personal sobre Él mismo, no podía ser verdadero. No en el sentido de que no fuese verdad, sino de que no podía apoyarse como testimonio afirmativo de lo que decía. Era un testimonio nulo. Sin embargo, las palabras de Jesús se atestiguaban por el hecho de que la luz, que Él era, se manifestaba claramente en las tinieblas del mundo. De otro modo, sólo es luz aquello que ilumina. Los fariseos entendían, y esta es la base de su respuesta, que cuando Jesús dijo de Él mismo que era *la luz del mundo*, solo representaba una manifestación de jactancia personal, por tanto, no podía ser considerada como verdadera.

La respuesta de Jesús (8:14-20).

14. Respondió Jesús y les dijo: Aunque yo doy testimonio acerca de mí mismo, mi testimonio es verdadero, porque sé de dónde he venido y a dónde voy; pero vosotros no sabéis de dónde vengo, ni a dónde voy.

ἀπεκρίθη Ἰησοῦς καὶ εἶπεν αὐτοῖς· κἂν ἐγὼ μαρτυρῶ περὶ
Respondió Jesús y dijo les: Aunque yo testifique acerca de
ἐμαυτοῦ, ἀληθής ἐστιν ἡ μαρτυρία μου, ὅτι οἶδα πόθεν
mí mismo, verdadero es el testimonio de mí, porque sé de donde
ἦλθον καὶ ποῦ ὑπάγω· ὑμεῖς δὲ οὐκ οἴδατε πόθεν ἔρχομαι ἢ
vine y a donde voy; pero vosotros no sabéis de donde vengo o
ποῦ ὑπάγω.
a donde voy.

Notas y análisis del texto griego.

Jesús responde: ἀπεκρίθη, tercera persona singular del aoristo primero de indicativo en voz activa del verbo ἀποκρίνομαι, *responder, contestar, replicar*, aquí *respondió*; Ἰησοῦς, caso nominativo masculino singular del nombre propio *Jesús*; καὶ, conjunción copulativa *y*; εἶπεν, tercera persona singular del segundo aoristo de indicativo en voz activa del verbo εἶπον, aoristo de λέγω, *hablar, decir*, aquí *dijo*; αὐτοῖς, caso dativo masculino de la tercera persona plural del pronombre personal declinado *a ellos*; κἂν, crasis[14] formada por la conjunción copulativa καὶ, *y*, y la conjunción ἐάν, *si*, como

[14] *Crasis*, palabra griega que equivale a *unión de fuerzas*, en general *unión de elementos*.

conjunción concesiva *aunque, incluso si, aun en el caso de que, aunque sea*; ἐγὼ, caso nominativo de la primera persona singular del pronombre personal *yo*; μαρτυρῶ, primera persona singular del presente de subjuntivo en voz activa del verbo μαρτυρέω, *testificar, dar testimonio*, aquí *testifique*; περὶ, preposición propia de genitivo *sobre, acerca de*; ἐμαυτοῦ, caso genitivo masculino singular del pronombre reflexivo *mi mismo*; ἀληθής, caso nominativo femenino singular del adjetivo *verdadero*; ἐστιν, tercera persona singular del presente de indicativo en voz activa del verbo εἰμί, *ser, estar*, aquí *es*; ἡ, caso nominativo femenino singular del artículo determinado *la*; μαρτυρία, caso nominativo femenino singular del nombre común *testimonio*; μου, caso genitivo de la primera persona singular del pronombre personal declinado *de mí*; ὅτι, conjunción condicional *porque*; οἶδα, primera persona singular del perfecto de indicativo en voz activa del verbo οἶδα, *saber, conocer*, aquí *sé*; πόθεν, adverbio de lugar *de donde*; ἦλθον, primera persona singular del segundo aoristo de indicativo en voz activa del verbo ἔρχομαι, *venir*, aquí *vine*; καὶ, conjunción copulativa *y*; ποῦ, adverbio de lugar *a donde, donde*; ὑπάγω, primera persona singular del presente de indicativo en voz activa del verbo ὑπάγω, *ir, partir*, aquí *voy*; ὑμεῖς, segunda persona plural del pronombre personal *vosotros*; δὲ, partícula conjuntiva que hace las veces de conjunción coordinante, con sentido de *pero, más bien, y, y por cierto, antes bien*; οὐκ, forma escrita del adverbio de negación *no*, con el grafismo propio ante una vocal con espíritu suave o una enclítica; οἴδατε, segunda persona plural del perfecto de indicativo en voz activa del verbo οἶδα, *saber, entender, conocer*, aquí *habéis sabido*, con sentido de *sabéis*; πόθεν, adverbio de lugar *de donde*; ἔρχομαι, primera persona singular del presente de indicativo en voz media del verbo ἔρχομαι, *venir*, aquí *vengo*; ἢ, conjunción disyuntiva *o*; ποῦ, adverbio de lugar *a donde, donde*; ὑπάγω, primera persona singular del presente de indicativo en voz activa del verbo ὑπάγω, *ir*, aquí *voy*.

ἀπεκρίθη Ἰησοῦς καὶ εἶπεν αὐτοῖς· La réplica de los fariseos produce la respuesta de Cristo. Es interesante que a lo largo del capítulo la conversación es entre Él y los judíos, mucho más que con la gente. La confrontación está marcada con quienes son Sus enemigos y buscan Su muerte. Es un tenso diálogo entre ambos.

κὰν ἐγὼ μαρτυρῶ περὶ ἐμαυτοῦ, ἀληθής ἐστιν ἡ μαρτυρία μου, Le acusaron de testimonio *inválido* o no *verdadero*, es decir apto para ser tomado como determinante, porque testificaba Él de Sí mismo. Jesús admite que el testimonio es suyo, pero que es también un testimonio verdadero, aunque aparentemente es contrario a la normativa para aceptarlo como tal.

ὅτι οἶδα πόθεν ἦλθον καὶ ποῦ ὑπάγω· Sin embargo Jesús es un testigo excepcional, porque como Dios encarnado procede del Padre de donde vino y a donde regresa. Es, por tanto, el único testigo que en

Sí mismo es *"fiel y verdadero"* (Ap. 3:14). Es alguien que no puede equivocarse en lo que dice, porque dice todo aquello que verdaderamente conoce. Quien habla con los judíos es el que expresa el mensaje definitivo y supremo de Dios, por tanto, todo cuanto dice corresponde a la fidelidad y a la verdad absolutamente. Jesús es el testigo de Dios porque ha venido para revelar al Padre (1:18), y es verdadero porque es la Verdad en Él mismo (14:6). Ante Pilato el Señor afirmó que había venido para dar testimonio de la verdad (18:37). Jesús vino al mundo para destruir el reino del diablo, que es reino de la mentira (v. 44). Nadie habría conocido a Dios en la dimensión en que Cristo lo reveló, de ahí que el discurso definitivo que expresa infinitamente lo que Dios es, se llama Hijo (He. 1:2). En el Hijo, Dios expresa Su pensamiento y exprime Su mente para producir la idea que quiere revelar. Dios ha exprimido Su pensamiento pronunciando un discurso absoluto sobre Él, mediante el Logos, que es Su Hijo, al que envió al mundo en forma humana, y que vierte al lenguaje de los hombres el pensamiento de Dios. De otra manera, Dios expresa en palabras de hombre, con garganta de hombre, la suprema revelación de Él mismo por medio del Hijo. De tal manera que Jesús es la expresión testimonial de absoluta verdad acerca de Dios. Siendo el *testigo fiel y verdadero*, tiene garantía plena de que Su testimonio es *verdadero*. Lo es porque sabe de *donde procede*, de donde vino, del seno del Padre, de la Santísima Trinidad, haciéndose hombre y manifestándose como tal entre los hombres, pero, también lo sabe porque conoce a donde vuelve, al mismo lugar de donde procede, luego de haber realizado la obra que le fue encomendada. Jesús sabía, conocía, de donde venía y a donde iba, por tanto conocía también todo lo que se relacionaba con Su obra, que incluían Sus palabras y Sus hechos. Él tenía plena conciencia de quien era, de modo que cuando afirma que es *la luz verdadera*, debiera ser tenido en consideración y aceptar Sus palabras como verdad.

ὑμεῖς δὲ οὐκ οἴδατε πόθεν ἔρχομαι ἢ ποῦ ὑπάγω. Frente a este conocimiento de Jesús, está el desconocimiento de quienes replican a Su afirmación y ponen en duda que Su testimonio sea válido. La ignorancia de estos es voluntaria, porque las señales que Cristo hacía le atestiguaban como procedente de Dios, ya que nadie podría hacerlas si Dios no fuese con Él (3:2). Desde el principio Jesús se manifestó como procedente del cielo, pero los judíos no creyeron a Sus palabras (1:11). Si aquellos no conocían nada en relación con Jesús, tampoco podían contradecir el testimonio personal que el Señor daba, porque no estaban cualificados por desconocimiento de la procedencia de ese testimonio. Lo que Jesús decía era digno de fe porque procedía de Dios y era Dios, ellos rechazaban ese testimonio porque ignoraban esa verdad y lo consideraban como un mero hombre que daba testimonio de Sí mismo.

15. Vosotros juzgáis según la carne; yo no juzgo a nadie.

ὑμεῖς κατὰ τὴν σάρκα κρίνετε, ἐγὼ[1] οὐ κρίνω οὐδένα.
Vosotros según la carne juzgáis; yo no juzgo a nadie.

Notas y análisis del texto griego.

Sigue la respuesta de Cristo: ὑμεῖς, caso nominativo de la segunda persona plural del pronombre personal *vosotros*; κατὰ, preposición propia de acusativo *según, de acuerdo con*; τὴν, caso acusativo femenino singular del artículo definido *la*; σάρκα, caso acusativo femenino singular del nombre común *carne*; κρίνετε, segunda persona plural del presente de indicativo en voz activa del verbo κρίνω, *juzgar*, aquí *juzgáis*; ἐγὼ, caso nominativo de la primera persona singular del pronombre personal *yo*; οὐ, adverbio de negación *no*; κρίνω, primera persona singular del presente de indicativo en voz activa del verbo κρίνω, *juzgar*, aquí *juzgo*; οὐδένα, caso acusativo masculino singular del pronombre indefinido declinado *a nadie*, *a ninguno*.

Crítica Textual. Lecturas alternativas.

[1] Intercala después del pronombre la partícula δὲ, *pero*, según lectura en $\mathfrak{p}^{75}$, d, f, sa[mss.], pbo, bo.

ὑμεῖς κατὰ τὴν σάρκα κρίνετε, Los judíos juzgaban por apariencias *según la carne*, esto es, con criterios humanos. Aquellos veían al hombre pero ignoraban a Dios. Para ellos Cristo era meramente alguien que se hacía pasar por profeta e incluso le acusarían de blasfemia por hacerse Dios. Por tanto, el juicio que emitían era basado en lo que con los ojos físicos podían entender, pero carente de valor por cuanto no discernían la condición divina de Aquél a quien consideraban mero hombre. El juicio hecho *según la carne* no es un verdadero juicio. Los fariseos que practicaban este tipo de juicio, rehusaban cualquier relación con gentiles, publicanos y pecadores, por esa razón acusaban, *juzgaban*, a Cristo porque se juntaba con ellos (Mr. 2:16; Lc. 15:2). En el contexto inmediato, se había negado a condenar a la mujer adúltera. El juicio contra Jesús basado sólo en criterios humanos es necesariamente un juicio erróneo.

ἐγὼ οὐ κρίνω οὐδένα. Por otro lado, la segunda frase de la cláusula contiene una aparente contradicción, ya que el Señor hace una afirmación precisa: *"yo no juzgo a nadie"*, pero anteriormente afirma que Él juzga. Sin embargo la razón de esa afirmación descansa en el hecho de Su misión. Había sido enviado al mundo, no para juzgar al mundo, sino para salvarlo (3:18). Sin embargo, Su venida al mundo es ya en sí un juicio, puesto que la gente se divide entre quienes creen en Él y tienen vida eterna, y los que rehúsan creer y, por tanto, no verán la vida, sino que la ira de Dios está sobre ellos (3:36). La condenación de los hombres no se produce por el juicio presente de Jesús, sino por la eterna condición para el pecado establecida por Dios, de modo que *"el que en él cree, no es condenado, pero el que no cree, ya ha sido condenado, porque no ha creído en el nombre del unigénito Hijo de Dios"* (3:18). Lo que el Señor está diciendo en este versículo es que Su juicio no puede compararse con el de los fariseos, porque Él vino para salvar y no para juzgar a los pecadores. Cristo no niega el juicio, simplemente lo aplaza para otro momento.

16. Y si yo juzgo, mi juicio es verdadero; porque no soy yo solo, sino yo y el que me envió, el Padre.

καὶ ἐὰν κρίνω δὲ ἐγώ, ἡ κρίσις ἡ ἐμὴ ἀληθινή ἐστιν, ὅτι
Y si juzgo - Yo, el juicio - mío verdadero es, porque
μόνος οὐκ εἰμί, ἀλλ' ἐγὼ καὶ ὁ πέμψας με Πατήρ.
solo no estoy, sino Yo y el que envió me Padre.

Notas y análisis del texto griego.

Prosigue con καὶ, conjunción copulativa *y*; ἐὰν, conjunción afirmativa *si*; κρίνω, primera persona singular del presente de subjuntivo en voz activa del verbo κρίνω, *juzgar*, aquí *juzgue*, en sentido de *juzgo*; δὲ, partícula conjuntiva que hace las veces de conjunción coordinante, con sentido de *pero, más bien, y, y por cierto, antes bien*; ἐγώ, caso nominativo de la primera persona singular del pronombre personal *yo*; ἡ, caso nominativo femenino singular del artículo determinado *la*; κρίσις, caso nominativo femenino singular del nombre común *juicio, condenación, sentencia condenatoria*; ἡ, caso nominativo femenino singular del artículo determinado *la*; ἐμὴ, caso nominativo femenino singular del pronombre posesivo *mía*; ἀληθινή, caso nominativo femenino del adjetivo *verdadera*; ἐστιν, tercera persona singular del presente de indicativo en voz activa del verbo εἰμί, *ser, está*, aquí *es*; ὅτι, conjunción causal *porque*; μόνος, caso nominativo masculino singular del adjetivo *solo*; οὐκ, forma escrita del adverbio de negación *no*, con el grafismo propio ante una vocal con espíritu suave o una enclítica; εἰμί, primera persona singular del presente de indicativo en voz activa del verbo εἰμί, *ser, estar*, aquí *estoy*; ἀλλ', forma escrita ante vocal de la conjunción adversativa ἀλλά que significa *pero, sino*; ἐγὼ, caso nominativo de la primera persona singular del pronombre personal *Yo*; καὶ, conjunción copulativa *y*; ὁ, caso nominativo masculino singular del artículo determinado *el*; πέμψας, caso nominativo masculino singular del participio de aoristo primero en voz activa del verbo πέμπω, *enviar, comisionar*; με, caso acusativo de la primera persona singular del pronombre personal declinado *a mí, me*; Πατήρ, caso nominativo masculino singular del nombre divino *Padre*.

καὶ ἐὰν κρίνω δὲ ἐγώ, ἡ κρίσις ἡ ἐμὴ ἀληθινή ἐστιν, Los judíos acusaban a Jesús de dar testimonio sobre Sí mismo, por tanto, no era válido o verdadero para ser tenido en consideración. Mediante una frase condicional de tercera clase, da un supuesto de juicio, como si dijese: *pero si acaso juzgue algo*, ese juicio es válido o verdadero. El Señor tiene derecho a juzgar, pero Su juicio es diametralmente opuesto al de los fariseos. Aquellos juzgan por apariencias, pero Él lo hace conforme no a lo que los hechos pudieran aparentar, sino a las intenciones del corazón que motivan las acciones.

ὅτι μόνος οὐκ εἰμί, ἀλλ' ἐγὼ καὶ ὁ πέμψας με Πατήρ. El juicio que procede de Jesús tiene la legitimidad de ser verdadero, esto es, válido, por cuanto en él están involucrados testigos: Él, que da testimonio y el Padre que le había enviado (5:36; 10:25). Ambos concuerdan absolutamente, porque no hay nada en la expresión del Verbo que no proceda al pensamiento del Padre. Todo cuanto Jesús dice es la manifestación exactísima de lo que el mismo Padre hubiera dicho. Pero, tampoco hizo nada que no hubiera hecho el Padre, de modo que las mismas obras son testimonio de esta verdad (5:19). Él actuaba en todo conforme al ministerio que le había asignado el Padre, del que procedía al ser enviado por Él al mundo (17:7). Nuevamente la relación vinculante de la Deidad entre el Padre y el Hijo, aparece en esta frase, en la que Jesús, con toda naturalidad, habla de un testimonio conjunto entre Él y el Padre: *"Yo y el que me envió"*. Por esa razón no estaba solo, ni en la enseñanza, ni en las obras, porque ambos están eternamente unidos. Son realmente Dos pero son inseparables. Ambos están unidos en todo cuanto es propio de la Deidad, indivisibles en aquello en que subsisten. De la misma manera que la mente expresa lo que piensa por la palabra, la mente no puede manifestarse sin la palabra y ésta no puede existir sin la mente. Así en el seno de la Deidad, el Padre quedaría sin expresión si le faltase el Verbo, y Éste no existiría sin la mente del Padre que lo expresa.

17. Y en vuestra ley está escrito que el testimonio de dos hombres es verdadero.

καὶ ἐν τῷ νόμῳ δὲ τῷ ὑμετέρῳ γέγραπται ὅτι δύο ἀνθρώπων
Y en la ley - - vuestra ha sido escrito que dos hombres
ἡ μαρτυρία ἀληθής ἐστιν.
el testimonio verdadero es

Notas y análisis del texto griego.

Continúa la respuesta de Jesús: καὶ, conjunción copulativa *y*; ἐν, preposición propia de dativo *en*; τῷ, caso dativo masculino singular del artículo determinado *el*; νόμῳ, caso dativo masculino singular del nombre común *mandamiento, norma, ley*; δὲ, partícula conjuntiva que hace las veces de conjunción coordinante, con sentido de *pero, más bien, y, y por cierto*, *antes bien*; τῷ, caso dativo masculino singular del artículo determinado *el*; ὑμετέρῳ, caso dativo masculino singular del adjetivo posesivo *vuestro*; γέγραπται, tercera persona singular del perfecto de indicativo en voz pasiva del verbo γράφω, *escribir*, aquí *ha sido escrito*; ὅτι, conjunción *que*; δύο, caso genitivo masculino plural del adjetivo numeral cardinal *dos*; ἀνθρώπων, caso genitivo masculino plural del nombre común *hombres*; ἡ, caso nominativo femenino singular del artículo determinado *la*; μαρτυρία, caso nominativo femenino singular del nombre común *testimonio*; ἀληθής, caso nominativo femenino singular del adjetivo *verdadera*; ἐστιν, tercera persona singular del presente de indicativo en voz activa del verbo εἰμί, *ser, estar*, aquí *es*.

καὶ ἐν τῷ νόμῳ δὲ τῷ ὑμετέρῳ γέγραπται ὅτι δύο ἀνθρώπων ἡ μαρτυρία ἀληθής ἐστιν. Ante quienes conocían la Ley, el Señor apela a uno de sus mandamientos, recordándoles que el testimonio válido es aquel en que concuerdan, por lo menos dos testigos. Es interesante la construcción de la frase: *vuestra ley*. ¿No era acaso también suya? Sin duda, pero lo que estaba procurando Jesús es apuntar a aquello que ellos tenían en alta estima: La Ley recibida por medio de Moisés. La palabra dicha por dos hombres es testimonio válido. Cualquier duda que pudiera haber ante un tribunal quedaba resuelta con el testimonio concordante de dos testigos (Dt. 19:15), incluso cuando estuviese en discusión una sentencia a muerte (Dt. 17:6). En este caso, los testigos no son terrenales sino celestiales. Por un lado está el Verbo encarnado y por el otro el Padre de quien procede y quien le ha enviado. Aquellos que le acusaban de testimonio incorrecto, se encuentran confrontados con la realidad del perfecto y verdadero testimonio Divino. De otro modo, si el testimonio de dos hombres es válido ante la Ley, cuanto más el de dos Personas Divinas.

18. Yo soy el que doy testimonio de mí mismo, y el Padre que me envió da testimonio de mí.

ἐγώ εἰμι ὁ μαρτυρῶν περὶ ἐμαυτοῦ καὶ μαρτυρεῖ
Yo soy el que doy testimonio acerca de mí mismo y da testimonio
περὶ ἐμοῦ ὁ πέμψας με Πατήρ.
acerca de mí el que envió me Padre.

Notas y análisis del texto griego.

Sigue diciendo: ἐγώ, caso nominativo de la primera persona singular del pronombre personal *yo*; εἰμι, primera persona singular del presente de indicativo en voz activa del verbo εἰμί, *ser, estar*, aquí *soy*; ὁ, caso nominativo masculino singular del artículo definido *el*; μαρτυρῶν, caso nominativo masculino singular del participio de presente en voz activa del verbo μαρτυρέω, *testificar, dar testimonio*, aquí *que doy testimonio*; περὶ, preposición propia de genitivo *de, sobre, acerca de*; ἐμαυτοῦ, caso genitivo masculino singular del pronombre reflexivo *mí mismo*; καὶ, conjunción copulativa *y*; μαρτυρεῖ, tercera persona singular del presente de indicativo en voz activa del verbo μαρτυρέω, *testificar, dar testimonio*, aquí *da testimonio*; περὶ, preposición propia de genitivo *de, sobre, acerca de*; ἐμοῦ, caso genitivo de la primera persona singular del pronombre personal *mí*; ὁ, caso nominativo masculino singular del artículo determinado *el*; πέμψας, caso nominativo masculino singular del participio del aoristo primero en voz activa del verbo πέμπω, *mandar, enviar*, aquí *que envió*; με, caso acusativo de la primera persona singular del pronombre personal declinado *a mí, me*; Πατήρ, caso nominativo masculino singular del nombre divino *Padre*.

ἐγώ εἰμι ὁ μαρτυρῶν περὶ ἐμαυτοῦ. Dos son los que testifican con un testimonio idéntico. Uno es el Hijo, que no habla nada por Sí mismo, sino que expresa lo que el Padre dice. Por tanto, ese testimonio divino es verdadero, porque Él se definirá como *la Verdad* (14:6). El testimonio es apropiado y verdadero, porque el Verbo testifica de Sí mismo. Sin embargo, el uso de la fórmula ἐγώ εἰμι, no es equivalente a los otros lugares en que va seguida de un predicado, como *Yo soy el agua viva, Yo soy la luz del mundo*.

καὶ μαρτυρεῖ περὶ ἐμοῦ ὁ πέμψας με Πατήρ. Pero también el Padre da testimonio de Su Hijo, como el enviado suyo al mundo. La referencia a la primera Persona Divina, es evidente, ya que el artículo determinado *el*, antecede tanto a *el que envió*, como al nominativo *Padre*. Sólo hay un Padre en ese sentido, el Padre eterno. Juan el Bautista dio testimonio de haber oído al Padre anunciarle que sobre quien viese descender y permanecer el Espíritu Santo, ese era quien bautizaría con Espíritu. Los sinópticos hacen referencia a la voz del cielo que testificaba sobre quien estaba siendo bautizado, el Hijo de Dios (Mt. 3:17; Mr. 1:11; Lc. 3:22). La voz del cielo, no era sólo el testimonio para los hombres, sino también el diálogo entre el Padre y el Hijo. Aunque venía como siervo y se manifestaba en forma corporal semejante a los hombres, no dejaba de ser el Hijo eterno de Dios revestido de humanidad. Este testimonio celestial ponía de manifiesto la condición mesiánica de Jesucristo, respaldándolo ante todos como el Rey determinado para reinar sobre el mundo, como cumplimiento de la profecía del Salmo, en donde se usa el mismo término de *"Mi Hijo eres tú"*, añadiendo también la generación divina: *"Yo te engendré hoy"* (Sal. 2:7). Sin duda el hecho de que los sinópticos usan el pronombre personal en segunda y no en tercera persona, *tú* y no *él*, conlleva que sea un diálogo del Padre con el Hijo, al que dice *tú eres mi Hijo amado*. Juan usó antes el término de *Unigénito* (1:14) para referirse a Jesús, que tiene la dimensión de unicidad, como ya se ha considerado, el único de esa condición o dimensión. Es el único Hijo en esa condición porque es eternamente co-igual con el Padre, procediendo de Él sin origen de vida. Estas palabras de Jesús debían haber sido entendidas por los judíos, que se jactaban de conocer la Escritura. Si así fuese entenderían el cumplimiento profético: *"He aquí mi siervo, yo le sostendré; mi escogido, en quien mi alma tiene contentamiento; he puesto sobre Él mi Espíritu; Él traerá justicia a las naciones"* (Is. 42:1). Siendo el Padre quien da testimonio, no necesita ningún testimonio humano. Otra vez Juan hace notar aquí que el Padre es quien ha enviado al Hijo. Además, si el Hijo testifica y el Padre testifica, se aprecia una equivalencia de función testimonial que los une e identifica.

19. Ellos le dijeron: ¿Dónde está tu Padre? Respondió Jesús: Ni a mí me conocéis, ni a mi Padre; si a mí me conocieseis, también a mi Padre conoceríais.

ἔλεγον οὖν αὐτῷ· ποῦ ἐστιν ὁ Πατήρ σου ἀπεκρίθη Ἰησοῦς·
Decían, pues, le: ¿Dónde está el Padre de ti? Respondió Jesús:
οὔτε ἐμὲ οἴδατε οὔτε τὸν Πατέρα μου· εἰ ἐμὲ ᾔδειτε, καὶ
ni me conocéis ni al Padre de mí. Si me conocieseis también
τὸν Πατέρα μου ἂν ᾔδειτε.
al Padre de mí - conoceríais

Notas y análisis del texto griego.

Sin interrupción, escribe: ἔλεγον, tercera persona plural del imperfecto de indicativo en voz activa del verbo λέγω, *hablar, decir*, aquí *decían*; οὖν, conjunción continuativa *pues*; αὐτῷ, caso dativo masculino de la tercera persona singular del pronombre personal declinado *a Él, le*; ποῦ, adverbio relativo de lugar *donde*; ἐστιν, tercera persona singular del presente de indicativo en voz activa del verbo εἰμί, *ser, estar*, aquí *está*; ὁ, caso nominativo masculino singular del artículo determinado *el*; Πατήρ, caso nominativo masculino singular del nombre divino *Padre*; σου, caso genitivo de la segunda persona singular del pronombre personal declinado *de ti*; ἀπεκρίθη, tercera persona singular del aoristo primero de subjuntivo en voz activa del verbo ἀποκρινομαι, *responder, contestar, replicar*, aquí *respondió*; Ἰησοῦς, caso nominativo masculino singular del nombre propio *Jesús*; οὔτε, conjunción copulativa *ni*; ἐμὲ, caso acusativo de la primera persona singular del pronombre personal declinado *a mí, me*; οἴδατε, segunda persona plural del perfecto de indicativo en voz activa del verbo οἶδα, *saber, conocer*, aquí *habéis conocido*; οὔτε, conjunción copulativa *ni*; τὸν, caso acusativo masculino singular del artículo determinado declinado *al*; Πατέρα, caso acusativo masculino singular del nombre divino *Padre*; μου, caso genitivo de la primera persona singular del pronombre personal declinado *de mí*; εἰ, conjunción *sí*; ἐμὲ, caso acusativo de la primera persona singular del pronombre personal declinado *a mí*; ᾔδειτε, segunda persona plural del pluscuamperfecto de indicativo en voz activa del verbo οἶδα, *saber, conocer*, aquí *conocieseis*; καὶ, adverbio de modo *también*; τὸν, caso acusativo masculino singular del artículo determinado declinado *al*; Πατέρα, caso acusativo masculino singular del nombre divino *Padre*; μου, caso genitivo de la primera persona singular del pronombre personal declinado *de mí*; ἂν, partícula que no empieza nunca frase y que da a ésta carácter condicional o dubitativo, o expresa una idea de repetición. Se construye con todos los modos menos el imperativo y acompaña a los pronombres relativos para darles un sentido general; en algunas ocasiones no tiene traducción; ᾔδειτε, segunda persona plural del pluscuamperfecto de indicativo en voz activa del verbo οἶδα, *conocer, saber*, aquí *conoceríais*.

ἔλεγον οὖν αὐτῷ· ποῦ ἐστιν ὁ Πατήρ σου. No tenían los judíos argumentación para rebatir a Jesús. Todos ellos habían quedado sin saber que decirle. Por tanto, formulan una pregunta que muy bien pudiera ser con una intención maligna, dudando de la existencia de un padre humano. Esto mismo se apreciará un poco más adelante (v. 41). Todos ellos sabían quien era el padre reconocido de Jesús, puesto que conocían también Su procedencia, Su madre, Sus hermanos y hermanas. En el fondo subyace lo que los judíos habían captado de las palabras de Cristo, que se estaba refiriendo al Padre celestial, del que procedía y por el que había sido enviado. Esto dará lugar a una polémica entre ellos y Jesús, al considerarse como hijos legítimos de Abraham, que aparece más adelante. La pregunta de ellos suponía, probablemente, que si sabían cada uno de los judíos quien era Su padre, Jesús no había nacido de un matrimonio legítimamente establecido, sino en el tiempo de los desposorios y, en cierta medida de una relación incorrecta antes del matrimonio. Aquellos que preguntaban quien era Su Padre, debían saber que nadie puede ver a Dios y que sólo puede ser conocido por la revelación del Hijo (1:18).

εἰ ἐμὲ ᾔδειτε, καὶ τὸν πατέρα μου ἂν ᾔδειτε. ἀπεκρίθη Ἰησοῦς· οὔτε ἐμὲ οἴδατε οὔτε τὸν Πατέρα μου· La respuesta de Jesús pone de manifiesto el desconocimiento que aquellos tenían acerca de quien era Él, porque desconocían del mismo modo al Padre que le había enviado. Al desconocer que Jesús es el Hijo de Dios, considerándolo sólo como un hombre, no pueden conocer tampoco al

Padre, porque piensan sólo en un padre terrenal. No cabe duda que el hombre no regenerado es incapaz de percibir las cosas de Dios (1 Co. 2:14). Los líderes de Israel estaban cegados por ellos mismos, por su sistema religioso, por sus tradiciones y por los prejuicios que tenían contra Cristo, de modo que, como un judío convertido dirá tiempo después, no podían ver *"la gloria de Dios en la faz de Jesucristo"* (2 Co. 4:6). Eran ciegos, pero creían engañados por el diablo, que veían, de modo que no estaban dispuestos a reconocer su ceguera espiritual (9:39-41). No podían conocer al Padre, porque negaban reconocer al Hijo como el Mesías enviado, de modo que *"todo aquel que niega al Hijo, tampoco tiene al Padre"* (1 Jn. 2:23). La vida eterna consiste en conocer tanto al Padre como al Hijo (17:3). Esta vida eterna se da a quien cree en el Hijo (3:16), aquellos no creían en Cristo, no tenía vida eterna, estaban entenebrecidos y ellos mismos eran tinieblas, de modo que es imposible la comunión de la luz con la oscuridad.

20. Estas palabras habló Jesús en el lugar de las ofrendas, enseñando en el templo; y nadie le prendió, porque aún no había llegado su hora.

Ταῦτα τὰ ῥήματα ἐλάλησεν ἐν τῷ γαζοφυλακίῳ διδάσκων ἐν
Estas - palabras habló en el gazofilacio enseñando en
τῷ ἱερῷ· καὶ οὐδεὶς ἐπίασεν αὐτόν, ὅτι οὔπω ἐληλύθει
el templo; y nadie prendió le, porque aún no había llegado
ἡ ὥρα αὐτοῦ.
la hora de Él.

Notas y análisis del texto griego.

Cerrando el párrafo, escribe: Ταῦτα, caso acusativo neutro plural del pronombre demostrativo *estos*; τὰ, caso acusativo neutro plural del artículo determinado *los*; ῥήματα, caso acusativo neutro plural del nombre común *dichos, palabras*; ἐλάλησεν, tercera persona singular del aoristo primero de indicativo en voz activa del verbo λαλέω, *hablar, decir*, aquí *habló*; ἐν, preposición propia de dativo *en*; τῷ, caso dativo neutro singular del artículo determinado *el*; γαζοφυλακίῳ, caso dativo neutro singular del nombre común *gazofilacio, lugar de las ofrendas*; διδάσκων, caso nominativo masculino singular del participio de presente en voz activa del verbo διδάσκω, *enseñar*, aquí *enseñando*; ἐν, preposición propia de dativo *en*; τῷ, caso dativo neutro singular del artículo determinado *el*; ἱερῷ, caso dativo neutro singular del nombre común *templo, santuario*; καὶ, conjunción copulativa *y*; οὐδεὶς, caso nominativo masculino singular del pronombre indefinido *nadie, ninguno*; ἐπίασεν, tercera persona singular del aoristo primero de indicativo en voz activa del verbo πιάζω, *prender, arrestar*, aquí *prendió*; αὐτόν, caso acusativo masculino de la tercera persona singular del pronombre personal declinado *a Él, le*; ὅτι, conjunción causal *porque*; οὔπω, adverbio de negación *todavía no, aún no*; ἐληλύθει, tercera persona singular del pluscuamperfecto de indicativo en voz activa del verbo ἔρχομαι, *llegar, venir*, aquí *había llegado*; ἡ, caso nominativo femenino singular del artículo determinado *la*; ὥρα, caso nominativo femenino singular del nombre común *hora*; αὐτοῦ, caso genitivo masculino de la tercera persona singular del pronombre personal declinado *de Él*.

Ταῦτα τὰ ῥήματα ἐλάλησεν ἐν τῷ γαζοφυλακίῳ διδάσκων ἐν τῷ ἱερῷ· Como es habitual Juan hace puntualizaciones en lo que describe que sirven para identificación del entorno. En este caso, recuerda que la enseñanza de Jesús tuvo lugar en el *gazofilacio*, que significa, *lugar de las ofrendas*, y como otras versiones traducen, *la tesorería* del templo.

En el santuario había un lugar, posiblemente en el *Patio de las Mujeres*, en el que estaban colocados trece cofres en forma de trompeta, que se llamaban *Arcas de Sophar*, en las que el pueblo depositaba las ofrendas voluntarias. A ese lugar tenían acceso todos los israelitas, incluidas las mujeres, vetadas en otros lugares del recinto sagrado. Fue allí donde la viuda depositó todo lo que tenía, todo su sustento (Mr. 12:44). El recinto estaba siempre muy concurrido y era difícil que se permitiera enseñar a cualquiera en aquel lugar, mucho menos si la enseñanza contradecía a la de los escribas y fariseos, como era el caso de Jesús. El lugar de la tesorería estaba cerca del que ocupaba el Sanedrín para sus reuniones.

καὶ οὐδεὶς ἐπίασεν αὐτόν, ὅτι οὔπω ἐληλύθει ἡ ὥρα αὐτοῦ. Hubiera sido fácil prender a Cristo y llevarlo directamente al tribunal. Sin embargo, se dice que *nadie le prendió*, dando Juan como razón para ello que *"aún no había llegado Su hora"*. La soberanía divina está presente una vez más en el *Evangelio*. Jesús había sido enviado por el Padre con una misión y tenía un tiempo para realizarla. No había concluido todavía, por tanto, no era la hora en que tenía que dar Su vida en expiación por el pecado. Nadie, por tanto, podía tocar a Jesús hasta el momento en que entregado por el Padre y aceptado voluntariamente por Él, fuese el tiempo eternamente marcado para ello. Todo cuanto sucedió en la vida y ministerio de Jesús, se produjo por el *"determinado consejo y anticipado conocimiento de Dios"* (Hch. 2:23). Si los enemigos de Jesús no pudieron ejecutar su propósito contra Cristo, no se debía a que careciesen de poder o de medios, sino porque no era la voluntad de Dios. ¡Cuanta paz produce para cada creyente saber que también como decía el salmista: *"En tu mano están mis tiempos"* (Sal. 31:15)! Nada ni nadie podrá alterar ni un ápice del propósito soberano de Dios para nuestras vidas.

Enseñanzas y reacciones (8:21-27).

21. Otra vez les dijo Jesús: Yo me voy, y me buscaréis, pero en vuestro pecado moriréis; a donde yo voy, vosotros no podéis venir.

Εἶπεν οὖν πάλιν αὐτοῖς· ἐγὼ ὑπάγω καὶ ζητήσετε με, καὶ ἐν
Dijo, pues, otra vez les: Yo me voy y buscaréis me y en
τῇ ἁμαρτίᾳ ὑμῶν ἀποθανεῖσθε· ὅπου ἐγὼ ὑπάγω ὑμεῖς οὐ
el pecado de vosotros moriréis; adonde Yo me voy vosotros no
δύνασθε ἐλθεῖν.
podéis venir.

Notas y análisis del texto griego.

Iniciando un nuevo párrafo, escribe: Εἶπεν, tercera persona singular del aoristo segundo de indicativo en voz activa del verbo εἶπον, forma del aoristo de λέγω, *hablar, decir*, aquí *dijo*; οὖν, conjunción con valor continuativo *pues*; πάλιν, adverbio de modo *nuevamente, otra vez, de nuevo*; αὐτοῖς, caso dativo masculino de la tercera persona plural del pronombre personal declinado *a ellos, les*; ἐγὼ, caso nominativo de la primera persona singular del pronombre personal *yo*; ὑπάγω, primera persona singular del presente de indicativo en voz activa del verbo ὑπάγω, *ir, irse, marcharse*, aquí *me voy*; καὶ, conjunción copulativa *y*; ζητήσετε, segunda persona plural del futuro de indicativo en voz activa del verbo ζητέω, *buscar, intentar, querer*, aquí *buscaréis*; με, caso acusativo de la primera persona singular del pronombre personal declinado *a mí, me*; καὶ, conjunción copulativa *y*; ἐν, preposición propia de dativo *en*; τῇ, caso dativo femenino singular del artículo determinado *la*; ἁμαρτίᾳ, caso dativo femenino singular del nombre común *pecado*; ὑμῶν, caso genitivo de la segunda persona plural del pronombre personal declinado *de vosotros*; ἀποθανεῖσθε, segunda persona plural del futuro de indicativo en voz media del verbo ἀποθνήσκω, *morir*, aquí *moriréis*; ὅπου, adverbio relativo de lugar *adonde, donde*; ἐγὼ, caso nominativo de la primera persona singular del pronombre personal *yo*; ὑπάγω, primera persona singular del presente de indicativo en voz activa del verbo ὑπάγω, *ir, irse, marcharse*, aquí *me voy*; ὑμεῖς, caso nominativo de la segunda persona plural del pronombre personal *vosotros*; οὐ, adverbio de negación *no*; δύνασθε, segunda persona plural del presente de indicativo en voz media del verbo δύναμαι, *poder, tener poder*, aquí *podéis*; ἐλθεῖν, aoristo segundo de infinitivo en voz activa del verbo ἔρχομαι, *venir*.

Εἶπεν οὖν πάλιν αὐτοῖς· A pesar de la oposición Jesús sigue enseñando. Ese es uno de los aspectos más destacados de Su ministerio. De la misma manera que nadie podía quitarle la vida porque no había llegado Su hora, así tampoco le podían impedir cumplir el ministerio que le había sido encomendado, porque Dios estaba con Él. Cabe preguntarse a quién se dirige. Sin duda todos los que estaban cerca de

Él, pero el contexto inmediato lo presenta dialogando con los judíos, escribas y fariseos. Son para todos, pero especialmente orientadas a los líderes religiosos, incrédulos y dispuestos a ejecutar la sentencia a muerte que, antes de ser juzgado, ya habían determinado para Cristo.

ἐγὼ ὑπάγω. La primera advertencia solemne tiene que ver con Su partida: *"yo me voy"*. No siempre lo tendrían con ellos. El tiempo de Su obra estaba llegando al final. La Cruz se perfilaba ya en el horizonte. El momento en que, conforme a la determinación eterna, había de dar Su vida por los hombres, estaba próximo. Jesús partiría luego, en la ascensión, al lugar de donde había venido, para ser entronizado en la Majestad de las Alturas, donde está sentado en el trono de Dios. Esta frase, que ha de interpretarse con la literalidad que requiere, es en sí misma una advertencia. Sólo hay vida en Cristo, sólo es posible el perdón de pecados en Él. Estaba allí pero era rechazado por gran parte de Su pueblo. Cristo les dice que el tiempo se acababa para que estuviese con ellos.

καὶ ζητήσετε με, La siguiente advertencia tiene que ver con una búsqueda infructuosa. Jesús les dice que cuando no esté presente le buscarían. Debe entenderse esta búsqueda no tanto como interés para salvación espiritual, sino más bien, en la búsqueda del falso Mesías, cuando habían rechazado al verdadero. Es muy probable que se estuviese refiriendo también a la desesperada búsqueda de un libertador, tan necesario para ellos pocos años después, sobre todo en el momento en que el ejército romano de Tito destruyó la ciudad de Jerusalén en el año 70 d.C. Pero, aunque todo esto es posible a la luz del texto, lo que sigue hace pensar más bien en la búsqueda del Salvador a la hora de la muerte, a lo que se refiere la siguiente frase. En cualquier caso, es un vano intento de buscar lo que ya había venido. Buscando al Mesías y rechazando a Jesús los sitúa en una situación de rechazo voluntario de Aquel que Dios les había enviado.

καὶ ἐν τῇ ἁμαρτίᾳ ὑμῶν ἀποθανεῖσθε· Una tercera advertencia reviste una notable gravedad. La búsqueda infructuosa del Salvador hace permanecer al pecador en su pecado. Cuando Cristo se aleja de un hombre no hay forma alguna de que este lo encuentre, bien sea para salvación, como expresión general, o para protección puntual. Dios se aleja de un pueblo que lo rechaza, a pesar de las evidencias que habían tenido de quien era y de dónde venía. Esta identificación era conocida por los líderes religiosos desde el principio de Su ministerio (3:2), por tanto, estaban sin escusa convirtiéndose en rebeldes que rechazan voluntariamente lo que Dios les envía. Es interesante notar que no se habla de *pecados* en plural, sino de *pecado* en singular. El singular en este *Evangelio* apunta muchas veces al de rechazo contra Cristo, el gran pecado que priva de la vida eterna. El pecado de incredulidad conduce inexcusablemente a la condenación (3:17-18, 36). Aquellos en su muerte no tendrían esperanza, porque estarían sin Cristo, y por tanto sin Dios. La ira divina a causa del pecado caería sobre ellos sin amparo alguno, para trasladarlos a la situación definitiva de muerte, en lo que la Biblia llama *la muerte segunda* (Ap. 20:14). La muerte, como ya se ha dicho, no es un estado de término, sino de separación. La muerte segunda no es el término de la vida, sino una esfera definitiva de realidad espiritual. Es el estado de separación eterna, sin posibilidad de remisión entre el pecador y Dios. Es la consecuencia lógica para quien rechaza la vida que está y es Cristo mismo. Estos todos entrarán en un estado de estar siempre muriendo sin acabar de morir jamás. Cuando se habla de situaciones *eternas* se está usando una forma para expresar un tiempo indefinido y continuo. Debe entenderse que *eternidad* es un concepto semejante a *atemporalidad*. La eternidad no es una extensión indefinida de tiempo, sino la ausencia total de tiempo. El tiempo se detendrá para quienes son enviados al castigo y se hace eterno, al no transcurrir tiempo en esa situación que se hace definitiva como forma absoluta de vida, excluidos de la presencia de Dios y de Su gloria (2 Ts. 1:9). Nadie debiera llamarse a engaño, pues toda oportunidad de salvación concluye en la muerte física. Todos deben entender que el Soberano a decretado para el hombre *"que muera una sola vez y después de esto el juicio"* (He. 9:27).

ὅπου ἐγὼ ὑπάγω ὑμεῖς οὐ δύνασθε ἐλθεῖν. Una vez más Jesús habla de imposibilidad para los judíos, ya que adonde Él va ellos no pueden ir. El Señor partió para estar con Su Padre en el cielo. A ese lugar no puede entrar el pecado en ningún aspecto, ni la contaminación del hombre pecador. Cuando Cristo murió prometió y llevó consigo al paraíso al ladrón arrepentido, pero no hizo lo mismo con el que no lo había hecho (Lc. 23:43). El que no cree perecerá igualmente (Lc. 13:3). Jesús iba a la gloria mientras que aquellos, muriendo en el pecado de incredulidad, no tienen acceso, de otro modo, no pueden ir adonde el Salvador está, porque voluntariamente ha sido rechazado por ellos.

22. Decían entonces los judíos: ¿Acaso se matará a sí mismo, que dice: A donde yo voy, vosotros no podéis venir?

ἔλεγον οὖν οἱ Ἰουδαῖοι· μήτι ἀποκτενεῖ ἑαυτόν, ὅτι λέγει·
Decían, entonces, los judíos: ¿Acaso matará a sí mismo, que dice:
ὅπου ἐγὼ ὑπάγω ὑμεῖς οὐ δύνασθε ἐλθεῖν
adonde Yo voy vosotros no podéis venir?

Notas y análisis del texto griego.

Sin interrupción, añade: ἔλεγον, tercera persona plural del imperfecto de indicativo en voz activa del verbo λέγω, *hablar, decir*, aquí *decían*; οὖν, conjunción continuativa con valor ilativo *pues, entonces*; οἱ, caso nominativo masculino plural del artículo determinado *los*; Ἰουδαῖοι, caso nominativo masculino plural del adjetivo *judíos*; μήτι, partícula interrogativa que inicia preguntas que exigen siempre una respuesta negativa o también en las que la respuesta es incierta, como en este caso, donde debe traducirse como *acaso, no*; ἀποκτενεῖ, tercera persona singular del futuro de indicativo en voz activa del verbo ἀποκτείνω, *matar*, aquí *matará*; ἑαυτόν, caso acusativo masculino singular del pronombre reflexivo *él mismo*; ὅτι, conjunción *que*; λέγει, tercera persona singular del presente de indicativo en voz activa del verbo λέγω, *hablar, decir*, aquí *dice*; ὅπου, adverbio relativo de lugar *adonde, donde*; ἐγὼ, caso nominativo de la primera persona singular del pronombre personal *yo*; ὑπάγω, primera persona singular del presente de indicativo en voz activa del verbo ὑπάγω, *ir*, aquí *voy*; ὑμεῖς, caso nominativo de la segunda persona plural del pronombre personal *vosotros*; οὐ, adverbio de negación *no*; δύνασθε, segunda persona plural del presente de indicativo en voz media del verbo δύναμαι, *poder, tener poder*, aquí *podéis*; ἐλθεῖν, segundo aoristo de infinitivo en voz activa del verbo ἔρχομαι, *venir*.

ἔλεγον οὖν οἱ Ἰουδαῖοι· μήτι ἀποκτενεῖ ἑαυτόν, ὅτι λέγει· ὅπου ἐγὼ ὑπάγω ὑμεῖς οὐ δύνασθε ἐλθεῖν. De un tono agresivo a otro burlesco. Los judíos tomaban con sarcasmo las palabras de Jesús. Entre ellos se preguntaban si acaso se mataría a Él mismo para que ellos no pudieran ir a donde Él iba. En la ocasión anterior en que replicaban a las palabras que Jesús formuló sobre su partida, se limitaron a decir si acaso se iría a los gentiles (7:35-36), aquí hablan de que podría estar pensando en quitarse la vida. Es posible que tras todo esto estuviesen los anuncios de Cristo sobre el futuro en que sería condenado y muerto. Pero nunca más lejos de pensar en quitarse la vida, sino que había venido para ponerla voluntariamente entregándola por el pecado del mundo (10:11, 18). Los judíos tenían repugnancia por el suicidio, de ahí que Josefo diga: *"Pero a aquellos que han puesto la mano del hombre sobre sí mismos, que las regiones más oscuras del mundo infernal reciban sus almas*[15]*"*. En este sentido los judíos pareciera que querían decir, *si vas al Hades, nosotros no podemos seguirte*. Nuevamente los judíos dan una interpretación errónea al anuncio que el Señor hacía de Su partida.

[15] Josefo. *Guerras*, 3.375.

23. Y les dijo: Vosotros sois de abajo, yo soy de arriba; vosotros sois de este mundo, yo no soy de este mundo.

καὶ ἔλεγεν αὐτοῖς· ὑμεῖς ἐκ τῶν κάτω ἐστέ, ἐγὼ ἐκ τῶν ἄνω
Y dijo les: Vosotros de - abajo sois, Yo de - arriba
εἰμί· ὑμεῖς ἐκ τούτου τοῦ κόσμου ἐστέ, ἐγὼ οὐκ εἰμὶ ἐκ τοῦ
soy. Vosotros de este - mundo sois, Yo no soy del
κόσμου τούτου.
mundo este.

Notas y análisis del texto griego.

Siguiendo el diálogo, añade: καὶ, conjunción copulativa *y*; ἔλεγεν, tercera persona singular del imperfecto de indicativo en voz activa del verbo λέγω, *hablar, decir*, aquí *decía*; αὐτοῖς, caso dativo masculino de la tercera persona plural del pronombre personal declinado *a ellos, les*; ὑμεῖς, caso nominativo de la segunda persona plural del pronombre personal *vosotros*; ἐκ, preposición propia de dativo *de*; τῶν, caso genitivo masculino o neutro, plural, del artículo determinado *los*, en neutro *las cosas*; κάτω, adverbio de lugar *abajo* ἐστέ, segunda persona plural del presente de indicativo en voz activa del verbo εἰμί, *ser, estar*, aquí *sois*; ἐγὼ, caso nominativo de la primera persona singular del pronombre personal *yo*; ἐκ, preposición propia de dativo *de*; τῶν, caso genitivo masculino o neutro, plural, del artículo determinado *los*, en neutro *las cosas*; ἄνω, adverbio de lugar *arriba*; εἰμί, primera persona singular del presente de indicativo en voz activa del verbo εἰμί, *ser, estar*, aquí *soy*; ὑμεῖς, caso nominativo de la segunda persona plural del pronombre personal *vosotros*; ἐκ, preposición propia de dativo *de*; τούτου, caso genitivo masculino singular del pronombre demostrativo *este*; τοῦ, caso genitivo masculino singular del artículo determinado *el*; κόσμου, caso genitivo masculino singular del nombre común *mundo*; ἐστέ, segunda persona plural del presente de indicativo en voz activa del verbo εἰμί, *ser, estar*, aquí *sois*; ἐγὼ, caso nominativo de la primera persona singular del pronombre personal *yo*; οὐκ, forma escrita del adverbio de negación *no*, con el grafismo propio ante una vocal con espíritu suave o una enclítica; εἰμὶ, primera persona singular del presente de indicativo en voz activa del verbo εἰμί, *ser, estar*, aquí *soy*; ἐκ, preposición propia de genitivo *de*; τοῦ, caso genitivo masculino singular del artículo definido *el*; κόσμου, caso genitivo masculino singular del nombre común *mundo*; τούτου, caso genitivo masculino singular del pronombre demostrativo *este*.

καὶ ἔλεγεν αὐτοῖς· A la respuesta burlesca de los judíos, respondió Jesús. El verbo λέγω, *decir*, está en imperfecto que expresa un hecho realizado que continúa, *decía*, lo que supone algo que Jesús decía a menudo.

ὑμεῖς ἐκ τῶν κάτω ἐστέ, ἐγὼ ἐκ τῶν ἄνω εἰμί· Las palabras de Jesús son trasladadas con el lenguaje propio de Juan, creando una frase con cierta dificultad de traducción al usar el artículo determinado τῶν, que puede ser un genitivo masculino o neutro, en cuyo caso podría traducirse como *las cosas*. Jesús está formando un contraste entre lo que es de *abajo* y lo que es de *arriba*. Anteriormente hizo una referencia a estos dos mundos: *"El que de arriba viene, es sobre todos; el que es de la tierra, es terrenal, y cosas terrenales habla"* (3:31). Ahora apela al mismo contraste. Los judíos se burlaban de Sus palabras, estaban contra Él, procuraban matarle porque eran de *abajo*, es decir, terrenales. Mientras tanto Él procedía del cielo, por tanto era *celestial*, esto es *de arriba*. Ambas posiciones son contrarias, opuestas y antagónicas. Aquellos no habían *nacido de arriba* (3:3, 5), por consiguiente no pueden estar en el lugar a donde Él iba. Aquellos manifestaban claramente su procedencia por su forma de pensar. Les dice que morirían en su pecado, porque la condenación es que *"la luz vino al mundo, y los hombres amaron más las tinieblas que la luz, porque sus obras eran malas"* (3:19). Jesús es la luz del mundo, aquellos procuraban *apagar* esa luz para que sus obras no sean reprendidas (3:20).

ὑμεῖς ἐκ τούτου τοῦ κόσμου ἐστέ, ἐγὼ οὐκ εἰμὶ ἐκ τοῦ κόσμου τούτου. Las dos formas de vida, parten de dos principios distintos. Los judíos, a pesar de su religiosidad, tenían el corazón endurecido y contrario a todo pensamiento celestial, porque eran *de este mundo*. Toda esa forma de actuar está asentada en su modo mundano de pensar, tal vez mejor, en su modo mundano de ser (3:18-20; 5:38; 7:17-18; 8:42). Este *mundo* es un orden establecido de oposición a Dios, y siendo terrenal, *de abajo*, se opone a todo lo celestial, *de arriba*. El mundo entero está bajo el maligno (1 Jn. 5:19), que como príncipe del poder del aire, se opone al Rey de reyes y Señor de señores. Al ser señor de los incrédulos, estos judíos no sólo eran de *este mundo*, con una disposición *terrenal*, sino de mucho más abajo, del mismo infierno, con disposición infernal. El reino de Cristo no es de este mundo (18:36). El ser o no ser de este mundo, es un tema continuado en el *Evangelio*. Jesús, que no es de este mundo, vino al mundo para salvar a los que pertenecen por naturaleza al mundo (17:14, 16).

24. Por eso os dije que moriréis en vuestros pecados; porque si no creéis que yo soy, en vuestros pecados moriréis.

εἶπον οὖν ὑμῖν ὅτι ἀποθανεῖσθε ἐν ταῖς ἁμαρτίαις
Dije, por consiguiente a vosotros que moriréis en los pecados
ὑμῶν· ἐὰν γὰρ μὴ πιστεύσητε ὅτι ἐγώ εἰμι, ἀποθανεῖσθε ἐν
de vosotros. Porque sí no creéis que Yo soy, moriréis en
ταῖς ἁμαρτίαις ὑμῶν.
los pecados de vosotros.

Notas y análisis del texto griego.

Con mínimas alternativas de lectura que no influyen en el texto sigue: εἶπον, primera persona singular del segundo aoristo de indicativo en voz activa del verbo εἶπον, forma aoristo de λέγω, *hablar, decir*, aquí *dije*; οὖν, conjunción ilativa *pues, por consiguiente*; ὑμῖν, caso dativo de la segunda persona plural del pronombre personal declinado *a vosotros*; ὅτι, conjunción *que*; ἀποθανεῖσθε, segunda persona plural del futuro de indicativo en voz media del verbo ἀποθνῄσκω, *morir*, aquí *moriréis*; ἐν, preposición propia de dativo *en*; ταῖς, caso dativo femenino plural del artículo determinado *las*; ἁμαρτίαις, caso dativo femenino plural del nombre común *pecados*; ὑμῶν, caso genitivo de la segunda persona plural del pronombre personal declinado *de vosotros*; ἐὰν, conjunción afirmativa *si*; γὰρ, conjunción causal *porque*; μὴ, partícula que hace funciones de adverbio de negación condicional *no*; πιστεύσητε, segunda persona plural del aoristo de subjuntivo en voz activa del verbo πιστεύω, *creer*, aquí *creéis*; ὅτι, conjunción *que*; ἐγώ, caso nominativo de la primera persona singular del pronombre personal *yo*; εἰμι, primera persona singular del presente de indicativo en voz activa del verbo εἰμί, *ser, estar*, aquí *soy*; ἀποθανεῖσθε, segunda persona plural del futuro de indicativo en voz media del verbo ἀποθνῄσκω, *morir*, aquí *moriréis*; ἐν, preposición propia de dativo *en*; ταῖς, caso dativo femenino plural del artículo determinado *las*; ἁμαρτίαις, caso dativo femenino plural del nombre común *pecados*; ὑμῶν, caso genitivo de la segunda persona plural del pronombre personal declinado *de vosotros*.

εἶπον οὖν ὑμῖν ὅτι ἀποθανεῖσθε ἐν ταῖς ἁμαρτίαις ὑμῶν· Reitera la aseveración que había formulado antes (v. 21), de que todos aquellos *morirían en sus pecados*. Aquí cambia el singular *pecado*, por el plural. No solo se trata del pecado general propio del hombre natural, sino de los muchos pecados que individualmente se cometen y que acarrean la condenación divina a causa de la transgresión de Su voluntad. Cada uno de aquellos tenía el *pecado* de rechazar a Cristo como el enviado de Dios, el Mesías, el Salvador del mundo, pero además los otros muchos expresados en distintas formas, una de las más tremendas era el espíritu homicida que había llenado sus corazones y que los disponía a buscar la muerte de Jesús. En aquella condición si morían se condenarían a perpetuidad, sin posible solución.

ἐὰν γὰρ μὴ πιστεύσητε ὅτι ἐγώ εἰμι, La única forma para evitar el juicio era *creer*. Aquí Jesús usa una frase sumamente precisa: *"si no creéis que Yo soy"*. Es una expresión condicional negativa de tercera clase, unido al aoristo de subjuntivo *creéis*. Lo más interesante es que en el discurso indirecto el verbo εἰμι, *ser* en la forma del presente de indicativo *Yo soy*, no tiene predicado. Éste debiera suponérsele, pero ¿cuál? Acaba de decir *"yo soy de arriba"*, pero también insistía con *"Yo soy enviado del Padre"*, en otras ocasiones dice, hasta siete veces *"Yo soy la luz"*, *"Yo soy el pan de vida"*, etc. cualquiera de estos predicados valdría. Sin embargo, el *Yo soy* sin predicado es una forma absoluta que se repite en el *Evangelio* (8:28, 58; 13:19). Esta expresión se usa en la LXX en lugares donde Dios habla y se presenta de esta manera (Dt. 32:39, Is. 43:10). En la presentación que hizo a Moisés se define como *"Yo soy el que soy"*, y añade *"el Yo soy, me envió a vosotros"* (Ex. 3:14). La demanda es a creer en la Deidad de Jesús. Este debe ser el sentido interpretativo en el pasaje, puesto que en el mismo contexto inmediato aparece claramente referido a Su eterna condición, cuando dice: *"Antes que Abraham fuese, yo soy"* (v. 58). Ante este *Yo soy*, se puede complementar con todos los predicados relativos a la deidad que aparecen en el *Evangelio*, como *El Verbo*, *el Unigénito del Padre*, *el Hijo del hombre*, el *Salvador del mundo*, pero, no es necesario, porque el *YO SOY* es suficiente para comprender todos cuantos predicados se pudieran usar. El que no cree que Jesucristo es Dios, no puede ser salvo puesto que sólo el sacrificio infinito sustentado en la deidad del Salvador, puede ser suficiente para sustituir a todo aquel que cree. La salvación del mundo, en sentido no universal, sino potencial, es decir, salvación a todo el que crea, sólo es posible porque quien muere en la Cruz es Dios. No podemos decir que Dios muere, pero debemos afirmar que quien muere en la Cruz es Dios.

ἀποθανεῖσθε ἐν ταῖς ἁμαρτίαις ὑμῶν. La conclusión es natural, no creer conlleva aparejado *morir en los pecados*, es decir, enfrentarse a la condenación que Dios estableció para el pecado del hombre. La fe es la única solución al problema de la condenación. Es notable que Jesús no llamó a la comprensión, no dijo *si no entendéis* que *Yo soy*, sino que dijo *si no creéis*. Entender la Deidad de Jesucristo puede resultar difícil y en algunas cosas escapa a la comprensión racional del hombre, pero no así la fe que, viendo a Cristo descansa plenamente en Él aceptando el regalo de la gracia que es el perdón de los pecados y la vida eterna.

25. Entonces le dijeron: ¿Tú quien eres? Entonces Jesús les dijo: Lo que desde el principio os he dicho.

ἔλεγον οὖν αὐτῷ· σὺ τίς εἶ εἶπεν αὐτοῖς ὁ Ἰησοῦς· τὴν
Decían, entonces, le: ¿Tú quien eres? Dijo les - Jesús: Al
ἀρχὴν ὅ τι καὶ λαλῶ ὑμῖν
principio algo que también digo os.

Notas y análisis del texto griego.

Continúa, con alternativas de lectura poco importantes: ἔλεγον, tercera persona plural del imperfecto de indicativo en voz activa del verbo λέγων, *hablar, decir*, aquí *decían*; οὖν, conjunción con valor ilativo *entonces*; αὐτῷ, caso dativo masculino de la tercera persona singular del pronombre personal declinado *a Él, le*; σὺ, caso nominativo de la segunda persona singular del pronombre personal *tu*; τίς, caso nominativo masculino singular del pronombre interrogativo *quien*; εἶ, segunda persona singular del presente de indicativo en voz activa del verbo εἰμί, *ser, estar*, aquí *eres*; εἶπεν, tercera persona singular del segundo aoristo de indicativo en voz activa del verbo εἶπον, forma aoristo de λέγω, *hablar, decir*, aquí *dijo*; αὐτοῖς, caso dativo masculino de la tercera persona plural del pronombre personal declinado *a ellos, les*; ὁ, caso nominativo masculino singular del artículo determinado *el*; Ἰησοῦς, caso nominativo masculino singular del nombre propio *Jesús*; τὴν, caso acusativo femenino singular del artículo determinado declinado *en la, al*; ἀρχὴν, caso acusativo femenino singular del nombre común *principio*; ὅ, caso acusativo neutro singular del pronombre relativo *lo que, que*; τι, caso acusativo neutro singular del adjetivo *algo*; καὶ, adverbio de modo *también*; λαλῶ, primera persona singular del presente de indicativo en voz activa del verbo λαλέω, *hablar, decir*, aquí *digo*; ὑμῖν, caso dativo de la segunda persona plural del pronombre personal declinado *a vosotros, os*.

ἔλεγον οὖν αὐτῷ· σὺ τίς εἶ. Los judíos insisten en preguntarle, posiblemente habían entendido el contexto que comportaba las palabras de Cristo y buscaban sorprenderle en alguna para acusarle ante el Sanedrín. Es posible que intentasen con insistencia que Él afirmase Su deidad delante de todos. Puede también entenderse como una frase despectiva que más o menos sería: *Tú, ¿quién te crees que eres para hablar de este modo?*.

εἶπεν αὐτοῖς ὁ Ἰησοῦς· τὴν ἀρχὴν ὅ τι καὶ λαλῶ ὑμῖν. Cristo da una respuesta que resulta un tanto ambigua. Las palabras de Jesús comienzan haciendo alusión *al principio*, y que podría traducirse como *desde el principio*, pero la construcción gramatical sería de este modo la única vez que aparece en el Nuevo Testamento. Sería la única vez que se usa esta construcción como función adverbial. Esa es la razón por la que algunos entienden que es equivalente a *para empezar*, o *en primer lugar*. Otros lo traducen como *ante todo*[16]. Pero, para usarla de este modo es necesario acomodar lo que sigue, como si se tratase de una expresión de acusación: *ante todo ¿por qué os hablo?* La idea más consecuente sería: *enteramente lo que os he dicho al principio*, es decir, lo que dije antes es lo que estoy diciendo ahora. Trasladada de este

[16] F. Lacueva. Interlineal, pag. 397.

modo la frase es clara. No varió lo que Jesús dijo de Él desde el principio del ministerio y lo que está diciendo ahora. Condicionada la frase por la locución adverbial ingresiva, viene a decir: *Soy lo que os digo desde el principio*. En esta respuesta está también un aspecto de reproche; la pregunta es superflua porque quieren oír lo que continuamente estaba diciendo sobre quien era Él. Aquellos ciegos espirituales por naturaleza y por condición personal no merecían que Jesús perdiese un instante más con ellos. Todo cuanto dijese era echar perlas a los cerdos (Mt. 7:6). Tres años de ministerio y de hacer señales prodigiosas, no han servido de nada a quienes se niegan a entender quien es Jesús. El referirse aquí al *principio*, hace concordar con la enseñanza con que se abre el *Evangelio*, que apunta a Jesús como en el principio de todo, vinculado al Padre y siendo el Creador (1:1). Durante todo Su ministerio vino hablando de la relación vinculante con el Padre y de Su origen celestial, por tanto, la pregunta es absurda. Aquellos debían atender a lo que estaba diciéndoles desde el principio, tanto con Sus palabras como con Sus obras.

26. Muchas cosas tengo que decir y juzgar de vosotros; pero el que me envió es verdadero; y yo, lo que he oído de él, esto hablo al mundo.

πολλὰ ἔχω περὶ ὑμῶν λαλεῖν καὶ κρίνειν, ἀλλ' ὁ
Muchas cosas tengo acerca de vosotros que hablar y juzgar, pero el
πέμψας με ἀληθής ἐστιν, καγὼ ἃ ἤκουσα παρ' αὐτοῦ
que envió me verdadero es, y yo lo que oí de parte de Él
ταῦτα λαλῶ εἰς τὸν κόσμον.
estas cosas hablo al mundo.

Notas y análisis del texto griego.

Sigue con πολλὰ, caso acusativo neutro plural del adjetivo *mucho*, aquí *muchas cosas*; ἔχω, primera persona singular del presente de indicativo en voz activa del verbo ἔχω, *tener*, aquí *tengo*; περὶ, preposición propia de genitivo *de, acerca de*; ὑμῶν, caso genitivo de la segunda persona plural del pronombre personal *vosotros*; λαλεῖν, presente de infinitivo en voz activa del verbo λαλέω, *hablar, decir*, aquí *que hablar*; καὶ, conjunción copulativa *y*; κρίνειν, presente de infinitivo en voz activa del verbo κρίνω, *juzgar, emitir sentencia, condenar*; ἀλλ', forma escrita ante vocal de la conjunción adversativa ἀλλά que significa *pero, sino*; ὁ, caso nominativo masculino singular del artículo definido *el*; πέμψας, caso nominativo masculino singular del participio aoristo primero en voz activa del verbo πέμπω, *enviar, encomendar*, aquí *que envió*; με, caso acusativo de la primera persona singular del pronombre personal declinado *a mí, me*; ἀληθής, caso nominativo masculino singular del adjetivo *honesto, veraz, real, genuino, verdadero*;

ἐστιν, tercera persona singular del presente de indicativo en voz activa del verbo εἰμί, *ser, estar*, aquí *es*; καγὼ, palabra formada por crasis[17] de la conjunción καὶ, y el pronombre personal ἐγώ, y que equivale a *y yo*; ἃ, caso acusativo neutro plural del pronombre relativo *lo que, que*; ἤκουσα, primera persona singular del aoristo primero de indicativo en voz activa del verbo ἀκούω, *oír, escuchar*, aquí *oí*; παρ', preposición propia de genitivo en la forma que adopta la preposición παρά, por elisión de la α final cuando precede a una palabra que comienza con vocal, equivale a *de, de parte de*; αὐτοῦ, caso genitivo masculino de la tercera persona singular del pronombre personal *Él*; ταῦτα, caso acusativo neutro plural del pronombre demostrativo *estos*, aquí en sentido de *estas cosas*; λαλῶ, primera persona singular del presente de indicativo en voz activa del verbo λαλέω, *hablar, decir*, aquí *hablo*; εἰς, preposición propia de acusativo *en*; τὸν, caso acusativo masculino singular del artículo determinado *el*; κόσμον, caso acusativo masculino singular del nombre común *mundo*.

πολλὰ ἔχω περὶ ὑμῶν λαλεῖν καὶ κρίνειν, En la primera parte del versículo Jesús afirma que tiene muchas cosas que decir y juzgar acerca de los judíos. Todo lo que Él tiene que decir *de ellos* constituirá el elemento válido en el juicio donde serán juzgados. Jesús es constituido Juez universal, por tanto, lo que Él tiene contra ellos será presentado en el juicio. Ese es el momento adecuado para poner delante todas las cosas que tendría que decir en aquel momento. Sobre este versículo escribe Kingsley Barret:

"La conexión entre las dos partes del versículo no está del todo clara. Quizá lo mejor sea interpretar ἔχω, en el sentido de 'puedo', una opción suficientemente bien atestiguada en griego. En este caso, habría que interpretar así este versículo: Muchas cosas puedo decir de vosotros, para condenarlas, (aunque, en realidad, me abstengo de pronunciar mis propias palabras y de emitir mis juicios personales); pero prefiero hablar de las cosas que he oído al que me envió, y que son la pura verdad, porque también él es absolutamente veraz[18]*"*

ἀλλ' ὁ πέμψας με ἀληθής, ἐστιν, καγὼ, ἃ, ἤκουσα, παρ', αὐτοῦ, ταῦτα, λαλῶ, εἰς, τὸν, κόσμον. En la segunda parte dice que limita Su actuación y cuanto habla a lo que ha oído del que le envió, esto es, del Padre. Aunque tenía otras muchas cosas que decir, se circunscribe a lo que oyó del Padre. Tanto Sus palabras como el juicio que emite es válido, porque en ellas y en Él está identificado el Padre. Poco antes los judíos le acusaron de que Su testimonio no era válido

---

[17] *Crasis*, palabra griega que equivale a *unión de fuerzas*, en general *unión de elementos*.

[18] Charles Kingsley Barret. o.c., pág. 519.

porque testificaba de Él mismo, aquí demuestra que cuanto testifica es auténtico, válido, verdadero, porque así es el que le envió, por tanto, si habla lo que de Él oye, el testimonio Suyo es verdadero. Además, el mensaje que tenía no era para un grupo limitado de personas, más concretamente para aquellos con los que estaba hablando, sino que tiene un alcance universal, para *todo el mundo*. Anteriormente en el *Evangelio* se dice que Jesús *a quien Dios había enviado, hablaba las palabras de Dios* (3:34). Si Jesús se limitaba a hablar lo que el Padre, que le había enviado, le encomendó, cualquier oposición a Sus palabras constituía una directa oposición al Padre. El juicio con que serán juzgados tiene que ver con la rebeldía de no haber recibido el testimonio que el Padre había dado acerca de Jesús (5:36-38).

27. Pero no entendieron que les hablaba del Padre.

οὐκ ἔγνωσαν ὅτι τὸν Πατέρα αὐτοῖς ἔλεγεν[1].
No entendieron que del Padre les hablaba.

Notas y análisis del texto griego.

Cerrando el párrafo, escribe: οὐκ, forma escrita del adverbio de negación *no*, con el grafismo propio ante una vocal con espíritu suave o una enclítica; ἔγνωσαν, tercera persona plural del aoristo segundo de indicativo en voz activa del verbo γινώσκω, *entender, conocer, comprender*, aquí *entendieron*; ὅτι, conjunción *que*; τὸν, caso acusativo masculino singular del artículo determinado declinado *del*; Πατέρα, caso acusativo masculino singular del nombre divino *Padre*; αὐτοῖς, caso dativo masculino de la tercera persona plural del pronombre personal declinado *a ellos, les*; ἔλεγεν, tercera persona singular del imperfecto de indicativo en voz activa del verbo λέγω, *hablar, decir*, aquí *hablaba*.

Crítica Textual. Lecturas alternativas.

[1] Se añade τὸν Θεόν, *Dios*, según lectura ℵ*, D, it, vg[cl].

οὐκ ἔγνωσαν ὅτι τὸν Πατέρα αὐτοῖς ἔλεγεν. Jesús hablaba de Su relación con el Padre, y les hablaba de Dios como Padre suyo, pero ellos no entendían. Oían las palabras, comprendían el significado literal, pero ignoraban la relación paterno-filial que expresaban. Aquellos negaban que Jesús fuese enviado por Dios, por tanto, no entendían la dimensión de la enseñanza de Cristo.

Enseñanza y consecuencias (8:28-30).

28. Les dijo, pues, Jesús: Cuando hayáis levantado al Hijo del Hombre, entonces conoceréis que yo soy, y que nada hago por mí mismo, sino que según me enseñó el Padre, así hablo.

εἶπεν οὖν [αὐτοῖς][1] ὁ Ἰησοῦς· ὅταν ὑψώσητε τὸν Υἱὸν τοῦ
Dijo, pues, les - Jesús: Cuando levantéis al Hijo del
Ἀνθρώπου, τότε γνώσεσθε ὅτι ἐγώ εἰμι, καὶ ἀπ' ἐμαυτοῦ
Hombre, entonces conoceréis que Yo soy, y, de mí mismo
ποιῶ οὐδέν[2], ἀλλὰ καθὼς ἐδίδαξεν με ὁ Πατὴρ[3] ταῦτα λαλῶ.
hago nada, sino como enseñó me el Padre estas cosas hablo.

Notas y análisis del texto griego.

Continuando con las palabras de Jesús, añade: εἶπεν, tercera persona singular del segundo aoristo de indicativo en voz activa del verbo εἶπον, forma aoristo de λέγω, *hablar, decir*, aquí *dijo*; οὖν, conjunción continuativa *pues*; αὐτοῖς, caso dativo masculino de la tercera persona plural del pronombre personal declinado *a ellos, les*; ὁ, caso nominativo masculino singular del artículo determinado *el*; Ἰησοῦς, caso nominativo masculino singular del nombre propio *Jesús*; ὅταν, conjunción temporal *cuando*; ὑψώσητε, segunda persona plural del aoristo primero de subjuntivo en voz activa del verbo ὑψόω, *levantar, exaltar*, aquí *levantéis*; τὸν, caso acusativo masculino singular del artículo determinado declinado *al*; Υἱὸν, caso acusativo masculino singular del nombre *Hijo*; τοῦ, caso genitivo masculino singular del artículo determinado declinado *del*; Ἀνθρώπου, caso genitivo masculino singular del nombre *Hombre*, las tres palabras juntas son el título divino *Hijo del Hombre*; τότε, adverbio de tiempo *entonces*; γνώσεσθε, segunda persona plural del futuro de indicativo en voz media del verbo γινώσκω, *conocer*, aquí *conoceréis*; ὅτι, conjunción *que*; ἐγώ, caso nominativo de la primera persona singular del pronombre personal *yo*; εἰμι, primera persona singular del presente de indicativo en voz activa del verbo εἰμί, *ser, estar*, aquí *soy*; καὶ, conjunción copulativa *y*; ἀπ', preposición propia de genitivo ἀπό, con el grafismo que adopta por elisión de la o final ante vocal o diptongo sin aspiración, que equivale a *de, desde, procedente de, por medio de, con, por*; ἐμαυτοῦ, caso genitivo masculino singular del pronombre reflexivo *mí mismo*; ποιῶ, primera persona singular del presente de indicativo en voz activa del verbo ποιέω, *hacer, realizar*, aquí *hago*; οὐδέν, caso acusativo neutro singular del pronombre indefinido *nada*; ἀλλὰ, conjunción adversativa *sino*; καθὼς, conjunción condicional *como*; ἐδίδαξεν, tercera persona singular del aoristo de indicativo en voz activa del verbo διδάσκω, *enseñar*, aquí *enseñó*; με, caso acusativo de la primera persona singular del pronombre personal declinado *a mí, me*; ὁ, caso nominativo masculino singular del artículo definido *el*; Πατὴρ, caso nominativo masculino singular del nombre divino *Padre*; ταῦτα, caso acusativo neutro plural del pronombre demostrativo *estos*, aquí como *estas cosas*; λαλῶ, primera persona singular del presente de indicativo en voz activa del verbo λαλέω, *hablar, decir*, aquí *hablo*.

Crítica Textual. Lecturas alternativas.

[1] No figura el pronombre en 𝔭[66*], B, K, T, W, *f*[1], 565, 892, 1241, a.

[2] οὐδέ ἐν, se lee de este modo en 𝔭[66].

[3] Πατὴρ, según lectura en p[66, 75], ℵ, D, K, N, T, Θ, Ψ, *f*[13], 579, 892, 1241, lat, sir[s], bo[mss].

Πατὴρ μου, *mi Padre*, como se lee en B, K, Γ, Δ, *f*[1], 565, 700, 1424, 𝔐, f, q, sir[p, h], co.

εἶπεν οὖν [αὐτοῖς] ὁ 'Ιησοῦς· ὅταν ὑψώσητε τὸν Υἱὸν τοῦ'Ανθρώπου, Juan añade las palabras que siguen y que Jesús dijo a los judíos. La referencia a *levantar* al Hijo del Hombre, es clara alusión a la crucifixión. Para Juan la Cruz, como se ha dicho anteriormente, no es una tragedia en la vida de Jesús, sino la definitiva exaltación del Verbo encarnado, a la que sigue Su resurrección y glorificación, por tanto, hay una doble proyección: la de muerte y glorificación del Hijo del Hombre. La Cruz es la expresión suprema de la obediencia al Padre y la puerta a la gloria. El Siervo sería exaltado, como proféticamente se había anunciado (Is. 52:13). Les había dicho a Sus enemigos que Él obraba y hablaba conforme a lo que el Padre le había encomendado y a lo que de Él había oído. La entrega a la muerte, no era el resultado de la victoria de Sus enemigos sobre Él, sino la realización de la voluntad soberana establecida para salvación desde antes de la creación del mundo (2 Ti. 1:9; 1 P. 1:18-20). En el momento de la crucifixión se probaría fehacientemente que era obediente al Padre en todo lo que se le había encomendado. Ellos conocerían entonces lo que significa el título que Jesús usaba para Él mismo de *Hijo del Hombre*, en el que se halla comprendido tanto la deidad como la humilde humanidad en que se manifestó a los hombres.

τότε γνώσεσθε ὅτι ἐγώ εἰμι, En ese momento sabrían lo que significaban sus palabras cuando decía *Yo soy*. Nuevamente el verbo sin predicado apunta a la realidad de quien era Jesús. Los judíos negaban Su procedencia, negando con ello Su identidad divina. Pero cuando sea levantado tendrán que reconocer que verdaderamente era Dios. En cuanto a la expresión *Yo soy*, se ha considerado antes y será objeto de consideración un poco más adelante (v. 58). Lamentablemente se apercibirán de quién es cuando sea para ellos demasiado tarde.

Despreciar a Cristo es despreciar la vida y perderse eternamente a causa del pecado. La última respuesta que los judíos darán a Cristo será la Cruz. Cada vez que se da una respuesta incrédula, en lugar de minimizar, se exalta a Cristo, puesto que se le ha de reconocer como Juez que juzgará ese delito espiritual, reconociendo universalmente que ha recibido el nombre que es sobre todo nombre, bajo cuya autoridad se doblarán todas las rodillas reconociéndolo como Señor (Fil. 2:8-11).

καὶ ἀπ' ἐμαυτοῦ ποιῶ οὐδέν, ἀλλὰ καθὼς ἐδίδαξεν με ὁ Πατὴρ ταῦτα λαλῶ. La segunda parte de la cláusula vuelve a recalcar la vinculación con el Padre. Jesús hacía cuanto el Padre le había enseñado. No realizaba nada que naciese de Él mismo, desvinculado del Padre, sino en plena identidad con Él. Las obras de Jesús eran, por tanto, obras del Padre, que le había enseñado y que el Hijo realizaba, no por servicio, sino por expresión del Padre, revelándolo al mundo mediante Su ministerio, tanto por Sus obras como por Su enseñanza.

29. Porque el que me envió, conmigo está; no me ha dejado solo el Padre, porque yo hago siempre lo que le agrada.

καὶ ὁ πέμψας με μετ' ἐμοῦ ἐστιν· οὐκ ἀφῆκεν με μόνον[1], ὅτι
Y el que envió me conmigo está. No dejó me solo, porque
ἐγὼ τὰ ἀρεστὰ αὐτῷ ποιῶ πάντοτε.
Yo las cosas agradables a Él, hago siempre.

Notas y análisis del texto griego.

Concluyendo las palabras de Jesús, escribe: καὶ, conjunción copulativa *y*; ὁ, caso nominativo masculino singular del artículo determinado *el*; πέμψας, caso nominativo masculino singular del participio aoristo primero en voz activa del verbo πέμπω, *mandar, enviar, encomendar*, aquí *que envió*; με, caso acusativo de la primera persona singular del pronombre personal declinado *a mí, me*; μετ', forma escrita de la preposición de genitivo μετά, por elisión ante vocal con espíritu suave, con significado de *con*; ἐμοῦ, caso genitivo de la primera persona singular del pronombre personal *mí,* aquí forma con la preposición *conmigo*; ἐστιν, tercera persona singular del presente de indicativo en voz activa del verbo εἰμί, *ser, estar*, aquí *está*; οὐκ, forma escrita del adverbio de negación *no*, con el grafismo propio ante una vocal con espíritu suave o una enclítica; ἀφῆκεν, tercera persona singular del aoristo primero de indicativo en voz activa del verbo ἀφίημι, *despedir, despachar, dejar, abandonar*, aquí *dejó*: με, caso acusativo de la primera persona singular del pronombre personal declinado *a mí, me*; μόνον, caso acusativo masculino singular del adjetivo *solo*; ὅτι, conjunción causal *porque*; ἐγὼ, caso nominativo de la primera persona singular del pronombre personal *yo*; τὰ, caso acusativo neutro plural del artículo determinado *los*, aquí en sentido de *las cosas*, o también *lo* genérico, *lo que*; ἀρεστὰ, caso acusativo neutro plural del adjetivo, *agradables, convenientes*; αὐτῷ, caso dativo masculino de la tercera persona singular del pronombre personal declinado *a Él* o *de Él*; ποιῶ, primera persona singular del presente de indicativo en voz activa del verbo ποιέω, *hacer, realizar*, aquí *hago*; πάντοτε, adverbio de tiempo *siempre*.

Crítica Textual. Lecturas alternativas.

[1] μόνον, *solo*, lectura atestiguada en $\mathfrak{p}^{66, 75}$, ℵ, B, D, K, T, W, Θ, Ψ, f^{13}, 1, 565, 579, 1241, lat, sir^{s}, co.
μόνον ὁ Πατὴρ, *sólo el Padre*, según lectura en K, N, Γ, Δ, 700, 892, 1424, 𝔐, f, q, sir^{h}.

καὶ ὁ πέμψας με μετ' ἐμοῦ ἐστιν· Una afirmación concreta, Aquel que le había enviado estaba con Él. Es una relación eterna que se hace realidad también en el plano de la humanidad de Jesucristo. La posición trinitaria se traslada a la experiencia humana del Verbo encarnado, porque nunca fue interrumpida. Quiere decir que es tan Dios en los cielos, como lo es también en la tierra. La soledad del Hijo, no es posible, puesto que eternamente está en comunión y compañerismo con el Padre y el Espíritu. Es verdad, que en un misterioso momento se producirá una situación especial en la que será abandonado del Padre, no por Su pecado, sino por el nuestro, para que pueda hacer la obra expiatoria en la Cruz, pero, ni aún así, el Padre deja de engendrar al Hijo y Este de ser engendrado por Él. Lo que es una operación *ad intra*, se manifiesta *ad extra* en la realidad humana del Hijo del Hombre. Dios el Padre nunca desamparó a Su Hijo, incluso en el momento crucial en que dice, sobre la Cruz: *"¡Dios mío, Dios mío, ¿por qué me has desamparado?"*(Mt. 27:46; Mr. 15:34) no supone una contradicción con la afirmación del versículo, puesto que el Padre no lo desamparó por *ser desobediente o pecador*, sino por ser *nuestro sustituto* (2 Co. 5:21). Jamás hizo nada que fuese desagradable a los ojos de Dios.

οὐκ ἀφῆκεν με μόνον, ὅτι ἐγὼ τὰ ἀρεστὰ αὐτῷ ποιῶ πάντοτε. La declaración de la íntima comunión vuelve a ser expresada mediante una nueva referencia, la cuarta en el discurso, en que se habla de *ser enviado*, o del *que envió*. Las palabras que siguen expresan la razón por la que nunca está solo, porque no es, ni puede ser, abandonado del Padre: *"porque yo hago siempre lo que le agrada"*. No podía ser menos, puesto que lo que hacía lo había visto hacer al Padre y lo que enseñaba se ajustaba a lo que el Padre le había encomendado. No era algo ocasional o mayoritario, sino definitivo, Él hacía *siempre*, en todo momento y en todo lugar lo que era del agrado del Padre. Más adelante dirá a los discípulos que el que guarda Sus mandamientos, permanecerá en Su amor, como Él permanece en el amor del Padre, por obediencia incondicional a Su voluntad (15:10). No cabe duda que hacer la voluntad del Padre, había sido la razón de Su vida y ministerio (4:34; 5:30; 6:38). Es necesario entender claramente que el Hijo fue abandonado para poder realizar la obra redentora que exigía la experiencia de la *muerte espiritual*, pero eso no disminuyó en nada el amor que el Padre manifestaba por Él, puesto que a causa de una obediencia suprema, hasta la muerte, el Padre le ama con toda la intensidad de que el infinito amor de Dios es capaz. Es la consecuencia propia de lo que representa la relación trinitaria eterna entre el Padre y el Hijo.

30. Hablando él estas cosas, muchos creyeron en él.

Ταῦτα	αὐτοῦ	λαλοῦντος	πολλοὶ	ἐπίστευσαν	εἰς	αὐτόν.
Estas cosas	Él	hablando	muchos	creyeron	en	Él.

Notas y análisis del texto griego.

Cerrando el párrafo, añade: Ταῦτα, caso acusativo neutro plural del pronombre demostrativo *estos*, en sentido de *estas cosas*; αὐτοῦ, caso genitivo masculino de la tercera persona singular del pronombre personal *Él*; λαλοῦντος, caso genitivo masculino singular del participio de presente en voz activa del verbo λαλέω, *hablar, decir*, aquí *hablando*; πολλοὶ, caso nominativo masculino plural del adjetivo *muchos*; ἐπίστευσαν, tercera persona plural del aoristo primero de indicativo en voz activa del verbo πιστεύω, *creer*, aquí *creyeron*; εἰς, preposición propia de acusativo *en*; αὐτόν, caso acusativo masculino de la tercera persona singular del pronombre personal *Él*.

Ταῦτα αὐτοῦ λαλοῦντος πολλοὶ ἐπίστευσαν εἰς αὐτόν. Es difícil entender esta frase de Juan, no porque no sea clara en cuanto a expresión y construcción, sino a la dificultad que conlleva dar el significado real al verbo creer. Mientras Cristo hablaba, muchos creyeron en Él. No se trata, seguramente, de una fe viva para salvación, aunque pudiera haberse dado en alguno, sino más bien una aceptación de la condición mesiánica de Jesús. Todo cuanto dijo fue suficiente para que muchos lo aceptasen como el Mesías enviado. Pero, al estudiar el contexto próximo se aprecia que difícilmente podía ser una fe verdadera en Él como Salvador. Se trata más bien de un cambio de forma de pensar, que ni siquiera es un cambio de mentalidad resultante de la conversión. Prueba de ello es la forma hostil que se aprecia más adelante contra Jesús (vv. 33ss.). Es claro que no se había producido una regeneración espiritual que lleva aparejada el cambio de mentalidad. Eran personas que aceptaban la enseñanza de Jesús, mostraban simpatía hacia Él, pero no habían abandonado sus vidas de pecado en una entrega incondicional al Salvador. Aquellos habían llegado a comprender que las palabras de Cristo eran dignas de crédito. La fe era insuficiente porque no estaba firme en Su palabra y, por tanto, no reconocían la verdad. Es interesante notar que la fe en el *Evangelio* reviste distintos grados, así ocurría con los Doce, que creyeron en Caná de Galilea lo que había comenzado antes en Jericó, pero a quienes Cristo les insta a creer en Él, en la última noche con ellos (14:1); más adelante en la resurrección *creyeron* en Él (16:30), a quienes Cristo pregunta: "*¿ahora creéis?*" (16:31). Pero, la verdadera fe progresa, mientras que la intelectual se manifiesta en un momento y desaparece luego de un tiempo.

Enseñanza sobre la libertad y reacciones (8:31-51).

31. Dijo entonces Jesús a los judíos que habían creído en él: Si vosotros permaneciereis en mi palabra, seréis verdaderamente mis discípulos.

ἔλεγεν οὖν ὁ Ἰησοῦς πρὸς τοὺς πεπιστευκότας αὐτῷ
Decía, entonces, - Jesús a los que habían creído en Él
Ἰουδαίους· ἐὰν ὑμεῖς μείνητε ἐν τῷ λόγῳ τῷ ἐμῷ,
judíos: Si vosotros permanecéis en la palabra - mía,
ἀληθῶς μαθηταί μού ἐστε
verdaderamente discípulos de mí sois.

Notas y análisis del texto griego.

Sigue el relato: ἔλεγεν, segunda persona singular del imperfecto de indicativo en voz activa del verbo λέγω, *hablar, decir*, aquí *decía*; οὖν, conjunción usada con valor continuativo *pues, entonces*; ὁ, caso nominativo masculino singular del artículo determinado *el*; Ἰησοῦς, caso nominativo masculino singular del nombre propio *Jesús*; πρὸς, preposición propia de acusativo *a*; τοὺς, caso acusativo masculino plural del artículo determinado *los*; πεπιστευκότας, caso acusativo masculino plural del participio perfecto en voz activa del verbo πιστεύω, *creer*, aquí *que habían creído*; αὐτῷ, caso dativo masculino de la tercera persona singular del pronombre personal declinado *en Él*; Ἰουδαίους, caso nominativo masculino plural del adjetivo *judíos*; ἐὰν, conjunción afirmativa *si*; ὑμεῖς, caso nominativo de la segunda persona plural del pronombre personal *vosotros*; μείνητε, segunda persona plural del aoristo primero de subjuntivo en voz activa del verbo μένω, *permanecer*, aquí *permanecéis*; ἐν, preposición propia de dativo *en*; τῷ, caso dativo masculino singular del artículo determinado *el*; λόγῳ, caso dativo masculino singular del nombre común *palabra, discurso, dicho*; τῷ, caso dativo masculino singular del artículo determinado *el*; ἐμῷ, caso dativo masculino singular del adjetivo posesivo *mío*; ἀληθῶς, adverbio de modo *verdaderamente*; μαθηταί, caso nominativo masculino plural del nombre común *discípulos, seguidores*; μού, caso genitivo de la primera persona singular del pronombre personal declinado *de mí*; ἐστε, segunda persona plural del presente de indicativo en voz activa del verbo εἰμί, *ser, estar*, aquí *sois*.

ἔλεγεν οὖν ὁ Ἰησοῦς πρὸς τοὺς πεπιστευκότας αὐτῷ Ἰουδαίους· Jesús se dirige a quienes habían creído en Él. Es interesante apreciar que Juan concreta que eran *judíos*. Esta palabra es usada habitualmente por él, para referirse al elemento religioso de la nación, entre los que destacaban los escribas y fariseos, especialmente estos últimos. Por tanto, se aprecia que quienes habían creído no eran aquellos a quienes llamaban *gente del vulgo y sin letras*, sino conocedores de la Escritura.

ἐὰν ὑμεῖς μείνητε ἐν τῷ λόγῳ τῷ ἐμῷ, Les hace notar que la verdadera fe comporta la condición de *discípulo*, esto es, *seguidores* suyos. Esa vida descansa en el fundamento de la Palabra y en obediencia a ella. No se trata de una aproximación puntual, sino de *permanecer* en ella. El verbo μένω, *permanecer*, tiene en Juan el sentido de comunión o incluso de inmanencia (15:4-7; 1 Jn. 4:16). Esta demanda de Cristo a quienes son Sus discípulos, exige una identificación plena con la Palabra, haciendo de ella la norma de vida y la regla para el camino en la vida de fe. Esto es lo que identifica al verdadero discípulo de Jesús. De la misma manera que Él dependía y honraba la Palabra, así también quienes son de Él, viviendo Su misma vida en ellos, harán lo mismo. Es de destacar el uso del pronombre posesivo ἐμῷ, en este versículo por presencia del sujeto, se considera como adjetivo posesivo. No era una palabra cualquiera, sino la palabra de Cristo, la que Él les daba, Su enseñanza, la interpretación de la Escritura conforme a Su pensamiento, que era el pensamiento de Dios al darla a los hombres. No se trataba de un seguimiento a principios religiosos o teológicos propios de hombres, sino a la única y verdadera Palabra, el *Logos escrito*, a quien el *Logos encarnado*, interpretaba y a la que como hombre se había sujetado. Jesús no había venido para abrogar la Ley, sino para cumplirla. La palabra de Jesús es la Palabra del Padre (17:6, 8, 14, 17). No hay otra verdadera.

ἀληθῶς μαθηταί μού ἐστε. La condición de discípulo es permanecer en la Palabra. Nótese el adverbio ἀληθῶς, *verdaderamente*, o también *realmente*. De otro modo, nadie puede tener la pretensión de ser seguidor de Cristo, sino no permanece anclado a Su palabra. No se trata de asuntos religiosos, ya que cristianismo no es religión sino *relación* o *comunión* con Cristo. Muchas personas podrían *conocer* mucho acerca de la Escritura, pero sólo son discípulos quienes la obedecen. Jesús establecería el discipulado para los convertidos en la enseñanza de todo lo que ha mandado, esto es, de toda Su palabra, en Sus propias palabras: *"enseñándoles que guarden todas las cosas que os he mandado"* (Mt. 28:20). La formación bíblica de los creyentes para que sean verdaderos discípulos es una demanda para la Iglesia en cualquier tiempo. Los apóstoles entendieron esta enseñanza y se dedicaron a formar a los creyentes en la Palabra. El apóstol Pablo establecería la cadena de la enseñanza en la Iglesia: *"lo que has oído de mí ante muchos testigos, esto encarga a hombres fieles que sean idóneos para enseñar también a otros"* (2 Ti. 2:2). No cabe duda que la obligación del liderazgo de la Iglesia es enseñar la Palabra, que comprende todo lo que Jesús ha establecido, con lo que limita el campo de la enseñanza sólo a lo que está revelado en la Palabra. Los discípulos que no son instruídos en la Escritura, no alcanzan el crecimiento espiritual que los hace maduros, quedando siempre en un infantilismo espiritual en el que son fácilmente llevados de un lado a otro por vientos de doctrina extraños a la verdad de Dios (Ef. 4:14ss). En nuestros días y siempre, los falsos maestros progresan en medio de *niños espirituales*. Quien se afirma en la Palabra y progresa en ella, es *verdaderamente* discípulo de Jesús. No se puede hablar de salvación sin hablar de obediencia. El Nuevo Testamento identifica la realidad de los verdaderos creyentes en que salieron de la corrupción a la relación de vida con Cristo *"para obedecer, sirviendo"* (1 Ts. 1:9ss.).

32. Y conoceréis la verdad, y la verdad os hará libres.

καὶ γνώσεσθε τὴν ἀλήθειαν, καὶ ἡ ἀλήθεια ἐλευθερώσει ὑμᾶς.
Y conoceréis la verdad, y la verdad hará libres os.

Notas y análisis del texto griego.

Siguen las palabras de Jesús: καὶ, conjunción copulativa *y*; γνώσεσθε, segunda persona plural del futuro de indicativo en voz activa del verbo γινώσκω, *conocer, saber, entender*, aquí *conoceréis*; τὴν, caso acusativo femenino singular del artículo determinado *la*; ἀλήθειαν, caso acusativo femenino singular del nombre común *verdad*; καὶ, conjunción copulativa *y*; ἡ, caso nominativo femenino singular del artículo determinado *la*; ἀλήθεια, caso nominativo femenino singular del nombre común *verdad*; ἐλευθερώσει, segunda persona plural del futuro de indicativo en voz activa del verbo ἐλευθερόω, *libertar, liberar, librar, hacer libre*, aquí *hará libres*; ὑμᾶς, caso acusativo de la segunda persona plural del pronombre personal declinado *a vosotros, os*.

καὶ γνώσεσθε τὴν ἀλήθειαν, Jesús acaba de tocar una de las partes más sensibles del concepto que los judíos tenían de ellos mismos, considerándose como verdaderamente libres. El verdadero discípulo de

Jesús, el que permanece en Su Palabra, conoce la verdad. El verbo en el contexto bíblico del Antiguo Testamento, va más allá de un asunto mental o intelectual, para pasar al campo vivencial. Conocer la verdad es tener relación íntima con ella, de modo que se hace vida en el que cree. Hablar de verdad en el texto no tiene que ver con una actividad intelectual, según los escolásticos *la adecuación de la mente al objeto*, sino que se trata de *la sabiduría de Dios, que se hace norma para la vida del hombre* (cf. Ec. 12:13; Jn. 3:21; 17:17; Ef. 6:14; 1 Jn. 2:4; 3 Jn 3, 12). De ahí que cuando Jesús se define a Él mismo diciendo *"Yo soy la verdad"* (14:6), se entiende que la Palabra de Dios, por la que se alcanza sabiduría, se ha hecho carne. El conocimiento de la *verdad* dimensiona la vida bajo la perspectiva que Dios tiene para ella, en la que se establece la correcta escala de valores conforme a Su voluntad.

καὶ ἡ ἀλήθεια ἐλευθερώσει ὑμᾶς. Este conocimiento hace verdaderamente libre al creyente. Jesús dirá al final de Su ministerio que la Palabra *santifica* (17:17), quiere decir que el creyente es libertado del poder del pecado, para pasar a ser siervo de Dios. No debe olvidarse que Jesús fue el Siervo divino, por tanto, quien vive a Cristo no puede ser otra cosa más que siervo de la justicia. En ese sentido, la vida queda liberada de cuantos yugos de esclavitud se habían puesto sobre ella, entre los que está el religioso con sus dogmatismos y exigencias que los hombres establecieron y que esclavizan al creyente que los sigue. El seguimiento fiel a Cristo, caminando en las pisadas que Él ha trazado (1 P. 2:21), en dependencia de la Palabra, proporciona la verdadera libertad, eliminando toda clase de prejuicio, de amor propio sin medida correcta, de los errores, dando al cristiano el verdadero dominio de sí mismo. La mente se libera ensanchándose con el progresivo conocimiento de Cristo (cf. 2 Co. 3:17-18); el corazón se libera permitiendo cumplir las demandas divinas (cf. Sal. 119:32); el amor se libera permitiendo servir a los demás como a nosotros mismos y buscando la preferencia del bien ajeno antes del propio (cf. 2 Co. 6:11-12). La libertad de que habla Jesús, se concreta en Él mismo un poco más adelante (v. 36). Frente a esto, quienes creen que están en posesión de la libertad fuera de la fe en Cristo y de la dependencia de la Palabra, están engañados y son hijos del diablo (v. 44). Sólo la acción divina de la Palabra inspirada e inerrante de Dios, y del Hijo que libera, resulta en la auténtica experiencia de libertad. De otro modo, no se trata de libertad religiosa o filosófica, sino que la verdadera libertad está ligada a la Persona y obra de Jesucristo, ya que Él había sido enviado para pregonar *"libertad a los cautivos"* (Lc. 4:18). Aquellos judíos orgullosos de su historia, de su sistema religioso, de su herencia, de sus tradiciones, etc. no eran capaces de percibir la esclavitud en que se encontraban, creyéndose falsamente libres.

33. Le respondieron: Linaje de Abraham somos, y jamás hemos sido esclavos de nadie. ¿Cómo dices tú: Seréis libres?

ἀπεκρίθησαν πρὸς αὐτόν· σπέρμα Ἀβραάμ ἐσμεν καὶ οὐδενὶ
Respondieron a Él: Linaje de Abraham somos y a nadie
δεδουλεύκαμεν πώποτε· πῶς σὺ λέγεις ὅτι ἐλεύθεροι γενήσεσθε
hemos servido jamás. ¿Cómo Tú dices que libres seréis?

Notas y análisis del texto griego.

Siguiendo el relato, escribe: ἀπεκρίθησαν, tercera persona plural del aoristo primero de indicativo en voz pasiva del verbo ἀποκρίνομαι, *responder, contestar, replicar*, aquí *respondieron*; πρὸς, preposición propia de acusativo *a*; αὐτόν, caso acusativo masculino de la tercera persona singular del pronombre personal *Él*; σπέρμα, caso nominativo neutro singular del nombre común *linaje, descendencia*; Ἀβραάμ, caso genitivo masculino singular del nombre propio declinado *de Abraham*; ἐσμεν, primera persona plural del presente de indicativo en voz activa del verbo εἰμί, *ser, estar*, aquí *somos*; καὶ, conjunción copulativa *y*; οὐδενὶ, caso dativo masculino singular del adjetivo indefinido declinado *a nadie*; δεδουλεύκαμεν, primera persona plural del perfecto de indicativo en voz activa del verbo δουλεύω, *servir, ser esclavo*, aquí *hemos servido*; πώποτε, adverbio de tiempo *nunca*; πῶς, partícula interrogativa adverbial, que realmente es un pronombre interrogativo *como, de que manera, por qué medio*; σὺ, caso nominativo de la segunda persona singular del pronombre personal *tú*; λέγεις, segunda persona singular del presente de indicativo en voz activa del verbo λέγω, *hablar, decir*, aquí *dices*; ὅτι, conjunción *que*; ἐλεύθεροι, caso nominativo masculino plural del adjetivo *libres*; γενήσεσθε, segunda persona plural del futuro de indicativo en voz media del verbo γίνομαι, *llegar a ser, empezar a existir, ser*, aquí *seréis.*

ἀπεκρίθησαν πρὸς αὐτόν· σπέρμα Ἀβραάμ ἐσμεν καὶ οὐδενὶ δεδουλεύκαμεν πώποτε· El orgullo de estirpe apareció inmediatamente en el corazón y se expresó en las palabras con que reaccionaron a las de Jesús. A los judíos les molestó que Jesús dijese que la verdad les haría libres. Ellos eran poseedores, conforme a su pensamiento, de la única verdad. El que se había desviado de ella con Sus obras y Sus enseñanzas era el que les prometía libertad por el conocimiento de la verdad. La respuesta nace como reacción a esa afirmación de Jesús, pero la oposición a Él se formula apelando al origen en Abraham, a quien Dios había escogido y de quien provenía el pueblo de Israel. Las bendiciones destinadas para él y su descendencia eran de gloria y posición. Aquellos se olvidaban que la dignidad para con Dios no se alcanza por herencia sino por fe, que sitúa el creyente en una nueva posición (1:13). Aquellos tomaban sólo el sentido humano de libertad, como contraposición al de esclavitud. Hijos de Abraham el amigo de Dios, les impedía sentirse esclavos. Es más, tenían en su mente, impuesto por la interpretación sectaria de la Escritura, que estaban llamados a ser el reino de Dios en la tierra y a dominar a todos los gentiles. La respuesta de ellos es hiperbólica, por no decir mentirosa. Afirman que nunca habían sido esclavos de nadie, olvidándose de que así fueron bajo Faraón en Egipto. Para ellos, aquellos cuatrocientos años, y luego todo el tiempo del cautiverio en Babilonia, incluso el control que Roma ejercía sobre ellos, no eran más que incidentes causales o temporales, que terminarían en la grandeza nacional que esperaban. No cabe duda que ellos, como descendientes de Abraham, tenían privilegios especiales y promesas de parte de Dios. Es cierto que habían sido escogidos para ser un pueblo especial entre las naciones privilegiado como posesión personal de Dios (cf. Ex. 19:6; Dt. 7:6; 10:15). Pero todos estos privilegios y la esperanza de salvación que vendría por medio de la descendencia de Abraham, no servía de nada para quienes se negaban a creer en quien había sido anunciado como bendición a todos, y que era el Mesías. Aquellos arrogantes, llenos de orgullo, que se llamaban *descendientes* de Abraham, se olvidaban que como diría más adelante uno de los fariseos convertidos, Saulo de Tarso, que *"no todos los que descienden de Israel son israelitas, ni por ser descendientes de Abraham, son todos hijos"* (Ro. 9:6-7). La descendencia a la que alcanzan las promesas de Dios, no es la biológica y natural de Abraham, y luego de Isaac y de Jacob, sino la *espiritual*. Por tanto las promesas tendrán cumplimiento en el grupo fiel de la nación. De otro modo, las promesas nacionales tendrán cumplimiento cuando en la nación haya sólo *israelitas*, en el sentido bíblico, esto es, quienes son de la fe de Abraham (Gn. 15:6). No todos sus descendientes pueden considerarse como hijos, que sólo pueden alcanzar esa condición los que estén vinculados con Abraham por la misma forma en que aquel estaba vinculado con Dios: por la fe. Los descendientes de Abraham son, para Dios, los que siguen sus caminos y actúan conforme a la voluntad divina, como había hecho el patriarca. Más adelante les dirá que considerándose como descendientes de Abraham son contrarios a él porque procuraban matar a Cristo (v. 37). Esta discusión entre los judíos y Jesús, se agudiza todavía más en los versículos que siguen.

πῶς σὺ λέγεις ὅτι ἐλεύθεροι γενήσεσθε. Ellos formulan una pregunta cuya respuesta no iba a ser aceptada. Si ellos eran hijos de Abraham cómo podía decir Jesús que la verdad los haría libres. Aquellos se habían gloriado de ser sanos espiritualmente hablando y no necesitar la ayuda del Médico Divino (Mr. 2:17). Ahora se glorían de ser libres y, por consiguiente, no necesitaban tampoco libertador.

34. Jesús les respondió: De cierto, de cierto os digo, que todo aquel que hace pecado, esclavo es del pecado.

ἀπεκρίθη αὐτοῖς ὁ Ἰησοῦς· ἀμὴν ἀμὴν λέγω ὑμῖν ὅτι πᾶς ὁ
Respondió les - Jesús: De cierto, de cierto digo os, que todo el
ποιῶν τὴν ἁμαρτίαν δοῦλος ἐστιν τῆς ἁμαρτίας.
que practica el pecado esclavo es del pecado.

Notas y análisis del texto griego.

Jesús responde: ἀπεκρίθη, tercera persona singular del aoristo primero de indicativo en voz pasiva del verbo ἀποκρίνομαι, *responder, contestar*, aquí *respondió*; αὐτοῖς, caso dativo masculino de la tercera persona plural del pronombre personal declinado *a ellos, les*; ὁ, caso nominativo masculino singular del artículo definido *el*; Ἰησοῦς, caso nominativo masculino singular del nombre propio *Jesús*; ἀμὴν transliteración, *amén, de cierto*; ἀμὴν, transliteración *amén, de cierto*; λέγω, primera persona singular del presente de indicativo en voz activa del verbo λέγω, *hablar, decir*, aquí *digo*; ὑμῖν, caso dativo de la segunda persona plural del pronombre personal declinado *a vosotros, os*; ὅτι, conjunción *que*; πᾶς, caso nominativo masculino singular del adjetivo indefinido *todo*; ὁ, caso nominativo masculino singular del artículo definido *el*; ποιῶν, caso nominativo masculino singular del participio de presente en voz activa del verbo ποιέω, *hacer, practicar*, aquí *que practica*; τὴν, caso acusativo femenino singular del artículo determinado *la*; ἁμαρτίαν, caso acusativo femenino singular del nombre común *pecado*; δοῦλος, caso nominativo masculino singular del nombre común *esclavo*; ἐστιν, tercera persona singular del presente de indicativo en voz activa del verbo εἰμί, *ser*, aquí *es*; τῆς, caso genitivo femenino singular del artículo determinado declinado *de la*; ἁμαρτίας, caso genitivo femenino singular del nombre común *pecado*.

ἀπεκρίθη αὐτοῖς ὁ Ἰησοῦς· ἀμὴν ἀμὴν λέγω ὑμῖν. Jesús responde firmemente a los judíos. Usa para ello la fórmula típica en Juan: *Amén, amén*, traducida *de cierto, de cierto*, con la que llama la atención a los oyentes sobre lo que les va a decir. Los profetas llamaban la atención de los oyentes diciéndoles: *así dice Jehová*, pero aquí es Dios mismo por medio del Hijo quien habla, de ahí que sea suficiente la afirmación *de cierto, de cierto*, para que todos los que escuchan presten atención a lo que dice. Ya se ha considerado varias veces el sentido de esta forma.

ὅτι πᾶς ὁ ποιῶν τὴν ἁμαρτίαν. Advierte el Señor sobre la *práctica* del pecado, como señal de pecaminosidad personal. No se trata de una caída ocasional, sino de la continuidad en el pecado, es decir, el pecado forma parte experimental de la vida de la persona. El verbo en participio de presente, indica una forma continuada, esto es, el que vive practicando el pecado.

δοῦλος ἐστιν τῆς ἁμαρτίας. La conclusión es precisa, quien practica el pecado es *esclavo* del pecado. Un esclavo que se deja dominar por el tirano que lo tiene esclavizado. El que se somete en obediencia es siervo de aquel a quien obedece (Ro. 6:16). El esclavo es propiedad del dueño al que obedece. El Señor les dice que el que practica el pecado es esclavo del pecado. La condición de aquellos que afirmaban ser libres, era todo lo contrario, una situación de esclavitud bajo el pecado. Ellos no habían creído en Cristo, no habían acudido a Él para salvación y vida eterna, por tanto eran realmente esclavos del pecado. Estos vivos físicamente, estaban muertos en sus delitos y pecados (Ef. 2:1-2), vivían como muertos, o tal vez mejor, vivían en la esfera de la muerte. Cristo les había dicho antes que Él era la luz del mundo (v. 12), ellos permanecían en tinieblas porque habían rechazado la luz que los ilumina. Todos los que viven en pecado están sujetos, sometidos al poder espiritual del Satanás, el *príncipe del poder del aire*, que opera en los hijos de desobediencia, como se considerará más adelante (v. 44). La actuación de Satanás es conducir al hombre a vivir en oposición a Dios, teniéndolo a él por dios, ya que es *el dios de este siglo* (2 Co. 4:4). Esto tiene como resultado el rechazo de obediencia y sometimiento a Dios, de ahí la oposición y determinación contra Cristo. Por eso el hombre natural se niega a buscar a Dios viviendo en desobediencia (Ro. 3:10, 11). Es necesario entender bien que el hombre natural, el no regenerado, no es desobediente porque desobedece, sino que desobedece porque es desobediente. Jesús les dice que ellos son esclavos del pecado. Satanás es un mal amo, que mantiene encerrados bajo puertas de hierro y cerrojos de bronce a sus súbditos, a quienes jamás les da libertad (Is. 14:17); siendo también un mal pagador, porque *"la paga del pecado es muerte"* (Ro. 6:23).

Como hace notar Agustín, la esclavitud del pecado es mayor que otras esclavitudes: *"a veces el esclavo de un hombre, cansado de las órdenes de un señor insensible, encuentra descanso en la huida. ¿A dónde huirá el esclavo del pecado? Aunque intente escapar, se lo lleva consigo mismo allá donde vaya. Una mala conciencia no puede escaparse de sí misma; no tiene a dónde ir; persigue al que la posee. El hombre no puede deshacerse de esa mala conciencia, porque el pecado que comete está dentro de él. Ha cometido pecado para obtener el placer del cuerpo. Pero el placer pasa, y el pecado permanece. Aquello que complacía se ha marchado; pero el aguijón se queda con él. ¡Esclavos del mal!*[19]".

La conclusión de esta esclavitud a la que Jesús se refiere es que cualquier pecado separa de Cristo y priva, por el castigo establecido, de la vida (1 Jn. 3:6, 8). El que sirve al pecado, el esclavo del pecado, es esclavo de la corrupción (2 P. 2:10). Por el pecado se accede a la situación irreversible de la muerte segunda, que sigue a la muerte espiritual del presente, mientras que por la fe en Cristo se accede a la vida, que siendo eterna, no termina jamás para quien la posee, otorgada por gracia mediante la fe. Una puntualización más: el pecado no esclaviza al cuerpo, sino que esclaviza al hombre, es decir, no es inherente a la materia, sino un poder esclavizante que se apodera del ser del hombre. No es tanto una situación moral que puede medirse, sino una barrera que se levanta entre el hombre y Dios, insalvable para el pecador, superable por Dios en base a la obra de Jesucristo.

35. Y el esclavo no queda en casa para siempre; el hijo sí queda para siempre.

ὁ δὲ δοῦλος οὐ μένει ἐν τῇ οἰκίᾳ εἰς τὸν αἰῶνα, ὁ υἱὸς
Y el esclavo no permanece en la casa para siempre, el hijo
μένει εἰς τὸν αἰῶνα.
permanece para siempre.

Notas y análisis del texto griego.

Sin alternativas de lectura destacables, sigue: ὁ, caso nominativo masculino singular del artículo determinado *el*; δὲ, partícula conjuntiva que hace las veces de conjunción coordinante, con sentido de *pero, más bien, y, y por cierto, antes bien*; δοῦλος, caso nominativo masculino singular del nombre común *esclavo, siervo*; οὐ, adverbio de negación *no*; μένει, tercera persona singular del presente de indicativo en voz activa del verbo μένω, *quedarse, permanecer*, aquí *queda*; ἐν, preposición propia de dativo *en*; τῇ, caso dativo femenino singular del artículo determinado *la*; οἰκίᾳ, caso dativo femenino singular del nombre común *casa*; εἰς, preposición propia de acusativo *por, para, a*; τὸν, caso acusativo masculino singular del artículo determinado *el*; αἰῶνα, caso acusativo masculino singular del nombre común *siglo, eternidad*; en ese sentido la expresión debe traducirse aquí *para siempre*; ὁ, caso nominativo masculino singular del artículo determinado *el*; υἱὸς, caso nominativo masculino singular del nombre común *hijo*; μένει, tercera persona singular del presente de indicativo en voz activa del verbo μένω, *quedarse, permanecer*, aquí *queda*; εἰς, preposición propia de acusativo *por, para, a*; τὸν, caso

[19] Agustín de Hipona. 41.4, pág. 231.

acusativo masculino singular del artículo determinado *el*; αἰῶνα, caso acusativo masculino singular del nombre común *siglo, eternidad*; en ese sentido la expresión debe traducirse aquí *para siempre*.

ὁ δὲ δοῦλος οὐ μένει ἐν τῇ οἰκίᾳ εἰς τὸν αἰῶνα, Tal vez Jesús estuviese pensando en el acontecimiento histórico de Agar e Ismael, en la que el hijo de la esclava es echado de la casa, para que en ella permaneciese el hijo directo de Abraham y Sara (Gn. 21:10, 12).

El pecado nos priva de la libertad, porque nos separa de Dios, e impide que seamos Sus hijos. Ser hechos hijos de Dios requiere la fe en Cristo (1:12), de modo que los que no son hijos sino esclavos, serán echados fuera de la casa. Aunque este pensamiento es atemporal, no es menos cierto que esto se iba a cumplir con Israel en forma inmediata. Aquellos que se consideraban hijos, no eran sino esclavos y, por el hecho de rechazar al Hijo, serían echados fuera de la casa nacional, especialmente de la ciudad de Jerusalén por la acción de los romanos en el año 71 d.C. El mismo Señor les dijo que *vuestra casa os es dejada desierta* (Lc. 13:35). Aquellos pensaban que podían ser libres del pecado o, por lo menos, de la responsabilidad penal del pecado por los ritos establecidos en la Ley, pero se equivocaban, puesto que sólo hay un camino de salvación consistente en la aceptación por fe del Hijo de Dios, de modo que a pesar de su religiosidad seguían siendo esclavos. Todo esclavo, en tiempos de Cristo, podía ser vendido y salía de la casa para estar en el lugar que le asignase el nuevo dueño.

ὁ υἱὸς μένει εἰς τὸν αἰῶνα. Las palabras de Cristo preparan el terreno para la reiteración en el versículo siguiente de lo que había dicho antes. El esclavo es echado fuera de la casa, pero el hijo, a quien pertenece, se mantiene en ella definitivamente. Esto afecta a todos los que son hechos hijos en el Hijo. Esta vinculación es la razón de ser hechos hijos de Dios: *"Cristo como hijo sobre su casa, la cual casa somos nosotros"* (He. 3:6). El Unigénito del Padre es dueño y señor de todo, incluyendo la *casa de Dios* que es la Iglesia (Ef. 1:22-23). Es absoluta verdad que la Iglesia es propiedad del Hijo, como pueblo originado en Él, puesto en Él y sustentado por Él, por cuya razón dijo: *"Yo edificaré mi casa"* (Mt. 16:18). Antes Jesús había dicho que *"todo lo que el Padre me da, vendrá a mí"* (6:37). Mas tarde va a decir en oración al Padre: *"eran tuyos y me los diste"* (17:6, 11). Por esa razón los creyentes son *hijos del Padre*, por adopción en el Hijo, y todos ellos son dados al Hijo para formar *la casa* de Dios. La casa, de la que ninguno puede ser echado, porque es hijo, tanto en el aspecto de templo como en el de familia, está formada por los que han creído en el Hijo, por cuya condición de creyentes, reciben también la condición de hijos (1:12). Los miembros de la casa de Dios, que están en ella, puesto que ellos son la casa, están vinculados espiritualmente con Cristo, de quien reciben la vida (Ef. 2:1, 5). El Hijo no será echado jamás de la casa, por consiguiente, quienes forman una unidad inseparable del Hijo, tampoco lo serán. Mientras que el esclavo podía ser vendido y salía de la casa, el hijo, pudiera marcharse de ella, pero conservaba, donde estuviese, la condición de hijo. No cabe duda que el ejemplo puesto por Jesús está tomado de la vida cotidiana y se refería a cualquier hijo, pero el sentido espiritual que Juan da a las palabras de Jesús, no es hablar de un hijo, sino hablar del Hijo. El hecho de que el Hijo permanece para siempre, está anticipando la enseñanza con que se cierra el capítulo, la eternidad del Hijo encarnado.

36. Así que, si el Hijo os libertare, seréis verdaderamente libres.

ἐὰν οὖν ὁ Υἱὸς ὑμᾶς ἐλευθερώσῃ, ὄντως ἐλεύθεροι ἔσεσθε.
Si, pues, el Hijo os libertare, verdaderamente libres seréis.

Notas y análisis del texto griego.

Sin alternativas de lectura importantes, añade: ἐὰν, conjunción afirmativa *si*; οὖν, conjunción causal con valor continuativo *pues*; ὁ, caso nominativo masculino singular del artículo determinado *el*; Υἱὸς, caso nominativo masculino singular del nombre divino *Hijo*; ὑμᾶς, caso acusativo de la segunda persona plural del pronombre personal declinado *a vosotros, os*; ἐλευθερώσῃ, tercera persona singular del aoristo primero de subjuntivo en voz activa del verbo ἐλευθερόω, *librar, libertar, hacer libre*, aquí *libertare*; ὄντως, adverbio de modo, *verdaderamente, realmente*; ἐλεύθεροι, caso nominativo masculino plural del adjetivo *libres*; ἔσεσθε, segunda persona plural del futuro de indicativo en voz media del verbo εἰμί, *ser*, aquí *seréis*.

ἐὰν οὖν ὁ Υἱὸς ὑμᾶς ἐλευθερώσῃ. Las palabras de Jesús hacen referencia al único camino de libertad. Sólo el Hijo puede hacer libre al hombre. Este Hijo es el mismo que habla, libre y libertador de todos los que creen en Él.

ὄντως ἐλεύθεροι ἔσεσθε. Los judíos se creían libres, como linaje de Abraham, pero no lo eran realmente, de ahí que Jesús habla aquí no de una libertad posible, sino *real*, les dice que sólo cuando el Hijo los libere serán *verdaderamente* libres. El Hijo es el único que puede otorgar dos grandes bendiciones al creyente, por un lado la *manumisión*, por la que queda libertado de la esclavitud del pecado, y por otro, la *adopción*, por la que queda constituido hijo.

37. Sé que sois descendientes de Abraham; pero procuráis matarme, porque mi palabra no halla cabida en vosotros.

Οἶδα ὅτι σπέρμα ᾿Αβραάμ ἐστε· ἀλλὰ ζητεῖτε με ἀποκτεῖναι,
Sé que linaje de Abraham sois; pero procuráis me matar,
ὅτι ὁ λόγος ὁ ἐμὸς οὐ χωρεῖ ἐν ὑμῖν.
porque la palabra - mía no tiene cabida en vosotros.

Notas y análisis del texto griego.

Siguió Jesús: Οἶδα, primera persona singular del perfecto de indicativo en voz activa del verbo οἶδα, *saber, conocer*, aquí *se*; ὅτι, conjunción *que*; σπέρμα, caso nominativo neutro singular del nombre común *linaje, descendencia*; ᾿Αβραάμ, caso genitivo masculino singular del nombre propio declinado *de Abraham*; ἐστε, segunda persona plural del presente de indicativo en voz activa del verbo εἰμί, *ser*, aquí *sois*; ἀλλὰ, conjunción adversativa *pero*; ζητεῖτε, segunda persona plural del presente de indicativo en voz activa del verbo ζητέω, *buscar, intentar, querer, procurar*, aquí *procuráis*; με, caso acusativo de la primera persona singular del pronombre personal declinado *a mí, me*; ἀποκτεῖναι, aoristo primero de infinitivo en voz activa del verbo ακποκτείνω, *matar, quitar la vida*; ὅτι, conjunción causal *porque*; ὁ, caso nominativo masculino singular del artículo definido *el*; λόγος, caso nominativo masculino singular del nombre común *dicho, palabra*; ὁ, caso nominativo masculino singular del artículo determinado *el*; ἐμὸς, caso nominativo masculino plural del pronombre posesivo *mío*; οὐ, adverbio de negación *no*; χωρεῖ, tercera persona singular del presente de indicativo en voz activa del verbo χωρέω, *hacer lugar, tener cabida, captar, comprender*, aquí *tiene cabida*; ἐν, preposición propia de dativo *en*; ὑμῖν, caso dativo de la segunda persona plural del pronombre personal *vosotros*.

Οἶδα ὅτι σπέρμα ᾿Αβραάμ ἐστε· Dirigiéndose a quienes está respondiendo, reconoce que en el sentido histórico y físico, todos ellos son descendientes de Abraham, lo que incrementa por contraste con el *amigo de Dios*, la perversidad de sus propósitos y la esclavitud manifiesta de un corazón pecaminoso. Sin embargo es de notar que no les llama *hijos de Abraham*, calificativo que ellos solían darse a sí mismos, sino *linaje* o *descendencia.* No cabe duda que descendían de aquel en quien se inició la nación de Israel, pero no son espiritualmente sus descendientes porque la fe de Abraham está ausente de sus corazones y no son conducidos por ella.

ἀλλὰ ζητεῖτε με ἀποκτεῖναι, Mediante el uso de una conjunción adversativa formula un contraste con quienes se consideraban descendientes de Abraham, apelando a lo que en sus corazones habían determinado contra Jesús, que era darle muerte. Nada tiene la vida con quienes están muertos en sus delitos y pecados. La condición de muerte entra en confrontación con la vida, por consiguiente aquellos querían matar a Jesús.

ὅτι ὁ λόγος ὁ ἐμὸς οὐ χωρεῖ ἐν ὑμῖν. La razón para aquel malvado propósito era el resultado de no hallar cabida en ellos la palabra de Cristo. La causa del rechazo no eran las palabras que en ese día les había dicho, sino todo el mensaje de la enseñanza de Jesús. *Mi palabra*, era el mensaje que proclamaba y que procedía o les traía del Padre, el mensaje de la vida eterna, de la salvación por fe, de la segura esperanza. El contraste entre sus corazones endurecidos por el pecado y llenos de odio y la bondad y misericordia contenida en las palabras de Jesús, hacía imposible que aquellas tuvieran lugar, cabida en sus corazones. Por consiguiente donde no tiene espacio la Palabra, no puede esperarse nada bueno. No debe olvidarse que la Palabra, el evangelio es poder de Dios para salvación a todo aquel que cree (Ro. 1:16). Sin embargo ellos rehusaban creer, impidiendo con esa rebeldía que la palabra haga su efecto. Es como el grano que cae en el terreno endurecido por el continuo caminar sobre él de las personas, que impedido de entrar en la tierra, queda infructuoso. El corazón cargado de religión no garantiza una actitud correcta ante las cosas de Dios.

38. Yo hablo lo que he visto cerca del Padre; y vosotros hacéis lo que habéis oído cerca de vuestro padre.

ἃ ἐγὼ ἑώρακα παρὰ τῷ Πατρὶ[1] λαλῶ· καὶ ὑμεῖς οὖν ἃ
Lo que yo he visto junto al Padre hablo; Y vosotros, pues, lo que
ἠκούσατε[2] παρὰ τοῦ πατρὸς ποιεῖτε.
oísteis de parte del padre hacéis.

Notas y análisis del texto griego.

Siguen las palabras de Jesús: ἃ, caso acusativo neutro plural del pronombre relativo *los que*; ἐγὼ, caso nominativo de la primera persona singular del pronombre personal *yo*; ἑώρακα, primera persona singular del perfecto de indicativo en voz activa del verbo ὁράω, *ver, mirar, notar, observar*, aquí *he visto*; παρὰ, preposición propia de dativo *junto a*; τῷ, caso dativo masculino singular del artículo determinado *el*; Πατρὶ, caso dativo masculino singular del nombre divino *Padre*; λαλῶ, primera persona singular del presente de indicativo en voz activa del verbo λαλέω, *hablar, decir*, aquí *hablo*; καὶ, conjunción copulativa *y*; ὑμεῖς, caso de la segunda persona plural del pronombre personal *vosotros*; οὖν, conjunción causal con uso continuativo, *pues*; ἃ, caso acusativo neutro plural del pronombre relativo *los que*; ἠκούσατε, segunda persona plural del aoristo primero de indicativo en voz activa del verbo ἀκούω, *oír, escuchar*, aquí *oísteis*; παρὰ, preposición propia de genitivo *por, de parte de*; τοῦ, caso genitivo masculino singular del artículo determinado *el*; πατρὸς, caso genitivo masculino singular del nombre común *padre*; ποιεῖτε, segunda persona plural del presente de indicativo en voz activa del verbo ποιέω, *hacer, realizar*, aquí *hacéis*.

Crítica Textual. Lecturas alternativas.

[1] Πατρι, *Padre*, según se lee en 𝔭$^{66, 75}$, א, B, C, D, K, N, W, Θ, f^{13}, 1, 33, 565, 579, lat, Orígenes.

Πατρι μου, *mi Padre*, según lectura en א, K, N, Γ, Δ, Θ, Ψ, $f^{1, 13}$, 565, 700, 1424, 𝔐, it, vg^{cl}, sir.

[2] ἠκούσατε, *oísteis*, lectura atestiguada en p^{75}, א^{2}, B, C, K, K, W, Θ, f^{13}, 1, 33, 565, 892, f, sir$^{h, m, g}$, bo; Orígenes.

ἑωράκατε, *habéis visto*, según se lee en 𝔭^{66}, א*, D, N, Γ, Δ, Ψ, 070, 579, 700, 1424, 𝔐, lat, sir, sa, ly, pbo, bo.

ἃ ἐγὼ ἑώρακα παρὰ τῷ Πατρὶ λαλῶ· La primera afirmación tiene que ver con el Señor mismo, que se limitaba a hablar sobre aquello que había visto *junto* al Padre. Una nueva referencia en el *Evangelio* a la comunión intra-trinitaria. El Padre y el Hijo se manifiestan *junto* uno al otro eternamente. En esa eternidad propia y exclusiva de la Deidad, la mutua visión produce un conocimiento absoluto, de modo que el Verbo encarnado, viene al mundo para *revelar* al Padre (1:18), para lo cual habla, enseña, comunica como Verbo, lo que ha *visto*, es decir, lo que eternamente conoce del Padre. Lo que Jesús dice no es el resultado de razonamientos intelectuales para llegar a una definición y enseñarla luego, sino que es una *revelación* de lo que no hubiera podido ser conocido por los hombres, si Dios no se lo hubiese revelado. La revelación bíblica, completa para las necesidad del hombre, no es absolutamente manifestante, puesto que del Invisible y Todopoderoso Dios, se conoce lo que Él quiso revelar por medio de los profetas y apóstoles (He. 1:1). Pero, en el Verbo se revela total, plena y definitivamente, porque el discurso de Dios sobre lo que es, se pronuncia en una sola palabra, el Verbo encarnado. El Hijo como revelador es necesariamente *testigo* de Dios, al que se llama en la Escritura, el *testigo fiel y verdadero* (Ap. 3:14). De modo que cuanto habla es el testimonio de lo que Dios es y se propone hacer en relación con los hombres. De ahí que todas las obras que hace, sean hechos llenos de gracia y de fidelidad. De Él se da testimonio que *anduvo haciendo bienes* (Hch. 10:38).

καὶ ὑμεῖς οὖν ἃ ἠκούσατε παρὰ τοῦ πατρὸς ποιεῖτε. Por el contrario, los judíos, actuaban y se comportaban según lo que habían oído de su padre el diablo. Es interesante notar que mientras el Hijo revela lo que *ve* hacer al Padre, ellos no *ven hacer* sino que *oyen*. Aunque en algunas alternativas de lectura aparece *ven hacer*, las más firmes tienen *oísteis*. Es el proceso lógico de quien como tentador susurra en el oído espiritual de sus siervos lo que se ha propuesto. Del mismo modo que un hijo se expresa muchas veces como oye a su padre, así aquellos, se hacían semejantes a Satanás, su padre espiritual, llevando a cabo las sugerencias diabólicas que les inculcaba. De otro modo, eran imitadores del diablo. Jesús les dirá más adelante quien es realmente el padre espiritual de aquellos que, aparentando piedad, practicando religión, conociendo la Palabra, vivían no según Dios, sino conforme al enemigo de Dios, el diablo. El contraste marcado en el texto está establecido entre *mi Padre* y *vuestro padre*.

39. Respondieron y le dijeron: Nuestro padre es Abraham. Jesús les dijo: Si fueseis hijos de Abraham, las obras de Abraham haríais.

ἀπεκρίθησαν καὶ εἶπαν αὐτῷ· ὁ πατὴρ ἡμῶν Ἀβραάμ ἐστιν.
Respondieron y dijeron le: El padre de nosotros Abraham es.
λέγει αὐτοῖς ὁ Ἰησοῦς· εἰ τέκνα τοῦ Ἀβραάμ ἐστε, τὰ ἔργα
Dice les - Jesús: Si hijos - de Abraham sois, las obras
τοῦ Ἀβραὰμ ἐποιεῖτε[1].
- de Abraham haríais.

Notas y análisis del texto griego.

Trasladando la escena, escribe: ἀπεκρίθησαν, tercera persona plural del aoristo primero de indicativo en voz pasiva del verbo ἀποκρίνομαι, *responder, replicar*, aquí *respondieron*; καὶ, conjunción copulativa *y*; εἶπαν, tercera persona plural del aoristo segundo de indicativo en voz activa del verbo, εἶπον, aoristo de λέγω, *hablar, decir*, aquí *dijeron*; αὐτῷ, caso dativo masculino de la tercera persona singular del pronombre personal declinado *a él, le*; ὁ, caso nominativo masculino singular del artículo determinado *el*; πατὴρ, caso nominativo masculino singular del nombre común *padre*; ἡμῶν, caso genitivo de la primera persona plural del pronombre personal declinado *de nosotros*; Ἀβραάμ, caso nominativo masculino singular del nombre propio *Abraham*; ἐστιν, tercera persona singular del presente de indicativo en voz activa del verbo εἰμί, *ser, estar*, aquí *es*; λέγει, tercera persona singular del presente de indicativo en voz activa del verbo λέγω, *hablar, decir*, aquí *dice*; αὐτοῖς, caso dativo masculino plural del pronombre personal declinado *a ellos, les*; ὁ, caso nominativo masculino singular del artículo determinado *el*; Ἰησοῦς, caso nominativo masculino singular del nombre propio *Jesús*; εἰ, conjunción afirmativa condicional *si*; τέκνα, caso nominativo neutro plural del nombre común *hijos*; τοῦ, caso genitivo masculino singular del artículo determinado *el*; Ἀβραάμ, caso genitivo masculino singular del nombre propio declinado *de Abraham*; ἐστε, segunda persona plural del presente de indicativo en voz activa del verbo εἰμί, *ser*, aquí *sois*; τὰ, caso acusativo neutro plural del artículo determinado *los*; ἔργα, caso acusativo neutro plural del nombre común *obras*; τοῦ, caso genitivo masculino plural del artículo determinado *el*; ᾿Αβραὰμ, caso genitivo masculino singular del nombre propio declinado *de Abraham*; ἐποιεῖτε, segunda persona plural del imperfecto de indicativo en voz activa del verbo ποιέω, *hacer, realizar*, aquí *haríais*, literalmente *hacíais*.

Crítica Textual. Lecturas alternativas.

[1] ἐποιεῖτε, *hacíais*, mejor *haríais*, lectura atestiguada en $\mathfrak{p}^{75}$, ℵ*, B[2], D, W, Γ, Θ, 070, 1424, pm, Epifanio.

ἐποιεῖτε ἂν, *hacíais*, como se lee en ℵ[2], C, K, K, N, Δ, Ψ, $f^{1,13}$, 33, 565, 579, 892, pm, b, Dídimo[pt].

ποιεῖτε, *haced*, según lectura en $\mathfrak{p}^{66}$, B*, ff [2], vg, Dídimo[pt].

ἀπεκρίθησαν καὶ εἶπαν αὐτῷ· ὁ πατὴρ ἡμῶν ᾿Αβραάμ ἐστιν. Jesús habla de la relación con *Su* Padre, y se refirió a otro padre diferente para los judíos. Aquella variante en la relación paterno-filial, alteró los ánimos de los oyentes, que sabiéndose acusados, en algún modo por Jesús, replican inmediatamente afirmando que el padre de ellos es Abraham. Indudablemente era el padre de ellos según la carne, como Cristo mismo reconoció (v. 37). La respuesta vuelve a expresar la arrogancia nacida del privilegio que como pueblo tenían ellos. Eran hijos de Abraham, pero realmente el comportamiento suyo era muy diferente al de quien decían tener como padre.

λέγει αὐτοῖς ὁ ᾿Ιησοῦς· εἰ τέκνα τοῦ ᾿Αβραάμ ἐστε, τὰ ἔργα τοῦ ᾿Αβραὰμ ἐποιεῖτε· La respuesta de Cristo es firme y precisa. Lo hace mediante una condición de primera clase, que debe entenderse como *si sois lo que pretendéis ser*, demostrarías por vuestras obras esa relación. Hay tres variantes en el texto griego, como se aprecia en el apartado de Crítica Textual. En una de ellas se lee ποιεῖτε, en cuyo caso debe tomarse como presente de imperativo *haced*. Es decir, la relación con Abraham llevaría a sus hijos a hacer lo que él hizo. De otro modo, si sois verdaderamente hijos de Abraham, mostradlo por las obras. La conducta es la evidencia de la filiación. Incluso esto era enseñado en círculos judíos: *"El ojo limpio, el espíritu humilde y el alma sumisa hacen verdaderos discípulos de Abraham, nuestro padre*[20]*"*. Barret entiende que se trata de una frase irónica y que podría entenderse así: *"si como vosotros decís sois hijos de Abraham,*

[20] P Abot, 5, 19.

entonces, tendría que suponer que al atacarme os estáis comportando como solía hacerlo Abraham[21]*"*. Sin embargo no es necesario entenderlo así y basta con la interpretación literal del texto que se traslada arriba.

40. Pero ahora procuráis matarme a mí, hombre que os he hablado la verdad, la cual he oído de Dios; no hizo esto Abraham.

νῦν δὲ ζητεῖτε με ἀποκτεῖναι ἄνθρωπον ὃς τὴν ἀλήθειαν
Pero ahora procuráis me matar, a hombre que la verdad
ὑμῖν λελάληκα ἣν ἤκουσα παρὰ τοῦ Θεοῦ· τοῦτο Ἀβραὰμ
os he hablado la que oí de parte de - Dios; esto Abraham
οὐκ ἐποίησεν.
no hizo.

Notas y análisis del texto griego.

Sin interrupción, añade: νῦν, adverbio de tiempo *ahora*; δὲ, partícula conjuntiva que hace las veces de conjunción coordinante, con sentido de *pero, más bien, y, y por cierto, antes bien*; ζητεῖτε, segunda persona plural del presente de indicativo en voz activa del verbo ζητέω, *querer, procurar, intentar*, aquí *procuráis*; με, caso acusativo de la primera persona singular del pronombre personal declinado *a mí, me*; ἀποκτεῖναι, aoristo primero de infinitivo en voz activa del verbo ἀποκτείνω, *matar, quitar la vida*; ἄνθρωπον, caso acusativo masculino singular del nombre común declinado *a hombre*; ὃς, caso nominativo masculino singular del pronombre relativo *el que, que*; τὴν, caso acusativo femenino singular del artículo determinado *la*; ἀλήθειαν, caso acusativo femenino singular del nombre común *verdad*; ὑμῖν, caso dativo de la segunda persona plural del pronombre personal declinado *a vosotros, os*; λελάληκα, primera persona singular del perfecto de indicativo en voz activa del verbo λαλέω, *hablar, decir*, aquí *he hablado*; ἣν, caso acusativo femenino singular del pronombre relativo *la que, la cual*; ἤκουσα, primera persona singular del aoristo primero de indicativo en voz activa del verbo ἀκούω, *oír, escuchar*, aquí *oí*; παρὰ, preposición propia de genitivo *de, de parte de*; τοῦ, caso genitivo masculino singular del artículo definido *el*; Θεοῦ, caso genitivo masculino singular del nombre divino *Dios*; τοῦτο, caso acusativo neutro singular del pronombre demostrativo *esto*; Ἀβραὰμ, caso nominativo masculino singular del nombre propio *Abraham*; οὐκ, forma escrita del adverbio de negación *no*, con el grafismo propio ante una vocal con espíritu suave o una enclítica; ἐποίησεν, tercera persona singular del aoristo primero de indicativo en voz activa del verbo ποιέω, *hacer, realizar*, aquí *hizo.*

νῦν δὲ ζητεῖτε με ἀποκτεῖναι ἄνθρωπον ὃς τὴν ἀλήθειαν ὑμῖν λελάληκα ἣν ἤκουσα παρὰ τοῦ Θεοῦ· Aquellos decían que

[21] Charles Kingsley Barret, o.c., pág. 525.

eran hijos de Abraham, sin embargo hacían todo lo opuesto a lo que él hizo. Abraham recibió a los mensajeros enviados por Dios, y a Dios mismo, con gozo y con afecto, invitándolos a sentarse con él y convidándolos a comer (Gn. 18:1-8). Los judíos hacían todo lo contrario, persiguiendo y matando a los profetas, y deseando matar al mismo Hijo de Dios, el Verbo eterno manifestado en carne. Jesús se presenta aquí como *hombre*, sin artículo, que puede suplirse por el indefinido *un* hombre. No cabe duda que lo era, pero no es menos cierto que es también Dios. Aquel que se manifiesta como *hombre*, es Dios, que puede mostrar en Sus palabras y acciones lo que esta viendo de Dios mismo, pues estando en la tierra, está también en el seno del Padre. El ministerio de Jesús no había sido sino lleno de gracia, por tanto procurar Su muerte, es desear cometer un homicidio, con consciente voluntad y determinación. Ese pecado demandaba una sentencia a muerte conforme a la Ley que ellos decían honrar. No solo les decía o hablaba lo que era *verdadero*, sino mucho más, *la verdad*. Jesús era la Verdad en la total extensión de la palabra, por tanto Sus obras y Sus palabras son *la verdad*. Jesús no estaba diciendo *Su propia verdad*, sino la que había oído y visto en el Padre.

τοῦτο 'Αβραὰμ οὐκ ἐποίησεν. No cabe duda que la conducta de los judíos no era la que había sido la de su padre Abraham. El primer contraste con ellos es que *"Abraham creyó a Dios y le fue contado por Justicia"* (Gn. 15:6), mientras que ellos no querían creer en Jesucristo. En esta afirmación de Jesús se aprecia ya una acusación solemne, está realmente diciéndoles, que pertenecen a otra familia distinta a la que ellos dicen, que su Padre no podía ser Abraham, por consiguiente tenían otro diferente, cuyo nombre va a pronunciar un poco más adelante.

41. Vosotros hacéis las obras de vuestro padre. Entonces le dijeron: Nosotros no somos nacidos de fornicación; un padre tenemos, que es Dios.

ὑμεῖς ποιεῖτε τὰ ἔργα τοῦ πατρὸς ὑμῶν. εἶπαν [οὖν] αὐτῷ·
Vosotros hacéis las obras del padre de vosotros. Dijeron entonces le:
ἡμεῖς ἐκ πορνείας οὐ γεγεννήμεθα, ἕνα πατέρα ἔχομεν
nosotros de fornicación no fuimos engendrados, un padre tenemos
τὸν Θεόν.
\- Dios.

Notas y análisis del texto griego.

Siguen las palabras de Cristo: ὑμεῖς, caso nominativo de la segunda persona plural del pronombre personal *vosotros*; ποιεῖτε, segunda persona plural del presente de indicativo en voz activa del verbo ποιέω, *hacer, obrar, realizar*, aquí *hacéis*; τὰ, caso acusativo neutro plural del artículo determinado *los*; ἔργα, caso acusativo neutro plural del nombre común *obras*; τοῦ, caso genitivo masculino singular del artículo determinado declinado *del*; πατρὸς, caso genitivo masculino singular del nombre común *padre*; ὑμῶν, caso genitivo de la segunda persona plural del pronombre personal declinado *de vosotros*; εἶπαν, tercera persona plural del aoristo segundo de indicativo en voz activa del verbo, εἶπον, aoristo de λέγω, *hablar, decir*, aquí *dijeron*; οὖν, conjunción causal en función ilativa *entonces*; αὐτῷ, caso dativo masculino de la tercera persona plural personal declinado *a ellos, les*; ἡμεῖς, caso nominativo de la primera persona plural del pronombre personal *nosotros*; ἐκ, preposición propia de dativo *de*; πορνείας, caso genitivo femenino singular del nombre común *fornicación*; οὐ, adverbio de negación *no*; γεγεννήμεθα, primera persona plural del perfecto de indicativo en voz pasiva del verbo γεννάω, *engendrar, concebir*, aquí *fuimos engendrados*; ἕνα, caso acusativo masculino singular del adjetivo numeral cardinal *uno, un*; πατέρα, caso acusativo masculino singular del sustantivo que denota *padre*; ἔχομεν, primera persona plural del presente de indicativo en voz activa del verbo ἔχω, *tener, poseer*, aquí *tenemos*; τὸν, caso acusativo masculino singular del artículo determinado *el*; Θεόν, caso acusativo masculino singular del nombre divino *Dios*.

ὑμεῖς ποιεῖτε τὰ ἔργα τοῦ πατρὸς ὑμῶν. Sin mencionar todavía el nombre del padre a quien se refiere, les hace notar que no son obras buenas las que salen de él y que ellos hacen. Las palabras anteriores ponen de manifiesto que las intenciones suyas eran las de matar a Jesús, por consiguiente, si este deseo nacía del reflejo moral de quien era realmente su padre, éste no podía sino ser malo y perverso. Esta es una reiteración de lo que les había dicho antes (v. 38). Al no precisarles cual es el padre en que está pensando, pero sí, les advierte de su condición moral, los judíos se enfurecen todavía más contra Jesús.

εἶπαν [οὖν] αὐτῷ· ἡμεῖς ἐκ πορνείας οὐ γεγεννήμεθα, Hablarles de un padre que no fuese Abraham, suponía una acusación grave, que ellos consideraban como si les llamase hijos de fornicación. Es la posición natural de quien afirma la paternidad de uno que no es realmente su padre y que hay otro que sí lo es. En cierta medida están acusando de una situación por lo menos dudosa a Jesús, puesto que se sabía que Su nacimiento no se debía a la relación entre María y José, y ninguno de ellos estaba dispuesto a aceptar que hubiese nacido por concepción virginal. Entre los judíos corría el rumor de que Jesús era hijo ilegítimo de José, de ahí la respuesta: *nosotros somos hijos de matrimonio legítimo*. En forma figurada, los profetas, incluso en el Nuevo Testamento se habla de fornicación espiritual al hecho de que Israel adorase a ídolos, que suponía unirse en relación con otros fuera del mantrimonio, ya que Jehová se autodesigna como marido de Israel (cf. Is. 54:5; Jer. 31:32; Os. 4:11-15, etc.; Stg. 4:4).

ἕνα πατέρα ἔχομεν τὸν Θεόν. La respuesta definitiva de los judíos es que el único padre que tenían era Dios. Es probable que en la respuesta haya una sutil insinuación hacia Cristo, como dice Hendriksen:

"No resulta totalmente imposible que en las palabras de estos enemigos del Señor esté implícita una siniestra insinuación, y que realmente lo que quisieran decir fuera esto: '¡Nosotros no hemos nacido de fornicación, pero tú sí! Respecto a nuestro nacimiento no hay dudas razonables, pero ¡tu caso es diferente![22]".

Sin duda esta y otras son suposiciones razonables, pero no hay un sustento explícito en el texto griego para ellas. Lo que se palpa es el orgullo racial de los que se creían únicos descendientes de Abraham, por cuya razón despreciaban a los galileos y especialmente a los samaritanos, por decirlo de alguna manera, se consideraban como *pura sangre israelita.* Los judíos consideraban a Dios como el padre de la nación, tanto por lo que hizo y pactó con Abraham, como probablemente apoyándose en las palabras del profeta: "*¿No tenemos todos un mismo padre? ¿No nos ha creado un mismo Dios?*" (Mal. 2:10). El concepto de paternidad cambia en el Nuevo Testamento, en sentido de que sólo los creyentes son hijos de Dios, sólo a ellos se les da autoridad de serlo, sólo ellos pueden serlo por vinculación con el Hijo (1:12). Cristo fue enviado al mundo para hacer posible la adopción, mediante el rescate, es decir, mediante la operación salvadora efectuada en la Cruz (Gá. 4:4).

42. Jesús entonces les dijo: Si vuestro padre fuese Dios, ciertamente me amaríais; porque yo de Dios he salido, y he venido; pues no he venido de mí mismo, sino que él me envió.

εἶπεν αὐτοῖς ὁ Ἰησοῦς· εἰ ὁ Θεὸς πατὴρ ὑμῶν ἦν ἠγαπᾶτε
Dijo les - Jesús: Si - Dios padre de vosotros fuese amaríais
ἂν ἐμέ, ἐγὼ γὰρ ἐκ τοῦ Θεοῦ ἐξῆλθον καὶ ἥκω· οὐδὲ γὰρ
ciertamente me, porque yo de - de Dios salí y vengo. Porque ni
ἀπ' ἐμαυτοῦ ελήλυθα, ἀλλ' ἐκεῖνος με ἀπέστειλεν.
de mí mismo he venido, sino Él me envió.

[22] G. Hendriksen. o.c., pág. 323.

Notas y análisis del texto griego.

Sin variaciones textuales importantes, trasladando las palabras de Jesús, escribe: εἶπεν forma con el aoristo de λέγω, *hablar, decir*, aquí *dijo*; αὐτοῖς, caso dativo masculino de la tercera persona plural del pronombre personal declinado *a ellos, les*; ὁ, caso nominativo masculino singular del artículo determinado *el*; Ἰησοῦς, caso nominativo masculino singular del nombre propio *Jesús*; εἰ, conjunción afirmativa *si*; ὁ, caso nominativo masculino singular del artículo determinado *el*; Θεὸς, caso nominativo masculino singular del nombre divino *Dios*; πατὴρ, caso nominativo masculino singular del nombre común *padre*; ὑμῶν, caso genitivo de la segunda persona plural del pronombre personal declinado *de vosotros*; ἦν, tercera persona singular del imperfecto de indicativo en voz activa del verbo εἰμί, *ser*, literalmente *era*, debiendo traducirse aquí como *fuese*; ἠγαπᾶτε, segunda persona plural del imperfecto de indicativo en voz activa del verbo ἀγαπάω, *amar*, literalmente *amabais*, aquí *amaríais*; ἂν, partícula que no empieza nunca frase y que da a ésta carácter condicional o dubitativo, o expresa una idea de repetición. Se construye con todos los modos menos el imperativo y acompaña a los pronombres relativos para darles un sentido general; en algunas ocasiones no tiene traducción; ἐμέ, caso acusativo de la primera persona singular del pronombre personal declinado *a mí, me*; ἐγὼ, caso nominativo de la primera persona singular del pronombre personal *yo*; γὰρ, conjunción causal *porque*; ἐκ, preposición propia de genitivo *de*; τοῦ, caso genitivo masculino del artículo determinado *el*; Θεοῦ, caso genitivo masculino singular del nombre divino *Dios*; ἐξῆλθον, primera persona singular del segundo aoristo de indicativo en voz activa del verbo ἐξέρχομαι, *salir, proceder*, aquí *salí*; καὶ, conjunción copulativa *y*; ἥκω, primera persona singular del presente de indicativo en voz activa del verbo ἥκω, *venir, hacerse presente,* aquí *vengo*; οὐδὲ, adverbio de negación, literalmente *y no*, aquí *ni*; γὰρ, conjunción causal *porque*; ἀπ', preposición propia de genitivo ἀπό, con el grafismo que adopta por elisión de la o final ante vocal o diptongo sin aspiración, que equivale a *de, desde, procedente de, por medio de, con, por*; ἐμαυτοῦ, caso genitivo de la primera persona singular del pronombre reflexivo *mí mismo*; ἐλήλυθα, primera persona singular del perfecto de indicativo en voz activa del verbo ἔρχομαι, *venir*, aquí *he venido*; ἀλλ' forma escrita ante vocal de la conjunción adversativa ἀλλά que significa *pero, sino*; ἐκεῖνος, caso nominativo masculino de la tercera persona singular del pronombre personal *él*; με, caso acusativo de la primera persona singular del pronombre personal declinado *a mí, me*; ἀπέστειλεν, tercera persona singular del aoristo primero de indicativo en voz activa del verbo ἀποστέλλω, *enviar*, aquí *envió*.

εἶπεν αὐτοῖς ὁ Ἰησοῦς· εἰ ὁ Θεὸς πατὴρ ὑμῶν ἦν ἠγαπᾶτε ἂν ἐμέ, Cristo responde a quienes afirman tener a Dios por padre, que si fuese verdad, en lugar de odiarle y procurar matarle, le amarían. Es lo natural para quienes reconociendo a Dios, han de reconocer también el Hijo eterno del Padre, enviado por Él al mundo. El testimonio divino tiene que ver con la complacencia y el amor que el

Padre manifiesta hacia el Unigénito Hijo suyo. Por esa razón lo que decían de procedencia divina, considerando a Dios como padre de ellos, no era verdad ya que no le amaban a Él, el amado del Padre. Quien ama al Hijo ama al Padre, pero quien odia al Hijo, odia también al que le envió, manifestando la mentira de su afirmación anterior (1 Jn. 5:1).

ἐγὼ γὰρ ἐκ τοῦ Θεοῦ ἐξῆλθον καὶ ἥκω· Una vez más vuelve a remarcar Su procedencia. Había salido del Padre, por cuya razón estaba allí. El origen eterno del Verbo encarnado, está presente también en esta ocasión. Su salida del seno trinitario y Su venida al mundo, al ser enviado para el cumplimiento de la misión que eternamente tenía en el plan de redención.

οὐδὲ γὰρ ἀπ' ἐμαυτοῦ ἐλήλυθα, ἀλλ' ἐκεῖνος με ἀπέστειλεν. La presencia del Señor no se debía a la búsqueda personal suya, sino que había venido al mundo por determinación divina. La razón por la que estaba realizando el ministerio que todos conocían y que una gran mayoría rechazaba, no procedía de Su interés personal, sino que era la definitiva manifestación de Dios entre los hombres, hecha por el delegado plenipotenciario de la Deidad. En Jesús la trinidad divina viene al encuentro de los hombres, ya que Su misión era revelar a Dios. La dependencia entre Cristo y el Padre, se hace de nuevo manifiesta en este versículo. Los judíos le acusaban de pretencioso al manifestarse como alguien que, según ellos, venía de Sí mismo, ahora Jesús les dice que eso no era cierto, porque venía del que le había enviado. Salir de Dios y venir al mundo tiene que ver con la encarnación. El origen de Su venida es el Padre que le envía.

43. ¿Por qué no entendéis mi lenguaje? Porque no podéis escuchar mi palabra.

διὰ τί τὴν λαλιὰν[1] τὴν ἐμὴν οὐ γινώσκετε ὅτι οὐ δύνασθε
¿Por que la palabra - mía no conocéis? Porque no podéis
ἀκούειν τὸν λόγον τὸν ἐμόν.
oír la palabra - mía.

Notas y análisis del texto griego.

Sin interrupción, escribe: διὰ, preposición propia de acusativo *por*; τί, caso acusativo neutro singular del pronombre interrogativo *qué*; τὴν, caso acusativo femenino singular del artículo definido *la*; λαλιὰν, caso acusativo femenino singular del nombre común *palabra, lenguaje, discurso*; τὴν, caso acusativo femenino singular del artículo determinado *la*; ἐμὴν, caso acusativo femenino singular del adjetivo posesivo *mía*; οὐ, adverbio de negación *no*; γινώσκετε, segunda persona plural del presente de indicativo en voz activa del verbo γινόσκω, *conocer, comprender, entender*, aquí *entendéis*; ὅτι, conjunción causal *porque*; οὐ, adverbio de negación *no*; δύνασθε, segunda persona singular del presente de indicativo en voz media del verbo δύναμαι, *poder, tener poder*, aquí *podéis*; ἀκούειν, presente de infinitivo en voz activa del verbo ακούω, *oír, escuchar*; τὸν, caso acusativo masculino singular del artículo determinado *el*; λόγον, caso acusativo masculino singular del nombre común *palabra, discurso, dicho*; τὸν, caso acusativo masculino singular del artículo determinado *el*; ἐμόν, caso acusativo masculino singular del adjetivo posesivo *mío*.

Crítica Textual. Lecturas alternativas.

[1] En lugar de λαλιὰν, *palabra*, se lee ἀλήθειαν, *verdad* en D*.

διὰ τί τὴν λαλιὰν τὴν ἐμὴν οὐ γινώσκετε En una pregunta directa, que expresa asombro y, posiblemente, tristeza, inquiere de ellos la razón por la que no son capaces de entender *Sus palabras*. Hay que hacer distinción entre λαλιὰν y λόγον, aunque ambas se traducen por *palabra*, la primera tiene que ver con la audición de un discurso, con las palabras que se pronuncian, la segunda con el contenido del mismo. No se refiere tanto al contenido doctrinal de ellas, sino a la expresión audible de su contenido. No les hablaba en parábolas, sino directamente en lenguaje claro. El Señor les pregunta como es posible que no entiendan que en Sus palabras les está diciendo quien es Él, el Mesías, el prometido y enviado del Padre, el que les ofrece libertad, quien les habla para que creyendo en Él tengan vida eterna.

ὅτι οὐ δύνασθε ἀκούειν τὸν λόγον τὸν ἐμόν. Jesús mismo responde a la pregunta. Aquellos *no podían*, es decir, no sólo no querían sino que no podían entender por cuanto tenían su mente cerrada a la verdad de Dios. No cabe duda que quienes no son hijos de Dios, no pueden entender las verdades de Dios, que han de ser comprendidas espiritualmente, con la ayuda del Espíritu. Por esa razón el mensaje de Jesús no hallaba cabida en ellos (v. 37). El corazón de aquellos estaba entenebrecido por el pecado. Llenos de prejuicios y de orgullo, temerosos de perder su prestigio y posición entre el pueblo, no aceptaban el mensaje de Jesús. No cabe duda que aquí se recalca la responsabilidad de los que oían la Palabra. La voluntad de ellos era mala, por tanto, se oponían a percibir, esto es, aceptar lo que Cristo decía con tanta claridad y lo que confirmaba con las obras que hacía. Tiempo antes había dicho a Nicodemo que el que no naciera de nuevo no podía *ver* el reino de Dios (3:3, 5); aquellos por su condición no podían creer (5:44); como rebeldes voluntarios no eran atraídos por el Padre y no podían venir a Cristo (6:44). Esta es la situación del pecador sin asistencia del Espíritu y, todavía más, el que siendo pecador se endurece contra Dios. Aquellos no eran capaces de entender correctamente las palabras claras que Jesús pronunciaba, no entendían lo que oían porque no prestaban obediencia *al mensaje* que contenían.

44. Vosotros sois de vuestro padre el diablo, y los deseos de vuestro padre queréis hacer. El ha sido homicida desde el principio, y no ha permanecido en la verdad, porque no hay verdad en él. Cuando habla mentira, de suyo habla; porque es mentiroso, y padre de mentira.

ὑμεῖς ἐκ τοῦ πατρὸς[1] τοῦ διαβόλου ἐστὲ καὶ τὰς ἐπιθυμίας τοῦ
Vosotros del padre, del diablo sois y los deseos del
πατρὸς ὑμῶν θέλετε ποιεῖν. ἐκεῖνος ἀνθρωποκτόνος ἦν ἀπ'
padre de vosotros queréis hacer. Éste homicida era desde
ἀρχῆς καὶ ἐν τῇ ἀληθείᾳ οὐκ ἔστηκεν, ὅτι οὐκ ἔστιν
principio y en la verdad no permanecía firme, porque no hay
ἀλήθεια ἐν αὐτῷ. ὅταν λαλῇ τὸ ψεῦδος, ἐκ τῶν ἰδίων λαλεῖ,
verdad en él. Cuando habla la mentira, de lo suyo propio habla
ὅτι ψεύστης ἐστὶν καὶ ὁ πατὴρ αὐτοῦ.
porque mentiroso es y el padre de ella.

Notas y análisis del texto griego.

Sin interrupción, escribe: ὑμεῖς, caso nominativo de la segunda persona plural del pronombre personal *vosotros*; ἐκ, preposición propia de genitivo *de*; τοῦ, caso genitivo masculino singular del artículo determinado *el*; πατρὸς, caso genitivo masculino singular del nombre común *padre*; τοῦ, caso genitivo masculino singular del artículo determinado *el*; διαβόλου, caso genitivo masculino singular del nombre común *diablo*; ἐστὲ, segunda persona plural del presente de indicativo en voz activa del verbo εἰμί, *ser*, aquí *sois*; καὶ, conjunción copulativa *y*; τὰς, caso acusativo femenino plural del artículo determinado *las*; ἐπιθυμίας, caso acusativo femenino plural del nombre común *deseos, ambiciones, codicias*; τοῦ, caso genitivo masculino singular del artículo determinado *el*; πατρὸς, caso genitivo masculino singular del nombre común *padre*; ὑμῶν, caso genitivo de la segunda persona plural del pronombre personal declinado *de vosotros*; θέλετε, segunda persona plural del presente de indicativo en voz activa del verbo θέλω, *querer, desear*, aquí *queréis*; ποιεῖν, presente de infinitivo en voz activa del verbo ποιέω, *hacer, realizar*; ἐκεῖνος, caso nominativo masculino singular del pronombre demostrativo *éste*; ἀνθρωποκτόνος, caso nominativo masculino singular del nombre común *homicida*; ἦν, tercera persona singular del imperfecto de indicativo en voz activa del verbo εἰμί, *ser*, aquí *era*; ἀπ', preposición propia de genitivo ἀπό, con el grafismo que adopta por elisión de la o final ante vocal o diptongo sin aspiración, que equivale a *de, desde*; ἀρχῆς, caso genitivo femenino singular del nombre común *principio*; καὶ, conjunción copulativa *y*; ἐν, preposición propia de dativo *en*; τῇ, caso dativo femenino singular del artículo definido *la*; ἀληθείᾳ, caso dativo femenino singular del nombre común *verdad*; οὐκ, forma escrita del adverbio de negación *no*, con el grafismo propio ante una vocal con espíritu suave o una enclítica; ἔστηκεν tercera persona singular del imperfecto de indicativo en voz activa del verbo στήκω, *estar en pie, permanecer firme*, aquí *permanecía firme*; ὅτι, conjunción causal *porque*; οὐκ, forma escrita del adverbio de negación *no*, con el grafismo propio ante una vocal con espíritu suave o una enclítica; ἔστιν, tercera persona singular del presente de indicativo en voz activa del verbo εἰμί, *ser, estar, existir, haber*, aquí *hay*; ἀλήθεια caso nominativo femenino singular del nombre común *verdad*; ἐν, preposición propia de dativo *en*; αὐτῷ, caso dativo masculino de la tercera persona singular del pronombre personal *él*; ὅταν, conjunción temporal *cuando*; λαλῇ, tercera persona singular del presente de indicativo en voz activa del verbo λαλέω, *hablar, decir*, aquí *habla*; τὸ, caso acusativo neutro singular del artículo determinado *lo*; ψεῦδος, caso acusativo neutro singular del nombre común *mentira, falsedad*; ἐκ, preposición propia de genitivo *de*; τῶν, caso genitivo neutro plural del artículo determinado *los*; ἰδίων, caso genitivo neutro plural del adjetivo *suyo, suyo propio, propio*; λαλεῖ, tercera persona singular del presente de indicativo en voz activa del verbo λαλέω, *hablar, decir*, aquí *habla*; ὅτι, conjunción causal *porque*; ψεύστης, caso nominativo masculino singular del nombre común *mentiroso, falso*; ἐστὶν, tercera persona singular del presente de indicativo en voz activa del verbo εἰμι, *ser*, aquí *es*; καὶ, conjunción copulativa *y*; ὁ, caso nominativo masculino singular del artículo determinado *el*; πατὴρ, caso nominativo masculino singular del nombre común *padre*; αὐτοῦ, caso genitivo neutro singular del pronombre personal *ello*.

Crítica Textual. Lecturas alternativas.

[1] τοῦ πατρὸς, *del padre*, se omite en K, sir^{2}, bo^{bo}.

ὑμεῖς ἐκ τοῦ πατρὸς τοῦ διαβόλου ἐστὲ. Jesús da ahora el nombre del padre de aquellos. Eran hijos del diablo. El diablo destruye la vida que Dios crea y se opone a todo cuanto proviene de la verdad. Es suficiente con saber que quien comete pecado, es decir, el que vive satisfecho con la práctica habitual del pecado, es del diablo (1 Jn. 3:8). El nombre significa *acusador* o *calumniador* (Ap. 12:10) y se relaciona con una de las perversidades de Satanás, al describir a quien tergiversa el carácter de una persona con el propósito de injuriarle, de ahí su significado. Se aplica a Satanás porque continuamente está impugnando el carácter de los justos delante de Dios (Job. 1:6; Zac. 3:1; Ap. 12:10). En relación con Jesús, estaba induciendo al rechazo, calumniándolo y buscando insistentemente Su muerte.

καὶ τὰς ἐπιθυμίας τοῦ πατρὸς ὑμῶν θέλετε ποιεῖν. El Señor estaba vinculando a los judíos con Satanás, haciéndoles notar que era su padre espiritual, ya que ellos seguían sus insinuaciones y practicaban sus obras. Es más, se aprecia por el uso del verbo θέλω, que expresa la idea de *querer*, *desear*, por tanto, aquellos engañados por el diablo sentían deseo y estaban interesados en hacer lo que era propio de él. Es interesante apreciar el contraste: los judíos *no querían* oír las palabras de Jesús, rechazándole y denigrándole, mientras *querían* hacer las obras perversas del diablo. Al estar el verbo en presente de indicativo se refiere a algo persistente, es decir, no era una caída ocasional por la insinuación diabólica, sino un deseo continuo de hacer lo que su padre espiritual hacía.

ἐκεῖνος ἀνθρωποκτόνος ἦν ἀπ' ἀρχῆς. Ahora Cristo habla de la condición satánica. Con especial firmeza les recuerda que era *homicida* desde el principio. Sin duda refiriéndose al principio de la humanidad donde tentó a nuestros primeros padres haciéndoles caer en el pecado y conduciéndolos a la muerte, tanto espiritual, como luego física a causa de la primera, para concluir con la *muerte segunda* que es el estado perpetuo de muerte, al que llegan todos los que sin resolver el problema del pecado, experimentan la muerte física. Por esa acción diabólica entró la muerte en el mundo (Ro. 5:12). Es decir, lo hizo por medio de Adán. El pecado del primer hombre es el resultado de la condición homicida del diablo. El intento inicial suyo no se satisfacía en la muerte espiritual de un hombre, sino que el espíritu homicida procuró y lo consiguió que por descendencia natural la muerte pasara a todos los hombres. Jesús afirma que Satanás es homicida desde el principio. Sin duda sorprende que el ser más perfecto salido de la mano del Creador, perteneciente al orden de los *querubines*, hermoso por excelencia, llegase a una situación semejante (Ez. 28:14). Sin duda es un enorme misterio que sugiere preguntas para las que no hay respuesta bíblica. El diablo fue creado en santidad (Ez. 28:15). La Biblia enseña el pecado y la caída de Satanás, afirmándolo, pero no dando razones para esa situación. Debemos entender que la Escritura no está para satisfacer la curiosidad del lector, sino para revelar a Dios. En ella se enseña que Satanás fue perfecto hasta un momento de su existencia en que pecó (Ez. 28:15). El pecado oculto en el corazón de Satanás fue descubierto por Dios. La omnisciencia divina no puede ser engañada y todo pecado secreto está delante de Su rostro (Sal. 90:8). El pecado lo afectó en plenitud, llenándolo totalmente (Ez. 28:16). El demonio vino a una actividad totalmente opuesta para aquella que había sido creado. Rodea la tierra para acusar a los santos delante de Dios (Job 1:7); rodea al creyente para hacerle caer (1 P. 5:8). La pretensión diabólica consistía en *subir al cielo* y junto al trono de Dios levantar un trono que le permitiese ejercer una acción de señorío al margen del Creador (Is. 14:13-14). Ahora como diablo tiene la misión de *calumniar* a los creyentes, pero especialmente lo hizo con el Hijo de Dios, (Mt. 4:1, 5, 8, 11; 13:39; 25:41; Lc. 4:2, 3, 5, 6, 13; 8:12; Jn. 13:2; Hch. 10:38; 13:10; Ef. 4:27; 6:11; 1 Ti. 3:6, 7; 2 Ti. 2:26; He. 2:14; Stg. 4:7; 1 P. 5:8; 1 Jn. 3:8, 10; Jud. 9; Ap. 2:10; 12:9, 12; 20:2, 10).

La condición homicida del diablo le impulsa a actuar contra el mensaje del evangelio de la gracia, que proclama la salvación por fe en Cristo. El Mensajero divino estaba presente, llamando a los hombres a que acudieran a Él para otorgarles vida eterna. La aceptación de ese mensaje conllevaba la salida de la muerte para pasar al reino de Dios, en donde solo hay vida. De modo que induce a los religiosos de los tiempos de Cristo para que, no solo dejen de creer atendiendo a las palabras de vida contenidas en Su mensaje, sino que diesen muerte al mensajero para que la vida no alcanzase a otros que podían recibirla por fe en el Salvador.

καὶ ἐν τῇ ἀληθείᾳ οὐκ ἔστηκεν, ὅτι οὐκ ἔστιν ἀλήθεια ἐν αὐτῷ. Además de homicida Jesús le llama *mentiroso*. De la misma manera que en Jesús no sólo está la verdad, sino que Él es *la Verdad*, así en el diablo no existe verdad alguna porque él mismo es mentira, por tanto, siendo esa su condición de vida, no puede dejar de mentir, por tanto es un *mentiroso* incorregible, puesto que no hay regeneración espiritual para él. Satanás porque es *mentiroso*, no puede dejar de mentir. Es interesante observar la construcción de la frase, en la que aparece la forma verbal ἔστηκεν, *permanecer en pie*, o *permanecer firme*, en tiempo imperfecto que como tal indica una acción concluida que tiene proyección posterior, es decir, Satanás fue obediente hasta un momento en que dejó de permanecer en la verdad y desde ahí en adelante vive en la mentira gozándose en ella. Por tanto no permanecer en la verdad y hacerlo en la mentira, ofrece la dimensión de la conducta perversa y mentirosa o falsa con la que actúa, oponiéndose a la santidad y bondad de Dios y procurando que el hombre considere a Dios como un tirano en lugar de un Ser lleno de gracia y de fidelidad.

ὅταν λαλῇ τὸ ψεῦδος, ἐκ τῶν ἰδίων λαλεῖ, ὅτι ψεύστης ἐστὶν καὶ ὁ πατὴρ αὐτοῦ. La expresión de Jesús es siempre *verdad y vida*, pero el diablo, cuando habla lo hace siempre con mentira. Aquí se enseña que es el *padre de la mentira*. En Edén menospreció a Dios y aconsejó a nuestros primeros padres que lo repudiasen (Gn. 3:1-5), mintiendo sobre las intenciones que Dios tenía hacia ellos, y llamando mentiroso a Dios al decirles que no cumpliría la sentencia establecida para el pecado que era la muerte. Es calumniador y mentiroso, de modo que podía acusar a un hombre justo como Job delante de Dios, dando a entender que Job amaba a Dios porque le había comprado con sus dones y bendiciones y no porque lo amara Su dignidad (Job 1:9-10). Este mentiroso con sus engaños puso el mundo como un desierto, asoló sus ciudades y a los presos nunca abrió la cárcel (Is. 14:17). Con su actuación ciega el entendimiento de los perdidos para que no sean salvos (2 Co. 4:3, 4), quitando la Palabra del corazón de ellos para que no crean (Lc. 8:12). Se opone a Dios; persigue a los santos; es padre de mentiras. Mediante sus emisarios destrona el raciocinio, tortura a los seres humanos y los guía a la perdición. Es, por tanto, el creador de las mentiras y generador de falsedades (cf. Gn. 3:1, 4; Job 1:9, 10, 11; Mt. 4:6, 9; Hch. 5:3; 2 Ts. 2:9, 10, 11). Todas las tentaciones son sugeridas por medio de mentiras, llamando a lo bueno malo y a lo malo bueno (Is. 5:20). Cuando habla siempre lo hace mintiendo como expresión propia de su naturaleza. El versículo dice, en las palabras de Jesús que *es padre de mentira*, pero, también puede traducirse como *padre del mentiroso*. Es la antítesis de Cristo, *lleno de gracia y de verdad*. La existencia de Satanás, el diablo es reconocida por Cristo.

45. Y a mí, porque digo la verdad, no me creéis.

ἐγὼ δὲ ὅτι τὴν ἀλήθειαν λέγω, οὐ πιστεύετε μοι.
Y yo porque la verdad digo, no creéis me.

Notas y análisis del texto griego.

Sigue: ἐγὼ, caso nominativo de la primera persona singular del pronombre personal *yo*; δὲ, partícula conjuntiva que hace las veces de conjunción coordinante, con sentido de *pero, más bien, y, y por cierto*, *antes bien*; ὅτι, conjunción causal *porque*; τὴν, caso acusativo femenino singular del artículo determinado *la*; ἀλήθειαν, caso acusativo femenino singular del nombre común *verdad*; λέγω, primera persona singular del presente de indicativo en voz activa del verbo λέγω, *hablar, decir*, aquí *digo*; οὐ, adverbio de negación *no*; πιστεύετε, segunda persona plural del presente de indicativo en voz activa del verbo πιστεύω, *creer*, aquí *creéis*; μοι, caso dativo de la primera persona singular del pronombre personal declinado *a mí, me*.

ἐγὼ δὲ ὅτι τὴν ἀλήθειαν λέγω, οὐ πιστεύετε μοι. Aquellos no escuchaban la verdad, pero prestaban atención a las sugerencias mentirosas de su padre el diablo. Pero esta es la realidad como consecuencia de la condición espiritual del hombre no regenerado, la verdad no halla cabida en ellos. Al no creer en la verdad no son capaces de llegar a la luz (3:19). Acostumbrados a seguir la mentira del diablo, incompatibilizan el seguimiento a la verdad. Quien cree al diablo, no puede creer en Jesús. La verdad no solo tiene que ver con la Persona de Jesucristo, que es *la Verdad*, sino con la plenitud de aquello que Dios ha revelado por medio de Su Palabra. Al revelarse contra el mensaje y las verdades de Jesús, se revelan contra *la Verdad* suprema de Dios expresada en el Verbo encarnado. Los judíos estaban en un campo opuesto a Jesús, ellos en la mentira, Él en la verdad, por tanto, no querían creer en lo que decía porque sólo hablaba verdad.

46. ¿Quién de vosotros me redarguye de pecado? Pues si digo la verdad ¿por qué vosotros no me creéis?

τίς ἐξ ὑμῶν ἐλέγχει με περὶ ἁμαρτίας εἰ ἀλήθειαν λέγω,
¿Quién de vosotros redarguye me de pecado? Si verdad digo,
διὰ τί ὑμεῖς οὐ πιστεύετε μοι
¿Por qué vosotros no creéis me?

Notas y análisis del texto griego.

Siguen las palabras de Jesús: τίς, caso nominativo masculino singular del pronombre interrogativo *quién*; ἐξ, forma escrita que adopta la preposición de genitivo ἐκ, delante de vocal y que significa *de*; ὑμῶν, caso genitivo de la segunda persona plural del pronombre personal *vosotros*; ἐλέγχει, tercera persona singular del presente de indicativo en voz activa del verbo ἐλεγχω, *reprender, amonestar, convencer, redargüir*, aquí *redarguye*; με, caso acusativo de la primera persona singular del pronombre personal declinado *a mí, me*; περὶ, preposición propia de genitivo *acerca de, de*; ἁμαρτίας, caso genitivo femenino singular del nombre común *trasgresión, pecado*; εἰ, conjunción *si*; ἀλήθειαν, caso acusativo femenino singular del nombre común *verdad*; λέγω, primera persona singular del presente de indicativo en voz activa del verbo λέγω, *hablar, decir*, aquí *digo*; διὰ, preposición propia de acusativo *por*; τί, caso acusativo neutro singular del pronombre interrogativo *qué*; ὑμεῖς, caso nominativo de la segunda persona plural del pronombre personal *vosotros*; οὐ, adverbio de negación *no*; πιστεύετε, segunda persona plural del presente de indicativo en voz activa del verbo πιστεύω, *creer*, aquí *creéis*; μοι, caso dativo de la primera persona singular del pronombre personal declinado *a mí, me*.

τίς ἐξ ὑμῶν ἐλέγχει με περὶ ἁμαρτίας. Ninguno de aquellos podía *redargüir*, esto es, convencer a una persona, o también probar objetivamente un pecado. La vida de Jesús estaba a la vista de todos. Es más, estaba siendo atentamente seguida por Sus enemigos, intentando descubrir en Él alguna cosa que les permitiese acusarle. Continuamente lo estaban acusando de pecado, pero no podían probar nada de aquellas acusaciones mentirosas contra Él. Había acusado públicamente a los judíos de ser hijos del diablo probándoles, ante todos, que sus obras perversas como las de su padre, testificaban contra ellos. Pero, no ocurría al revés, nadie podía acusar de pecado a Cristo. No responder a esta pregunta era una prueba visible ante todos de que Jesús era impecable. Cuando sea juzgado ante Pilato, tres veces dirá el juez romano que no hallaba ningún delito contra Él (18:38; 19:4, 6). El mismo ladrón que moría a Su lado dio testimonio de que no había hecho nada malo (Lc. 23:41). El mismo centurión que controlaba y dirigió la crucifixión tiene que decir: *"Realmente este hombre era justo"* (Lc. 23:47; comp. con Mt. 27:54; Mr. 15:39). La conclusión es sencilla: si ninguno podía acusarle de pecado, entonces todo cuanto decía era la verdad, puesto que si no fuese así podrían acusarle de mentiroso.

εἰ ἀλήθειαν λέγω, διὰ τί ὑμεῖς οὐ πιστεύετε μοι. La segunda pregunta de Cristo pone a Sus acusadores en un mayor aprieto. Si todo cuanto dice es verdad, puesto que si no lo fuese podían acusarle de mentir, entonces, ¿por qué no creen en Él? De otro modo, si Jesús no tiene pecado, entonces deben aceptarse todas Sus palabras como verdad. Los que no podían acusar y con ello probaban que Jesús no podía mentir, se oponían a la verdad de Sus palabras rechazando la invitación que continuamente hacía de acudir a Él para tener vida eterna. Creían la mentira y por ello, en imitación de su padre el demonio, se oponían a la verdad y se oponían a Dios, del que afirmaban ser hijos.

47. El que es de Dios, las palabras de Dios oye; por esto no las oís vosotros, porque no sois de Dios.

ὁ ὢν ἐκ τοῦ Θεοῦ τὰ ῥήματα τοῦ Θεοῦ ἀκούει· διὰ τοῦτο
El que es de - Dios las palabras - de Dios oye; por esto
ὑμεῖς οὐκ ἀκούετε, ὅτι ἐκ τοῦ Θεοῦ οὐκ ἐστέ[1].
vosotros no oís, porque de - Dios no sois.

Notas y análisis del texto griego.

Sin interrupción, sigue: ὁ, caso nominativo masculino singular del artículo determinado *el*; ὢν, caso nominativo masculino singular del participio de presente en voz activa del verbo εἰμί, *ser, estar*, aquí *que es*; ἐκ, preposición propia de genitivo *de*; τοῦ, caso genitivo masculino singular del artículo determinado *el*; Θεοῦ, caso genitivo masculino singular del nombre divino declinado *de Dios*; τὰ, caso acusativo neutro plural del artículo determinado *los*; ῥήματα, caso acusativo neutro plural del nombre común *dichos, palabras*; τοῦ, caso genitivo masculino singular del artículo determinado *el*; Θεοῦ, caso genitivo masculino singular del nombre divino declinado *de Dios*; ἀκούει, tercera persona singular del presente de indicativo en voz activa del verbo ἀκούω, *oír, escuchar*, aquí *oye*; διὰ, preposición propia de acusativo *por*; τοῦτο, caso acusativo neutro singular del pronombre demostrativo *esto*; ὑμεῖς, caso nominativo de la segunda persona plural del pronombre personal *vosotros*; οὐκ, forma escrita del adverbio de negación *no*, con el grafismo propio ante una vocal con espíritu suave o una enclítica; ἀκούετε, segunda persona plural del presente de indicativo en voz activa del verbo ἀκούω, *oír, escuchar*, aquí *oís*; ὅτι, conjunción causal *porque*; ἐκ, preposición propia de genitivo *de*; τοῦ, caso genitivo masculino singular del artículo determinado *el*; Θεοῦ, caso genitivo masculino singular del nombre divino declinado *de Dios*; οὐκ, forma escrita del adverbio de negación *no*, con el grafismo propio ante una vocal con espíritu suave o una enclítica; ἐστέ, segunda persona plural del presente de indicativo en voz activa del verbo εἰμί, *ser*, aquí *sois*.

Crítica Textual. Lecturas alternativas.

[1] Θεοῦ οὐκ ἐστέ, *de Dios no sois*, se omite en D, 579.

ὁ ὢν ἐκ τοῦ Θεοῦ τὰ ῥήματα τοῦ Θεοῦ ἀκούει· La conclusión es evidente: Si quienes son de Dios, oyen lo que Dios dice, quienes no oyen es que no son de Dios. Ser de Dios no sólo implica pertenencia, sino determinación de obedecer lo que Él establece, de otro modo, oír Su voz en la Palabra y servirle con entrega (6:44-46, 65). Los verdaderos hijos de Dios son los que creen, obedecen y viven conforme a Su voluntad, haciendo las obras que Dios mismo genera e impulsa en ellos (1 Jn. 3:10; 4:6; 5:19; 3 Jn. 11).

διὰ τοῦτο ὑμεῖς οὐκ ἀκούετε, ὅτι ἐκ τοῦ Θεοῦ οὐκ ἐστέ. La segunda parte del versículo pone un marcado énfasis en lo que ha dicho, llegando a una conclusión firme: Ellos no oían las palabras de Jesús, porque no eran de Dios. Luego, lo que antes había dicho sobre la paternidad de ellos relacionada con el diablo, quedaba confirmada, por dos vías: la primera es que la afirmación de Cristo tenía que ser verdad, porque nadie podía acusarle de pecado; la segunda por la evidencia, de que se negaban a oír lo que necesariamente era verdad, puesto que no podían redargüirle de pecado, creyendo la mentira demostraban no ser hijos de Dios. El odio contra Cristo no dependía de lo que estaba enseñando y haciendo en Su ministerio, sino que le antecedía, puesto que el diablo es enemigo de Dios desde el principio (v. 44). Jesús concluye afirmando que quien es de Dios oye las palabras de Dios. En esto los judíos probaban la realidad de su ascendencia espiritual. Los judíos quedaban sin forma alguna de replicar a las afirmaciones de Jesús.

48. Respondieron entonces los judíos, y le dijeron: ¿No decimos bien nosotros, que tú eres samaritano, y que tienes demonio?

Ἀπεκρίθησαν οἱ Ἰουδαῖοι καὶ εἶπαν αὐτῷ· οὐ καλῶς λέγομεν
Respondieron los judíos y dijeron le: ¿No bien decimos
ἡμεῖς ὅτι Σαμαρίτης εἶ σὺ καὶ δαιμόνιον ἔχεις
nosotros que samaritano eres tu y demonio tienes?

Notas y análisis del texto griego.

A las palabras de Jesús suceden las de los judíos: Ἀπεκρίθησαν, tercera persona plural del aoristo primero de indicativo en voz activa del verbo ἀποκρίνομαι, *responder, contestar, replicar, tomar la palabra*, aquí *respondieron*; οἱ, caso nominativo masculino plural del artículo determinado *los*; Ἰουδαῖοι, caso nominativo masculino plural del adjetivo *judíos*; καὶ, conjunción copulativa *y*; εἶπαν, tercera persona plural del aoristo segundo de indicativo en voz activa del verbo, εἶπον, aoristo de λέγω, *hablar, decir*, aquí *dijeron*; αὐτῷ, caso dativo masculino de la tercera persona singular del pronombre personal declinado *a él, le*; οὐ, adverbio de negación *no*; καλῶς, adverbio de modo *bien*; λέγομεν, primera persona plural del presente de indicativo en voz activa del verbo λέγω, *hablar, decir*, aquí *decimos*; ἡμεῖς, caso nominativo de la primera persona plural del pronombre personal *nosotros*; ὅτι, conjunción *que*; Σαμαρίτης, caso nominativo masculino singular del nombre propio *samaritano*; εἶ, segunda persona singular del presente de indicativo en voz activa del verbo εἰμί, *ser*, aquí *eres*; σὺ, caso nominativo de la segunda persona singular del pronombre personal *tú*; καὶ, conjunción copulativa *y*; δαιμόνιον, caso acusativo neutro singular del nombre común *demonio*; ἔχεις, segunda persona singular del presente de indicativo del verbo ἔχω, *tener, poseer*, aquí *tienes*.

Ἀπεκρίθησαν οἱ Ἰουδαῖοι καὶ εἶπαν αὐτῷ· οὐ καλῶς λέγομεν ἡμεῖς. A la razón responde el necio con ira y odio. Las palabras de los judíos no sustentan demostración de error en las de Jesús, sino insultos graves contra Su persona. El diablo es mentiroso y ellos muestran con la respuesta la pertenencia a él, cuando afirman que lo que dicen es *verdad*. Los que responden una vez más son los enemigos de Jesús, los dirigentes del pueblo.

ὅτι Σαμαρίτης εἶ σὺ. Le llaman *samaritano*, con lo que lo exponían a la mala voluntad del pueblo. Los judíos eran enemigos históricos de los samaritanos. No había peor calificativo para ellos que llamar a otro samaritano. Al designarle de este modo estaban calificándolo de *mala persona*. A los samaritanos se les consideraba como una raza mixta y apóstata, frente a quienes se consideraban hijos de Dios (v. 41). Probablemente esta acusación es equiparable a la siguiente de estar endemoniado, ya que Cristo responde a la segunda solamente (v. 49). Por otro lado, los samaritanos no sostenían la verdad bíblica en toda su extensión, por tanto, estaban acusando a Jesús de ser un desviado de la fe, y Sus palabras las propias de un apóstata.

καὶ δαιμόνιον ἔχεις La segunda acusación unida a la anterior era la de estar poseído por el demonio o, en algunas ocasiones, se usaba para hablar de locura que afectaba a una persona. Es una acusación que aparece con frecuencia en el *Evangelio* (7:20; 8:48, 52; 10:20). En éste suele usarse para designar alguna forma de locura, pero no excluye que sea de endemoniado y no de loco, como se aprecia también en los sinópticos (Mr. 3:22). Las palabras de Jesús y Sus milagros que liberaban a muchos de la posesión diabólica, se oponían al poder del diablo que tenía sujetos a muchos bajo su control. Entre los controlados por él estaban los líderes religiosos, aliados suyos por el odio que mostraban contra Cristo. Los que buscaban ocasión contra Jesús en Su enseñanza y en Sus obras, desesperados, intentan nuevamente acusarle delante de todos como endemoniado o aliado del demonio. Ante las palabras de vida de Jesús, a las que algunos creían, los judíos extendían la calumnia y la sospecha para que dudasen de Él. Aquella acusación trataba de hacer ver a todos que el poder de Jesús no procedía del bien sino del mal, no era un enviado del Padre como decía, sino del demonio. Aquellos que perversamente vivían apegados a su sistema religioso y a sus tradiciones, se creían en posesión de la verdad pero no tenían la autoridad de quien era realmente la Verdad. Bajo la influencia diabólica, en un interés impío por negar que Jesús es el Hijo de Dios, planeaban cometer el homicidio de quitar la vida a Jesús, como era la intención de su *padre*, el diablo. Aquel grupo de judíos, escribas y fariseos, dominados por el odio mentían al pueblo engañándolo y acusando a Jesús de estar endemoniado. De nuevo procuraban que quienes oían la respuesta a las palabras de Cristo entendiesen que estaba al servicio de Satanás y era su aliado. No hay una manifestación más diabólica que el comportamiento de estos perversos que actuaban con una malicia y falsedad ilimitada, movidos por una enemistad infernal contra Jesús. El enorme crimen moral de quienes se consideraban dechados de piedad consistía en negar la evidencia de que Sus palabras eran de Dios.

En mayor o menor grado la arrogancia y el orgullo religioso conducen a situaciones de impiedad manifiesta, especialmente marcadas en aquellos que se consideran espirituales porque conocen algo la Palabra y guardan celosamente los puntos y las comas en un fanático literalismo, sin importarles la realidad de la Escritura manifestada en la misericordia y la gracia contenidas en ella, de manera que son capaces de hacer cualquier cosa cuando ven peligrar su posición y caer sus criterios personales. Cuando sospechan que el ministerio de alguien, hecho en el nombre del Señor, puede conducir la mirada de los creyentes hacia Cristo apartándola de los hombres y sus tradiciones, su corazón, controlado por la carne y no por el Espíritu, planifica el modo de acallar la voz que Dios usa en medio de Su pueblo. Una de ellas es la sutil perversidad de la murmuración, consistente en esparcir calumnias o medias verdades, que son peores que mentiras, contra quien está sirviendo al Señor y no a los hombres. Este tipo de hipócritas está dispuesto a cuanto sea para evitar que el pueblo de Dios escape a las cadenas de esclavitud que ellos han puesto sobre los santos. Nada los va a hacer detener con tal de conseguir su propósito. Sin embargo, no prosperarán, como entonces tampoco ahora, porque *"la lengua perversa será cortada"* (Pr. 10:31). Jesús no se inmutó con la calumnia de los escribas, simplemente los va a confrontar con la verdad. Así tampoco deben inquietarse quienes, por servir a Dios, serán cuestionados por los hombres. Es necesario recordar la promesa que Él hace en Su Palabra: *"Si alguno conspirare contra ti, lo hará sin mí; el que contra ti conspirare, delante de ti caerá. He aquí que yo hice al herrero que sopla las ascuas en el fuego, y que saca la herramienta para su obra; y yo he creado al destruidor para destruir. Ninguna arma forjada contra ti prosperará, y condenarás toda lengua que se levante contra ti en juicio. Esta es la herencia de los siervos de Jehová, y su salvación de mí vendrá"* (Is. 54:15-17).

49. Respondió Jesús: Yo no tengo demonio, antes honro a mi Padre; y vosotros me deshonráis.

ἀπεκρίθη Ἰησοῦς· ἐγὼ δαιμόνιον οὐκ ἔχω, ἀλλὰ τιμῶ τὸν
Respondió Jesús: Yo demonio no tengo, sino honro al
Πατέρα μου, καὶ ὑμεῖς ἀτιμάζετέ με.
Padre de mí, y vosotros deshonráis me.

Notas y análisis del texto griego.

Sigue el relato: ἀπεκρίθη, tercera persona singular del aoristo primero de indicativo en voz pasiva del verbo ἀποκρίνομαι, *responder, contestar*, aquí *respondió*; Ἰησοῦς, caso nominativo masculino singular del nombre propio *Jesús*; ἐγὼ, caso nominativo de la primera persona singular del pronombre personal *yo*; δαιμόνιον, caso acusativo neutro singular del nombre común *demonio*; οὐκ, forma escrita del adverbio de negación *no*, con el grafismo propio ante una vocal con espíritu suave o una enclítica; ἔχω, primera persona singular del presente de indicativo en voz activa del verbo ἔχω, *tener, poseer*, aquí *tengo*; ἀλλὰ, conjunción adversativa *sino*; τιμῶ, primera persona singular del presente de indicativo en voz actica del verbo τιμάω, *honrar*, aquí *honro*; τὸν, caso acusativo masculino singular del artículo determinado declinado *al*; Πατέρα, caso acusativo masculino singular del nombre divino *Padre*; μου, caso genitivo de la primera persona singular del pronombre personal declinado *de mí*; καὶ, conjunción copulativa *y*; ὑμεῖς, caso nominativo de la segunda persona plural del pronombre personal *vosotros*; ἀτιμάζετε, segunda persona plural del presente de indicativo en voz activa del verbo ἀτιμάζω, *deshonrar*, aquí *deshonráis*; με, caso acusativo de la primera persona singular del pronombre personal declinado *a mí, me*.

ἀπεκρίθη Ἰησοῦς· ἐγὼ δαιμόνιον οὐκ ἔχω, No responde a la acusación de samaritano, pero niega la de endemoniado, mediante una concreta frase: *yo no tengo demonio*. Cuando se produce una acusación contra quien sirve a Dios, tan sólo corresponde negarla, pero encomendar la defensa a quien juzga justamente y que ha llamado y enviado a Su siervo a cumplir una misión en Su nombre. Cuando se calumnia a quien Dios ha llamado a Su servicio, se está calumniando a Dios mismo.

ἀλλὰ τιμῶ τὸν Πατέρα μου, καὶ ὑμεῖς ἀτιμάζετέ με. Por otro lado lo que estaba haciendo era honrar al Padre que le había enviado, del que procedía y con el que compartía la vida divina, como una Persona en el Ser Divino. Si tuviese demonio no honraría a Dios como aquellos estaban haciendo. Junto con la deidad se aprecia otra vez la humanidad de Cristo, sensible al vituperio y a la deshonra que le causaban las acusaciones blasfemas de los líderes religiosos de Israel. Esta *deshonra* es lo que cada creyente debe esperar, ya que nunca Dios ha prometido que los hombres honren a quienes honran a Dios. Jesús honraba al Padre al denunciar la relación espiritual de los judíos con el diablo, mientras que ellos al deshonrar al Hijo, lo hacen también con el Padre, a quien decían pertenecer como hijos suyos. Aquellos perversos le quitaban a Jesús el honor que le correspondía como Hijo del Padre.

50. Pero yo no busco mi gloria; hay quien la busca, y juzga.

ἐγὼ δὲ οὐ ζητῶ τὴν δόξαν μου· ἔστιν ὁ ζητῶν καὶ κρίνων.
Y yo no busco la gloria de mí; hay el que busca y juzga.

Notas y análisis del texto griego.

Sigue con: ἐγώ, caso nominativo de la primera persona singular del pronombre personal *yo*; δὲ, partícula conjuntiva que hace las veces de conjunción coordinante, con sentido de *pero, más bien, y, y por cierto, antes bien*; οὐ, adverbio de negación *no*; ζητῶ, primera persona singular del presente de indicativo en voz activa del verbo ζητέω, *buscar, procurar, intentar, querer*, aquí *busco*; τὴν, caso acusativo femenino singular del artículo determinado *la*; δόξαν, caso acusativo femenino singular del nombre común *gloria, esplendor, honor*; μου, caso genitivo de la primera persona singular del pronombre personal declinado *de mí*; ἔστιν, tercera persona singular del presente de indicativo en voz activa del verbo εἰμί, *ser, estar, haber*, aquí *hay*; ὁ, caso nominativo masculino singular del artículo determinado *el*; ζητῶν, caso nominativo masculino singular del participio de presente en voz activa del verbo ζητέω, *buscar, procurar, intentar, querer*, aquí *que busca*; καὶ, conjunción copulativa *y*; κρίνων, tercera persona singular del presente de indicativo en voz activa del verbo κρίνω, *juzgar, emitir juicio, condenar*, aquí *juzga.*

ἐγὼ δὲ οὐ ζητῶ τὴν δόξαν μου· ἔστιν ὁ ζητῶν καὶ κρίνων. Jesús no tenía necesidad, humanamente hablando, de buscar Su propia gloria, porque quien le glorificaba era el Padre que le había enviado. La respuesta que había dado a los judíos no era buscando quedar bien ante ellos y los oyentes que estaban presentes, sino que cada momento en la vida de Cristo, cada palabra que salía de Su boca, cada acción en Su ministerio, la llevaba a cabo buscando la gloria del Padre. Mientras que Él se ocupaba de glorificar al Hijo. Pero el Padre que buscaba la gloria del Hijo, también juzgaba reivindicándole de las acusaciones que formulaban contra Él y condenando por mentira y odio a los adversarios. Aquellos se atrevían a juzgar a Cristo, pero ignoraban voluntariamente que ellos son los que iban a ser juzgados. Dios no se conforma con expresiones externas algunas de ellas sustentadas con la aparente intención de defender la fe, sino que ve la realidad que hay en el corazón del que es juzgado. Los judíos procuraban la muerte de Jesús en un ciego celo por buscar la gloria de Dios, pero el objetivo de sus intenciones era el homicidio del Verbo encarnado (5:18; 7:1, 19, 25, 30; 8:37, 40; 10:31, 39; 11:8; 18:3). Como dice León Morris, *"... la ironía más audaz consiste en que, aunque los judíos buscaban la muerte de Jesús, el resultado de esa muerte iba a ser la verdadera gloria de Dios*[23]*"*. Él conduce todas las cosas para manifestar Su verdad y que por ello Su nombre sea glorificado. No importa el oprobio para quien busca la gloria de Dios, como dice el Dr. Lacueva: *"Quienes están muertos a las alabanzas de los hombres, pueden soportar impávidos los insultos de los hombres*[24]*"*. Cristo no buscaba Su propia gloria porque sabía que Dios honra a quienes no buscan su honor, sino que humildemente Le sirven para Su gloria. Nuevamente debemos aprender que las ofensas no deben ser vengadas por el que las recibe, sino que éste, en dependencia plena del Padre, encomienda su causa al que juzga, quien reivindicará su honor exhibiendo su justicia como la luz del mediodía. Remitiendo la causa a Dios humildemente, y esperando pacientemente en Él, llegaremos a conocer en propia experiencia que hay quien juzga nuestra causa (Sal. 37:5-7).

---

[23] León Morris. o.c., Vol. II, pág. 73.
[24] F. Lacueva. o.c., pág. 212.

51. De cierto, de cierto os digo, que el que guarda mi palabra, nunca verá muerte.

ἀμὴν ἀμὴν λέγω ὑμῖν, ἐάν τις τὸν ἐμὸν λόγον τηρήσῃ,
De cierto, de cierto, digo os, si alguno - mí palabra guardare,
θάνατον οὐ μὴ θεωρήσῃ εἰς τὸν αἰῶνα.
muerte de ningún modo verá para siempre.

Notas y análisis del texto griego.

Continúan las palabras de Jesús: ἀμὴν transliteración, *amén, de cierto*; ἀμὴν, transliteración *amén, de cierto*; λέγω, primera persona singular del presente de indicativo en voz activa del verbo λέγω, *hablar, decir*, aquí *digo*; ὑμῖν, caso dativo de la segunda persona plural del pronombre personal declinado *a vosotros, os*; ἐάν, conjunción *si*, condicional; τις, caso nominativo masculino singular del pronombre indefinido *alguien, alguno*; τὸν, caso acusativo masculino singular del artículo determinado *el*; ἐμὸν, caso acusativo masculino singular del pronombre posesivo *mío, mí*; λόγον, caso acusativo masculino singular del nombre común *palabra*; τηρήσῃ, tercera persona singular del aoristo primero de subjuntivo en voz activa del verbo τηρέω, *guardar, conservar, observar, cumplir*, aquí *guardare*; θάνατον, caso acusativo masculino singular del nombre común *muerte*; οὐ, adverbio de negación *no*; μὴ, partícula que hace funciones de adverbio de negación *no*; ambas negaciones juntas adquieren el sentido de *jamás, de ningún modo*; θεωρήσῃ, tercera persona singular del aoristo primero de subjuntivo en voz activa del verbo θεωρέω, *ver, mirar, observar, experimentar*, aquí *experimentará*, o *verá*; εἰς, preposición propia de acusativo *para*; τὸν, caso acusativo masculino singular del artículo definido *el*; αἰῶνα, caso acusativo masculino singular del nombre común *siglo, eternidad, atemporalidad*. Las tres palabras juntas tienen el sentido de *para siempre*.

ἀμὴν ἀμὴν λέγω ὑμῖν, Con un enfático *amén, amén,* de cierto de cierto, tan común en el *Evangelio*, el Señor remarca lo que sigue. Son palabras solemnes a las que los oyentes debían prestar atención dada la importancia vital de su contenido, ya que en ellas se establece la diferencia entre muerte y vida.

ἐάν τις τὸν ἐμὸν λόγον τηρήσῃ, La primera condición señala a la característica del creyente que habiendo recibido la Palabra y habiendo creído al mensaje de Dios, ahora vive en ella guardándola, en el sentido de seguirla como principio de vida. En ese caso no sólo tiene la Palabra, sino que la retiene (Sal. 119:9). Ese *guardar* la Palabra santifica la vida cristiana (17:17).

θάνατον οὐ μὴ θεωρήσῃ εἰς τὸν αἰῶνα. El verdadero creyente no verá, en sentido de experimentar, la muerte porque al creer en Cristo pasó a la vida (5:24). No significa esto que no pase por la muerte, puesto que así estableció Dios para todos los hombres (He. 9:27). Pero, lo que está diciendo Cristo es que la muerte no afecta al creyente para siempre. La muerte física es un simple tránsito de la experiencia de la vida actual al encuentro personal con Cristo para siempre (Fil. 1:23). El terror a la muerte por el que Satanás tiene retenidos a los hombres a servidumbre (He. 2:15), ya no afecta al cristiano. Los creyentes no tememos a la muerte, porque en Cristo hemos sido hechos dueños de ella (1 Co. 3:22), siendo además estimada a los ojos de Dios (Sal.116:15). De ahí las palabras de Cristo en las que afirma que *no la verán jamás*, porque para el creyente la muerte ha sido absorbida en la victoria de Dios en Cristo y por Su vida (1 Co. 15:54). El que cree en Cristo, ha pasado de muerte a vida, porque queda preservado de la muerte segunda o muerte perpetua, propia de quien no ha creído. Además para el que cree, el juicio por el pecado y la penalidad por él mismo, ya han sido extinguidos en la obra redentora de la Cruz. Cristo ocupó el lugar del pecador y éste queda absuelto de la responsabilidad penal del pecado, pudiendo decir con seguridad que ya no hay condenación para el que está en Cristo (Ro. 8:1). El juicio definitivo de Dios que en Su santa ira condenará eternamente al no creyente, nada tiene que ver con quien, por fe en Cristo, ha recibido no una vida cualquiera, temporal y limitada, sino la de Dios mismo por medio de Cristo que, por ser eterna, no perecerá jamás.

La eternidad de Jesús (8:52-58).

52. Entonces los judíos le dijeron: Ahora conocemos que tienes demonio. Abraham murió, y los profetas; y tú dices: El que guarda mi palabra, nunca sufrirá muerte.

εἶπον [οὖν] αὐτῷ οἱ Ἰουδαῖοι· νῦν ἐγνώκαμεν ὅτι δαιμόνιον
Dijeron, entonces, le los Judíos: Ahora conocemos que demonio
ἔχεις. Ἀβραὰμ ἀπέθανεν καὶ οἱ προφῆται, καὶ σὺ λέγεις· ἐάν
tienes. Abraham murió y los profetas, y tú dices: Si
τις τὸν λόγον μου τηρήσῃ, οὐ μὴ γεύσηται θανάτου
alguno, la palabra de mí guarda, de ningún modo gustará muerte
εἰς τὸν αἰῶνα.
para siempre.

Notas y análisis del texto griego.

Sigue el relato, sin variaciones importantes de lectura: εἶπον, tercera persona plural del segundo aoristo de indicativo en voz activa del verbo εἶπον, aoristo de λέγω, *hablar, decir*, aquí *dijeron*; οὖν, conjunción ilativa *entonces*; αὐτῷ, caso dativo masculino de la tercera persona singular del pronombre personal declinado *a Él, le*; οἱ, caso nominativo masculino plural del artículo determinado *los*; ᾿Ιουδαῖοι, caso nominativo masculino plural del adjetivo *judíos*; νῦν, adverbio de tiempo *ahora*; ἐγνώκαμεν, primera persona plural del perfecto de indicativo en voz activa del verbo γινώσκω, *saber, conocer*, aquí *conocemos*; ὅτι, conjunción *que*; δαιμόνιον, caso acusativo neutro singular del nombre común *demonio*; ἔχεις, segunda persona singular del presente de indicativo en voz activa del verbo ἔχω, *tener, poseer*, aquí *tienes*; ᾿Αβραὰμ, caso nominativo masculino singular del nombre propio *Abraham*; ἀπέθανεν, tercera persona singular del aoristo segundo de indicativo en voz activa del verbo ἀποθνήσκω, *morir*, aquí *murió*; καὶ, conjunción copulativa *y*; οἱ, caso nominativo masculino plural del artículo determinado *los*; προφῆται, caso nominativo masculino plural del nombre común *profetas*; καὶ, conjunción copulativa *y*; σὺ, caso nominativo de la segunda persona singular del pronombre personal *tu*; λέγεις, segunda persona singular del presente de indicativo en voz activa del verbo λέγω, *hablar, decir*, aquí *dices*; ἐάν, conjunción *si*; τις, caso nominativo masculino singular del pronombre indefinido *alguien, alguno*; τὸν, caso acusativo masculino singular del artículo determinado *los*; λόγον, caso acusativo masculino plural del nombre común *dichos, palabras*; μου, caso genitivo de la primera persona singular del pronombre personal declinado *de mí*; τηρήσῃ, tercera persona singular del aoristo primero de subjuntivo en voz activa del verbo τηρέω, *guardar, conservar, observar, cumplir*, aquí *guardare*; οὐ, adverbio de negación *no*; μὴ, partícula que hace funciones de adverbio de negación *no*; ambas negaciones juntas adquieren el sentido de *jamás, de ningún modo*; γεύσηται, tercera persona singular del aoristo primero de subjuntivo en voz media del verbo γεύομαι, *gustar, probar, experimentar*, aquí *gustara*; θανάτου, caso genitivo masculino singular del nombre común *muerte*; εἰς, preposición propia de acusativo *para*; τὸν, caso acusativo masculino singular del artículo definido *el*; αἰῶνα, caso acusativo masculino singular del nombre común *siglo, eternidad, atemporalidad*. Las tres palabras juntas tienen el sentido de *para siempre*.

εἶπον οὖν αὐτῷ οἱ ᾿Ιουδαῖοι· Las palabras de Jesús producen impacto en los judíos, de manera que la réplica no se hace esperar. Habla uno, pero está haciéndolo en nombre del grupo, por tanto, expresa el sentir de todos ellos.

νῦν ἐγνώκαμεν ὅτι δαιμόνιον ἔχεις. Nuevamente una expresión insultante reafirmando lo que antes habían dicho, que está poseído por el demonio. En verdad estaban actuando en forma maligna, puesto que ellos habían visto que las obras de Jesús ponían de manifiesto que Él era el enviado de Dios por Maestro (3:2), por tanto, lo que hablaba procedía de Dios mismo. Así se lo hizo entender poco antes (v. 28). Otra vez estaban cometiendo el horrendo pecado de llamar diablo a Dios.

᾿Αβραὰμ ἀπέθανεν καὶ οἱ προφῆται, La justificación que dan a aquella impía acusación es que todos los grande hombres de la nación, desde Abraham pasando por todos los profetas murieron. Eso es evidente, las biografías de todos ellos podían cerrarse con dos palabras: *y murió*. No hay hombre alguno que no muera, aunque podría haber dos excepciones *Enoc* y *Elías* (Gn. 5:24; 2 R. 2:11). Como se hace notar antes, Dios estableció para todos los hombres que mueran una vez.

καὶ σὺ λέγεις· ἐάν τις τὸν λόγον μου τηρήσῃ, οὐ μὴ γεύσηται θανάτου εἰς τὸν αἰῶνα. Si los hombres más grandes de Israel murieron, las palabras de Jesús entran en conflicto con esta realidad, cuando dice que quien guarde lo que Él enseñaba no *moriría para siempre*. Sin embargo es necesario apreciar que hay cierta variación entre lo que Jesús dijo y lo que ellos dicen. Cristo afirmó que el creyente *no vería* muerte para siempre, ellos hablan de que *no gustaría* la muerte *jamás*. Los judíos estaban repitiendo su inveterada costumbre de tomar literalmente las palabras que dice Jesús, dándoles el sentido temporal y físico, pero no el espiritual y eterno. El Señor no se refería a la experiencia de la muerte física, sino a la muerte eterna. Posiblemente en el cambio de verbos entre este y el versículo anterior, Juan esté intentando hacer notar al lector la burda interpretación de la muerte física, como si el creyente en Cristo no fuese a pasar por ella, cuando el sentido real es que el que cree no será vencido por la muerte.

53. ¿Eres tú acaso mayor que nuestro padre Abraham, el cual murió? ¡Y los profetas murieron! ¿Quién te haces a ti mismo?

μὴ σὺ μείζων εἶ τοῦ πατρὸς ἡμῶν[1] ᾿Αβραάμ, ὅστις
¿Acaso tu mayor eres que el padre de nosotros, Abraham, el cual
ἀπέθανεν καὶ οἱ προφῆται ἀπέθανον. τίνα σεαυτὸν ποιεῖς
murió y los profetas murieron. ¿quién a ti mismo haces?

Notas y análisis del texto griego.

Sin interrupción, sigue con μὴ, partícula que hace funciones de adverbio de negación condicional *no*, aquí en sentido de *acaso*, *tal vez*; σὺ, caso nominativo de la segunda persona singular del pronombre personal *tu*; μείζων, caso nominativo masculino singular del adjetivo comparativo *mayor que*; εἶ, segunda persona singular del presente de indicativo en voz activa del verbo εἰμί, *ser, estar*, aquí *eres*; τοῦ, caso genitivo masculino singular del artículo determinado *el*; πατρὸς, caso genitivo masculino singular del nombre común *padre*; ἡμῶν, caso genitivo de la primera persona plural del pronombre personal declinado *de nosotros*; ᾿Αβραάμ, caso genitivo masculino singular del nombre propio *Abraham*; ὅστις, caso nominativo masculino singular del pronombre relativo, *el que, el cual*; ἀπέθανεν, tercera persona singular del aoristo segundo de indicativo en voz activa del verbo ἀποθνῄσκω, *morir*, aquí *murió*; καὶ, conjunción copulativa *y*; οἱ, caso nominativo masculino plural del artículo determinado *los*; προφῆται, caso nominativo masculino plural del nombre común *profetas*; ἀπέθανον, tercera persona plural del aoristo segundo de indicativo en voz activa del verbo ἀποθνῄσκω, *morir*, aquí *murieron*; τίνα, caso acusativo masculino singular del pronombre interrogativo *quién*; σεαυτὸν, caso acusativo de la segunda persona singular del pronombre reflexivo declinado *a ti mismo*; ποιεῖς, segunda persona singular del presente de indicativo en voz activa del verbo ποιέω, *hacer, realizar, cometer, suponer*, aquí *haces*.

Crítica Textual. Lecturas alternativas.

[1] πατρὸς ἡμῶν, *padre de nosotros*, no aparece en D, W, it, sir[s], pbo.

μὴ σὺ μείζων εἶ τοῦ πατρὸς ἡμῶν Ἀβραάμ, En su afán de rebatir lo que Cristo decía, apelan, mediante una pregunta reflexiva que debiera para ellos tener una respuesta negativa, a preguntarle si Él era mayor que Abraham. Para los judíos el hombre más grande, amigo de Dios, originador del pueblo de Israel. Sin duda debían haber entendido que el Mesías era mayor que Abraham, pero ellos negaban aceptar los hechos y, por tanto, negaban que Jesús fuese el Cristo. Aunque en algunos códices no aparece *nuestro padre*, al referirse a Abraham, debe aceptarse mejor las lecturas que lo contienen porque esa expresión supone una contradicción a las palabras de Jesús que negaba la paternidad de Abraham sobre los judíos y la vinculaba con el diablo. Por esa causa, posiblemente, marcaban el hecho de que ellos consideraban a Abraham como su padre. A este, grande entre los grandes, le alcanzó la muerte.

καὶ οἱ προφῆται ἀπέθανον. Del mismo modo, como se ha dicho ya en el versículo anterior, también los profetas murieron. En la construcción gramatical de la frase, se usa una sintaxis imprecisa, que supone un añadido de los judíos a la respuesta, dando mayor amplitud, como si se acordasen en el momento que debían citar a los profetas que como Abraham también habían muerto.

τίνα σεαυτὸν ποιεῖς. Si ninguno de ellos podía acusar a Jesús de pecado, como Él mismo les desafió antes (v. 46), luego cuanto Él decía, como ya se ha considerado, es verdad, así que debieran haber servido las palabras de Jesús para hacerles reflexionar sobre quien era verdaderamente. Para ellos, por su ceguera espiritual, Cristo tenía demonio, al hacerse superior a Abraham, cuando realmente Sus palabras y Sus obras le atestiguaban como el Mesías. Sin embargo, buscaban en cada momento, inducidos a ello por su padre el diablo, una ocasión contra el Señor, de ahí la pregunta que le formulan: *"¿qué te haces a ti mismo?"*.

54. Respondió Jesús: Si yo me glorifico a mí mismo, mi gloria nada es; mi Padre es el que me glorifica, el que vosotros decís que es vuestro Dios.

ἀπεκρίθη Ἰησοῦς· ἐὰν ἐγὼ δοξάσω ἐμαυτόν, ἡ δόξα μου
Respondió Jesús: Si yo glorificase a mí mismo, la gloria de mí
οὐδέν ἐστιν· ἔστιν ὁ Πατήρ μου ὁ δοξάζων με, ὃν ὑμεῖς
nada es; es el Padre de mí el que glorifica me, el que vosotros
λέγετε ὅτι Θεὸς ἡμῶν[1] ἐστιν,
decís que Dios de nosotros es.

Notas y análisis del texto griego.

Siguiendo el relato, escribe: ἀπεκρίθη, tercera persona singular del aoristo primero de indicativo en voz pasiva del verbo ἀποκρίνομαι, *responder, contestar*, aquí *respondió*; Ἰησοῦς, caso nominativo masculino singular del nombre propio *Jesús*; ἐὰν, conjunción *si*; ἐγὼ, caso nominativo de la primera persona singular del pronombre personal *yo*; δοξάσω, primera persona singular del aoristo primero de subjuntivo en voz activa del verbo δοξάζω, *honrar, glorificar*, aquí *glorificase*; ἐμαυτόν, caso acusativo masculino de la primera persona singular del pronombre reflexivo declinado *a mí mismo*; ἡ, caso nominativo femenino singular del artículo determinado *la*; δόξα, caso nominativo femenino singular del nombre común *gloria*; μου, caso genitivo de la primera persona singular del pronombre personal declinado *de mí*; οὐδέν, caso nominativo neutro singular del pronombre indefinido *nada*; ἐστιν, tercera persona singular del presente de indicativo en voz activa del verbo εἰμί, *ser, estar*, aquí *es*; ἔστιν, tercera persona singular del presente de indicativo en voz activa del verbo εἰμί, *ser, estar*, aquí *es*; ὁ, caso nominativo masculino singular del artículo determinado *el*; Πατήρ, caso nominativo masculino singular del nombre divino *Padre*; μου, caso genitivo de la primera persona singular del pronombre personal declinado *de mí*; ὁ, caso nominativo masculino singular del artículo determinado *el*; δοξάζων, caso nominativo masculino singular del participio de presente en voz activa del verbo δοξάζω, *dar honor, glorificar*, aquí *que glorifica*; με, caso acusativo de la primera persona singular del pronombre personal declinado *a mí, me*; ὃν, caso acusativo masculino singular del pronombre relativo *el que, el cual*; ὑμεῖς, caso nominativo de la segunda persona plural del pronombre personal *vosotros*; λέγετε, segunda persona plural del presente de indicativo en voz activa del verbo λέγω, *hablar, decir*, aquí *decís*; ὅτι, conjunción *que*; Θεὸς, caso nominativo masculino singular del nombre divino *Dios*; ἡμῶν, caso genitivo de la segunda persona plural del pronombre personal declinado *de vosotros*; ἐστιν, tercera persona singular del presente de indicativo en voz activa del verbo εἰμί, *ser, estar*, aquí *es*.

Crítica Textual. Lecturas alternativas.

[1] Θεὸς ἡμῶν, *Dios de nosotros*, lectura atestiguada en 𝔭[75], A, B[2], C, K, N, W, Γ, Δ, Θ, 070, *f*[1, 13], 33, 565, 892, 1241, 𝔐, sir, sa, pbo, bo.

Θεὸς ὑμῶν, *Dios de vosotros*, según se lee en ℵ, B*, D, Ψ, 700, 1424, it, vg[cl], bo[bo].

ἀπεκρίθη Ἰησοῦς· Entramos aquí en la respuesta cumbre que Jesús hace, en la que identifica directamente por primera vez en todo Su ministerio, Su condición Divina. Jesús va a afirmar, mediante una progresión temática en los siguientes versículos, no lo que *pretende* ser, en pregunta de los judíos, sino lo que verdaderamente *es*, Dios entre los hombres, en la culminación suprema de la deidad vinculada con la eternidad que nadie posee, ni puede poseer, sino Dios. Esta verdad la van a comprender los judíos con claridad, reaccionando frente a ella, como se aprecia más adelante (v. 59).

ἐὰν ἐγὼ δοξάσω ἐμαυτόν, ἡ δόξα μου οὐδέν ἐστιν· Retoma de nuevo la cuestión de la glorificación de Su Persona, remitiéndose nuevamente al hecho de que si alguien se glorifica a sí mismo, esa gloria no es válida, sino más bien un engrandecimiento o endiosamiento de la persona. Usando aquí la forma verbal δοξάσω, el aoristo de subjuntivo, establece con ἐὰν, una condición de tercera clase. Por tanto se está refiriendo a una hipótesis de glorificación personal. Indica una posibilidad que no se puede dar en Él porque antes dijo que no buscaba Su propia gloria (v. 50). La auto-glorificación humana no tiene valor alguno, porque es una expresión de orgullo, de modo que la respuesta presenta la hipótesis desde la condición de un hombre, aspecto que condicionaba a muchos para aceptarlo más que eso, un hombre, o un gran hombre, pero nada más. Por esa razón decía que si daba testimonio de Él mismo, ese testimonio no era válido (5:31, 36).

ἔστιν ὁ Πατήρ μου ὁ δοξάζων με, Sin embargo la gloria que tenía no era buscada por Sí mismo, sino el resultado de la acción del Padre que le glorificaba. Esta gloria era visible en Su ministerio, lo fue manifiestamente en la transfiguración, pero en dependencia del Padre sería glorificado definitivamente por la resurrección y ascensión. Es el Padre que le da el nombre que es sobre todo nombre, en cuya autoridad se doblará toda rodilla en cielos y tierra, confesando que Él es Señor (Fil. 2:8-11). En Sus palabras está ya el primer avance hacia la declaración de Su deidad, haciéndoles notar que Su gloria procede del Padre. Es evidente que la relación paterno-filial de los judíos con Dios permitía a cualquiera de ellos decir que su Padre era Dios, pero Jesús está continuamente aplicándolo a la relación que eternamente existe en el Ser Divino. Dios el Padre tiene una relación exclusiva con el Hijo, al ser este el Unigénito y ser eternamente engendrado de Él mediante una generación inmanente y no transeúnte, de modo que eternamente se realiza. Por esta generación no puede haber más que un Hijo que es, por tanto *Unigénito*, puesto que la generación se perpetúa en la inmanencia que no permite la personificación de las dos Personas Divinas, la del Padre y la del Hijo, sin esa generación. Al no poder subsistir independientemente el Padre y el Hijo, el Hijo tiene la vida personal al ser engendrado, y el Padre la tiene por ser quien engendra. El pronombre personal en genitivo μου, *de mí*, establece una relación única entre el Padre y Jesucristo, que no puede haber con ningún otro ser creado.

ὃν ὑμεῖς λέγετε ὅτι Θεὸς ἡμῶν ἐστιν, Para que no hubiese duda alguna en la revelación que hace de Él mismo, Cristo puntualiza que *Su Padre*, es aquel de quien ellos dicen ser hijos, más todavía, ellos dicen que es Dios de ellos. Siendo mentirosos, como seguidores y vinculados espiritualmente al *padre de mentira*, que es el diablo, de quienes son hijos, la realidad de un Dios personal es un *decir*, simples palabras que salen de la mente, pero absolutamente opuestas a la verdad. Sin embargo, es muy necesario apreciar que el Señor vincula al Dios de los judíos con Su Padre.

55. Pero vosotros no le conocéis; mas yo le conozco, y si dijere que no le conozco, sería mentiroso como vosotros; pero le conozco, y guardo su palabra.

καὶ οὐκ ἐγνώκατε αὐτόν, ἐγὼ δὲ οἶδα αὐτόν. κἂν εἴπω ὅτι
Y no habéis conocido le; pero yo conozco le. Y si dijese que
οὐκ οἶδα αὐτόν, ἔσομαι ὅμοιος ὑμῖν ψεύστης· ἀλλὰ οἶδα
no conozco le, seré semejante a vosotros mentiroso; pero conozco
αὐτὸν καὶ τὸν λόγον αὐτοῦ τηρῶ.
le y la palabra de él guardo.

Notas y análisis del texto griego.

Sin variantes textuales, salvo colocación de palabras, se lee: καὶ, conjunción copulativa *y*; οὐκ, forma escrita del adverbio de negación *no*, con el grafismo propio ante una vocal con espíritu suave o una enclítica; ἐγνώκατε, segunda persona plural del perfecto de indicativo en voz activa del verbo γινώσκω, *conocer, saber*, aquí *habéis conocido*; αὐτόν, caso acusativo masculino de la tercera persona singular del pronombre personal declinado *a Él, le*; ἐγὼ, caso nominativo de la primera persona singular del pronombre personal *yo*; δὲ, partícula conjuntiva que hace las veces de conjunción coordinante, con sentido de *pero, más bien, y, y por cierto, antes bien*; οἶδα, primera persona singular del perfecto de indicativo en voz activa del verbo οἶδα, *saber, conocer, comprender, entender*, aquí *he conocido*, mejor *conozco*; αὐτόν, caso acusativo masculino de la tercera persona singular del pronombre personal declinado *a Él, le*; κἀν, crasis[25] formada por la conjunción copulativa καὶ, *y*, y la conjunción ἐάν, *si*; como adverbio significa *igualmente, también, aún*; como conjunción concesiva *aunque, incluso si, aun en el caso de que, aunque sea*, o condicional *al menos, siquiera, por lo menos, y si, sea que, aunque, aun sí*, aquí *y si*; εἴπω, primera persona singular del segundo aoristo de subjuntivo en voz activa del verbo εἶπον, forma del aoristo de λέγω, *hablar, decir*, aquí *dijere*; ὅτι, conjunción *que*; οὐκ forma escrita del adverbio de negación *no*, con el grafismo propio ante una vocal con espíritu suave o una enclítica; οἶδα, primera persona singular del perfecto de indicativo en voz activa del verbo οἶδα, *saber, conocer, comprender, entender*, aquí *he conocido*, mejor *conozco*; αὐτόν, caso acusativo masculino de la tercera persona singular del pronombre personal declinado *a Él, le*; ἔσομαι, primera persona singular del futuro de indicativo en voz media del verbo εἰμί, *ser, estar*, aquí *seré*; ὅμοιος, caso nominativo masculino singular del adjetivo *semejante*; ὑμῖν, caso dativo de la segunda persona plural del pronombre personal declinado *a vosotros*; ψεύστης, caso nominativo masculino singular del nombre común *mentiroso*; ἀλλὰ, conjunción adversativa *pero*; οἶδα, primera persona singular del perfecto de indicativo en voz activa del verbo οἶδα, *saber, conocer, comprender, entender*, aquí *he conocido*, mejor *conozco*; αὐτόν, caso acusativo masculino de la tercera persona singular del pronombre personal declinado *a Él, le*; καὶ, conjunción copulativa *y*; τὸν, caso acusativo masculino singular del artículo definido *el*; λόγον, caso acusativo masculino singular del nombre común *palabra, dicho*; αὐτοῦ, caso genitivo masculino de la tercera persona singular del pronombre personal declinado *de él*; τηρῶ, primera persona singular del presente de indicativo en voz activa del verbo τηρέω, *guardar*, aquí *guardo*.

καὶ οὐκ ἐγνώκατε αὐτόν, Los enemigos de Jesús insistían en que Dios era su padre. Sin embargo no le conocían. Unido al final del versículo anterior, ya que los dos forman una unidad expresiva, Jesús habla de una contradicción, como si dijese: *decís que Dios es vuestro padre, pero sin embargo no le conocéis*. Es posible que los hombres conozcan intelectualmente a Dios por estudio de Su palabra y sin embargo no lo conozcan vivencialmente. Estos pueden afirmar que tienen a Dios, pero Él no está en sus vidas. Así enseñó Jesús en el *Sermón del Monte*, cuando refiriéndose al encuentro con Él en el juicio final, algunos presentaban como justificación personal que le habían conocido y actuaron en Su nombre haciendo incluso prodigios, pero la respuesta de Él como juez es que nunca les había conocido a ellos (Mt. 7:21-23). Las pretensiones religiosas son en ocasiones el resultado de la

25 *Crasis*, palabra griega que equivale a *unión de fuerzas*, en general *unión de elementos*.

ignorancia del verdadero Dios. Es posible hablar profundamente de las cosas de Dios y no haberle conocido. La evidencia del desconocimiento que tenían de Dios es que no honraban al Hijo que Él había enviado (5:23). En base a la identificación vinculante entre ambos, no es posible conocer a Dios ignorando a Cristo.

ἐγὼ δὲ οἶδα αὐτόν. En cambio, los que decían conocer a Dios y no lo conocían, acusaban a Jesús de samaritano y de endemoniado, sin embargo, a diferencia de ellos, Él conocía a Su Padre, por tanto conocía a Dios. El conocimiento que Jesús tenía de Dios es el eterno conocimiento *ad intra*. El Padre revela todo en el Hijo y nada expresa en el plano de los hombres sin que sea por medio de Él y en Él. El conocimiento que el Verbo tiene del Padre es absoluto y el discurso divino que revela a Dios se formula en una sola palabra que es el Verbo (He. 1:1-2). Nadie fuera de Cristo conoce así al Padre, pero, cada creyente por vinculación con el Hijo recibe de Él el conocimiento vivencial y disfruta por medio de Él de la vida eterna.

κἂν εἴπω ὅτι οὐκ οἶδα αὐτόν, ἔσομαι ὅμοιος ὑμῖν ψεύστης· Una frase aparentemente dura sigue a la afirmación del conocimiento Suyo acerca de Dios y del desconocimiento que los judíos tenían, a pesar de su arrogante pretensión de que Dios era su padre. Las palabras de Jesús son precisas y verdaderas. Aquellos mentían al afirmar la relación con Dios, porque desconociéndole se oponían al Hijo y, por tanto, se oponían a Él. Siendo hijos del diablo, las obras del diablo hacían. Satanás es mentiroso y padre de mentira, por tanto, quienes son sus seguidores, hijos espirituales de él, mienten. La mentira más difícil de descubrir es la que va rodeada de piedad. Los escribas y fariseos con sus prácticas religiosas y su celo por la Ley, aparentaban estar en un total compromiso con Dios, sin embargo, buscaban la muerte del inocente Jesús, planificándola y procurándola con saña diabólica. De modo que eran mentirosos cuando afirmaban conocer a Dios. Si Jesús dijese que no lo conocía sería como ellos mentiroso.

ἀλλὰ οἶδα αὐτὸν καὶ τὸν λόγον αὐτοῦ τηρῶ. Aún sin necesitarla pone una evidencia de que lo que acaba de decir es verdad. Le conoce porque *guarda Su palabra*. El sentido de obediencia es expresión de amor. Los judíos eran mentirosos porque no guardaban lo que Dios revelaba en Su Palabra. Guardarla sería aceptar la realidad mesiánica de Jesucristo. No guardarla era oponerse a lo revelado en ella negando que fuese el Hijo de Dios. Guardar la palabra es demostración práctica de conocer a Dios. El verbo *conocer*, aparece en dos formas en el versículo. La primera γινώσκω, es el conocimiento que se alcanza por información, el segundo οἶδα, que Jesús afirma ser el suyo, conlleva un conocimiento íntimo, intuitivo, vivencial de Dios que, como se dice antes, es exclusivo del Hijo, por cuyo conocimiento puede realizar la misión reveladora que le ha sido encomendada (1:18).

56. Abraham vuestro padre se gozó de que había de ver mi día; y lo vio, y se gozó.

Ἀβραὰμ ὁ πατὴρ ὑμῶν ἠγαλλιάσατο ἵνα ἴδῃ τὴν ἡμέραν
Abraham el padre de vosotros se regocijó que viera el día
τὴν ἐμήν, καὶ εἶδεν καὶ ἐχάρη.
- mío, y vio y se gozó.

Notas y análisis del texto griego.

Continuando, escribe: Ἀβραὰμ, caso nominativo masculino singular del nombre propio *Abraham*; ὁ, caso nominativo masculino singular del artículo determinado *el*; πατὴρ, caso nominativo masculino singular del nombre común *padre*; ὑμῶν, caso genitivo de la segunda persona plural del pronombre personal declinado *de vosotros*; ἠγαλλιάσατο, tercera persona singular del aoristo primero de indicativo en voz media del verbo ἀγαλλιάω, *gozarse, alegrarse, regocijarse*, aquí *se regocijó*; ἵνα, conjunción *que*; ἴδῃ, tercera persona singular del aoristo primero de subjuntivo en voz activa del verbo ὁράω, *mirar, ver*, aquí *viera*; τὴν, caso acusativo femenino singular del artículo determinado *el*; ἡμέραν, caso acusativo femenino singular del nombre común *día*; τὴν, caso acusativo femenino singular del artículo determinado *el*; ἐμήν, caso acusativo femenino singular del adjetivo posesivo *mío, mí*; καὶ, conjunción copulativa *y*; εἶδεν, tercera persona singular del segundo aoristo de indicativo en voz activa del verbo ὁράω, *ver, mirar*, aquí *vio*; καὶ, conjunción copulativa *y*; ἐχάρη, tercera persona singular del aoristo segundo de indicativo en voz pasiva del verbo χαίρω, *alegrarse, gozarse*, aquí *se gozó*.

Ἀβραὰμ ὁ πατὴρ ὑμῶν ἠγαλλιάσατο ἵνα ἴδῃ τὴν ἡμέραν τὴν ἐμήν, Jesús retoma nuevamente la figura de Abraham, *vuestro padre*, este es el que los judíos consideraban como el padre de ellos, en sentido de principio de la nación, para hacerles saber que se había regocijado *al ver mi día*. El verbo ἀγαλλιάω, tiene el sentido de *gozarse, alegrarse, regocijarse*, en una notable dimensión de alegría, como *estar radiante de gozo*, de ahí que ἀγαλλίασις, exprese un gozo extremo, júbilo. Este gozo se había apoderado de Abraham y se expresaba al exterior, haciéndose visible a todos. En este caso el Señor se estaba refiriendo al gozo anticipado de Abraham, a causa del día de Cristo. Esto tiene que ver con la promesa que Dios le hizo de que en él serían benditas todas las familias de la tierra (Gn. 12:3). La inspiración plenaria de la Biblia hace extensiva a la Escritura lo que es propio de la personalidad divina. No cabe duda que esta promesa está registrada en el Pentateuco, registro escritural producido siglos después de haber sido conferida la promesa a Abraham, pero la Escritura perpetúa la promesa hasta llegar a Cristo. En ella se pone de manifiesto la determinación divina en relación la justificación de los hombres, tanto judíos como gentiles, por medio de la fe. Este *creer*, el ejercicio de la fe salvadora depositada en el Salvador, permite traer consigo el perdón de pecados y la vida eterna, alcanzando la condición de hijos por adopción (1:12). Es importante entender que toda la acción de salvación es de Dios: La fe demandada no es una contribución humana a la justicia divina, ya que la salvación es plenamente de Dios (Sal. 3:8; Jon. 2:9). Dios que salva, llama al hombre a salvación y lo conduce a Cristo para que sea salvo (6:33, 44). A la obra divina corresponde también el preanuncio del evangelio a Abraham, como Pablo dice: *"Dio de antemano la buena nueva a Abraham"* (Gá. 3:8). Es decir, del mismo modo que él fue justificado, así también lo sería todo hombre que cree al mensaje del evangelio. La fe en Cristo introduce a todo creyente en la esfera de la bendición que Dios prometió a Abraham, como se lee: *"... engrandeceré tu nombre, y serás de bendición... habiendo de ser benditas en él todas las naciones de la tierra"* (Gn. 12:3; 18:18). La promesa de bendición tiene que ver con un descendiente de la mujer, que por la gracia divina estaría también vinculado con la descendencia de Abraham. Dios había anunciado esto a nuestros primeros padres en Edén (Gn. 3:15). La comprensión de esta verdad de que en su descendencia serían benditas todas las naciones de la tierra, apuntaba ya a Cristo. Abraham sabía que de su descendencia inmediata no vendría el cumplimiento de la promesa, sino la línea de su descendencia que llegaría hasta el Mesías, en quien Dios bendeciría a todos los que creyesen en Él. Esta promesa de bendición sería realizada por una y no por más personas. La descendencia que alcanza la bendición es Cristo, como descendiente de Abraham.

καὶ εἶδεν καὶ ἐχάρη. Aquella promesa procediendo de Dios, tenía que cumplirse. Abraham que había creído a Dios, abraza la promesa saludándola de lejos y regocijándose en ella. El patriarca lo comprendió y deseaba ver aquel día, pero ya el gozo exultante llenaba su corazón. No lo vio directamente pero lo aceptó por la fe, por tanto, por esa fe veía ya ese día como cumplido y se regocijaba tantos siglos antes de que ocurriese. Por esa razón es por lo que Cristo dice que Abraham *"y lo vio, y se gozó"*. De la misma manera que esperaba la ciudad que tiene fundamentos cuyo constructor y arquitecto es Dios (He. 11:10), lo que le llenaba de esperanza y le permitía vivir como un peregrino a la espera del cumplimiento de la promesa, así también ocurrió con el *día de Cristo*, que contemplándolo como realidad, puesto que Dios no deja de cumplir sus promesas, hizo que el gozo le inundase. Nótese que Jesús no dice que Abraham le vio a Él, sino que vio su día. Esto tiene que ver con la *mirada* de la fe: *"Conforme a la fe murieron todos éstos sin haber recibido lo prometido, sino mirándolo de lejos, y creyéndolo, y saludándolo, y confesando que eran extranjeros y peregrinos"* (He. 11:13). Dios probó la fe de Abraham y de sus descendientes, ya que las promesas no se llegaron a cumplir en sus días, pero no desesperó ni fue incrédulo, sino que la fe le daba sustento y le hacía disfrutar ya en el tiempo presente de las bendiciones futuras. Aquella promesa la veía cumplida en la distancia y la saludaba. Como si viera un amigo que se aproximaba y aún lejos del encuentro, mientras se acercaba, lo saludaba, así sentía la realidad de la promesa que Dios le había dado. La fe daba por realizado lo que Dios había prometido, aunque demorase en el tiempo de los hombres. Él había aceptado por fe que en su descendencia serían bendecidas todas las naciones de la tierra, y la fe le hacía saludar de lejos esa realidad. La fe saturaba la vida de Abraham y le llenaba de gozo sabiendo que Dios es fiel y cumple lo prometido.

57. Entonces le dijeron los judíos: Aún no tienes cincuenta años, ¿y has visto a Abraham?

εἶπον	οὖν	οἱ	Ἰουδαῖοι	πρὸς	αὐτόν·	πεντήκοντα	ἔτη	οὔπω
Dijeron	entonces	los	judíos	a	Él:	cincuenta	años	aún no
ἔχεις	καὶ	Ἀβραὰμ	ἑώρακας					
tienes	¿y	a Abraham	has visto?					

Notas y análisis del texto griego.

Siguiendo el relato, escribe: εἶπον, tercera persona plural del aoristo segundo de indicativo en voz activa del verbo λέγω, *hablar, decir*, aquí *dijeron*; οὖν, conjunción causal continuativa *pues*; οἱ, caso nominativo masculino plural del artículo determinado *los*; Ἰουδαῖοι, caso nominativo masculino plural del adjetivo *judíos*; πρὸς, preposición propia de acusativo *a*; αὐτόν, caso acusativo masculino de la tercera persona singular del pronombre personal *Él*; πεντήκοντα, caso acusativo neutro plural de adjetivo numeral cardinal *cincuenta*; ἔτη, caso acusativo neutro plural del nombre común *años*; οὔπω, adverbio de negación *todavía no, aún no*; ἔχεις, segunda persona singular del presente de indicativo en voz activa del verbo ἔχω, *tener*, aquí *tienes*; καὶ, conjunción copulativa *y*; Ἀβραὰμ, caso acusativo masculino singular del nombre propio declinado *a Abraham*; ἑώρακας, segunda persona singular del perfecto de indicativo en voz activa del verbo ὁράω, *ver, mirar*, aquí *has visto*.

εἶπον οὖν οἱ Ἰουδαῖοι πρὸς αὐτόν· πεντήκοντα ἔτη οὔπω ἔχεις καὶ Ἀβραὰμ ἑώρακας. La incredulidad hace estériles las palabras de Dios. Ellos entienden literalmente que si Abraham vio el día de Cristo, Él también vio a Abraham. Por esa razón en forma un tanto irónica y, por supuesto irreverente e incrédula, le formulan una pregunta que sería difícil de responder para cualquier hombre, pero no para Jesús. Ellos sabían que no había alcanzado los cincuenta años, y poniendo esa supuesta cifra, le preguntan como era posible que con sus años pudiese haber visto a Abraham. Estaban, en cierto modo, acusando a Cristo de mentir, porque con Su edad, ni Abraham había podido verle, ni tampoco Él a Abraham. Aquellos incrédulos estaban presos en sus propias redes, las de la religiosidad, y una sumamente grave, la del odio.

58. Jesús les dijo: De cierto, de cierto os digo: Antes que Abraham fuese, yo soy.

εἶπεν αὐτοῖς Ἰησοῦς· ἀμὴν ἀμὴν λέγω ὑμῖν, πρὶν Ἀβραὰμ
Dijo les Jesús: De cierto, de cierto, digo os, antes que Abraham
γενέσθαι ἐγὼ εἰμί.
llegase a ser, yo soy.

Notas y análisis del texto griego.

Cerrando el párrafo, escribe: εἶπεν forma con el aoristo de λέγω, *hablar, decir*, aquí *dijo*; αὐτοῖς, caso dativo masculino de la tercera persona plural del pronombre personal declinado *a ellos, les*; Ἰησοῦς, caso nominativo masculino singular del nombre propio *Jesús*;· ἀμὴν transliteración, *amén, de cierto*; ἀμὴν, transliteración *amén, de cierto*; λέγω, primera persona singular del presente de indicativo en voz activa del verbo λέγω, *hablar, decir*, aquí *digo*; ὑμῖν, caso dativo de la segunda persona plural del pronombre personal declinado *a vosotros, os*; πρὶν, partícula invariable que hace oficio de conjunción, *antes que, antes de*; Ἀβραὰμ, caso acusativo masculino singular del nombre propio *Abraham*; γενέσθαι, aoristo segundo de infinitivo en voz media del verbo γίνομαι, *llegar a ser, comenzar a existir, ser*, aquí *llegase a ser*; ἐγὼ, caso nominativo de la primera persona singular del pronombre personal *yo*; εἰμί, primera persona singular del presente de indicativo en voz activa del verbo εἰμί, *ser*, aquí *soy*.

εἶπεν αὐτοῖς Ἰησοῦς· ἀμὴν ἀμὴν λέγω ὑμῖν, La declaración más contundente que Jesús hizo sobre Su deidad, es ésta. La hace con toda la solemnidad que conlleva el uso de *amén, amén*, traducido como *de cierto, de cierto*, con la intención de que prestasen atención a las palabras que seguían.

πρὶν Ἀβραὰμ γενέσθαι ἐγὼ εἰμί. Con toda seguridad que ninguno de aquellos esperaban una declaración como esa. Jesús contrasta la temporalidad de Abraham con la eternidad suya. La construcción gramatical de la frase es, literariamente hablando, incorrecta, puesto que está usando un pasado y un presente juntos: *Antes que Abraham llegase a existir,* ***Yo soy.*** Lo natural sería que dijese *yo era.* Para los judíos conocedores de la Escritura, aquel *Yo soy*, sonaría a la declaración personal de Dios cuando enviaba a Moisés para libertar al pueblo en Egipto y respondía a su pregunta sobre cual era el nombre de referencia que diría a los israelitas de quien le enviaba: *"YO SOY EL QUE SOY"* (Ex. 3:14).

Jesús usa intencionadamente la forma verbal γενέσθαι, que literalmente significa *llegar a ser, comenzar a existir* aplicada a Abraham, mientras que para Sí mismo usa εἰμί, *soy.* De otro modo, cuando Abraham vino a la existencia, luego de la concepción, inicia una vida temporal. No había existido como hombre antes de nacer. Sin duda su vida fue larga, pero llegó el momento en que dejó su existencia terrenal. Cuando comenzó la vida del patriarca, Jesús ya existía, porque Su existencia es eterna. El atributo de eternidad sólo es posible en Dios. Este es un atributo que manifiesta a Dios como el Ser sin principio ni fin. Quiere decir que no hay sucesión de tiempo para Dios (Dt. 32:40; Sal. 90:2; 93:2; 102:12, 27). Por tanto Dios es *atemporal* (He.13:8; Ap. 1:8). Pasado, presente y futuro con sus acontecimientos son un eterno presente para Dios. La eternidad puede definirse como *un indivisible presente que dura siempre.* La eternidad es la posesión perfecta y simultáneamente total, sin principio, sin fin y sin mutación de la infinita vida divina. La eternidad de Dios es un perpetuo y pleno presente que comprende y sobrepasa, pero coexiste con todos los tiempos. Ante la imposibilidad de expresar esta perfección divina, la Biblia dice que Dios *es desde el siglo y hasta el siglo* (Sal. 90:2). En el Nuevo Testamento se habla de Dios como *el que es y que era y que ha de venir* (Ap. 1:8). Donde se habla de la eternidad de Jesús se dice que *"Jesucristo es el mismo ayer, y hoy, y por los siglos"* (He. 13:8). No cabe duda que a nuestro Señor le corresponden las perfecciones que son propias de la deidad, por cuanto es Dios, en unidad con el Padre y el Espíritu, como ya se afirma en el primer versículo del *Evangelio* (1:1). Jesús, por tanto, está diciendo a los que estaban presentes que si Él es eterno, luego es Dios. Esto se viene afirmando a lo largo del texto, pero, en este lugar la preexistencia es una verdad presentada por Cristo mismo.

Se ha considerado ya esto en otros lugares, por tanto baste aquí con referirse a dos aspectos que sustentan la realidad de la eterna existencia de Jesucristo, partiendo de Su preexistencia. La experiencia del Verbo en existencia terrenal por medio de Su naturaleza humana, exige aceptar la preexistencia de vida. Es necesario entender que el acontecer de Cristo proviene de Dios y es Dios mismo en la medida en que entre Dios y Cristo hay una absoluta unidad de vida, acción, palabra y propósito. Jesucristo es Emmanuel, Dios con nosotros, esto es la expresión visible de la autocomunicación de Dios para solidarizarse con el destino de los pecadores a fin de que pueda llevar en atracción nuestra existencia a su propia vida. Jesucristo es manifestación de la autodonación de Dios, de tal manera que la relación de Jesús con Dios no surge en el tiempo, sino que procede de la eternidad. No se trata de una vinculación de deidad y humanidad en el aspecto soteriológico, sino de la realidad de vida en la unidad de la Trina Deidad. Jesucristo pertenece como Hijo al ser de Dios y Su temporalidad se debe al envío que Dios mismo hace de Su Hijo conforme a su propósito eterno de salvación. La unidad de acción es absolutamente idéntica entre las Personas Divinas, tanto la que envía, El Padre, como el enviado, El Hijo, esa es la razón por la que Jesucristo pueda decir que Él y el Padre son una misma cosa (10:30). De esta verdad revelada surgen los aspectos de *preexistencia, misión y humillación*. La conclusión final es que Dios estaba en Cristo, por tanto Jesucristo no solo manifiesta unidad de destino en ejecución soteriológica, sino esencialmente en unidad de Ser en el seno trinitario. La preexistencia de Jesucristo no surge de una reflexión filosófica, sino de una razón existencial revelada, en la que el Verbo fue hecho carne (1:14). El *envío* del Hijo se relaciona siempre con un propósito soteriológico, de ahí que aparezca continuamente la preposición *para* en cada referencia al *envío* divino (3:16; Gá. 4:4-5; 1 Jn. 4:9). Cristo es manifestado en el mundo como *Logos*, el Verbo existente en Dios, que recubre la gloria de Su deidad con el manto de la humanidad asumida en la Segunda Persona por encarnación. Es esa la causa por la que de Su plenitud tomamos todos y gracia sobre gracia (1:16). El revelador de Dios que estaba entre los hombres en forma humana, no dejaba de estar al mismo tiempo en el seno del Padre (1:18). En ese sentido, vinculado con Dios por ser Dios, la eternidad le pertenece y corresponde. El tiempo está en la exteriorización de Dios que al *salir* o *proyectarse* de Sí mismo, se expresa como Creador y en el acto de creación hace surgir la medida de las cosas mediante el tiempo. Sin embargo este Dios eterno permanece en la eternidad, que no es una perpetua sucesión de tiempo, sino la ausencia absoluta del mismo. Sólo del Eterno se puede decir que es el mismo *ayer, y hoy, y por los siglos*, por cuanto el tiempo no le afecta en transcurso, ya que el tiempo está fuera de la vida de Dios. Sin embargo, la expresión del versículo en relación con Jesucristo, contiene además del concepto de eternidad, el de *inmutabilidad*. Esa es una de las perfecciones que distinguen absolutamente al Creador de la criatura. Dios es el mimo perpetuamente, sin estar sujeto a cambio alguno en Su ser, atributos o determinaciones. Aunque toda la creación está sujeta a cambios, Dios no conoce cambio alguno porque es inmutable. Esta inmutabilidad forma parte de la misma *esencia* divina, de tal manera que la infinitud divina no puede estar sujeta a mudanza alguna. No hubo tiempo en que Jesucristo, como Dios, no existiera y no habrá nunca tiempo en que deje de existir. Lo que ha sido hoy lo ha sido siempre, y lo será sempiternamente, esa es la razón por la que dice por medio del profeta *"Yo Jehová, no cambio"* (Mal. 3:6). Esa es la causa y razón por la que Dios puede decir *"Yo soy el que soy"* (Ex. 3:14), por tanto, Sus perfecciones inmutables como Él mismo se manifiestan en un amor que no cambia y del que sólo Él puede decir: *"Con amor eterno te he amado"* (Jer. 31:3), por lo que de Jesucristo dice Juan que *"como había amado a los suyos que estaban en el mundo, los amó hasta el fin"* (13:1). Inmutable en su determinación o consejo, su voluntad jamás cambia, como dice el salmista: *"El consejo de Jehová permanecerá para siempre; los pensamientos de su corazón por todas las generaciones"* (Sal. 33:11). En ese sentido deben entenderse las palabras de Jesús: *"antes que Abraham fuese, yo soy"*.

La preexistencia personal se trata en el *Evangelio*, de forma especial al decir que Jesús es el Unigénito del Padre. No se trata de una relación en el tiempo o fuera del tiempo, sino de una pertenencia: Jesús pertenece a Dios. De otro modo, Dios le constituye a Él, y Él constituye a Dios. Engendrado por el Padre desde toda la eternidad, comienza a existir humanamente, aspecto que los hombres ven, cuando fue engendrado de María por el Espíritu Santo. No inicia su existencia cuando es concebido, porque Su Persona trasciende cualquier aspecto de la humanidad y es anterior a Su historia como hombre. Dicho de otro modo, quien eternamente es Hijo con el Padre, comienza a ser hombre, tomando existencia humana, pero sin alterar para nada Su preexistencia eterna. El Espíritu Santo suscita al Hijo una humanidad propia que Él personaliza, existiendo entre los hombres, visiblemente por medio de esa humanidad, pero trascendiéndola plenamente por cuanto el primer hombre creado vino a la existencia por Su poder (1:3). La eternidad y el tiempo interactúan y se relacionan mutuamente. De este modo, la eternidad coexiste con todos los tiempos *simultáneamente*, mientras que los tiempos coexisten con la eternidad *sucesivamente*. Así se explican las palabras de Jesús. Cuando la temporalidad del hombre Abraham se produce, la eternidad del Verbo se mantiene.

No hubo afirmación más clara de la deidad de Cristo que las mismas palabras de Jesús. Ya no expresa veladamente lo que es, por medio de obras y de palabras poderosas, lo afirma delante de quienes buscan motivo contra Él para quitarle la vida. Ante Sus enemigos se presenta como Dios manifestado en carne.

La reacción (8:59).

59. Tomaron entonces piedras para arrojárselas; pero Jesús se escondió y salió del templo; y atravesando por en medio de ellos, se fue.

ἦραν οὖν λίθους ἵνα βάλωσιν ἐπ' αὐτόν. 'Ιησοῦς δὲ
Tomaron, entonces, piedras para arrojar sobre Él. Pero Jesús
ἐκρύβη καὶ ἐξῆλθεν ἐκ τοῦ ἱεροῦ[1].
fue escondido y salió del templo.

Notas y análisis del texto griego.

Cerrando el relato, dice: ἦραν, tercera persona plural del aoristo primero de indicativo en voz activa del verbo αἴρω, *tomar, levantar*, aquí *tomaron*; οὖν, conjunción ilativa *entonces*; λίθους, caso acusativo masculino plural del nombre común *piedras*; ἵνα, conjunción causal *para*; βάλωσιν, tercera persona plural del aoristo segundo de subjuntivo en voz activa del verbo βάλλω, *arrojar, lanzar*, aquí *arrojar*; ἐπ', preposición propia de acusativo ἐπί, con el grafismo que adopta por elisión de la ο final ante vocal o diptongo sin aspiración, que equivale a *sobre, a, en, junto a*; αὐτόν, caso acusativo masculino de la tercera persona singular del pronombre personal *Él*; 'Ιησοῦς, caso nominativo masculino singular del nombre propio *Jesús*; δὲ, partícula conjuntiva que hace las veces de conjunción coordinante, con sentido de *pero, más bien, y, y por cierto, antes bien*; ἐκρύβη, tercera persona singular del aoristo segundo de indicativo en voz pasiva del verbo κρύπτω, *ocultar, esconder*, aquí literalmente *fue escondido*; καὶ, conjunción copulativa *y*; ἐξῆλθεν, segunda persona singular del aoristo segundo de indicativo en voz activa del verbo ἐξέρχομαι, *ir, salir, marchar*, aquí *salió*; ἐκ, preposición propia de genitivo *de*; τοῦ, caso genitivo neutro singular del artículo determinado *el*; ἱεροῦ, caso genitivo neutro singular del nombre común *santuario, templo*.

Crítica Textual. Lecturas alternativas.

[1] 'Ιησοῦς δὲ ἐκρύβη καὶ ἐξῆλθεν ἐκ τοῦ ἱεροῦ, *pero Jesús fue escondido y salió del templo*, según aparece en p[66, 75], ℵ*, B, D, W, Θ*, lat, sir[s], sa, ly, pbo, bo[bo]. καὶ διελθὼν διὰ μέσου αὐτῶν, καὶ παρῆγεν οὕτω, *y atravesando por en medio de ellos, se fue*, que se añade al texto según A, K, Γ, Δ, Θ, *f*[1, 13], 565, 700, 1424, 𝔐, q.

ἦραν οὖν λίθους ἵνα βάλωσιν ἐπ' αὐτόν. No cabía duda alguna de que con aquellas palabras Jesús afirmaba Su deidad. Para ellos aquel era un blasfemo, puesto que siendo solo un hombre, y cuestionado hasta el punto de acusarle de samaritano y endemoniado, se hacía Dios por cuanto afirmaba ser antes de Abraham y concluía Sus palabras con el *Yo soy*, propio del nombre divino, según la Escritura. Los judíos podían acusarle de que siendo hombre se hacía Dios (5:18; 10:33; 19:7). La blasfemia contra Dios se condenaba en la Ley con la muerte del blasfemo (Lv. 24:16).

En el recinto del santuario, algunas de cuyas construcciones estaban terminándose, había piedras sueltas, que podían alcanzarse fácilmente, por tanto, en una reacción de odio y fanatismo religioso, las tomaron con el propósito de arrojarlas sobre Jesús. Sin más juicio se tomaban la justicia por su mano dispuestos a lapidarlo. No debe olvidarse que quienes pretendían tal acción eran, muchos de ellos, miembros de Sanedrín, el órgano de justicia máximo en Israel.

Ἰησοῦς δὲ ἐκρύβη καὶ ἐξῆλθεν ἐκ τοῦ ἱεροῦ. Juan hace notar que Jesús *se ocultó*, sin embargo, la lectura literal del texto griego con la forma verbal ἐκρύβη, no es *se ocultó*, sino *fue ocultado* o *fue encubierto*. No se trata tanto de un salir oculto del templo en medio de un grupo de amigos, como algunos sugieren, sino que debe aplicarse a una acción milagrosa que oculta a Cristo de los que estaban dispuestos a apedrearle. Dios oculta a Su Hijo ya que no había llegado la hora para dar Su vida. No se trata de un escaparse miedoso, sino de una acción debidamente controlada desde el plano de la deidad. El poder divino cerró los ojos de aquellos que espiritualmente eran ya ciegos, para que no supieran como Jesús desapareció de su vista. La frase *salió del templo*, es una manifestación de alejamiento de quienes, por su condición personal, por su evidente incredulidad, y por su odio, habiendo despreciado a Jesús, no merecían sino quedarse solos. La fuente de la vida, el Salvador y la esperanza de Israel se alejaba de ellos, dejándolos solos con sus pecados en el atrio de la casa de Dios. La gracia para ellos tenía un límite y había llegado. No es que el Señor dejase de ministrar misericordia y benignidad, pero dejando a quienes se consideraban con derechos de heredar las bendiciones, de los que se tenían por hijos de Abraham, de quienes falsamente llaman a Dios su padre, se dirige a otros que no eran dignos conforme a la religión, como ocurrirá con el ciego de nacimiento en el próximo capítulo. Quienes decían que veían no pudieron ver a Jesús salir del templo, pero quien no veía desde su nacimiento, recibirá la vista por el poder de Jesús.

Este largo capítulo presenta muchas lecciones que deben ser aplicadas personalmente. Tan sólo una entre ellas será suficiente para cerrar esta aplicación personal. La hipocresía de los religiosos es la mayor demostración de comportamiento de los que Juan llama *judíos*. De ellos profetizó Isaías, diciendo: *"Este pueblo se acerca a mí con su boca, y con sus labios me honra, pero su corazón está lejos de mi, y su temor de mí no es más que un mandamiento de hombres que les ha sido enseñado"* (Is. 29:13). Jesús usó estas palabras para referirse a los escribas y fariseos de su tiempo. Califica con ello, no tanto sus acciones, sino sus intenciones. Él podía hacerlo porque conocía lo que los hombres no pueden conocer, las intenciones del corazón (2:24-25). La mentira saturaba sus corazones, que llenos de piedad aparente engañaban a las personas, amadores de las tradiciones, sujetos a la literalidad del escrito, pero lejos de la obediencia a Dios. Continuamente exigían obediencia a la gente, mientras que ellos quebrantaban los mandamientos de la Ley, que consideraban principales. La hipocresía es una forma sutil de mentir, difícil de descubrir por la simple observación. Los labios de aquellos alababan a Dios mientras el corazón que impulsaba sus acciones, se mantenía alejado y rebelde contra Él. Los escribas y fariseos pasaban el tiempo honrando a Dios con sus palabras que afectaban humildad, respeto y sumisión, sin embargo eran desobedientes. Con una mera apariencia de piedad, el corazón fuente de la vida y centro de la voluntad, se había alejado de Dios y permanecía en esa condición. Dios no estaba en el control y experiencia del corazón de ellos, por tanto las acciones de sus vidas estaban también en oposición a Él.

Cualquier apariencia de piedad no deja de ser sino mera hipocresía y, por tanto, mentira. Cristo dijo de ellos que eran hijos del diablo, mentiroso y homicida, de manera que con sus vidas mostraban esa relación. La vida del legalista persiste también de este modo en todos los tiempos. Mientras demandan que los creyentes obedezcan la Palabra al pie de la letra, como corresponde a la defensa de la sana doctrina, se atreven a nombrar a Dios como razón de sus acciones cuando el corazón de ellos está lejos de Él. Los legalistas modernos pretenden que se les consideren piadosos, pero como los de los tiempos de Cristo, son también perversos. El culto de estos se convierte en mera palabrería, lleno de tecnicismos pero con expresiones mentirosas que no concuerdan con la realidad de sus corazones corruptos. El único honor que recibe Dios de ellos son sólo palabras, como también dice el profeta: *"Los plantaste, y echaron raíces; crecieron y dieron fruto; cercano estás tú en sus bocas, pero lejos de sus corazones"* (Jer. 12:2).

El culto de los hipócritas, que tiene que ver con sus propias vidas, es sólo asunto de labios.

Este problema que persiste en el tiempo, se extenderá hasta el día que Dios recoja definitivamente a Su Iglesia. Mientras tanto, en medio de Su pueblo habrá siempre gente como los escribas y fariseos, honradores de labios, pero alejados de Dios. Son aquellos de quienes el apóstol Pablo dice que *"tienen el entendimiento entenebrecido, ajenos de la vida de Dios por la ignorancia que en ellos hay, por la dureza de su corazón"* (Ef. 4:18). Estos son los que predican una cosa pero piensan y viven otra.

CAPÍTULO IX

EL CIEGO DE NACIMIENTO

Introducción.

El capítulo anterior se cierra con la acción de los *judíos*, escribas y fariseos, contra Jesús, en un intento de lapidación, al entender que siendo un hombre, se hacía Dios. El actual es una transición para trasladar al lector al concepto parabólico que Jesús mismo elabora asemejándose al *Buen Pastor*, asunto central del capítulo siguiente. Un cambio tan brusco hace que algunos supongan que es un relato introducido aquí por el evangelista, pero que no ha tenido lugar en el tiempo en que aparentemente surge de la lectura del capítulo.

Sin embargo la misma forma de iniciarse el pasaje, con καὶ, conjunción copulativa que toma valor ilativo y que une lo que sigue con lo que antecede, exige considerar el relato del ciego de nacimiento como continuación de lo ocurrido en el templo, de donde Jesús salió bajo amenaza de muerte. Por tanto, es preciso entender que el relato ocurre en el mismo tiempo que el capítulo anterior, esto es, inmediato a la fiesta de los Tabernáculos. No cabe duda que el milagro pudo haberse producido en cualquiera de las visitas de Jesús a Jerusalén, pero hay algo que lo identifica con los tiempos finales de Su ministerio y es el odio que los líderes religiosos tenían contra Él. Además el estanque de Siloé desempeña un importante papel en los rituales del agua que tenían lugar durante la festividad. Otro elemento vinculante es el tema de la luz retomando las palabras de Jesús cuando dijo: *"Yo soy la luz del mundo"* (8:12), para reiterarlas aquí (v. 5), en un recordatorio de la verdad en esta ocasión ante los discípulos. Además, la siguiente referencia cronológica es a la *Fiesta de la Dedicación* 10:22, que tenía lugar tres meses después de la de los *Tabernáculos*. Aunque debe aceptarse el relato como continuación de lo ocurrido en el anterior, no es preciso colocarlo inmediatamente después, sino que podía haberse producido algunos días después. No obstante, es preferible asumir la continuidad temporal de lo que viene con lo que antecede del capítulo anterior.

El milagro de la sanidad del ciego de nacimiento está dentro de la selección de *señales* que Juan hace relativas a acciones sobrenaturales que Jesús hizo durante Su ministerio. Ya se ha considerado que estas son evidencias mesiánicas que responden a la pregunta: *¿Quién es Jesús?* y que, en cierta medida, señala la dureza del corazón de los escribas y fariseos, a quienes llama Juan *judíos*, como líderes religiosos, contra Jesús, despreciando Su enseñanza, negando la omnipotencia divina en Sus milagros, y acusándolo de perverso ante la gente, para preparar el tramo final contra Él hasta entregarlo a la muerte en la Cruz. Esta señal genera además un contraste entre luz y tinieblas, de modo que quien estaba en oscuridad viene a la luz recuperando la visión, mientras que aquellos que se jactan de *ver*, permanecen en una situación de ceguera y muerte a causa de su pecado. El relato empieza con el ciego que recupera la vista y finaliza con los fariseos que se han vuelto espiritualmente ciegos (v. 41). El efecto de la luz es diferente: por un lado es iluminador para quienes creen, pero es cegadora para los que se mantienen en pertinente incredulidad. Vida y muerte; luz y tinieblas; salvación y perdición; son los grandes contrastes del evangelio, que presenta al Salvador, quien también es el Juez.

Juan presenta el relato en una forma muy precisa y ordenada. Primeramente la respuesta a la pregunta de los discípulos sobre la causa de la ceguera de aquel hombre (vv. 2-5). En segundo lugar la realización del milagro de curación (vv. 6-12). Finalmente la reacción de los fariseos procurando negar la realidad del hecho milagroso, y actuando contra el inocente ciego acusándole de haber nacido en pecado y atreverse a enseñar a quienes no necesitaban ser enseñados, porque, según ellos, eran conocedores de la verdad. La expulsión de la sinagoga permite al ciego el encuentro con Jesús, la aceptación de quien era, la fe en Él, que trae como consecuencia, conforme a las palabras de Jesús, la recepción de la vida eterna (vv.35-38). El relato histórico concluye con la expulsión de la comunión en la sinagoga del hombre sanado (v. 34). A esto sigue una nueva sección de controversia entre Jesús y los judíos en la que aparece no tanto el sentido soteriológico de la primera venida de Jesús, sino el judicial, dando vista espiritual a unos y reduciendo o confirmando la ceguera espiritual de otros. Por eso los fariseos, clarividentes, que puestos ante el ciego niegan la *señal*, se vuelven ciegos, y no podrán recuperar para ellos la verdadera *luz de vida* que Jesús es y que ofrece a todo el que le siga.

No debe dejar de apreciarse en el pasaje, la transición de la fe al testimonio. El ciego de nacimiento se convierte en testigo de Cristo ante los hombres, afirmando, aún antes de conocerlo directamente en una relación personal, que Jesús tenía que proceder de Dios, porque nadie podría hacer una *señal* semejante, si no fuese de ese modo. A esta conclusión había llegado tiempo antes Nicodemo, uno de los fariseos (3:2). Sin saber personalmente quien era, ni Su nombre, lo reconoce primero como profeta (v. 17), y finalmente como lo que realmente era, *El Hijo del Hombre* (v. 38).

Una última observación: Nuevamente se hace notar que el milagro de curación del ciego se hizo en sábado. Esto permitirá a los enemigos de Cristo acusarlo de pecador por quebrantar el mandamiento sobre el sábado, establecido en la Ley. Argumento que será derribado no por Cristo, sino por el ciego de nacimiento.

La referencia a la *expulsión* de la sinagoga de quienes confesaran que Jesús era el Cristo, es tomada por los liberales para afirmar que el pasaje es una interpolación hecha por alguien de tiempos posteriores, ya que, según ellos, es la forma de enseñar el cumplimiento de una *profecía* de Jesús, que dijo a los Doce que en el futuro *serían expulsados de las sinagogas* (16:2). Para ellos en tiempos de Cristo sólo se trataban a los rebeldes a la Ley, siendo azotados en las sinagogas (Mt. 10:17), tarea de la que se ocupaba Saulo de Tarso antes de su conversión (Hch.26:11). Sin embargo es, como en todas las ocasiones, un modo de justificar la *negación* histórica de los relatos bíblicos, para reducirlos a meras especulaciones de los orígenes del cristianismo y, con ello, conseguir que se niegue la inerrancia bíblica.

Para el análisis del pasaje, se remite al bosquejo establecido en la *introducción*, como sigue:

3.2.9. Sanidad de un ciego (9:1-41).
- A) Pregunta de los discípulos (9:1-2).
- B) Respuesta de Jesús (9:3-5).
- C) El milagro (9:6-7).
- D) Reacción ante el milagro (9:8-12).
- E) El ciego y los religiosos (9:13-34).
- F) Jesús y el ciego (9:35-39).
- G) Reacción de los fariseos (9:40-41).

Sanidad de un ciego (9:1-41).

Pregunta de los discípulos (9:1-2).

1. Al pasar Jesús, vio a un hombre ciego de nacimiento.

Καὶ παράγων εἶδεν ἄνθρωπον τυφλὸν ἐκ γενετῆς[1].
Y al pasar, vio hombre ciego de nacimiento.

Notas y análisis del texto griego.

Iniciando el relato, escribe: Καὶ, conjunción copulativa *y*; παράγων, caso nominativo masculino singular del participio de presente en voz activa del verbo παράγω, *pasar, pasar junto a*, aquí *al pasar*, o también *pasando*; εἶδεν, tercera pesona singular del segundo aoristo de indicativo en voz activa del verbo ὁράω, *ver, mirar*, aquí *vio*; ἄνθρωπον, caso acusativo masculino singular del nombre común *hombre*; τυφλὸν, caso acusativo masculino singular del adjetivo *ciego*; ἐκ, preposición propia de genitivo *de*; γενετῆς, caso genitivo femenino singular del nombre común *nacimiento*.

Crítica Textual. Lecturas alternativas.

[1] Se añade καθήμενον, *sentado*, en D.

Καὶ παράγων εἶδεν ἄνθρωπον τυφλὸν ἐκ γενετῆς. La dificultad, como se dice en la introducción del capítulo, está en determinar cuando ocurrió esto. La conjunción copulativa *y*, con que empieza el pasaje en el texto griego, vincula a este con lo que antecede. Es de suponer que cuando Jesús salió del templo, luego de la confrontación con los judíos, pasó por algún lugar en las cercanías del edificio, donde estaba este ciego. Pero, pudo también haber ocurrido al día siguiente o en un tiempo relativamente próximo al incidente con que se cierra el capítulo anterior.

No se dice donde estaba este ciego, pero, por la alternativa de lectura se lee en el códice D *sentado*. Habitualmente los ciegos eran llevados por familiares o amigos a algún lugar donde había tránsito de personas para pedir limosna. El acceso al templo era un buen lugar para ello. En Hechos se habla de un cojo que se sentaba próximo a la puerta del templo llamada *La Hermosa*, pidiendo limosna (Hch. 3:2). No es de extrañar que al ciego de nacimiento lo situasen en alguno de los accesos al santuario con el mismo propósito.

Llama la atención el hecho de que se mencione al ciego como *de nacimiento*. ¿Cómo sabían eso los discípulos? Es probable que fuese un ciego conocido porque pedía limosna en el mismo sitio y, tal vez, los discípulos se habían enterado durante el tiempo de la fiesta de que era ciego desde su nacimiento.

En el versículo se hace resaltar el contraste entre el odio y el amor. Los judíos procuraban, llenos de ira, matar a Jesús, pero Éste, sin preocuparse por lo que habían procurado hacer, estaba dispuesto a mostrar su misericordia con un ciego de nacimiento. El que perdió la vista después de un tiempo, tiene una idea de los colores y de las formas, pero quien no vio nunca ignora todas esas cosas. El Señor mostró su compasión desde el momento en que fijó Su atención en el ciego, ignorado por muchos que pasaban junto a él. Por otro lado, la curación de ciegos era una de las señales que se daban en la profecía para identificar al Mesías (Is. 35:5).

2. Y le preguntaron sus discípulos, diciendo: Rabí, ¿quién pecó, éste o sus padres, para que haya nacido ciego?

καὶ ἠρώτησαν αὐτὸν οἱ μαθηταὶ αὐτοῦ λέγοντες· ῥαββί, τίς
Y preguntaron le los discípulos de Él, diciendo: Rabí, ¿quién
ἥμαρτεν, οὗτος ἢ οἱ γονεῖς αὐτοῦ, ἵνα τυφλὸς γεννηθῇ
pecó, éste o los padres de él, para que ciego naciese.

Notas y análisis del texto griego:

Continua el relato con καὶ, conjunción copulativa *y*; ἠρώτησαν, tercera persona plural del aoristo primero de indicativo en voz activa del verbo ἐρωτάω, *preguntar, requerir*, aquí *preguntaron*; αὐτὸν, caso acusativo masculino de la tercera persona singular del pronombre personal declinado *a Él, le*; οἱ, caso nominativo masculino plural del artículo determinado *los*; μαθηταὶ, caso nominativo masculino plural del nombre común *discípulos*; αὐτοῦ, caso genitivo masculino de la tercera persona singular del pronombre personal declinado *de Él, le*; λέγοντες, caso nominativo masculino plural del participio de presente en voz activa del verbo λέγω, *hablar, decir*; ῥαββί, caso vocativo masculino singular del nombre común *rabí, maestro*; τίς, caso nominativo masculino singular del pronombre interrogativo *quien*; ἥμαρτεν, tercera persona singular del aoristo segundo de indicativo en voz activa del verbo ἁμαρτάνω, *pecar, transgredir*, aquí *pecó*; οὗτος, caso nominativo masculino singular del pronombre demostrativo *éste*; ἢ, conjunción *o*; οἱ, caso nominativo masculino plural del artículo definido *los*; γονεῖς, caso nominativo masculino plural del nombre común *padres, progenitores*; αὐτοῦ, caso genitivo masculino de la tercera persona singular del pronombre personal declinado *de Él*; ἵνα, conjunción causal, *para que*; τυφλὸς, caso nominativo masculino singular del adjetivo *ciego*; γεννηθῇ, tercera persona singular del aoristo primero de subjuntivo en voz activa del verbo γεννάω, *nacer*, aquí *naciese*.

καὶ ἠρώτησαν αὐτὸν οἱ μαθηταὶ αὐτοῦ λέγοντες· De nuevo aparecen aquí los discípulos que estuvieron sin ser citados a lo largo del capítulo anterior. Cuando Jesús salió del templo, ellos debieron haber hecho lo mismo, de modo que siguiendo, como era propio, al lado del Señor, se encontraron también con el ciego de nacimiento, generando en ellos la pregunta que le formularon a Jesús.

ῥαββί, τίς ἥμαρτεν, οὗτος ἢ οἱ γονεῖς αὐτοῦ, ἵνα τυφλὸς γεννηθῇ. Era un pensamiento común entre la gente del tiempo de Cristo que el pecado traía como consecuencia el castigo de quien lo cometía, de manera que podía sufrir serias consecuencias en su vida. Pero, todavía más, pensaban que el pecado cometido por los padres, podía afectar a la vida de los hijos. Este pensamiento traía una consecuencia, juzgaban como pecadores a quienes sufrían algún problema físico, de otro modo, tras una situación como la del ciego, existía un problema de pecado, bien del enfermo o impedido; bien de sus progenitores. Es cierto que la Escritura habla de aflicciones físicas motivadas por el pecado; bien sea el general heredado de nuestros primeros padres (cf. Ro. 5:12-21; 8:20-23; 1 Co. 15:21); los pecados de los padres (Ex. 20:5; Nm. 14:18; Dt. 5:9; 28:32; Jer. 31:29); también los propios pecados de cada individuo (Dt. 28:1-68; Jer. 31:30; Ez. 18:4). Con todo, no siempre las aflicciones son consecuencia del pecado, como fue el caso de Job, de quien el Espíritu dio testimonio de ser un hombre *"perfecto, recto, temeroso de Dios y apartado del mal"* (Job. 1:1) y, sin embargo, fue afligido grandemente. Así también con los llamados *héroes de la fe* a quienes se refiere el escritor a *los Hebreos* (He. 11). El supremo ejemplo de aflicción sin ser consecuencia del pecado está en Cristo mismo, a quien *"Jehová quiso quebrantarlo, sujetándole a padecimiento"* (Is. 53:10). Pero los judíos solían centrar su atención, al ver una situación de tragedia personal, como resultado de algún pecado, bien propio o bien de sus antepasados. Ese pensamiento estaba en los albores de la reflexión humana, como aparece claramente en el libro de Job, en donde los amigos dudaban de su inocencia y le instaban a confesar el pecado a Dios para restauración. En los días de Cristo estaba sumamente arraigado en el pueblo, de ahí la pregunta de los discípulos y la observación de Jesús a los que estaban impactados con la muerte violenta que habían sufrido algunos a manos de Pilato, y los que conocían la muerte de otros dieciocho por la caída sobre ellos de una torre (Lc. 13:1-5). Los mismos maestros de Israel consideraban que los niños podían pecar ya antes de su nacimiento, enseñando que Esaú había intentado matar a Jacob antes de nacer[1].

Por esta razón los discípulos dirigiéndose respetuosamente a Cristo, llamándole *Rabí*, le preguntaron quien había pecado, si el ciego o los padres para que naciese con esa limitación. Sobre esta pregunta escribe el Dr. Lacueva:

---

[1] S. BK, pág. 527-529.

"... era muy poco caritativa, pues daban por supuesto que tal desdicha era necesariamente la consecuencia de alguna perversidad poco común. Como los amigos de Job, daban a entender que, en esta calamidad, había por medio algún gran pecado; pero no se debe pensar que los que más sufren vayan a ser, por ello, los más grandes pecadores. El dolor es consecuencia de la primera caída de la humanidad, pero sirve también para conducir las almas a Cristo, para disciplinar a los creyentes carnales y para purificar a los buenos cristianos.

Innecesariamente curiosa. ¿Qué les iba a ellos en si esta calamidad se debía a un pecado del propio ciego o de sus padres? Los hombres somos inclinados a inquirir acerca de los pecados ajenos más bien que acerca de los nuestros. Juzgarnos a nosotros mismos es nuestro deber (v. 1 Co. 11:28, 31), pero juzgar a los demás es pecado (v. Mt. 7:1 ss.; Ro. 2:1 ss.)[2]*".*

Como se ha dicho antes los judíos pensaban que las graves calamidades en los hombres se debían a problemas personales, como decía R. Ammi: *"No hay muerte sin pecado, y no hay sufrimiento sin iniquidad*[3]*"*. Los discípulos asumían este concepto, como correspondía a la enseñanza tradicional, sin embargo, se nota que dudaban sobre quien había cometido el pecado para una disciplina semejante, porque no podían suponer que el hombre pudiese pecar antes de nacer. Por esa razón preguntan a Cristo buscando una aclaración a su problema. Además los Doce habían oído a Jesús con motivo de la curación del paralítico, decirle *"no peques más, para que no te venga alguna cosa peor"* (5:14). En el pensamiento de ellos, si el hombre había quedado paralítico por algún pecado, ¿cuál sería la dimensión del que produjo la ceguera de nacimiento? Jesús va a responder a la pregunta de ellos, no sólo con palabras, sino con hechos. Los Doce aprenderían otra de las muchas e importantes lecciones junto al Maestro.

La respuesta de Jesús (9:3-5).

3. Respondió Jesús: No es que pecó éste, ni sus padres, sino para que las obras de Dios se manifiesten en él.

ἀπεκρίθη Ἰησοῦς· οὔτε οὗτος ἥμαρτεν οὔτε οἱ γονεῖς αὐτοῦ,
Respondió Jesús: Ni éste pecó ni los padres de él
ἀλλ᾽ ἵνα φανερωθῇ τὰ ἔργα τοῦ Θεοῦ ἐν αὐτῷ.
sino para que sean manifestadas las obras - de Dios en él.

---

[2] F. Lacueva. o.c., pág. 220.
[3] R. Ammi. *Shab.* 55a.

Notas y análisis del texto griego.

Trasladando la respuesta de Jesús, escribe: ἀπεκρίθη, tercera persona singular del aoristo primero de indicativo en voz pasiva del verbo ἀποκρίνομαι, *responder, contestar, tomar la palabra*, aquí *respondió*; Ἰησοῦς, caso nominativo masculino singular del nombre propio *Jesús*; οὔτε, conjunción copulativa *ni*; οὗτος, caso nominativo masculino singular del pronombre demostrativo *este*; ἥμαρτεν, tercera pesona singular del aoristo segundo de indicativo en voz activa del verbo ἁμαρτάνω, *pecar, cometer pecado, delinquir*, aquí *pecó*; οὔτε, conjunción copulativa *ni*; οἱ, caso nominativo masculino plural del artículo determinado *los*; γονεῖς, caso nominativo masculino plural del nombre común *padres*; αὐτοῦ, caso genitivo masculino de la tercera persona singular del pronombre personal declinado *de él*; ἀλλ', forma escrita ante vocal de la conjunción adversativa ἀλλά que significa *pero, sino*; ἵνα, conjunción causal *para que*; φανερωθῇ, tercera persona singular del aoristo primero de subjuntivo en voz pasiva del verbo φανερόω, *alumbrar, manifestar*, aquí *sea manifestada*; τὰ, caso nominativo neutro plural del artículo determinado *los*; ἔργα, caso nominativo neutro plural del nombre común *obras*; τοῦ, caso genitivo masculino singular del artículo determinado *el*; Θεοῦ, caso genitivo masculino singular del nombre divino declinado *de Dios*; ἐν, preposición propia de dativo *en*; αὐτῷ, caso dativo masculino de la tercera persona singular del pronombre personal *él*.

ἀπεκρίθη Ἰησοῦς· οὔτε οὗτος ἥμαρτεν οὔτε οἱ γονεῖς αὐτοῦ, Jesús sabía que la situación del ciego de nacimiento no se debía ni a un pecado suyo ni a pecado alguno de sus padres. No cabe duda que tanto el ciego como sus padres eran, como hombres, pecadores (Ro. 3:23). Tampoco Jesús negó que las enfermedades y situaciones como las de ceguera son consecuencia del pecado heredado.

ἀλλ' ἵνα φανερωθῇ τὰ ἔργα τοῦ Θεοῦ ἐν αὐτῷ. La enfermedad de aquel hombre tenía un propósito que era manifestar las obras de Dios. Las enfermedades pueden ser de cuatro clases: las propias de la vida humana que se mantienen un tiempo; las que Dios permite para la muerte de la persona; las que son permitidas como correcciones; las que se producen para afirmar la fe del creyente como una forma de *prueba*. En este caso la ceguera de aquel hombre tenía como finalidad mostrar las obras de Dios en él. En ese sentido serían siempre obras buenas ya que sólo bondades, dones perfectos, acciones justas salen de Él. La ceguera de este hombre, iba a permitir a Jesús hacer ver, en la sanidad que iba a producir en él, que había venido como luz al mundo para que los que no ven puedan ver, demostrando así que Él era la luz verdadera venida a este mundo (1:9; 8:12; 12:46). Posiblemente el ciego tuvo muchas veces la pregunta *¿por qué he nacido así?* Pasarían muchos años, era un hombre mayor de edad (v.

21) para recibir la respuesta. Pero, siempre era una buena respuesta porque venía de Dios. Desde la perspectiva humana aquello que iba a ocurrir no era sino un milagro divino, pero, para Dios era una manifestación de Su obrar. Da la impresión si se lee el pasaje sin prestarle demasiada atención que Dios había permitido la ceguera de aquel hombre durante tantos años, simplemente para que todos pudiesen admirar el obrar omnipotente de Dios, sin embargo, lo que está enseñando es que a quien no le cabía esperanza alguna sino seguir una vida de miseria a causa de su defecto orgánico, le iba a ser concedida la bendición de recuperar la vista y con ello poder conocer no solo desde el punto de vista espiritual, sino desde la realidad de Su presencia, a quien era el Salvador del mundo, o como dirá más adelante el apóstol Pablo, ver la gloria de Dios en la faz de Jesucristo (2 Co. 4:6).

Así escribía Gregorio Magno:

"Una aflicción es la que padece el pecador como castigo sin remisión; otra es la que padece para que se arrepienta; otra distinta es la que uno puede sufrir, no para que se arrepienta de alguna falta pasada, sino para que no la cometa en el futuro; otra, en fin, es la que padecen muchos no para que se arrepientan de un pecado pasado ni para impedir que lo cometan en el futuro, sino para que cuando uno es salvado inesperadamente de la aflicción, ame con mayor ardor la esperada bondad del que le salva[4]".

Nada sucede sin un propósito. El Señor enseña que hay muchas razones para los sucesos cotidianos en la vida del hombre y, de forma especial, en lo que ocurría con el ciego de nacimiento. Cosas que muchas veces son inexplicables. Es por eso, por la ignoracia propia del hombre, que nos quejamos de cosas que no entendemos. Sin embargo, nos damos cuenta que no hay nada que suceda sin un sentido. Nuestras limitaciones para enteder las cosas terminarán cuando estemos en la presencia del Señor y conozcamos como somos conocidos. Esto es lo que Cristo respondió a la pregunta de los discípulos: No es asunto de castigo, sino de un plan providencial de Dios. El *Evangelio* presenta las cosas sucedidas como la realización temporal de la eterna previsión de Dios. Esta situación, lamentable a la luz de la razón humana, traerá como conseuencia que apreciemos las obras que sólo Dios puede hacer.

---

[4] Gregorio Magno. *Libros morales, prefacio*, 5, 12.

4. Me es necesario hacer las obras del que me envió, entre tanto que el día dura; la noche viene, cuando nadie puede trabajar.

ἡμᾶς[1] δεῖ ἐργάζεσθαι τὰ ἔργα τοῦ πέμψαντός με ἕως
A nosotros es necesario hacer las obras del que envió me mientras
ἡμέρα ἐστίν· ἔρχεται νὺξ ὅτε οὐδεὶς δύναται ἐργάζεσθαι.
día es; viene noche cuando nadie puede trabajar.

Notas y análisis del texto griego.

Continúa: ἡμᾶς, caso acusativo de la primera persona plural del pronombre personal declinado *a nosotros*; δεῖ, tercera persona singular del presente de indicativo en voz activa del verbo impersonal δεῖ, *ser necesario, ser propio*, aquí *es necesario*; ἐργάζεσθαι, presente de infinitivo en voz media del verbo ἐργάζομαι, *trabajar, obrar, efectuar, hacer*, aquí *hacer*; τὰ, caso acusativo neutro plural del artículo determinado *las*; ἔργα, caso acusativo neutro plural del nombre común *obras*; τοῦ, caso genitivo masculino singular del artículo determinado declinado *del*; πέμψαντος, tercera persona singular del aoristo primero de indicativo en voz activa del verbo πέμπω, *enviar, comisionar*, aquí *que envió*; με, caso acusativo de la primera persona singular del pronombre personal declinado *a mí, me*; ἕως, conjunción temporal *mientras*; ἡμέρα, caso nominativo femenino singular del nombre común *día*; ἐστίν, tercera persona singular del presente de indicativo en voz activa del verbo εἰμί, *ser, estar*, aquí *es*; ἔρχεται, tercera persona singular del presente de indicativo en voz media del verbo ἔρχομαι, *venir*, aquí *viene*; νὺξ, caso nominativo femenino singular del nombre común *noche*; ὅτε, conjunción temporal *cuando*; οὐδεὶς, caso nominativo masculino singular del pronombre indefinido *nadie, ninguno*; δύναται ἐργάζεσθαι.

Crítica Textual. Lecturas alternativas.

[1] ἡμᾶς, *a nosotros*, lectura atestiguada en p[66, 75], ℵ*, B, K, W, 070, sa, pbo, bo.

ἐμὲ, *a mí*, según lectura en ℵ[1], A, X, K, N, Γ, Δ, Θ, Ψ, f[1, 13], 33, 565, 579, 700, 892, 1241, 1424, 844.

ἡμᾶς δεῖ ἐργάζεσθαι τὰ ἔργα τοῦ πέμψαντός με. La lectura correcta es *nosotros* la que se utiliza en el texto griego trasladado más arriba, sustentado por el grupo de mss. de la clase *alejandrina*, y no el singular *yo*, de los troncales *sirios*. Jesús vincula a los Doce con Él en el ministerio que el Padre le había encomendado. Era necesario hacer las obras encomendadas, de modo que Jesús trabajaba continuamente con el Padre (5:17). Eso exigía la disposición de un siervo que, en el caso Suyo, demandaba la obediencia hasta el extremo de la muerte y muerte de Cruz (Fil. 2:8). Por esa causa podrá decir al que le envió: *"He acabado la obra que me diste que hiciese"* (17:4). Sin duda, lo que tenía que hacer como ejecución de la misión, comprende también a quienes viven identificados con Él, salvo, como es lógico, la misión redentora que sólo Él podía llevarla a cabo.

ἕως ἡμέρα ἐστίν· El tiempo en que era posible hacer la obra de Dios: *mientras el día dura*. Esta expresión tiene que ver con el tiempo de vida. Durante ese intervalo, desde el concepto de la humanidad de Cristo, podía llevar a cabo la obra que le había encomendado Aquel que lo envió al ministerio terrenal desde el cielo. No quiere decir que superado el tiempo de la vida humana de Cristo y de Su muerte en la Cruz, concluya las obras de poder, ya que luego de Su resurrección y ascensión siguió haciendo milagros, los hace hoy y los hará mientras el mundo exista. Pero el día de la comisión para el programa que le había sido encomendado, concluía con Su muerte. Esta expresión tiene que ver también con los discípulos, puesto que aparecen asociados a Él en el *nosotros* con que se abre el texto. La vida del creyente tiene un tiempo determinado, pasado el cual, ya no puede hacer la obra de Dios entre los hombres. De ahí la premura que el versículo hace recaer sobre cada uno de nosotros, advirtiéndonos del deber de hacerlo sin demora. Las obras de Dios en relación con el ciego de nacimiento era que fuese sanado de su disminución, por tanto era necesario hacerlo en el momento en que estaban, sin demora alguna.

ἔρχεται νὺξ ὅτε οὐδεὶς δύναται ἐργάζεσθαι. Confirmando la enseñanza recalca que llega un momento, *la noche*, en que no se puede obrar. Si el día tiene que ver con la vida, la noche hace referencia a la muerte. Es preciso hacer las obras del que le había enviado durante el tiempo concedido para ello. La muerte es la experiencia más o menos próxima, pero ineludible, para todos, de modo que la advertencia es solemne en el sentido de aprovechar el tiempo de vida para hacer lo que es la voluntad de Dios.

5. Entre tanto que estoy en el mundo, luz soy del mundo.

ὅταν	ἐν	τῷ	κόσμῳ,	ὦ,	φῶς	εἰμι	τοῦ	κόσμου.
Entre tanto que	en	el	mundo	esté,	luz	soy	del	mundo.

Notas y análisis del texto griego.

Siguiendo el tema, añade: ὅταν, conjunción temporal, *cuando, en el punto, entre tanto*; ἐν, preposición propia de dativo *en*; τῷ, caso dativo masculino singular del artículo determinado *el*; κόσμῳ, caso dativo masculino singular del nombre común *mundo*; ὦ, primera persona singular del presente de subjuntivo en voz activa del verbo εἰμί, *ser, estar*, aquí *esté*; φῶς, caso nominativo neutro singular del nombre común *luz*; εἰμι, primera persona singular del presente de indicativo en voz activa del verbo εἰμί, *ser*, aquí *soy*; τοῦ, caso genitivo masculino singular del artículo determinado declinado *del*; κόσμου, caso genitivo masculino singular del nombre común *mundo*.

ὅταν ἐν τῷ κόσμῳ ὦ. La conjunción temporal ὅταν, con la que se inicia la oración se traduce habitualmente por *cuando*, pero esto daría un sentido futurista a lo que tiene que ser presente. De ahí que deba buscarse otra acepción que pudiera ser *en el tiempo, en el punto, en la ocasión*, de ahí *entre tanto que*, como traduce RV. Jesús había venido para ser la luz del mundo, no sólo en el sentido espiritual, sino también en el material. Aquel ciego estaba privado de ver la luz, por consiguiente, mientras quien es la *luz del mundo* estuviese presente debía comunicarla a los ojos inútiles hasta entonces de aquel ciego. Había venido a disipar las tinieblas espirituales del mundo y en sentido material a dar la visión al ciego de nacimiento.

φῶς εἰμι τοῦ κόσμου Una segunda declaración complementa lo dicho antes. Jesús es, en cualquier tiempo, en cualquier lugar, en toda circunstancia la *luz del mundo*. El hombre cree que tiene luz en su camino, pero sólo las tinieblas rodean su vida. Sin embargo, *"la luz en las tinieblas resplandece"* (1:5). El Hijo de Dios, nuestro Señor, descendió del cielo para alumbrar a todo hombre (1:9). Esa misión personal del Señor, se manifiesta en aquel tiempo. De ahí la construcción de la oración de Juan, en la que el genitivo *mundo*, indica el sujeto en quien se realiza la acción iluminadora de Jesús. Rodeada la sociedad de tinieblas, especialmente densas en el corazón y en la vida de los religiosos de entonces, que amando más las tiniebla que la luz, rechazaban a quien es la verdadera luz del mundo, Jesucristo ilumina con la luz de Dios que está y es Él mismo, disipando las tinieblas. El término *luz* en este contexto debe aplicarse a la obra salvadora que Jesús vino a realizar y que concluye en Su muerte, donde se lleva a cabo el sacrificio expiatorio por el pecado del mundo, por eso dice Jesús que esa luz se mantiene mientras es de día. *Luz* no es tanto una definición metafísica de Jesús, sino la acción que causa efectos en el mundo. Ahora bien, la luz no fue extinguida por la muerte, sino que se proyecta iluminadora en el Resucitado, por lo que Jesús sigue iluminando en el día de hoy. Será bueno recordar la vinculación de Jesús con los discípulos en este pasaje, que llama también nuestra atención sobre la misión que nosotros tenemos hoy. Aquel que es la *luz del mundo*, viviendo en nosotros, nos convierte también en luces en el mundo (Mt. 5:14-16; Fil. 2:15). Esta es la misión ineludible que tenemos cada uno de aquellos que somos hoy discípulos de Jesús.

El milagro (9:6-7).

6. Dicho esto, escupió en tierra, e hizo lodo con la saliva, y untó con el lodo los ojos del ciego.

ταῦτα εἰπὼν ἔπτυσεν χαμαὶ καὶ ἐποίησεν πηλὸν ἐκ τοῦ
Esto dicho, escupió en el suelo e hizo lodo de la
πτύσματος καὶ ἐπέχρισεν[1] αὐτοῦ τὸν πηλὸν ἐπὶ τοὺς
saliva y extendió de él el lodo sobre los
ὀφθαλμοὺς[2].
ojos.

Notas y análisis del texto griego.

Relatando el milagro, escribe: ταῦτα, caso acusativo neutro plural del pronombre indefinido *estos*, aquí en sentido de *estas cosas*; εἰπὼν, caso nominativo masculino singular del participio del aoristo segundo en voz activa del verbo λέγω, *hablar, decir,* aquí *dicho,* o *habiendo dicho*; ἔπτυσεν, tercera persona singular del aoristo primero de indicativo en voz activa del verbo πτύω, *escupir*, aquí *escupió*; χαμαὶ, adverbio de lugar *en el suelo, al suelo*; καὶ, conjunción copulativa *y, e*; ἐποίησεν, tercera persona singular del aoristo primero de indicativo en voz activa del verbo ποιέω, *hacer, realizar, ejecutar*, aquí *hizo*; πηλὸν, caso acusativo masculino singular del nombre común *lodo, barro, arcilla*; ἐκ, preposición propia de dativo *de*; τοῦ, caso genitivo neutro singular del artículo determinado *el, lo*; πτύσματος, caso genitivo neutro singular del nombre común *saliva*; καὶ, conjunción copulativa *y*; ἐπέχρισεν, tercera persona singular del aoristo primero de indicativo en voz activa del verbo ἐπιχρίω, *extender, ungir, untar*, aquí *extendió*; αὐτοῦ, caso genitivo masculino de la tercera persona singular del pronombre personal declinado *de él*; τὸν, caso acusativo masculino singular del artículo determinado declinado *el*; πηλὸν, caso acusativo masculino singular del nombre común *lodo, barro, arcilla*; ἐπὶ, preposición propia de acusativo *sobre*; τοὺς, caso acusativo masculino plural del artículo determinado *los*; ὀφθαλμοὺς, caso acusativo masculino plural del nombre común *ojos*.

Crítica Textual. Lecturas alternativas.

[1] ἐπέχρισεν, *extendió*, según lectura en $\mathfrak{P}^{66, 75}$, ℵ, A, C, D, K, K, N, W, Γ, Δ, Θ, Ψ, 070, 0216, $f^{1, 13}$, 33, 565, 579, 700, 892, 1241, 1424, 844, 2211, 𝔐, latt, sir; $Ir^{lat, vid}$.
ἐπέθηκεν, *puso*, según se lee en B.
[2] τοὺς ὀφθαλμοὺς, *los ojos*, lectura atestiguada en $\mathfrak{P}^{66, 75}$, ℵ, B, K, Θ, 070, 0216, f^{1}, 33, 565.
τοῦ τυφλοῦ, *del ciego*, se añade en A, C, K, W, Γ, Δ, Ψ, f^{13}, 579, 700, 1424, 844, 2211, 𝔐, b, e, f, sir.
αὐτοῦ, *de él*, como añade la lectura de D, N, 892, 1241, lat.

ταῦτα εἰπών. Jesús declaró primero la misión que le había sido encomendada cuando fue enviado al mundo. Por esa razón Juan enlaza lo que sigue anteponiendo las palabras en las que el Señor recordó a los discípulos lo que realmente era y la obra que tenía que realizar mientras el tiempo de Su ministerio terrenal permanecía.

ἔπτυσεν χαμαὶ καὶ ἐποίησεν πηλὸν ἐκ τοῦ πτύσματος. Juan inicia el relato del milagro. La primera observación es que Jesús actuó por iniciativa propia sin que hubiera recibido petición alguna por parte del ciego de nacimiento. La primera acción de Jesús llama también la atención. Dice Juan que escupió en tierra e hizo lodo con la saliva. Según la tradición de los judíos, hacer lo que Jesús estaba haciendo y lo que luego mandó hacer al ciego, quebrantaba la ley del sábado. En escritos de enseñanza de los maestros de Israel, se lee que *"en sábado está prohibido frotarse enérgicamente los ojos con saliva* [5]*"*, no es de extrañar la reacción que el milagro iba a producir entre los extremistas judíos. No hay duda que algo había de incompleto en aquel hombre, de modo que Jesús como Creador, actúa complementando lo que faltaba a aquella criatura. En cierta medida actuaba como había hecho en la creación del primer hombre, usando del polvo de la tierra, del barro hecho con materiales inorgánicos y, por tanto, sin vida, para dar vida por medio de Su omnipotencia. Como decía Ireneo: *"aquello que el Verbo artífice había dejado de hacer en el vientre lo completó en público, para que en él se manifieste la obra de Dios*[6]*"*. Aunque luego enviará al ciego al estanque de Siloé, posiblemente Jesús usó de Su saliva para hacer lodo, a fin de que el ciego, y la gente en general no atribuyesen al agua del estanque propiedades milagrosas. Es cierto que el Señor preparó al ciego para que sintiera la dimensión de la bendición recibida, y al mismo tiempo, para hacerle saber la bendición de la obediencia.

καὶ ἐπέχρισεν αὐτοῦ τὸν πηλὸν ἐπὶ τοὺς ὀφθαλμούς. La segunda acción de Jesús fue aplicar el lodo a los ojos del ciego. En el texto griego usado en el interlineal de este versículo se usa la alternativa de lectura más segura en la que se lee que Jesús *extendió* o *untó* los ojos del ciego con el barro. Esto es, aplicó el barro sobre el lugar en donde estaba la limitación y el problema. Nada puede deducirse con base bíblica que conteste, no tanto a la pregunta, sino a la curiosidad de saber la razón que tuvo para hacer aquello. Se dice en el párrafo anterior que Jesús usó todo aquello para producir la disposición y comprensión adecuadas en el ciego, que le conduciría a una obediencia completa a lo

---

[5] Yomá Sabbat *14, 14d, 17s*.

[6] Ireneo. *Contra las herejías*, 5, 15, 2[36].

que iba a mandarle seguidamente. No hay nada en el lodo en sí para generar una curación semejante, pero la fe en la palabra del Señor y la obediencia a ella, conduce al resultado de la curación como había ocurrido siglos antes con el leproso Naamán, al que Dios, por medio del profeta, mandó zambullirse siete veces en el Jordán (2 R. 5:10). La actuación de Cristo es, desde la óptica humana, cuando menos curiosa, ya que el barro más bien cierra los ojos que da vista, pero, las obras de Dios son muchas veces contrarias a toda lógica humana. Los medios son inadecuados para los hombres, pero instrumentos útiles en la mano de Dios.

7. Y le dijo: Ve a lavarte en el estanque de Siloé (que traducido es, Enviado). Fue entonces, y se lavó, y regresó viendo.

καὶ εἶπεν αὐτῷ· ὕπαγε νίψαι εἰς τὴν κολυμβήθραν τοῦ
Y dijo le: Ve lávate en el estanque -
Σιλωάμ [ὃ ἑρμηνεύεται ἀπεσταλμένος]. ἀπῆλθεν οὖν καὶ
de Siloé (que se traduce Enviado). Se fue, pues, y
ἐνίψατο καὶ ἦλθεν βλέπων.
lavó y regresó viendo.

Notas y análisis del texto griego.

Sigue con καὶ, conjunción copulativa *y*; εἶπεν, tercera persona singular del aoristo segundo de indicativo en voz activa del verbo εἶπον, forma del aoristo de λέγω, *hablar, decir*, aquí *dijo*; αὐτῷ, caso dativo masculino de la tercera persona singular del pronombre personal declinado *a él, le*; ὕπαγε, segunda persona singular del presente de imperativo en voz activa del verbo ὑπάγω, *ir, marcharse, andar*, aquí *ve*; νίψαι, segunda persona singular del aoristo de imperativo en voz media del verbo νίπτω, *lavar*, aquí *lávate*; εἰς, preposición propia de acusativo *en*; τὴν, caso acusativo femenino singular del artículo determinado *la*; κολυμβήθραν, caso acusativo femenino singular del nombre común *piscina, estanque, embalse*; τοῦ, caso genitivo masculino singular del artículo determinado *el*; Σιλωάμ, caso genitivo masculino singular del nombre propio declinado *de Siloé*; ὃ, caso nominativo neutro singular del pronombre relativo *que*; ἑρμηνεύεται, tercera persona singular del presente de indicativo en voz pasiva del verbo ἑρμενεύω, *interpretar, traducir, dar significado*, aquí *se traduce*; ἀπεσταλμένος, caso nominativo masculino singular del participio de perfecto en voz pasiva del verbo ἀποστέλλω, *enviar*, aquí *Enviado*; ἀπῆλθεν, tercera persona singular del aoristo segundo de indicativo en voz activa del verbo ἀπέρχομαι, *irse, desaparecer*, aquí *se fue*; οὖν, conjunción continuativa *pues, entonces*; καὶ, conjunción copulativa *y*; ἐνίψατο, tercera persona singular del aoristo primero de indicativo en voz media del verbo νίπτω, *lavar*, aquí *se lavó*; καὶ, conjunción copulativa *y*; ἦλθεν, tercera persona singular del segundo aoristo de indicativo en voz activa del verbo ἔρχομαι, *volver, regresar*, aquí *regresó*; βλέπων, caso nominativo masculino singular del participio de presente en voz activa del verbo βλέπω, *ver*, aquí *viendo*.

καὶ εἶπεν αὐτῷ· ὕπαγε νίψαι εἰς τὴν κολυμβήθραν τοῦ Σιλωάμ. Las operaciones de manipulación del Señor poniendo barro sobre los ojos del ciego, concluyeron. Es sorprendente que el invidente aceptase todo aquello. Muy probablemente sabía quien lo estaba haciendo o había oído hablar de los milagros de Jesús que incluían la sanidad de ciegos. Al ciego de nacimiento le ordena que vaya a lavarse al estanque de Siloé. La palabra κολυμβήθραν, *estanque*, *piscina*, hace referencia a un lugar con abundancia de agua, que incluso permitiría nadar en él. Es el único lugar en todo el Nuevo Testamento donde se menciona este estanque. Siloé fue una de las principales fuentes de provisión de agua para la ciudad de Jerusalén, situado debajo de la puerta de la Fuente (Neh. 3:15), al Este, Sur Este, de la ciudad. El agua llegaba a él por medio de un canal descubierto que corría por las laderas del Sur Este. Parece ser que había dos estanques, uno el superior que recibía el agua y otro el inferior en donde se descargaban las que procedían del superior, situado al final del valle central, entre las colinas del Sureste y el Suroeste, cuyas aguas permitían regar el *huerto del rey* (Neh. 3:15). Muy probablemente sea este el estanque al que se refiere Juan en el relato del milagro, en donde se podían lavar las personas y a donde se envió al ciego. Es muy posible que sobre el estanque estuviese edificada la *Torre de Siloé*, que al derribarse ocasionó la muerte de algunas personas (Lc. 13:4). Según el Talmud, era de este estanque de donde se tomaba, en una vasija de oro, agua para los rituales en el templo en la *Fiesta de los Tabernáculos*. Este estanque mide veinticinco metros de largo por cinco y medio de ancho. El agua llega por medio de un acueducto suterráneo que fue construído en tiempos de Ezequías, por temor a una invasión de Asiria y que es una admirable obra de ingeniería al horadar un tunel en dos direcciones y alcanzar el punto de unión de ambos sin variación alguna. En 1880 se encontró una inscripción que detalla la forma de construcción y el encuentro entre los dos grupos.

[ὃ ἑρμηνεύεται ἀπεσταλμένος]. Juan, como es su costumbre hace la traducción del nombre Siloé al griego, diciendo que significa *Enviado*. Este nombre podía deberse a que el agua era *enviada* al estanque por medio del acueducto subterráneo que lo abastecía. El nombre de ese lugar era el usado ya en tiempos de Isaías y Nehemías (Neh. 3:15; Is. 8:6). No es posible determinar intencionalidad en Juan para dar el significado del nombre, aunque en el *Evangelio* se usa muy a menudo para referirse a la presencia de Jesús como *enviado* del Padre.

ἀπῆλθεν οὖν καὶ ἐνίψατο καὶ ἦλθεν βλέπων. El milagro se produjo lejos de la presencia de Jesús. El ciego obedeció el mandato, se lavó en el estanque y *regresó viendo*. El poder de Jesús es el que opera el milagro. Ni el barro sobre los ojos, ni el lavamiento en el estanque fueron los elementos causantes de la sanidad. El acto de obediencia a la determinación y demanda del Señor es el camino para recibir la bendición, de la misma manera que no fueron las aguas del Jordán las que produjeron la sanidad del leproso Naamán, sino la obediencia de este al mandato de Dios por medio del profeta. El milagro se realizó plenamente. Aquel que había sido ciego desde su nacimiento *volvió viendo*. No hubo adaptación propia de quien no había visto nunca para poder ajustar la visión, sino que la recibió como si siempre la hubiese tenido. Es una manifestación más de la realidad del milagro. Acudió al estanque, lavó sus ojos con el agua recogida con las manos y recibió la vista que nunca antes había tenido. *Regresó* ¿a donde? Al mismo lugar de donde había salido y donde había estado antes. Con toda seguridad era traído hasta allí o llegaba tanteando el camino, ahora lo hace con la seguridad de quien ve por donde camina.

La reacción ante el milagro (9:8-12).

8. Entonces los vecinos, y los que antes le habían visto que era ciego, decían: ¿No es éste el que se sentaba y mendigaba?

Οἱ οὖν γείτονες καὶ οἱ θεωροῦντες αὐτὸν τὸ πρότερον ὅτι
Entonces los vecinos y los que veían le - antes que
προσαίτης ἦν[1] ἔλεγον· οὐχ οὗτος ἐστιν ὁ καθήμενος καὶ
mendigo era decían: ¿No éste es el que se sentaba y
προσαιτῶν
que mendigaba?

Notas y análisis del texto griego.

Siguiendo el relato, añade: Οἱ, caso nominativo masculino plural del artículo determinado *los*; οὖν, conjunción con valor ilativo *entonces*; γείτονες, caso nominativo masculino plural del nombre común *vecinos*; καὶ, conjunción copulativa *y*; οἱ, caso nominativo masculino plural del artículo determinado *los*; θεωροῦντες, caso nominativo masculino plural del participio de presente en voz activa del verbo θεωρέω, *ver*, aquí *que ven*, como presente histórico *veían*; αὐτὸν, caso acusativo masculino de la tercera persona singular del pronombre personal declinado *a él, le*; τὸ, caso acusativo neutro singular del artículo determinado *lo*; πρότερον, caso acusativo neutro singular del adjetivo comparativo *antes*; ὅτι, conjunción copulativa *que*; προσαίτης, caso nominativo masculino singular del nombre común *mendigo*; ἦν, tercera persona singular del imperfecto de indicativo en voz activa del verbo εἰμί, *ser*, *estar*, aquí *era*; ἔλεγον, tercera persona singular del imperfecto de indicativo en voz activa del verbo λέγω, *hablar, decir*, aquí *decían*; οὐχ, forma escrita del adverbio de negación *no*, con el grafismo propio ante vocal con espíritu áspero; οὗτος, caso nominativo masculino singular del pronombre demostrativo *este*; ἐστιν, tercera persona singular del presente de indicativo en voz activa del verbo εἰμί, *ser*, aquí *es*; ὁ, caso nominativo masculino singular del artículo determinado *el*; καθήμενος, caso nominativo masculino singular del participio de presente en voz media del verbo καθήμαι, *sentarse*, aquí *que se sienta*, como presente histórico *que se sentaba*; καὶ, conjunción copulativa *y*; προσαιτῶν, caso nominativo masculino singular del participio de presente en voz activa del verbo προσαιτέω, *mendigar*, aquí *que mendiga*, como presente histórico *que mendigaba.*

Crítica Textual. Lecturas alternativas.

[1] τυφλὸς ἦν, *ciego era*, según se lee en C^3, Γ, Δ, f^{13}, 700, 892, 1241, 1424, 𝔐.

τυφλὸς καὶ προσαίτης ἦν, *ciego y mendigo era*, según 69, it.

Οἱ οὖν γείτονες καὶ οἱ θεωροῦντες αὐτὸν τὸ πρότερον ὅτι προσαίτης ἦν ἔλεγον· El ciego era conocido de sus vecinos por todo el tiempo anterior. Luego no podía pasar desapercibido para ellos el cambio operado en él. El relato pone un marcado acento en el asombro que aquello había producido en quienes le conocían. Era tal la perplejidad que despertaba en ellos que dudaban si era o no la misma persona. Es muy posible que el ciego, luego de volver al mismo lugar donde había estado en el templo, regresase a su hogar habitual. No podían sino expresar ese asombro hablando entre ellos.

οὐχ οὗτος ἐστιν ὁ καθήμενος καὶ προσαιτῶν. Mediante una pregunta retórica inquirían uno a otro sobre si aquel que ahora veía no era el ciego que se sentaba para pedir limosna. Para ellos era inexplicable que el mendigo ciego, viese claramente ahora. Aunque la pregunta requería una respuesta afirmativa, es también un modo de expresar el asombro que generaba aquella situación. Nadie podía entender que había pasado con el ciego que ahora veía. El uso de los participios sirve a Juan para dar al lector la visión de gente que no dejaba de discutir entre ellos sobre si era o no era el que conocían antes como ciego de nacimiento.

9. Unos decían: Él es; y otros: A él se parece. Él decía: Yo soy.

ἄλλοι ἔλεγον ὅτι οὗτος ἐστιν, ἄλλοι ἔλεγον· οὐχί, ἀλλὰ ὅμοιος
Otros decían: - Éste es; otros decían: No, sino parecido
αὐτῷ ἐστιν. ἐκεῖνος ἔλεγεν ὅτι ἐγώ εἰμι.
a él es. Él decía: - Yo soy.

Notas y análisis del texto griego.

Sin interrupción, escribe: ἄλλοι, caso nominativo masculino plural del pronombre indefinido *otros*; ἔλεγον, tercera persona plural del imperfecto de indicativo en voz activa del verbo λέγω, *hablar, decir*, aquí *decían*; ὅτι, conjunción *que*; οὗτος, caso nominativo masculino de la tercera persona singular del pronombre personal *él*; ἐστιν, tercera persona singular del presente de indicativo en voz activa del verbo εἰμί, *ser*, aquí *es*; ἄλλοι, caso nominativo masculino plural del pronombre indefinido *otros*; ἔλεγον, tercera persona plural del imperfecto de indicativo en voz activa del verbo λέγω; *hablar, decir*, aquí *decían*; οὐχί, partícula que es una forma intensificada del adverbio de negación οὐ, forma ática, que se traduce como *no*, y que se utiliza como partícula interrogativa en preguntas a las que se espera respuesta afirmativa, que puede expresar la forma interrogativa como *acaso no*; ἀλλὰ, conjunción adversativa *sino*; ὅμοιος, caso nominativo masculino singular del adjetivo *parecido, semejante*; αὐτῷ, caso dativo masculino de la tercera persona singular del pronombre personal declinado *a él*; ἐστιν, tercera persona singular del presente de indicativo en voz activa del verbo εἰμί, *ser*, aquí *es*; ἐκεῖνος, caso nominativo masculino de la tercera persona singular del pronombre demostrativo *él*; ἔλεγεν, tercera persona singular del imperfecto de indicativo en voz activa del verbo λέγω, *hablar, decir*, aquí *decía*; ὅτι, conjunción *que*; ἐγώ, caso nominativo de la primera persona singular del pronombre personal *yo*; εἰμι, primera persona singular del presente de indicativo en voz activa del verbo εἰμί, *ser*, aquí *soy*.

ἄλλοι ἔλεγον ὅτι οὗτος ἐστιν, ἄλλοι ἔλεγον· οὐχί, ἀλλὰ ὅμοιος αὐτῷ ἐστιν. Los vecinos están divididos. Unos afirmaban que era él, mientras que otros, confundidos por lo que eran incapaces de entender y aceptar que un ciego de nacimiento recuperase la vista decían que se le parecía. Es posible que algunos de los que decían que era el ciego, lo hubiesen visto ir hacia el estanque con los ojos cubiertos de barro.

ἐκεῖνος ἔλεγεν ὅτι ἐγώ εἰμι. El mismo ciego intervino en aquella situación diciendo a todos directamente que él mismo era, y no una persona que se le pareciese. El testimonio del ciego es vital para la identificación de aquel hecho como un milagro de Jesús. Él decía a todos: *Yo soy del que habláis, el mismo de antes*, sólo que ya no estaba ciego, había recibido la vista.

10. Y le dijeron: ¿Cómo te fueron abiertos los ojos?

ἔλεγον	οὖν	αὐτῷ·	πῶς	[οὖν]	ἠνεῴχθησαν	σου	οἱ	ὀφθαλμοί
Decía,	pues,	le:	¿Cómo,	pues,	fueron abiertos	de ti	los	ojos?

Notas y análisis del texto griego.

Así reaccionaron los vecinos: ἔλεγον, tercera persona plural del imperfecto de indicativo en voz activa del verbo λέγω, *hablar, decir*, aquí *decían*; οὖν, conjunción continuativa *pues*; αὐτῷ, caso dativo masculino de la tercera presona singular del pronombre personal declinado *a él, le*; πῶς, partícula interrogativa adverbial, que realmente es un pronombre interrogativo *como, de que manera, por qué medio*; οὖν, conjunción continuativa *pues*; ἠνεῴχθησαν, tercera persona plural del aoristo primero de indicativo en voz pasiva del verbo ἀνοίγω, *abrir*, aquí *fueron abiertos*; σου, caso genitivo de la segunda persona singular del pronombre personal declinado *de ti*; οἱ, caso nominativo masculino plural del artículo determinado *los*; ὀφθαλμοί, caso nominativo masculino plural del nombre común *ojos*.

ἔλεγον οὖν αὐτῷ· πῶς [οὖν] ἠνεῴχθησαν σου οἱ ὀφθαλμοί. La gente quería saber como había sido aquello, de que modo había recibido la vista, literalmente *como le habían sido abiertos los ojos*. La intervención del ciego convenció a los que dudaban, pero todos querían conocer como se había producido aquel milagro. La situación salía de la lógica y se trasladaba al terreno de lo sobrenatural.

11. Respondió él y dijo: Aquel hombre que se llama Jesús hizo lodo, me untó los ojos, y me dijo: Ve al Siloé, y lávate; y fui, y me lavé, y recibí la vista.

ἀπεκρίθη ἐκεῖνος· ὁ ἄνθρωπος[1] ὁ λεγόμενος Ἰησοῦς πηλὸν
Respondió Él: El hombre - que se llama Jesús lodo
ἐποίησεν καὶ ἐπέχρισεν μου τοὺς ὀφθαλμοὺς καὶ εἶπεν μοι ὅτι
hizo y untó de mí los ojos y dijo me: -
ὕπαγε εἰς τὸν Σιλωὰμ[2] καὶ νίψαι· ἀπελθὼν οὖν καὶ
Ve al Siloé y lávate; fui, pues, y
νιψάμενος ἀνέβλεψα.
habiéndome lavado, vi.

Notas y análisis del texto griego.

Continúa el relato: ἀπεκρίθη, tercera persona singular del aoristo primero de indicativo en voz pasiva del verbo ἀποκρίνομαι, *responder, contestar, tomar la palabra*, aquí *respondió*; ἐκεῖνος, caso nominativo masculino de la tercera persona singular del pronombre personal *él*; ὁ, caso nominativo masculino singular del artículo determinado *el*; ἄνθρωπος, caso nominativo masculino singular del nombre común *hombre*; ὁ, caso nominativo masculino singular del artículo determinado *el*; λεγόμενος, caso nominativo masculino singular del participio de presente en voz pasiva del verbo λέγω, *llamar*, aquí *que se llama*; Ἰησοῦς, caso nominativo masculino singular del nombre propio *Jesús*; πηλὸν, caso acusativo masculino singular del nombre común *barro*; ἐποίησεν, tercera persona singular del aoristo primero de indicativo en voz activa del verbo ποιέω, *hacer, realizar*, aquí *hizo*; καὶ, conjunción copulativa *y*; ἐπέχρισεν, tercera persona singular del aoristo primero de indicativo en voz activa del verbo ἐπιχρίζω, *untar*, aquí *untó*; μου, caso genitivo de la primera persona singular del pronombre personal declinado *de mí, me*; τοὺς, caso acusativo masculino plural del artículo definido *los*; ὀφθαλμοὺς, caso acusativo masculino plural del nombre común *ojos*; καὶ, conjunción copulativa *y*; εἶπεν, tercera persona singular del aoristo segundo de indicativo en voz activa del verbo εἶπον, forma del aoristo de λέγω, *hablar, decir*, aquí *dijo*; μοι, caso dativo de la primera persona singular del pronombre personal declinado *a mí, me*; ὅτι, conjunción *que*; ὕπαγε, segunda persona singular del presente de imperativo en voz activa del verbo ὑπάγω, *ir*, aquí *ve*; εἰς, preposición propia de acusativo *a*; τὸν, caso acusativo masculino singular del artículo determinado *el*; Σιλωὰμ, caso acusativo masculino singular del nombre propio *Siloé*; καὶ, conjunción copulativa *y*; νίψαι, segunda persona singular del aoristo de indicativo en voz media del verbo νίπτω, *lavar, lavar con agua*, aquí *lávate*; ἀπελθὼν, caso nominativo masculino singular del participio del aoristo primero de indicativo en voz activa del verbo ἀνέρχομαι, *ir*, aquí *fui*; οὖν, conjunción continuativa *pues*; καὶ, conjunción copulativa *y*; νιψάμενος, caso nominativo masculino singular del participio del aoristo primero en voz media del verbo νίπτω, *lavar*, aquí *habiéndome lavado*; ἀνέβλεψα, primera persona singular del aoristo primero de indicativo en voz activa del verbo βλέπω, *ver*, aquí *vi*.

Crítica Textual. Lecturas alternativas.

[1] ὁ ἄνθρωπος, lectura atestiguada en $\mathfrak{p}^{66}$, ℵ, B, K, 070, f^{1}, 33, sa, ly.

No escribe el artículo ὁ, *el*, D, W.

καὶ εἶπεν ἄνθρωπος, *y dijo un hombre*, según lectura en A, K, N, Γ, Δ, Ψ, f^{13}, 579, 700, 892, 1241, 1424, 844, 2211, 𝔐, it, pbo.

[2] ὕπαγε εἰς τὸν Σιλωὰμ, *ve al Siloé*, lectura en $p^{66, 75}$, ℵ, B, D, K, W, Θ, 070, f^{1}, 565, 1241, it.
ὕπαγε εἰς τὴν κολυμβήθραν του, *ve al estanque de*... como se lee en A, K, N, Γ, Δ, Ψ, f^{13}, 33, 579, 700, 892, 1424, 844, 2211, 𝔐, lat, sir^{h}, sa^{sa}.

ἀπεκρίθη ἐκεῖνος· ὁ ἄνθρωπος ὁ λεγόμενος Ἰησοῦς El ciego responde a lo que le preguntan hablando de quien le mandó ir al estanque de Siloé, luego de haber aplicado lodo a sus ojos. Lo único que sabe de Él es Su nombre. No sabe quien es, de modo que se refiere a Él como *un hombre*, literalmente *hombre*, que se llama *Jesús*. Aún no tiene clara la dimensión de aquel *hombre*, no comprende que es el Mesías, pero, da testimonio claro de como se llama y que hizo. Cabe preguntarse como sabía que era Jesús. Tal vez oyó a alguno pronunciar Su nombre. Incluso pudo haberlo conocido de referencia al regresar del estanque al lugar donde había estado sentado mendigando. No importa tanto como supo que se llamaba Jesús, sino que verdaderamente conocía el nombre de su benefactor.

πηλὸν ἐποίησεν καὶ ἐπέχρισεν μου τοὺς ὀφθαλμοὺς. El testimonio de como recuperó la vista, es preciso. Lo primero que les dice es que aquel hombre llamado Jesús, hizo lodo y untó con él sus ojos. No testifica que el lodo fue el resultado de haber mezclado la tierra con la saliva de Jesús. No podía decir esto puesto que como ciego no había podido ver el proceso para producir el lodo, pero sabe que sobre sus ojos le fue aplicado por Jesús.

καὶ εἶπεν μοι ὅτι ὕπαγε εἰς τὸν Σιλωὰμ καὶ νίψαι· Testifica también que una vez untados sus ojos con el lodo, el mismo que lo hizo le mandó que fuese al estanque de Siloé para lavarse. Sin duda estaba produciéndose ya un problema legal del que tantos oyentes eran testigos. En un día sábado, cuando cualquier actividad estaba considerada como prohibida, Jesús había hecho lodo, había untado los ojos de un hombre y le había mandado que fuese a lavarse. Todas estas cosas eran tenidas como pecado contra el reposo del sábado.

ἀπελθὼν οὖν καὶ νιψάμενος ἀνέβλεψα. Finalmente confiesa ante todos que obedeciendo la indicación de Jesús, había hecho lo que le mandó y en cuanto lo hizo recibió la vista. No podía haber un testimonio más preciso y demostrable que aquel que el ciego estaba dando. Con tremenda sencillez cuenta a todos lo que había ocurrido. No podía ocultar la bendición recibida. Aquel ciego, que ahora veía, se convierte en un testigo de Jesús ante quienes podían oír su testimonio.

12. Entonces le dijeron: ¿Dónde está él? Él dijo: No sé.

καὶ	εἶπαν	αὐτῷ·	ποῦ	ἐστιν	ἐκεῖνος	λέγει·	οὐκ	οἶδα.
Y	dijeron	le:	¿Donde	está	Él?	Dice:	No	sé.

Notas y análisis del texto griego.

Sigue el relato con καὶ, conjunción copulativa *y*; εἶπαν, tercera persona plural del aoristo segundo de indicativo en voz activa del verbo εἶπον, forma del aoristo de λέγω, *hablar, decir*, aquí *dijeron*; αὐτῷ, caso dativo de la tercera persona singular del pronombre personal declinado *a él, le*; ποῦ, adverbio relativo de lugar *donde*; ἐστιν, tercera persona singular del presente de indicativo en voz activa del verbo εἰμί, *ser, estar*, aquí *está*; ἐκεῖνος, caso nominativo masculino singular del pronombre demostrativo *él*; λέγει, tercera persona singular del presente de indicativo en voz activa del verbo λέγω, *hablar, decir*, aquí *dice*; οὐκ, forma escrita del adverbio de negación *no*, con el grafismo propio ante una vocal con espíritu suave o una enclítica; οἶδα, primera persona singular del perfecto de indicativo en voz activa del verbo οἶδα, *saber*, aquí *sé*.

καὶ εἶπαν αὐτῷ· ποῦ ἐστιν ἐκεῖνος. Los que hablaban con el ciego querían saber donde estaba aquel que había hecho el milagro. El Señor se había retirado del lugar donde tuvo el primer encuentro con el ciego. No le interesa estar visible ante todos cuando se descubra el milagro que había hecho. Todos tienen interés en conocerlo, unos, lo buscan por admiración, pero otros, los fariseos, desean encontrarlo para acusarlo y ver si pueden ejecutar su propósito para darle muerte. Sin embargo quienes hablan aquí no son los fariseos, sino los vecinos del ciego de nacimiento. Hasta el siguiente versículo no se vuelven a mencionar a los fariseos.

λέγει· οὐκ οἶδα. La respuesta es precisa y breve: *No sé*. El vecino sanado de su ceguera no conoce el paradero de Su sanador. En el momento en que Jesús puso lodo sobre sus ojos, el que ahora veía estaba ciego, por tanto no había podido ver a Jesús, de tal modo que aunque se hubiese encontrado con Él, luego de realizarse el milagro, no podía señalarlo como su benefactor. El Señor se manifestará al ciego cuando este fuese expulsado de la sinagoga por los judíos.

El ciego y los religiosos (9:13-34).

13. Llevaron ante los fariseos al que había sido ciego.

Ἄγουσιν	αὐτὸν	πρὸς	τοὺς	Φαρισαίους	τόν	ποτε	τυφλόν.
Llevan	le	a	los	fariseos	al	en otra ocasión	ciego.

Notas y análisis del texto griego.

Iniciando un nuevo párrafo, escribe: Ἄγουσιν, tercera persona plural del presente de indicativo en voz activa del verbo ἄγω, *conducir, llevar, dirigirse*, aquí *llevan*; αὐτὸν, caso acusativo masculino de la tercera persona singular del pronombre personal declinado *a él, le*; πρὸς, preposición propia de acusativo *a*; τοὺς, caso acusativo masculino plural del artículo determinado *los*; Φαρισαίους, caso acusativo masculino plural del nombre propio *fariseos*; τόν, caso acusativo masculino singular del artículo determinado declinado *al*; ποτε, *en otra ocasión* o el poco usado *otrora*; τυφλόν, caso acusativo masculino singular del nombre común *ciego*.

Ἄγουσιν αὐτὸν πρὸς τοὺς Φαρισαίους τόν ποτε τυφλόν. Con enfático presente los vecinos llevan al ciego ante los fariseos. Estos eran considerados como los expertos en todo lo que tiene que ver con materias espirituales, por tanto determinarían como y quien había hecho el milagro de sanar el ciego. Sin duda los enemigos de Jesús van a radicalizarse aún más contra Él. El odio que le tienen se verá incrementado. La luz del mundo había hecho resplandecer la luz física en los ojos del ciego, mientras que los ciegos espirituales se entenebrecen más de lo que estaban. Con todo, el llevarlo ante los fariseos, conduce a considerar la formulación de una acusación de quebrantamiento del sábado, ya que había hecho cosas prohibidas en ese día, como lavarse los ojos.

No puede establecerse el momento en que esto ocurrió, pero, probablemente fue al día siguiente del milagro, entre otras razones porque siendo sábado no era conveniente llevarlo desde donde estaba hasta el lugar en que podía encontrarse con los fariseos. Es posible que la división de opiniones entre los vecinos en la que unos creían que había sido sanado y otros dudaban de que fuese el mismo que conocían como ciego de nacimiento. Los fariseos, expertos en materia religiosa podían determinarlo y resolver la duda. Es difícil determinar si se trataba de una *investigación oficial*, o simplemente de establecer una posición del sector religioso sobre el milagro. Pero, también podría tratarse de un grupo *oficial* de fariseos, vinculados directamente con el Sanedrín, como delegado de todo él, que entendía en asuntos más sencillos y que podía dictar una sentencia sobre el caso que se les presentaba, teniendo el respaldo de todo el tribunal. Es probable que fuesen estos puesto que determinan expulsar al ciego de la sinagoga, por lo que tenían que haber recibido autoridad para actuar de este modo. Según referencias históricas había en Jerusalén dos grupos llamados *Sanedrín Menor*, que juzgaban en asuntos de la sinagoga. Estos tenían derecho a investigar en los hechos, de modo que las consecuencias de la investigación afectaban a los investigados, de ahí que los padres del ciego no quisieran responder a las preguntas que les formularon, sino que remitieron a su hijo para que lo hiciese (vv. 21-22).

Surge también otra pregunta: ¿Fue conducido voluntariamente o, en cierta medida, coaccionado por los vecinos? Tampoco es posible determinarlo, pero lo que se aprecia es que el ciego no fue sólo a los fariseos, sino con muchos o pocos vecinos que lo llevaron. Debe tenerse en cuenta que los fariseos son los más activos entre los dirigentes religiosos y enemigos firmes del Señor.

14. Y era día de reposo cuando Jesús había hecho el lodo, y le había abierto los ojos.

ἦν δὲ σάββατον ἐν ᾗ ἡμέρᾳ[1] τὸν πηλὸν ἐποίησεν ὁ Ἰησοῦς
Y era sábado en cuyo día el lodo hizo - Jesús
καὶ ἀνέῳξεν αὐτοῦ τοὺς ὀφθαλμούς.
y abrió de él los ojos.

Notas y análisis del texto griego.

Desarrollando el relato, añade: ἦν, tercera persona singular del imperfecto de indicativo en voz activa del verbo εἰμί, *ser*, aquí *era*; δὲ, partícula conjuntiva que hace las veces de conjunción coordinante, con sentido de *pero, más bien, y, y por cierto, antes bien*; σάββατον, caso nominativo neutro singular del nombre común *sábado*; ἐν, preposición propia de dativo *en*; ᾗ, caso dativo femenino del pronombre relativo *el que, el cual, que, cuyo*; ἡμέρᾳ, caso dativo femenino singular del nombre común *día*; τὸν, caso acusativo masculino singular del artículo determinado *el*; πηλὸν, caso acusativo masculino singular del nombre común *barro*; ἐποίησεν, tercera persona singular del aoristo primero de indicativo en voz activa del verbo ποιέω, *hacer, realizar, fabricar*, aquí *hizo*; ὁ, caso nominativo masculino singular del artículo determinado *el*; Ἰησοῦς, caso nominativo masculino singular del nombre propio *Jesús*; καὶ, conjunción copulativa *y*; ἀνέῳξεν, tercera persona singular del aoristo primero de indicativo en voz activa del verbo ἀνοίγω, *abrir*, aquí *abrió*; αὐτοῦ, caso genitivo masculino de la tercera persona singular del pronombre personal declinado *de él*; τοὺς, caso acusativo masculino plural del artículo determinado *los*; ὀφθαλμούς, caso acusativo masculino plural del nombre común *ojos*.

Crítica Textual. Lecturas alternativas.

[1] ἐν ᾗ ἡμέρᾳ, *en cuyo día*, lectura atestiguada en 𝔭^{66,75}, א, B, K, W, 070, 33, it, sir^{hmg}, sa^{sa}, pbo, bo^{mss}.

ὅτε, *cuando*, según A, D, K, N, Γ, Δ, Θ, Ψ, *f*^{1,13}, 565, 579, 700, 892, 1241, 1424, 844, 2211, 𝔐, lat, sir$^{p, h}$, sa^{mss}, ly, cw^{vid}, bo.

ἦν δὲ σάββατον ἐν ᾗ ἡμέρᾳ τὸν πηλὸν ἐποίησεν ὁ Ἰησοῦς καὶ ἀνέῳξεν αὐτοῦ τοὺς ὀφθαλμούς. Juan hace otra precisión en el relato para darle sentido a cuanto sigue, al decir que *era sábado*, el día que Jesús hizo lodo y abrió los ojos del ciego. Esto era el problema principal para los judíos. No tenía para ellos tanta importancia el milagro que había hecho, ni como lo había hecho, pero sí era importante que Jesús había quebrantado lo que ellos entendían como un trabajo hecho en sábado. Realmente no se trataba de algo que estuviese prohibido taxativamente en la ley, sino el quebrantamiento de las *tradiciones*, que establecían que el hacer lodo, y el untar los ojos era trabajo y esto quebrantaba la disposición divina. Otras cosas sin ninguna importancia las consideraban también como trabajo en día de reposo, tal era encender fuego, hacer o deshacer un nudo, apagar una lámpara, o escribir más de dos letras[7] De otro modo, podían presentar el milagro como resultado de una transgresión a lo que se demandaba en la ley. Sobre todo porque los judíos habían prohibido estrictamente hacer sanidades en sábado a no ser en el caso de que hubiese evidente peligro de muerte. Jesús no estaba quebrantando la ley de Dios, que había venido a cumplir plenamente, sino la de los hombres, por lo que hacía sanidades en sábado, en donde abiertamente manifestaba que no se sometía a las falsas leyes que los religiosos habían establecido y que eran una carga insoportable puesta por ellos a los hombres.

15. Volvieron, pues, a preguntarle también los fariseos cómo había recibido la vista. El les dijo: Me puso lodo sobre los ojos, y me lavé, y veo.

πάλιν οὖν ἠρώτων αὐτὸν καὶ οἱ Φαρισαῖοι πῶς
De nuevo, pues, preguntaban le también los fariseos cómo
ἀνέβλεψεν. ὁ δὲ εἶπεν αὐτοῖς· πηλὸν ἐπέθηκεν μου ἐπὶ τοὺς
vio. Y él dijo les: Lodo puso de mí sobre los
ὀφθαλμοὺς καὶ ἐνιψάμην καὶ βλέπω.
ojos y me lave y veo.

Notas y análisis del texto griego.

Sigue el relato: πάλιν, adverbio de modo *nuevamente, otra vez, de nuevo*; οὖν, conjunción continuativa *pues*; ἠρώτων, tercera persona plural del imperfecto de indicativo en voz activa del verbo ἐρωτάω, *preguntar*, aquí *preguntaban*; αὐτὸν, caso acusativo masculino de la tercera persona singular del pronombre personal declinado *a él, le*; καὶ, adverbio de modo *también*; οἱ, caso nominativo masculino plural del artículo determinado *los*; Φαρισαῖοι, caso nominativo masculino plural del nombre propio *fariseos*; πῶς, partícula interrogativa adverbial, que realmente es un pronombre interrogativo *como, de que manera, por qué medio*; ἀνέβλεψεν, tercera persona singular del aoristo primero de indicativo en voz activa del verbo ἀναβλέπω, *ver, recobrar la vista*, aquí *vio*; ὁ, caso nominativo masculino singular del artículo determinado *el*; δὲ, partícula conjuntiva que hace las veces de conjunción coordinante, con sentido de *pero, más bien, y, y por cierto, antes bien*; εἶπεν, tercera persona singular del aoristo segundo de indicativo en voz activa del verbo εἶπον, forma del aoristo de λέγω, *hablar, decir*, aquí *dijo*; αὐτοῖς, caso dativo masculino de la tercera persona plural del pronombre personal declinado *a ellos, les*; πηλὸν, caso acusativo masculino singular del nombre común *barro, lodo*; ἐπέθηκεν,

[7] Tomado de Juan Leal, o.c., pág. 458.

tercera persona singular del aoristo primero de indicativo en voz activa del verbo ἐπιτίθημι, *poner, imponer, poner sobre*, aquí *puso*; μου, caso genitivo de la primera persona singular del pronombre personal declinado *de mí*; ἐπὶ, preposición propia de acusativo *sobre*; τοὺς, caso acusativo masculino plural del artículo determinado *los*; ὀφθαλμοὺς, caso acusativo masculino plural del nombre común *ojos*; καὶ, conjunción copulativa *y*; ἐνιψάμην, primera persona singular del aoristo primero de indicativo en voz media del verbo νίπτω, *lavar*, aquí *me lavé*; καὶ, conjunción copulativa *y*; βλέπω, primera persona singular del presente de indicativo en voz activa del verbo βλέπω, *ver, mirar*, aquí *veo*.

πάλιν οὖν ἠρώτων αὐτὸν καὶ οἱ Φαρισαῖοι πῶς ἀνέβλεψεν. ὁ δὲ εἶπεν αὐτοῖς· Los vecinos habían preguntado al ciego como había sido sanado. Pero, los fariseos tenían que volver a investigar el asunto para dar el veredicto que debía ser reconocido como el válido por todos los que conocían el hecho. De este modo, posiblemente ante los que le habían traído a ellos, interrogaron al hombre. Deseaban saber directamente de él como había ocurrido aquello, cual fue la manera en que recibió la vista. Aunque aparentemente se trataba de indagar sobre el ciego, subrepticiamente procuraban hacerlo sobre Jesús.

πηλὸν ἐπέθηκεν μου ἐπὶ τοὺς ὀφθαλμοὺς καὶ ἐνιψάμην καὶ βλέπω. La respuesta del ciego que ahora veía fue sencilla, breve y clara. Simplemente relata como le había puesto lodo sobre los ojos y como luego de haberse lavado recibió la vista. La conclusión del testimonio con βλέπω, el presente de indicativo que indica una continuidad, *veo*. Es una respuesta enfática: *estoy curado, veo*. Significa que el sentido de la vista se había recuperado totalmente. Veía cuanto le rodeaba, veía con claridad, tenía plena visión. El testimonio del hombre era contundente. No eran meras palabras, sino evidencias reales. Todos lo conocían como el ciego de nacimiento que pedía limosna, ahora se movía por sí mismo, había recibido la vista que antes no tenía. Los fariseos investigaban no el hecho, porque era manifiesto, pero sí la forma en que había recibido la vista. Para eso preguntaban. El ciego no había hecho más que obedecer a alguien que le había puesto lodo en los ojos y le había ordenado que fuese a lavarse. Todo aquello era quebrantar la ley del sábado.

16. Entonces algunos de los fariseos decían: Ese hombre no procede de Dios, porque no guarda el día de reposo. Otros decían: ¿Cómo puede un hombre pecador hacer estas señales? Y había disensión entre ellos.

ἔλεγον οὖν ἐκ τῶν Φαρισαίων τινές· οὐκ ἔστιν οὗτος παρὰ
Decían, pues, de los fariseos algunos: No es este de parte de
Θεοῦ ὁ ἄνθρωπος, ὅτι τὸ σάββατον οὐ τηρεῖ. ἄλλοι [δὲ]
Dios el hombre, porque el sábado no guarda. Pero otros
ἔλεγον· πῶς δύναται ἄνθρωπος ἁμαρτωλὸς τοιαῦτα σημεῖα
decían: ¿Cómo puede hombre pecador tales señales
ποιεῖν καὶ σχίσμα ἦν ἐν αὐτοῖς.
hacer? Y división había entre ellos.

Notas y análisis del texto griego.

Continuando el relato, escribe: ἔλεγον, tercera persona plural del imperfecto de indicativo en voz activa del verbo λέγω, *hablar, decir*, aquí *decían*; οὖν, conjunción continuativa *pues*; ἐκ, preposición propia de genitivo *de*; τῶν, caso genitivo masculino plural del artículo definido *los*; Φαρισαίων, caso genitivo masculino plural del nombre propio *fariseos*; τινές, caso nominativo masculino plural del pronombre indefinido *algunos*; οὐκ, forma escrita del adverbio de negación *no*, con el grafismo propio ante una vocal con espíritu suave o una enclítica; ἔστιν, tercera persona singular del presente de indicativo en voz activa del verbo εἰμί, *ser*, aquí *es*; οὗτος, caso nominativo masculino singular del pronombre demostrativo *este*; παρὰ, preposición propia de genitivo *por, de parte de*; Θεοῦ, caso genitivo masculino singular del nombre divino *Dios*; ὁ, caso nominativo masculino singular del artículo definido *el*; ἄνθρωπος, caso nominativo masculino singular del nombre común *hombre*; ὅτι, conjunción causal *porque*; τὸ, caso acusativo neutro singular del artículo determinado *el*; σάββατον, caso acusativo neutro plural del nombre común *sábado*; οὐ, adverbio de negación *no*; τηρεῖ, tercera persona singular del presente de indicativo en voz activa del verbo τηρέω, *guardar*, aquí *guarda*; ἄλλοι, caso nominativo masculino plural del pronombre indefinido *otros*; δὲ, partícula conjuntiva que hace las veces de conjunción coordinante, con sentido de *pero, más bien, y, y por cierto, antes bien*; ἔλεγον, tercera persona plural del imperfecto de indicativo en voz activa del verbo λέγω, *hablar, decir*, aquí *decían*; πῶς, partícula interrogativa adverbial, que realmente es un pronombre interrogativo *como, de que manera, por qué medio*; δύναται, tercera persona singular del presente de indicativo en voz media del verbo δύναμαι, *poder, tener poder, ser capaz*, aquí *puede*; ἄνθρωπος, caso nominativo masculino singular del nombre común *hombre*; ἁμαρτωλὸς, caso nominativo masculino singular del adjetivo calificativo *pecador*; τοιαῦτα, caso acusativo neutro plural del adjetivo demostrativo *estos*; σημεῖα, caso acusativo neutro plural del nombre común *señales, signos*; ποιεῖν, presente de infinitivo en voz activa del verbo ποιέω, *hacer, realizar*; καὶ, conjunción copulativa *y*; σχίσμα, caso nominativo neutro plural del nombre común *roto, división*; ἦν, tercera persona singular del imperfecto de indicativo en voz activa del verbo εἰμί, *ser, estar, haber*, aquí *había*; ἐν, preposición propia de dativo *en, entre*; αὐτοῖς, caso dativo masculino de la tercera persona plural del pronombre personal *ellos*.

ἔλεγον οὖν ἐκ τῶν Φαρισαίων τινές· οὐκ ἔστιν οὗτος παρὰ Θεοῦ ὁ ἄνθρωπος, ὅτι τὸ σάββατον οὐ τηρεῖ. Algunos de los judíos que interrogaban al ciego, llegan a la conclusión de que aquel hombre que le había sanado no podía ser de Dios, es decir, proceder de Él o ser enviado por Él, porque no guardaba el sábado. La base del razonamiento se podía sustentar en que para ellos todo el que venía de Dios guardaba el sábado, por tanto *ese hombre* no lo guarda, conclusión: no viene de Dios. Estos eran los más aferrados a la literalidad de la normativa establecida y, por supuesto, de la Ley. Sólo podían ver en todo aquello el incumplimiento desafiante de lo que estaba establecido. Dios prohibía hacer trabajos serviles en sábado, pero en modo alguno, impedía hacer misericordia, puesto que esa es una de Sus perfecciones. Esta es la segunda vez que acusan a Cristo de violador del sábado (5:16). Se apoyan, como ya se ha dicho, en que hizo barro y que untó los ojos del ciego en sábado, ambas cosas prohibidas conforme a la tradición.

ἄλλοι [δὲ] ἔλεγον· πῶς δύναται ἄνθρωπος ἁμαρτωλὸς τοιαῦτα σημεῖα ποιεῖν. Otros, en cambio, llegan a una conclusión más lógica. No es posible que un pecador, es decir, el que no procede ni tiene comunión con Dios, pueda hacer señales como aquella. A esto había llegado Nicodemo (3:2). En una deducción natural y lógica, no sólo hizo aquella *señal* sino otras muchas, de modo que no podía ser un pecador sino un enviado de Dios. Éstos, en lugar de mirar al *hombre*, miraban al milagro para posicionarse en relación con el que lo había hecho. La argumentación es fácil de entender: Sólo los que proceden de Dios y actúan con Su poder pueden dar vista a un ciego de nacimiento, *ese hombre* lo hizo, por tanto, es de Dios. Es notable apreciar que este pronunciamiento favorable a Jesús está construido a modo de pregunta retórica, lo que se propone como sugerencia pero no tanto como afirmación. Los mismos que creían que Jesús era el enviado de Dios, tenían temor de sus correligionarios.

καὶ σχίσμα ἦν ἐν αὐτοῖς. El problema era grave para ellos o, tal vez mejor, irresoluble, por consiguiente las posiciones enfrentadas producían una *rotura* o *división*. Más bien debe entenderse el sustantivo σχίσμα, *división* como una situación de conflicto que, como mínimo generaba una discusión entre ellos, sino una contienda aún mayor. Es muy probable que el grupo que consideraba a Jesús como un *hombre procedente de Dios*, fuese muy minoritario, por lo que la discusión se resolvería a favor de quienes le consideraban como un pecador, a causa de Su posición respecto al sábado. Esto se aprecia en que ya no se vuelve a mencionar al grupo que no consideraba a Cristo como pecador, y que en cambio prospera la actuación de aquellos que lo acusaban. Así escribía Juan Crisóstomo:

"Pasando astutamente por alto el milagro, (algunos judíos) llevaban la discusión a lo que ellos denominaban 'transgresión de la Ley'. No decían: 'Cura en sábado', sino: 'No guarda el sábado'. Otros contestaban (a los anteriores) con poca energía: '¿Cómo pude hacer tales prodigios un pecador?'. Se habría requerido demostrar que eso no era una violación del sábado, pero ellos fundaban su defensa en el prodigio cumplido. Era natural que eligieran ese camino, porque seguían considerándolo simplemente un hombre. De no haber sido así, habrían podido defenderlo de otro modo, a saber, sosteniendo que quien había instituido el sábado era señor del sábado. Pero todavía no tenían de Él un concepto tan alto. Nadie se atrevía a declarar abiertamente lo que pensaba, sino que expresaban su parecer tímidamente, unos por temor y otros por apego a sus cargos. Estaban divididos. Lo que antes había ocurrido en el pueblo, tiene ahora lugar entre los príncipes[8]".

17. Entonces volvieron a decirle al ciego: ¿Qué dices tú del que te abrió los ojos? Y él dijo: Que es profeta.

λέγουσιν	οὖν	τῷ	τυφλῷ	πάλιν·	τί	σὺ	λέγεις	περὶ	αὐτοῦ,	ὅτι
Dicen,	pues,	al	ciego	otra vez:	¿Qué	tú	dices	acerca de	Él,	que

ἠνέῳξεν	σου	τοὺς	ὀφθαλμούς	ὁ δὲ	εἶπεν	ὅτι	προφήτης	ἐστίν.
abrió	de ti	los	ojos?	Y él	dijo:	que	profeta	es.

Notas y análisis del texto griego.

Sin interrupción, escribe: λέγουσιν, tercera persona plural del presente de indicativo en voz activa del verbo λέγω, *hablar, decir*, aquí *dicen*; οὖν, conjunción causal con valor continuativo *pues*; τῷ, caso dativo masculino singular del artículo determinado declinado *al*; τυφλῷ, caso dativo masculino singular del adjetivo *ciego*; πάλιν, adverbio de modo, *nuevamente, otra vez*; τί, caso acusativo neutro singular del pronombre interrogativo *qué*; σὺ, caso nominativo de la segunda persona singular del pronombre personal *tú*; λέγεις, segunda persona singular del presente de indicativo en voz activa del verbo λέγω, *hablar, decir*, aquí *dices*; περὶ, preposición propia de genitivo *de, acerca de*; αὐτοῦ, caso genitivo masculino de la tercera persona singular del pronombre personal *Él*; ὅτι, conjunción *que*; ἠνέῳξεν, tercera persona

[8] Juan Crisóstomo. *Homilías sobre el Evangelio de Juan*, 57, 2.

singular del aoristo primero de indicativo en voz activa del verbo ἀνοίγω, *abrir*, aquí *abrió*; σου, caso genitivo de la segunda persona singular del pronombre personal declinado *de ti*; τοὺς, caso acusativo masculino plural del artículo determinado *los*; ὀφθαλμούς, caso acusativo masculino plural del nombre común *ojos*; ὁ, caso nominativo masculino singular del artículo determinado *el*; δὲ, partícula conjuntiva que hace las veces de conjunción coordinante, con sentido de *pero, más bien, y, y por cierto, antes bien*; εἶπεν, tercera persona singular del segundo aoristo de indicativo en voz activa del verbo εἶπον, forma aoristo de λέγω, *hablar, decir*, aquí *dijo*; ὅτι, conjunción *que*; προφήτης, caso nominativo masculino singular del nombre común *profeta*; ἐστίν, tercera persona singular del presente de indicativo en voz activa del verbo εἰμί, *ser*, aquí *es*.

λέγουσιν οὖν τῷ τυφλῷ πάλιν· τί σὺ λέγεις περὶ αὐτοῦ, ὅτι ἠνέῳξεν σου τοὺς ὀφθαλμούς. La discusión entre los dos grupos de fariseos radicalizó a los que eran enemigos de Jesús y buscaban su muerte. No podían negar la señal que había hecho, pero eso no significaba que no buscasen ocasión contra Él. Por esa razón tratan de acusar al ciego que había sido sanado, preguntándole no ya por el milagro, sino su parecer personal sobre el que lo había hecho. De este modo podía acusar a ambos, al ciego y a Jesús. Por esa razón la pregunta aquí varía del *como* te sanó, a *quien es* el que lo hizo. Lo hacen con extremada sutileza, ellos no pueden negar el hecho de que aquel era el ciego de nacimiento, de ahí que le hablen de quien le había *abierto* los ojos. La pregunta formulada al ciego puede entenderse no como una aceptación del milagro, sino como que el ciego lo decía pero no estaba todavía probado. La parte final de la pregunta *que te abrió los ojos*, no implica necesariamente que reconociesen el milagro, sino tan solo que el ciego decía que lo había hecho.

ὁ δὲ εἶπεν ὅτι προφήτης ἐστίν. No hay duda alguna en la respuesta: *es profeta*. La pregunta sobre un tema religioso nunca la habrían hecho, a no ser por el desconcierto que había entre ellos. El ciego no quiere pasar más allá, se limita a decirles que para él Jesús era un profeta. Esta misma había sido la confesión de la samaritana (4:19). Es muy posible que el ciego no tuviese un conocimiento mayor para discernir que Jesús era el Mesías. El contacto con Él había sido pequeño. Sin embargo, el ser *profeta*, era la categoría social más elevada entonces en Israel. El ciego lo califica al más alto nivel posible para él. Este es el primer paso en la progresión que va adquiriendo acerca de Jesús. Comenzó antes diciendo que era *un hombre* que se llamaba Jesús, pero ahora ya habla de Él como *profeta*. Un hombre que hace prodigios con el poder de Dios, por tanto, Dios estaba con él. Los judíos sabían que el ciego iba a ser un seguidor de quien le había sanado, por eso buscan un testimonio contra él que les permita expulsarlo de la sinagoga, de modo que nadie le prestase atención y diese crédito a sus palabras.

18. Pero los judíos no creían que él había sido ciego, y que había recibido la vista, hasta que llamaron a los padres del que había recibido la vista.

Οὐκ ἐπίστευσαν οὖν οἱ Ἰουδαῖοι περὶ αὐτοῦ ὅτι ἦν
No creyeron, entonces, los judíos acerca de él que era
τυφλὸς καὶ ἀνέβλεψεν ἕως ὅτου ἐφώνησαν τοὺς γονεῖς αὐτοῦ
ciego y recibió la vista hasta que llamaron a los padres de él,
τοῦ ἀναβλέψαντος[1].
del que había visto.

Notas y análisis del texto griego.

Sigue el relato: Οὐκ, forma escrita del adverbio de negación *no*, con el grafismo propio ante una vocal con espíritu suave o una enclítica; ἐπίστευσαν, tercera persona plural del aoristo primero de indicativo en voz activa del verbo πιστεύω, *creer*, aquí *creyeron*; οὖν, conjunción ilativa *entonces*; οἱ, caso nominativo masculino plural del artículo definido *los*; Ἰουδαῖοι, caso nominativo masculino plural del adjetivo *judíos*; περὶ, preposición propia de genitivo, *de, acerca de*; αὐτοῦ caso genitivo masculino de la tercera persona singular del pronombre personal declinado *de él*; ὅτι, conjunción copulativa *que*; ἦν, tercera persona singular del imperfecto de indicativo en voz activa del verbo εἰμί, *ser*, aquí *era*; τυφλὸς, caso nominativo masculino singular del adjetivo *ciego*; καὶ, conjunción copulativa *y*; ἀνέβλεψεν, tercera persona singular del aoristo primero de indicativo en voz activa del verbo ἀναβλέπω, *ver, recibir la vista*, *recobrar la vista*, aquí *recibió la vista*; ἕως, preposición propia de genitivo *hasta*; ὅτου, caso genitivo neutro singular del pronombre relativo *que*; ἐφώνησαν, tercera persona plural del aoristo primero de indicativo en voz activa del verbo φωνέω, *llamar*, aquí *llamaron*; τοὺς, caso acusativo masculino plural del artículo determinado declinado *a los*; γονεῖς, caso acusativo masculino plural del nombre común *padres, progenitores*; αὐτοῦ, caso genitivo masculino de la tercera persona singular del pronombre personal declinado *de él*; τοῦ, caso genitivo masculino singular del artículo determinado declinado *del*; ἀναβλέψαντος, caso genitivo masculino singular del participio del aoristo primero de indicativo en voz activa del verbo ἀναβλέπω, *ver, recibir la vista, recobrar la vista*, aquí *que recibió la vista*.

Crítica Textual. Lecturas alternativas.

[1] τοῦ ἀναβλέψαντος, *del que recibió la vista*, no figura en $\mathfrak{p}^{66}$, f^{1}, 565 it, sir^{s}, bo.

Οὐκ ἐπίστευσαν οὖν οἱ Ἰουδαῖοι περὶ αὐτοῦ ὅτι ἦν τυφλὸς καὶ ἀνέβλεψεν. Juan dice que los judíos no creían que el ciego lo había sido verdaderamente. Los fanáticos no podían creer que hubiese recibido la vista nadie que quebrantaba el sábado, yendo de un lugar a otro y lavándose en el estanque de Siloé. Lo que ellos creían sobre el sábado y sobre Dios entraban en conflicto con el hecho de recibir la vista. Dios no podía bendecir a nadie que quebrantase el deber sabático. Los judíos no creían que aquel fuese realmente un ciego de nacimiento.

ἕως ὅτου ἐφώνησαν τοὺς γονεῖς αὐτοῦ τοῦ ἀναβλέψαντος. Para confirmar su incredulidad llamaron a los padres del ciego de nacimiento. El verbo φωνέω, tiene varias acepciones, como *llamar, gritar, dar voces*, en cualquier caso indica que llamaron en voz alta a los padres. El propósito de ellos era que los progenitores diesen una explicación que resolviese el problema. Eso fue un deseo fallido de desacreditar el milagro. Aquellos incrédulos y malvados enemigos de Jesús no iban a conseguir su propósito, sino todo lo contrario. La verdad prevalece siempre sobre la mentira. Es sorprendente notar como intentan destruir el testimonio, porque aceptarlo sería para ellos el camino para reconocer que Jesús no era un pecador como ellos decían, sino el enviado de Dios, porque sólo así podía hacer aquellas señales.

19. Y les preguntaron, diciendo: ¿Es éste vuestro hijo, el que vosotros decís que nació ciego? ¿Cómo, pues, ve ahora?

καὶ ἠρώτησαν αὐτοὺς λέγοντες· οὗτος ἐστιν ὁ υἱὸς ὑμῶν,
Y preguntaron les, diciendo: ¿Este es el hijo de vosotros,
ὃν ὑμεῖς λέγετε ὅτι τυφλὸς ἐγεννήθη πῶς οὖν βλέπει ἄρτι
el que vosotros decís que ciego nació? ¿Cómo, pues, ve ahora?

Notas y análisis del texto griego.

Escribe Juan: καὶ, conjunción copulativa *y*; ἠρώτησαν, tercera persona plural del aoristo primero de indicativo en voz activa del verbo ἠρωτάω, *preguntar, inquirir*, aquí *preguntaron*; αὐτοὺς, caso acusativo masculino de la tercera persona plural del pronombre personal declinado *a ellos, les*; λέγοντες, caso nominativo masculino plural del participio de presente en voz activa del verbo λέγω, *hablar, decir*, aquí *diciendo*; οὗτος, caso nominativo masculino singular del pronombre demostrativo *este*; ἐστιν, tercera persona singular del presente de indicativo en voz activa del verbo εἰμί, *ser, estar*, aquí *es*; ὁ, caso nominativo masculino singular del artículo determinado *el*; υἱὸς, caso nominativo masculino singular del nombre común *hijo*; ὑμῶν, caso genitivo de la segunda persona plural del pronombre personal declinado *de vosotros*; ὃν, caso acusativo masculino singular del pronombre relativo *el que, el cual*; ὑμεῖς, caso nominativo de la segunda persona plural del pronombre personal *vosotros*; λέγετε, segunda persona plural del presente de indicativo en voz activa del verbo λέγω, *hablar, decir*, aquí *decís*; ὅτι, conjunción copulativa *que*; τυφλὸς, caso nominativo masculino singular del adjetivo *ciego*; ἐγεννήθη, tercera persona singular del aoristo primero de indicativo en voz pasiva del verbo γεννάω, en voz pasiva *nacer*, aquí *nació*; πῶς, partícula interrogativa adverbial, que realmente es un pronombre interrogativo *cómo, de que manera, por qué medio*; οὖν, conjunción continuativa *pues*; βλέπει, tercera persona singular del presente de indicativo en voz activa del verbo βλέπω, *ver*, aquí *ve*; ἄρτι, adverbio de tiempo *ahora*.

καὶ ἠρώτησαν αὐτοὺς λέγοντες· Con una enorme astucia formulan una pregunta triple o, tal vez mejor, tres preguntas con el propósito de generar confusión en los padres del ciego.

οὗτος ἐστιν ὁ υἱὸς ὑμῶν, La primera tenía que ver con una identificación, para que ellos determinaran si verdaderamente aquel hombre era su hijo. Algunos consideran que esta no es una pregunta independiente sino que forma parte con lo que sigue de una sola. En este caso les preguntaban si aquel hijo suyo había nacido ciego. Sin embargo es preferible considerarla como una demanda de identificación con el hombre que decía ser ciego de nacimiento y al que ellos como padres podían identificar.

ὃν ὑμεῖς λέγετε ὅτι τυφλὸς ἐγεννήθη. La segunda se refería a su condición de ciego desde el nacimiento. Los padres debían responder si era verdad que había nacido ciego y nunca logró ver. En cierto modo estaban acusándoles de haber sostenido por años que era un ciego, cuando no lo había sido nunca, simplemente era una afirmación de los padres, de ahí las palabras *el que vosotros decís que nació ciego*. Esto permitiría a los fariseos confirmar sus palabras de que no había ocurrido milagro alguno.

πῶς οὖν βλέπει ἄρτι. La tercera pregunta estaba formulada de forma tal que podía ser tomada como acusación a los padres según respondiesen. Se les pedía que dijesen como es que ahora veía, si había nacido ciego. Demandaba de ellos un testimonio sobre el hecho de haber recibido la vista y el proceso que se siguió para alcanzarla. Muy bien podía tratarse de una artimaña de los judíos para que se desdijesen públicamente y negasen que había nacido ciego. Si no podían decir como se había producido la sanidad, no podían testificar del milagro. La malignidad de los fariseos los identifica continuamente con quien era su padre espiritual, el diablo, mentiroso desde el principio, maligno y homicida, como aquellos eran también.

20. Sus padres respondieron y les dijeron: Sabemos que éste es nuestro hijo, y que nació ciego.

ἀπεκρίθησαν οὖν οἱ γονεῖς αὐτοῦ καὶ εἶπαν· οἴδαμεν ὅτι
Respondieron, pues, los padres de él y dijeron: Sabemos que
οὗτος ἐστιν ὁ υἱὸς ἡμῶν καὶ ὅτι τυφλὸς ἐγεννήθη·
éste es el hijo de nosotros y que ciego nació.

Notas y análisis del texto griego.

Continuando, escribe: ἀπεκρίθησαν, tercera persona plural del aoristo primero de indicativo en voz activa del verbo ἀποκρίνομαι, *responder, contestar*, aquí *respondieron*; οὖν, conjunción continuativa *pues*; οἱ, caso nominativo masculino plural del artículo definido *los*; γονεῖς, caso nominativo masculino plural del nombre común *padres, progenitores*; αὐτοῦ, caso genitivo masculino de la tercera persona singular del pronombre personal declinado *de él*; καὶ, conjunción copulativa *y*; εἶπαν, tercera persona plural del segundo aoristo de indicativo en voz activa del verbo εἶπον, forma del aoristo de λέγω, *hablar, decir*, aquí *dijeron*; οἴδαμεν, primera persona plural del perfecto de indicativo en voz activa del verbo οἶδα, *saber, conocer*, aquí *sabemos*; ὅτι, conjunción *que*; οὗτος, caso nominativo masculino de la segunda persona singular del pronombre demostrativo *éste*; ἐστιν, tercera persona singular del presente de indicativo en voz activa del verbo εἰμί, *ser, estar*, aquí *es*; ὁ, caso nominativo masculino singular del artículo determinado *el*; υἱὸς, caso nominativo masculino singular del nombre común *hijo*; ἡμῶν, caso genitivo plural de la primera persona plural del pronombre personal declinado *de nosotros, nuestro*; καὶ, conjunción copulativa *y*; ὅτι, conjunción *que*; τυφλὸς, caso nominativo masculino singular del adjetivo *ciego*; ἐγεννήθη, tercera persona plural del aoristo primero de indicativo en voz pasiva del verbo γεννάω, *nacer*, aquí *nació*.

ἀπεκρίθησαν οὖν οἱ γονεῖς αὐτοῦ καὶ εἶπαν· A la pregunta de los fariseos sigue la respuesta de los padres del ciego. Todo ello está rodeado de una notable tensión. El ciego fue preguntado, ahora los padres, sin duda había personas presentes que esperaban en que terminaría todo aquello. Son las manifestaciones propias de una sociedad sometida al régimen religioso legalista que busca el castigo y no reconoce la gracia.

οἴδαμεν ὅτι οὗτος ἐστιν ὁ υἱὸς ἡμῶν καὶ ὅτι τυφλὸς ἐγεννήθη· La respuesta es sencilla, directa y concreta. La construcción gramatical con el verbo οἶδα, *saber, conocer*, implica algo que no podía tener duda alguna. Los padres sabían que su hijo había nacido ciego y siempre lo fue. Aunque sin duda tímida, la respuesta es precisa. Aquel ciego es identificado como tal por sus padres. El fracaso de los fariseos era evidente. Habían buscado que los padres se retractasen y manifestaran que aquel hijo suyo no había nacido ciego. Es evidente que los judíos buscaban condenar al beneficiario del milagro, como quebrantador del sábado, lo que traería como consecuencia condenar al autor de la señal, Jesús, pero no es menos evidente que ellos serían juzgados por medio del testimonio sobre la realidad del milagro y, por tanto, eran juzgados por quien querían condenar. El testimonio de los padres sitúa a los fariseos en la disyuntiva de reconocer que se había producido un milagro, que era el primer paso para reconocer el poder sanador de Jesús que lo había obrado.

21. Pero cómo vea ahora, no lo sabemos; o quién le haya abierto los ojos, nosotros tampoco lo sabemos; edad tiene, preguntadle a él; él hablará por sí mismo.

πῶς δὲ νῦν βλέπει οὐκ οἴδαμεν, ἢ τίς ἤνοιξεν αὐτοῦ τοὺς
Pero como ahora ve no sabemos, o quien abrió de él los
ὀφθαλμοὺς ἡμεῖς οὐκ οἴδαμεν· αὐτὸν ἐρωτήσατε, ἡλικίαν ἔχει,
ojos nosotros no sabemos; a él preguntad, edad tiene;
αὐτὸς περὶ ἑαυτοῦ λαλήσει.
él acerca de sí mismo hablará.

Notas y análisis del texto griego.

Sigue la respuesta de los padres del ciego: πῶς, partícula interrogativa adverbial, que realmente es un pronombre interrogativo *como, de que manera, por qué medio*; δὲ, partícula conjuntiva que hace las veces de conjunción coordinante, con sentido de *pero, más bien, y, y por cierto, antes bien*; νῦν, adverbio de tiempo *ahora*; βλέπει, tercera persona singular del presente de indicativo en voz activa del verbo βλέπω, *ver, mirar, fijarse*, aquí *ve*; οὐκ, forma escrita del adverbio de negación *no*, con el grafismo propio ante una vocal con espíritu suave o una enclítica; οἴδαμεν, primera persona plural del perfecto de indicativo en voz activa del verbo οἶδα, *saber, conocer*, aquí *sabemos, hemos sabido*; ἢ, conjunción disyuntiva *o*; τίς, caso nominativo masculino singular del pronombre interrogativo *quien*; ἤνοιξεν, tercera persona singular del aoristo primero de indicativo en voz activa del verbo ἀνοίγω, *abrir*, aquí *abrió*; αὐτοῦ, caso genitivo masculino de la tercera persona singular del pronombre personal declinado *de él*; τοὺς, caso acusativo masculino plural del artículo determinado *los*; ὀφθαλμοὺς, caso acusativo masculino plural del nombre común *ojos*; ἡμεῖς, caso nominativo de la primera persona plural del pronombre personal *nosotros*; οὐκ, forma escrita del adverbio de negación *no*, con el grafismo propio ante una vocal con espíritu suave o una enclítica; οἴδαμεν, primera persona plural del perfecto de indicativo en voz activa del verbo οἶδα, *saber, conocer*, aquí *sabemos, hemos sabido*; αὐτὸν, caso acusativo masculino de la tercera persona singular del pronombre personal declinado *a él*; ἐρωτήσατε, segunda persona plural del aoristo primero de imperativo en voz activa del verbo ἐρωτάω, *preguntar, inquirir*, aquí *preguntad*; ἡλικίαν, caso acusativo femenino singular del nombre común *edad*; ἔχει, tercera persona singular del presente de indicativo en voz activa del verbo ἔχω, *tener*, aquí *tiene*; αὐτὸς, caso nominativo masculino singular del pronombre intensivo *él*; περὶ, preposición propia de genitivo *de, acerca de*; ἑαυτοῦ, caso genitivo masculino singular del pronombre reflexivo *él mismo*; λαλήσει, tercera persona singular del futuro de indicativo en voz activa del verbo λαλέω, *hablar, decir*, aquí *hablará*.

πῶς δὲ νῦν βλέπει οὐκ οἴδαμεν, La siguiente parte de la respuesta se hace en forma muy cautelosa. Los padres del ciego saben bien como actúan aquellos fariseos contra quienes contradicen o se oponen a sus afirmaciones. Habían dicho antes que el sanador no podía ser un hombre de Dios, por tanto, era un pecador que quebrantaba el sábado. La respuesta procura no contradecirles en nada, de ahí que se construya con una negación: *de cómo ve no sabemos*. No habían sido testigos de la curación de su hijo, sólo habían recibido el testimonio suyo que, como al resto de los que le preguntaron, decía que había sido sanado mediante la puesta de barro sobre sus ojos y el lavamiento de ellos en el Siloé.

ἢ τίς ἤνοιξεν αὐτοῦ τοὺς ὀφθαλμοὺς ἡμεῖς οὐκ οἴδαμεν· Del mismo modo se niegan a definir quien había sido el sanador. Realmente estaban mintiendo, porque aunque no hubiesen presenciado el milagro, no cabe duda que el hijo les había contado como se produjo aquel prodigio y por quien había sido hecho. El hijo decía que era un hombre que se llamaba Jesús, pero ellos afirman total ignorancia en este sentido. Es posible que conociesen los conflictos que se habían producido en la ciudad entre Jesús y los fariseos, por tanto se escudaban en la ignorancia para no contestar de forma que pudiera afectar la relación con los dirigentes religiosos.

αὐτὸν ἐρωτήσατε, ἡλικίαν ἔχει, αὐτὸς περὶ ἑαυτοῦ λαλήσει. Los padres desvían la atención de los fariseos nuevamente hacia su hijo, al decirles que sobre esos otros asuntos podían preguntarle a él, que era mayor y podía dar testimonio de sí mismo. Tenía ya edad adulta para responder a lo que se le preguntase con la responsabilidad que pudiera corresponder a la respuesta. Los judíos consideraban como un hombre a quien tenía trece años y un día. Era lo suficientemente mayor como para poder responder a cuanto se le preguntase sobre la sanidad de su ceguera.

22. Esto dijeron sus padres, porque tenían miedo de los judíos, por cuanto los judíos ya habían acordado que si alguno confesase que Jesús era el Mesías, fuera expulsado de la sinagoga.

ταῦτα εἶπαν οἱ γονεῖς αὐτοῦ ὅτι ἐφοβοῦντο τοὺς ᾿Ιουδαίους·
Esto dijeron los padres de él que tenían miedo a los Judíos;
ἤδη γὰρ συνετέθειντο οἱ ᾿Ιουδαῖοι ἵνα ἐάν τις αὐτὸν
porque ya habían dispuesto los judíos que si alguno le
ὁμολογήσῃ Χριστόν, ἀποσυνάγωγος γένηται.
reconociere Cristo, expulsado de la sinagoga fuese.

Notas y análisis del texto griego.

Continuando, escribe: ταῦτα, caso acusativo neutro plural del pronombre demostrativo *estos*, en sentido de *estas cosas, esto*; εἶπαν, tercera persona plural del segundo aoristo de indicativo en voz activa del verbo εἶπον, forma del aoristo de λέγω, *hablar, decir*, aquí *dijeron*; οἱ, caso nominativo masculino plural del artículo determinado *los*; γονεῖς, caso nominativo masculino plural del nombre común *padres, progenitores*; αὐτοῦ, caso genitivo masculino de la tercera persona singular del pronombre personal declinado *de él*; ὅτι, conjunción causal *porque*; ἐφοβοῦντο, tercera persona plural del imperfecto de indicativo en voz media del verbo φοβέομαι, *temer, tener miedo*, aquí *tenían miedo*; τοὺς, caso acusativo masculino plural del artículo determinado declinado *a los*; ᾿Ιουδαίους, caso acusativo masculino plural del adjetivo *judíos*; ἤδη, adverbio de tiempo *ya*; γὰρ, conjunción causal *porque*; συνετέθειντο, tercera persona plural del pluscuamperfecto de indicativo en voz activa del verbo συντίθεμι, *poner en orden, disponer, arreglar*, aquí *habían dispuesto*; οἱ, caso nominativo masculino plural del artículo determinado *los*; ᾿Ιουδαῖοι, caso nominativo masculino plural del adjetivo *judíos*; ἵνα, conjunción *que*; ἐάν, conjunción afirmativa *si*; τις, caso nominativo masculino singular del pronombre indefinido *alguno, alguien*; αὐτὸν, caso acusativo masculino de la tercera persona singular del pronombre personal declinado *a él, le*; ὁμολογήσῃ, tercera persona singular del aoristo primero de subjuntivo en voz activa del verbo ὁμολογέω, *homologar, confesar, hablar de acuerdo con, convenir, reconocer*, aquí *reconociere*; Χριστόν, caso acusativo masculino singular del nombre propio *Cristo*; ἀποσυνάγωγος, caso nominativo masculino singular del adjetivo *expulsado de la sinagoga*; γένηται, segunda persona singular del aoristo segundo de subjuntivo en voz activa del verbo γίνομαι, *ser*, aquí *fuese*.

ταῦτα εἶπαν οἱ γονεῖς αὐτοῦ ὅτι ἐφοβοῦντο τοὺς ᾿Ιουδαίους· Juan da la razón al comportamiento y a la forma de responder de los padres del ciego. Lo hicieron de aquella manera porque tenían miedo de los judíos. El verbo en imperfecto de indicativo expresa una idea de temor continuado. Los judíos tenían atermorizadas a las personas en relación con Cristo. Esto venía de tiempo atrás, de manera que no se atrevían a hablar claramente, haciéndolo en voz baja y en grupos, por miedo (7:13).

ἤδη γὰρ συνετέθειντο οἱ Ἰουδαῖοι ἵνα ἐάν τις αὐτὸν ὁμολογήσῃ Χριστόν, ἀποσυνάγωγος γένηται. El temor tenía que ver con la determinación que los líderes religiosos habían tomado de expulsar de la sinagoga a cualquiera que reconociese que Jesús era el Cristo, es decir, el Mesías. Algunos de los gobernantes creían esto, pero no se atrevían a manifestarlo por la misma razón (12:42). El problema estaba en *confesar* o *reconocer* quién era realmente Jesús. Todos los líderes podían darse cuenta de que era el Mesías, el enviado de Dios, por las señales que hacía, cumpliendo las profecías que declaraban los milagros operados por Cristo como señales mesiánicas. La mentira de sus vidas, el odio que saturaba sus corazones, la rebeldía continua contra Dios, la negación de Su Palabra, les había llevado a tomar una decisión, que posiblemente se había determinado en el Sanedrín, sobre la acción a tomar contra quien se atreviese a confesar a Jesús como Mesías. La determinación es semejante a la que aparece en distintos lugares de la Ley que sancionaba pecados graves con *ser cortado del pueblo* (cf. Ex. 31:14). El término *expulsado de la sinagoga*, es un adjetivo que sólo aparece en el Nuevo Testamento, estando ausente en la LXX y en autores seculares. En cualquier caso, era una situación sumamente grave para un judío el hecho de que le negasen el acceso a la sinagoga y el mantener comunión con los pertenecientes al pueblo de Israel, esto suponía no contar con los privilegios de la comunidad. Algunos dicen que esta acción no correspondía a los tiempos de Cristo, sino que se estableció tiempo después, pero, el texto afirma que había sido determinado ya por los judíos que se pusieron de acuerdo para dictar una sentencia aplicable a quienes se atreviesen a decir que Jesús era el Mesías.

Hay diversas opiniones sobre en que consistía esta disciplina, a modo de ejemplo lo que escribe Juan Leal:

"Juan siempre interpreta las acciones y palabras de sus personajes. Expulsado de la sinagoga (cf. 12:42; Esd. 10:8). El Talmud distingue dos clases de excomunión: a) el Niddui, que impedía de uno a tres meses la asistencia a ciertas funciones sagradas y obligaba a llevar un vestido lúgubre, y b) el Herem, que apartaba de todas las funciones sagradas y del trato con los israelitas. No consta cuál era la práctica

cierta en tiempo de Cristo. La palabra de Juan de por sí sólo habla de expulsión de la sinagoga. Puede, pues, referirse sólo al Niddui[9]*"*.

Ser expulsado de la sinagoga era una cuestión sumamente grave, y un acto de disciplina de alto grado. Los escritos talmúdicos hacen alusión a tres clases de expulsión, lo que podríamos asimilar con *excomunión*. Las dos primeras tienen como objeto la disciplina correctora, mientras que la tercera era una acción que *cortaba* de la congregación de Israel. El término general usado para referirse a esta disciplina era *Shammatta,* aunque se aplicaba especialmente al tercer nivel. El primer nivel, era el más leve, llamado *Neziphah* o *Neziphutha*, que determinaba propiamente una reprensión. Generalmente esa disciplina duraba siete días, pero, cuando era pronunciada por el Nasi, jefe del Sanedrín, duraba treinta días. Es posible que el apóstol Pablo se refería a una disciplina similar en la iglesia cuando escribe sobre *esta reprensión* para un anciano hallado en falta (1 Ti. 5:1). De la misma manera cuando habla de un divisionario o un hereje que después de la segunda reprensión no rectificaba su conducta, debía ser *rechazado*, lo que consistía prácticamente en algo similar a la segunda disciplina de los judíos (Tit. 3:10). Al término del primer periodo de disciplina, podía seguir otro segundo de treinta días más. Si no se había arrepentido se pronunciaba la tercera disciplina, realmente la excomunión de la persona, llamada *Cherem*, que era de duración indefinida. La segunda disciplina llamada *Niddui*, resultaba impactante, porque iba acompañada de maldiciones y en ocasiones le seguía sonido de cuerno. La sentencia se acompañaba también de amenazas en que se le decía que iba a perder la comunión de sus íntimos amigos y que se sentiría solo. A partir de ese momento se sentaría en el suelo y haría vida de luto mientras durase la disciplina impuesta. Debía también dejarse crecer la barba y el pelo en forma desgreñada, no podía bañarse ni poner ungüento oloroso sobre sí. No sería admitido en donde hubiese una reunión con más de diez personas, ni se le permitía asistir a la enseñanza en la sinagoga. Cuando alguien llegaba a la tercera forma de disciplina llamada *Cherem*, venía a ser considerado como un muerto. No se le permitía relacionarse con otros, ni se le podía ayudar en lo más elemental como era darle orientación sobre un lugar que buscase. Podía comprar lo esencial para vivir, pero estaba prohibido comer o beber con esa persona. Posiblemente ese era el concepto que Pablo aplicaba a quienes habían cometido un pecado contrario a la Palabra en grado de rebeldía o premeditación (1 Co. 5:11). Quien era expulsado de la sinagoga quedaba excluido de la vida religiosa y social de Israel. Los resultados

---

[9] Juan Leal. o.c., pág. 459.

eran verdaderamente graves, sobre todo para personas de un nivel social bajo, como posiblemente fuesen los padres del ciego.

Este tercer nivel de disciplina, la *expulsión de la sinagoga*, era el que se había determinado para quienes confesasen que Jesús era el Cristo. De ahí que se entienda la situación en que se encontraban los padres del ciego de nacimiento. No se atrevían a responder no fuese que se les considerase incursos en ella.

Siempre ha ocurrido lo mismo con los hipócritas que sustentan la ley pero huyen de la gracia. Los que hablan de amor, pero son inmisericordes. Los que amenazan pero no restauran. Los que dicen amar a Dios pero odian a sus hermanos. El tiempo cambia pero el corazón de hombre es siempre el mal. Muchos hermanos son agraviados sin que tengan a nadie que les ayude porque todos están bajo el temor del legalismo de quienes dirigen pero no son dignos de ese ministerio. Cuantos son *expulsados del grupo* por el delito de ser más dignos que aquellos que los expulsan.

23. Por eso dijeron sus padres: Edad tiene, preguntadle a él.

διὰ τοῦτο οἱ γονεῖς αὐτοῦ εἶπαν ὅτι ἡλικίαν ἔχει, αὐτὸν
Por esto los padres de él dijeron que edad tiene, a él
ἐπερωτήσατε.
preguntad.

Notas y análisis del texto griego.

Sigue el texto con: διὰ, preposición propia de acusativo *por*; τοῦτο, caso acusativo neutro singular del pronombre demostrativo *esto*; οἱ, caso nominativo masculino plural del artículo definido *los*; γονεῖς, caso nominativo masculino plural del nombre común *padres, progenitores*; αὐτοῦ, caso genitivo masculino de la tercera persona singular del pronombre personal declinado *de él*; εἶπαν, tercera persona plural del segundo aoristo de indicativo en voz activa del verbo εἶπον, forma del aoristo de λέγω, *hablar, decir*, aquí *dijeron*; ὅτι, conjunción *que*; ἡλικίαν, caso acusativo femenino singular del nombre común *edad*; ἔχει, tercera persona singular del presente de indicativo en voz activa del verbo ἔχω, *tener*, aquí *tiene*; αὐτὸν, caso acusativo masculino de la tercera persona singular del pronombre personal declinado *a él*; ἐπερωτήσατε, segunda persona plural del aoristo primero de imperativo en voz activa del verbo ἐπερωτάω, *preguntar, inquirir*, aquí *preguntad*.

διὰ τοῦτο οἱ γονεῖς αὐτοῦ εἶπαν ὅτι ἡλικίαν ἔχει, αὐτὸν ἐπερωτήσατε. Juan insiste nuevamente en la razón por la que los padres respondieron a la pregunta de los fariseos, diciéndoles que su hijo tenía edad suficiente para responderles a lo que querían conocer. El interés del relator es que los lectores perciban claramente la situación y el entorno en que se producen los hechos. No se atrevieron a decir nada que pudiera favorecer a Jesús porque tenían miedo a los fariseos.

24. Entonces volvieron a llamar al hombre que había sido ciego, y le dijeron: Da gloria a Dios; nosotros sabemos que ese hombre es pecador.

᾿Εφώνησαν οὖν τὸν ἄνθρωπον ἐκ δευτέρου ὃς ἦν τυφλὸς καὶ
Llamaron, pues, al hombre por segunda vez, el que era ciego y
εἶπαν αὐτῷ· δὸς δόξαν τῷ Θεῷ· ἡμεῖς οἴδαμεν ὅτι οὗτος ὁ
dijeron le: Da gloria - a Dios; nosotros sabemos que éste -
ἄνθρωπος ἁμαρτωλός ἐστιν.
hombre pecador es.

Notas y análisis del texto griego.

Sigue la narración: ᾿Εφώνησαν, tercera persona plural del aoristo primero de indicativo en voz activa del verbo φωνέω, *llamar*, aquí *llamaron*; οὖν, conjunción continuativa *pues*; τὸν, caso acusativo masculino de la tercera persona singular del pronombre personal declinado *al*; ἄνθρωπον, caso acusativo masculino singular del nombre común *hombre*; ἐκ, preposición propia de genitivo *por*; δευτέρου, caso genitivo neutro singular del adjetivo numeral ordinal *segundo*, en sentido de *segunda vez*; ὃς, caso nominativo masculino singular del pronombre relativo *el que, que*; ἦν, tercera persona singular del imperfecto de indicativo en voz activa del verbo εἰμί, *ser*, aquí *era*; τυφλὸς, caso nominativo masculino singular del adjetivo *ciego*; καὶ, conjunción copulativa *y*; εἶπαν, tercera persona plural del segundo aoristo de indicativo en voz activa del verbo εἶπον, forma del aoristo de λέγω, *hablar, decir*, aquí *dijeron*; αὐτῷ, caso dativo masculino de la tercera persona singular del pronombre personal declinado *a él, le*; δὸς, segunda persona del aoristo segundo de imperativo en voz activa del verbo δίδωμι, *dar*, aquí *da*; δόξαν, caso acusativo femenino singular del nombre común *gloria*; τῷ, caso dativo masculino singular del artículo determinado *el*; Θεῷ, caso dativo masculino singular del nombre divino declinado *a Dios*; ἡμεῖς, caso nominativo de la primera persona plural del pronombre personal *nosotros*; οἴδαμεν, primera persona plural del perfecto de indicativo en voz activa del verbo οἶδα, *saber, conocer*, aquí *sabemos* o *hemos conocido*; ὅτι, conjunción completiva *que*; οὗτος, caso nominativo masculino singular del pronombre demostrativo *éste*; ὁ, caso nominativo masculino singular del artículo determinado *el*; ἄνθρωπος, caso nominativo masculino singular del nombre común *hombre*; ἁμαρτωλός, caso nominativo masculino singular del adjetivo calificativo *pecador*; ἐστιν, tercera persona singular del presente de indicativo en voz activa del verbo εἰμί, *ser*, aquí *es*.

᾿Εφώνησαν οὖν τὸν ἄνθρωπον ἐκ δευτέρου ὃς ἦν τυφλὸς Sin duda los judíos comienzan a ponerse nerviosos e incluso están perdiendo el control personal dada la situación en la que el milagro está haciéndose evidente por el testimonio dado por los padres del que había sido ciego de nacimiento. Se aprecia, entre otras cosas, en el hecho de *llamar*, haciéndolo en voz alta, al que había sido llamado antes para interrogarle. Todo ello se estaba transformando en una situación incómoda para los que buscaban manera de acusarlo, tanto a él como a Jesús, sin encontrarla con la facilidad que pretendían y a la que estaban acostumbrados habitualmente. Seguir interrogando a los padres no les llevaba a ningún resultado favorable a ellos, por tanto, pasan a hacerlo con el hombre que había sido sanado. El ciego debió haber sido puesto fuera del lugar donde se interrogó a los padres, y nuevamente se le hacer venir a la presencia de los fariseos.

καὶ εἶπαν αὐτῷ· δὸς δόξαν τῷ Θεῷ· La conminación de *dar gloria a Dios*, no era una invitación a glorificarle, sino una especie de juramento por el cual exigían que lo que dijese fuese verdad delante de Dios. Mentir no le glorificaría, sino todo lo contrario (cf. Jos. 7:19). Era una advertencia como si dijesen: *Dios te ve, por tanto, no mientas*. Es posible ver también otra sutil artimaña de aquellos acusadores, ya que en cierto modo decían al ciego, deja de reconocer que fue Jesús quien hizo el milagro y da gloria a Dios que es quien realmente lo hizo, sin embargo esta interpretación es un tanto forzada, especialmente por el contexto del Antiguo Testamento, donde aparece la expresión.

ἡμεῖς οἴδαμεν ὅτι οὗτος ὁ ἄνθρωπος ἁμαρτωλός ἐστιν. Al no poder negar la realidad del milagro por el testimonio de los padres, emprenden la acción de desprestigiar al que sanó al ciego, presentándolo, antes de preguntar al que había sido sanado, como un hombre pecador. En cierta medida lo que estaban buscando es que el hombre se retractase al señalar a Jesús como el que le había sanado. Antes dijeron que Dios no está con los pecadores, por tanto, no podía estar apoyando a quien, para ellos, era un pecador. Los líderes religiosos siempre saben lo que debe aceptar la gente sujeta a ellos. Simplemente acusan a Jesús de pecador, pero no dan ni una sola razón que les sirva de apoyo. Una vez más se aprecia el modo de actuar propio de quienes son simplemente religiosos y por ello fanáticos. Están imponiendo al ciego la autoridad que el ser fariseos les daba y la lógica de un hecho que se negaba como consecuencia de un supuesto conocimiento del autor. Lo que pretenden es que el ciego, bajo la autoridad religiosa, niegue que había sido sanado por Jesús. Es la misma forma de actuar a lo largo de todos los tiempos, y sigue siéndolo ahora. Aquí comienza la forma de presión que los fariseos intentan con el que había sido sanado y que se incrementa a medida que discurre el relato. Sin embargo se apreciará también como el que había sido ciego, aguanta los ataques de los enemigos de Jesús.

25. Entonces él respondió y dijo: Si es pecador, no lo sé; una cosa sé, que habiendo yo sido ciego, ahora veo.

ἀπεκρίθη οὖν ἐκεῖνος· εἰ ἁμαρτωλός ἐστιν οὐκ οἶδα· ἓν
Respondió, pues, él: Si pecador es no se; una cosa
οἶδα ὅτι τυφλὸς ὢν ἄρτι βλέπω.
sé, que ciego siendo, ahora veo.

Notas y análisis del texto griego.

Continúa el relato con ἀπεκρίθη, tercera persona singular del aoristo de indicativo en voz pasiva del verbo ἀποκίνομαι, *responder, contestar*, aquí *respondió*; οὖν, conjunción continuativa *pues*; ἐκεῖνος, caso nominativo masculino singular del pronombre demostrativo *él*; εἰ, conjunción condicional *si*; ἁμαρτωλός, caso nominativo masculino singular del nombre común *pecador*; ἐστιν, tercera persona singular del presente de indicativo en voz activa del verbo εἰμί, *ser*, aquí *es*; οὐκ, forma escrita del adverbio de negación *no*, con el grafismo propio ante una vocal con espíritu suave o una enclítica; οἶδα, primera persona singular del perfecto de indicativo en voz activa del verbo οἶδα, *saber, conocer*, aquí *sé*; ἓν, caso acusativo neutro singular del adjetivo numeral cardinal *uno*, en sentido de *una cosa*; οἶδα, primera persona singular del perfecto de indicativo en voz activa del verbo οἶδα, *saber, conocer*, aquí *sé*; ὅτι, conjunción completiva *que*; τυφλὸς, caso nominativo masculino singular del adjetivo *ciego*; ὢν, caso nominativo masculino singular del participio de presente en voz activa del verbo εἰμί, *ser*, aquí *siendo*; ἄρτι, adverbio de tiempo *ahora*; βλέπω, primera persona singular del presente de indicativo en voz activa del verbo βλέπω, *ver, mirar*, aquí *veo*.

ἀπεκρίθη οὖν ἐκεῖνος· εἰ ἁμαρτωλός ἐστιν οὐκ οἶδα· La respuesta del ciego es concreta, pero, comprometedora para los fariseos. Estos le habían dicho que conocían que Jesús era un hombre pecador. El ciego no responde a la acusación que aquellos formulaban. Eran asuntos que consideraba de incumbencia religiosa. No podía ni quería discutir esto con ellos. Los fariseos decían que sabían que era pecador, él calla sobre esto. Pasa por alto la sutileza de aquella provocación. Posiblemente los fariseos esperaban que les contradijese, pero no lo hace. Con humildad les hace notar que ignora lo que ellos dicen saber.

ἓν οἶδα ὅτι τυφλὸς ὢν ἄρτι βλέπω. Lo que si conocía era su experiencia personal, a la que se refiere con precisión: *siendo ciego antes, ahora veo*. Se había producido un antes y un después en su vida. Una larga etapa de ella, desde su nacimiento, se había desarrollado en la ceguera, pero luego, por la acción del hombre que se llama Jesús, del que aquellos decían conocer que era pecador, se produjo el cambio que persistía: *ahora veo*. No cuestiona nada de lo que aquellos perversos se atrevían a manifestar, se ciñe a lo que él conocía porque lo había vivido y lo estaba viviendo. Muchos, sus vecinos, sus padres, los que le conocían de verlo sentado mendigando, podían atestiguar sus palabras, había sido ciego. Ahora eran los acusadores los que podían comprobar que realmente veía. Eso no lo podía negar él, ni ellos podían hacerlo cambiar. Las cosas se están complicando cada vez más para los acusadores de Cristo. Es posible que aquella pregunta y la respuesta pusieran de manifiesto que el que había sido ciego no quería hablar de lo que no sabía, pero tampoco podía callar lo que sabía. Con todo, el silencio sobre Jesús, se respondía con el testimonio de la sanidad. Un hombre pecador no podía hacer lo que Cristo había hecho con él. Cada vez era peor el problema fariseo, querían desmontar lo que era evidente para todos. Los judíos *decían* que Jesús era un hombre pecador, frente a esto el ciego pone delante un *hecho*, que le había dado la vista. Nunca pudieron probar nada contra Cristo, pero ahora, sin que estuviese presente y sin oírle, contraviniendo toda ética, le acusan de pecador. Sin embargo, no es necesario que Jesús responda, Sus hechos hablan claramente por Él y estos no pueden ser contradichos.

26. Le volvieron a decir: ¿Qué te hizo? ¿Cómo te abrió los ojos?

εἶπον οὖν αὐτῷ· τί ἐποίησεν σοι πῶς ἤνοιξεν σου τοὺς
Dijeron, pues, le: ¿Qué hizo te? ¿Cómo abrió de ti los
ὀφθαλμούς
ojos?

Notas y análisis del texto griego.

Añade: εἶπον, tercera persona plural del segundo aoristo de indicativo en voz activa del verbo εἶπον, forma del aoristo de λέγω, *hablar, decir*, aquí *dijeron*; οὖν, conjunción continuativa *pues*; αὐτῷ, caso dativo masculino de la tercera persona singular del pronombre personal declinado *a él, le*; τί, caso acusativo neutro singular del pronombre interrogativo *qué*; ἐποίησεν, tercera persona singular del aoristo primero de indicativo en voz activa del verbo ποιέω, *hacer, realizar, cometer*, aquí *hizo*; σοι, caso dativo de la segunda persona singular del pronombre personal declinado *a ti, te*; πῶς, partícula interrogativa adverbial, que realmente es un pronombre interrogativo *cómo, de que manera, por qué medio*; ἤνοιξεν, tercera persona singular del aoristo primero de indicativo en voz activa del verbo ἀνοίγω, *abrir*, aquí *abrió*; σου, caso genitivo de la segunda persona singular del pronombre personal declinado *de ti*; τοὺς, caso acusativo masculino plural del artículo determinado *los*; ὀφθαλμούς, caso acusativo masculino plural del nombre común *ojos*.

εἶπον οὖν αὐτῷ· τί ἐποίησεν σοι πῶς ἤνοιξεν σου τοὺς ὀφθαλμούς. Los judíos admiten que alguien dio vista al ciego. No mencionan el nombre ni preguntan sobre esto. Lo que pretenden es centrarse en *como* había hecho el milagro, preguntando *cómo* lo hizo, y *que hizo*. La evidencia de la sanidad no podía ser negada, por tanto, buscan la forma de desprestigiar al sanador y condenarle si es posible. Sin nada que usar en contra de Cristo, insisten en preguntar al que había sido ciego. No tenían nada válido para llevar a Cristo ante el Sanedrín y buscan una y otra vez que el ciego dijese algo que les permitiese hacerlo. A fuerza de preguntar posiblemente encontrarían alguna contradicción en las respuestas que invalidaría el testimonio del que había sido ciego, con lo que podrían desmentir que se hubiese producido un milagro. No era posible que corazones endurecidos por la hipocresía y llenos de odio, fuesen capaces de cejar en su intento de acabar con la vida de Jesús. Bajo la influencia de su padre espiritual el diablo, que es homicida, insistían buscando la forma de darle muerte. Es una situación trágica, pero real, sin embargo, no podrían hacerlo hasta el momento en que fuese la hora establecida eternamente por Dios para que Su Hijo se entregase a la muerte por todos.

27. Él les respondió: Ya os lo he dicho, y no habéis querido oír; ¿por qué lo queréis oír otra vez? ¿Queréis también vosotros haceros sus discípulos?

ἀπεκρίθη αὐτοῖς· εἶπον ὑμῖν ἤδη καὶ οὐκ ἠκούσατε· τί
Respondió les: Dije os ya y no oísteis; ¿Por qué
πάλιν θέλετε ἀκούειν μὴ καὶ ὑμεῖς θέλετε αὐτοῦ μαθηταὶ
otra vez queréis oír? ¿Acaso también vosotros queréis de Él discípulos
γενέσθαι
haceros?

Notas y análisis del texto griego.

Sigue sin interrupción el relato: ἀπεκρίθη, tercera persona singular del aoristo de indicativo en voz pasiva del verbo ἀποκίνομαι, *responder, contestar*, aquí *respondió*; αὐτοῖς, caso dativo masculino de la tercera persona plural del pronombre personal declinado *a ellos, les*; εἶπον, primera persona singular del segundo aoristo de indicativo en voz activa del verbo εἶπον, forma del aoristo de λέγω, *hablar, decir*, aquí *dije*; ὑμῖν, caso dativo de la segunda persona plural del pronombre personal declinado *a vosotros, os*; ἤδη, adverbio de tiempo *ya*; καὶ, conjunción copulativa *y*; οὐκ, forma escrita del adverbio de negación *no*, con el grafismo propio ante una vocal con espíritu suave o una enclítica; ἠκούσατε, segunda persona plural del aoristo primero de indicativo en voz activa del verbo ἀκούω, *oír, escuchar*, aquí *oísteis*; τί, caso acusativo neutro singular del pronombre interrogativo *por qué*; πάλιν, adverbio de modo *nuevamente, otra vez, de nuevo*; θέλετε, segunda persona plural del presente de indicativo en voz activa del verbo θέλω, *querer, desear*, aquí *queréis*; ἀκούειν, presente de infinitivo del verbo ἀκούω, *oír, escuchar*; μὴ, partícula que hace funciones de adverbio de negación condicional *no, acaso*; καὶ, adverbio de modo *también*; ὑμεῖς, caso nominativo de la segunda persona plural del pronombre personal *vosotros*; θέλετε, segunda persona plural del presente de indicativo en voz activa del verbo θέλω, *querer, desear*, aquí *queréis*; αὐτοῦ, caso genitivo masculino de la tercera persona singular del pronombre personal declinado *de Él*; μαθηταὶ, caso nominativo masculino plural del nombre común *discípulos, seguidores*; γενέσθαι, aoristo segundo de infinitivo en voz media del verbo γίνομαι, *llegar a ser, empezar a existir, hacerse*, aquí *haceros*.

ἀπεκρίθη αὐτοῖς· εἶπον ὑμῖν ἤδη καὶ οὐκ ἠκούσατε· Quienes preguntaban esperaban una respuesta diferente. Es el sanado quien toma la iniciativa contra los fariseos. No contesta relatando otra vez el modo como se había producido su sanidad. Simplemente les recuerda, tal vez expresándose con cierto énfasis, que ya les había contado como había sucedido, de modo que no hay razón alguna para repetírselo nuevamente. Si insistían en oírlo otra vez es que no habían prestado atención cuando se lo dijo antes.

τί πάλιν θέλετε ἀκούειν μὴ καὶ ὑμεῖς θέλετε αὐτοῦ μαθηταὶ γενέσθαι. El interrogado está saturado de las preguntas y comienza a pensar que si no es información lo que desean ¿qué buscan entonces? La segunda parte de la respuesta toma un carácter marcadamente irónico, al preguntarles si la insistencia en oír nuevamente el relato sería para estar seguros de quien era Jesús y hacerse seguidores de Él. La respuesta está formulada a modo de pregunta, siendo interesante la construcción con μὴ καὶ, que genera un interrogante condicional *¿acaso también...?* Es una pregunta que han de responder los fariseos. El ciego les está sugiriendo que tal vez ellos estén pensando en hacerse discípulos de Jesús. El uso de καὶ, como adverbio *también*, les hace entender que el hombre sabía que Jesús tenía entre los fariseos algunos discípulos, y que tal vez los que le preguntaban querían seguir el camino de sus correligionarios, es más, él mismo se consideraba ya un seguidor de Jesús.

28. Y le injuriaron, y dijeron: Tú eres su discípulo; pero nosotros, discípulos de Moisés somos.

καὶ ἐλοιδόρησαν αὐτὸν καὶ εἶπον· σὺ μαθητὴς εἶ ἐκείνου,
E injuriaron le, y dijeron: Tú discípulo eres de Él,
ἡμεῖς δὲ τοῦ Μωϋσέως ἐσμὲν μαθηταί·
pero nosotros - de Moisés somos discípulos.

Notas y análisis del texto griego.

La tensión aumenta entre los fariseos y el interrogado: καὶ, conjunción copulativa *y*; ἐλοιδόρησαν, tercera persona plural del aoristo primero de indicativo en voz activa del verbo λοιδορέω, *injuriar, insultar*, aquí *injuriaron*; αὐτὸν, caso acusativo masculino de la tercera persona singular del pronombre personal declinado *a él, le*; καὶ, conjunción copulativa *y*; εἶπον, tercera persona plural del segundo aoristo de indicativo en voz activa del verbo εἶπον, forma del aoristo de λέγω, *hablar, decir*, aquí *dijeron*; σὺ, caso nominativo de la segunda persona singular del pronombre personal *tú*; μαθητὴς, caso nominativo masculino singular del nombre común *seguidor, discípulo*; εἶ, segunda persona singular del presente de indicativo en voz activa del verbo εἰμί, *ser*, aquí *eres*; ἐκείνου, caso genitivo masculino singular del pronombre demostrativo declinado *de Él*; ἡμεῖς, caso nominativo de la primera persona plural del pronombre personal *nosotros*; δὲ, partícula conjuntiva que hace las veces de conjunción coordinante, con sentido de *pero, más bien, y, y por cierto, antes bien*; τοῦ, caso genitivo masculino singular del artículo determinado *el*; Μωϋσέως, caso genitivo masculino singular del nombre propio declinado *de Moisés*; ἐσμὲν, primera persona plural del presente de indicativo en voz activa del verbo εἰμί, *ser*, aquí *somos*; μαθηταί, caso nominativo masculino plural del nombre común *discípulos, seguidores*.

καὶ ἐλοιδόρησαν αὐτὸν καὶ εἶπον· Al odio le siguen la astucia al procurar envolver en su trama al que había sido sanado y, como no pueden conseguir lo que se habían propuesto, pasar a una forma de ira consistente en denostarlo. Sin duda los insultos y las injurias se sucedieron mostrados por cada uno de aquellos hipócritas. Es la forma habitual de comportamiento de quienes quieren imponerse a la fuerza sobre otro. Las injurias y los insultos son el idioma natural de la sinrazón y de la miseria moral. Es normal que así ocurra, como pasó con el hombre sanado, así también ocurre hoy con quienes se afirman en la Palabra y huyen de las tradiciones y del sistema religioso. Cuando no pueden ser doblegados, son insultados; cuando no ceden a las imposiciones, son calumniados, el caso es que de una o de otra manera, se elimine a todo aquel que estorba a los propósitos malvados de quienes hacen de la religión la razón de ser existencial.

σὺ μαθητὴς εἶ ἐκείνου, ἡμεῖς δὲ τοῦ Μωϋσέως ἐσμὲν μαθηταί· En medio de los gritos con injurias, las voces acusadoras proclamando a cuantos pudieran oírlos que el sanado era discípulo de Jesús. Mientras, con la misma fuerza, se proclamaban como seguidores de Moisés. De otro modo, hacen un contraste entre ellos y él; entre Moisés y Jesús. Para ellos el ciego sanado era discípulo *de Él*, no mencionan Su nombre, y al usar el pronombre demostrativo, están señalándole despectivamente *aquel hombre*, o simplemente *ese* en forma peyorativa. Los fariseos se abrogaban derechos religiosos al ser discípulos del había dado la Ley al pueblo y hablado con los antepasados en nombre de Dios, por tanto, despreciaban a todo aquel que no fuese como ellos.

29. Nosotros sabemos que Dios ha hablado a Moisés; pero respecto a ése, no sabemos de dónde sea.

ἡμεῖς οἴδαμεν ὅτι Μωϋσεῖ λελάληκεν ὁ Θεός, τοῦτον δὲ οὐκ
Nosotros sabemos que a Moisés ha hablado - Dios; pero éste no
οἴδαμεν πόθεν ἐστίν.
sabemos de donde es.

Notas y análisis del texto griego.

Siguen las palabras de los fariseos: ἡμεῖς, caso nominativo de la primera persona plural del pronombre personal *nosotros*; οἴδαμεν, primera persona plural del perfecto de indicativo en voz activa del verbo οἶδα, *saber, conocer*, aquí *sabemos* o tal vez mejor *hemos sabido*; ὅτι, conjunción completiva *que*; Μωϋσεῖ, caso dativo masculino singular del nombre propio declinado *a Moisés*; λελάληκεν, tercera persona singular del perfecto de indicativo en voz activa del verbo λαλέω, *hablar, decir*, aquí *ha hablado*; ὁ, caso nominativo masculino singular del artículo determinado *el*; Θεός, caso nominativo masculino singular del nombre divino *Dios*; τοῦτον, caso acusativo masculino singular del pronombre demostrativo *éste*; δὲ, partícula conjuntiva que hace las veces de conjunción coordinante, con sentido de *pero, más bien, y, y por cierto, antes bien*; οὐκ, forma escrita del adverbio de negación *no*, con el grafismo propio ante una vocal con espíritu suave o una enclítica; οἴδαμεν, primera persona plural del perfecto de indicativo en voz activa del verbo οἶδα, *saber, conocer*, aquí *sabemos*; πόθεν, adverbio de lugar *de donde*; ἐστίν, tercera persona singular del presente de indicativo en voz activa del verbo εἰμί, *ser*, aquí *es*.

ἡμεῖς οἴδαμεν ὅτι Μωϋσεῖ λελάληκεν ὁ Θεός, Los orgullosos que afirman ser discípulos de Moisés, sabían que Dios le había hablado. Lo que recibió de Dios estaba escrito en el Pentateuco y, de forma muy especial para ellos, en la Ley de la que estaban orgullosos.

τοῦτον δὲ οὐκ οἴδαμεν πόθεν ἐστίν. Ahora bien, de Jesús no sabían de dónde era. La frase es despectiva: *de ése ni siquiera sabemos de dónde es*. Era una de las muchas mentiras que los mentirosos divulgaban contra Jesús. Mientras que ellos afirmaban que no conocían de donde era, el pueblo de Jerusalén manifestaba todo lo contrario (7:27). Este argumento contra Cristo, bien podía ser utilizado en Su favor, ya que según la tradición de las gentes, del Mesías no se sabría Su procedencia. La afirmación de los fariseos era una manera de decir que no venía de Dios. No estaban tratando de ocultar el lugar natural de donde procedía, pero estaban negando de donde tenía poder para hacer lo que estaba haciendo. No debe olvidarse que los judíos le acusaban de hacer milagros en el poder de Satanás y lo consideraban como un aliado de él. Aquellos desconocían el origen del poder de Jesús, porque estaban resueltos a no creer en lo que verdaderamente era.

30. Respondió el hombre, y les dijo: Pues esto es lo maravilloso, que vosotros no sepáis de dónde sea, y a mí me abrió los ojos.

ἀπεκρίθη ὁ ἄνθρωπος καὶ εἶπεν αὐτοῖς· ἐν τούτῳ γὰρ τὸ
Respondió el hombre y dijo les: En esto pues lo
θαυμαστόν ἐστιν, ὅτι ὑμεῖς οὐκ οἴδατε πόθεν ἐστίν, καὶ
asombroso está, que vosotros no sabéis de donde es y
ἤνοιξέν μου τοὺς ὀφθαλμούς.
abrió de mí los ojos.

Notas y análisis del texto griego.

Sigue Juan: ἀπεκρίθη, tercera persona singular del aoristo primero de indicativo en voz pasiva del verbo ἀποκρίνομαι, *responder, contestar*, aquí *respondió*; ὁ, caso nominativo masculino singular del artículo determinado *el*; ἄνθρωπος, caso nominativo masculino singular del nombre común *hombre*; καὶ, conjunción copulativa *y*; εἶπεν, tercera persona singular del segundo aoristo de indicativo en voz activa del verbo εἶπον, forma del aoristo de λέγω, *hablar, decir*, aquí *dijo*; αὐτοῖς, caso dativo masculino de la tercera persona plural del pronombre personal declinado *a ellos, les*; ἐν, preposición propia de dativo *en*; τούτῳ, caso dativo neutro singular del pronombre demostrativo *esto*; γὰρ, conjunción *pues, porque*; τὸ, caso nominativo neutro singular del artículo determinado *lo*; θαυμαστόν, caso nominativo neutro singular del adjetivo *asombroso, admirable*; ἐστιν, tercera persona singular del presente de indicativo en voz activa del verbo εἰμί, *ser, estar*, aquí *está*; ὅτι, conjunción completiva *que*; ὑμεῖς, caso nominativo de la segunda persona plural del pronombre personal *vosotros*; οὐκ, forma escrita del adverbio de negación *no*, con el grafismo propio ante una vocal con espíritu suave o una enclítica; οἴδατε, segunda persona plural del perfecto de indicativo en voz activa del verbo οἶδα, *saber, entender*, aquí *sabéis*; πόθεν, adverbio de lugar *de donde*; ἐστίν, tercera persona singular del presente de indicativo en voz activa del verbo εἰμί, *ser, estar*, aquí *es*; καὶ, conjunción copulativa *y*; ἤνοιξεν, tercera persona singular del aoristo primero de indicativo en voz activa del verbo ἀνοιφγω, *abrir*, aquí *abrió*; μου, caso genitivo de la primera persona singular del pronombre personal declinado *de mí*; τοὺς, caso acusativo masculino plural del artículo determinado *los*; ὀφθαλμούς, caso acusativo masculino plural del nombre común *ojos*.

ἀπεκρίθη ὁ ἄνθρωπος καὶ εἶπεν αὐτοῖς· No guarda silencio el hombre en presencia de los fariseos. Su espíritu se ha colmado de enfado contra la posición abiertamente injusta y ofensiva del grupo que se consideraban conocedores de la Palabra. Es posible que todo hubiera quedado como estaba, si hubiese guardado silencio. Los enemigos de Jesús habrían cesado en sus ofensas y se hubiesen retirado como en otras ocasiones ocurrió. Pero, el ciego que había sanado, comienza a sentir una profunda gratitud hacia Su sanador, por tanto no guarda silencio, sino que replica a lo que los judíos decían.

ἐν τούτῳ γὰρ τὸ θαυμαστόν ἐστιν, ὅτι ὑμεῖς οὐκ οἴδατε πόθεν ἐστίν, καὶ ἤνοιξεν μου τοὺς ὀφθαλμούς. Lo asombroso para él no es que aquellos no supiesen de donde era, sino que ignorasen voluntariamente el milagro de haber dado vista a un ciego. Como si dijese: *vosotros afirmáis no saber de donde viene, y a mí me abrió los ojos*. Podían negar cuanto quisieran de Jesús, podían ofenderle, podían insultar al ciego, pero no podían evitar el hecho portentoso que Jesús había realizado. El lenguaje del ciego es irónico. Ante él estaban los expertos en Escritura, los que decían conocer el significado de lo que Dios había dicho en ellas, pero eran incapaces de discernir algo tan sencillo como la procedencia del hombre que le había abierto los ojos. Esta era una de las señales mesiánicas dadas en la profecía. El hombre no podía dejar de hablar de lo que había recibido de Jesús, el milagro que los fariseos negaban pero que era evidente para todos.

Un interesante resumen sobre este versículo es desarrollado por el Dr. Lacueva:

"El pobre hombre, viendo que la razón estaba de su parte, cobra mayor coraje y expresa asombro ante la incredulidad de ellos. 'pues en eso está lo asombroso, en que vosotros no sepáis de dónde es, y a mi me abrió los ojos'. De dos cosas se asombra este hombre: (a) De que a ellos les resulte tan extraño un hombre tan famoso. El que tenía poder para abrir los ojos de un ciego de nacimiento, por fuerza debía ser una persona notable y digna de ser tenida en cuenta. El que ellos hablasen como dando a entender que no era digno de ellos llegar al conocimiento de tal persona, era cosa sobremanera extraña. Hay

muchos que pasan por letrados y expertos, pero no sienten interés, ni siquiera curiosidad, en conocer las 'cosas a las que anhelan mirar los ángeles' (1 P. 1:12). (b) De que ellos pusieran en duda la misión divina de alguien que, sin lugar a dudas, había llevado a cabo un portentoso milagro. 'Cosa extraña es –viene a decirles- que el milagro obrado en mí no acabe de convenceros, y que de una manera tan obstinada cerréis los ojos a la luz'. Si los ojos de los fariseos hubieran estado abiertos, no habrían dudado de que Jesús era profeta. Y el hombre sigue arguyendo de forma contundente, demostrando que Cristo, no sólo no era pecador, sino también que venía de parte de Dios[10]"

31. Y sabemos que Dios no oye a los pecadores; pero si alguno es temeroso de Dios, y hace su voluntad, a ése oye.

οἴδαμεν ὅτι ἁμαρτωλῶν ὁ Θεὸς οὐκ ἀκούει, ἀλλ' ἐάν τις
sabemos que a pecadores - Dios no oye, pero si alguno
θεοσεβὴς ᾖ καὶ τὸ θέλημα αὐτοῦ ποιῇ τούτου ἀκούει.
temeroso de Dios es y la voluntad de Él haga a éste oye.

Notas y análisis del texto griego.

Sigue con οἴδαμεν, primera persona plural del perfecto de indicativo en voz activa del verbo οἶδα, *saber, conocer*, aquí *sabemos*; ὅτι, conjunción completiva *que*; ἁμαρτωλῶν, caso genitivo masculino plural del adjetivo declinado *a pecadores*; ὁ, caso nominativo masculino singular del artículo determinado *el*; Θεὸς, caso nominativo masculino singular del nombre divino *Dios*; οὐκ, forma escrita del adverbio de negación *no*, con el grafismo propio ante una vocal con espíritu suave o una enclítica; ἀκούει, tercera persona singular del presente de indicativo en voz activa del verbo ἀκούω, *oír, escuchar*, aquí *oye*; ἀλλ', forma escrita ante vocal de la conjunción adversativa ἀλλά que significa *pero, sino*; ἐάν, conjunción condicional afirmativa *si*; τις, caso nominativo masculino singular del pronombre indefinido *alguno*; θεοσεβὴς, caso nominativo masculino singular del adjetivo *temeroso de Dios*; ᾖ, tercera persona singular del presente de indicativo en voz activa del verbo εἰμί, *ser, estar*, aquí *es*; καὶ, conjunción copulativa *y*; τὸ, caso acusativo neutro singular del artículo determinado *lo*; θέλημα, caso acusativo neutro singular del nombre común *voluntad*; αὐτοῦ, caso genitivo masculino de la tercera persona singular del pronombre personal declinado *de Él*; ποιῇ, tercera persona singular del presente de subjuntivo en voz activa del verbo ποιέω, *hacer*, aquí *haga*; τούτου, caso genitivo masculino singular del pronombre demostrativo declinado *a éste*; ἀκούει, tercera persona singular del presente de indicativo en voz activa del verbo ἀκούω, *oír, escuchar*, aquí *oye*.

---

[10] F. Lacueva. o.c., pág. 234.

οἴδαμεν ὅτι ἁμαρτωλῶν ὁ Θεὸς οὐκ ἀκούει, El segundo gran argumento a favor de Jesús coloca a los fariseos en un nuevo aprieto, porque antes dijeron que no podía proceder de Dios y, por tanto, no era posible el poder divino en aquel que quebrantaba el precepto de guardar el sábado (v. 16). El hombre dice que *sabemos*, esto es, sabía él y sabían todos conforme a la enseñanza tradicional, que Dios no oye a los pecadores. Por consiguiente ningún pecador podía hacer una obra de poder divino porque no sería atendido por su condición. Por esa razón el salmista decía: *"Si en mi corazón hubiese yo mirado a la iniquidad, el Señor no me habría escuchado"* (Sal. 66:18). Debe entenderse que Dios oye la oración del pecador arrepentido que se vuelve a Él, pero lo que no oye es la de los hipócritas que se niegan a admitir Su Palabra y se oponen a Su voluntad.

ἀλλ' ἐάν τις θεοσεβὴς ᾖ καὶ τὸ θέλημα αὐτοῦ ποιῇ τούτου ἀκούει. Pero, si alguno es temeroso de Dios y vive conforme a Su voluntad, es oído por Él. Es interesante el presente de subjuntivo del verbo *hacer*, usado en la frase, que da a entender una continuidad en el hacer conforme a la voluntad de Dios. Debe notarse el uso del adjetivo θεοσεβὴς, *temeroso de Dios*, única vez en todo el Nuevo Testamento y que se usa para referirse al adorador de Dios. El sanado también sabía que la Escritura enseña la respuesta de Dios a la oración del justo: *"Jehová está lejos de los impíos; pero él oye la oración de los justos"* (Pr. 15:29). Por consiguiente el argumento se vuelve en contra de los acusadores. Si Jesús hizo un milagro como aquel, no podía sino ser justo y no pecador, como aquellos pretendían.

32. Desde el principio no se ha oído decir que alguno abriese los ojos a uno que nació ciego.

ἐκ	τοῦ	αἰῶνος	οὐκ	ἠκούσθη	ὅτι	ἠνέῳξεν	τις	ὀφθαλμοὺς
Desde	el	siglo	no	se oyó	que	abrió	alguno	ojos

τυφλοῦ	γεγεννημένου·
de ciego	habiendo nacido.

Notas y análisis del texto griego.

Sigue la argumentación del ciego sanado: ἐκ, preposición propia de genitivo *de, desde*; τοῦ, caso genitivo masculino singular del artículo definido *el*; αἰῶνος, caso genitivo masculino singular del nombre común *largo tiempo, eternidad, siglo*; οὐκ, forma escrita del adverbio de negación *no*, con el grafismo propio ante una vocal con espíritu suave o una enclítica; ἠκούσθη, tercera persona singular del aoristo primero de indicativo en voz pasiva del verbo ἀκούω, *oír, escuchar*, aquí *se oyó*; ὅτι, conjunción completiva *que*; ἠνέῳξεν, tercera persona singular del aoristo primero de indicativo en voz activa del verbo ἀνοίγω, *abrir*, aquí *abrió*; τις, caso nominativo masculino singular del pronombre indefinido *alguno*; ὀφθαλμοὺς, caso acusativo masculino plural del nombre común *ojos*; τυφλοῦ, caso genitivo masculino singular del adjetivo declinado *de ciego*; γεγεννημένου, caso genitivo masculino singular del participio perfecto en voz pasiva del verbo γεννάω, *nacer*, aquí *habiendo nacido*.

ἐκ τοῦ αἰῶνος οὐκ ἠκούσθη ὅτι ἠνέῳξεν τις ὀφθαλμοὺς τυφλοῦ γεγεννημένου· Apoyando el argumento anterior les hace notar que nunca se oyó que alguien hubiese abierto los ojos a un ciego de nacimiento. Es interesante notar que esto está siendo remarcado porque había sido su propia situación. La deducción es natural y lógica, Jesús no hubiera podido hacer aquel milagro que no tenía precedente en los tiempos pasados si no fuese de Dios (3:2).

Como hacen notar, tanto Hendriksen[11] como Lacueva[12], se aprecia un silogismo en la argumentación del hombre, con dos premisas como corresponde: Premisa mayor: Solo el hombre piadoso, que adora a Dios y hace Su voluntad es oído por Él. Premisa menor: Si Jesús ha hecho aquel milagro, es que fue oído por Dios. Conclusión: Luego es de Dios y no puede ser un pecador.

33. Si éste no viniera de Dios, nada podría hacer.

εἰ μὴ ἦν οὗτος παρὰ Θεοῦ[1], οὐκ ἠδύνατο ποιεῖν οὐδέν.
Si no era éste de parte de Dios, no podía hacer nada.

Notas y análisis del texto griego.

Concluyendo la argumentación del ciego, escribe: εἰ, conjunción afirmativa *si*; μὴ, partícula que hace funciones de adverbio de negación condicional *no*; ἦν, tercera persona singular del imperfecto de indicativo en voz activa del verbo εἰμί, *ser*, aquí *era*, en sentido de *fuese*; οὗτος, caso nominativo masculino singular del pronombre demostrativo *éste*; παρὰ, preposición propia de genitivo *de, de parte de*; Θεοῦ, caso genitivo masculino singular del nombre divino *Dios*; οὐκ, forma escrita del adverbio de negación *no*, con el grafismo propio ante una vocal con espíritu suave o una enclítica; ἠδύνατο, tercera persona singular del imperfecto de indicativo en voz media del verbo δύναμαι, *poder, tener poder*, aquí *podía*, en sentido de *podría*; ποιεῖν, presente de infinitivo en voz activa del verbo ποιέω, *hacer*; οὐδέν, caso acusativo neutro singular del pronombre indefinido *nada*.

---

[11] G. Hendriksen. o.c., pág. 358.
[12] F. Lacueva. o.c., pág. 234 s.

Crítica Textual. Lecturas alternativas.

[1] Se añade ὁ ἄνθρωπος, *el hombre*, en 𝔭[66], N, Θ.

εἰ μὴ ἦν οὗτος παρὰ Θεοῦ, οὐκ ἠδύνατο ποιεῖν οὐδέν. La argumentación del que había sido ciego, fue contundente. Los fariseos estaban derrotados en sus propias palabras. Había dicho que sólo oía Dios a los que eran de Él, esto es, los que vivían conforme a Su voluntad, por tanto, Jesús que había hecho un milagro que sólo Dios podía hacer, tenía necesariamente que ser de Él. La construcción de esta conclusión es definitiva, con el pronombre indefinido οὐδέν, *nada*. Es decir, no podría hacer nada como lo que había hecho. Aquellos admiraban a Moisés y despreciaban a Jesús, pero Moisés no hizo ningún prodigio semejante al que Jesús había hecho. Los fariseos ignoraban voluntariamente quien era y de donde venía, pero el milagro hecho que no podían rebatir, demostraba ambas cosas. A medida que avanzó en la respuesta, el que había sido ciego, ya no dudaba de quien era (v. 25), sino que afirmaba resueltamente que no era pecador como pretendían los fariseos.

34. Respondieron y le dijeron: Tú naciste del todo en pecado, ¿y nos enseñas a nosotros? Y le expulsaron.

ἀπεκρίθησαν καὶ εἶπαν αὐτῷ· ἐν ἁμαρτίαις σὺ ἐγεννήθης ὅλος
Respondieron y dijeron le: En pecados tú naciste todo,
καὶ σὺ διδάσκεις ἡμᾶς καὶ ἐξέβαλον αὐτὸν ἔξω.
¿Y tú enseñas nos? Y expulsaron le fuera.

Notas y análisis del texto griego.

Concluyendo el párrafo, escribe: ἀπεκρίθησαν, tercera persona plural del aoristo primero de indicativo en voz pasiva del verbo ἀποκρίνομαι, *responder, contestar, tomar la palabra*, aquí *respondieron*; καὶ, conjunción copulativa *y*; εἶπαν, tercera persona plural del segundo aoristo de indicativo en voz activa del verbo εἶπον, forma del aoristo de λέγω, *hablar, decir*, aquí *dijeron*; αὐτῷ, caso dativo masculino de la tercera persona singular del pronombre personal declinado *a él, le*; ἐν, preposición propia de dativo *en*; ἁμαρτίαις, caso dativo femenino plural del nombre común *pecados*; σὺ, caso nominativo de la segunda persona singular del pronombre personal *tú*; ἐγεννήθης, segunda persona singular del aoristo primero de indicativo en voz pasiva del verbo γεννάω, *nacer*, aquí *naciste*, o *has nacido*; ὅλος, caso nominativo masculino singular del adjetivo *todo, completo, entero*; καὶ, conjunción copulativa *y*; σὺ, caso nominativo de la segunda persona singular del pronombre personal *tú*; διδάσκεις, segunda persona singular del presente de indicativo en voz activa del verbo διδάσκω, *enseñar, instruir*, aquí *enseñas*; ἡμᾶς, caso acusativo de la primera persona plural del pronombre personal declinado *a nosotros, nos*; καὶ, conjunción copulativa *y*; ἐξέβαλον, tercera persona plural del segundo aoristo de indicativo en voz activa del verbo ἐκβάλλω, *echar, arrojar, expulsar*, aquí *expulsaron*; αὐτὸν, caso acusativo masculino de la tercera persona singular del pronombre personal declinado *a él, le*; ἔξω, adverbio de lugar *fuera*.

ἀπεκρίθησαν καὶ εἶπαν αὐτῷ· El diálogo se interrumpe violentamente. Como era natural en semejante circunstancia. Puestos en evidencia los fariseos sólo reaccionaban profiriendo los más graves insultos. La gracia no formaba parte de su vida ni de su credo. Les había ofendido. Había reconocido que Jesús era enviado de Dios. Aquello superaba todo cuanto los perversos religiosos que formaban aquel grupo, podían soportar.

ἐν ἁμαρτίαις σὺ ἐγεννήθης ὅλος. La ofensa que profieren contra él no le alcanzaba a él solo, sino también a sus padres. Afirman que aquel hombre había sido concebido y alumbrado, no *en pecado*, singular, sino en *pecados*, plural. Era para ellos un depravado absoluto. Quienes hacían tal afirmación eran los capacitados para juzgar en asuntos religiosos. Aquella era la sentencia propia de su perversidad. Jesús había dicho a Sus discípulos que ni él ni sus padres habían pecado para nacer ciego, pero los fariseos afirman todo lo contrario. Probablemente para los fariseos la ceguera había sido consecuencia del pecado en que fue concebido el ciego.

καὶ σὺ διδάσκεις ἡμᾶς. Si aquello era grave, se hacía insoportable para ellos que un ciego, mendigo, pecador –conforme a su pensamiento- un miserable en la sociedad se atreviese a enseñarles a ellos, los grandes maestros, profundos conocedores de la Escritura. El orgullo no les permitía recibir, no la enseñanza del hombre que hablaba con ellos, sino de la Escritura y de las evidencias visibles que conducían inevitablemente a reconocer que Jesús era el Cristo.

καὶ ἐξέβαλον αὐτὸν ἔξω. La reacción final es la *razón de la fuerza* y no la *fuerza de la razón*. Al pobre hombre, que no había hecho más que expresar una convicción personal, *le expulsaron*. ¿Era la expulsión de la sinagoga? Depende de cual era la capacidad del grupo de fariseos. Si no tenían una delegación expresa tenían que presentarlo ante el Sanedrín para que se cumpliese lo acordado por ellos, de echar fuera, de otro modo, sacar de la congregación de Israel a quien se atreviese a confesar que Jesús era el Cristo. El ciego sanado no lo había hecho expresamente, pero lo había dado a entender. En cualquier caso, aquellos expulsaron de donde estaba al que había dicho todo aquello.

Jesús y el ciego (9:35-39).

35. Oyó Jesús que le habían expulsado; y hallándole, le dijo: ¿Crees tú en el Hijo de Dios?

Ἤκουσεν Ἰησοῦς ὅτι ἐξέβαλον αὐτὸν ἔξω καὶ εὑρὼν αὐτὸν
Oyó Jesús que expulsaron le fuera y hallando le
εἶπεν· σὺ πιστεύεις εἰς τὸν Υἱὸν τοῦ Ἀνθρώπου[1]
dijo: ¿Tú crees en el Hijo del Hombre.

Notas y análisis del texto griego.

Iniciando un nuevo párrafo, escribe: Ἤκουσεν, tercera persona singular del aoristo primero de indicativo en voz activa del verbo ἀκούω, *oír, escuchar,* aquí *oyó*; Ἰησοῦς, caso nominativo masculino singular del nombre propio *Jesús*; ὅτι, conjunción *que*; ἐξέβαλον, tercera persona plural del segundo aoristo de indicativo en voz activa del verbo ἐκβάλλω, *arrojar, expulsar*, aquí *expulsaron*; αὐτὸν, caso acusativo masculino de la tercera persona singular del pronombre personal declinado *a él, le*; ἔξω, adverbio de lugar *fuera*; καὶ, conjunción copulativa *y*; εὑρὼν, adverbio de lugar *fuera*; αὐτὸν, caso acusativo masculino singular del pronombre personal declinado *a él, le*; εἶπεν, tercera persona singular del segundo aoristo de indicativo en voz activa del verbo εἶπον, forma del aoristo de λέγω, *hablar, decir*, aquí *dijo*; σὺ, caso nominativo de la segunda persona singular del pronombre personal *tú*; πιστεύεις, segunda persona singular del presente de indicativo en voz activa del verbo πιστεύω, *creer*, aquí *crees*; εἰς, preposición propia de acusativo *en*; τὸν, caso acusativo masculino singular del artículo determinado *el*; Υἱὸν, caso acusativo masculino singular del nombre *Hijo*; τοῦ, caso genitivo masculino singular del artículo determinado declinado *del*; Ἀνθρώπου, caso genitivo masculino singular del nombre *Hombre*; forman las tres palabras uno de los títulos de Cristo.

Crítica Textual. Lecturas alternativas.

[1] Υἱὸν τοῦ Ἀνθρώπου, *Hijo del Hombre*, lectura atestiguada en 𝔓[66,75], ℵ, B, D, W, sir[s], co.

Υἱὸν τοῦ Θεοῦ, según A, K, K, Γ, Δ, Θ, Ψ, 070, *f*[1, 13], 33, 565, 579, 700, 892, 1241, 1424, 844, 2211, 𝔐, lat, sir[p, h], bo.

Ἤκουσεν Ἰησοῦς ὅτι ἐξέβαλον αὐτὸν ἔξω καὶ εὑρὼν αὐτὸν εἶπεν· Jesús oye el desenlace que se produjo entre el ciego sanado y los fariseos. Las noticias corrían rápidamente entre la gente y llegaron al conocimiento del Señor. Supo que había sido expulsado y le buscó hasta hallarle. Al expulsarle el hombre quedaba separado de lo que se consideraba como pueblo de Dios. Es el enorme contraste entre quienes expulsan a los seguidores de Jesús y el Hijo del Hombre que viniendo del cielo busca a todos los perdidos para tener misericordia de ellos. Además el Señor no podía quedar indiferente frente a quien había sido expulsado por el testimonio que había dado sobre Él. Había sufrido por causa de la justicia, de modo que Jesús cumple la enseñanza que dio en las *bienaventuranzas* del *Sermón del Monte*, recogiéndolo en Su reino, siendo grande el galardón que le otorga (Mt. 5:11-12). Un nuevo orden y un nuevo pueblo de Dios se estaba formando en torno a Jesús, y será establecido en Él, en la dispensación de la iglesia.

σὺ πιστεύεις εἰς τὸν Υἱὸν τοῦ ᾿Ανθρώπου. Una vez hallado le formula la pregunta clave. No le insta a otra cosa que a la fe. Jesús quiere una confesión directa del que había sido sanado en relación con la fe en Él. La fe que salva está vinculada al Salvador, que aquí se presenta como el *Hijo del Hombre* o, como se lee en muchos textos griegos el *Hijo de Dios*. No tiene gran importancia el cambio en el título, puesto que en ambos casos se refiere especialmente a quien descendió del cielo, enviado del Padre y es Dios. La justificación se produce cuando el pecador *cree* en Dios, por tanto esta es la demanda que Jesús hace a aquel hombre. Jesús había abierto los ojos físicos del hombre, pero ahora trabaja abriendo los espirituales para que en una mirada de fe, como había enseñado a Nicodemo refiriéndose a la serpiente de bronce levantada en el desierto, que producía sanidad a quienes la miraban, no con mirada natural, sino con la espiritual, como enseña la Escritura, recibían la vida (3:14-15). La pregunta de Jesús está establecida sobre el presente volitivo del verbo creer, que equivale a una pregunta: *¿quieres creer…? ¿estás dispuesto a creer…?* Es cierto que la voluntad soberana de Dios para salvación condujo a Jesús a buscarle hasta que le encuentra, pero no es menos cierto que *no obligó* al que había sido ciego para que creyese, expresando tanto la soberanía de Dios como la responsabilidad del hombre, si bien éste no puede hacer nada para su salvación, sino aceptar por la fe al Salvador y Su obra. No cabe duda alguna que la iniciativa salvadora parte siempre de Dios. No fue el sanado que buscó a Jesús, fue el Señor que le buscó a él. Los hombres, por su condición pecadora, no tienen intención, ni interés, ni deseo en Dios, por esa razón es el Hijo del Hombre quien viene a buscar y salvar lo que estaba perdido (Lc. 19:10). Los judíos le habían expulsado por creer en Jesús como algo más que un hombre, ahora Jesús le pregunta si cree en el *Hijo del Hombre*, que es un título mesiánico, lo que equivale a preguntarle si creía en el Mesías. Era una alternativa absoluta, Jesús le está haciendo notar si él creía, al contrario de los que le habían expulsado que eran abiertamente incrédulos.

36. Respondió él y dijo: ¿Quién es, Señor, para que crea en él?

ἀπεκρίθη ἐκεῖνος καὶ εἶπεν· καὶ τίς ἐστιν, κύριε, ἵνα
Respondió él y dijo: ¿Y quién es, señor, para que
πιστεύσω εἰς αὐτόν
crea en Él?

Notas y análisis del texto griego.

Siguiendo el relato, añade: ἀπεκρίθη, tercera persona singular del aoristo primero en voz pasiva del verbo ἀποκρίνομαι, *responder, contestar*, aquí *respondió*; ἐκεῖνος, caso nominativo masculino de la segunda persona singular del pronombre demostrativo *él*; καὶ, conjunción copulativa *y*; εἶπεν, tercera persona singular del segundo aoristo de indicativo en voz activa del verbo εἶπον, forma del aoristo de λέγω, *hablar, decir*, aquí *dijo*; καὶ, conjunción copulativa *y*; τίς, caso nominativo masculino singular del pronombre interrogativo *quien*; ἐστιν, tercera persona singular del presente de indicativo en voz activa del verbo εἰμί, *ser*, aquí *es*; κύριε, caso vocativo masculino singular del nombre común *señor*; ἵνα, conjunción causal *para que*; πιστεύσω, primera persona singular del aoristo primero de subjuntivo en voz activa del verbo πιστεύω, *creer*, aquí *crea*; εἰς, preposición propia de acusativo *a, en*; αὐτόν, caso acusativo masculino de la tercera persona singular del pronombre personal *Él*.

ἀπεκρίθη ἐκεῖνος καὶ εἶπεν· καὶ τίς ἐστιν, κύριε, ἵνα πιστεύσω εἰς αὐτόν. Con mucho respeto, llamándole *Señor*, responde a la pregunta de Jesús. Debe entenderse que el título *Señor*, no vincula necesariamente con un conocimiento de que Jesús era Dios, sino simplemente con un trato correcto y respetuoso que se daba a quienes se consideraban superiores. ¿Reconoció el hombre por la voz al que hablaba con él, como quien le había sanado? Pudiera ser, teniendo en cuenta la agudeza auditiva que los ciegos alcanzan, pero tampoco tiene gran importancia. Para él era un hombre que le preguntaba si creía en el Hijo del Hombre. A esto responde pidiendo que le indicase quien era. Probablemente entendió con claridad que *Hijo del Hombre*, se refería al Mesías. Estaba dispuesto a creer, sólo necesitaba conocer en quien debía creer.

37. Le dijo Jesús: Pues le has visto, y el que habla contigo, él es.

εἶπεν αὐτῷ ὁ Ἰησοῦς· καὶ ἑώρακας αὐτὸν καὶ ὁ λαλῶν
Dijo le - Jesús: Y has visto le, y el que habla
μετὰ σοῦ ἐκεῖνος ἐστιν.
contigo Él es.

Notas y análisis del texto griego.

Sin interrupción, añade: εἶπεν, tercera persona singular del segundo aoristo de indicativo en voz activa del verbo εἶπον, forma del aoristo de λέγω, *hablar, decir*, aquí *dijo*; αὐτῷ, caso dativo masculino de la tercera persona singular del pronombre personal declinado *a él, le*; ὁ, caso nominativo masculino singular del artículo determinado *el*; Ἰησοῦς, caso nominativo masculino singular del nombre propio *Jesús*; καὶ, conjunción copulativa *y*; ἑώρακας, segunda persona singular del imperfecto de indicativo en voz activa del verbo ὁράω, *ver, mirar*, aquí *has visto*; αὐτὸν, caso acusativo masculino de la tercera persona singular del pronombre personal declinado *a él, le*; καὶ, conjunción copulativa *y*; ὁ, caso nominativo masculino singular del artículo determinado *el*; λαλῶν, caso nominativo masculino singular del participio de presente en voz activa del verbo λαλέω, *hablar, decir*, aquí *que habla*; μετὰ, preposición propia de genitivo *con*; σοῦ, caso genitivo de la segunda persona singular del pronombre personal *ti*; en castellano forma del pronombre personal *ti* y la preposición *con, contigo*; ἐκεῖνος, caso nominativo masculino de la tercera persona singular del pronombre demostrativo *Él*; ἐστιν, tercera persona singular del presente de indicativo en voz activa del verbo εἰμί, *ser, estar*, aquí *es*.

εἶπεν αὐτῷ ὁ Ἰησοῦς· καὶ ἑώρακας αὐτὸν καὶ ὁ λαλῶν μετὰ σοῦ ἐκεῖνος ἐστιν. Jesús responde a la pregunta de forma precisa, indicando al hombre que él había visto al Hijo del Hombre, y que era quien estaba hablando con él. Para un hombre ciego de nacimiento, la respuesta de Jesús tuvo que causarle impacto. Le habían sido abiertos los ojos y con ellos podía ver y conocer personalmente al Mesías que le hablaba. El verle con los ojos físicos no suponía creer en él. Los judíos habían visto el milagro de la multiplicación de los panes y, sin embargo, no creían en Jesús, como el pan de vida (6:36). Las dos formas de ver a Jesús están presentes en el párrafo, una es la natural del hombre, otra la sobrenatural de la fe, esta es la que salva y a la que el sanado era conducido por Jesús. El Mesías se manifiesta ante el que había sido ciego, de un modo muy similar al que había hecho con la samaritana (4:26). Con todo, Jesús era, a los ojos de los hombres un hombre más. Necesariamente el hombre que hablaba con Cristo, tenía que *creer* en lo que le decía. Dios actuando en él le ayudaba en la incredulidad natural para que reconociera al Salvador y recibiera la salvación. Le ayudaba indicándole primeramente que le había visto. Tal vez le había reconocido por la voz, como se dijo antes, pero no lo podía identificar por la vista, porque nunca antes lo había visto. Pero también le indica que era el que estaba hablando con él. El ciego sanado preguntaba quien era el Hijo del Hombre para que creyese en Él, cuando le estaba viendo y oyendo. Cristo está siempre más cerca del pecador de lo que el pecador supone.

38. Y él dijo: Creo, Señor; y le adoró.

ὁ δὲ ἔφη· πιστεύω, Κύριε· καὶ προσεκύνησεν αὐτῷ.
Y él decía: Creo, Señor; y adoró le.

Notas y análisis del texto griego.

El ciego cree en Jesús: ὁ, caso nominativo masculino singular del artículo determinado *el*; δὲ, partícula conjuntiva que hace las veces de conjunción coordinante, con sentido de *pero, más bien, y, y por cierto*, *antes bien*; ἔφη, tercera persona singular del imperfecto de indicativo en voz activa del verbo φήμι, *decir*, aquí *decía*; πιστεύω, primera persona singular del presente de indicativo en voz activa del verbo πιστεύω, *creer*, aquí *creo*; Κύριε, caso vocativo masculino singular del nombre divino *Señor*; καὶ, conjunción copulativa *y*; προσεκύνησεν, tercera persona singular del aoristo primero de indicativo en voz activa del verbo προσκυνέω, *adorar*, aquí *adoró*; αὐτῷ, caso dativo masculino de la tercera persona singular del pronombre personal declinado *a él, le*.

Crítica Textual. Lecturas alternativas.

Omiten todo este versículo y el siguiente los mss. $\mathfrak{p}^{75}$, ℵ*, W, b, sa^{sa}, ly cw.

ὁ δὲ ἔφη· πιστεύω, Κύριε· No puede ser más breve, pero tampoco más clara, la confesión de fe: *Creo*. El verbo en imperfecto indica una acción hecha que continúa sus efectos; creyó y seguía creyendo. Era un verdadero creyente en Cristo Jesús. El que había hecho con él aquel milagro era digno de toda confianza. El poder sobrenatural que procedía de Él, solo era posible si *Dios estaba con Él*, por tanto, la fe se deposita confiadamente en el Salvador que la demandaba. El nombre *Señor* que acompaña a la confesión de fe, debe ser entendido como reconocimiento de la deidad de Jesús. No es el *señor* que decía antes (v. 36), ahora es la confesión tanto de Salvador como de Señor en su vida. Es interesante apreciar que Jesús demandó del ciego sanado una confesión de fe, pero no es menos cierto que a la verdadera fe sigue la aceptación del señorío de Cristo. No es que se requiera esta aceptación previamente para salvación, puesto que el hombre natural no regenerado no puede ni quiere aceptar el señorío de Jesús. Pero nadie es salvo si no acepta sin reservas ese señorío. A Cristo se le confiesa como Salvador y Señor (Ro. 10:9).

καὶ προσεκύνησεν αὐτῷ. El pleno reconocimiento de la deidad de Cristo y de su señorío, es que el hombre *le adoró*. Juan usó el verbo προσκυνέω, para referirse a la adoración que corresponde a Dios, en varias ocasiones (cf. cap. 4). Lo usará más adelante al hablar de los griegos que habían subido a *adorar* en la fiesta (12:20). Por tanto no caben malabarismos que los arrianos hacen para cambiar el término por *rendir homenaje*. Realmente Jesús es adorado como Dios, por este creyente. Había aceptado que venía de Dios y ahora le reconoce también como lo que era *Emanuel*, Dios con los hombres. Cristo mismo confirma la creencia del hombre permitiendo que le rinda adoración. Quién cree, también adora.

39. Dijo Jesús: Para juicio he venido yo a este mundo; para que los que no ven, vean, y los que ven, sean cegados.

Καὶ εἶπεν ὁ Ἰησοῦς· εἰς κρίμα ἐγὼ εἰς τὸν κόσμον τοῦτον
Y dijo - Jesús: Para juicio yo al mundo este
ἦλθον, ἵνα οἱ μὴ βλέποντες βλέπωσιν καὶ οἱ βλέποντες
vine, para que los que no ven vean y los que ven
τυφλοὶ γένωνται.
ciegos sean hechos.

Notas y análisis del texto griego.

Se trasladan las palabras de Jesús: Καὶ, conjunción copulativa *y*; εἶπεν, tercera persona singular del segundo aoristo de indicativo en voz activa del verbo εἶπον, forma del aoristo de λέγω, *hablar, decir*, aquí *dijo*; ὁ, caso nominativo masculino singular del artículo determinado *el*; Ἰησοῦς, caso nominativo masculino singular del nombre propio *Jesús*; εἰς, preposición propia de acusativo *para*; κρίμα, caso acusativo neutro singular del nombre común *juicio*; ἐγὼ, caso nominativo de la primera persona singular del pronombre personal *yo*; εἰς, preposición propia de acusativo *a*; τὸν, caso acusativo masculino singular del artículo determinado *el*; κόσμον, caso acusativo masculino singular del nombre común *mundo*; τοῦτον, caso acusativo masculino singular del pronombre demostrativo *este*; ἦλθον, primera persona singular del segundo aoristo de indicativo en voz activa del verbo ἔρχομαι, *venir, llegar*, aquí *vine*; ἵνα, conjunción causal *para que*; οἱ, caso nominativo masculino plural del artículo determinado *los*; μὴ, partícula que hace funciones de adverbio de negación *no*; βλέποντες, caso nominativo masculino plural del participio de presente en voz activa del verbo βλέπω, *ver, mirar*, aquí *que ven*; βλέπωσιν, tercera persona plural del presente de subjuntivo en voz activa del verbo βλέπω, *ver, mirar*, aquí *vean*; καὶ, conjunción copulativa *y*; οἱ, caso nominativo masculino plural del artículo determinado *los*; βλέποντες, caso nominativo masculino plural del participio de presente en voz activa del verbo βλέπω, *ver, mirar*, aquí *que ven*; τυφλοὶ, caso nominativo masculino plural del adjetivo *ciegos*; γένωνται, tercera persona plural del aoristo segundo de subjuntivo en voz media del verbo γίνομαι, *llegar a ser, hacerse*, aquí *sean hechos*.

Καὶ εἶπεν ὁ Ἰησοῦς· εἰς κρίμα ἐγὼ εἰς τὸν κόσμον τοῦτον ἦλθον, Cabe preguntarse cuando tuvieron lugar las palabras de Jesús. Posiblemente ocurrieron después de la conversión y adoración del ciego que había recibido la vista, puesto que no aparece ninguna reacción de los enemigos de Jesús al acto de adoración que le tributó. Lo determinante es que Cristo las pronunció en presencia de los fariseos, que reaccionan inmediatamente a ellas. La misión de Jesús no era la de condenar, sino la de salvar (3:17; 12:47). Sin embargo hay una condición establecida para recibir el perdón de pecados y la vida eterna, y es creer en el enviado de Dios. Por tanto, aquel que es Salvador es también juez que con justicia juzga a quienes rehúsan creer, para los que sólo existe segura condenación.

ἵνα οἱ μὴ βλέποντες βλέπωσιν καὶ οἱ βλέποντες τυφλοὶ γένωνται. La luz de Dios en Cristo entró en el mundo y la presencia de esta luz produce dos reacciones distintas en los hombres. Para unos es fuente de iluminación que los conduce a la vida, para otros, es resplandor que los enceguece. De modo que la luz no tiene como propósito al venir al mundo, el de juzgar a los hombres, pero produce esta consecuencia inevitablemente para quienes la rechazan y permanecen en tinieblas. Usando la realidad física de un ciego que recibió la vista, Jesús alude a quienes creen en la luz. Estos, ciegos en las tinieblas del pecado, vienen a la luz de Dios y viven en ella, viniendo a ser *hijos de la luz* (Ef. 5:8). Pero otros, como los fariseos, se consideran a sí mismos como que ven, sin embargo rechazan la luz de Dios que es Cristo. A estos, el juicio divino los deja en tinieblas, cegados a la luz del evangelio de la gracia y son condenados.

Cuando Dios judicialmente actúa confirmando la rebeldía del hombre, es inevitable para él seguir en las tinieblas y perderse eternamente. Así lo dijo el profeta en nombre del Señor, a los rebeldes del pueblo de Israel: *"Engruesa el corazón de este pueblo, y agrava sus oídos, y ciega sus ojos, para que no vea con sus ojos, ni oiga con sus oídos, ni su corazón entienda, ni se convierta, y haya para él sanidad"* (Is. 6:10). Mas adelante el Señor aplicará personalmente la profecía a la acción judicial contra el pueblo de Israel, de manera que firmemente dice Juan que *"por eso no podían creer"* (12:39).

El juicio trae una separación en la que Jesús es la marca que la determina. Él tendrá la última y definitiva palabra que de a esa separación carácter eterno. Es una separación objetiva y moral, distinguiéndose en dos grupos: los que ven a Cristo y los que no quieren verlo, esto es, los creyentes y los incrédulos. Con toda claridad determina esto: *los que no ven*, que vienen a la luz, son aquellos que sintiendo su ceguera hacen lo que Jesús establece, creer en Su nombre, y vienen a la luz por milagro espiritual. Sin embargo, *los que ven*, son quienes están satisfechos de sí mismos, descansando en las obras con las que piensan alcanzar la justicia de Dios, y por tanto, llenos de ellos no necesitan a Jesús. Estos se mantendrán ciegos para siempre, ajenos a la luz y lejos de ella. Creer en Cristo es tener la luz, rechazarlo es permanecer ciegos. Son estos quienes consideran suficiente su propia luz. La separación que será determinada por el Juez divino, no obedece a la decisión de este juez, sino a la determinación del hombre que se mantiene alejado de Dios. De otro modo, la separación la hacen los hombres en su actitud ante Cristo. Rechazar a Jesús es cerrar los ojos y continuar ciegos.

Reacción de los fariseos (9:40-41).

40. Entonces algunos de los fariseos que estaban con él, al oír esto, le dijeron: ¿Acaso nosotros somos también ciegos?

ἤκουσαν ἐκ τῶν Φαρισαίων ταῦτα οἱ μετ᾽ αὐτοῦ ὄντες καὶ
Oyeron de los fariseos esto los con Él que están y
εἶπον αὐτῷ· μὴ καὶ ἡμεῖς τυφλοί ἐσμεν
dijeron le: ¿Acaso también nosotros ciegos somos?

Notas y análisis del texto griego.

Los fariseos reaccionan a las palabras de Jesús: ἤκουσαν, tercera persona plural del aoristo primero de indicativo en voz activa del verbo ακούω, *oír, escuchar*, aquí *oyeron*; ἐκ, preposición propia de genitivo *de*; τῶν, caso genitivo masculino plural del artículo determinado *los*; Φαρισαίων, caso genitivo masculino plural del nombre propio *fariseos*; ταῦτα, caso acusativo neutro plural del pronombre demostrativo *estos*, en sentido de *estas cosas, esto*; οἱ, caso nominativo masculino plural del artículo determinado *los*; μετ᾽, forma escrita de la preposición propia de genitivo μετά, *con*, por elisión ante vocal con espíritu suave; αὐτοῦ, caso genitivo masculino de la tercera persona singular del pronombre personal *Él*; ὄντες, caso nominativo masculino plural del participio de presente en voz activa del verbo εἰμί, *ser, estar*, aquí *que están*; καὶ, conjunción copulativa *y*; εἶπον, tercera persona plural del segundo aoristo de indicativo en voz activa del verbo εἶπον, forma del aoristo de λέγω, *hablar, decir*, aquí *dijeron*; αὐτῷ, caso dativo masculino de la tercera persona singular del pronombre personal declinado *a él, le*; μὴ, partícula que hace funciones de adverbio de negación *no*, aquí con sentido dubitativo interrogativo *acaso*; καὶ, adverbio de modo *también*; ἡμεῖς, caso nominativo de la primera persona plural del pronombre personal *nosotros*; τυφλοί, caso nominativo masculino plural del adjetivo *ciegos*; ἐσμεν, primera persona plural del presente de indicativo en voz activa del verbo εἰμί, *ser, estar*, aquí *somos*.

ἤκουσαν ἐκ τῶν Φαρισαίων ταῦτα οἱ μετ᾽ αὐτοῦ ὄντες καὶ εἶπον αὐτῷ· Con Jesús siempre había alguno de los fariseos. Todos estaban empeñados en buscar algo contra Él y procuraban no dejarle solo. Estos son los que oyeron las palabras que dijo anteriormente, sobre la consecuencia de Su venida al mundo. Con toda claridad afirmó que algunos ciegos recibirían la vista, mientras que otros que ven se convertirían en ciegos. Los fariseos sabían bien que Cristo se estaba refiriendo a aspectos espirituales y no tanto físicos. Por esta razón se sintieron inmediatamente aludidos por aquellas palabras.

μὴ καὶ ἡμεῖς τυφλοί ἐσμεν. Inmediatamente plantean a Cristo una pregunta: *¿Nos estás llamando ciegos a nosotros?* Los líderes religiosos no podían estar en tinieblas espirituales, eso era, según ellos, para los que no conocían la Ley, y no habían recibido la instrucción que ellos tenían. Lamentablemente estos fariseos podían ver, pero no querían hacerlo. Se mantenían rebeldes y obstinados en contra de la luz.

41. Jesús les respondió: Si fuerais ciegos, no tendrías pecado; mas ahora, porque decís: Vemos, vuestro pecado permanece.

εἶπεν αὐτοῖς ὁ Ἰησοῦς· εἰ τυφλοὶ ἦτε, οὐκ ἂν εἴχετε
Dijo les - Jesús: Si ciegos fueseis no - tendrías
ἁμαρτίαν· νῦν δὲ λέγετε ὅτι βλέπομεν, ἡ ἁμαρτία
pecado, pero ahora decís que véis, el pecado
ὑμῶν μένει.
de vosotros permanece.

Notas y análisis del texto griego.

Cerrando el párrafo, escribe: εἶπεν, tercera persona singular del segundo aoristo de indicativo en voz activa del verbo εἶπον, forma del aoristo de λέγω, *hablar, decir*, aquí *dijo*; αὐτοῖς, caso nominativo masculino de la tercera persona plural del pronombre personal *ellos, les*; ὁ, caso nominativo masculino singular del artículo determinado *el*; Ἰησοῦς, caso nominativo masculino singular del nombre propio *Jesús*; εἰ, conjunción afirmativa *si*; τυφλοὶ, caso nominativo masculino plural del adjetivo *ciegos*; ἦτε, segunda persona plural del imperfecto de indicativo en voz activa del verbo εἰμί, *ser, estar*, aquí *erais*, en sentido de *fueseis*; οὐκ, forma escrita del adverbio de negación *no*, con el grafismo propio ante una vocal con espíritu suave o una enclítica; ἄν, , partícula que no empieza nunca frase y que da a ésta carácter condicional o dubitativo, o expresa una idea de repetición. Se construye con todos los modos menos el imperativo y acompaña a los pronombres relativos para darles un sentido general; en algunas ocasiones no tiene traducción; εἴχετε, segunda persona plural del imperfecto de indicativo en voz activa del verbo ἔχω, *tener*, aquí *teníais*, en sentido de *tendríais*; ἁμαρτίαν, caso acusativo femenino singular del nombre común *pecado*; νῦν, adverbio de tiempo *ahora*; δὲ, partícula conjuntiva que hace las veces de conjunción coordinante, con sentido de *pero, más bien, y, y por cierto, antes bien*; λέγετε, segunda persona plural del presente de indicativo en voz activa del verbo λεγω, *hablar, decir*, aquí *decís*; ὅτι, conjunción completiva *que*; βλέπομεν, segunda persona plural del presente de indicativo en voz activa del verbo βλέπω, *ver, mirar*, aquí *veis*; ἡ, caso nominativo femenino singular del artículo determinado *la*; ἁμαρτία, caso nominativo femenino singular del nombre común *pecado*; ὑμῶν, caso genitivo de la segunda persona plural del pronombre personal declinado *de vosotros*; μένει, tercera persona singular del presente de indicativo en voz activa del verbo μένω, *permanecer*, aquí *permanece*.

εἶπεν αὐτοῖς ὁ Ἰησοῦς· εἰ τυφλοὶ ἦτε, οὐκ ἂν εἴχετε ἁμαρτίαν· La respuesta de Jesús es concreta. Ellos preguntaban si también eran ciegos. No afirmó nada el Señor, se limitó a decirles que hubiera sido mejor que fuesen verdaderamente ciegos, ya que no tendrían pecado. Es decir, aquellos veían lo que la Escritura decía acerca del Mesías, podían apreciar en sus obras el cumplimiento de las señales que identificaban proféticamente al que había de venir, las conocían, pero no creían en Él, por tanto, rechazando la verdad pecaban. Si fueran verdaderamente ciegos, es decir, no tuviesen comprensión alguna de las verdades bíblicas, y no identificasen en Jesús al Mesías, no tendrían pecado, puesto que estarían en la ignorancia, sin comprensión de las cosas espirituales (Ro. 5:13). En esta clase estarían los ciegos espirituales que no ven las cosas de Dios, por tanto han de ser abiertos sus ojos para que comprendiendo acepten la salvación otorgada en Cristo para todo aquel que cree.

νῦν δὲ λέγετε ὅτι βλέπομεν, ἡ ἁμαρτία ὑμῶν μένει. Sin embargo, puesto que tenían suficiente conocimiento de la verdad y se negaban a aceptarla, el pecado permanecía en ellos y eran, por tanto, plenamente responsables delante de Dios. El pecado permanecía en ellos que con toda arrogancia afirmaban no ser ciegos espirituales. La ceguera de estos, no era como la de quienes no pueden ver, sino como la de quienes cierran sus ojos para no ver. Como dice el adagio: *No hay peor ciego que el que no quiere ver*. Rebeldes a la visión celestial, cerraban sus ojos a Cristo, mientras afirmaban que no eran ciegos. Su luz era la suya propia, con la que estaban satisfechos, rechazando voluntariamente la luz de Dios, por tanto, sin Cristo, estaban sin esperanza y sin Dios en el mundo, permaneciendo en su pecado y condenándose por decisión personal. La ceguera de estos es incurable, puesto que rechazan al único que puede abrirles los ojos, que es Jesús.

Tal vez la aplicación más destacable sea la condición de los religiosos de los tiempos de Cristo, los escribas y los fariseos. Estos hacían sus obras para ser vistos y alabados por las gentes. Lo más grave de estos es que buscaban hacer seguidores suyos pero no de Dios, negando a Jesús, el enviado. Este mal de los fariseos se manifiesta en todos los tiempos del cristianismo. Hay entre los cristianos, especialmente los que de algún modo tienen liderazgo, que buscan adeptos a su causa y hacen cuanto pueden por alcanzar seguidores que apoyen y continúen con sus propios errores. No están contentos con los creyentes sencillos que buscan en la Palabra el conocimiento de Dios para seguir a Jesús en el camino de la fe auténtica. Buscan *clonarse,* en otros, reproducirse en seguidores de sus pensamientos y en defensores de sus doctrinas. Estos han causado divisiones en el pueblo de Dios a lo largo del tiempo que son irreparables aún después de siglos, perpetuando sus pensamientos, con apariencia de ortodoxia bíblica, para que otros seguidores de ellos se manifiesten a lo largo del tiempo. Aun hoy se pueden encontrar fácilmente algunos de estos entre las iglesias del Señor. Se aferran a tradiciones y doctrinas de hombres por las que luchan, sin importarles la sanidad moral y espiritual de los creyentes, sino en alcanzar seguidores que luchen denodadamente por sus convicciones humanas. Como los fariseos de entonces odian a cuantos puedan derribar sus pensamientos y contradecir sus opiniones, haciendo que sus seguidores incrementen la furia de sus maestros. No buscan a los jóvenes para formarlos sanamente en la Escritura y hacer de ellos seguidores del Maestro, sino que trabajan con ellos en sus áreas de influencia para perpetuarse en nuevas generaciones que continúen haciendo el mismo daño que ellos han hecho a la Iglesia.

CAPÍTULO X

EL BUEN PASTOR

Introducción.

El capítulo diez es la continuación natural del anterior, que a su vez lo es del precedente. Jesús continúa en Jerusalén, luego del incidente con los fariseos a causa de la sanidad del ciego de nacimiento. La tensión contra Él había aumentado notablemente. El propósito de los líderes religiosos era acabar con Su vida, por lo que estaban atentos tanto a Sus hechos como a Sus palabras, buscando ocasión contra Él para hacerlo comparecer ante el Sanedrín, y que dictase una sentencia a muerte. En este ambiente se desarrolla este capítulo, que terminará con la salida de Cristo de la ciudad, para irse al otro lado del Jordán (v. 40).

Sin introducción previa, comienza el texto con la *parábola del buen pastor*. Uno de los más entrañables relatos del Nuevo Testamento. Este es el séptimo discurso de Jesús que recoge el *Evangelio*, y que es el último de los recogidos por Juan. Es como un comentario al capítulo anterior. La consecuencia de la parábola es natural. Los fariseos, enfurecidos contra el que había sido ciego y a quien Jesús le había sanado, le expulsan de la sinagoga, echándole con ello de la condición de israelita y privándole, según su pensamiento, de todas las bendiciones que Dios le había otorgado como descendiente de Abraham, con quien había establecido un pacto. Pero Jesús, como *buen pastor*, lo busca hasta hallarlo (9:35), lo recibe por gracia y le otorga la salvación, introduciéndolo en Su rebaño donde tiene plena seguridad y esperanza. Por tanto, usa la figura del pastor para hacer una distinción definitiva con el ministerio de los falsos pastores que eran los religiosos de Su tiempo. El capítulo ha de leerse e interpretarse bajo la proyección de pasajes del Antiguo Testamento en los que se profetiza sobre la acción de pastores que no cumplen con su deber (cf. Jer. 23:1-4; 25:33-38; Ez. 34; Zac. 11). Las Escrituras hablan de Dios como el Pastor de Israel (cf. Sal. 23:1; 80:1). Ahora, el que había sido enviado por Dios y que era también Dios verdadero, viene en la presencia de Su humanidad para demostrar con hechos visibles la realidad de cuanto se enseña sobre esto en el Antiguo Testamento, en donde se profetiza la venida del *Buen Pastor*, establecido para este ministerio: *"Y levantaré sobre ellas a un pastor, y él las apacentará; a mi siervo David, él las apacentará, y él les será por pastor"* (Ez. 34:23). El descendiente final heredero del trono de David en quien se cumplen las promesas del pacto hecho con el rey de Israel, había llegado en la persona de Jesucristo. El *Buen Pastor*, estaba en el mundo y se ocupaba de las ovejas que eran maltratadas por pastores asalariados.

Como en todas las parábolas, o en las alegorías, hay un mensaje central que es el que conviene identificar, y otros muchos aspectos propios del relato a los que no es posible buscar significado. Es notable el doble contraste de la parábola, en donde se hace una comparación entre Jesús y los ladrones salteadores que entran por otro lugar adonde está el rebaño (v. 1), y más adelante entre el Buen Pastor y los pastores asalariados (v. 12), que en lugar de dar sus vidas por las ovejas, las buscan para beneficiarse de ellas, pero no les prestan atención cuando están en una situación conflictiva y peligrosa. Los sinópticos presentan también la figura del Buen Pastor, pero en forma más abreviada y concreta, como aquel que busca a la oveja extraviada y la restaura al redil de donde se había alejado. Juan da la misma idea, pero mucho más amplia y con conceptos, en cierto modo, difíciles de determinar. Porque está también el contraste entre *sus ovejas* y *otras ovejas* que deben ser reunidas (v. 16). Otro aspecto importante es la comparación que Jesús hace de Sí mismo, primero con la *puerta*, y luego con el *Buen Pastor*, cuyo significado debe interpretarse dada la dimensión que adquiere en las expresiones simbólicas que se yuxtaponen con las declaraciones directas que Jesús hace. El progreso de la enseñanza va desde la presentación del *Buen Pastor* y la entrega de Su propia vida por las ovejas (v. 11), vinculada a la formación de un rebaño único y de un único pastor.

Es también necesario entender el contexto social que subyace en la parábola. El pastor era una figura conocida en Israel. No formaba parte de la sociedad media o alta, sino de los extractos más humildes. El oficio de pastor requería un gran compromiso con el rebaño. Tenían que enfrentarse a depredadores que querían hacer presa en el rebaño y con los que tenían que luchar para ahuyentarlos o darles muerte. Además los apriscos en el campo consistían en un cerrado de piedra o de ramas con una abertura de entrada que generalmente estaban dotados de una puerta, en cuyo lugar se acostaba el pastor. Nada podía acceder al rebaño sin pasar previamente por él. Pero además velaban durante las noches en tiempo más bonancible de primavera a otoño, cuidando de las ovejas que dormían a la intemperie. El trabajo de pastor era difícil y duro.

El capítulo tiene dos partes bien marcadas y definidas. La primera consistente en la parábola del Buen Pastor (vv. 1-21); la segunda ocurre tiempo después con motivo de la *Fiesta de la Dedicación*, que se vincula a la parábola (vv. 27-30), y señala el final del ministerio de

Jesús en Jerusalén (v. 31), determinando Su partida a Transjordania (v. 40). Es el último invierno que pasa Jesús, antes de la semana de la Pasión.

El bosquejo analítico es el que se ha dado para este pasaje en la *Introducción*, como sigue:

3.2.10. Discurso del Buen Pastor (10:1-21).
A) Discurso (10:1-18).
B) Reacción (10:19-21).

4. La fiesta de la dedicación (10:22-42).
4.1. Pregunta de los fariseos (10:22-24).
4.2. Respuesta de Jesús (10:25-30).
4.3. Reacción y nueva respuesta (10:31-39).
4.4. Jesús al otro lado del Jordán (10:40-42).

Discurso del Buen Pastor (10:1-21).

Discurso (10:1-18).

1. De cierto, de cierto os digo: El que no entra por la puerta en el redil de las ovejas, sino que sube por otra parte, ése es ladrón y salteador.

’Αμὴν	ἀμὴν	λέγω	ὑμῖν,	ὁ	μὴ	εἰσερχόμενος	διὰ	τῆς	θύρας	εἰς
De cierto,	de cierto,	digo	os:	El	no	que entra	por	la	puerta	en

τὴν	αὐλὴν	τῶν	προβάτων	ἀλλὰ	ἀναβαίνων	ἀλλαχόθεν	ἐκεῖνος
el	redil	de las	ovejas	sino	que sube	por otra parte	ése

κλέπτης	ἐστὶν	καὶ	λῃστής·
ladrón	es	y	salteador.

Notas y análisis del texto griego.

Comenzando un nuevo párrafo, escribe: ’Αμὴν, transliteración, *amén, de cierto*; ἀμὴν, transliteración *amén, de cierto*; λέγω, primera persona singular del presente de indicativo en voz activa del verbo λέγω, *hablar, decir*, aquí *digo*; ὑμῖν, caso dativo de la segunda persona plural del pronombre personal declinado *a vosotros, os*; ὁ, caso nominativo masculino singular del artículo determinado *el*; μὴ, partícula que hace funciones de adverbio de negación condicional *no*; εἰσερχόμενος, caso nominativo masculino singular del participio de presente en voz media del verbo εἰσέρχομαι, *entrar, llegar hasta*, aquí *que entra*; διὰ, preposición propia de genitivo *por*; τῆς, caso genitivo femenino singular del artículo determinado *la*; θύρας, caso genitivo femenino singular del nombre común *puerta, entrada*; εἰς, preposición propia de acusativo *a, en*; τὴν, caso acusativo femenino singular del artículo determinado *la*; αὐλὴν, caso acusativo femenino singular del nombre común *redil, aprisco*; τῶν, caso genitivo neutro plural del artículo determinado declinado *de los*; προβάτων, caso genitivo neutro plural del nombre común *ovejas*; ἀλλὰ, conjunción adversativa *sino*; ἀναβαίνων, caso nominativo masculino singular del participio de presente en voz activa del verbo ἀναβαίνω, *subir*, aquí *que sube*; ἀλλαχόθεν, adverbio de lugar *por otra parte*; ἐκεῖνος, caso nominativo masculino singular del pronombre demostrativo *ése*; κλέπτης, caso nominativo masculino singular del nombre común *ladrón*; ἐστὶν, tercera persona singular del presente de indicativo en voz activa del verbo εἰμί, *ser*, aquí *es*; καὶ, conjunción copulativa *y*; λῃστής, caso nominativo masculino singular del nombre común *robador, salteador, bandido, bandolero*.

᾿Αμὴν ἀμὴν λέγω ὑμῖν, No podemos saber cuando se produjo el discurso que sigue con la parábola del Buen Pastor. Pudo haber sido inmediatamente después del encuentro con los fariseos. Favorece esta interpretación la referencia a *abrir los ojos* (v. 21), pero pudo haber pasado algún tiempo, tal vez al día siguiente. Jesús inicia Sus palabras con una solemne advertencia que llama la atención a los oyentes, con la reiterada fórmula que Juan utiliza en el *Evangelio*, literalmente *amén, amén os digo*, traducido por *de cierto, de cierto os digo*. Además de la amonestación para prestar atención, debe leerse lo que sigue en vinculación directa con lo que antecede, que es el milagro del ciego de nacimiento que recibió la vista, teniendo en cuenta los aspectos descritos en relación con el hecho, entre ellos la oposición y reacción de los fariseos.

ὁ μὴ εἰσερχόμενος διὰ τῆς θύρας εἰς τὴν αὐλὴν τῶν προβάτων, El discurso se inicia con una alegoría, en la que se presentan a algunos que no acceden al redil de las ovejas por la puerta de entrada, sino que suben, escalando la pared, para introducirse en él. A estos llama *ladrones y salteadores*. La primera alusión es a quienes entran al redil por otro lugar que no es la puerta. La palabra αὐλὴν, *redil*, era usa en ese sentido por Homero. Con el tiempo fue derivando para referirse a un patio situado en el entorno de la casa, donde se guardaban las ovejas. En cualquier caso la realidad a la que se refiere la alegoría, es al hecho de que algunos no usan la puerta, porque sus intenciones, en relación con las ovejas, no son buenas. La puerta se usará más adelante para referirse a Cristo mismo. Es el que protege el rebaño y cuida de él. Sin duda no es difícil identificar quienes son las ovejas, ya se ha considerado antes en la introducción. En principio se está refiriendo a Israel, claramente implícito más adelante (v. 16), como se aprecia en varios lugares del Antiguo Testamento (ejmp. Sal. 73:19).

ἀλλὰ ἀναβαίνων ἀλλαχόθεν. Luego llama la atención al modo de entrar de algunos que califica después. No usan la puerta de entrada, sino que escalan la muralla del recinto donde están las ovejas. Alguien tendría que abrirles la puerta de acceso y ese sería el pastor. Luego, si no usan la vía natural y trepan por la tapia del recinto, manifiestan que sus intenciones no son buenas. Juan utiliza un adverbio que es raro ἀλλαχόθεν, literalmente *por otra parte* saltando la muralla.

ἐκεῖνος κλέπτης ἐστὶν καὶ λῃστής· A estos califica como *ladrones* y *salteadores*. Las dos palabras son aplicadas a las mismas personas y determinan sus intenciones respecto a las ovejas. Vienen para *hurtarlas*, por tanto son *ladrones*, y vienen para consumar lo que pretenden mediante *violencia*, si es necesario. A Judas se le llamaba *ladrón* (12:6), mientras que Barrabás era un *salteador*, o un *bandido* (18:40), que es una de las acepciones de la palabra. No cabe duda que quienes son calificados de este modo no son tanto individuos, sino grupos de personas que no pueden ser otros que los líderes religiosos, especialmente los fariseos. Estos estaban tratando de someter a su dominio al pueblo de Israel, usando los medios de intimidación y violencia para conseguir su propósito. Por medio de amenazas, como ocurrió con el ciego sanado por Cristo, eran coaccionados a no seguir a Jesús expulsando de la sinagoga al que lo hacía. Pretendían con ello apropiarse de las ovejas de Dios, encomendadas en las manos y bajo el cuidado de Jesús, el Buen Pastor. Sólo Él es el verdadero y legítimo pastor enviado por el Padre para cumplir la profecía de proveer de un cuidador divino para el pueblo de Dios. Mientras Jesús da vida y vida abundante, estos entraban en medio del pueblo de Dios, en lo que no les pertenecía, para *robar* y *destruir*. Estos malos pastores destruyen y dispersan el rebaño (Jer. 23:1), o como advierte el profeta: *"Hijo de hombre, profetiza contra los pastores de Israel; profetiza, y di a los pastores: Así ha dicho Jehová el Señor: ¡Ay de los pastores de Israel, que se apacientan a sí mismos!"* (Ez. 34:2). Sin duda los líderes de Israel estaban resentidos porque el Buen Pastor, cuidando del rebaño, les impedía las acciones perversas consistentes en beneficiarse de cada oveja en provecho propio, apropiándose de lo que es de Dios. Estos entran a hurtadillas para alcanzar alguna de las ovejas apropiándosela para sí. Se puede comprender claramente el odio que sentían hacia Cristo, porque les separaba de la fuente de riqueza que era la esclavitud espiritual a que sometían a los hombres y mujeres de Israel. El Buen Pastor había hecho Su aparición y había comenzado a buscar las ovejas y darles protección.

2. Mas el que entra por la puerta, el pastor de las ovejas es.

ὁ δὲ	εἰσερχόμενος	διὰ	τῆς	θύρας	ποιμήν	ἐστιν	τῶν	προβάτων.
Pero el	que entra	por	la	puerta	pastor	es	de las	ovejas.

Notas y análisis del texto griego.

Siguiendo con la alegoría, escribe: ὁ, caso nominativo masculino singular del artículo determinado *el*; δὲ, partícula conjuntiva que hace las veces de conjunción coordinante, con sentido de *pero, más bien, y, y por cierto, antes bien*; εἰσερχόμενος, caso nominativo masculino singular del participio de presente en voz media del verbo εἰσέρχομαι, *entrar*, aquí *que entra*; διὰ, preposición propia de genitivo *por*; τῆς, caso genitivo femenino singular del artículo definido *la*; θύρας, caso genitivo femenino singular del sustantivo que denota *puerta*; ποιμήν, caso nominativo masculino singular del nombre común *pastor*; ἐστιν, tercera persona singular del presente de indicativo en voz activa del verbo εἰμί, *ser*, aquí *es*; τῶν, caso genitivo neutro plural del artículo definido declinado *de las*; προβάτων, caso genitivo neutro plural del nombre común *ovejas*.

ὁ δὲ εἰσερχόμενος διὰ τῆς θύρας ποιμήν ἐστιν τῶν προβάτων. Mientras que los ladrones y salteadores utilizan otros medios para entrar al redil donde se encuentran las ovejas, el pastor, usa la vía natural que es la puerta, puesto que su propósito para el rebaño no es hurtar y destruir, sino alimentar y cuidar. El pastor ha sido designado por el Padre y enviado para atender a las ovejas que no tienen pastor. Él es el pastor que cumple todas las referencias de la Escritura: *"Yo apacentaré mis ovejas, y yo les daré aprisco, dice Jehová el Señor"* (Ez. 34:15). Los creyentes, en el entorno primario de la alegoría, los de Israel, pero luego serán también los de la iglesia, como dice el Salmo: *"Porque él es nuestro Dios; nosotros el pueblo de su prado, y ovejas de su mano"* (Sal. 95:7). El creyente es oveja dentro del rebaño de quien Cristo es el pastor: *"Y nosotros, pueblo tuyo, y ovejas de tu prado"* (Sal. 79:13). Este Buen Pastor, viene para apacentar, ayudar, amar y conducir a cada una de las ovejas de Su rebaño: *"Como pastor apacentará su rebaño; en su brazo llevará los corderos, y en su seno los llevará; pastoreará suavemente las recién paridas"* (Is. 40:11). La puerta diferencia al pastor de los salteadores.

3. A éste abre el portero, y las ovejas oyen su voz; y a sus ovejas llama por nombre, y las saca.

τούτῳ ὁ θυρωρὸς ἀνοίγει καὶ τὰ πρόβατα τῆς φωνῆς αὐτοῦ
A éste el portero abre y las ovejas la voz de Él
ἀκούει καὶ τὰ ἴδια πρόβατα φωνεῖ κατ' ὄνομα καὶ ἐξάγει
oyen, y a las propias ovejas llama por nombre y saca
αὐτά.
las.

Notas y análisis del texto griego.

La acción del pastor se detalla: τούτῳ, caso dativo masculino singular del pronombre demostrativo declinado *a éste*; ὁ, caso nominativo masculino singular del artículo determinado *el*; θυρωρὸς, caso nominativo masculino singular del nombre común *portero*; ἀνοίγει, tercera persona singular del presente de indicativo en voz activa del verbo ἀνοίγω, *abrir*, aquí *abre*; καὶ, conjunción copulativa *y*; τὰ, caso nominativo neutro plural del artículo definido *los*; πρόβατα, caso nominativo neutro plural del substantivo que denota *ovejas*; τῆς, caso genitivo femenino singular del artículo determinado *la*; φωνῆς, caso genitivo femenino singular del nombre común *voz*; αὐτοῦ, caso genitivo masculino de la tercera persona singular del pronombre personal declinado *de Él*; ἀκούει, tercera persona singular del presente de indicativo en voz activa del verbo ἀκούω, *oír, escuchar*, aquí *oyen*; καὶ, conjunción copulativa *y*; τὰ, caso acusativo neutro singular del artículo determinado declinado *a los*; ἴδια, caso acusativo neutro plural del adjetivo *suyos, propios, suyos propios*; πρόβατα, caso acusativo neutro plural del nombre común *ovejas*; φωνεῖ, tercera persona singular del presente de indicativo en voz activa del verbo φωνέω, *llamar*, aquí *llama*; κατ', forma escrita de la preposición propia de κατά, *por*, debido a elisión ante vocal con espíritu suave; ὄνομα, caso acusativo neutro singular del substantivo que denota *nombre*; καὶ, conjunción copulativa *y*; ἐξάγει, tercera persona singular del presente de indicativo en voz activa del verbo ἐξάγω, *sacar*, aquí *saca*; αὐτά, caso acusativo neutro de la tercera persona plural del pronombre personal declinado *a ellos, los*.

τούτῳ ὁ θυρωρὸς ἀνοίγει. Varias acciones se mencionan en relación con el pastor, la primera es que *a este abre el portero*. No era habitual que hubiera portero además de pastor, cuando el rebaño no era demasiado grande, sin embargo, la idea general de la parábola era la de un gran rebaño ya existente al que se añadiría otro más tarde (v. 16). Por tanto se requería la figura del portero que abría la puerta por la que el pastor entraba. No es necesario buscar el antitipo de la figura del *portero*, si es que Jesús había pensado en alguna. No es preciso buscar el simbolismo de todos los aspectos de una alegoría, para no distraer el sentido de la lección principal que se quiere dar con ella, que en este caso es el pastor, los salteadores, y las ovejas. Agustín escribía sobre el portero: *"El Señor se llamó a sí mismo pastor y puerta. ¿Por qué no hemos de entender que es también el portero?... Pues ¿qué es la puerta? Por donde entramos. ¿Quién es el portero? El que abre. ¿Y quien es el que abre sino el que a sí mismo se deja ver?*[1]"

[1] Agustín de Hipona, *Tratados sobre el Evangelio de Juan,* 46, 2-4.

καὶ τὰ πρόβατα τῆς φωνῆς αὐτοῦ ἀκούει. La segunda acción se refiere a la *voz del pastor*, que habla a las ovejas que están en el aprisco. Una vez que ha entrado, se dirige a sus ovejas hablándoles, posiblemente se limitaba a llamarlas por nombre. Es típico que los pastores llamen y se dirijan con sus palabras a las ovejas del rebaño, de modo que oyen la voz del pastor.

καὶ τὰ ἴδια πρόβατα φωνεῖ κατ' ὄνομα. No es un discurso absurdo que la oveja no entiende, sino el llamado personal de su voz que ella entiende y sabe distinguir que está siendo buscada por el pastor. Es una nota de intimidad entre el pastor y las ovejas, que llega a ponerles nombres. Debe notarse que no es un llamamiento general, sino que está dirigido a *sus propias ovejas*, esto es, a las que le pertenecen y están en Su rebaño, pero, además el llama de forma individual, por eso cada una de las ovejas tiene un nombre que ella conoce y que el pastor utiliza. Cada una de las ovejas que son del pastor, aunque puedan estar mezcladas con otras que no son de su rebaño, entienden, distinguen la voz del pastor que las llama por nombre. Son suyas porque sus nombres están escritos en el libro de la vida del Cordero (Ap. 3:5), pero además el nombre que cada oveja recibe cuando pasa a estar en el rebaño del Buen Pastor, nadie conoce sino aquel que lo recibe (Ap. 2:17). No cabe duda que la identidad espiritual del creyente es Cristo mismo, formando una unidad espiritual con Él. La iglesia, como cuerpo de creyentes, es también *un cuerpo en Cristo*, de cuyo cuerpo el Señor es la cabeza (Ef. 1:22-23). La salvación no es tanto que el pecador conozca a Cristo, sino que sea también conocido por Él (2 Ti. 2:19). A la nueva naturaleza del creyente, creado en Cristo Jesús, corresponde también un nombre nuevo, que sólo es conocido por el que lo recibe, y que le da acceso a la comunión plena con el Señor, garantizando para él los recursos de la gracia en el tiempo presente (Fil. 4:13) y la eternidad de comunión en la presencia del Señor, según Su promesa (14:1-4). El nombre nuevo es propio de quien comparte la divina naturaleza (2 P. 1:4). El identificativo de la nueva creación es Cristo mismo, a cuya imagen va siendo conformado el cristiano (Ro. 8:29). Cristo promete acceso al continuo banquete de la comunión con Él, a la provisión de los recursos de la gracia, ya para el tiempo presente. Cada creyente, en comunión con Cristo dispone de todo cuanto necesita para su vida cotidiana, tanto en el terreno material como en el espiritual. El *nombre nuevo*, está inscrito, es decir, registrado. El nombre nuevo sustituye al antiguo y le vincula a la condición de hijo e invitado (Ro. 8:16). Estos nombres nuevos están inscritos en el registro celestial y deben ser causa de gozo para el discípulo de Cristo (Lc. 10:20). Las promesas tienen que ver con una comunión amplia y renovada que sólo es posible para quienes viven en la fidelidad al Señor.

καὶ ἐξάγει αὐτά. La última acción es que el *pastor las saca*, esto es, las va a conducir fuera del redil para llevarlas, como el pastor del Salmo, a pastos delicados y a aguas de reposo (Sal. 23). Las ovejas entienden que son llamadas una a una por el pastor y responden a su llamamiento, de esta manera puede sacarlas y conducirlas fuera del aprisco en donde estaban. Ya Moisés, cuando estaba próximo a morir, pidió a Dios que estableciera sobre Israel un pastor que saque e introduzca al pueblo, *"para que la congregación de Jehová no sea como ovejas sin pastor"* (Nm. 27:17). No solo oyen la voz y la entienden, sino que la obedecen, porque salen al llamado del pastor. En el simbolismo de la alegoría, el Señor llama a quienes son salvos para sacarlos del sistema legalista comparable aquí con la forma religiosa de Israel en aquellos tiempos, pero también las saca del paganismo (v. 16).

4. Y cuando ha sacado fuera todas las propias, va delante de ellas; y las ovejas le siguen, porque conocen su voz.

ὅταν τὰ ἴδια πάντα ἐκβάλῃ, ἔμπροσθεν αὐτῶν πορεύεται καὶ
Cuando las propias todas saca, delante de ellas va y
τὰ πρόβατα αὐτῷ ἀκολουθεῖ, ὅτι οἴδασιν τὴν φωνὴν αὐτοῦ·
las ovejas le siguen, porque conocen la voz de Él.

Notas y análisis del texto griego.

Siguiendo con la alegoría, escribe: ὅταν, conjunción temporal *cuando*; τὰ, caso acusativo neutro plural del artículo determinado *los*; ἴδια, caso acusativo neutro plural del adjetivo *suyos, propios, suyos propios*; πάντα, caso acusativo neutro plural del adjetivo indefinido *todos*; ἐκβάλῃ, tercera persona singular del aoristo segundo de subjuntivo en voz activa del verbo ἐκβάλλω, *quitar, sacar*, aquí *saca*; ἔμπροσθεν, preposición de genitivo *delante de*; αὐτῶν, caso genitivo neutro de la tercera persona plural del pronombre personal *ellos*; πορεύεται, tercera persona singular del presente de indicativo en voz media del verbo πορεύομαι, *ir, marcharse, proceder, seguir su camino*, aquí *va*; καὶ, conjunción copulativa *y*; τὰ, caso nominativo neutro plural del artículo determinado *los*; πρόβατα, caso nominativo neutro plural del nombre común *ovejas*; αὐτῷ, caso dativo masculino de la tercera persona singular del pronombre personal declinado *a Él, le*; ἀκολουθεῖ, tercera persona singular del presente de indicativo en voz activa del verbo ἀκολουθέω, *acompañar, ser discípulo, seguir*, aquí *siguen*; ὅτι, conjunción causal *porque*; οἴδασιν, tercera persona plural del perfecto de indicativo en voz activa del verbo οἶδα, *saber, conocer, entender*, aquí *conocen*; τὴν, caso acusativo femenino singular del artículo definido *la*; φωνὴν, caso acusativo femenino singular del nombre común *voz;* αὐτοῦ, caso genitivo masculino de la tercera persona singular del pronombre personal declinado *de Él.*

ὅταν τὰ ἴδια πάντα ἐκβάλῃ, Primeramente llamó por nombre a las ovejas, ahora aquellas que son propias, las saca, sin que quede ninguna de ellas, como se aprecia por el uso del adjetivo πάντα, *todas*. No descuida a ninguna, no olvida el nombre de ninguna, todas las que le pertenecen porque son suyas, a estas saca. El verbo no sólo tiene la acepción de *sacar*, sino también la de *arrojar*, en un cierto sentido, el pastor no sólo espera que las ovejas le sigan, sino que aquellas que de alguna manera no acuden inmediatamente al llamado del pastor, éste las *saca* del lugar donde están en medio de otros rebaños. No deja ninguna de las que son suyas.

ἔμπροσθεν αὐτῶν πορεύεται καὶ τὰ πρόβατα αὐτῷ ἀκολουθεῖ, Cuando las ha sacado del redil donde estaban, va delante de ellas y todas sus ovejas le siguen. El verdadero pastor *no empuja* el rebaño para que las ovejas hagan su voluntad, sino que las conduce yendo delante de ellas, mostrándoles ejemplo, afecto, dedicándoles palabras cariñosas y alentadoras, por esa razón las ovejas le siguen. Las ovejas conocen por experiencia que las conduce a lugares de delicados pastos, por eso le siguen.

ὅτι οἴδασιν τὴν φωνὴν αὐτοῦ· La razón de este seguimiento es que *conocen la voz* del pastor. Siguen al pastor porque están identificadas con su voz. Saben que aquella voz pertenece a quien las cuida, las consuela, las ampara, las soporta, las sustenta, por tanto es una voz a la que merece la pena seguir. Saben que es la voz de su Buen Pastor, que está dispuesto a dar su vida por ellas. Las que son de otros rebaños y pertenecen a otros pastores, no conocen la voz de este pastor cariñoso, por tanto no hacen caso a su llamado. Jesús conoce personalmente a cada uno de los que son suyos. No sólo son ovejas de Su prado, sino que están vinculadas a Él por Su misma vida.

5. Mas al extraño no seguirán, sino huirán de él, porque no conocen la voz de los extraños.

ἀλλοτρίῳ δὲ οὐ μὴ ἀκολουθήσουσιν, ἀλλὰ φεύξονται
Pero a extraño de ningún modo seguirán, sino huirán
ἀπ' αὐτοῦ, ὅτι οὐκ οἴδασιν τῶν ἀλλοτρίων τὴν φωνήν.
de Él, porque no conocen de los extraños la voz.

Notas y análisis del texto griego.

Cerrando la alegoría, dice: ἀλλοτρίῳ, caso dativo masculino singular del adjetivo declinado *a extraño*; δὲ, partícula conjuntiva que hace las veces de conjunción coordinante, con sentido de *pero, más bien, y, y por cierto, antes bien*; οὐ, adverbio de negación *no*; μὴ, partícula que hace funciones de adverbio de negación *no*, juntas las dos negaciones equivalen a *de ningún modo*; ἀκολουθήσουσιν, tercera persona plural del futuro de indicativo en voz activa del verbo ἀκολουθέω, *seguir*, aquí *seguirán*; ἀλλὰ, conjunción adversativa *sino*; φεύξονται, tercera persona singular del futuro de indicativo en voz media del verbo φεύγω, *huir, escapar*, aquí *huirán*; ἀπ', preposición propia de genitivo ἀπό, con el grafismo que adopta por elisión de la o final ante vocal o diptongo sin aspiración, que equivale a *de, desde, procedente de, por medio de, con, por*; αὐτοῦ, caso genitivo masculino de la tercera persona singular del pronombre personal *él*; ὅτι, conjunción causal *porque*; οὐκ, forma escrita del adverbio de negación *no*, con el grafismo propio ante una vocal con espíritu suave o una enclítica; οἴδασιν, tercera persona plural del perfecto de indicativo en voz activa del verbo οἶδα, *saber, conocer, entender*, aquí *conocen* o *han conocido*; τῶν, caso genitivo masculino plural del artículo determinado declinado *del*; ἀλλοτρίων, caso genitivo masculino singular del adjetivo declinado *a extraño*; τὴν, caso acusativo femenino singular del artículo determinado *la*; φωνήν, caso acusativo femenino singular del nombre común *voz*.

ἀλλοτρίῳ δὲ οὐ μὴ ἀκολουθήσουσιν, ἀλλὰ φεύξονται ἀπ' αὐτοῦ, Las ovejas siguen al pastor porque le conocen y conocen su voz. Saben de la seguridad que se produce a su lado. Sin embargo, estas que son ovejas del Buen Pastor, compradas por Él y que son Su rebaño, no atienden a la voz de los extraños y, por tanto no les siguen, sino todo lo contrario, huyen de ellos. Puede ser un pastor de otro rebaño y no necesariamente los ladrones y salteadores mencionados antes. El gran secreto en esto consiste en que el pastor habla a las ovejas y éstas llegan a conocer claramente su voz distinguiéndola de otras voces. Es una gran lección para los pastores de la iglesia. Es necesario que hablen al rebaño dándoles la voz de Dios por medio de la Palabra. Cuando se practica este deber pastoral, las ovejas dejan de seguir otras voces que aparentan ser Palabra de Dios, pero que en realidad son palabras de hombres. A medida que la Biblia está puesta en el púlpito de la iglesia, y en la enseñanza pastoral, no existe el peligro de que el rebaño siga otras voces, todo lo contario, huyen de quienes, vestidos como ovejas son en realidad lobos rapaces que no perdonan al rebaño.

ὅτι οὐκ οἴδασιν τῶν ἀλλοτρίων τὴν φωνήν. Al extraño no seguirán, usando una construcción gramatical con notorio énfasis del escritor al colocar dos negaciones juntas, que equivalen a *de ningún modo, jamás*. No se trata de una acción posible que ocurre o no, sino de una forma natural. Las ovejas que conocen la voz del pastor *de ningún modo* seguirán a las voces de los extraños. El verdadero seguidor de Cristo, el Gran Pastor de la ovejas (He. 13:20), no conoce, es más, se niega a conocer la voz de los extraños, porque no tiene confianza en él. El rebaño de Dios, la Iglesia, está expuesto a las acciones malas de quienes vienen a destruirlo, pero el Pastor está empeñado en una labor de protección, cuidando de él (17:12).

Jesús está enseñando la primera gran necesidad del rebaño, que conozca la voz del pastor, lo que quiere decir que necesita del Buen Pastor, como escribía Clemente de Alejandría: "*Nosotros, enfermos somos, necesitamos del Salvador, extraviados, necesitamos de un guía; ciegos, necesitamos de alguien que nos ilumine; sedientos, necesitamos de la fuente vivificadora: ésa de la que quienes beben, jamás tendrán sed; muertos, necesitamos de vida; rebaño, necesitamos de pastor; niños, necesitamos de pedagogo; toda la humanidad necesita de Jesús*[2]". El secreto de una vida victoriosa es Cristo. Él se ocupa de las ovejas que le ha dado el Padre (6:37-39; 17:6, 9, 24; 18:9).

6. Esta alegoría les dijo Jesús; pero ellos no entendieron qué era lo que les decía.

Ταύτην τὴν παροιμίαν εἶπεν αὐτοῖς ὁ Ἰησοῦς, ἐκεῖνοι δὲ οὐκ
Esta - alegoría dijo les - Jesús, pero ellos no
ἔγνωσαν τίνα ἦν ἃ ἐλάλει αὐτοῖς.
entendieron que era lo que decía les.

Notas y análisis del texto griego.

Cerrando el párrafo, escribe: Ταύτην, caso acusativo femenino singular del pronombre demostrativo *esta*; τὴν, caso acusativo femenino singular del artículo determinado *la*; παροιμίαν, caso acusativo femenino singular del nombre común *alegoría*; εἶπεν, tercera persona singular del segundo aoristo de indicativo en voz activa del verbo εἶπον, forma del aoristo de λέγω, *hablar, decir*, aquí *dijo*; αὐτοῖς, caso dativo masculino de la tercera persona plural del pronombre personal declinado *a ellos, les*; ὁ, caso nominativo masculino singular del artículo determinado *el*; Ἰησοῦς, caso nominativo masculino singular del nombre propio *Jesús*; ἐκεῖνοι, caso nominativo masculino plural del pronombre demostrativo *ellos*; δὲ, partícula conjuntiva que hace las veces de conjunción coordinante, con sentido de *pero, más bien, y, y por cierto, antes bien*; οὐκ, forma escrita del adverbio de negación *no*, con el grafismo propio ante una vocal con espíritu suave o una enclítica; ἔγνωσαν, tercera persona

[2] Clemente de Alejandría. *El pedagogo*, 1, 83, 3[25].

plural del segundo aoristo de indicativo en voz activa del verbo γινώσκω, *saber, conocer, entender*, aquí *entendieron*; τίνα, caso nominativo neutro plural del pronombre interrogativo *que*; ἦν, tercera persona singular del imperfecto de indicativo en voz activa del verbo εἰμί, *ser*, *estar*, aquí *era*; ἃ, caso acusativo neutro plural del pronombre relativo *los que*, en sentido de *las cosas que, lo que*; ἐλάλει, tercera persona plural del imperfecto de indicativo en voz activa del verbo λαλέω, *hablar, decir*, aquí *decía*; αὐτοῖς, caso dativo masculino de la tercera persona plural del pronombre personal declinado *a ellos, les*.

Ταύτην τὴν παροιμίαν εἶπεν αὐτοῖς ὁ Ἰησοῦς, Jesús hablaba en parábolas, concretamente en este caso en *alegorías*, lo hizo como medio de gracia para que las verdades expresadas de este modo fuesen generalmente comprendidas, pero no como cuando hablaba directamente, por lo que la responsabilidad de los oyentes era mayor en el lenguaje directo. El término *parábola*, aparece sólo en los sinópticos pero está ausente de este *Evangelio*. Sin embargo ambos conceptos expresan la idea de un lenguaje figurado que incluye también al *proverbio*. Tanto el término *parábola* como el traducido aquí como *alegoría*, pueden tener un amplio significado, como *proverbio, refrán, máxima, sentencia, comparación, ejemplo*, en general es una especie de afirmación velada y simbólica. Aquí el término παροιμίαν, significa una alegoría que, en último extremo, es una forma de parábola. La alegoría fue dicha para todos los que oían, pero específicamente estaba dirigida a los fariseos.

ἐκεῖνοι δὲ οὐκ ἔγνωσαν τίνα ἦν ἃ ἐλάλει αὐτοῖς. Sin embargo no entendieron de lo que les estaba hablando. Bien pudieran ser motivo de discusión entre ellos las palabras de Jesús. Con toda seguridad sabían que estaban involucrados en ellas, pero no era capaces de captar el significado real de la alegoría. Sin embargo, una alegoría tan definida sobre el pastor y las ovejas, está presente en muchas porciones proféticas del Antiguo Testamento, por tanto, los fariseos, conocedores de la Escritura, debieran haber intuido que estaba hablando de lo que Dios quería para Israel. Es evidente que el *remanente fiel*, del pueblo es una enseñanza continuada en al Antiguo Testamento, de modo que Cristo saca del redil general a las ovejas que son suyas, llevándolas como propias mientras quedan aquellas que no le pertenecen. Dios preparó un remanente del pueblo al que sin duda está aludiéndose en la alegoría (cf. Jer. 3:14; 23:3; Am. 3:12; 5:15; Mi. 2:12; 5:7; 7:18-20; Hab. 2:4; Sof. 3:12, 13; Hag. 1:12, 14; Zac. 8:6, 12; 13:8, 9). Como hace notar Hendriksen, *"en Mi. 2:12 esta reunión del remanente se asocia incluso con la idea del pastor*[3]". Aplicando al sentido propio de la alegoría, los fariseos no entendían las palabras de Jesús, porque no eran ovejas de Su rebaño y no discernían Su voz.

7. Volvió, pues, Jesús a decirles: De cierto, de cierto os digo: Yo soy la puerta de las ovejas.

Εἶπεν οὖν πάλιν ὁ Ἰησοῦς· ἀμὴν ἀμὴν λέγω ὑμῖν ὅτι ἐγώ
Dijo, pues, de nuevo, - Jesús: De cierto, de cierto digo os que Yo
εἰμι ἡ θύρα τῶν προβάτων[1].
soy la puerta de las ovejas.

Notas y análisis del texto griego.

Comienza un nuevo párrafo: Εἶπεν, tercera persona singular del segundo aoristo de indicativo en voz activa del verbo εἶπον, forma del aoristo de λέγω, *hablar, decir*, aquí *dijo*; οὖν, conjunción continuativa *pues*; πάλιν, adverbio de modo, *nuevamente, de nuevo, otra vez*; ὁ, caso nominativo masculino singular del artículo determinado *el*; Ἰησοῦς, caso nominativo masculino singular del nombre propio *Jesús*; ἀμὴν, transliteración, *amén, de cierto*; ἀμὴν, transliteración *amén, de cierto*; λέγω, primera persona singular del presente de indicativo en voz activa del verbo λέγω, *hablar, decir*, aquí *digo*; ὑμῖν, caso dativo de la segunda persona plural del pronombre personal declinado *a vosotros, os*; ὅτι, conjunción *que*; ἐγώ, caso nominativo de la primera persona singular del pronombre personal *yo*; εἰμι, primera persona singular del presente de indicativo en voz activa del verbo εἰμί, *ser*, aquí *soy*; ἡ, caso nominativo femenino singular del artículo definido *la*; θύρα, caso nominativo femenino singular del nombre común *puerta*; τῶν, caso genitivo neutro plural del artículo determinado declinado *de los*; προβάτων, caso genitivo neutro plural del nombre común *ovejas*.

Crítica textual. Lecturas alternativas.

[1] ὅτι ἐγώ εἰμι ἡ θύρα τῶν προβάτων, *que yo soy la puerta de las ovejas*, según se lee en $\mathfrak{p}^{66}$, ℵ, A, D, W, Γ, Δ, Θ, $f^{1, 13}$, 565, 892, 1424, 2211, 𝔐, lat.
ὅτι ἐγώ εἰμι ὁ ποιμήν τῶν προβάτων, *que yo soy el pastor de las ovejas*, según $\mathfrak{p}^{75}$, sa, ac, cw.

Εἶπεν οὖν πάλιν ὁ Ἰησοῦς· Los judíos no entendieron la alegoría anterior, por lo que va a repetirla nuevamente con mayor precisión. No sabemos si el desconocimiento que los oyentes tenían del significado contenido en el dicho parabólico fue detectado por Jesús o, incluso, alguno lo hizo manifiesto. Tampoco puede precisarse con

[3] G. Hendriksen. o.c., pág. 275.

exactitud si esta segunda parte del discurso tuvo lugar inmediatamente o en un lapso intermedio de tiempo. Probablemente fue seguido de lo anterior.

ἀμὴν ἀμὴν λέγω ὑμῖν Otra vez precede Juan las palabras de Jesús con el enfático, *de cierto, de cierto os digo*. No habían entendido por tanto les pide que presten la máxima atención a lo que sigue, porque les va a ser aclarado el sentido parabólico o alegórico de lo que les había dicho. Va a presentarse como *puerta* y como *Buen Pastor*. Las dos figuras tienen que ver con la salvación y la seguridad del salvo, a la vez que distinguen exclusiva y excluyentemente a Jesús de cualquier otra persona en este orden. Al decir que Él es la puerta, pone en contraposición a cualquier otro que quiere acceder por otra vía que no sea Él mismo. Ambas figuras la de la *puerta* y la del *Buen Pastor*, exceden en todo a cuanto pueda entenderse en el terreno natural, y necesita del apoyo interpretativo para darles la dimensión espiritual establecida en ellas.

ὅτι ἐγώ εἰμι ἡ θύρα τῶν προβάτων. Posiblemente lo que no habían entendido era el significado de la puerta de entrada al redil de las ovejas, esto es, precisamente, con lo que Jesús comienza el discurso. Jesús afirma taxativamente que Él es la puerta de las ovejas. Indudablemente el sentido alegórico es evidente, Él no es una puerta, pero simboliza la única entrada al Reino de Dios (14:6). En el texto saídico y acmímico, así como en $\mathfrak{p}^{75}$, se lee en lugar de *puerta*, *pastor*, que seguramente es una corrección producto de la incomprensión del escriba de la nueva idea que Jesús introduce. Es la única vez en todo el Nuevo Testamento que se presenta a Sí mismo como *la puerta*, que con artículo determinado especifica ser la única de ese modo, dicho de otra manera, no hay otra entrada que no sea por Él. El redil tenía una sola puerta de acceso, por consiguiente Jesús es la única entrada al lugar de Su rebaño. Algunos entienden que esta puerta es por donde los pastores o el pastor del rebaño deben acceder, sin embargo la idea tiene un marcado alcance soteriológico como se nota inmediatamente (v. 9). Jesús es el lugar por donde acceden las ovejas. La figura concreta el significado que no le había dando antes. Los fariseos se tenían como *pastores* del pueblo de Dios, pero se negaban a entrar por la única puerta de acceso al rebaño de Dios, que es Cristo. Jesús les advierte que Él es la única puerta. La figura comienza a tener un notable sentido, sólo por Cristo se accede al rebaño de Dios, a las ovejas de Su prado. Pero también es la puerta de acceso de los verdaderos pastores al rebaño de Dios para cuidar la porción que Él pone bajo su ministerio. Tratar de acceder al pueblo de Dios por otro lugar que no sea Cristo mismo, convierte al pastor en ladrón y salteador del rebaño de Dios.

8. Todos los que antes de mi vinieron, ladrones son y salteadores; pero no los oyeron las ovejas.

πάντες ὅσοι ἦλθον [πρὸ ἐμοῦ][2] κλέπται εἰσὶν καὶ λῃσταί, ἀλλ'
Todos los que vinieron antes de mí ladrones son y salteadores; pero
οὐκ ἤκουσαν αὐτῶν τὰ πρόβατα.
no oyeron les las ovejas.

Notas y análisis del texto griego.

Continuando con el discurso, añade: πάντες, caso nominativo masculino plural del adjetivo indefinido *todos*; ὅσοι, caso nominativo masculino plural del pronombre relativo *los que*; ἦλθον, tercera persona plural del aoristo segundo de indicativo en voz activa del verbo ἔρχομαι, *llegar, venir*, aquí *vinieron*; πρὸ, preposición propia de genitivo *de*; ἐμοῦ, caso genitivo de la primera persona singular del pronombre personal *mí*; κλέπται, caso nominativo masculino plural del nombre común *ladrones*; εἰσὶν, tercera persona plural del presente de indicativo en voz activa del verbo εἰμί, *ser, son*; καὶ, conjunción copulativa *y*; λῃσταί, caso nominativo masculino plural del nombre común *salteadores, bandidos*; ἀλλ', forma escrita ante vocal de la conjunción adversativa ἀλλά que significa *pero, sino*; οὐκ, forma escrita del adverbio de negación *no*, con el grafismo propio ante una vocal con espíritu suave o una enclítica; ἤκουσαν, tercera persona plural del aoristo primero de indicativo en voz activa del verbo ἀκούω, *escuchar, oír*, aquí *oyeron*; αὐτῶν, caso genitivo masculino de la tercera persona plural del pronombre personal declinado *de ellos, a ellos, les*; τὰ, caso nominativo neutro plural del artículo determinado *los*; πρόβατα, caso nominativo neutro plural del nombre común *ovejas*.

Crítica Textual. Lecturas alternativas.

[1] πάντες, *todos*, se omite en D, b.

[2] ἦλθον, *vinieron*, conforme a la lectura en $\mathfrak{p}^{45 \text{ vid. } 75}$, $\aleph^{*, 2b}$, Γ, Δ, 892^{s}, 1424, pm, lat, $sir^{s, p}$, sa, ly, pbo, Agustín.

ἦλθον πρὸ ἐμου, *vinieron antes de mí*, lectura en Θ, f^{1}, 565, 2211.

Texto del versículo como está en el interlineal, según lecturas en p^{66}, $\aleph^{2a}$, A, B, D, K, K, W, Ψ, f^{13}, 33, 579, 700, 1241, pm, sy^{h**}, Lucifer.

πάντες ὅσοι ἦλθον [πρὸ ἐμοῦ] κλέπται εἰσὶν καὶ λῃσταί, Jesús se refiere a los falsos pastores, o falsos maestros que actuaron en el rebaño de Israel antes de Su venida. A estos los califica como *ladrones y salteadores*, en un claro contraste con los profetas y hombres que Dios levantó en el pasado en el pueblo de Israel. Estos todos habían hecho mercadería de las ovejas, aprovechándose de ellas para medrar a su costa. No cabe duda que la referencia no es extensiva a todos los profetas y líderes del pueblo que lo habían conducido en el nombre de Dios y bajo Su autoridad, ya que Él había reconocido en Su ministerio a todos los enviados por Dios a Su pueblo a lo largo de los siglos (5:46). Sin buscar un simbolismo a cada cosa, era habitual entonces que el pastor viniera temprano al redil para sacar luego a las ovejas, de modo que quienes venían antes que él, no tenían las mismas intenciones que el pastor. La aplicación a los judíos, escribas, fariseos, saduceos, etc. es lo más concordante, ya que el uso del presente εἰσὶν, *son*, se refiere a aquel tiempo y no al que antecede a Su venida, en cuyo caso tendría que decir *eran*. Parece un tanto forzada la interpretación de los recursos de la parábola, teniendo en cuenta que si Jesús es la puerta, las ovejas están bajo Su protección y sería imposible que los ladrones y salteadores pudieran acercarse al rebaño. Sin embargo, los fariseos estaban empeñados en alcanzar a la gente hacia su sistema, enseñándoles que era la forma de alzar la salvación, con el cumplimiento del sistema legal y religioso. Estos intentaban seducir a gente que no creyendo en Cristo les aseguraban un puesto entre los salvos, asunto que Jesús va a negar en los siguientes versículos. Aquellos pretendían dar vida a los demás pero ellos no entraban por la única puerta que conduce a la vida que es Cristo. Tales personas, especialmente los fariseos pretendían por cualquier vía, incluso la de la intimidación apartar a la gente de Cristo (9:22). Cuando las amenazas no eran suficientes, incluso usaban la violencia, por tanto, el calificativo de *ladrones* y *salteadores* les corresponde justamente. Son los mismos a los que se refiere antes (v. 1).

ἀλλ' οὐκ ἤκουσαν αὐτῶν τὰ πρόβατα. La voz de estos perversos no fue atendida por las ovejas del rebaño de Cristo, porque no conocía la voz de aquellos. Las enseñanzas de los fariseos no alcanzaban para arrastrar tras ellos a los discípulos de Jesús. Las ovejas verdaderas, aquellas que son dadas por el Padre a Cristo, afirmadas en la fe no prestan atención a las enseñanzas falsas de quienes pretenden desviarlas del camino de Dios. No oyen la voz de los extraños y no siguen sus pretensiones. El sujeto de la oración son *solo* sus ovejas.

9. Yo soy la puerta; el que por mí entrare, será salvo; y entrará, y saldrá, y hallará pastos.

ἐγώ εἰμι ἡ θύρα· δι' ἐμοῦ ἐάν τις εἰσέλθῃ σωθήσεται
Yo soy la puerta; a través de mí si alguno entrara será salvo;
καὶ εἰσελεύσεται καὶ ἐξελεύσεται καὶ νομὴν εὑρήσει.
y entrarán y saldrán y hallarán pastos.

Notas y análisis del texto griego.

Continúa con ἐγώ, caso nominativo de la primera persona singular del pronombre personal *yo*; εἰμι, tercera persona singular del presente de indicativo en voz activa del verbo εἰμί, *ser*, aquí *soy*; ἡ, caso nominativo femenino singular del artículo determinado *la*; θύρα, caso nominativo femenino singular del nombre común *puerta*; δι', forma contracta de la preposición de genitivo διά, *por medio de, a causa de, a través de*; ἐμοῦ, caso genitivo de la primera persona singular del pronombre personal *mí*; ἐάν, conjunción afirmativa *si*; τις, caso nominativo masculino singular del pronombre indefinido *alguno*; εἰσέλθῃ, tercera persona singular del aoristo segundo de subjuntivo en voz activa del verbo εἰσέρχομαι, *entrar*, aquí *entrara*; σωθήσεται, tercera persona singular del futuro de indicativo en voz pasiva del verbo σῴζω, *salvar*, aquí *será salvo*; καὶ, conjunción copulativa *y*; εἰσελεύσεται, tercera persona singular del futuro de indicativo en voz media del verbo εἰσέρχομαι, *entrar*, aquí *entrará*; καὶ, conjunción copulativa *y*; ἐξελεύσεται, tercera persona singular del futuro de indicativo en voz media del verbo ἐξέρχομαι, *salir*, aquí *saldrá*; καὶ, conjunción copulativa *y*; νομὴν, caso acusativo femenino singular del nombre común *pastos*; εὑρήσει, tercera persona singular del futuro de indicativo en voz activa del verbo εὑρίσκω, *hallar*, aquí *hallará*.

ἐγώ εἰμι ἡ θύρα· Nuevamente Jesús se presenta como *la puerta*, esto es, la única puerta de salvación. Algo notable que debe tenerse en cuenta es que Jesús no es solo la puerta *de* las ovejas, sino que también es la puerta *para* las ovejas. Esto marca una distinción entre personas. Hay unas que entran por la puerta, y otras que no lo hacen, por tanto el mundo se divide entre salvos y perdidos. No hay ninguna otra posibilidad de salvación porque no hay más que una puerta.

δι' ἐμοῦ ἐάν τις εἰσέλθῃ σωθήσεται Mediante el uso de una condición de tercera clase con ἐάν, por la que hace referencia a quienes entren por la puerta. Acceder por la puerta es indispensable para ser salvo. No se trata de estar próximo a Cristo, sino de entrar por Él. Jesús es el Unigénito del Padre enviado a la tierra para proveer salvación a los hombres, por tanto, siendo el enviado de Dios, es el único camino de salvación, al que se accede también por la única puerta. No se trata de una acción electiva para algunos, sino que la verdad de la gracia general en provisión de salvación para todo aquel que esté dispuesto a entrar por la puerta que es Cristo. El que entre será salvo. Jesús, sólo Él, nadie más que Él hace posible que el pecador sea salvo (14:6). Ser salvo en el entorno próximo es *darle vida*, hacerlo pasar de *muerte a vida*. Nótese que los conceptos salvación y vida, vuelven a estar juntos aquí, como ya ha sucedido antes (3:16, 17). Las ovejas que son salvas, obtienen la cancelación de la demanda penal por el pecado; para ellas ya no hay condenación, sino que pasaron de muerte a vida. La salvación es ya un estado de vida que no se extingue una vez recibido. La seguridad para el que ha creído y pasado por la puerta que es Cristo, es plena, como más adelante dirá: *"no perecerán jamás"* (v. 28).

καὶ εἰσελεύσεται καὶ ἐξελεύσεται. Junto con la salvación está la libertad, *entrará y saldrá*. No está constreñida a las cuatro paredes del redil, sino que puede salir a lugares de delicados pastos y sentir la libertad que Cristo concede a todo aquel que estando en Él, vive también Su vida. Esto es lo que había enseñado antes cuando dijo que *"si el Hijo os libertare, seréis verdaderamente libres"* (8:36). Los religiosos ponían cargas pesadas sobre las ovejas de modo que su vida se hacía difícil, pero Jesús dice que *"su yugo es fácil y su carga ligera"* (Mt. 11:30). La religión sujeta y esclaviza, mientras que la salvación libera; los hombres oprimen, Jesús rompe las cadenas de esclavitud.

καὶ νομὴν εὑρήσει. Además la bendición de la vida abundante: *"hallará pastos"*. El hambre espiritual no puede satisfacerse por medio del sistema religioso. Los rituales de la Ley no quitan la conciencia de pecado. El alma no redimida anhela disponer del alimento que satisfaga su necesidad espiritual. El pan de vida, que es Cristo, da satisfacción a las demandas de tranquilidad espiritual por el perdón de los pecados y el disfrute de la vida eterna. Pero, para el alimento cotidiano, el Buen Pastor dispone de pastos delicados para Su rebaño. No tienen Sus ovejas que ir solas a buscarlos y quedar exhaustas al no encontrar la provisión necesaria. La porción de la Palabra para cada momento, cada circunstancia y cada necesidad estará dispuesta en abundancia para ser tomada. Aunque aquí está la promesa de los pastos, lo que se destaca es la paz y el gozo de la oveja que, liberada de carga opresora, amparada por la gracia que procede del Hijo de Dios, disfruta enteramente de la experiencia de ser alimentada en pastos abundantes.

10. El ladrón no viene sino para hurtar y matar y destruir; yo he venido para que tengan vida, y para que la tengan en abundancia.

ὁ κλέπτης οὐκ ἔρχεται εἰ μὴ ἵνα κλέψῃ καὶ θύσῃ καὶ
El ladrón no viene si no para robar y matar y
ἀπολέσῃ· ἐγὼ ἦλθον ἵνα ζωὴν ἔχωσιν καὶ περισσὸν ἔχωσιν.
destruir; yo vine para que vida tengan y abundante tengan.

Notas y análisis del texto griego.

Sin variación sigue con ὁ, caso nominativo masculino singular del artículo determinado *el*; κλέπτης, caso nominativo masculino singular del nombre común *ladrón*; οὐκ, forma escrita del adverbio de negación *no*, con el grafismo propio ante una vocal con espíritu suave o una enclítica; ἔρχεται, tercera persona singular del presente de indicativo en voz media del verbo ἔρχομαι, *venir*, aquí *viene*; εἰ, conjunción afirmativa *si*; μὴ, partícula que hace funciones de adverbio de negación *no*; ἵνα, conjunción causal *para*; κλέψῃ, tercera persona singular del aoristo primero de subjuntivo en voz activa del verbo κλέπτω, *robar*; καὶ, conjunción copulativa *y*; θύσῃ, tercera persona singular del aoristo primero de subjuntivo en voz activa del verbo θύω, *matar*; καὶ, conjunción copulativa *y*; ἀπολέσῃ, tercera persona singular del aoristo primero de subjuntivo en voz activa del verbo ἀπόλλυμι, *destruir*; ἐγὼ, caso nominativo de la primera persona singular del pronombre personal *yo*; ἦλθον, primera persona singular del aoristo segundo de indicativo en voz activa del verbo ἔρχομαι, *venir*, aquí *vine*; ἵνα, conjunción causal *para que*; ζωὴν, caso acusativo femenino singular del nombre común *vida*; ἔχωσιν, tercera persona plural del presente de subjuntivo en voz activa del verbo ἔχω, *tener, poseer*, aquí *tengan*; καὶ, conjunción copulativa *y*; περισσὸν, caso acusativo neutro singular del adjetivo *abundante*; ἔχωσιν, tercera persona plural del presente de subjuntivo en voz activa del verbo ἔχω, *tener, poseer*, aquí *tengan*.

ὁ κλέπτης οὐκ ἔρχεται εἰ μὴ ἵνα κλέψῃ καὶ θύσῃ καὶ ἀπολέσῃ· La acción del ladrón es *robar*, o *hurtar*, si el robo es sin violencia, pero, cuando no consigue su propósito o se le presenta oposición no dudará en matar y destruir. Es evidente que el ladrón viene buscando sus propios intereses, sin pensar en el bienestar de las ovejas. No cabe duda que el ladrón está representando a los fariseos, que como decía Jesús de ellos *"¡Ay de vosotros, escribas y fariseos, hipócritas! Porque recorréis mar y tierra para hacer un prosélito, y una vez hecho, le hacéis dos veces más hijo del infierno que vosotros"* (Mt. 23:15). El propósito de ellos es destruir la vida de quienes se someten a su control. Jesús reprocha a los fariseos por hacer prosélitos de este último tipo, a quienes, cuando eran adoctrinados, se hacían más fanáticos e intransigentes que ellos mismos. No se trataba de una misión evangelizadora, sino simplemente de reclutar seguidores del sector más intransigente y fanático del judaísmo. El celo de los fariseos era, sin embargo, equivocado, porque procuraban seguidores, no de Dios, sino de ellos. La consecuencia es evidente: el nuevo prosélito sería más fariseo que los mismos fariseos que lo habían alcanzado. Ellos los separaban de Jesús, por tanto, actuaban como dice de ellos, *hurtando, matando y destruyendo*.

ἐγὼ ἦλθον ἵνα ζωὴν ἔχωσιν καὶ περισσὸν ἔχωσιν. En contraste, la obra de Jesucristo es comunicar vida y no una vida cualquiera sino darla abundantemente. El contaste entre Él y el ladrón es evidente. La abundancia de vida comprende también el sano disfrute de la misma. Los religiosos constriñen la vida de los creyentes, limitando sus actividades para centrarlas como importes en el cumplimiento de los preceptos religiosos. No tiene importancia para ellos la angustia que la religión provoca en el alma de aquel que ha sido esclavizado por ella. Mientras que Cristo, da libertad para poder disfrutar la vida abundantemente en la experiencia de la libertad.

El mal de los fariseos se manifiesta en cualquier momento del cristianismo a lo largo del tiempo. Hay algunos entre los cristianos, especialmente los que de algún modo tienen liderazgo, que buscan adeptos a su causa y hacen cuanto pueden por alcanzar seguidores que apoyen y continúen sus propios errores. No están contentos con los creyentes sencillos que buscan en la Palabra el conocimiento de Dios para seguir la doctrina propia de la fe sana. Buscan *clonarse*, en otros, reproducirse en seguidores de sus pensamientos y en defensores de sus doctrinas. Estos han causado divisiones en el pueblo de Dios a lo largo del tiempo que son irreparables aún después de siglos, perpetuando sus pensamientos, con apariencia de seriedad bíblica, para que otros seguidores de ellos se manifiesten a lo largo del tiempo. Aun hoy se pueden encontrar fácilmente algunos de estos entre las iglesias del Señor. Se aferran a tradiciones y doctrinas de hombres por las que luchan, sin importarles la sanidad moral y espiritual de los creyentes, sino en alcanzar seguidores que luchen denodadamente por sus convicciones humanas. Como los fariseos de entonces, odian a cuantos puedan derribar sus pensamientos y contradecir sus opiniones, haciendo que sus seguidores, incrementen la furia de sus maestros. Trabajan con jóvenes en sus áreas de influencia para perpetuarse en nuevas generaciones que continúen haciendo el mismo daño que ellos han hecho a la iglesia.

11. Yo soy el buen pastor; el buen pastor su vida da por las ovejas.

’Εγώ εἰμι ὁ ποιμὴν ὁ καλός. ὁ ποιμὴν ὁ καλὸς τὴν ψυχὴν
Yo soy el pastor - bueno; el pastor - bueno la vida
αὐτοῦ τίθησιν ὑπὲρ τῶν προβάτων·
de Él pone en favor de las ovejas.

Notas y análisis del texto griego.

Una identificación y una acción:’Εγώ, caso nominativo de la primera persona singular del pronombre personal *yo*; εἰμι, tercera persona singular del presente de indicativo en voz activa del verbo εἰμί, *ser*, aquí *soy*; ὁ, caso nominativo masculino singular del artículo determinado *el*; ποιμὴν, caso nominativo masculino singular del nombre común *pastor*; ὁ, caso nominativo masculino singular del artículo determinado *el*; καλός, caso nominativo masculino singular del adjetivo *bueno, excelente*; ὁ, caso nominativo masculino singular del artículo determinado *el*; ποιμὴν, caso nominativo masculino singular del nombre común *pastor*; ὁ, caso nominativo masculino singular del artículo determinado *el*; καλός, caso nominativo masculino singular del adjetivo *bueno, excelente*; τὴν, caso acusativo femenino singular del artículo determinado *la*; ψυχὴν, caso acusativo femenino singular del nombre común *vida*; αὐτοῦ, caso genitivo de la tercera persona singular del pronombre personal declinado *de Él*; τίθησιν, tercera persona singular del presente de indicativo en voz activa del verbo τίθημι, *poner, colocar, entregar*, aquí *pone*; ὑπὲρ, preposición propia de genitivo *a favor de*; τῶν, caso genitivo neutro plural del artículo definido *los*; προβάτων, caso genitivo neutro plural del nombre común *ovejas*.

Ἐγώ εἰμι ὁ ποιμὴν ὁ καλός. Un nuevo *yo soy* de los ocho que aparecen en el *Evangelio*. La construcción con el verbo seguido inmediatamente del predicado con artículo precisa que sólo Él es el Buen Pastor. El adjetivo καλὸς, que se traduce por *bueno*, es más significativo que ἀγαθός, que se relaciona directamente con la bondad. El significado del que Juan usa tiene que ver más con la excelencia o con la belleza, destacando el atractivo del pastor. Podría traducirse como el *pastor excelente*. Es *bueno* o *excelente* porque es divino. La Biblia presenta a Dios como *pastor de Su pueblo* (Sal. 23:1; 80:2; Is. 40:11; Sal. 74:1; 79:13; 95:7; 100:3; Jr. 31, 9).

ὁ ποιμὴν ὁ καλὸς τὴν ψυχὴν αὐτοῦ τίθησιν ὑπὲρ τῶν προβάτων· La excelencia del pastor se aprecia en el hecho de *dar Su vida* a favor o en lugar de Sus ovejas. El verbo τίθημι, expresa la idea de *poner, entregar*, que en presente de indicativo apunta a un dar definitivo y permanente. La preposición de genitivo ὑπὲρ, tiene tanto el significado de *a favor de*, como *en lugar de*. En la primera acepción, el Buen Pastor pone Su vida *a favor* de Sus ovejas en sentido de protección ayuda, compañía, provisión, etc. En la segunda habla específicamente de sustitución, en donde la vida del pastor es puesta en lugar de la vida de las ovejas. Esta segunda acepción es la que conviene más al pasaje, puesto que se está hablando de salvación. Para que en el ámbito de ella, sea posible el perdón de los pecados y la donación de la vida eterna, es necesario un sacrificio de expiación por el pecado que no es otra cosa que la sustitución de la vida del Salvador *en lugar de* la de las ovejas. Es decir, las ovejas por su condición de perdidas en sus pecados, no tenían otro destino que la eterna condenación, pero el Buen Pastor *pone*, *entrega* Su vida ocupando el lugar del perdido para que con Su muerte, quede cancelada la responsabilidad penal por el pecado, de modo que la oveja, en sentido del pecador, recibe la vida de quien le sustituye, pasando de condenación a salvación y de perdición a vida abundante. Dicho de otra manera y atendiendo a la preposición ὑπὲρ, el Pastor vive a favor de Sus ovejas, y da Su vida en sustitución por ellas. *Da Su vida*, implica un acto voluntario, como va a decir más adelante (v. 18). Además, como hace notar León Morris, *"la muerte de un pastor significa la perdición de sus ovejas. Pero la muerte del Buen Pastor significa vida para sus ovejas*[4]". Jesús se da a Sí mismo, no sólo Su vida física, sino Su vida personal. Es por eso que Sus ovejas pueden tener vida eterna y disfrutar en su vida terrenal de vida abundante. Jesús muere por los que el Padre le da en sentido de ocupar el lugar de cada uno, la muerte sustitutoria de Cristo es eficaz para los que creen verdaderamente en Él (3:16; 6:37, 39, 40, 44, 65; 10:11, 15, 29; 17:6, 9, 20, 21, 24). El rebaño del Buen Pastor lo adquiere al precio de Su vida (Hch. 20:28; Ef. 5:25-27).

12. Mas el asalariado, y que no es el pastor, de quien no son propias las ovejas, ve venir al lobo y deja las ovejas y huye, y el lobo arrebata las ovejas y las dispersa.

ὁ μισθωτὸς καὶ οὐκ ὢν ποιμήν, οὗ οὐκ ἔστιν τὰ πρόβατα
El asalariado y que no es pastor, de quien no son las ovejas
ἴδια, θεωρεῖ τὸν λύκον ἐρχόμενον καὶ ἀφίησιν τὰ πρόβατα
propias, ve al lobo que viene y abandona las ovejas
καὶ φεύγει– καὶ ὁ λύκος ἁρπάζει αὐτὰ καὶ σκορπίζει–
y huye, y el lobo arrebata las y dispersa.

Notas y análisis del texto griego.

Sigue la alegoría, con ὁ, caso nominativo masculino singular del artículo determinado *el*; μισθωτὸς, caso nominativo masculino singular del adjetivo *asalariados*; καὶ, conjunción copulativa *y*; οὐκ, forma escrita del adverbio de negación *no*, con el grafismo propio ante una vocal con espíritu suave o una enclítica; ὢν, caso nominativo masculino singular del participio de presente en voz activa del verbo εἰμί, *ser*, aquí *que es*; ποιμήν, caso nominativo masculino singular del nombre común *pastor*; οὗ, caso genitivo masculino singular del pronombre relativo *de quien*; οὐκ, forma escrita del adverbio de negación *no*, con el grafismo propio ante una vocal con espíritu suave o una enclítica; ἔστιν, tercera persona singular del presente de indicativo en voz activa del verbo εἰμί, *ser*, aquí *es*; τὰ, caso nominativo neutro plural del artículo determinado *los*; πρόβατα, caso nominativo neutro plural del nombre común *ovejas*; ἴδια, caso nominativo neutro plural del adjetivo *propios*; θεωρεῖ, tercera persona singular del presente de indicativo en voz activa del verbo θεωρέω, *ver, observar, percibir*, aquí *ve*; τὸν, caso acusativo masculino singular del artículo determinado declinado *al*; λύκον, caso acusativo

[4] León Morris. o.c., Vol. II, pág. 119.

masculino singular del nombre común *lobo*; ἐρχόμενον, caso acusativo masculino singular del participio de presente en voz media del verbo ἔρχομαι, *venir*, aquí *que viene*; καὶ, conjunción copulativa *y*; ἀφίησιν, tercera persona singular del presente de indicativo en voz activa del verbo ἀφίημι, *despedir, despachar, dejar, abandonar*, aquí *abandona*; τὰ, caso nominativo neutro plural del artículo determinado *los*; πρόβατα, caso nominativo neutro plural del nombre común *ovejas*; καὶ, conjunción copulativa *y*; φεύγει, tercera persona plural del presente de indicativo en voz activa del verbo φεύγω, *huir, escapar*, aquí *huye*; –καὶ, conjunción copulativa *y*; ὁ, caso nominativo masculino singular del artículo determinado *el*; λύκος, caso nominativo masculino singular del nombre común *lobo*; ἁρπάζει, tercera persona singular del presente de indicativo en voz activa del verbo ἁρπάζω, *arrebatar*, aquí *arrebata*; αὐτὰ, caso acusativo neutro plural de la tercera personal plural del pronombre personal *a ellos, los*; καὶ, conjunción copulativa *y*; σκορπίζει–, tercera persona singular del presente de indicativo en voz activa del verbo σκορπίζω, *dispersar*, aquí *dispersa*.

ὁ μισθωτὸς καὶ οὐκ ὢν ποιμήν, De los ladrones y salteadores pasa ahora a otra figura, la del pastor asalariado. La primera manifestación en relación con él, es que no es el pastor. Es una persona a la que se le paga para que tenga cuidado de un rebaño. No se trata de alguien semejante a los ladrones, es una persona que cobra por un servicio. Con todo los fariseos son también *asalariados*, porque ni se preocupan ni aman a las ovejas. Son personas que buscan sólo el beneficio que pueden obtener del trabajo con las ovejas, sin importarles ellas en sí mismas, más que como instrumentos de ganancia personal.

οὗ οὐκ ἔστιν τὰ πρόβατα ἴδια, La segunda apreciación es que las ovejas no son suyas, simplemente trabaja con ellas pero son de otro. No es el dueño de las ovejas. Ni siquiera las considera como algo digno de arriesgarse personalmente en su defensa. La prueba de todo esto está en el desinterés que mostraban por aquellos que estaban en situaciones adversas, como pudiera ser, a modo de ejemplo, el ciego de nacimiento que Jesús había sanado, o la multitud de enfermos con que se encontraban cada día. Buscaban a las viudas para quedarse con parte de sus bienes bajo pretexto de oración. En lugar de prestar atención a los peligros que afectaban al pueblo de Dios, se centraban en lo que podían obtener de ellos en beneficio personal.

θεωρεῖ τὸν λύκον ἐρχόμενον καὶ ἀφίησιν τὰ πρόβατα καὶ φεύγει En un momento de peligrosidad, manifestado aquí en la figura de la presencia de un depredador, el lobo, el pastor que no siente como suyas las ovejas las abandona para no arriesgar su propia vida. No les importan las ovejas porque no valoran el costo que ha supuesto al

Buen Pastor la vida de ellas. Estos buscan lo suyo propio (cf. 1 Co. 10:24; 13:5; 2 Co. 12:14; Fil. 2:21; 4:17).

–καὶ ὁ λύκος ἁρπάζει αὐτὰ καὶ σκορπίζει– Sin protección el lobo hace presa en algunas y desbarata el resto que se dispersan. Según León Morris, *"la Misná regula las responsabilidades legales del pastor asalariado, donde dice que si un lobo ataca al rebaño debe defender a las ovejas, pero si los lobos son dos, se da por sentado que no hay nada que hacer (es decir, el asalariado ya no habrá de responder por el daño causado)*[5]. Esto sirve para establecer otro contraste: mientras el asalariado abandona las ovejas para salvar su vida, el Buen Pastor da Su vida por ellas.

13. Así que el asalariado huye, porque es asalariado, y no le importan las ovejas.

ὅτι	μισθωτός	ἐστιν[1]	καὶ	οὐ	μέλει	αὐτῷ	περὶ	τῶν	προβάτων.
Porque	asalariado	es	y	no	importa	le	acerca de	las	ovejas.

Notas y análisis del texto griego.

Sigue el discurso parabólico: ὅτι, conjunción causal *porque*; μισθωτός, caso nominativo masculino singular del adjetivo *asalariado*; ἐστιν, tercera persona singular del presente de indicativo en voz activa del verbo εἰμί, *ser*, aquí *es*; καὶ, conjunción copulativa *y*; οὐ, adverbio de negación *no*; μέλει, tercera persona singular del presente de indicativo en voz activa del verbo impersonal μέλει, *importarle*, aquí *importa*; αὐτῷ, caso dativo masculino de la tercera persona singular del pronombre personal declinado *a él, le*; περὶ, preposición propia de genitivo *acerca de*; τῶν, caso genitivo neutro plural del artículo determinado *los*; προβάτων, caso genitivo neutro plural del nombre común *ovejas*.

Crítica Textual. Lecturas alternativas.

[1] ὅτι μισθωτός ἐστιν, *porque asalariado es*, lectura atestiguada en $p^{44vid, 45, 46, 75}$, ℵ, A^{*vid}, B, D, K, Θ, 1, 33, 1241, 2211, e, co.

ὁ δὲ μισθωτός φεύγει ὅτι μισθωτός ἐστιν, *y el asalariado huye, porque asalariado es*, según se lee en A^c, K, Γ, Δ, Ψ, f^{13}, 565, 700, 892^s, 1424, 𝔐, lat, $sir^{p, h}$.

ὅτι μισθωτός ἐστιν καὶ οὐ μέλει αὐτῷ περὶ τῶν προβάτων. Es simplemente asalariado que vive de trabajar con las

[5] León Morris. o.c., pág. 120.

ovejas y por esa razón no tienen importancia para él, lo único que le importa es el salario que recibe por el trabajo. Por un tiempo podría parecer que era un pastor con interés por el rebaño hasta que llegó de pronto el peligro y puso de manifiesto su verdadera condición.

14. Yo soy el buen pastor; y conozco mis ovejas, y las mías me conocen.

Ἐγώ εἰμι ὁ ποιμὴν ὁ καλὸς καὶ γινώσκω τὰ ἐμὰ καὶ
Yo soy el pastor - bueno y conozco las mías y
γινώσκουσι με τὰ ἐμά,
conocen me las mías.

Notas y análisis del texto griego.

Continúa: Ἐγώ, caso nominativo de la primera persona singular del pronombre personal *yo*; εἰμι, tercera persona singular del presente de indicativo en voz activa del verbo εἰμί, *ser*, aquí *soy*; ὁ, caso nominativo masculino singular del artículo determinado *el*; ποιμὴν, caso nominativo masculino singular del nombre común *pastor*; ὁ, caso nominativo masculino singular del artículo determinado *el*; καλός, caso nominativo masculino singular del adjetivo *bueno, excelente*; καὶ, conjunción copulativa *y*; γινώσκω, primera persona singular del presente de indicativo en voz activa del verbo γίνωσκω, *saber, entender, conocer*, aquí *conozco*; τὰ, caso acusativo neutro plural del artículo determinado *los*; ἐμὰ, caso acusativo neutro plural del adjetivo posesivo *mios*; καὶ, conjunción copulativa *y*; γινώσκουσι, tercera persona plural del presente de indicativo en voz activa del verbo, γίνωσκω, *saber, entender, conocer*, aquí *conocen*; με, caso acusativo de la primera persona singular del pronombre personal declinado *a mí, me*; τὰ, caso acusativo neutro plural del artículo determinado *los*; ἐμὰ, caso acusativo neutro plural del adjetivo posesivo *mios*.

Ἐγώ εἰμι ὁ ποιμὴν ὁ καλὸς De nuevo vuelve a requerir la atención sobre Él mismo, al reiterar la afirmación de que es el *Buen Pastor*. Es el modo de abrir otro camino de reflexión mantenido en lo que sigue. La relación y consecuencias del pastor con las ovejas tiene resultados definitivos y perpetuos.

καὶ γινώσκω τὰ ἐμὰ Una de las características del Pastor es que *conoce a Sus ovejas*, en forma personal porque las conoce por sus propios nombres. Obsérvese que este conocimiento tiene que ver sólo con las suyas. La seguridad de salvación consiste en ser conocidos por Dios como suyos (10:14; 2 Ti. 2:19). Algunos pretenden conocer a Dios, pero no son conocidos por Él y se pierden (Mt. 7:23). Jesús dirá más adelante en la oración luego de la última cena, que la vida eterna consiste en que los hombres *conozcan a Dios y a Jesucristo a quien Dios ha enviado* (17:3). El conocimiento no es intelectual, sino vivencial, manifestado en una intimidad de vida, que hace al creyente participante de la divina naturaleza (2 P. 1:4). La iniciativa en la salvación corresponde y proviene de Dios, quien manifiesta un conocimiento afectivo para los suyos (Ro. 8:29). Los llamados por Dios, son también los que Él *conoció de antemano*. Él los llamó a salvación según Su designio porque los había conocido antes. El *conocer* de Dios no es un mero saber anticipado sobre la respuesta humana a Su llamado. El *previo conocimiento* está vinculado al *propósito* para salvación. Muchos ejemplos bíblicos explican mejor que una definición teórica el sentido del *pre-conocimiento* divino. Dios habla así de Su profeta Jeremías: *"Antes de que te formase en el vientre te conocí, y antes que nacieses te santifiqué, te di por profeta a las naciones"* (Jer. 1:5). Un ejemplo del sentido bíblico de este *pre conocimiento* divino aparece en la profecía en relación con Israel: *"A vosotros solamente he conocido de todas las familias de la tierra"* (Am. 3:2). Dios conoce a todos los hombres, conocía también todos los pecados de Su pueblo, denunciándolos por medio del profeta (Am. 1:2-2:16), pero sólo *conoció* a Israel de una manera especial y determinada. Algunos entienden el *pre-conocimiento* de Dios como si se tratase de una visión anticipada que como Dios tenía de aquellos que iban a creer y de quienes no lo harían, por tanto, en base a esa fe *pre-vista* por Dios, Él escoge para salvación a aquellos que sabía que creerían al mensaje del evangelio. De otro modo, Dios se convierte en un mero adivino seguro de las acciones de los hombres y con ello establece la elección de quienes aceptarían su propuesta de salvación. Sin embargo, todo en el campo de la salvación, incluida la fe, son de procedencia y se otorgan como un don divino (Ef. 2:8-9). El apóstol escribiendo a los creyentes en Éfeso, les dice: *"Según nos escogió en Él antes de la fundación del mundo"* (Ef. 1:4). El término lleva implícito el sentido de un afecto positivo, que elige. Pablo especifica aquí dos aspectos relacionados con la elección: 1) La elección se realizó *"antes de la fundación del mundo"*[6], hebraísmo que se refiere a la eternidad, antes de la creación. Es una expresión semejante a la que Jesús utiliza en Su oración al Padre, al referirse a la gloria que tiene como Dios, antes de la creación (17:5) y al amor con que es amado por el Padre en la eternidad (17:24). La misma expresión es usada por el apóstol Pedro para referirse a la predestinación divina para Cristo en relación con la redención (1 P. 1:20). Según la enseñanza del mismo apóstol, la elección divina descansa en la *presciencia* del Padre (1 P. 1:2), que no significa un mero *conocer* de las cosas, sino el previo *designio* de Dios para llevarlo a cabo. A estas, que son Sus ovejas, el Pastor conoce. La seguridad de

---

[6] Griego πρὸ καταβολῆς κόσμου.

salvación de las ovejas del rebaño del Buen Pastor, consiste en este conocimiento identificativo de Dios, como dice el apóstol Pablo: *"Pero el fundamento de Dios está firme, teniendo este sello: Conoce el Señor a los que son suyos"* (2 Ti. 2:19).

καὶ γινώσκουσι με τὰ ἐμά, El mutuo conocimiento trae como consecuencia que también las ovejas *conocen* al pastor. Este conocer no es asunto intelectual, equivalente a saber, no se trata de saber que existe el Buen Pastor y que ama a Sus ovejas. Tampoco es un asunto religioso, porque muchos dicen conocer a Jesús, pero Él afirma no conocerlos a ellos (Mt. 7:22-23). Conocer a Dios es la consecuencia de haber sido conocidos por Él (Gá. 4:9).

15. Así como el Padre me conoce, y yo conozco al Padre; y pongo mi vida por las ovejas.

καθὼς γινώσκει με ὁ Πατὴρ καγὼ γινώσκω τὸν Πατέρα, καὶ
Como conoce me el Padre y yo conozco al Padre, y
τὴν ψυχήν μου τίθημι ὑπὲρ τῶν προβάτων.
la vida de mí pongo a favor de las ovejas.

Notas y análisis del texto griego.

Continuando con las palabras de Jesús, escribe: καθὼς, conjunción condicional *como*; γινώσκει, tercera persona singular del presente de indicativo en voz activa del verbo γίνομαι, *conocer*, aquí *conoce*; με, caso acusativo de la primera persona singular del pronombre pesonal declinado *a mí, me*; ὁ, caso nominativo masculino singular del artículo determinado *el*; Πατὴρ, caso nominativo masculino singular del nombre divino *Padre*; καγὼ, palabra formada por crasis[7] de la conjunción καὶ, y el pronombre personal ἐγώ, y que equivale a *y yo*; γινώσκω, primera persona singular del presente de indicativo en voz activa del verbo γίνομαι, *conocer*, aquí *conozco*; τὸν, caso acusativo masculino singular del artículo determinado declinado *al*; Πατέρα, caso acusativo masculino singular del nombre divino *Padre*; καὶ, conjunción copulativa *y*; τὴν, caso acusativo femenino singular del artículo determinado *la*; ψυχήν, caso acusativo femenino singular del nombre común *vida*; μου, caso genitivo de la primera persona singular del pronombre personal declinado *de mí*; τίθημι, primera persona singular del presente de indicativo en voz activa del verbo τίθημι, *poner, entregar*, aquí *pongo*; ὑπὲρ, preposición propia de genitivo *a favor de, en lugar de*; τῶν, caso genitivo neutro plural del artículo determinado *los*; προβάτων, caso genitivo neutro plural del nombre común *ovejas*.

---

[7] *Crasis*, palabra griega que equivale a *unión de fuerzas*, en general *unión de elementos*.

καθὼς γινώσκει με ὁ Πατὴρ καγὼ γινώσκω τὸν Πατέρα, El versículo sigue del anterior sin interrupción: *"conozco mis ovejas, y las mías me conocen, así como el Padre me conoce, y yo conozco al Padre"*. El conocimiento entre el Padre y el Hijo en el Ser Divino es infinito y eterno. La mutua inmanencia entre ellos hace posible esa afirmación de Jesús. Él tiene tal conocimiento del Padre que puede ser enviado por Él al mundo para revelarlo (1:18) y esa revelación es de tal dimensión que Jesús puede decir que quien le ve a Él también ve al Padre (14:9). Esa es la expresión de comunión de vida que se expresa en el título de Hijo, que atrae a sí todas las demás porque es la forma suprema de la relación de Jesús con el Padre. En ese sentido se aprecia la unidad de acción, de conocimiento y de amor entre el Hijo y el Padre. El hecho de la generación eterna del Verbo, como Hijo, implica necesariamente la comunicación de vida procedente del Padre, no como principio de Su existencia, sino como manifestación de relación vital entre ambos. El Padre no extingue la acción de engendrar al Hijo, sino que es eterna, en ese sentido, la intimidad de vida entre ambos es única. Por esa causa Jesús dice que nadie conoce al Padre, sino el Hijo, ni al Hijo conoce nadie como lo conoce el Padre (Mt. 11:27), ya que el *conocer* no es mero asunto intelectual sino manifestación de relación e intimidad. Nadie puede conocer al Hijo en esa dimensión como lo conoce eternamente el Padre. La sabiduría del Hijo de Dios, como Verbo eterno es tal que sólo Él conoce perfectamente al Padre. Sólo el Hijo que está en el *seno del Padre* (1:18), puede alcanzar el conocimiento supremo de los secretos divinos, tanto los que en misterio se revelen a los hombres, como los que eternamente permanezcan en el secreto de Dios. Jesucristo es el Verbo con el que Dios expresa lo que es, piensa, siente, desea y se propone (1:1-2, 18; 14:9; Col. 2:9; He. 1:2-3). Todo lo que Dios puede revelar de Sí mismo está encerrado en el Logos, Verbo personal del Padre, ya que en este Verbo el Padre expresa Su interior, es decir, todo cuanto es, tiene y hace. Jesucristo, como Verbo encarnado es la expresión exhaustiva del Padre. Debe recordarse que expresar es un verbo frecuentativo de exprimir. Al expresarnos, exprimimos nuestra mente a fin de formar un logos que defina nuestro concepto. Cristo, el *Logos* personal de Dios es por tanto, divino, infinito y exhaustivo, único revelador adecuado para el Padre que lo pronuncia. Por ello, este Verbo, al hacerse hombre (1:14), traduce a Dios al lenguaje de los hombres, y es insustituible como revelador a causa de ser la única Verdad personal del Padre (14:9). Como expresión exhaustiva del Padre, la mente divina agota en Él su producto mental, de modo que al pronunciar su *Logos*, da lugar por vía de generación a la segunda Persona Divina. No supone esto en modo alguno una existencia desde la no existencia. Es decir, el hecho de que el Padre pronuncie la

Palabra eterna que es el Hijo, no significa que dé origen a la Persona que es eterna como el Padre y el Espíritu, esto es, sin principio. Pero no cabe duda que si el Logos, *Palabra*, vive en el que la expresa, así también el que la expresa, esto es, el Padre vive al decirla. Ambas personas Divinas establecen una relación en el seno de la Deidad, de modo que lo que constituye al Padre es el acto vital de expresar Su Verbo, de ahí que no pueda ser Padre sin el Hijo, ni tampoco el Hijo, como Verbo, puede vivir sin el Padre. De ahí que *"todo aquel que niega al Hijo, tampoco tiene al Padre. El que confiesa al Hijo, tiene también al Padre"* (1 Jn. 2:23). Por tanto esa relación expresada por Cristo tiene que ver con la mutua inmanencia entre las dos Personas Divinas.

Cuando Jesús dice aquí que sólo hay conocimiento completo del Padre en el Hijo y del Hijo en el Padre, esta presentando la verdad de la auto-comunicación definitiva e irrevocable de Dios en Cristo, en solidaridad con el destino final de los pecadores. La relación de Dios con Jesús en el tiempo histórico de los hombres, es una relación de entrega, en la medida en que Dios puede entregarse y otorgarse a los hombres, que no parte de la historia humana, sino que la antecede en todo, es decir no se inicia en el tiempo ni está condicionada por la obra de salvación, sino que pertenece al Ser mismo de Dios. El Verbo encarnado es la manifestación temporal de la proximidad de Dios al hombre determinada en el plan de redención antes de que el hombre fuera. De ahí que Jesús entienda y así lo exprese, Su presencia entre los hombres como el enviado de Dios. Hasta tal punto es un hecho la eterna vinculación intratrinitaria que Jesús afirma que Él y el Padre son uno como dirá más adelante (v. 30). La preexistencia de Cristo que se hace realidad entre los hombres y que viene con la misión de revelar al Padre, tienen una finalidad soteriológica. De ahí que las referencias bíblicas al *envío* del Hijo por el Padre vayan acompañadas de la preposición *para*, que indica propósito (3:16; Ro. 8:3-4; Gá. 4:5; 1 Jn. 4:9). En último extremo la obra del Hijo tiene que ver con el aspecto salvífico por el que se otorga al pecador creyente la condición de hijo de Dios (1:12). A Dios nadie le vio jamás, pero es el Unigénito que está en el seno del Padre el que lo da a conocer (1:18). En Jesucristo es Dios quien se da y se manifiesta, introduciéndose literalmente en el campo de Su creación, mediante la humanidad. El propósito de Jesucristo es revelar a Dios, de modo que las personas lo conozcan, no en la intelectualidad sino en la comunión de vida para que puedan tener vida y vida eterna (17:3). Todos cuantos quieran adquirir este admirable conocimiento deben acudir al único que puede revelarlo que es el Hijo, en quien resplandece *"la luz del conocimiento de Dios en la faz de Jesucristo"* (2 Co. 4:6).

Al decir que Él conoce a las ovejas y que éstas le conocen a Él, hace que exista en ese conocer y ser conocido una relación como la que existe en el seno trinitario. Ya que el conocimiento mutuo entre el Pastor y las ovejas es reflejo del conocimiento infinito y eterno entre el Padre y el Hijo, cuya dimensión es inalcanzable no para Dios, pero sí para el ser humano. Con todo se trata de un conocimiento experimental en una vinculación de vida que se traslada a una manifestación de amor. De otro modo, el amor recíproco entre Jesús y Sus ovejas se establece como reflejo en el amor mutuo entre el Padre y el Hijo

καὶ τὴν ψυχήν μου τίθημι ὑπὲρ τῶν προβάτων. Esta interrelación de vida, de propósito y de acción tiene como resultado la *entrega* de la vida del Buen Pastor a favor de Sus ovejas. La identidad de propósito que operará la obra de redención en la que el Padre da a Su Hijo y el Hijo se da a Sí mismo, es la manifestación visible de la unión entre el Padre y el Hijo, que expresa el conocimiento mutuo, manifestando la unión en sentido no sólo histórico y funcional, sino también metafísico y personal. La vida del Hijo, el Buen Pastor, se da no sólo para salvar a las ovejas de los lobos, sino para darles vida eterna y ser también ejemplo a los pastores a lo largo de los siglos de la historia de la Iglesia. Aquí Jesús usa la primera persona *doy mi vida*, antes lo hizo bajo la figura del pastor en tercera persona: *el pastor da su vida* (v. 11). El sentido de *vida*, está relacionado con la vida humana de Jesucristo, naturaleza de la Persona Divina del Hijo de Dios. Es en esa naturaleza que puede morir por las ovejas y realizar el propósito para el que fue enviado, morir por el pecado y librar a los pecadores (He. 2:9, 15). La vida entregada que se hace potencialmente por todos, es eficaz para quienes son Sus ovejas, porque son las que creen y a quienes les da vida eterna, por lo que no pueden perecer jamás.

16. También tengo otras ovejas que no son de este redil; aquéllas también debo traer, y oirán mi voz; y habrá un rebaño, y un pastor.

καὶ ἄλλα πρόβατα ἔχω ἃ οὐκ ἔστιν ἐκ τῆς αὐλῆς ταύτης·
Y otras ovejas tengo que no son del redil este;

κακεῖνα δεῖ με ἀγαγεῖν καὶ τῆς φωνῆς μου
también aquellas es necesario me traer y la voz de mí

ἀκούσουσιν, καὶ γενήσονται μία ποίμνη, εἷς ποιμήν.
oirán y será hecho un rebaño, un pastor.

Notas y análisis del texto griego.

Sigue diciendo: καὶ, conjunción copulativa *y*; ἄλλα, caso acusativo neutro plural del adjetivo indefinido *otros*; πρόβατα, caso acusativo neutro plural del nombre común *ovejas*; ἔχω, primera persona singular del presente de indicativo en voz activa del verbo ἔχω, *tener*, aquí *tengo*; ἃ, caso nominativo neutro plural del pronombre relativo *que*; οὐκ, forma escrita del adverbio de negación *no*, con el grafismo propio ante una vocal con espíritu suave o una enclítica; ἔστιν, tercera persona plural del presente de indicativo en voz activa del verbo εἰμί, *ser, estar*, aquí *son*; ἐκ, preposición propia de genitivo *de*; τῆς, caso genitivo femenino singular del artículo determinado *la*; αὐλῆς, caso genitivo femenino singular del nombre común *redil*; ταύτης, caso genitivo femenino singular del pronombre demostrativo *esta*; κακεῖνα, crasis[8] formada por la conjunción copulativa καὶ, *y*, y del caso nominativo del pronombre o adjetivo demostrativo ἐκεῖνος, *aquel*, la palabra equivale a *y aquel, también aquellos;* δεῖ, primera persona singular del presente de indicativo en voz activa del verbo δεῖ, *ser necesario*, aquí *es necesario*; με, caso acusativo de la primera persona singular del pronombre personal declinado *a mí, me*; ἀγαγεῖν, aoristo segundo de infinitivo en voz activa del verbo ἄγω, *conducir, cumplir, dirigir, llevar, traer, reunir*; καὶ, conjunción copulativa *y*; τῆς, caso genitivo femenino singular del artículo determinado *la*; φωνῆς, caso genitivo femenino singular del nombre común *voz*; μου, caso genitivo de la primera persona singular del pronombre personal declinado *de mí*; ἀκούσουσιν, tercera persona plural del futuro de indicativo en voz activa del verbo ἀκούω, *oír, escuchar*, aquí *oirán*; καὶ, conjunción copulativa *y*; γενήσονται, tercera persona plural del futuro de indicativo en voz media del verbo γίνομαι, *empezar a existir, hacerse, ser hecho*, aquí *será hecho*; μία, caso nominativo femenino singular del adjetivo numeral cardinal *una*; ποίμνη, caso nominativo femenino singular del nombre común *rebaño*; εἷς, caso nominativo masculino singular del adjetivo numeral cardinal *uno, un*; ποιμήν, caso nominativo masculino singular del nombre común *pastor*.

καὶ ἄλλα πρόβατα ἔχω ἃ οὐκ ἔστιν ἐκ τῆς αὐλῆς ταύτης· El rebaño del Buen Pastor no se limita a las ovejas de la casa de Israel. Jesús dice que tiene también otras ovejas que no son de aquel aprisco. Es un rebaño que estará formado por personas de todas las razas y naciones (11:52; 12:32). Dios envió a Su Hijo para ser el Salvador del mundo, esto es, de todos los hombres sin distinción alguna, no sólo judíos sino también gentiles (3:16).

κακεῖνα δεῖ με ἀγαγεῖν καὶ τῆς φωνῆς μου ἀκούσουσιν, Estos también como ovejas suyas *oirán* Su voz, le conocerán y seguirán Sus pisadas. Nótese que no son las ovejas que vienen, sino el Pastor que

[8] *Crasis*, palabra griega que equivale a *unión de fuerzas*, en general *unión de elementos*.

las trae, ya que ningún hombre tiene interés en ir a Dios, es Cristo que viene a buscarlas (Lc. 19:10). El Señor habla de *necesidad*, me es necesario traer. La misión está ya en la mente de Jesús. Luego la instituirá como mandamiento para los cristianos (Mt. 28:18 ss.). Cristo va a enviar a los cristianos con la misión de predicar el evangelio a todas las naciones, de manera que aquel que crea al mensaje del evangelio y deposite su fe en el Salvador, será salvo.

καὶ γενήσονται μία ποίμνη, εἷς ποιμήν. El resultado final es que habrá un solo rebaño y un solo pastor. Todos los salvos serán un rebaño, lo que ya, en futuro apunta a la unidad de la Iglesia, por la que pedirá al Padre (17:21-23). La Iglesia de Cristo es una sola Iglesia. Las congregaciones locales, los nombres denominacionales, los distintos enfoques sobre el gobierno, las distintas prácticas de las ordenanzas, no son elementos disgregantes sino que deben entenderse como expresiones espacio-temporales, pero, la Iglesia es una, compuesta por todos los que creen en Cristo como Salvador personal. El Señor conoce *Sus* ovejas y las Suyas le conocen a Él. Hay algunos en medio de los cristianos que no son ovejas, pero eso nada tiene que ver con la realidad de la unidad de la Iglesia. Jesús pide al Padre que la Iglesia sea una, y esa unidad ha de ser el resultado de la expresión en cada creyente de la unidad trinitaria (17:22-23). Sobre esto se volverá en su momento, para analizarlo con mayor extensión, baste por ahora con entender que el interés máximo de Jesús era un pueblo unido. La unidad de la iglesia no es asunto religioso, sino operación del Espíritu, que une vitalmente a cada creyente en Cristo para que sean todos un cuerpo en Él y miembros los unos de los otros. De ahí que la solicitud del cristiano deber ser guardar la unidad del Espíritu en el vínculo de la paz (Ef. 4:3). Esta gran verdad fundamental de la fe, se aprecia con las nubes propias del tiempo pasado, en la anterior dispensación cuando en la descendencia de Abraham serían benditas todas las naciones de la tierra (Gn. 18:18). Las naciones y los reyes andarán a la luz que Dios manifestará en Su reino (Is. 60:3). Es interesante notar que Jesús no conduce a las ovejas que no son del redil de Israel a ese redil, sino que reúne a los dos rebaños en un solo redil y sobre ese nuevo rebaño de ovejas estará un solo pastor que es Cristo mismo. No se trata de establecer un redil sino un rebaño. Estos son aquellos a los que Jesús se refiere en la oración después de la cena, en la que pide al Padre por aquellos que han de creer en Él por la palabra de los apóstoles (17:20). Se trata de una unidad que se produce en y por Cristo, ese es también el tema que desarrolla el apóstol Pablo (Ef. 2:11-22; 4:3-6)[9].

---

[9] Ver exégesis textual en mi comentario a Efesios, de esta misma serie.

17. Por eso me ama el Padre, porque yo pongo mi vida, para volverla a tomar.

Διὰ τοῦτο με ὁ Πατὴρ ἀγαπᾷ ὅτι ἐγὼ τίθημι τὴν ψυχήν μου,
Por esto me el Padre ama, porque yo pongo la vida de mí
ἵνα πάλιν λάβω αὐτήν.
para otra vez tomar la.

> Notas y análisis del texto griego.
>
> Siguen las palabras de Jesús: Διὰ, preposición propia de acusativo *por*; τοῦτο, caso acusativo neutro singular del pronombre demostrativo *esto*; με, caso acusativo de la primera persona singular del pronombre personal declinado *a mí, me*; ὁ, caso nominativo masculino singular del artículo determinado *el*; Πατὴρ, caso nominativo masculino singular del nombre divino *Padre*; ἀγαπᾷ, tercera persona singular del presente de indicativo en voz activa del verbo ἀγαπάω, *amar*, aquí *ama*; ὅτι, conjunción causal *porque*; ἐγὼ, caso nominativo de la primera persona singular del pronombre personal *yo*; τίθημι, primera persona singular del presente de indicativo en voz activa del verbo τίθημι, *dar, entregar, poner*, aquí *pongo*; τὴν, caso acusativo femenino singular del artículo determinado *la*; ψυχήν, caso acusativo femenino singular del nombre común *vida*; μου, caso genitivo de la primera persona singular del pronombre personal declinado *de mí*; ἵνα, conjunción causal *para*; πάλιν, adverbio de modo *nuevamente, de nuevo, otra vez*; λάβω, primera persona singular del aoristo segundo de subjuntivo en voz activa del verbo λαμβάνω, *tomar*, aquí *tomar*; αὐτήν, caso acusativo femenino de la tercera persona singular del pronombre personal declinado *a ella, la*.

Διὰ τοῦτο με ὁ Πατὴρ ἀγαπᾷ. El Padre ama al Hijo eternamente y se complace en Él, no sólo por lo que es, sino también por la concordancia común de la obra de salvación que viene a realizar y que nace de la voluntad soberana del Padre desde antes de la constitución del mundo (2 Ti. 1:9).

ὅτι ἐγὼ τίθημι τὴν ψυχήν μου, La expresión de amor del Padre hacia el Hijo se manifiesta como respuesta al hecho de la entrega voluntaria de Su vida. En la entrega de la vida del Hijo, aunque el sujeto es quien la entrega, está implícita la voluntad y determinación del Padre: *"El cual fue entregado por nuestras transgresiones, y resucitado para nuestra justificación"* (Ro. 4:25). La salvación implica la muerte sustitutoria que satisface las demandas de la justicia divina, en cuanto a la extinción de la responsabilidad penal por el pecado, para todo el que cree. La muerte de Jesús tuvo lugar *"por las ovejas"* (v. 15), literalmente en el sentido de sacrificio expiatorio por el pecado, que ejecuta la obra redentora, extensiva virtualmente a todo el que cree (Ro. 3:25). Jesús, por tanto, como Cordero de Dios que quita el pecado del mundo (1:29), entrega Su vida para el sacrificio que se había establecido en el plan de redención, desde antes de la creación del mundo (1 P. 1:18-20). La fidelidad de Dios condujo el tiempo histórico del mundo al cumplimiento de Su consejo eterno, de manera que el Cordero de Dios, Hijo eterno, fue enviado por el Padre, en el tiempo establecido para llevar a cabo la obra de redención (Gá. 4:4). Jesús dice que por esta razón le ama el Padre, porque pone Su vida, o con mayor alcance no se resiste a poner la vida. El versículo se centra en la entrega voluntaria del Hijo, pero no cabe duda que el Padre está involucrado también en esa entrega. Es necesario entender que el Padre entregó a Su Hijo por nosotros (3:16). La Escritura lo enseña de forma precisa: *"...éste, entregado por el determinado consejo y anticipado conocimiento de Dios"* (Hch. 2:23). Aparentemente, desde el punto observable por el hombre, quienes entregaron a muerte a Jesús fueron Herodes, Poncio Pilato, los gentiles y el pueblo de Israel, sin embargo, sin mermar un ápice la responsabilidad personal de cada uno de ellos, tras todo el proceso que condujo a la muerte al Salvador está la eterna decisión divina, de modo que la acción conjunta o individual del hombre fue *"para hacer cuanto tu mano y tu consejo habían antes determinado que sucediera"* (Hch. 4:28). El Padre lo había determinado antes de que sucediese. Esa es la inconmensurable dimensión de la gracia de Dios por la que Sus ovejas pueden ser salvas, porque *"en esto consiste el amor; no en que nosotros hayamos amado a Dios, sino en que Él nos amó a nosotros, y envió a Su Hijo en propiciación por nuestros pecados"* (1 Jn. 4:10).

Sin duda el mismo Jesús, nuestro Señor, se entregó también a Sí mismo voluntariamente. Nadie podía quitarle la vida, Él la entregó, conforme al plan eterno de redención, por Sus ovejas (10:11, 15, 17, 18). Si la muerte de Jesús en cuanto a los hombres es un terrible crimen, cometido contra el único justo en sentido absoluto, en cuanto al Buen Pastor es un servicio sacrificial por quienes iban a ser justificados mediante Su obra, para ser sus ovejas. Para el Padre es un regalo de amor, el Don supremo que se entrega a Sí mismo entregándose el Unigénito, por los pecadores, muertos en delitos y pecados, para que la vida de Él se convierta en la vida de ellos, y que mediante Su obra redentora y su potencia salvífica, anule la responsabilidad penal de sus pecados, los integre en la filiación de hijos con el Padre y les confiera la condición de salvos, mediante la justificación, viniendo a ser Sus ovejas. En la entrega del Hijo, Dios se dice y se da a los hombres. Siendo imposible que el hombre ascienda a Dios, es Dios quien desciende al hombre, y el Hijo como Verbo que expresa absolutamente al Padre se entrega voluntariamente para ejecutar la obra de salvación. Toda la obra de Cristo tiene como sujeto absoluto a Dios, que actúa por Cristo a favor de los hombres, quien manifiesta en el plano de la humanidad la acción y don de Dios. Es en la muerte de Cristo, que Dios como Padre está implicado. Es en la entrega a muerte del Hijo, la muerte que Dios muere. Es verdad que la muerte no tiene capacidad de actuación en relación con Dios, pero Dios, al humanarse tiene la capacidad de poder compartir lo que es humano, el morir, que en Él no tiene sentido aniquilador, sino que es un acontecer, en un expolio permitido y en un tránsito momentáneo. En el plano de la humanidad, Dios -que es el Verbo hecho carne- muere por nosotros y, todavía más, muere *con nosotros*, ya que el abandono en la Cruz, el ser hecho maldición (Gá. 3:13), no es otra cosa que *"gustar la muerte por todos"* (He. 2:9). La irrupción de Dios en Cristo, en la historia humana, tiene un propósito de gracia: *"Para que por la gracia de Dios gustase la muerte por todos"*. No hay duda que Jesús al hablar de Su entrega voluntaria se está refiriendo a la obra sustitutoria en la Cruz. La Cruz da expresión al eterno programa salvífico de Dios. En ella, el Cordero de Dios fue cargado con el pecado del mundo conforme a ese propósito eterno de redención (1 P. 1:18-20). Al entregar Su vida se hace sustituto para la salvación del pecador. En la Cruz será tratado como corresponde a quien siendo portador del pecado, se enfrenta con la justicia divina que demandaba la muerte del pecador. Jesucristo es hecho sacrificio expiatorio por el pecado que es el alcance del texto del apóstol Pablo: *"Al que no conoció pecado, por nosotros lo hizo pecado, para que nosotros fuésemos hechos justicia de Dios en Él"* (2 Co. 5:21). El Señor entró en la experiencia de la maldición por el pecado, siendo hecho maldición al ocupar el lugar de los malditos de Dios a causa del pecado (Gá. 3:13). En el alcance de la máxima expresión del sentido de la muerte que el Hijo experimente en la Cruz, fue desamparado del Padre (Mt. 27:46), entrando en la experiencia profunda de lo que es la muerte espiritual. Dios se allega hasta donde está el pecador, compartiendo en el sacrificio redentor del Hijo al entregar Su vida, llevado a cabo por Él la muerte en la dimensión de su humanidad, para otorgarnos vida. La conclusión es sencilla: Cristo murió en lugar del transgresor o, de otro modo, Jesús muere voluntariamente por Sus ovejas.

ἵνα πάλιν λάβω αὐτήν. La resurrección de Cristo forma parte unida en la obra de redención. No solo entrega Su vida, sino que la toma nuevamente. Si la muerte opera la cancelación de la responsabilidad penal de la transgresión, la resurrección hace posible la justificación. Sin embargo es necesario entender que no son dos elementos disociados, de modo que la muerte de Jesús como sacrificio expiatorio es necesaria para el perdón del pecado, mientras que la resurrección fuese la razón complementaria a la fe del pecador. Se trata de dos elementos necesarios para la *justificación del impío*. Lo que se trata es de fundamentar tanto en la muerte como en la resurrección la causa y razón de la salvación del pecador. Jesús resucitado es la base por la que Dios puede hacer al creyente *"justicia de Dios en Él"* (2 Co. 5:21). Si no hubiera resucitado la posición *en Cristo* no sería posible. La comunicación de vida nueva solo se alcanza en Él, por tanto, la resurrección era de todo punto necesaria para la realidad de la justificación y salvación del impío. Sin la resurrección no hubiera sido posible la justificación del pecador porque no habría objeto de fe, ni manifestación del sacrificio expiatorio, ni intercesor, ni abogado. Pablo afirma categóricamente esta verdad: *"y si Cristo no resucitó, vuestra fe es vana; aún estáis en vuestros pecados"* (1 Co. 15:17). La fe en un Cristo muerto sería una fe muerta. Sólo Cristo resucitado puede ser espíritu vivificante (1 Co. 15:45). Solo así puede dar vida a Sus ovejas. La resurrección de Jesús pone de manifiesto la consumación de la obra de redención hecha por Él. Dios acredita a Jesús como Su Hijo mediante la resurrección. Por tanto, quien lo entrega también lo resucita, siendo conocido como *"el que resucitó a Jesús de entre los muertos"* (Ro. 8:11; 1 Co. 6:14; 2 Co. 4:14; Gá. 1:1; Col. 2:12; He. 13:20). Sin embargo aquí se presenta al Pastor que habiendo dado Su vida, la toma otra vez. En la entrega voluntaria a la muerte, la resurrección es una manifestación de la omnipotencia divina y tanto el Padre, como el Hijo, como el Espíritu, participan en ella. La resurrección expresa la revelación última de Dios. Es el que *"da vida a los muertos, y llama las cosas que no son, como si fuesen"* (Ro. 4:17). A partir de ahí, el destino de los creyentes y el de Cristo, en quien depositan su fe, son inseparables. Sin esa resurrección nadie podría ser justificado. En el Resucitado, Dios se revela como el Dios de la esperanza, de la paz y con ello, en esa relación de paz, el Dios de nuestra justificación, como se afirma en otros lugares (cf. (Ro. 15:5, 13, 33; 16:20; 2 Co. 13:11; Fil. 4:7-9; 1 Ts. 5:23; 2 Ts. 3:16). Sólo el Resucitado es el Sí de Dios y su Amén, por tanto es el sí incondicional que Dios da al que cree de su salvación (2 Co. 1:20). La vida solo es posible y tiene contenido en Cristo resucitado (Gá. 2:20; Fil. 1:21). El Resucitado es causa de salvación eterna para todos los que le obedecen.

18. Nadie me la quita, sino que yo de mi mismo la pongo. Tengo poder para ponerla, y tengo poder para volverla a tomar. Este mandamiento recibí de mi Padre.

οὐδεὶς αἴρει[1] αὐτὴν ἀπ' ἐμοῦ, ἀλλ' ἐγὼ τίθημι αὐτὴν ἀπ'
Nadie quita la de mí, sino Yo pongo la de
ἐμαυτοῦ. ἐξουσίαν ἔχω θεῖναι αὐτήν, καὶ ἐξουσίαν ἔχω
mí mismo. Autoridad tengo para poner la, y autoridad tengo
πάλιν λαβεῖν αὐτήν· ταύτην τὴν ἐντολὴν ἔλαβον παρὰ
otra vez para tomar la. Este - mandamiento recibí de parte de
τοῦ Πατρός μου.
el Padre de mí.

Notas y análisis del texto griego.

Cerrando el discurso, dice: οὐδεὶς, caso nominativo masculino singular del pronombre indefinido *ninguno, nadie*; αἴρει, tercera persona singular del presente de indicativo en voz activa del verbo αἴρω, *tomar, quitar*, aquí *quita*; αὐτὴν, caso acusativo femenino de la tercera persona singular del pronombre personal *ella, la*; ἀπ', preposición propia de genitivo ἀπό, con el grafismo que adopta por elisión de la o final ante vocal o diptongo sin aspiración, que equivale a *de, desde, procedente de, por medio de, con, por*; ἐμοῦ, caso genitivo de la primera persona singular del pronombre personal *mí*; ἀλλ', forma escrita ante vocal de la conjunción adversativa ἀλλά que significa *pero, sino*; ἐγὼ, caso nominativo de la primera persona singular del pronombre personal *yo*; τίθημι, primera persona singular del presente de indicativo en voz activa del verbo τίθημι, *poner, depositar, entregar*, aquí *pongo*; αὐτὴν, caso acusativo femenino de la tercera persona singular del pronombre personal *la*; ἀπ', preposición propia de genitivo ἀπό, con el grafismo que adopta por elisión de la o final ante vocal o diptongo sin aspiración, que equivale a *de, desde, procedente de, por medio de, con, por*; ἐμαυτοῦ, caso genitivo masculino singular del pronombre reflexivo *mí mismo*; ἐξουσίαν, caso acusativo femenino singular del nombre común *autoridad, poder, derecho, jurisdicción*; ἔχω, primera persona singular del presente de indicativo en voz activa del verbo ἔχω, *tener*, aquí *tengo*; θεῖναι, aoristo segundo de infinitivo en voz activa del verbo τίθημι, *poner, depositar, entregar*, aquí *para poner*; αὐτήν, caso acusativo femenino de la tercera persona singular del pronombre personal declinado *a ella, la*; καὶ, conjunción copulativa *y*; ἐξουσίαν, caso acusativo femenino singular del nombre común *autoridad, poder, derecho, jurisdicción*; ἔχω, primera persona singular del presente de indicativo en voz activa del verbo ἔχω, *tener*, aquí *tengo*; πάλιν, adverbio de modo *nuevamente, de nuevo, otra vez*; λαβεῖν, aoristo segundo de infinitivo en voz activa del verbo λαμβάνω, *tomar, recibir*, aquí *para tomar*; αὐτήν, caso acusativo femenino de la tercera persona singular del pronombre personal declinado *a ella, la*; ταύτην, caso acusativo femenino singular del pronombre demostrativo *esta*; τὴν, caso acusativo femenino singular del artículo determinado *la*; ἐντολὴν, caso acusativo femenino singular del nombre común *mandamiento*; ἔλαβον, tercera persona plural del aoristo segundo de indicativo en voz activa del verbo λαμβάνω, *recibir*, aquí *recibieron*; παρὰ, preposición propia de genitivo *de, de parte de*; τοῦ, caso genitivo masculino singular del artículo determinado *el*; Πατρός, caso genitivo masculino singular del nombre divino *Padre*; μου, caso genitivo de la primera persona singular del pronombre personal declinado *de mí*.

Crítica Textual. Lecturas alternativas.

[1] ἦρεν, *quitó*, se lee así en p^{45}, ℵ*, B.

οὐδεὶς αἴρει αὐτὴν ἀπ' ἐμοῦ, ἀλλ' ἐγὼ τίθημι αὐτὴν ἀπ' ἐμαυτοῦ. Tres afirmaciones coronan el discurso de Jesús. La primera de ellas tiene que ver con la voluntariedad de la entrega personal a favor de las ovejas. Enseña que nadie le quita la vida o incluso *le quitó*, como se lee en algunos manuscritos[10], en cuyo caso Jesús estaría viendo Su muerte como ya ocurrida. El Hijo estaba dispuesto a ser dado por el Padre y a darse a Sí mismo. La muerte de Jesús no es un incidente en Su vida o un suceso inevitable que le alcanza, sino que Su poder como Dios-hombre, está en el control de cualquier situación en Su vida humana. Nadie puede quitarle la vida hasta que Él voluntariamente la ponga, que será cuando llegue el cumplimiento del tiempo establecido por el Padre desde la eternidad. Los enemigos no pueden vanagloriarse de haber conseguido dar muerte a Cristo, nada pudieran haber hecho si Él no se hubiese entregado voluntariamente. La muerte física en la Cruz se produce bajo el control de Su soberanía que encomienda Su espíritu en las manos del Padre.

ἐξουσίαν ἔχω θεῖναι αὐτήν, καὶ ἐξουσίαν ἔχω πάλιν λαβεῖν αὐτήν· La segunda verdad está relacionada con la autoridad o facultad o potestad recibida para entregar la vida y volver a tomarla. Nadie puede quitarle la vida antes del tiempo. Los judíos intentaron hacerlo en varias ocasiones pero Él pasó por medio de ellos y no pudieron tocarle, porque no había llegado Su hora. El término ἐξουσία, tiene un amplio significado como *autoridad, capacidad, derecho, libertad, poder*, etc. quiere decir que Jesús tiene recursos de poder y de autoridad para que nada en la tierra de lo que ocurra o pueda ocurrir, podía impedir que diese Su vida y que la volviese a tomar.

ταύτην τὴν ἐντολὴν ἔλαβον παρὰ τοῦ Πατρός μου. La tercera afirmación puntualiza que todo aquello relacionado con la muerte y la resurrección era establecido por el Padre y le había sido dado como mandamiento. Estaba llevando a cabo el proceso de

[10] Ver Crítica Textual. Lecturas alternativas.

redención conforme a lo que el Padre había establecido y Él, en Su condición de siervo llevaba a cabo. Por esa causa podrá decir en la oración *"he acabado la obra que me diste que hiciese"* (17:4). Jesús no sólo *obedecía al Padre* en Su condición de siervo, al tomar para ello la naturaleza humana con la que podía llegar a un estado de humillación, sino que lo que hacía formaba parte de la *comisión* que había recibido el Padre al enviarlo al mundo para que hiciese la obra de salvación. La voluntad del Hijo armoniza con la del Padre no sólo por comisión, sino por identificación de propósito. El Padre entregó a Su Hijo y el Hijo se entregó a Sí mismo, sin oponer resistencia alguna porque no la podía haber, puesto que la determinación y el deseo opera conjunta y determinantemente tanto en el Padre y el Hijo. De ahí que el Padre resucitaría al Hijo y el Hijo volvería a tomar Su vida. Porque Él muere y resucita es que podrá haber un solo rebaño y un solo pastor.

Hendriksen hace un resumen de la enseñanza hasta aquí:

1. *Entra por la puerta y lo acoge el portero (10:3).*
2. *Llama a las ovejas por su nombre (10:3); las conoce bien (10:14, 15).*
3. *Las saca (10:3).*
4. *Va delante de ellas (10:4).*
5. *Es reconocido y seguido por las ovejas (10:3, 4).*
6. *Da acceso a toda bendición (10:7-9); es la puerta.*
7. *Proporciona vida y abundancia (10:10).*
8. *Da la vida por las ovejas (10:11-14).*
9. *Guía a las ovejas (10:4), reuniendo también otras ovejas, de modo que todas llegan a formar un rebaño con un pastor (10:16).*
10. *Es amado por el Padre (10:17)*[11].

Reacción (10:19-21).

19. Volvió a haber disensión entre los judíos por estas palabras.

Σχίσμα πάλιν ἐγένετο ἐν τοῖς Ἰουδαίοις διὰ τοὺς
División de nuevo se hizo entre los judíos a causa de las
λόγους τούτους.
palabras estas.

[11] G. Hendriksen. o.c., pág. 372.

Notas y análisis del texto griego.

El discurso de Jesús trajo consecuencias: Σχίσμα, caso nominativo neutro singular del nombre común *división, discusión*; πάλιν, adverbio de modo *nuevamente, de nuevo, otra vez*; ἐγένετο, tercera persona singular del aoristo segundo de indicativo en voz activa del verbo γίνομαι, *llegar a ser, empezar a existir, hacerse, ser hecho*, aquí *se hizo*; ἐν, preposición propia de dativo *en, entre*; τοῖς, caso dativo masculino plural del artículo determinado *los*; 'Ιουδαίοις, caso dativo masculino plural del adjetivo *judíos*; διὰ, preposición propia de dativo *por, a causa de*; τοὺς, caso acusativo masculino plural del artículo determinado *los*; λόγους, caso acusativo masculino plural del nombre común *palabras*; τούτους, caso acusativo masculino plural del pronombre demostrativo *estos*.

Σχίσμα πάλιν ἐγένετο ἐν τοῖς 'Ιουδαίοις διὰ τοὺς λόγους τούτους. Las palabras de Jesús producían reacciones siempre entre los oyentes. Los enemigos se inflamaban de ira, los oyentes no discípulos recibían el impacto de ellas, los discípulos aprendían lecciones nuevas. Juan se centra aquí en la reacción de los judíos, esto es, de los fariseos y, tal vez, de los escribas. Entre ellos se produce nuevamente una división o una confrontación. Juan dice que se repite *nuevamente*, o *de nuevo* esta situación, quiere decir que hay un precedente próximo, tal vez lo ocurrido con motivo de la sanidad del ciego de nacimiento (9:16). La división es consecuencia también de las distintas posturas entre ellos, ya que algunos veían con satisfacción a Jesús (7:42; 9:16; 11:45). La discusión tenía que ver con *las palabras* de Jesús, esto es, con el discurso sobre el Buen Pastor. Tal vez esas palabras trajeron como consecuencia una postura en relación con el milagro operado en el ciego de nacimiento. El término usado por Juan λόγος, *palabra, dicho*, tiene también la connotación de *suceso, hecho*, incluso *obra*, por tanto, no sólo las palabras producían la división, sino los hechos, especialmente el milagro que había hecho recientemente.

20. Muchos de ellos decían: Demonio tiene, y está fuera de sí; ¿por qué le oís?

ἔλεγον δὲ	πολλοὶ	ἐξ	αὐτῶν·	δαιμόνιον	ἔχει	καὶ	μαίνεται·
Y decían	muchos	de	ellos:	Demonio	tiene	y	está fuera de sí

τί	αὐτοῦ	ἀκούετε
¿Por qué	le	oís?

Notas y análisis del texto griego.

Sigue el relato: ἔλεγον, tercera persona plural del imperfecto de indicativo en voz activa del verbo λέγω, *hablar, decir*, aquí *decían*; δὲ, partícula conjuntiva que hace las veces de conjunción coordinante, con sentido de *pero, más bien, y, y por cierto, antes bien*; πολλοὶ, caso nominativo masculino plural del adjetivo *muchos*; ἐξ, forma escrita que adopta la preposición de genitivo ἐκ, delante de vocal y que significa *de*; αὐτῶν, caso genitivo masculino de la tercera persona plural del pronombre personal *ellos*; δαιμόνιον, caso acusativo neutro singular del substantivo que denota *demonio*; ἔχει, tercera persona singular del presente de indicativo en voz activa del verbo ἔχω, *tener, poseer*, aquí *tiene*; καὶ, conjunción copulativa *y*; μαίνεται, tercera persona singular del presente de indicativo en voz pasiva del verbo μαίνομαι, *estar loco, estar fuera de sí, haber perdido el juicio*, aquí *está fuera de sí*; τί, caso acusativo neutro singular del pronombre interrogativo *qué*; αὐτοῦ, caso genitivo masculino de la tercera persona singular del pronombre personal declinado *de él, le*; ἀκούετε, segunda persona plural del presente de indicativo en voz activa del verbo ἀκούω, *oír, escuchar*, aquí *oís*.

ἔλεγον δὲ πολλοὶ ἐξ αὐτῶν· δαιμόνιον ἔχει καὶ μαίνεται· τί αὐτοῦ ἀκούετε. Un gran número de los que le oyeron hablar le consideraban como un loco. Como ya se dijo antes la expresión *demonio tiene*, no significa que fuese un endemoniado, sino que se aplicaba también a quienes no tenían su sano juicio, como confirma luego el verbo μαίνομαι, *estar loco, estar fuera de sí, haber perdido el juicio*. Esta acusación no es nueva, se usó antes (7:20; 8:48, 52). El sentido literal de endemoniado cabe perfectamente entre el grupo de los fariseos, atribuyéndole una posesión diabólica (Mt. 12:24; Lc. 11:15). Por tanto, si realmente estaba loco no había razón alguna para prestarle atención y oír Sus palabras. Era como una pérdida de tiempo, una inutilidad. Sin duda este era el sector de oposición abierta contra Jesús. Eran los que con ahínco buscaban encontrarle en alguna falta para condenarlo a muerte. Aquellos en cuya alma el odio contra Dios se manifestaba. Los que vivían buscando la gloria personal y se sentían rebajados ante el pueblo por las palabras y los milagros de Jesús.

21. Decían otros: Estas palabras no son de endemoniado. ¿Puede acaso el demonio abrir los ojos de los ciegos?

ἄλλοι ἔλεγον· ταῦτα τὰ ῥήματα οὐκ ἔστιν δαιμονιζομένου·
Otros decían: Estas - palabras no son de endemoniado.
μὴ δαιμόνιον δύναται τυφλῶν ὀφθαλμοὺς ἀνοῖξαι
¿Acaso (un) demonio puede de ciegos ojos abrir?

Notas y análisis del texto griego.

Refiriéndose a otro sector de los judíos, escribe: ἄλλοι, caso nominativo masculino plural del pronombre indefinido *otros*; ἔλεγον, tercera persona plural del imperfecto de indicativo en voz activa del verbo λέγω, *hablar, decir*, aquí *decían*; ταῦτα, caso nominativo neutro plural del pronombre demostrativo *estos*; τὰ, caso nominativo neutro plural del artículo determinado *los*; ῥήματα, caso nominativo neutro plural del nombre común *dichos*; οὐκ, forma escrita del adverbio de negación *no*, con el grafismo propio ante una vocal con espíritu suave o una enclítica; ἔστιν, tercera persona plural del presente de indicativo en voz activa del verbo εἰμί, *ser, estar*, aquí *son*; δαιμονιζομένου, caso genitivo masculino singular del participio de presente en voz activa del verbo δαιμονίζομαι, *estar endemoniado*, aquí *de endemoniado*; μὴ, partícula que hace funciones de adverbio de negación *no* y que en ocasiones en preguntas retóricas significa *acaso*; δαιμόνιον, caso nominativo neutro singular del nombre común *demonio*; δύναται, tercera persona singular del presente de indicativo en voz activa del verbo δύναμαι, *poder, tener poder*, aquí *puede*; τυφλῶν, caso genitivo masculino plural del adjetivo declinado *de ciegos*; ὀφθαλμοὺς, caso acusativo masculino plural del nombre común *ojos*; ἀνοῖξαι, aoristo primero de infinitivo en voz activa del verbo ανοίγω, *abrir*.

ἄλλοι ἔλεγον· ταῦτα τὰ ῥήματα οὐκ ἔστιν δαιμονιζομένου· μὴ δαιμόνιον δύναται τυφλῶν ὀφθαλμοὺς ἀνοῖξαι. Frente a quienes acusaban a Jesús de locura o de ser un endemoniado, otros, no tantos, argumentaban lo contario. Ningún endemoniado hacía aquellos milagros, es más, el demonio más bien dejaría ciego a un hombre, que lo liberaría de sus cadenas de enfermedad. Construida con la partícula de negación μὴ, la pregunta retórica no admite mas respuesta que la negativa. Las palabras de Jesús habían impresionado a estos, tal vez pocos, que no podían admitir que aquello procediera de un loco o de un endemoniado. No obstante no plantean una abierta defensa de Jesús, simplemente contradicen a los más radicales, es decir, hacen notar la inconsistencia de la acusación, pero no procuran demostrar quien era realmente Jesús.

La fiesta de la dedicación (10:22-42).

Pregunta de los fariseos (10:22-24).

22. Celebrábase en Jerusalén la fiesta de la dedicación. Era invierno.

Ἐγένετο	τότε	τὰ	ἐγκαίνια	ἐν	τοῖς	Ἱεροσολύμοις,	χειμὼν	ἦν,
Llegó	entonces	la	Dedicación	en	-	Jerusalén;	invierno	era.

Notas y análisis del texto griego.

Iniciando un nuevo relato, escribe: Ἐγένετο, tercera persona singular del aoristo de indicativo en voz media del verbo γίνομαι, *venir, llegar*, aquí *llegó*; τότε, caso adverbio de tiempo *entonces*; τὰ, caso nominativo neutro plural del artículo determinado *lo*; ἐγκαίνια, caso nominativo neutro plural del nombre propio, como nombre de fiesta, *dedicación*; ἐν, preposición propia de dativo *en*; τοῖς, caso dativo neutro plural del artículo determinado *los*; Ἱεροσολύμοις, caso dativo neutro plural del nombre propio *Jerusalén*; χειμὼν, caso nominativo masculino singular del nombre común *invierno*; ἦν, tercera persona singular del imperfecto de indicativo en voz activa del verbo εἰμί, *ser, estar*, aquí *era*.

Ἐγένετο τότε τὰ ἐγκαίνια ἐν τοῖς Ἱεροσολύμοις, χειμὼν ἦν, Un intervalo de tiempo bastante largo hay entre las últimas palabras del versículo anterior y el actual. Posiblemente hayan transcurrido unos tres meses entre ambos. No se dice que fue lo que Jesús hizo en ese tiempo, ni en donde estuvo. A la luz del *Evangelio*, se traslada el relato al tiempo de la llamada *Fiesta de la Dedicación*. Posiblemente Jesús pasó el tiempo antes indicado en Judea. Todo hace suponer que estuvo en las proximidades de Jerusalén durante ese tiempo. Algunos suponen que volvió al lugar donde Juan bautizaba y estuvo allí un tiempo. Otros lo hacen regresar desde Galilea. Simplemente cualquiera de estas no dejan de ser más que suposiciones que no tienen base bíblica alguna.

Es preciso observar que Jesús está presentándose sin ocultar lo que realmente era. La gente tenía necesidad de posicionarse en relación con Él. Todos debían entender la relación única de Jesús con el Padre. Esto produce una necesaria aunque triste división entre quienes acepten quien es Jesús y los que la nieguen.

La llamada *Fiesta de la Dedicación*, conmemoraba la dedicación del templo de Judas Macabeo en el año 165 a.C. santificándolo nuevamente luego de que Antíoco Epífanes lo profanara cuando ofreció en él un sacrificio a Júpiter en el altar dedicado a los sacrificios en el templo de Dios (1 Mac. 4:59; 2 Mac. 10:1-8). Los judíos entendían que aquello había sido una liberación sobre sus enemigos que provenía de Dios mismo y que en medio de una situación político-social contraria a toda esperanza, Dios había intervenido para que Su nombre fuese adorado en la ciudad que había escogido para Sí. Por tanto, la fiesta era una manifestación de reconocimiento a Dios por Su protección. También se llamaba la *Fiesta de las luces*, de la que escribe Josefo[12], y en la que se encendían luces en las casas y en las sinagogas como expresión de alegría, llevándose en las manos palmas y ramas verdes. En esos días se cantaban también los Salmos del Hallel, propios del tiempo de la Pascua (Sal. 113-118).

---

[12] Josefo. *Antigüedades*, XII, 7, 7).

En esa ocasión se mencionan las obras que ponen de manifiesto la realidad de que Jesús era el Mesías (v. 25). Una de ellas es que puede dar vida eterna a Sus ovejas (v. 28). Sin embargo, una de las afirmaciones más contradictorias vuelve a ser la referencia a Su unidad con el Padre (v. 30). Ya no se manifiesta sólo como el enviado del Padre, sino que hace fuerza en el ministerio redentor que le había sido encomendado (v. 36). El clímax se alcanza al final cuando luego de las referencias a Su Persona, se coloca a la gente en la tesitura de creer o no creer en Él (vv. 37 s.).

El versículo introductorio concluye diciendo que *era invierno*. Para los judíos *invierno* era la estación lluviosa, de ahí que se presente a Jesús caminando por el pórtico del templo. El tiempo del relato corresponde a nuestro mes de diciembre, fechas de frío en Jerusalén.

23. Y Jesús andaba en el templo por el pórtico de Salomón.

καὶ περιεπάτει ὁ Ἰησοῦς ἐν τῷ ἱερῷ ἐν τῇ στοᾷ τοῦ
Y andaba - Jesús en el templo en el pórtico -
Σολομῶνος.
de Salomón.

Notas y análisis del texto griego.

Siguiendo la introducción, escribe: καὶ, conjunción copulativa *y*; περιεπάτει, tercera persona singular del imperfecto de indicativo en voz activa del verbo περιπατέω, *andar, caminar*, aquí *caminaba*; ὁ, caso nominativo masculino singular del artículo determinado *el*; Ἰησοῦς, caso nominativo masculino singular del nombre propio *Jesús*; ἐν, preposición propia de dativo *en*; τῷ, caso dativo neutro singular del artículo determinado *el*; ἱερῷ, caso dativo neutro singular del nombre común *templo*; ἐν, preposición propia de dativo *en*; τῇ, caso dativo femenino singular del artículo determinado *la*; στοᾷ, caso dativo femenino singular del nombre común, *pórtico, galería con columnas, columnata*; τοῦ, caso genitivo masculino singular del artículo determinado *el*; Σολομῶνος, caso genitivo masculino singular del nombre propio declinado *de Salomón*.

καὶ περιεπάτει ὁ Ἰησοῦς ἐν τῷ ἱερῷ ἐν τῇ στοᾷ τοῦ Σολομῶνος. Siendo invierno, el frío y, sobre todo la lluvia, hacían difícil el camino por lugares sin protección. Por eso Jesús caminaba en el templo por el lugar llamado *pórtico*, o *columnata de Salomón*. Era un pórtico cubierto por donde la gente podía caminar en cualquier estación del año. Posiblemente fue una de los pocos elementos arquitectónicos del templo construido por Salomón que debió haberse dejado en pie cuando los babilonios destruyeron la ciudad. Esta columnata fue, finalmente destruida por los ejércitos de Tito, cuando en el año 70 d.C. destruyeron la ciudad de Jerusalén. Aunque pudieran haberse aprovechado algún pasaje de columnas del templo de Salomón, la realidad es que todo el perímetro del santuario y los pórticos por los que caminó Jesús, eran construcciones del templo de Herodes. Parece ser que ese era uno de los lugares donde los escribas enseñaban la ley. No parece que Jesús estuviese enseñando en el templo como en otras ocasiones, sino que caminaba por él. Este pasaje del santuario estaba situado hacia el oriente y estaba protegido de los vientos fríos del desierto. Siendo invierno, no es de extrañar que Jesús, como cualquier otro hombre, entrase en calor caminando.

24. Y le rodearon los judíos y le dijeron: ¿Hasta cuándo nos turbarás el alma? Si tú eres el Cristo, dínoslo abiertamente.

ἐκύκλωσαν οὖν αὐτὸν οἱ Ἰουδαῖοι καὶ ἔλεγον αὐτῷ· ἕως
Rodearon, pues, le los judíos y decían le: ¿Hasta
πότε τὴν ψυχὴν ἡμῶν αἴρεις εἰ σὺ εἶ ὁ Χριστός, εἰπὲ
cuando el alma de nosotros cargas? si Tú eres el Cristo, di
ἡμῖν παρρησίᾳ.
nos con franqueza.

Notas y análisis del texto griego.

Los judíos intervienen: ἐκύκλωσαν, tercera persona plural del aoristo primero de indicativo en voz activa del verbo κυκλόω, *rodear, envolver, cercar*, aquí *rodearon*; οὖν, conjunción continuativa *pues*; αὐτὸν, caso acusativo masculino de la tercera persona singular del pronombre personal declinado *a Él, le*; οἱ, caso nominativo masculino plural del artículo determinado *los*; Ἰουδαῖοι, caso nominativo masculino plural del adjetivo *judíos*; καὶ, conjunción copulativa *y*; ἔλεγον, tercera persona plural del imperfecto de indicativo en voz pasiva del verbo λέγω, *hablar, decir*, aquí *decían*; αὐτῷ, caso dativo masculino de la tercera persona singular del pronombre personal declinado *a él, le*; ἕως, adverbio de tiempo *hasta* o también preposición propia de genitivo con el mismo significado; πότε, adverbio de tiempo, *cuando*; τὴν, caso acusativo femenino singular del artículo determinado *la*; ψυχὴν, caso acusativo femenino singular del nombre común *alma, vida*; ἡμῶν, caso genitivo de la primera persona plural del pronombre personal declinado *de nosotros*; αἴρεις, segunda persona singular del presente de indicativo en voz activa del verbo αἴρω, *tomar, cargar, quitar, levantar*, aquí *cargas*; εἰ, conjunción condicional afirmativa *si*; σὺ, caso nominativo de la segunda persona singular del pronombre personal *Tú*; εἶ, segunda persona singular del presente de indicativo en voz activa del verbo εἰμί, *ser, estar*, aquí *eres*; ὁ, caso nominativo masculino singular del artículo determinado *el*; Χριστός, caso nominativo masculino singular del nombre propio *Cristo*; εἰπὲ, tercera persona singular del segundo aoristo de imperativo en voz activa del verbo εἶπον, forma del aoristo de λέγω, *hablar, decir*, aquí *di*; ἡμῖν, caso dativo de la primera persona plural del pronombre personal declinado *a nosotros, nos*; παρρησίᾳ, caso dativo femenino singular del nombre común *franqueza, confianza, clara, abiertamente*, aquí declinado *con franqueza*.

ἐκύκλωσαν οὖν αὐτὸν οἱ Ἰουδαῖοι καὶ ἔλεγον αὐτῷ· Sin duda se trata de un grupo opositor y enemigo de Jesús, los *judíos* que, aprovechando su caminar por el templo, le rodearon, mientras le decían. El imperfecto del verbo da la idea de algo que comenzó pero continuaba. Pareciera que todos ellos o por lo menos algunos de entre ellos, le decía lo que sigue.

ἕως πότε τὴν ψυχὴν ἡμῶν αἴρεις. Las palabras primeras son formas de reprensión, literalmente *¿Hasta cuándo nos levantas el alma?* Sin embargo, puesto que el verbo tiene la connotación de *cargar*, puede entenderse también como *¿Hasta cuándo nos tienes el alma cargada?* Ambos modos de traducción podrían convertirse también en una forma como *¿hasta cuándo nos tendrás en vilo?* Los judíos estaban generando una expresión de duda o de intriga. Pareciera que no había sido antes claro con ellos, dejándoles sin saber que pensar de lo que Él era. Por eso le están pidiendo que sea claro con ellos. No importan tanto las intenciones con que se manifiesta el fastidio que ellos sentían, lo que es evidente es que los judíos le acorralaban, literalmente rodeado por ellos, para que respondiese a la pregunta que sigue. Realmente no estaban interesados por la verdad, sino por la respuesta que Jesús daría y que podía beneficiar sus intereses y sustentar sus planes.

εἰ σὺ εἶ ὁ χριστός, εἰπὲ ἡμῖν παρρησίᾳ. La frase establece en el griego una condición de primera clase, que se supone cierta: *Si tú eres el Cristo, dínoslo abiertamente.* Jesús rehusó usar el término *Cristo*, o *Mesías* con toda la intención, debido al sentido político que le daban los judíos. Las gentes en Galilea, luego del milagro de la multiplicación de los panes procuraron hacerlo rey, eso constituiría una oposición a Roma (6:14 s.). No se puede determinar la intención con que hicieron la pregunta, pero muy posiblemente estuviesen buscando con ella un motivo para acusarle con fundamento ante Pilato. Esa forma se usará más adelante cuando bajo juramento Caifás le pide la confesión de si es el Cristo, acusándole luego de enemigo del Cesar (Mt. 26:63 s.; Mr. 14:61 s.).

La respuesta de Jesús (10:25-30).

25. Jesús les respondió: Os lo he dicho, y no creéis; las obras que yo hago en nombre de mi Padre, ellas dan testimonio de mí.

ἀπεκρίθη αὐτοῖς ὁ Ἰησοῦς· εἶπον ὑμῖν καὶ οὐ πιστεύετε· τὰ
Respondió les - Jesús: Dije os y no creéis; las
ἔργα ἃ ἐγὼ ποιῶ ἐν τῷ ὀνόματι τοῦ Πατρός μου ταῦτα
obras que yo hago en el nombre del Padre de mí éstas
μαρτυρεῖ περὶ ἐμοῦ·
testifican acerca de mí.

Notas y análisis del texto griego.

Continúa con: ἀπεκρίθη, tercera persona singular del aoristo primero de indicativo en voz pasiva del verbo ἀποκρίνομαι, *responder, contestar*, aquí *respondió*; αὐτοῖς, caso dativo masculino de la tercera persona plural del pronombre personal declinado *a ellos, les*; ὁ, caso nominativo masculino singular del artículo definido *el*; Ἰησοῦς, caso nominativo masculino singular del nombre propio *Jesús*; εἶπον, primera persona singular del segundo aoristo de indicativo en voz activa del verbo εἶπον, forma del aoristo de λέγω, *hablar, decir*, aquí *dije*; ὑμῖν, caso dativo de la segunda persona plural del pronombre personal declinado *a vosotros, os*; καὶ, conjunción copulativa *y*; οὐ, adverbio de negación *no*; πιστεύετε, segunda persona plural del presente de indicativo del verbo πιστεύω, *creer*, aquí *creéis*; τὰ, caso nominativo neutro plural del artículo determinado *los*; ἔργα, caso nominativo neutro plural del nombre común *hechos, obras*; ἃ, caso acusativo neutro plural del pronombre relativo *que*; ἐγὼ, caso nominativo de la primera persona singular del pronombre personal *yo*; ποιῶ, primera persona singular del presente de indicativo en voz activa del verbo ποιέω, *hacer, realizar*, aquí *hago*; ἐν, preposición de dativo *en*; τῷ, caso dativo neutro singular del artículo definido *el*; ὀνόματι, casi dativo neutro singular del sustantivo que denota *nombre*; τοῦ, caso genitivo masculino singular del artículo determinado declinado *del*; Πατρός, caso genitivo masculino singular del nombre divino *Padre*; μου, caso genitivo de la primera persona singular del pronombre personal declinado *de mí*; ταῦτα, caso nominativo neutro plural del pronombre demostrativo *éstos*; μαρτυρεῖ, tercera persona plural del presente de infinitivo en voz activa del verbo μαρτυρέω, *testificar, dar testimonio*, aquí *testifican*; περὶ, preposición propia de genitivo *de, acerca de*; ἐμοῦ, caso genitivo de la primera persona singular del pronombre personal *mí*.

ἀπεκρίθη αὐτοῖς ὁ Ἰησοῦς· La pregunta de los fariseos es inmediatamente respondida por Jesús. Lo hace en forma precisa y ella va a dar pie para un breve pero preciso discurso acerca de quien es Él.

εἶπον ὑμῖν καὶ οὐ πιστεύετε· Hace notar la incredulidad permanente de los judíos. Él había satisfecho el deseo de ellos, pero, en tanto tiempo no habían creído. El había dicho continuamente que era el Hijo de Dios, pero no creían en Él, sino todo lo contrario (5:17-47). No es sólo que no creyesen en Él, sino que no creían a los profetas, ni a las Escrituras que daban testimonio sobre Él. Con todo, debe observarse que Jesús les dijo que ya había contestado a la pregunta, aunque en realidad, a la luz del *Evangelio*, no aparece en ningún lugar. Había dicho claramente a la samaritana que Él era el Cristo (4:26). Del mismo modo, hacía poco tiempo se lo había manifestado al ciego de nacimiento (9:35 ss.). Pero nunca delante de las multitudes o de los líderes religiosos había dicho que era el Cristo. Es posible que se refiera a su enseñanza en general, de forma especial a aquellas frases en las que expresa Su condición divina, como Su preexistencia y eternidad en relación con el período histórico de Abraham (8:58). Sin embargo, continuamente había afirmado ante todos que Él era el Hijo del Hombre y el Hijo de Dios, nada pues podía añadir para responder a la pregunta ya que el Mesías era anunciado como el Hijo del Hombre y el Hijo de Dios. Aquellos, pues eran unos incrédulos, como sus antepasados.

τὰ ἔργα ἃ ἐγὼ ποιῶ ἐν τῷ ὀνόματι τοῦ Πατρός μου ταῦτα μαρτυρεῖ περὶ ἐμοῦ· El testimonio principal sobre que verdaderamente era el Cristo, el Mesías, lo ponían de manifiesto las obras que hacía en nombre del Padre que le había enviado. A ellas les remite porque ellas eran las que daban testimonio de Él. Por ellas desaparecía toda duda de que verdaderamente era el Cristo. Desde muy temprano en Su ministerio, alguno de los fariseos, como era Nicodemo habían testificado que sólo podía hacer aquellas obras quien fuese enviado de Dios, esto es, quien estuviese Dios con Él (3:2). La incredulidad de los fariseos no era sólo a Sus palabras, sino a las señales que hacía confirmándolas. Quiere decir que las obras le señalaban como el Cristo, el enviado de Dios, tal como la profecía anunciaba que haría y que eran suficientes para identificarlo. Todo cuanto Él hacía concordaba con el Padre y las hacía en plena identificación con Él. Sólo Dios podía dar vida a los muertos, sanar a todos los enfermos, dar vista al ciego de nacimiento. El problema de los judíos era el que por años existió en los líderes de la nación, la incredulidad. Con las obras que hacía no solo manifestaba Su condición, sino que lo demostraba. Aquellas obras tenían una manifestación probatoria.

26. Pero vosotros no creéis, porque no sois de mis ovejas, como os he dicho.

ἀλλὰ ὑμεῖς οὐ πιστεύετε, ὅτι οὐκ ἐστὲ ἐκ τῶν προβάτων
Pero vosotros no creéis, porque no sois de las ovejas
τῶν ἐμῶν[1].
- mías.

Notas y análisis del texto griego.

Siguen las palabras de Jesús: ἀλλὰ, conjunción adversativa *pero*; ὑμεῖς, caso nominativo de la segunda persona plural del pronombre personal *vosotros*; οὐ, adverbio de negación *no*; πιστεύετε, segunda persona plural del presente de indicativo en voz activa del verbo πιστεύω, *creer*, aquí *creéis*; ὅτι, conjunción causal *porque*; οὐκ, forma escrita del adverbio de negación *no*, con el grafismo propio ante una vocal con espíritu suave o una enclítica; ἐστὲ, segunda persona plural del presente de indicativo en voz activa del verbo εἰμί, *ser*, aquí *sois*; ἐκ, preposición propia de genitivo *de*; τῶν, caso genitivo neutro singular del artículo determinado *los*; προβάτων, caso genitivo neutro singular del nombre común *ovejas*; τῶν, caso genitivo neutro singular del artículo determinado *los*; ἐμῶν, caso genitivo neutro plural del adjetivo posesivo *míos*.

Crítica Textual. Lecturas alternativas.

[1] τῶν προβάτων τῶν ἐμῶν, *las ovejas mías*, lectura atestiguada en $p^{66c, 75}$, ℵ, B, K, K, W, Θ, 33, 1241, 844, aur, c, vg, sa, ac, ly, bo^{pt}.

καθὼς εἶπον ὑμῖν, *como os dije*, se añade al texto en p^{66*}, A, D, Γ, Δ, Ψ, $f^{1, 13}$, 565, 579, 700, 892^s, 1424, 2211, 𝔐, it, sir, pbo, bo^{pt}.

ἀλλὰ ὑμεῖς οὐ πιστεύετε, ὅτι οὐκ ἐστὲ ἐκ τῶν προβάτων τῶν ἐμῶν. Jesús les acusa de incredulidad, indicando la razón *porque no eran de Sus ovejas*. En cualquier caso, las ovejas que son del rebaño de Jesús le han sido dadas por el Padre (10:29), según dirá más adelante, *eran suyas* y le fueron dadas (17:6, 9, 11). Estas creen en Cristo, como el Hijo de Dios, y reciben la vida eterna, por tanto, le conocen y siguen. Mientras que aquellos que creían eran de sus ovejas, los incrédulos no pertenecían a ellas. Quiere decir esto que la fe, junto con la gracia que salva, es todo ello un don de Dios (Ef. 2:8-9), de otro modo, nadie tiene por condición natural la fe que salva, que es un regalo de Dios. Aquellos no sólo no creían, sino que no querían creer por condición natural propia del hombre a causa de su condición natural caída. Las ovejas del Buen Pastor, conocen al Pastor, conocen Su voz y le siguen (10:3, 4). Esto no significa que sean forzados a creer o, tal vez mejor, que no tengan responsabilidad por su incredulidad, sino todo lo contrario, son plenamente responsables por no creer en Él. Así escribe el Dr. Lacueva:

"Les echa en cara su obstinada incredulidad: 'Y no creéis'. Y la razón es muy sencilla: 'Pero vosotros no creéis, porque no sois de mis ovejas, como os he dicho'. Como diciendo: Mo me creéis porque no estáis dispuestos a seguirme, como siguen las ovejas a su pastor, ni queréis reconocer mi voz, como la reconocen las que mi Padre me ha dado (v. 29), pues éstas reconocen la voz del pastor y le siguen (vv. 3-4, comp. con 6:39, 44). Vuestra total antipatía a mi evangelio tiene su raíz en vuestra perversa incredulidad. En un mismo versículo tenemos conjugadas estas dos verdades bíblicas que la razón humana encuentra difíciles de compaginar: la soberanía de Dios y la responsabilidad del hombre[13]".

Así también escribe Hendriksen:

"Adviértase la conexión causal: 'pero vosotros no creéis, porque no sois de mis ovejas'. Dios no está obligado a salvar a los que se han querido destruir a sí mismos. Además, debe siempre tenerse presente que por parte de ellos siempre van juntos la incapacidad y la mala voluntad. En consecuencia, en toda esta exposición Dios sigue siendo tanto santo como soberano, y es el hombre sobre quien recae toda la responsabilidad[14]".

27. Mis ovejas oyen mi voz, y yo las conozco, y me siguen.

τὰ πρόβατα τὰ ἐμὰ τῆς φωνῆς μου ἀκούουσιν, καγὼ γινώσκω
Las ovejas - mías la voz de mí conocen, y yo conozco
αὐτὰ καὶ ἀκολουθοῦσιν μοι,
las, y siguen me.

Notas y análisis del texto griego.

Siguen más palabras de Jesús: τὰ, caso nominativo neutro plural del artículo determinado *los*; πρόβατα, caso nominativo neutro plural del nombre común *ovejas*; τὰ, caso nominativo neutro plural del artículo determinado *los*; ἐμὰ, caso nominativo neutro plural del pronombre posesivo *míos*; τῆς, caso genitivo femenino singular del artículo determinado *la*; φωνῆς, caso genitivo femenino singular del nombre común *voz*; μου, caso genitivo de la primera persona singular del pronombre personal declinado *de mí*; ἀκούουσιν, tercera

[13] F. Lacueva. o.c., pág. 250.
[14] G. Hendriksen. o.c., pág. 391.

persona plural del presente de indicativo en voz activa del verbo ἀκούω, *oír, escuchar*, aquí *oyen*; καγὼ, palabra formada por crasis[15] de la conjunción καὶ, y el pronombre personal ἐγώ, y que equivale a *y yo*; γινώσκω, primera persona singular del presente de indicativo en voz activa del verbo γινώσκω, *conocer*, aquí *conozco*; αὐτὰ, caso acusativo neutro de la tercera persona plural del pronombre personal declinado *a ellos, les*; καὶ, conjunción copulativa *y*; ἀκολουθοῦσιν, tercera persona plural del presente de indicativo en voz activa del verbo ἀκολουθέω, *acompañar, seguir*, aquí *siguen*; μοι, caso dativo de la primera persona singular del pronombre personal declinado *a mí, me*.

τὰ πρόβατα τὰ ἐμὰ τῆς φωνῆς μου ἀκούουσιν, καγὼ γινώσκω αὐτὰ καὶ ἀκολουθοῦσιν μοι, Continuamente Jesús hace referencia a la voz del pastor y a la atención que le prestan las ovejas porque la conocen (vv. 3, 4, 5, 16). No sólo conocen la voz, sino que conocen al Pastor. Ese conocimiento es mutuo porque también Él las conoce a ellas. De la misma manera que el Padre conoce al Hijo y viceversa, así también ocurre con las ovejas y el Pastor. Ya que el Pastor las conoce, quiere decir que las distingue de aquellas que no son suyas (2 Ti. 2:19). Las ovejas le siguen, no solo como rebaño, sino también individualmente, puesto que el cuidado del Pastor y el llamamiento es individual. De manera que porque existe ese conocimiento mutuo el Pastor va delante y las ovejas le siguen, como algo natural. No es un seguimiento puntual u ocasional, sino continuo, habitual. Además las ovejas oyen la voz cuando han sido sacadas del redil donde estaban, yendo el Señor delante de ellas (vv. 3, 4). Este mutuo conocimiento vivencial, es la consecuencia fundamental para entender lo que sigue.

28. Y yo les doy vida eterna; y no perecerán jamás, ni nadie las arrebatará de mi mano.

καγὼ	δίδωμι	αὐτοῖς	ζωὴν	αἰώνιον	καὶ	οὐ μὴ	ἀπόλωνται
Y yo	doy	les	vida	eterna	y	de ningún modo	perecen

εἰς	τὸν	αἰῶνα	καὶ	οὐχ	ἁρπάσει	τις	αὐτὰ	ἐκ	τῆς	χειρός	μου.
para	-	siempre	y	no	arrebatará	alguno	las	de	la	mano	de mí.

Notas y análisis el texto griego.

Sigue diciendo Jesús: καγὼ, palabra formada por crasis[16] de la conjunción καὶ, y el pronombre personal ἐγώ, y que equivale a *y yo*; δίδωμι, primera persona

---

[15] *Crasis*, palabra griega que equivale a *unión de fuerzas*, en general *unión de elementos*.

[16] *Crasis*, palabra griega que equivale a *unión de fuerzas*, en general *unión de elementos*.

singular del presente de indicativo en voz activa del verbo δίδωμι, *dar, regalar*, aquí *doy*; αὐτοῖς, caso dativo neutro de la tercera persona plural del pronombre personal declinado *a ellas, les*; ζωὴν, caso acusativo femenino singular del nombre común *vida*; αἰώνιον, caso acusativo femenino singular del adjetivo *eterna*; καὶ, conjunción copulativa *y*; οὐ, adverbio de negación *no*; μὴ, partícula que hace funciones de adverbio de negación condicional *no*, las dos negaciones juntas se traducen como *jamás, de ningún modo*; ἀπόλωνται, tercera persona plural del presente de indicativo en voz media del verbo ἀπολλύμι, *perecer, destruir*, aquí *perecen*; εἰς, preposición propia de acusativo *para*; τὸν, caso acusativo masculino singular del artículo definido *el*; αἰῶνα, caso acusativo masculino singular del nombre común *siglo, eternidad, siempre*; καὶ, conjunción copulativa *y*; οὐχ, forma escrita del adverbio de negación *no*, con el grafismo propio ante vocal con espíritu áspero; ἁρπάσει, tercera persona singular del futuro de indicativo en voz activa del verbo ἁρπάζω, *arrebatar*, aquí *arrebatará*; τις, caso nominativo masculino singular del pronombre indefinido *alguno*; αὐτὰ, caso acusativo neutro plural del artículo determinado *a ellos, los*; ἐκ, preposición propia de genitivo *de*; τῆς, caso genitivo femenino singular del artículo determinado *la*; χειρός, caso genitivo femenino singular del nombre común *mano*; μου, caso genitivo de la primera persona singular del pronombre personal declinado *de mí*.

καγὼ δίδωμι αὐτοῖς ζωὴν αἰώνιον. Jesús afirma que a aquellas ovejas que le conocen y siguen les da vida eterna. Se ha considerado ya lo que es la *vida eterna*. Esta es potestativa y privativa de Dios, puesto que sólo Él es eterno. Tal vida, se comunica a los hombres por el único Mediador entre Dios y los hombres que es Jesucristo hombre (1 Ti. 2:5). Juan enseña que la vida estaba en el Hijo, tanto la comunicada a los seres para que vivan, como la eterna que da a quienes creen por unión vital con Él, por cuya causa la vida eterna que está en Cristo, se hace vida en el creyente (Gá. 2:20). Si la vida es eterna, no puede extinguirse bajo ninguna condición o circunstancia, puesto que en sí misma, por ser eterna, no puede extinguirse. Por consiguiente más que una vida, es una forma de existencia eterna. La vida eterna que reciben los que creen es atemporal, esto es, el tiempo no la afecta, es una vida en tiempo presente absoluto, esto es, no está sujeta a transito temporal, por tanto no tiene ni pasado, ni futuro, sólo un presente definitivo.

καὶ οὐ μὴ ἀπόλωνται εἰς τὸν αἰῶνα. Junto con la dotación de vida eterna está la *seguridad de salvación*. Jesús afirma que no perecerán jamás. La construcción de la oración, con una negativa incondicional, afirma la imposibilidad de que la salvación recibida por quienes *conocen* al Salvador pueda perderse. Algunos sugieren que los creyentes pueden *perderse*, es decir, salir de la salvación y condenarse como corresponde al pecador por su propia condición. La perdición o la condenación eterna no alcanzará jamás a quien, habiendo sido justificado por la fe en Cristo, tiene el perdón de pecados y la vida eterna. Así lo enseñará tiempo después el apóstol Pablo, cuando escribiendo a los romanos decía: *"Ahora, pues, ninguna condenación hay para los que están en Cristo Jesús"* (Ro. 8:1). La salvación se alcanza en Cristo y se sustenta en Él. Es el Buen Pastor que por Su obra retira la responsabilidad penal del pecado a cada una de las ovejas que creen en Él. La liberación es completa y absoluta que elimina cualquier posibilidad de condenación. La responsabilidad penal del pecado ha sido extinguida plenamente por Cristo en la Cruz, por tanto, no queda ya nada que pagar para quien se acoge por fe a la obra salvadora del Señor. Esta es una verdad fundamental de la fe. El sacrificio sustitutorio de Jesús cancela toda deuda del pecado (v. 11). El pastor libera del pecado plenamente a todas sus ovejas (Col. 1:14; 2:13). La justificación es asunto definitivo para quienes están en Cristo y les es aplicada Su justicia (2 Co. 5:21). El perdón de los pecados abre la perspectiva de una nueva realidad espiritual para los que reciben la vida eterna. Esta victoria y seguridad eterna de salvación es sólo posible estando en Cristo. Jesús dijo que *conoce* a Sus ovejas y que ellas le *conocen* a Él, lo que significa una identificación absoluta con Él (Gá. 2:20; Fil. 1:21). La operación que permite a Dios retirar toda condenación del creyente se realiza *por* medio de Cristo y se disfruta *en* Él. Esta certeza se hace realidad para todo aquel que está en Cristo. En esa gloriosa posición no puede existir ya condenación alguna.

καὶ οὐχ ἁρπάσει τις αὐτὰ ἐκ τῆς χειρός μου. La protección divina se manifiesta también en que esas ovejas han sido puestas en la mano de Jesús, y nadie puede arrebatarlas de esa mano. El gran enemigo nuestro, Satanás, homicida por condición, astuto por sistema, desearía poder tomar las ovejas que tienen vida eterna, y arrebatarlas de la mano poderosa del Salvador, pero cualquier intento en ese sentido resultaría inútil porque la mano de Jesús es absolutamente poderosa para salvar a todo aquel que cree en Él. La mano de Cristo es la mano de sustentación, que mantiene en firmeza a quien ha creído. La salvación no descansa sobre la fe sino sobre la gracia, por tanto, es en la gracia que somos sostenidos. La imposibilidad de caer de la gracia es una realidad, que será definitivamente enseñada en el versículo siguiente. La expresión *en mi mano* es un hebraísmo que se usa para referirse al poder omnipotente de Cristo, quien como Hijo de Dios, y Dios eterno en unidad con el Padre y el Espíritu, es el Todopoderoso Dios. Antes aludió al lobo que *arrebata* las ovejas que están indefensas sin pastor (v. 12), por eso ahora afirma que estando en Su mano, no puede nadie arrebatarlas de esa posición. Es necesario entender claramente que una vez puestas en la segura posición en Cristo, nada ni nadie pueden separarlas de ese lugar. Algunos piensan que el creyente *puede salir* de la mano del Salvador y perderse, pero tal suposición no tiene base bíblica alguna y contradice abiertamente las palabras de Jesús. De otro modo, una vez salvo, siempre salvo. Los creyentes *permanecen* en Cristo definitiva y eternamente. Algunos toman otro texto de este *Evangelio* (15:6) para negar la seguridad de salvación si algún creyente *no permanece* en Jesús. Pero, como se verá en su lugar correspondiente, es usar un texto fuera del contexto doctrinal general de la Biblia.

Hendriksen, hace un resumen de la doctrina contenida en esta afirmación de Jesús como consecuencia de la enseñanza general del Señor: *"Mis ovejas –que lo han llegado a ser porque mi Padre me las ha dado (10:29)- se esfuerzan por captar el sonido de mi voz. Lo hacen constantemente. Me obedecen con fidelidad, colocando toda su confianza en mí. Yo las conozco, reconociéndolas como mías. Me siguen a mí y se apartan de los extraños. Les doy aquí y ahora (al igual que en el futuro) esa vida que tiene sus raíces en Dios y que pertenece al futuro reino de gloria. En principio esa vida pasa a ser posesión de ellas incluso antes de que lleguen al cielo. Esa vida es la salvación plena y gratuita, y se manifiesta en la comunión con Dios en Cristo (17:3); en el compartir el amor de Dios (5:43), su paz (16:33) y su gozo (17:13). En consecuencia, difiere en calidad de la vida que caracteriza a la era actual, ya que es el extremo opuesto. Nunca acaba. Las ovejas ciertamente no perecerán nunca; es decir, nunca entrarán en el estado de ira, la condición de ser apartadas para siempre de la presencia del Dios de amor. Y nadie les arrebatará de mi mano (simbolizando mi poder)*[17]*"*.

Aunque algunos piensan que lo que Cristo dice no garantiza la seguridad de salvación, puesto que puede haber creyentes, según ellos, que a pesar de creer pueden perderse; no tienen en cuenta la insistencia sobre la seguridad de salvación de aquellos a quienes Dios llama. Es necesario apreciar que la salvación es de Jehová (Sal. 3:8; Jon. 2:9) y la responsabilidad del hombre, en cuanto a condenación eterna. El que cree tiene vida eterna, pero el que rehúsa creer no verá la vida, sino que la ira de Dios está sobre él (3:36).

[17] G. Hendriksen, o.c., pág 392.

29. Mi Padre que me las dio, es mayor que todos, y nadie las puede arrebatar de la mano de mi Padre.

ὁ Πατήρ μου ὃ δέδωκεν μοι πάντων μεῖζον ἐστιν, καὶ οὐδεὶς
El Padre de mí que ha dado me de todos mayor es, y nadie
δύναται ἁρπάζειν ἐκ τῆς χειρὸς τοῦ Πατρός.
puede arrebatar de la mano del Padre.

Notas y análisis del texto griego.

Continuando con el discurso, sigue: ὁ, caso nominativo masculino singular del artículo determinado *el*; Πατήρ, caso nominativo masculino singular del nombre divino *Padre*; μου, caso genitivo de la primera persona singular del pronombre personal declinado *de mí*; ὃ, caso acusativo neutro singular del pronombre relativo *que*; δέδωκεν, tercera persona singular del perfecto de indicativo en voz activa del verbo δίδωμι, *dar, entregar*, aquí *ha dado*; μοι, caso dativo de la primera persona singular del pronombre personal declinado *a mí, me*; πάντων, caso genitivo neutro plural del adjetivo indefinido declinado *de todos*; μεῖζον, caso nominativo neutro singular del adjetivo comparativo *mayor*; ἐστιν, tercera persona singular del presente de indicativo en voz activa del verbo εἰμί, *ser, estar*, aquí *es*; καὶ, conjunción copulativa *y*; οὐδεὶς, caso nominativo masculino del pronombre indefinido *nadie*; δύναται, tercera persona singular del presente de indicativo en voz activa del verbo δύναμαι, *poder, tener poder*, aquí *puede*; ἁρπάζειν, presente de infinitivo en voz activa del verbo ἁρπάζω, *arrebatar*; ἐκ, preposición propia de genitivo *de*; τῆς, caso genitivo femenino singular del artículo determinado *la*; χειρὸς, caso genitivo femenino singular del nombre común *mano*; τοῦ, caso genitivo masculino singular del artículo definido declinado *del*; Πατρός, caso genitivo masculino singular del nombre divino *Padre*.

ὁ Πατήρ μου ὃ δέδωκεν μοι πάντων μεῖζον ἐστιν, Las ovejas del rebaño del Buen Pastor tienen el complemento de seguridad procedente del Padre. La mano del Hijo es la de la sustentación, de modo que ninguna de ellas puede deslizarse de esa mano, ni nadie puede arrebatar por la fuerza a ninguna de ellas. A esto se añade la mano de la protección que es la del Padre que se cierra sobre la del Hijo, de modo que las ovejas están entre las dos manos, de sustentación y seguridad. Si nadie puede arrebatarlas de la mano del Buen Pastor, tampoco puede nadie arrebatarlas de la mano del Padre, que como dice Jesús es mayor que todos.

καὶ οὐδεὶς δύναται ἁρπάζειν ἐκ τῆς χειρὸς τοῦ Πατρός. Algunos entienden que la primera frase: *El Padre que me ha dado es mayor que todo*, puede entenderse no como refiriéndose a la grandeza suprema del Padre, sino que para el Pastor, lo más grande es el rebaño que le fue dado, traduciendo como *lo que mi Padre me dio es mayor que todo*. Esto significaría que el rebaño es lo mayor que el Buen Pastor tiene y que lo ha recibido del Padre. Por eso, lo ha de cuidar hasta el fin. Sin embargo, debe entenderse que el contexto está vinculado con la seguridad de salvación, de modo que tanto el Hijo que lo recibe, como el Padre que lo da, hacen que nada del rebaño pueda perderse jamás. Nada deben temer las ovejas que están bajo la protección del Padre y del Hijo.

Con todo, los dos adjetivos πάντων, *todos* y μεῖζον, *mayor*, son neutros, que indican totalidad y que pueden traducirse como *mayor que todas las cosas*, de modo que la fortaleza del Padre impide que nada ni nadie puedan arrebatar ni una sola oveja del rebaño. Está dando idea de que el Padre es supremo sobre todos y sobre todas las cosas. Es la grandeza del Padre y no de las ovejas la gloriosa seguridad de salvación. Nadie puede arrebatarlas de la mano del Hijo, ni de la del Padre. Ambas están empeñadas en mantener la seguridad de salvación.

La enseñanza bíblica general sobre la seguridad de salvación en el *Evangelio*, en relación con las operaciones del Padre y del Hijo es evidente. Anteriormente Jesús se refirió a lo que había establecido con el Padre, que de todo cuanto Él le de no pierda nada sino que lo resucite todo en el día postrero (6:39). Por tanto el Salvador está empeñado con Su omnipotencia en la custodia firme de todos los suyos que serán resucitados en el día final. Esta operación divina del Hijo, garantiza la seguridad de salvación para todo aquel que crea. Por otro lado el Padre está empeñado también en asegurar que nadie caiga de la gracia, porque Su propósito es presentar a todos los salvos, sin mancha, delante de Su gloria con gran alegría (Jud. 15). Es, pues, imposible que un salvo pueda perderse una vez recibida la vida eterna como don de la gracia, en el ejercicio de la fe salvadora.

30. Yo y el Padre uno somos.

ἐγὼ καὶ ὁ Πατὴρ ἕν ἐσμεν.
Yo y el Padre uno somos.

Notas y análisis del texto griego.

Concluyendo el discurso y cerrando el párrafo, escribe: ἐγὼ, caso nominativo de la primera persona singular del pronombre perosnal *yo*; καὶ, conjunción copulativa *y*; ὁ, caso nominativo masculino singular del artículo determinado *el*; Πατὴρ, caso nominativo masculino singular del nombre divino *Padre*; ἕν, caso nominativo neutro singular del adjetivo numeral cardinal *uno*; ἐσμεν, primera persona plural del presente de indicativo en voz activa del verbo εἰμί, *ser*, aquí *somos*.

ἐγὼ καὶ ὁ Πατὴρ ἕν ἐσμεν. Todo el discurso concluye con una frase escueta pero muy precisa. El Padre y el Hijo son *uno*. Algunos entienden que este *somos uno*, no tiene que ver con la unidad divina, sino con la de propósito, es decir los dos son uno en la determinación de proteger a las ovejas. Pero, no puede dejar de apreciarse en ella la identidad de naturaleza y esencia. El adjetivo ἕν, *uno* que precede a verbo *ser*, es neutro, por tanto no se refiere a una Persona, sino al Ser Divino, esto es, a la esencia y naturaleza de Dios. Es la manifestación suprema de lo que Él es. Tiempo antes se había producido un conflicto con los judíos porque Jesús, mero hombre para ellos, al llamar a Dios Su Padre, se hacía también Dios (5:18). En aquella ocasión argumentó sobre esa relación largamente (5:19-30). Ahora es claro y concreto. La respuesta a la pregunta de los judíos sobre si era el Cristo, va mucho más allá de una simple afirmación sobre su condición mesiánica. Trasciende a todo cuanto los judíos pudieran haber esperado, presentándose en la unidad del Ser Divino, junto al Padre. Ninguno de aquellos podía admitir la pluralidad de Personas en Dios, aferrándose a la literalidad del texto del Antiguo Testamento: *"Oye, Israel: Jehová nuestro Dios, Jehová uno es"* (Dt. 6:4). La doctrina de la Trinidad es una revelación progresiva que alcanza su dimensión plena en el Nuevo Testamento, sin embargo, Jesús anticipa esa verdad señalando en estas palabras la unidad esencial con el Padre. No quiere decir que sean iguales, sino que hay entre ellos una unidad esencial de vida. Esta es una afirmación mayor que cualquier otra de las que Jesús hizo, colocándolo al nivel de Dios y no al de las personas. La principal base que sustenta esta interpretación es que los judíos entendieron que siendo hombre se hacía Dios. Aquellos entendían que en las palabras de Jesús había más que la expresión de una unidad de identidad en obra, que resultaría en unidad de voluntad, incluso de poder si el hombre, como consideraban a Jesús, dependía del Padre para ejecutar lo que hacía. Partiendo del prólogo del evangelio, Juan está tomando esta frase en una directa declaración metafísica de relación divina. De otro modo, la Trinidad económica está vinculada y descansa en la Trinidad esencial. La precisión que Jesús hace es sorprendentemente precisa: *Yo y el Padre*, lo que expresa claramente la diferencia de Personas, *somos uno*, manifestando una sola esencia o sustancia. De otro modo, en la expresión de Jesús se aprecia la unidad de esencia y la distinción de Personas. La relación del Señor con el Padre no es la de una sola carne o un solo espíritu, sino un solo Dios. Esto es, no se trata de singularidad de número, sino de unidad de esencia. Así que el Padre y el Hijo subsisten por Sí mismos como Personas Divinas, individuales y diferenciadas, pero ambas en la identidad de una sola sustancia que se ve en las dos Personas sin distinción y que le permite decir *el que me ve a mí ve al Padre* (14:9).

El escritor de la *Carta a los Hebreos*, hablando de Cristo dice que es la *imagen de la sustancia de Dios* (He. 1:3). De modo que el Hijo esté en el Padre y el Padre en el Hijo, como se verá más adelante, implica la plenitud de la Deidad en el Uno tanto como en el Otro. La imagen no puede existir sola, así como tampoco la semejanza puede referirse a Sí mismo, como recuerda Hilario de Poitiers[18].

Aunque las dos Personas Divinas poseen en común todos los atributos esenciales, operativos y morales de la Deidad, cada una de ellas se manifiesta hacia el exterior, y en alguna medida se refleja hacia nosotros, según el matiz peculiar que la caracteriza y que la distingue en individualidad de las otras dos. De ahí que el Padre sea *principio sin principio*, de quien procede el Hijo, segunda Persona de la Deidad. Pero, el hecho de *procedencia*, no significa en modo alguno *principio de existencia*, puesto que Dios es eterno y de la misma manera lo son las Personas de la Santísima Trinidad. En relación con el versículo, Dios es uno en la completa esencia que subsiste como Padre y como Hijo. Ambos, el Padre y el Hijo, son el único y verdadero Dios. Será bueno recordar aquí unos principios básicos de la Doctrina Trinitaria en relación con el Padre y el Hijo, que nos permita comprender la dimensión de las palabras de Jesús.

El Padre, según revelación bíblica es principio sin principio. Quiere decir que aunque el Hijo y el Padre son *uno*, el Hijo procede del Padre, mientras que el Padre no procede de ninguna otra. Por esa razón Cristo insiste en Su procedencia del Padre que le envía (3:16). Si hace la obra de Salvador y de Pastor es consecuencia de haber sido enviado, aunque también Él viene voluntariamente. En el envío *ad extra*, es consecuencia de la procedencia *ad intra* y por tanto, una prolongación de la misma. El Padre lo es en toda la intensidad de su Ser Personal. De otro modo, la base personalizadora constitutiva en cuanto a Persona distinta de la del Hijo, es que en el presente sin cambio, ni sucesión, ni principio, ni fin de la eternidad divina, engendra un Hijo. Éste es la Segunda Persona de la Deidad, comunicándole con esa operación todo lo que el Padre es y tiene (16:15). Lo único que no puede darle ni compartir con el Hijo es el ser Padre. Así como el Padre es total y perfectamente Dios en cuanto a Persona, así también lo es el Hijo. De no ser así, el Padre no sería una Persona infinita, porque le quedaría algo que no estaría incluido en la paternidad y, por consiguiente, en la Divinidad. Esto afectaría también al Hijo que no sería Persona infinita, puesto que en algo no sería Hijo, con lo que también quedaría

---

[18] Hilario de Poitiers. *La Trinidad*. III, 23.

imperfecto como Dios el Hijo. El Padre, como progenitor único, agota Su función generadora en el Hijo, ya que Éste es el resultado exhaustivo de la generación del Padre, de lo contrario ambos no serían Dios, al quedar incompletos en su Ser personal. Es por eso que el Padre tiene un Hijo que es Unigénito, necesariamente (1:14, 18; 3:16, 18; 1 Jn. 4:9). Si pudiera haber otro o más hijos en el Seno Trinitario, ninguno de ellos sería resultado exhaustivo de la generación del Padre, y por tanto, ninguno sería infinito, ninguno sería Dios. Pero, tampoco el Padre lo sería, por cuanto Su acción generadora constituiría un acto limitado dentro de Su seno, donde el ser y el obrar se corresponden en absoluta identidad. Por ser este acto una entrega absoluta y perfecta al Hijo, el Padre se constituye por una relación subsistente hacia otro, en Persona divina, por esa relación con el Hijo, pero, el hecho de que el Padre engendre al Hijo no le da ninguna superioridad sobre Él. No debe olvidarse que el Padre debe su Ser personal al acto de engendrar al Hijo, del mismo modo que el Hijo lo debe al hecho de ser engendrado por el Padre. No hay pues ninguna dependencia, inferioridad ni subordinación en el Seno Trinitario, sino una interdependencia infinita y eterna, ya que el Padre no puede existir como Padre sin el Hijo, ni el Hijo como Hijo puede existir sin el Padre (1 Jn. 2:23). En la generación divina no se da el proceso de causa y efecto que hay en cualquier otra fuera de Dios, sino de principio a término. Por contraste en la generación humana el hombre no es engendrado por sus facultades espirituales, sino mediante relación orgánica, de donde surge otra persona. Sin embargo, ninguno de los dos, ni el padre, ni el hijo se constituyen como persona por esa relación. El Padre engendra al Hijo, y esta función concluyó ya, con lo que termina la función generadora de la Primera Persona, por tanto terminaría la Personificación de ella, o todavía no terminó de engendrarlo, por lo que el Hijo no sería Dios perfecto. Por esa razón la generación divina es inmanente, por cuanto el Hijo queda en el seno del Padre (1:18; 14:10). El Padre está enteramente en el Hijo engendrado con Su mente personal infinita, y el Hijo está por entero en el Padre como concepto personal exhaustivo de la mente paterna. Ya que en Dios existe lo Absoluto y lo Relativo hacen del ministerio vinculante del Padre y del Hijo algo difícil de entender, de otro modo, tanto Padre, como Hijo, son palabras que expresan una situación esencialmente personal. La generación divina es una operación inmanente, en las que las dos Personas son principio y término absoluto de una relación personal subsistente, no es la naturaleza divina la que engendra, sino que sólo el Padre engendra y sólo el Hijo es engendrado. Por esa razón se da al Hijo el mismo poder que tiene el Padre (5:26). Es necesario entender claramente que no es el Padre el que da vida al Hijo, sino que le da el tener vida en Sí mismo, como fuente de vida por ser tan Dios como el Padre. La entrega total del Padre al Hijo expresa la acción y relación divina, subsistente y personalizadora que hace que el Hijo sea radicalmente Otro y cuya razón de existir es darse.

Por esto Jesús dice a los judíos *"Yo y el Padre somos uno"*. Unidad en la Deidad, individualidad en la Persona, identidad en el Ser. Esta afirmación impacta abiertamente a los judíos que le habían preguntado si era el Cristo. Para los enemigos de Jesús constituía un serio problema, no sólo la relación que afirmaba tener con el Padre, sino la misma Persona Divino-humana del Hijo. No se puede entender plenamente quien es Jesús, si no se parte, necesariamente, de la condición divina que le corresponde eternamente como Hijo de Dios, segunda Persona de la Divina Trinidad. No será posible entender la vida de Jesús, en el desarrollo de Su actividad entre los hombres, si no se parte de su eterna deidad. Hay acciones de Jesús, palabras, enseñanzas que sólo son posibles desde Su condición Divino-humana. Por ello, la vida del Señor en el mundo de los hombres es única e irrepetible. Solo Él es de esa forma y sólo Él lo será en el futuro. Ningún hombre jamás ha estado vinculado a la deidad como Jesús; ninguno impecable como Él; ninguno adorable. Jesús es el ejemplo y modelo, no del hombre, sino de la nueva humanidad en el propósito de Dios. Por medio de Él y en Él, el hombre se *diviniza*, en el sentido de venir a ser participante de la *divina naturaleza* (1 P. 1:4), sin que ello signifique que el hombre llegue a ser Dios. Sólo en Jesús, Dios alcanza la plenitud de la criatura haciéndose como ella, al incorporar en subsistencia personal, una naturaleza humana, que permite al Verbo de Dios venir a la condición de hombre y a la forma de siervo (1:14; Fil. 2:6-8). Eso cambia la historia de la humanidad en forma absoluta. Los judíos esperaban un Mesías con ansia e impaciencia, y cuando Jesús vino y realizó la obra mesiánica profetizada, no encontró acogida, sino rechazo, por cuanto el Logos, brilló en las tinieblas pero estas no le recibieron, y en esas tinieblas resplandeció para los suyos, y los suyos, entenebrecidos, no le recibieron (1:5, 11). Si embargo, Jesús, el Salvador que es escándalo a los judíos es el Buen Pastor que va delante de las ovejas que, siendo del Padre, le fueron entregadas por Él. Es, pues, necesario conocer a Jesús, en Su plenitud, pero también en Su condición humana, que no puede desvincularse jamás de la divina, por cuanto son dos subsistencias en una misma Persona. Conocer a Jesús y Su vida humana conduce a la comprensión del aspecto antropológico del misterio de redención. Conocer la vida de Jesús es seguir la ruta de la Deidad en Su revestimiento humano, en el supremo encuentro de gracia entre Dios y el hombre, que establece un lazo de vinculación eterna para todo aquel que crea. Esa comprensión debe alcanzarse manteniendo visible, en la consideración de la vida humana del Jesús de Nazaret, Su condición divina que proviene de la eterna Persona del Hijo de Dios. El gran misterio final en esta comprensión es llegar a entender con claridad que Jesús, es Hijo de Dios, e Hijo de María, vinculando este lazo último a la condición humana y el primero a la divina que eternamente tiene, de modo que podamos alzar la inalcanzable dimensión del Emanuel: Dios con nosotros.

Reacción y nueva respuesta (10:31-39).

31. Entonces los judíos volvieron a tomar piedras para apedrearle.

᾿Εβάστασαν πάλιν λίθους οἱ ᾿Ιουδαῖοι ἵνα λιθάσωσιν αὐτόν.
Tomaron otra vez piedras los judíos para apedrear le.

Notas y análisis del texto griego.

Los judíos reaccionaron a las palabras de Jesús. ᾿Εβάστασαν, tercera persona plural del aoristo primero de indicativo en voz activa del verbo βαστάζω, *tomar, asir agarrar*, aquí *tomaron*; πάλιν, adverbio de modo *nuevamente, otra vez*; λίθους, caso acusativo masculino plural del nombre común *piedras*; οἱ, caso nominativo masculino plural del artículo definido *los*; ᾿Ιουδαῖοι, caso nominativo masculino plural del adjetivo *judíos*; ἵνα, conjunción causal *para*; λιθάσωσιν, tercera persona plural del aoristo primero de subjuntivo del verbo λιθάζω, *apedrear*; αὐτόν, caso acusativo masculino de la tercera persona singular del pronombre personal declinado *a Él, le*.

᾿Εβάστασαν πάλιν λίθους οἱ ᾿Ιουδαῖοι ἵνα λιθάσωσιν αὐτόν. La identificación de Jesús con el Padre como uno, produjo una inmediata reacción entre los judíos. Todos ellos comprendieron que Cristo se estaba refiriendo a Su condición divina, asunto insoportable para ellos. Le habían preguntado si era el Cristo y Él les contesta que es Dios. Consideradas éstas como palabras de un hombre, podían ser creídas como una expresión blasfema. Por tanto, sobre el blasfemo caía la justicia legal de lapidación, como prescribía la Ley (Lv. 24:16). Por lo que tomaron piedras, sin duda de las que había a mano en el recinto del santuario, donde se seguía construyendo lo que aún faltaba en el proyecto de Herodes. Pero, Jesús había hecho manifestaciones suficientes durante los tres años de ministerio que claramente ponían de manifiesto que era Dios. Por tanto, la negación a creer en Él, no era sino una expresión malvada de pecaminosidad.

Juan hace notar que *volvieron otra vez a tomar piedras*, repitiendo un hecho anterior (8:59). El propósito interno de los enemigos de Cristo era acabar cuanto antes con Su vida, en esta ocasión les parecía que tenían en las palabras de Jesús motivo suficiente, sin embargo, no podían tomarse la justicia por la mano, sino que debía haber un proceso judicial ante el Sanedrín que era el único que podía dictar pena de muerte conforme a la Ley.

El extremismo religioso estaba manifestándose en sectores de la sociedad judía, alcanzando siempre un grado de acción mayor que el que establecía la ley, así que acciones que conducían a la muerte de una persona sin juicio previo, se estaban produciendo, como se lee en escritos de los judíos. A modo de ejemplo: *"Si un hombre roba una vasija del templo, o maldecía por Kosem, o tenía una amante aramea, los zelotes caían sobre él. Si un sacerdote servía (en el altar) en estado impuro, los otros sacerdotes iguales a él no lo sacaban al patio, sino que los jóvenes de entre los sacerdotes lo sacaban fuera del templo y le apaleaban hasta abrirle la cabeza*[19]*"*. Está acción sorprende cuando se sabe que la pena legal por esa ofensa era la administración de azotes. Lo judíos llenos de odio pretendían pasar por alto las formalidades legales y matar a Jesús.

32. Jesús les respondió: Muchas buenas obras os he mostrado de mi Padre; ¿por cual de ellas me apedreáis?

ἀπεκρίθη αὐτοῖς ὁ Ἰησοῦς· πολλὰ ἔργα καλὰ ἔδειξα ὑμῖν ἐκ
Respondió les - Jesús: Muchas obras buenas mostré os de
τοῦ Πατρός· διὰ ποῖον αὐτῶν ἔργον ἐμὲ λιθάζετε
el Padre. ¿Por cuál de ellas obra me apedreáis?

Notas y análisis del texto griego.

Responde Jesús: ἀπεκρίθη, tercera persona singular del aoristo primero de indicativo en voz pasiva del verbo ἀποκρίνομαι, *responder, contestar*, aquí *respondió*; αὐτοῖς, caso dativo masculino de la tercera persona plural del pronombre personal declinado *a ellos, les*; ὁ, caso nominativo masculino singular del artículo determinado *el*; Ἰησοῦς, caso nominativo masculino singular del nombre propio *Jesús*; πολλὰ, caso acusativo neutro plural del adjetivo *muchos*; ἔργα, caso acusativo neutro plural del nombre común *obras*; καλὰ, caso acusativo neutro plural del adjetivo *buenos*; ἔδειξα, primera persona singular del aoristo primero de indicativo en voz activa del verbo δείκνυμι, *mostrar, manifestar, enseñar, presentar, hacer ver*, aquí *mostré*; ὑμῖν, caso dativo de la segunda persona plural del pronombre personal declinado *a vosotros, os*; ἐκ, preposición propia de genitivo *de*; τοῦ, caso genitivo masculino singular del artículo determinado *el*; Πατρός, caso genitivo masculino singular del nombre divino *Padre*; διὰ, preposición propia de acusativo *por*; ποῖον, caso acusativo neutro singular del adjetivo

[19] *Shan. 9:6.*

interrogativo; αὐτῶν, caso genitivo neutro de la tercera persona plural del pronombre personal declinado *de ellos*; ἔργον, caso acusativo neutro singular del nombre común *obra*; ἐμὲ, caso acusativo de la primera persona singular del pronombre personal declinado *a mí, me*; λιθάζετε, segunda persona plural del presente de indicativo en voz activa del verbo λιθάζω, *apedrear*, aquí *apedreáis*.

ἀπεκρίθη αὐτοῖς ὁ Ἰησοῦς· A la reacción violenta de los judíos, responde la mansedumbre y tranquilidad de Jesús. No hay reproche contra lo que pretendían hacer con Él. No hay palabras acusadoras, simplemente una respuesta calma a la acción determinante de los enemigos. Ellos querían apedrearle, Él simplemente responde.

πολλὰ ἔργα καλὰ ἔδειξα ὑμῖν ἐκ τοῦ Πατρός· A lo largo de los años de ministerio estuvo haciendo buenas obras, como el apóstol Pedro dirá luego de Su resurrección, *"anduvo haciendo bienes y sanando a todos los oprimidos por el diablo"* (Hch. 10:38). Nadie podía acusarle de haber hecho el más mínimo acto contrario a lo que Dios había establecido en la Ley. Todas aquellas obras fueron realizadas bajo la dirección del Padre y concordaban con el carácter de bondad, justicia y equidad que le son propias, como dijo antes (5:37). Nunca hizo las obras por Su propia determinación, sino revelando al Padre en ellas, por tanto, las obras de Jesús son las obras de Dios. Tales acciones eran testimonio suficiente para que los judíos reconocieran en Jesús al Mesías, el Hijo de Dios. No eran pocas las obras que había hecho, sino muchas, todas ellas visibles y conocidas por la gente.

διὰ ποῖον αὐτῶν ἔργον ἐμὲ λιθάζετε. La pregunta formulada es comprometida para los judíos: *"¿Por cuál de esas buenas obras me apedreáis?"*. La pregunta los enfrenta con la causa que motivaba el apedreamiento de Jesús, que no podía ser por otra cosa que por las obras, puesto que en Su ministerio estuvieron presentes continuamente junto con Sus palabras. Las acciones son condenables por la Ley si son opuestas a ella, de modo que Jesús los desafía a buscar algo que justificase la acción de apedreamiento contra Él, que se habían propuesto los judíos. Cristo había dicho que *Él y el Padre son uno*, las obras que hacía procedían necesariamente de Dios, y justificaban la afirmación que había escandalizado a Sus enemigos. No podían, a causa de las obras, acusarle de blasfemo.

33. Le respondieron los judíos, diciendo: Por buena obra no te apedreamos, sino por la blasfemia; por que tú, siendo hombre, te haces Dios.

ἀπεκρίθησαν αὐτῷ οἱ Ἰουδαῖοι· περὶ καλοῦ ἔργου οὐ
Respondieron le los judíos: Por buena obra no
λιθάζομεν σε ἀλλὰ περὶ βλασφημίας, καὶ ὅτι σὺ ἄνθρωπος
apedreamos te sino por blasfemia, y porque tu hombre
ὢν ποιεῖς σεαυτὸν Θεόν.
siendo haces a ti mismo Dios.

Notas y análisis del texto griego.

Siguiendo el relato, escribe: ἀπεκρίθησαν, tercera persona plural del aoristo primero de indicativo en voz pasiva del verbo ἀποχρίνομαι, *responder*, aquí *respondieron*; αὐτῷ, caso dativo masculino de la tercera persona singular del pronombre personal declinado *a Él, le*; οἱ, caso nominativo masculino plural del artículo determinado *los*; Ἰουδαῖοι, caso nominativo masculino plural del adjetivo *judíos*; περὶ, preposición propia de genitivo *por, acerca de*; καλοῦ, caso genitivo neutro singular del adjetivo *bueno*; ἔργου, caso genitivo neutro singular del nombre común *obra*; οὐ, adverbio de negación *no*; λιθάζομεν, primera persona plural del presente de indicativo en voz activa del verbo λιθάζω, *apedrear*, aquí *apedreamos*; σε, caso acusativo de la segunda persona singular del pronombre personal declinado *a ti, te*; ἀλλὰ, conjunción adversativa *sino*; περὶ, preposición propia de genitivo *por, acerca de*; βλασφημίας, caso genitivo femenino singular del nombre común *blasfemia*; καὶ, conjunción copulativa *y*; ὅτι, conjunción causal *porque*; σὺ, caso nominativo de la segunda persona singular del pronombre personal *tú*; ἄνθρωπος, caso nominativo masculino singular del nombre común *hombre*; ὢν, caso nominativo masculino singular del participio de presente en voz activa del verbo εἰμί, *ser, tener*, aquí *siendo*; ποιεῖς, segunda persona singular del presente de indicativo en voz activa del verbo ποιέω, *hacer, realizar, producir*, aquí *haces*; σεαυτὸν, caso acusativo masculino singular del pronombre reflexivo declinado *a ti mismo*; Θεόν, caso acusativo masculino singular del nombre divino *Dios*.

ἀπεκρίθησαν αὐτῷ οἱ Ἰουδαῖοι· La pregunta de Jesús tiene una inmediata respuesta por parte de los judíos.

περὶ καλοῦ ἔργου οὐ λιθάζομεν σε ἀλλὰ περὶ βλασφημίας, Ninguno de ellos estaba dispuesto a vincular palabras y acciones en Cristo. Para ellos las obras eran una cosa, por la cual no se le podía acusar y mucho menos apedrear. Pero, las palabras, eran otra cosa y, desvinculadas del entorno personal, eran una blasfemia, por la que podía ser apedreado un hombre. Sin embargo, la maldad de aquellos perversos hace que se contradigan a ellos mismos, puesto que al ver las obras poderosas de Jesús, procuraban que la gente creyese que no las hacía con el poder de Dios, sino como un aliado del diablo que le daba el poder.

καὶ ὅτι σὺ ἄνθρωπος ὢν ποιεῖς σεαυτὸν Θεόν. Esa afirmación de Jesús, que para ellos era una blasfemia, ponía también de manifiesto lo que era para ellos, sólo *un hombre*. Y el grave pecado era que siendo un hombre se hacía Dios. Evidentemente eso constituía una grave ofensa, motivo por el cual buscaban afanosamente condenarlo a muerte, desde tiempo atrás. En el evangelio se aprecia claramente esto. Jesús ya había dicho que Su Padre trabajaba y Él lo hacía también, por cuya manifestación los judíos procuraban matarlo, porque además de quebrantar el sábado se hacia igual a Dios, al llamarle Padre (5:17, 18). Igualmente la afirmación de que antes que Abraham hubiera nacido Él era, produjo una reacción semejante, tomando piedras para apedrearlo (8:58, 59). Ahora esa frase: *"Yo y el Padre somos uno"* generó la misma consecuencia. Para ellos Jesús era un hombre que pretendía que la gente lo considerase Dios. Aquellos manifestaban un celo intenso por la defensa de la unicidad de Dios, pero ignoraban voluntariamente el testimonio de las obras que sólo Dios podía hacer. Jesús no podía ser un *mero hombre* que en una arrogancia pecaminosa se hacía a Sí mismo Dios, sino que lo era en verdad, habiéndose hecho hombre para aproximar a Dios a los hombres y hacer la obra de salvación para todos los que creen en Él. Esta era la condenación natural y justa de los arrogantes fariseos.

34. Jesús les respondió: ¿No está escrito en vuestra ley: Yo dije, dioses sois?

ἀπεκρίθη αὐτοῖς [ὁ] Ἰησοῦς[1]· οὐκ ἔστιν γεγραμμένον[2] ἐν τῷ
Respondió les - Jesús: ¿No está escrito en la
νόμῳ ὑμῶν ὅτι *ἐγὼ εἶπα· θεοί ἐστε.*
Ley de vosotros que Yo dije: dioses sois?

Notas y análisis del texto griego:

Sigue el relato: ἀπεκρίθη, tercera persona singular del aoristo primero de indicativo en voz pasiva del verbo ἀποκρίνομαι, *responder, contestar*, aquí *respondió*; αὐτοῖς, caso dativo masculino de la tercera persona plural del pronombre personal declinado *a ellos, les*; ὁ, caso nominativo masculino singular del artículo determinado *el*; Ἰησοῦς, caso nominativo masculino singular del nombre propio *Jesús;* οὐκ, forma escrita del adverbio de negación *no*, con el grafismo propio ante una vocal con espíritu suave o una enclítica; ἔστιν, tercera persona singular del presente de indicativo en voz activa del verbo εἰμί, *ser, estar*, aquí *está*; γεγραμμένον, caso nominativo neutro singular del participio perfecto en voz pasiva del verbo γράφω, *escribir*, aquí *ha sido escrito*, *escrito*; ἐν, preposición propia de dativo *en*; τῷ, caso dativo masculino singular del artículo determinado *el*; νόμῳ, caso dativo masculino singular del nombre común *ley*; ὑμῶν, caso genitivo de la segunda persona plural del pronombre personal declinado *de vosotros*; ὅτι, conjunción *que*; *ἐγώ*, caso nominativo de la primera persona singular del pronombre personal *yo*; *εἶπα*, primera persona singular del segundo aoristo de indicativo en voz activa del verbo εἶπον, forma del aoristo de λέγω, *hablar, decir*, aquí *dije*; *θεοί*, caso nominativo masculino plural del nombre común *dioses*; *ἐστε*, segunda persona plural del presente de indicativo en voz activa de verbo εἰμί, *ser*, aquí *sois*.

Crítica Textual. Lecturas alternativas.

1 ἀπεκρίθη αὐτοῖς Ἰησοῦς, *respondió Jesús les*, según se lee en 𝔭45, B, W.

ἀπεκρίθη Ἰησοῦς καὶ εἶπεν αὐτοῖς, *respondió Jesús y dijo les*, como se lee en 𝔭66.

ἀπεκρίθη αὐτοῖς Ἰησοῦς καὶ εἶπεν, *respondió les Jesús y dijo*, según lectura en D.
ἀπεκρίθη αὐτοῖς ὁ Ἰησοῦς *respondió les Jesús*, según lectura en 𝔭75, ℵ, A, K, K, Γ, Δ, Θ, Ψ, $f^{1, 13}$, 33, 565, 579, 700, 892s, 1241, 1424, 844, 2211, 𝔐.

2 Se añade a continuación ἐν τῇ γραφῇ, *en la Escritura*, como se lee en 𝔭45vid.

ἀπεκρίθη αὐτοῖς [ὁ] Ἰησοῦς· Una nueva respuesta de Jesús sigue a la de los fariseos, formulada mediante una pregunta retórica que exige una respuesta positiva y que es una fórmula para introducir el discurso que sigue.

οὐκ ἔστιν γεγραμμένον ἐν τῷ νόμῳ ὑμῶν ὅτι *ἐγὼ εἶπα· θεοί ἐστε.* Cristo apela a la Escritura citando un texto relativo a la intervención divina sobre los jueces que juzgan injustamente a quienes, en su función judicial, les llama dioses (Sal. 82:6), iniciando el texto presentando al Señor en la reunión de *los dioses*. Dios los llama de ese modo porque tenían la autoridad divina para aplicar la Ley, que también procedía de Él. Con esta cita inicia la argumentación irrebatible delante de Sus acusadores. La Escritura llamó dioses a hombres. Los judíos se consideraban como custodios de lo que Dios dio en Su Palabra, por tanto, Jesús apela a ella.

35. Si llamó dioses a aquellos a quienes vino la palabra de Dios (y la Escritura no puede ser quebrantada).

εἰ ἐκείνους εἶπεν θεοὺς πρὸς οὓς ὁ λόγος τοῦ Θεοῦ ἐγένετο,
Si aquellos llamó dioses a los que la palabra - de Dios vino
καὶ οὐ δύναται λυθῆναι ἡ γραφή,
y no puede ser quebrantada la Palabra.

Notas y análisis del texto griego.

Sigue la respuesta de Jesús: εἰ, conjunción afirmativa *si*; ἐκείνους, caso acusativo masculino plural del pronombre demostrativo *aquellos*; εἶπεν, tercera persona singular del segundo aoristo de indicativo en voz activa del verbo εἶπον, forma del aoristo de λέγω, *hablar, decir, llamar*, aquí *llamó*; θεοὺς, caso acusativo masculino plural del nombre común *dioses*; πρὸς, preposición propia de acusativo *a*; οὓς, caso acusativo masculino plural del pronombre relativo *los que*; ὁ, caso nominativo masculino singular del artículo determinado *el*; λόγος, caso nominativo masculino singular del nombre común *palabra, verbo*; τοῦ, caso genitivo masculino singular del artículo determinado *el*; Θεοῦ, caso genitivo masculino singular del nombre divino declinado *de Dios*; ἐγένετο, segunda persona singular del aoristo segundo de indicativo en voz media del verbo γίνομαι, en la acepción *venir*, aquí *vino*; καὶ, conjunción copulativa *y*; οὐ, adverbio de negación *no*; δύναται, tercera persona singular del presente de indicativo en voz media del verbo δύναμαι, *tener poder, poder*, aquí *puede*; λυθῆναι, aoristo primero de infinitivo en voz media del verbo λύω, *desatar, soltar, librar, desintegrar, suprimir*, aquí *ser quebrantada, ser suprimida*; ἡ, caso nominativo femenino singular del artículo determinado *la*; γραφή, caso nominativo femenino singular del nombre *Escritura*.

εἰ ἐκείνους εἶπεν θεοὺς πρὸς οὓς ὁ λόγος τοῦ Θεοῦ ἐγένετο, Siguiendo el argumento les recuerda que Dios llamó dioses a quienes como jueces se ocupaban de aplicar la Palabra que Él les había enviado, a pesar de que como se aprecia en la lectura del Salmo, no eran personas dignas de ningún reconocimiento especial. Les calificaba de ese modo porque representaban a la justicia de Dios, tomándola, especialmente en la ley que regulaba aspectos de la vida de los israelitas, para aplicarla en casos concretos, por tanto eran partícipes del derecho divino para juzgar.

καὶ οὐ δύναται λυθῆναι ἡ γραφή, Nadie podía negarse a entender que Dios les había llamado dioses y quedaba registrado en la Escritura, por tanto, no podía quebrantarse aquello que estaba escrito por revelación e inspiración divina. Toda la Escritura es inspirada por Dios (2 Ti. 3:15-16; 2 P. 1:21), de modo que no puede ser desposeída de la autoridad divina y de la inerrancia de que está dotada por ser Palabra de Dios, así que si llama dioses, es que quiere decir aquello que dice. Podría gustar o no a quienes la leen, pero no pueden alterarla por su condición y procedencia.

36. ¿Al que el Padre santificó y envió al mundo, vosotros decís: Tú blasfemas, porque dije: Hijo de Dios soy?

ὃν	ὁ	Πατὴρ	ἡγίασεν	καὶ	ἀπέστειλεν	εἰς	τὸν	κόσμον	ὑμεῖς
Al que	el	Padre	santificó	y	envió	al		mundo	vosotros

λέγετε	ὅτι	βλασφημεῖς,	ὅτι	εἶπον·	Υἱὸς	τοῦ	Θεοῦ	εἰμι
decís	que	blasfema,	porque	dijo:	Hijo	-	de Dios	soy.

Notas y análisis del texto griego.

Continúa: ὃν, caso acusativo masculino singular del pronombre relativo declinado *al qué*; ὁ, caso nominativo masculino singular del artículo determinado *el*; Πατὴρ, caso nominativo masculino singular del nombre divino *Padre*; ἡγίασεν, tercera persona singular del aoristo primero de indicativo en voz activa del verbo ἁγιάζω, *santificar, separar*, aquí *santificó*; καὶ, conjunción copulativa *y*; ἀπέστειλεν, tercera persona singular del aoristo primero de indicativo en voz activa del verbo ἀποστέλλω, *enviar*, aquí *envió*; εἰς, preposición propia de acusativo *a*; τὸν, caso acusativo masculino singular del artículo determinado *el*; κόσμον, caso acusativo masculino singular del nombre común *mundo*; ὑμεῖς, caso nominativo de la segunda persona plural del pronombre personal *vosotros*; λέγετε, segunda persona plural del presente de indicativo en voz activa del verbo λέγω, *hablar, decir*, aquí *decís*; ὅτι, conjunción *que*; βλασφημεῖς, segunda persona singular del presente de indicativo en voz activa del verbo βλασφημέω, *blasfemar, hablar mal, maldecir*, aquí *blasfema*; ὅτι, conjunción causal *porque* εἶπον, primera persona singular del segundo aoristo de indicativo en voz activa del verbo εἶπον, forma del aoristo de λέγω, *hablar, decir*, aquí *dije*; Υἱὸς, caso nominativo masculino singular del nombre divino *Hijo*; τοῦ, caso genitivo masculino singular del artículo determinado *el*; Θεοῦ, caso genitivo masculino singular del nombre divino declinado *de Dios*; εἰμι, primera persona singular del presente de indicativo en voz activa del verbo εἰμί, *ser*, aquí *soy*.

ὃν ὁ Πατὴρ ἡγίασεν καὶ ἀπέστειλεν εἰς τὸν κόσμον ὑμεῖς λέγετε ὅτι βλασφημεῖς, ὅτι εἶπον· Υἱὸς τοῦ Θεοῦ εἰμι. Aquellos no habían dicho nada del calificativo de *dioses* dado a los jueces, pero se molestaban porque Jesús se definió a Sí mismo como Hijo de Dios. No cabe duda que la diferencia entre Jesús y los jueces es evidente. A aquellos les había llegado la Palabra, pero Él era la Palabra encarnada (1:1). Los jueces ejercían autoridad por un tiempo, habiendo nacido como cualquier otro hombre, pero Jesús había sido enviado por el Padre al mundo, por tanto, tenía mucho más derecho a decir que era el Hijo de Dios, aquellos eran *hijos de Dios* en el sentido genérico como miembros de un pueblo al que Dios llamó su hijo, pero Jesús era el Unigénito del Padre (1:14, 18; 3:16). Mientras que los jueces tenían una tarea que habían recibido para ejercer, Jesús había sido *santificado*, es decir, separado por Dios para el ministerio supremo de revelarlo a los hombres (1:18) y llevar a cabo la obra redentora que había sido determinada desde antes de la creación del mundo.

La construcción gramatical de la frase completa debe entenderse como si dijese: *Al que Dios consagró y envió al mundo, vosotros os atrevéis a llamarle blasfemo, porque dice que es Hijo de Dios*. En esta argumentación Jesús se presenta como superior a los jueces, incluso a los profetas, porque tanto unos como otros usan o reciben la Palabra que Dios les revela, mientras que Él fue enviado al mundo por el Padre. Jesús había venido al mundo en un servicio de salvación, conforme a la voluntad del Padre establecida en el *plan de redención*.

37. Si no hago las obras de mi Padre, no me creáis.

εἰ οὐ ποιῶ τὰ ἔργα τοῦ Πατρός μου, μὴ πιστεύετε μοι·
Si no hago las obras del Padre de mí, no creáis me.

Notas y análisis del texto griego.

Siguen las palabras de Jesús: εἰ, conjunción afirmativa *si*; οὐ, adverbio de negación *no*; ποιῶ, primera persona singular del presente de indicativo en voz activa del verbo ποιέω, *hacer, realizar, producir*, aquí *hago*; τὰ, caso acusativo neutro plural del artículo determinado *las*; ἔργα, caso acusativo neutro plural del nombre común *obras*; τοῦ, caso genitivo masculino singular del artículo determinado declinado *del*; Πατρός, caso genitivo masculino singular del nombre divino *Padre*; μου, caso genitivo de la primera persona singular del pronombre personal declinado *de mí*; μὴ, partícula que hace funciones de adverbio de negación condicional *no*; πιστεύετε, segunda persona plural del presente de imperativo en voz activa del verbo πιστεύω, *creer*; μοι, caso dativo de la primera persona singular del pronombre personal declinado *a mí, me*.

εἰ οὐ ποιῶ τὰ ἔργα τοῦ Πατρός μου, μὴ πιστεύετε μοι· Jesús apela al conocimiento de los fariseos. El hacía las obras del Padre. Todos los milagros que había realizado, así como su afirmación para perdonar pecados o dar vida eterna, son obras u operaciones divinas. A ellas orienta para que a su vista puedan dar crédito a Sus palabras. Aquellas obras no son posibles desde el poder humano (5:19, 30, 36). Jesús había descendido del cielo para hacer la voluntad del Padre, como también había dicho (6:38). La identidad en el obrar había quedado manifestada en el ministerio de Jesús, porque hacía siempre lo que le agradaba al Padre (8:29). Nadie había hecho jamás un milagro como fue el dar vista a un ciego de nacimiento (9:31-33). A estas obras dirige el pensamiento de Sus enemigos para que entiendan que lo que Él dice de sí mismo, calificándose de Hijo de Dios, es una verdad incuestionable porque Sus obras son obras divinas. No les pide que crean simplemente a lo que dice, sino que crean porque hace las obras del Padre.

38. Mas si las hago, aunque no me creáis a mí, creed a las obras, para que conozcáis y creáis que el Padre está en mí, y yo en el Padre.

εἰ δὲ ποιῶ, κἂν ἐμοὶ μὴ πιστεύητε, τοῖς ἔργοις πιστεύετε,
Pero si hago, aunque a mí no creáis, a las obras creed,
ἵνα γνῶτε καὶ γινώσκητε ὅτι ἐν ἐμοὶ ὁ Πατὴρ καγὼ ἐν
para que conocieseis y sepáis que en mí el Padre y yo en
τῷ Πατρί.
el Padre.

Notas y análisis del texto griego.

Concluyendo el discurso de Jesús, escribe: εἰ, conjunción afirmativa *si*; δὲ, partícula conjuntiva que hace las veces de conjunción coordinante, con sentido de *pero, más bien, y, y por cierto, antes bien*; ποιῶ, primera persona singular del presente de indicativo en voz activa del verbo ποιέω, *hacer, realizar*, aquí *hago*; κἀν, crasis[20] formada por la conjunción copulativa καὶ, *y*, y la conjunción ἐάν, *si*; como adverbio significa *igualmente, también, aún*; como conjunción concesiva *aunque, incluso si, aun en el caso de que, aunque sea*, o condicional *al menos, siquiera, por lo menos, y si, sea que, aunque, aun sí*; ἐμοὶ, caso dativo singular de la primera persona singular del pronombre personal declinado *a mí*; μὴ, partícula que hace funciones de adverbio de negación *no*; πιστεύητε, segunda persona plural del presente de subjuntivo en voz activa del verbo πιστεύω, *creer*, aquí *creáis*; τοῖς, caso dativo neutro plural del artículo determinado declinado *a los*; ἔργοις, caso dativo neutro plural del nombre común *obras*; πιστεύετε, segunda persona plural del presente de imperativo en voz activa del verbo πιστέυω, *creer*, aquí *creed*; ἵνα, conjunción causal *para que*; γνῶτε, segunda persona plural del aoristo segundo de subjuntivo en voz activa del verbo γινώσκω, *conocer*, aquí *conocieseis*; καὶ, conjunción copulativa *y*; γινώσκητε, segunda persona plural del presente de subjuntivo en voz activa del verbo γινώσκω, *conocer, saber*, aquí, *sepáis*; ὅτι, conjunción *que*; ἐν, preposición propia de dativo *en*; ἐμοὶ, caso dativo de la primera persona singular del pronombre personal *mí*; ὁ, caso nominativo masculino singular del artículo determinado *el*; Πατὴρ, caso

[20] *Crasis*, palabra griega que equivale a *unión de fuerzas*, en general *unión de elementos*.

nominativo masculino singular del nombre divino *Padre*; καγὼ, palabra formada por crasis[21] de la conjunción καὶ, y el pronombre personal ἐγώ, y que equivale a *y yo*; ἐν, preposición propia de dativo *en*; τῷ, caso dativo masculino singular del artículo determinado *el*; Πατρί, caso dativo masculino singular del nombre divino *Padre*.

εἰ δὲ ποιῶ, κἂν ἐμοὶ μὴ πιστεύητε, τοῖς ἔργοις πιστεύετε, ἵνα γνῶτε καὶ γινώσκητε. Cerrando la argumentación insta a la fe, haciéndoles notar que las obras que hacía eran suficiente garantía para creer en Sus palabras. La construcción de la oración con una condición de la tercera clase, indeterminada, como si dijese: *Si insistís en no creer en mí, no podéis dejar de creer en las obras que hice*. Cristo se refiere a ellas para que los hombres no solo *entiendan*, sino que también *crean* en Él, por la realidad de aquello que pueden apreciar

ὅτι ἐν ἐμοὶ ὁ Πατὴρ καγὼ ἐν τῷ Πατρί. La conclusión se alcanza en otra afirmación precisa de inmanencia divina: *El Padre está en mí, y yo en el Padre*. Una reiteración de la unidad en el Seno Trinitario entre el Padre y el Hijo, idénticos en esencia pero distintos en Persona. Dos aspectos se destacan en las palabras de Jesús, la unidad entre el Padre y el Hijo y la mutua inmanencia. Ambas cosas serán consideradas más adelante en el comentario al capítulo diecisiete. Baste aquí que tanto el Padre está en el Hijo, como Éste en el Padre. Ambos, el Padre que engendra y el Hijo engendrado mantienen por principio de vida una relación vital entre ambos. De otro modo, el Padre no puede tener subsistencia personal sin engendrar al Hijo, y Éste tampoco sin el Padre que lo engendra. Pero, ambos, son inmanentes el uno en el otro. El verbo encarnado en la tierra está también en el seno del Padre. Esa verdad de fe se puede apreciar en el hecho de que si Jesús hace las obras del Padre, luego el Padre está en Él haciendo conjuntamente esas obras. Cristo espera que los fariseos recapaciten en el hecho visible de las operaciones de poder realizadas por Jesús y comprendan por medio de ellas la relación de intimidad entre Él y el Padre, y entendiendo quien es, puedan creer en Él.

39. Procuraron otra vez prenderle, pero él se escapó de sus manos.

᾿Εζήτουν [οὖν] αὐτὸν πάλιν πιάσαι, καὶ ἐξῆλθεν ἐκ τῆς χειρὸς
Buscaban, pues, le otra vez prender; y salió de la mano
αὐτῶν.
de ellos.

---

[21] *Crasis*, palabra griega que equivale a *unión de fuerzas*, en general *unión de elementos*.

Notas y análisis del texto griego.

Cerrando el párrafo, escribe: Ἐζήτουν, tercera persona plural del imperfecto de indicativo en voz activa del verbo ζητέω, *buscar, procurar, intentar*, aquí *buscaban*; οὖν, conjunción continuativa *pues*; αὐτὸν, caso acusativo masculino de la tercera persona singular del pronombre personal declinado *a él, le*; πάλιν, adverbio de modo *nuevamente, de nuevo, otra vez*; πιάσαι, aoristo primero de infinitivo en voz activa del verbo πιάζω, *prender, arrestar*; καὶ, conjunción copulativa *y*; ἐξῆλθεν, tercera persona singular del segundo aoristo de indicativo en voz activa del verbo ἐξέρχομαι, *salir, escapar*, aquí *escapó, salió*; ἐκ preposición propia de genitivo *de*; τῆς, caso genitivo femenino singular del artículo determinado *la*; χειρὸς, caso genitivo femenino singular del nombre común *mano*; αὐτῶν, caso genitivo masculino de la tercera persona plural del pronombre personal declinado *de ellos*.

Ἐζήτουν [οὖν] αὐτὸν πάλιν πιάσαι, Para la rebeldía natural de los fariseos, las palabras de Jesús, en lugar de calmar sus ánimos, generaron una mayor determinación para apresarle. El denuedo para terminar con Su vida se acrecentaba a medida que pasaba el tiempo. No iban a apedrearlo, pero procuraban prenderlo para llevarlo ante el Sanedrín, acusarle de blasfemia y condenarlo a muerte. El propósito se repetía de nuevo.

καὶ ἐξῆλθεν ἐκ τῆς χειρὸς αὐτῶν. Sin embargo, no había llegado aún Su hora, aunque cada vez estaba más próxima. Por esa razón, porque aún no era el tiempo de Dios, volvió a producirse lo que había ocurrido antes (8:59), *salió* de su mano. Es decir, frustró el propósito de aquellos. Esta salida iba a suponer un tiempo alejado de Jerusalén. Aunque el verbo utilizado aquí tiene la connotación de *escapar*, no se trata de suponer una reacción de miedo. Jesús acababa de afirmar en el discurso del Buen Pastor que nadie podía quitarle la vida, hasta que voluntariamente la pusiera como había sido determinado por el Padre. No dice como salió de su mano, pero lo que se puede destacar es que aquellos perversos no pudieron llevar a cabo su propósito.

Jesús al otro lado del Jordán (10:40-42).

40. Y se fue de nuevo al otro lado del Jordán, al lugar donde primero había estado bautizando Juan; y se quedó allí.

Καὶ	ἀπῆλθεν	πάλιν	πέραν	τοῦ	Ἰορδάνου	εἰς	τὸν	τόπον
Y	se fue	otra vez	al otro lado	del	Jordán	al		lugar

ὅπου	ἦν	Ἰωάννης	τὸ	πρῶτον	βαπτίζων	καὶ	ἔμεινεν	ἐκεῖ.
donde	estaba	Juan	al	principio	bautizando	y	se quedó	allí.

Notas y análisis del texto griego.

Iniciando un párrafo de transición, escribe: Καὶ, conjunción copulativa *y*; ἀπῆλθεν, tercera persona singular del segundo aoristo de indicativo en voz activa del verbo ἀπέρχομαι, *ir, irse, marchar*, aquí *se fue*; πάλιν, adverbio de modo *nuevamente, de nuevo, otra vez*; πέραν, preposición de genitivo *al otro lado*; τοῦ, caso genitivo masculino singular del artículo definido declinado *del*; Ἰορδάνου, caso genitivo masculino singular del nombre propio *Jordán*; εἰς, preposición propia de acusativo *a*; τὸν, caso acusativo masculino singular del artículo determinado *el*; τόπον, caso acusativo masculino singular del nombre común *lugar, sitio, zona*; ὅπου, adverbio relativo de lugar *adonde, donde*; ἦν, tercera persona singular del imperfecto de indicativo en voz activa del verbo εἰμί, *ser, estar*, aquí *estaba*; Ἰωάννης, caso nominativo masculino singular del nombre propio *Juan*; τὸ, caso acusativo neutro singular del artículo determinado declinado *al*; πρῶτον, caso acusativo neutro singular del adjetivo *principio*; βαπτίζων, caso nominativo masculino singular del participio de presente en voz activa del verbo βαπτίζω, *bautizar*, aquí *bautizando*; καὶ, conjunción copulativa *y*; ἔμεινεν, tercera persona singular del aoristo primero de indicativo en voz activa del verbo μένω, *permanecer, quedarse*, aquí *se quedó*; ἐκεῖ, adverbio de lugar, *allí*.

Καὶ ἀπῆλθεν πάλιν πέραν τοῦ Ἰορδάνου εἰς τὸν τόπον ὅπου ἦν Ἰωάννης τὸ πρῶτον βαπτίζων καὶ ἔμεινεν ἐκεῖ. Jesús se dirigió hacia el oriente y cruzó el Jordán hasta llegar a Betábara (1:28), lugar donde Juan bautizaba y donde Él fue bautizado. Sobre la ubicación del lugar se ha considerado antes[22]. Cristo seguiría haciendo Su obra pero en un lugar más tranquilo que Jerusalén, donde insistentemente procuraban Su muerte. El Señor regresa adonde había estado tiempo antes. Este lugar estaba a unos ochenta kilómetros de Jerusalén. El viaje entre los dos puntos duraba unos tres días. La próxima visita a Jerusalén sería para terminar el ministerio de salvación que le había sido encomendado.

41. Y muchos venían a él, y decían: Juan, a la verdad, ninguna señal hizo; pero todo lo que Juan dijo de éste, era verdad.

καὶ πολλοὶ ἦλθον πρὸς αὐτὸν καὶ ἔλεγον ὅτι Ἰωάννης μὲν
Y muchos vinieron a Él y decían que Juan a la verdad
σημεῖον ἐποίησεν οὐδέν, πάντα δὲ ὅσα εἶπεν Ἰωάννης περὶ
señal hizo ninguna, pero todo cuanto dijo Juan sobre
τούτου ἀληθῆ ἦν.
Éste verdadero era.

[22] Ver comentario a 1:28.

Notas y análisis del texto griego.

Juan añade: καὶ, conjunción copulativa *y*; πολλοὶ, caso nominativo masculino plural del adjetivo *muchos*; ἦλθον, tercera persona plural del aoristo segundo de indicativo en voz activa del verbo ἔρχομαι, *venir*, aquí *vinieron*; πρὸς, preposición propia de acusativo *a*; αὐτὸν, caso acusativo masculino de la tercera persona singular del pronombre personal *él*; καὶ, conjunción copulativa *y*; ἔλεγον, tercera persona plural del imperfecto de indicativo en voz activa del verbo λέγω, *hablar, decir*, aquí *decían*; ὅτι, conjunción *que*; Ἰωάννης, caso nominativo masculino singular del nombre propio *Juan*; μὲν, partícula afirmativa que se coloca siempre inmediatamente después de la palabra expresiva de una idea que se ha de reforzar o poner en relación con otra idea y que, en sentido absoluto tiene oficio de adverbio de afirmación, como *ciertamente, a la verdad*; σημεῖον, caso acusativo neutro singular del nombre común *señal, signo*; ἐποίησεν, tercera persona singular del aoristo primero de indicativo en voz activa del verbo ποιέω, *hacer, realizar*, aquí *hizo*; οὐδέν, caso acusativo neutro singular del pronombre indefinido *ninguno*; πάντα, caso nominativo neutro plural del adjetivo indefinido *todos*; δὲ, partícula conjuntiva que hace las veces de conjunción coordinante, con sentido de *pero, más bien, y, y por cierto, antes bien*; ὅσα, caso acusativo neutro plural del pronombre relativo *los que, cuanto*; εἶπεν, tercera persona singular del segundo aoristo de indicativo en voz activa del verbo εἶπον, forma del aoristo de λέγω, *hablar, decir*, aquí *dijo*; Ἰωάννης, caso nominativo masculino singular del nombre propio *Juan*; περὶ, preposición propia de genitivo *de, acerca de, sobre*; τούτου, caso genitivo masculino singular del pronombre demostrativo *todo*; ἀληθῆ, caso nominativo neutro plural del adjetivo *verdadero, verídico*; ἦν, tercera persona singular del imperfecto de indicativo en voz activa del verbo εἰμί, *ser*, aquí *era*.

καὶ πολλοὶ ἦλθον πρὸς αὐτὸν. Donde estaba Jesús las gentes acudían a Él. Esta era una de las razones que generaba odio en los fariseos, porque muchos seguían a Jesús, lo que suponía necesariamente dejarlos a ellos. Ambos eran incompatibles por principio de vida. Los fariseos hacían alarde de piedad pero buscaban el beneficio que la religiosidad del pueblo podía producirles. Jesús prescindía de todo el sistema para anunciar el Reino de Dios, sanar enfermos, alimentar multitudes y asistir a cuantos tenían preguntas sin respuesta.

καὶ ἔλεγον ὅτι Ἰωάννης μὲν σημεῖον ἐποίησεν οὐδέν, πάντα δὲ ὅσα εἶπεν Ἰωάννης περὶ τούτου ἀληθῆ ἦν. La gente del área donde estaba Jesús, recordaban a Juan el Bautista, su ministerio y el llamamiento al arrepentimiento que hacía. En aquel lugar había bautizado a muchos. Recordando a Juan recordaban también su actuación personal. El bautista no había hecho señales prodigiosas como las que hacía Jesús. No había sido mandado a hacer manifestaciones de poder, sino a predicar el arrepentimiento y a bautizar a los que se comprometían con el mensaje, que era comprometerse con Dios. Pero, lo que recordaban era lo que había dicho acerca de Jesús. En realidad el *Evangelio* recoge manifestaciones sobre su condición de Mesías-Salvador. No hace tanto referencia a los milagros, pero, la realidad es que siendo presentado como el Mesías, el enviado de Dios, tenía que hacer las señales que en la Escritura apuntaban para el Cristo. Todo cuanto Juan había dicho sobre Jesús se había cumplido puntualmente. Lo que la gente del pueblo comprendía y aceptaba como verdad, los religiosos lo negaban buscando desviar la atención del pueblo hacia Jesús, para que no lo identificasen como el Mesías y le siguiesen. El testimonio de la gente colocaba a Jesús sobre Juan. Éste no había hecho ninguna señal, mientras que Jesús hacía muchas. En realidad Juan no era más que la voz que clamaba en el desierto y que llamaba a la gente para que se preparasen, enderezando sus caminos, para la llegada del Mesías. El profeta anunciaba al que venía como el que todos esperaban desde años. Cuando llegó fue presentado por él como el Cordero de Dios que quita el pecado del mundo. Era quien el Padre enviaba del cielo para realizar la obra de redención del mundo. El poder de Dios se manifestaba en Sus obras y en Su enseñanza. Nadie había hecho tales señales, pero tampoco nadie había hablado de aquella manera. La responsabilidad de los fariseos y de los líderes religiosos de aquel tiempo es sin duda grave, puesto que sabiendo quien era, procuraban impedir que la gente creyese en Él, con lo que manifestaban ser hijos del diablo, que siendo homicida no quiere la salvación del pecador.

42. Y muchos creyeron en él allí.

καὶ πολλοὶ ἐπίστευσαν εἰς αὐτὸν ἐκεῖ.
Y muchos creyeron en Él allí.

Notas y análisis del texto griego.

Cerrando el párrafo, escribe: καὶ, conjunción copulativa *y*; πολλοὶ, caso nominativo masculino plural del adjetivo *muchos*; ἐπίστευσαν, tercera persona plural del aoristo primero de indicativo en voz activa del verbo πιστεύω, *creer*, aquí *creyeron*; εἰς, preposición propia de acusativo *a, en*; αὐτὸν, caso acusativo masculino de la tercera persona singular del pronombre personal *Él*; ἐκεῖ, adverbio de lugar *allí*.

καὶ πολλοὶ ἐπίστευσαν εἰς αὐτὸν ἐκεῖ. Incrédulos y creyentes, es la división de la gente como se aprecia en el *Evangelio*. La gran mayoría permanecen incrédulos al mensaje de Jesús y lo rechazan como el Hijo de Dios. Otro grupo más pequeño cree que Él es el enviado. Entre estos últimos están los de la zona de Betábara donde estaba ahora

Jesús, alejado de Jerusalén. No podemos determinar el alcance de esa fe. Generalmente era una fe intelectual que asumía la realidad mesiánica de Cristo por las obras que hacía, pero no había sido instrumento para una entrega incondicional a Él que traería como resultado el perdón de pecados y la vida eterna. Los dos tipos de fe pueden darse aquí como ocurría antes (cf. 8:30). Sólo Dios conoce a los que han creído con fe salvadora y sólo Él puede decir quienes creyeron y quienes no. Los que creyeron en Jesús eran de Perea, en contraste con los incrédulos de Judea.

Tal vez lo más destacable en el capítulo tiene que ver con el Buen Pastor, en una dimensión que excede la comprensión humana, puesto que es la realidad admirable de la determinación divina para salvación y establecimiento del rebaño de Dios en la tierra. El Buen Pastor tiene que ser ejemplo para los pastores a quienes asignó una porción del rebaño poniéndola a su cuidado. La primera aplicación tiene que ver con la procedencia de la condición de pastor. Jesús fue enviado del cielo para cumplir la misión. Los pastores deben tener la certeza de haber sido llamados a su ministerio y que han sido dotados para realizarlo por el don que les otorga en gracia el Espíritu Santo. Quienes se atreven a presentarse como pastores cuando ni han sido dotados ni llamados para ello, son meros intrusos en la obra de Dios. Su ministerio es personal y humano, y los resultados no pueden ser de bendición y persistencia en el tiempo. Son meras nubes que pasan sin verter una sola gota de agua de bendición.

El Señor advierte también del pastor *asalariado*. Aquellos que hacen del pastorado una forma de vida y, muchas veces, un sistema de enriquecimiento personal. Gente que estudian y se preparan para conocer la Escritura, que aprenden una buena retórica para cautivar a los auditorios, pero que no aman al rebaño porque nunca fueron llamados a un servicio en esa área. Son quienes permanecen en el cuidado pastoral mientras son tiempos de bonanza, pero no quieren sacrificarse por nada a causa de que no fueron llamados y recibieron el espíritu del Buen Pastor. Estas personas dejan el rebaño para atender otro más rentable, saltando de un lado a otro continuamente. Amigos de quienes les honran y asisten económicamente. Sólo están pegados a sus derechos, pero son incapaces de *despojarse* a ellos mismos, para servir *hasta la muerte*. El Buen Pastor es una mera referencia en sus vidas y una herramienta más en su trabajo.

Sin duda están también los que sirven por llamamiento celestial. Quienes están dispuestos a *dar su vida* por las ovejas. Son los que siguen los pasos del Gran Pastor de las ovejas. Quienes dedican su tiempo a la atención de los débiles, a buscar las extraviadas, a llorar junto a los afligidos, a exhortar con lágrimas a quienes se desvían del camino.

Corazones llenos de gracia con los que han caído, llenos de compasión con los fracasados, llenos de amor con los que sufren. Son los que arriesgan sus vidas para enfrentarse a los lobos vestidos de ovejas que tratan de destruir el rebaño de Dios. Estos son los que aman la Palabra del Maestro más que todas las cosas y la dan continuamente como alimento al rebaño. Son quienes se enfrentan a los tradicionalistas que ponen cargas pesadas sobre aquellos a quienes Dios ha hecho libres. Son los que no solo hablan de esperanza, sino que la viven como razón de su propia existencia. Son aquellos de quienes el apóstol Pablo dice que son ejemplos de la grey.

Cabe, a la luz del capítulo, preguntarnos en que lugar del ministerio pastoral estamos y cuáles son las motivaciones de nuestro ministerio, para que en una decisión honesta busquemos las pisadas del Pastor y sigamos fielmente Su modo de ser.

CAPÍTULO XI

LÁZARO

Introducción.

El ministerio de Jesús está llegando a su fin. Durante aproximadamente tres años estuvo recorriendo las ciudades y las aldeas en todo el territorio. Recientemente había estado en Judea y, más concretamente, en Jerusalén. A medida que el tiempo pasa, la situación de conflicto con el liderazgo religioso es evidente. Los fariseos, los saduceos y los herodianos, estaban comprometidos en prender, juzgar y dar muerte a Jesús. Continuamente grupos de religiosos estaban vigilándole para buscar motivo contra Él que les permitiera establecer una acusación firme ante el Sanedrín, buscando que este órgano supremo del poder judicial dictara sentencia de muerte contra Él. La tensión subió de punto tanto en la *Fiesta de los Tabernáculos*, como en la de la *Dedicación*. Los judíos habían formulado amenazas contra Él, e incluso habían tomado piedras para arrojárselas, acusándole de blasfemo. Esta acusación será fundamental en el juicio contra Jesús ante el Sanedrín. A consecuencia de esto, Jesús se había retirado a la parte nororiental donde Juan el bautista había ejercido parte de su ministerio.

Juan traslada la escena del relato a las proximidades de Jerusalén, concretamente a Betania, pequeña población en el extrarradio de la ciudad, donde vivía una familia amiga de Jesús, compuesta por tres hermanos, dos mujeres y un hombre. En ese lugar solía residir con los discípulos cuando visitaba Jerusalén. Allí se dirige Cristo una vez más, pero, en esta ocasión, por una situación, humanamente hablando, delicada para aquella familia de amigos suyos, a causa del fallecimiento del hermano, llamado Lázaro. Cristo va a realizar un impresionante milagro, considerado por algunos como el más grande, al resucitar al muerto que había fallecido cuatro días antes. Sin duda es el más impactante de todos o, si se prefiere mejor, el más llamativo de todos los que relata el *Evangelio*.

Esta primera parte del capítulo (vv. 1-44) detalla el milagro. La introducción es simple. Juan identifica al enfermo, llamándole Lázaro. Sin otra indicación relata como envían recado a Jesús hablándole de la enfermedad de Su amigo. Sorprendentemente retrasa unos días acudir a Betania, de modo que cuando se pone en camino ya Lázaro había muerto. Los intentos que los líderes religiosos habían hecho para prender a Jesús y su deseo de darle muerte, generan en los discípulos un sentimiento que los predispone para esperar Su muerte en una nueva visita a Jerusalén. Cerca de la aldea, Marta, hermana de Lázaro, salió al encuentro, manteniendo una breve conversación con Jesús, regresando a su casa para buscar a su hermana María, con la que va al sepulcro donde se reúnen con ellas Jesús, Sus discípulos y algunos judíos que habían venido a expresar su condolencia a la familia. Cristo mandó retirar la piedra que cerraba la tumba, hecho lo cual con voz fuerte mandó salir al muerto, que volviendo a la vida aparece en el exterior envuelto en las vendas con que había sido sepultado.

Las circunstancias que rodean al milagro son absolutamente reales y ciertas, precisando Juan, como es habitual en él, el lugar donde ocurrió, la distancia que había hasta Jerusalén, la tumba donde había sido puesto el cadáver, el nombre del muerto, el de las hermanas, el tiempo que había transcurrido desde su muerte, el mal olor que despedía el cadáver, las vendas que recubrían el cuerpo de Lázaro, los judíos presentes y la razón de estar allí. Todo esto apunta a una absoluta historicidad del relato, puesto que hubiera sido fácilmente desmentido si no ocurriese de aquella manera. La realidad histórica es confirmada también por la aceptación del milagro por parte de los enemigos de Jesús (v. 47).

El relato adquiere un marcado aspecto soteriológico, ya que conforme a las palabras de la oración de Jesús al Padre, aquello serviría para que todos creyesen que Él era el enviado (v. 42). Por otro lado, las palabras de Jesús le confieren también este carácter. Él era la resurrección y la vida (v. 25), no sólo referido al milagro hecho con Lázaro, sino a la esperanza escatológica de la resurrección (v. 26).

El capítulo concluye con la reacción de los líderes religiosos contra Jesús, tomando la decisión de matarlo sin esperar más (vv. 45-53). De modo que saliendo de Betania se fue con los discípulos a una región poco poblada llamada Efraín donde quedó hasta la Pascua (vv. 54-57). Esto permite datar aproximadamente el tiempo del milagro. En el capítulo anterior Jesús estaba en Jerusalén para la *Fiesta de la Dedicación*, que tenía lugar a finales de Diciembre. Luego siguió el tiempo de retiro en Betábara, que, sin duda alcanzó hasta entrado Enero. Por tanto, la resurrección de Lázaro debió ocurrir hacia mediados de ese mes. Juan habla de la cercanía de la Pascua que en ese año era en marzo.

En el capítulo se distinguen fácilmente siete partes: la comunicación de la enfermedad (vv. 1-16); la conversación con Marta (vv. 17-27); la conversación con María (vv. 28-37); la resurrección de

Lázaro (vv. 38-44); la reacción de los judíos (vv. 45-53); el retiro de Jesús (vv. 54); los primeros días de la Pascua (vv. 55-57).

La división para el análisis del texto, es la que se dio en el *bosquejo* en la introducción, como sigue:

5. Jesús en Betania (11:1-12:11).
   5.1. Resurrección de Lázaro (11:1-44).
   5.2. Reacciones a la resurrección (11:45-53).
   5.3. Jesús en Efraín (11:54).
   5.4. El tiempo de la Pascua (11:55-57).

Jesús en Betania (11:1-12:11).

Resurrección de Lázaro (11:1-44).

1. Estaba entonces enfermo uno llamado Lázaro, de Betania, la aldea de María y de Marta su hermana.

Ἦν δέ τις ἀσθενῶν, Λάζαρος ἀπὸ Βηθανίας, ἐκ τῆς κώμης
Y había uno que estaba enfermo Lázaro de Betania, de la aldea
Μαρίας καὶ Μάρθας τῆς ἀδελφῆς αὐτῆς.
de María y Marta la hermana de ella.

Notas y análisis del texto griego.

Iniciando el relato, escribe: Ἦν, tercera persona singular del imperfecto de indicativo en voz activa del verbo εἰμί, *ser, estar, haber*, aquí *había*; δέ, partícula conjuntiva que hace las veces de conjunción coordinante, con sentido de *pero, más bien, y, y por cierto, antes bien*; τις, caso nominativo masculino singular del pronombre indefinido *un, uno*; ἀσθενῶν, caso nominativo masculino singular del participio de presente en voz activa del verbo ἀσθενέω, *estar enfermo*, aquí *que estaba enfermo*; Λάζαρος, caso nominativo masculino singular del nombre propio *Lázaro*; ἀπὸ, preposición propia de genitivo *de*; Βηθανίας, caso genitivo femenino singular del nombre propio *Betania*; ἐκ, preposición propia de genitivo *de*; τῆς, caso genitivo femenino singular del artículo definido *la*; κώμης, caso genitivo femenino singular del nombre común *aldea*; Μαρίας, caso genitivo femenino singular del nombre propio declinado *de María*; καὶ, conjunción copulativa *y*; Μάρθας, caso genitivo femenino singular del nombre propio *Marta*; τῆς, caso genitivo femenino singular del artículo determinado *la*; ἀδελφῆς, caso genitivo femenino singular del nombre común *hermana*; αὐτῆς, caso genitivo femenino de la tercera persona singular del pronombre personal declinado *de ella*.

Ἦν δέ τις ἀσθενῶν, Λάζαρος ἀπὸ Βηθανίας, El relato se inicia con la identificación del principal personaje que es Lázaro. Su nombre era bastante común entre los judíos, como una forma de Eleazar. En esta forma abreviada aparece en dos lugares, este y Lc. 16:20. El nombre significa *Dios ha socorrido*. Seguidamente sitúa el lugar de residencia, Betania, que estaba a quince estadios de Jerusalén (v. 18), aproximadamente dos kilómetros y medio, en la ladera oriental del monte de los Olivos. Los judíos la llaman en el Talmud *Beth Anania*, que literalmente significa *Casa de Ananías*, mientras que tanto en siríaco como en árabe se lee *Beit Ania*, casa de la tristeza. Por otro lado Orígenes, Jerónimo y Ambrosio, dan al lugar el significado de *Casa de Obediencia*, otros le dan otros significados como *Casa de dátiles*. Era junto con la familia de Lázaro, el lugar de residencia de Simón el leproso, donde tuvo lugar una de las unciones de Jesús (Mt. 26:6-13; Mr. 14:3). Fue también cerca de Betania desde donde tuvo lugar la ascensión del Señor al cielo (Mt. 21:17; 26:6; Mr. 11:1, 11, 12; 14:3; Lc. 19:29; 24:50). En el supuesto lugar de la tumba de Lázaro levantaron una iglesia los bizantinos y luego los cruzados una abadía benedictina. A la tumba donde según la tradición fue enterrado se baja hoy por una escalera de veinticuatro peldaños.

Volviendo nuevamente al personaje del relato, se dice simplemente que Lázaro *estaba enfermo*. No sabemos de que enfermedad se trataba, pero, por los resultados finales, pudiera considerarse como un enfermo de gravedad.

ἐκ τῆς κώμης Μαρίας. Identificado el personaje y el lugar, se mencionan a las dos hermanas que con él integraban la familia. A una de ellas se le llama *María*. Este nombre es común y corresponde a varias mujeres que se citan en los evangelios, algunas de las que se han confundido con María la hermana de Marta y de Lázaro. Una de las que tiene ese nombre es la mujer pecadora que ungió a Jesús en Galilea, posiblemente en Naín (Lc. 7:36-50). Otra es María Madalena, a la que se menciona en los cuatro evangelios, liberada por Jesús de siete demonios (Lc. 8:2). Esta mujer estaba presente durante el tiempo de la crucifixión, a la que Jesús se apareció en la mañana de la resurrección. La principal identificación de esta mujer es que siempre se le llama *María Magdalena*, por ser natural de Magdala, en Galilea, y que fue una de las mujeres que vinieron desde allí (Lc. 23:49).

καὶ Μάρθας τῆς ἀδελφῆς αυτὸς. Junto con María, está su hermana *Marta*. Su nombre significa *Señora*. Posiblemente sería la mayor entre las dos o incluso la mayor en la familia. Era la que llevaba la casa y a la que el Señor llamó primero.

2. (María, cuyo hermano Lázaro estaba enfermo, fue la que ungió al Señor con perfume, y le enjugó los pies con sus cabellos).

ἦν δὲ Μαριὰμ ἡ ἀλείψασα τὸν Κύριον μύρῳ καὶ ἐκμάξασα
Y era María la que ungió al Señor con perfume y que enjugó
τοὺς πόδας αὐτοῦ ταῖς θριξὶν αὐτῆς, ἧς ὁ ἀδελφὸς
los pies de Él con los cabellos de ella, de la que el hermano
Λάζαρος ἠσθένει.
Lázaro estaba enfermo.

Notas y análisis del texto griego.

Sigue el relato: ἦν, tercera persona singular del imperfecto de indicativo en voz activa del verbo εἰμί, *ser*, aquí *era*; δὲ, partícula conjuntiva que hace las veces de conjunción coordinante, con sentido de *pero, más bien, y, y por cierto, antes bien*; Μαριὰμ, caso nominativo femenino singular del nombre propio *María*; ἡ, caso nominativo femenino singular del artículo determinado *la*; ἀλείψασα, caso nominativo femenino singular del participio del aoristo primero en voz activa del verbo ἀλείφω, *ungir*, aquí *que ungió*; τὸν, caso acusativo masculino singular del artículo determinado declinado *al*; Κύριον, caso acusativo masculino singular del nombre divino *Señor*; μύρῳ, caso dativo neutro singular del nombre común declinado *con perfume*; καὶ, conjunción copulativa *y*; ἐκμάξασα, caso nominativo femenino singular del participio del aoristo primero en voz activa del verbo ἐκμάσσω, *enjugar*, aquí *que enjugó*; τοὺς, caso acusativo masculino plural del artículo determinado *los*; πόδας, caso acusativo masculino singular del nombre común *pies*; αὐτοῦ, caso genitivo masculino de la tercera persona singular del pronombre personal declinado *de Él*; ταῖς, caso dativo femenino plural del artículo determinado declinado *con las*; θριξὶν, caso dativo femenino plural del nombre común *pelos, cabellos*; αὐτῆς, caso genitivo femenino de la primera persona singular del pronombre personal declinado *de ella*; ἧς, caso genitivo femenino singular del pronombre relativo declinado *de la que*; ὁ, caso nominativo masculino singular del artículo determinado *el*; ἀδελφὸς, caso nominativo masculino singular del nombre común *hermano*; Λάζαρος, caso nominativo masculino singular del nombre propio *Lázaro*; ἠσθένει, tercera persona singular del imperfecto de indicativo en voz activa del verbo ἀσθενέω, *estar enfermo*, aquí *estaba enfermo*.

ἦν δὲ Μαριὰμ ἡ ἀλείψασα τὸν Κύριον μύρῳ καὶ ἐκμάξασα τοὺς πόδας αὐτοῦ ταῖς θριξὶν αὐτῆς, Juan da detalles para que los lectores identifiquen correctamente a María. Dice que ella fue la mujer que ungió a Jesús con perfume, literalmente *ungüento oloroso*, y enjugó sus pies con los cabellos. Esta unción tendrá lugar más adelante y se relata en el siguiente capítulo del *Evangelio* (12:1-8).

Es una referencia parentética a la unción del Señor para precisar sin dudas de quien se está hablando. Cuando Juan escribe el *Evangelio* conoce lo que había ocurrido y que relata más adelante, por lo que hace uso anticipado del acontecimiento porque conviene aquí a su propósito identificativo. Esto impide la confusión de María de Betania con la mujer pecadora o con María Magdalena.

ἧς ὁ ἀδελφὸς Λάζαρος ἠσθένει. La segunda identificación de María es que se trataba de la hermana de Lázaro, el que estaba enfermo. Aquella enfermedad, sin duda llenaba de inquietud a las hermanas.

3. Enviaron, pues, las hermanas para decir a Jesús: Señor, he aquí el que amas está enfermo.

ἀπέστειλαν οὖν αἱ ἀδελφαὶ πρὸς αὐτὸν λέγουσαι[1]· Κύριε,
Enviaron, pues, las hermanas a Él diciendo: Señor,
ἴδε ὃν φιλεῖς ἀσθενεῖ.
he aquí el que amas está enfermo.

Notas y análisis del texto griego.

Sigue el relato: ἀπέστειλαν, tercera persona plural del aoristo de indicativo en voz activa del verbo ἀποστέλω, *enviar*, aquí *enviaron*; οὖν, conjunción continuativa *pues*; αἱ, caso nominativo femenino plural del artículo definido *las*; ἀδελφαὶ, caso nominativo femenino plural del nombre común *hermanas*; πρὸς, preposición propia de acusativo *a*; αὐτὸν, caso acusativo masculino de la tercera persona singular del pronombre personal *Él*; λέγουσαι, caso nominativo femenino plural del participio de presente en voz activa del verbo λέγω, *hablar, decir*, aquí *diciendo*; Κύριε, caso vocativo masculino singular del nombre divino *Señor*; ἴδε, segunda persona singular del aoristo segundo de imperativo en voz media del verbo ὁράω, en la forma εἶδον, *mirar, mostrar, ver,* con uso adverbial equivale a *he aquí, sucedió que, ved, ahora,* etc. podría traducirse como una expresión de advertencia enfática como *¡Mira!*, incluso podría leerse a modo de interrogación como *y ¿sabéis?*, es en la práctica como una partícula demostrativa, que se usa para animar el discurso avivando la atención del lector, algunos modernos la identifican como interjección; ὃν, caso acusativo masculino singular del pronombre relativo *el que*; φιλεῖς, segunda persona singular del presente de indicativo en voz activa del verbo φιλέω, *amar, querer*, aquí *amas*; ἀσθενεῖ, tercera persona singular del presente de indicativo en voz activa del verbo ἀσθενέω, *estar enfermo*, aquí *está enfermo*.

Crítica Textual. Lecturas alternativas.

[1] ἀπέστειλεν οὖν Μάρθα πρὸς αὐτὸν λέγουσα, *envió, pues, Marta a Él diciendo*, lectura en 𝔭^{66*vid}.

ἀπέστειλαν οὖν αἱ ἀδελφαὶ πρὸς αὐτὸν λέγουσαι· La enfermedad de Lázaro era de gravedad, hasta el punto que las hermanas querían que Jesús conociera la situación. No sabemos como hicieron para avisarle, posiblemente enviaron alguien. No sabemos tampoco quien de las dos tomó la iniciativa en esto. Según el papiro 66*vid, se lee *envió, pues Marta a Él diciendo*.

Κύριε, ἴδε ὃν φιλεῖς ἀσθενεῖ. El mensaje era corto y preciso: *Señor: El que amas está enfermo*. No cabe duda que los vínculos de amistad y afecto entre el Señor y la familia de Lázaro eran grandes. No piden que vaya a verles, simplemente que esté enterado de la situación. Ellas conocían, sin duda, de sanidades a distancia que Jesús había hecho. Confiaban que Él actuaría y que sólo necesitaba saber que Su amigo estaba enfermo. La enfermedad tenía que ser grave, puesto que cualquier otra dolencia transitoria no requería la intervención de Cristo. Era amigo, pero era el *Señor*, como corresponde a la relación entre un creyente y el Hijo de Dios, un trato amistoso pero respetuoso. Es interesante notar que Juan utiliza el verbo φιλέω, que se usa para referirse al afecto o amor de amigo, en lugar del más usado ἀγαπάω, *amar desinteresadamente*, o con *alta estima*, que se aplica al amor de Dios y que se derrama en los creyentes por la acción del Espíritu (Ro. 5:5). Sin embargo esa distinción no siempre se hace en los escritos del Nuevo Testamento y en este *Evangelio*, donde se usan ambos verbos para referirse al amor entre el Padre y el Hijo[1]. Por tanto, deben entenderse como sinónimos. La petición de las hermanas es una verdadera jaculatoria dirigida a quien amaba a la familia, hecha con decidida urgencia, como se aprecia en el uso de ἴδε, que se traduce en RV como *de cierto*, que marca intensidad y que realmente es una interjección: *¡Mira!*, *¡Atiende!*, *¡Presta atención!*

Es necesario entender que el hecho de ser *amado* por Jesús, no significa ausencia de pruebas, enfermedades y conflictos, comunes a todos los hombres. Sin embargo, el versículo apunta a la bendición de quienes siendo hermanos se ocupan de las dificultades del que está en aflicción. Son nuestros hermanos en la fe quienes elevan sus peticiones al Señor en intercesión cuando nos encontramos en pruebas.

[1] ἀγαπάω 3:35; φιλέω 5:20.

4. Oyéndolo Jesús, dijo: Esta enfermedad no es para muerte, sino para la gloria de Dios, para que el Hijo de Dios sea glorificado por ella.

ἀκούσας δὲ ὁ Ἰησοῦς εἶπεν· αὕτη ἡ ἀσθένεια οὐκ ἔστιν πρὸς
Y oyendo - Jesús dijo: Esta - enfermedad no es para
θάνατον ἀλλ' ὑπὲρ τῆς δόξης τοῦ Θεοῦ, ἵνα δοξασθῇ ὁ
muerte sino para le gloria - de Dios, para que sea glorificado el
Υἱὸς τοῦ Θεοῦ δι' αὐτῆς.
Hijo - de Dios mediante ella.

Notas y análisis del texto griego.

Siguiendo el relato, escribe: ἀκούσας, caso nominativo masculino singular del participio de presente en voz activa del verbo ακούω, *oír, escuchar*, aquí *oyendo*; δὲ, partícula conjuntiva que hace las veces de conjunción coordinante, con sentido de *pero, más bien, y, y por cierto, antes bien*; ὁ, caso nominativo masculino singular del artículo determinado *el*; Ἰησοῦς, caso nominativo masculino singular del nombre propio *Jesús*; εἶπεν, tercera persona singular del segundo aoristo de indicativo en voz activa del verbo εἶπον, forma del aoristo de λέγω, *hablar, decir*, aquí *dijo*; αὕτη, caso nominativo femenino singular del pronombre demostrativo *esta*; ἡ, caso nominativo femenino singular del artículo determinado *la*; ἀσθένεια, caso nominativo femenino singular del nombre común *enfermedad*; οὐκ, forma escrita del adverbio de negación *no*, con el grafismo propio ante una vocal con espíritu suave o una enclítica; ἔστιν, tercera persona singular del presente de indicativo en voz activa del verbo εἰμί, *ser, estar*, aquí *es*; πρὸς, preposición propia de acusativo *para*; θάνατον, caso acusativo masculino singular del nombre común *muerte*; ἀλλ', forma escrita ante vocal de la conjunción adversativa ἀλλά que significa *pero, sino*; ὑπὲρ, preposición propia de genitivo *para*; τῆς, caso genitivo femenino singular del artículo definido *la*; δόξης, caso genitivo femenino singular del nombre común *gloria*; τοῦ, caso genitivo masculino singular del artículo determinado *el*; Θεοῦ, caso genitivo masculino singular del nombre divino declinado *de Dios*; ἵνα, conjunción causal *para que*; δοξασθῇ, tercera persona singular del aoristo primero de subjuntivo en voz pasiva del verbo δοξάζω, *alabar, glorificar*, aquí *sea glorificado*; ὁ, caso nominativo masculino singular del artículo determinado *el*; Υἱὸς, caso nominativo masculino singular del nombre divino *Hijo*; τοῦ, caso genitivo masculino singular del artículo determinado *el*; Θεοῦ, caso genitivo masculino singular del nombre divino declinado *de Dios*; δι', forma contracta de la preposición de genitivo διά, *por medio, a causa, mediante*; αὐτῆς, caso genitivo femenino de la tercera persona singular del pronombre personal *ella*.

ἀκούσας δὲ ὁ Ἰησοῦς εἶπεν· Recibido el informe que las hermanas de Lázaro enviaron el Señor habló con los discípulos sobre la enfermedad de Su amigo amado.

αὕτη ἡ ἀσθένεια οὐκ ἔστιν πρὸς θάνατον. Sin duda los discípulos no llegaron a entender el alcance de las palabras de Cristo, como era habitual en ellos. Aquella enfermedad de la que le habían informado *no era para muerte*. Sin embargo iba a morir, e iba a ser enterrado. Lo que estaba diciendo es que aquella enfermedad no era permitida por Dios para causar la muerte física definitiva, es decir, una enfermedad con vistas a la muerte, que es uno de los cometidos que se da a la enfermedad. En el Nuevo Testamento, la enfermedad puede ser elemento de disciplina por el pecado, instrumento para que un creyente sea llevado a la presencia de Dios, o para que Él sea glorificado en ella, como era este caso.

ἀλλ' ὑπὲρ τῆς δόξης τοῦ Θεοῦ, El propósito en aquella enfermedad y en la muerte era para gloria de Dios. Algo semejante había dicho Jesús en relación con el ciego de nacimiento, que estaba en aquella condición con un propósito: para que *las obras de Dios se manifestasen en él* (9:3).

ἵνα δοξασθῇ ὁ Υἱὸς τοῦ Θεοῦ δι' αὐτῆς. Especialmente aquella gloria tenía que ver con la glorificación suya, es decir, con la glorificación del Hijo de Dios. Ambas glorificaciones eran individuales pero comunes. El Padre es glorificado en el Hijo y a su vez el Hijo es glorificado por el Padre. Glorificar a Uno es glorificar al Otro, porque es glorificar a Dios. Nuevamente la vinculación en la unidad divina del Padre y del Hijo es evidente también en el aspecto de la glorificación. El Verbo es enviado para revelar al Padre, y nada relativo a Él en la deidad deja de ser manifestado a los hombres por el Verbo encarnado, por tanto, la glorificación del Padre, tiene que pasar necesariamente por la glorificación del Hijo, mediante la cual la glorificación de Dios puede hacerse conocible para el hombre.

Cabe hacer una reflexión: ¿Estaba presente el mensajero que enviaron las hermanas de Lázaro cuando Jesús dijo estas palabras delante de los discípulos? Posiblemente. En ese caso, cuando regresó a ellas y dio cuenta de lo que Jesús había dicho, encontrarían una esperanza, tal vez mal entendida de que su hermano Lázaro no moriría, ya que aquella enfermedad *no era para muerte*. La fe de ellas tal vez se debilitaría con la muerte de su hermano, pero, entonces haría Su aparición Jesús para resolver la dificultad.

5. Y amaba Jesús a Marta, a su hermana y a Lázaro.

ἠγάπα δὲ ὁ ᾿Ιησοῦς τὴν Μάρθαν καὶ τὴν ἀδελφὴν αὐτῆς καὶ
Y amaba - Jesús - a Marta y a la hermana de ella y
τὸν Λάζαρον.
- a Lázaro.

Notas y análisis del texto griego.

Sigue el texto con ἠγάπα, tercera persona singular del imperfecto de indicativo en voz activa del verbo ἀγαπάω, *amar*, aquí *amaba*; δὲ, partícula conjuntiva que hace las veces de conjunción coordinante, con sentido de *pero, más bien, y, y por cierto, antes bien*; ὁ, caso nominativo masculino singular del artículo determinado *el*; ᾿Ιησοῦς, caso nominativo masculino singular del nombre propio *Jesús*; τὴν, caso acusativo femenino singular del artículo determinado *la*; Μάρθαν, caso acusativo femenino singular del nombre propio declinado *a Marta*; καὶ, conjunción copulativa *y*; τὴν, caso acusativo femenino singular del artículo determinado declinado *a la*; ἀδελφὴν, caso acusativo femenino singular del nombre común *hermana*; αὐτῆς, caso genitivo femenino singular del artículo determinado declinado *de ella*; καὶ, conjunción copulativa *y*; τὸν, caso acusativo masculino singular del artículo determinado *el*; Λάζαρον, caso acusativo masculino singular del nombre propio *Lázaro*.

ἠγάπα δὲ ὁ ᾿Ιησοῦς τὴν Μάρθαν καὶ τὴν ἀδελφὴν αὐτῆς καὶ τὸν Λάζαρον. Juan vuelve a destacar el amor de Jesús hacia los miembros de la familia de Betania. El verbo en imperfecto indica un amor continuado en el tiempo y, siendo además, amor de Cristo, es también inalterable. El verbo que se usa en este versículo es distinto al usado en el primero cuando habla del amor de Jesús hacia Lázaro, aquí aparece ἀγαπάω, que es el más utilizado en el Nuevo Testamento para referirse al amor perfecto procedente de Dios y que se manifiesta también entre quienes son hijos suyos.

Es interesante apreciar que se mencione en esta ocasión a Marta en primer lugar y que no se cite a María, a la que se refiere como *la hermana de ella*. Mencionando aquí a los tres hermanos, es señal de que el amor de Cristo, aunque igual para todos los miembros de la familia es también individual, es decir, amaba a cada uno de ellos. No se encuentra causa para que se mencionen nuevamente aquí a los tres hermanos, salvo que se trate de que el lector entienda que si no respondió de forma inmediata a la petición que le habían formulado, no consistía en falta de amor, sino todo lo contrario. Si Cristo queda todavía en el lugar donde estaba en Transjordania, no es porque no tuviese interés suficiente o que no amase entrañablemente a su amigo Lázaro, que estaba enfermo.

6. Cuando oyó, pues, que estaba enfermo, se quedó dos días más en el lugar donde estaba.

ὡς οὖν ἤκουσεν ὅτι ἀσθενεῖ, τότε μὲν ἔμεινεν ἐν ᾧ
Cuando, pues, oyó que está enfermo, entonces - se quedó en el que
ἦν τόπῳ δύο ἡμέρας,
estaba lugar dos días.

Notas y análisis del texto griego.

Continúa: ὡς, conjunción temporal *cuando*; οὖν, conjunción continuativa *pues*; ἤκουσεν, tercera persona singular del aoristo primero de indicativo en voz activa del verbo ἀκούω, *oír, escuchar*, aquí *oyó*; ὅτι, conjunción completiva *que*; ἀσθενεῖ, tercera persona singular del presente de indicativo en voz activa del verbo ἀσθενέω, *estar enfermo*, aquí *está enfermo*; τότε, adverbio de tiempo *entonces*; μὲν, partícula afirmativa que se coloca siempre inmediatamente después de la palabra expresiva de una idea que se ha de reforzar o poner en relación con otra idea y que, en sentido absoluto tiene oficio de adverbio de afirmación, como *ciertamente, a la verdad*; ἔμεινεν, tercera persona singular del aoristo primero de indicativo en voz activa del verbo μένω, *permanecer, quedarse, vivir*, aquí *se quedó*; ἐν, preposición propia de dativo *en*; ᾧ, caso dativo masculino singular del pronombre relativo *el que*; ἦν, tercera persona singular del imperfecto de indicativo en voz activa del verbo εἰμί, *ser, estar*, aquí *estaba*; τόπῳ, caso dativo masculino singular del nombre común *lugar, sitio*; δύο, caso acusativo femenino plural del adjetivo numeral cardinal *dos*; ἡμέρας, caso acusativo femenino plural del nombre común *días*.

ὡς οὖν ἤκουσεν ὅτι ἀσθενεῖ, τότε μὲν ἔμεινεν ἐν ᾧ ἦν τόπῳ δύο ἡμέρας, Sorprende esta precisión de Juan. La noticia de la enfermedad de Lázaro llegó a Jesús, pero, en lugar de salir rápidamente para resolver el problema y prestar la ayuda pedida por las hermanas, se quedó dos días más en el lugar donde estaba. Sin embargo, debe considerarse esto a la luz del conjunto del pasaje y en especial del relato subsiguiente. La enfermedad de Lázaro era para que Dios fuese glorificado y que, por tanto, lo fuese también Su Hijo. Sin duda la sanidad de un enfermo es suficiente motivo para glorificar a Dios, pero mucho más lo es, siempre desde la comprensión humana, la resurrección de un muerto.

La enfermedad de Lázaro, comunicada por sus hermanas, fue complementada por el conocimiento sobrenatural que la Persona Divina daba a la naturaleza humana, de modo que Jesús sabía como iba a producirse el desenlace de la situación y sabía, sin duda que la enfermedad de Su amigo terminaría en su muerte. La demora en partir hacia Betania, permitió que Lázaro muriese y fuese enterrado. La distancia entre los dos lugares, como se dijo antes, llevaba unos dos días y medio o tres, de camino. Si Lázaro hacía cuatro días que había muerto cuando llegó a Betania, sumando los días de camino, es de suponer que posiblemente había muerto cuando llegó el mensaje de sus hermanas. No tiene interés más que la mera curiosidad estas precisiones temporales. Lo importante es el hecho en sí y la reacción de Jesús, que se detuvo dos días en el lugar donde estaba. Los tiempos de los hombres nunca son los tiempos de Dios. En tres ocasiones en el *Evangelio* se habla de peticiones que se hicieron a Cristo por alguna persona allegada a Él, y detuvo un tiempo la respuesta. Sin duda todos debemos entender que Dios no actúa cuando nosotros queremos, sino cuando es el tiempo para que lo haga. Jesús se alegró de no estar en Betania durante la enfermedad de Lázaro. Nunca es indiferente al dolor de los hombres y mucho menos al de Sus amigos, pero lo dirige y orienta para un bien mayor y para gloria de Dios.

7. Luego, después de esto, dijo a los discípulos: Vamos a Judea otra vez.

ἔπειτα[1] μετὰ τοῦτο λέγει τοῖς μαθηταῖς[2]· ἄγωμεν εἰς τὴν
Luego después de esto dijo a los discípulos: Vayamos a -
Ἰουδαίαν πάλιν.
Judea otra vez.

Notas y análisis del texto griego.

Jesús toma la iniciativa de ir a Judea: ἔπειτα, adverbio de tiempo *luego, después*; μετὰ, preposición propia de acusativo *después de*; τοῦτο, caso acusativo neutro singular del pronombre demostrativo *esto*; λέγει, tercera persona singular del presente de indicativo en voz activa del verbo λέγω, *hablar, decir*, aquí *dice*, siendo un presente histórico puede traducirse como pasado *dijo*; τοῖς, caso acusativo masculino de la tercera persona plural del pronombre personal declinado *a los*; μαθηταῖς, caso acusativo masculino plural del nombre común *discípulos*; ἄγωμεν, primera persona plural del presente de subjuntivo en voz activa del verbo ἄγω, *conducir, cumplir, dirigirse*, aquí con sentido de *vayamos*; εἰς, preposición propia de acusativo *a*; τὴν, caso acusativo femenino singular del artículo determinado *la*; Ἰουδαίαν, caso acusativo femenino singular del nombre propio *Judea*; πάλιν, adverbio de modo *nuevamente, de nuevo, otra vez.*

Crítica Textual. Lecturas alternativas.

[1] εἶτα, *luego*, según se lee en $\mathfrak{p}^{66}$, D.
[2] τοῖς μαθηταῖς αὐτοῦ, *a los discípulos de él*, lectura en A, D, K, Γ, Δ, f^{13}, 844, lat, sir, co.

Texto como aparece en el interlineal, según lectura en p$^{6vid,\ 66c,\ 75}$, ℵ, B, K, W, Θ, Ψ, f^{1}, 33, 565, 579, 700, 892^{s}, 1241, 1424, 2211, 𝔐.

ἔπειτα μετὰ τοῦτο λέγει τοῖς μαθηταῖς· ἄγωμεν εἰς τὴν Ἰουδαίαν πάλιν. Luego de los dos días en que Jesús determinó quedar en donde estaban, invita a Sus discípulos para que juntos vuelvan a Judea, concretamente a Betania en las proximidades de Jerusalén. De allí habían venido poco tiempo antes, luego de los conflictos que ocurrieron en la ciudad con los fariseos. La determinación de Jesús traía como consecuencia volver nuevamente a entrar en la región en donde estaban Sus más encarnizados enemigos y en donde iba a ser crucificado.

Juan no menciona el nombre de Lázaro, motivo por el que Jesús y Sus discípulos volverían a Judea. El objetivo de Juan es centrar la atención sobre el viaje a un lugar donde muchos deseaban la muerte de Cristo. No cabe duda que el tiempo de Dios no es el tiempo del hombre. No era el momento oportuno desde la perspectiva humana para volver a Judea, pero era el tiempo que Dios había determinado para manifestar Su gloria en la resurrección de Lázaro.

8. Le dijeron los discípulos: Rabí, ahora procuraban los judíos apedrearte, ¿y otra vez vas allá?

λέγουσιν αὐτῷ οἱ μαθηταί· ῥαββί, νῦν ἐζήτουν σε λιθάσαι οἱ
Dicen le los discípulos: Rabí, ahora procuraban te apedrear los
Ἰουδαῖοι, καὶ πάλιν ὑπάγεις ἐκεῖ
judíos ¿y otra vez vas allá?

Notas y análisis del texto griego.

Siguiendo el relato, escribe: λέγουσιν, tercera persona plural del presente de indicativo en voz activa del verbo λέγω, *hablar, decir*, aquí *dicen*, como presente histórico mejor *dijeron*; αὐτῷ, caso dativo masculino de la tercera persona singular del pronombre personal declinado *a Él, le*; οἱ, caso nominativo masculino plural del artículo determinado *los*; μαθηταί, caso nominativo masculino plural del nombre común *discípulos*; ῥαββί, caso vocativo masculino singular del nombre *Rabí*; νῦν, adverbio de tiempo *ahora*; ἐζήτουν, tercera persona singular del imperfecto de indicativo en voz activa del verbo ζητέω, *buscar, procurar*, aquí *procuraban*; σε, caso acusativo de la segunda persona singular del pronombre personal declinado *a ti, te*; λιθάσαι, aoristo primero de infinitivo en voz activa del verbo λιθάζω, *apedrear*; οἱ, caso nominativo masculino plural del artículo definido *los*; Ἰουδαῖοι, caso nominativo masculino plural del adjetivo *judíos*; καὶ, conjunción copulativa *y*; πάλιν, adverbio de modo *nuevamente, de nuevo, otra vez*; ὑπάγεις, tercera persona singular del presente de indicativo en voz activa del verbo ὑπάγω, *ir, marchar*, aquí *vas*; ἐκεῖ, adverbio de lugar *allá*.

λέγουσιν αὐτῷ οἱ μαθηταί· ῥαββί, νῦν ἐζήτουν σε λιθάσαι οἱ Ἰουδαῖοι, A los discípulos les inquieta la decisión de ir nuevamente a Judea. Todos ellos recordaban los peligros que había atravesado el Maestro en la última estancia en Jerusalén. Ellos sabían bien la fobia que los fariseos sentían hacia Jesús. Regresar allá era una temeridad, desde el punto de vista humano. No podían olvidar la reacción contra Jesús de los fariseos, procurando apedrearle. Se dirigen a Él con el respeto acostumbrado llamándole *Rabí*, que será la última vez que este título aparece en el *Evangelio*.

καὶ πάλιν ὑπάγεις ἐκει. Una pregunta directa se convierte casi en una sugerencia para que dejase a un lado la determinación de volver a Judea. Ellos consideraban aquello casi como un atrevimiento que podía costarle la vida. Con toda seguridad estaban impactados con el reciente incidente en Jerusalén que no podían olvidar, por eso no querían enfrentarse a una situación semejante.

9. Respondió Jesús: ¿No tiene el día doce horas? El que anda de día, no tropieza, porque ve la luz de este mundo.

ἀπεκρίθη Ἰησοῦς· οὐχὶ δώδεκα ὧραι εἰσιν τῆς ἡμέρας ἐάν
Respondió Jesús: ¿Acaso no doce horas hay del día? Si
τις περιπατῇ ἐν τῇ ἡμέρᾳ, οὐ προσκόπτει, ὅτι τὸ φῶς τοῦ
alguno anda en el día no tropieza, porque a la luz del
κόσμου τούτου βλέπει·
mundo éste ve.

Notas y análisis del texto griego.

Sigue el relato: ἀπεκρίθη, tercera persona singular del aoristo primero de indicativo en voz pasiva del verbo αποκρίνομαι, *responder*, *tomar la palabra*, aquí *respondió*; Ἰησοῦς, caso nominativo masculino singular del nombre propio *Jesús*; οὐχὶ, partícula que es una forma intensificada del adverbio de negación οὐ, forma ática, que se traduce como *no*, y que se utiliza como partícula interrogativa en preguntas a las que se espera respuesta afirmativa, que puede expresar la forma interrogativa como *acaso no*; δώδεκα, caso nominativo femenino plural del adjetivo numeral cardinal *doce*; ὧραι, caso nominativo femenino plural del nombre común *horas*; εἰσιν, tercera persona singular del presente de indicativo en voz activa del verbo εἰμί, *ser, estar, tener, haber*, aquí *hay*; τῆς, caso genitivo femenino singular del artículo determinado declinado *del*; ἡμέρας, caso genitivo femenino singular del nombre común *día*; ἐάν, conjunción afirmativa *si*; τις, caso nominativo masculino singular del pronombre indefinido *alguno*; περιπατῇ, tercera persona singular del presente de subjuntivo en voz activa del verbo περιπατέω, *andar, caminar*, aquí *anda*; ἐν, preposición propia de dativo *en*; τῇ, caso dativo femenino singular del artículo determinado *la*; ἡμέρᾳ, caso dativo femenino singular del nombre común *día*; οὐ, adverbio de negación *no*; προσκόπτει, tercera persona singular del presente de indicativo en voz activa del verbo προσκόπτω, *tropezar*, aquí *tropieza*; ὅτι, conjunción causal *porque*; τὸ, caso acusativo neutro singular del artículo determinado declinado *al*; φῶς, caso acusativo neutro singular del nombre común *luz*; τοῦ, caso genitivo masculino singular del artículo definido declinado *del*; κόσμου, caso genitivo masculino singular del nombre común *mundo*; τούτου, caso genitivo masculino singular del pronombre demostrativo *este*; βλέπει, tercera persona singular del presente de indicativo en voz activa del verbo βλέπω, *ver, mirar*, aquí *ve*.

ἀπεκρίθη Ἰησοῦς· οὐχὶ δώδεκα ὧραι εἰσιν τῆς ἡμέρας. La respuesta de Jesús está expresada en un lenguaje figurado. Ellos le preguntan por que exponerse a volver a Judea. Él les responde diciéndoles que el día tiene doce horas, relativo al tiempo de luz. La parte de luz del día, antes de llegar la noche, se fraccionaba en doce partes, desde la salida del sol, de modo que podía ser un poco más o menos de las doce horas, según fuese el día de verano o de invierno. La formula mediante una pregunta retórica que exige una respuesta afirmativa. El sentido es que todavía duraba el día de Su ministerio y aún no había llegado el momento de dar Su vida, si bien cada vez estaba más cerca, por tanto, podía ir a Judea sin temor.

ἐάν τις περιπατῇ ἐν τῇ ἡμέρᾳ, οὐ προσκόπτει, ὅτι τὸ φῶς τοῦ κόσμου τούτου βλέπει. Seguidamente les hace notar que cuando se camina a plena luz del día, no hay tropiezo, porque la luz del mundo, esto es la que ilumina el día natural, alumbra de tal forma que pueden evitarse los obstáculos que aparezcan en el camino. Mientras dura el día de Su ministerio y tenga que realizar alguna obra de las que el Padre le había encomendado que hiciese, Él lo haría. Los discípulos no debían temer que volviesen a Judea porque nada podía ocurrirle hasta que llegase Su hora, esto es, el momento establecido en el plan eterno de redención cuando tenía que dar Su vida para salvación del mundo. El Señor sabe que Su ministerio tiene un tiempo limitado, por tanto, mientras el día de Su obra no llega a la noche del mundo, debe ocupar el tiempo para hacer lo que se le había encomendado. Mientras dura el día es tiempo de seguir trabajando. Mientras haya ministerio que realizar del que Dios ha encomendado a cada uno, la protección es segura porque nadie puede impedir el cumplimiento del propósito que ha establecido para cada uno.

10. Pero el que anda de noche, tropieza, porque no hay luz en él.

ἐὰν δέ τις περιπατῇ ἐν τῇ νυκτί, προσκόπτει, ὅτι τὸ φῶς
Pero si alguno anda en la noche, tropieza, porque la luz
οὐκ ἔστιν ἐν αὐτῷ.
no está en él.

Notas y análisis del texto griego.

Concluyendo la figura, dice: ἐὰν, conjunción afirmativa *si*; δέ, partícula conjuntiva que hace las veces de conjunción coordinante, con sentido de *pero, más bien, y, y por cierto, antes bien*; τις, caso nominativo masculino singular del pronombre indefinido *alguno*; περιπατῇ, tercera persona singular del presente de subjuntivo en voz activa del verbo περιπατέω, *andar*, aquí *anda*; ἐν, preposición propia de dativo *en*; τῇ, caso dativo femenino singular del artículo determinado *la*; νυκτί, caso dativo femenino singular del nombre común *noche*; προσκόπτει, tercera persona singular del presente de indicativo en voz activa del verbo *tropezar*, aquí *tropieza*; ὅτι, conjunción causal *porque*; τὸ, caso nominativo neutro singular del artículo determinado *el*; φῶς, caso nominativo neutro singular del nombre común *luz*; οὐκ, partícula conjuntiva que hace las veces de conjunción coordinante, con sentido de *pero, más bien, y, y por cierto, antes bien*; ἔστιν, tercera persona singular del presente de indicativo en voz activa del verbo εἰμί, *ser, estar*, aquí *está*; ἐν, preposición propia de dativo *en*; αὐτῷ, caso dativo masculino de la tercera persona singular del pronombre personal *él*.

ἐὰν δέ τις περιπατῇ ἐν τῇ νυκτί, προσκόπτει, ὅτι τὸ φῶς οὐκ ἔστιν ἐν αὐτῷ. Las palabras en sentido negativo refuerzan lo que dijo antes. El que anda de día, no tropieza, pero quien lo hace de noche, si. Sin embargo es interesante apreciar no dijo *que no tiene luz*, sino que *la luz no está en él*. No es tanto la oscuridad del entorno, sino la oscuridad espiritual existente en él.

La ilustración alcanza un sentido mayor. Quien camina con Cristo sabe a donde va y como va, puesto que el mismo Señor dijo que *"el que me sigue no andará en tinieblas, más tendrá la luz de la vida"* (8:12). Por tanto, quien no tiene a Cristo está él mismo en tinieblas y no sabe a donde va. Cristo es también la piedra de tropiezo para quienes, ajenos a Él tropiezan en ella, porque no siguen el camino de fe al que Dios llama al hombre (Ro. 9:32), y niegan la verdad de la Palabra (1 P. 2:8). Sin duda el alcance de estas palabras tiene como referente a la condición de los fariseos que buscaban la muerte de Jesús y negaban la realidad de quien es. Quien tiene la luz de Dios en él, se convierte también en luz que brilla en las tinieblas, lo que determina la distinción entre los hijos de luz y los de las tinieblas (cf. 3:19-21).

11. Dicho esto, les dijo después: Nuestro amigo Lázaro duerme; mas voy para despertarle.

Ταῦτα εἶπεν, καὶ μετὰ τοῦτο λέγει αὐτοῖς· Λάζαρος ὁ
Estas cosas dijo, y despues de esto dijo les: Lázaro el
φίλος ἡμῶν κεκοίμηται· ἀλλὰ πορεύομαι ἵνα
amigo de nosotros se ha dormido; pero voy para
ἐξυπνίσω αὐτόν.
despertar le.

Notas y análisis del texto griego.

El relato sigue sin interrupción: Ταῦτα, caso acusativo neutro plural del pronombre demostrativo *estos*, en sentido de *estas cosas*; εἶπεν, tercera persona singular del segundo aoristo de indicativo en voz activa del verbo εἶπον, forma del aoristo de λέγω, *hablar, decir*, aquí *dijo*; καὶ, conjunción copulativa *y*; μετὰ, preposición propia de acusativo *después de*; τοῦτο, caso acusativo neutro singular del pronombre demostrativo *esto*; λέγει, tercera persona singular del presente de indicativo en voz activa del verbo λέγω, *hablar, decir*, aquí *dice*, como presente histórico *dijo*; αὐτοῖς, caso dativo masculino de la tercera persona plural del pronombre personal declinado *a ellos, les*; Λάζαρος, caso nominativo masculino singular del nombre propio *Lázaro*; ὁ, caso nominativo masculino singular del artículo determinado *el*; φίλος, caso nominativo masculino singular del adjetivo *amigo*; ἡμῶν, caso genitivo de la primera persona plural del pronombre personal declinado *de nosotros*; κεκοίμηται, tercera persona plural del perfecto de indicativo en voz media del verbo κοιμάομαι, *dormirse*, aquí *se ha dormido*; ἀλλὰ, conjunción adversativa *mas, pero*; πορεύομαι, primera persona singular del presente de indicativo en voz media del verbo πορεύομαι, *ir, marchar*, aquí *voy*; ἵνα, conjunción causal *en orden a, para*; ἐξυπνίσω, primera persona del aoristo primero de subjuntivo en voz activa del verbo ἐκσυπνίζω, *despertar*, aquí *despertar*; αὐτόν, caso acusativo masculino de la tercera persona singular del pronombre personal declinado *a él, le*.

Ταῦτα εἶπεν, καὶ μετὰ τοῦτο λέγει αὐτοῖς· Λάζαρος ὁ φίλος ἡμῶν κεκοίμηται· Después de lo dicho antes, el Señor anuncia a todos la muerte de Lázaro. Lo hace mediante un lenguaje que expresa figuradamente la situación de muerte apelando al sueño. Jesús conocía la muerte de Lázaro, de forma sobrenatural. La Persona Divina de conocimiento infinito comunicaba a Su naturaleza humana el conocimiento sobrenatural que le permite hacer una afirmación tan concreta. No se trata de una revelación al estilo profético por la que Dios manifestaba algo al profeta, sino que sale de Él mismo, por Su condición Divino-humana, por eso dice con toda naturalidad *nuestro amigo Lázaro duerme*. Literalmente se lee *se ha quedado dormido*. En el Nuevo Testamento es la forma natural para referirse a la muerte de un cristiano. El creyente, sin duda alguna muere, pero es un dormir porque no se trata de un estado de separación, sino el tránsito a una nueva experiencia de vida. El verbo κοιμάομαι, *dormir*, aparece dieciocho veces en el Nuevo Testamento, de ellas sólo cuatro hace alusión a dormirse físicamente por causa del sueño y las otras catorce se usan figuradamente para referirse a la muerte de alguien. De esta raíz procede la palabra κοιμητήριον, *cementerio*, que literalmente significa *dormitorio*.

Jesús aprovecha toda ocasión para enseñar a Sus discípulos. De manera que la muerte produce verdadero terror al hombre sin esperanza (He. 2:15). Ese temor surge por un sentimiento de culpabilidad que está en la propia conciencia del hombre. El miedo continuo a la muerte es una verdadera esclavitud personal. De ahí la liberación que se produce en la experiencia del salvo: *"Pues no habéis recibido el espíritu de esclavitud para estar otra vez en temor, sino que habéis recibido el espíritu de adopción, por el cual clamamos ¡Abba, Padre!* (Ro. 8:15). La liberación del creyente, que es hijo de Dios le rescata de la esclavitud del pecado (Ro. 6:20-23), por tanto le libra del temor de la muerte. Por la fe el creyente tiene la vida eterna, y es, por tanto, participante de la naturaleza divina (2 P. 1:4). El temor desaparece porque el creyente no tiene ya condenación a causa de la obra redentora de Jesucristo, por la que ya no hay condenación (Ro. 8:1). La muerte para el creyente no significa entrar en una esfera de perdición y condenación, sino la bendición de acceder a la liberación plena de todas las miserias de la vida, para disfrutar de la presencia del Señor (Fil. 1:23). El que está en Cristo y por Él recibe la condición de hijo de Dios (1:12), se convierte en dueño de todo, incluso de la misma muerte: *"...porque todo es vuestro;... sea el mundo, sea la vida, sea la muerte..."* (1 Co. 3:21-22). La muerte inquieta al perdido pero es una nueva experiencia en Cristo, dormir en el Señor (1 Ts. 4:14). Lo que es ruina para muchos es ganancia para el salvo (Fil. 1:21). La muerte no puede separar al creyente de Cristo (Ro. 8:38). La muerte física en lugar de ser objeto de miedo, es el paso para acceder a la presencia del Señor (2 Co. 5:8). Sin duda estas lecciones de Jesús serán comprendidas y enseñadas por los apóstoles a la Iglesia, pero ya Jesús pone delante de ellos el motivo de reflexión: Lázaro no ha muerto, sino que *se ha dormido*. Será bueno recordar que cuando se habla de la muerte de un creyente como *un dormir en Cristo*, no enseña en ningún lugar de la Biblia que sea un estado intermedio de reposo inconsciente, lo que algunos llaman el *sueño del alma*, un sueño *psicopático*. No cabe duda que para el mundo de donde el alma ha salido, al dejar de actuar como soporte de vida, es considerada como dormida (Job. 7:9, 10; Ec. 9:6), sin embargo está plenamente consciente, en ese sentido *despierta*, a la esfera adonde ha sido trasladada (Lc. 16:19-31; 23:43; 2 Co. 5:8; Fil. 1:21-23; Ap. 7:15-17; 20:4). El sentido literal absoluto, propio de los judíos, privaban incluso a los discípulos a un entendimiento más amplio que el que suponen las palabras en sí mismas.

ἀλλὰ πορεύομαι ἵνα ἐξυπνίσω αὐτόν. El Señor dice a los Doce que iba a despertarlo, esto es, a sacarlo del sueño en que había dormido. No está hablando en un lenguaje directo, sino más bien figurado, pero está presentando a los suyos la situación en que *nuestro amigo Lázaro* estaba y preparándolos para presenciar la mayor obra de poder que habían visto realizar por Jesús. Es de observar que el Señor no usa el plural sino el singular, porque aunque todos iban a trasladarse a Judea y, mas concretamente, a Betania, sólo Él determinaba, y sólo Él iba a intervenir en la resurrección del que *se había dormido*. Es difícil entender que los discípulos no comprendieran la alusión a la muerte, puesto que no se hace un viaje tan largo y con los peligros naturales que conllevaba volver a Jerusalén, para *despertar del sueño* a un amigo que se había dormido.

12. Dijeron entonces sus discípulos: Señor, si duerme, sanará.

εἶπαν	οὖν	οἱ	μαθηταὶ	αὐτῷ·	Κύριε,	εἰ	κεκοίμηται	σωθήσεται.
Dijeron,	pues,	los	discípulos	le:	Señor,	si	se ha dormido	sanará.

Notas y análisis del texto griego.

Prosigue el relato: εἶπαν, tercera persona plural del segundo aoristo de indicativo en voz activa del verbo εἶπον, forma del aoristo de λέγω, *hablar, decir*, aquí *dijeron*; οὖν, conjunción continuativa *pues*; οἱ, caso nominativo masculino plural del artículo determinado *los*; μαθηταὶ, caso nominativo masculino plural del nombre común *discípulos*; αὐτῷ, caso genitivo masculino de la tercera persona singular del pronombre personal declinado *a Él, le*; Κύριε, caso vocativo masculino del nombre divino *Señor*; εἰ, conjunción afirmativa *si*; κεκοίμηται, tercera persona singular del perfecto de indicativo en voz media del verbo κοιμάομαι, *dormir*, aquí *se ha dormido*; σωθήσεται, tercera persona singlar del futuro de indicativo en voz pasiva del verbo σῴζω, *salvar, sanar*, aquí *sanará*.

εἶπαν οὖν οἱ μαθηταὶ αὐτῷ· Κύριε, εἰ κεκοίμηται σωθήσεται. El sentido de literalidad como comprendían las cosas, les lleva a una conclusión lógica, si se ha dormido, entonces *sanará*. No hay necesidad de ir a Betania para despertarle. No pueden pensar en la muerte, sino en el descanso, lo que es una señal evidente de mejoría, de otro modo, si duerme se pondrá mejor. Todo esto pone también de manifiesto el temor que el grupo de discípulos sentía de regresar otra vez a Judea y, especialmente, a las proximidades de Jerusalén. Leyendo el versículo pudiera entenderse que cuando Juan escribe *dijeron los discípulos*, no estaba incluido en ellos, pero simplemente es la forma natural de referirse a los demás, propio de un narrador.

13. Pero Jesús decía esto de la muerte de Lázaro; y ellos pensaron que hablaba del reposar del sueño.

εἰρήκει δὲ	ὁ	Ἰησοῦς	περὶ	τοῦ	θανάτου	αὐτοῦ,	ἐκεῖνοι δὲ
Pero había dicho	-	Jesús	acerca de	la	muerte	de él;	pero ellos

ἔδοξαν	ὅτι	περὶ	τῆς	κοιμήσεως	τοῦ	ὕπνου	λέγει.
pensaron	que	acerca del		reposo	del	sueño	dice.

Notas y análisis del texto griego.

Sigue desarrollándose el relato con εἰρήκει, tercera persona singular del pluscuamperfecto de indicativo en voz activa del verbo del verbo εἶπον, forma del aoristo de λέγω, *hablar, decir*, aquí *había dicho*; δὲ, partícula conjuntiva que hace las veces de conjunción coordinante, con sentido de *pero, más bien, y, y por cierto, antes bien*; ὁ, caso nominativo masculino singular del artículo determinado *el*; Ἰησοῦς, caso nominativo masculino singular del nombre propio *Jesús*; περὶ, preposición propia de genitivo *sobre, acerca de*; τοῦ, caso genitivo masculino singular del artículo determinado *el*; θανάτου, caso genitivo masculino singular del nombre común *muerte*; αὐτοῦ, caso genitivo masculino de la tercera persona singular del pronombre personal declinado *de él*; ἐκεῖνοι, caso nominativo masculino plural del pronombre personal *ellos*; δὲ, partícula conjuntiva que hace las veces de conjunción coordinante, con sentido de *pero, más bien, y, y por cierto, antes bien*; ἔδοξαν, tercera persona plural del aoristo primero de indicativo en voz activa del verbo δοκέω, *pensar, considerar, parecer*, aquí *pensaron*; ὅτι, conjunción *que*; περὶ, preposición propia de genitivo, *entorno a, alrededor de, acerca de*; τῆς, caso genitivo femenino singular del artículo determinado *la*; κοιμήσεως, caso genitivo femenino singular del nombre común *reposo, descanso*; τοῦ, caso genitivo masculino singular del artículo determinado declinado *del*; ὕπνου, caso genitivo masculino singular del nombre común *sueño*; λέγει, tercera persona singular del presente de indicativo en voz activa del verbo λέγω, *hablar, decir*, aquí *dice*.

εἰρήκει δὲ ὁ Ἰησοῦς περὶ τοῦ θανάτου αὐτοῦ, ἐκεῖνοι δὲ ἔδοξαν ὅτι περὶ τῆς κοιμήσεως τοῦ ὕπνου λέγει. Los discípulos habían entendido mal la metáfora de Cristo, relacionada con la muerte, al tratarla como *un sueño*. Ellos habían pensado en el sueño físico, mientras Jesús les hablaba de la muerte de Lázaro, el amigo común de todos ellos. Como ya se ha dicho, el temor al regreso a Judea con los riesgos y peligros que conllevaba, posiblemente conducía a rechazar otra idea que no fuese la del descanso del enfermo, por lo que no era necesario arriesgarse regresando al territorio donde estaban los mayores enemigos de Jesús.

14. Entonces Jesús les dijo claramente: Lázaro ha muerto.

τότε οὖν εἶπεν αὐτοῖς ὁ Ἰησοῦς παρρησίᾳ· Λάζαρος
Entonces, pues, dijo les - Jesús claramente: Lázaro
ἀπέθανεν,
ha muerto.

Notas y análisis del texto griego.

Juan añade: τότε, adverbio de tiempo *entonces*; οὖν, conjunción continuativa *pues*; εἶπεν, tercera persona singular del segundo aoristo de indicativo en voz activa del verbo εἶπον, forma del aoristo de λέγω, *hablar, decir*, aquí *dijo*; αὐτοῖς, caso dativo masculino de la tercera persona plural del pronombre personal declinado *a ellos, les*; ὁ, caso nominativo masculino singular del artículo determinado *el*; Ἰησοῦς, caso nominativo masculino singular del nombre propio *Jesús*; παρρησίᾳ, caso dativo femenino singular del nombre común *en público, abiertamente, con franqueza*; Λάζαρος, caso nominativo masculino singular del nombre propio *Lázaro*; ἀπέθανεν, tercera persona singular del aoristo segundo de indicativo en voz activa del verbo ἀποθνήκω, *morir*, aquí *murió*.

τότε οὖν εἶπεν αὐτοῖς ὁ Ἰησοῦς παρρησίᾳ· Λάζαρος ἀπέθανεν, La confusión de los discípulos es resuelta definitivamente por Jesús, al decirles claramente, sin ambigüedad, que Lázaro había muerto, literalmente *Lázaro murió*. Aquello era, para los hombres, irreversible. Un muerto ya no puede volver a la vida, salvo por la intervención omnipotente de Dios. De nuevo se aprecia el conocimiento sobrenatural de Jesús ya que los enviados por las dos hermanas de Lázaro sólo habían dicho que estaba enfermo, pero Él sabía que había muerto.

15. Y me alegro por vosotros, de no haber estado allí, para que creáis; mas vamos a él.

καὶ χαίρω δι' ὑμᾶς ἵνα πιστεύσητε, ὅτι οὐκ ἤμην
Y me alegro a causa de vosotros para que creáis que no estaba
ἐκεῖ· ἀλλὰ ἄγωμεν πρὸς αὐτόν.
allí; pero vayamos a él.

Notas y análisis del texto griego.

Sigue el diálogo con los discípulos: καὶ, conjunción copulativa *y*; χαίρω, primera persona singular del presente de indicativo en voz activa del verbo χαίρω, *gozarse, alegrarse*, aquí *me alegro*; δι' forma contracta de la preposición de acusativo διά, *por medio de, a causa de*; ὑμᾶς, caso acusativo de la segunda persona plural del pronombre personal *vosotros*; ἵνα, conjunción causal *para que*; πιστεύσητε, segunda persona plural del aoristo primero de subjuntivo en voz activa del verbo πιστεύω, *creer*, aquí *creáis*; ὅτι, conjunción copulativa *que*; οὐκ, forma escrita del adverbio de negación *no*, con el grafismo propio ante una vocal con espíritu suave o una enclítica; ἤμην, primera persona singular del imperfecto de indicativo en voz media del verbo εἰμί, *ser, estar*, aquí *estaba*; ἐκεῖ, adverbio de lugar *allí*; ἀλλὰ, conjunción adversativa *pero*; ἄγωμεν, primera persona plural del presente de subjuntivo en voz activa del verbo ἄγω, *ir*, aquí *vayamos*; πρὸς, preposición propia de acusativo *a*; αὐτόν, caso acusativo masculino de la tercera persona singular del pronombre personal *él*.

καὶ χαίρω δι' ὑμᾶς ἵνα πιστεύσητε, ὅτι οὐκ ἤμην ἐκεῖ· La expresión de Cristo es un tanto extraña. Lázaro había muerto y Él se alegraba de no haber estado allí cuando murió. La muerte de Lázaro no se hubiera producido si hubiera estado en Betania, donde con toda seguridad habría sanado la enfermedad de Su amigo. La alegría del Señor no es, por supuesto, por la muerte de Su amigo, sino para que los discípulos puedan creer en lo que Él haría, que volvería a remarcar delante de ellos, lo que todos habían llegado a comprender, que el Señor era el Hijo de Dios. La muerte de Lázaro sería un motivo para glorificar a Dios. Los Doce eran creyentes, salvo Judas que nunca lo fue como hijo de perdición, sin embargo, la fe de ellos era todavía débil, de modo que el milagro que Jesús haría iba a consolidar más lo que ellos creían de Él.

ἀλλὰ ἄγωμεν πρὸς αὐτόν. Con todo, aunque la muerte de Lázaro sería para gloria de Dios y para consolidar la fe de los discípulos, no deja por ello de ser causa de tristeza en el corazón del Señor, de manera que el amor suyo por Sus amigos se resuelve en la determinación que comunica a Sus discípulos: *vamos a él*. La muerte nunca separará al creyente del amor de Cristo, como ocurre también en el caso de Lázaro (Ro. 8:38).

16. Dijo entonces Tomás, llamado Dídimo, a sus condiscípulos: Vamos también nosotros, para que muramos con él.

εἶπεν οὖν	Θωμᾶς	ὁ λεγόμενος	Δίδυμος	τοῖς	συμμαθηταῖς·
Dijo, entonces,	Tomás,	el llamado	Dídimo	a los	condiscípulos:

ἄγωμεν	καὶ	ἡμεῖς	ἵνα	ἀποθάνωμεν	μετ'	αὐτοῦ.
vayamos	también	nosotros	para que	muramos	con	Él.

Notas y análisis del texto griego.

Cerrando el párrafo, escribe: εἶπεν, tercera persona singular del segundo aoristo de indicativo en voz activa del verbo εἶπον, forma del aoristo de λέγω, *hablar, decir*, aquí *dijo*; οὖν, conjunción ilativa *pues, entonces*; Θωμᾶς, caso nominativo masculino singular del nombre propio *Tomás*; ὁ, caso nominativo masculino singular del artículo determinado *el*; λεγόμενος, caso nominativo masculino singular del participio de presente en voz pasiva del verbo λέγω, *hablar, decir, llamar*, aquí *que se llama, llamado*; Δίδυμος, caso nominativo masculino singular del nombre propio *Dídimo*; τοῖς, caso acusativo masculino de la segunda persona plural del pronombre personal declinado *a los*; συμμαθηταῖς, caso dativo masculino plural del nombre común *condiscípulos*; ἄγωμεν, primera persona plural del presente de subjuntivo en voz activa del verbo ἄγω, *ir*, aquí *vayamos*; καὶ, adverbio de modo *también*; ἡμεῖς, caso nominativo de la primera persona plural del pronombre personal *nosotros*; ἵνα, conjunción causal *para que*; ἀποθάνωμεν, primera persona plural del segundo aoristo de subjuntivo en voz activa del verbo ἀποθνῄσκω, *morir*, aquí *muramos*; μετ', forma escrita de la preposición de genitivo μετά, por elisión ante vocal con espíritu suave, *con*; αὐτοῦ, caso genitivo masculino de la tercera persona singular del pronombre personal *él*.

εἶπεν οὖν Θωμᾶς ὁ λεγόμενος Δίδυμος τοῖς συμμαθηταῖς· Generalmente es Pedro el que habla en nombre de los otros discípulos, pero en esta ocasión fue Tomás quien lo hizo. Juan da el equivalente hebreo del nombre griego diciendo que significa *Dídimo*, ambos son equivalentes a *mellizo* o *gemelo*. No se dice quien era el gemelo de este discípulo. Sin embargo pudiera ser un simple nombre, sin que tuviese necesariamente un hermano gemelo.

ἄγωμεν καὶ ἡμεῖς ἵνα ἀποθάνωμεν μετ' αὐτοῦ. Generalmente se considera a Tomas como una persona de carácter apocado, con muchas dudas e incluso indeciso. Sin embargo, bien puede tomarse aquí como un hombre valiente que invita a todos los condiscípulos a acompañar resueltamente a Cristo aunque fuese para morir con Él. El término συμμαθηταῖς, *condiscípulos*, sólo aparece aquí en todo el Nuevo Testamento. La situación de riesgo que corría Jesús, siempre desde el punto de vista humano, hacía presentir un posible desenlace a manos de los enemigos. Ellos debían acompañarle en cualquier circunstancia aunque tuviesen que morir con Él. Como dice León Morris, *"Tomas miró a la muerte cara a cara y eligió morir con Jesús antes que vivir sin Él*[2]*"*. No cabe duda que Tomás tenía un sincero amor por Cristo, al estar dispuesto a morir con Él. Una afirmación semejante la diría Pedro un tiempo después, durante la última cena con

[2] León Morris. o.c., pág. 156.

el Señor. Con todo, lo que esto revela es un gran desconocimiento relacionado con la muerte de Cristo, como si se pudiese producir o incluso fuese inevitable, a manos de los hombres. Llegará el momento en que la dimensión de la identificación con Cristo haga que *morir con Él* sea el distintivo del creyente (Gá. 2:20).

Algunos creen que *morir con Él*, no se refiere tanto a Jesús, sino a Lázaro, lo que supondría que Tomas ya da por sentado que iban a morir como había muerto Lázaro, sin embargo la construcción gramatical del texto griego no permite vincularlo con el que había muerto, sino con el que podía morir, en el pensamiento de los discípulos, que era Jesús.

17. Vino, pues, Jesús, y halló que hacía ya cuatro días que Lázaro estaba en el sepulcro.

Ἐλθὼν οὖν ὁ Ἰησοῦς εὗρεν αὐτὸν τέσσαρας ἤδη ἡμέρας
Vino, pues, - Jesús, halló le por cuatro ya días
ἔχοντα ἐν τῷ μνημείῳ.
estando en la tumba.

Notas y análisis del texto griego.

Se inicia un nuevo parrafo: Ἐλθὼν, caso nominativo masculino singular del participio del aoristo segundo de indicativo en voz activa del verbo ἔρχομαι, *venir*, aquí *viniendo, vino*; οὖν, conjunción continuativa *pues*; ὁ, caso nominativo masculino singular del artículo determinado *el*; Ἰησοῦς, caso nominativo masculino singular del nombre propio *Jesús*; εὗρεν, tercera persona singular del segundo aoristo de indicativo en voz activa del verbo εὑρίσκω, *hallar, encontrar*, aquí *halló*; αὐτὸν, caso acusativo masculino de la tercera persona singular del pronombre personal declinado *a él, le*; τέσσαρας, caso acusativo femenino plural del adjetivo numeral cardinal *cuatro*; ἤδη, adverbio de tiempo *ya*; ἡμέρας, caso acusativo femenino plural del nombre común *días*; ἔχοντα, caso acusativo masculino singular del participio de presente en voz activa del verbo ἔχω, *tener, poseer, tener necesidad, encontrarse*, aquí *teniendo*, en este caso *estando*; ἐν, preposición propia de dativo *en*; τῷ, caso dativo neutro singular del artículo determinado *el*; μνημείῳ, caso dativo neutro singular del nombre común *sepulcro, tumba, monumento*.

Ἐλθὼν οὖν ὁ Ἰησοῦς εὗρεν αὐτὸν τέσσαρας ἤδη ἡμέρας ἔχοντα ἐν τῷ μνημείῳ. No se da ningún detalle del viaje desde donde Jesús estaba hasta Betania. Es muy probable que buscasen las vías menos recurridas, para que no hubiese demasiados encuentros con la gente que conocía a Jesús, de modo que el viaje fuese, en cierta medida, como de incognito. Juan sitúa a Jesús en Betania.

La primera indicación tiene que ver con Lázaro, del que se dice que hacía cuatro días que había sido puesto en el sepulcro. Sin lugar a dudas se hizo con él lo que era habitual en los enterramientos judíos. El cadáver se cubría de ungüentos aromáticos sobre los que se colocaban vendas, de manera que el cuerpo muerto quedaba retenido por ellas. Los muertos solían enterrarse enseguida de haberse producido la muerte. El ejemplo de Ananías y Safira lo confirma, que fueron enterrados inmediatamente después de haber muerto (Hch. 5:6, 10).

Una creencia judía, enseñaba que el alma del muerto quedaba junto al cuerpo durante tres días, de modo que sólo en ese tiempo podía producirse una resurrección. Pasado ese tiempo se iba al lugar de descanso y la resurrección ya no era posible. Por otro lado, al cuarto día, sin los elementos protectores que pueden usarse hoy, el cuerpo entraba en plena descomposición, una de cuya evidencia era el hedor propio de esa situación. Pasados los tres días, que eran los de duelo oficial, sólo un milagro divino podía producir la resurrección de un muerto. La noticia que Jesús recibió al llegar a Betania es que Su amigo estaba en el sepulcro desde hacía cuatro días.

18. Betania estaba cerca de Jerusalén, como a quince estadios.

ἦν δὲ ἡ Βηθανία ἐγγὺς τῶν Ἱεροσολύμων ὡς ἀπὸ σταδίων
Y estaba - Betania cerca - de Jerusalén como de estadios
δεκαπέντε.
quince.

Notas y análisis del texto griego.

Se dan datos sobre Betania: ἦν, tercera persona singular del imperfecto de indicativo en voz activa del verbo εἰμί, *ser, estar*, aquí *estaba*; δὲ, partícula conjuntiva que hace las veces de conjunción coordinante, con sentido de *pero, más bien, y, y por cierto, antes bien*; ἡ, caso nominativo femenino singular del artículo determinado *la*; Βηθανία, caso nominativo femenino singular del nombre común *Betania*; ἐγγὺς, locución preposicional de genitivo *cerca de*; τῶν, caso genitivo neutro plural del artículo determinado *los*; Ἱεροσολύμων, caso genitivo neutro plural del nombre propio *Jerusalén*; ὡς, adverbio de modo, *como*, que hace las veces de conjunción comparativa; ἀπὸ, preposición propia de genitivo *de*; σταδίων, caso genitivo masculino plural del nombre común *estadios*; δεκαπέντε, caso genitivo masculino plural del adjetivo numeral cardinal *quince*.

ἦν δὲ ἡ Βηθανία ἐγγὺς τῶν Ἱεροσολύμων ὡς ἀπὸ σταδίων δεκαπέντε. Juan establece datos concretos sobre la situación de Betania, diciendo que estaba a unos *quince estadios* de Jerusalén, como cada estadio es de 177,6 m., el lugar estaba aproximadamente a tres kilómetros de distancia. La referencia que se hace en los sinópticos es más genérica e imprecisa. Lucas dice que Betania era una aldea, concretamente *cierta aldea* (Lc. 10:38). Realmente, como se dijo al principio del capítulo, era una pequeña población en la periferia de Jerusalén. De manera que Jesús había llegado prácticamente a la ciudad donde estaban presentes Sus más acérrimos enemigos. Juan da estos datos de Betania, sobre todo de la distancia a Jerusalén, para que el lector entienda la presencia de muchos judíos de aquella ciudad.

19. Y muchos de los judíos habían venido a Marta y a María, para consolarlas por su hermano.

πολλοὶ δὲ ἐκ τῶν Ἰουδαίων ἐληλύθεισαν πρὸς τὴν[1] Μάρθαν
Y muchos de los judíos habían venido a - Marta
καὶ Μαριὰμ ἵνα παραμυθήσωνται αὐτὰς περὶ τοῦ ἀδελφοῦ[2].
y María para animar las acerca del hermano.

Notas y análisis del texto griego.

Continúa el relato: πολλοὶ, caso masculino plural del adjetivo *muchos*; δὲ, partícula conjuntiva que hace las veces de conjunción coordinante, con sentido de *pero, más bien, y, y por cierto*, *antes bien*; ἐκ, preposición propia de genitivo *de*; τῶν, caso genitivo masculino plural del artículo definido *los*; Ἰουδαίων, caso genitivo masculino plural del adjetivo *judíos*; ἐληλύθεισαν, tercera persona plural del pluscuamperfecto de indicativo en voz activa del verbo ἔρχομαι, *venir*, aquí *habían venido*; πρὸς, preposición propia de acusativo *a*; τὴν, caso acusativo femenino singular del artículo determinado *la*; Μάρθαν, caso acusativo femenino singular del nombre propio *Marta*; καὶ, conjunción copulativa *y*; Μαριὰμ, caso acusativo femenino singular del nombre propio *María*; ἵνα, conjunción causal *para*; παραμυθήσωνται, tercera persona plural del aoristo primero de subjuntivo en voz media del verbo παραμυθέομαι, *animar, alentar, dar el pésame*, aquí *animar*; αὐτὰς, caso acusativo femenino plural del pronombre personal declinado *a ellas*, *las*; περὶ, preposición propia de genitivo *acerca de*; τοῦ, caso genitivo masculino singular del artículo determinado *el*; ἀδελφοῦ, caso genitivo masculino singular del nombre común *hermano*.

Crítica Textual. Lecturas alternativas.

[1] πρὸς τὴν, *a la*, lectura atestiguada en $\mathfrak{p}^{66, 75vid}$, ℵ, B, C, K, W, 33, 579, 1241, latt.

τὰς περὶ *los alrededor de*, según se lee en $\mathfrak{p}^{45vid}$, A, C^3, K, Γ, Δ, Θ, Ψ, $f^{1, 13}$, 565, 700, 892^s, 1424, 844, 2211, 𝔐, sir^h.

[2] τοῦ ἀδελφοῦ, *del hermano*, según $\mathfrak{P}^{45, 66, 75}$, ℵ, B, D, K, W, Θ, ff^2, l, r^1.

τοῦ ἀδελφου αὐτῶν, *del hermano de ellos*, según A, C, K, Γ, Δ, Ψ, $f^{1, 13}$, 33, 565, 579, 700, 892^s, 1241, 1424, 844, 2211, 𝔐, lat, $sir^{p, h}$.

πολλοὶ δὲ ἐκ τῶν Ἰουδαίων. Sorprende la presencia de tantos judíos residentes en Jerusalén, lo que da a entender que se trataba de una familia muy conocida. El término *judíos* en esta ocasión no hace referencia específica a los fariseos, como ocurre en otras ocasiones, sino que es un adjetivo genérico para referirse a pertenecientes a Judea y, más concretamente aquí, a Jerusalén. Sin embargo, por el contexto próximo, es posible que entre ellos hubiese alguno de los enemigos de Jesús, que llevarían recado del milagro a los otros fariseos que estaban en la ciudad.

ἐληλύθεισαν πρὸς τὴν Μάρθαν καὶ Μαριὰμ ἵνα παραμυθήσωνται αὐτὰς περὶ τοῦ ἀδελφοῦ. Todos estos habían venido desde Jerusalén a Betania, con el propósito de *consolar* a las dos hermanas de Lázaro. Pudiera tratarse aquí del *duelo* habitual en aquellos días, en donde venían para llorar con los familiares durante los tres primeros días, luego guardaban un duelo profundo durante el resto de la semana y finalmente continuaban condoliéndose, aunque de forma menos intensa, durante treinta días más, según regulación del Talmud: "*Tres días de lloro, siete de lamento y treinta para ataviarse con ropa austera y no cortarse el cabello*[3]". Consolar a los familiares de un muerto era un deber que debía cumplirse sin demora. La gran mayoría de los que habían acudido a Betania, tenían, sin duda, la intención de consolar a las hermanas de Lázaro. Puesto que ninguno de ellos sabía de la presencia de Jesús, además, cuando llegaron al lugar no había llegado todavía y nadie sabía que estaba viniendo.

El deber de acompañar en el duelo a los hermanos es un privilegio y un deber cristiano. El apóstol Pablo dice que debemos llorar con los que lloran (Ro. 12:15). Esto contrasta fuertemente con la idea que algunos tienen sobre que el cristiano no debe llorar a causa de la muerte de algún deudo. El testimonio no es mantenerse impertérrito en las circunstancias más adversas, sino entristecerse pero con esperanza (1 Ts. 4:13).

---

[3] *MK* 27b; Soncino edn., p, 180.

20. Entonces Marta, cuando oyó que Jesús venía, salió a encontrarle; pero María se quedó en casa.

ἡ οὖν Μάρθα ὡς ἤκουσεν ὅτι Ἰησοῦς ἔρχεται ὑπήντησεν
- Entonces Marta cuando oyó que Jesús venía salió al encuentro
αὐτῷ· Μαριὰμ δὲ ἐν τῷ οἴκῳ ἐκαθέζετο.
de Él. Pero María en la casa estaba sentada.

Notas y análisis del texto griego.

Sin interrupción, continúa: ἡ, caso nominativo femenino singular del artículo determinado *la*; οὖν, conjunción ilativa *entonces*; Μάρθα, caso nominativo femenino singular del nombre propio *Marta*; ὡς, conjunción temporal *cuando*; ἤκουσεν, tercera persona singular del aoristo primero de indicativo en voz activa del verbo ἀκούω, *oír, escuchar*, aquí *oyó*; ὅτι, conjunción copulativa *que*; Ἰησοῦς, caso nominativo masculino singular del nombre propio *Jesús*; ἔρχεται, tercera persona singular del presente de indicativo en voz media del verbo ἔρχομαι, *venir, llegar, regresar, aparecer*, aquí *venía*; ὑπήντησεν, tercera persona singular del aoristo primero de indicativo en voz activa del verbo ὑπαντάω, *salir al encuentro*, aquí *salió al encuentro*; αὐτῷ, caso dativo masculino de la tercera persona singular del pronombre personal declinado *de Él*; Μαριὰμ, caso nominativo femenino singular del nombre propio *María*; δὲ, partícula conjuntiva que hace las veces de conjunción coordinante, con sentido de *pero, más bien, y, y por cierto, antes bien*; ἐν, preposición propia de dativo *en*; τῷ, caso dativo masculino singular del artículo definido *el*; οἴκῳ, caso dativo masculino singular del nombre común *casa*; ἐκαθέζετο, tercera persona singular del imperfecto de indicativo en voz media del verbo καθέζομαι, *sentarse, estar sentado*, aquí *estaba sentada*.

ἡ οὖν Μάρθα ὡς ἤκουσεν ὅτι Ἰησοῦς ἔρχεται ὑπήντησεν αὐτῷ· De alguna manera llegó a oídos de Marta que el Señor había llegado al lugar, por tanto, conforme a su carácter salió inmediatamente a Su encuentro. La presencia de Jesús en cualquier lugar no pasaba desapercibida. Después de tres años de ministerio y de la multitud de señales y prodigios que lo habían acompañado, la presencia suya despertaba la expectación natural. Posiblemente la gente que había venido para acompañar a las hermanas, descubrieron la presencia de Jesús, lo que fue suficiente para que Marta, enterada de ello, saliera inmediatamente a Su encuentro. Pudiera pensarse también que alguien le hubiera comunicado la presencia de Jesús, dirigiéndose a ella como la señora de la casa. No importa el modo, lo que interesa es la reacción. Marta dejó inmediatamente el lugar para acudir a Jesús que llegaba.

Μαριὰμ δὲ ἐν τῷ οἴκῳ ἐκαθέζετο. Mientras Marta corría al encuentro de Jesús, María, también conforme a su carácter quedó sentada en la casa donde estaba. Esa era la postura más habitual para recibir a quienes venían para consolar a las dos hermanas por la muerte de Lázaro. En esa posición, sentada en casa, quedó María. Siempre se apreció un contraste de formas entre las dos hermanas. Mientras que Marta servía y se ocupaba firmemente de los quehaceres de la casa, María prefería sentarse a los pies de Jesús para oír Sus palabras. Aquí Marta corre, mientras que María queda en donde estaba. Sin embargo, no es necesario especular aquí, porque tal vez la noticia de la llegada de Cristo la hubiese tenido sólo Marta.

21. Y Marta dijo a Jesús: Señor, si hubieses estado aquí, mi hermano no habría muerto.

εἶπεν	οὖν	ἡ	Μάρθα	πρὸς	τὸν	Ἰησοῦν·	Κύριε,	εἰ	ἦς	ὧδε
Dijo,	pues,	-	Marta	a	-	Jesús:	Señor,	si	estuvieses	aquí

οὐκ	ἂν	ἀπέθανεν	ὁ	ἀδελφός	μου·
no	hubiese	muerto	el	hermano	de mí.

Notas y análisis del texto griego.

Trasladando la reacción de Marta, escribe: εἶπεν, tercera persona singular del segundo aoristo de indicativo en voz activa del verbo εἶπον, forma del aoristo de λέγω, *hablar, decir*, aquí *dijo*; οὖν, conjunción continuativa *pues*; ἡ, caso nominativo femenino singular del artículo determinado *la* Μάρθα, caso nominativo femenino singular del nombre propio *Marta*; πρὸς, preposición propia de acusativo *a*; τὸν, caso acusativo masculino singular del artículo determinado *el*; Ἰησοῦν, caso acusativo masculino singular del nombre propio *Jesús*; Κύριε, caso vocativo masculino singular del nombre divino *Señor*; εἰ, conjunción afirmativa condicional *si*; ἦς, segunda persona singular del imperfecto de indicativo en voz activa del verbo εἰμί, *ser, estar*, aquí *estabas*, en la construcción condicional *estuvieses*; ὧδε, adverbio de lugar *aquí*; οὐκ, forma escrita del adverbio de negación *no*, con el grafismo propio ante una vocal con espíritu suave o una enclítica; ἂν, partícula que no empieza nunca frase y que da a ésta carácter condicional o dubitativo, o expresa una idea de repetición. Se construye con todos los modos menos el imperativo y acompaña a los pronombres relativos para darles un sentido general, aquí *hubiese* para dar carácter condicional al verbo; ἀπέθανεν, segunda persona singular del segundo aoristo de indicativo en voz activa del verbo ἀποθνῄσκω, *morir*, aquí *muerto*; ὁ, caso nominativo masculino singular del artículo determinado *el*; ἀδελφός, caso nominativo masculino singular del nombre común *hermano*; μου, caso genitivo de la primera persona singular del pronombre personal declinado *de mí*.

εἶπεν οὖν ἡ Μάρθα πρὸς τὸν Ἰησοῦν· Κύριε, εἰ ἦς ὧδε οὐκ ἂν ἀπέθανεν ὁ ἀδελφός μου· Mediante una condición de segunda clase con εἰ, *si*, Juan traslada las palabras que Marta dijo a Jesús. Muy probablemente sean las palabras que las dos hermanas usaron ante la muerte de Lázaro. Se aprecia esto porque María repite la misma frase de Marta (v. 32). Si el Maestro estuviese aquí no habría muerto. Sin duda es una importante declaración de fe de Marta. Ella creía firmemente que Jesús hubiera evitado la muerte de su hermano, como consecuencia de la enfermedad. No dudaba en lo más mínimo del poder del Señor. Sigue siendo de convicción general que para producirse la sanidad de un enfermo, el que ejercería esa función tenía que estar presente. Tal vez, en medio del dolor que las embargaba, se olvidaban que Jesús había sanado en la distancia a enfermos. Pudieran considerarse distintas razones por las que Marta se expresó de este modo, pero, lo mejor será considerar sus palabras como algo dicho en medio del intenso dolor que se produce con la muerte de un ser querido.

22. Mas también sé ahora que todo lo que pidas a Dios, Dios te lo dará.

[ἀλλὰ] καὶ νῦν οἶδα ὅτι ὅσα ἂν αἰτήσῃ τὸν Θεὸν
Pero también ahora sé que todo lo que - pidas - a Dios dará
δώσει σοι ὁ Θεός.
te - Dios.

Notas y análisis del texto griego.

Siguen las palabras de Marta: ἀλλὰ, conjunción adversativa *mas, pero*; καὶ, adverbio de modo *también*; νῦν, adverbio de tiempo *ahora*; οἶδα, primera persona singular del perfecto de indicativo en voz activa del verbo οἶδα, *saber, conocer*, aquí *he sabido, sé*; ὅτι, conjunción *que*; ὅσα, caso acusativo neutro plural del pronombre relativo *los que*, en sentido de *las cosas que*, *todo*; ἂν, partícula que no empieza nunca frase y que da a ésta carácter condicional o dubitativo, o expresa una idea de repetición. Se construye con todos los modos menos el imperativo y acompaña a los pronombres relativos para darles un sentido general, en algunas ocasiones no tiene traducción; αἰτήσῃ, segunda persona singular del aoristo primero de subjuntivo en voz activa del verbo αἰτέω, *pedir*, aquí *pidas*; τὸν, caso acusativo masculino singular del artículo determinado *al*; Θεὸν, caso acusativo masculino singular del nombre divino *Dios*; δώσει, tercera persona singular del futuro de indicativo en voz activa del verbo δίδωμι, *dar*, aquí *dará*; σοι, caso dativo de la segunda persona singular del pronombre personal declinado *a ti, te*; ὁ, caso nominativo masculino singular del artículo determinado *el*; Θεός, caso nominativo masculino singular del nombre divino *Dios*.

[ἀλλὰ] καὶ νῦν οἶδα ὅτι ὅσα ἂν αἰτήσῃ τὸν Θεὸν δώσει σοι ὁ Θεός. Aunque con cierto desconocimiento, Marta tiene plena confianza en que Dios responderá a cuanto le sea pedido por Jesús. ¿Estaba segura de que se produciría la resurrección de su hermano si era atendido lo que acababa de decir al Señor? Pudiera ser, pero, habría que buscar una concordancia con lo que en la lectura contradeciría esa supuesta fe en el obrar de Jesús (v. 39). No es clara la forma de la frase de Marta, pero, lo más firme sería vincularla con el versículo anterior, con lo que resultaría: *"Señor, si estuvieras aquí mi hermano no hubiese muerto, porque se que Dios te concede cuanto le pidas"*. En cierto modo entendían que fuese posible la sanidad, pero no que pudiese resucitar su hermano Lázaro. El pronombre relativo ὅσα, en neutro plural, abarca la totalidad de las cosas, es decir, Marta sabía que ninguna cosa que Jesús pidiese le sería negada. Lo que habría que determinar, y eso es imposible a la luz del texto, es si también consideraba incluida una resurrección de entre los muertos. Con todo, la fe en el poder de Jesús, parece no ser demasiado consistente, puesto que estaba segura que lo que pidiera a Dios le sería hecho, pero no tanto lo que Él determinase hacer. La limitación es lógica en el entorno de la fe judía. Ella usa la palabra *pedir*, que se utilizaba para referirse a la oración, por tanto lo que estaba expresando es que cuanto Jesús pidiese en oración le sería otorgado. Es la forma habitual de un favor pedido por un inferior a un superior, mientras que el término que usa Jesús para referirse a Sus oraciones expresa el plano de igualdad entre Él y el Padre. Es muy posible que Marta, como el resto de los discípulos, no había comprendido totalmente el plano de igualdad en el Ser Divino, de las Personas del Padre y del Hijo.

23. Jesús le dijo: Tu hermano resucitará.

λέγει	αὐτῇ	ὁ	Ἰησοῦς·	ἀναστήσεται	ὁ	ἀδελφός	σου.
Dice	le	-	Jesús:	Resucitará	el	hermano	de ti.

Notas y análisis del texto griego.

Sigue el relato: λέγει, tercera persona singular del presente de indicativo en voz activa del verbo λέγω, *hablar, decir*, aquí *dice*; αὐτῇ, caso dativo femenino de la tercera persona singular del pronombre personal declinado *a ella, le*; ὁ, caso nominativo masculino singular del artículo determinado *el*; Ἰησοῦς, caso nominativo masculino singular del nombre propio *Jesús*; ἀναστήσεται, tercera persona singular del futuro de indicativo en voz media del verbo ἀνίσθημι, *levantar, resucitar*, aquí *resucitará*; ὁ, caso nominativo masculino singular del artículo determinado *el*; ἀδελφός, caso nominativo masculino singular del nombre común *hermano*; σου, caso genitivo de la segunda persona singular del pronombre personal declinado *de ti*.

λέγει αὐτῇ ὁ Ἰησοῦς· ἀναστήσεται ὁ ἀδελφός σου. Marta no había pedido todavía nada, por lo menos explícitamente, lo que hizo fue recordar a Jesús que si hubiese estado presente no hubiera muerto. Parece ser que el interés de ella, lo mismo que el de su hermana era que no se hubiese producido el deceso de su hermano. Probablemente consideraban ya todo como algo irreversible y no había peticiones. Frente a esto, Jesús hace una promesa, excesivamente grande para ser considerada como una realidad en aquellas circunstancias: *"Tu hermano resucitará"*. No concretando el momento en que ocurriría, y haciéndolo en futuro, muy bien podía ser tomado, como así ocurrió, como una promesa escatológica. No era posible que Marta entendiese esa promesa como algo inminente. Pero, Jesús aprovecha la promesa para abrir un diálogo mucho más profundo que una resurrección material, un volver a la vida física después de haber estado muerto un tiempo. Jesús orienta la visión de Marta para que deje de considerar la tragedia del pasado y vea un futuro lleno de esperanza. Estas palabras deben alentar y reorientar nuestro pensamiento. Debemos estar pensando en una resurrección en la que nunca más podrá producirse la muerte. Especialmente cuando tenemos que dar un *hasta luego* a uno de los nuestros que ha partido para estar con Cristo, hemos de hacerlo con la certeza de que volveremos a encontrarnos para estar para siempre con Jesús.

24. Marta le dijo: Yo sé que resucitará en la resurrección, en el día postrero.

λέγει αὐτῷ ἡ Μάρθα· οἶδα ὅτι ἀναστήσεται ἐν τῇ ἀναστάσει
Dice le - Marta: Sé que resucitará en la resurrección
ἐν τῇ ἐσχάτῃ ἡμέρᾳ.
en el último día.

Notas y análisis del texto griego.

Marta responde a Jesús: λέγει, tercera persona singular del presente de indicativo en voz activa del verbo λέγω, *hablar, decir*, aquí *dice*; αὐτῷ, caso dativo masculino de la tercera persona singular del pronombre personal declinado *a Él, le*; ἡ, caso nominativo femenino singular del artículo determinado *la*; Μάρθα, caso nominativo femenino singular del nombre propio *Marta*; οἶδα, primera persona singular del presente de indicativo en voz activa del verbo οἶδα, *saber, conocer, enterarse*, aquí *sé*; ὅτι, conjunción copulativa *que*; ἀναστήσεται, tercera persona singular del futuro de indicativo en voz activa del verbo ἀνίσθημι, *levantar, resucitar*, aquí *resucitará*; ἐν, preposición propia de dativo *en*; τῇ, caso dativo femenino singular del artículo determinado *la*; ἀναστάσει, caso dativo femenino singular del nombre común *resurrección*; ἐν, preposición propia de dativo *en*; τῇ, caso dativo femenino singular del artículo determinado *la*; ἐσχάτῃ, caso dativo femenino singular del adjetivo *última*; ἡμέρᾳ, caso dativo femenino singular del nombre común *día*.

λέγει αὐτῷ ἡ Μάρθα· οἶδα ὅτι ἀναστήσεται ἐν τῇ ἀναστάσει ἐν τῇ ἐσχάτῃ ἡμέρᾳ. La esperanza de la resurrección final es característica de todos los creyentes. Ante la afirmación de Jesús, Marta hace una declaración firme de su fe. Ella sabía que su hermano resucitaría en el *día final*, el *día postrero*, el *último día*. Es posible que Marta hubiera entendido las palabras de Jesús como elemento de consuelo al recordarle la esperanza de que todos resucitarán al final de los tiempos. La profecía lo enseña claramente (Dn. 12:2). Jesús mismo habló de esto mencionando la resurrección final (5:28-29). La frase *último día* está tomada también del Antiguo Testamento (Is. 2:2; Mi. 4:1). La certeza de la resurrección individual está ampliamente establecida en el Antiguo Testamento (cf. Sal. 16:9-11; 17:15; 73:24, 26). De igual manera la resurrección colectiva (cf. Is. 26:19; Ez. 37:1-14; Os. 6:2). La fe de Marta estaba bien fundamentada en la Escritura. La fe cristiana descansa también en la esperanza de la resurrección, que espiritualmente ya se produce en el momento de creer, en donde la identificación con Cristo comunica la vida eterna que es una verdadera resurrección de los muertos para pasar a la esfera de la vida (Ro. 6:4; Ef. 2:6; Col. 2:12; 3:1).

25. Le dijo Jesús: Yo soy la resurrección y la vida; el que cree en mí, aunque esté muerto, vivirá.

εἶπεν[1] αὐτῇ ὁ Ἰησοῦς· ἐγώ εἰμι ἡ ἀνάστασις καὶ ἡ ζωή[2]· ὁ
Dijo le - Jesús: Yo soy la resurrección y la vida; el
πιστεύων εἰς ἐμὲ κἂν ἀποθάνῃ ζήσεται,
que cree en mi, aunque muera, vivirá.

Notas y análisis del texto griego.

Jesús responde a Marta: εἶπεν, tercera persona singular del segundo aoristo de indicativo en voz activa del verbo εἶπον, forma del aoristo de λέγω, *hablar, decir*, aquí *dijo*; αὐτῇ, caso dativo femenino de la tercera persona singular del pronombre personal declinado *a Él, le*; ὁ, caso nominativo masculino singular del artículo determinado *el*; Ἰησοῦς, caso nominativo masculino singular del nombre propio *Jesús*; ἐγώ, caso nominativo de la primera persona singular del pronombre personal *yo*; εἰμι, primera persona singular del presente de indicativo en voz activa del verbo εἰμί, *ser*, aquí *soy*; ἡ, caso nominativo femenino singular del artículo determinado *la*; ἀνάστασις, caso nominativo femenino singular del nombre común *resurrección*; καὶ, conjunción copulativa *y*; ἡ, caso nominativo femenino singular del artículo determinado *la*; ζωή, caso nominativo femenino singular del nombre común *vida*; ὁ, caso nominativo masculino singular del artículo determinado *el*; πιστεύων, caso nominativo masculino singular del participio de presente en voz activa del verbo πιστεύω, *creer*, aquí *que cree*; εἰς, preposición propia de acusativo *en*; ἐμὲ, caso acusativo de la primera persona singular del pronombre personal declinado *a mí, mí*; κἂν, conjunción concesiva *aunque, incluso si, aun en el caso de que, aunque sea*; ἀποθάνῃ, tercera persona singular del aoristo segundo de subjuntivo en voz activa del verbo ἀποθνήκω, *morir*, aquí *muera*; ζήσεται, tercera persona singular del futuro de indicativo en voz media del verbo ζάω, *vivir*, aquí *vivirá*.

Crítica Textual. Lecturas alternativas.

[1] Incluye δὲ, después de εἶπεν, en ℵ*, Θ, f^1, 565, 892[s], 2211, b.

[2] καὶ ἡ ζωή, *y la vida*, se omite en 𝔭[45], l, sir[s]; Cipriano.

εἶπεν αὐτῇ ὁ Ἰησοῦς· ἐγώ εἰμι ἡ ἀνάστασις καὶ ἡ ζωή· A la profesión de fe de Marta respondió Jesús reorientando el pensamiento de ella hacia Su Persona. La resurrección es Él mismo, tanto como la vida. En las palabras de Jesús está el quinto *yo soy* de los siete que aparecen en el *Evangelio*. Es una afirmación absoluta de lo que Jesús es. Pero, al vincularla a la *resurrección* y a la *vida*, no puede considerarse el *yo soy* sino como divino. Sólo Dios tiene vida, sólo Él puede resucitar a un muerto. Sorprende la aparición de las palabras, en donde *resurrección* está antes de *vida*, cuando realmente en el orden natural antes de resurrección tiene que haber muerte. Sin embargo, la Escritura enseña que todos los hombres están muertos delante de Dios a causa del pecado: *"... estando muertos en delitos y pecados..."* (Ef. 2:1). No se trata de una muerte en sentido figurado, sino de la realidad espiritual consecuencia del pecado. La sentencia de muerte espiritual se había determinado para el hombre en el origen de su existencia, en donde Dios dijo que el día en que se cometiera pecado, transgrediendo Su voluntad, en ese mismo instante se produciría la muerte espiritual, que no es otra cosa que la separación entre el hombre y Dios a causa del pecado (Gn. 2:17). Por la presencia del pecado en el hombre no regenerado, cada uno se ha dado muerte a sí mismo, porque la muerte es el resultado y producto del pecado, la esfera propia y natural en que se desenvuelve el pecador. El pecado reinó produciendo la muerte (Ro. 5:21). A causa de la introducción del pecado en el primer hombre, como herencia genética espiritual, pasó al resto de los hombres que estábamos en Adán, no solo como cabeza federal de la raza caída, sino como transmisor espiritual dentro de la genética biológica de quienes proceden de él (Ro. 5:12). Nadie puede evitar la condición de *muerto espiritual*, porque *la paga del pecado es la muerte* (Ro. 6:23). Por tanto, la vida del hombre no regenerado, en la práctica del pecado, es una vida que se encuentra a merced de la muerte, en el reino de ella. La muerte espiritual afecta a todos, en una identidad de condición (Ro. 3:9).

Es bueno recordar que el hombre no regenerado *es un muerto espiritual.* El concepto bíblico de muerte no es el *cese de la existencia*, el *término de la vida*, sino un estado de separación que se produce entre el hombre y Dios a causa del pecado. Igualmente la muerte física es, conforme al pensamiento bíblico, el estado de separación que se produce cuando la parte física y espiritual de ser humano se separan (Ecl. 12:7; Stg. 2:26). La muerte, por tanto, no es una aniquilación del ser, sino un estado que se vive desde el mismo inicio embrionario de la existencia humana, ya que el Salmo afirma que *"He aquí, en maldad he sido formado, y en pecado me concibió mi madre"* (Sal. 51:5). La muerte física es una consecuencia del pecado, ya que Adán fue creado para una vida perdurable, llevando la imagen de Dios (Gn. 1:27; 2:7), y recibiendo la provisión divina para la sustentación de esa vida mediante el árbol de vida (Gn. 2:9). La Biblia enseña que la muerte fue introducida en el ámbito humano a causa del pecado (Gn. 2:17), y como castigo por él (Gn. 3:19; Ro. 5:12-17; 6:23; Stg. 1:15). Pero, la muerte física es consecuencia de otra muerte anterior, *la muerte espiritual.*

Esta muerte es, como se dice antes, la separación de Dios a causa del pecado. Es el término de la vida espiritual en la experiencia humana, a causa de la interrupción de la comunión con Dios, origen, razón y experiencia de vida. De ahí que Jesús, como en quien estaba la vida (1:4), puede decir a Marta *"yo soy la resurrección y la vida"*. Si Dios, fuente de vida, es la vida misma, todo ser alejado de Él está alejado de la vida y es, por tanto, un muerto espiritual. Esta es la dimensión con que Jesús dice esas palabras a Marta. El estado de muerte espiritual es común a todos los hombres (Ro. 3:22, 23), es decir, el hombre nace ya en estado de muerte espiritual y permanece en ese estado mientras no reciba la vida eterna, que es la vida natural de Dios, por unión vital con Cristo, el comunicador de la vida, alcanzándola por gracia, mediante la fe en Él (3:14, 15, 36; 5:24). La muerte espiritual se proyecta eternamente en aquellos que mueren físicamente sin haber experimentado la salvación en Cristo.

Este estado de muerte no significa que el hombre no regenerado sea incapaz de obrar nada de modo correcto. Jesús mismo enseñó que hacer bien a quienes lo hacen a otros es algo natural entre los no regenerados (Lc. 6:33). El hombre no regenerado puede practicar lo que es bueno en la sociedad, a modo de ejemplo atendiendo enfermos terminales, donando sus órganos para salvar vidas, dando sangre que se necesita para transfundir a otros que la necesitan como asunto vital. Con todo nada tiene que ver esto con la condición producida por el pecado en la vida de cada persona nacida en el mundo, que afectándola desde el inicio de su vida, la condiciona a ser lo que todos somos: *muertos espirituales*. Todo hombre confirmará luego con su vida, aún los más honestos, que son incapaces de alcanzar las dos metas que resumen la ley moral de Dios: amándolo a Él sobre todas las cosas y amar al prójimo como a uno mismo. La realidad pecaminosa del ser humano determina también la muerte espiritual de todos. Debe tenerse presente que el hombre natural es incapaz de discernir las cosas de Dios porque, siendo necesario entenderlas espiritualmente, para él le son locura, esto es, imposibles de comprender (1 Co. 2:14). Al pecado recibido de origen, van añadiendo luego en la práctica cotidiana de la vida, los propios pecados personales, cuya sentencia, establecida por Dios, es la de muerte.

Jesús teniendo vida en Él mismo, siendo residencia comunicativa de vida, puede dar vida a todo el que cree, sin que ésta esté condicionada por la muerte física como era el caso de Lázaro.

ὁ πιστεύων εἰς ἐμὲ κἂν ἀποθάνῃ ζήσεται, La fe es el instrumento de salvación y en ella se produce una transformación, que es la regeneración espiritual, por la que el que está muerto espiritualmente viene a la vida, en una resurrección por identificación personal con Cristo. La acción divina de salvación se produce en el tiempo en que el creyente estaba muerto en pecados. Dios es impulsado por amor a vivificar a quienes están, por su condicional natural, muertos delante de Él y acreedores de la ira divina y no de la gracia salvadora. Esta vida se alcanza por medio de la fe, esto es, para el que cree en Cristo. Aunque bajo la ira de Dios, no impide que la misericordia divina se manifieste. Sin duda no es posible la vivificación del perdido sin la obra redentora que comporta también la resurrección del Salvador. Sobre esto habló Jesús al anunciar la entrega de Su vida voluntariamente para, como Buen Pastor, dar vida a Sus ovejas (10:15, 17, 18). La identificación con Cristo, resultado del ejercicio de la fe, es la clave para entender la experiencia de vida nueva en el salvo (Gá. 2:20). No cabe duda que la vida eterna se recibe sólo por unión vital con Cristo, de otro modo, unidos al Hijo recibimos vida (3:36a). Las consecuencias de la identificación con Cristo, conducen a una nueva posición en la que la vida eterna viene a ser la vida personal del creyente. Esta es una nueva vida procedente y vinculada con Dios mismo (1 Jn 5:12), que no es otra cosa que la participación del salvo en la naturaleza divina (2 P. 1:4). Esa vida se realiza en unión con Cristo, como el apóstol Pablo dice: *"juntamente con él nos resucitó"* (Ef. 2:6), donde el adverbio de modo expresa la idea de unión con otro, esto es, al unirnos con Cristo recibimos vida eterna. Esto supone una resurrección espiritual, como se aprecia en las palabras de Jesús. No está hablando sólo de una resurrección futura, sino de la experiencia de resurrección en donde se comunica vida eterna.

26. Y todo aquel que vive y cree en mí, no morirá eternamente. ¿Crees esto?

καὶ πᾶς ὁ ζῶν καὶ πιστεύων εἰς ἐμὲ οὐ μὴ ἀποθάνῃ
Y todo el que vive y que cree en mí de ningún modo ha de morir
εἰς τὸν αἰῶνα. πιστεύεις τοῦτο
para siempre. ¿Crees esto?

Notas y análisis del texto griego.

Siguen las palabras de Jesús: καὶ, conjunción copulativa *y*; πᾶς, caso nominativo masculino singular del adjetivo indefinido *todo*; ὁ, caso nominativo masculino singular del artículo definido *el*; ζῶν, caso nominativo masculino singular del participio de presente en voz activa del verbo ζάω, *vivir*, aquí *que vive*; καὶ, conjunción copulativa *y*; πιστεύων, caso nominativo masculino singular del participio de presente en voz activa del verbo πιστεύω, *creer*, aquí *que cree*; εἰς, preposición propia de acusativo *en*; ἐμὲ, caso acusativo de la primera persona singular del pronombre personal *mí*; οὐ, adverbio de negación *no*; μὴ, partícula que hace funciones de adverbio de negación condicional *no*, ambas negaciones juntas significan *de ningún modo*; ἀποθάνῃ, segunda persona singular del aoristo segundo de subjuntivo en voz activa del verbo ἀποθνήκω, *morir*, aquí *muriese, ha de morir*; εἰς, preposición propia de acusativo *para*; τὸν, caso acusativo masculino singular del artículo determinado *el*; αἰῶνα, caso acusativo masculino singular del nombre común *siglo, eternidad*, generalmente se traduce como *para siempre, eternamente*; πιστεύεις, segunda persona singular del presente de indicativo en voz activa del verbo πιστεύω, *creer*, aquí *crees*; τοῦτο, caso acusativo neutro singular del pronombre demostrativo *esto*.

καὶ πᾶς ὁ ζῶν καὶ πιστεύων εἰς ἐμὲ οὐ μὴ ἀποθάνῃ εἰς τὸν αἰῶνα. Las palabras de Jesús siguen la referencia a la muerte espiritual y a la vida eterna. El que cree en Cristo, al recibir la vida eterna, no morirá jamás, es decir, la muerte física no va a ser una proyección a la muerte eterna, sino a la experiencia en otra dimensión de la vida eterna.

La vida y la fe están unidas también en esta última frase de Jesús. No es posible la vida eterna sin la fe en Cristo. El creyente no morirá para siempre. Pasará por la experiencia de muerte, establecida para todos los hombres por la soberana decisión divina, pero permanece vivo en Cristo Jesús. La salvación es extensiva a *todo* el que cree. Nadie está excluido de la salvación por gracia, pero es necesario que crea. El creer no se trata, en modo alguno, de una acción propia y natural del hombre, sino el ejercicio del don que Dios da para recibir la salvación. La fe, junto con la gracia y con todo cuanto tiene que ver con la salvación es un don de Dios (Ef. 2:8-9).

πιστεύεις τοῦτο. Cristo demanda una confesión sobre esta vida a Marta: *"¿Crees esto?"* Al formularla a modo de pregunta exige necesariamente una respuesta. Las palabras sobre la vida eterna y la fe en Él no es un mero discurso religioso o filosófico sino un llamamiento determinante a la fe. De otro modo, el Señor le dice que puede dar vida eterna y que la da a quien crea; éste no perecerá jamás; ¿Crees esto?

27. Le dijo: Sí, Señor; yo he creído que tú eres el Cristo, el Hijo de Dios, que has venido al mundo.

λέγει αὐτῷ· ναὶ Κύριε, ἐγὼ πεπίστευκα ὅτι σὺ εἶ ὁ Χριστὸς ὁ
Dice le: Si, Señor, yo he creído que Tú eres el Cristo, el
Υἱὸς τοῦ Θεοῦ ὁ εἰς τὸν κόσμον ἐρχόμενος.
Hijo - de Dios, - al mundo que viene.

Notas y análisis del texto griego.

Sigue el testimonio de Marta: λέγει, tercera persona singular del presente de indicativo en voz activa del verbo λέγω, *hablar, decir*, aquí *dice*; αὐτῷ, caso dativo masculino de la tercera persona singular del pronombre personal declinado *a Él, le*; ναὶ, partícula afirmativa que en griego clásico es un adverbio de afirmación *sí*; Κύριε, caso vocativo masculino singular del nombre divino *Señor*; ἐγὼ, caso nominativo de la primera persona singular del pronombre personal *yo*; πεπίστευκα, primera persona singular del perfecto de indicativo en voz activa del verbo πιστεύω, *creer*, aquí *he creído*; ὅτι, conjunción *que*; σὺ, caso nominativo de la segunda persona singular del pronombre personal *tú*; εἶ, segunda persona singular del presente de indicativo en voz activa del verbo εἰμί, *ser, estar*, aquí *eres*; ὁ, caso nominativo masculino singular del artículo determinado *el*; Χριστὸς, caso nominativo masculino singular del nombre propio *Cristo*; ὁ, caso nominativo masculino singular del artículo determinado *el*; Υἱὸς, caso nominativo masculino singular del nombre divino *Hijo*; τοῦ, caso genitivo masculino singular del artículo determinado *el*; Θεοῦ, caso genitivo masculino singular del nombre divino declinado *de Dios*; ὁ, caso nominativo masculino singular del artículo determinado *el*; εἰς, preposición propia de acusativo *a*; τὸν, caso acusativo masculino del artículo determinado *el*; κόσμον, caso acusativo masculino singular del nombre común *mundo*; ἐρχόμενος, caso nominativo masculino singular del participio de presente en voz media del verbo ἔρχομαι, *venir*, aquí *que viene*.

λέγει αὐτῷ· Marta respondió a la pregunta de Jesús con una auténtica confesión de fe en Su Persona. En comparación con el testimonio del apóstol Pedro, hecho en nombre de los otros discípulos, este es, en cierto modo, más completo.

ναὶ Κύριε, ἐγὼ πεπίστευκα. La fe de Marta no era de aquel tiempo, el imperfecto de indicativo ἐγὼ πεπίστευκα, *yo he creído*, habla de algo que tuvo lugar ya en el tiempo pasado y que ha sido algo completo. Era una fe depositada en Jesús tiempo atrás.

ὅτι σὺ εἶ ὁ Χριστὸς ὁ Υἱὸς τοῦ Θεοῦ. La primera manifestación de la fe de Marta era que Jesús no era un hombre o un profeta, sino el Hijo de Dios. Posiblemente le faltaba mucho para comprender la plena dimensión de Aquel que hablaba con ella, e incluso de la misión que le había sido encomendada, pero, su fe es firme. Cree que Jesús es el Mesías prometido. Ante la oposición de los líderes religiosos, ella mantiene firme lo que para ella es Jesús, el Cristo de Dios. Pero junto con la aceptación de Su mesianismo, está también la vinculación con el Padre, al reconocerlo como el Hijo de Dios. Necesariamente creía que Jesús tenía una relación especial con Dios. Acababa de decirle que no dudaba que cuanto pidiera a Dios le sería otorgado, esto superaba ya a cualquier otro hombre en la historia de Israel, incluidos los profetas.

ὁ εἰς τὸν κόσμον ἐρχόμενος. El segundo aspecto de su fe es que el Hijo de Dios había sido enviado al mundo. Casi podría considerarse esto como un título para Cristo, lo que presentaría tres títulos en el versículo: *El Cristo, el Hijo de Dios, el enviado al mundo*. Esta era la forma en que el pueblo, a la luz de las profecías, esperaba al Mesías, de procedencia celestial, enviado por Dios al mundo. Marta creía que Jesús era el Libertador que Israel esperaba. Sin duda comprendería más tarde la dimensión de Su libertad, que no tenía que ver tanto con asuntos políticos, sino con quienes estando esclavizados por el pecado, podían ser hechos libres por Él (8:36).

28. Habiendo dicho esto, fue y llamó a María su hermana, diciéndole en secreto: El Maestro está aquí y te llama.

Καὶ τοῦτο εἰποῦσα ἀπῆλθεν καὶ ἐφώνησεν Μαριὰμ τὴν
Y esto dicho, se fue y llamó a María la
ἀδελφὴν αὐτῆς λάθρα εἰποῦσα· ὁ διδάσκαλος πάρεστιν καὶ
hermana de ella en secreto diciendo: El Maestro está aquí y
φωνεῖ σε.
llama te.

Notas y análisis del texto griego.

El relato continúa sin interrupción: Καὶ, conjunción copulativa *y*; τοῦτο, caso acusativo neutro singular del pronombre demostrativo *esto*; εἰποῦσα, caso nominativo femenino singular del participio del segundo aoristo de indicativo en voz activa del verbo εἶπον, forma del aoristo de λέγω, *hablar, decir*, aquí *dicho, diciendo*; ἀπῆλθεν, tercera persona singular del segundo aoristo de indicativo en voz activa del verbo ἀπέρχομαι, *irse, desaparecer*, aquí *se fue*; καὶ, conjunción copulativa *y*; ἐφώνησεν, tercera persona singular del aoristo primero de indicativo en voz activa del verbo φωνέω, *llamar*, aquí *llamó*; Μαριὰμ, caso acusativo femenino singular del nombre propio declinado *a María*; τὴν, caso acusativo femenino singular del artículo determinado *la*; ἀδελφὴν, caso acusativo femenino singular del nombre común *hermana*; αὐτῆς, caso genitivo femenino de la tercera persona singular del pronombre personal declinado *de ella*; λάθρᾳ, adverbio de modo *en secreto*; εἰποῦσα, caso nominativo femenino singular del participio del segundo aoristo de indicativo en voz activa del verbo εἶπον, forma del aoristo de λέγω, *hablar, decir*, aquí *dicho, diciendo*; ὁ, caso nominativo masculino singular del artículo determinado *el*; διδάσκαλος, caso nominativo masculino singular del nombre divino *Maestro*; πάρεστιν, tercera persona singular del presente de indicativo en voz activa del verbo πάρειμι, *estar presente, presentarse, venir*, aquí *está aquí*; καὶ, conjunción copulativa *y*; φωνεῖ, tercera persona singular del presente de indicativo en voz activa del verbo φωνέω, *llamar*; σε, caso acusativo de la segunda persona singular del pronombre personal declinado *a ti, te*.

Καὶ τοῦτο εἰποῦσα ἀπῆλθεν καὶ ἐφώνησεν Μαριὰμ τὴν ἀδελφὴν αὐτῆς λάθρᾳ εἰποῦσα· María se había quedado sentada en la casa. No cabe duda que la emoción, la presencia de tantos amigos, la ausencia de su hermano fallecido, habían hecho mella en su fortaleza física y se sentía cansada. Pero Marta, había tenido un encuentro con Jesús. Allí estaba el Maestro y su hermana debía saberlo para que estuviese también con Él.

ὁ διδάσκαλος πάρεστιν καὶ φωνεῖ σε. Marta dice a su hermana que el Maestro que estaba allí, le llamaba. Juan no dice nada de esto, posiblemente omita este detalle. El título de *Maestro* con artículo determinado confiere a Jesús una posición única. No era *un* maestro, era *el* maestro, el único así para ellas. Maestros había muchos, pero Jesús era uno solo, no había otro igual. Es interesante que el título sea usado también por una mujer, cuando los *rabinos*, los *maestros* de religión se negaban a instruír a las mujeres. Lo importante es que Jesús llamaba también a María para que acudiera a Él, en un momento tan singular como sería la resurrección de su hermano Lázaro. La comunicación de la noticia fue en *secreto*, *privadamente*, tal vez lo dijo al oído de su hermana para que no se extendiese entre los que habían venido para consolarlas. Las palabras de Marta, expresan una profunda satisfacción. Aquel que habían esperado durante los días anteriores, había llegado por fin. Además lo importante es que la llamaba.

Hemos de aprender que en momentos de dificultad, muchas veces nos pasa desapercibida la presencia de Jesús a nuestro lado. Es necesario que oigamos Su invitación, Su llamamiento. Tal vez nuestros oídos están saturados de consejos, de palabras, de buenos deseos de otros, pero es preciso que el silencio nos permita oír la voz de Jesús, que nos llama. Si lo hace es para darnos alguna bendición especial, si llama es que va a atender nuestra necesidad, si llama es que va a confortar nuestra alma, si llama es que va a consolar nuestras penas. El Maestro está aquí y te llama, oigamos atentamente su voz.

29. Ella, cuando lo oyó, se levantó de prisa y vino a él.

ἐκείνη δὲ	ὡς	ἤκουσεν	ἠγέρθη	ταχὺ	καὶ	ἤρχετο	πρὸς	αὐτόν.
Y ella	cuando	oyó,	se levantó	rápidamente	y	vino	a	Él.

Notas y análisis del texto griego.

María reaccionó a lo que su hermana le dijo: ἐκείνη, caso nominativo femenino singular del pronombre demostrativo *ella*; δὲ, partícula conjuntiva que hace las veces de conjunción coordinante, con sentido de *pero, más bien, y, y por cierto, antes bien*; ὡς, conjunción temporal *cuando*; ἤκουσεν, tercera persona singular del aoristo primero de indicativo en voz activa del verbo ἀκούω, *oír, escuchar*, aquí *oyó*; ἠγέρθη, tercera persona singular del aoristo primero de indicativo en voz pasiva del verbo ἐγείρω, *levantarse*, aquí *se levantó*; ταχὺ, adverbio de modo *rápidamente, con presteza, rápido*; καὶ, conjunción copulativa *y*; ἤρχετο, tercera persona singular del imperfecto de indicativo en voz media del verbo ἔρχομαι, *venir*, aquí literalmente *venía*, mejor *vino*; πρὸς, preposición propia de acusativo *a* αὐτόν, caso acusativo masculino de la tercera persona singular del pronombre personal *Él*.

ἐκείνη δὲ ὡς ἤκουσεν ἠγέρθη ταχὺ María se levantó rápidamente. No necesitaba más para hacerlo que la indicación de su hermana refiriéndole dos cosas: que el Maestro estaba allí; que le llamaba.

καὶ ἤρχετο πρὸς αὐτόν. No se detuvo por nada ni con nadie. El imperfecto del verbo usado en esta ocasión, expresa la idea de un *ir* continuo hasta llegar a Jesús. Se había levantado de donde estaba y su objetivo era alcanzar la meta que era el Maestro. Juan describe la acción muy gráficamente, imponiendo rapidez al relato. María sale de su ensimismamiento y corre al encuentro del Señor.

30. Jesús todavía no había entrado en la aldea, sino que estaba en el lugar donde Marta le había encontrado.

οὔπω δὲ ἐληλύθει ὁ Ἰησοῦς εἰς τὴν κώμην, ἀλλ' ἦν ἔτι
Pero todavía no había llegado - Jesús a la aldea, sino estaba aún
ἐν τῷ τόπῳ ὅπου ὑπήντησεν αὐτῷ ἡ Μάρθα.
en el lugar donde salió al encuentro de Él - Marta.

Notas y análisis del texto griego.

Juan añade: οὔπω, adverbio *todavía no*; δὲ, partícula conjuntiva que hace las veces de conjunción coordinante, con sentido de *pero, más bien, y, y por cierto, antes bien*; ἐληλύθει, tercera persona singular del perfecto de indicativo en voz activa del verbo ἔρχομαι, *venir, llegar*, aquí *había llegado*; ὁ, caso nominativo masculino singular del artículo determinado *el*; Ἰησοῦς, caso nominativo masculino singular del nombre propio *Jesús*; εἰς, preposición propia de acusativo *a*; τὴν, caso acusativo femenino singular del artículo determinado *la*; κώμην, caso acusativo femenino singular del nombre común, *aldea, caserío*; ἀλλ', forma escrita ante vocal de la conjunción adversativa ἀλλά que significa *pero, sino*; ἦν, tercera persona plural del imperfecto de indicativo en voz activa del verbo εἰμί, *ser, estar*, aquí *estaba*; ἔτι, adverbio de tiempo *todavía, aún*; ἐν, preposición propia de dativo *en*; τῷ, caso dativo masculino singular del artículo determinado *el*; τόπῳ, caso dativo masculino singular del nombre común *lugar, sitio*; ὅπου, adverbio relativo de lugar *adonde, donde*; ὑπήντησεν, tercera persona singular del aoristo primero de indicativo en voz activa del verbo ὑπαντάω, *salir al encuentro*, aquí *salió al encuentro*; αὐτῷ, caso dativo masculino de la tercera persona singular del pronombre personal declinado *de Él*; ἡ, caso nominativo masculino singular del artículo determinado *la*; Μάρθα, caso nominativo masculino singular del nombre propio *Marta*.

οὔπω δὲ ἐληλύθει ὁ Ἰησοῦς εἰς τὴν κώμην, ἀλλ' ἦν ἔτι ἐν τῷ τόπῳ ὅπου ὑπήντησεν αὐτῷ ἡ Μάρθα. Juan establece una frase parentética para aclarar que Jesús no se había movido del lugar donde había tenido lugar el encuentro con Marta. Mientras Él se aproximaba a la aldea, había tenido lugar la conversación con Marta. Allí lo dejó para ir en busca de su hermana y traerla al encuentro del Maestro. ¿Por qué quedó allí? No hay respuesta bíblica para esta pregunta. Bien pudiera haberle sugerido Marta que esperase allí hasta que llegasen las dos. Tal vez aquel lugar estaba más próximo al lugar de la tumba donde había sido enterrado Lázaro. Estas y otras muchas razones pudieran haber determinado que el Señor se quedase en el lugar donde estaba, sin entrar en Betania, pero ninguna de ellas tiene fundamento bíblico. ¿Se trataba del secreto mesiánico? También pudiera ser ante los enemigos que tenía en la ciudad de Jerusalén, y la reacción de algunos que deseaban que se manifestase como Mesías, para hacerle rey.

31. Entonces los judíos que estaban en casa con ella y la consolaban, cuando vieron que María se había levantado de prisa y había salido, la siguieron, diciendo: Va al sepulcro a llorar allí.

οἱ οὖν Ἰουδαῖοι οἱ ὄντες μετ' αὐτῆς ἐν τῇ οἰκίᾳ καὶ
Entonces los judíos - que estaban con ella en la casa y
παραμυθούμενοι αὐτήν, ἰδόντες τὴν Μαριὰμ ὅτι ταχέως
que consolaban la, viendo - a María que rápidamente
ἀνέστη καὶ ἐξῆλθεν, ἠκολούθησαν αὐτῇ δόξαντες ὅτι ὑπάγει
se levantó y salió, siguieron la pensando que iba
εἰς τὸ μνημεῖον ἵνα κλαύσῃ ἐκεῖ.
al sepulcro para llorar allí.

Notas y análisis del texto griego.

Continúa el relato: οἱ, caso nominativo masculino plural del artículo determinado *los*; οὖν, conjunción continuativa, *pues, entonces*; Ἰουδαῖοι, caso nominativo masculino plural del adjetivo *judíos*; οἱ, caso nominativo masculino plural del artículo determinado *los*; ὄντες, caso nominativo masculino plural del participio de presente en voz activa del verbo εἰμί, *ser, estar*, aquí *que están*, mejor *que estaban*; μετ', forma escrita de la preposición de genitivo μετά, *con*, por elisión ante vocal con espíritu suave; αὐτῆς, caso genitivo femenino de la tercera persona singular del pronombre personal *ella*; ἐν, preposición propia de dativo *en*; τῇ, caso dativo femenino singular del artículo determinado *la*; οἰκίᾳ, caso dativo femenino singular del nombre común *casa*; καὶ, conjunción copulativa *y*; παραμυθούμενοι, caso nominativo masculino plural del participio de presente en voz media del verbo παραμύθεομαι, *animar, consolar, alentar, dar el pésame*, aquí *que consolaban*; αὐτήν, caso acusativo femenino de la segunda persona singular del pronombre personal declinado *a ella*; ἰδόντες, caso nominativo masculino plural del participio del aoristo segundo en voz activa del verbo ὁράω, *ver, mirar,* aquí *viendo*; τὴν, caso acusativo femenino singular del artículo determinado *la*; Μαριὰμ, caso acusativo femenino singular del nombre propio declinado *a María*; ὅτι, conjunción *que*; ταχέως, adverbio de modo *rápidamente*; ἀνέστη, tercera persona singular del aoristo segundo de indicativo en voz activa del verbo ἀνίστημι, *levantarse*, aquí *se levantó*; καὶ, conjunción copulativa *y*; ἐξῆλθεν, tercera persona singular del aoristo segundo de indicativo en voz activa del verbo ἐξέρχομαι, *salir, irse*, aquí *salió*; ἠκολούθησαν, tercera persona singular del aoristo primero de indicativo en voz activa del verbo ἀκολουθέω, *seguir, acompañar*, aquí *siguieron*; αὐτῇ, caso dativo femenino singular del pronombre personal *ella*; δόξαντες, caso nominativo masculino singular del participio aoristo primero de indicativo en voz activa del verbo δοκέω, *pensar, considerar, parecer*, aquí *pensando*; ὅτι, conjunción *que*; ὑπάγει, tercera persona singular del presente de indicativo en voz activa del verbo ὑπάγω, *irse, marcharse*, aquí *se va, iba*; εἰς, preposición propia de acusativo *a*; τὸ, caso acusativo neutro singular del artículo determinado *el*; μνημεῖον, caso acusativo neutro singular del nombre común *monumento, tumba, sepulcro*; ἵνα, conjunción causal *para*; κλαύσῃ, tercera persona singular del aoristo primero de subjuntivo en voz activa del verbo κλαίω, *llorar*; ἐκεῖ, adverbio de lugar *allí*.

οἱ οὖν Ἰουδαῖοι οἱ ὄντες μετ' αὐτῆς ἐν τῇ οἰκίᾳ καὶ παραμυθούμενοι αὐτήν, Apenas es necesario un comentario al versículo, ya que Juan detalla todos los aspectos para que el lector esté impuesto en lo que narraba. En la casa había judíos que habían venido a consolar, en este caso concreto lo hacían con María. Posiblemente el carácter de María era más sensible que el de Marta, por lo que los que la conocían centraban sus atenciones en ella por esta razón. Cabe preguntarse si esos judíos eran todos afectos a Jesús, como las dos hermanas, o entre ellos había también quienes no creían en Él. Esta conclusión se podrá establecer al final del relato.

ἰδόντες τὴν Μαριὰμ ὅτι ταχέως ἀνέστη καὶ ἐξῆλθεν, ἠκολούθησαν αὐτῇ δόξαντες ὅτι ὑπάγει εἰς τὸ μνημεῖον ἵνα κλαύσῃ ἐκεῖ. María salió del lugar donde estaba y siguió a su hermana. Los consoladores, que no debían ser pocos, supusieron que se dirigía al sepulcro para llorar allí. El cuidado de Marta para que nadie supiera que Jesús había venido, no sirvió para nada, porque los que habían venido para acompañar a las hermanas, salieron tras ella. Las manifestaciones de dolor, acompañadas de llanto y gemidos eran típicos en los días del duelo. En el del sepelio solían contratarse plañideras que insistían en sus lamentos para dar un mayor énfasis a todo el proceso de expresión de dolor. No debían ser pocos los que acompañaron a María al sepulcro. Ninguno de ellos iba con otro propósito que estar con quien suponían que iba a llorar, pero, todos ellos se encontraron, en lugar del dolor ajeno con El que iba a resolver el problema que lo causaba, y que era Jesús. Todo cuanto estaba ocurriendo correspondía al cumplimiento del plan de Dios en relación con la muerte de Lázaro donde Él sería glorificado.

32. María, cuando llegó a donde estaba Jesús, al verle, se postró a sus pies, diciéndole: Señor, si hubieses estado aquí, no habría muerto mi hermano.

Ἡ οὖν Μαριὰμ ὡς ἦλθεν ὅπου ἦν Ἰησοῦς ἰδοῦσα αὐτὸν
- Entonces María, cuando vino adonde estaba Jesús viendo le
ἔπεσεν αὐτοῦ πρὸς τοὺς πόδας λέγουσα αὐτῷ· Κύριε, εἰ ἦς
cayo de Él a los pies, diciendo le: Señor, si estuvieses
ὧδε οὐκ ἄν μου ἀπέθανεν ὁ ἀδελφός.
aquí no - de mí habría muerto el hermano.

Notas y análisis del texto griego.

Juan describe el encuentro de María con Jesús: Ἡ, caso nominativo femenino singular del artículo determinado *la*; οὖν, conjunción continuativa *entonces*; Μαριὰμ, caso nominativo femenino singular del nombre propio *María*; ὡς, conjunción temporal *cuando*; ἦλθεν, tercera persona singular del aoristo segundo de indicativo en voz activa del verbo ἔρχομαι, *venir, llegar*, aquí *vino*; ὅπου, adverbio relativo de lugar *adonde, donde*; ἦν, tercera persona singular del imperfecto de indicativo en voz activa del verbo εἰμί, *ser, estar*, aquí *estaba*; Ἰησοῦς, caso nominativo masculino singular del nombre propio *Jesús*; ἰδοῦσα, caso nominativo femenino singular del participio del aoristo segundo en voz activa del verbo ὁράω, *ver, mirar, observar*, aquí *viendo*; αὐτὸν, caso acusativo masculino de la tercera persona singular del pronombre personal declinado *a Él, le*; ἔπεσεν, tercera persona singular del aoristo segundo de indicativo en voz activa del verbo πίπτω, *caer*, aquí *cayó*; αὐτοῦ, caso genitivo masculino de la tercera persona singular del pronombre personal declinado *de Él*; πρὸς, preposición propia de acusativo *a*; τοὺς, caso acusativo masculino plural del artículo determinado *los*; πόδας, caso acusativo masculino plural del nombre común *pies*; λέγουσα, caso nominativo femenino singular del participio de presente en voz activa del verbo λέγω, *hablar, decir*, aquí *diciendo*; αὐτῷ, caso dativo masculino de la tercera persona singular del pronombre personal *a Él, le*; Κύριε, caso vocativo masculino singular del nombre divino *Señor*; εἰ, conjunción afirmativa *si*; ἦς, segunda persona singular del imperfecto de indicativo en voz activa del verbo εἰμί, *ser, estar*, aquí literalmente *estabas*, mejor *estuvieses*; ὧδε, adverbio de lugar *aquí*; οὐκ, forma escrita del adverbio de negación *no*, con el grafismo propio ante una vocal con espíritu suave o una enclítica; ἄν, partícula que no empieza nunca frase y que da a ésta carácter condicional o dubitativo, o expresa una idea de repetición. Se construye con todos los modos menos el imperativo y acompaña a los pronombres relativos para darles un sentido general; en algunas ocasiones no tiene traducción; μου, caso genitivo de la primera persona singular del pronombre personal declinado *de mí*; ἀπέθανεν, tercera persona singular del aoristo segundo de indicativo en voz activa del verbo ἀποθνήσκω, *morir*, aquí *muerto*; ὁ, caso nominativo masculino singular del artículo determinado *el*; ἀδελφός, caso nominativo masculino singular del nombre común *hermano*.

Ἡ οὖν Μαριὰμ ὡς ἦλθεν ὅπου ἦν Ἰησοῦς ἰδοῦσα αὐτὸν ἔπεσεν αὐτοῦ πρὸς τοὺς πόδας. El encuentro de María con Jesús es muy emotivo. Nada más llegar junto a Él se postró a Sus pies. El verbo πίπτω, equivale a *caer, derribar*, quiere decir que María cayó a los pies del Señor.

λέγουσα αὐτῷ· Κύριε, εἰ ἦς ὧδε οὐκ ἄν μου ἀπέθανεν ὁ ἀδελφός. Las palabras de María son las mismas que las de Marta. Juan las traslada con insignificantes variaciones, muy propias de su estilo. Con toda seguridad las dos hermanas estaban pesarosas de que Jesús no hubiese estado antes de morir su hermano. La presencia Suya entonces habría evitado que muriese. No hay reproche alguno sino constancia del dolor que les producía la situación, lamentando que no hubiese llegado a tiempo Su amigo Jesús. La fe de ambas es también idéntica. Las dos saben del poder de Jesús, pero no pueden admitir que tuviese intención de resucitar al que estaba en el sepulcro desde hacía cuatro días. María creía también como su hermana que Jesús podía sanar la enfermedad, pero todo quedaba ahí.

33. Jesús entonces, al verla llorando, y a los judíos que la acompañaban, también llorando, se estremeció en espíritu y se conmovió.

’Ιησοῦς οὖν ὡς εἶδεν αὐτὴν κλαίουσαν καὶ τοὺς
Jesús, entonces, cuando vio la llorando y a los
συνελθόντας αὐτῇ ’Ιουδαίους κλαίοντας, ἐνεβριμήσατο
reunidos con ella judíos llorando, se estremeció interiormente
τῷ πνεύματι καὶ ἐτάραξεν ἑαυτὸν
en el espíritu y perturbó a sí mismo.

Notas y análisis del texto griego.

Sigue con: ’Ιησοῦς, caso nominativo masculino singular del nombre propio *Jesús*; οὖν, conjunción continuativa *entonces*; ὡς, conjunción temporal *cuando*; εἶδεν, tercera persona singular del aoristo segundo de indicativo en voz activa del verbo ὁράω, *ver, mirar, observar*, aquí *vio*; αὐτὴν, caso acusativo femenino de la tercera persona plural del pronombre personal declinado *a ella, la*; κλαίουσαν, caso acusativo femenino singular del participio de presente en voz activa del verbo κλαίω, *llorar*, aquí *llorando*; καὶ, conjunción copulativa *y*; τοὺς, caso acusativo masculino plural del artículo determinado declinado *a los*; συνελθόντας, caso acusativo masculino singular del participio del segundo aoristo en voz activa del verbo συνέρχομαι, *reunirse, vivir con*, aquí *reunidos*; αὐτῇ, caso dativo femenino de la tercera persona singular del pronombre personal declinado *con ella*; ’Ιουδαίους, caso acusativo masculino plural del adjetivo *judíos*; κλαίοντας, caso acusativo masculino plural del participio de presente en voz activa del verbo κλαίω, *llorar*, aquí *llorando*; ἐνεβριμήσατο, tercera persona singular del aoristo primero de indicativo en voz media del verbo ἐμβριμάομαι, *hablar severamente, criticar, indignarse, estremecerse interiormente*, aquí *se estremeció interiormente*; τῷ, caso dativo neutro singular del artículo determinado declinado *en el*; πνεύματι, caso dativo neutro singular del nombre común *espíritu*; καὶ, conjunción copulativa *y*; ἐτάραξεν, tercera persona singular del aoristo primero de indicativo en voz activa del verbo ταράσσω, *inquietar, turbar, perturbar, preocupar, asustar, agitar*, aquí *perturbó*; ἑαυτὸν, caso acusativo masculino singular del pronombre reflexivo declinado *a sí mismo*.

’Ιησοῦς οὖν ὡς εἶδεν αὐτὴν κλαίουσαν καὶ τοὺς συνελθόντας αὐτῇ ’Ιουδαίους κλαίοντας, La escena alcanza un clímax de tristeza. María lloraba por la muerte de su hermano. Los judíos que la acompañaban, lloraban también. En el versículo anterior no se dice nada de la reacción de María, pero Juan la expresa aquí claramente, estaba llorando. Generalmente el llanto en los días de duelo solía hacerse sin reparo alguno, dando rienda suelta a expresiones con llanto en voz alta e incluso gritos. No se dice que esto ocurrió aquí, pero el lloro de tantos causaría un profundo impacto a quien lo presenciase.

ἐνεβριμήσατο τῷ πνεύματι καὶ ἐτάραξεν ἑαυτὸν. El texto adquiere una cierta dificultad por los verbos que Juan utiliza para referirse al estado anímico de Jesús. Ἐμβριμάομαι, se usa para hablar de un estado de indignación, o de hablar severamente de algo. En la LXX se aplica el verbo a expresar un violento desagrado. En general podría usarse, como ocurre en el interlineal, como un estremecimiento interior. Deben considerarse dos aspectos, igualmente válidos a la luz del texto bíblico.

Uno interpretaría lo relativo a Jesús como una profunda indignación interior. Eso determina preguntarse contra quien era esa indignación. No podía ser contra María, que lloraba lícitamente, la partida de su hermano. Tampoco por causa de los judíos que lloraban también, aunque alguno pudiera hacerlo externamente sin un verdadero sentimiento interior. La indignación que el verbo expresa, denota incluso ira interna. Muchos eruditos consideran que esto es lo que debe entenderse respecto a la reacción de Jesús. Si esta fuese la verdadera interpretación el Señor estaría expresando su profundo disgusto en relación con la muerte, que comprende también a quien tiene el poder de la muerte y cuyo propósito es la destrucción del hombre.

El otro sentido, que es el más consecuente con el entorno, es la emoción interna y profunda de Jesús ante el problema de Sus amigos y de los allegados a ellos, que produjo la muerte de Lázaro.

En este aspecto es necesario destacar la condición humana del Verbo encarnado. Jesús no es sólo Dios, sino que también es hombre. Él es una Persona Divino-humana. En esta ocasión Su naturaleza humana se manifiesta abiertamente. Quiere decir que Su psicología humana se manifestaba en el conflicto que se producía a causa de la muerte. Juan dice que se estremeció a Sí mismo interiormente y añade en el espíritu. De otro modo, el Señor, de forma voluntaria hace suya, como hombre, la tristeza, identificándose plenamente con el dolor humano de Sus amigos. Desde Su espíritu humano, ya que no puede referirse aquí al Espíritu Santo, ni tan siquiera al Espíritu propio de Su Persona Divina.

En el elemento más íntimo y elevado de la parte espiritual del hombre, Jesús siente una profunda emoción que le embarga. No debe olvidarse que en Jesucristo se encuentra un doble origen del sujeto: *el celestial* y el *terrenal*. El primero lo relaciona con el Padre y se refiere a la forma divina de existencia eterna. El segundo es el resultado del amor del Padre que lo remite a una existencia precisa para el plan de salvación. El envío del Hijo al mundo va necesariamente ligado al nacimiento de mujer (Gá. 4:4). La encarnación es el instante en que dentro del flujo terrenal del tiempo, irrumpe la acción divina con propósito redentor. Jesús es el hombre perfecto, pero, no puede situarse en el exterior de la deidad, sino en una existencia substanciada en ella. Los efectos limitadores de la humanidad en toda la extensión se substancian en esa humanidad. La presencia en el mundo de Uno de la Deidad, revestido de humanidad es la razón de ser de Jesús de Nazaret, el que estaba próximo a la tumba de Lázaro y contemplaba la tristeza que la muerte, consecuencia del pecado, produce en el hombre, especialmente sensible en aquellos a quienes Él amaba y consideraba como Sus amigos. La humanidad del Hijo de Dios, está plenamente vinculada y en comunicación absoluta con Dios, y por eso es absolutamente divina y suya, pero, a la vez es expresión suprema de la creatura. Jesús es hombre y que va siéndolo en una vivencia continua de lo humano. Puede decirse que Cristología es antropología consumada porque Dios se ha hecho hombre. Puede, por tanto, hablarse con la moderación y limitación precisas de la psicología de Jesús como elemento de la antropología suya. En Jesús se aprecia una manifestación de Su naturaleza humana coherente con la única Persona Divina que la sustenta. De otro modo, Jesús es un hombre sin personalidad humana, porque es una naturaleza humana subsistente en la Persona Divina del Hijo de Dios. De manera que Jesús, en el plano de su humanidad se ajusta plenamente al hombre porque *crecía en sabiduría, en edad y gracia ante Dios y ante los hombres* (Lc. 2:52). En esa humanidad se manifiesta la limitación en ignorancia sobre asuntos reservados plenamente a la Deidad (Mt. 24:36; Mr. 13:32). En Él se aprecian sentimientos, reacciones, rechazos y emociones que son propias del hombre, pero sin afectación alguna por el pecado. En esa condición humana puede entenderse como Jesús se estremece, emociona, en Su espíritu ante el suceso que estaba presenciando. Debe tenerse presente que en la constitución de Jesús, la presencia de un espíritu humano y de un alma humana es algo evidente. El poseyó un cuerpo humano, un alma humana y un espíritu humano. Las emociones humanas están presente en Él, como es el amor (v. 5, comp. con Mr. 10:21), la amistad (v. 3), ira santa (2:15), enojo mezclado con tristeza (Mr. 3:5), incluso sorpresa (Lc. 7:9). En esta ocasión Juan ofrece una manifestación de la humanidad de Jesús en la conmoción interna que Él experimentó.

34. Y dijo: ¿Dónde le pusisteis? Le dijeron: Señor, ven y ve.

καὶ εἶπεν· ποῦ τεθείκατε αὐτόν λέγουσιν αὐτῷ· Κύριε, ἔρχου
Y dijo: ¿Donde habéis puesto le? Dicen le: Señor, ven
καὶ ἴδε.
y ve.

Notas y análisis del texto griego.

Sin interrupción en el relato, continúa: καὶ, conjunción copulativa *y*; εἶπεν, tercera persona singular del segundo aoristo de indicativo en voz activa del verbo εἶπον, forma del aoristo de λέγω, *hablar, decir*, aquí *dijo*; ποῦ, adverbio de lugar *donde*; τεθείκατε, segunda persona plural del perfecto de indicativo en voz activa del verbo τίθημι, *poner, colocar, depositar*, aquí *habéis puesto*; αὐτόν, caso acusativo de la tercera persona singular del pronombre personal declinado *a él, le*; λέγουσιν, tercera persona plural del presente de indicativo en voz activa del verbo λέγω, *hablar, decir*, aquí *dicen*; αὐτῷ, caso dativo masculino de la tercera persona singular del pronombre personal declinado *a él, le*; Κύριε, caso vocativo masculino del nombre divino *Señor*; ἔρχου, segunda persona singular del presente de imperativo en voz media del verbo ἔρχομαι, *venir*, aquí *ven*; καὶ, conjunción copulativa *y*; ἴδε, segunda persona singular del presente de imperativo en voz activa del verbo ὁράω, *ver, mirar, observar*, aquí *ve*.

καὶ εἶπεν· ποῦ τεθείκατε αὐτόν λέγουσιν αὐτῷ· Jesús sabía lo que iba a hacer y para lo que había venido. Su propósito era resucitar a Lázaro, sin embargo, formula una pregunta que resulta, a simple vista, difícil de entender: *"¿Dónde le habéis puesto?"*. El que sabía en la distancia que Lázaro había muerto, pregunta por el lugar donde había sido enterrado. Nuevamente deidad con Su infinitud y humanidad con Su limitación, están presentes en Cristo. Como Hijo de Dios, Dios verdadero en unidad con el Padre y el Espíritu, nada hay que escape de Su conocimiento, pero, voluntariamente al hacerse hombre y anonadarse a Sí mismo, las limitaciones propias de la humanidad, aunque asumidas voluntariamente, están presentes. El conocimiento sobrenatural que como hombre tiene en determinadas ocasiones, es la consecuencia de la *comunicación de propiedades* entre las dos naturalezas que se hacen por y en la Persona Divina en las que subsisten. No dice Jesús: *vamos al sepulcro*, sino *¿dónde pusisteis al muerto?* El verbo que usa se utilizaba muchas veces para un entierro.

Κύριε, ἔρχου καὶ ἴδε. La respuesta es concreta. En lugar de decirle donde estaba enterrado Lázaro, le invitan a que los siga, ellos van llevarlo hasta el sepulcro. Jesús sigue a quienes lo conducen hasta el lugar por el que había preguntado.

35. Jesús lloró.

[1]ἐδάκρυσεν ὁ Ἰησοῦς.
Lloró - Jesús.

Notas y análisis del texto griego.

Añade Juan: ἐδάκρυσεν, tercera persona singular del aoristo primero de indicativo en voz activa del verbo δακρύω, *llorar*, aquí *lloró*; ὁ, caso nominativo masculino singular del artículo determinado *el*; Ἰησοῦς, caso nominativo masculino singular del nombre propio *Jesús*.

Crítica textual. Lecturas alternativas.

[1] Se lee καὶ, *y*, antes de lo que sigue en א*, D, Θ, f^{13}, 2211, latt, sir[s, p].

ἐδάκρυσεν ὁ Ἰησοῦς. Este es el versículo más corto de la Biblia, pero, grande en relación con la manifestación de amor de Jesús. Las lágrimas del Señor, son el resultado del estado de ánimo de Su espíritu, conmovido por la acción de la muerte, que produce separación, tristeza y corrupción. De nuevo aparece la humanidad del Verbo encarnado. Sin embargo no hay separación alguna entre la naturaleza humana y la Persona Divina. Es necesario entender que *Dios no llora*, pero no es menos verdad que quien lloraba es Dios.

Juan utiliza aquí para referirse a la acción de llorar de Jesús, un verbo distinto al que había usado antes en relación con las hermanas de Lázaro y con quienes las acompañaban. El verbo κλαίω, expresa la idea de un llanto intenso e incluso sonoro, esto es, todos podían oír la exteriorización del mismo. En cambio δακρύω, es un verter lágrimas silenciosamente. El aoristo de ese verbo podría traducirse como hace León Morris como *"Jesús se echó a llorar[4]"*. El hecho de que llorase en silencio y no tanto en forma notoria, no limita en nada el sentimiento, es decir, las lágrimas silenciosas revelaban el profundo dolor de Su espíritu. Lloraba por la situación que la muerte producía y por la tristeza en que Sus amigos se encontraban. Las lágrimas de Jesús son espontáneas y tranquilas, lo que contrasta notoriamente con la de los

[4] León Morris. o.c., pág. 171.

judíos e incluso, las de las hermanas de Lázaro. Dos veces lloró Jesús por otros (Lc. 19:41 y en este lugar), una por Sí mismo en Getsemaní (He. 5:7). En todos estos casos el Señor da ejemplo y enseña que las lágrimas no menoscaban la fe, ni son impropias para un creyente.

36. Dijeron entonces los judíos: Mirad cómo le amaba.

ἔλεγον οὖν οἱ Ἰουδαῖοι· ἴδε πῶς ἐφίλει αὐτόν.
Decían, entonces, los Judíos: Mirad como amaba le.

Notas y análisis del texto griego.

Las consecuencias de las lágrimas de Jesús: ἔλεγον, tercera persona plural del imperfecto de indicativo en voz activa del verbo λέγω, *hablar, decir*, aquí *decían*; οὖν, conjunción continuativa *entonces*; οἱ, caso nominativo masculino plural del artículo determinado *los*; Ἰουδαῖοι, caso nominativo masculino plural del adjetivo *judíos*; ἴδε, segunda persona singular del aoristo segundo de imperativo en voz media del verbo ὁράω, en la forma εἶδον, *mirar, mostrar, ver,* con uso adverbial equivale a *he aquí, sucedió que, ved, ahora,* etc. podría traducirse como una expresión de advertencia enfática como *¡Mira!*, incluso podría leerse a modo de interrogación como *y ¿sabéis?*, es en la práctica como una partícula demostrativa, que se usa para animar el discurso avivando la atención del lector, algunos modernos la identifican como interjección; πῶς, partícula interrogativa adverbial, que realmente es un pronombre interrogativo *como, de que manera, por qué medio*; ἐφίλει, tercera persona singular del imperfecto de indicativo en voz activa del verbo φιλέω, *amar*, aquí *amaba*; αὐτόν, caso acusativo masculino de la tercera persona singular del pronombre personal declinado *a él, le*.

ἔλεγον οὖν οἱ Ἰουδαῖοι· ἴδε πῶς ἐφίλει αὐτόν. La presencia de Jesús, acompañada de las lágrimas en silencio, hicieron conocer a la gente que verdaderamente amaba a Lázaro. Para ellos, sin embargo, aquella emoción del Señor era una emoción puramente humana. No cabe duda que lo era también, como se ha considerado en versículos anteriores, pero el amor hacia quienes son suyos es mucho más que eso, es la manifestación divina de amor que forma parte esencial de la característica de quien es el Buen Pastor que ama a Sus ovejas. Sin embargo hay una verdad absoluta en la expresión de los judíos: *¡Mirad! Como le amaba.* El amor se manifiesta en sentimiento de compañerismo, porque implica también la misericordia, que no es otra cosa que pasar por el corazón la miseria del otro. Así lo manifestaba Jesús, con expresiones personales mucho más que con palabras. Sus lágrimas eran expresión de su amor.

37. Y algunos de ellos dijeron: ¿No podía éste, que abrió los ojos al ciego, haber hecho también que Lázaro no muriera?

τινὲς δὲ ἐξ αὐτῶν εἶπαν· οὐκ ἐδύνατο οὗτος ὁ ἀνοίξας τοὺς
Pero algunos de ellos dijeron: ¿No podía Éste el que abrió los
ὀφθαλμοὺς τοῦ τυφλοῦ ποιῆσαι ἵνα καὶ οὗτος μὴ ἀποθάνῃ
ojos al ciego hacer que también éste no muriera?

Notas y análisis del texto griego.

Juan traslada la reacción de algunos: τινὲς, caso nominativo masculino plural del pronombre indefinido *algunos*; δὲ, partícula conjuntiva que hace las veces de conjunción coordinante, con sentido de *pero, más bien, y, y por cierto, antes bien*; ἐξ, forma escrita que adopta la preposición de genitivo ἐκ, delante de vocal y que significa *de*; αὐτῶν, caso genitivo masculino plural de la tercera persona plural del pronombre personal *ellos*; εἶπαν, tercera persona plural del segundo aoristo de indicativo en voz activa del verbo εἶπον, forma del aoristo de λέγω, *hablar, decir*, aquí *dijeron*; οὐκ, forma escrita del adverbio de negación *no*, con el grafismo propio ante una vocal con espíritu suave o una enclítica; ἐδύνατο, tercera persona singular del imperfecto de indicativo en voz activa del verbo δύναμαι, *poder, tener poder*, aquí *podía*; οὗτος, caso nominativo masculino singular del pronombre demostrativo *Éste*; ὁ, caso nominativo masculino singular del artículo determinado *el*; ἀνοίξας, caso nominativo masculino singular del participio del aoristo primero en voz activa del verbo ἀνοίγω, *abrir*, aquí *que abrió*; τοὺς, caso acusativo masculino plural del artículo determinado *los*; ὀφθαλμοὺς, caso acusativo masculino plural del nombre común *ojos*; τοῦ, caso genitivo masculino singular del artículo determinado declinado *del*; τυφλοῦ, caso genitivo masculino singular del nombre común *ciego*; ποιῆσαι, aoristo primero de infinitivo en voz activa del verbo ποιέω, *hacer*; ἵνα, conjunción causal *para*; καὶ, adverbio de modo *también*; οὗτος, caso nominativo masculino singular del pronombre demostrativo *éste*; μὴ, partícula que hace funciones de adverbio de negación *no*; ἀποθάνῃ, tercera persona singular del aoristo segundo de subjuntivo en voz activa del verbo ἀποθνῄσκω, *morir*, aquí *muriera*.

τινὲς δὲ ἐξ αὐτῶν εἶπαν· οὐκ ἐδύνατο οὗτος ὁ ἀνοίξας τοὺς ὀφθαλμοὺς τοῦ τυφλοῦ ποιῆσαι ἵνα καὶ οὗτος μὴ ἀποθάνῃ Los milagros de Jesús habían dejado huella en todos los que los presenciaron o los que los conocieron por testimonio de otros, especialmente de los que fueron favorecidos de ellos. Este era el caso del ciego de nacimiento, que había sido sanado poco tiempo antes en Jerusalén y que había traído un gran conflicto con los fariseos.

Aquellos que estaban presentes se preguntaban si el poder de Jesús era real. Si había podido abrir los ojos del ciego ¿por qué no impidió que Su amigo muriese? Tanto ellos como las hermanas compartían el mismo punto de vista, que el Señor había podido impedir la muerte de Lázaro.

Tal vez no sean palabras irónicas, más bien pueden tomarse como procedentes de un grupo que creen en Su poder y que saben que podía haber hecho un milagro de sanidad con Su amigo. Sin embargo, tal vez estaban pensando que las lágrimas de Jesús eran señal de impotencia al no haber podido evitar aquella situación. La fe de aquellos descansaba en las señales que hacía y no en la Persona del Hijo de Dios. Para ellos cabía esperar una acción decidida en el problema que tenían delante. Pero no hay evidencia de que se preguntasen por qué no lo había hecho. Bien podía considerarse como una especie de crítica a la pasividad de Jesús, pero, aun así reconocen que Él tiene poder. Sin embargo, para ellos el problema había concluido, porque hacía cuatro días que estaba muerto y no había remedio para aquella situación.

38. Jesús, profundamente conmovido otra vez, vino al sepulcro. Era una cuerva, y tenía una piedra puesta encima.

Ἰησοῦς οὖν πάλιν ἐμβριμώμενος ἐν ἑαυτῷ ἔρχεται
Jesús, pues, otra vez estremeciéndose interiormente en sí mismo, viene
εἰς τὸ μνημεῖον· ἦν δὲ σπήλαιον καὶ λίθος ἐπέκειτο
al sepulcro. Y era cueva y piedra estaba colocada encima
ἐπ' αὐτῷ.
sobre ella.

Notas y análisis del texto griego.

Jesús llegó al sepulcro: Ἰησοῦς, caso nominativo masculino singular del nombre propio *Jesús*; οὖν, conjunción continuativa *pues*; πάλιν, adverbio de modo *nuevamente, de nuevo, otra vez*; ἐμβριμώμενος, caso nominativo masculino singular del participio de presente en voz media del verbo ἐμβριμάομαι, *hablar severamente, criticar, indignarse, estremecerse interiormente*, aquí *se estremeció interiormente*; ἐν, preposición propia de dativo *en*; ἑαυτῷ, caso dativo masculino de la tercera persona singular del pronombre personal reflexivo *sí mismo*; ἔρχεται, tercera persona singular del presente de indicativo en voz media del verbo ἔρχομαι, *venir*, aquí *viene*; εἰς, preposición propia de acusativo *a*; τὸ, caso acusativo neutro singular del artículo definido *el*; μνημεῖον, caso acusativo neutro singular del nombre común *sepulcro, monumento, tumba*; ἦν, tercera persona singular del imperfecto de indicativo en voz activa del verbo εἰμί, *ser, estar*, aquí *era*; δὲ, partícula conjuntiva que hace las veces de conjunción coordinante, con sentido de *pero, más bien, y, y por cierto, antes bien*; σπήλαιον, caso nominativo neutro singular del nombre común *cueva*; καὶ, conjunción copulativa *y*; λίθος, caso nominativo masculino singular del nombre común *piedra*; ἐπέκειτο, tercera persona singular del imperfecto de indicativo en voz pasiva del verbo ἐπίκειμαι, *estar colocado sobre*, aquí *estaba colocado encima*; ἐπ', forma que adopta la preposición de dativo ἐπί, con el grafismo por elisión de la ι final ante vocal o diptongo sin aspiración, que equivale a *por, sobre*; αὐτῷ, caso dativo neutro de la tercera persona singular del pronombre personal *ella*.

Ἰησοῦς οὖν πάλιν ἐμβριμώμενος ἐν ἑαυτῷ ἔρχεται εἰς τὸ μνημεῖον· Otra vez la conmoción interior invade el alma de Jesús. Profundamente conmovido en Sí mismo, en Su intimidad personal, vino al sepulcro. Es el mismo verbo que expresó antes la situación íntima de Jesús (v. 33).

ἦν δὲ σπήλαιον καὶ λίθος ἐπέκειτο ἐπ' αὐτῷ. Juan describe con brevedad el sepulcro donde Lázaro había sido colocado. Dice que era una cueva y sobre la entrada se había puesto una piedra. Habitualmente los sepulcros eran de dos formas: uno se excavaba en la roca, teniendo una cámara interior y la puerta de esa cámara se cerraba con una gran piedra que giraban sobre una canaleta y que llegando a la boca se apoyaba en la pared del lugar tapando el acceso e impidiendo la entrada; otra consistía en un sepulcro excavado hacia abajo hasta el lugar de enterramiento, al que se descendía por escaleras talladas en la piedra, y sobre cuya entrada *se ponía* una gran piedra. Posiblemente sea esta la forma de la tumba de Lázaro. La cueva se usó desde siglos para enterramientos (cf. Gn. 23:19). No hay ninguna novedad destacable en el lugar del enterramiento de Lázaro.

39. Dijo Jesús: Quitad la piedra. Marta, la hermana del que había muerto, le dijo: Señor, hiede ya, porque es de cuatro días.

λέγει ὁ Ἰησοῦς· ἄρατε τὸν λίθον. λέγει αὐτῷ ἡ ἀδελφὴ τοῦ
Dice - Jesús: Quitad la piedra. Dice le la hermana del
τετελευτηκότος Μάρθα· Κύριε, ἤδη ὄζει, τεταρταῖος γάρ ἐστιν.
que había muerto, Marta: Señor, ya hiede, porque de cuatro días es.

Notas y análisis del texto griego.

Sigue el relato: λέγει, tercera persona singular del presente de indicativo en voz activa del verbo λέγω, *hablar, decir*, aquí *dice*; ὁ, caso nominativo masculino singular del artículo determinado *el*; Ἰησοῦς, caso nominativo masculino singular del nombre propio *Jesús*; ἄρατε, tercera persona singular del aoristo primero de imperativo en voz activa del verbo αἴρω, *tomar, quitar, levantar*, aquí *quitad*; τὸν, caso acusativo masculino singular del artículo determinado *el*; λίθον, caso acusativo masculino singular del nombre común *piedra*; λέγει, tercera persona singular del presente de indicativo en voz activa del verbo λέγω, *hablar, decir*, aquí *dice*; αὐτῷ, caso dativo masculino de la tercera persona singular del pronombre personal declinado *a Él, le*; ἡ, caso nominativo femenino singular del artículo determinado *la*; ἀδελφὴ, caso nominativo femenino singular del nombre común *hermana*; τοῦ, caso genitivo masculino singular del artículo determinado declinado *del*; τετελευτηκότος, caso genitivo masculino singular del participio perfecto en voz activa del verbo τελευτάω, *fallecer, morir*, aquí *que había muerto*; Μάρθα, caso nominativo femenino singular del nombre propio *Marta*; Κύριε, caso vocativo masculino singular del nombre divino *Señor*; ἤδη, adverbio de tiempo *ya*; ὄζει, tercera persona singular del presente de indicativo en voz activa del verbo ὄζω, *oler mal, heder*, aquí *hiede*; τεταρταῖος, caso nominativo masculino singular del adjetivo *de cuatro días*; γάρ, conjunción causal *porque*; ἐστιν, tercera persona singular del presente de indicativo en voz activa del verbo εἰμί, *ser, estar*, aquí *es*.

λέγει ὁ Ἰησοῦς· ἄρατε τὸν λίθον. La llegada al lugar donde estaba la tumba debió de arremolinar la gente en torno a Jesús. Allí estaban los que le habían conducido hasta el lugar. También, Marta y María. Aún los que habían dudado de Su poder y lo habían cuestionado preguntando si aquel que había abierto los ojos al ciego no hubiera podido hacer que Lázaro no muriese. No se detuvo el Señor para llorar junto a la puerta del sepulcro. De nuevo la autoridad divina se manifiesta en el mandado a los que le rodeaban para que abriesen la puerta. Cabe preguntarse ¿no tenía poder suficiente para abrirla Él, con Su palabra, sin necesidad de ninguna otra acción? Sin duda. Pero el Señor ordenaba abrir la puerta y todos los que le rodeaban comenzaron a hacerlo o, por lo menos, se disponían para ello.

λέγει αὐτῷ ἡ ἀδελφὴ τοῦ τετελευτηκότος Μάρθα· Κύριε, ἤδη ὄζει, τεταρταῖος γάρ ἐστιν. La lógica humana aparece de nuevo. Marta recuerda a Jesús que es innecesario hacer aquello, abrir la tumba, porque lo único que había dentro era un cadáver en descomposición que se manifestaba en el hedor propio de un cuerpo en ese estado. Los judíos ponían ungüentos olorosos sobre el cuerpo del muerto, pero no lo embalsamaban al estilo egipcio, de modo que la descomposición no se detenía y el mal olor producto de ella se manifestaba superando el buen olor de los perfumes puestos sobre el cadáver. Jesús le había dicho antes, en el encuentro con ella, que *"tu hermano resucitará"* (v. 23). Pero ella, como todos, consideraba aquello como la esperanza escatológica propia del creyente. No podía imaginarse que fuese a ocurrir allí, en aquel día. Se ha dicho antes que los judíos enseñaban que el alma del muerto permanecía tres días en el entorno esperando para entrar nuevamente en él y restaurarle la vida, pero que a partir de ese día partía a su lugar y no era posible una resurrección. Cuatro días desde su muerte; un cuerpo corrompido que hedía, un pueblo, incluidas las hermanas que no podían pensar en el poder de Jesús para resucitarlo en aquellas circunstancias. Es en la oposición humana donde puede manifestarse la gloria de Dios, como así va a ocurrir. Todos esos elementos van a servir de base para testificar la realidad del milagro. No era una muerte aparente, ni un estado cataléptico, sino que estaba realmente muerto. No se trata tampoco de una situación preparada de antemano para probar mentirosamente el poder de Jesús, ya que todos los presentes no estaban dispuestos a creer que pudiera resucitar a Lázaro. Juan se refiere a Marta como *la hermana del que estaba muerto*, incluso el evangelista testifica de la situación desde su condición de testigo presencial.

Quitar la piedra de una sepultura era también, en el entorno social de la época, faltar al respeto del muerto. Jesús rompe todos los usos propios de aquella sociedad, porque conoce cual es Su poder para resolver la situación conforme al propósito divino.

40. Jesús le dijo: ¿No te he dicho que si crees, verás la gloria de Dios?

λέγει αὐτῇ ὁ Ἰησοῦς· οὐκ εἶπον σοι ὅτι ἐὰν πιστεύσῃς ὄψῃ
Dice le - Jesús: ¿No dije te que si creyeses verás
τὴν δόξαν τοῦ Θεοῦ
la gloria - de Dios?

Notas y análisis del texto griego.

Siguiendo el relato, añade: λέγει, tercera persona singular del presente de indicativo en voz activa del verbo λέγω, *hablar, decir*, aquí *dice*; αὐτῇ, caso dativo femenino de la tercera persona singular del pronombre personal declinado *a ella, le*; ὁ, caso nominativo masculino singular del artículo determinado *el*; Ἰησοῦς, caso nominativo masculino singular del nombre propio *Jesús*; οὐκ, forma escrita del adverbio de negación *no*, con el grafismo propio ante una vocal con espíritu suave o una enclítica; εἶπον, primera persona singular del segundo aoristo de indicativo en voz activa del verbo εἶπον, forma del aoristo de λέγω, *hablar, decir*, aquí *dijo*; σοι, caso dativo de la segunda persona singular del pronombre personal declinado *a ti, te*; ὅτι, conjunción copulativa *que*; ἐὰν, conjunción afirmativa *si*; πιστεύσῃς, segunda persona singular del aoristo primero de subjuntivo en voz activa del verbo πιστεύω, *creer*, aquí *creyeses*; ὄψῃ, segunda persona singular del futuro de indicativo en voz media del verbo ὁράω, *ver, mirar, observar*, aquí *verás*; τὴν, caso acusativo femenino singular del artículo determinado *la*; δόξαν, caso acusativo femenino singular del nombre común *gloria*; τοῦ, caso genitivo masculino singular del artículo determinado *la*; Θεου, caso genitivo masculino singular del nombre divino declinado *de Dios*.

λέγει αὐτῇ ὁ Ἰησοῦς· οὐκ εἶπον σοι ὅτι ἐὰν πιστεύσῃς ὄψῃ τὴν δόξαν τοῦ Θεου. Al temor de Marta viene la respuesta de

Jesús, recordándole que ya le había dicho que Lázaro resucitaría. Aquí no habla de resurrección directamente, sino de *ver la gloria de Dios*. Él sería glorificado con el milagro impactante de volver al muerto a la vida. Es evidente que todo el ministerio de Cristo tiene que ver con la gloria de Dios, en lo que podríamos considerar como grandes cosas, hasta aquello que por poca apariencia para el hombre, pasa desapercibido. Al final de Su ministerio dirá al Padre: *"Te he glorificado en la tierra"* (17:4). El milagro que iba a hacer era una manifestación impactante de poder, pero Jesús miraba todo bajo la dimensión de la gloria de Dios. Sin embargo, el milagro que iba a producirse se alcanzaba, en dimensión y comprensión por medio de la fe *"Si creyeres"*. Los presentes todos, con fe o sin ella, iban a ser testigos del milagro, pero Jesús lo había prometido concretamente a Marta y a ella se le demandaba fe, condición para contemplar la gloria de Dios. Antes le había dicho que Él era la resurrección y la vida y que aunque alguien estuviese muerto viviría, preguntándole si creía aquello, lo que sirvió para que Marta diese testimonio de su fe y reconociéndolo como Hijo de Dios. Ahora volvía Jesús a pedirle, con la sujeción a la Su voluntad, que realmente creyese y por esa fe iba a ver la gloria de Dios.

41. Entonces quitaron la piedra de donde había sido puesto el muerto. Y Jesús, alzando los ojos a lo alto, dijo: Padre, gracias te doy por haberme oído.

ἦραν οὖν τὸν λίθον. ὁ δὲ Ἰησοῦς ἦρεν τοὺς ὀφθαλμοὺς
Quitaron, pues, la piedra. - y Jesús alzó los ojos
ἄνω καὶ εἶπεν· Πάτερ, εὐχαριστῶ σοι ὅτι ἤκουσάς μου.
a lo alto y dijo: Padre, doy gracias te porque oíste me.

Notas y análisis del texto griego.

Siguiendo el proceso del milagro, escribe: ἦραν, tercera persona plural del aoristo primero de indicativo en voz activa del verbo αἴρω, *quitar, sacar, retirar*, aquí *quitaron*; οὖν, conjunción continuativa *pues*; τὸν, caso acusativo masculino singular del artículo determinado *el*; λίθον, caso acusativo masculino singular del nombre común *piedra*; ὁ, caso nominativo masculino singular del artículo determinado *el*; δὲ, partícula conjuntiva que hace las veces de conjunción coordinante, con sentido de *pero, más bien, y, y por cierto, antes bien*; Ἰησοῦς, caso nominativo masculino singular del nombre propio *Jesús*; ἦρεν, tercera persona singular del aoristo primero de indicativo en voz activa del verbo αἴρω, *alzar, levantar,* aquí *alzó*; τοὺς, caso acusativo masculino plural del artículo determinado *los*; ὀφθαλμοὺς, caso acusativo masculino plural del nombre común *ojos*; ἄνω, adverbio de lugar, *arriba, a lo alto*; καὶ, conjunción copulativa *y*; εἶπεν, tercera persona singular del segundo aoristo de indicativo en voz activa del verbo εἶπον, forma del aoristo de λέγω, *hablar, decir*, aquí *dijo*; Πάτερ, caso vocativo masculino singular del nombre divino *Padre*; εὐχαριστῶ, primera persona singular del presente de indicativo en voz activa del verbo εὐχαριστέω, *dar gracias, estar agradecido*, aquí *doy gracias*; σοι, caso dativo de la segunda persona singular del pronombre personal declinado *a ti, te*; ὅτι, conjunción causal *porque*; ἤκουσας, segunda persona singular del aoristo primero de indicativo en voz activa del verbo ἀκούω, *oír, escuchar*, aquí *escuchas*; μου, caso genitivo de la segunda persona singular del pronombre personal declinado *a mí, me.*

Crítica Textual. Lecturas alternativas.

Οὗ ἐν ὁ τεθνηκὼς κειμενος, *en donde el que había muerto fue puesto*, se añade esta glosa explicativa según lectura en C^3, Γ, Δ, f^{13}, 700, 892^s. 1424, 𝔐.

ἦραν οὖν τὸν λίθον. Tal vez los presentes detuvieron la acción de levantar la piedra del sepulcro por las palabras de Marta, pero, luego de la respuesta de Jesús siguieron con la apertura de la puerta, hasta dejar expedito el camino al interior de la tumba.

ὁ δὲ Ἰησοῦς ἦρεν τοὺς ὀφθαλμοὺς ἄνω καὶ εἶπεν· Como es muy habitual en Cristo, dirige una oración al Padre, antes de hacer el milagro. Juan dice que *levantó los ojos*, o *alzó la vista*, una forma propia para hacer una oración, porque Dios está en lo alto, donde está Su trono, a Él ora.

Πάτερ, εὐχαριστῶ σοι ὅτι ἤκουσας μου. La oración es corta, por lo menos según el relato de Juan. Es interesante notar como comienza, dirigiéndose al Padre. No hay ningún pronombre personal que preceda al vocativo. Es Su Padre en el único sentido posible para Él. El Padre eterno de quien procede y por quien fue enviado al mundo. No hay duda que es también el Padre de los creyentes, a quien éstos dirigen la oración conforme a la enseñanza de Jesús (Mt. 6:9). Pero, sólo es Padre de Jesús en el sentido de que Él es el Unigénito del Padre. (1:14; 3:16). El Señor agradece al Padre que le haya oído, en el sentido del milagro que va a realizar. Habla con Él usando el verbo en aoristo como algo que ya se ha producido. La certeza del corazón humano de Jesús, es absoluta, porque *siempre es oído* por el Padre. Lo es porque también Jesús hizo sólo lo que era la voluntad del Padre (5:30). Además el Señor había dicho que el Padre y Él era uno (10:30). En la unidad de la deidad no hay discrepancias en las acciones de las Personas Divinas y si la Segunda, el Hijo, hacía todo cuanto haría o hacía el Padre, las obras de Jesús son también las obras del Padre. Por esa razón no hay lucha en la oración, ni petición de poder, simplemente gratitud por lo que iba a ocurrir, en donde el Hijo del Hombre, enviado del Padre iba a ser glorificado delante de los hombres. No es necesario suponer una oración anterior hecha en silencio pidiendo la resurrección de Lázaro, puesto que la acción de Jesús era también el deseo del Padre. Como escribe el Dr. Lacueva: *"Jesús celebra la victoria antes de empezar la batalla*[5]*"*. Sin duda no es la misma relación la nuestra con el Padre, como era la de Cristo. Sin duda no podríamos atrevernos a decir esto en oración para realizar un portento semejante, pero es una enseñanza para quien busca la gloria de Dios en una obediencia plena, porque el mismo apóstol Juan dice: *"Y ésta es la confianza que tenemos en él, que si pedimos alguna cosa conforme a su voluntad, él nos oye. Y si sabemos que él nos oye en cualquiera cosa que pidamos, sabemos que tenemos las peticiones que le hayamos hecho"* (1 Jn. 5:14-15).

42. Yo sabía que siempre me oyes; pero lo dije por causa de la multitud que está alrededor, para que crean que tú me has enviado.

ἐγὼ δὲ ᾔδειν ὅτι πάντοτέ μου ἀκούεις, ἀλλὰ διὰ τὸν ὄχλον
Y yo sé que siempre me oyes; pero a causa de la gente
τὸν περιεστῶτα εἶπον, ἵνα πιστεύσωσιν ὅτι σύ με ἀπέστειλας.
\- que está alrededor dije, para que crean que Tú me enviaste.

Notas y análisis del texto griego.

Sigue el relato: ἐγὼ, caso nominativo de la primera persona singular del pronombre personal *yo*; δὲ, partícula conjuntiva que hace las veces de conjunción coordinante, con sentido de *pero, más bien, y, y por cierto*, *antes bien*; ᾔδειν, primera persona singular del pluscuamperfecto de indicativo en voz activa del verbo οἶδα, *saber, conocer*, aquí *he sabido, se*; ὅτι, conjunción copulativa *que*; πάντοτε, adverbio de tiempo *siempre*; μου, caso genitivo de la primera persona singular del pronombre personal declinado *a mí*; ἀκούεις, segunda persona singular del presente de indicativo en voz activa del verbo ἀκούω, *oír, escuchar*, aquí *oyes*; ἀλλὰ, conjunción adversativa *pero*; διὰ, preposición propia de acusativo *a causa de*; τὸν, caso acusativo masculino singular del artículo determinado *el*; ὄχλον, caso acusativo masculino singular del nombre común *gentío, multitud, muchedumbre, gente*; τὸν, caso acusativo masculino singular del artículo determinado *el*; περιεστῶτα, caso acusativo masculino singular del participio perfecto en voz activa del verbo περΐστεμι, *estar alrededor, rodear*, aquí *que está alrededor*; εἶπον, primera persona singular del segundo aoristo de indicativo en voz activa del verbo εἶπον, forma del aoristo de λέγω, *hablar, decir*, aquí *dije*; ἵνα, conjunción causal *para que*; πιστεύσωσιν, tercera persona plural del aoristo primero de subjuntivo en voz activa del verbo πιστεύω, *creer*, aquí *crean*; ὅτι, conjunción *que*; σύ, caso nominativo de la segunda persona singular del pronombre personal *Tú*; με, caso acusativo de la primera persona singular del pronombre personal

[5] F. Lacueva. o.c., pág. 277.

declinado *a mí, me*; ἀπέστειλας, segunda persona singular del aoristo primero de indicativo en voz activa del verbo ἀποστελλω, *enviar*, aquí *enviaste*.

ἐγὼ δὲ ᾔδειν ὅτι πάντοτε μου ἀκούεις,No se trata de una experiencia nueva, sino que *siempre* había sido así. El Padre y Él están eternamente en la misma comunión y hacen las mismas obras. Jesús no ora para ser escuchado, sino que agradece que siempre lo hace.

ἀλλὰ διὰ τὸν ὄχλον τὸν περιεστῶτα εἶπον, ἵνα πιστεύσωσιν ὅτι σύ με ἀπέστειλας. La oración audible de Jesús fue hecha para que la gente que estaba en el entorno oyese Sus palabras y pudiese, luego del milagro, creer que Él era el enviado del Padre. Esa fe, que cree, tiene un objeto que es la Persona y obra del Hijo de Dios, es creer en la misión que Jesús había traído a la tierra, misión de salvación. Sin embargo, es necesario recalcar nuevamente que lo único que mueve las acciones de Jesús era la gloria del Padre. Generalmente los religiosos de entonces, que se jactaban de ser fieles a la Palabra y de amar a Dios, buscaban su gloria personal, cosa que no ocurría con Jesús, empeñado en la gloria de Dios. En ese sentido, la oración de Jesús como hombre, es dirigida al Padre, y tenía que ver con que todos supieran que Él había sido enviado por el Padre y que, por tanto, dependía de Él.

43. Y habiendo dicho esto, clamó a gran voz: ¡Lázaro, ven fuera!

καὶ	ταῦτα	εἰπὼν	φωνῇ	μεγάλῃ	ἐκραύγασεν·	Λάζαρε,	δεῦρο	ἔξω.
Y	esto	diciendo,	con voz	grande	clamó:	¡Lázaro!	¡Aquí!	¡Fuera!

Notas y análisis del texto griego.

Jesús llama al muerto: καὶ, conjunción copulativa *y*; ταῦτα, caso acusativo neutro plural del pronombre demostrativo *esto*; εἰπὼν, caso nominativo masculino singular del participio aoristo primero en voz activa del verbo εἶπον, forma del aoristo de λέγω, *hablar, decir*, aquí *dicho, diciendo*; φωνῇ, caso dativo femenino singular del nombre común declinado *con voz*; μεγάλῃ, caso dativo femenino singular del adjetivo *grande*; ἐκραύγασεν, tercera persona singular del aoristo primero de indicativo en voz activa del verbo κραυγάζω, *gritar, clamar*, aquí *clamó*; Λάζαρε, caso vocativo masculino singular del nombre propio *Lázaro*; δεῦρο, adverbio de lugar *aquí*, se usa en sentido exclamativo, sinónimo de *¡ven!*, incluso *¡ea!*; ἔξω; adverbio de lugar *fuera*.

καὶ ταῦτα εἰπὼν φωνῇ μεγάλῃ ἐκραύγασεν· La gran voz de Jesús se hizo notar en el exterior del sepulcro, delante de todos los que estaban presentes. Era una orden autoritaria como posiblemente ninguno de aquellos había oído nunca.

La voz poderosa no era la de un hacedor de milagros, ni tan siquiera la de un profeta, era la voz que expresa la omnipotencia divina irresistible en cualquier modo. Aquella voz que había dicho en la creación del universo *sea* y fue, es la misma que ordena al muerto para que vuelva a la vida y se presente en el exterior del sepulcro. Es la voz que ordena la resurrección. Esa misma voz está considerada por el apóstol Pablo cuando habla de la resurrección de los muertos para salir al encuentro del Señor en las nubes, cuando dice que *"el Señor mismo con voz de mando..."* (1 Ts. 4:16). El Hijo de Dios tiene poder omnímodo, que alcanza y comprende todo. Es la expresión de la omnipotencia de Dios. Las manifestaciones de omnipotencia divina tuvieron lugar por el poder de Su palabra. Las sanidades durante el ministerio terrenal tuvieron lugar en respuesta a ella.

Λάζαρε, δεῦρο ἔξω. El mandato de Jesús está establecido mediante una construcción sumamente rara. Primera el vocativo *Lázaro*, que indica a quien se está dirigiendo. Luego dos adverbios de tiempo de los que especialmente el primero puede considerarse como una interjección con sentido de *¡aquí!* o sustituyendo al imperativo del verbo *venir*, que sería *¡ven!*, incluso podría usarse como una exclamación para animar o despertar *¡ea!*. El segundo indica a Lázaro el lugar donde debe presentarse *fuera* del sepulcro donde estaba Jesús, las dos hermanas suyas y los judíos que los habían acompañado. En base a la omnipotencia divina expresada en la voz de autoridad de Jesús, el que estaba muerto no pudo resistir la autoridad del Autor de la vida, y la muerte, tuvo que dejar suelto al que había entrado en su dominio. El Señor aseguró que *"las puertas del Haces no prevalecerían sobre la Iglesia"* (Mt. 16:18). Poco tiempo antes había hablado de la vida eterna que se otorga a quien cree en Él, y a Marta le había dicho que todo creyente que esté muerto vivirá. Las llaves del lugar de los muertos están en la mano del Señor (Ap. 1:17-18). Con Su vida Cristo garantiza la perpetuidad de vida de todos los que creen en Él. Para estos, como el caso de Lázaro, morir es simplemente *dormir en Él* y quien tiene autoridad acude para despertar al dormido. El Señor había dicho que Su amigo dormía e iba a despertarlo (v. 11) y cumplió Su determinación despertándolo del sueño de la muerte. Esa voz poderosa de Jesús sirvió para que todos la oyesen y entrase a lo profundo del sepulcro donde estaba puesto Lázaro. El vocativo *Lázaro* establece a quien se dirige el mandato. Como Agustín de Hipona decía, la voz de Cristo es tan poderosa que si no hubiese precisado a quien se dirigía y fuese simplemente *¡Aquí! ¡Fuera!* Todos hubiesen resucitado.

44. Y el que había muerto salió, atadas las manos y los pies con vendas, y el rostro envuelto en un sudario. Jesús les dijo: Desatadle, y dejadle ir.

ἐξῆλθεν ὁ τεθνηκὼς δεδεμένος τοὺς πόδας καὶ τὰς χεῖρας
Salió el que había muerto, atado de los pies y de las manos
κειρίαις καὶ ἡ ὄψις αὐτοῦ σουδαρίῳ περιεδέδετο. λέγει
con vendas y el rostro de él con sudario había sido envuelto. Dice
αὐτοῖς ὁ Ἰησοῦς· λύσατε αὐτὸν καὶ ἄφετε αὐτὸν ὑπάγειν.
le - Jesús. Desatad le y dejad le ir.

Notas y análisis del texto griego.

El milagro tuvo lugar: ἐξῆλθεν, tercera persona singular del segundo aoristo de indicativo en voz activa del verbo ἐξέρχομαι, *salir*, aquí *salío*; ὁ, caso nominativo masculino singular del artículo determinado *el*; τεθνηκὼς, caso nominativo masculino singular del participio perfecto en voz activa del verbo θνῄκω, *morir*, aquí *que había muerto*; δεδεμένος, caso nominativo masculino singular del participio perfecto en voz pasiva del verbo δέω, *atar*, aquí *atado*; τοὺς, caso acusativo masculino plural del artículo determinado declinado *de los*; πόδας, caso acusativo masculino plural del nombre común *pies*; καὶ, conjunción copulativa *y*; τὰς, caso acusativo femenino plural del artículo determinado *las*; χεῖρας, caso acusativo femenino plural del nombre común *manos*; κειρίαις, caso dativo femenino plural del nombre común *vendas*; καὶ, conjunción copulativa *y*; ἡ, caso nominativo femenino singular del artículo determinado *la*; ὄψις, caso nominativo femenino singular del nombre común *faz, rostro*; αὐτοῦ, caso genitivo de la tercera persona singular del pronombre personal declinado *de él*; σουδαρίῳ, caso dativo neutro singular del nombre común declinado *con sudario*; περιεδέδετο, tercera persona singular del pluscuamperfecto de indicativo en voz pasiva del verbo περιδέω, *envolver*, aquí *había sido envuelto*; λέγει, tercera persona singular del presente de indicativo en voz activa del verbo λέγω, *hablar, decir*, aquí *dijo*; αὐτοῖς, caso dativo masculino de la tercera persona plural del pronombre personal declinado *a ellos, les*; ὁ, caso nominativo masculino singular del artículo determinado *el*; Ἰησοῦς, caso nominativo masculino singular del nombre propio *Jesús*; λύσατε, segunda persona plural del aoristo primero de imperativo en voz activa del verbo λύω, *desatar, soltar, librar*, aquí *desatad*; αὐτὸν, caso acusativo masculino de la tercera persona singular del pronombre personal declinado *a él, le*; καὶ, conjunción copulativa *y*; ἄφετε, segunda persona plural del aoristo segundo de imperativo en voz activa del verbo ἀφίημι, *despedir, dejar, permitir*, aquí *dejad*; αὐτὸν, caso acusativo masculino de la tercera pesona singular del pronombre personal declinado *a él, le*; ὑπάγειν, presente de infinitivo en voz activa del verbo ὑπάγω, *ir*.

ἐξῆλθεν ὁ τεθνηκὼς. Juan se refiere ahora al resultado de la voz de autoridad de Jesús. No repite el nombre del resucitado, simplemente se refiere a quien había estado muerto. Dice simplemente que *salió*, esto es, la voz omnipotente de Jesús, no solo le dio vida sino que lo hizo aparecer fuera de la tumba delante de todos. No es que de alguna manera Lázaro saliese por sí mismo del lugar de muerte, sino que el poder irresistible de la omnipotencia de Dios ordenó al muerto venir afuera y ocurrió inmediatamente. El que estaba en el interior del sepulcro apareció fuera de él.

δεδεμένος τοὺς πόδας καὶ τὰς χεῖρας κειρίαις El testigo presencial, como es Juan, describe la forma en que estaba Lázaro fuera de la tumba. Salió tal y como lo habían puesto. Al terminar de envolver el cadáver con lienzos, como era propio de los enterramientos de entonces, se ataban las vendas sobre los brazos y los pies, por donde terminaba de envolverse el muerto. Ese detalle aporta una evidencia más del milagro. No sólo había recibido vida, sino que salió al exterior atado, lo que humanamente hablando era imposible. Una persona atada de manos y pies no puede moverse.

καὶ ἡ ὄψις αὐτοῦ σουδαρίῳ περιεδέδετο. Para mayor dificultad, Juan se fijó en el sudario que cubría el rostro del muerto. Atado de pies y manos e impedido de ver por el lienzo que cubría su rostro, el muerto vino al exterior porque la voz de autoridad de Jesús así lo había ordenado.

λέγει αὐτοῖς ὁ Ἰησοῦς· λύσατε αὐτὸν καὶ ἄφετε αὐτὸν ὑπάγειν. El relato concluye con otra palabra de autoridad de Jesús que ordena a los presentes que lo desaten para que pueda irse. Otros muchos datos podrían ser aportados para testimonio del milagro que Jesús hizo. Un hombre que había muerto de enfermedad y que estaba cuatro días enterrado no podría moverse fácilmente por la debilidad propia de la situación, sin embargo cuando Dios da vida, la da plenamente de modo que la evidencia de ella es que el muerto anda, libre y voluntariamente, sin ayuda alguna. El mandato de Cristo pone de manifiesto la realidad de la resurrección. El milagro había sido hecho. Nadie podía negar esa realidad. El muerto tenía que ser desatado porque ya su vida no era estar en el sepulcro sino caminar entre los vivos.

Juan guarda silencio sobre la reacción de las hermanas, las manifestaciones de la gente, las primeras palabras de Lázaro. El propósito de Juan obliga a éste a detener los relatos de modo que nada prive al lector de mirar a Jesús. El Señor ordenó al muerto y lo trajo a la vida. Eso es lo verdaderamente interesante para Juan. Algunos les gustaría un testimonio de lo que experimentó en el sepulcro o en la vida después de la muerte, pero Dios exige silencio sobre tales asuntos y, posiblemente no permitió que Lázaro recordara la experiencia y pudiera hablar de ello, como ocurrió con el apóstol Pablo (2 Co. 12:4). Lo único que nos interesa a nosotros es que *"el que estaba muerto salió"*.

Sin duda este relato histórico es una buena ilustración para la salvación de un hombre. Por condición natural estamos muertos en nuestros pecados y el poder omnipotente del Salvador, nos da vida al unirnos a Él. El nuevo nacimiento no es un cambio en el que cree, sino mucho más, es una nueva vida en Cristo. Lázaro no pudo hacer nada para salir del sepulcro y mucho menos para alcanzar vida. Estaba muerto, en proceso de corrupción. Pero no fue él, sino Jesús quien le llamó a resurrección. De igual modo el hombre natural no puede hacer, por si mismo nada en orden a la salvación, tiene necesidad de ser asistido por el Espíritu. Dios genera en él la fe para que pueda creer y en el momento en que la deposita en el Salvador, por identificación con Él pasa de muerte a vida. Las ataduras de maldad propias del hombre muerto en pecados le son retiradas para que *ande en novedad de vida.* Ya no se parece en nada, salvo en su identidad personal, porque la vida que tiene es una vida nueva en Cristo Jesús. Pero algo más, si Lázaro causó con su resurrección un impacto a todos los que le conocían, así también el creyente, resucitado espiritualmente por Jesucristo en la regeneración del Espíritu tiene que mostrar una nueva vida de resurrección para mostrar a todos que Jesús tiene poder y con ella glorificar a Dios.

Reacciones a la resurrección (11:45-53).

45. Entonces muchos de los judíos que habían venido para acompañar a María, y vieron lo que hizo Jesús, creyeron en él.

Πολλοὶ οὖν ἐκ τῶν Ἰουδαίων οἱ ἐλθόντες πρὸς τὴν Μαριὰμ
Entonces muchos de los judíos los que vinieron a - María
καὶ θεασάμενοι ἃ ἐποίησεν ἐπίστευσαν εἰς αὐτόν·
y vieron lo que hizo creyeron en Él.

Notas y análisis del texto griego.

Entrando en un nuevo párrafo, escribe: Πολλοὶ, caso nominativo masculino plural del adjetivo *muchos*; οὖν, conjunción continuativa *entonces*; ἐκ, preposición propia de genitivo *de*; τῶν, caso genitivo masculino plural del artículo detertminado *los*; Ἰουδαίων, caso genitivo masculino singular del adjetivo *judíos*; οἱ, caso nominativo masculino plural del artículo determinado *los*; ἐλθόντες, caso nominativo masculino plural del participio del aoristo segundo de indicativo en voz activa del verbo ἔρχομαι, *venir*, aquí *que vinieron*; πρὸς, preposición propia de acusativo *a*; τὴν, caso acusativo femenino singular del artículo determinado *la*; Μαριὰμ, caso acusativo femenino singular del nombre propio *María*; καὶ, conjunción copulativa *y*; θεασάμενοι, caso nominativo masculino plural del participio del aoristo primero en voz media del verbo θεάομαι, *mirar, ver, observar*, aquí *vieron*; ἃ, caso acusativo neutro plural del pronombre relativo *lo que*; ἐποίησεν, tercera persona singular del aoristo primero de indicativo en voz activa del verbo ποιέω, *hacer, realizar*, aquí *hizo*; ἐπίστευσαν, tercera persona plural del aoristo primero de indicativo en voz activa del verbo πιστεύω, *creer*, aquí *creyeron*; εἰς, preposición propia de acusativo *a*; αὐτόν, caso acusativo masculino de la tercera persona singular del pronombre personal *Él*.

Πολλοὶ οὖν ἐκ τῶν Ἰουδαίων οἱ ἐλθόντες πρὸς τὴν Μαριὰμ καὶ θεασάμενοι ἃ ἐποίησεν ἐπίστευσαν εἰς αὐτόν· Permanentemente Jesús fue motivo y causa de división entre la gente. Unos creen, otros permanecen en incredulidad. Unos lo aceptan como el enviado de Dios, otros lo niegan. De este modo ocurre también con la resurrección de Lázaro. El portento fue de una magnitud asombrosa, por eso *muchos*, no todos, habían venido a participar en el duelo con las hermanas, especialmente para asistir y animar a María, creyeron en Él.

Es una fe, tal vez, relativa. El hecho era innegable. El poder de Jesús era manifiesto. Sin embargo no es señal de que fuese una fe salvadora, es decir, la que acepta que Él es el Hijo de Dios, Salvador del mundo, el enviado del Padre, en quien debe depositarse la fe, por cuya razón se recibe la vida eterna (3:16). Sin duda esta fe es ya un paso hacia la verdadera, en contraposición con la incredulidad que hace inexcusable la condición pecadora delante de Dios. En el *Evangelio*, los milagros de Jesús contraponen también a la gente en dos grupos, los que creen y los incrédulos. Estos que creyeron dice Juan que eran *de los judíos*, pero, en esta ocasión no es necesario identificarlos con los *fariseos* o con el grupo de líderes religiosos en Jerusalén, sino que es un calificativo general para quienes son naturales y residentes en Judea. Sin embargo, podían estar entre ellos quienes eran los enemigos de Jesús.

46. Pero algunos de ellos fueron a los fariseos y les dijeron lo que Jesús había hecho.

τινὲς δὲ ἐξ αὐτῶν ἀπῆλθον πρὸς τοὺς Φαρισαίους καὶ εἶπαν
Pero algunos de ellos fueron a los fariseos y dijeron
αὐτοῖς ἃ ἐποίησεν Ἰησοῦς.
les lo que hizo Jesús.

Notas y análisis del texto griego.

Juan describe la acción de quienes no creyeron, diciendo: τινὲς, caso nominativo masculino plural del pronombre indefinido *algunos*; δὲ, partícula conjuntiva que hace las veces de conjunción coordinante, con sentido de *pero, más bien, y, y por cierto, antes bien*; ἐξ, forma escrita que adopta la preposición de genitivo ἐκ, delante de vocal y que significa *de*; αὐτῶν, caso genitivo masculino de la tercera persona plural del pronombre personal *ellos*; ἀπῆλθον, tercera persona plural del aoristo segundo de indicativo en voz activa del verbo ἀπέρχομαι, *ir*, aquí *fueron*; πρὸς, preposición propia de acusativo *a*; τοὺς, caso acusativo masculino plural del artículo definido *los*; Φαρισαίους, caso acusativo masculino plural del nombre propio *fariseos*; καὶ, conjunción copulativa *y*; εἶπαν, tercera persona plural del segundo aoristo de indicativo en voz activa del verbo εἶπον, forma del aoristo de λέγω, *hablar, decir*, aquí *dijeron*; αὐτοῖς, caso dativo masculino de la tercera persona plural del pronombre personal declinado *a ellos, les*; ἃ, caso acusativo neutro plural del pronombre relativo *los que*, aquí en sentido genérico *las cosas que*, o *lo que*; ἐποίησεν, tercera persona singular del aoristo primero de indicativo en voz activa del verbo ποιέω, *hacer, realizar*, aquí *hizo*; Ἰησοῦς, caso nominativo masculino singular del nombre propio *Jesús*.

τινὲς δὲ ἐξ αὐτῶν ἀπῆλθον πρὸς τοὺς Φαρισαίους καὶ εἶπαν αὐτοῖς ἃ ἐποίησεν Ἰησοῦς. No sólo había creyentes, sino que también estaban incrédulos entre ellos. Los primeros se regocijaron, aunque no lo dice el texto bíblico, creyendo en Jesús, pero los segundos en su perversa incredulidad, acudieron a los *fariseos* para darles pormenorizadamente un informe de lo que Jesús había hecho. Tal vez estos fuesen *de los judíos* religiosos, o de la secta de los fariseos que acudieron a sus compañeros de creencia. Juan guarda silencio sobre la razón que los movió a esto, pero, lo que es evidente es la hostilidad que mostraron contra Jesús. Aquel informe tuvo que ser preocupante para los que desde tiempo buscaban dar muerte a Cristo porque les estorbaba en sus propósitos religiosos y, según ellos, no quebrantaba la Ley, pero sí la *tradición de los ancianos*. No cabe duda que este informe produjo una reacción íntima en los enemigos de Cristo que impulsó aún más a actuar contra Él a causa del odio interno que albergaban. Es muy probable que los que vinieron para informar sobre lo que Jesús había hecho, no lo hacían para que los *fariseos* declinasen sus intenciones contra Cristo, sino para invitarles a actuar urgentemente contra Él.

47. Entonces los principales sacerdotes y los fariseos reunieron el concilio, y dijeron: ¿Qué haremos? Porque este hombre hace muchas señales.

Συνήγαγον οὖν οἱ ἀρχιερεῖς καὶ οἱ Φαρισαῖοι
Reunieron, entonces, los principales sacerdotes y los fariseos
συνέδριον καὶ ἔλεγον· τί ποιοῦμεν ὅτι οὗτος ὁ ἄνθρωπος
sanedrín y decían: ¿Qué hacemos, porque este - hombre
πολλὰ ποιεῖ σημεῖα
muchas hace señales.

Notas y análisis del texto griego.

Siguiendo el relato, añade: Συνήγαγον, tercera persona plural del segundo aoristo de indicativo en voz activa del verbo συνάγω, *reunir, congregar*, aquí *reunieron*; οὖν, conjunción continuativa *entonces*; οἱ, caso nominativo masculino plural del artículo determinado *los*; ἀρχιερεῖς, caso nominativo masculino plural del nombre común *principales sacerdotes*; καὶ, conjunción copulativa *y*; οἱ, caso nominativo masculino plural del artículo determinado *los*; Φαρισαῖοι, caso nominativo masculino plural del nombre propio *fariseos*; συνέδριον, caso acusativo neutro singular del nombre común *sanedrín*; καὶ, conjunción copulativa *y*; ἔλεγον, tercera persona plural del imperfecto de indicativo en voz activa del verbo λέγω, *hablar, decir*, aquí *decían*; τί, caso acusativo neutro singular del pronombre interrogativo *qué*; ποιοῦμεν, primera persona plural del presente de indicativo en voz activa del verbo ποιέω, *hacer, realizar*, aquí *hacemos*; ὅτι, conjunción causal *porque*; οὗτος, caso nominativo masculino singular del pronombre demostrativo *éste*; ὁ, caso nominativo masculino singular del artículo determinado *el*; ἄνθρωπος, caso nominativo masculino singular del nombre común *hombre*; πολλὰ, caso acusativo neutro plural del adjetivo *muchos*; ποιεῖ, tercera persona singular del presente de indicativo en voz activa del verbo ποιέω, *hacer, realizar*, aquí *hace*; σημεῖα, caso acusativo neutro plural del nombre común *señales*.

Συνήγαγον οὖν οἱ ἀρχιερεῖς καὶ οἱ Φαρισαῖοι συνέδριον καὶ ἔλεγον· El informe del milagro de la resurrección de Lázaro, en lugar de conducirles a glorificar a Dios por un portento semejante, encendió aún más el odio contra Jesús. El Señor era un verdadero peligro para la clase religiosa dirigente. La gente creía en Jesús, aceptándolo como Mesías. Dejar que aquello continuara sería asistir al cambio de liderazgo en Israel en el que los *principales sacerdotes*, la casta sacerdotal vinculada por familia al Sumo Sacerdote, y el grupo de los fanáticos *fariseos*, podían perder su ascendencia sobre la nación, e incluso ser acusados, si Jesús se constituyese, como algunos pretendían, como rey en Israel. Esto tenía que ser consultado entre todos, de ahí que se convocase una reunión, que como es propio idiomáticamente hablando se usa *sanedrín*. No era el Sanedrín, órgano judicial y directivo de Israel, sino una reunión en que los dos grupos estaban representados, como se aprecia por el artículo determinado que precede a los dos, en el texto griego.

τί ποιοῦμεν ὅτι οὗτος ὁ ἄνθρωπος El tema de la reunión era responder a una pregunta *"¿Qué haremos con este hombre?"*. La pregunta se debía repetir continuamente entre ellos, como indica el uso del verbo en imperfecto de indicativo, que sugiere la idea de algo que comienza y sigue. Ellos sabían quien era el hombre, pero evitaban mencionar Su nombre Jesús. Realmente lo que había que determinar entre todos era como tenían que proceder para darle muerte. El acuerdo no era nuevo, tiempo atrás habían tomado la decisión de matar a Cristo, pero *aun no había llegado Su hora*. En ese tiempo estaba ya próximo el tiempo que Dios había determinado para realizar la obra de salvación. El juicio podía, en aquellos tiempos, por motivo urgente, hacerlo en varias sesiones, alguna de ellas sin la presencia del acusado, buscando substanciar una acusación para actuar contra el reo por todo el Concilio en una última fase. Hasta entonces la persecución estaba dirigida por los *fariseos*, pero a partir de aquí, son los *principales sacerdotes*, los que toman a su cargo la acción directa contra el Señor. La pregunta presupone también una cierta frustración por parte de los dos grupos de enemigos de Jesús. Sólo había habido proyectos para matarle, pero ninguno de ellos dio resultado. Era tiempo de buscar una actuación conjunta y eficaz.

πολλὰ ποιεῖ σημεῖα. Ellos reconocen que el principal problema es que *"este hombre hace muchas señales"*. No podían dejar de reconocer lo que era aceptado por todos en el pueblo. El Señor había sanado enfermos, calmado temporales, dado vista a ciegos, resucitado a muertos, por tanto no podía negar nadie que *hacía muchas señales*. Ninguno de los *fariseos* y mucho menos de los *sacerdotes jerarcas*, hacían ningún hecho prodigioso. Solo se dedicaban a acumular bienes para sí mismos resultado de la explotación de viudas, huérfanos y menesterosos. Eran verdaderos parásitos sociales, enseñadores mentirosos y perversos de corazón, una verdadera escoria social que sojuzgaba a todos y resistía a Dios, luchando contra quien el Padre había enviado al mundo. Se aprecia en todo esto el reproche que se hacían de no haber sido capaces de impedir todo aquello que estaba ocurriendo.

48. Si le dejamos así, todos creerán en él; y vendrán los romanos, y destruirán nuestro lugar santo y nuestra nación.

ἐὰν ἀφῶμεν αὐτὸν οὕτως, πάντες πιστεύσουσιν εἰς αὐτόν, καὶ
Si dejamos le así, todos creerán en Él, y
ἐλεύσονται οἱ Ῥωμαῖοι καὶ ἀροῦσιν ἡμῶν καὶ τὸν τόπον καὶ
vendrán los romanos y quitarán nos y el lugar y
τὸ ἔθνος.
la nación.

Notas y análisis del texto griego.

Sigue el relato: ἐὰν, conjunción afirmativa *si*; ἀφῶμεν, primera persona plural del aoristo segundo de subjuntivo en voz activa del verbo ἀφίημι, *dejar, permitir*, aquí *dejamos*; αὐτὸν, caso acusativo masculino de la tercera persona singular del pronombre personal declinado *a Él, le*; οὕτως, adverbio de modo *así*; πάντες, caso nominativo masculino plural del adjetivo *todos*; πιστεύσουσιν, tercera persona plural del futuro de indicativo en voz activa del verbo πιστεύω, *creer*; εἰς, preposición propia de acusativo *a, en*; αὐτόν, caso acusativo masculino de la tercera persona singular del pronombre personal *él*; καὶ, conjunción copulativa *y*; ἐλεύσονται, tercera persona plural del futuro de indicativo en voz media del verbo ἔρχομαι, *venir*, aquí *vendrán*; οἱ, caso nominativo masculino plural del artículo determinado *los*; Ῥωμαῖοι, caso nominativo masculino plural del nombre propio *romanos*; καὶ, conjunción copulativa *y*; ἀροῦσιν, tercera persona plural del futuro de indicativo en voz activa del verbo αἴρω, *tomar, quitar*, aquí *quitarán*; ἡμῶν, caso genitivo de la primera persona plural del pronombre personal declinado *de nosotros, nos*; καὶ, conjunción copulativa *y*; τὸν, caso acusativo masculino singular del artículo determinado *el*; τόπον, caso acusativo masculino singular del nombre común *lugar*; καὶ, conjunción copulativa *y*; τὸ, caso acusativo neutro singular del artículo determinado *el*; ἔθνος, caso acusativo neutro singular del nombre común *pueblo, nación*.

ἐὰν ἀφῶμεν αὐτὸν οὕτως, πάντες πιστεύσουσιν εἰς αὐτόν, No se trataba de justicia o injusticia, sino de interés personal, revestido de la apariencia de interés religioso y nacional. Todos consideraban que era necesario actuar contra Jesús, para impedir que siguiera realizando aquellas obras, ya que de lo contrario, tarde o temprano, todos creerían en Él. Ellos estaban procurando justificar su acción en base a que había muchos que querían hacer rey a Jesús. Eso lo conocían bien desde tiempo atrás. Aquello sería inevitable, puesto que tantas señales sólo podían ser hechas por el Mesías. La gente aceptaría que Él era el Hijo de Dios. Si lograban agrupar junto a Jesús una gran cantidad de personas, sería considerado por todos como el Mesías político. Es curioso como cambiaban de opinión cuando les interesaba, ya que poco tiempo antes reprendiendo a los alguaciles que no habían traído preso a Jesús, les preguntaban si alguno de los gobernantes o de los fariseos habían creído en Jesús (7:48); ahora dicen que *todos* creerán en Él. Aquellos se olvidaban que el Señor nunca tuvo tal pretensión y se alejó de la gente cuando supo que era el pensamiento de la multitud.

καὶ ἐλεύσονται οἱ Ῥωμαῖοι καὶ ἀροῦσιν ἡμῶν καὶ τὸν τόπον καὶ τὸ ἔθνος. Esto traería un problema con los romanos. El Imperio Romano, que ejercía la autoridad suprema en todo el territorio de Israel y Judá, no estaba dispuesto a permitir ninguna sedición de ningún territorio ocupado por Roma. Su ejército estaba acantonado en un buen número en Palestina y el gobernador de las legiones residía en Cesarea. Una rebelión del pueblo tratando de constituir como rey a Jesús, sería, sin duda alguna, aplastada por los romanos. La intervención traería, según el pensamiento de los fariseos y de los principales sacerdotes, que el *lugar*, referido al santuario, núcleo de la religión de aquellos, fuese quitado. No es claro que querían decir con este verbo, pero en el mejor de los casos, podía referirse a la prohibición que suponían que establecerían los romanos impidiendo el uso del santuario, incluso podrían, como ocurrió realmente, destruirlo para eliminar una señal de identidad para el pueblo. En segundo lugar la intervención romana haría desaparecer Judea como estaba en el tiempo de Jesús, y dejaría de ser un territorio con ciertos derechos y leyes propias para pasar a la condición de territorio ocupado. Es interesante apreciar la escala de valores de aquellos: primeramente estaba *el lugar*, que tenía que ver con religión y que les favorecía a ellos; en segundo lugar *la nación*, el patriotismo. Aquellos se amaban a ellos mismos y prevalecían sus intereses sobre cualquier otra cosa. Para ello tenían que frenar definitivamente a Jesús. No podrían conseguir que dejase de hacer prodigios y señales mientras estuviese vivo y en libertad, por tanto, la única forma posible era dándole muerte.

Lo que aquellos pretendían evitar, vino sobre ellos. Cuando Juan escribe el *Evangelio*, los romanos habían destruido Jerusalén y esparcido por todo el mundo al pueblo judío. El Sanedrín tenía motivos suficientes, según su razonamiento, para considerar a Jesús como un peligro para ellos y para toda la nación. Escribe el Dr. Lacueva: *"La política de este mundo suele presentar sus razones de estado contra las normas de la justicia. Cuando se emplean tan falsas excusas para evitar calamidades públicas, se incurre en un pecado que atrae sobre las cabezas de los que lo cometen las desgracias más efectivas*[6]*"*. Esto se pondría de manifiesto en un tiempo muy cercano.

---

[6] F. Lacueva. o.c., pág. 282.

49. Entonces Caifás, uno de ellos, sumo sacerdote aquel año, les dijo: Vosotros no sabéis nada.

εἷς δέ τις ἐξ αὐτῶν Καϊάφας, ἀρχιερεὺς ὢν τοῦ
Entonces, uno, alguien de ellos Caifás, sumo sacerdote siendo del
ἐνιαυτοῦ ἐκείνου, εἶπεν αὐτοῖς· ὑμεῖς οὐκ οἴδατε οὐδέν,
año aquel, dijo les: vosotros no sabéis nada.

Notas y análisis del texto griego.

Sigue el relato con: εἷς, caso nominativo masculino singular del adjetivo numeral cardinal *uno*; δέ, partícula conjuntiva que hace las veces de conjunción coordinante, con sentido de *pero, más bien, y, y por cierto, antes bien*; τις, caso nominativo masculino singular del adjetivo indefinido *alguien, alguno*; ἐξ, forma escrita que adopta la preposición de genitivo ἐκ, delante de vocal y que significa *de*; αὐτῶν, caso genitivo masculino de la tercera persona plural del pronombre personal declinado *de ellos*; Καϊάφας, caso nominativo masculino singular del nombre propio *Caifás*; ἀρχιερεὺς, caso nominativo masculino singular del nombre común *sumo sacerdote*; ὢν, caso nominativo masculino singular del participio de presente en voz activa del verbo εἰμί, *ser, estar*, aquí *siendo*; τοῦ, caso genitivo masculino singular del artículo determinado declinado *del*; ἐνιαυτοῦ, caso genitivo masculino singular del nombre común *año*; ἐκείνου, caso genitivo masculino singular del pronombre demostrativo *aquel*; εἶπεν, tercera persona singular del segundo aoristo de indicativo en voz activa del verbo εἶπον, forma del aoristo de λέγω, *hablar, decir*, aquí *dijo*; αὐτοῖς, caso dativo masculino de la tercera persona plural del pronombre personal declinado *a ellos, les*; ὑμεῖς, caso nominativo de la segunda persona plural del pronombre personal *vosotros*; οὐκ, forma escrita del adverbio de negación *no*, con el grafismo propio ante una vocal con espíritu suave o una enclítica; οἴδατε, segunda persona plural del perfecto de indicativo en voz activa del verbo οἶδα, *saber, entender, conocer, comprender*, aquí *sabéis*; οὐδέν, caso acusativo neutro singular del pronombre indefinido *nada*.

εἷς δέ τις ἐξ αὐτῶν Καϊάφας, ἀρχιερεὺς ὢν τοῦ ἐνιαυτοῦ ἐκείνου, Caifás era el sumo sacerdote nombrado por el procurador Valerio Grato para ese cargo en el año dieciocho d.C. y que fue depuesto por Vitelio, legado de Siria en el año treinta y seis d.C. Parece ser que el sumo sacerdocio fue otorgado por influencia de su suegro Anás, quien realmente ejercía el sumo sacerdocio aunque el oficial era de Caifás. Si se trataba de una reunión del Sanedrín, la presidencia correspondía al sumo sacerdote, por tanto, Caifás estaría presidiendo el concilio, y aunque no fuese una reunión oficial del Sanedrín, estaría presidida también por el sumo sacerdote, ya que estaba presente. Dice Juan que era *sumo sacerdote aquel año*, haciendo una referencia histórica a los sucesos que narra. Algunos críticos consideran las palabras de Juan como resultado de ignorancia personal sobre el sistema de Israel, en el sentido de que el sumo sacerdote no se nombraba anualmente, sino que su cargo era vitalicio, aunque no debe olvidarse que los romanos actuaban en el nombramiento y la deposición del sumo sacerdote en más de una ocasión. Sin embargo Juan no está diciendo que era sumo sacerdote aquel año como si se tratase de un periodo para el ejercicio del cargo, sino expresando con ello que en el año del que está tratando, era Caifás el sumo sacerdote.

εἶπεν αὐτοῖς· ὑμεῖς οὐκ οἴδατε οὐδέν, En medio de la reunión, cuando el desconcierto era grande entre los asistentes y ninguno de ellos era capaz de presentar una propuesta aceptable para todos, Caifás interviene diciéndoles que no sabían que debía hacerse con Jesús, pero él sí y tenía una propuesta que hacer. El comienzo de sus palabras pone de manifiesto la rudeza propia de los saduceos y sobre todo del sumo sacerdote. Era habitual que el cargo religioso más importante de la nación tratase despectivamente a los que estaban próximos a él o colaboraban con él en el gobierno de la nación. Caifás pone a un lado lo que el Sanedrín pensaba, considerándolos incapaces de entender bien la situación y hacer un aporte como correspondía. Mientras él iba a dar la solución consistente no en silenciar a Cristo, sino en matarlo, como una acción necesaria para la nación, que estaba en peligro de que los romanos interviniesen como si se tratase de una sedición contra el Imperio y contra el Cesar.

50. Ni pensáis que nos conviene que un hombre muera por el pueblo, y no que toda la nación perezca.

οὐδὲ λογίζεσθε ὅτι συμφέρει ὑμῖν ἵνα εἷς ἄνθρωπος ἀποθάνῃ
Ni tenéis en cuenta que conviene nos que un hombre muera
ὑπὲρ τοῦ λαοῦ καὶ μὴ ὅλον τὸ ἔθνος ἀπόληται.
por el pueblo y no toda la nación perezca.

Notas y análisis del texto griego.

Siguiendo el discurso de Caifás, escribe: οὐδὲ, adverbio de negación, literalmente *y no*, aquí *ni*; λογίζεσθε, *segunda* persona plural del presente de indicativo en voz media del verbo λογίζομαι, *razonar, tener en cuenta*, aquí *tenéis en cuenta*; ὅτι, conjunción *que*; συμφέρει, tercera persona singular del presente de indicativo en voz activa del verbo συμφέρω, *convenir, ser de provecho*, aquí *conviene*; ὑμῖν, caso dativo de la primera persona plural del pronombre personal declinado *a nosotros, nos*; ἵνα, conjunción *que*; εἷς, caso nominativo masculino singular del adjetivo numeral cardinal *uno*; ἄνθρωπος, caso nominativo masculino singular del nombre común *hombre*; ἀποθάνῃ, tercera persona singular del aoristo segundo de subjuntivo en voz activa del verbo ἀποθνήσκω, *morir*, aquí *muera*; ὑπὲρ, preposición propia de genitivo *por*; τοῦ, preposición propia de genitivo *por*; λαοῦ, caso genitivo masculino singular del nombre común *pueblo*; καὶ, conjunción copulativa *y*; μὴ, partícula que hace funciones de adverbio de negación *no*; ὅλον, caso nominativo neutro singular del adjetivo *todo, completo*; τὸ, caso nominativo neutro singular del artículo determinado *el*; ἔθνος, caso nominativo neutro singular del nombre común *pueblo, nación*; ἀπόληται, tercera persona singular del aoristo segundo de subjuntivo en voz media del verbo ἀπόλλυμι, *perecer*, aquí *perezca*.

οὐδὲ λογίζεσθε ὅτι συμφέρει ὑμῖν ἵνα εἷς ἄνθρωπος ἀποθάνῃ ὑπὲρ τοῦ λαοῦ καὶ μὴ ὅλον τὸ ἔθνος ἀπόληται. La propuesta de Caifás tiene que ver con algo que es *conveniente*, la muerte de un hombre en lugar de la destrucción de un pueblo. Sin embargo, debe notarse el uso de la preposición ὑπὲρ, que en este caso adquiere el sentido *en lugar de*. Es decir, un hombre debía ocupar el lugar de un pueblo, o ser el sustituto del pueblo. Está refiriéndose, a lo que significaría la muerte de Cristo. El Señor sería el sustituto de los pecadores (Gá. 3:13). El sentido, aunque el propósito de Caifás era otro, se cumplirá plenamente en la sustitución que se produce en la muerte del Salvador, que ocupa el lugar de los pecadores, para que éstos no perezcan, sino que reciban la justificación por la fe, posible sólo en base a la muerte sustitutoria de Jesús. Pero, lo que Caifás tenía en mente era entregar a Cristo a la muerte para que los romanos no destruyesen a todo el pueblo. El sumo sacerdote estaba orientando al Sanedrín a la toma de una decisión en base a una situación, llamándoles a evaluar lo que debían hacer como algo bueno para el interés general. Ahora bien, debe apreciarse en la construcción de las palabras de Caifás el uso del pronombre ὑμῖν, *nosotros*, concretamente *a nosotros*. Lo que propone no es buscando el bien del pueblo sino el de aquellos religiosos que con él estaban reunidos. A ninguno de ellos le importaba si era ética o no la decisión que debían tomar, lo que debían considerar era si aquello era bueno para ellos. Los religiosos, con ello la clase privilegiada de la nación, estaba en peligro y era necesario salvarla a costa de la muerte de un inocente, cuyo único delito era el de hacer bienes, como había sido la sanidad de un ciego de nacimiento y la resurrección de un muerto. Sin embargo lo que procuraban evitar mediante la muerte de Jesús, fue lo que causó finalmente la destrucción del pueblo, por el pecado y la corrupción de los religiosos. Así escribe Charles Kingsley Barret:

"Más vale que muera ese hombre, que no que la comunidad entera sufra castigo por su culpa. Es difícil que la ironía de Juan alcance grados más altos. Jesús fue asesinado; y el pueblo quedó (políticamente) destruido. Sin embargo, Jesús murió por el pueblo; y

los judíos que creyeron en Él no fueron víctimas del desastre, sino que recibieron vida eterna (3:16)[7]".

Entre los judíos, algunos habían creído, sin duda había creyentes entre los fariseos, de modo que no todos estaban en disposición de matar a Jesús, así se entiende la violenta propuesta de Caifás, para eliminar indecisiones que pudieran haber en el seno del mismo Sanedrín, lo que haría temblar su propio poder religioso.

51. Esto no lo dijo por sí mismo, sino que como era el sumo sacerdote aquel año, profetizó que Jesús había de morir por la nación.

τοῦτο δὲ ἀφ' ἑαυτοῦ οὐκ εἶπεν, ἀλλὰ ἀρχιερεὺς ὢν τοῦ
Pero esto de sí mismo no dijo, sino sumo sacerdote siendo del
ἐνιαυτοῦ ἐκείνου ἐπροφήτευσεν ὅτι ἔμελλεν 'Ιησοῦς
año aquel profetizó que había de Jesús
ἀποθνῄσκειν ὑπὲρ τοῦ ἔθνους,
morir por la nación.

Notas y análisis del texto griego.

Sin interrupción, añade: τοῦτο, caso acusativo neutro singular del pronombre demostrativo *esto*; δὲ, partícula conjuntiva que hace las veces de conjunción coordinante, con sentido de *pero, más bien, y, y por cierto, antes bien*; ἀφ', forma escrita para la preposición de genitivo ἀπό, por elisión de la o final y asimilación de la π ante vocal o diptongo con aspiración, y que significa *de, desde, lejos de, proceder de, por causa de, por medio de, con, contra*; ἑαυτοῦ, caso genitivo masculino singular del pronombre reflexivo *sí mismo*; οὐκ, forma escrita del adverbio de negación *no*, con el grafismo propio ante una vocal con espíritu suave o una enclítica; εἶπεν, tercera persona singular del segundo aoristo de indicativo en voz activa del verbo εἶπον, forma del aoristo de λέγω, *hablar, decir*, aquí *dijo*; ἀλλὰ, conjunción adversativa *sino*; ἀρχιερεὺς, caso nominativo masculino singular del nombre común *sumo sacerdote*; ὢν, caso nominativo masculino singular del participio de presente en voz activa del verbo εἰμί, *ser, estar*, aquí *siendo*; τοῦ, caso genitivo masculino singular del artículo determinado declinado *del*; ἐνιαυτοῦ, caso genitivo masculino singular del nombre común *año*; ἐκείνου, caso genitivo masculino singular del pronombre demostrativo *aquel*; ἐπροφήτευσεν, tercera persona singular del aoristo primero de indicativo en voz activa del verbo προφετεύω, *profetizar*, aquí *profetizó*; ὅτι, conjunción copulativa *que*; ἔμελλεν, tercera persona singular del imperfecto de indicativo en voz activa del verbo μέλλω, *haber de, deber*, aquí 'Ιησοῦς, caso nominativo masculino singular del nombre propio *Jesús*; ἀποθνῄσκειν, presente de infinitivo en voz activa del verbo ἀποθνῄσκω, *morir*; ὑπὲρ, preposición propia de genitivo

[7] Charles Kingsley Barret. o.c., pág. 616.

por, en lugar de, a favor de; τοῦ, caso genitivo neutro singular del artículo determinado *del*; ἔθνους, caso genitivo neutro singular del nombre común *nación, pueblo.*

τοῦτο δὲ ἀφ' ἑαυτοῦ οὐκ εἶπεν, Las palabras de Caifás no habían salido sólo de su mente y eran una expresión de su entendimiento y de su corazón. Juan afirma que no era resultado de sí mismo.

ἀλλὰ ἀρχιερεὺς ὢν τοῦ ἐνιαυτοῦ ἐκείνου ἐπροφήτευσεν. Complementa lo que dijo antes llevando al lector al hecho de que era *sumo sacerdote* aquel año y en ellas estaba comprendida una profecía. El mensaje profético no está exclusivamente vinculado a personas creyentes, sino que Dios puede hablar por perversos como Caifás. Profetas como Balaán hablaron en nombre de Dios, siendo contrarios a Él. Ahora bien, lo que llevó a Caifás a formular esta profecía, no fue una revelación de Dios, sino una referencia a lo que Jesús iba a hacer, dar Su vida a favor del pueblo, en una obra de redención en la Cruz. El propósito perverso de Caifás era la más grave responsabilidad para el hombre al preparar la muerte del Jesús, pero en todo operaba bajo la soberanía y control divino que así lo había determinado. Luego, aunque Caifás era un inductor de la muerte del Salvador, este fue entregado por *anticipado conocimiento* y *determinación* de Dios. El consejo eterno iba a cumplirse en el tiempo determinado y Caifás anuncia que aquella acción que impulsaba, junto con los fariseos y los principales sacerdotes, no iba a conseguir el beneficio de unos pocos, sino la acción divina mediante la cual *la nación*, en relación a Israel, pero, en general el mundo entero, podía ser salvo, porque Jesús moriría ocupando el lugar del pecador.

ὅτι ἔμελλεν Ἰησοῦς ἀποθνήσκειν ὑπὲρ τοῦ ἔθνους, La profecía anunciaba anticipadamente que Jesús debía morir por el pueblo. Su muerte no iba a producirse por el solo deseo de los hombres. Él había dicho que nadie podía quitarle la vida, sino que Él mismo la ponía teniendo poder para volverla a tomar. Aquella entrega voluntaria era la ejecución histórica del plan de redención que el Padre le había encomendado. En esto está comprendido el aspecto de *sustitución* en la obra de salvación.

Es bueno recordar que el término *sustitución* o *sustituto,* en relación con la obra de Cristo, no son en sí mismos términos bíblicos. Sin embargo la Escritura enseña con toda claridad que Cristo murió por los pecados del mundo siendo *"el Cordero de Dios, que quita el pecado del mundo"* (1:29). Jesús de Nazaret fue en Su muerte, el sustituto de los pecadores, ya que potencialmente ocupó su lugar, como se enseña extensamente en las Escrituras. Por medio de la *muerte sustitutoria* o *vicaria*, los juicios divinos y la condenación por el pecado fueron llevados por Cristo, desviando la ira de Dios hacia Su Persona, para que los *herederos de ira* pudieran ser hechos objetos de misericordia y salvos por la obra de la Cruz. Habiendo ocupado el lugar del pecador y satisfecho totalmente las exigencias divinas para salvación, el pecador puede ser salvo reconociendo que Cristo murió por sus pecados y aceptarlo por la fe como Salvador personal. La sustitución, aunque es esencial para la eficacia de la obra salvífica, no expresa absoluta y definitivamente todo lo que se llevó a cabo en la muerte de Cristo. Sin embargo representa un elemento vital en la obra de la Cruz.

Como se ha considerado antes, la preposición ὑπὲρ, que Juan usa aquí, tiene varios significados, que han de darse conforme al contexto en donde aparece. En ocasiones la preposición tiene el doble sentido de *en lugar de* y *a favor de*. Cuando hablamos de *sustitución* en relación con la obra de Cristo, se quiere decir que Él ocupa el lugar y toma sobre Sí el lugar y condición propios de otro. En este sentido Cristo toma sobre Sí *el castigo de nuestra paz* (Is. 53:5). La deuda contraída por el pecador a causa de su pecado, adquiere una dimensión imposible de cancelar ni en el tiempo ni en la eternidad. Ningún hombre podría sustituir a otro hombre cargando con sus pecados, porque el sustituto tendría que estar exento de todo pecado para poder tomar la responsabilidad de los ajenos. Cuando Cristo murió como resultado de la ejecución del plan de salvación determinado desde antes de la creación, es evidente que no había otro medio para la salvación de los pecadores más que ocupando su lugar. La sustitución expresa el amor eterno de Dios hacia los pecadores, siendo la necesaria ejecución en el tiempo de lo que Dios había planeado desde la eternidad (2 Ti. 1:9). La sustitución tiene que ver con el juicio del pecado. La Escritura manifiesta el alcance de esa obra (1 Co. 15:3; 2 Co. 5:21; Gá. 3:13; 1 P. 2:24). Es, por la sustitución que se hace posible la propiciación. El término *propiciatorio*, denota el lugar donde se extendía una porción de la sangre del sacrificio de expiación (He. 9:5). En el día de la expiación el propiciatorio era rociado con la sangre del sacrificio (Lv. 16:14ss). A causa de esa operación simbólica, el pecado del pueblo era *cubierto* y *pasado por alto*, en espera a la obra de Cristo. Por esa razón el pecador más perdido podía invocar el favor y la misericordia de Dios (Lc. 18:13). Cuando Cristo sustituye al pecador, retira de quien cree la responsabilidad penal por el pecado y cambia el lugar de juicio, por un trono de misericordia (He. 9:11-15). Sobre la propiciación escribe el apóstol Juan (1 Jn. 2:2; 4:10)[8]. Cristo al morir en la Cruz, satisfizo todas las demandas de Dios en cuanto al juicio por el pecado. En esa obra queda satisfecha la demanda pendiente por los pecados pasados anteriormente por alto (Ro. 3:25-26). Los pecados anteriores a la Cruz fueron perdonados sobre la base de la obra que Cristo haría en ella. A diferencia del sacrificio propiciatorio que *cubría* el pecado y que había de ser repetido por esta causa, el de Cristo *quita* el pecado, habiendo llevado sobre Sí el juicio que correspondía. Pero, además, la sustitución tiene que ver también con la expiación. Cristo fue el Sustituto que sufrió la pena o castigo que merecía el pecador (Lv. 16:21; Is. 53:6; Mt. 20:28; Lc. 22:37; Jn. 10:11; Ro. 5:6-8; 1 P. 3:18). Como sacrificio por el pecado, tuvo que morir en la Cruz y sufrir el juicio del pecado del mundo (1 Co. 15:3-4; 2 Co. 5:19-21; 1 P. 1:18-19). No sólo es el sacrificio, sino que es también el Sumo Sacerdote que lo oficia (He. 7:25-27). Jesús ofreció su vida en la Cruz, como sacrificio por el pecado (He. 10:1-10). La pena del pecado puede ser remitida por el carácter expiatorio del sacrificio de Cristo. En la antigua dispensación el pecador era perdonado cuando presentaba un sacrificio cruento para la expiación, que era tipo de la muerte de Cristo en la Cruz (Lv. 4:20, 26, 31, 35; 5:10, 13, 16, 18; 6:7; 19:22; Nm. 15:25, 26, 28). La misma verdad prevalece en relación con la sangre derramada en el Calvario, como base de perdón para todo pecador (Ef. 1:7; Col. 1:14). El pecador puede ser perdonado, porque el juicio por su pecado cayó con todo rigor sobre Cristo en la Cruz (1 P. 2:24; 3:18). En razón del sacrificio expiatorio de Cristo, Dios está en libertad de manifestar Su gracia a quienes no tienen mérito alguno, salvándolos (Ro. 5:8; Ef. 2:7-10).Toda condenación es quitada para siempre en razón del sacrificio y los méritos del Hijo de Dios (Jn. 3:18; 5:24; Ro. 8:1).

Caifás no tenía en su mente el alcance de la obra sustitutoria de Jesús, no creía en ella, pero anuncia lo que es la gran verdad: Jesús iba a morir por el pueblo. El Cordero de Dios ponía su vida voluntariamente para que por ella obtuviésemos el perdón de pecados y por la fe en Él la vida eterna. Toda la obra estaba determinada conforme al soberano propósito de Dios. Quien había determinado salvar al hombre antes de que fuese creado, lo lleva a cabo cuando el tiempo determinado en Su sola voluntad se producía. La historia de la redención en la temporalidad humana, no es otra cosa que la manifestación del cumplimiento del tiempo que eternamente había sido establecido para llevarla a cabo.

[8] Ver comentario en el volumen correspondiente de esta misma serie.

52. Y no solamente por la nación, sino también para congregar en uno a los hijos de Dios que estaban dispersos.

καὶ οὐχ ὑπὲρ τοῦ ἔθνους μόνον ἀλλ' ἵνα καὶ τὰ τέκνα
Y no por la nación solo, sino para también a los hijos
τοῦ Θεοῦ τὰ διεσκορπισμένα συναγάγῃ εἰς ἕν.
- de Dios - que están dispersos congregase en uno.

Notas y análisis del texto griego.

Añade: καὶ, conjunción copulativa *y*; οὐχ, forma escrita del adverbio de negación *no*, con el grafismo propio ante vocal con espíritu áspero; ὑπὲρ, preposición propia de genitivo *por*; τοῦ, caso genitivo neutro plural del artículo determinado *el*; ἔθνους, caso genitivo neutro singular del nombre común *nación, pueblo*; μόνον, adverbio de modo *solamente, sólo*; ἀλλ', forma escrita ante vocal de la conjunción adversativa ἀλλά que significa *pero, sino*; ἵνα, conjunción causal *para*; καὶ, adverbio de modo *también*; τὰ, caso acusativo neutro plural del artículo determinado declinado *a los*; τέκνα, caso acusativo neutro plural del nombre común *hijos*; τοῦ, caso genitivo masculino singular del artículo determinado *el*; Θεοῦ, caso genitivo masculino singular del nombre divino declinado *de Dios*; τὰ, caso acusativo neutro plural del artículo determinado *los*; διεσκορπισμένα, caso acusativo neutro plural del participio perfecto en voz pasiva del verbo διασκορπίζω, *están dispersos*; συναγάγῃ, tercera persona singular del aoristo segundo de subjuntivo en voz activa del verbo συνάγω, *congregar*, aquí *congregase*; εἰς, preposición propia de acusativo *en*; ἕν, caso acusativo neutro singular del adjetivo numeral cardinal *uno*.

καὶ οὐχ ὑπὲρ τοῦ ἔθνους μόνον ἀλλ' ἵνα καὶ τὰ τέκνα τοῦ Θεοῦ τὰ διεσκορπισμένα συναγάγῃ εἰς ἕν. Jesús habló de unas ovejas dispersas que debía congregar a Sí mismo y traer a Su único rebaño (10:16). Ya se ha considerado esto en el comentario a ese versículo. Caifás pensaba sólo en la *nación*, esto es, Israel. Pero la obra de la Cruz iba a traer como resultado un pueblo nuevo en el que estarían integrados tanto los creyentes de origen judío como los gentiles que creyesen en Él a lo largo del tiempo. No hay distintos pueblos, sino uno solo, la Iglesia, en donde caben todos, sin distinciones sociales, religiosas, culturales o personales. Este pensamiento estaba muy lejos de la comprensión del sumo sacerdote. Es más, era también incomprensible para los israelitas creyentes, que no entendían como los gentiles podían venir a ser parte del mismo pueblo con ellos. Para el pensamiento judío, la reunión de todos los dispersos solo era entendible como cumplimiento del propósito escatológico en donde el Israel salvo será reunido en la época mesiánica del reino de los cielos (cf. Is. 43:5; Jer. 23:2; Ez. 34:12; 37:21). En escritos del Nuevo Testamento ya se hace alusión a los creyentes dispersos que forman parte de la Iglesia (Stg. 1:1; 1 P. 1:1). Es necesario para entender esta expresión de Juan, considerar que habla de los *hijos de Dios*, que solo son los que han creído (1:12), por cuya razón debe aplicarse el versículo a todos los creyentes que en esta dispensación son la Iglesia. Este es uno de los aspectos más destacados de la oración de Jesús por los creyentes, cuando insiste delante del Padre: *"que sean uno"* (17:11, 21, 22, 23). Estas ovejas que forman un solo rebaño y que tienen un solo Pastor, son aquellas que el Padre entrega y da al Hijo.

Por medio de la muerte de Cristo, de la que Caifás habló, tanto los judíos, a quienes el apóstol Pablo llama *cercanos*, como los gentiles a quienes llama *los lejanos*, los que hemos creído, y los que han de creer en Cristo hasta el final del tiempo, todos *"tenemos acceso por un mismo Espíritu al Padre"* (Ef. 2:17-19), siendo además Cristo mismo *"nuestra paz, que de ambos pueblos hizo uno, derribando la pared intermedia de separación..."* (Ef. 2:14-16). La Cruz, o mejor, Cristo crucificado, atrae a todos a Sí mismo, por tanto, puesto que todos son llevados a Él, también en Él son congregados, convirtiéndose de este modo en centro de unidad y vinculo que la hace posible. Jesús reúne a todos en una gran congregación, *en uno*. La iglesia, congregación de los hijos de Dios, tienen en el tiempo de esta dispensación el punto de reunión en Cristo.

53. Así que, desde aquel día acordaron matarle.

ἀπ' ἐκείνης οὖν τῆς ἡμέρας ἐβουλεύσαντο ἵνα
Desde aquel, por consiguiente, - día, decidieron que
ἀποκτείνωσιν αὐτόν.
matasen le.

Notas y análisis del texto griego.

Cerrando el párrafo, escribe: ἀπ', preposición propia de genitivo ἀπό, con el grafismo que adopta por elisión de la o final ante vocal o diptongo sin aspiración, que equivale a *de, desde, procedente de, por medio de, con, por*; ἐκείνης, caso genitivo femenino singular del pronombre demostrativo *aquella*; οὖν, conjunción continuativa *pues, entonces, por consiguiente*; τῆς, caso genitivo femenino singular del artículo determinado *la*; ἡμέρας, caso genitivo femenino singular del nombre común *día*; ἐβουλεύσαντο, tercera persona plural del primer aoristo de indicativo en voz media del verbo βουλεύομαι, *determinar, decidir, resolver*, aquí *decidieron*; ἵνα, conjunción *que*; ἀποκτείνωσιν, tercera persona plural del aoristo primero de subjuntivo en voz activa del verbo ἀποκτείνω, *matar, dar muerte, quitar la vida*, aquí *matasen*; αὐτόν, caso acusativo masculino de la tercera persona singular del pronombre personal declindo *a Él, le*.

ἀπ' ἐκείνης οὖν τῆς ἡμέρας ἐβουλεύσαντο ἵνα ἀποκτείνωσιν αὐτόν. El acuerdo del Sanedrín fue condenar a muerte a Jesús. No le habían juzgado, no habían oído al reo, como la Ley establecía, así que los jueces, que debían ser imparciales, sobre todo en un caso de pena capital, se convierten en fiscales que acusan y como jueces también dictan sentencia. El quebrantamiento no sólo de la justicia, sino de la ética es evidente.

La construcción gramatical es interesante ἵνα ἀποκτείνωσιν αὐτόν, literalmente *que le matasen*. Una cláusula de propósito con ἵνα, y el primer aoristo de indicativo en voz media del verbo βουλεύομαι, que expresa la idea de una determinación para matar a Jesús, de ahí que deba traducirse *decidieron matarle*. No iban a ser ellos literalmente quienes lo ejecutasen, pero iban a actuar para que *le matasen*. Eso no era nuevo, sino una determinación de tiempo atrás (5:18; 7:19; 8:44, 59; 10:39; 11:8). Es una decisión que une a los distintos grupos de enemigos de Jesús que ya habían decidido por separado matarle, pero ahora actúan conjuntamente para llevarlo a cabo. Aquello que habían deseado por tanto tiempo, pero que tal vez no lograban una razón que le permitiese ejecutarlo con apariencia de legalidad, ha quedado resuelto porque no solo es justificable, sino también necesario.

Jesús en Efraín (11:54).

54. Por tanto, Jesús ya no andaba abiertamente entre los judíos, sino que se alejó de allí a la región contigua al desierto, a una ciudad llamada Efraín; y se quedó allí con sus discípulos.

Ὁ οὖν Ἰησοῦς οὐκέτι παρρησίᾳ περιεπάτει ἐν τοῖς
\- por tanto, Jesús ya no abiertamente andaba entre los
Ἰουδαίοις, ἀλλὰ ἀπῆλθεν ἐκεῖθεν εἰς τὴν χώραν ἐγγὺς
judíos, por el contrario se fue de allí a la región cerca de
τῆς ἐρήμου, εἰς Ἐφραὶμ[1] λεγομένην πόλιν, κἀκεῖ ἔμεινεν
el desierto, a Efraín llamada ciudad, y allí se quedó
μετὰ τῶν μαθητῶν.
con los discípulos.

Notas y análisis del texto griego.

Trasladando de lugar el relato, escribe: Ὁ, caso nominativo masculino singular del artículo determinado *el*; οὖν, conjunción continuativa causal, *pues, por tanto*; Ἰησοῦς, caso nominativo masculino singular del nombre propio *Jesús*; οὐκέτι, adverbio de negación *ya no*; παρρησίᾳ, caso dativo femenino singular del nombre común *en público, abiertamente, con franqueza*; περιεπάτει, tercera persona singular del imperfecto de indicativo en voz activa del verbo περιπατέω, *andar*, aquí *andaba*; ἐν, preposición propia de dativo *en, entre*; τοῖς, caso dativo masculino plural del artículo determinado *los*; Ἰουδαίοις, caso dativo masculino plural del adjetivo *judíos*; ἀλλὰ, conjunción adversativa *más, pero, sino, por el contrario*; ἀπῆλθεν, tercera persona singular del segundo aoristo de indicativo en voz activa del verbo ἀπέρχομαι, *irse, marcharse*, aquí *se fue*; ἐκεῖθεν, adverbio de lugar *de allí*; εἰς, preposición propia de acusativo *a*; τὴν, caso acusativo femenino singular del artículo determinado *la*; χώραν, caso acusativo femenino singular del nombre común *región*; ἐγγὺς, locución preposicional de genitivo *cerca de*; τῆς, caso genitivo femenino singular del artículo determinado *la*; ἐρήμου, caso genitivo femenino singular del nombre común *desierto, lugar poco poblado*; εἰς, preposición propia de acusativo *a*; Ἐφραὶμ, caso acusativo masculino singular del nombre propio *Efraín*; λεγομένην, caso acusativo femenino singular del participio de presente en voz activa del verbo λέγω, *hablar, llamar*, aquí *llamada*; πόλιν, caso acusativo femenino singular del nombre común *ciudad*; κακεῖ, crasis[9] formada por la conjunción copulativa καὶ, *y*, y el adverbio de lugar ἐκεῖ *allí*, la palabra equivale a *y allí*; ἔμεινεν, tercera persona singular del aoristo primero de indicativo en voz activa del verbo μένω, *permanecer, quedarse*, aquí *se quedó*; μετὰ, preposición propia de genitivo *con*; τῶν, caso genitivo masculino plural del artículo determinado *los*; μαθητῶν, caso genitivo masculino plural del nombre común *discípulos*.

Crítica Textual. Lecturas alternativas.

[1] Σαμφουρειν, *Sapphurim*, según lectura en D.

Ὁ οὖν Ἰησοῦς οὐκέτι παρρησίᾳ περιεπάτει ἐν τοῖς Ἰουδαίοις, La situación era realmente comprometida. Jesús ya no podía andar abiertamente entre los judíos a causa del complot que habían determinado para quitarle la vida. Él sabía bien que no podía ocurrir nada mientras no llegase el tiempo para dar Su vida, pero, mientras eso no ocurría decidió no andar como hacía antes entre la gente y mucho menos en Jerusalén.

ἀλλὰ ἀπῆλθεν ἐκεῖθεν εἰς τὴν χώραν ἐγγὺς τῆς ἐρήμου, εἰς Ἐφραὶμ λεγομένην πόλιν, Dejando la ciudad se alejó a una región poco poblada y a una ciudad llamada Efraín. La localización es difícil de determinar. Josefo hace mención a un lugar con este nombre que estaba cerca de Betel en la región montañosa, del que también aparece en relación con Betel en los relatos históricos (2 Cr. 13:19). En este lugar estaría por lo menos alejado de lo que el Sanedrín intentaba hacer con Él.

---

[9] *Crasis*, palabra griega que equivale a *unión de fuerzas*, en general *unión de elementos*.

κακεῖ ἔμεινεν μετὰ τῶν μαθητῶν. Juan dice que se quedó allí con los discípulos. Sin duda era un tiempo de intimidad y enseñanza. El Señor no va a manifestarse ya a las multitudes como antes, salvo la entrada en Jerusalén. Pero, el *Evangelio*, va ofreciendo una relación más directa y personal con los discípulos, enseñándoles verdades que tenían que aprender y dándoles lecciones que estarían siempre presentes en sus mentes.

El tiempo de la Pascua (11:55-57).

55. Y estaba cerca la pascua de los judíos; y muchos subieron de aquella región a Jerusalén antes de la pascua, para purificarse.

Ἦν δὲ ἐγγὺς τὸ πάσχα τῶν Ἰουδαίων, καὶ ἀνέβησαν πολλοὶ
Y estaba cerca la pascua de los judíos, y subieron muchos
εἰς Ἱεροσόλυμα ἐκ τῆς χώρας πρὸ τοῦ πάσχα ἵνα ἁγνίσωσιν
a Jerusalén de la región antes de la pascua para purificar
ἑαυτούς.
a sí mismos.

Notas y análisis del texto griego.

Iniciando el último párrafo, escribe: Ἦν, tercera persona singular del imperfecto de indicativo en voz activa del verbo εἰμί, *ser, estar*, aquí *estaba*; δὲ, partícula conjuntiva que hace las veces de conjunción coordinante, con sentido de *pero, más bien, y, y por cierto, antes bien*; ἐγγὺς, adverbio de lugar *cerca*; τὸ, caso nominativo neutro singular del artículo determinado *el*; πάσχα, caso nominativo neutro singular del nombre común *pascua*; τῶν, caso genitivo masculino plural del artículo determinado declinado *de los*; Ἰουδαίων, caso genitivo masculino plural del adjetivo *judíos*; καὶ, conjunción copulativa *y*; ἀνέβησαν, tercera persona plural del segundo aoristo de indicativo en voz activa del verbo ἀναβαίνω, *subir*, aquí *subieron*; πολλοὶ, caso nominativo masculino plural del adjetivo *muchos*; εἰς, preposición propia de acusativo *a*; Ἱεροσόλυμα, caso acusativo neutro plural del nombre propio *Jerusalén*; ἐκ, preposición propia de genitivo *de*; τῆς, caso genitivo femenino singular del artículo determinado *la*; χώρας, caso genitivo femenino singular del nombre común *región*; πρὸ, preposición propia de genitivo *antes*; τοῦ, caso genitivo neutro singular del artículo determinado declinado *del*; πάσχα, caso genitivo neutro singular del nombre común *pascua*; ἵνα, conjunción causal *para*; ἁγνίσωσιν, tercera persona plural del aoristo primero de subjuntivo en voz activa del verbo ἁγνίζω, *purificar*; ἑαυτούς, caso acusativo masculino plural del pronombre reflexivo declinado *a sí mismos*.

Ἦν δὲ ἐγγὺς τὸ πάσχα τῶν Ἰουδαίων, De nuevo Juan fija el tiempo para el relato que viene, señalándolo como los días cercanos a la *fiesta de los judíos*, que generalmente se refiere a la Pascua, aunque aquí el mismo escritor la identifica de este modo. Esta sería la última fiesta a que acudiría Jesús, y en ese tiempo se cumpliría el tiempo que Dios había determinado, y el Señor daría Su vida en la Cruz.

καὶ ἀνέβησαν πολλοὶ εἰς Ἱεροσόλυμα ἐκ τῆς χώρας πρὸ τοῦ πάσχα. En ese tiempo mucha gente de toda la nación acudía a Jerusalén para la celebración anual. También ocurrió lo mismo con los que habitaban en la región donde estaba la población de Efraín, lugar a donde Jesús se había retirado con los discípulos. Juan traslada nuevamente el escenario del relato a la ciudad de Jerusalén. Sin embargo no se detalla el camino que siguió, junto con Sus discípulos, como hacen los sinópticos, a los que hay que acudir para seguir el camino de Jesús. Según esos relatos subió desde donde estaba hacia Galilea, a través de Samaria, para unirse allí a los miles que seguían el camino cruzando hacia Perea, y descendiendo por la ribera oriental del Jordán hasta Jericó, para seguir luego la ruta montañosa hacia Jerusalén, pasando por Betania y Betfagé, poblaciones limítrofes con la ciudad (cf. Mt. 19:1-20:34; Mr. 10:1-52; Lc. 17:11-19:28). Como es habitual en él, Juan concreta los hechos centrándolos en Jesús, por lo que su relato comprende los sucesos en Betania y luego ya en Jerusalén.

ἵνα ἁγνίσωσιν ἑαυτούς. El propósito de los que iban a la ciudad con tanta anticipación era purificarse a ellos mimos de cualquier tipo de contaminación legal para poder comer la Pascua, según establecía la Ley (Ex. 19:10-15; Nm. 9:9-14; 2 Cr. 30:17-18; Jn. 18:28). Los ritos de la purificación, dependiendo de la impureza que afectase a la persona, podían ser largos, incluso de ocho días, lo que unida a la cantidad de gente, hacía necesario tomar tiempo suficiente para poder cumplir los rituales establecidos para ello.

56. Y buscaban a Jesús, y estando ellos en el templo, se preguntaban unos a otros: ¿Qué os parece? ¿No vendrá a la fiesta?

ἐζήτουν	οὖν	τὸν	Ἰησοῦν	καὶ	ἔλεγον	μετ' ἀλλήλων	ἐν	τῷ	ἱερῷ
Buscaban,	pues,	-	a Jesús	y	decían	unos a otros	en	el	templo

ἑστηκότες·	τί	δοκεῖ	ὑμῖν	ὅτι	οὐ μὴ	ἔλθῃ	εἰς	τὴν	ἑορτήν
estando:	¿Qué	parece	os?	¿Qué	de ningún modo	vendrá	a	la	fiesta?

Notas y análisis del texto griego.

Siguiendo el relato, escribe: ἐζήτουν, tercera persona plural del imperfecto de indicativo en voz activa del verbo ζητέω, *buscar*, aquí *buscaban*; οὖν, conjunción continuativa *pues*; τὸν, caso acusativo masculino singular del artículo determinado *el*; Ἰησοῦν, caso acusativo masculino singular del nombre propio *Jesús*; καὶ, conjunción copulativa *y*; ἔλεγον, tercera persona plural del imperfecto de indicativo en voz activa del verbo λέγω, *hablar, decir*, aquí *decían*; μετ', forma escrita de la preposición de genitivo μετά, *entre, con*, por elisión ante vocal con espíritu suave; ἀλλήλων, caso genitivo masculino plural del pronombre recíproco *unos otros*; ἐν, preposición propia de dativo *en*; τῷ, caso dativo neutro singular del artículo determinado *el*; ἱερῷ, caso dativo neutro singular del nombre común *templo, santuario*; ἑστηκότες, caso nominativo masculino plural del participio perfecto en voz activa del verbo ἵστημι, *estar*, aquí *estando*; τί, caso nominativo neutro singular del pronombre interrogativo *qué*; δοκεῖ, tercera persona singular del presente de indicativo en voz activa del verbo δοκέω, *parecer, pensar, sopesar, opinar*, aquí *parece*; ὑμῖν, caso dativo de la segunda persona plural del pronombre personal declinado *a vosotros, os*; ὅτι, conjunción *que*; οὐ, adverbio de negación *no*; μὴ, partícula que hace funciones de adverbio de negación *no*; ambas negaciones juntas significa *jamás, de ningún modo*; ἔλθῃ, tercera persona singular del aoristo segundo de subjuntivo en voz activa del verbo ἔρχομαι, *venir, llegar*, aquí *vendrá*; εἰς, preposición propia de acusativo *a*; τὴν, caso acusativo femenino singular del artículo determinado *la*; ἑορτήν, caso acusativo femenino singular del nombre común *fiesta*.

ἐζήτουν οὖν τὸν Ἰησοῦν καὶ ἔλεγον μετ' ἀλλήλων ἐν τῷ ἱερῷ ἑστηκότες· La determinación de dar muerte a Cristo, hace que los que procuraban culminar lo acordado, lo buscasen en la fiesta. Sin duda lo hicieron entre la multitud que acudía al templo cada día. Ellos sabían bien que el Maestro no dejaría de acudir a los atrios del templo para enseñar a la gente que se congregaba en torno a él. El verbo ζητέω, *buscar*, aparece en imperfecto de indicativo, lo que expresa la idea de una búsqueda continuada. De otro modo, los enemigos de Jesús no cesaban de buscarle entre los que venían al templo.

τί δοκεῖ ὑμῖν ὅτι οὐ μὴ ἔλθῃ εἰς τὴν ἑορτήν. Aquellos se preguntaban unos a otros si el Señor vendría o no a la fiesta. Es posible que estuviesen convencidos que no vendría en aquella ocasión, por temor a lo que planeaban contra Él y que, sin duda, había trascendido y extendido entre el pueblo. El problema de los enemigos de Jesús era que su ausencia, no les permitiría prenderlo y sentenciarlo a muerte.

57. Y los principales sacerdotes y los fariseos habían dado orden de que si alguno supiese dónde estaba, lo manifestase, para que le prendiesen.

δεδώκεισαν δὲ οἱ ἀρχιερεῖς καὶ οἱ Φαρισαῖοι ἐντολὰς
Y habían dado los principales sacerdotes y los fariseos órdenes
ἵνα ἐάν τις γνῷ ποῦ ἐστιν μηνύσῃ, ὅπως
para que si alguno conociese donde está, indicase, a fin de
πιάσωσιν αὐτόν.
prender le.

Notas y análisis del texto griego.

Concluyendo el párrafo, escribe: δεδώκεισαν, tercera persona plural del pluscuamperfecto de indicativo en voz activa del verbo δίδωμι, *dar*, aquí *habían dado*; δὲ, partícula conjuntiva que hace las veces de conjunción coordinante, con sentido de *pero, más bien, y, y por cierto, antes bien*; οἱ, caso nominativo masculino plural del artículo determinado *los*; ἀρχιερεῖς, caso nominativo masculino plural del nombre común *principales sacerdotes*; καὶ, conjunción copulativa *y*; οἱ, caso nominativo masculino plural del artículo determinado *los*; Φαρισαῖοι, caso nominativo masculino plural del nombre propio *fariseos*; ἐντολὰς, caso acusativo femenino plural del nombre común *órdenes*; ἵνα, conjunción causal *para que*; ἐάν, conjunción afirmativa *si*; τις, caso nominativo masculino singular del pronombre indefinido *alguno*; γνῷ, tercera persona singular del aoristo segundo de subjuntivo en voz activa del verbo γινώσκω, *saber, conocer*, aquí *conociese*; ποῦ, adverbio relativo de lugar *donde*; ἐστιν, tercera persona singular del presente de indicativo en voz activa del verbo εἰμί, *ser, estar*, aquí *está*; μηνύσῃ, tercera persona singular del aoristo primero de subjuntivo en voz activa del verbo μηνύω, *indicar*, aquí *indicase*; ὅπως, conjunción que equivale a *de modo que, a fin de que, para que*; πιάσωσιν, tercera persona singular del aoristo primero de subjuntivo en voz activa del verbo πιάζω, *agarrar, tomar, arrestar*, aquí *prender*; αὐτόν, caso acusativo masculino de la tercera persona singular del pronombre personal declinado *a Él, le*.

δεδώκεισαν δὲ οἱ ἀρχιερεῖς καὶ οἱ Φαρισαῖοι ἐντολὰς ἵνα ἐάν τις γνῷ ποῦ ἐστιν. Jesús queda, en lenguaje actual, en situación de búsqueda y captura. El Sanedrín había dado orden de buscarlo y que quien conociese donde estaba lo comunicase. Con ello muchos estarían buscándole o, por lo menos, atentos a la gente por si el Señor estaba en medio, a fin de que no pasara desapercibido. Quienes sabiendo del paradero de Jesús no lo descubriesen y delatasen, se convertían en cómplices del fugitivo. La orden del Sanedrín exigía que la gente diese toda la información que supiera y colaborase con el arresto del Hijo de Dios.

μηνύσῃ, ὅπως πιάσωσιν αὐτόν. Las órdenes dadas contra Cristo eran bien concretas, denunciarle para prenderle. El Sanedrín había establecido un decreto de obligado cumplimiento, requiriendo a toda persona que comunicase el paradero de Jesús, si lo conocían. Se trata de ejecutar lo que habían resuelto contra Él, llevando a cabo su impío, perverso y malvado propósito. Pero, el asunto tenía otra importancia, ya que estaban involucrando a la gente a unirse a tamaña perversión. No se trataba de buscar a un criminal sino al Justo de los justos. No era buscar la muerte de un peligroso salteador, sino buscar la de un inocente que pasó haciendo bienes. La maldad humana sorprende, pero mayor sorpresa produce el odio religioso que no duda en matar para evitar que su posición sea puesta en peligro. Para eso no les tiembla la mano en dictar una orden que pone a quienes están bajo su influencia y poderío como cómplices de sus iniquidades.

Concluido el comentario al capítulo cabe, como en todos los anteriores, señalar alguna lección de aplicación personal que se obtenga del mismo.

En relación con Lázaro y sus hermanas, es interesante apreciar como ellas enviaron noticia de la situación en que se encontraban. Seguramente que lo hicieron pensando que Jesús acudiría inmediatamente y resolvería la gravedad de su hermano, dándole sanidad e impidiendo que muriese. Era la respuesta a la *oración*, en súplica de quienes estaban en necesidad. La fe lleva a cada creyente a una experiencia semejante, no importa la dimensión del problema, es puesto en oración delante de Dios apelando a la intercesión del Mediador. Sin embargo, como ocurrió con las hermanas de Lázaro, la petición no tuvo respuesta inmediata. Vino, pero en un tiempo tardío para quienes pedían la ayuda del Señor. Así también tantas veces con nosotros. Pedimos, esperamos una respuesta y no llega. Indudablemente nuestro tiempo no es el tiempo de Dios. La respuesta divina no es sólo para satisfacer nuestras demandas, sino para glorificarle a Él. Sin embargo, cuando llega es siempre mayor que lo que esperábamos. La situación se hizo tan crítica que no había posibilidad, humanamente hablando, de solución. Es en el límite de nuestras fuerzas, en la ausencia de toda humana esperanza, en la situación donde todo termina para el hombre, cuando empieza la acción poderosa de Dios. No debemos desesperar ante el aparente silencio divino. Él ha prometido oír y responder y así lo hizo, hace y hará siempre.

El Señor llama a la fe. A Marta dijo: *"¿Crees esto?"*. Es la fe de lo imposible. La fe que pide algo grande descansa en la dimensión divina para arreglar la grandeza del problema, pero la fe que pide lo que es de todo punto imposible, no está reconociendo que Dios es grande, sino que es infinito. Está situando a Dios sobre el trono de gloria. Está reconociendo que Él es Soberano. Cuántas veces no hay respuesta a nuestras oraciones porque no esperamos *lo imposible* y solo pedimos lo que es posible, aunque sea grande lo que se expresa en nuestra petición. La fe es la única manera de vivir una vida que nació por medio de ella. La fe que justifica es la que santifica, es decir, la vida cristiana que nace en un *creer* en Jesús, sigue victoriosa en un *depender* continuamente de Él. Vivir a Cristo es la razón de ser cristiano y esto sólo es posible en una vida de dependencia plena del Espíritu Santo, que reproduce al Señor en nosotros.

El pasaje llama a reconocer que Jesús es Dios omnipotente manifestado en carne. Él dijo que era *la resurrección y la vida*. Esta verdad es esencial para la vida de esperanza. Llega el momento en que la partida de los nuestros pone en situación de profunda tristeza el alma cristiana. Es como si todo se desmoronase a nuestro alrededor. Tal experiencia radica en *ver el cuerpo muerto*, es decir, en centrar nuestra atención en lo limitado de algo transitorio y temporal. Sin embargo, la esperanza exige que levantemos nuestros ojos para saber que la partida de los nuestros es una separación momentánea. Jesús que es la vida es también la resurrección. Los días de nuestra existencia son veloces y pasan rápido. El encuentro con los que nos han precedido llega pronto. La reunión eterna con Jesús es la seguridad que nos vincula a cuantos hemos creído. Estaremos con los nuestros, pero, todavía más, estaremos todos nosotros con Jesús.

Otra interesante lección tiene que ver con la expresión de tristeza en los momentos de la aflicción. Hay muchos que se consideran *pietistas*, que niegan que un creyente afligido se *distraiga* en la aflicción y las lágrimas. Estos olvidan las de nuestro Señor. Jesús se conmovió en espíritu y lloró por la situación que la muerte de Lázaro producía en el hogar de Sus amigos. Nosotros debemos dar rienda suelta a nuestro estado anímico, llorando si es necesario, pero haciéndolo en esperanza. No es el llanto de la pérdida irreparable del incrédulo, sino la expresión de tristeza propia de quien ama al que ha partido y no puede sentir su presencia como antes. La pena está en el entorno, la esperanza dentro del alma cristiana. No expresar ningún signo de aflicción, en lugar de ser un testimonio propio para un cristiano, es la manifestación de la falta de afecto, que no es un buen testimonio ante el mundo.

Finalmente destacar otra vez más, la gravedad de la situación a que conduce el legalismo y el tradicionalismo religioso. En la relación de los líderes religiosos con Jesús se aprecian dos elementos: Primeramente los celos. Aquellos que habían estudiado y se dedicaban a enseñar, se encontraban con uno que sin tener sus titulaciones, conocía la Palabra y la aplicaba conforme al pensamiento de Dios. No eran enseñanzas técnicas, sino espirituales; no era asunto de cerebro, sino de corazón. En segundo lugar, la hipocresía. Generalmente el religioso es un gran hipócrita y esa es la mayor de las mentiras, porque es la más difícil de detectar. Ellos son los que *guardan las tradiciones*, y luchan por *los principios*. No les importa si la Biblia enseña lo contrario o si lo que ellos enseñan tiene un claro sostenimiento en ella, lo importante es que no se mueva un milímetro ninguna de sus tradiciones porque es en ellas en donde encuentran sustento personal. Los religiosos crecen a costa de los hermanos que de buena fe los siguen. Los hipócritas falsifican lo que sea para mantenerse en sus privilegios históricos. Jesús fue acusado por ellos de blasfemo y de endemoniado. Así hacen quienes no tienen ningún valor personal pero no quieren ser destituidos de sus prebendas religiosas. Muchos miles de excelentes maestros de la Palabra han sido falsamente acusados de lo que nunca cometieron con el único propósito de desplazarlos del entorno en que con sus verdades pudieran afectar las mentiras de otros. Esto no debiera causar asombro porque es una de las demostraciones de vivir a Cristo y estar realmente crucificado con Él. El Señor lo advirtió: *"En el mundo tendréis aflicción"* (16:33), sobre esto llamó la atención el apóstol Pablo: *"Y también todos los que quieren vivir piadosamente en Cristo Jesús padecerán persecución"* (2 Ti. 3:12). Pero, también nos invita a ver de donde vienen lo conflictos: *"Porque habrá hombres amadores de sí mismos...que tendrán apariencia de piedad, pero negarán la eficacia de ella"* (2 Ti. 3:2, 5). El que nos llamó a salvación por gracia, nos dará la gracia necesaria para poder sufrir la persecución, mientras glorificamos Su Nombre y buscamos Su gloria.

CAPÍTULO XII

BETANIA Y JERUSALÉN

Introducción.

El ministerio de Jesús ha llegado a su fin. Seis días restan para la conclusión de Su obra salvadora en la Cruz. Está llegando el tiempo que Dios había determinado para que el Cordero entregue Su vida en sacrificio por el pecado. Es *la hora* a la que en varias ocasiones se había referido Jesús. Su hora no había llegado antes, pero está a punto de alcanzarse. Es el tiempo de que llegue la gran señal, la suprema, manifestada en el portentoso milagro del amor de Dios, en entrega personal por el hombre pecador y rebelde. La gloria divina se hará patente en la persona de Jesús, que lleva hasta el límite la donación de Dios al hombre para rescatarlo y restaurar con él la relación de amistad que se había truncado en Edén, a causa del pecado. Todos serán atraídos al Señor, pero sólo alcanzará esa nueva relación a los que crean en Jesucristo, el enviado del Padre para hacer lo que había sido determinado antes de la creación del mundo.

En este capítulo se cierra el tiempo del llamado *ministerio público* de Jesús, periodo de unos tres años en el que recorrió todo el país, tanto Galilea como Judea, e incluso salió brevemente al exterior de Israel. La enfermedad y muerte de Lázaro trae a Cristo nuevamente al área de Jerusalén. Es en esa ciudad donde se ha concentrado la oposición contra Él, que había tomado la determinación de darle muerte. Juan usa el capítulo como puente entre el ministerio público de Jesús, para trasladarlo a unos días de enseñanzas para los Doce, y abrir las puertas a la semana de la *Pasión*, donde el Verbo de Dios encarnado, muere por el pecado del mundo.

Tres partes son destacables en el texto que se va a comentar. Primeramente la unción por parte de María, ocurrida en Betania. La principal dificultad consiste en determinar si el relato corresponde con alguno de los otros que aparecen en los sinópticos. Los de Mateo y Marcos (Mt. 26:6-13; Mr. 14:3-9), están situados en el tiempo próximo a la muerte de Jesús, mientras que el de Lucas (Lc. 7:36-38) exige una datación anterior. Analizándose juntos, se aprecia que el relato de Juan tiene una mayor identidad con los de Mateo y Marcos, mientras que se distancia del de Lucas. La pregunta es si se trata del mismo episodio o son dos diferentes. Juan no menciona a nadie, aparte de la familia de Lázaro, mientras que Marcos dice que fue en casa de *Simón el leproso.*

Nada se sabe sobre este personaje. Sin duda tenía que ser alguien conocido por la familia de Lázaro y por los discípulos de Jesús. Es muy probable que fuese un leproso al que había sanado Jesús. Esta es la opinión de muchos de los *padres de la iglesia* y maestros de los primeros siglos. El adjetivo calificativo *leproso*, pudiera ser también un sobrenombre de la familia, es decir, era la casa de la familia de Simón el leproso. No cabe duda que éste no podía estar leproso en el momento de la cena, porque resultaría imposible por impedimento legal. Sin embargo, lo más difícil es establecer el día en que tuvo lugar esa cena en la que María ungió a Jesús. En el contraste entre los sinópticos y Juan, se aprecia una notable diferencia. Marcos dice que tuvo lugar dos días antes de la Pascua (Mr. 14:1), mientras que Juan habla de *seis* días antes (v. 1). Las dos cronologías parecen entrar en conflicto. Sin embargo, la meticulosidad de Juan al precisar datos en su relato, hace pensar en una acertada datación. El relato de Marcos parece estar introducido luego de mencionar la determinación de los líderes religiosos de dar muerte a Jesús, pero no en el tiempo de la fiesta sino después. Este puede ser perfectamente un párrafo del relato, en que se determina un hecho puntual, para regresar a un acontecimiento que pudo haber tenido lugar un tiempo antes y que es necesario a efectos del propósito de *Evangelio según Marcos*, mientras que Juan sigue el curso de los acontecimientos cronológicamente. Algo más se considerará en el análisis textual que sigue.

El segundo episodio que también produce contrastes, especialmente de datación, es el de la entrada en Jerusalén, que según Juan tuvo lugar al día siguiente de la cena y del ungimiento en Betania (v. 12). Este acontecimiento está presente también en los sinópticos (Mt. 21:1-11; Mr. 11:1-11; Lc. 19:29-38). Aunque no son idénticos, las diferencias son menores y todos ellos son, en general, coincidentes. Las diferencias principales están en que mientras los sinópticos inician el relato con la búsqueda del borriquillo sobre el que Jesús cabalga y que las aclamaciones de la multitud se producen luego, para Juan estas comienzan primero y luego Jesús *encuentra un asnillo*, que monta para seguir el camino. Sin duda son énfasis de aspectos de un mismo acontecimiento, que pone de manifiesto la individualidad de los orígenes de cada relato, en el que cada testigo destaca lo que más le ha llamado la atención, sin que suponga contradicciones irreconciliables. Lo importante es que el Rey enviado del cielo, entra en Jerusalén conforme a lo establecido en la profecía.

La entrada de Jesús en Jerusalén esta presente en los cuatro evangelios. No puede dudarse que Juan es un testigo presencial que relata el acontecimiento muchos años después de haber sucedido. La propuesta liberal de que la fuente del relato es el *Evangelio según Marcos*, está fuera de toda lógica, porque hace dependiente el testimonio de alguien que estaba presente, por el de otro, que muy probablemente no lo estaba. El relato de Juan es fiel a lo ocurrido entonces, aunque haga, como es propio de relatos hechos por testigos diferentes, referencia a hechos que están destacados en su memoria o que son necesarios para el propósito del *Evangelio*. Para Juan, quien entra en Jerusalén es el Mesías, el enviado de Dios para ser el Salvador del mundo. Pero, ¿lo entendía así toda la gente que le aclamaba en aquella ocasión? Juan desea mostrar que en aquellos momentos, fuese o no aceptado por la multitud que le acompañaba, se estaba cumpliendo un pasaje de la profecía, que escribe en el texto del *Evangelio*. Mientras la gente se gozaba con la presencia de Jesús, los fariseos fracasaban en su deseo de controlar aquella situación, expresándolo con una frase derrotista: *"El mundo se va tras Él"* (v.19).

El capítulo puede dividirse en temas establecidos con mucha precisión. Primeramente el ungimiento de Jesús en casa de Lázaro (vv. 1-8); en segundo lugar la reacción totalmente diferente entre las multitudes que sentían una profunda identificación con Jesús y lo aclamaban, y la reacción de los líderes religiosos que no solo deciden matar cuanto antes a Jesús, sino que también quieren hacerlo con Lázaro (9-11); viene luego el pasaje de la entrada en Jerusalén (vv. 12-18); Juan presenta la última enseñanza pública de Jesús con motivo de la petición de unos griegos (vv. 20-36); finalmente está el inicio de un periodo muy breve de tiempo, en que Jesús enseña grandes verdades a los discípulos (vv. 36b-50).

El bosquejo analítico para el comentario del pasaje es el mismo que se presentó en la *introducción*, como sigue:

- 5.5. María unge a Jesús (12:1-8).
- 5.6. Reacciones encontradas (12:9-11).

6. Jesús en Jerusalén (12:12-50).
   - 6.1. La entrada en Jerusalén (12:12-19).
   - 6.2. Enseñanzas de Jesús (12:20-50).
     - 6.2.1. El deseo de unos griegos (12:20-22).
     - 6.2.2. Reacción y enseñanza de Jesús (12:23-26).
     - 6.2.3. Testimonio celestial (12:27-29).
     - 6.2.4. Enseñanza de Jesús (12:30-36).
     - 6.2.5. Reprobación de Israel (12:37-43).
     - 6.2.6. Creer y rehusar (12:44-50).

María unge a Jesús (12:1-8).

1. Seis días antes de la pascua, vino Jesús a Betania, donde estaba Lázaro, el que había estado muerto, y a quien había resucitado de los muertos.

Ὁ οὖν Ἰησοῦς πρὸ ἓξ[1] ἡμερῶν τοῦ πάσχα ἦλθεν εἰς,
- entonces Jesús antes de seis días de la pascua vino a
Βηθανίαν ὅπου ἦν Λάζαρος[2], ὃν ἤγειρεν ἐκ νεκρῶν Ἰησοῦς.
Betania, donde estaba Lázaro, al que levantó de muertos Jesús.

Notas y análisis del texto griego.

Iniciando un nuevo párrafo, escribe: Ὁ, caso nominativo masculino singular del artículo determinado *el*; οὖν, conjunción continuativa *pues, entonces, por consiguiente*; Ἰησοῦς, caso nominativo masculino singular del nombre propio *Jesús*; πρὸ, preposición propia de genitivo *antes de*; ἓξ, caso genitivo plural del adjetivo numeral cardinal *seis*; ἡμερῶν, caso genitivo femenino plural del nombre común *días*; τοῦ, caso genitivo neutro singular del artículo definido declinado *del*; πάσχα, caso genitivo neutro plural del nombre común *pascua*; ἦλθεν, tercera persona singular del aoristo segundo de indicativo en voz activa del verbo ἔρχομαι, *venir*, aquí *vino*; εἰς, preposición propia de acusativo *a*; Βηθανίαν, caso acusativo femenino singular del nombre propio *Betania*; ὅπου, adverbio relativo de lugar *adonde, donde*; ἦν, tercera persona singular del imperfecto de indicativo en voz activa del verbo εἰμί, *ser, estar*, aquí *estaba*: Λάζαρος, caso nominativo masculino singular del nombre propio *Lázaro*; ὃν, caso acusativo masculino singular del pronombre relativo declinado *al que*; ἤγειρεν, tercera persona singular del aoristo primero de indicativo en voz activa del verbo ἐγειρῶ, *levantar, resucitar*, aquí *levantó*; ἐκ, preposición propia de genitivo *de*; νεκρῶν, caso genitivo masculino plural del nombre común *muertos*; Ἰησοῦς, caso nominativo masculino singular del nombre propio *Jesús*.

Crítica Textual. Lecturas alternativas.

[1] πέντε, *cinco*, según lectura en p[66*].

[2] ἦν Λάζαρος, *estaba Lázaro*, según se lee en ℵ, B, K, W, 844, 2211, sir[p], it, sa, pbo.

ὁ τεθνηκὼς, *el que había muerto*, se añade en 𝔭[66], A, D, K, Γ, Δ, Θ, Ψ, 0217[vid], *f*[1, 13], 33, 565, 579, 700, 892, 1241, 1424, 𝔐, lat, sir[s, h], ac, ly, bo.

Ὁ οὖν Ἰησοῦς πρὸ ἓξ ἡμερῶν τοῦ πάσχα ἦλθεν εἰς Βηθανίαν, El primer versículo, aunque perteneciente a otro capítulo, sirve de enlace entre lo que antecede y lo que sigue, de ahí la construcción con οὖν, *entonces, por tanto*, es decir, como habían dado orden de que Jesús fuese denunciado si alguien sabía donde estaba, para que lo prendiesen, *por tanto*, esperó a venir a la ciudad *seis días* antes de la Pascua, quedándose, como era habitual en Betania.

Según Juan la Pascua comenzaba el viernes siguiente a la puesta del sol, lo que supone datar el catorce de Nisán en viernes aquel año (13:1; 18:28; 19:31, 42), por tanto, restándole los seis días, el relato tiene que datarse en el sábado anterior. Con toda seguridad Jesús llegó a Betania el viernes al caer el día, antes de que se iniciara el tiempo del sábado, ya que no era propio viajar en el día de reposo. En la lectura del capítulo se aprecia que el ministerio de Jesús es ya considerado como pasado, pero proyecta lo que queda a las enseñanzas a los discípulos y, sobre todo, se abre aquí la antesala de la Cruz.

ὅπου ἦν Λάζαρος, ὃν ἤγειρεν ἐκ νεκρῶν Ἰησοῦς. Juan dice que en Betania estaba la residencia de la familia de Lázaro, aquel que había sido resucitado por Jesús. Esto no permite confusiones con el relato y quienes son los que van a ser mencionados en la cena, un poco más adelante.

2. Y le hicieron allí una cena; Marta servía, y Lázaro era uno de los que estaban sentados a la mesa con él.

ἐποίησαν οὖν αὐτῷ δεῖπνον ἐκεῖ, καὶ ἡ Μάρθα διηκόνει, ὁ δὲ
Hicieron, pues, le cena allí, y - Marta servía, - y
Λάζαρος εἷς ἦν ἐκ τῶν ἀνακειμένων σὺν αὐτῷ.
Lázaro uno era de los sentados con Él.

Notas y análisis del texto griego.

Continúa el párrafo: ἐποίησαν, tercera persona plural del aoristo primero de indicativo en voz activa del verbo ποιέω, *hacer, crear, realizar*, aquí *hicieron*; οὖν, conjunción continuativa *pues*; αὐτῷ, caso dativo masculino de la tercera persona singular del pronombre personal declinado *a él, le*; δεῖπνον, caso acusativo neutro singular del nombre común *cena*; ἐκεῖ, adverbio de lugar *allí*; καὶ, conjunción copulativa *y*; ἡ, caso nominativo femenino singular del artículo determinado *la*; Μάρθα, caso nominativo femenino singular del nombre propio *Marta*; διηκόνει, tercera persona singular del imperfecto de indicativo en voz activa del verbo διακονέω, *servir*; ὁ, caso nominativo masculino singular del artículo determinado *el*; δὲ, partícula conjuntiva que hace las veces de conjunción coordinante, con sentido de *pero, más bien, y, y por cierto, antes bien*; Λάζαρος, caso nominativo masculino singular del nombre propio *Lázaro*; εἷς, caso nominativo masculino singular del adjetivo numeral cardinal *uno*; ἦν, tercera persona singular del imperfecto de indicativo en voz activa del verbo εἰμί, *ser, estar*, aquí *era*; ἐκ, preposición propia de genitivo *de*; τῶν, caso genitivo masculino plural del artículo determinado *los*; ἀνακειμένων, caso genitivo masculino plural del participio de presente en voz media del verbo ἀνάκειμαι, *sentarse, estar sentado a la mesa, reclinarse a la mesa*, aquí *sentados*; σὺν, preposición propia de dativo *con*; αὐτῷ, caso dativo masculino de la tercera persona singular del pronombre personal *Él*.

ἐποίησαν οὖν αὐτῷ δεῖπνον ἐκεῖ, El relato es muy conciso. En Betania le hicieron una cena a Jesús, es decir, la cena era en Su honor. La palabra δεῖπνον, denota una comida principal o la cena, con la misma raíz del verbo δειπνέω, *comer, cenar*. Ordinariamente en el Nuevo Testamento designa la comida ordinaria a la que podía invitarse a otras personas. El término se usa también para referirse a la *última cena* de Jesús (Lc. 22:30; 1 Co. 11:25). Esta era, como se dice antes, la comida principal para los judíos, que durante la semana tenía lugar a última hora de la tarde, después de terminado el trabajo. Es, pues, una comida principal a la que está invitado Jesús, Sus discípulos, la familia. Según los sinópticos, se hizo en casa de Simón, al que se califica de *leproso*, pudiendo ser uno de los sanados por Jesús. ¿Era éste el anfitrión o simplemente se usó la casa de él para la cena? Caben esta y otra muchas especulaciones, tales como que la casa de la familia se conocía como *la casa del leproso*, incluso algunos consideran que el padre de aquella familia había sido Simón el leproso. Cualquier deseo de sustentar una u otra interpretación, es mera hipótesis sin base bíblica. Es de suponer que todos los asistentes, salvo las dos mujeres de la casa hermanas también con Lázaro, fuesen hombres, ya que no era apropiado en el contexto social de entonces que las mujeres se reclinasen con los hombres a la mesa para una comida. Por lo menos se habrían sentado a la mesa, reclinados en los divanes propios de aquel tiempo, quince personas: Jesús, los discípulos, Lázaro y Simón, éste último según los relatos de los sinópticos.

Sin embargo Juan ignora la figura de Simón, para centrar la atención en los que podían haber sido los anfitriones, que era Lázaro, María y Marta, sin importar que fuese ésta la que servía. Es sorprendente que una y otra vez, los liberales buscan ávidamente las fuentes del *Evangelio según Juan*, insistiendo aquí en que la del relato procedía del *Evangelio según Lucas*, o de las mismas fuentes que utilizó él, olvidándose en todo caso que la narración la está haciendo un testigo presencial de aquel acontecimiento.

καὶ ἡ Μάρθα διηκόνει, Juan dice que Marta servía. Aunque es muy probable que hubiese sirvientes en la casa, aquella mujer, sabiendo que Jesús estaba sentado con los comensales, determinó servir ella, como expresión de gratitud al Señor que había resucitado a su hermano. Jesús había reprendido a Marta en otra ocasión por *mucho servicio*, pero en esta ocasión continuaba con la misma entrega de servir a los demás y especialmente al Señor. Al usar el imperfecto del verbo διακονέω, *servir*, indica que servía continuamente, el servicio comenzó al principio de la cena y siguió durante todo el tiempo que duró.

ὁ δὲ Λάζαρος εἷς ἦν ἐκ τῶν ἀνακειμένων σὺν αὐτῷ. La información sobre Lázaro es muy breve y no se mencionará ya más hasta la referencia a la reacción de los judíos que querían darle muerte junto con Jesús (v. 10). Los amigos de Jesús no atendían las instrucciones de los líderes religiosos que habían ordenado que quien supiera donde estaba lo denunciara para que lo prendiesen. El amigo honra al amigo dándole una cena en Su honor.

3. Entonces María tomó una libra de perfume de nardo puro, de mucho precio, y ungió los pies de Jesús, y los enjugó con sus cabellos; y la casa se llenó del olor del perfume.

Ἡ οὖν Μαριὰμ λαβοῦσα λίτραν μύρου νάρδου πιστικῆς
- Entonces María tomando libra de perfume de nardo puro
πολυτίμου ἤλειψεν τοὺς πόδας τοῦ Ἰησοῦ καὶ ἐξέμαξεν ταῖς
de mucho precio ungió los pies - de Jesús y enjugó con los
θριξὶν αὐτῆς τοὺς πόδας αὐτοῦ· ἡ δὲ οἰκία ἐπληρώθη ἐκ τῆς
cabellos de ella los pies de Él. Y la casa se llenó de la
ὀσμῆς τοῦ μύρου.
fragancia del perfume.

Notas y análisis del texto griego.

Sigue el relato con: Ἡ, caso nominativo femenino singular del artículo determinado *la*; οὖν, conjunción continuativa *pues, entonces*; Μαριὰμ, caso nominativo femenino singular del nombre propio *María*; λαβοῦσα, caso nominativo femenino singular del participio del segundo aoristo en voz activa del verbo λαμβάνω, *tomar, agarrar*, aquí *tomando*; λίτραν, caso acusativo femenino singular del nombre común *libra*, que aquí lleva implícito en español del indeterminado *una*; μύρου, caso genitivo neutro singular del nombre común declinado *de perfume*; νάρδου, caso genitivo femenino singular del nombre común declinado *de nardo*; πιστικῆς, caso genitivo femenino singular del adjetivo *puro, genuino, auténtico*; πολυτίμου, caso genitivo femenino singular del adjetivo declinado *de mucho precio*, *de mucho valor*; ἤλειψεν, tercera persona singular del aoristo primero de indicativo en voz activa del verbo ἀλείφω, *ungir*, aquí *ungió*; τοὺς, caso acusativo masculino plural del artículo determinado *los*; πόδας, caso acusativo masculino plural del nombre común *pies*; τοῦ, caso genitivo masculino singular del artículo determinado *el*; Ἰησοῦ, caso genitivo masculino singular del nombre propio declinado *de Jesús*; καὶ, conjunción copulativa *y*; ἐξέμαξεν, tercera persona singular del aoristo primero de indicativo en voz activa del verbo ἐκμάσσω, *enjugar*, aquí *enjugó*; ταῖς, caso dativo femenino plural del artículo determinado declinado *con las*; θριξὶν, caso dativo femenino plural del nombre común *cabellos*; αὐτῆς, caso genitivo femenino singular del artículo determinado declinado *de ella*; τοὺς, caso acusativo masculino plural del artículo determinado *los*; πόδας, caso acusativo masculino plural del nombre común *pies*; αὐτοῦ, caso genitivo masculino de la tercera persona singular del pronombre personal declinado *de Él*; ἡ, caso nominativo femenino singular del artículo determinado *la*; δὲ, partícula conjuntiva que hace las veces de conjunción coordinante, con sentido de *pero, más bien, y, y por cierto, antes bien*; οἰκία, caso nominativo femenino singular del nombre común *casa*; ἐπληρώθη, tercera persona singular del aoristo primero de indicativo en voz pasiva del verbo πληρόω, *llenarse, saturarse*, aquí *se llenó*; ἐκ, preposición propia de genitivo *de*; τῆς, caso genitivo femenino singular del artículo determinado *la*; ὀσμῆς, caso genitivo femenino singular del nombre común *olor, fragancia, aroma*; τοῦ, caso genitivo neutro singular del artículo determinado declinado *del*; μύρου, caso genitivo neutro singular del nombre común *perfume, ungüento*.

Ἡ οὖν Μαριὰμ λαβοῦσα λίτραν μύρου νάρδου πιστικῆς πολυτίμου. María guardaba como un verdadero tesoro un frasco que contenía un perfume de gran valor. No dice Juan nada del recipiente en que estaba ese perfume, por lo que debe acudirse a Marcos para saber que se trataba de un frasco de alabastro (Mr. 14:3). Generalmente esos recipientes era redondos sin asas. El alabastro es un mineral bastante blando, de modo que se podía vaciar para adecuarlo a ser un envase para portar aceite perfumado. Una vez lleno se cerraba la tapa cementándola con algún producto que la unía firmemente al cuerpo de modo que resultaba muy difícil de abrir. En el interior este frasco guardaba una porción de perfume de *nardo*. En esto existe una dificultad ya que el nombre va acompañado del adjetivo calificativo πιστικός, traducido aquí como *puro*, o también *genuino*, *auténtico*. Algunos consideran que se trata de un derivado del verbo πίνειν, de ahí la traducción *líquido*. Mas bien debiera vincularse con el adjetivo πιστός, que expresa la idea de algo no adulterado. La dificultad se supera por algunos considerando el término πιστικός, como un calificativo de denominación local, lo que exigiría traducirlo como *nardo pístico*, con lo que solucionando un problema se crea otro, establecer el significado o sentido de *pístico*. Lo que debe entenderse aquí es que el frasco contenía ungüento, o perfume de nardo puro. Juan añade que era un perfume de mucho precio, es decir, de un alto valor. Para usar el perfume tenía que romperse la parte superior del frasco, o practicarle un orificio por donde podía salir el perfume depositado en el interior. Muchas veces estos perfumes de alto precio eran parte del patrimonio de una persona, al mismo nivel que las perlas o las gemas. La cantidad del perfume era también considerable, *una libra*, que en el caso de Juan que suele usar medidas romas, suponía unos trescientos cincuenta gramos de perfume de nardo puro. Este perfume era tan apreciado por los antiguos que en un escrito de Horacio prometía a Virgilio un tonel de buen vino a cambio de un pequeño frasco de perfume de nardo.

ἤλειψεν τοὺς πόδας τοῦ Ἰησοῦ καὶ ἐξέμαξεν ταῖς θριξὶν αὐτῆς τοὺς πόδας αὐτοῦ· Juan es muy concreto, al decir que aquella mujer que vino a Jesús, que era María, la hermana de Marta y de Lázaro derramó el contenido sobre los pies de Jesús, enjugándolos luego con sus cabellos. Aparentemente hay una contradicción con Marcos que dice que el ungüento fue vertido sobre la cabeza de Jesús (Mr. 14:3). La escena es fácilmente imaginable. En un momento de la cena, posiblemente al final o hacia el final de la misma, María se aproxima al Señor que está reclinado en el diván que rodeaba la mesa. Lo más probable es que estuviera en el centro. La mesa se situaba en forma de U lo que quiere decir que supone que el Señor estaría en lo que podríamos llamar la cabecera de la mesa, y a ambos lados partiendo de él, estaría el resto de los comensales. María se aproxima a Jesús por la parte de atrás del diván donde está sentado y, rompiendo el frasco de alabastro, vierte una gran parte del contenido sobre la cabeza del Señor, como está en los relatos de Mateo y de Marcos. Pero, todavía queda, o tal vez, reservó una parte del ungüento, que vertió sobre los pies de Cristo. Todos pudieron ver sorprendidos que además María, *enjugaba*, con su cabello los pies de Jesús.

La acción de aquella mujer, miembro de la familia, no una sirvienta de la casa, tuvo que haber causado, como mínimo asombro, sino estupefacción. Lavar los pies de un invitado era un servicio de esclavos de menor rango entre los que servían. Pero, además, que una mujer soltara el cabello en público y lo usara para frotar con el los pies de un invitado, era asombroso. Ninguna mujer judía soltaba el pelo delante de gente, porque era considerado *indecoroso*. El pelo siempre se tenía recogido, de ahí la observación que Pablo hace sobre el desorden de algunas mujeres en el culto en Corinto. El pelo era la cobertura natural que las mujeres estimaban altamente. Los pies de Jesús estaban tan llenos de perfume que era propio distribuir el exceso usando algo para ello, pero, en este caso es el pelo de María el que se coloca a los pies de Jesús para hacerlo. Aquella acción simbolizaba, sin ninguna duda la entrega de María al Señor en un acto de suprema adoración. No reservaba nada de su valor personal para ella, sino que lo entregaba en una expresión de amor a aquel que había amado a la familia de tal modo que incluso había resucitado a su hermano Lázaro. La entrega de aquello que era de mayor valor para ella, unido a la ofrenda del ungüento expresa claramente la dimensión generosa y plena de un sacrificio de adoración.

ἡ δὲ οἰκία ἐπληρώθη ἐκ τῆς ὀσμῆς τοῦ μύρου. Aquello no podía ocultarse. La casa se había llenado del olor del ungüento. La adoración y la alabanza no quedan en el secreto del adorador, sino que se hace conocido por todos los que le rodean. La gratitud y el reconocimiento ha de ser expresado con la entrega personal que es la forma natural de adoración delante de Dios (Ro. 12:1). Lo mismo que para María, lo que mueve la entrega en sacrificio de adoración son las *misericordias de Dios*, las continuas y múltiples expresiones de la compasión divina y la aceptación de quienes siendo miserables por condición, son recibidos al amparo divino. Las misericordias son el conjunto de actos divinos que desembocan en la salvación. Miramos a Cristo y descubrimos que *"el cual fue entregado por nuestras transgresiones y resucitado para nuestra justificación"* (Ro. 4:25). Esta maravillosa acción divina tiene necesariamente que movernos a una correspondencia de amor hacia Él. Nada más grande que la propia persona, derramada a los pies de Jesús, en entrega absoluta e incondicional para Su gloria. Lamentablemente la adoración se ha convertido para muchos en una *actividad*, cuando realmente es una *actitud*. María no tuvo en cuenta lo que socialmente podía ser una acción indecorosa, que pensaran todos los presentes lo que les pareciese, ella entregaba todo cuanto era poniéndolo a los pies de Su amado benefactor. Había llegado a la plena comprensión de quien era Jesús, no solo el *enviado*, sino especialmente *Emanuel*, Dios con nosotros. La deidad de Jesús conocida en no sabemos que dimensión, era suficiente para hacer lo que hizo. Su tesoro más preciado en cuanto a valores terrenales se derramó en un acto de adoración. No podía ya recogerse, no podía volver a almacenarse como una parte importante de su patrimonio. Nada era de ella, porque ella pertenecía a Jesús, manifestándolo delante de todos, anonadándose ante los hombres para secar los pies de Jesús con sus cabellos, en una acción que superaba todo trabajo de esclavo. Adoración es entrega sin reservas. No es un culto que descansa en formas, sino el verdadero que Dios acepta porque es expresión absoluta de un corazón que vive para Él. El Señor no entiende de formas, ni de maneras, sino de actitudes. El culto de la entrega es el que Dios busca y acepta (4:24). Es la respuesta de amor al amor infinito de Cristo: *"Porque el amor de Cristo nos constriñe, pensando esto: que si uno murió por todos, luego todos murieron; y por todos murió, para que los que viven, ya no vivan para sí, sino para aquel que murió y resucitó por ellos* (2 Co. 5:14-15).

4. Y dijo uno de sus discípulos, Judas Iscariote hijo de Simón, el que le había de entregar.

λέγει δὲ 'Ιούδας ὁ 'Ισκαριώτης εἷς [ἐκ] τῶν μαθητῶν αὐτοῦ, ὁ
Y dice Judas el Iscariote uno de los discípulos de Él, el
μέλλων αὐτὸν παραδιδόναι·
que había de le entregar.

Notas y análisis del texto griego.

Sigue el relato: λέγει, tercera persona singular del presente de indicativo en voz activa del verbo λέγω, *hablar, decir*, aquí *dice*, aunque tratándose de un presente histórico sería mejor *dijo*; δὲ, partícula conjuntiva que hace las veces de conjunción coordinante, con sentido de *pero, más bien, y, y por cierto, antes bien*; 'Ιούδας, caso nominativo masculino singular del nombre propio *Judas*; ὁ, caso nominativo masculino singular del artículo determinado *el*; 'Ισκαριώτης, caso nominativo masculino singular del nombre propio *Iscariote*; εἷς, caso nominativo masculino singular del adjetivo numeral cardinal *uno*; ἐκ, preposición propia de genitivo *de*; τῶν, caso genitivo masculino plural del artículo definido *los*; μαθητῶν, caso genitivo masculino plural del nombre común *discípulos*; αὐτοῦ, caso genitivo masculino singular del pronombre personal declinado *de Él*; ὁ, caso nominativo masculino singular del artículo determinado *el*; μέλλων, caso nominativo masculino singular del participio de presente en voz activa del verbo μέλλω, *estar a punto de, haber de, deber*, aquí *que había de*; αὐτὸν, caso acusativo masculino de la tercera persona singular del pronombre personal declinado *a Él, le*; παραδιδόναι, presente de infinitivo en voz activa del verbo παραδίδωμι, *entregar, traicionar, apresar*.

λέγει δὲ 'Ιούδας ὁ 'Ισκαριώτης Inmediatamente a la acción de María se produce la reacción de Judas, *el Iscariote*, en concordancia con el nombre como procedente de *Queriot*, en la tribu de Judá (Jos. 15:25). Era el único judío, no galileo como los otros.

εἷς [ἐκ] τῶν μαθητῶν αὐτοῦ, Juan procura identificar claramente a la persona de quien habla, diciendo que era uno de los discípulos de Él, es decir, uno de los Doce. Parece ser, por comparación con los paralelos, que otros de los discípulos se unieron a lo que sigue en el próximo versículo, pero, probablemente fueron inducidos a ello por las manifestaciones que Judas hizo. Eso sin minusvalorar la responsabilidad personal de todos ellos.

ὁ μέλλων αὐτὸν παραδιδόναι· Todavía algo más, Judas era el que *le había de entregar*. Personaje de relevancia en todo el proceso del prendimiento de Jesús. El traidor que por treinta piezas de plata vendería al Maestro a Sus enemigos. En modo alguno se trata de *predestinación*, esto es, que Judas había sido predestinado para entregar a Jesús y no podía dejar de hacerlo. Todo lo contrario, el calificativo agrava la situación personal de aquel que siendo discípulo de Jesús, enseñado como los otros durante tres años, disfrutando de los favores de Cristo, se atrevió, voluntariamente a traicionarlo, con la impresionante gravedad que incurre en el hecho de entregar a la muerte al Autor de la vida, el Hijo de Dios enviado al mundo. Jesús afirmó la responsabilidad de este hombre en la acción que cometería: *"A la verdad el Hijo del Hombre va, según está escrito de él, mas ¡ay de aquel hombre por quien el Hijo del Hombre es entregado! Bueno le fuera a ese hombre no haber nacido"* (Mt. 26:24). El verbo μέλλω, *estar a punto de, haber de, deber*, no implica necesariamente algo inevitable o necesario, sino que expresa una acción futura en relación con Judas.

Será bueno hacer una reflexión sobre el personaje y su acción para no mencionarla más adelante en el comentario. Todo cuanto sucedería en la muerte de Jesús, había sido anunciado por los profetas y resultaba ser una determinación divina para la realización de la obra de redención. Dios había respondido a las preguntas sobre esa operación de salvación: *¿Quién? ¿Cómo? ¿Cuándo?* El Redentor sería el Hijo de Dios en carne humana, el Verbo encarnado (1:14). El modo de redimir consistiría en la entrega voluntaria de Su vida (10:17-18; 1 P. 1:18-20). El tiempo sería en el momento determinado por Dios para realizar esa obra (Gá. 4:4). El tiempo estaba llegando, cuando ocurre el episodio del ungimiento de Jesús por María, al que sigue la reacción de Judas. Este tiempo estaba eternamente establecido (2 Ti. 1:9). Los profetas habían anticipado esto (cf. Sal. 22; Is. 53). Dios había revelado por medio de Daniel que la muerte del Mesías ocurriría al final de la semana sesenta y nueve, de las setenta determinadas sobre Israel (Dn. 9:26). El apóstol Pablo predicaba *"declarando y exponiendo por medio de las Escrituras, que era necesario que el Cristo padeciese, y resucitase de los muertos"* (Hch. 17:3), por eso también dice que *"Cristo murió por nuestros pecados, conforme a las Escrituras"* (1 Co. 15:3). Todo, pues, estaba bajo el control de Dios. La muerte de Jesús no es el triunfo de la injusticia sobre la justicia, ni del odio sobre el amor, ni de la ingratitud sobre la entrega, es la ejecución en el tiempo del decreto eterno de Dios para la salvación del hombre. La aparente derrota, desde la perspectiva humana, es la expresión suprema de la victoria de Dios.

Ahora bien, si todo cuanto ocurría estaba previsto y se producía conforme a lo que Dios había establecido ¿cuál podía ser la responsabilidad de Judas? ¿No eran los hombres los instrumentos por los cuales el Hijo de Dios sería muerto? ¿No actuaban todos al servicio del designio divino que establecía la muerte del Verbo encarnado? Sin duda, esa es una parte, pero en ningún modo exime al hombre de su responsabilidad. Dios lo creó para que hiciese el bien y no el mal, por tanto, cualquier acción al servicio del mal es contraria a la voluntad de Dios. De otro modo, Dios no eligió a Judas desde la eternidad para que fuese el que entregase a muerte a Su Hijo, lo hizo él al estar posesionado por el diablo, por tanto es responsable del homicidio más grande toda la historia. Él fue instrumento para entregar a Jesús en manos de quienes luego matarían al Autor de la vida (Hch. 3:15). El Hijo del Hombre sería entregado como estaba profetizado, pero la responsabilidad de la entrega para la muerte era directamente del que lo entregaba.

La culpabilidad de la acción de Judas es de tal dimensión que Jesús dijo que *"bueno le fuera a ese hombre no haber nacido"*. Judas incurría con su acción en la comisión de *homicidio voluntario*, desde el plano de la humanidad del Hijo de Dios, pero se traba de un *deicidio* desde la dimensión de su Persona Divino-humana. Es cierto que Dios no puede ser muerto ni puede morir, pero no es menos cierto que quien moría era Dios manifestado en carne. Es la responsabilidad personal de Judas la que es conveniente recordar antes de seguir adelante. Algunos han buscado disculpas que justificasen la acción de Judas, en una falsa expresión de misericordia, pero la Biblia deja patentemente clara la responsabilidad de quien traicionaba a Jesús.

5. ¿Por qué no fue este perfume vendido por trescientos denarios, y dado a los pobres?

διὰ τί	τοῦτο	τὸ	μύρον	οὐκ	ἐπράθη	τριακοσίων[1]	δηναρίων	καὶ
¿Por qué	este	-	perfume	no	se vendió	por trescientos	denarios	y

ἐδόθη	πτωχοῖς
dado	a pobres?

Notas y análisis del texto griego.

Trasladando las palabras de Judas, escribe: διὰ, preposición propia de acusativo *por*; τί, caso acusativo neutro singular del pronombre interrogativo *qué*; τοῦτο, caso nominativo neutro singular del pronombre demostrativo *esto*; τὸ, caso nominativo neutro singular del artículo determinado *el*; μύρον, caso nominativo neutro singular del nombre común *perfume, ungüento*; οὐκ, forma escrita del adverbio de negación *no*, con el grafismo propio ante una vocal con espíritu suave o una enclítica; ἐπράθη, tercera persona singular del aoristo primero de indicativo en voz pasiva del verbo πιπράσκω, *vender*, aquí *se vendió*; τριακοσίων, caso genitivo neutro plural del adjetivo numeral cardinal declinado *por trescientos*; δηναρίων, caso genitivo neutro plural del nombre común *denarios*; καὶ, conjunción copulativa *y*; ἐδόθη, tercera persona singular del aoristo primero de indicativo en voz pasiva del verbo δίδωμι, *dar, entregar*, aquí *se dio*; πτωχοῖς, caso dativo masculino plural del adjetivo declinado *a pobres*.

Crítica Textual. Lecturas alternativas.

[1] διακόσιοι, *doscientos*, según se lee en *f* [13], 579, 1424.

διὰ τί τοῦτο τὸ μύρον οὐκ ἐπράθη τριακοσίων δηναρίων. Los sinópticos enfatizan en el rechazo que tuvo la acción de María en los discípulos. Ya se ha dicho en el versículo anterior, que probablemente fue el resultado de la reacción de Judas. Sin embargo es de notar que el aparente malestar era por el *alto precio* que el perfume tenía. Juan sitúa el costo en *trescientos denarios*, en una alternativa de lectura se leen *doscientos*, en cualquier caso, siendo un denario el salario medio de día, suponía el de un año el valor del ungüento derramado sobre Jesús. Eso equivalía en el entorno social de entonces a los ahorros que un trabajador hubiera hecho a lo largo de su vida laboral. Es posible que la familia de Lázaro fuese gente acomodada, pero cualquiera que fuese su posición social, no cabe duda que el costo del perfume era realmente grande. El disentimiento se formula a modo de pregunta, para que cualquiera de los presentes pudiese responderla cuestionando la acción de María y, sin duda alguna, la pasividad de Jesús que permitía aquello.

καὶ ἐδόθη πτωχοῖς. En ello había una aparente manifestación de corazón piadoso, ya que aquella cantidad hubiera dado para alimentar a muchos pobres. Eso sería lo destacable si Juan no añade el comentario que viene en el próximo versículo y que establece la verdadera razón para la censura de Judas. Se aprecia también una manifestación de arrogancia personal, ya que se considera incorrecta la acción de María y el consentimiento de Jesús, porque ninguno de los dos tenía el mismo pensamiento de Judas. La realidad es que María tenía en su entorno un grupo que reprochaba lo que hizo, con expresiones de desacuerdo. Algo destacable en el *Evangelio* es la continua presentación de la posición de la gente hacia Jesús. Mientras que María representa la generosidad y entrega, Judas ofrece el repulso y la indignación contra Él. Probablemente este acontecimiento precipitó la determinación de Judas para entregar a Jesús.

6. Pero dijo esto, no porque se cuidara de los pobres, sino porque era ladrón, y teniendo la bolsa, sustraía de lo que se echaba en ella.

εἶπεν δὲ τοῦτο οὐχ ὅτι περὶ τῶν πτωχῶν ἔμελεν αὐτῷ, ἀλλ’
Pero dijo esto no porque acerca de los pobres importaba le, sino
ὅτι κλέπτης ἦν καὶ τὸ γλωσσόκομον ἔχων τὰ βαλλόμενα
porque ladrón era y la bolsa teniendo de lo que se echaba
ἐβάσταζεν.
llevaba.

Notas y análisis del texto griego.

Sin interrupción en el relato, añade: εἶπεν, tercera persona singular del segundo aoristo de indicativo en voz activa del verbo εἶπον, forma del aoristo de λέγω, *hablar, decir*, aquí *dijo*; δὲ, partícula conjuntiva que hace las veces de conjunción coordinante, con sentido de *pero, más bien, y, y por cierto, antes bien*; τοῦτο, caso acusativo neutro singular del pronombre demostrativo *esto*; οὐχ, forma escrita del adverbio de negación *no*, con el grafismo propio ante vocal con espíritu áspero; ὅτι, conjunción causal *porque*; περὶ, preposición propia de genitivo *acerca de, por*; τῶν, caso genitivo masculino singular del nombre común *pobres*; πτωχῶν, caso genitivo masculino plural del adjetivo *pobres*; ἔμελεν, tercera persona singular del imperfecto de indicativo en voz activa del verbo impersonal μέλει, que realmente es la primera persona singular del presente de indicativo del verbo μέλω, *importar*, aquí *importaba*; αὐτῷ, caso dativo masculino de la tercera persona singular del pronombre personal declinado *a él, le*; ἀλλ’, forma escrita ante vocal de la conjunción adversativa ἀλλά que significa *pero*, *sino*; ὅτι, conjunción causal *porque*; κλέπτης, caso nominativo masculino singular del nombre común *ladrón*; ἦν, tercera persona singular del imperfecto de indicativo en voz activa del verbo εἰμί, *ser, estar*, aquí *era*; καὶ, conjunción copulativa *y*; τὸ, caso acusativo neutro singular del artículo determinado *el*; γλωσσόκομον, caso acusativo neutro singular del nombre común *bolsa o cofre para dinero*; ἔχων, caso nominativo masculino singular del participio de presente en voz activa del verbo ἔχω, *tener, poseer*, aquí *teniendo*; τὰ, caso acusativo neutro plural del artículo determinado *los*; βαλλόμενα, caso acusativo neutro plural del participio de presente en voz pasiva del verbo βάλλω, *echar, arrojar, lanzar, meter*, aquí *que echaba*, o *que metía*; ἐβάσταζεν, tercera persona singular del imperfecto de indicativo en voz activa del verbo βαστάζω, *llevar, tomar, agarrar*, aquí *llevaba, agarraba, tomaba.*

εἶπεν δὲ τοῦτο οὐχ ὅτι περὶ τῶν πτωχῶν ἔμελεν αὐτῷ, No es posible determinar como Juan llegó a conocer la intimidad de los afectos de Judas. Pero, lo que es evidente es que lo que verdaderamente importaba a Judas no eran los pobres. Es más, le tenían muy sin cuidado. La hipocresía es un rasgo característico de quienes quieren revestirse de piedad, pero viven al margen de ella.

ἀλλ' ὅτι κλέπτης ἦν καὶ τὸ γλωσσόκομον ἔχων τὰ βαλλόμενα ἐβάσταζεν. La verdadera razón es que el corazón de Judas estaba lleno de maldad y *era ladrón*. La avaricia carcomía su alma y buscaba sólo enriquecerse cuanto pudiese. La prueba mejor es que siendo el tesorero del grupo, hurtaba de lo que se ponía en la bolsa. Algunos participaban con ofrendas para el ministerio de Jesús, como eran las mujeres que cita Lucas, y que, conforme a lo que dice en el *tercer evangelio*, le sostenían con sus bienes (Lc. 8:3). Los pocos recursos que tenían cabían en una pequeña bolsa. El término γλωσσόκομον, denotaba una bolsa para la boquilla de la flauta, con el tiempo se asoció a un cofre o bolsa para el dinero. No era mucho lo que poseían, pero lo que tenían en exceso era el corazón endurecido de uno de los discípulos. No es posible determinar como se le encargó a Judas la administración de los recursos del grupo. Jesús conocía bien la condición personal de cada uno de los discípulos y había dicho que entre ellos uno, con referencia a Judas, era diablo (6:70). Sin embargo le confió esta tarea dándole oportunidad continuamente de un cambio personal en arrepentimiento y fe para salvación. Juan dice que Judas, el tesorero, *metía la mano*, en la bolsa y sustraía de lo que se ponía en ella. Abusaba de la confianza que le habían otorgado, robando a sus compañeros y al Señor.

Judas debió haber sido uno de los *convencidos* de que Jesús era el Mesías. Como se enseñaba entonces el enviado de Dios, vendría para establecer el reino. Todos los discípulos tenían sus propios intereses personales. Pedro recordó a Jesús que ellos habían dejado todo para seguirle y que recibirían por ello (Mt. 19:27; Mr. 10:28). Posiblemente Judas seguía a Jesús pensando en el beneficio que tendría cuando estableciese el reino. Su ilusión no eran bienes espirituales sino materiales. Había esperado mucho tiempo y Jesús, en lugar de hablarles del glorioso reino mesiánico, les hablaba de muerte en manos de los judíos y de los gentiles. El anuncio de la pasión había sido reiterado muchas veces en los últimos tiempos. Judas descubría que su esperanza se esfumaba, que había estado tanto tiempo con Jesús, para no obtener provecho alguno de ese compromiso. Aferrándose a su valor principal que era el egoísmo y el deseo de enriquecerse, fue apropiándose de lo que tenía a mano. Aquí vio esfumarse un nuevo recurso material, ya que la venta de aquel ungüento por trescientos denarios, le proporcionaría una buena cantidad para él. Esta miseria de vida, con un alma llena de amor al dinero pero absolutamente carente de amor por Jesús, le arrastró hasta su última operación financiera: vender por treinta piezas de plata a su Señor, Maestro y amigo. Judas estaba lleno de avaricia. Una persona codiciosa siempre necesita más. Satanás conduciría este pecado a la consumación máxima en la venta del Hijo de Dios.

Es notable observar como en el transcurso del tiempo el pecado de la codicia afectó a muchos en la historia de la Iglesia. Desde la ocasión de Ananías y Safira, sustrayendo en la venta de la propiedad y mintiendo al Espíritu Santo (Hch. 5:3), hasta el tiempo actual donde algunos, revistiéndose de profetas, apóstoles, enviados y otros muchos calificativos rimbombantes, usan su palabrería, comunican falsas profecías que nunca les fueron comunicadas, para enriquecerse apropiándose de los bienes de quienes confiando en las mentiras que presentan como mensajes y revelaciones divinas, los entregan en respuesta a las peticiones de quienes son verdaderamente ladrones. Judas estaba siendo dirigido por sus pasiones personales y finalmente cayó en las manos de Satanás. Así también muchos de estos falsarios, ofrecen sanidades, prosperidad, cumplimiento de deseos a cambio de recibir una ofrenda, cuando Dios da la mayor riqueza que es el perdón de los pecados y la vida eterna, por gracia mediante la fe. Lo mismo que se dice de Judas, que *era ladón*, así ocurre con todos los que buscan enriquecerse con los bienes de otros, revistiéndose de piedad, cuando realmente sus vestidos son mera hipocresía, que es la peor de las mentiras porque es difícil de descubrir.

7. Entonces Jesús dijo: Déjala; para el día de mi sepultura ha guardado esto.

εἶπεν οὖν ὁ Ἰησοῦς· ἄφες αὐτήν, ἵνα εἰς τὴν ἡμέραν τοῦ
Dijo, entonces, - Jesús: Deja la, que para el día de la
ἐνταφιασμοῦ μου τηρήσῃ[1] αὐτό·
sepultura de mí guardara esto.

Notas y análisis del texto griego.

Jesús intervino: εἶπεν, tercera persona singular del segundo aoristo de indicativo en voz activa del verbo εἶπον, forma del aoristo de λέγω, *hablar, decir*, aquí *dijo*; οὖν, conjunción continuativa *pues, entonces*; ὁ, caso nominativo masculino singular del artículo determinado *el*; Ἰησοῦς, caso nominativo masculino singular del nombre propio *Jesús*; ἄφες, segunda persona singular del aoristo segundo de imperativo en voz activa del verbo ἀφίημι, *dejar, permitir*, aquí *deja*; αὐτήν, caso acusativo femenino de la tercera persona singular del pronombre personal declinado *a ella, la*; ἵνα, conjunción *que*; εἰς, preposición propia de acusativo *para*; τὴν, caso acusativo femenino singular del artículo determinado *la*; ἡμέραν, caso acusativo femenino singular del nombre común *día*; τοῦ, caso genitivo masculino singular del artículo determinado declinado *del*; ἐνταφιασμοῦ, caso genitivo masculino singular del nombre común *sepultura, entierro*; μου, caso genitivo de la primera persona singular del pronombre personal declinado *de mí*; τηρήσῃ, tercera persona singular del aoristo primero de subjuntivo en voz activa del verbo τηρέω, *guardar, conservar, custodiar*, aquí *guardara*; αὐτό, caso acusativo neutro singular del pronombre demostrativo *esto*.

Crítica Textual. Lecturas alternativas.

[1] τηρήσῃ, *guardara*, según atestigua p[66, 75vid], ℵ, B, D, K, K, Q, W, Θ, Ψ, 33, 579, 1241, 2211, lat sir[hmg] co.

τετηρεκεν, *había guardado*, conforme a A, Γ, Δ, *f*[1, 13], 565, 700, 892[s], 1424, 844, 𝔐, f, sir[p, h].

εἶπεν οὖν ὁ Ἰησοῦς· ἄφες αὐτήν, ἵνα εἰς τὴν ἡμέραν τοῦ ἐνταφιασμοῦ μου τηρήσῃ αὐτό· Jesús salió en defensa de la acción de María, ante quienes le acusaban de derrochar lo que podía darse a los pobres. El ungüento tan costoso lo había guardado, atesorado, para la sepultura de Jesús. De ahí la traducción literal del aoristo de subjuntivo *guardara*, es decir, lo estaba guardando con un destino, aplicarlo para la sepultura del Señor.

Es difícil entender el significado o, tal vez mejor, el alcance de estas palabras. Según el relato de Marcos, el Señor dijo que María *"había hecho lo que podía"* y añade *"porque se ha anticipado a ungir mi cuerpo para la sepultura"* (Mr. 14:8). María había prestado el único servicio que estaba a su alcance. Pero el acto de ungir a Jesús tenía un alcance espiritual mayor de lo que podían entender aquellos. El Señor dijo que al derramar el perfume de nardo sobre Él, María se anticipaba a ungir Su cuerpo para el entierro. Ella vertió todo el ungüento de nardo que contenía el frasco de alabastro sobre el Señor, llenándolo del perfume, que Él entendió como un anticipo de lo que tendría lugar después de Su muerte física. Nicodemo traería entonces una gran cantidad de ungüento, de mirra y de áloes para ungir definitivamente el cuerpo de Jesús, como era costumbre, antes de depositarlo definitivamente en la tumba (19:39). Pero ¿tenía María una comprensión tal del futuro de Jesús, en cuanto a que Su cuerpo no quedaría en el sepulcro, por lo que no necesitaba ser ungido con perfume, como el que ella había reservado? Los anuncios del Señor sobre Su muerte, sepultura y resurrección habían sido dados reiteradamente a los discípulos y, sin duda, conocidos también por Sus seguidores. Para la mayoría de ellos, o tal vez para todos, lo que se refería a Su muerte, aunque un tanto contrario a lo que esperaban del Mesías, era entendido, pero, como si fuese algo imposible, no aceptaban lo de la resurrección, hasta el punto que cuando se produjo ninguno estaba dispuesto a creerlo. Sin embargo, María era una mujer que estaba siempre atenta a las palabras de Jesús, excelente oyente de Su enseñanza y de sus revelaciones (Lc. 10:39). ¿Había comprendido ella esta verdad mejor que los discípulos? María sabía que la muerte del Señor estaba cerca y Él dijo, según Marcos, que ella había hecho *lo que podía*. Judas juzgaba la acción de María por lo que simplemente aparentaba, un despilfarro de algo de gran valor, que podía venderse y darlo a los pobres. Cristo consideraba aquella acción desde la intención que la motivaba. Aquella mujer se *había anticipado, adelantado*, a ungir el cuerpo del Señor en relación con Su muerte. Nada puede afirmarse a la luz del texto bíblico, pero es clara la interpretación que Jesús dio a lo que había hecho María. Ninguna otra persona llegó a ungir el cuerpo de Cristo preparándolo, como era habitual hacer con los cadáveres, para depositarlos definitivamente en la tumba. Es verdad que Nicodemo llegó a poner sobre el cuerpo de Jesús una cantidad de ungüento antes de envolverlo en una sábana y colocarlo en la tumba. Pero, proveyó de otra porción de ungüentos aromáticos para que las mujeres acondicionaran el cuerpo muerto del Señor. Sin embargo ninguna de ellas logró ese propósito porque cuando llegaron al sepulcro ya había resucitado. Jesús dijo que María había hecho aquello para *ungirlo para la sepultura*. Ella no podía impedir la muerte de Su amado Señor, pero podía manifestar con aquel acto su amor y devoción hacia el Maestro. Dos veces María recibió reproches de su actuación hacia Cristo. La primera de su hermana que le acusó de dejarla servir sola (Lc. 10:40). La segunda del ladrón que reprochaba lo hecho porque le perjudicaba. En las dos veces Jesús salió en defensa de ella. Los hombres pueden entender un acto de amor como expresión de arrogancia, pero Dios conoce la intención del corazón y no juzga por apariencias.

8. Porque a los pobres siempre los tendréis con vosotros, mas a mí no siempre me tendréis.

τοὺς πτωχοὺς γὰρ πάντοτε ἔχετε μεθ' ἑαυτῶν, ἐμὲ δὲ οὐ
Porque a los pobres siempre tendréis con vosotros, pero a mí no
πάντοτε ἔχετε.
siempre tendréis.

Notas y análisis del texto griego.

Cerrando el relato, escribe: τοὺς, caso acusativo masculino plural del artículo determinado declinado *a los*; πτωχοὺς, caso acusativo masculino plural del adjetivo *pobres*; γὰρ, conjunción causal *porque*; πάντοτε, adverbio de tiempo *siempre*; ἔχετε, segunda persona plural del presente de indicativo en voz activa del verbo ἔχω, *tener*, aquí *tenéis*; μεθ', forma que toma la preposición de genitivo μετά ante vocal aspirada, que equivale a *con*; ἑαυτῶν, caso genitivo masculino de la segunda persona plural del pronombre personal *vosotros*; ἐμὲ, caso acusativo de la primera persona singular del pronombre personal declinado *a mí*; δὲ, partícula conjuntiva que hace las veces de conjunción coordinante, con sentido de *pero, más bien, y, y por cierto, antes bien*; οὐ, adverbio de negación *no*; πάντοτε, adverbio de tiempo *siempre*; ἔχετε, segunda persona plural del presente de indicativo en voz activa del verbo ἔχω, *tener*, aquí *tenéis*, como presente profético *tendréis*.

τοὺς πτωχοὺς γὰρ πάντοτε ἔχετε μεθ' ἑαυτῶν, ἐμὲ δὲ οὐ πάντοτε ἔχετε. El Señor llama la atención de los discípulos sobre un hecho real. Siempre habrá ocasión para atender a los pobres, porque *siempre* los tendrían. No quiere decir que Jesús esté afirmando que la pobreza debe existir, sino que hace una afirmación que es comprobable. El pecado ha destruido los valores esenciales de la humanidad y produjo las diferencias sociales que, por mucho que personas bien dispuestas lo deseen, la pobreza persiste en el mundo, de modo *"que a los pobres siempre los tendréis con vosotros"*. Pero Él les había anunciado Su muerte y resurrección, y en breve, les hablará de Su retorno al Padre que le había enviado y de donde procedía. Cuando eso se produzca aunque quisieran mostrarle con algún don material su afecto, sería imposible. María ¿había comprendido esto? Sea como fuese aprovechó la ocasión para ungir a Jesús mientras tuvo ocasión para hacerlo. Juan guarda silencio sobre la promesa que Jesús dio a María como reconocimiento de aquella acción (cf. Mt. 26:13; Mr. 14:9[1]).

Reacciones encontradas (12:9-11).

9. Gran multitud de los judíos supieron entonces que él estaba allí, y vinieron, no solamente por causa de Jesús, sino también para ver a Lázaro, a quien había resucitado de los muertos.

Ἔγνω οὖν [ὁ] ὄχλος πολὺς ἐκ τῶν Ἰουδαίων ὅτι ἐκεῖ ἐστιν καὶ
Supo, pues, la multitud mucha de los Judíos que allí está y
ἦλθον οὐ διὰ τὸν Ἰησοῦν μόνον, ἀλλ' ἵνα καὶ τὸν
vinieron no a causa - de Jesús sólo, sino para también -
Λάζαρον ἴδωσιν ὃν ἤγειρεν ἐκ νεκρῶν.
a Lázaro ver, al que resucitó de muertos.

[1] Ver comentario a esas referencias en los correspondientes volúmenes de esta serie.

Notas y análisis del texto griego.

Iniciando un breve párrafo, escribe: Ἔγνω, tercera persona singular del aoristo segundo de indicativo en voz activa del verbo γινώσκω, *saber, conocer, entender*, aquí *supo*; οὖν, conjunción continuativa *pues*; ὁ, caso nominativo masculino singular del artículo determinado *el*; ὄχλος, caso nominativo masculino singular del nombre común *pueblo, gente,* πολὺς, caso nominativo masculino singular del adjetivo *mucho*; ἐκ, preposición propia de genitivo *de*; τῶν, caso dativo masculino plural del artículo determinado *los*; Ἰουδαίων, caso dativo masculino plural del adjetivo *judíos*; ὅτι, conjunción *que*; ἐκεῖ, adverbio de lugar *allí*; ἐστιν, tercera persona singular del presente de indicativo en voz activa del verbo εἰμί, *ser, estar*, aquí *está*; καὶ, conjunción copulativa *y*; ἦλθον, tercera persona plural del aoristo segundo de indicativo en voz activa del verbo ἔρχομαι, *venir, llegar*, aquí *vinieron*; οὐ, adverbio de negación *no*; διὰ, preposición propia de acusativo *por, a causa de*; τὸν, caso acusativo masculino singular del artículo determinado *el*; Ἰησοῦν, caso acusativo masculino singular del nombre propio *Jesús*; μόνον, adverbio de modo *sólo, solamente*; ἀλλ', forma escrita ante vocal de la conjunción adversativa ἀλλά que significa *pero*, *sino*; ἵνα, conjunción causal *para*; καὶ, adverbio de modo *también*; τὸν, caso acusativo masculino singular del artículo determinado *el*; Λάζαρον, caso acusativo masculino singular del nombre propio *Lázaro*; ἴδωσιν, tercera persona plural del segundo aoristo de subjuntivo en voz activa del verbo ὁράω, *ver, mirar, observar*, aquí *vieran*, en sentido de *ver*; ὃν, caso acusativo masculino singular del pronombre relativo declinado *al que*; ἤγειρεν, tercera persona singular del aoristo primero de indicativo en voz activa del verbo ἐγείρω, *levantar, resucitar*, aquí *resucitó*; ἐκ, preposición propia de genitivo *de*; νεκρῶν, caso genitivo masculino plural del adjetivo *muertos*.

Ἔγνω οὖν [ὁ] ὄχλος πολὺς ἐκ τῶν Ἰουδαίων ὅτι ἐκεῖ ἐστιν καὶ ἦλθον οὐ διὰ τὸν Ἰησοῦν μόνον, ἀλλ' ἵνα καὶ τὸν Λάζαρον ἴδωσιν ὃν ἤγειρεν ἐκ νεκρῶν. La multitud de personas que habían venido a Jerusalén para los preparativos y luego la celebración de la Pascua supieron que Jesús estaba en Betania. De igual modo conocían ya, o lo supieron en Jerusalén, que Lázaro había sido resucitado de los muertos, por tanto, fueron a Betania, no solo para ver a Jesús, sino para ver al que había sido resucitado de los muertos. Los que habían subido a Betania no eran pocos, sino muchos, como era propio a causa de la gran cantidad de gente que afluía a Jerusalén en aquellos días. No era difícil acceder a Betania porque era un núcleo pequeño de población prácticamente en el extrarradio de la capital.

El adjetivo *judíos*, aquí no debe aplicarse a las autoridades religiosas, especialmente a los fariseos y principales sacerdotes, sino como gentilicio de los que eran israelitas. Los judíos habían venido en grupos hasta Betania. Habían venido para ver a Jesús y a Lázaro. Para la mayoría de ellos ambas personas consistían en un mero espectáculo que era bueno conocer. Entre ellos, no cabe duda que habían subido algunos de los *judíos*, enemigos de Jesús, al oír la noticia en Jerusalén que Jesús había venido a la fiesta y había llegado a Betania.

10. Pero los principales sacerdotes acordaron dar muerte también a Lázaro.

ἐβουλεύσαντο δὲ οἱ ἀρχιερεῖς ἵνα καὶ τὸν Λάζαρον
Pero acordaron los principales sacerdotes que también a Lázaro
ἀποκτείνωσιν,
matasen.

Notas y análisis del texto griego.

Sin interrupción en el relato, añade: ἐβουλεύσαντο, tercera persona plural del aoristo primero de indicativo en voz media del verbo βουλεύομαι, *reflexionar, decidir, hacer planes, proyectar, acordar*, aquí *acordaron*; δὲ, partícula conjuntiva que hace las veces de conjunción coordinante, con sentido de *pero, más bien, y, y por cierto, antes bien*; οἱ, caso nominativo masculino plural del artículo determinado *los*; ἀρχιερεῖς, caso nominativo masculino plural del nombre común *principales sacerdotes*; ἵνα, conjunción *que*; καὶ, adverbio de modo *también*; τὸν, caso acusativo masculino singular del artículo determinado declinado *al*; Λάζαρον, caso acusativo masculino singular del nombre propio *Lázaro*; ἀποκτείνωσιν, tercera persona plural del presente de subjuntivo en voz activa del verbo ἀποκτείνω, *matar, dar muerte*, aquí *matasen*.

ἐβουλεύσαντο δὲ οἱ ἀρχιερεῖς ἵνα καὶ τὸν Λάζαρον ἀποκτείνωσιν, En cuanto a la determinación de matar a Jesús era ya un hecho. Solo buscaban el momento oportuno. Todo el Sanedrín había determinado matarlo (7:32). Todos estaban pidiendo información sobre donde estaba para prenderlo (11:57). Aquí se añade un punto más a la tremenda determinación de cometer un homicidio con visos de legalidad. Los saduceos, secta a la que pertenecían sino todos, sí la mayoría de los sacerdotes, añadía un propósito malvado más, consistente en dar también muerte a Lázaro. Nótese que se trata, como Juan dice, de los *principales sacerdotes*. Quienes habían sido puestos por Dios para enseñar la Ley al pueblo, honrar a Dios con su ministerio y expresar una vida concordante con la voluntad divina, buscan la muerte de dos inocentes porque eran necesarias a sus propios intereses. El testimonio de Lázaro, sin palabras, con su sola presencia era un problema contra ellos que era necesario resolver definitivamente, y la única vía de reducirlo al silencio, era la muerte. Otra importante causa que movía a los sacerdotes contra Lázaro es que los saduceos no creen en la resurrección, y el resucitado era una evidencia visible que contradecía aquella mentira en la que ellos instruían al pueblo (Mt. 22:33; Mr. 12:18; Lc. 20:27; Hch. 23:8). Esta situación en distintas formas se repite a lo largo del tiempo en quienes no son tanto religiosos, sino que viven obteniendo beneficios de la religión, mientras explotan a sus seguidores y se lucran en muchos aspectos de su hipócrita forma de vida.

11. Porque por causa de él muchos de los judíos se apartaban y creían en Jesús.

ὅτι	πολλοὶ	δι'	αὐτὸν	ὑπῆγον	τῶν	'Ιουδαίων	καὶ
Porque	muchos	a causa de	él	se marchaban	de los	Judíos	y

ἐπίστευον	εἰς	τὸν	'Ιησοῦν.
creían	en	-	Jesús.

Notas y análisis del texto griego.

Concluye el párrafo: ὅτι, conjunción causal *porque*; πολλοὶ, caso nominativo masculino plural del adjetivo *muchos*; δι', forma contracta de la preposición de acusativo διά, *por medio de, a causa de*; αὐτὸν, caso acusativo masculino singular del pronombre personal *él*; ὑπῆγον, tercera persona plural del imperfecto de indicativo en voz activa del verbo ὑπάγω, *irse, marcharse, andar, retirarse, alejarse*, aquí *se marchaban*; τῶν, caso genitivo masculino plural del artículo determinado declinado *de los*; 'Ιουδαίων, caso genitivo masculino plural del adjetivo *judíos*; καὶ, conjunción copulativa *y*; ἐπίστευον, tercera persona plural del imperfecto de indicativo en voz activa del verbo πιστεύω, *creer*, aquí *creían*; εἰς, preposición propia de acusativo *en, a*; τὸν, caso acusativo masculino singular del artículo determinado *el*; 'Ιησοῦν, caso acusativo masculino singular del nombre propio *Jesús*.

ὅτι πολλοὶ δι' αὐτὸν ὑπῆγον τῶν 'Ιουδαίων καὶ ἐπίστευον εἰς τὸν 'Ιησοῦν. Juan declara la razón que sustentaba la determinación de matar a Lázaro, por parte de los principales sacerdotes. La gente le veía, sabía quien lo había resucitado, y esa señal culminaba en una aproximación a Jesús, creyendo en Él como el enviado de Dios. Por consiguiente, quien se acercaba a Jesús se alejaba de los *judíos*. El verbo ὑπάγω, tiene un amplio significado, pero aquí la idea que expresa es de *alejamiento, separación*, es decir, muchos judíos abandonaban su lealtad al sistema religiosos para seguir la enseñanza y Persona de Jesucristo. La traducción del texto es imprecisa en RV, porque según esa traducción quienes se *apartaban* eran muchos de los judíos, sin embargo lo que el texto griego dice es *que muchos se apartaban de los judíos*, esto es, mucha gente salía del entorno religioso propio de los *fariseos* y *sacerdotes*. La separación continuaba y cada vez era mayor el número de personas que comprendían que el conflicto entre Jesús y los líderes era insalvable porque los seguidores de los religiosos judíos tenían necesariamente, para continuar en esa condición, que alejarse de Jesús. Sin embargo, nadie de los *judíos*, era capaz de hacer las señales que Cristo hacía, ni pronunciar las palabras de autoridad suyas. Por consiguiente la situación personal del liderazgo había entrado en una seria dificultad. Los principales sacerdotes, suponían, y con razón, que la muerte de Jesús no terminaría el problema si había testimonios a Su favor como el de Lázaro, por consiguiente la solución inmediata era eliminar a ambos.

La envidia generaba odio contra quien era atracción para tantos. Esto no podía ser soportado fácilmente por quienes estaban llenos de amor propio y buscaban su gloria personal. Más tarde, en el tiempo, un fariseo convertido a Cristo diría a su colaborador Timoteo: *"Y también todos los que quieren vivir piadosamente en Cristo Jesús padecerán persecución"* (2 Ti. 3:12). Es la consecuencia de *no ser del mundo*. Muchas veces se consideran a los *religiosos*, que viven en apariencia de piedad como personas *espirituales*, pero cuando se oponen a Jesús, su verdad, su enseñanza y su ética, no son espirituales, sino mundanos.

Jesús en Jerusalén (12:12-50).

La entrada en Jerusalén (12:12-19).

12. El siguiente día, grandes multitudes que habían venido a la fiesta, al oír que Jesús venía a Jerusalén.

Τῇ ἐπαύριον ὁ ὄχλος πολὺς ὁ ἐλθὼν εἰς τὴν ἑορτήν,
El siguiente día el gentío grande el que vino a la fiesta
ἀκούσαντες ὅτι ἔρχεται ὁ Ἰησοῦς εἰς Ἱεροσόλυμα
al oír que viene - Jesús a Jerusalén.

Notas y análisis del texto griego.

Inicia el relato de la entrada de Jesús en Jerusalén: Τῇ, caso dativo femenino singular del artículo determinado *la*; ἐπαύριον, adverbio de tiempo *siguiente día*; ὁ, caso nominativo masculino singular del artículo determinado *el*; ὄχλος, caso nominativo masculino singular del nombre común *gentío, turba, multitud*; πολὺς, caso nominativo masculino singular del adjetivo *mucho, grande*; ὁ, caso nominativo masculino singular del artículo determinado *el*; ἐλθὼν, caso nominativo masculino singular del aoristo segundo del verbo ἔρχομαι, *venir, llegar, aparecer*, aquí *que vino*; εἰς, preposición propia de acusativo *a*; τὴν, caso acusativo femenino singular del artículo determinado *la*; ἑορτήν, caso acusativo femenino singular del nombre común *fiesta*; ἀκούσαντες, caso nominativo masculino plural del participio de aoristo primero en voz activa del verbo ἀκούω, *oír, escuchar*, aquí *oyendo, al oír*; ὅτι, conjunción copulativa *que*; ἔρχεται, tercera persona singular del presente de indicativo en voz media del verbo ἔρχομαι, *venir, llegar, aparecer*, aquí *viene*, en sentido de *venía*; ὁ, caso nominativo masculino singular del artículo determinado *el*; Ἰησοῦς, caso nominativo masculino singular del nombre propio *Jesús*; εἰς, preposición propia de acusativo *a*; Ἱεροσόλυμα, caso acusativo neutro plural del nombre propio *Jerusalén.*

Τῇ ἐπαύριον. La precisión cronológica es, como generalmente ocurre, un tanto complicada. Este *siguiente día*, tiene necesariamente que ser el siguiente al sábado, donde tuvo lugar la cena y el ungimiento de Jesús. El punto de referencia debe ser el que inicia el capítulo: *"seis días antes de la pascua"* (v. 1), quiere decir que si el día de comer la pascua caía en esa ocasión en viernes, el *siguiente día* tenía que ser el domingo, que en muchos lugares del cristianismo se conoce como el *Domingo de Ramos*.

ὁ ὄχλος πολὺς ὁ ἐλθὼν εἰς τὴν ἑορτήν, El gentío grande, la multitud se agolpaba en la ciudad de Jerusalén. Todos ellos habían venido a la fiesta principal de los judíos.

ἀκούσαντες ὅτι ἔρχεται ὁ Ἰησοῦς εἰς Ἱεροσόλυμα. La pregunta de si Jesús vendría o no a la fiesta ese año, había circulado por la ciudad. Algunos, especialmente de los *fariseos*, dudaban de que acudiría. Esa pregunta quedó definitivamente contestada porque Jesús había venido a Betania y estaba en casa de Sus amigos. Corriéndose entre la multitud que Jesús estaba cerca de la ciudad, un verdadero gentío, había tomado el camino hacia Betania y se habían presentado allí. Aquel gentío desafiaba al Sanedrín, ya que en lugar de denunciar a Jesús para que fuese apresado, subían al lugar adonde estaba para encontrarse con Él. No puede saberse cual era el número de peregrinos y residentes en Jerusalén que habían venido para celebrar la Pascua, pero según Josefo, en un censo de asistentes que encargó Cestio Galo, gobernador de la provincia romana de Siria, en la época en que comenzó la guerra de los judíos, dice había dos millones setecientos mil judíos, asistentes a la fiesta. Aunque resulta un número tal vez muy elevado para poder alojarse en la ciudad y las poblaciones del entorno, no cabe duda que la afluencia de gente era muy grande.

13. Tomaron ramas de palmera y salieron a recibirle, y clamaban: ¡Hosanna! ¡Bendito el que viene en el nombre del Señor, el Rey de Israel!

ἔλαβον τὰ βαΐα τῶν φοινίκων καὶ ἐξῆλθον εἰς ὑπάντησιν
Tomaron las ramas de las palmeras y salieron a encuentro
αὐτῷ καὶ ἐκραύγαζον·
de Él y clamaban:
ὡσαννά·
¡Hosanna!
εὐλογημένος ὁ ἐρχόμενος ἐν ὀνόματι Κυρίου,
¡Bendito el que viene en nombre de Señor
[καὶ] ὁ βασιλεὺς τοῦ Ἰσραήλ.
y el Rey - de Israel.

Notas y análisis del texto griego.

Hablando de la multitud, dice: ἔλαβον, tercera persona plural del segundo aoristo de indicativo en voz activa del verbo λαμβάνω, *tomar, agarrar*, aquí *tomaron*; τὰ, caso acusativo neutro plural del artículo determinado *los*; βαΐα, caso acusativo neutro plural del nombre común *ramas*; τῶν, caso genitivo masculino plural del artículo determinado *los*; φοινίκων, caso genitivo masculino plural del nombre común *palmeras*; καὶ, conjunción copulativa *y*; ἐξῆλθον, tercera persona plural del aoristo segundo de indicativo en voz activa del verbo ἐξέρχομαι, *salir*, aquí *salieron*; εἰς, preposición propia de acusativo *a*; ὑπάντησιν, caso acusativo femenino singular del nombre común *encuentro*; αὐτῷ, caso dativo masculino de la tercera persona singular del pronombre personal declinado *de Él*; καὶ, conjunción copulativa *y*; ἐκραύγαζον, tercera persona plural del imperfecto de indicativo en voz activa del verbo κραυγάζω, *gritar, alzar la voz, clamar*, aquí *clamaban*; *ὡσαννά*, transliteración *hosanna*; *εὐλογημένος*, caso nominativo masculino singular del participio de perfecto en voz pasiva del verbo εὐλογέω, *bendecir, alabar*, aquí *bendito*; ὁ, caso nominativo masculino singular del artículo determinado *el*; *ἐρχόμενος*, caso nominativo masculino singular del participio de presente en voz activa del verbo ἔρχομαι, *venir*, aquí *que viene*; *ἐν*, preposición propia de dativo *en*; *ὀνόματι*, caso dativo neutro singular del nombre común *nombre*; *Κυρίου,* caso genitivo masculino singular del nombre divino *Señor*; *καὶ*, conjunción copulativa *y*; *ὁ*, caso nominativo masculino singular del artículo definitivo *el*; *βασιλεὺς*, caso nominativo masculino singular del nombre común *rey*; *τοῦ*, caso genitivo masculino singular del artículo determinado *el*; *Ἰσραήλ*, caso genitivo masculino singular del nombre propio *Israel.*

ἔλαβον τὰ βαΐα τῶν φοινίκων καὶ ἐξῆλθον εἰς ὑπάντησιν αὐτῷ. Aunque Juan no habla de una comitiva que acompañaba a Jesús, como lo hacen los sinópticos, no cabe duda que se formó con la gran multitud que subió de Jerusalén al saber que Jesús estaba en Betania. No todos subieron al mismo tiempo, sino que probablemente lo hicieron por grupos de personas, de modo que cuando Jesús inició el camino hacia Jerusalén, llegó a formarse una comitiva de los que le seguían desde Betania y de los que se encontraron con Él en el camino, dando vuelta y acompañándole en el resto de tramo hasta la ciudad. Todos ellos tomaron, dice Juan *ramas de palmera*, literalmente *palmas de palmera* en sus manos. El llevar ramos de palmera en la mano para acompañar a alguien, era señal de rendirle homenaje. Las palmeras crecían en el camino desde Betania a Jerusalén. De modo que las multitudes, una delante y otra detrás (Mt. 21:9; Mr. 11:9), fueron cortando las ramas mientras andaban.

καὶ ἐκραύγαζον· La escena que relata Juan pone de manifiesto un entusiasmo creciente por la presencia de Jesús. El texto griego habla de *gritar*, o *clamar*. La gente aclamaba al Señor. Era una expresión de alegría y de glorificación al mismo tiempo. Podía entenderse como *Bendito el que viene*, o también como *bendito en nombre del Señor el que viene.*

ὡσαννά· El *Hosanna* se repetía continuamente. La transliteración de la palabra significa *salva ahora*. Era una aclamación que se convertía en oración. La gente pedía a Dios que salvara en ese tiempo. Esta oración iba a tener respuesta unos días después, cuando la salvación del pecador se hacía posible por la entrega en sacrificio del Cordero de Dios, que en la Cruz llevaba y quitaba el pecado del mundo. El *Hosanna* era el comienzo del *Gran Jallel*, el grupo de Salmos que habitualmente se cantaban durante el tiempo de la Pascua. La expresión está tomada del Salmo 118:26. Éste se cantaba en la fiesta de los Tabernáculos y en la de la Pascua. Expresa la oración del pueblo que pide a Dios protección y ayuda. Sin duda la mayoría de los que cantaban entendían bien el significado de la palabra, aunque aquí podían usarlo como mera forma de aclamación, vitoreando a Jesús que entraba en la ciudad. Esta era, una verdadera oración que Dios contestaba en aquel momento. Al *Hosanna*, *salva ahora*, del pueblo, Dios respondía con la presencia del Mesías, Salvador enviado desde el cielo, la provisión plena enviada por medio de Jesús. El Salvador estaba en medio de Su pueblo y podía cumplir las promesas del profeta: *"Canta, oh hija de Sión; da voces de júbilo, oh Israel; gózate y regocíjate de todo corazón, hija de Jerusalén. Jehová ha apartado tus juicios, ha echado fuera tus enemigos; Jehová es Rey de Israel en medio de ti; nunca más verás el mal. En aquel tiempo se dirá a Jerusalén: No temas; Sion, no se debiliten tus manos. Jehová está en medio de ti, poderoso, él salvará; se gozará sobre ti con alegría, callará de amor, se regocijará sobre ti con cánticos"* (Sof. 3:14-17). Es verdad que los hijos de Israel perderían la oportunidad al rechazar al Mesías y pedir que lo crucificaran, pero esto no resta un ápice de lo que, a la luz de la profecía, estaba sucediendo.

εὐλογημένος ὁ ἐρχόμενος ἐν ὀνόματι Κυρίου, Junto con la petición el reconocimiento de que Jesús era alabado, llamándole *bendito*, porque venía *en el nombre del Señor*. Lo que Jesús había dicho reiteradamente durante Su ministerio y que los fariseos negaban con insistencia, el pueblo lo reconoce haciéndolo motivo de gozo y alabándole por ser el enviado de Dios. El reconocimiento como tal tenía que ver con el reconocimiento público de que era el Mesías. Nicodemo lo hizo cuando habló con Él de noche (3:2). Indudablemente un acontecimiento semejante tenía que causar un profundo impacto en la ciudad que no podía pasar desapercibido para los líderes religiosos, especialmente para los fariseos, que más tarde pedirían a Jesús que impidiese aquellas manifestaciones y dirían que todos se iban tras Él.

[καὶ] ὁ βασιλεὺς τοῦ 'Ισραήλ. Además le reconocen como el *Rey de Israel*. La aclamación puede considerarse como una en dos formas o tal vez, si se toma como válida la conjunción copulativa *y*, que no aparece en algunos manuscritos, le aclamaban primero como el enviado de Dios y en segundo lugar como el Rey de Israel que entraba en la ciudad. Sin embargo, aunque se de como buena la presencia de καὶ, *y*, no es más que una forma explicativa, *es decir, o sea*, y la función que hace es la de unir los dos títulos en uno. Según Mateo, las multitudes añadían al *Hosanna*, el título mesiánico de *Hijo de David* (Mt. 21:9). Marcos se refiere al título que le da Juan en una forma más general cuando dice: *"¡Bendito el reino de nuestro padre David que viene!"* (Mr. 11:10). Esta exclamación tiene un carácter evidentemente mesiánico. No era Elías el profeta, quien venía, sino el Mesías. Jesús había enseñado que Su venida a la tierra tenía que ver con el *Reino de Dios* (Mr. 1:14, 15). El mismo Señor había enseñado a los suyos a orar por la venida del reino (Mt. 6:10). Un gran número de personas intentaron, tiempo antes, tomar a Jesús y hacerlo rey (6:15). En aquellos momentos la resurrección de Lázaro había impulsado a las gentes a esta exclamación. El clamor expresaba el ansia tanto tiempo guardada de una restauración nacional de Israel, en el cumplimiento literal de la profecía. Todos pensaban en un Mesías victorioso sobre los enemigos que establecería el *Reino de Dios* en la tierra. Sin embargo, se olvidaban de la vinculación del Mesías con la paz, humildad y salvación (Zac. 9:9). No hay duda de que las profecías ofrecían la promesa del Mesías revestido de paz (Is. 9:6, 7; 35:5, 6; 40:11; 42:1-4; 60:1-3; 61:1-3 ss.). Aquellas multitudes no tenían en cuenta el ministerio sacrificial del

Mesías por el pecado del pueblo (Is. 53). El mensaje del Mesías había sido un llamado continuo a la paz. Por esa razón no encontrarían luego en Él atractivo para desearle (Is. 53:2). El acontecimiento de la llamada *Entrada Triunfal*, produciría cambios notables en el establecimiento del día de la muerte de Cristo. Los líderes religiosos no deseaban hacerlo en el tiempo de la fiesta, pero aquel recibimiento y las multitudes que le aclamaban en la ciudad, precipitó la acción para prenderle y matarle antes de que pudiese, según pensaban, ocurrir una explosión social que lo estableciese como Rey. La idea mesiánica estaba arraigada en los judíos como el gran Rey que reduciría a nada los enemigos y establecería un reino de poder en el que Israel sería la nación privilegiada y engrandecida entre todas las naciones. A lo largo del ministerio, donde tantos milagros se habían realizado, especialmente algunos como los de la multiplicación de los panes, había hecho nacer en la gente el ansia de un rey que les daría cuanto necesitasen y los libraría de los enemigos. En aquel día hacia la ciudad de Jerusalén iba Jesús, el que podía ser lo que todos anhelaban, olvidándose, como se dice antes, de que el Mesías tendría que morir por los hombres en la Cruz para abrir el camino de la reconciliación con Dios, del perdón de los pecados y de la vida eterna para todo aquel que cree.

14. Y halló Jesús un asnillo, y montó sobre él, como está escrito:

εὑρὼν δὲ ὁ Ἰησοῦς ὀνάριον ἐκάθισεν ἐπ' αὐτό, καθώς ἐστιν
Y hallando - Jesús asnillo, se sentó sobre él, como está
γεγραμμένον·
escrito.

Notas y análisis del texto griego.

Progresando en el relato, escribe: εὑρὼν, caso nominativo masculino singular del participio del segundo aoristo en voz activa del verbo εὑρίσκω, *encontrar*, *hallar*, aquí *hallando*; δὲ, partícula conjuntiva que hace las veces de conjunción coordinante, con sentido de *pero, más bien, y, y por cierto*, *antes bien*; ὁ, caso nominativo masculino singular del artículo determinado *el*; Ἰησοῦς, caso nominativo masculino singular del nombre propio *Jesús*; ὀνάριον, caso acusativo neutro singular del nombre común *asno, asnillo*; ἐκάθισεν, tercera persona singular del aoristo primero de indicativo en voz activa del verbo intransitivo κατίζω, *sentarse*, aquí *se sentó*; ἐπ', forma que adopta la preposición de dativo ἐπί, con el grafismo por elisión de la ι final ante vocal o diptongo sin aspiración, que equivale a *por, sobre*; αὐτό, caso acusativo neutro de la tercera persona singular del pronombre personal *él*; καθώς, conjunción condicional *como*; ἐστιν, tercera persona singular del presente de indicativo en voz activa del verbo εἰμί, *ser, estar*, aquí *está*;

γεγραμμένον, caso nominativo neutro singular del participio perfecto en voz pasiva del verbo γράφω, *escribir*, aquí *escrito*.

εὑρὼν δὲ ὁ Ἰησοῦς ὀνάριον ἐκάθισεν ἐπ' αὐτό, καθώς ἐστιν γεγραμμένον· Juan dice que Jesús halló un asnillo. Es necesario acudir a los sinópticos para entender que encontró ese asno en el que nadie se había montado nunca, luego de enviar a Sus discípulos con datos precisos para hallarlo. No es necesario pensar en una contradicción entre los relatos. Realmente el participio del verbo expresa la idea de encontrar algo después de una búsqueda, que no tiene que ser por el mismo sujeto del que se habla, sino por terceros. Las instrucciones que había dado a los dos discípulos que envió a la aldea situada frente a ellos, eran muy precisas, de modo que no había pérdida posible en el cumplimiento de la búsqueda de aquel animal. Estando frente a Betania, probablemente se trataba de Betfagé, ya que el Señor había salido del lugar de residencia de Lázaro y su familia (v. 1). Ellos debían encontrar el pollino nada más entrar en la ciudad. El animal estaría atado. El término ὀνάριον, usado por Juan se podía usar para referirse a un asno en general, pero también a un asnillo, esto es, un animal joven. Esta palabra es un *hápax legomenon*, que significa *dicho una sola vez*, por tanto es una palabra que aparece una sola vez en los escritos bíblicos del Nuevo Testamento, y que corresponde al *pollino de asna*, del versículo siguiente. Según Mateo, ese animal estaba junto a su madre (Mt. 21:2). Conforme al relato de los sinópticos, Marcos hace notar que el pollino no había sido montado antes. No es fácil ni sencillo montar una cabalgadura la primera vez, sin embargo, no podemos olvidar que si el Señor lo necesitaba para Sus planes, así el animal estaría dispuesto a servir de cabalgadura para Él. El Creador sabe como actuar en cada una de Sus criaturas para llevar a cabo Su propósito en armonía y bien. El Señor manda a los suyos que cuando encontrasen el pollino, que estaba atado, lo desatasen y lo trajesen a Él. El relato debe completarse con las informaciones de los sinópticos[2], que entre otras cosas dicen que los discípulos echaron los mantos sobre el animal para que sirviera de albarda y asiento para el Maestro que cabalgaba sobre él.

Surge aquí una pregunta como consecuencia del conocimiento preciso que Jesús tenía sobre el pollino y el lugar donde se encontraba atado: ¿Era un conocimiento sobrenatural o era un asunto previamente concertado? Es muy posible que aunque el lugar no era Betania sino Betfagé, muy bien podía tratarse de una familia conocida por Jesús, tal vez de los que eran amigos de Lázaro y sus hermanas. Bien pudiera ser

---

[2] Ver comentario a Mateo y Marcos de esta misma serie.

así por la reacción de los que eran dueños del asno ante las palabras que Jesús les había dado y que resultaban una verdadera contraseña, para el acuerdo previo sobre el asno. Sin embargo, todo había sido planeado muchos siglos antes y anunciado, como se dice antes, proféticamente. Aunque el acuerdo previo no puede descartarse, es tal vez mejor, considerarlo como el conocimiento sobrenatural de Jesús, en cuyo caso la Persona Divina del Hijo de Dios comunicó a la humanidad de Jesús, todos los detalles que dijo a los dos discípulos. De este modo pueden entenderse los detalles y el hecho de que nadie hubiese cabalgado sobre el asno.

Como siempre Juan obvia los asuntos que pueden derivar la atención del lector separándola del objeto principal del relato que es Jesús. Así ocurre en este caso, en el que se limita a referirse a lo que es imprescindible para situarlo.

15. No temas, hija de Sión;
He aquí tu Rey viene,
Montado sobre un pollino de asna.

μὴ φοβοῦ, θυγάτηρ Σιών·
No temas, hija de Sión.
ἰδοὺ ὁ βασιλεύς σου ἔρχεται,
He aquí el Rey de ti viene.
καθήμενος ἐπὶ πῶλον ὄνου.
sentado sobre pollino de asna.

Notas y análisis del texto griego.

Sigue con la cita profética: *μή*, partícula que hace funciones de adverbio de negación *no*; *φοβοῦ,* segunda persona singular del presente de imperativo en voz media del verbo φοβέομαι, *asustarse, temer, atemorizarse*, aquí *temas*; *θυγάτηρ,* caso nominativo masculino singular del nombre común *hija*; *Σιών*, caso genitivo femenino singular del nombre propio declinado *de Sión*; *ἰδοὺ*, segunda persona singular del aoristo segundo de imperativo en voz media del verbo ὁράω, en la forma εἶδον, *mirar, mostrar, ver,* con uso adverbial equivale a *he aquí, sucedió que, ved, ahora,* etc. podría traducirse como una expresión de advertencia enfática como *¡Mira!*, incluso podría leerse a modo de interrogación como *y ¿sabéis?*, es en la práctica como una partícula demostrativa, que se usa para animar el discurso avivando la atención del lector, algunos modernos la identifican como interjección; *ὁ*, caso nominativo masculino singular del artículo determinado *el*; *βασιλεύς*, caso nominativo masculino singular del nombre común *rey*; *σου*, caso genitivo de la segunda persona singular del pronombre personal declinado *de ti*; *ἔρχεται,* tercera persona singular del presente de indicativo en voz media del verbo ἔρχομαι, *venir, llegar, aparecer*, aquí *viene*; *καθήμενος,* caso nominativo masculino singular del participio de presente en voz media del verbo κάθημαι, *sentarse*, aquí *sentado*; ἐπὶ, preposición propia de acusativo *sobre*; πῶλον, caso acusativo masculino singular del nombre común *pollino*; ὄνου, caso genitivo masculino singular del nombre común declinado *de asna*.

μὴ φοβοῦ, θυγάτηρ Σιών: Juan cita la profecía dándola como cumplida en la entrada de Jesús en Jerusalén, cabalgando sobre un pollino y rodeado de multitudes que le aclamaban. La cita está tomada del profeta Zacarías, en donde decía *"tu rey viene"*, usando un presente profético. El entorno del relato toma un carácter eminentemente mesiánico, como estaba profetizado: *"Alégrate mucho, hija de Sion; da voces de júbilo, hija de Jerusalén; he aquí tu rey vendrá a ti, justo y salvador, humilde, y cabalgando sobre un asno, sobre un pollino hijo de asna"* (Zac. 9:9). El hecho de que no había sido montado antes es una clara alusión a un animal santificado para el Mesías. Los asnos eran animales de montura entre el pueblo, el caballo estaba destinado a hombres y guerreros. Jesús entró sobre un asno porque quien entraba era el Príncipe de Paz, anunciado así proféticamente: *"Porque un niño nos es nacido, hijo nos es dado, y el principado sobre su hombro; y se llamará su nombre Admirable, Consejero, Dios fuerte, Padre eterno, Príncipe de paz"* (Is. 9:6). El pollino sobre el que iba a cabalgar no era suyo, sino prestado. Realmente el Señor no tuvo nada suyo en propiedad. Cuando comenzó Su ministerio dijo a un grupo de discípulos de Juan el Bautista que le preguntaron sobre el lugar donde moraba, que no tenía lugar propio, en contraste con las aves que tienen sus nidos y las zorras que tienen guaridas. El Señor no tenía un sitio propio donde reclinar Su cabeza (Lc. 9:58). Por esa razón, el animal sobre el que iba a entrar en Jerusalén era prestado. Las palabras del apóstol Pablo definirían esta situación en el plano de la humanidad ya que *"se hizo pobre siendo rico"* (2 Co. 8:9).

A la hija de Sión se le manda dejar de temer y cambiar su temor por alegría que es el sentido de la expresión profética. Es a Jerusalén la capital que estaba atemorizada por los enemigos a la que se llama *hija de Sión*. El Rey que venía a ella resolvería el problema de su temor con el poder omnipotente de Su presencia. No se sabe realmente de donde tomó Juan esta cita, puesto que en el texto hebreo no habla de temor sino que invita a *saltar de alegría*, aunque es posible que en el pensamiento de Juan estuviese otra referencia semejante (Is. 40:9).

ἰδοὺ ὁ βασιλεύς σου ἔρχεται, καθήμενος ἐπὶ πῶλον ὄνου. El pollino no es figura o símbolo de animal de guerra, sino de cabalgadura para un hombre de paz. Lo usaban los reyes y los jueces en misiones de paz. Era usado también para las tareas humildes. Los reyes en misión de conquista entraban en las ciudades conquistadas sobre caballos, animal de guerra. La profecía apunta a la destrucción que Dios hará de los caballos de guerra y de los arcos, para hablar de paz a las naciones (Zac. 9:10). No se trata de apuntar a la profecía para señalar con la entrada de Jesús el cumplimiento de ella, sino para hacer notar que el Rey que entraba era un rey especial y distinto a todos los demás reyes que existieron y que existirán. No había venido a ejercer un reinado político-militar, sino a sufrir los padecimientos que le esperaban como Redentor del mundo. Jesús diría a Pilato que *su reino no era de este mundo*, por eso no entraba en Jerusalén con la pompa propia de un rey, o como suelen hacerlo los grandes del mundo. De la misma manera que Juan cita el cumplimiento de la profecía de Ezequiel, podría hacer también referencia a la verdad bíblica que dice que *"no es posible que un profeta muera fuera de Jerusalén"* (Lc. 13:33).

16. Estas cosas no las entendieron sus discípulos al principio; pero cuando Jesús fue glorificado, entonces se acordaron de que estas cosas estaban escritas acerca de él, y de que se las habían hecho.

ταῦτα οὐκ ἔγνωσαν αὐτοῦ οἱ μαθηταὶ τὸ πρῶτον, ἀλλ’
Estas cosas no comprendieron de él los discípulos al principio, pero
ὅτε ἐδοξάσθη ’Ιησοῦς τότε ἐμνήσθησαν ὅτι ταῦτα
cuando fue glorificado Jesús entonces recordaron que estas cosas
ἦν ἐπ’ αὐτῷ γεγραμμένα καὶ ταῦτα ἐποίησαν αὐτῷ.
estaban sobre Él escritas y estas cosas hicieron le.

Notas y análisis del texto griego.

Siguiendo el relato, añade: ταῦτα, caso acusativo neutro plural del pronombre demostrativo *estos*, en sentido de *estas cosas*; οὐκ, adverbio de negación *no*; ἔγνωσαν, tercera persona plural del aoristo segundo de indicativo en voz activa del verbo γινώσκω, *saber, entender, conocer, comprender*, aquí *comprendieron*; αὐτοῦ, caso genitivo masculino de la tercera persona singular del pronombre personal declinado *de Él*; οἱ, caso nominativo masculino plural del artículo determinado *los*; μαθηταὶ, caso nominativo masculino plural del nombre común *discípulos*; τὸ, caso acusativo neutro singular del artículo determinado declinado *al*; πρῶτον, caso acusativo neutro singular del adjetivo numeral ordinal *primero*; ἀλλ’, forma escrita ante vocal de la conjunción adversativa ἀλλά que significa *pero, sino*; ὅτε, conjunción *cuando*; ἐδοξάσθη, tercera persona singular del aoristo primero de indicativo en voz pasiva del verbo δοξάζω, *dar honor, glorificar*, aquí *fue glorificado*;’Ιησοῦς, caso nominativo masculino singular del nombre propio *Jesús*; τότε, adverbio demostrativo *entonces*; ἐμνήσθησαν, tercera persona plural del aoristo primero de indicativo en voz pasiva del verbo μιμνήσκομαι, *recordar, acordarse, tener en cuenta*, aquí *recordaron*; ὅτι, conjunción *que*; ταῦτα, caso acusativo neutro plural del pronombre demostrativo *estos*, en sentido de *estas cosas*; ἦν, tercera persona plural del imperfecto de indicativo en voz activa del verbo εἰμί, *ser, estar*, aquí *estaban*; ἐπ', forma que adopta la preposición de dativo ἐπί, con el grafismo por elisión de la ι final ante vocal o diptongo sin aspiración, que equivale a *por, sobre*; αὐτῷ, caso dativo masculino de la tercera persona singular del pronombre personal *él*; γεγραμμένα, caso nominativo neutro plural del participio perfecto en voz pasiva del verbo γράφω, *escribir*, aquí *escritas*; καὶ, conjunción copulativa *y*; ταῦτα, caso acusativo neutro plural del pronombre demostrativo *estos*, en sentido de *estas cosas*; ἐποίησαν, tercera persona plural del aoristo primero de indicativo en voz activa del verbo ποιέω, *hacer*, aquí *hicieron*; αὐτῷ, caso dativo masculino de la tercera persona singular del pronombre personal declinado *a Él, le*.

ταῦτα οὐκ ἔγνωσαν αὐτοῦ οἱ μαθηταὶ τὸ πρῶτον, Los discípulos no entendían lo que estaba sucediendo. Esta observación solo puede ser hecha por quien participaba en el problema, como uno de los Doce. Esta falta de comprensión ocurría *al principio*. No llegaron a comprender el alcance de los acontecimientos como el cumplimiento de las profecías mesiánicas. El *Evangelio* presenta a los discípulos lentos para captar el significado de las cosas relativas a Jesús. Aquí no acababan de entender el significado de la entrada en Jerusalén. Que el Señor se sirviese de un asno, no era comprensible para ellos como el cumplimiento de una profecía. La entrada en la ciudad no era para ellos la entrada del Mesías, sin embargo, la multitud enfervorizada aclamaba al *Rey de Israel* (v. 13).

ἀλλ' ὅτε ἐδοξάσθη Ἰησοῦς τότε ἐμνήσθησαν ὅτι ταῦτα ἦν ἐπ' αὐτῷ γεγραμμένα Sin embargo la ignorancia quedó resuelta cuando Jesús fue glorificado. El proceso de la muerte y resurrección dejó resuelto para ellos el problema que no entendían. Especialmente la glorificación a la diestra del Padre, resolvió para ellos la realidad de lo que suponían los acontecimientos de la entrada en Jerusalén. La percepción plena de las cosas ocurridas se produciría por la enseñanza que el Espíritu Santo haría en ellos, luego de la glorificación de Cristo (7:39). La santísima tercera Persona de la Deidad, traería como misión dar testimonio acerca de Jesús (15:26). Aquellos hombres necesitaban la asistencia y conducción del Espíritu para guiarlos a toda verdad (16:13). Los discípulos descubrieron después de la muerte, resurrección y glorificación que tipo de rey era realmente el Señor. Ninguno de ellos, y mucho menos la multitud esperaban el Rey Salvador, que moriría en la Cruz. Para ellos Jesús no cumplía las condiciones que esperaban de Él (Lc. 24:21), de otro modo, Cristo no era el rey victorioso que los profetas anunciaron para Israel. Después de la glorificación entenderían que el glorioso Señor tenía la autoridad real sobre todo lo que hay en el cielo, en la tierra y debajo de ella (Fil. 2:11). Todos ellos tenían un conocimiento imperfecto de las Escrituras hasta después de la glorificación del Señor, por tanto no se daban cuenta de que se estaba cumpliendo la profecía de Zacarías.

καὶ ταῦτα ἐποίησαν αὐτῷ. De modo que todo lo que estaba escrito sobre Él en la profecía, eso fue lo que le hicieron. No se trataba de aspectos novedosos sino de la realización de todo lo que estaba determinado para Él y que había sido revelado por los profetas. Nada quedaba al arbitrio del hombre, sino que todo cuanto ocurría había sido establecido anticipadamente en el designio soberano de Dios. Los discípulos conocían la profecía, pero permanecían en la ignorancia de que había sido escrita en referencia a Jesús. La llamada *entrada triunfal* era la puerta que abría el tiempo de la Pasión. La comprensión posterior a los sucesos de aquellos días se resolvió para ellos comparando las profecías con los hechos: *"...se las habían hecho"*.

17. Y daba testimonio la gente que estaba con él cuando llamó a Lázaro del sepulcro, y le resucitó de los muertos.

ἐμαρτύρει οὖν ὁ ὄχλος ὁ ὢν μετ' αὐτοῦ ὅτε τὸν Λάζαρον
Testificaba, pues, la multitud la que estaba con Él cuando - a Lázaro
ἐφώνησεν ἐκ τοῦ μνημείου καὶ ἤγειρεν αὐτὸν ἐκ νεκρῶν.
llamó de la tumba y resucitó le de muertos.

Notas y análisis del texto griego.

Añade: ἐμαρτύρει, tercera persona singular del imperfecto de indicativo en voz activa del verbo μαρτυρέω, *testificar, dar testimonio*, aquí *testificaba*; οὖν, conjunción continuativa *pues*; ὁ, caso nominativo masculino singular del artículo determinado *el*; ὄχλος, caso nominativo masculino singular del nombre común *gentío, multitud, turba, gente*; ὁ, caso nominativo masculino singular del artículo determinado *el*; ὢν, caso nominativo masculino singular del participio de presente del verbo εἰμί, *ser, estar*, aquí *que están*, como presente histórico mejor *que estaban*; μετ', forma escrita de la preposición de genitivo μετά, *con*, por elisión ante vocal con espíritu suave; αὐτοῦ, caso genitivo masculino singular del artículo determinado *el*; ὅτε, conjunción *cuando*; τὸν, caso acusativo masculino singular del artículo definido *el*; Λάζαρον, caso acusativo masculino singular del nombre propio declinado *a Lázaro*; ἐφώνησεν, tercera persona singular del aoristo primero de indicativo en voz activa del verbo φονέω, *llamar*, aquí *llamó*; ἐκ, preposición propia de genitivo *de*; τοῦ, caso genitivo neutro singular del artículo determinado *los*; μνημείου, caso genitivo neutro singular del nombre común *fallecidos, muertos*; καὶ, conjunción copulativa *y*; ἤγειρεν, tercera persona singular del aoristo primero de indicativo en voz activa del verbo ἐγείρω, *levantar, resucitar*, aquí *resucitó*; αὐτὸν, caso acusativo masculino de la tercera persona singular del pronombre personal declinado *a él, le*; ἐκ, preposición propia de genitivo, *de*; νεκρῶν, caso genitivo masculino plural del nombre común *muertos*.

ἐμαρτύρει οὖν ὁ ὄχλος ὁ ὢν μετ' αὐτοῦ ὅτε τὸν Λάζαρον ἐφώνησεν ἐκ τοῦ μνημείου καὶ ἤγειρεν αὐτὸν ἐκ νεκρῶν. La multitud que había llegado a Betania y que formaba parte de la que con palmas en sus manos aclamaban a Jesús en la entrada en la ciudad, testificaban del prodigio realizado en la resurrección de Lázaro, ante la otra multitud que saliendo de la ciudad había venido a recibir a Jesús. Todos los que conocían el milagro *daban testimonio*, de la acción sobrenatural que el Señor había realizado. Era una proclamación pública del poder de Jesús. Estos eran los que estaban con Él cuando llamó a Lázaro de entre los muertos. Los que presenciaron el milagro no podían callar, dando testimonio a todos de lo que había ocurrido.

18. Por lo cual también había venido la gente a recibirle, porque había oído que él había hecho esta señal.

διὰ τοῦτο [καὶ] ὑπήντησεν αὐτῷ ὁ ὄχλος, ὅτι ἤκουσαν
Por esto también salió al encuentro de Él la multitud, porque oyeron
τοῦτο αὐτὸν πεποιηκέναι τὸ σημεῖον.
esto que Él había hecho la señal.

Notas y análisis del texto griego.

Siguiendo el relato, escribe: διὰ, preposición propia de acusativo *por*; τοῦτο, caso acusativo neutro singular del pronombre demostrativo *esto*; καὶ, adverbio de modo *también*; ὑπήντησεν, tercera persona singular del aoristo primero de indicativo en voz activa del verbo ὑπαντάω, *hacer frente, salir al encuentro*, aquí *salieron al encuentro*; αὐτῷ, caso dativo masculino de la tercera persona singular del pronombre personal declinado *de Él*; ὁ, caso nominativo masculino singular del artículo determinado *el*; ὄχλος, caso nominativo masculino singular del nombre común *gentío, multitud, turba, gente*; ὅτι, conjunción causal *porque*; ἤκουσαν, tercera persona plural del aoristo primero de indicativo en voz activa del verbo ἀκούω, *oír, escuchar*, aquí *oyeron*; τοῦτο, caso acusativo neutro singular del pronombre demostrativo *esto*; αὐτὸν, caso acusativo masculino de la tercera persona singular del pronombre personal *Él*; πεποιηκέναι, perfecto de infinitivo en voz activa del verbo ποιέω, *hacer, realizar*, aquí *que había hecho*; τὸ, caso acusativo neutro singular del artículo determinado *el*; σημεῖον, caso acusativo neutro singular del nombre común *señal*.

διὰ τοῦτο [καὶ] ὑπήντησεν αὐτῷ ὁ ὄχλος, ὅτι ἤκουσαν τοῦτο αὐτὸν πεποιηκέναι τὸ σημεῖον. Como ya se ha indicado antes había dos multitudes. Una la que había estado con Jesús en Betania y que habían visto la resurrección de Lázaro; otra, la que había salido a recibir a Jesús desde la ciudad. El asombroso milagro de la resurrección de Lázaro era el motivo principal que movía a la gente a salir de la ciudad para recibirle en el camino. Tal vez estos salían de la ciudad porque habían oído los vítores y las aclamaciones de los que venían con Él. Nuevamente se menciona el milagro, lo que supone que Juan lo consideraba como capital para las motivaciones de la gente que salía a recibir a Jesús. Los que habían visto el milagro daban testimonio y los que no, pero oían de él, salían para recibirle. Algunos, salían para aclamar a quien ya no cabía duda de que era el *enviado de Dios*.

19. Pero los fariseos dijeron entre sí: Ya veis que no conseguís nada. Mirad, el mundo se va tras él.

οἱ οὖν Φαρισαῖοι εἶπαν πρὸς ἑαυτούς· θεωρεῖτε ὅτι οὐκ
Pero los fariseos dijeron a sí mismos: Veis que no
ὠφελεῖτε οὐδέν· ἴδε ὁ κόσμος ὀπίσω αὐτοῦ ἀπῆλθεν.
conseguís nada. ¡Mirad! el mundo tras Él se fue.

Notas y análisis del texto griego.

Cierra el párrafo con las palabras de los fariseos: οἱ, caso nominativo masculino plural del artículo determinado *los*; οὖν, conjunción adversativa *pero*; Φαρισαῖοι, caso nominativo masculino singular del nombre propio *fariseos*; εἶπαν, tercera persona plural del segundo aoristo de indicativo en voz activa del verbo εἶπον, forma del aoristo de λέγω, *hablar, decir*, aquí *dijeron*; πρὸς, preposición propia de acusativo *a*; ἑαυτούς, caso acusativo masculino plural del pronombre reflexivo *sí mismos*; θεωρεῖτε, segunda persona plural del presente de indicativo en voz activa del verbo θεωρέω, *mirar, ver, observar, contemplar*, aquí *veis*, puede ser también presente de imperativo en cuyo caso sería *ved*; ὅτι, conjunción *que*; οὐκ, forma escrita del adverbio de negación *no*, con el grafismo propio ante una vocal con espíritu suave o una enclítica; ὠφελεῖτε, segunda persona plural del presente de indicativo en voz activa del verbo ὠφελέω, *aprovechar, servir, conseguir* aquí *conseguís*; οὐδέν, caso acusativo neutro singular del pronombre indefinido *nada*; ἴδε, segunda persona singular del aoristo segundo de imperativo en voz media del verbo ὁράω, en la forma εἶδον, *mirar, mostrar, ver,* con uso adverbial equivale a *he aquí, sucedió que, ved, ahora,* etc. podría traducirse como una expresión de advertencia enfática como *¡Mira!*, incluso podría leerse a modo de interrogación como *y ¿sabéis?*, es en la práctica como una partícula demostrativa, que se usa para animar el discurso avivando la atención del lector, algunos modernos la identifican como interjección; ὁ, caso nominativo masculino singular del artículo determinado *el*; κόσμος, caso nominativo masculino singular del nombre común *mundo*; ὀπίσω, adverbio de lugar *atrás, tras, de tras*; αὐτοῦ, caso genitivo masculino de la tercera persona singular del pronombre personal declinado *de Él*; ἀπῆλθεν, segunda persona singular del aoristo segundo de indicativo en voz activa del verbo ἀπέρχομαι, *irse*, aquí *se fue*.

οἱ οὖν Φαρισαῖοι εἶπαν πρὸς ἑαυτούς· θεωρεῖτε ὅτι οὐκ ὠφελεῖτε οὐδέν· La nota disonante a la alegría del pueblo con la presencia de Jesús, la ponen los *fariseos*. El rencor contra Cristo hace que se pronuncien a modo de lamentación o de frustración, como si dijesen: *"ya veis que no somos capaces de resolver el problema; nos dejan a nosotros y siguen a Jesús"*. Esta reflexión la hacían *entre sí*, diciéndose uno a otro la queja. Con todo, ninguno de ellos quería asumir la responsabilidad en el fracaso, de manera que muy sutilmente se acusaban unos a otros: *"Ya veis que no conseguís nada"*, el que habla no se siente responsable, pero acusa a los otros de serlo. Es muy probable que en el fondo subyace la idea de que la campaña *suave* contra Cristo no daba resultado y que debía intensificarse con decisión.

ἴδε ὁ κόσμος ὀπίσω αὐτοῦ ἀπῆλθεν. Quienes se iban tras Jesús, según el concepto arrogante de los fariseos era *el mundo*, una expresión despectiva hacia la gente, que según ellos, eran del vulgo y sin letras. No seguían a Jesús y le aclamaban los líderes religiosos, era *el mundo*, al que ellos no pertenecían. En cierta medida esta era una verdad que se iba a proyectar en el tiempo siguiente. Jesús había sido enviado al mundo en misión salvadora. El mismo Señor sería motivo de atracción a todos. Ahora, como anticipo de lo que será el seguimiento de los creyentes en la historia de la Iglesia, el mundo se va tras Él, abandonando los principios religiosos, que no espirituales, de la vieja dispensación.

Enseñanzas de Jesús (12:20-50).

El deseo de unos griegos (12:20-22).

20. Había ciertos griegos entre los que habían subido a adorar en la fiesta.

Ἦσαν δὲ Ἕλληνες τινες ἐκ τῶν ἀναβαινόντων ἵνα
Y había griegos algunos de los que suben para
προσκυνήσωσιν ἐν τῇ ἑορτῇ·
adorar en la fiesta.

Notas y análisis del texto griego.

Iniciando un nuevo párrafo, escribe: Ἦσαν, tercera persona singular del imperfecto de indicativo en voz activa del verbo εἰμί, *ser, estar, haber*, aquí *había*; δὲ, partícula conjuntiva que hace las veces de conjunción coordinante, con sentido de *pero, más bien, y, y por cierto, antes bien*; como conjunción coordinante es la segunda en frecuencia en el N.T. después de καὶ; Ἕλληνες, caso nominativo masculino plural del nombre propio *griego*; τινες, caso nominativo masculino plural del adjetivo indefinido *algunos*; ἐκ, preposición propia de genitivo *de*; τῶν, caso genitivo masculino plural del artículo determinado *los*; ἀναβαινόντων, caso genitivo masculino plural del participio de presente en voz activa del verbo ἀναβαίνω, *subir*, aquí *que suben*; ἵνα, conjunción causal *para*; προσκυνήσωσιν, tercera persona plural del aoristo primero de subjuntivo en voz activa del verbo προσκυνέω, *adorar*; ἐν, preposición propia de dativo *en*; τῇ, caso dativo femenino singular del artículo determinado *la*; ἑορτῇ, caso dativo femenino singular del nombre común *fiesta*.

Ἦσαν δὲ Ἕλληνες τινες. Con este episodio se cierran los hechos relativos al ministerio público de Jesús. Una de las dificultades está en fecharlo. No parece ser que ocurriera el mismo día de la entrada en Jerusalén, sino que tuvo lugar en alguno de los siguientes, especialmente entre el lunes y el martes de aquella semana.

Otra dificultad del versículo está en determinar que quiere decir Juan con el gentilicio *griegos*. Podría tratarse de judíos de habla griega, los conocidos como *helenistas* (Hch. 6:1), o referirse a griegos, en sentido de gentiles. Ambos pudieran ser. Aunque por el entorno debe entenderse mejor como gentiles que habían aceptado el judaísmo como fe personal y que venían a Jerusalén para la celebración de la Pascua. Estos habían sido instruidos en el culto al Dios verdadero, y se podían calificar como piadosos, o temerosos de Dios, como los que se citan en Antioquía (Hch. 13:43-50), así también era Lidia de Tiatira (Hch. 16:14). Por tanto serían griegos distintos a los judíos *helenistas*. Además el calificativo se aplica en el griego a quien no era judío de nacimiento (cf. 7:35; Mr. 7:26), donde la mujer se presenta como *griega* y luego como *sirio-fenicia*. Sin duda el ministerio de Jesús fue dirigido mayoritariamente a los israelitas y no tanto a los gentiles, aunque hubo contacto, y algún milagro tenía que ver con ellos. Sin embargo, Jesús había dicho que sólo cuando Él fuese levantado, señalando al momento de la entrega de Su vida en la Cruz, atraería a *todos* a Él mismo. Este contacto con ellos y la petición que van a formular a los dos discípulos de Jesús, pone de manifiesto que la hora de la muerte y glorificación del Señor estaba cerca o, si se prefiere mejor, era inmediata.

ἐκ τῶν ἀναβαινόντων ἵνα προσκυνήσωσιν ἐν τῇ ἑορτῇ· Los griegos habían subido a Jerusalén con el propósito de adorar a Dios en un día en donde se celebraba una de las solemnidades más importantes en Israel. Los prosélitos venían de todos los lugares del mundo, como ocurría con el eunuco etíope (Hch. 8:27). Como él, estos griegos podían muy bien ser de los *prosélitos de la puerta*. A este tipo de gentiles pertenecía también Cornelio (Hch. 10). Todos ellos habían abandonado la idolatría y subían a Jerusalén para adorar a Dios.

21. Éstos, pues, se acercaron a Felipe, que era de Betsaida de Galilea, y le rogaron, diciendo: Señor, quisiéramos ver a Jesús.

οὗτοι οὖν προσῆλθον Φιλίππῳ τῷ ἀπὸ Βηθσαϊδὰ τῆς
Éstos, pues, se acercaron a Felipe, el de Betsaida -
Γαλιλαίας καὶ ἠρώτων αὐτὸν λέγοντες· κύριε, θέλομεν τὸν
de Galilea y rogaban le diciendo: Señor, queremos -
Ἰησοῦν ἰδεῖν.
a Jesús ver.

Notas y análisis del texto griego.

Siguiendo el relato, añade: οὗτοι, caso nominativo masculino plural del pronombre demostrativo *éstos*; οὖν, conjunción continuativa *pues*; προσῆλθον, tercera persona plural del aoristo primero de indicativo en voz activa del verbo προσέρχομαι, *acercarse, aproximarse*, aquí *se acercaron*; Φιλίππῳ, caso dativo masculino singular del nombre propio *Felipe*; τῷ, caso dativo masculino singular del artículo determinado *el*; ἀπὸ, preposición propia de genitivo *de*; Βηθσαϊδὰ, caso genitivo femenino singular del nombre propio *Betsaida*; τῆς, caso genitivo femenino singular del artículo determinado *la*; Γαλιλαίας, caso genitivo femenino singular del nombre propio *Galilea*; καὶ, conjunción copulativa *y*; ἠρώτων, tercera persona plural del imperfecto de indicativo en voz activa del verbo ἐρωτάω, *rogar, pedir*, aquí *rogaban*; αὐτὸν, caso acusativo masculino de la tercera persona singular del pronombre personal declinado *a él, le*; λέγοντες, caso nominativo masculino singular del participio de presente en voz activa del verbo λέγω, *hablar, decir*, aquí *diciendo*; κύριε, caso vocativo masculino singular del nombre común *señor*; θέλομεν, primera persona plural del presente de indicativo en voz activa del verbo θέλω, *querer, desear*, aquí *queremos*; τὸν, caso acusativo masculino singular del artículo determinado *el*; Ἰησοῦν, caso acusativo masculino singular del nombre propio declinado *a Jesús*; ἰδεῖν, segundo aoristo de infinitivo en voz activa del verbo ὁράω, *ver, mirar, observar*.

οὗτοι οὖν προσῆλθον Φιλίππῳ τῷ ἀπὸ Βηθσαϊδὰ τῆς Γαλιλαίας. Los griegos se dirigieron a Felipe, al que Juan identifica como el de Galilea de Betsaida, lugar donde había una gran presencia de gentiles, especialmente de griegos. Como ya se ha considerado en su lugar[3], se trataba de Betsaida Occidental en Galilea, no la Betsaida

[3] Ver comentario a 1:44.

Julias en la ribera oriental (Lc. 9:10). El nombre de este apóstol era griego y, tal vez, se acercaron a quien se llamaba con nombre griego.

καὶ ἠρώτων αὐτὸν λέγοντες· Dice Juan que *le rogaban*. El verbo en imperfecto indica una acción que comienza en el pasado y continúa. Tal vez cada uno de los griegos rogaban a Felipe.

κύριε, θέλομεν τὸν Ἰησοῦν ἰδεῖν. La petición era formulada con todo respeto, como se aprecia en el uso del vocativo *señor*. A la vez era corta y precisa: *"queremos ver a Jesús"*. El presente de indicativo da firmeza a la petición, aunque podría tomarse tal vez como el subjuntivo *quisiéramos*. Muy probablemente ellos habían visto a Jesús en la entrada a la ciudad y, por supuesto, habían oído de Él. Lo que estaban pidiendo era un encuentro personal con Cristo. Tal vez les interesaba hablar con Él y conocerle personalmente. Los gentiles quieren ver al Salvador, figura elocuente de lo que iba a ocurrir pocos días después de esto cuando comience a predicarse el evangelio y se extienda al mundo greco-romano.

Es interesante notar que *Felipe* está muy involucrado con la tarea de llevar personas a Jesús, como se relata al principio del *Evangelio*, cuando llevo a Natanael. Aquí procurará llevar a estos griegos a Cristo. No sabremos nunca si fue posible, pero el hecho de interesarse en quienes no le conocían personalmente, es un ejemplo de la necesidad de llevar a los perdidos al Salvador.

22. Felipe fue y se lo dijo a Andrés; entonces Andrés y Felipe se lo dijeron a Jesús.

ἔρχεται ὁ Φίλιππος καὶ λέγει τῷ Ἀνδρέᾳ, ἔρχεται Ἀνδρέας
Viene - Felipe y dice - a Andrés, vienen Andrés
καὶ Φίλιππος καὶ λέγουσιν τῷ Ἰησοῦ.
y Felipe y dicen - a Jesús.

Notas y análisis del texto griego.

Sigue el texto: ἔρχεται, tercera persona singular del presente de indicativo en voz media del verbo ἔρχομαι, *venir, llegar*, aquí *viene*; ὁ, caso nominativo masculino singular del artículo determinado *el*; Φίλιππος, caso nominativo masculino singular del nombre propio *Felipe*; καὶ, conjunción copulativa *y*; λέγει, tercera persona singular del presente de indicativo en voz activa del verbo λέγω, *hablar, decir*, aquí *dice*; τῷ, caso dativo masculino singular del artículo determinado *el*; Ἀνδρέᾳ, caso dativo masculino singular del nombre propio *Andrés*; ἔρχεται, tercera persona singular del presente de indicativo en voz media del verbo ἔρχομαι, *venir, llegar*, aquí *viene*; Ἀνδρέας, caso nominativo masculino singular del nombre propio *Andrés*; καὶ, conjunción copulativa *y*; Φίλιππος, caso nominativo masculino singular del nombre propio *Felipe*; καὶ, conjunción copulativa *y*; λέγουσιν, tercera persona plural del presente de indicativo en voz activa del verbo λέγω, *hablar, decir*, aquí *dicen*; τῷ, caso dativo masculino singular del artículo determinado *el*; 'Ιησοῦ, caso dativo masculino singular del nombre propio *Jesús*.

ἔρχεται ὁ Φίλιππος καὶ λέγει τῷ 'Ανδρέᾳ, La petición de los griegos debió haber sorprendido a Felipe, que lo comentó con Andrés. Otro discípulo con nombre griego, cosa relativamente común entre israelitas, sobre todo galileos. La sorpresa de Felipe fue también la de Andrés. ¿Qué querían unos griegos con Cristo? Jesús había atendido a gentiles durante Su ministerio, pero eran muy pocos y el mismo Señor les había instruido para atender antes a las *ovejas de la casa de Israel* (Mt. 10:5-6). Probablemente los dos discípulos consideraron que debían hacer con aquella petición. No debe olvidarse que estaban en la semana de la Pascua y que debían mantenerse ceremonialmente limpios para participar de ella. Relacionarse con gentiles podía traer como consecuencia una inmundicia legal que les contaminase. De ahí el reparo que los judíos tenían para comer con los gentiles. Tiempo después Pedro, uno de los Doce, tendría reparos en juntarse con gentiles y tomar alimentos que consideraba impuros (Hch.10:9-18). La separación histórico-religiosa-social entre judíos y gentiles sería eliminada por la obra de la Cruz, que permitía a Dios hacer de los dos pueblos un nuevo hombre (Ef. 2:15).

ἔρχεται 'Ανδρέας καὶ Φίλιππος καὶ λέγουσιν τῷ 'Ιησοῦ. Ambos, Felipe y Andrés, toman la decisión de transmitir a Jesús la petición de los griegos. Ambos apóstoles aparecen varias veces en el *Evangelio* y, sin duda, eran bien conocidos en el Asia Menor, cuando Juan lo escribió. Cuando el apóstol Juan escribe este *Evangelio*, ya había relación con los gentiles, a quienes el evangelio de la gracia había alcanzado, formando la admirable unidad de la Iglesia, donde ya no hay distinciones ni diferencias al ser uno en Cristo. Los dos discípulos debían esperar con atención lo que el Señor haría con aquellos griegos, si los recibiría para dialogar con ellos o no. Además, había que suponer la reacción de los fanáticos enemigos de Jesús, si le veían con griegos en el atrio de los gentiles en el templo. La situación era realmente compleja para los dos discípulos y ambos estaban expectativos sobre lo que haría Jesús.

Reacción y enseñanza de Jesús (12:23-26).

23. Jesús les respondió diciendo: Ha llegado la hora para que el Hijo del Hombre sea glorificado.

ὁ δὲ Ἰησοῦς ἀποκρίνεται[1] αὐτοῖς λέγων· ἐλήλυθεν ἡ ὥρα
\- y Jesús responde les diciendo: Ha llegado la hora
ἵνα δοξασθῇ ὁ Υἱὸς τοῦ Ἀνθρώπου.
para que sea glorificado el Hijo del Hombre.

Notas y análisis del texto griego.

Siguiendo el relato, escribe: ὁ, caso nominativo masculino singular del artículo determinado *el*; δὲ, partícula conjuntiva que hace las veces de conjunción coordinante, con sentido de *pero, más bien, y, y por cierto, antes bien*; Ἰησοῦς, caso nominativo masculino singular del nombre propio *Jesús*; ἀποκρίνεται, tercera persona singular del presente de indicativo en voz media del verbo ἀποδρίνομαι, *responder, contestar, tomar la palabra,* aquí *responde*; αὐτοῖς, caso dativo masculino de la tercera persona plural del pronombre personal declinado *a ellos, les*; λέγων, caso nominativo masculino singular del participo de presente en voz activa del verbo λέγω, *hablar, decir*, aquí *diciendo*; ἐλήλυθεν, tercera persona singular del perfecto de indicativo en voz activa del verbo ἔρχομαι, *llegar, venir*, aquí *ha llegado*; ἡ, caso nominativo femenino singular del artículo determinado *la*; ὥρα, caso nominativo femenino singular del nombre común *hora*; ἵνα, conjunción causal *para que*; δοξασθῇ, tercera persona singular del aoristo primero de subjuntivo en voz pasiva del verbo δοξάζω, *orar, glorificar, alabar*, aquí *sea glorificado*; ὁ, caso nominativo masculino singular del artículo determinado *el*; Υἱὸς, caso nominativo masculino singular del nombre *Hijo*; τοῦ, caso genitivo masculino singular del artículo determinado declinado *del*; Ἀνθρώπου, caso genitivo masculino singular del sustantivo que denota *Hombre*.

Crítica Textual. Lecturas alternativas.

[1] ἀποκρίνεται, *responde*, lectura atestiguada en 𝔓[66, 75], ℵ, B, K, W, 33, 579, 844.

ἀπεκρίνατο, *respondió*, según A, D, K, Γ, Δ, Ψ, *f*[1], 565, 700, 892, 1241, 1424, 𝔐.

ἀπεκρίθη, *respondió*, conforme a Θ, *f*[13].

ὁ δὲ Ἰησοῦς ἀποκρίνεται αὐτοῖς λέγων· La respuesta de Jesús es, una vez más, como si nada tuviese que ver con la petición que le formulaban. Ellos le informan del interés de los griegos y Él va a contestar otra cosa, aparentemente distinta o sin relación con lo que le habían dicho. No es tanto una respuesta de Jesús a lo dicho por los discípulos, sino un comentario que hace a la situación que está en el entorno de la petición de los griegos.

ἐλήλυθεν ἡ ὥρα. La hora había llegado, aquella a la que se refirió desde el principio de Su ministerio, como término del mismo y cumplimiento de la misión para la que había sido enviado. Así le hizo notar a Su madre en las bodas de Caná de Galilea (2:4). A esa *hora* se hace referencia en el *Evangelio*. Era la hora anunciada reiteradamete (cf. 2:4; 7:30; 8:20; 13;1; 17:1). Nada podían hacer Sus enemigos para darle muerte mientras Su hora no llegase. Jesús afirma que aquel tiempo había llegado. Era el tiempo eternamente preparado por Dios. Antes de la creación había sido establecido y determinado (1 P 1:18-20). Era la hora de la glorificación mediante Su muerte. La petición de los griegos de *verle*, si se prefiere, de *acudir a Él*, es un anticipo del resultado de *Su hora*. Dios iba a realizar en Cristo y por Él la reconciliación del mundo. La hora de la redención, cuya aurora había brillado antes de la creación del mundo (2 Ti. 1:9), estaba a la vista. La Cruz, se presentaba con toda claridad ante Jesús. Si el evangelio alcanza a todos los hombres y convoca a todos a la fe en Jesucristo, es el resultado de la obra de la Cruz, la hora del Hijo del Hombre.

ἵνα δοξασθῇ ὁ Υἱὸς τοῦ ᾿Ανθρώπου. No había duda era la hora en la que el *Hijo del Hombre* iba a ser glorificado. Esta expresión en el *Evangelio*, no se refiere solo a la glorificación del Resucitado, sino a la operación de salvación que comprende toda acción desde la entrega a los hombres, la crucifixión, la muerte, la sepultura y la resurrección. La operación de salvación debía ocurrir antes de que los *griegos*, los gentiles, accedieran libremente a la salvación por gracia, mediante la fe en Cristo. El Señor usa el título más habitual para referirse a Él, el *Hijo del Hombre* (cf. 1:51; 3:13-14; 5:27; 6:53, 62; 8:28; 12:34; 13:31). Es una auto designación de Jesús que tiene que ver con Su procedencia, Su gloria y Su origen celestial. La muerte glorifica a Jesús (cf. 11:4; 13:31). Subyace aquí la idea de *elevación*, *glorificación* que ocurriría al ser levantado en la Cruz (3:14; 8:28; 12:32, 34). Esto abriría la puerta de la incorporación a la Iglesia, por fe en Cristo, a todos los hombres. Los que estaban fuera de la antigua alianza, aquellas ovejas *que no son de este redil* (10:16), vendrán a formar parte del único rebaño del Buen Pastor, unidos en la Iglesia.

24. De cierto, de cierto os digo, que si el grano de trigo no cae en la tierra y muere, queda solo; pero si muere, lleva mucho fruto.

ἀμὴν ἀμὴν λέγω ὑμῖν, ἐὰν μὴ ὁ κόκκος τοῦ σίτου πεσὼν
De cierto, de cierto, digo os: Si no el grano - de trigo cayendo
εἰς τὴν γῆν ἀποθάνῃ, αὐτὸς μόνος μένει· ἐὰν δὲ ἀποθάνῃ,
en la tierra murió, él solo permanece; pero si murió,
πολὺν καρπὸν φέρει.
mucho fruto lleva.

Notas y análisis del texto griego.

Sigue el relato: ἀμὴν transliteración, *amén, de cierto*; ἀμὴν, transliteración *amén, de cierto*; λέγω, primera persona singular del presente de indicativo en voz activa del verbo λέγω, *hablar, decir*, aquí *digo*; ὑμῖν, caso dativo de la segunda persona plural del pronombre personal declinado *a vosotros, os*; ἐὰν, conjunción *si*; μὴ, partícula que hace funciones de adverbio de negación *no*; ὁ, caso nominativo masculino singular del artículo determinado *el*; κόκκος, caso nominativo masculino singular del nombre común *grano, semilla*; τοῦ, caso genitivo masculino singular del artículo determinado *el*; σίτου, caso genitivo masculino singular del nombre común declinado *de grano, de trigo*; πεσὼν, caso nominativo neutro singular del participio del segundo aoristo en voz activa del verbo πίπτω, *caer*, aquí *cae*; εἰς, preposición propia de acusativo *en*; τὴν, caso acusativo femenino singular del artículo definido *la*; γῆν, caso acusativo femenino singular del nombre común *tierra*; ἀποθάνῃ, tercera persona singular del aoristo segundo de indicativo en voz activa del verbo ἀποθνῄσκω, *morir, perder la vida, ser mortal, exponerse a la muerte*, aquí *murió*; αὐτὸς, caso nominativo masculino singular del pronombre personal intensivo *él*; μόνος, caso nominativo masculino singular del adjetivo *solo*; μένει, tercera persona singular del presente de indicativo en voz activa del verbo intransitivo μένω, *quedar, permanecer*, aquí *queda, permanece*; ἐὰν, conjunción *si*; δὲ, partícula conjuntiva que hace las veces de conjunción coordinante, con sentido de *pero, más bien, y, y por cierto, antes bien*; ἀποθάνῃ, tercera persona singular del aoristo segundo de indicativo en voz activa del verbo ἀποθνῄσκω, *morir, perder la vida, ser mortal, exponerse a la muerte*, aquí *murió*; πολὺν, caso acusativo masculino singular del adjetivo indefinido *mucho*; καρπὸν, caso acusativo masculino singular del nombre común *fruto, grano*; φέρει, tercera persona singular del presente de indicativo en voz activa del verbo φέρω, *llevar, traer, cargar, producir*, aquí *lleva, produce*.

ἀμὴν ἀμὴν λέγω ὑμῖν, Una nueva afirmación enfática con la forma tan usada por Juan: *De cierto, de cierto os digo*. Lo que Jesús va a decir tiene suma importancia y mediante estas palabras, llama la atención a los oyentes para que le presten atención. Lo que sigue pudiera ser dicho a Felipe y Andrés, pero más bien debe tomarse en sentido general. Jesús nunca está solo y la gente que le rodea debe interesarse sobre lo que va a decir.

ἐὰν μὴ ὁ κόκκος τοῦ σίτου πεσὼν εἰς τὴν γῆν ἀποθάνῃ, αὐτὸς μόνος μένει· Mediante una frase condicional negativa de tercera clase, indeterminada, va a poner un ejemplo conocido de todos los oyentes. No se trata tanto de una alegoría, sino de una comparación ilustrativa. El grano de trigo tiene que caer en tierra, esto es, ser enterrado, para poder dar fruto. La semilla debe *morir*, como tal semilla, para convertirse en el fruto de trigo que surgirá de ella. Se entierra una semilla y sale una planta con muchos granos. Si el grano enterrado no muere, es decir, no sigue el proceso natural, queda sólo, es decir, sin actividad, escondido. La semilla no ha germinado y no ha producido. Es la paradoja de la vida que surge a través de la muerte. De manera que la hora había llegado para que el grano de vida, que es Cristo mismo, muera, para que lleve mucho fruto. El grano que muere y da fruto es Jesús mismo. En esto pudiera apreciarse tal vez un tinte alegórico, aunque, como se dice antes, es más bien un ejemplo para comprensión general de una verdad. El apóstol Pablo usará esta misma ilustración para enseñar lo que es la resurrección de los cuerpos (1 Co. 15:36-38).

ἐὰν δὲ ἀποθάνῃ, πολὺν καρπὸν φέρει. Una consecuencia de la ilustración es que si el grano *muere*, es decir, sigue el proceso natural, entonces lleva *mucho fruto*. Así también con Jesús, que en Su muerte abre la puerta de salvación para millones de personas a lo largo de la historia. Un fruto como resultado de la determinación eterna de salvación para el hombre perdido. Jesús había sido enviado, no para que, como hombre, permaneciese vivo, sino para que diese Su vida voluntariamente y en esa muerte sustitutoria Dios pudiera perdonar el pecado para todo el que cree.

Jesús descendió a las *partes más bajas de la tierra* (Ef. 4:9), no en sentido de ir a un determinado lugar de los muertos, sino en el de abajarse hasta llegar, en Su anonadamiento, al lugar del más perdido de los pecadores para hacer salvable al más impío de los mortales. En esa obra de redención se hizo *"obediente hasta la muerte, y muerte de cruz"* (Fil. 2:8), pero ese grano en la tierra, que muere, es levantado y exaltado *hasta lo sumo* (Fil. 2:9), convirtiéndose en *espíritu vivificante* (1 Co. 15:45). Tal posición, solo posible por la *muerte*, permite a Dios llevar en Cristo a *"muchos hijos a la gloria"* (He. 2:10). La muerte física del Hijo de Dios, es la culminación de la determinación eterna para la salvación. Se trata de un descenso desde la gloria, en la figura del grano que es puesto en la tierra, viniendo al lugar de muerte y maldición, siendo hecho pecado por nosotros, es decir, sacrificio expiatorio por el pecado (2 Co. 5:21). En ese descenso fue hecho por nosotros *maldición* (Gá. 3:13). Tratarlo como maldito exige sufrir las consecuencias de ese estado, que es de condenación. A esta condición irresoluble para el hombre, acude Dios mismo, proveyendo en Cristo, el grano que muere, la solución. La obra redentora se hizo mediante el valor infinito de la vida del Salvador, como había sido previsto por Dios. Esta obra, conforme al pensamiento de Juan, alcanza a todos los hombres, como se expresa en la alabanza al Cordero: *"...porque tú fuiste inmolado, y con tu sangre nos ha redimido para Dios, de todo linaje y lengua y pueblo y nación"* (Ap. 5:9). El cántico proclama la acción redentora mediante la muerte del Salvador. Jesús habla aquí de Él mismo, como el grano que sería depositado en la tierra, para que con Su muerte pudiera dar vida a todo el que cree. Con Su muerte Jesús pagó el precio de la redención de los hombres y puede hacer libre a todo aquel que cree en él, sacándolo del poder de las tinieblas y trasladándolo a Su propio reino de libertad (Col. 1:13). La obra de redención exigió el pago de un precio de infinito valor, la sangre del Hijo de Dios, expresión de Su vida dada voluntariamente en precio del rescate por todos. Jesús habla de Sí mismo como del *Hijo del hombre*, lo que incluye deidad y humanidad. El Redentor se encarnó para poder morir, haciéndose así grano de vida que llevará mucho fruto. El alcance de la redención es ilimitado, se extiende a toda la humanidad. No hay distinción alguna en el orden de salvación. Todo aquel que crea en el Salvador, esté donde esté, pertenezca a cualquier raza o nación, es salvo. No hay distinciones étnicas, ni de nacionalidades, ni de condiciones sociales, en cuanto a salvación (Ro. 10:12; Gá. 3:28; Col. 3:11). No se trata de un *universalismo* que suponga la salvación de todos los hombres sin excepción, sino de la expresión real del alcance de la misma. Luego de esa entrega, como grano de trigo, asciende al cielo acompañado ahora del resultado de la cosecha que surge de ese grano (Ef. 4:8)[4].

25. El que ama su vida, la perderá; y el que aborrece su vida en este mundo, para vida eterna la guardará.

ὁ φιλῶν τὴν ψυχὴν αὐτοῦ ἀπολλύει αὐτήν, καὶ ὁ μισῶν τὴν
El que ama la vida de él, pierde la, y el que aborrece la
ψυχὴν αὐτοῦ ἐν τῷ κόσμῳ τούτῳ εἰς ζωὴν αἰώνιον φυλάξει
vida de él en el mundo este para vida eterna guardará
αὐτήν.
la.

---

[4] Ver comentario al versículo en el volumen correspondiente de esta serie.

Notas y análisis del texto griego.

Siguen las palabras de Jesús: ὁ, caso nominativo masculino singular del artículo determinado *el*; φιλῶν, caso nominativo masculino singular del participio de presente en voz activa del verbo φιλέω, *amar*, aquí *que ama*; τὴν, caso acusativo femenino singular del artículo determinado *la*; ψυχὴν, caso acusativo femenino singular del nombre común *alma, vida, persona, sí mismo*; αὐτοῦ, caso genitivo masculino de la tercera persona singular del pronombre personal declinado *de él*; ἀπολλύει, tercera persona singular del presente de indicativo en voz activa del verbo ἀπόλλυμι, *hacer perecer, destruir, perder*, aquí *pierde*; αὐτήν, caso acusativo femenino de la tercera persona singular del pronombre personal declinado *a ella, la*; καὶ, conjunción copulativa *y*; ὁ, caso nominativo masculino singular del artículo determinado *el*; μισῶν, caso nominativo masculino singular del participio de presente en voz activa del verbo μισέω, *olvidarse de, odiar, aborrecer*, aquí *que aborrece*; τὴν, caso acusativo femenino singular del artículo definido *la*; ψυχὴν, caso acusativo femenino singular del nombre común *alma, vida, persona, sí mismo*; αὐτοῦ, caso genitivo masculino de la tercera persona singular del pronombre personal declinado *de él*; ἐν, preposición propia de dativo *en*; τῷ, caso dativo masculino singular del artículo determinado *el*; κόσμῳ, caso dativo masculino singular del nombre común *mundo*; τούτῳ, caso dativo masculino singular del pronombre demostrativo *este*; εἰς, preposición propia de acusativo *a, para*; ζωὴν, caso acusativo femenino singular del nombre común *vida*; αἰώνιον, caso acusativo femenino singular del adjetivo *eterna*; φυλάξει, tercera persona singular del futuro de indicativo en voz activa del verbo φυλάσσω, *guardar, conservar, proteger*, aquí *guardará*; αὐτήν, caso acusativo femenino de la tercera persona singular del pronombre personal declinado *a ella, la*.

ὁ φιλῶν τὴν ψυχὴν αὐτοῦ ἀπολλύει αὐτήν, Jesús va a ser ejemplo de entrega de Su vida en el cumplimiento de la misión que le había sido encomendada por el Padre. Como Dios, en unidad con el Padre y el Espíritu, tenía los derechos divinos que le son propios. Sin embargo, en una entrega incondicional renunció al ejercicio de esos privilegios no estimando el ser igual a Dios como algo a lo que sujetarse (Fil. 2:6). Además de esto, en Su anonadamiento, se hizo hombre para poder tomar la *forma de siervo*, y en esa condición humillándose a Él mismo hacerse obediente hasta la muerte y muerte de Cruz (Fil. 2:7-8).

Esto mismo que es Su experiencia, debe ser la de cada uno de Sus seguidores. De ahí que advierta que la renuncia alcanza la vida personal y todos sus intereses. La frase es precisa y de notable dimensión. Jesús dice que hay una vida que se gana según el mundo que hace que la vida según Dios se pierda. Mediante el amor propio sobre todas las demás cosas, ama lo que desea y aborrece las demandas de entrega incondicional de la vida personal. No cabe duda que entender esta paradoja, exige conocer lo que el mundo entiende sobre el concepto *vida*, que en ese ámbito es evitar a la renuncia que la vida eterna exige. Así debe entenderse esta primera frase del versículo: *El que ama su vida temporal y presente, perderá la espiritual que es eterna*. De otro modo, el que deja el amor propio, esto es, amar a su propia vida y lo coloca en segundo lugar, está *perdiendo* la vida conforme al mundo. La vida en este mundo comprende todo lo que el mundo puede ofrecer, o lo que se puede encontrar en él: placeres, riquezas, poder, honores, etc.

Juan utiliza aquí para hablar de vida el término ψυχή, que literalmente se refiere a la *psiquis*, que en cierta medida tiene que ver con el elemento que vitaliza al cuerpo, y que generalmente se suele traducir por *alma*, indicando que Jesús se está refiriendo a la *persona integral*, es decir, a todo lo que tiene que ver con el ser humano. Jesús enseñaba que hay algunos que quieren *salvar* su vida, en el sentido temporal y humano. La vida del hombre sobre la tierra es corta y efímera. Muchos ejemplos de esto aparecen en la Escritura al compararla con un correo o naves veloces que pasan de largo (Job 9:25-26); a una flor de primavera que nace y en el mismo día es cortada (Job 14:2); a la niebla del principio del día que se desvanece pronto con el sol de la mañana; al rocío de la madrugada que sigue el mismo curso; a una mota de hierba que el viento arrojó sobre una era; al humo que sale de la chimenea y desaparece en el aire (Os. 13:3). Sin duda la vida presente del ser humano es corta y termina. Todo cuanto se alcance en ella deja de ser válido a la muerte de la persona. De ahí que Jesús establezca un contraste entre *ganar la vida* para el mundo, y perderla para Dios. Algunos centran todo el interés en vivir la vida temporal, como si fuese la única forma de vida posible, es la cómoda y provechosa que favorece y exalta el *yo*. El único modo de *ganar* esa vida, es *perdiendo* la que corresponde a la vida eterna.

καὶ ὁ μισῶν τὴν ψυχὴν αὐτοῦ ἐν τῷ κόσμῳ τούτῳ εἰς ζωὴν αἰώνιον φυλάξει αὐτήν. Por otro lado el que *pierde* esta vida temporal y limitada, entonces *gana* la que corresponde al pensamiento de Dios. Son los que viven la vida eterna que es la vida que Jesús da y que corresponde a Su vida espiritual desde la dimensión de Su humanidad. El que *aborrece* la vida suya en el mundo, *gana* esa dimensión de vida en proyección eterna. Aborrecer no significa menospreciar o maltratar su vida personal, sino ponerla en segundo lugar frente a la prioridad que se da a la vida eterna. El que vive de este modo *pierde* su vida para el mundo, pero la *gana* para Dios. Por supuesto no significa que la vida eterna se alcanza por vivir en miseria y sacrificio. La salvación no es por obras, sino por gracia mediante la fe, pero la proyección de la vida temporal vivida conforme a Dios tiene proyección eterna. El seguimiento fiel adquiere tesoros para el cielo, que no se deterioran, no se pierden, se mantienen perpetuamente (Mt. 6:19-20). El que renuncia al compromiso de entrega y de seguimiento a Jesús, si es salvo seguirá siéndolo, pero lo será así como por fuego (1 Co. 3:15). No se trata de una experiencia puntual de vida, sino de algo continuo, que se vive día a día.

La enseñanza de Jesús es en sí misma un llamamiento a la reflexión personal. Algunos salvan la vida que dura un momento, pero con ello pierden la vida que dura para siempre, en sentido de no tener nada que se proyecte en el más allá. Por otro lado, los que están decididos a vivir conforme a la demanda de Dios, pierden la vida temporal, para ganarla definitivamente en la dimensión gloriosa y disfrutarla junto con Aquel a quien han seguido, por toda la eternidad. Los que renuncian a la vida conforme al mundo por seguir a Jesús viven en el espíritu de Jesucristo mismo, orientados por la misma forma de pensar que hubo en Él (2 Co. 8:9; Fil. 2:5). De este modo es como se testifica de la auténtica vida de piedad y se muestra la eficacia de ella. Jesús dirá más tarde por medio de otro escrito de Juan, que el cristiano debe ser fiel hasta la muerte (Ap. 12:11).

26. Si alguno me sirve, sígame; y donde yo estuviere, allí también estará mi servidor. Si alguno me sirviere, mi Padre le honrará.

ἐὰν ἐμοί τις διακονῇ, ἐμοὶ ἀκολουθείτω, καὶ ὅπου εἰμὶ ἐγὼ
Si me alguno sirva, me siga, y donde estoy Yo,
ἐκεῖ καὶ ὁ διάκονος ὁ ἐμὸς ἔσται· ἐάν τις ἐμοὶ διακονῇ
allí también el servidor - mío estará: Si alguno me sirva
τιμήσει αὐτὸν ὁ Πατήρ.
honrará le el Padre.

Notas y análisis del texto griego.

Siguen las palabras de Jesús: ἐὰν, conjunción afirmativa *si*; ἐμοί, caso dativo de la primera persona singular del pronombre personal declinado *a mí, me*; τις, caso nominativo masculino singular del pronombre indefinido *alguno*; διακονῇ, tercera persona singular del presente de subjuntivo en voz activa del verbo διακονέω, *servir*, aquí *sirva*; ἐμοὶ, caso dativo de la primera persona singular del pronombre personal declinado *a mí, me*; ἀκολουθείτω, tercera persona singular del presente de imperativo en voz activa del verbo ἀκολουθέω, *seguir, ser discípulo, ir tras él*, aquí *siga*; καὶ, conjunción copulativa *y*; ὅπου, adverbio relativo de lugar *adonde, donde*; εἰμὶ, primera persona singular del presente de indicativo en voz activa del verbo εἰμί, *ser, estar*, aquí *estoy*; ἐγὼ, caso nominativo masculino de la primera persona singular del pronombre personal *yo*; ἐκεῖ, adverbio de lugar *allí*; καὶ, adverbio de modo *también*; ὁ, caso nominativo masculino singular del artículo determinado *el*; διάκονος, caso nominativo masculino singular del nombre común *servidor, diácono*; ὁ, caso nominativo masculino singular del artículo determinado *el*; ἐμὸς, caso nominativo masculino singular del pronombre posesivo *mío*; ἔσται, tercera persona singular del futuro de indicativo en voz media del verbo εἰμί, *ser, estar*, aquí *estará*; ἐάν, conjunción afirmativa *si*; τις, caso nominativo masculino singular del pronombre indefinido *alguno*; ἐμοὶ, caso dativo de la primera persona singular del pronombre personal declinado *a mí, me*; διακονῇ, tercera persona singular del presente de subjuntivo en voz activa del verbo διακονέω, *servir*, aquí *sirva*; τιμήσει, tercera persona singular del futuro de indicativo en voz activa del verbo τιμάω, *honrar*, aquí *honrará*; αὐτὸν, caso acusativo masculino de la tercera persona singular del pronombre personal declinado *a él, le*; ὁ, caso nominativo masculino singular del artículo determinado *el*; Πατήρ, caso nominativo masculino singular del nombre divino *Padre*.

ἐὰν ἐμοί τις διακονῇ, ἐμοὶ ἀκολουθείτω, El seguimiento forma parte de la identificación del siervo con el Señor a quien sirve, así lo enseña Jesús mediante esta condición de tercera clase. Servir a Cristo es necesariamente seguirle en el camino de la renuncia, el de la Cruz. No puede haber creyente que no sea discípulo, ni discípulo sin seguimiento, y no puede haber seguimiento sin servicio, puesto que el Señor dejó marcadas en el mundo las huellas de Su servicio (1 P. 2:21). La evidencia del nuevo nacimiento tiene que ver con haber dejado el servicio a los ídolos para servir a Dios (1 Ts. 1:9-10).

καὶ ὅπου εἰμὶ ἐγὼ ἐκεῖ καὶ ὁ διάκονος ὁ ἐμὸς ἔσται· No hay lugar para el que sigue a Cristo que no sea estar donde Él está. El seguimiento del discípulo es *"andar como Él anduvo"* (1 Jn. 2:6). Es necesario seguir Su senda, pasar por Su camino, tener Su orientación de vida, aprender a renunciar como Él renunció. Jesús usa un presente de indicativo para referirse a la posición Suya y, por consiguiente, a la de aquel que le sigue, dice donde *estoy* yo. La identificación con Cristo hace posible esto. Cuando el pecador deposita su fe en el Salvador, se produce la identificación vital con Él, de modo que por ella recibe la vida eterna, potestativa y privativa de Dios, que le es comunicada por el único Mediador entre Dios y los hombres que es Jesucristo, hombre (1 Ti. 2:5). El apóstol Pablo enseña que la identificación con Cristo produce la *resurrección* espiritual de quien, por condición natural, está muerto en delitos y pecados. Pero, al mismo tiempo, la posición del perdido pasa a la segura posición en Cristo, de modo que estando Él sentado a la diestra de Dios, quienes estamos en Él, ya estamos potencialmente en los *lugares celestiales* con Él (Ef. 2:6). La razón está en el hecho de la identificación que el apóstol expresa como *en Cristo*.

Por tanto, los muertos son vivificados en unión *con Cristo* y estos vivificados son trasladados a los lugares celestiales *en Cristo*. Por el bautismo del Espíritu llegan a un nuevo *ser en Cristo* y juntamente con Él se hallan donde está el Señor, puesto que están unidos perpetuamente a Él. Jesucristo fue entronizado en razón de una obra terminada y una victoria alcanzada (Fil. 2:8-11). Por tanto, el creyente participa en esa victoria obtenida en plenitud, ocupando en Cristo y con Cristo una posición victoriosa. Jesús dice, en base a esa identificación que donde Él está, esta también Su servidor. Luego de la resurrección en el compromiso misionero encomendado a la iglesia, el Señor promete Su presencia en cada momento con los que llevan el evangelio (Mt. 28:20). Por esa misma causa, puede poner Su mano sobre el apóstol Juan que está desterrado en Patmos por el testimonio del evangelio (Ap. 1:17). El discípulo de Cristo puede estar visiblemente solo, abandonado por todos, pero nunca lo está por Cristo (2 Ti. 4:15-17). La promesa del Salmo se hace una realidad gloriosa: *"con él estaré yo en la angustia"* (Sal. 91:15). La senda del seguimiento fiel pareciera que tiene dificultades grandes y sufrimientos intensos, pero ninguna de esas cosas ha dejado de ser experimentada por el Señor, que provee de mayor gracia a los Suyos para superar las dificultades (Stg. 4:6).

ἐάν τις ἐμοὶ διακονῇ τιμήσει αὐτὸν ὁ Πατήρ. Pero todavía más. El creyente comprometido con Cristo será honrado por el Padre. En otras palabras, será recompensado por haber transitado por la senda del compromiso en obediencia al Señor. Esta es la promesa: *"De cierto os digo que no hay ninguno que haya dejado casa, o hermanos, o hermanas, o padre, o madre, o mujer, o hijos, o tierras, por causa de mí y del evangelio, que no reciba cien veces más ahora en este tiempo; casas, hermanos, hermanas, madres, hijos, y tierras, con persecuciones; y en el siglo venidero la vida eterna"* (Mr. 10:29-30). Al *diácono*, al servidor, se le da el premio o la recompensa, expresada en otros lugares como una corona. En esto se manifiesta también la identificación con Cristo; del mismo modo que Él fue exaltado hasta lo sumo por cumplimiento fiel de Su misión y de este modo *honrado* por el Padre (Fil. 2:9-11), así también el discípulo que está identificado con Él. Debe apreciarse que este premio, no es tan solo escatológico, sino actual. Seguir a Jesús es el deber del discipulado, pero estar con Jesús es la recompensa suprema al compromiso del seguimiento fiel.

Pareciera que los griegos quedan abandonados y sin atención. Pero es todo lo contrario. Aquellos que *querían ver a Jesús*, lo descubrieron en las palabras que dijo el Señor. Ellos deseaban conocer a quien había hecho tantos prodigios, al que era cuestionado por los líderes religiosos de la nación, pero encontraron mucho más, conocieron a quien es Salvador del mundo y tal vez, cabe imaginarlo, pudieron conociéndole a Él por la fe, seguir ellos el camino del discipulado puestos los ojos en Jesús (He. 12:2).

Testimonio celestial (12:27-29).

27. Ahora está turbada mi alma; ¿y qué diré? ¿Padre, sálvame de esta hora? Mas para esto he llegado a esta hora.

Νῦν ἡ ψυχή μου τετάρακται, καὶ τί εἴπω Πάτερ, σῶσον με ἐκ
Ahora el alma de mí se ha turbado, ¿y qué diré? Padre, salva me de
τῆς ὥρας ταύτης ἀλλὰ διὰ τοῦτο ἦλθον εἰς τὴν ὥραν
la hora esta. Pero para esto vine a la hora
ταύτην.
esta.

Notas y análisis del texto griego.

Entrando en un nuevo párrafo, escribe: Νῦν, adverbio de tiempo *ahora*; ἡ, caso nominativo femenino singular del artículo determinado *la*; ψυχή, caso nominativo femenino singular del nombre común *alma, vida, persona*; μου, caso genitivo de la primera persona singular del pronombre personal declinado *de mí*; τετάρακται, tercera persona singular del perfecto de indicativo en voz pasiva del verbo ταράσσω, *inquietar, turbar, perturbar, preocupar, asustar, agitar*, aquí *se ha turbado*; καὶ, conjunción copulativa *y*; τί, caso acusativo neutro singular del pronombre interrogativo *qué*; εἴπω, primera persona singular del segundo aoristo de subjuntivo en voz activa del verbo εἶπον, forma del aoristo de λέγω, *hablar, decir*, aquí *diré*; Πάτερ, caso vocativo masculino singular del nombre divino *Padre*; σῶσον, segunda persona singular del aoristo primero de imperativo en voz activa del verbo σῴζω, *salvar*, aquí *salva*; με, caso acusativo de la primera persona singular del pronombre personal declinado *a mí, me*; ἐκ, preposición propia de genitivo *de*; τῆς, caso genitivo femenino singular del artículo definido *la*; ὥρας, caso genitivo femenino singular del nombre común *hora*; ταύτης, caso genitivo femenino singular del pronombre demostrativo *esta*; ἀλλὰ, conjunción adversativa *más, pero, sin embargo*; διὰ, preposición propia de acusativo *para*; τοῦτο, caso acusativo neutro singular del pronombre demostrativo *esto*; ἦλθον, primera persona singular o tercera persona plural del segundo aoristo de indicativo en voz activa del verbo ἔρχομαι, *venir, llegar*, aquí *vine*; εἰς, preposición propia de acusativo *a*; τὴν, caso acusativo femenino singular del artículo determinado *la*; ὥραν, caso acusativo femenino singular del nombre común *hora*; ταύτην, caso acusativo femenino singular del pronombre demostrativo *esta*.

Νῦν ἡ ψυχή μου τετάρακται, Jesús hace una revelación de Su propia intimidad personal. Acababa de decir en respuesta al deseo de los griegos, que *Su hora había llegado*. Para esta hora había venido a Jerusalén. En muy poco tiempo se cumpliría lo determinado eternamente y el Hijo del Hombre daría Su vida para la obra redentora, abriendo la puerta de la esperanza a todo el que cree en Él. Esa hora contenía momentos angustiosos, como Getsemaní, los juicios, el sufrimiento en la Cruz y el desamparo del Padre a causa del pecado del mundo. Jesús conocía todo eso y Su alma humana se estremece dentro de Él. Continuamente Juan, en una equilibrada Cristología, presenta la deidad y la humanidad del Señor. En Su deidad conoce todo lo que supondría la *hora* de la redención; en Su humanidad el desconocimiento de ciertos aspectos, como era la solución que Dios daría a Su muerte espiritual en sustitución por el pecador, le llenaba de angustia. Será más tarde en Getsemaní donde expresará esa dimensión en medio de ruegos, lágrimas y gran clamor (He. 5:7). Cristo dice que Su alma *estaba turbada*. Un sentido de intensa angustia le abrumaba. El verbo ταράσσω, en perfecto de indicativo, resalta una situación plena. El significado de verbo es el de *inquietar, turbar, perturbar, preocupar, asustar, agitar*, quiere decir que Jesús experimentaba tanto inquietud como turbación y preocupación. Acaso pueda pensarse que el sentido de *asustar*, no era posible, pero también lo contenía ya que el escritor a los Hebreos, hablando de la oración de Getsemaní, presenta un ruego hecho con gran angustia, gemidos y lágrimas, como resultado de Su *temor reverente*, por tanto había intensa emoción y preocupación e incluso el natural miedo producido por el desconocimiento que en Su naturaleza humana tenía sobre la solución que Dios daría a la muerte espiritual antes de la muerte física. Además Jesús nunca había sentido la separación espiritual del Padre y el hecho de ser constituido como sacrificio expiatorio por el pecado, demandaba ser tratado como maldición para que los malditos a causa de sus propios pecados, pudieran ser hechos bendición, justicia, de Dios en Él.

καὶ τί εἴπω Πάτερ, σῶσον με ἐκ τῆς ὥρας ταύτης. Mediante el uso de una pregunta deliberativa en subjuntivo: *"¿y que diré?"*, pone de manifiesto un estado de inquietud, como si de una indecisión personal se tratara. Esta pregunta introduce a la oración dirigida al Padre. ¿Podía Jesús pedir que fuese librado de aquella hora? Sin duda podía haberlo hecho, pero Su humanidad, subsistente en la Persona Divina del Verbo eterno, se sujetaba a la determinación del Padre, que era también la del Hijo en cuanto a llevar a cabo la obra de salvación, para la que había venido.

Es necesario observar que se usa aquí la preposición de genitivo ἐκ, *de*, que establece separación o *salir de*. No estaba pidiendo que el Padre le hiciera salir de aquella hora, en sentido de dejar de pasar por ella, sino que ha de entenderse como que le librara de una situación vinculada a ella. Esa situación tenía necesariamente que ver con la *muerte espiritual*, que en Su naturaleza humana tendría que experimentar en la sustitución plenaria por el pecador. Instintivamente Jesús siente una profunda repulsión a la experiencia de la Cruz, no tanto en el sentido del sufrimiento físico y moral, sino en el espiritual del desamparo del Padre, en la natural separación a causa del pecado asumido, de modo que pudiera gustar la muerte por todos. Por consiguiente Jesús no esta pidiendo que la hora no llegue, sino que el Padre resuelva el conflicto de aquella hora y le saque con bien de ella. Es la oración que hace un hombre en Su naturaleza humana, en fervorosa súplica a Dios derramando los sentimientos íntimos de un corazón que agoniza.

Con todo cabe preguntarse si el interrogante: *¿y que diré?* debe leerse como una pregunta deliberativa, o entenderse como una expresión determinante de la oración. Es decir, Jesús no se preguntaba a Él mismo que iba a decir, sino que determinó decir aquello: *Padre, líbrame de esa hora*. Esto concuerda plenamente con la oración de Getsemaní en donde el Señor dijo: *"Padre mío, si es posible, pase de mí esta copa; pero no sea como yo quiero, sino como tú"* (Mt. 26:39). Es posible que el Señor esté pidiendo al Padre que si hubiese otra forma que no fuese aquella, se inclinase por ella. Pero, no había otra que sufrir la muerte por todos.

ἀλλὰ διὰ τοῦτο ἦλθον εἰς τὴν ὥραν ταύτην. Sin embargo, la petición sobre liberación no podía referirse al hecho mismo de la muerte en la Cruz, como si la angustia tuviera que ver con el sufrimiento y la hora de la pasión, pues, *"para esto he llegado a esta hora"*. La hora estaba determinada por Dios, en todo el amplio sentido y en la totalidad de su contenido. Cristo había sido enviado al mundo en el tiempo determinado para efectuar la redención que conllevaba la experiencia total y absoluta de lo que iba a ocurrir en la Cruz. No era una venida forzosa a esa hora, sino el cumplimiento en el tiempo de lo determinado eternamente (Gá. 4:4). Nadie le quitaba la vida por fuerza, sino que Él mismo la entregaba voluntariamente (10:15, 17, 18). Por tanto debía pasar por esa hora y enfrentarse a ella con todo el contenido que suponía. La agonía del alma se expresa antes, pero la voluntad ajustada a la del Padre, aparece en la segunda parte de la oración. La natural repugnancia a lo que venía, especialmente en el plano espiritual, se doblega a la voluntad soberana de Dios, que era también la Suya en el plano de la Deidad. No guarda silencio del miedo que aquello le produce, pero acepta la obra y no quiere evitar la Cruz.

28. Padre, glorifica tu nombre. Entonces vino una voz del cielo: Lo he glorificado, y lo glorificaré otra vez.

Πάτερ, δόξασόν σου τὸ ὄνομα[1]. ἦλθεν οὖν φωνὴ ἐκ τοῦ
Padre, glorifica de ti el nombre. Vino, entonces, voz del
οὐρανοῦ· καὶ ἐδόξασα καὶ πάλιν δοξάσω.
cielo: Por cierto, glorifiqué y de nuevo glorificaré.

Notas y análisis del texto griego.

Siguen las palabras de Jesús: Πάτερ, caso vocativo masculino singular del nombre divino *Padre*; δόξασον, segunda persona singular del aoristo primero de imperativo en voz activa del verbo δοξάζω, *glorificar, alabar, rendir honor*, aquí *glorifica*; σου, caso genitivo de la segunda persona singular del pronombre personal declinado *de ti*; τὸ, caso acusativo neutro singular del artículo determinado *el*; ὄνομα, caso acusativo neutro singular del nombre común *nombre*; ἦλθεν, tercera persona singular del segundo aoristo de indicativo en voz activa del verbo ἔρχομαι, *venir*, aquí *vino*; οὖν, conjunción continuativa *entonces*; φωνὴ, caso nominativo femenino singular del nombre común *voz*; ἐκ, preposición propia de genitivo *de*; τοῦ, caso genitivo masculino singular del artículo determinado *el*; οὐρανοῦ, caso genitivo masculino singular del nombre común *cielo*; καὶ, conjunción copulativa *y*; ἐδόξασα, primera persona singular del aoristo primero de indicativo en voz activa del verbo δοξάζω, *alabar, honrar, glorificar*, aquí *glorifiqué*; καὶ, conjunción copulativa *y*; πάλιν, adverbio de tiempo *de nuevo, otra vez*; δοξάσω, primera persona singular del futuro de indicativo en voz activa del verbo δοξάζω, *alabar, honrar, glorificar*, aquí *glorificaré*.

Crítica Textual. Lecturas alternativas.

[1] σου τόν Υἱόν, *de tu Hijo*, se lee en los códices K, $f^{1, 13}$, 33, 579, 1241, 2211, vg^{mss}, sir^{hmg}, bo.
μου τὸ ὄνομα, *mi nombre*, según lectura en B.

Πάτερ, δόξασόν σου τὸ ὄνομα. Jesús no buscaba Su gloria, sino la del Padre. Por esa razón, luego de presentar la petición de Su alma entristecida y angustiada, busca la glorificación del Padre, literalmente *tu nombre*, que implica la totalidad de la Persona Divina y expresa el carácter de Dios (1:12; 5:43; 17:11). La petición de Cristo tenía que ver con una señal de testimonio para los incrédulos, ya que Él estaba seguro que siempre le oía el Padre (11:42). El Señor se ofrece a morir para que el Padre sea glorificado. Esa glorificación tiene que ver con la expresión del infinito amor que mueve la redención del hombre y que es la manifestación del amor del Padre (3:16-17; 1 Jn. 4:9-10). No cabe duda que el móvil de la vida de Jesús y lo que rige cada una de Sus acciones es la gloria y obediencia al Padre (7:18; 8:50). La petición de Cristo involucra el reconocimiento a la soberanía de Dios. Sobre esto escribe Hendriksen:

"Padre, sálvame de esta hora, si es posible y está de acuerdo con tu santa voluntad, pero no me salves de esta hora si esto fuera a significar que perdería la cosecha espiritual (12:24), porque el propósito mismo de mi venida a este mundo es conseguir esta cosecha por medio de la muerte voluntaria. En consecuencia, Padre, concédeme que a través de mi perfecta obediencia a tu voluntad, dondequiera que esta voluntad me dirija (especialmente en mi sufrimiento y muerte), tu nombre sea glorificado[5]".

ἦλθεν οὖν φωνὴ ἐκ τοῦ οὐρανοῦ· La respuesta a la oración de Jesús se produce mediante una voz que se hace oír, procedente del cielo. En los momentos cumbres de la vida y ministerio de Cristo se hizo audible la voz del cielo, como en el bautismo (Mr. 1:11) y en la transfiguración (Mr. 9:7). La voz del cielo aparece varias veces en la Escritura, tanto en el Antiguo como en el Nuevo Testamento (cf. Dan. 4:31; Hch. 9:4; 11:9).

καὶ ἐδόξασα καὶ πάλιν δοξάσω. Las palabras de la voz celestial afirmaban esa glorificación que Jesús pedía y hablaban de una nueva glorificación. Sin duda las dos referencias anteriores a la voz divina, tienen que ver con la glorificación del Padre, pero, no puede limitarse a esas, sino que cada instante de la vida de Jesús es una manifestación que glorifica al Padre que le envió. De otro modo, el Padre ha glorificado Su nombre por las obras que Jesús ha hecho, llevadas a cabo por el poder del Padre y en Su nombre (cf. 5:36; 10:38; 11:4-40; 14:10). Volvería a glorificarlo en la entrega redentora del Hijo, en Su resurrección y en Su glorificación, así como en el envío del Espíritu Santo (cf. 14:12; 17:1). Una manifestación de esa naturaleza supondría una forma de fortalecer el alma llena de angustia del que había hecho la petición.

[5] W. Hendriksen. o.c., pág. 471.

29. Y la multitud que estaba allí, y había oído la voz, decía que había sido un trueno. Otros decían: Un ángel le ha hablado.

ὁ οὖν ὄχλος ὁ ἑστὼς καὶ ἀκούσας ἔλεγεν βροντὴν
Entonces el gentío - que estaba en pie y que oyó decía trueno
γεγονέναι, ἄλλοι ἔλεγον· ἄγγελος αὐτῷ λελάληκεν.
había sido; otros decían: Ángel le ha hablado.

Notas y análisis del texto griego.

Siguiendo el relato, añade: ὁ, caso nominativo masculino singular del artículo determinado *el*; οὖν, conjunción ilativa *entonces*; ὄχλος, caso nominativo masculino singular del nombre común *gentío, gente, multitud*; ὁ, caso nominativo masculino singular del artículo determinado *el*; ἑστὼς, caso nominativo masculino singular del participio perfecto en voz activa del verbo ἵστημι, *estar de pie, mantenerse firme, estar*, aquí *que estaba en pie*; καὶ, conjunción copulativa *y*; ἀκούσας, caso nominativo masculino singular del participio de aoristo primero en voz activa del verbo ἀκούω, *escuchar, oír*, aquí *que oyó*; ἔλεγεν, tercera persona singular del imperfecto de indicativo en voz activa del verbo λέγω, *hablar, decir*, aquí *decía*; βροντὴν, caso acusativo femenino singular del nombre común *trueno*; γεγονέναι, perfecto de infinitivo en voz activa del verbo γίνομαι, *llegar a ser, empezar a existir, hacerse, ser*, aquí *ha sido*; ἄλλοι, caso nominativo masculino plural del pronombre indefinido *otros*; ἔλεγον, tercera persona plural del imperfecto de indicativo en voz activa del verbo λέγω, *hablar, decir*, aquí *decían*; ἄγγελος, caso nominativo masculino singular del nombre común *ángel*; αὐτῷ, caso dativo masculino de la tercera persona singular del pronombre personal declinado *a él, le*; λελάληκεν, tercera persona singular del perfecto de indicativo en voz activa del verbo λαλέω, *hablar, decir*, aquí *ha hablado*.

ὁ οὖν ὄχλος ὁ ἑστὼς καὶ ἀκούσας ἔλεγεν βροντὴν γεγονέναι, La respuesta a la petición de Jesús, fue oída por la multitud que estaba allí. La reacción de algunos fue la de considerarla como un trueno. No es posible precisar cuando se produjo esto. Aunque Juan lo sitúa en el relato como un todo continuo con lo que antecede, es posible que hubiera sido un tiempo después. La datación no tiene importancia sino el hecho en sí. Jesús pide al Padre que glorifique Su nombre y el responde haciendo notar Su presencia mediante la voz procedente del cielo. Sin duda debió haber sido una voz fuerte, que para algunos habría sido un trueno. Así pensaban algunos de la multitud que estaba en pie, como indica una de las acepciones del verbo, así lo consideraban,

ἄλλοι ἔλεγον· ἄγγελος αὐτῷ λελάληκεν. Es muy posible que todos oyeran las palabras del mensaje celestial pero no entendieron el sentido, como ocurrió con los que acompañaban a Saulo en el camino a Damasco (Hch. 22:9), por lo que algunos consideraban que había sido un ángel que había hablado a Jesús. Lo que se habían dado cuenta es que el sonido era una voz que articulaba palabras, pero no distinguían el mensaje en sí.

Enseñanza de Jesús (12:30-36).

30. Respondió Jesús y dijo: No ha venido esta voz por causa mía, sino por causa de vosotros.

ἀπεκρίθη Ἰησοῦς καὶ εἶπεν· οὐ δι' ἐμὲ ἡ φωνὴ αὕτη
Respondió Jesús y dijo: No por causa de mí la voz esta
γέγονεν ἀλλὰ δι' ὑμᾶς.
ha venido sino por causa de vosotros.

Notas y análisis del texto griego.

Prosigue el relato:
ἀπεκρίθη, tercera persona singular del aoristo primero de indicativo en voz activa del verbo ἀποκρίνομαι, *responder, contestar, replicar*, aquí *respondió*; Ἰησοῦς, caso nominativo masculino singular del nombre propio *Jesús*; καὶ, conjunción copulativa *y*; εἶπεν, tercera persona singular del segundo aoristo de indicativo en voz activa del verbo εἶπον, aoristo de λέγω, *hablar, decir*, aquí *dijo*; οὐ, adverbio de negación *no*; δι', forma contracta de la preposición de acusativo διά, *por medio de, a causa de*; ἐμὲ, caso acusativo de la primera persona singular del pronombre personal *mí*; ἡ, caso nominativo femenino singular del artículo determinado *la*; φωνὴ, caso nominativo femenino singular del nombre común *voz*; αὕτη, caso nominativo femenino singular del pronombre demostrativo *esta*; γέγονεν, tercera persona singular del perfecto de indicativo en voz activa del verbo γίνομαι, *venir*, aquí *ha venido*; ἀλλὰ, conjunción adversativa *sino*; δι', forma contracta de la preposición de acusativo διά, *por medio de, a causa de*; ὑμᾶς, caso acusativo de la segunda persona plural del pronombre personal *vosotros.*

ἀπεκρίθη Ἰησοῦς καὶ εἶπεν· οὐ δι' ἐμὲ ἡ φωνὴ αὕτη γέγονεν ἀλλὰ δι' ὑμᾶς. La voz que la multitud había oído y que identificaban con un trueno o con la voz de un ángel, debía ser aclarada para que todos supiesen la razón de ella. Jesús había pedido que el Padre se glorificase, pero la respuesta a la petición no era por causa de Jesús, sino por la gente. Cristo no necesitaba respuesta alguna, porque toda Su vida había consistido en una continua glorificación del Padre. Se trataba de un nuevo testimonio celestial para que los oyentes creyesen en Jesús, es decir en quien era verdaderamente el Señor. Antes había ocurrido esto. Las señales ponían de manifiesto que Jesús era el que afirmaba ser. De manera que este testimonio tenía el mismo propósito. Por esa razón antes de esto, con motivo de la resurrección de

Lázaro, Jesús había dado gracias al Padre, por haberle oído, pero añadió la razón: *"Yo sabía que siempre me oyes; pero lo dije por causa de la multitud que está alrededor, para que crean que tú me has enviado"* (11:42). Ninguno creería si atribuían la voz a un trueno o a un ángel, de ahí que el Señor precisa esto para que todos entiendan. Aquellos no tendrían excusa alguna si permanecían incrédulos después de oír la voz del cielo. Esto tendrá consecuencias de forma inmediata en la explicación de Juan sobre el endurecimiento espiritual de Israel.

31. Ahora es el juicio de este mundo; ahora el príncipe del mundo será echado fuera.

νῦν κρίσις ἐστὶν τοῦ κόσμου τούτου, νῦν ὁ ἄρχων τοῦ
Ahora juicio es del mundo este, ahora el príncipe del
κόσμου τούτου ἐκβληθήσεται ἔξω·
mundo este será echado fuera.

Notas y análisis del texto griego.

Sin interrupción, añade: νῦν, adverbio de tiempo *ahora*; κρίσις, caso nominativo femenino singular del nombre común *juicio*; ἐστὶν, tercera persona singular del presente de indicativo en voz activa del verbo εἰμί, *ser, estar*, aquí *es*; τοῦ, caso genitivo masculino singular del artículo determinado declinado *del*; κόσμου, caso genitivo masculino singular del nombre común *mundo*; τούτου, caso genitivo masculino singular del pronombre demostrativo *este*; νῦν, adverbio de tiempo *ahora*; ὁ, caso nominativo masculino singular del artículo determinado *el*; ἄρχων, caso nominativo masculino singular del nombre común *príncipe*; του, caso genitivo masculino singular del artículo determinado declinado *del*; κόσμου, caso genitivo masculino singular del nombre común *mundo*; τούτου, caso genitivo masculino singular del pronombre demostrativo *este*; ἐκβληθήσεται, tercera persona singular del futuro de indicativo en voz pasiva del verbo ἐκβάλλω, *echar, expulsar, quitar, hacer salir*, aquí *será echado*; ἔξω, adverbio de lugar *fuera*.

νῦν κρίσις ἐστὶν τοῦ κόσμου τούτου, Jesús afirma que el juicio del mundo ha llegado. Por tanto, coincide con *la hora* a la que Él ha venido. El mundo será puesto a prueba y juzgado en los días siguientes. El juicio que descenderá sobre Jesús en la Cruz, es la base que sentencia al mundo malo, alejado y opuesto a Dios. El mundo en el sentido espiritual iba a ser juzgado y condenado. La esfera de oposición a Dios en que se encontraban los hombres a causa del pecado, sin posibilidad de poder escapar de ella, iba a ser eliminada en sentido de esclavitud inevitable para abrir una puerta de libertad al hombre. La obra de la Cruz iba a traer como consecuencia la derrota del mundo. El juicio divino que condena esa esfera y los que viven en ella, se iba a establecer en la

Cruz. "*El que cree en el Hijo tiene vida eterna; pero el que rehúsa creer en el Hijo no verá la vida, sino que la ira de Dios está sobre él" (3:36).*

νῦν ὁ ἄρχων τοῦ κόσμου τούτου ἐκβληθήσεται ἔξω· Otra afirmación de Jesús tiene que ver con *el príncipe de este mundo*, una referencia directa que describe a Satanás, no solo como gobernante de este mundo, sino como poseedor del mismo por derrota del hombre. En la tentación a Jesús le dijo que los *reinos del mundo y su gloria* eran suyos y que sobre ellos tenía potestad o autoridad (Lc. 4:6). Dios había enviado a Su Hijo al mundo con un propósito de salvación, pero también como el Rey que Él había determinado, como profetiza el Salmo: *"Pero yo he puesto mi rey sobre Sion, mi santo monte. Yo publicaré el decreto; Jehová me ha dicho: Mi hijo eres tú; yo te engendré hoy. Pídeme y te daré por herencia las naciones, y como posesión tuya los confines de la tierra"* (Sal. 2:6-8). De Jesús había dicho Dios: *"Tú eres mi Hijo amado"*, dando testimonio de esa realidad tanto en el bautismo como en la transfiguración. Por consiguiente quien está determinado para reinar es Jesús, como el mismo Satanás conocía por la Escritura: *"Dominará de mar a mar, y desde el río hasta los confines de la tierra. Ante él se postrarán los moradores del desierto, y sus enemigos lamerán el polvo. Los reyes de Tarsis y de las costas traerán presentes; los reyes de Sabá y de Seba ofrecerán dones. Todos los reyes se postrarán delante de él; todas las naciones le servirán"* (Sal. 72:8-11). Pero, Satanás conoce la posición que ocupaba en relación con los reinos del mundo. Dios había creado al hombre para que fuera gobernador sobre la tierra, confiriéndole autoridad delegada por Él, por lo que podía *sojuzgar* la tierra (Gn. 1:28). Como consecuencia de la tentación y de la caída, los reinos del mundo, es decir, la esfera de autoridad que el hombre debía haber ejercido, le fue trasladada a Satanás, no por derecho, sino como trofeo de victoria. El controlaba los reinos del mundo y los daba a quien quería (Lc. 4:6). Si Jesús era designado como Rey, tenía que arrebatarle la autoridad que estaba ejerciendo. Su derrota no estaba en la esfera de la vida de Jesús, sino en Su muerte, donde se operaría el juicio y se dictaría la sentencia sobre Satanás, el usurpador que controlaba el mundo y generaba en él la esfera de enemistad contra Dios.

Esa obra iba a *echar fuera*, proclamando ya la victoria definitiva sobre él. Es verdad que aún sigue ejerciendo su obra destructora y malvada, pero es ya un enemigo derrotado por Cristo en la Cruz, actuando por permisión divina, pero sentenciado en espera de ejecución. Para poder realizar esa obra, el Hijo de Dios tuvo que tomar una naturaleza humana, hacerse hombre, para poder morir. Esto está presente en el *Evangelio* desde el prólogo (1:14). Es necesario entender con toda claridad que el Hijo, como Persona Divina, es eternamente Dios, en unidad con el Padre y el Espíritu, pero que este Hijo, Persona Divina, tomó una naturaleza humana y se hizo hombre en identidad plena con el hombre. No siempre se enfatizan las dos naturalezas en Jesucristo. Aquí es preciso, para entender la afirmación de Jesús, prestar atención al hecho de la humanidad asumida por el Hijo. La encarnación, es el resultado del hecho transcendental del *envío* del Hijo al mundo procedente del Padre (Gá. 4:4), para llevar a cabo una obra en la cual Dios pueda, por el Hijo, hacer partícipes a los hombres de su filiación y rescatarlos de la muerte y la condenación a causa del pecado. La concepción es el primer movimiento de Dios para hacer posible la humanidad del Verbo. Ese acontecimiento da comienzo al existir de Dios en carne, en un estado de igualdad de naturaleza, sometido a todas sus limitaciones y alcanzando la posibilidad de morir la muerte del hombre, viviendo en una limitación voluntaria como el ser humano (Ro. 1:1-4; 2 Co. 5:21; 8:9; Gá. 3:13; 4:4-5; Fil. 2:6-8). El Hijo, que eternamente está junto al Padre, por quien todas las cosas vinieron a la existencia y son sustentadas en Él y por Él (1:3), se hizo hombre para morar entre los hombres como uno de ellos (1:14). Este Hijo, toma naturaleza humana sin deponer Su condición divina, para poder llevar a cabo la derrota de Satanás en la Cruz y hacer posible que sea *echado fuera*. Por la encarnación comienza la existencia temporal del Hijo, pero, en modo alguno se puede considerar esto como comienzo de vida, sino como inicio de una nueva forma de vida que subsiste en Su eterna Persona, sin comienzo y sin fin. La Deidad de Jesús, nada tiene que ver con el comienzo de Su existencia terrenal, ya que como Dios tiene preexistencia eterna a Su encarnación. La encarnación es la expresión suprema de la donación de Dios al hombre en la Persona del Hijo. En la encarnación Dios se *humana*, identificándose en todo con los hombres, salvo en el pecado y en la relación de esa humanidad, sólo la suya, con la Deidad. La encarnación es el vehículo por el cual el Verbo se une con la humanidad en una naturaleza creada por el Espíritu Santo, que es personalizada por el Hijo, y en cuya humanidad expresa visiblemente Su filiación eterna. Esa unión entre el Hijo eterno y la naturaleza del hombre, se manifiesta absolutamente en Jesús, el hombre. Desde el momento de la encarnación, la humanidad es ya perpetuamente la humanidad del Hijo. En ella se manifestó durante el ministerio público y en ella se perpetúa eternamente. La encarnación no es una divinización del hombre, sino la decisión libre del Hijo que se proyecta en amor fuera de Sí mismo, para salvación. La encarnación es la auto-entrega del Hijo a favor de los hombres, para llevar a estos a la expresión máxima posible de la vivencia de lo que corresponde y pertenece a Dios, que es la vida eterna. El Hijo, como hombre es la expresión de la vida trinitaria de Dios en una criatura, y la posición de una criatura en Dios, que se inserta en la historia humana. La criatura, en cuanto a *carne y sangre*, es acogida no sólo en el Creador, sino dentro de Él mismo, viniendo a ser elemento integrante en Su Persona Divina, de tal manera que aunque permaneciendo la diferencia entre Su naturaleza divina y Su naturaleza humana, sin mezcla ni confusión, la unión entre el Creador y la criatura se hacen inseparables ya. El sujeto de la encarnación es el Hijo, el Verbo, el Logos eterno, por tanto, la encarnación es la prolongación a la criatura subsistente en la Persona divina, de la realidad y relación eterna del Hijo en el seno de la Trinidad. La acción liberadora es sólo posible para Dios desde la naturaleza humana del Hijo, en la destrucción del opresor y la liberación del hombre. Pero, esa encarnación del Hijo, es el vehículo instrumental para la kénosis de Dios. La naturaleza humana hace posible el descenso del Hijo a la forma de siervo. El que siendo Dios no puede sino demandar obediencia, por cuanto es Soberano, obedece desde Su condición de hombre, hasta la entrega máxima en la expresión de dar Su vida por los hombres. Es necesario entender bien que este Cristo, que es hombre, es también *"Dios bendito sobre todas las cosas por los siglos de los siglos"* (Ro. 9:5). El propósito de la encarnación está plenamente definido en el versículo: *"para destruir por medio de la muerte al que tenía el imperio de la muerte, esto es, al diablo"* (He. 2:14). Primero se hace solidario con los hombres para poder morir por ellos. Luego se ofrece en sacrificio por los pecados de los hombres, para poder librarlos. Siendo *hombre* podía ser sustituto del hombre. La muerte de Jesús se considera aquí desde el plano *soteriológico*, como la superación de la esclavitud y la liberación de los esclavos. El infinito Hijo, se hace *hombre*, para morir. La muerte en este caso no se considera tanto desde el sufrimiento, sino desde la batalla liberadora, consistente en *destruir* al que tenía el imperio de la muerte. El verbo *destruir*, no equivale a *eliminar* en el sentido de hacer desaparecer, sino de *quitar los medios con que se mantenía* e incluso impedir que vuelva a alcanzarlos. En ese sentido equivale a *reducir a la impotencia*, a quien tenía el dominio de la muerte, esto es al *diablo*, es expulsado de su dominio y sentenciado a *ser echado fuera*. En la Cruz, el Hijo, combate al *príncipe de este mundo*, Satanás, retirándole el acta de los decretos contrarios al hombre, de modo que lo reduce a la impotencia para demandar la muerte y condenación del que ha sido justificado (Col. 2:14-15). Cristo en Su muerte *destruye*, en sentido de dejar inoperativo al que tenía el imperio de la muerte. Con la resurrección de Su humanidad destruye también a la muerte (1 Co. 15:20). La acción del Salvador hace posible el cumplimiento pleno de la profecía: *"De la mano del Seol los redimiré, los libraré de la muerte. Oh muerte, yo seré tu muerte; y seré tu destrucción, oh Seol; la compasión será escondida de mi vista"* (Os. 13:14). Cancelada el acta acusatoria y manifestado el poder victorioso en la resurrección, el diablo está destruido en sentido operativo contra quienes son hermanos de Jesús e hijos del Padre, por adopción, y echado fuera, de modo que no podrá oprimir y esclavizar a quienes Dios ha hecho libres.

32. Y yo, si fuere levantado de la tierra, a todos atraeré a mí mismo.

κἀγὼ ἐὰν ὑψωθῶ ἐκ τῆς γῆς, πάντας ἑλκύσω
Y yo, si fuere levantado de la tierra, a todos atraeré
πρὸς ἐμαυτόν.
a mí mismo.

Notas y análisis del texto griego.

Concluyendo el párrafo, escribe: καγὼ, καγὼ, palabra formada por crasis[6] de la conjunción καὶ, y el pronombre personal ἐγώ, y que equivale a *y yo*; ἐὰν, conjunción afirmativa *si*; ὑψωθῶ, primera persona singular del aoristo primero de subjuntivo en voz pasiva del verbo ὑψόω, *levantar, exaltar*, aquí *fuere levantado*; ἐκ, preposición propia de genitivo *de*; τῆς, caso genitivo femenino singular del artículo determinado *la*; γῆς, caso genitivo femenino singular del nombre común *tierra*; πάντας, caso acusativo masculino plural del adjetivo indefinido declinado *a todos*; ἑλκύσω, primera persona singular del futuro de indicativo en voz activa del verbo ἕλκω, *atraer, sacar, arrastrar*, aquí *atraeré*; πρὸς, preposición propia de acusativo *a*; ἐμαυτόν, caso acusativo masculino singular del pronombre reflexión *mí mismo*.

καγὼ ἐὰν ὑψωθῶ ἐκ τῆς γῆς, πάντας ἑλκύσω πρὸς ἐμαυτόν. Mediante una condición de tercera clase pasa a cerrar toda la enseñanza anterior con una referencia a la Cruz. No pone duda en lo que va a ocurrir, sino en que se producirá en un momento y entonces será *levantado*. No se trata tanto de una referencia a la glorificación solo, sino a toda la obra, que comprende primero el *levantamiento* sobre la Cruz, en donde será crucificado pronto.

La Cruz ejercerá una fuerza atractiva sobre los hombres. No hace una afirmación general, en sentido de que todos los hombres sin excepción serán atraídos y arrastrados a Él para salvación, ya que algunos resistirán rebeldes a la invitación del evangelio de la gracia, sino en sentido de que por medio de la obra en la Cruz, algunos como

---

[6] *Crasis*, palabra griega que equivale a *unión de fuerzas*, en general *unión de elementos*.

los griegos que querían verle, tendrán abierta la puerta de acceso a la salvación mediante la fe en Él. Todos los hombres tendrán el mismo y único acceso, tanto judíos como gentiles. Nadie podrá salvarse de otra manera que no sea por gracia, mediante la fe (Ef. 2:8-9). Anteriormente Jesús habló de la atracción del Padre que conduce a los hombres a Cristo (6:44), pero la atracción del Padre es también atracción del Hijo, puesto que Éste expresa al Padre y hace todo cuanto Él hace (5:19). Además debe entenderse que los hombres no vienen a Cristo de forma natural, es decir, por deseo propio que surge de ellos mismos, sino que es Dios que obra en sus almas y las atrae para que vengan al Salvador. Todos los que vienen a Cristo son atraídos por Dios (6:44).

33. Y decía esto dando a entender de qué muerte iba a morir.

τοῦτο δὲ	ἔλεγεν	σημαίνων	ποίῳ	θανάτῳ	ἤμελλεν	ἀποθνῄσκειν.
Y esto	decía	indicando	de que	muerte	debía	morir.

Notas y análisis del texto griego.

Introduciendo una aclaración, dice: τοῦτο, caso acusativo neutro singular del pronombre demostrativo *esto*; δὲ, partícula conjuntiva que hace las veces de conjunción coordinante, con sentido de *pero, más bien, y, y por cierto, antes bien*; ἔλεγεν, primera persona singular del imperfecto de indicativo en voz activa del verbo λέγω, *hablar, decir*, aquí *decía*; σημαίνων, caso nominativo masculino singular del participio de presente en voz activa del verbo σημαίνω, *indicar, predecir, mostrar*, aquí *indicando*; ποίῳ, caso dativo masculino singular del adjetivo interrogativo *de que*; θανάτῳ, caso dativo masculino singular del nombre común *muerte*; ἤμελλεν, tercera persona singular del imperfecto de indicativo en voz activa del verbo μέλλω, *estar a punto de, haber de, deber*, aquí *debía*; ἀποθνῄσκειν, presente de indicativo en voz activa del verbo ἀποθῄσκω, *morir*.

τοῦτο δὲ ἔλεγεν σημαίνων ποίῳ θανάτῳ ἤμελλεν ἀποθνῄσκειν. Juan aclara que las palabras de Jesús tenían que ver con la muerte que iba a experimentar. La glorificación de Cristo, la ascensión a los cielos, sólo era posible a través de la muerte. Él hablaba de ser levantado, lo que implica el anuncio de la crucifixión, ya que la muerte habitual entre los judíos como era la lapidación, no puede entenderse en estas expresiones de Jesús. La elevación de Jesús comienza por el enclavamiento en la Cruz y luego por la colocación de ella sobre el lugar preparado para soportarla y sujetarla, con lo que el que estaba clavado en ella, era levantado de la tierra y puesto en alto.

34. Le respondió la gente: Nosotros hemos oído de la ley, que el Cristo permanece para siempre. ¿Cómo, pues, dices tú que es necesario que el Hijo del hombre sea levantado? ¿Quién es este Hijo del Hombre?

᾿Απεκρίθη οὖν αὐτῷ ὁ ὄχλος· ἡμεῖς ἠκούσαμεν ἐκ τοῦ νόμου
Respondió, pues, le la gente: Nosotros oímos de la ley
ὅτι ὁ Χριστὸς μένει εἰς τὸν αἰῶνα, καὶ πῶς λέγεις σὺ ὅτι
que el Cristo permanece por los siglos, ¿y como dices tú que
δεῖ, ὑψωθῆναι τὸν Υἱὸν τοῦ ᾿Ανθρώπου τίς ἐστιν
es necesario, que sea levantado el Hijo del Hombre? ¿Quién es
οὗτος ὁ Υἱὸν τοῦ ᾿Ανθρώπου
este - Hijo del Hombre?

Notas y análisis del texto griego.

Sin interrupción, añade: ᾿Απεκρίθη, tercera persona singular del aoristo primero de indicativo en voz pasiva del verbo ἀποκρίνομαι, *responder, contestar, tomar la palabra*, aquí *respondió*; οὖν, conjunción continuativa *pues*; αὐτῷ, caso dativo masculino de la tercera persona singular del pronombre personal declinado *a Él, Le*; ὁ, caso nominativo masculino singular del artículo determinado *el*; ὄχλος, caso nominativo masculino singular del nombre común *gentío, gente, multitud*; ἡμεῖς, caso nominativo de la primera persona plural del pronombre personal *nosotros*; ἠκούσαμεν, primera persona plural del aoristo primero de indicativo en voz activa del verbo ἀκούω, *oír, escuchar*, aquí *oímos*; ἐκ, preposición propia de genitivo *de*; τοῦ, caso genitivo masculino singular del artículo determinado *el*; νόμου, caso genitivo masculino singular del nombre común *mandato, norma, ley*; ὅτι, conjunción *que*; ὁ, caso nominativo masculino singular del artículo determinado *el*; Χριστὸς, caso nominativo masculino singular del nombre propio *Cristo*; μένει, tercera persona singular del presente de indicativo en voz activa del verbo μένω, *vivir, residir, estar, permanecer*, aquí *permanece*; εἰς, preposición propia de acusativo *para, por*; τὸν, caso acusativo masculino singular del artículo determinado *el*; αἰῶνα, caso acusativo masculino singular del nombre común *siglo, tiempo, eternidad*, en conjunto significa *para siempre*; καὶ, conjunción copulativa *y*; πῶς, partícula interrogativa adverbial, que realmente es un pronombre interrogativo *como, de que manera, por qué medio*; λέγεις, segunda persona singular del presente de indicativo en voz activa del verbo λέγω, *hablar, decir*, aquí *dices*; σὺ, caso nominativo de la segunda persona singular del pronombre personal *tú*; ὅτι, conjunción *que*; δεῖ, tercera persona singular del presente de indicativo en voz activa del verbo impersonal δεῖ, *es necesario*; ὑψωθῆναι, aoristo de infinitivo en voz pasiva del verbo ὑψόω, *alzar, elevar, levantar*, aquí *que sea levantado*; τὸν, caso acusativo masculino singular del artículo determinado *el*; Υἱὸν, caso acusativo masculino singular del nombre *Hijo*; τοῦ, caso genitivo masculino singular del artículo determinado declinado *del*; ᾿Ανθρώπου, caso genitivo masculino singular del nombre *Hombre*; las tres palabras son el título de Jesús; τίς, caso nominativo masculino singular del pronombre interrogativo *quien*; ἐστιν, tercera persona singular del presente de indicativo en voz activa del verbo εἰμί, *ser*, aquí *es*; οὗτος, caso nominativo masculino singular del pronombre demostrativo *este*; ὁ, caso nominativo masculino singular del artículo determinado *el*; Υἱὸν, caso acusativo masculino singular del nombre *Hijo*; τοῦ, caso genitivo masculino singular del artículo determinado declinado *del*; Ἀνθρώπου, caso genitivo masculino singular del nombre *Hombre*; las tres palabras son el título de Jesús.

Ἀπεκρίθη οὖν αὐτῷ ὁ ὄχλος· ἡμεῖς ἠκούσαμεν ἐκ τοῦ νόμου ὅτι ὁ Χριστὸς μένει εἰς τὸν αἰῶνα, La gente que rodeaba a Jesús tomó la palabra para formularle una pregunta. No se puede determinar si es seguida a lo que el Señor acababa de decir, o es formulada en otro momento. Las palabras de Jesús que anunciaban Su muerte, cuando hablaba de que sería *levantado*, fueron entendidas por los oyentes. Había dicho que cuando fuese levantado atraería a todos a Sí mismo (v. 32). El título de Hijo del Hombre, usado tantas veces por Él, era entendido por la gente como equivalente al de Cristo. Ellos habían sido enseñados, con base en la Escritura, lo que llaman *la Ley*, que el Cristo permanecería para siempre, conforme a los profetas (cf. Sal. 89:37; 110:4; Is. 9:5,6; Dn. 2:44). Por tanto, no es posible que sea crucificado, como Jesús decía. La enseñanza general no tenía en cuenta las muchas profecías que hablaban de la muerte de Mesías (cf. Dn. 9:26), de modo que sólo aceptaban la perdurabilidad del Hijo del Hombre, que como Rey determinado por Dios, tendría un reino eterno.

καὶ πῶς λέγεις σὺ ὅτι δεῖ ὑψωθῆναι τὸν Υἱὸν τοῦ Ἀνθρώπου τίς ἐστιν οὗτος ὁ Υἱὸν τοῦ Ἀνθρώπου. Si Jesús se había manifestado como el Cristo, dando pruebas de que era cierto lo que decía, y usaba habitualmente para Sí mismo el título de Hijo del Hombre recientemente (v. 23), si el Cristo no moriría, entonces ¿quién era el Hijo del Hombre que debía ser levantado, en sentido de morir? Condicionados por una enseñanza imprecisa de las verdades bíblicas reveladas sobre el Mesías, rodeado siempre de gloria, no podían entender que fuese humillado y mucho menos que pudiese morir crucificado. Lo que Jesús afirmaba era contrario a los presupuestos mesiánicos vigentes en el judaísmo de aquellos días.

La gente está pidiéndole una explicación sobre lo que ellos no entienden, además, puesto que apelaron a lo que ellos conocían de la Escritura, le piden una respuesta basada en ella. Tal vez ellos estaban pidiendo a Jesús que si realmente era el Mesías, se declarase conforme a lo que ellos esperaban de Él. Es notable observar que la muerte de Jesús iba a traer confusión en cuanto a Su condición mesiánica, incluso en los mismos discípulos como era el caso de los dos de Emaús, que le dicen, refiriéndose a los acontecimientos de la Pasión: "... *le entregaron los principales sacerdotes y nuestros gobernantes a sentencia de muerte, y le crucificaron, Pero nosotros esperábamos que él era el que había de redimir a Israel...*" (Lc. 24:20-21). Si el Hijo del Hombre iba a ser muerto, entonces no podía ser el Mesías y Jesús debía decirles quien era el Hijo del Hombre.

35. Entonces Jesús les dijo: Aún por un poco está la luz entre vosotros; andad entre tanto que tenéis luz, para que no os sorprendan las tinieblas; porque el que anda en tinieblas, no sabe a dónde va.

εἶπεν οὖν αὐτοῖς ὁ Ἰησοῦς· ἔτι μικρὸν χρόνον τὸ φῶς ἐν
Dijo, entonces, les - Jesús: Aún poco tiempo la luz con
ὑμῖν ἐστιν. περιπατεῖτε ὡς[1] τὸ φῶς ἔχετε, ἵνα μὴ σκοτία
vosotros está; andad mientras la luz tenéis, para que no oscuridad
ὑμᾶς καταλάβῃ· καὶ ὁ περιπατῶν ἐν τῇ σκοτίᾳ οὐκ οἶδεν
os sorprenda; y el que anda en la oscuridad no sabe
ποῦ ὑπάγει.
a donde va.

Notas y análisis del texto griego.

Trasladando la respuesta de Jesús, escribe: εἶπεν, tercera persona singular del segundo aoristo de indicativo en voz activa del verbo εἶπον, forma del aoristo de λέγω, *hablar, decir*, aquí *dijo*; οὖν, conjunción ilativa *entonces*; αὐτοῖς, caso dativo masculino de la tercera persona plural del pronombre personal *a ellos, les*; ὁ, caso nominativo masculino singular del artículo determinado *el*; Ἰησοῦς, caso nominativo masculino singular del nombre propio *Jesús*; ἔτι, adverbio de tiempo, *aún, todavía*; μικρὸν, caso acusativo masculino singular del adjetivo *poco, pequeño*; χρόνον, caso acusativo masculino singular del nombre común *tiempo*; τὸ, caso nominativo neutro singular del artículo determinado *el*; φῶς, caso nominativo neutro singular del nombre común *luz*; ἐν, preposición propia de dativo *en, entre, con*; ὑμῖν, caso dativo de la segunda persona plural del pronombre personal *vosotros*; ἐστιν, tercera persona plural del presente de indicativo en voz activa del verbo εἰμί, *ser, estar*, aquí *está*; περιπατεῖτε, segunda persona plural del presente de imperativo en voz activa del verbo περιπατέω, *andar*, aquí *andad*; ὡς, adverbio de modo, *como, como si, mientras*, que hace las veces de conjunción comparativa; τὸ, caso nominativo neutro singular del artículo determinado *el*; φῶς, caso nominativo neutro singular del nombre común *luz*; ἔχετε, segunda persona plural del presente de indicativo en voz activa del verbo ἔχω, *tener, poseer*, aquí *tenéis*; ἵνα, conjunción causal *para que*; μὴ, partícula que hace funciones de adverbio de negación *no*; σκοτία, caso nominativo femenino singular del nombre común *oscuridad*; ὑμᾶς, caso acusativo de la segunda persona plural del pronombre personal declinado *a vosotros, os*; καταλάβῃ, segunda persona plural del segundo aoristo de subjuntivo en voz activa del verbo καταλαμβάνω, *alcanzar, apoderarse, sorprender*, aquí *sorprenda*; καὶ, conjunción copulativa *y*; ὁ, caso nominativo masculino singular del artículo determinado *el*; περιπατῶν, caso nominativo masculino singular del participio de presente en voz activa del verbo περιπατέω, *andar*, aquí *que anda*; ἐν, preposición propia de dativo *en*; τῇ, caso dativo femenino singular del artículo definido *la*; σκοτίᾳ, caso dativo femenino singular del nombre común *oscuridad*; οὐκ, forma escrita del adverbio de negación *no*, con el grafismo propio ante una vocal con espíritu suave o una enclítica; οἶδεν, tercera persona singular del perfecto de indicativo en voz activa del verbo οἶδα, *saber, conocer, comprender, entender*, aquí *sabe*; ποῦ, adverbio *a dónde*; ὑπάγει, tercera persona singular del presente de indicativo en voz activa del verbo ὑπάγω, *ir, marchar, andar*, aquí *va*.

Crítica Textual. Lecturas alternativas.

[1] ὡς, *mientras*, según se atestigua en A, B, D, K, K, W, Θ, Ψ, 1, 565, 2211, sir[hmg].

ἕως, *hasta, hasta que, mientras que*, según lectura en 𝔭[66], ℵ, Γ, Δ, *f*[13], 33, 579, 700, 892, 1241, 1424, 844, 𝔐, lat, sir[h].

εἶπεν οὖν αὐτοῖς ὁ Ἰησοῦς· No hay una respuesta directa a la pregunta que la gente había formulado. Jesús les respondió, pero, no como ellos desearían sino conforme a la enseñanza que necesitaban.

ἔτι μικρὸν χρόνον τὸ φῶς ἐν ὑμῖν ἐστιν. Llama la atención de todos los que estaban presentes a la *luz* que todavía estaba entre ellos. La gente quería satisfacer una curiosidad, si el Hijo del Hombre era o no el Mesías. Jesús les orienta hacia el corto tiempo que tenían para aprovechar la luz que estaba entre ellos. Él se había presentado como *la luz del mundo* (8:12), la única que podía iluminar las tinieblas espirituales en que se encontraban y conducirlos sin caída al camino de la salvación. Esa luz iba a estar por poco tiempo con ellos. La Cruz se alzaba ya a la vista de Jesús y Él iba a dar Su vida, ser enterrado, resucitar y ascender a los cielos. Tenían poco tiempo para acercarse a Él en el tiempo de Su vida en la tierra, para resolver el problema en que todos estaban inmersos. El Señor los llama a la diligencia, de dejar las curiosidades teológicas y buscar la luz de la vida.

περιπατεῖτε ὡς τὸ φῶς ἔχετε, ἵνα μὴ σκοτία ὑμᾶς καταλάβῃ· Inmediatamente les llama a que caminen en la luz para que no sean sorprendidos por las tinieblas. Jesús es la única luz que es también vida (1:4). Sólo Él brilla en las tinieblas del mundo y éstas no pueden apagar esa luz (1:5). La luz de Dios en Cristo alumbra a todo hombre que está en el mundo (1:9). No era una luz mortecina propia de la religión y de los preceptos humanos, sino la admirable luz de Dios, enviada por el Padre para alumbrar a quienes, por su condición, viven en tinieblas y no saben adonde van. El verbo caminar indica también una acción de seguimiento, porque les demanda que anden en la luz que es Él mismo, de otro modo, los invita a hacerse discípulos suyos, a creer en Él, mientras brillan los destellos finales de la luz en Su humanidad. No quiere decir que Su luz, con la muerte y ascensión se extinguió para los hombres, sino que sigue brillando con más intensidad, porque ya se abrió para ellos la puerta de salvación y brilla con todo poder la luz de la esperanza de vida que es Cristo.

καὶ ὁ περιπατῶν ἐν τῇ σκοτίᾳ οὐκ οἶδεν ποῦ ὑπάγει. Seguir en la esfera de las tinieblas es perderse, esto es, no saber a donde se dirige el que anda. La luz iba a extinguirse muy pronto. No en sentido de que dejase de alumbrar definitivamente, sino en el personal de la presencia corporal de Jesús entre ellos. Él era el único que podía orientar a los hombres, porque también dijo: *"el que me sigue no andará en tinieblas, sino que tendrá la luz de la vida"* (8:12). De ahí la urgencia, puesto que hay poco tiempo para que pudieran acercarse a Él en el entorno de Su tiempo. Vendrían días luego en que muchos de ellos seguirían caminando en tinieblas, sin saber a donde dirigirse. Sólo el que tiene luz, porque ha nacido de nuevo, sabe con certeza el camino por el que anda y a donde se dirige. A la pregunta *¿quién es el Hijo del Hombre?* responde: *La luz del mundo*, que era lo que aquellos necesitaban con urgencia, y que debían aprovechar.

36. Entre tanto que tenéis la luz, creed en la luz, para que seáis hijos de luz. Estas cosas habló Jesús, y se fue y se ocultó de ellos.

ὡς τὸ φῶς ἔχετε, πιστεύετε εἰς τὸ φῶς, ἵνα υἱοὶ φωτὸς
Mientras la luz tenéis, andad en la luz, para que hijos de luz
γένησθε. ταῦτα ἐλάλησεν Ἰησοῦς, καὶ ἀπελθὼν ἐκρύβη
lleguéis a ser. Estas cosas habló Jesús, y yéndose se ocultó
ἀπ' αὐτῶν.
de ellos.

Notas y análisis del texto griego.

ὡς, adverbio de modo, *como, como si, mientras*, que hace las veces de conjunción comparativa; τὸ, caso nominativo neutro singular del artículo determinado *el*; φῶς, caso nominativo neutro singular del nombre común *luz*; ἔχετε, segunda persona plural del presente de indicativo en voz activa del verbo ἔχω, *tener*, aquí *tenéis*; πιστεύετε, segunda persona plural del presente de imperativo en voz activa del verbo πιστεύω, *creer*, aquí *creed*; εἰς, preposición propia de acusativo *a*; τὸ, caso nominativo neutro singular del artículo determinado *el*; φῶς, caso nominativo neutro singular del nombre común *luz*; ἵνα, conjunción causal *para que*; υἱοὶ, caso nominativo masculino plural del nombre común *hijos*; φωτὸς, caso genitivo neutro singular del nombre común declinado *de luz*; γένησθε, segunda persona plural del segundo aoristo de subjuntivo en voz media del verbo γίνομαι, *llegar a ser, comenzar a existir, hacerse*, aquí *lleguéis a ser*; ταῦτα, caso acusativo neutro plural del pronombre demostrativo *estos*, en sentido de *estas cosas*; ἐλάλησεν, tercera persona singular del aoristo primero de indicativo en voz activa del verbo λαλέω, *hablar, decir*, aquí *habló*; Ἰησοῦς, caso nominativo masculino singular del nombre propio *Jesús*; καὶ, conjunción copulativa *y*; ἀπελθὼν, caso nominativo masculino singular del participio del segundo aoristo en voz activa del verbo ἀπέρχομαι, *ir, irse, desparecer*, aquí *yéndose*; ἐκρύβη, tercera persona singular del aoristo segundo de indicativo en voz pasiva del verbo κρύπτω, *ocultar, esconder*, aquí *se ocultó*; ἀπ', preposición propia de genitivo ἀπό, con el grafismo que adopta por elisión de la o final ante vocal o diptongo sin aspiración, que equivale a *de, desde, procedente de, por medio de, con, por*; αὐτῶν, caso genitivo masculino de la segunda persona plural del pronombre personal *ellos*.

ὡς τὸ φῶς ἔχετε, πιστεύετε εἰς τὸ φῶς, La exhortación concluye con la invitación a la fe. Todavía estaba con ellos, por tanto, era necesaria una decisión en relación con Él. Había enseñado en varias ocasiones que quien creyese en Él tendría la vida eterna (Jn 3:16, 36). Por otro lado la condenación persistía sobre quienes no creyesen, estos seguirían andando en tinieblas.

ἵνα υἱοὶ φωτὸς γένησθε. Una determinación a creer produciría en los creyentes una transformación, pasando de ser tinieblas a ser *hijos de luz*. El apóstol Pablo usará esta misma verdad cuando escribiendo a los efesios, dice: *"Porque en otro tiempo erais tinieblas, mas ahora sois luz en el Señor; andad como hijos de luz"* (Ef. 5:8). Jesús complementa la llamada a la fe con una promesa que produce un cambio pleno en la vida del que cree. Para Juan la perdición y el pecado están vinculados a la esfera de las tinieblas, mientras que la salvación y la santidad están ligados a la luz. Jesús no dice que los creyentes pertenecen a la luz, sino que son luz cuando creen en Él. Es decir, la luz que es Cristo se hace luz en los creyentes por vinculación con Él. Nótese que el Señor dice que los que creen en la luz, son *hijos de luz*. Esta es la enseñanza dentro del primer capítulo (1:12)[7]. Los creyentes son también la *luz del mundo* (Mt. 5:14). La luz tiene como condición propia la de comunicarse disipando las tinieblas. Fue el primer elemento creado por Dios (Gn. 1:3). Juan presenta a Jesús como la luz de Dios que hacía irrupción en el

[7] Ver comentario.

mundo en tinieblas, brillando para todos los hombres (1:9). En la Biblia la luz equivale al verdadero conocimiento de Dios, de tal modo que el salmista dice: *"contigo está el manantial de la vida; en tu luz veremos la luz"* (Sal. 36:9). La luz o la vida en la luz está relacionada con la bondad, justicia y verdad (Ef. 5:8-9). El camino del justo está rodeado de luz; ella ilumina continuamente su senda produciendo alegría y gozo, por eso la Biblia dice: *"luz está sembrada para el justo, y alegría para los rectos de corazón"* (Sal. 97:11). La presencia del Mesías en la tierra hizo que el pueblo que andaba en tinieblas viese gran luz (Is. 9:2). La verdadera luz es Dios y está en Él, de ahí que se afirme que Dios es luz (1 Jn. 1:5). En ese sentido, quien está en Dios y Dios en él por Cristo, se convierte en un luminar al resplandecer en él la luz de Dios (Fil. 2:15). Cuando se habla de *brillar*, de lucir como un luminar, una lumbrera, en un mundo en tinieblas se está diciendo lo mismo que *vivir a Cristo* (Gá. 2:20; Fil. 1:21). Solo es luminosa la vida del que Cristo se hace luz en él por su presencia vivencial. El creyente no es luz por sí mismo, sino que la luz de Dios le es comunicada por la presencia de Cristo en él. El Señor es la única y verdadera luz. Por eso el salmista dice que *"el Señor es mi luz y mi salvación"* (Sal. 27:1); y por tanto solo en él *"veremos luz"* (Sal. 36:9). La luz necesaria para el camino santo y sin tropiezo del creyente procede de Dios, a quién se dirige la súplica: *"Envía tu luz y tu verdad; estás me guiarán; me conducirán a tu santo monte, y a tus moradas"* (Sal. 43:3). Mientras que el mundo desorientado es conducido por sendas que concluyen en muerte, el creyente alumbrado por Dios es conducido a Dios mismo, su alegría y su gozo (Sal. 43:4). Dios ha dado a Cristo por luz de salvación a todas las naciones (Is. 49:6). De ahí que el profeta diga al pueblo que estaba en la esperanza del Mesías, que Su llegada traería consigo la luz y la gloria de Dios (Is. 60:1). La irrupción del Verbo de Dios hecho carne, en el mundo de los hombres, hizo resplandecer la luz de Dios como la aurora naciente del día de salvación, para dar luz a los que estaban en tinieblas y alumbrar el camino de la paz (Lc. 1:78-79). Por eso nadie más que Jesús podía decir de Sí mismo: *"Yo soy la luz del mundo; el que me sigue, no andará en tinieblas, sino que tendrá la luz de la vida"* (8:12); y afirmar que *"entre tanto que estoy en el mundo, luz soy del mundo"* (9:5).

El creyente no es luz en sí mismo, pero lo es en el Señor. La acción salvadora de Dios hace posible esta transformación, *"porque Dios, que mandó que de las tinieblas resplandeciese la luz, es el que resplandeció en nuestros corazones, para iluminación del conocimiento de la gloria de Dios en la faz de Jesucristo"* (2 Co. 4:6). De ahí el cambio en el nuevo nacimiento: *"porque en otro tiempo erais tinieblas, más ahora sois luz en el Señor"* (Ef. 5:8). Quien permanece en comunión con Cristo, quien vive la luz de Dios en Cristo en su propia vida, es luz a los demás (15:4, 5). Ser luz, andar en ella, brillar, es poder señalar el rumbo al que vive en tinieblas, lo que es el cumplimiento fiel de la comisión que Cristo dio a los creyentes (Hch. 1:8).

En otro tiempo el creyente era *tinieblas*, no solo viviendo en ellas, sino siendo tinieblas en sí mismo, pero, por la regeneración es ahora *luz* en el Señor. Está pues, hablando de un estilo de vida que no solo es luminoso, sino que es luz. Esa forma de vida, en contraste con la de los que están en tinieblas, se convierte en un modo de alabanza a Dios, como dijo Jesús: *"Así alumbre vuestra luz delante de los hombres, para que vean vuestras buenas obras, y glorifiquen a vuestro Padre que está en los cielos"* (Mt. 5:16). El creyente está llamado a llevar a cabo la misión para la que Dios le ha dotado, resplandeciendo como luminar donde se encuentre. Como se dijo antes, la luz de Dios brilló en las tinieblas del mundo alumbrando a todo hombre (1:9). Aquel brillar de la luz de Dios en la persona de Jesucristo puso de manifiesto la suciedad del pecado en los hombres, que reaccionaron contra la luz porque denunciaba su situación personal (3:19). De otro modo, los hombres que amaban su vida de pecado, procuraron apagar la luz de Dios que brillaba en la Persona y obra de Jesucristo, hasta el extremo de determinar Su muerte. Es natural que quien vive en pecado desprecie la luz (3:20). La luz de Dios en el testimonio y ejemplo del Señor, ponía en evidencia la miseria de quienes sólo eran meros profesantes, pero que mantenían una vida contraria a la verdadera piedad. Jesús fue perseguido, despreciado, cuestionado y finalmente crucificado porque manifestó lo oculto de las tinieblas que había en el hombre. En identificación con Cristo, brillando con la luz que Él es en cada uno de los que han nacido de nuevo, el creyente lleva a cabo ahora la misma obra que fue la del Señor, en la denuncia sin palabras, con la luz de una vida transformada y poderosa, de la realidad de vidas entenebrecidas por el pecado.

Es necesario seguir de cerca a Cristo para gozar de Su luz admirable (v. 35). Nadie puede advertir al mundo de su fracaso en relación con la búsqueda de la luz orientadora, más que aquellos que han pasado de las tinieblas a la luz y que resplandecen como luminares en el mundo.

ταῦτα ἐλάλησεν Ἰησοῦς, καὶ ἀπελθὼν ἐκρύβη ἀπ' αὐτῶν. Terminada la invitación Jesús se ocultó de ellos. Una expresión semejante a la que describe la salida del templo cuando habían tomado piedras para apedrearlo (8:59). El Señor se fue. No definitivamente porque volvió nuevamente a Jerusalén (Mt. 21:17; Mr. 11:11). Con esto se cierra en el *Evangelio* el ministerio público de Jesús. Las siguientes palabras Suyas y las enseñanzas son dirigidas a un círculo más pequeño, los discípulos y algunos de Sus amigos. Juan dice que *estas cosas habló Jesús*, refiriéndose no solo a lo que acababa de decir, sino a todo cuanto dijo durante Su ministerio terrenal.

Pero, todavía hay una profundidad mayor. Jesús se ocultó de ellos, o como puede traducirse *fue ocultado*. Esto prepara la situación a lo que sigue en el *Evangelio*, la reprobación de la nación por incredulidad. Se ocultó de todos aquellos para que quedasen en sus tinieblas a causa de la voluntariedad de su desobediencia y desprecio contra el enviado del Padre. Los medios de gracia van a ser retirados de la mayoría de los judíos, salvo el pequeño remanente que Dios mantiene en ese pueblo. No por preterición eterna, sino por confirmación justa.

Reprobación de Israel (12:37-43).

37. Pero a pesar de que había hecho tantas señales delante de ellos, no creían en él.

Τοσαῦτα δὲ αὐτοῦ σημεῖα πεποιηκότος ἔμπροσθεν αὐτῶν οὐκ
Pero tan grandes de él señales que había hecho delante de ellos no
ἐπίστευον εἰς αὐτόν,
creían en Él.

Notas y análisis del texto griego.

Introduciendo un nuevo párrafo, escribe: Τοσαῦτα, caso acusativo neutro plural del adjetivo demostrativo *tan grandes*; δὲ, partícula conjuntiva que hace las veces de conjunción coordinante, con sentido de *pero, más bien, y, y por cierto, antes bien*; αὐτοῦ, caso genitivo masculino de la tercera persona singular del pronombre personal declinado *de él*; σημεῖα, caso acusativo neutro plural del nombre común *señales*; πεποιηκότος, caso genitivo masculino singular del participio de perfecto en voz activa del verbo ποιέω, *hacer, realizar*, aquí *habiendo hecho, que había hecho*; ἔμπροσθεν, puede considerarse como preposición de genitivo, es una palabra compuesta de las preposiciones ἐν y πρός, reforzada por la partícula de dirección θεν, aquí con significado de *delante*; αὐτῶν, caso genitivo masculino de la tercera persona plural del pronombre personal declinado *de ellos*; οὐκ, forma escrita del adverbio de negación *no*, con el grafismo propio ante una vocal con espíritu suave o una enclítica; ἐπίστευον, tercera persona plural del imperfecto de indicativo en voz activa del verbo πιστεύω, *creer*, aquí *creían*; εἰς, preposición propia de acusativo *a, en*; αὐτόν, caso acusativo masculino de la tercera persona singular del pronombre personal *Él*.

Τοσαῦτα δὲ αὐτοῦ σημεῖα πεποιηκότος ἔμπροσθεν αὐτῶν. Una vez más se repetía la triste experiencia de incredulidad del pueblo de Israel. La historia ofrece reiteradas ocasiones en que este pueblo se alejó de Dios. A pesar de tantas señales y prodigios hechos por Él manifestaron su endurecimiento honrando a otros dioses y quebrantando Sus mandamientos. La disciplina divina había caído muchas veces sobre ellos, entregándolos en manos de sus enemigos. Sin embargo, la misericordia de Dios, los restauraba una y otra vez. Después del cautiverio en Babilonia, los había introducido nuevamente en la tierra que había jurado a sus antepasados, por pura misericordia y en honor a Su fidelidad. La esperanza final estaba presente entre ellos. El Mesías, prometido como Rey que traería paz y bendición, había sido enviado y estaba allí. Sin embargo, a pesar de tener la evidencia en las señales que hizo de quien era (3:2), la rebeldía natural de aquellos, les llevaba a mantenerse en la incredulidad contra Él.

La conclusión del versículo es preciso: *a pesar de...no creían en Él*. Las señales no habían sido pocas, ni pequeñas, sino muchas y grandes, pero sin pasar desapercibidas, no los condujeron a la fe en Cristo. Intereses egoístas de clases religiosas, apatía espiritual en el pueblo, fue el ingrediente que condujo a la nación, tanto colectiva como individualmente, a rechazar al Mesías que les había sido anunciado y que esperaban como el libertador. Junto a los milagros estaban también las enseñanzas de Cristo, en las que se identificaban, conducían a la verdad y llamaban a la fe en Su Persona.

οὐκ ἐπίστευον εἰς αὐτόν, La falta de fe en Jesús era también falta de fe en Dios. Ignorando a Cristo, ignoraban también al Padre que le había enviado. La justificación no se otorgaba por obras humanas, ni por rituales religiosos, sino por la fe, como habían sido justificados los antepasados de Israel. Ver a Jesús es ver también a Dios (14:9). Aunque Cristo vino al mundo para *salvar* y no para *juzgar*, la palabra que había dicho se convertía en elemento acusador para todo aquel que la rechazaba. Buscar la justificación al margen de la fe implica rechazar la justicia de Dios. Esa es la causa de la condenación: *"no creían en Él"*. El verbo en imperfecto de indicativo, pone de manifiesto una incredulidad que comenzó antes y persistía en el tiempo. Las excepciones son muy pocas en comparación con los miles de personas que permanecían incrédulas. Israel fue endureciéndose desde el principio y haciéndose insensible a las palabras y obras de Jesús.

38. Para que se cumpliese la palabra del profeta Isaías, que dijo:
Señor, ¿quién ha creído a nuestro anuncio?
¿Y a quien se ha revelado el brazo del Señor?

ἵνα ὁ λόγος Ἠσαΐου τοῦ προφήτου πληρωθῇ ὃν εἶπεν·
Para que la Palabra de Isaías el profeta se cumpliese que dijo:
Κύριε, τίς ἐπίστευσεν τῇ ἀκοῇ ἡμῶν
Señor, quien creyó al anuncio de nosotros
καὶ ὁ βραχίων Κυρίου τίνι ἀπεκαλύφθη
y el brazo de Señor a quien fue revelado?

Notas y análisis del texto griego.

Sigue con: ἵνα, conjunción causal *para que*; ὁ, caso nominativo masculino singular del artículo determinado *el*; λόγος, caso nominativo masculino singular del nombre común *verbo, palabra, discurso, dicho*; Ἠσαΐου, caso genitivo masculino singular del nombre propio declinado *de Isaías*; τοῦ, caso genitivo masculino singular del artículo determinado *el*; προφήτου, caso genitivo masculino singular del nombre común *profeta*; πληρωθῇ, tercera persona singular del aoristo primero de subjuntivo en voz pasiva del verbo πληρόω, *completar, cumplir, llenar*, aquí *se cumpliese*; ὃν, caso acusativo masculino singular del pronombre relativo *el que, que*; εἶπεν, tercera persona singular del segundo aoristo de indicativo en voz activa del verbo εἶπον, forma del aoristo de λέγω, *hablar, decir*, aquí *dijo*; *Κύριε*, caso vocativo masculino singular del nombre *Señor*; *τίς*, caso nominativo masculino singular del pronombre interrogativo *quién*; *ἐπίστευσεν*, tercera persona singular del primer aoristo de indicativo en voz activa del verbo πιστεύω, *creer*, aquí *creyó*; *τῇ*, caso dativo femenino singular del artículo determinado *la*; *ἀκοῇ*, caso dativo femenino singular del nombre común *oído, noticia, rumor, predicación, anuncio*; ἡμῶν, caso genitivo de la primera persona plural del pronombre personal declinado *de nosotros*; *καὶ*, conjunción copulativa *y*; ὁ, caso nominativo masculino singular del artículo determinado *el*; *βραχίων*, caso nominativo masculino singular del nombre común *brazo*; *Κυρίου*, caso genitivo masculino singular del nombre divino *Señor*; *τίνι*, caso dativo masculino singular del pronombre interrogativo declinado *a quién*; *ἀπεκαλύφθη*, tercera persona singular del aoristo primero de indicativo en voz pasiva del verbo ἀποκαλύπτω, *revelar*, aquí *fue revelado.*

ἵνα ὁ λόγος Ἠσαΐου τοῦ προφήτου πληρωθῇ ὃν εἶπεν· La situación de incredulidad había sido anunciada por los profetas. Dios conocía la situación de aquellos y lo comunicó mucho antes de que ocurriera. Juan apela aquí a una cita del profeta Isaías, que tiene que ver con el sufrimiento del Mesías (Is. 53:1). La conjunción ἵνα, tiene sentido de finalidad. Podría entenderse como que la incredulidad de aquellos era inexcusable y tenía que ver con el necesario cumplimiento de la profecía, es decir, como se había profetizado tenía que cumplirse y, por consiguiente nadie creería en Cristo. Sin embargo, el endurecimiento de Israel, consecuencia de su rebeldía contra Dios a lo largo del tiempo, está en el plan de Dios para ese pueblo.

Κύριε, τίς ἐπίστευσεν τῇ ἀκοῇ ἡμῶν καὶ ὁ βραχίων Κυρίου τίνι ἀπεκαλύφθη El profeta pregunta a Dios quien ha creído al anuncio del evangelio, por tanto a las palabras de Jesús. Sin embargo aquellas palabras no podían tener efecto conforme a lo que sigue en el próximo versículo. Si no creían en el anuncio del evangelio y en la invitación a los hombres a recibir a Cristo, el Mesías que esperaban les había sido enviado y ellos no creían en Él. A lo largo de siglos esta fue una norma entre los judíos. Dios envió profeta tras profeta y, además de permanecer incrédulos al mensaje divino, aún insistían en quebrantar lo que Dios les anunciaba. De ahí que el brazo poderoso de Dios, comprometido en la salvación de Su pueblo, no se manifestaba. Por tanto, Juan descubre en la profecía la incredulidad y el rechazo de Jesús por los judíos de aquel tiempo. El mismo Señor Jesús se asombró de tanta incredulidad (Mr. 6:6). Por esa razón no se manifestaron ni entendieron el poder de Dios hecho en los milagros de Cristo, por la obstinada resistencia de ellos.

39. Por esto no podían creer, porque también dijo Isaías.

διὰ	τοῦτο	οὐκ	ἠδύναντο	πιστεύειν,	ὅτι	πάλιν	εἶπεν	Ἠσαΐας·
Por	esto	no	podían	creer,	porque	también	dijo	Isaías

Notas y análisis del texto griego.

Sigue la aportación que hace Juan: διὰ, preposición propia de acusativo *por*; τοῦτο, caso acusativo neutro singular del pronombre demostrativo *esto*; οὐκ, forma escrita del adverbio de negación *no*, con el grafismo propio ante una vocal con espíritu suave o una enclítica; ἠδύναντο, tercera persona plural del imperfecto de indicativo en voz media del verbo δύναμαι, *poder, tener poder, ser capaz*, aquí *podían*; πιστεύειν, presente de infinitivo en voz activa del verbo πιστεύω, *creer*; ὅτι, conjunción causal *porque*; πάλιν, adverbio de modo *también*; εἶπεν, tercera persona singular del segundo aoristo de indicativo en voz activa del verbo εἶπον, forma del aoristo de λέγω, *hablar, decir*, aquí *dijo*; Ἠσαΐας, caso nominativo masculino singular del nombre propio *Isaías*.

διὰ τοῦτο οὐκ ἠδύναντο πιστεύειν, La frase más compleja en interpretación es la primera afirmación del versículo. Que en base a lo que dijo en el anterior, enseña que la incredulidad de tantos ante las señales de Jesús, no era sólo un *no querer*, sino un *no poder*. En el versículo siguiente dará la razón por la que *no podían creer*. Baste aquí con entender que había un impedimento que les impedía la fe. No hay duda que Dios no condena arbitrariamente a nadie, pero no es menos cierto que el versículo afirma que *no podían creer*.

ὅτι πάλιν εἶπεν ᾿Ησαΐας· Si existía tal imposibilidad entonces no había responsabilidad por parte de los hombres, ya que ellos de sí mismos, no podían impedir la incredulidad personal. Esto se despeja en el siguiente versículo, donde Juan apela nuevamente a la profecía de Isaías para indicar la razón de *no podían*.

40. Cegó los ojos de ellos, y endureció su corazón;
Para que no vean con los ojos, y
entiendan con el corazón,
Y se conviertan, y yo los sane.

τετύφλωκεν αὐτῶν τοὺς ὀφθαλμοὺς
Ha cegado de ellos los ojos,
καὶ ἐπώρωσεν αὐτῶν τὴν καρδίαν,
y endureció de ellos el corazón;
ἵνα μὴ ἴδωσιν τοῖς ὀφθαλμοῖς
para que no vean con los ojos
καὶ νοήσωσιν τῇ καρδίᾳ καὶ στραφῶσιν,
y entiendan con el corazón y se vuelvan,
καὶ ἰάσομαι αὐτούς.
y sane los.

Notas y análisis del texto griego.

Trasladado el texto de la profecía, escribe: *τετύφλωκεν*, tercera persona singular del perfecto de indicativo en voz activa del verbo τυφλόω, *cegar*, aquí *ha cegado*; *αὐτῶν*, caso genitivo de la tercera persona plural del pronombre personal declinado *de ellos*; *τοὺς*, caso acusativo masculino singular del artículo determinado *los*; *ὀφθαλμοὺς*, caso acusativo masculino singular del nombre común *ojos*; *καὶ*, conjunción copulativa *y*; *ἐπώρωσεν*, tercera persona singular del aoristo primero de indicativo en voz activa del verbo πωρόω, *endurecer*, aquí *endureció*; *αὐτῶν*, caso genitivo masculino de la tercera persona plural del pronombre personal declinado *de ellos*; *τὴν*, caso acusativo femenino singular del artículo determinado *la*; *καρδίαν*, caso acusativo femenino singular del nombre común *corazón*; *ἵνα*, conjunción causal *para que*; *μὴ*, partícula que hace funciones de adverbio de negación *no*; *ἴδωσιν*, tercera persona plural del aoristo segundo de subjuntivo en voz activa del verbo ὁράω, *ver, mirar, observar*, aquí *vean*; *τοῖς*, caso dativo masculino plural del artículo determinado declinado *con los*; *ὀφθαλμοῖς*, caso dativo masculino plural del nombre común *ojos*; *καὶ*, conjunción copulativa *y*; *νοήσωσιν*, tercera persona plural del aoristo primero de subjuntivo en voz activa del verbo νοέω, *conocer, entender, percibir, discernir*, aquí *conozcan, entiendan*; τῇ, caso dativo femenino singular del artículo determinado *la*; καρδίᾳ, caso dativo femenino singular del nombre común *corazón*; καὶ, conjunción copulativa *y*; στραφῶσιν, tercera persona plural del aoristo segundo de subjuntivo en voz pasiva del verbo στρέφω, *volver, convertir*, aquí *se vuelvan* o *se conviertan*; καὶ, conjunción copulativa *y*; ἰάσομαι, primera persona singular del futuro de indicativo en voz media del verbo ἰάομαι, αὐτούς, caso acusativo masculino de la tercera persona plural del pronombre personal declinado *a ellos, los*.

τετύφλωκεν αὐτῶν τοὺς ὀφθαλμοὺς. Dos acciones de Dios sobre Israel se ponen de manifiesto por este texto de la profecía (Is. 6:9-10). La primera consistía en *cegar los ojos*, espiritualmente hablando. De manera que los milagros divinos, las señales que Jesús hacía continuamente, pasaban desapercibidas para ellos, sin poder hacer en ellas la *lectura* que se detectaría sin la ceguera espiritual en que estaban a causa de la intervención de Dios. En este sentido *ceguera*, tiene que ver con discernimiento espiritual. El mensaje de Dios ha de ser entendido espiritualmente, porque procediendo de Él que es Espíritu, debe comprenderse mediante la acción capacitadora de Su mismo Espíritu. Por esa misma razón el apóstol Pablo habla de la *doctrina* o de la *palabra* de la Cruz, que es incomprensible al hombre natural (1 Co. 1:18). No podían creer a causa de la ceguera que Dios había producido en ellos.

καὶ ἐπώρωσεν αὐτῶν τὴν καρδίαν, En segundo lugar, a la ceguera espiritual, se añade el endurecimiento del corazón. Éste se hace insensible a los dictados divinos y como centro de la vida y núcleo de la determinación humana, no se entrega a la obediencia a Dios y permanece rebelde a la demanda a la fe.

ἵνα μὴ ἴδωσιν τοῖς ὀφθαλμοῖς καὶ νοήσωσιν τῇ καρδίᾳ. No podían creer a causa de la ceguera y endurecimiento. Una situación irreversible a no ser que la revierta Dios mismo, el que la ha producido por Su omnipotencia y determinación. Por eso el profeta dice que la acción divina produce incapacidad, de modo que *no vean*, asimilando la verdad, y *no entiendan* con el corazón. No entender con el corazón la invitación a acudir a Jesús, trae como consecuencia el mantenerse en la condenación. El mensaje de salvación se entiende intelectualmente con ojos abiertos que puedan ver la verdad. La fe a la que el mensaje de salvación llama se ejercita con el corazón (Ro. 10:8b-11).

καὶ στραφῶσιν καὶ ἰάσομαι αὐτούς. La consecuencia final no podía ser otra. Sin entender y endurecidos no podía producirse en ellos el arrepentimiento, literalmente *volverse*, de modo que Dios pudiera *sanarlos* espiritualmente de la enfermedad del pecado y de la condenación. Ninguno de ellos invocaría el nombre del Señor y sería salvo. Una situación irreversible para ellos.

Todo esto genera una pregunta: si todo esto se debe a la voluntad de Dios ¿dónde está la responsabilidad humana? Dicho de otro modo, si Dios ciega y endurece, hace imposible que el hombre crea y sea salvo. Luego, en cierta manera, no puede imputárseles responsabilidad en cuanto a su condenación. Ya desde antiguo los *padres de la Iglesia*, marcaron diferencias interpretativas. Por un lado los griegos enseñaban que los judíos *no querían* creer, mientras que los latinos, entre ellos Agustín, enseñaban que *no podían* creer. Una discusión semejante se producirá en la interpretación del texto del apóstol Pablo en el que afirma que Faraón fue endurecido por Dios (Ro. 9:17-18). Pero, en ambos casos, tanto aquí en relación con Israel, como en la referencia a Faraón, en endurecimiento judicial divino se produce después de una insistente rebeldía y desobediencia a las demandas de Dios. El endurecimiento voluntario confirmado por Dios después de avisos, marca el destino definitivo del que se ha endurecido. La Biblia enseña que Dios había enviado por siglos a los profetas para llamar a Israel a un arrepentimiento, como hace notar en Crónicas: *"Y Jehová el Dios de sus padres envió constantemente palabra a ellos por medio de sus mensajeros, porque él tenía misericordia de su pueblo y de su habitación. Mas ellos hacían escarnio de los mensajeros de Dios, y menospreciaban sus palabras, burlándose de sus profetas, hasta que subió la ira de Jehová contra su pueblo, y no hubo ya remedio"* (2 Cr. 36:15-16). Luego del tiempo del cautiverio, la gracia de Dios trajo nuevamente un pequeño grupo a Israel y comenzó una nueva andadura. Aquellos pudieron haber seguido la voluntad de Dios expresada en Su Palabra, pero siguieron con su propia religión basada en prácticas de la ley, en el cumplimiento estricto de sus ordenanzas, pero sin rendir el corazón a Dios. Así que, luego de tanto tiempo de rechazo, Dios confirma lo que voluntariamente habían determinado, cegando sus ojos y endureciendo el corazón de ellos. Cuando Dios confirma una situación no hay ninguna esperanza de cambio porque dejan de estar a disposición del pecador los medios de gracia para superar la rebeldía natural y conducir al hombre en fe a una entrega a Dios aceptando Sus demandas. Había llegado el tiempo de la reprobación y Juan dice que esta era la razón por la que no podían creer.

La situación de aquellos no era consecuencia del cumplimiento de la profecía en la que se anunciaba la reprobación, ceguera y endurecimiento de Israel, sino que en ella Dios anunciaba lo que iba a ocurrir a causa de la rebeldía voluntaria de la nación. Todo cuanto se estaba produciendo ocurría bajo el control de Dios. Aquella condición en la que se encontraban había sido establecida por la omnipotencia de Dios, en respuesta a la condición rebelde de Israel, luego de advertencias divinas y de tiempo de gracia para rectificar. Aunque la soberanía divina operó en reprobación, no mermó la responsabilidad de los hombres. De otro modo, ¿no estaban actuando de aquella manera conforme al designio divino previamente anunciado por los profetas? Sin duda, la soberanía de Dios es el término definitivo de aquella situación, pero eso no exime a los judíos de la responsabilidad personal que ocurrían por esa desobediencia. Los judíos fueron puestos en aquella tierra para que obedeciesen a Dios. La desobediencia de ellos era contraria a la voluntad divina. De otro modo, Dios no preparó aquella situación eligiendo a los hombres de aquel tiempo desde la eternidad para que irremisiblemente fuesen incrédulos, por tanto, son responsables del rechazo a Dios más grande de la historia humana. Aquellos no alcanzarían la justificación, el perdón de sus pecados y la vida eterna como anunciaba la profecía y esta, como palabra de Dios, se cumpliría, pero la responsabilidad humana del acto de no creer, era directamente de quienes viendo las señales, no aceptaban que Jesús era el Mesías, el enviado de Dios. De Israel se dice: *"Todo el día extendí mis manos a un pueblo rebelde y contradictor"* (R0. 10:21). Debe entenderse claramente que todo cuanto es de salvación es de Dios y todo cuanto es de responsabilidad condenatoria es del hombre (Sal. 3:8; Jon. 2:9). En el futuro de la historia tan sólo un pequeño remanente de aquellos, establecido por la gracia, se está salvando, el resto sigue endurecido por Dios. Cabe aquí la necesaria advertencia sobre lo que algunos llaman *preterición eterna de Dios*, enseñando con esto que antes de la creación del hombre, Dios determinó salvar a unos y condenar a otros a perdición eterna. Éstos no pueden alcanzar la salvación porque su destino está establecido para condenación eterna. Sin embargo tal enseñanza no está en la Biblia y es simplemente una deducción filosófica del hombre frente a la elección de algunos para salvación. La gracia de Dios llama a todos los hombres a salvación y Jesús dice que todos cuanto acudan a Él no serán rechazados. Es cierto, con todo, que el hombre necesita la asistencia de Dios para salvación.

Será también hoy bueno para cada uno de nosotros, un examen en la presencia del Señor de nuestra relación con Él y de nuestro compromiso de fidelidad hacia Su Persona. Involucrados en el activismo religioso, pudiera ser que nos estemos engañando a nosotros mismos en relación con esto. Aún alabando Su Nombre, con nuestros cánticos, mencionándolo en nuestras oraciones, podemos estar viviendo lejos de Él, por tanto, nuestro compromiso de fidelidad puede resultar en una mera expresión religiosa de un fervor intelectual y no vivencial. En ocasiones la estructura y el sistema religioso saturan el pensamiento cristiano, que está dispuesto a dedicarse sin reserva a ella, en lugar de vivir para servir y honrar al Señor. Es necesario este examen personal a la luz de la Palabra y en oración. Requiere que cada uno, en el secreto con Él digamos como el salmista: *"Escudríñame, oh Jehová, y pruébame; examina mis íntimos pensamientos y mi corazón"* (Sal. 26:2); y añadir también: *"Examíname, oh Dios, y conoce mi corazón; pruébame y conoce mis pensamientos; y ve si hay en mí camino de perversidad, y guíame en el camino eterno"*(Sal. 139:23-34). Es necesario entender bien que la fidelidad no es el hecho de saber quien es Jesús, sino el reconocerle como Señor de nuestras vidas.

41. Isaías dijo esto cuando vio su gloria, y habló acerca de él.

ταῦτα εἶπεν 'Ησαΐας ὅτι[1] εἶδεν τὴν δόξαν αὐτοῦ, καὶ
Esto dijo Isaías que vio la gloria de Él, y
ἐλάλησεν περὶ αὐτοῦ.
habló acerca de Él.

Notas y análisis del texto griego.

Cerrando la referencia a Isaías, dice: ταῦτα, caso acusativo neutro plural del pronombre personal *estos*, en sentido de *estas cosas, esto*; εἶπεν, tercera persona singular del segundo aoristo de indicativo en voz activa del verbo εἶπον, forma del aoristo de λέγω, *hablar, decir*, aquí *dijo*; 'Ησαΐας, caso nominativo masculino singular del nombre propio *Isaías*; ὅτι, conjunción *que*; εἶδεν, tercera persona singular del aoristo segundo de indicativo en voz activa del verbo ὁράω, *ver, mirar, admirar, contemplar*, aquí *vió*; τὴν, caso acusativo femenino singular del artículo determinado *la*; δόξαν, caso acusativo femenino singular del nombre común *gloria*; αὐτοῦ, caso genitivo masculino de la tercera persona singular del pronombre personal declinado *de Él*; καὶ, conjunción copulativa *y*; ἐλάλησεν, tercera persona singular del aoristo primero de indicativo en voz activa del verbo λαλέω, *hablar, decir*, aquí *habló*; περὶ, preposición propia de genitivo *acerca de*; αὐτοῦ, caso genitivo masculino de la primera persona singular del pronombre personal *Él.*

Crítica Textual. Lecturas alternativas.

[1] ὅτε, *cuando*, lectura en D, K, Γ, Δ, f^{13}, 565, 700, 892, 1241, 1424, 𝔐, sir, Eusebio.

ὅτι, *que*, según lectura en $\mathfrak{p}^{66, 75}$, ℵ, A, B, K, Θ, Ψ, 1, 33, 579, 844, e, co.

[2] τοῦ Θεοῦ, *de Dios*, según lectura en D, Θ, f^{13}, l, sir^h, sa, bo.

ταῦτα εἶπεν Ἠσαΐας ὅτι εἶδεν τὴν δόξαν αὐτοῦ, καὶ ἐλάλησεν περὶ αὐτοῦ. Por medio de la revelación en el Espíritu, el profeta escribió todo esto *porque* vio la gloria del Señor. Hay una lectura alternativa en la que aparece *la gloria de Dios*. Cualquiera de las dos formas es aceptable puesto que las dos están refiriéndose a Cristo, del que Pablo dice que es Dios bendito sobre todas las cosas (Ro. 9:5). La gloria que el profeta vio no solo era la que le corresponde eternamente por ser Dios, sino también la gloria de la obra de la Cruz. La profecía *habla* de Él, es decir, lo que Isaías escribió tiene que ver con el Mesías y Su obra. Como Palabra de Dios no podía dejar de cumplirse, pero no es tanto una determinación divina dejando al pueblo sin esperanza de salvación, sino la confirmación a la continua incredulidad contra la Palabra. Pero esa visión del profeta no es una tragedia en cuanto a condenación de impíos, sino una manifestación de la gloria de Jesús. La obra redentora es la expresión admirable de la gloria divina en manifestación de gracia salvadora.

42. Con todo eso, aun de los gobernantes, muchos creyeron en él; pero a causa de los fariseos no lo confesaban, para no ser expulsados de la sinagoga.

ὅμως μέντοι καὶ ἐκ τῶν ἀρχόντων πολλοὶ
Sin embargo, a pesar de todo también de los gobernantes muchos
ἐπίστευσαν εἰς αὐτόν, ἀλλὰ διὰ τοὺς Φαρισαίους οὐχ
creyeron en Él, pero a causa de los fariseos no
ὡμολόγουν ἵνα μὴ ἀποσυνάγωγοι γένωνται·
confesaban para no expulsados de la sinagoga fuesen.

Notas y análisis del texto griego.

Sigue la nota de Juan: ὅμως, adverbio de modo *con todo*; μέντοι, adverbio de modo, se considera también como partícula, *verdaderamente, en realidad, sin duda, seguramente, no obstante, a pesar de todo*; καὶ, conjunción copulativa *y*; ἐκ, preposición propia de genitivo *de*; τῶν, caso genitivo masculino plural del artículo determinado *los*; ἀρχόντων, caso genitivo masculino plural del nombre común *dirigentes*; πολλοὶ, caso nominativo masculino plural del adjetivo indefinido *muchos*; ἐπίστευσαν, tercera persona plural del aoristo primero de indicativo en voz activa del verbo πιστεύω, *creer*, aquí *creyeron*; εἰς, preposición propia de acusativo *en* ; αὐτόν, caso acusativo masculino de la tercera persona singular del pronombre personal *él*; ἀλλὰ, conjunción adversativa *mas, pero, sin embargo*; διὰ, preposición propia de acusativo *a causa de*; τοὺς, caso acusativo masculino plural del artículo determinado *los*; Φαρισαίους, caso acusativo masculino plural del nombre propio *fariseos*; οὐχ, forma escrita del adverbio de negación *no*, con el grafismo propio ante vocal con espíritu áspero; ὡμολόγουν, tercera persona plural de imperfecto de indicativo en voz activa del verbo ὁμολογέω, *confesar, declarar*, aquí *confesaban*; ἵνα, conjunción causal *para*; μὴ, partícula que hace funciones de adverbio de negación *no*; ἀποσυνάγωγοι, caso nominativo masculino plural del adjetivo *expulsados de la sinagoga*; γένωνται, tercera persona plural del aoristo segundo de subjuntivo en voz media del verbo γίνομαι, *llegar a ser, empezar a existir, hacerse, ser hecho, ser, estar*, aquí *fuesen*.

ὅμως μέντοι καὶ ἐκ τῶν ἀρχόντων πολλοὶ ἐπίστευσαν εἰς αὐτόν, Dios había cegado y endurecido judicialmente al pueblo a causa de su rebeldía a Dios e incredulidad. Sin embargo, la gracia concedía ocasión para que los que quisieran creer lo hiciesen. No se puede afirmar que clase de fe era esta, si era la fe salvadora y estos fueron salvos o era una fe de aceptación de un hecho, en este caso de aceptar a Jesús como el Mesías enviado de Dios.

No eran pocos, según Juan, los que creyeron, y no era gente del vulgo, sino de los *dirigentes*. Jesús no pasaba desapercibido para ninguno. La sociedad quedaba agrupada en creyentes o incrédulos. El Sanedrín estaba planeando como matar a Cristo, pero muchos de los dirigentes, personas con responsabilidades, y tal vez algunos miembros del Sanedrín, creían en Él.

ἀλλὰ διὰ τοὺς Φαρισαίους οὐχ ὡμολόγουν ἵνα μὴ ἀποσυνάγωγοι γένωνται· Sin embargo no confesaban esto por *miedo a los fariseos*. Estos habían inducido a una resolución drástica, que todo el que confesara que Jesús era el Cristo, debía ser expulsado de la sinagoga. Esto suponía un descrédito personal e introducía a esa persona en una gran serie de dificultades que le hacían difícil seguir viviendo en la sociedad. Sin duda no se atrevían a testificar a favor de Jesús porque temían perder lo que el mundo podía quitarles. Muchos se convirtieron en discípulos secretos de Jesús. De ellos se menciona a dos en el *Evangelio*, Nicodemo y José de Arimatea. Tal vez de todos estos muchos creerían en Jesús como salvador y testificarían con el bautismo, como consecuencia de la predicación del apóstol Pedro en Pentecostés. No debemos juzgar a estos, sólo Dios conoce a los que son suyos. No es tanto la maldad cobarde, sino la debilidad del temor humano, lo que conduce a ciertas acciones, como no atreverse a confesar la fe personal.

43. Porque amaban más la gloria de los hombres que la gloria de Dios.

ἠγάπησαν γὰρ τὴν δόξαν τῶν ἀνθρώπων μᾶλλον ἤπερ τὴν
Porque amaban la gloria de los hombres más que la
δόξαν τοῦ Θεοῦ.
gloria - de Dios.

Notas y análisis del texto griego.

Cierra el párrafo con ἠγάπησαν, tercera persona plural del aoristo primero de indicativo en voz activa del verbo ἀγαπάω, *amar*, aquí *amaban*; γὰρ, conjunción causal *porque*; τὴν, caso acusativo femenino singular del artículo definido *la*; δόξαν, caso acusativo femenino singular del nombre común *gloria*; τῶν, caso genitivo masculino plural del artículo determinado declinado *de los*; ἀνθρώπων, caso genitivo masculino plural del nombre común *hombres*; μᾶλλον, adverbio comparativo *más*; ἤπερ, conjunción después de un comparativo *que*; τὴν, caso acusativo femenino singular del artículo definido *la*; δόξαν, caso acusativo femenino singular del nombre común *gloria*; τοῦ, caso genitivo masculino singular del artículo determinado *el*; Θεοῦ, caso genitivo masculino singular del nombre divino declinado *de Dios*.

ἠγάπησαν γὰρ τὴν δόξαν τῶν ἀνθρώπων μᾶλλον ἤπερ τὴν δόξαν τοῦ Θεοῦ. Juan da la clave de aquel comportamiento, silenciando la fe en Cristo por temor a las represalias. Aquellos todos amaban más la gloria, esto es, la alabanza, la buena relación con los hombres, prefiriéndola a la de Dios. Isaías había visto y amaba la gloria de Dios, por lo que escribió palabras duras contra los hombres como se le había revelado, pero estos guardaban secretamente su fe porque amaban más el respeto y el reconocimiento de los hombres. Para algunos esto representaba la expresión máxima de incredulidad. No se debe olvidar que la gloria del mundo, de los hombres, se contrapone a la de Dios, la que había visto Isaías. Amar la gloria de los hombres más que la de Dios, es preferir estar a bien con los hombres antes de estar a bien con Cristo. Esto trae serias consecuencias: *"El temor del hombre pondrá lazo; mas el que confía en Jehová será exaltado"* (Pr. 29:25). Es, sin duda, una incorrecta escala de valores. Jesús había dicho que el compromiso con Él traería como consecuencia que el Padre le honraría (v. 26), pero, era una honra que tal vez no se viese inmediatamente sino en el futuro o en la eternidad, por tanto, preferían ser honrados en el presente, por lo que escogían ser honrados por los hombres, elegían a estos antes que a Dios. Como decía Crisóstomo *"sin duda no eran magistrados, sino esclavos en el grado más bajo de la esclavitud*[8]*"*.

[8] Juan Crisóstomo. *Homilías sobre el Ev. de Juan*, 69:1.

Creer y rehusar (12:44-50).

44. Jesús clamó y dijo: El que cree en mí, no cree en mí, sino en el que me envió.

Ἰησοῦς δὲ ἔκραξεν καὶ εἶπεν· ὁ πιστεύων εἰς ἐμὲ οὐ πιστεύει
Y Jesús clamó y dijo: el que cree en Mí no cree
εἰς ἐμὲ ἀλλὰ εἰς τὸν πέμψαντα με,
en Mí sino en el que envió me.

Notas y análisis del texto griego.

Abriendo el último párrafo del pasaje, escribe: Ἰησοῦς, caso nominativo masculino singular del nombre propio *Jesús*; δὲ, partícula conjuntiva que hace las veces de conjunción coordinante, con sentido de *pero, más bien, y, y por cierto, antes bien*; ἔκραξεν, tercera persona singular del aoristo primero de indicativo en voz activa del verbo κράζω, *gritar, clamar, alzar la voz*, aquí *clamó*; καὶ, conjunción copulativa *y*; εἶπεν, tercera persona singular del segundo aoristo de indicativo en voz activa del verbo εἶπον, forma del aoristo de λέγω, *hablar, decir*, aquí *dijo*; ὁ, caso nominativo masculino singular del artículo determinado *el*; πιστεύων, caso nominativo masculino singular del participio de presente en voz activa del verbo πιστεύω, *creer*, aquí *que cree*; εἰς, preposición propia de acusativo *a, en*; ἐμὲ, caso acusativo de la primera persona singular del pronombre personal *mí*; οὐ, adverbio de negación *no*; πιστεύει, tercera persona singular del presente de indicativo en voz activa del verbo πιστεύω, *creer*, aquí *cree*; εἰς, preposición propia de acusativo *a, en*; ἐμὲ, caso acusativo de la primera persona singular del pronombre personal *mí*; ἀλλὰ, conjunción adversativa, *mas, sino*; εἰς, preposición propia de acusativo *a, en*; τὸν, caso acusativo masculino singular del artículo determinado *el*; πέμψαντα, caso acusativo masculino singular del participio aoristo primero en voz activa del verbo πεμτω, *enviar, comisionar*, aquí *que envió*; με, caso acusativo de la primera persona singular del pronombre personal declinado *a mí, me*.

Ἰησοῦς δὲ ἔκραξεν καὶ εἶπεν· Luego del paréntesis aclaratorio que antecede, Juan vuelve a las palabras de Jesús. Pudieran seguir a las del versículo veintiocho. Sin embargo es necesario recordar que el contenido del *Evangelio* no está establecido cronológicamente, por lo que estas palabras pudieron ser dichas en cualquier momento de los últimos días del ministerio público de Jesús. Fueron expresadas con mucha firmeza y en un tono alto de voz de modo que todos pudieran oírlas y entenderlas. Juan usa aquí el verbo κράζω, que literalmente significa *gritar* o *clamar*.

ὁ πιστεύων εἰς ἐμὲ οὐ πιστεύει εἰς ἐμὲ ἀλλὰ εἰς τὸν πέμψαντα με, Es un llamamiento, el último que Jesús hace en el contexto del *Evangelio*, invitando a la gente a que depositen su fe en Él. El traslado de las palabras de Jesús no tienen para Juan importancia sobre cuando fueron dichas, sino que la tienen en cuanto al desafío que conllevan. En cierto modo son el resumen de la predicación del Señor.

ὁ πιστεύων εἰς ἐμὲ οὐ πιστεύει εἰς ἐμὲ ἀλλὰ εἰς τὸν πέμψαντα με, Jesús llamaba a la gente a creer en Él. Muchos de ellos, afirmaban creer en Dios, pero no en Jesús. Pero, la fe en Dios lleva aparejada la fe en Cristo y viceversa. Esto es, quien cree en Dios, cree en que fue enviado por Él y nadie puede creer en Dios si no cree también en el enviado suyo. Una vez más la vinculación y relación entre el Padre y el Hijo son puestas de manifiesto aquí. La consecuencia es clara: el que cree en Jesús, no está creyendo en el hombre que era, el de Nazaret, sino en el Padre, aquí expresado en la forma velada de *"el que me ha enviado"*. La doctrina de la relación intratrinitaria entre el Padre y el Hijo, a la que hizo referencia en el mismo instante de comenzar a escribir el *Evangelio* (1:1), la cercanía de Dios al hombre en el Verbo eterno que se encarna (1:14), continúa aquí también. No lo hace desde la expresión teológica, sino desde la histórica, pero la doctrina no ha variado en nada. Esta es una de las evidencias de la historicidad del relato. Para los liberales que hablan de un *Jesús histórico* y de un *Jesús de la fe*, el versículo desbarata sus propuestas. No hay dos Jesús, el del relato bíblico-teológico y el de la realidad histórica, sino uno solo. En el principio del evangelio escribe Juan la verdad sobre Jesús, aquí es Jesús mismo el que habla y la proclama.

La realidad de la fe y la exigencia a depositarla en Cristo, es un tema reiterado continuamente en el *Evangelio* (cf. 3:11, 15; 5:38, 46; 6:29, 35, 40, 47; 8:24, 45, 46; 9:35; 10:37; 11:25; 12:36). La vinculación de la fe en Jesús como fe en el Padre, es natural, puesto que la fidelidad de Jesús en el cumplimiento de la misión encomendada por el Padre, es revelación de Este ante los hombres. La unidad eterna entre ambos vincula a la Primera Persona de la Deidad, con la Segunda, de modo que quien cree en la Segunda, cree también en la Primera, por identidad personal entre ambas (5:36-37; 7:16, 28; 8:29, 42, 47). Además la fe en Jesús, no es como la fe en un gran hombre, ya que Juan desde el principio afirma que Jesús es Dios, el Verbo eterno manifestado en carne. Jesús llama a creer en Dios y llama a creer en Él. De manera que el que cree en Cristo no cree exclusivamente en Él, sino también en el que le había enviado. Los judíos buscaban en el cumplimiento legal el camino hacia el Padre, pero el Señor afirma que Él es el único camino que conduce al Padre (14:6). No hay otro medio porque no hay otro Mediador (1 Ti. 2:5). Siendo uno con el Padre, todo cuanto tiene relación con Él lo tiene también con el Padre (10:30). Como dice Hendriksen: "*Conocer a Cristo significa conocer al Padre. Amar a Cristo significa amar al Padre. Recibir a Cristo significa recibir al Padre. Cristo y el Padre son uno solo*[9] Esto tiene notorias consecuencias. Nadie puede creer que el Padre es Dios si niega la deidad del Hijo, porque *todo el que niega al Hijo no tiene al Padre* (1 Jn. 2:23). Esta es una solemne advertencia.

45. Y el que me ve, ve al que me envió.

καὶ ὁ θεωρῶν ἐμὲ θεωρεῖ τὸν πέμψαντα με.
Y el que ve me ve al que envió me.

Notas y análisis del texto griego.

Sigue: καὶ, conjunción copulativa *y*; ὁ, caso nominativo masculino singular del artículo determinado *el*; θεωρῶν, caso nominativo masculino singular del participio de presente en voz activa del verbo θεωρέω, *ver, mirar, observar, contemplar*, aquí *que ve*; ἐμὲ, caso acusativo de la primera persona singular del pronombre personal declinado *a mí, me*; θεωρεῖ, tercera persona singular del presente de indicativo en voz activa del verbo θεωρέω, *ver, mirar, observar, contemplar*, aquí *ve*; τὸν, caso acusativo masculino singular del artículo determinado declinado *al*; πέμψαντα, tercera persona singular del aoristo primero de indicativo en voz activa del verbo πέμπω, *mandar, enviar, comisionar*, aquí *envió*; με, caso acusativo de la primera persona singular del pronombre personal declinado *a mí, me*.

καὶ ὁ θεωρῶν ἐμὲ θεωρεῖ τὸν πέμψαντα με. De la fe a la percepción. No solo el que cree en el Hijo lo hace también en el Padre, sino que el que ve al Hijo ve también al Padre. Cristo fue enviado por Dios en misión reveladora, que permite a los hombres ver en Él al Dios invisible (1:18). El que *envió* a Jesús es invisible a los ojos de los hombres, como se ha considerado antes, pero el que ve al enviado está viendo también al que le envió (13:20; 14:9). Se trata de una visión que la fe establece, fundamentada en una visión también física de Jesús, que es también conocimiento del Padre, en identificación entre ambos (1:14-18; 5:18-19; 8:19; 10:30, 38; 14:9). No es posible establecer separación entre quienes eternamente son uno. Observando a Jesús, considerando Sus obras, escuchando Sus palabras, alcanzamos a entender que estamos viendo a *Emanuel*, Dios con nosotros. Es Dios manifestado en carne (1 Ti. 3:16). Es evidente por estas declaraciones de Juan que el *Evangelio* ha sido el último, ó uno de los últimos, escritos del Nuevo Testamento,

[9] G. Hendriksen. o.c., pág. 485.

donde la expresión de la verdad doctrinal en cuanto a la unidad trinitaria está muy elaborada.

46. Yo, la luz, he venido al mundo, para que todo aquel que cree en mí no permanezca en tinieblas.

ἐγὼ φῶς εἰς τὸν κόσμον ἐλήλυθα, ἵνα πᾶς ὁ πιστεύων εἰς
Yo luz al mundo he venido, para que todo el que cree en
ἐμὲ ἐν τῇ σκοτίᾳ μὴ μείνῃ.
mí en las tinieblas no permanezca.

Notas y análisis del texto griego.

Sin interrupción, añade: ἐγὼ, caso nominativo de la primera persona singular del pronombre personal *yo*; φῶς, caso nominativo neutro singular del nombre común *luz*; εἰς, preposición propia de acusativo *a*; τὸν, caso acusativo masculino singular del artículo determinado *el*; κόσμον, caso acusativo masculino singular del nombre común *mundo*; ἐλήλυθα, primera persona singular del perfecto de indicativo en voz activa del verbo ἔρχομαι, *venir, llegar*, aquí *he venido*; ἵνα, conjunción causal de propósito *para que*; πᾶς, caso nominativo masculino singular del adjetivo indefinido *todo*; ὁ, caso nominativo masculino singular del artículo determinado *él*; πιστεύων, caso nominativo masculino singular del participio de presente en voz activa del verbo πιστεύω, *creer*, aquí *que cree*; εἰς, preposición propia de acusativo *a, en*; ἐμὲ, caso acusativo de la primera pesona singular del pronombre personal declinado *a mí, me*; ἐν, preposición propia de dativo *en*; τῇ, caso dativo femenino singular del artículo determinado *la*; σκοτίᾳ, caso dativo femenino singular del nombre común *tinieblas, oscuridad*; μὴ, partícula que hace funciones de adverbio de negación *no*; μείνῃ, tercera persona singular del aoristo primero de subjuntivo en voz activa del verbo μένω, *vivir, morar, permanecer*, aquí *permanezca.*

ἐγὼ φῶς εἰς τὸν κόσμον ἐλήλυθα. Otra vez se reitera la condición de *luz* que es Cristo y que como luz fue enviado al mundo (cf. 3:19; 8:12; 9:5; 12:35). Es interesante apreciar la construcción sin artículo determinado antecedente a *luz*. La idea es que no solo es *luz*, sino que es la *luz absoluta*, inigualable y única, que distingue y separa a la humanidad en dos grupos, los que están en luz y los que *permanecen* en tinieblas. El contraste es evidente: luz, vida; tinieblas, muerte; luz, salvación; tinieblas, condenación.

ἵνα πᾶς ὁ πιστεύων εἰς ἐμὲ ἐν τῇ σκοτίᾳ μὴ μείνῃ. Aquellos que le oían y no habían creído permanecían en el estado espiritual que le era propio, el de tinieblas. Tan sólo podían salir de esa situación mediante la fe en Cristo. El creyente ya no está en tinieblas sino que ha sido hecho hijo de luz. Es más, no solo vive en luz, sino que él mismo es hecho luz resplandeciente como un luminar en el mundo que está en tinieblas. La obra redentora de Cristo tiene como objeto libertarnos de la oscuridad, de otro modo, vino para que no continuemos viviendo en tinieblas. El propósito de la venida del Señor no es para condenación, sino para salvación. Dios no aprisiona a nadie en tinieblas, puesto que envió la *luz* para cambiar la condición propia y natural del hombre a causa del pecado. Si la luz está vinculada con la vida y las tinieblas con la muerte, creer en Cristo es *conocer* la vida de Dios por la que alcanzamos la salvación (17:3). Las promesas de Dios son para los que creen, ya que permanecer en la incredulidad hace que las tinieblas se hagan más densas.

47. Al que oye mis palabras, y no las guarda, yo no le juzgo; porque no he venido a juzgar al mundo, sino a salvar al mundo.

καὶ ἐάν τίς μου ἀκούσῃ τῶν ῥημάτων καὶ μὴ φυλάξῃ, ἐγὼ
Y si alguno de mí oyó las palabras y no guarda, Yo
οὐ κρίνω αὐτόν· οὐ γὰρ ἦλθον ἵνα κρίνω τὸν κόσμον, ἀλλ'
no juzgo le; porque no vine para que juzgue el mundo, sino
ἵνα σώσω τὸν κόσμον.
para que salve al mundo.

Notas y análisis del texto griego.

Sin interrupción en el tema, escribe: καὶ, conjunción copulativa *y*; ἐάν, conjunción *si*; τίς, caso nominativo masculino singular del pronombre indefinido *alguno*; μου, caso genitivo de la primera persona singular del pronombre personal declinado *de mí*; ἀκούσῃ, tercera persona singular del aoristo primero de indicativo en voz activa del verbo ἀκούω, *oír, ecuchar*, aquí *oyó*; τῶν, caso genitivo neutro plural del artículo determinado *los*; ῥημάτων, caso genitivo neutro plural del nombre común *dichos, palabras*; καὶ, conjunción copulativa *y*; μὴ, partícula que hace funciones de adverbio de negación *no*; φυλάξῃ, tercera persona singular del aoristo primero de subjuntivo en voz activa del verbo φυλάσσω, *guardar, observar, vigilar, cumplir*, aquí *guarda*; ἐγὼ, primera persona singular del pronombre personal *yo*; οὐ, adverbio de negación *no*; κρίνω, primera persona singular del presente de indicativo en voz activa del verbo κρίνω, *juzgar*, *sentenciar, ejecutar sentencia*, aquí *juzgo*; αὐτόν, caso acusativo masculino de la tercera persona singular del pronombre personal declinado *a él, le*; οὐ, adverbio de negación *no*; γὰρ, conjunción causal *porque*; ἦλθον, primera persona singular del aoristo segundo de indicativo en voz activa del verbo ἔρχομαι, *venir*, aquí *vine*; ἵνα, conjunción causal *para que*; κρίνω, primera persona singular del presente de subjuntivo en voz activa del verbo κρίνω, *juzgar*, aquí *juzgue*; τὸν, caso acusativo masculino singular del artículo definido declinado *al*; κόσμον, caso acusativo masculino singular del nombre común *mundo*;

ἀλλ', forma escrita ante vocal de la conjunción adversativa ἀλλά que significa *pero, sino*; ἵνα, conjunción causal *para que*; σώσω, primera persona singular del aoristo primero de subjuntivo en voz pasiva del verbo σῴζω, *salvar*, aquí *salve*; τὸν, caso acusativo masculino singular del artículo definido declinado *al*; κόσμον, caso acusativo masculino singular del nombre común *mundo*.

καὶ ἐάν τίς μου ἀκούσῃ τῶν ῥημάτων καὶ μὴ φυλάξῃ, ἐγὼ οὐ κρίνω αὐτόν· La advertencia ahora es para quien ha oído las palabras de Jesús y no las guarda. A lo largo de los años de Su ministerio, enseñó a muchos y predicó el evangelio, como misión personal. En este ministerio llamó a quienes le oyeron para que acudiesen a Él. La enseñanza sobre muchos aspectos y las advertencias formaban parte de Su ministerio. Las advertencias sobre consecuencias que acarrearía no creer fueron continuas y claras. Dijo que quienes creyesen tendrían vida eterna, pero los que rehusaran creer no verían la vida, sino que la ira de Dios estaba sobre ellos (3:16, 36). Ahora se dirige a los que no pusieron por obra Sus Palabras, esto es, a los que no las guardaron. Quiere decir que la palabra de Jesús no sólo debe oírse, sino que también ha de ponerse en práctica. La obediencia a Sus demandas es esencial para la vida. Estos siguen en su estado de condenación a causa de la incredulidad. El juicio divino sobre ellos tendrá sus consecuencias de condenación. Sin embargo, Jesús dice que Él no los juzga.

οὐ γὰρ ἦλθον ἵνα κρίνω τὸν κόσμον, ἀλλ' ἵνα σώσω τὸν κόσμον. En cierto modo esta afirmación contradice Su oficio como Juez, ya que todo juicio ha sido dado por Dios a su Hijo (5:22, 27, 30; 8:16, 26; 9:39). Sin embargo la misión de Jesús al ser enviado al mundo no era la de juzgar y, por tanto condenar, sino la de salvar. Pero, no hay contradicción alguna, porque ambas cosas, salvación y condenación están presentes siempre y son opuestas entre ellas. Justificación y condenación son consecuentes con creer o no creer. Rechazar a Cristo es quedar sin justificación y condenarse eternamente a causa de la sentencia que Dios mismo ha establecido por el pecado. Esta advertencia está presente en varios lugares del *Evangelio* (1:12-13; 3:36; 6:40, 47; 8:51). El apóstol Juan la reitera en una de sus epístolas (1 Jn.5:10-12). Nadie puede salvarse sin la obra de Cristo, por tanto, Él había venido con la misión de proveer salvación para el mundo, en este caso, para la humanidad. El propósito de la venida del Hijo de Dios al mundo no fue traer condenación, sino salvación.

48. El que me rechaza, y no recibe mis palabras, tiene quien le juzgue; la palabra que he hablado, ella le juzgará en el día postrero.

ὁ ἀθετῶν ἐμὲ καὶ μὴ λαμβάνων τὰ ῥήματα μου ἔχει τὸν
El que rechaza me y no que recibe las palabras de mí tiene al
κρίνοντα αὐτόν· ὁ λόγος ὃν ἐλάλησα ἐκεῖνος κρινεῖ αὐτὸν ἐν
que juzga le: la palabra que hablé ella juzga le en
τῇ ἐσχάτῃ ἡμέρᾳ.
el último día.

Notas y análisis del texto griego.

Continúa Jesús diciendo: ὁ, caso nominativo masculino singular del artículo determinado *el*; ἀθετῶν, caso nominativo masculino singular del participio de presente en voz activa del verbo ἀθετέω, *rechazar, rehusar, ignorar*, aquí *que rechaza*; ἐμὲ, caso acusativo de la primera persona singular del pronombre personal declinado *a mí, me*; καὶ, conjunción copulativa *y*; μὴ, partícula que hace funciones de adverbio de negación *no*; λαμβάνων, caso nominativo masculino singular del participio de presente en voz activa del verbo λαμβάνω, *recibir*, aquí *que recibe*; τὰ, caso acusativo neutro plural del artículo determinado *los*; ῥήματα, caso nominativo neutro plural del nombre común *dichos, palabras*; μου, caso genitivo de la primera persona singular del pronombre personal declinado *de mí*; ἔχει, tercera persona singular del presente de indicativo en voz activa del verbo ἔχω, *tener*, aquí *tiene*; τὸν, caso acusativo masculino singular del artículo determinado declinado *al*; κρίνοντα, caso acusativo masculino singular del participio de presente en voz activa del verbo κιρνω, *juzgar*, aquí *que juzga*; αὐτόν, caso acusativo masculino de la tercera persona singular del pronombre personal declinado *a él, le*; ὁ, caso nominativo masculino singular del artículo determinado *el*; λόγος, caso nominativo masculino singular del nombre común *palabra, discurso*; ὃν, caso acusativo masculino singular del pronombre relativo *que*; ἐλάλησα, primera persona singular del aoristo primero de indicativo en voz activa del verbo λαλέω, *hablar, decir*; ἐκεῖνος, caso nominativo masculino singular del pronombre demostrativo *este*; κρινεῖ, tercera persona singular del futuro de indicativo en voz activa del verbo κιρνω, *juzgar*, aquí *que juzgará*; αὐτὸν, caso acusativo masculino de la tercera persona singular del pronombre personal declinado *a él, le*; ἐν, preposición propia de dativo *en*; τῇ, caso dativo femenino singular del artículo determinado *la*; ἐσχάτῃ, caso dativo femenino singular del adjetivo *última*; ἡμέρᾳ, caso dativo femenino singular del nombre común *día*.

ὁ ἀθετῶν ἐμὲ καὶ μὴ λαμβάνων τὰ ῥήματα μου ἔχει τὸν κρίνοντα αὐτόν· Algunos rechazan las palabras de Jesús, esto es, no las reciben para guardarlas, ponerlas en obra. Estos serán juzgados por su desobediencia y rebeldía. Jesús no había venido para juzgarlos, pero está ya determinado el elemento que al juzgarlos determinará su condena. Debe entenderse que las palabras de Jesús, son también las palabras del Padre. No se trata de palabras de hombres, sino de las palabras de Dios para el hombre.

ὁ λόγος ὃν ἐλάλησα ἐκεῖνος κρινεῖ αὐτὸν. Las palabras que el Señor dijo, las enseñanzas, las demandas de fe en Él, que son rechazadas por el hombre, estas serán quienes confirmen la condena del pecador incrédulo. Hay dos grupos nuevamente frente al evangelio de la gracia: los que rechazan las palabras de salvación y los que creen. El evangelio que es poder de Dios para salvación (Ro.1:16), es también *olor de muerte* para el que no acepta la invitación de Dios para acudir a Cristo (2 Co. 2:16). La justicia de Dios está revelada en las palabras y obras de Cristo. Este mensaje de Jesús proclama la buena noticia de salvación procedente de Dios (3:16, 17). En las palabras de Jesús esta explicado el camino de salvación que es Él mismo. Continuamente el Señor llamaba a las personas a creer en Él, entrar en una relación con Él por medio de la fe, de modo que Sus palabras conducen a la salvación en una experiencia de fe. Para los que creen el evangelio que Cristo proclamaba es, como decía el apóstol Pablo, poder de Dios para salvación, porque la justificación del pecador se efectúa por la fe, al margen de cualquier obra legal. Ninguna otra justicia humana puede conducir a la salvación. La expresión religiosa más exhaustiva no justifica al hombre, esa es la contradicción entre los judíos que buscaban la justificación por las obras de la ley, y los cristianos que la alcanzan por la fe. La justicia que buscaban los religiosos de entonces era mera aparencia externa de piedad, procurando justificarse y presentarse como ejemplos de conducta delante de los hombres. Era una justicia humana, elaborada por ellos mismos, que los hacía justos ante sus propios ojos, rechazando la única justicia que justifica que es la de Dios por la fe. Un fariseo convertido, que es el apóstol Pablo, escribiría años después: "*...no teniendo mi propia justicia, que es por la ley, sino la que es por la fe en Cristo, la justicia que es de Dios por la fe*" (Fil. 3:9). Por esa razón Jesús advierte del estado de condenación para el incrédulo. Jesús no obliga a la fe, llama a la fe. Si bien es cierto que la fe es un don de Dios, no es menos cierto que el ejercicio de la fe es una acción voluntaria del hombre que deposita esa fe generada en él por el Espíritu, en la persona del Salvador, aceptando con ello la justicia que es de Dios. Es, por tanto, una acción voluntaria del hombre, siendo, por ello responsable de la respuesta al evangelio (3:16; Fil. 2:12; 2 Ts. 2:12). Pero, tanto el don de la fe como la capacidad operativa para ejercerla, provienen de Dios. Esa palabra de salvación es el juez que juzgará a los perdidos. En la predicación del evangelio no hay neutralidad posible, el que no está con Cristo está contra Él (Lc. 11:23). No atender a la invitación del evangelio de la gracia conduce al hombre a la inexcusable condenación, porque rechaza el único camino de salvación que es la fe en Cristo.

ἐν τῇ ἐσχάτῃ ἡμέρᾳ. La sentencia definitiva y eterna ocurrirá en lo que el Señor llama *el último día*, expresión muy peculiar en Juan. Dios ha determinado ese día para todos los hombres: *"Y de la manera que está establecido para los hombres que mueran una vez y después de esto el juicio"* (He. 9:27). La soberanía divina se pone de manifiesto en todos los aspectos, tanto en el hecho de determinar el modo de salvación, como en cuanto a lo que está establecido inexorablemente para la vida de todos los hombres. Es interesante apreciar que la soberanía en salvación es también la soberanía en *lo establecido* para los hombres. El Creador estableció un destino que alcanza por igual a todos los humanos, sin excepción alguna. Esa determinación fue comunicada al hombre en el momento de pecar: *"con el sudor de tu rostro comerás el pan hasta que vuelvas a la tierra, porque de ella fuiste tomado; pues polvo eres, y al polvo volverás"* (Gn. 3:19). La muerte, como consecuencia del pecado, ya había sido la advertencia divina al primer hombre (Gn. 2:17). La muerte física da paso a la *muerte segunda*, que es el estado de muerte perpetua para el que no ha creído. Pero, además de la muerte, Dios estableció también el juicio para todos los hombres. La rendición de cuentas que manifestará la perfecta justicia de Dios en el destino definitivo de los humanos. El resultado del juicio será condenatorio para quienes no hayan recibido la salvación por gracia mediante la fe (Ap. 20:11-15). El juicio dice Jesús será en el *último día*, frase que corresponde al sentido de *al final de los tiempos*. Este alcanza a todos los incrédulos, y el resultado será consecuencia de la atención dada a la palabra de Jesús, que testificará contra ellos por no haber creído y obrado conforme a ella. Jesús fue enviado para salvación, de manera que quien no se salve no puede acusar a Dios de no haber hecho suficiente por él, sino que se acusará a él mismo por no haber dado crédito a la palabra que Jesús había dicho. La condenación será para el incrédulo cierta e inevitable, obsérvese la precisión de las palabras de Jesús: *"tiene quien le juzgue"*. El juez está designado y los elementos de juicio preparados ya. Estos todos que comparecerán en *aquel día*, son quienes se condenan porque *"menospreciaron las riquezas de su benignidad, paciencia y longanimidad"* (Ro. 2:4). No es necesario que el Juez designado que es Jesús, se levante en el tribunal para pronunciar sentencia. Los muertos estarán de pie, resucitados para condenación delante del gran trono blanco, siendo *"juzgados los muertos por las cosas que estaban escritas en los libros, según sus obras"* (Ap. 20:12). Las palabras dichas por el Señor Jesucristo y luego por los que Él envió para predicar el evangelio a todas las naciones, serán las que se levanten a juzgar a quienes no las aceptaron. Es muy solemne esta declaración porque nadie sale igual después de oír un mensaje del evangelio. El pecador sale o convertido o endurecido frente al evangelio de la gracia. La Palabra condenará como evidencia de culpabilidad y como rebeldía al quebrantar las demandas que por ella establece Dios.

49. Porque yo no he hablado por mi propia cuenta; el Padre que me envió, él me dio mandamiento de lo que he de decir, y de lo que he de hablar.

ὅτι ἐγὼ ἐξ ἐμαυτοῦ οὐκ ἐλάλησα, ἀλλ' ὁ πέμψας με Πατὴρ
Porque yo de mí mismo no hablé, sino el que envió me Padre
αὐτός μοι ἐντολὴν δέδωκεν τί εἴπω καὶ τί λαλήσω.
Él me mandamiento ha dado que dijese y que hablase.

Notas y análisis del texto griego.

A punto de terminar, Jesús dice: ὅτι, conjunción causal *porque*; ἐγὼ, caso nominativo de la primera persona singular del pronombre personal *yo*; ἐξ, forma escrita que adopta la preposición de genitivo ἐκ, delante de vocal y que significa *de*; ἐμαυτοῦ, caso genitivo masculino singular del pronombre reflexivo *mí mismo*; οὐκ, forma escrita del adverbio de negación *no*, con el grafismo propio ante una vocal con espíritu suave o una enclítica; ἐλάλησα, primera persona singular del aoristo primero de indicativo en voz activa del verbo λαλέω, *hablar, decir*, aquí *hablé*; ἀλλ', forma escrita ante vocal de la conjunción adversativa ἀλλά que significa *pero, sino*; ὁ, caso nominativo masculino singular del artículo determinado *el*; πέμψας, caso acusativo masculino singular del participio de aoristo primero en voz activa del verbo πέμπω, *enviar, encomendar*, aquí *que envió*; με, caso acusativo de la primera persona singular del pronombre personal declinado *a mí, me*; Πατὴρ, caso nominativo masculino singular del nombre divino *Padre*; αὐτός, caso nominativo masculino singular del pronombre intensivo, *el*; μοι, caso dativo de la primera persona singular del pronombre personal declinado *a mí, me*; ἐντολὴν, caso acusativo femenino singular del nombre común *mandamiento*; δέδωκεν, tercera persona singular del perfecto de indicativo en voz activa del verbo δίδωμι, *dar*, aquí *ha dado*; τί, caso acusativo neutro singular del pronombre interrogativo *que*; εἴπω, primera persona singular del segundo aoristo de subjuntivo en voz activa del verbo εἶπον, forma del aoristo de λέγω, *hablar, decir*, aquí *dijese*; καὶ, conjunción copulativa *y*; τί, caso acusativo neutro singular del pronombre interrogativo *que*; λαλήσω, primera persona singular del aoristo primero de subjuntivo en voz activa del verbo λαλέω, *hablar, decir*, aquí *hablase*.

ὅτι ἐγὼ ἐξ ἐμαυτοῦ οὐκ ἐλάλησα, ἀλλ' ὁ πέμψας με Πατὴρ. Recuerda Jesús que lo que el dijo y todo cuanto habló en Su ministerio no había salido de Su propia mente, sino que lo había recibido del Padre. Cada una de Sus palabras procedían del Padre, así puede decir en oración ante Él, momentos antes de ir a Getsemaní: *"la palabra que me diste les he dado"* (17:8, 14). Sin embargo el pensamiento del Padre y del Hijo concuerdan absolutamente, luego las palabras de Cristo no son sólo del Padre, sino de Él también que siendo Verbo las expresa en toda la dimensión de su contenido. Lo que está diciendo Jesús, es que Sus discursos no fueron humanos, sino que son divinos, no proceden de mente humana, sino de Dios mismo, *el que me envió*.

αὐτός μοι ἐντολὴν δέδωκεν τί εἴπω καὶ τί λαλήσω. Desde el plano de Su humanidad, el mensaje que el recibió para dar a los hombres, estaba consignado a un *siervo* que hacía sólo la voluntad del que le había enviado, por tanto el mensaje a predicar, las palabras que daba a la gente, eran recibidas como *mandamiento* del Padre. De manera que ambos estaban íntimamente vinculados en toda la obra de salvación que incluía el mensaje a predicar. El hecho de que el verbo esté en *perfecto* hace notar que es un mensaje permanente e inamovible. Ese es el mismo concepto que el apóstol Pablo tiene en mente cuando escribe la *Epístola a los Gálatas* en la que enseña que alterar el mensaje del evangelio lo convierte en *anatema* (Gá. 1:9).

50. Y sé que su mandamiento es vida eterna. Así pues, lo que yo hablo, lo hablo como el Padre me lo ha dicho.

καὶ οἶδα ὅτι ἡ ἐντολὴ αὐτοῦ ζωὴ αἰώνιος ἐστιν. ἃ οὖν
Y sé que el mandamiento de él vida eterna es. Lo que, pues,
ἐγὼ λαλῶ, καθὼς εἴρηκεν μοι ὁ Πατήρ, οὕτως λαλῶ.
Yo hablo, como ha dicho me el Padre, así hablo.

Notas y análisis del texto griego.

Cerrando el párrafo, escribe: καὶ, conjunción copulativa *y*; οἶδα, primera persona singular del perfecto de indicativo en voz activa del verbo οἶδα, *saber, entender, conocer*, aquí *he sabido*, mejor *sé*; ὅτι, conjunción *que*; ἡ, caso nominativo femenino singular del artículo determinado *la*; ἐντολὴ, caso nominativo femenino singular del nombre común *mandamiento*; αὐτοῦ, caso genitivo masculino de la tercera persona singular del pronombre personal declinado *de Él*; ζωὴ, caso nominativo femenino singular del nombre común *vida*; αἰώνιος, caso nominativo femenino singular del adjetivo *eterna*; ἐστιν, tercera persona singular del presente de indicativo en voz activa del verbo εἰμί, *ser*, aquí *es*; ἃ, caso acusativo neutro plural del pronombre relativo *lo que*; οὖν, conjunción continuativa *pues*; ἐγὼ, caso nominativo de la primera persona singular del pronombre personal *yo*; λαλῶ, tercera persona singular del presente de indicativo en voz activa del verbo λαλέω, *hablar, decir*, aquí *hablo*; καθὼς, conjunción condicional *como*; εἴρηκεν, tercera persona singular del perfecto de indicativo en voz activa del verbo λέγω, *hablar, decir*, aquí *ha dicho*; μοι, caso dativo de la primera persona singular del pronombre personal declinado *a mí, me*; ὁ, caso nominativo masculino singular del artículo determinado *el*; Πατήρ, caso nominativo masculino singular del nombre divino *Padre*; οὕτως, adverbio demostrativo *así*; λαλῶ, primera persona singular del presente de indicativo en voz activa del verbo λαλέω, *hablar, decir*, aquí *hablo*.

καὶ, οἶδα, ὅτι ἡ ἐντολὴ αὐτοῦ ζωὴ αἰώνιος ἐστιν. Jesús sabía que el mandamiento del Padre, en relación con las palabras que recibió de Él, es vida eterna. No se trataba de mandamientos impuestos sobre los hombres, sino del regalo de la gracia. No es tampoco un discurso sobre la vida eterna, sino que la aceptación de las palabras que Dios le había encomendado, conducían a los hombres a la vida eterna. Por esa misma razón Su mensaje se ajustaba a las palabras que el Padre le había mandado decir. La ley pone de manifiesto el pecado y acusa al pecador condenándolo por sus acciones, mientras que el mensaje del evangelio que el Padre encomendó a Su Hijo, es un mensaje de perdón, salvación y vida eterna. El mandamiento dado a Jesús es que anunciara la vida eterna y acabase la obra para hacer posible que los hombres la recibieran por medio de la fe.

ἃ οὖν ἐγὼ λαλῶ, καθὼς εἴρηκεν μοι ὁ Πατήρ, οὕτως λαλῶ. Por otro lado, Jesús utiliza el presente del verbo hablar en la segunda cláusula de la oración. El Padre le había dado el mensaje a predicar y dice: *así hablo*. Siendo un presente es una acción continuada definitivamente, es decir, el mensaje que proclamó en Su vida, se proclama ahora en Su nombre. Jesús expresa una vez más que Su vida, en todos los aspectos fue una continua manifestación de obediencia al Padre. Aquí va a cerrarse Su ministerio como siervo durante el tiempo de Su vida terrenal, ese fue un tiempo de proclamar el mensaje de vida eterna en obediencia a lo que había recibido del Padre. En lo que sigue, la obediencia conducirá al Señor a dar Su vida hasta la muerte para hacer posible la eficacia universal del mensaje de salvación para todo aquel que crea.

Creo que no es posible destacar aquí alguna aplicación personal que se desprenda del pasaje que se ha comentado. Pudiera hablarse de la prioridad en la vida, a la luz de la unción de Jesús por María con el ungüento de alto precio, para entender que no hay nada en nosotros que no deba darse al Señor. Esta entrega incondicional de la vida a Cristo, obedece en gran medida al amor que tengamos por Él. Muchas veces se hace fuerza en el compromiso de servicio o en el de la defensa de la fe que hemos recibido, en el de la ofrenda o también en la obra social, sin embargo olvidamos muy a menudo dedicar tiempo a la adoración personal al que nos amó. Todo aquello que pudiera representar un valor muy elevado en la vida, no importa lo que sea, debiera ser derramado delante del Señor en una entrega incondicional, sin reservar nada de lo nuestro. Pero, para ello, para una entrega de este modo, es preciso que recordemos continuamente el amor de Cristo por nosotros. No tanto en la colectividad del amor divino por todo el mundo, sino en la individualidad personal. De otro modo, que podamos sentir que el *Señor me amó a mí y se entregó a Sí mismo por mí* (Gá. 2:20). El amor de Dios no está presente habitualmente en el mensaje de aliento, exhortación y enseñanza para el pueblo de Dios. De otro modo, el amor ha desaparecido de muchos púlpitos para ser sustituido o bien por reglas y mandamientos, o por ligeros mensajes humanistas. Esta es la razón por la que hay una gran falta de compromiso con Cristo en las vidas de muchos creyentes. Dios nos está llamando a recuperar el mensaje del amor Suyo, motor esencial del compromiso cristiano (2 Co. 5:14).

Otra lección práctica tiene que ver con el evangelio que se predica. Jesús dice claramente que Su mensaje se limitaba a dar las palabras que el Padre le había dado. El evangelio es un mensaje eterno, procedente de Dios que no puede ser alterado. Es un mensaje que nos ha sido dado por Cristo mismo. En el tiempo actual el evangelio de la gracia está perdiendo mucho de su contenido. En ocasiones sustituido por la teología fría y estructurada de la doctrina de la salvación; en otras muchas por la ausencia voluntaria de verdades esenciales como es el pecado, la condenación eterna, y la demanda incondicional a una fe que se ejerce con el corazón y que entrega la vida poniéndola en la mano del Salvador. El humanismo está también impregnando el mensaje del evangelio, situando al hombre como parte de la obra salvadora, proclamando que Dios hizo todo lo necesario para que el pecador sea salvo, pero que éste es participante por medio de la fe que nace de él mismo. Este evangelio de salvación parcialmente por obra de Dios y parcialmente por obra del hombre, trae luego vidas de distanciamiento de Dios en la santificación. El mensaje humanista de hoy proclama el poder del hombre para operar cambios en Su vida. Esto desvirtúa, distorsiona y pervierte el mensaje real del evangelio. El subjetivismo es otro de los peligros del evangelio parcialmente bíblico. El *hombre ha de sentir*, alguna cosa sobrenatural o mejor *supernatural* que autentifique la fe verdadera. Manifestaciones de *poder*, discursos en lenguas desconocidas, transformaciones espectaculares, etc. etc. confunden las mentes de los hombres, que confían en experiencias subjetivas pero no descansan en la fe. Otro aspecto no menos dañino es lo que podría llamarse *neo-pietismo*, o *neo-puritanismo*, por el que se anuncia que todo el que ha creído tiene que experimentar un cambio hacia una santidad que no es gozo en el Espíritu, sino formas, normas y estructuras religiosas. Para estos el gozo de la salvación no es la alegría genuina de quien sintiéndose libre glorifica a Dios, sino que el verdadero sentimiento del salvo consiste en privarse de cosas que son lícitas para pasar cuanto tiempo le sea posible en asuntos eclesiales, que no espirituales. Niños a quienes no se les deja practicar algún deporte el domingo, sanas festividades sociales que son repudiadas por no ser bíblicas, formas de vestido anticuadas y más llamativas a la sociedad que los vestidos deshonestos que el mundo usa. Todo lo que envuelva la vida cristiana con una espiritualidad externa, no tiene ningún valor si no va acompañada de un corazón entregado incondicionalmente a Dios. El evangelio es un mensaje de vida eterna, que conduce a la regeneración del que cree y que convierte la vida en una expresión de relación con Cristo y no de religión. Que la predicación del mensaje bíblico sea solamente las *palabras que Dios nos ha dado* en Su Palabra, y no discursos o ideas de hombres que no producen ningún beneficio espiritual. Predicar un mensaje no bíblico puede producir muchos *convencidos*, pero no *convertidos.*

CAPÍTULO XIII

LA GRANDEZA DEL AMOR

Introducción.

La tarea pública de Jesús ha terminado ya. Juan dedica los capítulos que siguen para ofrecer primero el tiempo de mayor intimidad con los discípulos, que tiene lugar alrededor de la mesa en lo que se conoce como *La última cena*. Son relatos concisos, pero cada uno de ellos está cargado de grandes verdades que el Maestro quiere recordar y compartir con los suyos, a la vez que en cada uno de ellos se aprecia tensión y emoción. Se aprecia todo esto en el relato que un testigo presencial narra de los momentos vividos en las últimas horas con Jesús, con quien habían compartido tres años de ministerio. Lo habían ido conociendo en el tiempo. Se había hecho grande ante ellos. Lo reconocían como el Mesías enviado por Dios. Pero el Maestro va a aprovechar los últimos momentos con ellos para enseñarles y alentarlos en momentos que Él sabía que serían cruciales para los suyos.

Hay aspectos del pasaje y de los siguientes tres capítulos que no solo impactan por su contenido, sino que también sobrecogen por el patetismo de las escenas. El que se va a comentar tiene ya un entorno especial: *la víspera de la Pascua*, la cena solemne del cordero pascual, que recordaba el sacrificio del cordero la noche de la partida de la esclavitud de Egipto, y la liberación de la muerte de los primogénitos por la protección de la sangre puesta sobre los postes y el dintel de las puertas de las casas de los israelitas. Además de esto, el Señor sabe que el tiempo de Su partida al Padre, de donde había sido enviado, había llegado. Esto suponía dejar a los discípulos con quienes había convivido a lo largo de los tres últimos años. No solo eran queridos para Él, sino que también eran Sus amigos (15:14). A estos amaba entrañablemente, como nunca habían sido amados por ningún otro. Los ejemplos y las enseñanzas van a estar rodeados de un ambiente tenso y emotivo, que se capta fácilmente en la lectura.

Este capítulo abre lo que se podría llamar la *sección de despedida,* que esencialmente es un tiempo de enseñanza directa a los discípulos. Esta sección es destacable puesto que en los sinópticos no hay nada parecido. Si bien es cierto que Juan no habla de la institución de la Cena del Señor, el relato de lo ocurrido en el *aposento alto*, donde tuvo lugar la cena es de una dimensión asombrosa, por las enseñanzas que Juan recuerda y que tuvieron lugar en el tiempo transcurrido para esa cena. No trata Juan del rito de la Santa Cena en sí mismo, pero traslada en las lecciones las consecuencias que se desprenden de un ministerio de amor, que es el recuerdo esencial de la ordenanza. Se aprecia ya desde el principio, que a Juan le interesa más el significado espiritual y la aplicación de las cosas que se enseñan aquí que los sucesos en sí mismos. El momento del establecimiento de la ordenanza de la Cena del Señor, está bien detallado en los sinópticos y, pareciera que olvidado en Juan, pero no es así, puesto que Juan registra la enseñanza que Jesús dio en torno al hecho del partimiento del pan, ocurrido en la cena que el evangelista relata.

Volviendo al tema de este capítulo, se destacan tres asuntos. En primer lugar está el *lavamiento de los pies* (vv. 1-20). Para muchos el pasaje está envuelto en problemas de crítica textual e incluso de coherencia histórica, como ocurre con muchas de las propuestas liberales. Entre otras cosas existe el problema de datación, ya que Juan pone la cena en un día distinto al de los relatos sinópticos. Pero no es menos cierto que también hay aspectos no reseñados en los otros tres *Evangelios*, como es el lavamiento de los pies. Los liberales niegan que el relato sea histórico y algunos consideran que es una construcción del propio evangelista para dar un ejemplo de lo que Jesús dijo en medio de sus discípulos que Él era *como el que servía.* Sin embargo no hay evidencia alguna probatoria de esto. Juan narra un hecho del que fue testigo presencial y parte interesada en el mismo, ya que como al resto de los discípulos, también sus pies fueron lavados por Jesús. Pero el relato, emotivo en sí, no tiene por objeto presentar la humildad de Jesús y la entrega al servicio de los suyos, sino dar ejemplo de cómo éstos y los que serían discípulos por la predicación de ellos debían comportarse para la restauración espiritual de sus hermanos.

El segundo tema aborda el anuncio de la traición de Judas (vv. 21-30). Inmediatamente después del lavamiento de los pies y de la lección de gracia, humildad y ayuda mutua. Jesús había insinuado esto antes (vv. 18-20), pero luego lo confirma con detalles concretos. La tensión en el grupo alcanza un alto nivel, ya que los discípulos sólo saben que uno de ellos *no está limpio*, con alguna intención que no es buena, pero no saben de quien se trata. En la lectura se aprecia la salida de Judas, la familiaridad con que Juan se relaciona con Jesús y la forma delicada y afectuosa con que Jesús habla del traidor y pone ante los otros discípulos de quien se trata.

El último tema introduce el discurso de Jesús en la última cena, que comienza cuando Judas había salido. Estas son enseñanzas para los discípulos que pueden entender mucho de lo que Jesús les dice y pueden gozarse con las promesas y revelaciones que les hace. Comienza aquí la experiencia de la soledad de Jesús, que acompañará la etapa de la Pasión. Judas sale y queda Él con los once. Esa noche serán sacudidos violentamente y su lealtad prometida se verá, en cierto modo, derribada, sin embargo, ellos son suyos, y a ellos les va a revelar el misterio de Dios, enseñándoles nuevos aspectos de la doctrina y prometiéndoles compañía luego de Su partida, con la presencia del Espíritu Santo. En el comienzo de la enseñanza se descubre la identificación que Jesús deja para la Iglesia que es el amor, manifestación que descubre ante todos la realidad de que los cristianos todos son discípulos, seguidores de Jesús. No habrá en el futuro dificultad alguna para saber quienes son cristianos y quienes no lo son, o son meros profesantes. Observando el amor hermanable entre ellos, se distinguirá esa realidad. Los de Cristo se distinguen por obediencia, sujeción a la Palabra, proclamación del evangelio, atención a los demás, pero, sobre todo, se conocerán por su capacidad de amarse los unos a los otros. Uno de los presentes, el apóstol Juan, entiende esta identificación hasta el extremo de afirmar que quien no es capaz de amar a los hermanos debe preguntarse si ha nacido de nuevo, ya que quien no ama no está en luz, sino que permanece en tinieblas (1 Jn. 2:9; 3:14).

La división del capítulo para su estudio es la que figura en la *introducción*, como sigue:

IV. Enseñanza a los Doce (13:1-16:33).

1. Enseñanza sobre la restauración y el amor (13:1-20).
    - 1.1. El lavamiento de los pies (13:1-11).
    - 1.2. El alcance (13:12-20).
2. Jesús anuncia su entrega (13:21-30).
    - 2.1. La traición anunciada (13:21-26).
    - 2.2. La reacción (13:27-30).
3. Jesús anuncia su partida (13:31-38).
    - 3.1. El anuncio (13:31-33).
    - 3.2. El mandamiento nuevo (13:34-35).
    - 3.3. Reacción de Pedro y respuesta de Jesús (13:36-38).

IV. Enseñanza a los Doce (13:1-16:33).

Enseñanza sobre la restauración y el amor (13:1-20).

El lavamiento de los pies (13:1-11).

1. Antes de la fiesta de la pascua, sabiendo Jesús que su hora había llegado para que pasase de este mundo al Padre, como había amado a los suyos que estaban en el mundo, los amó hasta el fin.

Πρὸ δὲ τῆς ἑορτῆς τοῦ πάσχα εἰδὼς ὁ Ἰησοῦς ὅτι ἦλθεν
Y antes de la fiesta de la Pascua sabiendo - Jesús que vino
αὐτοῦ ἡ ὥρα ἵνα μεταβῇ ἐκ τοῦ κόσμου τούτου πρὸς τὸν
de Él la hora para que pasase del mundo este al
Πατέρα, ἀγαπήσας τοὺς ἰδίους τοὺς ἐν τῷ κόσμῳ εἰς τέλος
Padre, habiendo amado a los suyos los en el mundo hasta fin
ἠγάπησεν αὐτούς.
amó los.

Notas y análisis del texto griego.

Iniciando un nuevo párrafo, escribe: Πρὸ, preposición propia de genitivo *antes*; δὲ, partícula conjuntiva que hace las veces de conjunción coordinante, con sentido de *pero, más bien, y, y por cierto*, *antes bien*; τῆς, caso genitivo femenino singular del artículo determinado declinado *de la*; ἑορτῆς, caso genitivo femenino singular del nombre común *fiesta*; τοῦ, caso genitivo neutro singular del artículo definido declinado *del*; πάσχα, caso genitivo neutro singular del nombre común *pascua*; εἰδὼς, caso nominativo masculino singular del participio de perfecto en voz activa del verbo οἶδα, *saber, conocer, entender*, aquí *sabiendo*; ὁ, caso nominativo masculino singular del artículo determinado *el*; Ἰησοῦς, caso nominativo masculino singular del nombre propio *Jesús*; ὅτι, conjunción *que*; ἦλθεν, tercera persona singular del aoristo segundo de indicativo en voz activa del verbo ἔρχομαι, *venir, llegar*, aquí *vino*; αὐτοῦ, caso genitivo masculino de la tercera persona singular del pronombre personal declinado *de él*; ἡ, caso nominativo femenino singular del artículo determinado *la*; ὥρα, caso nominativo femenino singular del nombre común *hora*; ἵνα, conjunción causal *para que*; μεταβῇ, tercera persona singular del aoristo segundo de subjuntivo en voz activa del verbo μεταβαίνω, *alejarse, trasladarse, pasar*, aquí *pasase*; ἐκ, preposición propia de genitivo *de*; τοῦ, caso genitivo masculino singular del artículo determinado *el*; κόσμου, caso genitivo masculino singular del nombre común *mundo*; τούτου, caso genitivo masculino singular del pronombre demostrativo *este*; πρὸς, preposición propia de acusativo *a*; τὸν, caso acusativo masculino singular del artículo determinado *el*; Πατέρα, caso acusativo masculino singular del nombre divino *Padre*; ἀγαπήσας, caso nominativo masculino singular del participio del aoristo primero en voz activa del verbo ἀγαπάω, *amar*, aquí *habiendo amado*; τοὺς, caso acusativo masculino plural del artículo determinado declinado *a los*; ἰδίους, caso acusativo masculino plural del adjetivo posesivo *suyos*; τοὺς, caso acusativo masculino plural del artículo determinado *los*; ἐν, preposición propia de dativo *en*; τῷ, caso dativo masculino singular del artículo determinado *el*; κόσμῳ, caso dativo masculino singular del nombre común *mundo*; εἰς, preposición propia de acusativo *hasta*; τέλος, caso acusativo neutro singular del nombre común *fin, final*; ἠγάπησεν, tercera persona singular del aoristo primero de indicativo en voz activa del verbo ἀγαπάω, *amar*, aquí *amó*; αὐτούς, caso acusativo masculino de la tercera persona plural del pronombre personal declinado *a ellos, los*.

Πρὸ δὲ τῆς ἑορτῆς τοῦ πάσχα. El relato de Juan discurre en una misma noche anterior a la fiesta de la Pascua, es decir en el momento en que se comía el cordero pascual. Esta tenía lugar en el día catorce del mes de Nisán. Esto aparentemente entra en contradicción con los sinópticos que sitúan la última cena en el mismo día de la celebración de la Pascua y la crucifixión al siguiente. La dificultad no resulta fácil de resolver a simple vista. Para los sinópticos, Jesús comió el cordero pascual en el día prescrito y murió al siguiente. Se han propuesto distintas soluciones pero ninguna es satisfactoria, desde errores de datación, por lo que unos consideran correcta la fecha de los sinópticos y otros la de Juan, hasta hablar de dos fechas diferentes para la Pascua, según dos cronologías distintas que usa Juan. Un argumento que algunos toman para decir que la cena de la que habla Juan no era la cena pascual, está en lo que se dice más adelante de que los que estuvieron en el juicio de Jesús durante la noche en casa de Caifás, no entraron en el pretorio para *"no contaminarse, y así poder comer de la pascua"* (18:28). Por tanto, a simple vista, la comida de la que habla Juan en el v. 2, no podía ser la de la Pascua, sino una hecha el día anterior. El problema es claro: Los sinópticos afirman que Jesús y los discípulos comieron la cena pascual cuando la Ley lo prescribía (Mt. 26:17; Mr. 14:12; Lc. 22:7), y que Jesús murió al día siguiente (Mr. 15:1 ss.). Si esto es así, entonces Juan dice que Jesús murió un día antes de que los judíos comiesen el cordero pascual. La pregunta es natural ¿Jesús murió antes de la cena pascual como sería la interpretación a Juan, o después de la cena pascual concordando con los sinópticos? y también ¿concuerdan los tres relatos sinópticos y el de Juan o son distintos? Hay aspectos que están presentes en los cuatro evangelios, como son: a) la referencia la discusión en el camino sobre quien de ellos sería el mayor y la respuesta de Jesús (Lc. 22:14, 15, 24-27; Jn. 13:16, 17); b) El anuncio de que iba a ser entregado por uno de ellos (Mt. 26:20-25; Mr. 14:17-21; Jn. 13:18-21, 30); c) La negación de Pedro anunciando que lo haría *aquella noche* (Mt. 26:34; Mr. 14:30; Lc. 22:34; Jn. 13:38). No es posible que si se tratase de dos cenas distintas, una el día anterior a la Pascua y otra el día de ella, tengan tantas similitudes, como sería que Pedro le tendría que negar dos noches distintas. Hemos de llegar a la conclusión de que los relatos, de los sinópticos y de Juan son los mismos y el tiempo de ellos también.

Llegado a esta conclusión, necesariamente se ha de considerar que se trataba de la cena pascual, especialmente precisada en los escritos sinópticos (Mt. 26:17; Mr. 14:12, 14; Lc. 22:11, 14, 15). Está bien precisado que esa cena tuvo lugar en la noche que la Ley establecía, esto es la que seguía a la tarde en la que los corderos eran sacrificados. De modo que Jesús fue crucificado al día siguiente (cf. Lc. 22:66-23:33). El día de la muerte de Jesús fue viernes, *el día anterior al sábado*, como se especifica en Marcos (Mr. 15:42), el *día de la preparación*, que era la formula habitual para hablar del viernes. Eso está en armonía con Juan que narra la muerte de Cristo como ocurrida en viernes (19:14, 31, 42). Según Juan, Jesús fue llevado al pretorio cuando era *de mañana*, esto significaría que era el día siguiente a la noche en que fue apresado, siendo el día de la crucifixión, necesariamente la cena que relata Juan concuerda con la de los sinópticos porque había tenido lugar el día anterior, esto es el jueves, día de la celebración de la cena pascual. Además Pedro le negó aquella noche, como Jesús anunció, lo que confirma que los sucesos del capítulo que tenemos delante ocurrieron necesariamente la noche anterior al viernes. La hipotética diferencia entre los cuatro evangelios, no es tal, sino que hay en todo ello una plena armonía.

Quienes pretenden establecer aquí dos cenas y dos noches distintas, tienen serios problemas. Algunos pretenden que los fariseos comían el cordero pascual un día antes que los saduceos, no tiene evidencia histórica y, comer el cordero en noches distintas traería un serio problema en el correcto cumplimiento de la ordenanza bíblica.

Algunos consideran que Juan usa el término *fiesta* referido al día destinado a comer el cordero pascual, como ocurre en este versículo, pero sería la única vez que en la forma expresiva del evangelista ocurriría esto, ya que para él *fiesta* en relación con la Pascua, era el tiempo completo de esa celebración, que tiene el significado de *siete días*. Así desde la primera referencia en que se lee: *"Estando en Jerusalén en la fiesta de la pascua, muchos creyeron en su nombre, viendo las señales que hacía"* (2:23). No cabe duda que esas señales no fueron hechas durante la cena de la Pascua, sino en el tiempo de festividad que duraba siete días. Así dice también más adelante: *"cuando vino a Galilea, los galileos le recibieron, habiendo visto todas las cosas que había hecho en Jerusalén, en la fiesta"* (4:45). Juan apunta a otra fiesta: *"Y estaba cerca la fiesta de los judíos, la de los tabernáculos"* (7:2), para volver a referirse a un tiempo de duración mayor que un día concreto ya que dice que *"en el último y gran día de la fiesta, Jesús se puso en pie y alzó la voz..."* (7:37), por tanto Juan distingue como *fiesta* el conjunto de días que duraba y hace referencia a un acontecimiento puntual refiriéndose a un día determinado de ella.

Debemos llegar a la conclusión de que Juan habla de la festividad de la Pascua que comenzaba al día siguiente de la noche en que se comía el cordero pascual, de modo que cuando dice en este versículo *"antes de la fiesta de la Pascua"* está apuntando a la misma noche pascual a la que se refieren los sinópticos, de modo que no hay diferencia alguna en los cuatro relatos, en cuanto a tiempo. La cena a la que se refiere Juan era la cena pascual regulada por la Ley, en la que Jesús participó.

εἰδὼς ὁ Ἰησοῦς ὅτι ἦλθεν αὐτοῦ ἡ ὥρα ἵνα μεταβῇ ἐκ τοῦ κόσμου τούτου πρὸς τὸν Πατέρα, Jesús sabía que *había llegado la hora*. Durante todo Su ministerio estuvo refiriéndose a ella y diciendo que aún no había llegado. Se ha considerado antes que los judíos, en los últimos tiempos de Su presencia en Jerusalén habían procurado matarlo, pero *no había llegado Su hora*. El tiempo determinado por Dios en Su soberanía en el cual se había de producir la obra de la Cruz, había llegado y el Señor lo sabía. El programa de Su servicio tal como le había sido encomendado estaba cumplido, como dirá en la oración al Padre en esa misma noche (17:4).

Jesús está a punto de salir del entorno humano en la tierra para volver al Padre que le había enviado. Juan dice que había llegado el tiempo para que saliera *de este mundo*. El que había salido del cielo y entrado en el mundo de los hombres, revestido de humanidad (1:14), estaba a punto de abandonar el mundo donde había vivido, para regresar al lugar que eternamente le corresponde en la unidad divina. El Señor había dicho que los judíos *eran de este mundo*, pero Él no (8:23). Hará esta misma observación en la oración después de la cena (17:14). En esa oración pediría al Padre que fuese glorificado a Su lado con la gloria que había tenido con Él antes que el mundo viniese a la existencia (17:5). En la transfiguración Moisés y Elías hablaron con Él de Su partida que tendría lugar en Jerusalén (Lc. 9:31). Este plan divino no es algo que Jesús empezó a conocer entonces, sino que era de Su conocimiento desde el principio. Sin duda ese conocimiento sobrenatural se le comunicaba a la humanidad del Verbo encarnado, por la Persona Divina de Dios el Hijo en quien subsistía. El Señor había anunciado antes a los Doce que iban a Jerusalén y que el Hijo del Hombre sería entregado en manos de pecadores y crucificado. Aquella hora establecida por *determinado consejo y anticipado conocimiento de Dios* (Hch. 2:23), había llegado. La hora no tomó a Jesús por sorpresa, la conocía perfectamente y sabía que era para aquel momento.

Esta hora se considera aquí, no tanto desde la angustia, el sufrimiento y la muerte, sino desde la victoria. Jesús sabía que había llegado la hora para el regreso al lugar de donde procedía, siempre en expresiones antropomórficas, al cielo desde donde había sido enviado por el Padre en misión salvadora y reveladora. Juan utiliza el verbo μεταβαίνω, para señalar el traslado del mundo de los hombres al mundo celestial. Mediante un corto proceso en la temporalidad humana, pasando por la muerte, sepultura y resurrección, sería trasladado a ocupar el lugar que le corresponde a la diestra de Dios.

ἀγαπήσας τοὺς ἰδίους τοὺς ἐν τῷ κόσμῳ. La tercera declaración del versículo revela la relación de Jesús con sus discípulos: los había amado desde el principio. Entre ellos se había establecido una relación de amor mutuo. Es, en el pensamiento propio del hombre, un amor ilógico, dirigido a un grupo de personas que no se caracterizaban por ser superiores al resto de los hombres. Es más, fueron doce hombres con muchos defectos, notoria falta de fe, difíciles de comprender las cosas de Dios e, incluso, entre ellos alguno con un carácter sectario y rencoroso. Pero a estos, a quienes eligió desde el principio, los amó entrañablemente con el amor ilógico propio de Dios, que es capaz de amar a sus enemigos y dar la vida de su Hijo por quienes eran rebeldes e hijos de ira. Estos *eran suyos* porque le habían sido dados por el Padre, como recordará en la oración final. Estaban en el mundo, pero ya no pertenecían a él. Por fe habían sido hechos hijos de Dios (1:12) y su ciudadanía era ya celestial y no terrenal. Los que eran de Su pueblo por raza y según la carne, no le habían recibido (1:11). En cambio éstos eran Sus hermanos (Mt. 28:10).

εἰς τέλος ἠγάπησεν αὐτούς. A estos amó *hasta el final*. En el griego helenístico εἰς τέλος, *hasta el fin*, es una expresión adverbial que equivale a *completamente, sin límites, absolutamente*. Aquí debe entenderse de ese modo. No significa que los amaba desde el principio y que los seguía amando en el momento del relato, sino que el amor de Jesús no tenía límite, se extendía al infinito adonde sólo el amor de Dios puede alcanzar. La hora había llegado para dar Su vida voluntariamente y esa entrega expresaba el amor sin límite que sentía por los suyos. No cabe duda que el amor infinito de Jesús, se extiende también a quienes, como le dice al Padre, han de creer en Él por la palabra de aquellos discípulos Suyos (17:20). La grandeza de ese amor va a mostrarse de forma inmediata en todo el proceso de la Pasión. Será en la Cruz, donde Dios levantará la bandera de Su amor, haciéndola ondear al viento de Su gracia para que todo el universo pueda saber que verdaderamente Dios es amor.

El amor de Jesús tiene expresión también en la preocupación que siente por aquellos que iban a quedar sin Su compañía personal. Por ese amor pedirá al Padre el envío del Espíritu Santo y les promete a quienes quedan en el mundo que no estarán solos, sino que el Espíritu sustituirá en ellos la compañía que fue Él durante el tiempo del ministerio. El amor de Cristo es de tal dimensión que no existe nada que pueda separar de Él a los Suyos (Ro. 8:35-39). Tal vez las palabras de Agustín, pueden darnos una mejor comprensión: *"...los amó tanto, que llegó a morir por ellos, según se desprende de estas palabras suyas: 'No hay amor mayor que llegar a dar la vida por los amigos'"*[1].

2. Y cuando cenaban, como el diablo ya había puesto en el corazón de Judas Iscariote, hijo de Simón, que le entregase.

καὶ	δείπνου	γινομένου,	τοῦ	διαβόλου	ἤδη	βεβληκότος	εἰς	τὴν
Y	cena	llegando a ser,	el	diablo	ya	habiendo puesto	en	el

καρδίαν	ἵνα	παραδοῖ	αὐτὸν	Ἰούδας	Σίμωνος	Ἰσκαριώτου,
corazón	que	entregase	le	Judas	de Simón	Iscariote.

Notas y análisis del texto griego.

Continuando con el párrafo, escribe: καὶ, conjunción copulativa *y*; δείπνου, caso genitivo neutro singular del nombre común *cena*; γινομένου, caso genitivo neutro singular del participio de presente en voz media del verbo γίνομαι, *llegar a ser, empezar a existir, ser, estar*, aquí *llegando a ser*; τοῦ, caso genitivo masculino singular del artículo determinado *el*; διαβόλου, caso genitivo masculino singular del nombre común *diablo*; ἤδη, adverbio de tiempo *ya*; βεβληκότος, caso genitivo masculino singular del participio de perfecto en voz activa del verbo βάλλω, *echar, arrojar, lanzar, meter, poner*, aquí *habiendo puesto*; εἰς, preposición propia de acusativo *en*; τὴν caso acusativo femenino singular del artículo determinado *la*; καρδίαν, caso acusativo femenino singular del nombre común *corazón*; ἵνα, conjunción copulativa *que*; παραδοῖ, tercera persona singular del aoristo segundo de subjuntivo en voz activa del verbo παραδίδωμι, *entregar, traicionar*, aquí *entregase*; αὐτὸν, caso acusativo masculino de la tercera persona singular del pronombre personal declinado *a él, le*; Ἰούδας[1], caso nominativo masculino singular del nombre propio *Judas*; Σίμωνος, caso genitivo masculino singular

[1] Agustín de Hipona. *Tratados sobre el Evangelio de Juan*. 55, 2.

del nombre propio declinado *de Simón*; Ἰσκαριώτου, caso genitivo masculino singular del nombre propio *Iscariote*.

Crítica Textual. Lecturas alternativas.

[1] Ἰούδα, *de Judas*, según lectura en A, K, Γ, Δ, Θ, f^1, 33, 700, 892, 1424, 𝔐, sir.

καὶ δείπνου γινομένου, A modo de paréntesis, Juan introduce aquí la razón de lo que sería la traición de Judas. Por el término δείπνου, no cabe duda que se trataba de una comida vespertina, una cena, por tanto, en víspera del comienzo de la festividad de la Pascua, era la cena pascual, en donde se comía el cordero según lo establecido en la Ley. El verbo γίνομαι, tiene múltiples acepciones, como *llegar a ser, comenzar a existir*, etc. seleccionamos aquí el equivalente castellano *llegando a ser*, que podría traducirse como *habiendo comenzado*, o *teniendo lugar*. Juan quiere decir que lo que relata tuvo lugar cuando ya estaban participando de la cena.

τοῦ διαβόλου ἤδη βεβληκότος εἰς τὴν καρδίαν ἵνα παραδοῖ αὐτὸν Ἰούδας Σίμωνος Ἰσκαριώτου, Generalmente se entiende que el diablo puso en el corazón de Judas que entregase a Jesús, sin embargo para eso es necesario leer en genitivo el nombre de Judas, como aparece en algunos códices[2] y versiones. Con todo caben ambas alternativas, en la lectura tal como está en el interlineal, significa que el diablo había puesto en su propio corazón que fuese Judas quien entregase a Jesús. La lectura en dativo significaría que el diablo había puesto en el corazón de Judas. Esta es la forma a la que se inclinan la mayoría de los comentaristas. En cualquier caso la traición de Judas para entregar a Jesús, era una obra diabólica. El paréntesis genera un profundo contraste, ya que lo que sigue es la obra de servicio y entrega hacia otro, como va a ser el lavamiento de los pies de los apóstoles que Jesús va a llevar a cabo, lavando a aquel que le iba a entregar. Judas era un hombre de carácter avaricioso. No podía esperar ya nada siguiendo a Cristo. Si iba a morir como les había dicho, corría también el peligro de ser expulsado de la sinagoga con todos los problemas sociales que ello conllevaba. Algo podría obtener de los líderes religiosos, aparte de algún dinero, el favor personal que le permitiría nuevos negocios en donde podían realizarse que era en el sistema religioso que se había establecido entre las clases dirigentes. Para que nadie tenga algún problema de identificar a esta persona, Juan da su nombre, el que aparece en la lista de los apóstoles de Jesús, la relación familiar, hijo de

[2] Ver Crítica Textual, lecturas alternativas.

Simón, y el lugar de procedencia Iscariote. El único judío del grupo era el que le iba a entregar. El diablo había determinado y planeado la traición que iba a llevarse a cabo en aquella misma noche.

3. Sabiendo Jesús que el Padre le había dado todas las cosas en las manos, y que había salido de Dios, y a Dios iba.

εἰδὼς ὅτι πάντα ἔδωκεν αὐτῷ ὁ Πατὴρ εἰς τὰς χεῖρας
Sabiendo que todas las cosas dio le el Padre en las manos,
καὶ ὅτι ἀπὸ Θεοῦ ἐξῆλθεν καὶ πρὸς τὸν Θεὸν ὑπάγει,
y que de Dios salió y a - Dios va.

Notas y análisis del texto griego.

Sigue el texto: εἰδὼς, caso nominativo masculino singular del participio de perfecto en voz activa del verbo οἶδα, *saber, entender, conocer*, aquí *habiendo sabido* o *sabiendo*; ὅτι, conjunción *que*; πάντα, caso acusativo neutro plural del adjetivo indefinido *todos*, en sentido de *todas las cosas*; ἔδωκεν, tercera persona singular del aoristo primero de indicativo en voz activa del verbo δίδωμι, *dar*, aquí *dio*; αὐτῷ, caso dativo masculino de la tercera persona singular del pronombre personal declinado *a él, le*; ὁ, caso nominativo masculino singular del artículo determinado *el*; Πατὴρ, caso nominativo masculino singular del nombre divino *Padre*; εἰς, preposición propia de acusativo *a, en*; τὰς, caso acusativo femenino plural del artículo determinado *las*; χεῖρας, caso acusativo femenino plural del nombre común *manos*; καὶ, conjunción copulativa *y*; ὅτι, conjunción *que*; ἀπὸ, preposición propia de genitivo *de*; Θεοῦ, caso genitivo masculino singular del nombre divino *Dios*; ἐξῆλθεν, tercera persona singular del aoristo segundo de indicativo en voz activa del verbo ἐξέρχομαι, *salir, proceder*, aquí *salió*; καὶ, conjunción copulativa *y*; πρὸς, preposición propia de acusativo *a*; τὸν, caso acusativo masculino singular del artículo determinado *el*; Θεὸν, caso acusativo masculino singular del nombre divino *Dios*; ὑπάγει, tercera persona singular del presente de indicativo en voz activa del verbo ὑπάγω, *ir*, aquí *va*.

εἰδὼς ὅτι πάντα ἔδωκεν αὐτῷ ὁ Πατὴρ εἰς τὰς χεῖρας. El Señor sabía que Su hora había llegado, pero también sabía que el Padre le había dado todas las cosas, entregándoselas bajo Su soberanía, *en Sus manos*. El Padre le había dado autoridad sobre todas las cosas (Mt. 11:27), es más, el discurso pre-pascual de humildad, servicio, entrega y sacrificio, va a cambiarse por el post-pascual de gloria, en donde el Señor va a afirmar: *"Toda autoridad me es dada en el cielo y en la tierra"* (Mt. 28:18). Quien es Rey de reyes y Señor de señores, tiene que tener la omnipotencia y soberanía de quien ocupa esa posición. Esta certeza de Jesús es el anticipo que conocía de la exaltación hasta lo sumo que iba a llegar luego de Su muerte y resurrección (Fil. 2:6). La

Cruz era el punto de partida para la exaltación suprema. A causa del padecimiento de muerte el Señor recibió la exaltación hasta lo sumo (He. 2:9; con 1:3; 12:2). El Siervo sufriente recibe del Padre el nombre que es sobre todo nombre para que en ese nombre se doble toda rodilla de los que están en cielos, tierra y aún los que están en las profundidades del sepulcro (Fil. 2:9-11). Jesús no tuvo atractivo como Rey entre los de Su pueblo, y mucho menos como Salvador. Ellos esperaban un Rey-Mesías conquistador, victorioso que estableciera el reino que ellos esperaban conforme a su pensamiento teológico y a la interpretación que hacían de los pasajes proféticos y, ese Jesús, que se llamaba a Sí mismo *Hijo de Dios*, iba a morir en una Cruz. Cuando declaró Su deidad fue amenazado por los hombres (10:33). Sin embargo, pese al rechazo de los hombres y al desprecio de Su pueblo, es Dios manifestado en carne (1:1; Ro. 9:5). El Padre restauraba su eterno derecho a ser Soberano, añadiendo al propio de Su naturaleza divina, con que existió eternamente en unidad con el Padre y el Espíritu, une gloriosa Su naturaleza humana asumida en la encarnación. A este Jesús que Dios exalta, le entrega todas las cosas en Sus manos.

καὶ ὅτι ἀπὸ Θεοῦ ἐξῆλθεν, Jesús también conocía otras dos cosas, de donde había salido y a donde iba. El tema de la procedencia de Cristo se reitera constantemente en el *Evangelio*. Juan desea que todos sepan que Jesús de Nazaret, no es un hombre en el cual Dios se ha manifestado y se hizo presente, sino que el hombre Jesús de Nazaret es la naturaleza humana del eterno Verbo de Dios. Ya desde el comienzo del escrito hace notar la preexistencia de Jesús como el Verbo, aquel que estaba *frente al Padre*, y que era Dios. Juan usa un enfático ἀπὸ Θεου, *de Dios*, para establecer la procedencia de Dios. Una y otra vez se le llama el *enviado* del Padre. El mismo Señor se refiere a esto cuando dice: *El que me envió*. En un escrito con el propósito de que conozcan a Jesús y puedan ser salvos (20:31), necesariamente la deidad de Cristo ha de manifestarse en forma reiterada. Sólo si Jesús es Dios, puede ser de infinito valor Su sacrificio para salvar a todo aquel que cree. La declaración de Juan en este versículo concuerda plenamente con la que Jesús hará luego (16:28).

καὶ πρὸς τὸν Θεὸν ὑπάγει. Junto al conocimiento de procedencia estaba también el de destino. El que había salido de Dios, volvía a Él. Igualmente en esto es claro el versículo. Juan usa ahora πρὸς τὸν Θεὸν, *a Dios*, para indicar a donde volvía. El contraste es evidente: *de Dios... a Dios*. Se aprecia el uso del plural en la frase, a Dios *va*, en presente de futuro inmediato y cierto. El verbo usado para expresar la procedencia está en aoristo, como algo históricamente ocurrido, un hecho ya pasado, pero el retorno es cierto, regresa a la esfera de donde vino. El tiempo de ese regreso era inmediato, estaba volviendo a la gloria eterna, pero debía pasar a esa forma a través de la humillación que como siervo cumpliría en la Cruz. Esa gloria de la humillación es uno de los temas más notables en la enseñanza de Jesús en torno a la mesa con los discípulos.

4. Se levantó de la cena, y se quitó su manto, y tomando una toalla, se la ciñó.

ἐγείρεται ἐκ τοῦ δείπνου καὶ τίθησιν τὰ ἱμάτια καὶ λαβὼν
Se levanta de la cena, y pone aparte el manto y tomando
λέντιον διέζωσεν ἑαυτόν·
toalla ciñó a sí mismo.

Notas y análisis del texto griego.

Siguiendo con el relato, dice: ἐγείρεται, tercera persona singular del presente de indicativo en voz pasiva del verbo ἐγείρω, en voz pasiva *levantarse*, aquí *se levanta*; ἐκ, preposición propia de genitivo *de*; τοῦ, caso genitivo neutro singular del artículo determinado *el*; δείπνου, caso genitivo neutro singular del nombre común *cena*; καὶ, conjunción copulativa *y*; τίθησιν, tercera persona singular del presente de indicativo en voz activa del verbo τίθημι, *depositar, entregar, poner aparte*, aquí *pone aparte*; τὰ, caso acusativo neutro plural del artículo determinado *el*; ἱμάτια, caso acusativo neutro plural del nombre común *manto, vestidos exteriores*; καὶ, conjunción copulativa *y*; λαβὼν, caso nominativo masculino singular del participio del segundo aoristo en voz activa del verbo λαμβάνω, *tomar, agarrar,* aquí *tomando*; λέντιον, caso acusativo neutro singular del nombre común *toalla*; διέζωσεν, tercera persona singular del aoristo primero de indicativo en voz activa del verbo διαζώννυμι, *ceñir, poner alrededor de la cintura*; ἑαυτόν, caso acusativo masculino singular del pronombre reflexivo declinado *a sí mismo*.

ἐγείρεται ἐκ τοῦ δείπνου. Los sinópticos describen la discusión que se había producido, en el camino hacia Jerusalén, entre los discípulos para establecer quien de ellos sería el mayor. Los hombres, llenos siempre por su *yo*, anhelan los lugares de honor. Jesús les habló de humildad, pero ahora, ante todos va a dar la mayor lección posible sobre el ejercicio de esta virtud. Él era el Hijo de Dios, Su lugar de procedencia la gloria, junto al Padre. Su condición divina le hacía Señor y dueño de todo. Sus derechos eternos, ser adorado, servido y glorificado por todos. Nadie mayor que Él, no sólo en aquella noche, sino en todo el universo y en todos los tiempos. Este eterno y adorable Verbo encarnado va a asumir la condición de esclavo para servir a quienes procuraban los primeros lugares en el *Reino de los cielos*.

Sorprendiendo a todos, se levantó de la mesa, esto es, dejó el lugar que ocupaba en el diván que circundaba la mesa. Sin duda Jesús ocupaba el sitio central, lugar habitual para el padre de familia. El Señor hizo aquello, no antes de la cena, ni después de ella, sino mientras transcurría. Generalmente se lavaban los pies de los invitados a una comida, nada más llegar a la casa, y siempre antes de la comida. Los pies de la gente, como los de los discípulos, iban protegidos por sandalias abiertas, que no impedían que el polvo del camino ensuciase los pies. Además, estos estaban a la altura del comensal contiguo, puesto que todos se reclinaban en divanes, apoyándose en un brazo que los sostenía levantados, con los pies puestos hacia atrás. Quien lavaba los pies a los invitados era un esclavo, generalmente el de menor entidad entre ellos, usándose muy a menudo un adolescente para hacer ese servicio. A ninguno de los apóstoles se les habían lavado los pies, de modo que estaban sentados tal y como habían llegado. Si venían desde Betania, donde se hospedaba el grupo, habían tenido que caminar una distancia, bajando la ladera del Monte de los Olivos y accediendo a la ciudad pasando el torrente de Cedrón, por tanto, no cabe duda que los pies se habían ensuciado con el polvo del camino. El lavamiento de los pies era una señal de afecto y respeto hacia el invitado.

καὶ τίθησιν τὰ ἱμάτια. En segundo lugar el Señor *se quitó el manto*. Los esclavos hacían este servicio sin ningún vestido, simplemente la prenda más interior y una toalla ceñida alrededor de la cintura. Cabe preguntarse de que se despojó el Señor. Juan utiliza aquí un término en neutro plural, que más adelante utilizará para referirse a los vestidos de Jesús que fueron repartidos entre los soldados encargados de la crucifixión (19:23). En otros lugares utiliza el singular para referirse al manto externo, como cuando los soldados romanos pusieron sobre Jesús un manto púrpura para burlarse de Él (19:2). Si el uso del término es el mismo, entonces Jesús se desvistió de Su manto y Sus vestidos, quedándose como era habitual en un esclavo y sobre Su ropa más íntima, puso una toalla ceñida a Su cintura. Aquel que había dejado Sus derechos divinos y se limitó al hacerse hombre, se manifiesta aquí con toda la dimensión de la humillación, al tomar *forma de siervo*, esto es, hacerse esclavo voluntario por amor (Fil. 2:7-8). Mientras todos querían ser grandes, el Grande se humilla para hacer un servicio de esclavo como muestra de amor sincero.

καὶ λαβὼν λέντιον διέζωσεν ἑαυτόν· Seguidamente tomó una toalla y se la ciñó. El esclavo no solo lavaba con sus manos los pies sucios de los invitados, sino que los secaba cuidadosamente con una toalla, que llevaba ceñida a su cintura. Lavados los pies, los hacía descansar sobre la toalla y pasaba esta hasta que quedaban secos. No podemos acercarnos a este acto de humildad, sin estremecernos al ver a Dios manifestado en carne, haciendo el trabajo propio del esclavo de menor valor.

5. Luego puso agua en un lebrillo, y comenzó a lavar los pies de los discípulos, y a enjugarlos con la toalla con que estaba ceñido.

εἶτα βάλλει ὕδωρ εἰς τὸν νιπτῆρα[1] καὶ ἤρξατο νίπτειν τοὺς
Luego echa agua en el lebrillo y comenzó a lavar los
πόδας τῶν μαθητῶν καὶ ἐκμάσσειν τῷ λεντίῳ ᾧ ἦν
pies a los discípulos y enjugar con la toalla con que estaba
διεζωσμένος.
ceñido.

Notas y análisis del texto griego.

Sin interrupción en el relato, añade: εἶτα, adverbio de tiempo *luego*; βάλλει, tercera persona singular del presente de indicativo en voz activa del verbo βάλλω, *poner, meter, echar*, aquí *echa*; ὕδωρ, caso acusativo neutro singular del nombre común *agua*; εἰς, preposición propia de acusativo *en*; τὸν, caso acusativo masculino singular del artículo determinado *el*; νιπτῆρα, caso acusativo masculino singular del nombre común *lebrillo, jofaina, palangana*; καὶ, conjunción copulativa *y*; ἤρξατο, tercera persona plural del aoristo primero de indicativo en voz media del verbo ἄρχω, en voz media *comenzar*, aquí *comenzó*; νίπτειν, presente de infinitivo en voz activa del verbo νίπτω, *lavar*; τοὺς, caso acusativo masculino plural del artículo definido *los*; πόδας, caso acusativo masculino plural del nombre común *pies*; τῶν, caso genitivo masculino plural del artículo determinado declinado *de los*; μαθητῶν, caso genitivo masculino plural del nombre común *discípulos, seguidores*; καὶ, conjunción copulativa *y*; ἐκμάσσειν, presente de infinitivo en voz activa del verbo ἐκμάσσω, *secar, enjugar*; τῷ, caso dativo neutro singular del artículo determinado declinado *con el*; λεντίῳ, caso dativo neutro singular del nombre común *toalla*; ᾧ, caso dativo neutro singular del pronombre relativo *con que*; ἦν, segunda persona singular del imperfecto de indicativo en voz activa del verbo εἰμί, *ser, estar*, aquí *estaba*; διεζωσμένος, caso nominativo masculino singular del participio de perfecto en voz activa del verbo διαζωννύμι, *ceñir*, aquí *ceñido*.

Crítica Textual. Lecturas alternativas.

[1] ποδονιπτῆρα, *palangana para pies*, según se lee en p[66], pbo.

εἶτα βάλλει ὕδωρ εἰς τὸν νιπτῆρα. Preparado para hacer el trabajo de un esclavo, tomó un lebrillo, o una palangana, y echó agua en ella. En algún códice se lee *palangana para los pies*, precisando más el detalle del recipiente que Jesús usó. Seguramente que esta vasija estaba a mano, puesto que era habitual lavar las manos y los pies antes de las comidas. No fue una gran tina donde cupiese mucho agua, sino aquella pequeña jofaina que podía contener el agua necesaria para lavar la suciedad de los pies.

καὶ ἤρξατο νίπτειν τοὺς πόδας τῶν μαθητῶν Dispuestos los utensilios y la ropa adecuada, comenzó la tarea de lavar los pies a los discípulos. Es todo un proceso que Juan apunta con precisión: Se levantó de la mesa; quitó Su manto; se ciño una toalla; tomó el lebrillo; puso agua en él; comenzó a lavar los pies de los discípulos.

καὶ ἐκμάσσειν τῷ λεντίῳ ᾧ ἦν διεζωσμένος. Jesús no los lavaba simplemente y los dejaba mojados, sino que los *enjugaba* cariñosamente con la toalla con que estaba ceñido. Como se dijo antes, Judas estaba también presente. Jesús, pues, lavó los pies del más indigno y perverso de los hombres.

6. Entonces vino a Simón Pedro; y Pedro le dijo: Señor, ¿tú me lavas los pies?

ἔρχεται οὖν πρὸς Σίμωνα Πέτρον· λέγει αὐτῷ· Κύριε, σύ μου
Llega, pues, a Simón Pedro; dice le: Señor, ¿Tú de mí
νίπτεις τοὺς πόδας
lavas los pies?

Notas y análisis del texto griego.

Sigue con ἔρχεται, tercera persona singular del presente de indicativo en voz media del verbo ἔρχομαι, *venir, llegar*, aquí *llega*; οὖν, conjunción continuativa *pues, entonces*; πρὸς, preposición propia de acusativo *a*; Σίμωνα, caso acusativo masculino singular del nombre propio *Simón*; Πέτρον, caso acusativo masculino singular del nombre propio *Pedro*; λέγει, tercera persona singular del presente de indicativo en voz activa del verbo λέγω, *hablar, decir*, aquí *dice*; αὐτῷ, caso dativo masculino de la tercera persona singular del pronombre personal declinado *a él, le*; Κύριε, caso vocativo masculino singular del nombre divino *Señor*; σύ, caso nominativo de la segunda persona singular del pronombre personal *tú*; μου, caso genitivo de la primera persona singular del pronombre personal declinado *de mí*; νίπτεις, segunda persona singular del presente de indicativo en voz activa del verbo νίπτω, *lavar*, aquí *lavas*; τοὺς, caso acusativo masculino plural del artículo determinado *los*; πόδας, caso acusativo masculino plural del nombre común *pies*.

ἔρχεται οὖν πρὸς Σίμωνα Πέτρον· Sin duda comenzó el lavamiento de los pies por el primero de los que estaban sentados a la mesa. El Señor puso la palangana con agua en el suelo, detrás de los pies de cada uno, y la iba corriendo a medida que terminaba de lavar. Si llegó al lugar donde estaba Pedro, significa que éste no fue el primero en el lavamiento. Juan observa bien lo que ocurría, ya que en la mesa estaba sentado junto a Jesús, quedando Pedro al otro lado, según se aprecia en los relatos de la cena. No cabe duda que la sorpresa de Pedro fue grande. El Señor se había arrodillado tras él y estaba en disposición de tomar sus pies sucios y lavarlos, para secarlos luego con la toalla con que estaba ceñido.

λέγει αὐτῷ· Κύριε, σύ μου νίπτεις τοὺς πόδας. El discípulo reaccionó enérgicamente, como era su temperamento natural. No podía permitir que las manos del Señor que había admirado tantas veces en los milagros que hacía, en la autoridad con que increpaba al viento y al mar, en la bendición de los niños, en la resurrección de la hija de Jairo, tocase, para hacer el trabajo de un esclavo, los pies suyos. La reacción suya se aprecia en la pregunta que formula a Jesús: *"¿me lavas los pies?"*, como si dijese: *¿Qué Tú me vas a lavar los pies a mí?* Aquello era un contrasentido que no estaba dispuesto a permitir. El Santo de los santos, a quien reconocían como el Hijo de Dios, tomando los pies sucios de quien en Su presencia había reconocido que era un hombre pecador (Lc. 5:8). No era posible acceder a la demanda de Jesús. No estaba dispuesto a permitir que aquello sucediera. Contrasta esto con el silencio de los discípulos que antes de él habían pasado por la experiencia del lavamiento de los pies. Como escribe el Dr. Lacueva: *"Es ahora cuando desearía Pedro haberse levantado antes de la cena, y haberle lavado él los pies a Jesús, teniendo esto por el mayor honor que podía prestar al Maestro en aquella ocasión. Que el Maestro le lavara a él los pies era una paradoja que no podía soportar"*[3]. Los dos pronombres en el texto griego están seguidos uno del otro, con lo que expresan el profundo contraste, literalmente *Tú, a mí*; el Señor al hombre, el Mesías al súbdito, el Dios eterno a la criatura. No puede entenderse una lección de humildad semejante. Escapa absolutamente a toda comprensión humana, de ahí que pueda comprenderse la reacción de Pedro en aquel momento.

[3] F. Lacueva. o.c., pág. 330.

7. Respondió Jesús y le dijo: Lo que yo hago, tú no lo comprendes ahora; mas lo entenderás después.

ἀπεκρίθη Ἰησοῦς καὶ εἶπεν αὐτῷ· ὃ ἐγὼ ποιῶ σὺ οὐκ οἶδας
Respondió Jesús y dijo le: Lo que Yo hago tú no entiendes
ἄρτι, γνώσῃ δὲ μετὰ ταῦτα.
aún, pero entenderás después de esto.

Notas y análisis del texto griego.

Continuando el relato, escribe: ἀπεκρίθη, tercera persona singular del aoristo primero de indicativo en voz pasiva del verbo ἀποκρίνομαι, *responder, contestar, tomar la palabra*, aquí *respondió*; Ἰησοῦς, caso nominativo masculino singular del nombre propio *Jesús*; καὶ, conjunción copulativa *y*; εἶπεν, tercera persona singular del aoristo segundo de indicativo en voz activa del verbo εἶπον, usado como tiempo aoristo de λέγω, *hablar, decir*, aquí *dijo*; αὐτῷ, caso dativo masculino de la tercera persona singular del pronombre personal declinado *a él, le*; ὃ, caso acusativo neutro singular del pronombre relativo *lo que*; ἐγὼ, caso nominativo de la primera persona singular del pronombre personal *yo*; ποιῶ, primera persona singular del presente de indicativo en voz activa del verbo ποιέω, *hacer, realizar*, aquí *hago*; σὺ, caso nominativo de la segunda persona singular del pronombre personal *tú*, οὐκ, forma escrita del adverbio de negación *no*, con el grafismo propio ante una vocal con espíritu suave o una enclítica; οἶδας, segunda persona singular del perfecto de indicativo en voz activa del verbo οἶδα, *saber, conocer, comprender, entender*, aquí *entiendes*; ἄρτι, adverbio de tiempo *ahora*; γνώσῃ, segunda persona singular del futuro de indicativo en voz media del verbo γινώσκω, *entender, percibir*, aquí *entenderás*; δὲ, partícula conjuntiva que hace las veces de conjunción coordinante, con sentido de *pero, más bien, y, y por cierto, antes bien*; μετὰ, preposición propia de acusativo *después de*; ταῦτα, caso acusativo neutro plural del pronombre demostrativo *estos*, aquí *estas cosas*, *esto*.

ἀπεκρίθη Ἰησοῦς καὶ εἶπεν αὐτῷ· ὃ ἐγὼ ποιῶ σὺ οὐκ οἶδας ἄρτι, La respuesta de Jesús fue inmediata. Aquello que estaba haciendo no lo iba a entender en aquel momento, *aún, todavía*. Por consiguiente toda oposición a lo que hacía Jesús con él no tenía razón de ser, porque le faltaba lo esencial, comprender el motivo que generaba aquella acción. Pedro sólo podía entender lo que su mente humana captaba. Jesús estaba haciendo un trabajo de esclavo para que él se sintiera cómodo y limpio con los demás en aquella cena.

γνώσῃ δὲ μετὰ ταῦτα. Aquello que estaba haciendo lavando los pies de los discípulos sería comprensible para Pedro *después*. Hay cosas que aquellos no podían entender entonces pero las entenderían más adelante. Todo esto sería manifiesto a ellos por la acción reveladora del Espíritu Santo, que descendería sobre ellos tiempo después, como el Señor les iba a prometer aquella misma noche (16:12-14). Aquello era una expresión visible dentro del proceso de Su humillación. No entender el lavamiento de los pies era algo parecido a no entender la entrega de Su vida voluntariamente a la muerte en una Cruz. Pasada la Cruz y la glorificación, cuando se abre definitivamente la puerta de salvación a todos los hombres, Pedro entenderá profundamente el sentido de aquello que Jesús hacía con él. El Espíritu Santo, principio revelador de Cristo, lo hizo posible. No debe olvidarse que el hombre sólo puede comprender a Jesús por la acción del Espíritu.

8. Pedro le dijo: No me lavarás los pies jamás. Jesús le respondió: Si no te lavare, no tendrás parte conmigo.

λέγει αὐτῷ Πέτρος· οὐ μὴ νίψῃς μου τοὺς πόδας
Dice le Pedro: de ningún modo lavarás de mí los pies
εἰς τὸν αἰῶνα. ἀπεκρίθη ’Ιησοῦς αὐτῷ· ἐὰν μὴ νίψω σε, οὐκ
jamás. Respondió Jesús le: Si no lavo te, no
ἔχεις μέρος μετ’ ἐμοῦ.
tienes parte conmigo.

Notas y análisis del texto griego.

Siguiendo el diálogo entre Jesús y Pedro, escribe: λέγει, tercera persona singular del presente de indicativo en voz activa del verbo λέγω, *hablar, decir*, aquí *dice*; αὐτῷ, caso dativo masculino de la tercera persona singular del pronombre personal declinado *a él, le*; Πέτρος, caso nominativo masculino singular del nombre propio *Pedro*; οὐ, adverbio de negación *no*; μὴ, partícula que hace funciones de adverbio de negación *no*; ambas negaciones juntas equivalen a *de ningún modo, de ninguna manera, nunca*; νίψῃς segunda persona singular del aoristo primero de subjuntivo en voz activa del verbo νίπτω, *lavar*, aquí *lavaras* o *lavases*, aquí expresado mejor en futuro *lavarás*; μου, caso genitivo de la primera persona singular del pronombre personal declinado *de mí*; τοὺς, caso acusativo masculino singular del artículo determinado *los*; πόδας, caso acusativo masculino singular del nombre común *pies*; εἰς, preposición propia de acusativo *por*; τὸν, caso acusativo masculino singular del artículo determinado *el*; αἰῶνα, caso acusativo masculino singular del nombre común *siglo, tiempo largo, eternidad*; la expresión aquí tiene la equivalencia de *jamás*; ἀπεκρίθη, tercera persona singular del aoristo primero de indicativo en voz pasiva del verbo ἀποκρίνομαι, *responder, contestar, tomar la palabra*, aquí *respondió*; ’Ιησοῦς, caso nominativo masculino singular del nombre propio *Jesús*; αὐτῷ, caso dativo masculino de la tercera persona singular del pronombre personal declinado *a él, le*; ἐὰν, conjunción *si*; μὴ, partícula que hace funciones de adverbio de negación *no*; νίψω, primera persona singular del aoristo primero de subjuntivo en voz activa del verbo νίπτω, *lavar*, aquí *lavare* o *lavase*; σε, caso acusativo de la segunda persona singular del pronombre personal declinado *a ti, te*; οὐκ, forma escrita del adverbio de negación *no*, con el grafismo propio ante una vocal con espíritu suave o una enclítica; ἔχεις, segunda persona singular del presente de indicativo en voz activa del verbo ἔχω, *tener, poseer*, aquí *tienes*; μέρος, caso acusativo neutro singular del nombre común *parte*; μετ', forma escrita de la preposición de genitivo μετά, por elisión ante vocal con espíritu suave, aquí *con*; ἐμοῦ, caso genitivo de la primera persona singular del pronombre personal *mí*.

λέγει αὐτῷ Πέτρος· οὐ μὴ νίψῃς μου τοὺς πόδας εἰς τὸν αἰῶνα. Pedro responde a Jesús con una negación absoluta, diciéndole *"de ningún modo me lavarás los pies jamás"*. La expresión sigue la forma típica de la figura de dicción griega que literalmente dice *por los siglos*, o *eternamente*, dando a entender con ello que no estaba dispuesto a ceder a lo que Cristo deseaba hacerle. No cabe duda que estaba hablando bajo el respeto y amor que sentía por el Maestro. Sin embargo bajo esa humildad sincera, estaba una negación a lo que era la voluntad de Jesús. Él le había dicho que aquello no lo entendería *ahora*, pero lo entendería después, sin embargo, para Pedro no había ni ahora ni después, no estaba dispuesto a permitir que Jesús le lavara los pies.

ἀπεκρίθη Ἰησοῦς αὐτῷ· ἐὰν μὴ νίψω σε, οὐκ ἔχεις μέρος μετ' ἐμοῦ. A la negativa sigue la advertencia. Si no permitía que le lavase los pies no tendría *parte* con Él. *Tener parte* es un semitismo equivalente a *tener comunión*, o estar en *relación armoniosa*. Muchos comentaristas aplican esta figura al perdón de los pecados y a la salvación del pecador. Cristo el Hijo de Dios, es el único que puede *limpiarnos* de todo pecado. Esta podría ser una *aplicación* al simbolismo del lavamiento de los pies, pero no cumple la condición que más adelante señala Cristo, que ellos debían lavarse los pies unos a otros, para lo que les había dado ejemplo con aquella acción suya (vv. 15:16). El ejemplo supremo de amor tiene que ver, como consideraremos en esos versículos con la restauración de un hermano que ha caído en alguna falta. Jesús está apuntando aquí a la comunión con Él, que se interrumpe a causa de la suciedad espiritual. Como aquellos pies tenían que ser lavados para mantener *parte*, relación con el Señor, así también el creyente que ha caído en alguna falta debe confesar para que la sangre de Cristo que limpia de todo pecado, permita que la comunión con Dios se restaure. De todos es comprensible que la suciedad de que habla aquí el Señor no es la de unos pies sucios por los que la relación se interrumpe. Un creyente cuyo cuerpo y ropa esté sucia por alguna circunstancia o actividad, no supone un impedimento para una correcta relación con Dios. Es la contaminación del mundo la que opera esa interrupción.

9. Le dijo Simón Pedro: Señor, no sólo mis pies, sino también las manos y la cabeza.

λέγει, αὐτῷ Σίμων Πέτρος· Κύριε, μὴ τοὺς πόδας μου μόνον
Dice le Simón Pedro: Señor, no los pies de mí solos
ἀλλὰ καὶ τὰς χεῖρας καὶ τὴν κεφαλήν.
sino también las manos y la cabeza.

Notas y análisis del texto griego.

Continúa: λέγει, tercera persona singular del presente de indicativo en voz activa del verbo λέγω, *hablar, decir*, aquí *dice*; αὐτῷ, caso dativo masculino de la tercera persona singular del pronombre personal declinado *a él, le*; Σίμων, caso nominativo masculino singular del nombre propio *Simón*; Πέτρος, caso nominativo masculino singular del nombre propio *Pedro*; Κύριε, caso vocativo masculino singular del nombre divino *Señor*; μὴ, partícula que hace funciones de adverbio de negación *no*; τοὺς, caso acusativo masculino plural del artículo determinado *los*; πόδας, caso acusativo masculino plural del nombre propio *pies*; μου, caso genitivo de la primera persona singular del pronombre personal declinado *de mí*; μόνον, adverbio de modo *solamente, sólo*; ἀλλὰ, conjunción adversativa *sino*; καὶ, adverbio de modo *también*; τὰς, caso acusativo femenino singular del artículo determinado *las*; χεῖρας, caso acusativo femenino singular del nombre común *manos*; καὶ, conjunción copulativa *y*; τὴν, caso acusativo femenino singular del artículo definido *la*; κεφαλήν, caso acusativo femenino singular del nombre común *cabeza.*

λέγει αὐτῷ Σίμων Πέτρος· Κύριε, μὴ τοὺς πόδας μου μόνον ἀλλὰ καὶ τὰς χεῖρας καὶ τὴν κεφαλήν. La impetuosidad de Pedro se deja ver nuevamente. Primero se resistió a lo que le parecía que no era posible, que el Señor le lavara los pies. Ahora, ante la seria advertencia de Jesús, transige no sólo en el lavado de los pies, sino de las manos y de la cabeza. Dicho en forma coloquial, Pedro le dijo: *no me lavarás los pies jamás*. Jesús le dijo que sólo de aquella manera tendría comunión con Él. Pedro le dice, *entonces báñame*. El apóstol no es capaz de entender que no era la suciedad o la limpieza física las que producían ausencia o no de comunión con Él. Se trataba de la limpieza espiritual, necesaria para estar en una correcta relación con el Señor. Cualquier suciedad está en contraposición a quien es santísimo y no puede estar en contacto con el pecado. El creyente necesita estar enteramente limpio para disfrutar de la comunión con el Señor. Esta es la lección que Cristo quiere transmitir en la enseñanza del lavamiento de los pies.

Nuevamente se aprecia el carácter oscilante del apóstol. Pedro está en ocasiones caminando firmemente sobre las aguas, para gritar pidiendo socorro al Señor porque se hundía (Mt. 14:30). Tan pronto confesaba que Jesús era el Hijo de Dios, como le reconvenía para que no fuese a Jerusalén para morir (Mt. 16:22). Aquí primero se niega a ser lavado, e inmediatamente pide ser bañado. Prometerá dar su vida por Cristo, para negarle tres veces en una misma noche. En un momento entra en casa de Cornelio, el gentil, para predicarle el evangelio, como tiempo después se separa de comer con los gentiles por reconvenciones que le hacen los judaizantes (Gá. 2:11-12).

10. Jesús le dijo: El que está lavado, no necesita sino lavarse los pies, pues está todo limpio; y vosotros limpios estáis, aunque no todos.

λέγει αὐτῷ ὁ Ἰησοῦς· ὁ λελουμένος οὐκ ἔχει χρείαν εἰ μὴ
Dice le - Jesús: El que se ha bañado no tiene necesidad si no
τοὺς πόδας νίψασθαι, ἀλλ' ἔστιν καθαρὸς ὅλος· καὶ ὑμεῖς
los pies lavar, al contrario está limpio todo; y vosotros
καθαροί ἐστε, ἀλλ' οὐχὶ πάντες.
limpios estáis, pero no todos.

Notas y análisis del texto griego.

Siguiendo el diálogo, añade: λέγει tercera persona singular del presente de indicativo en voz activa del verbo λέγω, *hablar, decir*, aquí *dice*; αὐτῷ, caso dativo masculino de la tercera persona singular del pronombre personal declinado *a él, le*; ὁ, caso nominativo masculino singular del artículo determinado *el*; Ἰησοῦς, caso nominativo masculino singular del nombre propio *Jesús*; ὁ, caso nominativo masculino singular del artículo determinado *el*; λελουμένος, caso nominativo masculino singular del participio de perfecto en voz media del verbo λούω, *bañarse*, aquí *que se ha bañado*; οὐκ, forma escrita del adverbio de negación *no*, con el grafismo propio ante una vocal con espíritu suave o una enclítica; ἔχει, tercera persona singular del presente de indicativo en voz activa del verbo ἔχω, *tener*, aquí *tiene*; χρείαν, caso acusativo femenino singular del nombre común *necesidad*; εἰ, conjunción *si*; μὴ, partícula que hace funciones de adverbio de negación *no*; τοὺς, caso acusativo masculino plural del artículo determinado *los*; πόδας, caso acusativo masculino plural de nombre común *pies*; νίψασθαι, aoristo primero de infinitivo en voz media del verbo νίπτω, *lavar*; ἀλλ', forma escrita ante vocal de la conjunción adversativa ἀλλά que significa *pero, sino, al contrario*; ἔστιν, tercera persona singular del presente de indicativo en voz activa del verbo εἰμί, *ser, estar*, aquí *esta*; καθαρὸς, caso nominativo masculino singular del adjetivo *limpio*; ὅλος, caso nominativo masculino singular del adjetivo *total, todo, completo*; καὶ, conjunción copulativa *y*; ὑμεῖς, caso nominativo masculino de la segunda persona plural del pronombre personal *vosotros*; καθαροί, caso nominativo masculino plural del adjetivo *limpios, puros*; ἐστε, tercera persona plural del presente de indicativo en voz activa del verbo εἰμί, *ser, estar*, aquí *estáis*; ἀλλ', forma escrita ante vocal de la conjunción adversativa ἀλλά que significa *pero, sino*; οὐχὶ, forma intensificada del adverbio de negación οὐ, forma ática, que se traduce como *no*; πάντες, caso nominativo masculino plural del adjetivo indefinido *todos*.

λέγει αὐτῷ ὁ Ἰησοῦς· ὁ λελουμένος οὐκ ἔχει χρείαν εἰ μὴ τοὺς πόδας νίψασθαι, ἀλλ' ἔστιν καθαρὸς ὅλος· Ante la reacción de Pedro, el Señor le recuerda que quienes están limpios totalmente porque han sido bañados, no necesitan más que limpiar los pies, lugar donde el polvo del camino ha ensuciado. Por tanto no es preciso exagerar en el asunto de limpieza, basta con limpiar lo que está contaminado y todo queda plenamente limpio. La interpretación es sencilla. Quien recibe el mensaje del evangelio y cree en Cristo, es limpio de todo pecado. La justicia de Dios lo hace posible. El perdón otorgado por gracia, en base a la obra de Jesucristo, cancela la responsabilidad penal del pecado, en ese sentido, Dios perdona todos los pecados (Col. 2:13). El don inefable de la gracia lleva aparejado el perdón de *"todos los pecados"*. Dios otorga un favor incondicional que lo hace por gracia a todo aquel que cree. Es un perdón gratuito porque el hombre no puede conseguirlo por esfuerzo personal, ya que no tiene modo de alcanzar los recursos para cancelar por sí mismo la deuda contraída por el pecado (Ro. 3:24; Tit. 3:4-7). Esta verdad que Jesús dice a Pedro, extensiva a todos los discípulos, será entendida luego de la obra de la Cruz. El pasaje envuelto en el amor de Dios, expresa aquí en la forma del ejemplo de quien ha sido bañado y está limpio, la sobreabundante grandeza de la gracia divina, que supera cualquier dimensión pecaminosa por grande que sea (Ro. 5:20). Ese perdón otorgado es seguro; el mensaje del evangelio anuncia como una buena noticia que se proclama para que los hombres reciban el perdón de pecados. No se trata de una posibilidad sino de la mayor realidad. Cuando un pecador cree, es rescatado de su estado de perdición, recibiendo el perdón de sus pecados, de modo que la responsabilidad penal que determinaba la muerte, queda cancelada para él. La limpieza moral y la santificación vienen después del perdón. La seguridad de salvación es evidente, puesto que el perdón alcanza a *todos los pecados*, tanto a los pasados, como a los presentes y aun los futuros. Así se entiende la verdad de las palabras del apóstol: *"Ahora, pues, ninguna condenación hay para los que están en Cristo Jesús"* (Ro. 8:1).

οὐκ ἔχει χρείαν εἰ μὴ τοὺς πόδας νίψασθαι, Lo único que necesita aquel que ha sido lavado, en sentido de perdonado de sus pecados, es limpiarse de contaminación que ensucia el testimonio e impide la correcta relación con Dios. No es posible dudar de la presencia del pecado en la vida del cristiano, es decir, aunque tiene poder espiritual, ha sido regenerado, está identificado con Cristo, su vieja naturaleza, la concupiscencia, le lleva en alguna ocasión a cometer pecado. El apóstol Juan enseña que el creyente puede pecar y ocasionalmente peca (1 Jn. 1:8-10). Cuando esto ocurre debe confesar su pecado para restaurarse a una correcta comunión con Dios (1 Jn. 1:9). La evidencia de que es un verdadero creyente está en que no practica el pecado como cosa habitual (1 Jn. 1:6-7). La vida cristiana genuina la que se desarrolla en identificación con Cristo y en la que el Espíritu Santo genera la santidad al reproducir a Cristo en ella, tiene que ser una vida apartada del pecado (1 Jn. 3:6). La Biblia enseña que quien practica el pecado como cosa natural es hijo del diablo, por tanto, no ha nacido de nuevo (1 Jn. 3:8-9). Ahora bien, el pecado en el creyente no le hace perder su salvación. Jesús dice: *"yo les doy vida eterna; y no perecerán jamás"* (10:28), por tanto, no se perderán nunca (3:16, 36; Ro. 8:1). El Espíritu Santo, como se verá en sucesivos capítulos, hace la provisión para una vida victoriosa en el creyente (Gá. 5:16, 18, 22-25). El Señor dio a los discípulos la Palabra que había recibido del Padre y esta palabra es un instrumento para la santificación, en la medida en que sea meditada y obedecida (Sal. 119:11), Jesús mismo lo dijo en Su oración (17:17). La intercesión del Señor añade un elemento más de protección para una vida santa (17:15), junto con la provisión abundante del Espíritu Santo (7:37-39). La primera consecuencia que produce el pecado en la vida de un creyente es la pérdida de la comunión con Dios (1 Jn. 1:6). Cuando la persistencia en una vida de pecado se mantiene, recibirá la disciplina divina (He. 12:6), que en ocasiones pueden ser enfermedades e incluso la muerte física (1 Co. 11:30). El Señor, con el lavamiento de los pies quiere enseñarles una lección espiritual, haciéndoles entender que sin santidad no puede haber *comunión* con Él. El pecado no es cosa de poca importancia ya que es siempre una expresión de rebeldía contra Dios. De ahí la lección gráfica de la limpieza de los pies. El creyente no necesita una limpieza integral, que se ha producido en la conversión, pero si la confesión que restaura la plena comunión con Él.

καὶ ὑμεῖς καθαροί ἐστε, ἀλλ' οὐχὶ πάντες καὶ ὑμεῖς καθαροί ἐστε, ἀλλ' οὐχὶ πάντες. Algo más añadió el Señor, no todos estaban limpios. No estaba refiriéndose a una limpieza parcial como era la del lavamiento de los pies, sino una limpieza integral en la conversión a Él. Los Doce habían estado durante tres años en la compañía de Cristo, pero no todos eran salvos. En la ocasión del *Sermón del Monte*, dijo que algunos en la comparecencia final con Dios, se remitirán a milagros, servicio, expulsión de demonios, predicación del evangelio, etc. pero el Señor les dirá que nunca los había conocido como suyos (Mt. 7:23).

11. Porque sabía quién le iba a entregar; por eso dijo: No estáis limpios todos.

ᾔδει γὰρ τὸν παραδιδόντα αὐτόν· διὰ τοῦτο εἶπεν ὅτι οὐχὶ
Porque sabía el que entrega le; por esto dijo que no
πάντες καθαροί ἐστε[1].
todos limpios estáis.

Notas y análisis del texto griego.

Continúa el relato: ᾔδει, tercera persona singular del pluscuamperfecto de indicativo en voz activa del verbo οἶδα, *saber, conocer, entender*, aquí *sabía*; γὰρ, conjunción causal *porque*; τὸν, caso acusativo masculino singular del artículo determinado *el*; παραδιδόντα, caso acusativo masculino singular del participio de presente en voz activa del verbo παραδίδωμι, *entregar, apresar, traicionar*, aquí *que entrega*; αὐτόν, caso acusativo masculino de la tercera persona singular del pronombre personal declinado *a él, le*; διὰ, preposición propia de acusativo *por*; τοῦτο, caso acusativo neutro singular del pronombre demostrativo *esto*; εἶπεν, tercera persona singular del segundo aoristo de indicativo en voz activa del verbo εἶπον, forma del aoristo de λέγω, *hablar, decir*, aquí *dijo*; ὅτι, conjunción *que*; οὐχὶ, forma intensificada del adverbio de negación οὐ, forma ática, que se traduce como *no*; πάντες, caso nominativo masculino plural del adjetivo indefinido *todos*; καθαροί, caso nominativo masculino plural del adjetivo *limpios*; ἐστε, segunda persona plural del presente de indicativo en voz activa del verbo εἰμί, *ser, estar*, aquí *estáis*.

Crítica Textual. Lecturas alternativas.

[1] διὰ τοῦτο εἶπεν ὅτι οὐχὶ πάντες καθαροί ἐστε, esta frase no aparece en D.

ᾔδει γὰρ τὸν παραδιδόντα αὐτόν· διὰ τοῦτο εἶπεν ὅτι οὐχὶ. El único que no estaba totalmente limpio era Judas, el *que le había de entregar*. La identidad del traidor no es revelada. Lo único que los discípulos saben es que entre ellos hay uno que no está limpio. Será esa misma noche en esa misma cena, cuando todos conozcan quien era aquel a quien se refería el Señor.

El alcance (13:12-20).

12. Así que, después que les hubo lavado los pies, tomó su manto, volvió a la mesa, y les dijo: ¿Sabéis lo que os he hecho?

῞Οτε οὖν ἔνιψεν τοὺς πόδας αὐτῶν [καὶ][1] ἔλαβεν τὰ ἱμάτια
Cuando, pues, lavó los pies de ellos y tomó el manto
αὐτοῦ καὶ ἀνέπεσεν πάλιν, εἶπεν αὐτοῖς· γινώσκετε τί
de Él, y se sentó otra vez, dijo les: ¿Sabéis lo que
πεποίηκα ὑμῖν
he hecho os.

Notas y análisis del texto griego.

Continuando sin interrupción, añade: ῞Οτε, conjunción *cuando*; οὖν, conjunción continuativa *pues*; ἔνιψεν, tercera persona singular del aoristo primero de indicativo en voz activa del verbo πίπτω, *lavar*, aquí *lavó*; τοὺς, caso acusativo masculino del artículo determinado *los*; πόδας, caso acusativo masculino plural del nombre común *pies*; αὐτῶν, caso genitivo masculino de la tercera persona plural del pronombre personal declinado *de ellos*; καὶ, conjunción temporal *y*; ἔλαβεν, tercera persona singular del segundo aoristo de indicativo en voz activa del verbo λαμβάνω, *tomar, coger, agarrar*, aquí *tomó*; τὰ, caso acusativo neutro plural del artículo determinado *los*; ἱμάτια, caso acusativo neutro plural del nombre común *vestidos, ropa, manto*; αὐτοῦ, caso genitivo masculino de la tercera persona singular del pronombre personal declinado *de él*; καὶ, conjunción copulativa *y*; ἀνέπεσεν, tercera persona singular del segundo aoristo de indicativo en voz activa del verbo ἀναπίπτω, *sentarse, reclinarse*, aquí *se sentó*; πάλιν, adverbio de modo *nuevamente, de nuevo, otra vez*; εἶπεν, tercera persona singular del segundo aoristo de indicativo en voz activa del verbo εἶπον, forma del aoristo de λέγω, *hablar, decir*, aquí *dijo*; αὐτοῖς, caso dativo masculino de la tercera persona plural del pronombre personal declinado *a ellos*; γινώσκετε, tercera persona plural del presente de indicativo en voz activa del verbo γινώσκω, *saber, conocer, entender, comprender*, aquí *sabéis*; τί, caso acusativo neutro singular del pronombre interrogativo declinado *lo que*; πεποίηκα, primera persona singular del perfecto de indicativo en voz activa del verbo ποιέω, *hacer, realizar*, aquí *he hecho*; ὑμῖν, caso dativo de la segunda persona plural del pronombre personal declinado *a vosotros, os*.

Crítica Textual. Lecturas alternativas.

[1] καὶ, según lectura en B, $C^{*, 3}$, D, K, W, Γ, Δ, Θ, $f^{1, 13}$, 579, 700, 892, 1424, 𝔐, lat, sir^{h}.
Se omite καὶ, en p^{66}, ℵ, A, C, K, Ψ, 33, 1241, 844, it, vg^{s}, $sir^{s, p}$.

῞Οτε οὖν ἔνιψεν τοὺς πόδας αὐτῶν [καὶ] ἔλαβεν τὰ ἱμάτια αὐτοῦ καὶ ἀνέπεσεν πάλιν, εἶπεν αὐτοῖς· El trabajo de lavar los pies concluyó cuando lo hizo con el último de los que estaban sentados a la mesa. La labor del esclavo había acabado. El Hijo de Dios se abajó a lavar los pies. No estimaba Sus derechos, se desprendía de ellos voluntaria y gustosamente para darse en total entrega a los demás. Dios se dona a Sí mismo en este acto de servicio. Pero, además, Dios manifiesta Su amor. Nadie podría imaginar un amor tan desinteresado, no sólo en el hecho de lavar los pies, sino en el de hacerlo al que aquella noche le iba a entregar. Concluido el lavamiento de los pies, vuelve a ponerse *los vestidos*, traducido generalmente como *manto*, pero teniendo en cuenta el plural, que se usa más adelante para referirse a reparto de sus ropas en la crucifixión (19:23-24). Vestido nuevamente se sentó otra vez a la mesa. Literalmente se *reclinó*, tomando Su posición en el diván que ocupaban los comensales.

γινώσκετε τί πεποίηκα ὑμῖν. Inmediatamente formula una pregunta que aparentemente no tiene mucho sentido en la forma literal de entender las cosas, propia de los judíos. El Señor pregunta a los Doce si sabían lo que había hecho. La respuesta que estaría en la mente de aquellos era sencillamente, *lavaste los pies*. Pero, lo que Jesús quiere es introducir con la pregunta la gran lección espiritual que sigue en Sus palabras. Aquellos conocían la materialidad de la acción, pero no el sentido moral de ella. La explicación viene ahora en la enseñanza de Jesús.

13. Vosotros me llamáis Maestro, y Señor; y decís bien, porque lo soy.

ὑμεῖς φωνεῖτε με· ὁ Διδάσκαλος, καί· ὁ Κύριος, καὶ καλῶς
Vosotros llamáis me el Maestro, y el Señor y bien
λέγετε· εἰμὶ γάρ.
decís, porque soy.

Notas y análisis del texto griego.

Siguen las palabras de Jesús: ὑμεῖς, caso nominativo de la segunda persona plural del pronombre personal *vosotros*; φωνεῖτε, segunda persona plural del presente de indicativo en voz activa del verbo φωμέω, *llamar*, aquí *llamáis*; με, caso acusativo de la primera persona singular del pronombre personal declinado *a mí, me*; ὁ, caso nominativo masculino singular del artículo determinado *el*; Διδάσκαλος, caso nominativo masculino singular del nombre común *maestro*; καί, conjunción copulativa *y*; ὁ, caso nominativo masculino singular del artículo determinado *el*; Κύριος, caso nominativo masculino singular del nombre divino *Señor*; καὶ, conjunción copulativa *y*; καλῶς, adverbio de modo *hermosamente, bellamente, bien*; λέγετε, segunda persona plural del presente de indicativo en voz activa del verbo λέγω, *hablar, decir*, aquí *decís*; εἰμὶ, primera persona singular del presente de indicativo en voz activa del verbo εἰμί, *ser, estar*, aquí *soy*; γάρ, conjunción causal *porque*.

ὑμεῖς φωνεῖτε με· ὁ Διδάσκαλος, καί· ὁ Κύριος, Comienza por recordarles la forma en que habitualmente se dirigen a Él y le llaman. Los títulos de Maestro y Señor formaba parte del lenguaje habitúan entre ellos y Jesús. El título *maestro,* era el equivalente a *Rabí*, título de distinción y respeto que se daba a un líder religioso. El de *Señor*, no era tan habitual. Los judíos sustituían el nombre sagrado de Dios por el de Señor. Los Doce estaban usándolo no como una fórmula de respeto a una persona, sino en sentido superior. Ellos habían declarado en el camino hacia Jerusalén que Jesús era el Cristo, el Hijo del Dios viviente (Mt. 16:16). Además en la forma escrita ambos nombres van precedidos del correspondiente artículo determinado, que limita la extensión del nombre. No se trataba de *un* maestro o de *un* señor, sino del único Maestro y único Señor de esa condición, es decir, ningún otro como Él.

καὶ καλῶς λέγετε· εἰμὶ γάρ. Cristo confirma esos títulos al decirles que era correcto como le llamaban. Los dos están en nominativo articular y no en acusativo, lo que equivale a un vocativo. Es interesante la construcción de la frase, *bien decís,* porque *soy*, es decir, soy lo que vosotros me llamáis, el Maestro y el Señor. Por tanto, lo que sigue tiene toda la autoridad de quien es Señor para ser obedecido y del que es Maestro para enseñar. Ya con sus dos títulos sería suficiente para que los discípulos entendieran la lección de la humildad, una de las que están en el contenido ejemplar de la acción. Un *rabí, maestro*, podía esperar que sus alumnos le lavasen los pies; un *señor*, no podía recibir otra cosa de sus súbditos y de sus esclavos, pero el que es Maestro único y Señor absoluto, lavó los pies de los alumnos y de los súbditos de Su reino.

14. Pues si yo, el Señor y el Maestro, he lavado vuestros pies, vosotros también debéis lavaros los pies los unos a los otros.

εἰ οὖν ἐγὼ ἔνιψα ὑμῶν τοὺς πόδας ὁ Κύριος καὶ ὁ
Si, pues, yo lave de vosotros los pies, el Señor y el
Διδάσκαλος[1], καὶ ὑμεῖς ὀφείλετε ἀλλήλων νίπτειν
Maestro, también, vosotros debéis unos de otros lavar
τοὺς πόδας·
los pies.

Notas y análisis del texto griego.

Continúa con εἰ, conjunción *si*; οὖν, conjunción continuativa *pues*, ἐγὼ, caso nominativo de la primera persona singular del pronombre personal *yo*; ἔνιψα, primera persona singular del aoristo primero de indicativo en voz activa del verbo πίπτω, *lavar*, aquí *lavé*; ὑμῶν, caso genitivo masculino de la segunda persona plural del pronombre personal declinado *de vosotros*; τοὺς, caso acusativo masculino plural del artículo definido *los*; πόδας, caso acusativo masculino plural del nombre común *pies*; ὁ, caso nominativo masculino singular del artículo determinado *el*; Κύριος, caso nominativo masculino singular del nombre divino *Señor*; καὶ, conjunción copulativa *y*; ὁ, caso nominativo masculino singular del artículo determinado *el*; Διδάσκαλος, caso nominativo masculino singular del nombre *Maestro*; καὶ, adverbio de modo *también*; ὑμεῖς, caso nominativo masculino de la segunda persona plural del pronombre personal *vosotros*; ὀφείλετε, segunda persona plural del presente de indicativo en voz activa del verbo ὀφείλω, *deber, tener obligación*, aquí *debéis*; ἀλλήλων, caso genitivo masculino plural del pronombre recíproco *unos de otros*; νίπτειν, presente de infinitivo en voz activa del verbo πίπτω, *lavar*; τοὺς, caso acusativo masculino plural del artículo determinado *los*; πόδας, caso acusativo masculino plural del nombre común *pies*.

Crítica Textual. Lecturas alternativas.

[1] πόσῳ μᾶλλον, *cuanto más*, se añade a continuación en D, Θ, it, sir[s, p].

εἰ οὖν ἐγὼ ἔνιψα ὑμῶν τοὺς πόδας ὁ Κύριος καὶ ὁ Διδάσκαλος, Jesús recuerda a todos lo que hizo, lavarles los pies, y vuelve a mencionar lo que realmente es, pero cambiando el orden. No dice aquí *Maestro y Señor*, sino *Señor y Maestro*. Está poniendo delante de ellos Su dignidad, como el Señor. Comienza la oración con un notable énfasis en el pronombre personal, *si yo*, que soy el Señor, os he lavado los pies, esto debía traer una consecuencia para ellos.

καὶ ὑμεῖς ὀφείλετε ἀλλήλων νίπτειν τοὺς πόδας· Ellos debían seguir Su ejemplo y atender también a un servicio de humildad los unos para con los otros. En algunos códices[4] se lee, *cuanto más*. Es decir, si el Señor lo hizo, los que son discípulos, seguidores de Él, con un rango que no puede compararse con el Suyo, deben tomar la responsabilidad de servirse de aquel mismo modo unos a otros. Debe notarse como el Maestro está abriendo la puerta a la enseñanza de una importante lección que todos debemos asumir. El Señor llama a que seamos *humildes de corazón* (Mt. 11:29). Cristo da ejemplo del compromiso *de servir a los hermanos*, descendiendo a los más bajos, a la vista de los hombres, servicios de amor para el verdadero provecho de nuestro hermano. No hay molestias, desprecios, ingratitudes, que deban desviarnos en el propósito de ayudar al hermano, en una correspondencia recíproca, es decir, nosotros ayudamos a nuestros hermanos y estamos también dispuestos a que nos ayuden a nosotros.

[4] Ver apartado de Crítica Textual, lecturas alternativas.

El Señor no está estableciendo una ordenanza que se podría llamar del *lavamiento de los pies*, del mismo modo que establece la de la Santa Cena y el bautismo. Lo único que está enseñándoles es el privilegio del servicio hacia un hermano cuyos pies están sucios por el polvo del camino. Lo hizo Jesús, lo deben hacer ellos. Los cristianos debemos ser siervos humildes. El título de mayor honor que podemos desear es ser semejantes a Jesús, y si Él fue siervo, nosotros no debemos desear sino ser siervos como Él. Este era el pensamiento que dominaba la mente del apóstol Pablo, cuando al escribir a los corintios les dice: *"Así, pues, ténganos los hombres por servidores de Cristo"* (1 Co. 4:1). El orgullo, la vanagloria, el *yo* personal arrogante, procura encumbrarnos, cuando el privilegio no está en ser admirados por los hombres, sino servirlos por amor. La iglesia está sobrada de *grandes* y necesita *siervos*.

15. Porque ejemplo os he dado, para que como yo os he hecho, vosotros también hagáis.

ὑπόδειγμα γὰρ ἔδωκα ὑμῖν ἵνα καθὼς ἐγὼ ἐποίησα ὑμῖν
Porque ejemplo di os para que como Yo hice os,
καὶ ὑμεῖς ποιῆτε.
También vosotros hagáis.

Notas y análisis del texto griego.

Continuando la enseñanza, dice: ὑπόδειγμα, caso acusativo neutro singular del nombre común *ejemplo*; γὰρ, conjunción causal *porque*; ἔδωκα, primera persona singular del aoristo primero de indicativo en voz activa del verbo δίδωμι, *dar, entregar*, aquí *di*; ὑμῖν, caso dativo de la segunda persona plural del pronombre personal *a vosotros, os*; ἵνα, conjunción causal *para que*; καθὼς, conjunción *como*; ἐγὼ, caso nominativo de la primera persona singular del pronombre personal *yo*; ἐποίησα, primera persona singular del aoristo primero de indicativo en voz activa del verbo ποιέω, *hacer, realizar*, aquí *hice*; ὑμῖν, caso dativo masculino de la segunda persona plural del pronombre personal declinado *a vosotros, os*; καὶ, adverbio de modo *también*; ὑμεῖς, caso nominativo masculino de la segunda persona plural del pronombre personal *vosotros*; ποιῆτε, segunda persona plural del presente de subjuntivo en voz activa del verbo ποιέω, *hacer, realizar*, aquí *hagáis*.

ὑπόδειγμα γὰρ ἔδωκα ὑμῖν ἵνα καθὼς ἐγὼ ἐποίησα ὑμῖν καὶ ὑμεῖς ποιῆτε. La lección culmina en estas palabras. Cristo es preciso: *como yo hice hacedlo vosotros*. Todo lo que antecede es un ejemplo que no puede borrarse de la mente, tanto de los discípulos, como de cada uno de nosotros hoy. La gran lección tiene que ver con la *restauración* de un hermano que ha caído y se ha ensuciado con el polvo del mundo. La precisión del relato es clara en este sentido: *El que está limpio del todo*. Este es el estado general y posicional de todo el que ha creído. Sus pecados le han sido perdonados, la paz con Dios establecida (Ro. 5:1), sin acusación que traiga aparejada una carga condenatoria porque Cristo la llevó por nosotros en la Cruz, por lo que podemos estar seguros de que no hay ninguna condenación para el que está en Cristo (Ro. 8:1). Sin embargo es necesario un continuo *lavamiento de los pies*, en sentido espiritual de la palabra, ya que el polvo del mundo los mancha muchas veces. Es necesario atender a que el concepto bíblico de caminar tiene que ver con el testimonio visible del creyente ante el mundo. Por tanto el testimonio empañado, exige una rectificación y una limpieza. Además, se ha considerado antes que el pecado sin confesar produce un problema en la relación espiritual con Cristo, de la que figuradamente el Señor dijo que sin la limpieza correspondiente no *tenemos parte* con Él, esto es, comunión con Él. En ocasiones, aún sabiendo que tenemos suciedad espiritual, no acudimos a la confesión ante el Señor, ignorando voluntariamente nuestras faltas y buscando para ellas justificación. Otras veces, como la oveja de la parábola, nos hemos ido alejando del pastor y estamos viviendo en el mundo, siendo la realidad espiritual de la *oveja cien* que faltaba del rebaño. Los pastores de la iglesia han de buscar a la extraviada para restaurarla a la comunión del Pastor, el Gran Pastor de la ovejas. Pero, la responsabilidad de restaurar al hermano caído, cuyos pies están sucios y necesitan ser lavados, se pone en el ejemplo de Jesús *sobre todos* los suyos. Esto está también en la mente del apóstol Pablo, cuando escribiendo a los gálatas dice: *"Hermanos, si alguno fuere sorprendido en alguna falta, vosotros que sois espirituales, restauradle con espíritu de mansedumbre, considerándote a ti mismo, no sea que tú también seas tentado"* (Gá. 6:1). En el ejemplo de Jesús encontramos los pasos a dar para la restauración de un hermano cuyos pies, espiritualmente hablando, necesitan ser lavados, porque se han ensuciado con el polvo del mundo. Un creyente en pecado no puede disfrutar de la comunión con Dios. El Señor presenta en el ejemplo siete pasos en el trabajo de restauración espiritual de un hermano que se ha ensuciado y necesita limpieza.

Primeramente el Señor *se quitó el manto*. Dejo el vestido de Maestro para asumir la condición del esclavo. Es también la primera necesidad en el proceso de restauración espiritual de un hermano. Cada uno de nosotros estamos vestidos con mantos de perfecciones que nos distinguen de los demás o, tal vez mejor, con los que procuramos distinguirnos de ellos. El manto de la indiferencia que nos impide prestar atención al problema espiritual del hermano. El manto del legalismo, que conduce a juzgar e impide perdonar y restaurar. El manto de la vanagloria personal, que nos conduce a tener un más alto concepto de nosotros que el que debemos tener. Jesús nos enseña que para poder lavar los pies del hermano, tenemos también que quitar nuestro manto, porque no lo vamos a hacer desde la superioridad, sino desde la igualdad; no desde nuestra perfección, sino desde la gracia.

El segundo paso consiste en *ceñirse la toalla*. Jesús asumió la posición de un esclavo. El Hijo de Dios vino para servir. La condición de siervo se manifiesta en todo Su ministerio. La grandeza del servicio lo lleva a entregar Su vida en la Cruz. Esa misma disposición se exige para nosotros (Gá. 5:13). Sólo se pueden lavar los pies, espiritualmente hablando, de un hermano que se ha ensuciado, desde la condición del esclavo, a quien no importan los desprecios, las dificultades, y no espera recompensa alguna, sino que su interés está en el servicio desinteresado y fiel para gloria del Señor y como manifestación de amor hacia su hermano, buscando su bien.

Jesús tomó, en tercer lugar *un lebrillo en donde puso agua*. No era una gran cantidad, simplemente la que necesaria para la limpieza de la suciedad que estaba depositada sobre los pies. El agua es símbolo de la Palabra. La ayuda espiritual para el hermano que ha caído, se concreta a la porción de la Palabra que debe aplicarse a su necesidad. No se trata de reprender en base a un criterio personal, sino aplicar la Palabra que es lo único que puede actuar, porque es viva y eficaz, capaz de quebrantar un corazón rebelde, y de calentar a un corazón desinteresado que se ha enfriado (Jer. 23:29). No se trata de arrojar sobre el hermano una gran cantidad de agua, sino la necesaria para que el Espíritu la aplique a su situación personal.

El cuarto paso es *comenzar a lavar los pies*. Para eso es necesario acudir hasta donde está el que se ha ensuciado, está alejado, o se ha vuelto insensible a la vida espiritual. Lavar significa *aplicar* el agua a la suciedad. No fue un baño general, sino limpiar suavemente, usando las propias manos, la suciedad concreta. No se trata de reprender, sino de restaurar. No es cuestión de golpear, sino de lavar.

En quinto lugar el Señor *enjugó los pies con la toalla*. La acción equivale a limpiar con cariño, secar acariciando. No quedaban mojados los pies de los discípulos, los enjugaba. Unos pies mojados producen siempre un enfriamiento general. No se trata del legalismo intransigente que enfría al hermano, sino del amor en acción, que busca restaurarlo.

Aparentemente no hizo más Jesús en el lavamiento de los pies, sin embargo, hay una acción que puede pasarnos desapercibida: *Tuvo que ponerse de rodillas* para poder lavar los pies. En la tarea de ayudar a un hermano para su restauración es necesario doblar las rodillas en oración delante del Señor pidiéndole que Su Espíritu aplique la palabra a la vida y restaure al que está manchado por el polvo del mundo. Antes de hablar de Cristo a uno que está espiritualmente sucio, necesitamos hablar de él a Jesús, llevándolo en oración.

Esta aplicación a la que Jesús llama en el pasaje no es una opción que se pueda aceptar o dejar. Se trata de un mandamiento: *"para que como yo os he hecho, vosotros también hagáis"*. Negarse a lavar los pies de otro es negarse a obedecer el mandato de Jesús. Cristo dejó Sus huellas en el mundo para que nosotros sigamos Sus pisadas (1 P. 2:21). Las obras de Jesús tienen siempre para el cristiano un sentido de ejemplaridad. Es un servicio para mutua santificación. Es verdad que la santificación del creyente, en sentido práctico es el resultado de una operación divina en la que Dios produce así el querer como el hacer por Su buena voluntad (Fil. 2:13), pero no es menos cierto que Dios usa al creyente en bien de su hermano, como instrumento en Su mano para la restauración espiritual.

16. De cierto, de cierto os digo: El siervo no es mayor que su señor, ni el enviado es mayor que el que le envió.

ἀμὴν ἀμὴν λέγω ὑμῖν, οὐκ ἔστιν δοῦλος μείζων τοῦ κυρίου
De cierto, de cierto, digo os: no es siervo mayor que el señor
αὐτοῦ οὐδὲ ἀπόστολος μείζων τοῦ πέμψαντος αὐτόν.
de él ni enviado mayor que el que envió le.

Notas y análisis del texto griego.

Siguen las palabras de Jesús: ἀμὴν, transliteración, *amén, de cierto*; ἀμὴν, transliteración *amén, de cierto*; λέγω, primera persona singular del presente de indicativo en voz activa del verbo λέγω, *hablar, decir*, aquí *digo*; ὑμῖν, caso dativo de la segunda persona plural del pronombre personal declinado *a vosotros, os*; οὐκ, forma escrita del adverbio de negación *no*, con el grafismo propio ante una vocal con espíritu suave o una enclítica; ἔστιν, tercera persona singular del presente de indicativo en voz activa del verbo εἰμί, *ser, estar*, aquí *es*; δοῦλος, caso nominativo masculino singular del nombre común *siervo*; μείζων, caso nominativo masculino singular del adjetivo comparativo *mayor que*; τοῦ, caso genitivo masculino singular del artículo determinado *el*; κυρίου, caso genitivo masculino singular del nombre común *señor*; αὐτοῦ, caso genitivo masculino de la tercera persona singular del pronombre personal declinado *de él*; οὐδὲ, οὐδὲ, adverbio de negación, literalmente *y no*, aquí *ni*;

ἀπόστολος, caso nominativo masculino singular del nombre común *enviado, apóstol*; μείζων, caso nominativo masculino singular del adjetivo comparativo *mayor que*; τοῦ, caso genitivo masculino singular del artículo determinado *el*; πέμψαντος, caso genitivo masculino singular del participio del aoristo primero en voz activa del verbo πέμπω, *enviar, comisionar*, aquí *que envió*; αὐτόν, caso acusativo masculino de la tercera persona singular del pronombre personal declinado *a él, le*.

ἀμὴν ἀμὴν λέγω ὑμῖν, Solemnemente, con el habitual *de cierto, de cierto*, tan típico en el *Evangelio*, Jesús prosigue con la enseñanza para Sus discípulos. Lo que quiere decirles tiene una gran importancia.

οὐκ ἔστιν δοῦλος μείζων τοῦ κυρίου αὐτοῦ. El Señor les recuerda que ningún siervo en mayor que su Señor, de modo que aquello que Él no tuvo como una forma de humillación, sino que lo hizo generosa y voluntariamente, ellos tampoco deberían tenerlo.

οὐδὲ ἀπόστολος μείζων τοῦ πέμψαντος αὐτόν. Amplía el ejemplo con el *enviado* y *el que envía*. Aquí usa el término *apóstol* habitual para referirse a quien es enviado por alguien. Esta palabra no vuelve a salir en el *Evangelio*. Juan suele llamar a los discípulos por ese nombre o como los Doce. Si Cristo fue el enviado del Padre y no tuvo desdoro en lavar los pies, tampoco ellos, que son enviados por Cristo en Su nombre para hacer lo que Él les había enseñado. Nadie puede ver al Señor sirviendo y desear ser señor en lugar de siervo. Tampoco ninguno de quienes le siguen pueden esperar un trato distinto al que Él tuvo, ni considerar que son demasiado importantes para realizar las tareas propias de un siervo.

17. Si sabéis estas cosas, bienaventurados seréis si las hiciereis.

εἰ ταῦτα οἴδατε, μακάριοι ἐστε ἐὰν ποιῆτε αὐτά.
Si estas cosas sabéis, bienaventurados sois si hiciereis las.

Notas y análisis del texto griego.

Sigue el discurso de Jesús: εἰ, conjunción *si*; ταῦτα, caso acusativo neutro plural del pronombre personal *estos*, aquí en sentido de *estas cosas*; οἴδατε, segunda persona plural del perfecto de indicativo en voz activa del verbo οἶδα, *saber, conocer, entender*, aquí *habéis sabido*, mejor *sabéis*; μακάριοι, caso nominativo masculino plural del adjetivo *bienaventurados*; ἐστε, segunda persona plural del presente de indicactivo en voz activa del verbo εἰμί, *ser*, aquí *sois*; ἐὰν, conjunción *si*; ποιῆτε, segunda persona plural del presente de subjuntivo en voz activa del verbo ποιέω, *hacer, ejecutar*, aquí *hiciereis*;

αὐτά, caso acusativo neutro plural del pronombre demostrativo *estos*, en sentido de *estas cosas, las.*

εἰ ταῦτα οἴδατε, Los discípulos *sabían* lo que Jesús había hecho y también las enseñanzas sobre la humildad y el servicio. Sin embargo una cosa es *saber* lo que debe hacerse y otra hacerlo. En el versículo hay dos proposiciones, esta primera es real, basada en un hecho cierto, como si el Señor les dijese: *Ahora que sabéis estas cosas, por lo que he hecho y os he explicado.*

μακάριοι ἐστε ἐὰν ποιῆτε αὐτά. La segunda proposición es potencial, en sentido de que debe ser practicado aquello que ya se conoce. La acción exige una resolución. Conociendo lo que Cristo desea, la acción se producirá si resueltamente se obedece a Sus indicaciones. La obediencia lleva aparejada la *felicidad* o *satisfacción*, ya que el Señor dice que quien haga las cosas que conoce de Él será *bienaventurado*, *dichoso*, porque está viviendo conforme a Dios y recibirá de Él Sus bendiciones, comunión y aliento. Ser bienaventurado no es que se experimente la felicidad que el mundo anhela; tampoco que se sienta esa felicidad en la intimidad personal; ser bienaventurado es ser hecho objeto del favor de Dios. Quien es humilde, manifestando amor hacia otros, especialmente hacia sus hermanos, es *bienaventurado* delante de Dios, aunque no haya un sentimiento íntimo en él mismo.

Ser *bienaventurado* delante de Dios es opuesto a lo que sería para el mundo. Jesús llamó bienaventurados, en el *Sermón del Monte*, a quienes serían despreciables para el mundo. Muy poco antes habló de quienes quieren ganar la vida como el mundo entiende y la pierden para Dios y quienes, la ganan para Dios, pero la pierden para el mundo (12:25). El humilde es despreciable para el mundo. La grandeza personal, el poderío, la gloria, son los valores que hacen *dichosos* a quienes viven en el mundo y para él. Pero a éstos se oponen Dios mismo que los resiste, mientras que da gracia a los humildes (Stg. 4:6).

18. No hablo de todos vosotros; yo sé a quienes he elegido; mas para que se cumpla la Escritura: El que come pan conmigo, levantó contra mí su calcañar.

Οὐ περὶ πάντων ὑμῶν λέγω· ἐγὼ οἶδα τίνας ἐξελεξάμην·
No acerca de todos vosotros digo; Yo sé a quienes escogí;
ἀλλ' ἵνα ἡ γραφὴ πληρωθῇ· ὁ τρώγων μου τὸν ἄρτον ἐπῆρεν
pero para que la Escritura se cumpla: El que come de mí el pan, levantó
ἐπ' ἐμὲ τὴν πτέρναν αὐτοῦ.
contra mi el talón de él.

Notas y análisis del texto griego.

Enseñando y revelando, dice: Οὐ, adverbio de negación *no*; περὶ, preposición propia de genitivo *acerca de*; πάντων, caso genitivo masculino plural del adjetivo indefinido *todos*; ὑμῶν, caso genitivo de la segunda persona plural del pronombre personal vosotros; λέγω, primera persona singular del presente de indicativo en voz activa del verbo λέγω, *hablar, decir*, aquí *digo*; ἐγὼ, caso nominativo de la primera persona singular del pronombre personal *yo*; οἶδα, primera persona singular del presente de indicativo en voz activa del verbo οἶδα, *saber, conocer*, aquí *sé*; τίνας, caso acusativo masculino plural del pronombre interrogativo *quienes*; ἐξελεξάμην, primera persona singular del aoristo primero de indicativo en voz activa del verbo εκλέγομαι, *elegir, seleccionar*, aquí *elegí*; ἀλλ', forma escrita ante vocal de la conjunción adversativa ἀλλά que significa *pero, sino*; ἵνα, conjunción causal *para que*; ἡ, caso nominativo femenino singular del artículo determinado *la*; γραφὴ, caso nominativo femenino singular del nombre *Escritura*; πληρωθῇ, tercera persona singular del aoristo primero de subjuntivo en voz pasiva del verbo πληρόω, *llenar, rellenar, completar, cumplir*, aquí *se cumpliese*; ὁ, caso nominativo masculino singular del artículo determinado *el*; *τρώγων*, caso nominativo masculino singular del participio de presente en voz activa del verbo τρώγω, *comer*, aquí *que come*; *μου*, caso genitivo de la primera persona singular del pronombre personal declinado *de mí*; *τὸν*, caso acusativo masculino singular del artículo determinado *el*; *ἄρτον*, caso acusativo masculino singular del nombre común *pan*; *ἐπῆρεν*, tercera persona singular del aoristo primero de indicativo en voz activa del verbo ἐπαίρω, *levantar, alzar*, aquí *levantó*; *ἐπ'*, forma que adopta la preposición de dativo ἐπί, con el grafismo por elisión de la ι final ante vocal o diptongo sin aspiración, que equivale a *por, sobre, contra*; *ἐμὲ*, caso acusativo de la primera persona singular del pronombre personal *mí*; *τὴν*, caso acusativo femenino singular del artículo determinado *la*; *πτέρναν*, caso acusativo femenino singular del nombre común *talón, calcañar*; *αὐτοῦ*, caso genitivo masculino de la tercera persona singular del pronombre personal declinado *de él*.

Οὐ περὶ πάντων ὑμῶν λέγω· ἐγὼ οἶδα τίνας ἐξελεξάμην· Una precisión de Jesús limita la extensión de Sus palabras. No habla de todos, sino de alguno. Los Doce habían sido escogidos por Él. Sin embargo, conocía quienes eran y como eran personal y espiritualmente hablando. De otro modo, sabía que clase de hombres eran. La iniciativa en la elección es siempre divina. No habían sido ellos los que eligieron a Jesús, sino que fue Jesús quien los eligió a ellos. Los escogió para que estuviesen con Él y para enseñarlos. Es una elección capacitadora. No se trataba de una elección para salvación, puesto que uno de ellos no era salvo, porque no había creído en Cristo como los otros. No estaba limpio, no puntualmente sino totalmente. No había salido del pecado y no vería la vida.

ἀλλ' ἵνα ἡ γραφὴ πληρωθῇ· *ὁ τρώγων μου τὸν ἄρτον ἐπῆρεν ἐπ' ἐμὲ τὴν πτέρναν αὐτοῦ*. El anuncio de la traición de Judas se va a producir durante la cena, estas palabras preparan la revelación de que va a ser traicionado por uno de ellos. Para eso también apela a la Escritura en que estaba profetizado. No se trataba de algo que tomó por sorpresa a Jesús, sino que la Palabra había hablado de ello. El Señor toma un Salmo como mensaje profético, en el que David, refiriéndose a Ahitófel, uno de sus consejeros, que gozaba de la confianza del rey y comía con él en la mesa real, se levantó contra él. En el Salmo habla de la traición y dice que levantó contra él el calcañar (Sal. 41:9). Ahora, el Hijo de David, pone en Su mesa a quien, como con su antepasado según la carne, va a traicionarle. La figura literaria se usaba para hablar de poner la zancadilla, para que tropezase en el talón levantado y cayese. También se usaba para hablar de dar una patada sorpresiva al que está al lado o un poco detrás. No es que Judas estuviese *predestinado* para que irremisiblemente hiciese aquello, o como se dijo en otro lugar, para que cumpliese la profecía, de manera que no tendría responsabilidad personal en su acción. Todo lo contrario, la profecía se anticipa al hecho y habla de lo que él voluntariamente haría cuando el diablo llenase su corazón. La cita tiene un sentido consecutivo de la realidad, mas que de finalidad. Se trata de una sentencia elíptica, en donde por un lado está la elección de Jesús de los Doce, y por otro el conocimiento por el que sabía que escogiendo a aquellos, escogía también a un traidor. Es curioso que tanto Ahitófel como Judas se suicidaron después de cometer la traición.

19. Desde ahora os lo digo antes que suceda, para que cuando suceda, creáis que yo soy.

ἀπ' ἄρτι λέγω ὑμῖν πρὸ τοῦ γενέσθαι, ἵνα πιστεύσητε ὅταν
Desde ahora digo os antes de lo que suceda, para que creáis, cuando
γένηται ὅτι ἐγώ εἰμι.
suceda que Yo soy.

Notas y análisis del texto griego.

Continúa hablándoles el Señor: ἀπ', preposición propia de genitivo ἀπό, con el grafismo por elisión de la o final ante vocal o diptongo sin aspiración, que equivale a *de, desde, procedente de, por medio de, con, por*; ἄρτι, adverbio de tiempo *ahora*; λέγω, primera persona singular del presente de indicativo en voz activa del verbo λέγω, *hablar, decir*, aquí *digo*; ὑμῖν, caso dativo de la segunda persona plural del pronombre personal declinado *a vosotros, os*; πρὸ, preposición propia de genitivo *antes de*; τοῦ, caso genitivo neutro singular del artículo determinado *lo*; γενέσθαι, segundo aoristo de infinitivo en voz media del verbo γίνομαι, *suceder*, aquí *que suceda*; ἵνα, conjunción causal *para que*; πιστεύσητε, segunda persona plural del aoristo primero de subjuntivo en voz activa del verbo πιστεύω, *creer*, aquí *creáis*; ὅταν, conjunción temporal, *cuando, siempre que, tantas veces como*; γένηται, tercera persona singular del segundo aoristo de subjuntivo en voz media del verbo γίνομαι, *suceder*, aquí *suceda*; ὅτι, conjunción *que*; ἐγώ, caso nominativo de la primera persona singular del pronombre personal *yo*; εἰμι, primera persona singular del presente de indicativo en voz activa del verbo εἰμί, *ser*, aquí *soy*.

ἀπ' ἄρτι λέγω ὑμῖν πρὸ τοῦ γενέσθαι, ἵνα πιστεύσητε ὅταν γένηται ὅτι ἐγώ εἰμι. Lo que va a anunciarles se cumpliría tal y como lo decía. Ese cumplimiento robustecería la fe de ellos, porque les haría conocer mejor quien era Jesús. Con esta nueva evidencia ellos entenderían con más certidumbre que era el que realmente decía ser. Es interesante notar que Jesús utiliza nuevamente el reiterado *Yo soy*, que apela directamente, no sólo a Su mesianismo, sino específicamente a Su Deidad. Por el uso de esta expresión los judíos tomaron piedras para apedrearlo, acusándole que siendo un hombre se hacía Dios (8:59). Por otro lado, el anuncio de la traición de Judas y cuantos otros había hecho relativos a la muerte que iba a tener lugar al día siguiente, les enseñaría a conocer que Él es el Señor, que cuanto ocurre está bajo Su control y soberanía. Que los acontecimientos habían sido determinados eternamente y que los hombres y los demonios, el mundo y la muerte, no tenían poder alguno sobre Él. La traición y entrega de Judas, la acción de los judíos, la crucifixión a manos de los romanos y Su muerte, no era el resultado de la victoria de los hombres sobre un hombre bueno, sino la ejecución en el tiempo de lo que Dios había establecido en la eternidad. Con esto prevenía el escándalo que sería para los discípulos la acción de Judas. Sin embargo estas palabras estaban dirigidas también al corazón de quien le iba a entregar.

20. De cierto, de cierto os digo: El que recibe al que yo enviare, me recibe a mí; y el que me recibe a mí, recibe al que me envió.

ἀμὴν ἀμὴν λέγω ὑμῖν, ὁ λαμβάνων ἄν τινα πέμψω ἐμὲ
De cierto, de cierto, digo os: El que recibe a quienquiera que envié, a mí
λαμβάνει, ὁ δὲ ἐμὲ λαμβάνων λαμβάνει τὸν πέμψαντα με.
recibe; y el a mí que recibe, recibe al que envió me.

Notas y análisis del texto griego.

Cerrando el párrafo, escribe: ἀμὴν, transliteración, *amén, de cierto*; ἀμὴν, transliteración *amén, de cierto*; λέγω, primera persona singular del presente de indicativo en voz activa del verbo λέγω, *hablar, decir*, aquí *digo*; ὑμῖν, caso dativo de la segunda persona plural del pronombre personal declinado *a vosotros, os*; ὁ, caso nominativo masculino singular del artículo determinado *el*; λαμβάνων, caso nominativo masculino singular del participio de presente en voz activa del verbo λαμβάνω, *recibir*, aquí *que recibe*, ἄν, partícula que no empieza nunca frase y que da a ésta carácter condicional o dubitativo, o expresa una idea de repetición. Se construye con todos los modos menos el imperativo y acompaña a los pronombres relativos para darles un sentido general; en algunas ocasiones no tiene traducción; τινα, caso acusativo masculino singular del pronombre indefinido declinado *al que, a quienquiera que*; πέμψω, primera persona singular del aoristo primero de indicativo en voz activa del verbo πέμπω, *enviar, comisionar*, aquí *envié*; ἐμὲ, caso acusativo de la primera persona singular del pronombre personal declinado *a mí, me*; λαμβάνει, segunda persona singular del presente de indicativo en voz activa del verbo λαμβάνω, *recibir*, aquí *recibe*; ὁ, caso nominativo masculino singular del artículo determinado *el*; δὲ, partícula conjuntiva que hace las veces de conjunción coordinante, con sentido de *pero, más bien, y, y por cierto, antes bien*; ἐμὲ, caso acusativo de la primera persona singular del pronombre personal declinado *a mí, me*; λαμβάνων, caso nominativo masculino singular del participio de presente en voz activa del verbo λαμβάνω, *recibir*, aquí *que recibe*; λαμβάνει, tercera persona plural del presente de indicativo en voz activa del verbo λαμβάνω, *recibir*, aquí *recibe*; τὸν, caso acusativo masculino singular del artículo determinado declinado *al*; πέμψαντα, caso acusativo masculino singular del participio de aoristo primero en voz activa del verbo πέμπω, *enviar, comisionar*, aquí *que envió*; με, caso acusativo de la primera persona singular del pronombre personal declinado *a mí, me*.

ἀμὴν ἀμὴν λέγω ὑμῖν, ὁ λαμβάνων ἄν τινα πέμψω ἐμὲ λαμβάνει, Con toda solemnidad, usando nuevamente la fórmula *de cierto, de cierto os digo*, llama la atención de los discípulos para que presten atención a lo que les va a decir. Las palabras de Jesús son una fuente de aliento para los discípulos en su misión futura. Ellos serán enviados a predicar el evangelio. Serán despreciados y perseguidos por causa del testimonio. Sin embargo, no todos los rechazarán, algunos los recibirán. A estos les será recompensado lo que hicieron, porque no estaban recibiendo sólo a los que Jesús enviaba, sino que como cumplidores de la misión que les encargaba, lo recibían a Él también. La lección debe ser aplicada a cada uno de nosotros. Hemos de recibir como a Cristo a los que son enviados por Él. En ocasiones los que practicaron la hospitalidad, sin saberlo recibieron ángeles (He. 13:2). El que recibe al más pequeño de los siervos de Jesús, enviado por Él no está atendiendo a su siervo, sino al Señor que lo envía, de otro modo, está haciendo aquello como si lo hiciese al mismo Jesús.

ὁ δὲ ἐμὲ λαμβάνων λαμβάνει τὸν πέμψαντα με. Pero el alcance es mucho mayor, porque quien recibe a Jesús, o a alguno en Su nombre, está recibiendo al que envió a Cristo al mundo, esto es, al Padre. Jesús nunca estuvo solo, sino en compañía de quien le envió. En todo momento la unión entre el Padre y el Hijo se manifestaba en la obra que realizaba. Nada hacía por Él mismo, dijo el Señor, sino que lo hacía conforme a lo que el Padre le había encomendado. Por consiguiente, cuando esté relacionado con el Hijo, la obediencia, el amor, la aceptación, la identificación, alcanza también en la misma medida a Aquel que lo envió desde el cielo. De esa forma lo expresaba el Señor en la oración al Padre, cuando hablando de vida eterna la vinculaba al Padre y a Él en igual de condiciones: *"Y esta es la vida eterna: es que te conozcan a ti, el único Dios verdadero, y a Jesucristo, a quien has enviado"* (17:3). El apóstol Juan llegó a una plena comprensión de esta verdad, entendiendo esta relación biunívoca, que existe o se establece entre las dos Personas Divinas, cuando además de ser unívoca, es también recíproca. Es decir, cuando a cada manifestación esencial en la Segunda Persona, corresponde otra igual en la Primera.

El Señor les alienta pero mantiene la enseñanza desde la humildad suya en el lavamiento de los pies, que ha de ser mantenida por todos los que le sirven. Quien quiera llegar a subir ha de aprender a descender; el que quiera ser grande, debe hacerse pequeño; el que quiera reinar, tiene que aprender a servir. Esta es la ley del *Reino de Dios*, totalmente contraria al pensamiento del hombre. Es la dimensión que ha de ser entendida por quienes estando en el Reino han de vivir conforme a él.

Jesús anuncia su entrega (13:21-30).

La traición anunciada (13:21-26).

21. Habiendo dicho Jesús esto, se conmovió en espíritu, y declaró y dijo: De cierto, de cierto os digo, que uno de vosotros me va a entregar.

Ταῦτα εἰπὼν [ὁ] Ἰησοῦς ἐταράχθη τῷ πνεύματι καὶ
Estas cosas habiendo dicho - Jesús se estremeció en el espíritu y
ἐμαρτύρησεν καὶ εἶπεν· ἀμὴν ἀμὴν λέγω ὑμῖν ὅτι εἷς ἐξ
declaró y dijo: De cierto, de cierto digo os, que uno de
ὑμῶν παραδώσει με.
vosotros entregará me.

Notas y análisis del texto griego.

Iniciando un nuevo párrafo, escribe: Ταῦτα, caso acusativo neutro plural del pronombre demostrativo *estos*, aquí en sentido de *estas cosas*; εἰπὼν, caso nominativo masculino singular del participio del segundo aoristo en voz activa del verbo λέγω, *hablar, decir*, aquí *que dijo, habiendo dicho*; ὁ, caso nominativo masculino singular del artículo determinado *el*; Ἰησοῦς, caso nominativo masculino singular del nombre propio *Jesús*; ἐταράχθη, tercera persona singular del aoristo de indicativo en voz pasiva del verbo ταράσσω, *estremecer, inquietar, turbar,* aquí *se estremeció*; τῷ, caso dativo neutro singular del artículo determinado declinado *en el*; πνεύματι, caso dativo neutro singular del nombre común *espíritu*; καὶ, conjunción copulativa *y*; ἐμαρτύρησεν, tercera persona singular del aoristo primero de indicativo en voz activa del verbo μαρτυρέω, *dar testimonio, testificar, declarar*, aquí *declaró*; καὶ, conjunción copulativa *y*; εἶπεν, tercera persona singular del segundo aoristo de indicativo en voz activa del verbo εἶπον, forma del aoristo de λέγω, *hablar, decir*, aquí *dijo*; ἀμὴν, transliteración, *amén, de cierto*; ἀμὴν, transliteración *amén, de cierto*; λέγω, primera persona singular del presente de indicativo en voz activa del verbo λέγω, *hablar, decir*, aquí *digo*; ὑμῖν, caso dativo de la segunda persona plural del pronombre personal declinado *a vosotros, os*; ὅτι, conjunción *que*; εἷς, caso nominativo masculino singular del adjetivo numeral cardinal *uno*; ἐξ, forma escrita que adopta la preposición de genitivo ἐκ, delante de vocal y que significa *de*; ὑμῶν, caso genitivo de la segunda persona plural del pronombre personal *vosotros*; παραδώσει, tercera persona singular del futuro de indicativo en voz activa del verbo παραδίδωμι, *entregar*, aquí *entregará*; με, caso acusativo de la primera persona singular del pronombre personal declinado *a mí, me.*

Ταῦτα εἰπὼν [ὁ] Ἰησοῦς ἐταράχθη τῷ πνεύματι καὶ ἐμαρτύρησεν. La humanidad de Cristo se hace evidente de nuevo. El espíritu, en sentido de Su intimidad espiritual y sensitiva, se estremeció, en sentido de impactarse, no tanto de inquietarse, porque la inquietud no está en su alma ya que Él sabía lo que iba a ocurrir. Sin embargo el hecho de que uno de los que habían sido elegidos para estar con Él le vaya a entregar, es más que suficiente para que Jesús se estremeciese.

καὶ εἶπεν· ἀμὴν ἀμὴν λέγω ὑμῖν ὅτι εἷς ἐξ ὑμῶν παραδώσει με. El Señor hace una declaración a todos los que estaban con Él en la cena. Una expresión concreta, breve, e impresionante, introducida con la frase de llamamiento de atención, *de cierto, de cierto os digo*, para añadir inmediatamente *uno de vosotros me entregará.* Esta profecía hace saber a todos que uno de los presentes iba a traicionarle. Ninguno de ellos entiende que va a ocurrir, tan solo el traidor sabía de quien estaba hablando Jesús. Todos sabían que uno de ellos no estaba limpio, pero no tenían idea de que en su corazón estuviera la tenebrosa intención de entregar al Maestro. La humanidad del Verbo entra en la sensación natural del hombre que va a ser traicionado por alguien amado por él. El hecho de que sea el Hijo de Dios, y que tiene todo bajo control, no significa que como hombre perfecto, tenga una sensibilidad mayor que la que el hombre, afectado por el pecado, pueda tener. Esta es la tercera vez que el Señor hace referencia a Judas (cf. vv. 18, 19). Las palabras de Jesús marcan un inequívoco sentido, como si dijese: *tened por seguro que uno de vosotros, me va a entregar*.

El ambiente de tensión tuvo que haber rodeado el momento que siguió al anuncio. Los efectos que debió tener la declaración de Jesús, tuvieron que ser impactantes en todos los que estaban con Él, salvo en uno, el que iba a traicionarle. Estas palabras se produjeron durante la cena, y siguieron al lavamiento de los pies. El anuncio debió haber sido demoledor. Uno de los que habían compartido los años de ministerio, que había recibido las bendiciones de la presencia y poder de Cristo, que había experimentado Su gracia, iba a traicionarle y, en cierta medida, a todos los demás compañeros de discipulado. Ninguno de los once podía entender semejante situación, que lo que anteriormente les había anunciado de que sería entregado a las autoridades, sentenciado a muerte y crucificado, se iniciase en un acto de traición de uno de ellos. Es posible que un escalofrío recorriese el interior de Judas, pero su conciencia, cauterizada por el pecado, sujeto a la acción de Satanás, le detuvo en la confesión necesaria que expresaría su arrepentimiento y traería el perdón.

22. Entonces los discípulos se miraban unos a otros, dudando de quién hablaba.

ἔβλεπον εἰς ἀλλήλους οἱ μαθηταὶ ἀπορούμενοι περὶ τίνος
Miraban unos a otros los discípulos estando perplejos acerca de quien
λέγει.
habla.

Notas y análisis del texto griego.

Continúa con: ἔβλεπον, tercera persona plural del imperfecto de indicativo en voz activa del verbo βλέπω, *mirar, ver, observar*, aquí *miraban*; εἰς, preposición propia de acusativo *a*; ἀλλήλους, caso acusativo masculino plural del pronombre recíproco *unos/otros*, aquí *unos a otros*; οἱ, caso nominativo masculino plural del artículo determinado *los*; μαθηταὶ, caso nominativo masculino plural del nombre común *discípulos*; ἀπορούμενοι, caso nominativo masculino plural del participio de presente en voz media del verbo ἀπορέω, *estar perplejo*, aquí *estando perplejos*; περὶ, preposición propia de genitivo *de, acerca de*; τίνος, caso genitivo masculino singular del pronombre interrogativo *quien*; λέγει, tercera persona singular del presente de indicativo en voz activa del verbo λέγω, *hablar, decir*, aquí *habla.*

ἔβλεπον εἰς ἀλλήλους οἱ μαθηταὶ ἀπορούμενοι περὶ τίνος λέγει. El anuncio de Jesús impactó a todos los discípulos. No hablaban, simplemente se miraban uno a otro, con esa mirada interrogativa, que sin palabras preguntaba, *¿serás tu?* El Maestro presentaba, sin duda, un rostro entristecido. Sus palabras debieron ser hechas con voz solemne que mostraba la tristeza de Su alma. Todos ellos tendrán como objetivo inmediato saber quien era el traidor. El examen personal era un hecho, todos ellos, salvo uno, asombrados buscaban en la intimidad si acaso podría ser el mismo, como señala Marcos, al decir que le preguntaban uno a uno *"¿seré yo?"*. En cada uno habría sorpresa, inquietud e indignación. Ninguno de ellos tenía conciencia de un propósito semejante, con todo, se dan cuenta de que son hombres y como tales limitados y propensos a hacer lo que no corresponde. Creían firmemente en las palabras del Señor y desconfiaban de su firmeza personal. Todos esperaban que el Señor respondiese a su pregunta, con en enfático *"tú no"*.

23. Y uno de sus discípulos, al cual Jesús amaba, estaba recostado al lado de Jesús.

ἦν ἀνακείμενος εἷς ἐκ τῶν μαθητῶν αὐτοῦ ἐν τῷ κόλπῳ τοῦ
Estaba reclinado uno de los discípulos de Él en el seno -
'Ιησοῦ, ὃν ἠγάπα ὁ 'Ιησοῦς.
de Jesús, al que amaba - Jesús.

Notas y análisis del texto griego.

Sin interrupción en el relato, añade: ἦν, tercera persona singular del imperfecto de indicativo en voz activa del verbo εἰμί, *ser, estar*, aquí *estaba*; ἀνακείμενος, caso nominativo masculino singular del participio de presente en voz media del verbo ἀνάκειμαι, *estar reclinado, estar a la mesa*, aquí *reclinado*; εἷς, caso nominativo masculino singular del adjetivo numeral cardinal *uno*; ἐκ, preposición propia de genitivo *de*; τῶν, caso genitivo masculino plural del artículo determinado *los*; μαθητῶν, caso genitivo masculino plural del nombre común *discípulos*; αὐτοῦ, caso genitivo masculino de la tercera persona singular del pronombre personal declinado *de él*; ἐν, preposición propia de dativo *en*; τῷ, caso dativo masculino singular del artículo determinado *el*; κόλπῳ, caso dativo masculino singular del nombre común *seno, pecho, lugar de preferencia*; τοῦ, caso genitivo masculino singular del artículo determinado *el*; 'Ιησοῦ, caso genitivo masculino singular del nombre propio declinado *de Jesús*; ὃν, caso acusativo masculino singular del pronombre relativo declinado *al que*; ἠγάπα, tercera persona singular del imperfecto de indicativo en voz activa del verbo ἀγαπάω, *amar*, aquí *amaba*; ὁ, caso nominativo masculino singular del artículo determinado *el*; 'Ιησοῦς, caso nominativo masculino singular del nombre propio *Jesús*.

ἦν ἀνακείμενος εἷς ἐκ τῶν μαθητῶν αὐτοῦ ἐν τῷ κόλπῳ τοῦ 'Ιησοῦ, El relato retorna a la mesa y a los discípulos que estaban sentados en ella. Uno de ellos estaba en una posición excelente para formular una pregunta a Jesús. Se lee que estaba reclinado junto *al pecho* de Cristo. Esta expresión puede traducirse también como en el *lugar de preferencia*, o *lugar de honor*. De manera que *reclinarse sobre el pecho* de alguien, es una figura del lenguaje que equivale a hacerlo en el lugar de honor que una persona asigna a otra en la comida. Los comensales, como se dijo antes, estaban colocados en forma de U invertida, con los invitados reclinados en divanes. Se apoyaban sobre el costado izquierdo para dejar libre el brazo derecho con cuya mano podían alcanzar la comida. La persona que estuviese inmediatamente al lado de otro, le daba la espalda y la cabeza se situaba cerca de la del otro y al lado de su pecho. El que ocupaba ese lugar, a la derecha inmediata de Cristo era un discípulo al que se identifica como *el que amaba Jesús*. La literalidad de lectura en nuestro entorno social ha llevado a ponerlo con la cabeza apoyada sobre el pecho de Jesús, cosa no solo improbable, sino fuera de costumbre. Debe tenerse en cuenta que socialmente la persona principal en cualquier asunto estaba en el centro, y seguían dos lugares distinguidos, uno a la derecha y otro a la izquierda. El de mayor honor era el situado a la izquierda y el segundo en dignidad el de la derecha.

ὃν ἠγάπα ὁ ᾿Ιησοῦς. Como se ha considerado en la parte de *introducción*, es una referencia al autor del *Evangelio*, el apóstol Juan. Éste guarda su nombre por las razones apuntadas en su lugar. No cabe duda alguna que Jesús amaba por igual a todos Sus discípulos (13:1; 14:21; 15:9; 17:9, 12). Si *el discípulo que amaba Jesús*, es un título con que se identificaba a Juan entre los Doce, no se sabe, ni tampoco la causa que habría tenido para ello. Pero, según tradiciones interpretativas, posiblemente le conocían de esta forma por la relación personal que pudo haber mantenido con el Señor, lo que le permitiría entender a Jesús mejor que los otros. Pero, esta no deja de ser una mera hipótesis, sin fundamento bíblico. Con todo, no se hace mención en ningún relato de la cena del Señor con los discípulos que hubiese nadie mas que ellos, de manera que sólo podía darse este título a uno de los Doce, y sin duda se trataba de Juan. Este título lo usaba para hablar del *amor de Jesús hacia él*, y no para referirse al que pudiera tener él por Jesús.

24. A éste, pues, hizo señas Simón Pedro, para que preguntase quién era aquel de quien hablaba.

νεύει οὖν τούτῳ Σίμων Πέτρος πυθέσθαι τίς ἂν εἴη
Hace señas, pues, a éste Simón Pedro que preguntase quién - es
περὶ οὗ λέγει.
de quien habla.

Notas y análisis del texto griego.

Sigue el relato con νεύει, tercera persona singular del presente de indicativo en voz activa del verbo νεύω, *hacer señas*, aquí *hace señas*; οὖν, conjunción continuativa *pues*; τούτῳ, caso dativo masculino singular del pronombre demostrativo declinado *a éste*; Σίμων, caso nominativo masculino singular del nombre propio *Simón*; Πέτρος, caso nominativo masculino singular del nombre propio *Pedro*; πυθέσθαι, aoristo segundo de infinitivo en voz media del verbo πυνθάνομαι, *averiguar, preguntar, interrogar, enterarse*, aquí *que preguntase*; τίς, caso nominativo masculino singular del pronombre interrogativo *quien*; ἂν, partícula que no empieza nunca frase y que da a ésta carácter condicional o dubitativo, o expresa una idea de repetición. Se construye con todos los modos menos el imperativo y acompaña a los pronombres relativos para darles un sentido general; en algunas ocasiones no tiene traducción; εἴη, tercera persona singular del presente de optativo en voz activa del verbo εἰμί, *ser, estar*, aquí *es*; περὶ, preposición propia de genitivo *de, acerca de*; οὗ, caso genitivo masculino singular del pronombre relativo *quien*; λέγει, tercera persona singular del presente de indicativo en voz activa del verbo λέγω, *hablar, decir*, aquí *habla*.

νεύει οὖν τούτῳ Σίμων Πέτρος πυθέσθαι τίς ἂν εἴη περὶ οὗ λέγει. Es probable que Pedro estuviese colocado a la izquierda de Jesús, por consiguiente Juan estaría al otro lado. Era fácil que desde una posición cercana le hiciese señas entendibles para que preguntase a Jesús quien era aquel de quien hablaba. Pero también podría estar sentado al otro lado de la mesa frente a Juan. Incluso algunos sitúan a Pedro al lado de Juan, aunque en esta posición no haría falta que le hiciese señas, sería suficiente que se lo indicase hablándole directamente. La condición de liderazgo en Pedro es evidente, él solía tomar la iniciativa en hablar y en tomar decisiones. No significa que fuese más que el resto, sino que su carácter era así. Si hizo señas a Juan para que preguntase y no lo hizo él mismo, es porque Juan estaba mejor situado para hacerlo. Su posición en la mesa le permitiría formular la pregunta al oído de Cristo sin que otros se enterasen, e incluso recibir la respuesta de una forma más personal y privada. Es presumible que todos querían saber a quien hacía referencia.

25. Él entonces, recostado cerca del pecho de Jesús, le dijo: Señor, ¿quién es?

ἀναπεσὼν[1]	οὖν	ἐκεῖνος	οὕτως[2]	ἐπὶ	τὸ	στῆθος	τοῦ	Ἰησοῦ
Recostándose,	entonces,	él	así	junto al		pecho	-	de Jesús,

λέγει	αὐτῷ·	Κύριε,	τίς	ἐστιν
dice	le:	Señor,	¿quién	es?

Notas y análisis del texto griego.

Continúa, ἀναπεσὼν, caso nominativo masculino singular del participio del aoristo segundo en voz activa del verbo ἀναπίπτω, *sentarse, reclinarse a la mesa, recostarse*, aquí *recostándose*; οὖν, conjunción continuativa *entonces*; ἐκεῖνος, caso nominativo masculino singular del pronombre demostrativo *él*; οὕτως, adverbio demostrativo *así, de esta manera*; ἐπὶ, preposición propia de acusativo *junto a*; τὸ, caso acusativo neutro singular del artículo determinado *el*; στῆθος, caso acusativo neutro singular del nombre común *pecho*; τοῦ, caso genitivo masculino singular del artículo determinado *el*; Ἰησοῦ, caso genitivo masculino singular del nombre propio declinado *de Jesús*; λέγει, tercera persona singular del presente de indicativo en voz activa del verbo λέγω, *hablar, decir*, aquí *dice*; αὐτῷ, caso dativo masculino de la tercera persona singular del pronombre personal declinado *a él, le*; Κύριε, caso vocativo masculino singular del nombre divino *Señor*; τίς, caso nominativo masculino singular del pronombre interrogativo *quién*; ἐστιν, tercera persona singular del presente de indicativo en voz activa del verbo εἰμί, *ser*, aquí *es*.

Crítica Textual. Lecturas alternativas.

[1] ἐπιπεσὼν δὲ, *y cayendo* o *reclinándose sobre*, según lectura en A, Γ, Θ, 700, 1424, 𝔐, sir[h].

ἐπιπεσὼν οὖν, *entonces inclinándose sobre*, según a 𝔭[66c], ℵ, D, W, Δ, *f*[1, 13], 565, 1241, sir[hmg].
ἀναπεσὼν, según lectura en 𝔭[66*vid], ℵ[2], K, 33, 892.

[2] οὕτως, *así*, se omite en ℵ, A, D, W, Θ, Ψ, *f*[1], 565, 579, 700, 892, 1241, pm, lat, sir, sa, pbo, bo.

ἀναπεσὼν οὖν ἐκεῖνος οὕτως ἐπὶ τὸ στῆθος τοῦ Ἰησοῦ λέγει αὐτῷ· Κύριε, τίς ἐστιν. Acudiendo a armonizar los evangelios, se descubren tres tipos de pregunta al anuncio de Cristo. Una de ellas manifestaba inquietud y equivaldría a algo así: *No soy yo, ¿verdad?*; otra revela una tremenda hipocresía y es la que corresponde a Judas: *¿Verdad, Maestro, que yo no soy?*; la tercera demuestra confianza, *Señor, ¿quién es?* El que formula la pregunta sabe que él no es y pregunta a quien lo sabe para salir de la inquietud en la que todos están sumidos. Juan confiaba que el Señor respondería a la pregunta que le hizo. La confianza no merma el respeto, dirigiéndose a Él como Señor. La pregunta es concisa y concreta: *Señor, ¿quién es?*

26. Respondió Jesús: A quien yo diere el pan mojado, aquél es. Y mojando el pan, lo dio a Judas Iscariote hijo de Simón.

ἀποκρίνεται [ὁ] Ἰησοῦς· ἐκεῖνός ἐστιν ᾧ ἐγὼ βάψω τὸ
Responde - Jesús: Aquel es a quien Yo moje el
ψωμίον καὶ δώσω αὐτῷ. βάψας οὖν τὸ ψωμίον [λαμβάνει καὶ]
bocado y dé a él. Mojando, pues, el bocado toma y
δίδωσιν Ἰούδᾳ Σίμωνος Ἰσκαριώτου.
da a Judas de Simón Iscariote.

Notas y análisis del texto griego.

Siguiendo el relato, añade: ἀποκρίνεται, tercera persona singular del presente de indicativo en voz media del verbo ἀποκρίνομαι, *responder, contestar, tomar la palabra*, aquí *responde*; ὁ, caso nominativo masculino singular del artículo determinado *el*; Ἰησοῦς, caso nominativo masculino singular del nombre propio *Jesús*; ἐκεῖνος, caso nominativo masculino singular del pronombre demostrativo, *aquel*; ἐστιν, tercera persona singular del presente de indicativo en voz activa del verbo εἰμί, *ser, estar*, aquí *es*; ᾧ, caso dativo masculino singular del pronombre relativo declinado *a quien*; ἐγώ, caso nominativo de la primera persona singular del pronombre personal *yo*; βάψω, primera persona singular del futuro de indicativo en voz activa del verbo βάπτω, *mojar*, aquí *mojaré*, en sentido idiomático castellano *moje*; τὸ, caso acusativo neutro singular del artículo determinado *el*; ψωμίον, caso acusativo neutro singular del nombre común *bocado*; καὶ, conjunción copulativa *y*; δώσω, primera persona singular del futuro de indicativo en voz activa del verbo δίδωμι, *dar, entregar*, aquí *daré*, en castellano mejor *dé*; αὐτῷ, caso dativo masculino de la tercera persona singular del pronombre personal declinado *a él*; βάψας, caso nominativo masculino singular del participio aoristo primero en voz activa del verbo βάπτω, *mojar*, aquí *mojando*; οὖν, conjunción continuativa *pues*; τὸ, caso acusativo neutro singular del artículo determinado *el*; ψωμίον, caso acusativo neutro singular del nombre común *bocado*; λαμβάνει, tercera persona singular del presente de indicativo en voz activa del verbo λαμβάνω, *tomar*, aquí *toma*; καὶ, conjunción copulativa *y*; δίδωσιν, tercera persona singular del presente de indicativo en voz activa del verbo δίδωμι, *dar, entregar*, aquí *da*; Ἰούδᾳ, caso dativo masculino singular del nombre propio declinado *a Judas*; Σίμωνος, caso genitivo masculino singular del nombre propio declinado *de Simón*; Ἰσκαριώτου, caso genitivo masculino singular del nombre propio *Iscariote*.

ἀποκρίνεται [ὁ] Ἰησοῦς· ἐκεῖνός ἐστιν ᾧ ἐγὼ βάψω τὸ ψωμίον καὶ δώσω αὐτῷ. Cristo respondió inmediatamente, dándole los datos de identificación que le pedía. Sería aquel a quien diese el bocado de pan mojado. Tal vez Jesús tenía en Su mano un trozo de pan ázimo del que se usaba para la cena pascual. Tomó el pan y lo sumergió en el recipiente que contenía la salsa hecha con hierbas amargas, *hasoret*, que acompañaba la comida del cordero pascual. El bocado no tenía necesariamente que ser un trozo de pan, podría ser también uno de carne o incluso alguna de las llamadas hierbas amargas, mojadas en la salsa. En cualquier caso era una pequeña porción selecta que quien presidía la cena daba a alguno de los comensales.

βάψας οὖν τὸ ψωμίον [λαμβάνει καὶ] δίδωσιν Ἰούδᾳ Σίμωνος Ἰσκαριώτου. Inmediatamente dio el bocado a Judas, cuya identificación aquí es también precisa y concreta. Se trataba del hijo de Simón, procedente de Iscariot, pueblo de Judea, se le llamaba también por el toponímico de *Iscariote*. Entregar personalmente el bocado de pan mojado en la salsa era un gesto de distinción y una prueba de afecto. En relación con Judas era un llamamiento desde la gracia de Dios y la última oportunidad para el arrepentimiento.

La reacción (13:27-30).

27. Y después del bocado, Satanás entró en él. Entonces Jesús le dijo: Lo que vas a hacer, hazlo más pronto.

καὶ μετὰ τὸ ψωμίον[1] τότε[2] εἰσῆλθεν εἰς ἐκεῖνον ὁ σατανᾶς.
Y después de el bocado entonces entró en él - Satanás.
λέγει οὖν αὐτῷ ὁ Ἰησοῦς· ὃ ποιεῖς ποίησον τάχιον.
Dice, pues, le - Jesús: lo que haces hazlo presto.

Notas y análisis del texto griego.

Avanzando en el relato, escribe: καὶ, conjunción copulativa *y*; μετὰ, preposición propia de acusativo *después de, detrás de*; τὸ, caso acusativo neutro singular del artículo determinado *el*; ψωμίον, caso acusativo neutro singular del nombre común *bocado*; τότε, adverbio *entonces*; εἰσῆλθεν, tercera persona singular del segundo aoristo de indicativo en voz activa del verbo εἰσέρχομαι, *entrar*, aquí *entró*; εἰς, preposición propia de acusativo *en*; ἐκεῖνον, caso acusativo masculino singular del pronombre demostrativo *él*; ὁ, caso nominativo masculino singular del artículo determinado *el*; σατανᾶς, caso nominativo masculino singular del nombre propio *Satanás*; λέγει, tercera persona singular del presente de indicativo en voz activa del verbo λέγω, *hablar, decir*, aquí *dice*; οὖν, conjunción continuativa *pues*; αὐτῷ, caso dativo masculino de la tercera persona singular del pronombre personal declinado *a él, le*; ὁ, caso nominativo masculino singular del artículo determinado *el*; Ἰησοῦς, caso nominativo masculino singular del nombre propio *Jesús*; ὃ, caso nominativo neutro singular del pronombre relativo *lo que*; ποιεῖς, segunda persona singular del presente de indicativo en voz activa del verbo ποιέω, *hacer, realizar, actuar*, aquí *haces*; ποίησον, segunda persona singular del aoristo primero de imperativo en voz activa del verbo ποιέω, *hacer, realizar, actuar*, aquí *haz*; τάχιον, adverbio de modo *prontamente, pronto, presto*.

Crítica Textual. Lecturas alternativas.

[1] μετὰ τὸ ψωμίον, *después del bocado*, no está en D, e, bo^{bo}.

[2] τότε, *entonces*, se omite en א, D, K, 565, 579, it, vg^{cl}, sir^{s}, sa, ly, cw, pbo, bo^{pt}, Dídimo.

καὶ μετὰ τὸ ψωμίον τότε εἰσῆλθεν εἰς ἐκεῖνον ὁ σατανᾶς. El diablo tenía determinado el instrumento que llevaría a cabo le entrega de Jesús. Anteriormente se hace mención a esto (v. 2) Judas sería quien actuaría bajo el impulso de Satanás para cometer la traición y entregar al Hijo del Hombre. Juan se refiere al maligno llamándole antes *diablo*, pero ahora de llama por su nombre, poniendo además delante el artículo determinado que lo identifica como el único así, al decir, en el texto griego *el Satanás*. Es interesante la expresión de Juan: *después del bocado, Satanás entró en él*. Posiblemente había insinuado al traidor el pecado a cometer y éste no hizo nada por resistir aquella tentación, sino que atesoró en su corazón la propuesta. Esta perversidad preparó a Judas para que Satanás entrase en él. De modo que Satanás mismo se posesiona de Judas. La posesión diabólica no podía tener otro objetivo que el odio a Cristo y el perverso deseo de alcanzar el salario de la iniquidad que iba a recibir de los sacerdotes, por entregarles al Maestro. El Señor dijo antes que entre los que Él había elegido para ser Sus discípulos, había uno que era diablo (6:70). En cierta medida se manifestó como tal cuando urgía a los otros a tomar una posición contraria a cualquier honor a Jesús, como ocurrió cuando María vertió el perfume de nardo sobre Él (12:5). Judas seguía a quien es *murmurador, calumniador y acusador*. Con todo, una cosa es la insinuación diabólica y otra la posesión. Juan dice que después del bocado Satanás entró en Judas, no para sugerirle, sino para usarlo controlándolo plenamente. Judas estaba endemoniado. Ahora bien, ¿por qué después del bocado? No hay ninguna respuesta bíblica, pero Satanás conocía que iba a ser descubierto y que debía actuar con rapidez. Judas rechazaba a Jesús para adorar a Satanás, por tanto no había ya solución para él. Su corazón se había endurecido definitivamente.

λέγει οὖν αὐτῷ ὁ Ἰησοῦς· ὃ ποιεῖς ποίησον τάχιον. Cristo le manda terminar cuanto antes lo que se había propuesto. El adverbio τάχιον, expresa rapidez, prontitud, celeridad. Al despedir de ese modo a Judas, permite al lector entender que todo cuanto ocurría estaba bajo Su control, que nada, ni siquiera esto, escapaba de Su conocimiento y poder. Todas las cosas que iban a ocurrir y que estaban ocurriendo estaban en las manos de Él y no en las de Satanás ahora y en los enemigos de Jesús luego. No hay una palabra de advertencia al traidor, para invitarle a que no persistiera en la acción, sino todo lo contrario. La Escritura anunciaba lo que iba a ocurrir y Jesús le conminaba a llevarlo a cabo sin demora. Dios había determinado el día para que Cristo, Su Hijo, diese la vida por el pecado del mundo y ejecutase la obra de redención que había sido determinada en la eternidad. Jesús sabía el tiempo determinado. Ese sería el día siguiente, el quince de Nisán, por consiguiente dice a Judas debe actuar con mayor rapidez, hacerlo *mas presto*.

28. Pero ninguno de los que estaban a la mesa entendió por qué le dijo esto.

τοῦτο [δὲ] οὐδεὶς ἔγνω τῶν ἀνακειμένων πρὸς τί εἶπεν αὐτῷ·
Y esto ninguno entendió de los reclinados por que dijo le.

Notas y análisis del texto griego.

Sigue la narración: τοῦτο, caso acusativo neutro singular del pronombre demostrativo *esto*; δὲ, partícula conjuntiva que hace las veces de conjunción coordinante, con sentido de *pero, más bien, y, y por cierto, antes bien*; οὐδεὶς, caso nominativo masculino singular del pronombre indefinido *ninguno*; ἔγνω, tercera persona singular del segundo aoristo de indicativo en voz activa del verbo γινώσκω, *entender, comprender, conocer, discernir*, aquí *entendió*; τῶν, caso genitivo masculino plural del artículo determinado declinado *de los*; ἀνακειμένων, caso genitivo masculino singular del artículo determinado declinado *de los*; πρὸς, preposición propia de acusativo *por*; τί, caso acusativo neutro singular del artículo determinado *lo*; εἶπεν, tercera persona singular del aoristo segundo de indicativo en voz activa del verbo λέγω, *hablar, decir*, aquí *dijo*; αὐτῷ, caso dativo masculino de la tercera persona singular del pronombre personal declinado *a él, le*.

τοῦτο [δὲ] οὐδεὶς ἔγνω τῶν ἀνακειμένων πρὸς τί εἶπεν αὐτῷ· Ninguno de los once discípulos, salvo Juan, y tal vez Pedro, conocían quien era el traidor. Ninguno sospechaba que fuese Judas, por tanto, no podían entender la razón por la que se ausentaba de la mesa. La frase de Jesús, *lo que vas a hacer hazlo pronto*, no era comprensible para aquellos. Nadie podía suponer que Judas fuese a traicionar al Señor, por tanto aquello parecía una alusión a algo que previamente conocían los dos. Alguna cosa que ellos ignoraban y que el Maestro le había encomendado para que hiciese. La construcción gramatical en el texto griego con πρὸς τί, *por qué*, indica finalidad y puede traducirse también como *con que intención*.

29. Porque algunos pensaban, puesto que Judas tenía la bolsa, que Jesús le decía: Compra lo que necesitamos para la fiesta; o que diese algo a los pobres.

τινὲς γὰρ ἐδόκουν, ἐπεὶ τὸ γλωσσόκομον εἶχεν Ἰούδας, ὅτι
Porque algunos pensaban, puesto que la bolsa tenía Judas, que
λέγει αὐτῷ [ὁ] Ἰησοῦς· ἀγόρασον ὧν χρείαν ἔχομεν εἰς
dice le - Jesús: Compra las cosas que necesidad tenemos para
τὴν ἑορτήν, ἢ τοῖς πτωχοῖς ἵνα τι δῷ.
la fiesta, o a los pobres que algo diese.

Notas y análisis del texto griego.

Sigue el relato con τινὲς, caso nominativo masculino plural del pronombre indefinido *algunos*; γὰρ, conjunción causal *porque*; ἐδόκουν, tercera persona plural de imperfecto de indicativo en voz activa del verbo δοκέω, *pensar, considerar, parecer*, aquí *pensaban*; ἐπεὶ, conjunción *ya que, puesto que, en vista de, por consiguiente, pues, porque*; τὸ, caso acusativo neutro singular del artículo determinado *el*; γλωσσόκομον, caso acusativo neutro singular del nombre común *bolsa*; εἶχεν, tercera persona singular del imperfecto de indicativo en voz activa del verbo ἔχω, *tener, poseer*, aquí *tenía*; Ἰούδας, caso nominativo masculino singular del nombre propio *Judas*; ὅτι, conjunción *que*; λέγει, tercera persona singular del presente de indicativo en voz activa del verbo λέγω, *hablar, decir*, aquí *dice*, en concordancia del castellano *decía*; αὐτῷ, caso dativo masculino de la tercera persona singular del pronombre personal declinado *a él, le*; ὁ, caso nominativo masculino singular del artículo determinado *el*; Ἰησοῦς, caso nominativo masculino singular del nombre propio *Jesús*; ἀγόρασον, segunda persona singular del aoristo primero de imperativo en voz activa del verbo ἀγοράζω, *comprar, rescatar*, aquí *compra*; ὧν, caso genitivo neutro plural del pronombre relativo *los que*, en sentido de *las cosas que, lo que*; χρείαν, caso acusativo femenino singular del nombre común *necesidad*; ἔχομεν, primera persona plural del presente de indicativo en voz activa del verbo ἔχω, *tener, poseer*, aquí *tenemos*; εἰς, preposición propia de acusativo *para*; τὴν, caso acusativo femenino singular del artículo determinado *la*; ἑορτήν, caso acusativo femenino singular del nombre común *fiesta*; ἢ, conjunción disyuntiva *o*; τοῖς, caso dativo masculino plural del artículo determinado declinado *a los*; πτωχοῖς, caso dativo masculino plural del nombre común *pobres*; ἵνα, conjunción *que*; τι, caso acusativo neutro singular del pronombre indefinido *algo*; δῷ, tercera persona singular del segundo aoristo de subjuntivo en voz activa del verbo δίδωμι, *dar*, aquí *diese*.

τινὲς γὰρ ἐδόκουν, ἐπεὶ τὸ γλωσσόκομον εἶχεν Ἰούδας, ὅτι λέγει αὐτῷ [ὁ] Ἰησοῦς· Todos podían suponerse que quiso decir Jesús a Judas. Los pensamientos eran diferentes. Como se ha comentado antes, a Judas se le había confiado *la bolsa*, en sentido de administrar los recursos que tenían para el ministerio. Juan hizo la observación de que era ladrón y se apropiaba de algo de los fondos que eran de todos

(12:6). Las palabras eran ininteligibles para todos, incluso para Juan y Pedro. Aunque Jesús le había revelado quien le iba a entregar, no se imaginaban que fuese a hacerlo tan rápidamente y que los acontecimientos de los que habló Jesús ocurriesen de forma inmediata, por eso el evangelista dice que *ninguno entendió* lo que Jesús dijo a Judas.

ἀγόρασον ὧν χρείαν ἔχομεν εἰς τὴν ἑορτήν, Algunos entendían que Jesús le mandaba comprar lo que necesitaban para la *fiesta*. Otra vez usa Juan el término, no en sentido del mismo día de la Pascua, sino de los días que seguían en la festividad que se abría con la cena pascual. Comprar algo en una aglomeración tan grande de gente, requería diligencia y eso podía ser entendido en las palabras de Jesús.

Los que piensan en una datación diferente entre Juan y los sinópticos, tienen aquí otro problema para resolver, ya que esas compras nocturnas no serían necesarias en la noche anterior al catorce de Nisán, porque tenían todo el día catorce, hasta la caída del día, para hacerlas. Pero si fue, como es seguro, en la noche del día catorce de Nisán, se entiende porque el día quince, era fiesta solemne y el dieciséis sábado en donde no se podían hacer compras. Probablemente las disposiciones restrictivas sobre el día de la Pascua comenzaban el día quince por la mañana. Por otro lado, aunque la noche del día catorce fuese considerada como parte de la festividad, había alguna tolerancia para comprar aquello que fuese imprescindible, si fuese necesario.

ἢ τοῖς πτωχοῖς ἵνα τι δῷ. En tiempos de festividades solemnes, se acentuaban las expresiones de caridad, por tanto, otros pensaban que le había enviado para dar alguna limosna a los pobres. Si los discípulos, por lo menos algunos de ellos, entendían aquello, ¿supone que Jesús tenía costumbre de dar limosnas a los pobres en la noche? Con mucha probabilidad, esta no era la costumbre del Señor. Pero, si la comida era una cena pascual, como se ha considerado, entonces cabía perfectamente eso, puesto que era costumbre dar limosna a los pobres en la noche de Pascua. Según la tradición de aquel tiempo, un pobre tenía derecho a cuatro vasos de vino aquella noche, aunque fuera a expensas de la bolsa para los pobres. Una instrucción pascual decía: *"Mira, éste es el miserable pan que tuvieron que comer nuestros padres cuando salieron de Egipto. Que venga y coma todo el que tenga hambre; que venga y celebre con nosotros la Pascua todo el que está en necesidad"*[5]. Otra nota de la *Misna* dice que no era insólito invitar a

[5] Las *massôt*.

cualquier vagabundo a comer la pascua[6]. Según Josefo[7], las puertas del templo en Pascua se abrían desde la media noche, por lo que, en el contexto de la época, no era difícil encontrar pobres en los atrios del templo y en sus proximidades.

El que se hizo pobre siendo rico (2 Co. 8:9), atendió durante todo Su ministerio a los necesitados de algo. Bien fuese de sanidad, de liberación, de visión, de aliento, etc. Sin embargo la ofrenda de amor mas grande tendría lugar horas después en la Cruz.

30. Cuando él, pues, hubo tomado el bocado, luego salió; y era ya de noche.

λαβὼν	οὖν	τὸ	ψωμίον	ἐκεῖνος	ἐξῆλθεν	εὐθύς.	ἦν δὲ νύξ.
Tomado,	pues,	el	bocado,	él,	salió	en seguida.	Y era noche.

Notas y análisis del texto griego.

Concluyendo el párrafo, escribe: λαβὼν, caso nominativo masculino singular del participio del aoristo segundo en voz activa del verbo λαμβάνω, *tomar*, aquí *tomado*; οὖν, conjunción continuativa *pues*; τὸ, caso acusativo neutro singular del artículo determinado *el*; ψωμίον, caso acusativo neutro singular del nombre común *bocado*; ἐκεῖνος, caso nominativo masculino singular del pronombre demostrativo *él*; ἐξῆλθεν, tercera persona singular del aoristo segundo de indicativo en voz activa del verbo ἐξέρχομαι, *salir*, aquí *salió*; εὐθύς, adverbio de tiempo *en seguida, inmediatamente*; ἦν, tercera persona singular del imperfecto de indicativo en voz activa del verbo εἰμί, *ser*, aquí *era*; δὲ, partícula conjuntiva que hace las veces de conjunción coordinante, con sentido de *pero, más bien, y, y por cierto, antes bien*; νύξ, caso nominativo femenino singular del nombre común *noche*.

λαβὼν οὖν τὸ ψωμίον ἐκεῖνος ἐξῆλθεν εὐθύς. Tanto los sinópticos como Juan dicen que se trataba de una cena. Los comensales se reunían cuando anochecía y en el curso de la comida se hacía de noche. En el contexto histórico del relato bíblico, Judas debió salir para concertar la entrega de Jesús con las autoridades religiosas con las que había contactado antes. Tal vez pensaba que descubierta su intención o se hacía en aquel momento o luego sería tarde. En la primera cláusula se remarca el momento en que Judas tomó el bocado, para establecer la cronología de los hechos.

---

[6] Pes. IX, 11.

[7] Josefo. *Antigüedades* 18, 29 s.

ἦν δὲ νύξ. Es sorprendente la orientación de la frase en dos aspectos. Era noche, temporalmente hablando, pero también era noche perpetua, definitiva en el alma de Judas. Cuando salió del lugar donde estaban reunidos entraba él en la noche más tremenda que hombre alguno pudiera experimentar. Noche en que la luz luminosa de Dios se extinguía para él perpetuamente. Entraba en la dimensión de las tinieblas. Su vida perdería valor de tal modo que sería preferible para él suicidarse. Había tenido oportunidades, las había rechazado, ahora poseído por Satanás iba a seguir el dictado de quien era ya su padre espiritual, de modo que siguiendo su naturaleza de homicida propia de Satanás, él procuraría matar a Jesús. El mundo intentaba apagar la luz de Dios que brilla en Jesucristo, poniéndolo en una Cruz para quitarle la vida. Serán los momentos mas oscuros de la humanidad. Pero la noche de la ignominia dará paso a la luz esplendorosa de la mañana de la redención y del día de la gracia.

Jesús anuncia su partida (13:31-38).

El anuncio (13:31-33).

31. Entonces, cuando hubo salido, dijo Jesús: Ahora es glorificado el Hijo del Hombre, y Dios es glorificado en él.

Ὅτε οὖν ἐξῆλθεν, λέγει Ἰησοῦς· νῦν ἐδοξάσθη ὁ Υἱὸς τοῦ
Entonces cuando salió, dice Jesús: Ahora fue glorificado el Hijo del
Ἀνθρώπου καὶ ὁ Θεὸς ἐδοξάσθη ἐν αὐτῷ·
Hombre y - Dios fue glorificado en Él.

Notas y análisis del texto griego.

Iniciando un nuevo párrafo, escribe: Ὅτε, conjunción *cuando*; οὖν, conjunción continuativa *pues*; ἐξῆλθεν, tercera persona singular del segundo aoristo de indicativo en voz activa del verbo ἐξέρχομαι, *salir, retirarse, irse*, aquí *salió*; λέγει, tercera persona singular del presente de indicativo en voz activa del verbo λέγω, *hablar, decir*, aquí *dice*; Ἰησοῦς, caso nominativo masculino singular del nombre propio *Jesús*; νῦν, adverbio de tiempo *ahora*; ἐδοξάσθη, tercera persona singular del aoristo primero de indicativo en voz pasiva del verbo δοχάζω, *glorificar, alabar*, aquí *fue glorificado*; ὁ, caso nominativo masculino singular del artículo determinado *el*; Υἱὸς, caso nominativo masculino singular del título divino *Hijo*; τοῦ, caso genitivo masculino singular del artículo determinado declinado *del*; Ἀνθρώπου, caso genitivo masculino singular de la segunda parte del título divino *Hombre*; καὶ, conjunción copulativa *y*; ὁ, caso nominativo masculino singular del artículo determinado *el*; Θεὸς, caso nominativo masculino singular del nombre divino *Dios*; ἐδοξάσθη, tercera persona singular del aoristo primero de indicativo en voz pasiva del verbo δοχάζω, *glorificar, alabar*, aquí *fue glorificado*; ἐν, preposición propia de dativo *en*; αὐτῷ, caso dativo masculino de la tercera persona singular del pronombre personal *él*.

Ὅτε οὖν ἐξῆλθεν, λέγει Ἰησοῦς· La salida de Judas nos introduce en la hora de la *salida* de Jesús, anunciada antes y comentada por Moisés y Elías en el Monte de la Transfiguración. La expresión *dice Jesús*, abre el espacio dedicado a la enseñanza especial para los Suyos, la última en el tiempo del ministerio de Jesús, que tiene lugar después de la cena, alrededor de la mesa. En el relato histórico anterior, no aparece en este *Evangelio*, ninguna referencia a la institución de la ordenanza sobre la Cena del Señor, que por los sinópticos tuvo lugar durante la cena y, probablemente después de la salida de Judas, por lo no habría participado de ella. Es un tiempo cordial en el que Cristo abre Su corazón y se explaya con Sus discípulos. Con todo, la tensión entre los once se mantiene e incluso se incrementa por los anuncios que Jesús dio aquella noche. Primero la traición de Judas, luego la negación de Pedro. El ambiente es de calma para Cristo, de inquietud para los discípulos.

νῦν ἐδοξάσθη ὁ Υἱὸς τοῦ Ἀνθρώπου καὶ ὁ Θεὸς ἐδοξάσθη ἐν αὐτῷ· La salida de Judas abre también la vía para la glorificación del Hijo del Hombre, en la realización de la determinación divina para la obra redentora, esta glorificación del Hijo la es también del Padre. En el *Evangelio* se menciona el *levantamiento* de Jesús, vinculado a la glorificación, porque mediante ella el hombre perdido puede encontrar la salvación, el perdón de pecados y la vida eterna (3:14, 15; 7:30; 8:28; 12:31-32). Es notable apreciar que el verbo en aoristo apunta a una acción consumada, pero es propio de la profecía usar un pasado para mencionar un futuro inmediato, dando por concluido lo que en el tiempo no ha ocurrido, pero está determinado en el propósito de Dios, siendo, por tanto, seguro. Ahora que Judas había salido para cometer la traición, comenzaba la gloria del Hijo del Hombre, porque la operación salvadora iba a realizarse inmediatamente.

La glorificación, como se dice antes, es tanto del Padre como del Hijo. El Padre es glorificado en las obras del Hijo, en Sus palabras y en todo Su ministerio (14:13; 15:8; 17:4). Por esa razón la glorificación, como consecuencia del cumplimiento de la obra de salvación se asigna tanto al Hijo (7:39), como al Padre (12:28). La glorificación de Dios se vincula en este pasaje a la Pasión y muerte del Hijo del Hombre, título tan frecuentemente usado por Jesús para Sí mismo en Su ministerio.

Jesús dice que *ahora* el Hijo del Hombre es glorificado. Anteriormente había repetido muchas veces que *Su hora* aún no había llegado, pero en esta ocasión dice *es ya* la hora. El Señor va a salir del mundo por la muerte y será glorificado luego de Su resurrección. Cuando Cristo dice que *Dios es glorificado en Él*, está refiriéndose a que Dios había manifestado la gloria de Su gracia, o de otro modo, Su propia gloria que le impulsa al amor y a la redención, en el Hijo. Es necesario recordar que en Cristo *"habita corporalmente la plenitud de la deidad"* (Col. 2:9). La obra que glorifica al Hijo, glorifica también al Padre. La gloria del Hijo está en que se anonada para salvarnos, la del Padre en que entrega a Su Hijo para salvación del mundo. Todo este glorioso plan estaba establecido desde antes de la fundación del mundo (1 P. 1:18-20). Por vía de la crucifixión, de la muerte, del sepulcro y de la resurrección se produciría la exaltación hasta lo sumo del Hijo del Hombre (Fil. 2:9-11). Así escribe el Dr. Lacueva:

"...El Hijo del Hombre va a ser expuesto ahora a la mayor ignominia y deshonra, tanto por parte de sus insolentes enemigos como de sus cobardes amigos. No obstante, ahora es glorificado; es la hora de alcanzar una decisiva victoria sobre Satanás y todos los poderes de las tinieblas; es también la hora de llevar a cabo una gloriosa liberación de sus elegidos, mediante la reconciliación que Dios llevará a cabo con el mundo en el Calvario (2 Co. 5:19), proveyendo para ellos justicia y felicidad eternas; es la hora igualmente de ofrecer un ejemplo sin par de negación de sí mismo y de paciencia en su pasión y muerte en cruz, y de un amor tal a los hombres, que será perpetuamente objeto de admiración, alabanza y gratitud. Jesús había sido glorificado en los muchos milagros que había realizado, pero habla ahora de ser glorificado a través de sus padecimientos, dando a entender que en ellos va a obtener mayor gloria que en todos los portentos que había llevado a cabo.

Dios el Padre habría de ser glorificado también en esos padecimientos, ya que la muerte expiatoria de Cristo iba a satisfacer cumplidamente las demandas de la santidad y de la misericordia de Dios. Dios es amor (1 Jn. 4:8, 16), y precisamente en la muerte de Cristo es donde mejor se mostró el amor de Dios hacia nosotros (3:16; Ro. 5:8; 1 Jn. 4:9-10)"[8].

La gloria de Dios, tanto la del Padre como la del Hijo, se manifiesta en la obra de redención. Es necesario entender que cuando se habla de lo que Dios busca con la salvación, suele contestarse que

[8] F. Lacueva. o.c., pág. 346.

primordialmente Su gloria. Esto es verdad. Pero ha de entenderse que Dios no planifica toda esta obra de gracia buscando ser glorificado, sino que el objetivo de Su obra, salvar al pecador, glorifica Su nombre. Es decir cuando se considera y entiende lo que eso significa no hay otro camino que en la gratitud el nombre de Dios sea glorificado. A Él se alaba por lo que hace y se le adora por lo que es.

32. Si Dios es glorificado en él, Dios también le glorificará en sí mismo, y en seguida le glorificará.

[εἰ ὁ Θεὸς ἐδοξάσθη ἐν αὐτῷ][1], καὶ ὁ Θεὸς δοξάσει αὐτὸν
Si - Dios fue glorificado en Él también - Dios glorificará le
ἐν αὐτῷ[2], καὶ εὐθὺς δοξάσει αὐτόν.
en Él, y en seguida glorificará le.

Notas y análisis del texto griego.

Sigue trasladando las palabras de Jesús: εἰ, conjunción *si*; ὁ, caso nominativo masculino singular del artículo determinado *el*; Θεὸς, caso nominativo masculino singular del nombre divino *Dios*; ἐδοξάσθη, tercera persona singular del aoristo primero de indicativo en voz pasiva del verbo δοχάζω, *glorificar, alabar*, aquí *fue glorificado*; ἐν, preposición propia de dativo *en*; αὐτῷ, caso dativo masculino de la tercera persona singular del pronombre personal *él*; καὶ, adverbio de modo *también*; ὁ, caso nominativo masculino singular del artículo determinado *el*; Θεὸς, caso nominativo masculino singular del nombre divino *Dios*; δοξάσει, tercera persona singular del futuro de indicativo en voz activa del verbo δοχάζω, *glorificar, alabar,* aquí *glorificará*; αὐτὸν, caso acusativo masculino de la tercera persona singular del pronombre personal declinado *a él, le*; ἐν, preposición propia de dativo *en*; αὐτῷ, caso dativo masculino de la tercera persona singular del pronombre personal *él*; καὶ, conjunción copulativa *y*; εὐθὺς, adverbio de tiempo, *inmediatamente, en seguida*; δοξάσει, tercera persona singular del futuro de indicativo en voz activa del verbo δοχάζω, *dar gloria, glorificar*, aquí *glorificará*; αὐτόν, caso acusativo masculino de la tercera persona singular del pronombre personal declinado *a él, le*.

Crítica Textual. Lecturas alternativas.

[1] εἰ ὁ Θεὸς ἐδοξάσθη ἐν αὐτῷ, *si Dios fue glorificado en él*, lectura atestiguada en $\aleph^2$, A, C^2, K, Γ, Δ, Θ, Ψ, f^{13}, 33, 565, 700, 892, 1241, 1424, 844, 𝔐, lat, sir^p, sa, bo^{pt}, $Orígenes^{lem}$.

La frase se omite en p^{66}, ℵ*, B, C*, D, K, W, 1, 579, it, vg^{mss}, $sir^{s, h}$, ly, cw, bo^{pt}.

[2] ἐν αὐτω, *en él*, lectura conforme a p^{66}, $\aleph^{*, 2b}$, B.

ἐν ἑαυτὸν, *en sí mismo*, según se lee en $\aleph^{2a}$, A, D, K, K, W, Γ, Δ, Θ, Ψ, $f^{1, 13}$, 33, 565, 700, 892, 1241, 1424, 844, 𝔐.

[εἰ ὁ Θεὸς ἐδοξάσθη ἐν αὐτῷ], καὶ ὁ Θεὸς δοξάσει αὐτὸν ἐν αὐτῷ, Si Dios es glorificado en el Hijo, éste será glorificado en Dios y lo hará en seguida. Esta glorificación del Hijo tendrá lugar en el seno del Padre de donde procede (1:18; 17:5). El Padre y el Hijo no se glorifican a sí mismos, sino que lo hace el uno para el otro, ambos para el Espíritu Santo, y el Espíritu para ellos. En la unidad de esencia divina hay tres Personas, aunque en el *Evangelio* se precisa la unidad entre el Padre y el Hijo (10:30). Estas Personas se distinguen entre sí como Personas, en la entrega total de cada una a las otras dos. De ahí que la gloria del Hijo se manifieste en el Padre y la de Éste en el Hijo.

καὶ εὐθὺς δοξάσει αὐτόν. Esta glorificación mutua será *en seguida*. Como *en seguida* iba a ocurrir la muerte del Salvador. Por eso dijo antes *ha llegado la hora*. La Cruz reportaría a ambos gloria (He. 12:2) y esto iba a ser pronto. La glorificación del Hijo tiene que ver con el traslado y entronización junto a Él de la humanidad de Cristo. Por esta glorificación pide Jesús (17:5). Es decir, Dios glorificará al Hijo en Su propia humanidad. Este tema será considerado también en el comentario al texto antes citado. El siervo, terminada Su obra para la que había sido enviado, regresa al lugar de donde había venido. El eterno Verbo, ahora encarnado, tiene como lugar propio la majestad de las alturas, donde eternamente existe en la unidad del Padre y del Espíritu, allí vuelve, luego de la Cruz, revestida Su humanidad de la misma gloria que corresponde a Su naturaleza divina.

33. Hijitos, aún estaré con vosotros un poco. Me buscaréis; pero como dije a los judíos, así os digo ahora a vosotros: A donde yo voy, vosotros no podéis ir.

τεκνία, ἔτι μικρὸν[1] μεθ' ὑμῶν εἰμι· ζητήσετε με, καὶ καθὼς
Hijitos, aún poco con vosotros estoy; buscaréis me, y como
εἶπον τοῖς 'Ιουδαίοις ὅτι ὅπου ἐγὼ ὑπάγω ὑμεῖς οὐ δύνασθε
dije a los judíos que adonde yo voy vosotros no podéis
ἐλθεῖν, καὶ ὑμῖν λέγω ἄρτι.
venir, también a vosotros digo ahora.

Notas y análisis del texto griego.

Siguen las palabras de Jesús: τεκνία, caso vocativo neutro plural del nombre común *hijitos*; ἔτι, adverbio de tiempo *aún, todavía*; μικρὸν, caso acusativo neutro singular del adjetivo *poco, pequeño*; μεθ', forma escrita de la preposición de genitivo μετά, por elisión ante vocal con espíritu suave, *con*; ὑμῶν, caso genitivo de la segunda persona plural del pronombre personal *vosotros*; εἰμι, primera persona singular del presente de indicativo en voz activa del verbo εἰμί, *ser, estar*, aquí *estoy*; ζητήσετε, segunda persona plural del futuro de indicativo en voz activa del verbo ζητέω, *buscar*, aquí *buscaréis*; με, caso acusativo de la primera persona singular del pronombre personal declinado *a mí, me*; καὶ, conjunción copulativa *y*; καθὼς, conjunción comparativa *como*; εἶπον, primera persona singular del segundo aoristo de indicativo en voz activa del verbo εἶπον, forma del aoristo de λέγω, *hablar, decir*, aquí *dije*; τοῖς, caso dativo masculino de la tercera persona plural del pronombre personal declinado *a los*; Ἰουδαίοις, caso dativo masculino plural del adjetivo *judíos*; ὅτι, conjunción *que*; ὅπου, adverbio relativo de lugar *adonde, donde*; ἐγώ, caso nominativo de la primera persona singular del pronombre personal *yo*; ὑπάγω, primera persona singular del presente de indicativo en voz activa del verbo ὑπάγω, *ir, marchar*, aquí *voy*; ὑμεῖς, caso nominativo de la segunda persona plural del pronombre personal *vosotros*; οὐ, adverbio de negación *no*; δύνασθε, segunda persona plural del presente de indicativo en voz media del verbo δύναμαι, *poder, tener poder*, aquí *podéis*; ἐλθεῖν, segundo aoristo de infinitivo en voz activa del verbo ἔρχομαι, *venir*; καὶ, adverbio de modo *también*; ὑμῖν, caso dativo de la segunda persona plural del pronombre personal declinado *a vosotros*; λέγω, primera persona singular del presente de indicativo en voz activa del verbo λέγω, *hablar, decir*, aquí *digo*; ἄρτι, adverbio demostrativo *ahora*.

Crítica Textual. Lecturas alternativas.

[1] μικρὸν, *poco*, lectura atestiguada en 𝔓[66], A, B, C, D, K, W, Δ, f^1, 33, 565, 579, 700, 1241, 1424, 𝔐, lat, sa[mss], Clemente, Orígenes.

μικρὸν χρόνον, *poco tiempo*, según lectura en ℵ, K, Γ, Θ, Ψ, f^{13}, 892, 844, c, f, l, sir[h], sa[mss], ly, cw, bo[pt].

τεκνία, Antecediendo a lo que va a decirse, comienza la frase con un vocativo lleno de afecto y ternura, llamándoles *hijitos*. Es una palabra que aparece sólo en este lugar en los cuatro evangelios. Una forma muy habitual en los escritos de Juan con la que se dirige a sus lectores (cf. 1 Jn. 2:1, 12, 28; 3:7, 18; 4:4; 5:21). Llamándoles de este modo hace notar que eran aún *niños* en la comprensión de muchas verdades, pero, al mismo tiempo les son muy amados.

ἔτι μικρὸν μεθ᾽ ὑμῶν εἰμι· Lo primero que les hace saber es que el tiempo para estar con ellos era poco, corto, breve. Ya lo había dicho tiempo atrás hablando del corto tiempo que la *luz*, en referencia a Él, estaría todavía en el mundo (12:35). Acababa de decirles que había llegado la hora para que el Hijo del Hombre fuese glorificado, por tanto, el tiempo de la presencia de Cristo con ellos sería corto, no sólo en aquella noche, sino aún después de la resurrección. La partida al Padre había llegado y el tiempo con ellos se acababa.

ζητήσετε με, καὶ καθὼς εἶπον τοῖς Ἰουδαίοις ὅτι ὅπου ἐγὼ ὑπάγω ὑμεῖς οὐ δύνασθε ἐλθεῖν, La segunda parte de las palabras de Jesús contienen la advertencia de una búsqueda sin resultado: *me buscaréis*, pero a donde Él iba ellos no podían ir, por tanto no podrían encontrarlo para estar físicamente al lado de ellos. De manera que tenían que acostumbrarse a vivir sin la presencia corporal de Jesús, como había sido su experiencia durante los años de ministerio. Varias cosas se aprecian en las palabras de Jesús. Primeramente que le echarán de menos cuando no esté con ellos. Eso lo advirtió a los judíos (7:34), pero a estos les dijo *"y no me hallaréis"*. Sin embargo no dice lo mismo a los discípulos. No lo iban a hallar físicamente, pero tendrían una doble provisión. Él iba a estar con ellos hasta el fin del mundo (Mt. 28:20), y les enviaría el Espíritu Santo para que estuviese con ellos, sustituyendo la presencia Suya. En segundo lugar a donde Él iba, ellos no podían ir momentáneamente, pero le seguirían luego (v. 36). Todos ellos iban a ir un día al Padre. La misma Iglesia será recogida para estar para siempre con Jesús (1 Ts. 4:17). Sobre esto les hablará un poco después (14:1-4). En contraste con los judíos que no creían en Él y que por incredulidad no irán nunca al Padre, porque no han tomado el único camino que va a Él (14:6). Los judíos le buscarían con remordimiento, ellos lo harían con tristeza por Su ausencia, pero con gloriosa esperanza y seguridad del encuentro con Él.

καὶ ὑμῖν λέγω ἄρτι. La advertencia final es una palabra de advertencia, *también a vosotros digo ahora*. Aquellos no podían ir a donde Jesús estaba, sea a la Cruz, o sea a la gloria. Incluso podía tener, en cierta manera, referencia al día de la resurrección. Ellos buscarían a Jesús donde ya no estaba, no podrían encontrarlo, pero Él vendría a ellos. Cristo les advierte de las experiencias que serían propias para después de Su partida.

El mandamiento nuevo (13:34-35).

34. Un mandamiento nuevo os doy: Que os améis unos a otros; como yo os he amado, que también os améis unos a otros.

Ἐντολὴν καινὴν δίδωμι ὑμῖν, ἵνα ἀγαπᾶτε ἀλλήλους, καθὼς
Mandamiento nuevo doy os: que améis unos a otros, como
ἠγάπησα ὑμᾶς ἵνα καὶ ὑμεῖς ἀγαπᾶτε ἀλλήλους.
amo os, que también os améis unos a otros.

Notas y análisis del texto griego.

Estableciendo un mandamiento, dice: Ἐντολὴν, caso acusativo femenino singular del nombre común *mandamiento*; καινὴν, caso acusativo femenino singular del adjetivo *nuevo*; δίδωμι, primera persona singular del presente de indicativo en voz activa del verbo δίδωμι, *dar, entregar, confiar*, aquí *doy*; ὑμῖν, caso dativo de la segunda persona plural del pronombre personal declinado *a vosotros, os*; ἵνα, conjunción *que*; ἀγαπᾶτε, segunda persona plural del presente de subjuntivo en voz activa del verbo ἀγαπάω, *amar*, aquí *améis*; ἀλλήλους, caso acusativo masculino plural del pronombre recíproco *unos a otros*; καθὼς, conjunción comparativa *como*; ἠγάπησα, primera persona singular del aoristo primero de indicativo en voz activa del verbo ἀγαπάω, *amar*, aquí *amé*; ὑμᾶς, caso acusativo de la segunda persona plural del pronombre personal declinado *a vosotros, os*; ἵνα, conjunción *que*; καὶ, adverbio de modo *también*; ὑμεῖς, caso nominativo de la segunda persona plural del pronombre personal *vosotros*; ἀγαπᾶτε, segunda persona plural del presente de subjuntivo en voz activa del verbo ἀγαπάω, *amar*, aquí *améis*; ἀλλήλους, caso acusativo masculino plural del pronombre recíproco *unos a otros*.

Ἐντολὴν καινὴν δίδωμι ὑμῖν, ἵνα ἀγαπᾶτε ἀλλήλους, Mientras el Señor partía y ellos quedaban en la tierra, debían vivir la vida de Cristo en ellos, que esencialmente es amor. En aquel momento establece la vida de amor mutuo no como una opción, sino como la única manera de vivir la vida cristiana. Lo hace como un mandamiento, de modo que no hay excusa alguna para cumplirlo. Es más, no amar, es signo de desobediencia a Cristo. Les dice que este mandamiento es *nuevo*. En el griego hay dos adjetivos que se traducen al castellano con esta palabra. Uno es νέος, que significa *nuevo, reciente, joven*; el otro es el que aparece aquí καινός, que aunque significa *nuevo*, que no quiere decir que aparece en aquel momento, sino que existiendo desde antes, no envejece, sino que se mantiene novedoso siempre. En ese sentido el mandamiento de amar a los demás ha existido siempre (cf. Lv. 19:18; Pr. 20:22; 24:29; Mr. 12:29, 31). Ese mandamiento establecido desde antiguo había sido corrompido por los religiosos de aquel tiempo y dejado de practicar por el pueblo desde tiempo atrás. Jesús recupera el mandamiento y lo establece para los suyos, recuperándolo como esencial. El mandamiento se da renovado, ya que el antiguo decía *amarás a tu prójimo como a ti mismo*, pero no establecía correspondencia alguno del prójimo hacia el que le amaba. Sin embargo, ahora determina la mutua correspondencia en el amor, todos debían amar a todos: *unos a otros*.

καθὼς ἠγάπησα ὑμᾶς ἵνα καὶ ὑμεῖς ἀγαπᾶτε ἀλλήλους. Jesús establece también la *calidad* de ese amor. Sabe bien que los hombres no podremos alcanzar la dimensión del amor divino que se expresa en Él;

no lo pide, pero si la *calidad* de amor suya. Amor desprendido, desinteresado, de entrega sin reserva hacia los demás. La intensidad del amor la dará la presencia del Espíritu Santo en la realización de Su fruto en el creyente (Gá. 5:22), y la capacitación para amar será la presencia de la tercera Persona Divina, que derrama el amor de Dios hasta saturar el corazón del creyente (Ro. 5:5). El amor de Cristo es infinito, pero también es incomprensible, porque *"nadie tiene mayor amor que éste, que uno ponga su vida por sus amigos"* (15:13), pareciera fácil amar al amigo, pero ninguno éramos amigos, Él puso Su vida para hacernos amigos, cuando antes éramos enemigos de Él en malas obras. El sentido de *nuevo* es el de calidad sublime y perfecta, algo que es excelente. Sobre esto escribe el profesor Juan Leal: *"Como yo os he amado se refiere al hecho y a la medida. El amor cristiano se distingue de la filantropía o amor natural en esto precisamente: es la práctica del bien al hermano porque Cristo lo quiere, y como Cristo lo quiere, y hasta donde Cristo ha llegado. 2 P. 1:7 pone la caridad o ágape por encima de la filadelfia o amor fraternal"*[9].

El apóstol Pablo, años después, recordara a los creyentes el compromiso de amor: *"andad en amor, como también Cristo nos amó, y se entregó a sí mismo por nosotros, ofrenda y sacrificio a Dios en olor fragante"* (Ef. 5:2). Cristo nos amó entregándose por nosotros. Es necesario entender que el *nuevo mandamiento*, no es puntual u ocasional, sino que es un estilo de vida. En identificación con Cristo el creyente ama *como* Él ama. La posibilidad de cumplir el mandamiento nuevo, consiste en *andar en el Espíritu*, que reproduce a Jesús en el creyente. Estando en Cristo como nuevas criaturas (2 Co. 5:17), habiendo sido resucitados en Él (Ef. 2:6), escondiendo Dios nuestra vida con Cristo en Él (Col. 3:3), somos de tal manera en Cristo que el camino de la vida cristiana no puede ser otro que el de la reproducción, o conformación a Jesús, en el poder del Espíritu. Esa identificación con Cristo nos permite alcanzar la demanda del amor mutuo. El amor al que somos llamados en el mandamiento es un amor desinteresado, ya que Jesús *se entregó a Sí mismo por nosotros*. Quiere decir que ese amor tiene que abarcar a todos. Nadie está fuera del amor divino, y de forma especial, cada creyente es objeto directo del amor. Es un amor insondable, porque el Señor *"fue entregado por nuestras transgresiones"* (Ro. 4:25), pero Él se entregó a Sí mismo voluntariamente por nosotros, Sus ovejas (10:17-18). De otro modo: *"se dio a sí mismo por nuestros pecados para librarnos del presente siglo malo, conforme a la voluntad de nuestro Dios y Padre"* (Gá. 1:4). El Señor nos amó hasta ocupar en sustitución nuestro lugar, para extinguir con Su muerte la responsabilidad penal del pecado que incidía en nosotros. El Señor no

---

[9] Juan Leal. o.c., pág. 506.

murió solo *a favor* o *en beneficio* del creyente, sino ocupando su lugar. De ahí que quien no cumpla el mandamiento nuevo mostrando amor, debe preguntarse si ha nacido de nuevo (1 Jn. 4:8). No se trata de la teología del amor, sino de la vivencia del amor. El que no es capaz de amar a su hermano *"no es de Dios"* y *"permanece en muerte"* (1 Jn. 3:10, 14). No es posible dejar de amar a nuestros hermanos cuando entendemos que el Señor *"me amó a mí y se entregó a sí mismo por mí"* (Gá. 2:20). El amor que se nos pide es el de renuncia a todos los derechos por el bienestar del otro, ya que siendo Jesús en *forma de Dios*, no consideró esa condición como algo que debía ser mantenida, sino que se despojó a Sí mismo en un acto supremo de entrega incondicional (Fil. 2:6-7). Este mandamiento nuevo se expresará si realmente *hay en nosotros el sentir que hubo también en Cristo Jesús* (Fil. 2:5).

El amor al que se refiere Jesús en el *nuevo mandamiento* es el mismo amor Suyo reproducido en nosotros por el Espíritu Santo. Para que el creyente pueda expresarlo en su vida, el Espíritu lo derramó en el corazón, como se dice antes. Por este amor el regenerado se convierte en amante, cuyo amor no solo se orienta hacia Dios, sino también hacia el prójimo y, determinantemente hacia sus hermanos. De otro modo, quien se reconoce amado por Jesús, se vuelve activo en el amor derramado en él. Mediante la presencia de Cristo en la vida del cristiano y, todavía más, mediante la vida de Cristo que se hace, por el Espíritu vida del cristiano, el amor de Cristo se manifiesta en la dinámica de la vida, de manera que ama, no por obligación aunque tiene un *mandamiento nuevo*, sino por comunión con Cristo. El amor es el mayor de los dones que Dios da al creyente. El Señor no pide nada que primeramente no da o, de otro modo, no pide nada para lo que no haya hecho provisión. De ahí que la provisión de amor divino sea abundantísima para que pueda amar sin reservas a sus hermanos. El amor siendo sufrido es paciente, magnánimo, capaz de soportar las injusticias y los males que recibe (Pr. 10:12). Es también benigno porque usa de gentileza y amabilidad . No tiene envida, porque no siente celos por el progreso del hermano. No se envanece, porque impide la arrogancia personal. No hace nada indebido, ya que no tiene un comportamiento indecoroso para con los que ama. No busca lo suyo, puesto que es un amor desinteresado. No se irrita, impidiendo toda contienda entre hermanos. No guarda rencor, porque no tiene en cuenta el mal que pueda recibir. No se goza en la injusticia, porque no simpatiza con el mal. Además, todo lo sufre, excusando todo, dispuesto siempre a perdonar las faltas de otros. Todo lo espera, porque confía siempre en la enmienda del otro. Es un amor que lo soporta todo, porque es perseverante.

35. En esto conocerán todos que sois mis discípulos, si tuviereis amor los unos con los otros.

ἐν τούτῳ γνώσονται πάντες ὅτι ἐμοὶ μαθηταί ἐστε, ἐὰν ἀγάπην
En esto conocerán todos que mis discípulos sois, si amor
ἔχητε ἐν ἀλλήλοις.
tenéis unos con otros.

Notas y análisis del texto griego.

Cerrando el párrafo del nuevo mandamiento, escribe: ἐν, preposición propia de dativo *en*; τούτῳ, caso dativo neutro plural del pronombre demostrativo *estos, estas cosas, esto*; γνώσονται, tercera persona plural del futuro de indicativo en voz media del verbo γινώσκω, *conocer, saber, entender*, aquí *conocerán*; πάντες, caso nominativo masculino plural del adjetivo indefinido *todos*; ὅτι, conjunción *que*; ἐμοὶ, caso dativo de la primera persona singular del pronombre personal declinado *de mí, mis*; μαθηταί, caso nominativo masculino plural del nombre común *discípulos*; ἐστε, segunda persona plural del presente de indicativo en voz activa del verbo εἰμί, *ser*, aquí *sois*; ἐὰν, conjunción afirmativa *si*; ἀγάπην, caso acusativo femenino singular del nombre común *amor*; ἔχητε, segunda persona plural del presente de subjuntivo en voz activa del verbo ἔχω, *tener*, aquí *tengáis*, en traducción al castellano *tenéis*; ἐν, preposición propia de dativo *en*; ἀλλήλοις, caso dativo masculino plural del pronombre recíproco *unos a otros*.

ἐν τούτῳ γνώσονται πάντες ὅτι ἐμοὶ μαθηταί ἐστε, ἐὰν ἀγάπην ἔχητε ἐν ἀλλήλοις. La identificación de los creyentes no está basada en lo que creen sino en si se aman. Por supuesto el amor a Cristo hará que todos estén dispuestos a guardar sus mandamientos (14:15). La doctrina no es negociable, la Palabra no puede ser desobedecida, la Escritura debe ser amada y respetada. Sin embargo hay quienes son capaces de dar su vida por la defensa de la fe, es más, algunos son incluso capaces de *adorar* la Biblia, pero son incapaces de amar a sus hermanos. El mundo no puede identificar la realidad de la vida cristiana a no ser por el amor entre los creyentes. El amor fraternal es el mayor problema de los discípulos de Cristo. Cristo se distinguió por el amor desinteresado que mostraba para todos los que encontró en Su camino durante el ministerio. Por amor se entregaba para sanar enfermos, expulsar demonios, alimentar multitudes, dar vista a ciegos, atender afligidos, etc. etc. es por eso que Jesús era conocido de todos. Algunos no estarían de acuerdo con Sus enseñanzas pero no podían negar Su amor. En los primeros tiempos del cristianismo, especialmente en el tiempo de las persecuciones en donde miles morían por ser cristianos, los paganos decían: *¡Mira, como se aman!* Mientras que en el mundo todos buscan lo suyo propio, los cristianos se distinguen por *"servirse unos a otros en amor"* (Gá. 5:13). Los verdaderos cristianos aman para ser capaces de *"sobrellevar los unos las cargas de los otros"* (Gá. 6:2). Cada cristiano, miembro del cuerpo y piedra en el edificio está puesto para que, con la gracia divina y el poder del Espíritu, coloque su hombro bajo la carga del hermano y la comparta con él haciéndola más llevadera, ayudándole a soportar las dificultades, trabajos y problemas personales. Cuando el amor divino llena el corazón saturándolo de amor, éste no encuentra reposo hasta depositarlo en otro, como Cristo hizo con nosotros, de manera que se orienta hacia los hermanos buscando el bien ajeno y no el propio (1 Co. 10:24). El mandato de Jesús está orientado al amor fraterno, que es identificativo de la realidad de ser cristiano. Es ciertamente lamentable el desinterés que se manifiesta muchas veces en relación con la vida de los hermanos que pasan desapercibidos y llevan solos las aflicciones y problemas. Como mínimo, si no es posible la compañía personal, podemos llevar sus cargas sobre nuestros hombros al Trono de Gracia, para interceder por ellos a fin de que encuentren el oportuno socorro para sus necesidades. El mandamiento nuevo no es posible más que con el cumplimiento de la deuda de amor que cada uno tiene con su hermano. Los legalistas quieren una *norma*, asaetean las vidas de los hermanos reprochándoles sus faltas, denunciando sus miserias y apartándolos por sus caídas. Esta es la norma verdadera, *que os améis unos a otros como yo os he amado*. En todo esto Jesús es el ejemplo. Su gracia frente a la carga espiritual de la mujer pecadora (Lc. 7:36-50). Su amor ante la mujer adúltera (8:11). La gracia demostrada al ladrón que moría a Su lado en otra cruz (Lc. 23:43). ¿Qué decir de la restauración de Pedro? Posiblemente no haya mayor ejemplo de afecto en todo el Nuevo Testamento, como consideraremos en su lugar (21:15-17). El apóstol Pablo enseña que sin amor no puede haber ministerio aceptable delante de Dios (1 Co. 13:1), allí dice que quien tiene todas las perfecciones espirituales y la riqueza de los mejores dones y no tiene amor, su ministerio es simple ruido que molesta a Dios y molesta a la iglesia. La ley de Cristo perdona al ofensor, restaura al caído y ayuda al necesitado.

Juan escribe su primera epístola y habla ampliamente de este mismo pensamiento, al escribir: *"El que dice que está en la luz, y aborrece a su hermano, está todavía en tinieblas"* (1 Jn. 2:9). La realidad del nuevo nacimiento, el test que lo pone de manifiesto como verdadero es: *"nosotros sabemos que hemos pasado de muerte a vida, en que amamos a los hermanos. El que no ama a su hermano, permanece en muerte"* (1 Jn. 3:14). No solamente quien no ama no está en la luz, esto es, no tiene a Cristo, sino que es como su padre espiritual, el diablo, mentiroso: *"Si alguno dice: Yo amo a Dios, y aborrece a su hermano, es mentiroso. Pues el que no ama a su hermano a quien ha visto, ¿cómo puede amar a Dios a quien no ha visto"* (1 Jn. 4:20).

Reacción de Pedro y respuesta de Jesús (13:36-38).

36. Le dijo Simón Pedro: Señor, ¿a dónde vas? Jesús le respondió: A donde yo voy, no me puedes seguir ahora; mas me seguirás después.

Λέγει αὐτῷ Σίμων Πέτρος· Κύριε, ποῦ ὑπάγεις ἀπεκρίθη
Dice le Simón Pedro: Señor, ¿adónde vas? Respondió
[αὐτῷ] Ἰησοῦς· ὅπου ὑπάγω οὐ δύνασαί μοι νῦν
le Jesús: Adonde voy no puedes me ahora
ἀκολουθῆσαι, ἀκολουθήσεις δὲ ὕστερον.
seguir, pero seguirás después.

Notas y análisis del texto griego.

Introduciendo el relato del anuncio de la negación de Pedro, escribe: Λέγει, tercera persona singular del presente de indicativo en voz activa del verbo λέγω, *hablar, decir*, aquí *dice*; αὐτῷ, caso dativo masculino de la tercera persona singular del pronombre personal declinado *a él, le*; Σίμων, caso nominativo masculino singular del nombre propio *Simón*; Πέτρος, caso nominativo masculino singular del nombre propio *Pedro*; Κύριε, caso vocativo masculino singular del nombre divino *Señor*; ποῦ, adverbio interrogativo *adónde*; ὑπάγεις, segunda persona singular del presente de indicativo en voz activa del verbo ὑπάγω, *ir*, aquí *vas*; ἀπεκρίθη, tercera persona singular del aoristo primero de indicativo en voz pasiva del verbo ἀποκρίνομαι, *responder, contestar*, aquí *respondió*; αὐτῷ, caso dativo masculino de la tercera persona singular del pronombre personal declinado *a él, le*; Ἰησοῦς, caso nominativo masculino singular del nombre propio *Jesús*; ὅπου, adverbio relativo de lugar *a donde, donde*; ὑπάγω, primera persona singular del presente de indicativo en voz activa del verbo ὑπάγω, *ir*, aquí *voy*; οὐ, adverbio de negación *no*; δύνασαι, segunda persona singular del presente de indicativo en voz activa del verbo δύναμαι, *poder, tener poder*, aquí *puedes*; μοι, caso dativo de la primera persona singular del pronombre personal declinado *a mí, me*; νῦν, adverbio demostrativo *ahora*; ἀκολουθῆσαι, aoristo primero de infinitivo en voz activa del verbo ἀκολυθέω, *seguir*; ἀκολουθήσεις, segunda persona singular del futuro de indicativo en voz activa del verbo ἀκολυθέω, *seguir*, aquí *seguirás*; δὲ, partícula conjuntiva que hace las veces de conjunción coordinante, con sentido de *pero, más bien, y, y por cierto, antes bien*; ὕστερον, adverbio *después, más tarde*.

Λέγει αὐτῷ Σίμων Πέτρος· Κύριε, ποῦ ὑπάγεις. Pedro tiene la característica de hablar demasiado. No se reprime sino que cuanto le parece así lo comunica. Jesús les había dicho que a donde Él iba ellos no podían seguirle por ahora, pero que lo harían después. La curiosidad de Pedro le lleva a formular a Jesús una pregunta directa, sin ambages: *"¿A dónde vas?"*. El deseo de conocer lo que no conocemos conduce a formular preguntas que siendo simple curiosidad no recibirán respuesta.

El discípulo tenía ya la respuesta de Jesús, voy a donde no podéis vosotros ir. Pero aquello no satisfacía a Pedro, quería saber el lugar concreto a donde el Señor iba. Jesús habló del mandamiento del amor, pero lo que realmente atrajo a Pedro fue despejar la incógnita de saber a donde iba Jesús. Como dice Barret: *"El conocimiento y la experiencia religiosa resultan más atractivos que la obediencia"*[10]. Pedro deseaba que Jesús no se apartara del grupo, pero si lo hacía quería saber a donde iba porque deseaba estar con Él y no quería perderle. Supone esto que los anuncios de Su muerte, de la traición de Judas, y de los acontecimientos que contra Él ocurrirían en Jerusalén, no estaban firmes en el pensamiento de Pedro y de todo el grupo de discípulos. Por eso ignora las palabras de amor y el mandamiento a amarse para expresar con la pregunta lo que realmente llenaba su corazón.

ἀπεκρίθη [αὐτῷ] Ἰησοῦς· ὅπου ὑπάγω οὐ δύνασαι μοι νῦν ἀκολουθῆσαι, ἀκολουθήσεις δὲ ὕστερον. Cristo responde a la pregunta. Siempre lo hizo. No hubo pregunta que le formularon que no fue contestada. La respuesta es sencilla pero directa. En ella hay todavía un aire misterioso en el sentido de indefinición directa del lugar a donde Él iba. *"A donde yo voy, no me puedes seguir ahora; más me seguirás después"*. Sin desvelar lo que significaba *a donde voy*, le señala la imposibilidad de ir con Él *ahora*, es decir, acompañarle para estar con Él en la situación de muerte de Cruz, de burlas y desprecios, de maldición, esto es, de cuanto representaría para Jesús el tiempo de pasión. Además Jesús subiría al Padre. En ninguna de esas dos experiencias podían estar *ahora* los suyos. No era la hora de ellos, era la hora de Jesús.

Sin embargo hay palabras de esperanza en la respuesta. No puedes ahora, pero *me seguirás después*. Seguimiento es la razón del discipulado. Los discípulos tenían misión en el mundo, por tanto, debían seguir aquí. El Señor había acabado la Suya e iba al Padre, que le había enviado. Lo que Cristo le dice tuvo fiel cumplimiento. Según la historia eclesiástica, Pedro murió crucificado. Dice la tradición que pidió ser crucificado boca abajo, porque no se sentía digno de morir de la misma forma en que había muerto Su Señor. Cristo regresaba al Padre, tampoco ahí podía acompañarle Pedro en ese momento. No había llegado su hora para ser trasladado, pero vendría el momento tiempo después cuando partiese de esta vida para estar con el Señor (21:18 s.). Jesús está diciendo a Pedro: *Calma, Pedro, llegará el tiempo para que puedas estar a donde Yo voy.*

---

[10] Charles Kingsley Barret, o.c., pág. 688.

37. Le dijo Pedro: Señor, ¿por qué no te puedo seguir ahora? Mi vida pondré por ti.

λέγει αὐτῷ ὁ Πέτρος· Κύριε, διὰ τί οὐ δύναμαι σοι
Dice le - Pedro: Señor, ¿por qué no puedo te
ἀκολουθῆσαι ἄρτι τὴν ψυχήν μου ὑπὲρ σοῦ θήσω.
seguir ahora? La vida de mí por Ti pondré.

Notas y análisis del texto griego.

Siguiendo el relato, añade: λέγει, tercera persona singular del presente de indicativo en voz activa del verbo λέγω, *hablar, decir*; αὐτῷ, caso dativo masculino de la tercera persona singular del pronombre personal declinado *a él, le*; ὁ, caso nominativo masculino singular del artículo determinado *el*; Πέτρος, caso nominativo masculino singular del nombre común *Pedro*; Κύριε, caso vocativo masculino singular del nombre divino *Señor*; διὰ, preposición propia de acusativo *por*; τί, caso acusativo neutro singular del pronombre interrogativo *qué*; οὐ, adverbio de negación *no*; δύναμαι, primera persona singular del presente de indicativo en voz media del verbo δύναμαι, *poder, tener poder*, aquí *puedo*; σοι, caso dativo de la segunda persona singular del pronombre personal declinado *a ti, te*; ἀκολουθῆσαι, aoristo primero de infinitivo en voz activa del verbo ἀκολουθέω, *seguir, acompañar*; ἄρτι, adverbio demostrativo *ahora*; τὴν, caso acusativo femenino singular del artículo determinado *la*; ψυχήν, caso acusativo femenino singular del nombre común *vida, persona, alma*; μου, caso genitivo de la primera persona singular del pronombre personal declinado *de mí*; ὑπὲρ, preposición propia de genitivo *por*; σοῦ, caso genitivo de la segunda persona singular del pronombre personal *ti*; θήσω, primera persona singular del futuro de indicativo en voz activa del verbo τίθημι, *poner, designar, entregar*, aquí *pondré*.

λέγει αὐτῷ ὁ Πέτρος· Κύριε, διὰ τί οὐ δύναμαι σοι ἀκολουθῆσαι ἄρτι. Pedro entiende que el Señor se estaba refiriendo a Su muerte. Tiempo antes Tomás propuso acompañarle para *morir con Él* (11:16). Ahora Pedro está ante la disyuntiva de dejar que Jesús vaya solo o ir con Él. Este es el pensamiento humano del discípulo, pero no tenía el discernimiento espiritual para entender la dimensión de las palabras de Jesús y aceptarlas como Él las decía. No veía claro el alcance de *a donde voy ahora*. Por tanto estaba dispuesto a no dejar sólo al Maestro. En la mente del apóstol estaban las palabras *ahora... luego*. El se aferraba al *ahora* y quería saber por qué no podía seguir *ahora* a Jesús.

τὴν ψυχήν μου ὑπὲρ σοῦ θήσω. Si se trataba de exponerse a un peligro de muerte, expresa no importarle. El Maestro en particular y todos los discípulos debían conocer su determinación de morir por Él si fuese necesario. Pedro prefería morir con Él a vivir sin Él. Sin duda las palabras suyas expresan sinceridad. Estaba dispuesto a morir si era necesario, pero, contaba sólo con su determinación y con sus fuerzas. La tarea del seguimiento requiere el poder del Espíritu. Como hombre, desde la sinceridad de un corazón que ama a Cristo, afirma su determinación de dar su vida por Él si era necesario. Se distinguen tres elementos que el hombre no podía controlar por sí mismo. Primeramente la autosuficiencia: Los otros podrían vacilar en cuanto a compromiso con Jesús, él no. En segundo lugar la firmeza: Aunque me cueste la vida no voy a negarte. En tercer lugar, la autodeterminación: *mi vida daré por Ti*. Pedro estaba seguro de sí mismo, como se aprecia en el leguaje determinante que usa. Es una forma de expresarse que hace con vehemencia. No estaba convencido de lo que Jesús le había dicho, que *ahora* no podía acompañarle; no se conforma con la respuesta de Cristo, él quiere ir más allá y demostrar a todos que su fidelidad era inquebrantable a pesar de las circunstancias.

38. Jesús respondió: ¿Tu vida pondrás por mí? De cierto, de cierto te digo: No cantará el gallo, sin que me hayas negado tres veces.

ἀποκρίνεται Ἰησοῦς· τὴν ψυχήν σου ὑπὲρ ἐμοῦ θήσεις ἀμὴν
Responde Jesús: ¿La vida de ti por mí darás? De cierto
ἀμὴν λέγω σοι, οὐ μὴ ἀλέκτωρ φωνήσῃ ἕως οὗ ἀρνήσῃ
de cierto, digo te: De ningún modo gallo cantara hasta que niegues
με τρίς.
me tres veces.

Notas y análisis del texto griego.

Cerrando el párrafo, escribe: ἀποκρίνεται, tercera persona singular del presente de indicativo en voz media del verbo ἀποκρίνομαι, *responder, contestar, tomar la palabra*, aquí *responde*; Ἰησοῦς, caso nominativo masculino singular del nombre propio *Jesús*; τὴν, caso acusativo femenino singular del artículo determinado *la*; ψυχήν, caso acusativo femenino singular del nombre común *vida*; σου, caso genitivo de la segunda persona singular del pronombre personal declinado *de ti*; ὑπὲρ, preposición propia de genitivo *por*; ἐμοῦ, caso genitivo de la primera persona singular del pronombre personal *mí*; θήσεις, segunda persona singular del futuro de indicativo en voz activa del verbo τίθημι, *poner, designar, entregar*, aquí *pondrás*; ἀμὴν, transliteración *amén*; ἀμὴν, transliteración *amén*; λέγω, primera persona singular del presente de indicativo en voz activa del verbo λέγω, *hablar, decir*, aquí *digo*; σοι, caso dativo de la segunda persona singular del pronombre personal declinado *a ti, te*; οὐ, adverbio de negación *no*; μὴ, partícula que hace funciones de adverbio de negación *no*; ambas negaciones juntas pueden traducirse como *de ningún modo, jamás*; ἀλέκτωρ, caso nominativo masculino singular del nombre común *gallo*; φωνήσῃ, tercera persona singular del aoristo primero de subjuntivo en voz activa del verbo φωνέω, *hablar, cantar*, aquí *cantara*; ἕως, preposición propia de genitivo *hasta*; οὗ, caso genitivo masculino singular del pronombre relativo *que*; ἀρνήσῃ, segunda persona singular del futuro de indicativo en voz media del verbo ἀρνέομαι, *negar, rehusar, renunciar*, aquí *negarás*; με, caso acusativo de la primera persona singular del pronombre personal declinado *a mí, me*; τρίς, adverbio *tres veces*.

ἀποκρίνεται ᾿Ιησοῦς· τὴν ψυχήν σου ὑπὲρ ἐμοῦ θήσεις. A la promesa de Pedro, sigue la respuesta de Jesús. La primera parte se formula mediante una pregunta retórica: *¿tu vida darás por mí?* Exigiría por parte de Pedro una respuesta positiva. El Señor lleva a Pedro a una reflexión, como diríamos coloquialmente a que pensara dos veces las cosas antes de hablar. Su promesa descansaba en sus fuerzas y siendo de hombre no son suficientes para mantener una determinación que va a encontrarse con la presión diabólica y las fuerzas del poder del mal.

ἀμὴν ἀμὴν λέγω σοι, οὐ μὴ ἀλέκτωρ φωνήσῃ ἕως οὗ ἀρνήσῃ με τρίς. Cristo añade a la pregunta la predicción de lo que iba a ocurrirle aquella misma noche. Va precedida de una forma solemne de advertencia: *De cierto, de cierto te digo*. No podía dudar de lo que Jesús va a decirle. Lo hace públicamente, delante de todos los otros discípulos. La promesa de fidelidad había sido también formulada ante todos, de modo que la respuesta es del mismo modo. La afirmación es tremendamente enfática y precisa. De ninguna manera cantaría un gallo aquella noche antes de que Pedro le negase tres veces. Se está refiriendo el Señor al *canto del gallo* que anuncia la venida del nuevo día. Ningún gallo en Jerusalén emitiría su canto antes de que quien prometía fidelidad hasta la muerte, negase tres veces que conocía al Señor. De otro modo, Cristo le dice: *tus negaciones irán siempre por delante del canto del gallo*. Será, conforme a los sinópticos, en el segundo canto del gallo unida a la mirada de Jesús, que el discípulo será conducido al arrepentimiento y llorará desconsoladamente (18:27). Es cierto que Pedro no daría su vida por Jesús, como había prometido, pero no es menos cierto que Jesús la daría por Pedro. La negación se produciría antes del amanecer del día, necesariamente en lo que se llamaba *el canto del gallo*. La noche para los judíos se dividía en cuatro partes: *el anochecer o la noche*, desde las seis hasta las nueve de la tarde; *la media noche*, de nueve a doce; *el canto del gallo*, desde las doce hasta las tres; y, finalmente, *la mañana*, desde las tres hasta las seis. De manera que antes de las tres, Pedro le negaría tres veces.

A los reunidos con Él en la cena les anuncia dos sucesos que conmocionarían a todos. El primero tenía que ver con la traición de Judas. El segundo con la negación de Pedro. Estos anuncios con la advertencia de seguridad en el cumplimiento, no causaban las acciones de uno y del otro. No era una determinación divina, sino una advertencia profética. Es notable observar como el Señor conoce la perversidad de los malos y la debilidad de los creyentes. Pedro iba a negarle repetida y deliberadamente. La seguridad del discípulo había sido derribada por el conocimiento del Maestro. La presunción orgullosa es resistida por Dios, mientras que la dependencia humilde lleva aparejada la gracia. No se menciona que Pedro volviese a hablar aquella noche, por lo menos, no quedan registradas sus palabras, como aparecen las de los otros en el diálogo con Jesús. Posiblemente la predicción de Cristo le hizo guardar silencio, mientras los otros seguían hablando normalmente.

Cerrando el capítulo, será necesario destacar algo que tenga aplicación personal para cada uno de nosotros.

Cabe destacar la lección del lavamiento de los pies, desde la perspectiva de la restauración de un hermano caído. El pecado, las faltas, hacen mella muchas veces en la vida de cada uno. El polvo del mundo se adhiere a nuestros pies y el andar espiritual deja de ser limpio. Todos podemos caer en una falta, mayor o menor a ojos de los hombres, pero siempre grande ante los de Dios. La misión que debe caracterizar el cristiano espiritual, es la de la restauración de quien necesita recuperar su vida de limpieza y comunión con Dios. Dicho desde la óptica de la parábola, es buscar la oveja extraviada que está ausente de las noventa y nueve del aprisco. El Buen Pastor, dejando seguras las que le habían seguido hasta el redil, sale a buscar la que se había extraviado por los montes. La busca hasta que la encuentra. La toma de donde está. La pone sobre Sus hombros y la trae a la compañía del resto. No hay palabras de reproche, no hay castigo para la extraviada, simplemente es reconducida para que vuelva a la seguridad de la compañía del pastor y al calor del rebaño. La distinción del creyente espiritual no está en la capacidad de reprender, sino en la de restaurar (Gá. 6:1). Hay, tristemente, muchas ovejas que antes se congregaban con los hermanos para alabar al Señor y ser edificadas con la Palabra, que están ausentes del rebaño, alejadas, extraviadas en el mundo. No importa cual sea la responsabilidad de cada una de ellas. La virtud del amor fraterno debe llevarnos a buscar la extraviada para traerla a Cristo. El legalismo y la religiosidad han hecho estragos en el rebaño del Señor y mermado a muchas iglesias. Hay líderes que están mas interesados en el mantenimiento de la doctrina y en las formas de culto, que en buscar a las ovejas extraviadas. Cientos de jóvenes están en el mundo porque no han tenido una mano amiga, que despojándose de la grandeza, tomase la toalla del esclavo y buscase sus pies ensuciados para lavarlos y secarlos. La disciplina mal entendida, que no es otra cosa que castigo legalista, se mantiene en ocasiones aún después del arrepentimiento del hermano, convirtiéndose en un medio de coacción y castigo y no en el elemento que opera el arrepentimiento y abre el camino de la restauración. Mantener disciplina por tiempo no está en la Biblia. Mantener disciplina luego de la confesión y arrepentimiento del disciplinado es un pecado que expresa falta de amor y abuso de autoridad.

Una segunda lección aplicativa tiene que ver con el amor como distintivo del verdadero creyente. Nuevamente el legalismo hace estragos en el cumplimiento de la demanda de Jesús. Hay quienes han levantado un altar a la doctrina y queman en él el amor demandado por Jesús. Las múltiples divisiones en las iglesias, las cada vez mayor número de roturas matrimoniales, la enemistad entre hermanos, los muros denominacionales, son manifestaciones visibles de la falta de amor. Hay quienes se consideran perfectos porque mantienen un sistema religioso heredado y se sientan para participar de la Cena del Señor siendo incapaces de amar honesta y sinceramente a algunos de los hermanos que están participando de ella. Hay quienes se glorían en la ortodoxia doctrinal, pero, mientras *enseñan* la Biblia, fallan en la práctica de la doctrina fundamental del amor. Muchas veces nos olvidamos que cualquier ministerio que realicemos, aunque sea aparentemente grande y necesario, hecho sin amor, no es más que ruido que molesta a Dios y molesta a la iglesia.

Finalmente promesas precipitadamente formuladas que descansan en el poder personal, son anuncios proféticos de anticipadas derrotas. Las fuerzas humanas son nada en la lucha espiritual contra los poderes de las tinieblas que batallan contra la Iglesia y contra el creyente. Nuestra lucha no es contra carne y sangre, sino contra fuerzas de maldad (Ef. 6:12). Dios no nos manda *luchar contra ellas*, sino *resistirlas*, con el poder del Espíritu en la oración y con la espada de combate en la Palabra. Se nos manda mantenernos firmes en el terreno de victoria donde hemos sido colocados. Sin embargo en el cumplimiento de las promesas de fidelidad se requiere la dependencia del Espíritu de Dios, ya que no es con ejército ni con fuerza, sino con mí Espíritu, dice el Señor (Zac. 4:6). El poder de una vida victoriosa que sirve de testimonio al mundo se alcanza sólo *andando en el Espíritu* (Gá. 5:16). Nuestras fuerzas son siempre causa de derrota. Hemos de entender que sólo Dios puede hacer el milagro de multiplicarlas cuando no las tenemos. De otro modo, Dios multiplica nuestro cero y en su lugar pone los recursos divinos para que obtengamos la victoria. No debemos engañarnos en esto, porque sólo Dios es el que *"produce en nosotros así el querer como el hacer, por su buena voluntad"* (Fil. 2:13).

CAPÍTULO XIV

LA ESPERANZA, EL ESPÍRITU Y LA PAZ.

Introducción.

El relato sigue desarrollándose en torno a la mesa donde Jesús come la última cena con los discípulos. Su muerte está cercana. La hora que Dios había determinado para que diese Su vida en la operación de salvación había llegado. Por tanto, aprovecha las últimas horas de compañía con los suyos para darles las últimas lecciones, revelarles misterios que no habían sido revelados antes, y alentar sus corazones, afligidos e inquietos por los acontecimientos que se aproximaban y por las predicciones que había hecho el Señor.

Las palabras de Cristo no tienen paralelo en ninguno de los sinópticos, salvo ciertos aspectos aislados dentro del discurso general. Comenzando por la enseñanza sobre el regreso del Señor (vv. 1-14), en la que, sin abandonar la realidad del retorno a los suyos después de la resurrección, exige una posición escatológica que revela lo que ocurrirá en un futuro no determinado pero siempre inminente de un encuentro definitivo para que los creyentes sean recogidos por Él y la separación momentánea termine definitivamente. Esta parte del discurso de Jesús está destinada a dar respuesta a los problemas que plantea Su regreso al Padre, no tanto en el hecho en sí de Su partida, sino en la situación que afectará a los discípulos que habían estado con Él. No quedarán solos porque el Señor volverá para llevarlos consigo. Junto con esta esperanza que se convierte en seguridad, está la inquietud que en ellos se manifestaría de cómo iban a resolver problemas que surgían día a día sin la presencia de Jesús con ellos. Esto quedaría resuelto por el envío del Paráclito, como forma continuada de la presencia de Jesús (vv. 16-17, 26). Hay un anuncio insólito que pone de manifiesto la inmanencia trinitaria en los creyentes, ya que junto con la presencia del Espíritu, estará la del Hijo (v. 18), y la del Padre (v. 23). Esta expresión básica de la doctrina trinitaria, necesitará tiempo para la comprensión de quienes estaban condicionados por la unidad divina que entendían en una sola persona y que constituía la base esencial de la teología judía (Dt. 6:4).

Otro tema importante que se inicia aquí y sigue en los capítulos siguientes (vv. 15-26), tiene que ver con la presencia del Espíritu Santo, que comienza con el requerimiento de amar a Jesús (v. 15). La primera observación tiene que ver con la nominación del Espíritu como *"otro Consolador"*. Quiere decir que si es otro, luego la función que Jesús estaba haciendo era también la de Consolador, en sentido básico de *aquel que viene al lado*. Este *otro* Consolador, se anuncia que vendrá cuando Jesús se haya ido. La presencia del Espíritu no es visible como la de Jesús, sino que se realizará por medio de inhabitación en los creyentes. La realidad de Emanuel, Dios con nosotros, que fue realidad durante el ministerio de Jesús junto a los discípulos, quienes vieron en Él la gloria de Dios en la plenitud de Su gracia y verdad (1:14), va a continuar ya que el Espíritu es también Dios, pero se añade la bendición de no estar sólo *al lado* de los creyentes, sino en ellos. La revelación del envío del Espíritu es una manifestación del *misterio*, desconocido antes por los discípulos.

El tercer tema del discurso de Jesús hace referencia a la paz (vv. 27-31). Es el regalo de despedida que deja a los Suyos y, por extensión, a todos los que han de creer en Él por la predicación del evangelio. Aquellos estaban inquietos. A esa inquietud, natural por las circunstancias, acudió al principio de la enseñanza (v. 1). Luego deja palabras de seguridad anunciándoles la paz de Dios, no como ausencia de conflictos, ni con un determinado bienestar, sino como el don resultante de la obra de salvación que Él iba a realizar. No se trata de una paz resultante de alguna acción humana, sino la paz personal de Jesús (v. 27). Ellos no podían entender que el Mesías pudiera morir en la Cruz, pero sabían que proféticamente la paz estaba vinculada con Él (Is. 9:6). Dentro del pasaje está la afirmación de Cristo, que el *Padre es mayor* que Él, y que supuso serias controversias cristológicas y trinitarias. La enseñanza tiene un aspecto de advertencia para que prestasen atención a lo que iba a suceder y de lo que les estaba advirtiendo (v. 29). Ellos entendían oscuramente lo que ocurría y difícilmente alcanzaban a discernir lo relacionado con la muerte de Jesús y tampoco con la resurrección (20:25).

Para el análisis y comentario del pasaje se sigue el *bosquejo* que se indica en la *introducción*, como sigue:

4. Promesa de Jesús (14:1-7).
   4.1. La promesa (14:1-4).
   4.2. La reacción de Tomas y la respuesta de Jesús (14:5-7).
5. Enseñanza sobre la unidad divina (14:8-14).
6. Enseñanza sobre el envío del Espíritu Santo (14:15-26).
7. Enseñanza sobre la paz (14:27-31).

Promesa de Jesús (14:1-7).

La promesa (14:1-4).

1. No se turbe vuestro corazón; creéis en Dios, creed también en mí.

Μὴ ταρασσεσθω ὑμῶν ἡ καρδια· πιστευετε εἰς τὸν Θεὸν
No se turbe de vosotros el corazón; creéis en - Dios
καὶ εἰς ἐμὲ πιστευετε.
también en mí creed.

Notas y análisis del texto griego.

Comienza el párrafo, con Μὴ, partícula que hace funciones de adverbio de negación *no*; ταρασσεσθω, tercera persona singular del presente de imperativo en voz pasiva del verbo ταράσσω, *inquietar, perturbar, preocupar, turbar, asustar*, aquí *se turbe*; ὑμῶν, caso genitivo de la segunda persona plural del pronombre personal declinado *de vosotros, vuestro*; ἡ, caso nominativo femenino singular del artículo determinado *la*; καρδια, caso nominativo femenino singular del nombre común *corazón*; πιστευετε, segunda persona plural del presente de indicativo en voz activa o segunda persona plural del presente de imperativo en voz activa del verbo πιστεύω, *creer*, aquí *creéis*; εἰς, preposición propia de acusativo *en*; τὸν, caso acusativo masculino singular del artículo determinado *el*; Θεὸν, caso acusativo masculino singular del nombre divino *Dios*; καὶ, adverbio de modo *también*; εἰς, preposición propia de acusativo *en*; ἐμὲ, caso acusativo de la primera persona singular del pronombre personal *mí*; πιστευετε, segunda persona plural del presente de indicativo en voz activa o segunda persona plural del presente de imperativo en voz activa del verbo πιστεύω, *creer*, aquí *creed*.

Μὴ ταρασσεσθω ὑμῶν ἡ καρδια· El rostro de los once hombres alrededor de la mesa, debía reflejar la inquietud de su alma. Jesús se dirige a ellos con palabras de aliento, exhortándoles a que no se dejasen turbar, inquietar, amedrentar, por lo que era preocupante para ellos. Ellos sabían que el Señor iba a dejarlos, pero una situación así, no debía producir inquietud para quien tiene fe. El problema se asentaba en el interior de cada uno, lo que estaba turbado era el corazón, núcleo y asiento de la personalidad, por tanto, de la abundancia del corazón se manifestaba la expresión preocupada de sus rostros. La preocupación de los discípulos es, para Jesús, un hecho real. La explicación es la próxima partida del Señor.

πιστευετε εἰς τὸν Θεὸν καὶ εἰς ἐμὲ πιστευετε. La segunda parte de la cláusula tiene la dificultad de determinar si los verbos están en presente de indicativo o en imperativo. Probablemente el primero esté en presente de indicativo y el segundo en presente de imperativo. Esto supone que llama la atención de los discípulos a la fe que todos ellos tenían en Dios. Pero, esa misma fe en Dios la demanda para Sí. Lo que Jesús les decía es, *como creéis en Dios, creed también en mí*, o si se prefiere, *del mismo modo que creéis en Dios, así también creed en mí.* Es la mejor forma de entender el texto y de distinguir si el primer verbo está en presente de imperativo o de indicativo, ya que no es necesario llamar a la fe en Dios, en ese sentido *creed*, porque todo israelita creía en Dios. Creer en Cristo es la razón para sentir paz, la que procede de Dios y se alcanza por la fe (Ro. 5:1). Esta presencia de Jesús por fe alcanza una mayor dimensión que Su presencia física, siendo la razón del gozo mientras dura Su ausencia.

La deidad de Cristo se hace más evidente cuanto más avanza el *Evangelio*. Ya no es un *yo soy*, que alteraba los ánimos de los enemigos de Jesús, aquí demanda la misma fe que para el Padre. Solo quien es Dios puede pedir para Sí mismo la fe que Dios pide para Él. Juan entiende claramente que la fe en Jesús no es algo de segundo nivel, sino prioritaria. Que no se puede creer en el Padre sin creer en el Hijo, ni en Éste sin creer en Aquel.

2. En la casa de mi Padre muchas moradas hay; si así no fuera, yo os lo hubiera dicho; voy, pues, a preparar lugar para vosotros.

ἐν τῇ οἰκιᾳ τοῦ Πατρος μου μοναὶ πολλαι εἰσιν· εἰ δὲ μή,
En la casa del Padre de mí moradas muchas hay; y si no
εἶπον ἂν ὑμῖν ὅτι πορεύομαι ἑτοιμασαι τοπον ὑμῖν
hubiera dicho os; de modo que voy a preparar lugar para vosotros.

Notas y análisis del texto griego.

Siguen las palabras de Jesús: ἐν, preposición propia de dativo *en*; τῇ, caso dativo femenino singular del artículo definido *la*; οἰκιᾳ, caso dativo femenino singular del nombre común *casa*; τοῦ, caso genitivo masculino singular del artículo determinado declinado *del*; Πατρος, caso genitivo masculino singular del nombre divino *Padre*; μου, caso genitivo de la primera persona singular del pronombre personal declinado *de mí*; μοναὶ, caso nominativo femenino plural del nombre común *moradas, residencias*; πολλαι, caso nominativo femenino plural del adjetivo *muchas*; εἰσιν, tercera persona plural del presente de indicativo en voz activa del verbo εἰμί, *ser, estar, haber*, aquí *hay*; εἰ, conjunción *si*; δὲ, partícula conjuntiva que hace las veces de conjunción coordinante, con sentido de *pero, más bien, y, y por cierto, antes bien*; μή, partícula que hace funciones de adverbio de negación *no*; εἶπον, primera persona singular del segundo aoristo de indicativo en voz activa del verbo εἶπον, forma del aoristo de λέγω, *hablar, decir*, aquí *dije*, seguido de ἂν, debe entenderse como *hubiera dicho*; ἂν, partícula que no empieza nunca frase y que da a ésta carácter condicional o dubitativo, o expresa una idea de repetición. Se construye con todos los modos menos el imperativo y acompaña a los pronombres relativos para darles un sentido general; en algunas ocasiones no tiene traducción; ὑμῖν, caso dativo de la segunda persona plural del pronombre personal declinado *a vosotros, os*; ὅτι, conjunción *de modo que*; πορεύομαι, primera persona singular del presente de indicativo en voz media del verbo πορεύομαι, *irse, marcharse*, aquí *voy*; ἑτοιμασαι, aoristo primero de infinitivo en voz activa del verbo ἑτοιμάζω, *preparar, disponer*; τοπον, caso acusativo masculino singular del nombre común *lugar, sitio*; ὑμῖν, caso dativo de la segunda persona plural del pronombre personal declinado *para vosotros*.

ἐν τῇ οἰκιᾳ τοῦ Πατρος μου μοναὶ πολλαι εἰσιν· El Señor habla a los suyos de la casa del Padre. Es una forma de lenguaje para referirse al cielo, a donde Él regresaría en poco tiempo. La afirmación es que en la presencia de Dios *hay muchas moradas*. El término, con varias acepciones, debe considerarse aquí como un lugar de residencia permanente. Esta palabra aparece sólo dos veces en el Nuevo Testamento y ambas en este capítulo (v. 23). En las dos el sentido de morada definitiva es claro. ¿Cómo son esas *moradas?* El texto lleva a algunos a considerar casas individuales que Dios levanta para los creyentes que estén en Su presencia, luego de esta vida. Allí seremos conducidos los que de la iglesia sean resucitados y transformados para recibir al Señor en el aire, con motivo del *traslado* de la Iglesia (1 Ts. 4:16 ss.). No debemos olvidar que está hablando de asuntos celestiales con palabras terrenales, para que nuestra mente pueda captar la idea de lo que está enseñando. Un poco más adelante va a hablar de *lugar* para nosotros. La primera revelación que les hace el Señor, tiene que ver con un lugar que será residencia para todos los creyentes. Unidad y pluralidad. Una habitación con muchas moradas. Coincidiría con la *Jerusalén de arriba,* la *Ciudad celestial*, a la que se hace referencia en otros lugares. Es la ciudad construida por Dios mismo que era la esperanza de los santos de la antigua dispensación, la ciudad que tiene fundamentos cuyo arquitecto y constructor es Dios (He. 11:10,16). La ciudad que Jesús prepara para los suyos tiene fundamentos sólidos, no se trata de algo temporal que con el tiempo se extingue y queda en el olvido. No es tampoco comparable con la tienda exigua de nuestra peregrinación. El arquitecto es también celestial. Esta ciudad celestial es la esperanza escatológica de los creyentes de la que ya se disfruta por fe, aunque no se haya producido el traslado a ella. El diseñador divino de la ciudad es también el constructor de ella. Esto es, la ciudad celestial será una absoluta realidad divina que sólo Dios trae a la existencia, diseñándola y construyéndola Él mismo.

εἰ δὲ μή, εἶπον ἂν ὑμῖν. El Señor les advierte de la realidad de esa promesa. La construcción gramatical es un tanto compleja, ya que se trata de una condición de segunda clase suprimida. Jesús les dice que *si no*, es decir, si no hubiera muchas mansiones, os lo hubiera dicho. La palabra de Jesús no puede contradecirse y tendrá cumplimiento fiel, porque Dios no puede negarse a Él mismo. Es seguro lo que dice, de manera que nuestra esperanza no puede verse frustrada. Cristo les dice *si en la casa de mi Padre no hubiera espacio para muchas moradas, os lo hubiera dicho*. El propósito de Jesús al consolar a Sus discípulos es hacerles saber que todos tienen lugar en la casa del Padre, lugar que Él va a prepararles. El mismo Juan recibirá una revelación sobre el lugar que Jesús prepara para los suyos, cuyo detalle está en Apocalipsis.

No es lugar para comentar lo que se ha considerado con mas extensión en el comentario a Apocalipsis, al que se remite al lector[1]. Sólo un breve referencia. Jesús promete a los suyos *mansiones*, se ha dicho que debe entenderse como un conjunto residencial, que en Hebreos y Apocalipsis, entre otros lugares, se le llama *ciudad* y que encaja perfectamente en la idea. Una ciudad es *un lugar*, palabra usada por Jesús, donde hay muchas *moradas*. En el párrafo anterior se hace notar que Su arquitecto y constructor es Dios mismo, por eso se le llama también la *ciudad del Dios vivo* (He. 12:22). Es el nombre que el apóstol Pablo le da en la *Epístola a los Gálatas* (Gá. 4:26). El Dios vivo es el Dios de la gracia y de las promesas. Ese lugar prometido alienta la esperanza del creyente. No es algo temporal, por glorioso que pudiera resultar, sino una ciudad con perspectiva trascendente y dimensión eterna. El regalo perpetuo de Jesús para los Suyos, la herencia de los santos en luz, *"incorruptible, incontaminada, inmarcesible y reservada"* (1 P. 1:4). Si este lugar recogerá a los salvos de todos los tiempos, necesariamente precisa unas dimensiones enormes. La idea de que los creyentes en la presencia del Señor no necesitan espacio ni tiempo, no es bíblica. Los creyentes transformados con el cuerpo de resurrección y gloria, no dejan de ser *cuerpos*, que como tales ocupan un lugar en el espacio. El Señor habló de esto cuando dijo a los discípulos, que contemplaban asombrados Su cuerpo resucitado: *"Mirad mis manos y mis pies, que yo mismo soy; palpad, y ved; porque un espíritu no tiene carne ni huesos, como veis que yo tengo"* (Lc. 24:39). Son millones los salvos en el tiempo antiguo y en la dispensación de la Iglesia, junto con los salvos en la *tribulación*. El apóstol Juan la describe como una ciudad establecida en cuadro con sus dimensiones de longitud, altura y anchura iguales, lo que sugiere la

[1] Ver Apocalipsis, 21, de esta misma serie.

idea de un cubo perfecto. Entre los griegos la perfección de una ciudad era su simetría, de ahí que las ciudades más importantes de oriente, tenían forma cuadrangular. A Juan le fue presentada la visión de una ciudad con una simetría perfecta. Cuatro es también el número simbólico de la tierra que tiene cuatro puntos cardinales, la ciudad tiene cuatro ángulos y estará asentada en la tierra. Todo lo de la ciudad tiene relación con el hombre, en comunión con Dios, en la experiencia de vida en una nueva creación, donde habrá cielos nuevos y tierra nueva. La ciudad misma destaca en sentido de perfección. Las medidas que se dan a ese lugar en Apocalipsis, son de doce mil estadios por cada uno de sus lados. Cada estadio tenía cuatrocientos codos, y cada codo, ordinario, que se llama *de hombre*, medía cuarenta y cinco centímetros. Hecha la conversión daría:

1 estadio x 400 codos x 45 cm. = 180 m.
12.000 estadios x 180 m. = 2.160.000 m. = 2.160 Km.

La superficie de la ciudad, siendo un cuadrado, sería 2.160 Km. x 2.160 Km. = 4. 665.600 Km^2. Algo menos de la mitad de la superficie de Europa.

Pero todavía más, en el mismo lugar del Apocalipsis se dice que *"la longitud, la altura y la anchura de ellas son iguales*, de manera que entrando en el volumen del lugar, tendríamos:

2.160 Km. de longitud x 2.160 Km. de anchura x 2.160 Km. de altura = 10.077.696 Km^3.

Las dimensiones de superficie son asombrosamente grandes para una ciudad, pero supone algo inconcebible la dimensión del volumen, ya que la altura equivaldría a 2.160 Km. cuando el monte más alto de la tierra es un poco menor de 9 Km. de altura.

El lugar del que Cristo habla a los discípulos será donde Dios manifieste, de un modo singular y especial, Su presencia, como lo hacía también en el Lugar Santísimo. Es cierto que nadie puede en la actualidad suponer una construcción semejante, sin embargo ¿qué es esa medida comparada con la de la tierra actual? ¿No es la promesa de algo nuevo para un nuevo tiempo y una nueva creación? ¿Quién puede dudar que el Creador que ha traído a la existencia un universo con medidas sobrecogedoras, construya un lugar semejante al que se reveló a Juan?

Otro elemento asombroso del lugar que Jesús promete es la belleza. La descripción de la ciudad en Apocalipsis la presenta rodeada de un muro de jaspe, con doce puertas, sustentando tanto el muro como la ciudad, sobre cimentación hecha con piedras preciosas, siendo las puertas equiparables a perlas y las construcciones y calle de la ciudad de oro puro (Ap. 21:12, 18-21). Todo ello dirige la mente a entender que la gloria del lugar, que supera en todo a la imaginación de los más grandes deseos humanos. Todo el lugar que Jesús prepara para los suyos, reflejará la gloria de Dios. La cimentación de piedras preciosas hará destellar la gloria de la luz de Dios en ella. El que es *la luz del mundo*, brillará eternamente en la ciudad iluminándola con Su propia luz.

Junto con esto están también las bendiciones morales que se disfrutarán allí, donde las lágrimas desaparecen (Ap. 21:4). Quiere decir que todas las pruebas, dificultades, tristezas y otros motivos que producen la lágrimas habrán desaparecido. Allí el elemento que distancia a los creyentes, corta temporalmente a las familias, separa a los amigos, que es la muerte no tendrá cabida en el lugar que Jesús prepara para nosotros. La muerte habrá sido lanzada al lago de fuego (Ap. 20:14). Una sociedad para quien la muerte, no sólo deja de existir, sino que no es posible. La muerte es un estado absolutamente ajeno al pueblo de Dios en la dimensión de vida eterna. La muerte no existe porque habrá sido destruida (1 Co. 15:26). Las circunstancias difíciles, propias de la vida en un mundo condicionado y contaminado por el pecado, concluirán para siempre y el llanto, producto de las adversidades dará paso al gozo eterno en la presencia de Dios.

ὅτι πορεύομαι ἑτοιμάσαι τοπον ὑμῖν. Jesús que habla del lugar, se compromete en construirlo. El Creador de cuanto existe en el universo actual, con sus millones de galaxias, el mismo Señor Jesucristo (1:3; Col. 1:16). Además, la creación actual con asombrosas dimensiones, se sustenta en el orden cósmico establecido, por la palabra autoritativa y soberana de Jesucristo (He. 1:3). Por tanto, quien ha podido crear todo cuanto existe y sustentarlo, puede hacer algo más pequeño en dimensiones, como será el lugar que promete a los suyos. No hay, pues, razón alguna para buscar argumentos que humanamente hagan posible esto y formas que se ajusten al subjetivismo propio del hombre. La promesa de Jesús y la revelación profética, apuntan a medidas que la harán apropiada para recoger dentro de ella a los millones de santos que han sido salvos por gracia, mediante la fe, a lo largo del tiempo transcurrido de la historia humana. La idea que se hace relevante en medidas, se acompaña también de la belleza de su luminosidad. Jesús ama a los suyos hasta el infinito (13:1). Por ellos da Su vida. No podía hacer otra cosa para los suyos que la gloriosa mansión en donde estaremos para siempre con Él. Las mansiones son muchas porque son muchos los hijos que son llevados a la gloria (He. 2:10). Todo esto alentaba a quienes tenían turbados los corazones.

3. Y si me fuere y os preparare lugar, vendré otra vez, y os tomaré a mí mismo, para que donde yo estoy, vosotros también estéis.

καὶ ἐὰν πορευθῶ καὶ ἑτοιμασω τοπον ὑμῖν, παλιν ἔρχομαι καὶ
y si me fuese y preparase lugar os, de nuevo vengo y
παραλημψομαι ὑμᾶς πρὸς ἐμαυτον, ἵνα ὅπου εἰμὶ ἐγὼ καὶ
recogeré os a mí mismo, para que donde estoy yo también
ὑμεῖς ἦτε.
vosotros estéis.

Notas y análisis del texto griego.

Sigue el discurso: καὶ, conjunción copulativa *y*; ἐὰν, conjunción *si*; πορευθῶ, primera persona singular del aoristo primero de subjuntivo en voz pasiva del verbo πορεύομαι, *irse, marcharse*, aquí *me fuese*; καὶ, conjunción copulativa *y*; ἑτοιμασω, primera persona singular del aoristo primero de subjuntivo en voz pasiva del verbo ἑτοίμαζω, *preparar*, aquí *preparase*; τοπον, caso acusativo masculino singular del nombre común *lugar, sitio*; ὑμῖν, caso acusativo de la segunda persona plural del pronombre personal declinado *a vosotros, os*; παλιν, adverbio de modo, *nuevamente, de nuevo, otra vez*; ἔρχομαι, primera persona singular del presente de indicativo en voz media del verbo ἔρχομαι, *venir*, aquí *vengo*; καὶ, conjunción copulativa *y*; παραλημψομαι, primera persona singular del futuro de indicativo en voz media del verbo παραλαμβάνω, *recibir, tomar como compañero, recoger*, aquí *tomaré, recogeré*; ὑμᾶς, caso acusativo de la segunda persona plural del pronombre personal declinado *a vosotros, os*; πρὸς, preposición propia de acusativo *a*; ἐμαυτον, caso acusativo masculino singular del pronombre recíproco *mí mismo*; ἵνα, conjunción causal *para que*; ὅπου, adverbio relativo *donde*; εἰμὶ, primera persona singular del presente de indicativo en voz activa del verbo εἰμί, *ser, estar*, aquí *estoy*; ἐγὼ, caso nominativo de la primera persona singular del pronombre personal *yo*; καὶ, adverbio de modo *también*; ὑμεῖς, caso nominativo de la segunda persona plural del pronombre personal *vosotros*; ἦτε, segunda persona plural del presente de subjuntivo en voz activa del verbo εἰμί, *ser, estar*, aquí *estéis*.

καὶ ἐὰν πορευθῶ καὶ ἑτοιμασω τοπον ὑμῖν, Sigue el compromiso y las palabras de aliento de Jesús. Mediante una oración condicional de tercera clase, les habla de lo que iba a ocurrir: *si me fuese*. No duda de que va a ser así, Él se va al Padre, pero la idea es que cuando esa marcha se produzca vendrá el cumplimiento de lo que les está prometiendo. En el tiempo de ausencia se ocupará de preparar el lugar del que les habló antes, destinado a ellos.

πaλιν ἔρχομαι καὶ παραλημψομαι ὑμᾶς πρὸς ἐμαυτον, Ellos estaban entristecidos porque el Señor les había anunciado Su partida y les había dicho que a donde Él iba *ahora*, ellos sólo podrían ir *después*. Sin embargo, les anuncia Su regreso. La espera es larga para nosotros, pero el cumplimiento para Él es inmediato. La profecía, desde la perspectiva celestial afirma: *vengo pronto* (Ap. 22:12, 20). Esta es una enseñanza que se desarrollará más tarde en varios lugares de los escritos del Nuevo Testamento. Específicamente ese *regreso* tiene que ver con un propósito que no alcanza a todos, sino sólo a los discípulos, tanto los presentes como los que se conviertan en sus seguidores a lo largo del tiempo. No se trata del regreso a la tierra para establecer el reino, ni del regreso final para juzgar a vivos y muertos y establecer el gobierno de Dios eternamente en Su creación. El apóstol Pablo enseña que en un tiempo inminente Jesús vendrá a recoger a los suyos: *"Porque el Señor mismo con voz de mando, con voz de arcángel, y con trompeta de Dios, descenderá del cielo; y los muertos en Cristo resucitarán primero. Luego nosotros los que vivimos, los que hayamos quedado, seremos arrebatados juntamente con ellos en las nubes para recibir al Señor en el aire, y así estaremos siempre con el Señor"* (1 Ts. 4:16-17). Los ángeles recordarán a los discípulos que estaban presentes en la ascensión que *"Este mismo Jesús, que ha sido tomado de vosotros al cielo, así vendrá como le habéis visto ir al cielo"* (Hch. 1:11). Del trono de majestad donde ha sido entronizado, regresa para recoger a los Suyos. Lo hará con toda la gloria que tiene quien ha recibido un nombre que es sobre todo nombre (Fil. 2:9-11). La primera manifestación que ocurrirá entonces es la resurrección de los *que durmieron en Jesús*. La Biblia habla de un programa de resurrecciones, cuya primera ocurrió con la resurrección de Jesús de entre los muertos (1 Co. 15:22-23). La segunda tiene que ver con los creyentes que han partido de esta vida y están con Cristo a lo largo de la dispensación de la iglesia. No será una simple interrupción de la muerte, sino un definitivo despertar a una nueva experiencia de vida con Jesús. Todos los resucitados recibirán el cuerpo incorruptible, que les permite entrar en el disfrute pleno de una nueva dimensión de vida en la presencia del Señor, gozando perpetuamente de las riquezas de gloria que Él tiene como herencia para los Suyos (1 P. 1:4). Pero, junto con los resucitados el Señor promete venir para *recoger a los suyos*, en este sentido los creyentes que estén vivos en ese tiempo. Los que hayan sido resucitados no precederán a los vivos en el disfrute del encuentro con Cristo, sino que se unirán en un solo grupo para ser trasladados de la tierra al aire para encontrarse con el Señor que, cumpliendo Su promesa, regresa para recoger a los Suyos. Todos, los resucitados y los vivos, seremos transformados recibiendo el glorioso cuerpo de resurrección. Este elevarse de la tierra tiene, según el apóstol Pablo, *encontrarse con el Señor en el aire*. Es cierto que esperamos seguros el lugar que Cristo prepara, pero la puntualización no es el sitio que esperamos, sino la Persona que viene a nuestro encuentro. La esperanza del creyente no son lugares ni hechos, sino que Cristo es en nosotros esperanza de gloria (Col. 1:27).

ἵνα ὅπου εἰμὶ ἐγὼ καὶ ὑμεῖς ἦτε. La promesa de Cristo precisa la proyección eterna de la situación que se producirá cuando Él venga a buscarnos. Donde Él está, estaremos también nosotros. Los discípulos debían entender Sus palabras como si les dijese: *Donde yo estaré en breve y para siempre, también vosotros estaréis conmigo.* El apóstol Pablo dice lo mismo con otras palabras: *"...y así estaremos siempre con el Señor"* (1 Ts. 4:17). Nunca hemos dejado de tener la presencia del Señor con nosotros. El mismo promete la presencia del Espíritu Santo, como consideraremos un poco más adelante. El Señor prometió su compañía (Mt. 28:20). Sin embargo no le vemos cara a cara, es ahora la limitada visión de la fe y la revelación de la Palabra la que nos permite *ver a Jesús*. Pero entonces la visión será perfecta porque *"le veremos tal como Él es"* (1 Jn. 3:2). Una experiencia inimaginable, gozando para siempre de la admirable presencia del Señor. Las tristezas, las penas, las lágrimas, las aflicciones, las persecuciones, los fracasos, las caídas, la angustia, los tramos del valle de sombra de muerte, el desencanto y la depresión que, como Elías hemos sentido en algún momento, la soledad y la tristeza habrán desaparecido para siempre, la oscuridad de la senda dará paso a la gloriosa luz del lugar que el Señor prepara para nosotros. La reunión eterna de todos en la presencia del Señor, añadirá gozo y alegría que será la forma natural de la vida perpetua con Él. Será un encuentro definitivo para no separarnos jamás de Él. Entonces se cumplirá, además de la promesa de la que habla el Señor, Su deseo personal expresado en la oración al Padre: *"para que donde yo estoy ellos estén conmigo"* (17:24).

4. Y sabéis a donde voy, y sabéis el camino.

καὶ ὅπου [ἐγὼ][1] ὑπαγω οἴδατε τὴν ὁδον[2].
Y adonde Yo voy sabéis el camino.

Notas y análisis del texto griego.

Añade: καὶ, conjunción copulativa *y*; ὅπου, adverbio relativo *adonde*; ἐγὼ, caso nominativo de la primera persona singular del pronombre personal *yo*; ὑπαγω, primera persona singular del presente de indicativo en voz activa del verbo ὑπάγω, *ir*, aquí *voy*; οἴδατε, segunda persona plural del perfecto de indicativo en voz activa del verbo οἶδα, *saber, conocer, entender*, aquí *sabéis*; τὴν, caso acusativo femenino singular del artículo determinado *la*; ὁδον, caso acusativo femenino singular del nombre común *camino*.

Crítica Textual. Lecturas alternativas.

[1] ἐγὼ, *yo*, lectura atestiguada en ℵ, A, B, C, K, N, Q, Γ, Δ, Ψ, 33, 579, 700, 892, 1241, 844, 𝔐, c, f, vg, sa, ly, bo.

ἐγὼ, *yo*, se omite la lectura en 𝔭[66], D, K, W, Θ, *f*[13] 1, 565, 1424, it, pbo, bo.

[2] τὴν ὁδον, *el camino*, según lectura en 𝔭[66c], ℵ, B, C*, K, Q, W, 33, 579, a, sa[sa], pbo, bo.

καὶ τὴν ὁδον οἴδατε, *y el camino sabéis*, conforme a 𝔭[66*], A, C[3], D, K, N, Γ, Δ, Θ, Ψ, *f*[1, 13], 565, 700, 892, 1241, 1424, 844, 𝔐, lat, sir, sa, ly.

καὶ ὅπου [ἐγὼ] ὑπαγω οἴδατε τὴν ὁδον. El lugar a donde Jesús iba y el camino para llegar a él, debía ser conocido por los discípulos. Ellos sabían que existía la casa del Padre, a donde Jesús iba, y sabían también el camino para llegar a ella. Sin embargo, Pedro acababa de decirle que no sabía a donde iba (13:36), pero, debía saberlo porque Jesús lo había dicho antes claramente (7:33; 14:2). Es posible que no supiesen como iban a ir al Padre, pero sabían que ese era el destino.

Jesús hace referencia al camino que lleva al lugar a donde Él iba. No es el camino que va a seguir Él para retornar al Padre. Ese camino es único y sólo Jesús podía transitarlo. Ellos conocían que el camino para llegar a Dios es el de la fe en Cristo, como va a aclararles en seguida. Lo había enseñado varias veces (8:19; 10:7, 9; 12:26, 44, 45), toda vinculación con el Padre pasa necesariamente por el Hijo.

La reacción de Tomas y la respuesta de Jesús (14:5-7).

5. Le dijo Tomás: Señor, no sabemos a dónde vas; ¿cómo, pues, podemos saber el camino?

Λεγει αὐτῷ Θωμᾶς[1]· Κυριε, οὐκ οἴδαμεν ποῦ ὑπαγεις· πῶς
Dice le Tomás: Señor, no sabemos adonde vas; ¿Cómo
δυναμεθα τὴν ὁδὸν εἰδεναι
podemos el camino saber?

Notas y análisis del texto griego.

Sigue el relato: Λεγει, tercera persona singular del presente de indicativo en voz activa del verbo λέγω, *hablar, decir*, aquí *dice*; αὐτῷ, caso dativo masculino de la tercera persona singular del pronombre personal declinado *a Él, le*; Θωμᾶς, caso nominativo masculino singular del nombre propio *Tomás*; Κυριε, caso vocativo masculino singular del nombre divino *Señor*; οὐκ, forma escrita del adverbio de negación *no*, con el grafismo propio ante una vocal con espíritu suave o una enclítica; οἴδαμεν, primera persona plural del perfecto de indicativo en voz activa del verbo οἶδα, *saber, conocer, comprender, entender*, aquí *sabemos*; ποῦ, adverbio relativo *adonde*; ὑπαγεις· πῶς, partícula interrogativa adverbial, que realmente es un pronombre interrogativo *cómo, de que manera, por qué medio*; δυναμεθα, primera persona plural del presente de indicativo en voz media del verbo δύναμαι, *poder, tener poder*, aquí *podemos*; τὴν, caso acusativo femenino singular del artículo determinado *la*; ὁδὸν, caso acusativo femenino singular del nombre común *camino*; εἰδεναι, perfecto de infinitivo en voz activa del verbo οἶδα, *saber, conocer, comprender, entender*.

Crítica Textual. Lecturas alternativas.

[1] Se añade ὁ λεγώμενος Δίδυμος, *el llamado Dídimo*, en D.

Λεγει αὐτῷ Θωμᾶς· Κυριε, οὐκ οἴδαμεν ποῦ ὑπαγεις· Tomás pone de manifiesto la ignorancia suya y, probablemente la de todos los discípulos ya que habla en plural, sobre el significado de las palabras de Jesús. La objeción del discípulo es aparentemente lógica. Si no sabían a donde iba, mucho menos podían saber el camino. Hay una diferencia entre Tomás y Pedro en relación con este desconocimiento. Pedro quería saber *a donde*, Tomás *cual era* el camino. Pedro sentía curiosidad, Tomás reconoce su ignorancia. Pero, en el fondo se aprecia también el amor por el Maestro. No podía imaginarse estar ausente de Él, por tanto, quería conocer a donde iba para seguirle aunque el camino fuese difícil.

πῶς δυναμεθα τὴν ὁδὸν εἰδεναι. Se aprecia también aquí la literalidad con que los judíos entendían las palabras de Jesús. Ocurrió con Nicodemo cuando le habló del nuevo nacimiento y recibió como respuesta una pregunta sobre como podría un viejo entrar en el vientre de su madre y nacer. El Señor les había dicho que iba al Padre, luego conocían como ir a ese lugar, pero todavía pensaban en un viaje físicamente hablando y no en un asunto de índole espiritual. Les había hablado de la *morada* que iba a prepararles y Tomás quería saber la dirección donde estaba para buscar el camino que le era desconocido. Además el Señor les había dicho que a donde Él iba ellos no podían seguirle (13:33-36), lo que agravaba más la situación.

6. Jesús le dijo: Yo soy el camino, y la verdad, y la vida; nadie viene al Padre, sino por mí.

λεγει αὐτῷ [ὁ] Ἰησοῦς· ἐγω εἰμι ἡ ὁδὸς καὶ ἡ ἀλήθεια καὶ ἡ
Dice le - Jesús: Yo soy el camino, y la verdad, y la
ζωη· οὐδεὶς ἔρχεται πρὸς τὸν Πατερα εἰ μὴ δι' ἐμοῦ.
vida; nadie viene al Padre si no por mi

Notas y análisis del texto griego.

Se traslada la respuesta de Jesús: λεγει, tercera persona singular del presente de indicativo en voz activa del verbo λέγω, *hablar, decir*, aquí *dice*; αὐτῷ, caso dativo masculino de la tercera persona singular del pronombre personal declinado *a él, le*; ὁ, caso nominativo masculino singular del artículo determinado *el*; Ἰησοῦς, caso nominativo masculino singular del nombre propio *Jesús*; ἐγω, caso nominativo de la primera persona singular del pronombre personal *yo*; εἰμι, primera persona singular del presente de indicativo en voz activa del verbo εἰμί, *ser, estar*, aquí *soy*; ἡ, caso nominativo femenino singular del artículo determinado *la*; ὁδὸς, caso nominativo femenino singular del nombre común *camino*; καὶ, conjunción copulativa *y*; ἡ, caso nominativo femenino singular del artículo determinado *la*; ἀληθεια, caso nominativo femenino singular del nombre común *verdad*; καὶ, conjunción copulativa *y*; ἡ, caso nominativo femenino singular del artículo determinado *la*; ζωη, caso nominativo femenino singular del nombre común *vida*; οὐδεὶς, caso nominativo masculino singular del pronombre indefinido *nadie*; ἔρχεται, tercera persona singular del presente de indicativo en voz activa del verbo ἔρχομαι, *venir*, aquí *viene*; πρὸς, preposición propia de acusativo *a*; τὸν, caso acusativo masculino singular del artículo determinado *el*; Πατερα, caso acusativo masculino singular del nombre divino *Padre*; εἰ, conjunción *si*; μὴ, partícula que hace funciones de adverbio de negación *no*; δι', forma contracta de la preposición de genitivo διά, *por, por medio de, a causa de*; ἐμοῦ, caso genitivo de la primera persona singular del pronombre personal *mí*.

λεγει αὐτῷ [ὁ] Ἰησοῦς· ἐγω εἰμι ἡ ὁδὸς La respuesta de Jesús contiene el sexto de los siete *yo soy* del *Evangelio*. El señor responde a quien no sabía el camino diciéndole *yo soy el camino*. Precedido de artículo determinado señala a este como el único camino. No se trata de uno entre tantos como ocurre con el de la religión, sino que es el único porque es un camino personal, esto es, Jesús se hace camino para el hombre. Es un camino de doble dirección. Primeramente es el camino por el que Dios, en la Segunda Persona Divina, el Verbo encarnado, viene al encuentro del hombre. Juan dijo al principio que el Verbo era Dios, y este Dios se hizo hombre (1:14), convirtiéndose en el camino del encuentro. Jesús es Dios en encuentro de gracia con el hombre. El distante, indiferente, enemigo de Dios en malas obras, el que no busca a Dios por propia condición, es buscado por Dios al impulso de la gracia. Dios viene en Cristo al encuentro de quien no tiene ningún interés en buscarle a Él. Como el hombre no busca a Dios, es Dios que busca al hombre, por eso *"el Hijo del hombre vino para buscar y salvar lo que se había perdido"* (Lc. 19:10). No había otro camino de acercamiento. La grandeza, justicia y santidad de Dios hacía imposible, sin menoscabo de Sus perfecciones, que viniese al encuentro del hombre. Sin embargo Dios ama al pecador. Por tanto, revestido de humildad, asumiendo las limitaciones que le son propias, toma una naturaleza humana, para establecer un diálogo personal de Dios con garganta de hombre, y dar al hombre un abrazo de Dios con brazos de hombre. Se acerca para gustar nuestras miserias, sufrir nuestros problemas, experimentar nuestras tentaciones, padecer nuestra hambre, llorar nuestras lágrimas y morir nuestra muerte. Ningún ángel hubiera podido hacerlo. Pero Dios muestra Su amor para con nosotros en que aun siendo pecadores y a pesar de serlo, Cristo viene a nuestro encuentro. En segundo lugar es camino en dirección contraria, por el que el hombre accede a Dios. Eso sólo es posible por la obra redentora y reconciliadora hecha por Cristo en la Cruz. Jesús se convierte en el único camino al Padre, porque es el único Salvador del hombre. Así lo diría tiempo después el apóstol Pedro: *"Y en ningún otro hay salvación; porque no hay otro nombre bajo el cielo, dado a los hombres, en que podamos ser salvos"* (Hch. 4:12). Cristo nos muestra el camino, llama a los hombres a ese camino que es Él mismo. El término del camino es el Padre, al que sólo se accede en Cristo y por Él.

καὶ ἡ ἀλήθεια Además de camino Jesús es también *la verdad*. Nuevamente el artículo determinado que precede al nombre la revela como *la única* verdad. Generalmente se dice que nadie tiene la verdad exclusiva, pero aquí no se trata de *tener*, sino de *ser*. La verdad y Jesús son una misma cosa. Hay muchos tipos que se llaman verdad en el mundo, sea científica, religiosa, filosófica, ética, etc. Jesús es verdad absoluta porque en Él no hay falsedad alguna. Luego es la verdad personificada. Como la luz brilla y se opone a las tinieblas, así también la verdad está frente a la mentira. Satanás es mentiroso y padre de mentira (8:44), aquí la verdad se manifiesta en Jesús. Siendo verdad es la única fuente fiable en que podemos conocer a Dios, y el único discurso verdadero que llama al hombre al encuentro por fe para salvación. Si es verdad viva y verdadera, actúa en el hombre liberándolo (8:32), como se ha considerado antes[2]. Pero si la verdad libera, quien es verdad personificada lo hace posible: *"Así que, si el Hijo os libertare,*

---

[2] Ver comentario a 8:32, 36.

seréis verdaderamente libres" (8:36)[2]. En el día de Su juicio ante Pilato, éste le preguntó *"¿Qué es la verdad?"* (18:38), la respuesta aquí está anticipada a la pregunta: *"Yo soy la verdad"*. Siendo verdad, es sabiduría y en Él Dios revela toda Su sabiduría (1 Co. 1:30).

καὶ ἡ ἀληθεια καὶ ἡ ζωη· Pero además de camino y verdad, es también *vida*. Nuevamente el artículo determinado *la* vida, excluye cualquier otra clase de vida que no sea Él mismo. Es la vida eterna, la que otorga Dios por medio de Cristo y que hace a la criatura que cree, partícipe de la naturaleza divina del Creador (2 P. 1:4). La vida plena, absoluta y total están en Jesús (1:4). Su mensaje tiene que ver con la recepción de la vida mediante la fe en Él (3:16, 17), por eso quien rehúsa creer en el Hijo no puede ver la vida, sino que la ira de Dios permanece sobre él (3:36). La vida de la que habla aquí Jesús como lo que Él es, es lo contrario a la muerte. Quien cree en el Hijo pasa de muerte a vida (5:24). Mediante la unión vital con Él, el muerto en delitos y pecados es resucitado (Ef. 2:6). La vida que recibe el creyente no es limitada, mezquina, sino algo abundantísimo (10:10). Siendo Él vida, y siendo Dios, no puede por menos que ser *vida eterna*. Como ya se ha considerado, lo eterno es privativo y potestativo de Dios. Nadie más que Él es eterno, por cuanto está fuera del tiempo y este no le afecta. Ningún ser creado puede ser eterno, porque el hecho de haber tenido origen no le permite ser eterno, como máximo podría ser perpetuo, pero Jesús es sin principio, por tanto es eterno. De ahí que la vida que da al que cree, que es Su propia vida, sea *vida eterna*. Jesús es el principio vital y vitalizador. Así la vida cristiana sólo es posible cuando se llega a la experiencia del apóstol Pablo: *"porque para mí, el vivir es Cristo"* (Fil. 1:21). Principio de vida, razón de vida, esperanza de vida.

οὐδεὶς ἔρχεται πρὸς τὸν Πατερα εἰ μὴ δι' ἐμοῦ. Si Él les dijo que iba al Padre, ahora les dice que para ir a donde Él va, esto es al Padre, sólo es posible por medio de Él que es camino, verdad y vida. El hombre pecador, perdido por su pecado, sólo puede llegar a Dios haciéndolo por Cristo que es el único Mediador entre Dios y los hombres (1 Ti. 2:5). La advertencia de Jesús es solemne. Hay caminos que al hombre le parecen derechos, es decir, son correctos para llevar a Dios, pero su fin es muerte (Pr. 14:12). Por tanto, ningún camino que el hombre trace o siga termina en Dios. La idea generalizada que no consiste en el camino en sí, sino en la forma entregada al camino lo que conduce al hombre a la salvación, no es verdad. Ningún camino puede llevarnos a Dios, a no ser que sea el mismo Dios que se hace camino en Cristo. No hay esperanza para quien está en otro camino o sigue otra senda.

7. Si me conocieseis, también a mi Padre conoceríais; y desde ahora le conocéis, y le habéis visto.

εἰ ἐγνωκατε με, καὶ τὸν Πατερα μου γνωσεσθε. καὶ ἀπ'
Si habéis conocido me, también al Padre de mí conoceréis; y desde
ἄρτι γινωσκετε αὐτὸν καὶ ἑωρακατε αὐτον.
ahora conocéis le y habéis visto le.

Notas y análisis del texto griego.

Siguen las palabras de Jesús: εἰ, conjunción *si*; ἐγνωκατε, segunda persona plural del perfecto de indicativo en voz activa del verbo γίνωσκω, *conocer, saber* aquí *habéis conocido*; με, caso acusativo de la primera persona singular del pronombre personal declinado *a mí, me*; καὶ, adverbio de modo *también*; τὸν, caso acusativo masculino singular del artículo determinado declinado *al*; Πατερα, caso acusativo masculino singular del nombre divino *Padre*; μου, caso genitivo de la primera persona singular del pronombre personal declinado *de mí*; γνωσεσθε, segunda persona plural del futuro de indicativo en voz media del verbo γίνωσκω, *conocer*, aquí *conoceréis*; καὶ, conjunción copulativa *y*; ἀπ', preposición propia de genitivo ἀπό, con el grafismo que adopta por elisión de la o final ante vocal o diptongo sin aspiración, que equivale a *de, desde, procedente de, por medio de, con, por*; ἄρτι, adverbio demostrativo *ahora*; γινωσκετε, segunda persona plural del presente de indicativo en voz activa del verbo γίνωσκω, *saber, conocer*, aquí *conocéis*; αὐτὸν, caso acusativo masculino de la tercera persona singular del pronombre personal declinado *a él, le*; καὶ, conjunción copulativa *y*; ἑωρακατε, segunda persona plural del perfecto de indicativo en voz activa del verbo ὁράω, *ver, mirar, observar*, aquí *habéis visto*; αὐτον, caso acusativo masculino de la tercera persona singular del pronombre personal declinado *a él, le*.

εἰ ἐγνωκατε με, καὶ τὸν Πατερα μου γνωσεσθε. La claúsula tiene carácter condicional de segunda clase, con el perfecto de indicativo. En cierta medida les señala la falta de conocimiento que tienen de Él. Es verdad que le aman, también le conocen más que el resto de la gente, pero no tienen un conocimiento completo acerca de quien verdaderamente es. A medida que conozcan a Jesús así también conocerán al Padre. La oración comienza con un pretérito y concluye con un futuro. El Señor había dicho esto a los judíos que se jactaban de conocer a Dios: *"...si a mí me conocieseis, también a mi Padre conoceríais"* (8:19). Es interesante apreciar el uso del pronombre personal *mí*, para referirse al Padre, único de esa condición para el Unigénito Hijo. La relación vinculante en la deidad vuelve a manifestarse aquí. Jesús y el Padre son uno (10:30).

καὶ ἀπ' ἄρτι γινωσκετε αὐτὸν καὶ ἑωρακατε αὐτον. Junto con la amonestación está la gracia. Es verdad que ellos no conocen a Jesús lo suficiente y, por tanto, tampoco conocen al Padre. Pero desde *ahora* le conocían y, todavía más, le podían ver. Este es el resultado de *ver y conocer* a Jesús. La misión del Hijo de Dios era la de revelar al Padre (1:18). Lo había hecho durante todo el tiempo de Su ministerio. Cada hecho, cada palabra, cada acción de Jesús lo era también del Padre. Aquel que es invisible y a quien, por esa razón, nadie ha visto ni verá jamás (1 Ti. 6:16), se hace visible en el Hijo, quien como Verbo expresa plenamente al Padre. El único que ha visto al Padre es Jesús (6:46). En el entorno inmediato esta visión del Padre debe entenderse en el campo del *conocimiento*. Conocer, como se ha dicho, no es un mero asunto intelectual, sino vivencial. La vida eterna, dice Jesús, es *"que te conozcan a ti, el único Dios verdadero, y a Jesucristo, a quien tú has enviado"* (17:3).

Los discípulos comenzaban a conocer en su dimensión real a Jesús, y progresaría este conocimiento en los días sucesivos, de manera que podían conocer al Padre en el conocimiento del Hijo. Pero, no solo le conocían, sino que le habían visto. La revelación plena del Padre está en el Hijo, puesto que en Él habita corporalmente toda la plenitud de la deidad (Col. 2:9). La gloria del Padre se manifiesta en la faz de Jesucristo (2 Co. 4:6). Por esa razón había dicho antes: *"el que me ve, ve al que me envió"* (12:45). La manifestación del Verbo encarnado permite ver a Dios. No puede haber más revelación que la que se da en el Hijo (He. 1:1). El conocimiento que se alcanza en Cristo es el mismo que se alcanza del Padre.

Enseñanza sobre la unidad divina (14:8-14).

8. Felipe le dijo: Señor, muéstranos el Padre, y nos basta.

Λεγει αὐτῷ Φιλιππος· Κυριε, δεῖξον ἡμῖν τὸν Πατερα, καὶ
Dice le Felipe: Señor, muestra nos el Padre y
ἀρκεῖ ἡμῖν.
basta nos.

Notas y análisis del texto griego.

Introduciendo otro tema, escribe: Λεγει, tercera persona singular del presente de indicativo en voz activa del verbo λέγω, *hablar, decir*, aquí *dice*; αὐτῷ, caso dativo masculino de la tercera persona singular del pronombre personal declinado *a él, le*; Φιλιππος, caso nominativo masculino singular del nombre propio *Felipe*; Κυριε, caso vocativo masculino singular del nombre divino *Señor*; δεῖξον, segunda persona singular del aoristo primero de imperativo en voz activa del verbo δείκνυμι, *mostrar, presentar, hacer ver*, aquí *muestra*; ἡμῖν, caso dativo de la primera persona plural del pronombre personal declinado *a nosotros, nos*; τὸν, caso acusativo masculino singular del artículo determinado *el*; Πατερα, caso acusativo masculino singular del nombre divino *Padre*; καὶ, conjunción copulativa *y*; ἀρκεῖ, tercera persona singular del presente de indicativo en voz activa del verbo ἀρκέω, *bastar, alcanzar*, aquí *basta*; ἡμῖν, caso dativo de la primera persona plural del pronombre personal declinado *a nosotros, nos*.

Λεγει αὐτῷ Φιλιππος· Κυριε, δεῖξον ἡμῖν τὸν Πατερα, καὶ ἀρκεῖ ἡμῖν. Las palabras de Jesús despertaron intenso deseo en Felipe por conocer o ver directamente al Padre. No es tanto la curiosidad, sino que el Señor dijo que al conocerle y verle a Él, conocían y veían al Padre. Es como si Felipe le dijese, *eso es lo que deseamos todos, con eso tenemos bastante*. El discípulo deseaba que Jesús les permitiera una revelación del cielo de modo que, aunque fuese poco y breve, pudiesen ver la gloria del Padre. Estaba pidiendo ver con sus ojos temporales al Padre, como podían ver a Jesús. Nuevamente la ignorancia de asuntos espirituales se pone de manifiesto. El Padre invisible a ojos de hombres, se hace visible en el Hijo que lo revela. Sin darse cuenta estaba buscando una revelación del Padre mayor y más directa de la que podían recibir por medio de Cristo. ¿Qué buscaba realmente? ¿Una teofanía? Tal vez algo semejante a la visión majestuosa de la gloria de Dios que pudo ver Moisés, cuando Él se la mostró (Ex. 33:18), o incluso alguna revelación como las que se escriben en las profecías (Is. 6:1). La relación con Cristo a lo largo de los tres años de ministerio –Felipe fue uno de los primeros discípulos (1:43 s.)- no había sido suficiente para entender que la suprema revelación del Padre está en el Hijo. Del mismo modo que no hay acceso al Padre sino por medio de Jesucristo, tampoco puede haber conocimiento de Él sin ser en Cristo. Los discípulos aunque creían que Jesús era el Hijo de Dios, no eran capaces de comprender la relación unitaria entre las Personas Divinas. La doctrina de la Trinidad les era incomprensible y necesitarían tiempo para reflexionar en esa ella.

9. Jesús le dijo: ¿Tanto tiempo hace que estoy con vosotros, y no me has conocido, Felipe? El que me ha visto a mí, ha visto al Padre; ¿cómo, pues, dices tú: Muéstranos el Padre?

λεγει αὐτῷ ὁ Ἰησοῦς· τοσουτῳ χρονῳ μεθ' ὑμῶν εἰμι καὶ οὐκ
Dice le - Jesús: ¿tanto tiempo con vosotros estoy y no
ἔγνωκας με, Φιλιππε ὁ ἑωρακὼς ἐμὲ ἑωρακεν τὸν Πατερα·
has conocido me Felipe? El que ha visto me ha visto al Padre.
πῶς σὺ λεγεις· δεῖξον ἡμῖν τὸν Πατερα
¿Cómo tú dices: muestra nos el Padre?

Notas y análisis del texto griego.

Sigue la respuesta de Jesús: λεγει, tercera persona singular del presente de indicativo en voz activa del verbo λέγω, *hablar, decir*, aquí *dice*; αὐτῷ, caso dativo masculino de la tercera persona singular del pronombre personal declinado *a él, le*; ὁ, caso nominativo masculino singular del artículo determinado *el*; 'Ιησοῦς, caso nominativo masculino singular del nombre propio *Jesús*; τοσουτῳ, caso dativo masculino singular del adjetivo demostrativo *tan grande, tan numeroso, tan, tanto*; χρονῳ, caso dativo masculino singular del nombre común *tiempo*; μεθ', forma escrita de la preposición de genitivo μετά, por elisión ante vocal con espíritu suave, *con*; ὑμῶν, caso genitivo de la segunda persona plural del pronombre personal *vosotros*; εἰμι, primera persona singular del presente de indicativo en voz activa del verbo εἰμί, καὶ, conjunción copulativa *y*; οὐκ, forma escrita del adverbio de negación *no*, con el grafismo propio ante una vocal con espíritu suave o una enclítica; ἔγνωκας, segunda persona singular del perfecto de indicativo en voz activa del verbo γίνωσκω, *conocer, saber, entender*, aquí *has conocido*; με, caso acusativo de la primera persona singular del pronombre personal declinado *a mí, me*; Φιλιππε, caso vocativo masculino singular del nombre propio *Felipe*; ὁ, caso nominativo masculino singular del artículo determinado *el*; ἑωρακὼς, caso nominativo masculino singular del participio de perfecto en voz activa del verbo ὁράω, *ver, mirar*, aquí *que ha visto*; ἐμὲ, caso acusativo de la primera persona singular del pronombre personal declinado *a mí, me*; ἑωρακεν, tercera persona singular del perfecto de indicativo en voz activa del verbo ὁράω, *ver, mirar*, aquí *ha visto*; τὸν, caso acusativo masculino singular del artículo definido declinado *al*; Πατερα, caso acusativo masculino singular del nombre divino *Padre*; πῶς, partícula interrogativa adverbial, que realmente es un pronombre interrogativo *cómo, de que manera, por qué medio*; σὺ, caso nominativo de la segunda persona singular del pronombre personal *tú*; λεγεις, segunda persona singular del presente de indicativo en voz activa del verbo λέγω, *hablar, decir*, aquí *dices*; δεῖξον, segunda persona singular del aoristo primero de imperativo en voz activa del verbo δείκνυμι, *mostrar, presentar, hacer ver*, aquí *muestra*; ἡμῖν, caso dativo de la primera persona plural del pronombre personal declinado *a nosotros, nos*; τὸν, caso acusativo masculino singular del artículo determinado *el*; Πατερα, caso acusativo masculino singular del nombre divino *Padre*.

λεγει αὐτῷ ὁ 'Ιησοῦς· τοσουτῳ χρονῳ μεθ' ὑμῶν εἰμι καὶ οὐκ ἔγνωκας με, Φιλιππε. La realidad del desconocimiento pleno de quien es Jesús, vuelve a recalcarse en la respuesta que dio a Felipe. Le formula una pregunta retórica para hacerle recapacitar, recordándole el largo tiempo que había estado con ellos y no había sido suficiente para conocerle. Ese largo tiempo debía haber servido para que conociesen con mayor dimensión la relación entre Él y el Padre, su trascendencia e igualdad. Felipe era de los primeros discípulos y le había reconocido desde el encuentro con Jesús, como el Mesías (1:45).

A pesar de los tres años de relación con Él, no había progresado el conocimiento de quien era Jesús.

ὁ ἑωρακὼς ἐμὲ ἑωρακεν τὸν Πατερα· La petición de Felipe no podía responderse porque ya lo había sido. El discípulo quería ver al Padre. Jesús había estado con él durante tres años, de modo que en Jesús se veía y conocía al Padre. El Señor le dice que *el que le ha visto a Él, ha visto al Padre*. Es necesario entender, como ya se manifiesta desde el principio del *Evangelio*, que no hay otra revelación del Padre que no sea en el Hijo (1:18). Ver a Jesús es ver al Padre porque está en Él y es el realizador conjunto de las obras de Cristo. Esta era una verdad que se reitera en el *Evangelio* y que ellos habían oído en la enseñanza del Maestro (1:18; 3:33-36; 5:17-32; 6:29, 38, 57; 7:29; 8:16; etc.). Cristo advierte del mucho tiempo con *todo*, pero pregunta a Felipe, *¿y tú no me has conocido?*.

πῶς σὺ λεγεις· δεῖξον ἡμῖν τὸν Πατερα Insiste nuevamente: *¿y tú me pides que os muestre al Padre?* Jesús es uno con el Padre (10:30), porque es Emanuel, *Dios con nosotros*. Es el Verbo eterno manifestado en carne (1 Ti. 3:16; 1 Jn. 4:2). La idea de una visión beatífica que espera a los creyentes en la gloria, en donde se alcanzará la visión del Padre, de Su esencia divina, no está en la Biblia. Sólo es posible ver al Padre a través de la humanidad de Jesucristo, su Hijo, el Verbo hecho carne (1:14). Esta verdad había sido enseñada por Jesús en su ministerio (6:46). Tiempo después el apóstol Pablo dirá con toda firmeza al referirse al Padre, *"a quien ninguno de los hombres ha visto ni puede ver"* (1 Ti. 6:16). Si Dios es Espíritu (4:24), es necesariamente invisible a los ojos físicos, aunque pertenezca al cuerpo transformado y glorificado. Por otro lado, al infinito Dios Padre solo le puede manifestar otro infinito, que es Dios Hijo. Tan solo las tres Personas Divinas pueden verse plenamente como son. Jesús lo había enseñado y los discípulos lo habían oído de Él: *"Todas las cosas me fueron entregadas por mi Padre; y nadie conoce quién es el Hijo sino el Padre; ni quién es el Padre, sino el Hijo, y aquel a quien el Hijo lo quiera revelar"* (Lc. 10:22). Lo mismo ocurre con el conocimiento infinito de Dios por el Espíritu (1 Co. 2:11). Jesús afirma que quien le ha visto a Él, ha visto al Padre. No habla de una visión del Padre en el tiempo presente y otra futura. No dijo a Felipe ahora me ves a mí y luego verás al Padre, sino que definitivamente le enseña que sólo quien le ve a Él, ve también al Padre.

10. ¿No crees que yo soy en el Padre, y el Padre en mí? Las palabras que yo os hablo, no las hablo por mi propia cuenta, sino que el Padre que mora en mí, él hace las obras.

οὐ πιστευεις ὅτι ἐγὼ ἐν τῷ Πατρὶ καὶ ὁ Πατὴρ ἐν ἐμοι ἐστιν
¿No crees que Yo en el Padre y el Padre en mi es?
τὰ ῥηματα ἃ ἐγὼ λεγω[1] ὑμῖν ἀπ᾽ ἐμαυτοῦ οὐ λαλῶ, ὁ δὲ
Las palabras que Yo hablo os de mí mismo no hablo, pero el
Πατὴρ ἐν[2] ἐμοὶ μενων ποιεῖ τὰ ἔργα αὐτοῦ[3].
Padre en mi que mora hace las obras de Él.

Notas y análisis del texto griego.

Continuando con las palabras de Jesús, dice: οὐ, adverbio de negación *no*; πιστευεις, segunda persona singular del presente de indicativo en voz activa del verbo πιστεύω, *creer*, aquí *crees*; ὅτι, conjunción *que*; ἐγὼ, caso nominativo de la primera persona singular del pronombre personal *yo*; ἐν, preposición propia de dativo *en*; τῷ, caso dativo masculino singular del artículo determinado *el*; Πατρὶ, caso dativo masculino singular del nombre divino *Padre*; καὶ, conjunción copulativa *y*; ὁ, caso nominativo masculino singular del artículo determinado *el*; Πατὴρ, caso nominativo masculino singular del nombre divino *Padre*, ἐν, preposición propia de dativo *en*; ἐμοι, caso dativo de la primera persona singular del pronombre personal *mí*; ἐστιν, tercera persona singular del presente de indicativo en voz activa del verbo εἰμί, *ser, estar*, aquí *es*; τὰ, caso acusativo neutro plural del artículo determinado *los*; ῥηματα, caso acusativo neutro plural del nombre común *dichos, palabras*; ἃ, caso acusativo neutro plural del pronombre relativo *que*; ἐγὼ, caso nominativo de la primera persona singular del pronombre personal *yo*; λεγω, primera persona singular del presente de indicativo en voz activa del verbo λέγω, *hablar*, aquí *hablo*; ὑμῖν, caso dativo de la segunda persona plural del pronombre personal declinado *a vosotros, os*; ἀπ᾽, preposición propia de genitivo ἀπό, con el grafismo que adopta por elisión de la o final ante vocal o diptongo sin aspiración, que equivale a *de, desde, procedente de, por medio de, con, por*; ἐμαυτοῦ, caso genitivo masculino de la primera persona singular del pronombre reflexivo *mí mismo*; οὐ, adverbio de negación *no*; λαλῶ, primera persona singular del presente de indicativo en voz activa del verbo λαλέω, *hablar, decir*, aquí *hablo*; ὁ, caso nominativo masculino singular del artículo determinado *el*; δὲ, partícula conjuntiva que hace las veces de conjunción coordinante, con sentido de *pero, más bien, y, y por cierto, antes bien*; Πατὴρ, caso nominativo masculino singular del nombre divino *Padre*; ἐν, preposición propia de dativo *en*; ἐμοὶ, caso dativo de la primera persona singular del pronombre personal *mí*; μενων, caso nominativo masculino singular del participio de presente en voz activa del verbo μένω, *morar, habitar*, aquí *que mora*; ποιεῖ, tercera persona singular del presente de indicativo en voz activa del verbo ποιέω, *hacer, realizar*, aquí *hace*; τὰ, caso acusativo neutro plural del artículo determinado *los*; ἔργα, caso acusativo neutro plural del nombre común *hechos, obras*; αὐτοῦ, caso genitivo masculino de la tercera persona singular del pronombre personal declinado *de él*.

Crítica Textual. Lecturas alternativas.

[1] λεγω, *hablo*, lectura atestiguada en 𝔭[75], B, K, N, e, q.

λαλω, *hablo*, según se lee en 𝔭[66], A, K, Q, W, Γ, Δ, Θ, f^1, 33, 565, 579, 700, 892, 1241, 1424, 844, 𝔐, lat.

λελάληκα, *he hablado*, conforme a la lectura en D, Ψ.

[2] ὁ, *el*, antecede a la preposición según se lee en ℵ, A, D, K, N, Q, W, Γ, Δ, Θ, $f^{1, 13}$, 33, 565, 579, 700, 892, 1241, 1424, 844, 𝔐.

Se omite en 𝔭[66, 75], B, K, Ψ.

[3] ποιεῖ τὰ ἔργα αὐτοῦ, *hace las obras de él*, lectura en 𝔭[66], ℵ, B, D.

ποιεῖ τὰ ἔργα αὐτὸς, *hace las obras él*, como se lee en 𝔭[75], K, W, 33, 579.

αὐτὸς ποιεῖ τὰ ἔργα, *él hace las obras*, según lectura en A, K, N, Q, Γ, Δ, Θ, Ψ, $f^{1, 13}$, 565, 700, 892, 1241, 1424, 844, 𝔐, lat.

οὐ πιστευεις ὅτι ἐγὼ ἐν τῷ Πατρὶ καὶ ὁ Πατὴρ ἐν ἐμοι ἐστιν. La primera clausula del versículo encierra una profunda verdad formulada a modo de pregunta, y que tiene que ver con la inmanencia del Padre en el Hijo y viceversa. Esta relación de subsistencia de las Personas Divinas, en el Ser Divino, se estudia detenidamente en la doctrina de la Trinidad. No es lugar ni tan siquiera para una aproximación en este sentido. Pero es una verdad de fe esencial, de ahí que Jesús pregunte a Felipe: *"¿Crees que el Padre es en mí y Yo en el Padre?"*. El Señor apela a la fe personal de Felipe en cuanto a esa relación inmanente. En ella la primera premisa es que el Padre *es* en mí. Más que estar el verbo habla de morada. El Padre está morando, íntimamente ligado al Verbo, por comunicación de vida y por ser el engendrador suyo.

La relación paterno-filial de Cristo con el Padre, está presente a lo largo de todo el *Evangelio*. En el inicio del texto (1:1) se dice que el Verbo estaba en relación viva y continua con el Padre. Dirigido hacia Él, en plena e infinita comunión, en un fluir infinito de corriente continua de vida divina con el Padre. El progreso de Juan presenta a Jesús como *"El Unigénito Hijo que está en el seno del Padre"* (1:18), en donde se aprecia el estado eterno de quien eternamente *es* engendrado del Padre. Ahora Juan, trasladando las palabras de Jesús, hace mención a la inmanencia mutua del Padre y del Hijo. La entrega total y mutua del Padre al Hijo y del Hijo al Padre, sin dejar esa misma relación con la tercera Persona Divina, establece la constitución personal de las dos, la del Padre y la del Hijo, mediante una relación *subsistente*, que no es otra cosa que una relación sustantiva, del uno hacia el otro. Esta relación *ad intra*, esto es, en el Ser Divino, en la unidad del Seno Trinitario, se manifiesta también en las obras que Jesús realizó en unidad indisoluble con el Padre, no solo en Su ministerio terrenal, sino en la misma creación (1:3), manifestando la inmanencia en la expresión *ad extra*, en la proyección de Dios al exterior. Siendo que el Padre, en esta relación con el Hijo, busca glorificarlo (12:28-29) conduce a Él los pecadores para salvación (6:44). La mutua relación lleva a que el Hijo glorifique al Padre (17:4), haciendo siempre lo que le agrada (8:29), haciendo del ejercicio de acatamiento a esa voluntad la razón de su vida (4:34). En tal sentido Jesús manifiesta en el plano de su humanidad lo que es propio en el seno de la Deidad, *vivir del Padre*, como Palabra personal que el Padre expresa. La inmanencia del Padre y del Hijo lo es por necesidad generativa, ya que la generación del Hijo es un acto *inmanente*, ya que permanece en el seno del Padre que lo engendra (1:18); porque por razón de participación en la vida divina, el Hijo es tan eterno como el Padre. Siendo el Padre principio sin principio, inicia la *procesión* de la Persona del Hijo, engendrándole y, con Él, espira el Espíritu Santo. Así todo cuanto tiene el Padre lo tiene también el Hijo, porque al engendrarlo, el Padre le comunica todo lo que se encierra en la Deidad. La realidad entre la generación transeúnte, propia del ser humano, y la inmanente únicamente posible en Dios, tiene que ser bien entendida. Que el Verbo sea *engendrado* del Padre no supone que sea *creado* por Él. Pero el Padre no dice que *engendró* al Hijo y acabó ese proceso, sino que *lo engendra*, en sentido continuado, porque el *engendrar del Padre* es eterno, que no es una sucesión de tiempo, sino un *infinito ahora* que dura siempre. Cuando el escritor a los Hebreos dice, usando las palabras del Salmo: *"Mi Hijo eres tú, yo te he engendrado hoy"* (He. 1:5), está señalando una relación inmanente de entrega total del Padre al Hijo, como se aprecia en la prioridad del Tu delante del Yo. La primera Persona, se personifica como Padre, al entregarse al Hijo para engendrarlo. Del hecho eterno dice: *"te he engendrado"*, que expresa una acción completa, el Hijo es engendrado desde la eternidad. Además el presente temporal *hoy* expresa la continuidad eterna del acto generativo. Es el eterno presente exclusivo de Dios, como Jesús, refiriéndose a Abraham, dice *"antes que Abraham fuese yo soy"* (8:58). Solo Dios puede estar en el eterno e inconmovible *yo soy*.

τὰ ῥηματα ἃ ἐγὼ λεγω ὑμῖν ἀπ' ἐμαυτοῦ οὐ λαλῶ, En el tiempo de los hombres, el envío del Verbo, no fue un acto de sujetarle en el mundo, sino de entregarle todas las cosas en Su mano (13:3). Esta comunión se manifiesta en toda la acción del Hijo que incluye las palabras que Él dice. En la oración final testifica delante del Padre que todo lo que ha dado a los discípulos, y en general a los hombres, fueron solo las palabras del Padre (17:8, 14).

ὁ δὲ Πατὴρ ἐν ἐμοὶ μενων ποιεῖ τὰ ἔργα αὐτοῦ. La inmanencia se manifiesta también en el *obrar* del Hijo, que porque el Padre mora en Él, hace las obras del Padre. No es que Jesús sea un mero instrumento del Padre, pero como no habla nada por Su cuenta, es decir independientemente del hablar del Padre, así tampoco hace nada por Su cuenta más que lo que concuerda con el obrar del Padre. Porque el Hijo es el revelador del Padre, las obras que hace son obras del Padre. Porque el pensamiento del Hijo es idéntico al del Padre, la acción del Hijo es la acción del Padre y el obrar de Aquel es el obrar de Este. El amor de entrega mutuo entre el Padre y el Hijo son uno (10:30), no solo en la realidad de la unidad en el Ser Divino, sino en el obrar conjunto. El envío y la misión del Hijo en nombre del Padre no distancia al Hijo del Padre, sino que manifiesta la inmanencia mutua entre ambos, siendo el Padre en el Hijo y el Hijo en el Padre. Jesús enseña que hay dos razones para creer en la inmanencia, porque *mis palabras* son palabras del Padre, y *mis obras* son obras del Padre.

11. Creedme que yo soy en el Padre, y el Padre en mí; de otra manera, creedme por las mismas obras.

πιστευετε μοι ὅτι ἐγὼ ἐν τῷ Πατρὶ καὶ ὁ Πατὴρ ἐν ἐμοι· εἰ δὲ
Creed me que Yo en el Padre y el Padre en mí; y si
μη, διὰ τὰ ἔργα αὐτὰ πιστευετε.
no, por las obras mismas creed.

Notas y análisis del texto griego.

Sin interrupción, escribe: πιστευετε, segunda persona plural del presente de imperativo en voz activa del verbo πιστεύω, *creer*, aquí *creed*; μοι, caso dativo de la primera persona singular del pronombre personal declinado *a mí*; ὅτι, conjunción *que*; ἐγὼ, caso nominativo masculino de la primera persona singular del pronombre personal *yo*; ἐν, preposición propia de dativo *en*; τῷ, caso dativo masculino singular del artículo definido *el*; Πατρὶ, caso dativo masculino singular del nombre divino *Padre*; καὶ, conjunción copulativa *y*; ὁ, caso nominativo masculino singular del artículo determinado *el*; Πατὴρ, caso nominativo masculino singular del nombre divino *Padre*; ἐν, preposición propia de dativo *en*; ἐμοι, caso dativo de la primera persona singular del pronombre personal *mí*; εἰ, conjunción *si*; δὲ, partícula conjuntiva que hace las veces de conjunción coordinante, con sentido de *pero, más bien, y, y por cierto, antes bien*; μη, partícula que hace funciones de adverbio de negación *no*; διὰ, preposición propia de acusativo *por*; τὰ, caso acusativo neutro plural del artículo determinado *los*; ἔργα, caso acusativo neutro plural del nombre común *hechos, acciones, obras*; αὐτὰ, caso acusativo neutro plural del pronombre personal *ellos*, en sentido de *mismos*; πιστευετε, segunda persona plural del presente de imperativo en voz activa del verbo πιστεύω, *creer*, aquí *creed.*

πιστευετε μοι ὅτι ἐγὼ ἐν τῷ Πατρὶ καὶ ὁ Πατὴρ ἐν ἐμοι· Nuevamente el Señor hace un llamamiento a la fe. Hay cosas que no comprenderían en la dimensión necesaria. La idea de Dios que existe en tres Personas, no estaba en la teología que les había sido enseñada. Tendrían que meditar en ello. El Espíritu Santo, que vendría, luego de la partida de Jesús, cumpliría la misión de enseñarles y conducirlos a toda verdad. Pero ahora, lo que pide Cristo es que ellos crean que el Padre y Él son uno, y asuman por fe, si no es por comprensión intelectual en aquel momento, la inmanencia divina. Como decía Hilario de Poitiers: *"Está Jesús en el Padre, y el Padre está en Jesús, no por conjunción de dos naturalezas distintas, ni por la fuerza de absorción de una capacidad mayor, sino por el nacimiento de un viviente de una naturaleza viviente, por cuanto de Dios no puede nacer más que Dios. Por lo mismo, Jesús es Dios de Dios, con igual naturaleza que el Padre. Él está en el Padre porque tiene idéntica naturaleza y está naciendo de Dios desde toda la eternidad; y el Padre está en él por igual razón, porque le engendra eternamente"*[3].

εἰ δὲ μη, διὰ τὰ ἔργα αὐτὰ πιστευετε. Jesús da dos motivos para que crean en la igualdad Suya con el Padre. Primeramente la palabra de Jesús. Nunca había hablado más que la verdad. El les había dicho que antes pasaría el cielo y la tierra que no se cumpliese una sola de Sus palabras (Mt. 24:35; Mr. 13:35; Lc. 21:33). En segundo lugar, si no creían en Sus palabras, las obras, los milagros que había hecho, confirmaban Su unidad y relación con el Padre. Aquellas obras habían pasado, es decir, habían sido hechas antes, pero daban testimonio fehaciente de lo que les decía, que el Padre y Él son uno.

---

[3] Citado por F. Lacueva. o.c., pág. 262 s.

12. De cierto, de cierto os digo: El que en mí cree, las obras que yo hago, él las hará también; y aun mayores hará, porque yo voy al Padre.

’Αμὴν ἀμὴν λεγω ὑμῖν, ὁ πιστευων εἰς ἐμὲ τὰ ἔργα ἃ ἐγὼ
De cierto, de cierto digo os, el que cree en mí las obras que Yo

ποιῶ κακεῖνος ποιησει καὶ μειζονα τουτων ποιησει, ὅτι ἐγὼ
hago también él hará y mayores que estas hará, porque Yo

πρὸς τὸν Πατερα πορευομαι·
al Padre voy.

Notas y análisis del texto griego.

Siguen las palabras de Jesús ἀμὴν, transliteración, *amén, de cierto*; ἀμὴν, transliteración *amén, de cierto*; λέγω, primera persona singular del presente de indicativo en voz activa del verbo λέγω, *hablar, decir*, aquí *digo*; ὑμῖν, caso dativo de la segunda persona plural del pronombre personal declinado *a vosotros, os*; ὁ, caso nominativo masculino singular del artículo determinado *el*; πιστευων, caso nominativo masculino singular del participio de presente en voz activa del verbo πιστεύω, *creer*, aquí *que cree*; εἰς, preposición propia de acusativo *a, en*; ἐμὲ, caso acusativo de la primera persona singular del pronombre personal *mí*; τὰ, caso acusativo neutro plural del artículo determinado *los*; ἔργα, caso acusativo neutro plural del nombre común *obras*; ἃ, caso acusativo neutro plural del pronombre relativo *que*; ἐγὼ, caso nominativo de la primera persona singular del pronombre personal *yo*; ποιῶ, primera persona singular del presente de indicativo en voz activa del verbo ποιέω, *hacer, llevar a cabo, realizar*, aquí *hago*; κακεῖνος, crasis[4] formada por la conjunción copulativa καὶ, *y*, y el caso nominativo del pronombre o adjetivo demostrativo ἐκεῖνος, *aquel*, la palabra equivale a *y aquel, también aquél;* ποιησει, tercera persona singular del futuro de indicativo en voz activa del verbo ποιέω, *hacer, llevar a cabo, realizar*, aquí *hará*; καὶ, conjunción copulativa *y*; μειζονα, caso acusativo neutro plural del adjetivo comparativo *mayores que*; τουτων, caso genitivo neutro plural del pronombre demostrativo *estos*; ποιησει, tercera persona singular del futuro de indicativo en voz activa del verbo ποιέω, *hacer, llevar a cabo, realizar*, aquí *hará*; ὅτι, conjunción causal *porque*; ἐγὼ, caso nominativo de la primera persona singular del pronombre personal *yo*; πρὸς, preposición propia de acusativo *a*; τὸν, caso acusativo masculino singular del artículo determinado *el*; Πατερα, caso acusativo masculino singular del nombre divino *Padre*; πορευομαι, primera persona singular del presente de indicativo en voz media del verbo πορεύομαι, *irse, marcharse*, aquí *voy*.

[4] *Crasis*, palabra griega que equivale a *unión de fuerzas*, en general *unión de elementos*.

Ἀμὴν ἀμὴν λεγω ὑμῖν, Con la fórmula de advertencia solemne, tan habitual en este *Evangelio, de cierto, de cierto os digo,* Jesús va a decir a Sus discípulos algo que debían tener en cuenta.

ὁ πιστευων εἰς ἐμὲ τὰ ἔργα ἃ ἐγὼ ποιῶ κακεῖνος ποιησει Una bendición más para los que creen en Cristo, es que las obras que Él hizo, las harán Sus seguidores. Esto debe contextualizarse con la venida del Espíritu Santo, que actuará en creyentes con el poder del Resucitado. De modo que lo que Jesús hizo, sanar enfermos, resucitar muertos, y otros milagros, los apóstoles, discípulos de Jesús los hicieron también. Pero, sobre todo, el milagro manifestado en la respuesta a la predicación del evangelio donde miles de personas fueron salvas en los primeros días de la Iglesia y ha seguido manifestándose el poder salvador de Jesús a través del tiempo. Quiere decir que el poder de Jesús será suministrado desde el cielo a los creyentes, para actuar en el momento oportuno conforme a Su propósito. No quiere decir que todos los creyentes, por muy creyentes que sean, podrán hacer milagros en el nombre de Jesús cuando quieran. Las señales de poder tenían una razón específica en el tiempo siguiente a la glorificación de Jesús. El hizo *señales*, como llama Juan a los milagros. Tales señales testificaban que era el Mesías, el enviado de Dios. Luego de la resurrección el Señor no se apareció a nadie más que a los Suyos, esto es, a los discípulos que habían estado con Él, entonces once de los Doce, y a otros que le habían seguido durante el tiempo de Su ministerio. Los líderes religiosos de los judíos estaban haciendo circular entre la gente la mentira que negaba la resurrección, diciendo que no se había producido, sino que los discípulos viniendo de noche, cuando la guardia se había dormido, robaron el cuerpo del sepulcro donde le habían puesto (Mt. 28:13-15). La única forma de manifestar a todos que la resurrección se había producido y que Jesús vivía, era que Sus seguidores, los que hablaban en Su nombre y testificaban de Su resurrección, hacían también bajo Su autoridad, las mismas señales de poder que Él había hecho. Por eso aquí les dice anticipándose a lo que iba a ocurrir luego de Su partida, que *"el que cree en mí, las obras que yo hago, él las hará también.* Especialmente durante el tiempo fundacional de la Iglesia, muchas señales eran hechas por los apóstoles. Hablaban también *lenguas*, sinónimo de *idiomas*, la lengua común de otros pueblos, porque eran *testimonio a los incrédulos* (1 Co. 14:22). No cabe duda que los apóstoles hicieron milagros de sanidades asombrosos. Esta capacidad era necesaria sobre todo en el principio de la evangelización, de manera que los creyentes, especialmente los apóstoles a quienes se relaciona con los milagros de sanidades en Hechos, podían, en el nombre de Jesús, sanar enfermos. En ocasiones fue la sombra de un apóstol la que sanaba enfermos, pero, generalmente se invocaba la autoridad de Jesús en el milagro, de modo que era una señal más de que Él vivía. Sin embargo, hubo grandes creyentes que no fueron sanados, como ocurrió con Trófimo (2 Ti. 4:20), o Timoteo a quien el apóstol Pablo recomienda tomar algo de vino, por causa de su estómago y de sus enfermedades (1 Ti. 5:23). Todo aquello ponía de manifiesto que Jesús había resucitado. Muchos de estos recursos de poder, quieren ser usados por hombres en el tiempo presente. En torno a *aparentes milagros*, se reúnen multitud de creyentes que aplauden al *sanador* de turno, sin darse cuenta que los milagros reales, como pudieran ser la sanidad de un cojo o la curación de un ciego no se realizan, achacándolo a la *falta de fe* del enfermo. Muchos de los que quieren hacer creer que tienen la unción especial para hacer milagros, llevan vidas contrarias a la santidad de Jesús, alcanzan niveles económicos asombrosos, y son descubiertos en pecados notorios que traen el mayor descrédito al evangelio.

καὶ μειζονα τουτων ποιησει, Jesús dice todavía algo más asombroso. No solo asegura que quienes creen en Él harán Sus obras y, es necesario puntualizar, que en el entorno inmediato a quienes está llamando a una fe genuina es a los discípulos, sino que *harán obras mayores* que las que Él hizo. En el párrafo anterior se menciona cómo la sombra de Pedro producía sanidad en enfermos, cosa que no se lee de Jesús (Hch. 5:14-16). Pero, también en la operación de la gracia que trae a los pecadores al Salvador, para que creyendo en Él tengan el perdón de pecados y la vida eterna. Los discípulos cosecharon miles de personas que creyeron en Cristo por la predicación de ellos. Durante todo el ministerio el Señor logró reunir, a lo sumo, a quinientos discípulos (1 Co. 15:6), mientras que en el primer mensaje de evangelización en el día de Pentecostés, fueron salvas tres mil personas (Hch. 2:41). Naturalmente, la salvación es de Dios (Sal. 3.8; Jon. 2:9), pero los creyentes son instrumentos en Su mano para conducir a los perdidos a Cristo en el ejercicio de Su mandato de predicar el evangelio a toda criatura. Mientras que los milagros en el orden natural van reduciéndose notablemente, al no ser necesarios para el testimonio al que eran destinados, la evangelización permanece y progresa en el tiempo conforme al propósito de Dios.

ὅτι ἐγὼ πρὸς τὸν Πατερα πορευομαι· Finalmente, la causa de esa operatividad de poder sería posible *porque el iba al Padre*. En los capítulos siguientes se recoge la enseñanza de Jesús sobre el envío del Espíritu Santo, que *tomará lo de Cristo* para hacérnoslo conocer. El poder de Jesús, por el que Pablo dice que todo lo podía (Fil. 4:13), se hace posible en la experiencia de vida del creyente por la presencia de

Cristo en él. Por esa razón el *yo* personal queda puesto a un lado, para que sea sustituido por el gran *yo* de Dios que es Cristo, cuya vida y poder se reproducen en el creyente por la acción del Espíritu Santo. Por eso las grandes obras que los creyentes van a realizar dependen absolutamente de que Jesús vaya al Padre. Sin embargo, debe notarse, que los discípulos de Cristo, a lo largo de la historia, no son independientes, esto es, usan el poder como quieren, sino que han de hacerlo en plena comunión y dependencia del Señor.

13. Y todo lo que pidiereis al Padre en mi nombre, lo haré, para que el Padre sea glorificado en el Hijo.

καὶ ὅ τι ἂν αἰτησητε[1] ἐν τῷ ὀνοματι μου τοῦτο ποιησω,
Y cualquier cosa que pidáis en el nombre de mí, eso haré
ἵνα δοξασθῇ ὁ Πατὴρ ἐν τῷ Υἱῷ.
para que sea glorificado el Padre en el Hijo.

Notas y análisis del texto griego.

Añade Jesús: καὶ, conjunción copulativa *y*; ὅ, caso acusativo neutro singular del pronombre relativo *lo que*; τι, caso acusativo neutro singular del adjetivo indefinido *cualquier*; ἂν, partícula que no empieza nunca frase y que da a ésta carácter condicional o dubitativo, o expresa una idea de repetición. Se construye con todos los modos menos el imperativo y acompaña a los pronombres relativos para darles un sentido general; en algunas ocasiones no tiene traducción; αἰτησητε, segunda persona plural del aoristo primero de subjuntivo en voz activa del verbo ἀιτέω, *pedir*; ἐν, preposición propia de dativo *en*; τῷ, caso dativo neutro singular del artículo determinado *el*; ὀνοματι, caso dativo neutro singular del sustantivo que denota *nombre*; μου, caso genitivo de la primera persona singular del pronombre personal *de mí*; τοῦτο, caso acusativo neutro singular del pronombre demostrativo *esto*; ποιησω, primera persona singular del futuro de indicativo en voz activa del verbo ποιέω, *hacer*, aquí *haré*; ἵνα, conjunción causal *para que*; δοξασθῇ, tercera persona singular del aoristo primero de subjuntivo en voz pasiva del verbo δοξάζω, *glorificar, honrar, alabar, exaltar,* aquí *sea glorificado*; ὁ, caso nominativo masculino singular del artículo determinado *el*; Πατὴρ, caso nominativo masculino singular del nombre divino *Padre*; ἐν, preposición propia de dativo *en*; τῷ, caso dativo masculino singular del artículo determinado *el*; Υἱῷ, caso dativo masculino singular del nombre divino *Hijo*.

Crítica Textual. Lecturas alternativas.

[1] τὸν Πατέρα, *al Padre*, se añade y lee en 33, vg[cl].

καὶ ὅ τι ἂν αἰτησητε ἐν τῷ ὀνοματι μου τοῦτο ποιησω, Al hablar de obras poderosas e incluso de obras mayores que las de Él, lleva a los discípulos a la necesidad de entender cuál es la fuente de poder para realizarlas. Cristo que promete a los Suyos que harán esas obras, les enseña que los recursos se alcanzan por medio de la oración. Es como si el Señor les dijese que le contasen que necesitaban para llevar a cabo la obra encomendada y Él les haría la provisión por medio del Espíritu Santo.

En dos mss. aparece la forma *al Padre*, es decir que la petición tendría que ser presentada al Padre en el nombre del Hijo. Tal vez sea una interpolación aclaratoria del copista. Lo que está comprometiéndose el Señor es a contestar cualquier petición que se le haga. No quiere decir que lo hará inmediatamente, sólo que lo hará. El contexto está vinculado a las obras de testimonio que se harán en Su nombre. Quiere decir que la petición que recibirá respuesta es aquella con la que Jesús se identificaría, porque la obra a realizar concuerda con Su deseo personal. Pedir en Su nombre no es usar Su nombre, sino estar identificado con Él en vida, de modo que la mente suya condiciona el pensamiento del que ora. El compromiso de respuesta es total, *todo*, que comprende tanto las grandes obras de las que habla, como las que serán *mayores* que las de Él (v. 12). Los milagros que se recogen en Hechos, están vinculados a la oración. Ésta era practicada por los seguidores de Jesús luego de Su ascensión (Hch. 1:14), la consecuencia son las obras de poder que se manifiestan con la venida del Espíritu Santo (Hch. 2:1 ss.). El denuedo en la evangelización con el poder de Jesús para la salvación de pecadores, viene como respuesta a la oración (Hch. 4:31). El milagro de la resurrección de Dorcas, fue precedido de la oración de Pedro (Hch. 9:40-41). La liberación de Pedro de la prisión en donde estaba custodiado para ser ejecutado, fue respuesta de la oración de la iglesia (Hch. 12:5). La conversión del carcelero de Filipos y el milagro de la apertura de las puertas de la cárcel ocurrió luego de que Pablo y Silas orasen (Hch. 16:25-34). Es interesante un párrafo de Hendriksen sobre esto: *"Solo se responde, sin embargo, a las oraciones que se hacen en el nombre de Cristo. Tales oraciones, claro está, no son egoístas sino que buscan el interés del reino de Dios. Proceden de la fe, están de acuerdo con la voluntad de Dios –siempre suponen el, 'no nuestra voluntad, sino tu voluntad sea hecha'- son para su gloria. La oración en el nombre de Cristo es una oración que armoniza con todo lo que Cristo ha revelado respecto a sí mismo. Su nombre es su autorrevelación en sus obras; aquí particularmente, su autorrevelación en la esfera de la redención"*[5]. Muchas veces no recibimos lo que pedimos porque no lo hacemos en identificación con Cristo y recibimos

---

[5] G. Hendriksen. o.c., pág. 546.

de Él mismo la respuesta *"no sabéis lo que pedís"* (Mr. 10:38). Los mayores creyentes, como el apóstol Pablo, no recibieron respuesta a alguna de sus oraciones. El pedía al Señor que quitara de su carne el mensajero de Satanás que le abofeteaba, y sólo recibió como respuesta el aliento de la gracia (2 Co. 12:8-9). El secreto de esto no está en pedir cualquier cosa, sino pedirla en nombre del Señor.

ἵνα δοξασθῇ ὁ Πατὴρ ἐν τῷ Υἱῷ. Algo más. Lo que se pida ha de ser tal que sirva para la gloria del Padre. La eficacia de la oración queda limitada o, si se prefiere mejor, restringida al cumplimiento de dos condiciones. La primera que sea hecha con fe, confiando sin limitación en el poder de Cristo para realizar lo necesario en el desarrollo de la misión. En segundo lugar, que las cosas que se pidan redunden para gloria del Padre. Jesús promete responder con poder a lo que pidamos, por tanto, ya que el Padre está en el Hijo y el Hijo en el Padre, lo que el Hijo hace glorifica al Padre.

14. Si algo pidiereis en mi nombre, yo lo haré.

ἐαν τι αἰτησητε με ἐν τῷ ὀνοματι μου ἐγὼ ποιησω.
Si algo pidieseis me en el nombre de mí Yo haré.

Notas y análisis del texto griego.

Cerrando el párrafo, escribe: ἐαν, conjunción *si*; τι, caso acusativo neutro singular del pronombre indefinido *algo*; αἰτησητε, segunda persona plural del aoristo primero de subjuntivo en voz activa del verbo αἰτέω, *pedir*, aquí *pidieseis*; με, caso acusativo de la primera persona singular del pronombre personal declinado *a mí, me*; ἐν, preposición propia de dativo *en*; τῷ, caso dativo masculino singular del artículo determinado *el*; ὀνοματι, caso dativo masculino singular del sustantivo que denota *nombre*; μου, caso genitivo de la primera persona singular del pronombre personal declinado *de mí*; ἐγώ, caso nominativo de la primera persona singular del pronombre personal *yo*; ποιησω, primera persona singular del futuro de indicativo en voz activa del verbo πιέω, *hacer, realizar*, aquí *haré*.

Crítica Textual. Lecturas alternativas.

El versículo no figura en X, f^1, 565, b, vg^{vg}, sir^s.

ἐαν τι αἰτησητε με ἐν τῷ ὀνοματι μου .El versículo reitera la exhortación a *pedir*, y hacerlo en el nombre de Jesús. Pero también la oración se dirige aquí a Cristo, como lo expresa el pronombre personal *me*. En el texto griego se lee literalmente: *Si algo me pidiereis en mi nombre Yo haré*. Pedir algo a Jesús y hacerlo en Su nombre es actuar bajo Su autoridad, Su obra y Sus méritos. Habitualmente se enseña que la oración se dirige al Padre, en el nombre del Hijo y en la comunión y poder del Espíritu (Ro. 8:26-27). Sin embargo, aunque cada una de las Personas Divinas asume un papel en la relación con el creyente y, por consiguiente en la oración, no es menos cierto que todo cuanto sea relación en el seno de la Trina Deidad, es común a las tres Personas, por eso Jesús se presenta, no solo como Aquel en cuyo nombre se dirige la oración, sino como receptor de la misma y que responde a las peticiones que se le hacen. No debe olvidarse que Jesús es el único Mediador entre Dios y los hombres, por tanto no hay bendición, ni gracia, ni esperanza alguna que procediendo de Dios no tenga que hacerse asimilable al hombre pasando por el único Mediador, que no solo es Dios, sino que también es hombre.

ἐγὼ ποιησω. De nuevo la afirmación de seguridad en la respuesta a la oración: *yo lo haré*. No solo hay promesa de respuesta, sino que el mismo Señor se compromete en hacerlo. La razón es lo que ha dicho antes: *que el Padre sea glorificado en el Hijo* (v. 13b). Todas las peticiones, conforme a la enseñanza del *Padre nuestro*, serán respondidas puesto que la oración comienza por buscar la gloria de Dios: *santificado sea tu nombre*, por tanto, el resto de las peticiones estarán siempre orientadas en esa misma dirección. Tan solo es necesario preguntarse si lo que pedimos tiene como principal propósito la gloria de Dios, o en ella están involucrados los deseos personales de nuestro propio pensamiento.

Es interesante apreciar la reiteración del verbo *pedir,* aquí en una forma condicional *pidiereis*, esto es cuanto pidáis en el momento en que pidáis. Pero al repetirlo establece una advertencia a practicar la petición continuamente. Ante las dificultades que la vida de testimonio y la predicación del evangelio conllevan, el Señor abre la puerta para poder cumplirlos y para recibir el poder para hacer la obra. La oración *que pide* es el medio. Es la que pide y continúa haciéndolo, llamando a la puerta de la misericordia y acudiendo al Trono de Gracia. Pedir tiene que ver con la misma acción de un mendigo que, sin ningún tipo de recurso propio, extiende una mano esperando que alguien deposite en ella una caridad. La petición del pobre no es por otra causa que su propia necesidad, es decir, pide porque él esta verdaderamente necesitado. Así el que ora. Quien desea ser rico en Dios, quien busca alcanzar victoria en los recursos de Su poder, quien desea ser más que vencedor, ha de comenzar por ocupar la posición de un mendigo delante del Señor. El que no tiene nada es el que espera recibir todo de Dios. El que ora entiende que *"toda buena dádiva y todo don perfecto desciende de lo alto, del Padre de las luces"* (Stg. 1:17). Entiende además que no tiene derecho alguno a recibir nada por mérito propio y que cuanto alcance será por gracia. Pedir aquí, demanda presentar ante Dios la realidad de la situación que Él conoce, rogándole la provisión de Su gracia para la necesidad que existe. Pedir no es para que Dios se entere de la circunstancia que gravita sobre el que ora, sino para expresar la relación de dependencia y fe ante quien es Dios de gracia, a la vez que omnipotente. Pedir adquiere el aspecto de preguntar a Dios por la dirección a seguir. Pedir es sintonizar con Dios, obteniendo los recursos para hacer Su voluntad y con ello glorificar Su nombre.

Enseñanza sobre el envío del Espíritu Santo (14:15-26).

15. Si me amáis, guardad mis mandamientos.

᾿Εὰν ἀγαπᾶτε με, τὰς ἐντολὰς τὰς ἐμὰς τηρησετε·
Si amáis me, los mandamientos - míos guardaréis.

Notas y análisis del texto griego.

Iniciando un nuevo párrafo, escribe: ᾿Εὰν, conjunción *si*; ἀγαπᾶτε, segunda persona plural del presente de subjuntivo en voz activa del verbo ἀγαπάω, *amar*, aquí *amáis*; με, caso acusativo de la primera persona singular del pronombre personal declinado *a mí, me*; τὰς, caso acusativo femenino plural del artículo determinado *las*; ἐντολὰς, caso acusativo femenino plural del nombre común *mandamientos*; τὰς, caso acusativo femenino plural del artículo determinado *las*; ἐμὰς, caso acusativo femenino plural del pronombre posesivo *míos*; τηρησετε, segunda persona plural del futuro de indicativo en voz activa del verbo τηρέω, *observar, prestar atención, cumplir, guardar*, aquí *guardaréis*.

᾿Εὰν ἀγαπᾶτε με, τὰς ἐντολὰς τὰς ἐμὰς τηρησετε· El Señor exhortó a pedir en Su nombre y a pedirle a Él. Ahora va a darles la promesa del Espíritu. En todos los aspectos de la vida de discipulado, la obediencia al Señor es principal. No está llamándolos a la confianza, como hizo antes, los llama a la obediencia a Sus mandamientos. Esta será la condición que deben enseñar a los nuevos discípulos en la historia de la Iglesia (Mt. 28:20). No es una obediencia relativa, sino plena. No es obedecer a algo de Su enseñanza, sino a toda. Pero además, la obediencia es la única expresión de verdadero amor a Cristo. Dicho de otro modo: *en la medida que obedecéis mis mandamientos, así demostraréis vuestro amor por mí.* Cristo tiene autoridad como el Padre, por tanto, establece mandamientos y esos han de ser guardados porque Él es el Señor. El grande y principal mandamiento es el del amor mutuo (13:34). El amor no es un simple sentimiento de emociones, sino la acción manifiesta de la obediencia. Esa es la manifestación de amor del Hijo al Padre (15:10). La obediencia es manifestación visible del nuevo nacimiento. El hombre caído sin regeneración no puede ni quiere obedecer a Dios, pero la obra salvadora y la regeneración del Espíritu, cambian el estado de desobediencia en el de obediencia al trasladarnos del poder de las tinieblas al reino del Hijo (Col. 1:13). El cristiano es santificado para obediencia (1 P. 1:2). La realidad de la auténtica iglesia de creyentes en Tesalónica, se medía por el hecho de obedecer sirviendo (1 Ts. 1:9-10). Jesús llama a la obediencia a Sus mandamientos, como expresión de amor a Él.

16. Y yo rogaré al Padre, y os dará otro Consolador, para que esté con vosotros para siempre.

καγὼ ἐρωτησω τὸν Πατερα καὶ ἄλλον Παρακλητον δωσει
Y yo rogaré al Padre y otro Consolador dará
ὑμῖν, ἵνα μεθ' ὑμῶν εἰς τὸν αἰῶνα ᾖ.
os, que con vosotros para siempre esté.

Notas y análisis del texto griego.

Comienza el tema del Espíritu, escribiendo: καγὼ, palabra formada por crasis[6] de la conjunción καὶ, y el pronombre personal ἐγώ, y que equivale a *y yo*; ἐρωτησω, primera persona singular del futuro de indicativo en voz activa del verbo ἐροτάω, *pedir, requerir, rogar*, aquí *rogaré*; τὸν, caso acusativo masculino singular del artículo determinado declinado *al*; Πατερα, caso acusativo masculino singular del nombre divino *Padre*; καὶ, conjunción copulativa, *y*; ἄλλον, caso acusativo masculino singular del adjetivo indefinido *otro*; Παρακλητον, caso acusativo masculino singular del nombre divino *Consolador, Paráclito*; δωσει, tercera persona singular del futuro de indicativo en voz activa del verbo δίδομι, *dar, entregar*, aquí *dará*; ὑμῖν, caso dativo de la segunda persona plural del pronombre personal declinado *a vosotros, os*; ἵνα, conjunción *que*; μεθ', forma escrita ante vocal aspirada de la preposición de genitivo μετά, *con*; ὑμῶν, caso genitivo de la segunda persona plural del pronombre personal *vosotros*; εἰς, preposición propia de acusativo *para*; τὸν, caso acusativo masculino singular del artículo determinado *el*; αἰῶνα, caso acusativo masculino singular del nombre común *siglo, tiempo grande, eternidad*; en esta ocasión el sentido es *para siempre*; ᾖ, tercera persona singular del presente de subjuntivo en voz activa del verbo εἰμί, *ser, estar*, aquí *esté*.

---

[6] *Crasis*, palabra griega que equivale a *unión de fuerzas*, en general *unión de elementos*.

καγὼ ἐρωτησω τὸν Πατερα καὶ ἄλλον Παρακλητον δωσει ὑμῖν, Los discípulos están llenos de preocupación e inquietud. Lo que Cristo había dicho, no solo para cumplimiento inmediato, como que iba a ser entregado en manos de los hombres e iba a ser crucificado, resultaba angustioso para ellos. Pero aún más el hecho de que Él iba a irse y a donde iba no podían seguirlo hasta tiempo después, llenaba el corazón de ellos de profunda tristeza. Sin duda la mayor necesidad inmediata era una fuente de consuelo. Hasta aquel momento, Jesús había tenido ese ministerio, pero, ahora que se iba promete enviarles *otro Consolador*. La palabra en el texto griego Παράκλετος, tiene literalmente el significado de *alguien que es llamado para que venga al lado*. En el contexto es llamado para que ayude en una situación de dificultad grande, bien sea amonestando, ayudando, alentando, consolando, instruyendo, trayendo a la memoria, iluminando los ojos espirituales, ayudando en los sufrimientos, conduciendo la oración y dando poder en el testimonio. El término aparece sólo cinco veces en el Nuevo Testamento y todas ellas en escritos de Juan, de las que cuatro se encuentran en este *Evangelio* (14:16, 26; 15:26; 16:7), la quinta está en una de sus epístolas (1 Jn. 2:1). En esta última se aplica a Cristo en sentido de abogado junto al Padre. La primera gran bendición que se desprende de estas primeras palabras es que el creyente tiene dos abogados, uno junto al Padre, el Señor Jesucristo, cuya misión es nuestra defensa de los ataques perversos de Satanás, el acusador de los hermanos (Ap. 12:10, comp. con Zac. 3:1). El otro Consolador está a nuestro lado, para defendernos de los peligros que acechan y pueden hacernos caer en la senda del testimonio (cf. 1 Jn. 3:24b; 4:4b). Cuando Jesús estaba en la tierra, se encargaba de *guardar* a los discípulos (17:12), pero ahora al salir del mundo para regresar al Padre, les dice que el rogaría al Padre y les daría otro Consolador.

Es interesante apreciar el cambio de verbos entre lo que los discípulos pedirían al Padre en el nombre de Jesús, donde se usa αἰτέω, *pedir*, en sentido de súplica implorante; en cambio ahora el verbo es otro ἐροτάω, *pedir* pero como algo a lo que se tiene derecho, o si se prefiere, una petición con autoridad. No significa que el Consolador sea dado a los creyentes como consecuencia de una súplica reiterada y expectante de Jesús, sino como resultado de la operación mediadora Suya a favor de los creyentes.

Este Consolador, el Espíritu Santo, no iba a regresar al Padre en algún momento, como era el caso de Jesús, sino que se quedaría con ellos, esto es, con los creyentes *para siempre*. En primer lugar con los discípulos y en segundo con todos los creyentes que vendrían a la experiencia de fe por la predicación de ellos. Por tanto, la primera seguridad es que el Espíritu no faltará nunca a ninguno de los creyentes y tampoco a la Iglesia en la presente dispensación. Siendo una Persona divina, como se considerará luego, tiene las perfecciones tanto de la esencia como de la naturaleza divina. Por consiguiente, siendo Dios, es omnipresente, pudiendo estar en todos los creyentes, distantes en el tiempo y en el espacio, siempre. Por medio de Él y en Él, Jesús cumple Su promesa de estar con los suyos todos los días hasta el fin del mundo (Mt. 28:20). Ni un instante el creyente está desposeído del Espíritu.

Debe prestársele atención a las palabras de Jesús. En ellas encontramos un *yo*, que habla a un *tú*, y que se refiere a un *otro*. Por consiguiente se esta hablando de tres Personas distintas. No está refiriéndose Jesús al Consolador, el Espíritu, como una *fuerza divina*, sino como una Persona Divina que es enviada del Padre y del Hijo. La deidad del Padre está suficientemente acreditada en toda la Escritura. En el *Evangelio*, la deidad del Hijo está atestiguada en diversos pasajes (1:1, 18; 20:28). A Jesucristo se le atribuyen cualidades y actividades divinas. Es omnisciente (1:42, 48; 2:24-25; 4:17, 19, 39; 6:64; 11:14; 21:19); omnipresente (3:13); adorable (9:38); creador y sustentador del universo (1:3); Salvador (1:12; 3:14-17; 5:40; 8:24; 14:6).

De igual manera en el *Evangelio* se aprecia la unidad entre el Padre y el Hijo, que no son una misma Persona, pero son una misma esencia, sustancia o naturaleza individual (10:30). Por ello se observa una notable interrelación personal en el Ser Divino, ya que el Hijo hace lo que ve hacer al Padre (5:19); el Padre juzga por medio del Hijo (5:22); el Hijo procede del Padre y cuanto tiene y hace le es comunicado por el Padre (5:26; 6:57). Por otro lado, las Personas Divinas son distintas *enviando* y *siendo enviadas*; el Padre envía al Hijo, por tanto procede del Padre (17:8, 18, 23); el Hijo y el Padre envían al Espíritu (15:26). Del mismo modo las Personas se distinguen en *honrar* y *ser honradas* el Padre honra al Hijo (17:1); el Hijo honra al Padre (14:13; 17:4); el Espíritu honra al Hijo (16:14). El Consolador no es *creado*, procede del Padre y del Hijo, es decir, es enviado por Ellos, de ahí que se llame en otros lugares *Espíritu de Dios* y *Espíritu de Cristo* ((Ro. 8:9).

El Espíritu Santo es tratado siempre como Persona, con capacidad para investigar y revelar (1 Co. 2:10-12). Se le llama Consolador, Abogado, Confortador (14:26; 15:26; 16:7). Solo una Persona puede venir *al lado* de uno. El Espíritu posee atributos propios de una persona, como intelecto (Is. 11:2; Jn. 14:26; 15:26; Ef. 1:17); sensibilidad (Ef. 4:30). Al mismo tiempo se le atribuyen obras personales: oye (16:13);

escudriña (1 Co. 2:10-11); habla (Hch. 8:29; 13:2; 16:6-7); enseña (14:26); Juzga (Hch. 15:28); convence de pecado (16:18); ejerce voluntad (1 Co. 12:8-11); escoge y envía (Hch. 13:2; 20:28); guía (Ro. 8:14); intercede (Ro. 8:27).

Al Espíritu se le dan nombres divinos. Se le llama Dios (Hch. 5:3-4; 1 Co. 3:16; 6:19; 12:6-7); se le llama Señor (2 Co. 3:17-18); se incluye en el triple nombre de la Deidad (Mt. 28:19); se le dan nombres sólo aplicables a Dios como Espíritu Santo (Mt. 1:18; 28:19); se aprecia que es el único Espíritu en la dimensión divina (Ef. 4:4); se dice que es Espíritu eterno (He. 9:14); se le llama el Santo (1 Jn. 2:20); como a Cristo se dice de Él que es Espíritu de vida (Ro. 8:2; Ap. 11:11). Pero, además posee atributos incomunicables privativos de Dios, como es la eternidad (He. 9:14); omnipotencia (Ro.15:19; 1 P. 3:18); omnipresencia (Sal. 139:7-10); omnisciencia (Is. 40:13-14; 1 Co. 2:10-11); verdad absoluta (1 Jn. 5:6). Sus obras son también divinas: Él es Creador (Gn. 1:2; Job 26:13; 27:3; 33:4; Sal. 33:6; 104:30); la inspiración de la Palabra se le atribuye (2 Ti. 3:16; 2 P. 1:21). Un obra sobrenatural fue la del engendramiento de Jesús en el seno de María (Lc. 1:35). Pero, como Dios es quien *regenera* al pecador que cree en Jesucristo (Ti. 3:5). Jesús había dicho a Nicodemo que tenía que nacer del Espíritu (3:5, 6, 8); la implantación de Dios en el creyente con la provisión de vida eterna en Cristo en el proceso de regeneración es obra del Espíritu (1:12-13).

Su procedencia del Padre y del Hijo, exige la deidad del Espíritu Santo. Por procedencia del Padre se le llama *Espíritu de Dios* (Mt. 3:16); por Su procedencia del Hijo se le llama *Espíritu de Jesucristo* (Ro. 8:9; Fi. 1:19). Su procedencia del Padre y del Hijo es eterna, sin principio de existencia. Hemos de concluir que el Espíritu Santo es una Persona Divina y que es Dios en unidad con el Padre y el Hijo.

Por esta razón el Espíritu es el *Paráclito* por antonomasia, esto es, la Persona Divina que amorosamente atrae, ayuda, consuela, defiende y vivifica. Esta es la promesa de Jesús a los Suyos. Había hablado palabras que produjeron tristeza antes, ahora les va a hablar palabras de aliento, porque no quedarían solos, sino que les enviaría con el Padre, al Espíritu Santo que estaría con ellos definitivamente.

17. El Espíritu de verdad, al cual el mundo no puede recibir, porque no le ve, ni le conoce; pero vosotros le conocéis, porque mora con vosotros, y estará en vosotros.

τὸ Πνεῦμα τῆς ἀληθειας, ὃ ὁ κοσμος οὐ δυναται λαβεῖν, ὅτι
El Espíritu de la verdad, que el mundo no puede recibir, porque
οὐ θεωρεῖ αὐτὸ οὐδὲ γινωσκει· ὑμεῖς γινωσκετε αὐτο, ὅτι
no ve le ni conoce; vosotros conocéis le, porque
παρ' ὑμῖν μενει καὶ ἐν ὑμῖν ἔσται.
con vosotros mora y en vosotros estará.

Notas y análisis del texto griego.

Siguiendo con las palabras de Jesús, añade: τὸ, caso nominativo neutro singular del artículo determinado *el*; Πνεῦμα, caso nominativo neutro singular del nombre divino *Espíritu*; τῆς, caso genitivo femenino singular del artículo determinado declinado *de la*; ἀληθειας, caso genitivo femenino singular del nombre común *verdad*; ὃ, caso acusativo neutro singular del pronombre relativo *que*; ὁ, caso nominativo masculino singular del artículo determinado *el*; κοσμος, caso nominativo masculino singular del nombre común *mundo*; οὐ, adverbio de negación *no*; δυναται, tercera persona singular del presente de indicativo en voz media del verbo δύναμαι, *poder, tener poder*, aquí *puede*; λαβεῖν, segundo aoristo de infinitivo en voz activa del verbo λαμβάνω, *recibir, aceptar*; ὅτι, conjunción causal *porque*; οὐ, adverbio de negación *no*; θεωρεῖ, tercera persona singular del presente de indicativo en voz activa del verbo θεωρέω, *ver, percibir, observar*, aquí *ve*; αὐτὸ, caso acusativo neutro de la tercera persona singular del pronombre personal declinado *a él, le*; οὐδὲ, adverbio de negación, literalmente *y no*, aquí *ni*; γινωσκει, tercera persona singular del presente de indicativo en voz activa del verbo γίνωσκω, *saber, conocer*, aquí *conoce*; ὑμεῖς, caso nominativo de la segunda persona plural del pronombre personal *vosotros*; γινωσκετε, segunda persona plural del presente de indicativo en voz activa del verbo γίνωσκω, *saber, conocer*, aquí *conocéis*; αὐτο, caso acusativo neutro de la tercera persona singular del pronombre personal declinado *a él, le*; ὅτι, conjunción causal *porque*; παρ', forma de escritura de la preposición propia de dativo παρά, por elisión de la α final cuando precede a una palabra que comienza con vocal, equivale a *junto a, con, delante de*; ὑμῖν, caso dativo de la segunda persona plural del pronombre personal *vosotros*; μενει, tercera persona plural del presente de indicativo en voz activa del verbo μένω, *morar, residir, permanecer*, aquí *mora*; καὶ, conjunción copulativa *y*; ἐν, preposición propia de dativo *en*; ὑμῖν, caso dativo de la segunda persona plural del pronombre personal *vosotros*; ἔσται, tercera persona singular del futuro de indicativo en voz media del verbo εἰμί, *ser, estar*, aquí *estará*.

τὸ Πνεῦμα τῆς ἀληθειας, Poco antes les había dicho que Él era la verdad (v. 6), ahora se refiere del mismo modo al Espíritu, llamándole *Espíritu de la verdad*. Es decir, como Dios, es verdadero y no hay engaño en Él (1 Ts. 1:9), pero la misión que tendrá es la de guiar al creyente a toda verdad (16:13). En ese sentido tiene que ver con revelar plenamente a Cristo que es *la Verdad*, al ser el Espíritu de Cristo (Ro. 8:9). Conduce a la verdad por cuanto *"tomará de lo mío y os lo hará saber"* (16:14).

ὃ ὁ κοσμος οὐ δυναται λαβεῖν, ὅτι οὐ θεωρεῖ αὐτὸ οὐδὲ γινωσκει· A este glorioso Espíritu, el mundo *no puede recibir*. Mientras que los creyentes en Cristo pertenecemos al mundo de la luz, y estamos en el reino del Hijo (Col. 1:13), los incrédulos, sentido que tiene aquí el término *mundo*, no pueden recibirle, es más, ni pueden ni quieren, porque prefieren las tinieblas a la luz, y la mentira a la verdad (3:17-21). No están, por tanto, en condiciones y en disposición de recibir al Espíritu. La primera razón es que *no le ven*, ya que no solo están en tinieblas y las aman, sino que ellos mismos están entenebrecidos, por consiguiente no conociendo a Dios, no pueden *ver* su Espíritu. En segundo lugar porque *no le conocen*. Al Espíritu y sus cosas han de entenderse *espiritualmente*. La mente carnal no puede comprender al Espíritu de Dios, porque *"el hombre natural no percibe las cosas que son del Espíritu de Dios, porque para él son locura, y no las puede entender, porque se han de discernir espiritualmente"* (1 Co. 2:14). No puede venir a ellos el Espíritu porque no aceptan el mensaje de salvación, ya que la *"palabra de la cruz es locura para los que se pierden"* (1 Co. 1:18).

ὑμεῖς γινωσκετε αὐτο, ὅτι παρ' ὑμῖν μενει καὶ ἐν ὑμῖν ἔσται. Sin embargo los discípulos le conocían porque *está con vosotros*. La preposición παρά, en dativo expresa el sentido de compañía, esto es, conocéis al Espíritu porque mora con vosotros, está a vuestro lado. No debemos olvidar que es el *Paráclito*, el que esta al lado para ayudar. Pero en un tiempo próximo se producirá un cambio y es que quien está al lado, luego estará *en* ellos. El sentido de la preposición no es de compañía sino de lugar. El Espíritu estará en ellos, ya que serán hechos templo de Dios en Espíritu. En esto se manifiesta la inhabitación del Espíritu santo en cada creyente. El Espíritu Santo no sólo es el compañero, sino la Persona Divina residente en el *naos* de Dios que somos cada uno de los salvos. Es el *residente* divino en cada creyente y el cuerpo de cada uno, el santuario de Dios (1 Co. 6:19). El conocimiento del Espíritu Santo no es algo intelectual, sino vivencial. El creyente le conoce por la relación vivencial que tiene con cada uno. Es el que hace posible la unidad del salvo con Cristo y la de todos los creyentes para realizar la petición de Jesús: *"que sean uno"* (17:21-23), esa unidad no es la del ecumenismo, sino la del Espíritu, a la que hay que prestar la necesaria solicitud para guardarla (Ef. 4:3). Ningún pecado personal, ninguna caída, ningún desaliento podrán hacer perder del salvo la presencia del Espíritu, porque ello supondría la pérdida de la salvación. Podremos entristecerlo (Ef. 4:30), pero una vez en nosotros, estará para siempre en nosotros.

18. No os dejaré huérfanos; vendré a vosotros.

Οὐκ ἀφησω ὑμᾶς ὀρφανους, ἔρχομαι πρὸς ὑμᾶς.
No dejaré os huérfanos, vengo a vosotros.

Notas y análisis del texto griego.

Sigue el discurso de Jesús: Οὐκ, forma escrita del adverbio de negación *no*, con el grafismo propio ante una vocal con espíritu suave o una enclítica; ἀφησω, primera persona singular del futuro de indicativo en voz activa del verbo ἀφίημι, *dejar, abandonar*, aquí *dejaré*; ὑμᾶς, caso acusativo de la segunda persona plural del pronombre personal declinado *a vosotros, os*; ὀρφανους, caso acusativo masculino plural del adjetivo *huérfanos*; ἔρχομαι, primera persona singular del presente de indicativo en voz media del verbo ἔρχομαι, *venir*, aquí *vengo*; πρὸς, preposición propia de acusativo *a*; ὑμᾶς, caso acusativo de la segunda persona plural del pronombre personal *vosotros*.

Οὐκ ἀφησω ὑμᾶς ὀρφανους, ἔρχομαι πρὸς ὑμᾶς. La figura del huérfano aparece nuevamente en estas palabras de Jesús. En el entorno social de entonces, un huérfano, lo mismo que una viuda, era una situación con muchos problemas para superarla. Aquí el Señor les promete compañía. Había dicho antes que enviaría el Espíritu Santo que estaría con ellos para siempre, por tanto, no quedaban huérfanos de la compañía de Cristo, sino que el Vicario suyo, el Espíritu, estaría con ellos para acompañarles y ayudarles. Su partida, que tanto preocupaba a los discípulos, no sería algo final, por dos razones: volverían a verle luego de la resurrección, por tanto su tristeza va a convertirse en gozo (16:20, 22, 24); también volverán a tenerle con ellos por la presencia del Espíritu de Cristo, no cerca de ellos como había sido la compañía de Jesús, sino *en ellos*, para que aunque estén solos, abandonados de los hombres, en miserias y conflictos, nunca estén separados de Cristo y de Su amor. En medio del problema los discípulos están viendo el presente o el futuro más inmediato, Cristo les llama a levantar los ojos y ver en proyección la bendición que espera a todo el que cree en Él.

19. Todavía un poco, y el mundo no me verá más; pero vosotros me veréis; porque yo vivo, vosotros también viviréis.

ἔτι μικρὸν καὶ ὁ κοσμος με οὐκετι θεωρεῖ, ὑμεῖς δὲ
Todavía poco y el mundo me no más ve, pero vosotros
θεωρεῖτε με, ὅτι ἐγὼ ζῶ καὶ ὑμεῖς ζησετε.
veis me, porque Yo vivo también vosotros viviréis.

Notas y análisis del texto griego.

Sin interrupción en el tema, añade: ἔτι, adverbio *todavía*; μικρὸν, caso acusativo neutro singular del adjetivo indefinido *poco*; καὶ, conjunción copulativa *y*; ὁ, caso nominativo masculino singular del artículo determinado *el*; κοσμος, caso nominativo masculino singular del nombre común *mundo*; με, caso acusativo de la primera persona singular del pronombre personal declinado *a mí, me*; οὐκετι, adverbio de negación *no más*; θεωρεῖ, tercera persona singular del presente de indicativo en voz activa del verbo θεωρέω, *ver, mirar, observar*, aquí *ve*; ὑμεῖς, caso nominativo de la segunda persona plural del pronombre personal *vosotros*; δὲ, partícula conjuntiva que hace las veces de conjunción coordinante, con sentido de *pero, más bien, y, y por cierto, antes bien*; θεωρεῖτε, segunda persona plural del presente de indicativo en voz activa del verbo θεωρέω, *ver, mirar, observar*, aquí *veis*; με, caso acusativo de la primera persona singular del pronombre personal declinado *a mí, me*; ὅτι, conjunción causal *porque*; ἐγὼ, caso nominativo de la primera persona singular del pronombre personal *yo*; ζῶ, primera persona singular del presente de indicativo en voz activa del verbo ζάω, *vivir*, aquí *vivo*; καὶ, adverbio de modo *también*; ὑμεῖς, caso nominativo de la segunda persona plural del pronombre personal *vosotros*; ζησετε, segunda persona plural del futuro de indicativo en voz activa del verbo ζάω, *vivir*, aquí *viviréis*.

ἔτι μικρὸν καὶ ὁ κοσμος με οὐκετι θεωρεῖ, En muy poco tiempo el mundo iba a dejar de ver directamente a Jesús. Su partida al Padre les privaría de Su presencia. El término *mundo* en el contexto inmediato alude a los que no creen en Jesús (cf. 14:17, 19, 27, 30; 15:18.19; 16:8, 11, 20, 33; 17:6, 9, 14, 16, 25). La vista física del Señor les será quitada luego de Su muerte, puesto que incluso en la resurrección no se presentaría a nadie más que a los creyentes. Dios permite un tiempo para ver a Su Hijo y escuchar Su mensaje de salvación. Al día siguiente, las multitudes que le habían visto a Él y habían contemplado Sus obras portentosas, incluso tal vez alguno había sido bendecido por ellas, gritarían pidiendo Su muerte en la Cruz, diciendo *"¡Fuera, fuera! ¡Crucifícale!"* (19:15). Por tanto aquellos que rechazan la luz, quedan en tinieblas y de la visión admirable del Salvador quedarían privados, hasta el día en que comparezcan ante el Trono Blanco, para ser juzgados y condenados eternamente.

ὑμεῖς δὲ θεωρεῖτε με, Cristo les advierte que mientras el mundo quedaría privado de verle, ellos le verían nuevamente. El uso del presente en el verbo, sugiere la idea de continuidad, no sólo le verán un tiempo, sino siempre. Cuando los ojos físicos no puedan hacerlo porque ha ido al Padre, los de la fe permanecerán apreciando Su presencia.

ὅτι ἐγὼ ζῶ καὶ ὑμεῖς ζησετε. La muerte del Señor era algo pasajero y transitorio. Luego de ella vendría la resurrección y una forma de vida que se proyecta a la eternidad. Esa es la razón por la que Jesús usa nuevamente el presente del verbo vivir. Quien es fuente de vida no muere salvo en su aspecto físico como hombre, pero la vida divina que es vida eterna, ni siquiera en la muerte física se interrumpe en la Persona Divina del Hijo de Dios. Cristo vive. Pero, como la vida eterna es dada en Cristo y por Él, quien vive la vida eterna por unión vital con el Salvador, vive como Él, esto es, con la vida divina participada en la comunión con la *naturaleza* de Dios (2 P. 1:4). La esperanza es cierta, puesto que la vida eterna no se altera ni se interrumpe cuando el creyente pasa por la muerte física, sino que se proyecta inmediatamente a la presencia del Señor, a donde va el que muere en Cristo. Es cierto que ese estado *intermedio*, está despojado de la parte material del cuerpo de resurrección, pero el apóstol Pablo enseña que *partir y estar con Cristo es mucho mejor* (Fil. 1:23). La vida eterna es la vinculación del cristiano al Cristo vivo, por consiguiente como Él vive, así también nosotros vivimos. Siempre esta vida está escondida con Cristo en Dios (Col. 3:3). Si Cristo está con el Padre, sentado a Su diestra, y la vida eterna que el creyente tiene por fe en Él, está en Jesucristo, la vida del salvo está también escondida con Cristo, radicada en Él y vivida en Dios. Por eso Jesús dice que *vosotros me veréis*, no solo en la resurrección y luego por la fe en la inhabitación de que el creyente es objeto de Él, sino en el tiempo en que haga su aparición viniendo de los cielos para tomar a Su Iglesia. En aquel día se hará visible a nuestros ojos. Él prometió a los Suyos que volvería para tomarlos a fin de que estuviesen con Él (14:1-4). De manera que cuando Él se manifieste, nosotros que estamos en Él, también seremos manifestados con Él en gloria. Los que han padecido con Él en la vida de peregrinación, serán glorificados con Él. Porque Cristo vive, los creyentes viviremos con Él.

20. En aquel día vosotros conoceréis que yo estoy en mi Padre, y vosotros en mí, y yo en vosotros.

ἐν ἐκεινῃ τῇ ἡμερᾳ γνωσεσθε ὑμεῖς ὅτι ἐγὼ ἐν τῷ Πατρι μου
En aquel - día conoceréis vosotros que Yo en el Padre de mí
καὶ ὑμεῖς ἐν ἐμοὶ καγὼ ἐν ὑμῖν.
y vosotros en mí y yo en vosotros.

Notas y análisis del texto griego.

Continua la enseñanza de Cristo: ἐν, preposición propia de dativo *en*; ἐκεινῃ, caso dativo femenino singular del pronombre demostrativo *aquella*; τῇ, caso dativo femenino singular del artículo determinado *la*; ἡμερᾳ, caso dativo femenino singular del nombre común *día*; γνωσεσθε, segunda persona plural del futuro de indicativo en voz media del verbo γινώσκω, *saber, conocer, entender*, aquí *conoceréis*; ὑμεῖς, caso nominativo de la segunda persona plural del pronombre personal *vosotros*; ὅτι, conjunción *que*; ἐγὼ, caso nominativo de la primera persona singular del pronombre personal *yo*; ἐν, preposición propia de dativo *en*; τῷ, caso dativo masculino singular del artículo determinado *el*; Πατρι, caso dativo masculino singular del nombre divino *Padre*; μου, caso genitivo de la primera persona singular del pronombre personal declinado *de mí*; καὶ, conjunción copulativa *y*; ὑμεῖς, caso nominativo de la segunda persona plural del pronombre personal *vosotros*; ἐν, preposición propia de dativo *en*; ἐμοὶ, caso dativo de la primera persona singular del pronombre personal *mí*; καγὼ, palabra formada por crasis[7] de la conjunción καὶ, y el pronombre personal ἐγώ, y que equivale a *y yo*; ἐν, preposición propia de dativo *en*; ὑμῖν, caso dativo de la segunda persona plural del pronombre personal *vosotros*.

ἐν ἐκεινῃ τῇ ἡμερᾳ γνωσεσθε ὑμεῖς ὅτι ἐγὼ ἐν τῷ Πατρι μου. La vida eterna en Jesús es el resultado de la inmanecia del Padre en el Hijo, a quien le ha dado tener vida en Sí mismo (5:26), como se consideró antes. La vida eterna en el creyente es también el resultado de la inmanecia de Jesús en él. Sin embargo, la revelación de estas verdades están todavía sujetas a un tiempo que Jesús llama *aquel día*. Este se extenderá desde el descenso del Espíritu Santo hasta la segunda venida de Jesús. Sin embargo el conocimiento pleno será cuando se manifieste Cristo en su Segunda venida, que entonces *conoceremos* en plenitud (Col. 3:4; 1 Jn. 3:2), sin embargo, por medio de la acción del Espíritu Santo, alcanzamos un conocimiento amplio de todo esto, aunque no sea perfecto, es decir, total (1 Co. 13:12). No habrá limitaciones a este conocimiento cuando podamos ver directamente la gloria de Dios en la faz de Jesucristo (2 Co. 4:6). Entender plenamente la inmanencia entre el Padre y el Hijo, será posible en *aquel día*. Entonces conoceremos que el Padre está en el Hijo. Ahora se aprecia porque el Hijo hace las obras del Padre (5:36; 9:4; 10:37; 14:10). La dimensión de conocimiento será pleno entonces.

Pero el conocimiento pleno se extenderá también a la inmanencia mutua de Cristo en el creyente, y de éste en Él (14:20; 15:4-5; 17:21,

[7] *Crasis*, palabra griega que equivale a *unión de fuerzas*, en general *unión de elementos*.

26). Primero de forma parcial, conociendo por la enseñanza de la Palabra aplicada por el Espíritu en Su misión reveladora de las verdades que Jesús dijo a los suyos, conocemos la realidad de la inmanencia del Padre en el Hijo y de Él en nosotros, pero, en *aquel día* llevaremos en plenitud la imagen del Hijo, como ha sido establecido por predestinación del Padre para los creyentes (Ro. 8:29). Entonces le veremos como Él es, en toda la plenitud de Su presencia visible con todos los suyos. Esta inmanencia de Cristo y los creyentes, aunque de la misma cualidad, no es de la misma dimensión que la del Padre en el Hijo. La diferencia es que la inmanencia divina es *esencial*, porque tiene su raíz en la unidad de naturaleza, mientras que la nuestra con Cristo es *moral y espiritual*, porque tiene su raíz en la comunión en gracia, otorgada libremente por el *Autor de nuestra salvación* (He. 2:10). Esta relación de vida puede permitir que la comunión tenga variaciones, pero nunca la unión (Ro. 8:1, 25-29). Por esa razón nadie puede arrebatarnos ni de la mano del Hijo, ni de la del Padre (10:28-30). La unión vital con los creyentes, formando un cuerpo cuya Cabeza en el Señor, es de tal magnitud que cuando se persigue a un miembro se persigue a la cabeza, cuando se hace mal a uno de los del cuerpo, se hace mal a la cabeza del cuerpo, como tuvo que aprender el apóstol Pablo en su camino a Damasco, quien al perseguir a los cristianos estaba persiguiendo a Jesús (Hch. 9:5). Sin embargo, en este tiempo, luego de la resurrección de Jesús y del descenso del Espíritu los creyentes conocen y experimentan la inmanencia divina.

21. El que tiene mis madamientos, y los guarda, ése es el que me ama; y el que me ama, será amado por mi Padre, y yo le amaré, y me manifestaré a él.

ὁ ἔχων τὰς ἐντολας μου καὶ τηρῶν αὐτὰς ἐκεῖνος ἐστιν ὁ
El que tiene los mandamientos de mí y que guarda los, ese es el
ἀγαπῶν με· ὁ δὲ ἀγαπῶν με ἀγαπηθησεται ὑπὸ τοῦ Πατρος
que ama me; y el que ama me será amado por el Padre
μου, καγὼ ἀγαπησω αὐτὸν καὶ ἐμφανισω αὐτῷ ἐμαυτον.
de mí, y yo amaré le y manifestaré a él yo mismo.

Notas y análisis del texto griego.

Continúa el texto griego: ὁ, caso nominativo masculino singular del artículo determinado *el*; ἔχων, caso nominativo masculino singular del participio de presente en voz activa del verbo ἔχω, *tener, poseer*, aquí *que tiene*; τὰς, caso acusativo femenino plural del artículo determinado *las*; ἐντολας, caso acusativo femenino plural del nombre común *ordenanzas, mandamientos*; μου, caso genitivo de la primera persona singular del pronombre personal declinado *de mí*; καὶ, conjunción copulativa *y*; τηρῶν, caso nominativo masculino singular del participio de presente en voz activa del verbo τηρέω, *guardar, custodiar, observar, cumplir*, aquí *que guarda*; αὐτὰς, caso acusativo femenino de la tercera persona plural del pronombre personal declinado *a ellas, las*; ἐκεῖνος, caso nominativo masculino singular del pronombre demostrativo *ese*; ἐστιν, tercera persona singular del presente de indicativo en voz activa del verbo εἰμί, *ser, estar*, aquí *es*; ὁ, caso nominativo masculino singular del artículo determinado *el*; ἀγαπῶν, tercera persona singular del participio de presente en voz activa del verbo ἀγαπάω, *amar*, aquí *que ama*; με, caso acusativo de la primera persona singular del pronombre personal declinado *a mí, me*; ὁ, caso nominativo masculino singular del artículo determinado *el*; δὲ, partícula conjuntiva que hace las veces de conjunción coordinante, con sentido de *pero, más bien, y, y por cierto, antes bien*; ἀγαπῶν, tercera persona singular del participio de presente en voz activa del verbo ἀγαπάω, *amar*, aquí *que ama*; με, caso acusativo de la primera persona singular del pronombre personal declinado *a mí, me*; ἀγαπηθησεται, tercera persona singular del futuro de indicativo en voz pasiva del verbo ἀγαπάω, *amar*, aquí *será amado*; ὑπὸ, preposición propia de genitivo *de, por*; τοῦ, caso genitivo masculino singular del artículo determinado *el*; Πατρος, caso genitivo masculino singular del nombre divino *Padre*; μου, caso genitivo de la primera persona singular del pronombre personal declinado *de mí*; καγὼ, palabra formada por crasis[8] de la conjunción καὶ, y el pronombre personal ἐγώ, y que equivale a *y yo*; ἀγαπησω, primera persona singular del futuro de indicativo en voz activa del verbo ἀγαπάω, *amar*, aquí *amaré*; αὐτὸν, caso acusativo masculino de la tercera persona singular del pronombre personal declinado *a él*; καὶ, conjunción copulativa *y*; ἐμφανισω, primera persona singular del futuro de indicativo en voz activa del verbo ἐμφανίζω, *mostrar, revelar, manifestar*, aquí *manifestaré*; αὐτῷ, caso dativo de la tercera persona singular del pronombre personal declinado *a él*; ἐμαυτον, caso acusativo masculino de la primera persona singular del pronombre reflexivo, *yo mismo*.

ὁ ἔχων τὰς ἐντολας μου καὶ τηρῶν αὐτὰς ἐκεῖνος ἐστιν ὁ ἀγαπῶν με· Otra vez surge el amor en la enseñanza de Jesús. No es aquí el amor relacionado con los hermanos, sino con Él mismo. La prueba de ese amor consiste en que teniendo los mandamientos Suyos, los guarda, esto es, los pone por obra, los cumple. No cabe duda que el alcance de esta afirmación supera al grupo de los discípulos entonces, para extenderse a todos los que siendo creyentes son también discípulos. La condición de ser verdaderos discípulos no está en el conocimiento intelectual de los mandamientos del Señor, sino en la aplicación espiritual a la vida. Esto es posible siempre que los mandamientos de Cristo estén en el corazón (Sal. 37:31). Cuando estos están, no solo en el corazón, sino *sobre él*, controlando la vida esta discurre por el camino de la obediencia al Señor, lo que manifiesta la realidad del amor.

---

[8] *Crasis*, palabra griega que equivale a *unión de fuerzas*, en general *unión de elementos*.

ὁ δὲ ἀγαπῶν με ἀγαπηθήσεται ὑπὸ τοῦ Πατρός μου. La obediencia es manifestación visible de la aceptación del señorío de Cristo. El creyente tiene el privilegio y, diría también, la obligación espiritual de la obediencia. Sin embargo, hay una recompensa especial que Jesús promete para quienes obedezcan Sus mandamientos, será amado por el Padre. El amor de Dios se expresa y manifiesta en el Hijo y es dado al creyente por el Espíritu Santo (Ro. 5:5). En el ejercicio del amor y de la gratitud, la obediencia pone de manifiesto la realidad de lo que se dice. No hace falta proclamar que amamos a Dios, simplemente lo manifestamos obedeciendo lo que Él establece. Ahora bien, si el Padre ama sobre todas las cosas y de forma infinita a Su Hijo, no hay duda alguna que todo lo que el Hijo ame, será amado por el Padre. Esa es la razón de la promesa de Jesús. Sin embargo debe entenderse claramente que el amor del Padre no se gana por la obediencia, sino que nos ha sido dado en plena gracia antes de que pudiéramos hacer algo o no hacer nada, puesto que nosotros no le amábamos cuando Él nos amó y entregó a Su Hijo por nosotros (1 Jn. 4:10).

καγὼ ἀγαπήσω αὐτὸν. El círculo del amor divino se cierra con el amor del Hijo hacia quien guarda Sus mandamientos. En este amor existe la verdadera comunión, por tanto, el Señor, sin impedimento alguno, se *revela* o se *manifiesta* a él. Si el amor del Padre es un amor paterno, el de Jesús es un amor de hermano, porque Él es el *primogénito entre muchos hermanos* (Ro. 8:29). No podemos abarcar el amor que Jesús promete. Él nos amó cuando estábamos en nuestros delitos y pecados, entregándose por nosotros a la muerte de Cruz (Gá. 2:20). Ahora, reconciliados, hechos santos en Él, el amor adquiere aún una dimensión mayor, si es posible expresarlo de este modo. Aunque Jesús va a ir al Padre y dejará aquí a los discípulos, Su amor por ellos persiste y se manifiesta. El amor de Cristo por nosotros, se manifiesta ahora en que *vive para interceder* por nosotros (He. 7:25).

καὶ ἐμφανίσω αὐτῷ ἐμαυτόν. Todavía más. El que ama promete también *manifestarse* a los que ama por guardar Sus mandamientos. La manifestación de Jesús a los discípulos en todos los tiempos tiene lugar por medio del Espíritu (15:26). Por otro lado, la manifestación se hace también por la Palabra. No es una manifestación subjetiva, sino la que se asienta en la Palabra, puesto que el Espíritu guiará a toda verdad. Esa manifestación de Jesús es el cumplimiento de Su promesa de estar con los Suyos y de no dejarlos huérfanos. Cuando parece que estamos sumidos en soledad y abandono, Jesús está con nosotros. Esa era la manifestación de Él que Pablo sentía cuando fue juzgado y dice: *"El Señor estuvo a mi lado"* (2 Ti. 4:17, 18). Con todo, esta manifestación, como se dice antes, es siempre en el Espíritu y en la Palabra. Las manifestaciones subjetivas, sin respaldo bíblico, son siempre peligrosas, porque no tienen garantía de fiabilidad.

22. Le dijo Judas (no el Iscariote): Señor, ¿cómo es que te manifestarás a nosotros, y no al mundo?

Λεγει αὐτῷ ᾿Ιουδας, οὐχ ὁ ᾿Ισκαριωτης· Κυριε, [καὶ] τι
Dice le Judas, no el Iscariote: Señor, ¿Y que
γεγονεν ὅτι ἡμῖν μελλεις ἐμφανιζειν σεαυτὸν καὶ οὐχὶ τῷ
ha sucedido que a nosotros debes . manifestar a ti mismo y no al
κοσμῳ
mundo?

Notas y análisis del texto griego.

Trasladando la pregunta de Judas, escribe: Λεγει, tercera persona singular del presente de indicativo en voz activa del verbo λέγω, *hablar, decir*, aquí *dice*; αὐτῷ, caso dativo de la tercera persona singular del pronombre personal declinado *a él, le*; ᾿Ιουδας, caso nominativo masculino singular del nombre propio *Judas*; οὐχ, forma escrita del adverbio de negación *no*, con el grafismo propio ante vocal con espíritu áspero; ὁ, caso nominativo masculino singular del artículo determinado *el*;᾿Ισκαριωτης, caso nominativo masculino singular del nombre propio *Iscariote*; Κυριε, caso vocativo masculino singular del nombre divino *Señor*; καὶ, conjunción copulativa *y*; τι, caso nominativo neutro singular del pronombre interrogativo *que*; γεγονεν, tercera persona singular del perfecto de indicativo en voz activa del verbo γίνομαι, aquí con la acepción de *suceder, ha sucedido*; ὅτι, conjunción *que*; ἡμῖν, caso dativo de la primera persona plural del pronombre personal declinado *a nosotros*; μελλεις, segunda persona singular del presente de indicativo en voz activa del verbo μέλλω, *estar a punto de, deber, haber de, tener intenciones de*, aquí *debes*; ἐμφανιζειν, presente de infinitivo en voz activa del verbo ἐμφανίζω, *mostrar, revelar, manifestar*; σεαυτὸν, caso acusativo masculino singular del pronombre reflexivo declinado *a ti mismo*; καὶ, conjunción copulativa *y*; οὐχὶ, forma intensificada del adverbio de negación οὐ, forma ática, que se traduce como *no*; τῷ, caso dativo masculino singular del artículo determinado declinado *al*; κοσμῳ, caso dativo masculino singular del nombre común *mundo*.

Λεγει αὐτῷ ᾿Ιουδας, οὐχ ὁ ᾿Ισκαριωτης· Una nueva interrupción a Jesús, la cuarta que se produce (13:37; 14:5, 8). en este caso por la intervención de Judas, al que Juan identifica como *no el Iscariote*. Dos discípulos tenían el mismo nombre, uno el traidor y otro éste, hermano de Jacobo el Menor (Lc. 6:16; Hch. 1:13). En todas las listas de los apóstoles se aprecia el cuidado en distinguir a los dos. Este era pariente del Señor y fue el escritor de la epístola que lleva su nombre. Judas el Iscariote había salido del lugar de la cena para hacer su malvado propósito (13:30).

Κυριε, [καὶ] τι γεγονεν ὅτι ἡμῖν μελλεις ἐμφανιζειν σεαυτὸν καὶ οὐχὶ τῷ κοσμῳ. Al discípulo le sorprende que Cristo prometa manifestarse a ellos y no lo haga al mundo. Es posible que Judas haya entendido que hablaba de la manifestación después de resucitar, aunque no lo creían posible. Todos los judíos consideraban al Mesías como el Rey victorioso sobre todas las naciones del mundo, que se sentaría en el trono con majestad y gloria, gobernando la tierra desde Jerusalén. No tenían en cuenta que el reino de Cristo *no es de este mundo*. El condicionante teológico que les había sido enseñado forzaba esta interpretación. Ellos no necesitaban la manifestación de Jesús porque creían en Él, pero, según su pensamiento quien necesitaba esto era el mundo incrédulo. Los mismos hermanos de Jesús le habían sugerido que se manifestase al mundo para que creyesen en Él (7:4). Una señal semejante de poder y gloria convencería a todos de que Jesús era el Mesías enviado por Dios para ser el Rey sobre la nación. No había captado aún la enseñanza a la que Jesús estaba llevándoles, de una manifestación del reino por la acción del Espíritu y la proclamación del evangelio entre las naciones. Es posible que Judas se sintiese un tanto insatisfecho por las palabras de Jesús. Ellos preferirían una acción decidida del Señor que hiciese alguna señal que convenciese a todos y le siguiesen en el establecimiento del reino. Esta esperanza estaba firmemente anclada en ellos, de modo que antes de la ascensión preguntaron a Cristo si restauraría el reino a Israel ahora (Hch. 1:6).

23. Respondió Jesús y le dijo: El que me ama, mi palabra guardará; y mi Padre le amará, y vendremos a él, y haremos morada con él.

ἀπεκριθη Ἰησοῦς καὶ εἶπεν αὐτῷ· ἐαν τις ἀγαπᾷ με τὸν λογον
Respondió Jesús y dijo le: Si alguno ame me la palabra
μου τηρησει, καὶ ὁ Πατηρ μου ἀγαπησει αὐτὸν καὶ πρὸς
de mí guardará, y el Padre de mí amará le y a
αὐτὸν ἐλευσομεθα καὶ μονὴν παρ' αὐτῷ ποιησομεθα.
él vendremos y morada con él haremos.

Notas y análisis del texto griego.

Retomando las palabras de Jesús, escribe: ἀπεκρίθη, tercera persona singular del aoristo primero de indicativo en voz pasiva del verbo ἀποκρίνομαι, *responder, contestar, tomar la palabra*, aquí *respondió*; Ἰησοῦς, caso nominativo masculino singular del nombre propio *Jesús*; καὶ, conjunción copulativa *y*; εἶπεν, tercera persona singular del aoristo segundo de indicativo en voz activa del verbo εἶπον, usado como tiempo aoristo de λέγω, *hablar, decir*, aquí *dijo*; αὐτῷ, caso dativo masculino de la tercera persona singular del pronombre personal declinado *a él, le*; ἐαν, conjunción *si*; τις, caso nominativo masculino singular del pronombre indefinido *alguno*; ἀγαπᾷ, tercera persona singular del presente de subjuntivo en voz activa del verbo ἀγαπάω, *amar*, aquí *ame*; με, caso acusativo de la primera persona singular del pronombre personal declinado *a mí, me*; τὸν, caso acusativo masculino singular del artículo determinado *el*; λογον, caso acusativo masculino singular del nombre común *palabra*; μου, caso genitivo de la primera persona singular del pronombre personal declinado *de mí*; τηρησει, tercera persona singular del futuro de indicativo en voz activa del verbo τηρέω, *guardar, observar*, aquí *guardará*; καὶ, conjunción copulativa *y*; ὁ, caso nominativo masculino singular del artículo determinado *el*; Πατηρ, caso nominativo masculino singular del nombre divino *Padre*; μου, caso genitivo de la primera persona singular del pronombre personal declinado *de mí*; ἀγαπησει, tercera persona singular del futuro de indicativo en voz activa del verbo ἀγαπάω, *amar*, aquí *amará*; αὐτὸν, caso acusativo masculino de la tercera persona singular del pronombre personal declinado *a él, le*; καὶ, conjunción copulativa *y*; πρὸς, preposición propia de acusativo *a*; αὐτὸν, caso acusativo masculino de la tercera persona singular del pronombre personal declinado *a él*; ἐλευσομεθα, segunda persona plural del futuro de indicativo en voz media del verbo ἔρχομαι, *venir*, aquí *vendremos*; καὶ, conjunción copulativa *y*; μονὴν, caso acusativo femenino singular del nombre común *morada*; παρ', forma de escritura de la preposición propia de dativo παρά, por elisión de la α final cuando precede a una palabra que comienza con vocal, equivale a *junto a, con*; αὐτῷ, caso dativo masculino de la tercera persona singular del pronombre personal *él*; ποιησομεθα, primera persona plural del futuro de indicativo en voz activa del verbo ποιέω, *hacer*, aquí *haremos*.

ἀπεκριθη Ἰησοῦς καὶ εἶπεν αὐτῷ· Mas que responder a la pregunta de Judas, Jesús toma nuevamente la palabra, que es una de las acepciones del verbo ἀποκρίνομαι. Escuchó las palabras y la pregunta, pero no respondió directamente a ella, sino que siguió con lo que estaba hablándoles cuando fue interrumpido. Dios no contesta curiosidades del hombre, continúa enseñando las lecciones divinas.

ἐαν τις ἀγαπᾷ με τὸν λογον μου τηρησει, La expresión del verdadero amor consiste en la obediencia a las *palabras*, en este sentido las enseñanzas de Jesús. Él estableció para los nuevos creyentes, que se les enseñase a guardar todas las cosas que les había dicho (Mt. 28:20). Como escribía el Dr. Lacueva: *"El amor es la raíz de la que brota el fruto de la obediencia; No se ama por obediencia, sino que se obedece por amor"*[9]. Por esa razón Cristo insiste en que quien le ama verdaderamente guarda Su palabra.

---

[9] F. Lacueva. o.c., pág. 374 s.

καὶ ὁ Πατηρ μου ἀγαπησει αὐτὸν La bendición de la obediencia está en la manifestación del amor que el Padre tiene para el que obedece. Ya se ha hecho notar antes que el amor de Dios no se alcanza por la obediencia, pero, Dios muestra Su amor en la vida del que le obedece. Jesús había dicho que el Padre le amaba porque Él hacía siempre lo que le agradaba, por tanto, si alguien obedece lo que el Hijo manda en Su palabra, será también amado por el Padre.

καὶ πρὸς αὐτὸν ἐλευσομεθα καὶ μονὴν παρ' αὐτῷ ποιησομεθα. Jesús desvela la presencia trinitaria en el creyente. La preposición παρά, en dativo equivale a *junto a*, pero también se usa para referirse a la misma persona, este es el caso aquí, en donde debe leerse como *vendremos a él*. El creyente se convierte en *templo* de Dios en donde las tres Personas Divinas, hacen morada. Esto tiene una dimensión que no somos capaces de comprender. El trabajo *intratrinitario* se manifiesta donde la Trinidad está. Por tanto esa acción de las Tres Personas Divinas, viene a realizarse en la intimidad del creyente. Una de las operaciones intratrinitarias está relacionada con la unidad esencial de las Personas en el Ser Divino. A esto apelará Jesús en la oración que se comentará más adelante, en donde pide al Padre que para la unidad de la iglesia, se manifieste en cada creyente la presencia Divina, con lo que la unidad divina servirá para la realización de la unidad de la Iglesia. El creyente es convertido en morada de Dios, en donde *habitan*, en sentido de *residir, morar*, la santísima Trinidad. No en forma ocasional o temporal, sino en la *casa-residencia*, el *naos* dentro del santuario, la expresión real de lo que era el Lugar Santísimo en el tabernáculo y en el templo. Jesús dice que las Personas divinas harán con el creyente *morada*. Este sustantivo tiene la misma raíz que el verbo μένω, *permanecer, quedarse, vivir, habitar*, que implica permanencia en un lugar, pero además, en el contexto la permanencia trae aparejada una relación de amor con el que se comparte morada o, si se prefiere mejor, con la misma morada que es el creyente. Al amor hacia el creyente que guarda los mandamientos del Señor, se une la comunión presencial de las Personas Divinas en él. El resultado es la experiencia vivencial de la *participación, unión comunicativa, comunión* con la naturaleza divina (2 P. 1:4). Tal relación genera una verdadera *espiritualidad trinitaria*, en la que el creyente, piensa, desea, actúa, ama a semejanza de Dios, pero, todavía más, las características personales de cada una de las Personas Residentes, se reproducen por comunión personal en Él. Así, si el trabajo intratrinitario del Padre es *engendrar* eternamente al Hijo, generará en el creyente el deseo de que Cristo sea dado a conocer a todos los hombres, por lo que en él se establece una fuerza orientativa hacia la evangelización del mundo. Del mismo modo la actividad intratrinitaria del Hijo es expresar infinita y definitivamente el pensamiento del Padre, por lo que generará en el creyente la necesidad de comunicar el verdadero mensaje que expresa al Padre, tal como es la actividad del Verbo (1:18; 3:34; 7:17; 8:38; 12:50; 14:12, 24b; comp. con Jer. 20:9). Así también la presencia del Espíritu expresión intratrinitaria del amor entre el Padre y el Hijo, se manifestará impulsando al creyente en esa misma dirección, conduciéndolo también a efectuar el trabajo *ad extra* del Espíritu que como Su nombre indica es el *Consolador*, de manera que el creyente ha de serlo también si realmente está en comunión plena con el Espíritu (2 Co. 1:3-7).

24. El que no me ama, no guarda mis palabras; y la palabra que habéis oído no es mía, sino del Padre que me envió.

ὁ μὴ ἀγαπῶν με τοὺς λογους μου οὐ τηρεῖ· καὶ ὁ λογος ὃν
El que no ama me la palabra de mí no guarda; y la palabra que
ἀκουετε οὐκ ἔστιν ἐμὸς ἀλλὰ τοῦ πεμψαντος με Πατρος.
oís no es mía sino del que envió me Padre.

Notas y análisis del texto griego.

Continúa: ὁ, caso nominativo masculino singular del artículo determinado *el*; μὴ, partícula que hace funciones de adverbio de negación *no*; ἀγαπῶν, caso nominativo masculino singular del participio de presente en voz activa del verbo ἀγαπάω, *amar*, aquí *que ama*; με, caso acusativo de la primera persona singular del pronombre personal declinado *a mí, me*; τοὺς, caso acusativo masculino plural del artículo determinado *los*; λογους, caso acusativo masculino plural del nombre común *palabras*; μου, caso genitivo de la primera persona singular del pronombre personal declinado *de mí*; οὐ, adverbio de negación *no*; τηρεῖ, tercera persona singular del presente de indicativo en voz activa del verbo τηρέω, *guardar, observar, prestar atención*, aquí *guarda*; καὶ, conjunción copulativa *y*; ὁ, caso nominativo masculino singular del artículo determinado *el*; λογος, caso nominativo masculino singular del nombre común *palabra*; ὃν, caso acusativo masculino singular del pronombre relativo *que*; ἀκουετε, segunda persona plural del presente de indicativo en voz activa del verbo ἀκούω, *oír, escuchar, recibir*, aquí *oís*; οὐκ, forma escrita del adverbio de negación *no*, con el grafismo propio ante una vocal con espíritu suave o una enclítica; ἔστιν, tercera persona singular del presente de indicativo en voz activa del verbo εἰμί, *ser, estar*, aquí *es*; ἐμὸς, caso nominativo masculino de la primera persona singular del adjetivo posesivo *mío*; ἀλλὰ, conjunción adversativa *sino*; τοῦ, caso genitivo masculino singular del artículo determinado declinado *del*; πεμψαντος, caso genitivo masculino singular del participio del aoristo primero de indicativo en voz activa del verbo πέμπω, *enviar, comisionar*, aquí *que envió*; με, caso acusativo de la primera persona singular del pronombre personal declinado *a mí, me*; Πατρος, caso genitivo masculino singular del nombre divino *Padre*.

ὁ μὴ ἀγαπῶν με τοὺς λογους μου οὐ τηρεῖ· Los que son de Cristo, amándole a Él, aman también Su Palabra y la guardan, pero el contraste negativo se aprecia aquí en relación con quienes no le aman, éstos no guardan Su palabra. Quiere decir que se niegan a obedecerle. No habíendo amor tampoco hay obediencia.

καὶ ὁ λογος ὃν ἀκουετε οὐκ ἔστιν ἐμὸς ἀλλὰ τοῦ πεμψαντος με Πατρος. El problema no se relaciona sólo con el Hijo, sino también con el Padre, puesto que la palabra que Jesús da no sale de Él mismo, sino que la transmite como palabra del Padre. Había sido enviado para revelar a Dios y, por tanto, manifestar a los hombres Su palabra (1:18; 17:8). Como ocurre siempre en Juan, el amor no es algo teórico o incluso abstracto, sino práctico y visible. Del mimo modo que para Santiago la fe se manifiesta en obras, estando muerta, o no existente cuando no se hace visible de este modo (Stg. 2:14, 26), así también para Juan es el amor. La desobediencia a las palabras de Jesús es manifestación de no amarle, pero, de igual manera, como esas palabras son también del Padre, no guardar los mandamientos de Jesús es desobedecer a Dios.

25. Os he dicho estas cosas estando con vosotros.

Ταῦτα	λελαληκα	ὑμῖν	παρ'	ὑμῖν	μενων·
Estas cosas	he hablado	os	con	vosotros	estando.

Notas y análisis del texto griego.

Prosigue: Ταῦτα, caso acusativo neutro plural del pronombre demostrativo *estos*, en sentido de *estas cosas*; λελαληκα, primera persona singular del perfecto de indicativo en voz activa del verbo λαλέω, *hablar, decir*, aquí *he hablado*; ὑμῖν, caso dativo de la segunda persona plural del pronombre personal declinado *a vosotros, os*; παρ', forma de escritura de la preposición propia de dativo παρά, por elisión de la α final cuando precede a una palabra que comienza con vocal, equivale a *con*; ὑμῖν, caso dativo de la segunda persona plural del pronombre personal *vosotros*; μενων, caso nominativo masculino singular del participio de presente en voz activa del verbo μένω, *habitar, vivir*, aquí *habitando* en sentido de *estando*.

Ταῦτα λελαληκα ὑμῖν παρ' ὑμῖν μενων· El Señor hace referencia a las palabras que acaba de decirles durante la cena. Pero, sin duda incluye toda Su enseñanza porque la expresión παρ' ὑμῖν μενων, *estando con* vosotros, tiene que ver al período total de Su ministerio cuyo tiempo había compartido *viviendo* juntos. Está haciendo referencia a toda la enseñanza que les había comunicado. Esa permanencia con ellos va a ser interrumpida por la crucifixión. Les recuerda que les ha dicho aquello para que lo asuman como palabra de Dios y guarden la enseñanza contenida en ellas.

26. Mas el Consolador, el Espíritu Santo, a quien el Padre enviará en mi nombre, él os enseñará todas las cosas, y os recordará todo lo que yo os he dicho.

ὁ δὲ Παρακλητος, τὸ Πνεῦμα τὸ Ἅγιον, ὃ πεμψει ὁ Πατὴρ
Pero el Consolador, el Espíritu - Santo, al que enviará el Padre
ἐν τῷ ὀνοματι μου, ἐκεῖνος ὑμᾶς διδαξει παντα καὶ
en el nombre de mí, él os enseñará todas las cosas y
ὑπομνησει ὑμᾶς παντα ἃ εἶπον ὑμῖν [ἐγω].
recordará os todas las cosas que dije os Yo.

Notas y análisis del texto griego.

Cerrando el párrafo, escribe: ὁ, caso nominativo masculino singular del artículo determinado *el*; δὲ, partícula conjuntiva que hace las veces de conjunción coordinante, con sentido de *pero, más bien, y, y por cierto*, *antes bien*; Παρακλητος, caso nominativo masculino singular del nombre divino *Consolador*; τὸ, caso nominativo neutro singular del artículo determinado *el*; Πνεῦμα, caso nominativo neutro singular del nombre *Espíritu*; τὸ, caso nominativo neutro singular del artículo determinado *el*; Ἅγιον, caso nominativo neutro singular del adjetivo *Santo*; ὃ, caso acusativo neutro singular del pronombre relativo *el que*; πεμψει, tercera persona singular del futuro de indicativo en voz activa del verbo πέμπω, *enviar, comisionar*, aquí *enviará*; ὁ, caso nominativo masculino singular del artículo determinado *el*; Πατὴρ, caso nominativo masculino singular del nombre divino *Padre*; ἐν, preposición propia de dativo *en*; τῷ, caso dativo neutro singular del artículo determinado *el*; ὀνοματι, caso dativo neutro singular de la palabra *nombre*; μου, caso genitivo de la primera persona singular del pronombre personal declinado *de mí*; ἐκεῖνος, caso nominativo masculino singular del pronombre demostrativo *él*; ὑμᾶς, caso acusativo de la segunda persona plural del pronombre personal declinado *a vosotros, os*; διδαξει, tercera persona singular del futuro de indicativo en voz activa del verbo διδάσκω, *enseñar, instruir*, aquí *enseñará*; παντα, caso acusativo neutro plural del adjetivo indefinido *todos*, en sentido de *todas las cosas*; καὶ, conjunción copulativa *y*; ὑπομνησει, tercera persona singular del futuro de indicativo en voz activa del verbo ὑπομιμνήσκω, *recordar, traer a la memoria*, aquí *recordará*; ὑμᾶς, caso acusativo de la segunda persona plural del pronombre personal declinado *a vosotros*; παντα, caso acusativo neutro plural del adjetivo indefinido *todos*, en sentido de *todas las cosas*; ἃ, caso acusativo neutro plural del pronombre relativo *los que*; εἶπον, primera persona singular del segundo aoristo de indicativo en voz activa del verbo εἶπον, forma del aoristo de λέγω, *hablar, decir*, aquí *dije*; ὑμῖν, caso dativo de la segunda persona plural del pronombre personal declinado *a vosotros*; ἐγω, caso nominativo de la primera persona singular del pronombre personal *yo*.

ὁ δὲ Παρακλητος, τὸ Πνεῦμα τὸ Ἅγιον, Jesús vuelve a hablarles del *Paráclito*, al que añade ahora dos nombres más, o un nombre compuesto, llamándole *Espíritu Santo*. Es interesante observar el artículo determinado ante cada uno, de modo que se lee literalmente *el Espíritu, el Santo*. Sobre el primer nombre, *el Consolador*, ya se ha considerado antes (v. 16). El segundo nombre, está formado por el sustantivo *Espíritu*, que al ir precedido del artículo determinado hace referencia al único Espíritu de esa condición. Jesús dijo a la samaritana que *"Dios es Espíritu"* (4:24). Dios es Espíritu infinito, es decir, incorpóreo, porque es Espíritu, por tanto, ningún lugar, ni el Universo entero lo puede abarcar. De las tres Personas Divinas se puede decir que son Espíritu, incorpóreas, espíritu purísimo e infinito, si bien la segunda Persona, por razón de la encarnación, tiene también un cuerpo humano, subsistente en ella. Ahora bien, la tercera Persona, el Espíritu Santo, es Espíritu en un sentido especial, manifestándose como un *viento huracanado* (3:8). Es el viento infinito del amor divino producido en la relación entre el Padre y el Hijo, orientándose hacia lo que es el Bien Absoluto, con toda la fuerza de Sus afectos, esta espiración divina se personaliza en el Espíritu, que siendo Dios es necesariamente Santo. No debe olvidarse que a Dios se le adora por Su santidad, como proclaman los serafines ante Su trono de gloria (Is. 6:1). Este Espíritu Santo es una Persona, como se ha considerado antes (vv. 16-17). Aunque *viento,* no es una fuerza divina, sino que hace obras personales que dan a entender claramente que es una Persona por cuanto, puede ser contristado, se puede blasfemar de Él, etc. Además tiene voluntad personal propia puesto que reparte sus dones como *"El quiere"* (1 Co. 12:11), entendiendo que el *querer* tanto como el *hacer* son posibles sólo por una persona. Usando aquí el adjetivo articular *Santo*, quiere decir que necesariamente es Dios, porque sólo Dios puede llamarse en forma absoluta e infinita Santo, puesto que está separado de todo y eternamente existe en Él mismo. La relación espacio-temporal de Dios se entiende solo en Su relación *ad extra*, operativa hacia el exterior de la Trina Deidad.

ὃ πεμψει ὁ Πατὴρ ἐν τῷ ὀνοματι μου, Inmediatamente a expresar la realidad personal del Espíritu Santo, prometido a los discípulos, hace referencia a la *procedencia*. Primero vinculando dicha *procedencia* con el Padre, al decirles que sería enviado por Él. Pero unívocamente también procede del Hijo. De ambos, Padre e Hijo, surge la corriente infinita del amor, por la que se personaliza la tercera Persona de la Deidad. Si el Verbo *procede del Padre* por vía mental, puesto que expresa la infinita dimensión de Él en la única palabra que expresa, el Espíritu procede por vía afectiva, pero no del Padre, sino del Hijo de quienes surge el amor infinito. Además todo lo que es del Padre es también del Hijo, salvo las respectivas relaciones de *paternidad y filiación*. Por tanto es de ambos la *espiración activa*, por la que se constituyen en oposición relacional frente al Espíritu Santo. La *procedencia* del Padre es aceptada universalmente, desde el principio de la Iglesia, pero la procedencia del Hijo ha generado ciertas discusiones teológicas, especialmente notorias en la *iglesia griega*, sobre todo cuando en el Concilio III de Toledo (a. 589), se añadió explícitamente que el Espíritu procedía también del Hijo, los teólogos orientales se molestaron, progresando hasta el s. IV, donde Focio, el patriarca de Constantinopla se opuso a la doctrina del *Filioque*[10], alegando que no era bíblica y que la doble procesión, del Hijo por vía intelectiva, y del Espíritu por vía afectiva, era suficiente para explicar la distinción real de las tres Personas. Para ellos, la procedencia no es del *Padre y del Hijo*, sino del Padre *por el Hijo*. Aunque explícitamente no dice el Nuevo Testamento que el Espíritu procede del Hijo, lo enseña implícitamente. Jesús dice aquí que el Padre enviará el Espíritu *en mí nombre*. Mas adelante dirá *"pero cuando venga el Consolador, a quién yo os enviaré del Padre"* (15:26), pone de manifiesto que una Persona Divina no puede ser *enviada* por otra a no ser que *proceda* de ella, puesto que el envío *ad extra*, al tratarse de una Persona Divina, exige necesariamente un término resultante de una *procesión* interior. Por esa razón Jesús puede decir, algo semejante de Él mismo *"salí del padre, y vine al mundo"* (16:28). Además se llama al Espíritu Santo, *Espíritu del Señor* (Hch. 5:9; 2 Co. 3:17) y *Espíritu de Cristo* (Ro. 8:9), y no podría llamarse de ese modo si no procediera también del Hijo. Una prueba más de que el Espíritu procede del Hijo descansa en la dinámica operativa de las Personas Divinas, así la segunda, porque procede de la primera por vía del conocimiento no puede hacer otra cosa que lo que *ve* hacer al Padre (5:19), del mismo modo tampoco el Espíritu puede dar a conocer más de lo que *oye* (16:13). El *ver* está vinculado con el conocimiento y testimonio (6:69; 20:24-28), el *oír* está unido al amor. Este *oír* del Espíritu no solo tiene que ver con el Padre, sino también con Hijo, como de un único modo de procedencia. De ahí que *"cuando venga el Espíritu de verdad... no hablará de su propia cuenta, sino que hablará todo lo que oyere, y os hará saber las cosas que habrán de venir. Él me glorificará; porque tomará de lo mío, y os lo hará saber"* (16:13-14). Quiere decir que el Espíritu habla lo que *oye* eternamente del Hijo, y juntamente del Padre, porque todo lo del Padre es también del Hijo (10:30). Ambos, por la relación mutua de amor infinito y eterno, tienen la facultad de *espirar* el Espíritu, sin que ello signifique en modo alguno *principio de existencia*, sino *razón de personificación*.

---

[10] *"y del Hijo"*.

ἐκεῖνος ὑμᾶς διδαξει παντα καὶ ὑπομνησει ὑμᾶς παντα ἃ εἶπον ὑμῖν [ἐγω]. La misión del Espíritu enviado del Padre y del Hijo es también doble como Su nombre en el pasaje. Primeramente viene para *enseñarnos* todas las cosas. Referente a todo cuanto Jesús enseñó en Su ministerio. Tales *cosas*, son ampliadas por la obra de *enseñanza* del Espíritu en la mente de los apóstoles que las trasladan a los escritos bíblicos del Nuevo Testamento. En el momento actual, sigue *enseñando* el verdadero sentido y significado de las verdades reveladas en la Escritura, de modo que podamos comprender, discernir y enseñar la Palabra como fuimos enseñados (2 Ti. 2:2). Todas las cosas son conocidas por quienes tienen *la unción* del Espíritu Santo (1 Jn. 2:20, 27). Esa operación la realiza *conduciéndonos* a toda verdad (16:13). Mas exactamente el Espíritu enseña mediante la iluminación de la mente para que se puedan comprender las cosas de Dios. El Espíritu se centra en la revelación y enseñanza de Cristo, para conducir a los creyentes a la comprensión de todas las verdades que enseñó, de las que algunas no fueron entendidas cuando Jesús las dijo. La segunda misión del Espíritu es la de hacernos *recordar*, esto es *traer a la mente*, para que no se pierda nada de lo que Jesús dijo. Obsérvese que *os enseñara todo*, comprende la plenitud de la revelación escrita, en donde no hay limitación para la enseñanza, pero cuando habla de *recordar*, la limitación es clara, *todo lo que os he dicho*, de otro modo, el mensaje de Cristo. En ese sentido, el *recordar* es elemento indispensable para escribir el mensaje bíblico, que trata de toda la enseñanza de Jesús. Esta acción tiene importancia capital en la confección del canon del Nuevo Testamento. Terminada la obra de escribir los textos inspirados, el *recordar* para *revelar* termina, mientras que persiste el *recordar* para *recapitular* en aquello que se ha escrito. Esta obra es posible porque el Espíritu viene *en mi nombre*, es decir, en el nombre y autoridad de Cristo. De modo que el Verbo vino en nombre del Padre y habla en lugar de Él, así también el Espíritu viene en nombre del Hijo para hablar y enseñar en lugar Suyo. El propósito del Hijo en Su venida fue revelar al Padre, dando a conocer Su nombre (17:6), el del Espíritu es revelar al Hijo, dar a conocer Su nombre, que comprende todo El, Su Persona y Su obra. Recordar es literalmente *volver a pasar las cosas por el corazón*. Cuando el conocimiento se hace vida en el corazón, las cosas que Jesús estableció no se olvidan. Los discípulos eran olvidadizos, nosotros también, por eso no tenemos presentes las lecciones que Jesús dio. El Espíritu no añade nuevas revelaciones y da nuevas lecciones, no añade nada a lo que ha inspirado y condujo a escribir por los apóstoles en el Nuevo Testamento, pero, recuerda esas verdades e ilumina los ojos del entendimiento y del corazón para comprenderlas (Ef. 1:18). *"El Espíritu es esa potencia interior que armoniza el corazón de los cristianos con el corazón de Cristo y los mueve a amar a los hermanos como Él los ha amado, cuando se ha puesto a lavar los pies de sus discípulos (13:1-13) y, sobre todo, cuando ha entregado su vida por todos (13:1; 15:13)"*[11]. El recordatorio del amor fraterno, distintivo del cristiano es una de las enseñanzas y mandatos de Jesús, que el Espíritu nos recuerda, tanto en la mente como, sobre todo en el corazón, puesto que el amor divino se ha derramado en nosotros por la presencia del Espíritu (Ro. 5:5). El gran secreto para la vida victoriosa es *andar en el Espíritu* (Gá. 5:16). El Consolador vino a nuestro lado enviado del Padre y del Hijo, pero todavía más, está en nosotros, para que la enseñanza y el recordar sea continuo y nadie pueda impedir que progresemos más y más en el conocimiento del Hijo de Dios, para que podamos seguir Sus pisadas.

Enseñanza sobre la paz (14:27-31).

27. La paz os dejo, mi paz os doy; yo no os la doy como el mundo la da. No se turbe vuestro corazón, ni tenga miedo.

Εἰρηνην ἀφιημι ὑμῖν, εἰρηνην τὴν ἐμὴν διδωμι ὑμῖν· οὐ
Paz dejo os, paz la mía doy os; no
καθὼς ὁ κοσμος διδωσιν ἐγὼ διδωμι ὑμῖν. μὴ ταρασσεσθω
como el mundo da, Yo doy os. No se turbe
ὑμῶν ἡ καρδια μηδὲ δειλιατω.
de vosotros el corazón ni os acobardéis.

Notas y análisis del texto griego.

Iniciando un nuevo párrafo, escribe: Εἰρηνην, caso acusativo femenino singular del nombre común *paz*; ἀφιημι, primera persona singular del presente de indicativo en voz activa del verbo ἀφίημι, *despedir, despachar, dejar*, aquí *dejo*; ὑμῖν, caso dativo de la segunda persona plural del pronombre personal declinado *a vosotros, os*; εἰρηνην, caso acusativo femenino singular del nombre común *paz*; τὴν, caso acusativo femenino singular del artículo determinado *la*; ἐμὴν, caso acusativo femenino singular del pronombre posesivo *mía*; διδωμι, primera persona singular del presente de indicativo en voz activa del verbo δίδωμι, *dar, entregar*, aquí *doy*; ὑμῖν, caso dativo de la segunda persona plural del pronombre personal declinado *a vosotros, os*; οὐ, adverbio de negación *no*; καθὼς, conjunción comparativa *como*; ὁ, caso nominativo masculino singular del artículo determinado *el*; κοσμος, caso nominativo masculino singular del nombre común *mundo*; διδωσιν, tercera persona singular del presente de indicativo en voz activa del verbo δίδωμι, *dar*, aquí *da*; ἐγὼ, caso nominativo de la primera persona singular del pronombre personal *yo*; διδωμι, primera persona singular del presente de indicativo en voz activa del verbo δίδωμι, *dar*, aquí *doy*; ὑμῖν, caso dativo de la segunda

[11] Joseph Ratzinger. *Dios es amor*, 19.

persona plural del pronombre personal declinado *a vosotros, os*; μὴ, partícula que hace funciones de adverbio de negación *no*; ταρασσεσθω, tercera persona singular del presente de imperativo en voz pasiva del verbo ταράσσω, *turbarse, inquietarse*, aquí *se turbe*; ὑμῶν, caso genitivo de la segunda persona plural del pronombre personal declinado *de vosotros*; ἡ, caso nominativo femenino singular del artículo determinado *la*; καρδια, caso nominativo femenino singular del nombre común *corazón*; μηδὲ, partícula negativa *y no, ni*; δειλιατω, tercera persona singular del presente de imperativo en voz activa del verbo δειλιάω, *amedrentarse, acobardarse*, aquí *os acobardéis*.

Εἰρηνην ἀφιημι ὑμῖν, El Verbo de Dios encarnado se hizo pobre, siendo rico (2 Co. 8:9). Realmente aquella noche, la de despedida de los Suyos, no tenía nada, humanamente hablando que dejarles como recuerdo. Todo lo que tenía estaba ya comprometido para ser entregado; los vestidos a los soldados que le crucificaban (19:23-24); Su madre a Juan (19:27); Su reino, a un ladrón arrepentido (Lc. 23:42-43); el espíritu lo daría al Padre (19:30); el cuerpo a José de Arimatea, para ser sepultado (19:38). Pero, tenía algo esencial que nadie sino Él podía tener y que les iba a dejar a los discípulos *la paz*.

Es necesario apreciar aquí dos relaciones en cuanto a la paz. La primera es una paz de relación, *la paz os dejo*. Es la restauración de la relación correcta con el Padre, que se había roto en Edén a causa del pecado. La paz que resulta en experiencia de vida en la justificación por la fe (Ro. 5:1). Dios declara como justos a los creyentes a causa de la obra de Cristo y de la fe en Él y este hecho ya no puede cambiar jamás. Esto es posible solo para el que ha creído. A lo largo del *Evangelio*, Cristo llama continuamente a creer en Él. Este *creer* trae aparejado la reconciliación con Dios, la justificación y por consiguiente la experiencia de la paz con Él. Mediante la fe pasamos a disfrutar de una posición inalcanzable para el hombre. Dios, que justifica, toma partido por nosotros (Ro. 8:31), poniéndose a nuestro lado, o tal vez mejor, poniéndonos a nosotros al suyo, declarándose favorable a nosotros, haciendo que nosotros seamos suyos en la seguridad de la esperanza y en la certeza de la salvación. La bendición que se obtiene en el *regalo* de Jesús, es la de una nueva relación con Dios, teniendo paz con Él. La idea básica de *paz*, tiene que ver con algo completo, sólido y pleno. Lo que Jesús dice: *paz os dejo*, es la de una correcta relación con Dios. El profeta relaciona la paz con el efecto de la justicia y la complementa con la idea de *reposo y seguridad* perpetuos (Is. 32:17), esto traería para los discípulos un ambiente de paz en el que se manifiestan las bendiciones de Dios. La paz está siempre reservada al justo, mientras está ausente en la vida de los impíos (Is. 48:22; 57:21). Es la expresión de tranquilidad íntima de los que tienen a Dios. Este es el admirable regalo de Jesús, como don personal suyo. La paz es el resultado de la reconciliación con Dios (2 Co. 5:18-19). Removido el obstáculo del pecado que producía un estado de enemistad, se alcanza una nueva relación de armonía con Dios, en paz. Los enemigos de Dios en malas obras vienen a una relación de amistad en Cristo Jesús (15:13-15). Aquellos que eran *hijos de ira* a causa del pecado (Ef. 2:3), pasan a ser *hijos de Dios* (1:12).

εἰρηνην τὴν ἐμὴν διδωμι ὑμῖν· Un segundo aspecto de esa paz es sorprendente porque consiste en la misma paz de Jesús: *mi paz os doy*. Mientras los discípulos estaban inquietos y el Señor tiene que alentarles para que dejen esa inquietud íntima y personal (v, 1), Él como hombre tiene paz perfecta. Este aspecto de una paz vivencial, es el segundo del regalo que les hace. El versículo, puede expresarse en una estrofa de cuatro hemistiquios:

a) *La paz os dejo.*
b) *La paz mía os doy.*
c) *Yo os la doy.*
d) *No como el mundo la da.*

La paz es don permanente ya que dice *os dejo*. Sin embargo, surge una pregunta ¿cómo puedo disfrutar la paz de otro? La única manera sería *viviendo* la vida personal del que la otorga o, de otro modo, si el que la da se hace vida en el que la recibe. Esto ocurre con la paz de Cristo. Sólo Él la tiene, pero se hace experiencia de vida en el creyente porque el Espíritu implanta a Cristo en la vida del salvo. El apóstol Pablo habla de esta relación cuando dice que para él *"el vivir es Cristo"* (Fil. 1:21). La identificación con Cristo hace que ya no sea el *yo* personal el que se manifiesta vivo en el creyente, sino que es Cristo mismo quien vive en él (Gá. 2:20). Jesús prometió enviar al Espíritu Santo y esta bendita tercera Persona Divina, reproduciendo a Cristo en la vida del creyente hace que el *amor y la paz* sean aspectos del fruto Suyo en el cristiano.

οὐ καθὼς ὁ κοσμος διδωσιν ἐγὼ διδωμι ὑμῖν. Un aspecto importante es que esta paz no puede ser encontrada en el mundo, esto es, el mundo no la puede dar. Los dones que el mundo puede dar no son eternos sino temporales, no son firmes sino efímeros, no son espirituales sino carnales. El hombre puede buscar afanosamente la paz en el mundo pero no la encuentra porque en la esfera espiritual en que está establecido, no hay paz para el impío dice el Señor (Is. 48:22).

μὴ ταρασσεσθω ὑμῶν ἡ καρδια μηδὲ δειλιατω. A la vista de los dones que les deja, les exhorta a que dejen de estar *inquietos* y *atemorizados*, tal vez mejor *amedrentados*. Dos veces se menciona el aspecto de la turbación del corazón de los discípulos, el primero en el comienzo del capítulo (v. 1), la segunda vez en el cierre de esta parte del discurso de Jesús. Cuando la paz satura el corazón, la inquietud y el temor desaparecen. Jesús les había dado bases suficientes para que reinase en ellos la paz y despareciese el miedo.

28. Habéis oído que yo os he dicho: Voy, y vengo a vosotros. Si me amarais, os habríais regocijado, porque he dicho que voy al Padre; porque el Padre mayor es que yo.

ἠκουσατε ὅτι ἐγὼ εἶπον ὑμῖν· ὑπαγω καὶ ἔρχομαι πρὸς ὑμᾶς.
Oísteis que yo dije os. Voy y vengo a vosotros.
εἰ ἠγαπᾶτε με ἐχαρητε ἂν ὅτι πορευομαι πρὸς τὸν Πατερα,
Si amabais me alegraríais - que voy al Padre,
ὅτι ὁ Πατὴρ μειζων μου ἐστιν.
porque el Padre mayor que yo es.

Notas y análisis del texto griego.

Sigue sin interrupción en el tema: ἠκουσατε, segunda persona plural del aoristo primero de indicativo en voz activa del verbo ἀκούω, *oír, escuchar*, aquí *oísteis*; ὅτι, conjunción *que*, ἐγὼ, caso nominativo de la primera persona singular del pronombre personal *yo*; εἶπον, primera persona singular del segundo aoristo de indicativo en voz activa del verbo εἶπον, forma del aoristo de λέγω, *hablar, decir*, aquí *dije*; ὑμῖν, caso dativo de la segunda persona plural del pronombre personal declinado *a vosotros*; ὑπαγω, primera persona singular del presente de indicativo en voz activa del verbo ὑπάγω, *ir*, aquí *voy*; καὶ, conjunción copulativa *y*; ἔρχομαι, primera persona singular del presente de indicativo en voz activa del verbo ἔρχομαι, *venir*, aquí *vengo*; πρὸς, preposición propia de acusativo *a*; ὑμᾶς, caso acusativo de la segunda persona plural del pronombre personal *vosotros*; εἰ, conjunción *si*; ἠγαπᾶτε, segunda persona plural del imperfecto de indicativo en voz activa del verbo ἀγαπάω, *amar*, aquí *amabais*; με, caso acusativo de la primera persona singular del pronombre personal declinado *a mí, me*; ἐχαρητε, segunda persona plural del aoristo segundo de indicativo en voz pasiva del verbo χαίρω, *alegrar, gozar*, aquí junto con ἂν, *alegraríais* o *hubieseis alegrado*; ἂν, partícula que no empieza nunca frase y que da a ésta carácter condicional o dubitativo, o expresa una idea de repetición. Se construye con todos los modos menos el imperativo y acompaña a los pronombres relativos para darles un sentido general; en algunas ocasiones no tiene traducción; ὅτι, conjunción causal *porque*; πορευομαι, primera persona singular del presente de indicativo en voz media del verbo πορεύομαι, *ir*, aquí *voy*; πρὸς, preposición propia de acusativo *a*; τὸν, caso acusativo masculino singular del artículo determinado *el*; Πατερα, caso acusativo masculino singular del nombre divino *Padre*; ὅτι, conjunción causal *porque*; ὁ, caso nominativo masculino singular del artículo determinado *el*; Πατὴρ, caso nominativo masculino singular del nombre divino *Padre*; μειζων, caso nominativo masculino singular del adjetivo comparativo *mayor que*; μου, caso genitivo de la primera persona singular del pronombre personal *yo*; ἐστιν, tercera persona singular del presente de indicativo en voz activa del verbo εἰμί, *ser, estar*, aquí *es*.

ἠκουσατε ὅτι ἐγὼ εἶπον ὑμῖν· ὑπαγω καὶ ἔρχομαι πρὸς ὑμᾶς. Si los discípulos hubiesen comprendido toda la enseñanza de Jesús no estarían preocupados. Habían oído todo lo que les estuvo diciendo. Especialmente el hecho de que no los dejaría huérfanos. La muerte que se produciría al día siguiente, no sería una despedida larga, sino el tránsito de ir y volver a ellos. Es un *hasta luego*, una breve partida para volverse a encontrar.

εἰ ἠγαπᾶτε με ἐχαρητε ἂν ὅτι πορευομαι πρὸς τὸν Πατερα, Si realmente amaban a Cristo aquello debía causarles gozo, en lugar de tristeza y preocupación. Desde el plano de Su humanidad le convenía ir al Padre, puesto que en ella se establecería el estado de autoridad y gloria que había tenido en la naturaleza divina desde la eternidad. En la encarnación se anonadó de modo que en Su naturaleza humana solo había limitación y próximamente la humillación de un esclavo en el cumplimiento de una tarea encomendada que le costaría la vida. El regreso al Padre, convertiría en gloriosa Su humanidad, sobre la que también estaría la autoridad, conocimiento y manifestación plena de la deidad, recibiendo el nombre que es sobre todo nombre para que ejerza la autoridad soberana de Dios (Fil. 2:9-11). La visión limitada del hombre no permitía a los discípulos percibir la gloria que rodearía a Jesús después de Su muerte y resurrección, por la exaltación a la diestra del Padre. Si viesen realmente esta dimensión sus corazones, llenos de amor por Él estarían gozosos. El Señor pediría al Padre que Su humanidad estuviese allí donde Él estaba antes de la creación (17:5).

ὅτι ὁ Πατὴρ μειζων μου ἐστιν. Jesús les dice que *el Padre es mayor que yo*. Sin duda entrañan una cierta dificultad interpretativa de manera que los arrianos, desvinculándolas del contexto general de la Palabra, las usan para negar la deidad de Cristo. Algunos exégetas sin distinguir las dos naturalezas subsistentes en la Persona Divina del Hijo de Dios, llegan a plantear lo que llama *subordinación* del Hijo al Padre, o también la *obediencia eterna* del Hijo. Se dan dos soluciones al problema interpretativo. Una de ellas es que Jesús habla aquí como hombre, desde la naturaleza humana, ésta siempre es *menor* que la deidad, no por algún defecto propio del hombre, sino por la limitación asumida al encarnarse. No cabe duda que esta posición es teológicamente correcta. Pero, no siempre se puede hacer una distinción semejante. Las dos naturalezas subsisten en la Persona Divina del Verbo eterno, sin confusión y sin mezcla. Cada una de ellas es individual, pero ninguna es independiente de la Persona en que hipostáticamente están. El Señor va a pedir al Padre la recuperación plena de la gloria que había tenido con Él antes de la creación del mundo. Esta gloria se había ocultado bajo el manto de servicio de Su humanidad. Salvo en la transfiguración Jesús había transitado como un hombre y nadie había descubierto Su atractivo para desearlo, salvo aquellos discípulos que al verlo habían alcanzado a ver la gloria propia del Unigénito del Padre, lleno de gracia y de verdad (1:14). Al despojarse de la impronta de Su gloria quedó en inferioridad de *apariencia*, pero nunca de *naturaleza*, porque no dejó de ser Dios en igualdad con el Padre y el Espíritu, de modo que puede decir *yo y el Padre somos uno* (10:30). Sobre esto escribe el Dr. Lacueva:

"Todos los discípulos de Cristo deben mostrar que le aman de veras en el gozo que experimenten por la gloria que para Cristo comporta el hecho de su exaltación a los cielos. Hay muchos que aman al Señor, pero no le aman 'según conocimiento' (comp. Ro. 10:2); piensan que, si están constantemente en pena por él, es entonces cuando mejor le aman, siendo así que, si le aman según él mismo desea, deben 'alegrarse'. Dice el apóstol a los fieles de Filipos: 'Regocijaos en el Señor siempre. Otra vez digo: ¡Regocijaos!' (Fil. 4:4)[12].

Muchas veces los cristianos estamos detenidos ante la Cruz física contemplando sólo los dolores y angustias del Señor crucificado. Esta consideración sobre la muerte del Salvador es importante que la tengamos presente. Pero la vista del cristiano no puede quedar en algo que ya no se repetirá, ni tampoco en la tumba donde fue enterrado ahora vacía, sino en la gloria que tiene como resucitado y exaltado Señor. En la misma ordenanza del Partimiento del Pan, el recuerdo establecido por Jesús en ella no es sobre Su muerte, sino sobre Él mismo: *"Haced esto en memoria de mí"* y por si esa memoria se detiene solo en la contemplación de Cristo muerto, añade *"hasta que venga"* (Lc. 22:18-19). Levantando la vista del cristiano a la gloriosa dimensión del Señor resucitado y triunfante. En la Cena del Señor no se nos ordena *recordar Su muerte*, sino *proclamarla* como tránsito para la vida definitiva y como obra redentora que nos permite ser salvos y tener la vida eterna.

---

[12] F. Lacueva. o.c., pág. 381.

29. Y ahora os lo he dicho antes que suceda, para que cuando suceda, creáis.

καὶ νῦν εἴρηκα ὑμῖν πρὶν γενεσθαι, ἵνα ὅταν γενηται
Y ahora he dicho os antes que suceda, para que cuando suceda
πιστευσητε.
creáis.

Notas y análisis del texto griego.

Siguen las palabras de Jesús: καὶ, conjunción copulativa *y*; νῦν, adverbio demostrativo *ahora*; εἴρηκα, primera persona singular del perfecto de indicativo en voz activa del verbo λέγω, *hablar, decir*, aquí *he dicho*; ὑμῖν, caso dativo de la segunda persona plural del pronombre personal declinado *a vosotros*; πρὶν, conjunción temporal *antes que*; γενεσθαι, aoristo segundo de infinitivo en voz media del verbo γίνομαι, *llegar a ser, hacerse, suceder*, aquí *suceda*; ἵνα, conjunción causal *para que*; ὅταν, conjunción temporal, *cuando, siempre que, tantas veces como*; γενηται, tercera persona singular del segundo aoristo de subjuntivo en voz media del verbo γίνομαι, *suceder*, aquí *suceda*; πιστευσητε, segunda persona plural del aoristo primero de subjuntivo en voz activa del verbo πιστεύω, *creer*, aquí *creáis*.

καὶ νῦν εἴρηκα ὑμῖν πρὶν γενεσθαι, ἵνα ὅταν γενηται πιστευσητε. Cristo está en el control de todos los acontecimientos y conoce cuanto va a ocurrir. Esta misma advertencia la hizo antes (13:19), y la repetirá más adelante (16:4). Todo cuanto les dijo, desde el anuncio de Su muerte, los sufrimientos, la resurrección, el nuevo encuentro luego de ella, e incluso las promesas escatológicas, deberán aumentar la consistencia de la fe de ellos, cuando se produzcan y recuerden que todo había sido anunciado por Jesús. Si la fe de ellos fuese firme en todo cuanto el Señor les decía, no habría razón alguna para la turbación íntima, ni causa para la tristeza, todo lo contrario la paz y el gozo fluirían ante las bendiciones de las que les había hablado.

30. No hablaré ya mucho con vosotros; porque viene el príncipe de este mundo, y él nada tiene en mí.

οὐκετι πολλὰ λαλησω μεθ' ὑμῶν, ἔρχεται γὰρ ὁ τοῦ
Ya no muchas cosas hablaré con vosotros, porque viene el del
κοσμου ἄρχων· καὶ ἐν ἐμοὶ οὐκ ἔχει οὐδεν,
mundo gobernante; y en mi no tiene nada.

Notas y análisis del texto griego.

Sigue: οὐκετι, adverbio de negación *ya no, no más*; πολλὰ, caso acusativo neutro plural del adjetivo indefinido *muchos*, en sentido de *muchas cosas*; λαλησω, primera persona singular del futuro de indicativo en voz activa del verbo λαλέω, *hablar, decir*, aquí *hablaré*; μεθ', forma escrita ante vocal aspirada de la preposición de genitivo μετά, *con*; ὑμῶν, caso genitivo de la segunda persona plural del pronombre personal *vosotros*; ἔρχεται, tercera persona singular del presente de indicativo en voz media del verbo ἔρχομαι, *venir*, aquí *viene*; γὰρ, conjunción causal *porque*; ὁ, caso nominativo masculino singular del artículo determinado *el*; τοῦ, caso genitivo masculino singular del artículo determinado declinado *del*; κοσμου, caso genitivo masculino singular del nombre común *mundo*; ἄρχων, caso nominativo masculino singular del nombre común *príncipe, gobernante*; καὶ, conjunción copulativa *y*; ἐν, preposición propia de dativo *en*; ἐμοὶ, caso dativo de la primera persona singular del pronombre personal *mí*; οὐκ, forma escrita del adverbio de negación *no*, con el grafismo propio ante una vocal con espíritu suave o una enclítica; ἔχει, tercera persona singular del presente de indicativo en voz activa del verbo ἔχω, *tener*, aquí *tiene*; οὐδεν, caso acusativo neutro singular del pronombre indefinido *nada*.

οὐκετι πολλὰ λαλησω μεθ' ὑμῶν, Los discursos de enseñanza, las lecciones para los suyos, los consejos e incluso las amonestaciones, habían terminado. No tenía tiempo material para extenderse más en el ministerio de enseñanza. El Maestro tenía que despedirse de los discípulos al final de la clase que duró algo más de tres años. Todavía aprovechará el tiempo que queda para enseñarles todo lo que se recoge en los dos capítulos siguientes, pero, siempre es poco tiempo el que puede dedicar a los suyos.

ἔρχεται γὰρ ὁ τοῦ κοσμου ἄρχων· La causa del poco tiempo es que venía el *príncipe* o el *gobernador* de este mundo. Se trata de Satanás, el querubín caído, que controla el mundo y lo dirige a su voluntad, siendo por usurpación el dueño de los reinos de éste. El conflicto que se avecinaba no es sólo a causa de los hombres que deseaban Su muerte, sino por instigación de estos hecha por Satanás. Al principio del ministerio, Jesús fue tentado por el diablo. En aquella ocasión le ofreció entregarle los reinos del mundo, si abandonando el programa de Dios para redimir al hombre, tomaba el suyo que no pasaría por la obra de la Cruz. Dice Lucas que Satanás entonces *"se apartó de él por un tiempo"* (Lc. 4:13). El tiempo de volver a la acción contra Cristo, había llegado. El Maestro lo sabía. Era el tiempo de las tinieblas, que lucharían contra la luz de Dios que es Cristo mismo.

La venida de Satanás ocurriría con la llegada de Judas para prenderle. En la cena, tras el bocado que le ofreció Jesús, Satanás llenó su corazón, de otro modo, Judas era un poseído por él. La conducta, las palabras y las acciones, estaban sujetas y controladas por el tentador en cuyas manos había caído por desobediencia y voluntad propias. Posiblemente Jesús conocía que Judas había comenzado a moverse y que traería pronto a quienes con palos y antorchas venían a prenderle.

καὶ ἐν ἐμοὶ οὐκ ἔχει οὐδεν, El triunfo en este conflicto era seguro. Jesús dice a los discípulos que Satanás *no tiene nada en Él*. La obra de redención contra la que el tentador luchaba, no sería impedida, porque era un propósito soberano de Dios. A los ojos de los hombres, la Cruz era un terreno de derrota y muerte, pero el príncipe del cosmos, no podía impedir el triunfo de la resurrección. Por otro lado, el tentador no iba a aterrorizarle por todo cuanto el Señor sabía que iba a tener que sufrir. Él había puesto Su rostro como un pedernal para subir a Jerusalén y había anunciado a los discípulos cuanto iba a ocurrir allí. Pero, para eso había venido. Cada una de las Personas Divinas había asumido Su parte en el plan de redención y la Segunda se había revestido de humanidad para poder dar Su vida en precio por el pecado del mundo. El temor a la muerte no afectaba a Cristo, pero era un instrumento de esclavitud para los hombres a causa de que el pecado está presente en todos desde la concepción (He. 2:14-15). Pero, el pecado no afectaba a Cristo. Nada, como hombre, podía temer a la muerte, puesto que no tenía que cancelar la deuda del pecado, ausente absolutamente en Él. Es cierto que la idea, también desde la limitación humana, de la muerte espiritual por separación del Padre a causa de ser portador del pecado del mundo como Cordero de Dios, iba a hacerle agonizar, y clamar al Padre en medio de lágrimas, en Getsemaní, pero sabía que el Padre tenía ya la solución al problema. Todo estaba bajo el control divino que era también el Suyo. El sufrimiento y la muerte no llegarían hasta la hora señalada por el Padre.

31. Mas para que el mundo conozca que amo al Padre, y como el Padre me mandó, así hago. Levantaos, vamos de aquí.

ἀλλ' ἵνα γνῷ ὁ κοσμος ὅτι ἀγαπῶ τὸν Πατερα, καὶ καθὼς
Sino, para que conozca el mundo que amo el Padre, y como
ἐνετειλατο μοι ὁ Πατηρ, οὕτως ποιῶ. ἐγειρεσθε, ἄγωμεν
mandó me el Padre así hago. Levantaos, vayámonos
ἐντεῦθεν.
de aquí.

Notas y análisis del texto griego.

Cerrando el párrafo, escribe: ἀλλ', forma escrita ante vocal de la conjunción adversativa ἀλλά que significa *pero, sino*; ἵνα, conjunción causal *para que*; γνῷ, tercera persona singular del aoristo segundo de subjuntivo en voz activa del verbo γίνομαι, *saber, conocer, entender, comprender*, aquí *conozca*; ὁ, caso nominativo masculino singular del artículo determinado *el*; κοσμος, caso nominativo masculino singular del nombre común *mundo*; ὅτι, conjunción *que*; ἀγαπῶ, primera persona singular del presente de indicativo en voz activa del verbo ἀγαπάω, *amar*, aquí *amo*; τὸν, caso acusativo masculino singular del artículo determinado declinado *al*; Πατερα, caso acusativo masculino singular del nombre divino *Padre*; καὶ, conjunción copulativa *y*; καθὼς, conjunción comparativa *como*; ἐνετειλατο, tercera persona singular del aoristo primero de indicativo en voz media del verbo ἐντέλλομαι, *ordenar, mandar, dar órdenes*, aquí *mandó*; μοι, caso dativo de la primera persona singular del pronombre personal declinado *a mí, me*; ὁ, caso nominativo masculino singular del artículo determinado *el*; Πατηρ, caso nominativo masculino singular del nombre divino *Padre*; οὕτως, adverbio demostrativo *así, de esta manera*; ποιῶ, primera persona singular del presente de indicativo en voz activa del verbo ποιέω, *hacer, actuar*, aquí *hago*; ἐγειρεσθε, segunda persona plural del presente de imperativo en voz pasiva del verbo ἐγείρω, en voz pasiva *levantarse*, aquí *levantaos*; ἄγωμεν, primera persona plural del presente de subjuntivo en voz activa del verbo ἄγω, *conducir, llevar, dirigirse*, aquí *vayámonos*; ἐντεῦθεν, adverbio de lugar *de aquí*.

ἀλλ' ἵνα γνῷ ὁ κοσμος ὅτι ἀγαπῶ τὸν Πατερα, La entrega a la obra de redención que conlleva el padecimiento y la muerte, la afronta como una expresión de amor al Padre, por la que el mundo comprenderá que verdaderamente le amaba. El Señor les había dicho que quien le amaba guardaría Sus mandamientos. El había sido enviado por el Padre con la misión de hacer la obra que le había encomendado. Esta obra le llevaba a dar Su vida voluntariamente. No se trataba de algo que le sorprendía y que no podía evitar, sino de algo que hacía voluntaria y gozosamente para la salvación del pecador. Continuamente había dicho también que Sus obras son las obras del Padre. La Cruz es también la obra determinada eternamente. La pasión con todo lo tremendo que representa se producía por *"determinado consejo y anticipado conocimiento de Dios"* (Hch. 2:23). Jesús había venido en forma de siervo para el cumplimiento en suprema obediencia de lo que el Padre le había encomendado al enviarlo al mundo. Por la Cruz el mundo conocería el amor de Dios, pero también la entrega obediente por la que demostraba Su amor al Padre.

καὶ καθὼς ἐνετειλατο μοι ὁ Πατηρ, οὕτως ποιῶ. La obediencia del Señor es evidente. Lo que hacía era lo que se le había encomendado. Por esto termina la frase diciendo *así hago*. Lo que va a ocurrir y lo que voy a hacer, es el resultado de la obediencia incondicional al Padre.

ἐγειρεσθε, ἄγωμεν ἐντεῦθεν. La frase resulta un tanto extraña: *Levantaos, vayámonos de aquí*. Pareciera que lo que continúa en los tres próximos capítulos, fue introducido por Juan arbitrariamente. La crítica liberal los pone como ejemplo de una composición posterior al escrito original. De ellos, algunos entienden que es un traslado y que estos capítulos corresponden a un espacio de tiempo anterior. Realmente el Señor sale del cenáculo en 18:1, por lo que se propone que el versículo final de este capítulo debiera anteceder inmediatamente al primero del dieciocho. Sin embargo no es preciso hablar de traslados textuales, simplemente Jesús terminó la gran lección y da la orden de levantarse de la cena, dando esta por concluída. Ya todos en pie para salir, El sigue hablándoles, por lo que debe considerarse que hubo un espacio de tiempo entre la instrucción de Jesús de levantarse de la mesa y la salida del lugar hacia Getsemaní. La determinación de Jesús es clara. Se levanta para salir adonde, humanamente hablando no es agradable. Los discípulos dijeron un día en la transfiguración: *"Señor, bueno es que estemos aquí"* (Mt. 17:4; Mr. 9:5; Lc. 9:33). Pero aquí esta presto para ir a la Cruz. La fidelidad que se requiere a los creyentes es esa misma disposición: *"Se fiel hasta la muerte"* (Ap. 2:10). La vista baja del hombre siente la conmoción de la muerte, pero se olvida de que luego viene *la corona de la vida*. Así también el Señor, la muerte abría para Él el regreso glorioso al lugar de donde había venido, revestido de gloria y poder. Pero, además, una enorme multitud, salva por gracia a causa de la obra de la Cruz, le acompañarán por siempre en Su presencia, siendo eternamente motivo vivo de gratitud por la obra hecha y de gloria para el Padre que envió al Hijo para salvar a los pecadores.

Sin entrar en mas consideraciones sobre los tres grandes temas del pasaje, será suficiente con permitir que el Espíritu aplique a nuestras vidas las lecciones que Él mismo nos imparte como Vicario de Cristo, y dejemos que nuestros pensamientos sean conducidos por Él a toda verdad. Jesús nos llama a levantar los ojos del suelo y alzarlos al cielo, como llamamos al lugar que Él prepara para nosotros. La transitoriedad de la vida produce sinsabores, conflictos, problemas, lágrimas, separaciones y tristezas. Pero todas estas cosas son pasajeras. Los problemas generan en nosotros un *"cada vez más excelente y eterno peso de gloria"* (2 Co. 4:17). Pablo le llama una *"leve tribulación momentánea"*, y lo es, comparado con una eternidad gloriosa con Jesús. Este es el pensamiento que podemos mantener de todo cuanto se enseña aquí: *"vendré otra vez, y os tomaré a mí mismo"* (v. 3). Años después el apóstol Pablo usará esa misma verdad para decirnos que llegado el momento *"estaremos siempre con el Señor"* (1 Ts. 4:17). Jesús hablaba de esperanza a quienes habían de pasar por dificultades, que serían perseguidos y aún muertos, que verían partir a sus hermanos en Cristo, muchos de ellos familiares según la carne, pero el creyente es prisionero de esperanza y Cristo es en cada uno de nosotros esperanza de gloria (Col. 1:27). En un momento del futuro, conforme a lo que Dios ha determinado, Jesús descenderá del cielo. Los creyentes que han partido antes de nosotros oirán Su voz llamándoles a resurrección y serán levantados para recibir el cuerpo incorruptible, pero, juntamente con ellos, nosotros los que aún vivamos seremos también transformados y todos juntos saldremos de este mundo para encontrarnos con el Señor en el aire. Entonces dará comienzo una nueva y extraordinaria experiencia de vida. La reunión con quienes han dormido en Cristo será ya una reunión perpetua. Nunca más la muerte podrá interrumpir la relación entre todos los que hemos creído en Jesús a lo largo de los siglos. El gozo de una vida perdurable será la maravillosa experiencia en la presencia de Dios. Atrás quedarán los días de aflicciones, las lágrimas, las angustias, las tristezas, en fin, todo cuanto supone la experiencia de vida en este mundo. Dios mismo hará una cura definitiva de nuestras aflicciones enjugando nuestras lágrimas. El llanto que inundó tantas veces nuestros ojos y supuso una experiencia angustiosa, terminará también para siempre. El dolor que las enfermedades han producido en tantos, concluirá definitivamente porque nunca más habrá dolor. Todo cuanto produce conflicto hoy, cesará a perpetuidad (Ap. 21:4). Será entonces cuando trasladados a la presencia del Señor comenzará una dicha sin término en una paz perpetua. El gozo del lugar que Él prepara producirá en nosotros *"deleites a su diestra para siempre"* (Sal. 16:11).

Sin embargo, todos los deleites del lugar que esperamos no lo serían sin la presencia del Señor allí. El versículo hace énfasis en esa realidad: *"os tomaré a mí mismo"*. ¡Oh, sí! ¡Bendita certeza! Siempre con el que murió por nosotros en una Cruz para hacer posible la esperanza en nuestra vida. Siempre con quien estuvo a nuestro lado en cada momento del camino de nuestra peregrinación. Siempre con aquel que alentó nuestro corazón cuando desmayaba y nos dio fuerzas para dar un paso más en la carrera de la fe. Siempre con el que nos sostuvo cuando tropezábamos y nos fortaleció cuando en nuestra flaqueza no podíamos continuar. Entonces, en Su compañía, los conflictos de la vida serán vistos como el paso estrecho del tránsito hacia la gloria. Por fin le veremos como Él es y nuestras almas estallarán en un canto de alabanza y gratitud. Allí se cambiará la perspectiva de los sufrimientos presentes para descubrir que las pruebas más duras y las tristezas más intensas no fueron una experiencia en soledad, sino en Su compañía. Pronto, muy pronto las nubes que cubren el camino darán paso a la gloriosa luz de quien es el Sol de Justicia. Mientras tanto, levantemos ahora los ojos al cielo, afirmemos nuestro corazón en la fe y seamos alentados con la gloriosa promesa: *"vendré otra vez y os tomaré a mí mismo"*.

CAPÍTULO XV

FRUTO, AMOR, DESPRECIO.

Introducción.

El capítulo que se va a comentar está dentro del grupo general que contiene las enseñanzas de Jesús para Sus discípulos en el entorno de la última cena con ellos. Estos temas didácticos pudieran parecer sin mucha ilación, probablemente a causa de las limitaciones que supone ordenar sintéticamente las palabras de Jesús en el tiempo en que estuvo con los discípulos antes de ser hecho prisionero en el huerto. Sin embargo, como se aprecia en lo que antecede, existe una correlación en los discursos de Jesús. La temática es diferente ya que el Maestro está aprovechando para remarcar cuestiones que considera de vital importancia y grabar las últimas enseñanzas y reflexiones sobre temas diversos. Esto ocurre también aquí.

Se ha dicho en el comentario al último versículo del capítulo anterior que, a simple vista, pareciera que Juan introduce, luego del mandato de Jesús para terminar la reunión alrededor de la mesa y salir del lugar, temas sueltos de los que tiene recuerdos y que pone ahora a modo de interpolación para que queden en el conocimiento del lector. La reunión termina, los comensales se levantan y se disponen a salir del lugar donde estaban, pero hay todavía algo que el Maestro quiere añadir a todo lo dicho, por tanto, así como estaba, en pie, habla por un poco de tiempo a quienes aglomerados a Su lado, escuchan estas palabras finales antes de la oración.

Las primeras se introducen a modo parabólico con el ejemplo de la vid y del fruto. Con ella y la posterior aplicación, se aborda el tema de la presencia continuada del Señor. Aunque Él regresa al Padre de donde fue enviado, permanece con los creyentes y estos están en Él de donde provienen todos los recursos para que la vida cristiana sea fructífera para Dios. No es, por tanto, la venida del Señor, de la que habló antes, sino de Su permanencia con los suyos. De modo que como el sarmiento es incapaz de llevar fruto el solo, así también los creyentes no podrán hacerlo sin estar en Jesús. Aquí aparece la ligazón con las enseñanzas anteriores. Cristo les habló de comunión, de amor, del envío del Espíritu, de la obediencia, de la paz y ahora les enseña sobre el fruto. Sin Cristo no existe vida para el cristiano, porque Él es Su vida. Sin la comunicación de ella no puede haber servicio fructífero, ni obediencia en el ámbito del amor, ni respuesta a las oraciones. Pero, ¿se trata de una parábola o de una alegoría? Sin embargo las comparaciones que se producen en el entorno semítico no pueden encerrarse en los límites de *parábolas* o *alegorías*, con la precisión que estas formas literarias tienen en el entorno griego. Las palabras de Jesús deben incluirse dentro del género literario llamado *mashal*, que viene a expresar la idea de *semejanza* o *comparación*. Este género está antes en las semejanzas de la *puerta de las ovejas* y del *redil*. Aquí la comparación se desarrolla luego, como ocurre también con muchas de las parábolas, para comprensión y aplicación del significado que quiere darle Jesús. Aquí las ilustraciones se aplican inmediatamente: *"Yo soy la vid"*, *"mi Padre es el labrador"*, *"vosotros sois los sarmientos"*. Este *mashal* se encuentra en la primera parte del capítulo (vv. 1-11).

Otro tema en el capítulo (vv. 12-17) refuerza el mandamiento sobre el amor como expresión de vida y práctica cristiana. La vinculación con la enseñanza de la vid es sencilla. El creyente tiene que dar fruto y una de las manifestaciones del fruto es el amor. No existe salvo que no ame. No existe vida cristiana separada o desvinculada de un amor de entrega hacia los demás, como es el de Cristo. Elegidos para llevar fruto, los cristianos reciben el mandato de amarse unos a otros.

El tercer tema (vv. 18-27), presenta lo que será natural en la vida de los seguidores de Cristo, el desprecio que el mundo les manifestará. Aquella noche iban a comenzar a sentir lo que significaba esto, especialmente en el trato que podían contemplar en Jesús. Pero, los sufrimientos y conflictos se extenderían también a ellos en aquel tiempo y a los cristianos en los siglos venideros. La identificación con Cristo hace que lo que fue experiencia de Él lo sea también de quienes, no sólo le siguen, sino que viven Su vida en ellos. El tema traspasa el límite del capítulo y se extiende en el siguiente (16:1-6).

El discurso de Jesús no se ve interrumpido por ninguno de los presentes, posiblemente la aplicación personal de las palabras del Maestro les hace guardar silencio mientras la mente medita y el alma asume lo que cada uno necesitaba. En la intimidad de cada cristiano, la inhabitación de Cristo y del Espíritu, permite conducirlos al éxito, y la resistencia a una vida de obediente dependencia los llevará fracaso. En la exteriorización de la vida, tanto personal del creyente, como colectiva de la iglesia, vendrá la confrontación producida por el odio del mundo. La iglesia es una sola cosa con el Hijo, y da testimonio ante el mundo, con todas las consecuencias, resultado real de la identificación con Él. De ahí la insistencia a permanecer en Cristo, esto es, vivir en plena comunión con Él.

La división del capítulo para su análisis, sigue la que se ha dado en la *introducción*, como sigue:

8. Otras enseñanzas (15:1-16:15).
   8.1. El fruto (15:1-8).
   8.2. El mandamiento del amor (15:9-17).
   8.3. Enseñanza sobre el mundo (15:18-27).

Otras enseñanzas (15:1-16:15).

El fruto (15:1-8).

1. Yo soy la vid verdadera, y mi Padre es el labrador.

Ἐγώ εἰμι ἡ ἄμπελος ἡ ἀληθινὴ καὶ ὁ Πατήρ μου ὁ γεωργός
Yo soy la vid - verdadera, y el Padre de mí el labrador
ἐστιν.
Es.

Notas y análisis del texto griego.

Iniciando el párrafo, escribe: Ἐγώ, caso nominativo de la primera persona singular del pronombre personal *yo*; εἰμι, primera persona singular del presente de indicativo en voz activa del verbo εἰμί, *ser*, aquí *soy*; ἡ, caso nominativo femenino singular del artículo determinado *la*; ἄμπελος, caso nominativo femenino singular del nombre común *vid*; ἡ, caso nominativo femenino singular del artículo determinado *la*; ἀληθινὴ, caso nominativo femenino singular del adjetivo *verdadera, genuina*; καὶ, conjunción copulativa *y*; ὁ, caso nominativo masculino singular del artículo determinado *el*; Πατήρ, caso nominativo masculino singular del nombre divino *Padre*; μου, caso genitivo de la primera persona singular del pronombre personal declinado *de mí*; ὁ, caso nominativo masculino singular del artículo determinado *el*; γεωργός, caso nominativo masculino singular del nombre común *labrador*; ἐστιν, tercera persona singular del presente de indicativo en voz activa del verbo εἰμί, *ser*, aquí *es*.

Ἐγώ εἰμι ἡ ἄμπελος ἡ ἀληθινή. El versículo contiene el último de los siete *yo* soy que Jesús dice que es Él mismo, en el Evangelio. Aquí afirma que es *la vid* verdadera. Pudiera confundirse la figura de la vid y de la viña. Esta última se aplica a Israel en muchos lugares de la profecía (cf. Is. 5:1-7). La viña es un grupo de vides vinculadas entre sí territorialmente. Esto es, plantadas en un mismo lugar y, habitualmente cercadas y protegidas, para que nada las dañe y puedan llevar el fruto que el propietario espera de ellas. Israel, a causa de su pecado, en lugar de uvas dio agrazones[1]. Por esa razón fue desechada como nación. De ella queda un remanente que es salvo por gracia y que está en la verdadera vid, que es Jesucristo, en donde se injertan todos los creyentes (Ro. 6:5). Esta vid verdadera es plantada en la tierra por el *labrador*, o el *agricultor* que es el Padre. De ahí que continuamente el Señor insiste en Su procedencia del Padre, enviado por Él al mundo (1:14). Esta única y verdadera vid, está dispuesta para que los *pámpanos*[2] o si se prefiere *los sarmientos*[3], puedan, debidamente alimentados, llevar fruto. La figura de la vid es elocuente para representar a Cristo en Su condición divino-humana. Como hombre está emparentado y participa de la misma naturaleza que los sarmientos; como Dios es la fuente de poder para la vida de ellos.

La vid es *verdadera*. El adjetivo ἀλεθίνος, que significa tanto verdadera como genuina. Estando precedido del artículo determinado se trata de la única vid de esa condición. Este adjetivo tiene el sentido de realidad y de perfección, como ocurre cuando se aplica a la luz verdadera (1:9). Siendo una vid perfecta, comunica la vida verdadera y la fuerza vital para fructificación a todos los sarmientos que están en ella, dando el fruto auténtico que Dios busca en el creyente. Jesús es la vid, los creyentes son los pámpanos que sólo pueden dar fruto unidos a la vid que los sustenta y alimenta. Los pámpanos y toda la vid en sí, es también ejemplo de lo que es la iglesia. Cada creyente a lo largo del tiempo es puesto en Cristo, formando con Él una única cepa, esto es una planta que va desde la raíz hasta la rama más alejada de ella, sustentándola, alimentándola y haciéndola fructificar.

καὶ ὁ Πατήρ μου ὁ γεωργός ἐστιν. Siendo el Padre el labrador, quiere decir que todo el proceso para que se manifieste el fruto, depende de Él y de Él procede. El dueño de una viña podrá, como la parábola, arrendarla a los labradores (Mr. 12:1-12), pero en este caso es una vid que Él planta y sustenta a los fines y propósitos determinados. No se trata de Israel, sino de Jesús el Hijo enviado por el Padre al mundo, para que el mundo sea salvo por Él y quienes crean reciban vida eterna, que les permitirá un cambio total de condición, para que lleven fruto para la gloria del Padre. Nótese que en cuanto a vinculación trinitaria el Padre en la condición eterna frente al Hijo no es *nuestro* Padre, sino el mío en singular. Los pámpanos reciben la vida de

[1] Uvas silvestres y también pequeños racimos que hay en las vides y que nunca maduran.

[2] *Pámpano*, sarmiento verde, tierno y delgado.

[3] *Sarmiento*, vástago de la vid, largo, delgado, flexible y nudoso, de donde brotan las hojas, las tijeretas y los racimos.

la vid, mientras que ésta, en la figura, la recibe del Padre, y le permite a Cristo, la vid verdadera, comunicarla a cada creyente.

2. Todo pámpano que en mi no lleva fruto, lo quitará; y todo aquel que lleva fruto, lo limpiará, para que lleve más fruto.

πᾶν κλῆμα ἐν ἐμοὶ μὴ φέρον καρπὸν αἴρει αὐτό, καὶ πᾶν τὸ
Todo pámpano en mí no que lleva fruto quita lo, y todo el
καρπὸν φέρον καθαίρει αὐτὸ ἵνα καρπὸν πλείονα φέρῃ.
fruto que lleva limpia lo para que fruto mucho lleve.

Notas y análisis del texto griego.

Prosigue: πᾶν, caso acusativo neutro singular del adjetivo indefinido *todo*; κλῆμα, caso acusativo neutro singular del nombre común *pámpano*; ἐν, preposición propia de dativo *en*; ἐμοὶ, caso dativo de la primera persona singular del pronombre personal *mí*; μὴ, partícula que hace funciones de adverbio de negación *no*; φέρον, caso acusativo neutro singular del participio de presente en voz activa del verbo φέρω, *llevar, producir*, aquí *que lleva*; καρπὸν, caso acusativo masculino singular del nombre común *fruto*; αἴρει, tercera persona singular del presente de indicativo en voz activa del verbo αἴρω, *quitar*, aquí *quita*; αὐτό, caso acusativo neutro de la tercera persona singular del pronombre personal *lo*; καὶ, conjunción copulativa *y*; πᾶν, caso acusativo neutro singular del adjetivo indefinido *todo*; τὸ, caso acusativo neutro singular del artículo determinado *lo*; καρπὸν, caso acusativo masculino singular del nombre común *fruto*; φέρον, caso acusativo neutro singular del participio de presente en voz activa del verbo φέρω, *llevar, producir*, aquí *que lleva*; καθαίρει, tercera persona singular del presente de indicativo en voz activa del verbo καθαίρω, *limpiar*, aquí *limpia*; αὐτὸ, caso acusativo neutro de la tercera persona singular del pronombre personal *lo*; ἵνα, conjunción causal *para que*; καρπὸν, caso acusativo masculino singular del nombre común *fruto*; πλείονα, caso acusativo masculino singular del adjetivo comparativo *mucho*; φέρῃ, tercera persona singular del presente de subjuntivo en voz activa del verbo φέρω, *llevar, producir*, aquí, *lleve*.

πᾶν κλῆμα ἐν ἐμοὶ μὴ φέρον καρπὸν. El versículo es clave para entender el sentido del *mashal* de Jesús o, si se prefiere, del dicho parabólico. Especial importancia para ello tiene esta primera frase de la claúsula. Generalmente se traduce como hace RV: *"Todo pámpano que en mi no lleva fruto"*, pero si se presta atención al texto griego, lo que literalmente dice es: *todo pámpano en mi que no lleva fruto*. Aparentemente la diferencia es mínima, pero cambia totalmente el sentido de la aplicación de la enseñanza. En el primer caso se trataría de un mero profesante, que no lleva fruto porque no está vinculado en vida a la vid y, no lleva fruto porque no puede llevarlo. Quienes entienden esto, aplicarán lo que sigue a quienes no han nacido de nuevo, no son creyentes verdaderos y no tienen posibilidad de fructificar conforme a lo que Dios desea. Estos *que en mi no llevan fruto*, están unidos a Cristo por una profesión externa, por lo que sin alimento vital que se produce por unión real con Cristo, se secan y son desechados. Esta es una posición semejante a la que algunos tienen con los pasajes de He. 6:4-6; 10:26-31. Para éstos los que el escritor cita no son creyentes, sino profesantes. En la *Epístola a los Hebreos*, ha de tenerse en cuenta quienes son los destinatarios para posicionarse sobre el sentido de los dos pasajes. El escrito no está destinado a incrédulos sino a creyentes y en las dos citas, la identificación con creyentes es evidente[4]. Una de las pruebas más sencillas en ese sentido es que el autor se une a los destinatarios del entorno textual (cf. He. 10:26, 30). En el ejemplo que Jesús pone, ocurre lo mismo, al usar el pronombre personal *vosotros*, refiriéndose a los discípulos que están limpios porque creyeron en Él, a quienes llama a comunión, *permaneced en Mí* (vv. 4-5). Los arminianos toman esto como una base bíblica para justificar la pérdida de la salvación, pero esto no es posible, como se ha considerado en varios lugares del *Evangelio*.

La segunda forma de entenderlo es mantener lo que dice el texto griego: *Todo pámpano* ***en*** *Mí, que no lleva fruto*. En ese sentido, la unidad con Cristo es real. El creyente queda inseparablemente unido al Salvador, por tanto, se trata de personas realmente salvas, cuya comunión con Cristo, la vid verdadera, está interrumpida y *no pueden* llevar fruto. En ese sentido se aprecian claramente lo que es *la salvación*, relacionada con unión con Cristo, y lo que es *la comunión*, necesaria para que el fruto de Dios en la acción del Espíritu (Gá. 5:22 ss.) se manifieste. De este modo escribe el Dr. Chafer:

"El verdadero problema en cuestión con relación a este texto es si Cristo, al usar la metáfora de la vid y los pámpanos es exhortar a una vida permanente, se refiere a la unión o a la comunión del cristiano en Él. A menos que se capte bien esta distinción doctrinal, no hay base para una recta inteligencia del texto en cuestión. La idea de permanecer en Cristo como un pámpano en la vid puede servir de ilustración, ya de la unión, ya de la comunión, con Él. Resulta fácil de discernir que Él está usando esta metáfora para representar la comunión con Él. La unión con Él es resultado del bautismo del Espíritu, pues por esta obra divina, los creyentes son unidos al Señor (comp. 1 Co. 6:17; 12:13; Gá. 3:27); y es una verdad fundamental que dicha unión eterna con Cristo no depende, ni puede depender, del

[4] Ver comentario a los dos pasajes en *Hebreos*, de esta misma serie.

esfuerzo o del mérito humano. Por otra parte, la comunión con Cristo depende de la fidelidad y de adaptación del cristiano a Dios. Juan declara que 'si andamos en luz, como él está en luz, tenemos comunión unos con otros', esto es, el creyente tiene comunión con Cristo (1 Jn. 1:7). El término andar se refiere a la vida diaria del creyente. Como podría esperarse con respecto a una materia tan importante y, con todo, tal fácilmente falseada, Cristo define con toda precisión el uso que hace del término permanecer, si se trata de unión que depende de la suficiencia divina, o de comunión que depende de la fidelidad humana. Cristo suprimió toda incertidumbre al decir: 'Si guardareis mis mandamientos, permaneceréis en mi amor; así como yo he guardado los mandamientos de mi Padre, y permanezco en su amor' (Jn. 15:10). Guardar los mandamientos de Cristo es una responsabilidad humana, semejante a andar en la luz. Él cita el hecho paralelo de que permanece en el amor, o comunión, de su Padre haciendo la voluntad de su Padre. Es verdad que Cristo no estaba intentando preservar, mediante la obediencia, Su unión con el Padre, ¡es un hecho eterno de la realidad trinitaria!, para expresarlo a escala humana, no intentaba conservarse salvo"[5].

Esta segunda interpretación a las palabras de Jesús en el ejemplo de la vid es la más concordante con el contexto general próximo y lejano. La salvación no puede perderse, por tanto, no es posible entenderlo aquí como un creyente que la pierde. Pero tampoco un mero profesante puede llevar fruto, puesto que este es el resultado de la acción del Espíritu en su vida y nadie puede tener el Espíritu de Cristo si no es de Él (Ro. 8:9).

αἴρει αὐτό, La acción del Padre, *viñador* en el cuidado y conservación de la vid para que lleve fruto, actúa con aquel que estando en Cristo y siendo pámpano, se niega a llevar fruto. Dice el Señor *que lo quita*. Esa es una de las acepciones del verbo αἵρω, *quitar*. Es la acción natural contra quien se *resiste* al propósito de Dios. Esa resistencia tiene que ver directamente con lo que se llama en *Hebreos*, el *pecado voluntario*. Indudablemente haber recibido todo cuanto es preciso para llevar fruto y negarse a llevarlo, supone un acto de rebeldía voluntaria contra Dios, que entra de lleno en un *pecado voluntario*. Es un creyente que se aparta, interrumpe la comunión con Cristo, por lo que no lleva fruto. Una simple observación imparcial permite definirse en esta posición, es decir, una advertencia solemne para quienes *están en Cristo*, esto es, para auténticos creyentes. La evidencia más próxima es

[5] L. S. Chafer. *Teología Sistemática*. Tomo I, pág. 1121.

que Jesús incorpora en la aplicación a todos los discípulos, posicionándolos como los pámpanos que deben llevar fruto y advirtiéndoles que solo es posible en la comunión con Él, porque separados de Él no pueden hacer nada (v. 5). Aquí se trata de una persistencia voluntaria en la rebeldía contra Dios, negándose conscientemente en responder a Su determinación de que el creyente lleve fruto. El hecho de caer en un pecado ocasionalmente es asunto grave, pero mucho más lo es *la persistencia* en el pecado, que es la comisión del mismo en forma consciente y voluntaria. De este tipo de pecado trataba la Ley y establecía la sentencia: *"Mas la persona que hiciere algo con soberbia, así el natural como el extranjero, ultraja a Jehová; esa persona será cortada de en medio de su pueblo"* (Nm. 15:30). Mientras que para cualquier pecado por yerro había sacrificio establecido, para el voluntario, hecho con soberbia, no hay sacrificio prescrito, sino la condena a muerte del pecador. Pecar voluntariamente es actuar con soberbia, de otro modo, con mano altiva, con brazo remangado y puño extendido contra Dios, que violenta y conscientemente le injuria. El pecado voluntario es el cometido por quien sabiendo que peca lo hace con determinación de pecar. Este pecado no podía sino acarrear una consecuencia: *ser cortado de entre el pueblo*, es decir, muertos a causa del pecado voluntario cometido. Esto no afectaba a su salvación, en caso de ser salvos, pero sí a su vida. Su pecado no les permitía continuar contándose visiblemente con el pueblo de Dios. De esta misma manera el creyente confesando sus faltas restaura la comunión con Dios mediante la confesión (1 Jn. 1:9), pero no hay restauración para quien persiste en pecar voluntariamente contra Dios. A esto se referirá Jesús un poco más adelante (v. 6). El Señor dice que el Padre actúa contra estos y los *quita*. El mismo ejemplo está en otros lugares del Nuevo Testamento. Cuando Ananías y Safira pecan voluntariamente contra Dios, el Espíritu Santo intervino y a ambos les fue quitada la vida (Hch. 5:1 ss.), igualmente con el incestuoso de Corinto (1 Co. 5:1-5). Genéricamente el apóstol Juan habla de quienes tienen *pecado de muerte* (1 Jn. 5:16-17).

καὶ πᾶν τὸ καρπὸν φέρον καθαίρει αὐτὸ ἵνα καρπὸν πλείονα φέρῃ. Por el contrario el Padre *limpia* al que lleva fruto para que lleve más. La bendición al pámpano fructífero es que se le capacita para que pueda dar más fruto. El verbo καθαίρω, en relación con una vid y sus sarmientos, encierra el sentido de *podar*, cortar lo que sobra. Si una vid no se poda se vuelve silvestre y el fruto disminuye y se hace inútil para comer. El podador es capaz de saber que cosa debe cortar. Entre ellas está el exceso de hojas que consumen los nutrientes de la vid y no permite que estos pasen a alimentar plenamente los granos de cada racimo. Cristo vio un día una higuera llena de hojas, su presencia externa debía ser imponente, pero no tenía fruto alguno, solo mera apariencia. Tal es la vida religiosa de muchos creyentes. Se presentan como verdes y llenos de hojas pero no hay fruto en sus vidas. El viñador, se ocupa de podar la vid para que los racimos lleven mucho fruto. Es notable observar que quien hace la poda es el Padre y no el Hijo. Este es la vid, es decir, el sustento vital para lleve fruto, pero el Padre es el que aplica la disciplina momento a momento en la vida del creyente para que limpio pueda llevar más fruto por cuanto la comunión no está interrumpida. La reprensión de los creyentes tiene por objeto su santificación, y esta no es otra cosa que la reproducción de la vida de Cristo en la cotidiana del creyente, en una operación del Espíritu, cumpliendo así el propósito del Padre, que seamos hechos conformes a la imagen de Su Hijo (Ro. 8:29). Dios sabe que todos arrastramos algo de nuestra vieja naturaleza, pasiones, derivas que deben ser purificadas. Nos corrige para que el diablo no pueda *sacar ventaja* (2 Co. 2:11). ¿Por qué la limpieza está en manos del Padre? Porque Jesús se identifica con la cepa, que es la fuente de la vida, canal de la savia, pero la restante labor se le atribuye al Padre como dueño y cultivador de la vid. No debe dejar de tenerse en cuenta que Jesús está enseñando Su posición desde la misión soteriológica con que fue enviado y que iba a cumplirse en plenitud en Su muerte, por tanto se aprecia una *subordinación* en razón de la misión que realiza en forma de siervo, sin olvidar que está tratándose desde esa *forma* y no relacionándose con relación divina, en donde la subordinación entre las Personas Divinas no existe por identidad de vida, ya que Jesús y el Padre son uno. La operación de *limpieza* se ajusta a lo que se enseña en el Nuevo Testamento como *disciplina*, en la cual Dios nos trata como a hijos (He. 12:7-11). Esa disciplina no es un *castigo*, sino la corrección necesaria con un propósito benéfico, *"que participemos de su santidad"*. Casi siempre en la corrección hay una cierta dosis de sufrimiento y eso nos parece que no es *causa de gozo*; pero luego apreciamos que ejercida con la poderosa pero amorosa mano de Dios, *"da fruto apacible de justicia a los que en ella han sido ejercitados"*. Un alma que está turbada e inquieta por seguir un camino incorrecto, mediante la disciplina que es provisión de Dios, se acalla delante de Él como un niño que depende sólo de su padre (Sal. 131:2). La tristeza que produce arrepentimiento y confesión genera paz interior. El fruto de la vida cristiana es *apacible*, que es el propio y limpio del creyente. Dios actúa para ello limpiando cada sarmiento de la vid verdadera para que de mucho fruto.

3. Ya vosotros estáis limpios por la palabra que os he hablado.

ἤδη ὑμεῖς καθαροί ἐστε διὰ τὸν λόγον ὃν λελάληκα ὑμῖν·
Ya vosotros limpios estáis por la palabra que he hablado os

Notas y análisis del texto griego.

Añade Jesús: ἤδη, adverbio de tiempo *ya*; ὑμεῖς, caso nominativo de la segunda persona plural del pronombre personal *vosotros*; καθαροί, caso nominativo masculino plural del adjetivo *limpios*; ἐστε, segunda persona plural del presente de indicativo en voz activa del verbo εἰμί, *ser, estar*, aquí *estáis*; διὰ, preposición propia de acusativo *por, a causa*; τὸν, caso acusativo masculino singular del artículo determinado *el*; λόγον, caso acusativo masculino singular del nombre común *palabra*; ὃν, caso acusativo masculino singular del pronombre relativo *que*; λελάληκα, primera persona singular del perfecto de indicativo en voz activa del verbo λαλέω, *hablar, decir*, aquí *he hablado*; ὑμῖν, caso dativo de la segunda persona plural del pronombre personal declinado *a vosotros, os*.

ἤδη ὑμεῖς καθαροί ἐστε διὰ τὸν λόγον ὃν λελάληκα ὑμῖν· Los discípulos estaban limpios, santificados, para el propósito que Dios tenía para ellos. El medio de *santificación* era la Palabra que Jesús les había dicho. Palabra procedente del Padre y en plena identidad con Él. En la oración del Señor se hará referencia a esto: *"Santifícalos en tu verdad; tu palabra es verdad"* (17:17). La Palabra opera en los creyentes. El mensaje del evangelio trae como resultado la justificación del pecador que cree, porque son palabras de vida eterna (6:68-69); las enseñanzas de ella, conducen al creyente por la senda de la santificación. La palabra es el instrumento divino eficaz para *"redargüir, corregir, e instruir"* (2 Ti. 3:16). La aceptación por fe de la palabra que Jesús les había dado, produjo un cambio de orientación en la vida de ellos. Habían comprendido que no se trataba de una limpieza ceremonial y religiosa, sino espiritual y de vida. Todos ellos estaban enseñados por la tradición a agradar a Dios mediante obras piadosas reguladas en mandamientos. Con Jesús habían aprendido que el único que agrada a Dios es el Señor mismo. En el testimonio del cielo, tanto en el bautismo como en la transfiguración y hacía poco tiempo con motivo de la sanidad del ciego de nacimiento, entendían esto. Cristo manifestó Su vinculación con la Palabra. No había venido a abrogarla sino a cumplirla, y advirtió a todos de la permanencia de ella. Estos habían estado vinculados con Jesús durante tres años, aprendiendo *la palabra*, que son todas las que escucharon de Él. Es sorprendente que en el tiempo actual se busque la santificación de los creyentes y no se enseñe la Palabra. Los mensajes de exhortación, muchas veces son meras palabras de hombres revestidas de piedad aparente que marcan senderos humanistas. Si la Biblia desaparece del púlpito, el pecado aparecerá en los creyentes. Un ministerio sin Biblia es un entretenimiento que conduce a vidas sin contenido.

4. Permaneced en mí, y yo en vosotros. Como el pámpano no puede llevar fruto por sí mismo, si no permanece en la vid, así tampoco vosotros, si no permanecéis en mí.

μείνατε ἐν ἐμοί, καγὼ ἐν ὑμῖν. καθὼς τὸ κλῆμα οὐ δύναται
Permaneced en mí, y Yo en vosotros. Como el pámpano no puede
καρπὸν φέρειν ἀφ' ἑαυτοῦ ἐὰν μὴ μένῃ ἐν τῇ ἀμπέλῳ,
fruto llevar de sí mismo si no permanece en la vid,
οὕτως οὐδὲ ὑμεῖς ἐὰν μὴ ἐν ἐμοὶ μένητε.
así tampoco vosotros si no en mí permanecéis.

Notas y análisis del texto griego.

Sin variar en la enseñanza, dice: μείνατε, segunda persona plural del aoristo primero de imperativo en voz activa del verbo μένω, *morar, habitar, permanecer*, aquí *permaneced*; ἐν, preposición propia de dativo *en*; ἐμοί, caso dativo de la primera persona singular del pronombre personal *mí*; καγὼ, palabra formada por crasis[6] de la conjunción καὶ, y el pronombre personal ἐγώ, y que equivale a *y yo*; ἐν, preposición propia de dativo *en*; ὑμῖν, caso dativo de la segunda persona plural del pronombre personal *vosotros*; καθὼς, conjunción comparativa *como*; τὸ, caso nominativo neutro singular del artículo determinado *el*; κλῆμα, caso nominativo neutro singular del nombre común *pámpano*; οὐ, adverbio de negación *no*; δύναται, tercera persona singular del presente de indicativo en voz media del verbo δύναμαι, *poder, tener poder*, aquí *puede*; καρπὸν, caso acusativo masculino singular del nombre común *fruto*; φέρειν, presente de infinitivo en voz activa del verbo φέρω, *llevar*; ἀφ', forma que adopta la preposición de genitivo ἀπό, por elisión de la ι final y asimilación de la π ante vocal o diptongo con aspiración, y que significa *de, desde, lejos de, proceder de, por causa de, por medio de, con, contra*; ἑαυτοῦ, caso genitivo neutro singular del pronombre reflexivo *sí mismo*; ἐὰν, conjunción *si*; μὴ, partícula que hace funciones de adverbio de negación *no*; μένῃ, tercera persona singular del presente de subjuntivo en voz activa del verbo μένω, *permanecer*, aquí *permanece*; ἐν, preposición propia de dativo *en*; τῇ, caso dativo femenino singular del artículo determinado *el*; ἀμπέλῳ, caso dativo femenino singular del nombre común *vid*; οὕτως, adverbio demostrativo *así*; οὐδὲ, adverbio de negación *y no, tampoco*; ὑμεῖς, caso nominativo de la segunda persona plural del pronombre personal *vosotros*; ἐὰν, conjunción *si*; μὴ, partícula que hace funciones de adverbio de negación *no*; ἐν, preposición propia de dativo *en*; ἐμοὶ, caso dativo de la primera persona singular del pronombre personal *mí*; μένητε, segunda persona plural

---

[6] *Crasis*, palabra griega que equivale a *unión de fuerzas*, en general *unión de elementos*.

del presente de subjuntivo en voz activa del verbo μένω, *permanecer*, aquí *permanecéis*.

μείνατε ἐν ἐμοί, καγὼ ἐν ὑμῖν. El mandamiento de Jesús coincide con la posición hermenéutica anterior. Cristo pone sobre la responsabilidad de los discípulos la de *permanecer* en Él, del mismo modo que Él permanece en ellos. Es una mutua inmanencia. Cristo en los cristianos, estos en Él. La comunión nunca se quiebra por Él sino por nosotros. La figura del pámpano y la vid es elocuente. El pámpano está en la vid y mientras esté en esa posición recibe de ella todo cuanto necesita para llevar fruto. No puede tratarse de salvación, puesto que la permanencia de ella no es del hombre sino de Dios que lo mantiene unido a Él. La salvación no puede perderse porque nadie podrá arrebatar de la mano del Padre y de la del Hijo a ninguna de Sus ovejas (10:28-29). Otra cosa es la rotura de la comunión cuando hay pecado sin confesar en la vida del cristiano. Este estado impide llevar fruto. La palabra καγω, *y yo*, establece una comparación con la conjunción *y*, que tiene el sentido condicional: *si permanecéis en mí, yo permaneceré en vosotros*, lo que conduce a la lección espiritual de relación en comunión y no de un aspecto soteriológico.

καθὼς τὸ κλῆμα οὐ δύναται καρπὸν φέρειν ἀφ' ἑαυτοῦ ἐὰν μὴ μένῃ ἐν τῇ ἀμπέλῳ, οὕτως οὐδὲ ὑμεῖς ἐὰν μὴ ἐν ἐμοὶ μένητε. La segunda parte del versículo es la aplicación que Cristo mismo hace de la enseñanza que está presentando en el ejemplo de la vid y de los pámpanos. No es posible que un sarmiento lleve fruto, ni tenga vida fuera de la vid. De igual modo tampoco un creyente puede ser fructífero sin plena comunión con Cristo. Sin embargo, debe notarse que si bien el pámpano no puede llevar fruto separado de la vid, el fruto se produce en el pámpano, no en tronco y en la raíz de la vid. El fruto en el creyente es obra del Espíritu Santo, que no sólo lo produce, sino que reproduciendo a Cristo en el cristiano, lo conduce a hacer lo que Jesús hizo. Una de las facetas más interesantes e importantes del ministerio de Cristo fue el de predicar el evangelio. Esto mismo pone como *carga* el Espíritu en nosotros, convirtiéndonos en embajadores suyos (2 Co. 5:20). De igual manera el Señor exhortó, alentó, y reprendió a los discípulos para que conformasen su vida conforme al propósito de Dios, predicándoles o dándoles la Palabra que le había sido encomendada por el Padre. El fruto del ministerio cristiano tiene que ver con esto, como dice el apóstol Pablo a su hijo en la fe: *"Que prediques la palabra; que instes a tiempo y fuera de tiempo; redarguye, reprende, exhorta con toda paciencia y doctrina"* (2 Ti. 4:2). Cuando Jesús manda *permanecer* en Él, no puede estar hablando de la gracia soberana en salvación, puesto que solo Dios salva y sólo Él mantiene la salvación, pero la responsabilidad humana está en mantener la relación con Cristo, por tanto, donde hay esfuerzo del hombre no puede tratarse de salvación. No se puede ser salvo si el nuevo nacimiento no procede de Dios, pero una vez salvo no se puede producir fruto si no se permanece en Cristo.

5. Yo soy la vid, vosotros los pámpanos; el que permanece en mí, y yo en él, éste lleva mucho fruto; porque separados de mí nada podéis hacer.

ἐγώ εἰμι ἡ ἄμπελος, ὑμεῖς τὰ κλήματα. ὁ μένων ἐν ἐμοὶ
Yo soy la vid, vosotros los pámpanos; el que permanece en mí
καγὼ ἐν αὐτῷ οὗτος φέρει καρπὸν πολύν, ὅτι χωρὶς ἐμοῦ οὐ
y Yo en él, éste lleva fruto mucho, porque aparte de mí no
δύνασθε ποιεῖν οὐδέν.
podéis hacer nada.

Notas y análisis del texto griego.

Siguiendo las palabras de Jesús, escribe: ἐγώ, caso nominativo de la primera persona singular del pronombre personal *yo*; εἰμι, primera persona singular del presente de indicativo en voz activa del verbo εἰμί, *ser, estar*, aquí *soy*; ἡ, caso nominativo femenino singular del artículo determinado *la*; ἄμπελος, caso nominativo femenino singular del nombre común *vid*; ὑμεῖς, caso nominativo de la segunda persona plural del pronombre personal *vosotros*; τὰ, caso nominativo neutro plural del artículo determinado *los*; κλήματα, caso nominativo neutro plural del nombre común *pámpanos*; ὁ, caso nominativo masculino singular del artículo determinado *el*; μένων, caso nominativo masculino singular del participio de presente en voz activa del verbo μένω, *morar, permanecer*, aquí *que permanece*; ἐν, preposición propia de genitivo *en*; ἐμοὶ, caso genitivo de la primera persona singular del pronombre personal *mí*; καγὼ, palabra formada por crasis[7] de la conjunción καὶ, y el pronombre personal ἐγώ, y que equivale a *y yo*; ἐν, preposición propia de dativo *en*; αὐτῷ, caso dativo de la tercera persona singular del pronombre personal *él*; οὗτος, caso nominativo masculino singular del pronombre demostrativo *este*; φέρει, tercera persona singular del presente de indicativo en voz activa del verbo φέρω, *llevar*, aquí *lleva*; καρπὸν, caso acusativo masculino singular del nombre común *fruto*; πολύν, caso acusativo masculino singular del adjetivo indefinido *mucho*; ὅτι, conjunción causal *porque*; χωρὶς, preposición propia de genitivo *sin, aparte de, sin contar con*; ἐμοῦ, caso genitivo de la primera persona singular del pronombre personal *mí*; οὐ, adverbio de negación *no*; δύνασθε, segunda persona plural del presente de indicativo en voz media del verbo δύναμαι, *poder, tener poder*, aquí *podéis*; ποιεῖν, presente de infinitivo

[7] *Crasis*, palabra griega que equivale a *unión de fuerzas*, en general *unión de elementos*.

en voz activa del verbo ποιέω, *hacer*; οὐδέν, caso acusativo neutro plural del pronombre indefinido *nada*.

ἐγώ εἰμι ἡ ἄμπελος, ὑμεῖς τὰ κλήματα. Jesús precisa los dos elementos principales del *mashal*. La vid verdadera es una referencia a Él, los pámpanos son los discípulos. Los que estaban con Él y los que vendrán luego en el tiempo de la Iglesia, como resultado de la predicación del evangelio y de la fe en Jesús.

ὁ μένων ἐν ἐμοὶ καγὼ ἐν αὐτῷ οὗτος φέρει καρπὸν πολύν, El secreto de una vida fructífera delante de Dios es la unión vital con Cristo en una experiencia de comunión. El fruto es *mucho* en la medida en que se mantenga la vinculación con Jesús. Es necesario observar la presencia del pronombre demostrativo *éste*, de manera que el fruto es individual, es decir, sólo el creyente que está en Cristo, en comunión y dependencia vital de Él es el que lleva *mucho fruto*. Hay una progresión en la enseñanza sobre el fruto. Al principio se habla del propósito divino y es que cada creyente lleve *fruto* (v. 1). Luego la acción divina prepara al creyente para que no solo lleve fruto, sino que lleve *mas fruto* (v. 2). Ahora el gozo del Señor y el propósito completo de Dios es que el cristiano no se conforme con mas fruto, sino que lleve *mucho fruto*. El primer nivel es el básico como consecuencia de la vinculación con la vid que tiene vida en ella misma. El segundo es el resultado de la limpieza, conducción a una vida santa, para que pueda tener plena comunión con Cristo y fructifique. El tercero es la experiencia de una relación sin obstáculo y de plena dependencia de Él para llevar *mucho fruto*. La vida de comunión se manifiesta en la vida de fe, forma natural de vida cristiana (Gá. 2:20).

ὅτι χωρὶς ἐμοῦ οὐ δύνασθε ποιεῖν οὐδέν. La advertencia solemne que Cristo hace es que *separados de Él*, esto es, en independencia o en ausencia de comunión con Él, no es posible nada, en cuanto a vida conforme a Dios. Si para llevar fruto, mas fruto y mucho fruto es necesaria la aportación del poder divino y éste procede de Jesús, no cabe duda que un pámpano separado de la comunión de la vid no puede levar fruto por él mismo. Así tampoco los creyentes podemos fructificar para Dios separados de Jesús. Este *separados de mí* es equivalente a *fuera de mí*, esto es, Jesús por un lado y el creyente por otro. La advertencia es solemne puesto que Cristo no les dice que sin Él poco podían hacer, afirma que *nada* podéis hacer. Cuanto el creyente haga por sus propias fuerzas sin recibir la provisión de poder y de vida de Cristo, serán simplemente apariencias piadosas, pero en realidad obras humanas que no glorifican a Dios. De la misma manera que es un absurdo esperar que un pámpano separado de la vid pueda fructificar solo, así tampoco puede hacerlo un creyente fuera de la comunión con Cristo Jesús. Fuera de la gracia el cristiano no solo no puede producir nada, sino que él mismo es nada (1 Co. 15:10). No es necesario añadir más comentando esta verdad, es suficiente con tomar las palabras del apóstol Pablo: *"Todo lo puedo en Cristo que me fortalece"* (Fil. 4:13).

6. El que en mí no permanece, será echado fuera como pámpano, y se secará; y los recogen, y los echan en el fuego, y arden.

ἐὰν μή τις μένῃ[1] ἐν ἐμοί, ἐβλήθη ἔξω ὡς τὸ κλῆμα καὶ
Si no alguno permanece en mí, se echará fuera como el pámpano y
ἐξηράνθη καὶ συνάγουσιν αὐτὰ καὶ εἰς τὸ πῦρ βάλλουσιν καὶ
se secará y recogen los y al fuego echan y
καίεται.
arden.

Notas y análisis del texto griego.

Añade: ἐὰν, conjunción *si*; μή, partícula que hace funciones de adverbio de negación *no*; τις, caso nominativo masculino singular del pronombre indefinido *alguno*; μένῃ, tercera persona singular del presente de subjuntivo en voz activa del verbo μένω, *permanecer*, aquí *permanezca*, en castellano mejor *permanece*; ἐν, preposición propia de dativo *en*; ἐμοί, caso dativo de la primera persona singular del pronombre personal *mí*; ἐβλήθη, tercera persona singular del aoristo de indicativo en voz pasiva del verbo βάλλω, *echar, arrojar, lanzar, meter*, aquí *fue echado*, como aoristo proléptico, *se echará*, o también *se echa*; ἔξω, adverbio de lugar *fuera, afuera*; ὡς, conjunción comparativa *como*; τὸ, caso nominativo neutro singular del artículo determinado *el*; κλῆμα, caso nominativo neutro singular del nombre común *pámpano*; καὶ, conjunción copulativa *y*; ἐξηράνθη, tercera persona singular del aoristo primero de indicativo en voz pasiva del verbo ξηραίνω, *secar, detener, paralizar*, aquí *se secó*, como aoristo proléptico *se secará*; καὶ, conjunción copulativa *y*; συνάγουσιν, tercera persona plural del presente de indicativo en voz activa del verbo συνάγω, *reunir, juntar, recoger*, aquí *recogen*; αὐτὰ, caso acusativo neutro de la tercera persona plural del pronombre personal declinado *a ellos, los*; καὶ, conjunción copulativa *y*; εἰς, preposición propia de acusativo *a*; τὸ, caso acusativo neutro singular del artículo determinado *el*; πῦρ, caso acusativo neutro singular del nombre común *fuego*; βάλλουσιν, tercera persona plural del presente de indicativo en voz activa del verbo βάλλω, *echar, arrojar, lanzar, meter*, aquí *echan*; καὶ, conjunción copulativa *y*; καίεται, tercera persona singular del presente de indicativo en voz pasiva del verbo καίω, *arder*, aquí *ardieran*, en castellano mejor *arden*.

Crítica Textual. Lecturas alternativas.

[1] μένῃ, *permanezca*, lectura atestiguada en $p^{66, 75}$, $ℵ^{*}$, A, B, D, Θ, 579.

μείνῃ, *permaneciese*, lectura en $ℵ^{2}$, K, K, Γ, Δ, Ψ, $f^{1, 13}$, 33, 565, 700, 892^{s}, 1241, 1424, 844, 𝔐.

ἐὰν μή τις μένῃ ἐν ἐμοί, En el texto griego todo el versículo se asienta sobre una condición de tercera clase. Jesús dice que pudiera ser que alguno no permaneciese en Él, de ahí el uso del presente de subjuntivo. Antes dijo que todos debían permanecer en Él, en sentido de mantener comunión con Él, ahora pasa a advertir de lo que ocurre cuando esa comunión se interrumpe.

ἐβλήθη ἔξω ὡς τὸ κλῆμα. Las consecuencias se detallan con precisión. El uso de aoristos de subjuntivo, que en este caso son prolépticos, deben ser considerados como futuros o presentes. La primera acción disciplinaria es sacarlo del lugar en que podía fructificar, para que no consuma de la vid aquello que necesitan los otros sarmientos que llevan fruto. Quienes piensan que se trata de no creyentes[8], entienden que este *echar fuera* tiene que ver con dictar una sentencia condenatoria (3:18; 6:37). Sin embargo está refiriéndose con el ejemplo a los discípulos, por tanto es necesario entender que se trata de creyentes que por rebeldía tienen que recibir una disciplina que les impide seguir en la vid, no para condenación pero para resolución del pecado voluntario que están cometiendo.

καὶ ἐξηράνθη. La segunda consecuencia es *que se secan*. Desconectados de la vida de la vid en ellos, se convierten en madera que no puede llevar fruto. Estos rebeldes contra el propósito de Dios de que lleven fruto, más fruto, mucho fruto, reciben en ellos la confirmación divina a su obstinación. Se niegan a llevar fruto y Dios les mantiene en esa condición definitivamente.

καὶ συνάγουσιν αὐτὰ καὶ εἰς τὸ πῦρ βάλλουσιν καὶ καίεται. La tercera es que son recogidos y secos, no valiendo ya para nada y simplemente causando estorbo con su presencia, son echados en el fuego y arden. Quienes sostienen que esto tiene que ver con no creyentes, simples profesantes, o meros cristianos nominales, los sitúan en la acción de quienes serán recogidos, al final del tiempo, por los ángeles, segadores de Dios (Mt. 13:4, 42), para ser arrojados al lago de fuego perpetuamente separados de Dios.

---

[8] Ya se ha considerado antes que son creyentes que se niegan a llevar fruto.

Sin embargo, esto no se puede ajustar con el contexto general de la enseñanza. Si son pecadores no regenerados, entonces la aplicación de Jesús que dice a los suyos que Él es la vid verdadera y ellos los pámpanos (v. 5), y establece para ellos el mandamiento de *"permaneced en mí"* (v. 4), no guarda relación alguna. Jesús habla de quienes están en Él (v. 2), y nadie más que los salvos pueden *estar* en Él. El salvo tiene la responsabilidad de llevar fruto y, alguno se niega a hacerlo. No debemos olvidar que hay creyentes *espirituales*, que son aquellos movidos por el Espíritu Santo, que viven a Cristo, y creyentes *carnales* que habiendo dejado la conducción del Espíritu, son conducidos por la carne. Éstos no pueden llevar, en esa condición, fruto para Dios. Como antes se ha dicho, están incurriendo en un *pecado voluntario*. Para estos no hay *"sino una horrenda expectación de juicio, y de hervor de fuego que ha de devorar a los adversarios"* (He. 10:27). La misma advertencia está aquí, en las palabras de Jesús, revistiendo un carácter muy solemne, ya que lo que debe esperar quien se niega a llevar fruto, resistiendo la voluntad de Dios, la obra del Espíritu y negándose a la comunión con Cristo, es una *horrenda expectación de juicio*. Este se describe aquí como una acción de fuego que devora los pámpanos secos e infructuosos. Dios intervendrá *cortando* a los tales de la vid, como había hecho con los rebeldes en la antigua dispensación y con creyentes que pecaron voluntariamente, como el caso de Ananías y Safira (Hch. 5:1 ss), el del incestuoso de Corinto (1 Co. 5:1-13), y con los divisionarios de la misma iglesia (1 Co. 11:30). Esta actuación disciplinaria de parte de Dios no era para condenación, sino que *"siendo juzgados, somos castigados por el Señor, para que no seamos condenados con el mundo"* (1 Co. 11:32). En el Antiguo Testamento, la intervención divina con *fuego*, se manifestó contra Nadab y Abiú los sacerdotes hijos de Aarón, cuando se atrevieron a ofrecer el incienso contra lo dispuesto por Dios, de modo que *"salió fuego de delante de Jehová y los quemó, y murieron delante de Jehová* (Lv. 10:2). La acción judicial de Dios actuando mediante el fuego, quitó de en medio del pueblo a los que habían cometido el pecado, pero no significa que hubieran perdido su salvación, o que no eran salvos. El mismo ejemplo con el caso de los doscientos cincuenta hombres que ofrecían el incienso y que habían cometido el pecado voluntario de levantarse contra el liderazgo puesto por Dios en Israel, saliendo fuego y consumiéndolos a todos ellos (Nm. 16:35). La razón que Dios dio es que aquellos habían *"pecado contra sus almas"* (Nm. 16:38).

En el caso –a modo de ejemplo- del que vivía en Corinto con la mujer de su padre, sin duda conocía bien que Dios había prohibido en su Ley la unión del hijo con la mujer de su padre. Tal pecado conllevaba la muerte del transgresor, cosa que ocurrió sin duda al ser entregado a Satanás para la muerte en la carne (1 Co. 5:4-5). Incluso en un caso de tal gravedad no se dice que perdiera la salvación, sino todo lo contrario, la disciplina aplicada tenía la intención de que no pereciera tal persona, sino que su espíritu fuera salvo en el día del Señor Jesús (1 Co. 5:5). La muerte física es la privación del alma para el cuerpo, la muerte eterna es la privación de cualquier esperanza de salvación. La destrucción de la carne, en el caso del pámpano el dejarlos fuera para que se sequen y sean echados al fuego, no se trata de una expiación del pecado, hecha para el creyente en Cristo (Ro. 8:1). La gracia de Dios priva de la vida a un creyente que resiste voluntariamente el propósito divino para su vida, para que pueda presentarlo salvo en el pleno sentido de purificación ante el tribunal de Cristo. El apóstol Juan enseña que *"hay pecado de muerte, por el cual yo no digo que se pida. Toda injusticia es pecado; pero hay pecado no de muerte"* (1 Jn. 5:16-17). La Biblia enseña que algunos creyentes serán *"salvos, más así como por fuego"* (1 Co. 3:15). Dios puede cortar de Su pueblo al rebelde, en el ejercicio de una drástica pero necesaria disciplina. Esta es la enseñanza del versículo. Jesús advierte a Sus discípulos, por tanto, nos advierte a nosotros sobre el alto riesgo que conlleva resistir al Espíritu Santo que opera en nosotros para que llevemos *fruto, más fruto y mucho fruto.*

7. Si permanecéis en mi, y mis palabras permanecen en vosotros, pedid todo lo que queréis, y os será hecho.

ἐὰν μείνητε ἐν ἐμοὶ καὶ τὰ ῥήματα μου ἐν ὑμῖν μείνῃ,
Si permanecéis en mí y las palabras de mí en vosotros permaneciesen
ὃ ἐὰν θέλητε αἰτήσασθε, καὶ γενήσεται ὑμῖν.
lo que sea que queráis pedid y será hecho os.

Notas y análisis del texto griego.

Continúa: ἐὰν, partícula conjuntiva que hace funciones de conjunción que denota idea de condición o de hipótesis, *si, tanto si... como si... suponiendo que, sea que, si no, lo mismo que, como es de esperar*; μείνητε, segunda persona plural del aoristo primero de subjuntivo en voz activa del verbo μένω, *permanecer*, aquí *permanecéis*; ἐν, preposición propia de dativo *en*; ἐμοὶ, caso dativo de la primera persona singular del pronombre personal *mí*; καὶ, conjunción copulativa *y*; τὰ, caso nominativo neutro plural del artículo determinado *los*; ῥήματα, caso nominativo neutro plural del nombre común *dichos*, *palabras*; μου, caso genitivo de la primera persona singular del pronombre personal declinado *de mí*; ἐν, preposición propia de dativo *en*; ὑμῖν, caso dativo de la segunda persona plural del pronombre personal *vosotros*; μείνῃ, tercera persona singular del aoristo primero de subjuntivo en voz activa del verbo μένω, *permanecer*, aquí *permaneciesen*; ὅ, caso acusativo neutro singular del pronombre relativo *lo que*; ἐὰν, partícula conjuntiva que hace funciones de conjunción que denota idea de condición o de hipótesis, *si, tanto si... como si... suponiendo que, sea que, si no, lo mismo que, como es de esperar*; θέλητε, segunda persona plural del presente de subjuntivo en voz activa del verbo θέλω, *querer, desear*, aquí *queráis*; αἰτήσασθε, segunda persona plural del aoristo primero de subjuntivo en voz media del verbo αἰτέω, *pedir, demandar*, aquí *pedid*; καὶ, conjunción copulativa *y*; γενήσεται, tercera persona singular del futuro de indicativo en voz media del verbo γίνομαι, *hacerse, ser hecho, suceder*, aquí *será hecho*; ὑμῖν, caso dativo de la segunda persona plural del pronombre personal declinado *a vosotros, os*.

ἐὰν μείνητε ἐν ἐμοὶ καὶ τὰ ῥήματα μου ἐν ὑμῖν μείνῃ, ὃ ἐὰν θέλητε αἰτήσασθε, καὶ γενήσεται ὑμῖν. De nuevo vuelve el Señor a prometer respuesta a las oraciones de los discípulos. Él se compromete a que reciban cuanto pidan. Pero la condición es doble: primero han de permanecer en Él. En segundo lugar Sus palabras deben permanecer también en ellos. Por tanto, nada habrá que no pueda concederles el Señor, cuya autoridad y poder está sobre todo. Pero al mismo tiempo, las peticiones descansarán o, tal vez mejor, se identificarán solo con las palabras, los dichos, las enseñanzas que les ha dado. Ambas cosas, la inmanencia en Cristo, que reiteró el Señor en lo que les enseñó durante la cena, y la inmanencia de la Palabra de Cristo en ellos, es la condición para la seguridad de que cuanto pidiesen les *será hecho*. La implantación de la Palabra en el creyente es una enseñanza repetida en el Nuevo Testamento, que condiciona todo el obrar del creyente. El apóstol Pablo habla de un *morar* abundante de la Palabra en el creyente (Col. 3:16). La Palabra debe estar presente en la vida del discípulo de Jesús, de manera que la vida, la enseñanza y la oración se ajusta plenamente a ella. Este es el instrumento que el Espíritu usa para actuar en la vida puesta bajo Su influencia (He.4:12). En la medida que la Palabra permanece en el creyente que ora, esta oración será hecha conforme a lo que la Palabra comunica y, siendo palabra de Dios en la que Él expresa Su revelación y Su deseo, no cabe duda alguna que hecha la oración según el propósito divino, el que ora debe hacerlo con la seguridad que aquello que desea le será hecho. Permanecer en Jesús y atesorar Sus palabras produce el resultado de una oración eficaz, ya que la oración del cristiano obediente no podrá por menos que ser atendida.

8. En esto es glorificado mi Padre, en que llevéis mucho fruto, y seáis así mis discípulos.

ἐν τούτῳ ἐδοξάσθη ὁ Πατήρ μου, ἵνα καρπὸν πολὺν φέρητε
En esto es glorificado el Padre de mí, que fruto mucho llevéis
καὶ γένησθε ἐμοὶ μαθηταί.
y seáis de mí discípulos.

Notas y análisis del texto griego.

Siguen las palabras de Jesús: ἐν, preposición propia de dativo *en*; τούτῳ, caso dativo neutro singular del pronombre demostrativo *esto*; ἐδοξάσθη, tercera persona singular del aoristo primero de indicativo en voz pasiva del verbo δοξάζω, *glorificar, alabar, dar honra*, aquí como aoristo proléptico, *es glorificado*, o incluso *será glorificado*; ὁ, caso nominativo masculino singular del artículo determinado *el*; Πατήρ, caso nominativo masculino singular del nombre divino *Padre*; μου, caso genitivo de la primera persona singular del pronombre personal declinado *de mí*; ἵνα, conjunción *que*; καρπὸν, caso acusativo masculino singular del nombre común *fruto*; πολὺν, caso acusativo masculino singular del adjetivo calificativo *mucho*; φέρητε, segunda persona plural del presente de subjuntivo en voz activa del verbo φέρω, *llevar*, aquí *llevéis*; καὶ, conjunción copulativa *y*; γένησθε, segunda persona plural del aoristo de subjuntivo en voz activa del verbo γίνομαι, *ser, llegar a ser*, aquí *seáis*; ἐμοὶ, caso dativo de la primera persona singular del pronombre personal declinado *de mí*; μαθηταί, caso dativo masculino plural del nombre común *discípulos*.

ἐν τούτῳ ἐδοξάσθη ὁ Πατήρ μου, ἵνα καρπὸν πολὺν φέρητε. La misión del Hijo es la de glorificar al Padre. En todo cuanto ha hecho ha buscado Su gloria. Ahora la glorificación alcanza de lleno a los discípulos. Estos le tributan honor y honra cuando llevan fruto. Es necesario recordar que tal es el propósito del *viñador*, que es el Padre, que poda, cuida y restaura lo que los pámpanos necesitan para llevar fruto. El creyente que fructifica está glorificando a Dios al mostrar el fruto que es posible por la acción del Padre, el poder del Espíritu y la sustentación en el Hijo.

καὶ γένησθε ἐμοὶ μαθηταί. La vida que glorifica al Padre es la de quienes son *discípulos* de Cristo. Ser discípulo es seguir las pisadas del Maestro. Producir fruto y ser discípulo están necesariamente unidas. No se puede seguir a Cristo y no llevar fruto. El Padre es glorificado en la obra del Hijo (13:31-32), y en la vida de los discípulos que permanecen en Él. Jesús hace alusión al fruto en estas enseñanzas, y el fruto de los creyentes se produce en comunión con el Hijo, puesto que sin Él no es posible hacer nada (v. 4). Es el Padre el que actúa en los cristianos para que lleven fruto, de manera que cuando fructifican están glorificando a quien lo hace posible. Debe tenerse en cuenta que el seguimiento a Cristo, lo que se llama también *discipulado* no es un asunto religioso, sino un estilo de vida que se identifica con el de Jesús.

El mandamiento del amor (15:9-17).

9. Como el Padre me ha amado, así también yo os he amado; permaneced en mi amor.

Καθὼς ἠγάπησεν με ὁ Πατήρ, καγὼ ὑμᾶς ἠγάπησα· μείνατε
Como amó me el Padre, también yo os amé; permaneced
ἐν τῇ ἀγάπῃ τῇ ἐμῇ.
en el amor - mío.

Notas y análisis del texto griego.

Pasando al tema del amor, escribe: Καθὼς, conjunción comparativa *como*; ἠγάπησεν, tercera persona singular del aoristo primero de indicativo en voz activa del verbo ἀγαπάω, *amar*, aquí *amó*; με, caso acusativo de la primera persona singular del pronombre personal declinado *a mí, me*; ὁ, caso nominativo masculino singular del artículo determinado *el*; Πατήρ, caso nominativo masculino singular del nombre propio *Padre*; καγὼ, palabra formada por crasis[9] del adverbio de modo καὶ, y el pronombre personal ἐγώ, y que equivale a *también yo*; ὑμᾶς, caso acusativo de la segunda persona plural del pronombre personal declinado *a vosotros, os*; ἠγάπησα, primera persona singular del aoristo primero de indicativo en voz activa del verbo ἀγαπάω, *amar*, aquí *amé*; μείνατε, segunda persona plural del aoristo primero de imperativo en voz activa del verbo μένω, *permanecer*, aquí *permaneced*; ἐν, preposición propia de dativo *en*; τῇ, caso dativo femenino singular del artículo determinado *la*; ἀγάπῃ, caso dativo femenino singular del nombre común *amor*; τῇ, caso dativo femenino singular del artículo determinado *la*; ἐμῇ, caso dativo de la primera persona singular del pronombre personal *mí*.

Καθὼς ἠγάπησεν με ὁ Πατήρ, Haciendo un cambio de tema que va a desarrollar hasta el final del párrafo siguiente, introduce una relación en el amor, que se inicia por la existente entre el Padre y el Hijo. Jesús se siente amado por el Padre. Este amor es un amor eterno, no derivado de alguna acción del Hijo encarnado, sino como expresión eterna de relación entre ambos. Continuamente el Nuevo Testamento hace mención a este amor. Así, a modo de ejemplo, el apóstol Pablo dice que los creyentes que hemos sido liberados del poder de las

---

[9] *Crasis*, palabra griega que equivale a *unión de fuerzas*, en general *unión de elementos*.

tinieblas, fuimos trasladado al, literalmente, *reino del Hijo de su amor* (Col. 1:13). En este *Evangelio*, el Padre testifica que en el Hijo tiene Su complacencia, por tanto, hacia Él está orientado todo Su infinito amor. De ese amor hay referencia (5:20; 17:24). Sin embargo a Éste a quien ama de este modo, no le impide entregarlo en amor por el mundo perdido (3:16). El amor infinito de Dios se extiende al pecador que será puesto en el Hijo de Su amor, para que los creyentes, puestos en el Hijo, sean amados por el Padre como le ama a Él (Ro. 8:32).

καγὼ ὑμᾶς ἠγάπησα· El amor entre el Padre y el Hijo se extiende en el Hijo al amor a los creyentes. Jesús afirma que Él les ama *como* el Padre le ama a Él. Esa comparación habla tanto de intensidad como de extensión. Ningún hombre, por perfecto que sea y espiritual, podrá llegar a amar con la dimensión del amor divino, porque es hombre y por tanto limitado. Pero Jesús es hombre, pero es también el Verbo eterno que es Dios en unidad con el Padre, por eso puede amar a los suyos de la misma manera que es amado por el Padre.

μείνατε ἐν τῇ ἀγάπῃ τῇ ἐμῇ. El Señor les invita a mantenerse en Su amor, permanecer en él. Esto supone una esfera de relación, la del amor. Les ha exhortado a permanecer en Él. Lo mismo hizo con la permanencia en la Palabra. Ahora les pide que mantengan comunión con Él en la esfera del amor. En seguida les dirá como se puede mantener un cristiano en el amor de Cristo.

10. Si guardareis mis mandamientos, permaneceréis en mi amor; así como yo he guardado los mandamientos de mi Padre, y permanezco en su amor.

ἐὰν τὰς ἐντολάς μου τηρήσητε, μενεῖτε ἐν τῇ ἀγάπῃ μου,
Si los mandamientos de mí guardaseis, permaneceréis en el amor de mí,
καθὼς ἐγὼ τὰς ἐντολὰς τοῦ Πατρός μου τετήρηκα καὶ
como Yo los mandamientos del Padre de mí he guardado y
μένω αὐτοῦ ἐν τῇ ἀγάπῃ.
permanezco de Él en el amor.

Notas y análisis del texto griego.

Siguen las palabras de Jesús: ἐὰν, conjunción *si*; τὰς, caso acusativo femenino plural del artículo determinado *las*; ἐντολάς, caso acusativo femenino plural del nombre común *mandamientos*; μου, caso genitivo de la primera persona singular del pronombre personal declinado *de mí*; τηρήσητε, segunda persona plural del aoristo primero de subjuntivo en voz activa del verbo τηρέω, *guardar, cumplir*, aquí *guardaseis*; μενεῖτε, segunda persona plural de futuro de indicativo en voz activa del verbo μένω, *permanecer*, aquí *permaneceréis*; ἐν, preposición propia de dativo *en*; τῇ, caso dativo femenino singular del artículo determinado *la*; ἀγάπῃ, caso dativo femenino singular del nombre común *amor*; μου, caso genitivo de la primera persona singular del pronombre personal declinado *de mí*; καθὼς, conjunción comparativa *como*; ἐγὼ, caso nominativo de la primera persona singular del pronombre personal *yo*; τὰς, caso acusativo femenino plural del artículo determinado *las*; ἐντολὰς, caso acusativo femenino plural del nombre común *mandamientos*; τοῦ, caso genitivo masculino de la tercera persona singular del pronombre personal declinado *del*; Πατρός, caso genitivo masculino singular del nombre divino *Padre*; μου, caso genitivo de la primera persona singular del pronombre personal declinado *de mí*; τετήρηκα, primera persona singular del perfecto de indicativo en voz activa del verbo τερέω, *guardar, cumplir*, aquí *he guardado*; καὶ, conjunción copulativa *y*; μένω, primera persona singular del presente de indicativo en voz activa del verbo μένω, *permanecer*, aquí *permanezco*; αὐτοῦ, caso genitivo masculino de la tercera persona singular del pronombre personal declinado *de Él*; ἐν, preposición propia de dativo *en*; τῇ, caso dativo femenino singular del artículo determinado *la*; ἀγάπῃ, caso dativo femenino singular del nombre común *amor*.

ἐὰν τὰς ἐντολάς μου τηρήσητε, μενεῖτε ἐν τῇ ἀγάπῃ μου, La forma de permanecer en la esfera de la relación de amor entre los creyentes y el Señor, está en que aquellos guarden *Sus mandamientos*. Ha vinculado estos dos aspectos en la enseñanza anterior: *"Si me amáis, guardad mis mandamientos"*... *"El que tiene mis mandamientos, y los guarda, ese es el que me ama"*... *"el que me ama, mi palabra guardará"*...*el que no me ama, no guarda mis palabras"* (14:15, 21, 23, 24). Nadie puede decir que permanece en el amor de Cristo y desobedecer a lo que Él ha establecido. La evangelización del mundo que lleva aparejado el discipulado de los nuevos convertidos, consiste en enseñarles que *"guarden todas las cosas que os he mandado"* (Mt. 28:20).

καθὼς ἐγὼ τὰς ἐντολὰς τοῦ Πατρός μου τετήρηκα καὶ μένω αὐτοῦ ἐν τῇ ἀγάπῃ. La relación de permanencia en el amor del Padre, tenía que ver con la obediencia, manifestada en el hecho de haber guardado siempre Sus mandamientos. No importaba la dimensión del sacrificio que debiera hacer para cumplir la voluntad del que le envió. Jesús testifica que siempre hizo cuanto le agradaba al Padre (8:29). Durante Su ministerio dijo a los suyos que la razón de Su vida, lo más importante en ella era *hacer la voluntad del que le había enviado* (4:34). Cristo no buscó nunca hacer Su propia voluntad sino la del Padre (5:30). Tenía una clara conciencia de cual era Su misión, como dice: *"Porque he descendido del cielo, no para hacer mi voluntad, sino la voluntad del que me envió"* (6:38). El amor al Padre se manifestó en el cumplimiento de Su voluntad. Esto supondría llegar a situaciones extremas que nunca mente humana podrá comprender, como fue *"hacerse obediente hasta la muerte, y muerte de cruz"* (Fil. 2:8). Dios no demandaba sacrificios expiatorios por el pecado del mundo, sino un único sacrificio el del Cordero de Dios. El Señor entregó Su vida voluntariamente en aras de la obediencia al que le había enviado. Jesús fue a la muerte, *"menospreciando el oprobio"* (He. 12:2). Con esa entrega manifestaba el verdadero amor que tenía al Padre. La obra de redención no fue un deseo divino, sino una eterna determinación, en la que se incluía la entrega de la vida del Redentor (1 P. 1:18-20). El cumplir plenamente la voluntad de Cristo es para los discípulos señal de *permanecer* en Su amor. Esa es la razón por la que podemos decir que *"le amamos a Él, porque Él nos amó primero"* (1 Jn. 4:19). Sin embargo, el amor establecido aquí como mandamiento, no se practica por esfuerzo de quien tiene obligación de amar, sino por comunión con el que amó al Padre y demostró Su amor en obediencia suprema. El cristiano *vive a Cristo* (Fl. 1:20), o si se prefiere *Cristo se hace vida en el cristiano* (Gá. 2:20), por tanto, si vivimos al obediente y Su vida se hace vida en nosotros, obedeceremos por comunión con Cristo y no por obligación de cumplir un mandamiento.

11. Estas cosas os he hablado, para que mi gozo esté en vosotros, y vuestro gozo sea cumplido.

Ταῦτα λελάληκα ὑμῖν ἵνα ἡ χαρὰ ἡ ἐμὴ ἐν ὑμῖν ᾖ
Estas cosas he hablado os para que el gozo - mío en vosotros esté
καὶ ἡ χαρὰ ὑμῶν πληρωθῇ.
y el gozo de vosotros sea cumplido.

Notas y análisis del texto griego.

Siguiendo el mismo tema, añade: Ταῦτα, caso acusativo neutro plural del pronombre demostrativo *estos*, en sentido de *estas cosas*; λελάληκα, primera persona singular del perfecto de indicativo en voz activa del verbo λαλέω, *hablar, decir*, aquí *he hablado*; ὑμῖν, caso dativo de la segunda persona plural del pronombre personal declinado *a vosotros, os*; ἵνα, conjunción causal *para que*; ἡ, caso nominativo femenino singular del artículo determinado *la*; χαρὰ, caso nominativo femenino singular del nombre común *alegría, gozo*; ἡ, caso nominativo femenino singular del artículo determinado *la*; ἐμὴ, caso nominativo femenino singular del pronombre posesivo *mío*; ἐν, preposición propia de dativo *en*; ὑμῖν, caso dativo de la segunda persona plural del pronombre personal *vosotros*; ᾖ, tercera persona singular del presente de subjuntivo en voz activa del verbo εἰμί, *ser, estar*, aquí *esté*; καὶ, conjunción copulativa *y*; ἡ, caso nominativo femenino singular del artículo determinado *la*; χαρὰ, caso nominativo femenino singular del nombre común *alegría, gozo*; ὑμῶν, caso genitivo de la segunda persona plural del pronombre personal declinado *de vosotros*; πληρωθῇ, tercera persona singular del aoristo primero de subjuntivo en voz pasiva del verbo πληρόω, *llenar, cumplir, llevar a la perfección*, aquí *sea cumplido*.

Ταῦτα λελάληκα ὑμῖν ἵνα ἡ χαρὰ ἡ ἐμὴ ἐν ὑμῖν ᾖ. El Señor desea que no solo Su palabra esté en ellos, sino también Su gozo. El gozo de Jesús, lo mismo que Su paz, es una experiencia de la persona que sólo puede hacerse realidad en la vida de los creyentes en la medida en que permanezcan en Él. Las palabras que les habló, especialmente aquella noche, tenían el propósito de alentarles y hacer que la turbación de sus corazones (14:1) y la tristeza de la próxima separación no hicieran mella en ellos. Les habló de la esperanza del encuentro, de la grandeza del amor, de la comunión con ellos, de Su encuentro luego de la resurrección, del envío del Espíritu, todas estas cosas servirían para que el gozo de ellos se manifestase con el gozo que le llenaba también a Él. Pero, en el entorno inmediato la alegría, el gozo de Jesús consistía en saberse amado del Padre. Esta misma podía ser la experiencia de ellos en relación con Jesús. El gozo que Cristo les prometía no es como el del mundo, lo mismo que la paz (14:27). Todas estas bendiciones que el Señor promete a los suyos son parte del fruto del Espíritu (Gá. 5:22). Sin embargo, debe notarse que el Espíritu comunica al creyente el *amor de Cristo*, el *gozo de Cristo* y la *paz de Cristo*. No es asunto de comunicación de una bendición que nace del Espíritu, sino que *tomará de lo mío*, dice Jesús. Por otro lado, todo don perfecto, que procede del Padre y todo poder manifestado por el Espíritu, no son dables a los hombres sin pasar primeramente por el único Mediador entre Dios y los hombres que es Jesucristo hombre.

καὶ ἡ χαρὰ ὑμῶν πληρωθῇ. El gozo no se da en una determinada dimensión, sino que se otorga en plenitud: *"para que vuestro gozo sea cumplido"*. El verbo que usa Juan expresa la idea de *plenitud*, de algo que llena y satisface, en una amplia gama de acepciones como *llenar, cumplir, llevar a la perfección*, etc. Nunca Dios da poco, sino que cuando otorga una bendición lo hace en plenitud. Mas adelante volverá a este mismo tema (16:24; 17:13). El único gozo que satisface es el de Cristo, de ahí que el apóstol Pablo invite a los creyentes a *gozarse en el Señor, siempre* (Fil. 4:4). No puede haber gozo en la vida cristiana sin comunión con Cristo y obediencia a Sus mandamientos. No puede buscarse una manifestación subjetiva de gozo, sino la realidad del gozo de Jesús en la vida cristiana. Ningún conflicto externo debiera privarnos del gozo, porque la dificultad está fuera, pero el gozo dentro. La dificultad es transitoria, pero el gozo permanente porque es producido por Dios en nosotros.

12. Este es mi mandamiento: Que os améis unos a otros, como yo os he amado.

Αὕτη ἐστὶν ἡ ἐντολὴ ἡ ἐμή, ἵνα ἀγαπᾶτε ἀλλήλους καθὼς
Este es el mandamiento - mío, que améis unos a otros como
ἠγάπησα ὑμᾶς.
amé os.

Notas y análisis del texto griego.

Continúan las palabras de Jesús: Αὕτη, caso nominativo femenino singular del pronombre demostrativo *esta*; ἐστὶν, tercera persona singular del presente de indicativo en voz activa del verbo εἰμί, *ser, estar*, aquí *es*; ἡ, caso nominativo femenino singular del artículo determinado *la*; ἐντολὴ, caso nominativo femenino singular del nombre común *mandamiento, instrucción*; ἡ, caso nominativo femenino singular del artículo determinado *la*; ἐμή, caso nominativo femenino singular del pronombre posesivo *mío*; ἵνα, conjunción *que*; ἀγαπᾶτε, segunda persona plural del presente de subjuntivo en voz activa del verbo ἀγαπάω, *amar*, aquí *améis*; ἀλλήλους, caso acusativo masculino plural del pronombre recíproco *unos a otros*; καθὼς, conjunción comparativa *como*; ἠγάπησα, primera persona singular del aoristo primero de indicativo en voz activa del verbo ἀγαπάω, *amar*, aquí *amé*; ὑμᾶς, caso acusativo de la segunda persona plural del pronombre personal declinado *a vosotros, os*.

Αὕτη ἐστὶν ἡ ἐντολὴ ἡ ἐμή. El Señor instruyó a los suyos a permanecer en Él y permanecer en Su amor. La evidencia de esa comunión en el amor es la obediencia a los mandamientos que establece (14:15, 21, 23). Por eso vuelve a recordarles cual es *Su mandamiento*. A diferencia de la Ley que establecía muchos mandamientos y ordenanzas, el de Jesús es uno sólo, el amor mutuo, pero que cumple toda la ley (Ro. 13:8), *"porque toda la ley en esta sola palabra se cumple: Amarás a tu prójimo como a ti mismo"* (Gá. 5:14).

ἵνα ἀγαπᾶτε ἀλλήλους καθὼς ἠγάπησα ὑμᾶς. El amor que Cristo pide es un amor perpetuo. El mandamiento de Jesús es que los discípulos se amen unos a otros como Él les había amado. La deuda del amor mutuo es algo definitivo, por tanto, *impagable*, porque siempre se estará debiendo amor a los demás como Cristo establece. El que ama, al darse al otro permanentemente está reconociendo una deuda a la que sólo puede responder mediante la entrega personal. En ese sentido la deuda del amor es impagable porque el amor *"nunca deja de ser"* (1 Co. 13:8). Especialmente orientado hacia los hermanos en Cristo, la deuda de amor no concluye jamás. Como ya se ha dicho el amor a los hermanos es evidencia del nuevo nacimiento (1 Jn. 3:14). El amar al hermano es amar *al otro*, o lo que es lo mismo, dejar de amar al *yo*, para volcarse hacia el *tú del otro*. El discípulo es todo aquel que tiene la misma fe y sigue al único Maestro y además no es *yo mismo*.

Jesús les da el parámetro del amor: *como os amé*. Esto comprende entre otras cosas, amar desinteresadamente, en la medida en que *"ninguno busque su propio bien, sino el del otro"* (1 Co. 10:24). Jesús no tuvo en cuenta sus eternos derechos como Dios, sino que se despojó a Él mismo para venir a la tierra a buscar a quienes no teníamos derecho alguno de ser buscados por Él. El bien de Jesús era el bien del pecador alcanzado por la gracia. Además, el amor de Cristo es un amor de entrega total, hasta entregar Su vida por nosotros: *"El cual me amó y se entregó a sí mismo por mí"* (Gá. 2:20). El Señor no solo *se dio a sí mismo*, sino que se *entregó*. Entregarse implica asumir todo el proceso de redención cuya descripción sigue, la agonía de Getsemaní, los juicios injustos, los azotes, la corona de espinas, el tormento de la crucifixión y el abandono del Padre en la Cruz, en una palabra, es una entrega voluntaria para ser hecho por nosotros maldición, a fin de que nosotros alcanzásemos en Él la bendición (Gá. 3:13). En la entrega de Jesús, Dios estaba en Él reconciliando al mundo (2 Co. 5:19). Por esa razón el Señor nos pide un amor que *de la vida* por los hermanos (1 Jn. 3:16).

13. Nadie tiene mayor amor que éste, que uno ponga su vida por sus amigos.

μείζονα ταύτης ἀγάπην οὐδεὶς ἔχει, ἵνα τις τὴν ψυχὴν
Mayor que este amor nadie tiene, que alguno la vida
αὐτοῦ θῇ ὑπὲρ τῶν φίλων αὐτοῦ.
de él pusiere por los amigos de él.

Notas y análisis del texto griego.

Sigue hablándoles del amor que deben tener: μείζονα, caso acusativo femenino singular del adjetivo comparativo *mayor que*; ταύτης, caso genitivo femenino singular del pronombre demostrativo *esta*; ἀγάπην, caso acusativo femenino singular del nombre común *amor*; οὐδεὶς, caso nominativo masculino singular del pronombre indefinido *nadie*; ἔχει, tercera persona singular del presente de indicativo en voz activa del verbo ἔχω, *tener*, aquí *tiene*; ἵνα, conjunción *que*; τις, caso nominativo masculino singular del pronombre indefinido *alguno*; τὴν, caso acusativo femenino singular del artículo determinado *la*; ψυχὴν, caso acusativo femenino singular del nombre común *vida*; αὐτοῦ, caso genitivo de la tercera persona singular del pronombre personal declinado *de él*; θῇ, tercera persona singular del aoristo segundo de subjuntivo en voz activa del verbo τίθημι, *poner, colocar, entregar*, aquí *pusiere*; ὑπὲρ, preposición propia de genitivo *por, a favor de, en lugar de*; τῶν, caso genitivo masculino plural del artículo determinado *los*; φίλων, caso genitivo masculino plural del adjetivo *amigos*; αὐτοῦ, caso genitivo masculino de la tercera persona singular del pronombre personal declinado *de él*.

μείζονα ταύτης ἀγάπην οὐδεὶς ἔχει, Existe un amor cuya grandeza excede a cualquier otro. Jesús dice que no hay otro mayor. En esa dimensión demanda el amor de unos hacia otros, como se ha considerado en el versículo anterior.

ἵνα τις τὴν ψυχὴν αὐτοῦ θῇ ὑπὲρ τῶν φίλων αὐτοῦ. El amor supremo consiste en que uno ocupe el lugar de sus amigos, o de otro modo, que uno muera por sus amigos, en beneficio de ellos. Aunque los discípulos son amigos de Jesús, como Él les llama, la dimensión del amor se extiende a todos los hombres. Éstos, al igual que los discípulos, amigos suyos porque creyeron en Él, eran enemigos suyos en malas obras. Esta es la grandeza de ese amor: *"Porque Cristo, cuando aún éramos débiles, a su tiempo murió por los impíos. Ciertamente, apenas morirá alguno por un justo; con todo, pudiera ser que alguno osara morir por el bueno. Mas Dios muestra su amor para con nosotros, en que siendo aún pecadores, Cristo murió por nosotros"* (Ro. 5:6-8). El amor de Dios o el que procede de Dios tiene un aspecto contradictorio en el efecto que produce, ya que Él ama a los pecadores que son Sus enemigos en malas obras. Este aspecto lo hace definitivamente contrario al amor del hombre. Los destinatarios del amor de Cristo, aquellos a quienes llama en ese momento *amigos*, son, como todos los hombres, impíos. Esa es la causa que permite definir el amor de Dios como *contradictorio*, porque se distancia de la lógica humana, para acercarse al hombre en misión salvadora, lo que para el hombre es locura. Los discípulos, como el resto de los hombres, no son dignos de ser amados, porque están en un estado de rebeldía y alejamiento de Dios. A estos alejados e indignos es a quienes Cristo, en un amor absolutamente contrario a cualquier tipo de amor, se acerca, hasta encontrarlos, hacerse prójimo de ellos, caminar su camino y morir su muerte, para que, en la muerte de Jesús, el impío pueda recibir, vida y en su resurrección pueda ser justificado (Ro. 4:25). Ese amor tiene, como todo en la vida de Jesucristo, un determinado tiempo para actuar libremente a favor de los hombres o, si se prefiere, ocupando el lugar de ellos. El amor no se expresa en palabras, sino en hechos. Jesús no dio un discurso sobre Su amor, simplemente expresó la condición y dimensión suprema de él, manifestándolo en la entrega personal que hace de Su vida. En ese sentido el amor del Padre, que es el mismo amor del Hijo, se reveló enviando al Verbo encarnado, para que lo declare por Él mismo. Sin palabras, sin un discurso sobre el amor, manifiesta en una acción salvadora la dimensión infinita del amor divino. El mensaje absoluto del amor de Dios se expresa por medio de un hombre que es Jesús, que pone voluntariamente Su vida por quienes siendo enemigos, van a pasar a ser *amigos* de Dios por fe en Él. Entre los salvos están los discípulos a quienes llama de este modo. El absurdo del amor divino, a la comprensión humana, alcanzó cimas inalcanzables para la mente humana al afirmar que Él daba Su vida, moría, por Sus amigos, que como pecadores eran débiles e impíos. No hace falta que Jesús defina o explique Su amor, basta con que lo exhiba de esa manera. Esta entrega voluntaria del Hijo de Dios, es una manifestación concreta del amor de Dios, que se auto-dona al hombre para salvación. Ese amor no puede situarse en ningún parámetro del amor humano, porque Jesús, como se ha dicho antes, *no busca lo suyo propio*. Ese amor de Cristo, está siempre presente en la mente y corazón del salvo, condicionando su modo de vida, por lo cual dice el apóstol Juan en otro de sus escritos: *"En esto consiste el amor; no en que nosotros hayamos amado a Dios, sino en que Él nos amó a nosotros, y envió a su Hijo en propiciación por nuestros pecados"* (1 Jn. 4:10). Este amor que Juan refiere al Padre, es el amor con que Jesús amó a los discípulos, puesto que el amor del Padre está en el Hijo y el de Éste en Aquel, puesto que son uno.

14. Vosotros sois mis amigos, si hacéis lo que yo os mando.

ὑμεῖς	φίλοι	μού	ἐστε	ἐὰν	ποιῆτε	ἃ	ἐγὼ	ἐντέλλομαι	ὑμῖν.
Vosotros	amigos	de mí	sois	si	hacéis	lo que	Yo	mando	os.

Notas y análisis del texto griego.

Añade Jesús: ὑμεῖς, caso nominativo de la segunda persona plural del pronombre personal *vosotros*; φίλοι, caso nominativo masculino plural del adjetivo *amigos*; μού, caso genitivo de la primera persona singular del pronombre personal declinado *de mí*; ἐστε, segunda persona plural del presente de indicativo en voz activa del verbo εἰμί, *ser*, aquí *sois*; ἐὰν, conjunción *si*; ποιῆτε, segunda persona plural del presente de subjuntivo en voz activa del verbo ποιέω, *hacer, realizar*, aquí *hacéis*; ἃ, caso acusativo neutro plural del pronombre relativo *lo que*; ἐγὼ, caso nominativo de la primera persona singular del pronombre personal *yo*; ἐντέλλομαι, primera persona singular del presente de indicativo en voz media del verbo ἐντέλλομαι, *mandar, ordenar, encomendar*, aquí *mando*; ὑμῖν, caso dativo de la segunda persona plural del pronombre personal declinado *a vosotros, os*.

ὑμεῖς φίλοι μού ἐστε ἐὰν ποιῆτε ἃ ἐγὼ ἐντέλλομαι ὑμῖν. Entre Cristo y los cristianos existe una nueva relación que es la del amor. Esta posición de amor mutuo se substancia en la obediencia.

Cristo dice a los suyos que si verdaderamente le aman guardarán todo lo que les manda (14:15, 21, 23). Obedecer los mandamientos se resume en el mandamiento del amor, que cumple toda la ley, como se ha considerado. Dos cosas se destacan en esta breve frase. Primeramente la razón por la que debemos amarnos, ya que Cristo dice que la obediencia y el amor fraterno son un mandato, de manera que la fidelidad a Él y el mantenimiento de la relación de amistad descansa en la obediencia. En segundo lugar Cristo, con Su amistad, hace dignos delante de nosotros a nuestros hermanos en Él. Cada hermano nuestro, condiscípulo, debe ser amado puesto que ha sido declarado amigo de Jesús. El que es amigo del hermano es fiel a la amistad de Jesús. Ser amigo de Cristo es vivir en amor (v. 10). Si bien la amistad del Señor es un regalo de Su gracia, el mantenimiento de ella es de plena responsabilidad humana. La obediencia es la prueba de que se es seguidor de Cristo. Los amigos de Jesús son aquellos que le obedecen.

15. Ya no os llamaré siervos, porque el siervo no sabe lo que hace su señor; pero os he llamado amigos, porque todas las cosas que oí de mi Padre, os las he dado a conocer.

οὐκέτι λέγω ὑμᾶς δούλους, ὅτι ὁ δοῦλος οὐκ οἶδεν τί ποιεῖ
Ya no llamo os siervos, porque el siervo no sabe que hace
αὐτοῦ ὁ κύριος· ὑμᾶς δὲ εἴρηκα φίλους, ὅτι πάντα
de él el señor; Pero os he llamado amigos, porque todas las cosas
ἃ ἤκουσα παρὰ τοῦ Πατρός μου ἐγνώρισα ὑμῖν.
que oí del Padre de mí di a conocer os.

Notas y análisis del texto griego.

Continuando sin interrupción en el tema, añade: οὐκέτι, adverbio de negación *ya no, no más*; λέγω, primera persona singular del presente de indicativo en voz activa del verbo λέγω, *hablar, decir, llamar*, aquí *llamo*; ὑμᾶς, caso acusativo de la segunda persona plural del pronombre personal declinado *a vosotros, os*; δούλους, caso acusativo masculino plural del nombre común *siervos*; ὅτι, conjunción causal *porque*; ὁ, caso nominativo masculino singular del artículo determinado *el*; δοῦλος, caso nominativo masculino singular del nombre común *siervo*; οὐκ, forma escrita del adverbio de negación *no*, con el grafismo propio ante una vocal con espíritu suave o una enclítica; οἶδεν, tercera persona plural del perfecto de indicativo en voz activa del verbo οἶδα, *saber, entender, comprender*, aquí *sabe*; τί, caso acusativo neutro singular del pronombre interrogativo *que*; ποιεῖ, tercera persona singular del presente de indicativo en voz activa del verbo ποιέω, *hacer*, aquí *hace*; αὐτοῦ, caso genitivo masculino de la tercera persona singular del pronombre personal declinado *de él*; ὁ, caso nominativo masculino singular del artículo determinado *el*; κύριος, caso nominativo masculino singular del nombre común *señor*; ὑμᾶς, caso acusativo de la segunda persona plural del pronombre personal declinado *a vosotros, os*; δὲ, partícula conjuntiva que hace las veces de conjunción coordinante, con sentido de *pero, más bien, y, y por cierto, antes bien*; εἴρηκα, primera persona singular del perfecto de indicativo en voz activa del verbo λέγω, *hablar, decir, llamar*, aquí *he llamado*; φίλους, caso acusativo masculino plural del adjetivo *amigos*; ὅτι, conjunción causal *porque*; πάντα, caso acusativo neutro plural del adjetivo indefinido *todos*, en sentido de *todas las cosas*; ἃ, caso acusativo neutro plural del pronombre relativo *que*; ἤκουσα, primera persona singular del aoristo primero de indicativo en voz activa del verbo ἀκούω, *oír*, aquí *oí*; παρὰ, preposición propia de genitivo *de*; τοῦ, caso genitivo masculino singular del artículo determinado *el*; Πατρός, caso genitivo masculino singular del nombre divino *Padre*; μου, caso genitivo de la primera persona singular del pronombre personal declinado *de mí*; ἐγνώρισα, primera persona singular del aoristo primero de indicativo en voz activa de verbo γνωρίζω, *dar a conocer*, aquí *di a conocer*; ὑμῖν, caso dativo de la segunda persona plural del pronombre personal declinado *a vosotros, os*.

οὐκέτι λέγω ὑμᾶς δούλους, ὅτι ὁ δοῦλος οὐκ οἶδεν τί ποιεῖ αὐτοῦ ὁ κύριος· Cristo habla de nueva relación con los discípulos. El Señor podía llamarles siervos porque tenía derecho para hacerlo. Les había dicho que si le llamaban *Maestro y Señor*, decían bien porque era ambas cosas (13:13). Pero Él no les consideraba y trataba como si fuesen siervos, con la distancia que el siervo tiene con el señor. Un siervo, no importa cual sea su estatus social en la esfera del servicio, no recibe explicaciones del Señor sobre las razones que tiene para ordenarle hacer algo. No hay conferencia de servicio entre ambos para tomar una decisión consensuada, sino que el dueño ordena y el siervo obedece. Entre el superior y el inferior, el rey y los súbditos, el señor y el criado existen reservas y desconocimientos. Cristo les dice que Él no les está tratando como siervos. Para Jesús la diferencia entre un siervo y un amigo no está en que el siervo obedece y el amigo no tiene que hacerlo, todo lo contrario, como Él obedece al Padre, así los hombres le deben obediencia a Él, la gran diferencia es que el siervo recibe el mandamiento y lo ejecuta sin conocer la razón, y el amigo conoce todas las cosas.

ὑμᾶς δὲ εἴρηκα φίλους, ὅτι πάντα ἃ ἤκουσα παρὰ τοῦ Πατρός μου ἐγνώρισα ὑμῖν. Antes les había dicho que eran Sus amigos, ahora confirma esa relación de amistad. Entre amigos no hay secretos, sino confidencias mutuas. Para los discípulos no hay secretos ni distancias con lo que el Señor conoce. Jesús les comunicó, no algunas cosas que había oído del Padre, sino *todo* el contenido que podía ser revelado al hombre. El mensaje de Cristo se define en el *Evangelio* como lo que había oído de Su Padre (8:26, 40). Pero a los discípulos les reveló además *el nombre* de Su Padre (17:26). Todavía algo más: El siervo tiene que hacer trabajo muchas veces arduo. La carga de quienes sirven a la ley y las normas religiosas de aquel tiempo, sufrían la opresión consecuente. Al amigo se le demanda también obediencia, pero la carga es ligera porque llevando el yugo de Cristo, está compartiendo con Él el peso de la obediencia (Mt. 11:25-30). Los judíos eran siervos, los discípulos amigos. Al siervo se le exige obediencia, al amigo amor.

16. No me elegisteis vosotros a mí, sino que yo os elegí a vosotros, y os he puesto para que vayáis y llevéis fruto, y vuestro fruto permanezca; para que todo lo que pidiereis al Padre en mi nombre, él os lo dé.

οὐχ ὑμεῖς με ἐξελέξασθε, ἀλλ' ἐγὼ ἐξελεξάμην ὑμᾶς καὶ
No vosotros me elegisteis, sino Yo elegí a vosotros y
ἔθηκα ὑμᾶς ἵνα ὑμεῖς ὑπάγητε καὶ καρπὸν φέρητε καὶ ὁ
puse os para que vosotros vayáis y fruto llevéis y el
καρπὸς ὑμῶν μένῃ, ἵνα ὅ τι ἂν αἰτήσητε τὸν
fruto de vosotros permanezca para que cualquier cosa que pidiereis al
Πατέρα ἐν τῷ ὀνόματί μου δῷ ὑμῖν.
Padre en el nombre de mí dé os.

Notas y análisis del texto griego.

Continúa con: οὐχ, forma escrita del adverbio de negación *no*, con el grafismo propio ante vocal con espíritu áspero; ὑμεῖς, caso nominativo de la segunda persona plural del pronombre personal *vosotros*; με, caso acusativo de la primera persona singular del pronombre personal declinado *a mí, me*; ἐξελέξασθε, segunda persona plural del aoristo primero de indicativo en voz media del verbo ἐκλέγομαι, *elegir*, aquí *elegisteis*; ἀλλ', conjunción adversativa *sino*; ἐγὼ, caso nominativo de la primera persona singular del pronombre personal *yo*; ἐξελεξάμην, primera persona plural del aoristo primero de indicativo en voz media del verbo ἐκλέγομαι, *elegir*, aquí *elegí*; ὑμᾶς, caso acusativo de la segunda persona plural del pronombre personal declinado *a vosotros*; καὶ, conjunción copulativa *y*; ἔθηκα, primera persona singular del aoristo primero de indicativo en voz activa del verbo τίθημι, *poner, asignar, destinar*, aquí *puse*; ὑμᾶς, caso acusativo de la segunda persona plural del pronombre personal declinado *a vosotros*; ἵνα, conjunción causal *para que*; ὑμεῖς, caso nominativo de la segunda persona plural del pronombre personal *vosotros*; ὑπάγητε, segunda persona plural del presente de subjuntivo en voz activa del verbo ὑπάγω, *ir, marchar, andar*, aquí *vayáis*; καὶ, conjunción copulativa *y*; καρπὸν, caso acusativo masculino singular del nombre común *fruto*; φέρητε, segunda persona plural del presente de subjuntivo en voz activa del verbo φέρω, *llevar*, aquí *llevéis*; καὶ, conjunción copulativa *y*; ὁ, caso nominativo masculino singular del artículo determinado *el*; καρπὸς, caso nominativo masculino singular del nombre común *fruto*;

ὑμῶν, caso genitivo de la segunda persona plural del pronombre personal declinado *de vosotros*; μένη, tercera persona singular del presente de subjuntivo en voz activa del verbo μένω, *permanecer*, aquí *permanezca*; ἵνα, conjunción causal *para que*; ὅ caso acusativo neutro singular del pronombre relativo *lo que*; τι, caso acusativo neutro singular del adjetivo indefinido *cualquier*; ἄν, partícula que no empieza nunca frase y que da a ésta carácter condicional o dubitativo, o expresa una idea de repetición. Se construye con todos los modos menos el imperativo y acompaña a los pronombres relativos para darles un sentido general; en algunas ocasiones no tiene traducción; αἰτήσητε, segunda persona plural del aoristo primero de subjuntivo en voz activa del verbo αἰτέω, *pedir, requerir, demandar*, aquí *pidiereis*; τὸν, caso acusativo masculino singular del artículo determinado declinado *al*; Πατέρα, caso acusativo masculino singular del nombre divino *Padre*; ἐν, preposición propia de dativo *en*; τῷ, caso dativo neutro singular del artículo determinado *el*; ὀνόματι, caso dativo neutro singular del substantivo *nombre*; μου, caso genitivo de la primera persona singular del pronombre personal declinado *de mí*; δῷ, segunda persona singular del aoristo segundo de subjuntivo en voz activa del verbo δίδωμι, *dar*, aquí *dé*; ὑμῖν, caso dativo de la segunda persona plural del pronombre personal declinado *a vosotros*.

οὐχ ὑμεῖς με ἐξελέξασθε, ἀλλ᾽ ἐγὼ ἐξελεξάμην ὑμᾶς. En el primer hemistiquio se aprecia el énfasis conseguido con la repetición de los pronombres en primera y segunda persona. Jesús dijo antes que Él había elegido a los Doce (6:70; 13:18), sin embargo, aquí al hablar de discípulos puede comprender a todos los cristianos. La construcción de la oración establece un contraste positivo-negativo: vosotros *no* me elegisteis… yo os elegí. La elección siempre es iniciativa divina. En el orden social los amigos se eligen mutuamente, pero no en el espiritual en donde quien elige es Jesús. No se trata de una decisión de ambos, sino una determinación divina. Sin duda la elección ocasiona muchos problemas a quienes no tienen clara la soberanía de Dios y que en todas sus acciones están involucradas todas Sus perfecciones, como el amor, la gracia, la misericordia, la justicia, etc. etc. No hay para el hombre razones, pero las tiene Dios. La elección de los discípulos, es la separación de un grupo de doce hombres del general de seguidores que eran muchos. La determinación divina no se regula ni condiciona por leyes humanas. En ocasiones el hombre, al no entender la razón de las acciones divinas, se atreve a increpar y discutir con Dios (Ro. 9:18-21). En el aspecto de la elección divina, sea cual sea el propósito debe tenerse en cuenta que Dios ama a todos los hombres por igual (3:16). Que Cristo murió por todos y no sólo por algunos (2 Co. 5:14, 15; 1 Ti. 2:6). Jesús afirma que Él fue quien escogió o eligió a los discípulos. El verbo ἐκλέγομαι, *elegir*, significa seleccionar o escoger. El verbo en voz media indica una acción que revierte en el que la ejecuta, es decir, Jesús escogió para sí, porque así lo determina al grupo de los discípulos.

Como toda elección es algo incondicional, que no obedece a ningún mérito ni demérito personal, ni es causada por acción humana alguna; simplemente Jesús escogió a los que Él quiso. La fuente de la elección es la soberanía.

καὶ ἔθηκα ὑμᾶς ἵνα ὑμεῖς ὑπάγητε καὶ καρπὸν φέρητε. El segundo hemistiquio del versículo une *elección* con *disposición*, como si dijese, *os escogí y os destiné.* Jesús eligió a los discípulos con un propósito *que lleven fruto*. Bien pudiera preguntarse si la elección en este caso es a un ministerio especial, lo que la vincularía con el apostolado, o es general para que como cristianos lleven fruto. Pudiera ser que se refiera a la condición de ellos, como apóstoles de Cristo, pero no debe separarse esto del contexto general que inicia la enseñanza y que tiene que ver con *la vid*, Jesús, y *los pámpanos*, los cristianos en general. La elección para el apostolado, necesariamente tiene que ver con la elección para fructificar y esta no es privativa del ejercicio de un don, sino exigencia para todos. Jesús eligió a los creyentes para que lleven fruto. Sin embargo no puede separarse el llevar fruto con la fe que vincula al cristiano con Cristo. Ninguna obra buena, fruto conforme a Dios, puede salir del hombre no regenerado o, si se prefiere, del ámbito fuera de la fe, ya que la Escritura afirma que todo lo que no procede de la fe es pecado (Ro. 14:23). No puede separarse el propósito de la elección. Si había escogido a aquellos para que llevasen fruto, así también elige a todos los cristianos para lo mismo, y nadie puede ser cristiano sin ir a Cristo, y nadie puede ir a Cristo sin el llamado del Padre, que ha escogido a los creyentes en Cristo desde antes de la fundación del mundo (Ef. 1:4). No cabe duda que el llamamiento a salvación es universal, es decir, todo aquel que crea en Cristo es salvo. No hay duda que Dios no violenta la libertad del hombre. No cabe duda que Jesús no murió sólo por algunos sino por todos. No cabe duda que Dios no escogió a algunos para condenación eterna. Por tanto, las dos líneas generales de la Escritura, la elección y la libre gracia, no pueden ser reconciliadas en el pensamiento humano limitado, pero son verdades que deben ser aceptadas y creídas, ninguna de ellas en menoscabo de la otra. Sólo en la presencia del Señor, cuando estemos en la gloria entenderemos lo que ahora somos incapaces de pensar.

καὶ ὁ καρπὸς ὑμῶν μένῃ, Puestos para llevar fruto y fruto permanente. En parte de la frase considerada en el párrafo anterior, está también el verbo que se traduce por *vayáis*. Indica movimiento y se relaciona con toda la vida del cristiano. Éste va por el mundo, como hizo Jesús, haciendo bienes. No *hace buenas obras*, sino que camina en aquellas que han sido preparadas de ante mano por Dios para que anduviésemos en ellas (Ef. 2:10). El fruto del cristiano siendo posible por la vinculación a la vid verdadera y producido por el poder de Dios que actúa en el creyente (Fil. 2:13), es un fruto permanente, atemporal, que permanece para siempre. De ahí una sorprendente revelación, que al referirse a la muerte de un justo dice: *"Bienaventurados de aquí en adelante los muertos que mueren en el Señor. Sí, dice el Espíritu, descansarán de sus trabajos, porque sus obras con ellos siguen"* (Ap. 14:13). No cabe duda que el entorno textual próximo tiene que ver con los creyentes que mueran durante el tiempo de la tribulación antecedente a la segunda venida de Jesucristo, sin embargo la aplicación es general para todos los salvos que mueren en el Señor. En el texto de Apocalipsis, la construcción gramatical utiliza una preposición de compañía que da el sentido de que las obras y los cristianos son inseparables. No se trata tanto de acciones puntuales, sino de un estilo de vida que corresponde a discípulos de Jesús que siguen Sus pisadas. El Espíritu reproduce a Cristo en la vida del cristiano. Las obras, el fruto, producido por el poder del Espíritu, siguen al creyente porque son elementos que glorifican a Dios (v. 8). El fruto que es también la luz, no está puesta para que el mundo vea al creyente y lo alabe, sino para que ese fruto sea un elemento para glorificar a Dios. El fruto es la evidencia visible de la fe que salva. Es cierto que un creyente no se salva por el fruto que lleve, pero se salva para llevar fruto. El fruto no es para ser santo, sino por serlo. Ese fruto no es el resultado del esfuerzo personal del cristiano, sino el estilo propio de vida de quien ha sido salvo. El objetivo final tiene que ver con la gloria de Dios. Qué Él sea glorificado por el fruto del discípulo. De ahí que en el versículo de Apocalipsis citado antes, las obras *siguen* al creyente, no lo anteceden, como exigiendo una recompensa, esto es *le siguen al lado*, van inseparablemente unidas a él, como elementos que dan gloria a Dios.

ἵνα ὅ τι ἂν αἰτήσητε τὸν Πατέρα ἐν τῷ ὀνόματι μου δῷ ὑμῖν. Jesús cierra esta enseñanza volviendo a la respuesta de la oración. La lección se reitera y profundiza. Toda oración hecha en el nombre de Jesús, vinculada a la misión del creyente que es llevar fruto, será respondida, porque corresponde a la determinación divina para los salvos. Debe apreciarse que nuevamente la oración está vinculada al *nombre de Cristo*, lo que se pida en Su nombre. El semitismo de la palabra *nombre*, equivale al *pronombre*, como si Jesús dijese: *lo que pidáis en mí.* Es la oración propia de quienes viven en Jesús y viven a Jesús en ellos. Toda oración hecha en el nombre de Jesús es conforme al fin propuesto para el creyente, que lleve mucho fruto que lo identifica con los verdaderos discípulos y conduce a la gloria de Dios (14:13).

17. Esto os mando: Que os améis unos a otros.

ταῦτα ἐντέλλομαι ὑμῖν, ἵνα ἀγαπᾶτε ἀλλήλους.
Esto mando os: que améis unos a otros

Notas y análisis del texto griego.

Cerrando el párrafo, escribe: ταῦτα, caso acusativo neutro plural del pronombre demostrativo *esto*; ἐντέλλομαι, primera persona singular del presente de indicativo en voz media del verbo ἐντέλλομαι, *mandar, ordenar*, aquí *mando*; ὑμῖν, caso dativo de la segunda persona plural del pronombre personal declinado *a vosotros, os*; ἵνα, conjunción *que*; ἀγαπᾶτε, segunda persona plural del presente de subjuntivo en voz activa del verbo ἀγαπάω, *amar*, aquí *améis*; ἀλλήλους, caso acusativo masculino plural del pronombre recíproco *unos a otros*.

ταῦτα ἐντέλλομαι ὑμῖν, ἵνα ἀγαπᾶτε ἀλλήλους. El versículo sirve de transición al párrafo que sigue y reitera el mandamiento de amor fraterno (vv.10, 12). Todo lo que les ha dicho, especialmente lo que antecede sobre la elección de ellos para que lleven fruto, los sitúa en el mismo plano personal. Ninguno de ellos es mayor que el otro. Pero todos son objetos del amor personal del Señor. Puesto que Él los ama, los que están en comunión con Él se amarán también unos a otros con la misma calidad de amor con que fueron amados. Debe notarse que no se trata de algo opcional, sino del cumplimiento de un mandamiento que el Señor establece. No dice *debéis amaros*, sino que manda que *os améis*. El amor mutuo solo es posible en la medida que permanezcamos en el amor de Jesús.

El amor es el fruto que Dios ha determinado para los suyos. Así escribía Agustín de Hipona: *"La caridad, pues, es nuestro fruto, que, según el Apóstol, sale del corazón puro, de la recta conciencia y de una fe sin fingimientos. Con este amor nos amamos unos a otros y amamos a Dios, porque nuestro amor mutuo no sería verdadero sin el amor de Dios. Se ama al prójimo como a sí mismo si se ama a Dios, porque el que no ama a Dios, tampoco se ama a sí mismo. De estos dos preceptos de la caridad dependen toda la ley y los profetas: éste es nuestro fruto. Acerca de este fruto nos dice: Esto es lo que os mando que os améis unos a otros"*[10]. La responsabilidad nuestra está en obedecer el mandamiento, si realmente amamos a Jesús. De nuevo obediencia y amor van unidos inseparablemente en la vida cristiana.

[10] Agustín de Hipona. *Tratados sobre el Evangelio de Juan*. 87, 1.

Enseñanza sobre el mundo (15:18-27).

18. Si el mundo os aborrece, sabed que a mí me ha aborrecido antes que a vosotros.

Εἰ ὁ κόσμος ὑμᾶς μισεῖ, γινώσκετε ὅτι ἐμὲ πρῶτον ὑμῶν
Si el mundo os odia, sabed que a mí antes que a vosotros
μεμίσηκεν.
ha odiado.

Notas y análisis del texto griego.

Iniciando un nuevo párrafo, escribe: Εἰ, conjunción *si*; ὁ, caso nominativo masculino singular del artículo determinado *el*; κόσμος, caso nominativo masculino singular del nombre común *mundo*; ὑμᾶς, caso acusativo de la segunda persona plural de pronombre personal declinado *a vosotros*; μισεῖ, tercera persona singular del presente de indicativo en voz activa del verbo μισέω, *odiar, aborrecer*, aquí *odia*; γινώσκετε, segunda persona plural del presente de indicativo en voz activa, o segunda persona plural del presente de imperativo en voz activa del verbo γίνωσκω, *saber, conocer, entender*, aquí si se toma el indicativo *sabéis*, si es el imperativo *sabed*, ambos son posible y tienen sentido en la oración; ὅτι, conjunción *que*; ἐμὲ, caso acusativo de la primera persona singular del pronombre personal declinado *a mí, me*; πρῶτον, adverbio o acusativo neutro singular del adjetivo numeral ordinal *primero*, aquí en sentido de *antes que*; ὑμῶν, caso genitivo de la segunda persona singular del pronombre personal *vosotros*; μεμίσηκεν, tercera persona singular del perfecto de indicativo en voz activa del verbo μισέω, *odiar, aborrecer*, aquí *ha odiado*.

Εἰ ὁ κόσμος ὑμᾶς μισεῖ, γινώσκετε ὅτι ἐμὲ πρῶτον ὑμῶν μεμίσηκεν. Los discípulos de Cristo, por identificación con Él, pasarán por experiencias semejantes a las suyas. Esto ocurre también con *el mundo*. En este caso con las personas que *son* del mundo. Aquellas que no creen y por tanto, no aman a Jesús. Los que tratan inamistosamente a Jesús, harán lo mismo con los suyos. Cuando dice que el mundo le odia a Él, está hablando no de pocos, sino de mucha gente. Siempre el número de los del mundo son mayores que los discípulos de Cristo. El odio o el desprecio es moneda común entre mundanos. Las enemistades, los pleitos, las envidias, los homicidios y todo tipo de pecados son habituales entre los que son del mundo. Estos se dividen unos contra otros, sin embargo, cuando se trata de odiar y expresarlo en acciones contra el Señor y los suyos, no tienen inconveniente alguno en unirse y coaligarse. Los saduceos, los herodianos y los fariseos, no se trataban en la sociedad de entonces, pero se unen para luchar juntos contra Jesús. Así ocurre con los príncipes y los reyes de este mundo, enemistados y guerreando unos contra otros, se unen cuando se trata de luchar juntos contra el Ungido de Dios (Sal. 2:2). Esta situación de problemas, persecuciones y odio, no debe sorprender a los cristianos, porque primeramente lo hicieron contra Jesús.

El Señor los había llamado al amor entre ellos, pero deben contar con el odio del mundo, que primero odió a Cristo y que sigue odiando a los que son como Él. La luz que brilló en las tinieblas generó el odio del mundo porque ponía al descubierto las manchas del pecado, de las que tanta complacencia expresa. Pero los discípulos de Jesús, amándose unos a otros como Él los amó primero, ponen en donde se encuentren la luz brillante de Dios que resplandece en las tinieblas, por eso el mundo los odia. A lo largo de todo el ministerio público, el odio del mundo se manifestó, como recoge este *Evangelio* (1:5, 10, 11; 3:11; 5:16, 18, 43; 6:66; 7:1, 30, 32, 47-52; 8:40, 44, 45, 48, 52, 57, 59; 9:22; 10:31, 33, 39; 11:50, 57; 12:37-43).

19. Si fuerais del mundo, el mundo amaría lo suyo; pero porque no sois del mundo, antes yo os elegí del mundo, por eso el mundo os aborrece.

εἰ ἐκ τοῦ κόσμου ἦτε, ὁ κόσμος ἂν τὸ ἴδιον ἐφίλει· ὅτι δὲ
Si del mundo fuerais, el mundo - lo suyo amaría; pero porque
ἐκ τοῦ κόσμου οὐκ ἐστέ, ἀλλ᾽ ἐγὼ ἐξελεξάμην ὑμᾶς ἐκ τοῦ
del mundo no sois, sino Yo elegí os del
κόσμου, διὰ τοῦτο μισεῖ ὑμᾶς ὁ κόσμος.
mundo, por esto odia os el mundo.

Notas y análisis del texto griego.

Desarrollando la enseñanza, dice: εἰ, conjunción *si*; ἐκ, preposición propia de genitivo *de*; τοῦ, caso genitivo del artículo determinado *el*; κόσμου, caso genitivo masculino singular del nombre común *mundo*; ἦτε, segunda persona plural del imperfecto de indicativo en voz activa del verbo εἰμί, *ser, estar*, aquí literalmente *erais*, pero como cláusula condicional de segunda clase con ἂν, mejor *fueseis*; ὁ, caso nominativo masculino singular del artículo determinado *el*; κόσμος, caso nominativo masculino singular del nombre común *mundo*; ἂν, partícula que no empieza nunca frase y que da a ésta carácter condicional o dubitativo, o expresa una idea de repetición. Se construye con todos los modos menos el imperativo y acompaña a los pronombres relativos para darles un sentido general; en algunas ocasiones no tiene traducción; τὸ, caso acusativo neutro singular del artículo determinado *lo*; ἴδιον, caso acusativo neutro singular del adjetivo posesivo *suyo*; ἐφίλει, tercera persona singular del imperfecto de indicativo en voz activa del verbo φιλέω, *amar*, aquí *amaría*; ὅτι, conjunción causal *porque*; δὲ, partícula conjuntiva que hace las veces de conjunción coordinante, con sentido de *pero, más bien, y, y por cierto, antes bien*; ἐκ, preposición propia de genitivo *de*; τοῦ, caso genitivo del artículo determinado *el*; κόσμου, caso genitivo masculino singular del nombre común *mundo*; οὐκ, forma escrita del adverbio de negación *no*, con el grafismo propio ante una vocal con espíritu suave o una enclítica; ἐστέ, segunda persona plural del presente de indicativo en voz activa del verbo εἰμί, *ser, estar*, aquí *sois*; ἀλλ', forma escrita ante vocal de la conjunción adversativa ἀλλά que significa *pero, sino*; ἐγὼ, caso nominativo de la primera persona singular del pronombre personal *yo*; ἐξελεξάμην, primera persona plural del aoristo primero de indicativo en voz media del verbo ἐκλέγομαι, *elegir*, aquí *elegí*; ὑμᾶς, caso acusativo de la segunda persona plural del pronombre personal declinado *a vosotros, os*; ἐκ, preposición propia de genitivo *de*; τοῦ, caso genitivo del artículo determinado *el*; κόσμου, caso genitivo masculino singular del nombre común *mundo*; διὰ, preposición propia de acusativo *por*; τοῦτο, caso acusativo neutro singular del pronombre demostrativo *esto*; μισεῖ, tercera persona singular del presente de indicativo en voz activa del verbo μισέω, *odiar, aborrecer*, aquí *odia*; ὑμᾶς, caso acusativo de la segunda persona plural del pronombre personal declinado *a vosotros, os*; ὁ, caso nominativo masculino singular del artículo determinado *el*; κόσμος, caso nominativo masculino singular del nombre común *mundo*.

εἰ ἐκ τοῦ κόσμου ἦτε, ὁ κόσμος ἂν τὸ ἴδιον ἐφίλει· La razón de la confrontación con el mundo obedece a la posesión o no de las personas. Las que *son* de él y, por tanto, le pertenecen y viven conforme a su sistema, son amadas por el mundo. Los cristianos eran del mundo, pero elegidos por Cristo, han sido libertados de él y, por tanto los odia.

ὅτι δὲ ἐκ τοῦ κόσμου οὐκ ἐστέ, ἀλλ' ἐγὼ ἐξελεξάμην ὑμᾶς ἐκ τοῦ κόσμου, Esta es la enseñanza que Jesús puntualiza. Por elección ya no son del mundo. En sentido espiritual fueron *sacados* de él y no le pertenecen, ni él puede ejercer autoridad o señorío sobre ellos. Juan dirá en otro de sus escritos que los falsos profetas hablan lo que es propio del mundo y el mundo los escucha (1 Jn. 4:5). La razón por la que los discípulos de Cristo no son del mundo es porque Él los ha escogido del mundo para Sí. La menor forma de desprecio es el insulto, o el ultraje, por el simple hecho de no correr en su desenfreno de pecado, lo que supone una contradicción para el mundo (1 P. 4:4). La ética del reino, en la que los discípulos de Jesús viven, es un testimonio permanente contra el sistema mundano, que los malvados no pueden sufrir.

διὰ τοῦτο μισεῖ ὑμᾶς ὁ κόσμος. La conclusión no puede ser otra: porque ni los creyentes, ni el mensaje son del mundo y procede de él, son odiados por el mundo. El mensaje de los cristianos es un mensaje liberador en Cristo, por eso el sistema mundano esclavizado por Satanás y a su servicio, no puede resistir el testimonio de quienes ya no son del mundo y el odio se expresará en múltiples formas contra ellos. Nadie que pertenezca al reino de los cielos puede sentir la aprobación del mundo.

20. Acordaos de la palabra que yo os he dicho: El siervo no es mayor que su señor. Si a mí me han perseguido, también a vosotros os perseguirán; si han guardado mi palabra, también guardarán la vuestra.

μνημονεύετε τοῦ λόγου οὗ ἐγὼ εἶπον ὑμῖν· οὐκ ἔστιν δοῦλος
Acordaos de la palabra que Yo dije os: No es siervo
μείζων τοῦ κυρίου αὐτοῦ. εἰ ἐμὲ ἐδίωξαν, καὶ ὑμᾶς
mayor que el señor de él. Si a mí persiguieron también a vosotros
διώξουσιν· εἰ τὸν λόγον μου ἐτήρησαν, καὶ τὸν ὑμέτερον
perseguirán; si la palabra de mí guardaron, también la vuestra
τηρήσουσιν.
guardarán.

Notas y análisis del texto griego.

Continúa diciéndoles: μνημονεύετε, segunda persona plural del presente de indicativo en voz activa o segunda persona plural del presente de imperativo en voz activa del verbo μνημονεύω, *recordar*, aquí *acordaos*; τοῦ, caso genitivo masculino singular del artículo determinado *del*; λόγου, caso genitivo masculino singular del nombre común *palabra, discurso*; οὗ, caso genitivo masculino singular del pronombre relativo *que*; ἐγὼ, caso nominativo de la primera persona singular del pronombre personal *yo*; εἶπον, primera persona singular del segundo aoristo de indicativo en voz activa del verbo εἶπον, forma del aoristo de λέγω, *hablar, decir*, aquí *dije*; ὑμῖν, caso dativo de la segunda persona plural del pronombre personal declinado *a vosotros, os*; οὐκ, forma escrita del adverbio de negación *no*, con el grafismo propio ante una vocal con espíritu suave o una enclítica; ἔστιν, tercera persona singular del presente de indicativo en voz activa del verbo εἰμί, *ser, estar*, aquí *es*; δοῦλος, caso nominativo masculino singular del nombre común *siervo*; μείζων, caso nominativo masculino singular del adjetivo comparativo *mayor que*; τοῦ, caso genitivo masculino singular del pronombre personal *el*; κυρίου, caso genitivo masculino singular del nombre común *señor*; αὐτοῦ, caso genitivo masculino de la tercera persona singular del pronombre personal declinado *de él*; εἰ, conjunción *si*; ἐμὲ, caso acusativo de la primera persona singular del pronombre personal declinado *a mí*; ἐδίωξαν, tercera persona plural del aoristo primero de indicativo en voz activa del verbo διώκω, *perseguir*, aquí *persiguieron*; καὶ, adverbio de modo *también*; ὑμᾶς, caso acusativo de la segunda persona plural del pronombre personal declinado *a vosotros, os*; διώξουσιν, tercera persona plural del futuro de indicativo en voz activa del verbo διώκω, *perseguir*, aquí *perseguirán*; εἰ, conjunción *si*; τὸν, caso acusativo masculino singular del artículo determinado *el*; λόγον, caso acusativo masculino singular del nombre común *palabra, discurso, dicho*;

μου, caso genitivo de la primera persona singular del pronombre personal declinado *de mí*; ἐτήρησαν, tercera persona plural del aoristo primero de indicativo en voz activa del verbo τηρέω, *guardar*, aquí *guardaron*; καὶ, adverbio de modo *también*; τὸν, caso acusativo masculino singular del artículo determinado *el*; ὑμέτερον, caso acusativo masculino singular del adjetivo posesivo *vuestro*; τηρήσουσιν, tercera persona plural del futuro de indicativo en voz activa del verbo τηρέω, *guardar*, aquí *guardarán*.

μνημονεύετε τοῦ λόγου οὗ ἐγὼ εἶπον ὑμῖν· Recordándoles las enseñanzas que les había dado, la *palabra que os he dicho*, va a hacerles notar lo que debían esperar en el futuro. Estas palabras aparecen antes en Sus enseñanzas (13:16). Es posible que esté recordándoles las enseñanzas sobre las persecuciones que recogen los sinópticos con más extensión (Mt. 10:17-25; Lc. 6:40).

οὐκ ἔστιν δοῦλος μείζων τοῦ κυρίου αὐτοῦ. Remarca las palabras que les había dicho, mediante el ejemplo del siervo y el señor, que ya antes había utilizado. En este caso para hacerles notar que ningún siervo es mayor que su señor, de modo que puede aspirar como mucho a ser como él, en todos los aspectos, entre los que está el trato recibido de otros.

εἰ ἐμὲ ἐδίωξαν, καὶ ὑμᾶς διώξουσιν· Si el siervo no es mayor que su señor y a éste desprecian y persiguen, no puede pensar que podrá evitar esa situación para él. De modo que si el señor es perseguido, ciertamente lo será también su siervo.

εἰ τὸν λόγον μου ἐτήρησαν, καὶ τὸν ὑμέτερον τηρήσουσιν. Pero si las persecuciones y maltrato al Señor alcanzarán a los siervos, también cuando fue atendido o favorecido de las gentes, llegará a ellos. No será otra la palabra de ellos que la del Señor. Como Él dio sólo la palabra del Padre, así también sus discípulos darán la suya. Esto abre una puerta a la esperanza para quienes sufrirán en sus vidas las persecuciones por Cristo, que tal vez no sean muchos, pero habrá algunos que atiendan sus palabras como también pocos atendieron las del Jesús. Los discípulos tendrán eco en corazones que acepten el mensaje y sigan al Señor como discípulos suyos, por la predicación de ellos (17:20). Es necesario observar que lo negativo en el seguimiento está en la oposición del mundo, pero lo positivo, lo que trae resultados está en la proclamación de la Palabra. No hay una necesidad mayor que predicar el mensaje de Cristo en el mundo y confiar en la acción del Espíritu que lo aplicará a los corazones para salvación.

21. Mas todo esto os harán por causa de mi nombre, porque no conocen al que me ha enviado.

ἀλλὰ ταῦτα πάντα ποιήσουσιν εἰς ὑμᾶς διὰ τὸ ὄνομα
Pero estas cosas todas harán a vosotros por causa del nombre
μου, ὅτι οὐκ οἴδασιν τὸν πέμψαντα με.
de mí, porque no han conocido al que envió me.

Notas y análisis del texto griego.

Continuando con la enseñanza, dice: ἀλλὰ, conjunción adversativa *pero*; ταῦτα, caso acusativo neutro plural del pronombre demostrativo *estos*, en sentido de *estas cosas*; πάντα, caso acusativo neutro plural del adjetivo indefinido *todos*; ποιήσουσιν, tercera persona plural del futuro de indicativo en voz activa del verbo ποιέω, *hacer*, aquí *harán*; εἰς, preposición propia de acusativo *a*; ὑμᾶς, caso acusativo de la segunda persona plural del pronombre personal *vosotros*; διὰ, preposición propia de acusativo *por causa de*; τὸ, caso acusativo neutro singular del artículo determinado *el*; ὄνομα, caso acusativo neutro singular del sustantivo que denota *nombre*; μου, caso genitivo de la primera persona singular del pronombre personal declinado *de mí*; ὅτι, conjunción causal *porque* οὐκ, forma escrita del adverbio de negación *no*, con el grafismo propio ante una vocal con espíritu suave o una enclítica; οἴδασιν, tercera persona plural del perfecto de indicativo en voz activa del verbo οἶδα, *saber, conocer*, aquí *han conocido*; τὸν, caso acusativo masculino singular del artículo determinado declinado *al*; πέμψαντα, caso nominativo del participio del aoristo primero en voz activa del verbo πέμπω, *enviar, comisionar*, aquí *que envió*; με, caso acusativo de la primera persona singular del pronombre personal declinado *a mí, me*.

ἀλλὰ ταῦτα πάντα ποιήσουσιν εἰς ὑμᾶς διὰ τὸ ὄνομα μου, Todas estas cosas tienen que ver con la persecución en general que los cristianos sufrirán procedente del mundo. La vinculación con Cristo es evidente *por causa de mi nombre*. Como se ha dicho en varios lugares, *nombre*, equivale a *persona*. Por causa de Cristo serán perseguidos, y como Él fue muerto por los hombres impíos del mundo, también alcanzará esto a muchos de los cristianos.

ὅτι οὐκ οἴδασιν τὸν πέμψαντα με. Sin embargo los rigores de la persecución, del desprecio y de la incredulidad, no vienen sólo de los proscritos de la sociedad, sino de los religiosos. Aquellos que hacían de la ley su razón de vida, y acusaban a quienes, según su criterio personal, la quebrantaban. Estos religiosos conocían la Palabra, pero no conocían al Dios de la Palabra. La causa de que persigan a Jesús y por ende a los discípulos de Él, obedece a que desconocen a Dios. Conocer no tiene que ver con mera intelectualidad sino con vinculación de vida e intimidad personal. Sólo quien conoce a Dios y a su Hijo tiene vida eterna (17:3). Sin ese conocimiento el hombre está muerto en delitos y pecados, por lo que, como consecuencia natural, viven en los deseos de la carne, y se comportan conforme a los deseos del príncipe de la potestad del aire, *"el espíritu que opera en los hijos de desobediencia"* (Ef. 2:1-3). El príncipe de este mundo es mentiroso y homicida, por tanto se opone a la verdad proclamada por Cristo y ahora por los cristianos, y a la vida de los hombres. Como no puede quitar la salvación a los que creen, procura quitarles la vida física y como mínimo retirarlos de circulación para que no proclamen la verdad de Dios. La evidencia de ese comportamiento se aprecia en las acciones que al principio de la evangelización se emprenden contra los apóstoles, intimándolos a que no hablasen a nadie en el nombre de Jesús (Hch. 4:18). Todo ello pone de manifiesto que no conocen a Dios que envió a su Hijo, porque si le conociesen, no se levantarían procurando la muerte del enviado de Dios. El Padre se da a conocer por medio del Hijo, quien desconoce a Éste, desconoce también a Aquel. Estos no pueden ser *amigos* de Jesús, como eran los discípulos, sino *enemigos* de Él, ya que conocerlo equivale a abandonar el mundo para convertirse en seguidor Suyo.

22. Si yo no hubiera venido, ni les hubiera hablado, no tendrían pecado; pero ahora no tiene excusa por su pecado.

εἰ μὴ ἦλθον καὶ ἐλάλησα αὐτοῖς, ἁμαρτίαν οὐκ εἴχοσαν·
Si no hubiese venido y hubiese hablado les, pecado no tendrían;
νῦν δὲ πρόφασιν οὐκ ἔχουσιν περὶ τῆς ἁμαρτίας αὐτῶν.
pero ahora excusa no tienen por acerca de pecado de ellos.

Notas y análisis del texto griego.

Jesús dice: εἰ, conjunción *si*; μὴ, partícula que hace funciones de adverbio de negación *no*; ἦλθον, primera persona singular del aoristo segundo de indicativo en voz activa del verbo ἔρχομαι, *venir, aparecer, llegar*, aquí estando en una cláusula condicional de segunda clase, *hubiese venido*; καὶ, conjunción copulativa *y*; ἐλάλησα, primera persona singular del aoristo primero de indicativo en voz activa del verbo λαλέω, *hablar, decir*, aquí por la misma razón *hubiese hablado*; αὐτοῖς, caso dativo masculino de la tercera persona plural del pronombre personal declinado *a ellos, les*; ἁμαρτίαν, caso acusativo femenino singular del nombre común *pecado*; οὐκ, forma escrita del adverbio de negación *no*, con el grafismo propio ante una vocal con espíritu suave o una enclítica; εἴχοσαν, tercera persona plural del imperfecto de indicativo en voz activa del verbo ἔχω, *tener*, aquí nuevamente para establecer condición *tendrían*; νῦν, adverbio demostrativo *ahora*; δὲ, partícula conjuntiva que hace las veces de conjunción coordinante, con sentido de *pero, más bien, y, y por cierto, antes bien*; πρόφασιν, caso acusativo femenino singular del nombre común *excusa, pretexto*; οὐκ, forma escrita del adverbio de negación *no*, con el grafismo propio ante una vocal con espíritu suave o una enclítica; ἔχουσιν, tercera persona plural del presente de indicativo en voz activa del verbo ἔχω, *tener*, aquí *tienen*; περὶ, preposición propia de genitivo *por, acerca de*; τῆς, caso genitivo femenino singular del artículo definido *la*; ἁμαρτίας, caso genitivo femenino singular del nombre común *pecado*; αὐτῶν, caso genitivo de la tercera persona plural del pronombre personal declinado *de ellos*.

εἰ μὴ ἦλθον καὶ ἐλάλησα αὐτοῖς, ἁμαρτίαν οὐκ εἴχοσαν· La gente del mundo desprecia la Palabra y desprecia al mensajero, en este caso Jesús, el enviado del Padre para proclamar al mundo la buena nueva de salvación. El pecado de rebeldía no se produciría si Dios no hubiese enviado a su Hijo y este no hubiese proclamado la verdad del que le envió. La afirmación de Cristo es precisa *no tendrían pecado* si Él no hubiese venido y les hubiese hablado. Sin duda el pecado de origen, el que todo hombre tiene por herencia de nuestros primeros padres, estaría en ellos como todos, pero el Señor se refiere al pecado de desobediencia al mensaje que Él proclamó, en el cual se ofrece la vida eterna y el perdón de pecados, con la consecuencia de la justificación delante de Dios (3:17-21; 8:24; 9:41). Por las palabras del mensaje rechazado serán juzgados (12:48). Se trata del pecado específico de incredulidad por el que el hombre se pierde para siempre.

νῦν δὲ πρόφασιν οὐκ ἔχουσιν περὶ τῆς ἁμαρτίας αὐτῶν. La conclusión es natural, por su desprecio al mensaje, *no tienen excusa*. Cuando no hay ley no se imputa el pecado (Ro. 5:13), así tampoco se imputaría a estos el pecado de incredulidad si Jesús no hubiera venido y les hubiera predicado. Cualquier pretendida justificación al rechazo del Mesías resultará ineficaz puesto que había oído muchas veces el mensaje del evangelio y se les había presentado la fe como la única vía de justificación delante de Dios. No tienen excusa porque Jesús les habló de lo que era el pecado y se presentó Él como el único camino de salvación. De otro modo, no hay forma de cubrir el pecado personal de la incredulidad.

23. El que me aborrece a mí, también a mi Padre aborrece.

ὁ ἐμὲ μισῶν καὶ τὸν Πατέρα μου μισεῖ.
El que me odia también al Padre de mí odia.

Notas y análisis del texto griego.

Sigue diciendo Cristo: ὁ, caso nominativo masculino singular del artículo determinado *el*; ἐμὲ, caso nominativo masculino de la primera persona singular del pronombre personal *mí, me*; μισῶν, caso nominativo masculino singular del participio de presente en voz activa del verbo μισέω, *odiar, aborrecer*, aquí *que odia*; καὶ, adverbio de modo *también*; τὸν, caso nominativo masculino singular del artículo determinado declinado *al*; Πατέρα, caso acusativo masculino singular del nombre divino *Padre*; μου, caso genitivo de la primera persona singular del pronombre personal declinado *de mí*; μισεῖ, tercera persona singular del presente de indicativo en voz activa del verbo μισέω, *odiar, aborrecer*, aquí *aborrece*.

ὁ ἐμὲ μισῶν καὶ τὸν Πατέρα μου μισεῖ. En el *Evangelio* se pone de manifiesto la vinculación entre el Padre y el Hijo. Este hace las obras que ve hacer al Padre. Él mismo dijo que Él y el Padre son uno (10:30). Por tanto cualquier acción relacionada con el Hijo se relaciona también con el Padre. Si alguno menosprecia, aborrece, odia al Hijo, lo hace también al Padre. Los judíos decían que amaban a Dios sobre todas las cosas y lo consideraban como Padre de ellos (8:41), pero, al Hijo, a quien Él había enviado, lo despreciaban injuriándolo y llamándole demonio y aliado del demonio (8:48). Esto alcanza hoy a todos aquellos que niegan la deidad del Hijo y afirman creer en la del Padre, están negado a ambos porque es imposible separar a quienes son iguales en esencia.

24. Si yo no hubiese hecho entre ellos obras que ningún otro ha hecho, no tendrían pecado; pero ahora han visto y han aborrecido a mí y a mi Padre.

εἰ τὰ ἔργα μὴ ἐποίησα ἐν αὐτοῖς ἃ οὐδεὶς ἄλλος ἐποίησεν,
Si las obras no hubiese hecho entre ellos que ningún otro hizo,
ἁμαρτίαν οὐκ εἴχοσαν· νῦν δὲ καὶ ἑωράκασιν καὶ
pecado no tendrían. Pero ahora - han visto y
μεμισήκασιν καὶ ἐμὲ καὶ τὸν Πατέρα μου.
han odiado - a mí y al Padre de mí.

Notas y análisis del texto griego.

Continúan las palabras de Jesús: εἰ, conjunción *si*; τὰ, caso acusativo neutro plural del artículo determinado *los*; ἔργα, caso acusativo neutro plural del nombre común *obras*; μὴ, partícula que hace funciones de adverbio de negación *no*; ἐποίησα, primera persona singular del aoristo primero de indicativo en voz activa del verbo ποιέω, *hacer*, en frase condicional *hubiese hecho*; ἐν, preposición propia de dativo *en, entre*; αὐτοῖς, caso dativo de la tercera persona plural del pronombre personal *ellos*; ἃ, caso acusativo neutro plural del pronombre relativo *que*; οὐδεὶς, caso nominativo masculino singular del pronombre indefinido *ninguno*; ἄλλος, caso nominativo masculino singular del adjetivo indefinido *otro*; ἐποίησεν, tercera persona singular del aoristo primero de indicativo en voz activa del verbo ποιέω, *hacer*, aquí *hizo*; ἁμαρτίαν, caso acusativo femenino singular del nombre común *pecado*; οὐκ, forma escrita del adverbio de negación *no*, con el grafismo propio ante una vocal con espíritu suave o una enclítica; εἴχοσαν, tercera persona plural del imperfecto de indicativo en voz activa del verbo ἔχω, *tener*, aquí *tenían*, en frase condicional *tendrían*; νῦν, adverbio demostrativo *ahora*; δὲ, partícula conjuntiva que hace las veces de conjunción coordinante, con sentido de *pero, más bien, y, y por cierto, antes bien*; καὶ, conjunción copulativa *y*; ἑωράκασιν, tercera persona plural del perfecto de indicativo en voz activa del verbo ὁράω, *ver, mirar, apreciar, observar*, aquí *han visto*; καὶ, conjunción copulativa *y*; μεμισήκασιν, tercera persona plural del perfecto de indicativo en voz activa del verbo μισέω, *odiar, aborrecer*, aquí *han odiado*; καὶ, conjunción copulativa *y*; ἐμὲ, caso acusativo de la primera persona singular del pronombre personal declinado *a mí*; καὶ, conjunción copulativa *y*; τὸν, caso acusativo masculino singular del artículo determinado declinado *al*; Πατέρα, caso acusativo masculino singular del nombre divino *Padre*; μου, caso genitivo de la primera persona singular del pronombre personal declinado *de mí*.

εἰ τὰ ἔργα μὴ ἐποίησα ἐν αὐτοῖς ἃ οὐδεὶς ἄλλος ἐποίησεν, Otra vez se introduce el versículo para llegar a la conclusión que quiere alcanzar, en forma condicional, mediante la conjunción *sí* que establece esa forma y que exige que los verbos en aoristo de la primera oración deban traducirse en forma condicional. Apela aquí nuevamente a las obras que respaldan lo que Él decía ser, el *enviado del Padre*, el *Mesías*, el *Salvador* del mundo. No hacía falta creer en Sus palabras, pero era exigencia hacerlo al ver obras que *ningún otro* había hecho jamás. Juan usa el término *señales* en todo el *Evangelio*, para referirse a las acciones sobrenaturales de Jesús, que testificaban por cumplimiento de la identificación profética, que Él era el Mesías. Algunos de los que observaban Sus milagros tenían que decir que nunca se había oído que alguien hiciese aquellas obras (9:32). Todo cuanto hizo demostraba que no sólo era el enviado de Dios, sino que había venido en un encuentro de gracia. Dios se hace en Cristo encuentro de gracia para el hombre. Juan dice en el prólogo que habían visto Su gloria como del Unigénito del Padre, *"lleno de gracia"* (1:14). Los religiosos conocedores de la Palabra, le identificaban como el enviado de Dios, porque nadie podía hacer las obras que el hacía si no fuese Dios con Él, en palabras de Nicodemo (3:2).

ἁμαρτίαν οὐκ εἴχοσαν· De nuevo presenta la responsabilidad humana en todo cuanto tiene que ver con perdición y condenación. Los de aquel tiempo habían visto las señales que Jesús hacía, habían oído Su palabra, y no creían en Él, por tanto no tenían ninguna excusa de su pecado. Era un pecado voluntario para el que no existe perdón.

νῦν δὲ καὶ ἑωράκασιν καὶ μεμισήκασιν καὶ ἐμὲ καὶ τὸν Πατέρα μου. Sin embargo, al ver las obras de Jesús, no sólo veían en ellas al Mesías enviado, sino también al Padre que hacía las obras en Él (5:17, 36; 10:25; 14:9, 11), de manera que viendo a Cristo veían al Padre. El pecado consistía en rechazar tanto al Padre como al Hijo, a pesar de las palabras y de las obras que testificaban de ellas. Jesús anduvo haciendo bienes, pero no fue sino odiado por el mundo. Como dice el Dr. Lacueva: *"Una persona que era tan universalmente útil, debería haber sido universalmente amada y, sin embargo, era casi universalmente aborrecida"*[11]. Oír las palabras solamente y no creerlas, podrían justificar esa incredulidad en la necesidad de evidenciarlas con pruebas, pero, junto con las palabras estaban las obras que probaban la veracidad de lo que decía. Con todo, le odiaban, y al odiarlo a Él odiaban también al Padre. El odio a Dios consiste en el encono, en no creer, considerando como inútil o incluso mentiroso el mensaje de Dios. Como el mensaje no puede separarse del que lo envía y del que lo pronuncia, estaban haciendo mentirosos a Jesús y al Padre o, si se prefiere, hacían a Dios mentiroso porque no creían en Él. La gravedad de la situación es plena, puesto que el que no cree ha sido condenado y no vendrá a la vida, sino que permanece en muerte (3:36).

25. Pero esto es para que se cumpla la palabra que está escrita en su ley: Sin causa me aborrecieron.

ἀλλ' ἵνα πληρωθῇ ὁ λόγος ὁ ἐν τῷ νόμῳ αὐτῶν γεγραμμένος
Pero para que se cumpla la palabra - en la ley de ellos que ha sido escrita
ὅτι *ἐμίσησαν με δωρεάν.*
que, odiaron me inmerecidamente.

Notas y análisis del texto griego.

Sin interrupción, añade: ἀλλ', forma escrita ante vocal de la conjunción adversativa ἀλλά que significa *pero, sino*; ἵνα, conjunción causal *para que*; πληρωθῇ, tercera persona singular del aoristo primero de subjuntivo en voz pasiva del verbo πληρόω, *llenar, cumplir*, aquí *se cumpliese*; ὁ, caso nominativo masculino singular del artículo determinado *el*; λόγος, caso nominativo masculino singular del nombre común *palabra, discurso, dicho*; ὁ, caso nominativo masculino singular del artículo determinado *el*; ἐν, preposición propia de dativo *en*; τῷ, caso dativo masculino singular del

[11] F. Lacueva. o.c., pág. 400.

artículo determinado *el*; νόμῳ, caso dativo masculino singular del nombre común *ley*; αὐτῶν, caso genitivo de la tercera persona plural del pronombre personal declinado *de ellos*; γεγραμμένος, caso nominativo masculino singular del participio de perfecto en voz pasiva del verbo γράφω, *escribir*, aquí *que se ha escrito*; ὅτι, conjunción *que*; *ἐμίσησαν*, tercera persona plural del aoristo primero de indicativo en voz activa del verbo μισέω, *odiar, aborrecer*, aquí *odiaron*; *με*, caso acusativo de la primera persona plural del pronombre personal declinado *a mí, me*; *δωρεάν*, adverbio, *gratuitamente, graciosamente, inmerecidamente*.

ἀλλ' ἵνα πληρωθῇ ὁ λόγος ὁ ἐν τῷ νόμῳ αὐτῶν γεγραμμένος ὅτι *ἐμίσησαν με δωρεάν*. De nuevo la situación contra Cristo se contemplaba ya en la profecía. Jesús apela a un Salmo donde se lee: *"No se alegren de mí los que sin causa son mis enemigos, ni los que me aborrecen sin causa guiñen el ojo"* (Sal. 35:19), o también: *"Se han aumentado más que los cabellos de mi cabeza los que me aborrecen sin causa"* (Sal. 69:4). Sobre el Salmo escribe Hendriksen:

"El escritor del Sal. 35 ha otorgado muchos favores a los que ahora son sus enemigos. El sufrimiento de ellos había sido su sufrimiento; los pesares de ellos, sus pesares. Los había tratado como a hermanos (Sal. 35:13, 14). Pero le habían devuelto mal por bien... según el Sal, 35 los enemigos son quienes prefieren olvidar favores pasados... sus enemigos lo odian sin causa. Así también (¡solo que mucho más!) cuando los enemigos de Cristo lo repudian, a pesar de todas sus palabras de gracia y milagros de amor, lo odian sin causa"[12]

ὅτι *ἐμίσησαν με δωρεάν*. No hay duda que quienes aborrecen a Cristo, lo hacen sin razón alguna. Juan usa aquí el adverbio δωρεάν, vinculado con la raíz *regalo, don*, de manera que expresa una acción hecha *graciosamente, gratuitamente, inmerecidamente*, de ahí la traducción *sin causa*. De otro modo, expresa un odio sin causa racional alguna. En este detalle se estaba cumpliendo también la profecía que ya lo anticipaba. No quiere decir que tuviera que ser a causa de la necesidad de un cumplimiento profético, es decir, como si el odio contra Cristo fuese inevitable porque se había profetizado, sino que la profecía anticipaba la acción indigna y sin razón de los rebeldes contra Dios, que odian impíamente a quien solo es digno de ser amado.

[12] G. Hendriksen. o.c., pág. 586.

26. Pero cuando venga el Consolador, a quién yo os enviaré del Padre, el Espíritu de verdad, el cual procede del Padre, él dará testimonio acerca de mí.

Ὅταν ἔλθῃ ὁ Παράκλητος ὃν ἐγὼ πέμψω ὑμῖν παρὰ τοῦ
Cuando viniera el Consolador el que Yo enviaré a vosotros departe del
Πατρός, τὸ Πνεῦμα τῆς ἀληθείας ὃ παρὰ τοῦ Πατρὸς
Padre, el Espíritu de la verdad que de parte del Padre
ἐκπορεύεται, ἐκεῖνος μαρτυρήσει περὶ ἐμοῦ·
procede, Él testificará acerca de mí

Notas y análisis del texto griego.

Añade: Ὅταν, conjunción temporal, *cuando, siempre que, tantas veces como*; ἔλθῃ, tercera persona singular del segundo aoristo de subjuntivo en voz activa del verbo ἔρχομαι, *venir, llegar, aparecer*, aquí *viniera*; ὁ, caso nominativo masculino singular del artículo determinado *el*; Παράκλητος, caso nominativo masculino singular del nombre divino *Consolador*; ὃν, caso acusativo masculino singular del pronombre relativo *el que*; ἐγὼ, caso nominativo de la primera persona singular del pronombre personal *yo*; πέμψω, primera persona singular del futuro de indicativo en voz activa del verbo πέμπω, *enviar, comisionar*, aquí *enviaré*; ὑμῖν, caso dativo de la segunda persona plural del pronombre personal declinado *a vosotros*; παρὰ, preposición propia de genitivo *de*; τοῦ, caso genitivo masculino singular del artículo determinado *el*; Πατρός, caso genitivo masculino singular del nombre divino *Padre*; τὸ, caso nominativo neutro singular del artículo determinado *el*; Πνεῦμα, caso nominativo neutro singular del nombre divino *Espíritu*; τῆς, caso genitivo femenino singular del artículo determinado declinado *de la*; ἀληθείας, caso genitivo femenino singular del nombre común *verdad*; ὃ, caso nominativo neutro singular del pronombre relativo *el que*; παρὰ, preposición propia de genitivo *de parte de*; τοῦ, caso genitivo masculino singular del artículo determinado *el*; Πατρὸς, caso genitivo masculino singular del nombre divino *Padre*; ἐκπορεύεται, tercera persona singular del futuro de indicativo en voz activa del verbo ἐκπορεύομαι, *venir, proceder*, aquí *procede*; ἐκεῖνος, caso nominativo masculino singular del pronombre demostrativo *él*; μαρτυρήσει, tercera persona singular del futuro de indicativo en voz activa del verbo μαρτυρέω, *dar testimonio, ser testigo, testificar*, aquí *testificará*; περὶ, preposición propia de genitivo *acerca de*; ἐμοῦ, caso genitivo de la primera persona singular del pronombre personal *mí.*

Ὅταν ἔλθῃ ὁ Παράκλητος ὃν ἐγὼ πέμψω ὑμῖν παρὰ τοῦ Πατρός, τὸ Πνεῦμα τῆς ἀληθείας ὃ παρὰ τοῦ Πατρὸς ἐκπορεύεται, Jesús iba al Padre y ya no estaría en el mundo, pero no significaba que no hubiese presencia y testimonio suyo, puesto que esa sería una de las misiones del *Consolador*, a quien llama nuevamente *el Espíritu de la verdad*. Nuevamente se aprecia la *persona* del Espíritu como distinta a la del Padre y a la del Hijo. Nótese que Jesús se refiere a *el Consolador*, y dice Él lo envía y que también procede del Padre. Por tanto, el Espíritu es enviado del Padre y del Hijo. La realidad de tres personas en la Deidad se hace patente aquí. La vinculación del Espíritu con las otras dos Personas Divinas se aprecia tanto aquí como en otros lugares. El apóstol Pablo escribiendo a los romanos, dice: *"Mas vosotros no vivís según la carne, sino según el Espíritu, si es que el Espíritu de Dios mora en vosotros. Y si alguno no tiene el Espíritu de Cristo, no es de él"* (Ro. 8:9). Este versículo tiene una notoria importancia en relación con el Espíritu. Se alude a Él en tres modos. Primeramente se habla del *Espíritu*, la referencia se expresa mediante un dativo de relación, vinculando la vida del creyente con el Espíritu. Es una referencia concreta a la realidad de la Persona de Dios, el Espíritu. Es, por tanto, una de las tres Personas Divinas, y aparece vinculado a ellas en el triple nombre de la Deidad en el Nuevo Testamento (Mt. 28:19). Dios existe en su Ser Divino en tres Personas distintas, pero vitalmente unidas en el Seno Trinitario. Es la comunidad del Padre, el Hijo y el Espíritu en una misma Deidad. Cada uno de los Tres Benditos, son Dios verdadero. Ninguna de las Personas Divinas son una misma Persona, sino un mismo Ser, siendo individuales como Personas y absolutamente distintas unas de las otras. No se trata –como el Teillardismo propone- de Dios como Persona Colectiva, en la que conocemos ahora tres, pero pueden ser más. Dios nunca ha sido, ni será *Persona*, sino *Ser*, en el que subsisten eternamente tres Personas, cuyos nombres forman el nombre de Dios: el Padre, el Hijo, y el Espíritu. Por esa causa existe una notable interrelación en el Seno Trinitario, en donde el Hijo hace lo que ve hacer al Padre (5:19); el Padre juzga por medio del Hijo (5:22); el Hijo procede del Padre que le comunica cuanto tiene y hace (5:26; 6:57). El Espíritu con el calificativo *de la verdad*, y artículo determinado, es la referencia al *Consolador*, tercera Persona de la Santísima Trinidad. Por tanto, como Dios no ha sido creado, pero es enviado o procede del Padre y del Hijo, es decir, es enviado por ellos. Siendo Dios, es también Persona, esto es, una Persona Divina. Como Persona tiene capacidad para investigar y revelar (1 Co. 2:10-12), según se ha considerado anteriormente. Aquí Jesús le llama, como en otros lugares *El Consolador*, que hace referencia a quien viene al lado en misión de aliento. Aquí se le llama también *Espíritu de la verdad*, porque solo Dios es verdad y sólo Él puede determinar sin equivocaciones lo que es verdad y lo que no lo es. En el próximo capítulo se hará referencia a alguna operación del Espíritu en la aplicación de la salvación, en donde se considerarán algunos aspectos más de la Persona Divina del Espíritu Santo.

Jesús dice que el Espíritu de verdad será enviado del Padre. Por esa razón, en el texto antes citado de Romanos, se le llama también *Espíritu de Dios*, por la relación con Dios en la Trinidad, especialmente en lo que se refiere a procedencia, ser enviado del Padre. Este Espíritu hace morada en el creyente desde el momento en que cree, tomando posesión de lo que cada salvo es para Dios, un santuario espiritual, de ahí que el apóstol Pablo diga que el *Espíritu de Dios mora en vosotros*. La señal de ser cristiano es la inhabitación del Espíritu en cada creyente, produciendo Su fruto entre cuyas manifestaciones está el amor, al que Jesús dice que es la señal de identificación de Sus discípulos (13:35) y cuya manifestación y práctica establece como mandamiento (v. 12). La tercera Persona Divina, será residente, luego de ser enviado del Padre, en cada creyente, que lo santifica para una vida en la esfera del testimonio y de la obediencia, que Jesús demanda de Sus discípulos. El Espíritu es el gran don de Dios dado a todos los creyentes sin excepción (7:37-39), mediante el *envío* del Padre y del Hijo, cuya presencia llena y satura el santuario de Dios del amor divino operado por Él (Ro. 5:5). El creyente puede vivir sin la plenitud del Espíritu, pero no puede ser creyente sin el Espíritu.

Jesús dice que *enviará* el Espíritu desde el Padre, o procedente del Padre. El título que la Escritura le da de *Espíritu de Cristo*, vincula a la Tercera Persona con la Segunda. Jesús dice a los suyos que Él lo enviará, luego también es enviado por el Hijo, juntamente con el Padre.

ἐκεῖνος μαρτυρήσει περὶ ἐμοῦ· La misión que Jesús dice que será propia del Espíritu es la de dar testimonio de Él. Mediante la acción del Espíritu Santo en los discípulos, el mundo puede ver a Jesús en la vida de quienes son suyos. El testimonio de la vida de santificación no obedece al esfuerzo de los discípulos, sino a la acción poderosa del Espíritu Santo en ellos, que les conduce, no tanto a hacer, sino a *andar*, esto es, adoptar un estilo visible de vida en las obras que Dios preparó de antemano para ello (Ef. 2:10). La santificación, a la que todos somos llamados y ha de ser nuestra principal ocupación (Fil. 2:12), no es asunto de fuerzas del creyente, sino de la fuerza del Espíritu en él (Fil. 2:13).

El Espíritu Santo no solo es *Consolador*, o *Abogado*, sino también *testigo* de Jesús, y de Su causa. No es posible exhibir a Cristo en el mundo, sino es mediante la reproducción de Su vida en el creyente por la acción del Espíritu Santo. El poder del mensaje del evangelio no está en el mensaje en sí, sino en la acción del Espíritu y de Su poder persuadiendo y llamando a los hombres a salvación. En todo ello se pone de manifiesto el testimonio de Jesucristo.

27. Y vosotros daréis testimonio también, porque habéis estado conmigo desde el principio.

καὶ ὑμεῖς δὲ μαρτυρεῖτε, ὅτι ἀπ' ἀρχῆς μετ' ἐμοῦ ἐστε.
Y también vosotros testificaréis porque desde principio conmigo estáis.

Notas y análisis del texto griego.

Cerrando el párrafo, escribe: καὶ, adverbio de modo *también*; ὑμεῖς, caso nominativo de la segunda persona plural del pronombre personal *vosotros*; δὲ, partícula conjuntiva que hace las veces de conjunción coordinante, con sentido de *pero, más bien, y, y por cierto, antes bien*; μαρτυρεῖτε, segunda persona plural del presente de indicativo en voz activa o segunda persona plural del presente de imperativo en voz activa del verbo μαρτυρέω, *testificar, testimoniar, dar testimonio*, aquí *testificáis* o *testifica*, como presente proléptico *testificaréis*; ὅτι, conjunción causal *porque*; ἀπ', preposición propia de genitivo ἀπό, con el grafismo que adopta por elisión de la o final ante vocal o diptongo sin aspiración, que equivale a *de, desde, procedente de, por medio de, con, por*; ἀρχῆς, caso genitivo femenino singular del nombre común *principio*; μετ', forma escrita de la preposición de genitivo μετά, *con*, por elisión ante vocal con espíritu suave; ἐμοῦ, caso genitivo de la primera persona singular del pronombre personal *mí*; ἐστε, tercera persona plural del presente de indicativo en voz activa del verbo εἰμί, *ser, estar*, aquí *estáis*.

καὶ ὑμεῖς δὲ μαρτυρεῖτε, ὅτι ἀπ' ἀρχῆς μετ' ἐμοῦ ἐστε. Después de Su partida, Jesús tendrá dos testimonios de Él en el mundo. Por un lado el del Espíritu Santo; por otro el de los discípulos. Sobre este último son las palabras finales del capítulo. El testimonio de los hombres es siempre débil y relativo, pero unido al del Espíritu y activado por Él, se convierte en algo sobrenatural y divino. Estos discípulos podían dar testimonio de Jesús, de lo que habló y de lo que hizo, porque estuvieron con Él desde el principio.

Jesús había sido enviado del Padre para dar testimonio de la verdad y revelar al Padre (1:18). Este Jesús ascendido y glorificado como Señor y Salvador, vivirá en cada creyente y la acción del Espíritu permitirá a cada salvo ser testigo de Jesucristo. El testimonio del Padre había sido dado no tanto por *medio de* Cristo, como agente instrumental, sino *en* Cristo, como expresión suprema de la revelación de Dios, porque en Él habita corporalmente toda la plenitud de la Deidad. Por esa razón había dicho antes a Felipe: *"El que me ha visto a mí ha visto al Padre"* (14:9). El Nuevo Testamento le da el título de *"El testigo fiel y verdadero"* (Ap. 3:14). Su ministerio de testimonio es evidente, como dirá a Pilato: *"Para esto he nacido, y para esto he venido al mundo, para dar testimonio a la verdad"* (18:37). El testimonio de santidad y justicia que se manifestaba en la Ley, es llevado a la expresión absoluta en Jesús, que se sujeta a la voluntad de Dios en todo (4:34), y cuya vida es absolutamente santa (8:46). El testimonio de la gloria y del poder de Dios, fue manifestada en los milagros y también en la transfiguración (2 P. 1:16-17). El amor infinito de Dios es testimonio de Jesús, puesto que el Verbo hecho carne, puso Su tabernáculo entre los hombres para alcanzar a quienes no tenían derecho alguno (1:14).

Este testimonio de Jesús, por identificación con los creyentes, pasa a ser también testimonio de estos. Dios llamó a este pueblo (Ro. 8:30), lo salvó (Ef. 2:8-9), lo regeneró (Tit. 3:5), lo santificó (1 P. 1:2); y lo capacitó para ello (Ro. 8:9). Este compromiso convierte en testigos a todos los que están en Cristo, y Jesús les dice *"y vosotros daréis testimonio también"*. Donde hay un cristiano debe haber un testigo. Testificar es la obligación universal a todos los cristianos.

La capacitación para el testimonio se enseña en el Nuevo Testamento. Cada creyente está en posesión del testimonio: *"El que cree en el Hijo de Dios, tiene el testimonio en sí mismo"* (1 Jn. 5:10). Este testimonio está ligado al mensaje de vida eterna: *"Y este es el testimonio: que Dios nos ha dado vida eterna; y esta vida está en su Hijo. El que tiene al Hijo, tiene la vida; el que no tiene al Hijo de Dios no tiene la vida* (1 Jn. 5:11-12). Este testimonio está ligado, como dice el Señor, al Espíritu Santo: *"pero cuando venga el Consolador, a quien yo os enviaré del Padre, el Espíritu de verdad, el cual procede del Padre, El dará testimonio acerca de mí. Y vosotros daréis testimonio también, porque habéis estado conmigo desde el principio"*. El Espíritu preserva el testimonio para que sea preciso, como dirá luego *"Pero cuando venga el Espíritu de verdad, Él os guiará a toda verdad; porque no hablará por su propia cuenta, sino que hablará todo lo que oyere, y os hará saber todas las cosas que habrán de venir. Él me glorificará; porque tomará de lo mío, y os lo hará saber"* (16: 13-14). El testimonio es el resultado conjunto entre Dios y el instrumento testificante, que es el creyente: *"Y nosotros somos testigos suyos de estas cosas, y también el Espíritu Santo, el cual ha dado Dios a los que le obedecen"* (Hch. 5:32). Jesús les pone delante la perspectiva de un ministerio testimonial que hable al mundo de quien había venido del cielo para salvar a los perdidos, que había regresado al cielo como exaltado sobre todo y sobre todos, y que ofrece salvación a cuantos acepten por la fe Su Persona y confíen en Su obra.

Concluido el comentario al capítulo, se destacan algunas aplicaciones personales contenidas en él. Primeramente el hecho espiritual de haber sido injertados en la vid verdadera que es Cristo, produce los recursos de vida nueva para vivir conforme al propósito de Dios que es el de llevar fruto. Él no se conforma con *algo* de fruto, sino que su propósito es *más fruto, mucho fruto*. Esto no se consigue por esfuerzo personal del sarmiento, en que estamos simbolizados cada uno de nosotros, es la provisión divina en la savia de la vid verdadera, que alimenta, nutre y produce el fruto en cada uno de los pámpanos. Negarse a fructificar es un pecado voluntario que afecta la vida de los creyentes y pone de manifiesto la falta de comunión con el Señor. Dios puede actuar, y de hecho actúa, en juicio, no de condenación, para quienes se mantienen en el pecado de desobediencia. La disciplina de Dios contra esta condición puede ser grave y afectar incluso la vida física del creyente. La idea de una pérdida de la razón de ser del cristiano, deja al creyente sin fruto que poner delante de Aquel que se hizo hombre para que con Su vida pudiésemos ser salvos y convertirnos en instrumentos para gloria de Dios. La operación de la gracia para fortalecernos de modo que llevemos fruto, consiste muchas veces en modos de reconducción, que nos hace pasar por dificultades y tribulaciones para sacar de nosotros lo que impide la correcta relación con Dios, a fin de que si llevamos poco fruto alcancemos a llevar mucho, ejecutando el programa que Él ha determinado para los suyos. No permanecerán las pruebas purificadoras en nuestra vida más allá del tiempo justo para producir el efecto de purificar nuestra fe, haciéndola enriquecida para que glorifiquemos a Dios.

El mandamiento del amor fraterno es otra de las lecciones capitales del pasaje. El creyente tiene una permanente deuda de amor con sus hermanos, con el prójimo y con el mundo. Con sus hermanos para edificación, con el prójimo para ayuda, y con el mundo para alcanzarlo con el mensaje de salvación. La relación con los hermanos es la piedra de toque para conocer la realidad y consistencia de nuestro amor. No nos pide el Señor otra cosa que obedecer lo que nos demanda y lo que establece en el pasaje es el mandamiento del amor. Nadie puede decir que ama a Dios si no ama a su hermano. Algunos aman entrañablemente la doctrina, pero en ella está puesto como de primer orden amar a los hermanos. Esta es además la señal evidente de haber nacido de nuevo (1 Jn. 2:9).

Finalmente la enseñanza sobre los conflictos en el mundo, debiera hacernos sentir el gozo de que por ellos tenemos la confianza de ser hijos de Dios. Es una vida de seguimiento al que fue despreciado y desechado entre los hombres, al admirable varón de dolores, experimentado en quebranto. Dios nos concede en Su gracia dos grandes bendiciones, por un lado la salvación eterna, por otro la concesión divina de padecer por Cristo (Fil. 1:29). Los sufrimientos parecerán intensos y de larga duración, pero son tribulaciones transitorias que generan en nosotros un cada vez más excelente y eterno peso de gloria (2 Co. 4:17).

CAPÍTULO XVI

LAS ÚLTIMAS ENSEÑANZAS

Introducción.

Con el capítulo se cierran las enseñanzas de Jesús. Aquí concluyen las palabras a los discípulos luego de la última cena con ellos. Ya se habían levantado de ella e iban a salir hacia Getsemaní, pero el Maestro ocupa un corto tiempo para darles palabras no solo de enseñanza, sino también de aliento. Desea que los suyos afronten los difíciles momentos que van a seguir, con la certeza de que la Cruz no es el final, sino el principio de una vida gloriosa para el Señor, que regresa al lugar de donde había venido, y para ellos que reorientarán su mirada, no hacia los acontecimientos e incluso la adversidad inmediata y futura, sino hacia la esperanza que es Cristo en ellos.

Probablemente la primera parte del capítulo (vv. 1-6), sería mejor unirla al anterior, ya que sigue el mismo tema. Jesús sigue hablándoles del conflicto que tendrían con el mundo. La Iglesia, separada del mundo para Dios, no puede esperar otra cosa que el odio del mundo, ya demostrado contra Jesús. Los cristianos no podían, ni pueden, esperar un ambiente de popularidad, porque la vida cristiana *no es distinta*, ni siquiera *diferente* a la del mundo, sino *contraria*, por propio principio. El mundo se niega a reconocer a Dios en Cristo, a la revelación de Él en el Hijo, por tanto, negando a Jesús, niegan también al Padre y entran en confrontación con quienes creen en Él. A estas advertencias de dificultades en el mundo, se aprecia la tristeza de los discípulos que no son capaces de remover, por eso Jesús retoma el sensible tema de Su ausencia. Ellos sabían que se iba y la tristeza les embargaba.

La perspectiva de soledad sin el Maestro, va a ser tratada por medio de un mensaje alentador que les recuerda la promesa hecha poco antes del envío del *Consolador*, para que esté con ellos para siempre (vv. 7-14). A los cristianos se les encomienda un ministerio de testimonio (15:27), siempre difícil en un mundo opuesto abiertamente al mensaje de Dios y cerrado a Su luz. Convencerles de la situación en que se encuentran y hacerlo con eficacia, supera en todo las posibilidades humanas, pero Jesús les habla del trabajo de convicción puesto en manos del Espíritu Santo que les sería enviado (vv. 8-11). El ministerio del Consolador con los creyentes es primeramente conducirlos a toda la verdad. Jesús vincula Su Persona con la verdad y lo mismo hace con Sus palabras. La interpretación de las verdades fundamentales en la enseñanza de Jesús, queda encomendada al Espíritu, que guiará a los apóstoles y profetas en el entendimiento de *toda* la verdad para enseñarla y escribirla a los nuevos discípulos. El segundo ministerio es de revelación, haciéndoles conocer *las cosas que habrán de venir* (v. 13). La escatología queda asegurada en vinculación con quien es el *autor divino* de la Escritura, revelador y conductor de los profetas (2 Ti. 3:16; 2 P. 1:21). Pero, además la misión del Espíritu no es glorificarse a Él, sino glorificar a Cristo, tomando de lo Suyo y dándolo a conocer.

Finalmente Cristo retoma el tema de *su ausencia* y de *su regreso* (vv. 16-31). La tristeza les invadiría por un breve tiempo, pero sería transformada en alegría con la resurrección y la manifestación a ellos. Este gozo se torna también en firme esperanza. Cuando Él estaba con ellos, no tenían necesidad de pedir nada, porque Jesús resolvía cualquier problema, ahora, en Su ausencia les garantiza la respuesta a cuanto pidan en Su nombre (vv. 23-24). La enseñanza parabólica dará paso a la enseñanza directa que queda en manos del Espíritu Santo. Esta condicionará también las oraciones de ellos para que reciban respuesta positiva a cuanto pidan directamente al Padre (vv. 25-28). En medio del aliento otro anuncio difícil de asumir para los discípulos: todos ellos le abandonarían aquella noche (v. 32). El regalo de la paz y la seguridad de victoria, cierran las palabras de enseñanza de Jesús (v. 33).

El bosquejo analítico para el estudio del capítulo es el que se ha dado en la introducción, como sigue:

8.4. Advertencias de conflictos (16:1-6).
8.5. Obra del Espíritu (16:7-15).
9. Enseñanzas de Jesús sobre su regreso (16:16-33).

Advertencias de conflictos (16:1-6).

1. Estas cosas os he hablado, para que no tengáis tropiezo.

Ταῦτα	λελάληκα	ὑμῖν	ἵνα	μὴ	σκανδαλισθῆτε.
Estas cosas	he hablado	os	para que	no	tengáis tropiezo.

Notas y análisis del texto griego.

Introduciendo el párrafo, escribe: Ταῦτα, caso acusativo neutro plural del pronombre demostrativo *estos*, en sentido de *estas cosas*; λελάληκα, primera persona singular del perfecto de indicativo en voz activa del verbo λέγω, *hablar, decir*, aquí *he hablado*; ὑμῖν, caso dativo de la segunda persona plural del pronombre personal declinado *a vosotros, os*; ἵνα, conjunción causal *para que*; μὴ, partícula que hace funciones de adverbio de negación *no*; σκανδαλισθῆτε, segunda persona plural del aoristo primero de subjuntivo en voz activa del verbo σκανδαλίζω, *escandalizar, ser/tener tropiezo*, aquí *tengáis tropiezo*.

Ταῦτα λελάληκα ὑμῖν ἵνα μὴ σκανδαλισθῆτε. Los conflictos y los problemas que debían esperar los discípulos en el mundo habían sido anunciados por el Señor. *"Estas cosas"* se refiere a las últimas palabras del capítulo anterior (15:18-27). Los problemas que iban a surgir y que tendrían que afrontar, podrían ser causa de tropiezo, literalmente *de escándalo*. Es la única vez que Juan usa este verbo, a diferencia de Mateo que lo hace con frecuencia. Muchas veces se aplica a quienes abandonan la fe. Tal vez, sin la advertencia de Cristo, considerarían ilógico lo que les ocurriría y estarían propensos a sentir aflicción de espíritu por falta de comprender la razón de las persecuciones y angustias que vivirían en el mundo. Para algunos sería como algo sorprendente, que les turbaría y quitaría el gozo. Eso debía ser aprendido de las palabras del Maestro. Ellos podrían advertir en el futuro a los hermanos que estuviesen en una situación de persecución y angustia y decirles *"Amados, no os sorprendáis del fuego de prueba que os ha sobrevenido, como si alguna cosa extraña os aconteciese, sino gozaos por cuanto sois participantes de los padecimientos de Cristo"* (1 P. 4:12, 13), para recordarles que *"si sois vituperados por el nombre de Cristo, sois bienaventurados, porque el glorioso Espíritu de Dios reposa sobre vosotros"* (1 P. 4:14). La enseñanza de Jesús iba a hacer ese efecto en los discípulos y luego, por la enseñanza de ellos, en todos los creyentes. El propósito de las palabras del Maestro es que los sucesos futuros y la tribulación no los tomase por sorpresa.

2. Os expulsarán de las sinagogas; y aún viene la hora cuando cualquiera que os mate, pensará que rinde servicio a Dios.

ἀποσυναγώγους ποιήσουσιν ὑμᾶς· ἀλλ' ἔρχεται ὥρα ἵνα
Expulsados de las sinagogas harán os; y aún viene hora que
πᾶς ὁ ἀποκτείνας ὑμᾶς δόξῃ λατρείαν προσφέρειν τῷ Θεῷ.
todo el que mate os pensara servicio ofrecer - a Dios.

Notas y análisis del texto griego.

Continúan las palabras de Jesús: ἀποσυναγώγους, caso acusativo masculino plural del adjetivo *expulsados de las sinagogas*; ποιήσουσιν, tercera persona plural del futuro de indicativo en voz activa del verbo ποιέω, *hacer, realizar, producir, cometer*, aquí *harán*; ὑμᾶς, caso acusativo de la segunda persona plural del pronombre personal *a vosotros, os*; ἀλλ', forma escrita ante vocal de la conjunción coordinada, no adversativa ἀλλά que significa *y aún, mas aún, todavía más*; ἔρχεται, tercera persona singular del presente de indicativo en voz media del verbo ἔρχομαι, *venir, aparecer, llegar*, aquí *viene*; ὥρα, caso nominativo femenino singular del nombre común *hora*; ἵνα, conjunción *que*; πᾶς, caso nominativo masculino singular del adjetivo indefinido *todo*; ὁ, caso nominativo masculino singular del artículo determinado *el*; ἀποκτείνας, caso nominativo masculino singular del participio del aoristo primero en voz activa del verbo ἀποκτείνω, *matar, quitar la vida*, aquí *que mate*; ὑμᾶς, caso acusativo de la segunda persona plural del pronombre personal declinado *a vosotros, os*; δόξῃ, tercera persona singular del aoristo primero de subjuntivo en voz activa del verbo δοκέω, *pensar, considerar, parecer*, aquí *pensara*; λατρείαν, caso acusativo femenino singular del nombre común *servicio, servicio de culto*; προσφέρειν, presente de infinitivo en voz activa del verbo προσφέρω, *ofrecer, presentar*; τῷ, caso dativo masculino singular del artículo determinado *el*; Θεῷ, caso dativo masculino singular del nombre divino declinado *a Dios*.

ἀποσυναγώγους ποιήσουσιν ὑμᾶς· Se ha considerado el sentido de ser expulsado de la sinagoga, cuando se comentó el caso de la curación del ciego de nacimiento (9:22, 34)[1]. De modo que Jesús les advierte sobre el trato que le dispensarán los que tienen autoridad religiosa. Tal vez comience el proceso por ser azotados en las sinagogas (Mt. 10:17), pero luego, llegará la ejecución de la sentencia de *excomunión del pueblo y ciudadanía de Israel*. La determinación de los líderes religiosos de aquellos días contra quienes confesasen que Jesús era el Mesías, consistía en despojarle de todos sus derechos y, como se consideró antes, convertirlo en un proscrito social. Esto suponía generalmente la pérdida de todo medio de trabajo, ser puestos bajo la mirada de todos hasta el punto de exiliarse con toda la familia a causa de ello, e incluso ser privados de una sepultura decente.

ἀλλ' ἔρχεται ὥρα ἵνα πᾶς ὁ ἀποκτείνας ὑμᾶς δόξῃ λατρείαν προσφέρειν τῷ Θεῷ. La frase se introduce por medio de la partícula ἀλλα, que en esta ocasión no es la conjunción adversativa, sino que confiere a lo que sigue la idea de algo que viene con las acepciones de *aún, aún más, y más*. Los perseguidores, fanáticos religiosos, no tienen contentamiento con hacer un proscrito de un justo, un indigno a ojos de los hombres de un honrado delante de Dios. No les llegará esto sino que desearán, como es propio de su padre Satanás, quitarle la vida. Rodeados de una aureola piadosa, buscan justificar la muerte del justo como si se tratase de un servicio de culto que se rinde a Dios. Aquellos perversos de los tiempos de Jesús, entregarán a la muerte al Hijo de Dios en manos de paganos, para *"no contaminarse y poder comer la pascua"* (18:28). No cabe duda que muchas muertes de

[1] Ver comentario a 9:22, 34.

cristianos ocurrirán, en el decurso del tiempo de la Iglesia, a manos de idólatras, adoradores de dioses falsos. Para estos los cristianos eran *paganos*, porque adoraban a un solo Dios, invisible y sin representación material como los suyos. Llenos de odio feroz contra el verdadero Dios, condenaban a muerte, en nombre de sus dioses, a quienes eran siervos del único y verdadero Dios. En las orgías de sus fiestas idolátricas, se entretenían poniendo en la arena de los anfiteatros a grupos de cristianos para ser pasto de las fieras. Otras veces decenas de nuestros hermanos en Cristo fueron atados a mástiles, untados de brea, para ser quemados en los jardines del palacio imperial. De los apóstoles se dice que Santiago el Mayor fue muerto a espada por orden del rey Herodes Antipas (Hch. 12:2). A Pedro le anunció Jesús que moriría a manos de Sus enemigos (21:19). No podemos afirmar con el texto Bíblico como murieron los demás apóstoles, aunque la tradición histórica afirma que todos sufrieron muerte violenta. Una de éstas tiene que ver con el apóstol Juan, el único que según la historia eclesiástica no murió ejecutado, en la que se cuenta que el emperador romano ordenó introducirlo en una caldera de aceite hirviendo, de la que salió indemne. Más grave es la muerte de cristianos por cristianos. Jerarcas religiosos de todas las llamadas *iglesias cristianas*, han condenado a muerte, torturado y ejecutado a muchos fieles creyentes en Cristo por el único delito de discrepar en pensamiento o en prácticas religiosas. Estas muertes ocurrieron bajo el cinismo horrendo de hacerlo para honrar a Dios en una especie de mal llamada *latría*[2], que es la palabra que aparece en el texto griego. Así escribe el Dr. Lacueva:

"Ya sea, pues, en el nombre de muchos dioses (recuérdese que al emperador romano se le concedían honores divinos), ya sea, lo que es peor, en nombre del Dios verdadero, los verdaderos seguidores de Cristo han sufrido cruel persecución, increíbles tormentos y sañuda muerte. Es terrible que el trabajo del diablo se haya llevado a cabo, muchas veces, bajo la librea de Dios, y que se haya patrocinado la enemistad contra la religión con el pretexto de cumplir con los más sagrados deberes religiosos. Esto no rebaja la culpabilidad de los perseguidores, pero añade nueva amargura a los padecimientos de los fieles perseguidos, al saber que mueren como si fueran enemigos de Dios"[3].

El diablo ha ido cambiando de forma de persecución, haciéndola más sutil, pero no menos dolorosa. Muchos fieles hombres de Dios, han sido expulsados del ámbito de sus iglesias por el fanatismo de jerarcas

---

[2] *Latría*, reverencia, culto y adoración que solo se debe a Dios.

[3] F. Lacueva. o.c., pág. 407.

evangélicos que buscan su gloria personal, envolviéndose en el manto hipócrita de la peor mentira y de la mayor y malsana intención, buscando cubrir su envidia como una defensa a la integridad de la fe y a la defensa de lo que ellos llaman *sana doctrina*. La persecución que Jesús anuncia a los suyos permanecerá en la historia de la Iglesia hasta que el Señor la recoja a Su presencia.

3. Y harán esto porque no conocen al Padre ni a mí.

καὶ ταῦτα ποιήσουσιν ὅτι οὐκ ἔγνωσαν τὸν Πατέρα οὐδὲ ἐμέ.
Y esto harán porque no conocieron al Padre ni a mí.

Notas y análisis del texto griego.

Indicando la causa de lo dicho, escribe: καὶ, conjunción copulativa *y*; ταῦτα, caso acusativo neutro plural del pronombre demostrativo *estos*, en sentido de *estas cosas, esto*; ποιήσουσιν, tercera persona plural del futuro de indicativo en voz activa del verbo ποιέω, *hacer, realizar, producir, cometer*, aquí *harán*; ὅτι, conjunción causal *porque*; οὐκ, forma escrita del adverbio de negación *no*, con el grafismo propio ante una vocal con espíritu suave o una enclítica; ἔγνωσαν, tercera persona plural del aoristo segundo de indicativo en voz activa del verbo γινώσκω, *saber, conocer, entender*, aquí *conocieron*; τὸν, caso acusativo masculino singular del artículo determinado declinado *al*; Πατέρα, caso acusativo masculino singular del nombre divino *Padre*; οὐδὲ, conjunción *ni*; ἐμέ, caso acusativo de la primera persona singular del pronombre personal declinado *a mí*.

καὶ ταῦτα ποιήσουσιν ὅτι οὐκ ἔγνωσαν τὸν Πατέρα οὐδὲ ἐμέ. La causa de la persecución a los discípulos obedece al desconocimiento del Padre y de Su Hijo. No se trata de un mero conocimiento intelectual o teológico, sino de vida y unidad. Quien desconoce a Dios se olvida de que Él es amor (1 Jn. 4:8, 16). Quien desconoce a Cristo se olvida que el mandato prioritario que estableció para identificar a los creyentes es el del amor fraterno. Desconocer a Dios en la intimidad vital y desconocer a Cristo en la conformación con Él, trae necesariamente la incomprensión, el desprecio y el odio contra quienes viven en ellos la vida de Dios. Hubo, tanto entre judíos como entre cristianos, quienes tomaron textos bíblicos que justifican la muerte de falsos profetas y falsos creyentes, como la muerte de perversos israelitas a manos de los levitas por haber pecado gravemente (Ex. 32:25-28); contra los falsos videntes (Dt. 13:1-5); idólatras (Dt. 17:7), para justificar el dar muerte a quienes, según ellos, no eran dignos de vivir. El apóstol Pablo fue uno de estos, quien antes del encuentro con Cristo y de su conversión, buscaba a los cristianos para encarcelarlos e incluso consentía en la muerte de alguno de ellos, porque, según su testimonio *"había creído mi deber hacer muchas cosas contra el nombre de Jesús"* (Hch. 26:9). Los discípulos no debían temer de lo que pudiera sobrevenirles en esto, porque el Espíritu, les haría recordar palabras de Jesús, que dijo: *"Bienaventurados sois cuando por mi causa os vituperen y os persigan, y digan toda clase de mal contra vosotros, mintiendo. Gozaos y alegraos, porque vuestro galardón es grande en los cielos; porque así persiguieron a los profetas que fueron antes de vosotros"* (Mt. 5:11-12). Nadie puede conocer al Padre sin conocer al Hijo, que lo revela, por consiguiente, quien no conoce a Cristo, no conoce a Dios.

4. Mas os he dicho estas cosas, para que cuando llegue la hora, os acordéis de que ya os lo había dicho. Esto no os lo dije al principio, porque yo estaba con vosotros.

ἀλλὰ ταῦτα λελάληκα ὑμῖν ἵνα ὅταν ἔλθῃ ἡ ὥρα αὐτῶν
Pero estas cosas he hablado os para que cuando venga la hora de ellas
μνημονεύητε αὐτῶν ὅτι ἐγὼ εἶπον ὑμῖν. Ταῦτα δὲ ὑμῖν ἐξ
recordéis que de ellas yo dije os. Pero esto os desde
ἀρχῆς οὐκ εἶπον, ὅτι μεθ' ὑμῶν ἤμην.
principio no dije, porque con vosotros estaba.

Notas y análisis del texto griego.

Sin interrupción en el tema, añade: ἀλλὰ, conjunción adversativa *pero*; ταῦτα, caso acusativo neutro plural del pronombre demostrativo *estos*, en sentido de *estas cosas*; λελάληκα, primera persona singular del perfecto de indicativo en voz activa del verbo λαλέω, *hablar, decir*, aquí *he hablado*; ὑμῖν, caso dativo de la segunda persona plural del pronombre personal declinado *a vosotros, os*; ἵνα, conjunción causal *para que*; ὅταν, conjunción temporal, *cuando, siempre que, tantas veces como*; ἔλθῃ, tercera persona singular del aoristo segundo de subjuntivo en voz activa del verbo ἔρχομαι, *venir, llegar*, aquí *venga*; ἡ, caso nominativo femenino singular del artículo determinado *la*; ὥρα, caso nominativo femenino singular del nombre común *hora*; αὐτῶν, caso genitivo neutro plural del pronombre demostrativo declinado *de ellos*; μνημονεύητε, segunda persona plural del presente de subjuntivo en voz activa del verbo μνημονεύω, *recordar,* aquí *recordéis*; αὐτῶν, caso genitivo neutro plural del pronombre demostrativo declinado *de ellos*; ὅτι, conjunción *que*; ἐγὼ, caso nominativo de la primera persona plural del pronombre personal *yo*; εἶπον, primera persona singular del segundo aoristo de indicativo en voz activa del verbo εἶπον, forma del aoristo de λέγω, *hablar, decir*, aquí *dije*; ὑμῖν, caso dativo de la segunda persona plural del pronombre personal *a vosotros, os*; ταῦτα, caso acusativo neutro plural de pronombre demostrativo *estos*, en sentido de *estas cosas*; δὲ, partícula conjuntiva que hace las veces de conjunción coordinante, con sentido de *pero, más bien, y, y por cierto, antes bien*; ὑμῖν, caso dativo de la segunda persona plural del pronombre personal *a vosotros, os*; ἐξ, forma escrita que adopta la preposición de genitivo ἐκ, delante de vocal y que significa *de*; ἀρχῆς, caso genitivo femenino singular del nombre común *principio*; οὐκ, forma escrita del adverbio de negación *no*, con el grafismo propio ante una vocal con espíritu suave o una enclítica; εἶπον, primera persona singular del segundo aoristo de indicativo en voz activa del verbo εἶπον, forma del aoristo de λέγω, *hablar, decir*, aquí *dije*; ὅτι, conjunción *que*; μεθ', forma escrita ante vocal aspirada de la preposición de genitivo μετά, *con*; ὑμῶν, caso genitivo de la segunda persona plural del pronombre personal *vosotros*; ἤμην, primera persona plural del imperfecto de indicativo en voz media del verbo εἰμί, *ser, estar*, aquí *estaba*.

ἀλλὰ ταῦτα λελάληκα ὑμῖν ἵνα ὅταν ἔλθῃ ἡ ὥρα αὐτῶν μνημονεύητε αὐτῶν ὅτι ἐγὼ εἶπον ὑμῖν. Jesús tenía un propósito al hablarles de todas aquellas cosas, especialmente de los tiempos de aflicciones que debían esperar. No era para que se conturbaran, sino todo lo contrario, para que cuando se produjesen recordasen que ya se las había anunciado el Maestro. Las dificultades no debían tomarlos por sorpresa porque el Señor se lo había dicho antes de Su partida. En las persecuciones apreciarían también quien era verdaderamente, el Verbo, que conocía todas las cosas que en el futuro iban a suceder. Eso confirmaría su fe y podrían decir como el apóstol Pablo: *"Yo se a quien he creído"* (2 Ti. 1:12).

Ταῦτα δὲ ὑμῖν ἐξ ἀρχῆς οὐκ εἶπον, ὅτι μεθ' ὑμῶν ἤμην. No les había hablado antes de estas cosas porque no era necesario, ya que Jesús estaba con ellos y les guardaba, orientaba y conducía día a día. Pero, ahora llegaba el tiempo en que no iba a estar presente físicamente como hasta allí. Los discípulos tendrían que afrontar solos las dificultades cotidianas, si bien el Espíritu Santo estaría con ellos al ser enviado del Padre y del Hijo. Durante todo el tiempo de Su ministerio, el Señor atrajo sobre sí las acciones de Sus enemigos, pero, desde ahí en adelante quienes le odiaban y procuraban Su muerte, se volverán hacia los que le siguen.

5. Pero ahora voy al que me envió; y ninguno de vosotros me pregunta: ¿A dónde vas?

Νῦν δὲ ὑπάγω πρὸς τὸν πέμψαντα με, καὶ οὐδεὶς ἐξ ὑμῶν
Pero ahora voy al que envió me; y ninguno de vosotros
ἐρωτᾷ με· ποῦ ὑπάγεις
pregunta me: ¿Adónde vas?

Notas y análisis del texto griego.

Sin solución de continuidad, escribe: Νῦν, adverbio demostrativo *ahora*; δὲ, partícula conjuntiva que hace las veces de conjunción coordinante, con sentido de *pero, más bien, y, y por cierto, antes bien*; ὑπάγω, primera persona singular del presente de indicativo en voz activa del verbo ὑπάγω, *ir*, aquí *voy*; πρὸς, preposición propia de acusativo *a*; τὸν, caso acusativo masculino singular del artículo determinado *el*; πέμψαντα, caso acusativo masculino singular del participio del aoristo primero de indicativo en voz activa del verbo πέμπω, *enviar, encomendar*, aquí *que envió*; με, caso acusativo de la primera persona singular del pronombre personal declinado *a mí, me*; καὶ, conjunción copulativa *y*; οὐδεὶς, caso nominativo masculino singular del pronombre indefinido *ninguno*; ἐξ, forma escrita que adopta la preposición de genitivo ἐκ, delante de vocal y que significa *de*; ὑμῶν, caso nominativo plural del pronombre indefinido *vosotros*; ἐρωτᾷ, tercera persona singular del presente de indicativo en oz activa del verbo ἐρωτάω, *preguntar, inquirir*, aquí *pregunta*; με, caso acusativo de la primera persona singular del pronombre personal declinado *a mí, me*; ποῦ, adverbio interrogativo *adonde*; ὑπάγεις, segunda persona singular del presente de indicativo en voz activa del verbo ὑπάγω, *ir, salir, partir, marchar*, aquí *vas*.

Νῦν δὲ ὑπάγω πρὸς τὸν πέμψαντα με, De nuevo les recuerda que todo cuanto va a ocurrir es la puerta de retorno al Padre que la había enviado. Su tiempo de ministerio había terminado. La Cruz se alzaba delante en la que daría Su vida para salvar al mundo. El tiempo no era lejano o próximo era *ahora*. Había llegado Su hora y lo determinado por Dios se cumplía inexorablemente conforme a lo que eternamente había sido establecido. Esta advertencia sobre Su partida está reiterada en el *Evangelio* (7:33; 13:3; 14:2, 4, 12, 28). El regreso al Padre, aunque vinculado a los sufrimientos que venían, no es algo forzoso, sino voluntario, tanto por parte del Padre que le envió, como de Él que vino.

καὶ οὐδεὶς ἐξ ὑμῶν ἐρωτᾷ με· ποῦ ὑπάγεις. En lugar de gozarse por la exaltación que les anunciaba Jesús de Él mismo, al volver al Padre que le había enviado, el ánimo de ellos se debilita y la tristeza llena sus corazones. ¿Habían llegado a la convicción y certeza del destino del Señor en Su partida? Anteriormente le preguntaron adónde iba e incluso Tomás le dijo que no conocían el camino para ir ese lugar (14:5). Realmente los discípulos estaban más preocupados por las advertencias sobre las aflicciones y conflictos de los que el Señor les había hablado, que por el lugar a donde Él iba. Posiblemente un sentimiento de derrota llenaba sus ánimos. Le habían seguido ilusionados y pareciera que todo aquello había sido inútil. No hay, pues, lugar para preguntarle nada de a dónde iba. Había llegado el segundo estadio de la relación de Jesús con los discípulos. El primero podría denominarse *visible-pasible*, estuvo con ellos, lo vieron, caminaron a Su lado, escucharon Sus enseñanzas, vieron Sus prodigios y termina en la *pasión y muerte*. El segundo sería el *visible-impasible*, que va desde la resurrección hasta la ascensión, en que está ocasionalmente con los discípulos, le ven, escuchan Sus palabras, y ya los sufrimientos han terminado para siempre, concluyendo con la ascensión a los cielos. El tercer nivel sería el *invisible-impasible*, que sigue a la ascensión en donde Jesús deja de verse físicamente y ya no puede volver a padecer. Los discípulos muy bien pudieron haberle preguntado por esas etapas que venían, pero guardaron silencio, estaban impactados por lo que iba a ocurrir con ellos.

6. Antes, porque os he dicho estas cosas, tristeza ha llenado vuestro corazón.

ἀλλ' ὅτι ταῦτα λελάληκα ὑμῖν ἡ λύπη πεπλήρωκεν ὑμῶν
Pero porque estas cosas he hablado os la tristeza ha llenado de vosotros
τὴν καρδίαν.
el corazón.

Notas y análisis del texto griego.

Añade Jesús: ἀλλ', forma escrita ante vocal de la conjunción adversativa ἀλλά que significa *pero*, *sino*; ὅτι, conjunción causal *porque*; ταῦτα, caso acusativo neutro plural del pronombre demostrativo *estos*, en sentido de *estas cosas*; λελάληκα, primera persona singular del perfecto de indicativo en voz activa del verbo λαλέω, *hablar, decir*, aquí *he hablado*; ὑμῖν, caso dativo de la segunda persona plural del pronombre personal declinado *a vosotros, os*; ἡ, caso nominativo femenino singular del artículo definido *la*; λύπη, caso nominativo femenino singular del nombre común *tristeza*; πεπλήρωκεν, tercera persona singular del perfecto de indicativo en voz activa del verbo πληρόω, *llenar, colmar, saturar*, aquí *ha llenado*; ὑμῶν, caso genitivo de la segunda persona plural del pronombre personal declinado *de vosotros*; τὴν, caso acusativo femenino singular del artículo determinado *la*; καρδίαν, caso acusativo femenino singular del nombre común *corazón*.

ἀλλ' ὅτι ταῦτα λελάληκα ὑμῖν ἡ λύπη πεπλήρωκεν ὑμῶν τὴν καρδίαν. Los discípulos habían centrado su atención en las advertencias del conflicto que vendrían contra ellos, pero olvidaban absolutamente las bendiciones que la obra de Cristo les reportaría. Jesús les dice que la tristeza había sustituido al gozo. No estaban un poco entristecidos, sino que había llenado totalmente el corazón. Todos ellos, en mayor o menor grado ansiaban la instauración del reino mesiánico, o como solía llamarse entre ellos, *el Reino de los Cielos*. Poco tiempo antes, dos de ellos habían buscado dos puestos de honor junto al Rey, uno a Su derecha y otro a Su izquierda. Con toda seguridad Judas había cifrado sus ilusiones en las prebendas que podría obtener como amigo del Rey. Todo aquello estaba cayendo delante de ellos. No les esperaba gloria, sino sufrimiento; paz, sino inquietud; seguridad, sino peligro. La tristeza les había llenado completamente. Así escribía el Dr. Lacueva: *"No hay cosa que tanto dañe a nuestro gozo en Dios, como el amor del mundo (1 Jn.2:15-17); y no hay cosa, por consiguiente, que nos deprima tanto como la tristeza del mundo (2 Co. 7:10b)"*[4]. Los discípulos no pensaban sino en la partida de Jesús, pero no en las consecuencias que traería para ellos. La tristeza se había instalado en ellos y los abrumaba, mientras se olvidaban que el reino de Cristo no era de este mundo, pero era de ellos.

Obra del Espíritu (16:7-15).

7. Pero yo os digo la verdad: Os conviene que yo me vaya; porque si no me fuera, el Consolador no vendría a vosotros; mas si me fuere, os lo enviaré.

ἀλλ᾽ ἐγὼ τὴν ἀλήθειαν λέγω ὑμῖν, συμφέρει ὑμῖν ἵνα ἐγὼ
Pero Yo a la verdad digo os, conviene os que Yo
ἀπέλθω. ἐὰν γὰρ μὴ ἀπέλθω, ὁ Παράκλητος οὐκ ἐλεύσεται
me vaya, Porque si no, me fuera el Consolador no vendría
πρὸς ὑμᾶς· ἐὰν δὲ πορευθῶ, πέμψω αὐτὸν πρὸς ὑμᾶς.
a vosotros. Pero si me fuere, enviaré le a vosotros.

Notas y análisis del texto griego.

Introduciendo un nuevo párrafo, escribe: ἀλλ᾽, forma escrita ante vocal de la conjunción adversativa ἀλλά que significa *pero, sino*; ἐγὼ, caso nominativo de la primera persona singular del pronombre personal *yo*; τὴν, caso acusativo femenino singular del artículo determinado declinado *a la*; ἀλήθειαν, caso acusativo femenino singular del nombre común *verdad*; λέγω, primera persona singular del presente de indicativo en voz activa del verbo λέγω, *hablar, decir*, aquí *digo*; ὑμῖν, caso dativo de la segunda persona plural del pronombre personal declinado *a vosotros, os*; συμφέρει, tercera persona singular del presente de indicativo en voz activa del verbo συμφέρω, *convenir, ser de provecho*, aquí *conviene*; ὑμῖν, caso dativo de la segunda persona plural del pronombre personal declinado *a vosotros, os*; ἵνα, conjunción *que*; ἐγὼ, caso nominativo de la primera persona singular del pronombre personal *yo*; ἀπέλθω, primera persona singular del aoristo segundo de subjuntivo en voz activa del verbo ἀπέρχομαι, *ir, irse, desaparecer*, aquí *me vaya*; ἐὰν,

[4] F. Lacueva. o.c., pág. 410.

conjunción *si*; γὰρ, conjunción causal *porque*; μὴ, partícula que hace funciones de adverbio de negación *no*; ἀπέλθω, primera persona singular del aoristo segundo de subjuntivo en voz activa del verbo ἀπέρχομαι, *ir, irse, desaparecer*, aquí *me fuera*; ὁ, caso nominativo masculino singular del artículo determinado *el*; Παράκλητος, caso nominativo masculino singular del nombre divino *Consolador*; οὐκ, forma escrita del adverbio de negación *no*, con el grafismo propio ante una vocal con espíritu suave o una enclítica; ἐλεύσεται, tercera persona singular del futuro de indicativo en voz media del verbo ἔρχομαι, *venir*, aquí *vendría*; πρὸς, preposición propia de acusativo *a*; ὑμᾶς, caso acusativo de la segunda persona plural del pronombre personal *vosotros*; ἐὰν, conjunción *si*; δὲ, partícula conjuntiva que hace las veces de conjunción coordinante, con sentido de *pero, más bien, y, y por cierto, antes bien*; πορευθῶ, primera persona singular del aoristo primero de subjuntivo en voz pasiva del verbo πορεύομαι, *irse*, aquí *me fuere*; πέμψω, primera persona singular del futuro de indicativo en voz activa del verbo πέμπω, *enviar, mandar, comisionar*, aquí *enviaré*; αὐτὸν, caso acusativo masculino de la tercera persona singular del pronombre personal declinado *a él, le*; πρὸς, preposición propia de acusativo *a*; ὑμᾶς, caso acusativo de la segunda persona plural del pronombre personal *vosotros*.

ἀλλ' ἐγὼ τὴν ἀλήθειαν λέγω ὑμῖν, συμφέρει ὑμῖν ἵνα ἐγὼ ἀπέλθω. ἐὰν γὰρ μὴ ἀπέλθω, ὁ Παράκλητος οὐκ ἐλεύσεται πρὸς ὑμᾶς· La partida de Jesús era necesaria para el descenso del Espíritu Santo. No era posible que se produjese sin que Él fuese nuevamente al Padre que le había enviado. Es interesante la forma en que aborda esto delante de los discípulos: *os es conveniente que me vaya*. Aquellos todos estaban llenos de tristeza por Su partida, pero Él les recuerda que les era conveniente, o *necesario* para que el Espíritu Santo les fuese enviado. El descenso del Consolador, para habitar en los creyentes, necesitaba que primeramente ocurriese la muerte redentora que liberaría, mediante sustitución, de la responsabilidad penal del pecado y de su presencia esclavizadora en ellos. No podían estos ser templo de Dios y a la vez del pecado; no podían obedecer a los mandamientos de Jesús, si primero no eran liberados de la esclavitud que sujeta al hombre a la desobediencia, como condición natural. Cristo les habla de la apertura de un nuevo tiempo, técnicamente de una nueva *dispensación*, la de la Iglesia, en la cual el Espíritu estaría presente en el cuerpo de Cristo y en cada uno de los miembros de ese cuerpo. El Señor les dice que les *convenía* que se fuese. Con toda seguridad ellos se olvidaban de lo que les había hablado como resultado de Su partida. Les había prometido que prepararía un lugar (14:2); que ellos harían mayores obras que las que Él hizo (14:12); que el Espíritu les comunicaría conocimientos más completos que los que tenían entonces (14:20). Sin embargo, la tristeza nublaba el pensamiento y la mente de ellos, embargada por lo inmediato, olvidaba la gloriosa dimensión que el Buen Pastor tenía preparada para Sus ovejas.

ἐὰν δὲ πορευθῶ, πέμψω αὐτὸν πρὸς ὑμᾶς. Pero, si el Señor regresa al Padre, entonces el Espíritu Santo vendría a ellos. Ya se ha considerado la *procedencia* del Espíritu, tanto del Padre, como del Hijo. Quien había enviado al Hijo era el Padre, quien envía al Espíritu es El Hijo, en unidad con el Padre. La venida del Espíritu es posible por la conclusión de la obra encomendada al Hijo. Todo esto en la economía de la Deidad. La obra de Jesús concluye con la glorificación de Su humanidad, y como fruto de esa obra es enviado el Espíritu (7:39). Cuando el Hijo vuelve al Padre, lo envía desde el Padre. Una de las operaciones del Espíritu viene en los siguientes versículos, en relación con la convicción y también con la aplicación de la obra de la Cruz, imposible de ejecutar sin que esta se haya producido. Juan dice antes en un paréntesis aclaratorio que el Espíritu no había sido dado porque Jesús no había sido glorificado (7:39). La persecución anunciada por Cristo les llenaba de angustia, pero con la venida del Espíritu, sentirían como una bendición ser perseguidos por el nombre de Cristo (Hch. 5:41). Nada podía impedir el testimonio que se les había encomendado por el Señor. Además, ninguno de ellos, ni de los creyentes en lo sucesivo, serían aptos para recibir y ministrar con los dones del Espíritu, porque no son dados a perdidos sino a salvos, y éstos solo lo son por fe en Cristo y por aplicación de la obra redentora que hizo en la Cruz.

8. Y cuando él venga, convencerá al mundo de pecado, de justica y de juicio.

καὶ ἐλθὼν ἐκεῖνος ἐλέγξει τὸν κόσμον περὶ ἁμαρτίας καὶ
Y al venir Él convencerá al mundo de pecado y
περὶ δικαιοσύνης καὶ περὶ κρίσεως·
de justicia, y de juicio.

Notas y análisis del texto griego.

Siguen las palabras de Jesús: καὶ, conjunción copulativa *y*; ἐλθὼν, caso nominativo masculino singular del participio del segundo aoristo en voz activa del verbo ἔρχομαι, *venir, llegar*, aquí *al venir*; ἐκεῖνος, caso nominativo masculino singular del pronombre demostrativo *Él*; ἐλέγξει, tercera persona singular del futuro de indicativo en voz activa del verbo ἐλέγχω, *reprender, amonestar, convencer censurar, castigar, refutar*, aquí *convencerá*; τὸν, caso acusativo masculino singular del artículo determinado declinado *al*; κόσμον, caso acusativo masculino singular del nombre común *mundo*; περὶ, preposición propia de genitivo *de*; ἁμαρτίας, caso genitivo femenino singular del nombre común *pecado*; καὶ, conjunción copulativa *y*; περὶ, preposición propia de genitivo *de*; δικαιοσύνης, caso genitivo femenino singular del nombre común *justicia*; καὶ, preposición propia de genitivo *de*; περὶ, preposición propia de genitivo *de*; κρίσεως, caso genitivo femenino singular del nombre común *juicio*.

καὶ ἐλθὼν ἐκεῖνος ἐλέγξει τὸν κόσμον. El Señor les habla de una de las misiones que el Espíritu Santo traería en Su venida, la de *convencer* al mundo de pecado, de justicia y de juicio. El verbo ἐλέγχω, tiene varias acepciones. Es usado en el griego clásico para expresar la idea de *sonrojar, avergonzar*, pero también *tratar con desprecio, convencer de una falta, reprochar, censurar, acusar, refutar, probar, rechazar, vencer, triunfar, preguntar, interrogar*. Todas estas acepciones están presentes en textos de la literatura griega. Es necesario entender a qué se está refiriendo Jesús cuando dice que el *Espíritu convencerá*, o por que se traduce como *convencer*. Este verbo aparece diecisiete veces en el Nuevo Testamento, principalmente en la literatura epistolar. El empleo de este verbo muestra una amplia gama de los significados antes citados. En varios lugares se observa la influencia de la literatura sapiencial del Antiguo Testamento, usado para referirse a la reprensión paterna o divina, encaminada a conseguir una mejoría en la conducta de alguien, tomándola en ese sentido en varios lugares (cf. 1 Ti. 5:20; 2 Ti. 4:2; Tit. 1:13; 2:15; Jud. 15). En el versículo, este uso recuerda a la actuación de los profetas, para convencer de culpa al pueblo de Dios y proclamar el juicio divino sobre ellos (cf. Os. 5:9; Jer. 2:19). En los sinópticos aparece para referirse a *acusación* o *censura*, como es el caso de Juan el Bautista que acusaba a Herodes (Lc. 3:19). El verbo aparece en Mateo cuando Jesús instruye sobre el modo de reprender al que peca (Mt. 18:15). El apóstol Pablo lo usa una sola vez (1 Co. 14:24), para referirse al efecto que produce en un incrédulo el ministerio profético en la iglesia. Juan usa el verbo con el sentido de *convencer*, traduciéndolo en algunas versiones como *redargüir* (8:46). Aquí en el versículo que se comenta, se presenta la acción como de un abogado y un acusador en un proceso judicial. Después de la glorificación de Jesús, el Espíritu demuestra la situación del mundo descubriendo lo que es el pecado, lo que es la justicia y lo que es el juicio. Mediante esta acción de descubrir, poner de manifiesto, el Consolador *convence* al mundo de las consecuencias de sus errores y pecados, dejándolo sin excusa mediante prueba. Esto es lo que Jesús había estado haciendo durante Su ministerio (7:7).

Otra palabra que es necesario determinar el significado es κόσμος, *mundo*. Los que han de ser convencidos por el Espíritu, son los mundanos, esto es, los que *son* del mundo, los que viven en el sistema de corrupción y pecado, son aquellos de los que Jesús habla en los capítulos finales del *Evangelio*, desde el catorce. Ante estos el Espíritu presentará pruebas indubitables que los dejará sin excusa. Pero, en esta convicción a otros los dejará *convencidos* de pecado de modo que acudirán al Salvador y recibirán, por fe en Él, el perdón de pecados y la vida eterna.

Las actividades del Espíritu tienen una gran importancia en la esfera de la salvación del pecador, sin cuya ayuda nunca la alcanzaría, es decir, por su propio esfuerzo e interés, el hombre jamás sería salvo. La doctrina de la obra del Espíritu en la salvación, de otro modo, no se puede hablar de salvación sin hablar de la obra del Espíritu, como no se puede hablar de la obra del Espíritu sin hablar de salvación. La salvación es, esencialmente, la liberación de un estado de perdición a causa del pecado. Ahora bien, en una sociedad humanista, el concepto de pecado ha sido distorsionado profundamente, llegando incluso a negarlo como tal. Para algunos el pecado es simplemente un concepto filosófico-religioso basado en el contraste necesario que ha de existir para definir los conceptos de bien y mal en el mundo. Esta forma de ver el pecado, discrepante en todo a la revelación bíblica, conduce a negar la maldad del pecado y, por consiguiente, a negar la existencia de Dios y de los principios morales que Él ha determinado para el hombre. Por otro lado, el pecado se ha reducido a una expresión de egoísmo, en un inadecuado concepto de lo que es realmente. Quienes piensan de este modo se olvidan que muchas veces el pecado es una acción contra el mismo pecador, es decir, el hombre peca en ocasiones contra sí mismo, por lo que deja de ser válida la vinculación exclusiva de pecado con el egoísmo. Dentro del cristianismo, los conceptos teológicos del humanismo -en cualquiera de sus manifestaciones- han desviado la verdad de que el único que salva es Dios, para hacer descansar, en mayor o menor grado, la salvación parcialmente en Él y parcialmente en el hombre, dejando de reconocer que éste, a causa de la caída, ha quedado contaminado y es incapaz de alcanzar por sí mismo, ninguna de las demandas de Dios. La Biblia enseña la incapacidad del hombre muy ampliamente. De forma contundente Pablo afirma que *"no hay quien busque a Dios"*, que *"todos se desviaron"* y *"a una se hicieron inútiles"* (Ro. 3:11-12). La Biblia enseña también que la desobediencia ha venido a formar parte integrante de la naturaleza adámica caída, común a todos los hombres (Ef. 2:2). La misma naturaleza caída convierte en vana la vida del hombre, al ser llevada a cabo al margen de Dios (1 P. 1:18).

Ante esta situación generalizada, es preciso retomar las verdades bíblicas sobre la salvación, especialmente en lo que se refiere a la obra del Espíritu Santo, quien según propósito y promesa de Jesucristo, sería enviado para *"convencer al mundo de pecado"*. La doctrina sobre la obra del Espíritu Santo está vinculada con la ejecución del propósito soberano de Dios quien, desde la eternidad, estableció el plan de salvación, lo ejecutó y aplica a todo aquel que cree, posicionándolo en Cristo por la regeneración, para eterna salvación. Es necesario detenerse un poco en este asunto para entender la misión que se asigna al Espíritu en este versículo.

Los efectos del pecado en el hombre, están claramente manifestados en la Escritura, resumiéndolo en lo que se conoce como *depravación*, que es la positiva disposición y activa inclinación al mal que hay en todo hombre a consecuencia del pecado que lo incapacita totalmente en orden a la salvación y lo orienta al mal (Gn. 6:5; Mr. 7:20-23; Ro. 3:9-18). Depravación no significa que el hombre natural no tenga conocimiento de Dios (Ro. 1:18-21), ni que no tenga conciencia para discernir entre el bien y el mal (8:9; Ro. 2:15), o que nunca sienta admiración por la virtud. Tampoco quiere decir que haya de pecar de todas las formas y modos posibles. Indica que el hombre a consecuencia del pecado ha quedado totalmente incapacitado para cambiar por sí mismo su carácter y conducta, de modo que pueda amar a Dios y obedecerle. En este sentido, el hombre no regenerado no puede ni quiere hacer un solo acto que alcance el nivel moral prescrito por Dios.

La incapacidad humana evidenciada por la Escritura. El pecado ha hecho sordo el oído espiritual y, por tanto, la atención del hombre hacia las cosas de Dios (Hch. 28:27); ha oscurecido los ojos del entendimiento (Ef. 4:18); ha degradado el corazón y los afectos (Mt. 13:15); desvió los pies de un andar correcto (Is. 53:6); hizo carnal el pensamiento de la mente, de modo que el hombre natural no puede, ni quiere, sujetarse a la ley de Dios (Ro. 8:7); dañó la capacidad del intelecto en relación con el discernimiento de las cosas de Dios (1 Co. 2:9-14); convirtió al hombre en un muerto espiritual, sin capacidad alguna para obrar nada en el terreno espiritual conforme a Dios (Ro. 5:12; Ef. 2:1, 4, 5); lo puso bajo el poder del diablo (Ef. 2:2).

Además la Biblia enseña la incapacidad del hombre en cuanto al mensaje de salvación, que el apóstol Pablo llama la palabra de la Cruz (1 Co. 1:18a), equivalente a discurso, esto es, la expresión de una verdad manifestada: la obra de la Cruz. La doctrina de la salvación se establece en base a la muerte en la Cruz del Hijo de Dios (Ro. 5:6-10).

El poder de Dios para salvación no está tanto en el mensaje, sino en el hecho de la muerte del Señor ocupando el lugar del pecador (3:16, 17). Sin embargo, aunque el mensaje es intelectualmente comprensible, es *"locura a los que se pierden"* (1 Co. 1:18). Son los que arrastran ese estado de perdición desde su nacimiento al estar sin Cristo (Ef. 2:12). Por tanto, son herederos de la ira de Dios (Ef. 2:3) y su condenación final es segura (3:18). Para ellos la Cruz es locura, insensatez, algo fuera de toda lógica que no encaja en el modo de pensar del hombre natural, esto es, el no regenerado, lo que equivale a la naturaleza humana al margen de Dios. Estos *"no perciben las cosas que son del Espíritu de Dios"*, aunque son verdades espirituales, expresadas con palabras espirituales, claras y comprensivas. No percibirlas equivale a no recibirlas, o lo que es igual, rechazarlas. Las palabras de salvación no tienen valor para él, porque *son locura*, lo que evidencia la incapacidad espiritual, ya que proceden de una sabiduría contraria a la suya. Sin otra ayuda, el hombre natural no comprende y por consiguiente no acepta los planes de Dios. No es sólo un estado de rebeldía, sino de incapacidad. El mensaje de Dios *"se ha de discernir espiritualmente"*, quiere decir que necesita un proceso de comprensión que le permita llegar a la verdad. Tal discernimiento sólo es posible por medio de la acción del Espíritu, de la que Jesús habla aquí.

Todavía más, el hombre que pertenece al mundo está espiritualmente ciego (2 Co. 4:3-4). Cegado por una operación satánica, que pone un *velo* sobre los ojos espirituales de los que se pierden y que tiene consecuencias en relación con el evangelio. Este es el mensaje que Jesús proclamaba según el relato del *Evangelio*. El dios de este siglo, señor de los mundanos (12:31; 14:30; 16:11), actúa para que la mente de los incrédulos no pueda captar el contenido salvador del evangelio de la gracia. Esto afecta a todo hombre en el mundo, ya que esta esfera de oposición a Dios está bajo Satanás (1 Jn. 5:19). El propósito es que no les alcance el mensaje iluminador del evangelio, que proclama salvación por la fe en Cristo. El propósito diabólico es que no resplandezca la gloria de Dios en Cristo, manteniéndolo desconocido para ellos y, por consiguiente, desconociendo también a Dios, sin cuyo conocimiento, el del Padre y el del Hijo, no pueden tener vida eterna, que consiste en *"que te conozcan a ti, el único Dios verdadero, y a Jesucristo, a quien has enviado"* (17:3).

Con anterioridad se apuntó el sentido de *muerte espiritual*, que no es de término, sino el de separación. La muerte física es la separación de la parte material, orgánica, y la espiritual (Ecl.12:7; Stg.2:26). La muerte espiritual es la separación de Dios a causa del pecado. Es la falta de vida espiritual a consecuencia de no estar en Cristo, que es la vida (1:4; 14:6). Quien está alejado de Dios, fuente de vida, es un muerto espiritual. La separación de Dios ocurre como consecuencia del pecado (Gn. 3:24). El estado de muerte espiritual es común a todo hombre (Ro. 3:22, 23). En ese estado espiritual, el hombre no regenerado, no puede hacer un reconocimiento de Cristo para vida.

Jesús apuntó antes a otra necesidad que ha de ser superada para salvación. Los hombres deben ser llevados a Jesús para ser salvos (6:44). Por las condiciones espirituales que se indicaron, se hace necesaria una operación de conducción que los lleve, sin obligarlos, al Salvador. Esto comprende una operación de *iluminación del entendimiento* (6:45-46). La operación divina en el pecador capacita también la voluntad, sin coacción, si forzar el libertad de creer o de rechazar, simplemente *le capacita* para que pueda hacerlo. Todas estas operaciones proceden de Dios.

περὶ ἁμαρτίας καὶ περὶ δικαιοσύνης καὶ περὶ κρίσεως· Los elementos necesarios para salvación, según el versículo son, según la enseñanza del *Evangelio*, la *convicción de pecado*, la *fe* en el Salvador (3:16); la *regeneración espiritual* (3:3, 5, 6). Ninguno de estos tres elementos proceden del esfuerzo humano, ya que la salvación es enteramente por gracia, mediante la fe (Ef. 2:8-9). Estas operaciones, conforme a la enseñanza de Cristo son obra del Espíritu Santo.

9. De pecado, por cuanto no creen en mí.

περὶ	ἁμαρτίας	μέν,	ὅτι	οὐ	πιστεύουσιν	εἰς	ἐμέ·
Acerca de	pecado	ciertamente	porque	no	creen	en	mí.

Notas y análisis del texto griego.

Se lee: περὶ, preposición propia de genitivo *acerca de, de*; ἁμαρτίας, caso genitivo femenino singular del nombre común *pecado*; μέν, partícula afirmativa que se coloca siempre inmediatamente después de la palabra expresiva de una idea que se ha de reforzar o poner en relación con otra idea y que, en sentido absoluto tiene oficio de adverbio de afirmación, como *ciertamente, a la verdad*; ὅτι, conjunción causal *porque*; οὐ, adverbio de negación *no*; πιστεύουσιν, tercera persona plural del presente de indicativo en voz activa del verbo πιστεύω, *creer*, aquí *creen*; εἰς, preposición propia de acusativo *en*; ἐμέ, caso acusativo de la primera persona singular del pronombre personal *mí*.

περὶ ἁμαρτίας μέν, ὅτι οὐ πιστεύουσιν εἰς ἐμέ· La convicción de pecado es necesaria para la salvación por cuanto el pecador ha de sentirse en esa condición para acudir al Salvador. No es suficiente con *saberse* pecador, es fundamental *sentirse* pecador. Este sentimiento espiritual no está en el hombre natural, como se ha considerado antes. El peligro de un evangelio no bíblico, consiste en que proclama la posibilidad del pecador de ir a Cristo cuando quiera y como quiera, sin otra ayuda que su voluntad personal. Tal forma de pensamiento contradice la enseñanza bíblica (6:37, 44, 45). La obra de convicción está en el poder del Espíritu Santo. La palabra *convencer*, significa también *reprobar, redargüir, condenar*, etc. que implica impartir comprensión hacia un determinado asunto. Por ello puede vincularse con la *iluminación*, que arroja luz sobre algo. La iluminación no es dada para despertar pesar o remordimiento por el pecado, sino para dirigir la atención a Cristo, revelando la grandeza de la obra de la Cruz. En esta operación *la locura de la Cruz*, se cambia en *poder de Dios y sabiduría de Dios* (1 Co. 1:24). El que opera tal cambio es el Espíritu Santo (1 Co. 2:10-13).

La *convicción de pecado*, no está en plural sino en singular, es decir, no es de *pecados*, sino de un solo pecado que ocasiona la eterna condenación para quien oye el mensaje del evangelio. El pecado consiste en *rehusar creer* en Jesucristo como el único y suficiente Salvador (3:36; 16:9). El Espíritu hace ver al perdido las consecuencias de un pecado que *quebranta un mandamiento* divino. La invitación del evangelio para acudir a Cristo, no es un ruego que Dios hace, ya que Dios no ruega por nada al ser Soberano, es un mandamiento que establece, de modo que quien se niega aceptar al Salvador, no está rechazando una invitación, sino quebrantando un mandamiento (Hch. 17:30). El evangelio proclama que Dios hizo una obra completa, dejando al individuo la responsabilidad de creer, al iluminar sobre el carácter y alcance del pecado de los *"que no creen en Mí"* (16:9).

10. De justicia, por cuanto voy al Padre, y no me veréis más.

περὶ	δικαιοσύνης δέ,	ὅτι	πρὸς τὸν	Πατέρα	ὑπάγω	καὶ
Y cerca de	justicia	porque	al	Padre	voy	y

οὐκέτι	θεωρεῖτέ	με·
ya no	veréis	me.

Notas y análisis del texto griego.

Continúa con: περὶ, preposición propia de genitivo *de, acerca de*; δικαιοσύνης, caso genitivo femenino singular del nombre común *justicia*; δέ, partícula conjuntiva que hace las veces de conjunción coordinante, con sentido de *pero, más bien, y, y por cierto, antes bien*; ὅτι, conjunción causal *porque*; πρὸς, preposición propia de acusativo *a*; τὸν, caso acusativo masculino singular del artículo determinado *el*; Πατέρα, caso acusativo masculino singular del nombre divino *Padre*; ὑπάγω, primera persona singular del presente de indicativo del verbo ὑπάγω, *ir*, aquí *voy*; καὶ, conjunción copulativa *y*; οὐκέτι, adverbio de negación *ya no*; θεωρεῖτε, segunda persona plural del presente de indicativo en voz activa del verbo θεωρέω, *ver, mirar, observar*, aquí *veis*, como presente proléptico *veréis*; με, caso acusativo de la primera persona singular del pronombre personal declinado *a mí, me*.

περὶ δικαιοσύνης δέ, La justicia aquí tiene que ver con la justicia de Cristo, mediante la cual el hombre puede ser justificado delante de Dios. Esto es, la justicia imputada a todo aquel que cree. La justicia del esfuerzo humano queda anulada para salvación. Tan sólo la justicia de Dios, que es don divino para el que cree, puede llevar a la *paz con Dios*, por el único Mediador que es Cristo mismo. El Señor había instado a los hombres a creer en Él para salvación. Esto requiere que la justicia que Dios provee en Cristo les sea aplicada. El elemento para alcanzar la justificación es la fe. Debe tenerse presente que la razón de la salvación es la gracia, pero la fe es el elemento instrumental para alcanzar la promesa de salvación para todo aquel que cree (Ro. 1:16-17). Por la fe el creyente es considerado como justo delante de Dios, en ese sentido, aplicada la justicia de Cristo, no sólo somos justificados, sino que somos *lo que no somos*, justos delante de Él. Mediante la aplicación de la justicia de Dios pasamos a disfrutar de una posición inalcanzable por cualquier otra vía, que no sea la fe. Los judíos estaban envueltos en una búsqueda estéril, alcanzar la justificación por las obras de la ley, en un camino erróneo que era su propio camino, dejando a un lado al único camino que es Cristo. El Dios que justifica se pone al lado del justificado o, tal vez mejor, pone al justificado a Su lado declarándose favorable a él, haciendo que el creyente sea suyo en la seguridad de la esperanza y en la certeza de la promesa (Ro. 8:31). La justicia de que se habla aquí es la única justicia verdadera que es Cristo mismo. El justo por la fe ya no está bajo la ira divina en base a la acción reconciliadora de Cristo, que ha quitado para el creyente la ira de Dios. Vivir en Cristo equivale a estar libre de la ira divina por el pecado. En razón del sacrificio expiatorio consumado en la Cruz, Cristo es nuestra paz. La justicia que salva es un don de Dios (Ro. 5:17). Por la justicia provista por Dios, el pecador que cree es acepto delante de Él (Ef.1:6). La justificación demanda rendirse a Dios, abandonando toda confianza en sí mismo.

ὅτι πρὸς τὸν Πατέρα ὑπάγω καὶ οὐκέτι θεωρεῖτέ με· Esta paz resultado de la justicia de Dios aplicada al creyente, está entronizada en el cielo. De ahí la segunda parte de la frase: *"por cuanto voy al Padre, y no me veréis más"*. El ascendido Señor, a modo de propiciatorio, presenta ante el Padre la infinita dimensión justificadora del sacrificio de la Cruz (Ro. 3:25). A Jesús se le llama en el Nuevo Testamento, no sólo *propiciación*, sino también *propiciatorio*. Vino a la tierra para hacer y establecer la paz definitivamente entre el pecador que cree y Dios (14:27). En la Cruz realiza la obra necesaria que hace posible la justificación. Sin embargo la relación entre el pecador y el Salvador, solo es definitiva en base a la resurrección y glorificación de Cristo. Por eso es sumamente importante la precisión del Señor *voy al Padre*. Fue resucitado para nuestra justificación (Ro. 4:25). Si no hubiese resucitado la posición *en Cristo*, por la que es posible que Dios justifique al que cree, no sería posible, ya que los creyentes *"somos justicia de Dios en Él"* (2 Co. 5:21). La comunicación de vida eterna solo es posible en Cristo, por tanto, la resurrección y glorificación del Señor era de todo punto necesaria para hacer real la justificación y salvación del impío. La fe en un Cristo muerto sería una fe muerta, que dejaría al hombre en sus pecados (1 Co. 15:17). La resurrección y ascensión de Jesús es la evidencia de que Dios ha hecho definitiva la justificación de todo aquel que cree. La santidad infinita de Cristo se pone de manifiesto por el hecho mismo de ir al Padre.

11. Y de juicio, por cuanto el príncipe de este mundo ha sido ya juzgado.

περὶ δὲ	κρίσεως,	ὅτι	ὁ	ἄρχων	τοῦ	κόσμου
Y acerca de	juicio,	porque	el	príncipe	del	mundo
τούτου	κέκριται					
este	ha sido juzgado.					

Notas y análisis del texto griego.

Sigue la enseñanza de Jesús: περὶ, preposición propia de genitivo *de, acerca de*; δὲ, partícula conjuntiva que hace las veces de conjunción coordinante, con sentido de *pero, más bien, y, y por cierto, antes bien*; κρίσεως, caso genitivo femenino singular del nombre común *juicio*; ὅτι, conjunción causal *porque*; ὁ, caso nominativo masculino singular del artículo determinado *el*; ἄρχων, caso nominativo masculino singular del nombre común *príncipe, gobernante*; τοῦ, caso genitivo masculino singular del artículo determinado *el*; κόσμου, caso genitivo masculino singular del nombre común *mundo*; τούτου, caso genitivo masculino singular del pronombre demostrativo *este*; κέκριται, tercera persona singular del perfecto de indicativo en voz pasiva del verbo κρίνω, *juzgar*, aquí *ha sido juzgado*.

περὶ δὲ κρίσεως, ὅτι ὁ ἄρχων τοῦ κόσμου τούτου κέκριται. Debe apreciarse que no se trata de un juicio futuro, sino pasado, en el cual Satanás fue juzgado y vencido en la Cruz (Col. 2:13-15). Satanás como mentiroso y homicida (8:44), engaña al mundo entero (Ap. 12:9; 20:8, 10). En la Cruz se juzga a él mismo como engañador y destructor del hombre. En la Cruz, Satanás fue desposeído de sus derechos sobre el mundo, adquiridos por derrota de quien los había recibido de Dios, que era el hombre. En ella la obra sustitutoria de Cristo cancela el acta de los decretos que Satanás exhibía demandando la muerte del pecador. Cristo llevó sobre Sí la condenación del pecado. El creyente puede ver al pasado y en la Cruz contemplar, aunque ileso, su propia ejecución, en identificación con el Crucificado (2 Co. 5:14). El Espíritu Santo muestra con claridad que el juicio de culpabilidad y condenación ya no puede ser repetido para el salvo (Ro. 8:1). El evangelio llama a los cautivos a libertad (Is. 61:1). Las buenas nuevas de salvación anuncian la libertad de quienes estaban sujetos por toda la vida a servidumbre, bajo Satanás (He. 2:14-15). Desde la Cruz en adelante solo queda sometido al imperio de Satanás y a su reino de tinieblas quien lo desea voluntariamente (Ro. 6:6-14). El juicio de Satanás y su derrota en la Cruz, exhibe cósmicamente que Cristo restaura lo que el destructor había desordenado "*para destruir por medio de la muerte al que tenía el imperio de la muerte, esto es, al diablo*" (He. 2:14b). El gran triunfo de la Cruz es el triunfo de Dios sobre Satanás, impidiendo que él ejecutase sus propósitos de muerte y condenación, no pudiendo impedir los planes y propósitos de Dios para salvación a todo aquel que cree (12:31-33).

12. Aún tengo muchas cosas que deciros, pero ahora no las podéis sobrellevar.

Ἔτι πολλὰ	ἔχω	ὑμῖν	λέγειν,	ἀλλ'	οὐ	δύνασθε
Aún muchas cosas	tengo	a vosotros	que decir,	pero	no	podéis
βαστάζειν	ἄρτι·					
sobrellevar	ahora.					

Notas y análisis del texto griego.

Siguen las palabras de Jesús: Ἔτι, adverbio demostrativo *ahora*; πολλὰ, caso acusativo neutro plural del adjetivo *muchos*, en sentido de *muchas cosas*; ἔχω, primera persona singular del presente de indicativo en voz activa del verbo ἔχω, *tener, poseer*, aquí *tengo*; ὑμῖν, caso dativo de la segunda persona plural del pronombre personal declinado *a vosotros, os*; λέγειν, presente de infinitivo en voz activa del verbo λεγω, *hablar, decir*; ἀλλ', forma escrita ante vocal de la conjunción adversativa ἀλλά que significa *pero, sino*; οὐ, adverbio de negación *no*; δύνασθε, segunda persona plural del presente de indicativo en voz media del verbo δύμαμαι, *poder, tener poder*, aquí *podéis*; βαστάζειν, presente de infinitivo en voz activa del verbo βαστάζω, *cargar, tomar, llevar sobre sí, soportar*; ἄρτι, adverbio demostrativo *ahora*.

Ἔτι πολλὰ ἔχω ὑμῖν λέγειν, ἀλλ' οὐ δύνασθε βαστάζειν ἄρτι· Los discípulos eran incapaces de *soportar*, discernir las muchas lecciones que todavía debían aprender. Todo eso les sería enseñado por el Espíritu Santo luego de la glorificación del Señor, cuando fuese enviado a ellos, conforme a la promesa que les había hecho. Cuanto les había enseñado durante el ministerio era una mínima porción de todo cuanto Él tiene, ya que *"en Él están escondidos todos los tesoros de la sabiduría y del conocimiento"* (Col. 2:3). Posiblemente revelarles más cosas acerca del reino de Dios hubiese sido una carga tal que no solo serían incapaces de llevarla, sino que incluso podía ser causa de tropiezo. Una de las cosas en las que su comprensión era muy limitada consistía en la vinculación que hacían del Reino de Dios con Israel, de ahí la pregunta antes de la ascensión sobre si restauraría el reino a Israel en aquel tiempo (Hch. 1:6). Esa enseñanza posterior está escrita en el Nuevo Testamento, revelación que los apóstoles recibieron por la obra del Espíritu Santo. Eso era *muchas cosas que tengo que deciros*.

13. Pero cuando venga el Espíritu de verdad, él os guiará a toda la verdad; porque no hablará por su propia cuenta, sino que hablará todo lo que oyere, y os hará saber las cosas que habrán de venir.

ὅταν δὲ ἔλθῃ ἐκεῖνος, τὸ Πνεῦμα τῆς ἀληθείας, ὁδηγήσει
Pero cuando venga él, el Espíritu de la verdad, guiará
ὑμᾶς ἐν τῇ ἀληθείᾳ πάσῃ· οὐ γὰρ λαλήσει ἀφ' ἑαυτοῦ, ἀλλ'
os a la verdad toda; porque no hablará de Sí mismo, sino
ὅσα ἀκούσει λαλήσει καὶ τὰ ἐρχόμενα ἀναγγελεῖ ὑμῖν.
lo que oirá hablará y las cosas que vienen anunciará os.

Notas y análisis del texto griego.

Siguiendo con la referencia al Espíritu, dice: ὅταν, conjunción temporal, *cuando, siempre que, tantas veces como*; δὲ, partícula conjuntiva que hace las veces de conjunción coordinante, con sentido de *pero, más bien, y, y por cierto, antes bien*; ἔλθῃ, tercera persona singular del aoristo segundo de subjuntivo en voz activa del verbo ἔρχομαι, *venir*, aquí *venga*; ἐκεῖνος, caso nominativo masculino singular del pronombre demostrativo *él*; τὸ, caso nominativo neutro singular del artículo determinado *el*; Πνεῦμα, caso nominativo neutro singular del nombre divino *Espíritu*; τῆς, caso genitivo femenino singular del artículo determinado declinado *de la*; ἀληθείας, caso genitivo femenino singular del nombre común *verdad*; ὁδηγήσει, tercera persona singular del futuro de indicativo en voz activa del verbo ὁδηγέω, *conducir, guiar*, aquí *guiará*;

ὑμᾶς, caso acusativo de la segunda persona plural del pronombre personal declinado *a vosotros, os*; ἐν, preposición propia de dativo *en, a*; τῇ, caso dativo femenino singular del artículo determinado *la*; ἀληθείᾳ, caso dativo femenino singular del nombre común *verdad*; πάσῃ, caso dativo femenino singular del adjetivo indefinido *toda*; οὐ, adverbio de negación *no*; γὰρ, conjunción causal *porque*; λαλήσει, tercera persona singular del futuro de indicativo en voz activa del verbo λαλέω, *hablar, decir*, aquí *hablará*; ἀφ', forma que adopta la preposición de genitivo ἀπό, por elisión de la ι final y asimilación de la π ante vocal o diptongo con aspiración, y que significa *de, desde, lejos de, proceder de, por causa de, por medio de, con, contra*; ἑαυτοῦ, caso genitivo masculino singular del pronombre reflexivo *sí mismo*; ἀλλ', forma escrita ante vocal de la conjunción adversativa ἀλλά que significa *pero, sino*; ὅσα, caso acusativo neutro plural del pronombre relativo *los que*, en sentido de *las cosas que, lo que*; ἀκούσει, tercera persona singular del futuro de indicativo en voz activa del verbo ἀκούω, *oír, escuchar*, aquí *oirá*; λαλήσει, tercera persona singular del futuro de indicativo en voz activa del verbo λαλέω, *hablar, decir*, aquí *hablará*; καὶ, conjunción copulativa *y*; τὰ, caso acusativo neutro plural del artículo determinado *los*, en sentido de *las cosas, lo que*; ἐρχόμενα, caso acusativo neutro plural del participio de presente en voz media del verbo ἔρχομαι, *venir, llegar*, aquí *que viene*; ἀναγγελεῖ, tercera persona singular del futuro de indicativo en voz activa del verbo ἀναγγέλω, *anunciar, hacer saber*, aquí *anunciará*; ὑμῖν, caso dativo de la segunda persona plural del pronombre personal declinado *a vosotros, os*.

ὅταν δὲ ἔλθῃ ἐκεῖνος, τὸ Πνεῦμα τῆς ἀληθείας, La promesa de la venida del Espíritu es presentada como una realidad futura: *cuando venga*. No queda en una posibilidad, puesto que el Señor iba al Padre y desde allí enviaría al Espíritu. Es interesante apreciar el uso del masculino singular en el pronombre demostrativo ἐκεῖνος, *él*, cuando se trata del Espíritu que es de género neutro. Es posible que Juan esté pensando en el *Consolador*, como se le llama en el párrafo (v. 7). En cualquier caso se trata de la misma Persona. Al nombre se le añade el calificativo *de la verdad*. No es un adjetivo que califica al nombre, sino un nombre en sí. No se trata del *Espíritu verdadero*, sino del Espíritu de la verdad. La esencia misma de ella en toda la infinita dimensión como corresponde a Dios.

ὁδηγήσει ὑμᾶς ἐν τῇ ἀληθείᾳ πάσῃ· La misión del Espíritu es *guiar*, *conducir* a toda verdad. La idea es la de alguien que camina delante abriendo senda y marcando el camino que conoce a la perfección. Esta conducción orienta a *toda la verdad*, esto es, a aquello que Jesús dijo que les había enseñado y a lo que no enseñó porque no tenían capacidad de comprensión y no lo podrían *soportar*. El Espíritu capacitaría a los apóstoles y profetas para escribir la verdad que debía ser enseñada también a otros (2 Ti. 2:2). Es la enseñanza del Maestro que paulatinamente va guiando al discípulo introduciéndolo en un cada vez más profundo conocimiento. Este magisterio del Espíritu no se agota con los apóstoles, sino que continuará, mientras la Iglesia esté en el mundo, conduciendo a los creyentes a toda la verdad (7:39). El Espíritu derrama luz sobre las verdades que Jesús había enseñado, ampliando la comprensión de ellas y orientando a los apóstoles y profetas en el primer tiempo, y a los pastores y maestros en el decurso histórico, para que descubran las verdades desarrolladas desde el pensamiento de Jesús y vinculadas a Él. No solo haciendo más comprensible la Palabra, sino aplicándola a la vida de quienes la leen.

οὐ γὰρ λαλήσει ἀφ' ἑαυτοῦ, ἀλλ' ὅσα ἀκούσει λαλήσει. La conducción a toda verdad va acompañada de una acción del Espíritu que no habla por Sí mismo, sino que habla lo que oye. La expresión relativa al Espíritu es muy semejante a lo que Jesús dijo antes de sí mismo: *"De cierto, de cierto os digo: No puede el Hijo hacer nada por sí mismo, sino lo que ve hacer al Padre; porque todo lo que el Padre hace, también lo hace el Hijo igualmente"* (5:19). La diferencia entre el *hacer* y el *oír*, apenas tiene importancia y corresponde a la vía de procedencia de las Personas Divinas. La primera persona, el Hijo, procede del Padre por la vía mental o intelectual, ya que es el Verbo, que expresa exhaustivamente al Padre, de ahí que le corresponda *ver* mentalmente. El Espíritu procede del Padre por la vía del amor, lo que viene mejor la relación de *oír*, en lugar de *hacer*. Este testimonio del Espíritu hace posible la escritura del Nuevo Testamento, en donde se asientan las verdades de nuestra fe. No cabe la menor duda que el testimonio de la Escritura concuerda absolutamente con el del Espíritu, por cuanto procede de Él. El autor divino de la Palabra es el Espíritu (2 Ti. 3:16; 2 P. 1:21). Ahora bien, la verdad absoluta, concuerda plenamente con el Padre y el Hijo, por tanto, el Espíritu no habla por Sí mismo, sino en mutua concordancia con las otras dos Personas Divinas, ya que los tres subsisten en el Ser Divino, como Dios verdadero. Esto trae una consecuencia de gran importancia: El Espíritu no va a revelar nada que no esté en y conforme a la Palabra. Todas esas ideas que supuestamente *vienen del Espíritu* y que suelen presentarse como algo así: *me dijo el Espíritu*, sin concordancia absoluta con la Palabra, son meras indicaciones humanas, y muchas veces mentiras conscientes para engañar a otros, en una falsificación impía.

Durante el ministerio, especialmente en los últimos meses, Jesús estuvo anunciando a los discípulos las *cosas que venían*. Con todo detalle les habló de los acontecimientos que iban a tener lugar en Jerusalén, de Su muerte y de Su resurrección. Ahora quedaban muchas otras cosas que vendrían en el futuro, tanto inmediato, como distante. En todo cuanto tiene que ver con lo que viene en el tiempo de la Iglesia, la revelación del Espíritu sería una constante, es más, aplicándolo genéricamente, el Espíritu pondrá delante el camino por el que se debe avanzar. El Espíritu Santo comunicó a los apóstoles la *escatología bíblica*, los eventos que tendrán lugar hasta el final definitivo de toda esta creación y la aparición de cielos nuevos y tierra nueva. No son respuesta a curiosidades, sino perspectiva divina de la historia. Al Mesías se le designa en la profecía como el *que ha de venir*, por tanto, las cosas venideras están íntimamente relacionadas con el Señor. La segunda venida, la profecía sobre el tiempo previo a ella, la proyección definitiva de la manifestación final del Reino de Dios o Reino de los Cielos, llenan amplios espacios del Nuevo Testamento, sin olvidar un libro que enteramente está destinado a la panorámica de los tiempos futuros como es el Apocalipsis. Esta revelación no tiene que ver sólo con el futuro lejano, sino que el Espíritu revelaría también, por medio de los profetas, las cosas que iban a venir desde el tiempo del inicio de la Iglesia. Valga como ejemplo, las profecías de Agabo sobre Pablo, las revelaciones a Pablo sobre su futuro inmediato, la advertencia a Pedro del envío de los siervos de Cornelio, etc. Pero debe tenerse en cuenta que todas estas manifestaciones sobre eventos del futuro han sido trasladados a los escritos bíblicos del Nuevo Testamento, de modo que el Espíritu deja de revelar eventos futuros porque lo que había de anunciar en ese sentido, ha sido ya hecho y no puede añadirse nada más a la profecía ya cerrada.

14. Él me glorificará; porque tomara de lo mío, y os lo hará saber.

ἐκεῖνος ἐμὲ δοξάσει, ὅτι ἐκ τοῦ ἐμοῦ λήμψεται καὶ
Él me glorificará, porque de lo mío tomará y
ἀναγγελεῖ ὑμῖν.
anunciará os.

Notas y análisis del texto griego.

Sigue la instrucción sobre el Espíritu: ἐκεῖνος, caso nominativo masculino singular del pronombre demostrativo *Él*; ἐμὲ, caso acusativo de la primera persona singular del pronombre personal declinado *a mí, me*; δοξάσει, tercera persona singular del futuro de indicativo en voz activa del verbo δοχάζω, *honrar, alabar, glorificar*, aquí *glorificará*; ὅτι, conjunción causal *porque*; ἐκ, preposición propia de genitivo *de*; τοῦ, caso genitivo neutro singular del artículo determinado *lo*; ἐμοῦ, caso genitivo de la primera persona singular del adjetivo posesivo *mío*; καὶ, conjunción copulativa *y*; λήμψεται, tercera persona singular del futuro de indicativo en voz media del verbo λαμβάνω, *tomar*, aquí *tomará*; καὶ, conjunción copulativa *y*; ἀναγγελεῖ, tercera persona singular del futuro de indicativo en voz activa del verbo ἀναγγέλω, *hacer saber, revelar, anunciar, instruir*, aquí *anunciará*; ὑμῖν, caso dativo de la segunda persona plural del pronombre personal declinado *a vosotros, os.*

ἐκεῖνος ἐμὲ δοξάσει, La obra del Espíritu tiene como propósito glorificar al Hijo. Como Éste glorificó al Padre, así el Espíritu le glorificará a Él. La economía del tiempo de gracia es esencialmente *Cristocéntrica*. Esta glorificación del Hijo comienza a manifestarse con el descenso del Espíritu, cumpliendo la promesa que había dado a los discípulos. Si Jesús no hubiera sido glorificado, no enviaría al Espíritu, por tanto, la presencia entre los hombres de la tercera Persona Divina, es ya una manifestación de glorificación al Hijo. Todo lo que inmediatamente siguió a la venida del Espíritu, las lenguas, los milagros, etc. tenían como propósito glorificar a Cristo. El Espíritu no viene para glorificarse a Sí mismo, sino que Su misión es glorificar a Jesucristo, de modo que toda la atención se centre en el Señor. Todo cuanto el Espíritu hace y revela lo toma del tesoro admirable de Cristo y de la única y absoluta verdad que es Él. No vino el Espíritu a establecer otro reino que no sea el de Cristo, ni a establecer una Iglesia que no sea la suya, no actúa por Su propia cuenta, sino que confirma lo que Jesús había establecido ya. En esto mismo se confirma que procede del Hijo, puesto que no podría tomar de Él lo que ha de revelar, si no participase en la misma esencia y naturaleza, en la que la sabiduría se manifiesta como perfección común en la Deidad.

ὅτι ἐκ τοῦ ἐμοῦ λήμψεται καὶ ἀναγγελεῖ ὑμῖν. Todo cuanto toma y declara es de Cristo y procede de Él. Lamentablemente la ignorancia sobre esta verdad bíblica hace que muchos estén buscando que el Espíritu se glorifique a Él mismo, actuando independientemente de Cristo y obrando Él conforme a Su propósito y determinación. Jesús advierte que el Espíritu no hará nada que no esté vinculado a Él. Ninguna manifestación del Consolador, es ajena a lo que Cristo hizo, hace y hará. Nada que no esté relacionado con el obrar y enseñar de Jesús puede proceder del Espíritu. Las pretendidas manifestaciones de *poder*, que no fueron hechas nunca por Jesús, las *revelaciones*, en las que Él no está presente, e incluso visiones en las que el centro no sea Cristo, no proceden del Espíritu Santo y, en el mejor de los casos, son mero subjetivismo del hombre, cuando no de algo peor procedente de otro tipo de espíritu. La misión del Espíritu en relación con los creyentes es la de *reproducir* a Cristo en la vida del cristiano, para cumplir el propósito que Dios ha determinado, que todos seamos conformados a la imagen de Cristo (Ro. 8:29). Vivir en el poder del Espíritu es vivir a Jesús, y Él es glorificado en el testimonio visible del cristiano. Se aprecia nuevamente la verdad de relación intratrinitaria en la que las Personas Divinas, actúan glorificándose entre ellas, de cuyo contenido hay referencias en el *Evangelio* (14:13; 16:14; 17:4, 5).

15. Todo lo que tiene el Padre es mío; por eso dije que tomará de lo mío, y os lo hará saber.

πάντα ὅσα ἔχει ὁ Πατὴρ ἐμά ἐστιν· διὰ τοῦτο εἶπον ὅτι ἐκ
Todo lo que tiene el Padre mío es; por eso dije que de
τοῦ ἐμοῦ λαμβάνει καὶ ἀναγγελεῖ ὑμῖν.
lo mío toma y anunciará os.

Notas y análisis del texto griego.

Cerrando el párrafo, escribe: πάντα, caso nominativo neutro plural del adjetivo indefinido *todos*, en sentido de *todas las cosas*, *todo*; ὅσα, caso acusativo neutro plural del pronombre relativo *lo que, cuanto*; ἔχει, tercera pesona singular del presente de indicativo en voz activa del verbo ἔχω, *tener*, aquí *tiene*; ὁ, caso nominativo masculino singular del artículo determinado *el*; Πατὴρ, caso nominativo masculino singular del nombre divino *Padre*; ἐμά, caso nominativo neutro de la primera persona plural del pronombre personal *míos*; ἐστιν, tercera persona singular del presente de indicativo en voz activa del verbo εἰμί, *ser, estar*, aquí *es*; διὰ, preposición propia de acusativo *por*; τοῦτο, caso acusativo neutro singular del pronombre demostrativo *eso*; εἶπον, primera persona singular del segundo aoristo de indicativo en voz activa del verbo εἶπον, forma del aoristo de λέγω, *hablar, decir*, aquí *dije*; ὅτι, conjunción *que*; ἐκ, preposición propia de genitivo *de*; τοῦ, caso genitivo neutro singular del artículo determinado *lo*; ἐμοῦ, caso genitivo neutro singular del pronombre posesivo *mío*; λαμβάνει, tercera persona singular del presente de indicativo en voz activa del verbo λαμβάνω, *tomar*, aquí *toma*; καὶ, conjunción copulativa *y*; ἀναγγελεῖ, tercera persona singular del futuro de indicativo en voz activa del verbo ἀναγγέλω, *hacer saber, manifestar, anunciar*, aquí *anunciará*; ὑμῖν, caso dativo de la segunda persona plural del pronombre personal declinado *a vosotros, os*.

πάντα ὅσα ἔχει ὁ Πατὴρ ἐμά ἐστιν· διὰ τοῦτο εἶπον ὅτι ἐκ τοῦ ἐμοῦ λαμβάνει καὶ ἀναγγελεῖ ὑμῖν. El Padre había puesto todas las cosas en manos del Hijo (3:35; 13:3), no solo por determinación, sino por relación. Al ser eternamente engendrado la vida del Padre está en el Hijo y la de Él en el Padre, por lo que cuanto tiene el Padre lo tiene el Hijo. De ahí que el Hijo no puede hacer sino lo que ve al Padre (5:19), y el Espíritu solo dice lo que oye al Padre y al Hijo (v. 13). La mutua inmanencia y la comunión de vida en el Ser Divino, hace necesariamente que esta sea la relación entre las Personas Divinas. Ahora bien, si lo que el Espíritu toma del Hijo para comunicarlo es también del Padre, por cuanto todas las cosas del Padre son del Hijo, luego el Espíritu al tomar del Hijo toma necesariamente del Padre, porque ambos son uno (10:30). Por esa razón Jesús puede decir lo que dice por la unión vital con el Padre. Es imposible separar lo que el Espíritu va a decir de Cristo de lo que dice del Padre, porque es imposible hacer una distinción a este nivel. Sin duda el manantial de la verdad y de la sabiduría procede del Padre, que es fuente del Espíritu, pero al mismo tiempo también del Hijo porque tiene todo lo del Padre, como dice Jesús: *todo lo del Padre es mío*. De manera que si el Espíritu va a instruir a los cristianos en la verdad que es Cristo, no cabe duda que es también la verdad del Padre, puesto que todo lo que el Padre es, hace y tiene, es revelado por el Hijo que lo revela a Él mismo (1:18).

Enseñanzas de Jesús sobre su regreso (16:16-33).

16. Todavía un poco, y no me veréis; y de nuevo un poco, y me veréis; porque yo voy al Padre.

Μικρὸν καὶ οὐκέτι θεωρεῖτέ με, καὶ πάλιν μικρὸν καὶ ὄψεσθέ
Un poco y ya no veis me, y de nuevo un poco y veréis
με[1].
me.

Notas y análisis del texto griego.

Introduce un nuevo párrafo, escribiendo: Μικρὸν, caso acusativo neutro singular del adjetivo *poco, pequeño, breve*; καὶ, conjunción copulativa *y*; οὐκέτι, adverbio de negación *ya no*; θεωρεῖτε, segunda persona plural del presente de indicativo en voz activa del verbo θεωρέω, *ver, mirar, observar, contemplar*, aquí *veis*; με, caso acusativo de la primera persona singular del pronombre personal declinado *a mí, me*; καὶ, conjunción copulativa *y*; πάλιν, adverbio modo *de nuevo, nuevamente*; μικρὸν, caso acusativo neutro singular del adjetivo *poco, pequeño, breve*; καὶ, conjunción copulativa *y*; ὄψεσθε, segunda persona plural del futuro de indicativo en voz media del verbo ὁράω, *ver, mirar, observar*, aquí *veréis*; με, caso acusativo de la primera persona singular del pronombre personal declinado *a mí, me*.

Crítica Textual. Lecturas alternativas.

[1] ὅτι ὑπάγω πρός τὸν Πατέρα, *porque voy al Padre*, se añade en A, K, N, Γ, Δ, Θ, 068, $f^{1,13}$, 565, 579, 700, 892^{s}, 1424, 844, 𝔐, lat, sir, pbo, bo^{pt}.

καὶ ὅτι ὑπάγω πρός τὸν Πατέρα, *y porque voy al Padre*, según se añade en Ψ, 33, 1241.

La forma del texto que se usa, está atestiguada en $\mathfrak{p}^{5, 66}$, ℵ, B, D, K, W, it, sa, ly, bo^{pt}.

Μικρὸν καὶ οὐκέτι θεωρεῖτε με, El Señor vuelve a recordarles que en muy poco tiempo les sería quitado de su vista. Sin duda la alusión a la muerte y sepultura de Jesús está presente en Sus palabras. El tiempo en que dejarían de verlo era *poco, pequeño, breve*, pero durante ese espacio dejaría de estar presente entre ellos y no le verían como están haciéndolo en aquellos momentos. El adverbio οὐκέτι, *ya no*, no significa que les sería retirado definitivamente de ellos y que ya no le verían más, sino que ocurría por un corto espacio de tiempo, el que transcurrió entre Su muerte y Su resurrección. En gran medida el sentido del verbo θεωρέω, tiene que ver con los sentidos que hacen visible a una persona. Cristo iba ser enterrado y la tumba impediría a los discípulos que lo viesen.

καὶ πάλιν μικρὸν καὶ ὄψεσθε με. La segunda oración habla de un *volver* a verle por un tiempo, o después de un tiempo corto. Juan cambia el verbo usando aquí ὁράω, también con el sentido de *ver, mirar, contemplar*, y en sentido figurado *percibir, conocer, experimentar, visitar, tener en cuenta*. El verbo se vincula con la capacidad de percibir a una persona, así los discípulos veían a Jesús. El que ve es capaz de percibir a personas concretas en su individualidad. Pero el verbo se usa figuradamente para referirse *conocer*, por ejemplo, Jesús conocía la fe de los discípulos (Mt. 9:2), el apóstol Pablo sabía que los gálatas no andaban conforme a la verdad (Gá. 2:14). Tal vez por influencia del Antiguo Testamento, el verbo expresa el sentido figurado de *experimentar*, viendo, por ejemplo, la corrupción (Hch. 2:27, 31), ver el reino de Dios (3:3). En Juan el verbo se usa para *ver* la gloria de Jesús (1:14; 1 Jn. 1:3-4). También lo usa para referirse a una visión escatológica, como ocurre con la referencia a Abraham o Isaías, que *vieron* la gloria de Jesús (8:56; 12:41).

Esta segunda afirmación de Jesús debe entenderse comprendiendo tres periodos. Primeramente la *vista* real objetiva de Su Persona luego de la resurrección. Un poco de tiempo estuvo oculto de ellos mientras permaneció en el sepulcro, para luego hacerse visible como resucitado, apareciéndoseles en distintos momentos a lo largo de cuarenta días, en los que habló con ellos y se manifestó como el que había estado muerto y que vivía (Hch. 1: 3). En segundo lugar debe entenderse como el *verle* espiritualmente por medio de la revelación del Espíritu en la Palabra. Aunque este es un tiempo mucho mayor, siempre el tiempo de los hombres es corto, pequeño comparado con el de la perpetuidad que espera a los creyentes en la presencia de Dios. El descenso del Espíritu en Pentecostés es la visita de Cristo por medio del que es el Vicario suyo en la tierra y que permanece en el creyente y en la Iglesia. En tercer lugar el *me veréis*, tiene una proyección escatológica definitiva, después de un *corto* tiempo ausente, el Señor va a manifestarse cumpliendo la promesa que hizo a los apóstoles y por extensión a cada creyente, de venir otra vez para tomar a los Suyos y tenerlos donde Él está (14:1-4). En relación con esta tercera forma de la promesa de Jesús, se usa en Hebreos, el mismo adjetivo: *"porque aún un poquito, y el que ha de venir vendrá, y no tardará"* (He. 10:37). Sin duda para los hombres, concretamente los creyentes que esperamos la venida de Jesús, el tiempo se hace muy largo, pero el Espíritu revela por la Palabra que es *corto*. El tiempo de la aflicción y la prueba del que Jesús habló a los suyos, que sería la experiencia del creyente en el mundo (v. 33), parece largo y aun más, el tiempo en que Dios intervenga o venga a buscarnos, sin embargo es *poco*, aunque parezca mucho.

En algunos mss. y códices griegos, aparece al final la frase *porque voy al Padre*, pero no es segura porque los textos que la contienen no son muy seguros y falta en la mayoría de los principales códices y mss. Es de apreciarse que después de la muerte de Jesús, hay tres formas de manifestarse a los discípulos: a) la *visible* sobrenatural, que ocurre entre la resurrección y la ascensión: b) la *invisible* sobre natural, en el período comprendido entre la ascensión y el traslado de la Iglesia; c) la *visible eternamente* sobrenatural, que será la proyección eterna de Su presencia en cielos nuevos y tierra nueva. De ahí el uso del verbo ὁράω, *ver*, que tiene los significados y sentidos que se han considerado en el primer párrafo.

17. Entonces se dijeron algunos de sus discípulos unos a otros: ¿Qué es esto que nos dice: Todavía un poco y no me veréis; y de nuevo un poco, y me veréis; y, porque yo voy al Padre?

εἶπαν οὖν ἐκ τῶν μαθητῶν αὐτοῦ πρὸς ἀλλήλους· τί ἐστιν
Dijeron, pues, de los discípulos de Él unos a otros: ¿Qué es
τοῦτο ὃ λέγει ἡμῖν· μικρὸν καὶ οὐ θεωρεῖτέ με, καὶ πάλιν
esto que dice Él: un poco y no veis me, y de nuevo
μικρὸν καὶ ὄψεσθέ με καί· ὅτι ὑπάγω πρὸς τὸν Πατέρα
un poco y veréis me, y: porque voy al Padre?

Notas y análisis del texto griego.

Trasladando la reacción de los discípulos, escribe: εἶπαν, tercera persona plural del segundo aoristo de indicativo en voz activa del verbo εἶπον, forma del aoristo de λέγω, *hablar, decir*, aquí *dijeron*; οὖν, conjunción continuativa *pues*; ἐκ, preposición propia de genitivo *de*; τῶν, caso genitivo masculino plural del artículo definido *los*; μαθητῶν, caso genitivo masculino plural del nombre común *discípulos*; αὐτοῦ, caso genitivo masculino singular del pronombre personal declinado *de Él*; πρὸς, preposición propia de acusativo *a*; ἀλλήλους, caso acusativo masculino plural del pronombre recíproco *unos a otros*; τί, caso nominativo neutro singular del pronombre interrogativo *que*; ἐστιν, tercera persona singular del presente de indicativo en voz activa del verbo εἰμί, *ser, estar*, aquí *es*; τοῦτο, caso nominativo neutro singular del pronombre demostrativo *esto*; ὃ, caso acusativo neutro singular del pronombre relativo *que*; λέγει, tercera persona singular del presente de indicativo en voz activa del verbo λέγω, *hablar, decir*, aquí *dice*; ἡμῖν, caso dativo de la tercera persona singular del pronombre personal *él*; μικρὸν, caso acusativo neutro singular del adjetivo *poco*; καὶ, conjunción copulativa *y*; οὐ, adverbio de negación *no*; θεωρεῖτε, segunda persona plural del presente de indicativo en voz activa del verbo θεωρέω, *ver, mirar, contemplar, observar*, aquí *veis*; με, caso acusativo de la primera persona singular del pronombre personal declinado *a mí, me*; καὶ, conjunción copulativa *y*; πάλιν, adverbio de modo *nuevamente, de nuevo*; μικρὸν, caso acusativo neutro singular del adjetivo *poco, pequeño, breve*; καὶ, conjunción copulativa *y*; ὄψεσθε, segunda persona plural del futuro de indicativo en voz media del verbo ὁράω, *ver, mirar, observar*, aquí *veréis*; με, caso acusativo de la primera persona singular del pronombre personal declinado *a mí, me*; καί, conjunción copulativa *y*; ὅτι, conjunción causal *porque*; ὑπάγω, primera persona singular del presente de indicativo en voz activa del verbo ὑπάγω, *ir*, aquí *voy*; πρὸς, preposición propia de acusativo *a*; τὸν, caso acusativo masculino singular del artículo determinado *el*; Πατέρα, caso acusativo masculino singular del nombre divino *Padre*.

εἶπαν οὖν ἐκ τῶν μαθητῶν αὐτοῦ πρὸς ἀλλήλους· La reacción de los discípulos apunta a una situación de perplejidad que produjeron en ellos las palabras de Jesús. Posiblemente era un grupo el que comentaba esto entre ellos, como se aprecia por el uso de la preposición ἐκ, *de*, que precede a *los discípulos*, es decir, de todos los discípulos algunos de ellos se preguntaban entre sí el significado de lo que Jesús les había dicho.

τί ἐστιν τοῦτο ὃ λέγει ἡμῖν· μικρὸν καὶ οὐ θεωρεῖτε με, καὶ πάλιν μικρὸν καὶ ὄψεσθε με. El Maestro les había anunciado que habían de darle muerte, pero que resucitaría al tercer día. Por tanto no era difícil entender de que estaba hablándoles. Sin embargo, la reacción general de todos ellos había sido, no la de negar las palabras de Jesús, pero de considerarlas como de un significado oculto. Ellos no podían entender y, hasta cierto punto, admitir que el Mesías pudiese morir. Literalmente se preguntaban entre sí: *¿qué es esto?*, en sentido de *no entendemos que quiere decir*. Entendían las palabras pero no discernían el significado. Los prejuicios interpretativos que habían recibido a lo largo de siglos sobre la misión victoriosa y gloriosa del Mesías, condicionaban cualquier otra que no concordase con ella. Ocurre en cualquier tiempo, cuando los prejuicios de la interpretación tradicional chocan con la verdad de la enseñanza bíblica, que hacen difícil aceptar lo que la Biblia dice y que significaría abandonar lo que la tradición teológica enseña. Esa situación producía un cambio de opiniones unos con otros. No se atrevían a preguntar al Maestro lo que quería decir, simplemente dialogaban entre ellos buscando el sentido de lo que no entendían. Aplicando esto al presente, dice el Dr. Lacueva: *"Cuando, después de la oración y del estudio de la Palabra, no acertamos a entender algún pasaje, no hemos de tener vergüenza en pedir prestada a nuestros hermanos la luz que ellos pueden tener y con la que podemos mejorar nuestro entendimiento de las Escrituras. El mismo apóstol Pablo, tan favorecido por las revelaciones divinas, después de exponer su opinión sobre cierto asunto, continúa diciendo: '¿Y si en algo sentís de un modo diferente, también esto os lo revelará Dios' (Fil. 3:15b)"*[5].

καί· ὅτι ὑπάγω πρὸς τὸν Πατέρα. Finalmente la última duda era sobre el significado de la frase: *porque voy al Padre*. Al no entender todo el plan de salvación que pasaba por la muerte del Cordero de Dios, Su resurrección y Su exaltación, condicionado, sin duda, por la interpretación teológica sobre el Mesías, tampoco entendían aquello de que no le verían, luego le verían, y que relación tenía todo ello con el *ir al Padre*.

18. Decían, pues: ¿Qué quiere decir con: Todavía un poco? No entendemos lo que habla.

ἔλεγον οὖν· τί ἐστιν τοῦτο [ὃ λέγει] τὸ μικρόν οὐκ
Decían, pues: ¿Qué es esto que dice el un poco? no
οἴδαμεν τί λαλεῖ.
hemos entendido que dice.

Notas y análisis del texto griego.

Siguen las palabras de los discípulos: ἔλεγον, tercera persona plural del imperfecto de indicativo en voz activa del verbo λέγω, *hablar, decir*, aquí *decían*; οὖν, conjunción continuativa *pues*; τί, caso nominativo neutro singular del pronombre interrogativo *que*; ἐστιν, tercera persona singular del presente de indicativo en voz activa del verbo εἰμί, *ser, estar*, aquí *es*; τοῦτο, caso nominativo neutro singular del pronombre demostrativo *esto*; ὅ, caso

[5] F. Lacueva. o.c., pág. 418.

acusativo neutro singular del pronombre relativo *que*; λέγει, tercera persona singular del presente de indicativo en voz activa del verbo λέγω, *hablar, decir*, aquí *dice*; τὸ, caso nominativo neutro singular del artículo determinado *lo*; μικρόν, caso acusativo neutro singular del adjetivo *poco*; οὐκ, forma escrita del adverbio de negación *no*, con el grafismo propio ante una vocal con espíritu suave o una enclítica; οἴδαμεν, primera persona plural del perfecto de indicativo en voz activa del verbo οἶδα, *saber, conocer, entender*, aquí *hemos entendido*; τί, caso acusativo neutro singular del pronombre interrogativo *que*; λαλεῖ, tercera persona singular del presente de indicativo en voz activa del verbo λαλέω, *hablar, decir*, aquí *dice*.

ἔλεγον οὖν· τί ἐστιν τοῦτο [ὃ λέγει] τὸ μικρόν οὐκ οἴδαμεν τί λαλεῖ. El problema de interpretación se centraba aquí en el adverbio temporal μικρόν, *poco* o *un poco*, incluso *dentro de poco*. En esto consistía la dificultad de entender a Jesús. Debe unirse esto a lo que antes comentaban aquello de que me voy y vendré. Si se trataba del reino mesiánico no había razón de irse y si no pensaba en eso tampoco había mucha razón para volver. Pero, especialmente el tiempo de Dios no es el tiempo del hombre. El *poco* de Dios pueden ser miles de años, como ocurre con el tiempo desde la partida al cielo y el regreso prometido. Se ha considerado antes que este tiempo puede comprender tres periodos diferentes, que son siempre *poco* para Dios.

19. Jesús conoció que querían preguntarle, y les dijo: ¿Preguntáis entre vosotros acerca de esto que dije: Todavía un poco y no me veréis, y de nuevo un poco y me veréis?

Ἔγνω [ὁ] Ἰησοῦς ὅτι ἤθελον αὐτὸν ἐρωτᾶν, καὶ εἶπεν αὐτοῖς·
Conoció - Jesús que querían le preguntar, y dijo les:
περὶ τούτου ζητεῖτε μετ' ἀλλήλων ὅτι εἶπον· μικρὸν καὶ οὐ
¿Acerca de esto buscáis unos con otros que dije: un poco y no
θεωρεῖτε με, καὶ πάλιν μικρὸν καὶ ὄψεσθε με
veis me, y de nuevo un poco y veréis me?

Notas y análisis del texto griego.

Jesús toma la palabra: Ἔγνω, tercera persona singular del segundo aoristo de indicativo en voz activa del verbo γίνωσκω, *saber, entender, conocer, darse cuenta*, aquí *conoció*; ὁ, caso nominativo masculino singular del artículo determinado *el*; Ἰησοῦς, caso nominativo masculino singular del nombre propio *Jesús*; ὅτι, conjunción *que*; ἤθελον, tercera persona plural del imperfecto de indicativo en voz activa del verbo θέλω, *querer, desear*, aquí *querían*; αὐτὸν, caso acusativo masculino de la tercera persona singular del pronombre personal declinado *a Él, le*; ἐρωτᾶν, presente de infinitivo en voz activa del verbo ἐρωτάω, *preguntar, requerir*; καὶ, conjunción copulativa *y*; εἶπεν, tercera persona singular del segundo aoristo de indicativo en voz activa del verbo εἶπον, forma del aoristo de λέγω, *hablar, decir*, aquí *dijo*; αὐτοῖς, caso dativo de la tercera persona plural del pronombre personal declinado *a ellos, les*; περὶ, preposición propia de genitivo *acerca de*; τούτου, caso genitivo neutro singular del pronombre demostrativo *esto*; ζητεῖτε, segunda persona plural del presente de indicativo en voz activa del verbo ζητέω, *buscar, intentar, querer, pedir*, aquí *buscáis*; μετ', forma escrita por elisión de la α final ante vocal con espíritu suave de la preposición de genitivo μετά, *con*; ἀλλήλων, caso genitivo masculino plural del pronombre recíproco *unos con otros*; ὅτι, conjunción *que*; εἶπον, primera persona singular del segundo aoristo de indicativo en voz activa del verbo εἶπον, forma del aoristo de λέγω, *hablar, decir*, aquí *dije*; μικρὸν, caso acusativo neutro singular del adjetivo *poco, pequeño, breve*; καὶ, conjunción copulativa *y*; οὐ, adverbio de negación *no*; θεωρεῖτε, segunda persona plural del presente de indicativo en voz activa del verbo θεωρέω, *ver, mirar, observar, contemplar*, aquí *veis*; με, caso acusativo de la primera persona singular del pronombre personal declinado *a mí, me*; καὶ, conjunción copulativa *y*; πάλιν, adverbio modo *de nuevo, nuevamente*; μικρὸν, caso acusativo neutro singular del adjetivo *poco, pequeño, breve*; καὶ, conjunción copulativa *y*; ὄψεσθε, segunda persona plural del futuro de indicativo en voz media del verbo ὁράω, *ver, mirar, observar*, aquí *veréis*; με, caso acusativo de la primera persona singular del pronombre personal declinado *a mí, me*.

Ἔγνω [ὁ] Ἰησοῦς ὅτι ἤθελον αὐτὸν ἐρωτᾶν, καὶ εἶπεν αὐτοῖς· Aquellas conversaciones en voz baja entre algunos, sirvió a Jesús para tomar nuevamente la palabra. Él sabía que querían preguntarle y, además sabía sobre lo que querían hacerlo. El conocimiento omnisciente de la Persona Divina del Hijo de Dios, comunicaba a Su naturaleza humana lo que como hombre había limitado en cuanto a saber o no de las cosas. Como hombre podría intuir lo que aquellos pensaban y querían, como Dios conocía sus pensamientos y las causas que los motivaban. Aquellos no se atrevían a preguntar, como si a Jesús le molestase eso. Nunca dejó de responderles aunque fuesen preguntas elementales, como la del escriba que inquirió cual era el primer mandamiento de la ley. Los discípulos querían hacer al Maestro una pregunta pero no se atrevían. El Señor resolvió el reparo señalándoles cual era el motivo de ella.

περὶ τούτου ζητεῖτε μετ' ἀλλήλων ὅτι εἶπον· μικρὸν καὶ οὐ θεωρεῖτέ με, καὶ πάλιν μικρὸν καὶ ὄψεσθέ με. Jesús repite al pie de la letra lo que ellos querían preguntarle. Lo hace con las mismas palabras, salvo la variación del adverbio, que en lugar de usar *ya no*, utiliza simplemente *no*. El resto son las mismas que se han comentado antes (v. 17).

20. De cierto, de cierto os digo, que vosotros lloraréis y lamentaréis, y el mundo se alegrará; pero aunque vosotros estéis tristes, vuestra tristeza se convertirá en gozo.

ἀμὴν ἀμὴν λέγω ὑμῖν ὅτι κλαύσετε καὶ θρηνήσετε ὑμεῖς,
De cierto, de cierto digo os que lloraréis y lamentaréis vosotros
ὁ δὲ κόσμος χαρήσεται· ὑμεῖς λυπηθήσεσθε, ἀλλ' ἡ λύπη
y el mundo se alegrará; vosotros seréis entristecidos pero la tristeza
ὑμῶν εἰς χαρὰν γενήσεται.
de vosotros en gozo resultará.

Notas y análisis del texto griego.

Jesús añade: ἀμὴν, transliteración, *amén, de cierto*; ἀμὴν, transliteración *amén, de cierto*; λέγω, primera persona singular del presente de indicativo en voz activa del verbo λέγω, *hablar, decir*, aquí *digo*; ὑμῖν, caso dativo de la segunda persona plural del pronombre personal declinado *a vosotros, os*; ὅτι, conjunción *que*; κλαύσετε, segunda persona plural del futuro de indicativo en voz activa del verbo κλαίω, *llorar*, aquí *lloraréis*; καὶ, conjunción copulativa *y*; θρηνήσετε, segunda persona plural del futuro de indicativo en voz activa del verbo θρενέω, *lamentar, hacer lamentaciones*, aquí *lamentaréis*; ὑμεῖς, caso nominativo de la segunda persona plural del pronombre personal *vosotros*; ὁ, caso nominativo masculino singular del artículo determinado *el*; δὲ, partícula conjuntiva que hace las veces de conjunción coordinante, con sentido de *pero, más bien, y, y por cierto*, *antes bien*; κόσμος, caso nominativo masculino singular del nombre común *mundo*; χαρήσεται, tercera persona singular del futuro de indicativo en voz activa del verbo χαίρω, *alegrarse, gozarse*, aquí *se alegrará*; ὑμεῖς, caso nominativo de la segunda persona plural del pronombre personal *vosotros*; λυπηθήσεσθε, segunda persona plural del futuro de indicativo en voz pasiva del verbo λυπέω, *entristecer, causar pesar*, aquí *seréis entristecidos*; ἀλλ', forma escrita ante vocal de la conjunción adversativa ἀλλά que significa *pero, sino*; ἡ, caso nominativo femenino singular del artículo determinado *la*; λύπη, caso nominativo femenino singular del nombre común *tristeza*; ὑμῶν, caso genitivo de la segunda persona plural del pronombre personal declinado *de vosotros*; εις, preposición propia de acusativo *en*; χαρὰν, caso acusativo femenino singular del nombre común *gozo*; γενήσεται, tercera persona singular del futuro de indicativo en voz media del verbo γίνομαι, *llegar a ser, empezar a existir, hacerse, manifestarse, revelarse, aparecer, resultar, convertirse en*, aquí *resultará*.

ἀμὴν ἀμὴν λέγω ὑμῖν. Con la expresión de solemnidad típica en el *Evangelio*, que demanda atención a lo que sigue: *de cierto, de cierto*, el Señor pone fuerza en lo que dice a los discípulos.

ὅτι κλαύσετε καὶ θρηνήσετε ὑμεῖς, La primera advertencia no podía resultarles agradable. El Señor presenta una situación de intenso conflicto por la que iban a pasar muchos de ellos. En ella habría *llanto* y *lamento*. Era algo que ocurriría luego de Su partida. Ellos llorarían y lamentarían por no tenerlo a su lado y saber que actuaría para librarlos de las circunstancias adversas. Pero, aunque la ausencia de Jesús produciría intensa tristeza, se refiere más bien a lo que ya les había anunciado antes, la persecución como resultado de la oposición del mundo. Les había dicho que serían expulsados de las sinagogas, que serían afligidos por las acciones de los gobernantes, e incluso que algunos serían muertos, mientras sus asesinos se escudarían en que estaban haciendo un servicio a Dios (v. 2).

ὁ δὲ κόσμος χαρήσεται· Mientras la aflicción y la tristeza alcanzaban a los discípulos, el mundo viendo el escarnio y la aflicción de ellos, se gozaría. Lo que entristece a los santos, alegra a los impíos. No debe causarnos sorpresa cuando angustiados y afligidos, los enemigos aparentemente han triunfado.

ὑμεῖς λυπηθήσεσθε, ἀλλ' ἡ λύπη ὑμῶν εἰς χαρὰν γενήσεται. Pero la situación se revierte. De pronto quienes lloran y se entristecen, dejan de hacerlo para pasar al disfrute del gozo perfecto. Literalmente *la tristeza resultará en gozo*. El tiempo de la tristeza y de la angustia es corto. El apóstol Pablo llama a esto *leve tribulación momentánea* (2 Co. 4:17). Es leve porque no perdura, es corta porque es momentánea. El encuentro con Jesús será la gloriosa realidad luego del camino dificultoso del tránsito en la vida. Es posible que la senda discurra por tal angustia que se nos antoje que estamos en un *valle de sombra de muerte*, pero al final está el Señor recogiéndonos para que estemos siempre con Él (14:1-4). El lugar de paz y gloria será el término eterno a las lágrimas y al sufrimiento. Pero, es necesario observar que no dice que la tristeza será sustituída por la alegría, sino que *se convertirá*. La Cruz de Cristo que es objeto de sufrimiento y angustia, da paso a la bendición y al gozo de la obra salvadora. De ese modo las mujeres gemían y se lamentaban al ver el paso de Jesús hacia el lugar de la crucifixión (Lc. 23:27); igualmente lloraban de tristeza pensando en que estaba muerto, en la mañana de la resurrección (Mr. 16:10); María Magdalena lloraba en el huerto junto al sepulcro (20:11); la tristeza había embargado el corazón de los dos discípulos de Emaús (Lc. 24:17). Pero toda aquella tristeza se convierte en regocijo cuando el Señor se manifestó resucitado a cada uno de ellos. La tristeza fue por un tiempo, el gozo era ya definitivo. Esto se cumple en nosotros mientras estamos físicamente separados de Jesús, transitando por el mundo que se opone a Dios. La condición temporal de sufrimiento es propia de quienes son seguidores del que se califica como *"varón de dolores, experimentado en quebranto"* (Is. 53:3), como Él, los cristianos entran a la luz por el camino de la Cruz.

21. La mujer cuado da a luz, tiene dolor, porque ha llegado su hora; pero después que ha dado a luz un niño, ya no se acuerda de la angustia, por el gozo de que haya nacido un hombre en el mundo.

ἡ γυνὴ ὅταν τίκτῃ λύπην ἔχει, ὅτι ἦλθεν ἡ ὥρα αὐτῆς·
La mujer cuando da a luz dolor de parto tiene, porque llegó la hora de ella;
ὅταν δὲ γεννήσῃ τὸ παιδίον, οὐκέτι μνημονεύει τῆς θλίψεως
pero cuando da a luz al niño, ya no se acuerda de la angustia
διὰ τὴν χαρὰν ὅτι ἐγεννήθη ἄνθρωπος εἰς τὸν κόσμον.
por el gozo de que haya nacido hombre en el mundo.

Notas y análisis del texto griego.

Usando una ilustración, dice: ἡ, caso nominativo femenino singular del artículo determinado *la*; γυνὴ, caso nominativo femenino singular del nombre común *mujer*; ὅταν, conjunción temporal, *cuando, siempre que, tantas veces como*; τίκτῃ, tercera persona singular del presente de subjuntivo en voz activa del verbo τίκτω, *dar a luz*, aquí *da a luz*; λύπην, caso acusativo femenino singular del nombre común *pena, pesar, aflicción, situación penosa, dolor físico, dolores de parto*; ἔχει, tercera persona singular del presente de indicativo en voz activa del verbo ἔχω, *tener*, aquí *tiene*; ὅτι, conjunción causal *porque*; ἦλθεν, tercera persona singular del segundo aoristo de indicativo en voz activa del verbo ἐρχομαι, *venir, llegar, aparecer*, aquí *llegó*; ἡ, caso nominativo femenino singular del artículo determinado *la*; ὥρα, caso nominativo femenino singular del nombre común *hora*; αὐτῆς, caso genitivo femenino de la tercera persona singular del pronombre personal declinado *de ella*; ὅταν, conjunción temporal, *cuando, siempre que, tantas veces como*; δὲ, partícula conjuntiva que hace las veces de conjunción coordinante, con sentido de *pero, más bien, y, y por cierto, antes bien*; γεννήσῃ, tercera persona singular del aoristo primero de subjuntivo en voz activa del verbo γεννάω, *dar a luz*, aquí *dio a luz*; τὸ, caso acusativo neutro singular del artículo determinado *el*; παιδίον, caso acusativo neutro singular del nombre común *niño*; οὐκέτι, adverbio de negación *ya no*; μνημονεύει, tercera persona singular del presente de indicativo en voz activa del verbo μνημονεύω, *recordar, acordarse*, aquí *se acuerda*; τῆς, caso genitivo femenino singular del artículo determinado declinado *de la*; θλίψεως, caso genitivo femenino singular del nombre común, *tribulación, aflicción, sufrimiento*; διὰ, preposición propia de acusativo *por*; τὴν, caso acusativo femenino singular del artículo determinado *la*; χαρὰν, caso acusativo femenino singular del nombre común *alegría, gozo*; ὅτι, conjunción *que*; ἐγεννήθη, tercera persona singular del aoristo primero de indicativo en voz pasiva del verbo γεννάω, *nacer*, aquí *es nacido, haya nacido*; ἄνθρωπος, caso nominativo masculino singular del nombre común *hombre*; εἰς, preposición propia de acusativo *a, en*; τὸν, caso acusativo masculino singular del artículo determinado *el*; κόσμον, caso acusativo masculino singular del nombre común *mundo*.

ἡ γυνὴ ὅταν τίκτῃ λύπην ἔχει, ὅτι ἦλθεν ἡ ὥρα αὐτῆς· Mediante una ilustración parabólica, les hace entender lo que acaba de decirles. Toma la figura de una mujer en el tiempo del alumbramiento. No puede evitar que los dolores propios del parto, le sobrevengan. Durante el tiempo que dura, siente la angustia propia de esa situación, estando en aflicción intensa, porque *ha llegado la hora* de dar a luz.

ὅταν δὲ γεννήσῃ τὸ παιδίον, οὐκέτι μνημονεύει τῆς θλίψεως διὰ τὴν χαρὰν ὅτι ἐγεννήθη ἄνθρωπος εἰς τὸν κόσμον. Esos dolores persisten hasta el alumbramiento. Los dolores a la mujer encinta son resultado y consecuencias del pecado (Gn. 3:16). Casi podría pensarse que esa maldición es irremediable, dolorosa y afecta a todas la mujeres, sin embargo frente al dolor del parto, está la bendición del nacimiento de un niño. La alegría de un miembro en la familia, una persona nueva en el mundo, supera la experiencia de los dolores pasados. El nacimiento es motivo de gozo para los padres, de manera que la madre se olvida de la dura experiencia en los dolores pasados. Esta ilustración les enseña que los conflictos y angustias en el mundo, por intensos que sean duran tan solo un tiempo, que siempre es corto, como lo es la vida misma. Así también las angustias y dolores de la Pasión, darán paso a la alegría de la resurrección y luego de la glorificación, que dejan en el olvido las aflicciones, sustituidas por la gloriosa dimensión de una nueva vida para quienes creen. En general las aflicciones del creyente serán tornadas en el gozo exultante de la vida en la gloria. Esas aflicciones resultan en fruto agradable para Dios (He. 12:11). La vista del cristiano en medio de la tribulación debiera orientarse hacia el gozo definitivo en la presencia del Señor, donde Dios *"enjugará toda lágrima de los ojos de ellos"* (Ap. 21:4). La eternidad marcará un final definitivo de las angustias, que ni siquiera estarán presentes en el recuerdo de los salvos.

22. También vosotros ahora tenéis tristeza; pero os volveré a ver, y se gozará vuestro corazón, y nadie os quitará vuestro gozo.

καὶ ὑμεῖς οὖν νῦν μὲν λύπην ἔχετε· πάλιν δὲ ὄψομαι
Y vosotros, pues, ahora a la verdad tristeza tenéis; pero de nuevo veré
ὑμᾶς, καὶ χαρήσεται ὑμῶν ἡ καρδία, καὶ τὴν χαρὰν
os, y se alegrará de vosotros el corazón, y el gozo
ὑμῶν οὐδεὶς αἴρει ἀφ' ὑμῶν.
de vosotros nadie quita de vosotros.

Notas y análisis del texto griego.

Siguen las palabras de Jesús: καὶ, conjunción copulativa *y*; ὑμεῖς, caso nominativo de la segunda persona plural del pronombre personal *vosotros*; οὖν, conjunción continuativa *pues*; νῦν, adverbio demostrativo *ahora*; μὲν, partícula afirmativa que se coloca siempre inmediatamente después de la palabra expresiva de una idea que se ha de reforzar o poner en relación con otra idea y que, en sentido absoluto tiene oficio de adverbio de afirmación, como *ciertamente, a la verdad*; λύπην, caso acusativo femenino singular del nombre común *tristeza*; ἔχετε, segunda persona plural del presente de indicativo en voz activa del verbo ἔχω, *tener*, aquí *tenéis*; πάλιν, adverbio de modo *nuevamente, de nuevo, otra vez*; δὲ, partícula conjuntiva que hace las veces de conjunción coordinante, con sentido de *pero, más bien, y, y por cierto, antes bien*; ὄψομαι, primera persona singular del futuro de indicativo en voz media del verbo ὁράω, *ver, mirar, observar*, aquí *veré*; ὑμᾶς, caso acusativo de la segunda persona plural del pronombre personal declinado *a vosotros, os*; καὶ, conjunción copulativa *y*; χαρήσεται, tercera persona singular del futuro de indicativo en voz pasiva del verbo χαίρω, *alegrar*, aquí *se alegrará*; ὑμῶν, caso genitivo de la segunda persona plural del pronombre personal declinado *de vosotros*; ἡ, caso nominativo femenino singular del artículo determinado *la*; καρδία, caso nominativo femenino singular del nombre común *corazón*; καὶ, conjunción copulativa *y*; τὴν, caso acusativo femenino singular del artículo determinado *la*; χαρὰν, caso acusativo femenino singular del nombre común *alegría, gozo*; ὑμῶν, caso genitivo de la segunda persona plural del pronombre personal declinado *de vosotros*; οὐδεὶς, caso nominativo masculino singular del pronombre indefinido, *nadie, ninguno*; αἴρει, tercera persona singular del presente de indicativo en voz activa del verbo αἴρω, *tomar, quitar, cargar, levantar*, aquí *quita*; ἀφ', preposición propia de genitivo ἀπό, con el grafismo que adopta por elisión de la o final ante vocal o diptongo sin aspiración, que equivale a *de, desde, procedente de, por medio de, con, por*; ὑμῶν, caso genitivo de la segunda persona plural del pronombre personal *vosotros*.

καὶ ὑμεῖς οὖν νῦν μὲν λύπην ἔχετε· La tristeza de los discípulos era evidente. El Señor se refiere a la que les embargaba en aquel momento, como se aprecia por el uso del adverbio demostrativo νῦν, *ahora*. Jesús les había comunicado lo que iba a ocurrir, no sólo en relación con Sus sufrimientos y muerte, sino también con la traición de Judas, la negación de Pedro y la deserción de ellos. Pero, esa tristeza sería transitoria, puesto que a la ausencia suya por la muerte, seguiría el encuentro en vida por la resurrección. No se trataba de una congoja aparente, sino real, como indica la oración con μὲν, que imprime seguridad a la frase.

πάλιν δὲ ὄψομαι ὑμᾶς, La manifestación visible del Resucitado, sería una realidad luego del tiempo de sufrimiento y muerte. Aquellos dejarían de verlo cuando Su cuerpo yaciese en el sepulcro, pero retornaría a ellos y podrían verlo de nuevo. La tristeza de la separación se convertiría en la alegría del encuentro. De la misma manera la esperanza nuestra es semejante a la de los discípulos. No le vemos ahora físicamente, sentimos Su presencia en nosotros, lo admiramos por fe, apreciamos Su poder, notamos la orientación en la conducción de nuestras vidas por la acción del Espíritu, pero la visión directa de nuestro Salvador nos está aún velada. Sin embargo la seguridad se torna ya en alegría sabiendo que en cualquier momento los cielos se abrirán para nosotros y nos encontraremos con Él en el aire para estar perpetuamente juntos (1 Ts. 4:17). La promesa suya se hace certeza y esperanza segura: *os tomaré a mí mismo* (14:3).

καὶ χαρήσεται ὑμῶν ἡ καρδία, καὶ τὴν χαρὰν ὑμῶν οὐδεὶς αἴρει ἀφ' ὑμῶν. Entonces *se gozará vuestro corazón.* Como expresa la relación con la palabra griega, será un *gozo cordial.* Siendo del corazón, se convierte en gozo de toda la persona y vida, puesto que de la *abundancia del corazón habla la boca* (Mt. 13:34). Los ojos de Jesús, Su mirada de amor, traerá a los discípulos un gozo duradero. Un corazón lleno de gozo produce una vida gozosa. Además no se trata de un gozo ocasional o momentáneo sino permanente, y que nadie podrá afectarlo o hacerlo decrecer o cesar: *"nadie os quitará vuestro gozo"*. El mundo no podrá quitarlo porque ha sido derrotado por Cristo. La nueva dimensión de vida estará rodeada de profundo gozo. La presencia de Cristo, presencia activa de Jesús, en el alma del creyente genera gozo perfecto. Incluso la transitoria de la peregrinación, rodeada de conflictos, desprecios y sufrimientos, puede sentir el gozo de la presencia de Cristo. La dificultad está fuera, el gozo dentro. Nadie puede separarnos ya del Señor. Nada puede alterar la segura esperanza del lugar que prepara para nosotros, según Su promesa. Nadie podrá privarnos del *tesoro que tenemos reservado en los cielos* (Mt. 6:20; 1 P. 1:4b). No se trata sólo de ver a Jesús físicamente, sino que ya se experimenta en cada día por la unión constante de Él con los suyos, después de la ascensión.

23. En aquel día no me preguntaréis nada. De cierto, de cierto os digo, que todo cuanto pidiereis al Padre en mi nombre, os lo dará.

Καὶ ἐν ἐκείνῃ τῇ ἡμέρᾳ ἐμὲ οὐκ ἐρωτήσετε οὐδέν. ἀμὴν
Y en aquel - día no me preguntaréis nada. De cierto,
ἀμὴν λέγω ὑμῖν, ἄν τι αἰτήσητε τὸν Πατέρα ἐν τῷ ὀνόματι
de cierto, digo os, todo lo que pidiereis al Padre en el nombre
μου δώσει ὑμῖν.
de mí dará os.

Notas y análisis del texto griego.

Sigue: Καὶ, conjunción copulativa *y*; ἐν, preposición propia de dativo *en*; ἐκείνῃ, caso dativo femenino singular del pronombre demostrativo *aquella*; τῇ, caso dativo femenino singular del artículo determinado *la*; ἡμέρᾳ, caso dativo femenino singular del nombre común *día*; ἐμὲ, caso acusativo de la primera persona singular del pronombre personal declinado *a mí, me*; οὐκ, forma escrita del adverbio de negación *no*, con el grafismo propio ante una vocal con espíritu suave o una enclítica; ἐρωτήσετε, segunda persona plural del futuro de indicativo en voz activa del verbo ἐροτάω, *preguntar, inquirir*, aquí *preguntaréis*; οὐδέν, caso acusativo neutro singular del pronombre indefinido *nada, ninguna cosa*; ἀμὴν transliteración *amén, de cierto*; λέγω, primera persona singular del presente de indicativo en voz activa del verbo λέγω, *hablar, decir*, aquí *digo*; ὑμῖν, caso dativo de la segunda persona plural del pronombre personal declinado *a vosotros, os*; ἄν, partícula que no empieza nunca frase y que da a ésta carácter condicional o dubitativo, o expresa una idea de repetición. Se construye con todos los modos menos el imperativo y acompaña a los pronombres relativos para darles un sentido general; en algunas ocasiones no tiene traducción; τι, caso acusativo neutro singular del adjetivo indefinido *cualquier*; αἰτήσητε, segunda persona plural del aoristo primero de subjuntivo en voz activa del verbo αἰτέω, *pedir, requerir, demandar*, aquí *pidiereis*; τὸν, caso acusativo masculino singular del artículo determinado declinado *al*; Πατέρα, caso acusativo masculino singular del nombre divino *Padre*; ἐν, preposición propia de dativo *en*; τῷ, caso dativo neutro singular del artículo determinado *el*; ὀνόματι, caso dativo neutro singular del substantivo *nombre*; μου, caso genitivo de la primera persona singular del pronombre personal declinado *de mí*; δώσει, tercera persona singular del futuro de indicativo en voz activa del verbo δίδωμι, *dar*, aquí *dará*; ὑμῖν, caso dativo de la segunda persona plural del pronombre personal declinado *a vosotros*.

Καὶ ἐν ἐκείνῃ τῇ ἡμέρᾳ ἐμὲ οὐκ ἐρωτήσετε οὐδέν. En aquellos momentos querían preguntarle porque no comprendían lo que les estaba diciendo. Sin embargo, cuando se produjese nuevamente el encuentro, entonces ya no habría necesidad de preguntarle nada. La visión sustituía a la esperanza. Las promesas del Señor se habrían cumplido y ellos no necesitaban ninguna aclaración. Lo que para ellos era un corto espacio de tiempo entre la sepultura y la resurrección, para nosotros se hace largo, humanamente hablando, por el transcurso de más de dos mil años. Sin embargo la reunión con Jesús, cuando venga a buscarnos, producirá el mismo resultado: las preguntas no serán necesarias. Ciertamente en sentido pleno, las preguntas cesaron para los apóstoles, porque la presencia del Espíritu Santo, que vendría en Pentecostés, les conducía a toda verdad y no necesitaban preguntar nada. Hacer preguntas supone desconocimiento e incluso extravío, o falta de seguridad en la dirección que se sigue, los apóstoles no necesitaban preguntar nada en ese sentido porque seguían siendo conducidos por Jesús, que resucitado, enviaba al Espíritu para hacer la obra que Él había estado haciendo durante tres años.

ἀμὴν ἀμὴν λέγω ὑμῖν, ἄν τι αἰτήσητε, τὸν Πατέρα ἐν τῷ ὀνόματι μου δώσει ὑμῖν. En el contexto de las preguntas, el Señor vuelve a repetirles la promesa de pedir al Padre en Su nombre para recibir cuanto le pidiesen. Lo hace en forma solemne, usando la habitual forma de este *Evangelio*, con *de cierto, de cierto*, a lo que debía prestársele atención. No cabe duda que esto tiene un amplio sentido, pero no elimina el de adquirir conocimiento. El contexto está en preguntas y sufrimiento. De eso escribirá tiempo después Santiago, el hermano del Señor, insistiendo que si todo don perfecto y todo regalo bueno procede del Padre, si no tenemos conocimiento sobre algún asunto, entre los que están el sufrimiento de las pruebas, pidámosle y recibiremos respuesta (Stg. 1:5). De nuevo se orienta sobre el modo de orar. Ya se han tratado antes estas mismas palabras[6]. La petición se dirige al Padre en el nombre de Jesús. Esto descansa en la seguridad que cualquier regalo de la gracia procede del Padre (Stg. 1:17). Al pedir en el nombre de Jesús, se expresa el sentido de dependencia que elimina toda autosuficiencia que pudiera existir en el que ora, que lo hace en el nombre de quien tiene toda autoridad en el cielo y en la tierra. La promesa es la de recibir del Padre *lo que se ha pedido* en el nombre del Hijo. Pero, nótese que la oración ha de ajustarse a lo que Jesús desearía para aquel momento. No es una petición caprichosa o incluso egoísta para satisfacer alguna necesidad o supuesta necesidad, sino ajustada plenamente al plan que Dios tiene para ese momento. Es necesario pedir en forma perseverante, como el Maestro enseñó en el Sermón del Monte (Mt. 6:9-13; Lc. 11:2-4). No tendremos necesidad de pedir nada cuando estemos en la presencia del Señor, pero el *pedir* y el *recibir* forman parte del día a día en el camino de nuestra peregrinación. Mientras transitamos por la vida, *pedimos* y del buen Padre *recibimos* conforme a lo que Él sabe que nos es necesario. El que está en Cristo, puede y debe pedir por los méritos de Cristo. La frase *en mi nombre*, aparece siete veces en este discurso, y cada una de ellas, está vinculada con la oración, a excepción hecha de 14:26.

---

[6] Ver comentario a 15:16.

24. Hasta ahora nada habéis pedido en mi nombre; pedid, y recibiréis, para que vuestro gozo sea cumplido.

ἕως ἄρτι οὐκ ᾐτήσατε οὐδὲν ἐν τῷ ὀνόματι μου· αἰτεῖτε καὶ
Hasta ahora no pedisteis nada en el nombre de mí. Pedid y
λήμψεσθε, ἵνα ἡ χαρὰ ὑμῶν ᾖ πεπληρωμένη.
recibiréis, para que el gozo de vosotros sea completo.

Notas y análisis del texto griego.

Siguiendo con las palabras de Jesús, escribe: ἕως, preposición propia de genitivo *hasta*; ἄρτι, adverbio demostrativo *ahora, por ahora, al punto*; οὐκ, forma escrita del adverbio de negación *no*, con el grafismo propio ante una vocal con espíritu suave o una enclítica; ᾐτήσατε, segunda persona plural del aoristo primero de indicativo en voz activa del verbo αἰτέω, *pedir*, aquí *pedisteis*; οὐδὲν, caso acusativo neutro singular del pronombre indefinido *nada, ninguna cosa*; ἐν, preposición propia de dativo *en*; τῷ, caso dativo neutro singular del artículo determinado *el*; ὀνόματι, caso dativo neutro singular del substantivo que denota *nombre*; μου, caso genitivo de la primera persona singular del pronombre personal declinado *de mí*; αἰτεῖτε, segunda persona plural del presente de imperativo en voz activa del verbo αἰτέω, *pedir*, aquí *pedid*; καὶ, conjunción copulativa *y*; λήμψεσθε, segunda persona plural del futuro de indicativo en voz activa del verbo λαμβάνω, *recibir*, aquí *recibiréis*; ἵνα, conjunción causal *para que*; ἡ, caso nominativo femenino singular del artículo determinado *la*; χαρὰ, caso nominativo femenino singular del nombre común *gozo*; ὑμῶν, caso genitivo de la segunda persona plural del pronombre personal declinado *de vosotros*; ᾖ, tercera persona singular del presente de subjuntivo en voz activa del verbo εἰμί, *ser, estar*, aquí *sea*; πεπληρωμένη, caso nominativo femenino singular del participio de perfecto en voz pasiva del verbo πληρόω, *llenar, rellenar, completar, cumplir, llevar a la perfección*, aquí *completo*.

ἕως ἄρτι οὐκ ᾐτήσατε οὐδὲν ἐν τῷ ὀνόματι μου· Hasta aquel momento nada habían pedido al Padre en el nombre de Jesús. No habían tenido necesidad porque todo cuanto pidieron le fue hecho por el mismo Señor. Ellos no tenían la experiencia que les sería necesaria en lo sucesivo, cuando Jesús no estuviese con ellos. Pedir en nombre de Jesús, no es simplemente una puerta que se abre a la esperanza, sino un mandato que el Señor establece. Además, pedir en nombre de Cristo es hacerlo en los méritos que Él tiene en base a la obra realizada en la Cruz. Posiblemente los discípulos necesitaban la insistencia de Jesús en esto de la oración, porque no habían captado la idea de lo que significa el oficio mediador de Jesucristo, único entre Dios y los hombres (1 Ti. 2:5). Esta es la forma apropiada para la oración en la dispensación de la Iglesia. Esto no impide la oración al Hijo, pero se establece que la forma para orar es dirigirla al Padre en el nombre del Hijo, y que esa oración es eficaz. Recibimos lo que pedimos al Padre, porque nos envía Sus dones, gracias a todo lo que el Hijo es y ha hecho.

αἰτεῖτε καὶ λήμψεσθε, Jesús exhorta a que *pidan*. El verbo en presente de imperativo establece un mandato y una persistencia. El mandato de pedir no es opcional, sino lo que tendrían que hacer los discípulos en lo sucesivo y, además, debían hacerlo con insistencia, es decir, persistiendo en la petición. La vida de ellos había sido hasta entonces de relación personal, desde aquí en adelante estaría basada en la fe, esto es, en dependencia confiada. La fe no es simplemente creer en algo, sino depositar la confianza en Alguien. Orar no es una opción sino el mandamiento para la vida cristiana. El presente del verbo expresa una acción continua. El mandamiento a la oración se expresa mediante el verbo αἰτέω, *pedir*. Ante las dificultades de la vida cristiana que el Señor les anunció, abre la puerta para poder vivirla conforme a Su voluntad en medio de los conflictos, mediante la oración que pide a la puerta de la misericordia divina para obtener lo necesario. El discípulo es llamado a *pedir*, que aquí tiene que ver con la misma acción de un mendigo que, sin ningún tipo de recurso propio, extiende una mano esperando que alguien deposite en ella una caridad. La petición de un pobre obedece a su propia necesidad, es decir, pide porque está necesitado. Así el que ora. Quien desea ser rico en Dios, quien procura alcanzar victoria en los recursos de Su poder, quien desea ser más que vencedor, ha de comenzar por ocupar la posición de un necesitado, reconociendo que no tiene nada para suplir esa necesidad. El que ora entiende claramente que *"toda buena dádiva y todo don perfecto, proceden del Padre de las luces"* (Stg. 1:17). Entiende además que no tiene derecho alguno a recibir nada por mérito propio y que cuanto alcance será por gracia. Pedir exige presentarse delante de Dios en esa condición, que quien ora reconoce, rogándole la provisión de Su gracia para aquella necesidad. Pedir no es para que el Padre se entere de la circunstancia adversa que gravita sobre el que ora, sino para expresar la relación de dependencia y fe ante quien es Dios de gracia, a la vez que omnipotente. Pedir, también aquí adquiere el sentido de preguntar a Dios, como se aprecia en el entorno en que se producen las palabras de Jesús, refiriéndose a que ahora los discípulos tenían preguntas, preguntar por la dirección a seguir en una encrucijada de caminos o en un camino donde no hay suficiente luz, como pedía el salmista: *"Enséñame, oh Jehová, el camino de tus estatutos, y lo guardaré hasta el fin"* (Sal. 119:33). Es pedir luz cuando no hay claridad suficiente para descubrir los peligros del camino o la intimidad personal: *"Examíname, oh Dios, y conoce mi corazón; pruébame y conoce mis pensamientos; y ve si hay en mí camino de perversidad, y guíame en el camino eterno"*

(Sal. 139:23-24). Así debe ser entendido el *pedir*, en nombre de Jesús. El cristiano debe *"acercarse confiadamente al trono de la gracia, para alcanzar misericordia y hallar gracia para el oportuno socorro"* (He. 4:16). Quien pide encuentra en Dios la provisión de misericordia para sus necesidades. Son los brazos del amor divino que da dones para las necesidades temporales y abraza para la restauración espiritual, sin importar cuan grande haya sido la caída y cuanta la distancia de la separación. En la intimidad con el Padre, en la oración hecha en el nombre de Jesucristo, alcanza los recursos necesarios que proceden de la gracia. Esta es la promesa a la que se acoge aquel que ora de esta manera, porque Dios *"da mayor gracia"* (Stg. 4:6). Cualquier gran problema para el cristiano es ínfimo para Dios. La provisión de gracia será más que suficiente para escalar la más alta montaña de la dificultad o superar las más profundas simas de la angustia. Dios dará el auxilio necesario en los momentos de prueba. La respuesta a la oración llegará en el momento oportuno. La gracia aparentemente puede tardar, conforme al pensamiento del que ora, pero Dios nunca llega tarde en Su provisión.

La liberalidad de Dios está expresada también por las palabras de Jesús: *recibiréis*. A la acción de pedir corresponde la inmediata acción de Dios que da en respuesta a la petición. La gracia actúa en la respuesta de Dios a la oración del creyente. No dice que el Señor *recompensará* la oración, sino que *dará*, concretamente *recibiréis*. Esto es, abrirá Su mano generosamente y enviará un regalo de Su gracia. Los recursos divinos están a disposición del que cree, no es cuestión de esfuerzo personal para alcanzarlos, sino de persistencia en *pedirlos*. En ocasiones dejamos de orar, cansados de esperar la respuesta divina, que nos parece que se tarda o que ya no vendrá. Cuando la paciencia en la espera de la petición debilita las fuerzas de la fe, es necesario recurrir a la oración pidiendo a Dios la misma asistencia que pedía el padre del niño enfermo: *"Creo, Señor, ayuda mi incredulidad"* (Mr. 9:24); o también solicitarlo como hicieron los discípulos: *"Señor, auméntanos la fe"* (Lc. 17:5). No importa cuan grande sea la necesidad o profundo el problema, ni cuan ingente la angustia, más abundantes son los recursos de Dios que la adversidad del creyente. Es cuestión de obedecer el mandato de Jesús y entender que Dios siempre da *"mayor gracia"*.

ἵνα ἡ χαρὰ ὑμῶν ᾖ πεπληρωμένη. Finalmente Jesús les dice lo que producirá en ellos la oración contestada: *vuestro gozo será completo*. La oración de fe, va unida al gozo de la fe (Fil. 1:25). Esa es la razón por la que la inquietud debiera desaparecer de la vida cristiana. *"por nada estéis afanosos, sino sean conocidas vuestras peticiones delante de Dios en toda oración y ruego, con acción de gracias"* (Fil.

4:6). El fruto de la respuesta a la oración, según las palabras de Jesús es este: *pedid, y recibiréis lo que colmará vuestro gozo.*

25. Estas cosas os he hablado en alegorías; la hora viene cuando ya no os hablaré por alegorías, sino que claramente os anunciaré acerca del Padre.

Ταῦτα ἐν παροιμίαις λελάληκα ὑμῖν· ἔρχεται ὥρα ὅτε
Estas cosas en parábolas he hablado os; viene hora cuando
οὐκέτι ἐν παροιμίαις λαλήσω ὑμῖν, ἀλλὰ παρρησίᾳ περὶ τοῦ
ya no en parábolas hablaré os, porque con franqueza acerca del
Πατρὸς ἀπαγγελῶ ὑμῖν.
Padre anunciaré os.

Notas y análisis del texto griego.

Sigue con: Ταῦτα, caso acusativo neutro plural del pronombre demostrativo *estos*, en sentido de *estas cosas*; ἐν, preposición propia de dativo *en*; παροιμίαις, caso dativo femenino plural del nombre común *parábolas, alegorías*; λελάληκα, primera persona singular del perfecto de indicativo en voz activa del verbo λαλέω, *hablar, decir*, aquí *he hablado*; ὑμῖν, caso dativo de la segunda persona plural del pronombre personal declinado *a vosotros, os*; ἔρχεται, tercera persona singular del presente de indicativo en voz media del verbo ἔρχομαι, *venir, llegar*, aquí *viene*; ὥρα, caso nominativo femenino singular del nombre común *hora*; ὅτε, conjunción temporal *cuando*; οὐκέτι, adverbio de negación *ya no*; ἐν, preposición propia de dativo *en*; παροιμίαις, caso dativo femenino plural del nombre común *parábolas, alegorías*; λαλήσω, primera persona singular del futuro de indicativo en voz activa del verbo λαλέω, *hablar, decir*, aquí *hablaré*; ὑμῖν, caso dativo de la segunda persona plural del pronombre personal declinado *a vosotros, os*; ἀλλὰ, conjunción adversativa *sino*; παρρησίᾳ, caso dativo femenino singular del nombre común declinado *con franqueza, con libertad de lenguaje*; περὶ, preposición propia de genitivo *de*; τοῦ, caso genitivo masculino singular del artículo determinado *el*; Πατρὸς, caso genitivo masculino singular del nombre divino *Padre*; ἀπαγγελῶ, primera persona singular del futuro de indicativo en voz activa del verbo ἀπαγγέλω, *contar, hablar, informar, anunciar*, aquí *anunciaré*; ὑμῖν, caso dativo de la segunda persona plural del pronombre personal declinado *a vosotros, os*.

Ταῦτα ἐν παροιμίαις λελάληκα ὑμῖν· El Señor hablaba en parábolas a la gente. Incluso, en ocasiones, como ocurría en aquellos momentos, recurrió al uso del lenguaje figurado, como hizo con el ejemplo de los dolores de parto que acababa de usar (v. 21). Muchas cosas acerca del Padre no eran capaces de entender entonces. El Espíritu tomaría de lo que el Verbo conocía en plenitud y se lo haría saber, con lo que la enseñanza e información de quien es Dios y como actúa sería poco a poco del conocimiento de ellos. El conocimiento del Ser Infinito, omnipotente, omnipresente, espíritu, no puede ser *comprendido* en el sentido de conocimiento pleno de una mente finita. Sin embargo, las figuras del leguaje, precisas para entender ciertos aspectos de la verdad sobre Dios, van a dar paso a revelaciones directas de aquello que la mente humana es capaz de discernir.

ἔρχεται ὥρα ὅτε οὐκέτι ἐν παροιμίαις λαλήσω ὑμῖν, ἀλλὰ παρρησίᾳ περὶ τοῦ Πατρὸς ἀπαγγελῶ ὑμῖν. Llegaba la hora en que el lenguaje parabólico iba a dar paso al *directo* que no es preciso interpretar, sino que se asimila en el sentido de las palabras con que se expresa. Este conocimiento del Padre es absoluto en el Verbo. El Señor, Verbo encarnado, iba al lugar de donde había descendido, pero el Espíritu Santo, tomaría de Él y lo comunicaría a los creyentes por medio de la Palabra que Él había inspirado. Este conocimiento se aprecia en los escritos del Nuevo Testamento que desarrollan el pensamiento de Jesús bajo la dirección del Espíritu. Durante el tiempo de Su ministerio, el Señor había explicado el significado de las parábolas a los discípulos. Estos no habían comprendido muchas cosas, es más, no entendían bien el sentido de que había de salir y que le dejarían de ver para volver a verlo luego. Por tanto, las cosas sobre el Padre, son mucho más profundas que estas, pero, el Espíritu iluminaría sus mentes para que pudiesen alcanzar la comprensión de cosas difíciles de entender. La revelación más elevada sobre Dios, se alcanzará en el cielo, donde ya no veremos como por espejo, sino libremente (1 Co. 13:12) y conoceremos al Padre en la persona del Hijo. La acción interior del Espíritu levantará los velos del entendimiento para hacer posible la comprensión de verdades directamente expresadas. Aspectos relativos a la obra del Padre que no fueron comunicados durante el ministerio de Jesús, lo serán luego en los escritos del Nuevo Testamento. La obra de salvación declarada en pequeñas referencias en el *Evangelio*, será desarrollada de forma amplia y directa en las epístolas (Ro. 3:21-25; 5:1 ss.; 8;1 ss.; Ef. 1:13-14; Fil. 2:9-10; 1 P. 1:3-12; 1 Jn. 3:1 ss.).

26. En aquel día pediréis en mi nombre; y no os digo que yo rogaré al Padre por vosotros.

ἐν ἐκείνῃ τῇ ἡμέρᾳ ἐν τῷ ὀνόματί μου αἰτήσεσθε, καὶ οὐ
En aquel - día en el nombre de mí pediréis, y no
λέγω ὑμῖν ὅτι ἐγὼ ἐρωτήσω τὸν Πατέρα περὶ ὑμῶν·
digo os que Yo rogaré al Padre acerca de vosotros.

Notas y análisis del texto griego.

Siguen las palabras de Jesús: ἐν, preposición propia de dativo *en*; ἐκείνῃ, caso dativo femenino singular del pronombre demostrativo *aquel*; τῇ, caso dativo femenino singular del artículo determinado *la*; ἡμέρᾳ, caso dativo femenino singular del nombre común *día*; ἐν, preposición propia de dativo *en*; τῷ, caso dativo neutro singular del artículo determinado *el*; ὀνόματι, caso dativo neutro singular del sustantivo que denota *nombre*; μου, caso genitivo de la primera persona singular del pronombre personal declinado *de mí*; αἰτήσεσθε, segunda persona plural del futuro de indicativo en voz activa del verbo αἰτέω, *pedir*, aquí *pediréis*; καὶ, conjunción copulativa *y*; οὐ, adverbio de negación *no*; λέγω, primera persona singular del presente de indicativo en voz activa del verbo λέγω, *hablar, decir*, aquí *digo*; ὑμῖν, caso dativo de la segunda persona plural del pronombre personal declinado *a vosotros, os*; ὅτι, conjunción *que*; ἐγὼ, caso nominativo de la primera persona singular del pronombre personal *yo*; ἐρωτήσω, primera persona singular del futuro de indicativo en voz activa del verbo ἐρωτάω, *pedir, rogar*, aquí *rogaré*; τὸν, caso acusativo masculino singular del artículo determinado declinado *al*; Πατέρα, caso acusativo masculino singular del nombre divino *Padre*; περὶ, preposición propia de genitivo *por, acerca de*; ὑμῶν, caso genitivo de la segunda persona plural del pronombre personal *vosotros*.

ἐν ἐκείνῃ τῇ ἡμέρᾳ ἐν τῷ ὀνόματι μου αἰτήσεσθε, A los discípulos se les ha requerido que pidan cuanto necesiten y les será hecho por el Padre. Debían hacerlo en el nombre de Jesús, con lo que el compromiso de Su Persona y obra, estaban involucrados en la oración de los discípulos para que fuese contestada. En *ese día*, el del tiempo futuro luego de la ascensión de Jesús y del descenso del Espíritu, los cristianos dedicarían mucho espacio a la oración. La comprensión sobre como debían orar se haría práctica en sus vidas. Ellos, en la ausencia del Señor, orarían directamente al Padre en el nombre de Su Hijo, que había dicho. *"Padre, Yo sabía que siempre me oyes"* (11:42). Hechas las oraciones como si procedieran de Él mismo, descansando en Su Persona y en Su obra, serían oídas por el Padre que respondería a lo que le habían pedido.

καὶ οὐ λέγω ὑμῖν ὅτι ἐγὼ ἐρωτήσω τὸν Πατέρα περὶ ὑμῶν· Sin embargo suena rara la frase de Jesús que dice que en el futuro *no rogaré al Padre por vosotros*. Si una de las misiones actuales del Señor es la de interceder como abogado por nosotros (1 Jn. 2:1); si se enseña claramente que el Señor intercede perpetuamente por los suyos (Ro. 8:34; He. 7:25), resulta sorprendente que Jesús diga que ya no *rogará* al Padre para que la oración tenga respuesta. Dos aspectos deben considerarse aquí: a) El Espíritu Santo es enviado también con la misión de intercesión por los creyentes y, especialmente, en la oración

(Ro. 8:26). Enseña el apóstol Pablo que el Espíritu ayuda al cristiano en *la debilidad*, no sólo en las flaquezas propias de hombre, sino en la relacionada con la oración, ya *"que hemos de pedir como conviene, no sabemos"*. No estamos seguros en que la oración elevada al Padre concuerde y armonice con Su voluntad. No quiere decir esto que las oraciones de los cristianos no están en sintonía con la voluntad divina. En gran medida tenemos orientaciones para que la oración sea correctamente expresada. El modelo del *Padre nuestro* es una orientación para el que ora. La Biblia enseña a orar por los inconversos, por todos los hombres y por los gobernantes (1 Ti. 2:1-2). Es bueno y conforme a la voluntad de Dios orar por los valores de la iglesia, la paz, la unidad visible del pueblo de Dios, la santificación de los creyentes, etc. etc. Sin embargo, en algunas ocasiones las peticiones no serán expresadas en plena conformidad con la voluntad de Dios y no recibimos aquello que pedimos. El ejemplo del apóstol Pablo es una muestra, al pedir a Dios que quitara de él el aguijón de la carne y Dios no se lo concedió (2 Co. 12:7-9). Las peticiones se realizan con palabras humanas para solicitar algo que tiene que ver con las glorias futuras, en cierta medida inexpresables en nuestro lenguaje humano. Como quiera que la oración debiera ajustarse a lo que es conforme o mejor a lo necesario según Dios, el Espíritu intercede, traduciendo al lenguaje divino la expresión humana y haciéndola conforme a la voluntad de Dios. El Espíritu actúa *intercediendo* como abogado al lado de los santos. En el cielo, el intercesor de los creyentes es Cristo (Ro. 8:34; He. 7:25; 1 Jn. 2:1). El Espíritu como Vicario de Cristo en la tierra, hace la función intercesora a favor de las peticiones de los salvos, como el Señor hizo antes, durante Su ministerio. Lo hace con *gemidos indecibles*, forma del lenguaje para expresar la idea de algo que no se puede decir con palabras humanas, de otro modo, algo que no tiene traducción al lenguaje de los hombres. Dios mismo intercede y gime por los santos. El Espíritu intercede para que las aflicciones y necesidades de los santos sean suplidas conforme a la voluntad de Dios. b) Jesús no necesita hacer un ministerio de *intercesión* o de *ruego* como si los cristianos fuesen desconocidos para el Padre, porque los conoce y los tiene en una relación de adopción como hijos por haber creído en el Hijo (1:12).

27. Pues el Padre mismo os ama, porque vosotros me habéis amado, y habéis creído que yo salí de Dios.

αὐτὸς γὰρ ὁ Πατὴρ φιλεῖ ὑμᾶς, ὅτι ὑμεῖς ἐμὲ πεφιλήκατε
Porque el mismo Padre ama os, puesto que vosotros me habéis amado
καὶ πεπιστεύκατε ὅτι ἐγὼ παρὰ [τοῦ] Θεοῦ ἐξῆλθον.
y habéis creído que Yo de parte de - Dios salí.

Notas y análisis del texto griego.

Sin interrumpir el discurso, añade: αὐτὸς, caso nominativo masculino singular del pronombre intensivo *Él, mismo*; γὰρ, conjunción causal *porque*; ὁ, caso nominativo masculino singular del artículo determinado *el*; Πατὴρ, caso nominativo masculino singular del nombre divino *Padre*; φιλεῖ, tercera persona singular del presente de indicativo en voz activa del verbo φιλέω, *amar*, aquí *ama*; ὑμᾶς, caso acusativo de la segunda persona plural del pronombre personal declinado *a vosotros, os*; ὅτι, conjunción *que, puesto que*; ὑμεῖς, caso nominativo de la segunda persona plural del pronombre personal *vosotros*; ἐμὲ, caso acusativo de la primera persona singular del pronombre personal declinado *a mí, me*; πεφιλήκατε, segunda persona plural del perfecto de indicativo en voz activa del verbo φιλέω, *amar*, aquí *habéis amado*; καὶ, conjunción copulativa *y*; πεπιστεύκατε, segunda persona plural del perfecto de indicativo en voz activa del verbo πιστεύω, *creer*, aquí *habéis creído*; ὅτι, conjunción *que*; ἐγὼ, caso nominativo de la primera persona singular del pronombre personal *yo*; παρὰ, preposición propia de genitivo, *de, de parte de*; τοῦ, caso genitivo masculino singular del artículo determinado *el*; Θεοῦ, caso genitivo masculino singular del nombre divino *Dios*; ἐξῆλθον, primera persona singular del segundo aoristo de indicativo en voz activa del verbo ἐξέρχομαι, *salir*, aquí *salí*.

αὐτὸς γὰρ ὁ Πατὴρ φιλεῖ ὑμᾶς, Jesús no tenía necesidad de rogar por los que oraban porque tenían el amor del Padre. Quienes por condición natural no son dignos del amor de Dios, los que por causa del pecado necesitan un abogado que interceda continuamente por ellos, son amados por el Padre.

ὅτι ὑμεῖς ἐμὲ πεφιλήκατε καὶ πεπιστεύκατε ὅτι ἐγὼ παρὰ [τοῦ] Θεοῦ ἐξῆλθον. La razón de ese amor divino hacia los discípulos es porque ellos amaban al Señor y creían tanto en Él como de Su procedencia. Aquellos creían que era el Hijo del Dios Altísimo, el Mesías prometido. El amor hacia el Hijo eterno del Padre pone de manifiesto que ellos son también hijos adoptados, y objetos directos del amor divino. La verdadera relación entre el discípulo y el Maestro es una relación de amor. Este amor se manifiesta en la obediencia a los mandamientos que el Señor establece (14:15, 21, 23, 24). El amor al Hijo es también amor al Padre que le envió, por consiguiente, quien ama al Hijo ama también al Padre y busca agradarle en todo. Cuando las oraciones se formulan desde esa relación, serán hechas siempre buscando la gloria de Dios y, por cuanto concuerdan con la voluntad ...ina, serán respondidas, sin necesidad de la labor intercesora de ...o. Eso no significa que se suspenda en algún momento la ... intercesor que le es propia, simplemente está animando a ...eer en que serán respondidas las oraciones suyas con certeza porque expresan una manifestación del amor divino. Las oraciones no deben esperar un largo tiempo para ser respondidas, puesto que llegan al Padre incluso antes de expresarse con palabras y son atendidas por quien les ama infinitamente. Es cierto que la intercesión del Hijo es un aspecto de Su ministerio a nuestro favor, pero las oraciones no solo son respondidas por esa intercesión, sino que acompañándola está también el amor del Padre, puesto que los méritos de Jesucristo y Su intercesión son posibles para nosotros a causa de la misericordia y el amor del Padre que le envió al mundo, entregándolo a la muerte por nosotros (Is. 53:10). Quien ama a Jesús, es amado del Padre y atendido con todo el amor divino. La evidencia de que somos amados por el Padre es que no hubiera enviado al Hijo a quien amaba, si no fuese porque ya nos amaba a nosotros.

28. Salí del Padre, y he venido al mundo; otra vez dejo el mundo, y voy al Padre.

ἐξῆλθον παρὰ τοῦ Πατρὸς καὶ ἐλήλυθα εἰς τὸν κόσμον· πάλιν
Salí del Padre y he venido al mundo. De nuevo
ἀφίημι τὸν κόσμον καὶ πορεύομαι πρὸς τὸν Πατέρα.
dejo el mundo y voy al Padre.

Notas y análisis del texto griego.

Jesús dice: ἐξῆλθον, primera persona singular del segundo aoristo de indicativo en voz activa del verbo ἐξέρχομαι, *salir*, aquí *salí*; παρὰ, preposición propia de genitivo *de*; τοῦ, caso genitivo masculino singular del artículo determinado *el*; Πατρὸς, caso genitivo masculino singular del nombre divino *Padre*; καὶ, conjunción copulativa *y*; ἐλήλυθα, primer persona singular del perfecto de indicativo en voz activa del verbo ἔρχομαι, *venir*, aquí *he venido*; εἰς, preposición propia de acusativo *a*; τὸν, caso acusativo masculino singular del artículo determinado *el*; κόσμον, caso acusativo masculino singular del nombre común *mundo*; πάλιν, adverbio de modo *nuevamente, de nuevo, otra vez*; ἀφίημι, primera persona singular del presente de indicativo en voz activa del verbo ἀφίημι, *dejar, abandonar*, aquí *dejo*; τὸν, caso acusativo masculino singular del artículo determinado *el*; κόσμον, caso acusativo masculino singular del nombre común *mundo*; καὶ, conjunción copulativa *y*; πορεύομαι, primera persona singular del presente de indicativo en voz media del verbo πορεύομαι, *irse, marcharse*, aquí *voy*; πρὸς, preposición propia de acusativo *a*; τὸν, caso acusativo masculino singular del artículo determinado *el*; Πατέρα, caso acusativo masculino singular del nombre divino *Padre*.

ἐξῆλθον παρὰ τοῦ Πατρὸς καὶ ἐλήλυθα εἰς τὸν κόσμον· πάλιν ἀφίημι τὸν κόσμον καὶ πορεύομαι πρὸς τὸν Πατέρα. La misión de Jesús se presenta sintetizada en este versículo. Había salido del Padre, cumplía la misión encomendada, y regresaba de nuevo al Padre. Esto es una verdadera síntesis doctrinal. Que se aprecia en la simple lectura: a) Preexistencia de Cristo: *"salí del Padre"*, quiere decir que antes de entrar en el mundo de los hombres, existía en forma de Dios. Así comenzó el *Evangelio*, en que se presenta al Verbo eterno en unidad con el Padre, en el Ser Divino. b) La encarnación del Verbo: *"vine al mundo"*. Lo hizo tomando una naturaleza humana y haciéndose hombre (1:14). En una admirable expresión de amor, el Creador, asume las limitaciones de la criatura. El Eterno se hace un hombre del tiempo y del espacio. El glorioso y admirable Dios, entra en la dinámica de las tentaciones del hombre, siendo tentado como nosotros. El que no puede sufrir, sufre. El que es alabado por los ángeles, es despreciado por los hombres. El que satisface todas la necesidades del universo, siente hambre y sed como el mortal. El que es felicidad suprema, agoniza en Getsemaní. El que es vida y tiene vida en Sí mismo, muere nuestra muerte para darnos vida eterna. c) El sacrificio redentor: *"dejo el mundo"* lo hace pasando por la muerte en la Cruz. Desciende a las partes más bajas de la tierra, asumiendo el castigo del peor de los pecadores para hacer salvable a todo hombre. d) La glorificación: *"vuelvo al Padre"*. Aquel lugar de gloria de donde había salido y desde donde había sido enviado para la misión salvadora, le corresponde y a Él regresa. Lo hace no como salió, sino llevando en la subsistencia de Su Persona Divina, una naturaleza humana que es revestida de inmortalidad y de gloria, recibiendo el nombre que es sobre todo nombre para que bajo Su autoridad se sujeten a Él, ángeles, hombres y demonios (Fil. 2:9-11).

Sin Su descenso al mundo no podría haber salvación, pero Su ascenso al Padre permite la justificación del pecador (Ro. 4:25). La ascensión del Redentor certifica que el Padre da por concluida en toda la dimensión, la obra de salvación que Jesús había venido a realizar. Pero, el ascenso al Padre no significa ausencia de los creyentes. Él promete estar con ellos hasta el fin del tiempo (Mt. 28:20). La presencia Suya en la intimidad del creyente lo pone de manifiesto. Con las otras dos Personas Divinas, hace que cada uno de los cristianos sea templo de Dios, y el Padre y Él, junto con el Espíritu, residen en el nuevo santuario de Dios en la tierra que somos los creyentes en modo individual y la Iglesia como unidad de ellos en Cristo mismo (14:23).

29. Le dijeron sus discípulos: He aquí ahora hablas claramente, y ninguna alegoría dices.

Λέγουσιν οἱ μαθηταὶ αὐτοῦ· ἴδε νῦν ἐν παρρησίᾳ λαλεῖς καὶ
Dicen los discípulos de Él: He aquí ahora con franqueza hablas y
παροιμίαν οὐδεμίαν λέγεις.
parábola ninguna dices.

Notas y análisis del texto griego.

Los discípulos interrumpen el discurso: Λέγουσιν, tercera persona plural del presente de indicativo en voz activa del verbo λέγω, *hablar, decir*, aquí *dicen*; οἱ, caso nominativo masculino plural del artículo determinado *los*; μαθηταὶ, caso nominativo masculino plural del nombre común *discípulos*; αὐτοῦ, caso genitivo masculino de la primera persona singular del pronombre personal declinado *de Él*; ἴδε, segunda persona singular del aoristo segundo de imperativo en voz media del verbo ὁράω, en la forma εἶδον, *mirar, mostrar, ver*, con uso adverbial equivale a *he aquí, sucedió que, ved, ahora*, etc. podría traducirse como una expresión de advertencia enfática como *¡Mira!*, incluso podría leerse a modo de interrogación como *y ¿sabéis?*, es en la práctica como una partícula demostrativa, que se usa para animar el discurso avivando la atención del lector, algunos modernos la identifican como interjección; νῦν, adverbio demostrativo *ahora*; ἐν, preposición propia de dativo *en, con*; παρρησίᾳ, caso dativo femenino singular del nombre común *franqueza*; λαλεῖς, segunda persona singular del presente de indicativo en voz activa del verbo λαλέω, *hablar, decir*, aquí *hablas*; καὶ, conjunción copulativa *y*; παροιμίαν, caso acusativo femenino singular del nombre común *parábola*; οὐδεμίαν, caso acusativo femenino singular del adjetivo indefinido *ninguna*; λέγεις, segunda persona singular del presente de indicativo en voz activa del verbo λέγω, *hablar, decir*, aquí *dices*.

Λέγουσιν οἱ μαθηταὶ αὐτοῦ· ἴδε νῦν ἐν παρρησίᾳ λαλεῖς καὶ παροιμίαν οὐδεμίαν λέγεις. Jesús había dejado el lenguaje figurado y el último tramo del discurso lo pronunció con palabras directas que podían ser comprendidas por los discípulos. Ante ello interrumpen el discurso nuevamente para hacerle notar el cambio en la forma de comunicarse con ellos. Pero lo único seguro es que ellos afirmaban entender todo lo que les decía. Sin embargo ¿conocían el alcance de aquello que les había dicho? Para comprender el sentido pleno de las palabras que, en el sentido fonético, eran plenamente comprensibles, tenían que entender el sentido de la Cruz, de la sepultura, de la resurrección y de la ascensión. Por tanto, comprendían el lenguaje directo, sin parábolas, pero seguían necesitando la enseñanza sobre el contexto soteriológico de lo que les estaba diciendo. Lo entenderían luego de la Cruz y el alcance les sería hecho saber por la acción del Espíritu Santo que vendría luego.

30. Ahora entendemos que sabes todas las cosas, y no necesitas que nadie te pregunte; por esto creemos que has salido de Dios.

νῦν οἴδαμεν ὅτι οἶδας πάντα καὶ οὐ χρείαν ἔχεις ἵνα
Ahora hemos entendido que sabes todas las cosas y no necesidad tienes que
τίς σε ἐρωτᾷ· ἐν τούτῳ πιστεύομεν ὅτι ἀπὸ Θεοῦ ἐξῆλθες.
alguien te pregunte; en estas cosas creemos que de Dios saliste.

Notas y análisis del texto griego.

Siguen las palabras de los discípulos: νῦν, adverbio demostrativo *ahora*; οἴδαμεν, primera persona plural del perfecto de indicativo en voz activa del verbo οἶδα, *saber, entender, comprender, discernir*, aquí *hemos entendido*; ὅτι, conjunción *que*; οἶδας, segunda persona singular del presente de indicativo en voz activa del verbo, οἶδα, *saber, entender, comprender, discernir*, aquí *sabes*; πάντα, caso acusativo neutro plural del adjetivo indefinido *todos*, en sentido de *todas las cosas*; καὶ, conjunción copulativa *y*; οὐ, adverbio de negación *no*; χρείαν, caso acusativo femenino singular del nombre común *necesidad*, ἔχεις, segunda persona singular del presente de indicativo en voz activa del verbo ἔχω, *tener, poseer, tener necesidad*, aquí *tienes*; ἵνα, conjunción *que*; τίς, caso nominativo masculino singular del pronombre indefinido *alguien, alguno*; σε, caso acusativo de la segunda persona singular del pronombre personal declinado *a ti, te*; ἐρωτᾷ, tercera persona singular del presente de subjuntivo en voz activa del verbo ἐροτάω, *preguntar*, aquí *pregunte*; ἐν, preposición propia de dativo *en*; τούτῳ, caso dativo neutro singular del pronombre demostrativo *estos*, en sentido de *estas cosas*; πιστεύομεν, primera persona plural del presente de indicativo en voz activa del verbo πιστεύω, *creer*, aquí *creemos*; ὅτι, conjunción *que*; ἀπὸ, preposición propia de gentivo *de*; Θεοῦ, caso genitivo masculino singular del nombre divino *Dios*; ἐξῆλθες, segunda persona singular del segundo aoristo de indicativo en voz activa del verbo ἐχέρχομαι, *salir*, aquí *saliste*.

νῦν οἴδαμεν ὅτι οἶδας πάντα. Los discípulos reconocen que el Señor sabe todas las cosas. Era una expresión salida de la fe. Ellos reconocían que conocía todo cuanto iba a ocurrir, porque les había hablado con firmeza y detallando los eventos que se producirían. Ellos reconocían que Jesús les estaba hablando de Su origen celestial, que había sido enviado de Dios y que como Maestro divino conocía todas las cosas. Era evidencia de que tenían plena confianza en Él y asumían como ciertas todas Sus palabras. Lo han visto en aquellos momentos en que Él contestó las preguntas que tenían y resolvió las dudas que no les habían manifestado.

καὶ οὐ χρείαν ἔχεις ἵνα τίς σε ἐρωτᾷ· En segundo lugar ellos habían percibido que la enseñanza del Maestro era tan clara que no había necesidad de que al final de cada lección que daba, de cada enseñanza que impartía, alguno le tuviese que hacer preguntas para entender lo que decía.

ἐν τούτῳ πιστεύομεν ὅτι ἀπὸ Θεοῦ ἐξῆλθες. Por todas aquellas evidencias, literalmente *por todos*, en sentido de *todas las cosas* que ellos habían oído y presenciado, creían firmemente que había salido de Dios. Sólo Dios es omnisciente, conociendo todas las cosas, por tanto reconocen que Jesús es Dios porque conoce, sabe todo y no necesita que se le pregunte para dar la respuesta necesaria.

31. Jesús les respondió: ¿Ahora creéis?

ἀπεκρίθη αὐτοῖς Ἰησοῦς· ἄρτι πιστεύετε
Respondió les Jesús: ¿Ahora creéis?

Notas y análisis del texto griego.

Iniciando las palabras finales de Jesús, escribe: ἀπεκρίθη, tercera persona singular del aoristo primero de indicativo en voz pasiva del verbo ἀποκρίνομαι, *responder, contestar, tomar la palabra*, aquí *respondió*; αὐτοῖς, caso dativo masculino de la segunda persona plural del pronombre personal declinado *a ellos, les*; Ἰησοῦς, caso nominativo masculino singular del nombre propio *Jesús*; ἄρτι, adverbio demostrativo *ahora*; πιστεύετε, segunda persona plural del presente de indicativo en voz activa del verbo πιστεύω, *creer*, aquí *creéis*.

ἀπεκρίθη αὐτοῖς Ἰησοῦς· ἄρτι πιστεύετε. El Señor conoce todo, por tanto, conoce también la fe de los discípulos, a los que llamó muchas veces *hombres de poca fe*. La fe de ellos tiene muchas limitaciones como ellos mismos comprobarán en aquella noche. Podía reprenderles por la limitación de su fe, pero las últimas palabras que les dirige son de aliento, confianza y paz. Cristo comienza con esta interrogación sobre la fe de ellos, para advertirles de lo que en muy poco tiempo va a ocurrir con su fidelidad. Los discípulos creían, pero no reconocían fácilmente su debilidad. Pedro había prometido morir por Cristo si fuese necesario. Los demás, según los relatos sinópticos, hicieron lo mismo, pero ahora el Señor va a poner delante de ellos la debilidad de su fe, que impediría el compromiso de fidelidad.

32. He aquí la hora viene, y ha venido ya, en que seréis esparcidos cada uno por su lado, y me dejaréis solo; mas no estoy solo, porque el Padre está conmigo.

ἰδοὺ ἔρχεται ὥρα καὶ ἐλήλυθεν[1] ἵνα σκορπισθῆτε[2] ἕκαστος εἰς
¡Mirad! viene hora y ha llegado que seréis dispersados cada uno a
τὰ ἴδια κἀμὲ μόνον ἀφῆτε· καὶ οὐκ εἰμὶ μόνος, ὅτι ὁ Πατὴρ
los propios y me solo dejáis; y no estoy solo, porque el Padre
μετ' ἐμοῦ ἐστιν.
conmigo está.

Notas y análisis del texto griego.

Prosigue Jesús: ἰδοὺ, segunda persona singular del aoristo segundo de imperativo en voz media del verbo ὁράω, en la forma εἶδον, *mirar, mostrar, ver,* con uso adverbial equivale a *he aquí, sucedió que, ved, ahora,* etc. podría traducirse como una expresión de advertencia enfática como *¡Mira!*, incluso podría leerse a modo de interrogación como *y ¿sabéis?*, es en la práctica como una partícula demostrativa, que se usa para animar el discurso avivando la atención del lector, algunos modernos la identifican como interjección; ἔρχεται, tercera persona singular del presente de indicativo en voz media del verbo ἔρχομαι, *venir, llegar*, aquí *viene*; ὥρα, caso nominativo femenino singular del nombre común *hora*; καὶ, conjunción copulativa *y*; ἐλήλυθεν, tercera persona singular del perfecto de indicativo en voz activa del verbo ἔρχομαι, *venir, llegar*, aquí *ha venido*; ἵνα, conjunción *que*; σκορπισθῆτε, segunda persona plural del aoristo primero de subjuntivo en voz pasiva del verbo σκορπίζω, *dispersar, desparramar*, aquí *seréis dispersados*; ἕκαστος, caso nominativo masculino singular del adjetivo indefinido *cada uno*; εἰς, preposición propia de acusativo *a*; τὰ, caso acusativo neutro plural del artículo determinado *los*; ἴδια, caso acusativo neutro plural del adjetivo *propios*; la expresión, en lenguaje figurado supondría algo como *a su lugar*, a *lo que le es propio*; κἀμὲ, palabra formada por crasis[7] de la conjunción copulativa καὶ, *y*, y el caso acusativo singular del pronombre personal ἐμέ, *a mí, me*, que significa *y me*; μόνον, caso acusativo masculino singular del adjetivo *solo*; ἀφῆτε, segunda persona plural del segundo aoristo de subjuntivo en voz activa del verbo ἀφίημι, *dejar, abandonar*, aquí *dejaréis*; καὶ, conjunción copulativa *y*; οὐκ, forma escrita del adverbio de negación *no*, con el grafismo propio ante una vocal con espíritu suave o una enclítica; εἰμὶ, primera persona singular del presente de indicativo en voz activa del verbo εἰμί, *ser, estar*, aquí *estoy*; μόνος, caso nominativo masculino singular del adjetivo *solo*; ὅτι, conjunción causal *porque*; ὁ, caso nominativo masculino singular del artículo determinado *el*; Πατὴρ, caso nominativo masculino singular del nombre divino *Padre*; μετ', forma escrita por elisión de la α final ante vocal con espíritu suave de la preposición de genitivo μετά, *con*; ἐμοῦ, caso genitivo de

[7] *Crasis*, palabra griega que equivale a *unión de fuerzas*, en general *unión de elementos*.

la primera persona singular del pronombre personal *mí*; ἐστιν, tercera persona singular del presente de indicativo en voz activa del verbo εἰμί, *ser, estar*, aquí *está*.

Crítica Textual. Lecturas alternativas.

[1] ἐλήλυθεν, *ha llegado*, lectura atestiguada en $\mathfrak{p}^{22\ vid,\ 66}$, $\aleph^2$, A, B, C^*, D^*, K, W, 0109, 33, sir^s, sa, ly^{vid}, bo.

νῦν ἐλήλυθεν, *ahora ha llegado*, según lectura en C^3, D^2, K, N, Γ, Δ, Θ, Ψ, $f^{1,\ 13}$, 565, 579, 700, 892^s, 1241, 1424, 844, 𝔐, f, q, $sir^{p,\ h}$.

ἐλήλυθεν τῇ ὥρα, *ha llegado la hora*, como se lee en $\aleph^*$.

[2] Se lee πάντες, *todos* a continuación, en $\mathfrak{p}^{66\ vid}$.

ἰδοὺ ἔρχεται ὥρα καὶ ἐλήλυθεν. Con firmeza, usando lo que sería una interjección que se puede traducir como *¡mirad!*, en sentido de *prestad atención*, advierte a los discípulos que viene la hora, y reafirma *ha llegado*. Es la hora de las tinieblas y de la acción del príncipe del mundo. Es aquel tiempo del que les había hablado antes refiriéndose a Su muerte. Hasta entonces muchos habían querido quitarle la vida, pero *no había llegado la hora*. En aquellos momentos el tiempo de Dios se cumplía y Jesús sabe que será inmediatamente, en aquella misma noche. Con toda seguridad, Judas ya había iniciado la andadura con el grupo de sicarios que le acompañaba para prender a Jesús. La hora de los juicios, de la angustia, de las burlas, del desprecio, de los azotes, de la corona de espinas, de la injusticia y de la Cruz, había llegado.

ἵνα σκορπισθῆτε ἕκαστος εἰς τὰ ἴδια. Era también la hora de la dispersión. Todos los discípulos serían *desparramados*. En el texto griego hay una figura de lenguaje que literalmente sería *a los propios*, y que significa que cada uno de ellos se iría *cada uno por su parte, cada uno por su lado*, en un efecto de desbandada, en otro sentido, cada uno escaparía por temor a su propia vida. Es el resultado de la acción del lobo sobre las ovejas que han quedado sin pastor (10:12). En los sinópticos se apela a la profecía como cumplimiento anunciado de la deserción de los discípulos. Jesús conocía bien efecto que iba a causar Su prendimiento, luego el juicio y finalmente la crucifixión. No eran algunos que se escandalizarían, sino todos. En alguna medida también iba a ser *piedra de tropiezo*, en la que todos ellos tropezarían aquella noche. Jesús les está advirtiendo de la debilidad humana frente a la fortaleza divina. Mientras todos ellos iban a dejarlo solo, Él seguiría firmemente hasta la Cruz.

καμὲ μόνον ἀφῆτε· Al dispersarse ellos le iban a dejar solo. Esto estaba profetizado (Zac. 13:7). Todo cuanto ocurría en relación con la muerte de Jesús estaba debidamente profetizado y cada asunto en la Pasión, era el cumplimiento fiel de lo que había sido anunciando antes en el nombre de Dios, por medio de Sus profetas. El Señor se había presentado a Sí mismo como el Buen Pastor (10:11). En el trabajo como pastor había cuidado y acompañado a Sus ovejas, el pequeño rebaño que le acompañó durante los tres años de ministerio, pero, en aquella noche comenzaría a ser herido y todo el rebaño a Su cuidado se dispersaría. Es necesario recordar que en el programa eterno de redención, estaba determinado que el Pastor sería herido, de otro modo, el Padre entregaría a Su Hijo para que muriese por el pecado del mundo. El eco profético interpreta los acontecimientos de aquella noche: *"con todo eso, Jehová quiso quebrantarlo, sujetándole a padecimiento"* (Is. 53:10). El Padre daba a Su Hijo (3:16) y el Hijo se ofrecía sin reservas, voluntariamente, a la obra de salvación determinada desde la eternidad (10:18). La tensión y el dramatismo de las palabras es evidente. Aquellos todos prometían permanecer junto a Él, aun a costa de su vida. Jesús les anuncia que ninguno iba a quedar con Él cuando fuese hecho prisionero. Todos le iban a abandonar. Hace un momento le decían, *creemos*, pero la fidelidad no hacía honor a su manifestación de fe. He ahí el Cordero de Dios, dejado sólo delante de quienes le llevan, como tal al matadero, cumpliendo también aquí el anuncio profético (Is. 53:6-7). El Señor iba a ser dejado solo, todavía más, Pedro le iba a negar. Aun en el momento en que no merecían afecto alguno, el Señor sigue amándoles y tratándoles como amigos. Está enseñándoles otra vez más la lección de la humildad, a no pensar de sí mismos más de lo que corresponde. Es necesario aprender la lección y entender que a la firmeza de fe en un momento puede seguir el desaliento y la deserción en otro. Cada uno de nosotros hemos de pensar que podemos caer a pesar de nuestras determinaciones (1 Co. 10:12). No hay ya tiempo para rectificaciones, ni para nuevas promesas, el tiempo *ha llegado*, la hora *ha venido*. Es el momento de la confrontación que comenzará inmediatamente después de estas palabras de Jesús y de Su oración.

καὶ οὐκ εἰμὶ μόνος, ὅτι ὁ Πατὴρ μετ' ἐμοῦ ἐστιν. Mediante la conjunción καὶ, *y*, pasa a una afirmación que ofrece la realidad del estado en que quedaba después de la deserción de los discípulos. Aparentemente quedaba solo, abandonado de todos y en manos de Sus enemigos, pero *no estaba solo*, porque el Padre seguía estando con Él. La subsistencia como hombre en Su naturaleza humana estaba en la Persona Divina del Verbo, quien estaba en el *seno del Padre*. Había descendido del cielo para hacerse hombre, pero seguía como Dios en la intimidad del Ser Divino, junto al Padre. Nunca le dejó solo, ni podía hacerlo, porque ambos era uno (10:30). Solo en la Cruz, durante las horas de tinieblas, se produce la interrupción en la comunión entre el Cordero que muere cargado con el pecado del mundo, y el Dios santo que no puede tener relación con Él. No es el pecado de Jesús, que no lo tenía, ni la contaminación que pudiera producirse por *cargar* sobre Sí nuestro pecado. Ninguna de estas cosas podía afectar a quien, siendo Dios, es absoluta e infinitamente Santo. Tan santo en el cielo como en la Cruz. Pero sería desamparado del Padre para abrirnos la puerta del amparo a nosotros. El trono de ira a causa del pecado iba a ser cambiado por la obra del Salvador en un trono de gracia para el creyente. Pero, aún en la hora tremenda de las tinieblas, Jesús hablaba con el Padre como Su Dios personal, diciéndole *Dios mío*, para encomendar finalmente Su espíritu en las manos divinas llamándole Padre. Nunca estaba solo, porque el Padre estaba con Él. La eterna compañía del Padre no se interrumpe nunca. Aun en la Cruz, Dios estaba *en Cristo* reconciliando consigo al mundo (2 Co. 5:19).

Pasarían años y un apóstol suyo diría, al referirse al abandono que sufrió cuando quedó desasistido en el juicio: *"ninguno estuvo a mi lado, sino que todos me desampararon"*, para seguir inmediatamente: *"pero el Señor estuvo a mi lado"* (2 Ti. 4:16-17). Cuando la soledad inquiete nuestra alma debemos recordar que nunca estamos solos.

33. Estas cosas os he hablado para que en mí tengáis paz. En el mundo tendréis aflicción; pero confiad, yo he vencido al mundo.

ταῦτα λελάληκα ὑμῖν ἵνα ἐν ἐμοὶ εἰρήνην ἔχητε. ἐν τῷ
Estas cosas he hablado os para que en mí paz tengáis. En el
κόσμῳ θλῖψιν ἔχετε· ἀλλὰ θαρσεῖτε, ἐγὼ νενίκηκα τὸν κόσμον.
mundo aflicción tenéis. Pero tened confianza yo he vencido al mundo.

Notas y análisis del texto griego.

Cerrando el párrafo y el capítulo, escribe: ταῦτα, caso acusativo neutro plural del pronombre demostrativo *estos*, en sentido de *estas cosas*; λελάληκα, primera persona singular del perfecto de indicativo en voz activa del verbo λαλέω, *hablar, decir*, aquí *he hablado*; ὑμῖν, caso dativo de la segunda persona plural del pronombre personal declinado *a vosotros, os*; ἵνα, conjunción causal *para que*; ἐν, preposición propia de dativo *en*; ἐμοὶ, caso dativo de la primera persona singular del pronombre personal *mí*; εἰρήνην, caso acusativo femenino singular del nombre común *paz*; ἔχητε, segunda persona plural del presente de subjuntivo en voz activa del verbo ἔχω, *tener*, aquí *tengáis*; ἐν, preposición propia de dativo *en*; τῷ, caso genitivo masculino singular del artículo determinado *el*; κόσμῳ, caso genitivo masculino singular del nombre común *mundo*; θλῖψιν, caso acusativo femenino singular del nombre común *aflicción, tribulación, sufrimiento*; ἔχετε, segunda persona plural del presente de indicativo en voz activa del verbo ἔχω, *tener*, aquí *tenéis*; ἀλλὰ, conjunción adversativa *pero*; θαρσεῖτε, segunda persona plural del presente de imperativo en voz activa del verbo θαρσέω, *tener confianza, tener ánimo, tener valor*, aquí *tened confianza*; ἐγὼ, caso nominativo de la primera persona singular del pronombre personal *yo*; νενίκηκα, primera persona singular del perfecto de indicativo en voz activa del verbo νικάω, *vencer*, aquí *he vencido*; τὸν, caso acusativo masculino singular del artículo determinado declinado *al*; κόσμον, caso acusativo masculino singular del nombre común *mundo*.

ταῦτα λελάληκα ὑμῖν ἵνα ἐν ἐμοὶ εἰρήνην ἔχητε. Estas cosas han de entenderse como lo que estuvo enseñándoles en aquella noche mientras cenaban, y lo último que les dijo antes. Especialmente está presente la condición divina del Hijo de Dios y, por consiguiente Su infinito poder. Ellos iban a quedar solos, sentirían la ausencia y los conflictos propios de la vida en el mundo, pero el Señor les pide que consideren lo que les dijo para que puedan sentir paz. Pero, la paz no solo era un regalo de Jesús, sino la consecuencia de una posición: *"en mí tengáis paz"*. No hay posibilidad de paz sino es en Cristo mismo, que puede dar una paz que es imposible en el mundo. No es una paz cualquiera es *Su paz* (14:27). Esa paz está depositada en el interior de cada uno de los creyentes. No es una paz para sentir externa, sino internamente. Las aflicciones y los problemas están fuera, pero la paz está dentro. El Espíritu Santo la producirá en los cristianos (Gá. 5:22), pero no será procedente de la tercera Persona Divina, sino la paz de Jesús que el creyente siente cuando el Señor se hace vida en él (Gá. 2:20; Fil. 1:21). Aquella noche sería de inquietud, angustia e incluso miedo, pero Jesús les recuerda que Su regalo es eficaz. La paz que les otorga será la experiencia gloriosa para el tiempo que sigue, desde aquella hora y hasta la venida gloriosa para recoger a los suyos.

ἐν τῷ κόσμῳ θλῖψιν ἔχετε· La segunda advertencia tiene que ver nuevamente con lo que debían esperar en el mundo, donde tendrían *aflicción*. No podía ser de otro modo, puesto que ese mundo crucificaría al Señor de gloria. Los que siguen a Jesús, es más, quienes viven el principio vital de Su vida en ellos, entran directamente en confrontación con el sistema llamado *mundo*. En este entorno el padecimiento es aflictivo. Todos debemos esperar esto (2 Ti. 2:3; 3:12; 4:15). Uno de los discípulos, el apóstol Juan, se encontrará desterrado en Patmos, por el único delito de ser fiel testigo de Jesús y proclamar el evangelio. Dirá entonces que es *hermano* de los creyentes en el reino y *copartícipe* con ellos de la tribulación (Ap. 1:9). El mismo Señor revelará que la iglesia en Éfeso estaba pasando por un tiempo de *trabajo arduo*, que está vinculado con la aflicción. Esa situación pudiera desterrar toda confianza y quebrantar la experiencia de la paz, pero el Señor llama a disfrutarla siempre: *"tened confianza"*, que esta no se extinga de vuestra experiencia. En medio de los conflictos, los sufrimientos, las pruebas e incluso la muerte, deben mantener la confianza en Él. Palabras semejantes fueron dichas a Josué al iniciar la conquista de la tierra. Cuando ante él tenía la responsabilidad de conducir al pueblo al territorio que Dios le había dado, lo que le llevaría al conflicto con los enemigos, el Señor le dice: *"solamente esfuérzate y sé muy valiente"* (Jos. 1:7). Las tribulaciones permitidas por Dios y producidas por el mundo reportan un sano ejercicio de consolidación de la fe, produciendo paciencia (Stg. 1:2-4).

ἀλλὰ θαρσεῖτε, ἐγὼ νενίκηκα τὸν κόσμον. La confianza no solo descansa en promesas de Jesús, sino en la obra suya: *"he vencido al mundo"*. La victoria de Cristo es la victoria del cristiano. El perfecto del verbo vencer, indica un hecho totalmente consumado. Es verdad que esa victoria se producirá en la Cruz, pero siendo programa divino, se da por hecho cuando les hablaba y es un hecho hoy. La paz se disfruta por el hecho de estar *en* Cristo. La victoria del mismo modo. La identificación con Él, ha vencido al mundo, es una victoria que el creyente tiene por estar en Cristo. Tanto el mundo como el *príncipe de este mundo*, el diablo, han sido derrotados en la Cruz y están vencidos para nosotros. El mundo queda inoperativo para el creyente en cuanto a elemento de esclavitud personal. Ninguno de los mundanos, esto es, de los no creyentes, puede librarse del sometimiento al mundo, pero para nosotros ha quedado cancelado en ese aspecto puesto que en la identificación con Cristo, *el mundo está crucificado para nosotros y nosotros para el mundo* (Gá. 6:14). La victoria no tiene que ser alcanzada por el creyente. Éste ha sido colocado en Cristo, terreno de victoria sobre el mundo y el diablo, de manera que no tiene otra cosa que hacer que *resistir* al diablo y *estar firmes* en relación con el mundo. Nadie puede impedir que disfrutemos en el terreno de victoria en que hemos sido colocados. No importa cuanto sea la intensidad de la aflicción que el mundo pueda desatar contra nosotros, la gloriosa realidad es que *"antes, en todas estas cosas somos más que vencedores por medio de aquel que nos amó"* (Ro. 8:37).

Concluido el comentario recuperamos del texto bíblico algunas aplicaciones personales antes de pasar al siguiente capítulo. Las aflicciones forman parte de la vida cristiana. No solo en el mundo de los impíos sino en las formas religiosas. El cristianismo nominal con sus diversas formas establecidas por los hombres, entra también en confrontación con la vida de identificación con Cristo. El señorío del Jesucristo, en el que no cabe ningún tipo de señorío humano, produce tribulación en quienes viven comprometidos con el Señor y con Su palabra. El apóstol Pablo advierte de esto cuando dice que *"todos los que quieren vivir piadosamente en Cristo Jesús padecerán persecución"* (2 Ti. 3:12). Pero, en el terreno del mundo en formas manifiestamente pecaminosas, el conflicto se producirá por la misma razón, ya que *"a estos les parece cosa extraña que vosotros no corráis con ellos en el mismo desenfreno de disolución, y os ultrajan"* (1 P. 4:4).

La segunda aplicación tiene que ver con la obra del Espíritu Santo. Su operación es necesaria para la salvación. Nadie puede salvarse sin la obra de convicción de pecado que el Espíritu hace en el perdido. Nadie se salva por *saberse* perdido, sino por *sentirse* perdido. Es también el mismo divino Espíritu, el que conduce la vida del creyente a toda verdad, haciéndole entender lo que Dios demanda en Su Palabra. Es el Espíritu quien reproduce a Cristo en nosotros mediante el fruto que produce en el creyente (Gá. 5:22-23). El Espíritu Santo tiene como misión *glorificar a Cristo*. En un mundo en donde el subjetivismo interpretativo está distorsionando la Palabra, es conveniente recordar que el Santo Espíritu no vino para glorificarse Él, sino para glorificar a Cristo, de manera que nada hará que no hubiera hecho Jesús. Todas estas manifestaciones extrañas a la palabra y al relato histórico sobre los hechos de Jesús, que se están produciendo de mano de quienes llamándose *apóstoles* no son otra cosa que engañadores, debe despertar la necesidad de formar a los creyentes en las verdades bíblicas sobre la Persona y obra del Espíritu Santo, para impedir que sean engañados y llevados a doctrinas erróneas. Pero, no es menos cierto que sin la dependencia del Espíritu no es posible la vida victoriosa. El mandato que tenemos que seguir es este: *"Andad en el Espíritu"* (Gá. 5:16).

Finalmente el terreno de victoria es Cristo y la necesidad personal es de mantenerse firme en Él, para vencer al mundo. La paz personal no es posible tampoco sin vinculación con el Señor. Somos llevados siempre en triunfo en la medida en que permanezcamos en Él. La salvación no depende de nosotros, pero la vida victoriosa de la santificación está firmemente ligada a que nos ocupemos de nuestra salvación con temor y temblor. No se nos pide que seamos nosotros los vencedores, el vencedor es Cristo, pero se nos pide que prestemos atención al terreno de victoria en que hemos sido puestos. En ocasiones se enseña que los creyentes debemos luchar contra el mundo y contra los demonios para sujetarlos y vencerlos. Nada más erróneo que eso, nada más contrario a la enseñanza de la Palabra. Todo el sistema y quienes operan en él, han sido derrotados en la Cruz por Cristo, a nosotros se nos manda mantenernos firmes en ese terreno de victoria. Muchas veces las dificultades serán grandes, pero tenemos el mandato de confiar en el Señor (v. 33). Dios hace la provisión de los recursos necesarios para vivir en victoria, porque Él es *"el que en nosotros produce así el querer como el hacer, por su buena voluntad"* (Fil. 2:13).

CAPÍTULO XVII

LA ORACIÓN DE JESÚS

Introducción.

El capítulo contiene lo que se llama *la oración sacerdotal de Jesús*. Es, como alguno ha dicho, el *Lugar Santísimo* del *Evangelio*. No fue la última oración de Jesús. Oraría también en agonía en Getsemaní; lo haría luego en la Cruz; entregaría en oración Su vida poniéndola en mano del Padre. Sin embargo es una oración excepcional, profunda, precisa, interesada, singular. Ninguna otra se le puede comparar. Es el último gran coloquio con el Padre, en un diálogo directo y comprensible al hombre. Los diálogos de Jesús fueron reduciéndose en destinatarios. Al principio del ministerio hablaba a las multitudes, luego dedicó mayor tiempo a los discípulos, ambas cosas habían terminado. Ya no tenía más que decir a nadie, por tanto, conversa con el Padre, aunque lo haga en presencia de los discípulos.

Se ha preguntado cual era esencialmente lo que podía calificar a la oración de Jesús. Algunos, mayoritariamente, han buscado el de *oración sacerdotal*. Otros, en la lectura del texto, la definen como la *oración de intercesión*. Ambas cosas son, sin duda alguna, aspectos destacables que permiten esas calificaciones. Sin embargo, viéndola en el contexto del *Evangelio*, Jesús había terminado la misión para la que había sido enviado del Padre. Tan solo restaba la entrega voluntaria de Su vida en la Cruz. Había venido en *forma de siervo* (Fil. 2:7), aunque nunca dejó de estar en *forma de Dios*. Para esto había sido enviado por el Padre. Ahora, el *siervo*, incluso respetuosamente *el esclavo*, que había sujetado todo al plan divino de salvación, ha concluido *todo* lo que le había sido asignado. Por tanto, comparece ante el *dueño* que le envió para decirle: *"Yo te he glorificado en la tierra; he acabado la obra que me diste que hiciese"* (v. 4). Por consiguiente, ya no era necesario mantener por más tiempo la forma de *siervo*, sino recuperar la gloria que corresponde a la *forma de Dios*, oculta bajo la *ropa de trabajo*, que el siervo tomó al hacerse hombre.

Uno de los temas que orienta toda la oración es el de la *glorificación* que Jesús pide al Padre para Sí. Su gloria no concluye con el término de Su vida terrenal, sino que comienza con el final de ella. La petición para ser glorificado, cierra el paréntesis que comprende lo que va desde 1:1. Juan presentó a Jesús como el Verbo eterno, en la unidad con el Padre. Todos los aspectos propios de la deidad concurren en Él.

Pero, el gran misterio de la piedad comienza cuando el *Verbo se hizo carne* (1:14). La impronta gloriosa de Dios queda oculta a los hombres bajo ese aspecto de Su humanidad, sin embargo Juan afirma que ellos vieron la gloria que corresponde al Hijo, en lo que Jesús hizo, apreciando que estaba lleno de *gracia y de fidelidad*. El escritor dice determinante *"vimos su gloria"*. A lo largo del relato se aprecia que Jesús manifestó Su gloria a las gentes, pero, en especial a los discípulos, como se puntualiza en relación con el milagro de la conversión del agua en vino en la boda de Caná de Galilea (2:11). En otro lugares se habla de la manifestación de esa gloria (11:4). Entonces, ¿cuál es la razón por la que Jesús comienza pidiendo ser glorificado? Debe apreciarse que la gloria de Cristo se podía apreciar por las *señales* que hacía, salvo en la manifestación en la transfiguración delante de tres de los discípulos. Ahora llegaba el momento de pasar de las *señales* a la realidad continua. Era el tiempo adecuado para que el Hijo del Hombre sea glorificado (12:23). La gloria divina debía verse no solo en la *forma de Dios*, sino también en la humanidad que sirvió de vehículo para la *forma de siervo*. Pocos hombres habían discernido que Jesús, el hombre de Nazaret, era Dios manifestado en carne. Lo veían, pero no glorioso, sino humilde e incluso pobre. El pleno reconocimiento de la deidad visible en Su humanidad se produce después de Su muerte en que el testimonio de un ateo declara: *"verdaderamente este hombre era Hijo de Dios"* (Mr. 15:39). Desde ahí la gloria se extiende tanto a Su naturaleza divina como a la humana, siendo esto parte esencial del testimonio cristiano: *"Sepa, pues, ciertísimamente toda la casa de Israel, que a este Jesús a quien vosotros crucificasteis, Dios le ha hecho Señor y Cristo"* (Hch. 2:36; 5:31). Esto sería en lo sucesivo doctrina fundamental de la fe. Jesús recibió el Nombre supremo, bajo cuya autoridad ejerce señorío en cielos y tierra (Fil. 2:9-11).

En el cumplimiento del tiempo *había llegado la hora* de la glorificación. Este nuevo tiempo, cumplida la obra que le había sido encomendada, iba a abrir el disfrute de la *vida eterna*, prometida a todo aquel que crea (3:16). Vida eterna que viene en el don del Espíritu (20:22). Esta nueva dimensión alcanzaría a millones de personas en el tiempo, por la predicación del evangelio (v. 20). Es especialmente sobre estos por quienes dialoga con el Padre. La identificación de ellos no se produciría por *religión*, sino por *relación* con Dios. Todos ellos serían *uno*, no por acciones externas, sino por comunión directa con la Deidad y participación en Su naturaleza. Este pueblo es la Iglesia. En la oración se aprecia que Jesús pone delante del Padre, como debe ser ese nuevo pueblo de Dios, como detalla en la oración y se irá considerando al comentar los versículos.

La estructura de la oración tiene tres partes bien diferenciadas: a) Oración por Sí mismo (vv. 1-5). Jesús se dirige al Padre manifestándole que ha cumplido todo lo que se le había encomendado, y pidiéndole la glorificación, por la que asciende a la condición gloriosa que le corresponde y en la que está unida la humanidad asumida por concepción. b) Oración por los discípulos (vv. 6-9). Son aquellos que Él ha sacado del mundo. Están todavía en el mundo pero ya no son de él. Durante los años de relación con ellos, Jesús los guardó, pero ahora debían ser guardados en otra dimensión de vida, con la asistencia del Espíritu. Deben permanecer en la verdad a la que fueron conducidos, han de mantener la unidad, deben cumplir la misión encomendada. c) Oración por los cristianos en general (vv. 20-24). Son aquellos que alcanzados por el evangelio de la gracia, son también, como los apóstoles, hijos de Dios por adopción en el Hijo. También deben mantener la unidad como pueblo y como cuerpo, para ser elemento de persuasión y convicción al mundo incrédulo. La dimensión de la esperanza que forma parte esencial de ese pueblo, es la de estar con Cristo eternamente, como antes les había prometido. Finalmente está la conclusión (vv. 25-26).

Por último, la *inmanencia divina*, las relaciones *intra-trinitarias*, y la *deidad de Cristo*, ofrecen ya una teología avanzada en cuanto a la definición de aspectos relativos a la Trina Deidad y a la Cristología, que sin duda son el resultado de la conducción del Espíritu, pero que sitúan el escrito como uno de los últimos del Nuevo Testamento.

Para el análisis del texto, se sigue el *bosquejo*, dado ya en la *introducción*, como sigue:

V. La oración del Verbo encarnado (17:1-26).

1. Los temas de la oración (17:1-26).
   - 1.1. La vida eterna (17:1-3).
   - 1.2. Rendición de cuentas y glorificación (17:4-5).
   - 1.3. La relación de la Palabra (17:6-8).
   - 1.4. Petición de protección por los suyos (17:9-13).
   - 1.5. Intercesión y misión (17:14-19).
   - 1.6. Intercesión por la unidad (17:20-23).
   - 1.7. Petición personal (17:24-26).

V. La oración del Verbo encarnado (17:1-26).

Los temas de la oración (17:1-26).

La vida eterna (17:1-3).

1. Estas cosas habló Jesús, y levantando los ojos al cielo, dijo: Padre, la hora ha llegado; glorifica a tu Hijo, para que también tu Hijo te glorifique a ti.

Ταῦτα ἐλάλησεν Ἰησοῦς καὶ ἐπάρας τοὺς ὀφθαλμοὺς αὐτοῦ
Estas cosas habló Jesús y alzando los ojos de Él
εἰς τὸν οὐρανὸν εἶπεν· Πάτερ, ἐλήλυθεν ἡ ὥρα· δόξασόν σου
al cielo, dijo: Padre, ha llegado la hora: glorifica tú
τὸν Υἱόν, ἵνα ὁ Υἱὸς δοξάσῃ σέ,
al Hijo, para que el Hijo glorifique te.

Notas y análisis del texto griego.

Iniciando el párrafo, escribe: Ταῦτα, caso acusativo neutro plural del pronombre demostrativo *estos*, en sentido de *estas cosas*; ἐλάλησεν, tercera persona singular del aoristo primero de indicativo en voz activa del verbo λαλέω, *hablar, decir*, aquí *habló*; Ἰησοῦς, caso nominativo masculino singular del nombre propio *Jesús*; καὶ, conjunción copulativa *y*; ἐπάρας, caso nominativo masculino singular del participio del aoristo primero en voz activa del verbo ἐπαίρω, *levantar, alzar, elevar*, aquí *alzando*; τοὺς, caso acusativo masculino plural del artículo determinado *los*; ὀφθαλμοὺς, caso acusativo masculino plural del nombre común *ojos*; αὐτοῦ, caso genitivo masculino de la tercera persona singular del pronombre personal declinado *de él*; εἰς, preposición propia de acusativo *a*; τὸν, caso acusativo masculino singular del artículo determinado declinado *al*; οὐρανὸν, caso acusativo masculino singular del nombre común *cielo*; εἶπεν, tercera persona singular del segundo aoristo de indicativo en voz activa del verbo εἶπον, forma del aoristo de λέγω, *hablar, decir*, aquí *dijo*; Πάτερ, caso vocativo masculino singular del nombre divino *Padre*; ἐλήλυθεν, tercera persona singular del perfecto de indicativo en voz activa del verbo ἔρχομαι, *venir, llegar*, aquí *ha llegado*; ἡ, caso nominativo femenino singular del artículo determinado *la*; ὥρα, caso nominativo femenino singular del nombre común *hora*; δόξασον, segunda persona singular del aoristo primero de imperativo en voz activa del verbo δοξάζω, *honrar, alabar, glorificar*, aquí *glorifica*; σου, caso genitivo de la segunda persona singular del pronombre personal *tú*; τὸν, caso acusativo masculino singular del artículo determinado declinado *al*; Υἱόν, caso acusativo masculino singular del nombre divino *Hijo*; ἵνα, conjunción condicional *para que*; ὁ, caso nominativo masculino singular del artículo determinado *el*; Υἱὸς, caso nominativo masculino singular del nombre divino *Hijo*; δοξάσῃ, tercera persona singular del aoristo primero de subjuntivo en voz activa del verbo δοξάζω, *alabar, honrar, glorificar*, aquí *glorifique*; σέ, caso acusativo de la segunda persona singular del pronombre personal declinado *a ti, te*,

Ταῦτα ἐλάλησεν Ἰησοῦς. Las enseñanzas y advertencias habían terminado. *Después de estas cosas*, hace referencia a lo que antecede desde el capítulo 13. Es una oración después de una enseñanza. Estuvo hablando a los discípulos, ahora habla al Padre acerca de ellos. Además, la oración cierra también el establecimiento de la ordenanza de la Cena del Señor. Si se quiere se podría añadir también el aspecto familiar en la que el *enviado del Padre*, ora en presencia de quienes son Sus hermanos, hijos por adopción del mismo Padre. Algo más, es una oración de despedida, en la que encomendaba a sus amigos de los que se iba a separar en aquella misma noche; agradece al Padre por ellos y los encomienda a Su cuidado.

καὶ ἐπάρας τοὺς ὀφθαλμοὺς αὐτοῦ εἰς τὸν οὐρανὸν εἶπεν· Se dirige al Padre y *levanta los ojos al cielo*. No es que haya que hacerlo de ese modo, cualquier forma para orar es correcta, siempre que quien ora sepa la solemnidad que reviste dirigirse al Dios de la gloria. La consciencia de la presencia de Dios orienta y dirige la oración. El verdadero sentido de la oración consiste en *levantar el corazón* a Dios[1]. Aquí el corazón influencia en los ojos que se levantan con él al cielo. Es necesario entender la razón por la que Jesús ora. En Su naturaleza divina la relación con el Padre es permanente y el diálogo eterno, como Dios, es el intercesor que hace posible la respuesta a las oraciones de los creyentes, pero, en Su naturaleza humana, como hombre necesita el diálogo con el Padre en la oración. De otro modo, en su condición humana, tenía que buscar la conducción divina. No supone esto que requiriese la misma asistencia en Su naturaleza divina, ni que los atributos de la esencia divina no estuviesen presentes en Jesús. Pero, la limitación voluntaria en relación con la humanidad asumida y sustentada en Su Persona Divina, hacía necesaria la práctica de la oración.

La oración forma parte integrante de la vida de Jesús. En el comienzo del ministerio público con el bautismo en el Jordán la oración está presente (Lc. 3:21). Cuando tenía que tomar una decisión trascendente como era la elección de los doce apóstoles entre los discípulos que le seguían, pasó toda la noche en oración (Lc. 6:12). Antes del milagro de la multiplicación de los panes y de los peces, el Señor oró (6:11). Oró previamente a formular a los discípulos la pregunta sobre quien decían las gentes que era Él (Lc. 9:18). En el

[1] En la tradición cristiana antigua se llamaba a esa acción *sursum cordia*.

monte de la transfiguración aparece también orando (Lc. 9:28). Ora antes de expresar la invitación a todos los trabajados y cargados para que acudan a Él (Mt. 11:25-30). Los discípulos le vieron orar antes de que les enseñase como hacerlo (Lc. 11:1). Delante de la tumba de Lázaro, antes del milagro de la resurrección, el Maestro oraba (11: 42). Oró en intercesión por Pedro para que su fe no faltase (Lc. 22:32). La oración está presente en los momentos de agonía en Getsemaní (Mr. 14:32, 35, 36, 39). En el tiempo de la cruz (Mr. 15:34). La muerte en la cruz está rodeada de oración en la entrega de Su espíritu al Padre (Lc. 23:46). En casa de los discípulos de Emaús, después de la resurrección, el Señor oró (Lc. 24:30). La vida de Jesús fue, sin duda, una vida involucrada en la oración.

No debemos dejar pasar esta referencia a las oraciones de Jesús, como una llamada de atención a la vida de cada creyente y, sobre todo, a la de quienes tienen que ministrar en la iglesia o en la misión, no importa en que circunstancia ni en que lugar. La oración está indicada como arma contra las asechanzas de Satanás (Ef. 6:18). Una vida sin oración abundante es una vida de fracaso, pero aún más, un ministerio que no está relacionado con la oración es un ministerio estéril. Los recursos de poder para llevar a cabo la obra de Dios, que no es la nuestra, tienen necesariamente que ser divinos, obteniéndose mediante el acceso al trono de la gracia para hallar misericordia y obtener el socorro oportuno para cada circunstancia o necesidad. Los fracasos de muchos hermanos y el debilitamiento de muchas iglesias se debe, en gran medida, a la poca práctica de la oración. El gran ejemplo de cómo funciona una iglesia espiritualmente fuerte está en la referencia que Lucas hace en Hch. 1 y 2. Largas reuniones del liderazgo con arduas discusiones sin apenas tiempo para la oración es el camino al fracaso y a la desilusión personal.

Πάτερ, ἐλήλυθεν ἡ ὥρα· Jesús se dirige en la oración al Padre. Esta es la eterna relación entre las dos Personas Divinas. Continuamente en las oraciones que registran los evangelios, Cristo llama a Dios, *Padre* (cf. 11:41). El vocativo aparecerá varias veces en esta oración (vv. 5, 11, 21, 24, 25). La relación paterno-filial entre Jesús y Su Padre, es algo propio, porque es eterno, ya que eternamente es engendrado del Padre. Su presencia en el mundo obedece al envío que hizo de Él el Padre. Comienza refiriéndose al tiempo en que oraba: *La hora ha llegado*. Nada ocurrió en la vida, muerte, resurrección y glorificación de Jesucristo, sin que se hubiese llegado el tiempo eternamente establecido para ello (7:30; 8:20). En varias ocasiones del relato se lee que *no había llegado Su hora*. En el momento de la oración, el tiempo se había cumplido (13:1). De la misma manera que no vino al mundo antes de ese tiempo, tampoco murió antes del tiempo. El tiempo para cada una de las *señales* o milagros, estaba previsto, de modo que se producían cuando había llegado la hora (2:4).

δόξασον σου τὸν Υἱόν, La oración comienza por Él mismo, pidiendo al Padre Su glorificación. No hay un ápice de egoísmo en esto, porque no era posible quien no tenía pecado alguno y la naturaleza caída del hombre no afectaba a lo que hacía. La respuesta y resultado de toda esa oración depende precisamente de esto primero: la glorificación del Hijo que la hará posible en todo, como Mediador y como Intercesor en la presencia del Padre.

El Padre glorificó al Hijo durante Su ministerio terrenal. Las *señales,* que hacía, le glorificaban. En la Cruz, fue exaltado (3:14; 8:28; 12:32-33), siendo también glorificado. Allí triunfó sobre Satanás y sobre la muerte. Sin embargo, la glorificación del Hijo alcanza su grado pleno en la resurrección de entre los muertos. La Cruz era el carro triunfal que le introducía a la resurrección y a la ascensión a los cielos. Esa hora, la de la glorificación, había llegado. La glorificación del Hijo corresponde al Padre. Cristo no buscó una gloria efímera y transitoria, la glorificación que resulta de los hombres, despreciándola (8:50). Sólo la procedente de Dios, que es Su Padre, es la que busca. Por eso dice a los suyos durante la cena pascual, luego de la salida de Judas: *"Ahora es glorificado el Hijo del Hombre, y Dios es glorificado en él. Si Dios es glorificado en él, Dios también le glorificará en sí mismo, y en seguida le glorificará"* (13:31-32)[2]. La glorificación que pide es la que descansa en el revestimiento de gloria que Su humanidad recibirá luego de la resurrección. Es una gloria con sentido objetivo, al recibir el *"Nombre que es sobre todo nombre"* (Fil. 2:9). Pero, este sentido objetivo, se hace subjetivo viéndose en el exterior para que todos reconozcan Su gloria divina. Sin duda el reconocimiento de ese estado es el reconocimiento de la fe.

Al considerar la glorificación de Jesús, se aprecian también dos aspectos en ella. En primer lugar el *ontológico*, que corresponde a la trascendencia del ser, y que se alcanza en la resurrección de Jesucristo, y por ella, en donde Jesús es constituido *Señor*. Término que alcanza la suprema dimensión de la Deidad. Cabe preguntarse si Jesús de Nazaret, había dejado en algún momento de ser Señor. Indudablemente desde la eterna dimensión de Su Persona Divina, siempre lo fue, pero desde la

---

[2] Ver comentario a los versículos.

expresión por medio de su naturaleza humana, Él mismo dijo que era siervo, y que había venido no para ser servido sino para servir y dar Su vida (Mt. 20:28; Mr. 10:46-52; Lc. 18:35-43). Sin embargo, aún en esa situación de limitación voluntaria, recuerda a los discípulos que Él era *Señor y Maestro* (13:13, 14). Esa humanidad será glorificada y revestida de poder y gloria. Debe notarse que el discurso pre-pascual de Jesús fue de humildad, humillación y entrega; el post-pascual es un discurso de poder y gloria. Las palabras a los suyos, luego de la resurrección fueron esas: *"Toda autoridad me es dada en el cielo y en la tierra"* (Mt. 28:18). Esa era la autoridad expresiva de la soberanía que como Dios le corresponde y que es comunicada a ambas naturalezas, la divina, que eternamente la posee, y la humana que la hace visible en la resurrección y glorificación. Al Mesías se le esperaba para que manifestase Su autoridad en el reino que restauraría a Israel, pero el Resucitado manifiesta Su gloria no sobre un reino limitado, sino ejerciendo dominio universal. El es realmente el Rey de reyes y el Señor de señores. No podía vincularse y limitarse a Israel el reino sobre el que tenía autoridad, sino a todo el universo comprendiendo en ella la plenitud absoluta de toda la creación, tanto de los ángeles en los cielos, como de los hombres en la tierra y, en general, el señorío supremo sobre todo sin limitación alguna. Nada ni nadie podía escapar a Su soberanía.

En segundo lugar el *manifestativo*, la expresión exteriorizada de la realidad ontológica de su glorificación. Esta revelación está vinculada a la obra del Espíritu cuya misión es la de glorificar al Hijo (16:13-14). En la obra de poder del Consolador, el mundo conoce que verdaderamente Jesús ha sido glorificado. De ahí que el apóstol Pablo pueda decir, desde la prisión donde espera sentencia, que podía ser de muerte: *"Todo lo puedo en Cristo que me fortalece"* (Fil. 4:13). Además, en la lectura de Hechos de los Apóstoles y de las Epístolas en general, el poder del Espíritu Santo, en la salvación y realización de milagros es evidente. Jesús fue conocido por las *señales* como el enviado de Dios. Esas señales siguen produciéndose en la extensión del evangelio, poniendo ante todos la evidencia firme de que el Señor había sido glorificado por Dios.

ἵνα ὁ Υἱὸς δοξάσῃ σέ El segundo resultado de la petición del Hijo, tiene que ver con la glorificación del Padre. *Glorificar* no tiene aquí el sentido ontológico que tiene que ver con el Hijo, puesto que el Padre no adquiere nada en Sí, como ocurre con la glorificación de la humanidad del Hijo. Esta glorificación *manifestativa*, exteriorizando la propia del Padre. El Hijo expone en Su obra en la Cruz, la manifestación expresiva del infinito amor del Padre, en los aspectos sacrificiales y soteriológicos que representa para la salvación de los hombres. Esta gloria está vinculada directamente en las palabras de Jesús, con la obra de redención, y con el fruto resultante de ella. Dicha glorificación tiene dos momentos. En primer lugar *el de la Cruz*, donde el Cordero de Dios retira la responsabilidad penal del pecado y abre el camino de la gracia para que Dios otorgue perdón de pecados y vida eterna sin mermar un ápice en Su justicia. El Padre es glorificado por la inconmensurable dimensión de un proyecto eterno. La gloria de Dios se ve en el hecho de que Él *encarece Su amor*, en que mientras notros pecábamos, Él entregaba a Su Hijo en propiciación por nuestros pecados. La consumación de la obra establecida desde antes de la creación del mundo, glorifica al Padre, que con la fidelidad propia de Su deidad, no pudiendo negarse a Él mismo, realizó lo que había determinado y de lo que había dado un atisbo a los primeros padres cuando les anunciaba en forma limitada el envío del Salvador que quebrantaría el poder de Satanás (Gn. 3:15). En segundo lugar *el de Pentecostés*, cuando Dios abre, por la presencia y acción del Espíritu, la aplicación de la salvación a todos los creyentes, produciendo en ellos la *regeneración* por la que son constituidos, entre otras cosas, como *templo de Dios*, y reciben el título de *hijos* por posicionamiento en Cristo, que es también una operación del Espíritu Santo. En esa acción el Padre es glorificado hasta el límite, puesto que la criatura, redimida de su condición pecadora, entra a la participación de la vida eterna por comunicación con la *divina naturaleza* (2 P. 1:4). En todo esto, la glorificación que pide el Hijo, es también la glorificación del Padre. Esa es Su misión, como la del Espíritu es glorificar al Hijo. Pero no es menos cierto que el mismo Padre asume también el glorificar al Hijo, dándole todo lo que es y tiene (8:54).

2. Como le has dado potestad sobre toda carne, para que dé vida eterna a todos los que le diste.

καθὼς ἔδωκας αὐτῷ ἐξουσίαν πάσης σαρκός, ἵνα πᾶν ὃ
Como diste le autoridad sobre toda carne, para que todo lo que
δέδωκας αὐτῷ δώσῃ αὐτοῖς ζωὴν αἰώνιον.
has dado le, de les vida eterna.

Notas y análisis del texto griego.

Sigue la oración de Jesús: καθὼς, conjunción temporal, *cuando*, *siempre que, tantas veces como*; ἔδωκας, segunda persona singular del aoristo primero de indicativo en voz activa del verbo δίδωμι, *dar*, aquí *diste*; αὐτῷ, caso dativo masculino de la tercera persona singular del pronombre personal declinado *a Él, le*; ἐξουσίαν, caso acusativo femenino singular del nombre común *autoridad, potestad*; πάσης, caso genitivo femenino singular del adjetivo declinado *a toda*; σαρκός, caso genitivo femenino singular del nombre común *carne*; ἵνα, conjunción causal *para que*; πᾶν, caso acusativo neutro singular del adjetivo indefinido *todo*; ὃ, caso acusativo neutro singular del pronombre relativo *lo que*; δέδωκας, segunda persona singular del perfecto de indicativo en voz activa del verbo δίδωμι, *dar, entregar*, aquí *has dado*; αὐτῷ, caso genitivo de la tercera persona singular del pronombre personal declinado *a él, le*; δώσῃ, tercera persona singular del aoristo primero de subjuntivo en voz activa del verbo δίδωμι, *dar, entregar*, aquí *de*; αὐτοῖς, caso dativo masculino de la tercera persona plural del pronombre personal declinado *a ellos, les*; ζωὴν, caso acusativo femenino singular del nombre común *vida*; αἰώνιον, caso acusativo femenino singular del adjetivo calificativo *perpetua, por los siglos, eterna*.

καθὼς ἔδωκας αὐτῷ ἐξουσίαν, Jesús hace referencia a lo que el Padre le ha otorgado, consistente en la plena autoridad o potestad sobre *toda carne*. Esta autoridad la obtuvo de Dios, a quien pertenece eternamente toda potestad. No se trata de un don o de un regalo que el Padre hace a Su Hijo, sino el resultado de la comunicación de la vida intratrinitaria, que como engendrado del Padre tiene, y que hace que el Hijo, en Su naturaleza humana, pueda decir: *"yo y el Padre somos uno"* (10:30). Por consiguiente todo el poder de Cristo está orientado a la glorificación del Padre, del que procede.

πάσης σαρκός. La extensión del poder alcanza a *toda carne*, un hebraísmo equivalente al hebreo *kol-bashar*, entendida por la humanidad en general, especialmente considerada desde la debilidad propia del hombre. Este semitismo sólo aparece aquí en todo el *Evangelio*. La autoridad de Jesús alcanza y comprende a todos los hombres, o a todos los seres humanos. Esta autoridad le compete necesariamente a quien es el único Mediador entre Dios y los hombres (1 Ti. 2:5). Jesús sabía que el Padre le había dado todas las cosas en Sus manos, por tanto también la autoridad o potestad sobre todos los hombres (13:3). Los hombres todos, pertenecientes a la humanidad perdida necesitaban ser salvos.

ἵνα πᾶν ὃ δέδωκας αὐτῷ. La salvación de los hombres va a ser posible por la obra que Jesucristo hará en la Cruz. Jesús hace alusión a un remanente dentro de la raza humana que el Padre le ha dado y que serían salvos por la obra redentora del Hijo. De estos habló antes (6:37, 39, 44). En la oración se reitera el mismo concepto en la expresión *los que me diste* (vv. 6, 9, 11). Este remanente dentro de la inmensa multitud humana, recibirán vida eterna que Jesús le comunicará cuando crean en Él, no sólo en relación con los que ya habían creído, como eran los discípulos, sino a todos los que crean en Él por el testimonio de los otros creyentes en la misión evangelizadora, a lo largo de los siglos (v. 20). El resto de los hombres siguen siendo enemigos de Dios en malas obras y su condenación es cierta por no creer. Aunque no hay duda alguna de la referencia a un grupo que recibe vida y otro que es condenado, en ningún lugar de la Biblia se enseña que estos condenados son los que eternamente fueron elegidos por Dios para ese estado y que en modo alguno se les ha concedido la posibilidad de salvación. La autoridad de Jesús será ejercida sobre todos los hombres: unos para recibir vida por gracia mediante la fe, y otros para ser juzgados y condenados por no haber querido creer (3:36). La autoridad de Jesús es definitiva, tanto para salvación (3:16), como para juicio (5:27).

δώσῃ αὐτοῖς ζωὴν αἰώνιον. La autoridad de Jesús tiene un designio determinado: que dé vida eterna. Ya se ha considerado anteriormente este tema. Aunque Su autoridad alcanza a todos los hombres, sólo da vida eterna a los que el Padre le ha dado, que es una expresión para designar a los creyentes. La vida eterna es, como se ha dicho, potestativa y privativa de Dios. Eterno no es equivalente a *perpetuo*, que es lo que dura y permanece para siempre, sino que eterno es todo lo contario, aquello que no tiene principio ni fin, pero que no está en la temporalidad de lo *perpetuo*, sino en la absoluta ausencia de tiempo. Eterno es un presente continuo. A esta eternidad se refirió Jesús cuando dijo: *"Antes que Abraham fuese, yo soy"* (8:58). El don de la vida eterna, viene a ser posible al hombre, temporal y limitado, cuya mayor dimensión de tiempo es la perpetuidad, por medio de la unión vital con Jesús. Estando unido a Cristo, en quien está la vida (1:4), esta es comunicada al creyente por procedencia, es decir, la vida que disfruta procede de la vida eterna que el Hijo de Dios tiene en Sí mismo. No se trata de la divinización del que cree, pero sí de la *participación* en la naturaleza divina, consecuencia de la vinculación con Cristo, que introduce a Dios en la intimidad del hombre por la inmanencia divina en el salvo, e introduce al hombre en la presencia de Dios, puesto que el salvo está en Él sentado en lugares celestiales (Ef. 2:6). El cristiano no solo es llamado al *reino*, sino también a *la gloria* (1 Ts. 2:12). Es la consecuencia natural de la dotación de la vida eterna. Cada vez que un pecador cree en Cristo, se produce para él un cambio de esfera de vida, de modo que es liberado del poder de las tinieblas y trasladado al reino del Hijo amado de Dios (Col. 1:13). El sentido de *reino* aquí, es el genérico de *reino de Dios, reino de los cielos, reino del Hijo*, y es fundamentalmente el mismo y muchas veces intercambiable. Es el reino de Dios los súbditos viven conforme a la voluntad divina y a la ética del reino, disfrutando en cada momento de la *vida eterna*. Pero lo sorprendente es que la *vida eterna* se vive en una posición de gloria, a donde somos trasladados en Cristo, ya que *"juntamente con Él nos resucitó, y asimismo nos hizo sentar en los lugares celestiales con Cristo Jesús"* (Ef. 2:6). La vida eterna produce una *resurrección* espiritual del muerto en delitos y pecados. Por el bautismo del Espíritu el creyente llega a un nuevo *ser en Cristo* y juntamente con Él se halla en los cielos, donde se encuentra elevado con Jesús. Esto permite a los creyentes vivir en una esfera donde se manifiesta la gloria de Dios. No cabe duda que Jesús prometió un futuro glorioso cuando seamos trasladados al lugar que prepara para nosotros (14:1-4). Sobre eso se pronuncia Jesús en la oración, un poco más adelante (17:24).

3. Y esta es la vida eterna: que te conozcan a ti, el único Dios verdadero, y a Jesucristo, a quien has enviado.

αὕτη δέ ἐστιν ἡ αἰώνιος ζωὴ ἵνα γινώσκωσιν σὲ τὸν μόνον
Y esta es la eterna vida que conozcan te el único
ἀληθινὸν Θεὸν καὶ ὃν ἀπέστειλας Ἰησοῦν Χριστόν[1].
verdadero Dios y al que enviaste Jesucristo.

Notas y análisis del texto griego.

Siguiendo la oración de Jesús, añade: αὕτη, caso nominativo femenino singular del pronombre demostrativo *esta*; δέ, partícula conjuntiva que hace las veces de conjunción coordinante, con sentido de *pero, más bien, y, y por cierto, antes bien*; ἐστιν, tercera persona singular del presente de indicativo en voz activa del verbo εἰμί, *ser, estar*, aquí *es*; ἡ, caso nominativo femenino singular del artículo determinado *la*; αἰώνιος, caso nominativo femenino singular del adjetivo *eterna*; ζωὴ, caso nominativo femenino singular del nombre común *vida*; ἵνα, conjunción *que*; γινώσκωσιν, tercera persona plural del presente de subjuntivo en voz activa del verbo γινώσκω, *saber, entender, conocer*, aquí *conozcan*; σὲ, caso acusativo de la segunda persona singular del pronombre pesonal declinado *a ti, te*; τὸν, caso acusativo masculino singular del artículo determinado *el*; μόνον, caso acusativo masculino singular del adjetivo *único*; ἀληθινὸν, caso acusativo masculino singular del adjetivo *verdadero*; Θεὸν, caso acusativo masculino singular del nombre divino *Dios*; καὶ, conjunción copulativa *y*; ὃν, caso acusativo masculino singular del pronombre relativo *al que*; ἀπέστειλας, segunda persona singular del aoristo primero de indicativo en voz activa del verbo ἀποστέλλω, *enviar*, aquí *enviaste*; Ἰησοῦν, caso acusativo masculino singular del nombre propio *Jesús*; Χριστόν, caso acusativo masculino singular del nombre propio *Cristo*.

Crítica Textual. Lecturas alternativas.

[1]εἰς τοῦτον τὸν κόσμον, *a este mundo*, se añade al final del versículo en la lectura en D.

αὕτη δέ ἐστιν ἡ αἰώνιος ζωὴ ἵνα γινώσκωσιν σὲ τὸν μόνον ἀληθινὸν Θεὸν καὶ ὃν ἀπέστειλας Ἰησοῦν Χριστόν. Después de referirse a la potestad que tenía para dar vida eterna a los creyentes, pasa a expresar que es la *vida eterna*. Es, en palabras de Jesús, el *conocimiento* de Dios y de Cristo. Conocer no tiene en la Biblia una exclusiva relación intelectual, aunque la comprende, sino vivencial. Se trata de un conocimiento de intimidad y comunión. La primera vez que aparece este verbo en la Escritura, tiene que ver con la relación de intimidad en un matrimonio, al decir que Adán *conoció* a su mujer Eva, de cuya relación nacería un hijo (Gn. 4:1). La vida eterna se otorga a todos los que creen (3:16), como un acto de gracia, siendo la fe el modo instrumental para recibirla. Entender este aspecto de lo que es la vida eterna, requiere entender la experiencia de la salvación. En la Cruz, Jesús hace la obra de salvación muriendo por el pecado del hombre y abriendo la experiencia del perdón de pecados y vida eterna, para todo el que cree. Este llamamiento a salvación *operación del Padre*, se proclama hoy en el mensaje del evangelio, que es hecho comprensible, no tanto intelectualmente sino como mensaje vital, por la obra de convicción del Espíritu Santo, de la que se ha considerado antes (16:7-9). Por esa operación iluminadora del Espíritu, el mensaje de la Cruz, que es locura para los que se están perdiendo, se transforma en poder de Dios para los que creen (1 Co. 1:18). El evangelio es, por tanto, poder de Dios para salvación al que cree (Ro. 1:16). En la aplicación de la salvación, Dios toma la iniciativa en todo. El hombre natural, no regenerado, enemigo de Dios en malas obras, ni quiere ni puede buscar a Dios, por cuya razón la obra salvadora es aplicada al pecador que va a creer buscándole en el lugar de perdición en donde se encuentra. La Biblia enseña con toda precisión que el hombre pecador no busca a Dios (Ro. 3:10); así lo dice el Salmo: *"Jehová miró desde los cielos sobre los hijos de los hombres, para ver si había algún entendido, que buscara a Dios"* (Sal. 14:2). El pecador huye del Dios santo, que es incompatible con el pecado del hombre. Lo hizo desde el mismo momento en que el pecado afectó su vida, como fue el caso de Adán que una vez caído se escondió de Dios, siendo Éste quien fue a buscarlo preguntándole donde se encontraba (Gn. 3:8 ss.). El profeta hace una afirmación semejante: *"Todos nosotros nos descarriamos como ovejas, cada cual se apartó por su camino"* (Is. 53:6). Ese es el resultado al que conducen todos los caminos del hombre, ninguno de ellos le conduce a Dios, sino todo lo contario, lo aleja de Él, porque *"hay camino que al hombre le parece derecho; pero su fin es camino de muerte"* (Pr. 14:12). La condición natural del hombre, a causa de su pecado, le conduce a repudiar a Dios (3:19-20). Esclavos del pecado y bajo el poder de Satanás, siguen al maligno. A causa de esa situación es Dios que toma la iniciativa buscando al hombre, para lo que envía a Su Hijo para que busque y salve lo que estaba perdido (Lc. 19:10). A esta operación se une el llamamiento del Padre. Jesús lo señaló cuando dijo que *"ninguno puede venir a mí, si el Padre que me envió no le trajere"* (6:44). La obra de la Cruz se hace eficaz en el llamamiento del Padre, que conduce al pecador a Cristo para salvación. Pero, no cabe duda que la búsqueda y el llamamiento, no produciría resultado alguno si el Salvador no recibiese a todos los que acuden a Él por fe, para recibirle como su único y suficiente Salvador. Cristo se compromete a que cuantos acudan a Él serán recibidos (6:37). El Espíritu Santo regenera a todo aquel que crea, mediante la incorporación del salvo en Jesús (1 Co. 12:13) entrando éste a una nueva posición que se define como *en Cristo*. En ella los salvos son hechos *cercanos* por la sangre de Cristo (Ef. 2:13). La unión vital con Cristo, produce la unión vital con el Padre, comprendida en lo que Jesús dice en la oración *"que te conozcan a ti... y a Jesucristo"*. Nadie puede conocer al Padre sin conocer al Hijo, por consiguiente la vinculación existencial con Dios es sólo posible por el único Mediador entre Dios y los hombres que es Jesucristo, hombre. La consecuencia de esta unión con Dios en Cristo es la *comunión con las Personas Divinas* (2 P. 1:4). Necesario es hacer una distinción entre la *esencia* y la *naturaleza* divinas. En la primera descansa la vida incomunicable de Dios, en la segunda las perfecciones comunicables, de modo que en vinculación con Cristo, el creyente *conoce a Dios*, y comienza a *vivir Su vida*, que siendo de Dios es vida eterna. La vida eterna consiste en el conocimiento vivencial, experimental y personal de Dios y de Jesucristo. El Señor murió para *"llevarnos a Dios"* (He. 2:10).

Es importante la referencia al Padre, a quien llama aquí *el único Dios verdadero*. No significa que sólo la Primera Persona, sea Dios verdadero, sino que cada una de las tres son el único Dios verdadero, puesto que subsisten en eterna vinculación en el Ser Divino. Es necesario recordar siempre que el Señor dijo que Él y el Padre son uno (10:30). Por esta razón Jesús no habla de la única *Persona* que es Dios verdadero, sino del *Padre*, el único Dios verdadero, lo que no excluye ni al Hijo, ni al Espíritu.

En la primera petición de Jesucristo, el pensamiento de Jesús se abre hacia la Iglesia. Hay quienes sostienen que ésta no está en el Nuevo Testamento antes del descenso del Espíritu. Ahora bien, sin todo lo que se ha escrito en el Nuevo Testamento por apóstoles y profetas, no es otra cosa que el desarrollo del pensamiento de Jesús, y si la venida de Cristo al mundo tenía que ver con la salvación de un pueblo, no solo de los judíos, sino también de los gentiles, que menciona en futuro cuando dice: *"Yo edificaré mi iglesia"* (Mt. 16:18), sería difícil que un tema de tal importancia, aunque sea el *misterio* revelado luego en los escritos apostólicos, no fuese mencionado por Jesús. Al orar lo hace también por todos los cristianos (v. 20). Si la oración es la rendición de cuentas del siervo ante el que le había enviado en misión de servicio (v. 4), lo que está diciendo Jesús al Padre es que de aquella obra que Él realizó, y que culminaría en la Cruz, iba a producirse una consecuencia: un pueblo salvo por gracia, vinculado a Dios, que es Su pueblo, separado del mundo. El Señor que compra ese pueblo al precio de Su propia vida, dice al Padre cómo quiere que sea la Iglesia. La primera condición esta en este versículo: un pueblo vinculado a Dios por unión con Él y vida eterna. No se trata de un nuevo sistema legal o religioso, sino vital y eterno. El sistema legal se había fracturado y había producido escisiones entre miembros de lo que se llamaba en la anterior dispensación *el pueblo de Dios*. La factura tenía que ver no solo entre israelitas, que era evidente, sino entre éstos y el resto de los pueblos de la tierra. Jesús desea un pueblo vinculado entre sí y vinculado con Dios, en el ámbito de la *vida eterna*, en la que las perfecciones comunicables de la naturaleza divina, se manifestarían en cada uno de ellos y, tanto colectiva como individualmente, glorificarían a Dios en la tierra. Esa vida eterna les vincularía en una misma experiencia de relación entre ellos, cumpliendo el mandato del amor fraterno que Jesús había establecido como identificación de los creyentes ante el mundo (13:35). La primera característica que Cristo quiere para la Iglesia, es la de un pueblo unido por una misma vida, la vida eterna. De ahí que cristianismo no es religión, sino relación con Cristo.

Rendición de cuentas y glorificación (17:4-5).

4. Yo te he glorificado en la tierra; he acabado la obra que me diste que hiciese.

ἐγώ σε ἐδόξασα ἐπὶ τῆς γῆς τὸ ἔργον τελειώσας ὃ δέδωκας μοι
Yo te glorifiqué en la tierra la obra consumando que has dado me
ἵνα ποιήσω·
que hiciese.

Notas y análisis del texto griego.

Sigue el primer párrafo de la oración: ἐγώ, caso nominativo de la primera persona singular del pronombre personal *yo*; σε, caso acusativo de la segunda persona singular del pronombre personal declinado *a ti, te*; ἐδόξασα, primera persona singular del aoristo primero de indicativo en voz activa del verbo δοξάζω, *glorificar, alabar, honrar, venerar*, aquí *glorifiqué*; ἐπὶ, preposición propia de genitivo *en*; τῆς, caso genitivo femenino singular del artículo determinado *la*; γῆς, caso genitivo femenino singular del nombre común *tierra*; τὸ, caso acusativo neutro singular del artículo determinado *el*; ἔργον, caso acusativo neutro singular del nombre común *obra, acción, trabajo*; τελειώσας, caso nominativo masculino singular del participio de presente en voz activa del verbo τελειόω, *completar, cumplir, llevar a término, consumar*, aquí *consumando*; ὃ, caso acusativo neutro singular del pronombre relativo *que*; δέδωκας, segunda persona singular del perfecto de indicativo en voz activa del verbo δίδωμι, *dar, entregar*, aquí *has dado*; μοι, caso dativo de la primera persona singular del pronombre personal declinado *a mí, me*; ἵνα, conjunción *que*; ποιήσω, primera persona singular del aoristo primero de subjuntivo en voz activa del verbo ποιέω, *hacer*, aquí *hiciese*.

ἐγώ σε ἐδόξασα ἐπὶ τῆς γῆς. Estas palabras condicionan el sentido primario de la oración. Jesús había sido enviado por el Padre al mundo con una misión, una obra que debía hacer hasta la consumación, es decir, sin que quedase nada de cuanto le había sido encomendado. Viene, no para ser servido, sino para servir. No desciende con la impronta gloriosa de Su majestad divina, sino que cubre ésta con la ropa de trabajo que es Su humanidad, bajo cuyo aspecto oculta la dimensión propia de la Persona Divina en la que subsiste. En esa operación de servicio, había recibido un programa de lo que tenía que hacer en el mundo. Mira al pasado y dice al Padre, se ha terminado, he completado, llevado a término, todo cuanto me habías encomendado. No queda ya al siervo nada de cuanto se le había establecido que hiciese. Este es el sentido primario de la oración: rendir cuentas como siervo ante el Dueño que le había enviado. No es que Jesús, como Hijo de Dios, estuviese subordinado al Padre y no tuviese más remedio que obedecerle en cuanto estableciese para Él, pero se sujetó voluntariamente a la obediencia, desde Su condición de hombre, para obedecer y llevar a cabo cuanto debiera ser hecho en el plan de redención. El gozo del hijo es *hacer la voluntad* del Padre. Además no podía ser de otro modo puesto que en la eterna planificación de la redención se había establecido cuanto Él había hecho, que sería revelado en plenitud por el Verbo encarnado. No podemos olvidar que el *Evangelio* comienza con la presentación de Jesús como el Verbo eterno, que estando en el seno del Padre es enviado el mundo para revelar con palabras y hechos lo que Dios había determinado, expresando en plenitud la mente del Padre, en el cumplimiento de Su misión reveladora (1:18).

τὸ ἔργον τελειώσας ὃ δέδωκας μοι ἵνα ποιήσω· Poco tiempo después el siervo entregaría Su vida en la Cruz, proclamando el final glorioso de la obra redentora con el grito triunfal de *"consumado es"* (19:30). Nada quedaba por cumplir. Nada podía añadirse. El resultado de la obra era ya definitivo y eterno. Todo ello tenía como propósito la gloria de Dios. A simple vista el propósito principal era el soteriológico, salvando al hombre, pero no puede desligarse que la salvación del pecador es una operación divina que tributa gloria y honor a Dios. La glorificación del Padre tenía lugar en la tierra, donde se ofrecía el sacrificio expiatorio por el pecado del mundo. La gloria suprema de Dios consistirá en que *"porque con una sola ofrenda hizo perfectos para siempre a los santificados"* (He. 10:14). Nuevamente se abre la dimensión de la glorificación del Padre, que comprende dos aspectos: a) *El histórico*, en Cristo, mediante la obra que realiza en la tierra que tributa gloria al Padre; b) *El progresivo* manifestada en los salvos que se produce como consecuencia de esa obra a lo largo del tiempo.

5. Ahora pues, Padre, glorifícame tú al lado tuyo, con aquella gloria que tuve contigo antes que el mundo fuese.

καὶ νῦν δόξασον με σύ, Πάτερ, παρὰ σεαυτῷ τῇ δόξῃ ᾗ
Y ahora glorifica me tu, Padre, junto a ti mismo con la gloria que
εἶχον πρὸ τοῦ τὸν κόσμον εἶναι παρὰ σοί.
tenía antes de lo del mundo ser junto a ti.

Notas y análisis del texto griego.

Cerrando este párrafo personal, dice: καὶ, conjunción copulativa *y*; νῦν, adverbio demostrativo *ahora*; δόξασον, segunda persona singular del aoristo de imperativo en voz activa del verbo δοξάζω, *glorificar*, aquí *glorifica*; με, caso acusativo de la primera persona singular del pronombre personal *a mí, me*; σύ, caso nominativo de la segunda persona singular del pronombre personal *tú*; Πάτερ, caso vocativo masculino singular del nombre divino *Padre*; παρὰ, preposición propia de dativo *junto a*; σεαυτῷ, caso dativo masculino singular del pronombre reflexivo *ti mismo*; τῇ, caso dativo femenino singular del artículo determinado declinado *con la*; δόξῃ, caso dativo femenino singular del nombre común *gloria*; ᾗ, caso dativo femenino singular del pronombre relativo *la que, que*; εἶχον, primera persona singular del imperfecto de indicativo en voz activa del verbo ἔχω, *tener, poseer*, aquí *tenía*; πρὸ, preposición propia de genitivo *de*; τοῦ, caso genitivo neutro singular de artículo determinado *lo*; τὸν, caso genitivo masculino singular del artículo determinado declinado *del*; κόσμον, caso genitivo masculino singular del nombre común *mundo*; εἶναι, presente de infinitivo en voz activa del verbo εἰμί, *ser, estar*; παρὰ, preposición propia de dativo *junto a*; σοί, caso dativo de la segunda persona singular del pronombre personal *ti.*

καὶ νῦν δόξασον με σύ, Πάτερ, παρὰ σεαυτῷ τῇ δόξῃ ᾗ εἶχον πρὸ τοῦ τὸν κόσμον εἶναι παρὰ σοί. Jesús pide por Su glorificación, reiterando la petición con que inició la oración (v. 1). En ese lugar se ha considerado la razón y alcance de la petición de Jesús. Es preciso recordar que Jesús, como Dios eterno en unidad con el Padre, aunque no realizase obra alguna, aun cuando no se hubiese creado nada, siendo Dios verdadero, la gloria eterna del Padre, era común al Hijo. La oración está elevándose desde la naturaleza humana. Es el *hombre* que ora al Padre, si bien la naturaleza humana y la divina no tienen expresión propia desligada de la Persona Divina en ambas subsiste, si bien ninguna de ellas tiene mezcla con la otra, permaneciendo distintas y unidas en el Verbo eterno. Desde Su humanidad que ha servido de vehículo para realizar *la obra que le había sido dada*, pide la recuperación de la eterna gloria que había tenido con el Padre. De otro modo, que la gloria divina revista también de gloria a Su humanidad. En el estado de limitación y de ahora en adelante también del de humillación, el Hijo de Dios se había despojado de la gloria que le pertenecía como Dios. Había llegado la hora de dejar ese estado de humillación para asumir el perpetuo de glorificación por la resurrección y ascensión a los cielos, en cuya manifestación, la humanidad sufriente del siervo, sería revestida de gloria, hasta el punto de producir el efecto que Dios producía en quienes atisbaban algo de Su gloriosa majestad en el tiempo pasado. De ese modo el mismo escritor del *Evangelio*, caería como muerto a los pies del glorioso Jesús, viendo Su majestad (Ap. 1:12 ss.). Es destacable la expresión: *con la gloria que tuve junto a ti antes que el mundo fuese*, de modo que uno mismo es el *preexistente* que antecede a la creación y el *presente* que oraba al Padre desde Su humanidad, apreciándose claramente la unidad de la Persona y la diferencia de las naturalezas. *Antes del mundo* es un hebraísmo que expresa eternidad. En esta ocasión *mundo* tiene el sentido general y universal de todo cuanto salió de la acción creadora de Dios. En ese sentido tanto el Padre como el Hijo, trascienden al tiempo y permanecen en la eternidad.

La petición del Hijo sería respondida por el Padre en la glorificación del Resucitado ya que como consecuencia de Su muerte, *"Dios también le exaltó hasta lo sumo"* (Fil. 2:6). La Cruz era el punto de partida para la exaltación suprema; literalmente *"le superexaltó"*. Es la respuesta a esta primera petición de Jesús en la oración, al deseo de quien se había humillado hasta lo sumo: *"Yo te he glorificado en la tierra; he acabado la obra que me diste que hiciese. Ahora, pues, Padre, glorifícame tú al lado tuyo, con aquella gloria que tuve contigo antes que el mundo fuese"* (vv. 4-5). Es también el cumplimiento de la enseñanza de Jesús: *"Porque el que se enaltece será humillado, y el que se humilla será enaltecido"* (Mt. 23:12). La exaltación después de la humillación es concordante con la enseñanza bíblica en general (Lc. 1:52; 14:11; 18:14; Stg. 4:10; 1 P. 5:6). A causa del padecimiento de muerte el Señor fue exaltado hasta lo sumo (He. 2:9; con 1:3; 12:2). La exaltación de Jesucristo supera cualquier otra ya que no sólo fue promovido a la gloria como lo serán los creyentes, sino que el Mediador traspasó los cielos (He. 4:14). Este Salvador resucitado fue hecho más sublime que los cielos (He. 7:26). Todavía más, por Su exaltación se ha situado sobre los cielos, subiendo por encima de ellos (Ef. 4:10). La exaltación suprema de Jesús le ha hecho sentar a la diestra del trono de Dios, lugar de suprema autoridad y de suprema dignidad (Mr. 16:19; Hch. 2:33; 5:31; Ro. 8:34; He. 1:3; 12:2). Aquel que se había manifestado como un hombre entre los hombres, siervo en lugar de Señor, es entronizado como Rey de reyes y Señor de señores, sobre toda autoridad, ahora y por siempre (Ef. 1:20-22). La exaltación pasa por tres etapas: primero por la resurrección de entre los muertos (Jn. 10:18; Ro. 8:11; 10:9); en segundo lugar por la ascensión a los cielos (Lc. 24:26); y finalmente por la sesión a la diestra de Dios (Mr. 16:19). El sujeto de la exaltación es el Verbo de Dios en Su naturaleza humana. A ese hombre perfecto, el Padre *"le dio el nombre que es sobre todo nombre"*. No se trata de *un* nombre, sino del *único* nombre. El nombre le fue dado, concedido, como el hombre vinculado a la obra de gracia. Según la enseñanza del Nuevo Testamento se precisa de qué nombre se trata, al afirmar que es el *"nombre sobre todo nombre"*, que se relaciona necesariamente con la deidad de Jesucristo. Éste es, por tanto, el nombre humano del Verbo de Dios encarnado, dado por Dios mismo. Cuando María, Su madre, y José Su padre adoptivo, pusieron nombre al recién nacido, le dieron aquel que el ángel les había indicado: *"llamarás su nombre Jesús"*(Lc. 1:31). Jesús significa *"Yahweh salva"*, es, por tanto, un nombre divino, ya que la salvación corresponde absoluta, exclusiva y excluyentemente a Dios (Sal. 3:8; Jon. 2:9). Por esa razón de Jesús se dice que *"el salvará a su pueblo de sus pecados"* (Mt. 1:21). Sin embargo, el nombre *Jesús*, fue considerado como el nombre de alguien sin atractivo, esto es, el nombre de un hombre sin importancia e inestimable (Is. 53:2). Jesús no tuvo atractivo como Rey y mucho menos como Salvador entre los hombres y, especialmente, entre los de Su pueblo. Ellos esperaban un Rey-Mesías conquistador, victorioso que establecería el reino que esperaban conforme a su entendimiento teológico y a la interpretación que hacían de los pasajes proféticos y, ese Jesús, que se llamaba a Él mismo *Hijo de Dios*, sería en sus manos muerto en una cruz. Si de poca estima era en cuanto a reino, menos lo era en cuanto a Salvador. Los judíos estaban enseñados a alcanzar la justificación por descendencia natural de Abraham y por cumplimiento de las demandas legales, especialmente las ceremoniales. De forma especial los principales entre los judíos, los sacerdotes, escribas y fariseos, no sentían ninguna necesidad de la sustitución personal, ni de la justicia imputada para salvación. Cuando Jesús declaró Su deidad fue amenazado de muerte por los hombres (10:33). Fue el nombre de burla establecido como causa escrita sobre Su Cruz, que provocaba las burlas de los que presenciaban su martirio (Mt. 27:37, 39). Sin embargo, pese al oprobio de las gentes y a la ignorancia voluntaria de quienes le negaban como Mesías, es Dios bendito manifestado en carne (1:1). Dios levantó de entre los muertos a la humanidad del Verbo eterno y a ese hombre Jesús, resucitado y revestido de inmortalidad se le nombra cósmicamente como la autoridad suprema en igualdad divina, hasta el punto que bajo Su nombre de autoridad *"se doble toda rodilla"*. Hay un reconocimiento universal de Su deidad y, por tanto, de Su señorío. Quienes se inclinaran en burla ante Jesús de Nazaret crucificado, habrán de hacerlo ante el mismo Jesús glorificado, reconociéndole como Dios. Es algo que ya estaba profetizado en el Antiguo Testamento, y una impresionante evidencia de la Deidad de Jesús: *"Mirad a mí, y sed salvos, todos los términos de la tierra, porque yo soy Dios, y no hay mas. Por mí mismo hice juramento, de mi boca salió palabra en justicia, y no será revocada: Que a mí se doblará toda rodilla, y jurará toda lengua. Y se dirá de mí: Ciertamente en Jehová está la justicia y la fuerza; a él vendrán, y todos los que contra él se enardecen serán avergonzados"* (Is. 45:22-24). Jesús no es un hombre divinizado o un dios rebajado, sino el infinito y eterno Dios manifestado en carne (1:14). La autoridad de ese nombre quedó evidenciada en los milagros hechos por Él en Su ministerio, y por medio de Él, es decir, bajo Su autoridad después de su ascensión (Hch. 3:6; 9:34; 16:18). Nada, ni hombres ni demonios, ni la muerte ni las circunstancias pudieron impedir que después de Su resurrección y glorificación, los testigos suyos, y de forma muy destacada los apóstoles, hiciesen las mismas señales de poder que Él hizo durante Su vida. Este nombre de suprema autoridad, que corresponde a una Persona Divino-humana, sujeta a toda la creación bajo Su soberanía y voluntad, *"los que están en los cielos, y en la tierra, y debajo de la tierra"*. Los tres grupos de seres mencionados en tres esferas distintas. Por un lado *"los que están en los cielos"* es una alusión a los órdenes de los ángeles, los querubines, serafines, ángeles y arcángeles, que sirven a Dios en vidas de absoluta santidad. En la misma esfera celestial los millones de salvos por gracia mediante la fe que están en la presencia de Dios (Ef. 1:21; 3:10; 1 P. 3:22; Ap. 4:8-11; 5:8-12). Luego quienes están sobre la tierra, en clara alusión a los hombres que vivan en el planeta, tanto en esta parte de la historia humana, como en la nueva creación de Dios (1 Co. 15:40). La autoridad suprema alcanza también a los que estén *"debajo"* de la tierra, en alusión a los muertos sin salvación y también a los ángeles caídos eternamente condenados por su pecado (Mt. 16:18; Jud. 6). Quienes no hayan querido doblar voluntariamente sus rodillas en adoración, reconociendo la realidad de quien es Jesús, tendrán que hacerlo en el futuro en un reconocimiento universal de Su Deidad. El Señorío universal de Jesús será confesando en el futuro (Fil. 2:11). La universalidad de la confesión es cierta: *"Y toda lengua confiese"*, dice el apóstol Pablo. Se trata de las lenguas que corresponden a *"todas las rodillas"* que se doblarán ante Él. No sólo es un acto de sumisión, sino de reconocimiento. Esas lenguas *confesarán*, y confesar implica un reconocimiento desde la convicción. El reconocimiento y confesión de Jesús como Salvador, produce ahora la salvación de quienes creen en su corazón y confiesan con su boca (Ro. 10:9-10). No se trata, por tanto, de una *segunda oportunidad* para los rebeldes en un tiempo futuro, ni mucho menos un *universalismo salvífico*, será una confesión universal sobre Jesucristo que no alterará la situación de quienes lo hagan entonces. La confesión es una proclamación reconocida *"que Jesucristo es el Señor"*. Todo el universo lo hará proclamando que Jesús de Nazaret es el Señor. Equivale al reconocimiento universal de Jesús como Dios. *Señor* es la traducción griega del nombre inefable de Dios. Así lo declara Pedro en su mensaje de Pentecostés (Hch. 2:25). Hay sin embargo un grupo de seres que confiesan ya esta verdad, y reconocen y exaltan a Jesús de este modo, por un lado los ángeles y salvos en los cielos (Ap. 5:11-14); y por otro los creyentes en la tierra, que por el Espíritu confiesan a Jesús como Señor (1 Co. 12:3). Jesús será proclamado Señor supremo, culminando así el reconocimiento del nombre recibido, en pleno sentido soteriológico y escatológico (Ap. 5:13; 17:14; 19:16). Jesús dice al Padre que Su glorificación sería también la del Padre ya que la meta suprema de la exaltación es la gloria de Dios: *"Para gloria de Dios Padre"*. La gloria de Dios es la meta suprema de todo (1 Co. 15:28). En la proclamación universal del señorío de Cristo, el Padre que le exaltó a lo sumo será glorificado en la gloria del Hijo, como el Hijo lo es también en la del Padre (13:31, 32; 14:13; 17:1).

La relación con la Palabra (17:6-8).

6. He manifestado tu nombre a los hombres que del mundo me diste; tuyos eran, y me los diste, y han guardado tu Palabra.

᾿Εφανέρωσά σου τὸ ὄνομα τοῖς ἀνθρώποις οὓς ἔδωκάς μοι
Manifesté de ti el nombre a los hombres que diste me
ἐκ τοῦ κόσμου. σοὶ ἦσαν κἀμοὶ αὐτοὺς ἔδωκας καὶ τὸν λόγον
del mundo; de ti eran y me los diste y la Palabra
σου τετήρηκαν.
de ti han guardado.

Notas y análisis del texto griego.

Sigue la oración vinculada a otro tema: ᾿Εφανέρωσα, primera persona singular del aoristo primero de indicativo en voz activa del verbo φανέρω, *mostrar, revelar, manifestar*, aquí *manifesté*; σου, caso genitivo de la segunda persona singular del pronombre personal declinado *de ti*; τὸ, caso acusativo neutro singular del artículo determinado *el*; ὄνομα, caso acusativo neutro singular del sustantivo que denota *nombre*; τοῖς, caso dativo masculino del artículo determinado declinado *a los*; ἀνθρώποις, caso dativo masculino plural del nombre común *hombres*; οὓς, caso acusativo masculino plural del pronombre relativo *los que*, *que*; ἔδωκας, segunda persona singular del aoristo primero de indicativo en voz activa del verbo δίδωμι, *dar*, aquí *diste*; μοι, caso dativo de la primera persona singular del pronombre personal declinado *a mí, me*; ἐκ, preposición propia de genitivo *de*; τοῦ, caso genitivo masculino singular del artículo determinado *el*; κόσμου, caso genitivo masculino singular del nombre común *mundo*; σοὶ, caso dativo de la segunda persona singular del pronombre personal declinado *de ti*; ἦσαν, tercera persona plural del imperfecto de indicativo en voz activa del verbo εἰμί, *ser, estar*, aquí *eran*; κἀμοὶ palabra formada por crasis [3] de la conjunción copulativa καὶ, *y*, y el caso dativo singular del pronombre personal ἐμέ, *a mí, me*, que significa *y me*; αὐτοὺς, caso acusativo de la tercera persona plural del pronombre personal declinado *a ellos, los*; ἔδωκας, segunda persona singular del aoristo primero de indicativo en voz activa del verbo δίδωμι, *dar*, aquí *diste*; καὶ, conjunción copulativa *y*; τὸν, caso acusativo masculino singular del artículo determinado *el*; λόγον, caso acusativo masculino singular del nombre común *palabra, discurso*; σου, caso genitivo de la segunda persona singular del pronombre personal declinado *de ti*; τετήρηκαν, tercera persona plural del perfecto de indicativo en voz activa del verbo τηρέω, *guardar*, aquí *guardaron*.

᾿Εφανέρωσά σου τὸ ὄνομα τοῖς ἀνθρώποις οὓς ἔδωκάς μοι ἐκ τοῦ κόσμου. Cristo ora por los discípulos. Dos asuntos principales se destacan en la introducción de la oración por ellos.

---

[3] *Crasis*, palabra griega que equivale a *unión de fuerzas*, en general *unión de elementos*.

Primeramente el Señor dice que ha manifestado el nombre del Padre a los *hombres que del mundo me diste*. El mundo aquí tiene sentido de la humanidad. Como tal, el mundo de los hombres es también el mundo de los perdidos, los que no conocen a Dios, los que no tienen vida eterna, los que están sin esperanza abocados al juicio y a la condenación eterna. Pero, dentro de esa masa de pecadores, hay algunos que creen y que van creyendo. Estos ya no son del mundo, sino que pertenecen a Dios. Jesús dice al Padre que aquellos hombres le habían *sido dados* por Él. Conducidos por el Padre al Salvador de los hombres habían estado con Jesús, y estaban con Él aquella noche. Otros muchos iban a ser dados a Cristo a lo largo de los siglos, pero, en esta ocasión ora por el grupo que tenía a Su lado. ¿No fue Jesús quien los escogió? ¿No dijo antes esto mismo? (6:70). Luego, ¿porqué dice ahora que le fueron dados por el Padre? La elección de estos se remonta a la acción del Padre. Todos ellos son del Padre (v. 9). Por tanto, separados del mundo se unen a la vida de Jesús. No se dieron ellos a sí mismos para seguir a Jesús, sino que la acción del Padre produjo ese efecto, yendo a Jesús que los recibe junto a Él (6:37). El *"tuyos eran"* expresa algo más que la pertenencia al pueblo de Israel. Ha sido Dios que señaló a estos de entre los demás israelitas para que fueran suyos y seguidores de Cristo. No significa que sólo estos y nada más que ellos serían salvos de todo Israel. No quiere decir que hayan sido excluidos otros de ir a Jesús y aceptarlo como el Mesías. El Señor dijo que todos cuantos fueran a Él serían recibidos. Pero Dios seleccionó a estos para ser los discípulos de Su Hijo y más tarde los apóstoles enviados por Él. El don de apóstol, que establece el apostolado, fue un regalo que Jesús hizo a la Iglesia, *dando a unos apóstoles* (Ef. 4:11), pero estos que el Señor regala a la Iglesia, fueron también regalo del Padre a Él. Jesús recibió este don del Padre, para que a su vez pudiese ser regalo suyo a la Iglesia. El Padre tenía toda autoridad para darlos porque eran suyos. Son del Padre por tres motivos: a) Por *derecho de creación*, ya que todo procede del Padre, hecho por la voz de autoridad del Hijo (1:3). b) Por *derecho de redención*, que el Hijo de Dios iba a realizar en la Cruz, pero que constituía la expresión definitiva de la voluntad del Padre, quien pagó el precio de redención, dando a Su Hijo por el pecado de ellos. c) Por *derecho de elección*, habían sido escogidos y puestos aparte por Él.

σοὶ ἦσαν καμοὶ αὐτοὺς ἔδωκας καὶ τὸν λόγον σου τετήρηκαν. A estos les había manifestado *el nombre* del Padre. Esta expresión equivale al Ser mismo de Dios (cf. 12:28). La manifestación del Padre a estos hombres se produjo por dos vías: a) *Personal*, revelándoles al Padre en Sí mismo, de manera que ellos, compañeros de Cristo por tres años, vieron en Jesús al Padre, como dijo a Felipe (14:9).

El ministerio de Jesús consistía en revelar al Padre, haciendo visible en Él al Invisible (1:18). b) *Instructiva*, dándoles la Palabra que había recibido del Padre. No enseñó nada que no procediese del Padre, ya que *"el que Dios envió, las palabras de Dios habla"*, de modo que podía decir: *"Mi doctrina no es mía, sino de aquel que me envió"* (7:15). Jesús no dio otra cosa que la Palabra procedente de Dios, como también había dicho: *"Lo que desde el principio os he dicho. Muchas cosas tengo que decir y juzgar de vosotros; pero el que me envió es verdadero; y yo, lo que he oído de Él, esto hablo al mundo"* (8:25-26). A Sus enemigos les había dicho que procuraban matarle porque hablaba la verdad *"la cual he oído de Dios"* (8:40). La Palabra era la tónica del ministerio y enseñanza de Jesús. Interpretó la Ley conforme al sentido que Dios le había dado. Apeló continuamente a la palabra respondiendo a la pregunta que le formuló un intérprete de la ley: *"¿Qué está escrito en la ley? ¿Cómo lees?"* (Lc. 10:26). Para Jesús la Ley era la Palabra de Dios, como tal da a conocer el *nombre de Dios*. Siendo de origen divino es *viva y eficaz* (He. 4:12).

La Palabra marcaba diferencias. Mientras los religiosos oían a Jesús, Sus enseñanzas, la Palabra que le había dado el Padre, no creían en ella, porque no eran de Dios. Estos que le habían sido dados por el Padre, que creían en Él, que no eran del mundo (v. 16). Esa Palabra penetra en los corazones de ellos y como terreno debidamente preparado, fructificaba. Las ordenanzas del Padre, Su pensamiento, se había asentado en ellos y *guardaban* lo que Jesús les había enseñado. De otro modo, las vidas de ellos estaban siendo controladas y conformadas por la Palabra. Estos que guardaban las palabras de Jesús, serían encargados de llevarlas a todos los nuevos creyentes, enseñándoles que guardasen todas las cosas que les había mandado (Mt. 28:20). Los religiosos y el pueblo en general no siendo de Dios, no oían las palabras de Dios, pero estos, que son de Cristo porque son del Padre, *"porque son de Dios, las palabras de Dios oyen"* (8:47).

El tema de la Palabra, se extiende en otros lugares de la oración (vv. 8, 14, 17). Es la segunda demanda que hace al Padre, en relación con la Iglesia. Si la primera fue un pueblo con vida eterna, la segunda es la de un pueblo vinculado a la Palabra. La única autoridad de fe y conducta es esta. Nada hay que obligue a un cristiano a una determinada acción o a una determinada forma de vida, más que la Palabra. El liderazgo en la iglesia no son autoridades, sino que ejercen la autoridad delegada, fundada en la Palabra. El maestro no puede enseñar otra cosa que la Palabra. La evangelización no es un mensaje de hombres sino que descansa en la Palabra. La única manera de hacer crecer a los creyentes es mediante la Palabra. La única manera de mostrar la vida de santificación conforme a Dios es mediante la Palabra (v. 17). La única herramienta eficaz en mano del Espíritu para la denuncia del pecado y la restauración del creyente extraviado es la Palabra (He. 4:12). De ahí la importancia de las palabras de Jesús: *"les he dado tú Palabra"*, ¿cuánto de ella? Toda. En los tiempos de Jesús había un serio problema con la enseñanza de la Palabra por los maestros de aquellos días. Unos quitaban de ella para beneficiarse, como eran los saduceos. Proclamaban que la única parte de la Escritura inspirada era el Pentateuco, pero olvidaban que en él está escrito: *"No añadirás a la palabra que yo os mando, ni disminuiréis de ella, para que guardéis los mandamientos de Jehová vuestro Dios que yo os ordeno"* (Dt. 4:2). Ellos eliminaban como materia de fe todo lo relacionado con los ángeles y con la resurrección, con lo que justificaban su negligencia y pecaminosidad, que de otro modo no podrían. Pero, por otro lado, los fariseos, amantes de la Escritura, ignoraban el texto bíblico que dice: *"No añadas a sus palabras, para que no te reprenda, y seas hallado mentiroso"* (Pr. 30:6). Aquellos añadían a la escritura la *tradición de los ancianos*, en ocasiones contraria a la verdad bíblica, a la que daban más autoridad que a la Palabra misma. La reprensión de Jesús a los tales fue manifiesta: *"Pues en vano me honran, enseñando como doctrinas, mandamientos de hombres"* (Mt. 15:9). Aquello traía una grave consecuencia, ya que esas enseñanzas deformadas *invalidaban el mandamiento de Dios, por la tradición* (Mt. 15:6). Los discípulos que no pertenecían al mundo, en cualquiera de sus muchas manifestaciones, habían recibido la Palabra que Jesús les había dado y vivían conforme a ella, guardando aquello en que habían sido instruidos.

7. Ahora han conocido que todas las cosas que me has dado, proceden de ti.

νῦν	ἔγνωκαν	ὅτι	πάντα	ὅσα	δέδωκας	μοι	παρὰ	σοῦ	εἰσιν·
Ahora	han conocido	que	todas	cuantas cosas	has dado	me	de	ti	son.

Notas y análisis del texto griego.

Continúa con: νῦν, adverbio demostrativo *ahora*; ἔγνωκαν, tercera persona plural del perfecto de indicativo en voz activa del verbo γινώσκω, *saber, conocer, entender, comprender*, aquí *han conocido*; ὅτι, conjunción *que*; πάντα, caso nominativo neutro plural del adjetivo indefinido *todos*, en sentido de *todas las cosas*; ὅσα, caso acusativo neutro plural del pronombre relativo *cuantos*; δέδωκας, segunda persona singular del perfecto de indicativo en voz activa del verbo δίδωμι, *dar*, aquí *has dado*; μοι, caso dativo de la primera persona singular del pronombre personal *a mí, me*; παρὰ, preposición propia de genitivo *de*; σοῦ, caso genitivo de la segunda persona singular del pronombre personal *tú, ti*; εἰσιν, tercera persona plural del presente de indicativo en voz activa del verbo εἰμί, *ser, estar*, aquí *son*.

νῦν ἔγνωκαν ὅτι πάντα ὅσα δέδωκας μοι παρὰ σοῦ εἰσιν· El segundo efecto que la Palabra de Dios produjo en los discípulos, fue la comprensión de que todo cuanto Jesús tenía, porque le había sido dado, procedía del Padre. Es el resultado del contacto de tres años con Jesús. En aquellas cosas, estaba también la Palabra. Por la autoridad de lo que Jesús decía, por las promesas que hacía, ellos habían llegado a entender que Sus palabras eran divinas, de ahí que reconocieran que no era posible encontrar en ningún otro lo que había en Cristo, que tenía *palabras de vida eterna* (6:68). Sin duda la expresión *todas las cosas*, es de alcance universal. Todo cuanto existe es de Cristo, al ser el Unigénito del Padre. Pero, en el entorno inmediato, debe aplicarse a lo que Jesús les había mostrado durante el ministerio, que comprendía tanto las palabras como las obras, de otro modo, Su poder y Su enseñanza (8:28; 12:49-50; 14:10). También comprende el Ser Personal y la naturaleza, tanto divina como humana, ya que además de la comunicación de vida y de la constitución personal como Hijo, también le *preparó cuerpo* (He. 10:5). Todo ello procede del Padre. Pero, esta verdad doctrinal de relación entre las Personas Divinas, no era un asunto cuya comprensión estuviese ya en la mente de los discípulos. Todo esto expresa la condición divina de Jesús. En este versículo, aceptar la palabra de Jesús, es aceptar la palabra de Dios; aceptar Sus obras, implica aceptarlas como del Padre.

8. Porque las palabras que me diste, les he dado; y ellos las recibieron, y han conocido verdaderamente que salí de ti, y han creído que tú me enviaste.

ὅτι τὰ ῥήματα ἃ ἔδωκας μοι δέδωκα αὐτοῖς, καὶ αὐτοὶ
Porque las palabras que diste me he dado les; y ellos
ἔλαβον καὶ ἔγνωσαν ἀληθῶς ὅτι παρὰ σοῦ ἐξῆλθον, καὶ
recibieron y conocieron verdaderamente que de ti salí, y
ἐπίστευσαν ὅτι σύ με ἀπέστειλας.
creyeron que tú me enviaste.

Notas y análisis del texto griego.

Sigue la oración: ὅτι, conjunción causal *porque*; τὰ, caso acusativo neutro plural del artículo determinado *los*; ῥήματα, caso acusativo neutro plural del nombre común *palabras, dichos, discursos*; ἃ, caso acusativo neutro plural del pronombre relativo *que*; ἔδωκας, segunda persona singular del aoristo primero de indicativo en voz activa del verbo δίδωμι, *dar, entregar*, aquí *diste*; μοι, caso genitivo de la primera persona singular del pronombre personal declinado *a mí, me*; δέδωκα, primera persona singular del perfecto de indicativo en voz activa del verbo δίδωμι, *dar, entregar*, aquí *he dado*; αὐτοῖς, caso dativo masculino de la tercera persona plural del pronombre personal declinado *a ellos, les*; καὶ, conjunción copulativa *y*; αὐτοὶ, caso nominativo masculino plural del pronombre intensivo *ellos*; ἔλαβον, tercera persona plural del segundo aoristo de indicativo en voz activa del verbo λαμβάνω, *recibir*, aquí *recibieron*; καὶ, conjunción copulativa *y*; ἔγνωσαν, tercera persona plural del segundo aoristo de indicativo en voz activa del verbo γινώσκω, *entender, saber, comprender, conocer*, aquí *conocieron*; ἀληθῶς, adverbio de modo *verdaderamente*; ὅτι, conjunción *que*; παρὰ, preposición propia de genitivo *de*; σοῦ, caso genitivo de la segunda persona singular del pronombre personal *ti*; ἐξῆλθον, primera persona singular del segundo aoristo de indicativo en voz activa del verbo ἐξέρχομαι, *salir, proceder, venir*, aquí *salí*; καὶ, conjunción copulativa *y*; ἐπίστευσαν, tercera persona plural del aoristo primero de indicativo en voz activa del verbo πιστεύω, *creer*, aquí *creyeron*; ὅτι, conjunción *que*; σύ, caso nominativo de la segunda persona singular del pronombre personal *tú*; με, caso acusativo de la primera persona singular del pronombre personal declinado *a mí, me*; ἀπέστειλας, segunda persona singular del aoristo primero de indicativo en voz activa del verbo ἀποστέλλω, *enviar*, aquí *enviaste*.

ὅτι τὰ ῥήματα ἃ ἔδωκας μοι δέδωκα αὐτοῖς, Una vez más Jesús remarca que Su enseñanza descansó siempre y únicamente en las palabras del Padre. No les dio otra cosa que no fuese aquello que procedía de Él. En esto consistía *manifestar el nombre de Dios* a los hombres. Sin duda, el único que podía comunicar en toda la dimensión las palabras de Dios, era Jesús, porque sólo Él estaba en una relación de intimidad y conocimiento supremo con el Padre, con lo que podía darles las cosas más profundas acerca de Dios (15:15). No es posible pasar por estas palabras de Jesús sin aplicarlas a la vida personal de los maestros en la Iglesia. Lo único válido para enseñar es la Palabra. Debe hacerse con sencillez para que sea plenamente comprensible, pero ha de profundizarse en su contenido para que sirva de alimento a todas las edades espirituales de los creyentes. Enseñar cualquier cosa que no tenga contenido bíblico es peligroso. Las congregaciones no están para ser entretenidas, sino para ser instruidas. Ausencia de la Palabra en la enseñanza produce niños infantiles y creyentes con un testimonio no concordante con la voluntad de Dios.

καὶ αὐτοὶ ἔλαβον καὶ ἔγνωσαν ἀληθῶς ὅτι παρὰ σοῦ ἐξῆλθον, La palabra dada por Jesús a los discípulos, hizo efecto en ellos. La palabra que actúa es aquella que ha sido implantada en el corazón del creyente, eso fue una realidad en los discípulos puesto que *la guardaron* (v. 6); además creyeron que todas las cosas que Jesús hacía y decía procedían de Dios (v. 7); ahora conocen la procedencia divina de Cristo, *"conocen que salí de ti"*. Jesús para ellos no era un hombre como cualquier otro, aunque fuese más grande que el resto; no era tampoco un profeta más en la historia de los que Dios envió al pueblo con un mensaje; era el Hijo del Dios viviente (Mt. 16:16), vinculado a Él eternamente como el *Unigénito del Padre*. No era una aceptación con mayor o menor consistencia, sino que sabían *verdaderamente*, esto es, aceptaban todo aquello como una verdad que debía ser recibida sin reserva alguna.

καὶ ἐπίστευσαν ὅτι σύ με ἀπέστειλας. La palabra dada fue base y fundamento de la fe de los discípulos. Por ella creyeron que Cristo había sido enviado por Dios. ¿Tenían ellos evidencia de lo que creían? ¿Hasta donde alcanzaba su fe? Sin duda alguna era una fe plena que descansaba en lo que ellos habían visto y oído, como dirá más tarde el apóstol Juan (1 Jn. 1:1). Así dice el Dr. Lacueva:

"Por aquí vemos en qué consiste el creer; es conocer con seguridad la verdad revelada y compenetrarse cordialmente[4] *con ella. Para conocer con seguridad no es menester conocer con evidencia, ya que andamos por fe, que es lo más seguro, no por vista, que es lo más claro (2 Co. 5:7). ¿Qué es lo que tenemos que creer? Que Jesucristo salió de Dios y fue enviado por el Padre. Por consiguiente, todas las enseñanzas de Cristo han de ser recibidas como verdades divinas, y todas sus promesas han de ser creídas como divinas seguridades"*[5].

Salí de ti y *tu me enviaste*, tiene en Juan un sentido de relación absoluta y eterna entre el Padre y el Hijo. Esto trasciende la misión de Jesús y entronca a Cristo con la eternidad en el Ser Divino. La deidad de Jesús se transmite en esta verdad. Salió del Padre y fue enviado por Él porque en eterna inmanencia se revela la vida del Hijo.

Debe apreciarse la relación de todo esto con la Palabra, en el uso de verbos en el versículo: a) *me diste*, porque son palabras del Padre en Su procedencia; b) *he dado*, esto es, les ha comunicado todas las palabras que había recibido del Padre para dar a los hombres; c) *las recibieron*, porque se han encarnado o, tal vez mejor, han sido implantadas en ellos, buena tierra para recibirlas; d) *han conocido*, expresión íntima de que la palabra fructificó en ellos; e) *han creído*, la consecuencia final del conocimiento. La fe que salva es la que se

[4] *Cordialmente* tiene que ver con el corazón, aceptarla de corazón.
[5] F. Lacueva. o.c, pág. 441.

expresa con el corazón y no con el cerebro (Ro. 10:9). Por medio de la fe se alcanza la vida eterna. Estos discípulos que creyeron y recibieron la palabra han sido preparados para transmitirla del mismo modo a otros (20:31; 2 Ti. 2:2). De esa manera, difundiendo el mensaje de fe, se lleva a la vida eterna a muchos que crean.

Petición de protección por los suyos (17:9-13).

9. Yo ruego por ellos; no ruego por el mundo, sino por los que me diste; porque tuyos son.

'Εγὼ περὶ αὐτῶν ἐρωτῶ, οὐ περὶ τοῦ κόσμου ἐρωτῶ ἀλλὰ περὶ
Yo por ellos ruego, no por el mundo ruego sino por
ὧν δέδωκας μοι, ὅτι σοί εἰσιν,
los que has dado me, porque de ti son.

Notas y análisis del texto griego.

Pasando a una nueva petición, dice: 'Εγὼ, caso nominativo de la primera persona singular del pronombre personal *yo*; περὶ, preposición propia de genitivo *acerca de, de, por*; αὐτῶν, caso genitivo masculino de la tercera persona plural del pronombre personal *ellos*; ἐρωτῶ, primera persona singular del presente de indicativo en voz activa del verbo ἐρωτάω, *pedir, rogar*, aquí *ruego*; οὐ, adverbio de negación *no*; περὶ, preposición propia de genitivo *acerca de, de, por*; τοῦ, caso genitivo masculino singular del artículo determinado *el*; κόσμου, caso genitivo masculino singular del nombre común *mundo*; ἐρωτῶ, primera persona singular del presente de indicativo en voz activa del verbo ἐρωτάω, *pedir, rogar*, aquí *ruego*; ἀλλὰ, conjunción adversativa *sino*; περὶ, preposición propia de genitivo *acerca de, de, por*; ὧν, caso genitivo masculino plural del pronombre relativo *los que*; δέδωκας, segunda persona singular del perfecto de indicativo en voz activa del verbo δίδωμι, *dar*, aquí *has dado*; μοι, caso dativo de la primera persona singular del pronombre personal declinado *a mí, me*; ὅτι, conjunción causal *porque*; σοί, caso dativo de la segunda persona singular del pronombre personal declinado *de ti*; εἰσιν, tercera persona plural del presente de indicativo en voz activa del verbo εἰμί, *ser, estar*, aquí *son*.

'Εγὼ περὶ αὐτῶν ἐρωτῶ, La oración de Jesús entra en la petición por los discípulos. El primer pronombre personal *ellos*, comprende solo a los que le habían seguido en el ministerio y que Él había escogido de entre todos los discípulos, para que estuviesen con Él.

οὐ περὶ τοῦ κόσμου ἐρωτῶ. El ruego de Jesús no comprendía al mundo, sólo a los suyos. El verbo ἐρωτάω, tiene, en el griego clásico varias acepciones, tales como *preguntar, interrogar, proponer una cuestión, argumentar, solicitar, rogar*, en este último sentido lo usa Juan mayoritariamente para referirse a las peticiones que Jesús formula al Padre, donde aparece doce veces en el *Evangelio*. Con este significado el verbo se usa como una circunlocución para requerir amistosamente que se haga algo, casi siempre en lenguaje directo y rara vez en lenguaje figurado. Cristo no pide al Padre por el mundo, habían tenido tiempo de oír Sus palabras y el anuncio de las buenas noticias de salvación para quienes crean. Se habían posicionado en contra de Jesús, que es hacerlo en contra de Dios. Sobre el mundo del entorno de Jesús, los que procedían, humanamente hablando, del mismo origen, los de Israel, pesaba ya la reprobación a causa de su incredulidad (12:39-40). Sin embargo, Dios no se olvidaba de ellos, amándolos y proveyendo para todos de la salvación en Cristo (3:16). Todos pueden creer y ser salvos, y para ellos se escribe este *Evangelio* (20:31). Esta petición se hace en un modo restringido, a favor de los que ya creen y por medio de quienes el mundo creerá, por su predicación.

ἀλλὰ περὶ ὧν δέδωκας μοι, ὅτι σοί εἰσιν, La oración es intercediendo por *los que le habían sido dados* por el Padre. Ya se ha comentado antes (v. 6). Se trata de quienes son propiedad de Dios por elección. Estos fueron elegidos para la fe, en una acción eficaz del Padre sobre todos los que inicialmente seguían a Jesús, muchos de los cuales dejaron de serlo cuando les llamó a un compromiso personal con Él. Todos estos pertenecen al Padre y vinieron a Cristo porque Él los trajo, confiándoselos luego (6:37, 44). Sin embargo, no se puede separar de la elección divina, la responsabilidad humana. Aquellos creyeron en Jesús y son del Padre por su fe en el Hijo.

10. Y todo lo mío es tuyo, y lo tuyo mío; y he sido glorificado en ellos.

καὶ τὰ ἐμὰ πάντα σά ἐστιν καὶ τὰ σὰ ἐμά, καὶ δεδόξασμαι
Y lo mío todo tuyo es y lo tuyo mío, y he sido glorificado
ἐν αὐτοῖς.
en ellos.

Notas y análisis del texto griego.

Sigue diciendo Cristo: καὶ, conjunción copulativa *y*; τὰ, caso nominativo neutro plural del artículo determinado *los*; ἐμὰ, caso nominativo neutro plural del adjetivo posesivo *mío*; πάντα, caso nominativo neutro plural del adjetivo indefinido *todos*; σά, caso nominativo neutro plural del pronombre posesivo *tuyos*; ἐστιν, tercera persona plural del presente de indicativo en voz activa del verbo εἰμί, *ser, estar*, aquí *son*; καὶ, conjunción copulativa *y*; τὰ, caso nominativo neutro plural del artículo determinado *los*; σὰ, caso nominativo neutro plural del pronombre posesivo *tuyos*; ἐμά, caso nominativo neutro plural del adjetivo posesivo *mío*; καὶ, conjunción copulativa *y*; δεδόξασμαι, primera persona singular del perfecto de indicativo en voz pasiva del verbo δοξάζω, *alabar, honrar, glorificar*, aquí *he sido glorificado*; ἐν, preposición propia de dativo *en*; αὐτοῖς, caso dativo masculino de la tercera persona plural del pronombre personal *ellos*, o también caso dativo neutro de la tercera persona plural del pronombre personal *ellos*.

καὶ τὰ ἐμὰ πάντα σά ἐστιν καὶ τὰ σὰ ἐμά, La afirmación de Jesús pone de manifiesto que el Padre y el Hijo son uno en esencia y, por tanto, uno en objetivos e intereses. Lo que pertenece al Padre, salvo la paternidad, pertence al Hijo. Los pronombres y artículos en neutro, en este texto, expresan la idea de totalidad. Jesús dice al Padre, *todas las cosas* mías son tuyas y las tuyas son mías. El Padre dio todo al Hijo (Mt. 11:27). Nada quedó que no le fuese dado, salvo, como es natural, El mismo que se las dio (1 Co. 15:27b). Antes habló de los discípulos *que son* del Padre, ahora, puesto que todo lo del Padre es suyo, también son de Cristo.

καὶ δεδόξασμαι ἐν αὐτοῖς. El Señor ha sido glorificado en ellos. La fe de los discípulos es la que glorifica a Jesucristo, como respuesta a la palabra que les fue anunciada y en la que creyeron. De ese modo debe entenderse, como también el apóstol Pablo se refería a los tesalonicenses que habían creído como su gloria personal (1 Ts. 2:20). Los que creen viven a Cristo (Fil. 1:21), por tanto la gloria de Cristo se manifiesta en ellos haciéndose vida en cada uno y reflejándola al mundo, por y en ellos. Pero, no es menos importante en el sentido de glorificación, que la que obtiene como resultado de la salvación de Sus discípulos. Todos los salvos son instrumento de gloria para Dios. La salvación del hombre conduce a la *alabanza de la gloria de su gracia* (Ef. 1:6, 12, 14). En los salvos Jesús es glorificado, por eso dice al Padre *"he sido glorificado en ellos"*.

11. Y ya no estoy en el mundo; mas éstos están en el mundo, y yo voy a ti. Padre santo, a los que me has dado, guárdalos en tu nombre, para que sean uno, así como nosotros.

καὶ οὐκέτι εἰμὶ ἐν τῷ κόσμῳ, καὶ αὐτοὶ ἐν τῷ κόσμῳ εἰσίν,
Y ya no estoy en el mundo, y ellos en el mundo están,
καγὼ πρὸς σὲ ἔρχομαι. Πάτερ ἅγιε, τήρησον αὐτοὺς ἐν τῷ
y yo a ti voy. Padre santo, guarda los en el
ὀνόματι σου ᾧ δέδωκας μοι, ἵνα ὦσιν ἓν καθὼς ἡμεῖς.
nombre de ti que has dado me, para que sean uno como nosotros.

Notas y análisis del texto griego.

Continuando con las palabras de Jesús, escribe: καὶ, conjunción copulativa *y*; οὐκέτι, adverbio de negación *ya no, no mas*; εἰμὶ, primera persona singular del presente de indicativo en voz activa del verbo εἰμί, *ser, estar*, aquí *estoy*; ἐν, preposición propia de dativo *en*; τῷ, caso dativo masculino singular del artículo definido *el*; κόσμῳ, caso dativo masculino singular del nombre común *mundo*; καὶ, conjunción copulativa *y*; αὐτοὶ, caso nominativo masculino plural del pronombre intensivo *ellos*; ἐν, preposición propia de dativo *en*; τῷ, caso dativo masculino singular del artículo definido *el*; κόσμῳ, caso dativo masculino singular del nombre común *mundo*; εἰσίν, tercera persona plural del presente de indicativo en voz activa del verbo εἰμί, *ser, estar*, aquí *están*; καγὼ, palabra formada por crasis[6] de la conjunción καὶ, y el pronombre personal ἐγώ, y que equivale a *y yo*; πρὸς, preposición propia de acusativo *a*; σὲ, caso acusativo de la segunda persona singular del pronombre personal *ti*; ἔρχομαι, primera persona singular del presente de indicativo en voz activa del verbo ἔρχομαι, *venir, ir*, aquí *voy*; Πάτερ, caso vocativo masculino singular del nombre divino *Padre*; ἅγιε, caso vocativo masculino singular del adjetivo calificativo *santo*; τήρησον, segunda persona singular del aoristo primero de imperativo en voz activa del verbo τηρέω, *custodiar, guardar, proteger*, aquí *guarda*; αὐτοὺς, caso acusativo masculino de la tercera persona plural del pronombre personal declinado *a ellos, los*; ἐν, preposición propia de dativo *en*; τῷ, caso dativo neutro singular del artículo determinado *el*; ὀνόματι, caso dativo neutro singular del sustantivo *nombre*; σου, caso genitivo de la segunda persona singular del pronombre personal declinado *de ti*; ᾧ, caso dativo neutro singular del pronombre relativo *lo que, que*; δέδωκας, segunda persona singular del perfecto de indicativo en voz activa del verbo δίδωμι, *dar*, aquí *has dado*; μοι, caso dativo de la primera persona singular del pronombre personal declinado *a mí, me*; ἵνα, conjunción causal *para que*; ὦσιν, tercera persona plural del presente de subjuntivo en voz activa del verbo εἰμί, *ser*, aquí *sean*; ἓν, caso nominativo neutro singular del adjetivo numeral cardinal *uno*; καθὼς, conjunción temporal, *cuando, siempre que, tantas veces como*; ἡμεῖς, caso nominativo de la primera persona plural del pronombre personal *nosotros*.

El versículo tiene dos secciones perfectamente distinguibles. Primeramente el Señor dice al Padre que *ya no está en el mundo*, mientras los discípulos seguían en él; y una segunda en la que intercede por ellos.

καὶ οὐκέτι εἰμὶ ἐν τῷ κόσμῳ, καὶ αὐτοὶ ἐν τῷ κόσμῳ εἰσίν, καγὼ πρὸς σὲ ἔρχομαι. La inminente separación que se iba a producir entre el Señor y los discípulos, le lleva a interceder por ellos. Todo este párrafo en la oración tiene como centro el hecho de la partida

6 *Crasis*, palabra griega que equivale a *unión de fuerzas*, en general *unión de elementos*.

de Jesús al Padre. La hora había llegado y la seguridad del evento era tal que ya lo da como hecho usando una forma de presente profético, usando una prolepsis del verbo que expresa el futuro como presente. Jesús está haciendo referencia a la presencia Suya en el mundo de los hombres. Pero, mientras Él se va del mundo, los discípulos continúan en él. El ambiente en que quedan es peligroso y opuesto a ellos, porque ya no son del mundo, sino propiedad del Padre y propiedad suya, por tanto son enemigos para el mundo. El Hijo de Dios está seguro del regreso al Padre, por cuanto terminó la obra que le había sido encomendada y ya no estaría en el lugar en que la realizó, sino que regresa al que le pertenece en razón de su eterna deidad. El Señor habla como si la Cruz ya se hubiese producido, y también la resurrección, de modo que se expresa como si estuviese ya camino al Padre de donde había venido.

Πάτερ ἅγιε, τήρησον αὐτοὺς ἐν τῷ ὀνόματί σου ᾧ δέδωκάς μοι. La segunda parte del versículo contiene las palabras intercesoras que el Señor dirige al Padre por aquellos que le habían sido dados por Él. Le llama *Padre santo*. Es un vocativo poco frecuente en el Nuevo Testamento, que declara la santidad intrínseca del Padre. Esta perfección divina aparece frecuentemente en el Antiguo Testamento, pero no tanto en el Nuevo (cf. 1 P. 1:14-15; Ap. 4:8; 6:10). La santidad es un atributo divino que hace que Dios esté totalmente apartado del pecado y de cualquier imperfección moral. Al Padre le pide un cuidado especial sobre los discípulos. El verbo τηρέω, *guardar*, está en aoristo de imperativo, por lo que comporta tanto una acción definitivamente hecha, como determinantemente establecida. Jesús no es un hombre que ora al Padre como los hombres, es el Hijo que tiene autoridad. La custodia de los que quedan en el mundo, acosados por los hombres y objetivo de los demonios, deben ser protegidos porque ellos, por sí mismos no tienen capacidad para hacerlo y salir victoriosos. La protección se establece con la plena autoridad de Dios *en tú nombre*. Un protección en ese Nombre, manifiesta dos cosas: por un lado la omnipotencia, es el nombre supremo que tiene omnipotencia y capacidad para guardar, que es soberano y nadie puede oponerse a Sus designios y a Su voluntad; por otro el *Nombre*, indica cariño paternal, ya que es el nombre del Padre, que ama entrañablemente a los suyos, por quienes, en expresión de amor, entrega a Su Hijo a la Cruz. Jesús añade *"el que me has dado"*. Algunos textos griegos usan en plural el artículo *los que me has dado*, haciendo con ello referencia a los discípulos, pero la lectura correcta debe ser *el que*. Ese nombre es el que le ha sido dado a Jesús por el Padre, ese nombre de autoridad suprema sobre todo (Fil. 2:9). Por eso el verbo está en imperativo, porque lo expresa quien tiene soberanía sobre todo. Sin embargo, la petición se dirige al Padre y habla de *Su* nombre, mientras le pide que *guarde* a los discípulos como un grupo que es de Su propiedad, que son suyos. Pone bajo el control divino todo aquello que pudiera perjudicarlos y, sobre todo, impedir que llevasen a cabo la misión que les encomendaba.

ἵνα ὦσιν ἓν καθὼς ἡμεῖς. La protección divina se orienta al mantenimiento de la unidad de aquellos creyentes, discípulos de Jesús. La frase es concreta, *guárdalos para que sean uno como nosotros*. La construcción de la oración con el adjetivo numeral en neutro, permite traducirla, en lugar de *uno*, como *una misma cosa*. Con esto se introduce uno de los grandes temas de la oración de Jesús, la unidad de la Iglesia, que se considerará más adelante. Aquí el sentido de unidad trae una consecuencia práctica, que los discípulos *sean una misma cosa*, en todos los ámbitos del ministerio que les es encomendado. El pensamiento, la orientación, la razón que motive, el propósito final, todo concuerde porque no están en el mundo para hacer *su obra*, ni para desarrollar *su enseñanza*, ni para establecer *sus iglesias*, sino todos ellos, sin fisuras deben hacer la obra de Dios, en la que no existen alternativas humanas, sino ejecución del propósito eterno. De la misma manera que el Padre y el Hijo son uno (10:30), así ellos deben ser uno para presentar un testimonio conjunto al mundo, con un mismo corazón y una misma alma (Hch. 4:32).

La unidad de la Iglesia, tanto corporativa como ministerialmente ocupa un espacio notable en la oración de Jesús. En este lugar, la unidad se expresa en relación con los discípulos, los que iban a quedar en el mundo mientras Cristo iba al Padre. Este grupo comenzaría la extensión del reino en el mundo, luego de la partida de Jesús. Para un ministerio así deben estar firmemente unidos. Los problemas doctrinales vendrían nada más comenzar la evangelización y debían estar firmes entre ellos para afrontarlos con determinación.

12. Cuando estaba con ellos en el mundo, yo los guardaba en tu nombre; a los que me diste, yo los guardé, y ninguno de ellos se perdió, sino el hijo de perdición, para que la Escritura se cumpliese.

ὅτε ἤμην μετ' αὐτῶν[1] ἐγὼ ἐτήρουν αὐτοὺς ἐν τῷ ὀνόματι
Cuando estaba con ellos Yo guardaba los en el nombre
σου ᾧ δέδωκας μοι, καὶ ἐφύλαξα, καὶ οὐδεὶς ἐξ αὐτῶν
de ti que has dado me, y protegí, y ninguno de ellos
ἀπώλετο εἰ μὴ ὁ υἱὸς τῆς ἀπωλείας, ἵνα ἡ γραφὴ πληρωθῇ.
se perdió si no el hijo de perdición, para que la Escritura se cumpliese.

Notas y análisis del texto griego.

Dice: ὅτε, conjunción *cuando*; ἤμην, primera persona singular del imperfecto de indicativo en voz media del verbo εἰμί, *ser, estar*, aquí *estaba*; μετ', forma escrita ante vocal aspirada de la preposición de genitivo μετά, *con*; αὐτῶν, caso genitivo masculino de la tercera persona plural del pronombre personal *ellos*; ἐγὼ, caso nominativo de la primera persona singular del pronombre personal *yo*; ἐτήρουν, primera persona singular del imperfecto de indicativo en voz activa del verbo τηρέω, *guardar, conservar, custodiar*, aquí *guardaba*; αὐτούς, caso acusativo masculino de la tercera persona plural del pronombre personal declinado *a ellos, los*; ἐν, preposición propia de dativo *en*; τῷ, caso dativo neutro singular del artículo determinado *el*; ὀνόματι, caso dativo neutro singular del sustantivo *nombre*; σου, caso genitivo de la segunda persona singular del pronombre personal declinado *de ti*; ᾧ, caso dativo neutro singular del pronombre relativo *lo que, que*; δέδωκας, segunda persona singular del perfecto de indicativo en voz activa del verbo δίδωμι, *dar*, aquí *has dado*; μοι, caso dativo de la primera persona singular del pronombre personal declinado *a mí, me*; καὶ, conjunción copulativa *y*; ἐφύλαξα, primera persona singular del aoristo primero de indicativo en voz activa del verbo φυλάσσω, *guardar, proteger*, aquí *protegí*; καὶ, conjunción copulativa *y*; οὐδεὶς, caso nominativo masculino singular del pronombre indefinido *ninguno*; ἐξ, forma escrita que adopta la preposición de genitivo ἐκ, delante de vocal y que significa *de*; αὐτῶν, caso genitivo masculino de la tercera persona plural del pronombre personal *ellos*; ἀπώλετο, tercera persona singular del segundo aoristo de indicativo en voz media del verbo ἀπολλύμι, en voz media *perecer, perderse, morir*, aquí *se perdió*; εἰ, conjunción afirmativa *si*; μὴ, partícula que hace funciones de adverbio de negación *no*; ὁ, caso nominativo masculino singular del artículo determinado *el* , υἱὸς, caso nominativo masculino singular del nombre común *hijo*; τῆς, caso genitivo femenino singular del artículo determinado *la*; ἀπωλείας, caso genitivo femenino singular del nombre común *perdición*; ἵνα, conjunción causal *para que*; ἡ, caso nominativo femenino singular del artículo determinado *la*; γραφὴ, caso nominativo femenino singular del nombre común *escritura*; πληρωθῇ, tercera persona singular del aoristo primero de subjuntivo en voz pasiva del verbo πληρόω, *cumplir*, aquí *se cumpliese*.

Crítica Textual. Lecturas alternativas.

[1] ὅτε ἤμην μετ' αὐτῶν, *cuando estaba con ellos*, lectura atestiguada en 𝔭[60, 66], ℵ, B, C[*], D, K, W, 1, lat, co.

ἐν τῷ κόσμῳ, *en el mundo*, se añade en A, C[3], K, N, Γ, Δ, Θ, Ψ, *f*[13], 565[s], 579, 700, 1241, 1424, 844, 𝔐, f, q, sir, bo[bo].

ὅτε ἤμην μετ' αὐτῶν ἐγὼ ἐτήρουν αὐτοὺς ἐν τῷ ὀνόματι σου ᾧ δέδωκας μοι, καὶ ἐφύλαξα, Durante el tiempo de ministerio en el mundo, y de compañerismo con los discípulos, estos que le habían sido dados por el Padre, gozaron de Su cuidado personal. Muchos de los otros discípulos que comenzaron a seguirle en los primeros tiempos de Su ministerio, lo dejaron y porque no creyeron, se perdieron. La acción de protección o, si se prefiere, de providencia de Cristo, fue continua, como expresa el imperfecto del verbo. Comenzó cuando le fueron entregados por el Padre y en ningún momento se vieron privados de la acción protectora que Jesús ejercía sobre ellos. Cristo los guardaba en el nombre del Padre. Los guardaba como enviado del Padre y con el poder y autoridad suyos. El que hable del poder del *Padre*, no significa que no fuese el suyo, los dos Padre e Hijo comparten todo en el seno trinitario, por eso dice que todo lo que es del Padre es suyo, y todo lo suyo es también del Padre. Con Su atención y poder *los protegía*, prueba evidente es que todos se mantuvieron con Él.

καὶ οὐδεὶς ἐξ αὐτῶν ἀπώλετο. Dice también que *ninguno de ellos se perdió*. El Señor había dicho antes que tenía un compromiso con el Padre, que todo cuanto le diese no perdiese ninguno (6:39). Por esta comisión divina, la protección de Jesús sobre los discípulos fue eficaz. Ninguno de ellos se perdió. Ninguno desertó de Jesús. Ninguno fue incrédulo. Esta seguridad de salvación no es sólo para los discípulos que estaban con Él, sino para todos los que creen en Él. La salvación del hombre, una vez recibida, no se pierde nunca.

εἰ μὴ ὁ υἱὸς τῆς ἀπωλείας. Hay una excepción, de todos sólo se perdió uno, a quien llama aquí el *hijo de perdición*. Este no había creído nunca, simplemente se había unido, posiblemente por interés personal, al grupo que seguía a Jesús. Estaba con ellos, pero no era uno de ellos (1 Jn. 2:19). El calificativo *hijo de perdición*, no supone que, en contraste con los demás discípulos, llamados por el Padre y conducidos a Cristo para salvación, este fuese elegido para condenación eterna, sin habérsele dado ninguna opción en cuanto a creer y ser salvo. Todo lo contrario, es *hijo de perdición* porque voluntaria, personal y conscientemente escogió *él* el camino de perdición. En esa rebeldía personal se identificó de tal modo con la perdición propia de los rebeldes contra Dios, que se le podía y debía llamar *hijo de perdición*. Este calificativo expresa también el final de la vida de Judas, quien fue a la perdición perpetua como él mismo había escogido. Seguidor de su padre espiritual el diablo, va a la perdición como corresponde a quienes siguen a Satanás. Ya se había posesionado de él, entrando en su corazón para que traicionase al Maestro. Como vinculado a él recibe el mismo título que en el futuro tendrá el Anticristo, que también se le llama *hijo de perdición* (2 Ts. 2:3), este inicuo aparecerá en el tiempo futuro por la operación de Satanás. Este título, como en el caso de Judas, es un hebraísmo que hace referencia al destino final que le espera, abocado a la perdición. El apóstol Pedro dirá de Judas que se suicidó *"para irse a su lugar"* (Hch. 1:25). Algunos piensan que esta situación y condición de Judas obedece a un eterno decreto de Dios que había determinado su perdición y condenación. No es posible, con la Palabra delante, afirmar que Dios ordenó a algunos de los hombres, entre los que estaba Judas, a condenación eterna, porque en ese sentido no tendría responsabilidad penal por determinación soberana. Además, la Escritura dice que Dios no quiere que ninguno perezca. Esta, es una discusión de siglos, a la que no se puede dedicar aquí espacio, puesto que no es el tema que se considera. El *hijo de perdición* no había sido entregado por el Padre a Cristo, porque no era suyo. Por esa razón no fue *protegido* o *guardado* por Jesús, porque no era una oveja de Su rebaño.

ἵνα ἡ γραφὴ πληρωθῇ. El Señor dice al Padre que aquello estaba ya anunciado en la profecía. En la perdición de Judas se cumplía la Escritura. Pero, nuevamente aquí debe evitarse la *determinación* sobre su condición. Simplemente Dios se había anticipado al acontecimiento y había anunciado que el que entregaría a su Hijo en un acto reprobable de traición, sería Judas. El *hijo de perdición* era una persona responsable que hizo uso de su libertad para su propósito perverso. Pero Dios uso la traición de Judas para ejecutar Su propósito en relación con la entrega de Su Hijo. La voluntad de Dios fue hecha, no por determinación contra Judas, sino por conducción de todas las cosas a su designio eterno.

13. Pero ahora voy a ti; y hablo esto en el mundo, para que tengan mi gozo cumplido en sí mismos.

νῦν δὲ πρὸς σὲ ἔρχομαι καὶ ταῦτα λαλῶ ἐν τῷ κόσμῳ ἵνα
Pero ahora a ti voy; y estas cosas hablo en el mundo para que
ἔχωσιν τὴν χαρὰν τὴν ἐμὴν πεπληρωμένην ἐν ἑαυτοῖς.
tengan el gozo - mío completo en sí mismos.

Notas y análisis del texto griego.

Sigue orando el Señor: νῦν, adverbio demostrativo *ahora*; δὲ, partícula conjuntiva que hace las veces de conjunción coordinante, con sentido de *pero, más bien, y, y por cierto*, *antes bien*; πρὸς, preposición propia de acusativo *a*; σὲ, caso acusativo de la segunda persona singular del pronombre personal declinado *a ti, te*; ἔρχομαι, primera persona singular del presente de indicativo en voz media del verbo ἔρχομαι, *venir, llegar, ir, salir*, aquí *voy*; καὶ, conjunción copulativa *y*; ταῦτα, caso acusativo neutro plural del pronombre demostrativo *estos*, en sentido de *estas cosas*; λαλῶ, primera persona singular del presente de indicativo en voz activa del verbo λαλέω, *hablar, decir*, aquí *hablo*; ἐν, preposición propia de dativo *en*; τῷ, caso dativo masculino singular del artículo determinado *el*; κόσμῳ, caso dativo masculino singular del nombre común *mundo*; ἵνα, conjunción causal *para que*; ἔχωσιν, tercera persona plural del presente de subjuntivo en voz activa del verbo ἔχω, *tener*, aquí *tengan*; τὴν, caso acusativo femenino singular del artículo definido *la*; χαρὰν, caso acusativo femenino singular del nombre común *alegría, gozo*; τὴν, caso acusativo femenino singular del artículo definido *la*; ἐμὴν, caso acusativo femenino singular del pronombre posesivo *mía*; πεπληρωμένην, caso acusativo femenino singular del participo perfecto en voz pasiva del verbo πληρόω, *completar, llenar, cumplir*, aquí *esté completo* o *sea completo*; ἐν, preposición propia de dativo *en*; ἑαυτοῖς, caso dativo masculino de la tercera persona plural del pronombre reflexivo *sí mismos*.

νῦν δὲ πρὸς σὲ ἔρχομαι καὶ ταῦτα λαλῶ ἐν τῷ κόσμῳ ἵνα ἔχωσιν τὴν χαρὰν τὴν ἐμὴν πεπληρωμένην ἐν ἑαυτοῖς. Jesús desea que el gozo sea una experiencia continua en la vida de los creyentes. La oración la estaba haciendo en presencia de los discípulos. Todos notaban que estaba orando por ellos, pidiendo protección. Oró por la unidad de ellos, y pudieron entender que estaba pidiendo por una unidad como la que tenía con el Padre. Además, durante el último tramo de la cena les había hablado de esperanza, de seguridad. Les anunció también el envío del Espíritu que les mandaría cuando hubiese partido para regresar al Padre que le había enviado. Todas *esas cosas* que Jesús habló en el mundo, les produciría gozo íntimo. Es cierto que también les advirtió de la aflicción por la que pasarían, pero el gozo de la compañía suya en la presencia del Espíritu, no les dejaría sentirse solos. Más adelante el apóstol Pablo escribiría a los nuevos discípulos para que mantuviesen el gozo con diligencia (Fil. 3:1; 4:4). El gozo fue el centro del primer mensaje del evangelio anunciando el nacimiento del Salvador (Lc. 2:10-11).

Es interesante apreciar que no pide Jesús por *el gozo de ellos*, sino por Su gozo en ellos. El gozo que el Espíritu produce en el creyente es la experiencia del *gozo de Cristo* en él (Gá. 5:22). El gozo perfecto es el de Dios, por eso se le llama también *Dios del gozo* (Sal. 104:31). El gozo que Jesús pide es la alegría íntima del corazón. La presencia de Jesús con ellos había sido un tiempo de júbilo que no permitía otra cosa que el gozo (Mt. 9:15). Ahora partía para regresar al Padre, pero dejaría al Espíritu para que produjese en ellos el gozo de Jesús. Esto es algo que el mundo es incapaz de dar (14:27; 16:33). El gozo por el que está pidiendo para los discípulos, el que se hace experiencia en el creyente es el mismo que sentía Jesús, por eso, lo que se manifiesta por la acción del Espíritu es Su gozo en el cristiano. Este gozo se manifiesta en cualquier circunstancia de la vida, en cualquier situación externa. El mundo no puede aceptar la separación de los creyentes que salen de su control, amenazándolos con odio y persecución (15:19; 16:2). Sin embargo el gozo no disminuye en el conflicto porque Jesús ha vencido al mundo (16:33; 1 Jn. 1:4). Hay gozo porque nada puede hacer ya el mundo con quienes no solo no son de él, sino que lo han vencido en Cristo. El gozo de la condición del creyente solo se puede poseer en paradójica alternancia con la tristeza, la tribulación y la inquietud, porque es ahí cuando se manifiesta con toda su intensidad y fuerza. El gozo por la salvación permanece en tensión con la tribulación del mundo, de manera que en medio de situaciones que el hombre considera como desalentadoras e incluso escarnecedoras, está el consuelo divino en la tribulación descansando en el Dios del gozo y de la bendición. El gozo divino es operado en el creyente (Neh. 8:10). El que Jesús pide para los discípulos será producido en ellos por el Espíritu que reproduce a Cristo en la vida de quienes son suyos. Esa es la razón por la que en el Nuevo Testamento se manda a los creyentes que *estén siempre gozosos* (1 Ts. 5:16). Jesús desea que Su gozo esté *completo* en los creyentes. No se trata de uno pequeño, sino el desbordante, que satura el corazón cristiano.

Intercesión y misión (17:14-19).

14. Yo les he dado tu palabra; y el mundo los aborreció, porque no son del mundo, como tampoco yo soy del mundo.

ἐγὼ δέδωκα αὐτοῖς τὸν λόγον σου καὶ ὁ κόσμος ἐμίσησεν
Yo he dado les la palabra de ti; y el mundo odió
αὐτούς, ὅτι οὐκ εἰσὶν ἐκ τοῦ κόσμου καθὼς ἐγὼ οὐκ εἰμὶ
les, porque no son del mundo como Yo no soy
ἐκ τοῦ κόσμου.
del mundo.

Notas y análisis del texto griego.

En otro aspecto de la intercesión de Cristo, dice: ἐγὼ, caso nominativo de la primera persona singular del pronombre personal *yo*; δέδωκα, primera persona singular del perfecto de indicativo en voz activa del verbo δίδωμι, *dar, entregar*, aquí *he dado*; αὐτοῖς, caso dativo de la tercera persona plural del pronombre personal declinado *a ellos, les*; τὸν, caso acusativo masculino singular del artículo determinado *el*; λόγον, caso acusativo masculino singular del nombre común *palabra, dicho, mensaje*; σου, caso genitivo de la segunda persona singular del pronombre personal declinado *de ti*; καὶ, conjunción copulativa *y*; ὁ, caso nominativo masculino singular del artículo definido *el*; κόσμος, caso nominativo masculino singular del nombre común *mundo*; ἐμίσησεν, tercera persona singular del aoristo primero de indicativo en voz activa del verbo μισέω, *odiar, aborrecer*, aquí *odió*; αὐτούς, caso acusativo masculino de la tercera persona plural del pronombre personal declinado *a ellos, los*; ὅτι, conjunción causal *porque*; οὐκ, forma escrita del adverbio de negación *no*, con el grafismo propio ante una vocal con espíritu suave o una enclítica; εἰσὶν, tercera persona plural del presente de indicativo en voz activa del verbo εἰμί, *ser, estar*, aquí *son*; ἐκ, preposición propia de genitivo *en*; τοῦ, caso genitivo masculino singular del artículo determinado *el*; κόσμου, caso genitivo masculino singular del nombre común *mundo*; καθὼς, conjunción temporal, *cuando, siempre que, tantas veces como*; ἐγὼ, caso nominativo de la primera persona singular del pronombre personal *yo*; οὐκ, forma escrita del adverbio de negación *no*, con el grafismo propio ante una vocal con espíritu suave o una enclítica; εἰμὶ, primera persona singular del presente de indicativo en voz activa del verbo εἰμί, *ser, estar*, aquí *soy*; ἐκ preposición propia de genitivo *en*; τοῦ, caso genitivo masculino singular del artículo determinado *el*; κόσμου, caso genitivo masculino singular del nombre común *mundo*.

ἐγὼ δέδωκα αὐτοῖς τὸν λόγον σου καὶ ὁ κόσμος ἐμίσησεν αὐτούς, ὅτι οὐκ εἰσὶν ἐκ τοῦ κόσμου. La Palabra dada y aceptada produce un cambio en el que la recibe. Antes era del mundo y por la aceptación del mensaje y la fe en el llamamiento celestial, deja de pertenecer al sistema llamado *mundo*, para salir de él y cesa el control que ejercía como mundano. Lo que Cristo había hecho fue darles a los discípulos la *Palabra tuya*, dice a Su Padre. El perfecto del verbo *dar*, les *he dado*, implica una obra totalmente realizada, la palabra de Dios estaba ahora en los que eran suyos. En identificación con Cristo son una cosa en Él. La consecuencia no puede ser otra que el odio del mundo contra los cristianos, como ha sido también contra Jesús. Él les había advertido de esa situación que se incrementaría en el futuro: *"Si el mundo os aborrece, sabed que a mí me ha aborrecido antes que a vosotros"* (15:18). Los odia *porque no son del mundo*. Conocer la verdad que Jesús les había dado en la Palabra procedente del Padre, es tener vida eterna (17:3). Esa vida es *incompatible* con la muerte que reina en el mundo, por tanto, el sistema se levanta contra quienes no pueden morir y trata de quitarlos de su entorno para que la luz de ellos no siga iluminando sus tinieblas.

καθὼς ἐγὼ οὐκ εἰμὶ ἐκ τοῦ κόσμου. Los discípulos comparten con Cristo esa no pertenencia al mundo. Él los había elegido para sacarlos del mundo (15:19). Son nacidos de nuevo, tienen vida eterna, son incompatibles con el mundo, como también lo era Jesús. Es sencillo entender que Jesús no es del mundo, porque es Dios, enviado del Padre, el Unigénito, el Verbo encarnado. Estaba en el mundo pero no era de él. Los nacidos de nuevo ya no son terrenales, sino celestiales (Fil. 3:20). Aunque transitan por el mundo ya están sentados con Cristo en lugares celestiales (Ef. 2:6). Sacados de él han sido trasladados al reino del Hijo amado (Col. 1:13). La incompatibilidad es total, por consiguiente reciben el odio del mundo porque no son de él, como tampoco lo es Cristo.

15. No ruego que los quites del mundo, sino que los guardes del mal.

οὐκ ἐρωτῶ ἵνα ἄρῃς αὐτοὺς ἐκ τοῦ κόσμου, ἀλλ᾽ ἵνα τηρήσῃς
No ruego que quites los del mundo, sino que guardes
αὐτοὺς ἐκ τοῦ πονηροῦ.
los del maligno.

Notas y análisis del texto griego.

Sigue la oración: οὐκ, forma escrita del adverbio de negación *no*, con el grafismo propio ante una vocal con espíritu suave o una enclítica; ἐρωτῶ, primera persona singular del presente de indicativo en voz activa del verbo ἐρωτάω, *pedir, rogar*, aquí *ruego*; ἵνα, conjunción *que*; ἄρῃς, segunda persona singular del aoristo primero de subjuntivo en voz activa del verbo αἴρω, *quitar, cargar, levantar*, aquí *quites*; αὐτοὺς, caso acusativo de la tercera persona plural del pronombre personal declinado *a ellos, los*; ἐκ, preposición propia de genitivo, *de*; τοῦ, caso genitivo masculino singular del artículo determinado *el*; κόσμου, caso genitivo masculino singular del nombre común *mundo*; ἀλλ᾽, forma escrita ante vocal de la conjunción adversativa ἀλλά que significa *pero, sino*; ἵνα, conjunción *que*; τηρήσῃς, segunda persona singular del aoristo primero de subjuntivo en voz activa del verbo τηρέω, *guardar, custodiar, proteger*, aquí *guardes*; αὐτοὺς, caso acusativo de la tercera persona plural del pronombre personal declinado *a ellos, los*; ἐκ, preposición propia de dativo *de*; τοῦ, caso dativo masculino singular del artículo determinado *el*; πονηροῦ, caso genitivo masculino o neutro singular del adjetivo *maligno, malvado, malo, peligroso*.

οὐκ ἐρωτῶ ἵνα ἄρῃς αὐτοὺς ἐκ τοῦ κόσμου, No está pidiendo el Señor que el Padre, para proteger a los suyos del mundo, los retire de él. Esa sería la solución más segura, pero, a los discípulos y luego a todos los cristianos se les encomienda una misión terrenal que realizar, por tanto, deben permanecer en él. Sin embargo, ninguno de ellos *pertenece* al mundo. Han sido llamados por el Padre, salvos por el Hijo, regenerados por el Espíritu y, como se ha considerado ya, su esfera de vida es celestial y no terrenal. El conflicto con el mundo es, por esto, inevitable. Ya ha intercedido para que los cristianos afronten esto como algo natural.

La petición se centra en el *maligno*, como literalmente se lee en el adjetivo que aparece en el texto. No es tanto la protección contra el mal, en sentido de malas acciones, en general pecados, sino en el que tienta y conduce al hombre por caminos errados a una ética contraria a la nueva vida en Dios. El *maligno* es Satanás, cuya acción entre los hombres está bien marcada en el *Evangelio*. Como *príncipe de este mundo*, dirige el sistema en oposición a Dios (12:31); es el que llevaría a Judas al tremendo pecado de traicionar a Jesús (13:27); el que no tiene nada con Jesús (14:30); el que iba a ser juzgado en la Cruz (16:11). El Señor les había enseñado a orar pidiendo a Dios que los librara del maligno (Mt. 6:13). El Señor sabía por Su experiencia humana que Satanás es el *tentador*, por eso pide al Padre protección para los discípulos en el área de la obra del maligno que busca en la tentación hacer caer al salvo. Pide que sean preservados de la caída y que si la tentación es grande y la fe débil, que sea librado del maligno que la promueve. En otras palabras, que sean guardados por el poder de Dios en la fidelidad a Él, sin que caiga en el pecado como consecuencia de la acción del tentador. Todos ellos estarían bajo la acción opositora de Satanás y sus huestes. La lucha es continua en este campo (Ef. 6:11, 12). El maligno utilizará todos sus recursos para hacer caer al creyente en la tentación (1 P. 5:8). Una de las armas que Dios da al cristiano para la victoria en la lucha de resistir al maligno, es la oración (Ef. 6:11, 18). Jesús está pidiendo al Padre protección para quienes serán objeto de los ataques del maligno. La oración tiene proyección temporal indefinida, hasta que la Iglesia sea recogida para estar con el Señor. Aunque el *maligno* ha sido derrotado en la Cruz, no por eso quedó privado del poder para hacer daño a los cristianos, por eso necesitan la ayuda divina.

16. No son del mundo, como tampoco yo soy del mundo.

ἐκ τοῦ κόσμου οὐκ εἰσὶν καθὼς ἐγὼ οὐκ εἰμὶ ἐκ τοῦ κόσμου.
Del mundo no son como Yo no soy del mundo.

Notas y análisis del texto griego.

Sigue: ἐκ, preposición propia de genitivo *de*; τοῦ, caso genitivo masculino singular del artículo determinado *el*; κόσμου, caso genitivo masculino singular del nombre común *mundo*; οὐκ, forma escrita del adverbio de negación *no*, con el grafismo propio ante una vocal con espíritu suave o una enclítica; εἰσὶν, tercera persona plural del presente de indicativo en voz activa del verbo εἰμί, *ser, estar*, aquí *son*; καθὼς, conjunción comparativa *como*; ἐγὼ, caso nominativo de la primera persona singular del pronombre personal *yo*; οὐκ, forma escrita del adverbio de negación *no*, con el grafismo propio ante una vocal con espíritu suave o una enclítica; εἰμὶ, primera persona singular del presente de indicativo en voz activa del verbo εἰμί, *ser, estar*, aquí *soy*; ἐκ preposición propia de genitivo *de*; τοῦ, caso genitivo masculino singular del artículo determinado *el*; κόσμου, caso genitivo masculino singular del nombre común *mundo*.

ἐκ τοῦ κόσμου οὐκ εἰσὶν καθὼς ἐγὼ οὐκ εἰμὶ ἐκ τοῦ κόσμου. Jesús vuelve a remarcar en la oración Su condición y la de los creyentes. Éstos no son del mundo. Al ser llamados por Dios y conducidos a Cristo, le pertenecen y puesto que Él no es del mundo, quienes están en Él tampoco lo son. El que pertenece a Cristo cualquier otra esfera de vida le es ajena. Todo el énfasis que aparece en el texto se establece para contraponer dos estilos de vida, la del mundo y la de Cristo. Los cristianos deben vivir una vida de completa separación del mundo. El estilo de vida mundano está expresado en las obras de la carne (Gá. 5:19-21).

La cuarta condición que Jesús establece delante del Padre para la Iglesia, es la de un pueblo que no es del mundo. Ello conlleva una forma de vida distinta, incluso *contraria* a la del mundo. No se trata de una expresión religiosa en cualquier forma que adopte, sino la manifestación visible de la nueva vida que se recibe por fe en Cristo y por la regeneración del Espíritu. No se trata de negar la pertenencia, sino la de vivir en una forma que nada tiene que ver con el mundo. El desenfreno de disolución propio del mundo, ha dado paso a la vida de Cristo manifestada en el creyente por el poder del Espíritu. La mundanalidad es contraria a la misma razón de ser de la Iglesia.

17. Santifícalos en tu verdad; tu palabra es verdad.

ἁγίασον αὐτοὺς ἐν τῇ ἀληθείᾳ· ὁ λόγος ὁ σὸς ἀλήθεια ἐστιν.
Santifica los en la verdad, la palabra - tuya verdad es.

Notas y análisis del texto griego.

Continúa con: ἁγίασον, segunda persona singular del aoristo primero de imperativo en voz activa del verbo ἁγιάζω, *santificar*, aquí *santifica*; αὐτοὺς, caso acusativo masculino de la tercera persona plural del pronombre personal declinado *a ellos, los*; ἐν, preposición propia de dativo *en*; τῇ, caso dativo femenino singular del artículo definido *la*; ἀληθείᾳ, caso dativo femenino singular del nombre común *verdad*; ὁ, caso nominativo masculino singular del artículo determinado *el*; λόγος, caso nominativo masculino singular del nombre común *palabra*; ὁ, caso nominativo masculino singular del artículo determinado *el*; σὸς, caso nominativo masculino singular del adjetivo posesivo *tuyo*; ἀλήθεια, caso dativo femenino singular del nombre común *verdad*; ἐστιν, tercera persona singular del presente de indicativo en voz activa del verbo εἰμί, *ser, estar*, aquí *es*.

ἁγίασον αὐτοὺς ἐν τῇ ἀληθείᾳ· La santificación es la expresión de la salvación en el curso de la vida del salvo. Equivale a vivir separado para Dios. Sólo Dios puede santificarnos, porque sólo puede *separar* quien es dueño. El creyente puede dedicarse, comprometerse, etc. pero Dios es el que lo santifica. Por tanto la santificación es la expresión natural de vida para el cristiano. Sin embargo debe entenderse que esto no puede alcanzarse desde el esfuerzo humano, sino desde el poder de Dios. La petición de Jesús equivale a rogar que el Padre confirme en ellos la obra de santificación. Ésta debe ser una ocupación constante en el creyente (Fil. 2:12). Pero, Dios es el que actúa produciendo tanto el querer como el hacer, por Su buena voluntad (Fil. 2:13). Quiere decir que el propósito de Jesús es que los suyos sean santos como Él es santo (1 P. 1:16). Si Cristo es santo y se hace vida en el cristiano, no queda otro camino por recorrer. La santidad no es una opción, sino la única forma de vivir la vida cristiana. La santificación en la expresión de una vida santa, es un asunto progresivo desde el momento de la justificación por la fe. Al creyente se le dan los elementos necesarios para vivir la vida santa, reproduciendo por el Espíritu el carácter de Cristo, en la expresión del *sentir* personal suyo (Fil. 2:5); Su mente, para que el pensamiento se oriente conforme al suyo (2 Co. 1:16); la orientación celestial para buscar las cosas de arriba y no las del mundo (Col. 3:1). La unión vital con Cristo traslada al cristiano a una posición celestial, sentado con Él en lugares celestiales, para que esa sea la esfera de vida. Desde el momento del ejercicio de la fe salvadora, todo creyente ha muerto y resucitado con Cristo, espiritualmente hablando, de manera que ya no vive el *yo* propio de la naturaleza caída, que siente deleite en las cosas del mundo, sino Cristo mismo que controla plenamente su vida por la acción del Espíritu (Ga. 2:20). Esta es la manera de disfrutar la *vida eterna* recibida por fe en el Salvador. A esta forma de vida llama el apóstol Pablo *novedad de vida* (Ro. 6:4). La vida eterna recibida en la aceptación de Cristo por la fe, es totalmente diferente a la antigua vida mundana. Cada uno de los creyentes, unidos a Cristo, no pueden sino estar donde está Él, que es un terreno de victoria sobre el mundo, ya que Cristo lo ha vencido (16:33). Jesús dijo al Padre que los suyos *no son del mundo*, por consiguiente en Cristo tienen una vida sobrenatural que los separa necesariamente de él. La posición de operatividad, realidad y experiencia de vida ha quedado vinculada perpetuamente con Jesús, en quien no solo está la vida (1:4), sino que es razón, modelo y causa de vida para el cristiano (Fil. 1:21). Quienes están en Cristo tienen como objetivo natural desarrollar la vida en el lugar en que posicionalmente se encuentra: los lugares celestiales, buscando, por tanto, las cosas de arriba, puesto que es simplemente vivir en el lugar en que la vida personal se encuentra. Tener vida del cielo y vivir en el pecado del mundo no solo es un contrasentido sino, incluso, una imposibilidad espiritual.

ὁ λόγος ὁ σὸς ἀλήθεια ἐστιν. El elemento santificador es la Palabra. La norma de fe es también la de conducta. No es una santificación religiosa basada en reglamentos, normas y liturgias propias de los hombres, sino la vinculación obediente a la Palabra. La limpieza de vida está vinculada a ella (Sal. 119:9), y es su meditación en la que se afirma la disposición de vivir en santidad (Sal. 119:11). Es el único medio divino que tiene capacidad en sí mismo, porque es vital, es decir, vivo y eficaz (He. 4:12). Nada podrá llegar a separar o discernir los pensamientos y las intenciones del corazón mas que la Palabra. Esta es la razón por la que se exhorta al creyente a permanecer *"asidos de la Palabra de vida"* (Fil. 2:16). Ella hará la obra completa para la que fue enviada por Dios. Actuó en el nuevo nacimiento como mensaje de vida en el Evangelio que ha sido anunciado (1 P. 1:23-25). Dios usa Su Palabra para llevar al hombre a la salvación y el Padre lo llama para llevarlo al Salvador. La Palabra que inicialmente conduce a salvación, prosigue su acción en la vida de santificación, que es el segundo nivel en el proceso de salvación, como experiencia de salvación en el tiempo terrenal del salvo. Siendo una Palabra viva, no sólo porque procede de Dios, sino porque ha sido *inspirada* (2 Ti. 3:16), es también *eficaz*, que es la virtud o facultad para lograr un efecto. Tiene poder operativo para hacer distinguir al creyente la voluntad de Dios para su vida. De ahí que actúe siempre para aquello para lo que Dios la envía (Is. 55:11). Esta Palabra comunica sabiduría según Dios (2 Ti. 3:15). Todo aquello que no vaya sustentado en ella, en relación con la vida del creyente, no conduce a alcanzar sabiduría y, por tanto, a un caminar sabio delante de Dios. Es preciso recordar que sólo la Palabra edifica al creyente, de modo que cuanto no sea Palabra de Dios, no es eficaz, es decir, no es instrumento útil para la edificación del cristiano. Según el escritor de la *Epístola a los Hebreos*, es cortante y penetrante, es decir, llega a donde ningún hombre puede penetrar, a lo más íntimo y secreto del ser personal. Es también capaz de discernir o separar los pensamientos que motivan los razonamientos y las intenciones que producen las acciones. Discierne porque tiene capacidad para juzgar. Los pensamientos sutilmente incorrectos y las acciones *aparentemente* santas, son juzgadas por la Palabra que corrige el rumbo equivocado en la vida cristiana. Jesús manifiesta Su deseo de que los creyentes estén vinculados a la Palabra.

Sorprende que el pensamiento de Jesús sobre la Palabra como única norma de fe y conducta, sea tenido en tan baja consideración por algunos líderes de las iglesias, que piensan que el estudio congregacional de la Biblia, la enseñanza personalizada de la Escritura y la orientación del creyente conforme a ella, no tiene razón de ser en el mundo actual. Las grandes verdades bíblicas se han sustituido por elementales credos. La exposición sistemática de la Palabra ha sido sustituida por lo que se llaman *devocionales*, que *deleitan* al oyente y no le comprometen en el camino de la santificación. El escenario para la alabanza ha ocupado el lugar del púlpito y, cuando es necesario reducir algún tiempo en la reunión congregacional se limita el mensaje de la Palabra. Así se produce un mundo llamado *evangélico*, formado por gente interesada en las experiencias y no en la Palabra.

18. Como tú me enviaste al mundo, así yo los he enviado al mundo.

καθὼς ἐμὲ ἀπέστειλας εἰς τὸν κόσμον, καγὼ ἀπέστειλα
Como me enviaste al mundo, también yo envié
αὐτοὺς εἰς τὸν κόσμον·
los al mundo.

Notas y análisis del texto griego.

Jesús comisiona a los discípulos: καθὼς, conjunción *como*; ἐμὲ, caso acusativo de la primera persona singular del pronombre personal declinado *a mí, me*; ἀπέστειλας, segunda persona singular del aoristo primero de indicativo en voz activa del verbo ἀποστέλλω, *enviar, encomendar*, aquí *enviaste*; εἰς, preposición propia de acusativo *a*; τὸν, caso acusativo masculino singular del artículo determinado *el*; κόσμον, caso acusativo masculino singular del nombre común *mundo*; καγὼ, palabra formada por crasis[7] del adverbio de modo καὶ, y el pronombre personal ἐγώ, y que equivale a *también yo*; ἀπέστειλα, primera persona singular del aoristo primero de indicativo en voz activa del verbo ἀποστέλλω, *enviar, encomendar*, aquí *envié*; αὐτοὺς, caso acusativo masculino de la tercera persona plural del pronombre personal declinado *a ellos, los*; εἰς, preposición propia de acusativo *a*; τὸν, caso acusativo masculino singular del artículo determinado *el*; κόσμον, caso acusativo masculino singular del nombre común *mundo*.

καθὼς ἐμὲ ἀπέστειλας εἰς τὸν κόσμον. La oración de Jesús toma aquí carácter de decisión personal. No está pidiendo al Padre para que pueda enviar a los discípulos en una misión semejante a la Suya, sino que ya *los ha enviado*. La misión de los discípulos entonces y de los cristianos ahora es un mandato establecido por el Señor de la Iglesia que es Jesucristo. Para ello hace referencia a la misión Suya, para la que

[7] *Crasis*, palabra griega que equivale a *unión de fuerzas*, en general *unión de elementos*.

había sido enviado por el Padre. Esta obra que le había sido encomendada y que había cumplido (v. 4) era triple: a) Misión *salvadora*, Cristo es enviado por el Padre al mundo para que salvase, en sentido de hacer posible, la salvación del pecador (3:16). b) Misión *reveladora*, por la que el Dios invisible se hace visible en la Persona del Hijo (1:18). c) Misión *evangelizadora*. Jesús inició el ministerio, luego de la muerte de Juan el Bautista, predicando el evangelio del reino (Mr. 1:14). Para hacer esa obra fue enviado por el Padre al mundo.

καγὼ ἀπέστειλα αὐτοὺς εἰς τὸν κόσμον· La oración se introduce mediante la conjunción *como*, que sirve para establecer el mandamiento que sigue. Del mismo modo, como, Tú me enviaste a mí al mundo, así Yo los envié a ellos. No se trata de una opción que pone ante los discípulos, es un mandamiento que el Señor estableció para ellos. Puede hacerlo con plena autoridad porque es Señor y la tiene toda para establecer el mandamiento. Además es el fundador y fundamento de la Iglesia (Mt. 16:18), por lo que tiene derecho a establecer mandatos sobre ella. Es también autoridad divina por derecho de redención o rescate (1 P. 1:18-20). Él compró a los creyentes al precio de Su propia vida. Tiene, por tanto, derecho absoluto para determinar lo que dice al Padre: *"los envié al mundo"*. El aoristo del verbo ἀποστέλλω, adquiere aquí no solo un sentido de acción concluida, sino también proléptico que se extiende al futuro, entendiendo que la determinación tomada definitivamente se proyecta al futuro y alcanza a todos los cristianos en todos los tiempos. Los creyentes somos enviados al mundo por Cristo, con una misión semejante a la suya: *como me enviaste... los envío*. Indudablemente, no puede comprender la misión de los creyentes el aspecto salvífico, que sólo lo pudo hacer Jesús, muriendo en sustitución de los pecadores. Esa obra, no solo es definitivamente perfecta, sino que es irrepetible. El sacrificio se hizo una vez para siempre. Pero, son enviados para dar continuidad a las otras dos razones de la misión para la que fue enviado el Hijo de Dios; evangelizar, y dar testimonio de Dios.

El lugar a donde son enviados es el mismo al que fue enviado nuestro Señor, *el mundo*, donde se desarrolla el sistema organizado por Satanás, príncipe del cosmos, en oposición a Dios (12:31; 14:30; 16:11). Los que están en él, son personas esclavizadas por el pecado, que no creen en Cristo y no aman a Dios. Es una esfera con sabiduría propia contraria a la de Dios, *"pues ya que en la sabiduría de Dios, el mundo no conoció a Dios mediante la sabiduría, agradó a Dios salvar los creyentes por la locura de la predicación"* (1 Co. 1:21). Este sistema tiene su propio Dios que es Satanás (2 Co. 4:4). La ética del mundo se caracteriza por la perversidad y la rebeldía (Gá. 1:4; Ef. 2:2).

Cristo envía a los cristianos al mundo con una misión evangelizadora. Ésta estaba enraizada en la tarea de Cristo, y el propósito Suyo era alcanzar a los perdidos que no buscaban a Dios (Lc. 19:10). Su misión es predicar el evangelio a todos, en todos los lugares, en toda ocasión (Mt. 28:18-20; Mr. 16:15-16). El evangelio es un mensaje que habla de libertad y transformación, contrario a la esclavitud y perversidad propia del mundo (Ro. 1:16). El evangelio que se encomienda a los cristianos para lleven al mundo es un mensaje que proclama un cambio radical de una esfera de desorientación a otra de bendición y esperanza (Col. 1:13); que hace ver la condición caída y perdida del hombre, que expresa la universalidad del pecado manifestado en hechos (Ro. 1:20, 21, 24, 26, 28-31). Un mensaje que habla de la incapacidad del hombre para superar esa situación (Ro. 8:7-8). En él se hace notar el alejamiento que el hombre tiene de Dios (Ro. 3:10-12) y la condenación del pecador (Ro. 6:23). El mensaje que Cristo encomienda a los creyentes proclama la obra redentora del Salvador, a Dios interviniendo para resolver el problema del hombre. Frente al humanismo imperante en el mundo, el evangelio afirma que la salvación es exclusivamente de Dios (Sal. 3:8; Jon. 2:9), es una iniciativa divina tomada en la eternidad por Dios (2 Ti. 1:9). En esa obra salvadora hay un solo y único salvador designado también desde antes de la creación (1 P. 1:18-20). No solo se presenta la determinación salvadora de Dios, sino también el tiempo establecido para llevarla a cabo (Gá. 4:4). La obra de la Cruz trae como consecuencia la reconciliación en la que Dios reconcilia consigo al mundo (2 Co. 5:18-21). Las obras de los hombres, la religión del mundo, nunca podrán alcanzar la salvación, que en el evangelio se anuncia como por gracia, mediante la fe (Ef. 2:8-9). Así también la proclamación del evangelio que Cristo encomienda para llevar al mundo, presenta el alcance universal para *todo aquel que cree* (3:16). En ese mensaje de salvación se proclama también la regeneración del que cree, a quien Dios da un corazón nuevo (Ez. 36:26-27), haciendo de él una nueva creación en Cristo (2 Co. 5:17). Ese cambio admirable lo opera el Espíritu de Dios en el pecador que cree. Cristo envía al mundo a los cristianos como Él había sido enviado por el Padre, de manera que todo cuanto habló no lo hizo por Su propia cuenta, sino que habló aquello que el Padre le había encomendado. Eso no varía para los discípulos, ya que el evangelio es un mensaje inalterable, que no procede de los hombres, sino que viene de Dios (Gá. 1:11), siendo por ello tan inamovible que se le llama *evangelio eterno* (Ap. 14:6). Esta carga evangelizadora que Cristo tenía es puesta sobre el creyente en razón a que tiene el *sentir que hubo en Cristo Jesús* (Fil. 2:5). La concienciación para llevar a cabo el mandato del Señor está en sentir lo que las multitudes eran para Él, como ovejas sin pastor, objetos de Su misericordia. El amor de Cristo impulsa la acción del creyente (2 Co. 5:14-15).

Los envía también con una misión de *testimonio*. Cristo había venido con esa misión: *"Yo para esto he nacido, y para esto he venido al mundo, para dar testimonio a la verdad"* (18:37). El mandato para los suyos es semejante: *"Pero cuando venga el Consolador, a quien yo os enviaré del Padre, el Espíritu de verdad, el cual procede del Padre, él dará testimonio acerca de mí. Y vosotros daréis testimonio también, porque habéis estado conmigo desde el principio"* (15:26-27). Jesús brilló como luz de Dios en las tinieblas del mundo (1:5) y dijo de Sí mismo que era la luz del mundo (8:12). Pero también dijo que los suyos son la luz del mundo (Mt. 5:14). Al Señor se le llama el *testigo fiel y verdadero* (Ap. 3:14). Por tanto, dice aquí al Padre que envía a los suyos como Él había sido enviado, estableciendo para ellos una misión de testimonio (Hch. 1:8). Esa frase *"como tú me enviaste"* define el ámbito del testimonio de los creyentes: para que como Yo, *"pasen haciendo bienes"*; que sean santos como Yo soy santo; que se amen unos a otros como Yo los he amado; para que sean uno como Yo soy uno con el Padre (10:30). El mundo necesita no sólo *saber* de Cristo, sino ver a Cristo en el testimonio de los cristianos.

En las palabras de Jesús se nota también quienes son los enviados: *a ellos*. En primer término a los discípulos, pero por extensión a todos los que han sido alcanzados por el llamado del Padre y salvos por la obra del Hijo. Los que son enviados han sido vinculados con Jesús por la operación del Espíritu que los une a Él. Cristo ha sido implantado en ellos (Col. 1:27). Las consecuencias de la identificación con Cristo son evidentes: capacidad de amar como Cristo (Ro. 5:5); capacidad de ajustar el pensamiento a la mente de Cristo (1 Co. 2:16); capacidad de reproducir a Cristo en la vida por el poder del Espíritu (Gá. 5:22-23).

El versículo pone de manifiesto la sexta característica que Jesús quiere para la Iglesia. Que sean mensajeros del evangelio y testigos suyos en el mundo. Para ayudarles en la tarea envía al Espíritu que hará una labor de convicción en el mundo y les enseñará a los creyentes toda la verdad que debe ser anunciada, haciendo de ellos, por Su poder, reflejo de Jesús.

19. Y por ellos yo me santifico a mí mismo, para que también ellos sean santificados en la verdad.

καὶ ὑπὲρ αὐτῶν ἐγὼ ἁγιάζω ἐμαυτόν, ἵνα ὦσιν καὶ αὐτοὶ
Y por ellos yo santifico a mí mismo, para que sean también ellos
ἡγιασμένοι ἐν ἀληθείᾳ.
santificados en verdad.

Notas y análisis del texto griego.

Sigue la oración de Jesús: καὶ, conjunción copulativa *y*; ὑπὲρ, preposición propia de genitivo, *por, para bien de, a favor de, por causa de*; αὐτῶν, caso genitivo masculino de la tercera persona plural del pronombre personal *ellos*; ἐγὼ, caso nominativo de la primera persona singular del pronombre personal *yo*; ἁγιάζω, primera persona singular del presente de indicativo en voz activa del verbo ἁγιάζω, *santificar*, aquí *santifico*; ἐμαυτόν, caso acusativo masculino singular del pronombre reflexivo declinado *a mí mismo*; ἵνα, conjunción causal *para que*; ὦσιν, tercera persona plural del presente de subjuntivo en voz activa del verbo εἰμί, *ser, estar*, aquí *sean*; καὶ, adverbio de modo *también*; αὐτοὶ, caso nominativo masculino plural del pronombre intensivo *ellos*; ἡγιασμένοι, caso nominativo masculino plural del participio perfecto en voz pasiva del verbo ἁγιάζω, *santificar*, aquí *santificados*; ἐν, preposición propia de dativo *en*; ἀληθείᾳ, caso dativo femenino singular del nombre común *verdad*.

καὶ ὑπὲρ αὐτῶν ἐγὼ ἁγιάζω ἐμαυτόν, La primera frase demanda una necesaria atención al hablar de la *santificación* de Jesús. Se aprecian dos aspectos que determinan la interpretación. Primeramente Jesús se santifica a Sí mismo. En segundo lugar lo hace *por* los suyos. No es santificado por nadie ni por nada, sino por Sí mismo, a diferencia de cualquier hombre que ha de serlo en la verdad (v. 17). Esto supone que la santificación de Cristo nada tiene que ver con un proceso hacia la santidad, porque eterna y infinitamente es santo. Al mismo tiempo se observa que esa *santificación* hecha por Él mismo está relacionada con los suyos. La preposición ὑπὲρ, tiene varios significados, entre los que están *por, en lugar de, a favor de*. Santificar es literalmente *poner aparte*, de modo que Cristo se *pone aparte* para hacer una obra por los creyentes, ocupando el lugar de ellos y operando una acción favorecedora para ellos. El Salvador entrega Su vida para ser el *autor de la salvación* (He. 2:10; 5:9; 9:14). De la misma manera que el cordero pascual era *separado* para el sacrificio en la celebración de la Pascua, también el Cordero de Dios es separado para dar la vida por nosotros. Pero hablando de esa entrega dice que *nadie le quita la vida*, sino que Él *la pone de sí mismo* (10:17-18). A favor de ellos, esto es, de los creyentes se *santifica* a sí mismo.

ἵνα ὦσιν καὶ αὐτοὶ ἡγιασμένοι ἐν ἀληθείᾳ. La segunda frase es una reiteración de lo que ha pedido antes (v. 17). Los discípulos son santificados en la verdad, por dos razones: a) porque han sido limpiados por la palabra de verdad (15:3); b) porque han sido preparados para vivir la verdad, con el auxilio divino y sujetos a la Palabra. Estos que son llevados a la santificación van a ejecutar un ministerio de proclamación del evangelio y exhibir ante el mundo la luz de Cristo que brilla en ellos. Para esto se entregó el Cordero de Dios, santificándose a sí mismo, ya que *"Cristo amó a la iglesia, y se entregó a sí mismo por ella, para santificarla, habiéndola purificado en el lavamiento del agua por la palabra, a fin de presentársela a sí mismo, una iglesia gloriosa, que no tuviese mancha ni arruga ni cosa semejante, sino que fuese santa y sin mancha"* (Ef. 5:25-27). El Señor toma la decisión de entregarse voluntariamente, en ese sentido se santificó a Sí mismo para la obra de redención que había venido a realizar al mundo. Para la realización de esta santificación de los creyentes en la verdad, Dios estableció los medios, serán santificados *en* la verdad, y lo serán también *por* la verdad. La Palabra los santifica en medio de un mundo no santo. El Señor ora por aquello que es la voluntad de Dios para los salvos, *"nuestra santificación"* (1 Ts. 4:3). Una vida de corrupción moral, de vicio y degradación es la forma natural del mundo, por tanto, de los creyentes antes de su regeneración por la fe en Cristo. Los tales no heredarán en el reino de Dios (1 Co. 6:9-11). Antes todos estábamos sujetos a la desobediencia por condición natural, practicando voluntariamente las obras corruptas del pecado, pero por la regeneración debemos vivir en la voluntad de Dios, que es la santificación. La Escritura da una enorme importancia a todo cuanto tiene que ver con la práctica del pecado, no importa cual sea la dimensión o la forma en que ocurra, todo acto de pecado es desobediencia a Dios y quebrantamiento de Su voluntad. No hay pecado sin importancia, y mucho menos, pecados socialmente aceptables, cualquier pecado, por pequeño que sea ha costado la sangre del Hijo de Dios. La santidad vincula al creyente en la experiencia de la relación con Dios. La vida del cristiano debe discurrir por sendas santas, esto es, vidas separadas de cuanto es pecaminoso. El carácter santo es una posesión individual en la que debe progresarse día a día, como resultado de la obediencia a la Palabra y del seguimiento fiel a Cristo (13:15). Es interesante recordar en el entorno de la oración de Jesús, que la santidad es el resultado de la obediencia a la Palabra y de la experiencia de vivir a Cristo. Nadie puede estar presente, en la relación y comunión con Dios, sobre una vida de pecado, puesto que en la experiencia de la comunión con Él se requiere ser *"limpio de manos y puro de corazón"* (Sal. 24:4). La sociedad permisiva y humanista, propia del mundo, habla de la moral como algo relativo. Cristo ora al Padre para que la santificación, la expresión visible de una vida santa, sea la realidad de aquellos que serán suyos por fe, en el tiempo.

Intercesión por la unidad (17:20-23).

20. Mas no ruego solamente por éstos, sino también por los que han de creer en mí por la palabra de ellos.

Οὐ περὶ τούτων δὲ ἐρωτῶ μόνον, ἀλλὰ καὶ περὶ τῶν
Y no por estos ruego sólo, sino también por los
πιστευόντων διὰ τοῦ λόγου αὐτῶν εἰς ἐμέ,
que creen por la palabra de ellos, en mí.

Notas y análisis del texto griego.

Sigue la oración de Jesús, entrando en un nuevo tema: Οὐ, adverbio de negación *no*; περὶ, preposición propia de genitivo, *por, acerca de*; τούτων, caso genitivo masculino de la segunda persona plural del pronombre personal *estos*; δὲ, partícula conjuntiva que hace las veces de conjunción coordinante, con sentido de *pero, más bien, y, y por cierto, antes bien*; ἐρωτῶ, primera persona singular del presente de indicativo en voz activa del verbo ἐρωτάω, *rogar, pedir*, aquí *ruego*; μόνον, adverbio de modo *solamente, sólo*; ἀλλὰ, conjunción adversativa *sino*; καὶ, adverbio de modo *también*; περὶ, preposición propia de genitivo, *por, acerca de*; τῶν, caso genitivo masculino plural del artículo determinado *los*; πιστευόντων, caso genitivo masculino plural del participio de presente en voz activa del verbo πιστεύω, *creer*, aquí *que creen*, considerado como presente proléptico *creerán*; διὰ, preposición propia de genitivo *de, por*; τοῦ, caso genitivo masculino singular del artículo determinado *el*; λόγου, caso genitivo masculino singular del nombre común *palabra, discurso*; αὐτῶν, caso genitivo masculino de la tercera persona plural del pronombre personal declinado *de ellos*; εἰς, preposición propia de acusativo *a, en*; ἐμέ, caso acusativo de la primera persona singular del pronombre personal *mí*.

Οὐ περὶ τούτων δὲ ἐρωτῶ μόνον, ἀλλὰ καὶ περὶ τῶν πιστευόντων διὰ τοῦ λόγου αὐτῶν εἰς ἐμέ, La oración de Cristo toma un alcance universal al llegar a este momento. No ora sólo por los discípulos, sino por todos los creyentes en todos los tiempos: *los que han de creer en mí por la palabra de ellos*. La intercesión de Jesús sigue siendo solo por los creyentes. Todos los que llegan a creer en Cristo lo hacen como consecuencia de la predicación de los apóstoles. En lo sucesivo, cuando ya no estaban ellos en el mundo, su misma enseñanza es proclamada continuamente por los seguidores de Cristo, alcanzados por el mensaje del evangelio de la gracia (Ro. 10:17). Esta orando aquí por todas las ovejas de Su rebaño, no solo por las que son de procedencia del pueblo de Israel, sino las del otro rebaño de los gentiles a quienes une en el único rebaño suyo, para que haya un solo rebaño y un solo pastor (10:16). Jesús proyecta su intercesión a través del tiempo, por todos los siglos venideros, por todos los que han de creer. El mensaje del Padre pasó a Jesús, de éste a los apóstoles, de estos a los creyentes en general para que el evangelio de salvación sea proclamado al mundo en un ministerio de continuidad. La predicación de los apóstoles primero y de los cristianos después es esencialmente *Cristocéntrica*, porque el resultado es que quienes oyen el mensaje depositan su fe en el Salvador, que es Cristo. No debe olvidarse que el evangelio que ha sido encomendado a la Iglesia está centrado no en los hombres, sino en Jesús. No son argumentos humanos, ni inteligencia humana, ni cualquier otro tipo de humanismo, sino la proclamación del Salvador único para todos los hombres.

21. Para que todos sean uno; como tú, oh Padre, en mí, y yo en ti, que también ellos sean uno en nosotros; para que el mundo crea que tú me enviaste.

ἵνα πάντες ἓν ὦσιν, καθὼς σύ, Πάτερ, ἐν ἐμοὶ καγὼ ἐν σοί,
Para que todos uno sean, como tú, Padre, en mí y yo en ti
ἵνα καὶ αὐτοὶ ἐν ἡμῖν ὦσιν, ἵνα ὁ κόσμος πιστεύῃ ὅτι σύ
que también ellos en nosotros sean, para que el mundo crea que tú
με ἀπέστειλας.
me enviaste.

Notas y análisis del texto griego.

Continuando con la oración de Jesús, escribe: ἵνα, conjunción causal *para que*; πάντες, caso nominativo masculino plural del adjetivo indefinido *todos*; ἓν, caso nominativo neutro singular del adjetivo numeral cardinal *uno*; ὦσιν, tercera persona plural del presente de subjuntivo en voz activa del verbo εἰμί, *ser, estar*, aquí *sean*; καθὼς, conjunción comparativa *como*; σύ, caso nominativo de la segunda persona singular del pronombre personal *tú*; Πάτερ, caso vocativo masculino singular del nombre divino *Padre*; ἐν, preposición propia de dativo *en*; ἐμοὶ, caso dativo de la primera persona singular del pronombre personal *mí*; καγὼ, palabra formada por crasis[8] de la conjunción καὶ, y el pronombre personal ἐγώ, y que equivale a *y yo*; ἐν, preposición propia de dativo *en*; σοί, caso dativo de la segunda persona singular del pronombre personal *ti*; ἵνα, conjunción *que*; καὶ, adverbio de modo *también*; αὐτοὶ, caso nominativo masculino plural del pronombre intensivo *ellos*; ἐν, preposición propia de dativo *en*; ἡμῖν, caso dativo de la primera persona plural del pronombre personal *nosotros*; ὦσιν, tercera persona plural del

[8] *Crasis*, palabra griega que equivale a *unión de fuerzas*, en general *unión de elementos*.

presente de subjuntivo en voz activa del verbo εἰμί, *ser, estar*, aquí *sean*; ἵνα, conjunción causal *para que*; ὁ, caso nominativo masculino singular del artículo determinado *el*; κόσμος, caso nominativo masculino singular del nombre común *mundo*; πιστεύῃ, tercera persona singular del presente de subjuntivo en voz activa del verbo πιστεύω, *creer*, aquí *crea*; ὅτι, conjunción *que*; σύ, caso nominativo de la segunda persona singular del pronombre personal *tú*; με, caso acusativo de la primera persona singular del pronombre personal declinado *a mí, me*; ἀπέστειλας, segunda persona singular del aoristo primero de indicativo en voz activa del verbo ἀποστέλλω, *enviar, comisionar*, aquí *enviaste*.

ἵνα πάντες ἓν ὦσιν, Cristo ora por la unidad ontológica de la formación de un cuerpo en Cristo. La extensión de la unidad comprende a todos los cristianos. Antes oró por la de los apóstoles (v. 11), ahora lo hace por la de todos los que han de creer en el tiempo por la palabra de ellos. Este es el programa y propósito de Dios para la Iglesia, en respuesta a la petición del Hijo. El Señor tiene el deseo de congregar a todos los salvos en uno (11:52). Cristo pide al Padre por la unidad absoluta e indivisible de la iglesia, expresando la base unitaria para la iglesia: *"sean uno en nosotros"*. Consiste en el posicionamiento de la iglesia en Cristo y, puesto que este está en el Padre, la Iglesia será una en Dios. Esta unidad está basada en la inhabitación de los creyentes en el Dios trino y uno. Nótese que no sólo están en Cristo, sino *en nosotros*, esto es en el Padre y en el Hijo. Esta unidad es posible mediante la acción del Espíritu Santo que *bautiza* a cada miembro del cuerpo, a cada creyente en Cristo, *introduciéndolo* en Cristo (1 Co. 12:13) y viniendo a formar parte del único cuerpo cuya cabeza es el Señor (Ef. 1:22). La unión con el Hijo implica la unión con el Padre (1 Jn. 1:3). Vivir la vida eterna, que es la vida de Dios, es ya ser uno, porque *"no hay judío ni griego; no hay esclavo ni libre; no hay varón ni mujer; porque todos vosotros sois uno en Cristo Jesús"* (Gá. 3.28).

καθὼς σύ, Πάτερ, ἐν ἐμοὶ καγὼ ἐν σοί, En la oración marca cual es la unidad que pide para la Iglesia: *como tu, oh Padre, en mí y yo en ti*. Está hablando de la inmanencia entre las Personas Divinas. Jesús está refiriéndose a la consecuencia de la unidad de naturaleza y esencia en perfecta compatibilidad con la distinción de Personas. Tal vez llame la atención el hecho de que en esta inmanencia divina no se mencione al Espíritu Santo. La presencia de la Tercera Persona está en razón de que la personificación de ella es la expresión del amor personal entre el Padre y el Hijo, por tanto, siempre que las dos primeras estén presentes, lo está también la tercera. Sin embargo la bendición trinitaria por excelencia habla de la *comunión del Espíritu Santo*, junto con el amor del Padre y la gracia del Hijo (2 Co. 13:14). La unidad divina permanece eternamente, porque no es posible la comunión de vida en la independencia de Personas, sino en la individualidad que mantiene la vinculación en esencia y naturaleza. Esta unión y comunión intratrinitaria, es el modelo de unidad que Jesús pide para la Iglesia.

ἵνα καὶ αὐτοὶ ἐν ἡμῖν ὦσιν, Para que exista una verdadera unidad, a la semejanza de la unidad trinitaria, Jesús pide la inmanencia divina en ellos, es decir, que cada uno de los creyentes esté en Dios y Dios estará también en cada uno de ellos. Nótese que no pide para que ellos sean uno *como* nosotros, sino para que sean uno *en* nosotros. Jesús habló antes de que los creyentes, en el simbolismo de las ovejas están en Su mano, y que también lo están en la mano del Padre (10:28-29). La inmanencia divina en el creyente estará presente en las palabras de Jesús un poco más adelante (v. 23). Cristo no está pidiendo para la iglesia una unidad religiosa, nacional, social, o de cualquier otra naturaleza, está pidiendo una unidad absoluta, indestructible como la que existe en el seno de la Deidad. Esta unidad es el resultado de la operación vinculante de cada creyente en Cristo por obra del Espíritu Santo que hace esta unidad (Ef. 4:3). La tercera persona une vitalmente a cada creyente en Cristo, haciendo posible e imperecedera la unidad de la Iglesia. La unidad de los cristianos es obrada por el Espíritu Santo, que también la conserva inquebrantablemente. Por tanto, no se trata de una actividad humana, sino de una obra divina. Dios, el Espíritu Santo, hace la unidad mediante la unión vital de todos los creyentes en Cristo, bautizándolos *en* o *hacia* la formación de un cuerpo en Él (1 Co. 12:13). Esa unidad es algo definitivamente realizado por el Espíritu, de ahí que se la nombre bajo la expresión de *unidad del Espíritu*. La única manera de mantener esa unidad en la experiencia de vida de los creyentes y de la Iglesia, está en el poder del mismo Espíritu que la hace posible. La tercera Persona Divina crea y conserva la unidad. La unidad de la Iglesia no es asunto de *unanimidad*, en la que los creyentes pierden su identidad individual, sino una semejante o comparable, a la unidad divina. El Hijo está eternamente en el Padre y el Padre lo está también en el Hijo. De este modo es el Padre el que hace las obras que hace el Hijo (14:10), porque *mora* en Él. Pero también el Hijo está en el Padre, en la unidad de la Deidad, actuando como Dios tanto en la creación y sustentación de lo creado, como en la redención de lo perdido. El Padre y el Hijo son uno, pero a la vez son distintos, como Personas individuales, pero jamás independientes, puesto que ninguna puede vivir fuera de la unidad trinitaria que tiene en común la vida. Lo que Jesús está diciendo posee una profundidad grande. Los creyentes tienen que ser uno en el Padre y en el Hijo. Sin duda son distintos de

Dios, no es una deificación de la Iglesia, pero permaneciendo en Él. Son ciertamente el cuerpo en el que Dios realiza Su actividad (14:12).

ἵνα ὁ κόσμος πιστεύῃ ὅτι σύ με ἀπέστειλας. La razón para esta petición está también establecida en las palabras de Jesús: *"para que el mundo crea que tú me enviaste"*. La unidad trae como consecuencia un mismo mensaje de salvación. No son pensamientos divergentes o propuestas religiosas, sino una unanimidad plena en el contenido y propósito de la misión que Cristo les asigna. Es una unidad en la transmisión de la Palabra y de la fe. Jesús es el Verbo, que revela al Padre, a causa de la mutua inmanencia, así la unidad de la Iglesia tiene que manifestar esa realidad de estar en Dios. No descansa en hechos históricos, ni se debe a organización, ni está unida por dogmas. No cabe duda que la transmisión del mensaje al mundo necesita organización y bases de fe, pero ni lo uno ni lo otro pueden garantizar la unidad de la proclamación que le ha sido encomendada. Esto supera en todo a la división denominacional de la Iglesia, que aunque separadas entre si los grupos de la iglesia, siguen teniendo el mismo mensaje que llevar al mundo, por el que los perdidos pueden creer. Son precisamente las instituciones y los dogmas los que fracturan, en cierta medida, el mensaje de la fe, al añadir a este propuestas humanas. Pero aunque se llame como se llame quien predique la Palabra, la unidad del mensaje en la unidad de los mensajeros se mantendrá mientras se conserve unida la base de la fe que se ha entregado para ser comunicada (2 Ti. 2:2). Además la unidad de la Iglesia solo es posible por operación sobrenatural de Dios. Esta vinculación del creyente con Dios, traslada a la iglesia la comisión eternamente establecida para la salvación del mundo en el sentido de que el Padre envió al Hijo para revelar el amor del Padre al mundo, porque ambos viven en el infinito y eterno amor mutuo. Cristo envía a la Iglesia para que en la unidad de los creyentes y en amor que los relaciona entre sí (13:35), el mundo vea reflejada la relación de vida del Hijo y del Padre en la comunión del amor eterno. Esto se convierte en un desafío de vida al mundo, para que decida entre creer o rechazar la demanda a la fe. De esta forma escribe Hendriksen:

"Cuando los creyentes muestran en su vida que han estado con el Señor, sus acciones y actitudes, que hablan más fuerte que las palabras, apuntarán hacia Cristo como la fuente de su fortaleza moral y espiritual. Así pues, los de afuera, que antes despreciaban a Cristo, comenzarán a pensar favorablemente de él. Cuando el Espíritu Santo produce en su corazón esta nueva forma de pensar, estos hombres, que hasta ese momento pertenecían al mundo, creerán que los maravillosos

relatos tocantes al carácter y a la misión de Jesucristo son realmente verdaderos. El mundo creerá entonces 'que tú me enviaste"[9].

No puede dejar de prestarse atención a la unidad de la Iglesia, para tomarla, como el apóstol Pablo dice con toda solicitud y conservarla en el vínculo de la paz.

22. La gloria que me diste, yo les he dado, para que sean uno, así como nosotros somos uno.

κἀγὼ τὴν δόξαν ἣν δέδωκάς μοι δέδωκα αὐτοῖς, ἵνα ὦσιν
Y yo la gloria que has dado me he dado les, para que sean
ἓν καθὼς ἡμεῖς ἕν·
uno como nosotros uno.

Notas y análisis del texto griego.

Sigue con la petición por la unidad, diciendo; καγὼ, palabra formada por crasis[10] de la conjunción καὶ, y el pronombre personal ἐγώ, y que equivale a *y yo*; τὴν, caso acusativo femenino singular del artículo determinado *la*; δόξαν, caso acusativo femenino singular del nombre común *gloria*; ἣν, caso acusativo femenino singular del pronombre relativo *que*; δέδωκας segunda persona singular del perfecto de indicativo en voz activa del verbo δίδωμι, *dar*, aquí *has dado*; μοι, caso dativo de la primera persona singular del pronombre personal declinado *a mí, me*; δέδωκα, primera persona singular del perfecto de indicativo en voz activa del verbo δίδωμι, *dar*, aquí *he dado*; αὐτοῖς, caso dativo masculino de la tercera persona plural del pronombre persona declinado *a ellos, les*; ἵνα, conjunción causal *para que*; ὦσιν, tercera persona plural del presente de subjuntivo en voz activa del verbo εἰμί, *ser, estar*, aquí *sean*; ἓν, caso nominativo neutro singular del adjetivo numeral cardinal *uno*, como neutro adquiere también el sentido de *una cosa*; καθὼς, conjunción comparativa *como*; ἡμεῖς, caso nominativo de la primera persona plural del pronombre personal *nosotros*; ἕν, caso nominativo neutro singular del adjetivo numera cardinal *uno*, como neutro adquiere también el sentido de *una cosa*.

Crítica textual. Lecturas alternativas.

[1] ἕν, *uno*, conclusivo, lectura atestiguada en $\mathfrak{p}^{60, 66}$, B, C*, D, K, W, 1, 33, 579, e, Clemente.

ἕν ἐσμεν, *uno somos*, según se lee en א[2], A, C[3], K, N, Γ, Δ, Θ, Ψ, *f*[13], 565, 700, 892[2], 1241, 1424, 844, 𝔐, lat, sir[h].

---

[9] G. Hendriksen. o.c., pág. 637.

[10] *Crasis*, palabra griega que equivale a *unión de fuerzas*, en general *unión de elementos*.

καγὼ τὴν δόξαν ἣν δέδωκας μοι δέδωκα αὐτοῖς, La dificultad principal del versículo está en determinar a que gloria se refiere Jesús, que le ha dado a los discípulos. Especialmente referido al sentido del verbo δίδωμι, *dar*. Uno de ellos tiene que ver con *revelar, manifestar*, en ese sentido Jesús estaría diciendo que la gloria que Él tenía, como Hijo del Padre, Dios manifestado en carne, la había revelado o manifestado a los discípulos. De otro modo, las perfecciones divinas que le son propias como Dios. Otro tiene que ver con *comunicar*, en el sentido de hacer partícipes. En esta segunda acepción concordaría plenamente con lo que el apóstol Pedro dice, que los cristianos somos hechos *participantes de la naturaleza divina* (2 P. 1:4). Ambas son posibles. Esta segunda concordaría también con la parábola de la vid verdadera, en la que injertados los creyentes como pámpanos en ella, pueden dar un fruto para gloria de Dios.

Por otro lado, pudiera entenderse también como que el glorioso Señor, ascendido a los cielos, está sentado a la diestra de Dios, así por unión vital con Él, la Iglesia está posicionalmente sentada en los lugares celestiales, participando, no por identidad gloriosa, sino por situación de la gloria de Cristo.

Hendriksen entiende que la gloria a la que se refiere aquí Jesús, es la presencia de Él en los creyentes: *"Cuando los creyentes están en Cristo (cf. 'que también ellos sean uno en nosotros', versículo 21), entonces Cristo está en ellos. Esta es la gloria de ellos. Con la frase 'la gloria que me diste' Jesús se refiere al hecho de que el Padre se manifestó a a sí mismo en el Hijo ('tú en mí', versículo 21). Con las palabras 'yo les he dado' quiere que él (o sea, Jesús) se manifestó a sí mismo en la vida de los creyentes. El poder decir, 'solo Cristo vive siempre en nosotros', es la gloria de ellos"*[11].

Otra interpretación es la de León Morris: *"Jesús dice que la gloria que el Padre le dio se la ha dado a sus seguidores. Es decir, del mismo modo que para Él la gloria verdadera está en la humildad y el servicio que le llevaron a la cruz, la gloria que los discípulos deben buscar es ser humildes y servir les cueste lo que les cueste"*[12].

Todas estas y otras interpretaciones pueden ser válidas e incluso todas ellas. Sin embargo el contexto inmediato está apuntando a la

---

[11] G. Hendriksen. o.c., pág. 638.
[12] León Morris. o.c., Vol. II, pág. 362.

inmanencia de las Personas Divinas. El Hijo ha recibido del Padre la gloria personal porque la infinita y gloriosa dimensión de la Primera Persona, se refleja y revela en la Segunda y en Sus obras. Así también la gloria de Cristo, que refleja la del Padre, se revela en los cristianos, no solo por Su presencia en ellos, sino por la presencia y acción del Espíritu Santo que reproduciendo a Jesucristo, reproduce también la gloria de Dios. Esto implica que la presencia de Cristo se manifestará también en los dones que el Espíritu conferirá a cada creyente, y en el fruto que manifiesta la *imagen* del Hijo. La presencia del Espíritu permitirá a los creyentes llevar el mensaje del evangelio de la gloria de Dios. Eso exhibe la gloria de Dios como enviados suyos a un mundo en tinieblas, para que vayamos y hagamos discípulos, seguidores de Jesús. La gloria del Verbo que impactó a Juan, consistía en la plenitud que se manifestaba en Él de la gracia y de la verdad (1:14), que vinieron por medio de Jesucristo (1:17). Ahora bien, de *su plenitud tomamos todos y gracia sobre gracia* (1:16). De modo que la gloria de Dios que se manifestó en Cristo nos fue concedida a nosotros por la presencia suya en nuestra vida. La gran gloria del Espíritu que fue dada al Hijo sin medida, le es concedido que también la dé, a los que son suyos (7:39).

ἵνα ὦσιν ἓν καθὼς ἡμεῖς ἕν· Pero, no debe dejarse a un lado la última frase de esta claúsula. Jesús les ha dado Su gloria *"para que sean uno, así como nosotros somos uno"*. La gloria de la unidad de la Iglesia, se hace posible por la *gloria* dada, consistente tanto en la presencia del Padre y del Hijo en los creyentes, como del Espíritu Santo que hace posible esa unidad. Jesús remarca que la unidad que desea para el nuevo pueblo de Dios, resultante de la obra redentora, es una semejante a la existente en el Seno Trinitario. No se conforma con menos, no es posible menos, porque en esa unidad y sus consecuencias está el gran testimonio ante el mundo.

23. Yo en ellos, y tú en mí, para que sean perfectos en unidad, para que el mundo conozca que tú me enviaste, y que los has amado a ellos como también a mí me has amado.

ἐγὼ ἐν αὐτοῖς καὶ σὺ ἐν ἐμοί, ἵνα ὦσιν τετελειωμένοι εἰς ἕν,
Yo en ellos , y tú en mí, para que sean perfeccionados en uno,
ἵνα γινώσκῃ ὁ κόσμος ὅτι σύ με ἀπέστειλας καὶ ἠγάπησας
para que conozca el mundo que tú me enviaste y amaste
αὐτοὺς καθὼς ἐμὲ ἠγάπησας.
a ellos como a mí amaste.

Notas y análisis del texto griego.

Cerrando la petición por la unidad, dice: ἐγὼ, caso nominativo de la primera persona singular del pronombre personal *yo*; ἐν, preposición propia de dativo *en*; αὐτοῖς, caso dativo de la tercera persona singular del pronombre personal *ellos*; καὶ, conjunción copulativa *y*; σὺ, caso nominativo de la segunda persona singular del pronombre personal *tú*; ἐν, preposición propia de dativo *en*; ἐμοί, caso dativo de la primera persona singular del pronombre personal *mí*; ἵνα, conjunción causal *para que*; ὦσιν, tercera persona plural del presente de subjuntivo en voz activa del verbo ειμί, *ser, estar*, aquí *sean*; τετελειωμένοι, caso nominativo masculino plural del participio perfecto en voz pasiva del verbo τελειόω, *completar, cumplir, llevar a término, perfeccionar, llevar a la perfección*, aquí *perfeccionados*; εἰς, preposición propia de acusativo *en*; ἕν, caso acusativo neutro singular del adjetivo numeral cardinal *uno*; ἵνα, conjunción causal *para que*; γινώσκῃ, tercera persona singular del presente de subjuntivo en voz activa del verbo γινώσκω, *conocer*, aquí *conozcan*; ὁ, caso nominativo masculino singular del artículo determinado *el*; κόσμος, caso nominativo masculino singular del nombre común *mundo*; ὅτι, conjunción *que*; σύ, caso nominativo de la segunda persona singular del pronombre personal *tu*; με, caso acusativo de la primera persona singular del pronombre personal declinado *a mí, me*; ἀπέστειλας, segunda persona singular del aoristo primero de indicativo en voz activa del verbo ἀποστέλλω, *enviar, mandar*, aquí *enviaste*; καὶ, conjunción copulativa *y*; ἠγάπησας, segunda persona singular del aoristo primero de indicativo en voz activa del verbo ἀγαπάω, *amar*, aquí *amaste*; αὐτοὺς, caso acusativo masculino de la tercera persona plural del pronombre personal declinado *a ellos*; καθὼς, conjunción comparativa *como*; ἐμὲ, caso acusativo de la primera persona singular del pronombre personal declinado *a mí, me*; ἠγάπησας, segunda persona singular del aoristo primero de indicativo en voz activa del verbo ἀγαπάω, *amar*, aquí *amaste*.

ἐγὼ ἐν αὐτοῖς καὶ σὺ ἐν ἐμοί, ἵνα ὦσιν τετελειωμένοι εἰς ἕν, La unidad de la Iglesia, por la que Jesús ruega al Padre, descansa en la inmanencia divina en el creyente y por ende en la Iglesia como cuerpo. Es decir, Jesús pide al Padre el traslado de la relación intratrinitaria a la experiencia de vida de los creyentes, en un definitivo: *Yo en ellos y Tú en mí.* No cabe duda que las palabras de Jesús revisten un dato de alta declaración de *espiritualidad trinitaria*. Esta doctrina, requería reflexión por quienes la escucharon de las palabras de Jesús, y vino a ser motivo de estudio a lo largo del tiempo, siendo todavía hoy una cuestión de investigación bíblica.

La presencia divina en el creyente es una verdad bíblica, que trasciende el tiempo y tiene proyección escatológica, como enseña el apóstol Pablo, cuando *"Dios será todo en todos"* (1 Co. 15:28). Esa misma noche, el Señor, en la enseñanza dada durante la cena, dijo a los discípulos que *"El que me ama, mi palabra guardará; y mi Padre le amará, y vendremos a él, y haremos morada con él"* (14:23)[13]. Como se dijo entonces, el verbo *morar*, implica una residencia permanente, no una visita o una estancia transitoria. Eso conlleva implícita la idea de *comunión*, por permanencia. La comunión es una experiencia que debe ser vivida por el creyente, pero la unión vital con Cristo no está sujeta a experiencias personales, ya que nadie tiene parte activa en el hecho en sí de la salvación, salvo lo que tiene que ver con el ejercicio de la fe, que es responsabilidad del hombre. Es decir, nadie puede *nacerse de nuevo* a él mismo, o *resucitarse*. Sin embargo, la morada del Dios Trino en el creyente tiene que hacerse sensible para disfrutar de la experiencia que produce la vida trinitaria o, mejor, de la vida *intratrinitaria* en nosotros. Esta presencia produce el gozo del que Jesús ha pedido antes al Padre (15:11), siendo aplicada a nosotros por el Espíritu residente (Gá. 5:22). Es necesario entender bien que la relación completa con el Dios Trino, tiene lugar en Cristo (1:14, 18; 5:17-19; 10:38; 14:9-11; 17:21-26). La misma eterna gloria que Jesús prometió a los suyos (14:1-4), no podría ser como manifestación de la presencia trinitaria, sin que sea manifestada en Cristo, porque la *"gloria de Dios la ilumina, y el Cordero es la lumbrera"* (Ap. 21:23). De modo que teniendo la unión y comunión con Cristo, la tenemos también con Dios en tres Personas. Cristo arrastra en Sí mismo hacia el creyente la Trinidad Santísima, puesto que en Él *"habita corporalmente toda la plenitud de la deidad"* (Col. 2:9). Es en Él y por Él que participamos en la divina naturaleza (2 P. 1:4), para lo cual nacemos *de arriba* (1:12-13; 3:3-5). Cristo traduce a Dios para el hombre (1:18). Viendo a Cristo, vemos a Dios.

Lo más asombroso de lo que Jesús pide al Padre, que consiste en la presencia Suya en Cristo y la de Él en el creyente, por lo que Dios viene a hacer *morada* en el creyente, supone una permanencia de la Trinidad Divina en el cristiano y, en la Iglesia como conjunto de cristianos. Eso significa que las funciones *intratrinitarias* se desarrollan en la intimidad del creyente: *"vendremos... y haremos morada con él"* (14:23). Para expresarlo de forma sencilla: Dios el Padre expresa dentro del cristiano, Su Verbo, eterno e infinito que es el Hijo, y ambos, El Padre y el Hijo, alientan el Espíritu Santo dentro de nosotros. Este concepto no es fácilmente entendible, pero si se piensa en una persona que tiene una forma de vida y viene a residir en una casa, saldrá de ella para el trabajo cotidiano, pero regresará a la casa y en ella, llevará a cabo sus funciones vitales, como comer, descansar, etc. De ese modo, al ser el creyente lugar donde las Personas Divinas vienen a morar,

[13] Ver comentario al versículo citado.

realizarán en esa morada, las funciones vitales, con las procesiones que dan origen a las relaciones por las que las Personas Divinas se constituyen. Ya que esas relaciones implican una comunión vital e íntima con el creyente, la unidad trinitaria se traslada a la experiencia de vida de cada uno, por lo que la unidad de los cristianos se produce en razón de la unidad de las Personas Divinas en ellos.

Esto hace que la unidad de los cristianos sea perfecta, como expresa el uso del verbo τελειόω, *completar, cumplir, llevar a término, perfeccionar, llevar a la perfección*. Es decir, por la presencia divina en el cristiano, la unidad que Jesús pide será perfecta, completa, absoluta. En la presencia de Jesucristo, no puede faltar nada, porque *estamos completos en Él* (Col. 2:10).

ἵνα γινώσκῃ ὁ κόσμος ὅτι σύ με ἀπέστειλας. El mundo conocerá o comprenderá que realmente, por esa maravillosa acción de la gracia en la formación de un pueblo y de un cuerpo en Cristo, que realmente el fundamento de la Iglesia y la cabeza que es Cristo, ha sido enviada realmente del Padre. Los judíos negaban que realmente Jesús fuese el enviado de Dios, especialmente en la etapa final del ministerio, ya que al principio, fariseos como Nicodemo comprendían por las señales que hacía que era el enviado por Dios (3:2). El mayor prodigio para el mundo es ver la unidad de la Iglesia como un pueblo en donde las diferencias sociales, raciales o intelectuales, han desaparecido. Donde los judíos y los gentiles dejan de ser dos pueblos para pasar a ser, no un nuevo pueblo, sino un *nuevo hombre* (Ef. 2:15). La presencia trinitaria trae aparejadas las bases unitarias sobre las que la Iglesia se edifica, de modo que junto con el Espíritu están la unidad de un cuerpo, y la única y misma esperanza; con el Señor, está también la misma fe y el mismo bautismo; con el Padre, la soberanía, trascendencia e inmanencia de Dios (Ef. 4:4-6). Esto hará que las vidas de los creyentes sean transformadas y brillen con la luz de Dios en un mundo en tinieblas, lo que es testimonio real de salvación hecha en Jesús, el *enviado del Padre*. El testimonio de la unidad manifestará al mundo que Jesús es el *enviado*, puesto que sólo en Él están unidas por el poder del Espíritu, personas tan diferentes con capacidades, formas de vida, culturas, etc. en una unidad imposible para el mundo.

καὶ ἠγάπησας αὐτοὺς καθὼς ἐμὲ ἠγάπησας. Finalmente otra consecuencia de la presencia trinitaria en el creyente es que el mundo alcanzará a conocer que Dios ama a los creyentes como ama al Hijo. Consecuencia natural de la posición de Cristo en los creyentes. En vinculación personal e identificación con Él, el amor hacia la cabeza se extiende también a los miembros del cuerpo. La frase de Jesús es impactante: *"los has amado a ellos como también a mí me has amado"*. En cualquier circunstancia y ocasión el amor del Padre está invariablemente orientado al creyente, y no hay nada, ni nadie, que pueda separarlos de ese amor, *"que es en Cristo Jesús Señor nuestro"* (Ro. 8:39). El amor de Dios es invariable para la Iglesia, a pesar de sus fracasos, porque invariable es para el Hijo, y Él está presente en los creyentes, conforme a lo que ruega al Padre.

Petición personal (17:24-26).

24. Padre, aquellos que me has dado, quiero que donde yo estoy, también ellos estén conmigo, para que vean mi gloria que me has dado; porque me has amado desde antes de la fundación del mundo.

Πάτερ, ὃ δέδωκας μοι, θέλω ἵνα ὅπου εἰμὶ ἐγὼ κακεῖνοι ὦσιν
Padre, lo que has dado me, quiero que donde estoy Yo, también ellos estén
μετ' ἐμοῦ, ἵνα θεωρῶσιν τὴν δόξαν τὴν ἐμήν, ἣν δέδωκας
conmigo, para que vean la gloria - mía, que has dado
μοι ὅτι ἠγάπησάς με πρὸ καταβολῆς κόσμου.
me pues amaste me antes de fundación de mundo.

Notas y análisis del texto griego.

Trasladando otra petición de Jesús, escribe: Πάτερ, caso vocativo masculino singular del nombre divino *Padre*; ὃ, caso acusativo neutro singular del pronombre relativo *lo que*; δέδωκας, segunda persona singular del perfecto de indicativo en voz activa del verbo δίδωμι, *dar*, aquí *has dado*; μοι, caso dativo de la primera persona singular del pronombre personal declinado *a mí, me*; θέλω, primera persona singular del presente de indicativo en voz activa del verbo θέλω, *querer, desear*, aquí *quiero*; ἵνα, conjunción *que*; ὅπου, adverbio relativo *donde*; εἰμὶ, primera persona singular del presente de indicativo en voz activa del verbo εἰμί, *ser, estar*, aquí *estoy*; ἐγὼ, caso nominativo de la primera persona singular del pronombre personal *yo*; κακεῖνοι, crasis[14] formada por la conjunción copulativa καὶ, *y*, y el caso nominativo del pronombre o adjetivo demostrativo ἐκεῖνος, *aquellos, ellos*, la palabra equivale a *también ellos;* ὦσιν, tercera persona plural del presente de subjuntivo en voz activa del verbo εἰμί, *ser, estar*, aquí *estén*; μετ', forma escrita ante vocal aspirada de la preposición de genitivo μετά, *con*; ἐμοῦ, caso genitivo de la primera persona singular del pronombre personal *yo, mi, me*, ambas juntas *conmigo*; ἵνα, conjunción causal *para que*; θεωρῶσιν, tercera persona plural del presente de subjuntivo en voz activa del verbo θεωρέω, *ver, mirar, observar, contemplar*, aquí *vean*; τὴν, caso acusativo femenino

[14] *Crasis*, palabra griega que equivale a *unión de fuerzas*, en general *unión de elementos*.

singular del artículo determinado *la*; δόξαν, caso acusativo femenino singular del nombre común *gloria*; τὴν, caso acusativo femenino singular del artículo determinado *la*; ἐμήν, caso acusativo femenino singular del pronombre posesivo *mía*; ἣν, caso acusativo femenino singular del pronombre relativo, *la que, que*; δέδωκας, segunda persona singular del perfecto de indicativo en voz activa del verbo δίδωμι, *dar, entregar*, aquí *has dado*; μοι, caso dativo de la primera persona singular del pronombre personal declinado *a mí, me*; ὅτι, conjunción continuativa *pues*; ἠγάπησας, segunda persona singular del aoristo primero de indicativo en voz activa del verbo ἀγαπάω, *amar*, aquí *amaste*; με, caso acusativo de la primera persona singular del pronombre personal declinado *a mí, me*; πρὸ, preposición propia de genitivo *antes de*; καταβολῆς, caso genitivo femenino singular del nombre común *fundación*; κόσμου, caso genitivo masculino singular del nombre común *mundo*.

Πάτερ, ὃ δέδωκας μοι, θέλω. Jesús está a punto de concluir Su oración, pero *pide* otra cosa más al Padre. La petición se formula desde la condición de Hijo y con la autoridad única que como tal tiene. No corresponde al creyente usar esa forma *quiero*, pero si a quien siendo Hijo, es también Dios y puede expresar la petición de ese modo. Está hablando desde la condición divina, desde la intimidad absoluta de la deidad. Jesús manifiesta Su voluntad, pero siempre ha de tenerse en cuenta, que coincide absolutamente con la del Padre. Sin embargo, debe notarse, que sigue orientada hacia los creyentes en general. Comprende a todos los que serán salvos a través del tiempo de la Iglesia. Es una petición para *"los que me has dado"*, primero por los apóstoles y los discípulos suyos que vivían entonces, pero, en general por todos los que serán suyos por fe a través de los años.

ἵνα ὅπου εἰμὶ ἐγὼ κακεῖνοι ὦσιν μετ' ἐμοῦ, Generalmente se interpreta esta petición en modo exclusivamente escatológico. En cuyo caso el deseo de Jesús sería que los salvos estén con Él en el cielo para que vean Su gloria. Él iba al padre, e iba a ser glorificado, recibiendo la gloria que había tenido con Él desde antes de la creación. Por tanto, lo que desea es que los creyentes, puedan estar allí donde Él está, de manera que contemplen la gloria que como Señor tiene. En cierta medida está presentando la promesa que hizo a los discípulos en el aposento alto (14:1-4). *Estar* con Cristo es permanecer en el lugar donde Él está. La transitoriedad de la vida en el mundo, dará paso a la definitiva dimensión en la gloria. Antes dijo que *no estaba en el mundo* (v. 11), como en aquella ocasión también en ésta se trata de un presente proléptico, que se convierte en un futuro inmediato. En ese lugar glorioso quiere que los que Dios le *ha dado*, en un perfecto profético y universal que abarca a todos los creyentes, estén también. Esa es la esperanza cierta de la Iglesia, que un día será recogida para estar para siempre con Jesús (1 Ts. 4:17).

ἵνα θεωρῶσιν τὴν δόξαν τὴν ἐμήν, ἣν δέδωκας μοι. El deseo de Jesús es que los creyentes veamos Su gloria. La gloria de Cristo se manifestará en plenitud. Baste con la lectura de una revelación de esa gloria que se hizo al mismo apóstol Juan, y que traslada en palabras humanas describiendo lo que vio, del Cristo glorificado (Ap. 1:12-16). Durante el tiempo de Su ministerio terrenal, la gloria estuvo oculta bajo la humanidad, de modo que todos lo consideraban como un hombre. Pero esa limitación da paso en la resurrección y ascensión a los cielos, a la impronta de la majestad divina que le corresponde por ser Dios. Uno de la deidad se había hecho hombre, para poder ser siervo, pero iba a trasladar también a la naturaleza humana, lo que corresponde de glorioso a la Persona del Hijo eterno del Padre. Por esa glorificación había pedido al Padre (v. 5). Ya es para él un hecho definitivamente realizado. El va al Padre y tendrá en sí toda la gloria, que los suyos ahora vemos como por espejo, pero que veremos cara a cara cuando estemos con Él. La gloria de Jesús es la lumbrera del cielo, puesto que Él es la luz plena que brilla en la Jerusalén Celestial, el lugar que prepara para los suyos (Ap. 21:23).

ὅτι ἠγάπησας με πρὸ καταβολῆς κόσμου. La razón para esa petición formulada con un enfático *quiero*, descansa en el amor que el Padre tiene al Hijo desde la eternidad. Mediante un hebraísmo se refiere a la eternidad del amor, al decir *"desde antes de la fundación del mundo"*. Antes de que nada hubiese venido a la existencia, el amor en el Ser Divino, se manifestaba como expresión de vida intratrinitaria. Por tanto es como si Jesús dijese al Padre, sé que me das lo que pido porque *me has amado eternamente*. Si le ha dado *todas las cosas* (13:3), le dará también esta gracia para los creyentes. Esto no significa que ya los cristianos podamos contemplar la gloria de Jesús, en una mirada de fe, que trascendiendo los límites humanos entra en la gloria, más allá del velo, y como ancla firme la retiene. La gloria de Jesús se ve como la imagen que refleja un espejo, pero en esa visión cada uno de nosotros somos transformados de gloria en gloria (2 Co. 3:18). Cuando la gloria de Jesús es la centralidad de la visión cristiana, la falsa gloria del mundo perderá su brillo, de tal manera que ni siquiera será considerada. La gloria de la omnipotencia de Cristo se aprecia en la transformación de vidas salvadas por gracia y regeneradas por el Espíritu, que brillan con la luz de Cristo en un mundo en tinieblas.

25. Padre justo, el mundo no te ha conocido, pero yo te he conocido, y éstos han conocido que tú me enviaste.

Πάτερ δίκαιε, καὶ ὁ κόσμος σε οὐκ ἔγνω, ἐγὼ δέ σε ἔγνων,
Padre justo, también el mundo no te conoció, pero yo te conocí,
καὶ οὗτοι ἔγνωσαν ὅτι σύ με ἀπέστειλας·
y estos han conocido que tú me enviaste.

Notas y análisis del texto griego.

Añade: Πάτερ, caso vocativo masculino singular del nombre divino *Padre*; δίκαιε, caso vocativo masculino singular del adjetivo calificativo *justo*; καὶ, adverbio de modo *también*; ὁ, caso nominativo masculino singular del artículo determinado *el*; κόσμος, caso nominativo masculino singular del nombre común *mundo*; σε, caso acusativo de la segunda persona singular del pronombre personal declinado *a ti, te*; οὐκ, forma escrita del adverbio de negación *no*, con el grafismo propio ante una vocal con espíritu suave o una enclítica; ἔγνω, tercera persona singular del segundo aoristo de indicativo en voz activa del verbo γινώσκω, *conocer, saber, entender*, aquí *conoció*; ἐγὼ, caso nominativo de la primera persona singular del pronombre personal *yo*; δέ, partícula conjuntiva que hace las veces de conjunción coordinante, con sentido de *pero, más bien, y, y por cierto, antes bien*; σε, caso acusativo de la segunda persona singular del pronombre personal declinado *a ti, te*; ἔγνων, primera persona singular del segundo aoristo de indicativo en voz activa del verbo γινώσκω, *conocer, saber, entender*, aquí *conocí*; καὶ, conjunción copulativa *y*; οὗτοι, caso nominativo masculino plural del pronombre demostrativo *estos*; ἔγνωσαν, tercera persona plural del segundo aoristo de indicativo en voz activa del verbo γινώσκω, *conocer, saber, entender*, aquí *conocieron*; ὅτι, conjunción *que*; σύ, caso nominativo de la segunda persona singular del pronombre personal *tú*; με, caso acusativo de la primera persona singular del pronombre personal declinado *a mí, me*; ἀπέστειλας, segunda persona singular de aoristo primero de indicativo en voz activa del verbo ἀποστέλλω, *enviar*, aquí *enviaste*.

Πάτερ δίκαιε, Jesús da un segundo título al Padre en la oración. Antes le llamó *Padre santo* (v. 11), ahora le llama *Padre justo*. El adjetivo está en vocativo como atributo del Padre. Cuando pidió por la santificación de los discípulos, usó el calificativo *santo*, aquí, cuando ora por la glorificación usa *justo*. Estar donde Cristo está es *justo*, por cuanto, han sido santificados en Él y están en condiciones de acceder al trono de la gracia en la Majestad de las alturas. Es en justicia, puesto que en Jesús somos hechos justicia de Dios, que el Señor pida para que los suyos estén donde Él está.

καὶ ὁ κόσμος σε οὐκ ἔγνω, El mundo no puede estar allí, porque *no conoce* a Dios. Conocer es la forma de alcanzar la vida eterna, esto es, la salvación, y en ella el perdón de pecados. La limpieza absoluta del hombre regenerado delante de Dios, a quien se han perdonado en el momento de la fe *"todos los pecados"* (Col. 2:13). La redención por la sangre de Cristo, es suficiente para perdonar los pecados (Col. 1:14). Es en justicia, que Dios puede y debe tener a los creyentes en Cristo allí donde Él está, pues para esto los compró por Su sangre. El contraste es evidente *el mundo no te conoce*. La ignorancia del mundo es voluntaria, puesto que Dios se ha manifestado con suficiente evidencia para que crean en Él y le busquen (Ro. 1:19-20). No es una consecuencia de ignorancia, sino un acto de manifiesta rebeldía contra Él.

ἐγὼ δέ σε ἔγνων, Jesús da testimonio personal de que Él, en contraste con el mundo, conoce al Padre. Por esa razón es aborrecido por el mundo, porque no conociendo a Dios, tampoco le reconocen a Él. Jesús asume en Él mismo un conocimiento superior a cualquier otro, acerca del Padre. Así lo hizo notar tres veces en el *Evangelio* (7:29; 8:55; 10:15). El conocimiento que Cristo tiene del Padre es eterno, porque esa es la relación y vinculación con Él.

καὶ οὗτοι ἔγνωσαν ὅτι σύ με ἀπέστειλας· Pero, mientras el mundo desconoce voluntariamente a Dios y, por consiguiente niega que Jesús sea el enviado suyo al mundo, los discípulos creen que sí lo es, en ello aceptan también la misión Suya por la que fue enviado al mundo. En eso se distinguían del mundo que es incrédulo. No se dice tanto que conozcan a Dios, aunque sin duda así es, pero se dice que conocen lo que Dios hizo, enviar al Hijo al mundo.

26. Y les he dado a conocer tu nombre, y lo daré a conocer aún, para que el amor con que me has amado, esté en ellos, y yo en ellos.

καὶ	ἐγνώρισα	αὐτοῖς	τὸ	ὄνομα	σου	καὶ	γνωρίσω,	ἵνα	ἡ
Y	di a conocer	les	el	nombre	de ti	y	daré a conocer	para que	el

ἀγάπη	ἣν	ἠγάπησας	με	ἐν	αὐτοῖς	ᾖ	καγὼ	ἐν	αὐτοῖς.
amor	con que	amaste	me	en	ellos	esté	y yo	en	ellos.

Notas y análisis del texto griego.

Concluyendo la oración, dice: καὶ, conjunción copulativa *y*; ἐγνώρισα, primera persona singular del aoristo primero de indicativo en voz activa del verbo γνωρίζω, *dar a conocer*, aquí *di a conocer*; αὐτοῖς, caso acusativo de la tercera persona plural del pronombre personal declinado *a ellos, les*; τὸ, caso nominativo neutro singular del artículo determinado *el*; ὄνομα, caso nominativo neutro singular del substantivo que denota *nombre*; σου, caso genitivo de la segunda persona singular del pronombre personal declinado *de ti*; καὶ, conjunción copulativa *y*; γνωρίσω, primera persona singular del futuro de indicativo en voz activa del verbo γνωρίζω, *dar a conocer*, aquí *daré a conocer*; ἵνα, conjunción causal *para que*; ἡ, caso nominativo femenino singular del artículo determinado *la*; ἀγάπη, caso nominativo femenino singular del nombre común *amor*; ἣν, caso acusativo femenino singular del pronombre relativo declinado *con el que, con que*; ἠγάπησας, segunda persona singular del aoristo primero de indicativo en voz activa del verbo ἀγαπάω, *amar*, aquí *amaste*; με, caso acusativo de la primera persona singular del pronombre personal declinado *a mí, me*; ἐν, preposición propia de dativo *en*; αὐτοῖς, caso dativo masculino de la tercera persona plural del pronombre personal *ellos*; ᾖ, tercera persona singular del presente de subjuntivo en voz activa del verbo εἰμί, *ser, estar*, aquí *esté*; καγὼ, palabra formada por crasis[15] de la conjunción καὶ, y el pronombre personal ἐγώ, y que equivale a *y yo*; ἐν, preposición propia de dativo *en*; αὐτοῖς, caso dativo de la tercera persona plural del pronombre personal *ellos*.

καὶ ἐγνώρισα αὐτοῖς τὸ ὄνομα σου, καὶ γνωρίσω, A lo largo de los tres años de ministerio, el Señor reveló el *nombre*, es decir, la Persona y obra del Padre, de modo que los discípulos le llegaron a conocer. Pero no se ha extinguido lo que todavía puede ser revelado sobre Dios, por eso dice que *lo revelará* aún. Pero en esa tarea no será Jesús quien lo haga, sino el Espíritu Santo que les será enviado. La revelación del Padre comenzó desde el principio del ministerio de Jesús (1:18). Esa fue la misión para la que el Padre lo envió al mundo. De ese modo conocemos a Dios, no solo como el omnipotente, santo y sublime, sino como el que ama al pecador hasta el extremo de dar a Su Hijo para hacer posible la salvación y aproximarlo a Él mediante la adopción de hijo (1:12). Jesús había determinado dar más revelación del Padre después de Su resurrección (Hch. 1:3), pero, de forma especial cuando el Espíritu Santo fuese enviado conforme a Su promesa.

ἵνα ἡ ἀγάπη ἣν ἠγάπησας με ἐν αὐτοῖς ᾖ. El propósito de esa revelación es que el amor con que el Hijo fue eternamente amado por el Padre, esté presente en los cristianos. El amor eterno de Dios no sólo les será anunciado, sino mucho más, comunicado en toda la dimensión posible, siendo *derramado*, vertido en el corazón de los creyentes por la obra del Espíritu Santo (Ro. 5:5). Había hablado antes de que deseaba que el gozo Suyo fuese también el gozo de los discípulos. El amor derramado en el corazón llena de gozo el alma cristiana porque se sabe amado infinitamente, aun en medio de la tribulaciones (Ro. 5:3). El amor hace sentir también la segura esperanza

[15] *Crasis*, palabra griega que equivale a *unión de fuerzas*, en general *unión de elementos*.

en el corazón cristiano, porque descansa en la gracia y esta no es otra cosa que el amor de Dios que desciende a la necesidad de la criatura. Es necesario entender que Él es esencialmente gracia. El sentido de gracia se distancia notablemente de la comprensión que los religiosos de los tiempos de Jesús, tenían de ella. Consideraban que la gracia era la acción mediante la que Dios detenía la ejecución de Su justicia punitiva sobre el acreedor de Su ira. La realidad de la gracia es otra muy diferente; es la expresión personal del amor divino, que no detiene la ejecución justa de la demanda del pecado, sino que la cancela en Su Hijo, en un acto de amor hacia quienes no tenían ningún derecho para ser amados. Jesús manifestará personalmente, antes de la venida del Espíritu, el amor de Dios en la muerte redentora en la Cruz.

κἀγὼ ἐν αὐτοῖς. Con una referencia a Su presencia en los creyentes, Jesús concluye la oración. Esa presencia es necesaria para llegar al disfrute del amor de Dios derramado por el Espíritu, no es posible tener al Espíritu sin tener al Hijo. Es en el Hijo que Dios puede hacer el milagro de que seamos templo del Espíritu. Además sólo mediante la presencia de Cristo tenemos esperanza de gloria (Col. 1:27). En medio de las imperfecciones, lamentablemente naturales como hombres, sabemos que Dios es fiel y nos sigue amando. El amor con que somos amados por el Padre, es el mismo amor con que ama al Hijo. Dicho de otro modo, el único a quien el Padre puede amar por lo que es en Sí mismo, es el Hijo al que eternamente ama con amor infinito. Si Él está en el creyente, puede gozar de ese amor en el Hijo.

La oración intercesora de Jesús presenta un enorme desafío personal. Ante ella y luego de considerar su contenido, nadie puede ser igual. En ella Jesús se pide al Padre como quiere que sea la Iglesia, como el pueblo de Dios. Entre lo que pide, dedica más espacio a dos asuntos que será bueno recordar. Primeramente a la necesidad de que la Palabra esté presente en la enseñanza y conducción de los creyentes. Es algo no sólo urgente, sino que a modo de mandamiento debe ser obedecido. Jesús dice que durante el tiempo del ministerio terrenal, había dado la Palabra a los suyos (v. 8). Eso había producido en ellos una diferenciación de vida con el mundo de tal naturaleza que eran odiados por ello. La santificación sólo es posible por medio de la Palabra (v. 17). La ausencia cada vez mayor de la Palabra en la Iglesia, es un asunto de suma gravedad, y que hace que este tiempo no sea difícil, o problemático, sino *peligroso* (2 Ti. 3:1). Éste tiene que ver con gente que vivirá en apariencia de piedad pero negarán la eficacia de ella. Peligrosos porque habrá maestros réprobos en cuanto a la fe. Peligrosos porque habrá engañadores. Fundamentalmente, peligrosos, porque habrá gente que se ha cansado de la doctrina y procurarán oír lo que satisfaga a sus oídos, pero no lo que Dios tiene para Su pueblo. Lamentablemente esta es, a mi entender, la mayor necesidad de nuestros días. Lo es porque poco a poco la Biblia va cediendo espacio en el púlpito de las iglesias. En los últimos años cosas, sin duda importantes, como la alabanza, han ido desplazando a lo *fundamental* que es la Palabra. De otro modo, el creyente está cansándose de oír la voz de Dios, pero procura que Él oiga la voz de Su pueblo. La idea, no bíblica, de que Dios necesita la alabanza porque Su trono se asienta en ella, a elevado esta actitud, a la parte más importante de la vida del creyente y de la iglesia. Baste con mirar las formas de los templos en que se congregan los creyentes para darse cuenta de esto. Hasta la edad media, el altar presidía todo el lugar de culto; luego, en la Reforma, dio paso al púlpito que se situaba en el frente y centro del lugar de reunión y la Palabra pasó a ser el núcleo principal de ella; en nuestros días el púlpito fue retirado para ser sustituido por el *escenario*, donde la música, el canto, la danza y otras expresiones de alabanza ocupan el tiempo más extenso de la reunión. Muchas veces, ocurre que si es necesario acortar algo del culto por necesidad de tiempo, se recorta el mensaje de la Palabra, pero en modo alguno puede *tocarse* el tiempo de alabanza. En muchas iglesias el *director de alabanza* es más importante que el *pastor-maestro*. Las consecuencias de esto son evidentes. Dejadas las congregaciones sin el alimento sólido de la Palabra, pasan a ser *cristianos infantiles*, que son fácilmente arrastrados de un lado a otro por cualquier viento de doctrina. La ética cristiana se debilita porque falta el conocimiento de lo que Dios establece en Su Palabra, y un viento de mundanalidad y carnalidad, sopla sobre muchos cristianos que son arrastrados a posiciones contrarias a la Biblia y dejan de ser luces en las tinieblas. Las demandas sólidas de la vida de santidad, han dado paso a una mal llamada *libertad* que no es otra cosa que un *libertinaje* personal en el que cualquiera tiene derecho a vivir como mejor le parezca. La situación es lamentable, la mundanalidad ha venido a ser la forma expresiva de vida de muchos cristianos.

Una segunda reflexión está en el segundo tema en extensión de la oración de Jesús, que es la *unidad de la iglesia*. No solo Jesús oró por ella sino que Dios respondió a esa petición dando todos los elementos necesarios para vivir la unidad visiblemente en el mundo. No se trata de un *ecumenismo* de conveniencia y de convivencia, sino la unidad perfecta del Espíritu expresada en el vínculo de la paz. Es necesario recuperar la verdad bíblica sobre el propósito de Dios. Jesús no vino para *fundar iglesias*, sino para edificar la única, que es Su iglesia. No hay *iglesias* en el pensamiento de Dios, sino una sola iglesia, cuerpo de

Cristo, pueblo único de Dios en la tierra. Cada una de las iglesias locales, son expresión visible de la única iglesia de Jesucristo. Las artimañas satánicas y la carnalidad son elementos que buscan fragmentar lo que Dios ha establecido como una unidad definitiva en Cristo. No sólo se manifiesta en los problemas de un *denominacionalismo radical*, sino en las escisiones dentro de las iglesias locales que tienen la misma regla de fe y, lo que aún es más lamentable, la división interna en las congregaciones individuales, fomentadas por personas que quieren tener el *primado*. Todo esto desaparecería en la medida en que pudiésemos discernir el costo de la Iglesia. El apóstol Pablo dice que el Señor descendió a los *lugares más bajos de la tierra* (Ef. 4:9). Lo que enseña el texto es que el Verbo de Dios en Su descenso desde los cielos hasta la Cruz, entró mediante el estado de humillación, a la condición más baja del más bajo de los pecadores, para hacer salvable al más perdido de ellos. Se entiende bien esto desde la dimensión del descenso descrito por el apóstol Pablo en la *Epístola a los Filipenses*, en donde se lee: *"Se despojó a sí mismo, tomando forma de siervo, hecho semejante a los hombres; y estando en la condición de hombre, se humilló a sí mismo, haciéndose obediente hasta la muerte, y muerte de cruz"* (Fil. 2:7-8). Fue el Hijo de Dios que descendió hasta asumir la maldición que era nuestra, para hacer posible la bendición de ser suyos a quienes creen. Hasta ahí, a la angustia, la muerte, el sufrimiento, la maldición, llegó Jesús para hacer posible la unidad de Su Iglesia y decir al Padre: *"Para que sean uno, así como nosotros somos uno"* (v. 22). Quien se opone a la unidad de la Iglesia y, de algún modo lucha contra ella, quien produce divisiones en el seno de la congregación, quien es incapaz de amar entrañablemente y buscar la edificación de todos los creyentes, está cometiendo un pecado voluntario contra el propósito de Dios, y debe esperar una disciplina radical de Dios (He. 10:27).

CAPÍTULO XVIII

ARRESTO Y JUICIO.

Introducción.

Con este capítulo se entra en la última división del *Evangelio según Juan*. Es el relato de la Pasión, que comienza por el arresto de Jesús y los juicios a que fue sometido, comenzando por el de los judíos y concluyendo con el de los romanos, en donde es condenado a ser crucificado, propósito último de los líderes religiosos de Israel.

El relato tiene un desarrollo prácticamente igual a los sinópticos, si bien, con las diferencias habituales entre ellos y el cuarto evangelio. Los personajes que intervienen en el desarrollo son también los mismos. Se mencionan a los escribas, fariseos, concilio, sacerdotes, Judas, Pilato, luego, en el siguiente desarrollo de la crucifixión están también las mujeres. El curso del relato es muy semejante, comenzando por el arresto, en el que Judas conduce hasta Jesús a quienes se les encomendó la tarea de prenderle, luego la dispersión de los discípulos, la negación de Pedro y los procesos, si puede llamárseles así, ante los líderes religiosos de la nación, los sumos sacerdotes Anás y Caifás, conduciendo todo hasta la entrega a Pilato, el representante de Roma para iniciar el juicio que terminaría en la crucifixión del Hijo de Dios.

Los liberales negando la autoría, hablan de un relato ensamblado por diversas tradiciones cristianas, que se leían en los servicios litúrgicos de la comunidad primitiva. Si embargo, no es posible sino entenderlo como la redacción de un testigo presencial cuyo objetivo es dar a conocer a Jesús como el Hijo de Dios, para que quienes crean en Él reciban la salvación.

Como ocurre con los sinópticos, así también pasa con el *Evangelio según Juan.* Cada uno de las narraciones se orientan hacia el fin que el autor humano tenía cuando los escribió. La Pasión según Mateo se desarrolla con el fin de presentar a Jesús que cumple las promesas divinas hechas a Israel por medio del Mesías. Para Marcos, se conduce para que todos, como el centurión romano, crean que Jesús es el Hijo de Dios. Lucas presenta a Jesús como el vencedor sobre el poder de las tinieblas, para dar victoria en Él a todo el que crea. En Juan ocurre algo distinto. Comenzó el relato con la gloria que el Verbo tiene eternamente en el seno divino, para llegar a la Pasión presentando en cada paso de ella hasta alcanzar la muerte, la misma grandeza de la gloria de quien siendo Dios se hace hombre voluntariamente para dar, de la misma manera, Su vida por los hombres. La Pasión es, esencialmente, el acontecimiento que tiene que ver con *el enviado del Padre*, al que continuamente menciona de este modo en el relato que antecede. Es el epílogo de una obra realizada a la perfección por el Hijo enviado, que por ella vuelve al Padre que se la había encomendado. Es el final del tiempo humano de una *historia* divina en la que el principio se presenta como la *salida* de Dios, de la segunda Persona Divina, y el término, el *regreso* del enviado. Por eso, Juan recoge la última palabra del que fue levantado en la Cruz, no como el grito desgarrador de uno que muere, sino el de victoria de Dios que triunfa sobre la muerte.

Hay también una distinción interesante en el relato de Juan, que intercala notas cronológicas, diciendo que el arresto se hizo de noche y que la negación de Pedro ocurrió antes de que cante el gallo (v. 27); puntualiza también que el juicio contra Jesús comenzó de noche, antes del amanecer (v. 28); precisa también el tiempo como fecha del comienzo de la celebración de la *fiesta de la Pascua* (vv. 28-29). Introduce precisiones topográficas, como situar el huerto donde estuvo con los discípulos *al otro lado* del torrente del Cedrón (v. 1); la resistencia de Pilato (v. 28); el lugar del juicio romano en el pretorio (v. 28). Añade también datos de interés histórico. No deja de relacionar a los dos sumos sacerdotes y establecer entre ellos el parentesco familiar que tenían (v. 13); quien era el sumo sacerdote aquel año (v. 13); hace notar que los judíos no entraron al pretorio para no contaminarse (v. 28). No se ha separado ni un ápice de la última parte del *Evangelio*, de modo que esto no es otra cosa que la continuación del contexto de la persecución del Mesías por los judíos.

En tiempos del escrito no se cuestionaba tanto la humanidad de Cristo, como la deidad que los cristianos predicaban. Por esa razón Juan destaca a lo largo del relato de la Pasión, que Jesús es Dios, manifestándolo al presentarlo como *quien se entrega* voluntariamente. El lector no está ante un escrito de tragedia en la que un hombre bueno es muerto por malvados, sino la ejecución del programa divino por el que había sido enviado el mundo, que se cumple, no cuando los hombres quieren, sino cuando llegó la hora soberanamente establecida por Dios. De este modo se aprecia que no es Judas o las autoridades judías, o el tribuno romano los dueños de la situación, sino que es Él, quien controla cuanto ocurre. Es Jesús quien interroga a sus enemigos y estos caen a tierra delante de Él. Es la continuación de lo que Jesús había dicho que sabía que había llegado la hora. Todo esto es el testimonio del testigo presencial de los acontecimientos, que orienta todos ellos para que alcancen significado para la fe. Por tanto, el interés de Juan no está en recordar el sufrimiento del presente como cumplimiento de las Escrituras, aunque las cita y lo recuerda, sino una proyección más allá de estos hechos, hacia la salvación y la vida que surge de la obra redentora, propósito principal del *Evangelio*. La Cruz es el cumplimiento del tipo de la serpiente que Moisés levantó en el desierto para que quien crea no se pierda mas tenga vida eterna (3:14).

Un dato a destacar es la omisión total que Juan hace de la agonía de Getsemaní, si bien hay una referencia a las palabras de la oración de Jesús, al hablar de la copa que había de beber (v. 11). No entraba en el propósito del evangelio el relato de Getsemaní, por lo que no figura en el texto que se considera.

En el pasaje se aprecian tres divisiones principales: Primeramente el prendimiento de Jesús (vv. 1-11). En segundo lugar la comparecencia ante Anás y luego ante Caifás (vv. 12-27). Finalmente el comienzo de la intervención judicial romana con la entrega del prisionero a Pilato, el gobernador romano (vv. 28-40).

Para el análisis del texto bíblico se sigue el *bosquejo* que se da en la *introducción*, como sigue:

VI. Crucifixión del Verbo encarnado (18:1-19:42).

1. El arresto de Jesús (18:1-11).
2. Jesús juzgado (18:12-19:42).
    - 2.1. Ante Anás (18:12-23).
    - 2.2. Ante Caifás (18:24-27).
    - 2.3. Ante Pilato (18:28-19:16).
        - 2.3.1. Acusaciones (18:28-32).
        - 2.3.2. Diálogo con Jesús (18:33-37).
        - 2.3.3. Jesús y Barrabás (18:38-40).

VI. Crucifixión del Verbo encarnado (18:1-19:42).

El arresto de Jesús (18:1-11).

1. Habiendo dicho Jesús estas cosas, salió con sus discípulos al otro lado del torrente de Cedrón, donde había un huerto, en el cual entró con sus discípulos.

Ταῦτα εἰπὼν ʼΙησοῦς ἐξῆλθεν σὺν τοῖς μαθηταῖς αὐτοῦ
Estas cosas habiendo dicho, Jesús salió con los discípulos de Él
πέραν τοῦ χειμάρρου τοῦ Κεδρὼν ὅπου ἦν κῆπος, εἰς
al otro lado de el torrente del Cedrón, en donde había huerto, en
ὃν εἰσῆλθεν αὐτὸς καὶ οἱ μαθηταὶ αὐτοῦ.
el que entró Él y los discípulos de Él.

Notas y análisis del texto griego.

Comenzando el párrafo, escribe: Ταῦτα, caso acusativo neutro plural del pronombre demostrativo *estos*, en sentido de *estas cosas*; εἰπὼν, caso nominativo masculino singular del participio del segundo aoristo en voz activa del verbo εἶπον, forma del aoristo de λέγω, *hablar, decir*, aquí *habiendo dicho*; ʼΙησοῦς, caso nominativo masculino singular del nombre propio *Jesús*; ἐξῆλθεν, tercera persona singular del segundo aoristo de indicativo en voz activa del verbo ἐξέρχομαι, *salir, proceder, irse*, aquí *salió*; σὺν, preposición propia de dativo *con*; τοῖς, caso dativo masculino plural del artículo determinado *los*; μαθηταῖς, caso dativo masculino plural del nombre común *discípulos*; αὐτοῦ, caso genitivo masculino de la tercera persona singular del pronombre personal declinado *de Él*; πέραν, preposición propia de genitivo *al otro lado de*; τοῦ, caso genitivo masculino singular del artículo determinado *el*; χειμάρρου, caso genitivo masculino singular del nombre común *torrente*; τοῦ, caso genitivo masculino singular del artículo determinado declinado *del*; Κεδρὼν, caso genitivo masculino singular del nombre propio *Cedrón*; ὅπου, adverbio de lugar *en donde*; ἦν, tercera persona singular del imperfecto de indicativo en voz activa del verbo εἰμί, *ser, estar, haber*, aquí *había*; κῆπος, caso nominativo masculino singular del nombre común *huerto, jardín, vergel*; εἰς, preposición propia de acusativo *en*; ὃν, caso acusativo masculino singular del pronombre relativo *el que*; εἰσῆλθεν, tercera persona singular del aoristo segundo de indicativo en voz activa del verbo εἰσέρχομαι, *entrar*, aquí *entró*; αὐτὸς, caso nominativo masculino de la tercera persona singular del pronombre intensivo *él*; καὶ, conjunción copulativa *y*; οἱ, caso nominativo masculino plural del artículo determinado *los*; μαθηταὶ, caso nominativo masculino plural del nombre común *discípulos*; αὐτοῦ, caso genitivo masculino singular del pronombre personal declinado *de él*.

Ταῦτα εἰπὼν ʼΙησοῦς ἐξῆλθεν σὺν τοῖς μαθηταῖς αὐτοῦ πέραν τοῦ χειμάρρου τοῦ Κεδρὼν ὅπου ἦν κῆπος, Jesús había suspendido la conversación en la cena para decir a los discípulos *"levantaos, vamos de aquí"* (14:31). Posiblemente todos en pie siguió el Señor hablándoles de los temas dispuestos en los capítulos anteriores. Luego viene la oración. Seguidamente Juan hace referencia a que por fin salieron del lugar donde habían cenado, para dirigirse a la parte baja de la ciudad y atravesar el torrente de Cedrón. El término χειμάρρος, es en realidad un adjetivo que con el tiempo se emplea como sustantivo, pero que en origen significaba *invernal*. Aquí toma el sentido de *torrente*, o *arroyo*, el pequeño regato que solo lleva agua en invierno. Ese torrente discurría por la parte este de Jerusalén. De ordinario estaba sin agua. Se le llamaba también *torrente negro*, y descendía por el valle de Josafat. Nacía al Noroeste de Jerusalén, bordeando los muros de la ciudad, para dirigirse hacia el sur entre el monte Moria y el de los Olivos, donde se hace muy estrecho. Posiblemente David huyó por ese lugar cuando fue traicionado por su hijo Absalón (2 S. 15:23, 30). Cerca de la puerta llamada hoy de San Esteban, en la reconstrucción por Solimán de las murallas de Jerusalén, hay un puente de un solo arco que cruza el Cedrón y que inicia el camino *corto* hacia Betania. Por ahí pasaban con frecuencia Jesús y sus discípulos cuando entraban y salían de Jerusalén, en su camino hacia el Monte de los Olivos y Betania. Según el Talmund, la sangre de los animales sacrificados en el Templo, así como las residuales de la ciudad, se vertían en el torrente, que luego se vendían como abono a los agricultores. Las riveras de Cedrón se habían convertido en cementerio donde había muchas tumbas.

εἰς ὃν εἰσῆλθεν αὐτὸς καὶ οἱ μαθηταὶ αὐτοῦ. Jesús y los once discípulos debieron caminar por las calles de Jerusalén, hasta el torrente, desiertas en aquella noche en que se celebraba la cena de la Pascua. Luego de cruzar el torrente, el camino hacia Betania se convertía en una cuesta que ascendía por el Monte de los Olivos. Juan dice que en esa subida, por supuesto bastante antes de llegar a la población donde vivía la familia de Lázaro, había *"un huerto"*. No da el nombre, pero sin duda alguna se trataba de Getsemaní. Ese lugar perdura todavía hoy, y en él se encuentran ocho olivos centenarios que pueden ser retoños de los de entonces.

2. Y también Judas, el que le entregaba, conocía aquel lugar, porque muchas veces Jesús se había reunido allí con sus discípulos.

῎Ηιδει δὲ καὶ ᾿Ιούδας ὁ παραδιδοὺς αὐτὸν τὸν τόπον, ὅτι
Y sabía también Judas el que entregaba le el lugar, porque
πολλάκις συνήχθη ᾿Ιησοῦς ἐκεῖ μετὰ τῶν μαθητῶν αὐτοῦ.
muchas veces se reunió Jesús allí con los discípulos de Él.

Notas y análisis del texto griego.

Continuando el relato, escribe: Ἤιδει, tercera persona plural del pluscuamperfecto de indicativo en voz activa del verbo οἶδα, *saber, entender, conocer*, aquí *sabía*; δὲ, partícula conjuntiva que hace las veces de conjunción coordinante, con sentido de *pero, más bien, y, y por cierto, antes bien*; καὶ, conjunción copulativa *y*; Ἰούδας, caso nominativo masculino singular del nombre propio *Judas*; ὁ, caso nominativo masculino singular del artículo determinado *el*; παραδιδοὺς, caso nominativo masculino singular del participio de presente en voz activa del verbo παραδίδωμι, *entregar, traicionar, apresar*, aquí *que entrega*; αὐτὸν, caso acusativo masculino de la tercera persona singular del pronombre personal declinado *a Él, le*; τὸν, caso acusativo masculino singular del artículo determinado *el*; τόπον, caso acusativo masculino singular del nombre común *lugar, sitio*; ὅτι, conjunción causal *pues, porque*; πολλάκις, adverbio de tiempo *muchas veces, frecuentemente*; συνήχθη, tercera persona singular del aoristo primero de indicativo en voz pasiva del verbo συνάγω, *reunir, congregar, recoger*, aquí *se reunió*; Ἰησοῦς, caso nominativo masculino singular del nombre propio *Jesús*; ἐκεῖ, adverbio de lugar *allí*; μετὰ, preposición propia de genitivo *con*; τῶν, caso genitivo masculino plural del artículo determinado *los*; μαθητῶν, caso genitivo masculino plural del nombre común *discípulos*; αὐτοῦ, caso genitivo masculino de la tercera persona singular del pronombre personal declinado *de Él*.

Ηιδει δὲ καὶ Ἰούδας ὁ παραδιδοὺς αὐτὸν τὸν τόπον, El lugar tranquilo y recogido, propio para la enseñanza y la oración, donde tantas veces Jesús se había reunido con los suyos, se convierte esa noche en el lugar de la angustia, la agonía, los profundos lamentos, las lágrimas y la tristeza mortal, que Jesús experimenta (He. 5:7). Juan guarda silencio en cuanto a la agonía de Getsemaní. Hemos de acudir a los sinópticos para ese relato. De ese lugar sólo hace notar Juan el conocimiento que Judas, *el que le entregó*, tenía de él.

"ὅτι πολλάκις συνήχθη Ἰησοῦς ἐκεῖ μετὰ τῶν μαθητῶν αὐτοῦ. El jardín, o el huerto, era un lugar favorito para Jesús (Lc. 21:37). Jesús no se esconde para evitar que el traidor lo localice, sino que va al sitio conocido porque Su *hora* había llegado. El mismo había dicho a Judas que lo que iba a hacer lo hiciese con celeridad (13:27). El Hijo del Hombre iba conforme a lo establecido por Dios, pero la responsabilidad personal de Judas es de una dimensión incalculable. No se trata del cumplimiento de la profecía que anunciaba la entrega de Jesús. Sin duda esa profecía se cumplía en aquellos momentos, pero no suponía que Dios hubiese elegido a Judas desde la eternidad para que fuese el instrumento que entregase a Su Hijo, no dándole opción alguna para que no lo hiciese. Simplemente la profecía anunciaba lo que iba a suceder refiriéndose a quien era instrumento de Satanás, porque nunca había creído. La acción de Judas adquiere una mayor repugnancia, al conocer bien el lugar donde estaría Jesús con los suyos.

3. Judas, pues, tomando una compañía de soldados, y alguaciles de los principales sacerdotes y de los fariseos, fue allí con linternas y antorchas, y con armas.

ὁ οὖν Ἰούδας λαβὼν τὴν σπεῖραν καὶ ἐκ τῶν
- Entonces Judas tomó la compañía de soldados y de los
ἀρχιερέων καὶ ἐκ τῶν Φαρισαίων ὑπηρέτας ἔρχεται
principales sacerdotes y de los fariseos alguaciles viene
ἐκεῖ μετὰ φανῶν καὶ λαμπάδων καὶ ὅπλων.
allí con lámparas y antorchas y armas.

Notas y análisis del texto griego.

Continuando el relato, escribe: ὁ, caso nominativo masculino singular del artículo determinado *el*; οὖν, conjunción continuativa *pues, entonces*; Ἰούδας, caso nominativo masculino singular del nombre propio *Judas*; λαβὼν, caso nominativo masculino singular del participio del segundo aoristo en voz activa del verbo λαμβάνω, *tomar*, aquí *tomó*; τὴν, caso acusativo femenino singular del artículo determinado *la*; σπεῖραν, caso acusativo femenino singular del nombre común *compañía de soldados, cuerpo de tropa*; καὶ, conjunción copulativa *y*; ἐκ, preposición propia de genitivo *de*; τῶν, caso genitivo masculino plural del artículo determinado *los*; ἀρχιερέων, caso genitivo masculino plural del nombre común *principales sacerdotes*; καὶ, conjunción copulativa *y*; ἐκ, preposición propia de genitivo *de*; τῶν, caso genitivo masculino plural del artículo determinado *los*; Φαρισαίων, caso genitivo masculino plural del nombre propio *fariseos*; ὑπηρέτας, caso acusativo masculino plural del nombre común *esclavos, siervos, alguaciles*; ἔρχεται, tercera persona singular del presente de indicativo en voz media del verbo ἔρχομαι, *venir*, aquí *viene*; ἐκεῖ, adverbio de lugar *allí*; μετὰ, preposición propia de genitivo *con*; φανῶν, caso genitivo masculino plural del nombre común *luz, lámpara, antorcha, linterna*; καὶ, conjunción copulativa *y*; λαμπάδων, caso genitivo femenino plural del nombre común *antorcha, lámpara*; καὶ, conjunción copulativa *y*; ὅπλων, caso genitivo neutro plural del nombre común *armas*.

ὁ οὖν Ἰούδας λαβὼν. Judas había llegado a un acuerdo con los sacerdotes de entregarles a Jesús. Ellos podían haberlo prendido por sus medios sin depender de él, pero temían causar un tumulto en la fiesta, donde la ciudad estaba saturada de personas que venían de todos los lugares para la celebración. Es muy probable que el compromiso de Judas consistiese en entregarlo sin que hubiese gente delante. El momento mejor era la noche de la cena pascual, cuando la ciudad estaba prácticamente desierta por esa celebración.

τὴν σπεῖραν καὶ ἐκ τῶν ἀρχιερέων καὶ ἐκ τῶν Φαρισαίων ὑπηρέτας ἔρχεται ἐκεῖ μετὰ φανῶν καὶ λαμπάδων καὶ ὅπλων. Judas conducía un grupo, posiblemente numeroso de personas, preparado para prender a Jesús. Posiblemente este grupo pasó antes por donde se había celebrado la cena, que con mucha probabilidad fue el aposento alto en la casa de Juan Marcos. Aquella comitiva irrumpiendo allí pudo muy bien haber despertado al joven y avivada su curiosidad, de modo que cubriéndose con una sábana, siguió a los que vinieron a su casa. Al no encontrarle allí, no podía, para el conocimiento de Judas, haber otro lugar que Getsemaní, a donde condujo con premura a la compañía que había venido con él para prender a Jesús. Dice que había una *compañía*, usando la palabra σπεῖρα, que en griego se refiere siempre a un cuerpo de ejército. La organización militar romana en relación con territorios ocupados como el caso de Palestina, se llamaba *cohorte* y se componía de seiscientos hombres. Generalmente σπεῖρα, *compañía*, estaba integrada por un tercio de la cohorte, unos doscientos soldados. En Palestina había cinco cohortes y una de ellas residía en Jerusalén. Si la cohorte era de tropas auxiliares, no solo de legionarios, como era el caso de Jerusalén, se componía de mil hombres, doscientos cuarenta de a caballo y setecientos sesenta de a pie, mandada por un *tribuno militum* (v. 12). No se puede suponer que Juan hable aquí de todo el cuerpo de ejército, sino de un pequeño destacamento de tropas y un oficial. Con ellos venían también *alguaciles*, miembros de la policía del templo, que estaba controlada por los principales sacerdotes y los fariseos que pertenecían al Sanedrín. Un grupo importante de gente se alumbraba llevando *lámparas*, que eran normalmente recipientes de barro con aceite que alimentaba una mecha, otros portaban *antorchas*, generalmente *teas*, construidas con madera resinosa. Además llevaban *armas*. No cabe duda que era parte del equipamiento de la *tropa*, pero, los *alguaciles*, guardias del Templo, solían llevar como armamento garrotes o bastones fuertes. En ocasiones muy especiales podían llevar algún tipo de arma. Los sinópticos hacen notar este tipo de armamento en manos de los *alguaciles* (Mr. 14:43). Algunos críticos hablan de un error en cuanto a la composición de los que acompañaban a Judas, insistiendo en que no era posible que los soldados romanos participasen en intrigas religiosas. Pero, se olvidan, que la acusación que se hacía circular entre los romanos, incluyendo al gobernador, es que Jesús pretendía proclamarse *Rey de los judíos*, por tanto era un sedicioso que podía promover una revuelta en la ciudad. Eso permitía o, tal vez incluso, exigía que se proveyese de fuerzas militares romanas para prender a Jesús. Según los sinópticos entre los que iban con Judas había siervos del sumo sacerdote. La noche tenía que ser clara, puesto que se trataba de luna llena que siempre coincidía con la Pascua, sin embargo, las antorchas y las luces no solo servían para alumbrar el camino, sino incluso para buscar a Jesús si este se escondiese. La acción contra Jesús tenía que ser conocida por Pilato, para permitir que fuerzas de la cohorte de Jerusalén, actuasen aquella noche. Sorprende la contradicción entre el mundo, gobernado por el príncipe del poder del aire, Satanás, y Jesús. Aquellos buscaban con antorchas a quien es la *luz del mundo*, y venían con armas para hacer prisionero al *Príncipe de Paz*. Se abre la infamia de todo el proceso que condenará a muerte a Cristo. Los jueces de Israel puestos para administrar justicia y defender al inocente, envían un grupo armado para prender al Mesías, el enviado de Dios.

Dirigido por Judas, el grupo, como se dice antes, era enviado por los principales sacerdotes y por los fariseos, personas vinculadas generalmente con la familia del sumo sacerdote y que conforme a lo que Dios había determinado debían decidir en cuestiones legales sobre lo que Él establecía en cada caso difícil, enseñando también la ley al pueblo. Éstos formaban, con otros que no habían tomado parte en esto, los jueces de la nación como miembros del Sanedrín, llamados a ejecutar justicia. Todos los principales de Israel sabían que Jesús era el Mesías por las señales que hacía (3:2). Estos envían a sus sicarios para prender al verdadero Mesías, acusarlo y matarlo. Una acción semejante es un agravio contra las normas más elementales de la conducta judicial, convirtiendo a la misma persona en fiscal y juez. Pero, todavía más, la sentencia estaba dictada y el procedimiento de ejecución resuelto mucho antes de oír al acusado. La única razón para aquel atropello era que Jesús se oponía al sistema religioso que ellos habían establecido.

Así ha ocurrido siempre y sigue ocurriendo hoy. Los líderes religiosos se levantarán y lucharán con todos sus medios contra quien se atreva a tocar el entramado de su sistema. No importa que haya que cometer atropellos en injusticia, lo importante es liberarse de quienes pueden descomponer la estructura sobre la que se sustentan. Acusaciones mentirosas, difamación y calumnias, sirven siempre al propósito de quienes se presentan como defensores de la verdad y custodios de la fe. Sin embargo, no reconocen el atropello espiritual que cometen porque sus conciencias están cauterizadas por su propio pecado. El odio se adueña de sus corazones y las raíces de amargura nacen en ellos, amargando sus vidas y convirtiéndolos en instrumentos en manos de Satanás. Con rostros de aparente tristeza y palabras llenas de hipócritas expresiones, justificarán sus actos engañando a quienes quieran oírlos como una necesaria acción contra quienes se desvían de la fe. Es algo que ocurría con los que enviaban a buscar a Jesús para prenderlo. ¿Qué fue de la cena pascual para estos? No cabe duda que tenían un asunto más grave y urgente que cumplir que justificaba no ser fieles a lo que Dios establecía en Su Palabra. Los religiosos son generalmente así; antes de nada es su propósito y su plan, luego las virtudes y prácticas piadosas propias de la religión. Aquella era la noche en que se conmemoraba la acción de la gracia divina en la liberación del pueblo de la esclavitud de Egipto, un tiempo en que se practicaba la misericordia con los necesitados, en ese tiempo, los responsables de la nación y los jueces del pueblo planeaban la muerte de un inocente, que lleno de gracia había venido para favorecer al pueblo, sanar los enfermos y liberar a quienes eran oprimidos del demonio (Hch. 10:38).

4. Pero Jesús, sabiendo todas las cosas que le habían de sobrevenir, se adelantó y les dijo: ¿A quién buscáis?

’Ιησοῦς οὖν εἰδὼς πάντα τὰ ἐρχόμενα ἐπ’ αὐτὸν ἐξῆλθεν
Jesús, pues, sabiendo todas las cosas las que vienen sobre Él salió
καὶ λέγει αὐτοῖς· τίνα ζητεῖτε
y dice les: ¿A quién buscáis?

Notas y análisis del texto griego.

Sigue el relato con: ’Ιησοῦς, caso nominativo masculino singular del nombre propio *Jesús*; οὖν, conjunción continuativa *pues*; εἰδὼς, caso nominativo masculino singular del participio del perfecto en voz activa del verbo οἶδα, *saber, conocer, entender*, aquí *sabiendo*; πάντα, caso acusativo neutro plural del adjetivo indefinido *todos*, en sentido de *todas las cosas*; τὰ, caso acusativo neutro plural de artículo determinado *los*; ἐρχόμενα, caso acusativo neutro plural del participio de presente en voz media del verbo ἔρχομαι, *venir*, aquí *que vienen*; ἐπ’, forma que adopta la preposición de acusativo ἐπί, con el grafismo por elisión de la ι final ante vocal o diptongo sin aspiración, que equivale a *por, sobre*; αὐτὸν, caso acusativo masculino de la tercera persona singular del pronombre personal *Él*; ἐξῆλθεν, tercera persona singular del segundo aoristo de indicativo en voz activa del verbo ἐξέρχομαι, *salir*, aquí *salió*; καὶ, conjunción copulativa *y*; λέγει, tercera persona singular del presente de indicativo en voz activa del verbo λέγω, *hablar, decir*, aquí *dice*; αὐτοῖς, caso dativo de la tercera persona plural del pronombre personal declinado *a ellos, les*; τίνα, caso acusativo masculino singular del pronombre interrogativo declinado *a quién*; ζητεῖτε, segunda persona plural del presente de indicativo en voz activa del verbo ζητέω, *buscar, querer*, aquí *buscáis*.

’Ιησοῦς οὖν εἰδὼς πάντα τὰ ἐρχόμενα ἐπ’ αὐτὸν Nuevamente Juan reconduce el relato para centrarlo en Jesús. No le interesa que el lector desvíe su atención hacia el traidor, o el grupo que conducía, a la composición de ellos o cualquier otra cosa, le interesa que todos centren su atención en Jesús. Por esa razón advierte al lector que todo aquello era conocido por Él. Que no había nada en todo lo que iba a suceder que no estuviese bajo Su control. Juan hace notar que Él conocía *todo lo que venía sobre Él.* Nada escapaba a Su conocimiento, comunicado por la Persona Divina en quien subsistía Su humanidad. El Señor sabía *lo que le iba a suceder*, de otro modo en lenguaje más coloquial, *lo que le venía encima.*

ἐξῆλθεν καὶ λέγει αὐτοῖς· No hay temor alguno, no hay ni un ápice de inquietud. El Señor que estuvo orando en Getsemaní, se siente como en Su casa a la que viene un grupo. Se levantó de donde estaba con los discípulos. A estos les había dicho que podían dormir y descansar un poco. Luego les despertó con firmeza anunciándoles la venida de Judas con el grupo dispuesto a prenderle. Ahora sale al encuentro de ellos. Él toma siempre la iniciativa. Va a entregarse voluntariamente, pero ha de hacerles notar que no son ellos los que pueden prenderle, sino que es Él quien se entrega voluntariamente. Mientras que cuando las multitudes vinieron para hacerle rey, Él se retiró a un lugar aparte sólo (6:15), ahora que se acerca la Cruz con todo lo que conllevaba, no hay resistencia, sólo entrega voluntaria.

τίνα ζητεῖτε. La pregunta es sencilla y clara: *"¿A quién buscáis?"*. Es una pregunta directa, que Juan registra tres veces en el *Evangelio*. Primero a los discípulos de Juan que le seguían (1:38), aquí a quienes venían para prenderle, más adelante, luego de la resurrección, a María magdalena (20:15). ¿Cuándo tuvo lugar el beso de Judas, señal convenida para identificarlo ante los que venían para prenderle? Según Taciano, en el *Diatesseron*[1] ocurrió inmediatamente antes de estas palabras. No cabe duda que es mera especulación, sin garantía bíblica.

5. Le respondieron: A Jesús nazareno. Jesús les dijo: Yo soy. Y estaba también con ellos Judas, el que le entregaba.

ἀπεκρίθησαν αὐτῷ· Ἰησοῦν τὸν Ναζωραῖον. λέγει αὐτοῖς[1]· ἐγώ
Respondieron le: A Jesús el nazareno. Dice les: Yo
εἰμι[2]. εἱστήκει δὲ καὶ Ἰούδας ὁ παραδιδοὺς αὐτὸν μετ' αὐτῶν.
soy. Y estaba también Judas el que entregaba le con ellos.

[1] Armonía de los cuatro evangelios escrita por él.

Notas y análisis del texto griego.

Sin interrupción en el relato, añade: ἀπεκρίθησαν, tercera persona plural del aoristo primero de indicativo en voz pasiva del verbo ἀποκρίνομαι, *responder, replicar, contestar, tomar la palabra*, aquí *respondieron*; αὐτῷ, caso dativo de la tercera persona singular del pronombre personal declinado *a él, le*; Ἰησοῦν, caso acusativo masculino singular del nombre propio declinado *a Jesús*; τὸν, caso acusativo masculino singular del artículo determinado *el*; Ναζωραῖον, caso acusativo masculino singular del nombre propio *nazareno*, en sentido *de Nazaret*; λέγει, tercera persona singular del presente de indicativo en voz activa del verbo λέγω, *hablar, decir*, aquí *dice*; αὐτοῖς, caso dativo masculino de la tercera persona plural del pronombre personal declinado *a ellos, les*; ἐγώ, caso nominativo de la primera persona singular del pronombre personal *yo*; εἰμι, primera persona singular del presente de indicativo en voz activa del verbo εἰμί, *ser, estar*, aquí *soy*; εἱστήκει, tercera persona singular del pluscuamperfecto de indicativo en voz activa del verbo ἵστημι, en la acepción de *estar en pie, estar*, aquí *estaba*; δὲ, partícula conjuntiva que hace las veces de conjunción coordinante, con sentido de *pero, más bien, y, y por cierto, antes bien*; καὶ, adverbio de modo *también*; Ἰούδας, caso nominativo masculino singular del nombre propio *Judas*; ὁ, caso nominativo masculino singular del artículo determinado *el*; παραδιδοὺς, caso nominativo masculino singular del participio de presente en voz activa del verbo παραδίδωμι, *entregar, traicionar, apresar*, aquí *que entrega*; αὐτὸν, caso acusativo masculino de la tercera persona singular del pronombre personal declinado *a él, le*; μετ', forma escrita por elisión de la α final ante vocal con espíritu suave de la preposición de genitivo μετά, *con*; αὐτῶν, caso genitivo masculino de la tercera persona plural del pronombre personal *ellos*.

Crítica Textual. Lecturas alternativas.

[1] λέγει αὐτοῖς, *les dice*, lectura atestiguada en $\mathfrak{p}^{60}$, B, D, it, sir[s], pbo

λέγει αὐτοῖς ὁ Ἰησοῦς, *les dice Jesús*, según se lee en ℵ, A, C, K, K, N, W, Γ, Δ, Θ, Ψ, $f^{1, 13}$, 33, 565, 579, 700, 892[s], 1241, 1424, 844, 𝔐, lat, sir[p, h], sa, ly, bo.

[2] Se añade Ἰησοῦς, *Jesús*, en B.

ἀπεκρίθησαν αὐτῷ· Ἰησοῦν τὸν Ναζωραῖον. A la pregunta de Jesús sigue la respuesta de quienes venía a buscarle. No dice quien respondió, pero sí la respuesta. Aquellos buscaban a Jesús, *el de Nazaret*, de ahí nuestra traducción Jesús nazareno. Era una forma muy habitual para identificarle. Para Sus enemigos era una forma despectiva para negar que fuese el Mesías. No tenían ordenes de actuar contra ninguno de los otros, solo querían a Jesús. Debía ser fácilmente identificable para muchos de los presentes. La guardia del templo tuvo que haberlo visto en el recinto del santuario hablando a la gente y, probablemente habrían presenciado alguna de las discusiones con los fariseos.

λέγει αὐτοῖς· ἐγώ εἰμι. La contestación de Jesús no podía ser más breve ni mas clara: *Yo soy*. No se puede afirmar que Jesús estuviera refiriéndose al *Yo soy* divino, por el que en ocasiones habían querido apedrearlo. Es la respuesta natural, si buscáis a Jesús nazareno, Yo soy.

εἱστήκει δὲ καὶ ᾿Ιούδας ὁ παραδιδοὺς αὐτὸν μετ᾽ αὐτῶν. Hay una nueva referencia a Judas, *el que le entregaba*. Había venido con los enemigos de Cristo. ¿Pensaba acaso que Jesús iba a librarse de ellos y que como en otras ocasiones no podrían prenderlo? Es posible. De ese modo se ganaría el dinero que los sacerdotes le habían dado por el repugnante trabajo y no habría ocurrido nada más. Pero, esta reiteración aquí, tiene importancia con el versículo siguiente.

6. Cuando les dijo: Yo soy, retrocedieron, y cayeron a tierra.

ὡς οὖν εἶπεν αὐτοῖς· ἐγώ εἰμι, ἀπῆλθον εἰς τὰ ὀπίσω καὶ
Cuando, pues, dijo les: Yo soy, retrocedieron y
ἔπεσαν χαμαί.
Cayeron al suelo.

Notas y análisis del texto griego.

Sigue el relato: ὡς, es también conjunción temporal *cuando*; οὖν, conjunción continuativa *pues*; εἶπεν, tercera persona singular del segundo aoristo de indicativo en voz activa del verbo εἶπον, forma del aoristo de λέγω, *hablar, decir*, aquí *dijo*; αὐτοῖς, caso dativo masculino de la tercera persona plural del pronombre personal declinado *a ellos, les*; ἐγώ, caso nominativo de la primera persona singular del pronombre personal caso nominativo de la primera persona singular del pronombre personal *yo*; εἰμι, primera persona singular del presente de indicativo en voz activa del verbo εἰμί, *ser, estar*, aquí *soy*; ἀπῆλθον, tercera persona plural del aoristo segundo de indicativo en voz activa del verbo ἀπέρχομαι, *irse*, aquí *se fueron*; εἰς, preposición propia de acusativo *para*; τὰ, caso acusativo neutro plural del artículo determinado *los*; ὀπίσω, adverbio de lugar *atrás*; el sentido de las cuatro palabras es el de *retrocedieron*; καὶ, conjunción copulativa *y*, ἔπεσαν, tercera persona plural del aoristo segundo de indicativo en voz activa del verbo πίπτω, *derrumbarse, caerse*, aquí *cayeron*; χαμαί, adverbio *a tierra, al suelo, por tierra*.

ὡς οὖν εἶπεν αὐτοῖς· ἐγώ εἰμι, ἀπῆλθον εἰς τὰ ὀπίσω καὶ ἔπεσαν χαμαί. Los críticos quieren explicar la caída de todos aquellos como una manifestación de respeto al nombre bíblico de Jehová, *Yo soy*. Pero nada más absurdo que esto, puesto que si pudiera ser que los religiosos judíos lo hicieran, no lo harían nunca los idólatras romanos. La única explicación bíblica a este hecho es que Jesús responde desde su condición divina, usando el *Yo soy*, como respuesta absoluta a la respuesta de la turba que respondía a la pregunta de a quien buscaban, como a *Jesús nazareno*. La respuesta trajo una inmediata consecuencia. Todos los presentes retrocedieron y cayeron a tierra. La construcción gramatical con el verbo ἀπέρχομαι, con sus múltiples acepciones, tiene también la de irse, moverse, que unido con el adverbio ὀπίσω, literalmente *atrás*, pudiera dar a entender que aquellos todos cayeron para atrás, al suelo. Sin embargo debe entenderse como dos movimientos que produjeron las palabras de Jesús. Inmediatamente pronunciadas, todo el grupo retrocedió y fueron postrados en tierra. Era la forma propia de manifestarse delante de Jehová.

La reacción aquí es bien distinta a otras veces en que Jesús usó esta fórmula, *Yo soy*, para referirse a Él, delante de la gente. Cuando lo hizo causó la furia de Sus enemigos que *tomaron piedras para arrojárselas* (8:59). Aquí no hay reacción alguna, más que una manifestación, pudiera decirse obligada, de adoración y acatamiento. El *Yo soy* en labios de Jesús adquiere un valor divino, equivalente al Yo soy de Dios en el Antiguo Testamento (cf. Dt. 32:39; Is. 41:4; 48:12).

Juan pone de manifiesto que Jesús es Aquel que presentó desde el inicio del *Evangelio*, como el Verbo eterno, en unidad con el Padre, creador y sustentador de todo, que fue enviado al mundo para la obra de salvación, pero que aunque revestido de humanidad, era Emanuel, Dios con nosotros. El había pedido la gloria que tenía con el Padre antes de la creación del mundo (17:5). Luego de la resurrección confirma aquella gloria, diciendo a los apóstoles que había recibido toda autoridad en cielos y tierra (Mt. 28:18). Años después escribiría el apóstol Pablo, diciendo que Cristo había recibido el nombre que es sobre todo nombre, bajo cuya autoridad se doblarían las rodillas de todos los que están en el cielo, en la tierra y debajo de la tierra, para confesar que *Jesús es el Señor* (Fil. 2:9-11). He ahí el anticipo de esa verdad. Los enemigos de Jesús tienen que doblar sus rodillas, pero, todavía más, Judas también cae a tierra. Aparentemente no tiene más importancia que el hecho de la caída de aquel que dirigía al grupo contra Jesús. Pero no se debe olvidar que Judas era poseído por Satanás, que había entrado en su corazón y controlaba su alma (13:27). El príncipe del poder del aire, el rey de este mundo, quien va a conducir en sus propósitos homicidas a la gente bajo su control para levantarse contra el Hijo de Dios, no puede impedir que su hijo, Judas, doble sus rodillas y se postre en tierra, reconociendo en silencio pero con esa forma que *Jesús es el Señor*. El título Señor es la traducción griega de Jehová, el Dios de la gloria, por tanto, reconoce aunque incrédulo que aquel que está en el huerto, que va a ser prendido es Dios manifestado en carne.

El acontecimiento tiene una gran importancia, puesto que si tuvieron que retroceder y caer a tierra delante de Jesús, significa que Él hubiera podido hacer con ellos cuanto le pareciera. No podían sus fuerzas contra Él. Nada había en ellos que pudiera imponerse a la voluntad del Hijo de Dios. El que había dicho que nadie le quitaba la vida (10:17-18), sino que la ponía voluntariamente estaba haciendo visible delante de todos Su poder personal, que controlaba todos los acontecimientos. Esto es también un anticipo de lo que Juan escribirá en el Apocalipsis, en donde presenta a los implacables enemigos de Jesús, que en el día de la *"ira del Cordero"*, darán gloria al Dios del cielo, muy a su pesar, y sin que signifique arrepentimiento (Ap. 6:15-17; 9:20-21; 11:13).

7. Volvió, pues, a preguntarles: ¿A quién buscáis? Y ellos dijeron: A Jesús nazareno.

πάλιν	οὖν	ἐπηρώτησεν	αὐτούς·	τίνα	ζητεῖτε	οἱ δὲ	εἶπαν·
Nuevamente,	pues,	preguntó	les:	¿A quién	buscáis?	Y ellos	dijeron:
Ἰησοῦν	τὸν	Ναζωραῖον.					
A Jesús	el	nazareno.					

Notas y análisis del texto griego.

Se lee ahora: πάλιν, adverbio de modo *otra vez, de nuevo, nuevamente*; οὖν, conjunción continuativa *pues*; ἐπηρώτησεν, tercera persona singular del aoristo primero de indicativo en voz activa del verbo ἐπερωτάω, *preguntar, inquirir*, aquí *preguntó*; αὐτούς, caso acusativo masculino de la tercera persona plural del pronombre personal declinado *a ellos*; τίνα, caso acusativo masculino singular del pronombre interrogativo declinado *a quién*; ζητεῖτε, segunda persona plural del presente de indicativo en voz activa del verbo ζητέω, *buscar, querer*, aquí *buscáis*; οἱ, caso nominativo masculino plural del artículo determinado *ellos*; δὲ, partícula conjuntiva que hace las veces de conjunción coordinante, con sentido de *pero, más bien, y, y por cierto, antes bien*; εἶπαν, tercera persona plural del segundo aoristo de indicativo en voz activa del verbo εἶπον, forma del aoristo de λέγω, *hablar, decir*, aquí *dijeron*; Ἰησοῦν, caso acusativo masculino singular del nombre propio declinado *a Jesús*; τὸν, caso acusativo masculino singular del artículo determinado *el*; Ναζωραῖον, caso acusativo masculino singular del nombre propio *nazareno*, en sentido *de Nazaret*.

πάλιν οὖν ἐπηρώτησεν αὐτούς· τίνα ζητεῖτε οἱ δὲ εἶπαν· ’Ιησοῦν τὸν Ναζωραῖον. Posiblemente la caída de todos aquellos a tierra no duró mucho. Podemos imaginar nuevamente en pie a todos. Nuevamente Jesús formula la pregunta en el mismo sentido y forma que la vez anterior. Humanamente hablando pudiera tenerse como lo más posible que Jesús se hubiese ido o que aquellos, una vez en pie hubiesen desistido de su propósito, pero no ocurrió ni una cosa ni otra. El Señor permanecía en pie delante de ellos. A su vez la turba persistía en el cumplimiento de la misión que le habían encomendado, que era prenderlo y llevarlo ante el sumo sacerdote. Nada hay para corazones empedernidos que los conduzca al arrepentimiento. La reprobación judicial sobre Israel que se estaba cumpliendo (12:37-40).

8. Respondió Jesús: Os he dicho que yo soy; pues si me buscáis a mí, dejad ir a éstos.

ἀπεκρίθη ’Ιησοῦς· εἶπον ὑμῖν ὅτι ἐγώ εἰμι. εἰ οὖν ἐμὲ ζητεῖτε,
Respondió Jesús: Dije os que Yo soy. Si, pues, me buscáis,
ἄφετε τούτους ὑπάγειν·
dejad a éstos marcharse.

Notas y análisis del texto griego.

Continua el relato: ἀπεκρίθη, tercera persona singular del aoristo primero de indicativo en voz pasiva del verbo ἀποκρίνομαι, *responder, contestar, tomar la palabra*, aquí *respondió*; ’Ιησοῦς, caso nominativo masculino singular del nombre propio *Jesús*; εἶπον, primera persona singular del segundo aoristo de indicativo en voz activa del verbo εἶπον, forma del aoristo de λέγω, *hablar, decir*, aquí *dije*; ὑμῖν, caso dativo de la segunda persona plural del pronombre personal declinado *a vosotros, os*; ὅτι, conjunción *que*; ἐγώ, caso nominativo de la primera persona singular del pronombre personal caso nominativo de la primera persona singular del pronombre personal *yo*; εἰμι, primera persona singular del presente de indicativo en voz activa del verbo εἰμί, *ser, estar*, aquí *soy*; εἰ, conjunción afirmativa *si*; οὖν, conjunción continuativa *pues*; ἐμὲ, caso acusativo de la primera persona singular del pronombre personal declinado *a mí, me*; ζητεῖτε, segunda persona plural del presente de indicativo en voz activa del verbo ζητέω, *buscar*, aquí *buscáis*; ἄφετε, segunda persona plural del aoristo primero de imperativo en voz activa del verbo ἀφιήμι, *dejar, permitir*, aquí *dejad*; τούτους, caso acusativo masculino plural del pronombre demostrativo declinado *a estos*; ὑπάγειν, presente de infinitivo en voz activa del verbo ὑπάγω, *ir, marcharse*.

ἀπεκρίθη ’Ιησοῦς· εἶπον ὑμῖν ὅτι ἐγώ εἰμι. La majestuosidad de Jesús es grandiosa. La escena es impactante. Los discípulos, sin duda amedrentados, mientras que Él en pie, delante de todos sus enemigos, pregunta y dialoga con ellos. Sorprende que a una segunda pregunta, idéntica a la anterior, respondan sus enemigos, sin dar un paso para apresarle. Es Dios, en el control de cuanto existe y de cuanto va a producirse en lo sucesivo. No es un evento sorprendente, sino la ejecución temporal del designio eterno de Dios. Esta vez la respuesta de Jesús no produjo efecto alguno en los enemigos suyos, que no cayeron nuevamente derribados a Sus pies. Es una evidencia más de la autoridad de Jesús y prueba de que la primera vez que cayeron a tierra les fue impuesta por Dios.

εἰ οὖν ἐμὲ ζητεῖτε, ἄφετε τούτους ὑπάγειν· La autoridad de Cristo se manifiesta nuevamente. El Señor no pide para que los enemigos suyos no hagan daño a los discípulos, sino que ordena que así sea. Es interesante apreciar que el verbo ἀφιήμι, *dejar, permitir*, está en aoristo de imperativo, quiere decir que el Señor ordenaba a todos aquellos que dejasen marchar a los discípulos. Nadie puede oponerse a la autoridad del Hijo de Dios. Si Él dice que los dejen marchar, ninguno podría hacer nada para detenerlos. Eran libres por un siervo que voluntariamente se daba para ser preso.

9. Para que se cumpliese aquello que había dicho: De los que me diste, no perdí ninguno.

ἵνα πληρωθῇ ὁ λόγος ὃν εἶπεν ὅτι οὓς δέδωκας μοι οὐκ
Para que se cumpliese la palabra que dijo que de los que has dado me no
ἀπώλεσα ἐξ αὐτῶν οὐδένα.
perdí de ellos ninguno.

Notas y análisis del texto griego.

Siguiendo en el mismo relato, añade: ἵνα, conjunción causal *para que*; πληρωθῇ, tercera persona singular del aoristo primero de subjuntivo en voz pasiva del verbo πληρόω, *llenar, rellenar, cumplir, completar*, aquí *se cumpliese*; ὁ, caso nominativo masculino singular del artículo determinado *el*; λόγος, caso nominativo masculino singular del nombre común *dicho, palabra*; ὃν, caso acusativo masculino singular del pronombre relativo *que*; εἶπεν, tercera persona singular del segundo aoristo de indicativo en voz activa del verbo εἶπον, forma del aoristo de λέγω, *hablar, decir*, aquí *dijo*; ὅτι, conjunción *que*; οὓς, caso acusativo masculino plural del pronombre relativo declinado *de los que*; δέδωκας, segunda persona singular del perfecto de indicativo en voz activa del verbo δίδωμι, *dar*, aquí *has dado*; μοι, caso acusativo de la primera persona singular del pronombre personal declinado *a mí, me*; οὐκ, forma escrita del adverbio de negación *no*, con el grafismo propio ante una vocal con espíritu suave o una enclítica; ἀπώλεσα, primera persona singular del aoristo primero de indicativo en voz activa del verbo ἀπολλύμι, *hacer destruir, matar, perecer, perder*, aquí *perdí*; ἐξ, forma escrita que adopta la preposición de genitivo ἐκ, delante de vocal y que significa *de*; αὐτῶν, caso genitivo de la tercera persona plural del pronombre personal *ellos*; οὐδένα, caso acusativo masculino singular del pronombre indefinido *ninguno, nadie*.

ἵνα πληρωθῇ ὁ λόγος ὃν εἶπεν ὅτι οὓς δέδωκας μοι οὐκ ἀπώλεσα ἐξ αὐτῶν οὐδένα. Las palabras de Jesús son firmes y como la Escritura, se cumplen inexorablemente. Cristo había dicho que el compromiso que Él tenía con el Padre, relativo a los creyentes, consistía en que todos aquellos que le habían sido dados, no perdiese ninguno (17:12). No cabe duda que el contexto en donde están recogidas por Juan, tiene un gran contenido escatológico, ya que aquellos que le son dados por el Padre, los resucitará a todos en el día postrero, de modo que ningún salvo puede perder la salvación. Pero, en un cumplimiento más próximo, el apóstol lo aplica a la situación de los discípulos en aquella noche. Todos ellos le habían sido dados por el Padre y ninguno de ellos iba a *perderse*, en el sentido de *morir* a manos de sus enemigos en aquella ocasión. No cabe duda que se refiere Juan a ese momento concreto, porque luego muchos de ellos morirían por el testimonio de Cristo en su vida ministerial. El corazón del Buen Pastor se manifiesta cuidando de Sus ovejas y olvidándose de Él. Es la manifestación de cuidado cariñoso por cada una de Sus ovejas, que aquella noche iban a ser esparcidas, pero que Él las recogería nuevamente en torno a Sí, luego de la resurrección. Librándolos de una situación adversa, cuando la fe de ellos era todavía muy débil, los cuida para los días en que tendrán que enfrentarse a dificultades grandes e incluso la muerte, sabiendo que no estaban solos y disponiendo de los recursos de la gracia que eran posibles por la identificación con el Señor.

10. Entonces Simón Pedro, que tenía una espada, la desenvainó, e hirió al siervo del sumo sacerdote, y le cortó la oreja derecha. Y el siervo se llamaba Malco.

Σίμων οὖν Πέτρος ἔχων μάχαιραν εἵλκυσεν αὐτὴν καὶ
Entonces Simón Pedro, que tenía espada sacó la e
ἔπαισεν τὸν τοῦ ἀρχιερέως δοῦλον καὶ ἀπέκοψεν αὐτοῦ τὸ
hirió al del sumo sacerdote siervo y cortó de él la
ὠτάριον τὸ δεξιόν· ἦν δὲ ὄνομα τῷ δούλῳ Μάλχος.
oreja, - derecha. Y tenía nombre el siervo Malco.

Notas y análisis del texto griego.

Sigue diciendo: Σίμων, caso nominativo masculino singular del nombre propio *Simón*; οὖν, conjunción ilativa *entonces*; Πέτρος, caso nominativo masculino singular del nombre propio *Pedro*; ἔχων, caso nominativo masculino singular del participio de presente en voz activa del verbo ἔχω, *tener*, aquí *que tiene*, como presente histórico, *que tenía*; μάχαιραν, caso acusativo femenino singular del nombre común *espada, daga, espada corta*; εἵλκυσεν, tercera persona singular del aoristo primero de indicativo en voz activa del verbo ἕλκω, *sacar*, aquí *sacó*; αὐτὴν, caso acusativo femenino de la tercera persona singular del pronombre personal declinado *a ella, la*; καὶ, conjunción copulativa *y*; ἔπαισεν, tercera persona singular del aoristo primero de indicativo en voz activa del verbo παίω, *golpear, herir*, aquí *hirió*; τὸν, caso acusativo masculino singular del artículo determinado declinado *al*; τοῦ, caso genitivo masculino singular del artículo determinado declinado *del*; ἀρχιερέως, caso genitivo masculino singular del nombre común *sumo sacerdote*; δοῦλον, caso acusativo masculino singular del nombre común *siervo*; καὶ, conjunción copulativa *y*; ἀπέκοψεν, tercera persona singular del aoristo primero de indicativo en voz activa del verbo ἀποκόπτω, *cortar, mutilar, cercenar*, aquí *cortó*; αὐτοῦ, caso genitivo masculino de la tercera persona singular del pronombre personal declinado *de él*; τὸ, caso acusativo neutro singular del artículo determinado *el*; ὠτάριον, caso acusativo neutro singular del nombre común *oreja*; τὸ, caso acusativo neutro singular del artículo determinado *el*; δεξιόν, caso acusativo neutro singular del adjetivo *derecha*; ἦν, tercera persona singular del imperfecto de indicativo en voz activa del verbo εἰμί, *ser, estar, tener*, aquí *tenía*; δὲ, partícula conjuntiva que hace las veces de conjunción coordinante, con sentido de *pero, más bien, y, y por cierto, antes bien*; ὄνομα, caso nominativo neutro singular del nombre común *nombre*; τῷ, caso dativo masculino singular del artículo determinado *el*; δούλῳ, caso dativo masculino singular del nombre común *siervo, criado, esclavo, asistente*; Μάλχος, caso nominativo masculino singular del nombre propio *Malco*.

Σίμων οὖν Πέτρος ἔχων μάχαιραν εἵλκυσεν αὐτὴν καὶ ἔπαισεν τὸν τοῦ ἀρχιερέως δοῦλον καὶ ἀπέκοψεν αὐτοῦ τὸ ὠτάριον τὸ δεξιόν· Según los sinópticos, los discípulos tenían dos espadas. Una de ella estaba en manos de *Simón Pedro*. No se trataba de una espada de combate, sino de una pequeña, que podría clasificarla como una daga, la μάχαιρα, era una espada de defensa y no de ataque. Los sinópticos guardan el nombre del que usó la espada, tal vez por el peligro que podría correr cuando se escribieron, pero Juan, tiempo después pone de manifiesto quien había sido. Pedro era impulsivo de condición y como corresponde a su carácter, estimó que había llegado el momento de usar la espada y, desenvainando su arma arremetió contra el primero que tenía delante, coincidiendo que ese era un siervo del sumo sacerdote. El golpe ¿certero?, tal vez mejor apresurado y atolondrado, en lugar de quitarle la vida, sólo consiguió arrancarle una oreja, concretamente la derecha. Posiblemente la intención de Pedro fue herirle en la cabeza, incluso podría muy bien pensar en quitarle la vida, pero Malco, apercibido debió ladearse para evitar el golpe y Pedro sólo consiguió amputarle la oreja.

ἦν δὲ ὄνομα τῷ δούλῳ Μάλχος. El relato está en todos los evangelios, pero sólo Juan da el nombre del que había sido atacado y herido por Pedro. Dice que se llamaba Malco. Nada se sabe de esa persona ni tampoco es seguro el significado de su nombre. Juan, como ocurre en otros lugares, es muy preciso en algunos datos y en este caso conocía como se llamaba la persona que fue herida por Pedro.

11. Jesús entonces dijo a Pedro: Mete tu espada en la vaina; la copa que el Padre me ha dado, ¿no la he de beber?

εἶπεν οὖν ὁ Ἰησοῦς τῷ Πέτρῳ· βάλε τὴν μάχαιραν εἰς τὴν
Dijo entonces - Jesús - a Pedro: Mete la espada en la
θήκην· τὸ ποτήριον ὃ δέδωκεν μοι ὁ Πατὴρ οὐ μὴ πίω αὐτό
vaina; la copa que ha dado me el Padre ¿jamás bebiere la?

Notas y análisis del texto griego:

Cerrando el párrafo, escribe: εἶπεν, tercera persona singular del segundo aoristo de indicativo en voz activa del verbo εἶπον, forma del aoristo de λέγω, *hablar, decir*, aquí *dijo*; οὖν, conjunción ilativa *entonces*; ὁ, caso nominativo masculino singular del artículo determinado *el*; Ἰησοῦς, caso nominativo masculino singular del nombre propio *Jesús*; τῷ, caso dativo masculino de la tercera persona singular del pronombre personal *el*; Πέτρῳ, caso dativo masculino singular del nombre propio *Pedro*; βάλε, segunda persona singular del aoristo segundo de imperativo en voz activa del verbo βάλλω, *meter*, aquí *mete*; τὴν, caso acusativo femenino singular del artículo determinado *la*; μάχαιραν, caso acusativo femenino singular del nombre común *espada, daga, espada corta*; εἰς, preposición propia de acusativo *en*; τὴν, caso acusativo femenino singular del artículo determinado *la*; θήκην, caso acusativo femenino singular del nombre común *vaina*; τὸ, caso acusativo neutro singular del artículo determinado *el*; ποτήριον, caso acusativo neutro singular del nombre común *copa, cáliz, vaso* ; ὃ, caso acusativo neutro singular del pronombre relativo *lo que, que*; δέδωκεν, tercera persona singular del perfecto de indicativo en voz activa del verbo δίδωμι, *dar, entregar*, aquí *ha dado*; μοι, caso dativo de la primera persona singular del pronombre personal declinado *a mí, me*; ὁ, caso nominativo masculino singular del artículo determinado *el*; Πατὴρ, caso nominativo masculino singular del nombre divino *Padre*; οὐ, adverbio de negación *no*; μὴ, partícula que hace funciones de adverbio de negación *no*; ambas negaciones juntas generan una negación absoluta, que se traduce como *jamás, de ningún modo, de ninguna manera*; πίω, primera persona singular del aoristo segundo de subjuntivo en voz activa del verbo πίπτω, *beber*, aquí *bebiere*; αὐτό, caso acusativo neutro de la tercera persona singular del pronombre personal declinado *a ello, lo.*

Crítica textual. Lecturas alternativas.

[1] πάντες γὰρ οἱ λαβόντες μάχαιραν ἐν μαχαίρῃ, *porque todos los que toman espada a espada perecerán*, lectura en Θ, posible adicción tomada de Mateo para acomodar la lectura.

εἶπεν οὖν ὁ Ἰησοῦς τῷ Πέτρῳ· βάλε τὴν μάχαιραν εἰς τὴν θήκην· Jesús reprende a Pedro, cortando radicalmente la acción del discípulo y de cualquiera de los otros que estuviesen pensando en hacer lo mismo. Pedro había prometido morir por Jesús, si fuese necesario, y este arranque contra quienes venían contra Él, era como una demostración de aquella promesa. Simón estaba dispuesto a arriesgar la vida para salvar al Maestro. El Señor le dice *mete la espada a la vaina*. Juan no recoge más que estas palabras, sin embargo los sinópticos ponen en boca del Señor una advertencia que justifica el mandato y que se lee en el texto griego como una alternativa en un sólo códice: *porque todos los que toman espada, a espada perecerán* (Mt. 26:52). La ley de la siega y de la siembra está presente en la advertencia de Jesús. Quien utiliza una espada para atacar a otro, no puede esperar sino que otra se vuelva contra él. Pablo dirá en uno de sus escritos: *"todo lo que el hombre sembrare, eso también segará"* (Gá. 6:7). Las palabras de Jesús son una expresión proverbial que enseña que la violencia engendra violencia. Era un contraste absoluto con el reino de Dios que Él había venido a establecer, un reino de amor, misericordia, gracia, bondad y perdón. Sobre ese reino y la ética de no resistir al malo, había predicado en el Sermón de la Montaña (Mt. 5:39-42). La Biblia enseña que Dios no puede ser burlado y que cuanto los hombres hagan eso mismo segarán. La mejor evidencia de esa verdad es que los hombres habían venido con espadas contra Jesús, y no tardarían muchos años, unos cuarenta aproximadamente, en que otras espadas acabaron con la vida de miles de judíos y la destrucción de Jerusalén.

τὸ ποτήριον ὃ δέδωκεν μοι ὁ Πατὴρ οὐ μὴ πίω αὐτό. Pero en el trasfondo de las palabras de Jesús, está la verdadera razón del porque le manda guardar la espada. El Señor habla de un vaso, una copa, que le ha sido asignada y que debe beber. La construcción gramatical es muy precisa. La copa no le es ofrecida, sino que la δέδωκεν, *ha dado*, el Padre. Es Dios que pone en la mano del Hijo la copa de la maldición a causa del pecado que ha de apurar totalmente para la justicia de Dios, otorgada por gracia mediante la fe, venga a ser la bendición de quienes creen y pasan a la condición de *hijos de Dios* (1:12). Jesús usa una expresión al final muy firme, expresada con dos negaciones οὐ μὴ, que adquieren un sentido intenso, que se traduce por *de ningún modo, de ninguna manera, jamás*, es decir, no es posible de ningún modo que no beba aquella copa. Por tanto no se trataba aquí de defender a Jesús, sino de aceptar el camino que Dios había trazado para Él. La entrega incondicional a la obra de salvación había tenido expresión definitiva en Getsemaní. Las fuerzas de los hombres, en uno u otro sentido, no podría desviar el propósito divino para el que Jesús iba a ser entregado en manos de hombres pecadores. Pedro debía volver la espada a su funda porque no era necesaria. La entrega de Jesucristo a la muerte es una decisión divina que se concretó antes de la creación (1 P. 1:18-20). Es cierto que en la obra de la Cruz, las tres Personas Divinas, intervienen: el Padre entrega a su Hijo (Hch. 2:23; 4:28); el Hijo se entrega a Sí mismo en forma voluntaria (10:17-18); el Espíritu sustenta la entrega al sacrifico (He. 9:14). Pero, en último extremo, la responsabilidad de la entrega está en la determinación del Padre que *"quiso quebrantarlo sujetándolo a padecimiento"* (Is. 53:10). Cristo viene en misión restauradora de la comunión del hombre con Dios, interrumpida a causa del pecado. Dicho de otro modo, el Verbo se ha encarnado porque Dios es amor, y Dios es amor porque el Verbo se ha encarnado. La Cruz está asentada en el amor, como el apóstol Juan dirá en otro de sus escritos: *"En esto consiste el amor: No en que nosotros hayamos amado a a Dios, sino en que él nos amó a nosotros, y envió a su Hijo en propiciación por nuestros pecados"* (1 Jn. 4:10). Es necesario entender que Jesús no se vio impulsado a morir por nosotros por nuestra maldad, sino por Su amor sobrenatural. La copa no era de los *enemigos*, sino *del Padre*. El siervo va a asumir el último esfuerzo en Su tarea, para poder decir al finalizarla: *"Consumado es"*.

Juan deja ahí el suceso de Malco. No le interesa lo que sucedió luego con él. Es más, se da cuenta que la curiosidad surge en el lector para conocer asuntos como este, pero, lo que le interesa a Juan es Jesús, de ahí que guarda silencio ya sobre aquel a quien Pedro amputó la oreja. Pero Lucas relata la intervención poderosa de Jesús sanando la herida de Malco y restaurándole la oreja (Lc. 22:51). Posiblemente este milagro de Jesús detuvo un poco la acción de quienes le habían sujetado para prenderle. Junto con las palabras estaban las *señales*, que le acreditaban como lo que era, el Mesías enviado por Dios y rechazado por Su pueblo.

Jesús juzgado (18:12-19:42).

Ante Anás (18:12-23).

12. Entonces la compañía de soldados, el tribuno y los alguaciles de los judíos, prendieron a Jesús y le ataron.

Ἡ οὖν	σπεῖρα	καὶ	ὁ	χιλίαρχος	καὶ	οἱ	ὑπηρέται
Entonces	la compañía de soldados	y	el	tribuno	y	los	alguaciles

τῶν	Ἰουδαίων	συνέλαβον	τὸν	Ἰησοῦν	καὶ	ἔδησαν	αὐτὸν
de los	judíos	prendieron	-	a Jesús	y	ataron	le.

Notas y análisis del texto griego.

Iniciando un nuevo párrafo, escribe: Ἡ, caso nominativo femenino singular del artículo determinado *la*; οὖν, conjuncion continuativa *entonces, pues*; σπεῖρα, caso nominativo femenino singular del nombre común *compañía de soldados*; καὶ, conjunción copulativa *y*; ὁ, caso nominativo masculino singular del artículo determinado *el*; χιλίαρχος, caso nominativo masculino singular del nombre común *jefe de tropa, tribuno*; καὶ, conjunción copulativa *y*; οἱ, caso nominativo masculino plural del artículo determinado *los*; ὑπηρέται, caso nominativo masculino plural del nombre común *siervos, alguaciles*; τῶν, caso genitivo masculino plural del artículo determinado declinado *de los*; Ἰουδαίων, caso genitivo masculino plural del adjetivo *judíos*; συνέλαβον, tercera persona plural del segundo aoristo de indicativo en voz activa del verbo συμλλαμβάνω, *apresar, detener, prender*, aquí *prendieron*; τὸν, caso acusativo masculino singular del artículo determinado *el*; Ἰησοῦν, caso acusativo masculino singular del nombre propio declinado *a Jesús*; καὶ, conjunción copulativa *y*; ἔδησαν, tercera persona plural del aoristo primero de indicativo en voz activa del verbo δέω, *atar, amarrar*, aquí *ataron*; αὐτὸν, caso acusativo masculino de la tercera persona singular del pronombre personal declinado *a él, le*.

Ἡ οὖν σπεῖρα καὶ ὁ χιλίαρχος καὶ οἱ ὑπηρέται τῶν Ἰουδαίων συνέλαβον τὸν Ἰησοῦν καὶ ἔδησαν αὐτὸν. Resuelto el incidente con Malco, la compañía de soldados, mandada por el tribuno, a los que se unieron los guardias del templo, echaron mano de Jesús, sujetándole y atándole con cuerdas. Probablemente tenían instrucciones muy concretas, sobre todo los guardias del templo, para que no se repitiese nuevamente lo que ocurrió antes, cuando los enviaron para que trajesen a Jesús y vinieron sin Él. Todos conocían el poder de Cristo, por esa razón, se debieron arrojar sobre Él, sujetándole firmemente mientras otros le ataban las manos. Probablemente se las colocaron a la espalda para mayor seguridad. Aquella forma era habitual para trasladar de un lugar a otro a un preso condenado a muerte, o a un delincuente violento.

Es de destacar la mansedumbre de Jesús, que consiente y permite que los hombres le aten. Como dice el Dr. Lacueva: *"De nada les habría servido su empeño en atarle, si Él no se hubiese atado previamente con cuerdas a los cuernos del altar (Sal. 118:27 comp. con He. 13:10)"*[2]. Era la hora de la confrontación, del sufrimiento y de la muerte, pero esencialmente era la hora del amor. En obediencia total al Padre que le había enviado, Jesús inicia la andadura en el huerto de Getsemaní que va a llevarle a la Cruz, pasando primero por las burlas y desprecios de los hombres en una infamante dimensión de la justicia humana. Todo el proceso de Cristo va a hacerse en nombre de la religión y de la justicia. Quienes buscarán en la noche un motivo para condenarle a muerte, aunque ya la sentencia estaba determinada desde mucho antes, serán los primeros en quebrantar abusivamente, no sólo la ley divina, sino la de los hombres. Jesús atado, para que nosotros podamos ser verdaderamente libres (8:36).

13. Y le llevaron primeramente a Anás; porque era suegro de Caifás, que era sumo sacerdote aquel año.

καὶ ἤγαγον πρὸς Ἄνναν πρῶτον· ἦν γὰρ πενθερὸς τοῦ
Y llevaron a Anás primero; porque era suegro -
Καϊάφα, ὃς ἦν ἀρχιερεὺς τοῦ ἐνιαυτοῦ ἐκείνου·
Caifás, que era sumo sacerdote del año aquel.

Notas y análisis del texto griego.

Sigue el relato: καὶ, conjunción copulativa *y*; ἤγαγον, tercera persona plural del segundo aoristo de indicativo en voz activa del verbo ἀγώ, *conducir, llevar*, aquí *llevaron*; πρὸς, preposición propia de acusativo *a*; Ἄνναν, caso acusativo masculino singular del nombre propio *Anás*; πρῶτον, adverbio de modo *primeramente*, o también caso acusativo neutro singular del adjetivo numeral ordinal *primero*; ἦν, tercera persona singular del imperfecto de indicativo en voz activa del verbo εἰμί, *ser, estar*, aquí *era*; γὰρ, condición causal *porque*; πενθερὸς, caso nominativo masculino singular del nombre común *suegro*; τοῦ, caso genitivo masculino singular del artículo determinado *el*; Καϊάφα, caso genitivo masculino singular del nombre propio declinado *de Caifás*; ὃς, caso nominativo masculino singular del pronombre relativo *el que, que*; ἦν, tercera persona singular del imperfecto de indicativo en voz activa del verbo εἰμί, *ser, estar*, aquí *era*; ἀρχιερεὺς, caso nominativo masculino singular del nombre común *sumo sacerdote*; τοῦ, caso genitivo masculino

[2] F. Lacueva. o.c., pág. 473.

singular del artículo determinado declinado *del*; ἐνιαυτοῦ, caso genitivo masculino singular del nombre común *año*; ἐκείνου, caso genitivo masculino singular del pronombre demostrativo *aquel*.

καὶ ἤγαγον πρὸς Ἄνναν πρῶτον· En atención al viejo sumo sacerdote, el grupo de sicarios llevaron a Jesús a casa del que lo había sido por años. A diferencia de los sinópticos que omiten el paso por la casa de Anás para situar a Cristo directamente en la de Caifás, Juan precisa el recorrido, que pasa primeramente por este lugar. El nombre es posiblemente la contracción de Ananías, en una forma griega. Había sido designado sumo sacerdote por Quirino, gobernador romano de Siria, en el año 7 a.C. Fue depuesto durante el reinado de Tiberio 15. d.C. por lo que estuvo veintidós años, aproximadamente, en el sumo sacerdocio, si bien entre el primer nombramiento en la destitución definitiva, tuvo paréntesis en que fue sustituido por otros sumos sacerdotes, como Ismael, su propio hijo Eleazar, Simón y en el tiempo del relato por su yerno Caifás. No cabe duda que a lo largo de todos esos años, se le consideraba como el sumo sacerdote *de facto*, y como tal era respetado. Según el historiador Josefo, cinco de sus hijos llegaron a ser sumos sacerdotes, y bajo el último, que se llamaba también Anás, fue muerto Jacobo, el hermano del Señor.

Los críticos liberales procuran demostrar un error en el registro histórico, pretendiendo que el primer tiempo de juicio contra Cristo no tuvo lugar en la casa de Anás, sino en la de Caifás, basándose en que en todo el pasaje se habla del sumo sacerdote y éste no era Anás. Sin embargo, se olvidan, como hacen voluntariamente en tantas ocasiones de que Lucas, que investigó todas las cosas relativas a la vida de Jesús diligentemente, dice que cuando nació eran sumos sacerdotes Anás y Caifás (Lc. 3:2).

ἦν γὰρ πενθερὸς τοῦ Καϊάφα, ὃς ἦν ἀρχιερεὺς τοῦ ἐνιαυτοῦ ἐκείνου· Juan tiene mucho cuidado en indicar que el sumo sacerdote *aquel año*, era Caifás, al que se refirió de este modo antes (11:49). Con toda seguridad el complot contra Cristo aquella noche estaba urdido y promovido desde la más alta jerarquía religiosa y no solo el *sumo sacerdote oficial*, sino el veterano Anás, participaron en toda la trama, por esta causa el grupo que traía a Cristo hizo una parada en la casa de éste. Los que piensan en el nombre hebreo de Anás, sugieren que procede de *Hannan*, que significa *misericordioso*, justamente todo lo contrario a lo que haría con Jesús. El misericordioso no existe en el mundo de los impíos y mucho menos en el de los impíos religiosos, que solo viven del odio aunque se presenten con la hipócrita apariencia de los que manifiestan piedad.

14. Era Caifás el que había dado el consejo a los judíos, de que convenía que un solo hombre muriese por el pueblo.

ἦν δὲ Καϊάφας ὁ συμβουλεύσας τοῖς Ἰουδαίοις ὅτι συμφέρει
Y era Caifás el que aconsejó a los Judíos que conviene
ἕνα ἄνθρωπον ἀποθανεῖν ὑπὲρ τοῦ λαοῦ.
un hombre morir por el pueblo.

Notas y análisis del texto griego.

Sin interrupción en el relato, añade: ἦν, tercera persona singular del imperfecto de indicativo en voz activa del verbo εἰμί, *ser, estar*, aquí *era*; δὲ, partícula conjuntiva que hace las veces de conjunción coordinante, con sentido de *pero, más bien, y, y por cierto, antes bien*; Καϊάφας, caso nominativo masculino singular del nombre propio *Caifás*; ὁ, caso nominativo masculino singular del artículo determinado *el*; συμβουλεύσας, caso nominativo masculino singular del participio de aoristo primero en voz activa del verbo συμβουλεύω, *aconsejar*, aquí *que aconsejó*; τοῖς, caso dativo masculino plural del artículo determinado declinado *a los*; Ἰουδαίοις, caso dativo masculino plural del adjetivo *judíos*; ὅτι, conjunción *que*; συμφέρει, tercera persona singular del presente de indicativo en voz activa del verbo συμφέρω, *convenir, ser de provecho*, aquí *conviene*; ἕνα, caso acusativo masculino singular del adjetivo numeral cardinal *uno, un*; ἄνθρωπον, caso acusativo masculino singular del nombre común *hombre*; ἀποθανεῖν, aoristo segundo de infinitivo en voz activa del verbo ἀποθνήσκω, *morir*; ὑπὲρ, preposición propia de genitivo *por*; τοῦ, caso genitivo masculino singular del artículo determinado *el*; λαοῦ, caso genitivo masculino singular del nombre común *pueblo*.

ἦν δὲ Καϊάφας ὁ συμβουλεύσας τοῖς Ἰουδαίοις ὅτι συμφέρει ἕνα ἄνθρωπον ἀποθανεῖν ὑπὲρ τοῦ λαοῦ. Juan procura hacer para el lector la distinción entre Anás y Caifás, recordando que es la misma persona que se citó antes y que había dicho que era necesario que un hombre muriese por todo el pueblo y no que el pueblo pereciese (11:50). La condición moral de esta persona es repugnante, porque la máxima autoridad religiosa de la nación, que como sumo sacerdote tenía que ser ejemplo para todos de virtud, estaba planeando la muerte de un inocente con premeditació y alevosía. La condena del acusado estaba establecida de antemano por el presidente del tribunal religioso, que además se convertirá en fiscal, con lo que la burla a la justicia queda plenamente manifestada.

15. Y seguían a Jesús Simón Pedro y otro discípulo. Y este discípulo era conocido del sumo sacerdote, y entró con Jesús al patio del sumo sacerdote.

Ἠκολούθει δὲ τῷ Ἰησοῦ Σίμων Πέτρος καὶ ἄλλος μαθητής.
Y seguían - a Jesús Simón Pedro y otro discípulo.
ὁ δὲ μαθητὴς ἐκεῖνος ἦν γνωστὸς τῷ ἀρχιερεῖ καὶ
y el discípulo aquel era conocido del sumo sacerdote y
συνεισῆλθεν τῷ Ἰησοῦ εἰς τὴν αὐλὴν τοῦ ἀρχιερέως,
entro junto con - con Jesús al patio del sumo sacerdote.

Notas y análisis del texto griego.

Continuando el relato, añade: Ἠκολούθει, tercera persona singular del imperfecto de indicativo en voz activa del verbo ἀκολουθέω, *seguir, acompañar*, aquí *seguía*; δὲ, partícula conjuntiva que hace las veces de conjunción coordinante, con sentido de *pero, más bien, y, y por cierto, antes bien*; τῷ, caso dativo masculino singular del artículo determinado *el*; Ἰησοῦ, caso dativo masculino singular del nombre propio declinado *a Jesús*; Σίμων, caso nominativo masculino singular del nombre propio *Simón*; Πέτρος, caso nominativo masculino singular del nombre propio *Pedro*; καὶ, conjunción copulativa *y*; ἄλλος, caso nominativo masculino singular del adjetivo indefinido *otro*; μαθητής, caso nominativo masculino singular del nombre común *discípulo*; ὁ, caso nominativo masculino singular del artículo determinado *el*; δὲ, partícula conjuntiva que hace las veces de conjunción coordinante, con sentido de *pero, más bien, y, y por cierto, antes bien*; μαθητὴς, caso nominativo masculino singular del nombre común *discípulo*; ἐκεῖνος, caso nominativo masculino singular del pronombre demostrativo *aquel*; ἦν, tercera persona singular del imperfecto de indicativo en voz activa del verbo εἰμί, *ser, estar*, aquí *era*; γνωστὸς, caso nominativo masculino singular del adjetivo *conocido*; τῷ, caso dativo masculino singular del artículo determinado declinado *del*; ἀρχιερεῖ, caso dativo masculino singular del nombre común *sumo sacerdote*; καὶ, conjunción copulativa *y*; συνεισῆλθεν, tercera persona singular del segundo aoristo de indicativo en voz activa del verbo συνεισέρχομαι, *entrar junto con*, aquí *entró junto con*; τῷ, caso dativo masculino singular del artículo determinado *el*; Ἰησοῦ, caso dativo masculino singular del nombre propio *Jesús*; εἰς, preposición propia de acusativo *a*; τὴν, caso acusativo femenino singular del artículo determinado *la* αὐλὴν, caso dativo femenino singular del nombre común *palacio, casa, patio, atrio*; τοῦ, caso genitivo masculino singular del artículo determinado declinado *del*; ἀρχιερέως, caso genitivo masculino singular del nombre común *sumo sacerdote*.

Ἠκολούθει δὲ τῷ Ἰησοῦ Σίμων Πέτρος. Desde el huerto de los Olivos, Pedro seguía a Jesús. Según los sinópticos el prendimiento de Cristo trajo como consecuencia la dispersión de los discípulos, todos huyeron dejándolo solo. Pedro también, pero tal vez repuesto, comenzó a seguir al grupo que llevaba atado a Jesús. Es posible que no diese crédito a lo que estaba ocurriendo. Había visto como el Señor había pasado por medio de los enemigos cuando querían apedrearle y salió del lugar, pero ahora, atado como un preso peligroso camina sin oponer resistencia alguna. Pedro, le sigue, tal vez de lejos, como hacen notar los sinópticos (Mt. 26:58; Mr. 14:54; Lc. 22:54).

ὁ δὲ μαθητὴς ἐκεῖνος ἦν γνωστὸς τῷ ἀρχιερεῖ. Juan señala que con Pedro iba *otro discípulo*. ¿Quién era? No hay respuesta bíblica, por eso según el intérprete se decanta por una u otra propuesta. No se menciona en los sinópticos y no está clara ni la relación con Pedro ni de quien se trataba. Es muy probable que este discípulo hubiese acompañado a los que fueron a prender a Jesús. Los críticos liberales plantean que para aclarar como Pedro no fue admitido inicialmente al lugar donde habían llevado a Jesús, a la casa de Anás, hubiese introducido la figura de otro discípulo que no había existido.

Los que apoyan la idea de que este *"otro discípulo"* era Juan, el *discípulo amado*, procuran una argumentación con ciertos visos de probabilidad. Especialmente la más consistente está en la ascendencia de Juan, como perteneciente a la tribu de Leví, y probablemente a una familia de sacerdotes. Así a modo de ejemplo se traslada la nota al pie de página correspondiente a este versículo, de León Morris:

"Aunque se ha dicho que puede llegar a probarse, parece ser que Juan venía de una familia de sacerdotes. Salomé, la mujer que estuvo en la crucifixión de Jesús, podía ser su madre. Recordemos Mr. 15:40 y Mt. 27:56. Juan no menciona a Salomé, ni a su madre, pero sí que habla de la hermana de la virgen María (Jn. 19:25) de tal forma que nos lleva a concluir que se trataba de Salomé. Ahora bien, María estaba emparentada con Elisabeth (Lc. 1:36), a quien se la llama también una de 'las hijas de Aarón' (Lc. 1:5). Por tanto, se puede decir que Salomé estaba emparentada con una familia de sacerdotes. Por ello, Juan vendría de una familia de sacerdotes, por lo que debía de conocer al sumo sacerdote. Un pasaje de la carta de Polícrates (c. 190 d.C.) apoya esta idea, porque dice que Juan 'era un sacerdote que llevaba τὸ πέταλον, (Eusebio, HE 3.31.3). El pasaje es oscuro. No sabemos exactamente qué era un πέταλον, ni si los sumos sacerdotes eran los únicos que lo llevaban. Pero está claro que Polícrates apoya la idea de que Juan era un sacerdote. No es imposible, pero lo cierto es que no tenemos pruebas suficientes para pronunciarnos de forma tajante. Otros creen que el comercio de pescado entre Galilea y Jerusalén iba muy bien y que Zebedeo tenía medios, y jornaleros bajo

su servicio (Mr. 1:20). Y que sería probable que los grandes mercaderes tuvieran relaciones comerciales con el sumo sacerdote (como por ejemplo, estar contratados para abastecer de pescado a toda la familia del sumo sacerdote). Esta teoría también podría ser cierta, pero, de nuevo, no tenemos pruebas suficientes que lo demuestren. Lo único que podemos decir es que se han presentado varias teorías razonables que apuntan a que el hijo de Zebedeo conocía al sumo sacerdote"[3].

Hendriksen, en la introducción al comentario sobre el *Evangelio según Juan*, establece también una argumentación con la que trata de probar que el *otro* discípulo era el apóstol.

Sin dejar de considerar como una probabilidad esta propuesta, y teniendo en cuenta que resolvería saber como Juan conocía tantos detalles de lo que había ocurrido, debe tomarse simplemente como una teoría, sin más base bíblica. Realmente es difícil suponer que un pescador de Galilea tuviese tanto conocimiento con el sumo sacerdote, de modo que le permitiese entrar al patio de su casa en una ocasión tan importante como era la de haber hecho prisionero a Jesús. Los detalles de lo que ocurrió en ese lugar aquella noche, bien pudieron serle dados por Pedro, de ahí que cuente las negaciones y también se ocupe extensamente de la restauración de quien le había negado. Lo más probable es que se tratase de uno de los *discípulos secretos* que Jesús tenía en Jerusalén, como eran Nicodemo y José de Arimatea, entre otros. Posiblemente podía ser un fariseo que había creído que Jesús era el Mesías, viendo las señales que hacía, como ocurrió con Nicodemo e incluso, tal vez, pudiera pertenecer al Sanedrín. Acaso fue con los que prendieron a Jesús para ver en que terminaba todo aquello. Si fue así se entiende que pudiera tener acceso al lugar en que sólo pasaban los conocidos y los servidores del sumo sacerdote.

καὶ συνεισῆλθεν τῷ Ἰησοῦ εἰς τὴν αὐλὴν τοῦ ἀρχιερέως, Este entró *con Jesús*, es decir, con todos los que habían traído a Cristo hasta la casa de Anás. El lugar a donde accedió era el *atrio* de la casa, un lugar amplio, seguramente que un patio descubierto rodeado de galerías cubiertas. Ese debió ser el lugar a donde entró junto con los que habían prendido a Jesús.

---

[3] León Morris. o.c., pág. 380 s.

16. Mas Pedro estaba fuera, a la puerta. Salió, pues, el discípulo que era conocido del sumo sacerdote, y habló a la portera, e hizo entrar a Pedro.

ὁ δὲ Πέτρος εἱστήκει πρὸς τῇ θύρᾳ ἔξω. ἐξῆλθεν οὖν ὁ
- pero Pedro estaba en pie junto a la puerta afuera. Salió, pues, el
μαθητὴς ὁ ἄλλος ὁ γνωστὸς τοῦ ἀρχιερέως καὶ εἶπεν τῇ
discípulo el otro, el conocido del sumo sacerdote y habló a la
θυρωρῷ καὶ εἰσήγαγεν τὸν Πέτρον.
portera e hizo entrar - a Pedro.

Notas y análisis del texto griego.

Sigue con: ὁ, caso nominativo masculino singular del artículo determinado *el*; δὲ, partícula conjuntiva que hace las veces de conjunción coordinante, con sentido de *pero, más bien, y, y por cierto, antes bien*; Πέτρος, caso nominativo masculino singular del nombre propio *Pedro*; εἱστήκει, tercera persona singular del pluscuamperfecto de indicativo del verbo ἵστημι, *estar en pie*, aquí *estaba en pie*; πρὸς, preposición propia de dativo *junto a*; τῇ, caso dativo femenino singular del artículo determinado *la*; θύρᾳ, caso dativo femenino singular del nombre común *puerta*; ἔξω, adverbio de lugar *afuera*; ἐξῆλθεν, tercera persona singular del segundo aoristo de indicativo en voz activa del verbo ἐξέρχομαι, *salir*, aquí *salió*; οὖν, conjunción continuativa *pues*; ὁ, caso nominativo masculino singular del artículo determinado *el*; μαθητὴς, caso nominativo masculino singular del nombre común *discípulo*; ὁ, caso nominativo masculino singular del artículo determinado *el*; ἄλλος, caso nominativo masculino singular del adjetivo indefinido *otro*; ὁ, caso nominativo masculino singular del artículo determinado *el*; γνωστὸς, caso nominativo masculino singular del adjetivo *conocido*; τοῦ, caso genitivo masculino singular del artículo determinado declinado *del*; ἀρχιερέως, caso genitivo masculino singular del nombre común *sumo sacerdote*; καὶ, conjunción copulativa *y*; εἶπεν, tercera persona singular del segundo aoristo de indicativo en voz activa del verbo εἶπον, forma del aoristo de λέγω, *hablar, decir*, aquí *dijo*; τῇ, caso dativo femenino singular del artículo determinado declinado *a la*; θυρωρῷ, caso dativo femenino singular del nombre común *portera*; καὶ, conjunción copulativa *y*; εἰσήγαγεν, tercera persona singular del aoristo segundo de indicativo en voz activa del verbo εἰσάγω, *introducir, hacer entrar*, aquí *hizo entrar*; τὸν, caso acusativo masculino singular del artículo determinado *el*; Πέτρον, caso acusativo masculino singular del nombre propio *Pedro*.

ὁ δὲ Πέτρος εἱστήκει πρὸς τῇ θύρᾳ ἔξω. Mientras esto ocurría en el interior, Pedro se había situado en pie junto a la puerta de entrada. Esa puerta había sido cerrada cuando Jesús y la compañía que venía con Él, accedieron al lugar. Sólo el discípulo que era conocido del sumo sacerdote, había entrado también. Aunque no viniese con quienes traían a Jesús preso, debía ser habitual su presencia en aquel lugar, por tanto, la portera no puso impedimento alguno para que entrase. La puerta se cerraba, por varias razones, pero en aquella ocasión el prisionero era importante y no querían que por ninguna razón pudiera escapar, de ahí que, seguramente se habían dado instrucciones severas para que se mantuviese cerrada la puerta de acceso a la casa por el patio. Debe notarse que no se usa aquí el término παιδίσκη, una criada o esclava, sino de una θυρωρός, *portera*, cuya misión consistía en mantener cerrada la casa y vigilar la entrada de gente a ella.

ἐξῆλθεν οὖν ὁ μαθητὴς ὁ ἄλλος ὁ γνωστὸς τοῦ ἀρχιερέως καὶ εἶπεν τῇ θυρωρῷ. Probablemente la noche era fría y Pedro permanecía a la intemperie sin lugar donde refugiarse. El discípulo que seguía también a Jesús y que conocía bien a Pedro, dijo a la portera que le permitiera pasar. Juan no especifica más que *habló a la portera*.

καὶ εἰσήγαγεν τὸν Πέτρον. *E hizo entrar a Pedro*. El sujeto de esta oración puede ser tanto la criada como el *otro discípulo*. Esto es, *él le introdujo*, o también *ella le dejó entrar*. No importa quien fuese el que consiguió la entrada, lo importante es que Pedro, que estaba fuera accedió al interior.

17. Entonces la criada portera dijo a Pedro: ¿No eres tú también de los discípulos de este hombre? Dijo él: No lo soy.

λέγει οὖν τῷ Πέτρῳ ἡ παιδίσκη ἡ θυρωρός· μὴ καὶ σὺ ἐκ τῶν
Dice, pues, - a Pedro la sirvienta, la portera: ¿No también tú de los
μαθητῶν εἶ τοῦ ἀνθρώπου τούτου λέγει ἐκεῖνος· οὐκ εἰμί.
Discípulos eres del hombre este? Dice él: No soy.

Notas y análisis del texto griego.

Continúa el relato: λέγει, tercera persona singular del presente de indicativo en voz activa del verbo λέγω, *hablar, decir*, aquí *dice*; οὖν, conjunción continuativa *pues*; τῷ, caso dativo masculino singular del artículo determinado *el*; Πέτρῳ, caso dativo masculino singular del nombre propio *Pedro*; ἡ, caso nominativo femenino singular de artículo determinado *la*; παιδίσκη, caso nominativo femenino singular del nombre común *sirvienta, esclava, criada*; ἡ, caso nominativo femenino singular de artículo determinado *la*; θυρωρός, caso nominativo femenino singular del nombre común *portera*; μὴ, partícula que hace funciones de adverbio de negación *no*; καὶ, adverbio de modo *también*; σὺ, caso nominativo de la segunda persona singular del pronombre personal *tu*; ἐκ, preposición propia de genitivo *de*; τῶν, caso genitivo masculino plural del artículo determinado *los*; μαθητῶν, caso genitivo masculino plural del nombre común *discípulos*; εἶ, segunda persona singular del presente de indicativo en voz activa del verbo εἰμί, *ser, estar*, aquí *eres*; τοῦ, caso genitivo masculino singular del artículo definido declinado *del*; ἀνθρώπου, caso genitivo masculino singular del nombre común *hombre*; τούτου, caso genitivo masculino singular del pronombre demostrativo *ese*; λέγει, tercera persona singular del presente de indicativo en voz activa del verbo λέγω, *hablar, decir*, aquí *dice*; ἐκεῖνος, caso nominativo masculino singular del pronombre demostrativo *él*; οὐκ, forma escrita del adverbio de negación *no*, con el grafismo propio ante una vocal con espíritu suave o una enclítica; εἰμί, primera persona singular del presente de indicativo en voz activa del verbo εἰμί, *ser, estar*, aquí *soy*.

λέγει οὖν τῷ Πέτρῳ ἡ παιδίσκη ἡ θυρωρός· μὴ καὶ σὺ ἐκ τῶν μαθητῶν εἶ τοῦ ἀνθρώπου τούτου. Nada más acceder al interior del patio, la misma portera, mediante una interrogativa directa, pregunta a Pedro si no era él del grupo de *seguidores*, de *ese hombre*. La construcción gramatical de la pregunta de la portera, pudiera aplicarse, si no estuviese la respuesta de Pedro al otro discípulo. Seguramente que ella sabía que el que le habló para que dejase entrar a Pedro, sentía, como mínimo, simpatía por Jesús. Era conocido entre las esferas de la alta sociedad religiosa, que incluso entre los fariseos, había partidarios de Jesús, que como mínimo lo consideraban como el enviado de Dios (3:2). La partícula negativa μὴ, *no*, tiene aquí el sentido de un *no* de afirmación posible. Pero, también pudiera dar a entender una afirmación colectiva, es decir, *tú también como otros muchos* eres discípulo de ese hombre.

λέγει ἐκεῖνος· οὐκ εἰμί. La tentación había comenzado y Pedro sucumbe en ella. Con un rápido y mentiroso *"no soy"*, responde a la pregunta. Aquella noche iba a ser crucial para el discípulo. La promesa firme de morir por Jesús y de no abandonarlo, había quedado sin cumplimiento en el huerto, pero ahora Pedro niega al Maestro, afirmando que no era de los suyos. ¿El miedo? Pudieran buscarse muchas razones, pero lo único cierto es que como Cristo le había anunciado, ahora le negaba delante de los hombres, más aún, delante de una criada, tal vez una esclava, que le preguntó sin acusación alguna sobre su vinculación con Jesús. Lucas dice que aquella mujer fijó los ojos en Pedro antes de preguntarle (Lc. 22:56). El modo de formular la pregunta debió inquietar a Pedro que temía ser descubierto como discípulo de Jesús y ser tratado de igual modo que el Señor.

18. Y estaban en pie los siervos y los alguaciles que habían encendido un fuego; porque hacía frío, y se calentaban; y también con ellos estaba Pedro en pie, calentándose.

εἱστήκεισαν δὲ οἱ δοῦλοι καὶ οἱ ὑπηρέται ἀνθρακιὰν
Y estaban de pie los siervos y los alguaciles brasas
πεποιηκότες, ὅτι ψῦχος ἦν, καὶ ἐθερμαίνοντο· ἦν δὲ καὶ ὁ
habían hecho, porque frío hacía, y se calentaban. Y estaba también -
Πέτρος μετ' αὐτῶν ἑστὼς καὶ θερμαινόμενος.
Pedro con ellos de pie y calentándose.

Notas y análisis del texto griego.

Sigue relatando: εἱστήκεισαν, tercera persona plural del pluscuamperfecto de indicativo en voz activa del verbo ἵστημι, *estar, estar de pie*, aquí *estaban de pie*; δὲ, partícula conjuntiva que hace las veces de conjunción coordinante, con sentido de *pero, más bien, y, y por cierto, antes bien*; οἱ, caso nominativo masculino plural del artículo determinado *los*; δοῦλοι, caso nominativo masculino plural del nombre común *criados, siervos, esclavos*; καὶ, conjunción copulativa *y*; οἱ, caso nominativo masculino plural del artículo determinado *los*; ὑπηρέται, caso nominativo masculino plural del nombre común *esclavos, siervos, alguaciles*; ἀνθρακιὰν, caso acusativo femenino singular del nombre común *brasas, carbones encendidos, fuego de carbón*; πεποιηκότες, caso nominativo masculino plural del participio de perfecto en voz activa del verbo ποιέω, *hacer*, aquí *habían hecho*; ὅτι, conjunción causal *porque*; ψῦχος, caso nominativo neutro singular del nombre común *frío*; ἦν, tercera persona singular del imperfecto de indicativo en voz activa del verbo εἰμί, *ser, estar, hacer*, aquí *hacía*; καὶ, conjunción copulativa *y*; ἐθερμαίνοντο, tercera persona plural del imperfecto de indicativo en voz media del verbo θερμαίνομαι, *calentarse*, aquí *se calentaban*; ἦν, tercera persona singular del imperfecto de indicativo en voz activa del verbo εἰμί, *ser, estar*, aquí *estaba*; δὲ, partícula conjuntiva que hace las veces de conjunción coordinante, con sentido de *pero, más bien, y, y por cierto, antes bien*; καὶ, conjunción copulativa *y*; ὁ, caso nominativo masculino singular del artículo determinado *el*; Πέτρος, caso nominativo masculino singular del nombre propio *Pedro*; μετ', forma escrita por elisión de la α final ante vocal con espíritu suave de la preposición de genitivo μετά, *con*; αὐτῶν, caso genitivo de la tercera persona plural del pronombre personal *ellos*; ἑστὼς, caso nominativo masculino singular del participio de perfecto en voz activa del verbo ἵστημι, *estar de pie*, aquí *estaba de pie*, para no repetir el verbo *estar*, simplemente *de pie*; καὶ, conjunción copulativa *y*; θερμαινόμενος, caso nominativo masculino singular del participio de presente en voz media del verbo θερμαίνομαι, *calentarse*, aquí *calentándose*.

εἱστήκεισαν δὲ οἱ δοῦλοι καὶ οἱ ὑπηρέται ἀνθρακιὰν πεποιηκότες, ὅτι ψῦχος ἦν, καὶ ἐθερμαίνοντο· En el recinto se habían congregado todos los que fueron enviados para traer preso a Jesús. Los soldados romanos habrían seguido a su destacamento militar en la Torre Antonia. Las noches de primavera suelen ser frías en Jerusalén, de modo que, en el patio, donde estaban los siervos del sumo sacerdote y los alguaciles del Sanedrín, habían hecho un hogar con carbones y se calentaban.

ἦν δὲ καὶ ὁ Πέτρος μετ' αὐτῶν ἑστὼς καὶ θερμαινόμενος. Mientras tanto Jesús había sido llevado a un lugar dentro de la casa de Anás para ser interrogado. Probablemente daba al patio, pero ni dentro del lugar se oían a los que estaban fuera, ni los del patio escuchaban lo que se producía dentro. Es posible que desde donde estaba Pedro, pudiera ver al Maestro puesto en pie y atado delante del sumo sacerdote y de los miembros del concilio que se habían reunido allí. Juan deja de momento las negaciones de Pedro, para dar un dato personal. Estaba con los que habían actuado contra Jesús prendiéndole y, como ellos, de pie, se calentaba con los sicarios con el mismo fuego que habían encendido. Produce una gran tristeza aquella situación del discípulo de Jesús. Estaba en el lugar que no le convenía, zarandeado por el tentador que iba a hacerle caer todavía más. ¿Qué seguía esperando Pedro para estar allí? Según Mateo lo hacía *"para ver el fin"* (Mt. 26:58), es decir, en que acababa todo aquello. Es posible que esperase que terminaría de otro modo a como Jesús les había anunciado. Incluso Judas posiblemente esperaría que de algún modo, milagrosamente, saldría libre de quienes le habían hecho prisionero. Pero tal vez no prestaban atención a las palabras de la profecía del Antiguo Testamento, de modo que el tiempo del infinitamente preciso reloj de Dios, marcaba el momento para la muerte del Salvador.

19. Y el sumo sacerdote preguntó a Jesús acerca de sus discípulos y de su doctrina.

Ὁ οὖν ἀρχιερεὺς ἠρώτησεν τὸν Ἰησοῦν περὶ τῶν μαθητῶν
Entonces el sumo sacerdote preguntó - a Jesús acerca de los discípulos
αὐτοῦ καὶ περὶ τῆς διδαχῆς αὐτοῦ.
de Él y acerca de la doctrina de Él.

Notas y análisis del texto griego.

Sin interrupción, añade: Ὁ, caso nominativo masculino singular del artículo determinado el; οὖν, conjunción ilativa *entonces*; ἀρχιερεὺς, caso nominativo masculino singular del nombre común *sumo sacerdote*; ἠρώτησεν, tercera persona singular del aoristo primero de indicativo en voz activa del verbo ἐρωτάω, *preguntar*, aquí *preguntó*; τὸν, caso acusativo masculino singular del artículo determinado *el*; Ἰησοῦν, caso acusativo masculino singular del nombre propio declinado *a Jesús*; περὶ, preposición propia de genitivo *de, acerca de*; τῶν, caso genitivo masculino plural del artículo determinado *los*; μαθητῶν, caso genitivo masculino plural del nombre común *discípulos*; αὐτοῦ, caso genitivo de la tercera persona singular del pronombre personal declinado *de él*; καὶ, conjunción copulativa *y*; περὶ, preposición propia de genitivo *de, acerca de*; τῆς, caso genitivo femenino singular del artículo determinado declinado *de la*; διδαχῆς, caso genitivo femenino singular del nombre común *enseñanza, doctrina*; αὐτοῦ, caso genitivo masculino de la tercera persona singular del pronombre personal declinado *de Él.*

Ὁ οὖν ἀρχιερεὺς ἠρώτησεν τὸν Ἰησοῦν. Para algunos surge un problema en el interrogatorio del sumo sacerdote. Que indudablemente existe si se cree que todo él tuvo lugar en la residencia del sumo sacerdote Caifás, en lugar de la de Anás. En este caso, el versículo tendría que estar después del versículo veinticuatro. Sin embargo, debiera considerarse como dos interrogatorios. El primero en casa de Anás, al que se refiere Juan, y luego otros dos en casa de Caifás, que son los que recogen los sinópticos. La escena comienza a alcanzar un notable dramatismo. Pedro negándole y Anás acusándole. Los momentos de aflicción sobre la persona de Jesucristo habían comenzado. Las preguntas de Anás, el gran enemigo de Jesús, más que un interrogatorio era la investigación de un fiscal que buscaba motivos legales para acusarlo. Además el interrogatorio era una abierta manifestación de quebrantamiento legal, ya que se le habían prendido como delincuente sin que nadie tuviese motivo legal para acusarle, esa es la razón por la que el astuto sumo sacerdote le preguntaba para hacer que se acusara a Sí mismo. El atropello de la ética es manifiesto, más lamentable en manos de un religioso que debía ser ejemplar.

περὶ τῶν μαθητῶν αὐτοῦ. La primera acusación se intentaba establecer sobre los *discípulos*, o en general *seguidores* de Jesús. Buscaban poner de manifiesto que estaba procurando un grupo de personas comprometidas con Él, que abandonaban la tradición religiosa de los judíos, no de sí mismos, sino por instigación de Jesús. En esa pregunta se abría también otra vía, que no cabe duda estaba en la mente de este perverso, la posibilidad de acusarle ante Roma de sedicioso, que buscaba un grupo de apoyo para hacerse rey. Con todo, esta pregunta produciría en Jesús una profunda tristeza. Ninguno de aquellos por los que le preguntaba Anás, estaba presente en el juicio. No eran discípulos firmes en sus convicciones y en su determinación de seguir a Cristo.

καὶ περὶ τῆς διδαχῆς αὐτοῦ. También preguntó a Jesús en relación con Su *doctrina*, es decir, con lo que enseñaba. En todo se estaba cumpliendo la profecía, puesto que ningún profeta podía morir fuera de Jerusalén, sede del alto tribunal religioso de la nación. En cambio, nada se le pregunta sobre los hechos de poder que había realizado durante Su ministerio, milagros de dimensión tal que habían traspasado los límites de Israel para alcanzar las naciones del entorno.

20. Jesús le respondió: Yo públicamente he hablado al mundo; siempre he enseñado en la sinagoga y en el templo, donde se reúnen todos los judíos, y nada he hablado en oculto.

ἀπεκρίθη αὐτῷ Ἰησοῦς· ἐγὼ παρρησίᾳ λελάληκα τῷ κόσμῳ,
Respondió le Jesús: Yo públicamente he hablado al mundo,
ἐγὼ πάντοτε ἐδίδαξα ἐν συναγωγῇ καὶ ἐν τῷ ἱερῷ, ὅπου
yo siempre enseñé en sinagoga y en el templo, en donde
πάντες οἱ Ἰουδαῖοι συνέρχονται, καὶ ἐν κρυπτῷ ἐλάλησα
todos los judíos se reúnen y en secreto hablé
οὐδέν.
nada.

Notas y análisis del texto griego.

Sigue la respuesta de Jesús: ἀπεκρίθη, tercera persona singular del aoristo primero de indicativo en voz pasiva del verbo αποκρίνομαι, *responder, contestar, tomar la palabra*, aquí *respondió*; αὐτῷ, caso dativo masculino de la tercera persona singular del pronombre personal declinado *a él, le*; Ἰησοῦς, caso nominativo masculino singular del nombre propio *Jesús*; ἐγὼ, caso nominativo masculino de la primera persona singular del pronombre personal *yo*; παρρησίᾳ, caso dativo femenino singular del nombre común *con libertad, en público, con franqueza*, puede traducirse como si fuese un adverbio *públicamente*; λελάληκα, primera persona singular del perfecto de indicativo en voz activa del verbo λαλέω, *hablar, decir*, aquí *he hablado*; τῷ, caso dativo masculino singular del artículo determinado declinado *al*; κόσμῳ, caso dativo masculino singular del nombre común *mundo*; ἐγὼ, caso nominativo de la primera persona singular del pronombre personal *yo*; πάντοτε, adverbio de tiempo *siempre*; ἐδίδαξα, primera persona singular del aoristo primero de indicativo en voz activa del verbo διδάσκω, *enseñar*, aquí *enseñé*; ἐν, preposición propia de dativo *en*; συναγωγῇ, caso dativo femenino singular del nombre común *sinagoga*; καὶ, conjunción copulativa *y*; ἐν, preposición propia de dativo *en*; τῷ, caso dativo neutro singular del artículo determinado *el*; ἱερῷ, caso dativo neutro singular del nombre común *templo*; ὅπου, adverbio de lugar *en donde*; πάντες, caso nominativo masculino singular del adjetivo indefinido *todos*; οἱ, caso nominativo masculino plural del artículo determinado *los*; Ἰουδαῖοι, caso nominativo masculino singular del adjetivo *judíos*; συνέρχονται, tercera persona plural del presente de indicativo en voz media del verbo συνέρχομαι, *reunirse, congregarse*, aquí *se reúnen*; καὶ, conjunción copulativa *y*; ἐν, preposición propia de dativo *en*; κρυπτῷ, caso dativo neutro singular del adjetivo *privado, secreto, oculto*; ἐλάλησα, primera persona singular del aoristo de indicativo en voz activa del verbo λαλέω, *hablar, decir*, aquí *hablé*; οὐδέν, caso acusativo neutro singular del pronombre indefinido *nada*.

ἀπεκρίθη αὐτῷ Ἰησοῦς· ἐγὼ παρρησίᾳ λελάληκα τῷ κόσμῳ, ἐγὼ πάντοτε ἐδίδαξα ἐν συναγωγῇ καὶ ἐν τῷ ἱερῷ, ὅπου πάντες οἱ Ἰουδαῖοι συνέρχονται, Jesús respondió a la segunda pregunta del sumo sacerdote, pero no a la primera. Nada dijo sobre Sus discípulos. El interrogatorio era también ilegal, no sólo por hacerse de noche, sino porque Anás no tenía ninguna jurisdicción para esto, porque tenía que ser el Sanedrín quien investigase a alguien que podía ser acusado de falta grave. Algunos piensan que no respondió sobre los discípulos, porque todos le habían abandonado y uno de ellos estaba en el patio de la casa donde se celebraba el interrogatorio, negándole. Era habitual que cada maestro tuviese discípulos que le seguían, pero, en este caso, los discípulos podían correr peligro si daba sus nombres o los identificaba, es posible que Jesús quisiera preservarlos de esto.

καὶ ἐν κρυπτῷ ἐλάλησα οὐδέν. En cuanto a lo que tenía que ver con Su enseñanza, sin mencionar nada de ella, le hizo notar que era evidentemente pública. Que había predicado en las sinagogas donde se reunían los judíos, en el templo, en general, en público, o *públicamente*, además lo hizo con toda libertad. Concretamente hace referencia a los que escucharon Sus enseñanzas diciendo que era *el mundo*, esto es, toda la gente. El Señor le dice que πάντοτε, *siempre* enseñó de ese modo, públicamente. Eso no significa que no las hubiese tenido en privado para alguna persona, como fue con Nicodemo, la mujer samaritana y de forma continuada a los discípulos. Pero por regla general hablaba en publico y todos podían oír lo que decía. Sus enseñanzas podían fácilmente ser investigadas porque no hablaba en secreto.

21. ¿Por qué me preguntas a mí? Pregunta a los que han oído, qué les haya yo hablado; he aquí, ellos saben lo que yo he dicho.

τί	με	ἐρωτᾷς	ἐρώτησον	τοὺς	ἀκηκοότας	τί	ἐλάλησα
¿Por qué	me	preguntas?	Pregunta	a los	que han oído	qué	hablé

αὐτοῖς·	ἴδε	οὗτοι	οἴδασιν	ἃ	εἶπον	ἐγώ.
les;	He aquí	ellos	saben	lo que	dije	yo.

Notas y análisis del texto griego.

Continúa la respuesta de Jesús: τί, caso acusativo neutro singular del pronombre interrogativo *qué, por qué*; με, caso acusativo de la primera persona singular del pronombre personal *a mí, me*; ἐρωτᾷς, segunda persona singular del presente de indicativo en voz activa del verbo ἐρωτάω, *preguntar, inquirir*, aquí *preguntas*; ἐρώτησον, segunda persona singular del presente de imperativo en voz activa del verbo ἐρωτάω, *preguntar*, aquí *pregunta*; τοὺς, caso acusativo masculino plural del artículo definido declinado *a los*;

ἀκηκοότας, caso acusativo masculino plural del participio perfecto en voz activa del verbo ακούω, *oír, escuchar*, aquí *que han oído*; τί, caso acusativo neutro singular del pronombre interrogativo *qué*; ἐλάλησα, primera persona singular del aoristo primero de indicativo en voz activa del verbo λαλέω, *hablar, decir*, aquí *hablé*; αὐτοῖς, caso dativo masculino de la tercera persona plural del pronombre personal declinado *a ellos, les*; ἴδε, primera persona singular del aoristo segundo de imperativo en voz media del verbo ὁράω, en la forma εἶδον, *mirar, mostrar, ver,* con uso adverbial equivale a *he aquí, sucedió que, ved, ahora,* etc. podría traducirse como una expresión de advertencia enfática como *¡Mira!*, incluso podría leerse a modo de interrogación como *y ¿sabéis?*, es en la práctica como una partícula demostrativa, que se usa para animar el discurso avivando la atención del lector, algunos modernos la identifican como interjección; οὗτοι, caso nominativo masculino plural del pronombre demostrativo *ellos*; οἴδασιν, tercera persona plural del perfecto de indicativo en voz activa del verbo οἶδα, *saber, entender, comprender, conocer*, aquí *saben*; ἅ, caso acusativo neutro plural del pronombre relativo *lo que*; εἶπον, primera persona singular del segundo aoristo de indicativo en voz activa del verbo εἶπον, forma del aoristo de λέγω, *hablar, decir*, aquí *dije*; ἐγώ, caso nominativo de la primera persona singular del pronombre pesonal *yo*.

τί με ἐρωτᾷς. Jesús hace notar al sumo sacerdote la ilegalidad del proceso. No tenía acusación contra Él, pero buscaba en la respuesta el modo de hacerlo. La legislación rabínica consideraba ilegal que se forzara a un reo para que se acusara a sí mismo. El procedimiento del sumo sacerdote era incorrecto al interrogar a Jesús.

ἐρώτησον τοὺς ἀκηκοότας τί ἐλάλησα αὐτοῖς· ἴδε οὗτοι οἴδασιν ἃ εἶπον ἐγώ. Si todo cuanto había enseñado era público, quienes debían ser interrogados para poder acusarle, en lenguaje jurídico actual Jesús le estaba diciendo que era a ellos a quienes tenía que tomar declaración. No había que preguntar a los discípulos, no sólo a los que estuvieron con Él durante el tiempo del ministerio, sino a quienes sentían simpatía por Él, debían ser interrogados cualquiera de los muchos que oyeron Sus palabras en los tres años de vida pública, esos tendrían una respuesta imparcial a lo que el sumo sacerdote quería conocer. Si lo que Anás quería era preparar el juicio definitivo contra Jesús, tenía que seguir el procedimiento legal: presentar los testigos, relato de los hechos por parte de éstos, acusación formal basada en el testimonio coincidente de por lo menos dos de ellos.

22. Cuando Jesús hubo dicho esto, uno de los alguaciles, que estaba allí, le dio una bofetada, diciendo: ¿Así respondes al sumo sacerdote?

ταῦτα δὲ αὐτοῦ εἰπόντος εἷς παρεστηκὼς τῶν ὑπηρετῶν
Y estas cosas él diciendo uno, que estaba al lado, de los alguaciles,
ἔδωκεν ῥάπισμα τῷ Ἰησοῦ εἰπών· οὕτως ἀποκρίνῃ τῷ
dio bofetada - a Jesús, diciendo: ¿Así respondes al
ἀρχιερεῖ
sumo sacerdote?

Notas y análisis del texto griego.

Continúa con: ταῦτα, caso acusativo neutro plural del pronombre demostrativo *estos*, en sentido de *estas cosas*; δὲ, partícula conjuntiva que hace las veces de conjunción coordinante, con sentido de *pero, más bien, y, y por cierto, antes bien*; αὐτοῦ, caso genitivo masculino de la tercera persona singular del pronombre personal *él*; εἰπόντος, caso genitivo masculino singular del participio del aoristo segundo en voz activa del verbo εἶπον, que se usa como tiempo aoristo de λέγω, *decir, hablar*, aquí *cuando dijo, diciendo*; εἷς, caso nominativo masculino singular del adjetivo numeral cardinal *uno*; παρεστηκὼς, caso nominativo masculino singular del participio perfecto en voz activa del verbo παρίστημι, *estar cerca, estar al lado*, aquí *que estaba al lado*; τῶν, caso genitivo masculino plural del artículo determinado declinado *de los*; ὑπηρετῶν, caso genitivo masculino plural del nombre común *alguaciles*; ἔδωκεν, tercera persona singular del aoristo primero de indicativo en voz activa del verbo δίδωμι, *dar*, aquí *dio*; ῥάπισμα, caso acusativo neutro singular del nombre común *bofetada, golpe*; τῷ, caso dativo masculino singular del artículo determinado *el*; Ἰησοῦ, caso dativo masculino singular del nombre propio declinado *a Jesús*; εἰπών, caso nominativo masculino singular del participio del aoristo segundo en voz activa del verbo εἶπον, que se usa como tiempo aoristo de λέγω, *decir, hablar*, aquí *diciendo*; οὕτως, adverbio demostrativo *así, de la siguiente manera*; ἀποκρίνῃ, segunda persona singular del presente de indicativo en voz media del verbo ἀποκρίνομαι, *responder*, aquí *respondes*; τῷ, caso dativo masculino singular del artículo determinado declinado *al*; ἀρχιερεῖ, caso dativo masculino singular del nombre común *sumo sacerdote*.

ταῦτα δὲ αὐτοῦ εἰπόντος. La indignidad de aquel momento se aprecia en la reacción que los presentes tenían contra Jesús. El Señor respondió con firmeza pero con respeto, indicando simplemente al sumo sacerdote que la pregunta formulada estaba mal orientada, que debían ser otros los que la respondiesen. En esto no hubo ofensa alguna ni falta de respeto.

εἷς παρεστηκὼς τῶν ὑπηρετῶν ἔδωκεν ῥάπισμα τῷ Ἰησοῦ εἰπών· οὕτως ἀποκρίνῃ τῷ ἀρχιερεῖ. La custodia del reo estaba encomendada a miembros de la guardia del templo, los *alguaciles*. Uno de ellos, sin duda el más próximo a Jesús, abusando de su posición y de su fuerza, golpeó con saña al Señor dándole una bofetada, mientras le reprendía echándole en cara la respuesta que había dado al sumo sacerdote. Esta intervención del guardia, no tanto en la bofetada como en las palabras de reprensión al reo, pone de manifiesto que no se trataba de un juicio formal, sino de un interrogatorio que preparaba el juicio *oficial* que se celebraría por la mañana. No solo era un abuso, sino mucho más, una cobardía al golpear a un hombre que tenía las manos atadas. Esto constituía una falta grave al golpear a una persona delante de quien era presidente del Sanedrín, como sumo sacerdote, aunque la titularidad oficial correspondiese al otro sumo sacerdote Caifás. Así hace notar el Dr. Lacueva: *"Como si el Señor Jesús se hubiese comportado como un rudo y descortés preso común, al que es preciso enseñar buenos modales. Si Anás hubiese sido una persona digna, no habría consentido este desacato en su presencia, por muy halagadora que pareciese la forma en que el alguacil se expresó a favor de su amo. Sólo los gobernantes impíos se complacen en los servicios de impíos subalternos, ya que son éstos los más apropiados para apoyarles y ayudarles a llevar a cabo sus malvados designios"*[4]. Jesús no había dicho palabra injuriosa alguna contra el sumo sacerdote, además, aquel no lo era, aunque le reconociesen de ese modo, sino su yerno Caifás.

23. Jesús le respondió: Si he hablado mal, testifica en qué está el mal; y si bien, ¿por qué me golpeas?

ἀπεκρίθη αὐτῷ Ἰησοῦς· εἰ κακῶς ἐλάλησα, μαρτύρησον
Respondió le Jesús: Si malamente hablé, testifica
περὶ τοῦ κακοῦ· εἰ δὲ καλῶς, τί με δέρεις
acerca del mal; y si bien, ¿por qué me golpeas?

Notas y análisis del texto griego.

Cerrando el párrafo, escribe: ἀπεκρίθη, tercera persona singular del aoristo primero de indicativo en voz pasiva del verbo αποκρίνομαι, *responder, contestar, tomar la palabra*, aquí *respondió*; αὐτῷ, caso dativo masculino de la tercera persona singular del pronombre personal declinado *a él, le*; Ἰησοῦς, caso nominativo masculino singular del nombre propio *Jesús*; εἰ, conjunción afirmativa *si*; κακῶς, adverbio de modo *malamente*; ἐλάλησα, primera persona singular del aoristo primero de indicativo en voz activa del verbo λαλέω, *hablar, decir*, aquí *hablé*; μαρτύρησον, segunda persona singular del aoristo primero de imperativo en voz activa del verbo μαρτυρέω, *testificar,*

[4] F. Lacueva. o.c., pág. 481.

testimoniar, dar testimonio, aquí *testifica*; περὶ, preposición propia de genitivo *de, acerca de*; τοῦ, caso genitivo neutro del artículo determinado *lo*; κακοῦ, caso genitivo neutro singular del adjetivo *mal, malo*; εἰ, conjunción afirmativa *si*; δὲ, partícula conjuntiva que hace las veces de conjunción coordinante, con sentido de *pero, más bien, y, y por cierto, antes bien*; καλῶς, adverbio ponderativo *bien*; τί, caso acusativo neutro singular del pronombre interrogativo *por qué*; με, caso acusativo de la primera persona singular del pronombre personal *a mí, me*; δέρεις, segunda persona singular del presente de indicativo en voz activa del verbo δέρω, *abofetear, apalear, golpear*, aquí *golpeas*.

ἀπεκρίθη αὐτῷ 'Ιησοῦς· εἰ κακῶς ἐλάλησα, μαρτύρησον περὶ τοῦ κακοῦ· La respuesta de Jesús está llena de mansedumbre. No hay alteración en su voz, ni respuesta bronca como hubiera sido natural. Simplemente le advierte que la ofensa, si la hay, no se soluciona con golpes, sino con acusación formal ante un tribunal. Si aquella respuesta al sumo sacerdote no ha sido conforme a derecho y equidad, debía convertirse en acusador y llevarlo al tribunal correspondiente para que fuese sancionada conforme a la ley. Al golpe recibido, Jesús, respondió rechazando la actuación. Pareciera que se contradice Su comportamiento con la enseñanza del Sermón del Monte, de que cuando golpeen en una mejilla se le vuelva la otra (Mt. 5:39). Jesús no puso la otra mejilla, sino que reaccionó hablando al agresor de justicia. Es necesario no extremar la interpretación literal de estas ordenanzas. La enseñanza sobre comportamiento en respuesta a una agresión no ha de ser devolver mal por mal, sino encomendar la causa al que juzga con justicia y esperar en Su actuación.

εἰ δὲ καλῶς, τί με δέρεις. La pregunta que formuló Jesús iba directamente orientada al corazón del que le había golpeado. Todo lo que hizo era incorrecto. Si tenía algo contra Jesús, era momento para ponerlo delante del sumo sacerdote testificando contra Él. Si no tenía nada, entonces había cometido un delito contra una persona, castigado en la Ley. La verdad puede ser objetada y buscar aparentes fallos en ella, cuando ese es el interés de quien desea condenar al que tiene esa verdad, cueste lo que cueste. Jesús debía ser condenado. Todos los presentes estaban incluidos en ese propósito, por tanto, cualquier acción sea de palabra o de obra, es expresión visible del odio interno contra el Señor. No importaba lo que Él decía, sino llevar a cabo la determinación perversa de darle muerte. Para eso había sido traído ante Anás, a fin de encontrar sustento firme que pudiera establecerse delante del Sanedrín, que se reuniría por la mañana para juzgar a Cristo.

Ante Caifás (18:24-27).

24. Anás entonces le envió atado a Caifás, el sumo sacerdote.

ἀπέστειλεν οὖν αὐτὸν ὁ Ἅννας δεδεμένον πρὸς Καϊάφαν τὸν
Envió, entonces, le - Anás atado a Caifás el
ἀρχιερέα.
sumo sacerdote.

Notas y análisis del texto griego.

Iniciando un nuevo párrafo, escribe: ἀπέστειλεν, tercera persona singular del aoristo primero de indicativo en voz activa del verbo ἀποστέλλω, *enviar, mandar, encomendar*, aquí *envió*; οὖν, conjunción ilativa *entonces*; αὐτὸν, caso acusativo masculino singular del pronombre personal declinado *a él, le*; ὁ, caso nominativo masculino singular del artículo determinado *el*; Ἅννας, caso nominativo masculino singular del nombre propio *Anás*; δεδεμένον, caso acusativo masculino singular del participio perfecto en voz pasiva del verbo δέω, *atar, amarrar*, aquí *atado*; πρὸς, preposición propia de acusativo *a*; Καϊάφαν, caso acusativo masculino singular del nombre propio *Caifás*; τὸν, caso acusativo masculino singular del artículo determinado *el*; ἀρχιερέα, caso acusativo masculino singular del nombre común *sumo sacerdote*.

ἀπέστειλεν οὖν αὐτὸν ὁ Ἅννας δεδεμένον πρὸς Καϊάφαν τὸν ἀρχιερέα. Terminado el tiempo en casa de Anás, este no tenía motivo para seguir reteniendo allí a Jesús, de manera que asegurándolo bien, en el texto se lee *atado*, lo envió a casa de Caifás, del que dice que era el sumo sacerdote. Ya se ha considerado esto antes. En aquel año, el yerno de Anás era el sumo sacerdote *oficial*.

No sabemos a ciencia cierta el lugar donde estaba el palacio del sumo sacerdote, residencia de Caifás. Se supone que debía estar al norte de la ciudad en las proximidades del Templo. Con todo, el trayecto entre la casa de Anás y la de Caifás, aunque no debía ser largo, fue hecho con todas las medidas de seguridad, enviando a Jesús atado hasta llegar a aquella casa.

25. Estaba, pues, Pedro en pie, calentándose. Y le dijeron: ¿No eres tú de sus discípulos? Él negó, y dijo: No lo soy.

Ἦν δὲ Σίμων Πέτρος ἑστὼς καὶ θερμαινόμενος. εἶπον οὖν
Estaba y Simón Pedro de pie y calentándose. Dijeron, pues,
αὐτῷ· μὴ καὶ σὺ ἐκ τῶν μαθητῶν αὐτοῦ εἶ ἠρνήσατο
le: ¿No también tu de los discípulos de Él eres? Negó
ἐκεῖνος καὶ εἶπεν· οὐκ εἰμί.
él y dijo: No soy.

Notas y análisis del texto griego.

Prosigue el relato con: Ἦν, tercera persona singular del imperfecto de indicativo en voz activa del verbo εἰμί, *ser, estar*, aquí *estaba*; δὲ, partícula conjuntiva que hace las veces de conjunción coordinante, con sentido de *pero, más bien, y, y por cierto, antes bien*; Σίμων, caso nominativo masculino singular del nombre propio *Simón*; Πέτρος, caso nominativo masculino singular del nombre propio *Pedro*; ἑστὼς, caso nominativo masculino singular del participio de perfecto en voz activa del verbo ἵστημι, *estar de pie*, aquí *estaba de pie*, para no repetir el verbo *estar*, simplemente *de pie*; καὶ, conjunción copulativa *y*; θερμαινόμενος, caso nominativo masculino singular del participio de presente en voz media del verbo θερμαίνομαι, *calentarse*, aquí *calentándose*; εἶπον, tercera persona plural del segundo aoristo de indicativo en voz activa del verbo εἶπον, forma del aoristo de λέγω, *hablar, decir*, aquí *dijeron*; οὖν, conjunción continuativa *pues*; αὐτῷ, caso dativo masculino de la tercera persona singular del pronombre personal declinado *a él, le*; μὴ partícula que hace funciones de adverbio de negación *no*; καὶ, adverbio de modo *también*; σὺ, caso nominativo de la segunda persona singular del pronombre personal *tu*; ἐκ, preposición propia de genitivo *de*; τῶν, caso genitivo masculino plural del artículo determinado *los*; μαθητῶν, caso genitivo masculino plural del nombre común *discípulos*; αὐτοῦ, caso genitivo masculino de la tercera persona singular del pronombre personal declinado *de él*; εἶ, segunda persona singular del presente de indicativo en voz activa del verbo εἰμί, *ser, estar*, aquí *eres*; ἠρνήσατο, tercera persona singular del aoristo de indicativo en voz media del verbo ἀρνέομαι, *negar, renunciar, refutar*, aquí *negó*; ἐκεῖνος, caso nominativo masculino singular del pronombre demostrativo *él*; καὶ, conjunción copulativa *y*; εἶπεν, segunda persona singular del segundo aoristo de indicativo en voz activa del verbo εἶπον, forma del aoristo de λέγω, *hablar, decir*, aquí *dijo*; οὐκ, forma escrita del adverbio de negación *no*, con el grafismo propio ante una vocal con espíritu suave o una enclítica; εἰμί, primera persona singular del presente de indicativo en voz activa del verbo εἰμί, *ser, estar*, aquí *soy*.

Ἦν δὲ Σίμων Πέτρος ἑστὼς καὶ θερμαινόμενος. Si la noche era fría y fue necesario encender fuego para calentarse en casa de Anás, más aún lo sería en la de Caifás, al ir corriendo las horas de la noche. Era habitual que se encendiese en el patio no cubierto de la casa, cuando habían personas en él. Sin duda de casa de Anás, salió Jesús atado y escoltado o mejor, conducido por los que lo habían llevado desde el huerto hasta aquel lugar. Los mismos ahora lo conducen a casa del sumo sacerdote de aquel año que era Caifás. Todos los que estaban en casa de Anás se habían trasladado a la de Caifás, por eso no es difícil entender que Pedro estuviera también dentro del patio con ellos. Juan dice que estaba de pie calentándose. El lugar más inapropiado para un discípulo de Jesús, haciendo compañía a quienes procuraban Su muerte.

Algunos eruditos consideran que esta parte debía completarse pasando aquí el versículo dieciocho. Sin duda concordaría con el relato si hubiese ocurrido el interrogatorio anterior en casa de Caifás y no de Anás, pero no es necesario forzar el texto o alterar su composición. En casa de Anás comenzó el interrogatorio de Jesús. En aquel lugar el frío de la noche hizo que se encendiese fuego para calentarse los que estaban en el patio y no en el interior de la casa del sumo sacerdote. Ahora, sintiendo también la necesidad de calentarse encienden fuego y lo rodean. Junto con ellos Pedro.

εἶπον οὖν αὐτῷ· μὴ καὶ σὺ ἐκ τῶν μαθητῶν αὐτοῦ εἶ. Juan trata con suma corrección las negaciones de Pedro. Están más detalladas en los sinópticos. Alguien a quien Juan no identifica le acusa delante de todos de ser uno de los discípulos de Jesús. La pregunta es muy comprometida, y debiera traducirse de esta forma: *¿Acaso tú no eres de sus discípulos?* Según los sinópticos esta pregunta se la formuló una de las criadas. Entre la gente que circulaba por ese lugar, se acercó una de las criadas del servicio de la casa. Es posible que Pedro intentase manifestar una sensación de calma que no tenía internamente, permaneciendo con los siervos del sumo sacerdote que se calentaban al fuego. No importa quien formuló la acusación, pero lo hizo delante de todos los presentes. Las palabras, aunque dichas mediante una pregunta retórica, se expresan de tal manera que requerirían una respuesta positiva: *si soy de los discípulos de Él.*

ἠρνήσατο ἐκεῖνος καὶ εἶπεν· οὐκ εἰμί. Pedro se sentía acosado. Las cosas estaban poniéndose difíciles para él. La primera acusación había quedado atrás, pero esta segunda era más directa. La crisis espiritual le alcanzaba plenamente. Ya no le llega con negar. Según los sinópticos para mostrar una negativa segura y firme delante de todos, de modo que crean sus palabras, añade un juramento. Pedro negaba la conexión con Jesús, pero algo todavía más grave, según el relato de Mateo, estaba negando que *conocía a aquel hombre* (Mt. 26:72). No podemos determinar que tipo de juramento hizo Pedro, pero el término juramento era una afirmación hecha en el nombre de Dios. Tal vez utilizó aquí alguna fórmula propia de los juramentos de los hipócritas que lo hacían por el templo o por el oro del templo, o por la tierra, o por el cielo. Ni importa cual fuese, todos ellos concurrían en uno hecho en el nombre de Dios, como Jesús había enseñado en el *Sermón del Monte* (Mt. 5:33-37). Pedro había caído en lo más bajo, no sólo era un perjuro, sino que era un ingrato. Estaba negando a quien había dado todo por él. Estaba negando al amigo que resolvió sus problemas y sanó la enfermedad de su suegra. Había quebrantado su lealtad, había traicionado sus promesas ¿Cómo podría mirar a los ojos de Jesús desde ahí en adelante?

Es muy probable que luego de esta negación Pedro quiso salir de allí, pero la puerta de acceso a la calle estaba cerrada, por tanto, volvería al mismo lugar donde estaba antes, en el círculo de los que se estaban calentando al calor de las brasas encendidas.

26. Uno de los siervos del sumo sacerdote, pariente de aquel a quien Pero había cortado la oreja, le dijo: ¿No te vi yo en el huerto con él?

λέγει εἷς ἐκ τῶν δούλων τοῦ ἀρχιερέως, συγγενὴς ὢν οὗ
Dice uno de los siervos del sumo sacerdote, pariente que es del que
ἀπέκοψεν Πέτρος τὸ ὠτίον· οὐκ ἐγώ σε εἶδον ἐν τῷ κήπῳ μετ'
cortó Pedro la oreja: ¿No yo te vi en el huerto con
αὐτοῦ
él?

Notas y análisis del texto griego.

Una nueva acusación contra Pedro: λέγει, tercera persona singular del presente de indicativo en voz activa del verbo λέγω, *hablar, decir*, aquí *dice*; εἷς, caso nominativo masculino singular del adjetivo numeral cardinal *uno*; ἐκ, preposición propia de genitivo *de*; τῶν, caso dativo masculino plural del artículo determinado *los*; δούλων, caso dativo masculino plural del nombre común *criado, esclavo, siervo*; τοῦ, caso genitivo masculino singular del artículo determinado declinado *del*; ἀρχιερέως, caso genitivo masculino singular del nombre común *sumo sacerdote*; συγγενὴς, caso nominativo masculino singular del adjetivo *pariente*; ὢν, caso nominativo masculino singular del participio de presente en voz activa del verbo εἰμί, *ser, estar*, aquí *que es*; οὗ, caso genitivo masculino singular del pronombre relativo *del que*; ἀπέκοψεν, tercera persona singular del aoristo primero de indicativo en voz activa del verbo ἀποκόπτω, *cortar*, aquí *cortó*; Πέτρος, caso nominativo masculino singular del nombre propio *Pedro*; τὸ, caso acusativo neutro singular del artículo determinado *el*; ὠτίον, caso acusativo neutro singular del nombre común *oreja*; οὐκ, forma escrita del adverbio de negación *no*, con el grafismo propio ante una vocal con espíritu suave o una enclítica; ἐγώ, caso nominativo de la primera persona singular del pronombre personal *yo*; σε, caso acusativo de la segunda persona singular del pronombre personal declinado *a ti, te*; εἶδον, primera persona singular del aoristo segundo de indicativo en voz activa del verbo ὁράω, *ver, mirar, contemplar*, aquí *vi*; ἐν, preposición propia de dativo *en*; τῷ, caso dativo masculino singular del artículo determinado *el*; κήπῳ, caso dativo masculino singular del nombre común *huerto, jardín*; μετ', forma escrita por elisión de la α final ante vocal con espíritu suave de la preposición de genitivo μετά, *con*; αὐτοῦ, caso genitivo de la tercera persona singular del pronombre personal *él*.

λέγει εἷς ἐκ τῶν δούλων τοῦ ἀρχιερέως, συγγενὴς ὢν οὗ ἀπέκοψεν Πέτρος τὸ ὠτίον· Pedro no estaba en el lugar conveniente. Jesús le había advertido en el huerto que orase para no entrar en tentación. Ahora estaba junto a los perversos. La Biblia enseña que las malas compañías corrompen las buenas costumbres (1 Co. 15:33). Se estaba cumpliendo aquí la enseñanza del Salmo: *"Bienaventurado el varón que no anduvo en consejo de malos, ni estuvo en camino de pecadores, ni en silla de escarnecedores se ha sentado"* (Sal. 1:1).

οὐκ ἐγώ σε εἶδον ἐν τῷ κήπῳ μετ' αὐτοῦ. Pedro había comenzado a deslizarse por un camino peligroso y cada vez la caída era mayor. La primera tentación no resistida, dio paso a una segunda y ahora a la tercera. No se trataba de una criada portera como al principio, ahora es un siervo del sumo sacerdote y además pariente de Malco, al que Pedro le había cortado la oreja en el huerto. Aquel hombre no le preguntaba si era uno de los discípulos de Jesús, sino que lo afirmaba tajantemente delante de todos los que allí estaban: *Eres, porque yo te vi en el huerto*. El pariente de Malco hizo la pregunta de manera que la única respuesta válida para Pedro era reconocer que sí, que era discípulo, que había estado con el Señor. Pero esto era demasiado para el amedrentado discípulo, incapaz ya de zafarse del lazo que el tentador le estaba poniendo. Había caído por completo. Estaba espiritualmente derrotado. Era el triste estado de quien había prometido fidelidad hasta la muerte si fuese necesario.

27. Negó Pedro otra vez; y en seguida cantó el gallo.

πάλιν	οὖν	ἠρνήσατο	Πέτρος,	καὶ	εὐθέως	ἀλέκτωρ	ἐφώνησεν.
De nuevo,	pues,	negó	Pedro,	y	en seguida	un gallo	cantó.

Notas y análisis del texto griego.

Sigue el relato: πάλιν, adverbio de modo *nuevamente, de nuevo, otra vez*; οὖν, conjunción continuativa *pues*; ἠρνήσατο, tercera persona singular del aoristo de indicativo en voz media del verbo ἀρνέομαι, *negar, renunciar, refutar*, aquí *negó*; Πέτρος, caso nominativo masculino singular del nombre propio *Pedro*; καὶ, conjunción copulativa *y*; εὐθέως, adverbio de tiempo, *en seguida, al instante, inmediatamente*; ἀλέκτωρ, caso nominativo masculino singular del nombre común *gallo*; ἐφώνησεν, tercera persona singular del aoristo primero de indicativo en voz activa del verbo φωνέω, *llamar, gritar, cantar (el gallo)*, aquí *cantó*.

πάλιν οὖν ἠρνήσατο Πέτρος, Juan no deja de mencionar las negaciones de Pedro, pero guarda silencio de cómo se produjeron. Son los sinópticos que con mayor detalle se refieren a ellas y de forma especial a lo que rodeo a cada una. Según Marcos, los que rodeaban a Pedro, frente a la acusación que el siervo del sumo sacerdote le había hecho, comenzaron a afirmar lo mismo y le llamaron la atención a su acento galileo que era inconfundible (Mr. 14:70) En la anterior Pedro además de responder con firmeza, añadió un juramento, ahora siguiendo con la firmeza de negar la acusación, dice que comenzó a maldecir y a jurar, mientras decía que no conocía a aquel hombre. Confuso, aturdido y amedrentado procuraba salir de la situación. Las acusaciones eran cada vez más graves. Ya no eran mujeres sino varios hombres que afirmaban que él era también de los discípulos de Jesús. El testimonio de más de una persona tenía validez en un tribunal y eran muchos los que testificaban lo mismo de él. Alguno lo había identificado con los que estaban con Jesús en Getsemaní. El único camino que se le ocurría era jurar reiteradamente afirmando que no conocía a Jesús. El Señor había descendido para Pedro; ya no era el Hijo de Dios, ni tan siquiera el Maestro, era *el hombre*. Pedro maldecía y juraba. Debe entenderse esto como que se ponía bajo maldición, porque eso era lo que ocurría al perjuro. De manera que pudo haber añadido maldiciones personales si lo que juraba no era cierto. En ese juramento iba también la mentira y el repudio: *que no conocía al hombre*. En alguna medida estaría diciendo *Que Dios me haga esto o aquello si no estoy diciendo la verdad de que no conozco a ese hombre*. La mentira era de tal dimensión que cualquiera la podría haber rebatido. Nadie en Jerusalén desconocía a Jesús. Nadie podía decir que no le conocía. Podría ser un enemigo para algunos, pero era el personaje más conocido de toda la nación.

καὶ εὐθέως ἀλέκτωρ ἐφώνησεν. En ese momento en que con mentiras, falsos juramentos y palabras incisivas negaba al Señor, la gracia misericordiosa de Dios tuvo compasión de Pedro. En aquella hora, literalmente *en seguida,* un gallo cantó. El Señor se vale de cualquier cosa, en Su soberanía para llamar a los suyos al arrepentimiento. El gallo, aquella noche, representó para Pedro, lo mismo que las palabras de Juan el Bautista para muchos de los que acudían a él al Jordán. Dios, por medio del canto del ave, llamaba a Su discípulo al arrepentimiento.

Debió ocurrir entonces que el vergonzoso proceso contra Jesús, hecho durante la noche, había terminado. No era necesario nada más hasta que al iniciarse el día el Sanedrín validara la sentencia a muerte que los malvados líderes de los judíos habían establecido por la noche.

Pero el reo era de gran importancia y debía ser guardado con seguridad. En la casa del sumo sacerdote debía haber algún lugar seguro para ello. De modo que del lugar donde estuvo siendo interrogado, lo llevaron al de seguridad y, posiblemente, atravesó el patio donde estaba Pedro. Lucas dice que *"entonces, vuelto el Señor, miró a Pedro; y Pedro se acordó de la palabra del Señor, que le había dicho: Antes que el gallo cante, me negarás tres veces"* (Lc. 22:61). Los ojos de Jesús se clavaron en los de Pedro. El rostro golpeado y, tal vez, aun sucio de los esputos, el bendito rostro del Salvador, se volvió hacia Su discípulo. La mirada del Señor no entró en los ojos de Pedro sino en su alma; el canto del gallo era Su voz llamando al arrepentimiento; Su mirada le mostraba el amor sin reservas y sin rencor. El Maestro era llevado a la celda, desde donde saldría para el juicio ante el Sanedrín por la mañana. Posiblemente, en ese pasar por delante de Pedro las miradas de ambos se encontraron. Aquella mirada fue más incisiva que cualquier amonestación. No podía seguir mirando al Maestro cara a cara después de lo que había hecho con Él. Pedro era distinto, acordándose de las palabras del Maestro rompió en llanto, el arrepentimiento era real. No podía confesar con palabras su pecado a Jesús, pero lo hacía llorando amargamente. Aquella era una tristeza según Dios que le conducía al arrepentimiento. Pedro era un pecador arrepentido, impactado por la mirada de Jesús y angustiado por el pecado que había cometido. Era un hombre derrotado en su carne, pero victorioso en su fe que confía en la restauración y llora amargamente su pecado. Según una antigua tradición durante toda su vida Pedro no dejó de llorar cada vez que oía cantar un gallo en la noche. El pecado, por grave que fuese podía ser perdonado. Había caído en la tentación, había sido derrotado, no había cumplido sus promesas, pero el Hijo del Hombre fue tentado conforme a nuestra semejanza, pero sin pecado, para poder compadecerse de los que son tentados.

Ante Pilato (18:28-19:16).

Acusaciones (18:28-32).

28. Llevaron a Jesús de casa de Caifás al pretorio. Era de mañana, y ellos no entraron en el pretorio para no contaminarse, y así poder comer la pascua.

Ἄγουσιν οὖν τὸν Ἰησοῦν ἀπὸ τοῦ Καϊάφα εἰς τὸ πραιτώριον·
Conducen, pues, - a Jesús, desde - Caifás al pretorio.
ἦν δὲ πρωΐ· καὶ αὐτοὶ οὐκ εἰσῆλθον εἰς τὸ πραιτώριον, ἵνα
Y era temprano; y ellos no entraron al pretorio, para
μὴ μιανθῶσιν ἀλλὰ φάγωσιν τὸ πάσχα.
no contaminarse, sino comieran la pascua.

Notas y análisis del texto griego.

El relato pasa ahora al gobernador romano: Ἄγουσιν, tercera persona plural del presente de indicativo en voz activa del verbo ἄγω, *conducir, llevar, dirigirse*, aquí *llevaron*; οὖν, conjunción continuativa *pues*; τὸν, caso acusativo masculino singular del artículo determinado *el*; Ἰησοῦν, caso acusativo masculino singular del nombre propio declinado *a Jesús*; ἀπὸ, preposición propia de genitivo *desde*; τοῦ, caso genitivo masculino singular del artículo determinado *el*; Καϊάφα, caso genitivo masculino singular del nombre propio *Caifás*; εἰς, preposición propia de acusativo *a*; τὸ, caso acusativo neutro singular del artículo determinado *el*; πραιτώριον, caso acusativo neutro singular del nombre común *pretorio*; ἦν, tercera persona singular del imperfecto de indicativo en voz activa del verbo εἰμί, *ser estar*, aquí *era*; δὲ, partícula conjuntiva que hace las veces de conjunción coordinante, con sentido de *pero, más bien, y, y por cierto, antes bien*; πρωΐ, adverbio demostrativo *de mañana, temprano*; καὶ, conjunción copulativa *y*; αὐτοὶ, caso nominativo masculino plural del pronombre intensivo *ellos*; οὐκ, forma escrita del adverbio de negación *no*, con el grafismo propio ante una vocal con espíritu suave o una enclítica; εἰσῆλθον, tercera persona plural del segundo aoristo de indicativo en voz activa del verbo εἰσέρχομαι, *entrar*, aquí *entraron*; εἰς, preposición propia de acusativo *a*; τὸ, caso acusativo neutro singular del artículo determinado *el*; πραιτώριον, caso acusativo neutro singular del nombre común *pretorio*; ἵνα, conjunción causal *para*; μὴ, partícula que hace funciones de adverbio de negación *no*; μιανθῶσιν, tercera persona plural del aoristo primero de subjuntivo en voz pasiva del verbo μιαίνω, *contaminar*, aquí *contaminarse*; ἀλλὰ, conjunción adversativa *sino*; φάγωσιν, tercera persona plural del aoristo segundo de subjuntivo en voz activa del verbo ἐσθίω, *comer*, aquí *comieran*; τὸ, caso acusativo neutro singular del artículo determinado *el*; πάσχα, caso acusativo neutro singular del nombre común *pascua*.

Juan no relata nada de lo ocurrido en casa de Caifás, donde tuvo lugar una farsa de juicio que incumplió toda la legalidad. Tuvo lugar de noche, que estaba prohibido en la ley; se dictó sentencia en el mismo día del juicio, también ilícito. Jesús quedó sin duda con marcadas señales a consecuencia de los golpes que le fueron propinados por los esbirros de sumo sacerdote. El mejor comentario a este paréntesis de Juan es la lectura de los sinópticos que describen con detalle el evento. Especialmente Lucas hace mención también a que en cuanto empezó el día se produjo la comparecencia de Jesús ante el Sanedrín (Lc. 22:66-71). Mateo dice que *"todos los principales sacerdotes y los ancianos del pueblo entraron en consejo contra Jesús, para entregarle a muerte"* (Mt. 27:1). No había sido un remedo de juicio, sino la determinación de cometer un homicidio con premeditación y alevosía.

Ἄγουσιν οὖν τὸν Ἰησοῦν ἀπὸ τοῦ Καϊάφα εἰς τὸ πραιτώριον· ἦν δὲ πρωΐ· Bien temprano en la mañana, tiempo que podría ser entre las tres de la madrugada y las seis de la mañana, llevaron a Jesús desde la casa de Caifás hasta el lugar de residencia del gobernador romano. Seguramente que buscaron una hora tan temprana, cuando la gente todavía estaba descansando y algunos pocos se habrían levantado, para llevarlo sin dar ocasión a cualquier tipo de alboroto que se pudiese formar. Todos tenían urgencia de ver cumplir su perverso y diabólico propósito de ver al Mesías en la Cruz. Juan sintéticamente dice, *al pretorio*. El Sanedrín había condenado a Jesús a la pena capital, pero no tenían facultad para ejecutar la sentencia de muerte (v. 31). Solo el gobernador romano validando la sentencia tenía poder para hacerlo. El lugar a donde lo llevan fue al *pretorio*, el palacio y sede judicial del los *pretores* romanos. Ellos entregaban a Jesús para que fuese ajusticiado por manos de inicuos (Hch. 2:23), pero los mayores inicuos eran los líderes religiosos de los judíos, desde el sumo sacerdote pasando por los ancianos que formaban el concilio.

En todo esto, el espíritu homicida del padre espiritual de ellos, Satanás, actuaba con toda su sutileza, como Jesús había dicho a los judíos: *"Vosotros sois de vuestro padre el diablo, y los deseos de vuestro padre queréis hacer. El ha sido homicida desde el principio"* (8:44), y antes también había dicho: *"Pero ahora procuráis matarme a mí, hombre que os he hablado la verdad"* (8:40). Había peligro de que el pueblo se levantara contra ellos, si condenaban a Jesús a muerte, pero no sería lo mismo si la condena procedía de los romanos. Ninguno de los asistentes a la fiesta en Jerusalén se atrevería contra ellos. El deseo de Satanás era el de ellos, por tanto buscaban *legalizar* la sentencia a muerte de Jesús, que no pudiendo ser por lapidación, debía ser por crucifixión, la muerte destinada a esclavos y sediciosos. Jesús fue llevado atado, según Mateo y Marcos (Mt. 27:2; Mr. 15:1-5). La forma habitual en que eran atados los reos consistía en poner los brazos doblados en la espalda y atarle las manos hacia atrás con cuerdas.

καὶ αὐτοὶ οὐκ εἰσῆλθον εἰς τὸ πραιτώριον, ἵνα μὴ μιανθῶσιν ἀλλὰ φάγωσιν τὸ πάσχα. La hipocresía en su máxima expresión está en esta frase de Juan. Los judíos, con especial referencia a los líderes religiosos, no entraron al lugar de juicio romano, el *pretorio*, para no contaminarse y poder comer la pascua. Ya se ha considerado antes la aparente discrepancia de cronología entre Juan y los sinópticos. Los críticos liberales entienden que Juan considera la crucifixión en el día anterior a la celebración de la cena pascual, y que esto resultaría en un error del redactor. Sin embargo, con la cena pascual se iniciaba el tiempo de los días sin levadura, en una celebración que sólo podía disfrutarse sin contaminación ceremonial. Entrar a un lugar de gentiles y mezclarse con ellos, era considerado como contaminante. De manera que aquellos hipócritas y corruptos morales, eran capaces de condenar a muerte a un inocente pero no entraban al *pretorio* para no contaminarse. Para ellos la contaminación ritual era mucho mas grave que la espiritual. No podían entrar en el pretorio para no contaminarse, pero una vez que Jesús estuviese crucificado, a pesar del espantoso crimen que iban a cometer, ellos podían *santamente* ir a comer los panes sin levadura y todo cuanto tenía que ver con la festividad de la pascua. Sin duda lo que ya habían comido era el juicio de Dios contra ellos. Todos ellos estaban contaminados por el pecado diabólico. Todos ellos estaban manchados y sin posibilidad de ser hechos limpios, por deseo personal. Estaban evitando una contaminación legal, pero se olvidaban de la tremenda corrupción moral y espiritual en que se encontraban. Estos hipócritas eran los que *"colaban el mosquito y tragaban el camello"* (Mt. 23:24). Lamentablemente este es el comportamiento habitual de los que son religiosos y legalistas. No importa si han de cometer transgresiones contra el amor fraternal, para mantener sus convicciones, generalmente interpretaciones sesgadas de las Escrituras. Cuando se encuentran con alguien que con la Palabra en la mano se opone a sus aviesas intenciones, son capaces de recurrir a extremos que nunca se hubiese imaginado. No tienen reparo alguno en difamar, mentir, desprestigiar, generar dudas contra él e incluso amenazan con privarle de lo necesario para vivir, a fin de obligarlo a claudicar y someterse a su voluntad personal. Estos son enemigos de la gracia, ofensores del amor, arrogantes infatuados que buscan sólo su gloria personal. Los religiosos legalistas hacen más daño a la obra de Dios que mil demonios desatados contra ella.

29. Entonces salió Pilato a ellos, y les dijo: ¿Qué acusación traéis contra este hombre?

ἐξῆλθεν οὖν ὁ Πιλᾶτος ἔξω πρὸς αὐτοὺς καὶ φησίν· τίνα
Salió, entonces, - Pilato afuera a ellos y dice: ¿Qué
κατηγορίαν φέρετε [κατὰ][1] τοῦ ἀνθρώπου τούτου
acusación traéis contra el hombre este.

Notas y análisis del texto griego.

Siguiendo el desarrollo del relato, añade: ἐξῆλθεν, tercera persona singular del aoristo segundo de indicativo en voz activa del verbo ἐξέρχομαι, *salir*, aquí *salió*; οὖν, conjunción ilativa *entonces*; ὁ, caso nominativo masculino singular del artículo determinado *el*; Πιλᾶτος, caso nominativo masculino singular del nombre propio *Pilato*; ἔξω, adverbio de lugar *afuera*; πρὸς, preposición propia de acusativo *a*; αὐτοὺς, caso acusativo masculino de la tercera persona plural del pronombre personal *ellos*; καὶ, conjunción copulativa *y*; φησίν, tercera persona singular del presente de indicativo en voz activa del verbo φήμι, *decir*, aquí *dice*; τίνα, caso acusativo femenino singular del adjetivo interrogativo *qué*; κατηγορίαν, caso acusativo femenino singular del nombre común *acusación*; φέρετε, segunda persona plural del presente de indicativo en voz activa del verbo φέρω, *traer*, aquí *traéis*; κατὰ, preposición propia de genitivo *contra*; τοῦ, caso genitivo masculino singular del artículo determinado *el*; ἀνθρώπου, caso genitivo masculino singular del nombre *hombre*; τούτου, caso genitivo masculino singular del pronombre demostrativo *este*.

Crítica Textual. Lecturas alternativas.

[1] κατα, *contra*, según lectura atestiguada en $\mathfrak{p}^{66}$, $\aleph^{1}$, A, C, D^{s}, K, K, N, W, Γ, Δ, Θ, Ψ, $f^{1,13}$, 33, 565, 700, 892^{s}, 1241, 1424, 844, 𝔐, lat.

Se omite en $\aleph^{*}$, B, 087^{vid}, 579, e.

ἐξῆλθεν οὖν ὁ Πιλᾶτος ἔξω πρὸς αὐτοὺς. Juan dice que cuando llegaron con Jesús, probablemente lo entregaron a la guardia del gobernador para que lo presentase delante de él. No había acusación que acompañara al prisionero, de manera que el gobernador salió afuera para oír de ellos la acusación contra Jesús.

El gobernador romano entonces era Poncio Pilato. Mateo utiliza una palabra para referirse al gobernador que está vinculada con la raíz de *hegemonía*, quiere decir que Pilato detentaba el poder absoluto en la provincia romana de Judea. El título romano era *procurator provinciae Judaeae*. No es posible determinar absolutamente en donde estaba Pilato. En Jerusalén había dos lugares apropiados para sus estancias en la ciudad, ya que su residencia oficial era en Cesarea; uno la Torre Antonia, lugar de la guarnición romana, situada en el vértice noreste del atrio del Templo; y otro el palacio de Herodes, en el extremo oeste de la ciudad. Es probable que Pilato, que en esa ocasión estaba en la ciudad con su esposa (Mt. 27:19), ocupase el palacio de Herodes, por lo menos esta es la opinión de los comentaristas modernos. Con todo es muy posible que, dada la situación en la ciudad, Pilato estuviese en la fortaleza Antonia, rodeado de la legión romana que le acompañaba en acontecimientos como las fiestas de la ciudad. En cualquier caso, la comitiva salió del palacio de Caifás y se dirigió hasta el lugar donde estaba el gobernador romano. Éste es un personaje del que se sabe poco, especialmente de su historia anterior. Judea, desde la muerte de

Arquelao en el año 6 d.C. comenzó a ser gobernada por un procurador romano, que ejercía su autoridad tanto en el ámbito militar como en el civil bajo la dependencia del legado de Siria, que tenía su residencia en Antioquía. Pilato era el quinto procurador de Judea, miembro de la conocida familia romana de los Poncios, que desempeñó el cargo desde el año 26 d.C. hasta el 36 en que fue depuesto. Su residencia era Cesarea de Palestina, pero en las grandes solemnidades hebreas, se trasladaba a Jerusalén para asegurar con su presencia el mantenimiento del orden en la ciudad. Pilato sucedió a Valerio Grato como quinto gobernador de Judea. Durante diez años gobernó con eficacia, gracias a la presión y vigilancia que ejercía sobre él Vitelo, el gobernador de Siria que procuraba evitar los excesos de Pilato favoreciendo a los judíos en cuanto le era posible, deseando un gobierno más suave que el que ejercía su subordinado. Durante los diez años de gobierno en Judea, da la impresión de haber sido un funcionario bastante capaz. Es verdad que, sobre todo Josefo acusa a Pilato de crueldad, injusticia y maltrato, pero esta presentación de los gobernadores romanos, era habitual en los relatos históricos desde la perspectiva judía. Muchos relatos están escritos desde el nacionalismo hebreo y no están exentos de imparcialidad, como ocurre en cualquier relato histórico hecho por nacionales de un país ocupado que describen las formas de los ocupantes. Tal es el caso de una carta que cita Filón[5], de Herodes Antipas I a Calígula en que define a Pilato como *"inflexible, impío y obstinado"* enumerando un catálogo de crímenes terribles y de grandes excesos. No cabe duda que el pasaje es, en gran medida retórico y en el que se cargan las tintas contra el gobernador, por intereses propios y personales. Dos pinceladas bíblicas dan idea del carácter de Pilato: a) era un hombre orgulloso de su posición política y social como representante de Roma (19:10); b) era un hombre enérgico hasta el extremo de llegar a la crueldad (Lc. 13:1). No cabe duda que la forma de gobernar de Pilato era firme, pero las circunstancias sociales que rodeaban su gobierno le forzaban a mantener el orden a toda costa. Sin duda la mayor falta de Pilato fue la falta de consideración hacia los escrúpulos judíos, especialmente en la presencia de los romanos en Jerusalén. Esta situación llevó a Pilato a cometer la injusticia de sentenciar a muerte al Señor. El tumulto producido por una multitud que pedía la crucifixión, le hizo declinar la razón y la justicia en busca de la calma en una población que era de temer cuando se alteraba de aquella manera. No cabe duda que Pilato cedió a las presiones del pueblo azuzado por los verdaderos injustos que eran los líderes religiosos y los jueces de la nación. El gobernador romano tenía sus dificultades

[5] Filón. *Leg. ad Gaium,* 38.

también con la familia asmonea de Herodes. No se sabe la razón pero había una enemistad entre él y Herodes Antipas, que, en alguna medida, se resolvió con motivo del proceso de Jesús. La forma en que Pilato sofocó la rebelión de los galileos y de los samaritanos dio ocasión a Vitelo de acusarlo de mal gobernante y enviarlo a Roma para que compareciese ante Tiberio, pero el emperador murió antes de poder atender al procurador de Judea, perdiéndose ya la historia de este.

καὶ φησίν· τίνα κατηγορίαν φέρετε [κατὰ] τοῦ ἀνθρώπου τούτου. La pregunta que Pilato hizo a los judíos era concreta: *¿Qué acusación tenéis contra este hombre?* La justicia romana, aunque muy vulnerable por los gobernadores cuando se trataba de una persona que pertenecía a naciones sojuzgadas por el imperio, tenía que demostrar legalmente la razón de una sentencia. El gobernador sabía que cuando le presentaban un reo, era porque pedían para él la pena capital que ellos no podían ejecutar. Cuando se trataba de otras cuestiones legales, los judíos dictaban sentencia, bien fuese de azotes con varas, o de cualquier otra manera conforme a la ley de ellos. Por tanto, Pilato, les pregunta cual era la acusación grave que tenían contra Jesús. Dicho de otro modo: *¿Cuál es el crimen de que se le acusa, y qué pruebas tenéis que sustenten esa acusación?*

30. Respondieron y le dijeron: Si éste no fuera malhechor, no te lo habríamos entregado.

ἀπεκρίθησαν καὶ εἶπαν αὐτῷ· εἰ μὴ ἦν οὗτος κακὸν ποιῶν,
Respondieron y dijeron le: Si no fuera este malhechor
οὐκ ἄν σοι παρεδώκαμεν αὐτόν.
no - te habríamos entregado le.

Notas y análisis del texto griego.

Añade: ἀπεκρίθησαν, tercera persona plural del aoristo primero de indicativo en voz pasiva del verbo ἀποκρίνομαι, *responder*, aquí *respondieron*; καὶ, conjunción copulativa *y*; εἶπαν, tercera persona plural del segundo aoristo de indicativo en voz activa del verbo εἶπον, forma del aoristo de λέγω, *hablar, decir*, aquí *dijeron*; αὐτῷ, caso dativo masculino de la tercera persona singular del pronombre personal declinado *a él, le*; εἰ, conjunción afirmativa *si*; μὴ, partícula que hace funciones de adverbio de negación *no*; ἦν, tercera persona singular del imperfecto de indicativo en voz activa del verbo εἰμί, *ser, estar*, aquí *era*, mejor *fuese*; οὗτος, caso nominativo masculino singular del pronombre demostrativo *este*; κακὸν, caso acusativo neutro singular del adjetivo *maligno, malo*; ποιῶν, caso nominativo masculino singular del participio de presente en voz activa del verbo ποιέω, *hacer, realizar, cometer*, aquí *que hace*; ambas palabras juntas tienen el sentido en castellano de *malhechor*; οὐκ, forma escrita del adverbio de negación *no*, con el grafismo propio ante una vocal con espíritu suave o una enclítica; ἄν, partícula que no empieza nunca frase y que da a ésta carácter condicional o dubitativo, o expresa una idea de repetición. Se construye con todos los modos menos el imperativo y acompaña a los pronombres relativos para darles un sentido general; en algunas ocasiones no tiene traducción; σοι, caso dativo de la segunda persona singular del pronombre personal declinado *a ti, te*; παρεδώκαμεν, primera persona plural del aoristo primero de indicativo en voz activa del verbo παραδίδωμι, *entregar*, aquí *entregamos*, en sentido de *habríamos entregado*; αὐτόν, caso acusativo masculino de la tercera persona singular del pronombre personal declinado *a él, le*.

ἀπεκρίθησαν καὶ εἶπαν αὐτῷ· εἰ μὴ ἦν οὗτος κακὸν ποιῶν, οὐκ ἄν σοι παρεδώκαμεν αὐτόν. La arrogancia de los judíos queda manifiesta en la descortesía de la contestación a la pregunta del gobernador romano. Pilato inquiría sobre la acusación contra el reo, ellos le contestaban como si dudase de que era en derecho, puesto que entregarle al gobernador un preso, en el entorno político-social de entonces, debía suponer que era digno de muerte y por eso lo traían a quien podía condenarlo y ejecutarlo. No cabe duda que estaban molestos y la respuesta es la expresión de esa molestia a la que se une la soberbia de aquellos. La indignidad de los religiosos es evidente y causa tristeza y repulsión. Acusan de malhechor al que había pasado haciendo bienes como era testimonio de todo el pueblo (Hch. 10:38). Es habitual que los benefactores sean acusados de malhechores por los religiosos que ven en peligro su posición. El orgullo religioso es de tal dimensión que aquellos consideraban que no podía haber otro criterio en relación con Cristo, que el que ellos tenían. Es la forma habitual en el mundo de la tradición religiosa.

31. Entonces les dijo Pilato: Tomadle vosotros, y juzgadle según vuestra ley. Y los judíos le dijeron: A nosotros no nos está permitido dar muerte a nadie.

εἶπεν οὖν αὐτοῖς ὁ Πιλᾶτος· λάβετε αὐτὸν ὑμεῖς καὶ κατὰ τὸν
Dijo, pues, les - Pilato: Tomad le vosotros y según la
νόμον ὑμῶν κρίνατε αὐτόν. εἶπον αὐτῷ οἱ Ἰουδαῖοι· ἡμῖν
ley de vosotros juzgad le. Dijeron le los judíos: A nosotros
οὐκ ἔξεστιν ἀποκτεῖναι οὐδένα·
no es lícito matar a nadie.

Notas y análisis del texto griego.

Continúa con: εἶπεν, tercera persona singular del segundo aoristo de indicativo en voz activa del verbo εἶπον, forma del aoristo de λέγω, *hablar, decir*, aquí *dijo*; οὖν, conjunción continuativa *pues*; αὐτοῖς, caso dativo masculino de la tercera persona plural del pronombre personal declinado *a ellos, les*; ὁ, caso nominativo masculino singular del artículo determinado *el*; Πιλᾶτος, caso nominativo masculino singular del nombre propio *Pilato*; λάβετε, segunda persona plural del aoristo segundo de imperativo en voz activa del verbo λαμβάνω, *tomar*, aquí *tomad*; αὐτὸν, caso acusativo masculino de la tercera persona singular del pronombre personal declinado *a él, le*; ὑμεῖς, caso nominativo de la segunda persona plural del pronombre personal *vosotros*; καὶ, conjunción copulativa *y*; κατὰ, preposición propia de acusativo *según*; τὸν, caso acusativo masculino singular del artículo determinado *el*; νόμον, caso acusativo masculino singular del nombre común *ley*; ὑμῶν, caso genitivo de la segunda persona plural del pronombre personal declinado *de vosotros*; κρίνατε, segunda persona plural del aoristo primero de imperativo en voz activa del verbo κρίνω, *juzgar*, aquí *juzgad*; αὐτόν, caso acusativo masculino de la tercera persona singular del pronombre personal declinado *a él, le*; εἶπον, tercera persona plural del segundo aoristo de indicativo en voz activa del verbo εἶπον, forma del aoristo de λέγω, *hablar, decir*, aquí *dijeron*; αὐτῷ, caso dativo masculino de la tercera persona singular del pronombre personal declinado *a él, le*; οἱ, caso nominativo masculino plural del artículo determinado *los*; Ἰουδαῖοι, caso nominativo masculino singular del adjetivo *judíos*; ἡμῖν, caso dativo de la primera persona plural del pronombre personal declinado *a nosotros*; οὐκ, forma escrita del adverbio de negación *no*, con el grafismo propio ante una vocal con espíritu suave o una enclítica; ἔξεστιν, tercera persona singular del presente de indicativo en voz activa del verbo ἔξεστι, *estar permitido*, aquí *está permitido*; ἀποκτεῖναι, aoristo primero de infinitivo en voz activa del verbo ἀποκτείνω, *matar, dar muerte, quitar la vida*; οὐδένα, caso acusativo masculino singular del pronombre indefinido declinado *a nadie*.

εἶπεν οὖν αὐτοῖς ὁ Πιλᾶτος· λάβετε αὐτὸν ὑμεῖς καὶ κατὰ τὸν νόμον ὑμῶν κρίνατε αὐτόν. Según Lucas, antes de esta respuesta de los judíos, comenzaron a acusarle de pervertidor de la nación, de que dice que no debía darse tributo a Cesar, de ser el Rey de los judíos. Todas estas mentiras servían de acusación y todas ellas, ante la ley romana era consideradas punibles de pena de muerte.

Por consiguiente están indirectamente involucrando a Pilato para que dicte sentencia de muerte contra Jesús. El gobernador les devuelve a ellos la responsabilidad sobre el acusado, remitiéndolos a su propia ley para que por ella lo juzgasen. Roma aceptaba las leyes tradicionales de los lugares ocupados, salvo asuntos que consideraba indelegables. En este caso concreto había prohibido a los judíos que ejecutasen sentencias a muerte sin el consentimiento judicial romano. El *ius gladii* estaba reservado al representante de Roma.

εἶπον αὐτῷ οἱ Ἰουδαῖοι· ἡμῖν οὐκ ἔξεστιν ἀποκτεῖναι οὐδένα· Sin duda con verdadero odio interno tienen que reconocer la humillación de ser esclavos, cuando ellos se proclamaban libres por ser hijos de Abraham. La Escritura se estaba cumpliendo, puesto que David anunció la muerte por crucifixión, siglos antes de esta comparecencia ante Pilato (Sal. 22:16).

32. Para que se cumpliese la palabra que Jesús había dicho, dando a entender de qué muerte iba a morir.

ἵνα	ὁ λόγος	τοῦ	Ἰησοῦ	πληρωθῇ	ὃν	εἶπεν	σημαίνων,
Para que	la palabra	-	de Jesús	se cumpliese	que	dijo	revelando

ποίῳ	θανάτῳ	ἤμελλεν	ἀποθνῄσκειν.
de que clase	de muerte	había de	morir.

Notas y análisis del texto griego.

Se lee: ἵνα, conjunción causal *para que*; ὁ, caso nominativo masculino singular del artículo determinado *el*; λόγος, caso nominativo masculino singular del nombre común *dicho, palabra, discurso*; τοῦ, caso genitivo masculino singular del artículo determinado *el*; Ἰησοῦ, caso genitivo masculino singular del nombre propio declinado *de Jesús*; πληρωθῇ, tercera persona singular del aoristo primero de subjuntivo en voz pasiva del verbo πληρόω, *cumplir, completar, llenar*, aquí *se cumpliese*; ὃν, caso acusativo masculino singular del pronombre relativo *que*; εἶπεν, tercera persona singular del segundo aoristo de indicativo en voz activa del verbo εἶπον, forma del aoristo de λέγω, *hablar, decir*, aquí *dijo*; σημαίνων, caso nominativo masculino singular del participio de presente en voz activa del verbo σημαίνω, *dar a conocer, revelar, hacer saber, explicar*, aquí *revelando*; ποίῳ, caso dativo masculino singular del adjetivo interrogativo *de que clase*; θανάτῳ, caso dativo masculino singular del nombre común declinado *de muerte*; ἤμελλεν, tercera persona singular del imperfecto de indicativo en voz activa del verbo μέλλω, *estar a punto de, haber de*, aquí *había de*; ἀποθνῄσκειν, presente de infinitivo en voz activa del verbo ἀποθνῄσκω, *morir*.

ἵνα ὁ λόγος τοῦ Ἰησοῦ πληρωθῇ ὃν εἶπεν σημαίνων ποίῳ θανάτῳ ἤμελλεν ἀποθνῄσκειν. La soberanía de Dios se manifiesta continuamente, de forma muy precisa en la Pasión. Jesús había anunciado de antemano a los suyos, en repetidas ocasiones, que sería entregado en manos de los principales sacerdotes, de los ancianos y que sería condenado a muerte, crucificándole. Los líderes de los judíos buscaban una sentencia capital contra Cristo, pidiendo a Pilato que fuese crucificado. Sin embargo, el pensamiento no debe centrarse en la muerte en sí, sino en la proyección de esa muerte relacionada con la salvación. La Cruz representaría la exhibición del Hijo de Dios, que en entrega voluntaria se hace maldición, cómo la Ley establecía (Dt. 21:23), para que los malditos a causa del pecado, pudiesen por fe en Él alcanzar la suprema bendición de Dios, que otorga el perdón de pecados y la vida eterna, haciéndonos hijos Suyos adoptados en Cristo. No son los hombres los que controlan la situación sino que esta se desarrolla conforme al propósito divino eternamente establecido. Juan no quiere que el relato de los sucesos desvíe de la atención del lector lo que es de capital importancia para él, la Persona y obra de Jesús, por eso reclama la atención a Cristo, como en esta ocasión, recordando que Él había anunciado anticipadamente de qué muerte iba a morir.

Diálogo con Jesús (18:33-37).

33. Entonces Pilato volvió a entrar en el pretorio, y llamó a Jesús y le dijo: ¿Eres tú el Rey de los judíos?

Εἰσῆλθεν οὖν πάλιν εἰς τὸ πραιτώριον ὁ Πιλᾶτος καὶ
Entró, pues, de nuevo al pretorio - Pilato y
ἐφώνησεν τὸν Ἰησοῦν καὶ εἶπεν αὐτῷ· σὺ εἶ ὁ βασιλεὺς τῶν
llamó - a Jesús y dijo le: ¿Tú eres el rey de los
Ἰουδαίων
Judíos?

Notas y análisis del texto griego.

Sigue el relato: Εἰσῆλθεν, tercera persona singular del aoristo segundo de indicativo en voz activa del verbo εἰξέρχομαι, *entrar*, aquí *entró*; οὖν, conjunción continuativa *pues*; πάλιν, adverbio de modo, *nuevamente, de nuevo, otra vez*; εἰς, preposición propia de acusativo *a*; τὸ, caso acusativo neutro singular del artículo definido *el*; πραιτώριον, caso acusativo neutro singular del nombre común *pretorio*; ὁ, caso nominativo masculino singular del artículo determinado *el*; Πιλᾶτος, caso nominativo masculino singular del nombre propio *Pilato*; καὶ, conjunción copulativa *y*; ἐφώνησεν, tercera persona singular del aoristo primero de indicativo en voz activa del verbo φωνέω, *hablar, preguntar*, aquí *preguntó*; τὸν, caso acusativo masculino singular del artículo determinado *el*; Ἰησοῦν, caso acusativo masculino singular del nombre propio declinado *a Jesús*; καὶ, conjunción copulativa *y*; εἶπεν, tercera persona singular del segundo aoristo de indicativo en voz activa del verbo εἶπον, forma del aoristo de λέγω, *hablar, decir*, aquí *dijo*; αὐτῷ, caso dativo de la tercera persona singular del pronombre personal declinado *a él, le*; σὺ, caso nominativo de la segunda persona singular del pronombre personal *tú*; εἶ, segunda persona singular del presente de indicativo en voz activa del verbo εἰμί, *ser, estar*, aquí *eres*; ὁ, caso nominativo masculino singular del artículo determinado *el*; βασιλεὺς, caso nominativo masculino singular del nombre común *rey*; τῶν, caso genitivo masculino plural del artículo determinado declinado *de los*; Ἰουδαίων, caso genitivo masculino plural del adjetivo *judíos*.

Εἰσῆλθεν οὖν πάλιν εἰς τὸ πραιτώριον ὁ Πιλᾶτος καὶ ἐφώνησεν τὸν Ἰησοῦν καὶ εἶπεν αὐτῷ· Ante la respuesta de los líderes y las acusaciones que, según los sinópticos, le fueron presentadas contra Jesús, Pilato entró nuevamente al pretorio donde debía juzgar al reo que le habían traído. Ya no era un hombre cualquiera, sobre Él pesaba una acusación concreta, se consideraba a Él mismo como Rey de los judíos.

Según Mateo, Jesús estaba en pie, en el lugar de los acusados, delante del gobernador. El relato de los acontecimientos relativos a la pasión del Señor tiene que establecerse conjuntando los pasajes paralelos de los otros Evangelios, teniendo en cuenta que cada uno de los evangelistas aprecia ciertos sucesos que no son citados por los demás, o por lo menos, por alguno de ellos. Tal ocurre con el proceso de la comparecencia de Jesús delante de Pilato. Es muy apreciable tener en cuenta por los relatos paralelos que cuando Jesús fue llevado ante él y comenzaron a acusarle, el gobernador tenía intención de librarse de ese problema como fuera. Dos razones principales tenía Pilato: la primera es que aquellas acusaciones se formulaban por envidia contra Jesús (Mt. 27:18); la segunda era su aversión hacia los judíos que le llevaba a no hacerles ningún favor, si no era expresamente necesario y bueno para sí o para sus propósitos. Hubiera sido esto suficiente para que Pilato soltase a Jesús, pero era un hombre que conociendo a los judíos, sabiendo las influencias que tenían en ciertos sectores del gobierno Romano, les temía. Pilato está firme en la práctica de la justicia hasta el momento en que ve peligrar su posición delante de Roma, en ese momento, el gobernador claudica de cualquier principio legal y justo, para rendirse a los deseos homicidas de quienes le presentaron a Jesús como un delincuente. En el lado opuesto estaban los acusadores del Señor. Éstos habían ya determinado que fuese muerto, sólo buscaban la forma de ejecutar la pena, que estaba en manos de los romanos. Con la astucia que les era propia no presentaron cargos directos en el momento en que nuestro Señor es puesto delante del tribunal. A la pregunta del gobernador sobre los cargos que querían presentar contra Él, le respondieron una evasiva respuesta: *"Si éste no fuera malhechor, no te lo habríamos entregado"*. Pilato observa desde el principio que estas son acusaciones propias del extremismo religioso y procura devolver a Jesús a la jurisdicción religiosa del Sanedrín, con la propuesta de *"tomadle vosotros, y juzgadle según vuestra ley"*. Los acusadores del Señor hacen conocer inmediatamente a Pilato que le habían traído por incapacidad legal para aplicar la pena de muerte contra Él. Una sentencia a pena capital no podía dictarse sin cargos concretos que la justificasen conforme a la justicia romana, por lo que Pilato pidió entonces que presentasen los cargos contra Jesús. Los judíos tenían preparada la acusación separándola abiertamente de cualquier asunto relativo a la Ley religiosa de Israel y vinculándola a actividades delictivas consideradas por el derecho romano como tales: a) la primera acusación tenía que ver con perversión nacional, como un sedicioso que levanta las masas y promueve la revolución; b) la segunda era una burda mentira acusándole de proclamar la desobediencia activa en el pago de impuestos a Roma, propuesta propia de quienes procuraban levantarse contra el dominio romano, por lo que constituía una acto de acción revolucionaria; c) la tercera era la más grave de todas, acusándolo de constituirse en rey, lo que suponía una abierta oposición contra el emperador romano. Las tres acusaciones convergían en una sola formal que era merecedora de la pena de muerte: Jesús era un peligro social porque era un sedicioso.

σὺ εἶ ὁ βασιλεὺς τῶν Ἰουδαίων Esta recensión nos sitúa ya en el versículo que se considera. Jesús estaba puesto en pie, como era habitual en un acusado, delante del gobernador, máximo juez conforme a las leyes civiles de entonces, representando la justicia del poder dominante en Judea, que era Roma. Es muy posible que la guardia personal del pretorio informó al gobernador que los judíos, miembros del Sanedrín, le habían traído un preso, pero que ellos se negaban a entrar al lugar del tribunal por miedo a contaminarse. Por esa razón salió Pilato afuera para dialogar con los acusadores y oír de ellos la acusación que tenían contra Él (v. 29). Inmediatamente de oír que le acusaban de hacerse rey, entró nuevamente al lugar del tribunal y preguntó a Jesús sobre aquella acusación: "*¿Eres tú el Rey de los judíos?*". Aquel cargo era de suficiente entidad como para no poder pasarse por alto, era un delito directamente contra el emperador, por tanto, debía responder a la acusación que formulaban contra Él. La pregunta que formuló a Jesús fue una acción de autoprotección personal; el reo tenía que responder negativa o afirmativamente sobre ese asunto. Pilato no creía tal acusación y mucho menos viendo la apariencia del acusado. El gobernador sabía bien que todos los judíos, especialmente quienes formulaban tal inculpación, estaban deseando que eso fuese realidad; que un rey de entre ellos se levantarse contra el poder romano y liberando la nación, les permitiese establecer sus propias leyes sin restricciones y ser un pueblo libre. Pilato sabía bien que todos los israelitas soñaban con aquellos reyes del pasado, como David y Salomón, y hasta es posible que supiera que estaban esperando el Mesías, que sería el rey que Dios enviaba para libertar a su pueblo. De modo que aquella acusación que mostraba un amor muy especial por Roma, hasta el punto de acusar a uno de tratar de hacerse rey en detrimento del Cesar, no encajaba en la mente de Pilato. Él sabia bien que no era otra cosa sino la envida, o mejor aún, el odio contra el Señor, que había desencadenado todo aquello con el deseo de matarlo.

34. Jesús le respondió: ¿Dices tú esto por ti mismo, o te lo han dicho otros de mí?

ἀπεκρίθη 'Ιησοῦς· ἀπὸ σεαυτοῦ σὺ τοῦτο λέγεις ἢ ἄλλοι
Respondió Jesús: ¿De ti mismo tú esto dices u otros
εἶπον σοι περὶ ἐμοῦ
dijeron te acerca de mí?

Notas y análisis del texto griego.

Jesús responde a Pilato: ἀπεκρίθη, tercera persona singular del aoristo primero de indicativo en voz pasiva del verbo ἀποκρίνομαι, *responder, contestar; tomar la palabra*, aquí *respondió*; 'Ιησοῦς, caso nominativo masculino singular del nombre propio *Jesús*; ἀπὸ, preposición propia de genitivo *de*; σεαυτοῦ, caso genitivo masculino singular del pronombre reflexivo *ti mismo*; σὺ, caso nominativo de la segunda persona singular del pronombre personal *tu*; τοῦτο, caso acusativo neutro singular del pronombre demostrativo *esto*; λέγεις, segunda persona singular del presente de indicativo en voz activa del verbo λέγω, *hablar, decir*, aquí *dices*; ἢ, conjunción disyuntiva *o, u*; ἄλλοι, caso nominativo masculino plural del pronombre indefinido *otros*; εἶπον, tercera persona plural del segundo aoristo de indicativo en voz activa del verbo εἶπον, forma del aoristo de λέγω, *hablar, decir*, aquí *dijeron*; σοι, caso dativo de la segunda persona singular del pronombre personal declinado *a ti, te*; περὶ, preposición propia de genitivo *de, acerca de*; ἐμοῦ, caso genitivo de la primera persona singular del pronombre personal *mi*.

ἀπεκρίθη 'Ιησοῦς· ἀπὸ σεαυτοῦ σὺ τοῦτο λέγεις ἢ ἄλλοι εἶπον σοι περὶ ἐμοῦ. Jesús respondió a la pregunta del gobernador romano. Lo hizo formulándole primero otra pregunta. Quería saber si aquello que él le preguntaba salía de él mismo o se lo habían sugerido otros. La respuesta va a convertirse en base para un corto diálogo, al final del cual Jesús daría la contestación que le era requerida. En cierta medida estaba indicándole a Pilato que no había sido Él quien se había autonombrado Rey de los judíos, sino que eran sus enemigos quienes lo decían como si viniese de Él.

Sin embargo hay otra razón para esta contestación de Jesús. La pregunta podía tener dos respuestas. Si venía de Pilato directamente, se trataba de una cuestión política, que trataba de determinar si Cristo se estaba haciendo rey en el sentido de oposición a Roma. Si venía de los judíos, entonces debía ser respondida en el sentido bíblico que las Escrituras daban para el Mesías. Si Pilato formulaba la pregunta por su cuenta se estaba refiriendo al poder temporal, si la hacía por indicación de otros, debía contestarla para darle a entender la realeza del Mesías. Pero ¿acaso Jesús no sabía todas las cosas? Nuevamente la humanidad y la deidad en sus dos naturalezas están presentes también aquí. Como Dios conoce todo, porque es *omnisciente*, pero como hombre, en Su naturaleza humana, había establecido las limitaciones propias de la criatura, y sólo el conocimiento sobrenatural venía por comunicación directa a Su naturaleza humana, por medio de la Persona Divina en quien subsistía. Además Jesús quiere que el gobernador asuma la responsabilidad que tiene en todo aquello, especialmente en el ejercicio de la justicia que se le había encomendado como representante judicial de Roma.

35. Pilato le respondió: ¿Soy yo acaso judío? Tu nación, y los principales sacerdotes, te han entregado a mí. ¿Qué has hecho?

ἀπεκρίθη ὁ Πιλᾶτος· μήτι ἐγὼ Ἰουδαῖος εἰμι τὸ ἔθνος τὸ σὸν
Respondió - Pilato: ¿Acaso yo judío soy? El pueblo - tuyo
καὶ οἱ ἀρχιερεῖς παρέδωκαν σε ἐμοί· τί ἐποίησας
y los principales sacerdotes entregaron te a mí. ¿Qué hiciste?

Notas y análisis del texto griego.

Sigue el diálogo: ἀπεκρίθη tercera persona singular del aoristo primero de indicativo en voz pasiva del verbo ἀποκρίνομαι, *responder, contestar, tomar la palabra*, aquí *respondió*; ὁ, caso nominativo masculino singular del artículo determinado *el*; Πιλᾶτος, caso nominativo masculino singular del nombre propio *Pilato*; μήτι, partícula interrogativa que inicia preguntas que exigen siempre una respuesta negativa o también en las que la respuesta es incierta, como en este caso, donde debe traducirse como *acaso, no*; ἐγὼ, caso nominativo de la primera persona singular del pronombre personal *yo*; Ἰουδαῖος, caso nominativo masculino singular del adjetivo *judío*; εἰμι, primera persona singular del presente de indicativo en voz activa del verbo εἰμί, *ser, estar*, aquí *soy*; τὸ, caso nominativo neutro singular del artículo determinado *el*; ἔθνος, caso nominativo neutro singular del nombre común *pueblo, nación*; τὸ, caso nominativo neutro singular del artículo determinado *el*; σὸν, caso nominativo neutro singular del adjetivo posesivo *tuyo*; καὶ, conjunción copulativa *y*; οἱ, caso nominativo masculino plural del artículo determinado *los*; ἀρχιερεῖς, caso nominativo masculino plural del nombre común *principales sacerdotes*; παρέδωκαν, tercera persona plural del aoristo primero de indicativo en voz activa del verbo παραδίδωμι, *entregar*, aquí *entregaron*; σε, caso acusativo de la segunda persona singular del pronombre personal declinado *a ti, te*; ἐμοί, caso dativo de la primera persona singular del pronombre personal declinado *a mí*; τί, caso acusativo neutro singular del pronombre interrogativo *qué*; ἐποίησας, segunda persona singular del aoristo primero de indicativo en voz activa del verbo ποιέω, *hacer*, *realizar*, aquí *hiciste*.

ἀπεκρίθη ὁ Πιλᾶτος· μήτι ἐγὼ Ἰουδαῖος εἰμι. La respuesta de Jesús no satisfizo a Pilato, que en realidad no la entendía. Tal vez incluso se sintió molesto con ella porque, en cierta medida, lo ponía como instrumento en manos de los acusadores. Es muy posible que aquella respuesta le impactó también porque no era habitual que un reo respondiera al gobernador con una pregunta en que le exigía respuesta. Pilato pone de manifiesto, con cierto enfado, que él no era judío. Con eso procuraba situarse fuera del ámbito de las leyes que tenía la nación y a las que antes había remitido a los acusadores. No es judío, por tanto, no entiende de asuntos relacionados con ellos y especialmente con su religión. Estas palabras sitúan directamente a Jesús para dar una respuesta definitiva. Pilato no tenía ningún interés en el aspecto religioso de la cuestión, sino en el político, es decir, si Jesús se consideraba políticamente rey de los judíos.

τὸ ἔθνος τὸ σὸν καὶ οἱ ἀρχιερεῖς παρέδωκαν σε ἐμοί: Pilato hace notar a Jesús que fue *su pueblo* o *su nación*, juntamente con los *principales sacerdotes*, quienes le habían entregado a él y quienes sustanciaron la acusación, entre la que estaba la de sedición porque se hacía rey. En todas las palabras de Pilato se aprecia un aire de superioridad y arrogancia. Primeramente el desprecio por la nación: *el no era judío*, era el gobernador que representaba a los ocupantes por la fuerza del territorio de Israel. El no tenía que envidiar en nada, sino todo lo contrario, de aquellos que estaban sometidos a Roma. En segundo lugar habla despectivamente del *pueblo tuyo*, al que el reo pertenecía. Pilato no pertenece a ese pueblo.

τί ἐποίησας. Finalmente formula una pregunta directa: "*¿Qué has hecho?*". Pilato sabía que la envidia estaba detrás de las acusaciones, pero tal vez sospechaba que pudiera haber algo de verdad en los cargos que se hacían contra Jesús, de ahí que le preguntase que había hecho para que le trajesen ante él pidiendo Su muerte.

36. Respondió Jesús: Mi reino no es de este mundo; si mi reino fuera de este mundo, mis servidores pelearían para que yo no fuera entregado a los judíos; pero mi reino no es de aquí.

ἀπεκρίθη Ἰησοῦς· ἡ βασιλεία ἡ ἐμὴ οὐκ ἔστιν ἐκ τοῦ κόσμου
Respondió Jesús: el reino - mío no es del mundo
τούτου· εἰ ἐκ τοῦ κόσμου τούτου ἦν ἡ βασιλεία ἡ ἐμή, οἱ
este; si del mundo este fuera el reino - mío, los
ὑπηρέται οἱ ἐμοὶ ἠγωνίζοντο [ἂν] ἵνα μὴ παραδοθῶ τοῖς
servidores - míos lucharían - para que no fuese entregado a los
Ἰουδαίοις· νῦν δὲ ἡ βασιλεία ἡ ἐμὴ οὐκ ἔστιν ἐντεῦθεν.
Judíos; pero ahora el reino - mío no es de aquí.

Notas y análisis del texto griego.

Trasladando la respuesta de Jesús, escribe: ἀπεκρίθη, tercera persona singular del aoristo primero de indicativo en voz pasiva del verbo ἀποκρίνομαι, *responder, contestar, tomar la palabra*, aquí *respondió*; ὁ, caso nominativo masculino singular del artículo determinado *el*; Ἰησοῦς, caso nominativo masculino singular del nombre propio *Jesús*; ἡ, caso nominativo femenino singular del artículo determinado *la*; βασιλεία, caso nominativo femenino singular del nombre común *reino*; ἡ, caso nominativo femenino singular del artículo determinado *la*; ἐμὴ, caso nominativo femenino singular del pronombre personal posesivo, *mía*; οὐκ, forma escrita del adverbio de negación *no*, con el grafismo propio ante una vocal con espíritu suave o una enclítica; ἔστιν, tercera persona singular del presente de indicativo en voz activa del verbo εἰμί, *ser, estar*, aquí *es*; ἐκ, preposición propia de genitivo *de*; τοῦ, caso genitivo masculino singular del artículo determinado *el*; κόσμου, caso genitivo masculino singular del nombre común *mundo*; τούτου, caso genitivo masculino singular del pronombre demostrativo *este*; εἰ, conjunción *si*; ἐκ, preposición propia de genitivo *de*; τοῦ, caso genitivo masculino singular del artículo determinado *el*; κόσμου, caso genitivo masculino singular del nombre común *mundo*; τούτου, caso genitivo masculino singular del pronombre demostrativo *este*; ἦν, tercera persona singular del imperfecto de indicativo en voz activa del verbo εἰμί, *ser, estar*, aquí *era*, mejor *fuese*; ἡ, caso nominativo femenino singular del artículo determinado *la*; βασιλεία, caso nominativo femenino singular del nombre común *reino*; ἡ, caso nominativo femenino singular del artículo determinado *la*; ἐμὴ, caso nominativo femenino singular del pronombre personal posesivo, *mía*; οἱ, caso nominativo masculino plural del artículo determinado *los*; ὑπηρέται, caso nominativo masculino plural del nombre común *servidores, siervos*; οἱ, caso nominativo masculino plural del artículo determinado *los*; ἐμοὶ, caso nominativo masculino plural del pronombre personal posesivo *míos*; ἠγωνίζοντο, tercera persona plural del imperfecto de indicativo en voz media del verbo ἀγωνίζομαι, *luchar, pelear*, aquí *luchaban*, mejor *lucharían*; ἄν, partícula que no empieza nunca frase y que da a ésta carácter condicional o dubitativo, o expresa una idea de repetición. Se construye con todos los modos menos el imperativo y acompaña a los pronombres relativos para darles un sentido general; en algunas ocasiones no tiene traducción; ἵνα, conjunción causal *para que*; μὴ, partícula que hace funciones de adverbio de negación *no*; παραδοθῶ, primera persona singular del aoristo primero de subjuntivo en voz pasiva del verbo παραδίδωμι, *entregar*, aquí *fuese entregado*; τοῖς, caso dativo masculino plural del artículo definido declinado *a los*; Ἰουδαίοις, caso dativo masculino plural del adjetivo *judíos*; νῦν, adverbio demostrativo *ahora*; δὲ, partícula conjuntiva que hace las veces de conjunción coordinante, con sentido de *pero, más bien, y, y por cierto, antes bien*; ἡ, caso nominativo femenino singular del artículo determinado *la*; βασιλεία, caso nominativo femenino singular del nombre común *reino*; ἡ, caso nominativo femenino singular del artículo determinado *la*; ἐμὴ, caso nominativo femenino singular del pronombre personal posesivo, *mía*; οὐκ, forma escrita del adverbio de negación *no*, con el grafismo propio ante una vocal con espíritu suave o una enclítica; ἔστιν, tercera persona singular del presente de indicativo en voz activa del verbo εἰμί, *ser, estar*, aquí *es*; ἐντεῦθεν, adverbio de lugar *de aquí*.

ἀπεκρίθη Ἰησοῦς· ἡ βασιλεία ἡ ἐμὴ οὐκ ἔστιν ἐκ τοῦ κόσμου τούτου· La pregunta de Pilato va a ser respondida por Jesús de acuerdo con lo que necesitaba referente a aquella acusación. Cristo le da un breve resumen de lo que es Su reino, afirmando que no es de naturaleza terrenal, *no es de este mundo*. La orientación no es de abajo, sino de arriba. No se lucha en él con armas físicas propias de los ejércitos, sino con poder de Dios. Los súbditos no son de un lugar concreto de la tierra, no son judíos o romanos, sabios o ignorantes, blancos o negros, hombres o mujeres. Lo que el reino busca es establecerse en el corazón de los hombres, implantado en ellos y con él, la justicia, la paz y la verdad. No son leyes establecidas por los hombres, sino las que provienen de Dios. No se basa en el poder como el del imperio romano, sino en el amor que se da a todos, incluyendo sus propios enemigos.

εἰ ἐκ τοῦ κόσμου τούτου ἦν ἡ βασιλεία ἡ ἐμή, οἱ ὑπηρέται οἱ ἐμοὶ ἠγωνίζοντο [ἂν] ἵνα μὴ παραδοθῶ τοῖς Ἰουδαίοις· La segunda parte de la respuesta es probatoria de lo que acababa de decirle sobre Su reino. Si fuese terrenal, sus siervos lucharían para impedir que fuese entregado, no a los romanos, sino a los judíos, para que a su vez estos pudieran ponerlo delante del gobernador. Los que estuvieron en el huerto para hacerle prisionero, podían testificar como Jesús, ante la acción de Pedro, de tomar una espada para luchar, le ordenó restituirla a la funda, porque Su reino no es de este mundo (v. 11). De este modo, con Su respuesta y con la prueba puesta delante de él, Jesús contestaba a Pilato para decirle que Su reino no era de este mundo, así que, no era posible la sedición.

νῦν δὲ ἡ βασιλεία ἡ ἐμὴ οὐκ ἔστιν ἐντεῦθεν. La última frase es una confirmación más. El reino no es terrenal, ni por su origen, ni por su propósito, ni por sus medios. Los súbditos de ese reino tampoco son del mundo, aunque sean hombres y mujeres que transitan por él, han sido elegidos para ser del cielo (15:19), porque tampoco Él era del mundo (17:16). Eso no significa que no tenga presencia en él. El reino está exhibido hoy en forma espiritual en todos los creyentes en Jesucristo. Este reino, que no es del mundo, se instaurará en un tiempo futuro para reinar en este mundo por quien estaba siendo acusado y juzgado por los hombres.

37. Le dijo entonces Pilato: ¿Luego, eres tú rey? Respondió Jesús: Tú dices que yo soy rey. Yo para esto he nacido, y para esto he venido al mundo, para dar testimonio a la verdad. Todo aquel que es de la verdad, oye mi voz.

εἶπεν οὖν αὐτῷ ὁ Πιλᾶτος· οὐκοῦν βασιλεὺς εἶ σύ ἀπεκρίθη
Dijo, pues, le - Pilato: ¿Así que rey eres tu? Respondió
ὁ Ἰησοῦς· σὺ λέγεις ὅτι βασιλεύς εἰμι. ἐγὼ εἰς τοῦτο
- Jesús: Tú dices que rey soy. Yo para esto
γεγέννημαι καὶ εἰς τοῦτο ἐλήλυθα εἰς τὸν κόσμον, ἵνα
he nacido y para esto he venido al mundo, para
μαρτυρήσω τῇ ἀληθείᾳ· πᾶς ὁ ὢν ἐκ τῆς ἀληθείας ἀκούει
dar testimonio a la verdad. Todo el que es de la verdad oye
μου τῆς φωνῆς.
de mí la voz.

Notas y análisis del texto griego.

Siguiendo las palabras de Jesús, escribe: εἶπεν, tercera persona singular del segundo aoristo de indicativo en voz activa del verbo εἶπον, forma del aoristo de λέγω, *hablar, decir*, aquí *dijo*; οὖν, conjunción continuativa *pues*; αὐτῷ, caso dativo masculino de la tercera persona singular del pronombre personal declinado *a él, le*; ὁ, caso nominativo masculino singular del artículo determinado *el*; Πιλᾶτος, caso nominativo masculino singular del nombre propio *Pilato*; οὐκοῦν, adverbio *luego, así que, de modo*; βασιλεὺς, caso nominativo masculino singular del nombre común *rey*; εἶ, segunda persona singular del presente de indicativo en voz activa del verbo εἰμί, *ser, estar*, aquí *eres*; σύ, caso nominativo de la segunda persona singular del pronombre personal *tu*; ἀπεκρίθη tercera persona singular del aoristo primero de indicativo en voz pasiva del verbo ἀποκρίνομαι, *responder, contestar, tomar la palabra*, aquí *respondió*; ὁ, caso nominativo masculino singular del artículo determinado *el*; Ἰησοῦς, caso nominativo masculino singular del nombre propio *Jesús*; σὺ, caso nominativo de la segunda persona singular del pronombre personal *tu*; λέγεις, segunda persona singular del presente de indicativo en voz activa del verbo λέγω, *hablar, decir*, aquí *dices*; ὅτι, conjunción *que*; βασιλεύς, caso nominativo masculino singular del nombre común *rey*; εἰμι, primera persona singular del presente de indicativo en voz activa del verbo εἰμί, *ser, estar*, aquí *soy*; ἐγὼ, caso nominativo de la primera persona singular del pronombre personal *yo*; εἰς, preposición propia de acusativo *para*; τοῦτο, caso acusativo neutro singular del pronombre demostrativo *esto*; γεγέννημαι, primera persona singular del perfecto de indicativo en voz pasiva del verbo γεννάω, *nacer*, aquí *he nacido*; καὶ, conjunción copulativa *y*; εἰς, preposición propia de acusativo *para*; τοῦτο, caso acusativo neutro singular del pronombre demostrativo *esto*; ἐλήλυθα, primera persona singular del perfecto de indicativo en voz activa del verbo ἔρχομαι, *venir*, aquí *he venido*; εἰς, preposición propia de acusativo *a*; τὸν, caso acusativo masculino singular del artículo determinado *el*; κόσμον, caso acusativo masculino singular del nombre común *mundo*; ἵνα, conjunción causal *para*; μαρτυρήσω, primera persona singular del aoristo primero de subjuntivo en voz activa del verbo μαρτυρέω, *testificar, testimoniar, dar testimonio*, aquí *dar testimonio*; τῇ, caso dativo femenino singular del artículo determinado declinado *a la*; ἀληθείᾳ, caso dativo femenino singular del nombre común *verdad*; πᾶς, caso nominativo masculino singular del adjetivo indefinido *todo*; ὁ, caso nominativo masculino singular del artículo determinado *el*; ὢν, caso nominativo masculino singular del participio de presente en voz activa del verbo εἰμί, *ser*, aquí *que es*; ἐκ, preposición propia de genitivo *de*; τῆς, caso genitivo femenino singular del artículo definido *la*; ἀληθείας, caso genitivo femenino singular del nombre común *verdad*; ἀκούει, tercera persona singular del presente de indicativo en voz activa del verbo ἀκούω, *oír, escuchar*, aquí *oye*; μου, caso genitivo de la primera persona singular del pronombre personal declinado *de mí*; τῆς, caso genitivo femenino singular del artículo determinado *la*; φωνῆς, caso genitivo femenino singular del nombre común *voz*.

εἶπεν οὖν αὐτῷ ὁ Πιλᾶτος· οὐκοῦν βασιλεὺς εἶ σύ ἀπεκρίθη ὁ Ἰησοῦς· σὺ λέγεις ὅτι βασιλεύς εἰμι. Pilato, en tono despectivo dice a Jesús: *¿Así que Tú eres rey?*, de otro modo, *Tú el reo golpeado y entregado a mí ¿eres rey?* No hay duda que el gobernador no creía lo fuese. Sin embargo, a la pregunta propia de un juicio romano sobre si era realmente el Rey de los judíos, recibió otro tremendo impacto, ya que el acusado no lo negaba, sino todo lo contrario, con la expresión idiomática al uso, σὺ λέγεις *"Tú dices"*, estaba diciendo al gobernador, *"lo que dices es así ciertamente, pero ten en cuenta que eres tú quien dice eso, yo no lo he dicho nunca"*. Ningún reo se hubiera atrevido a semejante respuesta, que podía ser tomada ya como una confesión personal, a lo que el derecho romano daba gran importancia. Jesús reconoce que es rey, pero no en el sentido en que lo hubiese entendido un romano.

ἐγὼ εἰς τοῦτο γεγέννημαι καὶ εἰς τοῦτο ἐλήλυθα εἰς τὸν κόσμον, Jesús dice al gobernador que *para esto he nacido*, significa que la razón de Su existencia como hombre entre los hombres tenía un propósito, la de ser rey. Había nacido para gobernar un reino que es perpetuo y no tiene fin (Lc. 1:32-33). En relación con el reino fue anunciado a María por el ángel. Si Él era el Rey que nacía para reinar, luego tenía que tomar el cetro de autoridad que había usurpado el que es príncipe del poder del mundo. La lucha no era asunto de hombres, sino la batalla conquistadora de la Cruz. Cristo había nacido para destruir el imperio del diablo (He. 2:14-15). *Para esto había nacido.* Pero Su nacimiento no ocurría por una contingencia natural, sino que se producía porque *había sido enviado*. Esto vincula la encarnación del Verbo, con Su eterna preexistencia. Con toda seguridad Pilato no entendía estas palabras, en la dimensión que contienen, pero comprendía que algo sobrenatural había en la respuesta. Jesús estaba diciendo al romano que Su nacimiento y, y por consiguiente Su encarnación, era el resultado del hecho trascendental del *envío* del Hijo al mundo procedente del Padre (Gá. 4:4). La encarnación es el vehículo por el cual el Verbo se une con la humanidad en una naturaleza creada por el Espíritu Santo, que es personalizada por el Hijo, y en cuya humanidad se expresa visiblemente su filiación eterna.

ἵνα μαρτυρήσω τῇ ἀληθείᾳ· La presencia de Cristo en el mundo tenía como misión *dar testimonio de la verdad*. Esta verdad que estaba en Dios y con Él vino al mundo en Cristo, cuya misión consistió en dar a conocer la verdad de Dios (3:11, 32; 8:28, 38; 12:49; 14:10). Este fue primeramente el testimonio de Juan el Bautista (5:33). Juan predicaba para que todos creyesen que Jesús era el Mesías enviado. Pero el verdadero testimonio de la verdad viene no de la palabra del profeta, sino de la manifestación plena de quien es Verdad en sí mismo (14:6). Jesús reclamaba para sí la condición de *enviado del Padre,* pero para ello hacía las obras que autentificaban aquello que Él decía con palabras. La verdad auténtica y definitiva, tiene que ver con el establecimiento entre los hombres del Reino de los cielos. Es la gran verdad que ha de recibirse por la fe. Quien cree a la verdad proclamada y revelada en Cristo y por Él, tiene vida, y acceso al reino que no es de este mundo (Col. 1:13). Es más, Jesús dijo que el era *el camino y la verdad y la vida*, y que nadie podía ir al Padre, sino por Él (14:6).

πᾶς ὁ ὢν ἐκ τῆς ἀληθείας ἀκούει μου τῆς φωνῆς. Su reino no es de este mundo, tampoco lo son los súbditos que tienen una notable diferencia con los del mundo, éstos *son de la verdad* y por tanto *oyen* con disposición de obediencia, las palabras de Jesús. Los que no son del reino de Dios, siguen la corriente del mundo y obedecen al *príncipe* de este mundo que es mentiroso por naturaleza y homicida por condición.

Por tanto el testimonio de Jesús sobre la verdad solo lo reciben quienes siendo de la verdad, aman la verdad (cf. 3:19-21). Durante Su ministerio habló de los suyos comparándolos con ovejas de Su rebaño, y dijo de ellos que una de las características es que *oían Su voz*, y por oírla, le seguían. Quienes no son de Él no oyen esa voz porque no la distinguen.

Jesús y Barrabás (18:38-40).

38. Le dijo Pilato: ¿Qué es la verdad? Y cuando hubo dicho esto, salió otra vez a los judíos, y les dijo: Yo no hallo en él ningún delito.

λέγει αὐτῷ ὁ Πιλᾶτος· τί ἐστιν ἀλήθεια
Dice le - Pilato: ¿Qué es verdad?
Καὶ τοῦτο εἰπὼν πάλιν ἐξῆλθεν πρὸς τοὺς Ἰουδαίους καὶ
Y esto dicho de nuevo salió a los judíos y
λέγει αὐτοῖς· ἐγὼ οὐδεμίαν εὑρίσκω ἐν αὐτῷ αἰτίαν.
dice les: Yo ningún hallo en él delito.

Notas y análisis del texto griego.

Se lee: λέγει, tercera persona singular del presente de indicativo en voz activa del verbo λέγω, *hablar, decir*, aquí *dice*: αὐτῷ, caso dativo masculino de la tercera persona singular del pronombre personal declinado *a él, le*; ὁ, caso nominativo masculino singular del artículo determinado *el*; Πιλᾶτος, caso nominativo masculino singular del nombre propio *Pilato*; τί, caso nominativo neutro singular del pronombre interrogativo *qué*; ἐστιν, tercera persona singular del presente de indicativo en voz activa del verbo εἰμί, *ser, estar*, aquí *es*; ἀλήθεια, caso nominativo femenino singular del nombre común *verdad;* καὶ, conjunción copulativa *y*; τοῦτο, caso acusativo neutro singular del pronombre demostrativo *esto,* en sentido *de estas cosas*; εἰπὼν, caso nominativo masculino singular del participio del aoristo segundo en voz activa del verbo εἶπον, forma del aoristo de λέγω, *hablar, decir*, aquí *dicho*; πάλιν, adverbio de modo *nuevamente, otra vez, de nuevo*; ἐξῆλθεν, tercera persona singular del aoristo segundo de indicativo en voz activa del verbo ἐξέρχομαι, *salir*, aquí *salió*; πρὸς, preposición propia de acusativo *a*; τοὺς, caso acusativo masculino plural del artículo definido *los*; Ἰουδαίους, caso acusativo masculino plural del adjetivo *judíos*; καὶ, conjunción copulativa *y*; λέγει, tercera persona singular del presente de indicativo en voz activa del verbo λέγω, *hablar, decir*, aquí *dice*; αὐτοῖς, caso dativo masculino plural del pronombre personal declinado *a ellos, les*; ἐγώ, caso nominativo de la primera persona singular del pronombre personal *yo*; οὐδεμίαν, caso acusativo femenino singular del adjetivo indefinido *ninguna*; εὑρίσκω, primera persona singular del presente de indicativo en voz activa del verbo εὑρίσκω, *hallar, encontrar*, aquí *hallo*; ἐν, preposición propia de dativo *en*; αὐτῷ, caso dativo masculino de la tercera persona singular del pronombre personal *él*; αἰτίαν, caso acusativo femenino singular del nombre común *delito*.

λέγει αὐτῷ ὁ Πιλᾶτος· τί ἐστιν ἀλήθεια. Sin duda Pilato se sintió impactado e incluso abrumado por la respuesta de Jesús. Aquel preso entregado para ser condenado a muerte, no se parecía en nada a ninguno de los muchos que habían pasado por el tribunal romano. No se defendía, guardaba silencio delante de los acusadores, parecía no importarle la situación personal. Además era extraño cuanto hablaba sobre Su reino. Un rey que tenía un reino que no era terrenal, cuyos súbditos no luchaban por establecer ese reino. Rodeado de todo esto lo que le habló acerca de que había sido enviado para manifestar la verdad. Pilato estaba cansado de oír sobre la verdad. Cada filósofo se presentaba como conocedor de la verdad. Los sacerdotes de cada una de las divinidades, se consideraban como poseedores de la verdad. Ahora, aquel hombre, sin casi apariencia alguna, golpeado y acusado gravemente sin aportar ninguna prueba contra Él, le hablaba de la verdad. Pero, ¿qué cosa es la verdad?, dice Pilato un poco cansado de todo aquello. No tenía de que acusarle, era plenamente desconocido para él, sin embargo, había una distinción majestuosa que le impactaba.

Καὶ τοῦτο εἰπὼν πάλιν ἐξῆλθεν πρὸς τοὺς Ἰουδαίους καὶ λέγει αὐτοῖς· ἐγὼ οὐδεμίαν εὑρίσκω ἐν αὐτῷ αἰτίαν. Aquello debía terminar cuanto antes. Pilato estaba decidido, como se aprecia por la lectura de los sinópticos, a libertar a Jesús, además no tenía a su disposición nada que pudiera incriminarlo para ajusticiarle. Era inocente en todo cuanto decían contra Él. Dejando nuevamente el tribunal, salió a los judíos que esperaban a la puerta del pretorio. No podía dictarse contra Jesús lo que pedían, sentencia a muerte, porque el juez no encontraba ningún delito contra Él. Las palabras de Pilato eran claras *"yo no hallo delito alguno contra él"*. Aquello revestía notable importancia, como respaldo de la verdad bíblica que en Él no se halló maldad, ni hubo engaño en su boca (Is. 53:9). La justicia romana la había examinado con atención y no se sostenían las acusaciones hechas por los judíos. La reacción de los perversos que le habían entregado a Cristo para que dictase sentencia de muerte contra Él, reaccionaron de forma despiadada. Gritos de ¡Crucifícale!¡Crucifícale! sonaban incesantes. Los sinópticos relatan que a estos gritos se unían las multitudes en la calle. ¿Quiénes eran? Porque la mayoría de la gente sentía simpatía por Jesús y no hubieran pedido su muerte. Posiblemente se trataba de jerosolimitanos, que no veían con buenos ojos nada que viniese del norte, de Galilea. Por otro lado, habían visto lo que Jesús hizo con la limpieza del templo poniendo en riesgo negocios de años que algunos de ellos tenían. No debemos suponer nada, sino seguir el relato de Juan.

39. Pero vosotros tenéis la costumbre de que os suelte uno en la pascua. ¿Queréis, pues, que os suelte al Rey de los judíos?

ἔστιν δὲ συνήθεια ὑμῖν ἵνα ἕνα ἀπολύσω ὑμῖν ἐν τῷ πάσχα·
Pero es costumbre a vosotros que a uno suelte os en la pascua.
βούλεσθε οὖν ἀπολύσω ὑμῖν τὸν βασιλέα τῶν Ἰουδαίων
¿Queréis, pues, suelte os al Rey de los judíos?

Notas y análisis del texto griego.

Siguiendo el relato, añade: ἔστιν, tercera persona singular del presente de indicativo en voz activa del verbo εἰμί, *ser, estar*, aquí *es*; δὲ, partícula conjuntiva que hace las veces de conjunción coordinante, con sentido de *pero, más bien, y, y por cierto, antes bien*; συνήθεια, caso nominativo femenino singular del nombre común *costumbre*; ὑμῖν, caso dativo de la segunda persona plural del pronombre personal declinado *a vosotros, con vosotros*; ἵνα, conjunción *que*; ἕνα, caso acusativo masculino del adjetivo numeral cardinal declinado *a uno*; ἀπολύσω, primera persona singular del aoristo primero de subjuntivo del verbo ἀπολύω, *soltar, liberar*, aquí *suelte*; ὑμῖν, caso dativo de la segunda persona plural del pronombre personal declinado *a vosotros, os*; ἐν, preposición propia de dativo *en*; τῷ, caso dativo neutro singular del artículo determinado *el*; πάσχα, caso dativo neutro singular del nombre común *pascua*; βούλεσθε, segunda persona plural del presente de indicativo en voz media del verbo βουλόμαι, *querer, desear*, aquí *queréis*; οὖν, conjunción continuativa *pues*; ἀπολύσω, primera persona singular del aoristo primero de subjuntivo en voz activa del verbo ἀπολύω, *soltar, liberar*, aquí *suelte*; ὑμῖν, caso dativo de la segunda persona plural del pronombre personal declinado *a vosotros, os*; τὸν, caso acusativo masculino singular del artículo determinado declinado *al*; βασιλέα, caso acusativo masculino singular del nombre común *rey*; τῶν, caso genitivo masculino plural del artículo determinado declinado *de los*; Ἰουδαίων, caso genitivo masculino plural del adjetivo *judíos*.

ἔστιν δὲ συνήθεια ὑμῖν ἵνα ἕνα ἀπολύσω ὑμῖν ἐν τῷ πάσχα· Pilato intenta por todos los medios libertar a Cristo. Sin embargo no conocía bien a los judíos, su odio, su tradicional costumbre de matar a quienes se oponían a ellos. Muchos profetas murieron por la actuación de un liderazgo que se llamaba conocedor de Dios, pero que practicaba la perversidad y el odio contra todo el que discrepaba con ellos. Realmente el gobernador no tuvo que haber dado opción alguna a los líderes de los judíos, puesto que él había llegado a la conclusión de que Jesús era inocente, por consiguiente no podía seguir retenido.

Pilato apela para su propósito a lo que era habitual en aquel tiempo, de soltar, en la pascua, a un preso. Los testimonios de esta costumbre, es natural que se limiten a los evangelios, puesto que se trata de fiestas locales dentro del imperio romano. Sin embargo, hay una analogía en el relato de Livio sobre el *lectisternium*, la fiesta de los dioses, en la que se soltaban las cadenas de los pies a los prisioneros[6]. Esta costumbre en Jerusalén de soltar a un preso era potestativa del gobernador romano: εἰώθει ὁ ἡγεμὼν ἀπολύειν ἕνα τῷ ὄχλῳ δέσμιον ὃν ἤθελον, *acostumbraba el gobernador soltar al pueblo un preso, el que querían*. Probablemente lo hacía como aceptación del recuerdo de la fiesta en sí misma, que era el de la liberación de la servidumbre en Egipto. Pilato ve en la costumbre una forma de liberarse del problema de Jesús, pidiendo al pueblo que elijan un preso y considerando que si les ofrecía un delincuente notorio o a Jesús, que había hecho bienes a todo el pueblo, no habría duda que la elección se decantaría por Cristo, por lo que el problema judicial quedaba resuelto, satisfaciendo las peticiones del Sanedrín que quedaban anuladas por el deseo del pueblo. La costumbre se había asentado y una multitud acudía cada año, en la mañana al pretorio para reclamar del gobernador la gracia de la liberación del preso que ellos elegían (Mr. 15:8). El texto griego de Marcos sugiere la idea de que la multitud subía a un lugar más alto, lo que sería fácil de entender en caso, muy probable, que el pretorio estuviese en la explanada de la Torre Antonia, a la que se accedía por medio de una escalinata.

βούλεσθε οὖν ἀπολύσω ὑμῖν τὸν βασιλέα τῶν Ἰουδαίων. Pilato procura que siguiendo aquella tradición, fuese libertado Jesús. Para ello les recuerda la costumbre de dar libertad a un preso y les propone que ese año, sea el *Rey de los judíos*. Es posible que el gobernador pensara que la gente que le recibió con hosannas unos días antes, estaría dispuesta a aceptar aquella propuesta. Complementando el relato con los sinópticos les propone una alternativa entre dos presos, Barrabás y Jesús. Aquel era famoso por sedicioso y criminal. El nombre de este malhechor ha suscitado una notoria controversia, tanto en relación con el primero de ellos que aparece en algunos mss. y que resultaría el mismo que Jesús, como por el significado del término Barrabás. Este nombre aparece con cierta frecuencia en el Talmud como *Bar Abba* y significa *"hijo de Abba"*, literalmente *hijo de padre*. Pudiera ser que se tuviese relación con algún maestro, ya que era costumbre llamar *padre*, a los maestros. El nombre podría significar sencillamente *"hijo de su padre"*, pero no es muy

---

[6] Vinctis quoque demta in oes dies vincula.

probable. El preso estaba en la cárcel a disposición del tribunal romano desde hacía tiempo. La insurrección contra los romanos, que había motivado el nombramiento de un procurador que gobernaba en Judea, había dejado algunos bandidos, salteadores de caminos. Estos eran considerados como verdaderos patriotas por los extremistas judíos, especialmente por los zelotes. Es muy posible que Barrabás fuese uno de ellos. Es más, algunos piensan que los malhechores que fueron crucificados con Jesús, pertenecían al grupo que lideraba Barrabás. Juan da testimonio de este hombre como que era un ladrón (v. 40). Éste estaba encarcelado por haber promovido una insurrección en la ciudad (Mr. 15:7; Lc. 23:19). La idea más generalizada es que fuese un verdadero *partisano*, *revolucionario*, en lucha contra el poder romano. La actuación de este hombre promoviendo un disturbio en la ciudad terminó con un asesinato. Aquella circunstancia era bien conocida en la ciudad de Jerusalén.

40. Entonces todos dieron voces de nuevo, diciendo: No a éste, sino a Barrabás. Y Barrabás era ladrón.

ἐκραύγασαν οὖν πάλιν λέγοντες· μὴ τοῦτον ἀλλὰ τὸν
Gritaron, pues, de nuevo diciendo: No a éste sino -
Βαραββᾶν. ἦν δὲ ὁ Βαραββᾶς λῃστής.
Barrabás. Y era - Barrabás ladrón.

Notas y análisis del texto griego.

Cerrando el párrafo, escribe: ἐκραύγασαν, tercera persona plural del aoristo primero de indicativo en voz activa del verbo κραυγάζω, *gritar*, aquí *gritaron*; οὖν, conjunción continuativa *pues*; πάλιν, adverbio de modo *nuevamente, de nuevo, otra vez*; λέγοντες, caso nominativo masculino plural del participio de presente en voz activa del verbo λέγω, *hablar*, *decir*, aquí *diciendo*; μὴ, partícula que hace funciones de adverbio de negación *no*; τοῦτον, caso acusativo masculino singular del pronombre demostrativo declinado *a éste*; ἀλλὰ, conjunción adversativa *sino*; τὸν, caso acusativo masculino singular del artículo determinado *el*; Βαραββᾶν, caso acusativo masculino singular del nombre propio *Barrabás*; ἦν, tercera persona singular del imperfecto de indicativo en voz activa del verbo εἰμί, *ser*; δὲ, partícula conjuntiva que hace las veces de conjunción coordinante, con sentido de *pero, más bien, y, y por cierto, antes bien*; ὁ, caso nominativo masculino singular del artículo determinado *el*; Βαραββᾶς, caso nominativo masculino singular del nombre propio *Barrabás*; λῃστής, caso nominativo masculino singular del nombre común *ladrón, bandido*.

ἐκραύγασαν οὖν πάλιν λέγοντες· μὴ τοῦτον ἀλλὰ τὸν Βαραββᾶν. La decisión debía ser tomada por el pueblo. La multitud estaba presente y aprovechándolo, los enemigos de Jesús actuaron con ella. Según Mateo los principales sacerdotes y ancianos, se introdujeron en medio de las gentes que habían venido a pedir la liberación del preso, como era costumbre. Estas gentes se encontraron, de pronto, con la propuesta de Pilato, que les pedía una decisión eligiendo entre Jesús y Barrabás. Posiblemente los que le habían aclamado con Hosannas, como el Hijo de David, el Mesías, esperaban que hiciese algo para proclamarse rey, como entendían por el mensaje profético, pero, en los últimos días, el Señor no había hecho nada más que algunas sanidades, había tenido algunas confrontaciones, pero en cuanto al reino que ellos esperaban no había manifestado ninguna intención para implantarlo. Barrabás, en cambio, rudo, posiblemente se había enfrentado con los romanos, en alguna medida y aún cuando era un ladrón y había producido una muerte en la última revuelta, era más digno de seguir si querían verse liberados alguna vez, que Jesús el profeta de Nazaret. Además, la acusación de blasfemia se había extendido y las gentes sabían que el Sanedrín lo acusaba formalmente de ese grave pecado. Barrabás había delinquido contra los hombres, pero Jesús, según las mentirosas acusaciones de los líderes de los judíos, había blasfemado contra Dios. Los enemigos de Jesús *"persuadieron a la multitud que pidiesen a Barrabás, y que Jesús fuese muerto"* (Mt. 27:20; Mr. 15:11). Marcos afirma que los príncipes de los sacerdotes incitaron a la multitud. La raíz tiene que ver con *excitar*, lo que supone que excitaron sus sentimientos en favor de Barrabás, generando el desprecio hacia Jesús, el Hijo de Dios.

La acción de los sacerdotes de desorientar la conducta moral de las personas, despertando deliberadamente la preferencia de las gentes hacia un criminal para que pidiesen la muerte de un justo, es una nueva manifestación de la infamia en que se desenvolvían aquellos impíos y perversos hipócritas, quienes llamándose hijos de Abraham, confirmaban con su conducta que eran realmente hijos de Satanás (8:44). El diablo fue homicida desde el principio, buscando la destrucción de la humanidad, y hundiéndola en el abismo de la muerte, tanto física como espiritual (Ro. 5:12; He. 2:14; 1 Jn. 3:8). Los hijos espirituales del diablo buscan lo mismo que su padre, esto es, la muerte, y disfrutan en la práctica del homicidio, lo que demuestra la relación espiritual de dependencia de aquellos que, practicando el sacerdocio para Dios, lo que realmente hacían era seguir al diablo y buscar la muerte del Hijo de Dios, el Verbo eterno. Hasta esa degradación había llegado el que se consideraba sacerdocio de Dios. La declaración de Pedro luego de la resurrección del Señor es un excelente resumen de esta situación que Juan describe en este versículo: *"El Dios de*

Abraham, de Isaac y de Jacob, el Dios de nuestros padres, ha glorificado a su Hijo Jesús, a quien vosotros entregasteis y negasteis delante de Pilato, cuando éste había resuelto ponerle en libertad. Mas vosotros negasteis al Santo y al Justo, y pedisteis que se os diese un homicida, y matasteis al Autor de la vida, a quien Dios ha resucitado de los muertos, de lo cual nosotros somos testigos" (Hch. 3:13-15).

Los sacerdotes habían torcido la conciencia y condicionado la voluntad del pueblo, con su influencia, sin la cual las gentes no hubiesen actuado de aquella manera. Nunca quienes habían aclamado a Jesús habrían pedido que soltasen a Barrabás condenando a Cristo, a no ser por la influencia de los líderes religiosos que los corrompieron. No es posible leer el pasaje sin sentir una profunda pena por gente semejante. Abusaron de la posición que tenían y pervirtieron la sagrada función de sacerdotes del Altísimo para ofenderle pidiendo la muerte de Su Hijo, mientras seguían en obediencia y, por tanto en adoración, a Satanás, el enemigo de Dios.

ἦν δὲ ὁ Βαραββᾶς λῃστής. Juan hace notar que aquel a quien habían elegido en lugar de Jesús *era ladrón*. La palabra es fuerte, y puede traducirse también por *bandido*, *bandolero, salteador*. Un criminal preferido por un justo que había estado haciendo bienes, sanando enfermos, dando de comer a hambrientos, ayudando a desconsolados y restaurando caídos.

¡Que tremendo contraste con Jesús, el Hijo de Dios! nunca alteró el orden establecido, no peleó contra quienes estaban oprimiendo al pueblo, tanto romanos como la elite social de los judíos, y no se defendía de las acusaciones. Las gentes lo conocían como benefactor. Días antes lo habían aclamado como el enviado de Dios, el Mesías, en la entrada triunfal. Frente a frente dos hombres, uno que mató, otro que dio vida a muchos. Uno que alteraba el orden, otro que decía a los judíos que diesen al Cesar lo que era del Cesar y a Dios lo que correspondía a Dios. No cabe duda que sería fácil inclinarse por el Salvador y renunciar al ladrón y sedicioso.

Podríamos detenernos aquí sobre varias aplicaciones personales que surgen después del comentario de los versículos que anteceden. Pero serán suficientes unas palabras sobre la inconmensurable dimensión del amor divino. El evangelio presenta el Verbo encarnándose (1:14), con el propósito divino de salvar al pecador, para lo cual tendría que recorrer el camino de la Cruz. Dios no se humilló al hacerse hombre, simplemente se limitó, asumiendo la condición de la criatura, pero desde esa condición se puede humillar haciéndose siervo, para ser obediente hasta la muerte y muerte de Cruz (Fil. 2:7). La encarnación hace a Dios compartir naturaleza con el hombre y hacerse solidario por medio de ella del destino humano, sometido a todas sus limitaciones, experiencias, tentaciones y angustias. Él se convierte en ciudadano del mundo, miembro de una determinada nación, heredero de una familia y vinculado a ella (Ro. 1:1-4). Por otro lado, el pecado del mundo va a ser puesto sobre Él y se le demanda la responsabilidad penal del mismo haciéndolo, en su condición de hombre, sacrificio expiatorio por el pecado (2 Co. 5:21). No podría expresar a los hombres el mensaje del amor sin hacerse hombre, para que por Su pobreza el hombre pueda ser enriquecido (2 Co. 8:9). El Verbo se hace hombre para poder morir por los hombres. En la muerte de Cristo, Dios se manifiesta como el Amor que vence sobre el mal, como acogedor del hombre en la forma mas definitiva que es el perdón. Se hizo hombre. Lo vemos aquí maltratado, prisionero, despreciado, injuriado, acusado sin razón, pero es Dios mismo que viene a nosotros en un encuentro de gracia. Es Él quien se aproxima a nosotros o, tal vez mejor, se *aprojima*, haciéndose nuestro prójimo para hablar con nosotros palabras de Dios con garganta de hombre, y darnos el abrazo de Dios con brazos de hombre. Cristo viene en misión restauradora de la comunión del hombre con Dios, interrumpida a causa del pecado. Dicho de otro modo, el Verbo está padeciendo porque Dios es amor, y Dios es amor porque el Verbo está padeciendo. La Cruz está asentada en el amor, como el apóstol Juan dirá en otro de sus escritos: *"En esto consiste el amor: No en que nosotros hayamos amado a Dios, sino en que él nos amó a nosotros, y envió a su Hijo en propiciación por nuestros pecados"* (1 Jn. 4:10). Es necesario entender que Jesús no se vio impulsado a morir por nosotros por nuestra maldad, sino por Su amor sobrenatural.

Así debemos ver lo que antecede y preparar nuestros corazones para lo que sigue, mediante una sencilla pregunta ¿correspondo yo a ese amor que el Salvador ha demostrado por mí?

CAPÍTULO XIX

CRUCIFIXIÓN Y MUERTE.

Introducción.

El capítulo nos introduce en las últimas horas de la pasión. La división es un tanto arbitraria, puesto que la primera parte es continuación sobre el mismo tema del capítulo anterior. La división obedece, tal vez, a extensión para no hacer el anterior demasiado largo. Por esa razón la introducción a éste no puede separarse de la del anterior, a la que se remite al lector.

La muerte de Jesús no ha sido una muerte tranquila. Toda la trama habla de angustia, sufrimiento, humillación, burla, en una palabra, desenfreno del hombre con el Creador. El modo como se consuma la sentencia que Pilato dictará contra Jesús, es una muerte horrenda, a la que Pablo se refiere con admiración cuando dice que *"se hizo obediente hasta la muerte, y muerte de cruz"* (Fil. 2:8). Por esa causa se suele llamar al tiempo desde el prendimiento hasta la muerte, *Pasión*. Sin embargo la Cruz es gloriosa porque es la suprema expresión de amor divino, que en gracia entrega a Su Hijo por los pecadores, para que estos, en la grandeza de Su amor, sean invitados a un encuentro en fe con quien es el único Salvador. La grandeza de la Cruz es la grandeza de la dimensión salvadora que se manifiesta en ella. Dios extingue la responsabilidad penal del pecado para todos, no importa número, condición o tiempo, los que mediante la fe acepten a Jesús, como Salvador personal.

La obra salvadora alcanza en este capítulo expresión y consumación. El Señor va a proclamar el triunfo de la Cruz, en la extinción absoluta del trabajo que se le había encomendado. Con el *"Consumado es"* (v. 30). Se cierra el episodio de la entrega voluntaria de la vida del Cordero de Dios que quita el pecado del mundo. Se abre la puerta de la sujeción a esclavitud que el *príncipe de este mundo*, había establecido reteniendo a los que por sus pecados estaban sujetos a eterna condenación, para hacerlos vivir en la esperanza de gloria que es Cristo mismo (Col. 1:13). La obra de salvación concluida y completa, no tiene necesidad de añadir algo más que el hombre tenga que hacer o deba hacerlo, para el perdón de sus pecados y la vida eterna. Con la muerte de Cristo se abre definitivamente el camino de acceso del hombre a Dios. Es preciso entender que Jesús no murió a causa de las acusaciones de los judíos, ni por una acción legalmente reprobable de la justicia romana; murió por determinación divina, establecida ya, en el plan de redención desde antes de la creación (2 Ti. 1:9; 1 P. 1:18-20).

Los tormentos físicos y morales que se describen en el capítulo, quedan siempre pequeños al lado de la dimensión espiritual de la Cruz. El Cordero de Dios, portando sobre Sí el pecado del mundo, será desamparado para que el Padre pueda ampararnos a nosotros. La Cruz ha de entenderse, especialmente en el contexto de este *Evangelio*, desde la eterna relación entre el Hijo y el Padre.

Juan pasa muy rápidamente sobre las horas de la Cruz, para introducirnos en lo que es el propósito del *Evangelio*, que los hombres conozcan al Salvador y por fe en Él, sean salvos. Por esa razón pasa inmediatamente del hecho de la crucifixión al término del tiempo en la Cruz, expresado en la muerte. El control de Jesús sobre todo está patente también en la entrega voluntaria de Su vida, poniéndola en manos del Padre (v. 30).

La última parte es el relato muy breve de la sepultura del Señor (vv. 38-42). Cerrando así la humillación del Siervo, para abrir desde ahí la gloriosa dimensión del Resucitado. Es en la tumba donde incompresible y misteriosamente para el hombre, el Autor de la vida pasa por la experiencia de la muerte, para que los muertos puedan entrar en la experiencia de la vida. De otro modo, la eternidad viene a la vivencia de la temporalidad, para que la temporalidad sea en Él rescatada a plenitud de eternidad.

La división para el análisis del texto, es la que se ha dado ya en la *introducción*, como sigue:

2.3.4. Jesús azotado y afrentado (19:1-7).
2.3.5. Debilidad de Pilato (19:8-16).
2.4. La crucifixión, muerte y sepultura (19:17-42).
2.4.1. Crucifixión (19:17-29).
2.4.2. Muerte (19:30).
2.4.3. Epílogo de la cruz (19:31-37).
2.4.4. Sepultura de Jesús (19:38-42).

Jesús azotado y afrentado (19:1-7).

1. Así que, entonces tomó Pilato a Jesús, y le azotó.

Τότε οὖν ἔλαβεν ὁ Πιλᾶτος τὸν Ἰησοῦν καὶ ἐμαστίγωσεν.
Entonces, pues, tomó - Pilato - a Jesús y azotó.

Notas y análisis del texto griego.

Introduciendo un nuevo párrafo, escribe: Τότε, adverbio demostrativo *entonces*; οὖν, conjunción continuativa, *pues*; ἔλαβεν, tercera persona singular del segundo aoristo de indicativo en voz activa del verbo λαμβάνω, *tomar*, aquí *tomó*; ὁ, caso nominativo masculino singular del artículo determinado *el*; Πιλᾶτος, caso nominativo masculino singular del nombre propio *Pilato*; τὸν, caso acusativo masculino singular del artículo determinado *el*; Ἰησοῦν, caso acusativo masculino singular del nombre propio declinado *a Jesús*; καὶ, conjunción copulativa *y*; ἐμαστίγωσεν, tercera pesona singular del aoristo primero de indicativo en voz activa del verbo μαστιγόω, *azotar*, aquí *azotó*.

Τότε οὖν ἔλαβεν ὁ Πιλᾶτος τὸν Ἰησοῦν καὶ ἐμαστίγωσεν. Juan es más breve que los sinópticos en la descripción de los acontecimientos de la Pasión. No interesa, a los propósitos de su *Evangelio* detalles que centren la atención del lector sobre los tremendos sufrimientos que Jesús tuvo que soportar antes de ser crucificado. Breves pinceladas de ellos sitúan al lector en la antesala de la Cruz. No cabe duda que tuvo que ser un tiempo de verdadera angustia física en la que el Señor se debilitó hasta el extremo de ser incapaz de caminar con el peso de la cruz sobre Él. La sólo lectura de la frase del versículo sobrecoge: "*Entonces tomó Pilato a Jesús, y le azotó*". La criatura levantándose violentamente contra el Creador. El Autor de la vida en manos de quien había resuelto ya quitársela.

No cabe violencia mayor a la justicia. Pilato sabía que Jesús era inocente, conocía la causa por la que le habían entregado, que era la envidia (Mt. 27:18). Había declarado delante de los enemigos de Jesús que no encontraba nada digno de condenación en Él y mucho menos causa alguna para condenarlo a muerte. Sin embargo, la debilidad del hombre es notable. Pilato sabía que los judíos podían generarle problemas ante el emperador en Roma, y para él, la vida de un hombre no tenía importancia alguna. De modo que decide satisfacer las ansias de sangre de los indignos líderes de Israel y dejar que Jesús sea ejecutado en una cruz, como ellos pedían. Como juez debía soltar al que había sido acusado sin pruebas y era inocente. Sin embargo, claudica en su deber y en su ética, para satisfacer la injusticia y la perversidad.

Un último recurso quedaba a Pilato, consistente en apelar al sentimiento de compasión del pueblo. Para eso debe presentar a Jesús en un estado tal que cause impresión a todos, procurando con ello que se apiaden de él y dejen de reclamar que sea crucificado. Este pasaba necesariamente por la flagelación. Entender este bárbaro procedimiento exige retroceder a la historia de cómo se aplicaba en aquellos días.

Muchos pueblos tenían el castigo de los azotes. Los judíos, en el cumplimiento de lo establecido en la Ley, podían imponer una pena de hasta cuarenta azotes (Dt. 25:3), que se daban en la sinagoga y eran propinados con varas de madera; en otras ocasiones se daban azotes con un látigo de tres cuerdas, contando cada uno de los latigazos como tres, de manera que sólo se podían administrar trece golpes. Mientras se daban los azotes, uno contaba el número de golpes, deteniendo la acción a los treinta y nueve, en caso de ser con varas, o a los trece en caso de ser con látigo, a fin de no sobrepasar lo establecido en la Ley. Los azotes dados por los romanos eran otra cosa, ya que se aplicaban como método de tortura para conseguir una confesión del reo; en otras ocasiones era una pena impuesta por un delito menor; en relación con la crucifixión formaba parte como preámbulo a la ejecución de esa última pena. Los instrumentos para el castigo se llamaban *flagellum*, de ahí la palabra castellana *flagelos*, látigos compuestos por una empuñadura de la que salían varias correas de cuero. El flagelo recibía el nombre de *flagrum*, cuando a las correas de cuero se sujetaban en las terminaciones pequeños trozos de plomo o bronce. Generalmente se anudaban a lo largo de las correas pequeños trozos de hueso aguzados. El reo destinado a ser azotado se le desnudaba y se le hacía doblar sobre un soporte, generalmente una columna de piedra, atándole las muñecas por delante y tensando luego la cuerda para que no pudiese levantarse. Por regla general dos soldados ejecutaban el castigo, uno a cada lado del reo, golpeando alternativamente. El número de azotes no se contaba, simplemente era costumbre detener la paliza cuando los que la administraban estaban cansados, o bien cuando el presidente del tribunal viendo la situación del reo, hacía una señal para que los soldados pusieran fin al tormento. Los primeros golpes dejaban marcas en la espalda, pero, a medida que se repetían, comenzaba a romperse la epidermis apareciendo la sangre. La reiteración de los golpes iba abriendo la carne y, al final de la paliza, en muchas ocasiones, según relatos, estaba lacerada hasta tal punto que se veían las costillas y quedaban al descubierto las venas y arterias interiores. En más de una ocasión incluso se reventaba el recubrimiento de la cintura y se veían los órganos internos entre las cortaduras. La pérdida de sangre era considerable y las fuerzas del azotado iban debilitándose hasta quedar inconsciente. El final de la imposición de esa pena quedaba marcado por la sangre salpicada en el suelo que formaba pequeños charcos. Hubo ocasiones en que ese castigo terminaba en la muerte del reo. El azotado se devolvía a la prisión virtualmente desecho para que se recuperase de las heridas. La ley Porcia y la ley Sempronia de los años 195 y 123 a. C. prohibía que se azotase a los ciudadanos romanos, a cuyo amparo acudió en una ocasión el apóstol Pablo (Hch. 16:37).

Era habitual que los condenados a crucifixión fuesen azotados antes de ser ejecutados. Posiblemente Pilato estuvo haciendo todo lo posible por no ejecutar la pena capital con Cristo. Esta enorme paliza convirtió a Jesús en un espectáculo ignominioso y en una situación tal que despertaría lástima entre las gentes y, con ello, una disposición para que pudiese ser anulada la ejecución de la crucifixión. Es verdad que todo aquello iba conducido al cumplimiento de lo que Dios había determinado y que los profetas anunciaron anticipadamente. Sin embargo, la responsabilidad de los hombres no queda excluida por el cumplimiento profético. La iniquidad humana alcanza aquí una dimensión impensable: Los hombres deciden golpear sin conciencia al Dios de la gloria.

2. Y los soldados entretejieron una corona de espinas, y la pusieron sobre su cabeza, y le vistieron con un manto de púrpura.

καὶ οἱ στρατιῶται πλέξαντες στέφανον ἐξ ἀκανθῶν ἐπέθηκαν
Y los soldados trenzando corona de espinas pusieron sobre
αὐτοῦ τῇ κεφαλῇ καὶ ἱμάτιον πορφυροῦν περιέβαλον αὐτὸν
de Él la cabeza y con manto de púrpura cubrieron le

Notas y análisis del texto griego.

Siguiendo con el relato, escribe: καὶ, conjunción copulativa *y*; οἱ, caso nominativo masculino plural del artículo determinado *los*; στρατιῶται, caso nominativo masculino plural del nombre común *soldados*; πλέξαντες, caso nominativo masculino plural del participio aoristo primero en voz activa del verbo πλέκω, *trenzar, entrelazar, urdir, acción de trenzar*, aquí *trenzando*; στέφανον, caso acusativo masculino singular del nombre común *corona*; ἐξ, forma escrita que adopta la preposición de genitivo ἐκ, delante de vocal y que significa *de*; ἀκανθῶν, caso genitivo femenino plural del nombre común *espinas*; ἐπέθηκαν, tercera persona plural del aoristo primero de indicativo en voz activa del verbo ἐπιτίθημι, *poner, imponer, poner sobre*, aquí *pusieron sobre*; αὐτοῦ, caso genitivo masculino de la tercera persona singular del pronombre personal declinado *de Él*; τῇ, caso dativo femenino singular del artículo definido *la*; κεφαλῇ, caso dativo femenino singular del nombre común *cabeza*; καὶ, conjunción copulativa *y*; ἱμάτιον, caso acusativo neutro singular del nombre común *manto*; πορφυροῦν, caso acusativo neutro singular del adjetivo *de púrpura*; περιέβαλον, tercera persona plural del aoristo segundo de indicativo en voz activa del verbo περιβάλλω, *vestir, echar alrededor, rodear, envolver, ceñir,* aquí *vistieron*; αὐτὸν, caso acusativo masculino de la tercera persona singular del pronombre personal declinado *a él, le*.

καὶ οἱ στρατιῶται πλέξαντες στέφανον ἐξ ἀκανθῶν ἐπέθηκαν αὐτοῦ τῇ κεφαλῇ. Por los sinópticos sabemos de la burla que los soldados del pretorio hicieron con el golpeado Jesús. Lo llevaron al interior del pretorio, al lugar donde la compañía de soldados tenía su lugar, con toda probabilidad en el patio de distribución en la Torre Antonia. Posiblemente fuese el grupo que estuvo al servicio para la flagelación. Un reo condenado a crucifixión no era considerado en nada y servía como juguete en manos de los soldados, al que se inferían impunemente toda clase de insultos y atropellos. Los soldados serían un grupo que estaba en la fortaleza o, incluso, del grupo que estaba aquel día al servicio como guardia del gobernador. El propósito era burlarse del Señor.

Comenzaron por confeccionar para Él una corona, como correspondía al que se consideraba Rey de los judíos. La hicieron con espinos trenzados entre sí. No es fácil determinar que clase de rama espinosa utilizaron, que pudiera ser la conocida como *Sepina Christi* o *Arbusto Palinro*, posiblemente se trata del *poterium spinorum*, espino muy abundante en los alrededores de Jerusalén, y que se recogía y almacenaba en las casas para hacer fuego. Sin embargo, debido a la gran variedad de plantas espinosas en Palestina, podría muy bien ser otro cualquiera. Los soldados fabricaron con las espinas una guirnalda imperial. Algunos consideran que bien pudo ser un verdadero capacete de espinos. Sea lo que fuere, no se trataba de una guirnalda imperial, sino de la corona que consideraban apropiada para el Rey de los judíos. Juan dice que pusieron la corona sobre Su cabeza, no simplemente apoyándola, sino hincando en ella las espinas. Los sinópticos hablan de una caña que habían puesto como cetro en las manos de Jesús, les servía para golpear con ella las espinas que se hincaban profundamente en Su cabeza. Los hilos de sangre que manaban de los lugares horadados por las espinas dejarían surcos descendentes en el rostro de Jesús, convirtiéndolo en un espectáculo sanguinolento que debía causar un tremendo impacto. El sufrimiento debió ser muy grande. La capacidad humana de Jesús para soportar el dolor tenía que ser considerable. Pensar hasta donde puede llegar la barbarie humana sobrecoge, pero, todo ello es la consecuencia del pecado que el Salvador iba a llevar sobre Sí para dar libertad a los que son, por naturaleza, esclavos del mismo. Es sorprendente apreciar que el pecado trajo consigo la aparición de espinos y cardos, como manifestación visible de la maldición sobre la tierra a causa de la caída del hombre (Gn. 3:18). En esta ocasión el Salvador sufría sobre Sí los efectos de las espinas llevando en todo nuestra maldición. Fue coronado de espinas como expresión de su misión salvadora, que implicaba el sufrimiento de nuestras penas y la asunción de nuestros males (Is. 53:4). Pero, es también un canto de victoria que proclama una esperanza gloriosa de un mundo nuevo que se manifestará primero cuando Él venga a reinar, en donde todos los elementos que causan tribulación, los conflictos que se manifiestan y la inquietud en todos los órdenes, den paso a una paz estable en un mundo en orden (Is. 11:6 ss.); y luego, en una nueva creación en donde el pecado no esté ya presente (Ap. 21:27). En aquel día todos los *"cobardes e incrédulos, los abominables y homicidas, los fornicarios y hechiceros, los idólatras y todos los mentirosos tendrán su parte en el lago que arde con fuego y azufre, que es la muerte segunda"* (Ap. 21:8).

καὶ ἱμάτιον πορφυροῦν περιέβαλον αὐτὸν. Pero no solo fue la burla de las espinas, sino que le desnudaron para vestirlo con un manto de color púrpura. Según Mateo los soldados desvistieron a Jesús: El verbo ἐκδύω, que usa Mateo significa literalmente *desnudar*. Quiere decir que le quitaron los vestidos exteriores que llevaba el Señor. Esos vestidos le fueron quitados antes de la flagelación, como era habitual para aplicar el tormento. Luego, volvieron a ponérselos, para quitárselos otra vez, a fin de vestirle el manto granate. Es impensable el sufrimiento que ocasionaba este manejo en una persona cuyas espaldas estaban totalmente destrozadas a causa de los latigazos recibidos. Con toda seguridad los vestidos de Jesús habían quedado teñidos de color rojo, a causa de la sangre que manaban sus heridas. El manto que pusieron sobre Él pudo haber sido una clámide de soldado, en forma circular, o rectangular de color rojo, que sujetaban con un broche al hombro derecho. El color escarlata del manto, imitaba burlescamente a la púrpura de un manto real. Los soldados buscaban un rato de diversión a costa de quien para ellos era el Rey de los judíos. Los que formaban la cohorte al servicio de Pilato, aunque romanos, procedían generalmente de países o zonas limítrofes, contratados para el servicio. Es posible que la mayoría de estos procediesen de la provincia romana de Siria. En ese caso podían dialogar en arameo con los judíos porque era lengua común, y conocían las costumbres y religión hebreas por proximidad. Es probable que considerasen a Jesús como un falso pretendiente al trono de Israel, por lo que debía ser objeto de burla relacionada con esa situación. Lo primero era proveer para el *Rey de los judíos*, la corona, luego un manto real, que sería una vieja clámide de soldado romano desechado para el uso, que habrían encontrado tirado en algún lugar.

3. Y le decían: ¡Salve, Rey de los judíos! Y le daban de bofetadas.

καὶ ἤρχοντο πρὸς αὐτὸν καὶ ἔλεγον· χαῖρε ὁ βασιλεὺς τῶν
Y venían a Él y decían: ¡Salve - rey de los
Ἰουδαίων· καὶ ἐδίδοσαν αὐτῷ ῥαπίσματα.
judíos! Y daban le bofetadas.

Notas y análisis del texto griego.

Sigue con: καὶ, conjunción copulativa *y*; ἤρχοντο, tercera persona plural del imperfecto de indicativo en voz activa del verbo ἔρχομαι, *venir*, aquí *venían*; πρὸς, preposición propia de acusativo *a*; αὐτὸν, caso acusativo masculino de la tercera persona singular del pronombre personal *él*; καὶ, conjunción copulativa *y*; ἔλεγον, tercera persona plural del imperfecto de indicativo del verbo λέγω, *hablar, decir*, aquí *decían*; χαῖρε, segunda persona singular del presente de imperativo en voz activa del verbo χαίρω, *alegrarse, gozarse, estar bien, regocijarse*, aquí *alégrate*; ὁ, caso nominativo masculino singular del artículo determinado *el*; βασιλεὺς, caso nominativo masculino singular del nombre común *rey*; τῶν, caso genitivo masculino plural del artículo determinado declinado *de los*; Ἰουδαίων, caso genitivo masculino singular del adjetivo *judíos*; καὶ, conjunción copulativa *y*; ἐδίδοσαν, tercera persona plural del imperfecto de indicativo en voz activa del verbo δίδωμι, *dar*, aquí *daban*; αὐτῷ, caso dativo masculino de la tercera persona singular del pronombre personal declinado *a él, le*; ῥαπίσματα, caso acusativo neutro plural del nombre común *mojicones, bofetadas, golpes*.

καὶ ἤρχοντο πρὸς αὐτὸν καὶ ἔλεγον· χαῖρε ὁ βασιλεὺς τῶν Ἰουδαίων· Los judíos se habían burlado de Él antes tratándolo como un falso profeta (Mt. 26:68), ahora son los gentiles quienes se burlan del Salvador. Vestido y coronado, faltaba sólo un tratamiento propio de un rey, pero en la peor de las formas de escarnecimiento. Posiblemente fueron pasando uno a uno delante de Él burlándose y doblando las rodillas hacían una genuflexión, como era costumbre delante de los reyes o del emperador, tributándole burlescamente honores reales. La expresión que usa Mateo en el texto griego del relato paralelo induce a considerar que era algo más que un doblar las rodillas, se trataba, posiblemente, de caer de rodillas delante de Él, remedando también el honor cultual que correspondía al emperador de Roma. Junto con la reverencia estaba el saludo, que debía ser algo semejante al empleado para el emperador: *"Ave, Cesar, Víctor, imperator"*, que aquí Juan traslada como χαῖρε ὁ βασιλεὺς τῶν Ἰουδαίων *"¡Salve, Rey de los judíos!"*, de otro modo contextualizando la expresión *¡Viva el Rey de los judíos!* El saludo expresaba el mayor de los desprecios hacia los judíos, tratando con burla a quien consideraban ellos que era realmente su Rey. Una vez más el testimonio de los malvados concuerda con la realidad de lo que era Jesús, el Rey de los judíos.

καὶ ἐδίδοσαν αὐτῷ ῥαπίσματα. La última frase de Juan impacta también, como todas las que anteceden y las que siguen. Con las genuflexiones también las bofetadas. Golpes sobre el rostro golpeado y ensangrentado del Señor Jesús. Cada uno de los que pasaban delante de Jesús burlándose de Él, cumplido el trámite de la burla, se atrevían sin reparo, en una de las más bajas manifestaciones de crueldad y desprecio. ¡Que tremendo pecado, la criatura golpeando el bendito rostro del Creador! Cuando se rinde homenaje de pleitesía los súbditos besaban la mano del rey. El salmista exhorta a todos a *"besar al Hijo"* (Sal. 2:12), no sólo como sumisión, sino como manifestación de amor y de aceptación respetuosa. El salmista dice que *"se inflama de pronto su ira"*. Aquellos impíos no besaban al Hijo, sino golpeaban Su rostro, mostrándole el mayor de los desprecios y la mayor de las infamias. Un día comparecerán ante Él, cuando su ira inflamada, no pueda ser ya resuelta porque no habrá tiempo ni oportunidad. Quienes se postraban en son de burla delante de Él, tomaban de Su mano la caña que le habían puesto como cetro y le golpeaban con ella en la cabeza. El imperfecto del verbo expresa la idea de reiteración, como si quisiera decir Juan que lo hacían continuamente o reiteradamente. Todo aquello era un espectáculo sádico hasta el extremo. Los hombres habían descendido a la condición peor que la de cualquier alimaña. Los animales matan para vivir, pero no disfrutan haciendo sufrir a sus víctimas. ¿Donde estaba Pilato, mientras ocurría todo esto? Seguramente que descansando en algún lugar de su residencia oficial. No tenía en cuenta lo que estaban haciendo con el reo, porque, al fin y al cabo, era un judío acusado por envidia por los líderes de la nación, con un oscuro propósito, que seguramente el mismo gobernador no terminaba de entender. Contemplar el espectáculo descrito por Juan impacta de tal manera que el mejor comentario a todo esto sería el silencio, dejando fluir solamente el poder de la Palabra en la mente y corazón del lector del relato bíblico sin ninguna otra cosa. Sobrecoge pensar que los soldados llevaron a Jesús al interior del pretorio pensando en su depravada mente rendir pleitesía al *Rey de los judíos*, cuando los que impulsados, sin duda, por el homicida y mentiroso Satanás, que controlaba el corazón de todos aquellos, habían planificado reírse burlándose del *Hijo de Dios*.

4. Entonces Pilato salió otra vez, y les dijo: Mirad, os lo traigo fuera, para que entendáis que ningún delito hallo en él.

Καὶ ἐξῆλθεν πάλιν ἔξω ὁ Πιλᾶτος καὶ λέγει αὐτοῖς· Ἴδε ἄγω
Y salió otra vez afuera - Pilato y dice les: He aquí traigo
ὑμῖν αὐτὸν ἔξω, ἵνα γνῶτε ὅτι οὐδεμίαν αἰτίαν εὑρίσκω
os lo fuera, para que sepáis que ningún delito hallo
ἐν αὐτῷ.
en Él.

Notas y análisis del texto griego.

Siguiendo el relato, escribe: Καὶ, conjunción copulativa *y*; ἐξῆλθεν, tercera persona singular del aoristo segundo de indicativo en voz activa del verbo ἐξέρχομαι, *salir*, aquí *salió*; πάλιν, adverbio de modo *nuevamente, de nuevo, otra vez*; ἔξω, adverbio de lugar *afuera*; ὁ, caso nominativo masculino singular del artículo determinado *el*; Πιλᾶτος, caso nominativo masculino singular del nombre propio *Pilato*; καὶ, conjunción copulativa *y*; λέγει, tercera persona singular del presente de indicativo en voz activa del verbo λέγω, *hablar, decir*, aquí *dice*; αὐτοῖς, caso dativo masculino de la tercera persona singular del pronombre personal *a ellos, les*; Ἴδε, tercera persona singular del aoristo segundo de imperativo en voz media del verbo ὁράω, en la forma εἶδον, *mirar, mostrar, ver,* con uso adverbial equivale a *he aquí, sucedió que, ved, ahora,* etc. podría traducirse como una expresión de advertencia enfática como *¡Mira!*, incluso podría leerse a modo de interrogación como *y ¿sabéis?*, es en la práctica como una partícula demostrativa, que se usa para animar el discurso avivando la atención del lector, algunos modernos la identifican como interjección; ἄγω, primera persona singular del presente de indicativo en voz activa del verbo ἄγω, *llevar, conducir,* aquí en sentido de *traer, traigo*; ὑμῖν, caso dativo de la segunda persona plural del pronombre personal declinado *a vosotros, os*; αὐτὸν, caso acusativo masculino de la tercera persona singular del pronombre personal declinado *a él, le*; ἔξω, adverbio de lugar *fuera, afuera*; ἵνα, conjunción causal *para que*; γνῶτε, segunda persona plural del aoristo segundo de subjuntivo en voz activa del verbo γινώσκω, *saber, entender, conocer*, aquí *sepáis*; ὅτι, conjunción *que*; οὐδεμίαν, caso acusativo femenino singular del adjetivo indefinido *ninguna*; αἰτίαν, caso acusativo femenino singular del nombre común *causa, culpa, acusación, cargo, reproche, crimen*; εὑρίσκω, primera persona singular del presente de indicativo en voz activa del verbo εὑρίσκω, *encontrar, hallar*, aquí *hallo*; ἐν, preposición propia de dativo *en*; αὐτῷ, caso dativo masculino de la tercera persona singular del pronombre personal *Él.*

Καὶ ἐξῆλθεν πάλιν ἔξω ὁ Πιλᾶτος καὶ λέγει αὐτοῖς· Ἴδε ἄγω ὑμῖν αὐτὸν ἔξω, Pilato intenta un último recurso tratando de conseguir que dejen de pedir la muerte de Jesús. Él salió del pretorio al exterior, al lugar donde los líderes religiosos y una gran cantidad de personas, esperaban la sentencia a muerte que el tribunal romano dictase. Apareciendo ante ellos les habla de Jesús para presentárselo de aquel modo, como había quedado después del tiempo de tortura a que había sido sometido. Pilato pensaba que el aspecto de aquel hombre, causaría suficiente compasión en quienes lo viesen. Muy poco conocía de lo que las conciencias endurecidas de los hombres son capaces de hacer con cualquier inocente que se cruce en su camino y entorpezca sus intereses.

ἵνα γνῶτε ὅτι οὐδεμίαν αἰτίαν εὑρίσκω ἐν αὐτῷ. El propósito del gobernador era remarcar nuevamente un hecho de justicia, que había extinguido todos los requisitos que el sistema judicial aplicaba a un preso, incluido el tormento, para hacerle confesar sus delitos. Jesús había pasado por todo aquello y no había en Él ninguna falta que mereciese castigo alguno. El gobernador les dice con firmeza: *debéis saber que no encuentro falta alguna en Él*. No había razón para que siguiera preso y mucho menos para ser condenado a muerte. La justicia demandaba la liberación de Jesús.

5. Y salió Jesús, llevando la corona de espinas y el manto de púrpura. Y Pilato les dijo: ¡He aquí el hombre!

ἐξῆλθεν οὖν ὁ Ἰησοῦς ἔξω, φορῶν τὸν ἀκάνθινον στέφανον
Salió, pues, - Jesús afuera, portando la espinosa corona
καὶ τὸ πορφυροῦν ἱμάτιον. καὶ λέγει αὐτοῖς· ἰδοὺ ὁ ἄνθρωπος.
y el purpúreo manto. Y dice les: ¡He aquí el hombre!

Notas y análisis del texto griego.

Sigue el relato: ἐξῆλθεν, tercera persona singular del aoristo segundo de indicativo en voz activa del verbo ἐξέρχομαι, *salir*, aquí *salió*; οὖν, conjunción continuativa *pues*; ὁ, caso nominativo masculino singular del artículo determinado *el*; Ἰησοῦς, caso nominativo masculino singular del nombre propio *Jesús*; ἔξω, adverbio de lugar *afuera*; φορῶν, caso nominativo masculino singular del participio de presente en voz activa del verbo φορέω, *llevar puesto, portar*, aquí *portando*; τὸν, caso acusativo masculino singular del artículo determinado *el*; ἀκάνθινον, caso acusativo masculino singular del adjetivo *espinoso hecho de espinas*; στέφανον, caso acusativo masculino singular del nombre común *corona*; καὶ, conjunción copulativa *y*; τὸ, caso acusativo neutro singular del artículo determinado *el*; πορφυροῦν, caso acusativo neutro singular del adjetivo *purpúreo, de color púrpura*; ἱμάτιον, caso acusativo neutro singular del nombre común *manto*; καὶ, conjunción copulativa *y*; λέγει, tercera persona singular del presente de indicativo en voz activa del verbo λέγω, *hablar, decir*, aquí *dice*; αὐτοῖς, caso dativo de la tercera persona singular del pronombre personal *a ellos, les*; ἰδοὺ, segunda persona singular del aoristo segundo de imperativo en voz media del verbo ὁράω, en la forma εἶδον, *mirar, mostrar, ver,* con uso adverbial equivale a *he aquí, sucedió que, ved, ahora,* etc. podría traducirse como una expresión de advertencia enfática como *¡Mira!*, incluso podría leerse a modo de interrogación como *y ¿sabéis?*, es en la práctica como una partícula demostrativa, que se usa para animar el discurso avivando la atención del lector, algunos modernos la identifican como interjección; ὁ, caso nominativo masculino singular del artículo determinado *el*; ἄνθρωπος, caso nominativo masculino singular del nombre común *hombre*.

ἐξῆλθεν οὖν ὁ'Ιησοῦς ἔξω, Tras el gobernador, y rodeado de soldados, salió Jesús afuera. Aquello debió haber servido para poner fin a las burlas y vituperios que estaba recibiendo de la soldadesca en el interior del pretorio.

φορῶν τὸν ἀκάνθινον στέφανον καὶ τὸ πορφυροῦν ἱμάτιον. καὶ λέγει αὐτοῖς· Portaba las ropas de burla y la corona de espinas. No se había hecho nada para que se mostrase menos impactante ante las miradas de la gente. Todo lo contrario, Pilato quería presentarlo de aquella manera. El aspecto de Jesús debía ser dantesco a todas luces. La imagen de Jesús debía causar espanto a las miradas de cualquiera que tuviese un mínimo de afecto humano. Sólo los que deben ser considerados como alimañas salvajes, sin entrañas, ni respeto alguno, podían ver aquello sin estremecerse. Jesús era una piltrafa humana, un desecho para los hombres, golpeado, ensangrentado, acaso sin poder sostenerse bien, y con toda seguridad caminando lentamente debido a la situación física en que había quedado. Pilato quería que fuese de este modo visto por la gente, considerando que darían por suficiente el castigo y pedirían que fuese libertado o, en el peor de los casos se irían retirando para que sin acusadores, pudiera él libertar a Jesús.

ἰδοὺ ὁ ἄνθρωπος. Frente a la multitud y a los líderes religiosos, Pilato utiliza una frase lacónica: *"¡Mirad! El hombre", ecce homo*. De otro modo, *así es el hombre que acusáis*. La frase de Pilato está revestida de ironía. Jesús no merecía el calificativo de hombre, por Su estado. No había necesidad de nada más, ni debían seguir ocupándose de Él. No era necesario en aquel estado pedir Su muerte. Aquello era suficiente. El Señor aparecía como algo contrario a toda dignidad de un ser humano (cf. Is. 52:14; 53:2-4). Pilato estaba diciendo a la gente: *Fijaos como ha quedado este hombre*. Como si quisiera decirles: *¿No consideráis ya suficiente esto?¿Acaso tiene aspecto de ser capaz de una sedición?* Como se dice antes, Pilato, o no sabía, o no había conseguido calar en el comportamiento de los líderes religiosos de Israel. La visión de un hombre en aquel deterioro físico, no era suficiente para ablandar el odio diabólico de los judíos contra Él. ¡Como cambia este aspecto para quienes lo amamos! ¡Como nos llena de emoción y de gratitud Sus heridas, al saber que son una impresionante demostración de amor! Para quienes lo desprecian y rechazan Él no tiene atractivo, pero para nosotros, dice el apóstol Pedro: *"Él es precioso"* (1 P. 2:7). No cabe nada más que guardar silencio ante la escena que Juan describe aquí, y dejar que nuestra alma impactada por tanta grandeza, diga sin palabras audibles nada más que *gracias*, *muchas gracias por Tu amor*.

6. Cuando le vieron los principales sacerdotes y los alguaciles, dieron voces, diciendo: ¡Crucifícale! ¡Crucifícale! Pilato les dijo: Tomadle vosotros, y crucificadle; porque yo no hallo delito en él.

῞Οτε οὖν εἶδον αὐτὸν οἱ ἀρχιερεῖς καὶ οἱ ὑπηρέται
Cuando, pues, vieron le los principales sacerdotes y los alguaciles
ἐκραύγασαν λέγοντες· σταύρωσον σταύρωσον. λέγει αὐτοῖς ὁ
gritaron diciendo: ¡Crucifícale! ¡Crucifícale! Dice les -
Πιλᾶτος· λάβετε αὐτὸν ὑμεῖς καὶ σταυρώσατε· ἐγὼ γὰρ οὐχ
Pilato: Tomad le vosotros y crucificadle; porque yo no
εὑρίσκω ἐν αὐτῷ αἰτίαν.
hallo en Él delito.

Notas y análisis del texto griego.

Siguiendo el mismo tema, añade: ῞Οτε, conjunción *cuando*; οὖν, conjunción continuativa *pues*; εἶδον, tercera persona plural del aoristo segundo de indicativo en voz activa del verbo ὁράω, *ver, mirar, contemplar*, aquí *vieron*; αὐτὸν, caso acusativo masculino de la tercera persona singular del pronombre personal declinado *a él, le*; οἱ, caso nominativo masculino plural del artículo determinado *los*; ἀρχιερεῖς, caso nominativo masculino plural del nombre común *principales sacerdotes*; καὶ, conjunción copulativa *y*; οἱ, caso nominativo masculino plural del artículo determinado *los*; ὑπηρέται, caso nominativo masculino plural del nombre común *alguaciles*; ἐκραύγασαν, tercera persona plural del aoristo de indicativo en voz activa del verbo κραυγάζω, *gritar*, aquí *gritaron*; λέγοντες, caso nominativo masculino plural del participio de presente en voz activa del verbo λέγω, *hablar, decir*, aquí *diciendo*; σταύρωσον, segunda persona singular del aoristo primero de imperativo en voz activa del verbo σταυρόω, *crucificar*, aquí *crucifica*; σταύρωσον, segunda persona singular del aoristo primero de imperativo en voz activa del verbo σταυρόω, *crucificar*, aquí *crucifica*; λέγει, tercera persona singular del presente de indicativo en voz activa del verbo λέγω, αὐτοῖς, caso dativo masculino plural del pronombre personal declinado *a ellos, les*; ὁ, caso nominativo masculino singular del artículo determinado *el*; Πιλᾶτος, caso nominativo masculino singular del nombre propio *Pilato*; λάβετε, segunda persona plural del aoristo segundo de imperativo en voz activa del verbo λαμβάνω, *tomar*, aquí *tomad*; αὐτὸν, caso acusativo masculino de la tercera persona singular del pronombre personal declinado *a él, le*; ὑμεῖς, caso nominativo de la segunda persona plural del pronombre personal *vosotros*; καὶ, conjunción copulativa *y*; σταυρώσατε, segunda persona plural del aoristo primero de imperativo en voz activa del verbo σταυρόω, *crucificar*, aquí *crucificad*; ἐγὼ, caso nominativo de la primera persona singular del pronombre personal *yo*; γὰρ, conjunción causal *porque*; οὐχ, forma escrita del adverbio de negación *no*, con el grafismo propio ante vocal con espíritu áspero; εὑρίσκω, primera persona singular del presente de indicativo en voz activa del verbo εὑρίσκω, *hallar, encontrar*, aquí *hallo*; ἐν, preposición propia de dativo *en*; αὐτῷ, caso dativo masculino de la tercera persona singular del pronombre personal *él*; αἰτίαν, caso acusativo femenino singular del nombre común *acusación, causa, delito*.

Ὅτε οὖν εἶδον αὐτὸν οἱ ἀρχιερεῖς καὶ οἱ ὑπηρέται ἐκραύγασαν λέγοντες· Los mas enconados enemigos de Jesús vieron Su figura maltrecha. No sirvió a los propósitos de Pilato, sino todo lo contrario. Allí delante, probablemente al borde del pretorio estaban los principales sacerdotes, la estirpe sacerdotal de Israel vinculados con el sumo sacerdote y los alguaciles, que posiblemente eran del mismo partido, además de servidores directos como guardia del templo, de aquellos que directamente tenían la responsabilidad del santuario. Posiblemente pensaban que su plan de dar muerte a Jesús podía echarse a perder, porque el gobernador estaba decidido a soltarle. De manera que comenzaron a gritar. No sabían impartir justicia, ni sabían amar, pero sabían gritar no tanto con el propósito de que el gobernador los escuchara, sino para soliviantar a los judíos que estaban presentes.

σταύρωσον σταύρωσον. El grito era incesante y reiterativo. Sólo una palabra, literalmente *¡crucifica!*, repetida una y otra vez. Aquellos inmisericordes cumplían a la perfección lo que el profeta anunciaba que Jesús fuese *"cortado de la tierra de los vivientes"* (Is. 53:8). A ellos no les bastaba con el tormento que habían infligido a Jesús, querían Su muerte, de la manera más vergonzosa y cruel, la que era reservada a esclavos y criminales de la peor calaña.

λέγει αὐτοῖς ὁ Πιλᾶτος· λάβετε αὐτὸν ὑμεῖς καὶ σταυρώσατε· ἐγὼ γὰρ οὐχ εὑρίσκω ἐν αὐτῷ αἰτίαν. Pilato se da cuenta, cada vez más, que aquello no era sino un movimiento de envidia y odio desencadenado contra un inocente que molestaba a los gerifaltes religiosos. Está absorto y, posiblemente, exasperado. El gobernador aprovecha cuantas veces le es posible, para hacer notar a los líderes judíos la condición de esclavos que tenían ante Roma. Las leyes romanas les habían suprimido la capacidad de dictar sentencia de muerte y ejecutarla. Eso, molestaba a los judíos. Por eso, en un tono irritado les dice que sean ellos los que ejecuten lo que han determinado, porque en justicia él no puede hacerlo porque no encuentra ningún delito en Jesús. Es la tercera vez que hace esta declaración, por tanto es la tercera vez que atemorizado de los judíos, no cumple su obligación legal como juez romano.

7. Los judíos le respondieron: Nosotros tenemos una ley, y según nuestra ley debe morir, porque se hizo a sí mismo Hijo de Dios.

ἀπεκρίθησαν αὐτῷ οἱ Ἰουδαῖοι· ἡμεῖς νόμον ἔχομεν καὶ κατὰ
Respondieron le los Judíos: Nosotros ley tenemos y según
τὸν νόμον ὀφείλει ἀποθανεῖν, ὅτι Υἱὸν Θεοῦ ἑαυτὸν ἐποίησεν.
la ley debe morir, porque Hijo de Dios a sí mismo se hizo.

Notas y análisis del texto griego.

Sigue con: ἀπεκρίθησαν, tercera persona plural del aoristo primero de indicativo en voz pasiva del verbo ἀποκρίνομαι, *responder, contestar, tomar la palabra*, aquí *respondieron*; αὐτῷ, caso dativo masculino de la tercera persona singular del pronombre personal declinado *a Él, le*; οἱ, caso nominativo masculino plural del artículo determinado *los*; Ἰουδαῖοι, caso nominativo masculino plural del adjetivo *judíos*; ἡμεῖς, caso nominativo de la primera persona plural del pronombre personal *nosotros*; νόμον, caso acusativo masculino singular del nombre común *ley*; ἔχομεν, primera persona singular del presente de indicativo en voz activa del verbo ἔχω, *tener*, aquí *tenemos*; καὶ, conjunción copulativa *y*; κατὰ, preposición propia de acusativo *según*; τὸν, caso acusativo masculino singular del artículo determinado *el*; νόμον, caso acusativo masculino singular del nombre comú *ley*; ὀφείλει, tercera persona singular del presente de indicativo en voz activa del verbo ὀφείλω, *deber, tener obligación*, aquí *debe*; ἀποθανεῖν, segundo aoristo de infinitivo en voz activa del verbo αποθνήσκο, *morir*; ὅτι, conjunción causal *porque*; Υἱὸν, caso acusativo masculino singular del nombre divino *Hijo*; Θεοῦ, caso genitivo masculino singular del nombre divino declinado *de Dios*; ἑαυτὸν, caso acusativo masculino singular del pronombre reflexivo declinado *a sí mismo*; ἐποίησεν, tercera persona singular del aoristo primero de indicativo en voz activa del verbo ποιέω, *hacerse*, aquí *se hizo*.

ἀπεκρίθησαν αὐτῷ οἱ Ἰουδαῖοι· A las palabras de Pilato siguió la respuesta de *los judíos*. No eran sólo los principales sacerdotes y los alguaciles; todos los que habían participado en el crimen de una acusación falsa estaban representados en la respuesta que alguno de ellos, actuando como portavoz, dio al gobernador romano, que estaba desesperadamente procurando devolverles el reo a quienes se lo habían traído acusándolo delante de él.

ἡμεῖς νόμον ἔχομεν καὶ κατὰ τὸν νόμον ὀφείλει ἀποθανεῖν, ὅτι Υἱὸν Θεοῦ ἑαυτὸν ἐποίησεν. La respuesta era precisa. Pilato les ordenaba que usasen su ley y sentenciasen a Jesús a muerte, porque no había hecho nada ilegal. Ellos apelan entonces a su ley, diciendo al gobernador que conforme a ella, era digno de muerte. Ya no hay acusación de sedición, se ha cambiado por la de blasfemia, al hacerse a Él mismo *Hijo de Dios*. Indudablemente o lo era, o era una blasfemia digna de muerte (Lv. 24:16). Sin duda había demostrado ante ellos, a lo largo de los tres años de ministerio que era una absoluta verdad. Los milagros hechos con Su propia autoridad testificaban de la realidad de lo que Jesús era: *El Hijo de Dios*, el *Unigénito del Padre*. Los romanos no podían inmiscuirse en las leyes religiosas de los lugares ocupados. Aquella pena capital convenía a los dictámenes de la ley religiosa de los judíos y ellos piden que se sentencie conforme a esa ley. El gobernador había caído en un lazo del que quiso salir desde el principio.

Debilidad de Pilato (19:8-16).

8. Cuando Pilato oyó decir esto, tuvo más miedo.

Ὅτε οὖν ἤκουσεν ὁ Πιλᾶτος τοῦτον τὸν λόγον, μᾶλλον
Cuando, pues, oyó - Pilato estas - palabras, más
ἐφοβήθη,
miedo tuvo.

Notas y análisis del texto griego.

Análisis: Ὅτε, conjunción *cuando*; οὖν, conjunción continuativa *pues*; ἤκουσεν, tercera persona singular del aoristo primero de indicativo en voz activa del verbo ἀκούω, *oír, escuchar*, aquí *oyó*; ὁ, caso nominativo masculino singular del artículo determinado *el*; Πιλᾶτος, caso nominativo masculino singular del nombre propio *Pilato*; τοῦτον, caso acusativo masculino singular del pronombre demostrativo *esto*, τὸν, caso acusativo masculino singular del artículo determinado *el*; λόγον, caso acusativo masculino singular del nombre común *palabra, dicho*; μᾶλλον, adverbio comparativo *más*; ἐφοβήθη, tercera persona plural del aoristo primero de indicativo en voz pasiva del verbo φοβέομαι, *tener miedo*, aquí *miedo tuvo*.

Ὅτε οὖν ἤκουσεν ὁ Πιλᾶτος τοῦτον τὸν λόγον, μᾶλλον ἐφοβήθη, Jesús respondió a Pilato que verdaderamente era Rey, pero que Su reino no era de este mundo. Aquello, junto con el sueño de su mujer, que le advertía para que dejase a Jesús, puesto que había sido afectada aquella noche por lo que era, le hizo tener miedo. Ahora no solo Jesús se hacia Rey, sino que también Hijo de Dios. Esto era mucho más grave para un hombre que, como muchos de antaño, vivía temerosos de ofender a alguna divinidad. Pilato era un idólatra, por esa razón era, tal vez más sensible a tener miedo de los dioses. Pero, además, si difícil era sustraer a Jesús del deseo de venganza del pueblo por el hecho de hacerse Rey, mucho más difícil era si se hacía Hijo de Dios. ¿Qué le podía ocurrir si realmente era Hijo de Dios, y le condenaba a muerte?

9. Y entró otra vez en el pretorio, y dijo a Jesús: ¿De donde eres tú? Mas Jesús no le dio respuesta.

καὶ εἰσῆλθεν εἰς τὸ πραιτώριον πάλιν καὶ λέγει τῷ Ἰησοῦ·
Y entró al pretorio de nuevo y dice - a Jesús:
πόθεν εἶ σύ ὁ δὲ Ἰησοῦς ἀπόκρισιν οὐκ ἔδωκεν αὐτῷ.
¿De donde eres tú? - pero Jesús respuesta no dio le.

Notas y análisis del texto griego.

Siguiendo el relato, escribe: καὶ, conjunción copulativa *y*; εἰσῆλθεν, tercera persona singular del aoristo segundo de indicativo en voz activa del verbo εἰσέρχομαι, *entrar*, aquí *entró*; εἰς, preposición propia de acusativo *a*; τὸ, caso acusativo neutro singular del artículo determinado *el*; πραιτώριον, caso acusativo neutro singular del nombre común *pretorio*; πάλιν, adverbio de modo *nuevamente, otra vez, de nuevo*; καὶ, conjunción copulativa *y*; λέγει, tercera persona singular del presente de indicativo en voz activa del verbo λέγω, *hablar, decir*, aquí *dice*; τῷ, caso dativo masculino singular del artículo determinado *el*; Ἰησοῦ, caso dativo masculino singular del nombre propio *Jesús*; πόθεν, adverbio interrogativo *¿de donde? ¿de qué lugar?*; εἶ, segunda persona singular del presente de indicativo en voz activa del verbo εἰμί, *ser, estar*, aquí *eres*; σύ, caso nominativo de la segunda persona singular del pronombre personal *tú*; ὁ, caso nominativo masculino singular del artículo determinado *el*; δὲ, partícula conjuntiva que hace las veces de conjunción coordinante, con sentido de *pero, más bien, y, y por cierto, antes bien*; Ἰησοῦς, caso nominativo masculino singular del nombre propio *Jesús*; ἀπόκρισιν, caso acusativo femenino singular del nombre común *respuesta*; οὐκ, forma escrita del adverbio de negación *no*, con el grafismo propio ante una vocal con espíritu suave o una enclítica; ἔδωκεν, tercera persona singular del aoristo primero de indicativo en voz activa del verbo δίδωμι, *dar*, aquí *dio*; αὐτῷ, caso dativo de la tercera persona singular del pronombre personal declinado *a Él*.

καὶ εἰσῆλθεν εἰς τὸ πραιτώριον πάλιν καὶ λέγει τῷ Ἰησοῦ· Jesús tuvo que haber sido llevado al interior del pretorio una vez presentado al pueblo. Por esa razón Pilato, dejándolos nuevamente, regresó a donde estaba Jesús para dialogar con Él.

πόθεν εἶ σύ. Lo que había oído le tenía intranquilo, de manera que preguntó a Jesús: *¿De donde eres tú?* Sobradamente sabía que era galileo (Lc. 23:6, 7). Su interés no era del lugar físico de donde procedía, sino de la esfera a la que pertenecía, ya que su reino no era de este mundo. La pregunta debe ser interpretada como si le dijese: *¿Eres un ser sobrenatural, o eres de aquí?* Pilato deseaba saber cual era el verdadero origen de Jesús. Lo que interesaba al gobernador era saber si tenía una ascendencia divina como decían los judíos.

ὁ δὲ Ἰησοῦς ἀπόκρισιν οὐκ ἔδωκεν αὐτῷ. El Señor no respondió. El silencio de Cristo debió impactar aún más a Pilato. ¿Cómo podía ser que un reo no respondiese al gobernador romano? Ciertamente no era merecedor de respuesta ni de consideración alguna, puesto que un juez que después de confesar, por lo menos tres veces, que era inocente, lo mantenía prisionero por temor a las turbas que gritaban pidiendo que fuese crucificado. Los silencios de Jesús en la Pasión son recordados por el apóstol Pedro cuando dice que *"cuando le maldecían, no respondía con maldición; cuando padecía, no amenazaba, sino encomendaba la causa al que juzga justamente"* (1 P. 2:23). La profecía había anunciado estos silencios: *"como oveja delante de sus trasquiladores, enmudeció, y no abrió su boca"* (Is. 53:7).

10. Entonces le dijo Pilato: ¿A mí no me hablas? ¿No sabes que tengo autoridad para crucificarte, y que tengo autoridad para soltarte?

λέγει οὖν αὐτῷ ὁ Πιλᾶτος· ἐμοὶ οὐ λαλεῖς οὐκ οἶδας ὅτι
Dice, pues, le - Pilato: ¿A mí no hablas? ¿No sabes que
ἐξουσίαν ἔχω ἀπολῦσαι σε καὶ ἐξουσίαν ἔχω σταυρῶσαι σε
autoridad tengo para soltar te y autoridad tengo para crucificar te?

Notas y análisis del texto griego.

Análisis: λέγει, tercera persona singular del presente de indicativo en voz activa del verbo λέγω, *decir, hablar*, aquí *dice*; οὖν, conjunción continuativa *pues*; αὐτῷ, caso dativo masculino de la tercera singular del pronombre personal declinado *a él, le*; ὁ, caso nominativo masculino singular del artículo determinado *el*; Πιλᾶτος, caso nominativo masculino singular del nombre propio *Pilato*; ἐμοὶ, caso dativo de la primera persona singular del pronombre personal declinado *a mí*; οὐ, adverbio de negación *no*; λαλεῖς, segunda persona singular del presente de indicativo en voz activa del verbo λαλέω, *hablar, decir*, aquí *hablas*; οὐκ, forma escrita del adverbio de negación *no*, con el grafismo propio ante una vocal con espíritu suave o una enclítica; οἶδας, segunda persona singular del perfecto de indicativo en voz activa del verbo οἶδα, *saber, entender, conocer*, aquí *sabes*; ὅτι, conjunción *que*; ἐξουσίαν, caso acusativo femenino singular del nombre común *autoridad, facultad, derecho*; ἔχω, primera persona singular del presente de indicativo en voz activa del verbo ἔχω, *tener, poseer*, aquí *tengo*; ἀπολῦσαι, aoristo primero de infinitivo en voz activa del verbo ἀπολύω, *dejar ir, dejar libre, soltar*, aquí *para soltar*; σε, caso acusativo de la segunda persona singular del pronombre personal declinado *a ti, te*; καὶ, conjunción copulativa *y*; ἐξουσίαν, caso acusativo femenino singular del nombre común *autoridad, facultad, derecho*; ἔχω, primera persona singular del presente de indicativo en voz activa del verbo ἔχω, *tener, poseer*, aquí *tengo*; σταυρῶσαι, aoristo primero de infinitivo en voz activa del verbo σταυρόω, *crucificar*, aquí *para crucificar*; σε, caso acusativo de la segunda persona singular del pronombre personal declinado *a ti, te*.

λέγει οὖν αὐτῷ ὁ Πιλᾶτος· ἐμοὶ οὐ λαλεῖς El silencio de Jesús altera todavía más a Pilato. El orgullo como gobernador romano, se ve confrontado con el silencio que da como respuesta a lo que le había preguntado. Molesto le formula una pregunta: *¿Cómo te atreves a no contestarme?* Obsérvese que el problema no era el silencio, sino la negativa a responderle a él. Era un desprecio a su persona que le ofendía. Ningún otro reo se atrevió a guardar silencio ante él. Sin embargo, hay en el trasfondo algo que asombraba a Pilato. Todos los que habían comparecido acusados ante su tribunal, algunos con graves delitos para ser juzgados y condenados, todos ellos solían pedir clemencia. Ninguno golpeado de aquella manera y tratado como Jesús, callaba, sino que clamaba en el dolor del tormento pidiendo clemencia. Aquel silencio, unido a la acusación de hacerse Hijo de Dios, amedrentaba al gobernador.

οὐκ οἶδας ὅτι ἐξουσίαν ἔχω ἀπολῦσαι σε καὶ ἐξουσίαν ἔχω σταυρῶσαι σε. Pilato trata de romper la firmeza de Jesús hablándole de su autoridad. Él tenía plenos poderes para darle libertad o para crucificarlo, por eso debía responder a sus preguntas. Pilato era la máxima autoridad en Jerusalén. Pero, ¿tenía verdaderamente posibilidad de usar esa autoridad? Aunque poderoso legalmente, estaba imposibilitado de ejercerla por miedo a los judíos.

11. Respondió Jesús: Ninguna autoridad tendrías contra mí, si no te fuese dada de arriba; por tanto, el que a ti me ha entregado, mayor pecado tiene.

ἀπεκρίθη [αὐτῷ] Ἰησοῦς· οὐκ εἶχες ἐξουσίαν κατ᾽ ἐμοῦ
Respondió le Jesús: No tendrías autoridad contra mi
οὐδεμίαν εἰ μὴ ἦν δεδομένον σοι ἄνωθεν· διὰ τοῦτο ὁ
ninguna si no fuese dada te de arriba; por esto el
παραδούς μέ σοι μείζονα ἁμαρτίαν ἔχει.
que entregó me a ti, mayor pecado tiene.

Notas y análisis del texto griego.

Análisis: ἀπεκρίθη, tercera persona singular del aoristo primero de indicativo en voz pasiva del verbo ἀποκρίνομαι, *responder, contestar, tomar la palabra*, aquí *respondió*; αὐτῷ, caso dativo masculino de la tercera persona singular del pronombre personal declinado *a él, le*; Ἰησοῦς, caso nominativo masculino singular del nombre propio *Jesús*; οὐκ, forma escrita del adverbio de negación *no*, con el grafismo propio ante una vocal con espíritu suave o una enclítica; εἶχες, segunda persona singular del imperfecto de indicativo en voz activa del verbo ἔχω, *tener*, aquí *tenías*, mejor *tendrías*; ἐξουσίαν, caso acusativo femenino singular del nombre común *autoridad, derecho, capacidad, poder*; κατ', forma escrita de la preposición propia de genitivo κατά, *contra*, por elisión ante vocal con espíritu suave; ἐμοῦ, caso genitivo de la primera persona singular del pronombre personal *mí*; οὐδεμίαν, caso acusativo femenino singular del adjetivo indefinido *ninguna*; εἰ, conjunción *si*; μὴ, partícula que hace funciones de adverbio de negación *no*; ἦν, tercera persona singular del imperfecto de indicativo en voz activa del verbo εἰμί, *ser, estar*, aquí *era*, mejor *fuese*; δεδομένον, caso nominativo neutro singular del participio perfecto en voz pasiva del verbo δίδωμι, *dar*, aquí *dado*; σοι, caso dativo de la segunda persona singular del pronombre personal declinado *a ti, te*; ἄνωθεν, adverbio de lugar *de arriba*; διὰ, preposición propia de acusativo *por*; τοῦτο, caso acusativo neutro singular del pronombre demostrativo *esto*; ὁ, caso nominativo masculino singular del artículo determinado *el*; παραδούς, caso nominativo masculino singular del participio del segundo aoristo en voz activa del verbo παραδίδωμι, *entregar*, aquí *que entregó*; μέ, caso acusativo de la primera persona singular del pronombre personal declinado *a mí, me*; σοι, caso dativo de la segunda persona singular del pronombre personal declinado *a ti, te*; μείζονα, caso acusativo femenino singular del adjetivo comparativo *mayor*; ἁμαρτίαν, caso acusativo femenino singular del nombre común *pecado*; ἔχει, tercera persona singular del presente de indicativo en voz activa del verbo ἔχω, *tener*, aquí *tiene*.

ἀπεκρίθη [αὐτῷ] Ἰησοῦς· οὐκ εἶχες ἐξουσίαν κατ' ἐμοῦ οὐδεμίαν εἰ μὴ ἦν δεδομένον σοι ἄνωθεν· La respuesta de Jesús es directa. El poder que el gobernador decía tener para libertarlo o crucificarlo, no era suyo, sino que le había sido dado de arriba. Muchas veces se usa esta frase para aplicarla a la autoridad delegada sobre Pilato para el cumplimiento de la providencia divina en relación con la muerte ya determinada de Jesús, en este sentido, le estaría diciendo que si podía darle muerte es porque estaba así establecido en el plan de Dios. Esta es, sin duda, una incuestionable vedad, pero posiblemente incomprensible para el gobernador.

Sin embargo, lo que está diciendo es que toda la autoridad que puede tener un gobernante es delegada por Dios. El principio de autoridad dimana de la autoridad suprema que es Él mismo, como Soberano, Creador y sustentador de todas las cosas. Dios estableció el principio de autoridad para el hombre , como *gobernador* de este mundo, delegándole las funciones propias del ejercicio de autoridad. Más adelante le delega también la autoridad máxima para ajusticiar a un asesino convicto (Gn. 9:1-7). Sobre estos principios descansa el ejercicio de autoridad de los gobernantes en el mundo. El correcto ejercicio de autoridad conforme al pensamiento de Dios, es algo –en la limitación del hombre- semejante al Suyo; no debemos olvidar que el hombre fue hecho a imagen y semejanza de Dios (Gn. 1:26). La semejanza en el ejercicio de la autoridad está siempre rodeada de justicia y amor. No se trata de una autoridad sobre vida o muerte con desprecio de cualquier principio de equidad y ética, sino conforme a lo que Dios hubiese hecho en cada caso como Juez perfecto. Jesús está diciendo a Pilato: *no tengas soberbia, porque tu autoridad te ha sido concedida.*

διὰ τοῦτο ὁ παραδούς μέ σοι μείζονα ἁμαρτίαν ἔχει. La segunda parte de la respuesta de Jesús, resulta un tanto oscura. Habla a Pilato de un pecado mayor que el que estaba cometiendo. El pecado del gobernador era quebrantar la justicia y condenar al inocente. Pero a esto llegaba porque *otro* le había entregado a Jesús. ¿A quién se refiere? No podía tratarse de Judas, porque no lo había entregado directamente a Pilato, sino a los sicarios y a los sacerdotes que le pagaron la traición con treinta piezas de plata. Hablar de una corporación responsable como el Sanedrín, podría ser, pero es difícil que sea, puesto que Jesús usa un singular *el que me entregó*. Lo que mejor se ajusta al contexto inmediato es que se esté refiriendo al sumo sacerdote Caifás. El que le entregó lo hizo con mayor pecado porque sabía a quien estaba entregando y preparó todo lo necesario para una acusación formal a muerte, tanto en el ámbito de los judíos, acusándole de blasfemia, como en el de los romanos demandando la muerte de un justo e inocente. La gradación de pecado aparece también en este versículo. No hay pecado pequeño o grande, pero hay pecado de mayor dimensión. Toda transgresión es pecado. Todo pecado acarrea condenación por quebrantamiento de la ley (Stg. 2:10-11) y al infringirla se hace reo de culpa (Ro. 5:12; 6:23). Sin embargo hay pecados más graves que otros. Algunos pueden ser evitados, otros, lamentablemente incurrimos en ellos por nuestra propia naturaleza. El pecado contra Jesús era premeditado y alevoso. De eso habló Jesús en relación con Judas cuando dijo que Él iba como estaba determinado, pero la responsabilidad era del que le entregaba y dice: *"Bueno le fuera a tal hombre no haber nacido"* (Mt. 26:24). Judas entregó a Jesús a los sacerdotes, Caifás lo entregó a Pilato, Pilato lo entregó a la muerte, pero, sin retirar ni un ápice la responsabilidad personal, en última instancia, *"con todo Jehová quiso quebrantarlo, sujetándolo a padecimiento"* (Is. 53:10).

12. Desde entonces procuraba Pilato soltarle; pero los judíos daban voces, diciendo: Si a éste sueltas, no eres amigo de César; todo el que se hace rey, a César se opone.

ἐκ τούτου ὁ Πιλᾶτος ἐζήτει ἀπολῦσαι αὐτόν· οἱ δὲ Ἰουδαῖοι
Desde esto - Pilato buscaba soltar le. Y los judíos
ἐκραύγασαν λέγοντες· ἐὰν τοῦτον ἀπολύσῃς, οὐκ εἶ φίλος τοῦ
gritaron diciendo: Si a éste sueltas, no eres amigo del
Καίσαρος· πᾶς ὁ βασιλέα ἑαυτὸν ποιῶν ἀντιλέγει
Cesar; todo el rey a sí mismo que se hace, se opone
τῷ Καίσαρι.
al Cesar.

Notas y análisis del texto griego.

Análisis: ἐκ, preposición propia de genitivo *desde*; τούτου, caso genitivo neutro singular del pronombre demostrativo *esto*; ὁ, caso nominativo masculino singular del artículo determinado *el*; Πιλᾶτος, caso nominativo masculino singular del nombre propio *Pilato*; ἐζήτει, tercera persona singular del imperfecto de indicativo en voz activa del verbo ζητέω, *buscar, intentar, querer*, aquí *buscaba*; ἀπολῦσαι, aoristo primero de infinitivo en voz activa del verbo ἀπολύω, *liberar, hacer libre, soltar*; αὐτόν, caso acusativo masculino de la tercera persona singular del pronombre personal declinado *a él, le*; οἱ, caso nominativo masculino plural del artículo determinado *los*; δὲ, partícula conjuntiva que hace las veces de conjunción coordinante, con sentido de *pero, más bien, y, y por cierto, antes bien*; Ἰουδαῖοι, caso nominativo masculino plural del adjetivo *judíos*; ἐκραύγασαν, tercera persona plural del aoristo primero de indicativo en voz activa del verbo κραυγάζω, *gritar*, aquí *gritaban*; λέγοντες, caso nominativo masculino plural del participio de presente en voz activa del verbo λέγω, *hablar, decir*, aquí *diciendo*; ἐὰν, conjunción *si*; τοῦτον, caso acusativo masculino singular del pronombre demostrativo declinado *a éste*; ἀπολύσῃς, segunda persona singular del aoristo primero de subjuntivo en voz activa del verbo ἀπολύω, *liberar, hacer libre, soltar*, aquí *sueltas*; οὐκ, forma escrita del adverbio de negación *no*, con el grafismo propio ante una vocal con espíritu suave o una enclítica; εἶ, segunda persona singular del presente de indicativo en voz activa del verbo εἰμί, *ser, estar*, aquí *eres*; φίλος, caso nominativo masculino singular del adjetivo *amigo*; τοῦ, caso genitivo masculino singular del artículo determinado declinado *del*; Καίσαρος, caso genitivo masculino singular del nombre propio *César*; πᾶς, caso nominativo masculino singular del adjetivo indefinido *todo*; ὁ, caso nominativo masculino singular del artículo determinado *el*; βασιλέα, caso acusativo masculino singular del nombre común *rey*; ἑαυτὸν, caso acusativo masculino singular del pronombre reflexivo declinado *a sí mismo*; ποιῶν, caso nominativo masculino singular del participio de presente en voz del verbo ποιέω, *hacerse*, aquí *que se hace*; ἀντιλέγει, tercera persona singular del presente de indicativo en voz activa del verbo ἀντιλέγω, *contradecir, replicar, oponerse, ser rebelde*, aquí *se opone*;

τῷ, caso dativo masculino singular del artículo determinado declinado *al*; Καίσαρι, caso dativo masculino singular del nombre propio *César*.

ἐκ τούτου ὁ Πιλᾶτος ἐζήτει ἀπολῦσαι αὐτόν· Pilato pretendía soltar a Jesús. Lo había hecho desde el principio del proceso, pero cada vez lo intentaba con mayor fuerza. Todo va a quedar en buena intención. El gobernador romano no tenía carácter y además, su vida no era ejemplar, políticamente hablando, delante de Roma. Una acusación directa de los judíos podía causarle problemas.

οἱ δὲ Ἰουδαῖοι ἐκραύγασαν λέγοντες· ἐὰν τοῦτον ἀπολύσῃς, οὐκ εἶ φίλος τοῦ Καίσαρος· πᾶς ὁ βασιλέα ἑαυτὸν ποιῶν ἀντιλέγει τῷ Καίσαρι. Mientras Pilato se acobardaba cada vez más, los judíos se envalentonaban. No tenían la fuerza de la razón para acusar a Jesús, por tanto, la cambiaron por la razón de la fuerza. Los gritos en la calle eran incesantes. Los judíos pensaban en argumentos que hicieran a Pilato actuar conforme a sus deseos, condenando a Jesús a muerte. Al de *¡Crucifícale!*, añaden ahora una acusación grave. Soltar a Cristo sería considerado por ellos como una manifestación de enemistad, de oposición, contra César. Resueltamente Pilato tenía que posicionarse, entre soltar a Jesús y convertirse en enemigo del emperador, o condenarlo a muerte y seguir siendo reconocido como leal a Roma. No se debe olvidar que Jesús estaba acusado de sedicioso, acusación formulada por el testimonio de que se hacia Rey. Aquello era un acto contario al único rey que era el emperador. Cualquiera que se hiciese rey se oponía abiertamente al César. Pilato sabía que el emperador era el suspicaz Tiberio, que no perdonaba a sus enemigos. Además conocía bien que los judíos no tenían ningún interés en beneficiar al emperador romano, al que odiaban y procuraban desobedecer cuanto les fuese posible. La alternativa era compleja y en la decisión justa, de liberar a Jesús, se jugaba su suerte personal. No había mucha elección en lo que tenía que hacer.

13. Entonces Pilato, oyendo esto, llevó fuera a Jesús, y se sentó en el tribunal en el lugar llamado el Enlosado, y en hebrero Gabata.

ὁ οὖν Πιλᾶτος ἀκούσας τῶν λόγων τούτων ἤγαγεν ἔξω τὸν
- entonces Pilato oyendo las palabras estas llevó afuera -
Ἰησοῦν καὶ ἐκάθισεν ἐπὶ βήματος εἰς τόπον λεγόμενον
a Jesús y se sentó en tribunal en lugar llamado
λιθόστρωτον, Ἑβραϊστὶ δὲ Γαββαθα.
Enlosado, y en hebrero Gabata.

Notas y análisis del texto griego.

Análisis: ὁ, caso nominativo masculino singular del artículo determinado *el*; οὖν, conjunción ilativa *entonces*; Πιλᾶτος, caso nominativo masculino singular del nombre propio *Pilato*; ἀκούσας, caso nominativo masculino singular del aoristo primero de indicativo en voz activa del verbo ἀκούω, *oír, escuchar*, aquí *oyendo*; τῶν, caso genitivo masculino plural del artículo determinado *los*; λόγων, caso genitivo masculino plural del nombre común *palabras*; τούτων, caso genitivo masculino plural del pronombre demostrativo *estos*; ἤγαγεν, tercera persona singular del aoristo segundo de indicativo en voz activa del verbo ἄγω, *conducir, llevar*, aquí *llevó*; ἔξω, adverbio de lugar *afuera*; τὸν, caso acusativo masculino singular del artículo determinado *el*; Ἰησοῦν, caso acusativo masculino singular del nombre propio *Jesús*; καὶ, conjunción copulativa *y*; ἐκάθισεν, tercera persona singular del aoristo primero de indicativo en voz activa del verbo καθίζω, *sentarse*, aquí *se sentó*; ἐπὶ, preposición propia de genitivo *en*; βήματος, caso genitivo neutro singular del nombre común *tribunal*; εἰς, preposición propia de acusativo *en*; τόπον, caso acusativo masculino singular del nombre común *lugar*; λεγόμενον, caso acusativo masculino singular del participio de presente en voz pasiva del verbo λέγω, *hablar, decir, llamar, nombrar*, aquí *llamado*; λιθόστρωτον, caso acusativo neutro singular del adjetivo *enlosado*; Ἑβραϊστὶ, adverbio *en hebreo*; δὲ, partícula conjuntiva que hace las veces de conjunción coordinante, con sentido de *pero, más bien, y, y por cierto, antes bien*; Γαββαθα, transliteración *Gabata.*

ὁ οὖν Πιλᾶτος ἀκούσας τῶν λόγων τούτων ἤγαγεν ἔξω τὸν Ἰησοῦν καὶ ἐκάθισεν ἐπὶ βήματος. El gobernador iba a dictar sentencia pública contra el reo que le habían presentado. Por esa razón lo sacó afuera delante de todos mientras él se sentaba en el tribunal, lugar desde donde se dictaba la resolución inapelable a favor o en contra del que era juzgado. El juez se sentó en el *tribunal*, que posiblemente era una plataforma baja con la silla curul, un asiento semicircular con incrustaciones de marfil que usaban los ediles romanos, desde donde iba a sentenciar el caso.

εἰς τόπον λεγόμενον λιθόστρωτον, Ἑβραϊστὶ δὲ Γαββαθα. Juan da detalles puntuales de identificación, como que el lugar en donde se sentó Pilato se llamaba *Enlosado*, poniendo la traducción del griego al hebrero o arameo que era *Gabata.* Se trataba de un patio elevado cubierto de grandes losas de piedra que necesariamente tenía que estar en la Torre Antonia, o en el palacio de Herodes, cerca de la puerta de Jaffa. La tradición lo sitúa en la Torre Antonia, en la parte norte. En 1931-32, en el convento de las Damas de Sión, edificado en ese lugar según la tradición, se descubrió un cuadrilátero de doce mil metros cuadrados, embaldosado con grandes piedras, muchas estriadas para que los caballos no resbalasen sobre ellas, algunas tenían rayas, que conservan los juegos de los soldados. Este descubrimiento decanta la situación del *Enlosado*, en la Torre Antonia, como se suponía[1].

14. Era la preparación de la pascua, y como la hora sexta. Entonces dijo a los judíos: ¡He aquí vuestro Rey!

ἦν δὲ παρασκευὴ τοῦ πάσχα, ὥρα ἦν ὡς ἕκτη[1]. καὶ λέγει τοῖς
Y era preparación de la pascua, hora era como sexta. Y dice a los
᾿Ιουδαίοις· ἴδε ὁ βασιλεὺς ὑμῶν.
judíos. He aquí el rey de vosotros.

Notas y análisis del texto griego.

Siguiendo el relato, escribe: ἦν, tercera persona singular del imperfecto de indicativo en voz activa del verbo εἰμί, *ser, estar*, aquí *era*; δὲ, partícula conjuntiva que hace las veces de conjunción coordinante, con sentido de *pero, más bien, y, y por cierto, antes bien*; παρασκευὴ, caso nominativo femenino singular del nombre común *preparación*; τοῦ, caso genitivo neutro singular del artículo determinado declinado *del*; πάσχα, caso genitivo neutro singular del nombre común *pascua*; ὥρα, caso nominativo femenino singular del nombre común *hora*; ἦν, tercera persona singular del imperfecto de indicativo en voz activa del verbo εἰμί, *ser, estar*, aquí *era*; ὡς, adverbio de modo, *como*, que hace las veces de conjunción comparativa; ἕκτη, caso nominativo femenino singular del adjetivo numeral ordinal *sexta*; καὶ, conjunción copulativa *y*; λέγει, tercera persona singular del presente de indicativo en voz activa del verbo λέγω, *hablar, decir*, aquí *dice*; τοῖς, caso dativo masculino plural del artículo definido declinado *a los*;᾿Ιουδαίοις, caso dativo masculino plural del adjetivo *judíos*; ἴδε, segunda persona plural del aoristo segundo de imperativo en voz media del verbo ὁράω, en la forma εἶδον, *mirar, mostrar, ver,* con uso adverbial equivale a *he aquí, sucedió que, ved, ahora,* etc. podría traducirse como una expresión de advertencia enfática como *¡Mira!*, incluso podría leerse a modo de interrogación como *y ¿sabéis?*, es en la práctica como una partícula demostrativa, que se usa para animar el discurso avivando la atención del lector, algunos modernos la identifican como interjección; ὁ, caso nominativo masculino singular del artículo determinado *el*; βασιλεὺς, caso nominativo masculino singular del nombre común *rey*; ὑμῶν, caso genitivo de la segunda persona plural del pronombre personal declinado *de vosotros*.

Crítica Textual. Lecturas alternativas.

[1] ἕκτη, *sexta*, según atestiguan p[66c], ℵ, A, B, K, W, Ψ, 33, 579.

τρίτη, *tercera*, como se lee en ℵ[2], D[s], K, Δ, Ψ, 844.

---

[1] Notas tomadas de Juan Leal. o.c. pág. 588.

ἦν δὲ παρασκευὴ τοῦ πάσχα, Juan establece otros dos parámetros de tiempo a modo de identificación del suceso. Dice que era el día de *la preparación* de la pascua. Esto no significa que fuese el día en que se sacrificaba y comía la pascua, sino el que iniciaba las festividades, en cuyo caso tenía que ser el viernes (cf. 13:1; 18:28, comp. con Mr. 15:42; Lc. 23:54). Era el tiempo en que los judíos debían estar ocupándose de que no hubiese levadura alguna en la casa, y prepararse debidamente para la celebración de la gran fiesta de la pascua. Sin embargo, cuanto más santo el tiempo, mas infame la conducta de los religiosos. Se habían quedado fuera del pretorio para no contaminarse, pero ellos estaban contaminados moral y espiritualmente de modo que la festividad que celebraban era abominación para Dios.

ὥρα ἦν ὡς ἕκτη. La segunda referencia temporal tiene que ver con la hora, que según se lee era como la hora *sexta*. Aparentemente discrepa de la que dan los sinópticos en donde se lee la *tercera*. Ya se ha considerado antes que Juan sigue el cómputo del horario romano, que comenzaba a la media noche y no el judío que empezaba al amanecer. De este modo concuerdan las fechas, especialmente la de Marcos que hablando de la hora de la crucifixión dice que era a la *tercera del día* (Mr. 15:25). La aproximación temporal de Juan *como la hora sexta*, marca un tiempo impreciso entre las seis y las siete de la mañana, cuando Pilato sacó a Jesús al pretorio y dictó sentencia de muerte sobre Él. A las doce se producirían las tinieblas hasta las tres; luego proseguiría el tiempo en la Cruz hasta la muerte antes de las seis de la tarde y la sepultura antes de la puesta del sol. Las horas en las que los sacerdotes debían estar ocupados en los servicios matinales del templo, rindiendo culto a Dios y ofreciéndole el sacrifico y las ofrendas, estaban en la vergonzosa y degradante ocupación, propia de los demonios, de procurar por todos los medios la muerte del Cordero de Dios. No reconocían al Mesías y Dios no los conocía a ellos.

καὶ λέγει τοῖς Ἰουδαίοις· Ἴδε ὁ βασιλεὺς ὑμῶν. Con Jesús delante del pueblo y de los líderes religiosos, Pilato aprovecha la ocasión para menospreciarlos y ofenderlos. Señalando a Jesús les dijo: *Mirad este es vuestro Rey*. A pesar del sarcasmo que Pilato empeñaba en su frase, era la gran realidad con que se debía presentar a Jesús. Era, realmente el Rey de los judíos. Despreciado por el pueblo, atacado por los religiosos, pero Rey de reyes y Señor de señores. El que se sentará un día en el trono de David para gobernar, no sólo a Israel, sino al mundo entero, porque este es el Rey que Dios ha determinado para ello (Sal. 2:6-9).

15. Pero ellos gritaron: ¡Fuera, fuera, crucifícale! Pilato les dijo: ¿A vuestro rey he de crucificar? Respondieron los principales sacerdotes: No tenemos más rey que César.

ἐκραύγασαν οὖν ἐκεῖνοι· ἆρον ἆρον, σταύρωσον αὐτόν. λέγει
Gritaron, pues, ellos: ¡Quita, quita, crucifica le! Dice
αὐτοῖς ὁ Πιλᾶτος· τὸν βασιλέα ὑμῶν σταυρώσω ἀπεκρίθησαν
les - Pilato: ¿Al Rey de vosotros crucificaré? Respondieron
οἱ ἀρχιερεῖς· οὐκ ἔχομεν βασιλέα εἰ μὴ Καίσαρα.
los principales sacerdotes no tenemos rey si no a César.

Notas y análisis del texto griego.

Análisis: ἐκραύγασαν, tercera persona plural del aoristo primero de indicativo en voz activa del verbo κραυγάζω, *gritar*, aquí *gritaron*; οὖν, conjunción continuativa *pues*; ἐκεῖνοι, caso nominativo masculino plural del pronombre demostrativo *ellos*; ἆρον, segunda persona singular del aoristo primero de imperativo en voz activa del verbo αἴρω, *quitar*, aquí *quita*; ἆρον, segunda persona singular del aoristo primero de imperativo en voz activa del verbo αἴρω, *quitar*, aquí *quita*; σταύρωσον, segunda persona singular del aoristo primero de imperativo en voz activa del verbo σταυρόω, *crucificar*, aquí *crucifica*; αὐτόν, caso acusativo masculino de la tercera persona singular del pronombre personal declinado *a él, le*; λέγει, tercera persona singular del presente de indicativo en voz activa del verbo λέγω, *hablar, decir*, aquí *dice*; αὐτοῖς, caso dativo de la segunda persona plural del pronombre personal declinado *a ellos, les*; ὁ, caso nominativo masculino singular del artículo determinado *el*; Πιλᾶτος, caso nominativo masculino singular del nombre propio *Pilato*; τὸν, caso acusativo masculino singular del artículo determinado declinado *al*; βασιλέα, caso acusativo masculino singular del nombre común *rey*; ὑμῶν, caso genitivo de la segunda persona plural del pronombre personal declinado *de vosotros*; σταυρώσω, primera persona singular del futuro de indicativo en voz activa del verbo σταυρόω, *crucificar*, aquí *crucificaré*; ἀπεκρίθησαν, tercera persona plural del aoristo primero de indicativo en voz pasiva del verbo ἀποκρίνομαι, *responder*, aquí *respondieron*; οἱ, caso nominativo masculino plural del artículo determinado *los*; ἀρχιερεῖς, caso nominativo masculino plural del nombre común *principales sacerdotes*; οὐκ, forma escrita del adverbio de negación *no*, con el grafismo propio ante una vocal con espíritu suave o una enclítica; ἔχομεν, primera persona plural del presente de indicativo en voz activa del verbo ἔχω, *tener*, aquí *tenemos*; βασιλέα, caso acusativo masculino singular del nombre común *rey*; εἰ, conjunción *si*; μὴ, partícula que hace funciones de adverbio de negación *no*; Καίσαρα, caso acusativo masculino singular del nombre propio declinado *a César*.

ἐκραύγασαν οὖν ἐκεῖνοι· ἆρον ἆρον, σταύρωσον αὐτόν. La presentación que Pilato hizo de Jesús y la referencia a Él como rey de los judíos, molestó a los que le oían, especialmente a los líderes religiosos de la nación que con grandes gritos pedían que le quitase de en medio crucificándole.

λέγει αὐτοῖς ὁ Πιλᾶτος· τὸν βασιλέα ὑμῶν σταυρώσω. Aún aprovechaba Pilato para ofenderles más intensamente ya que daba por perdido todo intento para liberarle. Con una fina ironía que no es otra cosa que una ofensa directa les pregunta si debe crucificar a su Rey. Es una pregunta que exige una contestación. Como si dijese: *¿Estáis seguros que debo crucificar a vuestro Rey?*

ἀπεκρίθησαν οἱ ἀρχιερεῖς· οὐκ ἔχομεν βασιλέα εἰ μὴ Καίσαρα. Juan señala a los verdaderos actores contra Jesús, los que le llevaron a Pilato, los que insistían una y otra vez que era digno de muerte, los que amenazaban al gobernador con ser considerado como enemigo del César si no condenaba a muerte a Jesús. Estos eran los *principales sacerdotes*, es decir, aquellos que estaban directamente relacionados con la familia del sumo sacerdote. Estos no solo eran homicidas, sino también mentirosos, como su padre el diablo. De manera que niegan que ellos, en sentido nacional, tuviesen otro rey que no fuese Cesar. Aquellos líderes estaban repudiando la razón de ser de Israel que descansaba en un pueblo con un gobierno *teocrático*, del que *Yahvé* es el Rey (1 S. 12:12). Estaban rechazando a Dios como ajeno a ellos, con total conocimiento. Era la comisión de un pecado voluntario que acarrea condenación, cuando el pecado repudia a Dios, cambiándolo por un hombre, como era el emperador. Rechazar a Jesús era rechazar también al Rey que esperaban, al Mesías. Las consecuencias no podían ser más graves. Poco tiempo después, las tropas imperiales destruirían la ciudad esparciendo al pueblo por todo el mundo y por veinte siglos estuvieron sin lugar nacional.

16. Así que entonces lo entregó a ellos para que fuese crucificado. Tomaron, pues, a Jesús, y le llevaron.

Τότε	οὖν	παρέδωκεν	αὐτὸν	αὐτοῖς	ἵνα	σταυρωθῇ.
Entonces,	pues,	entregó	lo	a ellos	para que	fuese crucificado.

Παρέλαβον	οὖν	τὸν	Ἰησοῦν,
Tomaron,	pues,	-	a Jesús.

Notas y análisis del texto griego.

Análisis: Τότε, adverbio demostrativo *entonces*; οὖν, conjunción continuativa *pues*; παρέδωκεν, tercera persona singular del aoristo primero de indicativo en voz activa del verbo παραδίδωμι, *entregar*, aquí *entregó*; αὐτὸν, caso acusativo masculino de la tercera persona singular del pronombre personal declinado *a él, lo*; αὐτοῖς, caso dativo masculino de la tercera persona plural del pronombre personal declinado *a ellos*; ἵνα, conjunción causal *para que*; σταυρωθῇ, tercera persona singular del aoristo primero de subjuntivo en voz pasiva del verbo σταυρόω, *crucificar*, aquí *fuese crucificado*; Παρέλαβον, tercera persona plural del segundo aoristo de indicativo en voz activa del verbo παραλαμβάνω, *tomar*, aquí *tomaron*; οὖν, conjunción continuativa *pues*; τὸν, caso acusativo masculino singular del artículo determinado *el*; Ἰησοῦν, caso acusativo masculino singular del nombre propio declinado *a Jesús*.

Τότε οὖν παρέδωκεν αὐτὸν αὐτοῖς ἵνα σταυρωθῇ. Nada de cuanto Pilato hizo, incluida la descomunal paliza que aplicó a Jesús antes de presentarlo al pueblo había servido para conmover el corazón de toda aquella chusma, cuyo comportamiento era propio de fieras ávidas de sangre. La justicia había sido pisoteada una vez más en la historia del hombre, pero en este caso superando en todo a cualquier otro, puesto que el juez sabía que era inocente. Pilato había sido vencido por los judíos que deshonraban su religión, su ley y a su Dios. Los hombres entregaban al Hijo de Dios para que fuese crucificado. Es verdad que todo aquello iba conducido al cumplimiento de lo que Dios había determinado y que los profetas anunciaron anticipadamente. Sin embargo, la responsabilidad de los hombres no queda excluida por el cumplimiento de la profecía. La iniquidad humana alcanza aquí una dimensión impensable: Los hombres deciden la muerte del Creador y se disponen a ejecutarla.

Jesús ya no estaba en manos del gobernador, había sido entregado a quienes pedían que fuese crucificado. Entregó a Jesús a los que pedían Su muerte, en un acto que expresaba que no era Pilato quien le crucificaba, aunque era con su autorización, sino que lo permitía, transfiriendo a los judíos la responsabilidad de aquella muerte. Así escribe el Dr. Lacueva:

"El gobernador obró así, notoriamente y sin excusa alguna, contra su propia conciencia, puesto que repetidamente había declarado la inocencia de Jesús y, no obstante, le condenaba como a reo de muerte. El temor a ser acusado ante el César de deslealtad a su soberano le hizo cometer una tremenda injusticia antes que desagradar a los principales sacerdotes, de cuya maldad e hipocresía no le cabía duda (Mt. 27:18; Mr. 15:10). Por otra parte, la Historia nos dice que Pilato era de un ánimo resuelto e implacable. Lo mostró incluso a continuación, después de firmar la sentencia de muerte contra Jesús (v. 22). Pero precisamente esto agrava su pecado, pues el que un hombre resuelto en otras ocasiones, y de resoluciones drásticas e implacables (Lc. 13:1), fuese doblegado en esta ocasión por gritos del pueblo y las veladas amenazas de los principales sacerdotes, muestra la perversidad

de su carácter, al preferir cauterizar su conciencia (comp. con 1 Ti. 4:2) antes que hacer justicia en una causa que no le ofrecía dudas. Al lavarse la manos, intentó descargar sobre los judíos su culpabilidad (Mt. 27:24), pero no hay detergente capaz de borrar esa culpa, la cual sólo se limpia con la sangre de Cristo (1 Jn. 1:7), pero no para los que la derraman, sino para los que la recogen (Jn. 6:53-55). Entregó a Jesús a ellos, a los demandantes del caso, a los principales sacerdotes y a los demás miembros del Sanedrín, como dando a entender que no era él quien le llevaba al suplicio, sino que sólo lo permitía, como haciendo la vista gorda ante los que en realidad le iban a clavar en la cruz"[2].

Παρέλαβον οὖν τὸν Ἰησοῦν, La última frase del versículo debe entenderse bien. No quiere decir que Jesús fue entregado y ellos le tomaron para ejecutar también ellos la crucifixión, significa simplemente que ya no seguía en comparecencia judicial y que había sido entregado a ellos, en el sentido de haber atendido la demanda y la acusación que contra Él habían formulado. El Señor será llevado por los soldados romanos hasta la Cruz y ejecutado por ellos la sentencia a muerte. Jesús ya no estaba en manos de la justicia, aunque sea de los hombres, estaba en manos de los homicidas que habían determinado darle muerte mucho tiempo antes.

Crucifixión, muerte y sepultura (19:17-42).

Crucifixión (19:17-29).

17. Y él, cargando su cruz, salió al lugar llamado de la Calavera, y en hebreo, Gólgota.

καὶ βαστάζων ἑαυτῷ τὸν σταυρὸν ἐξῆλθεν εἰς τὸν λεγόμενον
Y cargando él mismo la cruz salió al que se llama
Κρανίου Τόπον, ὃ λέγεται Ἑβραϊστὶ Γολγοθα,
de Calavera Lugar, que se dice en Hebreo Gólgota

Notas y análisis del texto griego.

Iniciando un nuevo párrafo, escribe: καὶ, conjunción copulativa *y*; βαστάζων, caso nominativo masculino singular del participio de presente en voz activa del verbo βαστάζω, *cargar*, aquí *cargando*; ἑαυτῷ, caso dativo masculino singular de pronombre reflexivo, *él mismo*; τὸν, caso acusativo masculino singular del artículo determinado *el*; σταυρὸν, caso acusativo masculino singular del nombre común *cruz*; ἐξῆλθεν, tercera persona singular del

[2] F. Lacueva. o.c., pág. 510 s.

segundo aoristo de indicativo en voz activa del verbo ἐξέρχομαι, *salir*, aquí *salió*; εἰς, preposición propia de acusativo *a*; τὸν, caso acusativo masculino singular del artículo determinado *el*; λεγόμενον, caso acusativo masculino singular del participio de presente en voz pasiva del verbo λέγω, *hablar, decir, llamar*, aquí *que se llama*; Κρανίου, caso genitivo neutro singular del nombre común declinado *de Calavera*; Τόπον, caso acusativo masculino singular del nombre común *lugar, sitio*; unidos deben tomarse como un nombre propio *Lugar de la Calavera*; ὃ, caso nominativo neutro singular del pronombre relativo *que*; λέγεται, tercera persona singular del presente de indicativo en voz activa del verbo λέγω, *hablar decir*, aquí *dice*; Ἑβραϊστὶ, adverbio *en hebreo, o arameo*; Γολγοθα, caso nominativo femenino singular del nombre propio *Gólgota*.

καὶ βαστάζων ἑαυτῷ τὸν σταυρὸν Desde el pretorio hasta el lugar de la crucifixión había una tramo que recorrer dentro de la ciudad y salir luego al exterior de ella. Juan guarda silencio sobre el recorrido y los hechos que ocurrieron en él. Hay necesariamente que acudir a los sinópticos para hacer una descripción de todo ese trayecto que se llama *la vía dolorosa*. No es cuestión de hacer una armonía aquí, simplemente recordar algunas cosas.

ἐξῆλθεν εἰς τὸν λεγόμενον Κρανίου Τόπον, ὃ λέγεται Ἑβραϊστὶ Γολγοθα, Desde el lugar del juicio Jesús caminó hasta el designado para la crucifixión llevando Su cruz. Las ejecuciones solían hacerse en algún lugar fuera de la ciudad, la ley lo prescribía también (Nm. 15:35) y así se procuraba que se hiciese (1 R. 21:13; Hch. 7:58). Tenía que ocurrir especialmente con la de Jesús, no solo por razones de costumbre, sino porque en el sacrificio del Señor se cumplía el tipo del sacrificio por el pecado, cuyo animal se quemaba parcialmente fuera del campamento (Ex. 29:14; Lv. 4:12, 21; 9:11; 16:27; Nm. 15:35; 19:3), así se cumplía en el Cordero de Dios, según enseña el escritor a los Hebreos: "*Por lo cual también Jesús, para santificar al pueblo mediante su propia sangre, padeció fuera de la puerta. Salgamos, pues, a él, fuera del campamento, llevando su vituperio*" (He. 13:12-13). El lugar de la crucifixión estaba cerca de la ciudad, pero fuera de ella.

Los condenados a crucifixión tenían que cargar sus propias cruces. El suplicio de la cruz era considerado por los propios romanos como el más cruel y terrible. Era además afrentoso, y se aplicaba a los ladrones, a los esclavos y, siempre en Judea a los sediciosos. El instrumento en sí, podía proceder de la antigua costumbre del empalamiento, de ahí que su nombre griego, significa *palo o estaca vertical*. La cruz, como elemento para dar muerte, parece ser que se remonta ya a los fenicios o los persas; la usaron los griegos, los cartaginenses y, sobre todo, los romanos. El instrumento en sí adoptaba diversas formas, había cruces en forma de X, pero generalmente, en los tiempos de Jesús eran en forma de T. Unas se llamaban *"crux commissa"*, cuya forma era semejante a la de una T mayúscula, y la *"crux inmmissa"* en la que el palo vertical sobresalía del horizontal. En sí la cruz consistía en dos piezas de madera, una vertical o *stauros*, que medía entre dos y dos metros y medio, al que se le unía otro horizontal llamado *patibulum*. En algún lugar del palo vertical se colocaba un saliente de madera llamado *sedile*, que servía de lugar de apoyo a los pies para sostener el cuerpo del crucificado y prologar al máximo su agonía. Muy posiblemente la cruz de Cristo fuese una *crux inmmissa*, ya que se dice que colocaron el título sobre su cabeza. Los sentenciados llevaban la cruz hasta el lugar de la crucifixión, aunque, y esto divide a los expertos, se trataba del *patibulum*, el palo horizontal, ya que el peso de una cruz en la dimensión que tenía, sería difícil que pudiera ser cargada por un solo hombre. Con el palo horizontal puesto tras el cuello, atravesado sobre los hombros y con los brazos atados a él, cruzaba las calles de la ciudad. Es probable que algunos reos llevasen atada a su cuello una tabla en la que se escribía la causa de su condena. También es posible, que en el caso del Señor, la causa de su ejecución fuese llevada por el centurión que caminaba delante de Él, sujeta a un palo, para que todos los que estuviesen presentes durante el camino, pudiesen ver la razón de su crucifixión. Todas estas, y otras suposiciones, no tienen un verdadero fundamento bíblico y no pueden deducirse de la lectura de los relatos de los Evangelios.

Por el relato de Juan, al principio Jesús llevó Su propia cruz. Los sinópticos presentan a un hombre ayudándole a llevarla. Algunos creen que al tener que recurrir a Simón, suponía que el Señor llevaba toda la cruz, esto es, tanto el palo horizontal como el vertical. Con seguridad el agotamiento físico del Señor no le permitió hacer todo el recorrido con la cruz sobre Sus hombros. Es fácil entenderlo así, sobre todo por lo que supusieron para Él las últimas quince horas, desde el aposento alto, pasando por Getsemaní, las comparecencias nocturnas, el juicio delante de Pilato, el de Herodes, la flagelación y la segunda comparecencia ante el gobernador, debieron haber afectado notablemente Sus fuerzas físicas. Desde el punto de vista humano resulta admirable que fuese capaz de llevar la cruz durante una determinada distancia. Debe entenderse bien, una vez más, que Jesús es una Persona Divino-humana, con dos naturalezas en subsistencia en la Persona Divina del Hijo de Dios. El comportamiento de su naturaleza humana, sujeta a las limitaciones y debilidades propias de los hombres, salvo el pecado, pasaba por la experiencia de cualquier mortal, incluyendo también la experimentada durante el tremendo tiempo del proceso judicial al que había sido sometido. La descomunal paliza recibida era suficiente como para debilitar a cualquiera por recia que fuese su naturaleza. Es muy posible que el Señor, llegado un momento del camino, no pudiese, literalmente seguir caminando con la cruz. La tradición antigua habla de tres caídas que tuvo en el camino hacia el Calvario[3]. Tras Jesús caminaban hacia el mismo sitio, según Lucas, otros dos malhechores (Lc. 23:32), todos ellos acompañados de cuatro soldados y un centurión, que era el número necesario para llevar a cabo una crucifixión. El Señor caminó hasta pasar la última puerta que conducía a las afueras de la ciudad. No cabe duda que durante el trayecto se habrían unido a la comitiva muchas personas. Quienes reclamaron a gritos su muerte, seguirían luego hasta el lugar de la crucifixión para contemplar como se llevaba a cabo lo que habían reclamado del gobernador. Fue entonces cuando las fuerzas del Señor se agotaron y no podía seguir más allá, llevando el peso de la cruz. Ese momento, de vacilación física, debió haber conmovido el corazón de algunas mujeres que, o bien le seguían, o estaban en aquel lugar. No es de extrañar la emoción de las mujeres de Jerusalén que, según Lucas *"hacían lamentación por Él"* (Lc. 23:27). Allí debió producirse un momento de parada en la marcha de los que iban hacia el Gólgota, tiempo que el Señor aprovechó para consolar, alentar y advertir a las mujeres que lloraban por Él, para que mejor lo hiciesen por ellas y por sus descendientes, ante los juicios que iban a caer sobre aquel pueblo a causa de su rebeldía contra Dios (Lc. 23:28-31).

El problema de la situación física de Jesús, que le impedía seguir llevando la cruz, fue resuelto al estilo que los romanos utilizaban; conforme a las leyes de ocupación, todo soldado romano podía exigir a cualquier ciudadano que llevase una carga durante una milla (Mt. 5:41). Según Marcos, un hombre regresaba del campo a la ciudad, llamado Simón de Cirene, literalmente en el texto griego *cirenaico*, lo que quiere decir que era oriundo de Cirene, en Libia, donde existía una numerosa colonia de judíos, algunos de los cuales eran gentes de piel oscura (Hch. 2:10; 6:9; 11:20; 13:1). Este hombre habitaba entonces en Jerusalén, por tanto, si venía del trabajo es una confirmación más de que la muerte del Señor se produjo en día siguiente al de la Pascua. Con todo no puede precisarse por qué causa venía del campo, y algunos piensan que podía tratarse de un agricultor que venía del trabajo. Más bien debiera considerársele como un peregrino de Cirene que había venido a la

---

[3] Aunque la palabra Calvario no aparece en los mss. su término procede de la traslación al griego del nombre arameo *golgotâ*, en griego *kranion*, pasado después al latín como *calvaria*, y de ahí al español Calvario.

semana de la fiesta en Jerusalén y que, debido a la aglomeración de peregrinos había encontrado hospedaje fuera de la ciudad, en algún núcleo urbano pequeño del entorno, en el campo. Según el relato de Marcos, los hijos de Simón se llamaban Alejandro y Rufo (Mr. 15:21), lo que significa que aquellos dos eran conocidos de los lectores de Marcos. ¿Sería uno de estos dos al que Pablo cita en la Epístola a los Romanos (Ro. 16:13)? No es posible afirmarlo con base bíblica, pero, si el evangelio según Marcos se escribió en Roma, no sería nada sorpresivo que este Rufo fuese el hijo de Simón de Cirene. Los soldados exigieron a Simón que llevase la cruz de Cristo. No hay indicaciones precisas para saber de que modo llevaba la cruz; ¿caminaba Simón tras Jesús llevando sobre sus hombros el *patibulum*? Lucas parece precisar un poco más cuando dice *"tomaron a cierto Simón de Cirene, que venía del campo, y le pusieron encima la cruz para que la llevase tras Jesús"* (Lc. 23:26). Podría ser que Jesús fuese caminado delante y que Simón, cargando con la cruz –probablemente todo el conjunto- le seguía. Otra posibilidad es que Simón cargaba puesto *detrás* de Jesús, y que el Señor se apoyaba también en Él para seguir el camino. No importa cual haya sido la forma, la realidad es que la cruz, excesivamente pesada para que fuese llevada por el Señor más allá del lugar donde encontraron a Simón, la tomó éste acompañándole hasta el lugar de la ejecución. Juan omite totalmente este incidente, tal vez porque en sus días los gnósticos afirmaban que quien había muerto en la Cruz, no fuera Cristo, sino Simón de Cirene. La gran bendición para el obligado Simón, fue llevar la cruz de Cristo. Si luego, fue convertido él y sus hijos, aún mayor bendición.

La comitiva formada por el Señor, los soldados y los dos malhechores llegó, finalmente, al lugar determinado para la crucifixión (Lc. 23:33). Juan dice que ese lugar se llamaba *Lugar de la Calavera,* dando seguidamente el significado de *Gólgota*, en idioma hebreo, o arameo. El nombre tiene que estar ligado o a la forma del lugar que tenía el aspecto de una calavera o de un cráneo, o bien al uso del lugar, como un espacio para enterramientos. Es sumamente difícil determinar con seguridad el lugar en donde se llevó a cabo la crucifixión. Esencialmente hay dos terrenos que se consideran como el Gólgota; uno corresponde al lugar donde está levantada la Iglesia del Santo Sepulcro, edificada sobre el lugar en el que antiguamente estuvo levantado un templo pagano dedicado a Venus, que fue retirado por el emperador Constantino porque pensaba que estaba edificado sobre lugar sagrado; después edificó el templo del Santo Sepulcro. El otro se llama el Calvario de Gordon, conocido como *la tumba del jardín*; a unos 200 m. fuera de la puerta de Damasco del muro antiguo. Es una prominencia de unas 1,2 Ha. y que se puede ver desde todas las direcciones, con una altitud de unos quince metros sobre el campo circundante. El lado que da a la ciudad tiene un asombroso parecido con una calavera; con dos cavernas que simulan las cuencas de los ojos, una roca saliente que sugiere el hueso de una nariz en el conjunto del montículo, con una larga hendidura que simula la boca y una protuberancia más abajo que conformaría el aspecto del frontal de la quijada inferior. Estudiada la colina se llegó a la conclusión de que este debía ser el lugar tradicional para la ejecución de las sentencias por lapidación. En 1885, el general inglés Charles G. Gordon, escribió a familiares y amigos sobre la posibilidad de ser este el lugar del calvario. Después de la muerte del general, se compró una porción de terreno al oeste de la colina, donde se excavó un jardín antiguo, en el cual había una tumba que había tenido una piedra rodante para cerrarla. En cualquier sentido, la iglesia primitiva no tuvo interés en determinar el lugar, además, la ubicación es difícil teniendo en cuenta que Tito destruyó Jerusalén y por sesenta años estuvo en estado ruinoso. Los pocos cristianos que regresaron a la ciudad después de la destrucción por los ejércitos romanos, serían niños cuando salieron de ella y no podrían determinar con seguridad el sitio a su regreso. La única referencia geográfica es que se encontraba cerca de una de las puertas de la ciudad y cerca de un camino que pasaba desde la puerta por delante del lugar de la ejecución (Mt. 27:39; Lc. 23:49; Jn. 19:20; He. 13:12); Juan también dice que cercano al lugar de la ejecución había una tumba (19:41).

18. Y allí le crucificaron, y con él a otros dos, uno a cada lado, y Jesús en medio.

ὅπου αὐτὸν ἐσταύρωσαν, καὶ μετ' αὐτοῦ ἄλλους δύο
En donde le crucificaron, y con Él a otros dos
ἐντεῦθεν καὶ ἐντεῦθεν, μέσον δὲ τὸν Ἰησοῦν.
de un lado y de un lado, y en medio - Jesús.

Notas y análisis del texto griego.

Refiriéndose a la crucifixión, escribe: ὅπου, adverbio de lugar *en donde*; αὐτὸν, caso acusativo masculino de la tercera persona singular del pronombre personal declinado *a él, le*; ἐσταύρωσαν, tercera persona plural del aoristo primero de indicativo en voz activa del verbo σταυρόω, *crucificar*, aquí *crucificaron*; καὶ, conjunción copulativa *y*; μετ', forma escrita por elisión de la α final ante vocal con espíritu suave de la preposición de genitivo μετά, *con*; αὐτοῦ, caso genitivo masculino de la tercera persona singular del pronombre personal *él*; ἄλλους, caso acusativo masculino plural del pronombre indefinido *otros*; δύο, caso acusativo masculino plural del adjetivo numeral cardinal *dos*; ἐντεῦθεν, adverbio *de un lado*; καὶ, conjunción copulativa *y*; ἐντεῦθεν, adverbio *de un lado*; μέσον, adverbio *en medio* o caso acusativo neutro singular del adjetivo con el mimo significado; δὲ, partícula conjuntiva que hace las veces de conjunción coordinante, con sentido de *pero, más bien, y, y por cierto, antes bien*; τὸν, caso acusativo masculino singular del artículo determinado *el*; Ἰησοῦν, caso acusativo masculino singular del nombre propio declinado *a Jesús*.

ὅπου αὐτὸν ἐσταύρωσαν, Juan no describe el proceso de la crucifixión de Jesús, sólo se refiere a ella como un hecho consumado. La sencilla frase *"en donde le crucificaron"* es la más impactante expresión con que inicia el comienzo del suplicio de la Cruz. No dice nada de la manera como Jesús fue crucificado, ni tampoco de la forma que tenía la cruz, de lo que ya se consideró antes. El tremendo momento de una crucifixión comenzaba por preparar la cruz. Si era en dos piezas, cosa habitual, la vertical podía estar ya colocada, clavada y asegurada en tierra, en cuyo caso la segunda pieza, la horizontal se colocaba sobre la primera con el reo ya clavado. Si la cruz era de dos piezas ya ensambladas, entonces tenía que clavarse el reo completamente y levantarlo luego con la cruz, como probablemente ocurrió con la de Jesús. Generalmente estaba formada por dos piezas separadas siendo la horizontal, llamada *patibulum*, transportada por el reo hasta el lugar de la crucifixión. Cuando llegaban al sitio determinado, los soldados, generalmente cuatro, desnudaban completamente al que iba a ser crucificado y las ropas quedaban a beneficio de ellos. Ya desnudo era acostado en tierra, apoyando la cabeza contra el madero y extendiéndole los brazos sobre él. En alguna ocasión se ataron los brazos con cuerdas para dar mayor sustentación al cuerpo, pero, generalmente en tiempos de Jesús no se solía hacer en base al modo de cómo se clavaban las manos. Mientras se sujetaba el brazo derecho, por el que generalmente se comenzaba el enclavamiento, un experto tomaba un gran clavo, generalmente de hierro bien sólido pero no con demasiada sección y orientaba la punta hacia el hueco entre el cúbito y el radio a la altura de la muñeca; luego, con un golpe seco de maza introducía el clavo entre los dos huesos y seguía hasta dejar el brazo bien sujeto por la muñeca a la madera. La presión del clavo tenía que ser la suficiente para sujetar el brazo y aguantar la parte del peso del condenado, pero no tanto que quebrase los huesos que sostenían al reo. En algunas ocasiones el enclavamiento de los brazos se hizo por las manos, pero pronto se dieron cuenta que puesto el clavo en ese lugar, se rasgaban fácilmente, por lo que cuando se clavaban las manos solían sujetarse las muñecas con cuerdas para evitar ese problema. Casi con toda seguridad Jesús fue clavado por las muñecas y no por las manos. Eso explicaría fácilmente que los discípulos de Emaús, le reconocieran cuando extendiendo sus manos para partir el pan, dejó al descubierto los orificios de los clavos en sus muñecas, que antes habían estado tapados por el vestido que llevaba (Lc. 24:30-31). El que clavaba al crucificado tenía que ser experto para que en la introducción del clavo no rompiese la arteria radial. Una maniobra agresiva como esa producía un intensísimo dolor al seccionar nervios y producir lastimaduras internas. A continuación se procedía de igual manera con el brazo izquierdo. Una vez sujetos los brazos, se levantaba en alto el *patibulum* del que ya pendía el crucificado; por medio de cuerdas se izaba el brazo horizontal hasta el lugar de encaje sobre el vertical, puesto ya en pie y sujeto en tierra. Si la cruz era del tipo *commissa*, quedaba apoyada y sujeta al brazo vertical, generalmente con un anclaje de cuerdas; si se trataba de una cruz latina o *immissa*, entonces había que buscar el encaje sobre el palo vertical y golpear el horizontal hasta introducirlo convenientemente para sujetarlo luego, por regla general con cuerdas. Mientras esto se hacía, el reo pendía colgado por las muñecas y en muchas ocasiones, los brazos se descoyuntaban por las articulaciones del hombro. Luego se le apoyaban los pies, si había pieza de madera para ello, sobre la base donde iban a ser clavados. A veces no había esa pieza de madera, tan solo el *sedile*, que servía de punto de apoyo para descansar en él, incluso había ocasiones en que ni esa pieza para descanso existía. De cualquier manera, los pies se apoyaban contra la madera de la pieza vertical, en ocasiones uno sobre otro, otras veces separados. También solían ponerse uno a cada lado del madero vertical para clavarlos luego por la parte exterior del tobillo. En un descubrimiento arqueológico reciente apareció el cadáver de un crucificado con los dos pies juntos y clavados con un solo clavo que traspasaba los huesos de los pies de la víctima. Levantada la cruz, el reo quedaba en posición vertical con los brazos extendidos y las piernas parcialmente dobladas lo que producía fuertes espasmos musculares y dificultaba seriamente la respiración después de un tiempo de permanencia en la cruz. Para poder hacerlo el crucificado tenía que hacer un esfuerzo sobre las piernas para elevarse un poco, y permitir inspirar aire en sus cansados y doloridos pulmones. Este movimiento se hacía cada vez más difícil y doloroso hasta que agotadas las fuerzas quedaba pendiente de los brazos y moría lentamente por asfixia. Por otro lado, la pérdida de sangre, siempre muy lenta, y la fiebre, producía una sed insoportable. A todo esto debe añadirse la vergüenza moral de una persona totalmente desnuda expuesta a la vista de todos los que llegaban hasta el lugar de la crucifixión, oyendo las burlas de quienes, sin conciencia alguna, se mofaban del que moría allí. El crucificado solía morir en el segundo día, pero hay relatos en que alguno duró hasta el octavo. Para acelerar la muerte se le quebraban los huesos de las piernas con un martillo, con lo que la posición de suspensión sólo por los brazos aceleraba el proceso. Esa es la situación descrita por Juan en la breve frase *"allí le crucificaron"*.

Juan no hace referencia a la hora de la crucifixión, aunque dijo antes que la sentencia y salida de Jesús para ser crucificado ocurrió a la *hora sexta*, del cómputo romano, la hora *tercia*, la tercera de la mañana, según los judíos, que serían aproximadamente las nueve. Ya se ha notado en el comentario que Juan utilizó el cómputo romano en otros lugares de su Evangelio (Jn. 1:39; 4:6; 4:52), por tanto también debió ser la medición de tiempo que usó en el relato de la pasión.

καὶ μετ' αὐτοῦ ἄλλους δύο ἐντεῦθεν καὶ ἐντεῦθεν, μέσον δὲ τὸν Ἰησοῦν. Un dato más que aporta el relato de Juan es el de la crucifixión junto a él de dos *ladrones*. El término podía ser traducido también como *bandidos* o *bandoleros*. No sabemos quienes eran. Algunos sugieren la posibilidad de que perteneciesen al grupo de Barrabás, pero, esto es mera suposición sin fundamento bíblico. La cruz de Jesús estaba en medio de las dos de estos hombres. Al mismo tiempo de la crucifixión del Señor, también lo fueron los dos *ladrones*. El derecho judío prohibía ejecutar dos sentencias de muerte en el mismo día, pero los romanos tenían su propio sistema de ejercer la justicia y en esta ocasión, como en otras muchas, se procedió a la ejecución de tres personas en el mismo día y en el mismo momento. Los ladrones fueron llevados en la misma comitiva que el Señor hasta el mismo lugar donde fueron crucificados. Aquellos habían sido condenados a la pena capital por salteadores de caminos a mano armada, que es lo que mejor corresponde a su calificativo. No se dan sus nombres aunque según una antigua tradición se llamaba uno Demas y otro Gestas. Aparentemente esta es otra injusticia cometida contra nuestro Señor, crucificándole en medio de dos bandidos, pero, también en esto se estaba cumpliendo la profecía que anteriormente lo había anunciado: *"fue contado con los pecadores"* (Is. 53:12). Crucificado en medio de dos malhechores podía ser confundido como un delincuente semejante a ellos, sin embargo, allí Jesús fue contado con los pecadores para que nosotros podamos ser contados como *santos* y tener acceso en Él a la presencia de Dios (Ef. 2:6). Un baldón aún mayor era el lugar que Jesús ocupaba: *"en medio de ellos"*, escoltado por soldados y rodeado de bandidos, ocupando el medio como si fuese el principal delincuente, añadía un tormento moral a los sufrimientos físicos y a la dignidad humana del Crucificado. Desde esa posición podía dialogar con los dos delincuentes, oír sus burlas, escuchar sus lamentos e incluso también las burlas de uno de ellos. Cristo estaba descendiendo *"a las partes más bajas de la tierra"* (Ef. 4:9), para hacer salvable al más vil de los pecadores. En ese descenso el Señor ocupaba potencialmente el lugar de cada uno de aquellos dos villanos, para que, por lo menos uno de ellos tuviese esperanza y salvación en el tiempo de la cruz. La bendición para aquel ladrón fue obtenida por fe en Cristo (Lc. 23:42-43), y la maldición que le correspondía a Él fue llevada por el Salvador (Is. 53:4-5). Lo que aparentemente resultaba una ignominia al ser crucificado entre dos malhechores, era realmente el cumplimiento de la misión de quien había venido para buscar y salvar a los pecadores (Lc. 19:10); quién fue siempre *"amigo de publicanos y pecadores"* (Lc. 15:2); en la máxima identificación posible con el hombre *"gustaba la muerte por todos"* (He. 2:9). En la Cruz el primer salvo fue un ladrón para que nadie desespere por causa de sus pecados, pero sólo uno, para que nadie tenga en poco los suyos.

19. Escribió también Pilato un título, que puso sobre la cruz, el cual decía: JESUS NAZARENO, REY DE LOS JUDÍOS.

ἔγραψεν δὲ καὶ τίτλον ὁ Πιλᾶτος καὶ ἔθηκεν ἐπὶ τοῦ
Y escribió también título - Pilato y puso sobre la
σταυροῦ· ἦν δὲ γεγραμμένον· Ἰησοῦς ὁ Ναζωραῖος ὁ
cruz; y estaba escrito; "JESÚS EL NAZARENO EL
βασιλεὺς τῶν Ἰουδαίων.
REY DE LOS JUDÍOS"

Notas y análisis del texto griego.

Sigue el relato: ἔγραψεν, tercera persona singular del aoristo primero de indicativo en voz activa del verbo γράφω, *escribir*, aquí *escribió*; δὲ, partícula conjuntiva que hace las veces de conjunción coordinante, con sentido de *pero, más bien, y, y por cierto, antes bien*; καὶ, adverbio de modo *también*; τίτλον, caso acusativo masculino singular del nombre común *título, inscripción*; ὁ, caso nominativo masculino singular del artículo determinado *el*; Πιλᾶτος, caso nominativo masculino singular del nombre propio *Pilato*; καὶ, conjunción copulativa *y*; ἔθηκεν, tercera persona plural del aoristo primero de indicativo en voz activa del verbo τίθημι, *poner, colocar*, aquí *puso*; ἐπὶ, preposición propia de genitivo *sobre*; τοῦ, caso genitivo masculino singular del artículo determinado *el*; σταυροῦ, caso genitivo masculino singular del nombre común *cruz*; ἦν, tercera persona singular del imperfecto de indicativo en voz activa del verbo εἰμί, *ser, estar*, aquí *estaba*; δὲ, partícula conjuntiva que hace las veces de conjunción coordinante, con sentido de *pero, más bien, y, y por cierto, antes bien*; γεγραμμένον, caso nominativo neutro singular del participio perfecto en voz pasiva del verbo γράφω, *escribir*, aquí *escrito*; Ἰησοῦς, caso nominativo masculino singular del nombre propio *Jesús*; ὁ, caso nominativo masculino singular del artículo determinado *el*; Ναζωραῖος, caso nominativo masculino singular del nombre propio *nazareno*; ὁ, caso nominativo masculino singular del artículo determinado *el*; βασιλεὺς, caso nominativo masculino singular del nombre común *rey*; τῶν, caso genitivo masculino plural del artículo determinado declinado *de los*; Ἰουδαίων, caso nominativo masculino plural del adjetivo *judíos*.

ἔγραψεν δὲ καὶ τίτλον ὁ Πιλᾶτος καὶ ἔθηκεν ἐπὶ τοῦ σταυροῦ· Pilato ordenó escribir y colocar sobre la cruz, esto es, sobre la cabeza del crucificado la causa de su sentencia escrita. Pilato ordenó escribirla en tres idiomas: latín, griego y hebreo (v. 20), de modo que todos los que pasaran por el lugar podían leerlo.

ἦν δὲ γεγραμμένον· Ἰησοῦς ὁ Ναζωραῖος ὁ βασιλεὺς τῶν Ἰουδαίων. Según Juan dice que en el título se había escrito: *"Jesús Nazareno, rey de los judíos"*. Tenemos que acudir a los otros tres *Evangelios* (Mt. 27:37; Mr. 15:26; Lc. 23:38) para llegar a la conclusión de que la causa escrita decía: *Este es Jesús nazareno, el Rey de los judíos*. Todos los visitantes y quienes pasaran por el lugar, al borde del camino, podían leer la causa escrita, de modo que nadie podía ignorar que aquel que estaba crucificado era Jesús de Nazaret, y era el Rey de los judíos. En el escrito se descubre la animadversión que Pilato tenía hacia los judíos. Dos cosas se aprecian en la causa escrita: a) la razón legal de la crucifixión: *"Éste es Jesús, de Nazaret, que está crucificado porque se hizo Rey de los judíos"*, legalmente el que moría era a causa de sedición. b) la razón personal del gobernador *"Aquí está quien es Rey de los judíos"*. Roma manifestaba con ello la autoridad y poder ocupador sobre los judíos, crucificando a su Rey. Pero, sobre todo esto, estaba la realidad de la Cruz. Allí, colgado en el madero, tratado como un malhechor estaba crucificado el Mesías, el Rey a quien correspondía el trono de David su Padre, a quien el pueblo de Israel, como siempre había hecho, rechazó hasta pedir que fuese permutado por un sedicioso y criminal. La mano impía de Pilato al ordenar el título estaba sirviendo a la verdad sublime de Dios. Allí en la Cruz estaba Jesús, para ser el Salvador del mundo. Allí estaba el Rey de los judíos que había venido aproximando el reino de Dios a los hombres, y con Su muerte hacía posible el disfrute de ese reino a todo aquel que crea en Él (Col. 1:13). La causa de Su muerte, que era vergonzosa para los que morían crucificados, es la mayor manifestación de victoria que Dios mismo exhibe sobre el mundo de los hombres como bandera de esperanza y expresión de amor. La justicia de los hombres de entonces, encarnada en Pilato, el gobernador romano, lejos de proclamar la ignominia de Jesús, lo aclama históricamente como el Rey. Ese es realmente el Rey de reyes y Señor de señores, ante cuya autoridad todos en cielos, tierra e infiernos doblan sus rodillas para reconocerlo como el Señor y todo ello para gloria de Dios (Fil. 2:11). El título de rey se escribía en *hebreo*, el idioma de la religión, en *griego*, el de la cultura y en *latín*, la del poder humano. Dios proclama mediante un simple letrero de madera escrito con letras de hombres por mano de hombres, que aquel de la Cruz era el Rey y Salvador.

20. Y muchos de los judíos leyeron este título; porque el lugar donde Jesús fue crucificado estaba cerca de la ciudad, y el título estaba escrito en hebreo, en griego y en latín.

τοῦτον οὖν τὸν τίτλον πολλοὶ ἀνέγνωσαν τῶν Ἰουδαίων, ὅτι
Este, pues, el título, muchos leyeron de los judíos, porque
ἐγγὺς ἦν ὁ τόπος τῆς πόλεως ὅπου ἐσταυρώθη ὁ Ἰησοῦς· καὶ
cerca estaba el lugar de la ciudad donde fue crucificado - Jesús; y
ἦν γεγραμμένον Ἑβραϊστί, Ῥωμαϊστί, Ἑλληνιστί.
estaba escrito en hebreo, latín, griego.

Notas y análisis del texto griego.

Análisis: τοῦτον, caso acusativo masculino singular del pronombre demostrativo *esto*; οὖν, conjunción continuativa *pues*; τὸν, caso acusativo masculino singular del artículo determinado *el*; τίτλον, caso acusativo masculino singular del nombre común *título*; πολλοὶ, caso nominativo masculino plural del adjetivo indefinido *muchos*; ἀνέγνωσαν, tercera persona plural del segundo aoristo de indicativo en voz activa del verbo ἀναγίνωσκω, *leer*, aquí *leyeron*; τῶν, caso genitivo masculino plural del artículo determinado declinado *de los*; Ἰουδαίων, caso genitivo masculino plural del adjetivo *judíos*; ὅτι, conjunción causal *porque*; ἐγγὺς, adverbio de lugar *cerca*; ἦν, tercera persona singular del imperfecto de indicativo en voz activa del verbo εἰμί, *ser, estar*, aquí *estaba*; ὁ, caso nominativo masculino singular del artículo determinado *el*; τόπος, caso nominativo masculino singular del nombre común *lugar, sitio*; τῆς, caso genitivo femenino singular del artículo determinado declinado *de la*; πόλεως, caso genitivo femenino singular del nombre común *ciudad*; ὅπου, adverbio relativo *donde, adonde*; ἐσταυρώθη, tercera persona singular del aoristo primero de indicativo en voz pasiva del verbo σταυρόω, *crucificar*, aquí *fue crucificado*; ὁ, caso nominativo masculino singular del artículo determinado *el*; Ἰησοῦς, caso nominativo masculino singular del nombre propio *Jesús*; καὶ, conjunción copulativa *y*; ἦν, tercera persona singular del imperfecto de indicativo en voz activa del verbo εἰμί, *ser, estar*, aquí *estaba*; γεγραμμένον, caso nominativo neutro singular del participio perfecto en voz activa del verbo γράφω, *escribir*, aquí *escrito*; Ἑβραϊστί, adverbio *en hebreo*; Ῥωμαϊστί, adverbio *en latín*; Ἑλληνιστί, adverbio *en griego*.

τοῦτον οὖν τὸν τίτλον πολλοὶ ἀνέγνωσαν τῶν Ἰουδαίων, La primera observación que hace Juan es que muchos judíos leyeron el título puesto en la Cruz. No sólo los residentes en la ciudad de Jerusalén, sino también muchos otros que habían venido a la fiesta de la pascua. Esta lectura debió producir muchas y diversas reacciones. Pero, para la mayoría, era un insulto que los romanos hacían a los judíos. Roma advertía también que así se haría con todo aquel que quisiera hacerse líder en Israel para separarse de Roma. Otros, muy pocos, sentían la punzada íntima de la injusticia hecha contra Cristo. Un grupo pequeño de personas rodeaba la Cruz. Para ellos aquel título era una expresión de la más sublime verdad. El Rey daba Su vida por los enemigos, para restaurarlos a Dios. El Soberano se entregaba por todos, para salvar a muchos. El Verbo de Dios, pronunciaba el más grande discurso de Dios manifestando la dimensión del amor divino, sin palabras, en hechos.

ὅτι ἐγγὺς ἦν ὁ τόπος τῆς πόλεως ὅπου ἐσταυρώθη ὁ Ἰησοῦς· La segunda, es que el lugar donde fue crucificado Jesús, estaba cerca de la ciudad. Probablemente era una de las vías de salida de Jerusalén, de modo que muchos tenían que pasar necesariamente por el sitio donde el Señor estaba crucificado.

καὶ ἦν γεγραμμένον Ἑβραϊστί, Ῥωμαϊστί, Ἑλληνιστί. La tercera, es que el título, esto es, la causa de la sentencia a muerte estaba puesta sobre la cabeza del Señor. Esto da a entender que la forma de la cruz era de las llamadas *crux immissa*, cuyo palo vertical sobresalía sobre el horizontal, en el cual se había clavado la causa de Jesús. No cabe duda que Pilato quería que todos conociesen que quien estaba crucificado, era *El Rey de los judíos*. No había quien sabiendo leer pasara por allí que no pudiera enterarse de la razón de aquel crucificado. Tal vez en las otras dos cruces había una sola palabra: *Ladrón*. Pero en la de Jesús había un detallado escrito en tres lenguas. Una era el *arameo* o *hebreo*, de modo que todos los israelitas y especialmente los de Jerusalén, podían leerla. También en latín, la lengua oficial romana, por la que los procedentes de otras partes del imperio, oficiales, soldados, etc. se enteraban de quien era el crucificado. La otra era el *griego*, la lengua franca de entonces, extendida a lo largo y ancho del imperio y de la tierra de entonces, lengua de relación, para que los que no hablasen las otras dos pudiesen tener conocimiento de la causa de aquel que había sido enclavado en aquella cruz. Esa sentencia justificaba también ante Roma la razón por la que el gobernador le había condenado a muerte por crucifixión. Era, ante la justicia romana, un sedicioso que se hacía rey en contra del único rey que era César. Así los cristianos serían llamados sediciosos y acusados de ese modo, justificando la muerte de tantos a manos de una justicia que juzgaba por una mentira.

21. Dijeron a Pilato los principales sacerdotes de los judíos: No escribas: Rey de los judíos; sino, que él dijo: Soy Rey de los judíos.

ἔλεγον οὖν τῷ Πιλάτῳ οἱ ἀρχιερεῖς τῶν Ἰουδαίων·
Decían, pues, - a Pilato los principales sacerdotes de los judíos
μὴ γράφε· ὁ βασιλεὺς τῶν Ἰουδαίων, ἀλλ' ὅτι ἐκεῖνος εἶπεν·
no escribas: El rey de los judíos, sino que Él dijo:
βασιλεύς εἰμι τῶν Ἰουδαίων.
Rey soy de los judíos.

Notas y análisis del texto griego.

Sigue el relato: ἔλεγον, tercera persona plural del imperfecto de indicativo en voz activa del verbo λέγω, *hablar, decir*, aquí *decían*; οὖν, conjunción continuativa *pues*; τῷ, caso dativo masculino singular del artículo determinado *el*; Πιλάτῳ, caso dativo masculino singular del nombre propio *Pilato*; οἱ, caso nominativo masculino plural del artículo determinado *los*; ἀρχιερεῖς, caso nominativo masculino plural del nombre común *principales sacerdotes*; τῶν, caso genitivo masculino plural del artículo determinado declinado *de los*; Ἰουδαίων, caso genitivo masculino plural del adjetivo *judíos*; μὴ, partícula que hace funciones de adverbio de negación *no*; γράφε, segunda persona singular del presente de imperativo en voz activa del verbo γράγω, *escribir*, aquí *escribas*; ὁ, caso nominativo masculino singular del artículo determinado *el*; βασιλεὺς, caso nominativo masculino singular del nombre común *rey*; τῶν, caso genitivo masculino plural del artículo determinado declinado *de los*; Ἰουδαίων, caso genitivo masculino plural del adjetivo *judíos*; ἀλλ', forma escrita ante vocal de la conjunción adversativa ἀλλά que significa *pero, sino*; ὅτι, conjunción *que*; ἐκεῖνος, caso nominativo masculino singular del pronombre demostrativo *él*; εἶπεν, tercera persona singular del segundo aoristo de indicativo en voz activa del verbo εἶπον, forma del aoristo de λέγω, *hablar, decir*, aquí *dijo*; βασιλεύς, caso nominativo masculino singular del nombre común *rey*; εἰμι, primera persona singular del presente de indicativo en voz activa del verbo εἰμί, *ser*, aquí *soy*; τῶν, caso genitivo masculino plural del artículo determinado declinado *de los*; Ἰουδαίων, caso genitivo masculino plural del adjetivo *judíos*.

ἔλεγον οὖν τῷ Πιλάτῳ οἱ ἀρχιερεῖς τῶν Ἰουδαίων· μὴ γράφε· ὁ βασιλεὺς τῶν Ἰουδαίων, El escrito que estaba sobre la Cruz, molestó especialmente a los principales sacerdotes. Aquello era una ofensa inaceptable para ellos que el gobernador cometía contra el pueblo judío. Literalmente los lectores no podían entender otra cosa que aquel que estaba crucificado era el rey de los judíos. Ellos buscaban que se le sentenciase como sedicioso, Pilato lo sentencia como Rey. Aquello era algo inaceptable para ellos. La sentencia era la consecuencia de la acusación que formularon delante de Pilato, pero no esperaban que la tomase literalmente y mucho menos que la escribiese, sin duda como una ofensa para ellos. La petición era clara, *cambia lo que has escrito*.

ἀλλ’ ὅτι ἐκεῖνος εἶπεν· βασιλεύς εἰμι τῶν ’Ιουδαίων. Por tanto, acuden al gobernador para pedirle que cambie la inscripción. ¿En donde tuvo lugar esa petición? Es interesante apreciar que aquellos fanáticos no querían entrar al pretorio para no contaminarse, pero, tal vez, ahora harían cualquier cosa para evitar una burla como aquella en la que ellos estaban directamente afectados. Ellos pedían que escribiese en lugar de *rey de los judíos*, que se *hizo a él rey de los judíos*.

22. Respondió Pilato: Lo que he escrito, he escrito.

ἀπεκρίθη ὁ Πιλᾶτος· ὃ γέγραφα, γέγραφα.
Respondió - Pilato: lo que he escrito, he escrito.

Notas y análisis del texto griego.

Análisis: ἀπεκρίθη, tercera persona singular del aoristo primero de indicativo en voz pasiva del verbo ἀποκρινομαι, *responder*, aquí *respondió*; ὁ, caso nominativo masculino singular del artículo determinado *el*; Πιλᾶτος, caso nominativo masculino singular del nombre propio *Pilato*; ὃ, caso acusativo neutro singular del pronombre relativo *lo que*; γέγραφα, primera persona singular del perfecto de indicativo en voz activa del verbo γράφω, *escribir*, aquí *he escrito*; γέγραφα, primera persona singular del perfecto de indicativo en voz activa del verbo γράφω, *escribir*, aquí *he escrito*.

ἀπεκρίθη ὁ Πιλᾶτος· ὃ γέγραφα, γέγραφα. El disgusto de Pilato con los líderes religiosos es evidente. La respuesta que da a su petición denota desagrado e incluso desprecio. Pilato no perdía ocasión para minusvalorar a los judíos, especialmente a las clases altas de la sociedad y en especial al liderazgo religioso. Aquellos le habían causado demasiadas molestias aquel día, y no estaba en condiciones de seguir soportándolos más. Pilato les respondía desde el punto legal como correspondía hacerlo: *littera scripta manet*. Aquel escrito estaba escrito y así quedaba. Ese era legalmente el amparo del gobernador para haber dictado pena de muerte por crucifixión, ante la justicia romana. Un sedicioso se había declarado rey de los judíos y fue condenado a la pena reservada para los sediciosos en los territorios ocupados por Roma.

23. Cuando los soldados hubieron crucificado a Jesús, tomaron sus vestidos, e hicieron cuatro partes, una para cada soldado. Tomaron también su túnica, la cual era sin costura, de un solo tejido de arriba abajo.

Οἱ οὖν στρατιῶται, ὅτε ἐσταύρωσαν τὸν Ἰησοῦν, ἔλαβον τὰ
Los, pues, soldados, que crucificaron - a Jesús, tomaron los
ἱμάτια αὐτοῦ καὶ ἐποίησαν τέσσαρα μέρη, ἑκάστῳ στρατιώτῃ
vestidos de Él e hicieron cuatro partes, para cada soldado
μέρος, καὶ τὸν χιτῶνα. ἦν δὲ ὁ χιτὼν ἄραφος, ἐκ τῶν ἄνωθεν
parte, y la túnica. Y era la túnica sin costura, desde - arriba
ὑφαντὸς δι' ὅλου.
tejida por entero.

Notas y análisis del texto griego.

Siguiendo el relato, añade: Οἱ, caso nominativo masculino plural del artículo determinado *los*; οὖν, conjunción continuativa *pues*; στρατιῶται, caso nominativo masculino plural del nombre común *soldados*; ὅτε, conjunción *que*; ἐσταύρωσαν, tercera persona plural del aoristo primero de indicativo en voz activa del verbo σταυρόω, *crucificar*, aquí *crucificaron*; τὸν, caso acusativo masculino singular del artículo determinado *el*; Ἰησοῦν, caso acusativo masculino singular del nombre propio declinado *a Jesús*; ἔλαβον, tercera persona plural del segundo aoristo de indicativo en voz activa del verbo λαμβάνω, *tomar, agarrar*, aquí *tomaron*; τὰ, caso acusativo neutro plural del artículo determinado *los*; ἱμάτια, caso acusativo neutro plural del nombre común *vestidos*; αὐτοῦ, caso genitivo masculino de la tercera persona singular del pronombre personal declinado *de él*; καὶ, conjunción copulativa *y*; ἐποίησαν, tercera persona plural del aoristo primero de indicativo en voz activa del verbo ποιέω, *hacer, construir, fabricar*, aquí *hicieron*; τέσσαρα, caso acusativo neutro plural del adjetivo numeral cardinal *tres*; μέρη, caso acusativo neutro plural del nombre común *partes*; ἑκάστῳ, caso dativo masculino singular del adjetivo indefinido *cada, cada uno*; στρατιώτῃ caso dativo masculino singular del nombre común *soldado*; μέρος, caso acusativo neutro singular del nombre común *partes*; καὶ, conjunción copulativa *y*; τὸν, caso acusativo masculino singular del artículo determinado *el*; χιτῶνα, caso acusativo masculino singular del nombre común *manto, túnica*; ἦν, tercera persona singular del imperfecto de indicativo en voz activa del verbo εἰμί, *ser*, aquí *era*; δὲ, partícula conjuntiva que hace las veces de conjunción coordinante, con sentido de *pero, más bien, y, y por cierto, antes bien*; ὁ, caso nominativo masculino singular del artículo determinado *el*; χιτὼν, caso nominativo masculino singular del nombre común *túnica, manto*; ἄραφος, caso nominativo masculino singular del adjetivo *sin costura*; ἐκ, preposición propia de genitivo *de, desde*; τῶν, caso genitivo neutro plural del artículo determinado *los*; ἄνωθεν, adverbio *de arriba*; ὑφαντὸς, caso nominativo masculino singular del adjetivo *tejido*; δι', forma contracta de la preposición de genitivo διά, *por medio, a causa, por*; ὅλου, caso genitivo neutro singular del adjetivo *entero*.

Οἱ οὖν στρατιῶται, ὅτε ἐσταύρωσαν τὸν Ἰησοῦν, ἔλαβον τὰ ἱμάτια αὐτοῦ καὶ ἐποίησαν τέσσαρα μέρη, ἑκάστῳ στρατιώτῃ μέρος, καὶ τὸν χιτῶνα. El incidente posterior a la crucifixión fue el reparto de los vestidos de Jesús. Las prendas de ropa del condenado constituían la paga extra por el servicio de crucifixión que recibían los soldados que llevaban a cabo la ejecución. Lo propio era repartirse esas miserables posesiones mediante el juego de *suertes*, habitualmente entre romanos mediante los dados. Cuatro partes de sus vestidos fueron sorteados y repartidos entre los soldados, sin otro problema que el tener que echar suertes sobre ellos; esas vestiduras eran la cobertura de la cabeza, el manto exterior, la faja y las sandalias. Las cuatro cosas diferían poco en cuanto a valor una de otra.

ἦν δὲ ὁ χιτὼν ἄραφος, ἐκ τῶν ἄνωθεν ὑφαντὸς δι' ὅλου. Además de las cuatro piezas habituales de vestir había una túnica sin costura, tejida en una sola pieza de arriba abajo, que sin duda era la más valiosa de todas ellas. La túnica era una prenda de vestir interior que iba debajo del manto exterior, es decir el vestido propiamente dicho, que no podía ser dividida sin que perdiese el valor. También la túnica del sumo sacerdote era toda tejida de una pieza. La referencia al reparto de las ropas hace suponer que Jesús, como ocurría con los crucificados, fue levantado en la cruz totalmente desnudo. Algunos consideran que, según costumbre judía se le pondría un lienzo alrededor de la cintura. Sin embargo, no hay ninguna evidencia que así fuese. Por un lado los judíos buscaban el mayor menosprecio y la máxima afrenta posible contra Él a causa del odio, y por parte de los romanos no tenían el más mínimo interés en ninguno de los tres crucificados de aquel día. Sobre esto escribe Hendriksen:

"¡Pobres soldados! ¿Cuánto se llevaron del Calvario? ¡Unas pocas piezas de ropa! ¿No hubo corazones compungidos, ni renovadas visiones, ni vidas cambadas, ni Salvador? Aun hoy día, ¿cuánto –o cuan poco- lleva alguna gente consigo a casa de un culto, o de una clase bíblica, o del canto de los himnos, o de una reunión de avivamiento? Cada uno debe responder a esta pregunta por sí mismo. ¿No es verdad que la parábola de Cristo, la del sembrador se aplica aquí?"[4].

No es necesario extenderse más en esto, la Pasión en sí, como conjunto causa asombro a toda alma sensible, aun cuando no sea

[4] G. Hendriksen. *Marcos*, pág. 659.

creyente, cuanto más a quienes entendemos que es el precio que el Señor pagó por nosotros.

24. Entonces dijeron entre sí: No la partamos, sino echemos suertes sobre ella, a ver de quién será. Esto fue para que se cumpliese la Escritura que dice:

> **Repartieron entre sí mis vestidos,**
> **Y sobre mi ropa echaron suertes.**

Y así lo hicieron los soldados.

εἶπαν οὖν πρὸς ἀλλήλους· μὴ σχίσωμεν αὐτόν, ἀλλὰ
Dijeron, pues, unos a otros: no rasguemos la, sino
λάχωμεν περὶ αὐτοῦ τίνος ἔσται· ἵνα ἡ γραφὴ πληρωθῇ
echemos suertes sobre ella de quien será. Para que la Escritura se cumpliera
[ἡ λέγουσα][1]·
la que dice:
διεμερίσαντο τὰ ἱμάτιά μου ἑαυτοῖς
Repartieron los vestidos de mí ellos mismos
καὶ ἐπὶ τὸν ἱματισμόν μου ἔβαλον κλῆρον.
Y sobre la ropa de mí echaron suerte.
Οἱ μὲν οὖν στρατιῶται ταῦτα ἐποίησαν.
Así, pues, los soldados estas cosas hicieron.

Notas y análisis del texto griego.

Sigue con: εἶπαν, tercera persona plural del segundo aoristo de indicativo en voz activa del verbo εἶπον, forma del aoristo de λέγω, *hablar, decir*, aquí *dijeron*; οὖν, conjunción continuativa *pues*; πρὸς, preposición propia de acusativo *a*; ἀλλήλους, caso acusativo masculino plural del pronombre recíproco *unos/otros*; μὴ, partícula que hace funciones de adverbio de negación *no*; σχίσωμεν, primera persona plural del aoristo primero de subjuntivo en voz activa del verbo σχίζω, *rasgar, partir, desgarrar, dividir*, aquí *rasguemos*; αὐτόν, caso acusativo masculino de la tercera persona singular del pronombre personal declinado *a él, le*; ἀλλὰ, conjunción adversativa *sino*; λάχωμεν, primera persona plural del aoristo segundo de subjuntivo en voz activa del verbo λαγχάνω, *echar suertes,* aquí *echemos suertes*; περὶ, preposición propia de genitivo *acerca de, sobre*; αὐτοῦ, caso genitivo masculino de la tercera persona singular del pronombre personal *él*; τίνος, caso genitivo masculino singular del pronombre interrogativo *de quién*; ἔσται, tercera persona singular del futuro de indicativo en voz activa del verbo εἰμί, *ser*, aquí *será*; ἵνα, conjunción causal *para que*; ἡ, caso nominativo femenino singular del artículo determinado *la*; γραφὴ, caso nominativo femenino singular del nombre común *escritura*; πληρωθῇ, tercera persona singular del aoristo primero de subjuntivo en voz pasiva del verbo πλερόω, *cumplir, llenar, rellenar*, aquí *se cumpliera*; ἡ, caso nominativo femenino singular del artículo determinado *la*; λέγουσα, caso nominativo femenino singular del participio de presente en voz activa del verbo λέγω, *hablar, decir,* aquí *que dice*; *διεμερίσαντο*, tercera pesona plural del aoristo primero de indicativo en voz media del verbo διαμερίζω, *partir, repartir, dividir*, aquí *partieron*; *τὰ*, caso nominativo neutro plural del artículo determinado *los*; *ἱμάτια*, caso acusativo neutro plural del nombre común *vestidos*; *μου*, caso genitivo de la primera persona singular del pronombre personal declinado *de mí*; *ἑαυτοῖς*, caso dativo masculino plural del pronombre reflexivo *ellos mismos*; καὶ, conjunción copulativa *y*; *ἐπὶ*, preposición propia de acusativo *sobre*; *τὸν*, caso acusativo masculino singular del artículo determinado *el*; *ἱματισμόν*, caso acusativo masculino singular del nombre común *vestido*; *μου*, caso genitivo de la primera persona singular del pronombre personal declinado *de mí*; *ἔβαλον*, tercera persona plural del aoristo segundo de indicativo en voz activa del verbo βάλλω, *echar, arrojar*, aquí *echaron*; *κλῆρον*, caso acusativo masculino singular del nombre común *suerte*; Οἱ, caso nominativo masculino plural del artículo determinado *los*; μὲν, partícula afirmativa que se coloca siempre inmediatamente después de la palabra expresiva de una idea que se ha de reforzar o poner en relación con otra idea y que, en sentido absoluto tiene oficio de adverbio de afirmación, como *ciertamente, a la verdad*; οὖν, conjunción continuativa *pues*; στρατιῶται, caso nominativo masculino plural del nombre común *soldados*; ταῦτα, caso acusativo neutro plural del pronombre demostrativo *estos*, en sentido de *estas cosas*; ἐποίησαν, tercera persona plural del aoristo primero de indicativo en voz activa del verbo ποιέω, *hacer, realizar*, aquí *hicieron*.

Crítica Textual. Lecturas alternativas.

[1] ἡ λέγουσα, *la que dice*, se lee en A, D[s], K, K, N, W, Γ, Θ, Ψ, *f*[1, 13], 33, 565, 579, 700, 892[s], 1241, 1424, 𝔐, lat, sir[h], sa[mss], bo.

La lectura se omite en: ℵ, B, 844, it, sa[mss], ly, pbo.

εἶπαν οὖν πρὸς ἀλλήλους· μὴ σχίσωμεν αὐτόν, ἀλλὰ λάχωμεν περὶ αὐτοῦ τίνος ἔσται· Ante un prenda de valor como el vestido de Jesús, tomaron la determinación de sortearlo entre ellos, como así hicieron.

ἵνα ἡ γραφὴ πληρωθῇ ἡ λέγουσα· *διεμερίσαντο τὰ ἱμάτιά μου ἑαυτοῖς καὶ ἐπὶ τὸν ἱματισμόν μου ἔβαλον κλῆρον*. Para Juan todo cuanto ocurría en la Pasión era el cumplimiento de las profecías. Por eso, ante lo ocurrido con los vestidos de Jesús, utiliza un pasaje del Salmo 22. Aunque ciertas partes del texto, aquí tomado de la LXX, se cumplieron directamente en David, el rey de Israel, otra parte, especialmente los versículos doce a dieciocho, tuvieron cumplimiento en Cristo y de forma especial en la crucifixión. Parte de aquella profecía se estaba cumpliendo en el reparto de la ropa de Jesús entre los cuatro soldados que lo habían crucificado. Con toda claridad el salmista escribía en el Salmo una descripción profética sobre los acontecimientos de la Cruz, que impresiona por su precisión, sobre todo, teniendo en cuenta que cuando David lo escribió le era desconocida la muerte por crucifixión y mucho menos como aplicación a alguien de Israel. Cabe aquí una referencia a algunos versículos del Salmo 22: a) la descripción de los huesos descoyuntados, como era habitual con los que eran crucificados (v. 14); b) la sudoración abundante debido al sufrimiento y a la posición en la cruz (v. 14); c) el daño sufrido en el corazón, tanto en el sentido moral por el sufrimiento y la afrenta, como en el sentido físico por el proceso orgánico (v. 14); d) el debilitamiento progresivo y la sed que se producía en el que estaba clavado (v. 15); e) las manos y los pies traspasados por clavos (v. 16); f) la desnudez total que ofendía al recato humano (v. 17); la luz y las tinieblas que rodearon el Calvario (v. 2); los ultrajes (vv. 6-8, 12, 13). No podía por menos que entenderse como profético la referencia a los vestidos sorteados (v. 18). Todo el salmo incluido el primer versículo se cumplió absolutamente en la Cruz. El anuncio profético se ejecutaba como Dios mismo había anunciado y como correspondía al sacrificio del Cordero de Dios que quita el pecado del mundo.

Οἱ μὲν οὖν στρατιῶται ταῦτα ἐποίησαν. El versículo concluye con un detalle que confirma el pensamiento de Juan sobre el cumplimiento profético. Los soldados, porque estaban anunciadas proféticamente, así lo hicieron. Quiere decir que la profecía había anticipado lo que los soldados hicieron. No se trataba de una determinación divina para que ocurriesen de aquel modo, pero se describían para que los que conocían la profecía, entendiesen que iba a ocurrir, como así fue. Siendo profecía divina no podía dejar de cumplirse. La Palabra de Dios no puede ser alterada, porque Él es fiel. Juan entiende que Dios está por encima de todo, y dirige todo lo que ocurre en el cumplimiento de Su voluntad. Es por eso que los soldados hicieron como se describe.

25. Estaban junto a la cruz de Jesús su madre, y la hermana de su madre, María mujer de Cleofas, y María Magdalena.

Εἱστήκεισαν δὲ παρὰ τῷ σταυρῷ τοῦ Ἰησοῦ ἡ μήτηρ αὐτοῦ
Y estaban de pie junto a la cruz de Jesús la madre de Él
καὶ ἡ ἀδελφὴ τῆς μητρὸς αὐτοῦ, Μαρία ἡ τοῦ Κλωπᾶ καὶ
y la hermana de la madre de Él, María la - de Cleofas y
Μαρία ἡ Μαγδαληνή.
María - Magdalena.

Notas y análisis del texto griego.

Análisis: Εἱστήκεισαν, tercera persona plural del pluscuamperfecto de indicativo en voz activa del verbo ἵστημι, *estar de pie, mantenerse firme*, aquí *estaban de pie*; δὲ, partícula conjuntiva que hace las veces de conjunción coordinante, con sentido de *pero, más bien, y, y por cierto, antes bien*; παρὰ, preposición propia de dativo *junto a*; τῷ, caso dativo masculino singular del artículo determinado *el*; σταυρῷ, caso dativo masculino singular del nombre común *cruz*; τοῦ, caso genitivo masculino singular del artículo determinado *el*; Ἰησοῦ, caso genitivo masculino singular del nombre propio declinado *de Jesús*; ἡ, caso nominativo femenino singular del artículo determinado *la*; μήτηρ, caso nominativo femenino singular del nombre común *madre*; αὐτοῦ, caso genitivo masculino de la tercera persona singular del pronombre personal declinado *de él*; καὶ, conjunción copulativa *y*; ἡ, caso nominativo femenino singular del artículo determinado *la*; ἀδελφὴ, caso nominativo femenino singular del nombre común *hermana*; τῆς, caso genitivo femenino singular del artículo determinado declinado *de la*; μητρὸς, caso genitivo femenino singular del nombre común *madre*; αὐτοῦ, caso genitivo masculino singular de la tercera persona singular del pronombre personal *de él*; Μαρία, caso nominativo femenino singular del nombre propio *María*; ἡ, caso nominativo femenino singular del artículo determinado *la*; τοῦ, caso genitivo masculino singular del artículo determinado *él*; Κλωπᾶ, caso genitivo masculino singular del nombre propio declinado *de Cleofas*; καὶ, conjunción copulativa *y*; Μαρία, caso nominativo femenino singular del nombre propio *María*; ἡ, caso nominativo femenino singular del artículo determinado *la*; Μαγδαληνή, caso nominativo femenino singular del nombre propio *Magdalena*.

Εἱστήκεισαν δὲ παρὰ τῷ σταυρῷ τοῦ Ἰησοῦ Juan se refiere a un grupo que estaba cerca de la cruz. Sin duda había mas personas que las que menciona, pero quiere destacar a estas. Aunque dice que estaban cerca de la cruz, no significa que estuviesen tan próximas que pudiesen tocar el madero. Habían transcurrido ya las primeras largas horas de la cruz. El tiempo de soledad y tinieblas también estaba próximo. Es posible que durante el tiempo de tinieblas, los soldados apartasen un poco a la gente que estaba próxima a la cruz. Por ahora estaban cerca de Él.

ἡ μήτηρ αὐτοῦ καὶ ἡ ἀδελφὴ τῆς μητρὸς αὐτοῦ, Μαρία ἡ τοῦ Κλωπᾶ καὶ Μαρία ἡ Μαγδαληνή. Al empezar a nominar las mujeres, cabe preguntarse si son tres o son cuatro a las que se refiere Juan. Es claro que dos de ellas se citan sin nombrarlas, una es *su madre*, la otra *la hermana de su madre*, las otras dos se dice que eran *María la mujer de Cleofas*, y *María Magdalena*. Algunos entienden que solo son tres, por tanto *la hermana de Su madre*, tenía que ser *María la mujer de Cleofas*. Sería difícil que en una misma familia dos mujeres, hermanas, tuviesen el mismo nombre. De modo que es mejor entender que había cuatro mujeres.

La primera citada es *María*, la madre de Jesús. En todo el *Evangelio* no se la menciona por su nombre. La *hermana de María*, pudiera ser *Salomé* (Mr. 15:40), esta puede ser identificada como la madre de los hijos de Zebedeo (Mt. 27:56), Santiago llamado *el mayor* y Juan, el evangelista. Estaba también María la mujer de Cleofas, y María Magdalena. Esta es la primera vez que se la menciona por nombre en el *Evangelio*, aunque aparecerá nuevamente como primer testigo de la resurrección (20:1-18). Los sinópticos lo hacen como una mujer de la que Jesús había expulsado siete demonios.

26. Cuando vio Jesús a su madre, y al discípulo a quien él amaba, que estaba presente, dijo a su madre: Mujer, he ahí tu hijo.

Ἰησοῦς οὖν ἰδὼν τὴν μητέρα καὶ τὸν μαθητὴν παρεστῶτα
Jesús, pues, viendo a la madre y al discípulo que estaba presente
ὃν ἠγάπα, λέγει τῇ μητρί· γύναι, ἴδε ὁ υἱός σου.
al que amaba dice a la madre: mujer, he ahí el hijo de ti.

Notas y análisis del texto griego.

Análisis: Ἰησοῦς, caso nominativo masculino singular del nombre propio *Jesús*; οὖν, conjunción continuativa *pues*; ἰδὼν, caso nominativo masculino singular del participio de aoristo segundo en voz activa del verbo ὁράω, *ver, mirar*, aquí *viendo*; τὴν, caso acusativo femenino singular del artículo determinado declinado *a la*; μητέρα, caso acusativo femenino singular del nombre común *madre*; καὶ, conjunción copulativa *y*; τὸν, caso acusativo masculino singular del artículo determinado declinado *al*; μαθητὴν, caso acusativo masculino singular del nombre común *discípulo*; παρεστῶτα, caso acusativo masculino singular del participio perfecto en voz activa del verbo παρίστημι, *manifestarse, estar presente*, aquí *que estaba presente*; ὃν, caso acusativo masculino singular del pronombre relativo *al que, a quien*; ἠγάπα, tercera persona singular del imperfecto de indicativo en voz activa del verbo αγαπάω, *amar*, aquí *amaba*; λέγει, tercera persona singular del presente de indicativo en voz activa del verbo λέγω, *hablar, decir*, aquí *dice*; τῇ, caso dativo femenino singular del artículo determinado declinado *a la*; μητρί, caso dativo femenino singular del nombre común *madre*; γύναι, caso vocativo femenino singular del nombre común *mujer*; ἴδε, segunda persona singular del aoristo segundo de imperativo en voz media del verbo ὁράω, en la forma εἶδον, *mirar, mostrar, ver,* con uso adverbial equivale a *he aquí, sucedió que, ved, ahora,* etc. podría traducirse como una expresión de advertencia enfática como *¡Mira!*, incluso podría leerse a modo de interrogación como *y ¿sabéis?*, es en la práctica como una partícula demostrativa, que se usa para animar el discurso avivando la atención del lector, algunos modernos la identifican como interjección; ὁ, caso nominativo masculino singular del artículo determinado *el*; υἱός, caso nominativo masculino singular del nombre común *hijo*; σου, caso genitivo de la segunda persona singular del pronombre personal declinado *de ti*.

Ἰησοῦς οὖν ἰδὼν τὴν μητέρα El versículo anterior sitúa a la madre de Jesús junto a la Cruz, viendo morir a su Hijo, junto las mujeres que menciona. No hace falta suponer la tremenda aflicción que su corazón de madre, sentiría en aquellos momentos por su Hijo que moría tratado como un malhechor. Sin duda le hubiera gustado poder recogerlo junto a ella y tapar su cuerpo desnudo evitando la situación de ignominia en que se encontraba. Estaba para ella cumpliéndose la profecía de Simeón: *"y una espada traspasará tu misma alma"* (Lc. 2:35). No cabe duda que la gracia de Dios hacía posible que aquella mujer se sostuviese durante tanto tiempo al pie de la Cruz. No se dice cual era la expresión de dolor que mostraría, tal vez lágrimas silenciosas que corrían continuamente por su mejillas. Jesús, desde la Cruz, pudo verla en ese estado.

καὶ τὸν μαθητὴν παρεστῶτα ὃν ἠγάπα, Junto a ella, en el grupo de gente, también Juan, que como en todo el *Evangelio*, guarda su nombre bajo la expresión *el que Jesús amaba*. No se dice nada de los hermanos de Jesús, es decir de los de su familia natural. Sin embargo tiene allí a uno de la familia espiritual, su hermano hijo del mismo Padre, Juan, al que se le llama aquí *discípulo*. Había seguido a su lado durante todo el ministerio y había presenciado momentos en Su misión que otros no vieron. Era uno de los tres que Jesús llamó para que estuviesen presentes en momentos muy puntuales.

λέγει τῇ μητρί· γύναι, ἴδε ὁ υἱός σου. En medio de sus tremendos dolores, de su agotamiento físico, de la proximidad de la *hora* para entregar la vida y gustar la muerte, el Señor se ocupa de su madre. Una frase breve pero precisa sale de la boca del crucificado. Era la tercera de las *palabras* que el Señor pronunció a lo largo de las horas en la Cruz. Dirigiéndose a su madre le dice: *he ahí tu hijo*. Nótese que no dice *un hijo*, sino el tuyo, *tu hijo*. No sabemos si el padre de Jesús había muerto, cosa probable, pero como fuese, una mujer viuda en aquellos tiempos quedaba totalmente desamparada a no ser que tuviese alguien próximo que velara por ella. El discípulo amado sería el protector de su madre y el que haría con ella las veces de Jesús. No dejaba de prestar atención a su madre en una situación semejante. Jesús había enseñado que un mandamiento de la ley era el de *honrar padre y madre*, y aún en los momentos previos a su muerte, cumplía lo establecido en ella.

27. Después dijo al discípulo: He ahí tu madre. Y desde aquella hora el discípulo la recibió en su casa.

εἶτα λέγει τῷ μαθητῇ· ἴδε ἡ μήτηρ σου. καὶ ἀπ' ἐκείνης τῆς
Después dice al discípulo: He ahí la madre de ti. Y desde aquella -
ὥρας ἔλαβεν ὁ μαθητὴς αὐτὴν εἰς τὰ ἴδια.
hora recibió el discípulo a ella en la casa.

Notas y análisis del texto griego.

Siguiendo con el relato, añade: εἶτα, adverbio *después*; λέγει, tercera persona singular del presente de indicativo en voz activa del verbo λέγω, *hablar, decir*, aquí *dice*; τῷ, caso dativo masculino singular del artículo determinado declinado *al*; μαθητῇ, caso dativo masculino singular del nombre común *discípulo*; ἴδε, segunda persona singular del aoristo segundo de imperativo en voz media del verbo ὁράω, en la forma εἶδον, *mirar, mostrar, ver,* con uso adverbial equivale a *he aquí, sucedió que, ved, ahora,* etc. podría traducirse como una expresión de advertencia enfática como *¡Mira!*, incluso podría leerse a modo de interrogación como *y ¿sabéis?*, es en la práctica como una partícula demostrativa, que se usa para animar el discurso avivando la atención del lector, algunos modernos la identifican como interjección; ἡ, caso nominativo femenino singular del artículo determinado *la*; μήτηρ, caso nominativo femenino singular del nombre común *madre*; σου, caso genitivo de la segunda persona singular del pronombre personal declinado *de ti*; καὶ, conjunción copulativa *y*; ἀπ', preposición propia de genitivo ἀπό, con el grafismo que adopta por elisión de la ο final ante vocal o diptongo sin aspiración, que equivale a *de, desde, procedente de, por medio de, con, por*; ἐκείνης, caso genitivo femenino singular del pronombre demostrativo *aquella*; τῆς, caso genitivo femenino singular del artículo determinado *la*; ὥρας, caso genitivo femenino singular del nombre común *hora*; ἔλάεν, tercera persona singular del segundo aoristo de indicativo en voz activa del verbo λαμβάνω, *recibir*, aquí *recibió*; ὁ, caso nominativo masculino singular del artículo determinado *el*; μαθητὴς, caso nominativo masculino singular del nombre común *discípulo*; αὐτὴν, caso acusativo femenino de la tercera persona singular del pronombre personal declinado *a ella*; εἰς, preposición propia de acusativo *en*; τὰ, caso acusativo neutro plural del artículo determinado *los*; ἴδια, caso acusativo neutro plural del adjetivo *propios*, en sentido de su entorno que comprendía *su casa*.

εἶτα λέγει τῷ μαθητῇ· ἴδε ἡ μήτηρ σου. καὶ ἀπ' ἐκείνης τῆς ὥρας ἔλαβεν ὁ μαθητὴς αὐτὴν εἰς τὰ ἴδια. Si la deducción sobre la relación de una de las mujeres, Salomé, con Juan era la de madre e hijo, la confianza que Jesús muestra con él es grande. Delante de su madre natural, le encomienda también el cuidado de la suya, como si le dijese: *considérala como tu madre*. El artículo en neutro plural apunta a un conjunto de todo lo que es propio. Indudablemente una de las referencias es a su propia casa. Si esto era así, entonces Juan tenía que estar casado. El problema familiar quedaba resuelto. Es muy posible que la ausencia de Juan más adelante al lado de la Cruz, se deba simplemente a que tomó a María y la retiró de aquel lugar de suplicio y angustia, llevándola a su casa.

28. Después de esto, sabiendo Jesús que ya todo estaba consumado, dijo, para que la Escritura se cumpliese: Tengo sed.

Μετὰ τοῦτο εἰδὼς ὁ Ἰησοῦς ὅτι ἤδη πάντα τετέλεσται,
Después de esto sabiendo - Jesús que ya todo había sido terminado
ἵνα τελειωθῇ ἡ γραφή, λέγει· διψῶ.
para que se cumpliese la Escritura, dice: Tengo sed

Notas y análisis del texto griego.

Siguiendo el relato, dice: Μετὰ, preposición propia de acusativo *después de*; τοῦτο, caso acusativo neutro singular del pronombre demostrativo *esto*; εἰδὼς, caso nominativo masculino singular del participio de perfecto en voz activa del verbo οἶδα, *saber, entender, conocer*, aquí *sabiendo*; ὁ, caso nominativo masculino singular del artículo determinado *el*; Ἰησοῦς, caso nominativo masculino singular del nombre propio *Jesús*; ὅτι, conjunción *que*; ἤδη, adverbio temporal *ya*; πάντα, caso nominativo neutro plural del pronombre demostrativo *todos*, en sentido de *todas las cosas, todo*; τετέλεσται, tercera persona singular del perfecto de indicativo en voz pasiva del verbo τελέω, *acabar, completar, finalizar*, aquí *había sido terminado*; ἵνα, conjunción causal *para que*; τελειωθῇ, tercera persona singular del aoristo primero de subjuntivo en voz pasiva del verbo τέλειόω, *cumplir*, aquí *se cumpliese*; ἡ, caso nominativo femenino singular del artículo determinado *la*; γραφή, caso nominativo femenino singular del nombre común *escritura*; λέγει, primera persona singular del presente de indicativo en voz activa del verbo λέγω, *hablar, decir*, aquí *dice*: διψῶ, primera persona singular del presente de indicativo en voz activa del verbo διψάω, *tener sed*, aquí *tengo sed*.

Μετὰ τοῦτο εἰδὼς ὁ Ἰησοῦς ὅτι ἤδη πάντα τετέλεσται, Todo cuanto había de ocurrir en la Cruz, estaba anunciado en la Escritura, incluyendo la antepenúltima palabra que Jesús pronunciaría antes de morir. Cristo era consciente de que todo había sido hecho. Nada quedaba pendiente en la obra de redención. Las horas de tinieblas en donde se produjo la experiencia de la muerte espiritual habían dado paso otra vez a la luz del día. Las tinieblas del pecado, la derrota de las huestes de maldad, el pago del precio del rescate por muchos, la puerta de la gracia en salvación abierta ya de par en par. Nada había que añadir a lo hecho.

ἵνα τελειωθῇ ἡ γραφή, λέγει· διψῶ. Tan solo cumplir también lo que había sido anunciado en el Salmo, que le darían a beber vinagre (Sal. 69:21). Por eso, en medio de su debilidad humana, de la situación angustiosa que había pasado, Jesús dice: *Tengo sed*. ¿Era simplemente un formalismo para el cumplimiento profético? Indudablemente Jesús estaba expresando una necesidad física suya. Las horas sobre el Cruz, la deshidratación del cuerpo, la fiebre, producía sed. En una profundidad mayor que la situación física, Cristo está expresando la sed producida por la *aflicción de su alma* (Is. 53:11). Aquella sed espiritual se produjo por el tiempo de desamparo, cuando gustó el infierno por nosotros, en un tiempo de separación del Padre. La idea de que Jesús descendió a algún lugar de la tierra, luego de Su muerte, es mera especulación bíblica. La afirmación del credo apostólico de que descendió a los infiernos, tuvo lugar en el tiempo de las tinieblas. La sed de esa experiencia tenía que ser intensa, como se aprecia por las palabras del rico en el relato de Lázaro, que en el infierno pedía que se le enviase una gota de agua para mitigar su sed.

29. Y estaba allí una vasija llena de vinagre; entonces ellos empaparon en vinagre una esponja, y poniéndola en un hisopo, se la acercaron a la boca.

σκεῦος	ἔκειτο	ὄξους	μεστόν·	σπόγγον	οὖν	μεστὸν	τοῦ
Vasija	estaba colocada	de vinagre	llena;	esponja,	así que	llena	del

ὄξους	ὑσσώπῳ	περιθέντες	προσήνεγκαν	αὐτοῦ	τῷ	στόματι.
vinagre	de hisopo	poniendo alrededor	acercaron	de él	a la	boca.

Notas y análisis del texto griego.

Siguiendo el relato, escribe: σκεῦος, caso nominativo neutro singular del nombre común *vasija*; ἔκειτο, tercera persona singular del imperfecto de indicativo en voz pasiva del verbo κειμαι, *estar puesta, estar colocada*, aquí *estaba colocada*; ὄξους, caso genitivo neutro singular del nombre común declinado *de vinagre*; μεστόν, caso nominativo neutro singular del adjetivo *lleno*; σπόγγον, caso acusativo masculino singular del nombre común *esponja*; οὖν, conjunción *pues, así que*; μεστὸν, caso nominativo neutro singular del adjetivo *lleno*; τοῦ, caso genitivo neutro singular del artículo determinado declinado *del*; ὄξους, caso genitivo neutro singular del nombre común declinado *de vinagre*; ὑσσώπῳ, caso dativo femenino/masculino singular del nombre común *hisopo*; περιθέντες, caso nominativo masculino plural del segundo aoristo en voz activa del verbo περιτίθημι, *poner alrededor*, aquí *poniendo alrededor*; προσήνεγκαν, tercera persona plural del aoristo primero de indicativo en voz activa del verbo προσφέρω, *ofrecer*, *acercar*, aquí *acercaron*; αὐτοῦ, caso genitivo masculino de la tercera persona singular del pronombre personal declinado *de él*; τῷ, caso dativo neutro singular del artículo determinado declinado *al*; στόματι, caso dativo neutro singular del nombre común *boca*.

σκεῦος ἔκειτο ὄξους μεστόν· El relato dice que había allí colocada una vasija llena de vinagre. Era, posiblemente, la *posca*, mezcla de agua y vinagre que usaban los romanos como bebida refrescante, común entre la gente de pocos recursos. Esta bebida era muy común entre los soldados, de manera que posiblemente estaba allí para beberla mientras cumplían su cometido.

σπόγγον οὖν μεστὸν τοῦ ὄξους ὑσσώπῳ περιθέντες προσήνεγκαν αὐτοῦ τῷ στόματι. Alguien tomó una *esponja* y la empaparon en vinagre. No se dice que tipo de esponja era, de modo que algunos consideran que se trataba de mojar *un hisopo*, que hizo de esponja, empapándolo de vinagre al introducirlo en la vasija que lo contenía. No se trataba aquí del mismo *vinagre* que ofrecieron a Jesús antes de iniciarse la crucifixión y que Él no tomó (Mt. 27:34; Mr. 15:23), porque la mezcla con mirra se daba para aliviar los sufrimientos, a modo de un tipo de anestésico que mitigaba el dolor. El problema principal del texto está en el *hisopo*. Esta era una planta trepadora que era válida para aspersiones, pero difícilmente válida para dar de beber. Se propone que el término ὕσσωπος, *hisopo*, es un error de copia y que originalmente estaba ὑσσός, *lanza*, con lo que se arreglaría también la referencia en los sinópticos a una *caña* en la que se puso la esponja. Todo esto es mera especulación tratando de resolver un problema de *lógica*, al considerar que no se puede dar líquido necesario para mitigar la sed mediante un *hisopo*. Muy posiblemente el que se usó para dar de beber a Jesús no era el que habitualmente se conoce, sino el *origanum Maru*, más consistente y que puede alcanzar más altura. A esta rama de hisopo envolvieron la esponja que empapada en vinagre llevaron hasta la boca de Jesús. Muchas veces se discute de la necesidad de una *caña* que puede alcanzar más altura y que sería, por tanto, más adecuada. Pero hay que tener en cuenta que un crucificado no estaba levantado a gran altura. El mástil de la cruz era lo suficientemente alto como para levantarlo de la tierra, pero no para que fuese difícil de alcanzar la cabeza del crucificado. Existe la discusión para determinar quien dio el vinagre a Jesús. Probablemente fue uno de los cuatro soldados que se ocupaban de la crucifixión. Tal vez siguiendo instrucciones del centurión que comandaba la fuerza. Solo faltaba un acto más en la Cruz, el supremo de confirmación de una obra terminada.

Muerte (19:30).

30. Cuando Jesús hubo tomado el vinagre, dijo: Consumado es. Y habiendo inclinado la cabeza, entregó el espíritu.

ὅτε οὖν ἔλαβεν τὸ ὄξος [ὁ] ᾿Ιησοῦς εἶπεν· τετέλεσται, καὶ
Cuando, pues, tomó el vinagre - Jesús dijo: Consumado es. Y
κλίνας τὴν κεφαλὴν παρέδωκεν τὸ πνεῦμα.
habiendo inclinado la cabeza entregó el espíritu.

Notas y análisis del texto griego.

Concluyendo el relato de la cruz, escribe: ὅτε, conjunción *cuando*; οὖν, conjunción continuativa *pues*; ἔλαβεν, tercera persona singular de aoristo primero de indicativo en voz activa del verbo λαμβάνω, *tomar*, aquí *tomó*; τὸ, caso nominativo neutro singular del artículo determinado *el*; ὄξος, caso nominativo neutro singular del nombre común *vinagre*; ὁ, caso nominativo masculino singular del artículo determinado *el*; ᾿Ιησοῦς, caso nominativo masculino singular del nombre propio *Jesús*; εἶπεν, tercera persona singular del segundo aoristo de indicativo en voz activa del verbo εἶπον, forma del aoristo de λέγω, *hablar, decir*, aquí *dijo*; τετέλεσται, tercera persona singular del perfecto de indicativo en voz activa del verbo τελέω, *acabar, extinguir, consumar*, aquí *es consumado*; καὶ, conjunción copulativa *y*; κλίνας, caso nominativo masculino singular del participio de aoristo primero en voz activa del verbo κλίνω, *inclinar*, aquí *habiendo inclinado*; τὴν, caso acusativo femenino singular del artículo determinado *la*; κεφαλὴν, caso acusativo femenino singular del nombre común *cabeza*; παρέδωκεν, tercera persona singular del aoristo primero de indicativo en voz activa del verbo παραδίδωμι, *dar, entregar*, aquí *entregó*; τὸ, caso nominativo neutro singular del artículo determinado *el*; πνεῦμα, caso nominativo neutro singular del nombre común *espíritu*.

ὅτε οὖν ἔλαβεν τὸ ὄξος [ὁ] ᾿Ιησοῦς εἶπεν· τετέλεσται, καὶ κλίνας τὴν κεφαλὴν παρέδωκεν τὸ πνεῦμα. La Cruz había concluido. Nada pendiente, nada que resolver. Dios había consumado la obra de redención en la persona Divino-humana de su Hijo Unigénito. La bandera del amor ondea eternamente sobre el mástil en que Dios la colocó, entre cielo y tierra, en una cruz, infamante para los hombres, reconciliadora para Dios, gloriosa para el creyente. La deuda del pecado ha sido extinguida y ya no hay, ni puede haber, condenación alguna para quienes creen y aceptan por fe lo que Dios ha hecho en Cristo. Dios ha reconciliado consigo al mundo (2 Co. 5:19). *"Al que no conoció pecado, por nosotros lo hizo pecado, para que nosotros fuésemos hechos justicia de Dios en él"* (2 Co. 5:21). La expiación por el pecado se había consumado, quedando saldada la cuenta pendiente con la justicia de Dios que demandaba la muerte del pecador. El mensaje de la reconciliación puede ser puesto ya en manos de los creyentes para ser proclamado a todo el mundo. El evangelio de la gracia puede ser anunciado, que Dios declara cancelada la deuda para todo aquel que acepta el testimonio del pacto que hace con la humanidad, creyendo en el Hijo de Dios (3:16, 36; 1 Jn. 5:9-12).

La voz de Dios se hace voz en Jesús. Por los sinópticos sabemos que la penúltima palabra de la Cruz se hizo mediante una *gran voz* (Mr. 15:37). Extraña puntualización. Sorprendente como todo lo de la Cruz, al no ser de hombre, sino obra de Dios. Un crucificado se iba extinguiendo a medida que transcurría el tormento. Las fuerzas agotadas apenas eran suficientes para susurrar una palabra. La voz de Jesús sonó potente en el Gólgota. Lo hizo anunciando al universo entero que Dios había vencido sobre el poder del pecado, de la muerte y del infierno. Satanás y los demonios habían sido vencidos. Los hombres podían ser ya eternamente libres. Nada más que añadir, nada más que realizar. Sólo creer, para vivir y ser libres. La frase *Consumado es*, una sola palabra en griego τετέλεσται, solía usarse legalmente para escribir sobre la carta final de pago de una deuda. La deuda de nuestro pecado es cancelada y Dios escribe en ella la palabra *consumado*. Nada que reclamar. La cuenta está extinguida. Por esa razón la voz poderosa de Dios proclama la victoria suprema de una obra que había sido establecida desde antes de la creación.

La muerte es asumida voluntariamente por Jesús. Es muy interesante notar que después del *consumando es*, el Señor, inclinó Su cabeza y entregó el Espíritu. Normalmente se inclina la cabeza después de haber muerto, pero aquí ocurre todo lo contrario. El Señor inclinó primero la cabeza para que todos sepan que la muerte no se apoderó de Él, sino que Él dio autorización a la muerte para que actuase. Es sorprendente este admirable hecho en el que el Autor de la vida condecía permiso a la muerte para que tomase posesión momentánea de Su vida humana. Era un entrega consciente para que pudiese ser un sacrificio voluntario, única forma de satisfacer al tiempo la justicia de Dios y la salvación de los hombres. La muerte no tenía poder sobre Él si Él mismo no se lo permitiera, de modo que se cumplía lo que había dicho antes que nadie le quitaba la vida sino que ponía voluntariamente (10:17-18). El universo entero debía saber por boca del Salvador que el plan eterno de redención se había consumado y que la muerte había perdido en Él su mordiente, esto es, había quedado despojada del aguijón para quienes están en Jesús (1 Co. 15:55). El Hijo de Dios en Su naturaleza humana murió la muerte de los hombres, para dar a los muertos en delitos y pecados, la posibilidad de alcanzar por la fe, la vida eterna, que es Su vida.

Cabe apreciar que Lucas dice que antes de entregar el espíritu, el Señor dijo: *Padre, en tus manos encomiendo mi espíritu* (Lc. 23:46), remarcando el hecho de la voluntariedad en la entrega de la vida cuando *fue la hora*, por eso Juan no dice que *expiró*, sino que *entregó el espíritu*. Era la naturaleza humana de Jesús, la que moría, era el hombre Jesús de Nazaret el que entregaba la parte espiritual de su humanidad y con ello sobrevenía el estado de muerte física.

Permítaseme trasladar aquí unos párrafos tomados de mi comentario a Marcos que contienen algunas reflexiones para cerrar este versículo que se comenta[5]:

Caben aquí unas sencillas reflexiones sobre la muerte de Cristo. La muerte del Señor manifiesta, no sólo la expresión sublime de la libertad del Hijo en Su entrega, sino la del Padre al entregarlo. La muerte de Jesús es el Don del Padre, que se entrega a sí mismo al entregar a su Unigénito a los hombres para que la vida de Él se convierta en la vida de ellos, para que con Su poder salvador destruya para siempre el impedimento de sus pecados y los integre en la filiación divina en el Espíritu. Por tanto, la muerte del Hijo no es una necesidad histórica, ni un castigo divino, sino que es el sublime *decirse* y *darse* de Dios al hombre. Todo cuanto en Cristo los hombres pueden elevarse y acceder a Dios, es consecuencia y resultado de un descenso de Dios a los hombres, para buscarlos, llamarlos y salvarlos. Toda la obra de Cristo tiene como sujeto a Dios, por tanto, también en la muerte Dios actúa en Cristo hacia los hombres y Cristo hace posible la interacción de los hombres hacia Dios en Él. La muerte de Cristo debe ser entendida como el límite supremo del vivir de Emanuel, Dios-hombre, en un *desvivir*, para *hacer vivir* a los hombres. Es la muerte del Hijo, en la que Dios está compartiendo el destino de la criatura hasta la máxima consecuencia, conociendo en experiencia más que sabiendo de la soledad del pecado, de la agonía de la muerte espiritual y del abismo del morir. En este sentido es la muerte que Dios muere, la que tiene a Dios tanto como sujeto pasivo, *dejándose morir,* como activo, *muriendo voluntariamente*; así que es, en la dimensión de la palabra *muerte de Dios*; no en sentido de que Dios muera, sino de que quien muere es Dios. Como poder aniquilador la muerte no tiene posibilidad de actuar en Dios, pero, Dios tiene capacidad en el Hijo encarnado, de lo que es

[5] Marcos, de esta misma serie, pag. 1551-1556.

morir para los hombres, en el hecho histórico del acontecer humano, en tránsito, en pasión e incluso en expolio, que no es otra cosa que despojar con iniquidad. En la muerte de Jesús, Dios, desde Su humanidad hipostática, muere con nosotros y por nosotros, ya que Dios nació hombre para morir por los hombres (He. 2:14). No podía ser menos ya que la identificación de Dios con el hombre le lleva a compartir su destino padeciendo la muerte de los hombres, en sentido universal *muriendo por todos* (Ro. 8:32); y en sentido personal *muriendo por mí* (Gá. 2:20). El pecador, a causa del pecado, llegó a la experiencia de la *desemejanza* de Dios, al alejamiento del Creador y al dominio de la muerte. Dios llegó en Cristo hasta donde estaba el hombre para que compartiendo la muerte del hombre, pueda otorgarle el principio de vida nueva, haciéndose para él espíritu vivificante (1 Co. 15:22). Dios participó en la experiencia del hombre por la encarnación del Hijo, en todos los aspectos propios del hombre, limitación, sufrimiento, injusticia, dolor, condenación y muerte, de modo que sea esperanza cierta, al saber que tiene a Dios como compañero de destino, sabiendo también que la desesperanza no es la última palabra porque la muerte ya no es soberana sobre él. Dios nos sustrae a la muerte dándonos vida en el Hijo para que seamos conformados a Su imagen (Ro. 8:29), extendiendo nuestra experiencia de vida hasta entroncarla con la misma vida de Dios en Su naturaleza comunicable. No quiere decir que la muerte del Hijo anule nuestra muerte, pero la trasciende al integrarla en el paso de acceso al disfrute de la vida eterna en su dimensión absoluta. En la muerte de Cristo, Dios se expresa como participante en el destino del pecador y como revelación de cercanía de vida haciéndose en Él camino, verdad y vida (Jn. 14:6). La muerte de Jesús debe ser comprendida como la muerte del Mesías y, por tanto, la muerte del Hijo. Debe entenderse así como *encargo* del Padre (10:18). La muerte del Salvador es la victoria de la Trinidad, tanto del Padre como del Hijo y del Espíritu sobre el pecado, en la acción victoriosa, de la que sólo Dios es capaz, de instaurar su propia justicia en cada hombre, para que cada pecador creyente sea hecho justicia de Dios en Cristo (2 Co. 5:21).

Una nueva reflexión tiene que ver con la realidad de Jesucristo, como el Logos encarnado. En Él el Logos y la carne se han unido para siempre, de ahí que Jesús no es sólo Dios y hombre, sino Dios-hombre en una unidad inseparable pero sin mezcla en cuanto a naturaleza. El Logos, Verbo eterno, que está eternamente en el Ser Divino en la unidad del Padre y del Espíritu, ha estado también en el seno de María, ha nacido, ha padecido y ha muerto como hombre. Es decir, Emanuel es un sujeto personal único. El Hijo eterno tomó en María, por obra del Espíritu su humanidad, para ser, como sujeto único llamado desde la concepción en adelante Dios-hombre y todas sus operaciones son acciones *Teándricas,* o si se prefiere *Teantropicas*, esto es divino-humanas. Esta condición escapa a la comprensión humana por cuanto el que asume es al mismo tiempo el asumido, el intemporal es también temporal, el que es vida asume y entra en la experiencia de la muerte. Este es Jesús el Logos encarnado que gusta la muerte por todos. Así podemos entender que en Cristo se de una forma de existencia propia de Dios y otra forma de existencia propia del hombre (Fil. 2:5-8). El Verbo no apeteció y se sujetó a los derechos divinos de su existencia eterna, sino que inició un camino en tres etapas: a) la desposesión del ejercicio de su condición divina, pero reteniendo plenamente todo cuanto tiene que ver con la deidad, tanto los atributos comunicables como los incomunicables, a esto se llama la *kénösis*, el *vaciamiento*; b) la limitación en la manifestación como hombre, llegando a la humillación no por su humanidad sino por su condición de siervo; a esto se llama la *tapeinosis*; c) la identificación con el hombre hasta el límite de compartir la muerte en su forma más humillante en la cruz; a esto se llama *staurösis*. A causa de su encarnación Cristo sigue siendo Dios pero dentro de las limitaciones del hombre. La forma de siervo no niega Su condición divina, pero la cubre con el traje de trabajo de Su humanidad. Es un hombre real con figura definida y con historia concreta; pero es al mismo tiempo Dios, por tanto sin historia porque es eterno y atemporal, pero con una historia que puede relatarse y precisarse en el tiempo en cuanto a relación con los hombres que son seres creados y, por tanto, temporales.

En todo esto debe ser considerada lo que puede llamarse como *manifestación expresiva de Dios*. Esto es, que el Verbo eterno convierte la humanidad de Jesús como manifestación de su propio Ser personal. Por tanto en Jesús se manifiesta de forma visible al que es invisible, no solo al Padre (1:18), sino también la gloriosa segunda Persona de la santísima Trinidad. Por razón de unidad en la Persona, Jesús, desde Su plano de humanidad es la manifestación visible de Dios el Hijo, en sentido de figura reveladora. La realidad de Jesús, quien murió en la cruz, es una realidad filial. No se trata de una presencia externa que se incorpora a Su humanidad, sino que la Persona del Hijo, el Logos, es inmanente al hombre Jesús en forma intrínseca y última. Dios es inmanente a lo humano y recíprocamente lo que llamamos *hombre*, está transido por la realidad divina que le es inmanente. La procesión trinitaria trascendente del Hijo, se extiende al hombre Jesús, que es, por esta causa Hijo en sentido único. Jesús, el hombre que murió en la Cruz es Hijo de Dios. Por tanto, en ese hombre único, se expresa en el plano de la humanidad la procesión trinitaria que desde el Padre engendra al

Hijo y se consuma en el Espíritu. Esa *procesión* trinitaria eterna y la realidad histórica en el plano humano, constituyen a Jesús, que no es un hombre asumido, sino el Hijo eterno que es hombre. Por tanto, es necesario afirmar que Jesús, el hombre, es Dios, es decir, uno de la Trinidad santísima. De manera que todo lo referido a Jesús se radica en el único sujeto, el Hijo encarnado. La presencia de Dios en Cristo no es una *unión*, sino una *unidad*.

Un asunto de capital importancia para entender la dimensión de la Cruz, está relacionada con la santidad. La santidad puede ser *procedente*, esto es, resultado de la gracia santificante de Dios en el hombre; pero también es *precedente*, esto es, la que es constituyente y de naturaleza personal, sólo posible en Dios. La santidad de Cristo es la santidad de Dios, por tanto no es santidad *procedente*, sino *precedente*, propia y natural de la Persona. La proclamación de los querubines sobre la santidad de Dios (Is. 6:3), le corresponde también a Jesús. Desde la anunciación de la concepción y del nacimiento, se vincula la santidad *precedente*, porque lo que nacería en Belén era *"lo santo"* (Lc. 1:35). Jesús es santo por Su origen divino que santifica Su humanidad, por ser humanidad de Dios. Ningún hombre por santo, perfecto y justo que hubiera podido ser, llegaría jamás a la dimensión de santidad del Hijo de Dios, nuestro Salvador y Señor, porque el hombre sería santo con santidad *procedente*, mientras que Jesús lo es con santidad *precedente*. Desde esta reflexión se entenderá la tremenda dimensión en la que Jesús entra por asumir sobre si el pecado del mundo, para que sin contaminación personal, sea tratado como reo de maldición, a fin de que los que somos reos de pena por el pecado, tengamos en Él la bendición de la vida eterna en plena comunión con Dios.

La muerte de Jesús debe ser entendida también bajo el aspecto de mediación, obra el único Mediador entre Dios y los hombres, que se entregó a Sí mismo en rescate por todos (1 Ti. 2:5-6). Cristo reúne en Él la creación, deshecha por el pecado, mediándola hacia el Padre, centrada sobre todo en la reparación de los efectos del pecado. En ese sentido es Jesucristo, *"hombre"*, que reconcilia a los hombres con Dios. La idea de expiación debe entenderse consecuentemente con el amor de Dios. No es que Dios se resarce de su honor mancillado por el pecado con la sangre del Hijo inocente, como si fuese un Dios sediento de sangre y justiciero. La redención debe verse más bien como la justicia otorgada por Dios en Cristo, aunque ciertamente, como Cordero de Dios, se considera como víctima por los pecados, sobre quien descargó la ira de Dios y sufre el castigo en lugar del hombre. Realmente la Cruz toma una dimensión cautivadora porque tiene que ver con el amor infinito de Dios que soluciona, no su deseo de venganza, sino la restauración del pecador a Él mismo. En el orden histórico la acción y pasión de Cristo son *con* nosotros y *por* nosotros, en ese sentido, no sólo es *Mediador*, como quien vincula a dos enemigos reconciliándolos por su mediación, sino que su Persona y destino son comunicantes. Es decir, Cristo no es un ámbito o un ser intermedio, sino Persona que en libre obediencia motivado por el amor abarca a ambos elementos discordantes uniéndolos definitivamente en Él. Dios tiene destino humano en el Hijo encarnado y los hombres tenemos destino divino en Jesús, que es nuestro hermano. El amor de Dios se hace historia solidaria con el hombre en la Cruz de Cristo. La mediación de Jesús toma una dimensión admirable cuando descubrimos que lo que nos ofrece no es algo anterior, exterior o ajeno a Él, sino inherente a Sí mismo, porque como Dios estuvo en el origen y planificación de la salvación del hombre.

Otra reflexión en relación con la muerte de Jesús tiene que ver con la realidad de que Dios, al enviar a su Hijo al mundo (Gá. 4:4), se envía a Sí mismo con Él. La encarnación, en la que el Verbo se hace hombre, alcanza la suprema expresión de comunicación entre el Creador y la criatura. La encarnación se convierte en gracia redentora cuando Dios viene al encuentro del pecador caído bajo el poder del pecado, para restaurarlo, buscándolo y alcanzándolo a Él mismo (Lc. 19:10). Para que los hombres puedan alcanzar y vivir la vida eterna, que el Padre comunica, Cristo tiene que resolver y reconstruir la situación que el pecado había deteriorado. Por tanto en un vínculo de amor en entrega, el Padre da a su Hijo y el Hijo se entrega voluntariamente en la Cruz. Allí, Dios estaba reconciliando al mundo en la Cruz de su Hijo para que el mundo sea salvo por Él (3:16-17). En la Cruz, como se aprecia en el relato de Mateo se descubre la violencia de los hombres, el amor de Dios que entrega a su Hijo y la libertad del Hijo, que se entrega a Sí mismo en solidaridad representativa y sustitutoria por los hombres. Nuevamente es preciso desarrollar el pensamiento del concepto bíblico de *ira de Dios,* como una forma de designar el amor ofendido y el sentimiento por el amigo que se apartó desafiando el amor verdadero que le había sido expresado. Cuando el hombre peca, se aleja de Dios, rompe con Dios y, al apartarse de la vida entra en la muerte, y al separarse del camino entra en la perdición. Por el pecado, a quien se ofende y degrada en última instancia es al hombre mismo. La dimensión del pecado del hombre se hace infinita por ser dirigida hacia el Ser infinito que es Dios, pero, lo que negativamente deshizo el pecado, positivamente lo rehízo Cristo al morir por nosotros y cancelar por nosotros la deuda infinita contraída a causa de nuestro pecado. Afirmar que Cristo expió nuestro pecado significa que Él nos da Su vida de Hijo, como potencia destructora del pecado, recreando en Él mismo una nueva relación con Dios en una existencia filial participando en la suya, dándonos definitivo acceso a Dios (Ro. 5:1-11; 8:1-11). La entrega de Su vida, expresada simbólicamente en el derramamiento de Su sangre, es la expresión suprema del amor de Dios que provee en Cristo todo lo necesario para que el hombre no permanezca esclavo del poder del pecado. Ese amor de Dios, manifestado en Cristo y aportado en Él, es inseparable ya del creyente (Ro. 8:31-39).

No debe finalizarse el comentario al versículo, sin que formulemos una pregunta: ¿Había sido crucificado Dios? Sin duda alguna es necesario afirmar rotundamente que Jesús, el crucificado, es Dios. No se debe pasar aquí a un desarrollo cristológico de la Persona y obra de Jesucristo porque es un comentario al texto del Evangelio según Juan de lo que se trata. Sin embargo considero necesario hacer una sencillísima aproximación a este aspecto para poder entender bien la Cruz de Cristo. El testimonio sobre la deidad de Jesús no es el resultado de una expresión externa, sino la declaración personal del mismo Señor. Jesús pide el testimonio de los hombres sobre su persona: *"¿Quién dicen los hombres que es el Hijo del Hombre?"* (16:13). La respuesta histórico testimonial de los discípulos expresa la idea de un profeta redivivo. Sin embargo Cristo requirió el testimonio de los suyos sobre Él: *"Y vosotros, ¿quién decís que soy yo?"* (16:15), para recibir el testimonio de Pedro: *"Tu eres el Cristo, el Hijo del Dios viviente"* (16:16). Es entonces cuando Jesús mismo llama bienaventurado a Pedro porque estaba haciendo una manifestación que no procedía de los hombres, sino que había llegado a él por revelación del Padre desde el cielo (16:17). No cabe duda que Jesús es Dios. No cabe duda que Jesús es una Persona divino-humana. Ahora bien, si se busca una explicación desde el plano de la filosofía se producirá una desorientación en este sentido, cuando se habla de la muerte del Verbo encarnado, por un lado la afirmación contundente: *"Dios ha muerto"*, por otro la no menos contundente *"Dios no puede morir"*. Estos dos posicionamientos son irreconciliables, y conducen, en la teología de la Cruz, a la radicalización absoluta. Esto es el resultado de un teísmo filosófico del conocimiento de Dios desde la temporalidad del hombre, pero, la Cruz debe entenderse no como un simple hecho histórico-temporal, sino como la determinación eterna de la redención del hombre. La muerte de Jesús debe entenderse como la de Dios que da Su vida, sobre todo porque no se trata de un acontecimiento biológico de vida y muerte que afecta sólo al hombre, sino algo mucho mayor. Si se afirma que el Logos encarnado, murió sólo en Su realidad humana e implícitamente se entiende esto como que no afectó para nada a Dios en ningún sentido de la palabra, sólo se está considerando un aspecto limitado de la verdad de la fe. No cabe ninguna duda que el Dios inmutable no experimenta en Sí mismo ninguna historia temporal y, por tanto, ninguna muerte; pero Él mismo, por la encarnación tiene una historia en *"lo otro"*, es decir, en la temporalidad y en la experiencia de la limitación y del vaciamiento. La muerte de Jesús es un principio vital de la automanifestación de Dios. Esta muerte revela profunda y definitivamente a Dios en encuentro de salvación. Pero ¿hasta que punto es *alcanzado y afectado* Dios mismo por la muerte de Jesús en la Cruz? ¿Ha sufrido en Sí mismo o sólo en *el otro*, es decir en la humanidad? ¿Puede deslindarse en algún momento la humanidad de la Persona Divina del Hijo de Dios? ¿Hay algún instante en la Cruz en que Jesús deje de ser Dios para ser sólo hombre? En alguna medida, quienes sostienen que el sufrimiento y la muerte en la Cruz sólo tuvo que ver con la naturaleza humana y no afectó en lo más mínimo a la Persona Divina, están cayendo peligrosamente en un docetismo, según el cual Jesús sufrió aparentemente y no en realidad y que había muerto abandonado de Dios sólo en apariencia y no en realidad. La razón de un pensamiento rígido en relación con Dios se debe al concepto filosófico, que lo presenta como imperecedero, invariable, indivisible, inmortal e impasible (en sentido de no sufrir). En cambio el hombre es todo lo contrario. Esto impide a veces una comprensión clara de que Jesús no es un hombre y un Dios vinculados, sino el Dios-hombre absoluto y que las dos naturalezas, la eterna, infinita, inmutable, imperecedera y gloriosa, que corresponde a la deidad, subsiste *hipostáticamente* con la humana, limitada, sufriente y mortal, en la misma y única persona del Verbo encarnado. Si el sujeto de atribución de ambas naturalezas es la Persona Divina, lo es también como sujeto de experiencia de ambas dos naturalezas. Por tanto, la Cruz, solo puede verse desde la relación entre Jesús y el Padre en la comunión del Espíritu y no sólo en que uno de la Trinidad ha sufrido en la carne, como si Su naturaleza humana pudiese desvincularse en algún instante, después de ser asumida en la concepción, de la segunda Persona Divina. Es necesario entender bien que la razón de la vida de Jesús, Su ministerio y Su muerte es siempre el Padre, ante quien vive Su vida y muere Su muerte. La finitud de la naturaleza humana de Cristo, no puede consumarse por sí misma en el hacer, sino que tiene que ser consumado por otro en el amor que es dolor, entrega y muerte. La carta a los Hebreos presenta a Jesús como consumado por los padecimientos (He. 2:10; 5:8; 7:28). Debemos llegar a una respuesta concreta a la luz de la revelación bíblica, no cabe duda que quien estaba clavado en la Cruz es Dios bendito manifestado en carne; sin dejar de entender también que los clavos que sujetaban a la cruz, los sufrimientos de la pasión se hacían sensibles por medio de Su naturaleza humana. El apóstol Juan, refiriéndose a Jesús afirma contundentemente, sin paliativos que es Dios (1:1). De igual modo el apóstol Pablo, enseña que en Él *"habita corporalmente toda la plenitud de la Deidad"* (Col. 2:9). De este mismo Cristo se dice también que se hizo *"obediente hasta la muerte y muerte de Cruz"* (Fil. 2:8); y del mismo Señor se afirma también que *"Cristo nos redimió de la maldición de la ley, hecho por nosotros maldición, (porque está escrito: Maldito todo el que es colgado en un madero)"* (Gá. 3:13). Sólo una vida de infinito valor puede cancelar la responsabilidad penal que el pecado había producido en todos. Sólo el eterno Hijo de Dios, dando Su vida por el pecador puede redimir de la condenación a todo aquel que cree.

Epílogo de la cruz (19:31-37).

31. Entonces los judíos, por cuanto era la preparación de la pascua, a fin de que los cuerpos no quedasen en la cruz en el día de reposo (pues aquel día de reposo era de gran solemnidad), rogaron a Pilato que se les quebrasen las piernas, y fuesen quitados de allí.

Οἱ οὖν Ἰουδαῖοι, ἐπεὶ παρασκευὴ ἦν, ἵνα μὴ μείνῃ ἐπὶ
Así que los judíos, puesto que preparación era, para que no quedasen sobre
τοῦ σταυροῦ τὰ σώματα ἐν τῷ σαββάτῳ, ἦν γὰρ μεγάλη ἡ
la cruz los cuerpos en el sábado, porque era grande el
ἡμέρα ἐκείνου τοῦ σαββάτου, ἠρώτησαν τὸν Πιλᾶτον ἵνα
día aquel del sábado, rogaron - a Pilato que
κατεαγῶσιν αὐτῶν τὰ σκέλη καὶ ἀρθῶσιν.
fuesen quebradas de ellos las piernas y fuesen quitados.

Notas y análisis del texto griego.

Análisis: Οἱ, caso nominativo masculino plural del artículo determinado *los*; οὖν, conjunción *así que*; Ἰουδαῖοι, caso nominativo masculino plural del adjetivo *judíos*; ἐπεὶ, conjunción causal *puesto que*; παρασκευὴ, caso nominativo femenino singular del nombre común *preparación*; ἦν, tercera persona singular del imperfecto de indicativo en voz activa del verbo εἰμί, *ser*, aquí *era*; ἵνα, conjunción causal *para que*; μὴ, partícula que hace funciones de adverbio de negación *no*; μείνῃ, tercera persona singular del aoristo primero de subjuntivo en voz activa del verbo μένω, *quedar, permanecer*, aquí *quedasen*; ἐπὶ, preposición propia de genitivo *sobre, en*; τοῦ, caso genitivo masculino singular del artículo determinado *el*; σταυροῦ, caso genitivo masculino singular del nombre común *cruz*; τὰ, caso nominativo neutro plural del artículo determinado *los*; σώματα, caso nominativo neutro plural del nombre común *cuerpos*; ἐν, preposición propia de dativo *en*; τῷ, caso dativo neutro singular del artículo determinado *el*; σαββάτῳ, caso dativo neutro singular del nombre común *sábado*; ἦν, tercera persona singular del imperfecto de indicativo en voz activa del verbo εἰμί, *ser*, aquí *era*; γὰρ, conjunción causal *porque*; μεγάλη, caso nominativo femenino singular del adjetivo *grande*; ἡ, caso nominativo femenino singular del artículo determinado *la*; ἡμέρα, caso nominativo femenino singular del nombre común *día*; ἐκείνου, caso genitivo neutro singular del pronombre demostrativo *aquel*; τοῦ, caso dativo neutro singular del artículo determinado *el*; σαββάτῳ, caso dativo neutro singular del nombre común *sábado*; ἠρώτησαν, tercera persona plural del aoristo primero de indicativo en voz activa del verbo ἠρωτάω, *rogar, pedir*, aquí *rogaron*; τὸν, caso acusativo masculino singular del artículo determinado *el*; Πιλᾶτον, caso acusativo masculino singular del nombre propio *Pilato*; ἵνα, conjunción *que*; κατεαγῶσιν, tercera persona plural del segundo aoristo de subjuntivo en voz pasiva del verbo κατάγνυμι, *quebrar*, aquí *fuesen quebradas*; αὐτῶν, caso genitivo masculino de la tercera persona plural del pronombre personal declinado *de ellos*; τὰ, caso acusativo neutro plural del artículo determinado *los*; σκέλη, caso acusativo neutro plural del nombre común *piernas*; καὶ, conjunción copulativa *y*; ἀρθῶσιν, tercera persona plural del aoristo primero de subjuntivo en voz pasiva del verbo αἴρω, *tomar, quitar, levantar*, aquí *fuesen quitados*.

Οἱ οὖν Ἰουδαῖοι, ἐπεὶ παρασκευὴ ἦν, ἵνα μὴ μείνῃ ἐπὶ τοῦ σταυροῦ τὰ σώματα ἐν τῷ σαββάτῳ, ἦν γὰρ μεγάλη ἡ ἡμέρα ἐκείνου τοῦ σαββάτου, Era un día especial aquel viernes, *parasceve*, día de *preparación* para la celebración del sábado. Todos los sábados revestían solemnidad al ser de reposo, dedicado a Dios. Pero en esta ocasión aumentaba la distinción por ser el viernes de preparación en la semana de la pascua. Dios había establecido en la ley que este primer día de la fiesta debía ser *de solemnidad* (Ex. 12:16).

ἠρώτησαν τὸν Πιλᾶτον ἵνα κατεαγῶσιν αὐτῶν τὰ σκέλη καὶ ἀρθῶσιν. Los *judíos*, aquí en sentido del liderazgo religioso, consideraban que los cuerpos no debían quedar en la cruz en un día tan solemne. No porque estuviesen muertos, que los de los dos ladrones no estaban, sino por el espectáculo de la crucifixión, cerca de la ciudad, que contrastaba con la festividad de la pascua. Los romanos solían dejar en la cruz los cuerpos muertos para que fuesen pasto de las aves carroñeras y de las fieras. Además los judíos tenían la prohibición en la ley de dejar un cuerpo muerto sobre un madero más allá de la puesta del sol. Por todas esas razones pidieron a Pilato que acelerase la muerte de los crucificados quebrándoles las piernas. A eso se le llamaba *crurifragium*, consistente en dar un golpe sobre las tibias para producir la rotura. En esa posición se hace aún más difícil la aspiración y el reo muere antes. Los golpes bien con martillo, o incluso con el asta de una lanza, era algo terriblemente inhumano. Pero investigaciones médicas afirman que la conmoción que producía semejante herida a los huesos era, muchas veces el golpe de gracia que producía la muerte, al causar un shock traumático severo o una embolia grasa. Muertos los crucificados debían ser retirados de la cruz antes de la puesta del sol, con lo que el lugar quedaba despejado evitando el espectáculo dantesco en el día de la fiesta solemne. Es necesario observar que los líderes religiosos pedían acelerar la muerte de los reos no por compasión al sufrimiento humano, sino por necesidades de carácter religioso. Aquellos indignos, no de ser llamados adoradores de Dios, sino de ser llamados hombres, apegados a su tradición y a sus liturgias, no buscaban más que satisfacer adecuadamente el espectáculo religioso de sus fiestas solemnes, mientras eran incapaces de compadecerse de otros.

32. Vinieron, pues, los soldados, y quebraron las piernas al primero, y asimismo al otro que había sido crucificado con él.

ἦλθον οὖν οἱ στρατιῶται καὶ τοῦ μὲν πρώτου κατέαξαν τὰ
Vinieron, pues, los soldados y del - primero quebraron las
σκέλη καὶ τοῦ ἄλλου τοῦ συσταυρωθέντος αὐτῷ·
piernas y del otro del que había sido crucificado con él.

Notas y análisis del texto griego.

Juan describe el cumplimiento del mandato de Pilato: ἦλθον, tercera persona plural del aoristo segundo de indicativo en voz activa del verbo ἔρχομαι, *venir*, aquí *vinieron*; οὖν, conjunción continuativa *pues*; οἱ, caso nominativo masculino plural del artículo determinado *los*; στρατιῶται, caso nominativo masculino plural del nombre común *soldados*; καὶ, conjunción copulativa *y*; τοῦ, caso genitivo masculino singular del artículo determinado declinado *del*; μὲν, partícula afirmativa que se coloca siempre inmediatamente después de la palabra expresiva de una idea que se ha de reforzar o poner en relación con otra idea y que, en sentido absoluto tiene oficio de adverbio de afirmación, como *ciertamente, a la verdad*; πρώτου, caso genitivo masculino singular del adjetivo numeral ordinal *primero*; κατέαξαν, tercera persona plural del aoristo primero de indicativo en voz activa del verbo κατάγνυμι, *quebrar*, aquí *quebraron*; τὰ, caso acusativo neutro plural del artículo determinado *los*; σκέλη, caso acusativo neutro plural del nombre común *piernas*; καὶ, conjunción copulativa *y*; τοῦ, caso genitivo masculino singular del artículo determinado declinado *del*; ἄλλου, caso genitivo masculino singular del pronombre indefinido *otro*; τοῦ, caso genitivo masculino singular del artículo determinado declinado *del*; συσταυρωθέντος, caso genitivo masculino singular del participio de aoristo del verbo συσταυροόμαι, *crucificar con*, aquí *que había sido crucificado con*; αὐτῷ, caso dativo masculino de la tercera persona singular del pronombre personal declinado *con él*.

ἦλθον οὖν οἱ στρατιῶται. Pilato concedió lo que ellos pedían. Desde el lugar donde estaban los soldados en la Torre Augusta, envió a los que llamaban *clavatores*, porque manejaban una *clava*, porra de madera o de hierro, que servía para las funciones de quebrar las piernas a los crucificados. Seguramente que no eran los cuatro que habían sido asignados a la crucifixión, sin embargo el detalle carece de importancia.

καὶ τοῦ μὲν πρώτου κατέαξαν τὰ σκέλη καὶ τοῦ ἄλλου τοῦ συσταυρωθέντος αὐτῷ· Cumpliendo la tremenda misión, quebraron las piernas de los dos reos que habían sido crucificados con Jesús. Uno de ellos moría, partiendo para estar con Cristo, porque había creído en Él durante el tiempo de la crucifixión, con Él, según promesa del Señor, estaría aquel mismo día en el paraíso (Lc. 23:43).

33. Mas cuando llegaron a Jesús, como le vieron ya muerto, no le quebraron las piernas.

ἐπὶ δὲ τὸν Ἰησοῦν ἐλθόντες, ὡς εἶδον ἤδη αὐτὸν τεθνηκότα,
Pero junto a - Jesús al llegar, como vieron ya le que había muerto
οὐ κατέαξαν αὐτοῦ τὰ σκέλη,
no quebraron le las piernas.

Notas y análisis de texto griego.

Sigue el relato: ἐπὶ, preposición propia de acusativo *sobre, junto a, frente a*; δὲ, partícula conjuntiva que hace las veces de conjunción coordinante, con sentido de *pero, más bien, y, y por cierto, antes bien*; τὸν, caso acusativo masculino singular del artículo determinado *el*; Ἰησοῦν, caso acusativo masculino singular del nombre propio *Jesús*; ἐλθόντες, caso nominativo masculino plural del participio del aoristo segundo en voz activa del verbo ἔρχομαι, *venir, llegar*, aquí *al llegar, llegando*; ὡς, conjunción temporal *cuando*; εἶδον, tercera persona plural del aoristo segundo de indicativo en voz activa del verbo ὁράω, *ver, mirar, observar*, aquí *vieron*; ἤδη, adverbio *ya*; αὐτὸν, caso acusativo masculino de la tercera persona singular del pronombre personal declinado *a él, le*; τεθνηκότα, caso acusativo masculino singular del participio perfecto en voz activa del verbo θνῄσκω, *morir*, aquí *que había muerto*; οὐ, adverbio de negación *no*; κατέαξαν, tercera persona plural del aoristo primero de indicativo en voz activa del verbo κατάγνυμι, *quebrar* aquí *quebraron*; αὐτοῦ, caso genitivo masculino de la primera persona singular del pronombre personal declinado *de él*; τὰ, caso nominativo neutro plural del artículo determinado *los*; σκέλη, caso nominativo neutro plural del nombre común *piernas*.

ἐπὶ δὲ τὸν Ἰησοῦν ἐλθόντες, ὡς εἶδον ἤδη αὐτὸν τεθνηκότα, οὐ κατέαξαν αὐτοῦ τὰ σκέλη, Cuando llegaron al lugar donde estaba Jesús, dice el texto griego *llegaron junto a Jesús*, o si se prefiere también se puede traducir *llegaron frente a Jesús*, en cualquier caso cuando tocó el turno a Jesús, se encontraron con que ya había muerto. Un tiempo tan corto en la cruz, causó admiración a Pilato (Mr. 15:44). Verificada Su muerte ya no había razón para quebrarle las piernas, por lo que le dejaron así.

34. Pero uno de los soldados le abrió el costado con una lanza, y al instante salió sangre y agua.

ἀλλ' εἷς τῶν στρατιωτῶν λόγχῃ αὐτοῦ τὴν πλευρὰν ἔνυξεν,
Pero uno de los soldados con lanza de él el costado traspasó
καὶ ἐξῆλθεν εὐθὺς αἷμα καὶ ὕδωρ.
y salió al instante sangre y agua.

Notas y análisis del texto griego.

Análisis: ἀλλ', forma escrita ante vocal de la conjunción adversativa ἀλλά que significa *pero, sino*; εἷς, caso nominativo masculino singular del adjetivo numeral cardinal *uno*; τῶν, caso genitivo masculino plural del artículo determinado declinado *de los*; στρατιωτῶν, caso genitivo masculino plural del nombre común *soldados*; λόγχῃ, caso dativo femenino singular del nombre común declinado *con lanza*; αὐτοῦ, caso genitivo masculino de la tercera persona singular del pronombre personal declinado *de él*; τὴν, caso acusativo femenino singular del artículo determinado *la*; πλευρὰν, caso acusativo femenino singular del nombre común *costado*; ἔνυξεν, tercera persona singular del aoristo primero de indicativo en voz activa del verbo νύσσω, *perforar, traspasar*, aquí *traspasó*; καὶ, conjunción copulativa *y*; ἐξῆλθεν, tercera persona singular del aoristo segundo de indicativo en voz activa del verbo ἐξέρχομαι, *salir*, aquí *salió*; εὐθὺς, adverbio de modo *inmediatamente, al instante, en seguida*; αἷμα, caso nominativo neutro singular del nombre común *sangre*; καὶ, conjunción copulativa *y*; ὕδωρ, caso nominativo neutro singular del nombre común *agua*.

ἀλλ' εἷς τῶν στρατιωτῶν λόγχῃ αὐτοῦ τὴν πλευρὰν ἔνυξεν, Aunque aparentemente Jesús estaba muerto, uno de los soldados sintió que debía herirse al crucificado por si todavía tenía vida en él. Así que tomando la lanza la introdujo, probablemente por el lado izquierdo, próximo al corazón, clavándola en Su costado con determinación, ya que la intención era causar la muerte si no se había producido aún. La herida producida tuvo que haber sido grande. Primeramente por la dimensión del instrumento, cuya hoja en la parte final era de cierta dimensión. El tamaño de la herida permitía que Tomas el discípulo pudiese meter su mano en ella (20:25-27). La tradición dice que el soldado se llamaba *Longinos*, pero con mucha certeza es aplicar como nombre propio el que sería mejor como de su oficio, procedente de λόγχη, *lanza*.

καὶ ἐξῆλθεν εὐθὺς αἷμα καὶ ὕδωρ. El evangelista hace notar que *inmediatamente*, o *al instante*, salió del costado abierto de Cristo, sangre y agua. Una pregunta surge en la consideración del texto. Aunque realmente se aprecia que la muerte de Jesús fue algo sobrenatural, ¿cuál fue la causa física que produjo la muerte humana del Salvador? Se han hecho múltiples propuestas una de las cuales, que según la ciencia médica es la más válida, consistía en la rotura del corazón, de ahí el agua y la sangre mezcladas que salieron tras la lanzada del soldado. Pudiera ser esta la causa física utilizada en la omnipotencia divina, pero, con todo, no hay forma de resolver satisfactoriamente la cuestión. Lo importante es la última frase que recogen los *Evangelios* y de la que Marcos hace referencia como *una gran voz*. Esa expresión *"Padre, en tus manos encomiendo mi espíritu"* (Lc. 23:46) es el cierre de la relación de Jesús con el Padre durante la Cruz. Desde la primera palabra del Crucificado hasta esta última, la relación paterno-filial entre el Padre y el Hijo quedan patentes. Tan sólo al finalizar el tiempo de Su muerte espiritual se dirigió al Padre llamándole Dios, mientras recitaba el Salmo 22, como correspondía a una situación en la que Él estaba sustituyendo y recibiendo sobre Sí el juicio por el pecado. El Señor oró al Padre en Getsemaní pidiéndole ser librado de la muerte (He. 5:7) y en la *Epístola* se dice *"que fue oído"*, por tanto, lo que se produjo después de las horas de tinieblas fue la aceptación del Padre como suficiente en relación con la muerte espiritual del Hijo, de modo que junto con la luz que siguió a la oscuridad en que se había visto sumida la tierra, se aprecia la restauración plena de la comunión entre el Crucificado y el Padre, de modo que la relación eterna y temporal –en cuanto a humanidad- queda en la misma condición y el Hijo habla al Padre en la forma en que siempre lo hizo: *"Padre, en tus manos encomiendo mi espíritu"*. El que había sido ejemplo de oración durante todo Su ministerio, concluye el tiempo del sacrificio expiatorio por el pecado y entra en la muerte física orando al Padre, y tomando también de la Palabra Su oración final (Sal. 31:5). Oración y Palabra estuvieron unidas en la vida del Salvador.

Sin embargo, la efusión de sangre y agua tenían un sentido teológico que Juan deseaba destacar. Esta comprensión la puso de manifiesto en su primera epístola, cuando dice que Jesucristo vino de sangre y agua (1 Jn. 5:6). Los dos líquidos tienen gran importancia en la Escritura, en el orden sacrificial y ceremonial de la ley. La sangre era para la expiación (Lv. 17:11); el agua para la purificación (Ez. 36:25). La cancelación de la deuda del pecado solo es posible mediante derramamiento de sangre; el agua lava la mancha del pecado. Ambas operaciones van siempre juntas, porque Cristo las unió. Así de Su costado sale sangre y agua juntas. El agua en la Biblia es símbolo del Espíritu Santo, que regenera, luego de que la sangre de Cristo cancela la deuda del pecado. También el agua se aplica a la Palabra por cuya influencia podemos mantenernos en el camino de la santidad. Podría resumirse esta *aplicación* simbólica del relato histórico, sin alegorizar el texto bíblico buscando en la aplicación el sentido que Juan da a las dos figuras de la sangre y del agua. La sangre se usa en el relato cuando Jesús habla de que la vida eterna se alcanza apropiándose de su sangre (6:53-56). El simbolismo del agua es más abundante, usándola para referirse al nuevo nacimiento, *de agua y del Espíritu* (3:5); para hablar de la vida eterna, el *agua viva* que es don divino (4:10, 11, 14); en el sentido de la vida eterna vivida en la experiencia cristiana donde brota *agua viva* del interior espiritual del creyente (7:38-39), simbolizando también al Espíritu Santo. Las aplicaciones de esos símbolos tienen relación con la Persona y obra de Jesucristo, por lo que Juan quiere recordarnos con la figura, que la vida verdadera, viene mediante la muerte de Cristo.

35. Y el que lo vio da testimonio, y su testimonio es verdadero; y él sabe que dice verdad, para vosotros también creáis.

καὶ ὁ ἑωρακὼς μεμαρτύρηκεν, καὶ ἀληθινὴ αὐτοῦ ἐστιν ἡ
Y el que ha visto ha dado testimonio, y verdadero de él es el
μαρτυρία, καὶ ἐκεῖνος οἶδεν ὅτι ἀληθῆ λέγει, ἵνα καὶ
testimonio, y él sabe que toda verdad habla, para que también
ὑμεῖς πιστεύσητε.
vosotros creáis.

Notas y análisis del texto griego.

Análisis: καὶ, conjunción copulativa *y*; ὁ, caso nominativo masculino singular del artículo definido *el*; ἑωρακὼς, caso nominativo masculino singular del participio de perfecto en voz activa del verbo ὁράω, *ver, mirar, observar*, aquí *que ha visto*; μεμαρτύρηκεν, tercera persona singular del perfecto de indicativo en voz activa del verbo μαρτυρέω, *testificar, dar testimonio, ser testigo*, aquí *ha dado testimonio*; καὶ, conjunción copulativa *y*; ἀληθινὴ, caso femenino singular del adjetivo *verdadero*; αὐτοῦ, caso genitivo masculino de la tercera persona singular del pronombre personal declinado *de él*; ἐστιν, tercera persona singular del presente de indicativo en voz activa del verbo εἰμί, *ser, estar*, aquí *es*; ἡ, caso nominativo femenino singular del artículo determinado *la*; μαρτυρία, caso nominativo femenino singular del nombre común *testimonio*; καὶ, conjunción copulativa *y*; ἐκεῖνος, caso nominativo masculino singular del pronombre demostrativo *él*; οἶδεν, tercera persona singular del perfecto de indicativo en voz activa del verbo οἶδα, *saber, entender, conocer, comprender*, aquí *ha sabido, sabe*; ὅτι, conjunción *que*;

ἀληθῆ, caso acusativo neutro plural del adjetivo *verdaderos*, en sentido de *hablar con toda verdad*; λέγει, tercera persona singular del presente de indicativo en voz activa del verbo λέγω, *hablar, decir*, aquí *dice, habla*; ἵνα, conjunción causal *para que*; καὶ, adverbio de modo *también*; ὑμεῖς, caso nominativo de la segunda persona plural del pronombre personal *vosotros*; πιστεύσητε, segunda persona plural del aoristo primero de subjuntivo en voz activa o segunda persona plural del presente de subjuntivo en voz activa del verbo πιστεύω, *creer*, aquí *creáis*.

καὶ ὁ ἑωρακὼς μεμαρτύρηκεν, καὶ ἀληθινὴ αὐτοῦ ἐστιν ἡ μαρτυρία, Juan desea que crean el testimonio que da, no solo del hecho en sí de la cruz, ni tampoco de la lanzada en el costado de Jesús y sus consecuencias, sino el testimonio general de cuanto ha dicho acerca del Señor. El interés de Juan no es que los lectores conozcan la historia de Cristo, sino los resultados de Su obra para que crean en Él. El no relata lo que otros le dijeron. Esto echa por tierra la teoría de las *fuentes* del *Evangelio*. No se trata de relatos que oyó, o manuscritos, que utilizó, sino de su propio testimonio personal. El relato es de primera mano, hecho por un testigo presencial de los acontecimientos.

καὶ ἐκεῖνος οἶδεν ὅτι ἀληθῆ λέγει, ἵνα καὶ ὑμεῖς πιστεύσητε. Juan afirma que cuanto ha dicho es verdad. El uso del adjetivo ἀληθῆ, *verdadero, genuino, que es toda la verdad*, confirma el deseo de que los lectores entiendan que cuando ha dicho y lo que sigue corresponde a un testimonio fiel y verdadero, comprometido con la verdad, que se conforma con la realidad. Podría pensarse aquí en una fórmula de juramento que garantiza ante los lectores que el testimonio es verdadero. Cuando Juan escribe los que eran de ascendencia religiosa judía creían en que Jesús no había hecho las cosas como se decían y que Su resurrección no era verdad; por otro, los gnósticos, estaban enseñando sus perniciosos engaños que generaban continuas herejías contra la verdad de quien era Jesús, cual Su obra y quienes podían alcanzar el conocimiento elevado que suponía la verdad. Por tanto hace aquí un paréntesis testimonial afirmando que cuanto dice es verdad. Para que *vosotros creáis*, esto es, los fieles que no vieron personalmente al Señor ni presenciaron Su muerte. Juan dice a los lectores que no sólo habían de creer en la verdad del relato inmediato, sobre la lanzada del soldado y la salida de sangre y agua del costado abierto del Señor, sino toda la verdad cristiana sobre la Persona y obra de Jesucristo.

36. Porque estas cosas sucedieron para que se cumpliese la Escritura: No será quebrado hueso suyo.

ἐγένετο γὰρ ταῦτα ἵνα ἡ γραφὴ πληρωθῇ· *ὀστοῦν οὐ*
Porque sucedieron estas cosas para que la Escritura se cumpliese: Hueso no
συντριβήσεται αὐτοῦ.
será quebrantado de Él.

Notas y análisis del texto griego.

La razón del suceso: ἐγένετο, tercera persona singular del aoristo segundo de indicativo en voz media del verbo γίνομαι, *suceder, hacerse, ser hecho*, aquí *sucedió*; γὰρ, conjunción causal *porque*; ταῦτα, caso nominativo neutro plural del pronombre demostrativo *estos, en relación con estas cosas*; ἵνα, conjunción causal *para que*; ἡ, caso nominativo femenino singular del artículo determinado *la*; γραφὴ, caso nominativo femenino singular del nombre común *escritura*; πληρωθῇ, tercera persona singular del aoristo primero de subjuntivo en voz pasiva del verbo πληρόω, *cumplir, llevar a término, completar*, aquí *se cumpliese*; *ὀστοῦν*, caso nominativo neutro singular del nombre común *hueso*; *οὐ*, adverbio de negación *no*; *συντριβήσεται*, tercera persona singular del futuro de indicativo en voz pasiva del verbo συντρίβω, *trocear, romper, quebrantar*, aquí *será quebrantado*; *αὐτοῦ*, caso genitivo masculino de la tercera persona singular del pronombre personal declinado *de él*.

ἐγένετο γὰρ ταῦτα ἵνα ἡ γραφὴ πληρωθῇ· *ὀστοῦν οὐ συντριβήσεται αὐτοῦ.* La Escritura se cumplió también aquí al ser preservadas las piernas de Jesús de lo que había sido la instrucción a los soldados de quebrar las piernas de los reos. Pero la Escritura, citando aquí al Salmo, 34:20, anunciaba que ningún hueso del Justo sería quebrantado. Jesús era la realidad definitiva del Cordero de Dios, simbolizado en el cordero pascual que se comía año tras año. La ley establecía que no podía quebrantarse ningún hueso del cordero (Ex. 12:46). Por tanto el antitipo que era Jesús, cumpliendo lo establecido para el sacrificio ritual del cordero pascual, tampoco podría quebrantarse ningún hueso suyo.

37. Y también otra Escritura dice: Mirarán al que traspasaron.

καὶ πάλιν ἑτέρα γραφὴ λέγει· *ὄψονται εἰς ὃν ἐξεκέντησαν.*
Y también otra Escritura dice: Mirarán al que traspasaron.

Notas y análisis del texto griego.

Cerrando el párrafo, escribe: καὶ, conjunción copulativa *y*; *πάλιν*, adverbio *también*; ἑτέρα, caso nominativo femenino singular del adjetivo indefinido *otra*; γραφὴ, caso nominativo femenino singular del nombre común *escritura*;

λέγει, tercera persona singular del presente de indicativo en voz activa del verbo λέγω, *hablar, decir*, aquí *dice*; ὄψονται, tercera persona plural del futuro de indicativo en voz media del verbo ὁράω, *ver, mirar, observar*, aquí *verán*; εἰς, preposición propia de acusativo *a*; ὃν, caso acusativo masculino singular del pronombre relativo *al que, a quien*; ἐξεκέντησαν, tercera persona plural del aoristo primero de indicativo en voz activa del verbo ἐκκεντέω, *horadar, traspasar*, aquí *traspasaron*.

καὶ πάλιν ἑτέρα γραφὴ λέγει· ὄψονται εἰς ὃν ἐξεκέντησαν. Otra profecía que se cumple aquí es el cuerpo traspasado de Jesús. No sólo en cuanto a los clavos de las manos y de los pies, sino también del costado. Hablando proféticamente de la restauración futura de Israel y del arrepentimiento verdadero del pueblo que vivió en rebeldía contra Dios, el profeta dice que *"mirarán al que traspasaron"* (Zac. 12:10; Ap. 1:7). Se trata de una *mirada* de fe, mediante la cual recibirán la justificación y entrarán a la experiencia del reino como Jesús dijo a Nicodemo en su conversación con él.

Sepultura de Jesús (19:38-42).

38. Después de todo esto, José de Arimatea, que era discípulo de Jesús, pero secretamente por miedo de los judíos, rogó a Pilato que le permitiese llevarse el cuerpo de Jesús; y Pilato se lo concedió. Entonces vino, y se llevó el cuerpo de Jesús.

Μετὰ δὲ ταῦτα ἠρώτησεν τὸν Πιλᾶτον Ἰωσὴφ [ὁ] ἀπὸ
Y después de estas cosas rogó - a Pilato, José - de
Ἀριμαθαίας, ὢν μαθητὴς τοῦ Ἰησοῦ κεκρυμμένος δὲ διὰ
Arimatea, que es discípulo - de Jesús pero que había sido oculto por
τὸν φόβον τῶν Ἰουδαίων, ἵνα ἄρῃ τὸ σῶμα τοῦ Ἰησοῦ·
el miedo de los judíos, que llevase consigo el cuerpo - de Jesús;
καὶ ἐπέτρεψεν ὁ Πιλᾶτος. ἦλθεν οὖν καὶ ἦρεν τὸ σῶμα
y permitió - Pilato. Vino, pues, y llevó consigo el cuerpo
αὐτοῦ.
de él.

Notas y análisis del texto griego.

Iniciando un nuevo párrafo, escribe: Μετὰ, preposición propia de acusativo *después*; δὲ, partícula conjuntiva que hace las veces de conjunción coordinante, con sentido de *pero, más bien, y, y por cierto, antes bien*; ταῦτα, caso acusativo neutro plural del pronombre demostrativo *estos*, en sentido de *estas cosas*; ἠρώτησεν, tercera persona singular del aoristo primero de indicativo en voz activa del verbo ἐροτάω, *rogar, pedir*, aquí *rogó*; τὸν, caso acusativo masculino singular del artículo determinado *el*; Πιλᾶτον, caso acusativo masculino singular del nombre propio declinado *a Pilato*; Ἰωσὴφ, caso nominativo masculino singular del nombre propio *José*; ὁ, caso nominativo masculino singular del artículo determinado *él*; ἀπὸ, preposición propia de genitivo *de*; Ἁριμαθαίας, caso genitivo femenino singular del nombre propio *Arimatea*; ὢν, caso nominativo masculino singular del participio de presente en voz activa del verbo εἰμί, *ser*, aquí *que es*; μαθητὴς, caso nominativo masculino singular del nombre común *discípulo*; τοῦ, caso genitivo masculino singular del artículo determinado *el*; Ἰησοῦ, caso genitivo masculino singular del nombre propio declinado *de Jesús*; κεκρυμμένος, caso nominativo masculino singular del participio perfecto en voz pasiva del verbo κρύκτω, *ocultar, esconder*, aquí *que había sido oculto*; δὲ, partícula conjuntiva que hace las veces de conjunción coordinante, con sentido de *pero, más bien, y, y por cierto, antes bien*; διὰ, preposición propia de acusativo *por*; τὸν, caso acusativo masculino singular del artículo determinado *el*; φόβον, caso acusativo masculino singular del nombre común *temor, miedo*; τῶν, caso genitivo masculino plural del artículo determinado declinado *de los*; Ἰουδαίων, caso genitivo masculino singular del adjetivo *judíos*; ἵνα, conjunción *que*; ἄρῃ, tercera persona singular del aoristo primero de subjuntivo en voz activa del verbo αἴρω, *tomar, quitar, llevar consigo*, aquí *llevase consigo*; τὸ, caso nominativo neutro singular del artículo determinado *el*; σῶμα, caso acusativo neutro singular del nombre común *cuerpo*; τοῦ, caso genitivo masculino singular del artículo determinado *el*; Ἰησοῦ, caso genitivo masculino singular del nombre propio declinado *de Jesús*; καὶ, conjunción copulativa *y*; ἐπέτρεψεν, tercera persona singular del aoristo primero de indicativo en voz activa del verbo ἐπιτρέπω, *permitir, conceder*, aquí *permitió*; ὁ, caso nominativo masculino singular del artículo determinado *el*; Πιλᾶτος, caso nominativo masculino singular del nombre propio *Pilato*; ἦλθεν, tercera persona singular del segundo aoristo de indicativo en voz activa del verbo ἔρχομαι, *venir*, aquí *vino*; οὖν, conjunción continuativa *pues*; καὶ, conjunción copulativa *y*; ἦρεν, tercera persona singular del aoristo primero de indicativo en voz activa del verbo αἴρω, *tomar, quitar, llevar consigo*, aquí *llevó consigo*; τὸ σῶμα αὐτοῦ.

Μετὰ δὲ ταῦτα ἠρώτησεν τὸν Πιλᾶτον Ἰωσὴφ [ὁ] ἀπὸ Ἁριμαθαίας, Juan introduce aquí a una persona de la que no habla en el *Evangelio*. Su nombre era José, sumamente común en Judea en los tiempos de Jesús, natural de Arimatea, ciudad situada el nordeste de Lidia, aunque también pudiera tratarse de *Ramataín-zofin*, a unos treinta kilómetros de Jerusalén, o incluso pudiera ser de *Ramah*, la ciudad de Samuel, en la tribu de Efraín (1 S. 1:1). No es que fuese procedente de Arimatea, sino natural de aquel lugar, como exige el hecho de la presencia del artículo que le precede en el texto griego. Los sinópticos destacan dos cosas de este hombre. Según Marcos era un hombre *noble*, miembro del sanedrín (Mr. 15:43). Por su lado Mateo dice de él que era rico (Mt. 27:57). Siendo un hombre *noble* y miembro del Sanedrín, quiere decir que era uno de los setenta miembros que componían el alto tribunal de Israel. El calificativo que le da Marcos tiene un significado muy amplio y puede traducirse por *noble, decoroso, distinguido, honesto,* etc. La nobleza de este hombre se manifestó en no participar en el delito del Sanedrín contra Jesús (Lc. 23:50-51). Este hombre *rogó* a Pilato que le concediese llevar consigo el cuerpo de Jesús.

ὢν μαθητὴς τοῦ Ἰησοῦ κεκρυμμένος δὲ διὰ τὸν φόβον τῶν Ἰουδαίων, Juan dice que *era discípulo oculto*, o *discípulo secreto*, y da la razón de ese comportamiento, *por miedo de los judíos*. En el alto tribunal de Jerusalén había, por lo menos, dos discípulos secretos de Jesús, uno éste y el otro Nicodemo. Los líderes religiosos de Israel tenían amedrentados a las personas con la determinación de expulsión de la sinagoga, cuyos efectos se han comentado antes, especialmente en relación con el caso del ciego de nacimiento.

ἵνα ἄρῃ τὸ σῶμα τοῦ Ἰησοῦ· Pidió a Pilato el cuerpo de Cristo y, según Marcos lo hizo *osadamente*. No era fácil en un día como aquel pedir algo al gobernador relacionado con Jesús. Este discípulo secreto de Cristo da prueba de la realidad de lo que era, atreviéndose a rogar a Pilato para que le entregase el cuerpo de Jesús, y a desafiar también las iras de los líderes religiosos de Jerusalén. No cabe duda que había por lo menos dos cosas que se manifiestan en José de Arimatea: primero un profundo amor por Cristo; segundo un respeto por la ley que establecía para el que había sido ajusticiado y colgado en un madero que *"no dejaréis que su cuerpo pase la noche sobre el madero; sin falta lo enterrarás el mismo día"*.

καὶ ἐπέτρεψεν ὁ Πιλᾶτος. ἦλθεν οὖν καὶ ἦρεν τὸ σῶμα αὐτοῦ. La ley romana concedía los cadáveres de los ajusticiados a los parientes o amigos que lo solicitasen. La petición de José de Arimatea fue respondida satisfactoriamente, de modo que el cuerpo de Jesús, le fue entregado. José llevó el cuerpo desde el lugar de la cruz. Pareciera que el desenclavado de Cristo lo hizo José, con la ayuda que le fuera precisa. No era fácil aquella labor que requería destreza, fuerza y material que hiciese posible retirar los clavos de la madera mientras se tenía soportar el peso del cuerpo.

39. También Nicodemo, el que antes había visitado a Jesús de noche, vino trayendo un compuesto de mirra y de áloes, como cien libras.

ἦλθεν δὲ καὶ Νικόδημος, ὁ ἐλθὼν πρὸς αὐτὸν νυκτὸς τὸ
Y vino también Nicodemo, el que vino a Él de noche al
πρῶτον, φέρων μίγμα σμύρνης καὶ ἀλόης ὡς λίτρας ἑκατόν.
principio, trayendo mezcla de mirra y de áloes como libras cien.

Notas y análisis del texto griego.

Siguiendo el relato, escribe: ἦλθεν, tercera persona singular del segundo aoristo de indicativo en voz activa del verbo ἔρχομαι, *venir, llegar*, aquí *vino*; δὲ, partícula conjuntiva que hace las veces de conjunción coordinante, con sentido de *pero, más bien, y, y por cierto, antes bien*; καὶ, adverbio de modo *también*; Νικόδημος, caso nominativo masculino singular del nombre propio *Nicodemo*; ὁ, caso nominativo masculino singular del artículo determinado *el*; ἐλθὼν, caso nominativo masculino singular del participio del aoristo segundo en voz activa del verbo ἔρχομαι, *venir, llegar*, aquí *que vino*; πρὸς, preposición propia de acusativo *a*; αὐτὸν, caso acusativo de la tercera persona singular del pronombre personal *Él*; νυκτὸς, caso genitivo femenino singular del nombre común declinado *de noche*; τὸ, caso acusativo neutro singular del artículo determinado declinado *al*; πρῶτον, caso acusativo neutro singular del adjetivo numeral ordinal *primero*, en sentido de *principio*; φέρων, caso nominativo masculino singular del participio de presente en voz activa del verbo φέρω, *llevar, traer, cargar*, aquí *trayendo*; μίγμα, caso acusativo neutro singular del nombre común *mezcla*; σμύρνης, caso genitivo femenino singular del nombre común declinado *de mirra*; καὶ, conjunción copulativa *y*; ἀλόης, caso genitivo femenino singular del nombre común declinado *de áloes*; ὡς, adverbio de modo, *como*, que hace las veces de conjunción comparativa; λίτρας, caso acusativo femenino plural del nombre común *libras*; ἑκατόν, adjetivo numeral cardinal *cien*.

ἦλθεν δὲ καὶ Νικόδημος, ὁ ἐλθὼν πρὸς αὐτὸν νυκτὸς τὸ πρῶτον, φέρων μίγμα σμύρνης καὶ ἀλόης ὡς λίτρας ἑκατόν. Nicodemo aparece nuevamente en el *Evangelio*, con motivo de los preparativos para el entierro de Jesús. Sin duda era otro de los discípulos secretos de Cristo. Al principio de su ministerio (3:1 ss.) vino a Jesús de noche para hablar con Él sobre el problema personal que tenía en cuanto a la seguridad de entrar en el reino de los cielos. Nicodemo supo y admitió desde el principio que Jesús era el enviado de Dios, que venía como maestro. No sabemos cuanto pudo reconocer en un principio sobre si Jesús era el Mesías, pero, probablemente lo confirmó durante el tiempo del ministerio de Jesús.

Nicodemo trajo una mixtura, una mezcla, preparada ya, compuesta por *mirra* y *áloes*. La mirra se usaba para embalsamar los cadáveres y los áloes como perfume para las camas (Pr. 7:17), en general era un perfume para los vestidos (Sal. 45:8). La mirra procedía de una resina olorosa, y los áloes de una madera olorosa. El texto griego hace referencia al peso del ungüento que trajo Nicodemo, cifrándolo en aproximadamente unas cien libras. Era sin duda una cantidad importante. Este compuesto se solía poner entre las sábanas o lienzos que envolvían los cadáveres, para evitar el mal olor por la descomposición. La libra griega equivalía a 327,5 gramos, por tanto se trataba de unos treinta y dos kilos de ungüento. No solo era importante el peso sino también el valor. Quiere decir que tanto José de Arimatea como Nicodemo, eran hombres de buena posición social. El ungüento que se menciona, se usaba en grandes cantidades para el enterramiento de reyes. Es notable observar que los discípulos públicos de Jesús habían huido y no estaban presentes, mientras que los ocultos se hicieron visibles en aquella ocasión. Debiera servir este ejemplo para que no juzguemos a nuestros hermanos. Nosotros no sabemos cuales son sus intenciones ni que hay en sus corazones, sólo es potestativo de Dios ese conocimiento, pero, sin duda, hay algunos que no se hacen visibles en servicio y con su presencia, pero siendo hijos de Dios, estarán en disposición de hacer Su obra cuando sea necesario.

40. Tomaron, pues, el cuerpo de Jesús, y lo envolvieron en lienzos con especies aromáticas, según es costumbre sepultar entre los judíos.

ἔλαβον οὖν τὸ σῶμα τοῦ Ἰησοῦ καὶ ἔδησαν αὐτὸ ὀθονίοις
Tomaron, pues, el cuerpo - de Jesús y envolvieron lo con vendas
μετὰ τῶν ἀρωμάτων, καθὼς ἔθος ἐστὶν τοῖς Ἰουδαίοις
con las especies aromáticas como costumbre es a los judíos
ἐνταφιάζειν.
sepultar.

Notas y análisis del texto griego.

Análisis: ἔλαβον, tercera persona plural del segundo aoristo de indicativo en voz activa del verbo λαμβάνω, *tomar*, aquí *tomaron*; οὖν, conjunción continuativa *pues*; τὸ, caso nominativo neutro singular del artículo determinado *el*; σῶμα, caso nominativo neutro singular del nombre común *cuerpo*; τοῦ, caso genitivo masculino singular del artículo determinado *el*; Ἰησοῦ, caso genitivo masculino singular del nombre propio declinado *de Jesús*; καὶ, conjunción copulativa *y*; ἔδησαν, tercera persona plural del aoristo primero de indicativo en voz activa del verbo δέω, *atar, amarrar, envolver*, aquí *envolvieron*; αὐτὸ, caso acusativo neutro de la tercera persona singular del pronombre personal *lo*; ὀθονίοις, caso dativo neutro plural del nombre común declinado *con vendas*; μετὰ, preposición propia de genitivo *con*; τῶν, caso genitivo neutro plural del artículo determinado *los*; ἀρωμάτων, caso genitivo neutro plural del nombre común *ungüentos aromáticos*; καθὼς, conjunción *como*; ἔθος, caso nominativo neutro singular del nombre común *costumbre*; ἐστὶν, tercera persona singular del presente de indicativo en voz activa del verbo εἰμί, *ser*, aquí *es*; τοῖς, caso dativo masculino plural del artículo determinado declinado *a los*; Ἰουδαίοις, caso dativo masculino plural del adjetivo *judíos*; ἐνταφιάζειν, presente de infinitivo en voz activa del verbo ἐνταφιάζω, *sepultar, enterrar*.

ἔλαβον οὖν τὸ σῶμα τοῦ Ἰησοῦ καὶ ἔδησαν αὐτὸ ὀθονίοις μετὰ τῶν ἀρωμάτων, καθὼς ἔθος ἐστὶν τοῖς Ἰουδαίοις ἐνταφιάζειν. José de Arimatea y Nicodemo tomaron el cuerpo de Jesús. Según Marcos, José *compró* una sábana nueva y el sudario para envolver el cuerpo del Señor (Mr. 15:46). Nicodemo proveyó, del compuesto aromático de mirra y áloes. Esta contribución era muy importante y suponía un desembolso grande. Con toda seguridad los dos discípulos *secretos* de Jesús debieron haberse puesto de acuerdo antes en que cosa haría cada uno, de modo que cuando llegó el momento los dos estaban preparados para enterrar a Jesús.

Mateo dice que el cuerpo del Señor fue envuelto en una sábana limpia (Mt. 27:59). La forma habitual para preparar un cadáver para la sepultura era envolviéndolo en vendas, procedentes de paño que se cortaba en tiras estrechas. Estas vendas envolvían miembro a miembro y, a medida que se hacía, se iba añadiendo la mezcla de mirra y áloes preparada. Los judíos no embalsamaban a sus muertos, sino que los preparaban de este otro modo para ser sepultados. Es posible que debido a la prisa conque debía hacerse el enterramiento de Jesús, en la víspera del sábado, la sábana no fue cortada en tiras para vendar su cadáver, sino que se cortó en trozos mayores a los que Juan llama *los lienzos* (19:40; 20:5-7). Ese es también el testimonio de Lucas (Lc. 24:12). Los preparativos definitivos para el enterramiento quedaron pendientes para el día siguiente al sábado.

41. Y en el lugar donde había sido crucificado, había un huerto, y en el huerto un sepulcro nuevo, en el cual aún no había sido puesto ninguno.

ἦν δὲ ἐν τῷ τόπῳ ὅπου ἐσταυρώθη κῆπος, καὶ ἐν τῷ κήπῳ
Y había en el lugar donde fue crucificado huerto, y en el huerto
μνημεῖον καινὸν ἐν ᾧ οὐδέπω οὐδεὶς ἦν τεθειμένος·
sepulcro nuevo en el que aún no ninguno había sido puesto.

Notas y análisis del texto griego.

Siguiendo el relato, escribe: ἦν, tercera persona singular del imperfecto de indicativo en voz activa del verbo εἰμί, *ser, haber*, aquí *había*; δὲ, partícula conjuntiva que hace las veces de conjunción coordinante, con sentido de *pero, más bien, y, y por cierto, antes bien*; ἐν, preposición propia de dativo *en*; τῷ, caso dativo masculino singular del artículo determinado *el*; τόπῳ, caso dativo masculino singular del nombre común *lugar*; ὅπου, adverbio relativo *donde, adonde*; ἐσταυρώθη, tercera persona singular del aoristo primero de indicativo en voz pasiva del verbo σταυρόω, *crucificar*, aquí *fue crucificado*; κῆπος, caso nominativo masculino singular del nombre común *huerto*; καὶ, conjunción copulativa *y*; ἐν preposición propia de dativo *en*; τῷ, caso dativo masculino singular del artículo determinado *el*; κήπῳ, caso dativo masculino singular del nombre común *huerto*; μνημεῖον, caso nominativo neutro singular del nombre común *sepulcro*; καινὸν, caso nominativo neutro singular del adjetivo calificativo *nuevo*; ἐν, preposición propia de dativo *en* ᾧ, caso dativo neutro singular del pronombre relativo *el cual, el que*; οὐδέπω, adverbio *aún no*; οὐδεὶς, caso nominativo masculino singular del pronombre indefinido *ninguno*; ἦν, tercera persona singular del imperfecto de indicativo en voz activa del verbo εἰμί, *ser, estar*, aquí *había*; τεθειμένος, caso nominativo masculino singular del participio perfecto en voz pasiva del verbo τίθημι, *poner, colocar, depositar*, aquí *sido puesto*.

ἦν δὲ ἐν τῷ τόπῳ ὅπου ἐσταυρώθη κῆπος, καὶ ἐν τῷ κήπῳ μνημεῖον καινὸν ἐν ᾧ οὐδέπω οὐδεὶς ἦν τεθειμένος· En las proximidades del lugar donde Jesús había sido crucificado había un huerto. El imperfecto del verbo, da a entender que ya no existía ese lugar cuando Juan escribió el *Evangelio*. Posiblemente aquel huerto era propiedad de José de Arimatea, según una antigua tradición. En ese lugar un sepulcro que todavía no había sido usado, nadie había sido enterrado en él. Según Mateo el *mismo dueño lo había excavado,* no tanto en el hecho mismo en sí de haberlo hecho con sus propias manos, sino más bien como el que había encargado su construcción. Era bastante frecuente encontrar en los alrededores de Jerusalén sepulcros excavados en la roca. En ocasiones tenían varias cámaras funerarias y en otros sólo una. Generalmente tenían en la cámara funeraria un banco largo de piedra o un hueco en la pared donde se colocaba el cadáver. La entrada se cerraba con una gran piedra plana, en forma redondeada, semejante a una piedra de molino, pero de mayores dimensiones, que se rodaba sobre la base y parte superior de la entrada a la que, en muchas ocasiones se le habían hecho huellas para sujetar también la piedra. Esta tumba estaba en un huerto, esto es, un lugar con vegetación y árboles, bien cuidado y vallado.

42. Allí, pues, por causa de la preparación de la pascua de los judíos, y porque aquel sepulcro estaba cerca, pusieron a Jesús.

ἐκεῖ οὖν διὰ τὴν παρασκευὴν τῶν ᾿Ιουδαίων, ὅτι ἐγγὺς
Allí, pues, por la preparación de la pascua de los judíos, porque cerca
ἦν τὸ μνημεῖον, ἔθηκαν τὸν ᾿Ιησοῦν.
estaba el sepulcro, pusieron - a Jesús.

Notas y análisis del texto griego.

Cerrando el párrafo, escribe: ἐκεῖ, adverbio *allí*; οὖν, conjunción continuativa *pues*; διὰ, preposición propia de acusativo *por*; τὴν, caso acusativo femenino singular del artículo determinado *la*; παρασκευὴν, caso acusativo femenino singular del nombre común *preparación de la pascua*; τῶν, caso genitivo masculino plural del artículo determinado declinado *de los*; 'Ιουδαίων, caso genitivo masculino plural del adjetivo *judíos*; ὅτι, conjunción causal *porque*; ἐγγὺς, adverbio *cerca*; ἦν, tercera persona singular del imperfecto de indicativo en voz activa del verbo εἰμί, *ser, estar*, aquí *estaba*; τὸ, caso nominativo neutro singular del artículo determinado *el*; μνημεῖον, caso nominativo neutro singular del nombre común *sepulcro*; ἔθηκαν, tercera persona plural del aoristo primero de indicativo en voz activa del verbo τίθημι, *poner*, aquí *pusieron*; τὸν, caso acusativo masculino singular del artículo determinado *el*; 'Ιησοῦν, caso acusativo masculino singular del nombre propio declinado *a Jesús*.

ἐκεῖ οὖν διὰ τὴν παρασκευὴν τῶν 'Ιουδαίων, ὅτι ἐγγὺς ἦν τὸ μνημεῖον, ἔθηκαν τὸν 'Ιησοῦν. Juan da dos razones para haber enterrado a Jesús en aquel lugar: primeramente porque era el día de preparación de la pascua, comienzo de la festividad y no podía ocuparse tiempo luego de la puesta del sol; en segundo lugar, porque la tumba quedaba cerca, tanto de la ciudad como de donde había sido crucificado el Señor.

Colocado el cuerpo muerto del Señor en el interior del sepulcro, se hizo rodar la piedra que cerraba la tumba. Esa operación era, prácticamente imposible de hacer por un solo hombre, e incluso muy difícil de hacer por dos, por lo que tal vez, José y Nicodemo fueron asistidos por algún criado. El tamaño de la piedra producía preocupación a las mujeres que irían al sepulcro en la mañana de la resurrección (Mr. 16:3).Terminada la colocación del cuerpo en la tumba y cerrada la puerta, dejaron allí a Jesús, esperando el siguiente día, después del sábado, en que pudieran regresar, abrir la puerta y preparar para la sepultura definitiva el cuerpo del Señor.

No puede dejar de mencionarse a dos grupos de personas, en la sepultura de Jesús. Los apóstoles, sus discípulos especiales, habían huido, pero quedaban dos de los que nunca se significaron públicamente como tales, que hicieron el trabajo de descender al Maestro de la Cruz y darle sepultura en el mejor lugar que encontraron. Un sepulcro nuevo donde aún nadie había sido puesto. Cuando los que tenían más razón, como amigos suyos, ya no estaban, quedaban, sin embargo, otros dos a los que nadie llamaría *amigos de Jesús*, pero que lo eran verdaderamente, por todo cuanto hicieron con Él cuando había sido abandonado completamente. La hora de aquel sencillo entierro ocurría al atardecer, antes de la puesta del sol. No podía dejarse para otro momento porque con el ocaso de ese día comenzaba el solemne del sábado de la semana de Pascua. Fue en esa ocasión tan singular cuando

Dios puso en el corazón de José y de Nicodemo el ánimo y la disposición para llevar a cabo todo cuanto hicieron. Además, los otros discípulos, los apóstoles, no dispondrían en aquellos momentos de los recursos económicos y sociales necesarios para dar sepultura de aquella forma al cuerpo muerto del Señor Jesús. Según Mateo (Mt. 27:61), por lo menos dos de las mujeres que estuvieron cerca de la cruz, acompañaron a José de Arimatea y a Nicodemo en la sepultura del Señor. No tuvieron que ir lejos, por cuanto el huerto estaba cerca del Gólgota. Ni por un momento quisieron dejar de estar presentes en lo relacionado con las tareas propias que debían hacerse con Jesús, una vez muerto. Es posible que hubiesen hablado con José y Nicodemo para que los preparativos que se hicieron con tanta celeridad el día de la muerte del Señor, se completaran definitivamente pasado el sábado. A las dos mujeres les interesaba saber exactamente el lugar a donde habían puesto el cuerpo del Señor. No se nombra a más gentes en el sepelio de Jesús. No cabe duda que el grupo que lo acompañó hasta el sepulcro era bien pequeño. Posiblemente sólo cuatro personas estuvieron presentes en el acto de colocarlo en el sepulcro: José, Nicodemo, María Magdalena y *la otra* María, que probablemente sea María la madre de Santiago y José. Mateo dice que las dos estaban sentadas delante del sepulcro. Las muchas horas de la cruz habían hecho mella en sus fuerzas y necesitaban estar sentadas, viendo como era colocado el Señor en el interior de la tumba (Lc. 23:55). Ellas estaban en la disposición de volver con más calma, pasado el día de reposo, para ultimar mejor la tarea de preparar el cuerpo del Señor. Luego también ellas se retiraron del lugar.

Nada más que la Escritura puede usarse para una reflexión final en este momento que se cierra el comentario al capítulo. ¿Quién no se siente sobrecogido cuando sabe que *"el Señor me amó y se entregó a sí mismo por mi"* (Gá. 2:20). Todo esto es un admirable proceso de la gracia: *"Aquel Verbo fue hecho carne, y habitó entre nosotros"* (1:14); *"Porque ya conocéis la gracia de nuestro Señor Jesucristo, que por a vosotros se hizo pobre, siendo rico, para que vosotros con su pobreza fueseis enriquecidos"* (2 Co. 8:9); *"Pero vemos a aquel que fue hecho un poco menor que los ángeles, a Jesús, coronado de gloria y de honra, a causa del padecimiento de la muerte, para que por la gracia de Dios gustase la muerte por todos"* (He. 2:9); *"Así que, por cuanto los hijos participaron de carne y sangre, él también participó de lo mismo, para destruir por medio de la muerte al que tenía el imperio de la muerte, esto es, al diablo, y librar a todos los que por el temor de la muerte estaban durante toda la vida sujetos a servidumbre"* (He. 2:14-15); *"Cristo nos redimió de la maldición de la ley, hecho por nosotros maldición (porque está escrito: Maldito todo el que es colgado en un madero), para que en Cristo Jesús la bendición de Abraham alcanzase a los gentiles, a fin de que por la fe recibiésemos la promesa del Espíritu"* (Gá. 3:14). Ante esta maravilla de gracia, impactados por el amor admirable de nuestro Señor, bien podemos sentir lo que el apóstol Pablo decía: *"El amor de Cristo nos constriñe, pensando esto: que si uno murió por todos, luego todos murieron; y por todos murió, para que los que viven, ya no vivan para sí, sino para aquel que murió y resucito por ellos"* (2 Co. 5:14-15).

CAPÍTULO XX

LA RESURRECCIÓN.

Introducción.

La sepultura de Jesús produce la retirada de la escena pública que durante tres años ocupó el ministerio suyo por Galilea y Judea. Nadie de los que le habían visto, lo volvieron a ver. Sin embargo, los discípulos, no sólo de los Doce, sino en general comenzaron a anunciar con toda determinación que estaba vivo. Juan ofrece un relato puntual de las apariciones del Resucitado a distintos creyentes durante un periodo de tiempo que va desde ese acontecimiento hasta la ascensión a los cielos. Es el testimonio de quienes afirman haberlo visto y conversado con Él.

La Iglesia comenzó pronto a expresar esa verdad en fórmulas breves y precisas, en confesiones de fe y en himnos que celebraban no solo la resurrección sino también la exaltación a los cielos. La resurrección se hace parte esencial de la predicación del evangelio, como se aprecia en uno de los escritos del apóstol Pablo: *"Porque primeramente os he enseñado lo que asimismo recibí: Que Cristo murió por nuestros pecados, conforme a las Escrituras; y que fue sepultado, y que resucitó a tercer día, conforme a las Escrituras"* (1 Co. 15:3-4). El término *resucitado*, se usa para expresar el hecho que Juan trata en el presente capítulo del *Evangelio*. No hay un detalle en sí de cómo se produjo ese hecho, simplemente se afirma que ocurrió, presentando dos grandes evidencias: a) el sepulcro vacío; b) las apariciones a distintos testigos en diferentes lugares y tiempo.

Juan considera la resurrección como el último tramo del tránsito hacia el Padre. No debe olvidarse que Jesús insistió antes de la Cruz, que el iba al Padre de donde había venido. La tumba se abre, simbólicamente hablando, para que el cuerpo resucitado de Jesús, se haga visible a los suyos, revestido ya de inmortalidad, antes de ascender a la diestra de Dios. La gloria de Jesús, tema central del *Evangelio* y propósito esencial del mismo, se manifiesta hasta el final. La gloria eterna del Verbo estuvo presente en todo el ministerio. Juan dice al principio que él *vio esa gloria*, refiriéndola a lo que corresponde a quien es el Unigénito del Padre (1:14). Ahora, al final del tramo terrenal de la presencia visible de Jesús, la gloria le rodea y hacia la gloria que tuvo desde la eternidad, se proyecta el final del *Evangelio*. Esa gloria, que se manifiesta en el prólogo como *Creador*, *autor de la vida*, *poseedor de ella*, se manifestó en la autoridad suprema de que es investido el

Resucitado (Mt. 28:18). Con esa gloriosa autoridad, Jesús envía a los suyos en misión semejante a la suya (v. 21), dotándolos de Su poder, por medio del envío del Espíritu Santo (v. 22). Con esto se expresa otra verdad: la obra de Cristo en relación con los hombres y el mundo, no terminó en la ascensión, sino que se proyecta continuamente en el tiempo, es decir, la misión de Jesús continúa en el tiempo a través de los creyentes, y concretamente en aquel primer momento, en la de los apóstoles a quienes envía para ello.

Como en todo el curso del *Evangelio*, Juan quiere que el lector esté mirando a Cristo y no a lo que rodea Su tiempo en la tierra. Así ocurre también con el relato de la resurrección. No hay una cronología de los hechos, sino un apunte de acontecimientos que son pinceladas suficientes para afirmar la realidad de la resurrección. No concluyen en este capítulo, sino que siguen en el próximo. En el primer párrafo se pretende conducir al lector hacia la tumba vacía con el testimonio de dos de los discípulos (vv. 1:10); luego la aparición de Jesús resucitado, a María Magdalena (vv. 11-18); sigue la manifestación a los discípulos reunidos, con ausencia de Tomás (vv.19-25); una nueva aparición con la presencia del que no había estado en la anterior ocasión (vv. 26-31).

¿Por qué esta forma de presentar la resurrección? Juan mismo responde en el escrito, trasladando palabras de Jesús a María Magdalena: *"...ve a mis hermanos y diles: Subo a mi Padre y a vuestro Padre, a mi Dios y a vuestro Dios"* (v. 17). Lo hace para seguir el tema del regreso del Verbo al Padre, tema final del *Evangelio.* Por tanto, como dice Barret, *"quiere decir que el relato de la resurrección no es la última palabra, y la gente no debe contemplar a Jesús resucitado como el antiguo Jesús que ha regresado a este mundo"*[1]. Jesús transita hacia el Padre, y en ese breve tiempo terrenal con los suyos, les habla de la esperanza y les encarga la evangelización.

La división para el estudio del capítulo es la que se dio en el *Bosquejo*, de la sección de *introducción*, como sigue:

VII. Resurrección del Verbo encarnado (20:1-21:25).

1. La tumba vacía (20:1-10).
2. Las apariciones del Resucitado (20:11-21:23)
   - 2.1. A María Magdalena (20:11-18).
   - 2.2. A los discípulos sin Tomás (20:19-25).
   - 2.3. A los discípulos y Tomás (20:26-31).

---

[1] Charles Kingsley Barret. o.c., pág. 857.

VII. Resurrección del Verbo encarnado (20:1-21:25).

La tumba vacía (20:1-10).

1. El primer día de la semana, María Magdalena fue de mañana, siendo aún oscuro, al sepulcro; y vio quitada la piedra del sepulcro.

Τῇ δὲ μιᾷ τῶν σαββάτων Μαρία ἡ Μαγδαληνὴ ἔρχεται
Y el primer de la semana, María - Magdalena viene
πρωῒ σκοτίας ἔτι οὔσης εἰς τὸ μνημεῖον καὶ βλέπει τὸν
de madrugada, oscuridad aún habiendo al sepulcro y ve la
λίθον ἠρμένον[1] ἐκ τοῦ μνημείου.
piedra quitada del sepulcro.

Notas y análisis del texto griego.

Iniciando el relato, escribe: Τῇ, caso dativo femenino singular del artículo determinado *la*; δὲ, partícula conjuntiva que hace las veces de conjunción coordinante, con sentido de *pero, más bien, y, y por cierto, antes bien*; μιᾷ, caso dativo femenino singular del adjetivo numeral cardinal *uno*; τῶν, caso genitivo neutro plural del artículo determinado declinado *del*; σαββάτων, caso genitivo neutro plural del nombre común *semana*; Μαρία, caso nominativo femenino singular del nombre propio *María*; ἡ, caso nominativo femenino singular del artículo determinado *la*; Μαγδαληνὴ, caso nominativo femenino singular del nombre propio *Magdalena*; ἔρχεται, tercera persona singular del presente de indicativo en voz activa del verbo ἔρχομαι, *venir, llegar*, aquí *viene*; πρωὶ, adverbio de tiempo, *temprano, al amanecer, a primera hora*; σκοτίας, caso genitivo femenino singular del nombre común *tinieblas, oscuridad*; ἔτι, adverbio de modo *aún, todavía*; οὔσης, caso genitivo femenino singular del participio de presente en voz activa del verbo εἰμί, *ser, estar, haber*, aquí *habiendo*; εἰς, preposición propia de acusativo *a*; τὸ, caso acusativo neutro singular del artículo determinado *el*; μνημεῖον, caso acusativo neutro singular del nombre común *sepulcro*; καὶ, conjunción copulativa *y*; βλέπει, tercera persona singular del presente de indicativo en voz activa del verbo βλέπω, *ver, mirar, observar*, aquí *ve*; τὸν, caso acusativo masculino singular del artículo determinado *el*; λίθον, caso acusativo masculino singular del nombre común *piedra*; ἠρμένον, caso acusativo masculino singular del participio perfecto en voz pasiva del verbo αἴρω, *quitar*, aquí *quitada*; ἐκ, preposición propia de genitivo *de*; τοῦ, caso genitivo neutro singular del artículo determinado *el*; μνημείου, caso genitivo neutro singular del nombre común *sepulcro*.

Crítica Textual. Lecturas alternativas.

[1] Se añade ἀπὸ τῆς θύρας, *de la entrada*, según lectura en ℵ, W, 579, d, f, r[1], vg[vg], sa[sa], pbo, bo.

Τῇ δὲ μιᾷ τῶν σαββάτων Μαρία ἡ Μαγδαληνὴ. Juan centra su atención en una sola de las mujeres que vinieron temprano al sepulcro. Según Marcos, en el grupo, además de María Magdalena, estaban también María la madre de Jacobo y Salomé. Juan dice que fue *el primer día de la semana*, esto es, el domingo. Como suelen hacer desde el entorno judío, el tiempo de la semana se medía haciendo referencia al sábado, de manera que aquí se lee literalmente el *primero* después del sábado y se aprecia el plural σαββάτων, *sábados*. Es interesante observar que Juan no usa el adjetivo numeral ordinal, sino el cardinal. No escribió *el primero*, sino *el uno*, posiblemente se trata de un semitismo. El relato anterior concluyó a la caída de la tarde, con que se iniciaba el sábado y éste con el amanecer del día. Según Marcos, dos de ellas, María Magdalena y María la madre de Jacobo, habían estado sentadas viendo atentamente el lugar donde había sido puesto el Señor.

ἔρχεται πρωὶ σκοτίας ἔτι οὔσης εἰς τὸ μνημεῖον Fijándose en María Magdalena, dice que vino de madrugada, o muy temprano, cuando ya había pasado el día de reposo, para cumplir las funciones de preparar convenientemente el cuerpo de Jesús. Juan hace notar que era todavía oscuro, literalmente *habiendo aún oscuridad*. Pasado el sábado ya podían efectuarse compras, de modo que fueron para adquirir los ungüentos aromáticos para terminar la tarea pendiente con el cuerpo de Jesús, que simplemente había sido envuelto en vendas, colocado en una sábana, previo acondicionarlo con cien libras de perfume de mirra y áloes, que había traído Nicodemo (19:40). Es evidente que si iban al sepulcro para preparar el cuerpo de Jesús, no esperaban la resurrección. Nadie del grupo próximo a Cristo, incluidos los discípulos, creían que iba a resucitar, a pesar de que Él lo había anunciado varias veces mientras subía por última vez a Jerusalén. Es más, según Marcos, los discípulos discutían entre ellos sobre que sería aquello de la resurrección (Mr. 9:10). Nada mejor que ese entorno para demostrar la realidad de ese hecho. La incredulidad de los seguidores de Jesús, hizo que se negaran a aceptarla fácilmente aunque viniera de testigos presenciales. Es sorprendente que el condicionante teológico heredado desde años atrás, pudiera afectar de ese modo a los que oyeron a Jesús anunciar Su resurrección.

Es difícil precisar la hora en que se produjo la ida de María Magdalena, junto con otras mujeres, al sepulcro. Hay una aparente contradicción entre Juan y los sinópticos en la precisión del tiempo, porque mientras que Juan dice que era oscuro, los sinópticos, especialmente Lucas dice que era al amanecer, y Marcos habla de que ya había salido el sol. Posiblemente Juan esté refiriéndose al momento en que María Magdalena salió de su casa para ir al sepulcro y, mientras buscaron los ungüentos, y llegaron cuando ya había salido el sol. Las mujeres estaban preocupadas por como iban a abrir la tumba, teniendo en cuenta que la piedra que cerraba la entrada era grande. Posiblemente no era tanto lo difícil o pesado de la tarea, pero sabían también que había una guardia establecida delante de ella que custodiaba la sepultura de modo que nadie pudiera acceder a ella y, mucho menos, llevarse el cuerpo de Jesús. Para los judíos, el testimonio de la muerte del crucificado, dado por el soldado que atravesó su costado y por el centurión que controló la ejecución, no era suficiente garantía. Las palabras de Jesús, que los suyos no creían, infundían temor en ellos, pensando que pudiera resucitar verdaderamente como había anunciado. Aquella guardia debía autorizar a las mujeres para entrar, embalsamar el cuerpo y salir solas, dejando en el sepulcro a Jesús. Hay una referencia a esa piedra en un códice del texto griego en el que se afirma que veinte hombres no eran capaces de levantarla, no tanto de hacerla rodar, sino de tomarla en peso. El sello puesto sobre la entrada (Mt. 27:64-66), era considerado como un acto contra Roma, que recibiría el castigo previsto en la ley romana. Además del sello estaba la guardia romana. El número de los que la formaba variaba según los casos y la necesidad, pero, generalmente lo estaba por entre diez y treinta hombres. La disciplina militar romana es algo históricamente comprobado. El castigo impuesto a un soldado por abandono del puesto de guarda era la pena de muerte. El temor al castigo imponía, por miedo, la atención absoluta al deber encomendado. Cada miembro de la guardia iba equipado con las armas reglamentarias, ante las que pocos se atreverían a enfrentarse, salvo que estuviesen tan equipados como ellos. No era este el caso. Los atemorizados discípulos habían huido, hasta el punto que tuvieron que ser otros quienes se ocuparon de sepultar el cuerpo muerto de Jesús.

καὶ βλέπει τὸν λίθον ἠρμένον ἐκ τοῦ μνημείου. María Magdalena vio la piedra del sepulcro removida. No se trataba de que la entrada estaba abierta, sino que la piedra había sido sacada de su lugar. Los sinópticos dicen que había sido puesta en un lugar aparte y sobre ella se había sentado un ángel (Mt. 28:2). Es evidente que Juan se refiere a la losa removida y no por medios naturales, sino sobrenaturalmente. La tumba estaba abierta.

2. Entonces corrió, y fue a Simón Pedro y al otro discípulo, aquel al que amaba Jesús, y les dijo: Se han llevado del sepulcro al Señor, y no sabemos dónde le han puesto.

τρέχει οὖν καὶ ἔρχεται πρὸς Σίμωνα Πέτρον καὶ πρὸς τὸν
Corre, pues, y viene a Simón Pedro y al
ἄλλον μαθητὴν ὃν ἐφίλει ὁ Ἰησοῦς καὶ λέγει αὐτοῖς· ἦραν
otro discípulo al que amaba - Jesús y dice les: Quitaron
τὸν Κύριον ἐκ τοῦ μνημείου καὶ οὐκ οἴδαμεν ποῦ ἔθηκαν
al Señor del sepulcro y no sabemos donde pusieron
αὐτόν.
lo.

Notas y análisis del texto griego.

Análisis: τρέχει, tercera persona singular del presente de indicativo en voz activa del verbo τρέχω, *correr*, aquí *corre*; οὖν, conjunción continuativa *pues*; καὶ, conjunción copulativa *y*; ἔρχεται, tercera persona singular del presente de indicativo en voz media del verbo ἔχομαι, *venir*, aquí *viene*; πρὸς, preposición propia de acusativo *a*; Σίμωνα, caso acusativo masculino singular del nombre propio *Simón*; Πέτρον, caso acusativo masculino singular del nombre propio *Pedro*; καὶ, conjunción copulativa *y*; πρὸς, preposición propia de acusativo *a*; τὸν, caso acusativo masculino singular del artículo determinado declinado *al*; ἄλλον, caso acusativo masculino singular del adjetivo indefinido *otro*; μαθητὴν, caso acusativo masculino singular del nombre común *discípulo*; ὃν, caso acusativo masculino singular del pronombre relativo *al que*; ἐφίλει, tercera persona singular del imperfecto de indicativo en voz activa del verbo φιλέω, *amar*, aquí *amaba*; ὁ, caso nominativo masculino singular del artículo determinado *el*; Ἰησοῦς, caso nominativo masculino singular del nombre propio *Jesús*; καὶ, conjunción copulativa *y*; λέγει, tercera persona singular del presente de indicativo en voz activa del verbo λέγω, *hablar, decir*, aquí *dice*; αὐτοῖς, caso dativo masculino plural del pronombre personal declinado *a ellos, les*; ἦραν, tercera persona plural del aoristo primero de indicativo en voz activa del verbo ἄιρω, *tomar, quitar, levantar, tomar*, aquí *quitaron*; τὸν, caso acusativo masculino singular del artículo determinado declinado *al*; Κύριον, caso acusativo masculino singular del nombre divino *Señor*; ἐκ, preposición propia de genitivo *de*; τοῦ, caso genitivo neutro singular del artículo determinado *el*; μνημείου, caso genitivo neutro singular del nombre común *sepulcro*; καὶ, conjunción copulativa *y*; οὐκ, forma escrita del adverbio de negación *no*, con el grafismo propio ante una vocal con espíritu suave o una enclítica; οἴδαμεν, primera persona plural del perfecto de indicativo en voz activa del verbo οἶδα, *saber, entender, comprender*, aquí *hemos sabido*, mejor en castellano *sabemos*; ποῦ, adverbio de lugar *donde*; ἔθηκαν, tercera persona plural del aoristo primero de indicativo en voz activa del verbo τίθημι, *poner, colocar, depositar*, aquí *pusieron*; αὐτόν, caso acusativo masculino de la tercera persona singular del pronombre personal declinado *a él, le, lo*.

τρέχει οὖν καὶ ἔρχεται πρὸς Σίμωνα Πέτρον καὶ πρὸς τὸν ἄλλον μαθητὴν ὃν ἐφίλει ὁ Ἰησοῦς. Según el relato de Marcos, las mujeres entraron al sepulcro donde vieron a ángeles que les anunciaban la resurrección de Jesús (Mr. 16:5-6). Es muy posible que todo el grupo, incluida María Magdalena llegó al sepulcro, donde vieron, primeramente a un ángel sentado sobre la piedra que había arrancado de la posición en donde estaba cerrando el sepulcro. Éste anunció a las mujeres que había resucitado. Sería entonces que María Magdalena salió corriendo del lugar y fue a buscar a Pedro y a Juan, nuevamente oculto aquí por el título del discípulo al *que amaba Jesús*. Mientras tanto, las mujeres entraron al sepulcro donde vieron a otros dos ángeles y se asustaron, siendo enviadas a los discípulos para que les comunicasen las buenas nuevas de que había resucitado el Señor.

καὶ λέγει αὐτοῖς· ἦραν τὸν Κύριον ἐκ τοῦ μνημείου καὶ οὐκ οἴδαμεν ποῦ ἔθηκαν αὐτόν. La resurrección, aunque les había sido anunciada por Jesús y confirmada luego por los ángeles, era algo sobrenatural que no era fácil que la aceptasen ni las mujeres ni los hombres. De ese modo razonaban los dos discípulos de Emaús, que dijeron a Jesús que algunas mujeres vinieron dando nuevas de que había resucitado, pero a Él no le encontraban (Lc. 24:22-24). María utiliza aquí el plural, *no sabemos* donde le han puesto. Lo único que ella sabía es que la tumba estaba vacía, por tanto, alguien o algunos habían llevado de allí el cuerpo muerto de Jesús.

3. Y salieron Pedro y el otro discípulo, y fueron al sepulcro.

Ἐξῆλθεν οὖν ὁ Πέτρος καὶ ὁ ἄλλος μαθητὴς καὶ ἤρχοντο
Salieron, pues, - Pedro y el otro discípulo y fueron
εἰς τὸ μνημεῖον.
al sepulcro.

Notas y análisis del texto griego.

Análisis: Ἐξῆλθεν, tercera persona singular del segundo aoristo de indicativo en voz activa del verbo ἐξέρχομαι, *salir*, aquí *salieron*; οὖν, conjunción continuativa *pues*; ὁ, caso nominativo masculino singular del artículo determinado *el*; Πέτρος, caso nominativo masculino singular del nombre propio *Pedro*; καὶ, conjunción copulativa *y*; ὁ, caso nominativo masculino singular del artículo determinado *el*; ἄλλος, caso nominativo masculino singular del adjetivo indefinido *otro*; μαθητής, caso nominativo masculino singular del nombre común *discípulo*; καὶ, conjunción copulativa *y*, ἤρχοντο, tercera persona plural del imperfecto de indicativo en voz media del verbo ἔρχομαι, *ir*, aquí *fueron*; εἰς, preposición propia de acusativo *a*; τὸ, caso nominativo neutro singular del artículo determinado *el*; μνημεῖον, caso nominativo neutro singular del nombre común *sepulcro*.

᾿Εξῆλθεν οὖν ὁ Πέτρος καὶ ὁ ἄλλος μαθητὴς καὶ ἤρχοντο εἰς τὸ μνημεῖον. La noticia de María Magdalena, les produjo seguramente preocupación. Eran tres personas que amaban sincera y profundamente a Jesús. Aunque Pedro le hubiese negado, su arrepentimiento se había producido cuando lloró amargamente, en eso incluso demostraba su sincero amor por el Maestro. Lo mismo ocurría con Juan. Era necesario para ellos verificar lo que María les decía. No dudaron un momento sino que salieron precipitadamente en dirección al sepulcro. Tal vez ellos dieron por cierto que alguien había llevado el cadáver y debían recuperarlo como fuese.

4. Corrían los dos juntos; pero el otro discípulo corrió más aprisa que Pedro, y llegó primero al sepulcro.

ἔτρεχον δὲ οἱ δύο ὁμοῦ· καὶ ὁ ἄλλος μαθητὴς προέδραμεν
Y corrían los dos juntamente; y el otro discípulo corrió delante
τάχιον τοῦ Πέτρου καὶ ἦλθεν πρῶτος εἰς τὸ μνημεῖον,
más rápido - que Pedro y llegó primero al sepulcro.

Notas y análisis del texto griego.

Sigue el relato con ἔτρεχον, tercera persona plural del imperfecto de indicativo en voz activa del verbo τρέχω, *correr*, aquí *corrían*; δὲ, partícula conjuntiva que hace las veces de conjunción coordinante, con sentido de *pero, más bien, y, y por cierto*, *antes bien*; οἱ, caso nominativo masculino singular del artículo determinado *los*; δύο, caso nominativo masculino plural del adjetivo numeral cardinal *dos*; ὁμοῦ, adverbio de modo *juntamente*; καὶ, conjunción copulativa *y*; ὁ, caso nominativo masculino singular del artículo determinado *el*; ἄλλος, caso nominativo masculino singular del adjetivo indefinido *otro*; μαθητὴς, caso nominativo masculino singular del nombre común *discípulo*; προέδραμεν, tercera persona singular del aoristo segundo de indicativo en voz activa del verbo προτρέχω, *correr delante*, *pasar delante*; τάχιον, adverbio de modo *más rápido*; τοῦ, caso genitivo masculino singular del artículo determinado *el*; Πέτρου, caso genitivo masculino singular del nombre propio *Pedro*; καὶ, conjunción copulativa *y*; ἦλθεν, tercera persona singular del segundo aoristo de indicativo en voz activa del verbo ἔρχομαι, *llegar*, *ir*, aquí *llegó*; πρῶτος, caso nominativo masculino singular del adjetivo numeral ordinal *primero*; εἰς, preposición propia de acusativo *a*; τὸ, caso acusativo neutro singular del artículo determinado *el*; μνημεῖον, caso acusativo neutro singular del nombre común *sepulcro*.

ἔτρεχον δὲ οἱ δύο ὁμοῦ· Juan utiliza una expresión pleonástica en este versículo, para decir que él corrió más rápido que

Pedro y, por tanto, si así lo hizo, no hace falta que diga que *llegó primero*, porque es la consecuencia de correr más rápidamente que el otro. Sin embargo da colorido al relato.

καὶ ὁ ἄλλος μαθητὴς προέδραμεν τάχιον τοῦ Πέτρου καὶ ἦλθεν πρῶτος εἰς τὸ μνημεῖον, No fueron caminando a un paso rápido. La noticia precipitó los pasos de los dos, de modo que el camino lo hicieron corriendo.

5. Y bajándose a mirar, vio los lienzos puestos allí, pero no entró.

καὶ παρακύψας βλέπει κείμενα τὰ ὀθόνια, οὐ μέντοι
Y asomándose a mirar, ve yacentes los lienzos, sin embargo no
εἰσῆλθεν.
entró.

Notas y análisis del texto griego.

Análisis: καὶ, conjunción copulativa *y*; παρακύψας, caso nominativo masculino singular del verbo παρακύπτω, *inclinarse para mirar, asomarse para ver*, aquí *inclinándose para mirar*; βλέπει, tercera persona singular del presente de indicativo en voz activa del verbo βλέπω, *mirar, ver*, aquí *ve*; κείμενα, caso acusativo neutro plural del participio de presente en voz pasiva del verbo κεῖμαι, *estar puesto, estar colocados, estar acostados, yacer*, aquí *yacentes*; τὰ, caso acusativo neutro plural del artículo determinado *los*; ὀθόνια, caso acusativo neutro plural del nombre común *lienzos*; οὐ, adverbio de negación *no*; μέντοι, conjunción adversativo *sin embargo*; εἰσῆλθεν, tercera persona singular del segundo aoristo de indicativo en voz activa del verbo εἰξέρχομαι, *entrar*, aquí *entró*.

καὶ παρακύψας βλέπει κείμενα τὰ ὀθόνια, οὐ μέντοι εἰσῆλθεν. Juan llega primero. Descubre que lo que había dicho María Magdalena era cierto en cuanto a que la tumba estaba abierta. Por tanto se aproximó a la entrada, se inclinó para ver en el interior y descubrió que los lienzos seguían en donde habían estado siempre, en el suelo del sepulcro envolviendo el cuerpo de Jesús. Los lienzos en sentido general comprende el sudario, las vendas y la sábana. Desde donde Juan estaba, no había razón para pensar que el cuerpo de Jesús no estaba allí. Posiblemente para Juan se trataba de una situación emotiva que le hizo entender lo que no era así. Allí en el suelo de la tumba en la penumbra del lugar estaban los lienzos, por tanto allí estaba Jesús.

6. Luego llegó Simón Pedro tras él, y entró en el sepulcro, y vio los lienzos puestos allí.

ἔρχεται οὖν καὶ Σίμων Πέτρος ἀκολουθῶν αὐτῷ καὶ
Llega, pues, también, Simón Pedro siguiendo le y
εἰσῆλθεν εἰς τὸ μνημεῖον, καὶ θεωρεῖ τὰ ὀθόνια κείμενα,
entró al sepulcro, y vio los lienzos yacentes.

Notas y análisis del texto griego.

Análisis: ἔρχεται, tercera persona singular del presente de indicativo en voz activa del verbo ἔρχομαι, *venir, llegar*, aquí *llega*; οὖν, conjunción continuativa *pues*; καὶ, adverbio de modo *también*; Σίμων, caso nominativo masculino singular del nombre propio *Simón*; Πέτρος, caso nominativo masculino singular del nombre propio *Pedro*; ἀκολουθῶν, caso nominativo masculino singular del participio de presente en voz activa del verbo ἀκολουθέω, *seguir*, aquí *siguiendo*; αὐτῷ, caso dativo masculino de la tercera persona singular del pronombre personal declinado *a él, le*; καὶ, conjunción copulativa *y*; εἰσῆλθεν, tercera persona singular del aoristo segundo de indicativo en voz activa del verbo εἰξέρχομαι, *entrar*, aquí *entró*; εἰς, preposición propia de acusativo *a*; τὸ, caso acusativo neutro singular del artículo determinado *el*; μνημεῖον, caso acusativo neutro singular del nombre común *sepulcro*; καὶ, conjunción copulativa *y*; θεωρεῖ, tercera persona singular del presente de indicativo en voz activa del verbo θεωρέω, *ver, mirar*, aquí *vio*; τὰ, caso acusativo neutro plural del artículo determinado *los*; ὀθόνια, caso acusativo neutro plural del nombre común *lienzos*; κείμενα, caso acusativo neutro plural del participio de presente en voz pasiva del verbo κεῖμαι, *estar puesto, estar colocados, estar acostados, yacer*, aquí *yacentes*.

ἔρχεται οὖν καὶ Σίμων Πέτρος ἀκολουθῶν αὐτῷ καὶ εἰσῆλθεν εἰς τὸ μνημεῖον, Pedro es más impulsivo que Juan. A éste le bastó con ver desde el exterior lo que había en el sepulcro. Pedro llegó según venía corriendo y así entró al interior del sepulcro. No se conformó con observar desde afuera, entró para cerciorarse de lo que realmente había.

καὶ θεωρεῖ τὰ ὀθόνια κείμενα, Los lienzos estaban en el suelo, confirmando así el testimonio que Juan da, de su impresión al agacharse para mirar en el interior del sepulcro. Allí estaban los envoltorios que sirvieron como mortaja a Jesús desde el día anterior cuando lo pusieron en el sepulcro. Quiere decir esto que conservaban la forma del cuerpo que había estado en su interior, como si todavía estuviese allí.

En Juan se produce un contraste con otra resurrección, la de Lázaro. Este salió del interior del sepulcro con los vendajes con que había sido enterrado y necesitó la ayuda de la gente para que le desatasen y pudiera moverse por sí mismo (11:44). Los lienzos de Lázaro fueron retirados y quedarían en un lugar acaso amontonados. Los de Jesús estaban en el suelo y guardaban la forma que habían tenido cuando el cuerpo estaba en el interior. Quiere decir que salió de los lienzos y trascendió fuera de ellos sin necesidad de que nadie los manejase y quedasen marcas de ello.

7. Y el sudario, que había estado sobre la cabeza de Jesús, no puesto con los lienzos, sino enrollado en un lugar aparte.

καὶ τὸ σουδάριον, ὃ ἦν ἐπὶ τῆς κεφαλῆς αὐτοῦ, οὐ μετὰ τῶν
Y el sudario, que estaba sobre la cabeza de Él no con los
ὀθονίων κείμενον ἀλλὰ χωρὶς ἐντετυλιγμένον εἰς ἕνα τόπον.
lienzos estando colocado sino aparte enrollado en un lugar.

Notas y análisis del texto griego.

Siguiendo el relato, escribe: καὶ, conjunción copulativa *y*; τὸ, caso acusativo neutro singular del artículo determinado *el*; σουδάριον, caso acusativo neutro singular del nombre común *sudario*; ὃ, caso nominativo neutro singular del pronombre relativo *que*; ἦν, tercera persona singular del imperfecto de indicativo en voz activa del verbo εἰμί, *ser, estar*, aquí *estaba*; ἐπὶ, preposición propia de genitivo *sobre*; τῆς, caso genitivo femenino singular del artículo determinado *la*; κεφαλῆς, caso genitivo femenino singular del nombre común *cabeza*; αὐτοῦ, caso genitivo masculino de la tercera persona singular del pronombre personal declinado *de él*; οὐ, adverbio de negación *no*; μετὰ, preposición propia de genitivo *con*; τῶν, caso genitivo neutro plural del artículo determinado *los*; ὀθονίων, caso genitivo neutro plural del nombre común *lienzos*; κείμενον, caso acusativo neutro singular del participio de presente en voz pasiva del verbo λεῖμαι, *estar puesto, estar colocado, estar acostado*, aquí *estando colocado*; ἀλλὰ, conjunción adversativa *sino*; χωρὶς, adverbio de lugar *aparte*; ἐντετυλιγμένον, caso acusativo neutro singular del participio perfecto en voz pasiva del verbo ἐντυλίσσω, *envolver, enrollar*, aquí *enrollado*; εἰς, preposición propia de acusativo *en*, ἕνα, caso acusativo masculino singular del adjetivo numeral cardinal *uno*; τόπον, caso acusativo masculino singular del nombre común *lugar*.

καὶ τὸ σουδάριον, ὃ ἦν ἐπὶ τῆς κεφαλῆς αὐτοῦ, οὐ μετὰ τῶν ὀθονίων κείμενον ἀλλὰ χωρὶς ἐντετυλιγμένον εἰς ἕνα τόπον. El sudario, usado para envolver la cabeza, no estaba con el resto de los lienzos, que habían quedado en el suelo, sino *envuelto*, o *enrollado* en un lugar, esto es, separado del envoltorio del cuerpo. Esta forma de encontrarse la tumba, excluye cualquier intento de robo del cuerpo. Primeramente habría que desenvolver el cadáver de los lienzos que lo cubrían, o llevarlo con ellos, que sería lo más propio. En segundo lugar no se perdería tiempo para desenvolver la cabeza y recoger las vendas que la cubrían para doblaras y colocarlas en un lugar aparte.

La impenetrabilidad de los cuerpos físicos da paso al de resurrección que no es afectado por esa limitación, sino que puede entrar y salir de lugares cerrados sin abrir las puertas (vv. 19, 26). Por tanto el cuerpo de resurrección de Cristo salió del interior de los lienzos con que estaba envuelto, dejándolos en el mismo lugar y sin cambio alguno de cómo habían estado.

8. Entonces entró también el otro discípulo, que había venido primero al sepulcro; y vio, y creyó.

τότε οὖν εἰσῆλθεν καὶ ὁ ἄλλος μαθητὴς ὁ ἐλθὼν πρῶτος
Entonces, pues, entró también el otro discípulo el que llegó primero
εἰς τὸ μνημεῖον καὶ εἶδεν καὶ ἐπίστευσεν·
al sepulcro y vio y creyó.

Notas y análisis del texto griego.

Siguiendo el relato, escribe: τότε, adverbio demostrativo *entonces*; οὖν, conjunción continuativa *pues*; εἰσῆλθεν, tercera persona singular del segundo aoristo de indicativo en voz activa del verbo ἐισέρχομαι, *entrar*, aquí *entró*; καὶ, adverbio de modo *también*; ὁ, caso nominativo masculino singular del artículo determinado *el*; ἄλλος, caso nominativo masculino del adjetivo indefinido *otro*; μαθητὴς, caso nominativo masculino plural del nombre común *discípulo*; ὁ, caso nominativo masculino singular del artículo determinado *el*; ἐλθὼν, caso nominativo masculino singular del participio del segundo aoristo en voz activa del verbo ἔρχομαι, *venir, llegar*, aquí *que llegó*; πρῶτος, caso nominativo masculino singular del adjetivo numeral ordinal *primero*; εἰς, preposición propia de acusativo *a*; τὸ, caso acusativo neutro singular del artículo determinado *el*; μνημεῖον, caso acusativo neutro singular del nombre común *sepulcro*; καὶ, conjunción copulativa *y*; εἶδεν, tercera persona singular del aoristo segundo de indicativo en voz activa del verbo οἶδα, *ver, mirar, observar*, aquí *vio*; καὶ, conjunción copulativa *y*; ἐπίστευσεν, tercera persona singular del aoristo primero de indicativo en voz activa del verbo πιστεύω, *creer*, aquí *creyó*.

τότε οὖν εἰσῆλθεν καὶ ὁ ἄλλος μαθητὴς ὁ ἐλθὼν πρῶτος εἰς τὸ μνημεῖον. Si bien Pedro fue delante de Juan en entrar al sepulcro, Juan lo fue en creer. Luego de su compañero entró también él en el sepulcro. Antes se había limitado a verlo desde el exterior, ahora su presencia en el interior le permite apreciar lo que antes no había visto. El sudario envuelto aparte de los lienzos. Los lienzos vacíos, sin el cuerpo que había rodeado.

καὶ εἶδεν καὶ ἐπίστευσεν· Es un testimonio personal que ningún otro podía haber dado, el apóstol Juan dice que cuando vio, entonces creyó. Lo que vio fue esencialmente la tumba vacía y los lienzos que ya no rodeaban un cuerpo, abandonados en el lugar, porque ya no servían para la función a la que habían sido destinados. La frase es escueta y cabe preguntarse que es lo que creyó. Sin duda su fe, era Jesús, en este caso el Resucitado Señor. Aún no comprendía verdaderamente el alcance que la resurrección traía consigo, pero creía que Jesús había resucitado. Es posible que no recordase incluso el anuncio que el Maestro les había hecho relativo a Su resurrección. Es probable que tampoco estuviesen en su mente las profecías que hablaban de ella. Lo que es cierto es que Jesús no estaba allí y, por tanto, había resucitado. Lo que no había servido para hacer creer a Pedro, sirve para afianzar la fe de Juan. Pedro, según el relato de Lucas, *vio y se asombró* (Lc. 24:12), pero no dice que creyó. Se asombró de lo que veía y del sepulcro vacío. En cambio la fe de Juan no necesitó más. Para él Jesús había resucitado.

9. Porque aún no habían entendido la Escritura, que era necesario que él resucitase de los muertos.

οὐδέπω γὰρ	ᾔδεισαν	τὴν	γραφὴν	ὅτι	δεῖ	αὐτὸν	ἐκ
Porque aún no	habían entendido	la	Escritura	que	es necesario	a Él	de
νεκρῶν	ἀναστῆναι.						
muertos	resucitar.						

Notas y análisis del texto griego.

Prosiguiendo el relato, escribe: οὐδέπω, adverbio de tiempo *aún, todavía*; γὰρ, conjunción causal *porque*; ᾔδεισαν, tercera persona plural del pluscuamperfecto de indicativo en voz activa del verbo οἶδα, *saber, entender, comprender, conocer*, aquí *habían entendido*; τὴν, caso acusativo femenino singular del artículo determinado *la*; γραφὴν, caso acusativo femenino singular del nombre común *Escritura*; ὅτι, conjunción *que*; δεῖ, tercera persona singular del presente de indicativo en voz activa del verbo δεῖ, *ser necesario*, aquí *es necesario*; αὐτὸν, caso acusativo masculino de la tercera persona singular del pronombre personal declinado *a Él*; ἐκ, preposición propia de genitivo *de*; νεκρῶν, caso genitivo masculino plural del nombre común *muertos*; ἀναστῆναι, aoristo segundo de infinitivo del verbo ἀνίστημι, *levantar, resucitar*.

οὐδέπω γὰρ ᾔδεισαν τὴν γραφὴν ὅτι δεῖ αὐτὸν ἐκ νεκρῶν ἀναστῆναι. La resurrección de Cristo, aunque anunciada por Él y revelada anteriormente por la profecía, era difícil de aceptar y asumir por ellos. Un problema relacionado con la muerte del Mesías, tenía conmocionados a los discípulos. Ellos habían dado testimonio a Jesús que creían que Él era el Mesías, el Hijo del Dios viviente (Mt. 16:16). En cierta medida aunque no lo hubiesen manifestado, la deidad de Cristo estaba presentida en su pensamiento. Los muertos son resucitados por uno mayor, que es Dios, o uno de sus enviados. Pero, ¿quién podría resucitar al Hijo de Dios? Además, como ya se ha considerado, la teología de los judíos no admitía que el Mesías pudiese morir. Los textos de la Escritura que hablaban de esto, los consideraban como algo oscuro e incluso de interpretación alegórica. Este era el gran problema que había en la mente de ellos para entender las Escrituras.

No cabe duda que interpretado en Antiguo Testamento a la luz del Nuevo, hay notables evidencias de anuncio de la resurrección de Jesús en las profecías. El apóstol Pablo dice que Jesús resucitó al tercer día conforme a las Escrituras (1 Co. 15:4), si bien no da ninguna referencia concreta sobre él o los textos que tiene en su mente. Sin embargo, a modo de ejemplo, Jesús se refirió a la *señal* de Jonás sobre Su resurrección (Jon. 1:17); Oseas también profetizó sobre eso (Os. 6:2). El profeta Isaías hace mención expresa a ello (Is. 53:10-12); como también está presente en el libro de los Salmos (Sal. 16:10).

Es de destacar que los discípulos creyeron en el *hecho* de la resurrección, antes de entenderla por medio de la Escritura. Los creyentes pusieron la doctrina fundamental de la resurrección, para que esta coincidiera con la Escritura, sino que entendieron la Escritura después de haber creído en la resurrección. Este evento estaba profetizado y se cumplió conforme a la profecía. Por tanto, todo aquello tenía que suceder.

10. Y volvieron los discípulos a los suyos.

ἀπῆλθον οὖν πάλιν πρὸς αὐτοὺς οἱ μαθηταί.
Se fueron, pues, de nuevo a sus casas los discípulos.

Notas y análisis del texto griego.

Análisis: ἀπῆλθον, tercera persona plural del segundo aoristo de indicativo en voz activa del verbo ἀπέρχομαι, *irse*, aquí *se fueron*; οὖν, conjunción continuativa *pues*; πάλιν, adverbio de modo *nuevamente, de nuevo, otra vez*; πρὸς, preposición propia de acusativo *a*; αὐτοὺς, caso acusativo masculino de la tercera persona plural del pronombre personal *ellos, sus,* en sentido de sus cosas, sus casas; οἱ, caso nominativo masculino plural del artículo determinado *los*; μαθηταί, caso nominativo masculino plural del nombre común *discípulos*.

ἀπῆλθον οὖν πάλιν πρὸς αὐτοὺς οἱ μαθηταί. Nada había que hacer ya en el sepulcro. Pedro confundido estaría reflexionando sobre todo aquello. Juan gozoso al creer que Jesús realmente había resucitado. El texto es simple, volvieron a *sus, suyos*, en sentido de *sus casas*. Nada se dice de María Magdalena. Que les había llevado la noticia. ¿Se habría quedado en la ciudad? No parece probable por lo que Juan relata en el siguiente versículo.

Las apariciones del Resucitado (20:11-21:23).

A María Magdalena (20:11-18).

11. Pero María estaba fuera llorando junto al sepulcro; y mientras lloraba, se inclinó para mirar dentro del sepulcro.

Μαρία δὲ εἱστήκει πρὸς τῷ μνημείῳ ἔξω κλαίουσα. ὡς οὖν
Pero María estaba de pie junto al sepulcro afuera llorando. Mientras, pues,
ἔκλαιεν, παρέκυψεν εἰς τὸ μνημεῖον
lloraba, se inclinó para mirar al sepulcro.

Notas y análisis del texto griego.

Iniciando un nuevo párrafo, escribe: Μαρία, caso nominativo femenino singular del nombre propio *María*; δὲ, partícula conjuntiva que hace las veces de conjunción coordinante, con sentido de *pero, más bien, y, y por cierto, antes bien*; εἱστήκει, tercera persona singular del pluscuamperfecto de indicativo en voz activa del verbo ἵστημι, *estar de pie*, aquí *estaba de pie*; πρὸς, preposición propia de dativo *junto a*; τῷ, caso dativo neutro singular del artículo determinado *el*; μνημείῳ, caso dativo neutro singular del nombre común *sepulcro*; ἔξω, adverbio de lugar *afuera*; κλαίουσα, caso nominativo femenino singular del participio de presente en voz activa del verbo κλαίω, *llorar*, aquí *llorando*; ὡς, conjunción temporal *mientras*; οὖν, conjunción continuativa *pues*; ἔκλαιεν, tercera persona singular del imperfecto de indicativo en voz activa del verbo κλαίω, *llorar*, aquí *lloraba*; παρέκυψεν, tercera persona singular del aoristo primero de indicativo en voz activa del verbo παρακύπτω, *inclinarse para mirar, asomarse para ver*, aquí *se inclinó para mirar*; εἰς, preposición propia de acusativo *a*; τὸ, caso acusativo neutro singular del artículo determinado *el*; μνημεῖον, caso acusativo neutro singular del nombre común *sepulcro*.

Μαρία δὲ εἱστήκει πρὸς τῷ μνημείῳ ἔξω. El relato retoma aquí la figura de María Magdalena, situándola fuera del sepulcro llorando. Ella había ido a Pedro y a Juan para contarles que el sepulcro estaba abierto y que se habían llevado el cuerpo de Jesús, lo que produjo que los dos discípulos corriesen para ver que había sucedido. No cabe duda que después de avisar a Pedro y a Juan, ella había vuelto a la tumba. Posiblemente no se encontró con ellos en el camino, por tanto, seguía pensando que alguien había sacado del sepulcro del cuerpo de Jesús.

Κλαίουσα. María estaba en pie, junto al sepulcro llorando. No se dice la razón específica de su llanto, pero, ella amaba al Maestro y este había muerto, de manera que la tristeza le embargaba el alma. Además, sentía también la conmoción de una tumba vacía y no sabía quien ni a donde habían llevado el cuerpo del Maestro, al que había ido temprano, junto con otras mujeres, para acondicionar Su cadáver como era habitual en su tiempo, para la sepultura definitiva.

ὡς οὖν ἔκλαιεν, παρέκυψεν εἰς τὸ μνημεῖον María se inclinó sobre la sepultura, como habían hecho Pedro y Juan antes de entrar en el sepulcro, para mirar en el interior. Es la primera vez que se dice que hizo aquello. Antes había estado allí, cuando los ángeles le dieron las nuevas de la resurrección, pero no se dice que hubiese visto en el interior de la tumba.

12. Y vio a dos ángeles con vestiduras blancas, que estaban sentados el uno a la cabecera, y el otro a los pies, donde el cuerpo de Jesús había sido puesto.

καὶ θεωρεῖ δύο ἀγγέλους ἐν λευκοῖς καθεζομένους, ἕνα πρὸς
Y ve dos ángeles con ropas blancas sentados, uno a
τῇ κεφαλῇ καὶ ἕνα πρὸς τοῖς ποσίν, ὅπου ἔκειτο τὸ σῶμα
la cabecera y otro a los pies, donde estuvo puesto el cuerpo
τοῦ Ἰησοῦ.
- de Jesús.

Notas y análisis del texto griego.

Análisis: καὶ, conjunción copulativa *y*; θεωρεῖ, tercera persona singular del presente de indicativo en voz activa del verbo θεωρέω, *ver, mirar*, aquí *ve*; δύο, caso acusativo masculino singular del adjetivo numeral cardinal *dos*; ἀγγέλους, caso acusativo masculino singular del nombre común *ángeles*; ἐν, preposición propia de dativo *en, con*; λευκοῖς, caso dativo neutro plural del adjetivo *blancos*, en sentido de *vestidos blancos o ropas blancas*; καθεζομένους, caso acusativo masculino plural del participio de presente en voz media del verbo καθέζομαι, *sentarse*, aquí *sentados*; ἕνα, caso acusativo masculino singular del adjetivo numeral cardinal *uno*; πρὸς, preposición propia de dativo *a*; τῇ, caso dativo femenino singular del artículo determinado *la*; κεφαλῇ, caso dativo femenino singular del nombre común *cabeza,* en sentido de *cabecera*; καὶ, conjunción copulativa *y*; ἕνα caso acusativo masculino singular del adjetivo numeral cardinal *uno*; πρὸς, preposición propia de dativo *a*; τοῖς, caso dativo masculino plural del artículo determinado *los*; ποσίν, caso dativo masculino plural del nombre común *pies*; ὅπου, adverbio relativo *donde, adonde*; ἔκειτο, tercera persona singular del imperfecto de indicativo en voz pasiva del verbo κεῖμαι, *ser puesto,* aquí *estuvo puesto*; τὸ, caso acusativo neutro singular del artículo determinado *el*; σῶμα, caso acusativo neutro singular del nombre común *cuerpo*; τοῦ, caso genitivo masculino singular del artículo determinado *el*; Ἰησοῦ, caso genitivo masculino singular del nombre propio declinado *de Jesús*.

καὶ θεωρεῖ δύο ἀγγέλους ἐν λευκοῖς καθεζομένους ἕνα πρὸς τῇ κεφαλῇ καὶ ἕνα πρὸς τοῖς ποσίν, ὅπου ἔκειτο τὸ σῶμα τοῦ Ἰησοῦ. Al mirar al interior del sepulcro María vio dos ángeles, que se habían colocado uno a la cabecera y otro a los pies en el lugar donde Jesús había sido enterrado. Los ángeles obedeciendo instrucciones divinas se hacen visibles aunque siendo espíritus son habitualmente invisibles a los ojos de los hombres. Los vestidos de ellos eran blancos, sin duda, resplandecientes.

Los ángeles son mensajeros, que es lo que su nombre indica, enviados por Dios en misión hacia los hombres. En este caso, fueron enviados primero al grupo de mujeres, luego los dos discípulos no los vieron, y ahora enviados a María Magdalena. La misión de ellos era dar la noticia de la resurrección de Jesús. Sólo había dos ángeles. No era necesario mayor cantidad, con dos eran suficiente.

Estaban sentados en el interior del sepulcro. La primera vez que se manifestaron pusieron en fuga a toda la guardia romana que estaba en el sepulcro. No cabe duda que esa presencia angelical es suficiente para dar al creyente una visión novedosa del sepulcro. Ya no debe despertar temor porque no tiene potestad sobre el que ha creído. El sepulcro es un lugar de tránsito hacia la gloria. El cuerpo del creyente queda en él hasta el día de la resurrección, cuando Jesús venga para tomar a la Iglesia y trasladarla a Su presencia (1 Ts. 4:16-17). No encierra sombras la tumba para el fiel porque su vida está escondida con Cristo en Dios. Los ángeles en el sepulcro son expresión visible del triunfo de la Cruz sobre la muerte. Es notable observar la posición donde se habían colocado, *uno frente al otro*. De esa forma estaban los dos querubines sobre la plancha de oro del propiciatorio viendo a la sangre del sacrificio de la expiación que se había puesto sobre ella. Así también ahora, el sacrificio de la expiación por el pecado ha sido consumado y la sangre en sentido del precio pagado, está presente delante de Dios, abriendo para nosotros acceso al trono de la gracia. En la caída del pecador, los ángeles fueron puestos para impedir el acceso al árbol de la vida (Gn. 3:24), en la resurrección vienen para dirigir nuestra atención hacia el Resucitado, que es el dador de la vida eterna para quienes creemos.

No se puede responder a la pregunta siempre curiosa del por qué estos ángeles se aparecieron a las mujeres y no a los apóstoles. Cualquier respuesta descansa en el pensamiento del hombre. Sin embargo, es notable apreciar que son las mujeres las mensajeras de la resurrección de Jesús y que ellos fueron enviadas para anunciarlo a los apóstoles. Con ello se rompe un esquema que por siglos se había mantenido que el testimonio femenino no era de igual rango que el de los varones. Cristo comisiona a mujeres para dar el primer gran mensaje del triunfo del Señor proclamando Su resurrección. Debiera hacernos reflexionar esto para valorar a las mujeres en el ámbito de la iglesia en la justa medida en que el Nuevo Testamento las valora.

13. Y le dijeron: Mujer, ¿por qué lloras? Les dijo: Porque se han llevado a mi Señor, y no sé dónde le han puesto.

καὶ	λέγουσιν	αὐτῇ	ἐκεῖνοι·	γύναι[1],	τί	κλαίεις	λέγει	αὐτοῖς
Y	dicen	le	ellos:	Mujer,	¿Por qué	lloras?	Dice	les:

ὅτι	ἦραν	τὸν	Κύριον	μου,	καὶ	οὐκ	οἶδα	ποῦ	ἔθηκαν	αὐτόν.
Porque	llevaron	al	Señor	de mi,	y	no	sé	dónde	pusieron	le.

Notas y análisis del texto griego.

Sigue con: καὶ, conjunción copulativa *y*; λέγουσιν, tercera persona plural del presente de indicativo en voz activa del verbo λέγω, *hablar, decir*, aquí *dicen*; αὐτῇ, caso dativo femenino de la tercera persona singular del pronombre personal declinado *a ella, le*; ἐκεῖνοι, caso nominativo masculino de la tercera persona plural del pronombre demostrativo *ellos*; γύναι, caso vocativo femenino singular del nombre común *mujer*; τί, caso acusativo neutro singular del pronombre interrogativo *qué, por qué*; κλαίεις, segunda persona singular del presente de indicativo en voz activa del verbo κλαίω, *llorar*, aquí *lloras*; λέγει, tercera persona singular del presente de indicativo en voz activa del verbo λέγω, *hablar, decir*, aquí *dice*; αὐτοῖς, caso dativo masculino de la tercera persona plural del pronombre personal declinado *a ellos, les*; ὅτι, conjunción causal *porque*; ἦραν, tercera persona plural del aoristo primero de indicativo en voz activa del verbo αἴρω, *tomar, cargar, quitar, llevar*, aquí *llevaron*; τὸν, caso acusativo masculino singular del artículo determinado declinado *al*; Κύριον, caso acusativo masculino singular del nombre divino *Señor*; μου, caso genitivo de la primera persona singular del pronombre personal declinado *de mí*; καὶ, conjunción copulativa *y*; οὐκ, forma escrita del adverbio de negación *no*, con el grafismo propio ante una vocal con espíritu suave o una enclítica; οἶδα, primera persona singular del presente de indicativo en voz activa del verbo οἶδα, *saber, conocer*, aquí *sé*; ποῦ, adverbio relativo *donde*; ἔθηκαν, tercera persona plural del aoristo primero de indicativo en voz activa del verbo τίθημι, *poner, colocar, depositar*, aquí *pusieron*; αὐτόν, caso acusativo masculino de la tercera persona singular del pronombre personal declinado *a Él, le*.

Crítica Textual. Lecturas alternativas.

[1] Sigue a *mujer*, τίνα ζητεῖς, *a quien buscas*, según se lee en A*, D, 579, 1424, sir[s].

καὶ λέγουσιν αὐτῇ ἐκεῖνοι· γύναι, τί κλαίεις. El vocativo *mujer* con el que los ángeles se dirigen a María, es una expresión de respeto en el contexto social de entonces. No es una forma más de dirigirse a María, sino un modo respetuoso de hacerlo. La pregunta que le formulan es natural y lógica, si estaba llorando ¿por qué razón lo hacía? Jesús seguía siendo todo para ella, aun después de muerto. Había intervenido en su vida liberándola del poder opresor del demonio y la gratitud era una constante hacia quien había hecho ese prodigio. No estaba, había muerto, pero no sólo lloraba por su ausencia.

λέγει αὐτοῖς ὅτι ἦραν τὸν Κύριον μου, καὶ οὐκ οἶδα ποῦ ἔθηκαν αὐτόν. La respuesta fue concreta: El Señor, literalmente *mi Señor*, no está en el sepulcro y eso es porque alguien lo llevó. El problema no era tanto ese, sino que ella no sabía a donde lo habían puesto. Jesús, aunque para ella muerto, seguía siendo *su Señor*. La fe de María no era sólida, como tampoco lo era la de los discípulos. Ella no podía pensar en la resurrección del Maestro, sólo en que no estaba en la tumba, por tanto, había desaparecido. Ella repetía en palabras lo que llenaba de angustia su alma *se han llevado a mi Señor*. Ese es el grave motivo que tenía para seguir llorando. María estaba desolada porque le faltaba la presencia sensible del Señor en su vida. Esa es la experiencia de quien siente el vacío profundo de tal ausencia, no importa por que causa se produce. Nada puede llenar el vacío que se experimenta cuando deja de sentirse la presencia del Señor.

Muchas lágrimas dejaríamos de verter, sin en lugar de llorar amargamente, nos pusiéramos a reflexionar cual es la verdadera causa de nuestras penas. Muchas veces las dificultades que nos agobian, las angustias que nos perturban, las inquietudes que nos espantan, son cosas imaginarias y no reales. María debía haber pensado en las palabras de

Jesús: *"Al tercer día resucitaré"*, para alentarse con la realidad de una tumba vacía y esperar la manifestación del Resucitado, que había dicho que la separación duraría poco, pero que vendría nuevamente a ellos. El olvido de la Palabra, genera muchas veces tristeza íntima porque vemos el tránsito de nuestra vida y las experiencias de ella como pérdidas y no como la gloriosa bendición que Dios depara.

14. Cuando había dicho esto, se volvió, y vio a Jesús que estaba allí; mas no sabía que era Jesús.

ταῦτα	εἰποῦσα	ἐστράφη	εἰς	τὰ	ὀπίσω	καὶ	θεωρεῖ	τὸν	Ἰησοῦν
Esto	dicho	se volvió	hacia		atrás	y	ve	-	a Jesús

ἑστῶτα	καὶ	οὐκ	ᾔδει	ὅτι	Ἰησοῦς	ἐστιν.
que estaba de pie	y	no	sabía	que	Jesús	era.

Notas y análisis del texto griego.

Siguiendo el relato, escribe: ταῦτα, caso acusativo neutro plural del pronombre demostrativo *estos*, en sentido de *esto, estas cosas*; εἰποῦσα, caso nominativo femenino singular del participio del segundo aoristo en voz activa del verbo εἶπον, forma del aoristo de λέγω, *hablar, decir*, aquí *diciendo, dicho*; ἐστράφη, tercera persona singular del aoristo segundo de indicativo en voz pasiva del verbo στρέφω, *volverse*, aquí *se volvió*; εἰς, preposición propia de acusativo *a, hacia*; τὰ, caso acusativo neutro plural del artículo determinado *los*; ὀπίσω, adverbio de lugar *atrás*; καὶ, conjunción copulativa *y*; θεωρεῖ, tercera persona singular del presente de indicativo en voz activa del, verbo θεωρέω, *ver, mirar, observar, contemplar*, aquí *ve*; τὸν, caso acusativo masculino singular del artículo determinado *el*; Ἰησοῦν, caso acusativo masculino singular del nombre propio declinado *a Jesús*; ἑστῶτα, caso acusativo masculino singular del participio perfecto en voz activa del verbo ἵστημι, *estar en pie*, aquí *que estaba de pie*; καὶ, conjunción copulativa *y*; οὐκ, forma escrita del adverbio de negación *no*, con el grafismo propio ante una vocal con espíritu suave o una enclítica; ᾔδει, tercera persona singular del pluscuamperfecto de indicativo en voz activa del verbo οἶδα, *saber, conocer, entender, comprender*, aquí *sabía*; ὅτι, conjunción *que*; Ἰησοῦς, caso nominativo masculino singular del nombre propio *Jesús*; ἐστιν, tercera persona singular del presente de indicativo en voz activa del verbo εἰμί, *ser*, aquí *es*, como presente histórico *era*.

ταῦτα εἰποῦσα ἐστράφη εἰς τὰ ὀπίσω. María cambia de orientación. Deja de mirar lo que había en el sepulcro. Deja de hablar con los ángeles, sólo está recogida la respuesta a la pregunta que le hicieron, para dirigir su mirada en sentido opuesto, hacia lo que había a sus espaldas. Siempre cabe aquí la pregunta ¿por qué lo hizo? ¿qué le llevó a mirar a sus espaldas? Hay tantas respuestas como ideas puede haber sobre esto, pero todo cuanto se diga no deja de ser mera especulación. Así escribe Hendriksen:

"He aquí unos pocos ejemplos: a. porque Jesús había aparecido de repente, y los ángeles que lo vieron desde donde estaban en el sepulcro se inclinaron para adorarlo, lo cual hizo que María se diera la vuelta para ver por qué los ángeles habían hecho eso; b. porque los ángeles, al ver a Jesús, señalaron hacia él, sugiriéndole a María que mirara fuera del sepulcro; c. porque María oyó que alguien se acercaba; d. Porque los ángeles desaparecieron de repente de la vista; etc. Sea lo que sea, al Señor no le ha placido revelarlo"[2]

καὶ θεωρεῖ τὸν Ἰησοῦν ἑστῶτα. La realidad, conforme al texto, es que ella miró hacia atrás y se encontró con Jesús. El Señor estaba en pie detrás de ella.

καὶ οὐκ ᾔδει ὅτι Ἰησοῦς ἐστιν. María ve a Jesús con los ojos corporales, no con los de la fe, sin reconocerlo. Hay razones para entender aquella situación que se considera en el siguiente versículo.

Sin duda podemos encontrar una aplicación personal a todo esto. Dios está *"cercano a los quebrantados de corazón, y salva a los contritos de espíritu"* (Sal. 34:18). Allí había un corazón en ese estado y cerca de él estaba el Señor. Es posible que nuestros ojos no sean capaces de distinguir Su presencia, sobre todo cuando están nublados por las lágrimas de las pruebas, pero no está lejos de nosotros. María no sabía que aquel que estaba detrás de ella era el Señor. Cuantas veces Jesús está cerca de nosotros sin que nos demos cuenta de ello.

15. Jesús le dijo: Mujer, ¿por qué lloras? ¿A quién buscas? Ella, pensando que era el hortelano, le dijo: Señor, si tú lo has llevado, dime dónde lo has puesto, y yo lo llevaré.

λέγει αὐτῇ Ἰησοῦς· γύναι, τί κλαίεις τίνα ζητεῖς ἐκείνη
Dice le Jesús: Mujer, ¿por qué lloras? ¿A quién buscas? Ella,
δοκοῦσα ὅτι ὁ κηπουρός ἐστιν λέγει αὐτῷ· κύριε, εἰ σὺ
pensando que el hortelano es, dice le: Señor, si tu
ἐβάστασας αὐτόν, εἰπέ μοι ποῦ ἔθηκας αὐτόν, καγὼ αὐτὸν ἀρῶ.
llevaste lo, di me donde pusiste lo, y yo lo llevaré.

---

[2] G. Hendriksen. o.c., pág. 729 s.

Notas y análisis del texto griego.

Análisis: λέγει, tercera persona singular del presente de indicativo en voz activa del verbo λέγω, *hablar, decir*, aquí *dice*; αὐτῇ, caso dativo femenino singular del pronombre personal declinado *a ella, le*; Ἰησοῦς, caso nominativo masculino singular del nombre propio *Jesús*; γύναι, caso vocativo femenino singular del nombre común *mujer*; τί, caso acusativo neutro singular del pronombre interrogativo *qué, por qué*; κλαίεις, segunda persona singular del presente de indicativo en voz activa del verbo κλαίω, *llorar*, aquí *lloras*; τίνα, caso acusativo masculino singular del pronombre interrogativo declinado *a quién*; ζητεῖς, segunda persona singular del presente de indicativo en voz activa del verbo ζητέω, *buscar*, aquí *buscas*; ἐκείνη, caso nominativo femenino singular del pronombre demostrativo *ella*; δοκοῦσα, caso nominativo femenino singular del participio de presente en voz activa del verbo δοκέω, *suponer, considerar, imaginar, pensar*, aquí *pensando*; ὅτι, conjunción *que*; ὁ, caso nominativo masculino singular del artículo determinado *el*; κηπουρός, caso nominativo masculino singular del nombre común *hortelano*; ἐστιν, tercera persona singular del presente de indicativo en voz activa del verbo εἰμί, *ser, estar*, aquí *es*; λέγει, tercera persona singular del presente de indicativo en voz activa del verbo λέγω, *hablar, decir*, aquí *dice*; αὐτῷ, caso dativo masculino de la tercera persona singular del pronombre personal declinado *a él, le*; κύριε, caso vocativo masculino singular del nombre común *señor*; εἰ, conjunción *si*; σὺ, caso nominativo de la segunda persona del pronombre personal *tú*; ἐβάστασας, segunda persona singular del aoristo primero de indicativo en voz activa del verbo βαστάζω, *cargar, tomar, llevar*, aquí *llevaste*; αὐτόν, caso acusativo de la tercera persona singular del pronombre personal declinado *a él*; εἰπέ, segunda persona singular del segundo aoristo de imperativo en voz activa del verbo εἶπον, forma del aoristo de λέγω, *hablar, decir*, aquí *di*; μοι, caso dativo de la primera persona singular del pronombre personal *a mí, me*; ποῦ, adverbio de lugar *donde*; ἔθηκας, segunda persona singular del aoristo primero de indicativo en voz activa del verbo τίθημι, *poner, colocar, depositar*, aquí *pusiste*; αὐτόν, caso acusativo masculino singular del pronombre personal declinado *a él, le*; καγὼ, palabra formada por crasis[3] de la conjunción καὶ, y el pronombre personal ἐγώ, y que equivale a *y yo*; αὐτὸν, caso acusativo masculino de la tercera persona singular del pronombre personal declinado *a él, lo*; ἀρῶ, primera persona singular del futuro de indicativo en voz activa del verbo αἴρω, *llevar*, aquí *llevaré*.

λέγει αὐτῇ Ἰησοῦς· γύναι, τί κλαίεις τίνα ζητεῖς. Jesús habló con María, formulándole una pregunta que cualquiera hubiera hecho en aquellas circunstancias. La primera era sobre la causa de su llanto: *¿por qué lloras?* La segunda iba al meollo de la cuestión: *¿a*

---

[3] *Crasis*, palabra griega que equivale a *unión de fuerzas*, en general *unión de elementos*.

quién buscas? Jesús está interesado en que los suyos descubran las circunstancias que les rodean. La primera pregunta despierta en María la conciencia de saber por qué era aquella desconsolada forma de llorar. La segunda la causa de la preocupación del problema. No se dice nada de lo que María pudo haber pensado de las dos preguntas, pero a cualquiera le hubiese llamado la atención la segunda. ¿Por qué sabía aquel, para ella, hombre, que estaba buscando a alguien?

ἐκείνη δοκοῦσα ὅτι ὁ κηπουρός ἐστιν λέγει αὐτῷ· κύριε, εἰ σὺ ἐβάστασας αὐτόν, εἰπέ μοι ποῦ ἔθηκας αὐτόν, María no se imagina que aquel es Jesús. Supone que se trata del cuidador de la finca donde estaba el sepulcro en que habían puesto a Jesús en la tarde del viernes. En ese pensamiento habla con él, preguntándole si él había sido quien llevó el cuerpo de Cristo de la tumba en que estaba y a donde lo había puesto. Es interesante que la palabra κηπουρός, *hortelano*, cuidador del huerto, es un *hápax legómenon*, que aparece una sola vez en todo el Nuevo Testamento.

καγὼ αὐτὸν ἀρῶ. La intención de ella era clara: *Dime donde está y lo llevaré conmigo*. Sería imposible que esto pudiera ocurrir, ya que aunque le dijese donde estaba el cuerpo, ella sola no podría llevarlo consigo y, con toda seguridad, el cuidador del huerto tampoco se lo hubiera permitido.

Necesariamente surge una pregunta. Si María conocía bien a Jesús, lo había seguido en el ministerio, lo había acompañado durante el tiempo de la Cruz, de modo que la figura de Jesús era muy familiar para ella, no podía confundirlo con ningún otro. Además María amaba a Jesús por todo lo que había recibido de Él y su atención había estado siempre en el Maestro. ¿Por qué no le conocía? Se han dado muchas respuestas a esa pregunta, pero ninguna es satisfactoria. Desde quienes creen que se trataba del efecto de la incredulidad, hasta otras muchas. Sin embargo, hay algo que no se tiene en cuenta y es que Jesús se manifestaba *de otra forma* a los suyos luego de la resurrección. Marcos hace notar que Jesús se apareció a dos de los discípulos *de otra forma*, es decir, *en otro aspecto*, o también *con diferente figura*. Según el paralelo de Lucas, el Señor se acercó a ellos, como si se tratase de un caminante que iba por la misma vía. El hecho de que se detuviese junto a María, hablase con ella, y no fuese reconocido es que el rasgo exterior que identifica a una persona no era el que ella estaba viendo. Es la manifestación propia del cuerpo de resurrección, que no es el mismo cuerpo que se entierra sino otro transformado (1 Co. 15:42-44). A esto puede añadirse también la falta de fe en la resurrección de Cristo que no le permitía suponer que Aquel con quien estaba hablando era el Señor resucitado. Años después el apóstol Pablo escribirá a los corintios sobre aspectos del cuerpo de resurrección, que será bueno tener en cuenta aquí, cuando consideramos aspectos de la resurrección de Jesús. La primera cuestión a reflexionar es que no debe olvidarse la naturaleza humana de Jesucristo que es la que realmente resucita de entre los muertos. Jesús es Dios, pero es también *semejante* a los hombres. En ese sentido *un hombre* fue puesto en la tumba luego de morir. Lo que se deposita en tierra, da lugar en la resurrección a un cuerpo diferente. Lo mismo ocurre cuando se deposita en tierra una semilla, esta muere para fructificar luego en una nueva planta que surge de la tierra. Jesucristo *no pudo corromperse* como ocurre con nuestros cuerpos, ya que Él no vería corrupción, pero de aquel cuerpo humano envuelto en lienzos, surge a la vida otro cuerpo humano pero de distinta conformación (1 Co 15:36). Lo que se siembra no es el cuerpo que ha de salir. La muerte física no es aniquilación, sino el paso de un estado a otro, es algo semejante a tener un bosque en un frasco de semillas. De la semilla sembrada surge un cuerpo distinto. El cuerpo del Señor es diferente al que tenía en su tiempo de ministerio, pero en modo alguno deja de ser un cuerpo como se notará más adelante con las apariciones a los discípulos. María no distinguió a Jesús en aquel hombre que hablaba con ella.

16. Jesús le dijo: ¡María! Volviéndose ella, le dijo ¡Raboni! (que quiere decir, Maestro).

λέγει αὐτῇ Ἰησοῦς· Μαριάμ. στραφεῖσα ἐκείνη λέγει αὐτῷ
Dice le Jesús: ¡María! Volviéndose ella dice le
Ἑβραϊστί· ῥαββουνι [ὃ λέγεται διδάσκαλε].
en Hebreo: Raboni (que quiere decir Maestro).

Notas y análisis del texto griego.

Sigue el relato, escribiendo: λέγει, tercera persona singular del presente de indicativo en voz activa del verbo λέγω, *hablar, decir*, aquí *dice*; αὐτῇ, caso dativo femenino de la tercera persona singular del pronombre personal declinado *a ella, le*; Ἰησοῦς, caso nominativo masculino singular del nombre propio *Jesús*; Μαριάμ, caso vocativo femenino singular del nombre propio *María*; στραφεῖσα, caso nominativo femenino singular del participio del segundo aoristo en voz pasiva del verbo στρέφω, *volverse, convertirse*, aquí *volviéndose*; ἐκείνη, caso nominativo femenino singular del pronombre demostrativo *ella*; λέγει, tercera persona singular del presente de indicativo en voz activa del verbo λέγω, *hablar, decir*, aquí *dice*; αὐτῷ, caso dativo masculino de la tercera persona singular del pronombre personal declinado *a él, le*; Ἑβραϊστί, adverbio *en hebreo*; ῥαββουνι, caso vocativo masculino singular del nombre común *raboni*; [ὃ, caso nominativo neutro singular del pronombre relativo *que*; λέγεται, tercera persona singular del presente de indicativo en voz pasiva del verbo λέγω, *hablar, decir*, aquí *se dice*, en sentido de *que se dice, que significa*; διδάσκαλε], caso vocativo masculino singular del nombre común *maestro*.

λέγει αὐτῇ 'Ιησοῦς· Μαριάμ. Posiblemente María había dado espaldas al desconocido que le había preguntado por qué lloraba y a quien buscaba. No había dado importancia a los ángeles, sino que se volvió para ver al que creía el hortelano, y tampoco ahora daba importancia a éste para volverse de nuevo en dirección al sepulcro.

Es entonces cuando una sola palabra la hace reaccionar. Jesús la llamaba por su nombre: *María*, seguramente en la forma que le era habitual cuando estaba en su ministerio terrenal. Aquella voz y aquella forma era inconfundible para ella. Jesús había dicho que *sus ovejas conocen Su voz* (10:4). La oscuridad en el pensamiento de María dio paso a la luminosa luz de la presencia de Jesús a su lado. Sin duda se produjo un profundo cambio en ella. Las lágrimas desaparecieron y un gozo exultante la llenó en plenitud.

στραφεῖσα ἐκείνη λέγει αὐτῷ 'Εβραϊστί· ῥαββουνι [ὃ λέγεται διδάσκαλε]. La reacción de María fue inmediata, volviéndose hacia Jesús y llamándole *Raboni*, que como es habitual en Juan, traduce diciendo que equivale a *Maestro*. Es notable apreciar que no le llama *Rabí* que se aplica a todo maestro, sino *Raboni*, que viene de *Rabón o Rabán*, que significa *Gran Maestro*. Ese título se usaba con frecuencia para hablar de Dios. No es poco el amor y la familiaridad que María sentía por Jesús, pero no es menos el respeto que le merece aquel que es Dios-hombre. En esto debemos recordar que aunque es nuestro amigo personal, nuestro hermano, no deja de ser el Soberano y eterno Dios, a quien se debe respeto supremo.

17. Jesús le dijo: No me toques, porque aún no he subido a mi Padre; mas ve a mis hermanos, y diles: Subo a mi Padre y a vuestro Padre, a mi Dios y a vuestro Dios.

λέγει αὐτῇ 'Ιησοῦς· μή μου ἅπτου, οὔπω γὰρ ἀναβέβηκα
Dice le Jesús: no me retengas, porque aún no he subido
πρὸς τὸν Πατέρα· πορεύου δὲ πρὸς τοὺς ἀδελφούς μου καὶ
al Padre; pero ve a los hermanos de mí y
εἰπὲ αὐτοῖς· ἀναβαίνω πρὸς τὸν Πατέρα μου καὶ Πατέρα
di les: Subo al Padre de mí y Padre
ὑμῶν καὶ Θεόν μου καὶ Θεὸν ὑμῶν.
de vosotros y Dios de mí y Dios de vosotros.

Notas y análisis del texto griego.

Análisis: λέγει, presente de indicativo en voz activa del verbo λέγω, *hablar, decir*, aquí *dice*; αὐτῇ, caso dativo femenino de la tercera persona singular del pronombre personal declinado *a ella, le*; Ἰησοῦς, caso nominativo masculino singular del nombre propio *Jesús*; μή, partícula que hace funciones de adverbio de negación *no*; μου, caso genitivo de la primera persona singular del pronombre personal declinado *de mí, a mí*; ἅπτου, segunda persona singular del presente de imperativo en voz media del verbo ἅπτω, en voz media *tocar, retener*, aquí *retengas*; οὔπω, adverbio de tiempo *todavía no, aún no*; γὰρ, conjunción causal *porque*; ἀναβέβηκα, primera persona singular del perfecto de indicativo en voz activa del verbo ἀναβαίνω, *subir*, aquí *he subido*; πρὸς, preposición propia de acusativo *a*; τὸν, caso acusativo masculino singular del artículo determinado *el*; Πατέρα, caso acusativo masculino singular del nombre divino *Padre*; πορεύου, segunda persona singular del presente de imperativo en voz media del verbo πορεύομαι, *ir*, aquí *ve*; δὲ, partícula conjuntiva que hace las veces de conjunción coordinante, con sentido de *pero, más bien, y, y por cierto, antes bien*; πρὸς, preposición propia de acusativo *a*; τοὺς, caso acusativo masculino plural del artículo definido *los*; ἀδελφούς, caso acusativo masculino plural del nombre común *hermanos*; μου, caso genitivo de la primera persona singular del pronombre personal declinado *de mí*; καὶ, conjunción copulativa *y*; εἰπὲ, segunda persona singular del segundo aoristo de imperativo en voz activa del verbo εἶπον, forma del aoristo de λέγω, *hablar, decir*, aquí *di*; αὐτοῖς, caso dativo masculino de la tercera persona plural del pronombre personal declinado *a ellos, les*; ἀναβαίνω, primera persona singular del presente de indicativo en voz activa del verbo ἀναβαίνω, *subir*, aquí *subo*; πρὸς, preposición propia de acusativo *a*; τὸν, caso acusativo masculino singular del artículo determinado *el*; Πατέρα, caso acusativo masculino singular del nombre divino *Padre*; μου, caso genitivo de la primera persona singular del pronombre personal declinado *de mí*; καὶ, conjunción copulativa *y*; Πατέρα, caso acusativo masculino singular del nombre divino *Padre*; ὑμῶν, caso genitivo de la segunda persona plural del pronombre personal declinado *de vosotros*; καὶ, conjunción copulativa *y*; Θεόν, caso acusativo masculino singular del nombre divino *Dios*; μου, caso genitivo de la primera persona singular del pronombre personal declinado *de mí*; καὶ, conjunción copulativa *y*; Θεὸν, caso acusativo masculino singular del nombre divino *Dios*; ὑμῶν, caso genitivo de la segunda persona plural del pronombre personal declinado *de vosotros*.

λέγει αὐτῇ Ἰησοῦς· μή μου ἅπτου, Las palabras de Jesús han servido para distintas interpretaciones. El Señor dijo a María que *no me toques*, o también como permite el verbo *no me retengas*. A simple vista, el Señor no impidió a ninguno de los suyos que en las apariciones después de la resurrección le tocasen. Es más invitó incluso a hacerlo, como en el caso de Tomás (v. 27). Mateo dice que las mujeres a las que se apareció Jesús, abrazaron sus pies (Mt. 28:9). Luego, no puede interpretarse esto como una prohibición para que María Magdalena *tocase* al Señor. Lo que supone esta prohibición es seguramente que María no dejaba de abrazar los pies de Jesús. Ella quería mantenerse cerca del Señor, pero Él tenía otra misión para ella, que debía cumplir. Jesús establece una prohibición a María, expresada mediante el presente de imperativo del verbo, con la negación que lo acompaña y que significa que debía cesar en la acción que había iniciado. María debía dejar de abrazarlo. Esa es la mejor forma de traducir el versículo: *Jesús le dijo: deja de abrazarme*. El verbo tiene que ver más bien con *asir* que con *tocar*. El Señor manda a María que deje de retenerlo, de sujetarlo. Esto supone que se había echado a los pies de Jesús y lo retenía abrazada a ellos, como ocurre con las mujeres mencionadas por Mateo.

οὔπω γὰρ ἀναβέβηκα πρὸς τὸν Πατέρα· La frase encierra también alguna dificultad. Jesús dice a María que no trate de retenerlo porque aun no había subido al Padre. ¿Quiere decir que luego de la ascensión podría hacerlo? Algunos, a la vista de esto, sugieren que Jesús subió al Padre para presentar la plenitud de la obra realizada, y abrir para el hombre un trono de gracia en base a ella y luego volvió a la tierra para acompañar a los suyos y manifestarse a ellos hasta el día de la exaltación a los cielos. No hay base bíblica para sustentar esto, salvo la interpretación de una frase que tiene ciertas dificultades. Jesús va a confiar a María un mensaje para sus *hermanos*, que tiene que ver con la ascensión. Por tanto, esta afirmación le hace notar ese hecho, y sirve como anticipo a lo que le va a encomendar. La obra de redención exigía la entronización del Intercesor a la diestra de la Majestad en los cielos. Por eso el mensaje que le va a ser encomendado a María para que transmita a los discípulos no tiene que ver con la resurrección, sino con la ascensión. En cierto modo Jesús estaba diciendo a María, que primeramente debía llevar el mensaje y que tenía tiempo hasta la ascensión para estar con Él, pero no podría, por más que lo intentase, retenerlo aquí, porque Su misión concluida en la tierra, requería que regresase al Padre que le había enviado para ella.

πορεύου δὲ πρὸς τοὺς ἀδελφούς μου καὶ εἰπὲ αὐτοῖς· María debía dejar de hacer lo que estaba haciendo, esto es, abrazar los pies de Jesús, porque Él le encomendaba una tarea que no podía hacer mientras no cesara en lo que estaba haciendo. Son destacables dos cosas, no por importancia sino como número: a) El mensaje de la resurrección se encomendó a mujeres, pero ahora, el de la ascensión se hace del mismo modo. Jesús comisiona a una mujer para que en Su nombre lleve el recordatorio de lo que antes había dicho, que los dejaba porque Él iba a quien lo había enviado, esto es, al Padre. Un mensaje de tal importancia, no sería lógico, desde el punto de vista social de entonces –e incluso desde ciertas posiciones hoy en día- que fuese una mujer la encargada de hacerlo. Cristo está enseñando que para Él no hay distinciones y que en soberanía actúa como mejor le parece porque es el Señor. El primer mensaje relativo a la resurrección encomendado a las mujeres, era un testimonio de un hecho ocurrido, el de la resurrección, habían de decir a los discípulos que había resucitado y marcarles el lugar donde podían encontrarse con Él. Pero en el caso de María Magdalena no se trata de un testimonio de algo ocurrido, sino el anuncio de algo que va a ocurrir, el gran acontecimiento post-pascual o, si se prefiere, el epílogo pascual de la obra de Cristo. María debía dejar a un lado su interés devocional por Jesús y asumir la misión de testimonio que Él le encomienda. b) El término que usa Jesús para referirse a quienes debía llevar el mensaje: *"mis hermanos"*. Nunca antes usó ese calificativo para referirse a los discípulos. Antes de la Cruz les llamó *siervos* (Lc. 17:10); luego dialogando con ellos en la última cena, les llamó *amigos* (15:15). Una nueva relación se establece entre Dios y los hombres que creen. Una nueva vinculación entre Jesús y los cristianos. En el prólogo del evangelio se dijo que quienes creen reciben la condición de *hijos de Dios* (1:12). Los hermanos son los miembros dentro de una misma familia. La familia de Dios se forma por el eterno Hijo Unigénito, que es Cristo, y todos los que en Él son adoptados como hijos de Dios (Gá. 4:4-5). La obra de redención estaba hecha, por tanto, los creyentes son hechos hijos de Dios por adopción en el Hijo. Dios no es Padre de todos los hombres, sólo de los creyentes. Es Creador de todos, pero sólo Padre de quienes están vinculados al Hijo. Es la vinculación con Cristo que les confiere esa condición. Todos son hermanos porque pertenecen a la familia de Dios (Ef. 2:19), y son herederos de Dios y coherederos con Cristo (Ro. 8:17). Por vinculación de identidad con Cristo, formando un cuerpo del que Él es la cabeza, Jesús los llama *sus hermanos*. Este es un título nuevo que eleva a los cristianos a una relación sobrenatural con Cristo y por tanto con Dios. Es un nuevo tiempo en una nueva dispensación, en la que Jesús es el primogénito entre muchos hermanos (He. 2:11-18).

ἀναβαίνω πρὸς τὸν Πατέρα μου. El mensaje encomendado es sencillo, *diles, a mis hermanos, que subo a mi Padre*. El Señor les recordaba con ello que no debían esperar ya la presencia corporal suya como la habían tenido durante los tres años que estuvieron con Él. El tiempo del regreso al Padre que les había anunciado estaba a punto de cumplirse, y con ello se abriría el tiempo de relación espiritual con Él y de la presencia del Espíritu Santo como Vicario suyo en la tierra. La resurrección no podía nublar la visión de la glorificación con un hecho inminente. Era necesario que resucitase, pero era necesario que ascendiese, porque entre otras cosas permite un cambio posicional de los creyentes que *no siendo del mundo* (17:14, 16), son ya ciudadanos del cielo y está posicionados en Cristo en los lugares celestiales (Ef. 2:6), por lo que deben buscar las cosas de arriba donde está Cristo sentado a la diestra de Dios (Col. 3:1).

καὶ πατέρα ὑμῶν καὶ θεόν μου καὶ θεὸν ὑμῶν. Finalmente se aprecia una distinción *mi Padre... vuestro Padre*; *mi Dios... vuestro Dios*. El Padre y Dios de nuestro Señor Jesucristo es también nuestro Padre y Dios. Sin embargo, es necesario entender que nuestra relación con el Padre no es la misma que la de Jesús. Él es el *Unigénito*, nosotros hijos adoptados en Él. Como hombre Jesús tiene una relación con Dios, a quien ama, ora, depende, y sirve, pero la relación con Dios es única puesto que Jesús es una Persona Divina, que eternamente está vinculada al Padre en el seno de la Deidad. Nosotros somos *nacidos* de Dios (1:13, comp. con 3:3-8; 1 P. 1:23), mientras que la relación de Jesús no es de *nacimiento*, sino de *engendramiento*. Él es engendrado del Padre eternamente. Esa es la gran distinción entre quien nos llama hermanos y nosotros. Jesús no es *igual* a los hombres, sino *semejante*. Pero todo esto trae un gran consuelo personal. El Dios y Padre de nuestro Señor Jesucristo es también nuestro Dios y Padre. De ahí que el Espíritu impulsa a nuestro espíritu para que sintamos esa relación y llamemos al Padre de nuestro Señor Jesucristo, como Él hacía: *"¡Abba!"* (Ro. 8:15).

18. Fue entonces María Magdalena para dar a los discípulos las nuevas de que había visto al Señor, y que él le había dicho estas cosas.

ἔρχεται Μαριὰμ ἡ Μαγδαληνὴ ἀγγέλλουσα τοῖς μαθηταῖς ὅτι
Va María - Magdalena anunciando a los discípulos que
ἑώρακα τὸν Κύριον, καὶ ταῦτα εἶπεν αὐτῇ.
había visto al Señor, y estas cosas dijo le.

Notas y análisis del texto griego.

Cerrando el párrafo, escribe: ἔρχεται, tercera persona singular del presente de indicativo en voz media del verbo ἔρχομαι, *venir, llegar, ir*, aquí *va*; Μαριὰμ, caso nominativo femenino singular del nombre propio *María*; ἡ, caso nominativo femenino singular del artículo determinado *la*; Μαγδαληνὴ, caso nominativo femenino singular del nombre propio *Magdalena*; ἀγγέλλουσα, caso nominativo femenino singular del participio de presente en voz activa del verbo ἀγγέλλω, *contar, anunciar, proclamar*, aquí *contando, anunciando*; τοῖς, caso dativo masculino plural del artículo definido declinado *a los*; μαθηταῖς, caso dativo masculino plural del nombre común *discípulos*; ὅτι, conjunción *que*; ἑώρακα, primera persona singular del perfecto de indicativo en voz activa del verbo ὁράω, *ver, mirar, observar, contemplar*, aquí *había visto*; τὸν, caso acusativo masculino singular del artículo determinado declinado *al*; Κύριον, caso acusativo masculino singular del nombre divino *Señor*; καὶ, conjunción copulativa *y*; ταῦτα, caso acusativo neutro plural del pronombre demostrativo *estos*, en sentido de *estas cosas*; εἶπεν, tercera persona singular del segundo aoristo de indicativo en voz activa del verbo εἶπον, forma del aoristo de λέγω, *hablar, decir*, aquí *dijo*; αὐτῇ, caso dativo de la tercera persona singular del pronombre personal declinado *a ella, le*.

ἔρχεται Μαριὰμ ἡ Μαγδαληνὴ ἀγγέλλουσα τοῖς μαθηταῖς ὅτι ἑώρακα τὸν Κύριον, καὶ ταῦτα εἶπεν αὐτῇ. María buscando un muerto, se encontró con el Señor resucitado. El desconsuelo se convirtió en gozo. La inquietud le hizo recobrar la paz. La tristeza dio paso al servicio testimonial para el que había sido requerida por Jesús. Le había encomendado el Señor que fuese a los discípulos y ella no se demoró en hacerlo. María hizo dos cosas: a) consoló a los discípulos contándoles el encuentro con Jesús; b) les comunicó el mensaje que el Señor le había dado para ellos.

Es interesante notar que la estructura del texto griego marca una diferencia entre ambas cosas. Primeramente está en forma directa: *"he visto al Señor"*, la segunda parte está en forma *indirecta*, *"me ha dicho"* esto para vosotros. El primer mensaje es de suma importancia, porque el segundo depende de que acepten el primero. No cabe duda que los discípulos dudaban de la resurrección de Jesús, por tanto, María Magdalena tendría que repetir varias veces esa verdad: *"he visto al Señor"*. La misión había sido cumplida conforme a la instrucción que le había dado el Señor.

La vida tiene un cambio siempre que se recupera la realidad de Cristo. María y los discípulos, estaban en un tiempo de negativismo. Ella angustiada lloraba porque no sabía donde estaba Jesús. Buscaban todos al Señor entre los muertos, cuando no estaba allí. Muchas veces nuestros conceptos personales, la limitada visión espiritual, nos lleva a buscar al Resucitado en el lugar de los muertos. Buscamos a Jesús en el sistema religioso, en la ortodoxia fría, en las formas diferentes de culto, cuando es necesario buscarlo para tener un encuentro renovador con Él. La gran necesidad de la iglesia hoy es recuperar nuevamente a Cristo, desde la dimensión de Su grandeza y de Su gloria.

A los discípulos sin Tomás (20:19-25).

19. Cuando llegó la noche de aquel mismo día, el primero de la semana, estando las puertas cerradas en el lugar donde los discípulos estaban reunidos por miedo de los judíos, vino Jesús, y puesto en medio, les dijo: Paz a vosotros.

Οὔσης οὖν ὀψίας τῇ ἡμέρᾳ ἐκείνῃ τῇ μιᾷ σαββάτων καὶ τῶν
Siendo, pues, tarde el día aquel, el primero de semana y las
θυρῶν κεκλεισμένων ὅπου ἦσαν οἱ μαθηταὶ διὰ τὸν φόβον
puertas estando cerradas donde estaban los discípulos por el miedo
τῶν Ἰουδαίων, ἦλθεν ὁ Ἰησοῦς καὶ ἔστη εἰς τὸ μέσον καὶ
de los judíos, vino - Jesús y se puso en el medio y
λέγει αὐτοῖς· εἰρήνη ὑμῖν.
dice les: Paz a vosotros.

Notas y análisis del texto griego.

Iniciando un nuevo párrafo, escribe: Οὔσης, caso genitivo femenino singular del participio de presente en voz activa del verbo εἰμί, *ser*, aquí *siendo*; οὖν, conjunción continuativa *pues*; ὀψίας, caso genitivo femenino singular del adjetivo *tarde, anochecer, comienzo de la noche, atardecer*; τῇ, caso dativo femenino singular del artículo determinado *el*; ἡμέρᾳ, caso dativo femenino singular del nombre común *día*; ἐκείνῃ, caso genitivo femenino singular del pronombre demostrativo aquel; τῇ, caso dativo femenino singular del artículo determinado *la*; μιᾷ, caso dativo femenino singular del adjetivo numeral cardinal *uno*; σαββάτων, caso genitivo neutro plural del nombre común *sábados*, relativo a *semana*; καὶ, conjunción copulativa *y*; τῶν, caso genitivo femenino plural del artículo determinado *las*; θυρῶν, caso genitivo femenino plural del nombre común *puertas*; κεκλεισμένων, caso genitivo femenino plural del participio perfecto en voz pasiva del verbo κλείω, *cerrar, trancar*, aquí *estando cerradas*; ὅπου, adverbio relativo *donde*; ἦσαν, tercera persona plural del imperfecto de indicativo en voz activa del verbo εἰμί, *ser, estar*, aquí *estaban*, οἱ, caso nominativo masculino plural del artículo determinado *los*; μαθηταὶ, caso nominativo masculino plural del nombre común *discípulos*; διὰ, preposición propia de acusativo *por*; τὸν, caso acusativo masculino singular del artículo determinado *el*; φόβον, caso acusativo masculino singular del nombre común *miedo*; τῶν, caso genitivo masculino plural del artículo determinado declinado *de los*; Ἰουδαίων, caso genitivo masculino plural del adjetivo *judíos*; ἦλθεν, tercera persona singular del aoristo segundo de indicativo en voz activa del verbo ἔρχομαι, *venir*, aquí *vino*; ὁ, caso nominativo masculino singular del artículo determinado *el*; Ἰησοῦς, caso nominativo masculino singular del nombre propio *Jesús*; καὶ, conjunción copulativa *y*; ἔστη, tercera persona singular del aoristo segundo de indicativo en voz activa del verbo ἵστημι, *colocarse, ponerse*, aquí *se puso*; εἰς, preposición propia de acusativo *en*; τὸ, caso acusativo neutro singular del artículo determinado *el*; μέσον, caso acusativo neutro singular del adjetivo *medio*; καὶ, conjunción copulativa *y*; λέγει, tercera persona singular del presente de indicativo en voz activa del verbo λέγω, *hablar, decir*, aquí *dice*; αὐτοῖς, caso dativo masculino de la tercera persona plural del pronombre personal declinado *a ellos, les*; εἰρήνη, caso nominativo femenino singular del nombre común *paz*; ὑμῖν, caso dativo de la segunda persona plural del pronombre personal declinado *a vosotros*.

Οὔσης οὖν ὀψίας τῇ ἡμέρᾳ ἐκείνῃ τῇ μιᾷ σαββάτων. La escena que se trata ocurrió el mismo día, esto es, el primero de la semana. Juan utiliza el término hebreo más común para referirse a la semana, que es usando *sábado* en plural, es decir, el tiempo que había entre dos sábados. Nuevamente usa un adjetivo numeral cardinal en lugar del ordinal que correspondería aquí para precisar que aquel día era el primero de la semana, o el siguiente al sábado. El día había terminado, y comenzaba la noche, como Juan hace notar. No puede referirse este encuentro de Jesús con los suyos a ninguno de los que mencionan los sinópticos, tanto Marcos como Lucas, porque allí se hace notar que estaban los *once* juntos, y en esta ocasión faltaba uno de ellos. Es interesante apreciar que se trataba del domingo *primer día de la semana*. El encuentro de Cristo con los suyos no tuvo lugar el sábado, sino el domingo, de ahí que en lo sucesivo del Nuevo Testamento y más concretamente en Hechos de los Apóstoles, se observa a la iglesia reuniéndose en el *primer día de la semana*. El antiguo sábado establecido en la Ley como de obligado cumplimiento, da paso al domingo. No es necesario guardar el sábado, porque ya todos los días son dedicados para Dios y santificados para el creyente.

καὶ τῶν θυρῶν κεκλεισμένων ὅπου ἦσαν οἱ μαθηταὶ διὰ τὸν φόβον τῶν Ἰουδαίων, La reunión de los discípulos era privada. Solamente ellos estaban reunidos y con las puertas cerradas. El verbo griego expresa la idea de puertas cerradas con llave, incluso trancadas. La razón era el miedo que sentían a los judíos. En este caso el adjetivo no es para referirse a cualquier judío o al conjunto de ellos, sino a los líderes religiosos. Ellos suponían una persecución contra los discípulos como seguidores de Jesús. Especialmente cuando se conociese que Jesús no estaba en la tumba y comenzase a divulgarse por parte de los enemigos de Jesús, ahora enemigos de los seguidores de Jesús, que ellos habían robado su cuerpo mientras la guardia dormía. No se dice la razón de aquella reunión. Tal vez se congregaban para orar, como era costumbre de ellos después de la ascensión. Acaso para alentarse unos a otros en medio de aquella tensa situación que aún vivían. Pudiera ser que se reunieran para estudiar lo que debían hacer en aquella situación. No importa cual fuese el motivo de la reunión, el hecho es que se había producido y ellos estaban allí juntos.

ἦλθεν ὁ Ἰησοῦς καὶ ἔστη εἰς τὸ μέσον. De pronto Jesús se presentó en medio de ellos. No se trataba de una manifestación visible de Su naturaleza humana, en sentido de que como Dios, luego de la resurrección podía estar en todas partes y que tan sólo necesitaba hacerse visible para algunos. La omnipresencia está en Su naturaleza divina, pero no en la humana que sigue ocupando un lugar en el espacio. Jesús entró al lugar en donde estaban reunidos y se puso en medio. No cabe duda que para el Resucitado, las puertas cerradas y bien cerradas, no son un obstáculo. No sabemos como entró en aquel lugar, si lo hizo pasando por la puerta o de otro modo. Es algo que la Escritura no revela. Es suficiente con apreciar que se trata del modo natural operativo del cuerpo de resurrección.

καὶ λέγει αὐτοῖς· εἰρήνη ὑμῖν. El asombro del grupo debió ser grande. Pero las palabras de Jesús debieron servir para calmar sus corazones agitados por aquella repentina manifestación que se había situado sin más en el centro de la reunión. El saludo era el habitual de entonces: *Paz a vosotros*. Él les había hablado del regalo que les hacía de *Su* paz, en el aposento alto durante la cena (14:27). Aquella paz que les anunció entonces se hace experimental en aquel momento. No tenían que estar inquietos porque la paz con Dios estaba hecha; la paz personal de una conciencia libre de la acusación de culpabilidad por el pecado; la paz de relación entre ellos como hermanos, hijos del mismo Padre. Ellos podían experimentar las palabras que Jesús les había dicho: *"en el mundo tendréis aflicción"*, esa era la situación que les condujo a cerrar las puertas por miedo de los judíos. Las olas de la inquietud del mar de sus vidas, volvieron a la calma como cuando dijo: *Paz a vosotros*.

Recuperar a Cristo es recuperar la experiencia de paz. No siempre damos importancia a las reuniones de creyentes. Es fácil dejar de congregarnos por cualquier cosa de poca importancia. La presencia de Jesús se hace realidad en la reunión de los cristianos. Sin embargo, la presencia de Jesús en medio de los suyos se hace notar, especialmente por el don de la paz. Cuando el Señor está presente hay paz y sentimos que Su promesa de paz es la realidad en la reunión. Si la reunión es simplemente de hombres, aunque sean amigos y hermanos, no hay garantía de una experiencia de paz, porque el Príncipe de Paz no está presente. El gran mensaje de Jesús a los suyos en tiempos de inquietud o de bonanza es el mismo que a los discípulos: *Paz a vosotros*.

20. Y cuando les hubo dicho esto, les mostró las manos y el costado. Y los discípulos se regocijaron viendo al Señor.

καὶ τοῦτο εἰπὼν ἔδειξεν τὰς χεῖρας καὶ τὴν πλευρὰν αὐτοῖς.
Y esto dicho mostró las manos y el costado les.
ἐχάρησαν οὖν οἱ μαθηταὶ ἰδόντες τὸν Κύριον.
se alegraron, pues, los discípulos al ver al Señor.

Notas y análisis del texto griego.

Análisis: καὶ, conjunción copulativa *y*; τοῦτο, caso acusativo neutro singular del pronombre demostrativo *esto*; εἰπὼν, caso nominativo masculino singular del participio del segundo aoristo en voz activa del verbo εἶπον, forma del aoristo de λέγω, *hablar, decir*, aquí *dijo*; ἔδειξεν, tercera persona singular del aoristo primero de indicativo en voz activa del verbo δείκνυμι, *mostrar, presentar, hacer ver*, aquí *mostro*; τὰς, caso acusativo femenino plural del artículo determinado *las*; χεῖρας, caso acusativo femenino plural del nombre común *manos*; καὶ, conjunción copulativa *y*; τὴν, caso acusativo femenino singular del artículo determinado *el*; πλευρὰν, caso acusativo femenino singular del nombre común *costado*; αὐτοῖς, caso dativo de la tercera persona plural del pronombre personal declinado *a ellos, les*; ἐχάρησαν, tercera persona plural del segundo aoristo de indicativo en voz pasiva del verbo χαίρω, *gozarse, alegrarse, regocijarse*, aquí *se alegraron*; οὖν, conjunción continuativa *pues*; οἱ, caso nominativo masculino plural del artículo determinado *los*; μαθηταὶ, caso nominativo masculino plural del nombre común *discípulos*; ἰδόντες, caso nominativo masculino plural del participio aoristo segundo de indicativo en voz activa del verbo ὁράω, *ver, mirar*, aquí *al ver*; τὸν, caso acusativo masculino singular del artículo determinado declinado *al*; Κύριον, caso acusativo masculino singular del nombre divino *Señor*.

καὶ τοῦτο εἰπὼν ἔδειξεν τὰς χεῖρας καὶ τὴν πλευρὰν αὐτοῖς. Las marcas de las heridas en las manos, pies y costado de Jesús, permanecen después de la resurrección. Los discípulos eran incrédulos a la resurrección. Según Lucas, creían que estaban viendo un espíritu (Lc. 24:37). El Señor tiene interés en evitar cualquier tipo de confusión en relación con el cuerpo de resurrección. Es cierto que las manifestaciones visibles de ese cuerpo podían tomar otra apariencia u otro aspecto distinto al que había tenido durante la vida terrenal, pero aunque se resucita con *cuerpo espiritual* (1 Co. 15:44). No cabe duda que hay notables diferencias entre el cuerpo actual y el de resurrección. El de Jesús marcaba también esas distinciones: Se manifestaba en aspectos diferentes (Mr.16:12-13); no estaba limitado por obstáculos naturales, como en este caso que con las puertas cerradas se presentó en medio de los discípulos; no sangraba, a pesar de las heridas conservadas en el cuerpo. Jesús les hizo ver que un espíritu no tenía carne y huesos como Él tenía, por tanto, era un cuerpo real, que incluso podía comer con los suyos, como se aprecia en relatos de la resurrección en los sinópticos. Aquellos discípulos incrédulos pudieron ver las marcas de la crucifixión en el cuerpo de Jesús. Aquellas marcas tuvieron que servir para que ellos quedasen plenamente convencidos de que verdaderamente el Señor había resucitado.

ἐχάρησαν οὖν οἱ μαθηταὶ ἰδόντες τὸν Κύριον. Los discípulos entonces se gozaron viendo al Señor. Ellos podían recordar que el Maestro les había dicho que volverían a verlo y se alegrarían (16:22). Allí estaba, cumpliendo la promesa que les había hecho. Es interesante notar que es en este lugar donde por primera vez Juan da a Jesús el nombre de Señor, llamándole de esta manera. Esa era la forma que la Iglesia usaba para referirse a Él, en los años sucesivos, lo que pone de manifiesto que Juan se había limitado a escribir en el *Evangelio*, el testimonio de lo que realmente había visto y oído. Era el Señor, por tanto no cabía sino el gozo. La tristeza había desaparecido, el temor resultaba cancelado por la presencia poderosa de Jesús. La incertidumbre daba paso a la plena certidumbre de que ya no estaba muerto, sino que había resucitado, como les había dicho.

21. Entonces Jesús les dijo otra vez: Paz a vosotros. Como me envió el Padre, así también yo os envío.

εἶπεν οὖν αὐτοῖς [ὁ ᾿Ιησοῦς] πάλιν· εἰρήνη ὑμῖν· καθὼς
Dijo, pues, les - Jesús otra vez: Paz a vosotros. Como
ἀπέσταλκεν με ὁ Πατήρ, καγὼ πέμπω ὑμᾶς.
ha enviado me el Padre, también yo envío os.

Notas y análisis del texto griego.

Análisis: εἶπεν, tercera persona singular del segundo aoristo de indicativo en voz activa del verbo εἶπον, forma del aoristo de λέγω, *hablar, decir*, aquí *dijo*; οὖν, conjunción continuativa *pues*; αὐτοῖς, caso dativo masculino de la tercera persona plural del pronombre personal declinado *a ellos*; ὁ, caso nominativo masculino singular del artículo determinado *el*; ᾿Ιησοῦς, caso nominativo masculino singular del nombre propio *Jesús*; πάλιν, adverbio de modo *nuevamente, de nuevo, otra vez*; εἰρήνη, caso nominativo femenino singular del nombre común *paz*; ὑμῖν, caso dativo de la segunda persona plural del pronombre personal declinado *a vosotros*; καθὼς, conjunción *como*; ἀπέσταλκεν, tercera persona singular del perfecto de indicativo en voz activa del verbo ἀποστέλλω, *enviar*, aquí *ha enviado*; με, caso acusativo de la primera persona singular del pronombre personal declinado *a mí, me*; ὁ, caso nominativo masculino singular del artículo determinado *el*; Πατήρ, caso nominativo masculino singular del nombre divino *Padre*; καγὼ, palabra formada por crasis[4] de la conjunción καὶ, y el pronombre personal ἐγώ, y que equivale a *y yo*; πέμπω, primera persona singular del presente de indicativo en voz activa del verbo πέμπω, *enviar, comisionar*, aquí *envío*; ὑμᾶς, caso acusativo de la segunda persona plural del pronombre personal declinado *a vosotros, os*.

εἶπεν οὖν αὐτοῖς [ὁ Ἰησοῦς] πάλιν· εἰρήνη ὑμῖν· Una segunda vez Jesús reitera la frase de lo que había sido el saludo al entrar al lugar donde estaban reunidos. La primera vez pudo servir para acallar las inquietudes de quienes pensaban que Su aparición era la de un fantasma. Esta segunda vez, es como si pidiera un tiempo de reflexión sobre lo que iba a decirles. El gozo exultante de los discípulos, tal vez nublaba la realidad de lo que seguiría para ellos en el futuro. La paz era el gran regalo que Jesús les hizo en la última cena, no se trataba de algo puntual sino absoluto. La paz con Dios, la paz personal y la paz entre ellos, iba a contrastar con la inquietud que produciría el odio del mundo. Las aflicciones que iban a llegar estaban muy próximas. Poco tiempo transcurriría de bonanza hasta que comenzara la persecución e incluso la muerte de alguno de ellos. Por eso, la reiteración de la promesa *"Paz a vosotros"* era mucho más que un simple saludo, era la afirmación de la determinación de Cristo de que la vida en la experiencia de la paz fuese una realidad cotidiana.

καθὼς ἀπέσταλκεν με ὁ Πατήρ, καγὼ πέμπω ὑμᾶς. Cristo había dicho al Padre en la oración después de la cena, que como Él le había enviado al mundo, así también Él enviaba a los creyentes con la misma misión de proclamar el evangelio y extender el reino de Dios (17:18). La misión, salvo la redentora, se continuaría en ellos, como se ha considerado antes[5]. El paralelismo es notorio, como el Padre envió al Hijo, así el Hijo envía a los creyentes. La continuación del ministerio implica la práctica de la misión de igual manera. Jesús mostró durante todo el tiempo una total sumisión a la voluntad del Padre, haciendo sólo lo que le había encomendado y hablando sólo lo que había oído de Él (cf.4:34; 5:19; 10:37; 17:4). El ministerio de Jesús, especialmente las señales mesiánicas, fue en el poder del Espíritu, que se le había dado sin medida y que había reposado sobre Él (1:32). La misión de la Iglesia tiene que ser la misma, en una sumisión absoluta a Cristo por obediencia a Su palabra. Esta es la misión que le encomienda después de haberla santificado, es decir, separada para esto (17:19). Para llevar a

---

[4] *Crasis*, palabra griega que equivale a *unión de fuerzas*, en general *unión de elementos*.

[5] Ver comentario a 17:18.

cabo la misión cumplirá la promesa de enviar el Espíritu, que en forma personal les recuerda al soplar sobre ellos (v. 22). La misión de la Iglesia y la vida cristiana es imposible sin esa relación personal con Cristo en absoluta dependencia de Él y sin una vinculación que conlleva la sujeción al Espíritu Santo. Jesucristo había sido enviado para dar testimonio de la verdad (18:37), así también la Iglesia, mediante la proclamación del evangelio y la enseñanza de la Palabra. Jesús los envía con la autoridad suprema que le ha sido concedida por el Padre (Fil. 2:9-11). No se trata de una comisión voluntaria, sino de una determinación divina. Quiere decir, que los cristianos asumen la comisión y viven conforme a ella, o la desobedecen como mandamiento, lo que traerá disciplina divina y ausencia de bendición.

22. Y habiendo dicho esto, sopló, y les dijo: Recibid el Espíritu Santo.

καὶ τοῦτο εἰπὼν ἐνεφύσησεν καὶ λέγει αὐτοῖς· λάβετε Πνεῦμα
Y esto dicho sopló y dice les: Recibid Espíritu
Ἅγιον·
Santo.

Notas y análisis del texto griego.

Análisis: καὶ, conjunción copulativa *y*; τοῦτο, caso acusativo neutro singular del pronombre demostrativo *esto*; εἰπὼν, caso nominativo masculino singular del participio del segundo aoristo de indicativo en voz activa del verbo εἶπον, forma del aoristo de λέγω, *hablar, decir*, aquí *dicho*; ἐνεφύσησεν, tercera persona singular del aoristo primero de indicativo en voz activa del verbo ἐμφυσάω, *soplar*, aquí *sopló*; καὶ, conjunción copulativa *y*; λέγει, tercera persona singular del presente de indicativo en voz activa del verbo λέγω, *hablar, decir*, aquí *dice*; αὐτοῖς, caso dativo masculino de la tercera persona plural del pronombre personal declinado *a ellos, les*; λάβετε, segunda persona plural del segundo aoristo de imperativo en voz activa del verbo λαμβάνω, *recibir*, aquí *recibid*; Πνεῦμα, caso acusativo neutro singular del nombre divino *Espíritu*; Ἅγιον, caso acusativo neutro singular del adjetivo calificativo *Santo*.

καὶ τοῦτο εἰπὼν ἐνεφύσησεν καὶ λέγει αὐτοῖς· λάβετε πνεῦμα ἅγιον· Jesús había prometido el envío del Espíritu Santo. Se iba a producir unos días después de esto, coincidiendo con la fecha de Pentecostés. Pero en esta ocasión el Señor les recuerda que la misión no es posible sin la asistencia del Espíritu. Por eso *sopló* y les dijo *recibid el Espíritu Santo*. No es que el Espíritu descendió en ese momento, sino que les anticipaba que les sería enviado de aquella manera, procedente de Él y del Padre. El soplo de Dios es siempre de vida, por eso el Espíritu daría una vida poderosa para el testimonio y Su poder para llevar a cabo la misión. Jesús les enseña que la extensión del reino de los cielos, o reino de Dios, no es asunto de poder humano, porque *"mi reino no es de este mundo"*, sino del poder divino. La obra de Dios no se puede hacer por el hombre, porque siendo de Dios sólo Él puede hacerla, aunque la haga por medio de hombres, para lo cual los reviste del poder de Su fuerza. El conflicto con Satanás, enemigo de la obra de Jesús, se iba a producir. Las dificultades serían en adelante, salvo una breve pausa, lo habitual en la experiencia de quienes eran enviados a predicar el evangelio del reino, por tanto, necesitaban un poder sobrenatural para llevar a cabo la misión, por ello necesitaban ser investidos de poder de lo Alto, con la venida del Espíritu Santo. Sólo con la asistencia del poder de la tercera Persona Divina, Dios el Espíritu Santo podrían ser testigos de Jesucristo, manifestándolo ante el mundo, no en discursos de palabras sino en la presencia que el Espíritu haría de Él en la vida de cada cristiano. Solo con la asistencia del Espíritu los cristianos podemos ser testigos de Cristo. Es necesario entender que la proclamación del evangelio ha de ir acompañada de la manifestación visible del poder transformador que el Espíritu lleva a cabo en la regeneración de todo aquel que cree. Muchos serían alcanzados para Cristo, a lo largo de la historia de la Iglesia, sin palabras, por la conducta de los cristianos (1 P. 3:1). El testimonio de los cristianos acerca de Cristo, es el testimonio del Espíritu Santo (Hch. 2:4; 4:31; 5:32). El Espíritu Santo convierte a cada creyente en un mensaje viviente que todos pueden leer.

Si la misión de la Iglesia es la proclamación del evangelio para salvación a todos los hombres, debe entenderse que la salvación no es posible sin la obra de convicción del Espíritu Santo (16:8). Todos los apóstoles sabían el mensaje que debían predicar, pero necesitaban la asistencia del Espíritu que lo haría eficaz en los oyentes.

El Espíritu Santo les sería también necesario para hacer operativa la fe. Estarían expuestos desde aquel momento a los ataques del mundo, a la persecución de los judíos, cosas que continuarían a lo largo de toda la historia de la Iglesia, por tanto necesitaban ser investidos del poder del Espíritu para hablar con denuedo la Palabra (Hch. 4:31).

23. A quienes remitiereis los pecados, les son remitidos; y a quienes se los retuviereis, les son retenidos.

ἄν τινων ἀφῆτε τὰς ἁμαρτίας ἀφέωνται αὐτοῖς, ἄν
\- de quienes remitiereis los pecados han sido remitidos les. -
τινων κρατῆτε κεκράτηνται.
de quienes retenéis han sido retenidos.

Notas y análisis del texto griego.

Siguiendo el relato se lee: ἄν, partícula que no empieza nunca frase y que da a ésta carácter condicional o dubitativo, o expresa una idea de repetición. Se construye con todos los modos menos el imperativo y acompaña a los pronombres relativos para darles un sentido general; en algunas ocasiones no tiene traducción; τινων, caso genitivo masculino plural del pronombre indefinido declinado *a quienes*; ἀφῆτε, segunda persona plural del aoristo segundo de subjuntivo en voz activa del verbo ἀφιήμι, *perdonar, remitir*, aquí *remitiereis*; τὰς, caso acusativo femenino plural del artículo determinado *las*; ἁμαρτίας, caso acusativo femenino plural del nombre común *pecados, faltas*; ἀφέωνται, tercera persona plural del perfecto de indicativo en voz pasiva del verbo ἀφιήμι, *perdonar, remitir*, aquí *han sido remitidos*; αὐτοῖς, caso dativo masculino de la tercera persona plural del pronombre personal declinado *a ellos, les*; ἄν, partícula que no empieza nunca frase y que da a ésta carácter condicional o dubitativo, o expresa una idea de repetición. Se construye con todos los modos menos el imperativo y acompaña a los pronombres relativos para darles un sentido general; en algunas ocasiones no tiene traducción; τινων, caso genitivo masculino plural del pronombre indefinido declinado *de quienes*; κρατῆτε, segunda persona plural del presente de indicativo en voz activa del verbo κρατέω, *retener, mantener*, aquí *retenéis*; κεκράτηνται, tercera persona plural del perfecto de indicativo en voz pasiva del verbo κρατέω, *retener, mantener*, aquí *han sido retenidos*.

ἄν τινων ἀφῆτε τὰς ἁμαρτίας ἀφέωνται αὐτοῖς, ἄν τινων κρατῆτε κεκράτηνται. Este es un texto que ha servido de confrontación, no por el análisis en sí, sino por el condicionamiento de las escuelas teológicas. Para algunos, como es el caso de la Iglesia Católico-romana, se apoyan en él para sostener la doctrina de la absolución de pecados, en el llamado *Sacramento de la Penitencia*. Esta forma de comprender el texto ha llevado a establecer distintas jurisdicciones dentro de la Iglesia para perdonar determinados pecados. Así escribe el Dr. Lacueva:

"A) Según el Código de Derecho Canónico, el Papa posee poder ordinario[6] *para perdonar toda clase de pecados de personas en todo el mundo, en virtud de su primado de jurisdicción suprema, universal e inmediata sobre la Iglesia entera.*

[6] Se llama *jurisdicción ordinaria*, cuando la persona la posee *en virtud de su oficio*, y *delegada*, cuando es otorgada por una persona que tiene jurisdicción *ordinaria*, o por la norma establecida en el código de Derecho Canónico.

B) Los Cardenales tienen el mismo poder (aunque por implícita delegación papal, de acuerdo con las normas del Derecho Canónico) para perdonar todos los pecados, excepto seis excomuniones muy especialmente reservadas al Papa.

C) Los Obispos tienen poder ordinario para perdonar a cualquiera dentro de sus respectivas diócesis, y a sus súbditos diocesanos en cualquier parte. Los Vicarios Generales tienen el mismo poder, según el Código de Derecho Canónico. Las seis excomuniones arriba aludidas se exceptúan siempre.

D) Los párrocos tienen poder ordinario, establecido por el Derecho Canónico en conexión con su oficio parroquial, para absolver a cualquiera dentro del territorio de sus respectivas parroquias, y a sus propios parroquianos en cualquier punto del mundo.

E) Otros sacerdotes (ecónomos, sustitutos, coadjutores, capellanes) tienen poder delegado, según la jurisdicción que les es otorgada por sus Obispos o Vicarios Generales y por el Derecho Canónico)" [7].

Escuelas teológicas protestantes buscan interpretar el texto, apelando al perfecto en que se encuentran los verbos finales en la cláusula, enseñando que lo que Jesús dijo es que la Iglesia *declara* el perdón de pecados cuando ya han sido perdonados por Dios. Es decir, si una persona afirma que ha creído en Cristo, se le declara perdonado, porque ya lo ha sido a causa de su fe. Con esto procuran eliminar la concesión ministerial para perdonar pecados. Sin embargo, declarar como *pecados retenidos* a quien no cree, desvincula al cristiano de la prerrogativa dada por Jesús, descargándola sobre el incrédulo, por no recibir el mensaje. En el segundo sentido, *declarar* perdonados los pecados al que cree, no tiene sentido, puesto que el creyente, sea o no en el ejercicio ministerial, no tiene *capacidad* de determinarlo puesto que descansaría en el testimonio del que dice creer, pero, ciertamente, sólo Dios sabe quien ha creído verdaderamente.

El texto adquiere un gran significado cuando se toma como confirmación de lo que Jesús había dicho a los suyos en dos ocasiones. Una de ellas, dirigida al apóstol Pedro, en la que le promete la entrega de las llaves del reino de los cielos y le dice que cuanto desate en la tierra quedará desatado en el cielo y viceversa (Mt. 16:19), y más tarde a los discípulos cuando habla de la disciplina y enseña los pasos a dar para la restauración (Mt. 18:18). El Señor es muy claro cuando enseña el proceso a seguir con un *desordenado*, ofensor, por tanto, está en el entorno de la disciplina y no en el del perdón de pecados. Es necesario

---

[7] F. Lacueva. *Catolicismo Romano*. Edit. Clie, Terrassa, 1972, pág. 185 s.

determinar si las palabras del Señor son para la Iglesia o para los líderes, representados allí por los discípulos. Las mismas palabras fueron dichas a Pedro, como se hace notar más arriba. Aquí son dichas a todos los discípulos y, por extensión a las congregaciones en el ejercicio de la disciplina conforme a lo establecido por Dios. Dios refrenda lo que el liderazgo de la iglesia establezca sin quebrantar la Palabra y esté respaldado por la congregación. Quienes desprecien la disciplina de la iglesia no tienen, espiritualmente hablando, a donde apelar, porque están despreciando a Dios. El Señor está detrás de los líderes en unidad con la iglesia respaldando las decisiones que se tomen, siempre que no contravengan lo que Él mismo ha dejado establecido en su Palabra (Lc. 10:16). La actuación del liderazgo junto con la congregación en la unidad del Espíritu no tiene que ver solo con *retener* los pecados, sino también con *remitir*, es decir, restaurar, permitiendo entrar nuevamente a la comunión de la iglesia a quienes antes se les había aplicado la disciplina a causa de su persistencia en el pecado. El Nuevo Testamento instruye como actuar con el que ha sido disciplinado para restaurarlo nuevamente a la comunión plena de la iglesia, aceptándolo con amor restaurador (2 Co. 2:5-11). El Señor que refrenda el *retener* los pecados, refrenda también la restauración *remitirlos*.

Este aspecto de *remitir y retener*, tiene un amplio campo de acción en problemas que surgen en la historia de la Iglesia y que no están expresamente regulados en el Nuevo Testamento. Asuntos que varían en la sociedad en cada tiempo, deben ser resueltos cuando no haya una regulación bíblica para ello, tomando cada grupo de líderes, en unión con la congregación la determinación que, en oración y dependencia del Espíritu, consideren adecuada a cada circunstancia. De igual manera en la determinación de lo que debe entenderse cuando un pasaje de doctrina general no está debidamente claro o permite más de una interpretación. El acuerdo del liderazgo de la iglesia aceptado por la congregación recibirá el respaldo del cielo en cualquiera que sea la decisión tomada.

Es bueno recordar que antes de disciplinar a un creyente, y mucho más si se trata de ponerlo fuera de la comunión eclesial, la iglesia con sus pastores debe agotar todos los recursos de que pueda disponer, especialmente dedicar tiempo a la oración, la exhortación bíblica, la comprensión personal, y siempre la gracia para tratar con el que no camina conforme a la Palabra. Pero de igual modo en la restauración. No es posible entender a la luz de la enseñanza que puedan establecerse *disciplinas por tiempo,* que se convierten en castigo en lugar de corrección. La disciplina solo puede mantenerse mientras no surta el efecto restaurador previsto en ella. Persistir en ella luego del arrepentimiento del disciplinado es un abuso de autoridad y un notorio pecado contrario a la enseñanza bíblica.

24. Pero Tomás, uno de los doce, llamado Dídimo, no estaba con ellos cuando Jesús vino.

Θωμᾶς δὲ εἷς ἐκ τῶν δώδεκα, ὁ λεγόμενος Δίδυμος, οὐκ ἦν
Pero Tomás, uno de los Doce, el llamado Dídimo, no estaba
μετ' αὐτῶν ὅτε ἦλθεν 'Ιησοῦς.
con ellos cuando vino Jesús.

Notas y análisis del texto griego.

Introduciendo un nuevo párrafo, escribe: Θωμᾶς, caso nominativo masculino singular del nombre propio *Tomás*; δὲ, partícula conjuntiva que hace las veces de conjunción coordinante, con sentido de *pero, más bien, y, y por cierto, antes bien*; εἷς, caso nominativo masculino singular del adjetivo numeral cardinal *uno*; ἐκ, preposición propia de genitivo *de*; τῶν, caso genitivo masculino plural del artículo determinado *los*; δώδεκα, caso genitivo masculino plural del adjetivo numeral cardinal *doce*; ὁ, caso nominativo masculino singular del artículo determinado *el*; λεγόμενος, caso nominativo masculino singular del participio de presente en voz pasiva del verbo λέγω, *hablar, decir, llamar*, aquí *llamado*; Δίδυμος, caso nominativo masculino singular del nombre propio *Dídimo*; οὐκ, forma escrita del adverbio de negación *no*, con el grafismo propio ante una vocal con espíritu suave o una enclítica; ἦν, tercera persona singular del imperfecto de indicativo en voz activa del verbo εἰμί, *ser, estar*, aquí *estaba*; μετ', forma escrita por elisión de la α final ante vocal con espíritu suave de la preposición de genitivo μετά, *con*; αὐτῶν, caso genitivo masculino de la tercera persona plural del pronombre personal *ellos*; ὅτε, conjunción *cuando*; ἦλθεν, tercera persona singular del aoristo segundo de indicativo en voz activa del verbo ἔρχομαι, *venir, llegar*, aquí *vino*; 'Ιησοῦς, caso nominativo masculino singular del nombre propio *Jesús*.

Θωμᾶς δὲ εἷς ἐκ τῶν δώδεκα, ὁ λεγόμενος Δίδυμος, Juan se refiere a uno de los doce discípulos que acompañaron a Cristo durante el tiempo de Su ministerio, y que había sido seleccionado de todos los que le seguían para que estuviese con Él. El nombre del discípulo era *Tomas*, llamado *Dídimo*, que significa *mellizo*. Luego de la traición de Judas en el grupo quedaban sólo once, no obstante, el *colegio apostólico* se mantuvo con doce hombres, eligiendo luego de la ascensión de Jesús a Matías para que ocupara el lugar dejado por Judas. Sea por consideración al tiempo anterior o por referencia al colegio apostólico, Juan dice aquí que Tomás era uno de los Doce.

οὐκ ἦν μετ' αὐτῶν ὅτε ἦλθεν 'Ιησοῦς. La nota que da en el versículo es que no estaba con los otros discípulos cuando Jesús se les apareció. Sólo estaban diez de los doce que habían estado con el Maestro. No se dice cual era la razón de la ausencia de Tomas, sólo se hace notar que no estaba allí.

25. Le dijeron, pues, los otros discípulos: Al Señor hemos visto. Él les dijo: Si no viere en sus manos la señal de los clavos, y metiere mi dedo en el lugar de los clavos, y metiere mi mano en su costado, no creeré.

ἔλεγον οὖν αὐτῷ οἱ ἄλλοι μαθηταί· ἑωράκαμεν τὸν Κύριον.
Decían, pues, le, los otros discípulos: Hemos visto al Señor.
ὁ δὲ εἶπεν αὐτοῖς· ἐὰν μὴ ἴδω ἐν ταῖς χερσὶν αὐτοῦ τὸν
Pero él, dijo les: Si no viese en las manos de Él la
τύπον τῶν ἥλων καὶ βάλω τὸν δάκτυλον μου εἰς τὸν τύπον
marca de los clavos y metiese el dedo de mí en el lugar
τῶν ἥλων καὶ βάλω μου τὴν χεῖρα εἰς τὴν πλευρὰν αὐτοῦ,
de los clavos, y metiese de mi la mano en el costado de Él, no
οὐ μὴ πιστεύσω.
de ningún modo creeré.

Notas y análisis del texto griego.

Análisis: ἔλεγον, tercera persona plural del imperfecto de indicativo en voz activa del verbo λέγω, *hablar, decir*, aquí *decían*; οὖν, conjunción continuativa *pues*; αὐτῷ, caso dativo masculino de la tercera persona singular del pronombre personal declinado *a él, le*; οἱ, caso nominativo masculino plural del artículo determinado *los*; ἄλλοι, caso nominativo masculino plural del adjetivo indefinido *otros*; μαθηταί, caso nominativo masculino singular del nombre común *discípulos*; ἑωράκαμεν, primera persona plural del perfecto de indicativo en voz activa del verbo ὁράω, *ver, mirar*, aquí *hemos visto*; τὸν, caso acusativo masculino singular del artículo determinado declinado *al*; Κύριον, caso acusativo masculino singular del nombre divino *Señor*; ὁ, caso nominativo masculino singular del artículo determinado *el*; δὲ, partícula conjuntiva que hace las veces de conjunción coordinante, con sentido de *pero, más bien, y, y por cierto, antes bien*; εἶπεν, tercera persona singular del segundo aoristo de indicativo en voz activa del verbo εἶπον, forma del aoristo de λέγω, *hablar, decir*, aquí *dijo*; αὐτοῖς, caso dativo de la tercera persona plural del pronombre personal declinado *a ellos, les*; ἐὰν, conjunción afirmativa *si*; μὴ, partícula que hace funciones de adverbio de negación *no*; ἴδω, primera persona singular del aoristo segundo de subjuntivo en voz activa del verbo ὁράω, *ver, mirar*, aquí *viese*; ἐν, preposición propia de dativo *en*; ταῖς, caso dativo femenino plural del artículo determinado *las* χερσὶν, caso dativo femenino plural del nombre común *manos*; αὐτοῦ, caso genitivo masculino de la tercera persona singular del pronombre personal declinado *de Él*; τὸν, caso acusativo masculino singular del artículo determinado *el*; τύπον, caso acusativo masculino singular del nombre común *marca*; τῶν, caso genitivo masculino plural del artículo determinado declinado *de los*; ἥλων, caso genitivo masculino plural del nombre común *clavos*; καὶ, conjunción copulativa *y*; βάλω, primera persona singular del aoristo segundo de subjuntivo en voz activa del verbo βάλλω, *meter*, aquí *metiese*; τὸν, caso acusativo masculino singular del artículo determinado *el*; δάκτυλον, caso acusativo masculino singular del nombre común *dedo*; μου, caso genitivo de la primera persona singular del pronombre personal declinado *de mí*; εἰς, preposición propia de acusativo *en*; τὸν, caso acusativo masculino singular del artículo determinado *el*; τύπον, caso acusativo masculino singular del nombre común *lugar*; τῶν, caso genitivo masculino plural del artículo determinado declinado *de los*; ἥλων, caso genitivo masculino plural del nombre común *clavos*; καὶ, conjunción copulativa *y*; βάλω, primera persona singular del aoristo segundo de subjuntivo en voz activa del verbo βάλλω, *meter*, aquí *metiese*; μου, caso genitivo de la primera persona singular del pronombre personal declinado *de mí*; τὴν, caso acusativo femenino singular del artículo determinado *la*; χεῖρα, caso acusativo femenino singular del nombre común *mano*; εἰς, preposición propia de acusativo *en*; τὴν, caso acusativo femenino singular del artículo determinado *la*; πλευρὰν, caso acusativo femenino singular del nombre común *costado*; αὐτοῦ, caso genitivo de la tercera persona singular del pronombre personal declinado *de él*; οὐ, adverbio de negación *no*; μὴ, partícula que hace funciones de adverbio de negación *no*; juntas las dos negaciones tienen el sentido de *jamás, de ningún modo*; πιστεύσω, primera persona singular del futuro de indicativo en voz activa del verbo πιστεύω, *creer*, aquí *creeré*.

ἔλεγον οὖν αὐτῷ οἱ ἄλλοι μαθηταί· ἑωράκαμεν τὸν Κύριον. Los discípulos dijeron a Tomás, el que estaba ausente, de la visita del Señor. El verbo en imperfecto de indicativo indica una acción que se produjo y continuaba manifestándose. Ellos *decían* reiteradamente a Tomas que *habían visto* al Señor. El verbo *ver*, está en perfecto de indicativo lo que pone de manifiesto una acción totalmente realizada, si bien los efectos persistían. Había sido una visión plena, completa, cabal de Jesús. Para referirse a Él dejan el título habitual de *Maestro*, para llamarlo con el que contiene la expresión de la majestad divina, *Señor*. Es el nombre de gloria que corresponde al que ha vencido sobre la muerte y ha resucitado, para revestirse de autoridad, recibiendo el nombre que es sobre todo nombre (Fil. 2:9-11). La ausencia de la reunión de creyentes priva siempre de bendiciones que se alcanzan en ella. El Señor había estado presente, pero Tomás no había tenido esa bendición. Sin embargo, también es necesario entender que la ausencia de alguien a una reunión de iglesia, no significa que sea un cristiano de segundo nivel, y debe considerársele como un verdadero hermano cuando vuelve a ella.

ὁ δὲ εἶπεν αὐτοῖς· ἐὰν μὴ ἴδω ἐν ταῖς χερσὶν αὐτοῦ τὸν τύπον τῶν ἥλων καὶ βάλω τὸν δάκτυλόν μου εἰς τὸν τύπον τῶν ἥλων καὶ βάλω μου τὴν χεῖρα εἰς τὴν πλευρὰν αὐτοῦ, Tomás pone condiciones para creer lo que sus compañeros de discipulado le están diciendo ¿Es incredulidad o es terquedad lo que Tomas expresa? Posiblemente ambas cosas. No puede creer el testimonio de diez compañeros que afirman una y otra vez que han visto al Señor. Pero no cree porque tampoco tiene fe para entender que el Maestro había resucitado como les había dicho tiempo antes de la Cruz. Ta vez Tomas pensaba que aquellos otros, por el deseo de que el Señor realmente resucitara estaban dispuestos a creer cualquier cosa. Para Tomas podría muy bien tratarse de una mera visión subjetiva. Él necesitaba verificar antes de creer, por tanto, pone condiciones para aceptar que Jesús ciertamente ha resucitado. La primera es visual. Quería *ver* las señales que los clavos tenían que haber dejado en Sus manos. La segunda es una prueba *física*, quería poder meter su dedo en los orificios de los clavos. No cabe duda que tenían que ser clavos grandes, que permitirían que el dedo de una mano pasara por los orificios que producían. En tercer lugar quería meter la mano en el costado abierto del Señor, como consecuencia de la lanzada que el soldado romano le había inferido.

οὐ μὴ πιστεύσω. La afirmación final es contundente, no creeré sin verificar, o de otro modo, no creeré a no ser que pueda comprobar la verdad de aquello que le estaban comunicando. La negativa a creer está firmemente dicha, con dos negaciones que juntas expresan una negación definitiva *de ningún modo, jamás*, es decir, no habría nada ni nadie que pudiera hacerle creer que Jesús había resucitado sin antes haber podido verificarlo mediante lo que exigía.

La incredulidad de Tomás pudo haber producido tristeza en los otros diez compañeros suyos que se veían cuestionados e incluso acusados si no de mentir, por lo menos de visionarios. Es, para algunos, un ejemplo negativo. Sin embargo, es una admirable provisión de testimonio de la resurrección. Un hombre poco dispuesto a aceptar que el Señor había resucitado, será un testigo de esa resurrección un poco más adelante, lo que sirve a nosotros como confirmación cierta de ello.

A los discípulos y Tomás (20:26-31).

26. Ocho días después, estaban otra vez sus discípulos dentro, y con ellos Tomás. Llegó Jesús, estando las puertas cerradas, y se puso en medio y les dijo: Paz a vosotros.

Καὶ μεθ' ἡμέρας ὀκτὼ πάλιν ἦσαν ἔσω οἱ μαθηταὶ αὐτοῦ
Y después de días ocho, de nuevo estaban dentro los discípulos de Él
καὶ Θωμᾶς μετ' αὐτῶν. ἔρχεται ὁ Ἰησοῦς τῶν θυρῶν
y Tomás con ellos. Viene - Jesús, las puertas
κεκλεισμένων καὶ ἔστη εἰς τὸ μέσον καὶ εἶπεν· εἰρήνη ὑμῖν.
estando cerradas y se puso en el medio y dijo: Paz a vosotros.

Notas y análisis del texto griego.

Comenzando un nuevo párrafo, escribe: Καὶ, conjunción copulativa *y*; μεθ', forma escrita ante vocal aspirada de la preposición de acusativo μετά, *después de*; ἡμέρας, caso acusativo femenino plural del nombre común *días*; ὀκτὼ, adjetivo numeral cardinal *ocho*; πάλιν, adverbio de modo, *nuevamente, de nuevo, otra vez*; ἦσαν, tercera persona plural del imperfecto de indicativo en voz activa del verbo εἰμί, *ser, estar*, aquí *estaban*; ἔσω adverbio de lugar *dentro*; οἱ, caso nominativo masculino plural del artículo determinado *los*; μαθηταὶ, caso nominativo masculino plural del nombre común *discípulos*; αὐτοῦ, caso genitivo masculino de tercera persona singular del pronombre personal declinado *de Él*; καὶ, conjunción copulativa *y*; Θωμᾶς, caso nominativo masculino singular del nombre propio *Tomás*; μετ', forma escrita por elisión de la α final ante vocal con espíritu suave de la preposición de genitivo μετά, *con*; αὐτῶν, caso genitivo masculino de la tercera persona plural del pronombre personal *ellos*; ἔρχεται, tercera persona singular del presente de indicativo en voz media del verbo ἔρχομαι, *viene*; ὁ, caso nominativo masculino singular del artículo determinado *el*; Ἰησοῦς, caso nominativo masculino singular del nombre propio *Jesús*; τῶν, caso genitivo femenino plural del artículo determinado *las*; θυρῶν, caso genitivo femenino plural del nombre común *puertas*; κεκλεισμένων, caso genitivo femenino plural del participio perfecto en voz pasiva del verbo κλείω, *cerrar*, *trancar*, aquí *estando cerradas*; καὶ, conjunción copulativa *y*; ἔστη, tercera persona singular del aoristo segundo de indicativo en voz activa del verbo ἵστημι, *colocarse, ponerse*, aquí *se puso*; εἰς, preposición propia de acusativo *en*; τὸ, caso acusativo neutro singular del artículo determinado *el*; μέσον, caso acusativo neutro singular del adjetivo *medio*; καὶ, conjunción copulativa *y*; εἶπεν, tercera persona singular del segundo aoristo de indicativo en voz activa del verbo εἶπον, forma del aoristo de λέγω, *hablar, decir*, aquí *dijo*; εἰρήνη, caso nominativo femenino singular del nombre común *paz*; ὑμῖν, caso dativo de la segunda persona plural del pronombre personal declinado *a vosotros*.

Καὶ μεθ' ἡμέρας ὀκτὼ. Nuevamente el primer día de la semana se produce un nuevo suceso en relación con la resurrección de

Cristo. No fue el sábado, sino el primero siguiente al sábado. En la historia de la Iglesia, es el día que más se menciona en el Nuevo Testamento, día de reunión habitual de los creyentes.

πάλιν ἦσαν ἔσω οἱ μαθηταὶ αὐτοῦ καὶ Θωμᾶς μετ' αὐτῶν. Los discípulos de Jesús estaban nuevamente reunidos juntos. La reunión de los creyentes en el primer día de la semana era habitual. Es notorio que Jesús demoró una semana para manifestarse nuevamente a los suyos. Pero, en esta ocasión estaba también Tomás. Aunque el resucitado Señor estaba en el mundo, era simplemente el tránsito para el lugar a donde iba nuevamente, de donde había sido enviado por el Padre. La presencia corporal Suya debía distanciarse en el tiempo para que los que habían estado con Él tres años, comenzaran a acostumbrarse a Su ausencia física. Todo ese tiempo sirvió también para que Tomás aprendiese a no perder las oportunidades de bendición. Si hubiese creído a lo que los demás discípulos le habían dicho sobre la resurrección del Señor, hubiese estado gozoso todo el tiempo.

ἔρχεται ὁ 'Ιησοῦς τῶν θυρῶν κεκλεισμένων καὶ ἔστη εἰς τὸ μέσον καὶ εἶπεν· εἰρήνη ὑμῖν. Las puertas cerradas, como en la ocasión anterior. De pronto el Señor se hace presente y el saludo de la vez anterior se repite al pie de la letra. Todo ocurre como el domingo pasado. El Señor viene al encuentro de los suyos cuando estaban reunidos. Su presencia y Su paz se hacen manifiestos. Perder la ocasión de estar en la reunión dominical con toda la iglesia, es perder la oportunidad de sentir la presencia de Jesús, que viene para acompañar a los suyos. No importa si la congregación es pequeña, como en aquella ocasión, con sólo once personas, la importancia no está en los congregados, sino en el Señor. De nuevo, la presencia de Cristo llena de paz el alma cristiana.

27. Luego dijo a Tomás: Pon aquí tu dedo, y mira mis manos; y acerca tu mano, y métela en mi costado; y no seas incrédulo, sino creyente.

εἶτα λέγει τῷ Θωμᾷ· φέρε τὸν δάκτυλον σου ὧδε καὶ ἴδε τὰς
Luego dice - a Tomás: Trae el dedo de ti acá y mira las
χεῖρας μου καὶ φέρε τὴν χεῖρα σου καὶ βάλε εἰς τὴν πλευράν
manos de mí y trae la mano de ti y mete en el costado
μου, καὶ μὴ γίνου ἄπιστος ἀλλὰ πιστός.
de mí y no seas incrédulo sino creyente.

Notas y análisis del texto griego.

Siguiendo el relato, escribe: εἶτα, adverbio de tiempo *luego*; λέγει, tercera persona singular del presente de indicativo en voz activa del verbo λέγω, *hablar, decir*, aquí *dice*; τῷ, caso dativo masculino singular del artículo determinado *el*; Θωμᾷ, caso dativo masculino singular del nombre propio declinado *a Tomás*; φέρε, segunda persona singular del presente de imperativo en voz activa del verbo φέρω, *traer*, aquí *trae*; τὸν, caso acusativo masculino singular del artículo determinado *el*; δάκτυλον, caso acusativo masculino singular del nombre común *dedo*; σου, caso genitivo de la segunda persona singular del pronombre personal declinado *de ti*; ὧδε, adverbio de lugar *acá*; καὶ, conjunción copulativa *y*; ἴδε, segunda persona singular del aoristo segundo de imperativo en voz media del verbo ὁράω, en la forma εἶδον, *mirar, mostrar, ver,* aquí *mira*; τὰς, caso acusativo femenino plural del artículo determinado *las*; χεῖρας, caso acusativo femenino plural del nombre común *manos*; μου, caso genitivo de la primera persona singular del pronombre personal declinado *de mí*; καὶ, conjunción copulativa *y*; φέρε, segunda persona singular del presente de imperativo en voz activa del verbo φέρω, *traer*, aquí *trae*; τὴν, caso acusativo femenino singular del artículo determinado *la*; χεῖρα, caso acusativo femenino singular del nombre común *mano*; σου, caso genitivo de la segunda persona singular del pronombre personal declinado *de ti*; καὶ, conjunción copulativa *y*; βάλε, segunda persona singular del segundo aoristo de imperativo en voz activa del verbo βάλλω, *meter*, aquí *mete*; εἰς, preposición propia de acusativo *en*; τὴν, caso acusativo femenino singular del artículo determinado *la*; πλευράν, caso acusativo femenino singular del nombre común *costado*; μου, caso genitivo de la primera persona singular del pronombre personal declinado *de mí*; καὶ, conjunción copulativa *y*; μὴ, partícula que hace funciones de adverbio de negación *no*; γίνου, segunda persona singular del presente de imperativo en voz media del verbo γίνομαι, *ser*, aquí *seas*; ἄπιστος, caso nominativo masculino singular del adjetivo *incrédulo*; ἀλλὰ, conjunción adversativa *sino*; πιστός, caso nominativo masculino singular del adjetivo *creyente*.

εἶτα λέγει τῷ Θωμᾷ· φέρε τὸν δάκτυλόν σου ὧδε καὶ ἴδε τὰς χεῖράς μου καὶ φέρε τὴν χεῖρά σου καὶ βάλε εἰς τὴν πλευράν μου, Jesús llama al discípulo que no había creído en Su resurrección, para atender a todo cuanto había pedido, en presencia de los otros. El Señor acepta el desafío que Tomás había hecho una semana antes. Había pedido *meter su dedo* en los orificios de los clavos y el Señor le invita a que lo haga; también quería *mirar sus manos*, y Cristo le dice, míralas; pide poder meter su mano en el orificio de Su costado, y es complacido: *trae acá tu mano y métela en mi costado*.

Lo que está demostrando Jesús al discípulo incrédulo y a los demás, es que no sólo había resucitado como prometió, sino que era Dios, puesto que sin que nadie le dijese nada de lo ocurrido, siguió el orden de las peticiones que Tomás había formulado. ¿Hizo Tomás uso de la invitación que Jesús le hacia? ¿Se levantó para tocar los orificios de los clavos y meter su mano en el costado del Señor? Posiblemente no lo hizo. Era suficiente todo aquello que podía ver y la presencia de

Cristo en medio de la reunión, para sentir vergüenza de su propia condición de desconfiado e incrédulo.

καὶ μὴ γίνου ἄπιστος ἀλλὰ πιστός. No hay reprensión, como tal vez hubiese merecido Tomás, solo una cariñosa amonestación conduciéndolo a la fe. La ley reprende, la gracia anima. La exhortación ya no era para el presente, sino para el futuro. No había razón para invitarlo a creer, cuando había puesto delante de él todos los condicionantes que había pedido para hacerlo. Pero, en el futuro, vendrían muchos días en que la fe, tal vez se agostase, haciéndose como un pábilo que humea o una caña cascada que no sostiene, de ahí la necesidad de perseverar aferrado a las promesas de Dios, que siendo fiel son inmutables.

28. Entonces Tomás respondió y le dijo: ¡Señor mío, y Dios mío!

ἀπεκρίθη Θωμᾶς καὶ εἶπεν αὐτῷ· ὁ Κύριος μου καὶ ὁ Θεός
Respondió Tomás y dijo le: ¡El Señor de mí y el Dios
μου.
de mí!

Notas y análisis del texto griego.

Sigue con: ἀπεκρίθη, tercera persona singular del aoristo primero de indicativo en voz pasiva del verbo ἀποκρίνομαι, *responder, contestar, tomar la palabra*, aquí *respondió*; Θωμᾶς, caso nominativo masculino singular del nombre propio *Tomas*; καὶ, conjunción copulativa *y*; εἶπεν, tercera persona singular del segundo aoristo de indicativo en voz activa del verbo εἶπον, forma del aoristo de λέγω, *hablar, decir*, aquí *dijo*; αὐτῷ, caso dativo masculino de la tercera persona singular del pronombre personal declinado *a él, le*; ὁ, caso nominativo masculino singular del artículo determinado *el*; Κύριος, caso nominativo masculino singular del nombre divino *Señor*; μου, caso genitivo de la primera persona singular del pronombre personal declinado *de mí*; καὶ, conjunción copulativa *y*; ὁ, caso nominativo masculino singular del artículo determinado *el*, Θεός, caso nominativo masculino singular del nombre divino *Dios*; μου, caso genitivo de la primera persona singular del pronombre personal declinado *de mí.*

ἀπεκρίθη Θωμᾶς καὶ εἶπεν αὐτῷ· ὁ κύριος μου καὶ ὁ θεός μου. Tomás había tenido suficiente para creer que Aquel era el Señor resucitado. La expresión de Tomás es una de las afirmaciones más precisas del Nuevo Testamento sobre la deidad de Cristo. Los arrianos, antiguos y modernos, han procurado desvirtuar la construcción gramatical para evitar que se considere como un *vocativo*. Sin embargo el uso de nominativo con artículo, como ocurre, aquí es la forma que se usa muchas veces tanto en el griego clásico como en la koiné para la construcción del vocativo. Es una confesión de fe: Jesús es Señor y es Dios. Es notable observar que a Cristo se le llama Dios sólo en este *Evangelio*, bien directamente (1:1), en varios textos griegos aparece también en lugar de *Hijo*, así se lee el *Unigénito Dios* (1:18); o bien en explicaciones (5:18; 10:33). El vocativo se usa para nombrar sin vinculación, como si se tratase de un nombre propio en este caso, con el que puede llamarse, por tanto no es necesario aquí acompañarlo de signos de admiración, aunque refleja correctamente la expresión de Tomás. Lo que está diciendo acerca de Jesús es que es el Señor y Dios suyo. Es muy interesante el uso de los pronombres personales de vinculación. Jesús, dice Tomas, es *mí Señor*; y *mí Dios*. No en posesión como si fuese suyo únicamente, sino en relación. Jesús es el Dios y el Señor de Tomas. Magnífica confesión de la deidad de Cristo. La fe transciende al hecho en sí de la resurrección de uno de entre los muertos, para introducirla en la condición divina del Resucitado. En la vinculación por fe con Él se aprecia inmediatamente Su deidad. Los títulos *Cristo, Señor, Hijo de Dios* que da el Nuevo Testamento a Jesucristo, explican la filiación como procedencia eterna del Padre, de Su esencia y no de Su voluntad. De ahí que Jesucristo comparte la misma vida, conciencia y potestad que el Padre. La gloria de Dios es la gloria de Cristo, la verdad de Dios es también la de Cristo. El hecho de la humanidad de Jesús y de la resurrección corporal del Hijo de Dios, expresa la incomprensible donación de Dios al hombre, por consiguiente el que dona y el que se revela, han de ser Dios. En Jesucristo el Logos y el hombre se han unido para siempre. Tomás lo ha percibido y proclama ante todos lo que es base de la fe cristiana: Jesús es nuestro Señor y nuestro Dios.

29. Jesús le dijo: Porque me has visto, Tomás, creíste; bienaventurados los que no vieron, y creyeron.

λέγει αὐτῷ ὁ Ἰησοῦς· ὅτι ἑώρακας με πεπίστευκας μακάριοι
Dice le - Jesús: porque has visto me has creído; bienaventurados
οἱ μὴ ἰδόντες καὶ πιστεύσαντες.
los no que vieron y creyeron.

Notas y análisis del texto griego.

Análisis: λέγει, primera persona singular del presente de indicativo en voz activa del verbo λέγω, *hablar, decir*, aquí *dice*; αὐτῷ, caso dativo masculino de la tercera persona singular del pronombre personal declinado *a él, le*; ὁ, caso nominativo masculino singular del artículo determinado *el*; Ἰησοῦς, caso nominativo masculino singular del nombre propio *Jesús*; ὅτι, conjunción causal *porque*; ἑώρακας, segunda persona singular del perfecto de indicativo en voz activa del verbo ὁράω, *ver, mirar*, aquí *has visto*; με, caso acusativo de la primera persona singular del pronombre personal declinado *a mí, me*; πεπίστευκας, segunda persona singular del perfecto de indicativo en voz activa del verbo πιστεύω, *creer*, aquí *has creído*; μακάριοι, caso nominativo masculino plural del adjetivo *bienaventurados*; οἱ, caso nominativo masculino plural del artículo determinado *los*; μὴ, partícula que hace funciones de adverbio de negación *no*; ἰδόντες, tercera persona plural participio del aoristo segundo en voz activa del verbo ὁράω, *ver, mirar*, aquí *que vieron*; καὶ, conjunción copulativa *y*; πιστεύσαντες, tercera persona plural del participio aoristo primero en voz activa del verbo πιστεύω, *creer*, aquí *creyeron*.

λέγει αὐτῷ ὁ Ἰησοῦς· ὅτι ἑώρακας με πεπίστευκας. Jesús habla todavía un poco más con Tomás. La puntuación de la frase que sigue, se establece como interrogativa en algunos textos griegos. Sin embargo, debiera tomarse como una afirmación que Jesús hace sobre la fe de Tomás. No ha sido porque tocó, sino simplemente porque lo vio a Él. Por esa razón el Señor dice al discípulo que creía porque había visto. Esa fue una condición puesta por él. Los otros discípulos habían visto, él también necesita ver para creer. ¿Necesitaba ver Tomás al Señor resucitado? Sin duda alguna puesto que esa era una de las señales requeridas para el apostolado.

Μακάριοι οἱ μὴ ἰδόντες καὶ πιστεύσαντες. El Señor se refiere a quienes no necesitan ver como él y creen. Los que vieron a Jesús han pasado a Su presencia. La iglesia proclama el mensaje del evangelio en todo el mundo y muchos, sin ver físicamente, aceptan a Jesús como el Señor y Dios, que en su naturaleza humana estuvo muerto y fue resucitado. A estos llama Cristo *bienaventurados*, porque creyeron si haber visto (1 P. 1:8). El ver sustenta la fe que se reconoce por medios humanos; el oír, sin ver, sustenta la fe por medios divinos. El mensaje de la Palabra actúa en el interior del pecador y la acción del Espíritu genera en él la fe, que siendo don de Dios se convierte en actividad humana cuando es ejercida aceptando al Salvador.

30. Hizo además Jesús muchas otras señales en presencia de sus discípulos, la cuales no están escritas en este libro.

Πολλὰ μὲν οὖν καὶ ἄλλα σημεῖα ἐποίησεν ὁ Ἰησοῦς
Por cierto muchas cosas, pues, y otras señales hizo - Jesús
ἐνώπιον τῶν μαθητῶν [αὐτοῦ], ἃ οὐκ ἔστιν γεγραμμένα ἐν
en presencia de los discípulos de Él, que no están escritas en
τῷ βιβλίῳ τούτῳ·
el libro este.

Notas y análisis del texto griego.

Escribe: Πολλὰ, caso acusativo neutro plural del adjetivo *muchos*, en sentido de *muchas cosas*; μὲν, partícula afirmativa que se coloca siempre inmediatamente después de la palabra expresiva de una idea que se ha de reforzar o poner en relación con otra idea y que, en sentido absoluto tiene oficio de adverbio de afirmación, como *ciertamente, a la verdad*; οὖν, conjunción continuativa *pues*; καὶ, conjunción copulativa *y*; ἄλλα, caso acusativo neutro plural del adjetivo indefinido *otras*; σημεῖα, caso acusativo neutro plural del nombre común *signos, señales*; ἐποίησεν, tercera persona singular del aoristo primero de indicativo en voz activa del verbo ποιέω, *hacer, realizar, efectuar*, aquí *hizo*; ὁ, caso nominativo masculino singular del artículo determinado *el*; ’Ιησοῦς, caso nominativo masculino singular del nombre propio *Jesús*; ἐνώπιον, preposición propia de genitivo, *delante de, ante, en presencia de*; τῶν, caso genitivo masculino plural del artículo determinado declinado *de los*; μαθητῶν, caso genitivo masculino plural del nombre común *discípulos*; αὐτοῦ, caso genitivo masculino de la tercera persona singular del pronombre personal declinado *de Él*; ἃ, caso nominativo neutro plural del pronombre relativo *los que, los cuales, que*; οὐκ, forma escrita del adverbio de negación *no*, con el grafismo propio ante una vocal con espíritu suave o una enclítica; ἔστιν, tercera persona singular del presente de indicativo en voz activa del verbo εἰμί, *ser, estar*, aquí *están*; γεγραμμένα, caso nominativo neutro plural del participio perfecto en voz pasiva del verbo γραφω, *escribir*, aquí *han sido escritas*; ἐν, preposición propia de dativo *en*; τῷ, caso dativo neutro singular del artículo determinado *el* βιβλίῳ, caso dativo neutro singular del nombre común *libro*; τούτῳ, caso dativo neutro singular del pronombre demostrativo *este*.

Πολλὰ μὲν οὖν καὶ ἄλλα σημεῖα ἐποίησεν ὁ ’Ιησοῦς ἐνώπιον τῶν μαθητῶν [αὐτοῦ], ἃ οὐκ ἔστιν γεγραμμένα ἐν τῷ βιβλίῳ τούτῳ· Posiblemente Juan pensó en concluir aquí el texto del *Evangelio*, que luego extendió al siguiente capítulo, de modo que estos dos versículos pueden considerarse como el *epílogo* del texto escrito. En primer lugar Juan quiere hacer notar el carácter selectivo de lo escrito. No se trata de una biografía de Jesús en la que se detallan los hechos de los tres años de su ministerio, sino que es una selección de *señales* que hizo durante este tiempo. Surge preguntarse si la referencia *otras muchas señales*, tiene que ver con todo el tiempo de la historia de Jesús, o simplemente con el tiempo desde la resurrección hasta la ascensión. Pudieran considerarse como válidas ambas. Juan hizo una selección entre las muchas *señales* que Cristo había hecho durante Su ministerio. Es más, lo mismo hicieron también los sinópticos. No sería posible detallar todos los milagros de Jesús en un volumen con este *Evangelio*. Sin embargo, debe apreciarse que todas ellas fueron hechas en presencia de los discípulos, los que serían apóstoles de Cristo comisionados y enviados por Él. Por consiguiente hay testimonio abundante para que los lectores conozcan la grandeza de Aquel que siendo eternamente Dios, se hizo hombre para realizar la obra de salvación. Todos los milagros, salvo los seleccionados por Juan, no están escritos en este libro, aunque sucedieron, de lo cual los discípulos eran testigos.

31. Pero éstas se han escrito para que creáis que Jesús es el Cristo, el Hijo de Dios, y para que creyendo, tengáis vida en su nombre.

ταῦτα δὲ γέγραπται ἵνα πιστεύσητε ὅτι Ἰησοῦς ἐστιν ὁ
Pero estas cosas han sido escritas para que creáis que Jesús es el
Χριστὸς ὁ Υἱὸς τοῦ Θεοῦ, καὶ ἵνα πιστεύοντες ζωὴν ἔχητε
Cristo, el Hijo - de Dios, y para que creyendo vida tengáis
ἐν τῷ ὀνόματι αὐτοῦ.
en el nombre de Él.

Notas y análisis del texto griego.

Concluyendo el párrafo, escribe: ταῦτα, caso nominativo neutro plural del pronombre demostrativo *estos*, en sentido de *estas cosas*; δὲ, partícula conjuntiva que hace las veces de conjunción coordinante, con sentido de *pero, más bien, y, y por cierto, antes bien*; γέγραπται, tercera persona plural del perfecto de indicativo en voz pasiva del verbo γράφω, *escribir*, aquí *han sido escritas*; ἵνα, conjunción causal *para que*; πιστεύσητε, segunda persona plural del aoristo primero de subjuntivo en voz activa, o también, segunda persona plural del presente de subjuntivo en voz activa del verbo πιστεύω, *creer*, aquí *creáis*; ὅτι, conjunción *que*; Ἰησοῦς, caso nominativo masculino singular del nombre propio *Jesús*; ἐστιν, tercera persona singular del presente de indicativo en voz activa del verbo εἰμί, *ser, estar*, aquí *es*; ὁ, caso nominativo masculino singular del artículo determinado *el*; Χριστὸς, caso nominativo masculino singular del nombre propio *Cristo*; ὁ, caso nominativo masculino singular del artículo determinado *el*; Υἱὸς, caso nominativo masculino singular del nombre divino *Hijo*; τοῦ, caso genitivo masculino singular del artículo determinado *el*; Θεοῦ, caso genitivo masculino singular del nombre divino declinado *de Dios*; καὶ, conjunción copulativa *y*; ἵνα, conjunción causal *para que*; πιστεύοντες, caso nominativo masculino plural del participio de presente en voz activa del verbo πιστεύω, *creer*, aquí *creyendo*; ζωὴν, caso acusativo femenino singular del nombre común *vida*; ἔχητε, segunda persona plural del presente de subjuntivo en voz activa del verbo ἔχω, *tener*, aquí *tengáis*; ἐν, preposición propia de dativo *en*; τῷ, caso dativo neutro singular del artículo determinado *el*; ὀνόματι, caso dativo neutro singular del sustantivo *nombre*; αὐτοῦ, caso genitivo de la tercera persona singular del pronombre personal declinado *de Él*.

ταῦτα δὲ γέγραπται. Juan da aquí la razón del por qué del *Evangelio*. La intención es que la lectura del libro conduzca al lector a un conocimiento preciso de quien es Jesús. Es interesante notar que

Juan usa aquí el tiempo perfecto *ha sido escrito*, como si este fuese la última frase del *Evangelio*. Pero, también pone de manifiesto la especial importancia que el escrito tiene en el tiempo, cuyo propósito se mantiene a lo largo de los siglos.

ἵνα πιστεύσητε ὅτι Ἰησοῦς ἐστιν ὁ χριστὸς ὁ Υἱὸς τοῦ Θεοῦ, καὶ ἵνα πιστεύοντες ζωὴν ἔχητε ἐν τῷ ὀνόματι αὐτοῦ. Al conocer a Jesús se abre el camino de la fe en Él. De modo que el escrito está precisamente destinado a que por medio de la Palabra inspirada, nazca la fe en el corazón del lector. Debe tenerse en cuenta que es precisamente este el medio que Dios usa para despertar la fe en el pecador.

La fe salvífica no es natural del hombre sino que procede de Dios como don (Ef. 2:8-9). Todo cuanto respecta a salvación es enteramente de Dios. La fe que salva nace en el hombre al oír el mensaje del evangelio como palabra de Dios. Quiere decir que la fe es *despertada* en el oyente a causa del mensaje. Sin embargo ¿es suficiente oír el mensaje para que surja en el oyente la fe que salva? Difícilmente podría afirmarse esto, ya que los judíos habían oído suficientemente una y otra vez, pero la mayoría de ellos fueron y son desobedientes. Pero Juan dice que escribió esto todo para que leyendo el escrito crean, en el sentido de que por ser palabra de Dios inspirada, actúa de esa manera. Dios que llama al hombre al Salvador, produce en él la fe para la respuesta al mensaje, otorgándosela como elemento instrumental para recibir la salvación. La Palabra de Dios es viva y eficaz (He. 4:12). El Espíritu Santo aplica el mensaje al corazón y nace la fe salvífica (Hch. 16:14). Este es el propósito de Juan al escribir el *Evangelio*.

El evangelio no solo habla de Cristo, sino que manifiesta a Cristo mismo. Por tanto el *Logos escrito*, pone delante al *Logos encarnado*, y ambas la Palabra y el Verbo llaman a la fe en Jesús. En el *evangelio* Jesús invita a la gente para que acudan a Él por la fe y reciban la vida eterna. Es necesario tener en cuenta que el *evangelio* es la palabra que Cristo mandó predicar a todas las naciones. Por tanto lo único que debe predicarse es el *evangelio*, que sin duda comprende toda la doctrina bíblica, todo lo que Jesús mandó enseñar (Mt. 28:20).

Juan dice en el prólogo del *Evangelio*, que vio a Jesús como el Unigénito del Padre *lleno de gracia y de verdad* (1:14). En líneas generales el evangelio tiene el propósito de mostrar al hombre la gracia de Dios. La gracia es el único medio de salvación (Ef. 2:8-9). El evangelio, por esa misma razón, es poder de Dios para salvación (Ro. 1:16). La gracia debe estar presente en el mensaje para cumplir el propósito divino. El evangelio es un mensaje sin limitaciones. Todo aquel que lo reciba y deposite fe en el Salvador, será salvo (3:16). La redención del hombre no es limitada, ya que el Señor murió por todos y no sólo por algunos (Ro. 5:6; 2 Co. 5:14, 15; 1 Jn. 2:2). Debe entenderse que la redención es ilimitada *potencialmente* y limitada *vicariamente*. Es decir, Cristo murió por todos para que cualquier pecador pueda ser objeto de la gracia divina, pero Su muerte sólo es eficaz para *los muchos*, esto es, para los que creen. Esto elimina totalmente la idea de *universalismo* en la salvación. El mensaje del evangelio tiene un propósito: *"para que creyendo tengáis vida en Su nombre"*.

Permítaseme una sencilla reflexión al finalizar el capítulo. El cristianismo está conformándose a la mentalidad del espíritu moderno propio del mundo que vive al margen de Dios, el estilo de pensamiento humanista radical que concibe grandezas para referirse al hombre, mientras deja sólo pequeñas ideas para referirse al Señor, el Dios eterno hecho hombre. La tendencia de la Cristología y, por consiguiente algunos comentarios a este *Evangelio* destilan, en muchas ocasiones, este pensamiento. No sólo en el campo llamado del *liberalismo*, que niega la realidad del Jesús de este escrito, sino en la introducción de ideas sobre la *ahistoricidad,* cuestionando las señales que Juan sitúa en el texto y relatos históricos para presentarlos como una mera expresión que da sustento a la fe de la iglesia primitiva. Esto ha conducido a que el cristianismo sea, en muchas ocasiones, una mera práctica religiosa que proclama un Cristo tan irreal que no tiene atractivo para los mismos cristianos y que produce la deserción de muchos jóvenes de las iglesias evangélicas. La mente cristiana ha sido condicionada por el escepticismo moderno que niega, entre otras muchas verdades que Jesús, el Resucitado, sea realmente el Rey de reyes y el Señor de señores. Para algunas mentalidades influenciadas por el pensamiento actual, este Jesús que Juan describe, es una figura imaginaria y, por tanto, el escrito está llenos de mitos que precisa una *desmitificación* que lo haga aceptable al pensamiento actual. Pero, la lectura de lo que antecede ofrece la dimensión real de Jesús que es Dios hablándonos a través de toda Su existencia de hombre y que, al resucitar de los muertos, se hace realización anticipada de una nueva forma de existencia, inicio de una nueva humanidad y realidad de la liberación definitiva, haciéndose, además, garantía de vida y de esperanza eterna, dándonos a entender en Él mismo que la trayectoria humana no termina en la muerte, sino que se proyecta eternamente en una vida definitiva y atemporal que Cristo comunica a todo aquel que cree. Frente a un humanismo incrédulo está la realidad admirable del evangelio que presenta la figura real, que no mitológica, de quien siendo Dios se hizo hombre por nosotros. Pero, y concluyo con esto, el problema principal está en que el *Evangelio* sencillo está despareciendo, no sólo del púlpito de las iglesias, sino de la reflexión teológica de maestros que tienen la obligación de poner a Cristo ante los cristianos para que sigan Sus pisadas. Es de urgencia recuperar a Jesús, Su gloria, Su poder, Su gracia, Su comprensión, a fin de que cautivados por Él, vivamos para servir en una entrega comprometida al que nos amó hasta morir por nosotros.

CAPÍTULO XXI

EPÍLOGO.

Introducción.

El capítulo final del *Evangelio*, sigue a lo que pareciera ser el cierre de un primer escrito, que concluiría en el versículo final del capítulo anterior, donde se da una síntesis de la razón del libro y el propósito que Juan tuvo al escribirlo. Esa es la causa por la que el mundo liberal de los críticos racionalistas, propone que este final no es de Juan y que fue añadido al *Evangelio* en un tiempo posterior para justificar la comisión pastoral dada a los apóstoles en relación con la iglesia y también la restauración de Pedro, después de la negación.

El principal argumento para negar la autoría, está en el uso de palabras que no salen en el resto del evangelio, donde aparecen veintiocho que no están en los capítulos 1 al 20. La mayor parte de esas palabras no tienen relevancia, además en ellas, hay términos relacionados con el oficio de pesador, que no eran necesarias en otros lugares, porque no se trataba el tema. Otras manifiestan cambios con la forma de construcción usando términos novedosos. Añaden a esto que es muy posible que Juan hubiese muerto en el tiempo en que se escribió el capítulo, lo que hace necesaria una datación *extra*, para esta parte que sería un apéndice. Además, la negación de autor, trae el problema de determinar el nuevo y demostrarlo con pruebas. Por otro lado, los vv. 20-23, suponen que Juan vivía cuando se escribió el texto de este capítulo. Es cierto que se mencionan aquí los *hijos de Zebedeo*, que no aparecen antes, pero frente a esto Juan sigue ocultándose bajo el título del *discípulo amado*.

Sin embargo, la evidencia externa, es absolutamente favorable a la autoría, figurando en todos los manuscritos unciales y minúsculos, así como en todas las versiones. Los Padres de la Iglesia más antiguos hacen referencia al capítulo como Clemente de Alejandría, Tertuliano, Cipriano, Agustín, Ambrosio y otros. No debe negarse absolutamente que el capítulo sea posterior al escrito que antecede, pero debe aceptarse que el autor es el mismo, esto es, Juan, por seguir el mismo estilo y presentación idéntica a lo escrito antes. Para ciertos sectores, el relato se escribió para afirmar el primado de Pedro sobre el rebaño del Señor, como vicario suyo en la tierra. Pero esto, como ya se ha considerando antes, no tiene base bíblica que pueda sostenerlo. Otros entienden que se ha escrito para poner de manifiesto la misión de dos de *las columnas* de la Iglesia. De modo que en Pedro estaría la ejemplaridad de la actividad evangelizadora, y en Juan, como discípulo amado, se mantendría firme la tradición sobre Jesús, y la centralidad del mismo. Todas estas y otras muchas, son propuestas surgidas de la mente de los estudiosos del *Evangelio*. Lo cierto es que todo el contenido del mismo, incluido este capítulo, es escrito por Juan y es palabra divinamente inspirada.

Al observar el texto se descubre que hay una gran similitud con las narraciones de Juan. Primeramente está una parte histórica, sobre la actividad en el Mar de Tiberias, en donde se produce un nuevo encuentro con el Señor resucitado (vv. 1-14). Sigue luego la *restauración* de Pedro y la encomienda que le hace el Señor de un trabajo pastoral cuidando de Su rebaño (vv. 15-17). Después está el anuncio sobre el futuro de Pedro y de Juan (vv. 18-23). Cerrándose con un breve epílogo final (vv. 24-25).

Para el estudio del capítulo y el comentario, se sigue el bosquejo que se ha establecido en la *introducción*, como sigue:

2.4. Aparición a siete discípulos en Galilea (21:1-14).
2.5. Diálogo con Pedro y el discípulo amado (21:15-23).
3. Conclusión (21:24-25).

Aparición a siete discípulos en Galilea (21:1-14).

1. Después de esto, Jesús se manifestó otra vez a sus discípulos junto al mar de Tiberias; y se manifestó de esta manera:

Μετὰ ταῦτα ἐφανέρωσεν ἑαυτὸν πάλιν ὁ Ἰησοῦς τοῖς
Después de esto manifestó a sí mismo otra vez - Jesús a los
μαθηταῖς ἐπὶ τῆς θαλάσσης τῆς Τιβεριάδος· ἐφανέρωσεν δὲ
discípulos en el mar - de Tiberias; y manifestó
οὕτως.
así.

Notas y análisis del texto griego.

Iniciando un nuevo párrafo, escribe: Μετὰ, preposición propia de acusativo *después de*; ταῦτα, caso acusativo neutro plural del pronombre demostrativo *estos*, en sentido de *estas cosas, esto*; ἐφανέρωσεν, tercera persona singular del aoristo primero de indicativo en voz activa del verbo φανέρω, *manifestarse, hacerse visible*, aquí *manifestó*; ἑαυτὸν, caso acusativo masculino singular del pronombre reflexivo declinado *a sí mismo*; πάλιν, adverbio de modo *nuevamente, de nuevo, otra vez*; ὁ, caso nominativo masculino singular del artículo definido *el*; Ἰησοῦς, caso nominativo masculino singular del nombre propio *Jesús*; τοῖς, caso dativo masculino plural del artículo determinado *los*; μαθηταῖς, caso dativo masculino plural del nombre común *discípulos*; ἐπὶ, preposición propia de genitivo *en*; τῆς, caso genitivo femenino singular del artículo determinado *la*; θαλάσσης, caso genitivo femenino singular del nombre común *mar*; τῆς, caso genitivo femenino singular del artículo determinado *la*; Τιβεριάδος, caso genitivo femenino singular del nombre propio *Tiberias*; ἐφανέρωσεν, tercera persona singular del aoristo primero de indicativo en voz activa del verbo φανερόω, *mostrar, manifestar, dar a conocer, revelar*, aquí *manifestó*; δὲ, partícula conjuntiva que hace las veces de conjunción coordinante, con sentido de *pero, más bien, y, y por cierto, antes bien*; οὕτως, adverbio demostrativo *así*.

Μετὰ ταῦτα ἐφανέρωσεν ἑαυτὸν πάλιν ὁ Ἰησοῦς τοῖς μαθηταῖς. Una nueva manifestación del Señor resucitado a Sus discípulos, ocurre en un lugar diferente de las anteriores y en un día también distinto. Los otros relatos ocurren en Judea y mayoritariamente en Jerusalén y se producen en el *primer día de la semana*, es decir, en domingo. Este ocurre al norte, y en un día indeterminado. También el número de discípulos es diferente. Jesús se presentó también de improviso, como en las anteriores ocasiones. El Señor se apareció aquí a varios de sus discípulos.

ἐπὶ τῆς θαλάσσης τῆς Τιβεριάδος· ἐφανέρωσεν δὲ οὕτως. El lugar en que tuvo lugar ocurrió al norte, en Galilea, concretamente en el mar al que Juan llama aquí *mar de Tiberias*, conocido también como el Mar de Galilea. Está usando el nombre común en el entorno greco-romano, que toma el este mar relacionándolo con la ciudad de Tiberias que Herodes Antipas edificó en honor del emperador romano Tiberio.

2. Estaban juntos Simón Pedro, Tomás llamado el Dídimo, Natanael el de Caná de Galilea, los hijos de Zebedeo, y otros dos de sus discípulos.

ἦσαν ὁμοῦ Σίμων Πέτρος καὶ Θωμᾶς ὁ λεγόμενος Δίδυμος καὶ
Estaban juntos Simón Pedro, y Tomas el que se llama Dídimo, y
Ναθαναὴλ ὁ ἀπὸ Κανὰ τῆς Γαλιλαίας καὶ οἱ τοῦ Ζεβεδαίου
Natanael el de Caná - de Galilea, y los - de Zebedeo,
καὶ ἄλλοι ἐκ τῶν μαθητῶν αὐτοῦ δύο.
y otros de los discípulos de Él dos.

Notas y análisis del texto griego.

Análisis: ἦσαν, tercera persona plural del imperfecto de indicativo en voz activa del verbo εἰμί, *ser, estar*, aquí *estaban*; ὁμοῦ, adverbio *juntos*; Σίμων, caso nominativo masculino singular del nombre propio *Simón*; Πέτρος, caso nominativo masculino singular del nombre propio *Pedro*; καὶ, conjunción copulativa *y*; Θωμᾶς, caso nominativo masculino singular del nombre propio *Tomás*; ὁ, caso nominativo masculino singular del artículo definido *el*; λεγόμενος, caso nominativo masculino singular del participio de presente en voz activa del verbo λέγω, *hablar, decir, llamar*, aquí *que se llama*; Δίδυμος, caso nominativo masculino singular del nombre propio *Dídimo, gemelo*; καὶ, conjunción copulativa *y*; Ναθαναὴλ, caso nominativo masculino singular del nombre propio *Natanael*; ὁ, caso nominativo masculino singular del artículo determinado *el*; ἀπὸ, preposición propia de genitivo *de*; Κανὰ, caso genitivo femenino singular del nombre propio *Caná*; τῆς, caso genitivo femenino singular del artículo determinado *la*; Γαλιλαίας, caso genitivo femenino singular del nombre propio declinado *de Galilea*; καὶ, conjunción copulativa *y*; οἱ, caso nominativo masculino plural del artículo determinado *los*; τοῦ, caso genitivo masculino singular del artículo determinado *el*; Ζεβεδαίου, caso genitivo masculino singular del nombre propio declinado *de Zebedeo*; καὶ, conjunción copulativa *y*; ἄλλοι, caso nominativo masculino plural del pronombre indefinido *otros*; ἐκ, preposición propia de genitivo *de*; τῶν, caso genitivo masculino plural del artículo determinado *los*; μαθητῶν, caso genitivo masculino singular del nombre común *discípulos*; αὐτοῦ, caso genitivo masculino de la tercera persona singular del pronombre personal declinado *de Él*; δύο, caso nominativo masculino plural del adjetivo numeral cardinal *dos*.

ἦσαν ὁμοῦ. Los discípulos estaban *juntos*, lo que indica compañerismo, posiblemente de propósito. Jesús les había dicho que subieran a Galilea y le verían allí (Mr. 16:7). No podemos saber las razones que había para que fuesen desde Jerusalén a Galilea, concretamente ahora junto al mar. Era un lugar muy especial para los discípulos. Allí había comenzado el ministerio del señor, con la predicación del evangelio (Mr. 1:14); allí había tenido el encuentro con los primeros discípulos (1:35 ss.). En Galilea habían tenido lugar milagros admirables que impactaron a los discípulos; fue en ese lugar donde Jesús pronunció las enseñanzas más directas; era también el lugar del testimonio y de la confesión sobre quien era Jesús para ellos (6:69). En el lugar de tantos recuerdos iba a ser el sitio donde tendría lugar este encuentro con el Resucitado. No iba a ser en Jerusalén, donde le despreciaron y mataron, donde fue rechazado y cuestionado, sino en los lugares del norte donde había sido aceptado y recibido por aquellos discípulos. Sin duda, además de esto, Galilea era un lugar donde había otros muchos discípulos, seguidores parcialmente de Jesús, que no habían podido ir a Jerusalén y no verían al Señor resucitado en otro lugar que no fuese Galilea. Aquel era el lugar que, según el profeta, siendo de tinieblas y sombra de muerte, brilló en carne humana la luz del mundo (8:12) y volvería a tener la bendición de que en aquella tierra luciese de nuevo la luz de Dios en el glorioso Señor resucitado; luz que no se extinguirá ya más. El apóstol Pablo dice que el Señor se apareció a más de quinientos hermanos a la vez (1 Co. 15:6) que bien pudo ser en algún lugar de Galilea.

Σίμων Πέτρος καὶ Θωμᾶς ὁ λεγόμενος Δίδυμος καὶ Ναθαναὴλ ὁ ἀπὸ Κανὰ τῆς Γαλιλαίας καὶ οἱ τοῦ Ζεβεδαίου καὶ ἄλλοι ἐκ τῶν μαθητῶν αὐτοῦ δύο. Juan da el nombre de los que estaban allí. Lo que resulta extraño es que se refiera a *los hijos de Zebedeo*, uno de los cuales era él mismo y que es la primera vez que se mencionan en el *Evangelio*. Todos están mencionados en el *Evangelio*. Simón Pedro, (1:42); Tomás (11:16), interesante que se mencione aquí su nombre, lo que pone de manifiesto que la aparición de Jesús en Jerusalén, mantuvo a Tomás en contacto con los demás discípulos; Natanael (1:45). Cita Juan a *otro dos*, literalmente *de los discípulos de Él*. Algunos sugieren que estos fuesen de los discípulos generales que siempre siguieron a Jesús, aunque parcialmente y no pertenecían a los Doce, sin embargo el que se mencionen como *Sus discípulos*, sugiere mejor la idea de que eran del grupo seleccionado por Jesús, tal vez podían ser Felipe y Andrés.

3. Simón Pedro les dijo: Voy a pescar. Ellos le dijeron: Vamos nosotros también contigo. Fueron, y entraron en una barca; y aquella noche no pescaron nada.

λέγει αὐτοῖς Σίμων Πέτρος· ὑπάγω ἁλιεύειν. λέγουσιν αὐτῷ·
Dice les Simón Pedro: Voy a pescar. Dicen le;
ἐρχόμεθα καὶ ἡμεῖς σὺν σοί. ἐξῆλθον καὶ ἐνέβησαν εἰς τὸ
Vamos también nosotros contigo. Fueron, y subieron a la
πλοῖον, καὶ ἐν ἐκείνῃ τῇ νυκτὶ ἐπίασαν οὐδέν.
barca, y en aquella - noche pescaron nada.

Notas y análisis del texto griego.

Análisis: λέγει, primera persona singular del presente de indicativo en voz activa del verbo λέγω, *hablar, decir*, aquí *dice*; αὐτοῖς, caso dativo masculino de la tercera persona plural del pronombre personal declinado *a ellos, les*; Σίμων, caso nominativo masculino singular del nombre propio *Simón*; Πέτρος, caso nominativo masculino singular del nombre propio *Pedro*; ὑπάγω, primera persona singular del presente de indicativo en voz activa del verbo ὑπάγω, *ir, marchar, andar*, aquí *voy*; ἁλιεύειν, presente de infinitivo en voz activa del verbo ἁλιεύω, *pescar*; λέγουσιν, primera persona plural del presente de indicativo en voz activa del verbo λεγω, *hablar, decir*, aquí *dicen*; αὐτῷ, caso dativo masculino de la tercera persona singular del pronombre personal declinado *a él, le*; ἐρχόμεθα, primera persona plural del presente de indicativo en voz media del verbo ἔρχομαι, *ir*, aquí *vamos*; καὶ, adverbio de modo *también*; ἡμεῖς, caso nominativo de la primera persona plural del pronombre personal *nosotros*; σὺν, preposición propia de dativo *con*; σοί, caso dativo de la segunda persona singular del pronombre personal *tú*; juntos *contigo*; ἐξῆλθον, tercera persona plural del segundo aoristo de indicativo en voz activa del verbo ἐσέρχομαι, *salir, irse*, aquí *fueron*; καὶ, conjunción copulativa *y*; ἐνέβησαν, tercera persona plural del segundo aoristo de indicativo en voz activa del verbo ἐμβαίνω, *montarse, subir a una barca, embarcarse*, aquí *subieron*; εἰς, preposición propia de acusativo *a*; τὸ, caso acusativo neutro singular del artículo determinado *el*; πλοῖον, caso acusativo neutro singular del nombre común *barca, navío*; καὶ, conjunción copulativa *y*; ἐν, preposición propia de dativo *en*; ἐκείνῃ, caso dativo femenino singular del pronombre demostrativo *aquella*; τῇ, caso dativo femenino singular del artículo determinado *la*; νυκτὶ, caso dativo femenino singular del nombre común *noche*; ἐπίασαν, tercera persona plural del aoristo primero de infinitivo en voz activa del verbo πιάζω, *pescar, pescaron*; οὐδέν, caso acusativo neutro singular del pronombre indefinido *nada*.

λέγει αὐτοῖς Σίμων Πέτρος· ὑπάγω ἁλιεύειν. Pedro es un hombre dinámico y de iniciativas. En algún momento de ese día que Juan menciona, siendo ya el atardecer, momento idóneo para salir de pesca, determina hacerlo. No consulta, simplemente avisa que va a salir a pescar. El oficio suyo, como el de Juan era el de pescadores en el Mar de Galilea. Esta determinación de Pedro ha servido para que algunos consideren que se había cansado ya del ministerio, que la predicación del evangelio no tenía ya valor especial para él y que abandonaba su actividad en ese sentido para retomar la que le había servido como sustento antes del encuentro con el Maestro, junto al Mar de Galilea. Es fácil acusar y señalar a otros con el dedo, pero ¿era esa la razón de Pedro? Debemos suponer mejor que determinó salir a pescar para aprovechar el tiempo, sin estar ocioso. Era un tiempo en que el Señor les estaba enseñando y dándoles las últimas instrucciones personales (Hch. 1:3). El Maestro no estaba en aquel momento, por tanto, podía aprovecharse el tiempo trabajando. El creyente que espera la confirmación del llamado de Cristo a un determinado ministerio es diligente en el testimonio personal, trabajando con sus manos para su sustento. El perezoso es un mal testimonio, como enseña la Biblia.

λέγουσιν αὐτῷ· ἐρχόμεθα καὶ ἡμεῖς σὺν σοί. La decisión de Pedro, fue hecha propia por los otros discípulos que estaban juntos en aquella ocasión. Todos decidieron acompañarle en la pesca durante aquella noche. Para algunos, el mal ejemplo de Pedro fue un lazo para que los otros le imitaran. No hay ningún lugar en la Escritura, que contemple la inactividad como un ejercicio espiritual. El que va a trabajar en la obra del Señor, debe haber aprendido a hacerlo en la vida ordinaria. Debe apreciarse que en toda la Escritura, Dios llamó a Su servicio a personas que tenían un trabajo o una profesión secular.

ἐξῆλθον καὶ ἐνέβησαν εἰς τὸ πλοῖον, La pesca propuesta por Pedro, no era la que podríamos llamar hoy *deportiva*, pesca para entretenerse, sino una pesca profesional. Para ello había que embarcarse. Vuelve, pues, a aparecer la figura de la *barca*, tan propia de otras ocasiones y de otros tiempos con Jesús. Todo el grupo embarcó en *la barca*. El nombre común *barca*, precedido de artículo determinado, concreta una determinada barca. Pudiera ser que ésa estuviese ya preparada para la pesca, no debe olvidarse que había discípulos como Pedro y Juan que habían tenido la pesca como profesión y eran propietarios de la misma para hacer el trabajo.

καὶ ἐν ἐκείνῃ τῇ νυκτὶ ἐπίασαν οὐδέν. La decepción de una actividad fallida, es evidente. Juan dice que durante *la noche*, no pescaron nada. Pasaron la noche en el lago, sin duda lanzaron la red muchas veces y siempre la retiraron vacía de peces. No es que pescaran poco es que con toda precisión dice que *no pescaron nada*. En cierta ocasión pude oír una predicación basada en este versículo, alegorizándolo para aplicarlo de este modo: *la noche* es la etapa de la vida del creyente en el mundo; la barca y la pesca, son las ocupaciones temporales que apartan la visión de las celestiales a lo que somos llamados y entretienen perdiendo nuestro tiempo; el resultado *no pescaron nada*, es la consecuencia natural de la falta de bendiciones de quienes buscan sus cosas antes del reino de Dios. Siempre hay legalistas que no se conforman con la libertad de los creyentes y buscan retorcidamente textos que le permitan seguir respirando su aire de esclavitud y contaminado a otros con sus ideas. Mucho mejor sería aplicar el texto de cómo Dios bendice con la presencia de Jesús al terminar un trabajo que resultó humanamente hablando fatigoso y estéril para proveer de aliento y fuerzas renovadas a los suyos.

4. Cuando ya iba amaneciendo, se presentó Jesús en la playa; mas los discípulos no sabían que era Jesús.

Πρωΐας δὲ ἤδη γενομένης ἔστη Ἰησοῦς εἰς τὸν αἰγιαλόν, οὐ
Y el amanecer ya viniendo se presentó, Jesús en la playa; no
μέντοι ᾔδεισαν οἱ μαθηταὶ ὅτι Ἰησοῦς ἐστιν.
sin embargo sabían los discípulos que Jesús era.

Notas y análisis del texto griego.

Sigue el relato: πρωΐας, caso genitivo femenino singular del nombre común *el amanecer*; δὲ, partícula conjuntiva que hace las veces de conjunción coordinante, con sentido de *pero, más bien, y, y por cierto, antes bien*; ἤδη, adverbio temporal *ya*; γενομένης, caso genitivo femenino singular del participio aoristo segundo en voz activa del verbo γίνομαι, *comenzar a existir, llegar a ser, venir, llegar*, aquí *viniendo*; ἔστη, tercera persona singular del segundo aoristo de indicativo en voz activa del verbo ἵστημι, *presentarse, manifestarse*, aquí *se presentó*; Ἰησοῦς, caso nominativo masculino singular del nombre propio *Jesús*; εἰς, preposición propia de acusativo *en*; τὸν, caso acusativo masculino singular del artículo determinado *el*; αἰγιαλόν, caso acusativo masculino singular del nombre común *playa, rivera*; οὐ, adverbio de negación *no*; μέντοι, adverbio de modo *verdaderamente, en realidad, sin duda, seguramente, sin embargo, no obstante, pues, por consiguiente*; ᾔδεισαν, tercera persona plural del pluscuamperfecto de indicativo en voz activa del verbo οἶδα, *saber, conocer, comprender, entender*, aquí *sabían*; οἱ, caso nominativo masculino plural del artículo determinado *los*; μαθηταὶ, caso nominativo masculino plural del nombre común *discípulos*; ὅτι, conjunción *que*; Ἰησοῦς, caso nominativo masculino singular del nombre propio *Jesús*; ἐστιν, tercera persona singular del presente de indicativo en voz activa del verbo εἰμί, *ser, estar*, aquí *es*, como presente histórico, mejor *era*.

Πρωΐας δὲ ἤδη γενομένης ἔστη Ἰησοῦς εἰς τὸν αἰγιαλόν, El amanecer del día que ponía fin a la noche había comenzado. Posiblemente por el este comenzaba a clarear el cielo. Los cansados discípulos, luego de una noche en que trabajaron y no pescaron nada, estaban regresando a la orilla. Posiblemente estaban en la rivera occidental del Lago de Galilea, tal vez, cerca del *Monte de las Bienaventuranzas*. Jesús estaba en la playa en el tiempo más oportuno para ellos. Cansados de una noche de actividad y defraudados por el mal resultado de su trabajo. Es en las horas bajas cuando el Señor se hace próximo al creyente que tiene su esperanza puesta en Él. Los esperaba en la playa. En el simbolismo que puede encontrarse en los relatos del *Evangelio*, Jesús fue a ellos tiempo atrás en el mar tormentoso agitado por el viento, para atender a la necesidad de quienes estaban en momento de apuro, cruzando el mar, siguiendo el mandato de Jesús. Así ocurre durante el tránsito de la vida del creyente, en medio del mar tempestuoso de la vida, Jesús viene caminando sobre él para acudir a la necesidad del creyente. En esta ocasión la travesía remata. El trabajo ha terminado y se dirigen a la orilla. Cuando esto se produzca y en el término fatigoso de nuestra vida, lleguemos a las playas eternas de la gloria, el Señor estará esperándonos para darnos la bienvenida. Al final de la travesía de nuestra vida, Jesús nos espera en la orilla.

οὐ μέντοι ᾔδεισαν οἱ μαθηταὶ ὅτι Ἰησοῦς ἐστιν. Los discípulos no lo conocieron. Con toda seguridad se presentaba en otro aspecto, de manera que para ellos no era más que un hombre que estaba temprano a la orilla del mar. Esto se ha considerado antes. Jesús no tenía el mismo aspecto que tuvo cuando estaba entre ellos. Su aspecto era distinto, por tanto no le reconocían. Suele acusarse a quienes no le conocieron, de falta de fe, que mermaba la visión espiritual. Debiéramos acostumbrarnos a ser realistas con lo que la Palabra revela. Aquellos discípulos que venían a la playa en la mañana temprano tenían fe. Todos ellos creían en la resurrección del Señor, y estaban allí porque les había mandado subir a Galilea.

5. Les dijo: Hijitos, ¿tenéis algo de comer? Le respondieron: No.

λέγει οὖν αὐτοῖς [ὁ] Ἰησοῦς· παιδία, μή τι προσφάγιον ἔχετε
Dice, pues, les - Jesús: Hijitos, ¿No algo para comer tenéis?
ἀπεκρίθησαν αὐτῷ· οὔ.
Respondieron le: No.

Notas y análisis del texto griego.

Sigue el relato con λέγει, primera persona singular del presente de indicativo en voz activa del verbo λέγω, *hablar, decir*, aquí *dice*; οὖν, conjunción continuativa *pues*; αὐτοῖς, caso dativo de la tercera persona plural del pronombre personal declinado *a ellos, les*; ὁ, caso nominativo masculino singular del artículo determinado *el*; Ἰησοῦς, caso nominativo masculino singular del nombre propio *Jesús*; παιδία, caso vocativo neutro plural del nombre común *niños, jovencitos, hijitos, chicos*; μή, partícula que hace funciones de adverbio de negación *no*; τι, caso acusativo neutro singular del adjetivo indefinido *algo*; προσφάγιον, caso acusativo neutro singular del nombre común *pescado*, literalmente *lo que se come con pan*, aunque se refiere a comida, en muchas ocasiones se usa para referirse al *pescado*; ἔχετε, segunda persona plural del presente de indicativo en voz activa del verbo ἔχω, *tener*, aquí *tenéis*; ἀπεκρίθησαν, tercera persona plural del aoristo primero de indicativo en voz pasiva del verbo ἀποκρίνομαι, *responder, contestar*, aquí *respondieron*; αὐτῷ, caso dativo de la tercera persona singular del pronombre personal declinado *a él, le*; οὔ, adverbio de negación *no*.

λέγει οὖν αὐτοῖς [ὁ] Ἰησοῦς· La distancia en que se encontraban de la orilla no era mucha, como se verá más adelante, pero con todo Jesús tuvo que hablarles fuerte para que le oyesen.

παιδία, El Señor se dirigió a ellos con una palabra cariñosa, llamándoles παιδίον, que se usa para referirse a *niño, hijito, jovencito,* en modo coloquial *chico*. Es la primera vez que Jesús usa esa forma para dirigirse a los discípulos. Posiblemente Juan quedó impactado con aquella forma, que el va a usar varias veces en sus escritos. Jesús manifiesta un afecto especial para aquellos discípulos suyos, que no le reconocen. Sabe de su frustración, va a manifestarse a ellos de una forma muy especial, y les habla con mucha confianza y afecto. Si no reconocían a Jesús, menos reconocían aquella forma de llamarlos.

μή τι προσφάγιον ἔχετε ἀπεκρίθησαν αὐτῷ· οὔ. Inmediatamente aplica Su palabra a lo que era la mayor frustración. Les pregunta si tienen algo de comer. La palabra que el Señor usa προσφάγιον, es una formula tardía en el griego clásico que denotaba alguna cosa deliciosa para poner sobre el pan, más adelante, en lugares costeros donde el pescado abundaba se usaba directamente para expresar la idea de *pescado*. Como fuese, Jesús apuntó directamente al problema de ellos. El hombre que estaba en la orilla, les preguntaba si tenían alguna cosa para desayunar. La respuesta es corta y directa, usando el pronombre de negación *no*. Aquellos reconocían que no había nada en la barca para comer, porque no habían pescado nada. Cristo conocía la situación, no tenía necesidad de preguntar para conocer que no tenían nada, simplemente deseaba que ellos reconociesen aquello. La respuesta expresa la necesidad: *Señor no tenemos nada*. El que quiera recibir bendición de Dios debe levantar a Él manos vacías, porque sólo así podrán ser llenas con la provisión de Su gracia. El Señor enseñó a los suyos a pedir para la provisión cotidiana que se necesita en la vida, de manera que El que da la gracia necesaria (2 Co. 12:9), promete esa misma gracia para la provisión del alimento necesario (Mt. 6:25-34).

6. Él les dijo: Echad la red a la derecha de la barca, y hallaréis. Entonces la echaron, y ya no la podían sacar, por la gran cantidad de peces.

ὁ δὲ εἶπεν αὐτοῖς· βάλετε εἰς τὰ δεξιὰ μέρη τοῦ πλοίου τὸ
Y El dijo les: Echad a las derechas partes de la barca la
δίκτυον, καὶ εὑρήσετε. ἔβαλον οὖν, καὶ οὐκέτι αὐτὸ ἑλκύσαι
red, y hallaréis Echaron, pues, y ya no la arrastrar
ἴσχυον ἀπὸ τοῦ πλήθους τῶν ἰχθύων.
eran capaces por la cantidad de los peces.

Notas y análisis del texto griego.

Siguiendo con el relato, escribe: ὁ, caso nominativo masculino singular del artículo determinado *el*; δὲ, partícula conjuntiva que hace las veces de conjunción coordinante, con sentido de *pero, más bien, y, y por cierto, antes bien*; εἶπεν, tercera persona singular del segundo aoristo de indicativo en voz activa del verbo εἶπον, forma del aoristo de λέγω, *hablar, decir*, aquí *dijo*;

αὐτοῖς, caso acusativo masculino de la tercera persona plural del pronombre personal declinado *a ellos, les*; βάλετε, segunda persona plural del aoristo segundo de imperativo en voz activa del verbo βάλλω, *echar, lanzar, arrojar*, aquí *echad*; εἰς, preposición propia de acusativo *a*; τὰ, caso acusativo neutro plural del artículo determinado *los*; δεξιὰ, caso acusativo neutro plural del adjetivo *derechas*; μέρη, caso acusativo neutro plural del nombre común *partes*; τοῦ, caso genitivo neutro singular del artículo determinado declinado *del*; πλοίου, caso genitivo neutro singular del nombre común *nave, navío, barca*; τὸ, caso acusativo neutro singular del artículo determinado *el*; δίκτυον, caso acusativo neutro singular del nombre común *red*; καὶ, conjunción copulativa *y*; εὑρήσετε, segunda persona plural del futuro de indicativo en voz activa del verbo εὑρίσκω, *hallar, encontrar*, aquí *hallaréis*; ἔβαλον, tercera persona plural del segundo aoristo de indicativo en voz activa del verbo βάλλω, *echar, lanzar, arrojar*, aquí *echaron*; οὖν, conjunción continuativa *pues*; καὶ, conjunción copulativa *y*; οὐκέτι, adverbio de negación *ya no, no más*; αὐτὸ, caso acusativo neutro de la tercera persona singular del pronombre personal declinado *a el, le*; ἑλκύσαι, aoristo primero de infinitivo en voz activa del verbo ἕλκω, *arrastrar*; ἴσχυον, tercera persona singular del imperfecto de indicativo en voz activa del verbo ἰσχύω, *poder, ser capaz*, aquí *eran capaces*; ἀπὸ, preposición propia de genitivo *por*; τοῦ, caso genitivo neutro singular del artículo determinado *lo*; πλήθους, caso genitivo neutro singular del nombre común *cantidad*; τῶν, caso genitivo masculino plural del artículo determinado declinado *de los*; ἰχθύων, caso genitivo masculino plural del nombre común *peces*.

ὁ δὲ εἶπεν αὐτοῖς· βάλετε εἰς τὰ δεξιὰ μέρη τοῦ πλοίου τὸ δίκτυον, καὶ εὑρήσετε. A la negación de los discípulos sigue la instrucción del Señor. Debían echar la red a la mano derecha del barco. En plural y neutro en el texto griego indica cualquier lugar en esa dirección. La promesa a la obediencia es clara. Jesús dice *hacedlo así y hallaréis*. Los pescadores no habían conocido al Señor, pero aquel hombre que con tanta seguridad les mandaba echar la red en un lugar concreto, debía ser atendido porque daba la impresión que conocía bien aquello que les estaba diciendo. Sorprende que los pescadores no rehusaran echar la red. Primeramente estaba amaneciendo y es en ese tiempo cuando los peces dejan la orilla para ir más al interior. En segundo lugar no hay generalmente mucha pesca en la rivera, hay que bogar mar adentro para hacerlo. Sin embargo, ellos obedecieron el mandato de Jesús, aun contra toda lógica humana.

ἔβαλον οὖν, καὶ οὐκέτι αὐτὸ ἑλκύσαι ἴσχυον ἀπὸ τοῦ πλήθους τῶν ἰχθύων. El milagro se produjo. La red se había llenado de tal manera que eran incapaces de arrastrarla a tierra. En otra ocasión, al principio del ministerio, Jesús les mandó echar las redes, tras otra noche en que no habían pescado nada, Pedro dijo entonces *"en tu palabra echaré la red"* (Lc. 5:5). Esta vez ocurre lo mismo. La pesca fue enorme. Las fuerzas físicas de ellos no eran suficientes y difícilmente lograron traer todo aquello a tierra. No debe pasar de largo la enseñanza de este versículo. Lo que humanamente hablando es imposible para los hombres, es sencillo para Dios. Jesús demanda obediencia incondicional a lo que Él establece. Es en el camino de la obediencia en donde están las bendiciones para el creyente. Hemos sido salvos para obedecer (1 P. 1:2) y esa debe ser la forma natural de la vida cristiana. Lo que el Señor dice es, muchas veces, contrario a la lógica del hombre, porque la sabiduría humana es locura para Él. Pero en cualquier circunstancia, los recursos necesarios están en Cristo, como el apóstol Pablo decía: *"Todo lo puedo en Cristo que me fortalece"* (Fil. 4:13). Es confiando y descansando en Él que somos llevados *siempre* en triunfo (2 Co. 2:14). Una relación vivencial con Jesús, es lo que necesitamos para vivir victoriosamente la vida cristiana.

7. Entonces aquel discípulo a quien Jesús amaba dijo a Pedro: ¡Es el Señor! Simón Pedro, cuando oyó que era el Señor, se ciño la ropa (porque se había despojado de ella), y se echó al mar.

λέγει οὖν ὁ μαθητὴς ἐκεῖνος ὃν ἠγάπα ὁ Ἰησοῦς τῷ Πέτρῳ·
Dice, pues, el discípulo aquel al que amaba - Jesús - a Pedro:
ὁ Κύριος ἐστιν. Σίμων οὖν Πέτρος ἀκούσας ὅτι ὁ Κύριος
¡El Señor es! Entonces Simón Pedro al oír que el Señor
ἐστιν τὸν ἐπενδύτην διεζώσατο, ἦν γὰρ γυμνός, καὶ
es la ropa ciño, porque estaba ligero de ropa y
ἔβαλεν ἑαυτὸν εἰς τὴν θάλασσαν,
echó a sí mismo al mar.

Notas y análisis del texto griego.

Siguiendo el relato, escribe: λέγει, tercera persona singular del presente de indicativo en voz activa del verbo λέγω, *hablar, decir*, aquí *dice*; οὖν, conjunción *pues, por consiguiente, entonces*; ὁ, caso nominativo masculino singular del artículo definido *el*; μαθητὴς, caso nominativo masculino singular del nombre común *discípulos*; ἐκεῖνος, caso nominativo masculino singular del pronombre demostrativo *aquel*; ὃν, caso acusativo masculino singular del pronombre relativo *al que*; ἠγάπα, tercera persona singular del imperfecto de indicativo en voz activa del verbo ἀγαπάω, *amar*, aquí *amaba*; ὁ, caso nominativo masculino singular del artículo determinado *el*; Ἰησοῦς, caso nominativo masculino singular del nombre propio *Jesús*; τῷ, caso dativo masculino singular del artículo determinado *el*; Πέτρῳ, caso dativo masculino singular del nombre propio declinado *a Pedro*; ὁ, caso nominativo masculino singular del artículo determinado *el*; Κύριος, caso nominativo masculino singular del nombre divino *Señor*; ἐστιν, tercera persona singular del presente de indicativo en voz activa del verbo εἰμί, *ser,* aquí *es*; Σίμων, caso nominativo masculino singular del nombre común *Simón*; οὖν, conjunción *pues, por consiguiente, entonces*; Πέτρος, caso nominativo masculino singular del nombre propio *Pedro*; ἀκούσας, caso nominativo masculino singular del participio del aoristo primero en voz activa del verbo ἀκούω, *oír, escuchar*, aquí *al oír*; ὅτι, conjunción *que*; ὁ, caso nominativo masculino singular del artículo determinado *el*; Κύριος, caso nominativo masculino singular del nombre divino *Señor*; ἐστιν, tercera persona singular del presente de indicativo en voz activa del verbo εἰμί, *ser, estar*, aquí *es*; τὸν, caso acusativo masculino singular del artículo determinado *el*; ἐπενδύτην, caso acusativo masculino singular del nombre común *vestido, ropa*; διεζώσατο, tercera persona singular del aoristo primero de indicativo en voz media del verbo διαζωννύμι, *ceñir*, aquí *ciñó*; ἦν, tercera persona singular del imperfecto de indicativo en voz activa del verbo εἰμί, *ser, estar*, aquí *estaba*; γὰρ, conjunción causal *porque*; γυμνός, caso nominativo masculino singular del adjetivo *desnudo, ligero de ropa*; καὶ, conjunción copulativa *y*; ἔβαλεν, tercera persona singular del segundo aoristo de indicativo en voz activa del verbo βάλλω, *echarse, arrojarse, lanzarse*, aquí *echó*; ἑαυτὸν, caso acusativo masculino singular del pronombre reflexivo declinado *a sí mismo*; εἰς, preposición propia de acusativo *a*; τὴν, caso acusativo femenino singular del artículo definido declinado *a la*; θάλασσαν, caso acusativo femenino singular del nombre común *mar*.

λέγει οὖν ὁ μαθητὴς ἐκεῖνος ὃν ἠγάπα ὁ Ἰησοῦς τῷ Πέτρῳ· ὁ Κύριος ἐστιν. Aquel portento trajo al recuerdo de Juan, *el discípulo a quien Jesús amaba*, el otro gran milagro de la pesca al principio del ministerio con Jesús (Lc. 5:1 ss.). Nadie podía hacer aquello más que Jesús. Luego, el hombre que está en la orilla es el Maestro. Juan usa el título divino *Señor*, para referirse a Jesús. Así se lo indica a Pedro: *"es el Señor"*, de otro modo, *aquel que está en la orilla es el Señor*.

Σίμων οὖν Πέτρος ἀκούσας ὅτι ὁ Κύριος ἐστιν τὸν ἐπενδύτην διεζώσατο, ἦν γὰρ γυμνός, Pedro había pasado la noche trabajando. El oficio de pescador es cansino. Hay que echar muchas veces la red al mar, aunque no traiga ningún pez. Posiblemente él estuvo haciéndolo durante las horas que pasaron en la barca. Para trabajar más cómodamente se había despojado del vestido exterior, el que se ponía sobre los interiores. El adjetivo γυμνός, traducido por *desnudo* en muchas versiones, puede llevar a la confusión con nuestro entorno social. En aquel tiempo significaba simplemente *ligero de ropa*. Así estaba Pedro para el trabajo que había hecho durante la noche. Sin embargo, aunque el Señor no mira la apariencia, el discípulo sabe que quien está en la rivera es el Hijo del Altísimo, por tanto es necesario acomodar la ropa en señal de respeto. Es cierto que Dios no tiene en cuenta nuestra apariencia exterior, pero no es menos cierto que *"de la abundancia del corazón habla la boca"*, por tanto lo que llena el corazón se manifestará externamente en la forma de presentarse. No se requiere más que una cosa en la presencia del Señor, una presencia decorosa. Hay creyentes en nuestros días que abusando de la libertad que satura nuestra sociedad, se presentan en la reunión eclesial con una tremenda falta de respeto, usando una indumentaria que no se atreverían a usar en el lugar de su trabajo o incluso en el de estudio. Se olvidan estos que están en la presencia del Señor a quien se debe respeto, honor y honra, es la gran lección de Pedro, que rápidamente se puso en condición respetuosa porque el Señor le esperaba en la orilla.

καὶ ἔβαλεν ἑαυτὸν εἰς τὴν θάλασσαν, No podía esperar más para acudir al encuentro del Resucitado. La barca se movía lentamente. Los que iban abordo tenían que arrastrar la pesada red saturada de peces. De manera que sin dudarlo, dejó la barca y se echó al mar para cubrir, nadando o caminando, la distancia que le separaba del Señor.

8. Y los otros discípulos vinieron con la barca, arrastrando la red de peces, pues no distaban de tierra sino como doscientos codos.

οἱ δὲ ἄλλοι μαθηταὶ τῷ πλοιαρίῳ ἦλθον, οὐ γὰρ ἦσαν μακρὰν
Y los otros discípulos en la barca vinieron, porque no estaban lejos
ἀπὸ τῆς γῆς ἀλλὰ ὡς ἀπὸ πηχῶν διακοσίων, σύροντες τὸ
de la tierra sino como a codos doscientos, arrastrando la
δίκτυον τῶν ἰχθύων.
red de los peces.

Notas y análisis del texto griego.

Continúa: οἱ, caso nominativo masculino plural del artículo determinado *los*; δὲ, partícula conjuntiva que hace las veces de conjunción coordinante, con sentido de *pero, más bien, y, y por cierto, antes bien*; ἄλλοι, caso nominativo masculino plural del adjetivo indefinido *otros*; μαθηταὶ, caso nominativo masculino plural del nombre común *discípulos*; τῷ, caso dativo neutro singular del artículo determinado declinado *en la*; πλοιαρίῳ, caso dativo neutro singular del nombre común *barca*; ἦλθον, tercera persona plural del aoristo segundo de indicativo en voz activa del verbo ἔρχομαι, *venir,* aquí *vinieron*; οὐ, adverbio de negación *no*; γὰρ, conjunción causal *porque*; ἦσαν, tercera persona plural del imperfecto de indicativo en voz activa del verbo εἰμί, *ser, estar*, aquí *estaban*; μακρὰν, adverbio *lejos*; ἀπὸ, preposición propia de genitivo *de*; τῆς, caso genitivo femenino singular del artículo determinado *la*; γῆς, caso genitivo femenino singular del nombre común *tierra*; ἀλλὰ, conjunción adversativa *sino*; ὡς, adverbio relativo *como*; ἀπὸ, preposición propia de genitivo *a*; πηχῶν, caso genitivo masculino plural del nombre común *codos*; διακοσίων, caso genitivo masculino plural del adjetivo numeral cardinal *doscientos*; σύροντες, caso nominativo masculino plural del participio de presente en voz activa del verbo σύρω, *arrastrar*, aquí *arrastrando*; τὸ, caso nominativo neutro singular del artículo determinado *el*; δίκτυον, caso nominativo neutro singular del nombre común *red*; τῶν, caso genitivo masculino plural del artículo determinado declinado *de los*; ἰχθύων, caso genitivo masculino plural del nombre común *peces*.

οἱ δὲ ἄλλοι μαθηταὶ τῷ πλοιαρίῳ ἦλθον, Los otros discípulos que estaban en la barca, la trajeron a tierra y ellos arribaron con ella. No abandonaron la responsabilidad de traer todo a tierra. Realmente no distaban mucho de la orilla. Juan dice que había un espacio de unos doscientos codos. Teniendo en cuenta que el codo griego equivalía a unos cuarenta y cinco centímetros, la barca estaba, cuando Pedro saltó al mar desde ella a unos noventa metros.

οὐ γὰρ ἦσαν μακρὰν ἀπὸ τῆς γῆς ἀλλὰ ὡς ἀπὸ πηχῶν διακοσίων, σύροντες τὸ δίκτυον τῶν ἰχθύων. Con ellos vino también arrastrándola la red llena de peces. Era el regalo de la gracia que el Señor hacía a quienes trabajando toda la noche no habían pescado nada.

Cada uno de los que habían salido a pescar y que ahora regresaron a tierra era diferente. Los caracteres distintos y la misión, aunque la misma, se haría por cada uno en diferentes maneras. Pero, cabe destacar una sencilla aplicación. Primeramente estaban todos unidos. No se puede pensar en una obra que progrese, ni en una misión de extensión del reino que prospere, sin la unidad real de los creyentes comprometidos en ella. Por esta unidad de la Iglesia, no solo posicional, sino también experimental oraba el Señor. Pedro había dicho que iba a pescar y enseguida los compañeros de ministerio le siguieron. Esa es la primera necesidad que debiéramos sentir. Además los dones son también distintos en orientación y en número. Pero todos, son necesarios. Además, no hubo distinción entre ellos en el encuentro con Cristo. Los que aparentemente tenían un mayor liderazgo, como los que si apenas se han nombrado en el Nuevo Testamento, tenían todos un lugar junto al Señor, para estar con Él. Jesús acepta a todos para el servicio y la edificación de la Iglesia, como dice el Dr. Lacueva:

"Cuan grandes son las diferencias entre unos creyentes y otros en la forma de servir y honrar a Jesucristo; y, sin embargo, Él los acepta a todos. No hay por qué censurar a Pedro por haberse echado precipitadamente al mar, sino que debe ser alabado por su celo y por la fuerza de su amor al Señor. Tampoco hay por qué censurar a quienes, como María de Betania, se despreocupan de las cosas de este mundo

para sentarse a los pies del Maestro, mientras que otros le sirven mejor en medio de los quehaceres cotidianos y en negocios seculares, no profanos, ya que nada hay profano para un verdadero creyente. Mientras Juan contempla a Cristo, y Pedro se arroja al mar, los otros discípulos continúan en la barca, arrastrando la red de peces, y trayéndola a la orilla. Éstos no deben ser censurados como si fueran mundanos, puesto que se puede ser tan fiel a Cristo sirviendo a las mesas como predicando el Evangelio (v. Hch. 6:1-7), Y si Cristo estaba complacido con todos ellos, también nosotros debemos estarlo"[1].

9. Al descender a tierra, vieron brasas puestas, y un pez encima de ellas, y pan.

ὡς οὖν ἀπέβησαν εἰς τὴν γῆν βλέπουσιν ἀνθρακιὰν
Cuando, pues, desembarcaron en la tierra, ven brasas
κειμένην καὶ ὀψάριον ἐπικείμενον καὶ ἄρτον.
puestas y pescado puesto encima y pan.

Notas y análisis del texto griego.

Análisis: ὡς, conjunción temporal *cuando*; οὖν, conjunción continuativa *pues*; ἀπέβησαν, tercera persona plural del segundo aoristo de indicativo en voz activa del verbo ἀποβαίνω, *bajarse*, referido a una barca *desembarcar*, aquí *desembarcaron*; εἰς, preposición propia de acusativo *en*; τὴν, caso acusativo femenino singular del artículo determinado *la*; γῆν, caso acusativo femenino singular del nombre común *tierra*; βλέπουσιν, tercera persona plural del presente de indicativo en voz activa del verbo βλέπω, *ver, mirar*, aquí *vieron*; ἀνθρακιὰν, caso acusativo femenino singular del nombre común *brasas, ascuas*; κειμένην, caso acusativo femenino singular del participio de presente en voz pasiva del verbo κεῖμαι, *estar puesto, estar colocado*, aquí *puestas*; καὶ, conjunción copulativa *y*; ὀψάριον, caso acusativo neutro singular del nombre común *pescado*; ἐπικείμενον, caso acusativo neutro singular del participio de presente en voz pasiva del verbo ἐπίκειμαι, *estar colocado encima*, aquí *que estaba colocado encima, puesto encima*; καὶ, conjunción copulativa *y*; ἄρτον, caso acusativo masculino singular del nombre común *pan*.

ὡς οὖν ἀπέβησαν εἰς τὴν γῆν βλέπουσιν ἀνθρακιὰν κειμένην καὶ ὀψάριον ἐπικείμενον καὶ ἄρτον. Los grandes milagros ocultan de la vista a los más pequeños, como es este caso, en donde la atención del lector se centra en la pesca prodigiosa que tuvo lugar siguiendo las instrucciones de Jesús. Pero hay otro milagro no menos sorprendente. El Creador había puesto brasas en la playa, tal vez

[1] F. Lacueva. o.c., pág. 570.

sobre alguna piedra del entorno, y sobre ellas un pescado, producto de Su omnipotencia y un pan. Posiblemente el pan fuese suficiente para todos, lo que no cabe duda es que por el poder de Jesús llegaría para las necesidades del desayuno de todos ellos. Allí estaba el milagro no menos sorprendente. Todavía el milagro se completa más adelante (v. 13), a lo que debemos prestar atención.

10. Jesús les dijo: Traed de los peces que acabáis de pescar.

λέγει αὐτοῖς ὁ Ἰησοῦς· ἐνέγκατε ἀπὸ τῶν ὀψαρίων ὧν
Dice les - Jesús: Traed de los pescados que
ἐπιάσατε νῦν.
pescasteis ahora.

Notas y análisis del texto griego.

Siguiendo el relato, escribe: λέγει, tercera persona singular del presente de indicativo en voz activa del verbo λέγω, *hablar, decir*, aquí *dice*; αὐτοῖς, caso dativo masculino de la tercera persona plural del pronombre personal declinado *a ellos, les*; ὁ, caso nominativo masculino singular del artículo determinado *el*; Ἰησοῦς, caso nominativo masculino singular del nombre propio *Jesús*; ἐνέγκατε, segunda persona plural del aoristo primero de imperativo en voz activa del verbo φέρω, *traer*, aquí *traed*; ἀπὸ, preposición propia de genitivo *de*; τῶν, caso genitivo neutro plural del artículo determinado *los*; ὀψαρίων, caso genitivo neutro plural del nombre común *pescados*; ὧν, caso genitivo neutro plural del pronombre relativo *los que, que*; ἐπιάσατε, segunda persona plural del aoristo primero de indicativo en voz activa del verbo πιάζω, *pescar*, aquí *pescasteis*; νῦν, adverbio de tiempo *ahora*.

λέγει αὐτοῖς ὁ Ἰησοῦς· ἐνέγκατε ἀπὸ τῶν ὀψαρίων ὧν ἐπιάσατε νῦν. La instrucción de Jesús no tenía que ver con buscar provisión para que los discípulos pudiesen comer. Tal vez quería hacerles notar la dimensión del milagro hecho, o incluso, como en la enseñanza de la parábola, que escogiesen los buenos y grandes y desechasen los pequeños (Mt. 13:47-48). No es posible determinar por qué causa Jesús les mandó traer los peces, de modo que cualquier propuesta no deja de ser mera especulación personal. Es suficiente con apreciar este aspecto en el relato, salido del recuerdo de un testigo presencial.

11. Subió Simón Pedro, y sacó la red a tierra, llena de grandes peces, ciento cincuenta y tres; y aun siendo tantos, la red no se rompió.

ἀνέβη οὖν Σίμων Πέτρος καὶ εἵλκυσεν τὸ δίκτυον εἰς τὴν γῆν
Subió, pues, Simón Pedro y arrastró la red a la tierra,
μεστὸν ἰχθύων μεγάλων ἑκατὸν πεντήκοντα τριῶν· καὶ
llena de peces grandes ciento cincuenta y tres. Y
τοσούτων ὄντων οὐκ ἐσχίσθη τὸ δίκτυον.
tantos siendo no se rasgó la red.

Notas y análisis del texto griego.

Análisis: ἀνέβη, tercera persona singular del segundo aoristo de indicativo en voz activa del verbo ἀναβαίνω, *subir*, aquí *subió*; οὖν, conjunción continuativa *pues*; Σίμων, caso nominativo masculino singular del nombre propio *Simón*; Πέτρος, caso nominativo masculino singular del nombre propio *Pedro*; καὶ, conjunción copulativa *y*; εἵλκυσεν, tercera persona singular del aoristo primero de indicativo en voz activa del verbo ἕλκω, *atraer, sacar, arrastrar*, aquí *arrastró*; τὸ, caso acusativo neutro singular del artículo determinado *el*; δίκτυον, caso acusativo neutro singular del nombre común *red*; εἰς, preposición propia de acusativo *a*; τὴν, caso acusativo femenino singular del artículo determinado *la*; γῆν, caso acusativo femenino singular del nombre común *tierra*; μεστὸν, caso acusativo neutro singular del adjetivo *lleno*; ἰχθύων, caso genitivo masculino plural del nombre común declinado *de peces*; μεγάλων, caso genitivo masculino plural del adjetivo *grandes*; ἑκατὸν, caso genitivo masculino plural del adjetivo numeral cardinal *cien, ciento*; πεντήκοντα, caso genitivo masculino plural del adjetivo numeral cardinal *cincuenta*; τριῶν, caso genitivo masculino plural del adjetivo numeral cardinal *tres*; καὶ, conjunción copulativa *y*; τοσούτων, caso genitivo masculino plural del adjetivo demostrativo *tantos*; ὄντων, caso genitivo masculino plural del participio de presente en voz activa del verbo εἰμί, *ser*, aquí *siendo*; οὐκ, forma escrita del adverbio de negación *no*, con el grafismo propio ante una vocal con espíritu suave o una enclítica; ἐσχίσθη, tercera persona singular del aoristo primero de indicativo en voz pasiva del verbo σχίζω, *rasgar, partir*, aquí *rasgó*; τὸ, caso nominativo neutro singular del artículo determinado *el*; δίκτυον, caso nominativo neutro singular del nombre común *red*.

ἀνέβη οὖν Σίμων Πέτρος καὶ εἵλκυσεν τὸ δίκτυον εἰς τὴν γῆν. De nuevo Pedro toma la iniciativa. Jesús mandó traer los peces y él subió a la barca para traer la red que todavía los contenía. No había hecho nada con ella, simplemente llegaron a tierra y desembarcaron para estar con Jesús. Es posible que otros discípulos le acompañaran porque era pesada, para ayudarle a transportarla hasta donde estaba el Señor. Tal vez tomó la iniciativa en regresar a la barca para sacar la red cargada, porque seguramente que la barca era suya, con la que había antes determinado salir a pescar (v. 3). No cabe duda que la responsabilidad de los líderes en la iglesia consiste en dar ejemplo asumiendo primero el compromiso de servir, delante de todos. Eso ocurrió en los muchos ejemplos bíblicos, como fue el caso de Nehemías en el Antiguo Testamento. Pero, también se requiere esto mismo a los que conducen las congregaciones en el Nuevo Testamento, como manda el apóstol Pablo a Timoteo y a Tito, que se muestren como ejemplo (1 Ti. 4:12; Ti. 2:7). Se manda también que en todo lo que requiera diligencia, no seamos perezosos (Ro. 12:11).

μεστὸν ἰχθύων μεγάλων ἑκατὸν πεντήκοντα τριῶν· La red tuvo que ser arrastrada para traerla hasta el Señor. Estaba llena de *grandes peces*. Dios no es mezquino, sino dadivoso, no da poco, sino más abundantemente de lo que pedimos. Además de grandes, también eran muchos. Juan da el número de ellos: *ciento cincuenta y tres*. Se ha procurado buscar significado al número, haciendo diversas propuestas. Algunos han sugerido que en aquel tiempo se había catalogado ese número de diferentes peces, lo que supondría aplicándolo, que el evangelio no hace distinción de personas y que alcanza a todos los hombres en cualquier lugar y de cualquier condición. Lo mismo ocurre con otras como que ese era el número de las provincias del Imperio Romano, de manera que significaría que el evangelio iba a alcanzar a todos los lugares de entonces. Todos estos significados místicos o alegóricos no tienen más que un mero interés aplicativo de este texto. Mejor será considerarlo como lo que es, el informe de un testigo ocular sobre un hecho que ha presenciado.

καὶ τοσούτων ὄντων οὐκ ἐσχίσθη τὸ δίκτυον. El último dato que aporta Juan, como un pescador con experiencia, es que a pesar del peso, la red no se había rasgado. Esto es también parte del milagro, ya que no se rompió porque el poder del Señor resucitado no lo había permitido. Así ocurre también con la proyección de la iglesia y, sobre todo, con la evangelización. Los recursos humanos, la red que se usa para alcanzar a los perdidos, podría fácilmente romperse con los muchos que creen. Sin embargo, como ese es el mandato de Jesús (Mr. 16:16), el que establece la misión cuida de que los instrumentos, aparentemente pobres y débiles cumplan la misión para lo que se usan. La gloria de la pesca, en sentido de evangelización, no es del instrumento, sino del Señor.

12. Les dijo Jesús: Venid, comed. Y ninguno de los discípulos se atrevía a preguntarle: ¿Tú, quién eres? sabiendo que era el Señor.

λέγει αὐτοῖς ὁ Ἰησοῦς· δεῦτε ἀριστήσατε. οὐδεὶς δὲ ἐτόλμα
Dice les - Jesús: Venid, desayunad. Y ninguno se atrevía
τῶν μαθητῶν ἐξετάσαι αὐτόν· σὺ τίς εἶ εἰδότες ὅτι ὁ Κύριος
de los discípulos a preguntar le: ¿Tú quien eres? sabiendo que el Señor
ἐστιν.
es.

Notas y análisis del texto griego.

Prosiguiendo en el relato, añade: λέγει, tercera persona singular del presente de indicativo en voz activa del verbo λέγω, *hablar, decir*, aquí *dice*; αὐτοῖς, caso dativo masculino de la tercera persona plural del pronombre personal declinado *a ellos, les*; ὁ, caso nominativo masculino singular del artículo determinado *el*; Ἰησοῦς, caso nominativo masculino singular del nombre propio *Jesús*; δεῦτε, adverbio que equivale a *venid*, en sentido de ánimo como si dijese, *venga, vamos*; ἀριστήσατε, segunda persona plural del aoristo primero de imperativo en voz activa del verbo ἀριστάω, *comer, desayunar*, aquí *desayunad*; οὐδεὶς, caso nominativo masculino singular del pronombre indefinido *ninguno*; δὲ, partícula conjuntiva que hace las veces de conjunción coordinante, con sentido de *pero, más bien, y, y por cierto, antes bien*; ἐτόλμα, tercera persona singular del imperfecto de indicativo en voz activa del verbo τολμάω, *osar, atreverse, tener el valor de*, aquí *se atrevía*; τῶν, caso genitivo masculino plural del artículo determinado declinado *de los*; μαθητῶν, caso genitivo masculino plural del nombre común *discípulos*; ἐξετάσαι, aoristo primero de infinitivo en voz activa del verbo ἐξετάζω, *averiguar, preguntar*, aquí *preguntar*; αὐτόν, caso acusativo masculino de la tercera persona singular del pronombre personal declinado *a Él, le*; σὺ, caso nominativo de la segunda persona singular del pronombre personal *tú*; τίς, caso nominativo masculino singular del pronombre interrogativo *quién*; εἶ, segunda persona singular del presente de indicativo en voz activa del verbo εἰμί, *ser, estar*, aquí *eres*; εἰδότες, caso nominativo masculino singular del participio perfecto en voz activa del verbo οἶδα, *saber, entender, comprender*, aquí *sabiendo*; ὅτι, conjunción *que*; ὁ, caso nominativo masculino singular del artículo determinado *el*; Κύριος, caso nominativo masculino singular del nombre divino *Señor*; ἐστιν, tercera persona singular del presente de indicativo en voz activa del verbo εἰμί, *ser*, aquí *es*.

λέγει αὐτοῖς ὁ Ἰησοῦς· δεῦτε ἀριστήσατε. El Señor les invita a desayunar. La expresión en el texto griego es muy elocuente: *¡Vamos, desayunad!* Es natural que la presencia del Resucitado causase un profundo respeto en todos ellos y que, tal vez, los mantuviese un tanto distantes de Él. Jesús los trata como amigos que ha invitado a desayunar con Él en Su casa. Será siempre de este modo. El Señor ha provisto de todo lo necesario para hacernos sentir Su compañía en cualquier circunstancia y en cualquier situación. En todo momento nos invita a acercarnos a Él que está en el trono de gracia para encontrar el socorro oportuno en nuestras necesidades. Nada, ni nadie, puede separarnos de Su amor y de Su compañía. La promesa es cierta, incluso en la angustia (Sal. 91:15).

οὐδεὶς δὲ ἐτόλμα τῶν μαθητῶν ἐξετάσαι αὐτόν· σὺ τίς εἶ εἰδότες ὅτι ὁ Κύριός ἐστιν. El aspecto del Señor sería distinto al que le había sido propio durante el ministerio. Sin embargo, ninguno osaba preguntarle quien era, porque todos sabían que era el Señor. Tal vez el recuerdo de los fracasos personales de ellos en el último tiempo, estuviesen gravitando sobre sus corazones. Todos ellos le habían abandonado y lo dejaron solo, a pesar de sus promesas de lealtad y fidelidad, sin embargo, Él no los rechaza, los invita a Su compañía y a participar de Su comunión y amistad. El Señor es gracia misericordiosa. Pensar en un Jesús que busca al creyente caído para sancionarle y ejercer sobre él una disciplina firme y dolorosa, es desconocer al Señor de la gracia.

13. Vino, pues, Jesús, y tomó el pan y les dio, y asimismo del pescado.

ἔρχεται Ἰησοῦς καὶ λαμβάνει τὸν ἄρτον καὶ δίδωσιν αὐτοῖς,
Viene Jesús y toma el pan y da les,
καὶ τὸ ὀψάριον ὁμοίως.
y el pescado asimismo.

Notas y análisis del texto griego.

Análisis: ἔρχεται, tercera persona singular del presente de indicativo en voz activa del verbo ἔρχομαι, *venir, llegar*, aquí *viene*; Ἰησοῦς, caso nominativo masculino singular del nombre propio *Jesús*; καὶ, conjunción copulativa *y*; λαμβάνει, tercera persona singular del presente de indicativo en voz activa del verbo λαμβάνω, *tomar*, aquí *toma*; τὸν, caso acusativo masculino singular del artículo determinado *el*; ἄρτον, caso acusativo masculino singular del nombre común *pan*; καὶ, conjunción copulativa *y*; δίδωσιν, tercera persona singular del presente de indicativo en voz activa del verbo δίδωμι, *dar*, aquí *da*; αὐτοῖς, caso dativo masculino de la tercera persona plural del pronombre personal declinado *a ellos, les*; καὶ, conjunción copulativa *y*; τὸ, caso acusativo neutro singular del artículo determinado *el*; ὀψάριον, caso acusativo neutro singular del nombre común *pescado*; ὁμοίως, adverbio *asimismo*.

ἔρχεται Ἰησοῦς καὶ λαμβάνει τὸν ἄρτον καὶ δίδωσιν αὐτοῖς, καὶ τὸ ὀψάριον ὁμοίως. Llegado el momento, el milagro prosigue todavía. Jesús se *acercó* para tomar los alimentos que había puesto antes. El pan y el pescado que estaba sobre las brasas. Como ya se ha considerado, todo es provisión del Creador. El fuego es creación suya, lo mismo que el trigo para el pan, y el pez para dar de comer a los discípulos. Algunos sugieren que de los peces que habían pescado hicieron una selección y los asaron al fuego para que sirvieran de comida en aquel momento. Sin embargo, al mirar el texto griego se aprecia que la referencia tanto al pan como al pescado, están en singular y van precedidos del correspondiente artículo. Luego, no fueron *varios panes*, sino uno solo, y no fueron *algunos peces*, sino *un* pez. La construcción de la frase es semejante a la que aparece en las dos multiplicaciones de los panes y de los peces. Fue suficiente para Jesús con distribuir del pan que Él hizo, y del pez que había puesto sobre las brasas, para que milagrosamente sirviesen para alimentar a los discípulos que estaban con Él. Es importante recordar bien esto al leer el texto y analizarlo. Jesús no les dio lo que ellos habían conseguido, aunque sin duda, como todas las cosas, por la gracia y el poder divinos. El Señor les dio lo que Él mismo había preparado para el desayuno, multiplicándolo milagrosamente, para que un pan y un pez fuesen suficientes para todos aquellos hombres. La intención de Juan es transmitir aquí las mismas palabras del relato de la pesca milagrosa (6:11), y con ellas el mismo aspecto sobrenatural de la acción de Jesús.

No hay referencia en el texto a si Jesús comió con ellos o no. Sin duda el cuerpo de resurrección no necesita de la comida física que los nuestros necesitan. Pero, siendo un cuerpo, no hay dificultad para entender que muy bien pudo haber participado con ellos de aquel desayuno en la rivera del Mar de Galilea, como había hecho con los discípulos de Emaús (Lc. 24:41-43). El comer con ellos habría servido también de prueba que Jesús no era un espíritu que se materializaba, sino un hombre que había sido revestido de inmortalidad. Los apóstoles que habían estado en esa mañana con el Señor, testifican que habían comido y bebido con Él, después de la resurrección (Hch. 10:41).

Jesús tiene siempre provisión abundante para las necesidades de sus hijos. Con un pan y un pez proveyó para la primera comida del día a todos aquellos que estaban con Él en la playa. No lo hace para que admiremos Su provisión y nos asombremos de la abundancia de ella, sino para que lo veamos a Él como el Señor. Todo lo que hace cada día por nosotros debiera servir de atractivo para que digamos en la intimidad de nuestra alma: *Es el Señor*. Sólo cuando lo consideremos así, experimentaremos la victoria permanente en Él.

14. Ésta era ya la tercera vez que Jesús se manifestaba a sus discípulos, después de haber resucitado de los muertos.

τοῦτο ἤδη τρίτον ἐφανερώθη Ἰησοῦς τοῖς μαθηταῖς
Ésta ya la tercera vez que se manifestó Jesús a los discípulos
ἐγερθεὶς ἐκ νεκρῶν.
resucitado de muertos.

Notas y análisis del texto griego.

Cerrando el párrafo, escribe: τοῦτο, caso acusativo neutro singular del pronombre demostrativo *esto*; ἤδη, adverbio de tiempo *ya*; τρίτον, adverbio o también caso acusativo neutro singular del adjetivo con el mismo significado, *tercera vez*; ἐφανερώθη, tercera persona singular del aoristo primero de indicativo en voz pasiva del verbo φανέρω, *manifestarse*, aquí *que se manifestó*; Ἰησοῦς, caso nominativo masculino singular del nombre propio *Jesús*; τοῖς, caso dativo masculino plural del artículo determinado declinado *a los*; μαθηταῖς, caso dativo masculino singular del nombre común *discípulos*; ἐγερθεὶς, caso nominativo masculino singular del participio de aoristo primero en voz pasiva del verbo ἐγείρω, *levantarse, resucitar*, aquí *resucitado*; ἐκ, preposición propia de genitivo *de*; νεκρῶν, caso genitivo masculino plural del nombre común *muertos*.

τοῦτο ἤδη τρίτον ἐφανερώθη Ἰησοῦς τοῖς μαθηταῖς ἐγερθεὶς ἐκ νεκρῶν. Como en el caso de los milagros, *señales* en este *Evangelio*, la *tercera aparición a los discípulos*, no sigue un orden cronológico y limitativo, es la tercera manifestación de Jesús resucitado que Juan menciona en el relato. La primera es la del mismo día de la resurrección (20:19-23); la segunda ocho días después de la primera (20:24-29), y la tercera en esta ocasión. El hecho de que Juan se refiera a *tres* ocasiones, expresa la firmeza del hecho, ya que con tres repeticiones se formula el superlativo en hebreo.

Otra observación interesante es que Juan dice *es la tercera vez*. Alguno de los discípulos perdieron de verlo en la primera, pero Jesús les dio dos ocasiones más. Aplicándolo a cada uno de nosotros, el Señor nos dice también *es la tercera vez* ¿Hemos sacado provecho de las anteriores? Nuestra responsabilidad es grande porque puede que no tengamos otra oportunidad para ver la gloria del Señor. El se manifiesta a nosotros para que le admiremos, conozcamos y sigamos en el camino que ha marcado para nuestras vidas.

Diálogo con Pedro y el discípulo amado (21:15-23).

15. Cuando hubieron comido, Jesús dijo a Simón Pedro: Simón, hijo de Jonás, ¿me amas más que estos? Le respondió: Sí, Señor; tú sabes que te amo. Él le dijo: Apacienta mis corderos.

Ὅτε οὖν ἠρίστησαν λέγει τῷ Σίμωνι Πέτρῳ ὁ Ἰησοῦς· Σίμων
Cuando, pues, desayunaron, dice - a Simón Pedro - Jesús: Simón
Ἰωάννου[1], ἀγαπᾷς με πλέον τούτων λέγει αὐτῷ· ναὶ Κύριε, σὺ
hijo de Juan, ¿amas me más que estos? Dice le: Sí, Señor, tu
οἶδας ὅτι φιλῶ σε. λέγει αὐτῷ· βόσκε τὰ ἀρνία μου.
sabes que amo te. Dice le: Apacienta a los corderos de mí.

Notas y análisis del texto griego.

Comenzando otro párrafo, escribe: Ὅτε, adverbio relativo *cuando*; οὖν, conjunción continuativa *pues*; ἠρίστησαν, tercera persona plural del aoristo primero de indicativo en voz activa del verbo ἀριστάω, *comer, desayunar*, aquí *desayunaron*; λέγει, tercera persona singular del presente de indicativo en voz activa del verbo λέγω, *hablar, decir*, aquí *dice*; τῷ, caso dativo masculino singular del artículo determinado *el*; Σίμωνι, caso dativo masculino singular del nombre común *Simón*; Πέτρῳ, caso dativo masculino singular del nombre propio *Pedro*; ὁ, caso nominativo masculino singular del artículo determinado *el*; Ἰησοῦς, caso nominativo masculino singular del nombre propio *Jesús*; Σίμων, caso vocativo masculino singular del nombre propio *Simón*; Ἰωάννου, caso genitivo masculino singular del nombre propio declinado *de Juan*; ἀγαπᾷς, segunda persona singular del presente de indicativo en voz activa del verbo ἀγαπάω, *amar*, aquí *amas*; με, caso acusativo de la primera persona singular del pronombre personal declinado *a mí, me*; πλέον, adverbio o también caso acusativo neutro singular del adjetivo comparativo *más que*; τούτων, caso genitivo masculino plural del pronombre demostrativo *estos*, o también neutro plural; λέγει, tercera persona singular del presente de indicativo en voz activa del verbo λέγω, *hablar, decir*, aquí *dice*; αὐτῷ, caso genitivo masculino de la tercera persona singular del pronombre personal declinado *a Él, le*; ναὶ, adverbio de afirmación *sí, ciertamente, sin duda*; Κύριε, caso vocativo masculino singular del nombre divino *Señor*; σὺ, caso nominativo de la segunda persona singular del pronombre personal *tú*; οἶδας, segunda persona singular del presente de indicativo en voz activa del verbo οἶδα, *saber, conocer*, aquí *sabes*; ὅτι, conjunción *que*; φιλῶ, primera persona singular del presente de indicativo en voz activa del verbo φιλέω, *amar*, aquí *amo*; σε, caso acusativo de la segunda persona singular del pronombre personal declinado *a ti, te*; λέγει, tercera persona singular del presente de indicativo en voz activa del verbo λέγω, *hablar, decir*, aquí *dice*; αὐτῷ, caso genitivo de la tercera persona singular del pronombre personal declinado *a él, le*; βόσκε, segunda persona singular del presente de imperativo en voz activa del verbo βόσκω, *apacentar*, aquí *apacienta*; τὰ, caso acusativo neutro plural del artículo determinado declinado *a los*; ἀρνία, caso acusativo neutro plural del nombre común *corderos*; μου, caso genitivo de la primera persona singular del pronombre personal declinado *de mí*.

Crítica Textual. Lecturas alternativas.

[1] Ἰωάννου, *de Juan*, según lectura en ℵ[1], B, C*, D, K, W, 844, lat, co.

Ἰωνᾶ, *Jonás*, conforme a A, C[2], K, N, Γ, Δ, Θ, Ψ, *f*[1, 13], 33, 565, 700, 892, 1241, 1424, 𝔐, sir.

Ὅτε οὖν ἠρίστησαν λέγει τῷ Σίμωνι Πέτρῳ ὁ Ἰησοῦς· Σίμων Ἰωάννου, ἀγαπᾷς με πλέον τούτων λέγει αὐτῷ· Luego de haber desayunado, Jesús inicia un diálogo con Pedro, delante de todos los discípulos. Pedro, conforme al relato de Juan, había visto ya tres veces al Señor resucitado, pero en ninguna de las otras dos se habla de algo como lo que ocurre en esta tercera ocasión. No cabe duda que Pedro, a pesar de la promesa hecha a Jesús, de dar su vida por Él y de no negarle, había hecho todo lo contrario. Le había negado delante de todos en la noche en que fue llevado a casa de Anás y de Caifás; le había minusvalorado al dejar de llamarle Señor o Maestro y referirse a Él como *ese hombre*; había mentido afirmando que no lo conocía, lo que suponía una gravísima negación; había jurado falsamente para dar fuerza a su negación. Es cierto también que Pedro había llorado amargamente por esa acción. Sin embargo ahora recibía del Señor una pregunta sumamente comprometedora. En la última cena Pedro afirmaba que aunque todos le abandonasen él no lo haría. Ahora Jesús le pregunta *si lo ama más que todos aquellos*. No había ningún tipo de reprensión por lo hecho, ni demanda alguna de fidelidad para el futuro, ni exigencia de confesión ante los demás. Simplemente Jesús pide a Pedro una declaración de su amor personal hacia Él. La pregunta es admirable: *¿Me amas?*.

Pedro debió quedar sorprendido. Tenía que responder delante de todos que él amaba al Señor más que ellos. El amor al que se refería Jesús lo expresaba mediante el verbo ἀγαπάω, que denota un amor desinteresado y general, el amor con que Dios ama incluso a los perdidos. Jesús confronta a Pedro con la confianza personal del pasado. El había dicho que aunque todos se escandalizasen de Jesús, él no lo haría (Mt. 26:33). Dijo también que aunque todos sufrieren tropiezo, el no (Mr. 14:29). Jesús está haciendo reflexionar a Pedro sobre la debilidad de las fuerzas humanas. El apóstol va a responder a la pregunta. No se atreve a afirmar que puede amar al Señor más que todos los otros, sin embargo, él sabe que lo ama, profundamente. El sí de Pedro no es condicional, usa un adverbio de afirmación enfática, como si dijese *si, sin duda, con toda certeza*, no estaba seguro de la dimensión del amor que profesaba al Señor, pero estaba seguro de que lo amaba realmente. No puede demostrarlo, pero, por esa razón apela al conocimiento sobrenatural de Jesús, para decirle *"tu sabes que te amo"*. Es verdad que no usa el verbo ἀγαπάω, *amor absoluto*, sino que responde con φιλέω, el amor que comprende emociones personales y que se usa para referirse al amor a la familia, a los amigos, a los íntimos. Algunos consideran este amor como un amor de menor nivel, pero realmente la distinción entre ambos está en que el amor *filia*, es impulsado por afectos y emociones anímicas hacia aquellos que tienen interés para el que ama. No es una mala contestación o una contestación dudosa, es sincera y expresa el amor hacia quien es todo para Pedro. Pedro amaba realmente a Jesús. Era una confesión humilde, no altiva confiando en sus fuerzas, sino expresándole sentimientos y afectos personales. Pedro devuelve la pregunta a Jesús, para que responda conforme a la realidad que Él en Su omnisciencia conoce.

ναὶ κύριε, σὺ οἶδας ὅτι φιλῶ σε. λέγει αὐτῷ· βόσκε τὰ ἀρνία μου. A la respuesta de Pedro siguen las palabras de Jesús: Si realmente me amas, *apacienta mis corderos*. El Señor había hablado de la Iglesia como de sus ovejas, por quienes Él daba Su vida. Los corderos son, dentro del rebaño, animales delicados que necesitan la supervisión y conducción especial del pastor. Así también los creyentes. Cuando una persona cree, ha pasado a ser oveja del rebaño de Cristo, pero estos *niños* recién nacidos necesitan dos cosas esenciales: afecto y cuidado. Jesús encarga a Pedro que cuide, pastoree sus corderos. Es como si le dijese: *no son tuyos sino míos, te los encargo, cuida de ellos.*

16. Volvió a decirle la segunda vez: Simón, hijo de Jonás, ¿me amas? Pedro le respondió: Sí, Señor; tú sabes que te amo. Le dijo: Pastorea mis ovejas.

λέγει αὐτῷ πάλιν δεύτερον· Σίμων Ἰωάννου[1], ἀγαπᾷς με λέγει
Dice le de nuevo, segunda vez: Simón de Juan, ¿Amas me? Dice
αὐτῷ· ναὶ Κύριε, σὺ οἶδας ὅτι φιλῶ σε. λέγει αὐτῷ· ποίμαινε
le: Sí, Señor, tú sabes que amo te. Dice le: Pastorea
τὰ πρόβατα[2] μου.
las ovejas de mí.

Notas y análisis del texto griego.

Análisis: λέγει, tercera persona singular del presente de indicativo en voz activa del verbo λέγω, *hablar, decir*, aquí *dice*; αὐτῷ, caso dativo masculino de la tercera persona singular del pronombre personal declinado *a él, le*; πάλιν, adverbio de modo *nuevamente, de nuevo, otra vez*; δεύτερον, adverbio o también acusativo neutro singular del adjetivo *segunda vez*; Σίμων, caso vocativo masculino singular del nombre propio *Simón*; Ἰωάννου, caso genitivo masculino singular del nombre propio declinado *de Juan*; ἀγαπᾷς, segunda persona singular del presente de indicativo en voz activa del verbo ἀγαπάω, *amar*, aquí *amas*; με, caso acusativo de la primera persona singular del pronombre personal declinado *a mí, me*; λέγει, tercera persona singular del presente de indicativo en voz activa del verbo λέγω, *hablar, decir*, aquí *dice*; αὐτῷ, caso genitivo masculino de la tercera persona singular del pronombre personal declinado *a Él, le*; ναὶ, adverbio de afirmación *sí, ciertamente, sin duda*; Κύριε, caso vocativo masculino singular del nombre divino *Señor*; σὺ, caso nominativo de la segunda persona singular del pronombre personal *tú*; οἶδας, segunda persona singular del presente de indicativo en voz activa del verbo οἶδα, *saber, conocer*, aquí *sabes*; ὅτι, conjunción *que*; φιλῶ, primera persona singular del presente de indicativo en voz activa del verbo φιλέω, *amar*, aquí *amo*; σε, caso acusativo de la segunda persona singular del pronombre personal declinado *a ti, te*; λέγει, tercera persona singular del presente de indicativo en voz activa del verbo λέγω, *hablar, decir*, aquí *dice*; αὐτῷ, caso dativo masculino de la tercera persona singular del pronombre personal declinado *a él, le*; ποίμαινε, segunda persona singular del presente de imperativo en voz activa del verbo ποιμαίνω, *pastorear, ser pastor*, aquí *pastorea*; τὰ, caso acusativo neutro plural del artículo determinado *los*; πρόβατα, caso acusativo neutro plural del nombre común *ovejas*; μου, caso genitivo de la primera persona singular del pronombre personal declinado *de mí*.

Crítica Textual. Lecturas alternativas.

[1] Ἰωάννου, *de Juan*, según lectura en ℵ[1], B, C*, D, K, W, 844, lat, co.

Ἰωνά, *Jonás*, conforme a A, C[2], K, N, Γ, Δ, Θ, Ψ, $f^{1, 13}$, 33, 565, 700, 892, 1241, 1424, 𝔐, sir.

[2] πρόβατα, *ovejas*, según se lee en ℵ, A, D, K, N, W, Γ, Δ, Θ, Ψ, f^{13}, 33, 565, 700, 892[s], 1241, 1424, 844, 𝔐, sir, sa, pbo, bo.

πρόβατια, en diminutivo según lectura en B, C, 565, b.

λέγει αὐτῷ πάλιν δεύτερον· Σίμων Ἰωάννου, ἀγαπᾷς με λέγει αὐτῷ· Una segunda vez pregunta prácticamente lo mismo Jesús a Pedro. Tan sólo disminuye un punto el compromiso que contenía. En la primera le pregunta por un amor mayor que del todos aquellos. Ahora sólo le pregunta si realmente le amaba.

ναὶ Κύριε, σὺ οἶδας ὅτι φιλῶ σε. Pedro está azorado, internamente debía estar preguntándose por qué el Señor repetía la pregunta. La respuesta es tan firme como la primera. Usa el adverbio que denota una afirmación absoluta. Como si dijese: *Con toda seguridad, te amo, no lo dudes ni por un momento*. El sabía que amaba al Señor, por tanto, el Señor también lo sabía.

λέγει αὐτῷ· ποίμαινε τὰ πρόβατά μου. Como en la anterior pregunta, Cristo respondió a la confesión de Pedro, para decirle: *"Pastorea mis ovejas"*. En algunos códices, se lee aquí *ovejas* en diminutivo *ovejitas*. Sin embargo, el texto es mas fiable tal como lo tenemos aquí. No cabe duda que el Señor ama a sus ovejas, por ellas dio la vida, para que estén en Su rebaño y Él sea el único Pastor. Estas ovejas no son de Pedro, son suyas, como lo expresa el pronombre personal con que terminan las palabras del Señor. Está confiando en mano de Pedro un tesoro de la gracia para que lo pastoree.

17. Le dijo la tercera vez: Simón, hijo de Jonás, ¿me amas? Pedro se entristeció de que le dijese la tercera vez: ¿Me amas? y le respondió: Señor, tú lo sabes todo; tú sabes que te amo. Jesús le dijo: Apacienta mis ovejas.

λέγει αὐτῷ τὸ τρίτον· Σίμων 'Ιωάννου[1], φιλεῖς με ἐλυπήθη ὁ
Dice le la tercera vez: Simón, de Juan, ¿amas me? Se entristeció -
Πέτρος ὅτι εἶπεν αὐτῷ τὸ τρίτον· φιλεῖς με καὶ λέγει αὐτῷ·
Pedro que dijo le la tercera vez ¿amas me? Y dice le
Κύριε, πάντα σὺ οἶδας, σὺ γινώσκεις ὅτι φιλῶ σε. λέγει
Señor, todas las cosas tu sabes, tu conoces que amo te. Dice
αὐτῷ [ὁ 'Ιησοῦς]· βόσκε τὰ πρόβατά[2] μου.
le - Jesús: Apacienta las ovejas de mí.

Notas y análisis del texto griego.

Análisis: λέγει, tercera persona singular del presente de indicativo en voz activa del verbo λέγω, *hablar, decir*, aquí *dice*; αὐτῷ, caso dativo masculino de la tercera persona singular del pronombre personal declinado *a él, le*; τὸ, caso acusativo neutro singular del artículo determinado *el*; τρίτον, caso acusativo neutro singular del adjetivo numeral ordinal *tercero*, aquí en sentido de *tercera vez*; Σίμων, caso vocativo masculino singular del nombre propio *Simón*; 'Ιωάννου, caso genitivo masculino singular del nombre propio declinado *de Juan*; φιλεῖς, segunda persona singular del presente de indicativo en voz activa del verbo φιλέω, *amar*, aquí *amas*; με, caso acusativo de la primera persona singular del pronombre personal declinado *a mí, me*; ἐλυπήθη, tercera persona singular del aoristo primero de indicativo en voz pasiva del verbo λυπέω, *entristecer, causar pesar*, aquí *se entristeció*; ὁ, caso nominativo masculino singular del artículo determinado *el*; Πέτρος, caso nominativo masculino singular del nombre propio *Pedro*; ὅτι, conjunción *que*; εἶπεν, tercera persona singular del segundo aoristo de indicativo en voz activa del verbo εἶπον, forma del aoristo de λέγω, *hablar, decir*, aquí *dijo*; αὐτῷ, caso dativo de la tercera persona singular del pronombre personal declinado *a él, le*; τὸ, caso acusativo neutro singular del artículo determinado *el*; τρίτον, caso acusativo neutro singular del adjetivo numeral ordinal *tercero*, aquí en sentido de *tercera vez*; φιλεῖς, segunda persona singular del presente de indicativo en voz activa del verbo φιλέω, *amar*, aquí *amas*; με, caso acusativo de la primera persona singular del pronombre personal declinado *a mí, me*; καὶ, conjunción copulativa *y*; λέγει, tercera persona singular del presente de indicativo en voz activa del verbo λέγω, *hablar, decir*, aquí *dice*; αὐτῷ, caso dativo de la tercera persona singular del pronombre personal declinado *a él, le*; Κύριε, caso vocativo masculino singular del nombre divino *Señor*; πάντα, caso acusativo neutro plural del adjetivo indefinido *todos*, aquí en sentido de *todas las cosas*; σὺ, caso nominativo de la segunda persona singular del pronombre personal *tú*; οἶδας, segunda persona singular del presente de indicativo en voz activa del verbo οἶδα, *saber, conocer, entender*, aquí *sabes*; σὺ, caso nominativo de la segunda persona singular del pronombre personal *tú*; γινώσκεις, segunda persona singular del presente de indicativo en voz activa del verbo γινώσκω, *conocer*, aquí *conoces*; ὅτι, conjunción *que*; φιλῶ, primera persona singular del presente de indicativo en voz activa del verbo φιλέω, *amar*, aquí *amo*; σε, caso acusativo de la segunda persona singular del pronombre personal declinado *a ti, te*; λέγει, tercera persona singular del presente de indicativo en voz activa del verbo λέγω, *hablar, decir*, aquí *dice*; αὐτῷ, caso dativo de la tercera persona singular del pronombre personal declinado *a él, le*; ὁ, caso nominativo masculino singular del artículo determinado *el*; Ἰησοῦς, caso nominativo masculino singular del nombre propio *Jesús*; βόσκε, segunda persona singular del presente de imperativo en voz activa del verbo βόσκω, *apacentar*, aquí *apacienta*; τὰ, caso acusativo neutro plural del artículo determinado declinado *a los*; πρόβατα, caso acusativo neutro plural del nombre común *ovejas*; μου, caso genitivo de la primera persona singular del pronombre personal declinado *de mí*.

Crítica textual. Lecturas alternativas.

[1] Ἰωάννου, *de Juan*, según lectura en א[1], B, C[*], D, K, W, 844, lat, co.

Ἰωνά, *Jonás*, conforme a A, C[2], K, N, Γ, Δ, Θ, Ψ, $f^{1,13}$, 33, 565, 700, 892, 1241, 1424, 𝔐, sir.

[2] πρόβατα, *ovejas*, según se lee en א, A, D, K, N, W, Γ, Δ, Θ, Ψ, f^{13}, 33, 565, 700, 892[s], 1241, 1424, 844, 𝔐, sir, sa, pbo, bo.

προβάτια, en diminutivo según lectura en B, C, 565, b

ἀρνία, corderos, como se lee en 33.

λέγει αὐτῷ τὸ τρίτον· Σίμων Ἰωάννου, φιλεῖς ἐλυπήθη ὁ Πέτρος ὅτι εἶπεν αὐτῷ τὸ τρίτον· φιλεῖς με Jesús formula a Pedro la misma pregunta por tercera vez. Es evidente que esa tercera demanda produjo un efecto de tristeza en el corazón de Pedro. Recordaba que le había negado tres veces, y que había llorado amargamente por ese pecado. Jesús usa en la tercera vez el mismo verbo que había estado usando Pedro en las respuestas. El amar específico hacia la familia, los amigos, los que deben ser amados conforme a la condición propia del hombre. No está restando valor al verbo, no es un amor menor que el de *ágape*, ya que este mismo verbo se usa en la Biblia para referirse al amor de Dios, sólo está adaptando la pregunta al lenguaje habitual de Pedro. ¿Dudaba el Señor de la sinceridad de sus palabras? Sin duda Dios no duda de nada porque conoce todo. Pedro estaba entristecido, no sólo por la reiteración de la pregunta, sino por el recuerdo que traía de su pasado, cuando negó al Señor. No importa que el pecado haya sido perdonado y no exista ningún impedimento en la correcta comunión con Dios, cada vez que un creyente recuerda que ha pecado contra Él, se siente entristecido por lo que hizo, como ocurría a Pedro.

καὶ λέγει αὐτῷ· Κύριε, πάντα σὺ οἶδας, σὺ γινώσκεις ὅτι φιλῶ σε. Pedro apela nuevamente al conocimiento pleno del Señor, Él sabía todas las cosas, por tanto sabía también que le amaba sinceramente. No hacía falta preguntarle mas: *"Señor tu sabes todas las cosas, Tú sabes que te amo"*. El verbo γινώσκω, *conocer*, que usa aquí Pedro, tiene un sentido mas concreto, porque se trata de conocer por experiencia propia, esto es, Pedro apela a Jesús para que no solo *sepa* sino que Él mismo *sienta* que le ama, que sus palabras no son meras respuestas, que su amor es real, que manifiestamente le ama.

λέγει αὐτῷ [ὁ Ἰησοῦς]· βόσκε τὰ πρόβατά μου. A la respuesta de Pedro siguen también aquí las palabras de Jesús. *Pastorea mis ovejas*. La expresión visible del amor a Cristo sería manifestado con el compromiso de pastorear Sus ovejas.

Deben apreciarse algunas diferencias en las respuestas que Jesús dio a la confesión de Pedro. En la primera se refiere a *corderos*, en las otras dos a *ovejas*. La distinción es sobre la condición de los que deben ser pastoreados. Como se dijo ya, el cordero, es un animal que no ha llegado a la madurez, y que en este caso se debiera aplicar a los *niños en Cristo*, aquellos que no han crecido espiritualmente y que necesitan una atención más personalizada, mientras que las *ovejas* son ya los que han alcanzado madurez. En la iglesia están estos dos tipos de creyentes. Los recién convertidos que necesitan ser enseñados con paciencia para que crezcan y los que ya han alcanzado la madurez espiritual. El pastor de la iglesia debe tener presente estos dos tipos de creyentes en el rebaño. Los corderos no son niños socialmente hablando, sino niños espirituales, a estos se debe dar *leche* para que puedan desarrollarse bien. Es necesario entender que a un recién nacido en Cristo, su mayor necesidad es afecto e instrucción elemental. Es necesario *discipular* a los niños en Cristo, enseñándoles todas las cosas que Jesús mando (Mt. 28:20). La labor pastoral exige el cuidado especial para los corderos. Pero, también las ovejas deben ser alimentadas, para que salgan del infantilismo espiritual y sean fuertes para afrontar las adversidades espirituales y los riesgos de quienes vengan enseñándoles doctrinas diferentes a las bíblicas. El mayor peligro para una iglesia está en los niños espirituales que son fácilmente arrastrados por doctrinas erróneas (Ef. 4:14).

Otra distinción está en los verbos usados por Jesús. Primeramente dijo a Pedro que debía βόσκω, *apacentar*, proveer de alimento; luego le insta a ποιμαίνω, *pastorear*, esto es *conducir el rebaño.*

La primera labor de un pastor es *dar alimento.* Los creyentes han de ser *enseñados.* Esto no queda al arbitrio de la iglesia, sino que es una prioridad esencial. La enseñanza no concluye nunca. Los apóstoles, nada más empezar el tiempo de la evangelización y establecimiento de la Iglesia, se dedicaron a formar a los creyentes en la Palabra. Cuando una iglesia nacía como resultado de la evangelización se buscaba el modo mejor para que maestros formasen en la Palabra a los nuevos creyentes. Eso fue lo que Bernabé hizo con la iglesia en Antioquía, buscando a Pablo en Tarso y reuniéndose los dos durante un año para formar a los creyentes (Hch. 11:25-26). El mismo apóstol Pablo establece la cadena de la enseñanza en la iglesia: *"Lo que has oído de mi ante muchos testigos, esto encarga a hombres fieles que sean idóneos para enseñar también a otros"* (2 Ti. 2:2). El pensamiento apostólico estaba en la formación de los creyentes, de ahí que Pablo demande una y otra vez de Timoteo que *predique la Palabra.* Jesús ordenó a los suyos que enseñasen *"todo lo que os he mandado"* (Mt. 28:20). Para eso ha dado *"primeramente apóstoles"* (1 Co. 12:28), que incluye a los Doce, del colegio apostólico y a Pablo como apóstol especial a los gentiles. Ellos recibieron del Señor la enseñanza que debían comunicar y sus revelaciones especiales fueron trasladadas en los escritos del Nuevo Testamento. La provisión divina dio también a los *maestros*, que son creyentes a quienes, por medio del don que les concedió el Espíritu, se les encomienda la labor de enseñar la Palabra para edificación de los creyentes en todos los tiempos de la Iglesia. El pastor ha de enseñar la Palabra. Cosa lamentablemente en declive en muchos lugares, donde el ministerio pastoral de enseñanza se limita a consideraciones generales sobre algunos aspectos de la Escritura, pero no se enseña sistemáticamente a la iglesia. Jesús dice a Pedro que *apaciente* los corderos del rebaño, dándole el alimento de la Palabra para que se desarrollen y fortalezcan.

Una segunda misión pastoral tiene que ver con *pastorear*, que implica atención personalizada al rebaño. El manual del pastor está en el ejemplo de Jesús, que como Gran Pastor de las ovejas siguió la pauta del manual del Pastor en el Salmo 23. La primera misión es *proveer de todo cuanto necesite la oveja*. Los creyentes están tranquilos cuando saben que *nada les faltará*. Cada uno es diferente al otro, por tanto el cuidado pastoral tiene que ser individualizado. El segundo aspecto tiene que ver con la tranquilidad de cada creyente. Como dice el Salmo, *"en lugares de delicados pastos me hará descansar"* (Sal. 23:2). La oveja sabe que tiene el pasto necesario y el cuidado del pastor, por tanto estará tranquila, descansada. También está para *"confortar el alma"* (Sal. 23:3), que significa buscar aliento para la persona. El rebaño de Dios no tiene que ser golpeado, por los pastores, sino *animado*. El creyente necesita mucho más ser animado que reprendido. Hay pastores que lo único que saben es reprender al rebaño e incluso castigar a las ovejas, olivándose que Jesús no lo hizo nunca. Incluso en la caída de Pedro, no hay reprensión sino aliento para amarle y servirle. Otra necesidad es *guiar por sendas de justicia*. El apóstol Pablo recuerda a los ancianos de Éfeso en la playa de Mileto, que en su labor pastoral entre ellos, durante tres años, *de noche y de día*, estuvo amonestando con lágrimas a cada uno. La senda de justicia esta en la Palabra, que revela a Cristo, que es el camino la verdad y la vida y que ha dejado ejemplo en Sus pisadas para que el rebaño siga por donde ha marcado. Un asunto importante es también que el pastor *esté con las ovejas* (Sal. 23:4). Hay momentos de angustia, otros de zozobra, otros de ansiedad, que deben ser atendidos. Esto requiere que el pastor esté al lado de las ovejas en sus necesidades personales. Además saben las ovejas que están protegidas y defendidas continuamente: *"su vara y su cayado me infundirán aliento"*. La vara no es para golpear a la oveja, sino para defenderla de quienes vienen a atacarla. El cayado es el instrumento para tomarla y reconducirla al buen camino cuando se desvía. Hay ovejas que sienten terror al ver al pastor con la vara y el cayado. A Pedro el Señor le encarga que *pastoree* el rebaño. Es la gran lección que se desprende en primer lugar de las palabras que por tres veces Jesús le dijo.

La otra gran lección está en la razón por la cual Jesús hizo esas preguntas. Tres veces le preguntó si le amaba. Generalmente se considera que es lo que corresponde a las tres negaciones. Sin embargo, debiera verse desde otra dimensión. Tres es el numero superlativo. Por tanto el Señor pone el superlativo del amor para el ejercicio ministerial del Pastorado. Lo que está diciendo a Pedro es que sólo puede pastorear el rebaño y apacentarlo si ama al Señor sobre todas las cosas. Sólo con amor y en amor, esto es, impulsado por el amor, puede llevarse a cabo el ministerio pastoral y, en general, cualquier ministerio. El apóstol Pablo enseñará tiempo después que si alguien tiene los mayores dones y la mejores capacidades, pero le falta amor, su ministerio se convierte en mero ruido que molesta a Dios y molesta a la iglesia (1 Co. 13:1). Hay líderes en la obra que levantan un altar a la doctrina y queman en él el amor. Estos son inútiles e ineficaces en el ministerio. Son meros hipócritas que convierten la gracia en legalismo y el amor en tiranía. Quien sea incapaz de amar a todos los hermanos sin distinción y sin limitación debe preguntarse incluso si ha nacido de nuevo. Cristo está diciendo a Pedro, solo si me amas verdaderamente podrás pastorear mi rebaño.

18. De cierto, de cierto te digo: Cuando eras más joven, te ceñías, e ibas a donde querías; mas cuando ya seas viejo, extenderás tus manos, y te ceñirá otro, y te llevará a donde no quieras.

ἀμὴν ἀμὴν λέγω σοι, ὅτε ἦς νεώτερος, ἐζώννυες σεαυτὸν
De cierto, de cierto digo te, cuando eras mas joven, ceñías a ti mismo
καὶ περιεπάτεις ὅπου ἤθελες· ὅταν δὲ γηράσῃς, ἐκτενεῖς τὰς
y andabas donde querías; pero cuando envejezcas, extenderás las
χεῖρας σου, καὶ ἄλλος σε ζώσει καὶ οἴσει ὅπου οὐ θέλεις.
manos de ti, y otro te ceñirá y llevará donde no deseas.

Notas y análisis del texto griego.

Jesús habla a Pedro: ἀμὴν, transliteración *amén*; λέγω, primera persona singular del presente de indicativo en voz activa del verbo λέγω, *hablar, decir*, aquí *digo*; σοι, caso dativo de la segunda persona singular del pronombre personal declinado *a ti, te*; ὅτε, conjunción *cuando*; ἦς, segunda persona singular del imperfecto de indicativo en voz activa del verbo εἰμί, *ser, estar*, aquí *eras*; νεώτερος, caso nominativo masculino singular del adjetivo comparativo *más joven*; ἐζώννυες, segunda persona singular del imperfecto de indicativo en voz activa del verbo ζωννύμι, *ceñir*, aquí *ceñías*; σεαυτὸν, caso acusativo masculino singular del pronombre reflexivo *a ti mismo*; καὶ, conjunción copulativa *y*; περιεπάτεις, segunda persona singular del imperfecto de indicativo en voz activa del verbo περιπατέω, *andar*, aquí *andabas*; ὅπου, adverbio relativo *donde*; ἤθελες, segunda persona singular del imperfecto de indicativo en voz activa del verbo θέλω, *querer, desear*, aquí *querías*; ὅταν, conjunción *cuando*; δὲ, partícula conjuntiva que hace las veces de conjunción coordinante, con sentido de *pero, más bien, y, y por cierto, antes bien*; γηράσῃς, segunda persona singular de aoristo primero de subjuntivo en voz activa del verbo γηράσκω, *envejecer*, aquí *envejezcas*; ἐκτενεῖς, segunda persona singular del futuro de indicativo en voz activa del verbo ἐκτείνω, *extender*, aquí *extenderás*; τὰς, caso acusativo femenino plural del artículo determinado *las*; χεῖρας, caso acusativo femenino plural del nombre común *manos*; σου, caso genitivo de la segunda persona singular del pronombre personal declinado *de ti*; καὶ, conjunción copulativa *y*; ἄλλος, caso nominativo masculino singular del pronombre indefinido *otro*; σε, caso acusativo de la segunda persona singular del pronombre personal declinado *a ti, te*; ζώσει, tercera persona singular del futuro de indicativo en voz activa del verbo ζώννυμι, *ceñir*, aquí *ceñirá*; καὶ, conjunción copulativa *y*; οἴσει, tercera persona singular del futuro de indicativo en voz activa del verbo φέρω, *llevar, arrastrar*, aquí *llevará*; ὅπου, adverbio relativo *donde*; οὐ, adverbio de negación *no*; θέλεις, segunda persona singular del presente de indicativo en voz activa del verbo θέλω, *querer, desear*, aquí *deseas*.

ἀμὴν ἀμὴν λέγω σοι, Jesús restaura a Pedro al ministerio apostólico, anunciándole también lo que va a ocurrirle en el futuro. La fórmula que usa Jesús es típica del *Evangelio* para dar a algo que sigue una notoria solemnidad a lo que debe prestársele atención. La conversación sigue siendo personal con Pedro, aunque pudiera haber ocurrido en presencia de todos los que habían comido con Jesús.

ὅτε ἦς νεώτερος, ἐζώννυες σεαυτὸν καὶ περιεπάτεις ὅπου ἤθελες· ὅταν δὲ γηράσῃς, ἐκτενεῖς τὰς χεῖρας σου, καὶ ἄλλος σε ζώσει καὶ οἴσει ὅπου οὐ θέλεις. Cristo le habla de un tiempo pasado para Pedro, cuando era *más joven*. No quiere decir que Pedro era ya viejo, puesto la referencia a esa edad se dice en futuro. Pero, ya no era un joven, sino un hombre en la plenitud de la vida. En ese tiempo Jesús le dice que él se vestía, *ceñías*, como quería y se movía sin limitaciones. Pero vendría un tiempo, cuando *envejezcas*, que extendería las manos y otro lo vestiría para llevarlo a un lugar a donde él no quiere, humanamente hablando, ir. El Señor está advirtiendo a Pedro que la vida ministerial en el pastorado del rebaño no iba a ser fácil; que se encontraría con dificultades, persecuciones y finalmente daría su vida por el testimonio del evangelio.

19. Esto dijo, dando a entender con qué muerte había de glorificar a Dios. Y dicho esto, añadió: Sígueme.

τοῦτο δὲ εἶπεν σημαίνων ποίῳ θανάτῳ δοξάσει τὸν Θεόν.
Y esto dijo indicando de que clase de muerte glorificará - a Dios.
καὶ τοῦτο εἰπὼν λέγει αὐτῷ· ἀκολούθει μοι.
Y esto dicho, dice le: Sigue me.

Notas y análisis del texto griego.

Análisis: τοῦτο, caso acusativo neutro singular del pronombre demostrativo *esto*; δὲ, partícula conjuntiva que hace las veces de conjunción coordinante, con sentido de *pero, más bien, y, y por cierto, antes bien*; εἶπεν, tercera persona singular del segundo aoristo de indicativo en voz activa del verbo εἶπον, forma del aoristo de λέγω, *hablar, decir*, aquí *dijo*; σημαίνων, caso nominativo masculino singular del participio de presente en voz activa del verbo σημαίνω, *indicar, anticipar, significar*, aquí *indicando*; ποίῳ, caso dativo masculino singular del pronombre interrogativo *que, de que clase*; θανάτῳ, caso dativo masculino singular del nombre común declinado *de muerte*; δοξάσει, tercera persona singular del futuro de indicativo en voz activa del verbo δοξάζω, *honrar, glorificar*, aquí *glorificará*; τὸν, caso acusativo masculino singular del artículo determinado *el*; Θεόν, caso acusativo masculino singular del nombre divino declinado *a Dios*; καὶ, conjunción copulativa *y*; τοῦτο, caso acusativo neutro singular del pronombre demostrativo *esto*; εἰπὼν, caso nominativo masculino singular del aoristo segundo en voz activa del verbo εἶπον, forma del aoristo de λέγω, *hablar, decir*, aquí *dicho*; λέγει, tercera persona singular del presente de indicativo en voz activa del verbo λεγω, *hablar, decir*, aquí *dice*; αὐτῷ, caso dativo masculino de la tercera persona singular del pronombre personal declinado *a él, le*; ἀκολούθει, segunda persona singular del presente de imperativo en voz activa del verbo ἀπολουθέω, *seguir, caminar detrás*, aquí *sigue*; μοι, caso dativo de la primera persona singular del pronombre personal *a mí, me.*

τοῦτο δὲ εἶπεν σημαίνων ποίῳ θανάτῳ δοξάσει τὸν Θεόν. Juan introduce un paréntesis aclaratorio a las palabras de Jesús a Pedro. Pudiera ser que el lector no comprendiera el sentido de ellas. Realmente deben ser contextualizadas para una correcta comprensión. Jesús le dijo que llegaría un momento en que sería *ceñido* por otro y llevado a donde no quisiera ir. Juan dice que se estaba refiriendo a la muerte con que había de glorificar a Dios, literalmente *con qué clase* de muerte. El Señor le está anunciando el martirio en el que moriría. Años después cuando el apóstol Pedro escribe la *Segunda Epístola*, recuerda a los lectores que está próximo el tiempo en que deba partir, como el Señor le había anunciado (2 P. 1:14). Juan dice que con la muerte Pedro había de glorificar a Dios, como ocurre con la vida y con la muerte de quien vive para servirle (Fil. 1:20).

Las dos expresiones *extender las manos* y ser *ceñido* o *atado* corresponden idiomáticamente a la crucifixión. La tradición de la iglesia dice que Pedro acabó sus días en Roma y que murió martirizado bajo el mandato de Nerón, en el Circo de la colina vaticana, sepultado a poca distancia del lugar en que fue martirizado. A principios del s. IV, el emperador Constantino I el Grande, mandó construir la basílica en honor del apóstol. Clemente Romano, en su Carta a los Corintios (80-98 d.C.), se refiere al martirio de Pedro y dice:

"Mas dejemos los ejemplos antiguos y vengamos a los luchadores que han vivido más próximos a nosotros: Tomemos los nobles ejemplos de nuestra generación. Por emulación y envidia fueron perseguidos los que eran máximas y justísimas columnas de la iglesia y sostuvieron combate hasta la muerte. Pongamos ante nuestros ojos a los santos apóstoles. A Pedro, quien, por inicua emulación, hubo de soportar no uno ni dos, sino muchos mas trabajos. Y despúes de dar así su testimonio, marchó al lugar de gloria que le era debido"[2].

También Lactancio, en su obra *Sobre la muerte de los perseguidores*, en el 318 d.C., escribe:

"Y mientras Nerón reinaba (54-68), el apóstol Pedro vino a Roma, y convirtió a muchos a la verdadera religión, construyendo un templo fiel y firme para el Señor. Cuando Nerón oyó hablar de esas cosas y observó que no sólo en Roma, sino en cualquier otro lugar, una gran multitud se rebelaban todos los días contra la adoración de ídolos, y condenando sus viejas costumbres, se acercaban a la nueva religión, él, un despreciable y perverso tirano, se apuró para arrasar el templo celestial y destruir la verdadera fe. Él fue el primero en perseguir a los siervos de Dios. Él crucificó a Pedro y él mató a Pablo"[3]

Pedro de Alejandría, que fue obispo de esa ciudad y falleció entorno al año 311, escribió una epístola de nombre *Sobre la Penitencia*, dice. *"Pedro, el primero de los apóstoles, habiendo sido apresado a menudo y arrojado a la prisión y tratado con ingnominia, fue finalmente crucificado en Roma"*[4]. Orígenes en su *Comentario al libro del Génesis III*, citado por Eusebio de Cesarea en su *Historia Eclesiástica III.1*, dice que Pedro pidió ser crucificado cabeza abajo por no considerarse digno de morir del mismo modo que Jesús[5]. Lo mismo relata *Jerónimo de Estridón*, en su obra *De Viris Illustribus*.

Por su parte Flavio Josefo dice que la práctica de crucificar criminales en distintas posiciones era común entre los soldados romanos. También Eusebio dice que Pedro murió crucificado cabeza abajo pidiendo él mismo morir así.

---

[2] Clemente de Roma. *Primera epístola a los corintios*. earlychristianwritings.com.

[3] Lucio Celio Firmiano, Lactancio. *Sobre la muerte de los perseguidores*, cap. 2. ccel.org.

[4] Pedro de Alejandría. *Epístola canónica sobre la Penitencia. Canon 9.* newadvent.org.

[5] Eusebio de Cesarea. *Historia Eclesiástica*, III. 1.

καὶ τοῦτο εἰπὼν λέγει αὐτῷ· ἀκολούθει μοι. Terminado el tiempo de diálogo con Pedro, el Señor le dijo: *"Sígueme"*. Parece, a la vista del contexto inmediato, que el Señor llamó a Pedro para que le acompañara fuera del círculo de los discípulos como si tuviera algo personal que decirle a solas. Con todo, no se puede dejar de apreciar que el llamamiento de Jesús tiene un sentido vocacional. Pedro, el discípulo que había seguido al Señor durante tres años, es llamado a continuar haciéndolo en lo sucesivo. Pedro estaba totalmente restaurado ante los ojos de los discípulos, gozando sin límite de la comunión y compañía de Jesús. El Señor no excluye a nadie en su servicio por alguna caída que haya tenido en Su vida. No cabe duda que un grave pecado, en base al testimonio afectado, impedirá cierto tipo de ministerio por el buen nombre del evangelio, pero no hay pecado que no pueda ser restaurado y una vez abierta la comunión con el Señor, tiene que ocurrir lo mismo con la de la iglesia.

Finalmente, ese *sígueme*, es también una seria advertencia sobre lo que le esperaba en el tiempo de servicio y seguimiento. Tenía que estar dispuesto a recibir un trato semejante al que recibió Jesús, porque *el discípulo no está por encima del Maestro* (Mt. 10:24; Lc. 6:40). Jesús le dice con esa frase que *si a Él le habían perseguido* lo harían también con su discípulo (15:20).

20. Volviéndose Pedro, vio que les seguía el discípulo a quien amaba Jesús, el mismo que en la cena se había recostado al lado de él y le había dicho: Señor, ¿quién es el que te ha de entregar?

Ἐπιστραφεὶς ὁ Πέτρος βλέπει τὸν μαθητὴν ὃν ἠγάπα ὁ
Volviéndose - Pedro ve al discípulo al que amaba -
Ἰησοῦς ἀκολουθοῦντα, ὃς καὶ ἀνέπεσεν ἐν τῷ δείπνῳ ἐπὶ τὸ
Jesús siguiendo el que también se reclinó en la cena sobre el
στῆθος αὐτοῦ καὶ εἶπεν· Κύριε, τίς ἐστιν ὁ παραδιδούς σε
pecho de Él y dijo: Señor, ¿quién es el que entrega te?

Notas y análisis del texto griego.

Análisis: Ἐπιστραφεὶς, caso nominativo masculino singular del participio del aoristo segundo en voz pasiva del verbo ἐπιστρέφω, *volverse*, aquí *volviéndose*; ὁ, caso nominativo masculino singular del artículo determinado *el*; Πέτρος, caso nominativo masculino singular del nombre propio *Pedro*; βλέπει, tercera persona singular del presente de indicativo en voz activa del verbo βλέπω, *ver*, aquí *ve*; τὸν, caso acusativo masculino singular del artículo determinado declinado *al*; μαθητὴν, caso acusativo masculino singular del nombre común *discípulo*; ὃν, caso acusativo masculino singular del nombre pronombre relativo declinado *al que*; ἠγάπα, tercera persona singular del imperfecto de indicativo en voz activa del verbo ἀγαπάω, *amar*, aquí *amaba*; ὁ, caso nominativo masculino singular del artículo determinado *el*; Ἰησοῦς, caso nominativo masculino singular del nombre propio *Jesús*; ἀκολουθοῦντα, caso acusativo masculino singular del participio de presente en voz activa del verbo ἀκολουθέω, *seguir, acompañar*, aquí *que seguía*; ὃς, caso nominativo masculino singular del pronombre relativo *el que*; καὶ, adverbio de modo *también*; ἀνέπεσεν, tercera persona singular del segundo aoristo de indicativo en voz activa del verbo ἀναπίπτω, *recostar, reclinarse en la mesa*, aquí *se reclinó*; ἐν, preposición propia de dativo *en*; τῷ, caso dativo neutro singular del artículo determinado *el*; δείπνῳ, caso dativo neutro singular del nombre común *cena*; ἐπὶ, preposición propia de acusativo *sobre*; τὸ, caso acusativo neutro singular del artículo determinado *el*; στῆθος, caso acusativo neutro singular del nombre común *pecho*; αὐτοῦ, caso genitivo masculino de la tercera persona singular del pronombre personal declinado *de él*; καὶ, conjunción copulativa *y*; εἶπεν, partícula conjuntiva que hace las veces de conjunción coordinante, con sentido de *pero, más bien, y, y por cierto, antes bien*; Κύριε, caso vocativo masculino singular del nombre divino *Señor*; τίς, caso nominativo masculino singular del pronombre interrogativo *qué*; ἐστιν, tercera persona singular del presente de indicativo en voz activa del verbo εἰμί, *ser, estar*, aquí *es*; ὁ, caso nominativo masculino singular del artículo determinado *el*; παραδιδούς, caso nominativo masculino singular del participio de presente en voz activa del verbo παραδίδωμι, *entregar, traicionar*, aquí *que entrega*; σε, caso acusativo de la segunda persona singular del pronombre personal declinado *a ti, te*.

Ἐπιστραφεὶς ὁ Πέτρος βλέπει τὸν μαθητὴν ὃν ἠγάπα ὁ Ἰησοῦς ἀκολουθοῦντα, Los dos se pusieron a caminar, Jesús y Pedro. Es muy posible que iniciando la marcha, todo el grupo de discípulos les siguiera detrás. También es posible que Juan se destacase un poco del conjunto y caminase entre Jesús, Pedro y los demás. Pedro observa que eran seguidos por Juan. Los críticos liberales, procuran que se considere este final como un apéndice escrito no por Juan, sino por alguno de sus discípulos, pero no aportan bases seguras para ello. No hay ninguna razón ni textual, idiomática, ni histórica que permita entenderlo así.

ὃς καὶ ἀνέπεσεν ἐν τῷ δείπνῳ ἐπὶ τὸ στῆθος αὐτοῦ καὶ εἶπεν· Κύριε, τίς ἐστιν ὁ παραδιδούς σε. Se produce la identificación de Juan. Acaba de hacerse alusión al *discípulo a quien amaba el Señor*. Ahora se dice que era aquel que en la mesa, refiriéndose a la última cena, se había sentado *al lado* de Jesús, expresándolo en la forma habitual de *sobre el pecho*, en que por proximidad se situaba en el reclinatorio para cenar. La identificación con Juan es plena, como se ha notado en el estudio de esa parte del evangelio. Sería difícil que fuese otro, sobre todo por el silencio que guarda del nombre suyo en todo el *Evangelio*.

21. Cuando Pedro le vio, dijo a Jesús: Señor, ¿y qué de éste?

τοῦτον οὖν ἰδὼν ὁ Πέτρος λέγει τῷ Ἰησοῦ· Κύριε, οὗτος δὲ τί
A éste, pues, viendo - Pedro dice - a Jesús: Señor, y este ¿qué?

Notas y análisis del texto griego.

Siguiendo el relato, dice: τοῦτον, caso acusativo masculino singular del pronombre demostrativo declinado *a éste*; οὖν, conjunción continuativa *pues*; ἰδὼν, caso nominativo masculino singular del participio del aoristo segundo en voz activa del verbo ὁράω, *ver*, aquí *viendo,* o *vió*; ὁ, caso nominativo masculino singular del artículo determinado *el*; Πέτρος, caso nominativo masculino singular del nombre propio *Pedro*; λέγει, tercera persona singular del presente de indicativo en voz activa del verbo λέγω, *hablar, decir*, aquí *dice*; τῷ, caso dativo masculino singular del artículo determinado *el*; Ἰησοῦ, caso dativo masculino singular del nombre propio declinado *a Jesús*; Κύριε, caso vocativo masculino singular del nombre divino *Señor*; οὗτος, caso nominativo masculino singular del pronombre demostrativo *éste*; δὲ, partícula conjuntiva que hace las veces de conjunción coordinante, con sentido de *pero, más bien, y, y por cierto, antes bien*; τί, caso nominativo neutro singular del pronombre interrogativo *qué*.

τοῦτον οὖν ἰδὼν ὁ Πέτρος. Pedro vio a Juan, volviéndose para hacerlo. Pudiera sorprender la forma de actuar de Pedro. Es como si el ir caminando con Jesús no le exigiera estar plenamente atento a Él y dispuesto a oír lo que tuviese que decirle. Pedro mira a otro lado. También hay creyentes que les cuesta, creo que a todos, mantener comunión con el Señor por largo rato, sin distraerse.

λέγει τῷ Ἰησοῦ· κύριε, οὗτος δὲ τί. Inmediatamente Pedro hace una pregunta a Jesús: *"éste, ¿qué?"*. Tenía curiosidad por saber lo que le esperaba a Juan. Es como si dijese a Cristo: *"has hablado de mí y me has anunciado como voy a morir, ¿qué reservas para Juan? ¿Sólo yo seré llevado a donde no quiera?"*. Podría ser otra la intención que Pedro tenía al preguntar a Jesús sobre Juan, pero la respuesta que va a recibir de Cristo orienta el pensamiento en esta dirección. Un interesante párrafo del Dr. Lacueva sigue el mismo pensamiento, cuando escribe:

Por pura curiosidad o por un deseo afanoso de conocer el porvenir que le esperaba a Juan. Por la respuesta de Jesús, se ve que éste era el sentido de la pregunta de Pedro, y en ella veía el Señor un defecto bastante común, pues somos inclinados a preocuparnos de los demás, de su estado, condición, negocio, etc. más que de nosotros mismos, con lo cual, mientras somos diligentes en investigar los defectos ajenos, dejamos de descubrir los nuestros; de vista penetrante hacia fuera, y cegados hacia nuestro interior. Parece Pedro más preocupado por la página de sucesos que por el código de deberes. En lugar de interesarse por los secretos designios de Dios acerca de Juan, debería prestar mayor atención al cumplimiento de la voluntad de Dios. Las predicciones que hallamos en la Palabra de Dios han de servirnos como norma de nuestra conciencia, no para satisfacer nuestra curiosidad"[6].

22. Jesús le dijo: Si quiero que él quede hasta que yo venga, ¿qué a ti? Sígueme tú.

λέγει αὐτῷ ὁ Ἰησοῦς· ἐὰν αὐτὸν θέλω μένειν ἕως ἔρχομαι,
Dice le - Jesús: Si él quiero que quede hasta que vengo,
τί πρὸς σέ σύ μοι ἀκολούθει.
¿qué a ti? Tú me sigue.

Notas y análisis del texto griego.

Análisis: λέγει, tercera persona singular del presente de indicativo en voz activa del verbo λέγω, *hablar, decir*, aquí *dice*; αὐτῷ, caso dativo masculino de la tercera persona singular del pronombre personal declinado *a él, le*; ὁ, caso nominativo masculino singular del artículo determinado *el*; Ἰησοῦς, caso nominativo masculino singular del nombre propio *Jesús*; ἐὰν, conjunción *si*; αὐτὸν, caso acusativo masculino de la tercera persona singular del pronombre personal *él*; θέλω, primera persona singular del presente de subjuntivo en voz activa del verbo θέλω, *desear, querer*, aquí *quiera*, en castellano *quisiere*; μένειν, presente de infinitivo en voz activa del verbo μένω, *permanecer, quedarse*, aquí *que quede*; ἕως, conjunción *mientras que, hasta que*; ἔρχομαι, primera persona singular del presente de indicativo en voz media del verbo ἔρχωμαι, *venir, llegar*, aquí *venga*; τί, caso nominativo neutro singular del pronombre interrogativo *que*; πρὸς, preposición propia de acusativo *a*; σέ, caso acusativo de la segunda persona singular del pronombre personal declinado *a ti, te*; σύ, caso nominativo de la segunda persona singular del pronombre personal *tú*; μοι, caso dativo de la primera persona singular del pronombre personal declinado *a mí, me*; ἀκολούθει, segunda persona singular del presente de imperativo en voz activa del verbo ἀπολουθέω, *seguir, caminar detrás*, aquí *sigue*.

λέγει αὐτῷ ὁ Ἰησοῦς· ἐὰν αὐτὸν θέλω μένειν ἕως ἔρχομαι, τί πρὸς σέ σύ μοι ἀκολούθει. La respuesta de Jesús, trasladada de este modo en el versículo, sugiere dos interpretaciones. Por un lado se entiende que Jesús está diciendo a Pedro que Juan va a quedar hasta su muerte sin que ocurra violentamente como le anunció a

[6] F. Lacueva. o.c., pág. 585.

Pedro. La historia de la iglesia y los escritos de los historiadores primitivos afirman que Juan murió de muerte natural cuando ya era muy anciano. Hay otra tradición, con muchos visos de leyenda, que dice que Juan fue introducido en una caldera con aceite hirviendo por orden de Domiciano, y que salió ileso de esa acción.

Por otro lado el énfasis de la respuesta de Jesús, no es tanto una alusión a lo que deseaba para Juan, ya que la construcción en forma condicional puede significar una mera respuesta a la curiosidad de Pedro, como si le dijese, *no te importa a ti lo que yo quiero hacer con él, como si quiero que no muerta hasta que venga*. Esto no expresa lo que sucederá sino que Jesús quiere reservar a Pedro lo que ocurriría con Juan. Jesús le dijo a él como había de morir y con eso debía bastarle, por tanto, le recuerda lo que es esencial para él: *"Sígueme, tu"*.

La curiosidad personal nunca es respondida por Dios. A todos nos gustaría saber que depara la providencia para otros, pero no nos interesa, en ese sentido la vida de los demás. Sólo debemos ocuparnos de la nuestra para *seguir* continuamente los pasos del Maestro. Nunca debe pasar desapercibida para nuestra curiosidad que *"las cosas secretas pertenecen a Jehová nuestro Dios"* (Dt. 29:29). Sirva como cierre al comentario de este versículo las palabras de Hendriksen:

"Hay una labor por hacer. Hay almas que alcanzar. Hay una tarea que cumplir. ¡Que Pedro concrete su atención en esto! Hay personas que siempre están haciendo preguntas. Hacen tantas preguntas que no le prestan a su verdadera misión en la vida la cantidad adecuada de interés y energía. Hay ocasiones en que no se deben hacer preguntas. Se ha dicho bien que el que ha sido herido con una flecha envenenada y emplumada, no debería comenzar a preguntar, ¿De qué madera está hecha la flecha? ¿De qué pájaro provienen estas plumas?¿Cómo es la persona que la arrojó, negro o blanco, bajo o alto? ¡Primero debe hacer algo!"[7].

Cuantas veces las cosas accesorias quitan de nosotros la atención a las esenciales. En una reflexión personal, considerando el tiempo pasado, venimos a darnos cuenta de las muchas horas que hemos perdido en el servicio, por atender a temporalidades en lugar de a cosas eternas, propias del reino.

---

[7] G. Hendriksen. o.c., pág. 767 s.

23. Este dicho se extendió entonces entre los hermanos, que aquel discípulo no moriría. Pero Jesús no le dijo que no moriría, sino: Si quiero que él quede hasta que o venga, ¿qué a ti?

ἐξῆλθεν οὖν οὗτος ὁ λόγος εἰς τοὺς ἀδελφοὺς ὅτι ὁ μαθητὴς
Salió, pues, este - dicho entre los hermanos, que el discípulo
ἐκεῖνος οὐκ ἀποθνήσκει· οὐκ εἶπεν δὲ αὐτῷ ὁ Ἰησοῦς ὅτι οὐκ
aquel no muere. Pero no dijo le - Jesús que no
ἀποθνῄσκει ἀλλ'· ἐὰν αὐτὸν θέλω μένειν ἕως ἔρχομαι
muere sino: Si él quiero que permanezca hasta que vengo,
[τί πρὸς σέ]
¿Qué a ti?

Notas y análisis del texto griego.

Análisis: ἐξῆλθεν, tercera persona singular del aoristo segundo de indicativo en voz activa del verbo εξέρχομαι, *salir*, aquí *salió*; οὖν, conjunción continuativa *pues*; οὗτος, caso nominativo masculino singular del pronombre demostrativo *este*; ὁ, caso nominativo masculino singular del artículo determinado *el*; λόγος, caso nominativo masculino singular del nombre común *palabra, discurso, dicho*; εἰς, preposición propia de acusativo *entre*; τοὺς, caso acusativo masculino plural del artículo determinado *los*; ἀδελφοὺς, caso acusativo masculino singular del nombre común *hermanos*; ὅτι, conjunción *que*; ὁ, caso nominativo masculino singular del artículo determinado *el*; μαθητὴς, caso nominativo masculino singular del nombre común *discípulo*; ἐκεῖνος, caso nominativo masculino singular del pronombre demostrativo *este*; οὐκ, forma escrita del adverbio de negación *no*, con el grafismo propio ante una vocal con espíritu suave o una enclítica; ἀποθνήσκει, tercera persona singular del presente de indicativo en voz activa del verbo ἀποθνῄσκω, *morir*, aquí *muere*; οὐκ, forma escrita del adverbio de negación *no*, con el grafismo propio ante una vocal con espíritu suave o una enclítica; εἶπεν, tercera persona singular del segundo aoristo de indicativo en voz activa del verbo εἶπον, forma del aoristo de λέγω, *hablar, decir*, aquí *dijo*; δὲ, partícula conjuntiva que hace las veces de conjunción coordinante, con sentido de *pero, más bien, y, y por cierto, antes bien*; αὐτῷ, caso dativo masculino de la tercera persona singular del pronombre personal declinado *a él, le*; ὁ, caso nominativo masculino singular del artículo determinado *el*; Ἰησοῦς, caso nominativo masculino singular del nombre propio *Jesús*; ὅτι, conjunción *que*; οὐκ, forma escrita del adverbio de negación *no*, con el grafismo propio ante una vocal con espíritu suave o una enclítica; ἀποθνῄσκει, tercera persona singular del presente de indicativo en voz activa del verbo ἀποθνῄσκω, *morir*, aquí *muere*; ἀλλ', forma escrita ante vocal de la conjunción adversativa ἀλλά que significa *pero, sino*; ἐὰν, conjunción *si*; αὐτὸν, caso acusativo masculino de la tercera persona singular del pronombre personal *él*; θέλω, primera persona singular del presente de indicativo en voz activa del verbo θέλω, *desear, querer*, aquí *quiero*; μένειν, presente de infinitivo en voz activa del verbo μένω, *quedar, permanecer, residir*, aquí *que quede*; ἕως, conjunción *mientras que, hasta que*; ἔρχομαι, primera persona singular del presente de indicativo en voz activa del verbo ἔρχομαι, *venir, llegar*, aquí *vengo*; τί, caso nominativo neutro singular del pronombre interrogativo *que*; πρὸς, preposición propia de acusativo *a*; σέ, caso acusativo de la segunda persona singular del pronombre personal declinado *a ti, te*.

ἐξῆλθεν οὖν οὗτος ὁ λόγος εἰς τοὺς ἀδελφοὺς ὅτι ὁ μαθητὴς ἐκεῖνος οὐκ ἀποθνῄσκει· Lo que Cristo había dicho a Pedro relativo a Juan, comenzó a circular entre los cristianos. Esta es una evidencia de la comunión fraternal que existía entre los creyentes de la iglesia entonces. Muchos le dieron una interpretación errónea. Jesús había dicho a Pedro que a él no tenía que interesarle lo que ocurriría con Juan, porque Él, como soberano podía determinar lo que quisiera para cada uno. De manera que a Pedro le había anunciado una muerte en martirio y a Juan *podía* mantenerlo vivo hasta Su venida. Esto no suponía que fuese así, sino que era una forma para darle a entender que lo que debía era atender a su ministerio y dejar a los demás delante del Señor, orando por ellos y ayudándoles en cuanto pudiera.

οὐκ εἶπεν δὲ αὐτῷ ὁ Ἰησοῦς ὅτι οὐκ ἀποθνῄσκει ἀλλ'· ἐὰν αὐτὸν θέλω μένειν ἕως ἔρχομαι [,τί πρὸς σέ]. Por la iglesia iba circulando el rumor de que Juan no iba a morir de ninguna manera. Posiblemente el mismo deseo de mantener a Juan vivo entre los creyentes y, especialmente en la iglesia en Éfeso, les inducía a interpretar de este modo las palabras de Jesús, por eso Juan acude a dejar claro que Jesús no dijo que él no iba a morir. Es un llamamiento a una interpretación correcta de la Palabra. No tenemos hoy transmisores orales de la misma, la han dejado escrita, pero caemos en ocasiones en una mala exégesis, condicionada por nuestros deseos o por la historia, o cualquier otra razón que desvía la interpretación correcta de la Escritura.

Conclusión (21:24-25).

24. Éste es el discípulo que da testimonio de estas cosas, y escribió estas cosas; y sabemos que su testimonio es verdadero.

Οὗτος ἐστιν ὁ μαθητὴς ὁ μαρτυρῶν περὶ τούτων καὶ ὁ
Éste es el discípulo el que testifica de estas cosas y el
γράψας ταῦτα, καὶ οἴδαμεν ὅτι ἀληθὴς αὐτοῦ ἡ μαρτυρία
que escribió estas cosas, y sabemos que verdadero de él el testimonio
ἐστίν.
es.

Notas y análisis del texto griego.

Entrando en el párrafo final, se lee: Οὗτος, caso nominativo masculino singular del pronombre demostrativo *este*; ἐστιν, tercera persona singular del presente de indicativo en voz activa del verbo εἰμί, *ser*, aquí *es*; ὁ, caso nominativo masculino singular del artículo determinado *el*; μαθητὴς, caso nominativo masculino singular del nombre común *discípulo*; ὁ, caso nominativo masculino singular del artículo determinado *el*; μαρτυρῶν, caso nominativo masculino del participio de presente en voz activa del verbo μαρτυρέω, *testificar, dar testimonio, testimoniar*, aquí *que testifica*; περὶ, preposición propia de genitivo *de*; τούτων, caso genitivo neutro plural del pronombre demostrativo *estos*, en sentido de *estas cosas*; καὶ, conjunción copulativa *y*; ὁ, caso nominativo masculino singular del artículo determinado *el*; γράψας, caso nominativo masculino singular del participio aoristo primero en voz activa del verbo γράφω, *escribir*, aquí *que escribió*; ταῦτα, caso acusativo neutro plural del pronombre demostrativo *estos*, aquí en sentido de *estas cosas*; καὶ, conjunción copulativa *y*; οἴδαμεν, primera persona plural del perfecto de indicativo en voz activa del verbo οἶδα, *saber, conocer*, aquí *sabemos*; ὅτι, conjunción *que*; ἀληθὴς, caso nominativo femenino singular del adjetivo *verdadero*; αὐτοῦ, caso genitivo masculino de la tercera persona singular del pronombre personal declinado *de él*; ἡ, caso nominativo femenino singular del artículo determinado *la*; μαρτυρία, caso nominativo femenino singular del nombre común *testimonio*; ἐστίν, tercera persona singular del presente de indicativo en voz activa del verbo εἰμί, *ser*, aquí *es*.

Οὗτος ἐστιν ὁ μαθητὴς ὁ μαρτυρῶν περὶ τούτων καὶ ὁ γράψας ταῦτα, El *Evangelio según Juan*, concluye con el testimonio de la veracidad de cuanto el apóstol escribió. Por consiguiente estos dos últimos versículos tuvieron que haber sido escritos por alguien distinto del autor. Entre otras cosas se aprecia por el uso del plural *nosotros sabemos*. No se dice quienes son los que dan testimonio de lo *verdadero* del contenido, sugiriéndose que puede tratarse de los ancianos de la iglesia en Éfeso. Con todo no es preciso un testimonio externo, porque creemos que el evangelista escribió sólo la verdad acerca de Jesús, y entendemos que este relato, junto con el resto de los libros del Nuevo Testamento son escritos inspirados plenariamente y, por tanto, sin errores en todo su contenido.

καὶ οἴδαμεν ὅτι ἀληθὴς αὐτοῦ ἡ μαρτυρία ἐστίν. El testimonio está relacionado con dos cosas: a) el autor, es el *discípulo* del Señor. El que ha ocultado su identidad bajo el título de *el amado por Jesús*; b) el contenido de todo el escrito que es verdad, es decir, no hay ningún mito, ningún relato alterado, ninguna exageración, nada que no sea verdadero.

25. Y hay también otras muchas cosas que hizo Jesús, las cuales si se escribieran una por una, pienso que ni aun en el mundo cabrían los libros que se habrían de escribir. Amén.

῎Εστιν δὲ καὶ ἄλλα πολλὰ ἃ ἐποίησεν ὁ ᾿Ιησοῦς, ἅτινα
Y hay también otras muchas cosas que hizo - Jesús, las cuales
ἐὰν γράφηται καθ᾿ ἕν, οὐδ᾿ αὐτὸν οἶμαι τὸν κόσμον
si fuesen escritas una por una ni yo pienso el mundo
χωρῆσαι τὰ γραφόμενα βιβλία.
tenía capacidad los que escribiesen libros.

Notas y análisis del texto griego.

Cerrando el párrafo y el libro, escribe: ῎Εστιν, tercera persona singular del presente de indicativo en voz activa del verbo εἰμί, *ser, estar, haber*, aquí *hay*; δὲ, partícula conjuntiva que hace las veces de conjunción coordinante, con sentido de *pero, más bien, y, y por cierto, antes bien*; καὶ, conjunción copulativa *y*; ἄλλα, caso nominativo neutro plural del pronombre indefinido *otros*; πολλὰ, caso nominativo neutro plural del adjetivo *muchos*, en sentido de *otras muchas cosas*; ἃ, caso acusativo neutro plural del pronombre relativo *que*; ἐποίησεν, tercera persona singular del aoristo primero de indicativo en voz activa del verbo ποιέω, *hacer, producir, realizar*, aquí *hizo*; ὁ, caso nominativo masculino singular del artículo determinado *el*; ᾿Ιησοῦς, caso nominativo masculino singular del nombre propio *Jesús*; ἅτινα, caso nominativo neutro plural del pronombre relativo *los cuales*; ἐὰν, conjunción *si*; γράφηται, tercera persona singular del presente de subjuntivo en voz pasiva del verbo γράφω, *escribir*, aquí *fuesen escritas*; καθ᾿, forma de la preposición de acusativo κατά, por elisión y asimilación ante vocal con espíritu áspero, que equivale a *por, de uno en uno, uno por*; ἕν, caso acusativo neutro singular del adjetivo numeral cardinal *uno*; οὐδ᾿, forma que adopta el adverbio οὐδέ por elisión de la ε final ante vocal o diptongo con aspiración, y que significa *y no, ni*; αὐτὸν, caso acusativo masculino de la primera persona singular del pronombre personal *a mi, me, yo*; οἶμαι, primera persona singular del presente de indicativo en voz media del verbo οἴω, *pensar*, forma contracta de οἴομαι, aquí *pienso*; τὸν, caso acusativo masculino singular del artículo determinado declinado *en el*; κόσμον, caso acusativo masculino singular del nombre común *mundo*; χωρῆσαι, aoristo primero de infinitivo en voz activa del verbo χωρέω, *ser capaz de recibir, caber, tener capacidad,* aquí *tenía capacidad*; τὰ, caso acusativo neutro plural del artículo determinado *los*; γραφόμενα, caso acusativo neutro plural del participio de presente en voz pasiva del verbo γράφω, *escribir*, aquí *que escribiesen*; βιβλία, caso acusativo neutro plural del nombre común *libros, rollos*.

῎Εστιν δὲ καὶ ἄλλα πολλὰ ἃ ἐποίησεν ὁ ᾿Ιησοῦς, ἅτινα ἐὰν γράφηται καθ᾿ ἕν, οὐδ᾿ αὐτὸν οἶμαι τὸν κόσμον χωρῆσαι τὰ γραφόμενα βιβλία. Los temas sobre la vida de Cristo son inagotables. Podría escribirse mucho más sobre ellos, pero no es necesario. Tanto las enseñanzas, como los milagros, y las acciones de cada día, fueron muchas y diversas, ninguna deja de ser digna de escribirse. La prueba es que el apóstol Pablo cita uno de los dichos de Jesús que no figura en ninguno de los evangelios (Hch. 20:35). El que cierra el libro da las principales razones por las que no se escribió más: a) Porque no era necesario. Las pruebas y enseñanzas en el relato del *Evangelio*, son suficientes para que cualquier lector conozca a Cristo, y crea en Él, recibiendo la vida eterna y el perdón de pecados. b) La extensión del relato superaría todo cuanto pudiera entenderse como posible de escribir. El libro sería enorme. c) No era recomendable extenderse más, puesto que no *cabrían en el mundo* los libros necesarios para detallar todas las cosas que Jesús hizo. No cabe duda que aquí, como es habitual en la mentalidad hebrea, se utiliza una hipérbole, para referirse a la dimensión del escrito que se produciría. El Espíritu Santo limitó el escrito de Juan al contenido que tenemos. Suficiente para acercarnos a la infinita dimensión del Verbo encarnado.

Es difícil pensar en una aplicación al llegar al último capítulo del *Evangelio según Juan*. Cada uno de los lectores habrá sacado conclusiones que el Espíritu aplicará a su vida conforme al conocimiento infinito de Dios. Tal vez una palabra personal de aliento, en la promesa de Jesús, de presencia continua con los creyentes y el aliento que nace de Su promesa de regresar a buscarnos para que estemos siempre con Él (14:1-4). Mientras tanto, está a nuestro lado en cada momento. Ha enviado al Espíritu, nuestro Consolador, para alentarnos, orientarnos y conducirnos hasta el día del encuentro con el Señor. Por eso podemos sentirlo en cada instante. En medio de las pruebas, del sufrimiento, de la tristeza y del dolor, está Él ¿al lado? no, ciertamente, sino *en nosotros*. En todo momento Aquel en quien descendió la gracia (1:17), dará la provisión de gracia suficiente para cualquier necesidad, conduciendo en Él a todos los suyos en continua victoria. Por eso la Escritura recoge la promesa: *"pero Él da mayor gracia"* (Stg. 4:6). Además, la provisión que daba mediante el envío del Espíritu haría, como Vicario suyo, realidad la promesa de Su presencia en el interior de cada uno de los creyentes (14:17-23). La promesa de nuestro Señor de estar con los suyos hace posible la provisión de poder para los recursos necesarios (Fil. 4:13); la posibilidad de llevar mucho fruto en Él, por la acción de Su Espíritu, para Dios (15:16). El Señor Jesús es Jehová, el Dios que puede *encubrirse,* pero nunca *ausentarse* de los suyos. Este admirable y eterno Dios, Jehová de los Ejércitos, está con nosotros para ser nuestro refugio (Sal. 46:11). Puede ser que la oscuridad del camino parezca ocultarlo, pero nunca está lejos, porque viven en cada uno de los suyos. Así ocurrirá *"hasta la consumación del siglo"*, es decir, hasta el final de la andadura en el mundo de Su Iglesia peregrina, para luego, en el recogimiento a Sí mismo, gozar eternamente de Su presencia y comunión (14:1-4; 1 Ts. 4:16-17). Está con nosotros y esto alienta también a cada discípulo en cualquier circunstancia, es la confirmación de la promesa de Dios: *"No te dejaré ni te desampararé"* (He. 13:5). De ahí que podamos estar contentos con lo que tenemos en el presente. El contentamiento con lo que se tiene hoy está en la seguridad de provisión para lo que sea necesario mañana (Mt. 6:25-34). Pudiera ser que en Su soberanía, alguno de los suyos tenga que pasar por grandes persecuciones e incluso algunos hayan de sellar el testimonio de su discipulado con su propia vida (v. 18). Sin embargo, aún en esa dificultad suprema el cristiano goza de la presencia y compañía del Señor y sabe que es una concesión suya, que responde a un propósito en la gracia. En esa seguridad podemos hacer nuestras las palabras del escritor a los Hebreos: *"De manera que podemos decir confiadamente: El Señor es mi ayudador, no temeré lo que me pueda hacer el hombre"* (He. 13:6). La confianza del discípulo es firme porque descansa en la promesa del Maestro que es *Verdad* en sí mismo. La promesa del Señor se apropia por medio de la fe y se convierte en expresión de propia confianza. El discípulo acepta confiadamente la promesa porque es palabra de Dios. De esta manera confiaba el salmista: *"Jehová está conmigo; no temeré lo que me pueda hacer el hombre. Jehová está conmigo entre los que me ayudan; por tanto, yo veré mi deseo en los que me aborrecen"* (Sal. 118:6-7). No puede haber temor para quien tiene la certeza de la presencia y compañía de Dios en su vida. De otro modo en las palabras de Pablo: *"¿Que, pues, diremos a esto? Si Dios es por nosotros ¿quien contra nosotros?"* (Ro. 8:31). Dios está *de parte* del creyente, por tanto nadie puede infundir temor porque ningún enemigo es más poderoso que Dios. Porque Dios está a favor del creyente, nadie es poderoso para derrotarlo. Dios lleva al discípulo continuamente en triunfo en Cristo Jesús (2 Co. 2:14). Aun cuando entre en el valle de sombra de muerte, no debe producir temor al que sigue a Cristo, porque Él está también ahí con él (Sal. 23:4). Los mayores enemigos no podrán impedir una abundante mesa de bendición y provisión (Sal. 23:5). Incluso en la esfera del fracaso espiritual tenemos a Jesús sentado a la diestra de Dios intercediendo siempre por nosotros (Ro. 8:34), que es también el que nos restaura siempre en nuestras caídas, como ocurrió con Pedro (vv. 15-17). En la promesa de Jesús está la inseparable seguridad de estar siempre en la esfera del amor de Dios. Nadie podrá separarnos de Él; nadie podrá poner una distancia entre el amor de Dios y el creyente. Ninguna circunstancia menguará el amor de Cristo hacia los suyos. Ni la aflicción en las dificultades externas de toda índole disminuirá esa seguridad, porque las aflicciones son por causa de la fe en el seguimiento a Jesús (16:33). En la aflicción el Señor está presente y al lado de los suyos. Pudiera ser también que la senda del discipulado pase por la *angustia*, que tiene que ver con el aspecto interno de la tribulación. El discípulo se encuentra en *estrechez, apuros, aprietos*. También en esas circunstancias personales e íntimas el Señor está presente con el discípulo y en el discípulo (Sal. 91:15). Tal vez el seguidor de Jesús esté soportando la *persecución*, a causa de su fe en el Señor (Mt. 5:11). En razón de la unidad con Cristo, el Señor está con los suyos que son perseguidos (Hch. 9:5). Cuando el discípulo esté pasando por *hambre*, es decir, por necesidades de sostenimiento, debe saber que en ocasiones viene a su experiencia pero no es, en modo alguno, una manifestación de que Jesús ha dejado de amarle o está lejos de Él. Cristo, el Amado del Padre, pasó por la experiencia del hambre (Mt. 4:2). Acaso la escasez del alimento puede alcanzar también al vestido y el discípulo pase por *desnudez*, necesitado de ropas. El Señor ya anunció esto como la experiencia para algunos de los suyos, especialmente referido al tiempo de tribulación (Mt. 25:36). La experiencia de sus siervos, como ocurrió con Pablo, aún en medio de la fidelidad, puede ser también esta (1 Co. 4:11); pero, aun ahí, el Señor acompaña a los suyos dándoles el aliento necesario y las fuerzas precisas para sobrellevar la prueba. El *peligro* puede ser experiencia del discípulo, pero ni eso lo podrá separar del Señor (2 Co. 11:26). Incluso pudiera ser que la senda del seguimiento discurriese por el estrecho y difícil paso de la muerte violenta y que el creyente tenga que pasar por *la espada*, el instrumento que ejecuta la sentencia. Si esto llega, debe entenderse que fue también la de alguno de aquellos de quienes el evangelio afirma que fueron objetos del amor de Jesús hasta el fin (13:1), como ocurrió con Santiago (Hch. 12:2); y como otros muchos (He. 11:37). Pero, *"en todas estas cosas somos más que vencedores por medio de Aquel que nos amó"* (Ro. 8:37). En medio de las mayores dificultades, Dios da provisión para vencer. Dios no retira el problema pero da la gracia necesaria para superarlo (1 Co. 10:13). El Señor amó a la iglesia entregándose por ella (Ef. 5:25). Dios lleva a cada discípulo de Jesús en Cristo de triunfo en triunfo (2 Co. 2:14). El poder para sufrir y vencer está en Jesús mismo (Jn. 15:5; Fil. 4:13). Estando en Jesús, quien tiene todo poder, el discípulo es ya un vencedor. La enorme seguridad produce un definitivo descanso, como Pablo escribe: *"Estoy seguro de que ni la muerte, ni la vida, ni ángeles, ni principados, ni potestades, ni lo presente, ni lo por venir, ni lo alto, ni lo profundo, ni ninguna otra cosa creada, nos podrá separar del amor de Dios, que es en Cristo Jesús Señor nuestro"* (Ro. 8:38-39). La promesa del Señor es suficiente para hacernos estar seguros, literalmente estar *persuadidos*. La muerte ya no pude separar al discípulo del Señor porque descansa seguro en Él y de la muerte ya no tiene terror (He. 2:15). Descansa confiadamente en la promesa del Señor (11:25-26). La vida con todas sus circunstancias, dificultades y aflicciones no tienen fuerza para separar al cristiano del Señor. Los ángeles, principados y potestades, sean los santos ángeles de Dios, sean los caídos demonios del infierno con todas sus manifestaciones contra el discípulo (Ef. 6:12), podrán hacer nada, porque Satanás es un enemigo vencido y derrotado para el creyente. Tampoco el presente con sus situaciones y el futuro con lo que depare, es otra cosa que tiempos diferentes en los que se manifiesta y mantiene inalterable el amor de Dios. Nada habrá en *lo alto*, los cielos, en donde está Cristo mismo, ni en lo más bajo, a donde el mismo Señor descendió (Ef. 4:9; Ro. 10:7), podrá atemorizar al discípulo porque el Señor tiene las llaves del sepulcro y de la muerte (Ap. 1:18). Ninguna cosa creada podrá separarnos del amor de Dios. Ese amor admirable manifestado en la salvación (1 Jn. 4:10). Ese amor de Dios que es en Cristo, por lo que el Padre ama al discípulo porque está en *El Amado*. Unidos a Cristo quedan vinculados al afecto eterno de Dios. Todo esto está garantizado en todo momento; en días de fuerzas y de debilidad; en el éxito y en la derrota; en la alegría y en la tristeza; en los días de la niñez, como en la juventud y aun en la vejez; en la vida y en la muerte; todos los días podemos gozar de la admirable dimensión de la promesa de Jesús. Y esto hasta *"el fin de la época"*, esto es, esa época que comenzó con la primera venida del Hijo de Dios al mundo y terminará con Su segunda manifestación gloriosa. Será entonces cuando la presencia espiritual de Jesús se convierta en la gloriosa presencia visible, aunque no menos espiritual. En ese momento en que las lágrimas, el dolor y las penas concluyan, podremos alabar eternamente en la presencia suya a Aquel que ha hecho posible con Su muerte y con Su vida la realidad de la salvación en Él. Será entonces cuando haciéndose visible le adoraremos a quien sin verle con los ojos del cuerpo le conocemos y amamos. Entonces nosotros, pobres y pequeños, conoceremos como somos conocidos. Será entonces cuando rendidos a los pies de Aquel que nos amó, entenderemos la dimensión admirable de una obra que excede a cualquier comprensión y conocimiento limitado de cualquier criatura de Dios. Será en la visión de Sus manos taladradas que entenderemos hasta donde fuimos amados por Él y entonces, en una entrega perfecta, le adoraremos en gratitud a perpetuidad, mientras disfrutamos de todas las riquezas de la herencia de Dios en Cristo. Allí, entonces, en una explosión de gratitud desde la más gloriosa dimensión espiritual, todos los discípulos, reunidos ante el trono diremos: *"Al que está sentado en el trono, y al Cordero, sea la alabanza, la honra, la gloria y el poder, por los siglos de los siglos"* (Ap. 5:13).

SOLI DEO GLORIA

BIBLIOGRAFÍA

Auer, Johann. *Jesucristo Salvador del Mundo*. Editorial Herder, Barcelona1990*.

Auer, Johann. *El evangelio de la gracia*. Editorial Herder. Barcelona, 1990*.

Balthasar von, H. U. *La conciencia de Cristo*. Madrid, 1980*.

Barnes, A. *Notes on the New Testament, Explanatory and Practical*. Grand Rapids, 1951.

Berkhof, L. *Teología Sistemática*. Editorial T.E.L.L. Mexico D. F. Grand Rapids, 1949.

Brown, Raymond E. *El Evangelio según Juan*. Editorial Cristiandad. Madrid, 1979*.

Bultmann, R. *Das Evangelium des Johannes*. 1950.

Calvino, Juan. *Institución de la Religión Cristiana*. Fundación Editorial de Literatura Reformada. Rijswijk. Países Bajos. 1968.

Cordovilla, Ángel. *El misterio de Dios trinitario*. BAC, Madrid, 2012.

Chafer, Lewis Sperry. *Teología Sistemática*. Publicaciones Españolas. Georgia. 1974.

Dufour, Xavier León. *Lectura el evangelio de Juan*. Editorial Sígueme. Salamanca, 1995.*

Eusebio de Cesarea. *Historia Eclesiástica*.

Farrar. F. W. *History of Interpretation*. Nueva York, 1870.

Fountain, Thomas. *Claves de interpretación bíblica*. Casa Bautista, 1977.

Forte, Bruno. *Jesús de Nazaret, historia de Dios, Dios de la historia*. Ediciones Paulinas, Madrid, 1981.

González de Cardedal, Olegario. *Dios*. Editorial Sígueme, Salamanca, 2004*.

González de Cardedal, Olegario. *Cristología*. Edit. BAC. Madrid, 2001*.

González de Cardedal, Olegario. *El Rostro de Cristo*. Ediciones Encuentro. Madrid, 2012*.

Finney, Charles. *Teología Sistemática*. Bethany House Publishers. Grand Rapids, 2010.

Fountain, Thomas. *Claves de Interpretación Bíblica*. Casa Bautista de Publicaciones, 1961.

Harrison, Everet. *Introducción al Nuevo Testamento*. Subcomisión de Literatura Cristiana. Grand Rapids, Michigan, 1980.

Hendriksen, Guillermo. *El evangelio según san Juan*. Subcomisión Literatura Cristiana, Igl. Reformada. Grand Rapids, 1981.

Hilario de Poitiers. *La Trinidad*. BAC. Madrid, 1986.

Kingsley Barret, Charles. *El evangelio según san Juan*. Editorial Cristiandad. Madrid, 2003.

Lacueva, Francisco. *La Persona y la Obra de Jesucristo*. Editorial Clie. Terrassa. 1979.

Lacueva, Francisco. *La Iglesia, cuerpo de Cristo.* Editorial Clie. Terrassa, 1978.

Lacueva, Fancisco. *Comentario Bíblico Matthew Henry*, *Juan*. Editorial Clie. Terrassa, 1983.

Lacueva, Francisco. *Catolicismo Romano*. Editorial Editorial Clie. Terrassa, 1972.

Lenski, R. C. H, *El evangelio según san Juan*. Publicaciones el Escudo. México, 1963.

Mateos, Juan y Barreto Juan. *El evangelio de Juan*. Editorial Cristiandad. Madrid, 1992.

Ladd. G. *Teología del Nuevo Testamento*. Editorial Clie. Terrassa, 2002.

Latourette, Kenneth Scott. *Historia del Cristianismo*. Casa Bautista de Publicaciones. 1979.

Leal, Juan. *Evangelio de San Juan*. Sagrada Escritura. Editorial BAC. Madrid, 1973.

Lightfoot, J. B. *Los padres apostólicos*. Editorial Clie. Terrassa, 1990.

MacArthur, John. *El Ministerio Pastoral.* Edit. Grupo Nelson. Nashville, 2009.

MacDonald, William. *Comentario al Nuevo Testamento*. Editorial Clie. Terrassa, 1995.

Martínez, José María. *Hermenéutica Bíblica*. Edit. Clie. Terrassa, 1984.

Morris, León. *El evangelio según Juan*. Editorial Clie. Terrassa, 2005.

Millard, J. Erickson. *Teología Sistemática*. Edit. Clie. Terrassa, 2008.

Moltmann, Jüngen. *El Dios crucificado.* Editorial Cristiandad. Salamanca, 1977*

Padres de la Iglesia. *La Biblia comentada por los Padres de la Iglesia.* Ciudad Nueva. Madrid 2002.

Pentecost, Dwight. *The words and Works of Jesus Christ*. Editorial Zondervan. Grand Rapids, 1981.

Pentecost, Dwight. *A harmony of the words and works of Jesus Christ*. Editorial Zondervan. Grand Rapids, 1981.

Pérez Millos, Samuel. *Marcos.* Editorial Clie. Terrassa, 2011.

Pérez Millos, Samuel. *Mateo*. Editorial Clie. Terrassa, 2013.

Pérez Millos, Samuel. *Hebreos.* Editorial Clie. Terrassa, 2010.

Pérez Millos, Samuel. *La Iglesia*. Editorial Clie. Terrassa, 1994.

Pérez Millos, Samuel. *Síntesis de nuestra Fe*. Editorial Clie. Terrassa, 1995.

Randall, Price. *Las Piedras Claman*. Editorial Unilit. Miami, 1997.

Robertson, Archibald Thomas. *Imágenes verbales en el Nuevo Testamento*. Editorial Clie. Terrassa, 1985.

Roloff, J. *Neues Testament*. Neukirchen, 1977 *

Rovira Belloso, Josep María. *La humanidad de Dios*. Ediciones Secretariado Trinitario. Salamanca, 1986.*

Saphir, Adolph. *Christ Crucified*. Editorial James Nisbet. Londres, 1973.

Scofield, C. I. *Biblia Anotada*. Spanish Publications, Inc. Miami, 1966.
Schenke, L. *Die Urgemeinde. Geschichtliche un theologische Entwicklung*. Stuttgart, 1990. *
Seeberg, Reinhold. *Historia de las Doctrinas*. Casa Bautista de Publicaciones, 1968.
Strong, Augustus H. *Systematic Theology*. Editorial Pickering. Londres.
Tellería, Juan María. *La Interpretación del Nuevo Testamento a lo largo de la historia*. Edit. Mundo Bíblico. Las Palmas de Gran Canaria, 2014.
Tenney, Merrill C. *Nuestro Nuevo Testamento*. Portavoz Evangélico. Grand Rapids, 1984.
Tuya de, Manuel. *Biblia Comentada, Evangelios 2º*, BAC, Madrid, 1978*.
Wuest, Kenneth S. *West's Word Studies*. Editorial Eerdmans. Grand Rapids, 1994.
Yamauchi, Edwin. *Las Excavaciones y las Escrituras*. Casa Bautista de Publicaciones, 1977.

DICCIONARIOS Y MANUALES TÉCNICOS

Analytical Concordance to theHoly Bible. Robert Young, LL.D. United Society for Christian Literature, London, 1977.
Concordancia Analítica Greco-Española del N. T. J.Stegenca, A. E. Tuggy. Editorial Libertador, Marcaibo, 1975.
Diccionario Bíblico Arqueológico. Editorial Mundo Hispano, 1982.
Diccionario de la Biblia. Editorial Herder, Barcelona, 1981.
Diccionario Exegético del Nuevo Testamento. Horst Balz-Gerhard Schneider.
Diccionario Expositivo de Palabras del Nuevo Testamento. Vine, W. E. Editorial Clie. Terrassa, 1984.
Diccionario Griego Español. Editorial Ramón Sopena, S.A. Barcelona, 1972.
Diccionario de Teología. Everett F. Harrison. Editorial T.E.L.L. Grand Rapids, 1985.
Gran Diccionario Enciclopédico de la Biblia. Ed. Alfonso Ropero. Editorial Clie. Terrassa 2013.
**Catecismo de la Iglesia Católica*. Versión oficial de la Santa Sede, 1992. Editorial Sígueme. Salamanca, 1996.
Nuevo Diccionario Bíblico. Editorial Certeza, 1991.

TEXTOS BÍBLICOS

A Biblia. Editorial SEPT. Vigo, 1992.
Biblia Anotada. Charles Ryrie. Editorial Portavoz. Grand Rapids, 1996.
Biblia de Jerusalén. Editorial Desclée de Brouwer. Bilbao, 1975.
Biblia de las Américas. Editorial Fundación. Anaheim.

Nuevo Testamento Interlineal. Francisco Lacueva. Editorial Clie. Terrassa, 1984.

Nuevo Testamento. Biblia Textual. Sociedad Bíblica Iberoamericana. 1999.

Sagrada Biblia. Juan Straubinger. Libros Básicos S.A., 1958.

Sagrada Biblia. Cantera-Iglesias. Editorial BAC. Madrid, 1975.

TEXTOS GRIEGOS.

The Greek New Testament. Deutsche Biblelgesellschaft. Stuttgart, 2012.

Nuevo Testamento Trilingüe. Bover-O'Callaghan. Editorial BAC. Madrid, 1977.

A Reader's Greek New Testament. Richard J. Goodrich, Albert L. Lukaszewki. Editorial Zondervan. Grand Rapids, 2003.

Septuaginta. Deustche Biblgesellschaft Stuttgart. Stuttgart, 1979.